*Mitch Tulloch, Tony Northrup, Jerry Honeycutt und Ed Wilson
mit dem Windows 7-Team von Microsoft*

Microsoft

Windows 7 – Die technische Referenz

Dieses Buch ist die deutsche Übersetzung von: Mitch Tulloch, Tony Northrup, Jerry Honeycutt, and Ed Wilson, with the Windows 7 Team at Microsoft: Windows 7 Resource Kit
Microsoft Press, Redmond, Washington 98052-6399
Copyright 2009 Microsoft Corporation

15   14   13   12   11   10   9   8   7   6   5   4   3   2   1
12   11   10

ISBN 978-3-86645-927-4

© Microsoft Press Deutschland
(ein Unternehmensbereich der Microsoft Deutschland GmbH)
Konrad-Zuse-Str. 1, D-85716 Unterschleißheim
Alle Rechte vorbehalten

Übersetzung: Detlef Johannis, Kempten, und Michael Ringel, Bonn
Korrektorat: Claudia Mantel-Rehbach, Entraching
Fachlektorat und Satz: Günter Jürgensmeier, München
Umschlaggestaltung: Hommer Design GmbH, Haar (www.HommerDesign.com)
Gesamtherstellung: Kösel, Krugzell (www.KoeselBuch.de)

Inhaltsverzeichnis

Danksagungen

Die Autoren von *Windows 7 – Die technische Referenz* möchten sich bei den Mitgliedern des Produkt-Teams und den anderen Microsoft-Experten bedanken, die Hunderte von Stunden ihrer kostbaren Zeit diesem Projekt gewidmet haben. Sie haben uns bei der Planung des Buchs geholfen, uns mit Produktinformationen versorgt, Kapitel auf fachliche Korrektheit überprüft, Textbeiträge mit wichtigen Hintergrundinformationen geschrieben und uns bei der Arbeit an diesem Projekt mit ihrem Wissen und ihrer Begeisterungsfähigkeit unterstützt. Insbesondere möchten wir uns bei folgenden Microsoft-Mitarbeitern bedanken:

Aanand Ramachandran, Aaron Smith, Abhishek Tiwari, Adrian Lannin, Alan Morris, Alex Balcanquall, Alwin Vyhmeister, Andy Myers, Anirban Paul, Anjli Chaudhry, Anton Kucer, Ayesha Mascarenhas, Baldwin Ng, Bill Mell, Brent Goodpaster, Brian Lich, Chandra Nukala, Chris Clark, Connie Rock, Crispin Cowan, Darren Baker, Dave Bishop, Denny Gursky, Desmond Lee, Devrim Iyigun, George Roussos, Gerardo Diaz Cuellar, Gov Maharaj, James Kahle, James O'Neill, Jason Grieves, Jason Popp, Jez Sadler, Jim Martin, Joe Sherman, John Thekkethala, Jon Kay, Joseph Davies, Judith Herman, Katharine O'Doherty, Kathleen Carey, Kevin Woley, Kim Griffiths, Kukjin Lee, Kyle Beck, Lilia Gutnik, Lyon Wong, Mark Gray, Michael Murgolo, Michael Niehaus, Michael Novak, Mike Lewis, Mike Owen, Mike Stephens, Narendra Acharya, Nazia Zaman, Nils Dussart, Pat Stemen, Ramprabhu Rathnam, Richie Fang, Rick Kingslan, Scott Roberts, Sean Gilmour, Sean Siler, Sharad Kylasam, Steve Campbell, Thomas Willingham, Tim Mintner, Troy Funk, Varun Bahl, Vikram Singh und Wole Moses.

Außerdem möchten wir uns bei Bill Noonan, Mark Kitris und dem CTS GTR-Team (Global Technical Readiness) von Microsoft bedanken, die uns bei diesem Projekt mit ihrer Fachkenntnis unterstützt haben. Das GTR-Team entwickelt Vorbereitungskurse für CTS-Ingenieure (Microsoft Commercial Technical Support) in allen Produktbereichen, einschließlich Plattformen, Messaging, Büroanwender und Entwickler. GTR erstellt mit der Hilfe von Anwendungsexperten (Subject Matter Experts, SMEs), bei denen es sich um Support-Ingenieure aus den CTS-Produktbereichen handelt, anspruchsvolle Fachtexte »von Ingenieuren für Ingenieure«.

Schließlich möchten wir uns noch bei Juliana Aldous, Karen Szall und Melissa von Tschudi-Sutton von Microsoft Press für ihre unermüdliche Arbeit und die Energie bedanken, mit der sie dieses schwierige Projekt zum Erfolg geführt haben. Unser Dank gilt auch Jean Findley von Custom Editorial Productions (CEP), zuständig für die Herstellung dieses Buchs, sowie Susan McClung und Julie Hotchkiss, unsere Lektorinnen, die über einen erstaunlichen Blick für Details verfügen. Außerdem möchten wir uns bei Bob Dean bedanken, unserem unermüdlichen Fachlektor.

Vielen Dank an alle!

Die Autoren

Einführung

Willkommen zu *Windows 7 – Die technische Referenz* von Microsoft Press. *Windows 7 – Die technische Referenz* ist eine umfassende technische Dokumentation für die Installation und Wartung von Microsoft Windows 7 und zur Problembehandlung. Erstellt wurde sie zwar hauptsächlich für erfahrene IT-Profis, die in mittleren bis großen Organisationen arbeiten, aber jeder, der sich intensiver mit den Themen Bereitstellung, Konfiguration, Problembehandlung und Support von Windows 7 in AD DS-Umgebungen (Active Directory-Domänendienste) beschäftigt, wird seinen Nutzen aus dieser technischen Referenz ziehen.

Sie erhalten in dieser technischen Referenz ausführliche Informationen und aufgabenorientierte Beschreibungen zur Verwaltung aller wichtigen Aspekte von Windows 7, wie zum Beispiel automatische Bereitstellung, Desktopverwaltung, Suche und Organisation, Softwareupdateverwaltung, Clientschutz, Netzwerke, Remotezugriff und systematische Problembehandlung. Außerdem bietet diese technische Referenz in zahlreichen Textkästen, die von Mitgliedern des Windows 7-Produktteams von Microsoft verfasst wurden, tiefere Einblicke in die interne Funktionsweise von Windows 7, Hinweise auf die beste Vorgehensweise bei der Verwaltung der Plattform und wertvolle Tipps zur Problembehandlung. Auf der Begleit-CD finden Sie schließlich noch das *Windows 7 Resource Kit PowerShell Pack* und Windows PowerShell-Beispielskripts, die Ihnen Anregungen geben sollen, wie sich verschiedene Aspekte der Verwaltung von Windows 7-Clients in Unternehmensumgebungen automatisieren lassen.

Überblick über das Buch

Die sechs Teile dieses Buchs behandeln folgende Themen:

- **Teil I: Überblick**   Bietet eine Einführung in die Features von Windows 7 und einen Überblick über die verbesserte Sicherheit der Plattform.

- **Teil II: Bereitstellung**   Bietet ausführliche Informationen und Beschreibungen zur Bereitstellung von Windows 7 in Unternehmensumgebungen, mit Schwerpunkt auf dem Microsoft Deployment Toolkit 2010 (MDT 2010).

- **Teil III: Desktopverwaltung**   Beschreibt die Verwaltung der Desktopumgebung für Benutzer von Windows 7-Computern mithilfe von Gruppenrichtlinien und die Verwaltung bestimmter Aspekte, wie zum Beispiel Laufwerke und Dateisysteme, Geräte und Dienste, Druck, Suche sowie Windows Internet Explorer.

- **Teil IV: Desktopwartung**   Beschreibt die Erhaltung der Funktionsfähigkeit von Windows 7-Computern unter Verwendung der Ereignisinfrastruktur, durch Überwachung der Leistung, Verwaltung von Softwareupdates, Verwaltung der Schutzmaßnahmen für Clients und Verwendung der Remoteunterstützung.

- **Teil V: Netzwerke**   Bietet ausführliche Informationen über die Kernnetzwerkfähigkeit, drahtlose Vernetzung, Windows-Firewall, IPsec (Internet Protocol Security), Remoteverbindungen via VPN (Virtual Private Network), Remotedesktop und IPv6 (Internet Protocol Version 6).

- **Teil VI: Problembehandlung**   Erläutert die Bedeutung von Stop-Fehlermeldungen und beschreibt die Behebung von Problemen, die beim Start des Systems auftreten, sowie die Behebung von Hardware- oder Netzwerkproblemen.

Dokumentkonventionen

In diesem Buch werden als besondere Hinweise auf bestimmte Themen folgende Konventionen verwendet:

Hinweise

Die folgende Tabelle beschreibt, wie in diesem Buch auf nützliche Details hingewiesen wird:

Leserhinweis	Bedeutung
HINWEIS	Weist auf die Bedeutung eines bestimmten Konzepts oder auf Ausnahmen hin.
WICHTIG	Weist Sie auf wichtige Informationen hin.
VORSICHT	Weist Sie auf schwerwiegende Folgen hin, die sich aus der Durchführung oder dem Unterlassen einer bestimmten Arbeit für Benutzer, System, Datenintegrität und so weiter ergeben können.
WARNUNG	Weist Sie auf nachteilige Auswirkungen hin.
SICHERHEITSWARNUNG	Weist Sie auf wichtige Sicherheitsfragen hin.
WEITERE INFORMATIONEN	Weist Sie auf weitergehende Informationen zu dem gerade behandelten Thema hin.
AUF DER CD	Weist Sie auf ein Skript, Tool, eine Vorlage oder sonstige Hilfsmittel auf der Begleit-CD hin, die Sie bei der Durchführung der beschriebenen Aufgabe unterstützen.

Textkästen

Die folgenden Textkästen vertiefen bestimmte Aspekte von Windows 7 und geben Ihnen zusätzliche Hinweise und Tipps:

Textkasten	Bedeutung
Direkt von der Quelle	Beiträge, in denen Microsoft-Experten bestimmte Aspekte von Windows 7 vertiefen oder Hinweise zur Verwaltung von Windows 7-Clients oder zur Problembehandlung geben.
So funktioniert's	Ausführlichere Beschreibungen von ausgewählten Windows-Funktionen.

Befehlszeilenbeispiele

Die folgenden Konventionen werden dazu verwendet, Befehlszeilenbeispiele in diesem Buch darzustellen:

Element	Bedeutung
Fettschrift oder `Fettschrift`	Zeichen, die vom Benutzer eingegeben werden (beachten Sie bei Eingaben, in denen zwischen Groß- und Kleinbuchstaben unterschieden wird, die genaue Schreibweise).
Kursivschrift	Elemente der Benutzeroberfläche und Variablen, für die ein bestimmter Wert eingegeben werden muss. Mit *Dateiname* ist zum Beispiel ein beliebiger gültiger Dateiname gemeint.
`nichtproportionale Schrift`	Wird für Codebeispiele und Ein-/Ausgaben verwendet, die auf der Befehlszeile erfolgen.
%SystemRoot%	Prozentzeichen werden für Umgebungsvariablen verwendet.

Begleit-CD

Die Begleit-CD ist eine wichtige Ergänzung dieses Buchs und enthält Folgendes:

- **Windows 7 Resource Kit PowerShell Pack**   Eine Sammlung von Windows PowerShell-Modulen für die Verwaltung von Windows, die Sie unter Windows 7 installieren können. Weitere Informationen finden Sie im Abschnitt »Verwenden des Windows 7 Resource Kit PowerShell Pack« dieser Einführung.

- **Windows PowerShell-Beispielskripts**   Auf der Begleit-CD befinden sich fast 200 Windows Power-Shell-Beispielskripts, die Ihnen zeigen, wie man verschiedene Aspekte von Windows 7 mit Windows PowerShell verwalten kann. Weitere Informationen erhalten Sie im Abschnitt »Verwenden der Windows PowerShell-Beispielskripts« dieser Einführung.

- **Weitere Dokumente und Dateien**   Die Begleit-CD enthält zusätzliche Dokumente und Dateien für einige der Kapitel (in englischer Sprache).

- **Windows 7-Trainingsportal**   Ein Link zu Produkten für Windows 7, präsentiert von Microsoft Learning (in englischer Sprache).

- **Links zu den Websites der Autoren**   Im Steuerprogramm der Begleit-CD finden Sie eine Seite mit Links zu den Websites der Autoren, auf denen Sie mehr über die Autoren erfahren.

- **E-Book**   Eine elektronische Version dieses Buchs und des englischsprachigen Originals mit dem Titel *Windows 7 Resource Kit*.

In einigen Ordnern der CD gibt es eine Datei namens *Readme.txt*, in der Sie weitere Informationen über den Inhalt der Begleit-CD finden.

Suchen Sie online nach ergänzendem Material   Wenn neues oder aktualisiertes Material verfügbar wird, das dieses Buch ergänzt, wird es auf der »Microsoft Press Online Windows Server and Client Site« verfügbar gemacht (in englischer Sprache). Dabei kann es sich um Ergänzungen und Korrekturen, Artikel, Links zum Begleitinhalt, Errata, Beispielkapitel und andere Dinge handeln. Diese Website ist unter *http://microsoftpresssrv.libredigital.com/serverclient/* verfügbar.

Begleitmedium bei E-Books   Wenn Sie dieses Buch ohne Begleitmedium erworben haben (zum Beispiel als E-Book), können Sie die für das Durcharbeiten notwendigen Dateien unter folgender Adresse herunterladen: *http://go.microsoft.com/fwlink/?LinkID=178537*.

Verwenden des Windows 7 Resource Kit PowerShell Pack

Das Windows 7 Resource Kit PowerShell Pack ist eine Sammlung von Windows PowerShell-Modulen, die Sie unter Windows 7 installieren und zur Verwaltung von Windows mit Windows PowerShell verwenden können. *Module* sind ein neues Feature von Windows PowerShell 2.0 und ermöglichen die Organisation von Windows PowerShell-Skripts und -Funktionen in unabhängigen, eigenständigen Einheiten. Ein Modul kann zum Beispiel mehrere Cmdlets, Anbieter, Skripts, Funktionen und andere Dateien enthalten, die an Benutzer weitergegeben werden können. Im Abschnitt »Ausschluss jeglicher Gewährleistung oder Garantie für den PowerShell-CD-Inhalt« erhalten Sie weitere Informationen.

Das PowerShell Pack enthält zehn Module, mit denen Sie Ihre Windows PowerShell-Umgebung erweitern können:

- **WPK**   Erstellt schnell ausgefeilte Benutzeroberflächen. Enthält über 600 Skripts, die Sie bei der Erstellung von Benutzeroberflächen unterstützen, die HTML-Anwendungen (HTAs) gleichen, aber einfacher erstellt werden können.

- **FileSystem**   Überwacht Dateien und Ordner, prüft auf doppelt vorhandene Dateien und ermittelt den freien Speicherplatz.

- **IsePack**   Erweitert die integrierte Skriptumgebung (Integrated Scripting Environment, ISE) um über 35 Tastenkombinationen.

- **DotNet**   Überprüft geladene Typen, sucht Befehle, die mit einem Typ arbeiten können, und beschreibt, wie Sie Windows PowerShell, DotNet und COM kombinieren können.

- **PSImageTools**   Konvertiert und dreht Bilder, schneidet sie zu und ermittelt ihre Metadaten.
- **PSRSS**   Dient für Zugriffe auf den Feed-Speicher (FeedStore) in Windows PowerShell.
- **PSSystemTools**   Liefert Informationen über Hardware und Betriebssystem.
- **PSUserTools**   Gibt an, welche Benutzer auf einem Computer angemeldet sind, überprüft auf erhöhte Rechte und startet einen Prozess als Administrator.
- **PSCodeGen**   Generiert Windows PowerShell-Skripts, C#-Code und Pinvoke.
- **TaskScheduler**   Listet geplante Aufgaben auf und erstellt oder löscht sie.

Informationen über die Installation des PowerShell Pack unter Windows 7 erhalten Sie in der Datei *ReadmePP.txt* im Ordner *\PowerShellPack* der Begleit-CD.

> **HINWEIS**   Beachten Sie, dass die Module und die Dokumentation, die zum PowerShell Pack gehört, nicht von Microsoft unterstützt werden. Sie werden Ihnen ohne Gewährleistung und ohne Garantie zur Verfügung gestellt. Verwenden Sie diese Module nicht in Ihrer Produktivumgebung, ohne sie vorher in einer Testumgebung zu überprüfen. Weitere Informationen erhalten Sie im Abschnitt »Ausschluss jeglicher Gewährleistung oder Garantie für den PowerShell-CD-Inhalt« weiter unten.

Verwenden der Windows PowerShell-Beispielskripts

Auf der Begleit-CD befinden sich fast 200 Beispielskripts, die Ihnen zeigen sollen, wie Sie verschiedene Aspekte von Windows 7 mit Windows PowerShell verwalten können. Diese Beispielskripts werden von Microsoft nicht unterstützt und werden Ihnen ohne Gewährleistung und Garantie zur Verfügung gestellt. Verwenden Sie diese Skripts nicht in Ihrer Produktivumgebung, ohne sie zuvor in einer Testumgebung getestet zu haben. Wahrscheinlich müssen Sie einige Skripts anpassen, damit sie in einer Produktivumgebung richtig funktionieren. Weitere Informationen erhalten Sie im Abschnitt »Ausschluss jeglicher Gewährleistung oder Garantie für den PowerShell-CD-Inhalt« weiter unten.

Bevor Sie diese Skripts verwenden, müssen Sie wissen, wie die Ausführungsrichtlinie von Windows PowerShell die Ausführung von Skripts auf einem Computer steuert. Fünf Einstellungen sind zulässig:

- **Restricted**   Das ist die Standardeinstellung. Sie erlaubt keine Ausführung von Skripts.
- **AllSigned**   Diese Einstellung bedeutet, dass ein Skript digital signiert werden muss, bevor es ausgeführt werden kann.
- **RemoteSigned**   Diese Einstellung bedeutet, dass nur Skripts von Dateifreigaben, mit dem Internet Explorer heruntergeladene Skripts oder als E-Mail-Anhänge eingegangene Skripts signiert sein müssen.
- **Unrestricted**   Diese Einstellung bedeutet, dass alle Skripts ausgeführt werden können.
- **Bypass**   Diese Einstellung bedeutet, dass nichts blockiert wird und es keine Hinweise oder Meldungen gibt.

Zur Überprüfung der aktuellen Einstellung der Skriptausführungsrichtlinie öffnen Sie eine Windows PowerShell-Eingabeaufforderung und geben **Get-ExecutionPolicy** ein. Die aktuelle Ausführungsrichtlinie für den Computer lässt sich mit der Eingabe von **Set-ExecutionPolicy** *<Wert>* ändern, wobei *<Wert>* einer der fünf bereits beschriebenen Werte ist. Zur Änderung der Ausführungsrichtline müssen Sie Windows PowerShell als Administrator ausführen. Beachten Sie, dass Sie die Ausführungsrichtlinie auf Ihrem Computer nicht ändern können, wenn Ihr Netzwerkadministrator die Ausführungsrichtlinie in den Gruppenrichtlinien vorgegeben hat.

Microsoft empfiehlt für Produktivumgebungen die Einstellung `RemoteSigned`, sofern es keine wichtigen Gründe für die Wahl einer strengeren oder weniger strengen Einstellung gibt. Informationen darüber, wie man Windows PowerShell-Skripts signiert, erhalten Sie unter *http://technet.microsoft.com/en-us/magazine/2008.04.powershell.aspx*. Sie können auch in einer Windows PowerShell-Eingabeaufforderung **Get-Help about_signing** eingeben, um weitere Informationen über die Signatur von Skripts zu erhalten.

Remoting, ein neues Feature von Windows PowerShell 2.0, ermöglicht unter Verwendung des WS-Management-Protokolls die Ausführung von Windows PowerShell-Befehlen auf einem oder mehreren Remotecomputern. Das bedeutet, dass viele Skripts von der Begleit-CD auch dann auf Remotecomputern funktionieren, wenn sie nicht über den Parameter `-computer` verfügen, mit dem sich der Name eines Remotecomputers angeben lässt. Damit Windows PowerShell-Remoting funktioniert, muss Windows PowerShell 2.0 auf dem lokalen Computer und auf dem Remotecomputer installiert und entsprechend konfiguriert sein. Außerdem müssen Sie das Remoting auf den Remotecomputern aktivieren, indem Sie dort den Befehl **Enable-PSRemoting** ausführen. Er konfiguriert diese Computer so, dass Sie Remotebefehle erhalten können. Der Befehl `Enable-PSRemoting` muss mit Administratorrechten ausgeführt werden. Weitere Informationen über die Remoting-Technologie von Windows PowerShell erhalten Sie, wenn Sie in einer Windows PowerShell-Eingabeaufforderung **Get-Help about_remoting** eingeben.

Einige der Beispielskripts verwenden für die Herstellung einer Verbindung mit Remotecomputern die Windows-Verwaltungsinstrumentation (Windows Management Instrumentation, WMI), ADSI (Active Directory Services Interface) oder die Programmierschnittstellen des Microsoft .NET Framework. Diese Skripts funktionieren vielleicht auch dann auf Remotecomputern, wenn darauf Windows PowerShell nicht installiert ist. Bevor diese Skripts aber auf den Remotecomputern funktionieren können, müssen Sie in den Firewalls des Hostcomputers und des Remotecomputers die Remoteverwaltung über die gewünschte Netzwerkverbindung aktivieren. Außerdem müssen Sie auf dem Remotecomputer Mitglied der lokalen Gruppe *Administratoren* sein.

Zur Aktivierung der Remoteverwaltung durch die Windows-Firewall können Sie das Skript *EnableDisableRemoteAdmin.ps1* verwenden. Beachten Sie, dass sich dieses Skript nicht für Computer eignet, die mit externen Netzwerken verbunden sind (edge-connected), und auch nicht für jeden Unternehmenskunden. Bevor Sie *EnableDisableRemoteAdmin.ps1* in einer Produktivumgebung verwenden, sollten Sie die Änderungen überprüfen, die dieses Skript durchführt, und kontrollieren, ob sich diese Änderungen für Ihre Umgebung eignen. Weitere Informationen über die Konfiguration von Windows-Firewall für WMI erhalten Sie unter *http://msdn.microsoft.com/en-us/library/aa389286.aspx*.

Zu allen Beispielskripts sind Hilfetexte vorhanden. Um die wichtigsten Informationen über ein Skript anzuzeigen, geben Sie **Get-Help *Scriptname.ps1*** ein, wobei *Scriptname.ps1* der Name des Skripts ist. Wenn Sie Beispiele für die Verwendung des Skripts oder ausführlichere Informationen wünschen, geben Sie **Get-Help *Scriptname.ps1* -Full** ein. Wenn Sie nur Beispiele für die Verwendung des Skripts sehen möchten, geben Sie **Get-Help *Scriptname.ps1* –Examples** ein.

Ausschluss jeglicher Gewährleistung oder Garantie für den PowerShell-CD-Inhalt

Bei den Windows PowerShell-Skripts auf der Begleit-CD handelt es sich nur um Beispiele und nicht um fertige Tools. Diese Skripts sollen nur demonstrieren, dass das beschriebene Konzept zur Verwaltung von Windows 7-Clients mit Windows PowerShell funktioniert. Es wurden zwar große Anstrengungen unternommen, um die richtige Funktionsweise der Beispielskripts sicherzustellen, aber Microsoft lehnt jede Verantwortung und jede Haftung für irgendwelche Folgeschäden ab, die sich aus der

Verwendung dieser Skripts ergeben könnten. Die Beispielskripts werden Ihnen ohne Gewährleistungs-anspruch oder Garantie für die Funktionsfähigkeit zur Verfügung gestellt. Microsoft leistet keinen Support für diese Skripts.

Auch das Windows 7 Resource Kit PowerShell Pack von der Begleit-CD wird nicht von Microsoft unterstützt, sondern ohne Gewährleistungsanspruch und ohne Garantie für die Funktionsfähigkeit zur Verfügung gestellt. Die neusten Mitteilungen und Tipps zum PowerShell Pack finden Sie im Windows PowerShell-Blog unter *http://blogs.msdn.com/powershell/*.

Sorgen Sie dafür, dass Sie sich in einer Testumgebung gründlich mit diesen Windows PowerShell-Skripts und den Modulen vertraut machen, bevor Sie sie in Ihrer Produktivumgebung verwenden. Da es sich bei diesen Beispielskripts nur um Machbarkeitsstudien handelt, müssen Sie die Skripts wahr-scheinlich überarbeiten und an Ihre Bedürfnisse anpassen, bevor Sie sie in Ihrer Produktivumgebung einsetzen. So gibt es in den Skripts zum Beispiel nur eine minimale Fehlerbehandlung. Außerdem gehen die Skripts davon aus, dass die angegebenen Remotecomputer tatsächlich vorhanden und ent-sprechend konfiguriert sind. Daher empfehlen wir den Lesern, diese Skripts sorgfältig an Ihre eigenen Bedürfnisse anzupassen.

Systemanforderungen

Die Begleit-CD können Sie auf einem Computer verwenden, auf dem Windows XP oder höher aus-geführt wird. Der Computer sollte die Hardwarevoraussetzungen für die verwendete Windows-Version erfüllen.

Zum Lesen des E-Books und der Beispielkapitel verwenden Sie eine Anwendung, die PDF-Dateien anzeigen kann, beispielsweise Adobe Acrobat Reader, den Sie kostenlos von *http://get.adobe.com/ reader/* herunterladen können.

Zum Lesen der Anleitungen für die Volumenaktivierung in Kapitel 11 verwenden Sie Microsoft Office Word 2007 oder den neusten Microsoft Word Viewer aus dem Microsoft Download Center unter *http://www.microsoft.com/downloads/*.

Das Windows 7 Resource Kit PowerShell Pack und die Windows PowerShell-Beispielskripts von der Begleit-CD benötigen Windows PowerShell 2.0. Das Windows PowerShell Pack und die Beispiel-skripts wurden nur unter Windows 7 getestet. Informationen über die Installation und Verwendung dieser Software finden Sie in der Einführung dieses Buchs.

Support für dieses Buch

Dieses Buch und die Begleit-CD wurden mit großer Sorgfalt erstellt. Korrekturen zum Buch bietet Microsoft Press unter folgender Webadresse:

http://www.microsoft-press.de/support.asp

Wenn Sie Kommentare, Fragen oder Anregungen zum Buch oder zur Begleit-CD haben, die sich nicht durch eine Abfrage der Knowledge Base beantworten lassen, wenden Sie sich an Microsoft Press:

Per E-Mail (in englischer Sprache):

rkinput@microsoft.com

Per Post:

Microsoft Press
Betrifft: *Windows 7 – Die technische Referenz*
Konrad-Zuse-Straße 1
85716 Unterschleißheim

Wenn Sie Ersatz für eine fehlerhafte Begleit-CD erhalten möchten, können Sie eine E-Mail an *presscd@microsoft.com* senden.

Beachten Sie bitte, dass unter den genannten Adressen kein Produktsupport geleistet wird. Informationen über den Produktsupport finden Sie auf der Microsoft-Produktsupportwebsite unter der Adresse *http://support.microsoft.com*.

T E I L   I

Überblick

K A P I T E L   1

Überblick über die Verbesserungen in Windows 7

Windows 7 ist ein komplexes Betriebssystem mit Tausenden von Funktionen. Um es vollständig zu verstehen, muss man sich wohl einige Jahre intensiv damit beschäftigen. Aber die meisten IT-Profis können auf ihre Erfahrungen mit älteren Windows-Versionen wie Windows XP und Windows Vista zurückgreifen, auf denen Windows 7 aufbaut. Dieses Kapitel setzt voraus, dass Sie sich mit Windows Vista auskennen. Es beschreibt die wichtigsten Verbesserungen, die nicht in den Bereich der Sicherheit fallen und nicht an anderer Stelle in diesem Buch besprochen werden, sowie die verschiedenen Editionen von Windows 7 und die Voraussetzungen, die Windows 7 an die Hardware stellt.

HINWEIS   Dieses Kapitel soll IT-Profis einen schnellen Überblick über die Änderungen geben, mit denen sie es beim Wechsel auf Windows 7 zu tun haben. Es eignet sich auch als Informationsquelle für jeden, der die neue Technologie verstehen muss, aber nicht an technischen Details interessiert ist.

Einen Überblick über die verbesserte Sicherheit unter Windows 7 finden Sie in Kapitel 2, »Sicherheit in Windows 7«.

Übersicht über die Verbesserungen von Windows 7 und Verweise auf deren Beschreibung in diesem Buch

Windows 7 weist gegenüber älteren Windows-Clientbetriebssystemen Hunderte von Verbesserungen auf. Dieses Kapitel bietet Ihnen einen Überblick über diese Features. Der Schwerpunkt liegt auf Features, die nicht an anderer Stelle in dieser technischen Referenz ausführlicher besprochen werden. Tabelle 1.1 listet einige der wichtigsten Verbesserungen von Windows 7 auf, die für IT-Profis von Interesse sind, und nennt die Kapitel dieses Buchs, in denen die Verbesserungen ausführlich besprochen werden.

Tabelle 1.1   Verbesserungen von Windows 7

Verbesserung	Kapitel
Verbesserte Sicherheit	2
Verbesserte Bereitstellung	3 bis 12
Anwendungskompatibilität	4
Windows PowerShell 2.0	13
Gruppenrichtlinienpräferenzen	14
Starter-Gruppenrichtlinienobjekte (GPOs)	14
PowerShell-Cmdlets für Gruppenrichtlinien	14
Bibliotheken	15
Verbesserungen für Offline-Dateien	15
Verbesserungen für Windows BitLocker	16
Verbesserungen für Windows ReadyBoost	16
Device Stage und andere Verbesserungen für Geräte	17
Start von Diensten durch Trigger	17
Bewertung der Energieeffizienz mit Powercfg	17
Verbesserter Druck	18
Standortabhängiger Druck	18
Druckertreiberisolierung	18
Verbesserte Suche	19
Geschützter Modus des Internet Explorers	20
Systemmonitor	21
Windows-Systembewertung (Windows System Assessment, WinSAT)	21
Diagnose	21, 30, 31
Remoteunterstützung mit Easy Connect	22
Windows AppLocker	24
Benutzerkontensteuerung (User Account Control, UAC)	24
Netzwerkverbesserungen	25
QoS (Quality of Service) auf URL-Basis (Uniform Resource Locator)	25
DNSsec (Domain Name System Security)	25
Mehrere aktive Firewallprofile	26
IPsec-Verbesserungen (Internet Protocol Security)	26
BranchCache	27
Wiederherstellung von VPN-Verbindungen (Virtual Private Network)	27
DirectAccess	27
Remotedesktopprotokoll 7.0	27
IPv6-Änderungen	28
Problembehandlung unter Windows	30
Ressourcenmonitor	30, 31
Remote-Problembehandlung mit Windows PowerShell	30
Weiterentwickelte und angepasste Problembehandlung	30, 31
Zuverlässigkeitsüberwachung	30
Problemaufzeichnung	30, 31

HINWEIS   Windows Vista und Windows 7 bieten im Vergleich zu älteren Windows-Versionen wichtige Verbesserungen des Sicherheitssystems. Dafür wurden so viele Änderungen vorgenommen, dass es zu ihrer Beschreibung in dieser technischen Referenz ein eigenes Kapitel gibt, und zwar das Kapitel 2, »Sicherheit in Windows 7«.

Funktionen, die in erster Linie in privaten Umgebungen verwendet werden, sind nicht Thema dieses Buchs. Dazu gehören zum Beispiel der Jugendschutz, Spiele, Windows Media Player, Windows Media Center und so weiter.

Benutzeroberfläche

Für die meisten Benutzer sind die Verbesserungen von Windows 7 am wichtigsten, die auf der Benutzeroberfläche sichtbar sind. Dieser Abschnitt beschreibt, wie sich die Benutzeroberfläche von Windows 7 geändert hat. Überlegen Sie bei der Lektüre dieses Abschnitts bitte, welche dieser Änderungen bei der Einführung des Betriebssystems eine Schulung der Benutzer oder Änderungen in ihren Desktopverwaltungseinstellungen erfordern.

Taskleiste

Wie in Abbildung 1.1 zu sehen ist, hat sich die Taskleiste von Windows 7 stark geändert. Erstens ist sie höher, wobei sich die Höhe bei Bedarf allerdings anders einstellen lässt; zweitens zeigt Windows 7 für laufende Anwendungen statt kleiner Anwendungssymbole und der Fensterüberschriften, die in den bisherigen Windows-Versionen verwendet wurden, große Symbole an. Auch diese Einstellung lässt sich ändern. Außer den Symbolen können Benutzer auch die Anzeige von Fensterüberschriften einstellen.

Abbildung 1.1   Die neue Taskleiste zeigt statt der Anwendungsnamen Symbole an und unterstützt das Fixieren von Anwendungen

Die Schnellstart-Symbolleiste wurde entfernt. Stattdessen können Benutzer Anwendungen nun direkt auf der Taskleiste fixieren. Wenn eine Anwendung auf der Taskleiste fixiert ist, erscheint das Symbol immer auf der Taskleiste, so als würde die Anwendung laufen. Benutzer können die Anwendung starten, indem sie auf das Symbol klicken.

Ein neues Feature von Windows 7 namens Aero Peek ermöglicht es Benutzern, den Mauscursor über die rechte Seite der Taskleiste zu stellen und so alle offenen Fenster durchsichtig zu machen, damit der Desktop sichtbar wird. Dadurch werden Minianwendungen (Gadgets) sinnvoller, die nun an beliebiger Stelle auf dem Desktop platziert werden können. Benutzer können auch eine Vorschau von einem geöffneten Fenster anzeigen oder zu einer laufenden Anwendung wechseln, indem sie den Mauscursor auf der Taskleiste über das entsprechende Element stellen, worauf eine Miniaturansicht der Anwendung angezeigt wird.

Sprunglisten

Benutzer können nun eine Sprungliste öffnen, indem sie ein Anwendungssymbol auf der Taskleiste mit der rechten Maustaste anklicken oder im Startmenü ein Anwendungssymbol wählen. Wie in Abbildung 1.2 gezeigt, ermöglichen Sprunglisten einen schnellen Zugang zu Programmfunktionen, die häufig verwendet werden. Wenn Sie eine Anwendung in einer der Vorgängerversionen von Windows mit der rechten Maustaste anklicken, erscheint gewöhnlich ein Kontextmenü mit Standardoptionen wie *Maximieren*, *Wiederherstellen*, *Minimieren* und *Verschieben*. In Windows 7 können Anwendungen anwendungsspezifische Aufgaben zum Kontextmenü des Fensters hinzufügen.

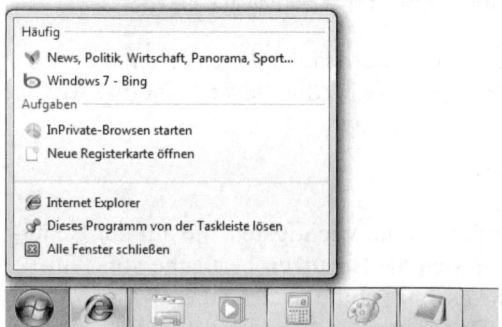

Abbildung 1.2   Sprunglisten bieten schnellen Zugriff auf häufig verwendete Anwendungen und Dateien

So ermöglicht die Sprungliste von Windows Media Player beispielsweise das Abspielen aller Titel oder der letzten Wiedergabeliste, ohne dass Windows Media Player zuvor geöffnet werden muss. Jede Anwendung, die speziell für Windows 7 entwickelt wird, kann Sprunglisten verwenden. Daher wird dieses Feature mit der Zeit immer nützlicher werden.

Infobereich

In den Vorgängerversionen von Windows 7 konnte es geschehen, dass der Infobereich (der Teil der Taskleiste neben der Uhr) mit unerwünschten Symbolen überfüllt wurde, die dort von verschiedenen Anwendungen hinzugefügt wurden. In Windows 7 werden nur Symbole für das Netzwerk, das Wartungscenter (es ersetzt das Sicherheitscenter von Windows Vista) und den Akkuzustand (auf Laptops) angezeigt, solange der Benutzer nicht ausdrücklich die Anzeige weiterer Symbole zulässt. Abbildung 1.3 zeigt den neuen Infobereich mit gewähltem Wartungscentersymbol.

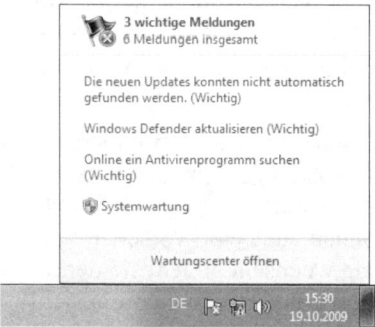

Abbildung 1.3   Der Infobereich ist übersichtlicher

Mausbewegungen

Zur Steigerung der Produktivität gibt es in Windows 7 zwei neue Mausbewegungen:

- **Aero Snap**   Benutzer können ein Fenster an den oberen Bildschirmrand ziehen, um es zu maximieren, oder an den linken oder rechten Rand des Bildschirms, um das Fenster so einzustellen, dass es den halben Bildschirm ausfüllt. Auf der Titelleiste sind weiterhin die Schaltflächen *Mini-*

mieren, *Maximieren* und *Schließen* vorhanden. Eine Größenänderung des Fensters durch das Ziehen einer Ecke an den oberen oder unteren Rand des Bildschirms führt automatisch dazu, dass die Fensterhöhe so eingestellt wird, dass es vom oberen bis zum unteren Bildschirmrand reicht.

- **Aero Shake** Um Ablenkungen durch einen überfüllten Bildschirm zu vermeiden, können Benutzer alle anderen Fenster minimieren, indem sie ein Fenster mit der Maus schütteln. Ein erneutes Schütteln des Fensters bewirkt die Wiederherstellung der anderen Fenster an ihren vorherigen Positionen.

Trotz der Bezeichnungen funktionieren diese Mausbewegungen unabhängig davon, ob Aero aktiviert ist oder nicht.

Verbessertes ALT+TAB

Der Wechsel von einer Anwendung zur anderen ist eine Aufgabe, die Benutzer häufig durchführen. In älteren Windows-Versionen konnten Benutzer mit der Tastenkombination ALT+TAB zwischen geöffneten Anwendungen wechseln. Indem ein Benutzer die ALT-Taste gedrückt hält und wiederholt die TAB-Taste betätigt, kann er die gewünschte Anwendung unter mehreren Anwendungen auswählen.

Auch Windows 7 unterstützt die Tastenkombination ALT+TAB. Bei aktiviertem Aero werden die verfügbaren Anwendungen bei der Tastenkombination ALT+TAB als Miniaturansichten angezeigt (Abbildung 1.4). Macht der Benutzer bei der Auswahl der Anwendung eine Pause, wird das Fenster im Hintergrund in der normalen Größe angezeigt.

Abbildung 1.4 Bei aktiviertem Aero werden die geöffneten Fenster bei der Verwendung von ALT+TAB als Miniaturansichten angezeigt

Tastenkombinationen

Um den Zeitaufwand für häufig auszuführende Aufgaben zu verringern, unterstützt Windows 7 die in Tabelle 1.2 aufgeführten Tastenkombinationen.

Tabelle 1.2 Neue Windows 7-Tastenkombinationen

Tastenkombination	Aktion
WINDOWS+NACH-OBEN	Maximiert das aktuelle Fenster.
WINDOWS+NACH-UNTEN	Stellt das aktuelle Fenster wieder her oder minimiert es.
WINDOWS+NACH-LINKS	Stellt das aktuelle Fenster so ein, dass es die linke Hälfte des Bildschirms bedeckt.
WINDOWS+NACH-RECHTS	Stellt das aktuelle Fenster so ein, dass es die rechte Hälfte des Bildschirms bedeckt.
WINDOWS+UMSCHALT+NACH-LINKS	Verschiebt das aktuelle Fenster bei Verwendung von zwei Monitoren auf den linken Bildschirm.
WINDOWS+UMSCHALT+NACH-RECHTS	Verschiebt das aktuelle Fenster bei Verwendung von zwei Monitoren auf den rechten Bildschirm.
WINDOWS+POS1	Minimiert alle Fenster mit Ausnahme des aktuellen Fensters oder stellt sie wieder her. ▶

Tastenkombination	Aktion
WINDOWS+T	Legt den Eingabefokus auf die Taskleiste, sodass Sie dort mit den Pfeiltasten und der EINGABE-TASTE ein Element auswählen können. Durch die erneute Eingabe dieser Tastenkombination wird das jeweils nächste Element ausgewählt. WINDOWS+UMSCHALT+T ermöglicht eine Bewegung in die andere Richtung.
WINDOWS+TAB	Ermöglicht den Wechsel zur jeweils nächsten geöffneten Anwendung in 3-D.
ALT+TAB	Ermöglicht den Wechsel zur jeweils nächsten geöffneten Anwendung in 2-D.
WINDOWS+LEERTASTE (Tasten gedrückt halten)	Zeigt eine Desktopvorschau an.
WINDOWS+D	Zeigt den Desktop.
WINDOWS+M	Minimiert die aktuellen Fenster.
WINDOWS+G	Zeigt die Miniaturanwendungen (Gadgets) über den Anwendungen an.
WINDOWS+P	Zeigt Optionen für die Darstellungweise auf mehreren Bildschirmen oder einem Projektor.
WINDOWS+U	Öffnet das Center für erleichterte Bedienung.
WINDOWS+X	Öffnet das Mobilitätscenter und ermöglicht den schnellen Zugang zu Funktionen wie WiFi.
WINDOWS+[eine Zahlentaste von 1 bis 5]	Startet das Programm in der Taskleiste, dessen Position der Zahlentaste entspricht. WINDOWS+1 startet zum Beispiel die erste Anwendung in der Taskleiste.
WINDOWS++	Vergrößern
WINDOWS+-	Verkleinern
WINDOWS+L	Sperrt den Computer und wechselt zum Anmeldebildschirm.

Verbesserungen für Tablet PCs

Tablet PCs sind portable Computer, die für Eingaben mit einem speziellen Schreibstift ausgelegt sind. Mit diesem Stift kann der Benutzer direkt auf dem Bildschirm des Tablet PCs schreiben oder zeichnen. Microsoft hat vor Windows Vista die Tablet PC-Funktionen nur in Windows XP Tablet PC Edition verfügbar gemacht. Unter Windows 7 sind Tablet PC-Funktionen in den Betriebssystemen Windows 7 Home Premium, Windows 7 Professional, Windows 7 Enterprise und Windows 7 Ultimate verfügbar.

Windows 7 weist einige Verbesserungen der Schnittstelle auf, die auf Tablet PCs für Schreibstifte verwendet wird. Die Erkennung von Handschriften wurde verbessert. Der neue Mathematik-Eingabebereich ermöglicht die Eingabe von mathematischen Ausdrücken, die anschließend von Anwendungen verwendet werden können. Die Textvorhersage verbessert die Texteingabe bei der Verwendung der Bildschirmtastatur und lernt im Lauf der Zeit das Vokabular des Benutzers. Windows 7 unterstützt die Handschrifterkennung in mehreren Sprachen wie Schwedisch, Dänisch, Norwegisch, Finnisch, Portugiesisch (Portugal), Polnisch, Russisch, Rumänisch, Katalanisch, Serbisch (Lateinisch), Kroatisch, Serbisch (Kyrillisch) und Tschechisch. Wie Windows Vista unterstützt auch Windows 7 Englisch (U.S.), Englisch (U.K.), Deutsch, Französisch, Spanisch, Italienisch, Niederländisch, Portugiesisch (Brasilien), Chinesisch (vereinfacht), Traditionelles Chinesisch, Japanisch und Koreanisch.

Zur Konfiguration oder Deaktivierung der Tablet PC-Funktionen verwenden Sie die Gruppenrichtlinieneinstellungen in der Computerkonfiguration und der Benutzerkonfiguration unter *Richtlinien\ Administrative Vorlagen\Windows-Komponenten\Tablet PC*.

Touch-Schnittstelle

Windows 7 bietet eine verbesserte Touch-Schnittstelle für Computer mit Touchscreen. Während auf Tablet PCs ein Schreibstift für Eingaben verwendet wird, erfolgen Eingaben auf Touchscreens mit dem Finger. Zu den Bedienungsmöglichkeiten gehören Folgende:

- Sie wählen Text aus, indem Sie den gewünschten Textabschnitt mit einem Finger berühren und Ihren Finger über den Text bewegen.

- Sie können einen vertikalen Bildlauf durchführen, indem Sie die dargestellten Informationen mit dem Finger verschieben, oder die dargestellten Inhalte in jede Richtung verschieben, indem Sie den Bildschirm mit zwei Fingern verschieben.

- Einen Klick mit der rechten Maustaste können Sie nachbilden, indem Sie einen Finger für kurze Zeit auf ein Symbol legen oder ein Objekt mit einem Finger berühren und mit einem zweiten Finger tippen.

- Eine Darstellung können Sie verkleinern oder vergrößern, indem Sie das Objekt mit zwei Fingern berühren und die Finger so bewegen, als ob Sie das Objekt zusammendrücken oder auseinander- ziehen würden.

- Ein Bild können Sie drehen, indem Sie es mit zwei Fingern berühren und eine Drehbewegung durchführen.

- Seiten blättern Sie um, indem Sie mit einem Finger eine Bewegung durchführen, als würden Sie in einem Buch eine Seite weiterblättern (Sie wischen kurz über den Bildschirm).

- Berühren Sie ein Objekt auf der Taskleiste und führen Sie eine Wischbewegung nach oben durch, um die Sprungleiste zu öffnen.

Mit der passenden Hardware ist die Bedienung von Windows 7 durch diese neuen Funktionen ein- facher geworden. Die Funktionen haben das Potenzial, die Produktivität der Benutzer von Mobil- computern zu steigern, weil sie die Notwendigkeit verringern, eine Tastatur zu benutzen.

Bibliotheken

Bibliotheken funktionieren wie Ordner, aber sie zeigen Dateien eines bestimmten Typs von mehreren Computern an. Sie können zum Beispiel eine Bibliothek erstellen, in der alle Weiterbildungsvideos Ihrer Organisation erfasst werden, auch wenn sie auf mehreren Servern gespeichert sind. Benutzer können die Bibliothek dann öffnen und die Videos verwenden, ohne zu wissen, auf welchen Servern die einzelnen Dateien liegen. Zugänglich sind Bibliotheken im Startmenü, im Windows-Explorer und in *Öffnen*- und *Speichern*-Dialogfeldern.

Die Bibliotheken von Windows 7 haben eine gewisse Ähnlichkeit mit den Suchordnern von Windows Vista, allerdings können Benutzer Dateien in Bibliotheken speichern, während Suchordner schreibge- schützt sind. Dateien, die in einer Bibliothek gespeichert werden, werden in einem konfigurierbaren, tatsächlich vorhandenen Ordner gespeichert. Windows 7 indiziert Bibliotheken automatisch, um die Suche nach enthaltenen Objekten und deren Anzeige zu beschleunigen.

Die Standardansicht des Windows-Explorers zeigt zum Beispiel die Bibliothek *Dokumente* und nicht den *Dokumente*-Ordner des Benutzers. Wie die Darstellung des Dialogfelds *Eigenschaften von Doku- mente* in Abbildung 1.5 zeigt, enthält die Bibliothek *Dokumente* den Ordner *Eigene Dokumente* des Benutzers und den Ordner *Öffentliche Dokumente*. Der Ordner *Eigene Dokumente* des Benutzers ist als Speicherort konfiguriert. Neue Dateien werden also im Ordner *Eigene Dokumente* des Benutzers gespeichert. Nach einem Klick auf die Schaltfläche *Ordner hinzufügen* können Benutzer weitere Ord- ner zur Bibliothek *Dokumente* hinzufügen.

Abbildung 1.5   Die Eigenschaften der Bibliothek *Dokumente*

Verbesserte Suche

Windows 7 bietet eine verbesserte Suche mit intelligenteren Algorithmen zur Sortierung der Suchergebnisse. Die Suchergebnisse werden mit einem kurzen Auszug aus dem Dokument angezeigt, in dem der gesuchte Begriff hervorgehoben wird (Abbildung 1.6). Dadurch können Benutzer die gesuchten Dokumente, Nachrichten und Bilder schneller finden. Außerdem erleichtert Windows 7 die Verwendung von Suchfiltern, wodurch sich die Anzahl der Suchergebnisse eingrenzen lässt.

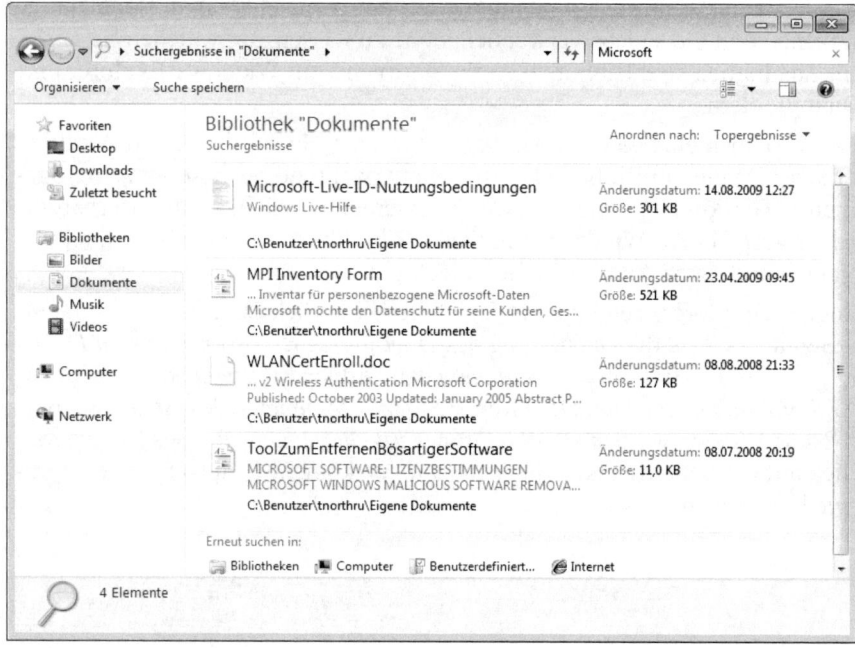

Abbildung 1.6   Die Suchfunktion hebt den Suchbegriff nun in den Ergebnissen hervor

Search Federation

Search Federation ermöglicht Benutzern die einfache Suche in ihren Netzwerken und im Internet, einschließlich Microsoft SharePoint-Sites. Search Federation unterstützt Open-Soure-Search Federation-Anbieter, die den OpenSearch-Standard verwenden. Das ermöglicht Benutzern (oder IP-Profis unter Verwendung der Gruppenrichtlinien), Suchconnectors hinzuzufügen, mit denen sich Suchen auf Websites aus dem Intranet oder Internet durchführen lassen. Die Internetsuche nach dem Begriff »Windows 7 Search Federation providers« ergab zu der Zeit, als dieses Buch entstand, Seiten, mit deren Hilfe Benutzer schnell Suchconnectors für viele populäre Websites installieren konnten. Abbildung 1.7 zeigt drei Suchconnectors, die für MSDN Channel 9, MSDN und Microsoft TechNet installiert wurden. Die angezeigten Ergebnisse stammen von einer Suche auf der TechNet-Website.

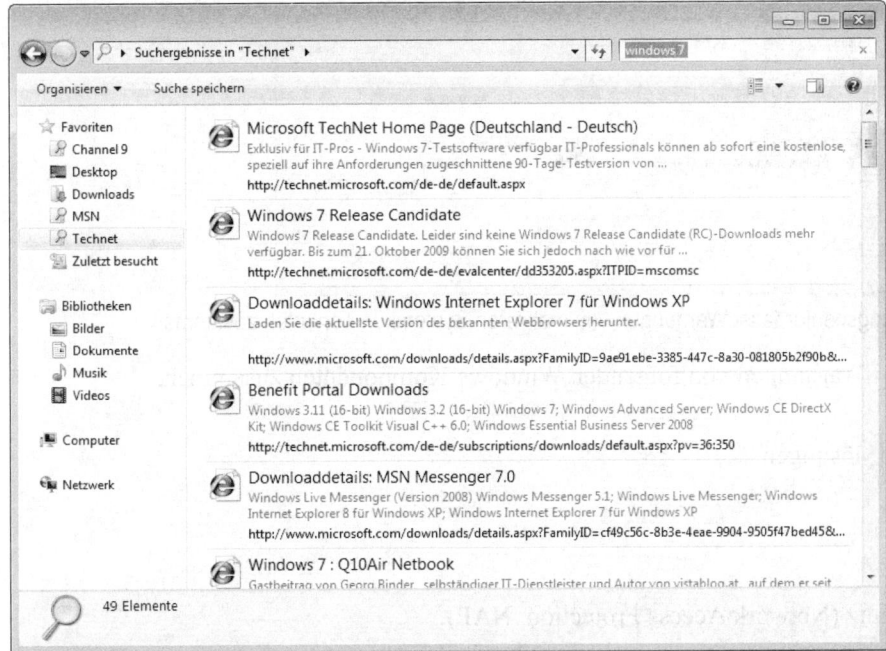

Abbildung 1.7   Suchconnectors ermöglichen es Benutzern, im Windows-Explorer Websites zu durchsuchen

Wartungscenter

In Windows Vista gibt es ein Sicherheitscenter, das Benutzer darüber informiert, welche Aktionen erforderlich sind, damit der Computer geschützt ist. Beispielsweise verwendet Windows Vista das Sicherheitscenter, um den Benutzer zu warnen, falls Windows Defender oder Windows-Firewall deaktiviert ist.

Windows 7 ersetzt das Sicherheitscenter durch das Wartungscenter (Abbildung 1.8). Das Wartungscenter weist den Benutzer auf dieselben Sicherheitsprobleme wie das Sicherheitscenter hin, informiert aber außerdem Benutzer über Probleme, die nicht sicherheitsbezogen sind, beispielsweise darüber, dass keine regelmäßige Datensicherung eingerichtet worden ist.

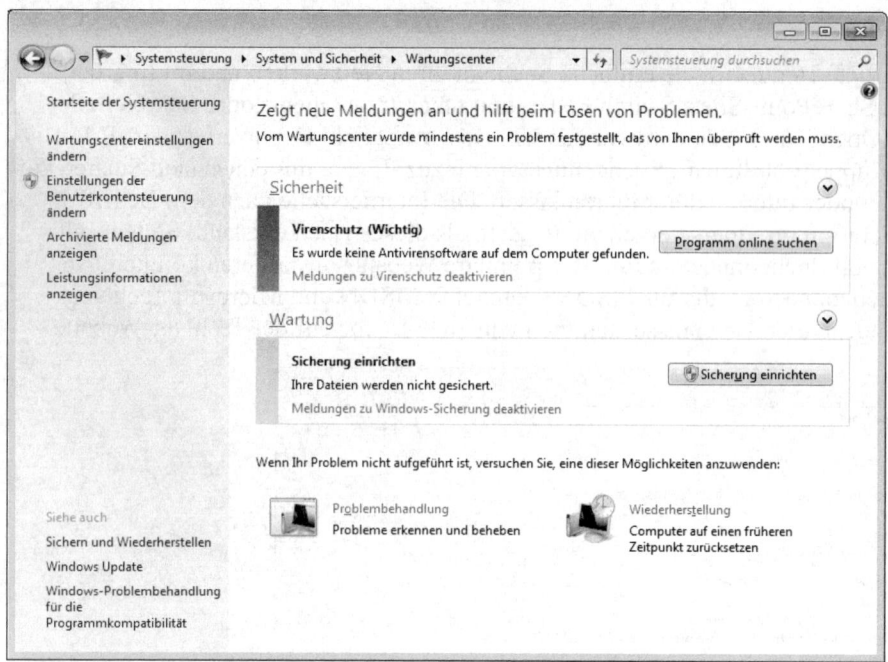

Abbildung 1.8   Das Wartungscenter fasst Warnungen von mehreren Systemkomponenten zusammen

Das Wartungscenter fasst Warnungen von folgenden Windows-Komponenten zusammen:

- Sicherheitscenter
- Problemberichte und -lösungen
- Windows Defender
- Windows Update
- Diagnose
- Netzwerkzugriffsschutz (Network Access Protection, NAP)
- Sichern und Wiederherstellen
- Wiederherstellung
- Benutzerkontensteuerung (User Account Control, UAC)

Das Dokumentformat XPS

Windows Vista und Windows 7 unterstützen von Haus aus das neue Dokumentformat XPS (XML Paper Specification). Jedes druckbare Dokument kann in das XPS-Dokumentformat umgewandelt und dann leicht auf anderen Plattformen verwendet werden. XPS verfügt über ähnliche Leistungsmerkmale wie das Adobe PDF-Format, hat aber den Vorteil, im Betriebssystem integriert zu sein.

Windows 7 bietet eine verbesserte Version des XPS-Viewers (Abbildung 1.9), damit Sie XPS-Dokumente ohne die Anwendung, mit der sie erstellt wurden, öffnen und lesen können. Benutzer können den verbesserten XPS-Viewer auch verwenden, um XPS-Dokumente digital zu signieren. Wenn eine Organisation den Windows-Rechteverwaltungsdienst einsetzt, können Benutzer auch den Kreis der Leute einschränken, die XPS-Dokumente mit dem verbesserten XPS-Viewer öffnen und bearbeiten können.

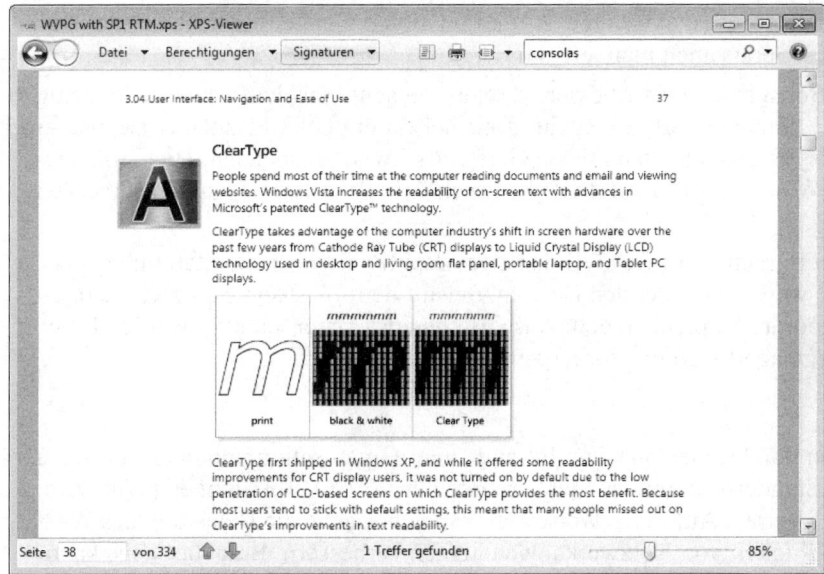

Abbildung 1.9   Der XPS-Viewer

Windows Internet Explorer 8

Zum Lieferumfang von Windows 7 gehört der Windows Internet Explorer 8, ein leistungsfähiger Webbrowser, der Benutzer dabei unterstützt, sich vor Bedrohungen aus dem Internet zu schützen. Der Internet Explorer 8 lässt sich zwar auch unter Windows XP und Windows Server 2003 installieren, aber er bietet eine wichtige Verbesserung des Sicherheitssystems, die geschützter Modus genannt wird und nur unter Windows Vista, Windows 7 und Windows Server 2008 funktioniert. Im geschützten Modus wird der Internet Explorer mit minimalen Rechten ausgeführt. Das hindert bösartige Websites daran, permanente Änderungen an der Computerkonfiguration durchzuführen.

Leistung

Obwohl einige Features von Windows 7 wie zum Beispiel Aero leistungsfähige Hardware erfordern, wurde Windows 7 so konzipiert, dass es eine ähnliche Leistung wie ältere Windows-Versionen aufweist, wenn es auf derselben Hardware betrieben wird. Häufig ist es dann sogar leistungsfähiger als die älteren Windows-Versionen. Die folgenden Abschnitte beschreiben die Techniken, die zur Verbesserung der Leistung von Windows 7 verwendet wurden.

ReadyBoost

Windows ReadyBoost wurde mit Windows Vista eingeführt und verwendet ein USB-Flashlaufwerk (Universal Serial Bus) oder eine SD-Speicherkarte (Secure Digital) zur Zwischenspeicherung von Daten, die sonst von einem deutlich langsameren Festplattenlaufwerk eingelesen werden müssten. Windows Vista bestimmt mithilfe der SuperFetch-Technologie automatisch, welche Daten auf diese Weise zwischengespeichert werden.

Wenn Sie ein USB-Flashlaufwerk oder eine SD-Karte mit mehr als 256 MByte einstecken, überprüft Windows Vista, ob das Gerät schnell genug für ReadyBoost ist. (Flashlaufwerke, die für ReadyBost ausgelegt sind, tragen auf der Verpackung den Aufdruck »Enhanced for Windows ReadyBoost«, aber andere Geräte können sich auch eignen.) Sofern das Gerät schnell genug ist, gibt Windows 7 dem

Benutzer die Möglichkeit, ReadyBoost zu aktivieren. Auf kompatiblen Geräten lässt sich ReadyBoost im Eigenschaftendialogfeld des Geräts auch manuell aktivieren.

Für Windows 7 wurde ReadyBoost insoweit verbessert, dass bis zu acht Flashlaufwerke gleichzeitig verwendet werden können. Sie können ReadyBoost zum Beispiel für ein USB-Flashlaufwerk und eine SD-Karte aktivieren. Windows 7 verwendet dann beide Geräte als Zwischenspeicher. Die Größe des Zwischenspeichers war unter Windows Vista auf 4 GByte beschränkt. Windows 7 kann größere Zwischenspeicher erstellen.

Wenn Sie den Flashspeicher entfernen, wird ReadyBoost zwar deaktiviert, aber die Stabilität des Computers ist nicht gefährdet, weil es sich bei den Dateien, die auf dem Flashspeicher zwischengespeichert werden, nur um temporäre Kopien handelt. Aus Gründen des Datenschutzes werden Daten, die auf dem Flashspeicher ausgelagert werden, vorher verschlüsselt.

BranchCache

BranchCache speichert Kopien von Dateien aus dem Intranet einer Organisation und überträgt sie an andere Computer des lokalen Standorts, damit sie nicht erneut über WAN-Verbindungen (Wide Area Network) angefordert werden müssen. Auf diese Weise kann BrancheCache die Belastung des WANs verringern und die Reaktionsfähigkeit von Netzwerkanwendungen verbessern. BrancheCache kann Dateien von freigegebenen Ordnern und Webservern zwischenspeichern, allerdings nur, wenn auf dem Server das Betriebssystem Windows Server 2008 R2 verwendet wird.

BranchCache kann in zwei verschiedenen Betriebsarten verwendet werden: »gehosteter Cache« (dieser Modus setzt voraus, dass in jeder Zweigstelle ein Computer verfügbar ist, auf dem Windows Server 2008 R2 verwendet wird) und »verteilter Cache« (in diesem Modus tauschen die Clients in einer Zweigstelle die zwischengespeicherten Dateien direkt untereinander aus). Ein gehosteter Cache bietet eine bessere Leistung, aber Zweigstellen, die nicht über einen Computer verfügen, auf dem Windows Server 2008 R2 ausgeführt wird, können einen verteilten Cache verwenden.

Solid-State Drives (SSDs)

Windows 7 bietet einige Leistungsverbesserungen für SSDs (Solid-State Drives), beispielsweise für Flashlaufwerke:

- Die Datenträgerdefragmentierung wird deaktiviert, weil sie bei SSDs nicht erforderlich ist.
- Windows 7 löscht Daten, die nicht mehr benötigt werden, mit dem SSD-Befehl TRIM. Dadurch wird der Zeitaufwand bei der Wiederverwendung desselben Speicherplatzes verringert.
- Windows 7 formatiert ein SSD anders.

RemoteApp- und Desktopverbindungen

Nach der Verbindung mit Terminalservern, auf denen Windows Server 2008 R2 verwendet wird, sind Remoteanwendungen beinahe nahtlos ins System integriert. Die Benutzerschnittstelle ist umfangreicher und Remoteanwendungen lassen sich direkt aus dem *Start*-Menü starten. Nach dem Start sind sie praktisch nicht mehr von lokalen Anwendungen zu unterscheiden. Dadurch lässt sich eine zentrale Anwendungsverwaltung mit einer Thin-Client-Architektur einfacher aufbauen und verwenden.

Remotedesktop unterstützt in Windows 7 die Verwendung der Aero-Schnittstelle und mehrere Monitore. Dadurch kann man auf Remotecomputern fast wie auf lokalen Computern arbeiten. Auch Multimedia funktioniert mit Remotedesktop besser, weil Windows Media Player nun Videos besser über Remotedesktopverbindungen abspielen kann und Remotedesktop auch Mikrofone unterstützt. Benutzer können auf einem lokalen Drucker drucken, ohne auf dem Server Druckertreiber installieren zu müssen.

Die neue Option *-energy* von PowerCfg

Das Hilfsprogramm Powercfg wurde für Windows 7 um die neue Befehlszeilenoption -energy erweitert, um die Erkennung von häufiger vorkommenden Energieeffizienzproblemen zu ermöglichen. Zu diesen Problemen gehören eine zu starke Prozessorauslastung, eine falsche Zeitgebereinstellung, ineffiziente Energierichtlinieneinstellungen, ineffizientes Anhalten von USB-Geräten und eine nachlassende Akkukapazität. Diese neue Powercfg-Option kann IT-Profis dabei unterstützen, einen Computer vor der Bereitstellung zu überprüfen oder Benutzern zu helfen, bei denen Probleme mit der Leistungs- aufnahme oder der Betriebsdauer bei Akkubetrieb auftreten. Erfahrene Benutzer können diese Option verwenden, um ihre eigenen Computer auf Energieeffizienzprobleme zu untersuchen.

Prozessreflektion

Wenn Anwendungen unter Windows Vista oder älteren Windows-Versionen versagten, mussten Be- nutzer warten, während Informationen über den Fehlschlag gesammelt wurden. Diese Verzögerung hat den Fehler für die Benutzer noch frustrierender gemacht und ihre Produktivität noch weiter ver- ringert. Unter Windows 7 ermöglicht es die Prozessreflektion, dass der fehlerhafte Prozess wieder gestartet und verwendet wird, während noch Informationen über den Zustand der ausgefallenen An- wendung gesammelt werden.

Mobilität

Zunehmend setzen sich Laptops und Tablet PCs durch, die ganz anders als herkömmliche Desktop- computer verwendet werden. Mobile PCs müssen sparsam mit Strom umgehen und Benutzer müssen in der Lage sein, den Energiebedarf und den Ladezustand des Akkus schnell zu überprüfen. Außerdem werden mobile PCs häufig bei Konferenzen verwendet. Diese PCs müssen sich also auf einfache Weise mit drahtlosen Netzwerken verbinden lassen und in der Lage sein, Netzwerkressourcen zu erkennen und zu verwenden.

Die folgenden Abschnitte geben Ihnen einen Überblick über die Verbesserungen für mobile Win- dows 7-Computer.

Längere Betriebsdauer bei Akkubetrieb

Unter Windows Vista und älteren Windows-Versionen konnten Dienste so konfiguriert werden, dass sie beim Hochfahren des Betriebssystems oder mit einer gewissen Verzögerung automatisch gestartet werden. Diese Optionen stehen auch in Windows 7 noch zur Verfügung. Außerdem können Dienste durch spezielle Auslöser (Trigger) gestartet werden.

In älteren Windows-Versionen musste den Diensten nach ihrem Start in regelmäßigen Abständen Prozessorzeit zugewiesen werden. Anders gesagt, ein Dienst musste nach einer bestimmten Anzahl von Millisekunden aktiviert werden, auch wenn er nichts zu tun hatte. In Windows 7 können Dienste durch eine Reihe von verschiedenen Ereignissen aktiviert werden, beispielsweise durch Verbindungs- anforderungen aus dem Netzwerk oder durch eine Aktivität des Benutzers. Auf diese Weise ist es möglich, dass sich der Prozessor eines Computers häufiger im Leerlauf befindet. Das verlängert die Betriebsdauer bei Akkubetrieb.

Windows 7 ist bei der Wiedergabe von Video-DVDs effizienter, weil es mit weniger Rechenleistung auskommt und das Anlaufen des DVD-Laufwerks effizienter steuert. Auf Reisen steigt somit die Wahrscheinlichkeit, dass sich mobile Benutzer mit einer einzigen Akkuladung einen ganzen Film von DVD ansehen können.

Adaptive Bildschirmhelligkeit

Windows 7 verringert automatisch die Helligkeit des Bildschirms, wenn der Computer einige Zeit nicht verwendet wird. Auf diese Weise schont Windows 7 die Akkus, ohne in den Energiesparmodus wechseln zu müssen. Außerdem reagiert die adaptive Bildschirmhelligkeit auf intelligente Weise auf die Aktivitäten des Benutzers. Wenn die adaptive Bildschirmhelligkeit zum Beispiel nach 30 Sekunden die Helligkeit verringert und der Benutzer sofort die Maus bewegt, damit die Anzeige wieder in der gewohnten Helligkeit erfolgt, wartet die adaptive Bildschirmhelligkeit anschließend 60 Sekunden, bevor sie die Helligkeit wieder verringert.

Verfügbare Netzwerke anzeigen

Mobile Benutzer müssen häufig Verbindungen mit Drahtlosnetzwerken, Breitbandnetzwerken, virtuellen privaten Netzwerken und DFÜ-Netzwerken herstellen. Unter Windows 7 können Benutzer mit zwei Klicks eine Verbindung mit einem Drahtlosnetzwerk herstellen: ein Klick auf das Netzwerksymbol im Infobereich und ein zweiter auf das gewünschte Netzwerk. Abbildung 1.10 zeigt, wie die verfügbaren Netzwerke angezeigt werden.

Abbildung 1.10   Die Anzeige verfügbarer Netzwerke

Intelligente Energiesteuerung für Netzwerkadapter

Verkabelte Netzwerkverbindungen verbrauchen Strom, wenn sie aktiv sind, auch wenn kein Kabel angeschlossen ist. Windows 7 bietet die Möglichkeit, die Stromversorgung der Netzwerkkarten automatisch auszuschalten, wenn kein Kabel angeschlossen ist. Sobald ein Benutzer ein Netzwerkkabel anschließt, wird die Stromversorgung automatisch wieder eingeschaltet. Diese Funktion macht es möglich, Strom zu sparen und trotzdem schnell eine Verbindung mit einem herkömmlich verkabelten Netzwerk herzustellen.

VPN-Wiederverbindung (Reconnect)

Internetverbindungen sind für mobile Benutzer oft unzuverlässig. Reisende in einem Zug von Boston nach New York können zum Beispiel über weite Teile der Strecke mit einer drahtlosen Breitbandverbindung auf das Internet zugreifen. Allerdings werden sie in ländlichen Gegenden oder beim Durchqueren eines Tunnels wahrscheinlich die Internetverbindung verlieren.

Solche Unterbrechungen sind besonders frustrierend, wenn der Benutzer mit einem virtuellen privaten Netzwerk (Virtual Private Network, VPN) verbunden ist. Unter Windows Vista und älteren Windows-Versionen mussten die Benutzer die VPN-Verbindung manuell wiederherstellen, wenn wieder eine Internetverbindung bestand. Mit VPN-Reconnect erkennt Windows 7, dass wieder eine Internetverbindung besteht, und stellt automatisch wieder die VPN-Verbindung mit einem VPN-Server her, sofern auf ihm Windows Server 2008 R2 verwendet wird.

DirectAccess

VPN-Reconnect vereinfacht zwar die Arbeit mit instabilen VPN-Verbindungen, aber die anfängliche VPN-Verbindung muss vom Benutzer immer noch manuell hergestellt werden. Gewöhnlich muss ein Benutzer dazu einen Benutzernamen und ein Kennwort eingeben und dann einige Sekunden (oder sogar Minuten) warten, während die VPN-Verbindung eingerichtet und der Integritätsstatus des Computers überprüft wird. Wegen dieses Aufwands verzichten Benutzer häufig auf eine VPN-Verbindung und beschränken sich stattdessen auf Ressourcen, die im öffentlichen Internet verfügbar sind.

Allerdings haben mobile Benutzer, die keine Verbindung zum internen Netzwerk herstellen, auch keinen Nutzen von den internen Ressourcen. Daher sind sie nicht so produktiv, wie sie sein könnten. Außerdem erhalten ihre Computer keine Sicherheits- oder Gruppenrichtlinienupdates. Dadurch können sie für Angriffe anfälliger werden und erfüllen nach einer gewissen Zeit vielleicht nicht mehr die Voraussetzungen für den Zugang zum internen Netzwerk.

DirectAccess verbindet Windows 7 automatisch mit dem internen Netzwerk, sobald der mobile Computer über eine Internetverbindung verfügt, wie bei einem betriebsbereiten VPN. Allerdings fordert DirectAccess den Benutzer nicht zu Eingaben auf. Die Verbindung wird vollautomatisch hergestellt. Was den Benutzer betrifft, stehen ihm damit auch die internen Ressourcen zur Verfügung. Und was die IT-Profis betrifft, können Mobilcomputer immer verwaltet werden, solange eine Internetverbindung besteht, ohne dass der Benutzer eine VPN-Verbindung herstellen muss.

DirectAccess hat weitere Vorteile und kann beispielsweise durch Firewalls hindurch arbeiten, die den VPN-Zugriff sperren, oder eine Ende-zu-Ende-Authentifizierung und Verschlüsselung für den Clientcomputer und den Zielserver aus dem internen Netzwerk ermöglichen. DirectAccess setzt einen Server voraus, auf dem Windows Server 2008 R2 ausgeführt wird.

Aktivierung durchs Drahtlosnetzwerk (Wake on Wireless LAN)

Benutzer können Energie sparen, indem sie Computer, an denen nicht gearbeitet wird, in den Energiesparmodus versetzen. In älteren Windows-Versionen konnten Benutzer und IT-Profis die Aktivierung durch ein lokales Netzwerk (Wake on LAN, WOL) dazu verwenden, um Computer zu reaktivieren, damit sich die Computer über das Netzwerk hinweg verwalten lassen. Allerdings funktioniert WOL nur, wenn die Computer an ein herkömmliches verkabeltes Netzwerk angeschlossen sind. Drahtloscomputer, die sich im Energiesparmodus befinden, können nicht über das Netzwerk reaktiviert oder verwaltet werden und laufen Gefahr, Konfigurationsänderungen, Softwareupdates und andere Verwaltungsarbeiten zu versäumen.

Windows 7 unterstützt die Aktivierung durch Drahtlosnetzwerke (Wake on Wireless LAN, WoWLAN). Mit WoWLAN kann Windows 7 den Stromverbrauch verringern, weil Benutzer und IT-Profis nun Computer, die an Drahtlosnetzwerke angeschlossen sind, remote aus dem Energiesparmodus reaktivieren können. Und weil Benutzer nun ihre Drahtloscomputer über das Netzwerk reaktivieren können, können IT-Profis die Computer so konfigurieren, dass sie bei Nichtgebrauch in den Energiesparmodus wechseln.

Zuverlässigkeit und Supportfähigkeit

Endanwender konzentrieren sich zwar meistens auf Änderungen in der Benutzeroberfläche, aber für IT-Profis dürften die Verbesserungen von Zuverlässigkeit und Supportfähigkeit wichtiger sein. Sie können dazu beitragen, dass die Zahl der Anrufe beim Support deutlich sinkt und die Effizienz der IT-Abteilungen steigt. Gewissermaßen als Nebenwirkung werden Benutzer mit ihren IT-Abteilungen zufriedener sein, weil sie weniger Zeit für die Lösung von Computerproblemen aufwenden müssen.

Die folgenden Abschnitte beschreiben wichtige Verbesserungen von Windows 7 in den Bereichen Zuverlässigkeit und Supportfähigkeit.

Starter-Gruppenrichtlinienobjekte

Die Starter-Gruppenrichtlinienobjekte (Group Policy Objects, GPO) von Windows 7 sind Sammlungen von vorkonfigurierten administrativen Vorlagen, die IT-Profis als Standardkonfigurationen für die Erstellung eines Gruppenrichtlinienobjekts verwenden können. Sie berücksichtigen Empfehlungen von Microsoft und weisen empfohlene Richtlinieneinstellungen und Werte für wichtige Szenarien in Unternehmen auf. IT-Profis können auf der Basis von internen oder staatlichen Vorschriften eigene Starter-Richtlinienobjekte erstellen und bei Bedarf an andere weitergeben.

Gruppenrichtlinienpräferenzen

Gruppenrichtlinienpräferenzen erweitern den Wirkungsbereich von Gruppenrichtlinien. Mit Gruppenrichtlinienpräferenzen können Systemadministratoren Windows-Funktionen verwalten, die normalerweise nicht in den Bereich von Gruppenrichtlinien fallen, wie zum Beispiel zugeordnete Netzwerkgeräte und Desktopverknüpfungen.

Windows 7 und Windows Server 2008 R2 enthalten nun standardmäßig Gruppenrichtlinienpräferenzen. (Unter Windows Vista und Windows Server 2008 mussten Sie dieses Feature separat herunterladen und installieren.) Windows 7 und Windows Server 2008 R2 enthalten außerdem neue Gruppenrichtlinienpräferenzen für eine flexible Energieverwaltung und die erweiterte Aufgabenplanung. Gruppenrichtlinienpräferenzen können auch zur Bereitstellung von Registrierungseinstellungen für verwaltete Anwendungen verwendet werden. Bei Bedarf können Systemadministratoren sogar benutzerdefinierte Gruppenrichtlinienpräferenzenerweiterungen erstellen.

Im Gegensatz zu herkömmlichen Gruppenrichtlinieneinstellungen werden Gruppenrichtlinienpräferenzen nicht erzwungen. Stattdessen werden sie als Standardeinstellungen behandelt, die von Benutzern geändert werden können. Präferenzen können so konfiguriert werden, dass die bevorzugten Einstellungen erneut angewendet werden, wenn Standardgruppenrichtlinien angewendet werden (falls der Benutzer eine Änderung vorgenommen hat), oder dass die bevorzugte Einstellung als Basiskonfiguration verwendet wird, die vom Benutzer nach Belieben geändert werden kann. Das gibt IT-Profis die Flexibilität, einen optimalen Kompromiss zwischen Kontrolle und Benutzerproduktivität zu finden. Außerdem geben Gruppenrichtlinienpräferenzen Systemadministratoren die zusätzliche Flexibilität, für verschiedene Benutzer- oder Computergruppen im selben GPO individuelle Einstellungen vorzunehmen, ohne WMI-Filter (Windows Management Instrumentation) einzusetzen.

Dienstqualität (QoS) auf URL-Basis

Heutzutage priorisieren Systemadministratoren den Netzwerkdatenverkehr auf der Basis von Anwendung, Portnummer und IP-Adresse. Neue Entwicklungen wie beispielsweise Software-as-a-Service bringen aber den Bedarf an einer anderen Priorisierung des Netzwerkdatenverkehrs mit sich. Windows 7 bietet die Flexibilität, QoS (Quality of Service) auf der Basis einer URL zu implementieren.

QoS auf URL-Basis ist in den Gruppenrichtlinien konfigurierbar und gibt IP-Profis die Mittel, die sie brauchen, um ihre Netzwerke präziser abzustimmen.

Ressourcenmonitor

Windows 7 enthält eine erweiterte Version des Ressourcenmonitors, die Leistungsdaten über Prozessor, Speicher, Festplattenlaufwerke und Netzwerk in einem Format anzeigt, das den schnellen Zugriff auf viele Informationen bietet, die als Ausgangspunkte für genauere Untersuchungen prozessspezifischer Details dienen können. Wie Abbildung 1.11 zeigt, ist der Ressourcenmonitor ein leistungsfähiges Tool zur Überprüfung, welche Anwendungen, Dienste oder andere Prozesse Ressourcen beanspruchen. IT-Profis können diese Informationen bei der Fehlersuche verwenden, um den Kern des Problems schnell zu ermitteln, wenn Computer oder Anwendungen nicht mehr wie erwartet reagieren.

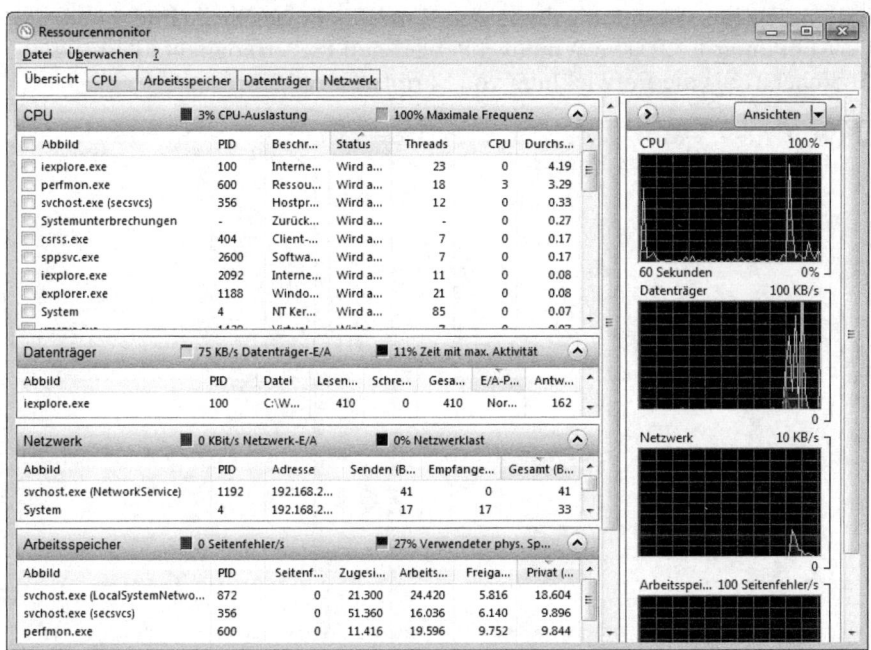

Abbildung 1.11   Der Ressourcenmonitor liefert ausführliche Informationen über Aktivitäten der Anwendungen

Windows PowerShell 2.0

Damit IT-Profis komplexe oder monotone Aufgaben automatisieren können, enthält Windows 7 eine verbesserte Version der Windows-Skriptumgebung: Windows PowerShell 2.0. Anders als herkömmliche Programmiersprachen, die für professionelle Programmierer konzipiert sind, handelt es sich bei Windows PowerShell um eine Skriptsprache, die für Systemadministratoren entworfen wurde. Da Windows PowerShell WMI verwenden kann, können Skripts praktisch alle Verwaltungsaufgaben durchführen, die ein IT-Profi automatisieren können möchte.

Zu den Aufgaben, für die IT-Profis unter Windows 7 Windows PowerShell 2.0 verwenden, gehören:

■ Erstellen eines Systemwiederherstellungspunkts auf einem Remotecomputer zur Vorbereitung einer Aktion zur Problembehandlung

■ Wiederherstellen des Zustands, in dem sich ein Remotecomputer zum Zeitpunkt der Erstellung des gewählten Systemwiederherstellungspunkts befand, falls sich zum Beispiel das zu behebende Problem nicht so leicht beseitigen lässt

■ Remoteabfrage der installierten Updates

■ Bearbeiten der Registrierung unter Verwendung von Transaktionen, mit denen sich sicherstellen lässt, dass eine Gruppe von Änderungen vollständig durchgeführt wird

■ Remoteabfrage der Systemstabilitätsdaten aus der Stabilitätsdatenbank

Zu Windows 7 gehört auch die Integrierte Skriptumgebung von Windows PowerShell (Integrated Scripting Environment, ISE, Abbildung 1.12). Die Windows PowerShell ISE ermöglicht IT-Profis auch ohne Installation zusätzlicher Tools die Entwicklung von Skripts.

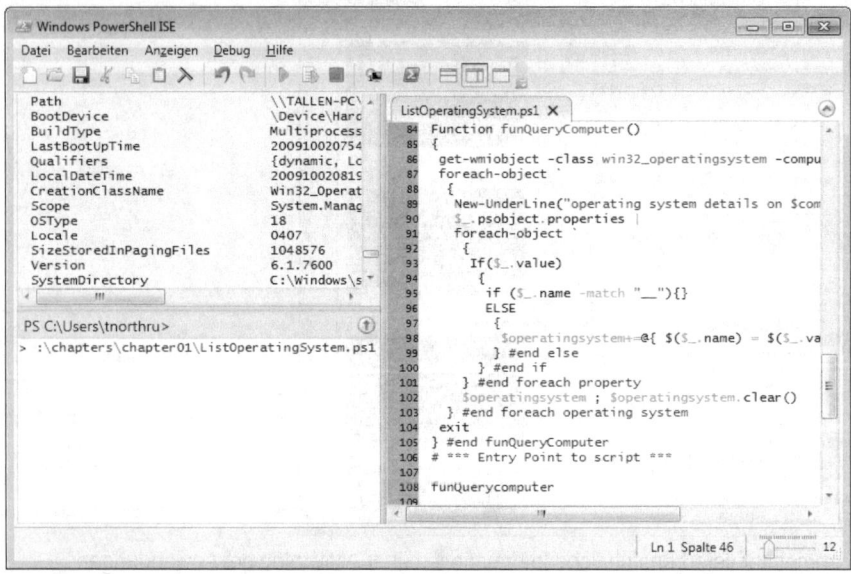

Abbildung 1.12   Die Integrierte Skriptumgebung (ISE) von Windows PowerShell 2.0

Fehlertoleranter Heap

Viele Anwendungsfehler haben ihre Ursache in einer fehlerhaften Speicherverwendung durch die Anwendung. Für solche Fehler ist zwar die Anwendung verantwortlich, aber Windows 7 verfügt über einen fehlertoleranten *Heap*. Der Heap ist der Teil des Arbeitsspeichers, in dem Anwendungen temporäre Daten speichern, solange die Anwendung ausgeführt wird, gewöhnlich in Form von Variablen. Der fehlertolerante Heap von Windows 7 vermindert die häufigsten Ursachen für Störungen in der Speicherverwaltung und kann die Anzahl von dadurch verursachten Folgewirkungen deutlich verringern.

Problembehandlung

Die integrierte Diagnose und die Wiederherstellungsmechanismen von Windows 7 verringern im Fehlerfall die Auswirkungen auf den Benutzer. Dadurch werden die Supportkosten gesenkt und die Produktivität der Benutzer und der Supportmitarbeiter steigt. Die folgenden Abschnitte beschreiben Verbesserungen von Windows 7, die es Benutzern erleichtern, ihre Probleme selbst zu lösen, damit sich die IT-Abteilungen auf die Behebung von komplizierteren Problemen konzentrieren können, bei denen immer noch die Hilfe von Fachleuten erforderlich ist.

Windows Problembehandlungsplattform (Windows Troubleshooting Platform)

Windows Vista bietet zahlreiche Tools zur Diagnose und Problembehandlung, die es Benutzern ermöglichen sollen, viele häufiger auftretende Probleme selbst zu beheben, ohne den IT-Support anrufen zu müssen. Windows 7 erweitert diese Tools durch die Einführung der Windows Troubleshooting Platform.

Die Windows Troubleshooting Platform umfasst eine Reihe von leicht anzuwendenden Tools aus den nachfolgend genannten Bereichen, die Probleme diagnostizieren und häufig auch beheben können:

- Aero
- DirectAccess
- Hardware und Geräte
- Heimnetzgruppen
- Eingehende Verbindungen
- Internetverbindungen
- Internet Explorer-Leistung
- Internet Explorer-Sicherheit
- Netzwerkkarten
- Leistung
- Wiedergeben von Audiodateien
- Stromversorgung
- Drucker
- Programmkompatibilität
- Aufzeichnen von Audiodateien
- Suche und Indizierung
- Freigegebene Ordner
- Systemwartung
- Windows Media Player-DVD
- Windows Media Player-Bibliothek
- Windows Media Player-Einstellungen
- Windows Update

Wie Abbildung 1.13 zeigt, hat das Problembehandlungspaket für die Suche und Indizierung ein Problem bei der Suche nach Dateien behoben, für das mehrere Ursachen bestanden.

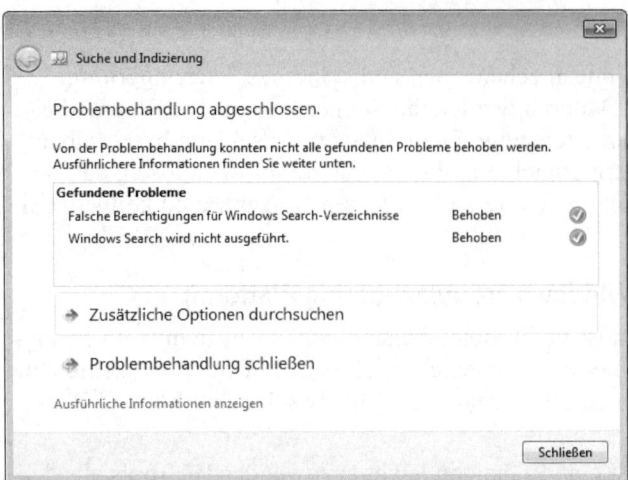

Abbildung 1.13 Ein Problembehandlungspaket hat ein schwieriges Problem automatisch behoben

Die Windows Troubleshooting Platform basiert auf Windows PowerShell. IT-Abteilungen können daher für interne Anwendungen ihre eigenen Problembehandlungspakete entwickeln. Neben der Vereinfachung der Problembehebung für Benutzer können Administratoren Problembehandlungstools auch dafür verwenden, komplexe Diagnose- und Testverfahren zu beschleunigen. Zu diesem Zweck können Administratoren die Problembehandlungstools interaktiv auf der Befehlszeile oder unsichtbar im Hintergrund mit einer Antwortdatei verwenden. Administratoren können Problembehandlungspakete lokal oder remote verwenden.

Problemaufzeichnung

Eine der größten Herausforderungen bei der Problembehandlung besteht darin, den Fehler zu reproduzieren. Wenn IT-Profis den Fehler nicht reproduzieren können, können sie ihn auch nicht untersuchen. Die Problemaufzeichnung (Abbildung 1.14) ist ein Tool, mit dem Benutzer genau die Umstände dokumentieren können, unter denen ein Fehler auftritt. Benutzer beginnen die Aufzeichnung, reproduzieren das Problem und senden den resultierenden HTML-Bericht an den IT-Profi.

Abbildung 1.14 Die Problemaufzeichnung

Der HTML-Report enthält eine Reihe von Screenshots, die genau zeigen, was der Benutzer getan hat, einschließlich aller Tastatureingaben und Mausklicks. Außerdem können Benutzer Kommentare hinzufügen, um einen Schritt genauer zu beschreiben. Abbildung 1.15 zeigt einen Schritt aus einem Beispielbericht der Problemaufzeichnung. Beachten Sie, dass im oberen Teil der Seite genau beschrieben wird, wo der Benutzer geklickt hat.

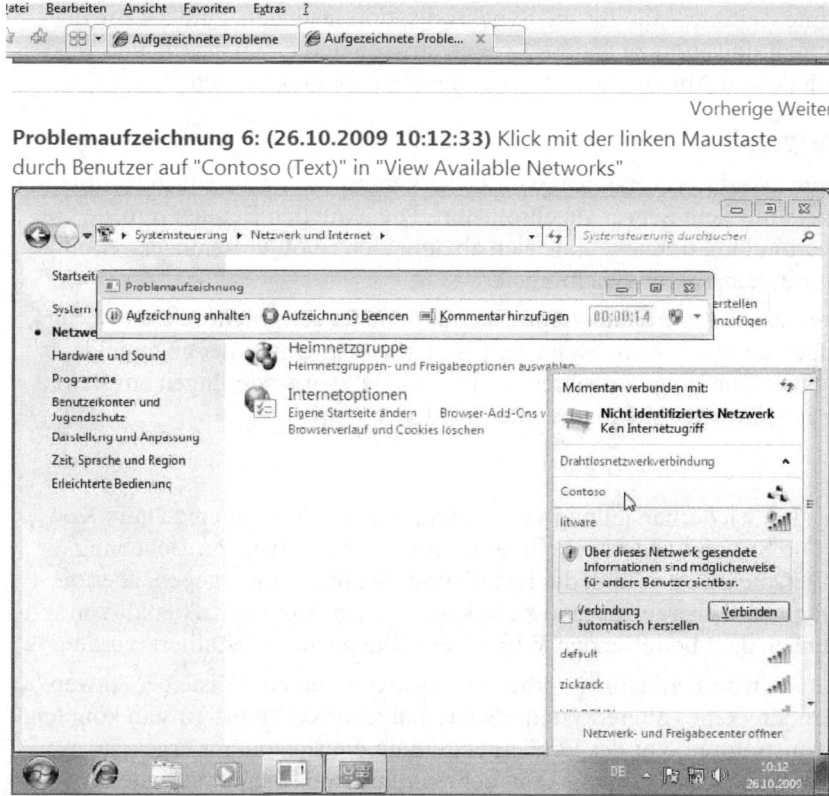

Abbildung 1.15   Ein Schritt aus einem Beispielbericht der Problemaufzeichnung

Problembehandlung bei Programminkompatibilität

Windows 7 weist gegenüber Windows Vista weiterentwickelte Anwendungskompatibilitätsfunktionen auf. Lässt sich eine Anwendung nicht installieren, weil sie die Windows-Version nicht erkennt, fordert Windows 7 den Benutzer auf, die Installation zu wiederholen. Beim nächsten Versuch verwendet Windows 7 eine andere Versionsnummer, mit der sich die Anwendung vielleicht installieren lässt. Auf diese Weise ist Windows 7 noch kompatibler zu Anwendungen, die für ältere Windows-Versionen entwickelt wurden, und der Zeitaufwand der IT-Profis für die Installation von Anwendungen wird geringer.

Ordnerumleitung und Offlinedateien

Ordnerumleitung und Offlinedateien bieten Benutzern die praktische Gelegenheit, auch dann auf Dateien auf einem zentralen Server zuzugreifen, wenn keine Verbindung mit dem Firmennetzwerk besteht. Windows 7 verringert die anfänglichen Wartezeiten bei der Verbindung mit Offlineordnern und ermöglicht IT-Profis eine effektivere Verwaltung von Ordnerumleitung und Offlinedateien.

Mit Windows 7 können IT-Profis mit den Gruppenrichtlinien verhindern, dass bestimmte Dateiarten (beispielsweise Musikdateien) mit dem Server synchronisiert werden. Außerdem wird die Leistung in Zweigstellen und in Remotezugriffsszenarien verbessert, weil Offlinedateien in einer Art »Überwiegend offline«-Modus betrieben werden, wenn Benutzer nicht mit demselben LAN wie der zentrale Server verbunden sind. IT-Profis können zudem kontrollieren, wann Offlinedateien mit dem Server synchronisiert werden, bestimmte Zeitintervalle für die Synchronisation festlegen, zum Zweck der Bandbreitenverwaltung eine Synchronisation zu anderen Zeiten sperren und einen maximalen Gebrauchszeitraum festlegen, nach dessen Ablauf Dateien synchronisiert werden müssen.

Servergespeicherte Benutzerprofile

Unter Windows Vista und älteren Windows-Versionen wurden servergespeicherte Benutzerprofile nur bei der Abmeldung des Benutzers mit dem Server synchronisiert. Die aktuellen Benutzerprofile von Benutzern, die ihre Netzwerkverbindung trennen, ohne sich abzumelden (mobile Benutzer verhalten sich oft so), wurden also nicht mit dem Server synchronisiert.

Unter Windows 7 können servergespeicherte Benutzerprofile mit dem Server synchronisiert werden, während der Benutzer noch angemeldet ist. Wenn Benutzer also auf einem Computer angemeldet bleiben und sich auf einem zweiten Computer anmelden, können die letzten Änderungen am Benutzerprofil bereits auf dem zweiten Computer sichtbar werden.

Systemwiederherstellung

Administratoren können die Systemwiederherstellung verwenden, um Windows in eine ältere Konfiguration zurückzuversetzen. Die Systemwiederherstellung ist ein wichtiger Weg zur Behebung komplexer Probleme, die sich beispielsweise durch die Installation von Malware ergeben, aber die Konfigurationseinstellungen in einen früheren Zustand zurückzuversetzen kann zum Ausfall von Anwendungen führen, die erst nach dem betreffenden Wiederherstellungspunkt installiert wurden.

Für Windows 7 wurde die Systemwiederherstellung verbessert; sie zeigt nun eine Liste der Anwendungen an, die durch die Anwendung eines älteren Wiederherstellungspunkts betroffen sein könnten. Diese Liste ermöglicht es Administratoren, vor der Wiederherstellung die sich daraus ergebenden Probleme abzuschätzen. Nach der Wiederherstellung kann der Administrator die betreffenden Anwendungen überprüfen und sie bei Bedarf erneut installieren, damit sie wieder voll funktionsfähig sind.

Windows-Wiederherstellungsumgebung

Bei der Installation erstellt Windows 7 automatisch eine zweite Partition, auf der es die Windows-Wiederherstellungsumgebung installiert. Lässt sich der Computer nicht mit Windows 7 starten, kann der Benutzer die Windows-Wiederherstellungsumgebung öffnen und mit den enthaltenen Wiederherstellungstools versuchen, das Problem zu beheben. Häufig kann die *Systemstartreparatur*, eines der Problembehandlungstools der Windows-Wiederherstellungsumgebung, automatisch das Problem beheben, das den Start von Windows verhindert. In diesem Fall kann der Benutzer das Problem schnell beheben, ohne Windows erneut zu installieren oder aus einer Sicherung wiederzuherstellen.

Einheitliche Ablaufverfolgung

Die vereinheitlichte Ablaufverfolgung (Unified Tracing) bietet ein zentrales Werkzeug für die Behebung von Problemen, die im Netzwerkstapel von Windows 7 auftreten. Sie sammelt Ereignisprotokolle, erfasst auf allen Ebenen des Netzwerkstapels Datenpakete und ordnet die Daten nach Aktivitäten.

Bereitstellung

Wie Windows Vista unterstützt auch Windows 7 ohne zusätzliche Tools von anderen Herstellern die Bereitstellung auf Basis von Abbildern. IT-Profis können die Bereitstellung vollständig automatisieren, benutzerdefinierte Treiber in die Abbilder injizieren, Anwendungen und Betriebssystemupdates bereits vor der Bereitstellung installieren und mehrere Sprach- und Hardwarekonfigurationen unterstützten. Windows 7 bietet einige neue Bereitstellungsfunktionen, die in den folgenden Abschnitten beschrieben werden. Außerdem legt Windows Setup nun automatisch eine Partition für BitLocker (siehe Kapitel 2) und für die Windows-Wiederherstellungsumgebung an (siehe Kapitel 29, »Konfiguration und Problembehandlung des Startvorgangs«).

Microsoft Deployment Toolkit 2010

MDT 2010, die nächste Version des Microsoft Deployment Toolkit, ermöglicht eine schnelle Bereitstellung der Betriebssysteme Windows 7, Windows Server 2008 R2, Windows Vista Service Pack 1 (SP1), Windows Server 2008, Windows XP SP3 und Windows 2003 SP2. MDT bietet vereinheitlichte Tools, Skripts und die Dokumentation für die Bereitstellung von Desktops und Servern mit einer integrierten Bereitstellungskonsole namens *Deployment Workbench*. Die Verwendung von MDT zur Bereitstellung von Windows kann den Zeitaufwand für Bereitstellungen verringern, die Erstellung und Verwaltung von standardisierten Desktop- und Serverabbildern erleichtern, die Sicherheit verbessern und die fortlaufende Verwaltung der Konfigurationen vereinfachen.

Windows Automated Installation Kit für Windows 7

Das *Windows AIK für Windows 7*, die neuste Version des Windows Automated Installation Kit, enthält neue Bereitstellungstools und eine aktualisierte Dokumentation für die Entwicklung benutzerdefinierter Lösungen für die Bereitstellung von Windows 7, Windows Server 2008 R2, Windows Vista SP1 und Windows Server 2008. Das *Windows AIK für Windows 7* bildet auch die Grundlage für die Verwendung von MDT 2010 zur einfachen Automatisierung der Bereitstellung von Windows. Zu den neuen Tools im *Windows AIK für Windows 7* gehören:

- Abbildverwaltung für die Bereitstellung (Deployment Image Servicing and Management, DISM)
- User State Migration Tool 4.0 (USMT)
- Windows-Vorinstallationsumgebung 3.0 (Windows Preinstallation Environment, Windows PE)
- Volume Activation Management Tool 1.2 (VAMT)

Windows PE 3.0

Die aktualisierte Version von Windows PE basiert auf dem Kern des Betriebssystems Windows 7 und nicht mehr auf dem Kern von Windows Vista. Ein neues Tools namens DISM ersetzt Pkgmgr, PEImg und Intlcfg. Windows PE 3.0 erbt von Windows 7 auch die Unterstützung von Elementen der Benutzeroberfläche, beispielsweise Aero Snap, wie im Abschnitt über Mausbewegungen beschrieben.

Tool zur Abbildverwaltung für die Bereitstellung (Deployment Image Servicing and Management, DISM)

Das neue Tool zur Abbildverwaltung für die Bereitstellung (Deployment Image Servicing and Management, DISM) bietet IT-Profis eine zentrale Stelle für die Offlineerstellung und Wartung von Windows-Abbildern. DISM fasst die Funktionen von mehreren verschiedenen Windows Vista-Tools wie International Settings Configuration (*IntlCfg.exe*), PEImg und Package Manager (*Pkgmgr.exe*) zusammen. Mit DISM können IT-Profis Betriebssystemabbilder aktualisieren, optionale Features hinzufügen, Gerätetreiber von anderen Herstellern hinzufügen, auflisten oder entfernen, Sprachpakete hinzufügen, internationale Einstellungen anwenden und den Bestand an Offline-Abbildern verwalten, zu dem Treiber, Pakete, Features und Softwareupdates gehören. Außerdem können Sie DISM verwenden, um während der Entwicklung ein Windows-Abbild zu aktualisieren, beispielsweise von Windows 7 Professional auf Windows 7 Ultimate Edition. Das kann dazu beitragen, die Zahl unterschiedlicher Abbilder zu verringern, die Sie für Ihre Organisation verwalten müssen.

Ihre Organisation könnte zum Beispiel ein benutzerdefiniertes Windows-Abbild im *.wim*-Format erstellen. Sie könnten dann das Tool DISM verwenden, um das benutzerdefinierte Abbild bereitzustellen (zu »mounten«), die auf dem Abbild vorhandenen Treiber zu untersuchen, benutzerdefinierte Dateien hinzuzufügen, das aktualisierte Abbild zu speichern und die Bereitstellung wieder aufzuheben.

User State Migration Tool

Das User State Migration Tool (USMT) wurde mit einer Migrationsfunktion ausgerüstet, die Dateien auf demselben PC von einem Betriebssystem auf ein anderes migrieren kann, ohne diese Dateien auf dem Datenträger zu bewegen. Dadurch weist es gegenüber älteren Methoden, bei denen Dateien verschoben wurden, eine deutlich bessere Leistung auf. Außerdem ermöglicht das USMT für Windows 7 Offline-Migrationen und unterstützt Volumeschattenkopien. IT-Profis können also Dateien migrieren, die zum Zeitpunkt der Dateierfassung von einer Anwendung benutzt werden. Außerdem können Sie Domänenkonten auch ohne einen verfügbaren Domänencontroller migrieren, was viele Aktualisierungsszenarien vereinfachen wird.

> **HINWEIS**   Für Endverbraucher, kleine Büros und einmalige Aktualisierungen bietet Windows-EasyTransfer eine einfache Methode zur Übertragung von Dateien und Einstellungen einer älteren Windows-Version auf einen neuen Computer, auf dem Windows 7 ausgeführt wird. Windows 7 verbessert die Leistung von Windows-EasyTransfer, indem es die Übertragung nicht beendet, um Benutzer zur Behebung von Problemen aufzufordern, die sich beim Kopieren von Dateien ergeben. Bei Windows Vista und älteren Windows-Versionen mussten Benutzer die betreffenden Anwendungen auf dem neuen Computer erneut installieren. Windows 7 vereinfacht die erneute Installation der Anwendungen, indem es auf dem alten Computer eine Liste der installierten Programme erstellt und diese Informationen in einem Migrationsbericht verwendet, der Links zu Produktinformationen, Softwareupdates und Supportinformationen von den entsprechenden Softwareherstellern enthält.

Start von VHD

Sie können das Betriebssystemladeprogramm von Windows 7 so konfigurieren, dass Windows von einer virtuellen Festplattendatei (Virtual Hard Disk, VHD) gestartet wird, so als wäre die VHD-Datei die Standardpartition. Kopieren Sie einfach die VHD-Datei auf den lokalen Computer und verwenden Sie dann *Bcdedit.exe*, um einen Eintrag für die VHD-Datei zum Startmenü hinzuzufügen. Windows 7 kann VHD-Dateien auch in der Konsole *Datenträgerverwaltung* so einbinden, als handle es sich um herkömmliche Partitionen.

Dynamische Bereitstellung von Treibern

Bei der dynamischen Bereitstellung von Treibern werden Treiber an einem zentralen Ort gespeichert. IT-Profis sparen dadurch Zeit, weil keine Betriebssystemabbilder aktualisiert werden müssen, wenn neue Treiber erforderlich sind (beispielsweise wenn die IT-Abteilung andere Hardware einkauft). Treiber können auf Basis der Plug & Play-IDs der PC-Hardware oder auf Basis der Informationen im BIOS (Basic Input/Output System) dynamisch installiert werden.

Multicast-Übertragungen mit mehreren Datenströmen (Multicast Multiple Stream Transfer)

Der Multicast Multiple Stream Transfer von Windows 7 ermöglicht Ihnen eine effizientere Bereitstellung von Abbildern auf mehreren Computern eines Netzwerks. Statt separate Direktverbindungen zwischen Bereitstellungsservern und jedem Client zu erfordern, ermöglicht es diese Übertragungsart einem Bereitstellungsserver, Abbilddaten gleichzeitig an mehrere Clients zu senden. Windows 7 enthält eine Verbesserung, die es Servern ermöglicht, Clients mit ähnlicher Netzwerkbandbreite zu Gruppen zusammenzufassen und jede Gruppe mit einer anderen Übertragungsrate zu versorgen, damit die Übertragungsgeschwindigkeit nicht durch den langsamsten Client begrenzt wird.

Windows 7-Editionen

Wie bei früheren Windows-Versionen hat Microsoft auch von Windows 7 verschiedene Editionen veröffentlicht, um den Ansprüchen der verschiedenen Kundengruppen gerecht zu werden (Tabelle 1.3).

Tabelle 1.3 Windows 7-Editionen für verschiedene Kundengruppen

Für Endverbraucher	Für kleine Betriebe	Für mittlere bis große Firmen	Für Schwellenländer
Windows 7 Home Premium	Windows 7 Professional	Windows 7 Professional	Windows 7 Starter
Windows 7 Ultimate	Windows 7 Ultimate	Windows 7 Enterprise	Windows 7 Home Basic

Es sind zwar verschiedene Editionen von Windows 7 erhältlich, aber sie lassen sich im Prinzip vom selben Produktmedium installieren. Welche Edition tatsächlich installiert wird, hängt davon ab, mit welchem Product Key die Installation erfolgt. Mit Windows Anytime Upgrade haben Benutzer die Möglichkeit, auf eine höhere Edition zu wechseln. Hat ein Benutzer von Windows 7 Home Basic zum Beispiel den Wunsch nach dem Media Center, kann er mit Windows Anytime Upgrade auf die Editionen Windows 7 Home Premium oder Windows 7 Ultimate wechseln.

Tabelle 1.4 fasst die Unterschiede zwischen den Editionen von Windows 7 zusammen (allerdings ohne die Edition Windows 7 Starter, die erst später in diesem Abschnitt besprochen wird). Die einzelnen Editionen werden in den folgenden Abschnitten ausführlicher besprochen.

Tabelle 1.4 Leistungsumfang der Windows 7-Editionen

Leistungsmerkmal	Home Basic	Home Premium	Professional	Enterprise	Ultimate
Erstellen von Heimnetzgruppen	Nur beitreten	X	X	X	X
Mehrfingereingabe		X	X	X	X
Standortabhängiges Drucken			X	X	X
Remotedesktophost			X	X	X
Präsentationsmodus			X	X	X
BranchCache				X	X
DirectAccess				X	X
Starten von VHD				X	X
Beitreten zu Domänen			X	X	X
AppLocker				X	X
Sicherungen nach Zeitplan		X	X	X	X
Complete PC-Sicherung			X	X	X
Windows Aero-Benutzeroberfläche	teils	X	X	X	X
Unterstützung für zwei Prozessoren (es sind damit nicht einzelne Prozessorkerne gemeint)			X	X	X
Produktsupport (in Jahren)	5	5	10	10	5
Windows Media Center		X	X	X	X
Windows DVD Maker		X			X ▶

Leistungsmerkmal	Home Basic	Home Premium	Professional	Enterprise	Ultimate
Jugendschutz	X	X			X
Windows-Fax und -Scan			X	X	X
Netzwerk- und Freigabecenter			X	X	X
Bereitstellung drahtloser Netzwerke			X	X	X
Eingehende Verbindungen mit freigegebenen Dateien und Druckern	5	10	10	10	10
Tablet PC		X	X	X	X
Verschlüsselndes Dateisystem			X	X	X
Desktop-Bereitstellungstools			X	X	X
QoS (Quality of Service) auf Richtlinienbasis für Netzwerke			X	X	X
Kontrolle über Treiberinstallationen			X	X	X
Netzwerkzugriffsschutz-Client			X	X	X
Windows BitLocker-Laufwerkverschlüsselung				X	X
Simultane Installation von mehreren Sprachen für die Benutzeroberfläche				X	X
Subsystem für UNIX Anwendungen				X	X

Windows 7 Starter

Windows Vista Starter war nur in Schwellenländern erhältlich, aber Windows 7 Starter wird weltweit vertrieben. Diese Edition von Windows bietet die nötigsten Grundfunktionen, wird aber nur vorinstalliert angeboten (die Installation erfolgt durch die Hardwarehersteller). Benutzer profitieren von den Verbesserungen in den Bereichen Sicherheit, Suche und Organisation. Allerdings ist die Benutzeroberfläche *Windows 7-Aero* nicht verfügbar. Außerdem ist Windows 7 Starter nur in 32-Bit-Versionen erhältlich. Von Windows 7 Starter gibt es keine 64-Bit-Version. Alle anderen Editionen von Windows 7 sind in 32- und 64-Bit-Versionen erhältlich.

Windows 7 Home Basic

Windows 7 Home Basic ist nur in Schwellenländern erhältlich und für Privatanwender gedacht, die ein möglichst preisgünstiges Betriebssystem suchen. Windows 7 Home Basic reicht für Benutzer aus, die ihre Computer in erster Linie für E-Mail, Instant Messaging und Internet verwenden. Zu den verfügbaren Funktionen gehören:

- Sofortsuche
- Internet Explorer 8
- Windows Defender
- Windows-Fotogalerie
- Windows-EasyTransfer

Wie Windows 7 Starter enthält auch Windows 7 Home Basic nicht die Benutzeroberfläche *Windows-Aero*.

Windows 7 Home Premium

Als bevorzugte Edition für Endverbraucher in aller Welt bietet Windows 7 Home Premium über die Features von Windows 7 Home Basic hinaus Folgendes:

- *Windows-Aero*-Benutzeroberfläche
- Windows Media Center
- Tablet PC-Unterstützung
- Windows DVD Maker
- Sicherungen nach Zeitplan
- Windows SideShow-Unterstützung

Windows 7 Professional

Windows 7 Professional erfüllt die Anforderungen der meisten kommerziellen Anwender in kleinen bis mittleren Betrieben und Firmen. Windows 7 Professional bietet über die Features von Windows 7 Home Basic hinaus Folgendes:

- *Windows-Aero*-Benutzeroberfläche
- Tablet PC-Unterstützung
- Datensicherung und Wiederherstellung (einschließlich Complete PC-Sicherung, automatische Dateisicherung und Schattenkopien)
- Kernfunktionen für den kommerziellen Einsatz, einschließlich Domänenmitgliedschaft, Gruppen-richtlinienunterstützung und verschlüsselndem Dateisystem (EFS)
- Windows-Fax und -Scan
- Ressourcen für Kleinbetriebe

Wie die Edition Windows Vista Business, die es ersetzt, ist Windows 7 Professional mit Volumen-lizenzierung erhältlich.

Windows 7 Enterprise

Windows 7 Enterprise baut auf dem Funktionsumfang von Windows 7 Professional auf und bietet zusätzlich:

- **Windows BitLocker-Laufwerkverschlüsselung** Verschlüsselt alle Dateien auf Ihrer Festplatte, um Datendiebstahl auch für den Fall zu erschweren, dass sich ein Angreifer in den Besitz Ihrer Fest-platte bringt.
- **Die weltweit wichtigsten Sprachen für die Benutzeroberfläche** Erleichtert die Bereitstellung in Organisationen, die in verschiedenen Kulturkreisen und Ländern agieren.
- **Lizenzrechte für bis zu vier virtuelle Betriebssysteme** Erlaubt den Einsatz mehrerer Versionen von Windows in virtuellen Computern; das ist perfekt für den Test von Software oder für den Betrieb von Anwendungen, die nur in älteren Versionen von Windows eingesetzt werden können.
- **Das Subsystem für UNIX-Anwendungen** Kann zum Kompilieren und Ausführen von POSIX-An-wendungen (Portable Operating System Interface for Unix) unter Windows verwendet werden.

Wie Windows Vista Enterprise ist Windows 7 Enterprise über Software Assurance- und Enterprise Advantage-Volumenlizenzprogramme von Microsoft erhältlich.

Windows 7 Ultimate

Windows 7 Ultimate bietet alle Funktionen, die in den anderen Windows-Versionen einschließlich Windows 7 Home Premium und Windows 7 Enterprise zu finden sind. Benutzer, die ihre Computer für berufliche und private Zwecke verwenden, sollten Windows 7 Ultimate wählen. Auch Benutzer, die auf keine Windows-Funktion verzichten möchten, sollten Windows 7 Ultimate wählen.

Allerdings ergeben sich für Geschäftskunden, die Windows 7 Ultimate wählen, einige Nachteile:

- **Bereitstellung** Volumenlizenzierungsschlüssel sind für Windows 7 Ultimate nicht erhältlich. Zudem ist die Bereitstellung und Verwaltung in einer Unternehmensumgebung mit höherem Aufwand verbunden, weil jede Installation manuelle Einstellungen verlangt, die nur auf dem betreffenden Computer erfolgen können. Außerdem verfügen Kunden nicht über das Recht, ein neues Abbild des Installationslaufwerks zu erstellen, wenn sie Windows 7 Ultimate von einem OEM erhalten. Kunden können also statt des vom OEM vorinstallierten Betriebssystems kein unternehmensspezifisches Abbild installieren.

- **Verwaltbarkeit** Windows 7 Ultimate enthält auch typische Endverbraucherkomponenten wie zum Beispiel Windows Media Center, die sich nicht über Gruppenrichtlinien verwalten lassen.

- **Support** Windows 7 Ultimate fällt nicht unter den Premier-Support: Organisationen, die Windows 7 Ultimate installieren, müssen sich in Supportfragen direkt an die Hardwarehersteller wenden. Außerdem ist die Unterstützung für ein Endverbraucherbetriebssystem wie Windows 7 Ultimate auf 5 Jahre beschränkt und erstreckt sich nicht auf 10 Jahre, wie für Windows 7 Enterprise.

Trotz dieser Nachteile ist Windows 7 Ultimate ohne zusätzliche Kosten über Software Assurance erhältlich. Geschäftskunden sollten für die meisten Computer Windows 7 Enterprise einsetzen und Windows 7 Ultimate nur auf ausgewählten Computern installieren, die zusätzlich über Medienfunktionen oder typische Privatanwenderfunktionen verfügen müssen.

Auswählen von Software und Hardware

Eines der Entwurfsziele von Windows 7 war, dass das Betriebssystem auf derselben Computerhardware einsetzbar sein soll, auf der auch Windows Vista einsetzbar ist, und dass die Leistung von Windows Vista auf derselben Hardware möglichst noch übertroffen werden sollte. Außerdem soll Windows 7 die Fähigkeiten aktueller Hardware nutzen. Die folgenden Abschnitte beschreiben die verschiedenen Voraussetzungen für Windows 7-Logos und die Hardware. Sie sollen Ihnen die Auswahl der Hardware erleichtern, die Sie brauchen, um die gewünschten Windows-Features verwenden zu können.

Windows 7-Software-Logo

Microsoft bietet Hardware- und Softwareentwicklern Logos an, mit denen diese Hersteller zeigen können, dass ihre Produkte für Windows 7 getestet wurden. Damit sich eine Anwendung für das Windows 7-Logo-Programm qualifizieren kann, muss sie folgende Voraussetzungen erfüllen:

- Sie muss die Anti-Spyware Coalition Guidelines einhalten.
- Sie darf nicht den Windows-Ressourcenschutz umgehen.
- Es muss eine fortlaufende Qualitätssicherung sichergestellt sein.
- Die Installation muss sauber erfolgen und rückgängig zu machen sein.
- Die Installation muss standardmäßig in den richtigen Ordnern erfolgen.

- Ihre Dateien und Treiber müssen digital signiert sein.
- Die x64-Versionen von Windows müssen unterstützt werden.
- Die Installation oder der Start einer Anwendung darf nicht aufgrund der Überprüfung der Betriebssystemversion verhindert werden.
- Die Richtlinien für die Benutzerkontensteuerung müssen eingehalten werden.
- Die Meldungen des Neustart-Managers müssen eingehalten werden.
- Im abgesicherten Modus dürfen keine Dienste oder Treiber geladen werden.
- Sitzungen mit mehreren Benutzern müssen unterstützt werden.

Weitere Informationen erhalten Sie im Dokument »Windows 7 Client Software Logo,« das beim Microsoft Download Center unter *http://www.microsoft.com/downloads/* erhältlich ist.

Hardwareanforderungen

Windows 7 stellt dieselben Anforderungen an die Hardware wie Windows Vista. Für die Leistungsstufe Windows 7 Basis ist ein Computer mit folgenden Leistungsmerkmalen erforderlich:

- Moderner Prozessor mit mindestens 800 MHz
- 512 MByte Arbeitsspeicher
- Grafiksystem, das DirectX9-fähig ist

Für die Leistungsstufe Windows 7 Premium ist ein Computer mit folgenden Leistungsmerkmalen erforderlich:

- Prozessor mit mindestens 1 GHz, 32 Bit (x86) oder 64 Bit (x64)
- 1 GByte Arbeitsspeicher
- Unterstützung für DirectX9-Grafik mit einem WDDM-Treiber (Windows Display Driver Model), mindestens 128 MByte Grafikspeicher, Pixel Shader 2.0 und 32 Bit pro Pixel
- Festplatte mit 40 GByte Kapazität und 15 GByte freiem Speicherplatz
- DVD-ROM-Laufwerk
- Audioausgabefähigkeit
- Möglichkeit zum Anschluss an das Internet

Abbildung 1.16 zeigt das Windows 7-Hardware-Logo. Es bedeutet, dass der betreffende Computer mit Windows 7 getestet wurde. Prinzipiell ist auch Soft- und Hardware ohne ein solches Logo auf Windows 7-Computern verwendbar. Vielleicht ist aber die Installation und Einrichtung aufwendiger. Je nach den Umständen müssen Sie sich vielleicht selbst passende Treiber suchen und es könnte zu Kompatibilitätsproblemen in den Anwendungen kommen. Ein separates »Windows Touch«-Logo wird für Computer verwendet, die für die Windows Touch-Schnittstelle zertifiziert wurden.

Abbildung 1.16   Das Windows 7-Hardware-Logo

Zusammenfassung

Windows 7 hat gegenüber den Vorgängerversionen von Windows viele wichtige Verbesserungen aufzuweisen. Benutzern wird sofort die verbesserte Benutzeroberfläche auffallen, die mit dem Ziel entwickelt wurde, die Produktivität des Benutzers zu erhöhen. Durch Verbesserungen der Systemleistung kommt es weniger häufig zu Verzögerungen und die Leistungsfähigkeit des vorhandenen Computerbestands wird optimal genutzt. Mobile Benutzer profitieren zudem von einer einfacheren Energieverwaltung und von einer leichteren Einbindung in drahtlose Netzwerke. Benutzer von Tablet PCs profitieren von einer verbesserten Handschrifterkennung und der besseren Bedienbarkeit mit einem Schreibstift.

Der größte Teil der Verbesserungen ist allerdings erfolgt, um IT-Abteilungen die Arbeit zu erleichtern. Die Bereitstellung von Windows 7 kann auch ohne den Einsatz von zusätzlichen Hilfsprogrammen anderer Hersteller mit Laufwerksabbildern erfolgen. Höhere Zuverlässigkeit, bessere Supportfähigkeit und leichtere Problembehandlung tragen dazu bei, die Zahl der Telefonanrufe beim Support zu verringern. IT-Profis können sich darauf konzentrieren, die noch verbleibenden Probleme schneller zu lösen.

Windows 7 ist in verschiedenen Editionen erhältlich. Die meisten IT-Profis werden Windows 7 Professional oder Windows 7 Enterprise wählen. Wahrscheinlich können Sie Windows 7 auf Ihrem vorhandenen Computerbestand einsetzen. Falls Sie zusätzliche Computer anschaffen, sollten Sie sich mit den unterschiedlichen Hardwareanforderungen der verschiedenen Windows 7-Features auskennen.

Dieses Kapitel gab Ihnen einen Überblick über wichtige Verbesserungen. Im Rest dieser technischen Referenz werden die Verbesserungen ausführlicher beschrieben und Sie erhalten ausführliche Informationen über die Verwaltung von Windows 7 in Unternehmensumgebungen.

Weitere Informationen

Die folgenden Quellen bieten zusätzliche Informationen oder Tools für die Themen dieses Kapitels.

Informationsquellen

- Die Windows 7-Startseite auf *microsoft.com* unter *http://www.microsoft.com/germany/windows/default.aspx*.
- »Neues in Windows 7 für IT-Spezialisten« im Windows Client TechCenter aus dem Microsoft TechNet unter *http://technet.microsoft.com/de-de/library/dd349334(WS.10).aspx*.

Auf der Begleit-CD

- *Get-ProcessorArchitecture.ps1*
- *Get-WindowsEdition.ps1*
- *DisplayProcessor.ps1*
- *ListOperatingSystem.ps1*
- *Test-64bit.ps1*
- *Get-OSVersion.ps1*

K A P I T E L   2

Sicherheit in Windows 7

Für Windows Vista wurde das Sicherheitssystem des Betriebssystems Windows beträchtlich geändert. Insbesondere verwendet Windows Vista für die meisten Aufgaben von Haus aus Standardbenutzerkonten mit niedrigeren Berechtigungen. Zusammen mit der Benutzerkontensteuerung und dem geschützten Modus des Windows Internet Explorers bewirkt dies eine Verminderung der Wahrscheinlichkeit einer Infektionen durch Malware, weil die Änderungen, die eine Anwendung ohne Einwilligung des Benutzers am Betriebssystem durchführen kann, beschränkt werden.

Windows 7 weist gegenüber Windows Vista weitere Verbesserungen auf. Die Benutzerkontensteuerung ist nun weniger aufdringlich. Windows BitLocker ist flexibler und wurde so erweitert, dass es auch Wechselspeichergeräte schützen kann. Windows AppLocker ermöglicht eine flexiblere Beschränkung der Anwendungen, die ein Benutzer ausführen kann. Windows-Firewall unterstützt nun für physische Netzwerke und für virtuelle private Netzwerke separate Profile. Während das Sicherheitssystem für Windows Vista stark geändert wurde, liegt der Schwerpunkt bei Windows 7 darauf, das Sicherheitssystem möglichst optimal einzusetzen.

Dieses Kapitel gibt Ihnen einen Überblick über die wichtigsten Verbesserungen von Windows Vista und Windows 7 im Bereich Sicherheit. Es beschreibt, wie Sie einige häufiger vorkommende Sicherheitsszenarien verbessern, und bietet Ihnen Informationen darüber, wie Sie diese Sicherheitsverbesserungen einsetzen können, um die Sicherheitsansprüche Ihrer Organisation zu erfüllen. Außerdem erfolgen an den geeigneten Stellen Querverweise auf andere Kapitel dieser technischen Referenz, in denen Sie ausführlichere Beschreibungen einzelner Sicherheitsfunktionen finden.

Sicherheit in spezifischen Bereichen

Windows 7 umfasst viele neue und verbesserte Sicherheitstechnologien. Für das Verständnis von Sicherheitstechnologien ist zwar meistens ein umfassendes Hintergrundwissen erforderlich, aber die Sicherheitsszenarien, in denen diese Technologien eingesetzt werden, orientieren sich an der Praxis und sind leicht überschaubar. Die folgenden Abschnitte beschreiben, wie die Sicherheitsfunktionen von Windows Vista und Windows 7 zusammenwirken, um die Sicherheit in drei wichtigen Bereichen zu verbessern: drahtlose Netzwerke, Spyware und andere Arten von Malware sowie Netzwerkwürmer. Jede dieser Sicherheitstechnologien wird im Verlauf dieses Kapitels und an anderer Stelle in dieser technischen Referenz ausführlicher beschrieben.

Supportanrufe wegen Malware

Die Bedrohungen haben sich in der Vergangenheit stets gewandelt und an die jeweils neue Betriebssystemgeneration angepasst. In den letzten Jahren hat sich *Malware* zum vorherrschenden Thema entwickelt. Dieser relativ weit gefasste Begriff bezeichnet Viren, Würmer, Trojanische Pferde und Rootkits sowie Spyware und andere potenziell unerwünschte Software.

> **HINWEIS**   Microsoft verwendet die Bezeichnung »Spyware und potenziell unerwünschte Software« für Software, die zwar unerwünscht, aber nicht eindeutig schädlich ist. In diesem Buch wird die Bezeichnung Malware für eindeutig bösartige Viren und Würmer verwendet sowie für die schwieriger einzuschätzende Spyware und potenziell unerwünschte Software.

Viren, Würmer und Trojanische Pferde können sich von Computer zu Computer verbreiten, indem sie Schwachstellen der Software ausnutzen, die Anmeldeinformationen von Benutzern erraten oder die Benutzer manipulieren. Spyware und potenziell unerwünschte Software verbreitet sich nicht nur auf diese Weise, sondern auch durch Softwareinstallationen, die ein Benutzer vornimmt. Benutzer installieren eine Anwendung und sind sich nicht bewusst, dass die Anwendung oder ein Programm aus dem Lieferumfang der Anwendung vielleicht über unerwünschte Funktionen verfügt.

Wegen der besonderen Schwierigkeiten, Malware zu erkennen, wird es vielleicht niemals möglich sein, die Bedrohung vollständig zu beseitigen. Allerdings verfügen Windows Vista und Windows 7 über viele neue Sicherheitsfunktionen, die den Schutz von Computern vor Malware verbessern.

Viele Malware-Infektionen lassen sich durch die Installation von Updates auf Mobilcomputern oder durch eine entsprechende Sicherheitskonfiguration verhindern. Gruppenrichtlinien, WSUS (Windows Software Update Services) und andere Verwaltungstechnologien haben die Installation von Updates und die zügige Umsetzung von Konfigurationsänderungen beträchtlich vereinfacht. Allerdings können diese Änderungen nur wirksam werden, wenn die Clientcomputer eine Verbindung zum internen Netzwerk herstellen. Wenn Benutzer auf Reisen sind, haben Mobilcomputer vielleicht tage-, wochen- oder monatelang keine Verbindung mehr mit dem internen Netzwerk. DirectAccess, eine neue Technologie, die mit Windows 7 und Windows Server 2008 R2 eingeführt wurde, sorgt für die automatische Herstellung einer Verbindung mit dem internen Netzwerk, sobald eine Internetverbindung besteht. Auf diese Weise kann DirectAccess dafür sorgen, dass mobile Windows 7-Clientcomputer eher auf dem neusten Stand bleiben als Computer mit älteren Windows-Versionen. Somit ist es auch für die IT-Abteilung einfacher, neu entdeckte Schwachstellen durch entsprechende Updates oder Konfigurationsänderungen zu beseitigen.

Ursprünglich mit Windows Vista eingeführt, schränkt die Benutzerkontensteuerung die Installationsmöglichkeit von Malware ein, weil sie IT-Profis die Möglichkeit gibt, Benutzer nicht als Administratoren zu konfigurieren, sondern als Standardbenutzer. Dadurch werden Benutzer besser davor bewahrt, an ihren Computern potenziell schädliche Änderungen vorzunehmen, ohne sie daran zu hindern, andere Aspekte ihrer Computer zu kontrollieren, beispielsweise die Zeitzone oder die Energieeinstellungen. Meldet sich jemand als Administrator an, erschwert die Benutzerkontensteuerung es der Malware, sich auf den ganzen Computer auszuwirken. Windows 7 weist eine verbesserte Benutzerkontensteuerung auf, die sich nun weniger häufig meldet. Außerdem können Administratoren das Verhalten der Benutzerkontensteuerung konfigurieren. Durch die verbesserte Benutzerkontensteuerung verringert Windows 7 die Kosten einer Bereitstellung von Windows mit einer geschützten Desktopumgebung.

In vergleichbarer Weise bedeutet die Ausführung des Internet Explorers im geschützten Modus, dass er ohne das Recht zur Installation von Software ausgeführt wird (oder zum Speichern von Dateien außerhalb des Verzeichnisses *Temporary Internet Files*). Auf diese Weise wird das Risiko verringert, dass der Internet Explorer ohne Einwilligung des Benutzers zur Installation von Malware missbraucht wird.

Windows Defender erkennt viele Arten von Spyware und andere potenziell unerwünschte Software und informiert den Benutzer, bevor die Anwendung möglicherweise bösartige Änderungen vornehmen kann. Unter Windows 7 weist Windows Defender eine deutlich verbesserte Leistung bei der Echtzeitüberwachung auf. Da der Leistungsrückgang bei der Echtzeitüberwachung geringer ist, können mehr IT-Abteilungen die Echtzeitüberwachung aktiviert lassen und auf diese Weise von den Sicherheitsvorteilen profitieren. Außerdem verwendet Windows Defender das Wartungscenter, um Benutzer über mögliche Probleme zu informieren.

Windows-Diensthärtung beschränkt den Schaden, den Angreifer anrichten können, falls ein Angriff auf einen Dienst erfolgreich sein sollte, und verringert das Risiko, dass Angreifer dauerhafte Änderungen am Betriebssystem vornehmen oder andere Computer im Netzwerk angreifen können. Windows 7 kann zwar Malware nicht beseitigen, aber diese neuen Technologien können die Folgewirkungen verringern, die im Zusammenhang mit Malware entstehen.

Windows 7 wurde so konzipiert, dass es viele der üblichen Installationsmethoden von Malware blockiert. Die folgenden Abschnitte beschreiben, wie sich Windows Vista und Windows 7 vor Malware schützen, die sich ohne Wissen des Benutzers zu installieren versucht, etwa durch Softwarebündelung, durch Täuschen des Benutzers, durch Ausnutzen von Schwachstellen des Browsers oder durch Netzwerkwürmer.

Schutz vor Softwarebündelung und Täuschung des Benutzers

Die beiden häufigsten Wege, wie Malware auf einem Computer installiert wird, sind Bündelung und Täuschen des Benutzers. Bei der Bündelung wird Malware zusammen mit nützlicher Software verbreitet. Meistens ahnt der Benutzer gar nichts von den negativen Auswirkungen der gebündelten Software. Beim Täuschen des Benutzers (auch mit dem Begriff »Social Engineering« bezeichnet) wird der Benutzer durch Tricks dazu gebracht, die Software zu installieren. Im typischen Fall öffnet sich im Browser ein irreführendes Popupfenster oder der Benutzer erhält eine irreführende E-Mail mit der Anweisung, einen Anhang zu öffnen oder eine Website zu besuchen.

Windows Vista und Windows 7 bieten einen beträchtlich verbesserten Schutz vor der Bündelung und der beschriebenen Täuschung des Benutzers. Bei der Standardeinstellung muss Malware, die sich via Bündelung oder Täuschung des Benutzers installieren möchte, zwei Schutzebenen überwinden, nämlich die Benutzerkontensteuerung und Windows Defender.

Die Benutzerkontensteuerung fordert entweder den Benutzer auf, der Softwareinstallation zuzustimmen (falls der Benutzer mit einem Administratorkonto angemeldet ist), oder er verlangt die Eingabe der Anmeldeinformationen eines Administrators (sofern der Benutzer mit einem Standardkonto angemeldet ist). Durch diese Funktion werden Benutzer darauf hingewiesen, dass ein Prozess versucht, bedeutsame Änderungen vorzunehmen, und sie erhalten die Gelegenheit, den Vorgang zu stoppen. Standardbenutzer müssen mit einem Administrator Kontakt aufnehmen, um die Installation fortzusetzen. Weitere Informationen finden Sie weiter unten in diesem Kapitel im Abschnitt »Benutzerkontensteuerung«.

Der Windows Defender-Echtzeitschutz blockiert Anwendungen, die als bösartig bekannt sind. Windows Defender erkennt und verhindert zudem bestimmte Änderungen, die von Malware durchgeführt werden könnten, beispielsweise die Konfiguration der Malware für den automatischen Start nach dem nächsten Systemstart. Windows Defender informiert den Benutzer, dass eine Anwendung versucht hat, eine Änderung vorzunehmen, und gibt ihm die Gelegenheit, die Installation zu blockieren oder fortzusetzen. Weitere Informationen finden Sie weiter unten in diesem Kapitel im Abschnitt »Windows Defender«.

HINWEIS   Windows Defender trägt Ereignisse ins Systemereignisprotokoll ein. In Kombination mit dem Abonnement von Ereignissen oder mit einem Tool wie Microsoft Systems Center Operations Manager (SCOM) können Sie Windows Defender-Ereignisse für Ihre Organisation leicht erfassen und analysieren.

Abbildung 2.1 stellt die beschriebenen Schutzebenen schematisch dar.

Abbildung 2.1   Windows Vista und Windows 7 verwenden
zum Schutz vor Malwareangriffen durch Bündelung und
Täuschen des Benutzers eine gestaffelte Verteidigung

Unter Windows XP und älteren Windows-Versionen haben Malwareinstallationen durch Bündelung und Täuschen des Benutzers eine relativ hohe Aussicht auf Erfolg, weil die beschriebenen Schutzmaßnahmen weder im Betriebssystem noch in Service Packs vorgesehen waren.

Gestaffelte Verteidigung

Die gestaffelte Verteidigung ist eine bewährte Technik mit einem mehrschichtigen Schutz, der die Angriffsfläche verringert. Sie können zum Beispiel ein Netzwerk mit drei Ebenen der Paketfilterung aufbauen, nämlich mit einem Router, der außerdem als Paketfilter dient, mit einer Hardwarefirewall und mit jeweils einer Softwarefirewall (wie der Internetverbindungsfirewall) auf jedem Host. Sollte ein Angreifer die erste oder die ersten beiden Schutzebenen überwinden, sind die Hosts immer noch geschützt.

Der wichtigste Vorteil der gestaffelten Verteidigung ist ihre Fähigkeit, vor menschlichen Fehlern zu schützen. Während unter normalen Umständen eine einzige Schutzebene ausreicht, könnte ein Administrator diese eine Schutzebene außer Kraft setzen, wenn er sie im Zuge einer Fehlersuche oder durch eine versehentlich falsche Konfiguration deaktiviert. Auch ein neu entdeckter Angriffspunkt kann diese eine Schutzebene wirkungslos machen. Eine gestaffelte Verteidigung bietet auch dann noch Schutz, wenn eine Ebene tatsächlich einen Angriffspunkt bietet.

Während es sich bei den meisten neuen Sicherheitsfunktionen von Windows 7 um vorsorgliche Gegenmaßnahmen handelt, deren wichtigste Aufgabe die Verringerung des Risikos ist, dass Angriffspunkte ausgenutzt werden, sollte Ihre Strategie zur gestaffelten Verteidigung auch Gegenmaßnahmen berücksichtigen, die mit der Erkennung von Angriffen und der Reaktion auf Angriffe zu tun haben. Überwachung und Eindringlingserkennungssysteme von anderen Herstellern können Ihnen bei der Analyse eines Angriffs helfen, der bereits stattgefunden hat, damit Administratoren künftige Angriffe abwehren und nach Möglichkeit den Angreifer identifizieren können. Aktuelle Datensicherungen und ein Notfallplan für die Wiederherstellung ermöglichen es Ihnen, auf einen Angriff zu reagieren und den potenziellen Datenverlust zu begrenzen.

Schutz vor Malware-Installationen über den Browser

Viele Installationen von Malware haben stattgefunden, weil der Benutzer eine bösartige Website aufgesucht hat und diese Website eine Schwachstelle im Webbrowser zur Installation der Malware ausgenutzt hat. In einigen Fällen erhielten die Benutzer überhaupt keinen Hinweis darauf, dass Software installiert wurde. In anderen Fällen wurden die Benutzer zwar aufgefordert, die Installation zu bestätigen, aber die Aufforderung war vielleicht irreführend oder unvollständig.

Windows 7 bietet vier Schutzebenen gegen diese Art von Malware-Installation:

- Automatische Updates ist standardmäßig aktiviert und trägt dazu bei, den Internet Explorer und den Rest des Betriebssystems auf dem neusten Stand zu halten, beispielsweise durch Sicherheitsupdates, die viele Angriffspunkte beseitigen können. Automatische Updates kann Sicherheitsupdates entweder direkt von einem Microsoft-Server oder von einem internen WSUS-Server (Windows Server Update Services) anfordern. Weitere Informationen finden Sie in Kapitel 23, »Verwalten von Softwareupdates«.

- Der geschützte Modus des Internet Explorers gibt den Prozessen, die von ihm gestartet werden, nur sehr eingeschränkte Rechte, selbst wenn der Benutzer als Administrator angemeldet ist. Jeder Prozess, der vom Internet Explorer gestartet wird, hat nur Zugriff auf das Verzeichnis *Temporary Internet Files*. Keine Datei, die in dieses Verzeichnis geschrieben wird, kann direkt ausgeführt werden.

- Administratoren werden von der Benutzerkontensteuerung zur Bestätigung aufgefordert, bevor computerweite Konfigurationsänderungen durchgeführt werden. Standardbenutzer werden durch ihre eingeschränkten Rechte an den meisten dauerhaften computerweiten Änderungen gehindert, falls sie nicht die Anmeldeinformationen eines Administrators eingeben können.

- Windows Defender informiert den Benutzer, falls Malware versucht, sich als Browserhilfsobjekt zu installieren, sich selbst nach dem nächsten Systemstart automatisch zu starten oder andere überwachte Teile des Betriebssystems zu ändern.

Abbildung 2.2 stellt diese Schutzebenen schematisch dar.

Schutz vor Netzwerkwürmern

Während Bündelung, Täuschen des Benutzers und das Ausnutzen von Angriffspunkten des Browsers davon abhängig sind, dass der Benutzer eine Verbindung mit einer Website herstellt, die Malware beherbergt, können Würmer einen Computer auch ohne Mitwirken des Benutzers befallen. Netzwerkwürmer verbreiten sich, indem sie versuchen, im Netzwerk die Kommunikation mit Remotecomputern aufzunehmen und sich darauf zu installieren. Einmal installiert, beginnen Würmer mit der Suche nach neuen Computern, die sie befallen können.

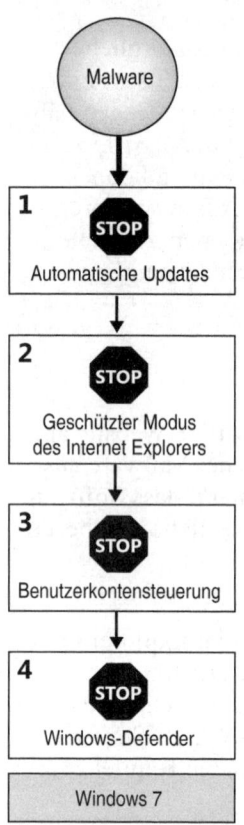

Abbildung 2.2   Windows 7 verwendet zum Schutz
vor Malware, die sich über den Browser installieren will,
eine gestaffelte Verteidigung

Wenn ein Wurm einen Windows 7-Computer angreift, hält Windows 7 vier Schutzebenen dagegen:

- Windows-Firewall blockiert den eintreffenden Datenverkehr, der nicht ausdrücklich zugelassen wurde (zuzüglich einiger Ausnahmen für wichtige Netzwerkfunktionen in Domänen- und privaten Netzwerken). Diese Funktion blockiert die meisten derzeit bekannten Wurmangriffe.

- Sollte ein Wurm versuchen, eine bereits behobene Schwachstelle einer Microsoft-Komponente auszunutzen, kann die standardmäßig aktivierte Funktion Automatische Updates schon für die Installation der verbesserten Komponente gesorgt haben.

- Wenn ein Wurm eine Schwachstelle in einem Dienst ausnutzt, der Windows-Diensthärtung verwendet, und eine Aktion durchführen will, die das Dienstprofil nicht zulässt (beispielsweise das Speichern einer Datei oder das Hinzufügen des Wurms zur Autostartgruppe), blockiert Windows den Wurm.

- Wenn ein Wurm eine Schwachstelle einer Benutzeranwendung ausnutzt, werden systemweite Konfigurationsänderungen durch die beschränkten Rechte blockiert, die dank der Benutzerkontensteuerung vorgesehen werden können.

Abbildung 2.3 stellt diese Schutzebenen schematisch dar.

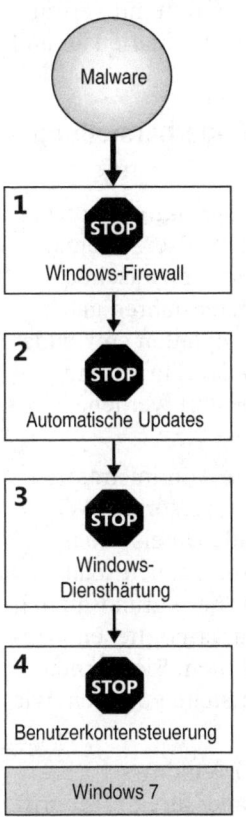

Abbildung 2.3   Windows Vista und Windows 7
verwenden zum Schutz vor Netzwerkwürmern
eine gestaffelte Verteidigung

Die erste Windows XP-Version hat über keine dieser Schutzmaßnahmen verfügt. Mit Windows XP Service Pack 2 (SP2) wurden zwar Windows-Firewall und Automatische Updates aktiviert, aber die anderen Schutzmaßnahmen, die Windows Vista und Windows 7 bieten, sind in Windows XP nicht vorhanden.

Datendiebstahl

So wie sich mobile Computer, Netzwerkverbindungen und Wechselmedien immer weiter ausbreiten, so verbreitet sich anscheinend auch der Datendiebstahl. Viele Unternehmen und Behörden haben auf ihren Computern sehr wertvolle Daten gespeichert. Fallen sie in die falschen Hände, kann das verheerende Folgen haben.

Viele Organisationen grenzen das Risiko des Datendiebstahls ein, indem sie den Zugang zu Daten beschränken. Anwendungen können zum Beispiel so konzipiert werden, dass sie vertrauliche Dateien nicht auf Mobilcomputern speichern. Oder den Benutzern wird verboten, Computer aus dem Büro zu entfernen. Solche Beschränkungen verringern das Risiko zwar mit Erfolg, aber sie verringern auch die Produktivität, weil die Mitarbeiter die Vorteile von mobilen Computern nicht nutzen können.

Windows Vista und Windows 7 bieten Datenschutztechnologien, die auch strengeren Sicherheitsanforderungen genügen und es Benutzern trotzdem erlauben, an unterschiedlichen Orten mit vertraulichen Daten zu arbeiten. Sehen Sie sich einmal die folgenden verbreiteten Diebstahlszenarien an und
die Art, wie Windows 7 jeweils das Risiko verringert.

Diebstahl eines Mobilcomputers oder eines Festplattenlaufwerks, oder Wiederherstellung der Daten von gebrauchten oder ausgemusterten Festplattenlaufwerken

Betriebssysteme können Daten, die auf Ihrer Festplatte gespeichert sind, nur so lange aktiv schützen,
wie das Betriebssystem läuft. Anders gesagt, Zugriffssteuerungslisten, wie sie NTFS (New Technology File System) bietet, können Daten nicht mehr schützen, wenn sich ein Angreifer physischen
Zugang zu einem Computer oder einem Festplattenlaufwerk verschafft. In den letzten Jahren gab es
viele Fälle, in denen Mobilcomputer gestohlen und vertrauliche Daten von den Festplatten entwendet
wurden. Häufig werden Daten auch von Computern entwendet, die wiederverwendet (ein vorhandener Computer wird einem neuen Benutzer zur Verfügung gestellt) oder ausgemustert werden, selbst
wenn die Festplatte formatiert wurde.

Windows Vista und Windows 7 verringern diese Art von Datendiebstahl, indem sie Administratoren
ermöglichen, für die Verschlüsselung der auf dem Datenträger gespeicherten Daten zu sorgen. Wie
Windows XP unterstützen auch Windows Vista und Windows 7 das verschlüsselnde Dateisystem
(Encrypting File System, EFS). EFS ermöglicht es Administratoren und Benutzern, Dateien selektiv
zu verschlüsseln oder ganze Ordner so einzustellen, dass die Dateien in diesen Ordnern grundsätzlich
verschlüsselt werden. Zusätzlich zu den Funktionen, die Windows XP geboten hat, ermöglichen Windows Vista und Windows 7 auch die Konfiguration von EFS durch Gruppenrichtlinien. Sie können
also eine ganze Domäne von zentraler Stelle aus schützen, ohne dass Benutzer verstehen müssen, wie
die Verschlüsselung funktioniert.

Allerdings kann EFS nicht die Windows-Systemdateien schützen. Der Schutz von Windows vor
Offline-Angriffen (Start des Systems von einem Wechselmedium und anschließender direkter Zugriff
auf das Dateisystem oder Einbau der Festplatte in einen anderen Computer) erhöht die Sicherheit des
Systems auch für den Fall, dass ein Computer gestohlen wird. Die BitLocker-Laufwerkverschlüsselung, eingeführt mit Windows Vista, bietet die Verschlüsselung des gesamten Startvolumes und schützt
auf diese Weise nicht nur das Betriebssystem, sondern auch die Daten, die auf demselben Volume
(unter demselben Laufwerksbuchstaben) gespeichert sind. Unter Windows 7 können Administratoren
nicht nur das Startvolume mit BitLocker schützen, sondern auch andere Volumes (und Wechselmedien, wie im nächsten Abschnitt beschrieben). BitLocker kann auf unterstützter Hardware völlig
unsichtbar arbeiten oder im Rahmen einer mehrstufigen Authentifizierung vom Benutzer die Eingabe
eines Kennworts verlangen, bevor das Volume entschlüsselt werden kann. Je nach Ihren Sicherheitsanforderungen können Sie BitLocker auch auf der vorhandenen Computerhardware einsetzen, indem
Sie die Entschlüsselungsschlüssel auf Wechselmedien speichern oder vom Benutzer verlangen, vor
dem Start von Windows eine persönliche Identifikationsnummer (PIN) oder ein Kennwort einzugeben.
Weitere Informationen erhalten Sie in Kapitel 16, »Verwalten von Laufwerken und Dateisystemen«.

Kopieren vertraulicher Dateien auf Wechselmedien

Organisationen mit hohen Sicherheitsanforderungen begrenzen den Zugang zu vertraulichen Daten
meistens auf die Computer des lokalen Netzwerks und erlauben dann nicht, dass diese Computer von
ihren Standorten entfernt werden. Als Disketten noch den Hauptanteil der Wechselmedien stellten,
haben solche Organisationen normalerweise auch die Diskettenlaufwerke aus den Computern entfernt.
Allerdings hat sich in den letzten Jahren eine Vielfalt von Wechselmedien und Wechselspeichergeräten entwickelt. Besonders Mobiltelefone, PDAs, tragbare Audioplayer und USB-Laufwerke verfügen

inzwischen häufig über mehrere Gigabyte Speicherkapazität. Da sie zudem sehr klein und weit verbreitet sind, werden sie leicht übersehen, selbst wenn eine Organisation ein Sicherheitsteam einstellt, das Mitarbeiter beim Betreten oder Verlassen eines Gebäudes durchsucht.

Unter Windows Vista und Windows 7 können Sie das Risiko, das Wechselspeichergeräte mit sich bringen, durch Gruppenrichtlinien einschränken. Mit den Gruppenrichtlinieneinstellungen unter *Computerkonfiguration\Richtlinien\Administrative Vorlagen\System\Geräteinstallation\Einschränkungen bei der Geräteinstallation* können Administratoren Folgendes tun:

- Mit der Einstellung *Installation von Geräten mit Treibern zulassen, die diesen Gerätesetupklassen entsprechen* die Installation ganzer Geräteklassen (beispielsweise Drucker) zulassen.

- Mit der Einstellung *Installation von Geräten mit diesen Geräte-IDs verhindern* die Installation von nicht unterstützten oder nicht autorisierten Geräten verhindern.

- Mit der Einstellung *Installation von Wechselgeräten verhindern* alle Wechselgeräte sperren.

- Mit der Einstellung *Administratoren das Außerkraftsetzen der Richtlinien unter "Einschränkungen bei der Geräteinstallation" erlauben* diese Richtlinien bei Bedarf beispielsweise zur Problembehandlung oder zu Verwaltungszwecken außer Kraft setzen.

Während der Schwerpunkt von Windows Vista darauf liegt, Administratoren die Möglichkeit zu geben, Benutzer am Speichern von Dateien auf Wechselmedien zu hindern, bietet Windows 7 eine Technologie, mit der sich Dateien schützen lassen, wenn sie auf Wechselmedien kopiert werden: BitLocker To Go. BitLocker To Go ermöglicht eine Verschlüsselung von Wechselmedien auf der Ebene des Volumes. Um den Inhalt eines Wechselmediums zu entschlüsseln, muss ein Benutzer ein Kennwort eingeben oder eine Smartcard einlegen. Ohne Kennwort oder Smartcard ist praktisch kein Zugriff auf Medien möglich, die mit BitLocker To Go verschlüsselt wurden.

Weitere Informationen zur Verwaltung von Geräten und über BitLocker finden Sie in Kapitel 16, »Verwalten von Laufwerken und Dateisystemen«. Weitere Informationen über die Verwaltung von Windows 7-Computern mit Gruppenrichtlinien bietet Kapitel 14, »Verwalten der Desktopumgebung«.

Versehentliches Drucken, Kopieren oder Weiterleiten vertraulicher Dokumente

Oft müssen Benutzer für effizientes Arbeiten vertrauliche Dokumente gemeinsam verwenden. Es könnte zum Beispiel erforderlich sein, dass ein Benutzer ein Dokument zur Prüfung per E-Mail an einen anderen Benutzer sendet. Sobald ein Dokument aber seinen geschützten freigegebenen Ordner oder das Intranet verlässt, haben Sie keine Kontrolle mehr darüber. Benutzer könnten das Dokument versehentlich kopieren, weiterleiten oder drucken. Auf diese Weise könnte es unabsichtlich in Hände geraten, die keinen Zugriff auf das Dokument haben sollten.

Es gibt keinen vollständigen Schutz gegen das Kopieren elektronischer Dokumente. Allerdings versetzt der in Windows Vista und Windows 7 integrierte RMS-Client (Windows Rights Management Services, Windows-Rechteverwaltungsdienst) Computer in die Lage, RMS-verschlüsselte Dokumente zu öffnen und die Beschränkungen durchzusetzen, die für das Dokument gelten. Mit einer RMS-Infrastruktur und einer Anwendung, die RMS unterstützt (wie Microsoft Office), können Sie Folgendes tun:

- Einem Benutzer die Einsicht in ein Dokument gestatten, aber verhindern, dass das Dokument kopiert, gedruckt oder weitergeleitet wird.

- Benutzer daran hindern, Text aus einem Dokument herauszukopieren oder in es einzufügen.

- Das Öffnen des Dokuments mit einem Client erschweren, der die RMS nicht unterstützt.

Windows 7 unterstützt die Verwendung von RMS zum Schutz von XPS-Dokumenten (XML Paper Specification). Für den Einsatz von RMS brauchen Sie außer Windows Vista oder Windows 7 eine RMS-Infrastruktur und Anwendungen, die RMS unterstützen. Weitere Informationen über RMS finden Sie weiter unten in diesem Kapitel im Abschnitt »Windows-Rechteverwaltungsdienst«.

Sicherheitsfunktionen, die bereits mit Windows Vista eingeführt wurden

Dieser Abschnitt beschreibt die wichtigsten und am deutlichsten sichtbaren Sicherheitsverbesserungen von Windows Vista, die für Windows 7 nicht wesentlich geändert wurden. Sie werden in Tabelle 2.1 aufgeführt. Jede dieser Verbesserungen ist auch in Windows 7 enthalten. Interne Verbesserungen und Verbesserungen der Architektur oder solche, die zusätzliche Anwendungen oder eine andere Infrastruktur erfordern, werden später in diesem Kapitel beschrieben. Auch Verbesserungen des Sicherheitssystems, die nur unter Windows 7 verfügbar sind, sowie wesentlich geänderte Sicherheitsfunktionen von Windows Vista werden im Verlauf des Kapitels noch beschrieben.

Tabelle 2.1 Sicherheitsverbesserungen in Windows 7

Verbesserungen	Beschreibung
Windows Defender	Versucht, unerwünschte Software zu erkennen und zu blockieren.
Windows-Firewall	Filtert den ein- und ausgehenden Datenverkehr im Netzwerk. Neue Verbesserungen bringen größere Flexibilität und bessere Verwaltbarkeit.
Verschlüsselndes Dateisystem	Verschlüsselt Dateien und Ordner mit Ausnahme der Systemdateien. Verbesserungen bringen größere Flexibilität und bessere Verwaltbarkeit.
Verbesserter Anmelde-informations-Manager	Ermöglicht Benutzern die Durchführung gebräuchlicher Sicherheitsmaßnahmen zur Verwaltung von Anmeldeinformationen, beispielsweise die Rücksetzung von PINs.

Die folgenden Abschnitte beschreiben diese Komponenten. Ausführliche Empfehlungen zur Konfiguration der Sicherheitseinstellungen von Windows Vista finden Sie im *Windows Vista Security Guide*, den Sie von *http://www.microsoft.com* herunterladen können. »Windows Vista Security One Year Later« ist eine interessante Beschreibung, welche die tatsächlichen Verbesserungen durch das Sicherheitssystem von Windows Vista darlegt. Sie finden diesen Text unter *http://blogs.msdn.com/windowsvistasecurity/archive/2008/01/23/windows-vista-security-one-year-later.aspx*.

Windows Defender

Windows Defender ist eine Komponente von Windows Vista und Windows 7, die Schutz vor Spyware und anderer potenziell unerwünschter Software bietet. Windows Defender wertet Signaturen aus und verwendet spezielle Definitionen, die Spyware und andere potenziell unerwünschte Software eindeutig identifiziert, um bekannte Programme zu erkennen und zu entfernen. Windows Defender ruft in regelmäßigen Abständen neue Definitionen von Microsoft ab, damit es Spyware und andere potenziell unerwünschte Software identifizieren und entfernen kann, die seit dem letzten Definitionsupdate entwickelt oder entdeckt wurde. Microsoft verlangt für die Definitionsupdates keine Bezahlung.

Außerdem überwacht der Windows Defender-Echtzeitschutz kritische Bereiche des Betriebssystems auf Änderungen, die gewöhnlich von Spyware vorgenommen werden. Der Echtzeitschutz überprüft jede Datei, wenn sie geöffnet wird, und überwacht zudem den *Autostart*-Ordner, die *Run*-Schlüssel in der Registrierung, Windows Add-Ons und andere Bereiche des Betriebssystems auf Änderungen.

Wenn eine Anwendung versucht, in einem der geschützten Bereiche des Betriebssystems Änderungen vorzunehmen, fordert Windows Defender den Benutzer auf, die entsprechende Maßnahme zu treffen.

Wie in Abbildung 2.4 zu sehen ist, lässt sich eine Überprüfung mit Windows Defender auch manuell starten, um bekannte Spyware zu identifizieren und zu entfernen. Standardmäßig überprüft Windows Defender den Computer täglich um 2 Uhr nachts auf Malwarebefall. Allerdings lässt sich dieses Verhalten auch ändern. Auch wenn bereits der Windows Defender-Echtzeitschutz versucht, Infektionen zu verhindern, ermöglicht die nächtliche Suche dem Windows Defender, neu entdeckte Malware zu erkennen und zu entfernen, die den Echtzeitschutz vielleicht überwunden hat.

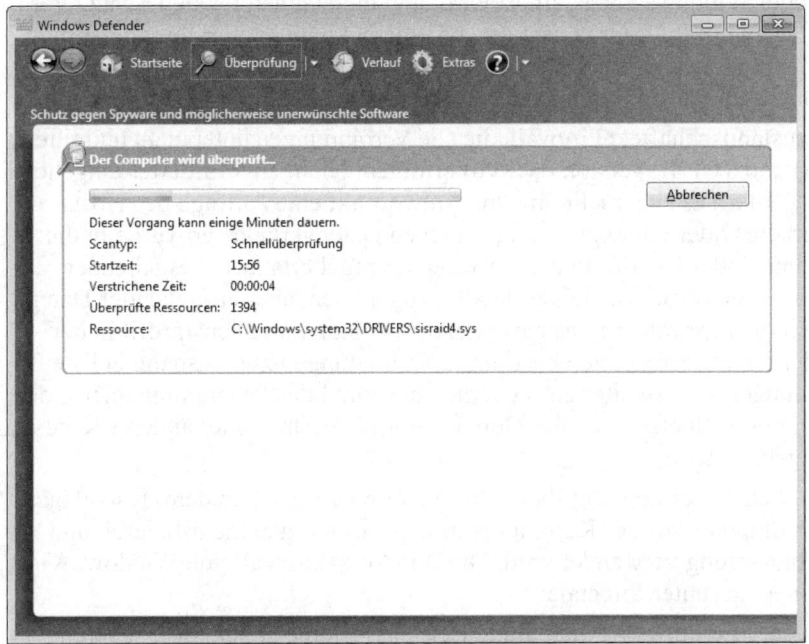

Abbildung 2.4   Vermutet ein Benutzer, dass sein Computer von Malware befallen ist, kann er manuell eine Überprüfung durch Windows Defender einleiten

Die Microsoft SpyNet Community ermöglicht es Windows Defender, sich über neu entdeckte Anwendungen zu informieren und zu überprüfen, ob Benutzer Anwendungen als Malware oder als unbedenklich einstufen. Je nach Konfiguration kann der Windows Defender Meldungen über neue Anwendungen und die Entscheidungen von Benutzern über deren Installation an die SpyNet Community übermitteln. Die Rückmeldungen von der SpyNet Community erleichtern Microsoft und Benutzern die Unterscheidung zwischen Malware und unbedenklicher Software. Letztlich kann dann auch Windows Defender Malware genauer erkennen und die Zahl der Fehlalarme senken. Es bleibt dem Benutzer überlassen, ob er Rückmeldungen an die SpyNet Community übermittelt. Allerdings können alle Benutzer von den Informationen profitieren, die von der Community gesammelt werden.

Zusätzlich zu diesen Funktionen enthält der Windows Defender auch den Software-Explorer. Der Software-Explorer bietet Benutzern die Kontrolle über viele verschiedene Anwendungsarten, einschließlich der Anwendungen, die sich selbst im Browser installieren oder in Anwendungen, die automatisch gestartet werden. Der Software-Explorer ist in erster Linie für Benutzer gedacht, die ihre Computer selbst verwalten. In Unternehmensumgebungen ist die Entfernung von Software normalerweise Sache der IT-Abteilungen.

Windows Defender lässt sich auch unter Windows XP mit Service Pack 2 installieren. Weitere Informationen über Windows Defender erhalten Sie in Kapitel 24, »Schützen des Clients«.

Windows-Firewall

Windows Vista und Windows 7 enthalten eine erweiterte Version der Windows-Firewall, die mit Windows XP SP2 eingeführt wurde. Die Windows-Firewall vereint die Funktionen einer bidirektionalen Hostfirewall und von IPsec (Internet Protocol Security) zu einem Tool mit einer einheitlichen Benutzeroberfläche. Anders als eine Perimeterfirewall läuft die Windows-Firewall auf jedem Computer, auf dem Windows Vista oder Windows 7 ausgeführt wird, und bietet einen lokalen Schutz vor Netzwerkangriffen, die bis ins Netzwerk Ihrer Organisation vordringen konnten oder ihren Ursprung in diesem Netzwerk haben. Außerdem bietet sie Sicherheit bei Computer-zu-Computer-Verbindungen, weil Sie für alle Kommunikationen Authentifizierung und Datenschutz zur Bedingung machen können.

Die Windows-Firewall ist eine zustandsbehaftete Firewall, die alle Verbindungen untersucht und filtert, die mit TCP/IP Version 4 (IPv4) und TCP/IP Version 6 (IPv6) erfolgen. Nicht angeforderter eingehender Datenverkehr wird ignoriert, sofern es sich nicht um eine Antwort auf eine Anfrage des Hosts handelt (angeforderter Datenverkehr) oder um explizit zugelassenen Datenverkehr (er wurde in die Liste der Ausnahmen aufgenommen oder ist aufgrund einer Eingangsregel erlaubt). Ausgehender Datenverkehr von interaktiven Anwendungen ist standardmäßig zugelassen, aber ausgehender Datenverkehr von Diensten wird durch die Firewall auf das beschränkt, was laut dem Dienstprofil in der Windows-Diensthärtung erforderlich ist. Sie können bestimmte Verbindungen zur Ausnahmenliste hinzufügen und mit den Einstellungen zur erweiterten Sicherheit aufgrund des Programmnamens, des Dienstnamens, der Portnummer, des Zielnetzwerks, der Domänenmitgliedschaft oder anderer Kriterien Eingangs- und Ausgangsregeln erstellen.

Was zugelassenen Datenverkehr betrifft, ermöglicht Ihnen die Windows-Firewall zudem, festzulegen oder vorzuschreiben, dass sich Computer vor der Kommunikation gegenseitig authentifizieren und dass Datenintegrität und -verschlüsselung verwendet wird. Die Windows-Firewall von Windows Vista verfügt über viele neue Funktionen, darunter folgende:

- **Integration der IPsec-Verwaltung** Windows XP und ältere Betriebssysteme haben zwei separate Steuerungsprogramme verwendet, obwohl sich ein beträchtlicher Teil der Funktionen von Windows-Firewall und IPsec überlappen. Wie Abbildung 2.5 zeigt, können Sie nun beides im selben Tool verwalten.

- **Neue Benutzer- und Befehlszeilentools** Verbesserte Tools erleichtern die Verwaltung und ermöglichen eine automatisierte Konfiguration der Firewall mit Skripts.

- **Vollständige IPv6-Unterstützung** Wenn Ihre Organisation IPv6 einsetzt, können Sie nun die Windows-Firewall verwenden.

- **Filterung ausgehender Daten** Sie können den Datenverkehr filtern, der von einem Clientcomputer gesendet wird, und den Datenverkehr, der vom Computer empfangen wird. Dadurch können Sie festlegen, welche Anwendungen Daten senden dürfen und wohin. Vielleicht möchten Sie zum Beispiel Verwaltungsmeldungen filtern, damit sie nur an Ihr internes Netzwerk gesendet werden können. Die Filterung ausgehender Daten durch die Windows-Firewall ist nicht dafür gedacht, einen infizierten Computer an der Kommunikation zu hindern. Das ist letztlich gar nicht möglich (die Malware könnte die Firewall einfach deaktivieren). Die Filterung ausgehender Daten ermöglicht es Administratoren, Richtlinien für Computer festzulegen, mit denen bekanntes Verhalten unterbunden werden kann, wie zum Beispiel die Sperrung der Kommunikation mit nichtautorisierter Peer-zu-Peer-Software.

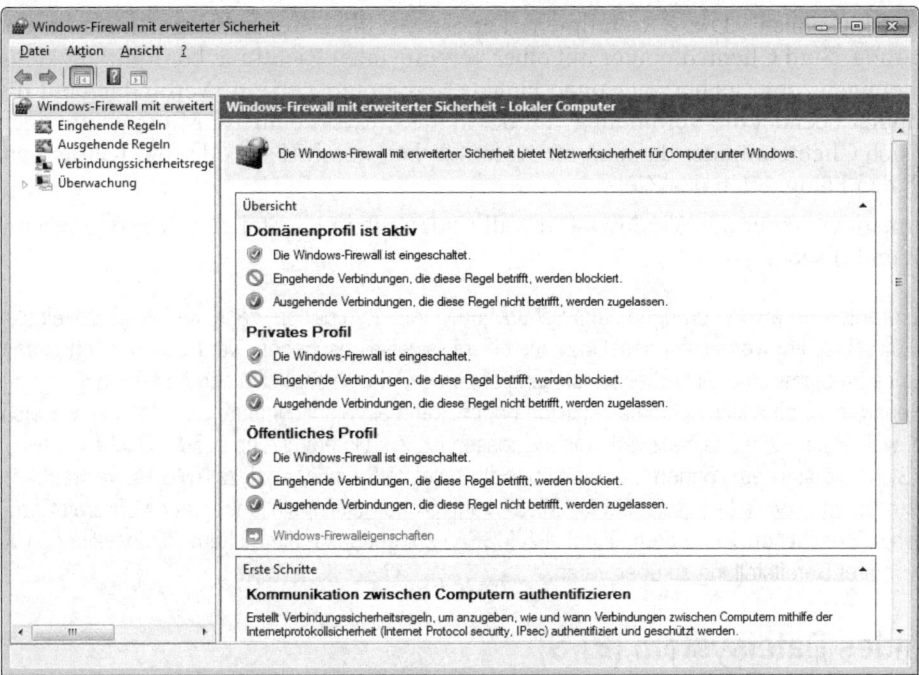

Abbildung 2.5   Sie können Windows-Firewall und IPsec im selben Tool verwalten

- **Windows-Diensthärtung (Windows Service Hardening)**   Diese Funktion schränkt die Aktionen ein, die ein Dienst durchführen kann, und beschränkt zudem die Kommunikation des Dienstes mit dem Netzwerk. Dadurch wird der Schaden verringert, der bei einem erfolgreichen Angriff angerichtet werden könnte.

- **Vollständige Integration in Gruppenrichtlinien**   Das ermöglicht Ihnen die zentrale Konfiguration der Windows-Firewall auf allen Computern Ihrer AD DS-Domäne (Active Directory Domain Services, Active Directory-Domänendienste).

- **Filterung des Datenverkehrs anhand neuer Eigenschaften**   Die Windows-Firewall kann Daten anhand folgender Kriterien filtern:
  - ☐ AD DS-Gruppen (autorisierte Benutzer und autorisierte Computer)
  - ☐ ICMP-Erweiterungen (Internet Control Message Protocol)
  - ☐ IP-Adressenlisten
  - ☐ Portlisten
  - ☐ Namen der Dienste
  - ☐ Authentifizierung durch IPsec
  - ☐ Verschlüsselung durch IPsec
  - ☐ Schnittstellentyp

- **IP-Adressenauthentifizierung**   Die Windows-Firewall unterstützt eine IP-Adressenauthentifizierung, wobei zwei Authentifizierungszyklen mit verschiedenen Anmeldeinformationen durchgeführt werden können, auf Wunsch einschließlich der Benutzeranmeldeinformationen.

- **IPsec-Richtlinien auf Anwendungsbasis**   Die Windows-Firewall unterstützt nun IPsec-Richtlinien auf Anwendungsbasis.

■ **Vereinfachte IPsec-Richtlinien**   Diese Richtlinienart erleichtert die Bereitstellung der Server- und Domänenisolierung. Sind Clientcomputer mit einer vereinfachten Richtlinie konfiguriert, stellen sie zwei Verbindungen zum Ziel her: eine ungeschützte Verbindung und eine Verbindung mit IPsec. Der Clientcomputer beendet die Verbindung, auf der keine Antwort eintrifft. Mit einer einzigen Regel können sich Clientcomputer dann an die Kommunikation mit IPsec oder mit Klartext anpassen, je nach den Fähigkeiten des Ziels.

Ausführliche Informationen über die Windows-Firewall finden Sie in Kapitel 26, »Konfigurieren von Windows-Firewall und IPsec«.

> **HINWEIS**   Zu den größten Herausforderungen beim Schutz von Computern gehört, dass die Sicherheitseinstellungen im Lauf der Zeit schlechter werden können. Das kann beispielsweise geschehen, wenn das Supportpersonal bei der Behebung eines Problems eine Sicherheitseinstellung ändert und dann vergisst, diese Änderung rückgängig zu machen. Auch wenn Sie Automatische Updates aktiviert haben, kann ein Mobilcomputer die Updates vielleicht nicht herunterladen, weil er gar nicht ans Netzwerk angeschlossen ist. Zur Unterstützung bei der Suche nach Schwachstellen im Sicherheitssystem können Sie den Microsoft Baseline Security Analyzer (MBSA) verwenden, der unter *http://www.microsoft.com/mbsa* verfügbar ist. MBSA kann Sicherheitseinstellungen auf mehreren Computern Ihres Netzwerks überwachen. Außerdem eignet sich MBSA sehr gut dazu, die Sicherheitseinstellungen von neuen Computern vor ihrer Bereitstellung zu überprüfen.

Verschlüsselndes Dateisystem (EFS)

EFS (Encrypting File System) ist eine Dateiverschlüsselungstechnologie, die Dateien bei Offline-Angriffen schützt, beispielsweise beim Diebstahl von Festplatten. (EFS ist nur auf NTFS-Volumes verfügbar.) Der Vorgang selbst ist für den Benutzer kaum zu bemerken, denn verschlüsselte Dateien verhalten sich genauso wie unverschlüsselte. Allerdings ist es nicht möglich, eine verschlüsselte Datei zu öffnen, wenn der Benutzer nicht über den passenden Entschlüsselungsschlüssel verfügt. Das gilt auch für jeden Angreifer, der andere Sicherheitsmaßnahmen des Betriebssystems umgeht.

Besonders nützlich ist EFS zur Sicherung sensibler Daten auf portablen Computern oder auf Computern, die von mehreren Benutzern verwendet werden. In beiden Fällen sind die Systeme für Angriffsmethoden anfällig, bei denen die Beschränkungen umgangen werden, die normalerweise mit Zugriffssteuerungslisten (Access Control Lists, ACLs) festgelegt werden. Ein Angreifer kann einen Computer stehlen, die Festplattenlaufwerke ausbauen, sie in einen anderen Computer einbauen und sich Zugriff auf die gespeicherten Dateien verschaffen. Dateien, die von EFS verschlüsselt wurden, enthalten aber nur unlesbare Zeichen, wenn der Angreifer nicht über den Entschlüsselungsschlüssel verfügt.

EFS bietet unter Windows Vista und Windows 7 folgende neue Funktionen:

■ Speicherung der Benutzer- und Wiederherstellungsschlüssel auf Smartcards. Wenn Smartcards zur Anmeldung verwendet werden, arbeitet EFS im Single Sign-On-Modus (also mit einmaliger Anmeldung) und verwendet die Smartcard, die zur Anmeldung verwendet wird, auch zur Dateientschlüsselung, ohne weiter nach einer PIN zu fragen. Neue Assistenten führen Benutzer durch die Erstellung und Auswahl der Smartcard-Schlüssel oder unterstützen sie bei der Übertragung der Verschlüsselungsschlüssel von einer alten Smartcard auf eine neue. Auch die Befehlszeilenprogramme für Smartcards wurden erweitert, damit sie die neuen Funktionen bieten. Die Speicherung der Verschlüsselungsschlüssel auf Smartcards bietet für Mobilcomputer oder für Computer, die von mehreren Benutzern verwendet werden, einen besonders guten Schutz.

■ Verschlüsselung der Systemauslagerungsdatei.

Weitere Informationen über EFS finden Sie in Kapitel 16, »Verwalten von Laufwerken und Dateisystemen«.

Verbesserter Anmeldeinformations-Manager

Windows Vista und Windows 7 enthalten neue Tools, mit denen Administratoren die Anmeldeinformationen für servergespeicherte Benutzerprofile leichter verwalten können. Dazu gehören DIMS (Digital Identity Management Services) und ein neuer Prozess zur Zertifikatregistrierung. Neben anderen Verbesserungen können Benutzer nun ihre Smartcard-PINs zurücksetzen, ohne den Support anrufen zu müssen. Außerdem können Benutzer Anmeldeinformationen sichern und wiederherstellen, die in der Schlüsselsammlung *Gespeicherte Benutzernamen und Kennwörter* gespeichert sind.

Zur Verbesserung der Sicherheit der Aufgabenplanung können Windows Vista und Windows 7 Kerberos-S4U-Erweiterungen (Service-for-User) verwenden, um Anmeldeinformationen für geplante Aufgaben zu speichern, statt die Anmeldeinformationen auf dem lokalen Computer zu speichern, wo sie vielleicht in unbefugte Hände geraten. Das hat den zusätzlichen Vorteil, dass geplante Aufgaben nicht von den Richtlinien zur Kennwortgültigkeitsdauer beeinträchtigt werden.

Strukturelle und interne Verbesserungen der Windows 7-Sicherheit

Wann immer möglich wurden die Sicherheitsmaßnahmen von Windows Vista und Windows 7 so konzipiert, dass sie für Endbenutzer unsichtbar bleiben und keinen großen Verwaltungsaufwand durch Administratoren erfordern. Trotzdem ist es für Administratoren und Entwickler von Vorteil, die Verbesserungen in der Architektur zu verstehen. Dieser Abschnitt beschreibt diese strukturellen und internen Verbesserungen sowie Verbesserungen, die zusätzliche Anwendungen oder Infrastruktur erfordern. Tabelle 2.2 beschreibt in kurzer Form die Verbesserungen, die ursprünglich mit Windows Vista eingeführt wurden und auch in Windows 7 enthalten sind.

Die folgenden Abschnitte beschreiben die Verbesserungen ausführlicher.

Codeintegrität

Beim Start von Windows überprüft die Codeintegritätskomponente, ob Systemdateien in böswilliger Absicht geändert wurden, und stellt sicher, dass keine nichtsignierten Treiber im Kernelmodus ausgeführt werden. Das Startladeprogramm überprüft die Integrität des Systemkerns, der HAL (Hardware Abstraction Layer) und der beim Start benötigten Treiber. Nach der Überprüfung dieser Dateien überprüft die Codeintegrität die digitalen Signaturen aller Binärdateien, die in den Speicherraum des Systemkerns geladen werden. Außerdem überprüft die Codeintegrität Binärdateien, die in geschützte Prozesse geladen werden, sowie die Kryptografie-DLLs (Dynamic-Link Libraries).

Die Codeintegrität arbeitet automatisch und erfordert keine Verwaltung.

HINWEIS   Die Codeintegritätskomponente ist ein Beispiel für eine untersuchende oder »detektivische« Gegenmaßnahme, weil sie Manipulationen am Computer erst erkennen kann, nachdem sie geschehen sind. Es ist zwar immer besser, bereits die Angriffe zu verhindern, aber detektivische Gegenmaßnahmen wie die Codeintegritätskomponente ermöglichen es Ihnen, den angerichteten Schaden zu beschränken, weil Sie die Manipulation erkennen und den Computer reparieren können. Außerdem sollten Sie einen Reaktionsplan vorbereiten, damit Sie ein System, auf dem kritische Dateien manipuliert wurden, schnell reparieren können.

Tabelle 2.2 Strukturelle und interne Verbesserungen am Sicherheitssystem von Windows Vista und Windows

Verbesserung	Beschreibung
Codeintegrität	Erkennt beim Systemstart böswillige Änderungen an Windows-Systemdateien.
Windows-Ressourcenschutz	Verhindert Änderungen an Systemressourcen, die gefährlich sein können.
Kernel Patch Protection	Blockiert auf 64-Bit-Systemen potenziell böswillige Änderungen, die die Integrität des Systemkerns gefährden könnten.
Obligatorische Treibersignatur	Verlangt die Signatur der Treiber. Dadurch steigt die Zuverlässigkeit und es wird schwieriger, Treiber zu installieren, die bösartig sind. Auf 64-Bit-Systemen obligatorisch.
Windows-Diensthärtung (Windows Service Hardening)	Erlaubt Systemdiensten nur den Zugriff auf Ressourcen, die sie normalerweise verwenden. Dadurch können Angreifer weniger Schaden anrichten.
Netzwerkzugriffsschutz-Client	Wird er zusammen mit Windows Server 2008 verwendet, hilft Ihnen dieser Client dabei, das Netzwerk vor Clients zu schützen, die Ihre Sicherheitsanforderungen nicht erfüllen.
Webdienste für die Verwaltung	Verringert durch die Unterstützung von Verschlüsselung und Authentifizierung das Risiko, das mit der Remoteverwaltung verbunden ist.
CNG-Dienste (Crypto Next Generation)	Ermöglicht das Hinzufügen von benutzerdefinierten Kryptografiealgorithmen, um die Anforderungen von Behörden zu erfüllen.
Datenausführungsverhinderung	Verringert das Risiko durch Pufferüberlaufangriffe, indem bestimmte Bereiche des Speichers als nicht ausführbar gekennzeichnet werden.
ASLR (Address Space Layout Randomization)	Verringert das Risiko durch Pufferüberlaufangriffe, indem der ausführbare Code in zufällig ausgewählten Speicherbereichen abgelegt wird.
Neue Anmeldearchitektur	Vereinfacht die Entwicklung von benutzerdefinierten Anmeldemechanismen.
RMS-Client (Rights Management Services)	Ermöglicht das Öffnen von Dokumenten, die durch RMS geschützt sind, wenn die entsprechenden Anwendungen installiert und die erforderliche Infrastruktur eingerichtet wurden.
Mehrere lokale Gruppenrichtlinienobjekte	Administratoren können auf demselben Computer mehrere lokale Gruppenrichtlinienobjekte verwenden. Das vereinfacht die Konfiguration der Sicherheit auf Arbeitsgruppencomputern.

Windows-Ressourcenschutz

Jeder Code, der im Kernelmodus ausgeführt wird, kann potenziell Daten des Systemkerns auf eine Weise zerstören, dass sich dies erst später bemerkbar macht. Das gilt auch für viele Treiberarten. Die Diagnose und Behebung solcher Probleme kann sich als äußerst schwierig und zeitaufwendig erweisen. Beschädigungen der Registrierung neigen dazu, sich sehr stark auf die Zuverlässigkeit des Computers auszuwirken, weil diese Beschädigungen auch nach einem Neustart noch vorhanden sein können.

Windows Vista und Windows 7 schützen Ihre Systemeinstellungen vor Beschädigungen oder unabsichtlichen Änderungen, die dazu führen könnten, dass das System nicht mehr korrekt oder gar nicht mehr läuft. Der Windows-Ressourcenschutz, der Nachfolger der Funktion Windows-Dateischutz auf älteren Windows-Plattformen, versieht kritische Systemeinstellungen, Dateien und Ordner mit strengen ACLs, um sie vor allen Änderungen zu schützen, die nicht durch ein vertrauenswürdiges Installationsprogramm vorgenommen werden (also auch vor Änderungen durch einen Administrator). Dadurch wird ein Benutzer daran gehindert, kritische Systemeinstellungen, die zu einem Systemausfall führen könnten, versehentlich vorzunehmen.

Windows Vista und Windows 7 hindern auch schlecht geschriebene Treiber daran, die Registrierung zu beschädigen. Dieser Schutz versetzt die Speicherverwaltungskomponente in die Lage, den Schutz die meiste Zeit mit geringem Aufwand aufrechtzuerhalten. Zu den geschützten Ressourcen gehören:

- Ausführbare Dateien, Bibliotheken und andere wichtige Dateien, die von Windows installiert werden

- Wichtige Ordner

- Wichtige Registrierungsschlüssel von Windows

Der Windows-Ressourcenschutz lässt es nicht zu, dass Sie geschützte Ressourcen ändern, selbst wenn Sie über Administratorrechte verfügen.

Kernel Patch Protection

Die 64-Bit-Versionen von Windows Vista und Windows 7 unterstützen wie die 64-Bit-Versionen von Windows XP und Windows Server 2003 die *Kernel Patch Protection*-Technologie. Kernel Patch Protection verhindert, dass nichtautorisierte Programme den Windows-Kernel verändern. Dadurch erhalten Sie eine größere Kontrolle über wichtige Aspekte des Systemkerns, die sich auf die Gesamtleistung, auf die Sicherheit und die Zuverlässigkeit auswirken können. Kernel Patch Protection erkennt Änderungen an kritischen Teilen des Kernelspeichers. Wenn eine Änderung in einer nicht unterstützten Weise erfolgt (zum Beispiel durch eine Benutzermodusanwendung, die nicht die dazugehörigen Funktionen des Betriebssystems aufruft), löst Kernel Patch Protection einen Stop-Fehler aus, um das Betriebssystem anzuhalten. Das verhindert, dass Kernelmodustreiber andere Kerneldienste erweitern oder ersetzen, und es hindert Software von Fremdherstellern daran, Teile des Systemkerns zu verändern.

Damit die Kernel Patch Protection keinen Stop-Fehler auslöst, müssen 64-Bit-Treiber bestimmte Dinge vermeiden:

- Ändern der Systemdiensttabellen

- Ändern der Unterbrechungsdeskriptortabelle (Interrupt Descriptor Table, IDT)

- Ändern der globalen Deskriptortabelle (GDT)

- Verwenden von Kernelstapeln, die nicht vom Kernel angelegt wurden

- Verändern des Kernels auf AMD64-Systemen

In der Praxis sind diese Faktoren hauptsächlich für Entwickler von Gerätetreibern von Interesse. Es sollte niemals ein 64-Bit-Treiber herausgegeben werden, der Probleme mit der Kernel Patch Protection verursacht. Dann brauchen sich Administratoren auch nicht mit Verwaltung und Behebung von Problemen im Zusammenhang mit der Kernel Patch Protection zu beschäftigen. Ausführlichere Informationen finden Sie in »An Introduction to Kernel Patch Protection« unter *http://blogs.msdn. com/windowsvistasecurity/archive/2006/08/11/695993.aspx*.

> **HINWEIS**   Die Kernel Patch Protection, die Datenausführungsverhinderung auf Hardwarebasis und die obligatorische Treibersignatur tragen maßgeblich dazu bei, dass 64-Bit-Systeme sicherer sein können als 32-Bit-Systeme.

Obligatorische Treibersignatur

Gewöhnlich werden Treiber als Teil des Systemkerns ausgeführt. Dadurch erhalten sie nahezu unbeschränkten Zugriff auf Systemressourcen. Folglich können Treiber, die fehlerhaft programmiert oder schlecht konzipiert sind, oder Malwaretreiber, die speziell entwickelt wurden, um diese Privilegien auszunutzen, die Zuverlässigkeit und Sicherheit eines Computers beträchtlich verschlechtern.

Um die negativen Auswirkungen von Treibern einzuschränken, hat Microsoft mit Microsoft Windows 2000 die Treibersignatur eingeführt. Signierte Treiber haben digitale Signaturen, aus denen hervorgeht, dass sie von Microsoft genehmigt wurden und höchstwahrscheinlich frei von ernsthaften

Schwächen sind, die sich auf die Zuverlässigkeit des Systems negativ auswirken können. Administratoren können Windows 2000 und neuere Betriebssysteme so einstellen, dass nichtsignierte Treiber blockiert werden. Dadurch lässt sich das Risiko von Problemen, die im Zusammenhang mit Treibern auftreten, beträchtlich verringern.

Allerdings hat es sich angesichts der großen Zahl von nichtsignierten 32-Bit-Treibern für die meisten Organisationen als nicht praktikabel erwiesen, nichtsignierte Treiber zu blockieren. Daher lassen die meisten Windows-Computer, die heute in Betrieb sind, die Installation von nichtsignierten Treibern zu.

In den 64-Bit-Versionen von Windows Vista und Windows 7 müssen alle Kernelmodustreiber digital signiert sein. Ein Kernelmodul, das beschädigt ist oder nachträglich verändert wurde, wird nicht geladen. Kein Treiber, der nicht entsprechend signiert ist, kann in den Adressraum des Kernels eindringen. Er lässt sich nicht laden. Die Signatur der Treiber ist zwar kein Garant für Sicherheit, aber sie hilft, viele bösartige Angriffe zu erkennen und zu verhindern. Außerdem kann Microsoft den Entwicklern im Rahmen des Prüfungsverfahrens helfen, die Qualität ihrer Treiber zu verbessern und die Zahl der Abstürze zu verringern, deren Ursache Treiberfehler sind.

Die obligatorische Treibersignatur verbessert auch die Zuverlässigkeit von Windows Vista und Windows 7, weil viele Systeme infolge der Schwachstellen von Kernelmodustreibern abstürzen. Wenn man verlangt, dass sich die Autoren dieser Treiber zu erkennen geben, ist es für Microsoft einfacher, die Ursache von Systemabstürzen zu ermitteln und das Problem zusammen mit dem verantwortlichen Hersteller zu lösen. Auch Systemadministratoren profitieren von digital signierten und identifizierten Treibern, weil sie zusätzliche Klarheit über den Softwarebestand und über den Installationsstatus der Clientcomputer erhalten. Was die Kompatibilität betrifft, gelten die vorhandenen, von den Windows Hardware Quality Labs zertifizierten x64-Kerneltreiber unter Windows Vista und Windows 7 als signiert.

Windows-Diensthärtung

Untersucht man die Angriffe, die bisher stattgefunden haben, stellt man fest, dass ein großer Teil des Schadens (insbesondere durch Würmer) von Angreifern angerichtet wurde, die Schwachstellen der Windows-Dienste ausgenutzt haben. Da viele Windows-Dienste auf eingehende Verbindungen warten und zudem oft über Rechte auf Systemebene verfügen, kann eine Schwachstelle dazu führen, dass ein Angreifer auf den Remotecomputern unbefugt administrative Aufgaben durchführen kann.

Windows-Diensthärtung, eine neue Funktion von Windows Vista und Windows 7, hindert alle Windows-Dienste an anomalen Aktivitäten im Dateisystem, in der Registrierung, im Netzwerk und anderen Ressourcen, die von Malware dazu verwendet werden könnten, sich selbst zu installieren oder andere Computer anzugreifen. So wird zum Beispiel der Remoteprozeduraufrufdienst darauf beschränkt, seine Netzwerkkommunikation über genau definierte Ports durchzuführen, um zu verhindern, dass dieser Dienst beispielsweise für den Austausch von Systemdateien oder zur Änderung der Registrierung missbraucht wird (das hat übrigens der Blaster-Wurm getan). Windows-Diensthärtung setzt das Sicherheitskonzept der geringstmöglichen Rechte für Dienste durch. Dienste erhalten nur so viele Rechte, dass sie ihre Aufgabe erfüllen können.

HINWEIS   Windows-Diensthärtung bietet nach dem Prinzip der gestaffelten Verteidigung eine zusätzliche Schutzschicht für Dienste. Windows-Diensthärtung kann nicht verhindern, dass ein Dienst, der Schwachstellen aufweist, angegriffen wird – das ist die Aufgabe der Windows-Firewall und von Automatische Updates. Stattdessen beschränkt Windows-Diensthärtung den Schaden, den ein Angreifer anrichten kann, falls er eine Schwachstelle in einem Dienst erkennt und ausnutzt.

Windows-Diensthärtung beschränkt den Schaden, den ein angegriffener Dienst anrichten kann, durch folgende Maßnahmen:

- Einführung einer Sicherheitskennung (SID) für jeden Dienst, durch die Dienste eindeutig identifiziert werden können. Dadurch wird eine genauere Zugriffssteuerung nach dem vorhandenen Zugriffssteuerungsmodell von Windows möglich, die alle Objekte und Ressourcenmanager erfasst, für die es ACLs gibt. Dienste können nun explizit ACLs auf Ressourcen anwenden, die dem Dienst gehören. Das hindert andere Dienste und die Benutzer am Zugriff auf die Ressource.

- Umstellung der Dienste von *Lokales System* auf ein Konto mit weniger Rechten, wie *Lokaler Dienst* oder *Netzwerkdienst*, um die Rechte der Dienste einzuschränken.

- Aufhebung nicht erforderlicher Berechtigungen auf Dienstbasis, beispielsweise der Berechtigung zum Debuggen.

- Verwendung eines Tokens mit Schreibbeschränkung für Dienste, die auf eine begrenzte Menge an Dateien und anderen Ressourcen zugreifen, damit die Dienste andere Aspekte des Systems nicht verändern können.

- Einrichtung einer Netzwerkfirewallregel für Dienste, um Netzwerkzugriffe außerhalb der normalen Grenzen des Netzwerkprogramms zu verhindern. Die Firewallrichtlinie wird direkt mit der SID eines Dienstes verknüpft und kann nicht durch Ausnahmen außer Kraft gesetzt oder abgeschwächt werden, die von Benutzern oder Administratoren definiert werden.

Bei der Konzeption der Windows-Diensthärtung wurde das Ziel verfolgt, den Verwaltungsaufwand für Benutzer und Administratoren möglichst nicht zu erhöhen. Jeder Dienst von Windows Vista und Windows 7 hat einen strengen Prozess durchlaufen, bei dem sein Windows-Diensthärtung-Profil erstellt wurde. Dieses Profil wird bei der Installation von Windows 7 automatisch verwendet und erfordert keine weitere Verwaltung, Wartung oder Bedienung durch den Endbenutzer. Aus diesem Grund gibt es auch kein Verwaltungsprogramm für die Windows-Diensthärtung. Weitere Informationen über die Windows-Diensthärtung finden Sie in Kapitel 26, »Konfigurieren von Windows-Firewall und IPsec«.

> **HINWEIS** Auch andere Softwareentwickler können die Sicherheitsvorteile der Windows-Diensthärtung nutzen, indem sie für ihre benutzerdefinierten Dienste Profile bereitstellen.

Netzwerkzugriffsschutz-Client

Die meisten Netzwerke sind mit Perimeterfirewalls ausgerüstet, um das interne Netzwerk vor Würmern, Viren und anderen Angreifern zu schützen. Allerdings können Angreifer auch über Remotezugriffsverbindungen (wie VPN) in Ihr Netzwerk eindringen, oder indem sie einen Mobilcomputer infizieren und sich dann nach Anschluss der Mobilcomputer am lokalen Netzwerk auf andere Computer im internen Netz ausbreiten.

Wenn Windows Vista oder Windows 7 an die Infrastruktur von Windows Server 2008 angeschlossen werden, tritt ein integrierter Netzwerkzugriffsschutz (Network Access Protection, NAP) in Kraft, um das Risiko zu verringern, dass Angreifer über Remotezugriffs- und LAN-Verbindungen (Local Area Network) eindringen. Fehlen einem Windows-Clientcomputer aktuelle Sicherheitsupdates oder Virenbeschreibungen oder erfüllt er aus anderen Gründen die Sicherheitsanforderungen nicht, kann der integrierte Netzwerkzugriffsschutz-Client von Windows Vista den Computer daran hindern, auf Ihr internes Netzwerk zuzugreifen.

Erfüllt ein Computer nicht die Anforderungen für den Zugang zu Ihrem Netzwerk, braucht sich der Benutzer aber nicht ausgeschlossen zu fühlen. Clientcomputer können an ein isoliertes Quarantäne-

netzwerk weitergeleitet werden, damit sie die Updates, Virenbeschreibungen oder Konfigurationseinstellungen herunterladen können, die für den Zugang zum normalen Netzwerk erforderlich sind. In
Minuten kann ein potenziell gefährdeter Computer geschützt werden und wieder Zugang zum normalen Netzwerk erhalten.

NAP ist eine erweiterbare Plattform, die eine Infrastruktur und eine Programmierschnittstelle für die
Durchsetzung von Sicherheitsrichtlinien bietet. Unabhängige Hardware- und Softwareentwickler
können ihre Sicherheitslösungen in NAP einfügen, sodass IT-Administratoren die Sicherheitslösung
wählen können, die ihren speziellen Anforderungen genügen. NAP unterstützt Sie auch dabei, sicherzustellen, dass jeder Computer im Netzwerk die gewünschten Speziallösungen verwendet.

Weitere Informationen über NAP finden Sie unter *http://www.microsoft.com/nap/*.

Webdienste für die Verwaltung

Webdienste für die Verwaltung (Web Services for Management, WS-Management) erleichtern die
Remoteverwaltung von Windows Vista und Windows 7. Als ein Industriestandard-Webdienstprotokoll
für die geschützte Remoteverwaltung von Hardware und Software erlaubt WS-Management zusammen mit den entsprechenden Softwaretools Administratoren die Remoteausführung von Skripts und
die Durchführung anderer Verwaltungsarbeiten. Unter Windows Vista und Windows 7 kann die Kommunikation authentifiziert und verschlüsselt werden, wodurch das Risiko geringer wird. Microsoft-
Verwaltungstools wie Systems Center Configuration Manager 2007 verwenden WS-Management, um
die sichere Verwaltung von Hardware und Software zu ermöglichen.

CNG-Dienste (Crypto Next Generation)

Kryptografie ist ein unverzichtbares Element der Authentifizierungs- und Autorisierungsdienste von
Windows. Sie verwenden Kryptografie zur Verschlüsselung, für digitale Signaturen und zur Berechnung von Hashwerten. Windows Vista und Windows 7 enthalten CNG-Dienste (Crypto Next Generation), die von vielen Behörden und Organisationen verlangt werden. CNG macht es möglich, neue
Algorithmen zu Windows hinzuzufügen, die für SSL/TLS (Secure Sockets Layer/Transport Layer
Security) und IPsec (Internet Protocol Security) verwendet werden können. Windows Vista und Windows 7 enthalten auch einen neuen Sicherheitsprozessor, um Vertrauenswürdigkeitsentscheidungen
für Dienste wie RMS (Rights Management Services) zu ermöglichen.

Für Organisationen, die bestimmte Kryptografiealgorithmen und genehmigte Bibliotheken verwenden
müssen, ist CNG eine absolute Voraussetzung.

Datenausführungsverhinderung

Eine der meistverwendeten Methoden zur Ausnutzung von Softwareschwächen ist der Angriff mithilfe
eines Pufferüberlaufs. Ein Pufferüberlauf kann eintreten, wenn eine Anwendung versucht, zu viele
Daten in einem Puffer zu speichern. Dann werden auch Speicherbereiche überschrieben, die nicht
mehr zum Puffer gehören. Ein Angreifer könnte nun in der Lage sein, absichtlich einen Pufferüberlauf
herbeizuführen, indem er mehr Daten eingibt, als die Anwendung erwartet. Ist der Angreifer hinreichend erfahren, könnte er Daten eingeben, durch die das Betriebssystem angewiesen wird, den schädlichen Code des Angreifers mit den Rechten der Anwendung auszuführen.

Ein bekannter Pufferüberlaufsangriff erfolgte mit dem Wurm CodeRed, der eine Schwäche in einer
ISAPI-Indexserveranwendung (Internet Server Application Programming Interface), die zum Lieferumfang älterer IIS-Versionen (Internet Information Services) gehörte, zur Ausführung von schädlicher
Software ausnutzte. Die negativen Auswirkungen des CodeRed-Wurms waren sehr groß und hätten
durch die Datenausführungsverhinderung verhindert werden können.

DEP kennzeichnet Speicherbereiche als ausführbar oder nicht, je nachdem, ob sie Daten oder Anwendungscode enthalten. Das Betriebssystem führt keinen Code aus, der in einem als Datenbereich gekennzeichneten Speicherbereich liegt. Benutzereingaben und Daten, die über das Netzwerk eintreffen, sollten immer als Daten gespeichert werden, dann lassen sie sich auch nicht als Code ausführen.

Die 32-Bit-Versionen von Windows Vista und Windows 7 bieten eine Softwareimplementierung der Datenausführungsverhinderung, die die Ausführung von Speicherbereichen verhindern kann, die nicht als Code gekennzeichnet sind. Die 64-Bit-Versionen von Windows Vista und Windows 7 verwenden die Fähigkeiten des 64-Bit-Prozessors zur Datenausführungsverhinderung, um diese Sicherheitsvorkehrung auf Hardwareebene zu treffen, wo sie für Angreifer nur sehr schwer zu überwinden ist.

HINWEIS DEP bietet einen sehr wichtigen Schutz vor schädlicher Software. Allerdings sollte sie mit weiteren Schutzvorkehrungen kombiniert werden, beispielsweise mit Windows Defender, um für geschäftliche Anforderungen genügend Schutz zu bieten.

Wie in Abbildung 2.6 zu sehen, ist DEP in den 32-Bit- und 64-Bit-Versionen von Windows Vista und Windows 7 standardmäßig aktiviert. Standardmäßig schützt die DEP nur die erforderlichen Windows-Anwendungen und -Dienste, um eine optimale Kompatibilität zu bieten. Um die Sicherheit zu erhöhen, können Sie alle Programme und Dienste schützen.

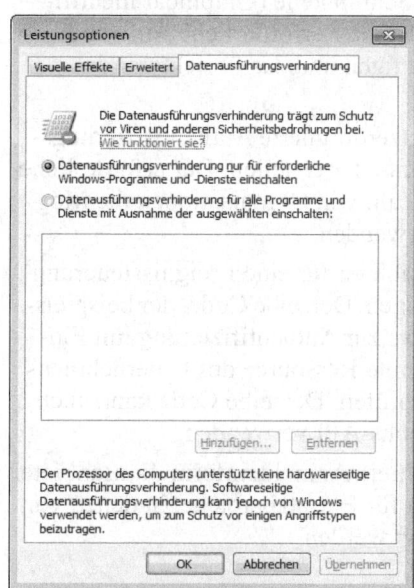

Abbildung 2.6 Sie können die Datenausführungsverhinderung im Dialogfeld *Leistungsoptionen* oder mit Gruppenrichtlinieneinstellungen aktivieren oder deaktivieren

Address Space Layout Randomization (ASLR)

ASLR (Address Space Layout Randomization) ist ein weiterer Schutzmechanismus von Windows Vista und Windows 7, der es schädlichem Code erschwert, eine Systemfunktion zu missbrauchen. Wenn Windows Vista oder Windows 7 neu gestartet wird, weist ASLR den zu ladenden ausführbaren Dateien (.dll- und .exe-Dateien) des Betriebssystems nach dem Zufallsprinzip jeweils eine von vielen möglichen Speicherpositionen zu. Dadurch wird es für angreifende Software schwieriger, bestimmten Code im Speicher zu finden und die Funktionen in den ausführbaren Dateien zu verwenden.

Windows Vista und Windows 7 bieten zudem eine verbesserte Speicherblocküberlauferkennung an, die noch strenger ist als die Vorgängerversion in Windows XP SP2. Wenn es Anzeichen dafür gibt, dass Puffer auf dem Heap manipuliert wurden, kann das Betriebssystem das betreffende Programm sofort beenden und auf diese Weise den Schaden begrenzen, der durch die Manipulation entsteht. Dieser Schutz ist für Komponenten des Betriebssystems verfügbar, einschließlich der integrierten Systemdienste, und kann auch von ISVs (Independent Software Vendors) mit einem einzigen API-Aufruf genutzt werden.

Neue Anmeldearchitektur

Durch eine Anmeldung bei Windows erhalten Benutzer Zugriff auf lokale Ressourcen (einschließlich EFS-verschlüsselter Dateien) und in AD DS-Umgebungen auf geschützte Netzwerkressourcen. Viele Organisationen verlangen zur Authentifizierung der Benutzer mehr als nur einen Benutzernamen und ein Kennwort. Es könnte beispielsweise eine mehrstufige Authentifizierung mit Kennwort und biometrischer Identifikation oder ein Einmal-Kennworttoken erforderlich sein.

Unter Windows XP und älteren Windows-Versionen war es zur Implementierung benutzerdefinierter Authentifizierungsmethoden für Entwickler notwendig, die GINA-Schnittstelle (Graphical Identification and Authentication) vollständig neu zu schreiben. Meistens war der erforderliche Aufwand nicht durch die Vorteile der strengeren Authentifizierung zu rechtfertigen und das Projekt wurde verworfen. Außerdem unterstützt Windows XP nur eine GINA.

Unter Windows Vista und Windows 7 können Entwickler nun benutzerdefinierte Authentifizierungsmethoden einführen, indem sie einen neuen Anmeldeinformationsanbieter erstellen. Der erforderliche Entwicklungsaufwand ist wesentlich geringer, was einer größeren Zahl von Organisationen die Möglichkeit gibt, benutzerdefinierte Authentifizierungsmethoden zu verwenden.

Die neue Architektur ermöglicht es zudem, Anmeldeinformationsanbieter für eine Ereignissteuerung auszulegen und nahtlos in die gewohnte Benutzeroberfläche einzufügen. Derselbe Code, der beispielsweise bei der Anmeldung auf dem Anmeldebildschirm von Windows zur Authentifizierung mit Fingerabdrücken verwendet wird, könnte beim Zugriff auf eine bestimmte Ressource des Unternehmens verwendet werden, um einen Fingerabdruck des Benutzers zu überprüfen. Derselbe Code kann auch von Anwendungen benutzt werden, die die neue Anmeldeinformations-API verwenden.

Außerdem kann die Anmeldebenutzeroberfläche von Windows mehrere Anmeldeinformationsanbieter gleichzeitig verwenden. Daraus ergibt sich eine größere Flexibilität für Einsatzbereiche, in denen von verschiedenen Benutzern verschiedene Authentifizierungen verlangt werden.

Windows-Rechteverwaltungsdienst

Der Windows-Rechteverwaltungsdienst (Windows Rights Management Services, RMS) ist eine Technologie zum Informationsschutz, durch die RMS-fähige Anwendungen digitale Informationen besser vor nichtautorisierter Verwendung innerhalb und außerhalb Ihres privaten Netzwerks schützen können. RMS definiert dauerhafte Verwendungsrichtlinien (auch Nutzungsrechte oder Nutzungsbedingungen genannt), die in einer Datei eingetragen bleiben, wohin auch immer die Datei übermittelt wird. RMS schützt jedes binäre Datenformat dauerhaft, sodass die Nutzungsrechte mit der Information verknüpft bleiben, selbst beim Transport (sie sind also nicht nur im Netzwerk einer Organisation gültig).

RMS verschlüsselt Dokumente und gibt nur autorisierten Benutzern mit einem genehmigten RMS-Client einen Entschlüsselungsschlüssel. Um die Genehmigung zu erhalten, muss der RMS-Client die Nutzungsrechte durchsetzen, die einem Dokument zugeordnet werden. Hat der Eigentümer des Dokuments zum Beispiel festgelegt, dass der Inhalt des Dokuments nicht kopiert, weitergegeben oder gedruckt werden darf, lässt der RMS-Client nicht zu, dass der Benutzer dies tut.

In Windows Vista und Windows 7 ist RMS nun in das neue XPS-Format (XML Paper Specification) integriert. XPS ist ein offenes, plattformübergreifend verwendbares Dokumentformat, das Benutzer dabei unterstützt, ausgiebig formatierte digitale Dokumente mit relativ geringem Aufwand zu erstellen, auszutauschen, zu drucken, zu archivieren und zu schützen. Mit einem Druckertreiber, der XPS erzeugt, kann jede Anwendung XPS-Dokumente erstellen, die sich mit RMS schützen lassen. Diese Grundfunktionalität weitet den Bereich an Informationen, der mit RMS geschützt werden kann, deutlich aus.

Das Microsoft Office 2007-System bietet mit neu entwickelten Features von Microsoft SharePoint sogar noch eine tiefere Integration mit RMS. SharePoint-Administratoren können auf Benutzerbasis Zugriffsrichtlinien für SharePoint-Dokumentbibliotheken festlegen, die von RMS-Richtlinien übernommen (geerbt) werden. Das bedeutet, dass Benutzer, die den Inhalt nur einsehen dürfen, ein Dokument dank RMS auch dann nur einsehen können (nicht drucken, nicht kopieren, nicht einfügen), wenn das Dokument aus der SharePoint-Site entfernt wird. Unternehmen können Verwendungsrichtlinien festlegen, die nicht nur im Unternehmen gelten, sondern auch dann durchgesetzt werden, wenn sich die Information nicht mehr unter der Kontrolle des Unternehmens befindet.

Die RMS-Komponenten sind zwar in Windows Vista und Windows 7 integriert, aber sie können nur mit einer passenden RMS-Infrastruktur und mit RMS-fähigen Anwendungen wie zum Beispiel Microsoft Office verwendet werden. Der RMS-Client lässt sich auch auf Windows 2000 und neueren Betriebssystemen installieren. Weitere Informationen über den Einsatz von RMS finden Sie unter *http://www.microsoft.com/rms*.

Mehrere lokale Gruppenrichtlinienobjekte

Als Administrator können Sie auf demselben Computer nun mehrere lokale Gruppenrichtlinienobjekte verwenden. Das erleichtert die Konfigurationsverwaltung, denn Sie können nun Gruppenrichtlinienobjekte für unterschiedliche Rollen erstellen und je nach Bedarf einsetzen, wie Sie es von den Gruppenrichtlinienobjekten in Active Directory kennen. Vielleicht haben Sie zum Beispiel ein Gruppenrichtlinienobjekt für Computer, die Mitglieder der Gruppe *Marketing* sind, und ein zweites Gruppenrichtlinienobjekt für mobile Computer. Wenn Sie nun einen Mobilcomputer als Mitglied der Gruppe *Marketing* konfigurieren möchten, können Sie einfach beide Gruppenrichtlinienobjekte anwenden, statt ein drittes zu erstellen, das die entsprechenden Einstellungen in sich vereint.

Neue und verbesserte Sicherheitsfunktionen von Windows 7

Dieser Abschnitt beschreibt die wichtigsten und am deutlichsten sichtbaren Sicherheitsverbesserungen von Windows 7, die in Tabelle 2.3 genannt werden. Interne Verbesserungen und Verbesserungen der Architektur sowie Verbesserungen, die zusätzliche Anwendungen oder Infrastruktur erfordern, werden später in diesem Kapitel beschrieben.

Die folgenden Abschnitte beschreiben diese Funktionen ausführlicher.

Tabelle 2.3 Sicherheitsverbesserungen von Windows 7

Verbesserung	Beschreibung
BitLocker und BitLocker To Go	Verschlüsselt ganze Volumes einschließlich des Volumes, auf dem das Betriebssystem installiert ist, sowie andere Volumes und Wechsellaufwerke.
AppLocker	Ermöglicht eine flexible Kontrolle darüber, welche Anwendungen von Benutzern verwendet werden können.
Mehrere aktive Firewallprofile	Erlaubt für physische und virtuelle Netzwerkkarten, die von VPNs verwendet werden, unterschiedliche Firewallprofile.
Benutzerkontensteuerung	Gibt Standardbenutzern die Gelegenheit, Anmeldeinformationen eines Administrators einzugeben, wenn das Betriebssystem diese verlangt. Sorgt bei Administratoren dafür, dass Prozesse normalerweise mit Standardberechtigungen ausgeführt werden, und fordert den Administrator zur Bestätigung auf, bevor ein Prozess Administratorrechte erhält.
Internet Explorer-Sicherheitsfunktionen	Verringert das Risiko von Phishing und Malware-Angriffen, wenn der Benutzer im Web arbeitet.
Verbesserte Überwachung	Bietet eine genauere Kontrolle darüber, welche Ereignisse überwacht werden.
Sichere Entkopplung des Speicherpools	Verringert das Risiko von Pufferüberlaufangriffen.
Windows-Biometrieframework	Bietet eine einheitliche Schnittstelle für Fingerabdruckscanner.
Smartcards	Bietet eine Standardschnittstelle für Smartcardtreiber.
Dienstkonten	Ermöglicht Administratoren die Erstellung von Dienstkonten, für die kein Dienstkontenkennwort verwaltet werden muss.

BitLocker und BitLocker To Go

Durch den Einsatz der BitLocker-Laufwerkverschlüsselung können Organisationen das Risiko verringern, dass vertrauliche Daten in unbefugte Hände geraten, wenn der Mobilcomputer eines Benutzers gestohlen wird. Der symmetrische Verschlüsselungsschlüssel für die Verschlüsselung des ganzen Volumes wird in einem TPM-1.2-Chip (Trusted Platform Module, verfügbar in einigen neueren Computern) oder auf einem USB-Flashlaufwerk gespeichert. BitLocker verfügt über vier TPM-Modi:

- **Nur TPM** Dieser Modus ist für den Benutzer nicht direkt zu erkennen und die Anmeldung ändert sich nicht. Wenn aber das TPM fehlt oder geändert wird, wechselt BitLocker in den Wiederherstellungsmodus und Sie brauchen einen Wiederherstellungsschlüssel oder eine PIN, um Zugriff auf die Daten zu erhalten. Dadurch werden die Daten auch bei einem Diebstahl der Festplatte geschützt und es ist keine zusätzliche Schulung der Benutzer erforderlich.

- **TPM mit Startschlüssel** Der Benutzer braucht für den Start von Windows einen Startschlüssel. Beim Startschlüssel kann es sich um ein Gerät handeln (ein USB-Flashlaufwerk mit einem maschinenlesbaren Schlüssel) oder um ein Kennwort, das der Benutzer festlegt. Dadurch sind die Daten auch bei einem Diebstahl der Festplatte oder des Computers geschützt (sofern der Computer heruntergefahren oder gesperrt war). Allerdings erfordert dieser Modus einige Aktivitäten vonseiten des Benutzers.

- **TPM mit PIN** Der Benutzer muss für den Start von Windows eine PIN eingeben. Wie beim Schutz mit einem Startschlüssel sind die Daten auch bei einem Diebstahl der Festplatte oder des Computers geschützt, sofern der Computer heruntergefahren oder gesperrt war. Allerdings muss der Benutzer auch bei diesem Modus aktiv werden.

■ **TPM mit PIN und Startschlüssel**   Der Benutzer muss für den Start von Windows eine PIN eingeben und den Startschlüssel verwenden.

> **HINWEIS**   Zur Verwaltung von TPM-Chips bietet Windows 7 das Snap-In TPM-Verwaltung.

BitLocker speichert im TPM-Chip bestimmte Daten von verschiedenen Teilen des Computers und des Betriebssystems. In seiner Standardkonfiguration weist BitLocker das TPM an, den MBR (Master Boot Record), die aktive Startpartition, den Startsektor, den Windows-Start-Manager und den Bit-Locker-Speicherstammschlüssel zu berücksichtigen. Bei jedem Start des Computers berechnet das TPM den SHA-1-Hashwert des erfassten Codes und vergleicht das Ergebnis mit dem Hashwert, der vom vorigen Start im TPM gespeichert ist. Stimmen die Werte überein, wird der Startvorgang fortgesetzt. Weichen die Hashwerte voneinander ab, wird der Startvorgang abgebrochen. Am Ende eines erfolgreichen Startvorgangs gibt das TPM den Speicherstammschlüssel für BitLocker frei. BitLocker entschlüsselt die Daten, die Windows vom geschützten Volume einliest.

BitLocker schützt Windows vor Offline-Angriffen. Ein Offline-Angriff ist ein Szenario, in dem ein Angreifer ein anderes Betriebssystem startet, um die Kontrolle über den Computer zu erhalten. Das TPM gibt den Speicherstammschlüssel nur dann frei, wenn es dazu von der BitLocker-Instanz aus der Windows-Installation aufgefordert wird, die den Schlüssel erstellt hat. Da dies kein anderes Betriebssystem tun kann (auch keine andere Instanz von Windows), gibt das TPM den Schlüssel bei einem Offline-Angriff nie frei. Daher bleibt das Volume ein nutzloses verschlüsseltes BLOB (Binary Large Object). Jeder Versuch, das geschützte Volume zu ändern, führt dazu, dass es nicht mehr startfähig ist.

> **HINWEIS**   Vor SP1 von Windows Vista konnte die BitLocker-Laufwerkverschlüsselung nur die Windows-Partition schützen. Zum Schutz anderer Partitionen konnte vor SP1 EFS verwendet werden. Nach der Installation von SP1 können Sie mit der BitLocker-Laufwerkverschlüsselung jede Partition verschlüsseln. Allerdings sollten Sie zum Schutz der Daten trotzdem noch EFS verwenden, wenn mehrere Benutzer denselben Computer verwenden.

Wie Abbildung 2.7 zeigt, können Einzelbenutzer BitLocker in der Systemsteuerung aktivieren. Für Unternehmen ist es allerdings sinnvoller, die Schlüssel mit AD DS zu verwalten.

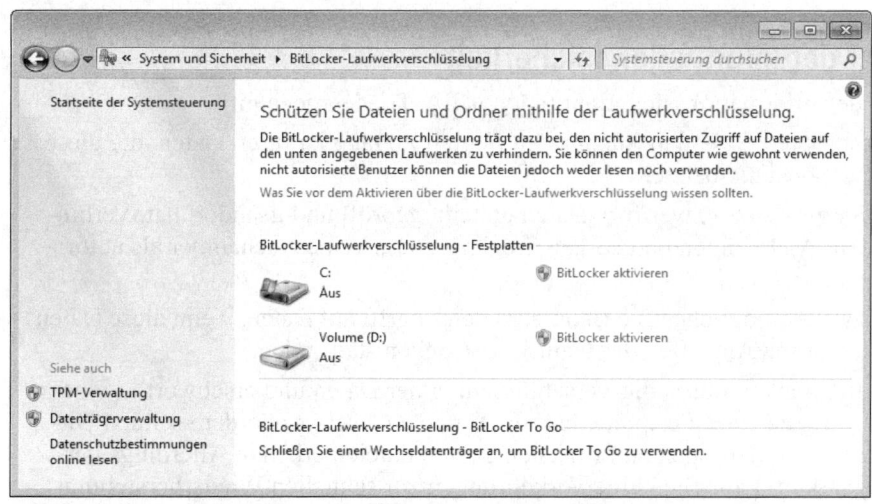

Abbildung 2.7   Sie können BitLocker in der Systemsteuerung aktivieren

Die Verwaltung der Schlüssel und die Anforderungen an die Datenwiederherstellung machen deutlich, dass BitLocker in erster Linie für Unternehmen gedacht ist. Wie bei jeder Verschlüsselung gilt: Wenn Sie den Schlüssel verlieren, verlieren Sie den Zugang zu Ihren Daten. Ohne Schlüssel geht es Ihnen wie einem bösartigen Angreifer, denn die gesamte Windows-Partition bleibt unzugänglich. Die effizienteste Verwaltung der Schlüssel besteht darin, die vorhandene Active Directory-Domänendienstinfrastruktur eines Unternehmens zu verwenden, um Wiederherstellungsschlüssel zu sichern. Außerdem verfügt BitLocker über eine Notfallwiederherstellungskonsole, die in den ersten Startkomponenten integriert ist und eine Datenwiederherstellung vor Ort ermöglicht. Einzelbenutzer können die BitLocker-Schlüsselverwaltungstools verwenden, um einen Wiederherstellungsschlüssel oder einen zusätzlichen Startschlüssel zu erstellen, und diesen Schlüssel auf einem Wechselmedium oder an einer anderen Stelle außerhalb des verschlüsselten Volumes speichern. Administratoren können Skripts zur automatischen Schlüsselerstellung und Wiederherstellung erstellen.

BitLocker bietet zwar eine wichtige Schutzschicht, aber es ist nur ein Teil des Datenschutzes unter Windows. BitLocker leistet Folgendes:

- BitLocker macht es für Angreifer äußerst schwierig, Zugriff auf die Daten eines gestohlenen Computers oder einer gestohlenen Festplatte zu erhalten.
- BitLocker verschlüsselt das gesamte Windows-Volume einschließlich der Ruhezustandsdatei, der Auslagerungsdatei und der temporären Dateien, die auf dem Windows-Volume gespeichert wurden (aber keine temporären Dateien, die auf ungeschützten Volumes gespeichert werden).
- BitLocker ermöglicht eine einfache Wiederverwendung von Laufwerken, wobei einfach die Verschlüsselungsschlüssel gelöscht werden.

Folgendes leistet BitLocker aber nicht:

- BitLocker schützt Daten nicht vor Netzwerkangriffen.
- BitLocker schützt Daten nicht, während Windows ausgeführt wird.

Andere Sicherheitstechnologien wie EFS, Windows-Firewall und NTFS-Dateizugriffsberechtigungen sorgen für den Datenschutz, während Windows ausgeführt wird. Weitere Informationen über BitLocker finden Sie in Kapitel 16, »Verwalten von Laufwerken und Dateisystemen«.

Die drei Grundpfeiler der Informationssicherheit

Es gibt drei Grundpfeiler der Informationssicherheit (auch »CIA-Triade« genannt):

- **Vertraulichkeit (Confidentiality)**   Gestatten Sie nur den Leuten Zugang zu Ihren Daten, die diese Daten sehen sollen, aber sonst niemandem.
- **Integrität (Integrity)**   Überprüfen Sie, wer Ihre Daten erstellt, geprüft und geändert hat. Verhindern Sie nichtautorisierte Änderungen und sorgen Sie dafür, dass keine Nachahmer als autorisierte Benutzer auftreten.
- **Verfügbarkeit (Availability)**   Ermöglichen Sie Benutzern den Zugriff auf Daten, wenn diese Daten gebraucht werden, selbst wenn Angriffe oder Naturkatastrophen stattfinden.

BitLocker schützt die Vertraulichkeit durch die Verschlüsselung der Daten und erschwert es einem Angreifer, der direkten Zugang zu einer Festplatte hat, die Daten zu lesen. Außerdem schützt BitLocker die Integrität, indem es Änderungen an kritischen Systemdateien erkennt. Allerdings verbessert es nicht die Verfügbarkeit. Falls Sie keine Vorkehrungen zur schnellen Wiederherstellung bei Verlust eines Schlüssels treffen, könnte BitLocker die Verfügbarkeit sogar beeinträchtigen.

Direkt von der Quelle: Vertrauenswürdige Administratoren

Steve Riley, Senior Security Strategist, *Microsoft Corporation, Trustworthy Computing Group*

Vertrauen Sie Ihren Administratoren? Das ist eine ernste Frage, die sorgfältig durchdacht werden will. Ich habe diese Frage in einem gut besetzten Seminarraum mit nahezu 1000 Zuhörern meines Vortrags über Sicherheitsmaßnahmen gestellt. Erstaunlicherweise hob niemand die Hand. Für einen Moment war ich sprachlos (und wer mich kennt weiß, wie selten das vorkommt). Wenn wir ausgerechnet den Leuten nicht vertrauen können, die wir einstellen, um die Netzwerke einzurichten und zu verwalten, von denen unser geschäftlicher Erfolg abhängt, könnten wir eigentlich auch gleich alle Maschinen abschalten und wieder zu Steinmessern und Bärenfellen zurückkehren.

Administratoren haben nahezu ungehinderten Zugang zu allem, was in Ihrem Netzwerk zu finden ist. Das ist eine große Macht, die sich auf wenige Leute konzentriert. Macht, die zum Guten genutzt oder zum Schlechten missbraucht werden kann. Was tun Sie, um sicherzustellen, dass die Leute, denen Sie diese Macht geben, diese Macht nur zum Guten einsetzen?

Um es noch einmal klar zu sagen: Sie müssen Ihren Administratoren vertrauen können. Sie brauchen ein Konzept für die Suche, Beurteilung, Einstellung, Überwachung und Entlassung dieser Mitarbeiter. Ich weiß, dass viele Leser dieses Buchs selbst Administratoren sind, die nun vielleicht ein wenig sauer sein werden über das, was ich schreibe. Vermutlich denken Sie etwas in der Art wie: »Wie kommt dieser Kerl auf die Idee, ich sei böswillig?« Aber vergessen Sie nicht mein TechEd-Experiment. Bei einem Auditorium, das (vermutlich) überwiegend aus Administratoren bestand, sagten 0 Prozent der Teilnehmer, dass sie anderen Administratoren vertrauen. Das sagt etwas aus. Technische Vorkehrungen erschweren einem böswilligen Administrator zwar das Vorhaben, aber hinreichend motivierte Leute finden auch Wege, um die Schutzmaßnahmen zu umgehen. Administratoren, denen man nicht wirklich vertrauen kann, müssen ersetzt werden. Es gibt keine Alternative.

Unter Windows Vista können Administratoren die BitLocker-Laufwerkverschlüsselung aktivieren und das ganze Startvolume verschlüsseln (auf dem Startvolume ist das Betriebssystem installiert). Dadurch wird es für einen Angreifer sehr schwierig, auf den Inhalt des Startvolumes zuzugreifen, selbst wenn er die Festplatte aus dem Computer ausbaut.

Auch Windows 7 unterstützt die Verschlüsselung des Startvolumes mit BitLocker. Außerdem können Administratoren seit Windows Vista SP1 jedes Festplattenvolume mit BitLocker verschlüsseln. Windows 7 richtet die Partitionen auf dem Systemlaufwerk automatisch so ein, dass die zusätzliche Partition zur Verfügung steht, die BitLocker erfordert. Unter Windows Vista mussten Administratoren das Systemlaufwerk neu partitionieren, bevor sie BitLocker aktivieren konnten. Je nach Belegung der vorhandenen Volumes konnte dies sehr umständlich sein.

BitLocker To Go kann Wechsellaufwerke verschlüsseln, zum Beispiel USB-Flashlaufwerke. Da Benutzer häufig vertrauliche Dokumente auf solchen Laufwerken transportieren, ist das Risiko des Verlustes oder Diebstahls sehr hoch. BitLocker To Go schützt den Inhalt des Wechsellaufwerks auch dann, wenn es einem Angreifer in die Hände fällt. Während BitLocker gewöhnlich das Windows-Volume mit einem Schlüssel schützt, der auf einem TPM-Chip gespeichert ist, schützt BitLocker To Go Volumes auf Wechselspeichergeräten mit einem Kennwort, das der Benutzer festlegt (Abbildung 2.8).

Wenn ein Benutzer ein BitLocker To Go-Laufwerk an einen Computer anschließt, auf dem Windows XP mit SP3, Windows Vista ab SP1 oder Windows 7 verwendet wird, öffnet sich automatisch ein Tool, auf dem der Benutzer zur Eingabe eines Kennworts aufgefordert wird. Anschließend kann er die unverschlüsselten Dateien kopieren. Unter Windows 7 hat der Benutzer auch die Wahl, ein mit BitLocker To Go verschlüsseltes Volume automatisch zu entriegeln. Benutzer, die das Kennwort nicht kennen, haben keinen Zugriff auf den Inhalt des Wechsellaufwerks. Schließt der Benutzer ein mit BitLocker To Go verschlüsseltes Laufwerk an eine ältere Windows-Version an, erscheint es wie ein unformatiertes Gerät und er hat wieder keinen Zugriff auf die Daten. Ein Benutzer, der das Wechsellaufwerk mit BitLocker To Go schützt, sollte einen Wiederherstellungsschlüssel speichern oder ausdrucken, mit dem er bei Verlust des Kennworts wieder Zugriff auf den Inhalt des Laufwerks erhält.

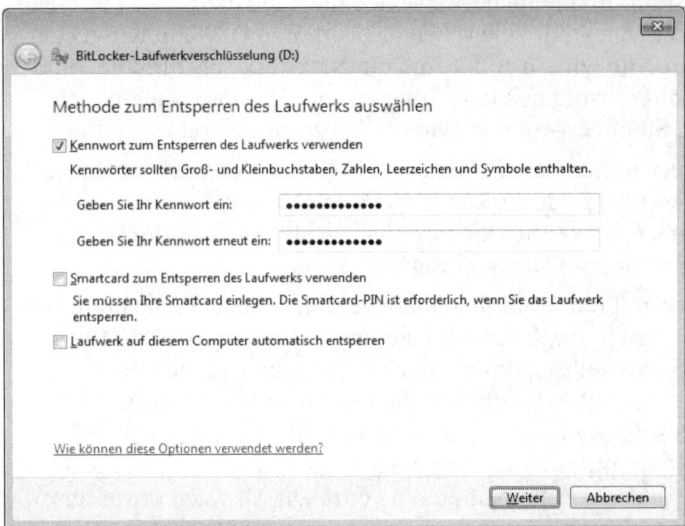

Abbildung 2.8   BitLocker To Go schützt Volumes auf Wechselspeichergeräten mit einem Kennwort

IT-Profis können in den Gruppenrichtlinieneinstellungen festlegen, dass Wechsellaufwerke mit BitLocker To Go verschlüsselt werden. Weitere Informationen über BitLocker To Go erhalten Sie in Kapitel 16, »Verwalten von Laufwerken und Dateisystemen«.

AppLocker

AppLocker ist ein neues Feature von Windows 7 und Windows Server 2008 R2, das die Richtlinien für Softwareeinschränkung aus älteren Windows-Versionen ersetzt. Wie die Richtlinien für Softwareeinschränkung ermöglicht AppLocker Administratoren die Kontrolle darüber, welche Anwendungen von Standardbenutzern verwendet werden können. Die genaue Festlegung, welche Anwendungen Benutzer verwenden können, ermöglicht nicht nur eine bessere Kontrolle der Desktopumgebung, sondern ist auch eine der besten Methoden, um das Risiko einer Malware-Infektion oder der Verwendung unlizenzierter Software zu verringern und Benutzer von der Verwendung von Software abzuhalten, die von der IT-Abteilung nicht auf die Übereinstimmung mit den Sicherheitsanforderungen überprüft wurde.

Im Vergleich zu den Richtlinien für Softwareeinschränkung bietet AppLocker folgende Vorteile:

- Definition von Regeln auf der Basis von Attributen in digitalen Signaturen, wie dem Herausgeber, dem Dateinamen und der Version. Das ist eine sehr nützliche Funktion, weil Administratoren damit zum Beispiel jede Version einer signierten Anwendung zulassen können, einschließlich zukünftiger Versionen. Stellen Sie sich zum Beispiel eine IT-Abteilung vor, die eine benutzerdefinierte Anwendung entwickelt und signiert, die von den Benutzern verwendet werden soll. In den bisherigen Windows-Versionen konnten Administratoren eine Regel auf der Basis eines Hashwerts der Datei erstellen, die Benutzern die Verwendung einer bestimmten Version der Anwendung ermöglicht. Wenn die IT-Abteilung anschließend eine aktualisierte Version der ausführbaren Datei erstellte, mussten die Administratoren für diese aktualisierte Version eine neue Regel erstellen. Unter Windows 7 können Administratoren eine Regel festlegen, mit der die aktuelle und zukünftige Versionen zugelassen werden. Updates können also schneller entwickelt werden, ohne Regeländerungen nach sich zu ziehen.

- Zuweisen von Regeln an Sicherheitsgruppen oder einzelne Benutzer.
- Erstellen von Ausnahmen für *.exe*-Dateien. Administratoren können zum Beispiel eine Regel erstellen, mit der die Ausführung jeder Anwendung zugelassen wird, mit Ausnahme einer bestimmten *.exe*-Datei.
- Importieren und Exportieren von Regeln. Administratoren können Regeln leichter kopieren und bearbeiten.
- Angeben von Dateien, die nicht ausgeführt werden dürfen, wenn eine Richtlinie im Überwachungsmodus angewendet wird.

Weitere Informationen über AppLocker finden Sie in Kapitel 24, »Schützen des Clients«.

Mehrere aktive Firewallprofile

Viele Computer sind mit mehreren Netzwerkkarten ausgerüstet, vor allem portable Computer. Ein Laptop könnte beispielsweise über eine herkömmliche Ethernet-Verbindung und über eine Drahtlosverbindung verfügen. Das kann dazu führen, dass Computer gleichzeitig mit einem privaten und einem öffentlichen Netzwerk verbunden sind. Ein portabler Computer könnte zum Beispiel am Arbeitsplatz des Benutzers mit dem privaten LAN verbunden sein, während über die WiFi-Netzwerkkarte eine Verbindung mit dem öffentlichen WiFi-Netzwerk des Cafés um die Ecke besteht. Auch wenn der Computer nur mit einer Netzwerkkarte ausgerüstet ist, stellt der Benutzer vielleicht über ein öffentliches Drahtlosnetzwerk eine Verbindung mit dem Firmen-VPN her.

Unter Windows Vista und älteren Windows-Versionen galt für alle Netzwerkkarten dasselbe Firewallprofil. Im obigen Beispiel würde dies bedeuten, dass der portable Computer für die private LAN- oder VPN-Verbindung eine Firewallregel verwendet, die eigentlich für ein öffentliches Netzwerk vorgesehen ist. Das könnte einen wichtigen Teil des Datenverkehrs blockieren. Windows 7 unterstützt mehrere aktive Firewallprofile. Dadurch wird es möglich, für das WiFi-Netzwerk ein Firewallprofil für öffentliche Netzwerke zu verwenden, während für die VPN-Verbindung ein Firewallprofil für private oder Domänennetzwerke gilt. Abbildung 2.9 stellt schematisch dar, dass Windows Vista-Clients ein einziges Firewallprofil verwenden, während Windows 7-Clients mehrere Firewallprofile einsetzen können. Weitere Informationen über diese Erweiterung erhalten Sie in Kapitel 26, »Konfigurieren von Windows-Firewall und IPsec«.

Benutzerkontensteuerung

Im Lauf der Jahre hat sich der Schwerpunkt der Bedrohungen von Viren auf Würmer sowie in letzter Zeit auf Spyware und Trojanische Pferde verlagert. Um Benutzer besser vor dieser Art von schädlicher Software zu schützen, empfiehlt Microsoft die Verwendung von Konten mit eingeschränkten Rechten (unter Windows Vista Standardbenutzerkonten genannt, unter Windows XP Benutzerkonten mit eingeschränkten Rechten). Standardbenutzerkonten erschweren Malware die Durchführung systemweiter Änderungen, wie zum Beispiel die Installation von Software, die sich auch auf andere Benutzer auswirkt. Wenn ein Benutzer nicht das Recht hat, eine neue Anwendung in einem Verzeichnis zu installieren, das wie *%SystemDrive%\Program Files* auch von anderen Benutzern verwendet wird, kann Malware, die der Benutzer ungewollt ausführt, solche Änderungen auch nicht durchführen. Anders gesagt, Malware, die im Kontext des Benutzerkontos ausgeführt wird, unterliegt denselben Einschränkungen wie der Benutzer.

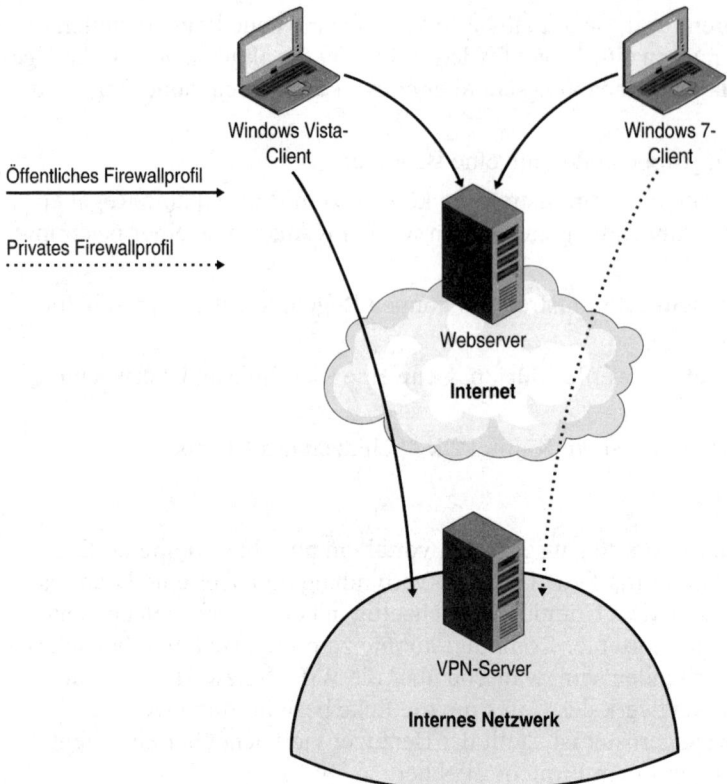

Öffentliches Firewallprofil

Privates Firewallprofil

Abbildung 2.9   Windows 7 unterstützt die Verwendung unterschiedlicher Firewallprofile
für Standard- und VPN-Netzwerkverbindungen auf derselben Netzwerkkarte

Die Verwendung von Standardbenutzerkonten erhöht zwar die Sicherheit, zog aber unter Windows XP
und älteren Windows-Versionen zwei große Probleme nach sich:

■ Benutzer können keine Software installieren, weder die Systemzeit noch die Zeitzone einstellen,
keine Drucker installieren, die Energieeinstellungen nicht ändern, keine WEP-Schlüssel für Drahtlosnetzwerke festlegen und auch keine der anderen Aufgaben erledigen, für die erhöhte Rechte
erforderlich sind.

■ Viele schlecht konzipierte Anwendungen erfordern Administratorrechte und arbeiten nicht korrekt,
wenn sie nur über eingeschränkte Rechte verfügen.

Die Anmeldung als Standardbenutzer am Computer bietet zwar einen wesentlich besseren Schutz vor
Malware, aber die praktische Arbeit erweist sich mit dieser Art von Konto gelegentlich als so umständlich, dass viele Organisationen den Benutzern auf ihren Computern Administratorrechte gegeben
haben. Mit der Benutzerkontensteuerung, die mit Windows Vista eingeführt wurde, gibt es nun eine
Lösung, die die Vorteile des Standardbenutzerkontos ohne unnötige Beschränkungen bietet. Erstens
erhalten alle Benutzer (auch Administratoren) standardmäßig nur eingeschränkte Rechte. Zweitens
erlaubt Windows Vista Standardbenutzerkonten die Änderung der Zeitzone (aber nicht der Zeit) und
die Durchführung anderer üblicher Arbeiten, ohne Administratorrechte anzufordern. Daher können
Organisationen nun viel mehr Benutzer mit Standardkonten konfigurieren. Drittens können die meisten
Anwendungen dank der Benutzerkontensteuerung nun mit Standardbenutzerkonten korrekt ausgeführt
werden, selbst solche, die unter Windows XP auf Administratorrechte angewiesen waren.

Direkt von der Quelle: Wie werden Benutzer informiert, wenn ihnen die Berechtigung verweigert wird?

Steve Hiskey, Lead Program Manager, *Windows Security Core*

Viele Unternehmen beginnen damit, auch unter Windows XP die Rechte der Benutzer noch weiter einzuschränken, um die Sicherheit zu erhöhen und verschiedene Vorgaben und Vorschriften einzuhalten. Unter Windows Vista können Sie die Rechte dieser Benutzer bei Bedarf noch weiter einschränken und dafür sorgen, dass einfach nur ein Meldungsfeld mit dem Hinweis auf die Verweigerung des Zugriffs angezeigt wird, wenn sie versuchen, eine Operation durchzuführen, für die erhöhte Rechte erforderlich sind. Das erreichen Sie, indem Sie die Gruppenrichtlinie *Benutzerkontensteuerung: Verhalten der Anhebungsaufforderung für Standardbenutzer* auf *Anforderung für erhöhte Rechte automatisch ablehnen* stellen. (Unter Windows 7 heißt diese Gruppenrichtlinie *Benutzerkontensteuerung: Verhalten der Eingabeaufforderung für erhöhte Rechte für Standardbenutzer*).

Als Windows Vista veröffentlicht wurde, hatten viele Benutzer mit der Anwendungskompatibilität zu kämpfen und mussten sich erst noch daran gewöhnen, dass sich die Benutzerkontensteuerung wegen der betreffenden Anwendungen häufig meldete. Mit der Zeit haben viele Anwendungsentwickler ihre Anwendungen überarbeitet, damit sie auch mit Standardbenutzerrechten korrekt arbeiten und keine Bestätigung in der Benutzerkontensteuerung erfordern. Das war eines der Ziele der Benutzerkontensteuerung, nämlich Anwendungsentwickler zu motivieren, sich an die Sicherheitsempfehlungen zu halten.

Administratorbestätigungsmodus

Unter Windows XP und älteren Windows-Versionen wurde jeder Prozess, der von einem mit Administratorrechten angemeldeten Benutzer gestartet wurde, mit Administratorrechten ausgeführt. Diese Situation war problematisch, weil Malware ohne Erlaubnis oder Bestätigung durch den Benutzer systemweite Änderungen durchführen und beispielsweise Software installieren konnte. Unter Windows Vista und Windows 7 werden die Prozesse, die von Mitgliedern der Gruppe *Administratoren* gestartet werden, im *Administratorbestätigungsmodus* ausgeführt. In diesem Modus werden Administratoren standardmäßig zu einer Bestätigung aufgefordert, wenn ein Vorgang höhere Rechte als die Standardrechte erfordert. Selbst wenn ein Benutzer als Administrator angemeldet ist, werden Windows Messenger und Windows Mail zum Beispiel nur mit Standardbenutzerrechten ausgeführt.

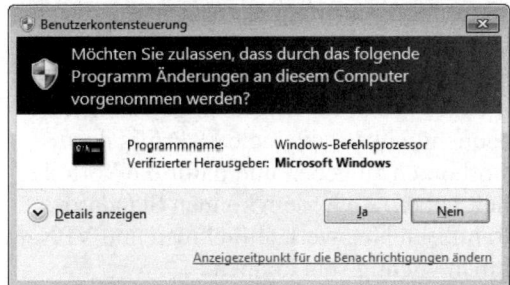

Abbildung 2.10   Die Benutzerkontensteuerung fordert Administratoren zur Bestätigung ihrer Aktionen auf

Um dies zu erreichen, werden im Administratorbestätigungsmodus zwei Zugriffstoken erstellt, wenn sich ein Mitglied der lokalen Gruppe *Administratoren* anmeldet, nämlich ein Token mit dem vollständigen Berechtigungssatz und ein zweites Token mit eingeschränkten Rechten, das dem Zugriffstoken eines Standardbenutzers ähnelt. Das zweite Token mit den eingeschränkten Rechten wird für nichtadministrative Arbeiten verwendet, während das bevorrechtigte Token nur nach ausdrücklicher Bestätigung des Benutzers verwendet wird. Wie in Abbildung 2.10 gezeigt, holt Windows 7 die Genehmigung des Benutzers ein, bevor es eine Aktion durchführt, für die Administratorrechte erforderlich sind.

Viele Organisationen verwenden die Benutzerkontensteuerung, um Standardkonten einzurichten und den Benutzern keine Administratorkonten mehr zu geben. Der Administratorbestätigungsmodus bietet einen gewissen Schutz für die Benutzer, die nicht auf Administratorrechte verzichten können, wie zum Beispiel Softwareentwickler, indem eine Bestätigung verlangt wird, bevor eine Anwendung eine Änderung vornehmen darf, die sich potenziell als gefährlich erweisen könnte. Wie die meisten Sicherheitsverbesserungen von Windows 7 ist auch diese Zustimmungsaufforderung standardmäßig aktiviert und lässt sich mit der entsprechenden Gruppenrichtlinieneinstellung deaktivieren. Außerdem kann die Zustimmungsaufforderung vom Benutzer die Eingabe eines Administratorkennworts verlangen oder ihn im Fall eines Standardbenutzers einfach darüber informieren, dass der Zugriff nicht gestattet ist.

Direkt von der Quelle: Entwickler sollten sich als Standardbenutzer anmelden

Chris Corio, Program Manager, *Windows Security*

Einer der Aspekte von Windows Vista und Windows 7, die mir am wichtigsten sind, ist die Tendenz, Anwendungen standardmäßig weniger Rechte zu geben. Dadurch werden Benutzer besser davor geschützt, ihre Computer unwissentlich zu beschädigen, und die Zuverlässigkeit des Betriebssystems ist höher. Leider machen viele Entwickler einen weit verbreiteten Fehler, der verhindert, dass ihr Code auch in einem Kontext funktioniert, in dem ihm weniger Rechte zur Verfügung stehen: Sie melden sich als Administratoren an. Wenn Sie eine neue Anwendung für Windows Vista oder Windows 7 entwickeln, sollten Sie Ihre Anwendung als Standardbenutzer entwerfen und ausführen. Das ist für Sie als Entwickler der einfachste Weg, die Auswirkungen der Benutzerkontensteuerung und der anderen Technologien zu verstehen, mit denen es Ihr Code zu tun hat.

Zulassen von Konfigurationsänderungen durch Nicht-Administratoren

Standardbenutzerkonten können unter Windows Vista Konfigurationsänderungen vornehmen, die sich nicht auf die Sicherheit des Computers auswirken. Zum Beispiel haben Benutzer mit Standardbenutzerkonto unter Windows Vista das Recht, die Zeitzone auf dem lokalen Computer zu ändern. Für Benutzer, die viel reisen, ist dies eine wichtige Einstellung. Unter Windows XP haben gewöhnliche Benutzerkonten dieses Recht nicht automatisch – eine Unbequemlichkeit, die viele IT-Profis dazu veranlasst hat, Benutzern von Mobilcomputern Administratorkonten zu geben und dafür die Vorteile zu opfern, die gewöhnliche Benutzerkonten für die Sicherheit haben. Außerdem können Standardbenutzer nun eine Verbindung mit einem verschlüsselten drahtlosen Netzwerk aufnehmen und VPN-Verbindungen hinzufügen – zwei Arbeiten, die in Unternehmen wichtig sein können.

Allerdings erhalten Standardbenutzerkonten unter Windows Vista nicht das Recht, die Systemzeit zu ändern, weil viele Anwendungen und Dienste auf eine genaue Systemzeit angewiesen sind. Wie Abbildung 2.11 zeigt, wird ein Benutzer, der die Systemzeit zu ändern versucht, zur Eingabe eines Administratorkennworts aufgefordert.

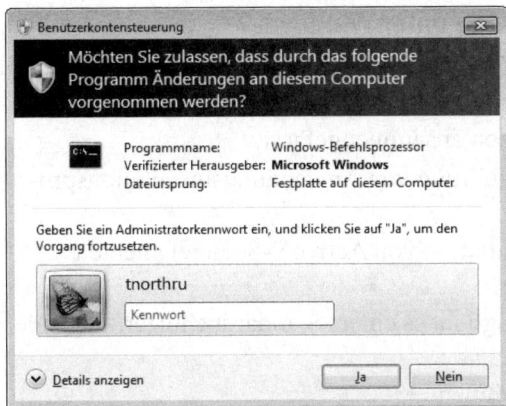

Abbildung 2.11   Die Benutzerkontensteuerung fordert Standardbenutzer zur Eingabe der Anmeldeinformationen eines Administrators auf

Manche Anwendungen laufen unter Windows XP nicht ohne Administratorrechte, weil sie in der Registrierung und im Dateisystem Änderungen vornehmen, die sich auf den gesamten Computer auswirken können, wie zum Beispiel unter *C:\Programme*, *C:\Windows* oder *HKEY_LOCAL_ MACHINE*. Standardbenutzerkonten verfügen nicht über die dafür erforderlichen Rechte. Durch die Virtualisierung der Registrierung und der Systemdateien werden viele dieser lokalen Schreibzugriffe auf Dateien und Registrierung an Orte umgeleitet, die speziell für den angemeldeten Benutzer vorbereitet wurden. Diese Funktion ermöglicht die Ausführung von Anwendungen durch Standardbenutzer, die sich unter älteren Betriebssystemen nur durch Administratoren ausführen lassen. Auch dadurch ist eine größere Zahl von Unternehmen in der Lage, Standardbenutzerkonten zu verwenden, während die Anwendungen ohne Änderungen im Programmcode sonst auf Administratorrechte angewiesen wären.

HINWEIS   Verwechseln Sie die Registrierungs- und Dateivirtualisierung nicht mit Virtualisierungsprodukten für Betriebssysteme, wie Microsoft Virtual PC oder Microsoft Virtual Server. Die Virtualisierung von Dateien und Registrierung gilt nur für diese Betriebssystemkomponenten, nicht für die Hardware des Computers.

Weitere Informationen über die Benutzerkontensteuerung finden Sie in Kapitel 24, »Schützen des Clients«.

So funktioniert's: Dateivirtualisierung

Steve Hiskey, Lead Program Manager, *Windows Security Core*

Windows Vista enthält eine Filtertreibererweiterung für das Dateisystem, die Fehler abfängt, die durch Zugriffsversuche mit fehlenden Rechten entstehen. Wenn sich die Dateiposition, die zu dem Fehler geführt hat, in einem Bereich befindet, in dem das Betriebssystem Daten virtualisiert, wird ein neuer Dateipfad erstellt und der Zugriffsversuch wiederholt, ohne dass die Anwendung davon etwas merkt.

Verbesserungen an der Benutzerkontensteuerung (UAC) unter Windows 7

Windows 7 und Windows Server 2008 R2 verringern die Zahl der Bestätigungsaufforderungen, die lokale Administratoren und Standardbenutzer von der Benutzerkontensteuerung erhalten:

- Bestätigungsaufforderungen bei Dateioperationen werden zusammengefasst.
- Internet Explorer-Bestätigungsaufforderungen zur Ausführung von Anwendungsinstallationsprogrammen werden zusammengefasst.
- Internet Explorer-Bestätigungsaufforderungen zur Installation von ActiveX-Steuerelementen werden zusammengefasst.

Die Standardeinstellung der Benutzerkontensteuerung ermöglicht es einem Standardbenutzer, folgende Aufgaben ohne Bestätigungsaufforderung durchzuführen:

- Installieren von Updates, die von Windows Update stammen
- Installieren von Treibern, die von Windows Update heruntergeladen wurden oder im Betriebssystem enthalten sind
- Anzeigen von Windows-Einstellungen; bei Änderungen erscheint eine Bestätigungsaufforderung
- Verbinden von Bluetooth-Geräten mit dem Computer
- Rücksetzen der Netzwerkkarte und Durchführen anderer Netzwerkdiagnose- und Netzwerkreparaturarbeiten

Außerdem erlauben es die Standardeinstellungen Administratoren, mit den Betriebssystemfunktionen Verwaltungsarbeiten ohne Bestätigungsaufforderung der Benutzerkontensteuerung durchzuführen. Beispielsweise kann ein Administrator die Systemzeit ändern oder einen Dienst neu starten, ohne von der Benutzerkontensteuerung eine Bestätigungsaufforderung zu erhalten. Allerdings erscheint immer noch eine Bestätigungsaufforderung, wenn eine Anwendung Administratorrechte erfordert.

Windows Vista bot dem Benutzer zwei Schutzstufen der Benutzerkontensteuerung: ein oder aus. Außerdem konnte ein Administrator mit einer Gruppenrichtlinieneinstellung verhindern, dass das Betriebssystem in den sicheren Desktop wechselt, wenn die Bestätigungsaufforderung erscheint (dabei wird der Desktop etwas dunkler dargestellt).

Windows 7 und Windows Server 2008 R2 führen zwei weitere Einstellungen ein. Wenn Sie als lokaler Administrator angemeldet sind, können Sie Bestätigungsaufforderungen aktivieren oder deaktivieren. Oder Sie legen fest, unter welchen Umständen Sie über Änderungen am Computer informiert werden möchten. Administratoren können drei verschiedene Stufen einstellen, wobei die mittlere Stufe auch ohne Wechsel in den sicheren Desktop verfügbar ist.

- **Immer benachrichtigen** Benutzer werden informiert, wenn sie Änderungen an den Windows-Einstellungen durchführen und wenn Programme versuchen, Änderungen am Computer vorzunehmen. Das ist die Standardeinstellung für Standardbenutzer.

- **Nur benachrichtigen, wenn Änderungen am Computer von Programmen vorgenommen werden** Benutzer werden nicht informiert, wenn sie Änderungen an den Windows-Einstellungen vornehmen, aber es erscheint eine Bestätigungsaufforderung, wenn ein Programm versucht, Änderungen am Computer durchzuführen. Das ist die Standardeinstellung für Administratoren.

- **Nie benachrichtigen** Benutzer werden weder bei Änderungen an den Windows-Einstellungen noch bei Softwareinstallationen von der Benutzerkontensteuerung zur Bestätigung aufgefordert.

Abbildung 2.12 zeigt das Dialogfeld *Einstellungen für Benutzerkontensteuerung*. Es weist eine vierte Einstellung mit dem Zusatz *Desktop nicht abblenden* auf, die den Wechsel zum sicheren Desktop deaktiviert, damit die Bestätigungsaufforderung weniger aufdringlich ist.

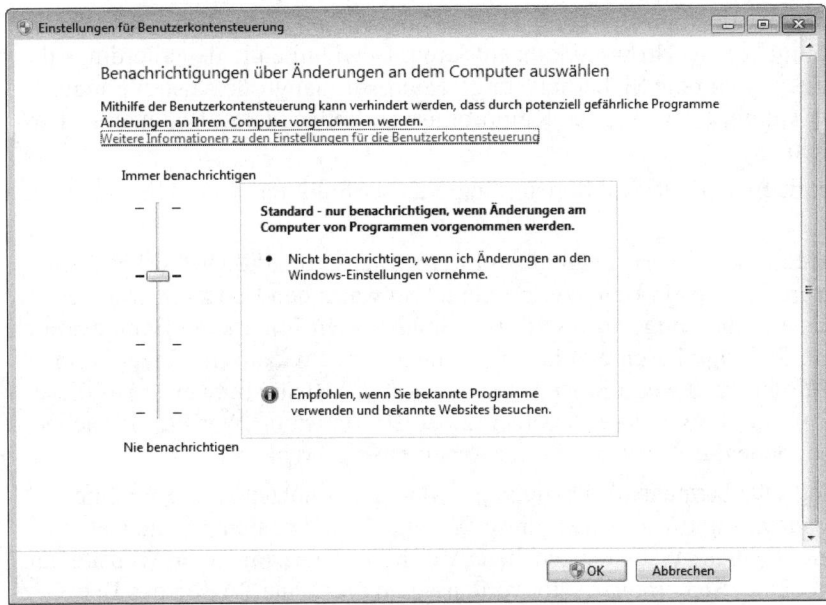

Abbildung 2.12   Einstellen der Benutzerkontensteuerung

Tabelle 2.4 vergleicht die Anzahl der Bestätigungsaufforderungen der Benutzerkontensteuerung für Benutzeraktionen unter Windows 7 und Windows Server 2008 R2 mit der Anzahl der Bestätigungsaufforderungen unter Windows Vista SP1.

Tabelle 2.4   Standardverhalten der Benutzerkontensteuerung unter Windows 7

Aktion	Standardverhalten unter Windows 7
Ändern der Anpassungseinstellungen	Keine Bestätigungsaufforderungen
Verwalten des eigenen Desktops	Keine Bestätigungsaufforderungen
Einrichten des eigenen Netzwerks und Problembehandlung	Keine Bestätigungsaufforderungen
Verwenden von Windows-EasyTransfer	Weniger Bestätigungsaufforderungen
Installieren von ActiveX-Steuerelementen über den Internet Explorer	Weniger Bestätigungsaufforderungen
Geräte anschließen	Keine Bestätigungsaufforderungen
Verwenden von Windows Update	Keine Bestätigungsaufforderungen
Datensicherungen einrichten	Keine Bestätigungsaufforderungen
Software installieren oder entfernen	Keine Bestätigungsaufforderungen

In den Gruppenrichtlinien können Administratoren unterschiedliche Verhaltensweisen der Benutzerkontensteuerung für Administratoren und Nicht-Administratoren festlegen. Weitere Informationen über die Benutzerkontensteuerung erhalten Sie in Kapitel 24, »Schützen des Clients«.

Sicherheitsfunktionen des Internet Explorers

Microsoft Internet Explorer 8, der in Windows 7 enthalten ist, weist gegenüber Internet Explorer 7 einige Sicherheitsverbesserungen auf. Diese Verbesserungen bieten dynamischen Schutz vor Datendiebstahl, betrügerischen Websites und bösartiger oder verborgener Software. Microsoft hat Architekturerweiterungen an Internet Explorer 7 vorgenommen, die in Internet Explorer 8 übernommen wurden, um den Webbrowser besser vor Angreifern und anderen böswilligen Menschen schützen. Benutzer können sich also beruhigt auf das Browsen konzentrieren. Gewöhnlich leiden allerdings die Kompatibilität und Erweiterbarkeit, wenn die Sicherheit steigt. Microsoft hat große Anstrengungen unternommen, um für Internet Explorer 8 einen guten Kompromiss zu finden, damit Benutzer sicher und komfortabel browsen können.

Internet Explorer 8 bietet folgende Sicherheitsfunktionen (einige dieser Funktionen sind bereits in Internet Explorer 7 enthalten):

- **SmartScreen-Filter** Internet Explorer 8 verwendet einen Internetdienst, um die URLs (Uniform Resource Locators) zu überprüfen, die ein Benutzer besucht, und warnt den Benutzer, wenn er eine Website besucht, die als unsicher eingestuft wird. Der SmartScreen-Filter kann Benutzer auch warnen, wenn sie versuchen, Software herunterzuladen, die unsicher sein kann. Benutzer können die Aktion trotzdem durchführen, auch wenn SmartScreen sie auf das Risiko hinweist. Auf diese Weise verringert SmartScreen das Risiko, dass Benutzer unbemerkt Phishing-Websites besuchen oder Malware herunterladen, ohne die Benutzer in ihrer Arbeit einzuschränken.

- **XSS-Filter (Cross-Site Scripting, siteübergreifendes Skripting)** Manchmal nutzen Angreifer eine Schwachstelle in einer Website aus und verwenden diese Website dann, um sich private Daten über Benutzer zu beschaffen, die diese Website besuchen. Auf diese Weise kann eine Website, die normalerweise sicher ist, zu einem Sicherheitsrisiko werden – und dies ohne Wissen des Betreibers. Internet Explorer 8 kann schädlichen Code erkennen, der auf solchen missbrauchten Websites ausgeführt wird, und Benutzern dabei helfen, sich vor der unerwünschten Preisgabe von Informationen, vor dem Diebstahl von Cookies, vor einem Identitätsdiebstahl und anderen Risiken zu schützen.

- **Hervorhebung der Domäne** Häufig verwenden Angreifer absichtlich missverständlich aufgebaute URLs, um einen Benutzer zu der Annahme zu verleiten, er besuche eine sichere Website. Beispielsweise könnte ein Websitebesitzer den Hostnamen *www.microsoft.com.contoso.com* verwenden, damit ein Benutzer denkt, er besuche die Website *www.microsoft.com*, obwohl die Domäne von *contoso.com* kontrolliert wird. Durch die Hervorhebung der Domäne können Benutzer URLs leichter entschlüsseln, um betrügerische Websites zu meiden, die Benutzer mit missverständlichen URLs anlocken wollen. Zu diesem Zweck zeigt Internet Explorer 8 den Domänennamen in der Adressleiste in Schwarz an, während der Rest der URL grau dargestellt wird (Abbildung 2.13). Dadurch ist die tatsächlich besuchte Website leichter zu erkennen.

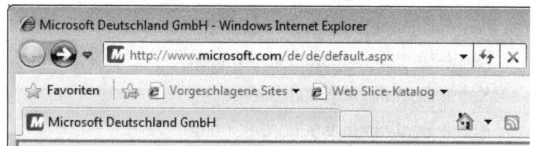

Abbildung 2.13 Durch die Hervorhebung ist der Domänennamen in einer URL leichter zu erkennen

- **Datenausführungsverhinderung** Die Datenausführungsverhinderung (Data Execution Prevention, DEP) ist eine Sicherheitsfunktion, die die Abwehr von Virenangriffen und anderer Sicherheitsbedrohungen unterstützt, indem sie bestimmte Arten von Code daran hindert, in Speicherbereiche zu schreiben, die für ausführbaren Code vorgesehen sind. Die Datenausführungsverhinderung ist zwar eigentlich eine Betriebssystemfunktion von Windows Vista und Windows 7, aber Internet Explorer 8 verwendet sie, um das Risiko bei Besuchen von Websites in der Internetzone zu verringern. Für Websites aus der Intranet-Zone ist DEP nicht aktiviert.

- **Der geschützte Modus des Internet Explorers**   Im geschützten Modus wird Internet Explorer 8 mit eingeschränkten Rechten ausgeführt, um Benutzer- oder Systemdateien oder Einstellungen vor Änderungen zu schützen, die ohne ausdrückliche Erlaubnis des Benutzers erfolgen. Mit der neuen Browserarchitektur, eingeführt mit Internet Explorer 7, wurde auch ein »Broker«-Prozess eingeführt, der dafür sorgen soll, dass vorhandene Anwendungen den geschützten Modus auf eine sicherere Weise verlassen können. Diese zusätzliche Verteidigungsmaßnahme soll ebenfalls dafür sorgen, dass Skripts oder automatisierte Prozesse keine Daten außerhalb der vorgesehenen Verzeichnisse mit eingeschränkten Rechten speichern können, wie zum Beispiel im Ordner *Temporary Internet Files*. Dieser geschützte Modus ist nur verfügbar, wenn Sie den Internet Explorer 8 unter Windows Vista und Windows 7 verwenden und die Benutzerkontensteuerung aktiviert ist. Unter Windows XP steht der geschützte Modus nicht zur Verfügung.

- **ActiveX-Anmeldung**   Die ActiveX-Anmeldung deaktiviert automatisch alle Steuerelemente, die der Entwickler nicht explizit für die Verwendung im Internet gekennzeichnet hat. Das verringert die Möglichkeit zum Missbrauch vorinstallierter Steuerelemente. Unter Windows Vista und Windows 7 werden Benutzer auf der Informationsleiste informiert, bevor sie auf ein zuvor installiertes ActiveX-Steuerelement zugreifen können, das noch nicht für das Internet verwendet worden ist, aber für den Einsatz im Internet konzipiert wurde. Dieser Benachrichtigungsmechanismus gibt dem Benutzer die Möglichkeit, den Zugriff auf Steuerelementbasis zu erlauben oder zu verweigern. Auch dadurch verkleinert sich die Angriffsfläche. Websites, die automatische Angriffe durchzuführen versuchen, können nicht länger heimlich ActiveX-Steuerelemente ausnutzen, die nie für den Einsatz im Internet vorgesehen waren.

- **Einstellungen reparieren**   Die meisten Benutzer installieren und verwenden Anwendungen mit der Standardkonfiguration. Daher werden Internet Explorer 7 und Internet Explorer 8 mit Sicherheitseinstellungen ausgeliefert, die ein bequemes Arbeiten mit der Anwendung ermöglichen und dabei ein hohes Maß an Sicherheitsvorkehrungen bieten. In seltenen Fällen fordert eine benutzerdefinierte Anwendung vielleicht zu Recht vom Benutzer, schwächere Sicherheitseinstellungen zu wählen. Dann ist es wichtig, dass der Benutzer diese Änderungen wieder rückgängig macht, wenn die benutzerdefinierte Einstellung nicht länger gebraucht wird. Die Funktion *Einstellungen reparieren* warnt den Benutzer mit einer Informationsleiste, wenn die aktuelle Sicherheitseinstellung ein Risiko darstellen könnte. Ein Klick auf die Option *Einstellungen reparieren* in der Informationsleiste setzt die Sicherheitseinstellungen des Internet Explorers wieder auf die Standardstufe mittelhoch. In AD DS-Umgebungen können Sie die erforderlichen Berechtigungen für interne Anwendungen einstellen, sodass Sicherheitsbeschränkungen kein Problem darstellen sollten.

- **Sicherheitsstatusleiste**   Die Sicherheitsstatusleiste von Internet Explorer 7 und Internet Explorer 8 erleichtert Benutzern die Unterscheidung zwischen authentischen Websites und verdächtigen oder bösartigen Websites, indem sie Zugriff auf digitale Zertifikatdaten ermöglicht, mit denen sich die Vertrauenswürdigkeit von E-Commerce-Sites überprüfen lässt. Zudem bietet die neue Sicherheitsstatusleiste Benutzern deutlichere visuelle Hinweise auf die Sicherheit und Vertrauenswürdigkeit einer Site. Außerdem bietet sie Informationen über hochsichere Zertifikate, die zur strengeren Überprüfung von sicheren Sites dienen (beispielsweise von Banksites).

- **Schutz der URL-Verarbeitung**   Internet Explorer 7 und Internet Explorer 8 verwenden zur Auswertung der URL-Daten nur eine einzige Funktion, wodurch sich die interne Angriffsfläche beträchtlich verringert. Dieser neue Datenhandler sorgt für eine größere Zuverlässigkeit und bietet gleichzeitig erweiterte Funktionalität und höhere Flexibilität, um dem sich ständig wandelnden Internet, der Globalisierung der URLs, den internationalen Zeichensätzen und den Domänennamen gerecht zu werden.

Diese Funktionen lassen sich auch mit Gruppenrichtlinien konfigurieren, wodurch eine zentrale Kontrolle der Internet Explorer-Sicherheit möglich wird. Windows 7 enthält Internet Explorer 8, der über diese Funktionen verfügt. Internet Explorer 8 lässt sich auch auf Windows Vista installieren. Weitere Informationen über den Internet Explorer finden Sie in Kapitel 20, »Verwalten des Internet Explorers«.

Verbesserte Überwachung

Die Überwachung von Windows Vista und Windows 7 kann sehr fein eingestellt und für ganz bestimmte Ereignisse aktiviert werden. Dadurch werden belanglose Ereignisse nicht erfasst und erzeugen keine überflüssigen Datensätze, sodass die tatsächlich wichtigen Ereignisse leichter in den aufgezeichneten Daten zu finden sind. In Kombination mit dem neuen Windows-Ereignissammlungsdienst können Sie ein System einrichten, das nur die wichtigsten Sicherheitsereignisse in Ihrer Organisation erfasst.

Geben Sie zur Anzeige der neuen Kategorien in einer Administrator-Eingabeaufforderung folgenden Befehl ein: **Auditpol /get /category:***. Bei den fett gedruckten Zeilen handelt es sich um Kategorien, die unter Windows 7 neu eingeführt wurden und daher noch nicht in Windows Vista vorhanden sind:

```
Auditpol /get /category:*
Überwachungsrichtlinie Kategorie/Unterkategorie  Einstellung

System
    Sicherheitssystemerweiterung            Keine Überwachung
    Systemintegrität                        Erfolg und Fehler
    IPSEC-Treiber                           Keine Überwachung
    Andere Systemereignisse                 Erfolg und Fehler
    Sicherheitsstatusänderung               Erfolg
An-/Abmeldung
    Anmelden                                Erfolg
    Abmelden                                Erfolg
    Kontosperrung                           Erfolg
    IPsec-Hauptmodus                        Keine Überwachung
    IPsec-Schnellmodus                      Keine Überwachung
    IPsec-Erweiterungsmodus                 Keine Überwachung
    Spezielle Anmeldung                     Erfolg
    Andere Anmelde-/Abmeldeereignisse       Keine Überwachung
    Netzwerkrichtlinienserver               Erfolg und Fehler
Objektzugriff
    Dateisystem                             Keine Überwachung
    Registrierung                           Keine Überwachung
    Kernelobjekt                            Keine Überwachung
    SAM                                     Keine Überwachung
    Zertifizierungsdienste                  Keine Überwachung
    Anwendung wurde generiert.              Keine Überwachung
    Handleänderung                          Keine Überwachung
    Dateifreigabe                           Keine Überwachung
    Filterplattform: Verworfene Pakete      Keine Überwachung
    Filterplattformverbindung               Keine Überwachung
    Andere Objektzugriffsereignisse         Keine Überwachung
    Detaillierte Dateifreigabe              Keine Überwachung
```

```
Berechtigungen
    Sensible Verwendung von Rechten          Keine Überwachung
    Nicht sensible Verwendung von Rechten    Keine Überwachung
    Andere Rechteverwendungsereignisse       Keine Überwachung
Detaillierte Nachverfolgung
    Prozessbeendigung                        Keine Überwachung
    DPAPI-Aktivität                          Keine Überwachung
    RPC-Ereignisse                           Keine Überwachung
    Prozesserstellung                        Keine Überwachung
Richtlinienänderung
    Richtlinienänderungen überwachen         Erfolg
    Authentifizierungsrichtlinienänderung    Erfolg
    Autorisierungsrichtlinienänderung        Keine Überwachung
    MPSSVC-Richtlinienänderung auf Regelebene   Keine Überwachung
    Filterplattform-Richtlinienänderung      Keine Überwachung
    Andere Richtlinienänderungsereignisse    Keine Überwachung
Kontenverwaltung
    Benutzerkontenverwaltung                 Erfolg
    Computerkontoverwaltung                  Keine Überwachung
    Sicherheitsgruppenverwaltung             Erfolg
    Verteilergruppenverwaltung               Keine Überwachung
    Anwendungsgruppenverwaltung              Keine Überwachung
    Andere Kontoverwaltungsereignisse        Keine Überwachung
 DS-Zugriff
    Verzeichnisdienständerungen              Keine Überwachung
    Verzeichnisdienstreplikation             Keine Überwachung
    Detaillierte Verzeichnisdienstreplikation   Keine Überwachung
    Verzeichnisdienstzugriff                 Keine Überwachung
Kontoanmeldung
    Ticketvorgänge des Kerberos-Diensts      Keine Überwachung
    Andere Kontoanmeldungsereignisse         Keine Überwachung
    Kerberos-Authentifizierungsdienst        Keine Überwachung
    Überprüfung der Anmeldeinformationen     Keine Überwachung
```

Mit dem Befehl **Auditpol /set** können Sie eine detaillierte Überwachung aktivieren. Die einfachste Möglichkeit zur Aktivierung der detaillierten Überwachung ist die Verwendung der Gruppenrichtlinieneinstellungen unter *Computerkonfiguration\Windows-Einstellungen\Sicherheitseinstellungen\ Erweiterte Überwachungsrichtlinienkonfiguration*. Die Verwaltung einer genaueren Überwachung mit Gruppenrichtlinien ist ein neues Leistungsmerkmal von Windows 7 und Windows Server 2008 R2.

Windows 7 unterstützt auch die Überwachung globaler Objektzugriffe, wobei Sie die Überwachung von Dateisystem oder Registrierung mit Gruppenrichtlinien konfigurieren können. Dazu definieren Sie unter *Computerkonfiguration\Windows-Einstellungen\Sicherheitseinstellungen\Erweiterte Überwachungsrichtlinienkonfiguration\Systemüberwachungsrichtlinien\Globale Objektzugriffsüberwachung* die Richtlinien *Dateisystem* oder *Registrierung*. Klicken Sie dann auf die Schaltfläche *Konfigurieren*, um die zu überwachenden Objekte anzugeben.

Weitere Informationen über Windows-Ereignisprotokolle und die Erfassung von Ereignisprotokolleinträgen finden Sie in Kapitel 21, »Pflegen der Desktopcomputer«.

Sichere Entkopplung des Speicherpools

Windows 7 führt auf einer niedrigen Ebene Integritätsprüfungen durch, um das Risiko von Überläufen und Überschreibungen zu verringern. Diese Prüfungen fanden in älteren Windows-Versionen nicht statt. Malware verwendet verschiedene Arten von Überläufen und Überschreibungen, um sich ohne Zustimmung des Benutzers erhöhte Rechte zu verschaffen und Code auszuführen. Im Wesentlichen prüft Windows 7 den Inhalt des Speicherpools doppelt. Der Speicherpool ist ein Abschnitt des Arbeitsspeichers, der von Anwendungen temporär genutzt, aber vom Betriebssystem verwaltet wird. Wurde der Pool geändert oder beschädigt, leitet Windows 7 eine Fehlerüberprüfung ein, die bewirkt, dass kein Code mehr ausgeführt werden kann.

Nach internen Tests von Microsoft wirkt sich die zusätzliche Überprüfung des Arbeitsspeichers nicht messbar auf die Leistung aus. Weitere Informationen erhalten Sie in »Safe Unlinking in the Kernel Pool« unter *http://blogs.technet.com/srd/archive/2009/05/26/safe-unlinking-in-the-kernel-pool.aspx*.

Windows-Biometrieframework

Vor Windows 7 mussten die Hersteller biometrischer Geräte (zum Beispiel Fingerabdruckscanner) ihren eigenen Technologiestapel zur Verfügung stellen, einschließlich Treiber, SDKs (Software Development Kits) und Anwendungen. Da die Hersteller ihre eigenen Lösungen entwickelten, ohne sich untereinander abzustimmen, ergab sich auf diese Weise leider keine einheitliche Benutzeroberfläche und Verwaltungsplattform.

Das Windows-Biometrieframework (Windows Biometric Framework, WBF) ermöglicht den Herstellern eine bessere Integration von Fingerabdruckscannern, Irisscannern und anderen biometrischen Geräten in Windows. Nun können biometrische Geräte unabhängig vom Hersteller alle mit denselben Tools aus der Systemsteuerung konfiguriert werden. Benutzer erhalten Zugriff auf die biometrischen Funktionen, indem sie auf *Start* klicken und dann **biometrics**, **fingerprint** oder ähnliche Begriffe eingeben, um die Biometriekonsole (Biometric Devices Control Panel) zu öffnen. IT-Profis profitieren davon, dass sie nicht mehr für jede Art von biometrischem Gerät andere Software verwenden müssen. Außerdem können Fingerabdruckscanner nun für Eingaben von Anmeldeinformationen für die Benutzerkontensteuerung und für Anmeldungen bei AD DS-Domänen verwendet werden.

Anwendungen können für jede Art von biometrischem Gerät eine Programmierschnittstelle von Windows 7 verwenden. Bisher mussten Anwendungen mit gerätespezifischen Programmierschnittstellen arbeiten. Für Entwickler war es daher schwierig, unterschiedliche Arten von biometrischen Geräten zu integrieren. Daher profitieren auch Anwendungsentwickler, denn sie können mit einer wohldefinierten Programmierschnittstelle biometrische Geräte von allen Herstellern unterstützen.

Administratoren können die Verwendung von biometrischen Geräten für Anmeldungen auf dem lokalen Computer oder bei einer Domäne mit Gruppenrichtlinieneinstellungen verhindern oder die Biometrie vollständig deaktivieren. Unter Windows 7 sind Fingerabdruckscanner die einzigen unterstützten biometrischen Geräte.

Smartcards

Viele Organisationen wollen nicht das Risiko eingehen, dass ein Kennwort gestohlen oder erraten wird. Zur Verbesserung der Kennwortsicherheit führen manche Organisationen die mehrstufige Authentifizierung ein, die nicht nur ein Kennwort verlangt, sondern auch eine zusätzliche zweite Form der Identifizierung. Meistens wird als zweite Form der Identifizierung eine Smartcard verwendet, auf der ein digitales Zertifikat gespeichert ist, das den Eigentümer der Karte eindeutig identifiziert, sowie ein geheimer Schlüssel, der zur Authentifizierung dient.

Wie bei biometrischen Fingerabdruckgeräten fehlte in älteren Windows-Versionen auch für Smartcards eine standardisierte Softwareschnittstelle. Unter Windows 7 können Smartcards übliche Treiber verwenden. Das bedeutet, dass Benutzer Smartcards von allen Herstellern verwenden können, die ihre Treiber über Windows Update veröffentlicht haben, ohne zusätzliche Software verwenden zu müssen. Benutzer legen einfach eine PIV-konforme Smartcard ein und Windows 7 versucht dann, von Windows Update einen passenden Treiber herunterzuladen oder den PIV-konformen Minitreiber aus dem Lieferumfang von Windows 7 zu verwenden (PIV steht für Personal Identity Verification).

Zu den neuen Verwendungsmöglichkeiten von Smartcards unter Windows 7 ohne zusätzliche Software gehören folgende:

- Entsperren von Laufwerken, die mit BitLocker verschlüsselt sind, mit einer Smartcard
- Anmelden bei einer Domäne mit einer Smartcard
- Signieren von XPS-Dokumenten und E-Mails
- Nutzung von Smartcards in benutzerdefinierten Anwendungen, die CNG oder CryptoAPI verwenden, damit Anwendungen mit Zertifikaten arbeiten können

Dienstkonten

Dienste sind Hintergrundprozesse. Der *Serverdienst* nimmt beispielsweise eingehende Dateifreigabeverbindungen an und der *Arbeitsstationsdienst* verwaltet ausgehende Dateifreigabeverbindungen.

Jeder Dienst muss im Kontext eines Dienstkontos ausgeführt werden. Die Berechtigungen des Dienstkontos legen weitgehend fest, was der Dienst tun kann und was nicht, so wie ein Benutzerkonto festlegt, was ein Benutzer tun kann. In älteren Windows-Versionen wurden Sicherheitsschwachstellen in den Diensten dazu ausgenutzt, Änderungen auf dem Computer durchzuführen. Um dieses Risiko zu verringern, sollten die Berechtigungen von Dienstkonten so weit wie möglich eingeschränkt werden.

Windows Vista bot drei Arten von Dienstkonten: *Lokaler Dienst*, *Netzwerkdienst* und *Lokales System*. Diese Konten waren für Administratoren zwar einfach zu konfigurieren, wurden aber häufig von mehreren Diensten gemeinsam verwendet und konnten nicht auf der Domänenebene verwaltet werden.

Administratoren können auch Domänenbenutzerkonten erstellen und als Dienstkonten konfigurieren. Dadurch erhalten Administratoren zwar die vollständige Kontrolle darüber, welche Berechtigungen der Dienst erhält, aber die Administratoren müssen dann manuell Kennwörter und Dienstprinzipalnamen verwalten. In einer Unternehmensumgebung kann dieser Verwaltungsaufwand sehr zeitaufwendig werden.

Windows 7 führt zwei neue Arten von Dienstkonten ein:

- Verwaltete Dienstkonten bieten Diensten die Isolierung eines Domänenkontos, wobei sich die Administratoren aber nicht um die Verwaltung der Anmeldeinformationen kümmern müssen.
- Virtuelle Dienstkonten arbeiten wie verwaltete Dienstkonten, allerdings auf der Ebene des lokalen Computers und nicht auf Domänenebene. Virtuelle Dienstkonten können die Anmeldeinformationen des Computers verwenden, um auf Netzwerkressourcen zuzugreifen.

Beide Arten von Konten verfügen über Kennwörter, die automatisch zurückgesetzt werden. Administratoren brauchen die Kennwörter also nicht manuell zurückzusetzen. Jeder Kontotyp kann auf einem einzelnen Computer für mehrere Dienste verwendet werden. Allerdings können Sie nicht für Dienste verwendet werden, die auf verschiedenen Computern ausgeführt werden, auch nicht auf verschiedenen Computern eines Clusters.

Weitere Informationen darüber, wie Dienste in Windows 7 implementiert und verwaltet werden, erhalten Sie in Kapitel 17, »Verwalten von Geräten und Diensten«.

Zusammenfassung

Die Sicherheitsverbesserungen von Windows 7 betreffen nahezu jeden Bereich des Betriebssystems. Einzelheiten über die verschiedenen Sicherheitsfunktionen werden zwar an vielen Stellen dieser technischen Referenz beschrieben, aber dieses Kapitel hat Ihnen einen Überblick über die wichtigsten Verbesserungen im Bereich Sicherheit gegeben, damit Sie einen umfassenden Sicherheitsplan aufstellen und besser verstehen können, wie sich Windows 7 auf die Sicherheit Ihrer Organisation auswirkt.

Die Sicherheitsverbesserungen von Windows 7 berücksichtigen viele verschiedene Grundsätze:

- **Weise nur die erforderlichen Rechte zu**   Benutzer, Anwendungen und Dienste sollten nur die Rechte erhalten, die sie unbedingt brauchen. Beispielsweise dürfen Benutzer auf ihren Desktopcomputern keine Administratorrechte erhalten, weil ein Virus oder ein Trojanisches Pferd solche Rechte missbrauchen könnte. AppLocker, die Benutzerkontensteuerung, der geschützte Modus des Internet Explorers und Dienstkonten bieten die Möglichkeit, Benutzern, Systemdiensten und dem Internet Explorer möglichst geringe Rechte zu geben.

- **Schütze Daten auch auf Reisen**   Während Sie Computerdateien und Kommunikation an einem überwachten Standort vielleicht als sicher einstufen können, bedeutet das Wachstum der mobilen Kommunikation, dass Ihre Daten zusätzlichen Schutz brauchen. Windows 7 verbessert BitLocker, mit dem es nun möglich ist, nicht nur das Volume zu schützen, auf dem das Betriebssystem installiert ist, sondern auch andere Volumes. Außerdem bietet Windows 7 BitLocker To Go, mit dem Benutzer den Inhalt eines Wechselspeichergeräts verschlüsseln können. Selbst wenn Angreifer das mit BitLocker To Go geschützte Gerät stehlen, können sie ohne Kennwort nicht auf den Laufwerksinhalt zugreifen.

- **Verringere die Angriffsfläche**   Jede Anwendung, jeder Dienst und jedes Betriebssystem kann Schwachstellen aufweisen. Je mehr Dienste und Anwendungen standardmäßig in einem Betriebssystem aktiviert werden, desto größer ist das Risiko, dass so eine Schwachstelle entdeckt und ausgenutzt wird. Windows 7 minimiert die Netzwerk-Angriffsfläche, ohne den wichtigen Verwaltungsdatenverkehr zu blockieren, indem es verschiedenen virtuellen Netzwerkkarten verschiedene Firewallprofile zuweist. Einer physischen Netzwerkkarte kann beispielsweise das öffentliche Firewallprofil zugewiesen werden, damit sie vor Netzwerkangriffen geschützt ist. Einer VPN-Netzwerkkarte kann das Domänenfirewallprofil zugewiesen werden, damit Administratoren aus dem internen Netzwerk eine Verbindung herstellen und den Remotecomputer verwalten können.

Zusammen mit der verbesserten Sicherheitsinfrastruktur des Windows-Biometrieframeworks und den standardisierten Smartcardtreibern bieten diese Verbesserungen zusätzliche Schutzschichten, die Sie einsetzen können, um die Sicherheitsrisiken zu beschränken, die für Ihre Organisation bestehen.

Weitere Informationen

Die folgenden Quellen bieten zusätzliche Informationen oder Tools für die Themen dieses Kapitels.

Informationsquellen

- »Windows 7 Security Enhancements« im Windows Client TechCenter vom Microsoft TechNet unter *http://technet.microsoft.com/en-us/library/dd548337.aspx*.
- »An Introduction to Security in Windows 7« im TechNet Magazine unter *http://technet.microsoft. com/en-us/magazine/2009.05.win7.aspx*.
- »Windows 7 – The Security Story«, ein Webcast unter *http://msevents.microsoft.com/CUI/Web CastEventDetails.aspx?culture=en-AU&EventID=1032407883&CountryCode=AU*.
- Laden Sie von *http://www.microsoft.com/downloads/details.aspx?FamilyID=a3d1bbed-7f35-4e72-bfb5-b84a526c1565&DisplayLang=en* die neuste Version des *Windows Vista Security Guide* herunter. Er bietet ausführliche Informationen über die beste Konfiguration der Windows-Sicherheit für Ihre Organisation.
- »Windows Vista Security Compliance Management Toolkit« unter *http://go.microsoft.com/fwlink/ ?LinkId=156033*.

Auf der Begleit-CD

- *Get-FileAcl.ps1*
- *Get-LocalAdministrators.ps1*
- *UnlockLockedOutUsers.ps1*
- *UserToSid.ps1*
- *WhoIs.ps1*

T E I L   I I

Bereitstellung

KAPITEL 3

Bereitstellungsplattform

Basierend auf der Technologie, die mit dem Betriebssystem Windows Vista eingeführt wurde, hat sich die Bereitstellungstechnologie von Windows 7 gegenüber Windows XP Professional beträchtlich weiterentwickelt. Sie unterstützt zum Beispiel Datenträgerabbilder auf Dateibasis, um Bereitstellungen, bei denen es um viele Computer geht, zu beschleunigen und sie effizienter und kostengünstiger durchzuführen. Das Betriebssystem Windows 7 bietet mit dem *Windows AIK für Windows 7* (Windows Automated Installation Kit) zudem robustere Bereitstellungstools wie den Windows-Systemabbild-Manager (Windows System Image Manager, Windows SIM) und die Windows-Vorinstallationsumgebung (Windows Preinstallation Environment, Windows PE).

Dieses Kapitel erleichtert Ihnen den Einstieg in die Windows 7-Bereitstellungsplattform. Es stellt Ihnen diese Tools vor, beschreibt ihre Bedeutung und vermittelt Ihnen das erforderliche Grundwissen darüber, warum und wann einzelne Tools verwendet werden. Die restlichen Kapitel aus Teil II, »Bereitstellung«, beschreiben die Tools ausführlicher, die in diesem Kapitel vorgestellt werden. Auch das *Benutzerhandbuch für das Windows Automated Installation Kit (Windows AIK)* aus dem *Windows AIK für Windows 7* beschreibt die Tools, die in diesem Kapitel vorgestellt werden.

Einführung in die Tools

Verglichen mit Windows XP führt Windows 7 zahlreiche Änderungen in die gewohnte Bereitstellungstechnologie ein. Außerdem verbessert und konsolidiert Windows 7 viele der Tools, die Sie für die Bereitstellung von Windows Vista verwendet haben. Das *Windows AIK für Windows 7* enthält die meisten dieser Tools, andere sind bereits ins Betriebssystem integriert. Das *Windows AIK für Windows 7* dokumentiert die in diesem Kapitel beschriebenen Tools umfassend, einschließlich der Befehlszeilenoptionen, der Arbeitsweise und so weiter.

HINWEIS   Das *Windows AIK für Windows 7* ist nicht auf dem Windows 7-Medium enthalten. (Im Gegensatz dazu gab es auf dem Medium von Windows XP eine Datei namens *Deploy.cab* mit den Bereitstellungstools). Aber Sie können das *Windows AIK für Windows 7* kostenlos im Microsoft Download Center unter *http://www.microsoft.com/ downloads* herunterladen.

Die folgenden Funktionen und Komponenten wurden für die Bereitstellung von Windows 7 neu aufgenommen:

- **Windows-Systemabbild-Manager**   Der Windows-Systemabbild-Manager ist ein Tool zur Erstellung von Bereitstellungsfreigaben und zur Bearbeitung von Antwortdateien (*Unattend.xml*). Er zeigt alle konfigurierbaren Einstellungen von Windows 7 an. Sie können ihn verwenden, um Anpassungen in *Unattend.xml* zu speichern. Der Windows-Systemabbild-Manager ist im *Windows AIK für Windows 7* enthalten.

- **Windows Setup**   Das Setup-Programm für Windows 7 installiert die Windows-Abbilddatei und verwendet die neue Antwortdatei *Unattend.xml* zur Automatisierung der Installation. *Unattend.xml* ersetzt die Antwortdateien, die in älteren Windows-Versionen verwendet wurden (*Unattend.txt*, *Sysprep.inf* und so weiter). Da eine Installation mit Systemabbilddateien schneller ist, können Sie damit eine große Zahl von Computern bereitstellen und die Verwaltung der Systemabbilder automatisieren. Microsoft hat am Setup-Programm von Windows 7, das nun nicht mehr *Winnt.exe* oder *Winnt32.exe* genannt wird, sondern *Setup.exe*, eine große Zahl von Verbesserungen vorgenommen und ihm zum Beispiel eine grafische Oberfläche gegeben, die Verwendung einer einzigen Antwortdatei (*Unattend.xml*) zur Konfiguration ermöglicht und die Unterstützung von Konfigurationsdurchläufen (Phasen) implementiert.

- **Sysprep**   Das Systemvorbereitungsprogramm (Sysprep) bereitet eine Installation von Windows 7 für die Abbilddateierstellung, Überwachung und Bereitstellung vor. Sie erstellen ein Systemabbild von einer angepassten Windows 7-Installation, das Sie in Ihrer Organisation zur Bereitstellung verwenden können. Den Überwachungsmodus verwenden Sie, um zusätzliche Gerätetreiber und Anwendungen zu einer Windows 7-Installation hinzuzufügen und die Integrität der Installation zu testen, bevor Sie einen Computer an einen Endbenutzer ausliefern. Sie können Sysprep auch zur Vorbereitung eines Laufwerksabbilds für die Bereitstellung verwenden. Wenn der Endbenutzer Windows 7 startet, öffnet sich die Windows-Willkommensseite. Anders als bei den älteren Windows-Versionen ist Sysprep bereits in Windows 7 integriert. Sie brauchen normalerweise also nicht zuerst die aktuelle Version herunterzuladen.

- **Windows-Vorinstallationsumgebung**   Die Windows-Vorinstallationsumgebung 3.0 (Windows Preinstallation Environment, Windows PE 3.0) bietet Betriebssystemfunktionen, die für die Installation, zur Problembehandlung und zur Wiederherstellung von Windows 7 erforderlich sind. Windows PE 3.0 ist die neuste Version der Windows-Vorinstallationsumgebung für Windows 7. Mit Windows PE können Sie einen Computer von einem Netzwerk oder einem Wechselmedium starten. Windows PE bietet die Netzwerkanbindung und andere Ressourcen, die zur Installation und Problembehebung in Windows 7 erforderlich sind. Windows Setup, Windows-Bereitstellungsdienste, Microsoft System Center Configuration Manager 2007 R2 und Microsoft Deployment Toolkit 2010 (MDT 2010) verwenden zum Start eines Computers alle Windows PE. Windows PE ist im *Windows AIK für Windows 7* enthalten.

- **Abbildverwaltung für die Bereitstellung**   Das Tool zur Abbildverwaltung für die Bereitstellung (Deployment Image Servicing and Management, DISM) ist ein neues Befehlszeilentool, mit dem Sie ein Windows 7-Abbild bearbeiten oder ein Windows PE-Abbild vorbereiten können. DISM fasst die Funktionen von Package Manger (*Pkgmgr.exe*), PEImg und Intlcfg von Windows Vista zusammen. Mit DISM können Sie Pakete, Gerätetreiber, Windows 7-Features und internationale Einstellungen von Windows 7-Abbildern verwalten. Außerdem ermöglicht DISM umfangreiche Auflistungen, die Sie verwenden können, um den Inhalt von Windows 7-Abbildern zu bestimmen.

- **ImageX** ImageX ist ein Befehlszeilenprogramm, mit dem Sie Laufwerksabbilder auf Dateibasis erstellen, ändern und anwenden können. Windows Setup, Windows-Bereitstellungsdienste, System Center Configuration Manager 2007 und MDT 2010 verwenden alle ImageX, um Windows 7-Abbilder zu erfassen, zu bearbeiten und bereitzustellen. Für Windows 7 wurde ImageX verbessert und ist nun in der Lage, mehrere Abbilder gleichzeitig bereitzustellen und Zwischenspeicherungen (interim saves) zu unterstützen (allerdings müssen Sie jedes eingebundene Abbild separat mit DISM bearbeiten). Außerdem verfügt die Windows 7-Version von ImageX über eine neue Architektur für die Bereitstellung und Bearbeitung von Abbildern, die robuster ist als unter Windows Vista. Das *Windows AIK für Windows 7* enthält ImageX. Sie können auch unter Windows PE Abbilder bereitstellen. Windows 7 enthält die erforderlichen Gerätetreiber.

- **Windows Imaging** Microsoft liefert Windows 7 als hoch komprimierte *.wim*-Datei (Windows Imaging) auf Produktmedien aus. Sie können Windows 7 direkt vom Windows 7-Medium installieren oder das Abbild für die Bereitstellung überarbeiten. Windows 7-Abbilder werden auf Dateibasis erstellt und lassen sich daher bearbeiten, ohne dadurch unbrauchbar gemacht zu werden. Sie können auch mehrere Betriebssystemabbilder in derselben *.wim*-Datei speichern.

- **DiskPart** Unter Verwendung von DiskPart können Sie eine *.vhd*-Datei (Virtual Hard Disk) offline bereitstellen und wie eine Windows-Abbilddatei bearbeiten.

- **User State Migration Tool** Sie können das User State Migration Tool 4.0 (USMT 4.0) verwenden, um Benutzereinstellungen von einem älteren Windows-Betriebssystem auf Windows 7 zu übernehmen. Wenn die Benutzereinstellungen bewahrt bleiben, können Benutzer nach der Bereitstellung schnell wieder ihre Arbeit aufnehmen. USMT 4.0 bietet gegenüber USMT 3.0 neue Funktionen sowie eine höhere Flexibilität und Leistung. Migrationen mit fester Verknüpfung verbessern die Leistung bei Auffrischungen, die Offline-Migration ermöglicht Ihnen die Aufzeichnung des Benutzerzustands in Windows PE und der Dokumentsucher macht es seltener notwendig, eine benutzerdefinierte XML-Migrationsdatei (Extensible Markup Language) für die Erfassung der Benutzerdokumente zu erstellen. USMT 4.0 ist im *Windows AIK für Windows 7* enthalten.

Windows 7-Bereitstellungsterminologie

Mit den folgenden Bezeichnungen haben Sie es bei der Bereitstellung von Windows 7 und bei der Arbeit mit MDT 2010 ständig zu tun. Wenn Sie diese Terminologie beherrschen, werden Sie den Inhalt dieses Buchs und der angegebenen Quellen leichter verstehen:

- **Antwortdatei** Eine XML-Datei, die Werte für die Installation und Konfiguration von Windows 7 enthält. Die Antwortdatei für Windows Setup wird meistens *Unattend.xml* oder *autoUnattend.xml* genannt. Sie können diese Antwortdatei mit Windows SIM erstellen und ändern. MDT 2010 erstellt Antwortdateien automatisch. Bei Bedarf können Sie diese Dateien anpassen.

- **Tasksequenz** Eine Folge von Aufgaben, die auf einem Zielcomputer durchgeführt werden sollen, um Windows 7 und Anwendungen zu installieren und den Zielcomputer anschließend zu konfigurieren. In MDT 2010 stellt die Tasksequenz die Installationsroutine dar.

- **Bereitstellungsfreigabe** Ein Ordner, der Quelldateien für Windows-Produkte enthält, die Sie installieren. Er kann auch zusätzliche Gerätetreiber und Anwendungsdateien enthalten. Dieser Ordner kann manuell oder mit Windows SIM erstellt werden. In MDT 2010 enthält die *Bereitstellungsfreigabe*, die in älteren MDT-Versionen *Distributionsfreigabe* genannt wurde, das Betriebssystem, Gerätetreiber, Anwendungen und andere Quelldateien, die Sie mit Tasksequenzen konfigurieren.

- **Feature**   Ein Teil des Windows 7-Betriebssystems, der Dateien, Ressourcen und Einstellungen für eine bestimmte Windows 7-Funktion oder für einen bestimmten Teil einer Windows 7-Funktion umfasst. Manche Features enthalten Einstellungen für eine unbeaufsichtigte Installation. Solche Einstellungen können Sie mit Windows SIM ändern.

- **Installation auf Abbildbasis**   Ein Installationsprozess, bei dem ein Laufwerksabbild eines Betriebssystems auf den Computer übertragen wird.

- **Katalogdatei**   Eine Binärdatei, die den Zustand der Einstellungen und Pakete in einem Windows 7-Abbild erfasst. Wenn Sie mit Windows SIM eine Katalogdatei erstellen, listet es alle Einstellungen aus dem Windows 7-Abbild sowie die aktuellen Features und deren Zustände auf. Da sich der Inhalt eines Windows 7-Abbilds im Lauf der Zeit ändern kann, ist es wichtig, dass Sie die Katalogdatei neu erstellen, wenn Sie ein Abbild aktualisieren.

- **Konfigurationsdurchlauf**   Eine Phase der Windows 7-Installation. Windows Setup installiert und konfiguriert verschiedene Teile des Betriebssystems in verschiedenen Konfigurationsdurchläufen. Sie können Einstellungen für eine unbeaufsichtigte Installation von Windows 7 vornehmen, die in einem oder mehreren Konfigurationsdurchläufen angewendet werden. Weitere Informationen über Konfigurationsdurchläufe finden Sie im *Benutzerhandbuch für das Windows Automated Installation Kit (Windows AIK)* aus dem *Windows AIK für Windows 7*.

- **Konfigurationssatz**   Eine Datei- und Ordnerstruktur mit Dateien, die die Vorinstallation steuern und benutzerdefinierte Anpassungen für die Windows 7-Installation festlegen.

- **Masterabbild**   Eine Sammlung von Dateien und Ordnern (gewöhnlich zu einer komprimierten Datei zusammengefasst), die aus einer Masterinstallation erstellt wurde. Dieses Abbild enthält das Betriebssystem sowie zusätzliche Anwendungen, Konfigurationen und Dateien.

- **Mastercomputer**   Ein vollständig aufgebauter und eingerichteter Computer, der die Masterinstallation von Windows 7 enthält. Davon erstellen Sie ein Masterabbild für die Bereitstellung auf Zielcomputern. Dieses Gerät wird auch als *Quellcomputer* bezeichnet.

- **Masterinstallation**   Eine Windows 7-Installation auf einem Mastercomputer, von der Sie ein Masterabbild erstellen können. Sie erstellen die Masterinstallation mithilfe der Automatisierung, um stets eine einheitliche und wiederholbare Konfiguration zu haben.

- **Paket**   Eine Gruppe von Dateien, die Microsoft erstellt hat, um Windows-Funktionen zu ändern. Es gibt verschiedene Pakettypen, wie zum Beispiel Service Packs, Sicherheitsupdates, Sprachpakete und Hotfixes.

- **Referenzcomputer**   Der Computer, auf dem Sie MDT 2010 oder das *Windows AIK für Windows 7* installieren und verwenden. Gewöhnlich befindet sich dieser Computer in einer Testumgebung, die vom Produktivnetzwerk getrennt ist. Es kann sich um eine Arbeitsstation oder um einen Servercomputer handeln.

- **Task Sequencer**   Die MDT 2010-Komponente, die bei der Installation eines Builds die Tasksequenz ausführt.

- *Unattend.xml*   Der übliche Name für die Windows 7-Antwortdatei. *Unattend.xml* ersetzt die Antwortdateien aus älteren Windows-Versionen, einschließlich *Unattend.txt*, *Winbom.ini* und andere.

- *.wim*   Eine Dateinamenserweiterung für Windows-Abbilddateien, die von ImageX erstellt werden.

- **Windows 7-Funktion**   Eine optionale Funktion von Windows 7, die Sie mit *Unattend.xml* oder DISM aktivieren oder deaktivieren können.

- **Windows-Abbilddatei** Eine komprimierte Datei, die eine Sammlung von Dateien und Ordnern enthält, mit denen eine Windows-Installation auf einem Laufwerksvolume dupliziert wird. Windows-Abbilddateien haben die Dateinamenserweiterung *.wim*.

- **Zielcomputer** Der Computer, auf dem Sie Windows 7 bei der Bereitstellung installieren. Sie können entweder Windows Setup auf dem Zielcomputer ausführen oder eine Masterinstallation auf den Zielcomputer kopieren.

Plattformkomponenten

Die neuen Bereitstellungstools und ihr Zusammenwirken zu verstehen ist der erste Schritt in einem neuen Windows 7-Bereitstellungsprojekt. Abbildung 3.1 stellt den Aufbau der Windows 7-Bereitstellungsplattform schematisch dar. In der untersten Schicht befinden sich *.wim*-Dateien (Windows Imaging). Dabei handelt es sich um hoch komprimierte Abbilder des Betriebssystems auf Dateibasis.

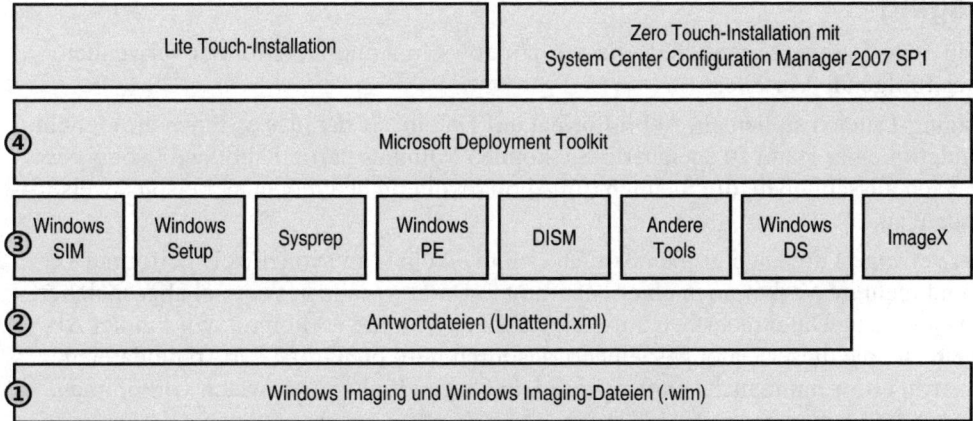

Abbildung 3.1 Komponenten der Windows 7-Bereitstellungsplattform

In der zweiten Schicht liegen die Antwortdateien. In älteren Windows-Versionen als Windows Vista gab es zur Steuerung des Bereitstellungsprozesses zahlreiche Antwortdateien, darunter *Unattend.txt* und *Sysprep.inf*. Windows 7 verwendet für alle *Konfigurationsdurchläufe* eine einzige Antwortdatei auf XML-Basis mit dem Namen *Unattend.xml*. (Ein Konfigurationsdurchlauf ist eine Installationsphase.) Diese Verbesserung vereinfacht die Installation, die zudem einheitlicher wird.

In der dritten Schicht finden sich zahlreiche Bereitstellungstools für Windows 7. Auch auf dem Vertriebsmedium von Windows 7 sind einige dieser Tools zu finden, darunter Sysprep, DISM und andere Befehlszeilenprogramme – allerdings liegen sie nicht in einer separaten Datei wie *Deploy.cab*. Die umfangreicheren Tools wie Windows SIM, Windows PE und ImageX sind im *Windows AIK für Windows 7* enthalten. Das sind die Basistools, die zur Erstellung, Anpassung und Bereitstellung von Windows 7-Abbildern erforderlich sind. Es handelt sich um eigenständige Tools, die kein Bereitstellungsframework bieten und weder Kenntnisse von den Geschäftsabläufen haben noch empfohlene Vorgehensweisen in den Prozess einbringen.

Die vierte Schicht, MDT 2010, bietet das Framework und das Wissen um Abläufe und Vorgehensweisen. MDT 2010 ist ein Prozess- und Technologieframework, das alle Tools aus der dritten Ebene verwendet und Ihrer Organisation bei Planung, Entwicklung, Test und Bereitstellung womöglich Hunderte von Stunden erspart. MDT 2010 basiert auf Vorgehensweisen, die von Microsoft, Microsoft-Kunden und Microsoft-Partnern entwickelt wurden. Es umfasst bewährte Methoden für Management und Technologie sowie Tausende von Zeilen sorgfältig getesteten Skriptcodes, den Sie unverändert verwenden oder an die Erfordernisse Ihrer Organisation anpassen können.

Mit MDT 2010 können Sie eine Bereitstellung mit Lite Touch-Installation (LTI) oder mit Zero Touch-Installation (ZTI) durchführen. LTI stellt nur geringe Ansprüche an die Infrastruktur und eignet sich für die meisten kleineren bis mittleren Organisationen. ZTI erfordert eine System Center Configuration Manager 2007-Infrastruktur und eignet sich insbesondere für Organisationen, die bereits über eine entsprechende Infrastruktur verfügen.

Die folgenden Abschnitte bieten weitere Informationen über die in Abbildung 3.1 gezeigten Komponenten. Informationen über den Bereitstellungsprozess mit den Komponenten aus den ersten drei Ebenen finden Sie im Abschnitt »Grundzüge des Bereitstellungsprozesses« dieses Kapitels. Weitere Informationen über die Bereitstellung mit MDT 2010 erhalten Sie in diesem Kapitel im Abschnitt »Microsoft Deployment Toolkit-Prozess«.

Windows Imaging

Windows 7 wird in *.wim*-Dateien ausgeliefert, die das Windows Imaging-Dateiformat verwenden. Dieses Format bietet folgende Vorteile:

- Windows Imaging-Dateien stellen ein Abbildformat auf Dateibasis dar, das es Ihnen ermöglicht, mehrere Abbilder in einer Datei zu speichern. Sie können Volumes partiell abbilden, wobei Sie bestimmte Dateien ausschließen, die Sie nicht im Abbild weitergeben möchten, beispielsweise Auslagerungsdateien.

- Dieses Format verringert die Dateigrößen beträchtlich, weil ein komprimiertes Dateiformat verwendet wird und mehrere Vorkommen einer bestimmten Datei jeweils nur einmal abgespeichert werden. Auch wenn eine Datei mehrfach auf dem erfassten Volume vorkommt, wird in der Abbilddatei nur eine Kopie dieser Datei gespeichert. Dadurch wird die Größe der Abbilddateien beträchtlich verringert, wenn manche Dateien auf dem Originalvolume mehrfach vorkommen.

- Sie können das Abbild, das in der *.wim*-Datei erfasst wurde, nachträglich bearbeiten und zum Beispiel Pakete, Softwareupdates und Gerätetreiber später hinzufügen oder löschen, ohne ein neues Abbild erstellen zu müssen, indem Sie das Abbild auf einem Computer installieren, die gewünschten Änderungen vornehmen und dann ein neues Abbild erstellen.

- Sie können *.wim*-Dateien als Ordner im Dateisystem bereitstellen. Das erleichtert die Aktualisierung der Dateien in den Abbildern, die die *.wim*-Datei enthält.

- Windows Imaging-Dateien machen es möglich, ein Abbild ohne Zerstörungen auf die Festplatte des Zielcomputers anzuwenden. Sie können ein Abbild auch auf Ziellaufwerke anwenden, die eine andere Größe aufweisen, denn *.wim*-Dateien setzen nicht voraus, dass das Ziellaufwerk genauso groß oder größer sein muss als das Quelllaufwerk.

- Windows Imaging-Dateien können sich über mehrere Medien erstrecken. Sie können also auch große *.wim*-Dateien auf CD-ROMs ausliefern.

- Die *.wim*-Dateien von Windows PE sind startfähig. Sie können beispielsweise Windows PE aus einer *.wim*-Datei heraus starten. Windows Setup und Windows-Bereitstellungsdienste starten Windows PE direkt aus der *.wim*-Datei *Boot.wim* heraus, die Sie an die Erfordernisse anpassen können, indem Sie zum Beispiel Gerätetreiber oder Skripts hinzufügen.

HINWEIS ImageX ist das Tool, das Sie zur Verwaltung von *.wim*-Dateien verwenden. Weitere Informationen über ImageX finden Sie weiter unten im Kapitel im Abschnitt »ImageX« und in Kapitel 6, »Entwickeln von Datenträgerabbildern«.

Antwortdateien

Eine Antwortdatei ist eine Datei auf XML-Basis, die Einstellungen enthält, die während einer Windows 7-Installation verwendet werden. Eine Antwortdatei kann den gesamten Installationsprozess oder einen Teil davon automatisieren. In einer Antwortdatei geben Sie Einstellungen vor, beispielsweise die Aufteilung der Festplatten, den Ort, an dem das Windows 7-Abbild zu finden ist, und den zu verwendenden Product Key. Sie können auch die Windows 7-Installation anpassen und beispielsweise Benutzerkonten hinzufügen, Anzeigeeinstellungen vornehmen und die Favoritenliste des Windows Internet Explorers aktualisieren. Windows 7-Antwortdateien heißen meistens *Unattend.xml*.

Sie verwenden den Windows SIM, um eine Antwortdatei zu erstellen und mit einem bestimmten Windows 7-Abbild zu verknüpfen (siehe auch den Abschnitt »Windows-Systemabbild-Manager« dieses Kapitels). Diese Verknüpfung macht es möglich, die Einstellungen in der Antwortdatei anhand der Einstellungen zu überprüfen, die im Windows 7-Abbild vorhanden sind. Da man im Prinzip aber jede Antwortdatei verwenden kann, um jedes Windows 7-Abbild zu installieren, werden Einstellungen, die in der Antwortdatei für Features vorgenommen werden, die es gar nicht im Windows-Abbild gibt, ignoriert.

Der Featureabschnitt einer Antwortdatei enthält alle Featureeinstellungen, die Windows Setup anwendet. Antwortdateien organisieren Features in verschiedenen Konfigurationsdurchläufen: `windowsPE`, `offlineServicing`, `generalize`, `specialize`, `auditSystem`, `auditUser` und `oobeSystem` (siehe auch den Abschnitt »So funktioniert's: Konfigurationsdurchläufe« dieses Kapitels). Jeder Konfigurationsdurchlauf stellt eine andere Installationsphase dar, und nicht jeder Durchlauf wird bei einer normalen Installation von Windows 7 durchgeführt. Sie können Einstellungen in einem oder in mehreren Durchläufen vornehmen. Wenn eine Einstellung in mehreren Konfigurationsdurchläufen verfügbar ist, können Sie den Durchlauf auswählen, in dem die Einstellung vorgenommen werden soll.

> **HINWEIS** Das *Benutzerhandbuch für das Windows Automated Installation Kit (Windows AIK)* aus dem *Windows AIK für Windows 7* erklärt, welche Features Sie mit Windows SIM konfigurieren können und welche Einstellungen für jedes Feature zur Verfügung stehen.

Microsoft vertreibt Softwareupdates, Service Packs und Sprachpakete in Form von Paketen. Pakete können auch Windows-Features enthalten. Mit Windows SIM können Sie Pakete zum Windows 7-Abbild hinzufügen, Pakete aus dem Windows 7-Abbild entfernen oder die Einstellungen für Features in einem Paket ändern.

Das Windows Foundation Package, das in allen Windows 7-Abbildern enthalten ist, enthält die Kernfunktionen von Windows 7, wie Media Player, Spiele, Sichern und Wiederherstellen. Features sind in Windows 7 entweder aktiviert oder deaktiviert. Wenn ein Windows 7-Feature aktiviert ist, sind die Ressourcen, ausführbaren Dateien und Einstellungen für dieses Feature den Benutzern des Systems zugänglich. Ist ein Windows 7-Feature deaktiviert, sind die Paketressourcen zwar nicht zugänglich, aber die Ressourcen werden nicht vom System entfernt.

Windows-Systemabbild-Manager

Windows SIM, der Windows-Systemabbild-Manager, ist das Tool, mit dem Sie Windows 7-Antwortdateien erstellen und konfigurieren. Sie können Einstellungen für Features, Pakete und Antwortdateien vornehmen. Windows Setup verwendet zur Einstellung und Anpassung der Standardinstallation von Windows 7 in allen Konfigurationsdurchläufen die Datei *Unattend.xml*. Zum Beispiel können Sie den Internet Explorer anpassen, die Windows-Firewall einstellen und die Festplattenkonfiguration festlegen.

Mit Windows SIM lässt sich Windows 7 auf verschiedene Weise anpassen, beispielsweise durch folgende Aktionen:

- Installation von Anwendungen von anderen Anbietern während der Installation
- Anpassen von Windows 7 durch die Erstellung von Antwortdateien (*Unattend.xml*)
- Anwendung von Sprachpaketen, Service Packs und Updates auf ein Abbild während der Installation
- Hinzufügen von Gerätetreibern zu einem Abbild während der Installation

In älteren Windows-Versionen als Windows Vista mussten Sie die Einstellungen in einer Antwortdatei mit einem Texteditor manuell bearbeiten, selbst wenn Sie eine Antwortdatei mit dem Windows Setup Manager erstellt hatten. Die Windows 7-Antwortdatei (*Unattend.xml*) beruht dagegen auf XML und ist für eine manuelle Bearbeitung viel zu komplex. Also müssen Sie zur Bearbeitung der Windows 7-Antwortdateien Windows SIM verwenden (Abbildung 3.2).

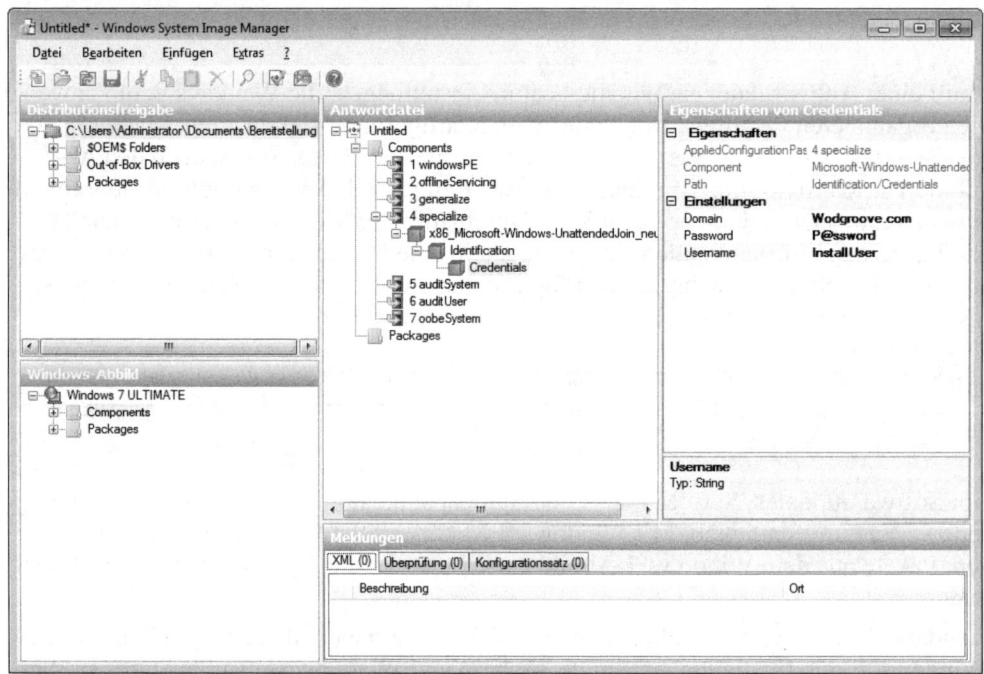

Abbildung 3.2   Windows-Systemabbild-Manager (Windows SIM)

Windows Setup

Windows Setup (*Setup.exe*) ist das Programm, das Windows 7 installiert. Es verwendet einen Installationsvorgang auf Basis eines Abbilds, um den Installationsprozess zu einem einzigen, einheitlichen Prozess zusammenzufassen, mit dem alle Benutzer Windows 7 installieren können. Der Installationsprozess auf Abbildbasis eignet sich für Neuinstallationen und für Aktualisierungen von Windows. Windows Setup und der Installationsprozess auf Abbildbasis ermöglichen Ihnen eine einfache und kosteneffiziente Bereitstellung von Windows 7 in Ihrer Organisation.

Windows Setup bietet einige Verbesserungen, die Installationen beschleunigen und den Ablauf im Vergleich zur Installation von Windows XP vereinheitlichen:

- **Verbesserte Abbildverwaltung** Windows 7-Abbilder werden in einer einzigen *.wim*-Datei gespeichert. Eine *.wim*-Datei kann mehrere Instanzen des Betriebssystems in einer einzigen, hoch komprimierten Datei speichern. Die Installationsdatei *Install.wim* liegt im Ordner *Sources* des Windows 7-Mediums.

- **Vereinfachte Installation** Windows Setup wurde für die Bereitstellungsszenarien optimiert, die von den meisten Organisationen verwendet werden. Die Installation erfordert weniger Zeit und die Konfiguration und der Ablauf sind einheitlicher. Das Ergebnis sind niedrigere Bereitstellungskosten.

- **Schnellere Installationen und Aktualisierungen** Da Windows Setup nun ein Abbild verwendet, erfolgt die Installation oder Aktualisierung von Windows 7 schneller und einfacher. Sie können Neuinstallationen von Windows 7 durchführen, indem Sie das Windows 7-Abbild auf Zielcomputern installieren. Aktualisierungen nehmen Sie vor, indem Sie ein neues Abbild auf einer vorhandenen Windows-Installation installieren. Windows Setup schützt während der Installation die Einstellungen des vorhandenen Systems.

Windows Setup wurde gegenüber Windows Vista verbessert. So wurde der Lizenzschlüssel beispielsweise auf die *Willkommen*-Seite von Windows verlegt, was Benutzern die Möglichkeit gibt, den Product Key nach der vollständigen Installation einzugeben. Außerdem legt Windows Setup eine kleine, verborgene Partition für die BitLocker-Laufwerkverschlüsselung an. Dadurch wird es einfacher, die BitLocker-Laufwerkverschlüsselung später zu aktivieren, weil die Aufteilung des Laufwerks nicht mehr geändert werden muss. Außerdem ist die letzte Phase von Windows Setup (die Willkommen-Phase von Windows) schneller und gibt ausführlichere Rückmeldungen über den Fortschritt der Installation.

Sysprep

Sysprep verwenden Sie, um eine Masterinstallation zur Abbilderstellung und Bereitstellung vorzubereiten. Sysprep macht Folgendes:

- **Es entfernt computerspezifische und betriebssystemspezifische Installationsdaten von Windows 7** Sysprep kann alle computerspezifischen Daten aus einem installierten Windows 7-Image entfernen, einschließlich der Sicherheitskennung (SID) des Computers. Anschließend können Sie das Abbild erfassen und die Windows-Installation in Ihrer gesamten Organisation installieren.

- **Es stellt Windows 7 für den Start im Überwachungsmodus ein** Sie können den Überwachungsmodus verwenden, um Gerätetreiber und Anwendungen von anderen Herstellern zu installieren und um die Funktion des Computers zu testen, bevor Sie ihn an den Benutzer ausliefern.

- **Es stellt Windows 7 so ein, dass beim Start die Windows-Willkommensseite angezeigt wird** Sysprep stellt eine Windows 7-Installation so ein, dass beim nächsten Start des Computers die Windows-Willkommensseite angezeigt wird. Normalerweise nehmen Sie die Einstellung für die Anzeige der Windows-Willkommensseite beim Systemstart erst als letzten Schritt vor der Auslieferung des Computers an den Benutzer vor.

- **Es setzt die Produktaktivierung von Windows zurück** Sysprep kann die Windows-Produktaktivierung bis zu drei Mal zurücksetzen.

Sysprep.exe liegt auf allen Windows 7-Installationen im Verzeichnis *%WinDir%\System32\sysprep*. (Sie brauchen Sysprep nicht wie in älteren Windows-Versionen separat zu installieren, weil es nun im Rahmen der normalen Installation ebenfalls installiert wird). Allerdings müssen Sie Sysprep immer

im Verzeichnis *%WinDir%\System32\sysprep* der Windows 7-Version starten, in der es installiert
wurde. Weitere Informationen über Sysprep finden Sie im *Benutzerhandbuch für das Windows
Automated Installation Kit (Windows AIK)* aus dem *Windows AIK für Windows 7*.

Windows PE

Vor Windows PE mussten Organisationen meistens MS-DOS-Startdisketten verwenden, um die Zielcomputer hochzufahren, und Windows Setup dann von einem freigegebenen Netzwerkverzeichnis
oder von anderen Installationsmedien starten. MS-DOS-Startdisketten wiesen zahlreiche Beschränkungen auf, beispielsweise die fehlende Unterstützung für das NTFS-Dateisystem, keine integrierte
Netzwerkunterstützung und die Erfordernis, 16-Bit-Treiber zu beschaffen, die unter MS-DOS verwendbar waren.

Nun bietet Windows PE 3.0 ein minimales Win32- oder Win64-Betriebssystem mit eingeschränkten
Diensten, das auf dem Windows 7-Systemkern aufbaut und das Sie verwenden können, um einen
Computer auf die Installation von Windows 7 vorzubereiten, Datenträgerabbilder auf oder von einem
Netzwerkdateiserver zu kopieren und Windows Setup zu starten. Windows PE 3.0 ist eine eigenständige Vorinstallationsumgebung und eine integrale Komponente anderer Installations- und Wiederher-
stellungstechnologien wie Windows Setup, Windows-Bereitstellungsdienste, System Center Configuration Manager 2007 R2 und MDT 2010. Im Gegensatz zu früheren Windows PE-Versionen, die nur
im Rahmen der Software Assurance (SA) verfügbar waren, ist Windows PE 3.0 nun als Bestandteil
des *Windows AIK für Windows 7* allgemein verfügbar.

Windows PE bietet folgende Funktionen und Fähigkeiten:

- Integrierte Unterstützung für das NTFS 5.x-Dateisystem, einschließlich Erstellung und Verwaltung dynamischer Volumes

- Integrierte Unterstützung für TCP/IP-Netzwerke (Transmission Control Protocol/Internet Protocol) und Dateifreigaben (nur als Client)

- Integrierte Unterstützung für 32-Bit- oder 64-Bit-Windows-Gerätetreiber

- Integrierte Unterstützung einer Teilmenge der Win32-Programmierschnittstelle (Application Programming Interface, API); optionale Unterstützung von WMI (Windows Management Instrumentation) und des WSH (Windows Script Host)

- Lässt sich von verschiedenen Medien starten wie CD, DVD, USB-Flashlaufwerk und Windows-
  Bereitstellungsdiensten

Windows PE wird bei jeder Installation von Windows 7 ausgeführt, unabhängig davon, ob Sie den
Computer von der Windows 7-DVD starten oder Windows 7 mit den Windows-Bereitstellungsdiens-
ten bereitstellen. Die grafischen Tools, die beim windowsPE-Durchlauf Konfigurationsdaten für die
Installation ermitteln, werden unter Windows PE ausgeführt. Außerdem können Sie Windows PE bei
Bedarf anpassen und erweitern. MDT 2010 erweitert Windows PE zum Beispiel für die Lite Touch-
Installation, indem es Gerätetreiber, Bereitstellungsskripts und andere Dinge hinzufügt.

Für Windows 7 weist Windows PE 3.0 Verbesserungen auf, durch die es leichter anpassbar ist. Erstens
sind die Funktionen von PEImg nun in DISM enthalten. Daraus ergibt sich ein Tool, mit dem Sie
Windows 7-Abbilder und Windows PE-Abbilder bearbeiten können. Zweitens verwendet Windows
PE 3.0 ein neues Paketmodell. Statt eines Basisabbilds, das alle Featurepakete enthält und aus dem
Sie die deaktivierten Features entfernen, verwenden Sie ein Basisabbild, das diese Featurepakete nicht
enthält und zu dem sie alle Features hinzufügen, die das Abbild enthalten soll. Weitere Informationen
über Windows PE erhalten Sie in Kapitel 9, »Vorbereiten von Windows PE«.

HINWEIS   Da es sich bei Windows PE nur um eine Teilmenge von Windows 7 handelt, weist es Beschränkungen auf. Zum Beispiel beendet Windows PE automatisch nach 72 Stunden ununterbrochenen Betriebs seinen Lauf und leitet einen Neustart ein, um eine zweckfremde Verwendung zu verhindern. Sie können Windows PE nicht als Dateiserver, Terminalserver oder eingebettetes Betriebssystem konfigurieren. Außerdem bleiben zugeordnete Laufwerksbuchstaben und Änderungen in der Registrierung zwischen den Sitzungen nicht erhalten. Weitere Informationen über die Beschränkungen von Windows PE finden Sie im *Windows PE-Benutzerhandbuch* aus dem *Windows AIK für Windows 7*.

Abbildverwaltung für die Bereitstellung

Die Abbildverwaltung für die Bereitstellung (Deployment Image Servicing and Management, DISM) ist ein neues Befehlszeilentool, mit dem Sie Windows 7-Abbilder vor der Bereitstellung offline bearbeiten können. Mit DISM können Sie Windows-Features, Pakete, Gerätetreiber und internationale Einstellungen konfigurieren, installieren, entfernen und aktualisieren. Einige DISM-Befehle können Sie auch verwenden, um Online-Abbilder von Windows 7 zu bearbeiten.

Mit DISM können Sie:

- Pakete hinzufügen, entfernen und auflisten
- Treiber hinzufügen, entfernen und auflisten
- Windows-Features aktivieren oder deaktivieren
- Änderungen auf der Basis des `offlineServicing`-Abschnitts einer *Unattend.xml*-Antwortdatei durchführen
- Internationale Einstellungen konfigurieren
- Ein Windows-Abbild auf eine andere Edition aktualisieren
- Ein Windows PE-Abbild vorbereiten
- Eine bessere Protokollierung nutzen
- Ältere Windows-Versionen bearbeiten
- Alle Plattformen bedienen (32-Bit, 64-Bit und Itanium)
- Ein 32-Bit-Abbild auf einem 64-Bit-Host bearbeiten, und umgekehrt
- Alte Package Manager-Skripts verwenden

DISM fasst die Funktionen der Tools Package Manager (*Pkgmgr.exe*), PEImg und Intlcfg von Windows Vista zu einem einzigen Tool zusammen, mit dem sich Windows 7- und Windows PE-Abbilder bearbeiten lassen.

Weitere Tools

Windows 7 und das Windows AIK für Windows 7 bieten außerdem eine Reihe von Befehlszeilenprogrammen, die sich bei der Bereitstellung als nützlich erweisen können:

- **BCDboot**   BCDboot kann eine Systempartition einrichten oder die Startumgebung auf einer Systempartition schnell reparieren. Es kopiert eine kleine Gruppe von Startumgebungsdateien vom installierten Windows 7-Abbild auf die Systempartition. Außerdem erstellt es auf der Systempartition einen Startkonfigurationsdatenspeicher, der einen neuen Starteintrag enthält, durch den das Windows-Abbild startfähig wird.

- **Bootsect**   *Bootsect.exe* aktualisiert den Hauptstartcode (Master Boot Code) für Festplattenpartitionen, damit ein Wechsel zwischen BOOTMGR und NTLDR erfolgen kann. Sie können dieses Tool verwenden, um den Startsektor auf Ihrem Computer wiederherzustellen. Dieses Tool ersetzt FixFAT und FixNTFS.

- **Diskpart**   DiskPart ist ein textorientierter Befehlszeileninterpreter von Windows 7. Sie können mit DiskPart Laufwerke, Partitionen oder Volumes verwalten, wobei Sie Skripts verwenden oder die Eingaben in einer Eingabeaufforderung vornehmen. In Windows 7 kann DiskPart nun auch *.vhd*-Dateien bereitstellen. Nach der Bereitstellung können Sie eine *.vhd*-Datei bearbeiten oder andere Offline-Änderungen durchführen.

- **Drvload**   Das Tool Drvload fügt zusätzliche Treiber zu einem gestarteten Windows PE-Abbild hinzu. Es erwartet eine oder mehrere *.inf*-Dateien als Eingabe, wie sie für Treiber üblich sind. Wenn Sie einen Treiber zu einem nicht gestarteten Windows PE-Abbild hinzufügen möchten, verwenden Sie das Tool DISM. Verlangt die *.inf*-Datei des Treibers einen Neustart, ignoriert Windows PE diese Anforderung. Erfordert die *.sys*-Datei des Treibers einen Neustart, können Sie den Treiber nicht mit Drvload hinzufügen.

- **Expand**   Das Tool Expand expandiert eine oder mehrere komprimierte Updatedateien. *Expand.exe* unterstützt nicht nur das Öffnen von Updatedateien für Windows 7, sondern auch solcher für Vorgängerversionen von Windows. Wenn Sie Expand verwenden, können Sie Updates für Windows 7 unter Windows XP oder Windows Server 2003 öffnen und untersuchen.

- **Lpksetup**   Sie können mit Lpksetup unbeaufsichtigte Sprachpaketoperationen durchführen. Lpksetup ist nur auf ein laufendes Windows 7-Betriebssystem anwendbar.

- **Oscdimg**   Oscdimg ist ein Befehlszeilenprogramm zur Erstellung einer Abbilddatei (*.iso*) von einer angepassten 32-Bit- oder 64-Bit-Version von Windows PE. Anschließend können Sie die *.iso*-Datei auf eine CD oder DVD brennen oder den Inhalt auf ein startfähiges USB-Flashlaufwerk kopieren.

- **Powercfg**   Sie können mit dem Tool Powercfg die Energieeinstellungen kontrollieren und Computer so einstellen, dass sie automatisch in den Ruhezustand oder in einen Standbymodus wechseln. Unter Windows 7 kann Powercfg Sie bei der Diagnose von Problemen mit dem Energieverbrauch unterstützen.

- **Winpeshl**   *Winpeshl.ini* kontrolliert, ob in Windows PE statt des üblichen Eingabeaufforderungsfensters eine benutzerdefinierte Shell geladen wird.

- **Wpeinit**   Wpeinit ist ein Befehlszeilentool, das Windows PE bei jedem Start initialisiert. Wenn Windows PE gestartet wird, führt *Winpeshl.exe* die Datei *Startnet.cmd* aus, die *Wpeinit.exe* startet. *Wpeinit.exe* installiert insbesondere die Plug & Play-Geräte, bearbeitet die Einstellungen aus *Unattend.xml* und lädt Netzwerkressourcen. Wpeinit ersetzt die Initialisierungsfunktion, die früher mit dem Befehl `Factory.exe -winpe` unterstützt wurde. Wpeinit protokolliert Meldungen in der Datei *C:\Windows\System32\Wpeinit.log*.

- **Wpeutil**   Windows PE-Utility (Wpeutil) ist ein Befehlszeilenprogramm, mit dem Sie in einer Windows PE-Sitzung verschiedene Befehle ausführen können. Sie können zum Beispiel Windows PE herunterfahren oder den Computer neu starten, die Windows-Firewall aktivieren oder deaktivieren, Spracheinstellungen vornehmen oder ein Netzwerk initialisieren.

Windows-Bereitstellungsdienste

Die Windows-Bereitstellungsdienste sind eine aktualisierte und neu entwickelte Version der Remoteinstallationsdienste von Windows Server 2008. Die Windows-Bereitstellungsdienste unterstützen Organisationen dabei, Windows-Betriebssysteme sehr schnell auf Computern zu installieren, insbesondere Windows 7. Mit den Windows-Bereitstellungsdiensten können Sie Windows-Betriebssysteme über ein Netzwerk hinweg bereitstellen, ohne persönlich am Zielcomputer anwesend zu sein und ohne zusätzliche Medien zu verwenden.

Die Windows-Bereitstellungsdienste bieten eine bessere Bereitstellungslösung als die Remoteinstallationsdienste. Sie bieten Plattformkomponenten, mit denen Sie benutzerdefinierte Lösungen verwenden können, einschließlich Remotestartfähigkeiten, ein Plug-In-Modell für PXE-Servererweiterbarkeit (Preboot Execution Environment) und ein Client/Server-Kommunikationsprotokoll zur Diagnose, Protokollierung und Abbildauflistung. Außerdem verwenden die Windows-Bereitstellungsdienste ein einheitliches Abbildformat (*.wim*) und bieten eine wesentlich verbesserte Verwaltung mit der Microsoft Management Console (MMC) und skriptfähigen Befehlszeilenprogrammen.

Die Windows-Bereitstellungsdienste verwenden zum Herunterladen der Netzwerkstartprogramme und Abbilder das Trivial File Transfer-Protokoll (TFTP). TFTP verwendet einen konfigurierbaren Übertragungsmechanismus, der die Zahl der vom Netzwerkstartclient gesendeten Pakete reduziert und auf diese Weise die Leistung verbessert. Außerdem zeichnen die Windows-Bereitstellungsdienste mit Unterstützung der Protokollfunktion von Windows Server 2008 nun ausführliche Informationen über Clients auf. Sie können diese Protokolle exportieren und mit Microsoft Office InfoPath oder anderen Datamining-Tools bearbeiten. Die wichtigste und vielleicht am dringendsten erwartete neue Funktion ist Multicast. Multicast-Bereitstellungen machen es möglich, Windows 7 auf vielen Computern gleichzeitig bereitzustellen und auf diese Weise die Netzwerkbelastung zu verringern.

Die Windows-Bereitstellungsdienste bieten unter Windows 7 und Windows Server 2008 R2 folgende neue Funktionen:

- **Multicast-Übertragungen mit mehreren Datenströmen (Multicast Multiple Stream Transfer)** Ermöglicht die Vorgabe von Leistungsschwellenwerten für Multicast-Clients. Langsamere Clients werden mit langsameren Datenströmen bedient, damit sie die schnelleren Clients nicht bremsen. Das war in der ursprünglichen Multicast-Funktion ein Problem.

- **Dynamische Bereitstellung von Treibern** Ermöglicht Windows Setup während der Bereitstellung die dynamische Auswahl von Gerätetreibern, die auf Windows-Bereitstellungsdiensteservern gespeichert sind. Dadurch wird die Aktualisierung von Windows-Abbildern mit neuen Gerätetreibern weniger wichtig, weil Sie neue Treiber einfach zum Treiberspeicher hinzufügen können. Auf diese Weise verringern Sie die Abbildgröße und die Wartungskosten. Außerdem können Sie Gerätetreiber direkt vom Treiberspeicher in Windows PE-Abbilder einfügen.

Weitere Informationen über die Windows-Bereitstellungsdienste erhalten Sie in Kapitel 10, »Konfigurieren der Windows-Bereitstellungsdienste«.

ImageX

ImageX ist das Windows 7-Tool, mit dem Sie *.wim*-Abbilddateien bearbeiten. ImageX ist ein leicht zu verwendendes Befehlszeilenprogramm. Sie können mit ImageX *.wim*-Abbilddateien erstellen und verwalten. Sie können damit Abbilder erfassen (oder aufzeichnen) und sie auf der Festplatte des Zielcomputers anwenden. Sie können *.wim*-Abbilddateien als Ordner zum Dateisystem hinzufügen und die Abbilder somit offline bearbeiten. ImageX löst die Probleme, vor denen Organisationen standen, wenn sie mit Abbildformaten auf Sektorbasis hantieren mussten oder eine Windows-Installation mit dem MS-DOS-Befehl XCopy auf neue Hardware kopieren wollten. Abbilder auf Sektorbasis bringen einige Einschränkungen mit sich:

- Der auf der Festplatte des Zielcomputers vorhandene Inhalt wird zerstört, wodurch Migrationsszenarien komplizierter werden.

- Das Festplattenlaufwerk wird exakt kopiert. Daher kann das Abbild nur auf Partitionen installiert werden, die von derselben Art und mindestens genauso groß sind wie die Quellpartition auf dem Mastercomputer.

- Eine direkte Bearbeitung der Abbilddateiinhalte ist nicht möglich.

Diese Beschränkungen der Abbilder auf Sektorbasis haben Microsoft veranlasst, ImageX und das dazugehörige *.wim*-Abbilddateiformat zu entwickeln. Sie können mit ImageX ein Abbild erstellen, das Abbild bearbeiten, ohne den Umweg über Extraktion und Neuerstellung gehen zu müssen, und das Abbild in Ihrer Umgebung bereitstellen – alles mit demselben Werkzeug.

Da ImageX auf Dateiebene arbeitet, hat es zahlreiche Vorteile. Es bietet größere Flexibilität und umfassendere Kontrolle über Ihre Abbilder. Zum Beispiel können Sie ein Abbild in einem Ordner bereitstellen und dann mit einem ganz gewöhnlichen Dateiverwaltungsprogramm wie Windows-Explorer Dateien zum Abbild hinzufügen, aus dem Abbild kopieren oder daraus löschen. ImageX ermöglicht eine schnellere Bereitstellung von Abbildern und schnellere Installationen. Mit dem Abbildformat auf Dateibasis können Sie Abbilder auch ohne Zerstörung vorhandener Daten bereitstellen, wobei ImageX das Festplattenlaufwerk des Zielcomputers nicht löscht.

ImageX unterstützt auch hoch komprimierte Abbilder. Erstens unterstützen *.wim*-Dateien die Eininstanzspeicherung: Dateidaten werden getrennt von Pfadinformationen gespeichert, sodass *.wim*-Dateien auch Dateien, die in mehreren Pfaden vorkommen, nur einmal zu speichern brauchen. Zweitens unterstützen *.wim*-Dateien zwei Komprimierungsalgorithmen, nämlich einen schnellen und einen hoch komprimierenden. Dadurch erhalten Sie eine gewisse Kontrolle über die Größe Ihrer Abbilder und über die Zeit, die zur Erstellung und Bereitstellung der Abbilder erforderlich ist.

Bereitstellungsszenarien

Für eine automatisierte Bereitstellung von Windows 7 gibt es im Wesentlichen vier Szenarien: *Computeraktualisierung* (direkte Aktualisierung, Vor-Ort-Aktualisierung), *Neuer Computer* (Löschen-und-Laden), *Computerauffrischung* und *Computerersatz*. Die folgenden Abschnitte geben Ihnen einen Überblick über diese Szenarien.

Computeraktualisierung

Sie können eine direkte Aktualisierung (in place) von Windows Vista Service Pack 1 (SP1) auf Windows 7 durchführen. Das bedeutet, dass Sie Windows 7 installieren können und dabei Ihre Anwendungen, Dateien und Einstellungen behalten, wie sie in der Vorgängerversion Windows Vista waren. Wenn Sie von Windows XP auf Windows 7 aktualisieren möchten, müssen Sie allerdings das Szenario *Computerauffrischung* wählen, bei dem die Dateien und Einstellungen erhalten bleiben, aber nicht die Anwendungen. Weitere Informationen zu diesem Thema erhalten Sie im Abschnitt »Computerauffrischung« dieses Kapitels.

Eine Aktualisierung ist vielleicht der einfachste Weg, Windows 7 bereitzustellen, aber dabei ergibt sich auch das Risiko, falsche Konfigurationen und nicht autorisierte Software oder Einstellungen zu übernehmen. In vielen Fällen ist die vorhandene Systemkonfiguration nur schwer einzuschätzen und eine Kontrolle der Änderungen sehr schwierig. Durch eine Aktualisierung eines Computers, auf dem Windows Vista mit Service Pack 1 verwendet wird und der sich in einem unbekannten Zustand befindet, auf Windows 7 ändert sich nicht der Status des Computers – der Zustand ist immer noch unbekannt. Für verwaltete Umgebungen eignet sich das Szenario *Neuer Computer* besser, wobei die Benutzerzustände übernommen werden, um ausgewählte Einstellungen beizubehalten (also das Szenario *Computerauffrischung*).

Neuer Computer

Im Szenario *Neuer Computer* installieren Sie eine saubere Kopie von Windows 7 auf eine saubere (frisch partitionierte und formatierte) Festplatte. Dieses Szenario liefert die konsistentesten Ergebnisse, wobei sich die Konfiguration in einem bekannten Zustand befindet. Die Installation mit einer bekannten Konfiguration auf einem sauberen Computer ist die Grundlage einer guten Konfigurationsverwaltung. Nachfolgende Änderungen können Sie mit etablierten Änderungsüberwachungsprozessen genau nachverfolgen.

Computerauffrischung

Das Szenario *Computerauffrischung* (Refresh Computer) ähnelt dem Szenario *Neuer Computer*. Der Unterschied liegt darin, dass auf dem Zielcomputer bereits ein Windows-Betriebssystem installiert ist und die Dateien und Einstellungen der Benutzer erhalten bleiben sollen (Abbildung 3.3).

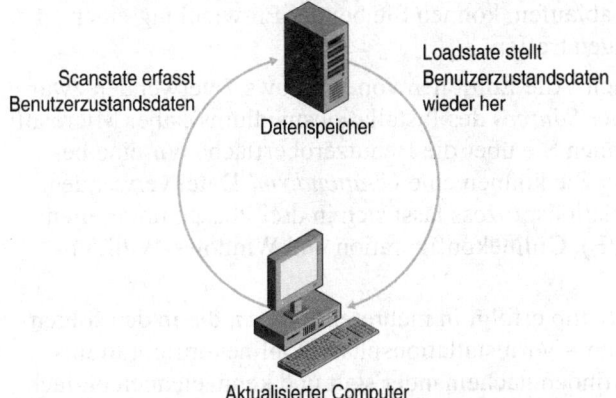

Scanstate erfasst
Benutzerzustandsdaten

Datenspeicher

Loadstate stellt
Benutzerzustandsdaten
wieder her

Aktualisierter Computer

Abbildung 3.3   Die Benutzerzustandsdaten bleiben erhalten

Um die Dateien und Einstellungen eines Benutzers von der alten Windows-Version auf Windows 7 zu übernehmen, können Sie Migrationstechnologien wie USMT 4.0 verwenden. Dadurch können Sie leichter dafür sorgen, dass bei der Einrichtung der bestmöglichen Systemkonfiguration keine Daten verloren gehen. Weitere Informationen über USMT 4.0 erhalten Sie in Kapitel 7, »Übertragen der Benutzerzustandsdaten«. Sie können sich das Szenario *Computerauffrischung* als Kombination der Vorteile, die das Szenario *Neuer Computer* bietet, mit dem Vorteil vorstellen, Dateien und Einstellungen beizubehalten.

Computerersatz

Windows-Migrationstechnologien wie das Windows-EasyTransfer-Tool und USMT 4.0 ermöglichen die Übernahme von Daten von einem alten Computer, auf dem Windows XP oder Windows Vista ausgeführt wird, auf einen neuen Windows 7-Computer. In diesem Szenario, das *Computerersatz* (Replace Computer) genannt wird, führen Sie auf dem neuen Computer eine Neuinstallation durch und übertragen die Dateien und Einstellungen vom alten Computer auf den neuen. Abbildung 3.4 stellt dieses Szenario schematisch dar.

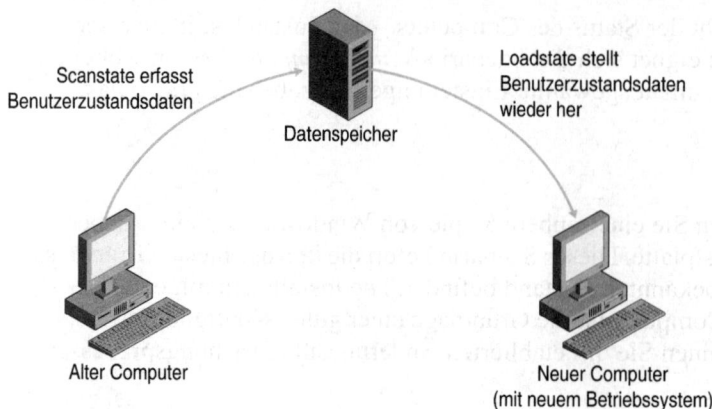

Scanstate erfasst
Benutzerzustandsdaten

Datenspeicher

Loadstate stellt
Benutzerzustandsdaten
wieder her

Alter Computer

Neuer Computer
(mit neuem Betriebssystem)

Abbildung 3.4   So erfolgt der Wechsel von einem alten auf ein frisch installiertes neues System

Windows Setup-Grundlagen

Zur Automatisierung der Windows 7-Installation muss man den Installationsprozess verstehen. Wenn Sie die Vorgänge kennen, die bei der Installation ablaufen, können Sie bei der Entwicklung einer Windows 7-Bereitstellung fundierte Entscheidungen treffen.

Der Installationsprozess von Windows 7 ist einfach. Alle Editionen von Windows 7 verwenden zwar dasselbe Installationsabbild (*Install.wim* im Ordner *Sources* des Installationsmediums), aber Microsoft liefert editionsspezifische Medien aus. Daher können Sie über die Benutzeroberfläche nur eine bestimmte Version von Windows 7 installieren. Aber Sie können eine *Unattend.xml*-Datei verwenden, um eine andere Edition zu installieren. Der Installationsprozess lässt sich in drei Phasen unterteilen: Windows-Vorinstallationsumgebung (Windows PE), Onlinekonfiguration und Windows-Willkommensseite.

Die Installation von Windows 7 durch Windows Setup erfolgt in mehreren *Phasen*, die in den folgenden Abschnitten beschrieben werden. Diese Phasen – Vorinstallationsphase, Onlinekonfigurationsphase und Windows-Willkommensseitenphase – finden nacheinander statt und kennzeichnen einfach bestimmte Abschnitte im Installationsprozess. Windows Setup führt außerdem verschiedene Konfigurationsdurchläufe durch. In jedem Konfigurationsdurchlauf erfolgen die entsprechenden Einstellungen, die in der Antwortdatei *Unattend.xml* vorgegeben werden.

> **HINWEIS**   Das *Benutzerhandbuch für das Windows Automated Installation Kit (Windows AIK)* (*Waik.chm*) aus dem *Windows AIK für Windows 7* beschreibt die Befehlszeilenoptionen von Windows Setup (*Setup.exe*).

Sie können den Installationsprozess in vielen Phasen durch Antwortdateien steuern. Die folgende Liste beschreibt die Antwortdateien, die Sie zur Anpassung der Windows 7-Installation verwenden können:

- **Unattend.xml**   Der Standardname einer Antwortdatei, die den größten Teil einer automatischen Installation steuert und in den meisten Phasen festlegt, welche Einstellungen vorgenommen werden sollen. Wird diese Datei *Autounattend.xml* genannt und im entsprechenden Ordner untergebracht, beispielsweise im Stammordner eines USB-Flashlaufwerks, kann sie Installationen vom Windows 7-Originalmedium vollständig automatisieren.

- **oobe.xml**   *Oobe.xml* ist eine Datei, mit der Sie das Erscheinungsbild beim Systemstart festlegen können: Windows-Willkommensseite und Begrüßungscenter.

Vorinstallationsphase

In der Vorinstallationsphase wird Windows Setup gestartet, das das Zielsystem auf die Installation vorbereitet. Abbildung 3.5 illustriert, wie sich diese Phase in den Installationsprozess einfügt.

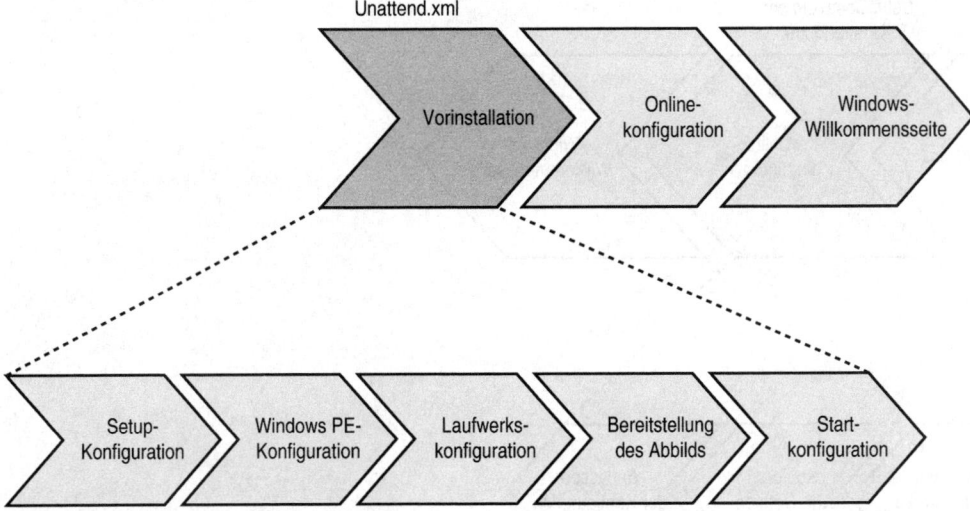

Abbildung 3.5   Vorinstallationsphase

In der Vorinstallationsphase werden folgende Aufgaben durchgeführt:

- **Windows Setup-Konfiguration**   Windows Setup wird entweder durch die Dialogfelder von Windows Setup (interaktiv) oder durch eine Antwortdatei (unbeaufsichtigt) konfiguriert. Zur Konfiguration von Windows Setup gehören die Vorbereitung eines Festplattenlaufwerks auf die Installation oder Einstellung der Sprache.

- **Windows PE-Konfiguration**   Während des Windows PE-Konfigurationsdurchlaufs werden Einstellungen aus der Antwortdatei übernommen.

- **Festplattenlaufwerkskonfiguration**   Das Festplattenlaufwerk wird auf die Installation vorbereitet. Dazu kann die Partitionierung und Formatierung des Laufwerks gehören.

- **Kopieren des Windows 7-Abbilds**   Das Windows 7-Abbild wird vom Vertriebsmedium oder von einer Netzwerkfreigabe auf das Festplattenlaufwerk kopiert. Standardmäßig ist das Abbild in der Datei *Sources\install.wim* des Produktmediums oder der Bereitstellungsfreigabe enthalten.

- **Vorbereiten der Startinformationen**   Die Vorbereitung der Windows 7-Startkonfiguration wird abgeschlossen. Das betrifft die erforderlichen Einstellungen für die installierten startfähigen Betriebssysteme.

- **Bearbeiten der Einstellungen aus der Antwortdatei im offlineServicing-Konfigurationsdurchlauf** Updates und Pakete werden auf das Windows 7-Abbild angewendet, einschließlich Softwarekorrekturen, Sprachpakete und andere Sicherheitsupdates.

WEITERE INFORMATIONEN   Windows Setup erstellt zahlreiche Protokolldateien, die sich bei der Behebung von Installationsfehlern als nützlich erweisen können. Weitere Informationen über diese Protokolldateien erhalten Sie in dem Artikel »Windows Vista setup log file locations« unter *http://support.microsoft.com/default.aspx/kb/927521*.

Onlinekonfigurationsphase

In der Onlinekonfigurationsphase führt Windows 7 Einstellungen durch, die mit der Identität des Computers zu tun haben. Abbildung 3.6 zeigt, wie sich diese Phase in den Gesamtprozess einfügt.

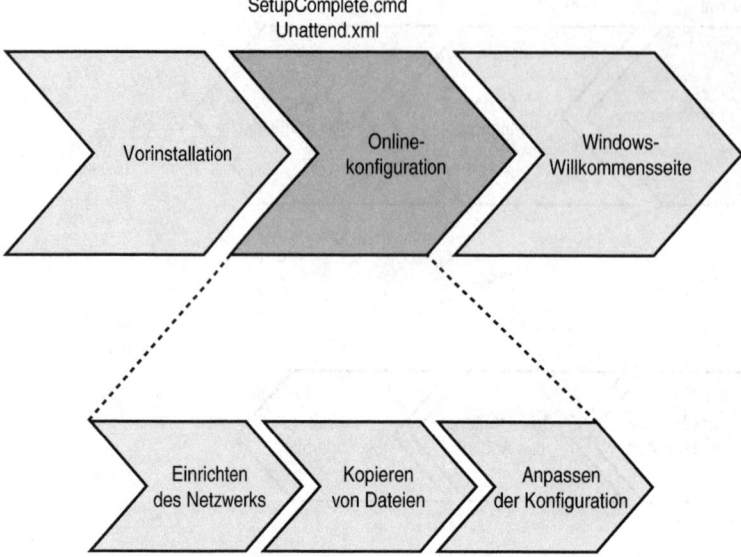

Abbildung 3.6 Onlinekonfigurationsphase

Der `specialize`-Durchlauf, der in dieser Phase erfolgt, erstellt computerspezifische Informationen und wendet sie an. Sie können zum Beispiel mit einer Antwortdatei für eine unbeaufsichtigte Installation (*Unattend.xml*) das Netzwerk konfigurieren, internationale Einstellungen vornehmen, Domänen-informationen festlegen sowie Installationsprogramme ausführen.

In der Onlinekonfigurationsphase können Sie Skripts verwenden, um den Zielcomputer zu konfigurieren. Allerdings eignet sich ein Task Sequencer, der Ihnen die Möglichkeit gibt, Aufgaben nach Bedingungen zu filtern und beispielsweise zu berücksichtigen, ob ein bestimmtes Gerät vorhanden ist, besser für diese Aufgabe. Ein Task Sequencer bietet Ihnen zudem noch zusätzliche Funktionen. Sie können ihn zum Beispiel verwenden, um darauf zu warten, dass eine bestimmte Bedingung eintritt, bevor der Prozess fortgesetzt wird, oder Aufgaben in Ordnern zusammenfassen und dann einen Filter für die gesamte Gruppe einrichten.

Auf der Begleit-CD Auf der Begleit-CD finden Sie einen Task Sequencer namens *Taskseq.wsf* auf Skriptbasis, der diese und noch andere Funktionen bietet. Er liest Tasksequenzen aus *.xml*-Dateien ein und führt sie dann aus. Die Datei *Sample_Task_Sequences.zip* enthält Beispiele, die zeigen, wie *.xml*-Dateien für *Taskseq.wsf* erstellt werden. Führen Sie diese Beispiele aber nicht auf Produktivcomputern aus. Weitere Informationen über *Taskseq.wsf* finden Sie in der Dokumentation des Quellcodes.

Windows-Willkommensseitenphase

In dieser Phase wird die Installation abgeschlossen und Anpassungen, die vor der ersten Verwendung vorgenommen werden müssen, werden angeboten (Abbildung 3.7). Außerdem fordert Windows 7 Sie in dieser Phase zur Eingabe des Product Keys auf. Sie können die Windows-Willkommensseite und die Meldungen anpassen und diese Anpassungen in einer *Oobe.xml*-Datei speichern.

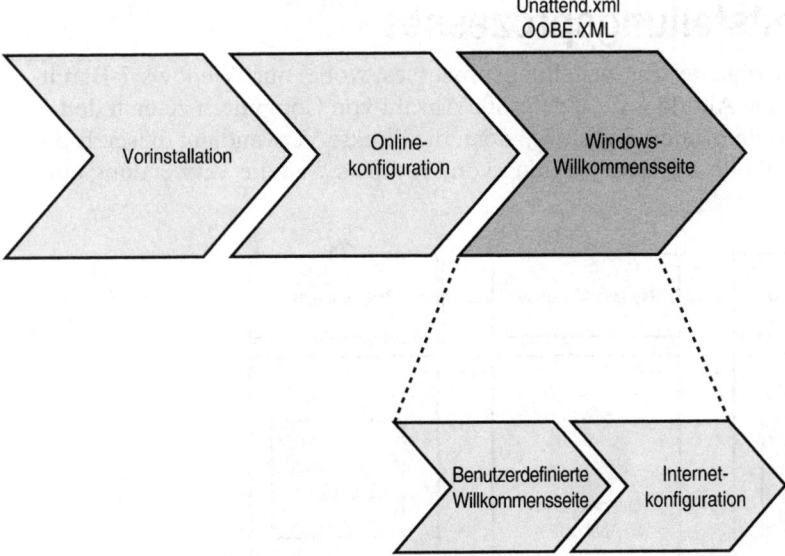

Abbildung 3.7 Windows-Willkommensseitenphase

Direkt von der Quelle: Eine Installation im Textmodus gibt es nicht mehr

Michael Niehaus, Systems Design Engineer, *Microsoft Deployment Toolkit*

Der Vorgang der Installation von Windows XP ist seit den Anfangszeiten von Microsoft Windows NT im Kern praktisch derselbe geblieben. Diese zeitaufwendige Prozedur begann mit einem Textmodus-Installationsschritt, bei dem alle Betriebssystemdateien dekomprimiert und installiert wurden. Außerdem wurden in diesem Schritt alle Registrierungseinträge vorgenommen und die Sicherheitsmaßnahmen konfiguriert. Seit Windows Vista ist diese Textmodus-Installationsphase verschwunden. Stattdessen führt ein neues Setupprogramm die Installation durch, indem es ein Windows 7-Abbild auf den Computer überträgt.

Nach der Übertragung muss das Abbild noch an den Computer angepasst werden. Diese Anpassung nimmt den Platz dessen ein, was unter Windows XP und Windows 2000 »Mini-Setup« genannt wurde. Der Zweck ist derselbe: Das Betriebssystem ermittelt die erforderlichen Einstellungen und die Konfiguration des speziellen Computers, auf dem es installiert wurde.

Auch die Vorbereitung des Abbilds hat sich geändert. Unter Windows XP würden Sie auf einem Computer Sysprep ausführen, um ein Referenzsystem für die Bereitstellung vorzubereiten. Beginnend mit Windows Vista führen Sie immer noch *Sysprep.exe* aus, aber es wird standardmäßig unter *C:\Windows\System32\Sysprep* installiert.

Windows 7 wird auf der DVD als ein vorinstalliertes, allgemeingültiges (mit Sysprep bearbeitetes) Abbild geliefert, das sich auf jedem geeigneten Computer installieren lässt. Manche Kunden installieren einfach dieses Abbild, so wie es geliefert wird (vielleicht nehmen sie vorher noch mit den Bereitstellungstools Fehlerkorrekturen vor oder fügen Treiber ein).

Grundzüge des Bereitstellungsprozesses

Abbildung 3.8 illustriert die Grundzüge des Bereitstellungsprozesses, wobei nur Windows 7-Bereitstellungstools verwendet werden, um Abbilder für eine große Anzahl von Computern zu erstellen. Betrachten Sie dies aber nur als Hintergrundinformation, denn die direkte Verwendung dieser Tools empfiehlt sich nicht. Die beste Methode zur Bereitstellung von Windows 7 ist die Verwendung eines Frameworks wie MDT 2010.

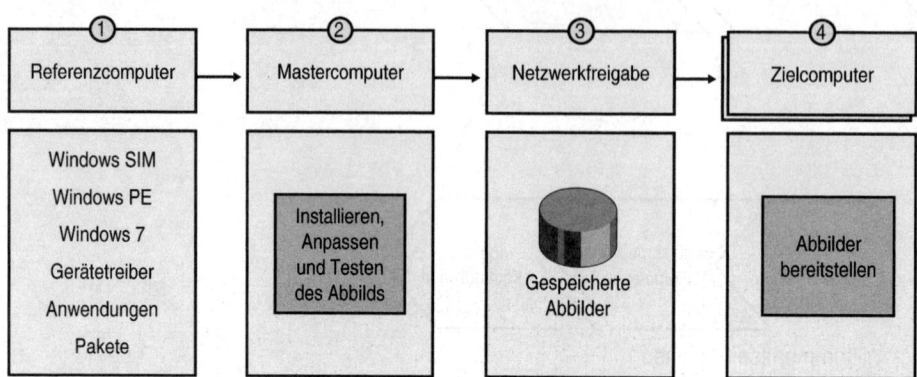

Abbildung 3.8   Grundzüge des Bereitstellungsprozesses

Die folgende Liste beschreibt die Schritte aus Abbildung 3.8:

- **Referenzcomputer**   Sie erstellen auf einem Referenzcomputer (technician computer) eine Bereitstellungsfreigabe. Die Bereitstellungsfreigabe enthält die Windows 7-Quelldateien, Anwendungen, Gerätetreiber und Pakete. Mit Windows SIM konfigurieren Sie die Bereitstellungsfreigabe, indem Sie Quelldateien hinzufügen. Außerdem verwenden Sie Windows SIM, um die Windows 7-Antwortdatei zu erstellen und anzupassen, die für die Installation gebraucht wird.

- **Mastercomputer**   Auf einem Mastercomputer erstellen Sie eine Masterinstallation, indem Sie Windows Setup mit einer Antwortdatei, die Sie mit Windows SIM erstellt haben, von einer Bereitstellungsfreigabe ausführen. Die Installation sollte vollautomatisch erfolgen, damit sichergestellt ist, dass die Installationen auf eine einheitliche und reproduzierbare Weise erfolgen. Nach der Erstellung der Masterinstallation führen Sie Sysprep aus, um die Installation auf die Duplikation vorzubereiten. Geht es nur um eine geringe Anzahl von Installationen, können Sie diesen Schritt überspringen und die Installation direkt mit dem Windows 7-Abbild durchführen, das Microsoft auf einem Installationsmedium liefert. Die Anpassung der Installation nehmen Sie dann im Zuge der Bereitstellung vor.

- **Netzwerkfreigabe**   Sie erstellen mit ImageX ein Abbild der Masterinstallation auf dem Mastercomputer. Dann speichern Sie das Abbild auf einer Netzwerkfreigabe, die auf den Zielcomputern zugänglich ist, für die Sie das Abbild bereitstellen möchten. Statt mit einer Netzwerkfreigabe könnten Sie das Abbild auch mit einer DVD, einem USB-Flashlaufwerk oder mit den Windows-Bereitstellungsdiensten bereitstellen.

- **Zielcomputer**   Auf den Zielcomputern installieren Sie Windows 7 mit Windows Setup. Windows Setup akzeptiert die Abbilddatei und die zu verwendende Antwortdatei als Befehlszeilenargumente. Es ist sinnvoll, das Abbild mit Windows Setup auf den Zielcomputern zu installieren und nicht mit ImageX. Windows Setup verfügt über Logik, die ImageX nicht bietet, beispielsweise für die passende Zusammenstellung der Startkonfigurationsdaten.

So funktioniert's: Konfigurationsdurchläufe

Windows Setup konfiguriert Computer in mehreren Konfigurationsdurchläufen. Die folgende Liste beschreibt jeden Konfigurationsdurchlauf, den Windows Setup ausführt:

- **windowsPE**   Konfiguriert Windows PE-Optionen und wichtige Windows Setup-Optionen. Zu diesen Optionen kann beispielsweise die Konfiguration eines Festplattenlaufwerks gehören.

- **offlineServicing**   Wendet Updates auf ein Windows 7-Abbild an. Wendet auch Pakete an, einschließlich Softwarekorrekturen, Sprachpakete und andere Sicherheitsupdates.

- **generalize**   Der generalize-Durchlauf wird nur ausgeführt, wenn Sie den Befehl sysprep /generalize verwenden. In diesem Durchlauf können Sie eine Grundeinstellung von Windows 7 durchführen und auch andere Einstellungen am Masterabbild vornehmen, die erhalten bleiben sollen. Der Befehl sysprep /generalize entfernt systemspezifische Informationen. Zum Beispiel werden die eindeutige SID und andere hardwarespezifische Einstellungen vom Abbild entfernt.

- **specialize**   Erstellt systemspezifische Informationen und wendet sie an. Zum Beispiel können Sie Netzwerkeinstellungen, internationale Einstellungen und Domänenangaben festlegen.

- **auditSystem**   Verarbeitet unbeaufsichtigt Setup-Einstellungen, während Windows 7 im Systemkontext ausgeführt wird, bevor sich ein Benutzer im Überwachungsmodus beim Computer anmeldet. Der auditSystem-Durchlauf wird nur ausgeführt, wenn Sie das System im Überwachungsmodus starten.

- **auditUser**   Verarbeitet unbeaufsichtigt Setup-Einstellungen, nachdem sich ein Benutzer im Überwachungsmodus am Computer angemeldet hat. Der auditUser-Durchlauf wird nur ausgeführt, wenn Sie das System im Überwachungsmodus starten.

- **oobeSystem**   Nimmt Einstellungen an Windows 7 vor, bevor die Windows-Willkommensseite erscheint.

Microsoft Deployment Toolkit-Prozess

Das Microsoft Deployment Toolkit 2010 (MDT 2010) ist ein ganzheitlicher Lösungsansatz zur Desktopbereitstellung, bei dem Menschen, Prozesse und Technologie zusammengebracht werden, wie es zur erfolgreichen, reproduzierbaren und einheitlichen Durchführung von Bereitstellungen erforderlich ist. Wegen der Betonung der Methodik und empfohlenen Vorgehensweisen ist MDT 2010 wesentlich mehr wert als die Summe seiner Teile. Es hat nicht nur den Vorteil, die Zeit zu verkürzen, die zur Entwicklung eines Desktopbereitstellungsprojekts erforderlich ist, sondern es verringert auch Fehlermöglichkeiten und fördert die Qualität des Desktopbereitstellungsprojekts.

Microsoft empfiehlt, zur Bereitstellung von Windows 7 nicht direkt die Bereitstellungstools zu verwenden, sondern MDT 2010 einzusetzen. Die Bereitstellungstools von Windows 7 und aus dem *Windows AIK für Windows 7* sind zwar wesentliche Verbesserungen gegenüber den Bereitstellungstools aus älteren Windows-Versionen, aber es sind nur einfache Tools ohne Framework und ohne Wissen über den Gesamtablauf. Es gibt keinen »Kitt«, der sie zu einem Gesamtablauf verbindet. MDT 2010 sorgt mit einem vollständigen Technologieframework für diese Einbindung in einen Gesamtablauf. Intern ist MDT 2010 sehr komplex. Es bietet Lösungen für die vielen Probleme, vor die sich die meisten Kunden bei der Bereitstellung gestellt sehen, einschließlich der Vorinstallationsphasen (Laufwerkspartitionierung, Formatierung und so weiter), Installation (Anwendung des Datenträgerabbilds) und Nachinstallationsphasen (Übertragung der Benutzereinstellungen, Anwendungsinstallation, Anpassung und so weiter). Obwohl MDT 2010 intern sehr komplex ist, ist der resultierende Ablauf bei der Erstellung, Anpassung und Bereitstellung von Windows 7-Abbildern für den Benutzer sehr einfach, weil sich MDT 2010 um viele Details kümmert.

Direkt von der Quelle: Microsoft Deployment Toolkit

Manu Namboodiri, *Windows Product Management*

Microsoft hat viel investiert, um eine innovative Technologie zu entwickeln, die Kunden bei der effizienten Bereitstellung von Desktops unterstützt, insbesondere durch die neuen Fähigkeiten im Bereich der Abbilder auf Dateibasis, der Architektur auf Featurebasis, der Hardwareunabhängigkeit und so weiter. Zu den beträchtlichen Vorteilen, die sich daraus ergeben, zählt die Verringerung der Anzahl der erforderlichen Abbilder, die Senkung der Kosten und die Reduzierung der Komplexität.

Die Rückmeldungen, die wir von unseren Kunden und Partnern erhielten, beziehen sich hauptsächlich auf die optimale Vorgehensweise, um diese Tools möglichst effizient zu nutzen. Außerdem sind Branchenanalysten der Ansicht, dass neben Methodik und Vorgehensweise die größten Schwierigkeiten, mit denen es Kunden bei der Umstellung der Systeme zu tun haben, die Zusammenstellung der Teams, die Zeit- und Projektpläne, die Erstellung der richtigen Abbilder und die Einbindung in den Geschäftsablauf betreffen. Die Technik selbst spielt für erfolgreiche Bereitstellungen eine geringere Rolle, als wir dachten. Unsere Kunden haben es mit folgenden Problemen zu tun:

- Es gibt keine standardisierten Bereitstellungsrichtlinien. Daraus ergeben sich für Desktopbereitstellungen große Streuungen in den Ergebnissen und Kosten.

- Der Schwerpunkt lag stärker auf der Technik und nicht auf der Methodik. Daraus ergeben sich die unterschiedlichsten Lösungen und somit auch die unterschiedlichsten Ergebnisse.

- Kunden sehen hauptsächlich die Komplexität und die Kosten, weil es an einer einheitlichen Vorgehensweise mit reproduzierbaren Ergebnissen fehlt.

- Es gibt nur unklare Vorstellungen darüber, welche unserer vielen neuen Tools bei welchen Gelegenheiten einzusetzen sind.

Daher haben wir uns auf ausführlichere Beratung und Unterstützung bei der Bereitstellung konzentriert. Das Ergebnis ist die beträchtlich verbesserte MDT-Methode für die Desktopbereitstellung. Wir arbeiten mit Experten der Branche zusammen, mit Systemintegratoren und Anbietern von Bereitstellungs-/Verwaltungssoftware, um diese Beratung zu erweitern, damit wir die Vorgehensweisen empfehlen können, die sich in der gesamten Branche am besten bewährt haben.

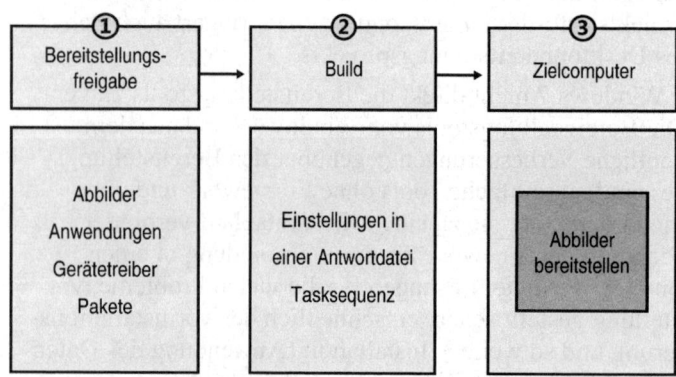

Abbildung 3.9 Microsoft Deployment Toolkit-Prozess

Abbildung 3.9 beschreibt den typischen Ablauf bei der Bereitstellung von Windows 7 mit MDT 2010. Der Prozess bleibt derselbe, ob Sie nun ein Abbild in einer Testumgebung erstellen oder Abbilder in der Produktivumgebung bereitstellen. Außerdem bietet MDT 2010 eine Benutzeroberfläche, mit der sich die Vorgänge konfigurieren lassen. Hinter der Bühne sorgen Tausende von Codezeilen dafür, dass Ihre Auswahl bei der Bereitstellung umgesetzt wird.

Die folgende Liste beschreibt jeden Teil des MDT 2010-Prozesses. (Weitere Informationen finden Sie in Kapitel 6, »Entwickeln von Datenträgerabbildern«, und in Kapitel 12, »Bereitstellen mit dem Microsoft Deployment Toolkit«.)

- **Bereitstellungsfreigabe** Nach der Installation von MDT 2010 auf einem Buildserver in einer Testumgebung fügen Sie in der Deployment Workbench Quelldateien zur Bereitstellungsfreigabe hinzu. Zu den Quelldateien gehören Windows 7-Abbilder, Anwendungen, Gerätetreiber und Pakete. Die Deployment Workbench bietet eine Benutzeroberfläche, mit der sich alle Quelldateien zur Bereitstellungsfreigabe hinzufügen lassen. Die Benutzeroberfläche verfügt zudem über eine gewisse Intelligenz und kann zum Beispiel Fehlerüberprüfungen vornehmen und eine Gerätetreiberdatenbank für die Bereitstellung erstellen.

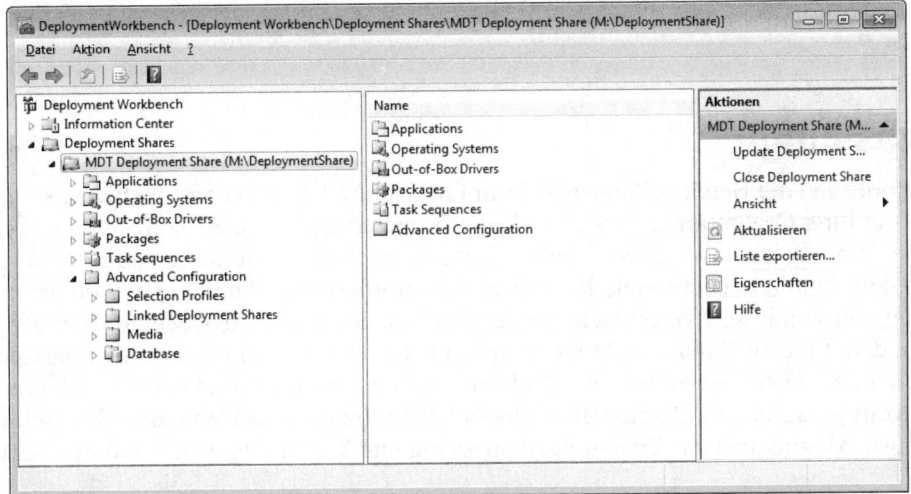

- **Tasksequenz** Nachdem die gewünschten Dateien in die Bereitstellungsfreigabe aufgenommen wurden, erstellen Sie mit der Deployment Workbench eine Tasksequenz (task sequence). Eine Tasksequenz verknüpft Quelldateien von der Bereitstellungsfreigabe mit einer Liste der Schritte, die während der Installation unternommen werden sollen. Die Tasksequenz gibt an, wann ein Schritt durchzuführen ist und wann er ausgelassen (Filterung) werden soll. Die Tasksequenz unterstützt Neustarts während der Installation, wobei Daten, die vom Task Sequencer erfasst werden, zwischen den Neustarts erhalten bleiben. Die Tasksequenz stellt einen der wichtigsten Anpassungspunkte von MDT 2010 dar.

- **Zielcomputer** Ist die Bereitstellungsfreigabe mit den erforderlichen Dateien ausgestattet und die Tasksequenz festgelegt, können Sie MDT 2010 zur Bereitstellung von Windows 7 auf den Zielcomputern verwenden. Sie können Windows 7 mit LTI bereitstellen. Um LTI zu verwenden, starten Sie den Zielcomputer mit dem Windows PE-Startabbild der Bereitstellungsfreigabe. Das Startabbild können Sie auf einem Wechselmedium speichern (DVD, USB-Flashlaufwerk und so weiter) oder auf einem Windows-Bereitstellungsdiensteserver ablegen. Dann starten Sie den Zielcomputer mit dem Windows PE-Startabbild von der Bereitstellungsfreigabe, um den Windows Deployment

Wizard zu starten. Der Assistent zeigt einige Seiten an, auf denen er Sie zur Eingabe von Daten auffordert (Computername, Domänenmitgliedschaft, die zu installierenden Anwendungen und so weiter). Anschließend installiert er das Betriebssystem, ohne weitere Benutzereingaben zu verlangen.

Sie können Windows 7 auch mit ZTI (Zero Touch-Installation) bereitstellen. MDT 2010 lässt sich in System Center Configuration Manager 2007 integrieren. Weitere Informationen über die Verwendung der ZTI finden Sie in der MDT 2010-Dokumentation.

Beachten Sie, dass Abbildung 3.9 keinen Hinweis auf die Erstellung einer Masterinstallation und die Erstellung eines Abbilds gibt. In MDT 2010 ist die Erstellung eines Abbilds ein LTI-Prozess. Sie können jede Bereitstellungsfreigabe so konfigurieren, dass sie ein Abbild einer Installation erstellt und das Abbild automatisch in der Bereitstellungsfreigabe speichert. Nachdem Sie diese Auswahl getroffen haben, erfolgt der Abbildungsprozess vollautomatisch. Sie brauchen weder Sysprep noch ImageX zu starten. Der Windows Deployment Wizard führt Sysprep automatisch aus und startet dann ImageX, um das Abbild zu erstellen und in der Bereitstellungsfreigabe zu speichern. Anschließend fügen Sie das Abbild mit der Deployment Workbench zur Bereitstellungsfreigabe hinzu.

> **HINWEIS**   Sie können MDT 2010 von *http://technet.microsoft.com/en-us/desktopdeployment/default.aspx* herunterladen.

Zusammenfassung

Die Bereitstellungstools und die Bereitstellungsplattform für Windows 7 erleichtern die Bereitstellung des Betriebssystems in Ihrer Organisation. Das *.wim*-Dateiformat ermöglicht die Bereitstellung von hoch komprimierten Abbilddateien. Windows 7 unterstützt Sie durch die Entfernung von Hardwareabhängigkeiten aus dem Abbild bei dem Ziel, die Anzahl der erforderlichen Abbilder zu reduzieren. Die Modularisierung von Windows 7 vereinfacht im Vergleich zu herkömmlichen Methoden die Wartung von Abbildern, damit Sie ein Abbild nicht mehr anwenden, anpassen und neu erstellen müssen, um es zu aktualisieren. Das Dateiformat der Antwortdatei *Unattend.xml* ermöglicht eine flexiblere und einheitlichere Konfiguration. Die Bereitstellungstools DISM, ImageX und Windows SIM schließlich bieten eine robuste Möglichkeit zur Erstellung, Anpassung und Verwaltung von Windows 7-Abbildern.

Während das *Windows AIK für Windows 7* die Grundprogramme für die Anpassung und Bereitstellung von Windows 7 liefert, bietet MDT 2010 ein flexibles Framework für die Bereitstellung von Windows 7 in Organisationen. Mit MDT 2010 können Sie Builds mit mehreren Abbildern erstellen und anpassen. Das Framework bietet zudem eine Automatisierung, wie sie in den meisten Organisationen üblich ist, und es ist erweiterbar, um sich an vielfältige Anforderungen anpassen zu können.

Weitere Informationen

Die folgenden Quellen bieten zusätzliche Informationen oder Tools für die Themen dieses Kapitels.

Informationsquellen

- Das *Benutzerhandbuch für das Windows Automated Installation Kit (Windows AIK)* aus dem *Windows AIK für Windows 7* enthält ausführliche Informationen über jedes Tool, das in diesem Kapitel beschrieben wird.

- Kapitel 6, »Entwickeln von Datenträgerabbildern«, enthält weitere Informationen über die Verwendung von MDT 2010 zur Erstellung von Bereitstellungsfreigaben, Builds und Aufzeichnungsabbildern.

- Kapitel 9, »Vorbereiten von Windows PE«, enthält weitere Informationen über die Anpassung von Windows PE zur Bereitstellung von Windows 7.

- Kapitel 10, »Konfigurieren der Windows-Bereitstellungsdienste«, enthält weitere Informationen über die Installation, Konfiguration und Verwendung der Windows-Bereitstellungsdienste zur Bereitstellung von Windows 7.

- Kapitel 12, »Bereitstellen mit dem Microsoft Deployment Toolkit«, enthält weitere Informationen über die Verwendung von MDT 2010 zur Bereitstellung von Windows 7-Abbildern.

- *http://technet.microsoft.com/en-us/desktopdeployment/default.aspx* bietet die neusten Informationen über die Verwendung des Microsoft Deployment Toolkit zur Bereitstellung von Windows 7.

- Im Deployment Forum unter *http://www.deploymentforum.com/* finden Sie Beiträge von IT-Profis über die Bereitstellung von Windows 7.

- Laden Sie das Windows Automated Installation Kit (*Windows AIK für Windows 7*) und das Microsoft Deployment Toolkit 2010 (MDT 2010) vom Microsoft Download Center unter *http://www.microsoft.com/downloads* herunter.

Auf der Begleit-CD

- *Taskseq.wsf*
- *Sample_Task_Sequences.zip*

K A P I T E L   4

Planen der Bereitstellung

Dieses Kapitel unterstützt Sie bei der Planung der Bereitstellung des Betriebssystems Windows 7 in Ihrer Organisation. Die Bereitstellung eines Betriebssystems erfordert eine sorgfältige Vorbereitung. Rücksichten auf Anwendungskompatibilität, Übernahme der Benutzereinstellungen, Automatisierung des Ablaufs und andere schwierige Aufgaben verkomplizieren den Prozess. Eine Bereitstellung ist mehr als nur das Installieren eines neuen Betriebssystems auf einer Handvoll Desktopcomputern. Dieses Kapitel hilft Ihnen, die besten verfügbaren Planungstools zu verwenden und die Problembereiche zu erkennen, die eine Vorausplanung erfordern, damit Sie schon früh fundierte Entscheidungen treffen können.

Verwenden des Microsoft Deployment Toolkit

Microsoft Deployment Toolkit 2010 (MDT 2010) ist Microsofts beste Lösung für umfangreiche Windows 7-Bereitstellungsprojekte. Es verringert die Komplexität und verbessert die Standardisierung, weil es Ihnen ermöglicht, für alle Benutzer und Computer eine einheitliche Basis festzulegen, was Hardware und Software betrifft. Gelingt Ihnen die Einführung eines für Ihre Organisation geeigneten Standards, können Sie die Computerumgebungen leichter verwalten. Sie brauchen weniger Zeit für die Verwaltung und Bereitstellung von Computern und haben mehr Zeit für wichtigere Aufgaben.

MDT 2010 bietet Automatisierungstools und Anleitungen, mit denen Sie den Arbeitsaufwand verringern und die Zuverlässigkeit erhöhen können, indem Sie standardisierte Konfigurationen erzeugen. Es bietet Ihnen die Möglichkeit, folgende Arbeiten durchzuführen:

- Ermitteln der Anwendungen, die sich auf neuen Systemen installieren lassen. Einleiten eines Prozesses zum Verpacken dieser Anwendungen in einer Form, die sich leicht installieren lässt, oder zur Erstellung eines geeigneten Installationsskripts, damit sich diese Anwendungen schnell, einheitlich und ohne Benutzereingriff auf den neuen Systemen installieren lassen.

- Definieren eines Abbilderstellungsprozesses, mit dem ein standardisiertes, an die Erfordernisse des Unternehmens angepasstes Abbild von Windows 7 erstellt werden kann, um die Konfigurationsverwaltung zu vereinfachen und Bereitstellungsvorgänge zu beschleunigen.

- Festlegen eines Prozesses zur Erfassung der Benutzerzustandsdaten auf den vorhandenen Computern und zur Übernahme dieser Daten auf die neu eingerichteten Computer.

- Bereitstellen einer Methode für die Sicherung der aktuellen Computer, bevor die Bereitstellung von Windows 7 erfolgt.

- Entwickeln eines Prozesses für die tatsächliche Bereitstellung der neuen Computer. Die Hilfestellung umfasst Lite Touch- und Zero Touch-Installationen.

Sie können umfangreiche Bereitstellungsprojekte zwar auch ohne MDT 2010 durchführen, aber das ist nicht zu empfehlen. Ohne MDT 2010 müssen Sie Ihre eigenen Entwicklungs- und Bereitstellungsprozesse entwickeln. Außerdem müssen Sie eigene Vorgehensweisen und eigene Automatisierungsverfahren entwickeln. Mit MDT 2010 als Bereitstellungsframework können Sie möglicherweise Hunderte von Stunden einsparen, die Sie sonst aufwenden müssten, um Skripts und Antwortdateien zu schreiben, Abbilder zu entwickeln und so weiter. MDT 2010 beherrscht eigentlich die meisten Szenarien, und Sie können MDT 2010 leicht erweitern, um zusätzliche Szenarien zu berücksichtigen. Sie können MDT 2010 sogar mit den meisten Bereitstellungstechnologien anderer Hersteller kombinieren. Dieses Kapitel setzt voraus, dass Sie MDT 2010 verwenden.

MDT 2010 besteht aus zwei Hauptkomponenten: Dokumentation und Solution Framework. Die folgenden Abschnitte beschreiben diese Komponenten ausführlicher. In den älteren MDT-Versionen gab es ausführliche Planungsanleitungen und Arbeitshilfen. Wegen des großen Umfangs hat Microsoft die MDT-Dokumentation auf wesentliche technische Anleitungen reduziert. Außerdem bietet MDT nun Quick-Start-Anleitungen mit ausführlichen Beschreibungen von LTI- und ZTI-Bereitstellungen (Lite Touch-Installation und Zero Touch-Installation). Der Abschnitt »Planen von Bereitstellungen mit großen Stückzahlen« beschreibt, wie man umfangreiche Bereitstellungsprojekte plant.

> **HINWEIS** Installieren Sie MDT 2010, damit Ihnen die Dokumentation als kompilierte Hilfedatei (*.chm*) zur Verfügung steht. Klicken Sie nach der Installation von MDT 2010 auf *Start*, dann auf *Alle Programme*, auf *Microsoft Deployment Toolkit* und schließlich auf *Microsoft Deployment Toolkit Documentation Library*. Wie man MDT 2010 beschreibt, erfahren Sie im Abschnitt »Installieren des Microsoft Deployment Toolkit« dieses Kapitels. Vom Microsoft Download Center unter *http://www.microsoft.com/downloads* können Sie auch eine druckfertige Dokumentation herunterladen.

Dokumentation

Die MDT 2010-Dokumentation umfasst drei Arten von Dokumenten. Die technischen Anleitungen (technical guides) bieten ausführliche Informationen über bestimmte technische Bereiche, wie die Verpackung von Anwendungen oder die Bearbeitung von Abbildern. Die technischen Referenzen (reference guides) präsentieren ihre Informationen in Form von Listen und Tabellen, damit Leser die gewünschte Information schnell finden. Die Quick-Start-Anleitungen schließlich beschreiben Szenarien wie eine LTI- oder ZTI-Bereitstellung von Anfang bis Ende. Die folgenden Abschnitte beschreiben diese Anleitungen.

Technische Anleitungen

Die folgende Liste beschreibt die technischen Anleitungen von MDT 2010:

- **Application Packaging Guide** Beschreibt, wie man Anwendungen verpacken kann.
- **Deployment Customization Guide** Beschreibt die Anpassung von LTI- und ZTI-Bereitstellungen.
- **Microsoft Deployment Toolkit 2010 Samples Guide** Beschreibt Bereitstellungsszenarien und die dazugehörigen Konfigurationseinstellungen für LTI- und ZTI-Bereitstellungen.
- **Microsoft Deployment Toolkit 2010 Management Pack** Beschreibt die Installation und Konfiguration des Management Packs. Das MDT 2010 Management Pack bietet IT-Profis ausführliche Informationen über den MDT 2010-Bereitstellungsprozess.
- **Image Customization Guide** Beschreibt die Vorbereitung von Referenzabbildern durch die Festlegung einer Tasksequenz, die Entwicklung benutzerdefinierter Skripts, die Überarbeitung vorhandener MDT 2010-Skripts und so weiter. Enthält Informationen über die Anpassung von Aktionen, beispielsweise die Konfiguration von Festplatten, Netzwerk und Rollen.
- **Preparing for LTI Tools** Beschreibt die Erstellung einer Standardinstallation von MDT 2010 für eine LTI-Bereitstellung.
- **Preparing for Microsoft Systems Center Configuration Manager 2007** Beschreibt die Erstellung einer Standardinstallation von MDT 2010 für eine ZTI-Bereitstellung unter Verwendung von Microsoft System Center Configuration Manager.
- **Microsoft System Center Configuration Manager 2007 Imaging Guide** Beschreibt die Verwendung des Configuration Managers zur Vorbereitung und Bereitstellung von Abbildern.
- **User State Migration Guide** Beschreibt Schlüsselkonzepte und Entscheidungen, die bei der Verwendung von USMT (User State Migration Tool) zur Übertragung der alten Konfiguration auf eine neue Installation getroffen werden müssen.
- **Workbench Imaging Guide** Beschreibt die Verwendung der *Deployment Workbench* zur Abbilderstellung und Bereitstellung.

Technische Referenzen

Die folgende Liste beschreibt die technischen Referenzen in MDT 2010:

- **Toolkit Reference** Beschreibt alle anpassbaren Schritte einer Tasksequenz, konfigurierbare Eigenschaften und ihre Verwendung in Skripts oder in der Tasksequenz, die in der Tasksequenz enthaltenen Skripts sowie Anpassungspunkte.
- **Troubleshooting Reference** Beschreibt typische Fehler und Fehlercodes. Gibt Lösungen für bestimmte Probleme an.

Quick-Start-Anleitungen

Die folgende Liste beschreibt die Quick-Start-Anleitungen in MDT 2010:

- **Quick-Start Guide for Lite Touch-Installation** Unterstützt Sie bei der Einarbeitung in MDT 2010 mit einer knappen Beschreibung der Schritte, mit denen Sie eine LTI-Bereitstellung von Windows-Betriebssystemen durchführen können.
- **Quick-Start Guide for Microsoft Systems Center Configuration Manager 2007** Unterstützt Sie bei der Einarbeitung in MDT 2010 mit einer knappen Beschreibung der Schritte, mit denen Sie mit MDT 2010 und dem Configuration Manager eine Bereitstellung von Windows-Betriebssystemen durchführen können.

Solution Framework

Sie verwenden das Solution Framework (Technologiedateien) für die Einrichtung der Abbilderstellungs- und Bereitstellungsserver. Dieses Framework unterstützt Sie bei der Erstellung von Standard-Desktopkonfigurationen. Es enthält Tools zur Abbildung und Bereitstellung von benutzerdefinierten Windows 7-Abbildern mit einigen speziellen Anforderungen, wie zum Beispiel die Sicherung des Zielcomputers vor der Bereitstellung, die Erfassung und Wiederherstellung der Benutzerzustandsdaten, die Aktivierung der BitLocker-Laufwerkverschlüsselung und so weiter. Durch die Verwendung des Solution Frameworks als Ausgangspunkt können Sie Nutzen aus den Bereitstellungsempfehlungen ziehen, die Microsoft und seine Kunden im Lauf von mehreren Jahren entwickelt haben und die sich weitgehend auch im Skriptcode des Frameworks niedergeschlagen haben.

> **HINWEIS**   Das Solution Framework enthält keine Kopien von Windows 7 oder von Microsoft Office 2007. Um MDT 2010 zu verwenden, müssen Sie lizenzierte Kopien dieser Software erwerben, ebenso von der erforderlichen hardwarespezifischen Software, wie zum Beispiel DVD-Spieler-Software und CD-Erstellungssoftware. Jede technische Anleitung von MDT 2010 beschreibt die Voraussetzungen für die Verwendung der Anleitung und der Tools.

Planen von Bereitstellungen mit großen Stückzahlen

MDT 2010 und ältere Versionen enthielten ausführliche Planungsanleitungen und Arbeitshilfen, die Sie bei der Zusammenstellung der Projektteams, der Synchronisation ihrer Arbeit und der Verwaltung von Meilensteinen unterstützt haben. Allerdings hat Microsoft die Dokumentation in MDT 2008 Update 1 und MDT 2010 gekürzt und einen großen Teil dieser Planungsanleitungen gestrichen. Dadurch ist der Umfang der Dokumentation wesentlich kleiner und die Dokumentation daher für Leute, die einfach nur technische Informationen suchen, leichter zu verwenden.

Trotzdem bietet Microsoft eine ausgezeichnete Planungs- und Verwaltungsanleitung für Bereitstellungsprojekte mit großen Stückzahlen. Sie ist sogar noch besser: Das Microsoft Operations Framework (MOF) 4.0, verfügbar unter *http://technet.microsoft.com/en-us/library/cc506049.aspx*, bietet Anleitungen zur Projektverwaltung und Arbeitshilfen, die auf dem *Planning Guide* von MDT 2008 basieren. Für die *Deliver*-Phase wird in MOF 4.0 eine vertraute Terminologie verwendet, wie *envisioning, planning, building, stabilizing* and *deploying*. (Das waren die Phasen in der älteren MDT-Dokumentation. In MOF 4.0 sind es SMFs, Service Management Functions.) Diese Anleitung beschreibt einen Workflow einschließlich Eingaben, Zuständigkeiten, Aktivitäten, Ziele und Prüfung aller Schritte. Abbildung 4.1 zeigt ein Beispiel dafür, welche Workflows MOF 4.0 für Bereitstellungen mit großen Stückzahlen verwendet.

Diese Anleitung unterstützt Sie bei folgenden Aufgaben:

- Bestimmen der geschäftlichen Anforderungen und Voraussetzungen vor der Planung einer Lösung
- Vorbereiten einer Spezifikation und eines Lösungsentwurfs
- Entwickeln von Arbeits-, Kosten- und Zeitplänen für die Ziele
- Erstellen der Lösung nach Kundenspezifikation, sodass alle Funktionen vollständig sind und die Lösung für externe Tests und für die Stabilisierung bereit ist
- Qualitätssicherung durch sorgfältige Tests und eine Pilotphase mit dem Release-Kandidaten
- Bereitstellen einer stabilen Lösung in der Produktivumgebung und weiteres Stabilisieren der Lösung beim Produktiveinsatz
- Schulen der Bedienungs- und Unterstützungsteams, damit sie Kundendienst leisten können

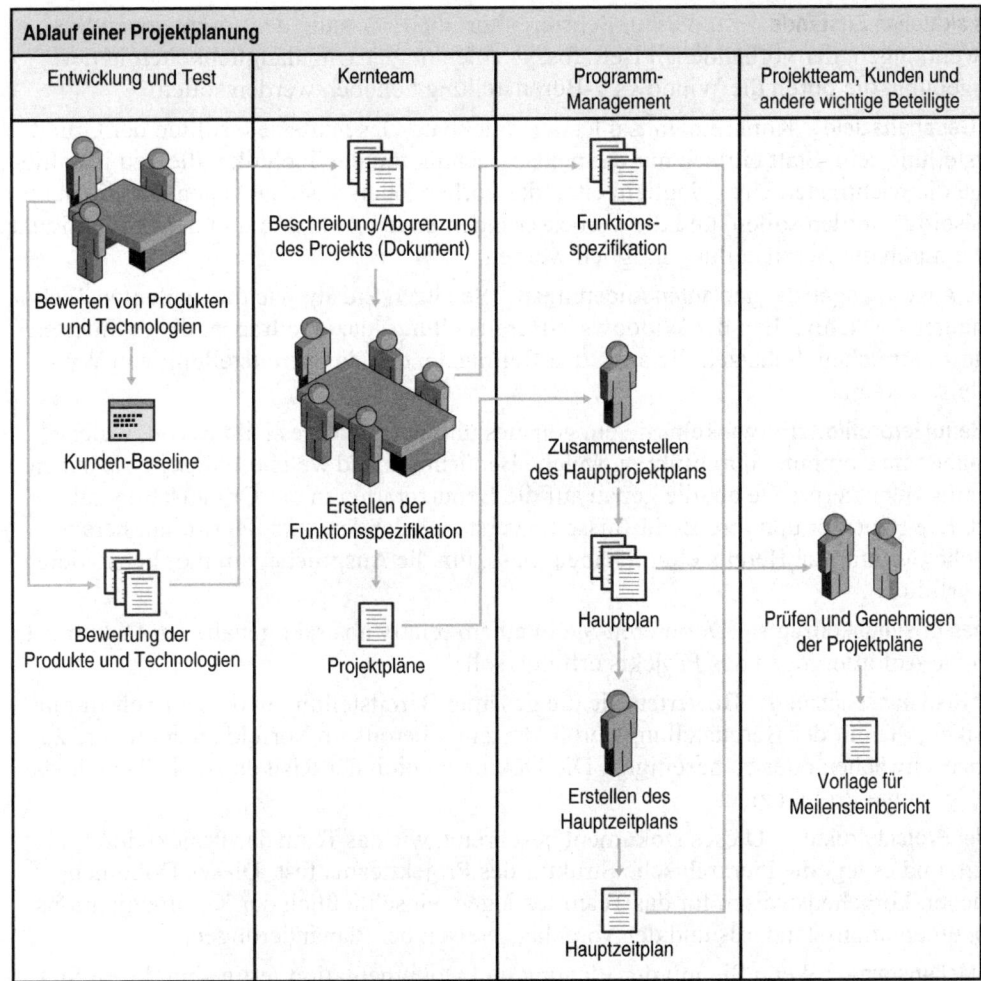

Abbildung 4.1   Eine Projektplanungs-SMF von MOF 4.0

HINWEIS   MDT 2010 enthält keine Arbeitshilfen mehr für die Erstellung von ersten Entwürfen, funktionalen Spezifikationen und so weiter. Diese Arbeitshilfen finden Sie nun in MOF 4.0. Sie können die Arbeitshilfen unter *http://go.microsoft.com/fwlink/?LinkId=116390* vom Microsoft Download Center herunterladen.

Die folgenden Abschnitte beschreiben die MOF 4.0 Deliver-SMFs in Bezug auf die Durchführung einer Bereitstellung mit hohen Stückzahlen, die mit MDT 2010 durchgeführt wird.

Vorbereitungen

Die Envision-SMF hilft Ihnen dabei, vor Beginn des Bereitstellungsprojekts zu erarbeiten, was von dem Projekt erwartet wird und welche Ergebnisse es haben soll. Die Envision-SMF ist im Wesentlichen eine Management-Übung. Sie stellen keine vollständigen Projektteams zusammen, bevor diese Phase abgeschlossen ist. Die Envision-SMF umfasst folgende Schlüsselelemente:

- **Zusammenstellen der Kernteams**   Die erste Aufgabe besteht darin, die Teams festzulegen, die für die Planung und Durchführung der Bereitstellung zuständig sind.

■ **Beurteilen des aktuellen Zustands** Zu diesem Schritt gehört die Erfassung der vorhandenen Systeme und Anwendungen, der vorhandenen Betriebssysteme und der Unzulänglichkeiten in der aktuellen Umgebung, die durch die Windows 7-Bereitstellung behoben werden sollen.

■ **Festlegen der Geschäftsziele** Konkrete, in Zahlen ausdrückbare Geschäftsziele sollten der Grund für die Bereitstellung sein. Statt einfach nur die neuste Technik um der Technik willen zu installieren, sollten Sie die wichtigsten Unzulänglichkeiten der vorhandenen Systeme benennen, die durch Windows 7 beseitigt werden sollen, und die Verbesserungen in den Abläufen und der Produktivität abschätzen, die durch die Bereitstellung möglich werden.

■ **Abschätzen der Auswirkungen der geplanten Änderungen** Schätzen Sie ab, wie die geplanten Technologieänderungen (einschließlich der Windows 7-Bereitstellung) dazu beitragen, die definierten Geschäftsziele zu erreichen. Schätzen Sie auch den Beitrag ab, den die Bereitstellung von Windows 7 dazu leisten kann.

■ **Erstellen der Benutzerprofile** Entwickeln Sie ein genaues und vollständiges Bild davon, welche Arbeiten Benutzer am Computer durchführen, welche Bedürfnisse und welche Wünsche sie haben. Leiten Sie daraus Benutzerprofile ab, die genau auf die Benutzerarten in der Organisation zugeschnitten sind. Die Benutzer und ihre Bedürfnisse zu verstehen, ist der erste Schritt, um herauszufinden, welche Struktur die Bereitstellung haben muss, um die Ansprüche von möglichst vielen Benutzern zu erfüllen.

■ **Entwickeln eines Lösungskonzepts** Definieren Sie in einem relativ abstrakt gehaltenen Dokument, wie das Team die Anforderungen des Projekts erfüllen soll.

■ **Erstellen einer Risikoabschätzung** Bewerten Sie die gesamte Bereitstellung in diesem Schritt mit dem Ziel, Risiken, die mit der Bereitstellung verbunden sind, bereits im Vorfeld zu erkennen, zu begrenzen, abzuschwächen oder zu beseitigen. Die Dokumentation der Risiken ist ein Thema, das sich durch das gesamte Projekt zieht.

■ **Beschreiben der Projektstruktur** Dieses Dokument beschreibt, wie das Team das Projekt durchführt und unterstützt, und es legt die hierarchische Struktur des Projektteams fest. Dieses Dokument sollte die üblichen Vorgehensweisen für das Team festlegen, einschließlich der Kommunikationswege, der Dokumentationsstandards und der Vorgehensweisen bei Planänderungen.

■ **Festlegen der Meilensteine** Wenn Sie mit der Planung und Dokumentation fertig sind, legen Sie die Meilensteine für die Bereitstellung fest.

HINWEIS MOF 4.0 bietet Ihnen für viele dieser Schritte Arbeitshilfen.

Projektplanung

Die Envision-SMF liefert das Grundgerüst für die Windows 7-Bereitstellung. Die Project Planning-SMF dient als Übergang zwischen Idee und Durchführung und liefert das Grundgerüst für die eigentliche Bereitstellung. Die Project Planning-SMF verwendet die Dokumente und Prozesse, die in der Envision-SMF entwickelt wurden, um dem Bereitstellungsplan Struktur und Inhalt zu geben. Die wichtigsten Schritte aus dieser Phase sind folgende Aufgaben:

■ **Zusammenstellen der Entwicklungs- und Testumgebung** Richten Sie eine Testumgebung ein, die die Zielumgebung in geeigneter Weise nachbildet. Verwenden Sie dabei die Virtualisierungstechnik, um die Kosten für die Erstellung der Testumgebungen zu reduzieren. Außer den Servern und Musterzielcomputern, die für Entwicklung und Test der Bereitstellung verwendet werden, sollten die Testumgebungen auch die Ressourcen enthalten, die das Projektteam zur Vorbereitung und Durchführung der abschließenden Bereitstellung verwendet.

- **Entwickeln eines Lösungsdesigns**   Das Lösungsdesign beruht auf dem Lösungskonzept, der Projektstruktur und anderen Dokumenten, die von der Envision-SMF erstellt wurden, um das Konzept und die logische und physische Struktur für die geplante Bereitstellung zu definieren. Das Dokument dient dem Projektteam als Plan für die Bereitstellung.

- **Erstellen der funktionalen Spezifikation**   Die funktionale Spezifikation definiert die Anforderungen von allen Beteiligten, die von der Bereitstellung betroffen sind, und dient als eine Art Vertrag zwischen dem Kunden und dem Projektteam. Sie muss die Ziele, den Umfang und die Ergebnisse der Bereitstellung klar definieren.

- **Entwickeln des Projektplans**   Der Projektplan ist eigentlich eine Sammlung von Plänen für die Aufgaben, die das Projektteam durchführen soll, wie in der funktionalen Spezifikation definiert. Jeder Plan aus diesem Dokument betrifft einen bestimmten Bereich, wie zum Beispiel Einrichtung und Hardware, Test, Schulung und Kommunikation.

- **Erstellen des Projektzeitplans**   Der Projektzeitplan fasst alle einzelnen Zeitpläne zusammen, die von Teammitgliedern erstellt werden, um die Bereitstellungsaktivitäten zu planen.

- **Aufstellen einer Computerbestandsliste**   In der Project Planning-SMF muss eine vollständige Bestandsliste der vorhandenen Systeme und Anwendungen erstellt werden, die von der Bereitstellung betroffen sind. Außerdem müssen die erforderlichen Serverressourcen festgelegt und auf ihre Eignung für die Bereitstellung überprüft werden.

- **Durchführen einer Netzwerkanalyse**   Erstellen Sie ein Diagramm der Netzwerktopologie. Identifizieren Sie die Netzwerkgeräte und erstellen Sie eine Bestandsliste.

HINWEIS   MOF 4.0 enthält Arbeitshilfen für viele dieser Planungsaufgaben.

Erstellen (Build)

Die Build-SMF ist die Phase, in der das Team die Lösung entwickelt und auf einzelnen Systemen testet. Die Build-SMF umfasst sechs wichtige Aufgaben:

- **Vorbereiten des Entwicklungszyklus**   In diesem ersten Schritt richtet das Team einen Testserver für die Entwicklungsarbeit ein und beginnt mit der Erstellung der Abbilder, Installationsskripts und Anwendungspakete. Außerdem sollte das Team ein System zur Problemverfolgung einrichten, damit sich Teammitglieder über anstehende Probleme informieren und Lösungsversuche koordinieren können.

- **Vorbereiten der Computerumgebung**   Bei dieser wichtigen Aufgabe stellen die Teams eine Bereitstellungsumgebung zusammen, in der es alle erforderlichen Einrichtungen gibt, wie Server, Vernetzung, Datensicherung und Datenspeicher (wie Microsoft Visual SourceSafe), wobei für jede Rolle im Team eigene Arbeitsbereiche (Computer und Netzwerkfreigaben) eingerichtet werden. Diese Umgebung bietet den Teams eine Infrastruktur, in der sie nach Bedarf unabhängig voneinander oder gemeinsam miteinander arbeiten können.

- **Entwickeln des Lösungsskripts**   In diesem Schritt beginnen die Teams mit der Verpackung der Anwendungen, der Erstellung der Computerabbilder und der Entwicklung von Lösungen für die Beseitigung von Anwendungskompatibilitätsproblemen. Die Teams planen auch, wie und welche Benutzerdaten bei der Bereitstellung übernommen und auf die neuen Computer übertragen werden. Und sie überprüfen vor der Bereitstellung, ob die Netzwerkinfrastruktur (wie Freigaben, Zugriffsrechte und andere Komponenten) eingerichtet ist und wie geplant funktioniert.

- **Entwickeln der Bereitstellungsprozeduren**   Verwenden Sie die Dokumente, Prozesse und andere Ressourcen, die bisher erstellt und entwickelt wurden, um die Dokumente zu erstellen, mit denen die Teams die Bereitstellung und die Aufgaben durchführen sollen, die nach der Bereitstellung anfallen. Zu den Dokumenten gehört Schulungsmaterial für Benutzer, Administratoren und alle anderen, die sich nach der Bereitstellung um die Wartung der Systeme und Anwendungen kümmern sollen, ebenso ein Plan für die Information der Benutzer über anstehende Änderungen sowie Standortbereitstellungsprozeduren, um Bereitstellungen, die an mehreren Standorten stattfinden sollen, zu vereinfachen und zu standardisieren.

- **Entwickeln der Betriebsanleitung**   Erstellen Sie ein Dokument, das beschreibt, wie die Systeme nach der Bereitstellung unterstützt, gewartet und betrieben werden sollen. Zu den wichtigen Vorgängen, für die eine Beschreibung erfolgen sollte, gehören die Wartung, die Notfallwiederherstellung, die Installation an neuen Standorten, Leistungs- und Fehlerüberwachung sowie Support und Problembehandlung.

- **Test der Lösung**   Führen Sie Testbereitstellungen durch und beseitigen Sie alle auftretenden Probleme. Verwenden Sie zur Erfassung und Lösung dieser Probleme das Problemverfolgungssystem, das während der Project Planning-SMF eingerichtet wurde.

Stabilisieren

In der Stabilize-SMF wird die Bereitstellung getestet, wenn alle gewünschten Funktionen und Komponenten vorhanden sind. In dieser Phase werden gewöhnlich Testinstallationen durchgeführt, wobei diese Tests möglichst unter Praxisbedingungen erfolgen sollten. Ihr Ziel ist es, Fehler zu erkennen, nach ihrer Bedeutung einzustufen und zu beseitigen. Zu den wichtigen Aufgaben aus dieser Phase gehören:

- **Durchführen eines Pilotprojekts**   In diesem Stadium testen die Teams die Bereitstellung mit einem kleinen Pilotprojekt und überprüfen, welche Probleme dabei auftreten. Verfahrensweisen, Ressourcen und Personal sollten festgelegt und vorbereitet sein, um sich um die Probleme kümmern zu können, die Benutzer während der Pilotbereitstellung haben. In diesem Zusammenhang sollten auch die Rückmeldungen der Benutzer gesammelt werden. Überprüfen und beseitigen Sie die Probleme, die sich im Pilotprozess zeigen.

- **Prüfung der Vorbereitungen**   In diesem Stadium überprüfen alle Teams, ob sie ihre Arbeit so weit abgeschlossen haben, dass die Bereitstellung erfolgen kann. Die Lösung wird in diesem Stadium eingefroren und die verbleibenden Probleme werden in Angriff genommen.

- **Erstellen der endgültigen Version**   In diesem Schritt werden alle Fehlerkorrekturen und Problemlösungen durchgeführt, um die endgültige Version der Lösung zu erstellen, die für die eigentliche Bereitstellung vorgesehen ist.

Bereitstellen

In der Deploy-SMF stellt das Team die Lösung bereit und sorgt dafür, dass sie stabil und einsatzbereit ist. Zu den wichtigen Aufgaben der Deploy-SMF gehören:

- **Bereitstellen der Kerntechnologie**   Auf der Grundlage der Pläne und Vorgehensweisen, die in der Project Planning-SMF entwickelt wurden, installieren, konfigurieren und testen Sie an jedem Standort Bereitstellungsserver. Führen Sie außerdem eine Schulung des Personals durch, das Sie zur Durchführung der Bereitstellung brauchen.

- **Bereitstellen der Sites**   An jedem Standort führen Teams unter Verwendung der Vorgehensweisen und Ressourcen, die während der Project Planning- und Build-SMF entwickelt wurden, die Bereitstellung von Windows 7 durch. Es bleiben Teammitglieder vor Ort, um die Bereitstellungen zu stabilisieren und sicherzustellen, dass den Benutzern zuverlässige Systeme und Anwendungen zur Verfügung stehen und die Ziele aus dem Bereitstellungsplan am jeweiligen Standort erreicht werden.

- **Stabilisieren der Bereitstellung**   In diesem wichtigen Schritt stellt das Projektteam an allen Standorten die Stabilisierung sicher und behebt alle verbleibenden Bereitstellungsprobleme.

- **Abschließen der Bereitstellung**   Dieser Schritt kennzeichnet den Übergang von der Bereitstellung zum normalen Betrieb mit normalem Support. Die Verantwortung für den Betrieb geht vom Projektteam auf das dafür vorgesehene Personal über. Berichtssysteme werden aktiviert und die Supportprozesse sind einsatzbereit.

Planen von Bereitstellungen mit kleinen Stückzahlen

Bei kleinen Bereitstellungsprojekten mit nur geringen Stückzahlen, beispielsweise in kleinen oder mittleren Betrieben, kann die Planungsanleitung von MOF 4.0 erdrückend sein. Aber das MDT 2010-Framework eignet sich auch sehr gut für Bereitstellungsprojekte mit kleinen Stückzahlen. Ein kleines Unternehmen kann eine Windows 7-Bereitstellung mit MDT 2010 in wenigen Stunden vorbereiten. Mittlere Unternehmen erreichen es in ein paar Tagen. Dieser Abschnitt beschreibt einige der Planungsschritte, die Sie bei Bereitstellungen mit geringerer Stückzahl durchführen sollten. (Obwohl Sie das MDT 2010-Framework auch ohne die Planungsanleitung von MOF 4.0 verwenden können, sollten Sie trotzdem einige Zeit in die Planung der Bereitstellung investieren, wie im Folgenden beschrieben.)

Der erste Schritt im Bereitstellungsprozess ist die Überprüfung der geschäftlichen Anforderungen, damit Sie den Projektumfang und die Projektziele definieren können. Dann entscheiden Sie, wie Sie Windows 7 am besten einsetzen, um diese Ziele zu erreichen. Anschließend überprüfen Sie Ihre aktuellen Netzwerk- und Desktopkonfigurationen, überprüfen, ob die Hardware oder Software aktualisiert werden muss, und wählen dann die Tools für die Bereitstellung aus. Nach diesen Entscheidungen sind Sie für die Planung der Bereitstellung bereit. Ein effektiver Plan umfasst gewöhnlich Folgendes:

- **Einen Zeitplan für die Bereitstellung**   Erstellen Sie einen einfachen Zeitplan mit Microsoft Office Excel 2007 oder verwenden Sie ein etwas spezielleres Tool wie Microsoft Office Project 2007.

- **Alle Details, die für die Anpassung von Windows 7 erforderlich sind, um die Anforderungen zu erfüllen**   Dokumentieren Sie die Anwendungen, Gerätetreiber, Updates und Einstellungen, die Sie anpassen möchten.

- **Eine Beurteilung der aktuellen Konfiguration, einschließlich der erforderlichen Angaben über die Benutzer, Organisationsstrukturen, Netzwerkinfrastruktur, Hard- und Software**   Erstellen Sie eine Testumgebung, in der Sie Windows 7 mit den Funktionen und Optionen aus Ihrem Plan bereitstellen können. Sorgen Sie dafür, dass Ihre Testumgebung das Produktivnetzwerk so genau wie möglich widerspiegelt, einschließlich Hardware, Netzwerkarchitektur und Geschäftsanwendungen.

- **Tests und Pilottests**   Wenn Sie mit den Ergebnissen aus der Testumgebung zufrieden sind, führen Sie die Bereitstellung mit einer ausgewählten Benutzergruppe durch, um die Ergebnisse in einer kontrollierten Produktivumgebung zu testen. Das ist Ihr Pilottest.

- **Einen Durchführungsplan**   Er beschreibt, wie Sie Windows 7 in der ganzen Organisation einführen.

Die Entwicklung des Bereitstellungsplans ist ein kontinuierlicher Prozess. Ändern Sie den Plan, wenn Sie beim Durchlaufen der Phasen neue Erkenntnisse gewinnen, die eine Änderung erforderlich machen.

> **HINWEIS** Auch wenn Sie auf die Bereitstellungsanleitung von MOF 4.0 verzichten, können Sie trotzdem die darin enthaltenen Arbeitshilfen verwenden. Mit diesen Dokumentvorlagen können Sie ein Bereitstellungsprojekt schneller und sorgfältiger planen.

Umfang und Ziele

Der Projektumfang ist eine Richtschnur für die Erstellung einer Spezifikation für Ihr Bereitstellungsprojekt. Der Umfang Ihres Bereitstellungsprojekts ergibt sich im Wesentlichen aus Ihren Antworten auf folgende Fragen:

- Welche geschäftlichen Anforderungen möchten Sie mit Windows 7 erfüllen?
- Welche längerfristigen Ziele verfolgen Sie mit dem Bereitstellungsprojekt?
- Wie passen Ihre Windows 7-Clientcomputer in Ihre IT-Infrastruktur?
- Auf welche Teile Ihrer IT-Infrastruktur wirkt sich das Projekt aus und in welcher Form geschieht dies?

Der Projektumfang ist im Prinzip einfach eine Aussage darüber, was Sie mit dem Projekt erreichen möchten und wie Sie es erreichen möchten. Ihre Festlegung des Projektumfangs braucht nicht länger zu sein als ein paar Absätze und sollte nicht länger werden als eine Seite.

Aktuelle Umgebung

Dokumentieren Sie die vorhandene Computerumgebung, wobei Sie die Struktur Ihrer Organisation und die Unterstützung der Benutzer berücksichtigen. Verwenden Sie diese Beurteilung, um zu überprüfen, ob Sie zur Einführung von Windows 7 bereit sind. Die drei wichtigsten Bereiche Ihrer Computerumgebung, die Sie überprüfen sollten, sind Hardware, Software und Netzwerk.

- **Hardware** Erfüllt die Hardware Ihrer Desktopcomputer und Laptops die Voraussetzungen für Windows 7? Die Hardware muss nicht nur die Mindestanforderungen von Windows 7 erfüllen, sondern auch zu Windows 7 kompatibel sein. Weitere Informationen finden Sie in Kapitel 1, »Überblick über die Verbesserungen in Windows 7«.
- **Software** Sind Ihre Anwendungen zu Windows 7 kompatibel? Überprüfen Sie, ob alle Ihre Anwendungen auf Windows 7-Computern funktionieren, auch speziell für Sie geschriebene Anwendungen oder Branchenanwendungen (LOB-Anwendungen). Weitere Informationen zum Thema Anwendungskompatibilität finden Sie in Kapitel 8, »Bereitstellen von Anwendungen«.
- **Netzwerk** Dokumentieren Sie Ihre Netzwerkarchitektur, einschließlich Topologie, Größe und Auslastungsmuster. Finden Sie auch heraus, welche Benutzer Zugriff auf die verschiedenen Anwendungen und Daten brauchen, und beschreiben Sie, wie diese Benutzer den Zugriff erhalten.

> **HINWEIS** Wenn es sinnvoll ist, erstellen Sie Diagramme, die Sie in Ihren Projektplan aufnehmen. Diagramme liefern mehr Informationen, als Worte allein es vermögen. Ein gutes Tool zur Erstellung solcher Diagramme ist Microsoft Office Visio 2007. Informationen finden Sie unter *http://www.microsoft.com/office*.

Konfigurationsplan

Legen Sie fest, welche Funktionen Sie in Ihre Konfiguration aufnehmen möchten und wie diese Funktionen implementiert werden sollen, damit die Verwaltung der Benutzer und Computer in Ihrer Organisation einfacher wird. Ein wichtiges Mittel zur Vereinfachung ist die Standardisierung. Standardisierte Desktopkonfigurationen erleichtern die Installation, Aktualisierung, Verwaltung,

Unterstützung und den Ersatz von Computern, auf denen Windows 7 verwendet wird. Standardisierte Benutzerkonfigurationen, Software und Hardware vereinfachen die Bereitstellung von Betriebssystem- und Anwendungsaktualisierungen. Außerdem lässt sich dann leichter abschätzen, ob Konfigurationsänderungen auf allen Computern zum gewünschten Erfolg führen.

Wenn Benutzer ihre eigenen Betriebssystemaktualisierungen, Anwendungen, Gerätetreiber und Hardwaregeräte installieren und eigene Einstellungen vornehmen, kann ein einfaches Problem sehr kompliziert werden. Die Einführung von Standards für die Desktopeinrichtung verhindert viele Probleme im Vorfeld und erleichtert die Erkennung und Behebung tatsächlich auftretender Probleme. Eine Standardkonfiguration, die Sie auf jeden Computer installieren können, verringert Ausfallzeiten, weil sichergestellt ist, dass die Benutzereinstellungen, Anwendungen und Treiber dieselben sind wie vor dem Auftreten des Problems. Die folgende Liste gibt Ihnen einen Überblick über die Funktionen und Aspekte, die Sie bei Ihrer Planung berücksichtigen sollten:

- **Verwaltung** Die Desktopverwaltungsfunktionen ermöglichen Ihnen eine Verringerung der Kosten, weil sie die Installation, Konfiguration und Verwaltung von Clients erleichtern. Weitere Informationen über Managementfunktionen von Windows 7 finden Sie in Teil III, »Desktopverwaltung«, dieses Buchs.

- **Netzwerk** Sie können Windows 7-Computer so einstellen, dass sie sich in einer Reihe von Netzwerkumgebungen einsetzen lassen. Weitere Informationen über die Netzwerkfunktionen von Windows 7 finden Sie in Teil V, »Netzwerke«, dieses Buchs.

- **Sicherheit** Windows 7 bietet Funktionen, die Sie bei der Sicherung Ihres Netzwerks und Ihrer Computer unterstützen, indem sie eine Kontrolle der Authentifizierung und des Ressourcenzugriffs sowie eine Verschlüsselung der Daten ermöglichen, die auf dem Computer gespeichert werden. Zu diesen Funktionen gehört die BitLocker-Laufwerkverschlüsselung, die Windows-Firewall mit erweiterter Sicherheit und so weiter. Informationen über die Sicherheitsfunktionen von Windows 7 finden Sie in Kapitel 2, »Sicherheit in Windows 7«.

Test und Pilotprojekt

Bevor Sie die Bereitstellung im ganzen Betrieb durchführen, müssen Sie die Funktionsfähigkeit des Ergebnisses in einer kontrollierten Umgebung überprüfen. Bevor Sie Ihr Bereitstellungsprojekt jedoch testen, erstellen Sie einen Plan, aus dem hervorgeht, welche Tests durchgeführt werden, wer jeden einzelnen Test durchführt, welche Termine einzuhalten sind und welche Ergebnisse erwartet werden. Der Testplan muss die Kriterien und Prioritäten der Tests festlegen. Eine sinnvolle Priorisierung der Tests vermeidet unnötige Verzögerungen der Bereitstellung, wenn kleinere Fehler auftreten, die Sie später noch beheben können. Sie hilft Ihnen auch, größere Probleme zu erkennen, die unter Umständen eine Überarbeitung Ihres Plans nötig machen.

Die Testphase ist unverzichtbar, weil ein Fehler auf allen Computern in Ihrer Umgebung kopiert werden könnte, wenn er nicht vor der Bereitstellung des Abbilds beseitigt wird. Stellen Sie eine Testumgebung zusammen, die nicht mit Ihrem Netzwerk verbunden ist, aber das Netzwerk Ihrer Organisation und die Hardwarekonfigurationen so genau wie möglich nachbildet. Richten Sie Hardware, Software und Netzwerkdienste so ein wie in Ihrer Produktivumgebung. Führen Sie auf jeder Hardwareplattform umfassende Tests durch. Überprüfen Sie dabei auch die Installation und die Verwendbarkeit der Anwendungen. Diese Schritte tragen wesentlich zum Vertrauen des Projektteams und der Entscheidungsträger in den Erfolg der Bereitstellung bei und steigern die Qualität des Ergebnisses.

Microsoft empfiehlt, dass Sie dann ein Pilotprojekt durchführen. Mit anderen Worten, führen Sie nach den Tests mit einer kleinen Benutzergruppe eine Bereitstellung durch. Dieses Pilotprojekt ermöglicht Ihnen, den Erfolg des Bereitstellungsprojekts noch zuverlässiger zu beurteilen, bevor Sie die Bereitstellung in der gesamten Organisation durchführen. Der wichtigste Grund, Pilotprojekte durchzuführen, ist nicht die Überprüfung der technischen Details, sondern die Reaktion der Benutzer. Die Beschwerden und Kommentare der Benutzer helfen Ihnen dabei, genauer festzulegen, welche Funktionen von Windows 7 aktiviert oder deaktiviert werden müssen. Für ein Pilotprojekt können Sie eine Benutzergruppe zusammenstellen, die in Hinblick auf die Position und die Computerkenntnisse einen repräsentativen Querschnitt der Organisation darstellt. Installieren Sie die Pilotsysteme mit derselben Methode, die Sie für die endgültige Bereitstellung verwenden möchten.

Das Pilotprojekt ist ein Test der endgültigen Bereitstellung, die im Anschluss erfolgen soll. Sie können die Ergebnisse des Pilotprojekts einschließlich der auftretenden Probleme dazu verwenden, Ihrem Bereitstellungsplan den letzten Schliff zu geben. Stellen Sie die Ergebnisse des Pilotprojekts zusammen und verwenden Sie die Daten, um den Zeitaufwand für die Umstellung zu beurteilen, die Zahl der Computer festzulegen, die gleichzeitig umgestellt werden können, und die Spitzenbelastung für Netzwerk und Benutzersupport abzuschätzen.

Durchführung

Nachdem Sie Ihren Bereitstellungsplan sorgfältig getestet und ein Pilotprojekt mit einer kleinen Benutzergruppe durchgespielt haben, mit dessen Ergebnissen Sie zufrieden sind, beginnen Sie mit der Installation von Windows 7 in der restlichen Organisation. Um den Bereitstellungsplan fertigzustellen, müssen Sie Folgendes festlegen:

- Die Zahl der Computer, die in jeder Phase der Umstellung betroffen sind
- Die Zeit, die für jeden betroffenen Computer erforderlich ist, um die Aktualisierung oder die Neuinstallation durchzuführen
- Das Personal und andere Ressourcen, die Sie für die Durchführung der Umstellung brauchen
- Den Zeitrahmen, in dem Sie die Umstellungen bei den verschiedenen Gruppen durchführen möchten
- Die Schulung, die für die Benutzer in der Organisation erforderlich ist

Sammeln Sie während der Umstellung die Rückmeldungen und Kommentare der Benutzer und ändern Sie den Bereitstellungsplan nach Bedarf.

Voraussetzungen für Windows 7

Zur Planung der Bereitstellung müssen Sie die Voraussetzungen für die Verwendung von Windows 7 kennen. Die folgenden Abschnitte beschreiben die Hardware-Mindestanforderungen und die Migrationspfade für Windows 7. Weitere Informationen über die Hardwareanforderungen und Editionen von Windows 7 finden Sie in Kapitel 1, »Überblick über die Verbesserungen in Windows 7«.

Hardwareanforderungen

Tabelle 4.1 beschreibt die Mindestanforderungen, die Windows 7 an die Hardware stellt. Zur Project Planning-SMF gehört die Aufstellung einer Hardwarebestandsliste. Vergleichen Sie die Hardwareanforderungen aus Tabelle 4.1 mit Ihrem Hardwarebestand, um herauszufinden, welche Computer nachgerüstet oder ersetzt werden müssen.

HINWEIS Die Mindestvoraussetzungen sind für alle Editionen von Windows 7 gleich.

Tabelle 4.1   Mindestanforderungen an die Hardware für Windows 7-Computer

Hardware	Mindestanforderungen
Prozessor	1 GHz oder schneller, 32-Bit- oder 64-Bit-Prozessor
Arbeitsspeicher	1 GByte für 32-Bit-Computer oder 2 GByte für 64-Bit-Computer
Grafiksystem	DirectX 9-Grafikprozessor mit WDDM 1.0-Treiber (Windows Display Driver Model) oder höher
Freier Platz auf der Festplatte	16 GByte

Aktualisierungspfade

Tabelle 4.2 zeigt die Aktualisierungs- und Migrationspfade für Windows 7. Wie aus der Tabelle hervorgeht, wird die direkte Aktualisierung (in place) von Windows Vista mit Service Pack 1 (SP1) oder höher auf Windows 7 unterstützt. Das bedeutet, dass Sie Windows 7 auf einem Computer installieren können, auf dem Windows Vista SP1 verwendet wird, und dabei Ihre Anwendungen, Dateien und Einstellungen behalten können. Die Übernahme von Benutzerzustandsdaten mit Windows-Easy-Transfer oder USMT von Windows XP auf Windows 7 wird ebenfalls unterstützt.

Tabelle 4.2   Windows 7-Migrationspfade

Von	Aktualisierung auf Windows 7	Migration nach Windows 7 mit Windows-EasyTransfer	Migration nach Windows 7 mit USMT
Windows XP mit SP2 oder höher	Nein	Ja	Ja
Windows Vista mit SP1 oder höher	Ja	Ja	Ja
Windows 7	Ja (höhere Version)	Ja	Ja

HINWEIS   Um zu beurteilen, ob sich Clientcomputer für Windows 7 eignen, können Sie den Microsoft Assessment and Planning Solution Accelerator verwenden. Das ist ein zentrales Tool ohne Agenten, das remote ein Inventar der Computer aufnehmen, die Eignung der Computer für Windows 7 abschätzen und bei Bedarf bestimmte Hardwarenachrüstungen empfehlen kann. Weitere Informationen über dieses Tool finden Sie im »Microsoft Assessment and Planning (MAP) Toolkit« unter *http://technet.microsoft.com/en-us/solutionaccelerators/dd537566.aspx*.

Vorbereiten der Bereitstellung

Zur Entwicklung von Bereitstellungsprojekten mit hoher Stückzahl wird Ihre Organisation wahrscheinlich mehrere Teams benötigen, unabhängig davon, ob Sie MDT 2010 verwenden oder nicht. Die meisten Teams brauchen eine Testumgebung. Man könnte zwar für jedes Team eine separate Testumgebung einrichten, aber die meisten Organisationen erstellen eine Testumgebung, in der jedes Team einen eigenen Arbeitsbereich erhält (Computer und Netzwerkfreigaben), während Einrichtungen wie Server, Netzwerke, Datensicherung und Sourcekontrolle von allen Teams gemeinsam genutzt werden. In dieser Umgebung können die Teams nach Bedarf separat oder gemeinsam arbeiten. Außerdem verringert sich dadurch die Anzahl der erforderlichen Computer und Server.

Die restlichen Kapitel des Teils II, »Bereitstellung«, dieses Buchs beschreiben die Anforderungen, die jedes Team bei einer Bereitstellung mit großer Stückzahl an die Testumgebung stellt. Die Project Planning-SMF ist der beste Zeitraum, um mit der Einrichtung der Entwicklungsumgebung zu beginnen.

Dazu gehört die Installation von MDT 2010, die Ausstattung der Testumgebung mit allen Dateien, die erforderlich sind, damit die Teams ihre Arbeit erledigen können, die Beschaffung der Anwendungsmedien und so weiter. Die folgenden Abschnitte beschreiben die Schritte, die in der Project Planning-SMF erforderlich sind, um die Entwicklung voranzutreiben.

Anwendungsverwaltung

Anwendungsverwaltung bedeutet die Neuverpackung der Anwendungen oder die Automatisierung ihrer Installation und Konfiguration. Organisationen können Hunderte oder Tausende von Anwendungen einsetzen. Häufig installieren Benutzer jede Anwendung auf jedem Computer in anderer Weise, was zu Abweichungen zwischen den Computern führt und Probleme bei Wartung und Support nach sich zieht.

Die Neuverpackung oder Automatisierung der Anwendungsinstallation hat viele Vorteile. In erster Linie ermöglicht sie die Installation von Anwendungen ohne Beteiligung des Benutzers. Das ist insbesondere dann wünschenswert, wenn Anwendungen als Teil eines Datenträgerabbilds oder im Rahmen der Bereitstellung von Datenträgerabbildern installiert werden. Außerdem führt eine Neuverpackung oder Automatisierung zu einheitlichen Installationen, die zu geringeren Kosten für Bereitstellung und Betrieb führen, weil sie leichter zu verwalten sind und weniger Supportprobleme bereiten. Kapitel 8, »Bereitstellen von Anwendungen«, beschreibt, wie Anwendungen neu verpackt und Anwendungsinstallationen automatisiert werden.

Bevor Sie von Ihrer aktuellen Windows-Version auf Windows 7 wechseln, muss das Projektteam überprüfen, ob die Anwendungen zu Windows 7 kompatibel sind. In einem verteilten Netzwerk könnten einige tausend Anwendungen installiert sein. Kompatibilitätsprobleme mit einer oder mehreren dieser Anwendungen können die Produktivität stören und dazu führen, dass Benutzer mit dem Projekt unzufrieden sind. Ein Test der Anwendungen und die Behebung von Kompatibilitätsproblemen im Vorfeld spart der Organisation Zeit und Geld. Außerdem wird so verhindert, dass künftige Bereitstellungsprojekte in Erinnerung an die Probleme des letzten Projekts von vornherein abgelehnt werden.

Die meisten Anwendungen, die für ältere Windows-Versionen entwickelt wurden, werden wahrscheinlich auch unter Windows 7 problemlos funktionieren. Manche Anwendungen werden sich aber vielleicht anders verhalten, weil das neue Betriebssystem auch eine neue Technologie mit sich bringt. Testen Sie zur Überprüfung der Kompatibilität folgende Anwendungen:

- Benutzerdefinierte Tools, wie zum Beispiel Anmeldeskripts
- Kernanwendungen, die zur Standard-Desktopkonfiguration gehören, wie zum Beispiel die typischen Büroanwendungen
- Für den normalen Betrieb erforderliche Anwendungen, beispielsweise Ressourcenplanungsprogramme (Enterprise Resource Planning, ERP)
- Verwaltungsprogramme, wie Antivirus-, Komprimierungs-, Sicherungs- und Remoteüberwachungsanwendungen

Kapitel 5, »Testen der Anwendungskompatibilität«, beschreibt, wie Sie eine Anwendungskompatibilitätstestumgebung einrichten können und wie sich die Kompatibilitätstests in den Bereitstellungsprozess einfügen. Die folgende Liste beschreibt die Schritte, mit denen Sie in der Project Planning-SMF mit der Einrichtung der Testumgebung für die Anwendungsverpackung und die Kompatibilitätstests beginnen können:

- **Installationsmedien** Für jede Anwendung, die Sie testen, neu verpacken und automatisieren, brauchen Sie das Installationsmedium, die verfügbare Konfigurationsdokumentation und Product Keys.

Verfügt Ihre IT-Abteilung nicht über die Medien oder andere Informationen, besprechen Sie das Problem mit dem zuständigen Anwendungsexperten (Subject Matter Expert, SME).

- **Zielcomputer** Das Projektteam braucht in der Testumgebung Zielcomputer, die möglichst genau den Zielcomputern in der Produktivumgebung entsprechen. Auf jedem Zielcomputer sollte Windows 7 installiert sein, damit sich die Kompatibilität der Anwendungen mit dem Betriebssystem testen lässt.

- **Application Compatibility Toolkit** Weitere Informationen über das Application Compatibility Toolkit (ACT) finden Sie in Kapitel 5, »Testen der Anwendungskompatibilität«. MDT 2010 bietet die Möglichkeit, die neuste Version des ACT herunterzuladen.

- **SQL Server** Installieren Sie Microsoft SQL Server in der Testumgebung. Das ACT speichert die Anwendungsbestandsliste mit SQL Server, der mit einer Volumenlizenz erhältlich ist.

- **Hostcomputer mit Netzwerkfreigaben** Sie brauchen einen Computer, auf dem Sie die Anwendungsinstallationen bereitstellen können. Freigaben dieses Computers nehmen die Originalinstallationsquellen und fertige Pakete auf. Auf dem Hostcomputer können Sie das ACT und SQL Server installieren.

- **Anwendungsverpackungssoftware** Das Projektteam braucht Software, mit der sich Anwendungen neu verpacken lassen. Kapitel 8, »Bereitstellen von Anwendungen«, beschreibt diese Software. Die Anwendungsverpackungssoftware wird auf den Entwicklungscomputern jedes Teammitglieds installiert.

- **Bereitstellungsmechanismus** Das Projektteam braucht einen Mechanismus zur Bereitstellung der ACT- und Anwendungspakete. Das kann durch Anmeldeskripts geschehen, mit einer lokalen Website oder mit einem anderen Bereitstellungsmechanismus.

Abbildbearbeitung

Wahrscheinlich kennen Sie bereits einige Datenträgerabbildungstools, wie zum Beispiel Symantec Ghost oder ImageX, das mit Windows Vista eingeführt wurde. Allerdings ist es relativ schwierig, solche Tools effizient einzusetzen. Aus diesem Grund hat Microsoft MDT 2010 erstellt. Mit MDT 2010 brauchen Sie nicht den gesamten Abbildungsprozess selbst zu entwickeln. Das Framework bietet Ihnen bereits einen Großteil der erforderlichen Routinen. Sie brauchen nur noch die Anpassungen für Ihre Organisation vorzunehmen. Die Erstellung von Windows 7-Abbildern mit MDT 2010 erfolgt in folgenden Schritten:

- **Erstellen eines Buildservers** Der Buildserver ist der Host für MDT 2010 und seine Bereitstellungsfreigabe.

- **Einrichten einer Bereitstellungsfreigabe** Die Bereitstellungsfreigabe enthält die Quelldateien (Windows 7, Anwendungen, Gerätetreiber und so weiter), aus denen Sie Betriebssystemabbilder erstellen.

- **Erstellen und Anpassen der Tasksequenzen** Nach der Bestückung der Bereitstellungsfreigabe erstellen Sie Tasksequenzen. Tasksequenzen verknüpfen Quelldateien aus der Bereitstellungsfreigabe mit den Schritten, die zu ihrer Installation und Konfiguration erforderlich sind. Weitere Informationen über Antwortdateien und Tasksequenzen finden Sie in Kapitel 3, »Bereitstellungsplattform«.

- **Erstellen der ersten Betriebssystemabbilder** Mit MDT 2010 ist die Erstellung eines benutzerdefinierten Windows 7-Abbilds so einfach wie die Installation des Betriebssystems mit dem Windows Deployment Wizard aus einer Bereitstellung. Es handelt sich um einen LTI-Vorgang (Lite Touch-Installation), der nur wenige Benutzereingriffe verlangt und automatisch ein Windows 7-Abbild erfasst und in der Bereitstellungsfreigabe speichert.

Kapitel 6, »Entwickeln von Datenträgerabbildern«, beschreibt die Erstellung von benutzerdefinierten Windows 7-Abbildern mit MDT 2010. Zur Vorbereitung des Bereitstellungsprozesses können Sie in der Project Planning-SMF mit dem Material aus der folgenden Liste die Testumgebung einrichten:

- **Windows 7-Medien**   Sie brauchen Windows 7-Medien und Volumenlizenzschlüssel für Windows 7.
- **Zielcomputer**   Sie brauchen Computer, auf denen Sie Windows 7-Abbilder erstellen, installieren und testen können.
- **Erstellungscomputer für MDT 2010**   Sie brauchen einen Computer, auf dem Sie MDT 2010 installieren und die Bereitstellungsfreigabe einrichten. Der Erstellungscomputer sollte über ein DVD-RW-Laufwerk verfügen und mit den Zielcomputern vernetzt sein. Sie können MDT 2010 auf einem Desktopcomputer oder auf einem Servercomputer installieren.
- **Windows-Bereitstellungsdienste**   Die Testumgebung sollte über einen Server verfügen, auf dem die Windows-Bereitstellungsdienste ausgeführt werden. Zielcomputer mit den Windows-Bereitstellungsdiensten zu starten geht viel schneller, als DVDs zu brennen und Computer von den DVDs zu starten.
- **Zusätzliche Quelldateien**   Schon früh in der Project Planning-SMF kann das Projektteam mit der Zusammenstellung der Quelldateien beginnen, die auf der Bereitstellungsfreigabe verfügbar sein müssen. Zu den Quelldateien zählen Gerätetreiber und hardwarespezifische Anwendungen für alle Computer aus der Produktivumgebung. Außerdem sollte das Team damit beginnen, die Sicherheitsupdates und Betriebssystempakete zusammenzustellen, die auf der Bereitstellungsfreigabe verfügbar sein müssen.

HINWEIS   Die Project Planning-SMF ist der beste Zeitpunkt, um MDT 2010 in der Testumgebung zu installieren und mit der Einarbeitung zu beginnen. Der Abschnitt »Installieren von MDT 2010« weiter unten in diesem Kapitel beschreibt die Voraussetzungen für die Installation von MDT 2010 und die Installation von MDT 2010 in der Testumgebung.

Bereitstellung

Eine Bereitstellung ist gerade bei hohen Stückzahlen ein intensiver, zeitaufwendiger Prozess. MDT 2010 bietet Ihnen technische Anleitungen und Tools, die Sie bei folgenden Arbeiten unterstützen:

- Festlegen der Serverplatzierung
- Bewerten der Server- und Netzwerkkapazität
- Installieren der Bereitstellungsfreigaben und Tools
- Bereitstellen der Clientcomputer

Kapitel 12, »Bereitstellen mit dem Microsoft Deployment Toolkit«, beschreibt die Bereitstellung von Windows 7 mit MDT 2010 mit dem LTI-Prozess. Während der Project Planning-SMF sollte das Projektteam mit der Vorbereitung der Testumgebung beginnen, wie in folgender Liste beschrieben:

- **Nachbildung der Produktivumgebung**   Das Projektteam braucht eine Nachbildung der Produktivumgebung, um die Ergebnisse der anderen Teams testen zu können. Auf den Zielcomputern sollten die Windows-Versionen ausgeführt werden, die auch in der Produktivumgebung eingesetzt werden, einschließlich Benutzerdaten. Diese Computer werden zum Test der Bereitstellung einschließlich der Übernahme von Benutzerdaten verwendet.
- **Netzwerkfreigaben auf einem Hostcomputer**   Zwei Netzwerkfreigaben sind erforderlich, eine für die MDT 2010-Bereitstellungsfreigabe und eine zweite für den Datenserver. Diese Freigaben können auf demselben Servercomputer oder auf verschiedenen Servercomputern liegen. Außerdem ist es

sinnvoll, Abbilder der Zielcomputer auf dem Hostcomputer zu speichern, um die Zielcomputer nach jedem Testlauf schnell und einfach wiederherstellen zu können.

- **Windows-Bereitstellungsdienste** Die Testumgebung sollte einen Server enthalten, auf dem die Windows-Bereitstellungsdienste ausgeführt werden. Zielcomputer mit den Windows-Bereitstellungsdiensten zu starten geht viel schneller als eine DVDS zu brennen und Computer von den DVDs zu starten. Die Teammitglieder können für die Abbildbearbeitung und die Tests der Bereitstellung denselben Windows-Bereitstellungsdiensteserver verwenden.

Infrastrukturangleichung

In jedem Projekt, das Änderungen mit sich bringt, ist es wichtig, die Netzwerkumgebung zu verstehen. Um diese Änderungen planen und vorbereiten zu können, müssen Sie den aktuellen Zustand der Umgebung in der Organisation kennen und herausfinden, ob es noch andere Gründe für Änderungen gibt, die sich auf das Projekt auswirken können. Überprüfen Sie außerdem, wie sich die Risiken eingrenzen lassen, die durch die Änderungen entstehen. Nehmen Sie dann die angekündigten Änderungen vor. Die meisten Netzwerkprobleme in einer Organisation lassen sich wahrscheinlich durch die Erstellung und Aktualisierung einer geeigneten Netzwerkdokumentation lösen und vielleicht sogar verhindern. Mit einem passenden Netzwerktool kann das Team Folgendes tun:

- Sammeln der Informationen, die für das Verständnis des Netzwerks in seiner tatsächlich vorhandenen Form erforderlich sind
- Planen des Wachstums
- Diagnostizieren von auftretenden Problemen
- Aktualisieren der Informationen nach Netzwerkänderungen
- Verwalten der Netzwerks anhand der vorliegenden Informationen (manchmal haben scheinbar einfache Änderungen unerwartete Folgen)
- Darstellen der Informationen in visueller Form, damit die Netzwerkstruktur mit den Details deutlich wird, die für jede Aufgabe erforderlich sind

Das Projektteam braucht Zugang zu SQL Server. Das Team verwendet SQL Server zum Abgleich der Hardwareinventarlisten mit der Anwendungskompatibilitätsdatenbank. Es kann dieselbe Installation sein, die das Team für die Anwendungsverwaltung verwendet. Außerdem braucht das Team Zugang zu aktuellen Netzwerktopologiediagrammen und Netzwerkgerätebestandslisten.

Betriebsbereitschaft

Das Projektteam ist für die reibungslose und erfolgreiche Übergabe der bereitgestellten Lösung an das Bedienungspersonal zuständig. Dieser Aspekt des Gesamtprojekts ist wichtig, weil eine erfolgreiche Übergabe auch ein erfolgreiches Bereitstellungsprojekt bedeutet. Um den Erfolg sicherzustellen, müssen die Aktivitäten der Teams in die weitere Verwaltung und Bedienung durch das Bedienungspersonal integriert werden. Das Projektteam trägt mit folgenden Aufgaben zur Bereitstellung bei:

- Überprüfung der Arbeitsstationen auf Einhaltung der funktionalen Spezifikation
- Analyse und Bewertung der aktuell verwendeten Verwaltungstools
- Beurteilung der Betriebssystemumgebung in wichtigen Funktionsbereichen
- Einführung effektiver Verwaltungsprozesse und Tools in wichtigen Bereichen, in denen die vorhandenen Verfahren und Tools noch Schwächen aufweisen

■ Entwicklung eines Schulungsprogramms für Betriebs- und Supportpersonal

■ Vorbereitung des Betriebspersonals auf das Pilotprojekt

Das Projektteam stellt anfangs keine zusätzlichen Anforderungen an die Testumgebung.

Sicherheit

Sicherheit ist für den Gesamterfolg des Bereitstellungsprojekts wichtig. Sicherheit ist in allen Organisationen ein vorrangiges Thema, und das Ziel des Projektteams ist die Sicherheit der Daten der Organisation. Ungenügende Sicherheitsvorkehrungen in der Organisation können zu Datenverlusten, Netzwerkausfällen, Produktivitätseinbußen, frustrierten Angestellten, überarbeiteten IT-Mitarbeitern und vielleicht auch zum Diebstahl vertraulicher Daten führen. Höhere Kosten oder geringere Gewinne sind die Folge. Außerdem unterliegen viele Organisationen strengen Regelungen, die bei Verstößen nicht unbedeutende Strafen nach sich ziehen, beispielsweise wenn Kundendaten bekannt werden. Um sicherzustellen, dass geeignete Sicherheitsvorkehrungen getroffen wurden, sollte das Projektteam Folgendes tun:

■ Die Sicherheitsebene der Organisation ermitteln und analysieren

■ Angriffspunkte identifizieren, die durch Softwareaktualisierungen verursacht werden, und die Sicherheitsspezifikation des Netzwerks entsprechend überarbeiten

■ Sicherstellen, dass die getroffenen Sicherheitsvorkehrungen auf dem neusten Stand sind

Das Projektteam stellt anfangs keine zusätzlichen Anforderungen an die Sicherheit der Testumgebung. Weitere Informationen über die Sicherheitsfunktionen von Windows 7 finden Sie in Kapitel 2, »Sicherheit in Windows 7«.

Migration

Eine der zeitaufwendigsten Arbeiten im Bereitstellungsprozess ist, die Datendateien und Einstellungen auf den Computern der Benutzer (auch *Benutzerzustandsdaten* genannt) zu identifizieren, zu speichern und dann auf den Zielcomputern wiederherzustellen. Benutzer verwenden viel Zeit darauf, Einstellungen für Hintergründe, Bildschirmschoner und ähnliche Dinge wiederherzustellen. Und die meisten Benutzer erinnern sich gar nicht so genau daran, welche Einstellungen sie vorgenommen haben. Die Übertragung (Migration) der Benutzerzustandsdaten kann daher die Produktivität und Zufriedenheit der Benutzer steigern. Das Projektteam kann die Übertragung der Benutzerzustandsdaten mit folgenden Schritten vorbereiten:

■ Aufstellen einer Bestandsliste der Anwendungen, die auf Produktivcomputern vorhanden sind

■ Identifizieren der Anwendungen, deren Daten oder Einstellungen übernommen werden müssen

■ Einstufen der zu bearbeitenden Anwendungen nach Priorität

■ Identifizieren der Anwendungsexperten für jede Anwendung

■ Identifizieren der Datendateianforderungen jeder Anwendung

Die folgende Liste beschreibt, wie Sie die Testumgebung in der Project Planning-SMF auf die Migration vorbereiten können. Teammitglieder, die an der Migration arbeiten, können dieselben Ressourcen wie die Teammitglieder verwenden, die mit der Anwendungsverwaltung beschäftigt sind.

■ **Installationsmedien**   Von jeder Anwendung, deren Einstellungen übernommen werden sollen, brauchen Sie das Installationsmedium, die Konfigurationsunterlagen und Product Keys. Wenn Ihre IT-Abteilung nicht über das Medium und die Unterlagen verfügt, wenden Sie sich an den zuständigen Anwendungsexperten.

- **Zielcomputer** Das Projektteam braucht in der Testumgebung Computer, auf denen die Übertragung der Benutzerzustände getestet werden kann. Auf den Zielcomputern sollten die Windows-Versionen installiert sein, die in der Produktivumgebung verwendet werden, sowie Anwendungen und Benutzerdaten. Diese Computer werden für den Test der Übertragung von Benutzerzuständen verwendet.

- **Hostcomputer** Sie brauchen einen Computer, auf dem Anwendungsquelldateien und Migrationsanwendungen gespeichert werden. Außerdem ist es sinnvoll, Abbilder der Zielcomputer auf dem Hostcomputer zu speichern, um die Zielcomputer nach jedem Testlauf schnell und einfach wiederherstellen zu können.

- **Datenspeicher** Der Datenspeicher ist eine Netzwerkfreigabe, auf der Sie während der Tests Benutzerdaten speichern können. Sie können den Datenspeicher nach Bedarf auf dem Host- oder auf den Zielcomputern anlegen.

- **User State Migration Tool (USMT)** MDT 2010 verwendet zur Übertragung der Benutzerzustandsdaten das USMT. Diese Funktion ist bereits im MDT 2010-Framework integriert. Das Team muss allerdings die ausführbaren USMT-Dateien herunterladen und die Bereitstellungsfreigabe vorbereiten. Kapitel 7, »Übertragen der Benutzerzustandsdaten«, beschreibt, wo diese Dateien installiert werden.

Installieren des Microsoft Deployment Toolkit

MDT 2010 setzt Windows PowerShell 2.0 voraus. Wenn Sie MDT 2010 auf Windows Server 2008 oder Windows Server 2008 R2 installieren, müssen Sie mit dem Assistenten zum Hinzufügen von Features das Feature *Windows PowerShell* hinzufügen.

Wenn Sie MDT 2010 auf Windows Server 2003 mit Service Pack 1 installieren, müssen Sie zur Vorbereitung noch weitere Software installieren. Diese Software ist in Windows Server 2008, Windows Server 2008 R2 und Windows 7 bereits enthalten. Die folgende Liste beschreibt die Software, die Sie installieren müssen, bevor Sie MDT 2010 auf Windows Server 2003 mit Service Pack 1 installieren und verwenden können (Windows Server 2003 SP2 erfordert nur Microsoft .NET Framework 2.0):

- **Windows PowerShell** Laden Sie Windows PowerShell vom Microsoft Download Center unter *http://www.microsoft.com/downloads* herunter.

- **Microsoft .NET Framework 2.0** Das *Windows AIK für Windows 7*-Vertriebsmedium enthält die Microsoft .NET Framework 2.0-Installationsdatei. Sie können .NET Framework 2.0 auch von folgenden Adressen herunterladen:

  - ☐ **x86** *http://www.microsoft.com/downloads/details.aspx?displaylang=de&FamilyID=0856 eacb-4362-4b0d-8edd-aab15c5e04f5*

  - ☐ **x64** *http://www.microsoft.com/downloads/details.aspx?displaylang=de&FamilyID=b44a 0000-acf8-4fa1-affb-40e78d788b00*

- **Microsoft Management Console (MMC) 3.0** Laden Sie MMC 3.0 von folgenden Adressen herunter:

  - ☐ **x86** *http://www.microsoft.com/downloads/details.aspx?displaylang=de&FamilyID=4c84 f80b-908d-4b5d-8aa8-27b962566d9f*

  - ☐ **x64** *http://www.microsoft.com/downloads/details.aspx?displaylang=en&FamilyID=b65b 9b17-5c6d-427c-90aa-7f814e48373b*

HINWEIS   Wenn Sie nur die MDT 2010-Dokumentation installieren möchten, ist an Software nur Microsoft .NET Framework 2.0 und MMC 3.0 erforderlich. Die restliche Software aus der obigen Liste ist zur Anzeige der Dokumentation nicht erforderlich.

Zur Installation von MDT 2010 gehen Sie folgendermaßen vor:

1. Klicken Sie die Datei *MicrosoftDeploymentToolkit2010_Plattform.msi* mit der rechten Maustaste an, wobei *Plattform* für *x86* oder *x64* steht, und klicken Sie dann auf *Installieren*.
2. Klicken Sie auf *Next*, um die Willkommensseite zu überspringen.
3. Lesen Sie auf der Seite *End-User License Agreement* die Lizenzbedingungen durch, klicken Sie auf *I accept the terms in the License Agreement* und klicken Sie dann auf *Next*.
4. Wählen Sie auf der Seite *Custom Setup* die zu installierenden Komponenten aus und klicken Sie dann auf *Next*. Um den Status einer Option zu ändern, klicken Sie die Option an und wählen dann eine Vorgehensweise aus (*Will be installed on local hard drive* oder *Entire feature will be unavailable*). Die folgende Liste beschreibt jede Option:

    ☐ **Documents**   Diese Option installiert die Dokumentation des Produkts und die verfügbaren Zusatztexte. Standardmäßig werden die Dokumente unter *C:\Program Files\Microsoft Deployment Toolkit\Documentation* installiert.

    ☐ **Tools and templates**   Diese Option installiert die Assistenten und Bereitstellungsvorlagen des Produkts, wie zum Beispiel *Unattend.xml*. Standardmäßig werden die Dateien unter *C:\Program Files\Microsoft Deployment Toolkit* installiert.

5. Klicken Sie auf *Install*, um die Installation einzuleiten.
6. Klicken Sie auf *Finish*, um die Installation abzuschließen und das Installationsprogramm zu schließen.

HINWEIS   Ältere MDT-Versionen als 2008, einschließlich Microsoft Solution Accelerator for Business Desktop Deployment 2007, boten die Möglichkeit, eine Bereitstellungsfreigabe zu erstellen. MDT 2010 erstellt bei der Installation keine Bereitstellungsfreigabe. Zur Erstellung oder Aktualisierung einer Bereitstellungsfreigabe verwenden Sie nun die *Deployment Workbench*.

Die folgende Liste beschreibt die Unterordner im Programmordner von MDT 2010 (*C:\Program Files\ Microsoft Deployment Toolkit*) nach der Installation von MDT 2010:

- **Bin**   Enthält das *Deployment Workbench*-Add-In für die MMC und Unterstützungsdateien.
- **Documentation**   Enthält die MDT 2010-Dokumentation.
- **Downloads**   Ein Speicherort für Komponenten, die MDT 2010 herunterlädt.
- **ManagementPack**   Enthält MDT 2010-Verwaltungspakete.
- **Samples**   Enthält Beispiele für Tasksequenzskripts.
- **SCCM**   Enthält Dateien zur Unterstützung der Integration in System Center Configuration Manager 2007 (SCCM).
- **Templates**   Enthält Vorlagendateien, die von der *Deployment Workbench* verwendet werden.

HINWEIS   Auf dem Volume, auf dem der Programmordner liegt, muss mindestens 1 GByte Speicherplatz frei sein. MDT 2010 lädt Komponenten wie *Windows AIK für Windows 7* herunter und speichert sie im Ordner *Downloads*.

Starten der Deployment Workbench

Die Deployment Workbench ist das MDT 2010-Tool, mit dem Sie Bereitstellungsfreigaben mit Software versorgen, Tasksequenzen erstellen und so weiter. Informationen darüber, wie man Software in Bereitstellungsfreigaben speichert und benutzerdefinierte Windows 7-Abbilder erstellt, erhalten Sie in Kapitel 6, »Entwickeln von Datenträgerabbildern«. Um die Deployment Workbench zu starten, klicken Sie auf *Start*, zeigen auf *Alle Programme*, klicken auf *Microsoft Deployment Toolkit* und dann auf *Deployment Workbench*. Die Konsolenstruktur weist folgende Elemente auf:

- **Information Center** Dieses Element bietet Zugang zur Dokumentation, zu den neusten Informationen über MDT 2010 und zu den Komponenten, die erforderlich sind, um mit der Deployment Workbench arbeiten zu können. Das Element *Documentation* verschafft Ihnen einen schnellen Überblick über die verfügbaren Anleitungen. Klicken Sie im Diagramm einen Link an, um die entsprechende Anleitung aus einer kompilierten Hilfedatei (*.chm*) zu öffnen.

- **Deployment Shares** Unter *Deployment Shares* wird jede Bereitstellungsfreigabe angezeigt, die Sie erstellen. Jede Bereitstellungsfreigabe enthält Anwendungen, Betriebssysteme, Gerätetreiber und Tasksequenzen. Außerdem können Sie Startmedien erstellen, Bereitstellungsfreigaben verknüpfen und eine Bereitstellungsfreigabe mit einer Bereitstellungsdatenbank verbinden.

> **HINWEIS** Zur Standardansicht der *Deployment Workbench*-MMC gehört auch der Aktionsbereich. Wenn Sie den Bereich *Aktionen* nicht mehr sehen möchten, öffnen Sie die Konsole im Autorenmodus. Dazu starten Sie die Konsole mit **"C:\Program Files\Microsoft Deployment Toolkit\Bin\DeploymentWorkbench.msc" /a**. Klicken Sie auf *Ansicht*, dann auf *Anpassen*, löschen Sie das Kontrollkästchen *Aktionsbereich* und klicken Sie dann auf *OK*. Wenn Sie die Änderung speichern möchten, klicken Sie im *Datei*-Menü auf *Speichern*. Wenn Sie gefragt werden, ob Sie die Einzelfensteransicht beibehalten möchten, klicken Sie auf *Ja*.

Aktualisieren der Microsoft Deployment Toolkit-Komponenten

Nachdem Sie MDT 2010 installiert und sich die Deployment Workbench angesehen haben, sollten Sie die zusätzlichen Komponenten herunterladen und installieren, die MDT 2010 benötigt. Die folgenden Komponenten werden für MDT 2010 gebraucht:

- **Windows AIK für Windows 7** Sie können das *Windows AIK für Windows 7* manuell vom Microsoft Download Center unter *http://www.microsoft.com/downloads* herunterladen und installieren oder die Deployment Workbench verwenden, um das AIK automatisch herunterzuladen und zu installieren.

- **MSXML Services 6.0** Sie können die MSXML Services 6.0 vorab installieren oder die Deployment Workbench verwenden, um diese Dienste herunterzuladen und zu installieren. Das *Windows AIK für Windows 7*-Medium enthält eine Installationsdatei für MSXML Services 6.0 SP1. Sie können die MSXML Services 6.0 SP1 auch von *http://www.microsoft.com/downloads/details.aspx ?displaylang=de&FamilyID=d21c292c-368b-4ce1-9dab-3e9827b70604* herunterladen. Unter dieser URL finden Sie die x86- und x64-Versionen. In Windows Vista mit SP1, Windows 7, Windows Server 2008 und Windows Server 2008 R2 ist diese Software bereits enthalten.

Um die Komponenten mit der Deployment Workbench herunterzuladen, gehen Sie folgendermaßen vor:

1. Klicken Sie in der Deployment Workbench unter *Information Center* auf *Components*.

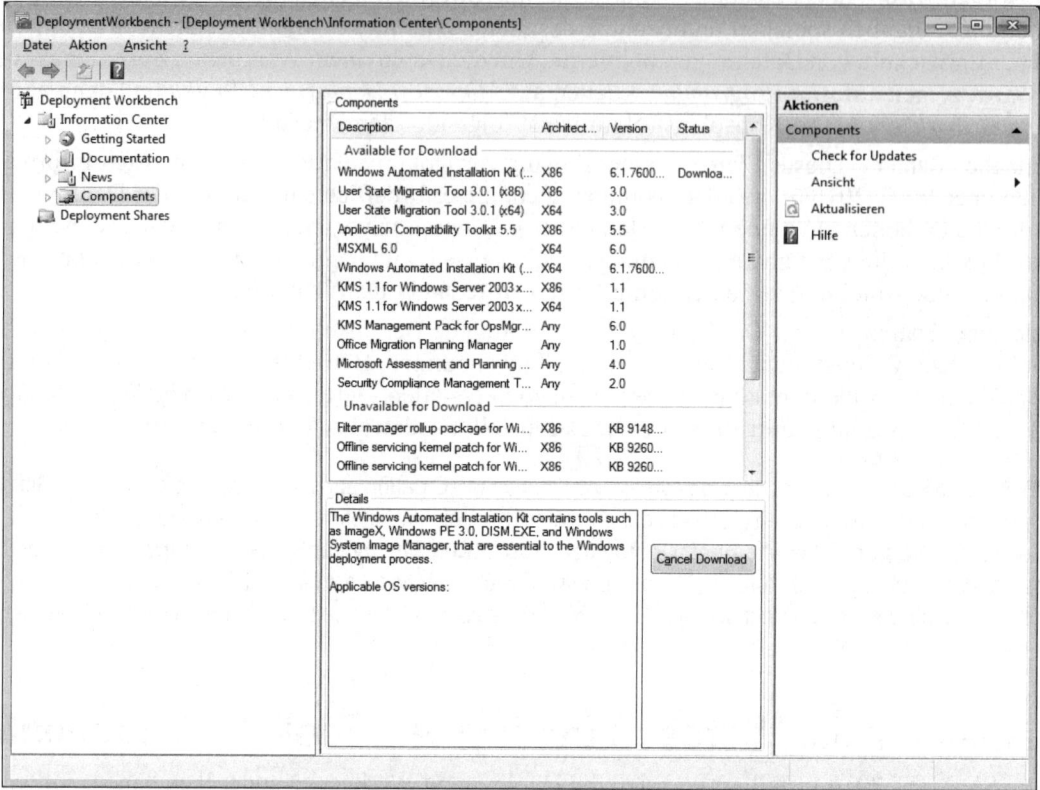

2. Klicken Sie im Abschnitt *Available For Download* der Liste *Components* auf eine Komponente. Klicken Sie im unteren Bereich auf die Schaltfläche *Download*. Die Deployment Workbench zeigt den Downloadstatus in der Liste *Components* an. Wenn das Herunterladen der Komponente abgeschlossen ist, verschiebt die Deployment Workbench den Eintrag der Komponente in den Abschnitt *Downloaded* des rechten Anzeigebereichs.

3. Klicken Sie im Abschnitt *Downloaded* der Liste *Components* auf eine heruntergeladene Komponente. Klicken Sie im unteren Bereich auf *Install*, um die Komponente zu installieren, oder auf *Browse*, um den Ordner, der die Komponente enthält, im Windows-Explorer zu öffnen. MDT 2010 kann manche Komponenten nicht automatisch installieren. Zur Installation solch einer Komponente klicken Sie auf *Browse*, um den Ordner zu öffnen, der die Komponente enthält, und installieren sie dann manuell.

HINWEIS Überprüfen Sie öfters, ob im Internet aktualisierte Komponenten zur Verfügung stehen. Klicken Sie im Hauptmenü der Deployment Workbench auf *Aktion*. Klicken Sie dann auf *Check for Updates*. Klicken Sie auf der Seite *Check for Updates* des Check for Updates-Assistenten auf die Option *Check The Internet* und dann auf *Check*.

Zusammenfassung

Eine gründliche Planung ist der Schlüssel für ein erfolgreiches Windows 7-Bereitstellungsprojekt. MDT 2010 bietet Ihnen das Technologie-Framework für die Bereitstellung von Windows 7 und in MOF 4.0 finden Sie eine umfangreiche Planungsanleitung von Microsoft. Sie berücksichtigt Vorgehensweisen, die sich in der Praxis bei Microsoft und seinen Partnern und Kunden bewährt haben.

Die Planung für eine Bereitstellung von Windows 7 geht weit über die Frage hinaus, wie man das Betriebssystem installiert. Zu den wichtigsten Planungsthemen gehören Kompatibilitätstests, die Verpackung von Anwendungen, die Erstellung von Abbildern, die Übertragung der Benutzerzustandsdaten, Sicherheitsaspekte und die Durchführung der eigentlichen Bereitstellung. MDT 2010 und MOF 4.0 unterstützen Sie bei der Planung und Entwicklung von Lösungen für diese Bereiche.

Weitere Informationen

Die folgenden Quellen bieten zusätzliche Informationen oder Tools für die Themen dieses Kapitels.

- Die Anleitung *Getting Started* von MDT 2010 gibt Ihnen wichtige Informationen über die Installation und Konfiguration von MDT 2010 und über die Vorbereitung der erforderlichen Infrastruktur.
- Kapitel 6, »Entwickeln von Datenträgerabbildern«, erläutert die Konzeption und Erstellung von Windows 7-Abbildern mit MDT 2010.
- Kapitel 7, »Übertragen der Benutzerzustandsdaten«, erklärt die Planung und Durchführung der Übertragung der Benutzerzustände mit USMT.
- Kapitel 8, »Bereitstellen von Anwendungen«, enthält weitere Informationen über die Verpackung von Anwendungen und über die Automatisierung der Anwendungsinstallation. Dieses Kapitel beschreibt auch die Lösung von Anwendungskompatibilitätsproblemen.
- Kapitel 11, »Verwenden der Volumenaktivierung«, erklärt, wie eine Windows 7-Volumeaktivierung in umfangreichen Bereitstellungsprojekten durchgeführt wird.
- Kapitel 12, »Bereitstellen mit dem Microsoft Deployment Toolkit«, beschreibt die Verwendung von MDT 2010 zur Bereitstellung von Windows 7 mit einem LTI-Prozess.
- MOF 4.0, erhältlich unter *http://technet.microsoft.com/en-us/library/cc506049.aspx,* bietet Anleitungen zur Projektverwaltung und Arbeitshilfen.

KAPITEL 5

Testen der Anwendungskompatibilität

Die mangelnde Kompatibilität von Anwendungen hat oft das Potenzial, eine Bereitstellung zu blockieren. Außerdem wird dieses Problem in den meisten Bereitstellungsprojekten am wenigsten beachtet. Wenn Sie sich früh mit dem Thema Anwendungskompatibilität beschäftigen, können Sie wesentlich besser für den Erfolg eines Bereitstellungsprojekts sorgen.

Die drei wichtigsten Gründe, warum die Anwendungskompatibilität eine Betriebssystembereitstellung blockieren kann, sind Furcht, Unsicherheit und Zweifel (Fear, Uncertainty, and Doubt; FUD). Unternehmen wissen einfach nicht, welche Anwendungen in ihren Umgebungen verwendet werden, ob diese Anwendungen zum Betriebssystem Windows 7 kompatibel sind und welches Risiko sich aus jeder einzelnen Anwendung ergibt, die nach der Bereitstellung versagt.

Um dem abzuhelfen, beschreibt dieses Kapitel die Microsoft-Tools, die zur Verfügung stehen, um die in einer Umgebung verwendeten Anwendungen zu ermitteln, ihre Kompatibilität zu Windows 7 zu überprüfen und für alle Probleme Lösungen zu entwickeln. Das wichtigste Tool für Windows 7 ist das Microsoft Application Compatibility Toolkit 5.5 (ACT).

Grundlagen der Anwendungskompatibilität

Seit Microsoft Windows als Anwendungsplattform praktisch überall anzutreffen ist, haben unabhängige und internationale Softwareentwickler Tausende von Anwendungen für Windows erstellt. Viele sind für den Geschäftsalltag entscheidend, nicht alle sind zu der neusten Windows-Version kompatibel. Zu den Anwendungen, die vielleicht nicht kompatibel sind, gehören folgende:

- Branchenanwendungen (Line-of-Business-Anwendungen, LOB), beispielsweise Ressourcenplanungsprogramme für Unternehmen
- Kernanwendungen aus Standard-Desktopkonfigurationen

- Verwaltungstools, wie Antivirus-, Komprimierungs- und Remotesteuerungsprogramme
- Benutzerdefinierte Tools, beispielsweise Anmeldeskripts

Was bedeutet Kompatibilität?

Anwendungen, die für ältere Windows-Versionen entwickelt wurden, sind aus verschiedenen Gründen immer noch in Gebrauch. Vielleicht handelt es sich um ein wichtiges Tool, das täglich für Arbeiten verwendet wird, die sonst nur sehr umständlich zu erledigen wären. Vielleicht haben sich die Benutzer sehr gut in die Anwendung eingearbeitet und sind deshalb zurückhaltend, was einen Wechsel zu einer anderen, ähnlichen Anwendung betrifft. Vielleicht gibt es für die Anwendung keinen Ersatz, weil der Ersteller vom Markt verschwunden ist oder die Firma verlassen hat. Solche Schwierigkeiten machen die Anwendungskompatibilität zu einem entscheidenden Thema, das Sie bei der Bereitstellung eines neuen Betriebssystems wie Windows 7 berücksichtigen müssen.

Eine Anwendung ist zu Windows 7 kompatibel, wenn sie sich so verhält, als sei sie für Windows 7 entwickelt worden. Sie muss sich zum Beispiel korrekt installieren und wieder entfernen lassen. Benutzer müssen in der Lage sein, die typischen Datendateien, mit denen die Anwendung arbeitet, zu erstellen, zu löschen, zu öffnen und zu speichern. Übliche Vorgänge müssen wie erwartet funktionieren, beispielsweise der Druck. Eine kompatible Anwendung läuft ohne spezielle Hilfestellung so unter Windows 7, wie sie geliefert wird. Wenn sich eine Anwendung als inkompatibel erweist, gibt es vielleicht eine neuere kompatible Version der Anwendung. Vielleicht lässt sich das Problem auch mit einem der Kompatibilitätstools von Microsoft beheben. Diese Szenarien werden in diesem Kapitel besprochen.

Warum Anwendungen versagen

Die folgende Liste beschreibt häufiger auftretende Kompatibilitätsprobleme, die insbesondere dann unter Windows 7 auftreten, wenn die Anwendung für Windows XP entwickelt wurde:

- **Benutzerkontensteuerung** Unter Windows 7 arbeiten alle interaktiven Benutzer standardmäßig nur mit den Rechten eines Standardbenutzers. Das gilt auch für Mitglieder der Gruppe *Administratoren*. Die Benutzerkontensteuerung (User Account Control, UAC) ist ein Mechanismus, mit dem Benutzer Anwendungen mit den Rechten eines Administrators ausführen können. Wegen der Benutzerkontensteuerung verhalten sich Anwendungen, die Administratorrechte erfordern oder auf Administratorrechte prüfen, unter Windows 7 anders, auch wenn sie von einem Administrator ausgeführt werden.

- **Windows-Ressourcenschutz** Der Windows-Ressourcenschutz (Windows Resource Protection, WRP) wurde so konzipiert, dass er das System mit einem Schreibschutz schützt, um die Stabilität, Berechenbarkeit und Zuverlässigkeit des Systems zu verbessern. Das wirkt sich auf bestimmte Dateien, Ordner und Registrierungsschlüssel aus. Aktualisierungen der geschützten Ressourcen sind auf Installationsprogramme beschränkt, denen das Betriebssystem vertraut (die Gruppe *TrustedInstaller*), beispielsweise Windows-Wartung. Dadurch werden Funktionen und Anwendungen des Betriebssystems vor Einflüssen von anderen Anwendungen und Administratoren geschützt. Dieser Schutz kann bei benutzerdefinierten Installationen zu Problemen führen, die von Windows 7 nicht als Installationen erkannt werden, wenn Anwendungen versuchen, WRP-Dateien und Registrierungseinstellungen zu ändern oder auf bestimmte Versionen und Werte zu überprüfen.

- **Der geschützte *Modus* des Internet Explorers** Unter Windows 7 werden Prozesse vom Windows Internet Explorer 8 mit sehr stark eingeschränkten Rechten im geschützten Modus des Internet

Explorers ausgeführt, um Benutzer vor Angriffen zu schützen. Der geschützte Modus des Internet Explorers verringert die Möglichkeiten eines Angreifers, unerwünschten Code zu installieren oder Daten auf dem Computer des Benutzers zu ändern, zu schreiben oder zu zerstören. Das kann sich auf ActiveX-Steuerelemente und Skriptcode auswirken, der versucht, geschützte Objekte zu verändern.

- **Prüfungen der Versionen von Betriebssystem und Internet Explorer** Viele Anwendungen überprüfen die Version des Betriebssystems und verhalten sich anders oder versagen ganz, wenn eine unerwartete Versionsnummer erkannt wird. Sie können dieses Problem lösen, indem Sie einen entsprechenden Kompatibilitätsmodus verwenden oder eine Aktualisierung der Anwendung mit einem Kompatibilitätsfix durchführen, sofern vorhanden.

- **Neue Speicherorte der Ordner** Die Speicherorte von Benutzerordnern, von Ordnern aus der Gruppe *Eigene Dateien* und von Ordnern mit Lokalisierungen haben sich seit Windows XP verändert. Anwendungen mit fest vorgegebenen Pfaden könnten deswegen versagen. Sie können die sich daraus ergebenden Schwierigkeiten abmildern, indem Sie passende Verzeichnisverbindungen definieren oder die korrekten Pfade in der Anwendung mit den passenden API-Aufrufen ermitteln.

- **Isolierung der Sitzung 0** Die gemeinsame Ausführung von Diensten und Benutzeranwendungen in Sitzung 0 bedeutet ein Sicherheitsrisiko, weil diese Dienste mit erhöhten Rechten ausgeführt werden und daher Ziele für unerwünschte Softwareagenten sind, die nach Mitteln suchen, sich erhöhte Rechte zu verschaffen. In älteren Versionen des Betriebssystems Windows wurden Dienste und Anwendungen in derselben Sitzung ausgeführt wie der erste Benutzer, der sich an der Konsole anmeldet (Sitzung 0). Um den Schutz vor unerwünschten Softwareagenten zu verbessern, wurde Sitzung 0 unter Windows 7 von anderen Sitzungen isoliert. Das kann sich auf Dienste auswirken, die unter Verwendung von Windows-Nachrichten mit Anwendungen kommunizieren.

Auswählen des besten Tools

Sie können im Wesentlichen fünf Tools verwenden, um Kompatibilitätsprobleme von Anwendungen zu beheben oder abzuschwächen: den Programmkompatibilitäts-Assistenten, die Problembehandlung bei Programminkompatibilität, ACT, Windows XP Mode und die Anwendungsvirtualisierung. Die folgenden Abschnitte beschreiben diese Tools und die Situationen, in denen ihre Verwendung sinnvoll ist.

Die ersten beiden Tools eignen sich für Benutzer und Supportprobleme mit Einzelcomputern, aber nicht für umfangreiche Bereitstellungen. Im Rest dieses Kapitels liegt der Schwerpunkt auf der Verwendung des ACT, um eine Liste der Kompatibilitätsprobleme zu erstellen und sie zu analysieren, weil hauptsächlich dieses Tool von Organisationen bei umfangreichen Bereitstellungen verwendet wird.

> **HINWEIS** Zur Planung Ihres Windows 7-Migrationsprojekts können Sie das kostenlose Tool Microsoft Assessment and Planning Toolkit 4.0 (MAP) von Microsoft verwenden. Es kann Sie dabei unterstützen, die Eignung Ihrer Umgebung für Windows 7 zu überprüfen. Weitere Informationen über MAP erhalten Sie unter *http://technet.microsoft.com/en-us/solutionaccelerators/dd537566.aspx*.

Programmkompatibilitäts-Assistent

Wenn es sich um eine einzelne Anwendung handelt, deren Kompatibilitätsprobleme behoben werden sollen, ist der integrierte Programmkompatibilitäts-Assistent vielleicht schon die Lösung. Um ihn zu starten, klicken Sie die *.exe*-Datei der Anwendung mit der rechten Maustaste an, klicken auf *Eigenschaften* und dann auf die Registerkarte *Kompatibilität* (Abbildung 5.1). Wird das Programm auf demselben Computer von mehreren Benutzern verwendet, klicken Sie auf die Schaltfläche *Einstellungen für alle Benutzer ändern*, damit die Einstellungen für alle Benutzer gelten.

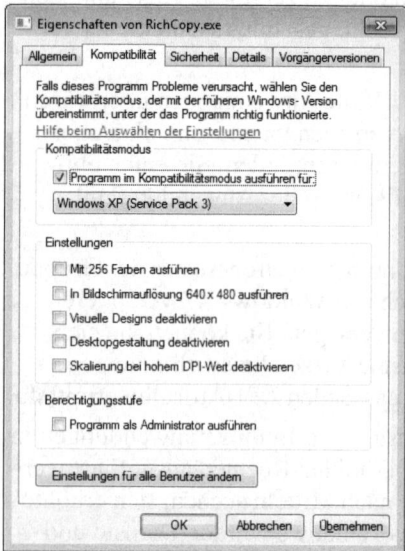

Abbildung 5.1   Kompatibilitätseinstellungen

Problembehandlung bei Programminkompatibilität

Die Problembehandlung bei Programminkompatibilität kann Sie bei der Behebung von vielen Kompatibilitätsproblemen unterstützen. Mit ihr können Sie verschiedene Kompatibilitätsoptionen ausprobieren, um die Einstellung zu finden, die eine Verwendung des Programms unter Windows 7 ermöglicht. Um die Problembehandlung bei Programminkompatibilität zu starten, klicken Sie auf *Start*, *Systemsteuerung*, *Programme* und dann auf *Programme ausführen, die für vorherige Versionen von Windows entwickelt wurden*. Abbildung 5.2 zeigt die erste Seite des Assistenten. Um die Diagnose der Anwendungskompatibilität durchzuführen, klicken Sie auf *Weiter*.

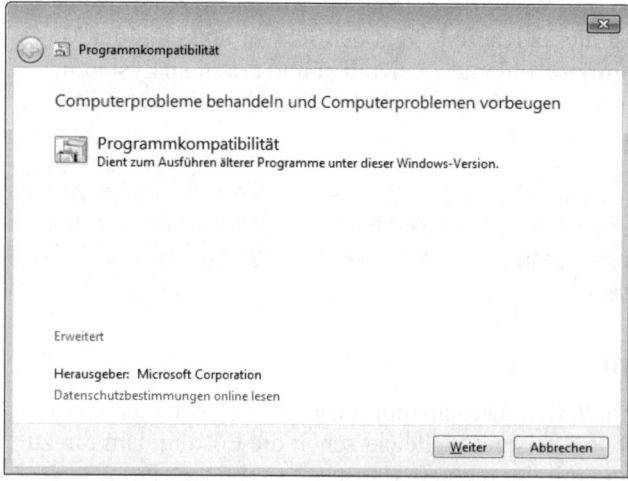

Abbildung 5.2   Problembehandlung bei Programminkompatibilität

HINWEIS   Um die besten Ergebnisse mit der Problembehandlung zu erzielen, melden Sie sich mit einem Standardbenutzerkonto am Computer an, nicht mit Administratorrechten.

Application Compatibility Toolkit

Sie können das Application Compatibility Toolkit (ACT) für alle Situationen verwenden, die über den Rahmen von einfachen Einzelfällen hinausgehen. Es unterstützt Sie bei der Erstellung eines Inventars der Anwendungen, die in Ihrer Organisation eingesetzt werden. Außerdem hilft es Ihnen bei der Identifizierung der Anwendungen, die zu Windows 7 kompatibel sind, und der Anwendungen, die genauer überprüft werden müssen. Das ACT besteht aus mehreren Komponenten. Zu den wichtigsten zählen folgende:

- **Application Compatibility Manager**   Ein Tool, mit dem Sie Programmdaten erfassen und analysieren können, um potenzielle Probleme noch vor der Bereitstellung eines neuen Betriebssystems oder eines Windows-Updates in Ihrer Organisation zu erkennen. In der Anfangsphase eines Anwendungsmigrationsprojekts werden Sie dieses Programm häufig verwenden. Dieses Tool sollten Sie als die primäre Benutzeroberfläche für das ACT betrachten.

- **Application Compatibility Toolkit Data Collector**   Der Application Compatibility Toolkit Data Collector wird auf jedem Computer installiert und führt eine Kompatibilitätsprüfung durch. Die Daten werden gesammelt und in der zentralen Kompatibilitätsdatenbank gespeichert.

- **Setup Analysis Tool (SAT)**   Automatisiert die Installation von Anwendungen, wobei es die Aktionen der Installationsprogramme der Anwendungen überwacht.

- **Standard User Analyzer (SUA)**   Ermittelt die potenziellen Probleme, die beim Betrieb einer Anwendung als Standardbenutzer unter Windows 7 auftreten können.

Das ACT ist unentbehrlich, wenn es um den Test einer großen Zahl von Anwendungen auf einer Vielzahl von Computern und Betriebssystemen in der Organisation geht. Dabei werden Lösungen verwendet, die von Herstellern und Benutzern entwickelt wurden. Sie können die Tools aus dem ACT je nach den Erfordernissen einzeln verwenden oder kombinieren. Einige Tools wie SAT und SUA unterstützen Entwickler bei der Behebung von Kompatibilitätsproblemen und werden nicht zwangsläufig bei der Überprüfung des Anwendungsbestands verwendet.

Windows XP Mode

In manchen Fällen kann eine Virtualisierungstechnologie eine Lösung bieten, wenn die Standardstrategien zur Behebung von Kompatibilitätsproblemen versagen. Sie können zum Beispiel Windows XP Mode als Sicherheitsnetz für Anwendungen verwenden, die nicht zu Windows 7 kompatibel sind. Die Umgebung Windows XP Mode ist für Windows 7 Enterprise, Professional und Ultimate Edition erhältlich.

Mit Windows XP Mode können Benutzer auf einem Computer, auf dem als Betriebssystem Windows 7 ausgeführt wird, einen virtuellen Windows XP-Computer verwenden. Das eröffnet Ihnen die Möglichkeit, mit Ihrer Windows 7-Bereitstellung fortzufahren, bevor Probleme mit der Anwendungskompatibilität zu Verzögerungen führen. Ihre Organisation kann die neuen Funktionen und Fähigkeiten von Windows 7 nutzen und Benutzern trotzdem noch die Arbeit mit älteren Versionen wichtiger Anwendungen ermöglichen. Außerdem zahlt sich die Investition in Windows 7 schneller aus, als es bei der Verwendung anderer kurzfristiger Kompatibilitätslösungen der Fall wäre.

Windows XP Mode erfordert die Installation von Windows Virtual PC, das als Update für Windows 7 Enterprise, Professional und Ultimate erhältlich ist. Windows Virtual PC bietet eine zeit- und kostensparende Lösung für Situationen, in denen Benutzer mehrere Betriebssysteme verwenden müssen (nur x86-Betriebssysteme). Es ist eine ausgezeichnete Lösung für die kurzfristige Behebung von Anwendungskompatibilitätsproblemen, denn es ermöglicht Ihnen, die Windows 7-Bereitstellung fortzusetzen. Allerdings sollten Sie überprüfen, ob es nicht langfristig bessere Lösungen gibt. Beachten Sie, dass Windows Virtual PC spezielle Anforderungen an die CPU stellt, denn die Funktion Intel VT (Virtualization Technology) oder AMD-V muss im BIOS aktiviert sein.

Die Installation des Windows XP Mode ist einfach. Zuerst installieren Sie Windows Virtual PC und dann den Windows XP Mode. Beide Aufgaben können Sie mithilfe der Windows Virtual PC-Website unter *http://www.microsoft.com/windows/virtual-pc/download.aspx* durchführen.

WEITERE INFORMATIONEN Eine ausführliche Anleitung für die Verwendung des Windows XP Mode einschließlich der Installation und Verwendung von Anwendungen finden Sie unter *http://www.microsoft.com/windows/virtual-pc/support/default.aspx*.

Anwendungsvirtualisierung

Auch wenn eine Anwendung unter Windows 7 verwendbar ist, ergeben sich häufig Konflikte mit anderen Anwendungen, die in derselben Umgebung ausgeführt werden, weil die Anwendungen um Systemressourcen konkurrieren. Bei der Abschwächung solcher Probleme spielt die Anwendungsvirtualisierung eine Schlüsselrolle.

Die Microsoft-Anwendungsvirtualisierung (Application Virtualization, App-V) transformiert Anwendungen in virtualisierte netzwerkfähige Dienste und ermöglicht die dynamische Bereitstellung von Software, die nie installiert wird, keine Konflikte hervorruft und den Aufwand für teure Anwendungsregressionstests verringert. Mit dieser Technologie sind Benutzer und ihre Anwendungsumgebungen nicht länger an einen bestimmten Computer gebunden und die Computer müssen nicht mehr benutzerspezifisch konfiguriert werden. App-V stellt Anwendungen gewöhnlich in isolierten Umgebungen bereit, in denen sie voneinander unabhängig sind, aber es lässt auch in gewissem Umfang Interaktionen zwischen Anwendungen zu. Sie sollten sorgfältig überprüfen, welche Abhängigkeiten zwischen den Anwendungen bestehen, und Anwendungen, die miteinander interagieren müssen, entsprechend anordnen.

App-V ermöglicht es IT-Administratoren, flexibler auf sich ändernde geschäftliche Anforderungen zu reagieren, und es verringert die Kosten für Computerverwaltung, Anwendungsinstallation und Betriebssystemmigrationen, indem es die Bereitstellung der Anwendungen vom Kernabbild des Betriebssystems trennt. App-V ist ein Tool aus dem Microsoft Desktop Optimization Pack for Software Assurance. Diese dynamische Desktoplösung ist für Software Assurance-Kunden verfügbar und unterstützt sie bei der Reduzierung der Bereitstellungskosten für Anwendungen, bei der Bereitstellung von Anwendungen als Dienst und bei der Verwaltung und Kontrolle von Desktopumgebungen. Weitere Informationen erhalten Sie unter *http://www.microsoft.com/windows/enterprise/default.aspx*.

Grundlagen des Application Compatibility Toolkit (ACT)

Abbildung 5.3 stellt die ACT-Architektur dar. Die folgende Liste beschreibt die Komponenten dieser Architektur:

- **Application Compatibility Manager (ACM)** Ein Tool, mit dem Sie eine Datensammlung konfigurieren und Daten erfassen und analysieren können, um etwaige Probleme bereits vor der Bereitstellung eines neuen Betriebssystems, vor der Aktualisierung des Internet Explorers oder vor der Bereitstellung eines Windows-Updates in Ihrer Organisation zu erkennen und vorrangig zu behandeln.

- **Data Collection Package (DCP)**   Eine *.msi*-Datei, die vom ACM (Application Compatibility Manager) zur Bereitstellung auf Ihren Clientcomputern erstellt wird. Jedes DCP kann einen oder mehrere Kompatibilitätsbewerter (compatibility evaluators) enthalten, je nachdem, was Sie überprüfen möchten.

- **ACT-Protokollbearbeitungsdienst (ACT Log Processing Service, LPS)**   Ein Dienst, der zur Bearbeitung der ACT-Protolldateien dient, die von den Clientcomputern hochgeladen werden. Er fügt Informationen in Ihre ACT-Datenbank ein.

- **ACT-Protokollbearbeitungsfreigabe (ACT Log Processing Share, LPS-Freigabe)**   Eine Dateifreigabe, die für den ACT-Protokollbearbeitungsdienst zugänglich ist und die Protokolldateien aufnimmt, die bearbeitet und zur ACT-Datenbank hinzugefügt werden sollen.

- **ACT-Datenbank**   Eine Microsoft SQL Server-Datenbank, die die gesammelten Informationen über Anwendungen, Computer, Geräte und über die Kompatibilität aufnimmt. Im ACM können Sie sich die Informationen, die in der ACT-Datenbank gespeichert sind, als Berichte ansehen.

- **Microsoft Compatibility Exchange**   Ein Webdienst, der Anwendungskompatibilitätsprobleme vom Server an den Client übermittelt und es Clientcomputern ermöglicht, über das Internet eine Verbindung mit Microsoft herzustellen und nach aktualisierten Kompatibilitätsinformationen zu suchen. Dieser Dienst behebt Kompatibilitätsprobleme nicht automatisch. Es handelt sich nur um ein System für den Informationsaustausch.

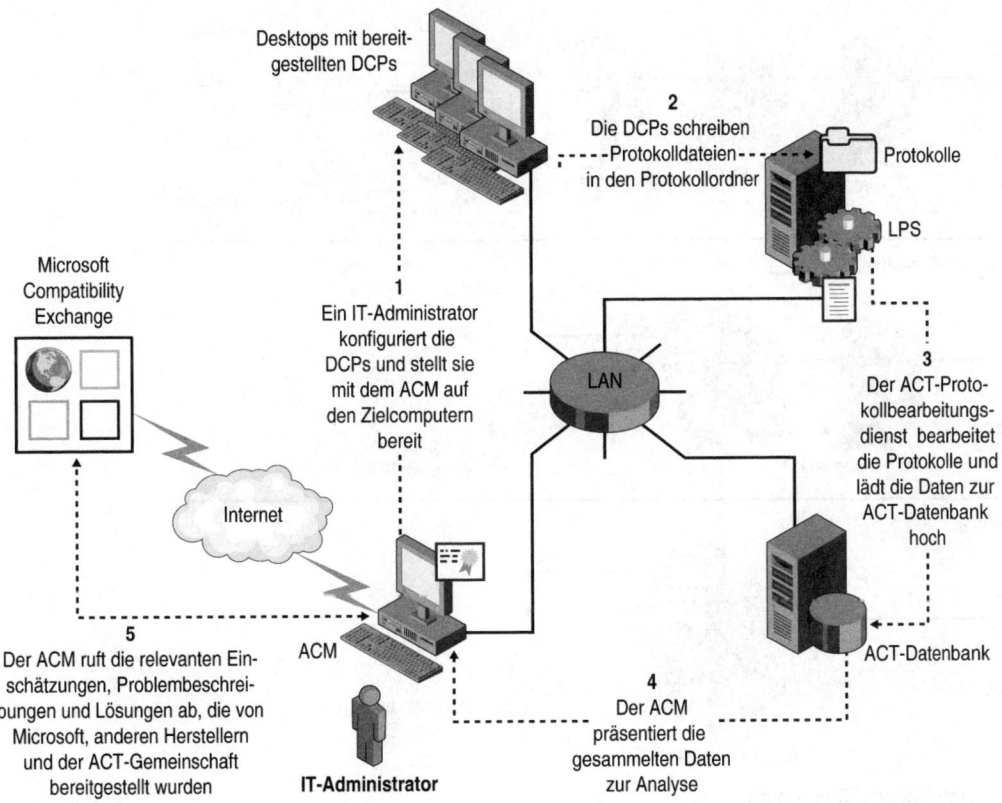

Abbildung 5.3   Aufbau des ACT

Unterstützte Topologien

Abbildung 5.4 zeigt die vom ACT unterstützten Topologien in der Reihenfolge an, in der Microsoft sie empfiehlt. So empfiehlt Microsoft an erster Stelle die Topologie verteilter ACT-Protokollbearbeitungsdienst, ACT-Protokollbearbeitungsfreigabe und ACT-Datenbank und an letzter Stelle die Verwendung eines konsolidierten Servers. Wenn Sie eine Topologie verwenden, bei der verteilte Protokolle auf einer zentralen Freigabe gesammelt werden, müssen Sie diese Dateien auf die LPS-Freigabe kopieren, bevor die eigentliche Bearbeitung erfolgen kann. Sie können die Dateien manuell kopieren oder eine Technologie wie DFSR (Distributed File System Replication) oder eine ähnliche Technologie verwenden, die in Ihrer Organisation verfügbar ist.

1.) Verteilter ACT-Protokollbearbeitungsdienst, ACT-Protokollbearbeitungsfreigabe und ACT-Datenbank

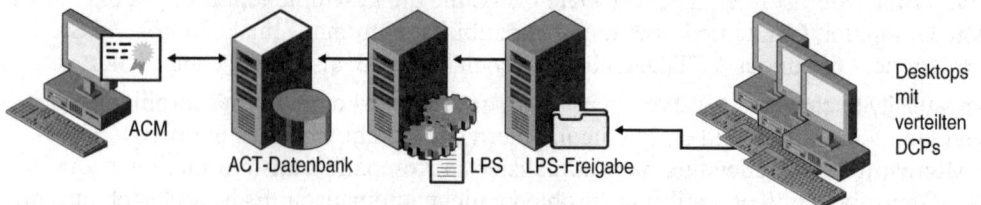

2.) Verteilte Protokollierung mit zentraler LPS-Dateifreigabe

3.) Verteilte LPS und ACT-Datenbank

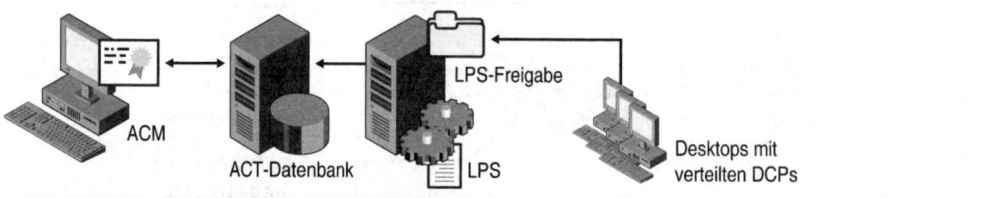

4.) Konsolidierter Server

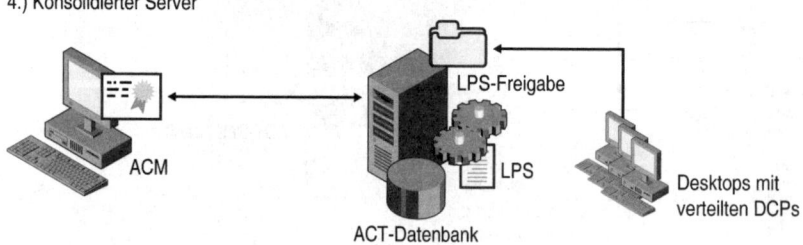

Abbildung 5.4   Unterstützte Topologien

Kompatibilitätsbewerter

Zusätzlich zu der Software für die Erfassung des Anwendungs- und Hardwareinventars enthält das ACT auch noch Kompatibilitätsbewerter (compatibility evaluators). Kompatibilitätsbewerter sind Tools, die speziell dafür entworfen wurden, um zur Laufzeit bestimmte Verhaltensweisen auf dem Computer des Benutzers zu protokollieren und potenzielle Kompatibilitätsprobleme zu ermitteln. Sie sollten die Kompatibilitätsbewerter vor der Bereitstellung von Windows 7 verwenden, denn sie können keine Anwendungsprobleme erkennen, wenn die Anwendung nicht ausführbar ist. Das ACT enthält folgende Kompatibilitätsbewerter:

- **Inventory Collector**   Untersucht jeden Computer Ihrer Organisation und sammelt Informationen über die installierten Anwendungen und das System.

- **User Account Control Compatibility Evaluator**   Identifiziert mögliche Kompatibilitätsprobleme, die sich daraus ergeben können, dass eine Anwendung unter Windows 7 mit einem Standardbenutzerkonto oder einem geschützten Administratorkonto ausgeführt wird. Nach seinem Start überwacht der User Account Control Compatibility Evaluator (UACCE) die laufenden Anwendungen, überprüft deren Interaktionen mit dem Betriebssystem und identifiziert Aktivitäten, die möglicherweise zu Kompatibilitätsproblemen führen.

- **Update Compatibility Evaluator (UCE)**   Identifiziert die potenziellen Auswirkungen eines neuen Windows-Updates. Anhand der gesammelten Daten über Folgewirkungen der Aktualisierung können Sie in Ihren Tests Prioritäten festlegen und die Unsicherheiten bei der Bereitstellung von Updates eingrenzen.

- **Windows Compatibility Evaluator**   Identifiziert potenzielle Kompatibilitätsprobleme, die sich aus dem Wegfall von veralteten Funktionen im neuen Betriebssystem, den GINA-DLLs (Graphical Identification And Authentication Dynamic-Link Libraries) und der Isolierung von Sitzung 0 ergeben. Wenden Sie den Windows Compatibility Evaluator (WCE) nicht unter Windows 7 an. Falls Sie die Aktualisierung auf Windows 7 bereits durchgeführt haben, kennen Sie die Probleme bereits, auf die WCE Sie hätte hinweisen können.

HINWEIS   Microsoft hat den Internet Explorer Compatibility Evaluator (IECE) aus dem ACT 5.5 entfernt. Kompatibilitätsprobleme mit Internet Explorer 8 können Sie mit dem Internet Explorer Compatibility Test Tool (IECTT) ermitteln. Microsoft hat den IECE entfernt, weil sich die Internet Explorer-Kompatibilität mit dem IECTT leichter überprüfen lässt.

Ein DCP kann einen oder mehrere Kompatibilitätsbewerter enthalten, je nach den geplanten Überprüfungen. Der ACM fasst die Bewerter auf der Basis von Aufgaben zusammen, wie in den folgenden Abschnitten beschrieben.

Planen für das ACT

Das ACT bietet Ihnen die Möglichkeit, ein Inventar für Ihre Organisation zu erstellen, das alle installierten Anwendungen, Computer und Geräte umfasst. Außerdem können Sie Kompatibilitätsdaten sammeln, anhand der Daten die Auswirkungen der geplanten Arbeiten auf Ihre Organisation ermitteln und sofern möglich Kompatibilitätsfix-Pakete zur Abschwächung der Kompatibilitätsprobleme zusammenstellen. Die folgende Liste beschreibt die drei Phasen für die effektive Verwendung des ACT in Ihrer Organisation:

- **Sammeln von Daten**   Bevor Sie Ihre potenziellen Kompatibilitätsprobleme analysieren können, müssen Sie zuerst ein Inventar für Ihre Organisation erstellen, um eine Grundlage für die Ermittlung von Kompatibilitätsproblemen zu haben.

- **Analysieren der Probleme**   Nach der Zusammenstellung des Inventars und der dazugehörigen Kompatibilitätsdaten können Sie die potenziellen Probleme analysieren. Dazu gehört die Kategorisierung, die Priorisierung, die Festlegung des Bereitstellungsstatus und die Einstellung der Anwendungsbewertung, um die gewünschten Berichte erstellen zu können.

- **Testen und Abschwächen der Kompatibilitätsprobleme**   Nach der Analyse Ihrer Kompatibilitätsproblemberichte können Sie mit den entsprechenden Tests überprüfen, ob die angegebenen Kompatibilitätsprobleme tatsächlich in Ihrer Organisation auftreten. Wenn Sie erkennen, dass es sich um ein Problem handelt, das behoben werden muss, können Sie mit dem Compatibility Administrator entsprechende Kompatibilitätsfix-Pakete zusammenstellen. Sie können auch die anderen Tools aus dem ACT verwenden, wie IECTT, SAT und SUA, um weitere Probleme zu erkennen und mögliche Lösungen zu entwickeln.

Vorbereitungen für die DCP-Bereitstellung

Um die gesammelten Daten besser auswerten zu können, sollten Sie DCPs (Data Collection Packages) auf einer kleinen Teilmenge von Computern bereitstellen, deren Auswahl auf der Basis bestimmter Kriterien wie Standort oder Abteilung erfolgt, beispielsweise ein DCP für Benutzer aus der Personalabteilung. Das ermöglicht eine bessere Kategorisierung und Analyse einer Anwendung in der gesamten Organisation.

Sofern Ihre Organisation bereits über ein Hardwareinventar verfügt, empfiehlt es sich, jede vorhandene Hardwarekonfiguration zu berücksichtigen, damit Sie Ihre Daten mit Microsoft Compatibility Exchange abgleichen und eine Beschreibung der relevanten Treiberkompatibilitätsprobleme abrufen können. Wenn Sie noch nicht über eine Inventarliste verfügen, empfiehlt Microsoft die Verteilung der DCPs anhand der Kriterien, die in Tabelle 5.1 beschrieben werden.

Tabelle 5.1   Überlegungen zur DCP-Bereitstellung

Kriterium	Beschreibung
Verwenden Sie eine verwaltete, eine unverwaltete oder eine gemischte Umgebung?	Sie können Ihre IT-Infrastruktur anhand folgender Kriterien als verwaltete Umgebung, nicht verwaltete Umgebung oder gemischte Umgebung einstufen: ■ **Verwaltete Umgebung** IT-Administratoren verwalten und kontrollieren streng die Installation und Verwendung von Anwendungen nach dem Bedarf in der Organisation. In dieser Situation kann ein IT-Administrator ein DCP auf einer beschränkten Teilmenge von Computern aus jeder Abteilung installieren, je nach Bedarf und Anforderungen. ■ **Unverwaltete Umgebung** Benutzer verfügen auf ihren Computern gewöhnlich über Administratorrechte und können selbst Anwendungen installieren. Da Benutzer in einer unverwalteten Umgebung jede beliebige Software installieren können, müssen Sie DCPs auf einer größeren Zahl von Computern installieren, als in einer verwalteten Umgebung erforderlich wären. ■ **Gemischte Umgebung** Ihre Organisation verwendet je nach den Bedürfnissen und Rechten der einzelnen Gruppen verwaltete und nicht verwaltete Umgebungen.
Wie verwenden Sie bestimmte Anwendungen in Ihrer Organisation?	Es ist sehr wichtig, dass Sie alle Anwendungen erfassen, die in Ihrer Organisation von Benutzern gebraucht werden. Noch wichtiger ist aber, dass Sie Ihre Branchenlösungen (LOB-Anwendungen) alle erfassen. Um die Verwendung der Anwendungen möglichst vollständig zu erfassen, müssen Sie Folgendes tun: ■ Beraten Sie sich mit Ihren lokalen Administratoren, Supportmitarbeitern und Abteilungsleitern, um sicherzustellen, dass alle Anwendungen bei der Datensammlung erfasst werden. ▶

Kriterium	Beschreibung
	■ Sorgen Sie dafür, dass auch Anwendungen erfasst werden, die nur saisonweise eingesetzt werden. Buchhaltungsprogramme für ein Fiskaljahr werden zum Beispiel vielleicht nur einmal im Jahr verwendet.
	■ Versuchen Sie, die Datensammlung durchzuführen, wenn nur wenige Mitarbeiter planmäßig in Urlaub sind. Vermeiden Sie außerdem Wochenenden, damit Sie keine unvollständigen Ergebnisse erhalten, weil nicht die übliche Auslastung der IT-Systeme vorliegt.
	Suchen Sie außerdem Mitarbeiter, die für ihr Team und ihre Anwendungen zuständig sind und über alles Bericht erstatten, was sie finden. Es ist entscheidend, dass die Benutzer der Anwendungen die Umstellungen akzeptieren.
Verwenden Sie Anwendungen auf Rollenbasis?	Vielleicht verwendet Ihre Organisation Anwendungen auf Rollenbasis. Damit sind Anwendungen gemeint, die auf eine bestimmte Arbeitsplatzbeschreibung und die damit verbundenen Aufgaben zugeschnitten sind. Ein häufig verwendetes Beispiel sind Buchhalter und ihre Buchhaltungsanwendungen. Eine Überprüfung der Verwendung von Anwendungen im Zusammenhang mit der Arbeitsplatzbeschreibung und den Aufgaben des Mitarbeiters ermöglicht eine bessere Erfassung der Anwendungen in Ihrer Organisation.
Wie verteilen Sie Anwendungen in Ihrer Organisation?	Sie können Anwendungen auf vielfältige Weise in einer Organisation verteilen, beispielsweise mit Gruppenrichtlinien, IntelliMirror, Microsoft System Center Configuration Manager 2007 oder einer benutzerdefinierten Verteilungsmethode. Durch eine Überprüfung Ihrer Softwareverteilungsrichtlinien in Verbindung mit dem Anwendungsinventar erreichen Sie eine bessere Abdeckung und müssen weniger DCPs bereitstellen.
Wie lässt sich Ihre Organisation geografisch aufteilen?	Bei der Planung der DCP-Bereitstellung müssen Sie auch die geografische Verteilung Ihrer Organisation berücksichtigen. Wenn Sie beispielsweise Niederlassungen in Nordamerika, Asien und Europa haben, müssen Sie die Verwendungsmuster der Anwendungen in jeder geografischen Region erfassen. Berücksichtigen Sie dabei auch die Aufteilung der Anwendungen nach Abteilungen oder Sparten, lokalisierte Versionen der Anwendungen, regionsspezifische Anwendungen und Exportbeschränkungen. Wir empfehlen, sich mit den Firmenleitungen und den technischen Leitern jeder Region zu beraten, damit Sie diese Unterschiede verstehen.
Welche Arten von Computern gibt es in Ihrer Organisation und wie werden sie benutzt?	Computertypen und Verwendungsmuster können für Ihre DCP-Bereitstellung eine große Rolle spielen. Die folgenden Abschnitte beschreiben einige der gebräuchlichsten Computertypen und Verwendungsmuster: ■ **Mobilcomputer und Laptops** Mobile Benutzer arbeiten häufig offline und synchronisieren ihre Daten von Zeit zu Zeit über eine LAN-Verbindung oder ein virtuelles privates Netzwerk (VPN) mit dem Firmennetzwerk. Wegen der großen Wahrscheinlichkeit, dass ein Benutzer für einen langen Zeitraum nicht mehr online ist, müssen Sie dafür sorgen, dass der Benutzer zum Herunterladen und Installieren des DCPs online ist und auch später wieder online geht, um die aufgezeichneten Daten hochzuladen. ■ **Mehrbenutzercomputer** Mehrbenutzercomputer sind gewöhnlich in Computerräumen einer Universität, in Bibliotheken und in Organisationen zu finden, die Jobsharing betreiben. Diese Computer sind sehr stark abgesichert und bieten eine Kerngruppe von Anwendungen, die immer verfügbar sind, sowie viele Anwendungen, die nach Bedarf installiert und wieder entfernt werden können. Da diese Computer gewöhnlich über eine Kerngruppe von Anwendungen verfügen, die Benutzern oder Computern zugeordnet werden, können Sie sich bei der Installation der DCPs zur Erfassung der Anwendungen und Verwendungsmuster auf eine Teilmenge der Clientcomputer beschränken. ■ **AppStations/TaskStations** AppStations, auf denen vertikale Anwendungen laufen, werden gewöhnlich in den Bereichen Marketing, Kreditwesen und Kundendienst eingesetzt. Auf TaskStations wird gewöhnlich nur eine einzige Anwendung verwendet, beispielsweise als Eingabegerät in einer Fabrikhalle oder in einem Callcenter. Da beide Computerarten normalerweise nicht zulassen, dass Benutzer Anwendungen installieren oder entfernen, und diese Geräte für ▶

Kriterium	Beschreibung
	bestimmte Benutzerrollen und Aufgabenbereiche reserviert sind, reicht es aus, DCPs auf einer kleinen Teilmenge der Clientcomputer zu installieren, um die Anwendungen und Verwendungsmuster zu erfassen.
	■ **Kioske** Kioske stehen gewöhnlich in öffentlichen Bereichen. Diese Computer laufen unbeaufsichtigt und sind stark gesichert. Gewöhnlich wird nur ein einziges Programm ausgeführt, für das ein spezielles Benutzerkonto und eine automatische Anmeldung eingerichtet wird. Da auf diesen Computern gewöhnlich nur eine einzige Anwendung verwendet wird, reicht es aus, DCPs auf einer kleinen Teilmenge der Clientcomputer zu installieren, um die Anwendungen und Verwendungsmuster zu erfassen.

Auswählen einer Bereitstellungsmethode

Microsoft empfiehlt, die Bereitstellungsmethode für DCPs auf die vorhandene Infrastruktur abzustimmen. Sie haben die Wahl unter mehreren Methoden, mit denen Sie ein DCP auf die vorgesehenen Clientcomputer installieren können, einschließlich der folgenden Methoden (nach abnehmender Empfehlenswürdigkeit sortiert):

■ **System Center Configuration Manager 2007**   Nachdem Sie ein Inventar Ihrer Anwendungen erstellt haben, können Sie mit der Softwarebereitstellungsfunktion von System Center Configuration Manager 2007 die DCPs auf den Clientcomputern bereitstellen. Außerdem sind die Bestandsinformationen, die er enthält, eine wertvolle Hilfe.

■ **Gruppenrichtlinie *Softwareinstallation***   Erstellen Sie für jedes DCP ein *.msi*-Paket und verwenden Sie dann die Gruppenrichtlinie *Softwareinstallation* der Active Directory-Domänendienste (AD DS) unter Windows Server 2008 und Windows Server 2008 R2 zur Bereitstellung. Alle Clientcomputer, auf denen Sie das DCP bereitstellen, müssen zur AD DS-Gesamtstruktur gehören.

■ **Anmeldeskripts**   Während Sie auf den Clientcomputern bei einer Domäne angemeldet werden, können Sie unter Windows Server 2008 und Windows Server 2008 R2 die Installation von DCPs mit Anmeldeskripts einleiten.

■ **Bereitstellungssoftware anderer Hersteller**   Wenn Ihre Organisation eine Softwarebereitstellungsinfrastruktur von anderen Herstellern verwendet, stellen Sie die DCPs mit dieser Infrastruktur bereit. Informationen über die Anforderungen der Bereitstellungssoftware erhalten Sie vom Hersteller der Bereitstellungssoftware.

■ **Manuelle Verteilung**   Für Computer, die nicht am Netzwerk angeschlossen sind oder deren Verbindungen zu langsam sind, beispielsweise in kleinen Filialen, sind manuelle Verteilungsmethoden verfügbar. Sie können die DCPs beispielsweise per E-Mail oder auf einem physischen Datenträger wie CD oder USB-Flashlaufwerk versenden.

Auswählen eines Speicherorts für Protokolldateien

Wenn Sie im ACM ein DCP erstellen, können Sie einen Speicherort für die resultierenden Protokolldateien auswählen. Folgende Optionen sind verfügbar:

■ **Wählen Sie eine ACT-Standardprotokollbearbeitungsfreigabe**   Wenn Sie diese Option wählen, schreibt das DCP die Protokolldateien automatisch in die ACT-Protokollbearbeitungsfreigabe. Ist die ACT-Protokollbearbeitungsfreigabe nicht verfügbar, wenn der angegebene Zeitpunkt zum Hochladen gekommen ist, macht das DCP zwei weitere Versuche. Besteht das Problem weiterhin, speichert das DCP die Protokolldatei an dem Ort, der in der nächsten Option festgelegt wird. Im nächsten Hochladeintervall werden die Versuche für alle Dateien wiederholt.

- **Wählen Sie** *Local (%ACTAppData%\DataCollector\Output)*   Wenn Sie diese Option wählen, erstellt das DCP die Protokolldateien auf dem lokalen Computer und der zuständige Administrator muss die Dateien manuell auf die ACT-Protokollbearbeitungsfreigabe kopieren. Das ist eine gute Lösung für mobile Benutzer, die nicht ständig mit dem Netzwerk verbunden sind. Wenn Sie diese Option wählen, empfiehlt Microsoft, dass Sie Ihre Benutzer darüber informieren, wie die gesammelten Daten auf die ACT-Protokollbearbeitungsfreigabe kopiert werden, oder dass Sie eine andere Methode verwenden sollen, um die Daten von den Clientcomputern auf die ACT-Protokollbearbeitungsfreigabe zu kopieren.

- **Wählen Sie eine Netzwerkfreigabe**   Wenn Sie diese Option wählen, müssen Sie überprüfen, ob der DCP-Dienst über Schreibzugriff auf diesen Speicherort verfügt. Dies ist eine gute Option für Firmen, die auf mehreren Kontinenten über Niederlassungen verfügen, beispielsweise in Nordamerika und Europa. Ein IT-Administrator kann für Nordamerika und Europa verschiedene DCPs und Dateifreigaben erstellen. Das wiederum versetzt Administratoren in die Lage, die gesammelten Protokolldateien an einem zentralen Speicherort zusammenzufassen. Anschließend werden die Protokolldateien zur Bearbeitung und zur Übernahme der Daten in die ACT-Datenbank auf die ACT-Protokollbearbeitungsfreigabe kopiert.

Vorbereitungen für das ACT

Bevor Sie das ACT konfigurieren und verwenden können, müssen Sie überprüfen, ob die Software unterstützt wird, ob die Hardwarevoraussetzungen erfüllt werden und ob Sie die erforderlichen Berechtigungen und die Infrastruktur konfiguriert haben. Tabelle 5.2 listet die Software auf, die für das ACT erforderlich ist. Tabelle 5.3 nennt die Hardwarevoraussetzungen für den Einsatz des ACT.

Tabelle 5.2   Softwarevoraussetzungen für das ACT

Software	Unterstützte Versionen
Betriebssysteme	<ul><li>Windows 7</li><li>Windows Vista</li><li>Windows Vista SP1</li><li>Windows Vista SP2</li><li>Windows XP SP2</li><li>Windows XP SP3</li><li>Windows Server 2008 R2</li><li>Windows Server 2008</li><li>Windows Server 2003 SP2</li></ul>
Proxyserver	Das ACT unterstützt nur Microsoft Internet Security and Acceleration Server-Proxyserver (ISA Server)
Datenbank	Nach der Installation des ACT ist eine der folgenden Datenbankkomponenten erforderlich: SQL Server 2005, SQL Server 2005 Express, SQL Server 2008 oder SQL Server 2008 Express. *Bitte beachten:* Das ACT unterstützt nicht die Microsoft Database Engine (MSDE) oder Microsoft SQL Server 2000.
.NET Framework	Das ACT benötigt Microsoft .NET Framework 2.0 oder höher.

Tabelle 5.3   Hardwarevoraussetzungen für das ACT

ACT-Komponente	Mindestvoraussetzung	Empfohlene Ausstattung
ACT-Protokollbearbeitungsdienstserver und ACM-Client	550-MHz-Prozessor mit 256 MByte RAM	2.8-GHz-Prozessor mit 2 GByte RAM
ACT-Clientdatenbanken	1-GHz-Prozessor mit 512 MByte RAM	2.8-GHz-Prozessor mit 2 GByte RAM

Sie müssen spezielle Voraussetzungen schaffen, bevor Sie mit dem Update Compatibility Evaluator (UCE), dem SAT oder dem Compatibility Administrator arbeiten können. Weitere Informationen erhalten Sie in der Dokumentation des ACT 5.5. Der UCE ist nicht zu 64-Bit-Versionen von Windows kompatibel.

Freigeben des Protokollbearbeitungsordners

Wenn Ihre DCPs auf eine ACT-Protokollbearbeitungsfreigabe schreiben, müssen Sie dafür sorgen, dass auf der Ebene der Freigabe und des Ordners die erforderlichen Berechtigungen vorliegen:

- **Freigabeberechtigungen**   Sorgen Sie dafür, dass die Gruppe *Jeder* im Ordner der ACT-Protokollbearbeitungsfreigabe über die Berechtigungen *Ändern* und *Lesen* verfügt.

- **Ordnerberechtigungen (nur NTFS)**   Sorgen Sie dafür, dass die Gruppe *Jeder* über Schreibzugriff verfügt und dass das Konto des ACT-Protokollbearbeitungsdienstes über die Berechtigungen *Ordnerinhalt anzeigen*, *Lesen* und *Schreiben* verfügt. Wenn der ACT-Protokollbearbeitungsdienst als *Lokales System* ausgeführt wird, handelt es sich um das Konto *Domäne\Computer$*. Wenn der ACT-Protokollbearbeitungsdienst mit einem Benutzerkonto ausgeführt wird, betrifft dies das Benutzerkonto.

Vorbereiten auf Microsoft Compatibility Exchange

Konfigurieren Sie die Infrastruktur Ihrer Organisation so, dass sie Microsoft Compatibility Exchange unterstützt und die Sicherheit und Stabilität des Intranets schützt. Die empfohlene Konfiguration erfordert, dass Sie den entsprechenden Benutzern auf den dafür vorgesehenen Computern mit der Sicherheits- und Netzwerkinfrastruktur den Zugriff auf Microsoft Compatibility Exchange ermöglichen. Um die Infrastruktur für den Zugriff auf Microsoft Compatibility Exchange zu konfigurieren, gehen Sie folgendermaßen vor:

1. Konfigurieren Sie Ihre Firewalls und URL-Scanner (Uniform Resource Locator) so, dass sie den Zugriff auf Microsoft Compatibility Exchange zulassen. Zu diesem Zweck nehmen Sie folgende Einstellungen vor:

   - Lassen Sie auf allen Computern, auf denen der ACM verwendet wird, für den SSL-Standardport 443 (Secure Sockets Layer) ausgehende Zugriffe zu.

   - Beschränken Sie ausgehende Zugriffe auf Microsoft Compatibility Exchange und lassen Sie solche Zugriffe in Ihrer Organisation nur auf den dafür vorgesehenen Computern und durch die dafür vorgesehenen Benutzer zu.

   - Aktivieren Sie den Zugriff auf Microsoft Compatibility Exchange (*https://appinfo.microsoft. com/AppProfile50/ActWebService.asmx*). Das ist nur erforderlich, wenn der Zugriff durch eine Firewall erfolgt.

2. Weisen Sie jedem Benutzerkonto, mit dem Anmeldungen auf dem Computer erfolgen, auf dem der ACT-Protokollbearbeitungsdienst ausgeführt wird, die Datenbankrollen *db_datareader, db_datawriter* und *db_owner* zu.

3. Weisen Sie jedem Benutzerkonto, mit dem Anmeldungen auf dem Computer erfolgen, auf dem das ACM verwendet wird, die Datenbankrollen *db_datareader* und *db_datawriter* zu.

Installieren des ACT 5.5

Sie können das ACT 5.5 aus dem Microsoft Download Center unter *http://www.microsoft.com/ downloads* herunterladen. Überprüfen Sie vor der Installation, ob der Computer, auf dem Sie ihn installieren, die Voraussetzungen erfüllt, die im Abschnitt »Vorbereitungen für das ACT« dieses Kapitels beschrieben wurden.

So installieren Sie das ACT:

1. Klicken Sie *Application Compatibility Toolkit.msi* mit der rechten Maustaste an und klicken Sie dann auf *Installieren*.

2. Klicken Sie auf *Next*.

3. Klicken Sie auf der Seite *License Agreement* auf *I accept the terms in the license agreement* und dann auf *Next*.

4. Falls Sie das ACT 5.5 nicht im Standardordner installieren möchten, klicken Sie auf der Seite *Installation Folder* auf *Change* und legen den gewünschten Ordner fest. Klicken Sie auf *Next*.

5. Klicken Sie auf *Install*.

6. Klicken Sie auf *Finish*.

Konfigurieren des ACM

Bevor Sie den ACM (Application Compatibility Manager) verwenden können, um Kompatibilitäts- daten zu sammeln und zu analysieren, müssen Sie das Tool konfigurieren. Dazu müssen Sie folgende Komponenten konfigurieren: Ihre SQL Server-Instanz und Datenbank, Ihr ACT-Protokollbearbeitungs- dienstkonto und Ihre ACT-Protokollbearbeitungsfreigabe.

Der ACT Configuration Wizard ermöglicht Ihnen die Konfiguration der ACT-Datenbank, der ACT- Protokollbearbeitungsfreigabe und des ACT-Protokollbearbeitungsdienstkontos. Überprüfen Sie Folgendes, bevor Sie den Assistenten starten:

■ Sie sind mit Administratorrechten am Computer angemeldet und verfügen über die Berechtigungen zum Lesen und Schreiben in der Datenbank.

■ Ihr Domänencomputer verfügt über die Berechtigung zum Schreiben in der ACT-Protokollbear- beitungsdienstfreigabe.

■ Das ACT-Protokollbearbeitungsdienstkonto verfügt über die Berechtigung zum Lesen und Schrei- ben in der ACT-Datenbank für das Konto *Domäne\Computer*$.

■ Auf jedem Computer, der als ACT-Protokollbearbeitungsserver dient, ist der ACT-Client installiert.

Zur Konfiguration von ACM gehen Sie folgendermaßen vor:

1. Klicken Sie auf *Start*, zeigen Sie auf *Alle Programme*, klicken Sie auf *Microsoft Application Compatibility Toolkit 5.5* und wählen Sie dann *Application Compatibility Manager*, um den ACT Configuration Wizard zu starten.

2. Lesen Sie die auf der Seite angezeigten Informationen und klicken Sie dann auf *Weiter*.

3. Klicken Sie auf der Seite *Select The Configuration Option* auf *Enterprise configuration* und dann auf *Next*.

4. Geben Sie auf der Seite *Configure Your ACT Database Settings* im Textfeld *SQL Server* den Namen der SQL Server-Instanz ein, die die ACT-Datenbank aufnehmen soll, und klicken Sie dann auf *Connect*. Geben Sie im Textfeld *Database* einen eindeutigen Namen für die neue Datenbank ein, beispielsweise **ACT_Datenbank**, und klicken Sie dann auf *Create*. Klicken Sie auf *Next*.

5. Geben Sie auf der Seite *Configure Your Log File Location* im Textfeld *Path* den Pfadnamen des Ordners ein, in dem die ACT-Protokolldateien gespeichert werden sollen, oder klicken Sie auf *Browse*, um einen vorhandenen Ordner herauszusuchen oder einen neuen Ordner zu erstellen. Geben Sie im Textfeld *Share as* einen Namen für die Freigabe ein und klicken Sie auf *Weiter*.

6. Klicken Sie auf der Seite *Configure Your ACT Log Processing Service Account* auf *Local System*, um für den Start des ACT-Protokollbearbeitungsdienstes die Anmeldeinformationen des Kontos *Lokales System* zu verwenden, und klicken Sie dann auf *Weiter*. Sie haben auch die Option, auf *User account* zu klicken. Wenn Sie diese Option wählen, verwendet das ACT für den Start des ACT-Protokollbearbeitungsdienstes das angegebene lokale Benutzerkonto. Außerdem müssen Sie bei der Wahl dieser Option einen Benutzernamen, ein Kennwort und die Domäne festlegen und dem Benutzer die Berechtigung *Anmelden als Dienst* geben.

7. Klicken Sie auf *Finish*.

Auch nach dem Schließen des Assistenten können Sie jede der ACT Konfigurationseinstellungen noch ändern. Wählen Sie im Menü *Tools* des Application Compatibility Manager den Menüpunkt *Settings* und nehmen Sie im Dialogfeld *Settings* die gewünschten Änderungen vor (Abbildung 5.5).

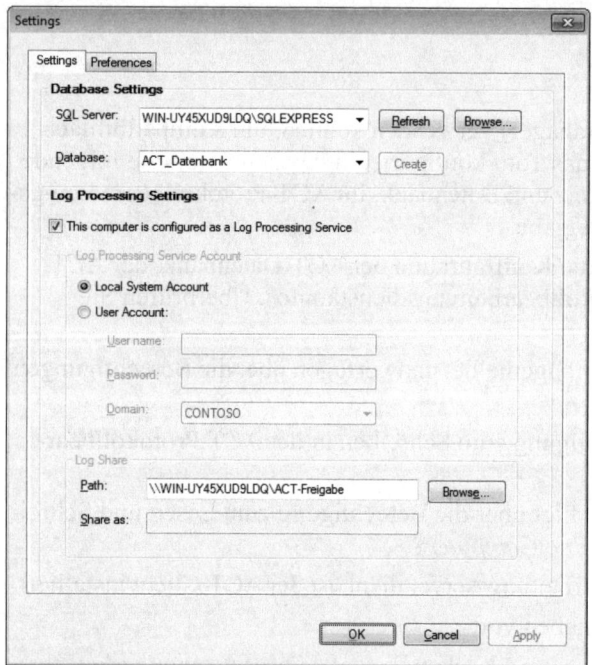

Abbildung 5.5   ACT-Einstellungen

Sammeln von Kompatibilitätsdaten

Das ACT ermöglicht Ihnen die Aufstellung einer Inventarliste der installierten Software, Hardware und Geräte in Ihrer Organisation. Außerdem bietet das ACT Kompatibilitätsbewerter, die Sie in Ihren DCPs auf den Clientcomputern bereitstellen. Kompatibilitätsbewerter sind Tools, die zur Laufzeit die Aktivitäten auf dem Computer des Benutzers protokollieren und nach potenziellen Kompatibilitätsproblemen suchen.

Die Datensammlung mit dem ACT läuft folgendermaßen ab:

1. Sie erstellen mit dem Application Compatibility Manager (ACM) ein neues DCP. Jedes DCP enthält einen oder mehrere Kompatibilitätsbewerter und den Inventory Collector.

2. Sie stellen die DCPs mit System Center Configuration Manager 2007, Gruppenrichtlinien oder einer anderen Softwareverteilungstechnologie auf der festgelegten Teilmenge der Clientcomputer bereit. Die Bewerter laufen so lange, wie Sie es bei der Erstellung des DCPs festgelegt haben, und dann wird die Datendatei (*.cab*) auf Ihre ACT-Protokollbearbeitungsfreigabe hochgeladen.

3. Der ACT-Protokollbearbeitungsdienst, der auf einem Server ausgeführt wird, liest die Daten von der ACT-Protokollbearbeitungsfreigabe ein, bearbeitet sie und speichert die ermittelten Informationen in Ihrer ACT-Datenbank.

4. Der ACM liest die Daten aus Ihrer ACT-Datenbank ein, um zu ermitteln, wie viele Computer Daten geliefert haben und wie weit die Datensammlung fortgeschritten ist. Der ACM verwendet die Daten aus der ACT-Datenbank auch zur Erstellung von Berichten und zur Anzeige der gesammelten Daten.

Mit dem ACM können Sie DCPs erstellen, um Informationen über die installierte Software, Hardware und Geräte zu sammeln und um auf den ausgewählten Clientcomputern Kompatibilitätsprobleme mit Anwendungen, Websites oder Windows Updates zu erkennen. Welche Kompatibilitätsbewerter das ACT enthält, wurde in diesem Kapitel bereits im Abschnitt »Kompatibilitätsbewerter« beschrieben.

Nach der Erstellung eines DCPs stellen Sie es mit einer der Methoden bereit, die in diesem Kapitel im Abschnitt »Auswählen einer Bereitstellungsmethode« beschrieben wurden. Da es sich bei einem DCP um eine *.msi*-Datei handelt, die sich ohne weitere Interaktionen installieren lässt, unterscheidet sich die Bereitstellung nicht wesentlich von der Bereitstellung anderer Anwendungen. Informationen über die Bereitstellung von Anwendungen finden Sie in Kapitel 8, »Bereitstellen von Anwendungen«.

Zur Erstellung eines DCPs für die Bereitstellung von Windows 7 gehen Sie folgendermaßen vor:

1. Klicken Sie im ACM auf *File* und dann auf *New*.

2. Das *New_Package*-Dialogfeld öffnet sich. Geben Sie im Textfeld *Name* einen eindeutigen Namen für Ihr DCP ein, beispielsweise **Windows_Bereitstellung**.

3. Klicken Sie im Bereich *Evaluate compatibility when* auf *Deploying a new Operating System or Service Pack*. Diese Bewerteroption umfasst standardmäßig den Inventory Collector, den UACCE und den WCE. Wenn Sie möchten, können Sie auf die Schaltfläche *Advanced* klicken, um die Bewerter auszusuchen, die in das Paket aufgenommen werden sollen.

4. Legen Sie im Bereich *When to monitor application usage* den Startzeitpunkt, die Dauer und das Hochladeintervall fest.

5. Übernehmen Sie im Textfeld *Output Location* den vorgegebenen Standardwert, den Sie zuvor im Configuration Wizard festgelegt haben (siehe die Abbildung auf der folgenden Seite).

6. Klicken Sie im Menü *File* auf *Save and Create Data Collection Package* und speichern Sie das kompilierte DCP als eine *.msi*-Datei an einem zugänglichen Ort ab, beispielsweise auf einer Netzwerkfreigabe.

Zur Anzeige des Status eines DCPs gehen Sie folgendermaßen vor:

1. Klicken Sie im linken Bereich des ACM auf *Collect*.

2. Klicken Sie im Abschnitt *Current View* der *Collect*-Ansicht auf *By Status*. Die *Collect*-Ansicht zeigt Ihnen nun die bereitgestellten DCPs und ihre Zustände an, an denen Sie ablesen können, ob die Datensammlung bereits abgeschlossen ist oder noch läuft.

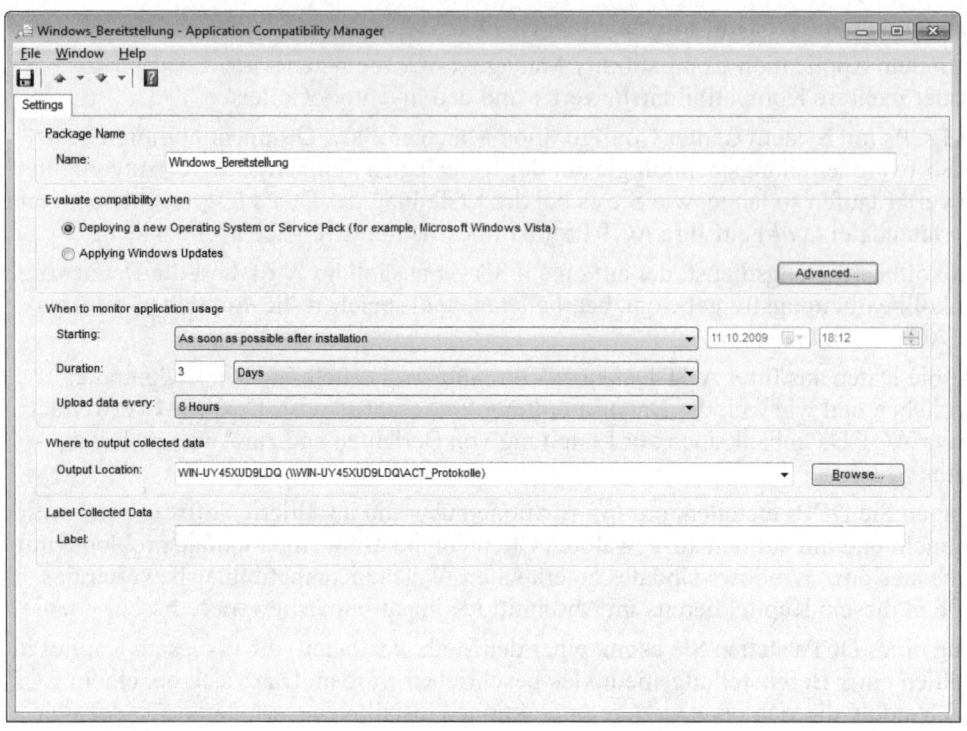

Analysieren von Kompatibilitätsdaten

Das ACT ermöglicht Ihnen die Organisation und Analyse der Daten mit den Hilfsmitteln der Kategorisierung, Priorisierung, organisatorischen Einschätzung, Problem- und Lösungsverwaltung, Berichtverwaltung und Filterung. Sie können alle Kompatibilitätsdaten im *Quick Reports*-Bereich des ACM anzeigen und überprüfen (Abbildung 5.6).

Erstellen und Zuweisen von Kategorien

Sie können Kategorien erstellen, ändern und an alle Anwendungen, Computer, Geräte, Websites und Updates zuweisen, um die Daten zu filtern und den ACT-Kompatibilitätsbericht anzupassen. Nach der Zuweisung von Prioritäten ist die Zuweisung von Kategorien an die Software das am zweithäufigsten verwendete Analysetool:

- *Software Vendor* kann eine nützliche Kategorie sein, weil Sie zu jedem der Lieferanten wahrscheinlich andere Geschäftsbeziehungen haben. Berichte mit einer Gruppierung nach Softwarelieferanten können von Nutzen sein, wenn Sie herausfinden möchten, was die Lieferanten in Bezug auf Softwarekompatibilität leisten.

- *Test Complexity* kann sich bei der Planung und Bereitstellung von Ressourcen als nützlich erweisen. Anwendungen mit hoher Komplexität erfordern vielleicht zusätzliche Ressourcen oder Unterstützung bei den Supportentscheidungen. Vielleicht möchten Sie für eine Anwendung mit der Prioritätseinstufung *Business Critical* und hoher Testkomplexität zusätzliche Ressourcen bereitstellen und eine Anwendung mit hoher Testkomplexität, die nur gewünscht wird, aber nicht unbedingt notwendig ist, von der Liste der unterstützten Software streichen.

■ *Unit of Deployment* ist eine weitere, oft verwendete Kategorie mit Unterkategorien wie *Division* und *Region*. Ihre Organisation kann für diese Daten natürlich andere Namenskonventionen verwenden, aber gewöhnlich lassen sich mit dieser Kategorie die Softwarevoraussetzungen für eine Bereitstellungseinheit nachverfolgen, damit die Bereitstellungsgruppe nach dem Test und der Genehmigung der Software ihre Arbeit fortsetzen kann.

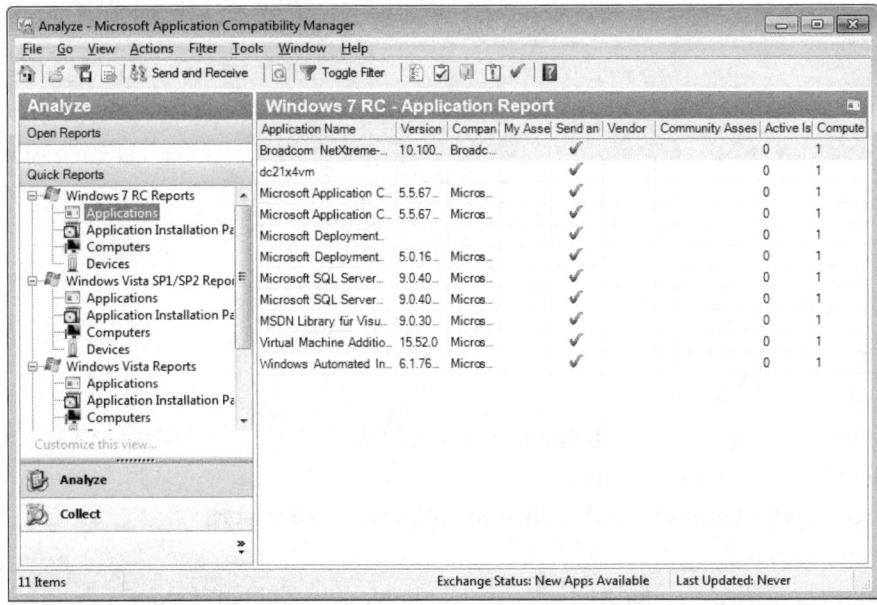

Abbildung 5.6   *Quick Reports* im ACM

Da die Kategorieangabe eine Zeichenfolge ist, die in einem erweiterbaren Dialogfeld mit Mehrfachauswahl festgelegt wird, können Sie die Kategorie für viele Dinge einsetzen. Eine kreative Verwendung wäre beispielsweise die Aufnahme einer Kategorie für Genehmigungen durch mehrere Benutzer, damit die Software nur dann autorisiert werden kann, wenn alle Kategorien gewählt wurden (das bedeutet, dass jede Gruppe ihre Genehmigung erteilt hat). Bei Bedarf können Sie natürlich noch andere Ideen für die kreative Verwendung der Kategorie entwickeln.

> **HINWEIS**   Standardmäßig weist das Dialogfeld *Category List* nur zwei Kategorien auf: *Software Vendor* und *Test Complexity*. Weitere Informationen über das Erstellen und Zuweisen von Kategorien und Unterkategorien finden Sie im Abschnitt »Categorizing Your Data« der ACT-Dokumentation.

Zur Erstellung von neuen Kategorien und Unterkategorien gehen Sie folgendermaßen vor:

1. Klicken Sie im ACM auf *Analyze*.
2. Klicken Sie im Abschnitt *Quick Reports* der *Analyze*-Ansicht unter dem Knoten *Windows 7 Reports* auf *Applications*.
3. Klicken Sie im Menü *Actions* auf *Assign Categories*.
4. Klicken Sie im Dialogfeld *Assign Categories* auf *Category List*.
5. Klicken Sie im Bereich *Categories* des Dialogfelds *Category List* auf *Add*, geben Sie den Namen der neuen Kategorie ein und drücken Sie dann die EINGABETASTE.

6. Klicken Sie im Bereich *Subcategories* des Dialogfelds *Category List*, das hier abgebildet ist, auf *Add*, geben Sie den Namen einer neuen Unterkategorie ein und drücken Sie dann die EINGABE-TASTE. Wiederholen Sie diesen Schritt für alle Unterkategorien, die Sie zur Kategorie hinzufügen möchten.

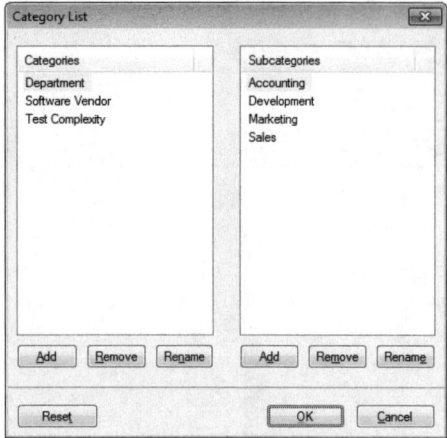

7. Schließen Sie das Dialogfeld *Category List* mit einem Klick auf *OK*.

8. Schließen Sie das Dialogfeld *Assign Categories*.

Zur Zuweisung einer Kategorie oder Unterkategorie gehen Sie folgendermaßen vor:

1. Klicken Sie im ACM auf *Analyze*.

2. Klicken Sie im Abschnitt *Quick Reports* der *Analyze*-Ansicht unter dem Knoten *Windows 7 Reports* auf *Applications*.

3. Klicken Sie im rechten Bereich unter *Windows 7 – Application Report* eine Anwendung mit der rechten Maustaste an und klicken Sie dann auf *Assign Categories*.

4. Wählen Sie im nachfolgend gezeigten Dialogfeld *Assign Categories* das Kontrollkästchen neben jeder Kategorie und Unterkategorie, die Sie der Anwendung zuweisen möchten.

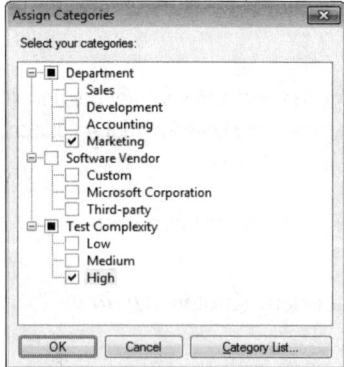

5. Schließen Sie das Dialogfeld *Assign Categories* mit einem Klick auf *OK*.

Priorisieren von Kompatibilitätsdaten

Sie können alle gesammelten Kompatibilitätsdaten nach den Anforderungen Ihrer Organisation priorisieren, mit Ausnahme der Installationspakete. Durch die Priorisierung lassen sich die Daten besser organisieren, sei es für weiter angepasste ACP-Kompatibilitätsberichte oder zu Filterungszwecken. Die folgenden Prioritätsstufen sind verfügbar:

- **Priority 1 – Business Critical** Kennzeichnet alle Komponenten, die so wichtig für Ihre Organisation sind, dass Sie die Bereitstellung nicht fortsetzen, wenn die Komponenten nicht kompatibel sind.

- **Priority 2 – Important** Umfasst alle Komponenten, die in Ihrer Organisation zwar regelmäßig verwendet werden, aber für die Funktionsfähigkeit der Organisation nicht zwingend erforderlich sind. Es ist dann Ihre Entscheidung, ob Sie die Bereitstellung fortsetzen, wenn Kompatibilitätsprobleme auftreten, die sich nicht beheben lassen.

- **Priority 3 – Nice to Have** Kennzeichnet alle Komponenten, die nicht zu den beiden bisher genannten Kategorien gehören, aber vom ACT-Kompatibilitätsbericht berücksichtigt werden sollen. Kompatibilitätsprobleme mit diesen Komponenten sollten Sie nicht von der Weiterführung der Bereitstellung abhalten.

- **Priority 4 – Unimportant** Kennzeichnet alle Komponenten, die für die tägliche Arbeit der Organisation ohne Bedeutung sind. Sie können diese Prioritätsstufe verwenden, um unwichtige Komponenten aus Ihren Berichten herauszufiltern.

- **Nicht angegeben** Die Standardprioritätsstufe, die automatisch jeder Komponente zugewiesen wird. Ihre Organisation kann diese Prioritätsstufe verwenden, um Anwendungen zu kennzeichnen, die bisher noch nicht überprüft wurden.

Zur Priorisierung Ihrer Kompatibilitätsdaten gehen Sie folgendermaßen vor:

1. Klicken Sie im linken Bereich des ACM auf *Analyze*.
2. Klicken Sie im Bereich *Quick Reports* unter dem Knoten *Windows 7 Reports* auf *Applications*.
3. Klicken Sie im rechten Bereich unter *Windows 7 – Application Report* eine Anwendung mit der rechten Maustaste an und klicken Sie dann auf *Set Priority*.
4. Wählen Sie im nachfolgend gezeigten Dialogfeld *Set Priority* eine Priorität aus und klicken Sie dann auf *OK*.

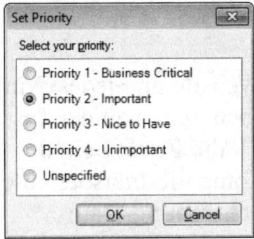

Bewerten der Anwendungskompatibilität

Sie können für jede Anwendung, jedes Anwendungsinstallationspaket und jede Website eine Bewertung vornehmen. Durch diese Bewertung können Sie angeben, bei welchen Anwendungen sich im Zuge der Tests Probleme gezeigt haben. Außerdem lassen sich die Daten durch die Festlegung der Bewertungen besser organisieren, sei es für weiter angepasste ACP-Kompatibilitätsberichte oder zu Filterungszwecken.

HINWEIS   Microsoft, der Hersteller der Anwendung und die ACT-Community können ebenfalls Bewertungen vornehmen. Sie können sich in den entsprechenden Reportansichten eine Zusammenfassung der Bewertungen oder die Einzelbewertungen der Anwendungen anzeigen lassen. In der ACT-Dokumentation finden Sie weitere Informationen über die Anzeige der Bewertungen.

Folgende Bewertungen stehen zur Wahl:

- **Works**   Gibt an, dass sich im Zuge der Testläufe in Ihrer Organisation keine Probleme gezeigt haben.

- **Works with minor issues or has solutions**   Gibt an, dass sich bei den Testläufen in Ihrer Organisation kleinere Probleme gezeigt haben (Schweregrad 3), beispielsweise Schreibfehler in der Benutzeroberfläche, oder ein Problem, für das es eine Lösung gibt.

- **Does not work**   Gibt an, dass sich bei den Testläufen in Ihrer Organisation Probleme mit dem Schweregrad 1 oder 2 gezeigt haben.

- **No data**   Weder Ihre Organisation, Microsoft, der Hersteller der Anwendung oder Website noch die ACT-Community hat Daten bereitgestellt.

Gehen Sie folgendermaßen vor, um eine Bewertung vorzunehmen:

1. Klicken Sie im linken Bereich des ACM auf *Analyze*.
2. Klicken Sie im Bereich *Quick Reports* unter dem Knoten *Windows 7 Reports* auf *Applications*.
3. Klicken Sie im rechten Bereich unter *Windows 7 – Application Report* eine Anwendung mit der rechten Maustaste an und klicken Sie dann auf *Set Assessment*.
4. Wählen Sie im hier gezeigten Dialogfeld *Set Assessment* eine Bewertung aus und klicken Sie dann auf *OK*.

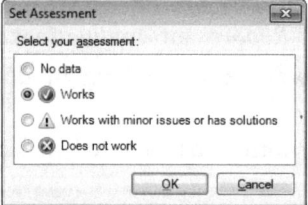

Festlegen des Bereitstellungsstatus

Sie können für jede Anwendung, jedes Anwendungsinstallationspaket, jede Website und jedes Windows-Update einen Bereitstellungsstatus angeben. Dadurch können Sie angeben, wie weit der Test einer Komponente vorangeschritten ist. Außerdem lassen sich die Daten durch die Festlegung des Bereitstellungsstatus besser organisieren, sei es für weiter angepasste ACP-Kompatibilitätsberichte oder zu Filterungszwecken. Folgende Einstellungen sind zur Angabe des Bereitstellungsstatus möglich:

- **Not Reviewed**   Ihre Organisation hat die Komponente noch nicht überprüft, um die Folgewirkungen, die Voraussetzungen oder die Bereitstellungsoptionen zu ermitteln.

- **Testing**   Ihre Organisation testet die Komponente auf Kompatibilitätsprobleme.

- **Mitigating**   Ihre Organisation erstellt Lösungen für die aufgetretenen Kompatibilitätsprobleme.

- **Ready To Deploy**   Ihre Organisation hat die Tests abgeschlossen, aufgetretene Kompatibilitätsprobleme behoben und die Komponente als bereitstellbar eingestuft.

- **Will Not Deploy**   Ihre Organisation möchte, dass die Komponente nicht bereitgestellt werden soll.

Zur Einstellung des Bereitstellungsstatus gehen Sie folgendermaßen vor:

1. Klicken Sie im linken Bereich des ACM auf *Analyze*.

2. Klicken Sie im Bereich *Quick Reports* unter dem Knoten *Windows 7 Reports* auf *Applications*.

3. Klicken Sie im rechten Bereich unter *Windows 7 – Application Report* eine Anwendung mit der rechten Maustaste an und klicken Sie dann auf *Set Deployment Status*.

4. Wählen Sie im hier gezeigten Dialogfeld *Set Deployment Status* einen Bereitstellungsstatus aus und klicken Sie dann auf *OK*.

Verwalten von Kompatibilitätsproblemen

Die Kompatibilitätsbewerter, Microsoft Compatibility Exchange und die ACT-Community liefern zwar Informationen über Anwendungskompatibilitätsprobleme, aber vielleicht stoßen Sie trotzdem auf ein Problem, das noch nicht dokumentiert wurde. Nachdem Sie Ihre Problembeschreibung erstellt haben, können Sie Microsoft Compatibility Exchange verwenden, um die Beschreibung hochzuladen und Ihre Informationen Microsoft und der ACT-Community bekannt zu machen, sofern Sie dort Mitglied sind. Sie können auch Lösungen zu jedem Kompatibilitätsproblem aus Ihrer ACT-Datenbank hinzufügen, auch wenn die Problembeschreibung nicht von Ihnen stammt.

Außerdem können Sie jedes offene Kompatibilitätsproblem aus Ihrer ACT-Datenbank lösen, auch wenn Sie die Problembeschreibung nicht erstellt haben. Ein Problem zu lösen bedeutet, dass Sie mit dem Ergebnis zufrieden sind und keine weiteren Bearbeitungsversuche vornehmen. Allerdings können Sie trotzdem noch Lösungen hinzufügen oder das Problem reaktivieren, falls Sie feststellen, dass die Lösung doch nicht wie erwartet funktioniert. Durch die Kennzeichnung eines Problems als gelöst ändert sich die Statusanzeige in Ihren Kompatibilitätsberichten, in den Detailberichten und in der Gesamtbewertung der ACT-Community von einem roten X in ein grünes Statussymbol.

Um eine Beschreibung eines Kompatibilitätsproblems zu erstellen, gehen Sie folgendermaßen vor:

1. Klicken Sie im linken Bereich des ACM auf *Analyze*.

2. Klicken Sie im Bereich *Quick Reports* unter dem Knoten *Windows 7 Reports* auf *Applications*.

3. Klicken Sie die Anwendung im Bereich *Windows 7 – Application Report* mit der rechten Maustaste an und klicken Sie dann auf *Open*.

4. Klicken Sie im Menü *Actions* auf *Add Issue*, um das Dialogfeld zur Erfassung neuer Problembeschreibungen zu öffnen.

5. Geben Sie im Textfeld *Title* eine Überschrift für das Problem ein.

6. Wählen Sie aus der Liste *Priority* eine Priorität aus.

7. Wählen Sie aus der Liste *Severity* einen Schweregrad aus.

8. Wählen Sie aus der Liste *Symptom* ein Symptom aus.

9. Wählen Sie aus der Liste *Cause* eine Ursache für das Problem aus.

10. Wählen Sie im hier gezeigten Feld *Affected Operating Systems* die Kontrollkästchen neben den Betriebssystemen aus, auf denen sich das Problem zeigt.

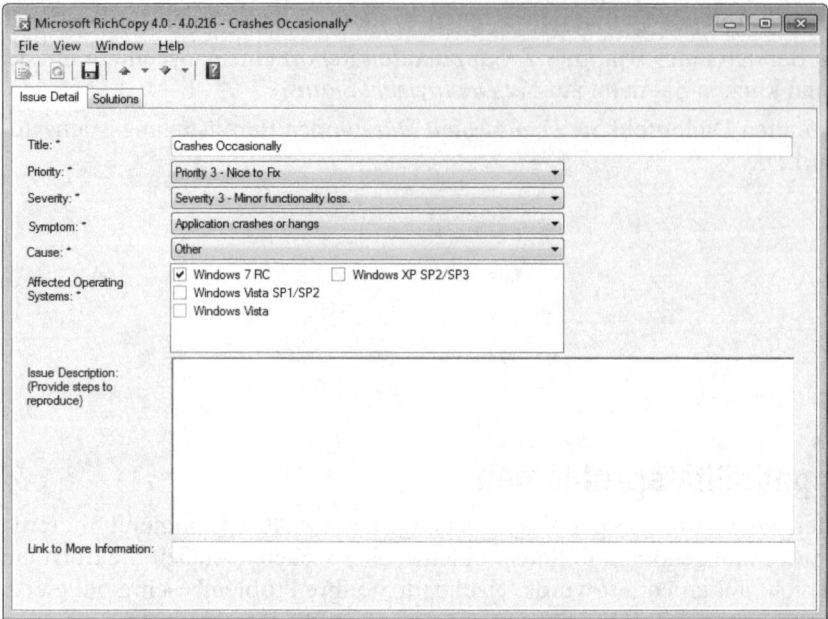

11. Geben Sie im Textfeld *Issue Description* eine Beschreibung des Problems ein.

12. Klicken Sie im Menü *File* auf *Save*.

So fügen Sie eine Lösung hinzu:

1. Klicken Sie im linken Bereich des ACM auf *Analyze*.

2. Klicken Sie im Bereich *Quick Reports* unter dem Knoten *Windows 7 Reports* auf *Applications*.

3. Klicken Sie die Anwendung im Bereich *Windows 7 – Application Report* mit der rechten Maustaste an und klicken Sie dann auf *Open*.

4. Klicken Sie das Problem, für das Sie eine Lösung hinzufügen möchten, auf der Registerkarte *Issues* mit einem Doppelklick an.

5. Klicken Sie auf die Registerkarte *Solutions* des Problembeschreibungseditors.

6. Klicken Sie im Menü *Actions* auf *Add Solution*.

7. Geben Sie im Textfeld *Title* eine Überschrift für die Lösung ein.

8. Wählen Sie aus der Liste *Solution Type* einen Lösungstyp aus.

9. Beschreiben Sie die Lösung im Feld *Solution Details*.

10. Klicken Sie auf *Save*.

Zur Lösung eines Kompatibilitätsproblems tun Sie Folgendes:

1. Klicken Sie im linken Bereich des ACM auf *Analyze*.

2. Klicken Sie im Bereich *Quick Reports* unter dem Knoten *Windows 7 Reports* auf *Applications*.

3. Klicken Sie die Anwendung im Bereich *Windows 7 – Application Report* mit der rechten Maustaste an und klicken Sie dann auf *Open*.

4. Klicken Sie das Problem, das Sie lösen möchten, auf der Registerkarte *Issues* mit einem Doppelklick an.

5. Klicken Sie im Menü *Actions* auf *Resolve*. Auf der Registerkarte *Issue Detail* erscheint der Hinweis, dass das Problem gelöst wurde, und in der Spalte *Status* der Registerkarte *Issues* erscheint ein grünes Statussymbol.

Filtern von Kompatibilitätsdaten

Sie können die Kompatibilitätsdaten Ihrer Organisation filtern, indem Sie für den Bericht, den Sie sich ansehen, bestimmte Auswahlkriterien festlegen. Zum Beispiel können Sie Ihre Anwendungen auf der Basis der Kategorie, Ihre Websites auf der Basis der Priorität oder ein Windows-Update nach dem Bereitstellungsstatus filtern.

Zur Erstellung eines Filters gehen Sie folgendermaßen vor:

1. Klicken Sie im ACM auf *Analyze*.

2. Klicken Sie im Abschnitt *Quick Reports* der *Analyze*-Ansicht unter dem Knoten *Windows 7 Reports* auf *Applications*.

3. Klicken Sie im Menü *Filter* auf *Toggle Filter*, um den Filter einzuschalten.

4. Wählen Sie im Bereich *Filter* ein Feld, einen Operator und einen Wert für den Filter. Um beispielsweise nur Anwendungen von Microsoft anzuzeigen, klicken Sie in der Spalte *Field* auf *Company* und in der Spalte *Operator* auf *Contains*. Dann geben Sie in der Spalte *Value* den Wert **Microsoft** ein. Nachdem Sie die Eingabe abgeschlossen haben, fügt der ACM automatisch eine neue leere Klausel (Zeile) hinzu.

5. Fügen Sie nach Bedarf weitere Klauseln hinzu. Durch die Wahl von *And* oder *Or* in der *And/Or*-Spalte können Sie festlegen, ob alle Klauseln wahr sein müssen oder ob es ausreicht, wenn einzelne Klauseln erfüllt sind.

6. Wählen Sie im Menü *View* den Menüpunkt *Refresh*, um die Kompatibilitätsdatenbank auf der Basis Ihres Filters anzuzeigen.

Sie können Ihren Filter weiter bearbeiten, indem Sie auf das Menü *Filter* klicken und dann nach Bedarf die Befehle *Cut*, *Copy*, *Paste*, *Insert Clause*, *Delete Clause* oder *Clear* wählen.

Speichern können Sie einen Filter folgendermaßen:

1. Wählen Sie im Menü *File* den Menüpunkt *Save As*.

2. Geben Sie im Dialogfeld *Speichern unter* den Pfad und Dateinamen der zu speichernden ACM-Berichtdatei (*.adq*) ein und klicken Sie auf *Speichern*.

Um einen Bericht zu exportieren, gehen Sie folgendermaßen vor:

1. Wählen Sie im Menü *File* den Menüpunkt *Export Report*.

2. Wählen Sie im Dialogfeld *Export Report Data* aus der Liste *Dateityp* einen der folgenden Berichttypen aus:

   - *Microsoft Excel Files (*.xls)*
   - *SV (Comma delimited) (*.csv)*
   - *XML Document (*.xml)*

3. Geben Sie im Textfeld *Dateiname* den Pfad und Dateinamen des Berichts ein und klicken Sie auf *Speichern*.

Synchronisieren mit Compatibility Exchange Service

Das ACT ermöglicht die Synchronisation Ihrer ACT-Datenbank mit Microsoft und der ACT-Community. Die Synchronisation erfolgt über den Microsoft Compatibility Exchange-Webdienst. Dieser Webdienst lädt von maßgebenden Quellen neue Informationen herunter, zum Beispiel von Microsoft und anderen Herstellern, und lädt Ihre Kompatibilitätsprobleme zu Microsoft hoch. Das ACT zeigt nur Anwendungen an, die in Ihrer Umgebung installiert und dem Dienst bekannt sind.

Zur Synchronisation mit Microsoft Compatibility Exchange gehen Sie folgendermaßen vor:

1. Klicken Sie im ACM auf *Actions* und dann auf *Send and Receive*.
2. Wenn Sie die Liste der Anwendungen überprüfen möchten, für die Sie Kompatibilitätsdaten senden, klicken Sie im Dialogfeld *Send and Receive Data* auf *Review the data before sending*. Sie können die Anwendungen auswählen, für die Sie Informationen übermitteln möchten. Sie können auch eine Protokolldatei mit den Daten, die Sie senden, einsehen und speichern.

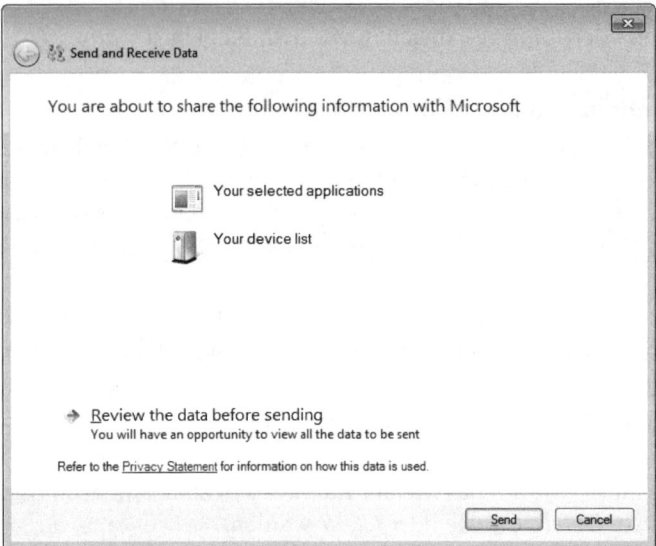

3. Klicken Sie auf *Send*.
4. Überprüfen Sie im ACM die aktualisierten Problemdaten für Ihre Anwendungen.

Rationalisieren eines Anwendungsinventars

Nach der Organisation und Analyse der Daten empfiehlt Microsoft die Erstellung eines Anwendungsportfolios für Ihre Organisation. Das Anwendungsportfolio ist eine Liste der Anwendungen, die in Ihrer Organisation verwendet werden, einschließlich spezifischer Details und Kompatibilitätsstatus.

Zur Erstellung eines Anwendungsportfolios gehen Sie folgendermaßen vor:

1. Erstellen Sie mit dem ACT ein Inventar Ihrer Anwendungen und sammeln Sie Kompatibilitätsdaten.
2. Organisieren Sie Ihre Daten anhand der Anforderungen, die Ihre Organisation stellt, und analysieren Sie dann die Daten.
3. Identifizieren Sie die Anwendungen, die im Inventar noch fehlen.

4. Wählen Sie die Versionen aus, die Sie im Rahmen Ihrer Bereitstellung von den inventarisierten Anwendungen bereitstellen wollen.

Identifizierung fehlender Anwendungen

Sie müssen herausfinden, welche Anwendungen bei der automatischen Erstellung der Inventarliste nicht erfasst wurden, weil sie vielleicht auf portablen Computern oder auf hoch gesicherten Systemen installiert wurden, die bei der Inventarisierung nicht zugänglich waren. Solche Anwendungen müssen Sie manuell dokumentieren.

Zur Identifizierung fehlender Anwendungen gehen Sie folgendermaßen vor:

1. Verteilen Sie das Anwendungsportfolio in Ihrer Organisation. Sorgen Sie dafür, dass insbesondere die Mitarbeiter eine Portfolioliste erhalten, die wissen, welche Anwendungen erforderlich sind.

2. Bitten Sie die im ersten Schritt genannte Gruppe, das Portfolio auf Fehler zu überprüfen.

3. Überprüfen Sie die Rückmeldungen, die Sie im zweiten Schritt erhalten haben, und untersuchen Sie das vorhandene Portfolio auf Fehler.

4. Führen Sie die Änderungen durch, die nach der Überprüfung erforderlich sind.

5. Veröffentlichen Sie das überarbeitete Anwendungsportfolio und holen Sie von den zuständigen Leuten die Genehmigung der Liste und der angegebenen Kompatibilitätsstatuswerte ein.

Auswählen der Anwendungsversionen

Um langfristig die Kosten zu verringern, müssen Sie die Anzahl der von der Organisation verwendeten Anwendungen verringern. Für jede unterstützte Anwendung ist ein gewisser Zeit- und Trainingsaufwand erforderlich. Sie brauchen Tools und Ressourcen, um die Anwendung bereitzustellen und zu unterstützen. Eine Standardisierung der Liste der unterstützten Anwendungen kann Ihnen dabei helfen, den Aufwand für den Support Ihrer bereitgestellten Computerkonfigurationen zu verringern.

Wenn Sie herausfinden, dass in Ihrer Organisation für dieselben Aufgaben mehrere Anwendungen verwendet werden, empfiehlt Microsoft, eine dieser Anwendungen auszuwählen und in das Standardportfolio zu übernehmen. Für die Auswahl bieten sich folgende Kriterien an:

- Die Anwendung ist Teil einer Anwendungssuite. Anwendungen, die zu einer Suite gehören, wie zum Beispiel Microsoft Office Word 2007, sind schwieriger aus dem Portfolio zu entfernen, weil man dann gewöhnlich die ganze Suite entfernen muss.

- Der Hersteller unterstützt die Anwendung auf dem neuen Betriebssystem. Eine frühe Überprüfung der Supportoptionen kann die Kosten später senken.

- Die Anwendung hält sich an die Vorgaben des *Designed for Windows*-Logo-Programms. Anwendungen, die das aktuelle Kompatibilitätslogo verwenden dürfen, halten sich an strenge Vorgaben für die Kompatibilität zur aktuellen Windows-Version.

- Die Anwendung wird mit einem *.msi*-Paket bereitgestellt. Wenn für die Installation der Anwendung ein *.msi*-Paket verfügbar ist, müssen Sie weniger Zeit für die Vorbereitung der Anwendung auf die Bereitstellung aufwenden.

- Die Anwendung eignet sich für AD DS. Sie können AD DS-fähige Anwendungen mit Gruppenrichtlinien verwalten.

- Bei der Anwendung handelt es sich um die neuste Version, die in Ihrem Inventar verfügbar ist. Die Bereitstellung neuer Versionen vereinfacht den langfristigen Support der Anwendung, weil veraltete Anwendungen vom Hersteller irgendwann nicht mehr unterstützt werden.

- Die Anwendung unterstützt mehrere Sprachen. Mehrsprachige Anwendungen in Kombination mit mehrsprachigen Betriebssystemen (wie Windows 7 mit seiner Unterstützung für mehrere Sprachen) bedeuten, dass Ihre Organisation keine lokalisierten Versionen der Anwendung mehr braucht.

- Die Anwendung weist den größeren Funktionsumfang auf. Anwendungen, die eine größere Anzahl von Features bieten, können mit einer größeren Wahrscheinlichkeit die Ansprüche vieler Benutzer erfüllen.

Zur Auswahl der passenden Version einer Anwendung gehen Sie folgendermaßen vor:

1. Identifizieren Sie die neuste Version der Anwendung, die in Ihrer Organisation installiert ist.

2. Überprüfen Sie, ob neuere Versionen der Anwendung verfügbar sind. Microsoft empfiehlt, die neuere Version in die Analyse mit einzubeziehen.

3. Überprüfen Sie, ob jede Version der Anwendung vom Hersteller unterstützt wird.

4. Überprüfen Sie die Lizenzbedingungen und die Kosten für jede Anwendung und Version.

5. Wählen Sie unter allen verfügbaren Versionen die Version aus, die auf allen Ihren Clientcomputern unterstützt wird.

6. Überprüfen Sie in Ihrer Testumgebung, ob die ausgewählte Version zu Ihrem neuen Betriebssystem, zu Windows Update und der Internet Explorer-Version kompatibel ist.

Testen und Beheben von Problemen

Nachdem Sie die Probleme im ACM analysiert haben, können Sie die Kompatibilitätsprobleme mit den Entwicklungstools aus dem ACT weiter untersuchen. Die Entwicklungstools ermöglichen Ihnen Tests auf eine Reihe von Kompatibilitätsproblemen, darunter Probleme mit Websites und Webanwendungen, mit der Ausführung als Standardbenutzer unter Windows 7 und Probleme, die sich aus den Aktionen des Installationsprogramms einer Anwendung ergeben könnten. Außerdem enthält das ACT ein Tool, mit dem Sie viele Kompatibilitätsprobleme lösen können: den Compatibility Administrator. Zur Lösung Ihrer Kompatibilitätsprobleme gehen Sie folgendermaßen vor:

1. Identifizieren Sie Ihre wichtigsten Anwendungen. Erstellen Sie ein Inventar der Anwendungen Ihrer Organisation und überprüfen Sie dann anhand der Statusangaben der Anwendungen, ob weitere Tests erforderlich sind.

2. Identifizieren Sie alle Anwendungskompatibilitätsprobleme. Testen Sie jede Anwendung und erfassen Sie alle Kompatibilitätsprobleme.

3. Lösen Sie alle Anwendungskompatibilitätsprobleme. Identifizieren und erstellen Sie mit den ACT-Tools Kompatibilitätsfixes. Zu den Tools zählen IECTT, die eigenständige oder virtuelle Version von SAT, der SUA und der Compatibility Administrator.

4. Verteilen oder installieren Sie Ihre getesteten Anwendungen und Lösungen. Verwenden Sie für die Bereitstellung der getesteten Anwendungen und Kompatibilitätsfixes auf den Clientcomputern ein Bereitstellungstool wie System Center Configuration Manager 2007.

Für den Test einer Anwendung auf einem neuen Betriebssystem empfiehlt Microsoft, die Standardsicherheitseinstellungen beizubehalten. Außerdem empfiehlt Microsoft, die Anwendungen gründlich zu testen und so viele Verwendungsszenarien aus Ihrer Organisation wie möglich nachzubilden. Schließlich empfiehlt Microsoft, dass Sie Ihre Probleme und Lösungen in den ACM eingeben, damit Sie die Daten zentral erfassen und auswerten können.

Für den Test einer Website oder Webanwendung empfiehlt Microsoft, Intranet- und Extranetsites zu berücksichtigen und die sich ergebende Liste danach zu priorisieren, wie wichtig die Site oder Anwendung für Ihre Organisation ist. Außerdem empfiehlt Microsoft, die Websites und Webanwendungen gründlich zu testen und möglichst viele Verwendungsszenarien aus Ihrer Organisation nachzubilden. Schließlich empfiehlt Microsoft, dass Sie Ihre Probleme und Lösungen in den ACM eingeben, damit Sie die Daten mit Microsoft und der ACT-Community austauschen können, um Lösungen für die Probleme zu finden.

Erstellen einer Testumgebung

Ihre Testumgebung sollte im Rahmen des gesamten Bereitstellungsprozesses eine langfristige Investition sein. Erhalten Sie die Testumgebung auch nach der Bereitstellung, damit sie für zukünftige Bereitstellungsprojekte verfügbar ist. Zur Erstellung der Testumgebung müssen Sie entscheiden, wie Sie die Produktivumgebung am besten modellieren. Richten Sie die Testumgebung so ein, dass sich die Problembehebungsstrategien möglichst automatisch testen lassen.

Microsoft empfiehlt, für die Entwicklung und den Test von Lösungen zur Behebung von Kompatibilitätsproblemen eine separate und isolierte Testumgebung einzurichten. Die Testumgebung sollte die Produktivumgebung so genau wie möglich nachbilden. In manchen Fällen kann es aber die bessere Lösung sein, das Testnetzwerk für vorhandene Produktivdienste zu öffnen, statt die Produktivumgebung im Detail nachzubilden. Beispielsweise könnte es sinnvoll sein, DHCP-Pakete (Dynamic Host Configuration Protocol) über die Router ins Testnetzwerk zu lassen. Einige Arbeiten können auch in einer Produktivumgebung durchgeführt werden, beispielsweise die Erfassung eines Anwendungsinventars. Zur Grundausstattung einer Testumgebung gehört Folgendes:

- DHCP-Dienste
- DNS-Dienste (Domain Name System)
- SQL Server 2005 oder SQL Server 2005 Express
- Benutzerkonten für Standardbenutzer und Administratoren
- Netzwerkhardware für den Internetzugang (zum Herunterladen von Updates, Dateien und so weiter)
- Testcomputer, die in der Hardware- und Softwarekonfiguration die Produktivcomputer so genau wie möglich nachbilden
- Eine Softwarebibliothek mit allen Anwendungen, die getestet werden sollen
- Windows Server 2008 R2 mit Hyper-V
- Bei Bedarf auch WINS-Dienste (Windows Internet Naming Service)

In den meisten Fällen müssen Sie die Problembehebungsstrategien mehr als einmal testen und in der Lage sein, zu einem früheren Zustand zurückzukehren. Eine Automatisierung der Testvorgänge verbessert die Reproduzierbarkeit und Einheitlichkeit der Testabläufe. Durch die Verwendung von Testautomatisierungstools können Sie die Tests in einer standardisierten und reproduzierbaren Weise durchführen. Die Verwendung von Datenträgerabbildsoftware für die Erfassung von Abbildern physischer Datenträger und die Verwendung von Softwarevirtualisierungsfunktionen, mit denen sich Änderungen an den virtuellen Festplatten rückgängig machen lassen, können Sie Ihre Testumgebung ohne großen Aufwand in einen früheren Zustand zurückversetzen.

Modellieren der Produktivumgebung

Das Ziel der Testumgebung ist, Ihre Produktivumgebung nachzubilden. Je genauer die Nachbildung, desto zuverlässiger sind die Tests, die in der Testumgebung durchgeführt werden. Microsoft gibt für die Erstellung einer Testumgebung folgende Empfehlungen:

- Verwenden Sie virtuelle oder physische Abbilder der Produktivcomputer, um ihre Gegenstücke in der Testumgebung zu erstellen. Mit virtuellen oder physischen Abbildern können Sie erreichen, dass die Testumgebungskonfiguration die Produktivumgebung genau nachbildet. Außerdem enthalten die Abbilder Informationen aus der Praxis, wie Benutzer, Benutzerprofile und Dateiberechtigungen, die Sie in den Tests verwenden können.

- Trennen Sie die Testumgebung physisch von der Produktivumgebung. Eine physisch getrennte Testumgebung ermöglicht Ihnen, identische IP-Konfigurationen zu verwenden. Außerdem erreichen Sie dadurch, dass sich die durchgeführten Tests nicht auf die Produktivumgebung auswirken. Durch die Verwendung identischer IP-Adressen, Subnetze und anderer Netzwerkkonfigurationen steigt die Genauigkeit, mit der die Produktivumgebung nachgebildet wird. Allerdings ist die Duplizierung der IP-Adressen nicht immer die beste Wahl, wenn Anwendungen nicht auf fest vorgegebene IP-Adressen angewiesen sind. Vielleicht möchten Sie auch einen Teil des Netzwerkdatenverkehrs aus der Produktivumgebung durch die Router durchlassen, um die Netzwerkdienste nicht nachbilden zu müssen. Wenn Sie zum Beispiel die Ports für DHCP öffnen, brauchen Sie in der Testumgebung keinen separaten DHCP-Server.

- Sorgen Sie dafür, dass Sie die Testumgebung mit Service Packs und Updates auf dieselbe Stufe wie die Produktivumgebung bringen. Bevor Sie Problembehandlungstests durchführen, sollten Sie die inzwischen in der Produktivumgebung installierten Service Packs und Updates ebenfalls in der Testumgebung installieren und die virtuellen oder physischen Abbilder der Produktivcomputer auffrischen. Überprüfen Sie die Aufnahme der Testumgebung in den Änderungsverwaltungsprozess, damit sich Updates leichter verwalten lassen.

- Sorgen Sie dafür, dass Sie die Problembehandlungstests mit Konten durchführen, die über dieselben Berechtigungen wie die Konten aus der Produktivumgebung verfügen. Wenn Ihre Organisation beispielsweise nicht zulässt, dass Benutzer Software auf ihren Computern als Administratoren ausführen, stellen Sie sicher, dass die Benutzer in der Testumgebung diese Rechte ebenfalls nicht erhalten. Auf diese Weise können Sie potenzielle Sicherheitsprobleme leichter erkennen.

Verwenden des Standard User Analyzer

Das Tool SUA (Standard User Analyzer) ermöglicht Ihnen, Ihre Anwendungen zu testen und API-Aufrufe zu überwachen, um potenzielle Kompatibilitätsprobleme zu erkennen, die sich aus der Benutzerkontensteuerung von Windows 7 ergeben können. Die Benutzerkontensteuerung erfordert, dass alle Benutzer nur die Rechte eines Standardbenutzers erhalten (das gilt auch für die Gruppe *Administratoren*), bis eine Anwendung ausdrücklich erhöhte Rechte erhält. Allerdings können nicht alle Anwendungen einwandfrei als Standardbenutzer laufen und es kommt zu Zugriffsfehlern. Weitere Informationen über SUA finden Sie im Dokument *Microsoft Standard User Analyzer* (*SUAnalyzer.rtf*) aus dem Ordner *\Microsoft Application Compatibility Toolkit 5\Standard User Analyzer*, wobei *Microsoft Application Compatibility Toolkit 5* der Ordner ist, in dem Sie das Toolkit installiert haben.

Zum Test einer Anwendung mit SUA gehen Sie folgendermaßen vor:

1. Klicken Sie auf *Start*, zeigen Sie auf *Alle Programme*, wählen Sie *Microsoft Application Compatibility Toolkit 5.5*, wählen Sie *Developer And Tester Tools* und klicken Sie dann auf *Standard User Analyzer*.

2. Geben Sie im Textfeld *Target Application* den Pfad und Dateinamen der Anwendung ein, die Sie mit SUA überprüfen möchten.

3. Geben Sie im Textfeld *Parameters* bei Bedarf die erforderlichen Befehlszeilenoptionen für die Anwendung ein.

4. Klicken Sie auf *Launch*. Verwenden Sie jede Funktion der Anwendung und schließen Sie dann die Anwendung.

5. Sehen Sie sich die SUA-Registerkarten an und überprüfen Sie die erkannten Probleme.

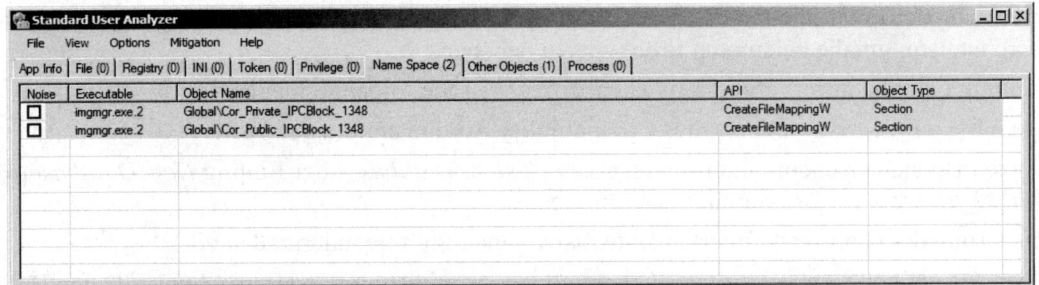

Verwenden des Compatibility Administrators

Das Tool Compatibility Administrator kann Ihnen bei der Behebung vieler Kompatibilitätsprobleme helfen, indem es die Erstellung und Installation von AM-Paketen (Application Mitigation Packages) ermöglicht, die Kompatibilitätsfixes, Kompatibilitätsmodi und AppHelp-Nachrichten enthalten können. Das Flussdiagramm in Abbildung 5.7 stellt die Schritte dar, mit denen Kompatibilitätsfixes erstellt, Kompatibilitätsmodi definiert und AppHelp-Nachrichten festgelegt werden.

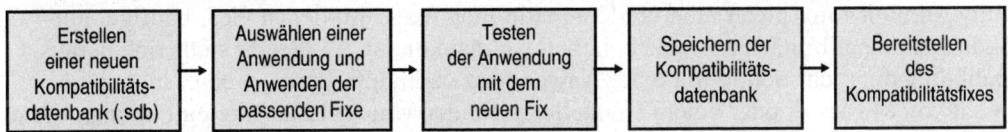

Abbildung 5.7   Verwenden des Compatibility Administrators

Im Compatibility Administrator wird folgende Terminologie verwendet:

- **Anwendungsfix (Application fix)**   Ein kleines Codestück, das API-Aufrufe von Anwendungen abfängt und sie so umformt, dass Windows 7 dieselbe Unterstützung für das Produkt bietet wie ältere Versionen des Betriebssystems. Das reicht von der Deaktivierung eines neuen Features von Windows 7 bis hin zur Nachahmung des Verhaltens einer älteren Version der Win32-API-Funktionen.

- **Kompatibilitätsmodus (Compatibility mode)**   Eine Gruppe von zusammengehörigen Kompatibilitätsfixes, die als Einheit gespeichert und bereitgestellt werden.

- **AppHelp-Nachricht (AppHelp message)**   Eine blockierende oder nicht blockierende Nachricht, die beim Start einer Anwendung angezeigt wird, von der Ihnen bekannt ist, dass sie unter Windows 7 größere Kompatibilitätsprobleme aufweist.

- **AM-Paket (Application mitigation package)**   Die benutzerdefinierte Datenbankdatei (*.sdb*), in der alle Kompatibilitätsfixes, Kompatibilitätsmodi und AppHelp-Nachrichten gespeichert sind, die Sie als Gruppe bereitstellen möchten.

Der Compatibility Administrator ist das wichtigste Tool, das die meisten IT-Profis verwenden, wenn sie Anwendungskompatibilitätsprobleme überprüfen und beheben. Zum Start des Compatibility Administrators klicken Sie auf *Start*, zeigen auf *Alle Programme*, wählen *Microsoft Application Compatibility Toolkit 5.5* und wählen dann *Compatibility Administrator*.

Erstellen einer benutzerdefinierten Kompatibilitätsdatenbank

Sie müssen Kompatibilitätsfixes, Kompatibilitätsmodi und AppHelp-Nachrichten auf eine Anwendung anwenden und sie dann in einer benutzerdefinierten Datenbank speichern. Nach der Erstellung und Anwendung der Fixes können Sie die benutzerdefinierten Datenbanken auf Ihren lokalen Computern bereitstellen, um die bekannten Probleme zu beheben.

Zur Erstellung einer benutzerdefinierten Datenbank gehen Sie folgendermaßen vor:

1. Klicken Sie auf der Symbolleiste des Compatibility Administrators auf *New*.
2. Im linken Bereich erscheint unter dem Knoten *Custom Databases* der Eintrag *New Database(n)* *[Untitled_n]*, wobei *n* die Nummer des Eintrags ist.

Zur Speicherung der benutzerdefinierten Datenbank gehen Sie folgendermaßen vor:

1. Wählen Sie auf der Symbolleiste des Compatibility Administrators oder im Menü *File* den Befehl *Save*.
2. Geben Sie im Dialogfeld *Database Name* einen Namen für die Kompatibilitätsdatenbank ein und klicken Sie dann auf *OK*.
3. Geben Sie im Dialogfeld *Save Database* den Pfad und den Dateinamen der neuen Kompatibilitätsdatenbank ein und klicken Sie dann auf *Speichern*.

Erstellen eines Kompatibilitätsfix

Der Compatibility Administrator bietet mehrere Kompatibilitätsfixes, mit denen viele häufiger auftretende Anwendungskompatibilitätsprobleme behoben werden können. Vielleicht stellt sich heraus, dass ein Kompatibilitätsfix nicht richtig mit einer Anwendung verknüpft wurde, weil er in den bisherigen Tests nicht von Microsoft oder einem Hersteller gefunden wurde. In diesem Fall können Sie den Compatibility Administrator verwenden, um den Kompatibilitätsfix mit der Anwendung zu verknüpfen. Kompatibilitätsfixes gelten immer nur für eine einzige Anwendung. Daher müssen Sie mehrere Fixes erstellen, wenn Sie dasselbe Problem bei mehreren Anwendungen beheben möchten.

Zur Erstellung eines Kompatibilitätsfixes gehen Sie folgendermaßen vor:

1. Klicken Sie im linken Bereich des Compatibility Administrators auf die benutzerdefinierte Datenbank, in der Sie den Kompatibilitätsfix speichern möchten.
2. Wählen Sie im Menü *Database* den Befehl *Create New* und wählen Sie dann *Application Fix*.
3. Geben Sie den Namen der Anwendung ein, für die dieser Kompatibilitätsfix gilt. Geben Sie den Namen des Herstellers der Anwendung ein, suchen Sie auf Ihrem Computer die passende Anwendungsdatei (*.exe*) heraus, wie nachfolgend gezeigt, und klicken Sie dann auf *Weiter*.

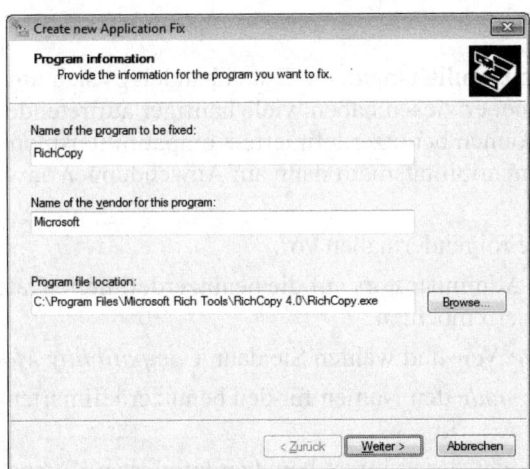

4. Wählen Sie ein Betriebssystem, dessen Verhalten nachgebildet werden soll. Klicken Sie auf alle anwendbaren Kompatibilitätsmodi, die Sie für Ihren Kompatibilitätsfix brauchen, und klicken Sie dann auf *Weiter*. Wenn Sie wissen, dass eine Anwendung unter einer Vorgängerversion von Windows funktioniert hat, beispielsweise unter Windows XP, können Sie den vorhandenen Kompatibilitätsmodus anwenden und dann überprüfen, ob die Anwendung unter Windows 7 funktioniert.

5. Wählen Sie alle zusätzlichen Kompatibilitätsfixes, die Sie in Ihrem Kompatibilitätsfix verwenden möchten. Klicken Sie auf *Test Run*, um zu überprüfen, ob die Anwendung mit der getroffenen Auswahl korrekt arbeitet. Wenn Sie zufrieden sind, klicken Sie auf *Weiter*.

6. Klicken Sie auf *Auto-Generate*, um automatisch die Dateien zu wählen, die nach der Einstufung des Compatibility Administrators Ihre Anwendung repräsentieren, und klicken Sie dann auf *Fertig stellen*. Der Compatibility Administrator fügt Ihre Kompatibilitätsmodi, Fixes und die Daten über die dazugehörigen Dateien zu Ihrer benutzerdefinierten Datenbank hinzu. Die entsprechenden Informationen werden im rechten Bereich angezeigt.

Erstellen eines Kompatibilitätsmodus

Der Compatibility Administrator bietet mehrere Kompatibilitätsmodi an. Dabei handelt es sich um Gruppen von Kompatibilitätsfixes, die sich als geeignet erwiesen haben, viele häufiger auftretende Anwendungskompatibilitätsprobleme zu lösen. Sie können benutzerdefinierte Kompatibilitätsmodi erstellen, die mehrere Fixes enthalten, und diese Kompatibilitätsmodi dann auf Anwendungen anwenden.

Zur Erstellung eines Kompatibilitätsmodus gehen Sie folgendermaßen vor:

1. Klicken Sie im linken Bereich des Compatibility Administrators auf die benutzerdefinierte Datenbank, in der Sie den Kompatibilitätsmodus speichern möchten.
2. Wählen Sie im Menü *Database* den Befehl *Create New* und wählen Sie dann *Compatibility Mode*.
3. Geben Sie im Textfeld *Name of the compatibility mode* den Namen für den benutzerdefinierten Kompatibilitätsmodus ein.
4. Wählen Sie jeden verfügbaren Kompatibilitätsfix aus, der in Ihrem benutzerdefinierten Kompatibilitätsmodus enthalten sein soll, und klicken Sie auf den Pfeil nach rechts (>). Wenn Sie nicht sicher sind, welche Kompatibilitätsmodi Sie hinzufügen sollen, können Sie auf *Copy Mode* klicken, um einen vorhandenen Kompatibilitätsmodus zu kopieren.
5. Klicken Sie auf *OK*, nachdem Sie alle anwendbaren Kompatibilitätsmodi hinzugefügt haben.

Erstellen von AppHelp-Nachrichten

Der Compatibility Administrator ermöglicht Ihnen die Erstellung von blockierenden oder nicht blockierenden AppHelp-Nachrichten, die angezeigt werden, wenn ein Benutzer eine Anwendung startet, von der bekannt ist, dass sie unter Windows 7 Kompatibilitätsprobleme aufweist:

- **Blockierende AppHelp-Nachricht (auch HARDBLOCK genannt)**   Verhindert, dass die Anwendung starten kann. Stattdessen erscheint ein Fehlermeldungsdialogfeld, in dem erklärt wird, warum die Anwendung sich nicht starten lässt. Für diese Situation können Sie auch eine bestimmte URL definieren, von der Benutzer einen aktualisierten Treiber oder einen anderen Fix herunterladen können, um das Problem zu beheben. Wenn Sie eine blockierende AppHelp-Nachricht verwenden, müssen Sie auch die Informationen über die problematische Programmversion definieren und der korrigierten Version den Betrieb erlauben.

- **Nicht blockierende AppHelp-Nachricht (auch NOBLOCK genannt)**   Erlaubt der Anwendung den Start, zeigt aber ebenfalls ein Fehlermeldungsdialogfeld an. Dieses Dialogfeld enthält Informationen über Sicherheitsprobleme, Updates für die Anwendung oder Änderungen der Speicherorte von Netzwerkressourcen.

Zur Erstellung einer AppHelp-Nachricht gehen Sie folgendermaßen vor:

1. Klicken Sie im linken Bereich des Compatibility Administrators auf die benutzerdefinierte Datenbank, in der Sie die AppHelp-Nachricht speichern möchten.
2. Klicken Sie im Menü *Database* auf *Create New* und dann auf *AppHelp Message*.
3. Geben Sie den Namen der Anwendung ein, für die diese AppHelp-Nachricht vorgesehen ist. Geben Sie den Namen des Herstellers der Anwendung ein, suchen Sie die entsprechende Anwendungsdatei (*.exe*) auf Ihrem Computer heraus und klicken Sie dann auf *Weiter*.
4. Klicken Sie auf *Auto-Generate*, um automatisch die Dateien auszuwählen, die der Compatibility Administrator vorschlägt, und klicken Sie auf *Weiter*.

5. Wählen Sie für Ihre AppHelp-Nachricht eine der folgenden Optionen:

- **Display a message and allow this program to run**   Zeigt eine Nachricht an und lässt die Ausführung des Programms zu.

- **Display a message and do not allow this program to run**   Zeigt eine Nachricht an und lässt die Ausführung des Programms nicht zu.

6. Klicken Sie auf *Weiter*. Geben Sie die URL und den Text ein, der beim Start der Anwendung angezeigt werden soll, und klicken Sie dann auf *Fertig stellen*.

Bereitstellen von AM-Paketen (Application Mitigation Packages)

Die Verteilung der benutzerdefinierten Kompatibilitätsdatenbanken (*.sdb*-Dateien) lässt sich mit verschiedenen Methoden durchführen, wie Anmeldeskripts, System Center Configuration Manager 2007, Injektion in Datenträgerabbilder und so weiter. Sobald sich die Datei auf dem Zielcomputer befindet, erfolgt die eigentliche Installation der benutzerdefinierten Datenbanken mit einem Tool namens *Sdbinst.exe*, das zum Betriebssystem gehört. Wenn die Datei auf dem Zielcomputer vorhanden ist, muss die benutzerdefinierte Datenbankdatei installiert (registriert) werden, damit das Betriebssystem beim Start der betreffenden Anwendung die vorhandenen Fixes erkennt. (Die Befehlszeile könnte zum Beispiel `sdbinst C:\Windows\AppPatch\Myapp.sdb` lauten.) Nachdem die Datenbankdatei auf einem Computer registriert wurde, werden die Kompatibilitätsinformationen bei jedem Start der Anwendung verwendet. Tabelle 5.4 beschreibt die Befehlszeilenoptionen für *Sdbinst.exe*, das folgende Syntax hat:

```
sdbinst [-?] [-q] filename.sdb [-u] [-g {guid}] [-n name]
```

Tabelle 5.4   Befehlszeilenoptionen für *Sdbinst.exe*

Option	Beschreibung
`-?`	Zeigt einen Hilfetext an.
`-q`	Die Ausführung erfolgt ohne Meldungsfelder.
`filename.sdb`	Gibt den Namen der zu installierenden Datenbank an.
`-u`	Deinstalliert die Datenbank.
`-g {guid}`	Gibt die GUID (Globally Unique Identifier) der zu entfernenden Datenbank an.
`-n name`	Gibt den Namen der zu entfernenden Datenbank an.

Der Befehl *Sdbinst.exe* kann in Computeranmeldeskripts verwendet werden, damit die benutzerdefinierte Datenbank automatisch von einer Netzwerkfreigabe installiert wird, wenn sich die Benutzer bei ihren Computern anmelden. Dieser Prozess kann auch im Rahmen einer benutzerdefinierten Aufgabe erfolgen, die mit System Center Configuration Manager 2007 auf die Desktops verteilt wird, oder mit einer anderen Verwaltungsanwendung von anderen Herstellern. Eine der besten Methoden zur Verteilung dieser benutzerdefinierten Datenbanken ist, sie in das Datenträgerabbild aufzunehmen. Die Installation als Teil des Originalabbilds, noch bevor die Anwendungen hinzugefügt werden, sorgt dafür, dass die Anwendung bereits bei ihrem ersten Start lauffähig ist.

Zusammenfassung

Viele Firmen werden durch Anwendungskompatibilitätsprobleme davon abgehalten, die Technik, für die sie bereits bezahlt haben, in vollem Umfang zu nutzen, beispielsweise Windows 7. Viele der Probleme beruhen auf Furcht, Unsicherheit und Zweifel, ob die Anwendungen in ihren Umgebungen zu Windows 7 kompatibel sind. Sie können diese Unsicherheit überwinden, indem Sie ein Anwendungsinventar erstellen und es dann rationalisieren. Was die Anwendungskompatibilität betrifft, hilft Wissen, die Herausforderungen zu überwinden.

Dieses Kapitel hat das wichtigste Tool beschrieben, das Microsoft zu diesem Zweck zur Verfügung stellt. Es wurde geschildert, wie man ein rationalisiertes Anwendungsportfolio erstellen, Anwendungen testen und Kompatibilitätsprobleme abschwächen kann. Bei diesem Tool handelt es sich um das ACT, das kostenlos im Microsoft Download Center heruntergeladen werden kann.

Weitere Informationen

Die folgenden Quellen bieten zusätzliche Informationen oder Tools für die Themen dieses Kapitels.

- Kapitel 7, »Übertragen der Benutzerzustandsdaten«, beschreibt die Übertragung der Benutzerdokumente und Benutzereinstellungen bei der Bereitstellung von Windows 7.

- Kapitel 8, »Bereitstellen von Anwendungen«, beschreibt die Bereitstellung von Anwendungen im Rahmen einer Windows 7-Bereitstellung.

- »Application Compatibility« im Windows Client TechCenter aus dem Microsoft TechNet unter *http://technet.microsoft.com/en-us/windows/aa905066.aspx.*

- »Microsoft Assessment and Planning (MAP) Toolkit 4.0« unter *http://technet.microsoft.com/ en-us/solutionaccelerators/dd537566.aspx.*

- »Microsoft Application Compatibility Toolkit (ACT) Version 5.5« unter *http://technet.microsoft. com/en-us/library/cc722055.aspx* beschreibt das ACT.

- »Microsoft Application Compatibility Toolkit 5.5« unter *http://www.microsoft.com/downloads/ details.aspx?FamilyId=24DA89E9-B581-47B0-B45E-492DD6DA2971&displaylang=en* bietet den ACT-Download.

- Der Blog von Chris Jackson unter *http://blogs.msdn.com/cjacks/default.aspx.*

- Der Blog von Aaron Margosis Blog unter *http://blogs.msdn.com/aaron_margosis/default.aspx.*

K A P I T E L   6

Entwickeln von Datenträgerabbildern

Seit Windows Vista und und nun auch in Windows 7, unterstützt das Betriebssystem Windows von Haus aus eine Bereitstellung auf der Basis von Datenträgerabbildern. Tatsächlich wird für Windows Vista und höhere Versionen nur noch eine Bereitstellung auf Abbildbasis unterstützt. Das gilt auch für unbeaufsichtigte Installationen.

Die Bereitstellung auf Abbildbasis ist die effizienteste Methode zur Bereitstellung von hohen Stückzahlen. Zwei Faktoren bestimmten die Überlegenheit der Bereitstellung auf Abbildbasis gegenüber anderen Methoden: Zeit und Kosten. Die Erstellung eines einzigen Abbilds, das sich auf jedem Computer installieren lässt, ist bedeutend schneller als die manuelle Installation des Betriebssystems auf jedem Computer oder die Durchführung einer herkömmlichen nicht beaufsichtigten Installation. Die Bereitstellung auf Abbildbasis verringert die Kosten, weil Sie die Umgebung besser verwalten können. Jeder Computer hat zu Anfang eine bekannte, standardisierte Konfiguration. Außerdem treten bei dieser Art der Bereitstellung weniger Fehler und geringere Supportkosten auf, weil ein standardisierter, stabiler und reproduzierbarer Prozess zur Entwicklung und Bereitstellung von Betriebssystemen verwendet wird.

Die Erstellung und Bereitstellung von Abbildern ist zwar nicht neu, aber die Funktionen, die erstmals mit Windows Vista eingeführt wurden, gehen gezielt die Probleme an, die sich bei diesem Prozess ergeben können. Erstens ist die Wartung der Abbilder (Hinzufügen von Gerätetreibern, Sicherheitsupdates und so weiter) einfacher, weil Sie nach einer erforderlichen Änderung nicht jedes Abbild neu zu erstellen und neu aufzuzeichnen brauchen. Zweitens können Sie hardware- und sprachenunabhängige Abbilder erstellen, die nicht von der HAL (Hardware Abstraction Layer) abhängig sind. Daher brauchen Sie nicht so viele Abbilder zu erstellen und zu pflegen (im Idealfall nur eins).

Das *Windows AIK für Windows 7* (AIK steht für Automated Installation Kit) bietet die erforderlichen Tools für die Erstellung, Wartung und Bereitstellung von Windows-Abbildern. Zu diesen Tools gehören der Windows-Systemabbild-Manager (Windows SIM) für die Erstellung von XML-Antwortdateien (Extensible Markup Language) für die unbeaufsichtigte Installation, die Windows-Vorinstallations-

umgebung 3.0 (Windows Preinstallation Environment, Windows PE) für die Installation auf Zielcomputern, die noch kein Betriebssystem haben, das neue DISM-Befehlszeilentool (Deployment
Image Servicing and Management, Abbildverwaltung für die Bereitstellung) für die Wartung von
Abbildern durch Hinzufügen von Treibern und Paketen, und das ImageX-Befehlszeilentool für das
Erfassen der Abbilder. Außerdem bietet das Windows AIK eine umfangreiche Dokumentation über
die Verwendung dieser Tools. Sie können das *Windows AIK für Windows 7* einschließlich des *Benut-
zerhandbuchs für das Windows Automated Installation Kit (Windows AIK)* und weiterer Dokumentation
von *http://www.microsoft.com/downloads* herunterladen.

Während das *Windows AIK für Windows 7* die erforderlichen Abbildungstools bietet, ist das Microsoft
Deployment Toolkit (MDT) 2010 ein vollständiges Bereitstellungsframework, das die Planung, Er-
stellung und Bereitstellung von Windows 7-Abbildern von Anfang bis Ende ermöglicht und begleitet.
MDT 2010 stützt sich auf das *Windows AIK für Windows 7* und bindet auch andere Tools ein, wie das
User State Migration Tool (USMT) 4.0 (das nun im *Windows AIK für Windows 7* enthalten ist), das
Application Compatibility Toolkit (ACT) 5.5, Microsoft System Center Configuration Manager 2007
Service Pack 2 (SP2) und so weiter. Microsoft empfiehlt, für die Entwicklung und Bereitstellung von
Windows 7-Abbildern MDT 2010 zu verwenden. Daher liegt der Schwerpunkt dieses Kapitels auf
MDT 2010. Für Leser, die die direkte Verwendung des *Windows AIK für Windows 7* vorziehen, bietet
das *Benutzerhandbuch für das Windows Automated Installation Kit (Windows AIK)* die erforderlichen
Informationen über die Verwendung der Windows AIK-Tools.

Einführung

Gewöhnlich ist eine Bereitstellung auf Abbildbasis umso komplizierter, je mehr Abbilder erstellt und
gepflegt werden müssen. In heterogenen Umgebungen mit unterschiedlichen Anforderungen erstellen
viele Organisationen eine größere Anzahl von Abbildern. Das Hinzufügen von neuer Hardware,
Sprachpaketen, Sicherheitsupdates und Treibern erfordert gewöhnlich eine Neuerstellung aller Datenträgerabbilder. Für die Aktualisierung mehrerer Abbilder mit einem kritischen Sicherheitsupdate und
für die Tests der resultierenden Abbilder müssen Sie einen relativ großen Aufwand treiben. Eines der
wichtigsten Designziele von Microsoft war daher bereits bei Windows Vista und nun auch bei Windows 7, die Zahl der Abbilder, die Sie erstellen und pflegen müssen, deutlich zu reduzieren, damit ihre
Wartung einfacher wird.

Ein Schlüssel zur Verringerung der Anzahl der Abbilder, die Sie erstellen und pflegen müssen, ist die
Reduzierung der Abhängigkeiten von Komponenten, die sich gewöhnlich in den Abbildern unterscheiden. Dazu zählen Sprachen, HALs und Gerätetreiber. Im Gegensatz zu Windows XP und früheren Windows-Versionen sind Abbilder von Windows Vista und höher zum Beispiel nicht mehr an
einen HAL-Typ gebunden (Windows Vista und höhere Versionen unterstützen nur Computer auf
ACPI-Basis [Advanced Configuration and Power Interface].) Das Betriebssystem kann die HAL erkennen, wenn Sie es auf einem Zielcomputer installieren. Außerdem sind Windows Vista und höhere
Versionen sprachenneutral. Das bedeutet, dass alle Sprachen als Betriebssystemkomponenten implementiert werden. Das Hinzufügen oder Entfernen von Sprachpaketen ist sehr einfach. Microsoft
hat nicht nur die Abhängigkeiten reduziert, sondern Windows Vista und höhere Versionen auch mo-
dularisiert, um die Anpassung und Bereitstellung zu vereinfachen. Die Installation von Windows Vista
und höheren Versionen erfolgt mit einem Datenträgerabbildformat auf Dateibasis, das Windows Imaging (WIM) genannt wird. Außerdem sind noch weitere wichtige Bereitstellungsfunktionen in den
Betriebssystemkern aufgenommen worden. Weitere Informationen finden Sie in Kapitel 3, »Bereitstellungsplattform«.

MDT 2010 ist ein Framework für diese Tools und Funktionen. Statt jedes Tool einzeln zu verwenden und sie durch Skripts miteinander zu verknüpfen, lautet die Empfehlung, Windows 7-Abbilder mit MDT 2010 zu entwickeln und bereitzustellen. Wie MDT 2010 installiert wird, beschreibt Kapitel 4, »Planen der Bereitstellung«.

Erforderliche Vorkenntnisse

Zur Erstellung von Windows 7-Abbildern – mit oder ohne MDT 2010 – sollten Sie mit folgenden Tools und Konzepten vertraut sein:

- Antwortdateien für die unbeaufsichtigte Installation (*Unattend.xml*)
- *Windows AIK für Windows 7*, einschließlich folgender Tools:
  - ☐ Windows-SIM
  - ☐ DISM
  - ☐ ImageX
- Hardwaregerätetreiber und hardwarespezifische Anwendungen
- Microsoft Visual Basic Scripting Edition (VBScript)
- Datenträgerabbildungen, Programme und Konzepte, einschließlich Sysprep
- Windows PE 3.0

Voraussetzungen für die Testumgebung

Bei der Entwicklung und dem Test der Windows 7-Abbilder kopieren Sie große Dateimengen vom Buildserver auf die Zielcomputer. Wegen dieser großen Datenmenge sollten Sie eine separate Testumgebung einrichten, die physisch vom Produktivnetzwerk getrennt ist. Bauen Sie die Testumgebung so auf, dass sie die Gegebenheiten der Produktivumgebung möglichst genau nachbildet.

Testhardware

Sorgen Sie dafür, dass in der Testumgebung folgende Hardware verfügbar ist:

- **Netzwerkswitches und Kabel**   100 Megabit pro Sekunde (MBit/s) oder schneller ist zu empfehlen, damit sich die Datenmenge bewältigen lässt.
- **Tastatur/Video/Maus-Umschalter (KVM)**   Es ist sinnvoll, die Clientcomputer mit einem Umschalter für Tastatur, Video und Maus zu verbinden, damit die Computer insgesamt möglichst wenig Platz beanspruchen.
- **CD- und DVD-Brenner**   Ein Computer für die Erstellung von CDs und DVDs sollte in der Testumgebung vorhanden sein.
- **Clientcomputer**   Sorgen Sie dafür, dass jede wichtige Computerkonfiguration aus der Produktivumgebung in der Testumgebung vertreten ist, damit sich jede Hardwarekonfiguration testen lässt.
- **Ein Buildserver**   Dieser Computer (ein Computer, auf dem Windows XP SP2, Windows Server 2003 SP1 oder eine neuere Version von Windows ausgeführt wird) kann ein Client- oder ein Servercomputer sein. Er sollte über mindestens 50 GByte Platz auf der Festplatte verfügen und für eine angemessene Datensicherung ausgerüstet sein, beispielsweise mit einem Bandlaufwerk oder mit einem SAN (Storage Area Network). Die Verwendung von Windows Server 2008 R2 wird empfohlen, weil es alle Voraussetzungen für MDT 2010 erfüllt.

Netzwerkdienste

Sorgen Sie dafür, dass in der Testumgebung folgende Netzwerkdienste zur Verfügung stehen:

- **Eine Windows-Domäne, der Computer beitreten können und auf der Benutzerkonten verwaltet werden** Diese Domäne kann auf der Basis von Microsoft Windows 2000, Windows Server 2003 oder Windows Server 2008 aufgebaut sein.

- **DHCP-Dienste (Dynamic Host Configuration Protocol)** DHCP versorgt Clientcomputer mit TCP/IP-Adressen (Transmission Control Protocol/Internet Protocol).

- **DNS-Dienste (Domain Name System)** DNS bietet Client- und Servercomputern eine TCP/IP-Namensauflösung.

- **WINS (Windows Internet Naming Service)** WINS bietet Client- und Servercomputern eine NetBIOS-Namensauflösung. Dieser Dienst ist optional, aber zu empfehlen.

- **Windows-Bereitstellungsdienste** Die Windows-Bereitstellungsdienste stellen Windows PE für Computer bereit, die noch nicht über ein Betriebssystem verfügen. Windows-Bereitstellungs-diensteserver erfordern eine Domäne auf der Basis von Windows Server 2003 oder höher. Weitere Informationen über die Windows-Bereitstellungsdienste finden Sie in Kapitel 10, »Konfigurieren der Windows-Bereitstellungsdienste«.

- **Internetzugang** Die Testumgebung (oder ein Teil der Umgebung) sollte Zugang zum Internet haben, um Softwareupdates herunterladen zu können.

WICHTIG Windows schützt Benutzer vor bösartigen Programmen, indem es sie warnt, wenn sie ein Programm ausführen möchten, das sie aus dem Internet heruntergeladen haben. Benutzer müssen den Vorgang bestätigen, damit das Programm ausgeführt wird. Diese Warnung hält MDT 2010 aber davon ab, beim Build-Prozess Anwendungen automatisch zu installieren. Nach der Überprüfung, ob eine Datei sicher ist, können Sie die Warnung de-aktivieren, indem Sie die Datei mit der rechten Maustaste anklicken, auf *Eigenschaften* und dann auf *Zulassen* klicken. Windows zeigt diese Warnung nicht an, wenn Dateien von Sites heruntergeladen werden, die zur Sicher-heitszone *Vertrauenswürdige Sites* gehören. Windows Server 2003 SP1 oder höher lässt das Herunterladen von Programmen von nicht vertrauenswürdigen Sites nicht zu.

Installationsmedien

Für Ihre Umgebung brauchen Sie folgende Installationsmedien:

- Windows-Medien (x86- und x64-Editionen) und Product Keys. Windows Vista ist auch mit Volu-menlizenz erhältlich. MDT 2010 unterstützt auch die üblichen Medien, auf denen Windows 7 im Einzelhandel vertrieben wird.

Hinweis Ältere Windows-Versionen wie Windows XP haben Slipstream unterstützt. Dieser Prozess ermög-lichte die Integration eines Service Packs in die Betriebssystemdateien. Sie konnten beispielsweise SP1 in die Originalversion von Windows XP integrieren, um ein Windows XP SP1-Medium zu erstellen. Für Windows Vista und höhere Versionen unterstützt Microsoft keine Slipstream-Service-Packs mehr. Stattdessen können Sie von der Volumenlizenz-Website, TechNet oder MSDN vollständig integrierte Medien herunterladen.

- Medien von allen zusätzlichen Anwendungen, die Sie ins Abbild aufnehmen möchten, wie zum Beispiel das 2007 Microsoft Office-System. Das Office 2007-System ist mit Volumenlizenz er-hältlich. MDT 2010 unterstützt auch die Medien, auf denen es im Einzelhandel vertrieben wird.

- Die erforderliche hardwarespezifische Software, wie Gerätetreiber, CD-Brennersoftware und DVD-Anzeigesoftware. Es spart Zeit bei der Entwicklung und Erstellung von Windows 7-Abbildern, wenn Sie die bekannten Gerätetreiber und hardwarespezifischen Anwendungen frühzeitig herunterladen.

Erstellen von Abbildern mit dem Microsoft Deployment Toolkit

Mit MDT 2010 ist die Erstellung eines Abbilds im Wesentlichen ein LTI-Prozess (Lite Touch-Installation), der mit der Erfassung eines angepassten Abbilds von einem Master- oder *Referenzcomputer* endet, der Anwendungen, Sprachpakete und verschiedene Anpassungen enthält. Die folgende Liste beschreibt den Gesamtprozess der Erstellung und Speicherung von Betriebssystemabbildern mit MDT 2010, wie in Abbildung 6.1 schematisch dargestellt:

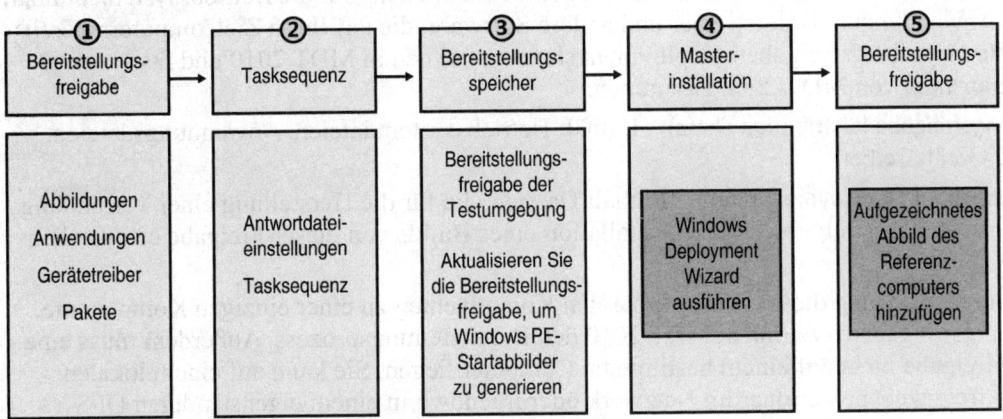

Abbildung 6.1   Abbilderstellung mit MDT

- **Erstellen und Konfigurieren einer Bereitstellungsfreigabe**   Erstellen Sie eine Bereitstellungsfreigabe und bestücken Sie die Freigabe dann nach Bedarf mit Betriebssystemdateien, Anwendungen, Gerätetreibern und Paketen. Der Abschnitt »Erstellen und Konfigurieren einer Bereitstellungsfreigabe« weiter unten in diesem Kapitel beschreibt diesen Schritt ausführlicher.

- **Erstellen und Konfigurieren einer Tasksequenz**   Erstellen Sie eine Tasksequenz, die ein Betriebssystem mit einer Antwortdatei (*Unattend.xml*) für unbeaufsichtigte Installationen verknüpft und die Abfolge der Aufgaben festlegt, die während der Installation durchgeführt werden. Der Abschnitt »Erstellen von Tasksequenzen« weiter unten in diesem Kapitel beschreibt diesen Schritt ausführlicher.

- **Konfigurieren und Aktualisieren der Bereitstellungsfreigabe**   Konfigurieren und aktualisieren Sie die Bereitstellungsfreigabe, um die MDT 2010-Konfigurationsdateien zu aktualisieren und eine benutzerdefinierte Version von Windows PE zu generieren, mit der Sie Ihren Referenzcomputer starten können. Der Abschnitt »Aktualisieren der Bereitstellungsfreigabe« weiter unten in diesem Kapitel beschreibt diesen Schritt ausführlicher.

- **Ausführen des Windows Deployment Wizard auf dem Referenzcomputer**   Starten Sie Ihren Referenzcomputer mit dem Windows PE-Abbild, das bei der Aktualisierung der Bereitstellungsfreigabe generiert wurde. Dann führen Sie den Windows Deployment Wizard auf dem Referenzcomputer aus, um Windows von Ihrer Bereitstellungsfreigabe zu installieren. Während der Phase der Informationserfassung fordert der Windows Deployment Wizard Sie dazu auf anzugeben, ob Sie ein benutzerdefiniertes Abbild des Referenzcomputers erstellen möchten, das Sie später auf Zielcomputern bereitstellen können. Der Abschnitt »Aufzeichnen eines Datenträgerabbilds für LTI« weiter unten in diesem Kapitel beschreibt diesen Schritt ausführlicher.

- **Hinzufügen des benutzerdefinierten Abbilds als Betriebssystemquelle**   Nach der Aufzeichnung des benutzerdefinierten Abbilds von Ihrem Referenzcomputer können Sie es als Betriebssystemquelle zur Bereitstellungsfreigabe hinzufügen. Anschließend können Sie dieses benutzerdefinierte Abbild mit LTI bereitstellen, wie in Kapitel 12, »Bereitstellen mit dem Microsoft Deployment Toolkit«, beschrieben.

Erstellen und Konfigurieren einer Bereitstellungsfreigabe

Bevor Sie MDT 2010 zur Bereitstellung von Windows 7 verwenden können, müssen Sie eine Bereitstellungsfreigabe erstellen. Eine *Bereitstellungsfreigabe* ist ein Speicher für die Betriebssystemabbilder, Sprachpakete, Anwendungen, Gerätetreiber und andere Software, die auf Ihren Zielcomputern bereitgestellt wird. Bereitstellungsfreigaben (deployment shares) sind neu in MDT 2010 und fassen zwei separate Komponenten von MDT 2008 zusammen:

- **Bereitstellungsfreigabe (distribution share)**   Enthält Betriebssystemdateien, Anwendungsdateien, Pakete und Gerätetreiber.

- **Bereitstellungspunkt (deployment point)**   Enthält Dateien, die für die Herstellung einer Verbindung mit der Bereitstellungsfreigabe und zur Installation eines Builds von dieser Freigabe erforderlich sind.

Durch die Zusammenfassung dieser beiden separaten Komponenten zu einer einzigen Komponente, der Bereitstellungsfreigabe, vereinfacht MDT 2010 den Bereitstellungsprozess. Außerdem muss eine Bereitstellungsfreigabe nicht auf einem bestimmten Computer liegen. Sie kann auf einem lokalen Volume, einem freigegebenen Ordner im Netzwerk oder irgendwo in einem eigenständigen DFS-Namespace (Distributed File System) liegen. (Windows PE kann keine DFS-Namespaces auf Domänenbasis verwenden).

> **HINWEIS**   In der *Microsoft Deployment Toolkit Documentation Library* aus dem MDT 2010 finden Sie Informationen darüber, wie die Aktualisierung von älteren MDT-Versionen oder Business Desktop Deployment (BDD) auf MDT 2010 durchgeführt wird. Nach der Aktualisierung auf MDT 2010 müssen Sie auch alle Bereitstellungspunkte aktualisieren, die mit älteren MDT-Versionen oder BDD erstellt wurden.

Um eine neue Bereitstellungsfreigabe zu erstellen, gehen Sie folgendermaßen vor:

1. Klicken Sie in der Konsolenstruktur der Deployment Workbench mit der rechten Maustaste auf *Deployment Shares* und klicken Sie dann auf *New Deployment Share*.

2. Geben Sie auf der Seite *Path* den Pfad für den Ordner Ihrer Bereitstellungsfreigabe an. Der Standardpfad ist *<Laufwerk>\DeploymentShare,* wobei *<Laufwerk>* das Volume mit dem größten freien Speicherplatz ist. Um eine möglichst gute Leistung zu erreichen, sollten Sie einen Pfad zu einer separaten physischen Festplatte angeben, die über genügend freien Speicherplatz verfügt, um die Betriebssystemdateien, Anwendungsdateien, Pakete und Gerätetreiber aufzunehmen, die Sie für Ihre Bereitstellungen verwenden.

3. Geben Sie auf der Seite *Share* den Freigabenamen für die Bereitstellungsfreigabe an. Standardmäßig wird der Name *DeploymentShare$* verwendet. Es handelt sich also um eine verborgene Freigabe.

4. Geben Sie auf der Seite *Descriptive Name* einen Namen für die Bereitstellungsfreigabe ein. Standardmäßig wird der Name *MDT Deployment Share* verwendet.

5. Die Option *Ask if an image should be captured* auf der Seite *Allow Image Capture* ist bereits ausgewählt. Ändern Sie dies nicht, damit Sie ein Abbild Ihres Referenzcomputers erstellen können.

6. Legen Sie auf der Seite *Allow Admin Password* fest, ob Benutzer bei der Installation das Kennwort des lokalen Administrators eingeben müssen.

7. Legen Sie auf der Seite *Allow Product Key* fest, ob Benutzer bei der Installation einen Product Key eingeben müssen.

8. Führen Sie die restlichen Arbeitsschritte im Assistenten durch.

Nach der Erstellung der Bereitstellungsfreigabe können Sie die Ordnerhierarchie in der Deployment Workbench überprüfen (Abbildung 6.2).

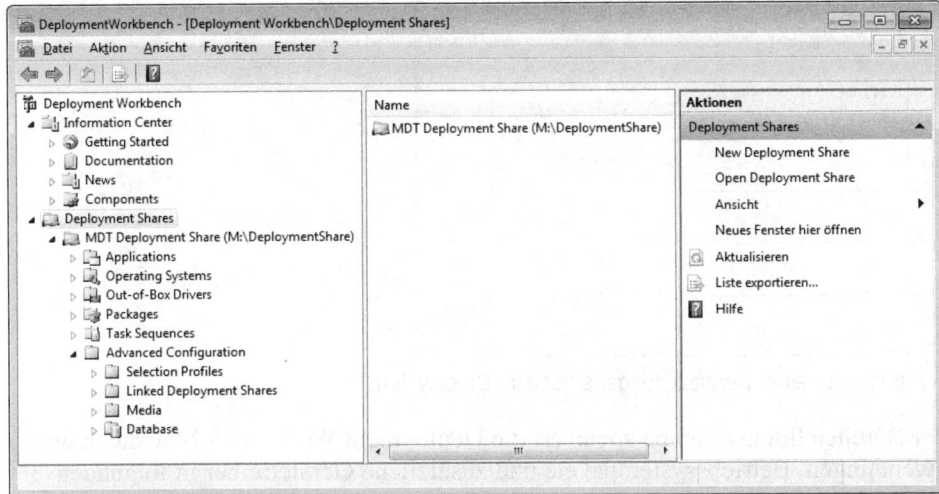

Abbildung 6.2 Die Ordnerstruktur einer Bereitstellungsfreigabe in der Deployment Workbench

HINWEIS Zur Standardansicht der *Deployment Workbench*-MMC gehört auch der Aktionsbereich. Allerdings behindert die Anzeige des Aktionsbereichs oft die Sicht auf den Detailbereich. Wenn Sie den Bereich *Aktionen* nicht mehr sehen möchten, öffnen Sie die Konsole im Autorenmodus. Dazu starten Sie die Konsole mit **"C:\ Program Files\Microsoft Deployment Toolkit\Bin\DeploymentWorkbench.msc"** /a. Klicken Sie auf *Ansicht*, dann auf *Anpassen*, löschen Sie das Kontrollkästchen *Aktionsbereich* und klicken Sie dann auf *OK*. Wenn Sie die Änderung speichern möchten, klicken Sie im *Datei*-Menü auf *Speichern*. Wenn Sie gefragt werden, ob Sie die Einzelfensteransicht beibehalten möchten, klicken Sie auf *Ja*.

Nach der Erstellung einer Bereitstellungsfreigabe können Sie die Freigabe auf folgende Arten konfigurieren (Sie müssen zumindest Windows 7 hinzufügen, um Windows 7 bereitstellen zu können):

- Hinzufügen, Entfernen und Konfigurieren von Betriebssystemen

- Hinzufügen, Entfernen und Konfigurieren von Anwendungen

- Hinzufügen, Entfernen und Konfigurieren von Betriebssystempaketen, einschließlich Updates und Sprachpaketen

- Hinzufügen, Entfernen und Konfigurieren von zusätzlichen Gerätetreibern

Wenn Sie Betriebssysteme, Anwendungen, Betriebssystempakete und zusätzliche Gerätetreiber zur Bereitstellungsfreigabe hinzufügen, speichert die Deployment Workbench die Quelldateien in dem Bereitstellungsfreigabeordner, der bei der Erstellung der Bereitstellungsfreigabe angegeben wurde (Abbildung 6.3). Im Verlauf des Entwicklungsprozesses verknüpfen Sie diese Quelldateien und andere Dateien mit Tasksequenzen.

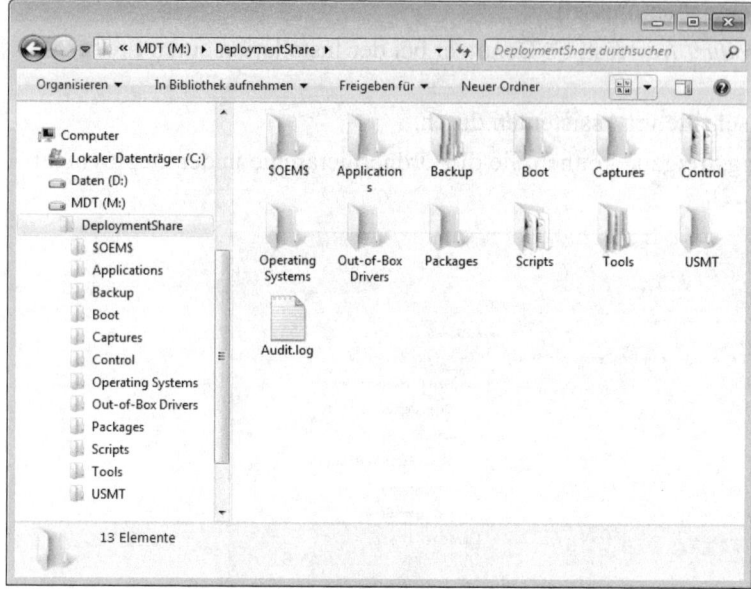

Abbildung 6.3　Die Ordnerstruktur einer Bereitstellungsfreigabe im Dateisystem

Im Ordner *Control* der Bereitstellungsfreigabe speichert die Deployment Workbench Metadaten über Betriebssysteme, Anwendungen, Betriebssystempakete und zusätzliche Gerätetreiber in folgenden Dateien:

- *Applications.xml*　Enthält Metadaten über Anwendungen in der Bereitstellungsfreigabe.
- *Drivers.xml*　Enthält Metadaten über Gerätetreiber in der Bereitstellungsfreigabe.
- *OperatingSystems.xml*　Enthält Metadaten über Betriebssysteme in der Bereitstellungsfreigabe.
- *Packages.xml*　Enthält Metadaten über Betriebssystempakete in der Bereitstellungsfreigabe.

Hinzufügen von Betriebssystemen

Alle Windows 7-Editionen sind in derselben Abbilddatei *Install.wim* enthalten, die auf dem Vertriebsmedium im Ordner *Sources* liegt. Weitere Informationen über das Windows 7-Vertriebsmedium und *Install.wim* finden Sie in der Dokumentation des *Windows AIK für Windows 7*. Um Abbilder auf der Basis von Windows 7 erstellen zu können, müssen Sie das Windows 7-Medium zur MDT 2010-Bereitstellungsfreigabe hinzufügen. Bereitstellungsfreigaben haben nur dann einen Sinn, wenn sie mindestens die Windows 7-Quelldateien enthalten.

Zusätzlich zum Windows 7-Medium können Sie fertige Windows 7-Abbilder, die es bereits in den Windows-Bereitstellungsdiensten gibt, in die Bereitstellungsfreigabe aufnehmen. MDT 2010 kopiert diese Dateien aber nicht in die Bereitstellungsfreigabe. Stattdessen verwendet MDT 2010 diese Dateien bei der Installation an ihren Originalspeicherplätzen. Allerdings müssen dafür bestimmte Voraussetzungen erfüllt sein.

Fügen Sie Windows 7 folgendermaßen zu einer Bereitstellungsfreigabe hinzu:

1. Klicken Sie in der Konsolenstruktur der Deployment Workbench mit der rechten Maustaste auf den Ordner *Operating Systems* der Bereitstellungsfreigabe (oder auf einen Unterordner, den Sie in diesem Ordner angelegt haben) und wählen Sie *Import Operating System*, um den *Import Operating System Wizard* zu starten.

2. Wählen Sie auf der hier gezeigten Seite *OS Type* die Option *Full set of source files*. Diese Option kopiert alle Quelldateien des Betriebssystems vom Vertriebsmedium oder von dem Ordner, der die Distributionsdateien enthält. Zur Verfügung steht außerdem die Option *Windows Deployment Services images*, mit der Sie Betriebssystemabbilder von einem bestimmten Windows-Bereitstellungsdiensteserver hinzufügen können, und die Option *Custom image file*, mit der Sie ein benutzerdefiniertes Abbild hinzufügen können, das mit dem Windows Deployment Wizard erstellt wurde. Weitere Informationen über die Erstellung von benutzerdefinierten Abbildern finden Sie weiter unten im Kapitel im Abschnitt »Aufzeichnen eines Datenträgerabbilds für LTI«.

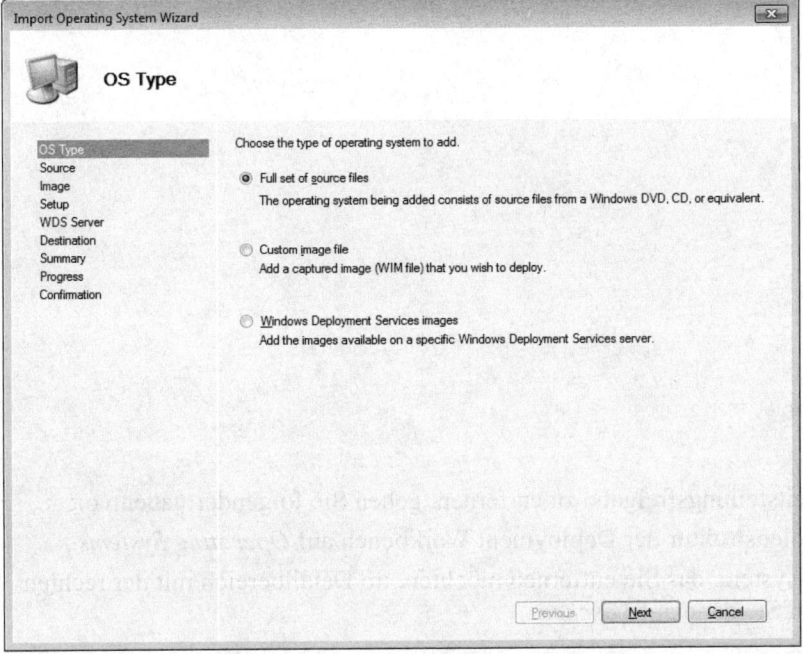

3. Geben Sie auf der Seite *Source* den Pfad ein, unter dem die Quelldateien des Betriebssystems zu finden sind, die Sie zur Bereitstellungsfreigabe hinzufügen möchten, oder klicken Sie auf *Browse*, um den Pfad auszuwählen. Falls Sie die Quelldateien bereits vorab auf das Volume kopiert haben, auf dem sich die Bereitstellungsfreigabe befindet, können Sie das Kontrollkästchen *Move the files to the deployment share instead of copying them* wählen, um den Vorgang zu beschleunigen.

4. Geben Sie auf der Seite *Destination* den Namen des Betriebssystemordners ein, der in der Bereitstellungsfreigabe erstellt werden soll. Sie können den vorgegebenen Namen übernehmen, den die Deployment Workbench aus den Quelldateien ableitet, oder einen anderen Namen eingeben, der die Betriebssystemversion und die Edition bezeichnet. Mit Namen wie Windows 7 Enterprise und Windows 7 Professional lassen sich die verschiedenen Betriebssystemeditionen von Windows 7 zum Beispiel leichter unterscheiden. Die Deployment Workbench verwendet den Standardnamen

zur Erstellung eines Ordners für das Betriebssystem im Ordner *Operating Systems* der Bereitstellungsfreigabe.

5. Beenden Sie die Arbeit im Assistenten.

Der Kopiervorgang kann einige Minuten dauern, eine Verschiebung erfolgt dagegen wesentlich schneller. Nachdem Sie ein Betriebssystem zur Bereitstellungsfreigabe hinzugefügt haben, erscheint es im Detailbereich, wenn in der Konsolenstruktur der Ordner *Operating Systems* gewählt ist. Außerdem erscheint das Betriebssystem in der Bereitstellungsfreigabe, und zwar in *Operating Systems\Unterordner[\Unterordner]* (Abbildung 6.4), wobei *Unterordner[\Unterordner]* der Ordner ist, den Sie beim Hinzufügen des Betriebssystems angegeben haben.

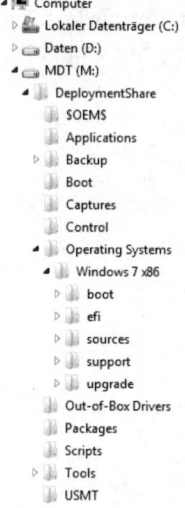

Abbildung 6.4 Betriebssysteme
in der Bereitstellungsfreigabe

Um Windows 7 aus der Bereitstellungsfreigabe zu entfernen, gehen Sie folgendermaßen vor:

1. Klicken Sie in der Konsolenstruktur der Deployment Workbench auf *Operating Systems*.

2. Klicken Sie das Betriebssystem, das Sie entfernen möchten, im Detailbereich mit der rechten Maustaste an und klicken Sie dann auf *Löschen*.

HINWEIS Wenn ein Betriebssystem aus der Deployment Workbench gelöscht wird, dann löscht die Deployment Workbench es auch aus dem Ordner *Operating Systems* der Bereitstellungsfreigabe. Anders gesagt, mit der Entfernung eines Betriebssystems aus der Deployment Workbench verschwindet es auch aus dem Dateisystem.

Hinzufügen von Anwendungen

Sie müssen jede Anwendung, die Sie mit MDT 2010 bereitstellen möchten, zur Bereitstellungsfreigabe hinzufügen. Die Deployment Workbench lässt Ihnen die Wahl, ob Sie die Quelldateien der Anwendung direkt in die Bereitstellungsfreigabe kopieren oder nur einen Verweis auf die Quelldateien der Anwendung in die Bereitstellungsfreigabe eintragen und die Dateien an ihrem ursprünglichen Ort belassen. Normalerweise ist es sinnvoll, die Quelldateien der Anwendung in die Bereitstellungsfreigabe zu kopieren, wenn die Dateien sonst bei der Bereitstellung aus irgendwelchen Gründen nicht im Netzwerk zugänglich sind.

Sie können aber nicht nur entscheiden, wie die Quelldateien der Anwendung zur Bereitstellungsfreigabe hinzugefügt werden sollen, sondern auch die Befehlszeile für die Installation der Anwendung festlegen, Abhängigkeiten zwischen Anwendungen angeben und andere Einstellungen für die Anwendungen vornehmen. Nachdem Sie eine Anwendung zur Bereitstellungsfreigabe hinzugefügt haben, können Sie die Anwendung an einem von zwei Punkten im Prozess installieren:

- **Mit dem Windows Deployment Wizard**   Der Windows Deployment Wizard zeigt dem Benutzer eine Liste der Anwendungen, die installiert werden können. Der Benutzer kann dann die gewünschten Anwendungen auswählen. Sie können die Anwendung, die der Windows Deployment Wizard installiert, unter Verwendung der MDT 2010-Datenbank konfigurieren und dann die Seiten des Installationsassistenten überspringen. Dann erfolgt die Installation ohne Eingreifen des Benutzers automatisch. Weitere Informationen über die Verwendung der MDT 2010-Datenbank erhalten Sie in Kapitel 12, »Bereitstellen mit dem Microsoft Deployment Toolkit«.

- **In der Tasksequenz**   Die Anwendungsinstallationen werden ausgeführt, wenn der Windows Deployment Wizard die Tasksequenz auf dem Zielcomputer abarbeitet. Mit der Tasksequenz ist die Sequenz der Aufgaben gemeint, die bei der Installation zur Vorbereitung, Installation und Konfiguration des Builds auf dem Zielcomputer ausgeführt werden. Der Vorgang erfolgt vollautomatisch.

Kapitel 8, »Bereitstellen von Anwendungen«, beschreibt die Planung und Entwicklung von automatischen Anwendungsinstallationen. Kapitel 8 beschreibt zudem die Unterschiede zwischen Kernanwendungen, die auf jedem Desktopcomputer der Organisation vorhanden sein sollen, und ergänzenden Anwendungen, die nicht überall installiert werden. Jede Anwendungsart wird anders bereitgestellt, je nach der gewählten Bereitstellungsstrategie. Mit der Bereitstellungsstrategie sind folgende Installationsarten gemeint:

- **Vollständige Abbilder**   Sie installieren Anwendungen in das Build, das Sie zur Erstellung von Datenträgerabbildern verwenden. Sie können Anwendungen mit dem Windows Deployment Wizard installieren oder zur Tasksequenz hinzufügen.

- **Partielle Abbilder**   Die Anwendungsbereitstellung erfolgt gewöhnlich separat von der Betriebssystembereitstellung, gewöhnlich mit einer Systemverwaltungsinfrastruktur wie System Center Configuration Manager 2007.

- **Hybridabbilder**   Sie installieren die Anwendungen in das Build, das Sie für die Zielcomputer bereitstellen (höchstwahrscheinlich ein benutzerdefiniertes Abbild), und installieren zusätzliche Anwendungen wahrscheinlich mit einer Systemverwaltungsinfrastruktur. Sie können die Anwendungen mit dem Windows Deployment Wizard installieren oder zur Tasksequenz hinzufügen.

WARNUNG   Erlauben Sie keiner Anwendung, den Computer neu zu starten. Der Windows Deployment Wizard muss die Neustarts kontrollieren, damit die Tasksequenz abgearbeitet werden kann. Weitere Informationen über die Konfiguration von Neustarts finden Sie im Abschnitt »Installationsneustarts« dieses Kapitels.

Um eine Anwendung zur Bereitstellungsfreigabe hinzuzufügen, gehen Sie folgendermaßen vor:

1. Klicken Sie in der Strukturansicht der Deployment Workbench mit der rechten Maustaste auf den Ordner *Applications* der Bereitstellungsfreigabe (oder auf einen Unterordner, den Sie unter diesem Ordner erstellt haben) und klicken Sie dann auf *New Application*, um den New Application Wizard zu starten.

2. Treffen Sie auf der Seite *Application Type* eine Wahl unter den folgenden Punkten:

   ☐ Wählen Sie *Application with source files*, um die Anwendungsquelldateien in die Bereitstellungsfreigabe zu kopieren. Während der Bereitstellung installiert der Windows Deployment Wizard die Anwendung von der Bereitstellungsfreigabe.

   ☐ Wählen Sie *Application without source files or elsewhere on the network*, wenn Sie die Anwendungsquelldateien nicht in die Bereitstellungsfreigabe kopieren möchten. Bei der Bereitstellung installiert der Windows Deployment Wizard die Anwendung von einem anderen Ort aus dem Netzwerk. Wählen Sie diese Option auch, wenn ein Befehl ausgeführt werden soll, der keine Anwendungsquelldateien erfordert.

   ☐ Wählen Sie *Application bundle*. Nach der Wahl dieser Option wird keine Anwendung zur Bereitstellungsfreigabe hinzugefügt. Stattdessen wird ein Platzhalter erstellt, mit dem Sie Abhängigkeiten verknüpfen können. Bei der Installation der Platzhalteranwendung (des Bundles) werden auch die abhängigen Komponenten installiert.

3. Geben Sie auf der hier gezeigten Seite *Details* die gewünschten Informationen ein, die in Tabelle 6.1 beschrieben werden.

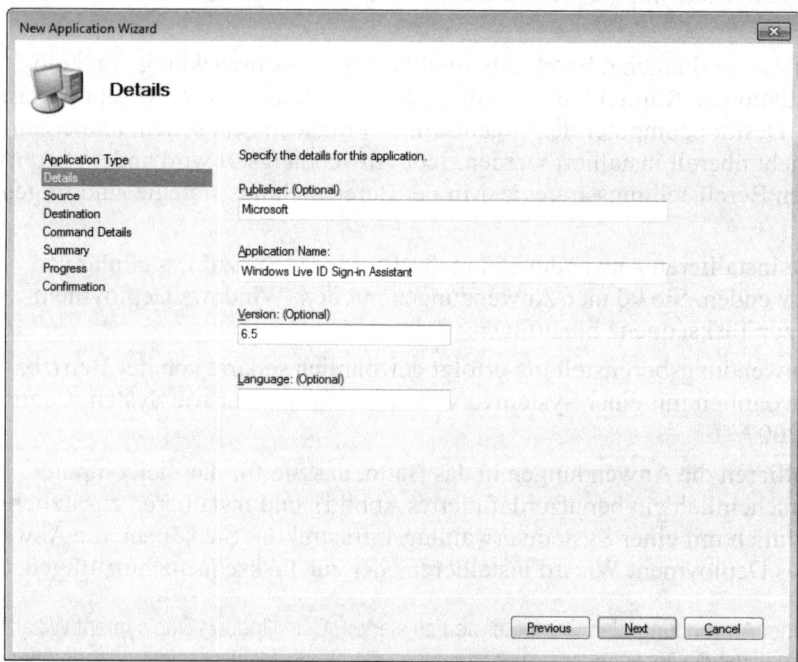

Tabelle 6.1   Eingabefelder der Seite *Details*

Geben Sie in diesem Eingabefeld	folgende Information ein
Publisher	Name des Herausgebers der Anwendung
Application Name	Name der Anwendung
Version	Versionsnummer der Anwendung
Language	Sprachen, die die Anwendung unterstützt

4. Geben Sie auf der Seite *Source* den Pfad des Ordners ein, in dem die hinzuzufügende Anwendung liegt, oder klicken Sie auf *Browse*, um den Pfad herauszusuchen. Sofern Sie das Kopieren der Anwendungsquelldateien in die Bereitstellungsfreigabe gewählt haben, kopiert die Deployment Workbench alle Dateien aus diesem Ordner in die Bereitstellungsfreigabe. Andernfalls fügt sie diesen Pfad als Installationspfad in die Metadaten der Anwendung ein. Falls die Anwendungs-quelldateien auf der lokalen Festplatte vorhanden sind, können Sie das Kontrollkästchen *Move the files to the deployment share instead of copying them* wählen, um die Dateien in die Bereit-stellungsfreigabe zu verschieben, statt sie dorthin zu kopieren.

5. Geben Sie auf der Seite *Destination* den Namen des Ordners ein, der für die Anwendung im Ord-ner *Applications* der Bereitstellungsfreigabe angelegt werden soll. Vorgegeben wird ein Wert, der aus dem Herausgeber, dem Anwendungsnamen und der Versionsnummer zusammengesetzt ist.

> **WARNUNG**   Sorgen Sie dafür, dass der Name, der auf der Seite *Destination* angegeben wird, eindeutig ist. Andernfalls zeigt der Windows Deployment Wizard bei einer LTI-Bereitstellung zwar mehrere Anwendungen mit demselben Namen an, installiert aber unterschiedliche Anwendungen. Ändern Sie den Namen auf der Seite *Destination* nach Bedarf ab, damit er eindeutig ist.

6. Geben Sie auf der Seite *Command Details* den Befehl ein, der für eine unbeaufsichtigte Instal-lation der Anwendung verwendet werden soll. Der Befehl könnte zum Beispiel `msiexec /qb /i AnwendungsName.msi` lauten. Der Befehl bezieht sich auf das Arbeitsverzeichnis, das im Eingabefeld *Working directory* festgelegt wird. Unterstützung bei der Suche nach dem richtigen Befehl für die Automatisierung der Installation von Anwendungen erhalten Sie in Kapitel 8, »Bereitstellen von Anwendungen«.

7. Schließen Sie die Arbeit im Assistenten ab.

Nachdem Sie eine Anwendung zur Bereitstellungsfreigabe hinzugefügt haben, erscheint sie im De-tailbereich, wenn der Knoten *Applications* (oder der entsprechende Unterordner dieses Ordners) in der Konsolenstruktur ausgewählt ist. Außerdem erscheint sie im Ordner *Applications*Unterordner[\Unter-ordner] der Bereitstellungsfreigabe, wobei *Unterordner[\Unterordner]* der Zielordner ist, der beim Hinzufügen der Anwendung angegeben wurde.

Um eine Anwendung in der Bereitstellungsfreigabe zu bearbeiten, gehen Sie folgendermaßen vor:

1. Klicken Sie in der Strukturansicht der Deployment Workbench auf den Ordner *Applications* der Bereitstellungsfreigabe (oder den entsprechenden Unterordner).

2. Klicken Sie die Anwendung im Detailbereich mit der rechten Maustaste an und klicken Sie dann auf *Eigenschaften*.

3. Bearbeiten Sie die Informationen auf den Registerkarten *General* und *Details*.

Um einen Deinstallationsregistrierungsschlüsselnamen anzugeben, gehen Sie folgendermaßen vor:

1. Klicken Sie in der Strukturansicht der Deployment Workbench auf den Ordner *Applications* der Bereitstellungsfreigabe (oder den entsprechenden Unterordner).

2. Klicken Sie die Anwendung im Detailbereich mit der rechten Maustaste an und klicken Sie dann auf *Eigenschaften*.

3. Geben Sie auf der Registerkarte *Details* den Deinstallationsregistrierungsschlüsselnamen ins Text-feld *Uninstall registry key name* ein.

Der Windows Deployment Wizard überprüft mit dem Deinstallationsregistrierungsschlüsselnamen, ob eine Anwendung bereits auf dem Zielcomputer installiert ist. Der Schlüssel ist ein Unterschlüssel von *HKLM\Software\Microsoft\Windows\CurrentVersion\Uninstall*. Wenn der Windows Deployment

Wizard diesen Schlüssel vorfindet, geht er davon aus, dass die Anwendung bereits installiert ist, und überspringt die Installation der Anwendung und der Abhängigkeiten. Geben Sie im Textfeld *Uninstall registry key name* den Namen des Unterschlüssels ein, nicht den ganzen Pfad.

Um eine Anwendung zu deaktivieren, gehen Sie folgendermaßen vor:

1. Wählen Sie in der Strukturansicht der Deployment Workbench den Ordner *Applications* in der Bereitstellungsfreigabe (oder den entsprechenden Unterordner).

2. Klicken Sie im Detailbereich mit der rechten Maustaste auf die Anwendung, die Sie deaktivieren möchten, und klicken Sie dann auf *Eigenschaften*.

3. Klicken Sie die Registerkarte *General* an und löschen Sie das Kontrollkästchen *Enable this application*.

Wenn Sie eine Anwendung hinzufügen möchten, die während der Tasksequenz installiert werden soll, deaktivieren Sie die Anwendung, indem Sie das Kontrollkästchen *Enable this application* löschen. Die Anwendung wird trotzdem während der Tasksequenz installiert, aber nicht in der Anwendungsliste für den Benutzer angezeigt.

Um eine Anwendung aus der Bereitstellungsfreigabe zu entfernen, gehen Sie folgendermaßen vor:

1. Wählen Sie in der Strukturansicht der Deployment Workbench den Ordner *Applications* in der Bereitstellungsfreigabe (oder den entsprechenden Unterordner).

2. Klicken Sie im Detailbereich mit der rechten Maustaste auf die Anwendung, die Sie entfernen möchten, und klicken Sie dann auf *Löschen*.

Wenn Sie eine Anwendung aus der Deployment Workbench löschen, wird sie auch aus dem Ordner *Applications* der Bereitstellungsfreigabe gelöscht. Anders gesagt, die Entfernung einer Anwendung aus der Deployment Workbench bedeutet auch die Entfernung der Anwendung aus dem Dateisystem.

Angeben von Anwendungsabhängigkeiten

Mit der Deployment Workbench können Sie Abhängigkeiten angeben, die zwischen Anwendungen bestehen. Ist Anwendung A zum Beispiel von Anwendung B abhängig, sorgt die Deployment Workbench dafür, dass zuerst Anwendung B installiert wird, bevor Anwendung A installiert wird.

Um Abhängigkeiten zwischen zwei Anwendungen anzugeben, gehen Sie folgendermaßen vor:

1. Wählen Sie in der Strukturansicht der Deployment Workbench den Ordner *Applications* der Bereitstellungsfreigabe (oder den entsprechenden Unterordner).

2. Klicken Sie im Detailbereich die Anwendung mit der rechten Maustaste an, für die eine Abhängigkeit besteht, und klicken Sie dann auf *Eigenschaften*.

3. Klicken Sie auf die hier gezeigte Registerkarte *Dependencies*, führen Sie eine der folgenden Aktionen durch und klicken Sie dann auf *OK*.

   □ Um eine Anwendung in die Abhängigkeitsliste aufzunehmen, klicken Sie auf *Add* und wählen dann eine Anwendung aus. Die Deployment Workbench zeigt nur diejenigen Anwendungen an, die bereits zur Bereitstellungsfreigabe hinzugefügt wurden.

   □ Um eine Anwendung aus der Abhängigkeitsliste zu entfernen, wählen Sie eine Anwendung aus der Liste aus und klicken dann auf *Remove*.

   □ Um die Reihenfolge der Anwendungen in der Abhängigkeitsliste zu ändern, wählen Sie eine Anwendung aus der Liste aus und klicken dann auf *Up* oder *Down*. Der Windows Deployment Wizard installiert die Anwendungen in der Reihenfolge, in der sie in der Abhängigkeitsliste stehen.

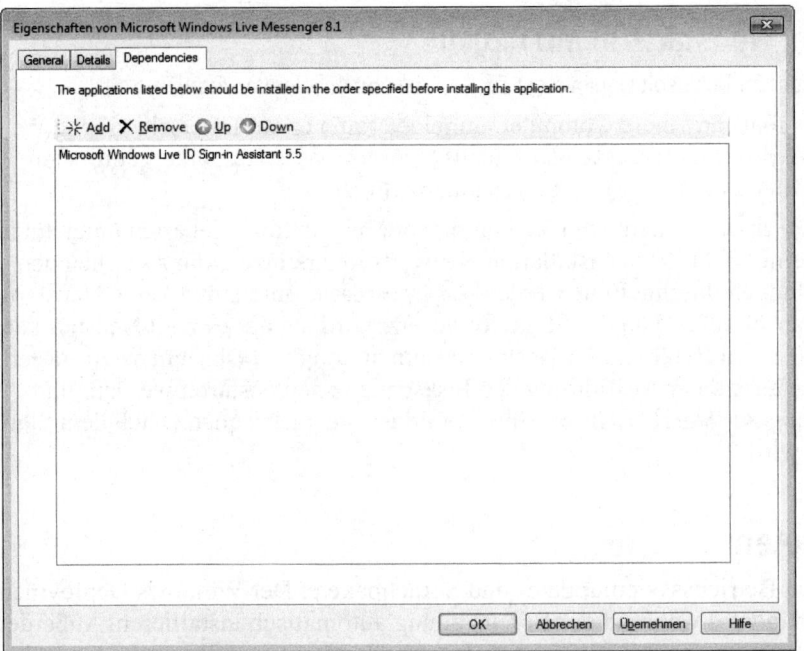

Installationsneustarts

Erlauben Sie keiner Anwendung, den Computer neu zu starten. Der Windows Deployment Wizard muss die Neustarts kontrollieren, oder die Ausführung der Tasksequenz schlägt fehl. Sie können zum Beispiel REBOOT=REALLYSUPPRESS verwenden, um einige Anwendungen auf Basis von Windows Installer daran zu hindern, den Computer neu zu starten. Wenn der Windows Deployment Wizard den Computer nach der Installation einer Anwendung neu starten soll, öffnen Sie in der Deployment Workbench das Eigenschaftendialogfeld der Anwendung und wählen auf der Registerkarte *Details* das Kontrollkästchen *Reboot the computer after installing this application*.

Um den Computer nach der Installation neu zu starten, gehen Sie folgendermaßen vor:

1. Wählen Sie in der Konsolenstruktur der Deployment Workbench den Ordner *Applications* der Bereitstellungsfreigabe (oder den entsprechenden Unterordner).

2. Klicken Sie im Detailbereich mit der rechten Maustaste auf die Anwendung, nach deren Installation der Windows Deployment Wizard den Computer neu starten soll, und klicken Sie dann auf *Eigenschaften*.

3. Wählen Sie auf der Registerkarte *Details* das Kontrollkästchen *Reboot the computer after installing this application*. Die Aktivierung dieses Kontrollkästchens veranlasst den Windows Deployment Wizard, den Computer nach der Installation der Anwendung neu zu starten und seine Arbeit dann mit dem nächsten Schritt aus der Tasksequenz fortzusetzen.

> ### Direkt von der Quelle: Neustarts in MDT 2010
>
> Michael Niehaus, Lead Developer for Microsoft Deployment Toolkit, *Solution Accelerator Team*
>
> Wenn sich ein Benutzer erstmals an einem Computer anmeldet, kann er auf unterschiedliche Weise Befehle verwenden. Ein Weg ist, im `oobeSystem`-Durchlauf `RunSynchronous` zum untergeordneten `<Microsoft-Windows-Setup>`-Element `FirstLogonCommands` hinzuzufügen.
>
> MDT 2010 verwendet `RunSynchronous` nicht, weil es komplexere Installationsszenarien unterstützen muss. Zum Beispiel muss eine MDT 2010-Installation Neustarts unterstützen, die zwischen den Installationen von Anwendungen durchgeführt werden. `RunSynchronous` unterstützt keine Neustarts, bei denen die Ausführung anschließend an der Stelle fortgesetzt wird, an der es zum Neustart kam. Stattdessen fügt MDT 2010 einen Befehl zu `RunSynchronous` hinzu, um die Tasksequenz zu starten. Muss der Computer dann während der Ausführung der Tasksequenz neu gestartet werden, fügt MDT 2010 eine Verknüpfung zur *StartUp*-Gruppe hinzu, mit der die Tasksequenz nach dem Start des Computers fortgesetzt wird.

Hinzufügen von Paketen

Zu den Paketen gehören auch Betriebssystemupdates und Sprachpakete. Der Windows Deployment Wizard kann Betriebssystemupdates während der Bereitstellung automatisch installieren. Außerdem können Benutzer in LTI-Bereitstellungen die Sprachpakete auswählen, die installiert werden sollen. Die folgenden Abschnitte geben Ihnen weitere Informationen über Updates und Sprachen.

Um ein Paket zur Bereitstellungsfreigabe hinzuzufügen, gehen Sie folgendermaßen vor:

1. Klicken Sie in der Deployment Workbench mit der rechten Maustaste auf den Ordner *Packages* Ihrer Bereitstellungsfreigabe (oder auf einen Unterordner, den Sie unter diesem Ordner erstellt haben) und wählen Sie dann *Import OS Packages*, um den Import Package Wizard zu starten.
2. Geben Sie auf der Seite *Specify Directory* den Pfad ein, unter dem die Paketdateien zu finden sind, die Sie zur Bereitstellungsfreigabe hinzufügen möchten, oder klicken Sie auf *Browse* und suchen Sie den Pfad heraus. Klicken Sie so oft auf *Next*, wie es der Assistent fordert. Die Deployment Workbench fügt alle Pakete hinzu, die sie im angegebenen Ordner und dessen Unterordnern findet.
3. Schließen Sie die Arbeit im Assistenten mit einem Klick auf *Finish* ab.

Nachdem Sie ein Paket zur Bereitstellungsfreigabe hinzugefügt haben, wird es im Detailbereich angezeigt, wenn der Ordner *Packages* (oder der entsprechende Unterordner dieses Ordners) in der Konsolenstruktur ausgewählt wird. Außerdem erscheint das Paket im Ordner *Packages*\Unterordner[\Unterordner] der Bereitstellungsfreigabe, wobei *Unterordner[\Unterordner]* das Ziel ist, das beim Hinzufügen des Pakets angegeben wurde.

Um ein Paket zu deaktivieren und seine Installation zu verhindern, gehen Sie folgendermaßen vor:

1. Wählen Sie in der Strukturansicht der Deployment Workbench den Ordner *Packages* Ihrer Bereitstellungsfreigabe (oder den entsprechenden Unterordner).
2. Klicken Sie im Detailbereich mit der rechten Maustaste auf das Paket, das Sie deaktivieren möchten, und klicken Sie dann auf *Eigenschaften*.
3. Klicken Sie auf die Registerkarte *General* und löschen Sie das Kontrollkästchen *Enable (approve) this package*, um das Paket zu deaktivieren.

Um ein Paket aus der Bereitstellungsfreigabe zu entfernen, gehen Sie folgendermaßen vor:

1. Wählen Sie in der Strukturansicht der Deployment Workbench den Ordner *Packages* Ihrer Bereitstellungsfreigabe (oder den entsprechenden Unterordner).

2. Klicken Sie im Detailbereich mit der rechten Maustaste auf das Paket, das Sie entfernen möchten, und klicken Sie dann auf *Löschen*.

Wenn Sie ein Paket aus der Deployment Workbench löschen, wird es auch aus dem Ordner *Packages* der Bereitstellungsfreigabe gelöscht. Anders gesagt, die Entfernung eines Pakets aus der Deployment Workbench bedeutet auch die Entfernung des Pakets aus dem Dateisystem.

Hinzufügen von Updates

Betriebssystemupdates werden als *.msu*-Dateien (Microsoft Standalone Update) herausgegeben. Weitere Informationen über *.msu*-Dateien erhalten Sie in Kapitel 23, »Verwalten von Softwareupdates«.

Wenn Sie ein Abbild entwickeln, sorgen Sie dafür, dass alle kritischen Sicherheitsupdates im Abbild enthalten sind, damit Computer, die mit diesem Abbild bereitgestellt werden, möglichst auf dem aktuellen Stand sind. Tabelle 6.2 beschreibt die verschiedenen Vorgehensweisen zur Durchführung dieser Aktualisierungen. (Wenn Sie MDT 2010 verwenden, empfiehlt sich die erste Methode.)

Tabelle 6.2 Aktualisieren von Windows 7-Abbildern

Methode	Vorteile	Nachteile
Laden Sie die Sicherheitsupdates von der Microsoft-Website herunter und installieren Sie die Sicherheitsupdates dann im Rahmen des Abbilderstellungsprozesses. Updates können Sie in der Knowledge Base und im Download Center suchen.	Der Vorgang ist sehr einfach durchzuführen. Sie können Updates installieren, indem Sie sie einfach zur Bereitstellungsfreigabe hinzufügen.	Die Installation kann sehr zeitaufwendig sein.
Verwenden Sie Windows Server Update Services (WSUS) oder System Center Configuration Manager 2007 zur Installation der Sicherheitsupdates nach der Bereitstellung.	Der Vorgang ist einfach durchzuführen und erfasst auch neue Updates, sobald sie genehmigt sind.	Das Abbild ist nicht geschützt, bevor die Updates installiert sind und der Computer neu gestartet wird. Daraus ergeben sich Möglichkeiten für Angriffe. Außerdem kann die Installation zeitaufwendig sein. Je nach der Konfiguration des System Center Configuration Manager 2007 kann es eine Stunde oder länger dauern, bis alle Updates installiert sind. Wird der System Center Configuration Manager 2007-Client ins Abbild aufgenommen und so eingestellt, dass er mit einer bestimmten Site kommuniziert, kann dies dazu führen, dass sämtliche Computer, die mit diesem Abbild ausgerüstet werden, nur mit dieser Site kommunizieren.
Laden Sie die Sicherheitsupdates von der Microsoft-Website herunter und integrieren Sie sie in die Windows-Installationsquellen, bevor Sie mit dem unbeaufsichtigten Build-Prozess beginnen.	Das Abbild ist jederzeit vor bekannten Versuchen geschützt, mit denen Schwachstellen ausgenutzt werden sollen, und die Abbilderstellung erfolgt schneller, weil alle Sicherheitsupdates installiert werden, bevor das Abbild erstellt wird.	Die Integration der Sicherheitsupdates erfordert einigen Aufwand. Es ist nicht offensichtlich, welche Updates Sie integrieren können. Einige werden Sie im Rahmen der unbeaufsichtigten Installation installieren müssen.

> **HINWEIS**   Laden Sie die erforderlichen Windows Sicherheitsupdates aus der Microsoft Knowledge Base oder aus dem Download Center herunter. Sie können Updates auch aus dem Microsoft Update Catalog unter *http://catalog.update.microsoft.com/v7/site/* herunterladen.

Hinzufügen von Sprachpaketen

Sprachpakete ermöglichen eine mehrsprachige Windows-Umgebung. Windows 7 ist sprachenneutral. Alle Ressourcen, die sich auf Sprachen und Regionen beziehen, werden durch Sprachpakete (*Lp.cab*-Dateien) zu Windows 7 hinzugefügt. Durch das Hinzufügen von einem oder mehreren Sprachpaketen zu Windows 7 können Sie diese Sprachen bei der Installation des Betriebssystems aktivieren. Anders gesagt, Sie können dasselbe Windows 7-Abbild für Regionen mit anderen Sprachen und Gebietseinstellungen bereitstellen. Das beschleunigt die Entwicklung und Bereitstellung.

Folgende Quellen bieten weitere Informationen über die Sprachpakete von Windows Vista:

- Kapitel 12, »Bereitstellen mit dem Microsoft Deployment Toolkit«, beschreibt, wie Sprachpakete bei der Bereitstellung installiert werden.

- Die *Microsoft Deployment Toolkit Reference* aus der MDT 2010-Dokumentation beschreibt die Eigenschaften, die Sie zur automatischen Installation von Sprachpaketen verwenden können.

- Unter der Überschrift »Grundlegendes zu Bereitstellungen in mehreren Sprachen« erhalten Sie in der Windows-AIK-Dokumentation weitere Informationen über Windows Vista-Sprachpakete (im Index zu finden unter *Bereitstellung, Language Packs*).

Hinzufügen von zusätzlichen Gerätetreibern (Out-of-Box Drivers)

Je nach Aufgabe eines Computers in der Umgebung und nach seiner Hardwareausstattung brauchen Sie noch Software von den Hardwareherstellern, damit der Computer wie vorgesehen in der Umgebung arbeiten kann. Zum Teil wird diese Software vom Hardwarehersteller auf einer CD oder auf einer DVD geliefert, zum Teil müssen Sie die Software von der Website des Herstellers herunterladen.

Mit der Deployment Workbench lassen sich Gerätetreiber sehr einfach zur Bereitstellungsfreigabe hinzufügen. Sie geben einfach einen Ordner an, der einen oder mehrere Gerätetreiber enthält, und die Deployment Workbench kopiert die Treiber in die Bereitstellungsfreigabe und ordnet sie in passende Ordner an. Allerdings müssen Sie Gerätetreiber, die in komprimierten Dateien vorliegen, vor diesem Prozess expandieren. Anders gesagt, die Deployment Workbench sucht nach der *.inf*-Datei eines Gerätetreibers und nach zugehörigen Dateien.

Mit MDT 2008 konnten Sie Gerätetreiber zu Gruppen zusammenfassen. Dann konnten Sie eine Gerätetreibergruppe mit einer Tasksequenz verknüpfen. In MDT 2010 können Sie keine Treibergruppen mehr erstellen. Stattdessen können Sie nun unter dem Ordner *Out-of-Box Drivers* Ihrer Bereitstellungsfreigabe Unterordner anlegen. Sie können verschiedene Treiber in verschiedene Unterordner importieren und dann jeden Unterordner mit einer Tasksequenz verknüpfen.

> **HINWEIS**   Die Windows-Bereitstellungsdienste von Windows Server 2008 R2 bieten neue Funktionen, mit denen Sie leichter dafür sorgen können, dass bei einer Bereitstellung die passenden Treiber zur Verfügung stehen. Sie können Treiberpakete zu einem Windows-Bereitstellungsdiensteserver hinzufügen und diese Treiberpakete anhand bestimmter Filterkriterien auf verschiedenen Clientcomputern bereitstellen. Außerdem können Sie Pakete von Treibern, die für den Start erforderlich sind, zu Startabbildern hinzufügen (das wird allerdings nur für Abbilder von Windows 7 und Windows Server 2008 R2 unterstützt). In Kapitel 10, »Konfigurieren der Windows-Bereitstellungsdienste«, finden Sie weitere Informationen zu diesem Thema.

Um Gerätetreiber zur Bereitstellungsfreigabe hinzuzufügen, gehen Sie folgendermaßen vor:

1. Klicken Sie in der Deployment Workbench mit der rechten Maustaste auf den Ordner *Out-of-Box Drivers* Ihrer Bereitstellungsfreigabe (oder auf einen Unterordner, den Sie unter diesem Ordner erstellt haben) und wählen Sie dann *Import Drivers*, um den Import Driver Wizard zu starten.

2. Geben Sie auf der Seite *Specify Directory* den Pfad des Ordners ein, in dem die Gerätetreiber zu finden sind, die Sie zur Bereitstellungsfreigabe hinzufügen möchten, oder klicken Sie auf *Browse* und suchen Sie den Ordner heraus.

3. Bei Bedarf wählen Sie das Kontrollkästchen *Import drivers even if they are duplicates of an existing driver*. Die Wahl dieser Option ermöglicht es der Deployment Workbench, Treiber erneut zu importieren, auch wenn sie bereits vorhanden sind. Microsoft rät allerdings davon ab.

4. Schließen Sie die Arbeit im Assistenten ab. Die Deployment Workbench fügt alle Treiber zur Bereitstellungsfreigabe hinzu, die sie im angegebenen Ordner und seinen Unterordnern findet.

Nachdem Sie einen Gerätetreiber zur Bereitstellungsfreigabe hinzugefügt haben, wird er im Detailbereich angezeigt, wenn in der Konsolenstruktur der Ordner *Out-of-Box Drivers* (oder der entsprechende Unterordner dieses Ordners) gewählt ist. Außerdem erscheint er im Ordner *Out-of-Box Drivers\Unterordner[\Unterordner]* der Bereitstellungsfreigabe, wobei *Unterordner[\Unterordner]* das Ziel ist, das beim Hinzufügen des Treibers angegeben wurde.

Um einen Gerätetreiber zu deaktivieren, gehen Sie folgendermaßen vor:

1. Klicken Sie in der Strukturansicht der Deployment Workbench auf den Ordner *Out-of-Box Drivers* der Bereitstellungsfreigabe (oder auf den entsprechenden Unterordner).

2. Klicken Sie im Detailbereich mit der rechten Maustaste auf den Gerätetreiber, den Sie deaktivieren möchten, und klicken Sie dann auf *Eigenschaften*.

3. Klicken Sie auf die Registerkarte *General*, löschen Sie das Kontrollkästchen *Enable this driver* und klicken Sie dann auf *OK*.

Um einen Gerätetreiber aus der Bereitstellungsfreigabe zu entfernen, gehen Sie folgendermaßen vor:

1. Klicken Sie in der Strukturansicht der Deployment Workbench auf den Ordner *Out-of-Box Drivers* der Bereitstellungsfreigabe (oder auf den entsprechenden Unterordner).

2. Klicken Sie im Detailbereich mit der rechten Maustaste auf den Gerätetreiber, den Sie entfernen möchten, und klicken Sie dann auf *Löschen*.

Wenn Sie einen Gerätetreiber aus der Deployment Workbench löschen, wird er auch aus dem Ordner *Out-of-Box Drivers* der Bereitstellungsfreigabe gelöscht. Anders gesagt, die Entfernung eines Gerätetreibers aus der Deployment Workbench bedeutet auch die Entfernung des Gerätetreibers aus dem Dateisystem.

Erstellen von Tasksequenzen

Eine *Tasksequenz* verknüpft Betriebssystemquelldateien mit einer Beschreibung der Schritte, die zu ihrer Installation erforderlich sind. Eine Tasksequenz ist mit folgenden Komponenten verknüpft:

- **Betriebssystem** Wählen Sie ein Betriebssystemabbild aus, das Sie für die Tasksequenz verwenden möchten.

- **Antwortdatei für die unbeaufsichtigte Installation (*Unattend.xml*)** Erstellen Sie eine Antwortdatei, die beschreibt, wie das Betriebssystem auf dem Zielcomputer installiert und konfiguriert werden soll. Die Antwortdatei kann zum Beispiel einen Product Key, den Namen der Organisation und die Angaben enthalten, die für die Aufnahme des Computers in eine Domäne erforderlich sind.

Im Normalfall überlassen Sie MDT 2010 die Kontrolle über die Einstellungen in der Datei *Unattend.xml* und verwenden die MDT 2010-Datenbank zur Konfiguration der Zielcomputer.

> **HINWEIS** In diesem Kapitel wird angenommen, dass Sie Tasksequenzen und Bereitstellungsfreigaben einrichten, um benutzerdefinierte Abbilder zu erstellen und zu speichern. Die Einstellungen, die Sie nach den Anleitungen aus diesem Kapitel vornehmen, unterscheiden sich von den Einstellungen, die Sie zur Bereitstellung von Abbildern für Produktivcomputer vornehmen. Weitere Informationen über diese Einstellungen erhalten Sie in Kapitel 12, »Bereitstellen mit dem Microsoft Deployment Toolkit«.

Um eine Tasksequenz für die Abbilderstellung zu erstellen, gehen Sie folgendermaßen vor:

1. Klicken Sie in der Strukturansicht der Deployment Workbench mit der rechten Maustaste auf den Ordner *Task Sequences* Ihrer Bereitstellungsfreigabe (oder auf einen Unterordner, den Sie unter diesem Ordner erstellt haben) und wählen sie dann *New Task Sequence*, um den New Task Sequence Wizard zu starten.

2. Geben Sie auf der Seite *General Settings* die Informationen ein, die in Tabelle 6.3.

Tabelle 6.3 Die Seite *General Settings*

Geben Sie in diesem Eingabefeld	folgende Informationen ein
Task sequence ID	Eine eindeutige ID für die Tasksequenz. Sie können diese ID später nicht ändern. Überlegen Sie sich also vorher ein Konzept, nach dem Sie Tasksequenz-IDs vergeben.
Task sequence name	Einen verständlichen Namen für die Tasksequenz. Benutzer sehen diesen Namen während der LTI-Installation.
Task sequence comments	Zusätzliche Informationen über die Tasksequenz. Benutzer sehen diese Beschreibung während der LTI-Installation. Beschreiben Sie die Tasksequenz und das, was sie im Abbild installiert.

3. Wählen Sie auf der Seite *Select Template* eine Tasksequenzvorlage aus, die als Ausgangspunkt dient. Diese Vorlage können Sie später anpassen. Wählen Sie für die Erstellung von Abbildern die Vorlage *Standard Client Task Sequence*.

4. Wählen Sie auf der Seite *Select OS* ein Betriebssystemabbild aus, das mit dieser Tasksequenz installiert werden soll. Es werden nur Betriebssystemabbilder angezeigt, die Sie zuvor zu Ihrer Bereitstellungsfreigabe hinzugefügt haben.

5. Wählen Sie auf der Seite *Specify Product Key* eine der folgenden Optionen:

   ☐ *Do not specify a product key at this time.* Sie geben keinen Product Key ein.

   ☐ *Specify a multiple activation key (MAK key) for activating this operating system.* Geben Sie im Textfeld *MAK Product Key* den Product Key ein.

   ☐ *Specify the product key for this operating system.* Geben Sie im Textfeld *Product Key* den Product Key ein.

Weitere Informationen über die Verwendung von Volumenaktivierung und Product Keys in MDT 2010 finden Sie in Kapitel 11, »Verwenden der Volumenaktivierung«. Kapitel 11 beschreibt, wann ein Product Key erforderlich ist. Normalerweise sollten Kunden, die Windows 7 mit Volumenlizenzen auf 25 oder mehr Computern installieren, die Option *Do not specify a product key at this time* verwenden. Kunden, die Windows 7 mit Volumenlizenzen installieren und MAK-Schlüssel (Windows 7 Multiple Activation Keys) verwenden, sollten die Option *Specify a multiple activation key (MAK key) for activating this operating system* wählen und dann im Textfeld *MAK Product Key* einen Produkt Key eingeben. Kunden, die Einzelhandelsversionen von Windows 7 bereitstellen, sollten die Option *Specify the product key for this operating system* wählen und dann im Textfeld *Product Key* den Product Key eingeben.

6. Geben Sie auf der Seite *OS Settings* die Informationen ein, die in Tabelle 6.4 beschrieben werden, und klicken Sie dann auf *OK*. Allerdings ist es nicht sonderlich wichtig, welche Werte Sie zu diesem Zeitpunkt auf dieser Seite eingeben, denn Sie erstellen eine Tasksequenz für die Erfassung eines Abbilds und ändern diese Werte noch bei der Bereitstellung in der Produktivumgebung.

Tabelle 6.4 Die Seite *OS Settings*

Geben Sie in diesem Eingabefeld	folgende Informationen ein
Full Name	Name des Besitzers
Organization	Name der Organisation
Internet Explorer Home Page	URL (Uniform Resource Locator) der Standardstartseite des Internet Explorers, zum Beispiel die URL der Intranetstartseite der Organisation

7. Wählen Sie auf der Seite *Admin Password* die Option *Do not specify an Administrator password at this time*. Geben Sie für Tasksequenzen zur Erfassung von Abbildern kein lokales Administratorkennwort ein, damit Sie das Kennwort bei der Bereitstellung festlegen können.

8. Schließen Sie die Arbeit im Assistenten ab.

Nachdem Sie in Ihrer Bereitstellungsfreigabe eine Tasksequenz erstellt haben, erscheint die Tasksequenz im Detailbereich, wenn der Ordner *Task Sequences* (oder der entsprechende Unterordner dieses Ordners) in der Konsolenstruktur gewählt ist. Außerdem erscheint sie auch im Ordner *Control\ Unterordner[\Unterordner]* der Bereitstellungsfreigabe, wobei *Unterordner[\Unterordner]* das Ziel ist, das bei der Erstellung der Tasksequenz angegeben wurde. Die Deployment Workbench speichert in der Datei *TaskSequences.xml*, die im Ordner *Control* der Bereitstellungsfreigabe zu finden ist, Metadaten über jede Tasksequenz.

Um eine Tasksequenz zu deaktivieren, gehen Sie folgendermaßen vor:

1. Klicken Sie in der Strukturansicht der Deployment Workbench auf den Ordner *Task Sequences* der Bereitstellungsfreigabe (oder auf einen Unterordner).

2. Klicken Sie im Detailbereich mit der rechten Maustaste auf die Tasksequenz, die Sie deaktivieren möchten, und klicken Sie dann auf *Eigenschaften*.

3. Löschen Sie auf der Registerkarte *General* das Kontrollkästchen *Enable this task sequence* und klicken Sie dann auf *OK*. Als Alternative bietet es sich an, durch die Wahl des Kontrollkästchens *Hide this task sequence in the Deployment Wizard* die Tasksequenz zu verbergen.

HINWEIS Die Deaktivierung einer Tasksequenz bewirkt, dass der Windows Deployment Wizard die Tasksequenz nicht in der Liste der Tasksequenzen anzeigt, unter denen der Benutzer bei einer LTI-Bereitstellung wählen kann.

Um eine Tasksequenz zu entfernen, gehen Sie folgendermaßen vor:

1. Klicken Sie in der Strukturansicht der Deployment Workbench auf den Ordner *Task Sequences* der Bereitstellungsfreigabe (oder auf einen Unterordner).

2. Klicken Sie im Detailbereich mit der rechten Maustaste auf die Tasksequenz, die Sie entfernen möchten, und klicken Sie dann auf *Löschen*.

Zur Bearbeitung der Antwortdatei (*Unattend.xml*) einer Tasksequenz gehen Sie folgendermaßen vor:

1. Klicken Sie in der Strukturansicht der Deployment Workbench auf den Ordner *Task Sequences* der Bereitstellungsfreigabe (oder auf einen Unterordner).

2. Klicken Sie im Detailbereich mit der rechten Maustaste auf die Tasksequenz, die die zu bearbeitende Antwortdatei enthält, und klicken Sie dann auf *Eigenschaften*.

3. Klicken Sie auf der Registerkarte *OS Info* auf *Edit Unattend.xml*, um die Antwortdatei der Tasksequenz in Windows SIM zu bearbeiten.

WEITERE INFORMATIONEN   Weitere Informationen über die Bearbeitung der Datei *Unattend.xml* mit Windows SIM finden Sie in der Dokumentation des *Windows AIK für Windows 7*.

Direkt von der Quelle: Reduzieren der Anzahl der Abbilder

Doug Davis, Lead Architect, *Management Operations & Deployment, Microsoft Consulting Services*

Wir fügen zu jedem Abbild Office 2007 System und einen Virenscanner hinzu. Dann kann der Kunde unabhängig davon, wie wir andere Anwendungen bereitstellen, seine Arbeit aufnehmen. Außerdem gibt es noch viele andere Dinge, die man in ein Abbild aufnehmen könnte, damit der Benutzer sie später nicht herunterladen muss. Ich kenne zum Beispiel kaum einen Kunden, der den Adobe Acrobat Reader nicht verwendet.

Die Installationsprogramme für virtuelle private Netzwerke (VPN) und Einwählverbindungen sind zwar im Abbild enthalten, aber wir installieren sie nicht. Wenn wir das Abbild bereitstellen, überprüft die Tasksequenz mit Windows-Verwaltungsinstrumentation (Windows Management Instrumentation, WMI), ob es sich um ein Mobilgerät handelt. Ist es ein Mobilgerät, installieren wir VPN und Einwählverbindungen. Im anderen Fall löschen wir die Installationsprogramme.

Außerdem verwenden wir nie einen Product Key. Stattdessen verwenden wir den Schlüsselverwaltungsdienst, um unsere Abbilder zu vereinfachen und das Risiko von verlorenen Schlüsseln zu reduzieren. Kapitel 11, »Verwenden der Volumenaktivierung«, beschreibt den Schlüsselverwaltungsdienst.

Nur ein einziges Abbild bereitstellen zu müssen, ist eine praktische Sache und funktioniert recht gut. Ein einsatzfähiges Abbild sollte man nur ändern, wenn neue Software gebraucht wird. Sobald ein neues Update oder ein neuer Gerätetreiber erforderlich ist, replizieren wir einfach diese Information und fügen sie ins Abbild ein, statt jeden Monat ein neues Abbild zu erstellen und dieses Abbild zu replizieren. Wenn Sie diese Lösung wählen, ist es sehr wichtig, über die Abbildversionen genau Buch zu führen.

Bearbeiten einer Tasksequenz

Eine Tasksequenz ist in MDT 2010 eine Liste der Aufgaben, die während der Bereitstellung ausgeführt werden sollen. Allerdings handelt es sich nicht wie in einer Batchdatei um eine lineare Aufgabenliste. Stattdessen werden Tasksequenzen zu Gruppen zusammengefasst. Bestimmte Bedingungen (oder Filter) entscheiden, ob Aufgaben oder ganze Aufgabengruppen in bestimmten Situationen ausgeführt werden oder nicht.

MDT 2010 verwendet zur Ausführung einer Tasksequenz einen *Task Sequencer*. Der Task Sequencer arbeitet die Tasksequenz in der angegebenen Reihenfolge von oben nach unten ab. Jede Aufgabe in der Sequenz ist ein Schritt, und Schritte können zu Gruppen und Untergruppen zusammengefasst

werden. Wenn Sie in der Deployment Workbench eine Tasksequenz erstellen, können Sie eine Tasksequenzvorlage auswählen. Zu den wichtigen Funktionen der Tasksequenz gehört, Daten oder Variablen auf dem Zielcomputer zu speichern. Diese Variablen bleiben auch zwischen Neustarts erhalten.
Der Task Sequencer kann die Variablen dann zur Überprüfung von Bedingungen und zur Filterung
von Aufgaben oder Gruppen verwenden. Außerdem kann der Task Sequencer den Computer neu
starten und die Bearbeitung der Tasksequenz an der Stelle wieder aufnehmen, an der sie unterbrochen
wurde. Auf diese Weise lässt sich die Tasksequenz auch dann von Anfang bis Ende abarbeiten, wenn
Neustarts erforderlich sind.

Tasksequenzen können folgende Elemente enthalten:

- **Schritte (Steps)**   Schritte sind Befehle, die der Task Sequencer beim Abarbeiten einer Tasksequenz
  ausführt, wie zum Beispiel die Aufteilung der Festplatte, die Erfassung der Benutzerzustandsdaten
  und die Installation des Betriebssystems. In einer Tasksequenz wird die eigentliche Arbeit in den
  einzelnen Schritten erledigt. Die meisten Schritte in den Tasksequenzvorlagen von MDT 2010
  sind Befehle, die Skripts ausführen.

- **Gruppen (Groups)**   Die Schritte einer Tasksequenz lassen sich zu Gruppen zusammenfassen. Dabei
  handelt es sich um Ordner, die Untergruppen und Schritte enthalten können. Gruppen können
  nach Bedarf geschachtelt werden. Die Standardtasksequenz fasst Schritte zum Beispiel nach Phase
  und Bereitstellungstyp zusammen.

Sie können Schritte und Gruppen nach bestimmten Bedingungen filtern, einschließlich der Gruppen
und Schritte, die sie enthalten. Besonders Gruppen eignen sich gut für die Anwendung von Filtern,
weil sie eine ganze Sammlung von Schritten enthalten, die dann beim Vorliegen einer bestimmten
Bedingung ausgeführt wird, zum Beispiel in einer bestimmten Bereitstellungsphase oder bei einem
bestimmten Bereitstellungstyp.

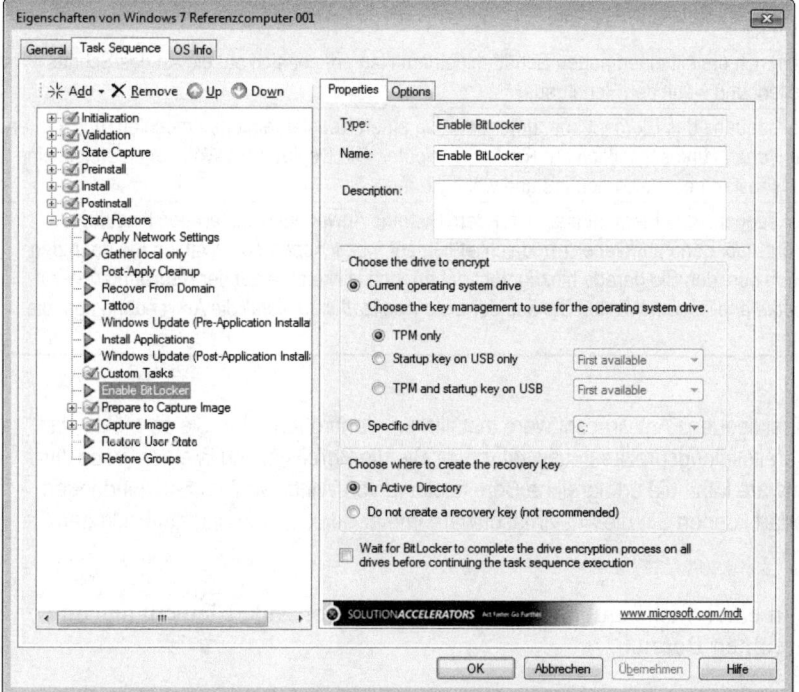

Zur Bearbeitung einer Tasksequenz gehen Sie folgendermaßen vor:

1. Klicken Sie in der Strukturansicht der Deployment Workbench auf den Ordner *Task Sequences* Ihrer Bereitstellungsfreigabe (oder auf einen Unterordner).

2. Klicken Sie im Detailbereich mit der rechten Maustaste auf die Tasksequenz, die Sie bearbeiten möchten, und klicken Sie dann auf *Eigenschaften*.

3. Klicken Sie auf die hier gezeigte Registerkarte *Task Sequence*, bearbeiten Sie die Tasksequenz nach den Beschreibungen aus Tabelle 6.5 und klicken Sie dann auf *OK*. Weitere Informationen über die Einstellungen auf den Registerkarten *Properties* und *Options* auf der Registerkarte *Task Sequence* finden Sie weiter unten in diesem Kapitel in den Abschnitten »Konfigurieren von Gruppen- und Aufgabeneigenschaften« und »Konfigurieren der Registerkarte *Options*« (siehe die Abbildung auf der vorherigen Seite).

Tabelle 6.5   Bearbeiten einer Tasksequenz

Aktion	Vorgehensweise
Hinzufügen einer Gruppe	Wählen Sie in der Tasksequenz das Element aus, unter dem Sie eine neue Gruppe erstellen möchten. Klicken Sie auf *Add* und dann auf *New Group*. Die Deployment Workbench erstellt eine neue Gruppe namens *New Group* und wählt sie aus.
Hinzufügen eines Schritts	Wählen Sie in der Tasksequenz das Element aus, unter dem Sie einen neuen Schritt erstellen möchten, und klicken Sie auf *Add*. Wählen Sie dann die Art des Schritts aus, den Sie hinzufügen möchten, indem Sie auf *General* klicken und dann einen der verfügbaren Schritte auswählen. (MDT 2010 unterstützt mehr Schritte, als hier genannt werden, aber diese Schritte sind bereits in der Tasksequenz oder dienen in erster Linie zur Bereitstellung von Servern). ■ *Run Command Line* ■ *Set Task Sequence Variable* ■ *Run Command Line As* Die Deployment Workbench erstellt einen neuen Schritt mit einem Namen, der sich auf die Art des Schritts bezieht, den Sie erstellen, und wählt den Schritt aus.
Hinzufügen eines Neustarts	Wählen Sie in der Tasksequenz das Element aus, unter dem Sie einen Neustart einfügen möchten, und klicken Sie auf *Add*, dann auf *General* und schließlich auf *Restart Computer*. Die Deployment Workbench erstellt eine neue Aufgabe für den Neustart des Zielcomputers und wählt sie aus.
Hinzufügen einer Anwendung	Wählen Sie in der Tasksequenz das Element aus, unter dem Sie eine Anwendungsinstallation hinzufügen möchten, klicken Sie auf *Add*, dann auf *General* und schließlich auf *Install Application*. Wählen Sie dann den Schritt *Install Application* aus, den Sie gerade hinzugefügt haben, und klicken Sie auf der Registerkarte *Properties* auf *Install a single application*. Wählen Sie aus der Liste *Application to install* die Anwendung aus, die Sie installieren möchten.

WICHTIG   Wenn Sie als Teil der Tasksequenz Antivirussoftware installieren, dann überprüfen Sie sorgfältig, wie sich die Antivirussoftware auf den Bereitstellungsprozess auswirkt, bevor Sie die Bereitstellung in einer Produktivumgebung durchführen. Antivirussoftware kann die erfolgreiche Bereitstellung von Windows 7 und Anwendungen durch MDT 2010 verhindern. Bei Bedarf können Sie die Antivirussoftware immer deaktivieren und am Ende der Tasksequenz wieder aktivieren.

Zur Bearbeitung eines Elements in einer Tasksequenz wählen Sie das betreffende Element aus und bearbeiten die Einstellungen im rechten Bereich.

HINWEIS MDT 2010 sieht eine Reihe von speziellen Schritten vor, die Sie konfigurieren können, beispielsweise den Schritt *Enable BitLocker* oder den Schritt *Install Operating System*. Sie ändern die Einstellungen für diese Schritte, indem Sie den Schritt im linken Bereich auswählen und den Schritt dann auf der Registerkarte *Properties* konfigurieren. Die interessantesten Schritte sind gewöhnlich *Validate* (unter *Validation* und unter *Preinstall\New Computer only*), *Format and Partition Disk* (unter *Preinstall\New Computer only*), *Install Operating System* (unter *Install*), *Apply Network Settings* (unter *State Restore*) und *Enable BitLocker* (unter *State Restore*).

Um ein Element aus einer Tasksequenz zu entfernen, wählen Sie das betreffende Element aus und klicken dann auf *Remove*. Wenn eine Gruppe entfernt wird, entfernt die Deployment Workbench die Gruppe mit ihrem gesamten Inhalt, einschließlich Untergruppen und Aufgaben.

Um ein Element an eine andere Position in der Tasksequenz zu verschieben, wählen Sie das betreffende Element aus und klicken dann auf *Up* oder *Down*, um dessen Position in der Tasksequenz zu ändern. Der Windows Deployment Wizard arbeitet die Aufgabenliste bei der Bereitstellung in der angegebenen Reihenfolge von oben nach unten ab.

Konfigurieren von Gruppen- und Aufgabeneigenschaften

Jede Gruppe und jeder Schritt aus der Tasksequenz verfügt über eine *Properties*-Registerkarte. Auf dieser *Properties*-Registerkarte können Sie den Namen und die Beschreibung eines Schrittes oder einer Gruppe bearbeiten. Die Schritte *Run Command Line* und *Run Command Line As* verfügen zudem über eine Befehlszeile und über einen Startordner, den Sie bearbeiten können. Andere Schritte verfügen über weitere Eigenschaften, je nach der Art des Schritts. Die folgende Liste beschreibt die Eigenschaften, die auf der *Properties*-Registerkarte angezeigt werden:

- **Type** Das *Type*-Feld gibt die Art des Schritts an. Sie können den Typ nicht verändern.
- **Name** Im Textfeld *Name* geben Sie einen kurzen beschreibenden Namen für die Gruppe oder den Schritt ein. Bei der Bereitstellung erscheint dieser Name im Statusfenster des Task Sequencers.
- **Description** Geben Sie im Textfeld *Description* eine Beschreibung der Gruppe oder des Schritts ein.
- **Command Line (nur die Schritte *Run Command Line* und *Run Command Line As*)** Geben Sie im Textfeld *Command line* den Befehl ein, der bei diesem Schritt der Tasksequenz ausgeführt werden soll. Geben Sie auch die erforderlichen Befehlszeilenargumente an. Auch Umgebungsvariablen sind in Befehlszeilen erlaubt.
- **Start in (nur Schritte)** Geben Sie im Textfeld *Start in* den Pfad ein, mit dem der Befehl ausgeführt werden soll. Dieser Pfad ist das aktuelle Arbeitsverzeichnis für den Befehl. Wenn Sie in diesem Textfeld keinen Pfad angeben, muss im Textfeld *Command line* der vollständige Pfadname des Befehls angegeben werden oder der Befehl muss im Suchpfad vorhanden sein.

Konfigurieren der Registerkarte *Options*

Für Gruppen und Aufgaben gibt es auf der Registerkarte *Options* (Abbildung 6.5) folgende Einstellungen:

- **Disable this step** Wählen Sie das Kontrollkästchen *Disable this step*, wenn Sie den Schritt oder die Gruppe deaktivieren möchten, einschließlich aller Gruppen und Schritte, die darin enthalten sind.
- **Success codes (nur Schritte)** Eine Liste der Rückgabewerte, die einen erfolgreichen Abschluss kennzeichnen. Der Windows Deployment Wizard überprüft die erfolgreiche Durchführung eines

Schritts, indem er dessen Rückgabewert mit den Werten aus dem Textfeld *Success codes* vergleicht. Findet er eine Übereinstimmung, bewertet er den Schritt als erfolgreich durchgeführt. Der Erfolgscode 0 bezeichnet gewöhnlich einen erfolgreichen Abschluss. Der Erfolgscode 3010 bezeichnet einen erfolgreichen Abschluss mit erforderlichem Neustart. Daher wird der Erfolgscode in den meisten Schritten der Vorlagen von MDT 2010 als 0 3010 angegeben.

- **Continue on error**   Falls Sie das Kontrollkästchen *Continue on error* gewählt haben und es bei der Ausführung des aktuellen Schritts zu einem Fehler kommt, wird der nächste Schritt aus der Tasksequenz bearbeitet. Ist dieses Kontrollkästchen nicht gewählt und wird die Gruppe oder der Schritt nicht erfolgreich durchgeführt, beendet der Windows Deployment Wizard die Bearbeitung der Tasksequenz und zeigt eine Fehlermeldung an.

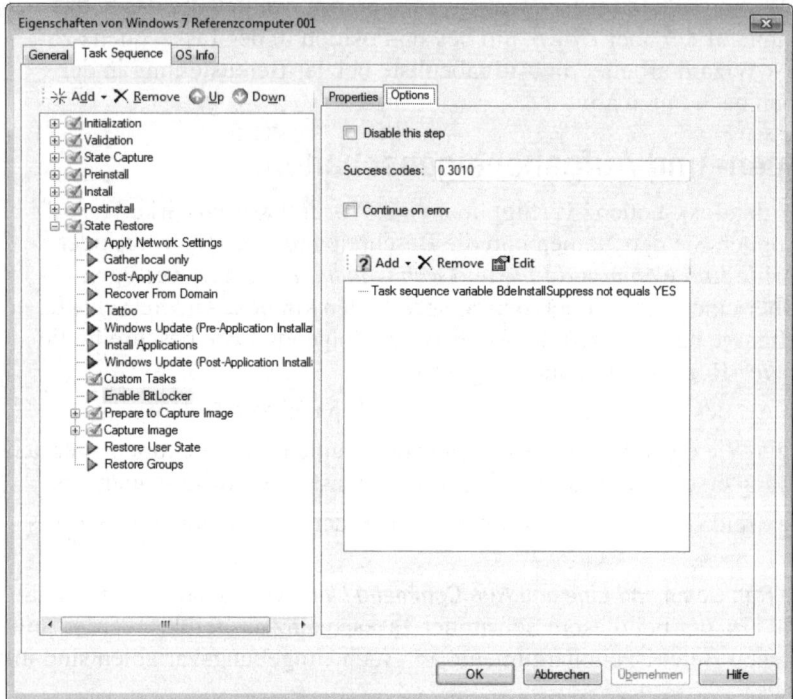

Abbildung 6.5   Die Registerkarte *Options*

Außerdem können Sie die Gruppe oder den Schritt auf der Registerkarte *Options* anhand von Bedingungen filtern, die in der Bedingungsliste angegeben werden. Ergibt die Bewertung der Bedingung `True`, wird die Gruppe oder der Schritt ausgeführt. Ist die Bedingung `False`, wird die Gruppe (einschließlich aller darin enthaltenen Gruppen und Schritte) oder der Schritt nicht ausgeführt. Weitere Informationen über Bedingungen, die Sie zur Bedingungsliste hinzufügen können, finden Sie in den folgenden Abschnitten.

Tasksequenzvariablen

Tasksequenzvariablen ermöglichen Ihnen den Vergleich einer Variablen mit einem statischen Wert, wobei bestimmte Bedingungen überprüft werden, wie »gleich«, »größer als« und »kleiner als«. Der Task Sequencer bietet zahlreiche Variablen, die Sie in solchen Tests verwenden können. Zum Beispiel definiert der Task Sequencer eine Variable namens `DeploymentMethod`, die die Bereitstellungsmethode angibt. Ein möglicher Wert von `DeploymentMethod` ist `UNC`. Eine vollständige Liste der Variablen des

Task Sequencers finden Sie in der *Microsoft Deployment Toolkit Reference* aus der MDT 2010-Dokumentation.

Um eine Variable zur Bedingungsliste eines Elements hinzuzufügen, gehen Sie folgendermaßen vor:

1. Klicken Sie auf der Registerkarte *Options* auf *Add* und dann auf *Task Sequence Variable*, um das hier gezeigte Dialogfeld *Task Sequence Variable Condition* zu öffnen.

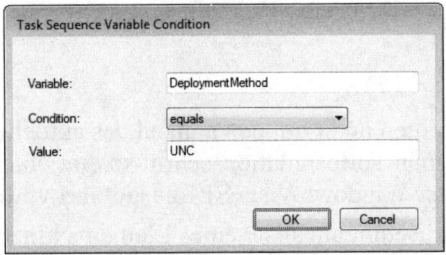

2. Geben Sie im Textfeld *Variable* den Namen der Variablen ein, die Sie überprüfen möchten.

3. Wählen Sie eine der folgenden Bedingungen aus der *Condition*-Liste aus:

   ☐ *Exists*

   ☐ *Equals*

   ☐ *Not equals*

   ☐ *Greater than*

   ☐ *Greater than or equals*

   ☐ *Less than*

   ☐ *Less than or equals*

4. Geben Sie im Textfeld *Value* den Wert ein, mit dem Sie die Variable unter Anwendung der im vorigen Schritt festgelegten Bedingung vergleichen möchten.

If-Anweisungen

Verwenden Sie If-Anweisungen, wenn Sie Variablen in komplexeren Ausdrücken verwenden möchten. Erstellen Sie zum Beispiel eine If-Anweisung, die nur dann True ergibt, wenn alle von ihr überprüften Bedingungen erfüllt sind (das entspricht dem logischen AND). Oder erstellen Sie eine If-Anweisung, die immer dann True ergibt, wenn eine der von ihr überprüften Bedingungen erfüllt ist (das entspricht dem logischen OR).

Auf folgende Weise können Sie eine If-Anweisung zur Bedingungsliste eines Elements hinzufügen:

1. Klicken Sie auf der Registerkarte *Options* auf *Add* und dann auf *If statement*, um das Dialogfeld *If Statement Properties* zu öffnen.

2. Wählen Sie im Dialogfeld *If Statement Properties* eine der folgenden Optionen und klicken Sie dann auf *OK*:

   ☐ *All conditions* (AND)

   ☐ *Any conditions* (OR)

   ☐ *None*

3. Wählen Sie in der Bedingungsliste die If-Anweisung aus, die im vorigen Schritt hinzugefügt wurde, und fügen Sie dann die erforderlichen Tasksequenzvariablen hinzu, wie im vorigen Abschnitt beschrieben.

Wenn Sie *All conditions* wählen, müssen alle Variablenvergleiche `True` ergeben, damit die Gruppe oder der Schritt ausgeführt wird. Wenn Sie *Any conditions* wählen, wird die Gruppe oder der Schritt ausgeführt, wenn mindestens eine der Bedingungen `True` ergibt.

> **HINWEIS**   Sie können `If`-Anweisungen schachteln und eine sehr komplexe Abfragelogik entwickeln. Wenn Sie sich mit boolescher Logik auskennen, stellen Sie die booleschen Ausdrücke in der Bedingungsliste als `If`-Anweisungen dar.

Betriebssystemversionen

Der Task Sequencer ermöglicht Ihnen die Filterung von Schritten und Gruppen anhand des aktuellen Betriebssystems des Computers. Sie können zum Beispiel einen Vorinstallationsschritt so einrichten, dass er nur dann ausgeführt wird, wenn auf dem Zielcomputer Windows Vista SP1 ausgeführt wird.

Auf folgende Weise fügen Sie einen Betriebssystemfilter zur Bedingungsliste eines Elements hinzu:

1. Klicken Sie auf der Registerkarte *Options* auf *Add* und klicken Sie dann auf *Operating System Version*, um das Dialogfeld *Task Sequence OS Condition* zu öffnen.
2. Klicken Sie in der *Architecture*-Liste entweder auf *X86* oder auf *X64*.
3. Wählen Sie eine Betriebssystemversion und eine Service Pack-Stufe aus der Liste *Operating system* aus.
4. Wählen Sie in der *Condition*-Liste eine der folgenden Bedingungen aus:
   □ *Equals*
   □ *Not equals*
   □ *Greater than*
   □ *Greater than or equals*
   □ *Less than*
   □ *Less than or equals*

WMI-Abfragen

Der Task Sequencer ermöglicht Ihnen auch die Filterung von Schritten und Gruppen anhand von WMI-Abfragen. Die WMI-Abfrage muss eine Sammlung (collection) liefern. Wenn die Sammlung leer ist, ist das Ergebnis `False`. Ist die Sammlung nicht leer, so ist das Ergebnis `True`. Die folgenden WMI-Abfragen sind Beispiele für die Filterung von Schritten in Tasksequenzen:

- `SELECT * FROM Win32_ComputerSystem WHERE Manufacturer = 'Dell Computer Corporation'`. Diese Abfrage ist `True`, wenn WMI meldet, dass es sich beim Hersteller des Computers um die *Dell Computer Corporation* handelt.
- `SELECT * FROM Win32_OperatingSystem WHERE OSLanguage = '1033'`. Das ist nur dann `True`, wenn WMI die Betriebssystemsprache als 1033 angibt.
- `SELECT * FROM Win32_Service WHERE Name = 'WinMgmt'`. Das ist nur dann `True`, wenn der *WinMgmt*-Dienst verfügbar ist.
- `SELECT * FROM Win32_Processor WHERE DeviceID = 'CPU0' AND Architecture = '0'`. Das ist `True`, wenn eine x86-Prozessorarchitektur vorliegt.
- `SELECT * FROM Win32_Directory WHERE Name = 'D:\EinOrdner'`. Das ist nur `True`, wenn das Verzeichnis *D:\EinOrdner* auf dem Computer vorhanden ist.

Eine WMI-Abfrage fügen Sie folgendermaßen zur Bedingungsliste eines Elements hinzu:

1. Klicken Sie auf der Registerkarte *Options* auf *Add* und dann auf *Query WMI*, um das Dialogfeld *Task Sequence WMI Condition* zu öffnen.

2. Geben Sie im Textfeld *WMI namespace* den WMI-Namespace ein, in dem die Abfrage ausgeführt werden soll. Der vorgegebene Standardnamespace lautet *root\cimv2*.

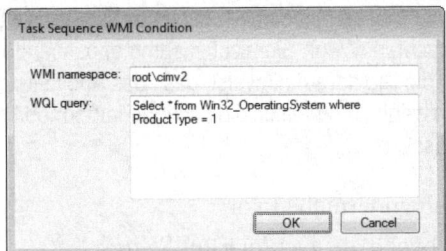

3. Geben Sie im Textfeld *WQL query* die WMI-Abfrage ein.

Aktualisieren der Bereitstellungsfreigabe

Im *Windows AIK für Windows 7* ist Windows PE 3.0 enthalten. Daher sind keine zusätzlichen Dateien erforderlich, um Windows PE-Startabbilder für MDT 2010 zu erstellen. Wenn Sie Ihre Bereitstellungsfreigabe in der Deployment Workbench aktualisieren, generiert MDT 2010 automatisch folgende benutzerdefinierte Windows PE-Dateien und Abbilder (*Plattform* steht hier für *x86* oder *x64*):

- *Lite Touch Windows PE (*Plattform*).wim*
- *LiteTouchPE_*Plattform*.iso*

Wenn Sie möchten, können Sie die Bereitstellungsfreigabe auch so konfigurieren, dass zusätzlich folgende Windows PE-Dateien und Abbilder erstellt werden:

- *Generic Windows PE (*Plattform*).wim*
- *Generic_*Plattform*.iso*

Sie brauchen Windows PE nicht manuell anzupassen, um Gerätetreiber für Netzwerkkarten hinzuzufügen. Die Deployment Workbench fügt die Gerätetreiber für Netzwerkkarten, die Sie zur Bereitstellungsfreigabe hinzufügen, automatisch zu den Windows PE-Startabbildern hinzu. Außerdem haben Sie die Option, automatisch Video- und Systemgerätetreiber von der Bereitstellungsfreigabe zu den Windows PE-Startabbildern hinzuzufügen. Sie können Ihre Windows PE-Abbilder auch noch weiter anpassen und zum Beispiel ein Hintergrundbild festlegen, zusätzliche Verzeichnisse anlegen oder die Einstellung *Scratch space size* (Größe des temporären Speicherbereichs, Standardwert 32 MByte) auf Werte bis zu 512 MByte ändern. Weitere Informationen über die Anpassung von Windows PE finden Sie im *Windows PE-Benutzerhandbuch* aus dem Windows AIK.

Die Aktualisierung einer Bereitstellungsfreigabe veranlasst die Deployment Workbench, ihre Konfigurationsdateien, Quelldateien und Windows PE-Abbilder zu aktualisieren. Die Deployment Workbench aktualisiert die Dateien der Bereitstellungsfreigabe und generiert die Windows PE-Startabbilder, wenn Sie die Bereitstellungsfreigabe aktualisieren, nicht wenn Sie sie erstellen. Die Deployment Workbench speichert diese Startabbilder im Ordner *Boot* der Bereitstellungsfreigabe. Nachdem Sie die Bereitstellungsfreigabe aktualisiert und die Windows PE-Abbilder erstellt haben, können Sie die *.wim*-Abbilddatei zu den Windows-Bereitstellungsdiensten hinzufügen. Oder Sie brennen die *.iso*-Abbilder von Windows PE mit einer geeigneten Brennsoftware auf CDs oder DVDs. Die Windows-Bereitstellungsdienste sind die beste Methode, um die Windows PE-Startabbilder auf den Computern der Testumgebung zu starten. Die Aktualisierung der Startabbilder erfolgt schneller als das Brennen neuer CDs oder DVDs, und auch der Start der Zielcomputer erfolgt schneller. Weitere Informationen erhalten Sie in Kapitel 10, »Konfigurieren der Windows-Bereitstellungsdienste«.

HINWEIS   Sie müssen dieselbe Plattformedition von Windows PE für den Start der Computer verwenden, die Sie auf den Computern installieren. Anders gesagt, Sie müssen Zielcomputer mit einer x86-Edition von Windows PE starten, wenn Sie eine x86-Edition von Windows 7 installieren. Und Sie müssen eine x64-Edition von Windows PE verwenden, wenn Sie eine x64-Edition von Windows 7 installieren möchten. Wenn Sie nicht zusammenpassende Editionen verwenden, erscheint wahrscheinlich eine Fehlermeldung, die Sie darauf hinweist, dass das Abbild für eine andere Computerart vorgesehen ist. Die Deployment Workbench wählt automatisch die richtige Plattformedition von Windows PE aus, die zu dem bereitgestellten Betriebssystem passt.

Zur Konfiguration einer Bereitstellungsfreigabe gehen Sie folgendermaßen vor:

1. Klicken Sie in der Strukturansicht der Deployment Workbench auf *Deployment Shares*.

2. Klicken Sie im Detailbereich mit der rechten Maustaste auf die Bereitstellungsfreigabe, die Sie konfigurieren möchten, und klicken Sie dann auf *Eigenschaften*.

3. Klicken Sie auf die Registerkarte *General* und wählen Sie dann die Plattformen aus, die von der Bereitstellungsfreigabe unterstützt werden. Soll die Bereitstellungsfreigabe die x86-Plattform unterstützen, wählen Sie das Kontrollkästchen *x86*. Soll sie die x64-Plattform unterstützt, wählen Sie das Kontrollkästchen *x64*. Diese Optionen bestimmen, für welche Plattformen die Deployment Workbench Windows PE-Startabbilder generiert.

4. Klicken Sie auf die Registerkarte *Rules* und bearbeiten Sie die Einstellungen der Bereitstellungsfreigabe. Diese Einstellungen werden in der Datei *CustomSettings.ini* gespeichert, die im Ordner *Control* der Bereitstellungsfreigabe zu finden ist. Weitere Informationen über die Einstellungen, die Sie auf dieser Registerkarte vornehmen können, finden Sie in der *Microsoft Deployment Toolkit Reference* von MDT 2010.

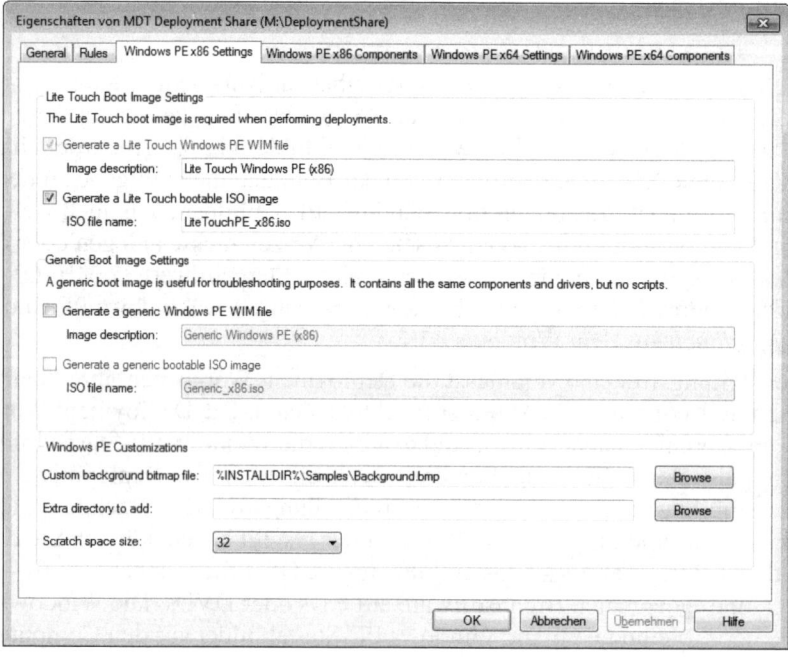

5. Klicken Sie auf die Registerkarte *Windows PE (*Plattform*) Settings* jeder Plattform und bearbeiten Sie nach Bedarf die Einstellungen, die in Tabelle 6.6 beschrieben werden. Klicken Sie dann auf *OK*.

Tabelle 6.6   Einstellungen auf der Registerkarte *Windows PE Settings*

Bereich	Einstellungen
*Lite1sTouch1sBoot1sImage Settings*1sund1s*Generic Boot1sImage1sSettings*	■ **Generate a Lite Touch Windows PE WIM file** Wählen Sie diese Option, um eine startfähige WIM-Datei zu erstellen, die Sie für LTI-Bereitstellungen mit den Windows-Bereitstellungsdiensten verwenden können (diese Option wird standardmäßig vorgewählt und lässt sich nicht abwählen). ■ **Generate a Lite Touch bootable ISO image** Wählen Sie diese Option, um ein startfähiges angepasstes Windows PE-ISO-Abbild zu erzeugen, mit dem Sie Ihre Zielcomputer manuell starten können, um eine LTI-Bereitstellung durchzuführen. ■ **Generate a generic Windows PE WIM file** Wählen Sie diese Option, um eine allgemeine WIM-Datei zu erstellen, die Sie für LTI-Bereitstellungen mit den Windows-Bereitstellungsdiensten verwenden können. ■ **Generate a generic bootable ISO image** Wählen Sie diese Option, um ein allgemeines startfähiges Windows PE-Abbild zu erzeugen, mit dem Sie Ihre Zielcomputer manuell starten können, um eine LTI-Bereitstellung durchzuführen.
Windows1sPE1sCustomizations	■ **Custom background bitmap file** Geben Sie den Pfad und den Namen einer Bitmap-datei ein, die als Windows PE-Hintergrund dient. ■ **Extra directory to add** Geben Sie den Pfad eines Ordners ein, der zusätzliche Dateien und Unterordner enthält, die zu startfähigen Windows PE-Abbildern hinzugefügt werden sollen. ■ **Scratch space size** Wählen Sie die Größe des temporären Speichers für Ihr Windows PE-Abbild. Zulässige Werte sind 32, 64, 128, 256 und 512 (MByte), wobei 32 die Standardeinstellung ist.

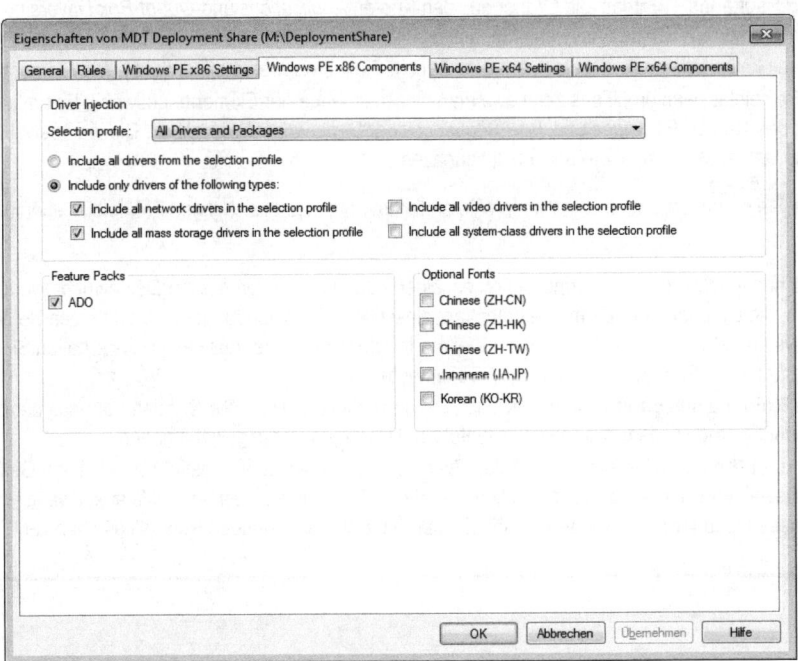

6. Klicken Sie auf die Registerkarte *Windows PE (*Plattform*) Components* jeder Plattform und bearbeiten Sie nach Bedarf die Einstellungen, die in Tabelle 6.7 beschrieben werden. Klicken Sie dann auf *OK*.

Tabelle 6.7   Einstellungen auf der Registerkarte *Windows PE Components*

Bereich	Einstellungen
Feature Packs	**ADO** Wählen Sie diese Option, um optionale ADO-Komponenten (Microsoft ActiveX Data Objects) in die Windows PE-Startabbilder einzufügen.
Optional Fonts	Wählen Sie die zusätzlichen Schriftarten aus, die Sie zu den Windows PE-Startabbildern hinzufügen möchten, die von der Deployment Workbench erzeugt werden. Sie müssen diese Schriftarten hinzufügen, wenn Sie eine LTI-Bereitstellung von Windows Vista-Abbildern durchführen und die Installation in Japanisch, Koreanisch oder Chinesisch erfolgt. Der Bereich *Optional Fonts* bietet folgende Optionen: ■ *Chinese (ZH-CN)* ■ *Chinese (ZH-HK)* ■ *Chinese (ZH-TW)* ■ *Japanese (JA-JP)* ■ *Korean (KO-KR)* Durch das Hinzufügen von zusätzlichen Schriftarten zu Windows PE-Startabbildern werden die Abbilder größer. Fügen Sie zusätzliche Schriftarten also nur bei Bedarf hinzu.
Driver Injection	**Selection Profile** Verwenden Sie dieses Listenfeld, um eines der folgenden Auswahlprofile auszuwählen, damit die gewünschten Gerätetreiber in Ihre Windows PE-Abbilder aufgenommen werden: ■ **Everything** Alle Ordner von allen Knoten der Deployment Workbench werden berücksichtigt. Dieses Auswahlprofil enthält alle Anwendungen, Betriebssysteme, Gerätetreiber, Betriebssystempakete und Tasksequenzen. ■ **All Drivers** Enthält alle Ordner des Knotens *Out-of-Box Drivers* der Deployment Workbench. Dieses Auswahlprofil enthält alle Gerätetreiber. ■ **All Drivers And Packages** Enthält alle Ordner aus den Knoten *Applications* und *Out-of-Box Drivers nodes* der Deployment Workbench. Dieses Auswahlprofil enthält alle Anwendungen und Gerätetreiber. ■ **Nothing** Enthält keine Ordner der Deployment Workbench. Dieses Auswahlprofil enthält keine Elemente. ■ **Sample** Ein Beispielauswahlprofil, das zeigt, wie man eine Teilmenge der Elemente auswählt. Es umfasst alle Ordner aus den Knoten *Packages* und *Task Sequences* der Deployment Workbench. Dieses Auswahlprofil enthält alle Betriebssystempakete und Tasksequenzen. **Hinweis** Wenn Sie benutzerdefinierte Auswahlprofile erstellt haben, lassen sich diese Profile hier ebenfalls auswählen. Auswahlprofile sind neu in MDT 2010 und ermöglichen es, einen oder mehrere Ordner der Deployment Workbench auszuwählen, die ein oder mehr Elemente enthalten, einschließlich Anwendungen, Gerätetreiber, Betriebssysteme, Betriebssystempakete und Tasksequenzen. Weitere Informationen über Auswahlprofile erhalten Sie im Abschnitt »Manage Selection Profiles« der MDT 2010-Dokumentation. **Include all drivers from the selection profile** Wählen Sie diese Option, wenn alle Gerätetreiber aus dem Auswahlprofil eingefügt werden sollen, das Sie im Listenfeld *Selection profile* ausgewählt haben. **Include only drivers of the following types** Wählen Sie diese Option, wenn nur bestimmte Arten von Gerätetreibern aus dem Auswahlprofil eingefügt werden sollen, das Sie im Listenfeld *Selection profile* ausgewählt haben. Wenn Sie diese Option wählen, können Sie eines oder mehrere der folgenden Kontrollkästchen verwenden: ▶

Bereich	Einstellungen
	■ **Include all network drivers in the selection profile** Wählen Sie diese Option, um alle Gerätetreiber, die in dem gewählten Auswahlprofil vorhanden sind, in die Windows PE-Startabbilder einzufügen.
	■ **Include all mass storage drivers in the selection profile** Wählen Sie diese Option, um alle Massenspeichergerätetreiber, die in dem gewählten Auswahlprofil vorhanden sind, in die Windows PE-Startabbilder einzufügen.
	■ **Include all video drivers in the selection profile** Wählen Sie diese Option, um alle Videotreiber, die in dem gewählten Auswahlprofil vorhanden sind, in die Windows PE-Startabbilder einzufügen.
	■ **Include all system-class drivers in the selection profile** Wählen Sie diese Option, um alle Systemtreiber (beispielsweise Mainboardtreiber), die in dem gewählten Auswahlprofil vorhanden sind, in die Windows PE-Startabbilder einzufügen.

Nach der Erstellung und Konfigurierung einer Bereitstellungsfreigabe in der Deployment Workbench müssen Sie die Bereitstellungsfreigabe aktualisieren, damit die Konfigurationsdateien der Bereitstellungsfreigabe aktualisiert und die Windows PE-Startabbilder im Ordner *Boot* der Bereitstellungsfreigabe erstellt werden. Die Deployment Workbench generiert immer *.wim*-Abbilddateien, die Sie mit den Windows-Bereitstellungsdiensten zum Start von Zielcomputern verwenden können. Stellen Sie die Abbilderzeugung so ein, dass nur die tatsächlich benötigten startfähigen Windows PE ISO-Abbilder erstellt werden. Wenn Sie die Anzahl der Abbilder einschränken, die erstellt werden sollen, ist der Aktualisierungsprozess schneller.

Eine Bereitstellungsfreigabe wird folgendermaßen aktualisiert:

1. Klicken Sie in der Konsolenstruktur der Deployment Workbench auf *Deployment Shares*.

2. Klicken Sie im Detailbereich mit der rechten Maustaste auf die Bereitstellungsfreigabe, die Sie aktualisieren möchten, und klicken Sie dann auf *Update Deployment Share*.

3. Wählen Sie auf der hier gezeigten Seite *Options* des Update Deployment Share Wizard eine der folgenden Optionen:

   ☐ **Optimize the boot image updating process**   Wählen Sie diese Option, um die Versionen der Abbilddateien zu aktualisieren, die in der Bereitstellungsfreigabe vorhanden sind. Die Wahl dieser Option verringert den Zeitaufwand für die Aktualisierung der Startabbilder. Wenn Sie diese Option wählen, können Sie bei Bedarf auch *Compress the boot image contents to recover space used by removed or modified content* wählen. Durch die Wahl dieser Unteroption verringert sich die Größe der Startabbilder, aber der Zeitbedarf für die Erstellung steigt.

   ☐ **Completely regenerate the boot images**   Wählen Sie diese Option, wenn sie von allen Abbilddateien eine neue Version erstellen wollen, die in der Bereitstellungsfreigabe vorhanden sind. Sie können diese Option wählen, wenn Sie sichergehen wollen, dass die aktuellsten Abbildversionen verfügbar sind. Beachten Sie, dass dieser Vorgang einige Zeit in Anspruch nehmen kann.

4. Schließen Sie die Arbeit im Assistenten ab. Wie lange die Erstellung der Windows PE-Startabbilder dauert, hängt davon ab, wie Ihre Bereitstellungsfreigabe konfiguriert ist und welche Optionen Sie im Update Deployment Share Wizard gewählt haben.

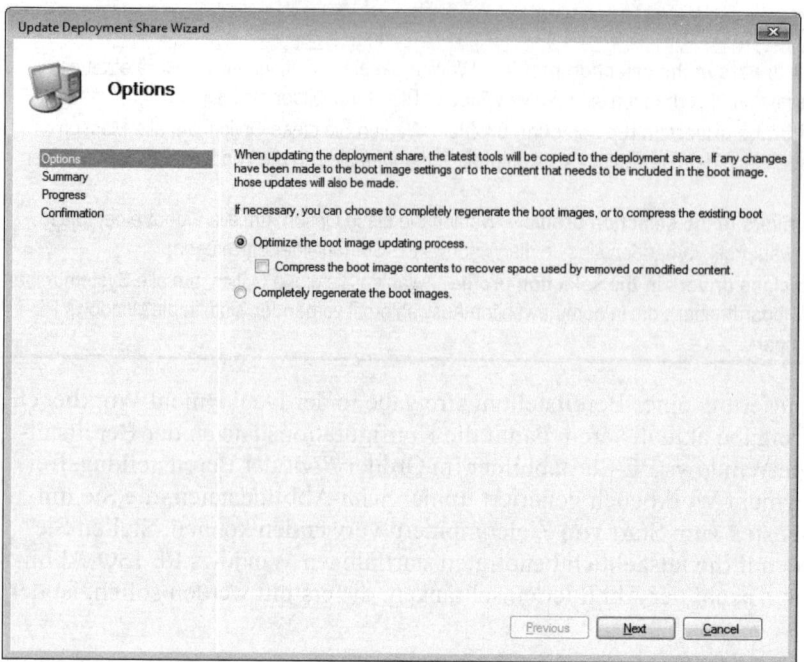

Nach der Aktualisierung der Bereitstellungsfreigabe sind die Windows PE-Startabbilder und andere Dateien im Ordner *Boot* der Bereitstellungsfreigabe zu finden (Abbildung 6.6).

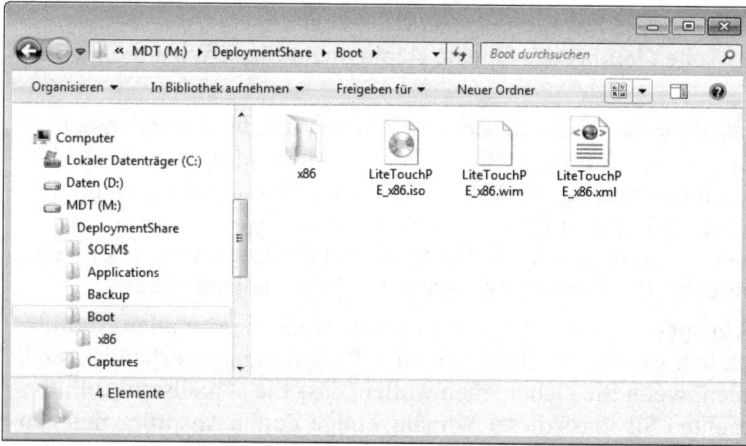

Abbildung 6.6   Der *Boot*-Ordner einer aktualisierten Bereitstellungsfreigabe enthält die erstellten Windows PE-Startabbilder

HINWEIS   Sie müssen die Bereitstellungsfreigabe aktualisieren, wenn Sie im Eigenschaftsdialogfeld Ihrer Bereitstellungsfreigabe Änderungen vorgenommen haben. Erst durch die Aktualisierung der Bereitstellungsfreigabe werden Ihre Änderungen für die Startabbilder wirksam.

Aufzeichnen eines Datenträgerabbilds für LTI

In MDT 2010 ist die Erstellung und Aufzeichnung eines Abbilds im Wesentlichen eine LTI-Bereitstellung, die damit endet, dass der Windows Deployment Wizard ein Abbild des Zielcomputers erstellt. Wenn Sie eine Bereitstellungsfreigabe erstellen, bietet die Deployment Workbench die Option, ein Abbild aufzuzeichnen (das Kontrollkästchen *Ask if an image should be captured*). Sie müssen diese Option aktivieren, wie bereits im Abschnitt »Erstellen und Konfigurieren einer Bereitstellungsfreigabe« dieses Kapitels beschrieben.

Wenn Sie dann die Tasksequenz in der Testumgebung auf dem Zielcomputer installieren, fragt der Windows Deployment Wizard nach dem Abschluss der Installation, ob Sie ein Abbild aufzeichnen möchten. Der Assistent ermöglicht Ihnen auch, ein Ziel für das Abbild anzugeben. Das Standardziel ist der Ordner *Captures* in der Bereitstellungsfreigabe und der Standarddateiname ist *Tasksequenz.wim*, wobei *Tasksequenz* die ID der Tasksequenz ist, die Sie installiert haben.

Um ein Abbild zu erfassen, starten Sie einen Testcomputer mit dem Windows PE-Startabbild, das beim Aktualisieren der Bereitstellungsfreigabe erstellt wurde. Sie können das Windows PE-Startabbild auf zwei verschiedene Weisen starten. Die erste Methode ist, die .iso-Abbilder auf eine DVD zu brennen. Dieser Prozess ist langsam und umständlich. Die ISO-Abbilddateien liegen im Ordner *Boot* der Bereitstellungsfreigabe. Die zweite Methode besteht darin, die Abbilddateien *LiteTouchPE_x86.wim* oder *LiteTouchPE_x64.wim* zum *Startabbilder*-Element eines Windows-Bereitstellungsdiensteservers hinzuzufügen. Die .wim-Abbilddateien liegen im Ordner *Boot* der Bereitstellungsfreigabe. Weitere Informationen über die Installation und Konfiguration der Windows-Bereitstellungsdienste finden Sie in Kapitel 10, »Konfigurieren der Windows-Bereitstellungsdienste«.

Ein Startabbild zeichnen Sie auf folgende Weise mit dem Windows Deployment Wizard auf:

1. Starten Sie den Testcomputer mit dem Windows PE-Startabbild, das Sie im Abschnitt »Aktualisieren der Bereitstellungsfreigabe« dieses Kapitels erstellt haben. Sie können dieses Startabbild verwenden, indem Sie die .iso-Datei auf eine CD oder DVD brennen oder die .wim-Datei zu den Windows-Bereitstellungsdiensten hinzufügen. Weitere Informationen über die Windows-Bereitstellungsdienste finden Sie in Kapitel 10.

2. Klicken Sie im Dialogfeld *Welcome Windows Deployment* auf *Run the Deployment Wizard to install a new Operating System*.

3. Geben Sie im Dialogfeld *User credentials* die Informationen ein, die für eine Verbindung mit der Bereitstellungsfreigabe erforderlich sind (Benutzername, Kennwort und Domäne), und klicken Sie dann auf *OK*. Der Windows Deployment Wizard startet automatisch. Zur Aufzeichnung eines Abbilds mit dem Windows Deployment Wizard müssen Sie ein Konto verwenden, das über Schreib- und Lesezugriff auf die Bereitstellungsfreigabe verfügt, wie zum Beispiel ein Konto aus der Gruppe der lokalen Administratoren des Computers, auf dem die Bereitstellungsfreigabe liegt.

4. Wählen Sie auf der Seite *Select a task sequence to execute on this computer* eine Tasksequenz aus der Liste der verfügbaren Tasksequenzen aus und klicken Sie auf *Next*.

5. Geben Sie auf der Seite *Configure the computer name* einen Namen für den Computer ein oder übernehmen Sie den vorgegebenen Namen mit einem Klick auf *Next*. Der nach dem Zufallsprinzip erstellte vorgegebene Name reicht aus, weil sich der Computername bei der Bereitstellung in der Produktivumgebung ändert.

6. Klicken Sie auf der Seite *Join the computer to a domain or workgroup* auf *Join a workgroup*. Geben Sie im Textfeld *Workgroup* den Namen einer Arbeitsgruppe ein oder übernehmen Sie den

vorgegebenen Namen und klicken Sie auf *Next*. Wenn Sie den Computer in eine Domäne aufnehmen, fragt der Windows Deployment Wizard Sie nicht, ob er ein Abbild erfassen soll.

7. Wählen Sie auf der Seite *Specify whether to restore user data* die Option *Do not restore user data and settings* und klicken Sie auf *Next*.

8. Sofern die Seite *Packages* angezeigt wird, wählen Sie die Pakete aus, die Sie im Abbild installieren möchten, wie zum Beispiel Softwareupdates und Sprachpakete, und klicken dann auf *Next*.

9. Nehmen Sie auf der Seite *Language and other preferences* die gewünschten Einstellungen für Gebiet und Tastatur vor und klicken Sie dann auf *Next*. Welche Einstellungen Sie wählen, spielt keine Rolle, denn der Windows Deployment Wizard konfiguriert Sprache und Tastatur bei der Bereitstellung in der Produktivumgebung.

10. Wählen Sie auf der Seite *Set the Time Zone* eine Zeitzone und klicken Sie dann auf *Next*. Welche Zeitzone Sie wählen, spielt keine Rolle, denn der Windows Deployment Wizard konfiguriert die Zeitzone bei der Bereitstellung in der Produktivumgebung.

11. Sofern die Seite *Select one or more applications to install* angezeigt wird, wählen Sie neben jeder Anwendung, die im Abbild installiert werden soll, das entsprechende Kontrollkästchen und klicken dann auf *Next*.

12. Wählen Sie auf der Seite *Specify whether to capture an image* die Option *Capture an image of this reference computer*. Geben Sie im Textfeld *Location* den UNC-Pfad (Universal Naming Convention) des Ordners ein, in dem das Abbild gespeichert werden soll, oder übernehmen Sie den vorgegebenen Standardspeicherort. Geben Sie im Textfeld *File name* den Dateinamen des Abbilds ein oder übernehmen Sie den vorgegebenen Standardnamen für das aufgezeichnete Abbild und klicken Sie dann auf *Next*. Der Standard-UNC-Pfad ist der Ordner *Captures* in der Bereitstellungsfreigabe. Der Standardname des Abbilds ist die ID der Tasksequenz, die installiert wird. Klicken Sie auf *Next*.

13. Klicken Sie auf *Next* und klicken Sie dann auf der Seite *Ready to begin* auf *Begin*.

Nachdem Sie auf *Begin* geklickt haben, beginnt der Task Sequencer mit der Ausführung der Tasksequenz, die im Build gespeichert ist. Standardmäßig beginnt er mit der Partitionierung und Formatierung des Festplattenlaufwerks. Dann installiert und konfiguriert er das Betriebssystem, führt Sysprep aus, um den Computer für die Abbildung vorzubereiten, und startet den Computer dann in Windows PE neu, um das Abbild zu erfassen. Der Windows Deployment Wizard speichert das erfasste Abbild in dem Ordner, der auf der Seite *Specify whether to capture an image* angegeben wurde. Standardmäßig ist dies der Ordner *Captures* in der Bereitstellungsfreigabe. Nach der Erfassung des Abbilds können Sie es als benutzerdefiniertes Abbild zur Bereitstellungsfreigabe hinzufügen, wie bereits im Abschnitt »Erstellen und Konfigurieren einer Bereitstellungsfreigabe« dieses Kapitels beschrieben. Weitere Informationen über die Bereitstellung Ihres benutzerdefinierten Windows 7-Abbilds finden Sie in Kapitel 12, »Bereitstellen mit dem Microsoft Deployment Toolkit«.

Manuelle Vorbereitung von Abbildern

Die Bereitstellungsfreigabe weist Windows Setup an, wie das Betriebssystem Windows 7 auf den Zielcomputern installiert und eingestellt werden soll. Sie enthält die Einstellungen (Antwortdatei) sowie die Gerätetreiber und Pakete, die Sie zum Betriebssystem hinzufügen möchten. Außerdem kann sie Anwendungen enthalten, die Sie installieren möchten.

Eine gebräuchliche Methode, Betriebssysteme an Benutzer auszuliefern, ist die Erstellung eines Abbilds in der gewünschten Konfiguration. Das gilt insbesondere dann, wenn die Bereitstellungsfreigabe auch andere Dateien umfasst, wie zum Beispiel Anwendungen. Die Erstellung eines Abbilds, das auf jedem Zielcomputer installiert wird, ist schneller und effizienter als die Installation des nicht angepassten Windows 7-Abbilds und die nachträgliche Installation aller Anwendungen auf jedem einzelnen Zielcomputer.

Sysprep bereitet eine Windows 7-Installation auf die Abbilderstellung oder Auslieferung an Endbenutzer vor. Sysprep entfernt alle benutzerspezifischen Informationen aus einem System und setzt alle systemspezifischen Sicherheitskennungen (Security Identifiers, SIDs) zurück, damit sich das System duplizieren lässt. Nach der Duplikation registrieren Computer, auf denen das duplizierte Abbild verwendet wird, ihre eigenen SIDs bei der Domäne, in der sie bereitgestellt werden. Sysprep verfügt über eine Reihe von Befehlszeilenoptionen, mit denen sich das Programm steuern lässt (Tabelle 6.8).

Tabelle 6.8 Sysprep-Befehlszeilenoptionen

Option	Beschreibung
`/audit`	Bewirkt einen Neustart des Computers im Überwachungsmodus. Im Überwachungsmodus können Sie zusätzliche Treiber und Anwendungen zu Windows hinzufügen. Sie können auch eine Windows-Installation testen, bevor sie einem Endbenutzer übergeben wird. Wenn Sie eine Antwortdatei für die unbeaufsichtigte Installation von Windows angeben, führt Windows Setup im Überwachungsmodus die Konfigurationsdurchläufe `auditSystem` und `auditUser` durch.
`/generalize`	Bereitet die Windows-Installation auf die Erfassung als Abbild vor. Wenn Sie diese Option angeben, werden alle spezifischen Systeminformationen von der Windows-Installation entfernt. Die SID des Systems wird zurückgesetzt, Systemwiederherstellungspunkte und Ereignisprotokolle werden gelöscht. Beim nächsten Start des Computers wird ein `specialize`-Konfigurationsdurchlauf durchgeführt. Eine neue SID wird erstellt und die Uhr für die Windows-Aktivierung wird zurückgesetzt (sofern das nicht bereits dreimal geschehen ist).
`/oobe`	Bewirkt den Neustart des Computers im Willkommensseitenmodus. Die Windows-Willkommensseite ermöglicht dem Endbenutzer die Anpassung des Windows-Betriebssystems, die Erstellung von Benutzerkonten, die Umbenennung des Computers und andere Dinge. Die Einstellungen, die in einer Antwortdatei für den `oobeSystem`-Konfigurationsdurchlauf vorhanden sind, werden unmittelbar vor dem Start der Windows-Willkommensseite vorgenommen.
`/reboot`	Bewirkt einen Neustart des Computers. Verwenden Sie diese Option zur Überwachung des Computers und zur Überprüfung, ob der Systemstart korrekt erfolgt.
`/shutdown`	Bewirkt das Herunterfahren des Computers, nachdem Sysprep seine Arbeit abgeschlossen hat.
`/quiet`	Bewirkt die Ausführung von Sysprep ohne Anzeige von Bestätigungsmeldungen auf dem Bildschirm. Verwenden Sie diese Option, um den Sysprep-Einsatz zu automatisieren.
`/quit`	Bewirkt das Schließen von Sysprep nach der Ausführung der angegebenen Befehle.
`/unattend:` `Antwortdatei`	Die Einstellungen aus einer Antwortdatei werden in einer unbeaufsichtigten Installation an Windows vorgenommen. Sie können diese Antwortdatei im Windows-Systemabbild-Manager erstellen.
`Antwortdatei`	Gibt den Pfad und den Dateinamen der zu verwendenden Antwortdatei an.

Wenn Sie eine Windows 7-Installation erstellt haben, von der Sie ein Abbild erstellen möchten, verwenden Sie zuerst Sysprep, um systemspezifische Informationen zu entfernen. Der folgende Befehl entfernt systemspezifische Informationen und bereitet den Start des Windows-Willkommensseitenassistenten beim nächsten Systemstart vor:

```
sysprep /oobe /generalize
```

Die meisten Organisationen verwenden diesen Befehl. Wenn Sie Computer herstellen, können Sie Sysprep auch verwenden, um Systeme nach Maß zu erstellen. Der folgende Befehl bewirkt, dass das System beim nächsten Start im Überwachungsmodus gestartet wird, in dem Sie zusätzliche Anwendungen installieren und Einstellungen ändern können:

```
sysprep /audit /generalize /reboot
```

Der folgende Befehl schließt die Anpassung dann ab und bereitet das System darauf vor, beim nächsten Start die Windows-Willkommensseite anzuzeigen, wie es in einer Einzelhandelsversion üblich ist.

```
sysprep /oobe
```

Wenn alle Vorbereitungen am System abgeschlossen sind, ist das System bereit für die Erfassung eines Abbilds. Zur Erstellung eines Systemabbilds können Sie den Befehl ImageX mit dem Parameter /FLAGS verwenden. Sie können das Abbild dann auf eine DVD brennen, es in eine Bereitstellungsfreigabe importieren oder für die Verwendung beim nächsten Systemstart auf dem System lassen.

Anpassen des Microsoft Deployment Toolkit

Einige Texte, die in den Komponenten von MDT 2010 angezeigt werden, können Sie anpassen, zum Beispiel in der Deployment Workbench und im Windows Deployment Wizard. Zum Beispiel können Sie den Text, der in der Titelleiste der Deployment Workbench und für die Elemente in der Strukturansicht angezeigt wird, durch die entsprechende Bearbeitung der Datei *Workbench.xml* in *C:\Program Files\Microsoft Deployment Toolkit\Bin* ändern. Normalerweise lassen sich zwar die <Name>-Tags in der Datei *Workbench.xml* problemlos ändern, aber Sie sollten keine Änderungen an den anderen Tags vornehmen.

Der LTI-Prozess wird durch *.xml*-Dateien gesteuert, die *Definitionsdateien* genannt werden. Sie können den gesamten LTI-Prozess überarbeiten, indem Sie die folgenden Dateien anpassen. Die Dateien liegen im Ordner *Scripts* Ihrer Bereitstellungsfreigabe:

- **BDD_Welcome_ENU.xml**   Passen Sie diese Datei an, wenn Sie den Text ändern möchten, der auf der Willkommensseite des Windows Deployment Wizards angezeigt wird.
- **Credentials_ENU.xml**   Passen Sie diese Datei an, wenn Sie den Text ändern möchten, der im Dialogfeld *User credentials* angezeigt wird.
- **DeployWiz_Definition_ENU.xml**   Bearbeiten Sie diese Datei, wenn Sie die Texte ändern möchten, die auf den Seiten des Windows Deployment Wizards erscheinen.
- **Summary_Definition_ENU.xml**   Passen Sie diese Datei an, um den Text im Dialogfeld *Deployment Summary* anzupassen, das am Ende des LTI-Prozesses angezeigt wird.

Zusammenfassung

Die neue Windows-Installationsarchitektur, die mit Windows Vista eingeführt wurde, erleichtert die Bereitstellung von Windows 7 in Ihrer Organisation gegenüber älteren Windows-Versionen deutlich. Das neue *.wim*-Dateiformat ermöglicht die Bereitstellung hoch komprimierter Abbilddateien. Windows 7 ermöglicht durch die Beseitigung von Hardware- und anderen Abhängigkeiten eine Beschränkung auf eine kleinere Anzahl von Abbildern. Die Modularisierung von Windows 7 vereinfacht die Pflege von Abbildern gegenüber herkömmlichen Methoden, sodass Sie ein Abbild nicht mehr installieren, anpassen und neu erfassen müssen, um es zu aktualisieren. Das neue Antwortdateiformat (*Unattend.xml*) bietet eine flexiblere und einheitlichere Konfiguration. Und die Bereitstellungstools aus dem *Windows AIK für Windows 7* ermöglichen eine robuste Erstellung, Anpassung und Verwaltung von Windows 7-Abbildern.

Während das *Windows AIK für Windows 7* eine Grundausstattung an Tools für die Anpassung und Bereitstellung von Windows 7 enthält, bietet MDT 2010 ein flexibles Framework für die Bereitstellung von Windows 7 in Organisationen. Mit MDT 2010 können Sie nach Bedarf Tasksequenzen erstellen und verwalten. Das Framework beherrscht eine Automatisierung, wie sie in den meisten Organisationen üblich ist, und ist erweiterbar, damit es an unterschiedlichste Anforderungen angepasst werden kann. Wenn Sie die Bereitstellung von Windows 7 mit MDT 2010 durchführen, können Sie zum Beispiel benutzerdefinierte Aktionen wie die Installation von Anwendungen, Paketen und Treibern vorsehen, die während der Bereitstellung ausgeführt werden.

Weitere Informationen

Die folgenden Quellen bieten zusätzliche Informationen oder Tools für die Themen dieses Kapitels.

- Kapitel 3, »Bereitstellungsplattform«, enthält Informationen über die Installationsarchitektur von Windows 7, über die Schlüsselkomponenten und -technologien und über das Zusammenwirken der verschiedenen Komponenten.

- Kapitel 4, »Planen der Bereitstellung«, enthält Informationen über die Installation und Vorbereitung von MDT 2010. Außerdem beschreibt dieses Kapitel, wie die Dokumentation von MDT 2010 verwendet wird.

- Kapitel 10, »Konfigurieren der Windows-Bereitstellungsdienste«, erklärt die Installation und Konfiguration der Windows-Bereitstellungsdienste sowie das Hinzufügen und die Bereitstellung von Abbildern mit den Windows-Bereitstellungsdiensten.

- Kapitel 11, »Verwenden der Volumenaktivierung«, enthält weitere Informationen über Windows 7-Product Keys und Volumenaktivierung.

- Kapitel 12, »Bereitstellen mit dem Microsoft Deployment Toolkit«, enthält weitere Informationen über die Verwendung von MDT 2010 zur Bereitstellung von Windows 7-Abbildern in der Produktivumgebung.

- Die *Microsoft Deployment Toolkit Reference* von MDT 2010 beschreibt die Eigenschaften, die Sie in einer Bereitstellungsfreigabe konfigurieren können.

- Das *Benutzerhandbuch für das Windows Automated Installation Kit (Windows AIK)* enthält ausführliche Informationen über die Tools und Technologien aus dem *Windows AIK für Windows 7*. Diese Anleitung ist in der Datei *Waik.chm* aus dem *Windows AIK für Windows 7* enthalten.

KAPITEL 7

Übertragen der Benutzerzustandsdaten

Die Bereitstellung von Betriebssystemen zieht unweigerlich die *Migration der Benutzerzustandsdaten* (User State Migration) nach sich. Damit ist die Übertragung der Dokumente und Einstellungen der Benutzer vom alten Betriebssystem auf das neue Betriebssystem gemeint. Wenn Sie bei der Bereitstellung keine Benutzerzustandsdaten übernehmen, werden Benutzer viele Stunden darauf verwenden, ihre bevorzugten Einstellungen wiederherzustellen (wie Desktophintergründe, Bildschirmschoner und Designs). Da dieser manuelle Prozess die Produktivität verringert und gewöhnlich auch die Zahl der Telefonanrufe bei den Supportmitarbeitern erhöht, entschließen sich Organisationen meistens dazu, im Rahmen der Bereitstellung einen Teil der Benutzerzustandsdaten auf neue Betriebssysteme zu übernehmen.

Die Zufriedenheit der Benutzer ist ein weiterer Grund, die Bedeutung der Übernahme von Benutzerzustandsdaten in Ihrem Projekt zu betonen. Benutzer sind einfach zufriedener und fühlen sich sicherer, wenn sie auf einem Computer, auf dem ein neues Betriebssystem läuft, ihre bevorzugten Einstellungen vorfinden. Tatsache ist, dass unzufriedene Benutzer zu schlechten Beurteilungen von Bereitstellungsprojekten führen können, was sich wiederum auf zukünftige Projekte auswirken kann. Die Unzufriedenheit von Benutzern mit bisherigen Projekten kann auch Bereitstellungsprojekte verzögern, von denen Organisation und Benutzer auf längere Sicht profitieren würden. Halten Sie die Benutzer bei Laune.

Dieses Kapitel soll Ihnen bei der Wahl des Tools zur Übertragung der Benutzerzustände helfen, das sich am besten für Ihre Umgebung eignet. Anschließend beschreibt es das User State Migration Tool 4.0 (USMT) sowie die Anpassung und Automatisierung der Migration der Benutzerzustandsdaten. Sie erfahren, wie Sie Benutzerzustandsdaten erkennen, wie ein Projekt zur Übertragung der Benutzerzustände geplant wird und wie Sie diese Übertragung mit Tools wie Windows-Skripts und Microsoft Deployment Toolkit 2010 (MDT 2010) durchführen können.

Auswählen der Migrationstechnologie

Ob Sie Benutzerzustände individuell, im Rahmen eines Bereitstellungsprojekts mit hoher Stückzahl oder gar nicht übertragen, Sie sollten die Optionen kennen, die Ihnen zur Verfügung stehen, damit Sie für Ihre Umgebung die beste Wahl treffen. Der Umfang und die Tragweite des Migrationsprojekts haben durchaus Einfluss auf Ihre Entscheidung, wie auch die Art und Menge der Benutzerzustandsdaten, die Sie übertragen möchten.

Die folgenden Abschnitte beschreiben die Optionen, die Microsoft Ihnen bietet. Außerdem gibt es einige Produkte anderer Hersteller, die sich ebenfalls für die Übernahme von Benutzerzustandsdaten eignen. Wenn Sie MDT 2010 als Bereitstellungsframework verwenden, empfiehlt Microsoft USMT für die Übertragung der Benutzerzustandsdaten nach Windows 7. USMT beherrscht die meisten gängigen Szenarien von Haus aus und Sonderfälle lassen sich leicht konfigurieren. Außerdem bietet MDT 2010 bereits die Vorbereitungs- und Nachbereitungslogik für die Speicherung und Wiederherstellung von Benutzerzustandsdaten.

Windows-EasyTransfer

Windows-EasyTransfer ist das Windows 7-Äquivalent des Assistenten zum Übertragen von Dateien und Einstellungen von Windows XP. Dieses Tool führt den Benutzer durch eine Reihe von Seiten, um herauszufinden, in welchem Umfang Daten zu übertragen sind und welche Migrationsmethode benutzt werden soll (Wechselmedium, USB-Kabelverbindung oder Netzwerk). Allerdings eignet sich Windows-EasyTransfer nicht für Bereitstellungsprojekte mit großen Stückzahlen, weil es sich um einen überwiegend manuellen Prozess handelt. Um Benutzerzustandsdaten von einzelnen Computern zu übertragen, ist Windows-EasyTransfer aber ein geeignetes Tool.

> **HINWEIS** Windows-EasyTransfer kann Benutzerzustandsdaten auch mit einem speziellen USB-Kabel übertragen, das von den meisten Kabelherstellern erhältlich ist. Das EasyTransfer-Kabel enthält die Elektronik, die erforderlich ist, um zwei Computer über ihre USB-Ports miteinander zu verbinden, und es kann Daten mit etwa 20 GByte pro Stunde übertragen.

User State Migration Tool

Verwenden Sie USMT, um Benutzerzustandsdaten in Bereitstellungsprojekten mit großer Stückzahl zu migrieren. Es kann komplexe, reproduzierbare Migrationen von Benutzerzustandsdaten zwischen Betriebssystemen durchführen. Sie können USMT per Skript steuern, es im Rahmen einer Zero Touch-Installation (ZTI) oder einer Lite Touch-Installation (LTI) mit MDT 2010 einsetzen oder es direkt auf der Befehlszeile verwenden.

Zusätzlich zur Migration von Dokumenten und Einstellungen kann USMT bevorzugte Einstellungen für Microsoft Office-Anwendungen zwischen Office-Versionen übertragen. Zum Beispiel kann USMT Einstellungen von Office XP auf das Office 2007-System migrieren.

Version 4.0 ist die neue Version von USMT, die Windows 7-Migrationen unterstützt. Im Vergleich zu USMT 3.0 weist sie zahlreiche Änderungen auf. Die wichtigsten sind folgende:

- **Hard-link-Migrationsspeicher** Der Hard-link-Migrationsspeicher ist nur zur Verwendung in Computerauffrischungsszenarien vorgesehen und wird lokal auf dem Computer angelegt, den Sie auffrischen. Er kann Benutzerkonten, Dateien und Einstellungen schneller migrieren und beansprucht deutlich weniger Platz auf dem Datenträger.

- **Unterstützung von Offline-Windows-Betriebssystemen**   Um Daten von einem Windows-Betriebssystem zu erfassen, das nicht ständig benutzt wird, können Sie in der Windows-Vorinstallationsumgebung den Befehl Scanstate verwenden. Außerdem unterstützt USMT nun Migrationen von älteren Windows-Installationen, die sich im Ordner *Windows.old* befinden.

- **Volumeschattenkopieunterstützung**   Mit der Befehlszeilenoption /vsc kann der Befehl ScanState nun zur Erfassung von Dateien, die von anderen Anwendungen verwendet werden und deswegen gesperrt sind, den Volumeschattenkopie-Dienst verwenden.

Dieses Kapitel beschreibt wegen seiner Leistungsfähigkeit und Flexibilität bei Migrationen in großer Stückzahl hauptsächlich USMT. Im Verlauf des Kapitels erfahren Sie, wie ein Migrationsprojekt mit USMT geplant, entwickelt und bereitgestellt wird.

Microsoft IntelliMirror

Microsoft hat mit Microsoft Windows 2000 IntelliMirror eingeführt, damit Benutzer in einem Netzwerk den Computer wechseln und dabei ihre Daten und Einstellungen mitnehmen können. Weitere Informationen über IntelliMirror erhalten Sie in Kapitel 15, »Verwalten von Benutzern und Benutzerdaten«. Besonders die folgenden beiden IntelliMirror-Funktionen verringern den Bedarf an einer Migration der Benutzerzustandsdaten bei der Bereitstellung von Windows 7, denn diese Funktionen sorgen für eine Speicherung der Benutzerzustandsdaten im Netzwerk.

- **Servergespeicherte Benutzerprofile**   Servergespeicherte Benutzerprofile sorgen dafür, dass den Benutzern auf praktisch jedem Computer eines Netzwerks ihre Daten und Einstellungen zur Verfügung stehen. Die Benutzerdaten und Einstellungen werden auf einem Netzwerkserver gespeichert, wenn sich Benutzer von ihren Computern abmelden, und sie werden wiederhergestellt, wenn sich Benutzer irgendwo im Netzwerk an einem anderen Computer anmelden. Diese Funktion bietet zudem die Möglichkeit, Benutzerdaten und Einstellungen auf einem Netzwerkserver zu sichern.

- **Ordnerumleitung**   Die Ordnerumleitung ermöglicht es IT-Profis, bestimmte Ordner (*Eigene Dateien*, *Anwendungsdaten* und so weiter) vom Computer des Benutzers auf einen Server zu verlegen. Diese Funktion schützt die Daten des Benutzers durch die Speicherung auf einem Netzwerkserver, wodurch eine zentrale Speicherung und eine vom Administrator verwaltete Datensicherung möglich ist. Wird sie mit servergespeicherten Benutzerprofilen kombiniert, beschleunigt die Ordnerumleitung den Anmeldevorgang, weil Dokumente und andere große Dateien nicht mehr direkt im Benutzerprofil liegen.

HINWEIS   Windows 7 und Windows Vista speichern Benutzerprofile in einer anderen Ordnerhierarchie als Windows XP. Lesen Sie daher sorgfältig Kapitel 15, »Verwalten von Benutzern und Benutzerdaten«, bevor Sie sich in einem Windows XP-Migrationsprojekt auf IntelliMirror verlassen.

Verwenden von Windows-EasyTransfer

In den meisten Unternehmensumgebungen wird zwar USMT eingesetzt, aber manche Firmen werden in Windows-EasyTransfer eine einfache und nützliche Alternative zu USMT sehen. Dieser Abschnitt beschreibt die Grundfunktionen von Windows-EasyTransfer, die vor allem in kleinen Bereitstellungsprojekten von Nutzen sein können. Überprüfen Sie aber vor der Verwendung von Windows-EasyTransfer, ob folgende Voraussetzungen erfüllt sind:

- Auf dem Zielcomputer muss Windows 7 ausgeführt werden. Windows 7 kann eine Datensamm-lungs-CD erstellen, um die Datensammlung auf der Vorgängerversion von Windows durchzu-führen, aber auf dem Zielcomputer muss Windows 7 ausgeführt werden.

- Auf dem Quellcomputer kann eine der folgenden Betriebssystemversionen ausgeführt werden:
  - ☐ Windows XP Service Pack 2 (SP2)
  - ☐ Windows Vista
  - ☐ Windows 7

- Sie müssen entscheiden, welche Benutzerdaten migriert werden sollen. Windows-EasyTransfer bietet zwar nicht dieselbe Feineinstellung wie USMT, aber Sie können wählen, welche Benutzer-konten migriert werden sollen und welche Dateiarten und Einstellungen für jedes Benutzerprofil übertragen werden sollen.

Windows-EasyTransfer (Abbildung 7.1) führt den Benutzer durch eine Reihe von Seiten, um den Umfang der Migration der Benutzerzustandsdaten zu definieren und die Migration durchzuführen. Ob Sie Computer auffrischen oder ersetzen, Windows-EasyTransfer kann Benutzerkonten, Dateien und Ordner, Programmeinstellungen, Interneteinstellungen und Favoriten sowie E-Mail-Einstellungen von einem Computer, auf dem eine ältere Version von Windows ausgeführt wird, auf Windows 7 über-tragen.

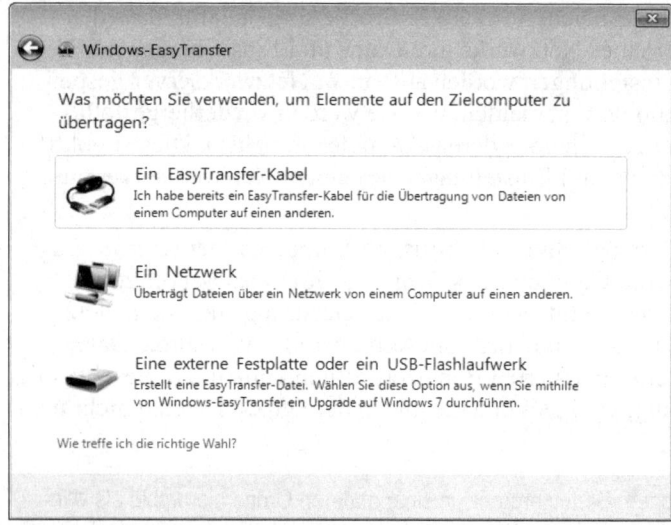

Abbildung 7.1   Windows-EasyTransfer

Aber bevor Sie Windows-EasyTransfer verwenden, müssen Sie es vorbereiten, damit Sie es unter älteren Windows-Versionen verwenden können. Dazu kopieren Sie es mit den folgenden Schritten auf ein geeignetes Medium:

1. Schließen Sie alle laufenden Programme.
2. Um Windows-EasyTransfer zu starten, klicken Sie auf *Start*, zeigen auf *Alle Programme* und wählen dann *Zubehör*, *Systemprogramme* und *Windows-EasyTransfer*.
3. Klicken Sie auf der *Willkommen*-Seite auf *Weiter*.

4. Wählen Sie eine der drei folgenden Methoden für die Übertragung der Dateien vom alten Computer aus:

- *Windows-EasyTransfer-Kabel*
- *Netzwerk*
- *Eine externe Festplatte oder ein USB-Flashlaufwerk*

5. Klicken Sie auf *Dies ist der Zielcomputer*.

6. Klicken Sie auf *Ich muss das Programm jetzt installieren*.

7. Wählen Sie das Ziel für die Windows-EasyTransfer-Dateien. Falls Sie ein USB-Flashlaufwerk oder eine externe USB-Festplatte verwenden, sorgen Sie dafür, dass die Geräte an den Computer angeschlossen und betriebsbereit sind. Wenn Sie die Dateien auf einer Netzwerkfreigabe ablegen möchten, sorgen Sie dafür, dass Sie Zugriff auf diese Freigabe haben. Der Computer, auf dem Sie Windows-EasyTransfer mit diesen Dateien verwenden möchten, muss zu gegebener Zeit ebenfalls Zugriff auf dieselben Geräte oder dieselbe Netzwerkfreigabe erhalten.

8. Wählen Sie den Ordner aus, in den die Windows-EasyTransfer-Dateien kopiert werden sollen, und klicken Sie dann auf *OK*.

Nach der Vorbereitung der Windows-EasyTransfer-Dateien enthält das Wechsellaufwerk oder die Netzwerkfreigabe Programmdateien, die Sie auf dem Quellcomputer ausführen können. Der Quellcomputer ist der Computer, von dem Sie die Dokumente und Einstellungen der Benutzer übernehmen möchten. Die folgenden Abschnitte beschreiben das weitere Vorgehen für zwei Szenarien: *Computerauffrischung* (Refresh Computer) und *Computerersatz* (Replace Computer).

Computerauffrischung

Dieser Abschnitt beschreibt die Verwendung von Windows-EasyTransfer im Szenario *Computerauffrischung*. Wie Sie wahrscheinlich wissen, wird der Computer in diesem Szenario nicht ausgetauscht. Stattdessen formatieren Sie das Festplattenlaufwerk und installieren dann Windows 7. Daher müssen Sie die Dokumente und Einstellungen des Benutzers für die Zeitdauer der Umstellung an einem externen Ort speichern.

1. Starten Sie Windows-EasyTransfer auf dem Computer des Benutzers. Dazu wechseln Sie in den Ordner, in dem die Windows-EasyTransfer-Dateien liegen (auf einem USB-Flashlaufwerk, einem externen USB-Laufwerk oder auf einer Netzwerkfreigabe), und klicken die Verknüpfung *Windows-EasyTransfer* dann mit einem Doppelklick an.

2. Klicken Sie auf der *Willkommen*-Seite auf *Weiter*.

3. Verbinden Sie das USB-Wechsellaufwerk oder die Netzwerkfreigabe mit dem Computer und klicken Sie dann auf *Eine externe Festplatte oder ein USB-Flashlaufwerk*.

4. Klicken Sie auf *Dies ist der Quellcomputer*.

5. Wählen Sie auf der Seite *Wählen Sie aus, was von diesem Computer übertragen werden soll* die Konten aus, die Sie auf Windows 7 übertragen möchten. Durch die Wahl von *Freigegebene Elemente* (Abbildung 7.2) werden öffentliche Dokumente, Musik, Bilder und Einstellungen übernommen. Was alles aus den einzelnen Ordnern übernommen werden soll, können Sie nach einem Klick auf die Verknüpfung *Anpassen* unter den betreffenden Ordnern genauer festlegen.

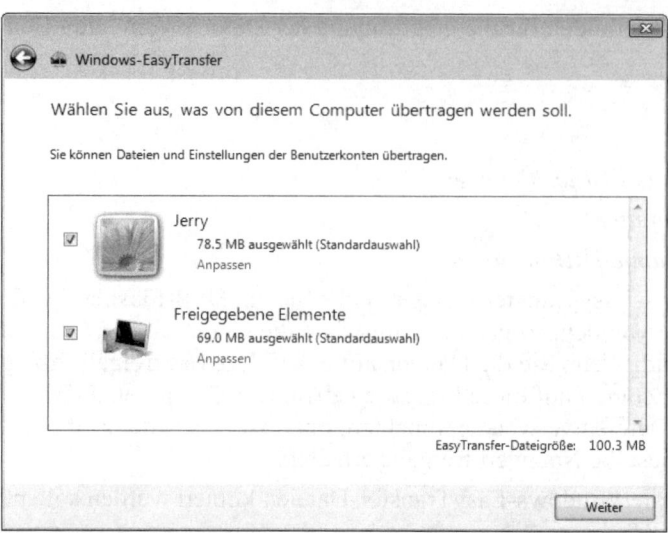

Abbildung 7.2   Die Seite *Wählen Sie aus, was von diesem Computer übertragen werden soll*

6. Geben Sie auf der Seite *Speichern Sie die zu übertragenden Dateien und Einstellungen* ein Kennwort ein, mit dem Sie die Migrationsdaten schützen möchten, bestätigen Sie es und klicken Sie dann auf *Speichern*. Microsoft empfiehlt, die Informationen mit einem Kennwort zu schützen, aber wenn Sie möchten, können Sie auch auf *Speichern* klicken, ohne zuvor ein Kennwort festzulegen.

7. Geben Sie im Dialogfeld *Speichern der EasyTransfer-Datei* den Pfadnamen der Datei ein, in der die Migrationsdaten gespeichert werden sollen. Mit *Pfadname* ist kein Ordnerpfad gemeint, sondern die Kombination aus Pfad und Dateiname der Datei, die Windows-EasyTransfer für die zu übertragenden Daten erstellen soll. Die Datei kann auf einer Netzwerkfreigabe oder auf einem Wechselspeichergerät erstellt werden. Klicken Sie auf *Speichern*.

8. Klicken Sie auf *Weiter*, nachdem Windows-EasyTransfer Ihre Migrationsdaten gespeichert hat.

9. Überprüfen Sie auf der Seite *Die Dateiübertragung ist abgeschlossen* die Angaben über den Speicherort und den Namen der Datei und klicken Sie auf *Weiter*.

10. Klicken Sie auf *Schließen*.

11. Nach der Speicherung der Einstellungen und Dokumente auf einem temporären externen Speicher können Sie nun Windows 7 auf dem Computer installieren. Führen Sie die folgenden Schritte nach der erfolgreichen Installation von Windows 7 aus.

12. Verbinden Sie den Computer nach der Installation von Windows 7 mit dem Wechselspeichergerät oder der Netzwerkfreigabe, auf der Sie die Migrationsdaten gespeichert haben. Öffnen Sie den Ordner, in dem die Migrationsdaten liegen, im Windows-Explorer und klicken Sie die Migrationsdatei (*.mig*), die Sie vor der Installation von Windows 7 erstellt haben, mit einem Doppelklick an. Dadurch wird Windows-EasyTransfer gestartet.

13. Wählen Sie auf der Seite *Wählen Sie aus, was auf diesen Computer übertragen werden soll* die Konten aus, die auf Windows 7 übertragen werden sollen. Wenn Sie zusätzlich noch auswählen möchten, welche Dateitypen und Einstellungen übertragen werden, klicken Sie auf *Anpassen*. Außerdem können Sie nach einem Klick auf *Erweiterte Optionen* festlegen, wie die zu übertragenden Konten den vorhandenen Windows 7-Konten zugeordnet werden.

14. Klicken Sie auf *Übertragen*, um die Übertragung der Dokumente und Einstellungen aus der Migrationsdatei auf den Computer einzuleiten.

15. Klicken Sie auf der Seite *Die Übertragung ist abgeschlossen* nach Bedarf auf eine der folgenden Optionen und klicken Sie dann auf *Schließen*:

- Klicken Sie auf *Übertragene Elemente anzeigen*, wenn Sie sich eine ausführliche Liste der Konten, Dokumente und Einstellungen ansehen möchten, die von der vorherigen Windows-Version übernommen wurden.

- Klicken Sie auf *Liste von Programmen anzeigen, die möglicherweise auf dem Zielcomputer installiert werden sollen*, wenn Sie sich eine Liste der Anwendungen ansehen möchten, die auf der vorherigen Windows-Version installiert waren und die Sie nun unter Windows 7 vielleicht erneut installieren müssen. Installieren Sie diese Anwendungen, wenn Sie die Migration der Dokumente und Einstellungen auf Windows 7 abgeschlossen haben.

16. Klicken Sie auf *Jetzt neu starten*, um den Computer neu zu starten. Sie müssen den Computer neu starten, damit die Änderungen wirksam werden.

Computerersatz

Dieser Abschnitt beschreibt die Verwendung von Windows-EasyTransfer im Szenario *Computerersatz*. In diesem Szenario ersetzen Sie einen Computer, auf dem eine ältere Windows-Version verwendet wird, durch einen neuen Windows 7-Computer. In diesem Fall können Sie die Dokumente und Einstellungen auf einem temporären Speicher übertragen, wie im vorigen Abschnitt beschrieben, den Computer austauschen und die Dokumente und Einstellungen dann auf dem neuen Computer wiederherstellen. Allerdings ist es einfacher, die Dokumente und Einstellungen über das Netzwerk vom alten auf den neuen Computer zu übertragen:

1. Sorgen Sie dafür, dass der alte und der neue Computer beide ans Netzwerk angeschlossen und einsatzbereit sind.

2. Die Übertragung beginnt auf dem neuen Computer:

   a. Schließen Sie alle laufenden Programme.

   b. Um Windows-EasyTransfer zu starten, klicken Sie auf *Start*, zeigen auf *Alle Programme* und wählen dann *Zubehör*, *Systemprogramme* und *Windows-EasyTransfer*.

   c. Klicken Sie auf der *Willkommen*-Seite auf *Weiter*.

   d. Klicken Sie auf *Ein Netzwerk*.

   e. Klicken Sie auf *Dies ist der Zielcomputer*.

   f. Klicken Sie auf *Ich habe das Programm bereits auf dem Quellcomputer installiert*.

3. Wechseln Sie dann auf den alten Computer:

   a. Starten Sie Windows-EasyTransfer. Dazu öffnen Sie den Ordner, in dem die Windows-Easy-Transfer-Dateien liegen, die Sie zuvor erstellt haben (auf einem USB-Flashlaufwerk, einem externen USB-Laufwerk oder auf einer Netzwerkfreigabe), und klicken Sie die Verknüpfung *Windows-EasyTransfer* dann mit einem Doppelklick an.

   b. Klicken Sie auf der *Willkommen*-Seite auf *Weiter*.

   c. Klicken Sie auf *Ein Netzwerk*.

   d. Klicken Sie auf *Dies ist der Quellcomputer*.

   e. Notieren Sie sich den Windows-EasyTransfer-Schlüssel.

4. Wechseln Sie dann wieder auf den neuen Computer:

   a. Klicken Sie in Windows-EasyTransfer auf *Weiter*.

   b. Geben Sie auf der Seite *Geben Sie den Windows-EasyTransfer-Schlüssel ein* den Windows-EasyTransfer-Schlüssel vom alten Computer ein, den Sie sich notiert haben, und klicken Sie auf *Weiter*.

   c. Wählen Sie auf der Seite *Wählen Sie aus, was auf diesen Computer übertragen werden soll* die Konten aus, die auf Windows 7 übertragen werden sollen. Wenn Sie zusätzlich noch auswählen möchten, welche Dateitypen und Einstellungen übertragen werden, klicken Sie auf *Anpassen*. Außerdem können Sie nach einem Klick auf *Erweiterte Optionen* festlegen, wie die zu übertragenden Konten den vorhandenen Windows 7-Konten zugeordnet werden.

   d. Klicken Sie auf *Übertragen*, um die Übertragung der Dokumente und Einstellungen vom alten auf den neuen Computer einzuleiten.

   e. Klicken Sie auf der Seite *Die Übertragung ist abgeschlossen* nach Bedarf auf *Übertragene Elemente anzeigen*, wenn Sie sich eine ausführliche Liste der Konten, Dokumente und Einstellungen ansehen möchten, die von der vorherigen Windows-Version übernommen wurden, oder auf *Liste von Programmen anzeigen, die möglicherweise auf dem Zielcomputer installiert werden sollen*, wenn Sie sich eine Liste der Anwendungen ansehen möchten, die auf der vorherigen Windows-Version installiert waren und die Sie nun unter Windows 7 vielleicht erneut installieren müssen. Klicken Sie nach der Prüfung der Migrationsberichte auf *Schließen*.

   f. Klicken Sie bei Bedarf auf *Jetzt neu starten*, damit die Änderungen wirksam werden.

Planen der Migration der Benutzerzustandsdaten mit USMT

Eine durchdachte Planung ist ein entscheidender Faktor für den Erfolg jedes Migrationsprojekts für Benutzerzustände. Je genauer Sie den Umfang des Projekts abschätzen können, desto besser können Sie Speicheranforderungen, Arbeit und Entwicklungszeit für eine erfolgreiche Implementierung der Migrationslösung planen. Dieser Abschnitt beschreibt Themen, die bei der Migration von Benutzerzuständen berücksichtigt werden sollten, wie Anwendungsexperten (Subject Matter Experts, SMEs), Identifizierung und Priorisierung von Benutzerzustandsdaten, Speicherung der Benutzerzustandsdaten und Tests.

HINWEIS Das Team, das für die Planung und Entwicklung der Migration der Benutzerzustandsdaten zuständig ist, muss Hand in Hand mit dem Team zusammenarbeiten, das für die Bereitstellung der Anwendungen zuständig ist. Beide Teams teilen sich die Testumgebung, den Anwendungsbestand, Anwendungsexperten und so weiter. Weitere Informationen finden Sie in Kapitel 8, »Bereitstellen von Anwendungen«. In manchen Fällen werden dieselben IT-Profis für die Migration der Benutzerzustandsdaten verantwortlich sein, die auch für die Bereitstellung der Anwendungen zuständig sind.

Direkt von der Quelle: Planung

Doug Davis, Lead Architect, *Management Operations & Deployment, Microsoft Consulting Services*

Der entscheidende Punkt bei der Migration der Benutzerzustandsdaten scheint zu sein, dass sich nur sehr wenige Firmen darüber im Klaren sind, welche Dateien sie migrieren müssen. Noch weniger haben eine Vorstellung davon, welche Einstellungen auf die neuen Installationen übernommen werden sollen. Die größte Sorge gilt natürlich der Vermeidung von Datenverlusten. Einstellungen sind weniger wichtig.

Kunden, die IntelliMirror-Funktionen wie Ordnerumleitung und Offlineordner verwenden, sind am einfachsten. Allerdings sind sie auch in der Minderheit. Im Wesentlichen gibt es nur zwei Methoden, um an die Benutzerdaten und Dateien zu gelangen. Den Kunden zu fragen, welche Dateien er verwendet, funktioniert nie und zögert den Prozess nur hinaus. Ihnen bleibt ein Weg, der Rückmeldungen von den Benutzern provoziert: Führen Sie in Ihren Test- und Pilotgruppen vollständige Sicherungen und dann den USMT-Standardprozess ohne Benutzereinstellungen durch. Wenn der Benutzer verlangt, dass bestimmte Dateien aus der Sicherung wiederhergestellt werden, fügen Sie diese Dateien zu den Benutzereinstellungen hinzu, die erhalten bleiben sollen.

Der zweite Weg ist etwas länger und hat etwas von Sklavenarbeit an sich. Delegieren Sie diese Arbeit, wenn Sie können. Finden Sie heraus, welche Anwendungen für Sie wichtig sind, durchsuchen Sie die Registrierung nach »open with« und erstellen Sie eine Liste von Dateinamenserweiterungen mit den zugehörigen Programmen.

Auswählen der Anwendungsexperten

Während die IT-Profis in kleinen Organisationen wahrscheinlich jede Anwendung und die Einstellungen kennen, die in der Organisation verwendet werden, ist dies in großen Organisationen mit möglicherweise mehreren Tausend Anwendungen gar nicht möglich. In großen Organisationen sollten Sie auf Anwendungsexperten zurückgreifen, um die Planung, Entwicklung und Stabilisierung zu erleichtern. Anwendungsexperten sind nicht zwangsläufig vom Fach. Damit sind die Benutzer gemeint, die sich am besten mit den Anwendungen und den Daten auskennen, die übernommen werden sollen. Normalerweise können sie auch am besten beurteilen, ob der Prozess richtig ausgeführt wurde.

Ziehen Sie bei den folgenden Schlüsselaufgaben Anwendungsexperten heran:

- Beschaffung der Anwendungsquellmedien, wie CDs oder DVDs
- Identifizierung der Speicherorte, an denen jede Anwendung Dokumente speichert
- Identifizierung der Konfigurationsdaten und Einstellungen der Anwendungen, die zu übernehmen sind
- Auswahl der bevorzugten Betriebssystemeinstellungen, die übernommen werden sollen
- Beratung über Änderungen der Speicherorte von Dateien, die im Rahmen der Migration erfolgen sollen

Identifizieren der Benutzerzustandsdaten

Benutzerzustandsdaten können sich aus vielen Elementen zusammensetzen: Einstellungen, die der Benutzer vorgenommen hat, Anwendungsdaten, die der Benutzer erstellt hat, E-Mail- und Messaging-Einstellungen und -daten sowie persönliche Daten. Die folgenden Abschnitte beschreiben Beispiele für Benutzerzustandsdaten.

Betriebssystemeinstellungen

Die folgende Liste beschreibt viele der Betriebssystemdateien und -einstellungen, die Sie wahrscheinlich in die Migration einbeziehen möchten. (USMT überträgt die meisten dieser Einstellungen standardmäßig.)

- **Einstellungen der Darstellung**   Beispiele sind das Hintergrundbild, Farben, Sounds und Bildschirmschoner.

- **Einstellungen der Benutzeroberfläche**   Dazu gehören zum Beispiel die Mauszeiger, ob ein Doppelklick einen Ordner im selben Fenster oder in einem neuen Fenster öffnet und ob Benutzer ein Element mit einem Doppelklick anklicken müssen, um es zu öffnen.

- **Windows Internet Explorer-Einstellungen**   Das sind beispielsweise die Startseiten, Favoriten, Cookies, Sicherheits- und Proxyeinstellungen.

- **E-Mail-Einstellungen**   Dazu gehören zum Beispiel die Einstellung des Mailservers, Signaturdateien und Kontaktlisten.

Anwendungsdaten und -einstellungen

Anwendungsdaten werden Sie an mehreren Stellen finden. Wenn Sie den Anwendungsbestand in Ihrer Umgebung aufnehmen, überprüfen Sie folgende potenzielle Speicherorte für Anwendungseinstellungen und -daten:

- **Der Ordner *Programme***   Viele Anwendungen speichern Einstellungen und Daten immer noch direkt im Anwendungsordner unter dem Ordner *Programme* (der Ordner *Programme* wird im Dateisystem als Verzeichnis *Program Files* geführt). Wenn Sie die Migration vorbereiten, überprüfen Sie, ob Sie die Anwendungsdaten auf zuverlässige Weise an einen anderen Ort umleiten können. Auch Standardbenutzer, die nicht zu den Computerprofis zählen, müssen anschließend noch mit der Anwendung arbeiten können.

- **Ein bestimmter Ordner auf dem lokalen Festplattenlaufwerk**   Viele Anwendungen definieren auf der lokalen Festplatte einen Speicherort für Einstellungen und Daten. Dazu wird häufig das Stammverzeichnis des Systemlaufwerks verwendet.

- **Der Profilordner des Benutzers**   Viele Anwendungen speichern Daten in den Profilordnern der Benutzer. Suchen Sie im Ordner *Dokumente und Einstellungen* (Windows XP) oder *Users* (Windows 7) nach Dateien mit Anwendungseinstellungen und -daten.

Dokumente der Benutzer

Benutzer speichern Daten an verschiedenen Stellen. Die folgenden Strategien helfen Ihnen, die Dokumente der Benutzer zu finden:

- **Suchen in den Benutzerprofilen**   Die Ordner *Desktop* und *Dokumente* sind nur zwei von vielen Orten, an denen Sie in den Benutzerprofilen Benutzerdaten finden werden. Im Idealfall konzentrieren sich die Dokumente der Benutzer aber in diesen beiden Ordnern.

- **Befragen von Benutzern und Anwendungsexperten**   Befragen Sie Benutzer und sprechen Sie mit Anwendungsexperten, um die gebräuchlichen Speicherorte für Dokumente zu ermitteln. Eine Intranet-Website, beispielsweise auf der Basis von Microsoft Windows SharePoint Services, ist ideal zur Datenerfassung.

- **Durchsuchen einer repräsentativen Auswahl von Festplatten**   Suchen Sie auf den lokalen Festplatten nach gebräuchlichen Dateinamenserweiterungen für Dokumente, wie *.doc* und *.xls*. Sie können zwar nicht jedes Festplattenlaufwerk einer Organisation untersuchen, aber die Überprüfung einer repräsentativen Auswahl vermittelt Ihnen eine Vorstellung davon, wo Sie Dokumente finden werden.

- **Suchen nach den zuletzt verwendeten Dokumenten**   Untersuchen Sie den Ordner *Recent* in den Benutzerprofilen, um die Orte zu ermitteln, an denen Daten meistens gespeichert werden. Auf diese Weise erfahren Sie auch von Speicherorten, die Ihnen weniger naheliegend erscheinen. Führen Sie diese Suche mit einer repräsentativen Auswahl von Benutzern aus der Organisation durch.

Direkt von der Quelle: USMT und das ACT

Doug Davis, Lead Architect, *Management Operations & Deployment, Microsoft Consulting Services*

Das Application Compatibility Toolkit 4.0 (ACT 4.0) hat die registrierten Dateinamenserweiterungen zwar in den Protokolldateien verzeichnet, aber nicht in die Datenbank eingetragen. Nach meiner Überprüfung der Funktionsspezifikation des ACT 5.0 habe ich den Vorschlag gemacht, diese Protokolldaten in die Datenbank zu übernehmen, auch wenn sie nicht in der grafischen Benutzeroberfläche angezeigt werden.

Mit etwas Erfahrung im Umgang mit SQL Server sollten Sie mit ACT herausfinden können, welche Anwendungen Sie migrieren, und die Dateinamenserweiterungen dann in etwas logischerer Weise für USMT sortieren können. Sie können zum Beispiel Dateinamenserweiterungen mit hoher Priorität aus der ACT-Datenbank extrahieren und sich dann zuerst auf die Migration dieser Anwendungen konzentrieren.

Priorisieren der Migrationsaufgaben

Wenn Sie den Migrationsbedarf ermitteln, ordnen Sie den einzelnen Aufgaben Prioritäten zu, mit denen ihre Bedeutung für die Organisation deutlich wird. Für den Erfolg des Projekts ist es wichtig, sich zuerst auf die kritischen Daten zu konzentrieren und sich erst später um weniger wichtige Dinge zu kümmern, wie zum Beispiel Hintergrundbilder oder Bildschirmschonereinstellungen. Eine Priorisierung des Bedarfs hilft dem Entwicklungspersonal, die wichtigen Dinge zu erkennen. Anwendungsexperten sind bei der Priorisierung der Migrationsanforderungen eine wichtige Informationsquelle.

Auswählen eines Datenspeicherorts

USMT speichert Benutzerzustandsdaten in einem Datenspeicher. USMT kann den Datenspeicher während der Migration an verschiedenen Orten und auf verschiedenen Medien anlegen. Standardmäßig erstellt USMT eine Datenspeicherdatei, die komprimierte Benutzerdaten enthält. Außerdem kann USMT den Datenspeicher verschlüsseln, damit die Daten während der Übertragung auf das neue Betriebssystem geschützt sind. Bei der Vorbereitung der Migration der Benutzerzustandsdaten müssen Sie den besten Ort für den USMT-Datenspeicher ermitteln.

Beachten Sie bei der Auswahl des USMT-Datenspeichers folgende Punkte:

- **Eine Hard-link-Migration verringert die Anforderungen an den Speicher** Während einer Hard-link-Migration führt USMT selbst Buch darüber, wie die auf dem Datenträger gespeicherten Bits auf das Dateisystem abgebildet werden. Dadurch wird es möglich, das alte Betriebssystem zu entfernen und Windows 7 zu installieren, ohne von den Originaldateien Kopien anlegen zu müssen. Nach der Installation von Windows 7 stellt USMT die ursprünglichen Dateiverknüpfungen wieder her. Für eine Hard-link-Migration ist weniger Zeit und deutlich weniger Platz auf der Festplatte erforderlich. Allerdings eignet sich eine Hard-link-Migration nur für das Szenario Computerauffrischung.

- **USMT kann in derselben Datei nicht mehrere Operationen speichern** USMT-Operationen können Daten von mehreren Benutzern erfassen, aber es können in derselben Datenspeicherdatei nicht mehrere Operationen gespeichert werden. Bei einer Migration mit hoher Stückzahl können Sie den Datenspeicher lokal anlegen (das ist nur möglich, weil die Windows 7-Abbilderstellung nicht zerstörend ist) oder jeden Datenspeicher im Netzwerk anlegen (vielleicht nach Computernamen strukturiert). Beachten Sie, dass MDT 2010 den Datenspeicherort automatisch wählt und Ihnen die Möglichkeit bietet, diesen Ort zu ändern.

- **Benutzerzustandsdaten können viel Platz beanspruchen** Bei der Erstellung Ihres Migrationsplans können Sie die USMT-Komponente ScanState mit der Befehlszeilenoption `/p:<Pfadname einer Datei>` aufrufen, um eine Größenabschätzung zu erhalten. Wenn Sie die Daten auf einem anderen Server speichern, also nicht lokal, dann führen Sie diesen Befehl am besten auf einer repräsentativen Auswahl von Computern aus der Umgebung aus, um den Speicherbedarf abzuschätzen.

- **Der USMT-Datenspeicher muss für Quell- und Zielsysteme zugänglich sein** Um etwas im Datenspeicher speichern oder aus dem Datenspeicher auslesen zu können, braucht USMT Zugriff auf den Datenspeicher. Ordnen Sie die Datei an einem Ort an, an dem sie für beide beteiligten Computer zugänglich ist. MDT 2010 erledigt das überwiegend selbst. Wenn Sie den Datenspeicher lokal anlegen, ist der Zugriff kein Problem.

Lokale Datenspeicher

Im Szenario *Computerauffrischung* können Sie den USMT-Datenspeicher auf der lokalen Festplatte anlegen. (Eine Beschreibung der Bereitstellungsszenarien finden Sie in Kapitel 4, »Planen der Bereitstellung«). ImageX und Windows Setup sind *nicht zerstörend*. Das bedeutet, dass Sie das Betriebssystem installieren können, ohne die auf der Festplatte vorhandenen Daten zu zerstören. Das trägt zur Optimierung der Geschwindigkeit des Migrationsprozesses bei, weil sich die Übertragungsleistungen des Netzwerks und der Wechselmedien nicht mehr auf den Prozess auswirken. MDT 2010 bietet die Option, lokale Datenspeicher zu verwenden.

Eine bessere Wahl ist der Hard-link-Migrationsspeicher. Er ermöglicht Ihnen, die Migration direkt (in place) durchzuführen, wobei USMT alle Benutzerzustandsdaten des lokalen Computers verwaltet, während Sie das alte Betriebssystem entfernen und das neue Betriebssystem installieren. Daher ist die Hard-link-Migration nur für das Szenario *Computerauffrischung* geeignet. Die Verwendung des Hard-link-Migrationsspeichers verkürzt den Zeitaufwand für die Migration deutlich und verringert zudem die Anforderungen an den Datenträger und die Kosten für die Bereitstellung. Außerdem werden völlig neue Migrationsszenarien möglich.

Remotedatenspeicher

In den Szenarien *Computerersatz* (Seite-an-Seite) und *Neuer Computer* können Sie den USMT-Datenspeicher auf einem Netzwerkserver anlegen. In diesen Szenarien ist es erforderlich, den Datenspeicher im Netzwerk anzulegen, weil in der Nachinstallationsphase kein lokaler Datenspeicher zugänglich ist.

Wechselmedien

Sie können USMT-Datenspeicherdateien während der Migration auch auf Wechselmedien speichern. Zur Vereinfachung können Sie USB-Flashlaufwerke und externe USB-Festplattenlaufwerke verwenden. Da dieser Schritt eine Bedienung durch einen Benutzer erfordert, wird er nur für Testbereitstellungen oder Bereitstellungsszenarien empfohlen, in denen die erforderliche Interaktion bereits eingeplant ist.

Automatisieren von USMT

Seine volle Leistung entwickelt USMT dann, wenn Sie die Migration automatisieren. Durch entsprechende Skripts oder mit Tools wie MDT 2010 und System Center Configuration Manager 2007 können Sie die Migration für große Stückzahlen automatisieren. Die folgende Liste beschreibt die Lösungswege, die sich anbieten:

- **Skripts** Sie können USMT mit einer Reihe von Skripttools ausführen, einschließlich Windows PowerShell, VBScript und Batchskriptdateien. Mit den entsprechenden Befehlszeilenoptionen können Sie die Erfassung und Wiederherstellung der Benutzerzustandsdaten im Migrationsprozess automatisieren. Endbenutzer können dann zur Migration der eigenen Daten diese Skripts ausführen.

- **MDT 2010** Microsoft Deployment Toolkit 2010 (MDT 2010) ermöglicht die Migration der Benutzerzustandsdaten im Rahmen der LTI- und ZTI-Bereitstellungsprozesse. Sie können die Lage der Datenspeicher ändern und die *.xml*-Migrationsdateien anpassen, um die Benutzerzustände nach Bedarf einzuschließen oder nicht. Allerdings ist dies bei der Verwendung von USMT 4.0 meistens nicht erforderlich. Die Verwendung der *.xml*-Standardmigrationsdateien mit MDT 2010 ist ein sehr simpler und geradliniger Prozess. Die eigentliche Arbeit ist die Erstellung benutzerdefinierter *.xml*-Migrationsdateien für USMT, sofern erforderlich.

- **Configuration Manager** Der Configuration Manager lässt sich so, wie er ist, oder zusammen mit MDT 2010 zur Automatisierung der Migration der Benutzerzustandsdaten im Rahmen der Betriebssystembereitstellung verwenden. Weitere Informationen über die Verwendung von USMT mit dem Configuration Manager finden Sie in der Dokumentation des Configuration Manager.

Testen der Benutzerzustandsmigration

Nachdem Sie die *.xml*-Migrationsdateien und die Infrastruktur für USMT eingerichtet haben, sollten Sie einen Testdurchlauf durchführen, um sicherzustellen, dass der Ablauf wie geplant erfolgt. Testen Sie modular: zuerst Migrationsdateien, dann Befehlszeilenoptionen und Automatisierung. Definieren Sie bei der Entwicklung des Projektplans überprüfbare Kriterien. Wenn es einen Testplan gibt, können Sie sofort mit den Tests beginnen, wenn die Entwicklung abgeschlossen ist.

Einrichten einer Testumgebung

Richten Sie eine Testumgebung ein, deren Ausrüstung und Einstellungen den Systemen aus der Produktivumgebung Ihrer Organisation möglichst ähnlich sind. Das Ziel ist, jedes Szenario testen zu können, dem Sie in der Produktivumgebung begegnen. Bilden Sie die Produktivumgebung möglichst genau nach. Richten Sie Migrationsserver und Datenspeicher ein, konfigurieren Sie Quell- und Ziel-clientcomputer, bereiten Sie Steuerdateien vor und speichern Sie diese Dateien an den entsprechenden Orten. Führen Sie dann die Tests durch und überprüfen Sie die Ergebnisse. Das Benutzerdatenteam, das für die Migration der Benutzerzustandsdaten verantwortlich ist, sollte dieselbe Testumgebung wie das Anwendungsteam verwenden, das für die Anwendungsbereitstellung zuständig ist. (Weitere Informationen finden Sie in Kapitel 8, »Bereitstellen von Anwendungen«.)

Auswählen der Beispieldaten

Wenn möglich, führen Sie den Migrationstest mit »echten« Produktivdaten durch, die Sie zur Vorbereitung der Tests von Produktivsystemen kopieren. Sie können zum Beispiel zu Testzwecken Abbilder von den Computern der Mitarbeiter erstellen, die Sie als Anwendungsexperten ausgewählt haben. Tests mit Produktivdaten bedeuten, dass Sie die Migrationsinfrastruktur mit den Szenarien konfrontieren, mit denen Sie es auch in der Produktivumgebung zu tun haben.

Achten Sie darauf, dass Sie folgende Produktivdaten übertragen:

- **Betriebssystemeinstellungen**   Sie sollten Einstellungen und Erscheinungsbild des Desktops überprüfen. Lassen Sie Benutzer Elemente für den Test aussuchen oder wählen Sie anhand von Benutzerumfragen ein Beispiel aus. Testen Sie die Benutzerprofileinstellungen und die bevorzugten Einstellungen, um sicherzustellen, dass diese Einstellungen korrekt übertragen werden. Legen Sie eine Reihe von Benutzereinstellungen fest, die Sie testen können.

- **Anwendungsdaten und -einstellungen**   Nehmen Sie in Ihren Testplan Anwendungsdaten auf, beispielsweise Konfigurationsdateien oder Datendateien. Testen Sie die Registrierungseinstellungen und Initialisierungsdateien der Anwendungen, um sicherzustellen, dass diese korrekt übertragen werden. Arbeiten Sie mit Entwicklern und Anwendungsexperten zusammen, um eine repräsentative Auswahl dieser Konfigurationseinstellungen zusammenzustellen, die Sie testen können.

- **Dokumente der Benutzer**   Wählen Sie ein repräsentatives Beispiel für die Benutzerdaten aus. Schließen Sie Quellen wie *Eigene Dateien* und eventuell in Ihrer Umgebung vorhandene benutzerdefinierte Datenordner ein.

Durchführen des Tests

Führen Sie den USMT-Test mit den *.xml*-Migrationsdateien und Prozeduren durch, die Sie für die Produktivumgebung entwickelt haben. Das Ziel ist, die Migration in der Produktivumgebung so detailgenau wie möglich zu simulieren. Achten Sie darauf, dass Sie alle Skripts und Prozesse testen, die für die Automatisierung des USMT-Prozesses entwickelt wurden.

Überprüfen der Testergebnisse

Überprüfen Sie im Anschluss an den Migrationstest alle Elemente der Benutzerzustandsdaten, die für den Test ausgewählt wurden. Überprüfen Sie jede Einstellung und testen Sie jede übernommene Anwendung. Öffnen Sie den E-Mail-Client und arbeiten Sie mit den Anwendungen, um sicherzustellen, dass die Benutzereinstellungen auch im neuen System noch vorhanden sind. Notieren Sie Fehler und alle Elemente, die bei der Migration nicht übertragen wurden. Untersuchen Sie diese Elemente und überprüfen Sie, ob Sie die Steuerdateien für die Migration korrekt erstellt haben. Führen Sie den Test bei Bedarf erneut durch, um zu überprüfen, ob die Probleme gelöst wurden.

Installieren von USMT

USMT 4.0 ist im *Windows Automated Installation Kit for Windows 7* (*Windows AIK für Windows 7*) enthalten, das Sie vom Microsoft Download Center unter *http://www.microsoft.com/downloads* herunterladen können. Nach dem Herunterladen und Installieren des Windows AIK liegen die USMT-Quelldateien im Ordner *C:\Program Files\Windows AIK\Tools\USMT*<Plattform>, wobei *Plattform* entweder *amd64* oder *x86* ist.

Sie können USMT direkt auf jedem Clientcomputer oder auf einer Netzwerkfreigabe installieren. Wenn Sie MDT 2010 verwenden, kann es USMT automatisch in Bereitstellungsfreigaben installieren. MDT 2010 enthält bereits die Logik, die erforderlich ist, um USMT zur Sicherung und Wiederherstellung der Benutzerzustandsdaten auf jedem Computer zu verwenden.

USMT lässt sich auf verschiedene Arten einsetzen: auf einer Netzwerkfreigabe, auf einem Windows PE-Medium, auf einer MDT 2010-Bereitstellungsfreigabe oder mit dem Configuration Manager. Die letzten beiden Optionen ermöglichen eine Migration im Rahmen von LTI- und ZTI-Bereitstellungsprojekten. Die Optionen werden in den folgenden Abschnitten genauer beschrieben.

Netzwerkfreigabe

Nach der Installation des Windows AIK auf einem lokalen Computer können Sie den Inhalt des Ordners *C:\Program Files\Windows AIK\Tools\USMT* auf eine Netzwerkfreigabe kopieren. Anschließend können Sie ScanState und LoadState remote auf jedem Computer verwenden.

Windows PE-Medien

USMT 4.0 unterstützt eine Offline-Migration. Das bedeutet, dass Sie USMT in einer Windows PE-Sitzung verwenden können, um die Benutzerzustandsdaten zu speichern, ohne das alte Betriebssystem starten zu müssen. Für dieses Szenario müssen Sie die USMT-Binärdateien auf Ihr Windows-PE-Medium kopieren. Weitere Informationen über die Erstellung von Windows PE-Medien erhalten Sie in Kapitel 9, »Vorbereiten von Windows PE«.

Microsoft Deployment Toolkit

Im Gegensatz zu älteren MDT-Versionen fügt MDT 2010 automatisch USMT zu Bereitstellungsfreigaben hinzu, wenn Sie die Freigaben aktualisieren. Es kopiert die Dateien aus dem Windows AIK in den *USMT*-Ordner der Bereitstellungsfreigabe. Sie brauchen selbst nichts weiter zu tun, um USMT in einer Bereitstellungsfreigabe zu installieren.

Configuration Manager

Sie können USMT mit dem Configuration Manager verwenden, um bei der Bereitstellung des Betriebssystems auch die Benutzerzustandsdaten zu übertragen. Weitere Informationen zu diesem Thema finden Sie in der Dokumentation von System Center Configuration Manager 2007.

Grundlagen der USMT-Komponenten

Wenn Sie das Windows AIK heruntergeladen und installiert haben, liegen die USMT-Quelldateien im Ordner *C:\Program Files\Windows AIK\Tools\USMT*<Plattform>, wobei *Plattform* entweder *amd64* oder *x86* ist. Das Installationsprogramm kopiert viele Dateien in diesen Ordner, darunter *.dll*-Dateien, Komponentenmanifeste und andere Anwendungsinitialisierungsdateien (Abbildung 7.3). Die meisten Dateien unterstützen die beiden ausführbaren Hauptdateien *Scanstate.exe* und *Loadstate.exe*.

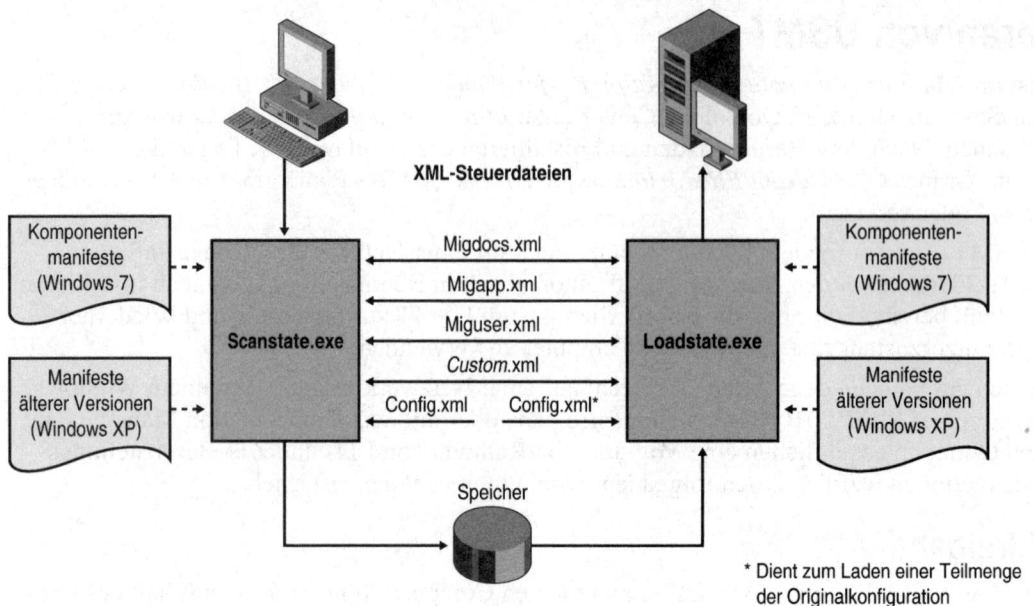

Abbildung 7.3 USMT-Komponenten

Neben ScanState und LoadState verwendet USMT drei XML-Migrationsdateien namens *MigApp.xml*, *MigDocs.xml* und *MigUser.xml*, um eine einfache Migration von Dateien und Einstellungen nach Standardkriterien durchzuführen. Sie können diese Dateien anpassen und benutzerdefinierte *.xml*-Dateien erstellen, um zusätzliche Dateien und Einstellungen zu migrieren oder einen Teil der Standarddateien und -einstellungen auszuschließen. Weitere Informationen über XML-Migrationsdateien finden Sie weiter unten in diesem Kapitel im Abschnitt »Entwickeln von Migrationsdateien«.

ScanState und LoadState speichern Benutzerzustandsdaten und stellen sie wieder her. Sie können diese Programme direkt auf einer Befehlszeile starten. Die Programme lassen sich mit einer Reihe von Optionen steuern. Außerdem enthält USMT 4.0 ein weiteres Hilfsprogramm namens *UsmtUtils.exe*. Dieses Programm unterstützt Sie bei der Bestimmung der Kryptografieoptionen für Ihre Migration. Außerdem können Sie mit ihm Hard-link-Speicher löschen, die wegen einer Freigabesperre nicht auf andere Weise gelöscht werden können.

ScanState.exe

Verwenden Sie ScanState zum Speichern von Benutzerzustandsdaten. Standardmäßig speichert dieses Programm Benutzerzustandsdaten im Datenspeicher, wie es von den drei *.xml*-Migrationsdateien festgelegt wird. Der folgende Ausdruck beschreibt eine abgekürzte Syntax von ScanState und Tabelle 7.1 beschreibt die Befehlszeilenoptionen:

```
ScanState.exe [Datenspeicher][/i:[Pfad\]Dateiname] [/config:[Pfad\]Datei] [/hardlink /nocompress]
[/o] [/p[:Datei]] [/vsc]
```

Tabelle 7.1 Befehlszeilenoptionen von *ScanState.exe*

Option	Beschreibung
Datenspeicher	Gibt einen Pfad für den Datenspeicher an.
/config:[*Pfad*]*Datei*	Gibt eine *Config.xml*-Datei an. (Weitere Informationen finden Sie im Abschnitt »Entwickeln von Migrationsdateien« dieses Kapitels.)
/hardlink	Ermöglicht Ihnen die Erstellung eines Hard-link-Migrationsspeichers an dem Ort, der mit *Datenspeicher* angegeben wird. Wenn Sie diese Option verwenden, müssen Sie auch die Option /nocompress angeben.
/i:[*Pfad*]*Dateiname*	Gibt eine *.xml*-Migrationsdatei an, die zur Speicherung der Zustandsdaten verwendet werden soll. Sie können diese Option mehrfach verwenden.
/nocompress	Deaktiviert die Datenkomprimierung. Verwenden Sie diese Option nur zusammen mit der Option /hardlink oder beim Test in einer Testumgebung.
/o	Überschreibt die im Datenspeicher vorhandenen Daten.
/p[:*Datei*]	Erstellt im angegebenen Pfad eine Größenabschätzung. Wird die Option ohne Pfadangabe verwendet, erstellt sie an dem Ort, der von *Datenspeicher* angegeben wird, eine Datei zum Abschätzen des Platzbedarfs (*USMTsize.txt*).
/vsc	Aktiviert den Volumeschattenkopie-Dienst, damit sich auch Dateien migrieren lassen, die während der Migration gesperrt sind.

HINWEIS ScanState unterstützt noch viele andere Befehlszeilenoptionen. Eine vollständige Liste dieser Optionen finden Sie in der Hilfedatei *USMT.chm* aus dem Windows AIK.

LoadState.exe

Verwenden Sie LoadState, um Benutzerzustandsdaten aus dem Datenspeicher wiederherzustellen. Standardmäßig stellt dieses Programm Benutzerzustandsdaten an dem Ort wieder her, von dem ScanState sie ursprünglich gespeichert hat, sofern es nicht durch eine der *.xml*-Migrationsdateien andere Anweisungen erhält. Sie müssen für LoadState dieselben *xml*-Migrationsdateien wie für ScanState verwenden. Der folgende Ausdruck beschreibt eine abgekürzte Syntax von LoadState und Tabelle 7.2 beschreibt die Befehlszeilenoptionen:

```
Loadstate.exe [Datenspeicher][/i:[Pfad\]Dateiname] [/hardlink /nocompress]
```

Tabelle 7.2 Befehlszeilenoptionen von *LoadState.exe*

Option	Beschreibung
Datenspeicher	Gibt einen Pfad für den Datenspeicher an.
/i:[*Pfad*]*Dateiname*	Gibt eine *.xml*-Migrationsdatei an, die zum Wiederherstellen der Zustandsdaten verwendet werden soll. Sie können diese Option mehrfach verwenden.
/config:[*Pfad*]*Datei*	Gibt eine *Contig.xml*-Datei an. (Weitere Informationen finden Sie im Abschnitt »Entwickeln von Migrationsdateien« dieses Kapitels.)
/hardlink	Aktiviert die Erstellung eines Hard-link-Migrationsspeichers an dem Ort, der von *Datenspeicher* angegeben wird. Wenn Sie diese Option verwenden, müssen Sie auch die Option /nocompress angeben.
/nocompress	Deaktiviert die Datenkomprimierung. Verwenden Sie diese Option nur zusammen mit der Option /hardlink oder beim Test in einer Testumgebung.

HINWEIS LoadState unterstützt noch viele andere Befehlszeilenoptionen. Eine vollständige Liste dieser Optionen finden Sie in der Hilfedatei *USMT.chm* aus dem Windows AIK.

Migrationsdateien

Sowohl ScanState als auch LoadState verwenden drei *.xml*-Migrationsdateien zur Steuerung von Migrationen. Zusätzlich zu diesen drei Dateien können Sie eine oder mehrere benutzerdefinierte *.xml*-Dateien angeben, um benutzerdefinierte Anwendungen zu migrieren oder die Standardmigrationen anzupassen. Der folgende Abschnitt »Entwickeln von Migrationsdateien« beschreibt die *.xml*-Dateien von USMT und die Erstellung von benutzerdefinierten Migrationsdateien.

Entwickeln von Migrationsdateien

USMT wird mit drei *.xml*-Standardmigrationsdateien ausgeliefert. Sie können diese drei Dateien anpassen, um das Verhalten von USMT während der Migration zu steuern. Zusätzlich zu den drei Standarddateien können Sie benutzerdefinierte *.xml*-Dateien entwickeln, um spezielle Anwendungseinstellungen und -dateien zu migrieren. Bei den drei *.xml*-Migrationsdateien aus dem Lieferumfang von USMT handelt es sich um:

- *MigApp.xml*   Enthält Regeln für die Migration von Anwendungseinstellungen.
- *MigDocs.xml*   Enthält Regeln, mit denen sich Benutzerdokumente auch ohne zusätzliche umfangreiche benutzerdefinierte *.xml*-Migrationsdateien automatisch auf einem Computer finden lassen. Verwenden Sie diese Migrationsdatei, wenn der Datensatz unbekannt ist. Verwenden Sie diese Migrationsdatei aber nicht zusammen mit *MigUser.xml*.
- *MigUser.xml*   Enthält Regeln für die Migration von Benutzerprofilen und Benutzerdaten. Verwenden Sie diese Datei nicht zusammen mit *MigDocs.xml*.

Anpassen von USMT

Sie steuern USMT mit Befehlszeilenoptionen und *.xml*-Migrationsdateien. Die Standarddateien können Sie zwar ändern, um bestimmte Aspekte der Migration zu beeinflussen, aber empfehlenswert ist dies nicht. Die bessere Lösung besteht darin, benutzerdefinierte *.xml*-Dateien zu erstellen, um die gewünschten Anwendungseinstellungen und -daten zu migrieren. Die folgende Liste beschreibt Punkte, an denen sich USMT anpassen lässt:

- **Steuerung auf der Befehlszeile**   Sie können Befehlszeilenoptionen wie /ui und /ue verwenden, um bestimmte Benutzer bei der Migration zu berücksichtigen oder davon auszuschließen. Außerdem können Sie benutzerdefinierte *.xml*-Dateien angeben und Optionen zur Verschlüsselung und Komprimierung verwenden.
- **Anpassung der XML-Migrationsdateien**   Sie können die *.xml*-Migrationsdateien ändern, um Teile der Standardmigration auszuschließen oder Daten und Einstellungen während der Migration umzuleiten. Das ist besonders in Szenarien von Nutzen, in denen es um die Konsolidierung von migrierten Daten geht. Besser als die Anpassung vorhandener Migrationsdateien ist aber die Erstellung entsprechender benutzerdefinierter Migrationsdateien.
- **Erstellen einer *Config.xml*-Datei**   Sie können eine *Config.xml*-Datei erstellen, um ganze Komponenten von der Migration auszuschließen. Zum Beispiel können Sie den ganzen Ordner *Eigene Dateien* oder alle Einstellungen für eine bestimmte Anwendung ausschließen. Der Ausschluss von Komponenten mit dieser Datei ist einfacher als die Bearbeitung der *.xml*-Migrationsdateien, weil Sie die Migrationsregeln und die Syntax nicht zu verstehen brauchen. Diese Datei ist zudem der einzige Weg, um bei der Migration auf Windows 7 Betriebssystemeinstellungen auszuschließen. Weitere Informationen über *Config.xml* finden Sie in der Hilfedatei *USMT.chm* aus dem Windows AIK.

> **HINWEIS** Sie können auch *.xml*-Migrationsdateien für USMT 4.0 verwenden, die Sie für USMT 3.0 erstellt haben. Um die neuen USMT-Funktionen zu verwenden, müssen Sie Ihre Migrationsdateien aber entsprechend überarbeiten.

Steuerdateisyntax

Die *.xml*-Standardmigrationsdateien verwenden zur Steuerung der Migration bestimmte XML-Elemente. Diese Dateien berücksichtigen die gebräuchlichsten Anwendungen, Dokumente und Einstellungen. Wenn Sie Einstellungen und Anwendungsdaten migrieren möchten, die nicht von den *.xml*-Standardmigrationsdateien berücksichtigt werden, sollten Sie eine benutzerdefinierte *.xml*-Datei erstellen. In der Hilfedatei *USMT.chm* aus dem Windows AIK finden Sie eine vollständige XML-Referenz für USMT. Außerdem bietet die XML-Referenz in *USMT.chm* gute Beispiele, die Sie als Ausgangspunkte für die Erstellung eigener *.xml*-Migrationsdateien verwenden können.

> **HINWEIS** Es empfiehlt sich, benutzerdefinierte *.xml*-Migrationsdateien zu erstellen, statt Anwendungsdaten und -einstellungen zu den *.xml*-Standardmigrationsdateien hinzuzufügen. Dadurch werden Missverständnisse vermieden und die Pflege dieser Einstellungen bleibt übersichtlicher.

Bereitstellen der Migrationsdateien

Die folgende Liste beschreibt, wie benutzerdefinierte *.xml*-Migrationsdateien für die eigenständige Verwendung, für die Verwendung mit MDT 2010 und mit dem Configuration Manager bereitgestellt werden:

- **Eigenständige Verwendung**   Sie können die *.xml*-Migrationsdateien im USMT-Programmordner oder an einer zentralen Stelle abspeichern. Sie müssen *.xml*-Migrationsdateien mit ihrem vollständigen Pfadnamen angeben (ScanState \\Server\Freigabe\Computer /I:\\Server\Freigabe\ Migration.xml).

- **Microsoft Deployment Toolkit**   MDT 2010 gibt Bereitstellungsfreigaben einen ganz bestimmten Aufbau. Speichern Sie benutzerdefinierte *.xml*-Migrationsdateien im Ordner *USMT*\Plattform der Bereitstellungsfreigabe, wobei *Plattform* entweder *x86* oder *x64* ist.

- **Configuration Manager**   Der Configuration Manager verwendet USMT, um Benutzerzustandsdaten während der Betriebssystembereitstellung zu migrieren. Sie können die Speicherorte von *.xml*-Migrationsdateien und Datenspeichern bei der Konfiguration des Configuration Manager angeben. Weitere Informationen finden Sie in der Dokumentation von System Center Configuration Manager 2007.

Verwenden von USMT im Microsoft Deployment Toolkit

Die Migration der Benutzerzustandsdaten lässt sich auf unterschiedliche Weise durchführen und kontrollieren. Dazu gehören die direkte Ausführung der Befehlszeilenprogramme, die Steuerung durch Skripts, MDT 2010 oder Configuration Manager. Die Befehlszeilenoptionen für die direkte oder skriptgesteuerte Ausführung von USMT wurden bereits im Abschnitt »Grundlagen der USMT-Komponenten« dieses Kapitels beschrieben. Dieser Abschnitt beschreibt, wie Sie USMT in MDT 2010 aktivieren und benutzerdefinierte *.xml*-Migrationsdateien zu MDT 2010 hinzufügen können.

So funktioniert's: Migration der Benutzerzustandsdaten in MDT 2010

Kapitel 6, »Entwickeln von Datenträgerabbildern«, beschreibt die Tasksequenz und den Task Sequencer, den MDT 2010 zur Bereitstellung von Windows 7 verwendet. Die Standardtasksequenz teilt den Prozess in zwei Phasen auf. Eine der Vorinstallationsphasen ist State Capture, eine der Nachinstallationsphasen ist State Restore. Die gesamte Zustandsmigration steckt in diesen beiden Phasen.

In der State Capture-Phase führt der Schritt Capture User State den Befehl ZTIUserState.wsf /capture aus, um den Benutzerzustand zu erfassen. Er verwendet Einstellungen aus der Datei *CustomSettings.ini* der Bereitstellungsfreigabe oder der MDT 2010-Datenbank. In der Phase State Restore führt der Schritt Restore User State den Befehl ZTIUserState.wsf /restore aus, um die Zustandsdaten wiederherzustellen, die im Schritt Capture User State gespeichert wurden.

Mit der Befehlszeilenoption /capture liest das Skript *ZTIUserState.wsf* seine Einstellungen (UDShare, UDDir und so weiter) aus der Umgebung ein und wählt dann auf der Basis von UserDataLocation den besten Platz zur Erstellung des Datenspeichers. Im letzten Schritt führt das Skript ScanState mit den Befehlszeilenargumenten aus, die es aus den Umgebungsdaten zusammengestellt hat, und fügt die Befehlszeilenoptionen für eine Hard-link-Migration hinzu. Mit der Befehlszeilenoption /restore ruft das Skript *ZTIUserState.wsf* aus der Umgebung Informationen über den Datenspeicher ab, den es erstellt hat, und führt dann mit der Befehlszeile, die es mit diesen Informationen zusammengestellt hat, und mit den Optionen für die Hard-link-Migration den Befehl LoadState aus.

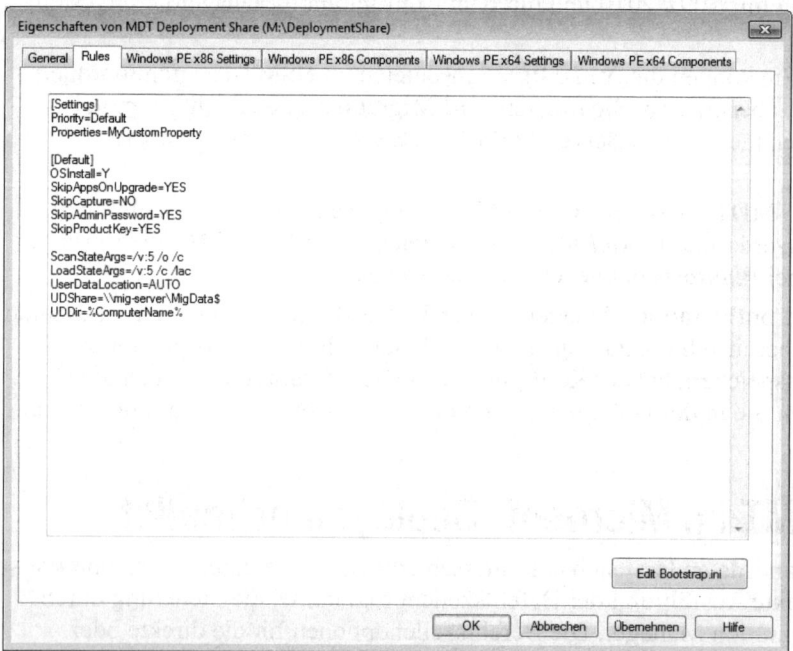

Abbildung 7.4 Konfigurieren der USMT-Einstellungen in *CustomSettings.ini*

Festlegen des Datenspeicherorts

Für das Szenario *Computerauffrischung* wird eine Hard-link-Migration empfohlen, wie sie
MDT 2010 standardmäßig durchführt. Für andere Szenarien können Sie die Datenspeicher in der
MDT 2010-Bereitstellungsfreigabe anlegen. Allerdings ist es besser, auf einem separaten Server eine
Freigabe für die Datenspeicher einzurichten, statt die Datenspeicher in der Bereitstellungsfreigabe
unterzubringen. Dadurch wird die Last verteilt und Sie können Ressourcen für die Migration der
Benutzerzustandsdaten leichter erkennen.

Nachdem Sie eine Freigabe für die Datenspeicher angelegt haben, können Sie den Datenspeicherort in
der Datei *CustomSettings.ini* einer Bereitstellungsfreigabe einstellen (Abbildung 7.4). Zur Konfiguration der Datei *CustomSettings.ini* klicken Sie eine Bereitstellungsfreigabe in der Deployment Workbench mit der rechten Maustaste an und klicken auf *Eigenschaften*. Dann konfigurieren Sie die Datei
CustomSettings.ini auf der Registerkarte *Rules*. Sie können diese Eigenschaften auch in der MDT
2010-Datenbank festlegen. Tabelle 7.3 beschreibt die Eigenschaften. Weitere Informationen über
CustomSettings.ini und die MDT 2010-Datenbank finden Sie in Kapitel 12, »Bereitstellen mit dem
Microsoft Deployment Toolkit«.

Tabelle 7.3   USMT-Eigenschaften in MDT 2010

Eigenschaft	Beschreibung
LoadStateArgs=*Argumente*	Die Argumente, die an LoadState übergeben werden. MDT 2010 fügt die Parameter für die Pro-tokollierung, Durchführung und Datenspeicherung hinzu. Wenn dieser Wert nicht in der Konfigu-rationsdatei vorhanden ist, verwendet *ZTIUserState.wsf* die Argumente LoadStateArgs=/v:5 /c /lac.
ScanStateArgs=*Argumente*	Die Argumente, die an ScanState übergeben werden. MDT 2010 fügt die Parameter für die Pro-tokollierung, Durchführung und Datenspeicherung hinzu. Wenn dieser Wert nicht in der Konfigu-rationsdatei vorhanden ist, verwendet *ZTIUserState.wsf* die Argumente ScanStateArgs=/v:5 /o /c. Verwenden Sie die Eigenschaft USMTMigFiles zur Angabe der *.xml*-Dateien, die von *Scan-State.exe* verwendet werden sollen, und nicht den Parameter /i der Eigenschaft ScanState-Args. Das verhindert, dass das ZTIUserState-Skript potenziell dieselbe *.xml*-Dateiliste dupliziert.
UDShare=*Pfad*	Die Netzwerkfreigabe, in der die Datenspeicher angelegt werden sollen, beispielsweise UDShare=\\Server\MigData$. Dieser Wert wird bei Hard-link-Migrationen ignoriert.
UDDir=*Ordner*	Der Ordner, in dem die Benutzerzustandsdaten gespeichert werden. Dieser Ordner liegt im frei-gegebenen Netzwerkordner, der mit UDShare angegeben wird. Ein Beispiel: UDDir=%Computer-Name%. Dieser Wert wird bei Hard-link-Migrationen ignoriert.
UserDataLocation= [*leer* | AUTO | NETWORK | NONE]	Der Ort, an dem die Benutzerzustandsdaten gespeichert werden: ■ **BLANK** Für LTI fragt der Windows Deployment Wizard nach dem Speicherort. Für ZTI ist die Wirkung dieselbe wie mit der Einstellung NONE. ■ **AUTO** MDT 2010 führt eine Hard-link-Migration durch. ■ **NETWORK** MDT 2010 erstellt den Datenspeicher an dem Ort, der von den Eigenschaften UDShare und UDDir angegeben wird.
UDProfiles=*Profil1,Profil2, ProfilN*	Eine Liste der Benutzerprofile, die in der MDT 2010-Phase State Capture von *ScanState.exe* gespeichert werden sollen, zum Beispiel UDProfiles=Administrator, Patrice, Dave.

> **HINWEIS**   Sie können zur Migration der Benutzerzustandsdaten auch Wechselmedien und lokale Datenspeicher verwenden, indem Sie den Wert `UserDataLocation` nicht festlegen. Der Windows Deployment Wizard fordert Sie zur Angabe des Speicherorts der Benutzerzustandsdaten auf. Weitere Informationen über diese Eigenschaften erhalten Sie in der Dokumentation von MDT 2010.

Hinzufügen von benutzerdefinierten Migrationsdateien

Wenn Sie keinen Pfad für Ihre benutzerdefinierten *.xml*-Dateien angeben, verwendet MDT 2010 nur die Dateien *MigApp.xml* und *MigDocs.xml*. Wie andere Eigenschaften können Sie diese Angabe in der *CustomSettings.ini*-Datei einer Bereitstellungsfreigabe vornehmen oder zur MDT 2010-Datenbank hinzufügen.

Geben Sie den Namen jeder benutzerdefinierten *.xml*-Datei mit der Eigenschaft `USMTMigFiles` an. Wenn Sie diese Eigenschaft nicht konfigurieren, verwendet MDT 2010 die Standardmigrationsdateien *MigApp.xml* und *MigDocs.xml*. Allerdings verwendet MDT 2010 nur die Dateien, die in dieser Eigenschaft angegeben werden, wenn Sie die Eigenschaft konfigurieren. Sofern Sie also diese Eigenschaft konfigurieren, müssen Sie auch die *.xml*-Standardmigrationsdateien angeben. Die folgenden Zeilen aus *CustomSettings.ini* fügen die Datei *Custom.xml* zu den *.xml*-Standarddateien hinzu:

```
USMTMigFiles1=MigApp.xml
USMTMigFiles2=MigDocs.xml
USMTMigFiles4=Custom.xml
```

> **HINWEIS**   Versuchen Sie nicht, das Skript anzupassen, das den USMT-Prozess steuert (*ZTIUserState.wsf*), um *.xml*-Migrationsdateien mit der Befehlszeilenoption `/i` hinzuzufügen. Das könnte dazu führen, dass das Skript nicht mehr richtig funktioniert. Außerdem erschwert es den Wechsel auf zukünftige MDT-Versionen. Fügen Sie benutzerdefinierte *.xml*-Dateien nur mithilfe der Eigenschaft `USMTMigFiles` hinzu.

Zusammenfassung

Die Migration oder Übernahme der Benutzerzustandsdaten auf die neuen Betriebssysteme ist ein wichtiger Aspekt in der Desktopbereitstellung, weil sie Produktivitätsrückgänge verringert und die Zufriedenheit der Benutzer mit dem Ergebnis steigert. Allerdings erfordert die Migration der Benutzerzustandsdaten eine sorgfältige Planung und eine hinreichende Kenntnis der Benutzer-, Anwendungs- und Systemeinstellungen sowie die Kenntnis der Speicherorte für Datendateien in der Umgebung. Anwendungsexperten können bei der Identifizierung von Dateien und Einstellungen helfen, die übernommen werden sollen. Sie sollten alle Migrationsprojekte ausgiebig testen, um sicherzustellen, dass sie in der Produktivumgebung wie geplant funktionieren.

USMT bietet die leistungsfähigsten Migrationsoptionen für Bereitstellungsprojekte mit großer Stückzahl. Als Migrationsmaschine für Benutzerzustände wird USMT von MDT 2010 unterstützt. Der Aufwand für die Vorbereitung der Software auf die Migration der gebräuchlichsten Daten und Einstellungen geht kaum über die Anpassung der Datei *CustomSettings.ini* für die Bereitstellungsfreigaben hinaus. Durch die Erstellung von benutzerdefinierten *.xml*-Migrationsdateien können Sie Sonderfälle und benutzerdefinierte Anwendungen berücksichtigen, die Ihre Organisation verwendet.

Weitere Informationen

Die folgenden Quellen bieten zusätzliche Informationen oder Tools für die Themen dieses Kapitels.

Informationsquellen

- Kapitel 12, »Bereitstellen mit dem Microsoft Deployment Toolkit«, enthält weitere Informationen über die Migration von Benutzerdaten mit MDT 2010.

- Kapitel 15, »Verwalten von Benutzern und Benutzerdaten«, bietet Einzelheiten über servergespeicherte Benutzerprofile und Ordnerumleitung.

- Die Hilfedatei *USMT.chm* aus dem Windows AIK enthält ausführliche Informationen über die Befehlszeilenoptionen von ScanState und LoadState und die Erstellung von XML-Migrationsdateien. Außerdem beschreibt sie weitere Szenarien, beispielsweise die Offline-Migration.

- Die Dokumentation des User State Migration Tool 4.0 finden Sie im Microsoft TechNet unter *http://technet.microsoft.com/en-us/library/dd560801.aspx*.

K A P I T E L   8

Bereitstellen von Anwendungen

Die Bereitstellung von Anwendungen ist ein wichtiger Aspekt der Desktopbereitstellung. Welche Anwendungen Sie auswählen und wie Sie die Anwendungen bereitstellen, wirkt sich auch auf die Bereitstellung des Betriebssystems aus. Planen Sie zum Beispiel, Anwendungen in das Betriebssystemabbild aufzunehmen, oder stellen Sie die Anwendungen später bereit? Die Aufnahme von Anwendungen ins Betriebssystemabbild führt zwar zu einer guten Leistung, aber auch zu einer geringeren Flexibilität. Installieren Sie die Anwendungen nachträglich, ist nicht nur der Aufwand höher, sondern auch die Flexibilität besser, und die Wartungskosten sinken.

In den Planungsphasen Ihres Bereitstellungsprojekts müssen Sie herausfinden, welche Anwendungen in der Umgebung eingesetzt werden. Dann vergeben Sie im Anwendungsinventar Prioritäten, damit Sie sich zuerst auf die wichtigsten Anwendungen konzentrieren können und möglichst auch Anwendungen streichen können, die doppelt geführt, nicht mehr verwendet oder vom Betriebssystem Windows 7 nicht unterstützt werden.

Nach der Erstellung eines priorisierten Anwendungsinventars müssen Sie überprüfen, ob es Kompatibilitätsprobleme gibt, und diese Probleme beseitigen. Dann entscheiden Sie, wie die Anwendungen bereitgestellt werden sollen. Dieses Kapitel unterstützt Sie bei diesen Entscheidungen und bei der Verwendung der Tools, die Microsoft für die Bereitstellung von Anwendungen anbietet, einschließlich Microsoft Deployment Toolkit 2010 (MDT 2010). Wie man ein Anwendungsinventar aufstellt, die Kompatibilität von Anwendungen zu Windows 7 überprüft und Kompatibilitätsprobleme löst, erfahren Sie in Kapitel 5, »Testen der Anwendungskompatibilität«.

Vorbereiten der Testumgebung

Die Planung erfordert eine Testumgebung für die Umverpackung der Anwendungen. Innerhalb einer Organisation können und sollten die verschiedenen Teams, die an der Bereitstellung arbeiten (Abbilderstellung, Verpackung der Anwendungen und so weiter), dieselbe Testumgebung verwenden und sie gemeinsam benutzen. Die gemeinsame Testumgebung erleichtert die Weitergabe der Zwischenprodukte und den Integrationstest mit anderen Komponenten. Auch in einer gemeinsam genutzten Testumgebung muss aber jedes Team über seinen eigenen Arbeitsbereich auf dem Dateiserver und über eigene Computer verfügen.

Die Testumgebung muss zwar über Zugang zum Internet verfügen, sollte aber vom Produktivnetzwerk getrennt sein. Wenn Sie allerdings keine Serverkomponenten wie DHCP (Dynamic Host Configuration Protocol) installieren, ist die Trennung zwischen Test- und Produktivnetzwerk keine zwingende Voraussetzung. Die Umverpackung von Anwendungen erfordert keine genaue Nachbildung des Produktivnetzwerks in der Testumgebung. Die Testumgebung muss Speicherplatz für die Quelldateien der Anwendungen und für die neu verpackten Anwendungen bieten.

Die folgende Liste beschreibt die empfohlene Ausstattung einer Testumgebung, die für die Verpackung von Anwendungen verwendet wird:

- Testserver mit folgender Konfiguration:
  - ☐ Windows Server 2008 oder Windows Server 2008 R2
  - ☐ Eine Domäne in den Active Directory-Verzeichnisdiensten
  - ☐ DHCP-Dienste (Dynamic Host Configuration Protocol)
  - ☐ DNS-Dienste (Domain Name System)
  - ☐ Optional WINS (Windows Internet Naming Service)
  - ☐ Microsoft SQL Server 2005 oder SQL Server 2008
  - ☐ Microsoft Virtual Server 2005, Virtual PC 2007, Virtual PC oder Microsoft Hyper-V
- Testkonten (für Standardbenutzer und einen Administrator)
- Netzwerkhardware für die Netzwerkverbindungen (richten Sie das Routing und die Bandbreite so ein, dass sich die Übertragung von großen Dateien nicht auf Benutzer in der Produktivumgebung auswirkt).
- Internetzugriff (zum Herunterladen von Updates, Dateien und so weiter)
- Testcomputer, die möglichst genau den Produktivcomputern entsprechen
- Quelldateien für alle Anwendungen, die getestet und neu verpackt werden sollen
- Tools zum Verpacken der Anwendungen

> **HINWEIS** MDT 2010 bietet eine anschauliche Anleitung für die Erstellung und Verwendung einer Testumgebung. Weitere Informationen finden Sie in der Dokumentation von MDT 2010.

Planen der Bereitstellung

Die Erstellung eines Anwendungsinventars ist die wichtigste Aufgabe, die Sie bei der Planung der Anwendungsbereitstellung erledigen müssen. Sie verwenden die Bestandsliste, um den Anwendungen Prioritäten zuzuordnen, oder um herauszufinden, welche Anwendungen nicht zu Windows 7 kompatibel sind, welche Anwendungen für eine automatische Installation neu verpackt werden müssen und so weiter. Das Application Compatibility Toolkit (ACT) bietet Tools für die Erfassung des Anwendungsbestands im Produktivnetzwerk. Informationen darüber, wie man mit ACT ein Anwendungsinventar erstellt, finden Sie in Kapitel 5.

Nach der Erstellung des Anwendungsinventars müssen Sie für jede Anwendung aus der Liste folgende Planungsschritte ausführen:

- **Prioritäten**   Weisen Sie den Anwendungen in Ihrer Bestandsliste Prioritäten zu, damit Sie sich zuerst auf die wichtigsten konzentrieren können. Konzentrieren Sie sich auf die Anwendungen, die für Ihre Organisation unverzichtbar sind, um Produkte und Dienstleistungen für Kunden anbieten zu können. Bei der Priorisierung des Bestands stellen Sie vielleicht fest, dass manche Anwendungen doppelt geführt werden, weil vielleicht verschiedene Versionen derselben Anwendung oder mehrere Anwendungen verwendet werden, die dieselbe Aufgabe erfüllen. In solchen Fällen können Sie für klare Verhältnisse sorgen. Vielleicht stellen Sie auch fest, dass viele Anwendungen nur kurzzeitig für bestimmte Projekte eingesetzt wurden und schon lange nicht mehr benutzt werden.

- **Kategorien**   Teilen Sie die Anwendung aus der Bestandsliste in die Kategorien *Kernanwendung* (core application) und *Ergänzende Anwendung* (supplemental application) ein. Eine Kernanwendung ist eine Anwendung, die auf nahezu allen Computern installiert ist (Virenscanner, Verwaltungsagenten und so weiter), während dies für ergänzende Anwendungen nicht gilt. Kapitel 5 beschreibt andere Arten, Anwendungen zu kategorisieren, beispielsweise nach Abteilung, geografischen Gegebenheiten, Kosten, Arbeitsmethoden und so weiter.

- **Installationsmethode**   Legen Sie fest, wie die Anwendung automatisch installiert werden soll. Egal, ob es sich um eine Kernanwendung oder um eine ergänzende Anwendung handelt, die besten Ergebnisse erreichen Sie, indem Sie die Installation vollständig automatisieren. Manche alten Anwendungen lassen sich aber nicht automatisch installieren, wenn sie nicht neu verpackt werden. Wenn Sie es mit solchen Anwendungen zu tun haben, ist die Planung der Bereitstellung die beste Zeit, die Technologie für die Neuverpackung auszuwählen. Weitere Informationen über die Verpackung von Anwendungen finden Sie weiter unten in diesem Kapitel im Abschnitt »Neuverpacken von alten Anwendungen«.

- **Festlegen der Verantwortlichkeiten**   Legen Sie fest, wer für die Installation und die Unterstützung jeder einzelnen Anwendung verantwortlich ist. Gehört die Verantwortung für die Anwendung in den Bereich IT oder sind die Benutzer in der Organisation dafür zuständig?

- **Anwendungsexperten**   Sie werden wahrscheinlich nie alle Anwendungen, die in der Organisation verwendet werden, so gut beherrschen, dass Sie alle Anwendungen neu verpacken können. Suchen Sie daher für jede Anwendung nach einem *Anwendungsexperten*, der Sie bei wichtigen Entscheidungen unterstützen kann. Ein guter Anwendungsexperte ist nicht zwangsläufig ein technisch begabter Mensch. Ein guter Anwendungsexperte ist die Person, die eine Anwendung am besten kennt und etwas über die Geschichte der Anwendung in der Organisation erzählen kann, die weiß, wie die Anwendung in der Organisation eingesetzt wird, wo die Installationsmedien zu finden sind und so weiter.

- **Konfiguration**   Dokumentieren Sie anhand der Rückmeldungen von Anwendungsexperten für jede einzelne Anwendung, wie die Anwendung konfiguriert werden soll. Sie können die gewünschten Informationen in Transformationen zusammenfassen, die Sie für Anwendungen auf Windows-Installer-Basis oder in Paketen erstellen, wenn Sie alte Anwendungen neu verpacken. Die Konfiguration von alten Anwendungen ist gewöhnlich so einfach wie das Importieren von Registrierungsdateien (*.reg*-Dateien) nach der Bereitstellung auf dem Zielcomputer.

Das ACT 5.5 bietet allerdings Datenverwaltungsfunktionen, die über die Anwendungsbestandsvorlagen der Vorgängerversionen von MDT 2010 hinausgehen. Mit dem ACT 5.5 können Sie Anwendungen auf verschiedene Weise in Kategorien einteilen: nach Priorität, Risiko, Abteilung, Typ, Anbieter, Komplexität und so weiter. Sie können auch Ihre eigenen Kategorien für die Organisation des Anwendungsinventars definieren. Weitere Informationen finden Sie in Kapitel 5.

Prioritäten

Der nächste Schritt nach der Erstellung des Anwendungsinventars ist die Priorisierung der Liste. Die Vergabe von Prioritäten an die Anwendungen aus der Bestandsliste ist keine Aufgabe, die Sie allein entscheiden sollten. Stattdessen ist es sinnvoll, sich mit anderen Teammitgliedern, mit dem Management und mit Vertretern der Benutzer zu beraten, um eine angemessene Prioritätseinstufung vornehmen zu können.

Sie könnten beispielsweise folgende Prioritätsstufen vergeben:

- **Hoch**   Anwendungen hoher Priorität sind gewöhnlich einsatzkritische Anwendungen oder Kernanwendungen. Damit sind Anwendungen gemeint, die praktisch überall in der Organisation eingesetzt werden oder sehr komplex sind und zuerst berücksichtigt werden müssen. Beispiele für Anwendungen mit hoher Priorität wären Virenscanner, Verwaltungsagenten, Microsoft Office und so weiter.

- **Mittel**   Anwendungen mittlerer Priorität sind meistens sinnvoll und praktisch, aber für die Arbeit nicht unbedingt erforderlich. Dabei handelt es sich oft um Anwendungen, die nicht so verbreitet oder komplex sind wie Anwendungen hoher Priorität. Ein benutzerdefiniertes Versandlistenprogramm könnte beispielsweise eine Anwendung mittlerer Priorität sein, weil Sie die entsprechende Funktionalität auch in anderen Anwendungen vorfinden. Um herauszufinden, ob eine Anwendung tatsächlich von mittlerer Priorität ist, beantworten Sie folgende Frage: Was wäre das Schlimmste, was geschehen würde, wenn alle hoch priorisierten Anwendungen bereitgestellt würden, aber diese eine Anwendung nicht? Wenn sich keine größeren Konsequenzen absehen lassen, ist die Anwendung von mittlerer Priorität.

- **Niedrig**   Niedrig priorisierte Anwendungen sind Anwendungen, die beim anstehenden Umstellungsvorgang keine weitere Beachtung verdienen. Beispiele für niedrig priorisierte Anwendungen sind: doppelt vorhandene Anwendungen, von den Benutzern selbst beschaffte und installierte Anwendungen sowie Anwendungen, die nicht länger verwendet werden. Wenn Sie die Priorität einer Anwendung als niedrig einstufen, notieren Sie für den Fall, dass Sie diese Einstufung später rechtfertigen müssen, eine Begründung für die Einstufung.

Die Priorisierung der Anwendungsliste hilft Ihnen dabei, den Anwendungsbestand nach sinnvollen Kriterien in den Griff zu bekommen. Auch innerhalb einer Kategorie können Sie Anwendungen noch nach Wichtigkeit sortieren. Allerdings hat die Einstufung von Anwendungen in einer Organisation, in der Tausende von Anwendungen eingesetzt werden, durchaus etwas von Willkür an sich. Stattdessen sollten Sie sich vielleicht auf die Wichtigkeitseinstufung von Anwendungen mit hoher Priorität beschränken oder die Prioritätsvergabe ausschließlich mit den Anwendungen hoher Priorität wiederholen.

Kategorien

Nach der Priorisierung der Anwendungsliste müssen Sie noch die Anwendungen hoher und mittlerer Priorität in Kategorien aufteilen. Anwendungen mit niedriger Priorität können Sie aus der Liste löschen, da Sie sowieso nicht vorhaben, sich um diese Anwendungen zu kümmern. Die folgenden Kategorien helfen Ihnen, die beste Methode für die Bereitstellung einer Anwendung zu bestimmen:

- **Kernanwendungen**   Kernanwendungen sind Anwendungen, die auf praktisch jedem Computer der Organisation installiert sind (auf 80 Prozent der Computer oder mehr), oder Anwendungen, die beim ersten Start eines Computers nach der Installation des Betriebssystems verfügbar sein müssen. Virenscanner und Sicherheitssoftware zählen gewöhnlich zu den Kernanwendungen, weil sie beim ersten Start des Computers ausgeführt werden müssen. Mailclients sind Kernanwendungen, weil nahezu jeder Benutzer sie braucht und weil sie auf fast jedem Computer zu finden sind. Die folgende Liste enthält Beispiele für Anwendungen, die in den meisten Organisationen vermutlich als Kernanwendungen eingestuft werden:

- ☐ Adobe Acrobat Reader
- ☐ Bildschirmschoner mit dem Firmenlogo
- ☐ Datenbanktreiber und Verbindungssoftware
- ☐ Macromedia Flash Player
- ☐ Macromedia Shockwave
- ☐ Microsoft Office
- ☐ Netzwerksoftware und Clientverwaltungssoftware, wie zum Beispiel OpenManage-Clients
- ☐ Terminalemulationsanwendungen, beispielsweise TN3270
- ☐ Verschiedene Antiviruspakete
- ☐ Verschiedene Plug-Ins für Windows Internet Explorer
- ☐ Verschiedene Plug-Ins für Microsoft Office Outlook

- **Ergänzende Anwendungen** Ergänzende Anwendungen sind Anwendungen, die nicht zu den Kernanwendungen zählen. Es handelt sich um Anwendungen, die nicht auf jedem Computer der Organisation eingesetzt werden (beispielsweise abteilungsspezifische Anwendungen) und nicht beim ersten Start des Computers nach der Installation eines neuen Betriebssystems gebraucht werden. Beispiele für solche Anwendungen sind abteilungsspezifische Anwendungen, wie Buchhaltungssoftware, oder funktionspezifische Anwendungen, wie Diktiersoftware. Die folgende Liste nennt Beispiele, die in den meisten Organisationen als ergänzende Anwendungen angesehen werden:

  - ☐ Microsoft Data Analyzer 3.5
  - ☐ SQL Server 2005 Client Tools
  - ☐ Microsoft Visual Studio 2005 und Visual Studio 2008
  - ☐ Verschiedene CAD-Anwendungen (Computer-Aided Design)
  - ☐ Verschiedene Ressourcenplanungsprogramme

Installationsmethoden

Für jede Anwendung mittlerer und hoher Priorität müssen Sie die beste Installationsmethode ermitteln. Ziehen Sie Folgendes in Betracht:

- **Automatische Installation** Die meisten Anwendungen lassen sich automatisch installieren. Liegt die Anwendung beispielsweise als Windows Installer-Paketdatei vor (mit der Dateinamenserweiterung *.msi*), können Sie sie automatisch installieren. Der Abschnitt »Automatisieren der Installation« weiter unten in diesem Kapitel beschreibt, wie sich die auf übliche Weise verpackten Anwendungen automatisch installieren lassen. In diesem Fall brauchen Sie die Anwendung nicht neu zu verpacken, sofern Sie keine Konfiguration bereitstellen möchten, die sich anders nicht erreichen lässt.

- **Neu verpackte Anwendung** Wenn sich eine Anwendung nicht von Haus aus automatisch installieren lässt, können Sie die Anwendung neu verpacken und die Installation mit einer der Verpackungstechnologien anpassen, die in diesem Kapitel im Abschnitt »Neuverpacken von alten Anwendungen« beschrieben werden. Die Neuverpackung von Anwendungen ist ein komplexer Vorgang und entwickelt sich häufig zum teuersten und langwierigsten Teil eines Bereitstellungsprojekts. Entscheiden Sie sich erst dann zur Neuverpackung von Anwendungen, wenn es keine andere prakti-kable Lösung gibt. Sie brauchen dafür technische Erfahrung im Neuverpacken von Anwendungen. Oder Sie delegieren die Neuverpackung der Anwendungen an eine kompetente Firma, die diese Arbeit durchführt.

- **Eingabesimulatoren** Sie können die Installation der meisten Anwendungen mit interaktiven In-stallationsprogrammen automatisieren, die Tastatureingaben simulieren, beispielsweise mit dem Windows Script Host. (Weitere Informationen finden Sie im Abschnitt »Windows Script Host« dieses Kapitels). Berücksichtigen Sie aber, dass dies eher eine Notlösung als eine Lösung ist. Aber manchmal hat man keine andere Wahl. Gelegentlich wird vom Benutzer bei der Installation eine Eingabe mit der Maus oder eine komplexe Aktion verlangt, die sich nicht so leicht automatisieren lässt. Unter solchen Umständen lässt sich die Installation vielleicht gar nicht automatisieren.

Notieren Sie für jede Anwendung die vorgesehene Installationsmethode. Lässt sich die Anwendung von Haus aus automatisch installieren? Wenn ja, notieren Sie die Befehle, die für die Installation der Anwendung erforderlich sind. Müssen Sie die Anwendung neu verpacken? Dann notieren Sie, welche Verpackungstechnologie Sie verwenden und welcher Befehl zur Installation der Anwendung erforder-lich ist. Wenn Sie zur Installation der Anwendung einen Eingabesimulator verwenden, notieren Sie diese Entscheidung im Anwendungsinventar.

Anwendungsexperten

In einer kleinen Organisation, in der nur wenige Anwendungen eingesetzt werden, kennen Sie diese Anwendungen vielleicht alle selbst sehr gut. In einer großen Organisation mit Tausenden von Anwen-dungen werden Sie selbst nur sehr wenige Anwendungen gut genug kennen, um fundierte Entschei-dungen über die Neuverpackung von Anwendungen treffen zu können. Daher müssen Sie für jede Anwendung einen Anwendungsexperten finden. Der Anwendungsexperte sollte ein Experte in der Bedienung der Anwendung sein und er sollte derjenige sein, der die größte Erfahrung mit der Anwen-dung hat. Anders gesagt, jeder Anwendungsexperte kann Ihnen etwas darüber sagen, wie die Organi-sation die Anwendung installiert, konfiguriert und einsetzt. Der Anwendungsexperte kennt normaler-weise die Geschichte der Anwendung und weiß, wo die Installationsmedien zu finden sind. Tragen Sie für jede Anwendung den Namen und die E-Mail-Adresse des Anwendungsexperten in die Bestandsliste ein.

Konfigurationen

Während der Planung sollten Sie jede Anwendung mithilfe des Anwendungsexperten überprüfen und folgende Punkte aufzeichnen:

- Aufbewahrungsort der Installationsmedien. Meistens ist der Anwendungsexperte die beste Infor-mationsquelle, was den Aufbewahrungsort der Installationsmedien (CDs, Disketten und so weiter) betrifft.

- Einstellungen, die von den Standardeinstellungen der Anwendung abweichen und erforderlich sind, um die Anwendung in der gewünschten Konfiguration bereitzustellen.

- Externe Verbindungen. Braucht die Anwendung zum Beispiel eine Verbindung zu einer Datenbank, zu einem Mainframe, einer Website oder zu einem Anwendungsserver?

- Einschränkungen, die für die Anwendung gelten.

- Verträglichkeit mit der Bereitstellungsmethode. Ist die Anwendung für eine Abbilderstellung des Datenträgers und für Sysprep geeignet? Ist die Anwendung zu 32-Bit-Systemen kompatibel? Zu 64-Bit-Systemen?

- Abhängigkeiten der Anwendung. Ist die Anwendung auf irgendwelche speziellen Updates oder auf andere Anwendungen angewiesen?

Wahl der Bereitstellungsstrategie

Die meisten Organisationen haben dasselbe Ziel, nämlich die Erstellung einer Desktopkonfiguration auf der Basis eines gemeinsamen Abbilds für jede Betriebssystemversion, die sich als Firmenstandard eignet. Sie möchten jederzeit auf jedem Desktop in jeder Region ein Standardabbild bereitstellen und das Abbild dann so schnell wie möglich anpassen können, damit der Computer für die Benutzer bereit ist.

In der Realität erstellen und pflegen die meisten Organisationen viele, manchmal sogar Hunderte von Abbildern. Durch technische Kompromisse, durch Kompromisse beim Support und durch Disziplin bei der Hardwarebeschaffung ist es manchen Organisationen gelungen, die Zahl der Abbilder auf ein bis drei zu beschränken. Diese Organisationen verfügen tendenziell auch über die Softwareinfrastruktur, die für die Bereitstellung von Anwendungen erforderlich ist, und halten ihre Anwendungen auf dem neusten Stand.

Gewöhnlich sind es geschäftliche Gründe, die eine Verringerung der Anzahl der Abbilder, die eine Organisation pflegen muss, sinnvoll erscheinen lassen. Hauptgrund ist natürlich die Verringerung der Kosten. Die folgende Liste nennt einige der Kosten, die mit der Erstellung, Wartung und Bereitstellung von Datenträgerabbildern verbunden sind:

- **Entwicklungskosten**   Entwicklungskosten entstehen bei der Entwicklung eines durchdachten Abbilds, mit dem zukünftige Supportkosten gesenkt und die Sicherheit und Zuverlässigkeit erhöht werden sollen. Dazu gehört auch die Entwicklung einer vorhersagbaren Arbeitsumgebung, um maximale Produktivität und Flexibilität zu vereinen. Höhere Automatisierung verringert Entwicklungskosten.

- **Testkosten**   Testkosten entstehen durch die Arbeitskosten für die Tests des Standardabbilds, der darin enthaltenen Anwendungen und der Anwendungen, die nach der Bereitstellung installiert werden. Testkosten entstehen auch durch die Entwicklungszeit, die zur Stabilisierung von Datenträgerabbildern erforderlich ist.

- **Speicherkosten**   Speicherkosten entstehen durch die Speicherung von Bereitstellungsfreigaben, Datenträgerabbildern, Migrationsdaten und Sicherungsabbildern. Die Speicherkosten können beträchtlich sein, je nach der Anzahl der Datenträgerabbilder, der Anzahl der Computer, die bei jedem Bereitstellungsvorgang berücksichtigt werden, und so weiter.

- **Netzwerkkosten**   Netzwerkkosten entstehen durch die Übertragung von Datenträgerabbildern auf Bereitstellungsfreigaben und Desktops.

Steigt die Größe der Abbilddateien, steigen auch die Kosten. Die Kosten für die Aktualisierung, den Test, die Verteilung, die Übertragung im Netzwerk und die Speicherung von großen Abbildern sind höher. Selbst wenn Sie nur einen kleinen Teil des Abbilds aktualisieren, müssen Sie anschließend die ganze Datei verteilen.

Vollständige Abbilder (Thick Images)

Vollständige Abbilder (thick images) sind monolithische Abbilder, die Kernanwendungen und andere Dateien enthalten. Zur Erstellung der Abbilder gehört die Installation der Kernanwendungen, die vor der Aufzeichnung des Datenträgerabbilds erfolgt (Abbildung 8.1). Derzeit verwenden die meisten Organisationen, die Betriebssysteme mit Datenträgerabbildern bereitstellen, vollständige Abbilder.

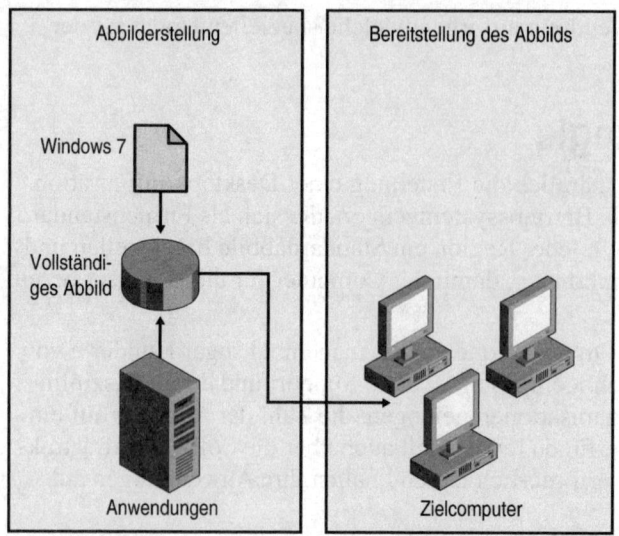

Abbildung 8.1 Erstellung und Bereitstellung eines vollständigen Abbilds

Der Vorteil der vollständigen Abbilder ist ihre Einfachheit und die schnellere Bereitstellung. Sie erstellen ein Datenträgerabbild, das bereits die Kernanwendungen enthält, und können daher das Laufwerksabbild samt Kernanwendungen in einem einzigen Schritt auf dem Zielcomputer bereitstellen. Die Entwicklung vollständiger Abbilder kann billiger sein, weil zu ihrer Erstellung keine komplexen Skripts entwickelt werden müssen. Tatsächlich brauchen Sie bei der Entwicklung vollständiger Abbilder mit MDT 2010 nur wenige oder gar keine Skripts zu entwickeln. Außerdem sind die Kernanwendungen bei vollständigen Abbildern bereits beim ersten Systemstart verfügbar.

Nachteile vollständiger Abbilder sind die Kosten für Wartung, Speicherung und Netzwerk, die mit dem Umfang der Abbilder steigen. Um ein vollständiges Abbild zum Beispiel mit einer neuen Version einer Anwendung zu aktualisieren, müssen Sie das Abbild neu erstellen, neu testen und neu bereitstellen. Vollständige Abbilder erfordern mehr Speicherplatz und beanspruchen während der Übertragungszeit mehr Netzwerkressourcen.

Wenn Sie sich für die Erstellung vollständiger Abbilder entscheiden, die Anwendungen enthalten, müssen Sie die Anwendungen während der Abbilderstellung installieren. In diesem Fall finden Sie in folgenden Abschnitten dieses Kapitels weitere Informationen:

- Im Abschnitt »Automatisieren der Installation« wird die Automatisierung der Anwendungsinstallation beschrieben.

- Im Abschnitt »Einfügen von Anwendungen in ein Datenträgerabbild« erfahren Sie, wie Sie Anwendungen zu den Bereitstellungsfreigaben hinzufügen, die Sie mit MDT 2010 erstellen, und wie Sie die Anwendungen in einem Datenträgerabbild aufzeichnen.

Partielle Abbilder (Thin Images)

Der Schlüssel zur Verringerung der Abbildanzahl, der Abbildgröße und der Kosten ist der richtige Kompromiss. Je mehr Sie in einem Abbild unterbringen, desto spezieller (weniger allgemeingültig) und desto größer wird es. Große Abbilder sind schwieriger über ein Netzwerk bereitzustellen, schwieriger auf dem neusten Stand zu halten, schwieriger zu testen und teurer in der Speicherung. Durch einen sinnvollen Kompromiss bei den Entscheidungen, was alles ins Abbild gehört, können Sie die Anzahl und Größe der Abbilder verringern. Im Idealfall erstellen und pflegen Sie nur ein einziges

Abbild, das weltweit gilt und das Sie nach der Bereitstellung anpassen. Der erste Kompromiss ist, sich für *partielle Abbilder* (thin images) zu entscheiden.

Ein partielles Abbild enthält nur wenige oder gar keine Kernanwendungen. Anwendungen installieren Sie getrennt vom Datenträgerabbild (Abbildung 8.2). Die Trennung von Abbildbereitstellung und Anwendungsinstallation erfordert gewöhnlich mehr Zeit auf dem Desktop und führt vielleicht auch dazu, dass die Datenmenge steigt, die im Netzwerk übertragen werden muss, aber diese Übertragungen verteilen sich über einen größeren Zeitraum als bei der Übertragung eines einzigen großen Abbilds. Mit entsprechenden Übertragungsverfahren, wie sie viele Softwarebereitstellungsinfrastrukturen bieten, können Sie die Belastung des Netzwerks weiter verringern (beispielsweise mit BITS, Background Intelligent Transfer Service).

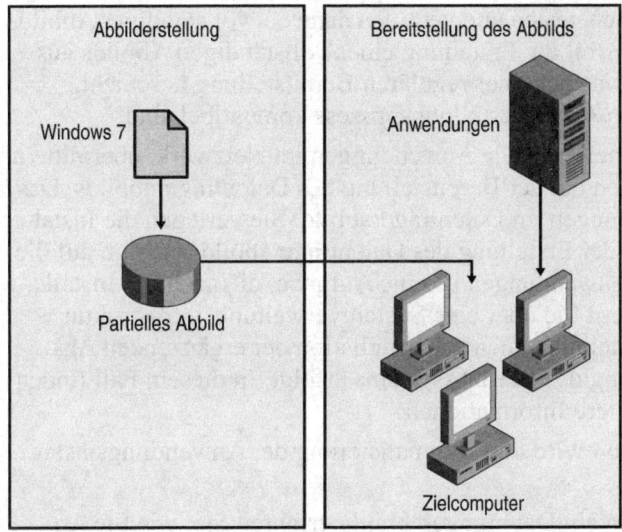

Abbildung 8.2   Erstellung und Bereitstellung eines partiellen Abbilds

Partielle Abbilder haben viele Vorteile. Erstens lassen sie sich kostengünstiger erstellen, pflegen und testen. Zweitens sind die Netzwerk- und Speicherkosten der Abbilder geringer, weil die Abbilddatei kleiner ist. Der Hauptnachteil von partiellen Abbildern besteht darin, dass die Nachinstallationskonfiguration schwieriger zu entwickeln ist, aber dafür reduzieren sich die Kosten bei der späteren Erstellung aktualisierter Abbilder. Die Bereitstellung von Anwendungen außerhalb eines Datenträgerabbilds erfordert meistens die Erstellung passender Skripts und setzt gewöhnlich auch eine passende Infrastruktur für die Softwarebereitstellung voraus. Ein weiterer Nachteil partieller Abbilder besteht darin, dass die Kernanwendungen nicht beim ersten Systemstart bereitstehen, wie es in Szenarien mit hohen Sicherheitsanforderungen erforderlich sein könnte.

Wenn Sie sich für partielle Abbilder entscheiden, die keine Anwendungen enthalten, sollten Sie zur Bereitstellung der Anwendungen über eine geeignete Systemverwaltungsinfrastruktur verfügen, wie zum Beispiel Microsoft System Center Configuration Manager 2007. Bei einer Entscheidung für partielle Abbilder brauchen Sie diese Infrastruktur für die Bereitstellung der Anwendungen nach der Installation des partiellen Abbilds. Diese Infrastruktur können Sie auch für andere Konfigurationsaufgaben verwenden, die nach der Installation anfallen, zum Beispiel für die Anpassung der Betriebssystemeinstellungen.

Hybridabbilder

Hybridabbilder sind eine Kombination von partiellen und vollständigen Abbildern. In einem Hybridabbild konfigurieren Sie das Datenträgerabbild so, dass die Anwendungen beim ersten Start des Computers installiert werden. Der Benutzer sieht das System im Prinzip dann wie nach der Installation eines vollständigen Abbilds, wobei die Installation der Anwendungen aber von einer Netzwerkfreigabe erfolgt. Hybridabbilder verfügen über die wesentlichen Vorteile partieller Abbilder, trotzdem ist ihre Entwicklung nicht so komplex, und sie erfordern auch keine Softwareverteilungsinfrastruktur. Allerdings dauert die Installation länger, was zu höheren Bereitstellungskosten führen kann.

Die Alternative besteht darin, einen Zwischenschritt vor der Erstellung eines vollständigen Abbilds einzuführen. In diesem Fall erstellen Sie ein partielles Referenzabbild. Sobald das Abbild vollständig ist, fügen Sie Kernanwendungen hinzu und erfassen, testen und verteilen dann ein vollständiges Abbild. Die Tests beschränken sich auf ein Mindestmaß, weil die Erstellung eines vollständigen Abbilds aus einem partiellen Abbild im Prinzip dasselbe ist, was bei einer regulären Bereitstellung geschieht. Achten Sie aber auf Anwendungen, die nicht zum Abbilderstellungsprozess kompatibel sind.

Wenn Sie sich für Hybridabbilder entscheiden, speichern Sie Anwendungen im Netzwerk, übermitteln aber die Befehle zur Installation der Anwendungen bei der Bereitstellung des Datenträgerabbilds. Das ist etwas anderes als die Installation der Anwendungen im Datenträgerabbild. Sie verlegen die Installation der Anwendungen, die normalerweise vor der Erstellung des Datenträgerabbilds erfolgt, auf die Bereitstellung des Abbilds. Die Installation der Anwendungen ist eine Aufgabe, die nach der Installation des Betriebssystems durchgeführt wird. Sofern Sie über eine Systemverwaltungsinfrastruktur verfügen, werden Sie diese Infrastruktur wahrscheinlich auch zur Installation der ergänzenden Anwendungen verwenden, die nach der Bereitstellung des Betriebssystems erfolgt. In diesem Fall finden Sie in folgenden Abschnitten dieses Kapitels weitere Informationen:

- Im Abschnitt »Automatisieren der Installation« wird die Automatisierung der Anwendungsinstallation beschrieben.
- Im Abschnitt »Einfügen von Anwendungen in ein Datenträgerabbild« erfahren Sie, wie Sie Anwendungen zu den Bereitstellungsfreigaben hinzufügen, die Sie mit MDT 2010 erstellen, und wie Sie die Anwendungen während der Bereitstellung installieren.

Automatisieren der Installation

Um eine vollautomatische Bereitstellung zu erreichen, müssen sich die Pakete, die Sie installieren, unbeaufsichtigt installieren lassen. Viele Installationsprogramme bieten Befehlszeilenoptionen wie /s oder /q, damit die Installation ohne Rückfragen beim Benutzer erfolgt. Manche tun es nicht.

Meistens können Sie herausfinden, ob sich eine Anwendung unbeaufsichtigt installieren lässt, indem Sie auf einer Befehlszeile Setup /? eingeben, wobei Setup für den Namen des Installationsprogramms steht. Wenn Ihnen das Installationsprogramm keinen Hinweis gibt, müssen Sie herausfinden, welches Produkt zur Erstellung des Installationspakets verwendet wurde. Normalerweise reicht es aus, die Dateieigenschaften zu überprüfen oder das Installationsprogramm aufzurufen und auf entsprechende Logos zu achten. In den folgenden Abschnitten erfahren Sie, wie Sie Pakete, die von der präsentierten Auswahl an Verpackungssoftware erstellt wurden, automatisch installieren können. Tabelle 8.1 fasst die erforderlichen Befehle zusammen.

Tabelle 8.1   Unbeaufsichtigte Installation von Paketen

Pakettyp	Befehl für die unbeaufsichtigte Installation
Windows Installer	**msiexec.exe /i** *Paket*.**msi /qn ALLUSERS=2**
InstallShield Windows Installer	***setup*.exe /s /v"/qn"** Optional können Sie die Windows Installer-Datenbank aus der komprimierten Datei extrahieren und den Befehl **msiexec.exe /i Setup.msi ISSETUPDRIVEN=1 /qn** zur Installation verwenden.
Altes InstallShield	***setup*.exe /s /sms** Um die Datei *Setup.iss* zu erstellen, die für die unbeaufsichtigte Installation erforderlich ist, verwenden Sie den Befehl **setup.exe /r**. Dann werden Ihre Antworten in den Dialogfeldern des Installationsprogramms zur Erstellung der Datei *Setup.iss* verwendet. Kopieren Sie *Setup.iss* dann von *%SystemRoot%* in den Ordner, in dem das Paket liegt.
Altes InstallShield PackageForTheWeb	***setup*.exe /a /s /sms** Um die Datei *Setup.iss* zu erstellen, die für die unbeaufsichtigte Installation erforderlich ist, verwenden Sie den Befehl **setup.exe /a /r**. Dann werden Ihre Antworten in den Dialogfeldern des Installationsprogramms zur Erstellung der Datei *Setup.iss* verwendet. Kopieren Sie *Setup.iss* dann von *%SystemRoot%* in den Ordner, in dem das Paket liegt.
Altes Wise Installation System	***setup*.exe /s**

Nützliche Bereitstellungswebsites

Die folgenden Websites sind nützliche Informationsquellen für die Automatisierung der Anwendungsinstallation und bieten auch Informationen zu anderen Bereitstellungsthemen:

- *AppDeploy.com* unter *http://www.appdeploy.com*   Diese Website bietet umfangreiche Informationen über die Bereitstellung von Anwendungen, die mit den verschiedensten Technologien verpackt wurden.

- SourceForge unter *http://unattended.sourceforge.net*   Diese Website enthält umfangreiche Informationen, darunter auch Informationen über die automatische Installation von Anwendungen mit vielen alten Installationsprogrammen.

- Real Men Don't Click unter *http://isg.ee.ethz.ch/tools/realmen*   Lassen Sie sich weder vom Namen noch von der URL dazu verleiten, diese Website für nutzlos zu halten. Sie beschreibt die Automatisierung vieler Prozesse, einschließlich der Softwareinstallation.

- Acresso Software unter *http://www.acresso.com/services/education/publications_3812.htm*   Diese Webseite enthält das E-Book »The Administrator Shortcut Guide to Software Packaging for Desktop Migrations«. Das ist eine ausgezeichnete Quelle, um mehr über die Verpackung von Anwendungen für die Bereitstellung zu erfahren.

Windows Installer

Windows Installer ist ein Installations- und Konfigurationsdienst, der mit seiner Anwendungsinstallationsarchitektur auf Komponentenbasis die Kostensenkung unterstützt. Die Installation ist bei allen Anwendungen, die für Windows Installer verpackt werden, einheitlich. Pakete lassen sich leicht anpassen, Installationen sind vor Fehlern geschützt, und falls sich die Installation nicht abschließen lässt, lässt sie sich rückgängig machen. Windows Installer ermöglicht die Ankündigung von Anwendungen und Funktionen. Windows Installer bietet noch viele andere Vorteile und wird von vielen Softwareproduzenten zur Verpackung von Anwendungen verwendet. Windows 7 enthält Windows Installer 5.0. Weitere Informationen über seine neuen Funktionen finden Sie unter *http://msdn.microsoft.com/en-us/ library/aa372796.aspx*.

Windows Installer 5.0 ist zur Benutzerkontensteuerung von Windows 7 kompatibel. Durch die Anhebung der Rechte kann ein Administrator Windows Installer anweisen, Anwendungen oder Sicherheitsupdates für Benutzer zu installieren, die keine Mitglieder der Gruppe *Administratoren* sind. Weitere Informationen über die Benutzerkontensteuerung finden Sie in Kapitel 24, »Schützen des Clients«.

Windows Installer-Pakete bieten Folgendes, um eine flexiblere Anwendungsbereitstellung zu ermöglichen:

- **Befehlszeilenoptionen** Mit Befehlszeilenoptionen geben Sie Optionen, Dateinamen und Pfadnamen an, um die Installation zur Laufzeit zu steuern.

- **Eigenschaften (Variablen) auf der Befehlszeile** Eigenschaften sind Variablen, die Windows Installer während einer Installation verwendet. Sie können eine Teilmenge dieser Eigenschaften, die öffentliche Eigenschaften genannt werden, auf der Befehlszeile festlegen.

- **Transformationen** Eine Transformation ist eine Zusammenstellung von Änderungen, die Sie auf ein Windows Installer-Paket (eine *.msi*-Datei) anwenden können. Sie können Anwendungen mit Windows Installer-Transformationsdateien (*.mst*-Dateien) anpassen. Sie konfigurieren Transformationen, um die Installation eines Windows Installer-Pakets nach Ihren Vorstellungen dynamisch zu beeinflussen. Zum Zeitpunkt der Bereitstellung verknüpfen Sie Transformationen mit einem Windows Installer-Paket. Transformationen für Windows Installer-Paketdateien lassen sich mit Antwortdateien vergleichen, mit denen Sie vielleicht schon die Installation eines Betriebssystems wie Windows Vista automatisiert haben.

Die Anzahl der Anwendungen, die als Windows Installer-Datenbank verpackt werden, steigt rapide an. Praktisch alle Softwareanbieter verpacken Ihre Anwendungen bereits mit dieser Technologie. Und was wie ein eigenständiges, selbstextrahierendes Installationsprogramm mit einem Dateinamen wie *Setup.exe* aussieht, ist meistens nichts weiter als eine Datei, die eine entkomprimierte Windows Installer-Datenbank ergibt. Gewöhnlich können Sie die Datenbank mit einem Tool wie WinZip extrahieren (von WinZip Computing unter *http://www.winzip.com*). Oder Sie starten das Installationsprogramm und suchen unter *%UserProfile%\Lokale Einstellungen\Temp* nach der Paketdatei. Windows Installer-Datenbanken haben die Dateinamenserweiterung *.msi*.

Um Windows Installer-Datenbanken unbeaufsichtigt mit *Msiexec.exe* zu installieren, schalten Sie mit der Befehlszeilenoption /qb eine einfache Benutzeroberfläche ein, oder Sie schalten die Benutzeroberfläche mit der Befehlszeilenoption /qn aus. Um sicherzustellen, dass das Paket für alle Benutzer installiert wird, geben Sie außerdem die Eigenschaft ALLUSERS=2 an. Der Befehl msiexec.exe /i Programm.msi /qn ALLUSERS=2 installiert zum Beispiel die Paketdatei *Programm.msi* ohne Benutzersteuerung und für alle Benutzer, die den Computer verwenden.

HINWEIS Unter *http://msdn2.microsoft.com/en-us/library/aa372866.aspx* erfahren Sie mehr über Windows Installer. Unter *http://technet2.microsoft.com/WindowsServer/en/library/9361d377-9011-4e21-8011-db371fa220ba 1033.mspx?mfr=true* erhalten Sie eine Liste der Befehlszeilenoptionen.

InstallShield

Manche Windows Installer-Datenbanken, die von Macrovision InstallShield (*http://www.acresso.com/ products/is/installshield-overview.htm*) erstellt werden, lassen sich nur durch die Ausführung von *Setup.exe* installieren. Der Versuch, die *.msi*-Datei mit *Msiexec.exe* zu installieren, führt zu der Meldung, dass *Setup.exe* zur Installation ausgeführt werden muss. Wenn der Entwickler InstallShield Script verwendet, wird zudem vorausgesetzt, dass die richtige Version der InstallShield Script Engine (*ISScript.msi*) auf dem Computer installiert wird, bevor die Installation fortgesetzt wird. Wird diese Version nicht erkannt, so wird die erforderliche Version der InstallShield Script Engine automatisch installiert, bevor der Windows Installer gestartet wird. Sie können die Installation auf verschiedene Weise automatisieren:

■ Verwenden Sie die InstallShield-Befehlszeilenunterstützung, die *Setup.exe* bietet. *Setup.exe* unterstützt nicht nur Befehlszeilenoptionen, mit der Befehlszeilenoption /v können Sie sogar Optionen an die Windows Installer-Installationsdatenbank weitergeben. Hinter /v geben Sie alle Optionen, die Sie an die Windows Installer-Installationsdatenbank weitergeben möchten, in doppelten Anführungszeichen an. Der folgende Befehl installiert die Anwendung zum Beispiel unbeaufsichtigt und übergibt die Option /qn:

```
setup.exe /s /v"/qn"
```

■ Stellen Sie die InstallShield Script Engine separat als Teil der Kernanwendungen bereit, bevor Sie Dateien installieren, die darauf angewiesen sind. Dann können Sie die Ausführung von *Setup.exe* überspringen, indem Sie die Windows Installer-Installationsdatenbank mit *Msiexec.exe* installieren und die öffentliche Eigenschaft ISSETUPDRIVEN angeben. Die extrahierte Windows Installer-Installationsdatenbank finden Sie im Ordner *%Temp%*, nachdem die Begrüßungsmeldung des Installationsassistenten angezeigt wurde. Installieren Sie die Datenbank dann mit folgendem Befehl:

```
msiexec.exe /i Setup.msi ISSETUPDRIVEN=1 /qn
```

Altes InstallShield

Pakete, die mit der alten InstallShield-Technologie erstellt wurden, haben gewöhnlich den Dateinamen *Setup.exe*. Für eine unbeaufsichtigte Installation eines alten InstallShield-Pakets müssen Sie ein InstallShield-Skript mit der Dateinamenserweiterung *.iss* erstellen. Viele Anwendungen werden bereits mit so einer Skriptdatei ausgeliefert, aber sie lässt sich bei Bedarf auch leicht erstellen.

So erstellen Sie eine InstallShield-Antwortdatei:

1. Führen Sie das Installationsprogramm mit der Befehlszeilenoption /r aus. Dadurch wird eine *Setup.iss* mit den Einstellungen erstellt, die Sie bei Ihren Schritten durch das Installationsprogramm vornehmen. Die resultierende Datei *Setup.iss* liegt im Ordner *%SystemRoot%*.

2. Kopieren Sie *Setup.iss* vom Ordner *%SystemRoot%* in den Ordner, in dem das Paket liegt.

3. Führen Sie das Installationsprogramm mit der Befehlszeilenoption /s aus. Das Installationsprogramm läuft unbeaufsichtigt, wobei die erforderlichen Antworten aus der Datei *Setup.iss* stammen.

WICHTIG Pakete, die von InstallShield erstellt werden, starten einen neuen Prozess und kehren dann sofort zum aufrufenden Programm zurück. Das bedeutet, dass das Installationsprogramm asynchron ausgeführt wird, selbst wenn Sie es mit start /wait starten. Sie können aber die Befehlszeilenoption /sms verwenden, damit das Installationsprogramm wartet, bis die Installation abgeschlossen ist. Dann erfolgt die Installation synchron.

Altes InstallShield PackageForTheWeb

PackageForTheWeb ist eine mit InstallShield verpackte Anwendung in einer eigenständigen, selbst-extrahierenden Datei. Sie erstellen eine *Setup.iss*-Datei und verwenden diese Datei fast genau so, wie im vorigen Abschnitt beschrieben. Der Unterschied liegt darin, dass Sie die Befehlszeilenoption /a verwenden müssen, um die Befehlszeilenoptionen an das Installationsprogramm zu übergeben, nachdem die Datei ihren Inhalt extrahiert hat. Sie haben zum Beispiel eine Datei namens *Prog.exe* heruntergeladen, die ihren Inhalt in den temporären Ordner extrahiert. Anschließend rufen Sie *Setup.exe* auf. Um Befehlszeilenoptionen an *Setup.exe* zu übergeben, müssen Sie die Befehlszeilenoption /a verwenden. Das folgende Beispiel zeigt, wie sich diese zusätzliche Option auf die Schritte auswirkt.

Eine Antwortdatei für ein InstallShield PackageForTheWeb-Paket erstellen Sie folgendermaßen:

1. Führen Sie das Installationsprogramm mit den Befehlszeilenoptionen /a /r aus: Geben Sie **setup.exe /a /r** ein. Dadurch wird eine *Setup.iss* mit den Einstellungen erstellt, die Sie bei Ihrem Weg durch das Installationsprogramm vornehmen. Die Datei liegt im Ordner *%SystemRoot%*.

2. Kopieren Sie *Setup.iss* vom Ordner *%SystemRoot%* in den Ordner, in dem das Paket liegt.

3. Führen Sie das Installationsprogramm mit den Befehlszeilenoptionen /a /s aus: Geben Sie **setup.exe /a /s** ein. Das Installationsprogramm läuft unbeaufsichtigt, wobei die erforderlichen Antworten aus der Datei *Setup.iss* stammen.

Altes Wise Installation System

Pakete, die mit dem alten Wise Installation System erstellt wurden, akzeptieren die Befehlszeilenoption /s für die unbeaufsichtigte Installation. Allerdings ist kein Tool für die Erstellung eines Installationsskripts verfügbar.

Windows Script Host

Nicht jede Anwendung lässt sich mit den entsprechenden Befehlszeilenoptionen unbeaufsichtigt installieren. Manche Anwendungen bieten zwar einen Installationsassistenten, erwarten aber, dass der Benutzer bei der Installation Schaltflächen anklickt oder Tasten drückt. Sofern ein Benutzer die Installation vollständig mit der Tastatur durchführen kann (ohne Maus), lässt sich diese Installation automatisieren, indem Sie ein Skript (eine Folge von Befehlen in Textform) erstellen, das Tastatureingaben simuliert. Diese Technik wird auch *Screen Scraping* genannt.

Mit Windows Script Host können Sie Tastatureingaben simulieren. Genauer gesagt, Sie verwenden die Methode SendKeys, um Tastatureingabemeldungen an die Anwendung zu schicken. Informationen über die Methode SendKeys und ein Beispiel, nach dessen Muster Sie schnell Ihre eigenen Eingabesimulationsskripts erstellen können, finden Sie unter *http://windowssdk.msdn.microsoft.com/en-us/library/8c6yea83.aspx*.

AUF DER CD Die Begleit-CD enthält ein Beispielskript namens *Sendkeys.vbs*, das Ihnen die Möglichkeit bietet, die SendKeys-Methode zu verwenden, ohne ein eigenes Skript zu schreiben. Es akzeptiert zwei Befehlszeilenoptionen: Sendkeys.vbs *Programm Textdatei*. Darin ist *Programm* der Pfadname (Pfad und Dateiname) des Programms, das Sie steuern möchten, und *Textdatei* ist der Pfadname der Textdatei mit den Tastatureingaben, eine Eingabe pro Zeile, die an das Programm gesendet werden sollen. Eine Liste der Tastencodes erhalten Sie unter *http://windowssdk.microsoft.com/en-us/library/8c6yea83.aspx*. Wenn Sie vor dem Versenden weiterer Tastatureingaben eine Pause einlegen möchten, fügen Sie eine Zeile mit der Anweisung sleep ein. Jede Zeile, in der sleep steht, bewirkt eine Pause von 1 Sekunde. *Sendkeys.txt* ist ein Beispiel, das Sie mit *Sendkeys.vbs* verwenden können. Geben Sie zum Beispiel **Sendkeys.vbs notepad.exe sendkeys.txt** ein und warten Sie ab, was geschieht.

Neuverpacken von alten Anwendungen

Manche alten Installationsprogramme unterstützen die unbeaufsichtigte Installation nicht. Andere, die eine unbeaufsichtigte Installation unterstützen, bieten keine Möglichkeit, Einstellungen in Skripts zu speichern. Kein altes Installationsprogramm bietet dieselben Steuerungs- und Verwaltungsmöglichkeiten wie Windows Installer.

Wenn Sie über eine Anwendung verfügen, die nicht für Windows Installer entworfen wurde und keine andere Möglichkeit zur automatischen Installation bietet, können Sie die Anwendung als Windows Installer-Installationsdatenbank neu verpacken, damit Sie die Windows Installer-Funktionen zur Verteilung und Verwaltung der Anwendung verwenden können. Eine neu verpackte Anwendung vereint das gesamte Funktionsangebot der Anwendung in einer einzigen Datei. Nach der Neuverpackung einer Anwendung können Sie die Anwendung mit Windows Installer installieren. Allerdings fehlt neu verpackten Anwendungen die Flexibilität, die Anwendungsinstallation effizient anzupassen.

WARNUNG Verpacken Sie Microsoft Office nicht neu. Das Office-Paket enthält die Logik, die zur Anpassung der Installation für den Zielcomputer und die Benutzer erforderlich ist. Bei der Neuverpackung geht diese Logik verloren, sodass sich das Paket in manchen Konfigurationen vielleicht nicht mehr richtig installieren lässt.

Der Umverpackungsprozess

Windows Installer bietet keine Funktionen für die Umverpackung von Anwendungen. Allerdings sind einige Umverpackungsprodukte für Windows Installer im Handel. Eine Liste der Anbieter finden Sie im nächsten Abschnitt, »Umverpackungstools«.

Die Umverpackung von Software ist nicht neu. Organisationen verpacken schon seit geraumer Zeit Anwendungen neu, um die Installation und Konfiguration anzupassen. Allerdings machen es Windows Installer-Transformationen überflüssig, auf Windows Installer-Basis verpackte Anwendungen neu zu verpacken, nur um sie anzupassen. Die Umverpackung von Anwendungen, die sich bereits aus einer Windows Installer-Installationsdatenbank installieren lassen, wird weder empfohlen noch unterstützt.

Die Umverpackung von Anwendungen ist ein Vorgang, bei dem Snapshots verglichen werden, um den Inhalt des neuen Pakets zu bestimmen. Die folgende Beschreibung gibt einen Überblick darüber:

1. Erstellen Sie einen Snapshot der aktuellen Computerkonfiguration.

2. Installieren Sie die Anwendung.

3. Erstellen Sie einen zweiten Snapshot der neuen Computerkonfiguration.

4. Erstellen Sie ein Paket, das die Unterschiede zwischen den beiden Snapshots enthält. Das Umverpackungstool erkennt alle Unterschiede zwischen den beiden Snapshots, einschließlich der Änderungen in der Registrierung und im Dateisystem. Da unter Windows 7 immer zahlreiche Prozesse laufen, enthält die Paketdatei wahrscheinlich auch Einstellungen und Dateien von Prozessen, die nicht zur Anwendung gehören.

5. Räumen Sie im Paket auf, um überflüssige Dateien und Einstellungen zu entfernen.

WARNUNG Lassen Sie sich durch die kurze Darstellung dieser fünf Schritte nicht zu der Annahme verleiten, die Umverpackung sei einfach. Meistens ist die Umverpackung von Anwendungen der teuerste Teil eines Bereitstellungsprojekts. Sobald Sie sich auf die Umverpackung der Anwendungen einer Organisation einlassen, können Sie davon ausgehen, dass die Sache sehr arbeits- und ressourcenintensiv wird. Das gilt insbesondere dann, wenn die Organisation über Tausende von Anwendungen verfügt, von denen viele neu verpackt werden müssen. Berücksichtigen Sie das bei der Budgetierung, Planung und Durchführung.

Umverpackungstools

Um Windows Installer-Pakete zu erstellen, müssen Sie auf Tools zurückgreifen, die nicht im Windows Installer enthalten sind. Es sind eine Reihe von Tools verfügbar:

- **AdminStudio**   Verfügbar in mehreren Versionen, einschließlich eines kostenlosen Downloads, ist AdminStudio ein leistungsfähiges und flexibles Umverpackungstool. Folgende Versionen sind erhältlich:

  - ☐ **AdminStudio Configuration Manager Edition**   Dieses bei Microsoft kostenlos herunterladbare Programm fügt sich in System Center Configuration Manager 2007 ein, um die Umverpackung zu vereinfachen. AdminStudio Configuration Manager Edition bereitet alte *Setup.exe*-Pakete auf die Bereitstellung vor, indem es sie in *.msi*-Pakete für Windows Installer konvertiert. Unter *http://technet.microsoft.com/en-us/configmgr/bb932316.aspx* können Sie das AdminStudio Configuration Manager Edition herunterladen.

  - ☐ **AdminStudio Professional Edition**   Diese Vollversion von AdminStudio ist eine Komplettlösung für Verpackung, Anpassung, Test und Verteilung von Anwendungen. Sie bietet alle Funktionen von AdminStudio Configuration Manager Edition und zusätzliche Funktionen. Wenn Sie eine Testversion von AdminStudio herunterladen möchten, sehen Sie sich die AdminStudio-Übersichtsseite unter *http://www.acresso.com/products/as/adminstudio-overview.htm* an.

- **Wise Package Studio**   Wise bietet Produkte für die Umverpackung, den Test und die Konfiguration der Bereitstellung von Anwendungen an. Weitere Informationen erhalten Sie unter *http://www.symantec.com/business/package-studio*.

Einfügen von Anwendungen in ein Datenträgerabbild

Dieser Abschnitt beschreibt, wie Sie Anwendungen zu Bereitstellungsfreigaben hinzufügen, die Sie mit MDT 2010 erstellen, und diese Anwendungen dann in Datenträgerabbilder einfügen (inject) oder bei der Bereitstellung des Abbilds installieren. Wenn Sie noch nicht MDT 2010 zur Bereitstellung von Windows 7 verwenden, lesen Sie Kapitel 4, »Planen der Bereitstellung«. Es beschreibt, warum es besser ist, sich bei der Bereitstellung von Windows 7 nicht nur auf das Windows Automated Installation Kit (Windows AIK) zu beschränken, sondern auch MDT 2010 einzusetzen.

Bei der Planung einer Anwendungsbereitstellung haben Sie die Wahl zwischen drei Bereitstellungsstrategien: vollständiges Abbild, partielles Abbild und Hybridabbild, wie bereits in diesem Kapitel beschrieben. Wenn Sie ein partielles Abbild verwenden, fügen Sie keine Anwendung zu Datenträgerabbildern hinzu. Stattdessen verwenden Sie eine Systemverwaltungsinfrastruktur wie System Center Configuration Manager 2007, um Anwendungen nach der Installation des partiellen Datenträgerabbilds bereitzustellen. Wenn Sie ein vollständiges Abbild erstellen, installieren Sie die Anwendungen vor der Erstellung des Datenträgerabbilds. Anders gesagt, Sie fügen die Anwendungsinstallationen zu der MDT 2010-Tasksequenz hinzu, mit der Sie das Datenträgerabbild erstellen. Allerdings sollten Sie diese Methode als eine Art letzten Ausweg ansehen, denn sie ist schwieriger zu warten und langsamer in der Bereitstellung. Wenn Sie ein Hybridabbild verwenden, dann installieren Sie die Anwendungen im Rahmen der Bereitstellung. In diesem Fall fügen Sie Anwendungsinstallationen zu der MDT 2010-Tasksequenz hinzu, mit der Sie die Installationen auf den Zielcomputern durchführen, oder Sie fügen die Anwendungsinstallationen zur MDT 2010-Datenbank hinzu.

> **HINWEIS**   Dieses Kapitel beschreibt nicht, wie die Deployment Workbench von MDT 2010 gestartet oder verwendet wird. Informationen über die Arbeit mit der Deployment Workbench finden Sie in Kapitel 6, »Entwickeln von Datenträgerabbildern«.

Direkt von der Quelle: Infrastruktur

Doug Davis, Lead Architect, *Management Operations & Deployment, Microsoft Consulting Services*

Eine Frage, die ich im Rahmen von Bereitstellungen immer wieder höre, betrifft die erforderliche Infrastruktur. Selbst bei einem durchschnittlichen vollständigen Abbild (mit installierten Anwendungen) müssen Kunden noch zusätzliche Anwendungen installieren. Normalerweise schlage ich eine dynamische Anwendungsverteilung vor. Anwendungen, über die der Benutzer bereits auf dem alten System verfügte, werden in der neuen Konfiguration dynamisch neu installiert, bevor sich der Benutzer am Computer anmeldet.

Allerdings setzt dies eine stabile Infrastruktur voraus. Durchschnittlich werden auf jedem Computer drei Anwendungen installiert, die im vollständigen Abbild nicht enthalten sind. Durchschnittlich werden mit dem User State Migration Tool (USMT) 4.805 Dateien pro Computer migriert und etwa 900 MByte übertragen. Bei einer 1000-Computer-Bereitstellung ergeben sich also durchschnittlich folgende Eckwerte:

- Computer: 1.000
- Anwendungen: 2.952
- Dateien: 4.805.594
- Gigabyte: 977,60

Hinzufügen von Anwendungen

Wenn Sie eine Anwendung zu einer Bereitstellungsfreigabe hinzufügen, beschreiben Sie einfach für MDT 2010, mit welcher Befehlszeile die Anwendung installiert werden soll, und kopieren die Quelldateien der Anwendung bei Bedarf in die Bereitstellungsfreigabe. Wenn Sie nicht die Quelldateien in die Bereitstellungsfreigabe kopieren, installiert MDT 2010 die Anwendung von dem Ort, den Sie angeben, beispielsweise von einer Netzwerkfreigabe.

Eine Anwendung fügen Sie folgendermaßen zu einer Bereitstellungsfreigabe hinzu:

1. Klicken Sie in der Strukturansicht der Deployment Workbench mit der rechten Maustaste auf *Applications* und klicken Sie dann auf *New*, um den New Application Wizard zu starten. *Applications* ist unter *Distribution Share* zu finden. In MDT 2010 müssen Sie eine Bereitstellungsfreigabe erstellen, bevor Sie Anwendungen hinzufügen können. Informationen über die Erstellung von Bereitstellungsfreigaben erhalten Sie in Kapitel 6.

2. Treffen Sie auf der Seite *Application Type* eine Wahl unter den folgenden Punkten und klicken Sie dann auf *Next*:

   ☐ Wählen Sie *Application with source files*, um die Anwendungsquelldateien in die Bereitstellungsfreigabe zu kopieren. Während der Bereitstellung installiert MDT 2010 die Anwendung mit den Quelldateien aus der Bereitstellungsfreigabe.

   ☐ Wählen Sie *Application without source files or elsewhere on the network*, wenn Sie die Anwendungsquelldateien nicht in die Bereitstellungsfreigabe kopieren möchten. Bei der Bereitstellung installiert MDT 2010 die Anwendung von einem anderen Ort aus dem Netzwerk. Wählen Sie diese Option auch, wenn ein Befehl ausgeführt werden soll, der keine Anwendungsquelldateien erfordert.

   ☐ Wählen Sie *Application bundle*. Nach der Wahl dieser Option wird keine Anwendung zur Bereitstellungsfreigabe hinzugefügt. Stattdessen wird ein Platzhalter erstellt, mit dem Sie

Abhängigkeiten verknüpfen können. Wenn Sie bei der Bereitstellung die Option *Application bundle* wählen, installiert MDT 2010 alle abhängigen Komponenten. Weitere Informationen über abhängige Komponenten erhalten Sie im Abschnitt »Definieren von Abhängigkeiten« dieses Kapitels.

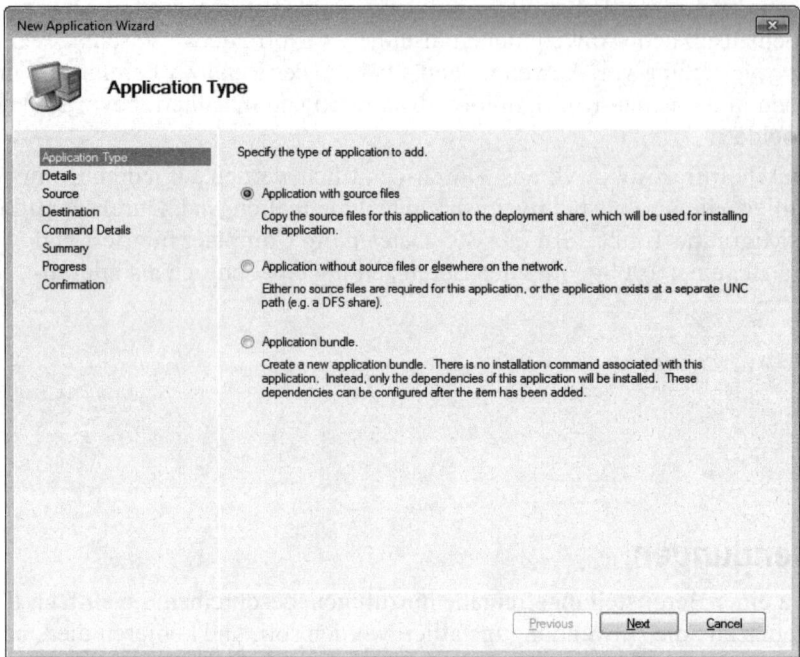

3. Geben Sie auf der Seite *Details* folgende Informationen über die Anwendung ein und klicken Sie dann auf *Next*.

   a. Geben Sie im Textfeld *Publisher* den Namen des Herausgebers der Anwendung ein (optional).

   b. Geben Sie im Textfeld *Application Name* den Namen der Anwendung ein.

   c. Geben Sie im Textfeld *Version* die Versionsbezeichnung der Anwendung ein (optional).

   d. Geben Sie im Textfeld *Languages* ein, welche Sprachen von der Anwendung unterstützt werden (optional).

4. Geben Sie auf der Seite *Source* den Pfad des Ordners ein, in dem die hinzuzufügende Anwendung liegt, und klicken Sie dann auf *Next*. Sofern Sie das Kopieren der Anwendungsquelldateien in die Bereitstellungsfreigabe gewählt haben, kopiert die Deployment Workbench alle Dateien aus diesem Ordner in die Bereitstellungsfreigabe. Andernfalls fügt sie diesen Pfad als Installationspfad in die Metadaten der Anwendung ein.

> **HINWEIS** Wenn Sie das Kontrollkästchen *Move the files to the deployment share instead of copying them* wählen, verschiebt der New Application Wizard die Quelldateien, statt sie zu kopieren. Verwenden Sie diese Option, wenn Sie die Anwendungen bereits auf der lokalen Festplatte gespeichert haben und sie in die Bereitstellungsfreigabe verschieben möchten.

5. Geben Sie auf der Seite *Destination* den Namen des Ordners ein, der für die Anwendung im Ordner *Applications* der Bereitstellungsfreigabe angelegt werden soll, und klicken Sie dann auf

Next. Vorgegeben wird ein Wert, der aus dem Herausgeber, dem Anwendungsnamen und der Versionsnummer zusammengesetzt ist.

6. Geben Sie auf der Seite *Command details* den Befehl ein, der für eine unbeaufsichtigte Installation der Anwendung verwendet werden soll, und klicken Sie dann auf *Next*. Der Befehl könnte zum Beispiel **msiexec /qb /i** *Programm*.**msi** lauten. Der Befehl bezieht sich auf das Arbeitsverzeichnis, das im Eingabefeld *Working directory* festgelegt wird.

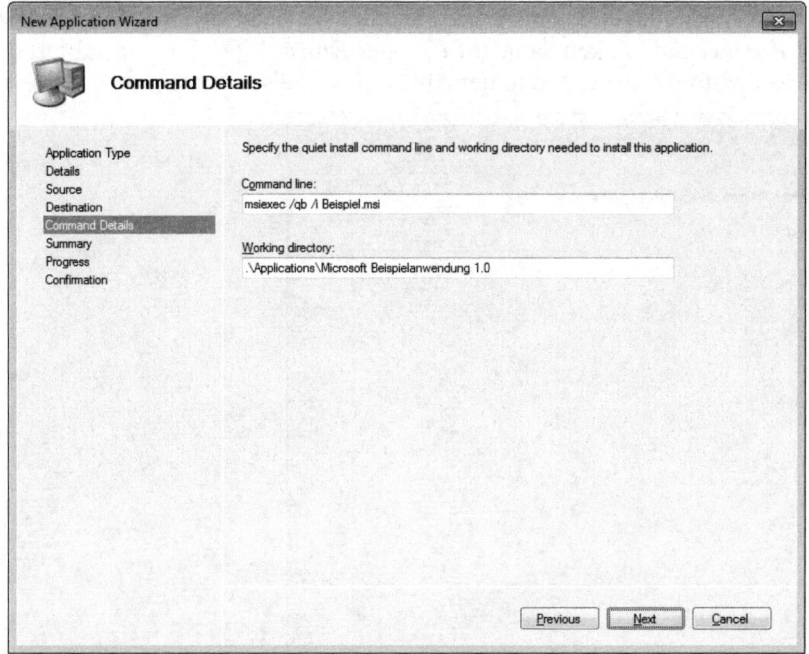

7. Überprüfen Sie die Angaben auf der Seite *Summary* und klicken Sie dann auf *Next*.

8. Klicken Sie auf der Seite *Confirmation* auf *Finish*.

Nachdem Sie eine Anwendung zur Bereitstellungsfreigabe hinzugefügt haben, erscheint sie im Detailbereich des Knotens *Applications*. Außerdem erscheint sie im Ordner *Applications*\Unterordner der Bereitstellungsfreigabe, wobei *Unterordner* der Zielordner ist, der beim Hinzufügen der Anwendung angegeben wurde.

Definieren von Abhängigkeiten

Manche Anwendungen sind von anderen abhängig. Anwendung A ist zum Beispiel von Anwendung B abhängig, wenn Sie Anwendung B installieren müssen, bevor Sie Anwendung A installieren. MDT 2010 ermöglicht Ihnen, für jede Anwendung, die Sie zum Bereitstellungspunkt hinzufügen, Abhängigkeiten anzugeben. Sie können Anwendungen aber nur von anderen Anwendungen abhängig machen, die Sie bereits zur Bereitstellungsfreigabe hinzugefügt haben.

So definieren Sie Abhängigkeiten zwischen zwei Anwendungen:

1. Klicken Sie in der Strukturansicht der Deployment Workbench auf *Applications*.

2. Klicken Sie im Detailbereich die Anwendung mit der rechten Maustaste an, die von einer anderen Anwendung abhängig ist, und klicken Sie dann auf *Eigenschaften*.

3. Führen Sie auf der Registerkarte *Dependencies* eine der folgenden Aktionen durch:

    ☐ Um eine Anwendung in die Abhängigkeitsliste aufzunehmen, klicken Sie auf *Add*, wählen dann eine Anwendung aus und klicken auf *OK*. Die Deployment Workbench zeigt nur diejenigen Anwendungen an, die bereits zur Bereitstellungsfreigabe hinzugefügt wurden.

    ☐ Um eine Anwendung aus der Abhängigkeitsliste zu entfernen, wählen Sie eine Anwendung aus der Liste aus und klicken dann auf *Remove*.

    ☐ Um die Reihenfolge der Anwendungen in der Abhängigkeitsliste zu ändern, wählen Sie eine Anwendung aus der Liste aus und klicken dann auf *Up* oder *Down*. MDT 2010 installiert die Anwendungen in der Reihenfolge, in der Sie in der Abhängigkeitsliste stehen.

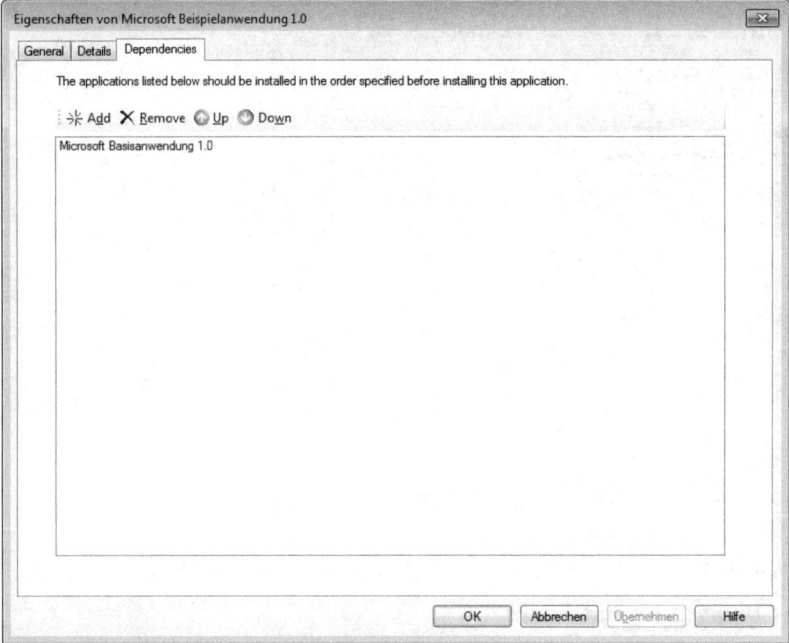

Installieren von Anwendungen

In MDT 2010 gibt die Tasksequenz die Aufgaben an, die während der Bereitstellung durchgeführt werden, sowie ihre Reihenfolge. Sie können Anwendungen bei der Abbilderstellung installieren, indem Sie die Installation der Anwendung als Schritt zur Tasksequenz hinzufügen. Weitere Informationen über die Anpassung der Tasksequenz finden Sie in Kapitel 6, »Entwickeln von Datenträgerabbildern«. Dieser Lösungsansatz eignet sich zwar, um Anwendungen zu einem Datenträgerabbild hinzuzufügen, aber zur Bereitstellung in einer Produktivumgebung ist es sinnvoller, die MDT 2010-Datenbank oder *CustomSettings.ini* zu verwenden. Weitere Informationen erhalten Sie in Kapitel 12, »Bereitstellen mit dem Microsoft Deployment Toolkit«.

Wenn Sie keine zusätzlichen Gruppen in die Tasksequenz einfügen möchten, fügen Sie Anwendungsinstallationen am besten in die Gruppe `Custom Tasks` ein, die MDT 2010 in der Standardtasksequenz eines Builds erstellt. Die folgenden Anweisungen beschreiben, wie eine Anwendungsinstallation als Schritt in diese Gruppe eingefügt wird.

HINWEIS Wenn Sie eine Anwendung zur Bereitstellungsfreigabe hinzufügen, ohne sie in der Tasksequenz zu installieren, ermöglicht der Windows Deployment Wizard dem Benutzer, die Anwendung bei der Bereitstellung zu installieren. Sie können auch festlegen, dass Anwendungen bei einer ZTI-Bereitstellung automatisch installiert werden, indem Sie die Bereitstellungsfreigabe entsprechend konfigurieren.

So fügen Sie eine Anwendungsinstallation zu einer Tasksequenz hinzu:

1. Klicken Sie in der Strukturansicht der Deployment Workbench auf *Task Sequences*. In MDT 2010 müssen Sie zuerst eine Bereitstellungsfreigabe erstellen, bevor Sie Anwendungen hinzufügen können. Informationen über die Erstellung von Bereitstellungsfreigaben erhalten Sie in Kapitel 6.

2. Klicken Sie im Detailbereich mit der rechten Maustaste auf die Tasksequenz, in der Sie eine Anwendung installieren möchten, und klicken Sie dann auf *Eigenschaften*.

3. Klicken Sie auf der hier gezeigten Registerkarte *Task Sequence* in der Tasksequenz auf *Custom Tasks* und klicken Sie dann auf *Add*, auf *General* und dann auf *Install Application*.

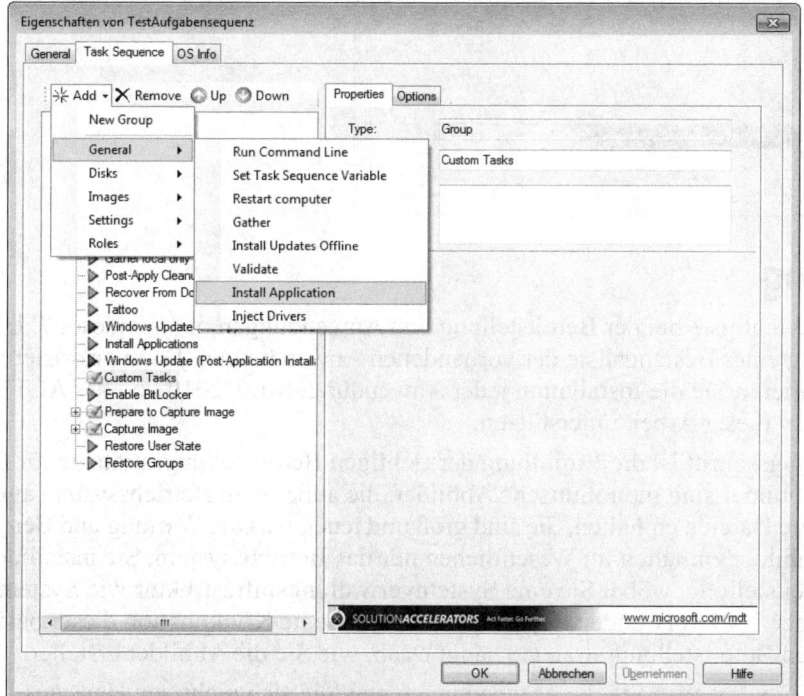

4. Klicken Sie die Aufgabe *Install Application* an, die Sie gerade zur Tasksequenz hinzugefügt haben. Wählen Sie die Option *Install a single application*, klicken Sie auf *Browse*, wählen Sie eine Anwendung aus und klicken Sie dann auf *OK*, wie nachfolgend gezeigt.

HINWEIS Die Tasksequenz in MDT 2010 ist sehr flexibel. Sie können Anwendungen zum Beispiel an fast jedem Punkt der State Restore-Phase installieren. Außerdem können Sie Anwendungsinstallationsaufgaben mit einer Reihe von Variablen filtern. Weitere Informationen über die Bearbeitung von Tasksequenzen in MDT 2010 finden Sie in Kapitel 6, »Entwickeln von Datenträgerabbildern«.

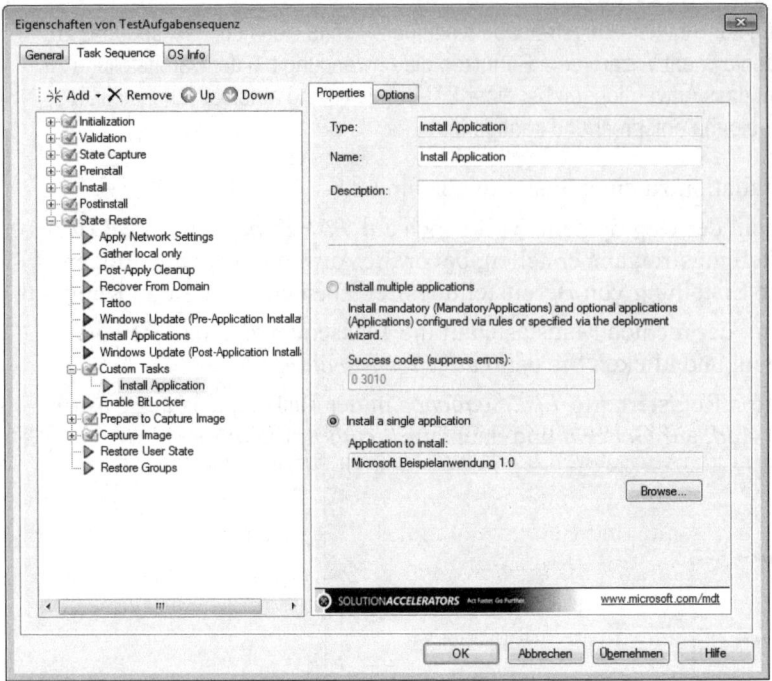

Zusammenfassung

Sorgfältige Planung ist das Wichtigste bei der Bereitstellung von Anwendungen mit Windows 7. Der erste Schritt ist die Erstellung einer Bestandsliste der vorhandenen Anwendungen. Dann priorisieren, kategorisieren und dokumentieren Sie die Installation jeder Anwendung. MDT 2010 und das ACT bieten Ihnen Tools, die Sie bei dieser Arbeit unterstützen.

Ein weiterer wichtiger Planungsschritt ist die Ermittlung der richtigen Bereitstellungsstrategie für Ihre Anwendung. Vollständige Abbilder sind monolithische Abbilder, die außer dem Betriebssystem auch Kernanwendungen und andere Dateien enthalten. Sie sind groß und teuer, was die Wartung und Bereitstellung betrifft. Partielle Abbilder enthalten im Wesentlichen nur das Betriebssystem. Sie installieren Anwendungen nach der Bereitstellung, wobei Sie eine Systemverwaltungsinfrastruktur wie System Center Configuration Manager 2007 verwenden. Hybridabbilder sind eine Kombination dieser beiden Strategien. Von der gewählten Bereitstellungsstrategie hängt es ab, wie Sie die Abbilder erstellen.

Nach der sorgfältigen Planung verpacken Sie die Anwendungen neu, die sich nicht von Haus aus automatisch installieren lassen, und dokumentieren die Installationsbefehle für die anderen Anwendungen, die sich automatisch installieren lassen. Dann fügen Sie die Anwendungen zu Ihrer MDT 2010-Bereitstellungsfreigabe hinzu und fügen die erforderlichen Schritte in die Tasksequenz ein, mit denen die Anwendung installiert wird, wenn Sie das Abbild erstellen (vollständiges Abbild) oder wenn Sie das Abbild bereitstellen (Hybridabbild).

> **HINWEIS** Wenn Sie noch nicht MDT 2010 zur Bereitstellung von Windows 7 verwenden, lesen Sie Kapitel 4, »Planen der Bereitstellung«. Es beschreibt, warum es besser ist, sich bei der Bereitstellung von Windows 7 nicht nur auf das Windows AIK zu beschränken, sondern auch MDT 2010 zu verwenden. Wenn Sie MDT 2010 nicht verwenden, erfahren Sie im *Benutzerhandbuch für das Windows Automated Installation Kit (Windows AIK)*, wie man bei der Bereitstellung von Anwendungen Antwortdateien einsetzt.

Weitere Informationen

Die folgenden Quellen bieten zusätzliche Informationen oder Tools für die Themen dieses Kapitels.

Informationsquellen

- Kapitel 2, »Sicherheit in Windows 7«, enthält Informationen darüber, wie sich die Sicherheitsfunktionen von Windows 7 auf Anwendungen auswirken.

- Kapitel 5, »Testen der Anwendungskompatibilität«, beschreibt die Aufstellung eines Anwendungsinventars mit dem ACT 5.5, die Analyse des Inventars und die Behebung von Kompatibilitätsproblemen.

- Kapitel 6, »Entwickeln von Datenträgerabbildern«, enthält weitere Informationen über die Erstellung von benutzerdefinierten Windows 7-Datenträgerabbildern, die Anwendungen enthalten.

- Kapitel 7, »Übertragen der Benutzerzustandsdaten«, enthält weitere Informationen über die Übernahme von Anwendungseinstellungen von älteren Windows-Versionen auf Windows 7.

- Das »2007 Office Resource Kit« unter *http://technet.microsoft.com/en-us/library/cc303401.aspx* enthält Informationen über die Anpassung und Bereitstellung des 2007 Microsoft Office-Systems.

- »SendKeys Method« unter *http://windowssdk.msdn.microsoft.com/en-us/library/8c6yea83.aspx* bietet weitere Informationen über die Verwendung von Windows Script Host als Eingabesimulationstool für die automatische Anwendungsinstallation.

- »Application Compatibility« unter *http://technet.microsoft.com/en-us/windowsvista/aa905066.aspx* bietet weitere Informationen über das Herunterladen und die Verwendung des ACT zur Lösung von Kompatibilitätsproblemen.

Auf der Begleit-CD

- *Sendkeys.vbs*
- *Sendkeys.txt*

KAPITEL 9

Vorbereiten von Windows PE

Bei der Installation des Betriebssystems Windows 7 oder der Erstellung von Datenträgerabbildern ist der Start des Computers und seine Vorbereitung auf die Installation schon die halbe Arbeit. Zum Start des Computers verwenden Sie die Windows-Vorinstallationsumgebung (Windows PE), was an längst vergangene MS-DOS-Zeiten erinnert. Windows PE 3.0 ermöglicht Ihnen die Automatisierung des Vorbereitungs- und Installationsprozesses. Dieses Kapitel beschreibt die Verwendung, Anpassung und Automatisierung von Windows PE zum Zweck der Installation von Windows 7 in Unternehmensumgebungen.

Die älteren Versionen von Windows PE, einschließlich Windows PE 2004 und Windows PE 2005, waren nur für Software Assurance-Kunden verfügbar. Die Installation von Windows 7 beruht vollständig auf der Verwendung von Windows PE und der Erstellung von Datenträgerabbildern mit ImageX. Daher ist Windows PE als Bestandteil des *Windows AIK für Windows 7* (Windows Automated Installation Kit) frei erhältlich. Windows PE ist weitgehend konfigurierbar und Sie können die meisten Aufgaben mit dem *Windows PE-Benutzerhandbuch* aus dem *Windows AIK für Windows 7* durchführen. Dieses Kapitel beschreibt die gebräuchlichsten Methoden zur Anpassung von Windows PE und den Start der Umgebung in verschiedenen Szenarien.

Im Normalfall sollten Sie zur Bereitstellung von Windows 7 das Microsoft Deployment Toolkit 2010 (MDT 2010) verwenden. Dann können Sie Windows 7 in der Deployment Workbench anpassen und automatisch Abbilder erstellen, mit denen Sie Windows PE von einer Reihe verschiedener Medien starten können. Dieses Kapitel beschreibt zwar die manuelle Konfigurierung von Windows PE, aber Microsoft empfiehlt in den meisten Fällen, Windows PE-Abbilder mit MDT 2010 zu erstellen.

Windows PE im Überblick

Windows PE, das zum Lieferumfang von Windows 7 gehört und auch im *Windows AIK für Windows 7* verfügbar ist, ist die Installationsumgebung für Windows 7. Es lässt sich von CD, DVD und USB-Flashlaufwerken starten. Sie können Windows PE auch mit den Windows-Bereitstellungsdiensten starten oder mit den PXE-Erweiterungen für DHCP, sofern dies von den Netzwerkadaptern Ihres Computers unterstützt wird.

Windows PE ist ein sehr kleines Windows-Betriebssystem, das auf der Grundlage des Systemkerns von Windows 7 eingeschränkte Dienste bietet. Außerdem liefert es die Funktionen, die erforderlich sind, um das Windows 7-Installationsprogramm auszuführen, Windows 7 vom Netzwerk zu installieren, sich wiederholende Aufgaben mit Skripts durchzuführen und die Hardware zu überprüfen. Unter Windows PE können Sie die Vorbereitung des Computers und die Windows 7-Installation zum Beispiel mit leistungsfähigen Batchskripts, WSH-Skripts (Windows Script Host) und HTML-Anwendungen (HTAs) durchführen. Sie sind also nicht auf die Batchbefehle von MS-DOS angewiesen. Mit Windows PE können Sie zum Beispiel Folgendes tun:

- Erstellen und Formatieren von Festplattenpartitionen, auch von NTFS-Partitionen (New Technology File System), ohne den Computer vor der Installation von Windows 7 neu zu starten. Die Formatierung einer Partition mit NTFS, nachdem der Computer von einer MS-DOS-Diskette gestartet wurde, erforderte die Verwendung von Hilfsprogrammen anderer Hersteller. Windows PE ersetzt in diesem Szenario die MS-DOS-Startdiskette und ermöglicht Ihnen auch ohne Hilfsprogramme von anderen Herstellern die Formatierung von Datenträgern mit NTFS. Außerdem sind die Dateisystemtools von Windows PE skriptfähig. Sie können die Installationsvorbereitung also vollständig automatisieren.

- Zugriff auf Netzwerkfreigaben, um Vorbereitungstools auszuführen oder Windows 7 zu installieren. Windows PE bietet einen Netzwerkzugriff, der mit dem von Windows 7 vergleichbar ist. Tatsächlich enthält Windows PE dieselben Netzwerktreiber, mit denen Windows 7 ausgeliefert wird, und ermöglicht Ihnen damit einen schnellen und einfachen Zugriff auf das Netzwerk. Die Vorbereitung von MS-DOS-Startdisketten für den Netzwerkzugriff war zeitaufwendig und umständlich.

- Sie können alle Massenspeichergeräte verwenden, die sich mit Windows 7-Gerätetreibern steuern lassen. Windows PE enthält dieselben Massenspeichergerätetreiber wie Windows 7. Sie brauchen also keine MS-DOS-Startdisketten mehr vorzubereiten, um spezielle Massenspeichergeräte einsetzen zu können. Auch in diesem Punkt macht es Windows PE möglich, dass Sie sich auf wichtigere Aufgaben konzentrieren können, statt MS-DOS-Startdisketten zusammenzustellen.

- Sie können Windows PE mit Methoden und Verfahrensweisen anpassen, die Ihnen bereits geläufig sind. Windows PE beruht auf Windows 7. Im Prinzip kennen Sie also schon die Methoden und Tools zur Anpassung von Windows PE. Sie können es in unterschiedlichen Szenarien anpassen:

    □ Hinzufügen von hardwarespezifischen Gerätetreibern

    □ Automatisieren durch *Unattend.xml*-Antwortdateien

    □ Ausführen von Skripts (Batch, WSH und HTML-Anwendung) zur Durchführung bestimmter Aktionen

Die folgenden Abschnitte beschreiben die Funktionen und Grenzen von Windows PE ausführlicher. Der Schwerpunkt liegt auf dem Einsatz von Windows PE in Bereitstellungsszenarien mit großer Stückzahl.

Direkt von der Quelle: Windows PE 3.0

Michael Niehaus, Lead Developer for Microsoft Deployment Toolkit, *Management and Infrastructure Solutions*

Windows PE 3.0, die neue, mit Windows 7 herausgegebene Version, ist ein sehr wichtiger Teil des Bereitstellungsprozesses. Selbst bei der Standardinstallation von Windows 7 mit DVDs wird Windows PE 3.0 verwendet, und die meisten Organisationen verwenden es im Rahmen ihres Bereitstellungsprozesses, wobei es bei Bedarf an die speziellen Bedürfnisse der Organisation angepasst wird.

Im Vergleich zu der Bereitstellung auf MS-DOS-Basis bietet Windows PE 3.0 zahlreiche Vorteile, nicht zuletzt den, dass Sie nicht mehr so viel Zeit für die Suche nach 16-Bit-Realmodustreibern aufwenden müssen. (Für einige neuere Netzwerkkarten und Massenspeicheradapter sind sowieso keine mehr zu finden.) Eine bessere Leistung mit 32-Bit- und 64-Bit-Netzwerksoftware und -tools sowie der größere ansprechbare Speicher sind weitere Vorteile, nicht zu vergessen die Unterstützung für Tools wie WSH, VBScript und Hypertext-Anwendungen.

Windows PE ist bereits einige Jahre verfügbar (die vorige Version Windows PE 2.1 wurde in der Zeit veröffentlicht, als Windows Vista und Windows Server 2008 herauskamen). Ältere Versionen waren nur im Rahmen der Software Assurance für die Lizenzen des Windows-Desktopbetriebssystems erhältlich. Bei Windows PE 3.0 ist dies nicht der Fall. Alle Organisationen können Windows PE 3.0 kostenlos von *http://www.microsoft.com* herunterladen und für die Bereitstellung von lizenzierten Kopien von Windows 7 einsetzen.

Wie Windows 7 wird auch Windows PE 3.0 als modulares Abbild bereitgestellt, das online und offline bearbeitet werden kann. Wie bei Windows PE 2.1 können verschiedene optionale Komponenten hinzugefügt werden. Zur Bearbeitung von Windows PE 3.0 stehen neue Tools wie die Abbildverwaltung für die Bereitstellung (Deployment Image Servicing and Management, DISM) zur Verfügung. Mit DISM können Sie Pakete und Treiber hinzufügen, einschließlich Massenspeichergerätetreibern, die nun keine Sonderbehandlung mehr benötigen.

Leistungsmerkmale

Windows PE ist ein startfähiges Abbild, das Sie von Wechselmedien (CD, DVD oder USB-Flashlaufwerken) starten können. Sie können Windows PE auch mit den Windows-Bereitstellungsdiensten starten. Da die Windows 7-Bereitstellungstools nicht in 16-Bit-Umgebungen funktionieren, ersetzt Windows PE die MS-DOS-Startdiskette in *allen* Bereitstellungsszenarien. Es ist eine kleine 32-Bit- oder 64-Bit-Umgebung, die dieselben Netzwerk- und Massenspeichergerätetreiber wie Windows 7 unterstützt und Zugriff auf vergleichbare Funktionen bietet, einschließlich NTFS und ein eigenständiges verteiltes Dateisystem (Distributed File System, DFS). Windows PE bietet Folgendes:

- **Hardwareunabhängigkeit**   Windows PE ist eine hardwareunabhängige Windows-Umgebung für x86- und x64-Architekturen. Sie können auf allen Desktopcomputern und Servern dieselbe Vorinstallationsumgebung verwenden. Sie brauchen also nicht für die verschiedenen Hardwarekonfigurationen viele unterschiedliche Startabbilder herzustellen und zu pflegen.

- **Programmierschnittstellen und Skriptfähigkeiten**   Windows PE bietet eine Teilmenge der Win32-APIs (Application Programming Interfaces) und einen Befehlsinterpreter, der Batchskripts ausführen kann. Es unterstützt das Hinzufügen von WSH, HTML-Anwendungen und ADO-Objekten (Microsoft ActiveX Data Objects) zur Erstellung von benutzerdefinierten Tools und Skripts. Die Skriptfähigkeiten von Windows PE gehen weit über das hinaus, was MS-DOS-Startdisketten leisten konnten. Der Befehlszeileninterpreter von Windows PE unterstützt zum Beispiel eine robustere Batchskriptsprache als MS-DOS, sodass Sie komplexere Skripts verwenden können.

- **Netzwerkzugriff**   Windows PE bietet Netzwerkzugriff mit TCP/IP (Transmission Control Protocol/ Internet Protocol) und enthält Standardnetzwerktreiber, um die Windows 7-Installation durchführen und Windows 7 vom Netzwerk installieren zu können. In einer angepassten Version von Windows PE können Sie leicht Netzwerktreiber hinzufügen oder entfernen. Der Versuch, MS-DOS-Startdisketten für den Zugriff auf Netzwerkfreigaben zu erstellen, war im Gegensatz dazu ziemlich mühselig und frustrierend, weil man viele verschiedene Disketten erstellen und pflegen musste. Solchen Frust lässt Windows PE gar nicht erst aufkommen, weil es dieselben Netzwerktreiber wie Windows 7 unterstützt und sich zusätzliche Netzwerktreiber leicht zu Windows PE hinzufügen lassen.

- **Massenspeichergeräte**   Windows PE unterstützt alle Massenspeichergeräte, die auch Windows 7 unterstützt. Wenn neue Geräte verfügbar werden, können Sie leicht Treiber zu einer angepassten Version von Windows PE hinzufügen oder entfernen. Die Anpassung von MS-DOS-Startdisketten für den Zugriff auf ein ungewöhnliches Massenspeichergerät erforderte die Suche, Beschaffung und Installation der entsprechenden 16-Bit-Gerätetreiber. Windows PE unterstützt viele dieser Massenspeichergeräte dagegen schon in der Form, in der es ausgeliefert wird. Und die Nachrüstung von Windows PE für die Unterstützung zusätzlicher Massenspeichergeräte ist einfacher, weil sich leicht erhältliche Windows-Standardgerätetreiber verwenden lassen.

- **Datenträgerverwaltung**   Windows PE bietet eine integrierte Unterstützung für das Erstellen, Löschen, Formatieren und Verwalten von NTFS-Partitionen. Außerdem bietet Windows PE unbeschränkten Vollzugriff auf NTFS-Dateisysteme. Mit Windows PE brauchen Sie den Computer nach der Formatierung eines Laufwerks nicht neu zu starten.

- **Unterstützung des PXE-Protokolls**   Wenn der Computer PXE unterstützt, können Sie ihn automatisch von einem Windows PE-Abbild starten, das auf einem Windows-Bereitstellungsdiensteserver gespeichert ist, und die Windows-Bereitstellungsdienste installieren das Windows PE-Abbild nicht auf der Festplatte des Computers. Der Start von Windows PE von einer Netzwerkfreigabe macht es zu einem bequemen Werkzeug für alle Bereitstellungsszenarien. Außerdem können Sie Windows PE zur Wiederherstellung und Problembehandlung anpassen. Durch das Hinzufügen zu den Windows-Bereitstellungsdiensten wird es zu einem bequemen Tool für den regelmäßigen Einsatz.

> **HINWEIS**   Sie müssen aus den Windows PE-Quelldateien ein benutzerdefiniertes Windows PE-Abbild erstellen, wie es später im Abschnitt »Anpassen von Windows PE« dieses Kapitels beschrieben wird.

Zur Verwaltung und Bereitstellung von Windows PE verwenden Sie Tools von Windows 7 und Tools aus dem *Windows AIK für Windows 7*. Dieses Toolkit enthält das *Windows PE-Benutzerhandbuch* und Windows PE-Tools wie die folgenden:

- *BCDboot.exe*   Ermöglicht die Initialisierung des Startkonfigurationsdatenspeichers (Boot Configuration Data, BCD) und das Kopieren der Startumgebungsdateien auf die Systempartition.

- *Bootsect.exe*   Aktualisiert den Hauptstartcode für Festplattenpartitionen, damit ein Wechsel zwischen BOOTMGR und NTLDR möglich ist. Das gibt Ihnen die Möglichkeit, Windows 7 von Windows XP aus vorzuinstallieren.

- *DiskPart.exe*   Ein Befehlsinterpreter, der im Textmodus arbeitet und Ihnen die Verwaltung von Festplatten, Partitionen oder Volumes mit Skripts oder durch direkte Eingaben auf einer Befehlszeile ermöglich.

- **Drvload.exe** Ein Befehlszeilentool, mit dem sich Gerätetreiber zu einem gestarteten Windows PE-Abbild hinzufügen lassen. Als Eingaben erwartet es eine oder mehrere *.inf*-Dateien von Gerätetreibern.

- **Oscdimg.exe** Ein Befehlszeilentool zur Erstellung einer Abbilddatei (*.iso*) von einer angepassten 32-Bit- oder 64-Bit-Version von Windows PE. Diese *.iso*-Datei können Sie auf eine CD brennen.

- **Dism.exe** Ein Befehlszeilentool, das ein Windows PE 3.0- oder Windows 7-Abbild erstellen und ändern kann.

- **ImageX.exe** Ein Befehlszeilentool, mit dem Sie auf Dateibasis Abbilder von Datenträgern erstellen, ändern und für die schnelle Bereitstellung anwenden können. Es kann auch für andere Technologien verwendet werden, in denen *.wim*-Dateien verwendet werden, wie das Installationsprogramm für Windows 7 und die Windows-Bereitstellungsdienste.

- **Winpeshl.ini** Die Standardschnittstelle von Windows PE ist eine Befehlszeile. Sie können Winpeshl.ini anpassen, wenn Sie Ihre eigene Shellanwendung verwenden möchten.

- **Wpeinit.exe** Ein Befehlszeilentool, das Windows PE beim Start initialisiert. Wpeinit ersetzt die Initialisierungsfunktion des Befehls `Factory.exe -winpe` von älteren Windows PE-Versionen.

- **Wpeutil.exe** Ein Befehlszeilentool, mit dem Sie in einer Windows PE-Sitzung verschiedene Befehle verwenden können.

> **HINWEIS** Das *Windows-PE-Benutzerhandbuch* (*Winpe.chm*) bietet eine vollständige portable Dokumentation aller Befehlszeilenoptionen von allen Tools, die in diesem Kapitel besprochen werden. Sie finden diese Hilfedatei im *Windows AIK für Windows 7*, das Sie im Microsoft Download Center unter *http://www.microsoft.com/downloads* herunterladen können.

Beschränkungen

Windows PE weist folgende Beschränkungen auf:

- Damit es nicht zu groß wird, bietet Windows PE nur eine Teilmenge der existierenden Win32-APIs: E/A (Datenträger und Netzwerk) und unverzichtbare Win32-APIs.

- Windows PE passt nicht auf Disketten, aber Sie können ein angepasstes Windows PE-Abbild auf einer startfähigen CD oder DVD speichern.

- Windows PE unterstützt TCP/IP und NetBIOS-Verbindungen über TCP/IP, aber keine anderen Protokolle wie IPX/SPX (Internetwork Packet Exchange/Sequenced Packet Exchange).

- Das WOW32-Subsystem (Windows on Windows 32) ermöglicht die Ausführung von 16-Bit-Anwendungen auf der 32-Bit Windows-Plattform. Aber für Windows PE ist das WOW32-Subsystem nicht verfügbar, sodass 16-Bit-Anwendungen nicht auf 32-Bit-Versionen von Windows PE laufen. Für die x64-Version von Windows PE ist auch kein WOW64-Subsystem (Windows on Windows 64) verfügbar. Daher müssen Anwendungen in diesem Fall 64-Bit-konform sein.

- Zur Installation der 64-Bit-Version von Windows 7 müssen Sie die 64-Bit-Version von Windows PE verwenden. Die Installation der 32-Bit-Version von Windows 7 erfordert die 32-Bit-Version von Windows PE.

- Laufwerkbuchstabenzuweisungen werden nicht dauerhaft gespeichert. Wenn Sie Windows PE neu starten, erfolgen die Laufwerkbuchstabenzuweisungen wieder in der Standardreihenfolge.

- Änderungen in der Registrierung bleiben nicht erhalten. Um dauerhafte Änderungen an der Registrierung vorzunehmen, müssen Sie die Registrierung offline bearbeiten, indem Sie das Abbild mit ImageX bereitstellen und die Hivedateien dann in den Registrierungseditor laden.

- Windows PE unterstützt nur eine DSF-Namensauflösung für eigenständige DFS-Stammlaufwerke.

- Sie können von einem anderen Computer aus nicht auf Dateien oder Ordner eines Computers zugreifen, auf dem Windows PE ausgeführt wird. Windows PE kann ebenfalls nicht als Terminalserver dienen. Daher können Sie auch keine Verbindungen mit Remotedesktop herstellen.

- Windows PE erfordert ein VESA-kompatibles Grafiksystem (Video Electronics Standards Association) und verwendet die höchste unterstützte Bildschirmauflösung, die es ermitteln kann. Wenn das Betriebssystem keine Videoeinstellungen erkennen kann, verwendet es eine Auflösung von 640 × 480 Pixeln.

- Windows PE unterstützt weder das Microsoft .NET Framework noch die Common Language Runtime (CLR).

- Windows PE unterstützt nicht die Installation von Windows Installer-Paketdateien (*.msi*).

- Windows PE unterstützt kein 802.1x.

- Um eine missbräuchliche Verwendung zu verhindern, führt Windows PE nach 72 Stunden automatisch einen Neustart durch.

Neue Funktionen von Windows PE 3.0

Die folgenden Funktionen haben sich geändert, seit Windows PE in der Version 2.1 mit Windows Vista ausgeliefert wurde:

- **Abbildverwaltung für die Bereitstellung (DISM)** DISM (Deployment Image Servicing and Management) ist ein neues Befehlszeilentool, mit dem Sie ein Windows PE 3.0-Abbild offline bearbeiten können. DISM ersetzt *Pkgmgr.exe*, *Intlcfg.exe* und *Peimg.exe*.

- **Geringere Standardgröße** Windows PE Version 2.1 enthielt vorbereitete optionale Funktionen, durch die das Abbild größer wurde und deren Entfernung zusätzlichen Aufwand bedeutete. Das Standardabbild von Windows PE 3.0 enthält nur noch die Ressourcen, die in den meisten Bereitstellungsszenarien unbedingt erforderlich sind. Bei Bedarf können Sie mit DISM weitere Funktionen hinzufügen.

- **Flexibilität** Unter Windows Vista konnten Sie ein Windows PE nicht mehr ändern, nachdem es mit `peimg /prep` bearbeitet wurde. Windows PE 3.0-Abbilder lassen sich mit DISM jederzeit bearbeiten. Das Tool *Peimg.exe* wird in Windows PE 3.0 nicht unterstützt.

- **Abbildoptimierung** Ältere Versionen von Windows PE konnten die Größe eines Abbilds nur sehr beschränkt optimieren (verkleinern). Mit dem neuen Befehl `DISM /apply-profiles` können Sie den Inhalt eines Windows PE 3.0-Abbilds auf die Dateien beschränken, die zur Unterstützung einer gegebenen Menge an Anwendungen unbedingt erforderlich sind.

- **Systemlaufwerkbuchstabe** Mit dem neuen Befehl `DISM /Set-TargetPath` können Sie dem Systemlaufwerk einen beliebigen Buchstaben zuweisen.

- **Bereitgestellte Abbilder** Windows PE 3.0 unterstützt die Bereitstellung von WIM-Dateien (Windows Imaging).

- **Hyper-V-Unterstützung** Windows PE 3.0 enthält alle Hyper-V-Treiber, mit Ausnahme von Grafiktreibern. Dadurch lässt sich Windows PE auch unter Hyper-V ausführen. Zu den unterstützten Geräten gehören Massenspeicher, Mäuse und Netzwerkkarten.

- **Anpassbarer temporärer Speicher** Sie können die Größe des temporären Arbeitsspeichers (scratch space), der zum Expandieren von Dateien verwendet wird, nun auf 32, 64, 128, 256 oder 512 MByte einstellen.

Einrichten der Umgebung

Richten Sie eine Umgebung ein, in der Sie Windows PE-Abbilder vor der Bereitstellung anpassen können. Wenn alles an seinem Platz ist, lassen sich Tasksequenzen leichter erstellen und Sie können reproduzierbare Methoden zur Erstellung und Aktualisierung von Tasksequenzen entwickeln.

Richten Sie diese Umgebung auf einem Referenzcomputer ein (in einer Testumgebung). Wenn Sie Windows 7 mit MDT 2010 bereitstellen, konfigurieren Sie die Windows PE-Anpassungsumgebung auf dem Buildserver. Bei der Installation und Konfiguration von MDT 2010 werden bereits alle Komponenten installiert, die Sie für die Erstellung von benutzerdefinierten Windows PE-Abbildern brauchen.

Installieren des Windows AIK für Windows 7

Windows PE 3.0 gehört zum Lieferumfang des *Windows AIK für Windows 7*, das im Microsoft Download Center unter *http://www.microsoft.com/downloads* erhältlich ist. Installieren Sie das *Windows AIK für Windows 7* von der Installations-DVD auf Ihr Windows PE-Entwicklungssystem. (Microsoft bietet das *Windows AIK für Windows 7* als herunterladbares *.iso*-Abbild an.) Die Installation des *Windows AIK für Windows 7* ist eine Voraussetzung für die Installation und Verwendung von MDT 2010. Daher enthält ein Buildserver, auf dem MDT 2010 installiert ist, bereits die Dateien, die zur Erstellung und Anpassung von Windows PE-Abbildern erforderlich sind. Weitere Informationen über die Installation von MDT 2010 und *Windows AIK für Windows 7* finden Sie in Kapitel 4, »Planen der Bereitstellung«. Windows 7 und Windows Server 2008 R2 enthalten bereits alle Softwarekomponenten, die für den Einsatz des *Windows AIK für Windows 7* erforderlich sind.

So installieren Sie das *Windows AIK für Windows 7*:

1. Suchen Sie auf dem *Windows AIK für Windows 7*-Medium oder in dem Ordner, in dem das *Windows AIK für Windows 7* liegt, die Datei *Waik*Plattform.*msi* heraus, wobei Plattform für *x86* oder *amd64* steht. Führen Sie diese Datei aus.

2. Wenn Sie die Lizenzbedingungen akzeptieren, legen Sie den Installationsort für die Dateien fest. Sie müssen den Standardinstallationsort übernehmen, wenn Sie MDT 2010 verwenden. Die Beispiele aus diesem Kapitel gehen von einer Standardinstallation des *Windows AIK für Windows 7* aus.

3. Folgen Sie dem Installationsassistenten, um das *Windows AIK für Windows 7* zu installieren.

> **HINWEIS** Die Windows Installer-Datei *waik*Plattform.*msi* enthält die *Windows AIK für Windows 7*-Tools. Die Datei *WinPE.cab* enthält die Windows PE-Quelldateien. Zur Installation von Windows PE muss sich *WinPE.cab* im selben Ordner befinden wie die *.msi*-Datei.

Konfigurieren der Erstellungsumgebung

Das *Windows AIK für Windows 7* installiert die Windows PE-Entwicklungstools in folgenden Ordnern:

- *C:\Program Files\Windows AIK\Tools*   Enthält *Windows AIK für Windows 7*-Programmdateien
- *C:\Program Files\Windows AIK\Tools\platform*   Enthält ImageX-Programmdateien für verschiedene Prozessorarchitekturen
- *C:\Program Files\Windows AIK\Tools\PETools*   Enthält Window PE-Quelldateien
- *C:\Program Files\Windows AIK\Tools\Servicing*   Enthält Unterstützungsquelldateien

Das Windows AIK bietet auch eine vorkonfigurierte *Eingabeaufforderung für Bereitstellungstools*, die den *Tools*-Ordner öffnet (Abbildung 9.1). Sie können mit den Befehlen, die in dieser Eingabeaufforderung verfügbar sind, Ihre Windows PE-Erstellungsumgebung zusammenstellen. Die Erstellungsumgebung ist eine Kopie der Erstellungsskripts und der Windows PE-Quelldateien, die Sie anpassen und dann zur Erstellung einer neuen Windows PE-Abbilddatei verwenden. Das Skript *Copype.cmd* hat die Aufgabe, die Erstellungsumgebung einzurichten. Verwenden Sie die folgende Syntax, um die Windows PE-Erstellungsumgebung einzurichten, wobei `Plattform` für `x86` oder `amd64` steht und `Zielordner` der Ordner ist, in den Sie die Dateien kopieren möchten:

```
copype.cmd Plattform Zielordner
```

HINWEIS   Wenn Sie die folgenden Beispiele dieses Kapitels nachvollziehen möchten, verwenden Sie den Befehl `copype x86 c:\winpe_x86`. Sie können auch einen anderen Ort für die Windows PE-Erstellungsumgebung wählen, aber dann müssen Sie in den Beispielen dieses Kapitels die entsprechenden Änderungen vornehmen. Außerdem können Sie `x86` durch `x64` ersetzen, wenn Sie eine 64-Bit-Version von Windows PE erstellen möchten, wie sie zur Installation der 64-Bit-Version von Windows 7 erforderlich ist.

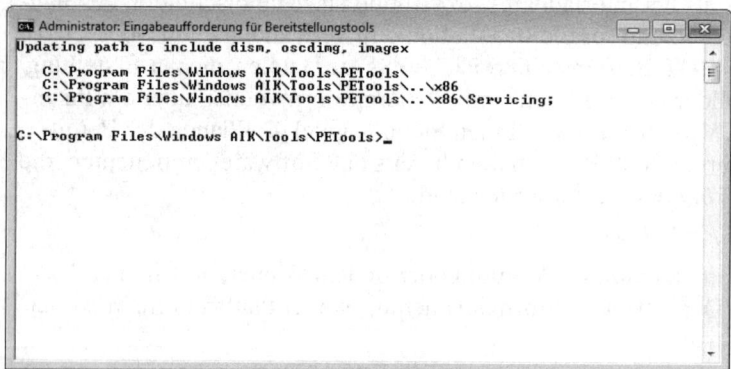

Abbildung 9.1   Verwenden Sie für die Arbeit an Windows PE die *Eingabeaufforderung für Bereitstellungstools*

Entfernen der Erstellungsumgebung

Wenn DISM Komponenten installiert, kann es die Zugriffssteuerungslisten (Access Control Lists, ACLs) der Windows PE-Erstellungsdateien und -ordner ändern. Dadurch sind sie später nicht so leicht zu entfernen. Das können Sie mit dem Windows Server 2008-Tool *Takeown.exe* ändern, indem Sie die betreffenden Dateien einfach wieder in Besitz nehmen.

So entfernen Sie die Windows PE-Erstellungsumgebung:

1. Nehmen Sie die Ordnerstruktur mit dem Befehl Takeown in Besitz:

   ```
   takeown /F c:\winpe_x86\* /R
   ```

2. Geben Sie sich mit dem Befehl cacls (Change ACLs) selbst das Recht, die Ordner zu entfernen (*Benutzer* ist Ihr Benutzerkonto):

   ```
   cacls c:\winpe_x86\* /T /G Benutzer:F
   ```

3. Entfernen Sie die Ordner:

   ```
   rd /s /q c:\winpe_x86\
   ```

Arbeiten mit Windows PE

Die meisten Windows PE-Aufgaben bestehen nur aus wenigen Grundschritten. Anwendungen und Anpassungen verändern den Vorgang vielleicht etwas, aber der Grundprozess ist derselbe. Dieser Abschnitt gibt Ihnen einen Überblick über den Windows PE-Erstellungsprozess. In späteren Abschnitten erfahren Sie ausführlicher, wie Sie Windows PE anpassen können.

Bereitstellen von Windows PE

Nachdem Sie die Windows PE-Erstellungsumgebung erstellt haben, ist der erste Schritt zur Anpassung eines Windows PE-Abbilds die Bereitstellung des Abbilds, damit Sie es mit DISM bearbeiten können. Das folgende Beispiel zeigt, wie sich das Basisabbild bereitstellen lässt (darin ist *1* die Nummer des Abbilds aus der Datei *Winpe.wim*, die bereitgestellt werden soll, und *C:\Winpe_x86\Mount* ist der Pfad, unter dem das Abbild in das Dateisystem eingebunden werden soll):

```
Dism /Mount-Wim /WimFile:C:\Winpe_x86\Winpe.wim /Index:1 /MountDir:C:\Winpe_x86\Mount
```

> **HINWEIS** Mit den älteren Versionen von Windows PE war es nicht möglich, das Abbild nach der Verwendung von `peimg /prep` noch zu bearbeiten. Für Windows PE 3.0 gilt dies nicht mehr. Sie können Windows PE-Abbilder nun nach Bedarf bereitstellen und bearbeiten.

Hinzufügen von Paketen

Der nächste Schritt besteht darin, die erforderlichen Pakete hinzuzufügen. Pakete fügen Sie mit dem Befehl `DISM /Add-Package` hinzu. Außerdem müssen Sie für jedes Feature, das Sie zu Windows PE hinzufügen möchten, ein sprachneutrales und ein sprachspezifisches Paket hinzufügen. In einer Standardinstallation des Windows AIK liegen die sprachneutralen Pakete im Ordner *C:\Program Files\Windows AIK\Tools\PETools\x86\WinPE_FPs* und die sprachspezifischen Pakete im Ordner *C:\Program Files\Windows AIK\Tools\PETools\x86\WinPE_FPs\Sprache*, wobei *Sprache* die Sprachkennung ist (zum Beispiel *de-de* für Deutsch).

So fügen Sie ein Paket zum Windows PE-Abbild hinzu:

1. Suchen Sie aus Tabelle 9.1 die Namen der Pakete heraus, die Sie installieren möchten.

2. Fügen Sie die sprachneutralen Pakete zum Windows PE-Abbild hinzu. Verwenden Sie dafür in der *Eingabeaufforderung für Bereitstellungstools* folgenden Befehl:

   ```
   dism /image:C:\winpe_x86\mount /Add-Package /PackagePath:"C:\Program Files\Windows AIK\Tools\
   PETools\x86\WinPE_FPs\Paket.cab"
   ```

3. Fügen Sie die sprachspezifischen Pakete zum Windows PE-Abbild hinzu (wie die Dateien genau heißen, erfahren Sie im Verzeichnis *C:\Program Files\Windows AIK\Tools\PETools\x86\WinPE_FPs\de-de*).

   ```
   dism /image:C:\winpe_x86\mount /Add-Package /PackagePath:"C:\Program Files\Windows AIK\Tools\
   PETools\x86\WinPE_FPs\Sprache\Sprachpaket.cab"
   ```

Mit den folgenden beiden Befehlen werden zum Beispiel das sprachneutrale und das sprachspezifische Paket *WinPE-Scripting* zu einem Windows PE-Abbild hinzugefügt, das im Ordner *C:\Winpe_x86\Mount* bereitgestellt wurde:

```
dism /image:C:\winpe_x86\mount /Add-Package /PackagePath:"C:\Program Files\Windows AIK\Tools\
PETools\x86\WinPE_FPs\winpe-scripting.cab"
```

```
dism /image:C:\winpe_x86\mount /Add-Package /PackagePath:"C:\Program Files\Windows AIK\Tools\
PETools\x86\WinPE_FPs\de-de\winpe-scripting_de-de.cab"
```

Nach dem Hinzufügen der Pakete zum Windows PE-Abbild können Sie überprüfen, welche Pakete im Abbild vorhanden sind. Um die Pakete aufzulisten, die in einem Windows PE-Abbild vorhanden sind, das im Ordner *C:\Winpe_x86\Mount* bereitgestellt wurde, verwenden Sie in der *Eingabeaufforderung für Bereitstellungstools* folgenden Befehl:

```
dism /image:c:\winpe_x86\mount /Get-Packages
```

Tabelle 9.1   Windows PE-Pakete

Paket	Beschreibung
WinPE-FONTSupport-<Sprache>	Zusätzliche Schriftartunterstützung für die folgenden Sprachen: ja-JP, ko-KR, zh-CN, zh-HK und zh-TW.
WinPE-HTA	Unterstützung von HTML-Anwendungen. Ermöglicht das Erstellen von GUI-Anwendungen (Graphical User Interface) mit dem Internet Explorer-Skriptmodul und HTML-Diensten.
Winpe-LegacySetup	Das Medien-Installationspaket. Alle Setupdateien aus dem Ordner *Sources* des Windows-Mediums. Fügen Sie dieses Paket hinzu, wenn Sie das Setup oder den Ordner *Sources* auf dem Windows-Medium warten. Es muss mit dem Setup-Paket hinzugefügt werden. Um eine neue *boot.wim* zum Medium hinzuzufügen, fügen Sie zusätzlich zum Setup- und Media-Paket jeweils ein untergeordnetes Paket hinzu.
WinPE-MDAC	MDAC-Unterstützung (Microsoft Data Access Components). Ermöglicht Abfragen von SQL-Servern mit ADO-Objekten (ActiveX Data Objects). Mit den so erhaltenen eindeutigen Systeminformationen können Sie beispielsweise eine dynamische *Unattend.xml*-Datei erstellen.
WinPE-PPPoE	Unterstützung für das PPPoE-Protokoll (Point-to-Point over Ethernet). Dient zum Erstellen, Herstellen, Trennen und Löschen von PPPoE-Verbindungen unter Windows PE.
WinPE-Scripting	WSH-Unterstützung (Windows Script Host). Ermöglicht die Batchdateiverarbeitung mit WSH-Skriptobjekten.
WinPE-Setup	Das Setup-Paket. Es enthält alle Setupdateien aus dem Ordner *Sources*, die für Client und Server gleich sind. Dieses Paket ist das übergeordnete Paket der Pakete WinPE-Setup-Client und WinPE-Setup-Server. Sie müssen WinPE-Setup installieren, bevor Sie die untergeordneten Pakete installieren.
WinPE-Setup-Client	Das Clientsetup-Paket. Die Clientbrandingdateien für das Setup. Muss nach dem WinPE-Setup-Paket hinzugefügt werden.
WinPE-Setup-Server	Das Serversetup-Paket. Die Serverbrandingdateien für das Setup. Muss nach dem WinPE-Setup-Paket hinzugefügt werden.
WinPE-SRT	Das Paket für die Windows-Wiederherstellungsumgebung (Windows Recovery Environment, WinRE). Stellt eine Wiederherstellungsplattform für die automatische Systemdiagnose und -reparatur sowie für die Erstellung von benutzerdefinierten Wiederherstellungslösungen bereit.
WinPE-WMI	Unterstützung für Windows-Verwaltungsinstrumentation (Windows Management Instrumentation, WMI). Eine Teilmenge der WMI-Anbieter, die eine grundlegende Systemdiagnose ermöglicht.
WinPE-WDS-Tools	Enthält die Windows-Bereitstellungsdienstetools. Dazu gehören auch APIs, die ein Multicastszenario mit einem benutzerdefinierten Windows-Bereitstellungsdiensteclient und einem Tool zum Erfassen von Abbildern ermöglichen.

HINWEIS   Ältere Windows PE-Versionen enthielten vorbereitete optionale Pakete, die Sie entfernen mussten, wenn die Pakete nicht im Abbild enthalten sein sollten. Dazu gehörten die Pakete WinPE-HTA, WinPE-Scripting und WinPE-MDAC. Windows PE 3.0 enthält keine vorbereiteten optionalen Features und ist daher kleiner. Die erforderlichen Pakete müssen Sie alle selbst hinzufügen.

Kopieren von Anwendungen

Sie können auch Anwendungen in das Windows PE-Abbild kopieren, damit Sie sie bei der Windows 7-Installation verwenden können. Verwenden Sie dafür den Befehl xcopy des Betriebssystems. Im folgenden Beispiel wurde das Windows PE-Abbild im Ordner *C:\Winpe_x86\Mount* bereitgestellt.

```
xcopy /chery Anwendung.exe "c:\winpe_x86\mount\program files\Anwendung\Anwendung.exe"
```

Hinzufügen von Gerätetreibern

Windows PE kann Gerätetreiber von Windows 7 verwenden, um bei der Installation von Windows 7 die gewünschte Hardwareunterstützung zu bieten. Fügen Sie Gerätetreiber mit dem Befehl DISM /Add-Drive zum Windows PE-Abbild hinzu (*inf_Datei* ist der Pfadname der *.inf*-Datei des Gerätetreibers).

```
Dism /image:c:\winpe_x86\mount /Add-Driver /Driver:inf_Datei
```

Windows PE kann Gerätetreiber auch dynamisch hinzufügen, während es ausgeführt wird. Sie laden Gerätetreiber bei laufendem System mit dem Befehl *Drvload.exe*.

```
drvload.exe Pfad[,Pfad]
```

Installieren von Updates

Sie installieren Updates in Windows PE auf dieselbe Weise, wie Sie Features hinzufügen, nämlich mit dem Befehl DISM /Add-Package. Verwenden Sie in einer *Eingabeaufforderung für Bereitstellungstools* folgenden Befehl, wobei *UpdateDatei* der Pfadname (Pfad und Dateiname) der Updatedatei ist.

```
dism /image:C:\winpe_x86\mount /Add-Package /PackagePath:UpdateDatei
```

Übernehmen der Änderungen

Nach der Anpassung des bereitgestellten Windows PE-Abbilds müssen Sie die Bereitstellung aufheben und die Änderungen übernehmen. Dadurch werden die Änderungen in der *Winpe.wim*-Datei gespeichert, die Sie bereitgestellt haben. Achten Sie darauf, dass Sie zuvor alle offenen Dateien und auch Windows-Explorer-Fenster schließen, die eine erfolgreiche Übernahme der Änderungen verhindern können.

Mit folgendem Befehl übernehmen Sie die Änderungen und heben die Bereitstellung des Windows PE-Abbilds auf:

```
dism /unmount-Wim /MountDir:C:\winpe_x86\mount /Commit
```

Erstellen von startfähigen Datenträgern

Viele Programme zur Wartung von Windows und zur Problembehandlung können Windows PE verwenden, wie zum Beispiel Datenträgerverwaltungsprogramme und Wiederherstellungssysteme. Die Windows-Wiederherstellungsumgebung ist ein Beispiel für ein Wiederherstellungstool, das Windows PE verwendet. Auch viele Tools von anderen Herstellern verwenden Windows PE.

Dieser Abschnitt beschreibt die Erstellung eines startfähigen Windows PE-Mediums auf der Basis von CDs, DVDs, USB-Flashlaufwerken oder Festplattenlaufwerken. Wenn Sie bei der Bereitstellung von Windows 7 mit externen Speichermedien arbeiten möchten, haben Sie also eine recht große Auswahl.

Vorbereiten des Startabbilds

Das Windows PE-Startabbild braucht Hilfsdateien, um startfähig zu sein. Indem Sie die Datei *Winpe.wim* in den Ordner *ISO\Sources* Ihres Erstellungsverzeichnisses kopieren und in *Boot.wim* umbenennen, können Sie eine startfähige Windows PE-Kopie erstellen, wobei Sie die gesamte *ISO*-Ordnerhierarchie verwenden. Abbildung 9.2 zeigt schematisch eine vollständige *ISO*-Ordnerhierarchie.

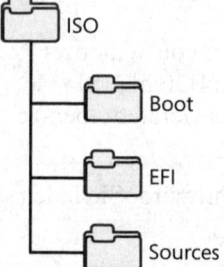

Abbildung 9.2 Die ISO-Ordnerhierarchie von Windows PE

Um das angepasste Windows PE-Abbild vorzubereiten, kopieren Sie *Winpe.wim* im Windows PE-Erstellungsverzeichnis vom Ordner *c:\winpe_x86* in den Ordner *c:\winpe_x86\ISO\sources*.

```
xcopy c:\winpe_x86\Winpe.wim c:\winpe_x86\ISO\sources\boot.wim
```

Erstellen einer startfähigen CD oder DVD

Wenn das Startabbild im Erstellungsverzeichnis verfügbar und vorbereitet ist, können Sie mit Ihrem Windows PE-Abbild eine startfähige CD oder DVD erstellen:

1. Erstellen Sie mit dem Befehl *Oscdimg.exe* ein *.iso*-Abbild, das sich auf eine CD oder DVD brennen lässt.

   ```
   oscdimg -n -bc:\winpe_x86\etfsboot.com c:\winpe_x86\ISO c:\winpe_x86\winpe_x86.iso
   ```

2. Brennen Sie das *.iso*-Abbild mit einer geeigneten Anwendung auf eine CD oder DVD.

Windows PE auf einem startfähigen USB-Flashlaufwerk

Es sind USB-Flashlaufwerke verfügbar, die groß genug sind, um eine ganze Windows 7-Bereitstellung aufzunehmen. Der erste Schritt ist aber die Erstellung des startfähigen Windows PE-Mediums. Anschließend können Sie alle benutzerdefinierten Abbilder und *Unattend.xml*-Dateien, die Sie erstellt haben, auf das USB-Flashlaufwerk kopieren.

So versehen Sie ein USB-Flashlaufwerk mit einem startfähigen Windows PE:

1. Schließen Sie Ihr startfähiges USB-Flashlaufwerk an einem freien USB-Anschluss Ihres Computers an.
2. Bereiten Sie das Gerät mit dem Programm DiskPart auf das Laden von Windows PE vor. Zum Start von DiskPart geben Sie in einer Eingabeaufforderung **diskpart** ein und drücken die EINGABETASTE.
3. Verwenden Sie die Befehle aus Tabelle 9.2, um das USB-Flashlaufwerk vorzubereiten.

Tabelle 9.2   Vorbereiten eines USB-Flashlaufwerks auf Windows PE

Befehl	Beschreibung
list disk	Listet die verfügbaren Laufwerke auf.
select disk *n*	Darin ist *n* das USB-Flashlaufwerk, das Sie bearbeiten.
	Achten Sie unbedingt darauf, dass Sie das richtige Laufwerk auswählen, wenn Sie mit DiskPart arbeiten. DiskPart löscht Ihre Hauptfestplatte ebenso leicht wie Ihr USB-Flashlaufwerk.
clean	Entfernt die aktuelle Partitionsstruktur.
create partition primary size=*Größe*	*Größe* ist die Größe des Laufwerks, wie in der Liste angegeben. Wenn Sie keine Größe angeben, verwendet DiskPart den gesamten verfügbaren Platz für die Partition.
select partition 1	Wählt die Partition, die Sie mit dem vorigen Befehl angelegt haben.
active	Kennzeichnet die neue Partition als aktiv.
format fs=FAT32	Formatiert das USB-Flashlaufwerk mit dem Dateisystem FAT32.
assign	Weist Ihrem USB-Flashlaufwerk den nächsten verfügbaren Laufwerkbuchstaben zu.
exit	Beendet DiskPart.

4. Kopieren Sie den Inhalt des Ordners *ISO* auf Ihr USB-Flashlaufwerk, wobei e: der Laufwerkbuchstabe ist, der dem USB-Flashlaufwerk zugewiesen wurde.

```
xcopy /chery c:\winpe_x86\ISO\*.* e:\
```

5. Entfernen Sie das USB-Flashlaufwerk auf sichere Weise.

HINWEIS   Manche USB-Flashlaufwerke lassen sich nicht auf diese Weise vorbereiten. Verwenden Sie bei Bedarf die entsprechenden Hilfsprogramme und Verfahrensweisen, die der Hersteller des USB-Flashlaufwerks vorschreibt, um den Datenträger startfähig zu machen.

Wie machen Sie Ihr USB-Flashlaufwerk startfähig?

Die Erstellung eines startfähigen USB-Flashlaufwerks erfordert sorgfältige Arbeit. Erstens muss das BIOS des Computers den Start von einem USB-Flashlaufwerk unterstützen. Zweitens sind viele USB-Flashlaufwerke nicht startfähig und müssen vor der Verwendung konvertiert werden. Sie werden mit einem Flag ausgeliefert, das Windows dazu veranlasst, sie als Wechselmedien zu erkennen und nicht als USB-Flashlaufwerke.

Um ein solches USB-Flashlaufwerk startfähig zu machen, wenden Sie sich an den Hersteller und beschaffen sich die Anleitung oder die erforderlichen Hilfsprogramme zur Konvertierung des Geräts. Viele Hersteller machen die Anleitung in ihrem Produktsupportsystem verfügbar. Fragen Sie vor allem danach, wie man das Wechselmediumsflag umschaltet. Diese Aktion sollte bewirken, dass Windows das Gerät als USB-Flashlaufwerk erkennt. Dann können Sie die Vorbereitungen zur Erstellung eines startfähigen USB-Flashlaufwerks durchführen.

Starten von einem Festplattenlaufwerk

Es mag seltsam wirken, Windows PE von einem Festplattenlaufwerk zu starten, aber bei einer Neuinstallation von Windows 7 können Sie das durchaus tun. Indem Sie Windows PE auf der Festplatte installieren und ins RAM starten, können Sie Ihre Systemfestplatten neu partitionieren und das neue Windows 7-Abbild installieren.

So starten Sie Windows PE von einem Festplattenlaufwerk:

1. Starten Sie Ihren Computer von einem vorbereiteten Windows PE-Medium.

2. Bereiten Sie die Festplatte des Computers mit DiskPart auf die Installation von Windows PE vor. Tabelle 9.3 beschreibt die Befehle, die Sie in DiskPart verwenden.

Tabelle 9.3   Vorbereiten eines Festplattenlaufwerks auf Windows PE

Befehl	Beschreibung
select disk 0	0 ist das primäre Festplattenlaufwerk.
clean	Entfernt die aktuelle Partitionsstruktur.
create partition primary size=*Größe*	*Größe* gibt die Größe der Partition an. Die Partition muss groß genug sein, um die Windows PE-Quelldateien aufzunehmen.
select partition 1	Wählt die Partition, die Sie mit dem vorigen Befehl erstellt haben.
active	Kennzeichnet die neue Partition als aktiv.
format	Formatiert die neue Partition.
exit	Beendet DiskPart.

3. Kopieren Sie die Windows PE-Dateien vom Windows PE-Medium auf Ihr Festplattenlaufwerk.
   `xcopy /chery x:\*.* c:\`

Anpassen von Windows PE

Die meisten Windows PE-Anpassungen lassen sich mit den Prozessen durchführen, die im vorigen Abschnitt beschrieben wurden. Zuerst stellen Sie das Abbild mit DISM bereit. Dann fügen Sie Pakete, Anwendungen und Updates hinzu. Dann übernehmen Sie die Anwendungen und heben die Bereitstellung des Abbilds auf.

Zu den anderen Aufgaben, mit denen Sie es bei der Anpassung Ihrer Windows PE-Implementierung zu tun haben können, gehören das Hinzufügen von hardwarespezifischen Gerätetreibern und die Anpassung der Einstellungen für Windows PE. Dieser Abschnitt beschreibt die Installation der Gerätetreiber und einige Änderungen, die Sie an der Konfiguration von Windows PE vornehmen können. Der nächste Abschnitt dieses Kapitels gibt Ihnen unter der Überschrift »Automatisieren von Windows PE« weitere Informationen über die Automatisierung von Windows PE.

Windows PE unterstützt vier Konfigurationsdateien, mit denen sich der Start und die Ausführung steuern lassen. Mit diesen Dateien lassen sich benutzerdefinierte Shellumgebungen starten oder bestimmte Aktionen durchführen:

- **BCD**   Die Startkonfigurationsdatendatei (Boot Configuration Data, BCD) enthält die Starteinstellungen für Windows PE. Diese Datei wird mit dem Windows 7-Befehlszeilenprogramm BCDEdit bearbeitet.

- **Winpeshl.ini**   Beim Start können Sie mit der Datei *Winpeshl.ini* eine benutzerdefinierte Shellumgebung starten. Diese Datei liegt im Ordner *%SystemRoot%\System32* des Windows PE-Abbilds. In dieser Datei können Sie den Pfad und den Dateinamen der benutzerdefinierten Shell angeben.

- **Startnet.cmd**   Windows PE verwendet die Datei *Startnet.cmd* zur Konfiguration des Netzwerks. Standardmäßig wird der Befehl Wpeinit aufgerufen, um Plug & Play-Geräte zu konfigurieren und die Netzwerkverbindung herzustellen. Sie können auch andere Befehle zu diesem Skript hinzufügen, um die Startaktivitäten anzupassen.

- *Unattend.xml*   Windows PE wird im `windowsPE`-Konfigurationsdurchlauf einer Windows 7-Installation ausgeführt. In diesem Durchlauf verwendet Windows PE die entsprechenden Abschnitte der Datei *Unattend.xml* zur Steuerung der Aktionen. Windows PE sucht im Stammverzeichnis des Startlaufwerks nach dieser Datei. Außerdem können Sie die Lage der Datei im Skript *Startnet.cmd* oder durch die Verwendung von *Wpeutil.exe* mit den entsprechenden Befehlszeilenoptionen angeben.

Ihre fertige Umgebung kann benutzerdefinierte Anwendungsshells starten (Abbildung 9.3).

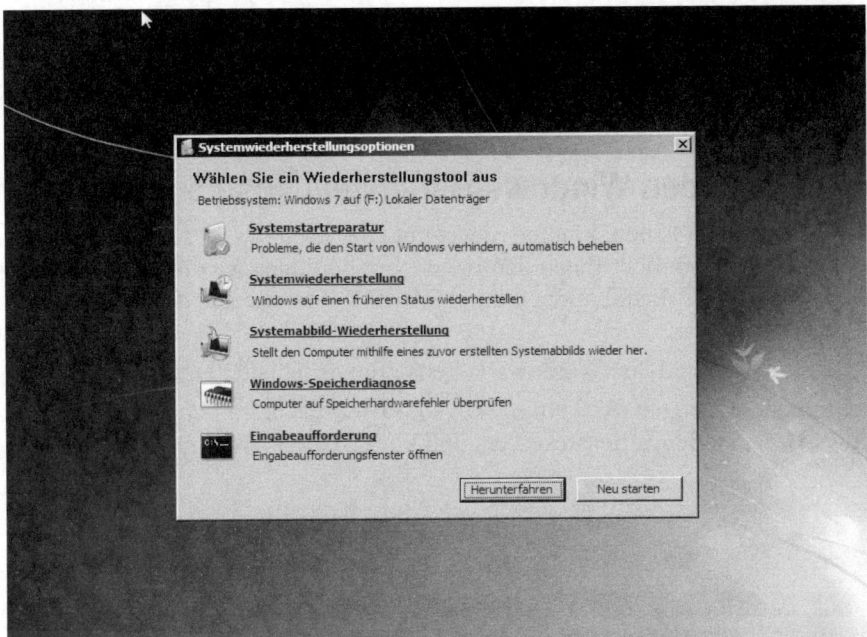

Abbildung 9.3   Die Windows-Wiederherstellungsumgebung unter Windows PE

Automatisieren von Windows PE

Der größte Teil der Automatisierung von Windows PE erfolgt durch die Anpassung der Datei *Unattend.xml*, der Antwortdatei für die unbeaufsichtigte Installation von Windows 7. Zur Erstellung und Bearbeitung dieser Datei verwenden Sie den Windows-Systemabbild-Manager (Windows SIM). *Unattend.xml* ermöglicht Ihnen die Automatisierung von Aufgaben in allen wichtigen Installationsdurchläufen. Sie können die Datei im Stammverzeichnis Ihres Windows PE-Mediums speichern, um die Installation zu automatisieren.

Automatisieren mit *Unattend.xml*

Der Windows-Systemabbild-Manager ist das wichtigste Werkzeug zur Erstellung und Bearbeitung von *Unattend.xml*. Er wurde so konzipiert, dass er jeden Automationsschritt anhand der aktuellen Dateien aus einem Abbild überprüft, um sicherzustellen, dass Sie die richtige Syntax für die Automatisierung verwenden. Das erhöht die Wahrscheinlichkeit, dass unbeaufsichtigte Installationen wie geplant verlaufen.

Bevor Sie mit der Erstellung einer Antwortdatei beginnen, sollten Sie eine Katalogdatei erstellen, sofern das noch erforderlich ist, damit der Windows-Systemabbild-Manager Ihre Auswahl anhand der

Abbilddatei überprüfen kann. Fügen Sie Antwortdateioptionen zur Antwortdatei hinzu, indem Sie eine Komponente mit der rechten Maustaste anklicken und *Einstellung zu Pass 1 windowsPE hinzufügen* wählen. Die Einstellung erscheint dann im Bereich *Antwortdatei*, in dem Sie die Einstellung konfigurieren können. Wenn Sie die Bearbeitung der Antwortdatei abgeschlossen haben, können Sie die Datei überprüfen, indem Sie auf *Extras* klicken und dann *Antwortdatei überprüfen* wählen. Einstellungen, die nicht konfiguriert wurden oder ungültige Werte verwenden, werden im Bereich *Meldungen* angezeigt. Wenn Sie mit der Antwortdatei zufrieden sind, speichern Sie sie im Stammordner Ihres Windows PE-Mediums. Wenn Sie einen Computer mit diesem Medium starten, wird die Antwortdatei automatisch erkannt und steuert Windows PE.

HINWEIS   Weitere Informationen über die Erstellung von Antwortdateien mit Windows SIM finden Sie im *Benutzerhandbuch für das Windows Automated Installation Kit (Windows AIK)*.

Hinzufügen von Abbildern zu den Windows-Bereitstellungsdiensten

Wenn Sie das Windows PE-Abbild erstellt haben, können Sie es mit den Windows-Bereitstellungsdiensten für Clients bereitstellen. Das ermöglicht Ihnen den Ersatz von portablen Medien als Hauptmethode für die Einleitung von Windows 7-Installationen durch die PXE-Startdienste der Windows-Bereitstellungsdienste.

So fügen Sie ein Windows PE-Startabbild zu den Windows-Bereitstellungsdiensten hinzu:

1. Erweitern Sie in der nachfolgend gezeigten Verwaltungskonsole *Windows-Bereitstellungsdienste* den Knoten Ihres Windows-Bereitstellungsdiensteservers und klicken Sie mit der rechten Maustaste auf *Startabbilder*.

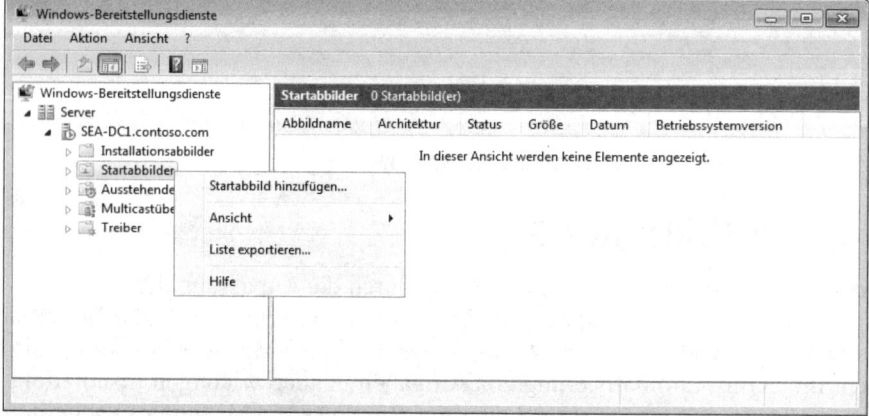

2. Klicken Sie auf *Startabbild hinzufügen*, um den Windows-Bereitstellungsdienste-Assistenten zum Hinzufügen von Abbildern zu starten.

3. Folgen Sie der Anleitung des Assistenten, um Ihr benutzerdefiniertes Windows PE-Abbild auszuwählen und zu importieren.

HINWEIS   Weitere Informationen über die Konfiguration und Verwendung der Windows-Bereitstellungsdienste finden Sie in Kapitel 10, »Konfigurieren der Windows-Bereitstellungsdienste«.

Verwenden von Windows PE mit dem Microsoft Deployment Toolkit

MDT 2010 ist eine Infrastrukturlösung für die Automatisierung der Bereitstellung von Windows 7. Teil dieser Infrastruktur ist die Unterstützung für die Anpassung und automatische Erstellung von Windows PE-Abbildern. Sie erstellen die Windows PE-Abbilddateien mit Assistenten und Skripts. Das erleichtert das Hinzufügen von Gerätetreibern und Paketen, Einstellungen werden automatisch vorgenommen und die Vorbereitung und Aufzeichnung des Bereitstellungsabbilds ist einfacher.

Die meisten Arbeiten im Zusammenhang mit der Erstellung und Bereitstellung von Windows 7-Abbildern und Anwendungen führen Sie in der Deployment Workbench durch. Diese skriptfähige Umgebung ist in der Lage, Windows PE dynamisch zu aktualisieren, sobald es für die Windows 7-Distribution Updates gibt.

Kapitel 6, »Entwickeln von Datenträgerabbildern«, beschreibt, wie mit der Deployment Workbench Bereitstellungsfreigaben erstellt werden. Bereitstellungsfreigaben generieren automatisch Windows PE-Abbilder, wenn sie aktualisiert werden. Sie können das Windows PE-Abbild einer Bereitstellungs-freigabe anpassen und festlegen, welche Art von Windows PE-Abbild die Bereitstellungsfreigabe generiert, wenn Sie sie aktualisieren. Weitere Informationen über die Windows PE-Anpassungen, die in MDT 2010 möglich sind, erhalten Sie im Abschnitt »Aktualisieren der Bereitstellungsfreigabe« von Kapitel 6.

Zusammenfassung

Windows PE 3.0 ist die einzige Vorinstallationsplattform für die Installation von Windows 7. Windows PE ist frei zugänglich und im *Windows AIK für Windows 7* zu finden.

Sie können auf zwei Arten an die Verwendung von Windows PE herangehen. Sie können es mit MDT 2010 anpassen, was die beste Lösung darstellen dürfte, wenn Sie Windows 7 mit MDT 2010 bereitstellen. Oder Sie passen Windows PE mit den Tools aus dem *Windows AIK für Windows 7* manuell an. Windows PE lässt sich an nahezu alle Bereitstellungsszenarien anpassen, indem Sie Gerätetreiber und Pakete, Skripts und HTML-Anwendungen und so weiter hinzufügen.

Starten können Sie Windows PE auf mehrere Arten. Erstens können Sie Ihr benutzerdefiniertes Windows PE-Abbild auf eine CD oder DVD brennen und den Computer dann von diesem Datenträger starten. Zweitens können Sie das Windows PE-Abbild auf ein startfähiges USB-Flashlaufwerk kopieren und den Computer mit diesem USB-Flashlaufwerk starten. Drittens (und das ist der bequemste Weg) können Sie das benutzerdefinierte Windows PE-Startabbild zu einem Windows-Bereitstellungsdienste-server hinzufügen und die Computer dann remote starten.

Weitere Informationen

Die folgenden Quellen bieten zusätzliche Informationen oder Tools für die Themen dieses Kapitels.

- *Benutzerhandbuch für das Windows Automated Installation Kit (Windows AIK)* (*WAIK.chm*)
- *Windows PE-Benutzerhandbuch* (*WinPE.chm*)
- Kapitel 6, »Entwickeln von Datenträgerabbildern«
- Kapitel 10, »Konfigurieren der Windows-Bereitstellungsdienste«

K A P I T E L   1 0

Konfigurieren der Windows-Bereitstellungsdienste

Die Windows-Bereitstellungsdienste von Windows Server 2008 und Windows Server 2008 R2 sind eine aktualisierte und neu entwickelte Version der Remoteinstallationsdienste, die mit Microsoft Windows Server 2000 eingeführt wurden. Sie können die Windows-Bereitstellungsdienste mit einer PXE-Umgebung (Pre-Boot Execution Environment) für die schnelle Bereitstellung des Betriebssystems Windows 7 verwenden. Mit den Windows-Bereitstellungsdiensten können Sie Windows 7 über ein Netzwerk bereitstellen. Sie können die Windows-Bereitstellungsdienste auch verwenden, um Remotecomputer mit Windows PE-Abbildern zu starten und Windows 7 dann mit einem angepassten, skriptfähigen Bereitstellungssystem wie Microsoft Deployment Toolkit 2010 (MDT 2010) bereitzustellen.

Die Windows-Bereitstellungsdienste sind eine bessere Bereitstellungslösung als die Remoteinstallationsdienste. Sie bieten Plattformkomponenten, mit denen Sie benutzerdefinierte Lösungen verwenden können, einschließlich Remotestartfähigkeiten, mit einem Plug-In-Modell für PXE-Servererweiterbarkeit und einem Client/Server-Kommunikationsprotokoll zur Diagnose, Protokollierung und Abbildauflistung. Außerdem verwenden die Windows-Bereitstellungsdienste das Windows Imaging-Dateiformat (.wim) und bieten eine wesentlich verbesserte Verwaltung mit der Microsoft Management Console (MMC) und skriptfähigen Befehlszeilenprogrammen. Für Organisationen, die bereits die Remoteinstallationsdienste einsetzen, bieten die Windows-Bereitstellungsdienste Migrationspfade oder die Möglichkeit, sie neben den Remoteinstallationsdiensten einzusetzen. Erstens unterstützen die Windows-Bereitstellungsdienste die Abbilder der Remoteinstallationsdienste im Legacy- oder gemischten Modus. Zweitens bieten die Windows-Bereitstellungsdienste Tools für die Umstellung von Remoteinstallationsdienste-Abbildern auf das neue *.wim*-Abbilddateiformat.

In diesem Kapitel geht es um den Aufbau der Windows-Bereitstellungsdienste und die Voraussetzungen für ihre Verwendung. Außerdem beschreibt es die Schlüsselfunktionen der Windows-Bereitstellungsdienste und ihre Verwendung in bestimmen Szenarien, zum Beispiel, wie MDT 2010 Zielcomputer mit den Windows-Bereitstellungsdiensten startet und Betriebssysteme installiert. Weiterhin erläutert dieses Kapitel auch die Verbesserungen, die für Windows Server 2008 R2 an den Windows-Bereitstellungsdiensten vorgenommen wurden.

Einführung in die Windows-Bereitstellungsdienste

Die Windows-Bereitstellungsdienste unterstützen die Remotebereitstellung von Windows 7- und Windows PE-Abbildern auf Abruf, wobei die Abbilder in einem zentralen Abbildspeicher gespeichert werden. Sie sind als Add-On für Windows Server 2003-Computer verfügbar, auf denen bereits die Remoteinstallationsdienste ausgeführt werden, und sie sind als integrierte Remoteinstallationstechnologie Bestandteil von Windows Server 2008 und Windows Server 2008 R2.

Abbilder für die Windows-Bereitstellungsdienste werden auf Client-Mastercomputern erfasst und mit der Eininstanzspeicherung, die das *.wim*-Abbilddateiformat erlaubt, gespeichert. Clients können mit PXE-konformen Netzwerkadaptern oder mit Startdatenträgern gestartet werden. Auf dem Bereitstellungsdiensteclient wird ein angepasstes Windows PE-Abbild gestartet und der Benutzer kann unter den Abbildern, die auf dem Server gespeichert sind, das gewünschte Installationsabbild auswählen. Installationen mit den Bereitstellungsdiensten können auch skriptgesteuert und unbeaufsichtigt durchgeführt werden. LTI (Lite Touch-Installation) und ZTI (Zero Touch-Installation) werden unterstützt.

Aufbau der Dienste

Die Windows-Bereitstellungsdienste weisen drei Hauptkategorien an Komponenten auf:

- **Verwaltungskomponenten** Zu den Verwaltungskomponenten gehören einige Tools, die Sie zur Verwaltung des Servers, der Betriebssystemabbilder und Clientcomputerkonten verwenden. Das MMC-Snap-In *Windows-Bereitstellungsdienste* ist eine der Verwaltungskomponenten, die Befehlszeilenschnittstelle ist eine weitere.

- **Serverkomponenten** Zu den Serverkomponenten gehört ein PXE-Server für den Start eines Clients über das Netzwerk, damit der Client das Betriebssystem laden und installieren kann. Zu den Serverkomponenten gehört auch ein freigegebener Ordner und ein Abbildspeicher, der Startabbilder, Installationsabbilder, einen TFTP-Server (Trivial File Transfer Protocol), einen Multicastserver, einen Treiberbereitstellungsserver und andere Dateien enthält, die Sie für einen Netzwerkstart brauchen.

- **Clientkomponenten** Zu den Clientkomponenten gehört eine grafische Benutzeroberfläche, die in Windows PE ausgeführt wird und mit den Serverkomponenten kommuniziert, um ein Betriebssystemabbild auszuwählen und zu installieren.

Abbildung 10.1 stellt die verschiedenen Komponenten der Windows-Bereitstellungsdienste dar. Die folgenden Abschnitte beschreiben den Abbildspeicher, den PXE-Server, die Verwaltung und die Clientkomponenten ausführlicher.

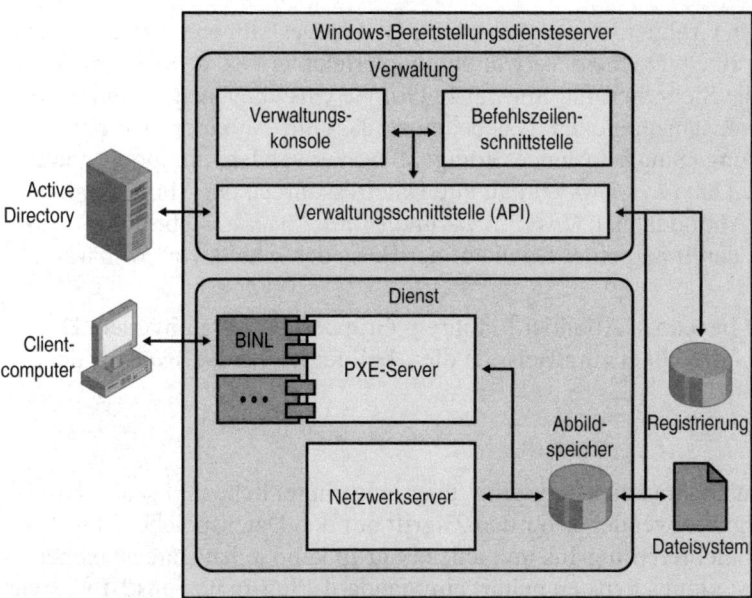

Abbildung 10.1   Die Architektur der Windows-Bereitstellungsdienste

Abbildspeicher

Abbildung 10.2 beschreibt den Aufbau des Abbildspeichers der Windows-Bereitstellungsdienste.

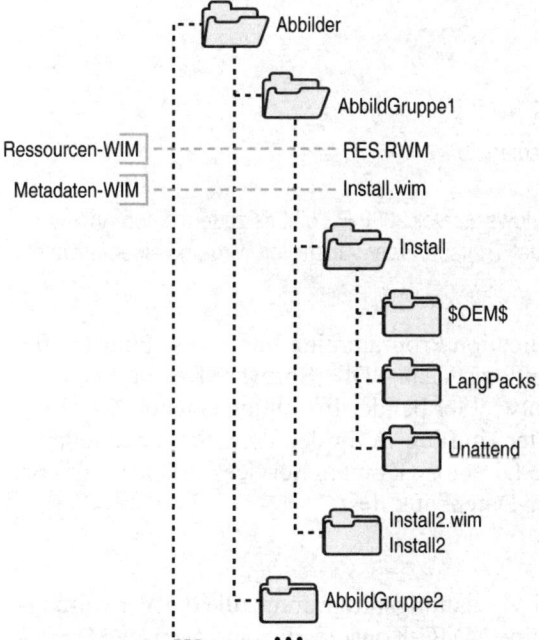

Abbildung 10.2   Der Aufbau des Abbildspeichers der Windows-Bereitstellungsdienste

Die Zusammenfassung der Abbilder in Gruppen, wie in Abbildung 10.2 dargestellt, bietet zwei Vorteile. Erstens ermöglichen Abbildgruppen eine einfachere Verwaltung und erleichtern es, den Überblick zu behalten. Sie können zum Beispiel die Sicherheit für eine ganze Gruppe einstellen statt für einzelne Abbilder. Zweitens sind Gruppen Eininstanzeinheiten. Das bedeutet, dass alle Abbilder innerhalb einer Gruppe die Eininstanzspeicherung (Single Instance Storage, SIS) verwenden, um ihren Inhalt möglichst effizient zu speichern. Die Datei *Res.rwm* enthält alle Dateiressourcen der Abbildgruppe, und diese Datei verwendet SIS. Die Abbilddateien (*Install.wim* und *Install2.wim* in Abbildung 10.2) enthalten jeweils nur Metadaten, die den Inhalt einer Datei auf der Basis des Inhalts von *Res.rwm* beschreiben.

Die Windows-Bereitstellungsdienste benennen Abbilder mit ihrem Gruppen- und Dateinamen. Das Abbild *AbbildGruppe1\Install2.wim* bezeichnet zum Beispiel die Abbilddatei *Install2.wim* aus der Gruppe *AbbildGruppe1*.

PXE-Dienste

Der PXE-Server der Windows-Bereitstellungsdienste verfügt über eine einheitliche und skalierbare Architektur. Wie Abbildung 10.3 zeigt, verwendet er für den Zugriff auf den Datenspeicher Plug-Ins. Der PXE-Server unterstützt ein oder mehrere Plug-Ins und jedes Plug-In kann jeden Datenspeicher verwenden. Zu den Windows-Bereitstellungsdiensten gehört ein Standard-Plug-In namens BINL, wie bereits in Abbildung 10.1 dargestellt.

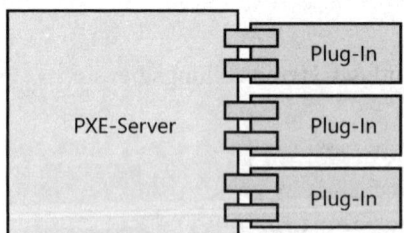

Abbildung 10.3 Der PXE-Server der Windows-Bereitstellungsdienste

HINWEIS In den Windows-Bereitstellungsdiensten von Windows Server 2008 R2 gibt es zudem einen Anbieter namens WDSSIPR (SImple PRovider), der mit dem Rollendienst *Transportserver* installiert wird und eine *.ini*-Datei als Datenspeicher verwendet.

Entwickler können mit den veröffentlichten APIs (Application Programming Interfaces) Plug-Ins für den PXE-Server erstellen. Sie finden diese APIs im Windows Vista-SDK (Software Development Kit). Das SDK enthält auch Beispiele, an denen sich Entwickler bei der Erstellung eigener Plug-Ins orientieren können. Beispielsweise könnte ein Entwickler ein Plug-In für den PXE-Server erstellen, das ohne die Active Directory-Domänendienste (Active Directory Domain Services, AD DS) funktioniert und Einstellungen aus einer Microsoft SQL Server-Datenbank liest.

Verwaltung

Zu den Windows-Bereitstellungsdiensten gehören zwei Verwaltungsprogramme, die die Verwaltungsaufgaben beträchtlich vereinfachen. Das erste Tool ist eine MMC-Konsole, die eine grafische Benutzeroberfläche für allgemeine Verwaltungsaufgaben bietet. Nach der Installation der Windows-Bereitstellungsdienste starten Sie diese Konsole, indem Sie im Menü *Verwaltung* des Startmenüs auf *Windows-Bereitstellungsdienste* klicken. Beispiele für übliche Verwaltungsarbeiten, die Sie mit dieser Konsole durchführen können, sind das Hinzufügen von Abbildern und die Konfiguration von Servereinstellungen. Das zweite Verwaltungstool aus den Windows-Bereitstellungsdiensten ist das Befehls-zeilentool Wdsutil. Wdsutil bietet alle Verwaltungsfunktionen, die auch die Konsole bietet, und darüber hinaus noch mehr. Sie können Wdsutil verwenden, um einzelne Arbeiten durchzuführen, Sie können es aber auch verwenden, um die Verwaltung zu automatisieren, indem Sie entsprechende Skripts er-stellen. Beide Tools verwenden die Verwaltungs-API der Windows-Bereitstellungsdienste und sind zur Remoteverwaltung von Windows-Bereitstellungsdiensteservern in der Lage.

Zu den weiteren Verwaltungsprogrammen für die Windows-Bereitstellungsdienste gehören:

- **Aufzeichnungsprogramm**   Das Aufzeichnungsprogramm der Windows-Bereitstellungsdienste zeichnet Abbilder im .*wim*-Dateiformat auf. Es bietet in einem etwas kleineren Umfang die Funk-tionalität des Befehls `ImageX /capture` und eine dazu passende Benutzeroberfläche. Damit können Sie die resultierende .*wim*-Datei zum Abbildspeicher hinzufügen.

- **Active Directory-Benutzer und -Computer-MMC-Snap-In**   Sie können diese Erweiterung einsetzen, um die Funktionen der alten Remoteinstallationsdienste zu verwenden und um auf der Registerkarte *Remoteinstallation* Einstellungen von Computerkonten vorzunehmen.

- **Risetup und Riprep**   Die Windows-Bereitstellungsdienste bieten für Upgradeszenarien aktualisierte Versionen von Risetup und Riprep (nur für Windows Server 2003 erhältlich).

Die Konsole *Windows-Bereitstellungsdienste* (Abbildung 10.4) bietet umfassende Verwaltungsmög-lichkeiten. Sie können Server hinzufügen und entfernen. Sie können eine Reihe von Optionen einstel-len, wie Namensregeln für Computer, DHCP-Einstellungen (Dynamic Host Configuration Protocol), Einstellungen für PXE-Antworten und so weiter. Sie können Installations- und Startabbilder hinzu-fügen und entfernen oder Abbilder auch zu Abbildgruppen zusammenfassen. Die Konsole *Windows-Bereitstellungsdienste* gibt Ihnen die volle Kontrolle über Ihre Abbildgruppen und über die Abbilder, die Sie hinzufügen. Sie können für jede Abbildgruppe Berechtigungen einstellen, ebenso für einzelne Abbilder. Außerdem können Sie mit jedem einzelnen Abbild eine Antwortdatei verknüpfen. Die Kon-sole *Windows-Bereitstellungsdienste* hilft Ihnen auch, Abbilder für unterschiedliche Plattformen besser zu verwalten. Sie können zum Beispiel für die x86-, x64- und ia64-Plattformen unterschiedliche Start-programme und Startabbilder vorsehen. Außerdem können Sie für jede Plattform eine globale Ant-wortdatei vorsehen.

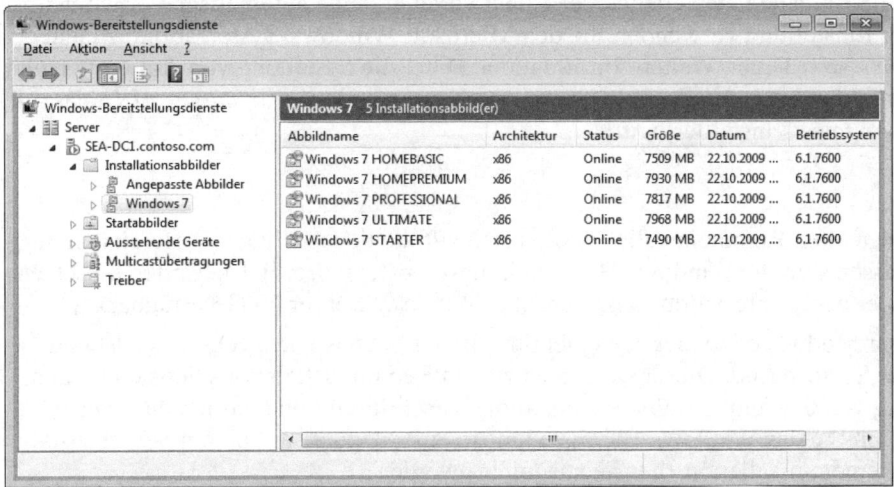

Abbildung 10.4   Die Konsole *Windows-Bereitstellungsdienste*

> **HINWEIS** Windows-Bereitstellungsdienste in Windows Server 2008 R2 ermöglichen es einem Administrator auch, das bevorzugte Startverhalten festzulegen. Er kann zum Beispiel festlegen, ob für den Start ein Druck auf F12 erforderlich ist oder nicht.

Client

Der Client der Windows-Bereitstellungsdienste ist eine spezielle Version von Windows Setup, die nur in Windows PE ausgeführt wird. Anders gesagt, wenn Sie Windows 7 mit den Windows-Bereitstellungsdiensten auf einem Zielcomputer bereitstellen, wird der Client der Windows-Bereitstellungsdienste auf dem Clientcomputer in Windows PE ausgeführt. Dieser Lösungsansatz ermöglicht die Bereitstellung von Windows 7 ebenso wie die Bereitstellung der Abbilder von Vorgängerversionen von Microsoft Windows. Beachten Sie aber, dass die verwendete Windows PE-Version nicht älter sein darf als das Betriebssystem, das Sie bereitstellen. Mit Windows PE 3.0 lassen sich zum Beispiel Windows 7, Windows Vista und Windows XP bereitstellen, mit Windows PE 2.1 aber nur Windows Vista und Windows XP.

Der Client der Windows-Bereitstellungsdienste führt folgende Aufgaben durch:

- **Sprachenauswahl** Für Windows 7 fordert der Client den Benutzer zur Wahl einer Sprache auf. Diese Auswahl gilt für die Installationsbenutzeroberfläche und für die Betriebssysteminstallation. Der Benutzer kann auch zusätzliche Sprachpakete installieren (nur für die Editionen Windows 7 Enterprise und Windows 7 Ultimate).

- **Erfassung der Anmeldeinformationen** Der Client fordert den Benutzer zur Eingabe der Anmeldeinformationen auf, die für eine Verbindung mit dem Abbildspeicher auf dem Windows-Bereitstellungsdiensteserver erforderlich sind.

- **Abbildauswahl** Der Client zeigt für den Benutzer eine Liste der verfügbaren Abbilder an und ermöglicht dem Benutzer die Auswahl eines Abbilds, das auf dem Zielcomputer installiert werden soll.

- **Festplattenkonfiguration** Der Client ermöglicht dem Benutzer die Partitionierung und Formatierung der Festplatten des Zielcomputers. Der Client bietet dieselben Optionen wie Windows Setup.

Allerdings können Sie alle Eingaben, nach denen der Client verlangt, auch automatisch vornehmen. Zur Automatisierung der Einstellung verwenden Sie den Microsoft Windows-Systemabbild-Manager und erstellen eine *Unattend.xml*-Datei. Weitere Informationen über die Erstellung von Antwortdateien finden Sie im *Benutzerhandbuch für das Windows Automated Installation Kit (Windows AIK)*, das mit dem *Windows AIK für Windows 7* installiert wird.

Betriebsmodi

Um den Übergang von den alten Remoteinstallationsdiensten auf die neuen Windows-Bereitstellungsdienste zu erleichtern, lassen sich die Windows-Bereitstellungsdienste in drei Betriebsarten einsetzen (der Legacymodus und der gemischte Modus sind nur unter Windows Server 2003 verfügbar):

- **Legacymodus** Dieser Modus verwendet den Clientinstallations-Assistenten (OSChooser) und Riprep-Abbilder (auf Sektorbasis). Dieser Modus ist zu den Remoteinstallationsdiensten kompatibel. Die Umstellung von der reinen Remoteinstallationsdienste-Funktionalität in den Legacymodus geschieht, wenn Sie das Windows-Bereitstellungsdienste-Update auf einem Server installieren, auf dem die Remoteinstallationsdienste ausgeführt werden.

- **Gemischter Modus**   Dieser Modus unterstützt OSChooser und Windows PE für Startumgebungen sowie Riprep und ImageX für die Abbilderstellung. Die Umstellung vom Legacymodus in den gemischten Modus geschieht, wenn Sie die Bereitstellungsdienste konfigurieren und .*wim*-Abbilddateien hinzufügen.

- **Einheitlicher Modus**   Dieser Modus unterstützt nur die Windows PE-Startumgebung und .*wim*-Abbilddateien. Der letzte Schritt zum einheitlichen Modus geschieht, nachdem Sie alle alten Abbilder in das .*wim*-Abbilddateiformat konvertiert und die OSChooser-Funktion deaktiviert haben.

Die Wahl des Betriebsmodus hängt davon ab, welche Clientbetriebssysteme Sie bereitstellen und was Sie in die vorhandenen Riprep-Abbilder investiert haben. Sie brauchen die vorhandenen Bereitstellungsabbilder nicht sofort zu verwerfen. Der gemischte Modus ermöglicht Ihnen auch weiterhin, die vorhandenen Legacyabbilder für die Remoteinstallationsdienste mit OSChooser bereitzustellen. Außerdem ermöglicht dieser Modus die Bereitstellung neuer .*wim*-Abbilder von Windows 7 mit Windows PE.

Welchen Modus die Windows-Bereitstellungsdienste verwenden, hängt nicht von einer einfachen Auswahl in einem Dialogfeld ab. Jeder Modus wird auf eine bestimmte Weise aktiviert. Die folgenden Abschnitte beschreiben die einzelnen Modi und ihre Konfiguration ausführlicher.

Legacymodus

In den Windows-Bereitstellungsdiensten entspricht der Legacymodus den Remoteinstallationsdiensten (die Binärdateien der Windows-Bereitstellungsdienste mit der Funktionalität der Remoteinstallationsdienste). Im Legacymodus steht als Startbetriebssystem nur der Clientinstallations-Assistent (OSChooser) zur Verfügung. Daher werden nur Risetup- und Riprep-Abbilder unterstützt. Sie verwenden nicht die neuen Verwaltungsprogramme der Windows-Bereitstellungsdienste, stattdessen sind die alten Programme der Remoteinstallationsdienste die einzige Möglichkeit zur Verwaltung des Servers. Der Legacymodus ist nur unter Windows Server 2003 verfügbar.

Sie konfigurieren den Legacymodus, indem Sie zuerst unter Windows Server 2003 die Remoteinstallationsdienste installieren und bei Bedarf Legacyabbilder hinzufügen. Dann installieren Sie das Windows-Bereitstellungsdienste-Update, wie weiter unten im Kapitel im Abschnitt »Installieren der Windows-Bereitstellungsdienste« beschrieben. Sie konfigurieren die Windows-Bereitstellungsdienste nicht mit Wdsutil oder der Konsole *Windows-Bereitstellungsdienste*.

So konfigurieren Sie die Windows-Bereitstellungsdienste im Legacymodus unter Windows Server 2003:

1. Installieren Sie auf Windows Server 2003 mit Service Pack 1 (SP1) oder höher die optionalen Remoteinstallationsdienste und konfigurieren Sie die Remoteinstallationsdienste dann mit Risetup. Bei Bedarf können Sie auch Abbilder hinzufügen.

2. Installieren Sie bei Bedarf das Windows-Bereitstellungsdienste-Update. (Unter Windows Server 2003 SP2 und höher wird das Update standardmäßig installiert.) Sie finden dieses Update für Windows Server 2003 SP1 im Windows AIK 1.1.

Gemischter Modus

Der gemischte Modus beschreibt eine Betriebsart, in der OSChooser und Windows PE-Startabbilder verfügbar sind. Im gemischten Modus ist mit OSChooser der Zugriff auf alte Risetup- und Riprep-Abbilder möglich. Außerdem können Sie mit einem Windows PE-Startabbild auf die neuen .*wim*-Abbilddateien zugreifen. Ein Startmenü ermöglicht dem Benutzer die Wahl zwischen den Remoteinstallationsdiensten oder Windows PE. Zur Verwaltung der RISETUP- und Riprep-Abbilder verwenden Sie die alten Verwaltungsprogramme. Mit den neuen Verwaltungstools für die Windows-Bereitstellungsdienste verwalten Sie alle Aspekte des Servers einschließlich der *.wim*-Abbilddateien. Der gemischte Modus der Windows-Bereitstellungsdienste ist nur unter Windows Server 2003 verfügbar.

Sie konfigurieren den gemischten Modus, indem Sie unter Windows Server 2003 zuerst die Remoteinstallationsdienste installieren und dann Legacyabbilder hinzufügen. Anschließend installieren Sie das Windows-Bereitstellungsdienste-Update, wie es im Abschnitt »Installieren der Windows-Bereitstellungsdienste« später in diesem Kapitel beschrieben wird. Zum Schluss konfigurieren Sie die Windows-Bereitstellungsdienste mit Wdsutil oder mit der Konsole *Windows-Bereitstellungsdienste* und fügen bei Bedarf *.wim*-Abbilder zum Abbildspeicher hinzu.

So konfigurieren Sie die Windows-Bereitstellungsdienste im gemischten Modus unter Windows Server 2003:

1. Installieren Sie auf Windows Server 2003 mit SP1 oder höher die optionalen Remoteinstallationsdienste und konfigurieren Sie die Remoteinstallationsdienste dann, indem Sie Risetup ausführen. Bei Bedarf können Sie auch Abbilder hinzufügen.

2. Installieren Sie bei Bedarf das Windows-Bereitstellungsdienste-Update. (Unter Windows Server 2003 SP2 und höher wird das Update standardmäßig installiert.)

3. Führen Sie `wdsutil /initialize-server` aus oder konfigurieren Sie den Server in der Verwaltungskonsole der Windows-Bereitstellungsdienste.

Einheitlicher Modus

Der einheitliche Modus beschreibt einen Windows-Bereitstellungsdiensteserver, der nur Windows PE-Startabbilder verwendet. In diesem Modus ist OSChooser nicht verfügbar und die Windows-Bereitstellungsdienste stellen nur *.wim*-Abbilddateien für Clientcomputer bereit. Zur Verwaltung der Windows-Bereitstellungsdienste verwenden Sie im einheitlichen Modus die Konsole *Windows-Bereitstellungsdienste* oder Wdsutil. Der einheitliche Modus ist unter Windows Server 2003, Windows Server 2008 und Windows Server 2008 R2 verfügbar. Der einheitliche Modus ist der einzige Modus, den Windows Server 2008 und Windows Server 2008 R2 unterstützen.

So konfigurieren Sie die Windows-Bereitstellungsdienste im einheitlichen Modus unter Windows Server 2003:

1. Installieren Sie auf Windows Server 2003 mit SP1 die optionalen Remoteinstallationsdienste. Konfigurieren Sie die Remoteinstallationsdienste nicht und fügen Sie auch keine Abbilder hinzu.

2. Installieren Sie bei Bedarf das Windows-Bereitstellungsdienste-Update. (Unter Windows Server 2003 SP2 und höher wird das Update standardmäßig installiert.)

3. Führen Sie `wdsutil /initialize-server` aus oder konfigurieren Sie den Server in der Verwaltungskonsole der Windows-Bereitstellungsdienste.

> **HINWEIS** Der Windows-Bereitstellungsdiensteserver kann von jedem anderen Modus aus mit dem Verwaltungsprogramm Wdsutil in den einheitlichen Modus umgeschaltet werden. Allerdings gibt es dann keinen Weg zurück. Der Wechsel in den einheitlichen Modus erfolgt mit dem Befehl `wdsutil /Set-Server /ForceNative`.

Planen für die Windows-Bereitstellungsdienste

Besondere Voraussetzungen muss der Computer, auf dem Sie die Windows-Bereitstellungsdienste installieren, zwar nicht erfüllen, aber Sie müssen sich überlegen, welche Dienste und Anwendungen in Ihrer Umgebung verfügbar sein müssen, damit Sie die Windows-Bereitstellungsdienste verwenden können. Dazu müssen der Server, die Clientcomputer und das Netzwerk einige Voraussetzungen erfüllen.

Die Windows-Bereitstellungsdienste unterstützen den Start von Computern über das Netzwerk direkt von einem Startabbild. Dieses Abbild wird nach der PXE-Startspezifikation gestartet und muss in der Lage sein, Nachrichten von PXE-Clients zu empfangen. Das erfordert einige Planung, damit Clients den Windows-Bereitstellungsdiensteserver finden und mit ihm kommunizieren können. Daher müssen Sie die Anforderungen berücksichtigen, die die Windows-Bereitstellungsdienste an DHCP und das Routing stellen. Dieser Abschnitt beschreibt die Voraussetzungen, die Sie für die Windows-Bereitstellungsdienste berücksichtigen müssen.

Auswählen einer Version der Windows-Bereitstellungsdienste

Die Windows-Bereitstellungsdienste sind in Windows Server 2008 und Windows Server 2008 R2 als installierbare Serverrollen enthalten. Für Windows Server 2003 SP1 sind sie als separates Update erhältlich. Dieses Update ist in Windows Server 2003 SP2 bereits enthalten. Welche Version der Windows-Bereitstellungsdienste für Ihre Umgebung am besten geeignet ist, hängt von Ihren Anforderungen, dem Budget und der vorhandenen Netzwerkinfrastruktur ab.

Unterstützte Betriebssysteme

Welche Windows-Betriebssysteme sich mit den Windows-Bereitstellungsdiensten bereitstellen lassen, hängt von der Version der verwendeten Windows-Bereitstellungsdienste ab. Die Rolle *Windows-Bereitstellungsdienste* von Windows Server 2008 R2 eignet sich zur Bereitstellung folgender Betriebssysteme:

- Windows XP
- Windows Server 2003
- Windows Vista SP1
- Windows Server 2008
- Windows 7
- Windows Server 2008 R2

Die Rolle *Windows-Bereitstellungsdienste* von Windows Server 2008 kann die genannten Betriebssysteme und das Betriebssystem Windows 2000 bereitstellen.

Welche Betriebssysteme Sie mit dem Windows-Bereitstellungsdienste-Update für Windows Server 2003 SP1 und höher bereitstellen können, hängt davon ab, in welchem Modus die Windows-Bereitstellungsdienste betrieben werden:

- **Legacymodus** Unterstützt die Installation von Windows 2000, Windows XP und Windows Server 2003.
- **Gemischter Modus** Unterstützt die Installation von Windows 2000, Windows XP, Windows Server 2003, Windows Vista und Windows Server 2008. (In diesem Modus können Sie auch Windows 7 und Windows Server 2008 R2 bereitstellen, sofern Sie über ein Windows PE 3.0-Startabbild verfügen.)

■ **Einheitlicher Modus**   Unterstützt die Installation von Windows 2000 Professional Edition, Windows XP, Windows Server 2003, Windows Vista, Windows Server 2008, Windows 7 und Windows Server 2008 R2.

Unterstützte Abbildtypen

Welche Arten von Windows-Abbildern bereitgestellt werden können, hängt ebenfalls von der verwendeten Version der Windows-Bereitstellungsdienste ab. Die Rolle *Windows-Bereitstellungsdienste* von Windows Server 2008 R2 kann folgende Arten von Abbildern bereitstellen:

■ Abbilder im Windows Imaging-Dateiformat (WIM)

■ Abbilder im Virtual Hard Disk-Dateiformat (VHD)

Die Rolle *Windows-Bereitstellungsdienste* von Windows Server 2008 kann für Neuinstallationen von Windows Server 2008 nur WIM-Abbilder verwenden. Wenn Sie eine Aktualisierung von Windows Server 2003 auf Windows Server 2008 durchführen, können Sie auch RIPREP-Abbilder in WIM-Abbilder konvertieren. RISETUP-Abbilder werden aber nicht unterstützt.

Welche Arten von Abbildern sich mit dem Windows-Bereitstellungsdienste-Update für Windows Server 2003 SP1 und höher bereitstellen lassen, hängt davon ab, in welchem Modus die Windows-Bereitstellungsdienste betrieben werden:

■ **Legacymodus**   RISETUP- und RIPREP-Abbilder

■ **Gemischter Modus**   RISETUP-, RIPREP- und WIM-Abbilder

■ **Einheitlicher Modus**   Nur WIM-Abbilder

Startumgebung

Welche Startumgebung für Bereitstellungen verwendet wird, hängt von der verwendeten Version der Windows-Bereitstellungsdienste ab. Die Rolle *Windows-Bereitstellungsdienste* von Windows Server 2008 R2 verwendet Windows PE 3.0 als Startumgebung. Die Rolle *Windows-Bereitstellungsdienste* von Windows Server 2008 verwendet Windows PE 2.1. Welche Startumgebung vom Windows-Bereitstellungsdienste-Update für Windows Server 2003 SP1 und höher verwendet wird, hängt vom Betriebsmodus der Windows-Bereitstellungsdienste ab:

■ **Legacymodus**   OSChooser

■ **Gemischter Modus**   OSChooser und Windows PE 2.0, 2.1 oder 3.0

■ **Einheitlicher Modus**   Windows PE 2.0, 2.1 oder 3.0

Neue Funktionen der Windows-Bereitstellungsdienste in Windows Server 2008 R2

Die Rolle *Windows-Bereitstellungsdienste* wurde für Windows Server 2008 R2 erweitert und weist nun zusätzlich folgende Leistungsmerkmale auf:

■ **Dynamische Bereitstellung von Treibern**   Sie können mit den Windows-Bereitstellungsdiensten nun auch Treiberpakete zu Startabbildern hinzufügen, damit Sie diese Pakete während der Bereitstellung auf den Computern bereitstellen können. Weitere Informationen über die dynamische Bereitstellung von Treibern erhalten Sie im Abschnitt »Verwalten und Bereitstellen von Treiberpaketen« dieses Kapitels.

■ **Verbessertes Multicasting**   Die Windows-Bereitstellungsdienste können langsame Clients nun automatisch trennen und Übertragungen je nach Geschwindigkeit der Clients in mehrere Streams aufteilen. Außerdem unterstützen die Windows-Bereitstellungsdienste nun IPv6-Multicasting.

Weitere Informationen erhalten Sie im Abschnitt »Erstellen von Multicastübertragungen« dieses Kapitels.

- **Direkter Start vom VHD-Abbild** Unter Windows 7 und Windows Server 2008 R2 können Sie ein Betriebssystem nun direkt von einer VHD starten, ohne ein übergeordnetes Betriebssystem, einen virtuellen Computer oder einen Hypervisor einzusetzen. Sie können zum Beispiel eine Windows 7-WIM-Datei auf einer VHD bereitstellen und die *vhd*-Datei dann auf Clientcomputer kopieren. Anschließend muss der Windows 7-Start-Manager so konfiguriert werden, dass er das Betriebssystem direkt von der VHD startet. Wenn Sie allerdings Windows 7 direkt auf einer VHD bereitstellen, erfolgt ein specialize-Durchlauf, der die Verwendung von VHDs auf physischen Computern verhindert. Um dem vorzubeugen, verwenden Sie zuerst das Tool Wim2vhd, das unter *http://code.msdn.microsoft.com/wim2vhd* erhältlich ist, erstellen eine VHD und wenden dann den Inhalt der WIM mit ImageX auf die VHD an.

  VHD-Abbilder sind nicht als Ersatz der WIM-Abbilder für allgemeine Bereitstellungszwecke gedacht. Ab Windows Server 2008 R2 unterstützen die Windows-Bereitstellungsdienste nun zusätzlich zur Bereitstellung von WIM-Abbildern auch die Bereitstellung von VHD-Abbildern. Wenn Sie eine VHD mit den Windows-Bereitstellungsdiensten bereitstellen, werden die Bootmgr-Einträge automatisch erstellt. Es ist also kein zusätzlicher Arbeitsschritt erforderlich. Sie können zum Beispiel mit den Windows-Bereitstellungsdiensten in einer unbeaufsichtigten Installation VHD-Abbilder bereitstellen. Weitere Informationen über den direkten Start von VHD-Abbildern finden Sie in dem Beitrag »Understanding Virtual Hard Disks with Native Boot« im Windows Client TechCenter von Microsoft TechNet unter *http://technet.microsoft.com/en-us/library/dd799282.aspx*. Weitere Informationen über die Bereitstellung von VHD-Abbildern mit den Windows-Bereitstellungsdiensten erhalten Sie in dem Beitrag »Deploying Virtual Hard Disk Images« im Windows Server TechCenter von Microsoft TechNet unter *http://technet.microsoft.com/en-us/library/dd363560.aspx*.

- **PXE-Anbieter für Transportserver** Die Windows-Bereitstellungsdienste enthalten nun einen PXE-Anbieter für den Rollendienst *Transportserver*. Daher können Sie einen eigenständigen Transportserver für Starts vom Netzwerk oder für Multicastübertragungen verwenden, ohne auf AD DS oder DNS (Domain Name System) angewiesen zu sein.

- **Zusätzliche EFI-Unterstützung** Die Windows-Bereitstellungsdienste unterstützen nun den Netzwerkstart von x64-Computern, die EFI (Extensible Firmware Interface) verwenden.

WEITERE INFORMATIONEN Unter *http://technet.microsoft.com/en-us/library/dd735188.aspx* erhalten Sie weitere Informationen über diese neuen Funktionen.

Anforderungen an den Server

Ein Computer, der die Hardwarevoraussetzungen für die Ausführung von Windows Server 2003 oder Windows Server 2008 erfüllt, eignet sich gewöhnlich auch für die Windows-Bereitstellungsdienste. Wenn Sie eine große Anzahl von Abbildern verwalten oder eine höhere Belastung als üblich erwarten, sollten Sie überprüfen, ob Sie den Computer mit zusätzlichem Speicher ausstatten, um die Leistung zu erhöhen, und zusätzliche Festplatten einbauen, um die Abbilder speichern zu können. Außerdem können zusätzliche Netzwerkkarten in der TFTP-Downloadphase von Nutzen sein, wenn Sie es mit vielen Clients zu tun haben.

Die folgende Liste beschreibt die Hardware- und Softwarevoraussetzungen für die Installation und Verwendung der Windows-Bereitstellungsdienste:

- **AD DS** Ein Windows-Bereitstellungsdiensteserver muss entweder Mitglied einer AD DS-Domäne oder ein Domänencontroller in einer Domäne sein. Die Bereitstellungsdienste verwenden AD DS zur Verwaltung der Bereitstellungsdiensteserver und -clients. Außerdem können Computer in AD DS vorkonfiguriert werden. Dadurch erfahren die Bereitstellungsdienste, wie die Installation der Abbilder erfolgen soll. Beachten Sie, dass AD DS nur für Bereitstellungsserver erforderlich ist, nicht für Transportserver.

- **DHCP** Sie brauchen im Netzwerk einen funktionierenden DHCP-Server, der für das Netzwerk zuständig ist, weil die Bereitstellungsdienste PXE verwenden, das wiederum DHCP verwendet. Der DHCP-Server braucht sich aber nicht auf dem Bereitstellungsdiensteserver zu befinden. Die Art des DHCP-Servers ist für die Bereitstellungsdienste nicht so wichtig. Wenn Sie die Bereitstellungsdienste und DHCP auf demselben Server ausführen möchten, lesen Sie den Abschnitt »DHCP-Voraussetzungen« dieses Kapitels. Beachten Sie, dass Sie kein DHCP brauchen, wenn Sie nur Transportserver für Multicast verwenden (kein PXE).

- **DNS** Für die Windows-Bereitstellungsdienste wird ein funktionierender DNS-Server im Netzwerk gebraucht. Der DNS-Server braucht sich nicht auf dem Bereitstellungsdiensteserver zu befinden. DNS dient dazu, AD DS-Domänencontroller und Windows-Bereitstellungsdiensteserver zu lokalisieren.

- **Installationsmedien** Windows 7-Medien oder eine Netzwerkfreigabe, auf der die entsprechenden Dateien zu finden sind, ist Voraussetzung für die Installation von Windows 7 mit den Bereitstellungsdiensten.

- **Eine NTFS-Partition auf dem Windows-Bereitstellungsdiensteserver** Der Server, auf dem die Bereitstellungsdienste ausgeführt werden, muss zur Speicherung der Abbilder über ein NTFS-Volume verfügen. Sie sollten den Abbildspeicher nicht in dem Volume anlegen, in dem die Betriebssystemdateien liegen. Daher ist ein zusätzliches Volume erforderlich.

- **SP1 oder höher und Remoteinstallationsdienste (nur Windows Server 2003)** Wenn Sie die Windows-Bereitstellungsdienste auf einem Computer installieren, auf dem Windows Server 2003 ausgeführt wird, müssen Sie zuvor die Remoteinstallationsdienste installieren, damit sich das Update für die Windows-Bereitstellungsdienste ausführen lässt. Außerdem setzen die Windows-Bereitstellungsdienste mindestens SP1 voraus.

HINWEIS Die Installation und Verwaltung der Windows-Bereitstellungsdienste setzt voraus, dass der Administrator auf dem Windows-Bereitstellungsdiensteserver Mitglied der lokalen Administratorengruppe ist. Außerdem erfordern die meisten Verwaltungsaufgaben, die mit den Windows-Bereitstellungsdiensten durchgeführt werden, die Berechtigungen eines Domänenadministrators.

Anforderungen an die Clients

Welche Voraussetzungen Clientcomputer für die Installation mit den Windows-Bereitstellungsdiensten erfüllen müssen, hängt davon ab, wie Sie die Windows-Bereitstellungsdienste einsetzen. Die folgende Liste gibt Ihnen einen Überblick über die Voraussetzungen für den PXE-Start und die Installation von Abbildern mit den Windows-Bereitstellungsdiensten:

- **Hardwareanforderungen** Der Bereitstellungsdiensteclient muss die Mindestanforderungen des Betriebssystems erfüllen, das Sie installieren. Außerdem muss genügend Speicher für die Ausführung von Windows PE zur Verfügung stehen (384 MByte sind erforderlich, 512 MByte werden empfohlen), denn die Windows-Bereitstellungsdienste verwenden Windows PE, um den Clientcomputer zu starten.

- **Netzwerkadapter mit PXE-Start-ROM Version .99 oder höher auf DHCP-Basis** Um direkt vom Windows-Bereitstellungsdiensteserver starten zu können, muss der Netzwerkadapter des Computers mit einem PXE-Start-ROM ausgerüstet sein. Wenn dies nicht der Fall ist, kann der Client mit einer Start-DVD, mit einem Windows PE-Startabbild, das direkt auf die Festplatte des Computers kopiert wird, oder mit einem USB-Flashlaufwerk gestartet werden. Im Abschnitt »Vorbereiten der Suchabbilder« dieses Kapitels finden Sie weitere Informationen darüber.

  Alle Computer, die die NetPC- oder PC 98-Spezifikationen erfüllen, sollten in der Lage sein, vom Netzwerkadapter zu starten. Überprüfen Sie die BIOS-Einstellungen (Basic Input/Output System) des Clientcomputers daraufhin, ob Sie eine Option *Vom Netzwerk starten* aktivieren können. Wenn diese Option aktiviert ist, sollte der Computer beim Start kurz die Aufforderung anzeigen, F12 zu drücken, wenn der Computer vom Netzwerk gestartet werden soll.

- **Netzwerkzugriff auf den Windows-Bereitstellungsdiensteserver** Der Client braucht Broadcastzugriff auf den Windows-Bereitstellungsdiensteserver, um den PXE-Start zu ermöglichen. Windows PE-Startabbilder können Ihnen ohne Broadcastzugriff den Start in Windows PE ermöglichen, wobei die Windows-Bereitstellungsdienste als Abbildspeicher verwendet werden.

> **HINWEIS** Das Konto, mit dem die Installation durchgeführt wird, muss ein Mitglied der AD DS-Sicherheitsgruppe der *Domänen-Benutzer* sein. *Domänen-Benutzer* haben die Berechtigung, Computer in die Domäne aufzunehmen.

DHCP-Voraussetzungen

Die Windows-Bereitstellungsdienste konfigurieren die verfügbaren DHCP-Server bei der Installation und fügen die erforderlichen Bereichsoptionen zu den DHCP-Bereichen hinzu. Unter bestimmten Umständen könnte es in komplexen Bereitstellungsszenarien erforderlich sein, die DHCP-Server manuell einzustellen. Die folgende Liste beschreibt die DHCP-Bereichsmodifikationen:

- **Microsoft DHCP und Windows-Bereitstellungsdienste auf demselben Server** Wenn die Windows-Bereitstellungsdienste auf demselben Servercomputer installiert werden, auf dem auch der DHCP-Dienst ausgeführt wird, versuchen der PXE-Server der Windows-Bereitstellungsdienste und der DHCP-Server beide, Port 67 auf DHCP-Anfragen abzuhören. Um das zu verhindern, muss der PXE-Server so eingestellt werden, dass er diesen Port nicht abhört (Abbildung 10.5). Das ermöglicht startenden PXE-Clients, durch die DHCP-Antwort, die der DHCP-Server generiert, von der Anwesenheit des PXE-Servers zu erfahren.

- **Microsoft DHCP und Windows-Bereitstellungsdienste auf separaten Servern, wobei sich die Clients im selben Subnetz wie der Bereitstellungsdiensteserver befinden** Wenn die Windows-Bereitstellungsdienste und DHCP auf verschiedenen Servercomputern ausgeführt werden, sind keine zusätzlichen Einstellungen erforderlich. Beide Server antworten auf DHCP-Anfragen. Der DHCP-Server antwortet mit dem Angebot einer IP-Adresse, der PXE-Server der Windows-Bereitstellungsdienste antwortet mit der PXE-Startinformation.

- **Microsoft DHCP und Windows-Bereitstellungsdienste auf separaten Servern, wobei sich die Clients in einem anderen Subnetz als der Bereitstellungsdiensteserver befinden** Der empfohlene Lösungsansatz für dieses Szenario ist die Verwendung von IP-Hilfstabellen auf dem Router oder Switch, um PXE-Anfragen an den Windows-Bereitstellungsdiensteserver (und den DHCP-Server) weiterzuleiten. Als Alternative bietet es sich an, die DHCP-Optionen 66 und 67 in allen Bereichen so zu konfigurieren, dass sie den Windows-Bereitstellungsdiensteserver und den Pfad zum Startprogramm angeben.

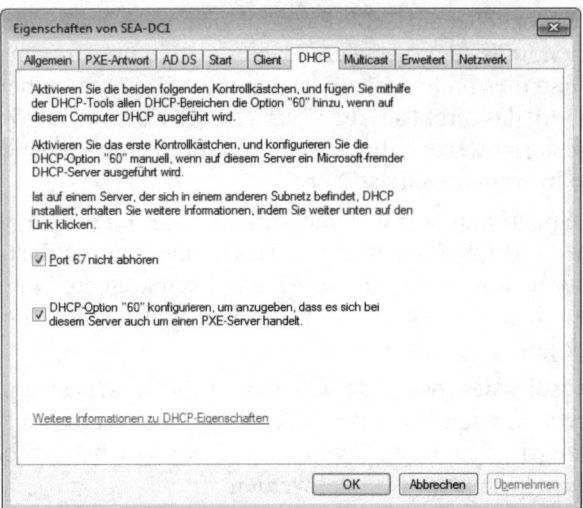

Abbildung 10.5 Einstellen der DHCP-Optionen in den Windows-Bereitstellungsdiensten

■ **DHCP von anderen Anbietern und Windows-Bereitstellungsdienste auf separaten Servern** Es sollten für die Bereitstellungsdienste keine zusätzlichen Einstellungen erforderlich sein, um mit DHCP-Servern von anderen Herstellen zu koexistieren. Der PXE-Server der Bereitstellungsdienste antwortet nur mit Informationen über die Startdatei und überlässt DHCP die Bearbeitung von IP-Adressenanforderungen.

HINWEIS Die Remoteinstallationsdienste erforderten, dass der Remoteinstallationsdiensteserver in AD DS als DHCP-Server autorisiert wurde. Das ist für die Windows-Bereitstellungsdienste nicht erforderlich.

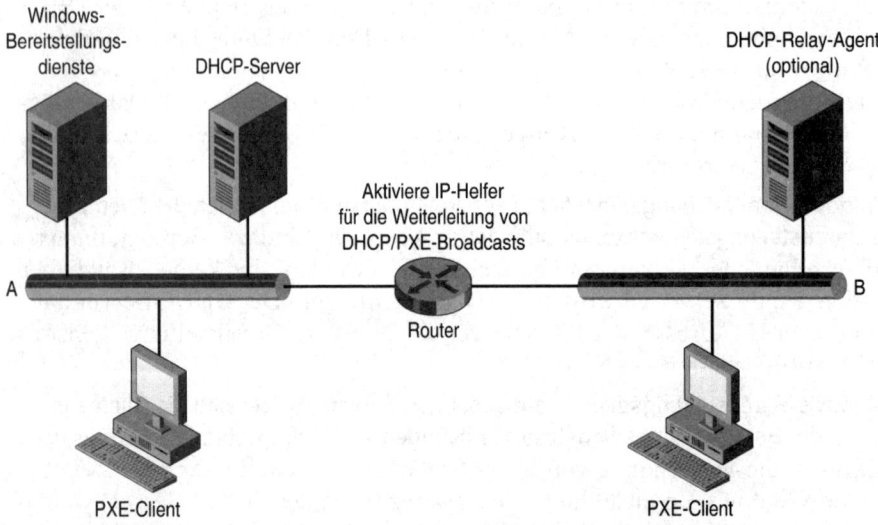

Abbildung 10.6 Windows-Bereitstellungsdienste in mehreren Subnetzen

Anforderungen an das Routing

Wenn DHCP und die Windows-Bereitstellungsdienste in verschiedenen Subnetzen liegen oder wenn Clients zu einem anderen Subnetz als der PXE-Server gehören, müssen in Netzwerkroutern IP-Helfer konfiguriert werden, damit DHCP-Anfragen und PXE-Startanfragen an die entsprechenden Server weitergeleitet werden (Abbildung 10.6).

> **HINWEIS**   Eine Alternative zur Aktivierung von IP-Helfern auf den Routern ist die Installation eines DHCP-Weiter-leitungsagenten im Remotenetzwerk, wobei die entsprechenden Bereichsoptionen konfiguriert werden müssen, damit Remoteclients den PXE-Server finden.

Kapazitätsvoraussetzungen

Windows-Bereitstellungsdiensteserver können sehr viel Datenverkehr im Netzwerk verursachen, wenn sie gleichzeitig Anfragen von mehreren Clients beantworten. Berücksichtigen Sie diese Netz-werkbelastung, indem Sie Ihrem Bereitstellungsnetzwerk eine ausreichende Kapazität geben. In Umgebungen, in denen gleichzeitig eine größere Anzahl von Neuinstallationen durchgeführt wird, können Sie mehrere Windows-Bereitstellungsdiensteserver einrichten oder Multicasting verwenden (das setzt Windows Server 2008 oder höher voraus). Beachten Sie, dass bei der gleichzeitigen Bereit-stellung von etwa 25 bis 50 Clients TFTP zum Engpass wird, weil es Unicastübertragungen verwendet und erforderlich ist, um Windows PE herunterzuladen. Einen Multicastdownload von Windows PE unterstützen die Windows-Bereitstellungsdienste nur für x64-UEFI-Computer (Unified Extensible Firmware Interface). Unter entsprechender Verwendung von DHCP-Bereichen und IP-Subnetzen können Sie den Zugriff auf die Windows-Bereitstellungsdienste ermöglichen. Sie können auch IP-Hilfstabellen konfigurieren, um Clients anhand der Client-Netzwerk-ID mit den vorgesehenen Windows-Bereitstellungsdiensteservern zu verbinden.

Installieren der Windows-Bereitstellungsdienste

Die Windows-Bereitstellungsdienste werden in Windows Server 2003 als Update installiert und in Windows Server 2008 R2 als Rolle hinzugefügt. Die folgenden Anleitungen beschreiben die grund-sätzlichen Installationsschritte für die Windows-Bereitstellungsdienste. Eine vollständige Beschrei-bung und Hilfestellung finden Sie in den entsprechenden Anleitungen (siehe auch den Abschnitt »Weitere Informationen« am Ende dieses Kapitels).

Windows Server 2003

Um die Windows-Bereitstellungsdienste auf einem Windows Server 2003-Computer vollständig zu installieren, müssen Sie zuerst die Remoteinstallationsdienste installieren. Anschließend installieren Sie das Update für die Windows-Bereitstellungsdienste. Oder Sie installieren Windows Server 2003 SP2 (darin ist das Update bereits enthalten). Auch das Windows AIK enthält das Update, das Sie auf jedem Server installieren können, nachdem Sie es vom Windows AIK-Medium kopiert haben.

So installieren Sie die Remoteinstallationsdienste auf Windows Server 2003:

1. Klicken Sie im *Software*-Modul der *Systemsteuerung* auf *Windows-Komponenten hinzufügen/ent-fernen*.

2. Wählen Sie das Kontrollkästchen neben *Remoteinstallationsdienste*, wie nachfolgend gezeigt, und klicken Sie dann auf *Weiter*.

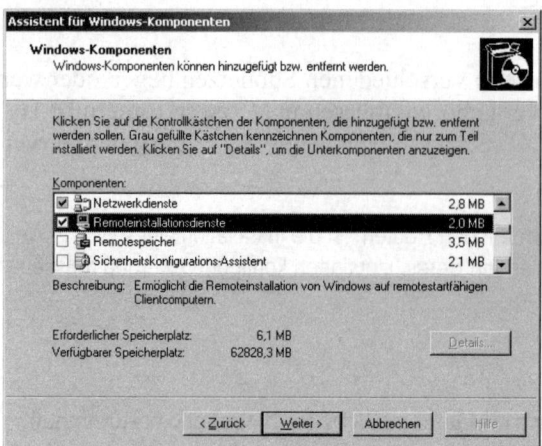

So installieren Sie das Windows-Bereitstellungsdienste-Update:

1. Starten Sie das Windows-Bereitstellungsdienste-Update aus dem Windows AIK. (Wenn Sie bereits das Service Pack 2 für Windows Server 2003 installiert haben, brauchen Sie das nicht zu tun.) Die Installationsdatei liegt auf der Windows AIK-DVD im Ordner *WDS* und heißt *WINDOWS-DEPLOYMENT-SERVICES-UPDATE*-PLATTFORM.*EXE*, wobei *Plattform* entweder *X86* oder *AMD64* ist.

2. Klicken Sie auf der nachfolgend gezeigten Willkommensseite des Installations-Assistenten für Softwareupdates auf *Weiter*.

3. Klicken Sie auf der Seite *Lizenzvertrag* auf *Ich stimme zu* und dann auf *Weiter*.

4. Die Seite *System wird aktualisiert* zeigt den Fortschritt der Installation an.

5. Klicken Sie auf der Seite *Fertigstellen des Assistenten* auf *Fertig stellen*, um den Computer neu zu starten.

HINWEIS   Sofern Sie nicht vorhaben, Riprep-Legacyabbilder zu verwenden, können Sie nun mit der Konfiguration der Windows-Bereitstellungsdienste fortfahren. Wenn Sie die Windows-Bereitstellungsdienste im gemischten Modus verwenden möchten, dann achten Sie darauf, dass Sie dieses Update erst installieren, wenn zumindest ein Riprep-Abbild zum Remoteinstallationsdiensteserver hinzugefügt wurde. Weitere Informationen über die Installation und Konfiguration der Remoteinstallationsdienste finden Sie unter »Designing RIS Installations« im *Windows Server 2003 Resource Kit.*

Windows Server 2008 R2

Sie können die Windows-Bereitstellungsdienste mit dem Assistenten zum Hinzufügen von Rollen installieren, der im *Server-Manager* zugänglich ist.

So fügen Sie die Rolle *Windows-Bereitstellungsdienste* hinzu:

1. Starten Sie den Assistenten zum Hinzufügen von Rollen.

2. Klicken Sie auf der Seite *Vorbemerkungen* auf *Weiter*.

3. Wählen Sie die Rolle *Windows-Bereitstellungsdienste* und klicken Sie auf *Weiter*.

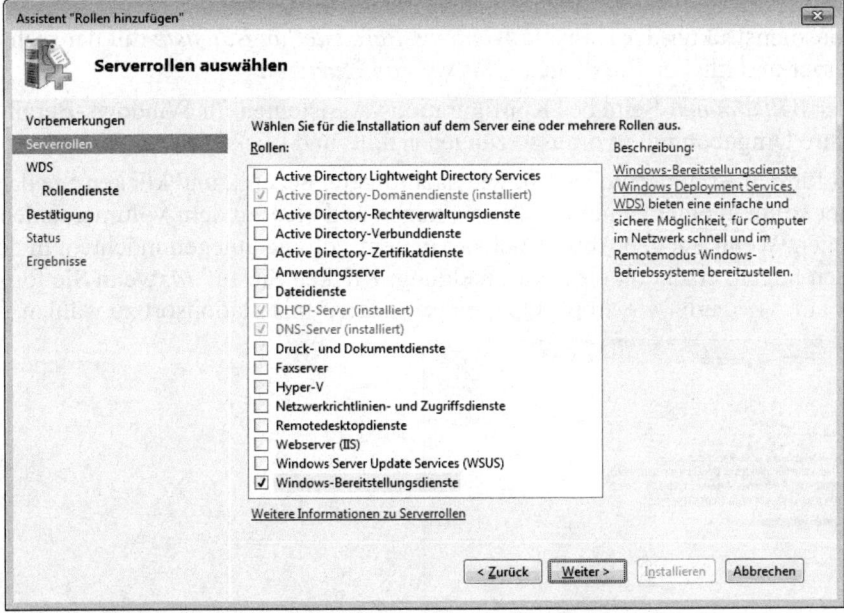

4. Es werden weitere Informationen über die Installation und Verwendung der Windows-Bereitstellungsdienste angezeigt.

5. Klicken Sie auf *Weiter*, wenn Sie fortfahren möchten.

6. Klicken Sie auf der Seite *Rollendienste auswählen* auf *Weiter*, um die beiden Rollendienste *Bereitstellungsserver* und *Transportserver* zu installieren. Der Rollendienst *Bereitstellungsserver* enthält alle Kernfunktionen der Windows-Bereitstellungsdienste. Der Rollendienst *Transportserver* enthält die Netzwerkkernfunktionen.

7. Klicken Sie auf der Seite *Installationsauswahl bestätigen* auf *Installieren*.

8. Die Windows-Bereitstellungsdienste werden installiert.

9. Klicken Sie auf *Schließen*, um den Assistenten zum Hinzufügen von Rollen zu schließen.

Konfigurieren der Windows-Bereitstellungsdienste

Nach der Installation der Bereitstellungsdienste müssen Sie den Server in die Verwaltungskonsole aufnehmen und ihn dann konfigurieren. Den lokalen Computer fügen die Bereitstellungsdienste automatisch zur Konsole hinzu. Wenn Sie mit einem Remoteserver arbeiten möchten, müssen Sie ihn selbst hinzufügen.

So fügen Sie einen Server zur Bereitstellungsdienstekonsole hinzu:

1. Öffnen Sie die Konsole *Windows-Bereitstellungsdienste*, indem Sie im Menü *Verwaltung* auf *Windows-Bereitstellungsdienste* klicken. Sie können auch im *Server-Manager* den Knoten *Windows-Bereitstellungsdienste* unter dem Knoten *Rollen* verwenden.

2. Klicken Sie in der Konsolenstruktur mit der rechten Maustaste auf *Server* und klicken Sie dann auf *Server hinzufügen*.

3. Wählen Sie im Dialogfeld *Server hinzufügen* einen Server aus, den Sie zur Konsole hinzufügen möchten. Der Server wird in die Konsole aufgenommen und muss anschließend konfiguriert werden.

So bereiten Sie den Bereitstellungsdiensteserver auf die erste Verwendung vor:

1. Klicken Sie in der Konsolenstruktur der Konsole *Windows-Bereitstellungsdienste* mit der rechten Maustaste auf den Server und klicken Sie dann auf *Server konfigurieren*.

2. Überprüfen Sie auf der *Willkommen*-Seite des Konfigurations-Assistenten für Windows-Bereitstellungsdienste, ob Ihre Umgebung die Voraussetzungen erfüllt, und klicken Sie auf *Weiter*.

3. Geben Sie einen Pfad für den Abbildspeicher ein, wie nachfolgend gezeigt, und klicken Sie dann auf *Weiter*. Der Ordner sollte in einem anderen Volume liegen und nicht in dem Volume, in dem die Systemdateien liegen. Wenn Sie den Abbildspeicher in dem Volume anlegen möchten, in dem auch die Systemdateien liegen, erscheint eine Warnmeldung. Klicken Sie auf *Ja*, wenn Sie fortfahren möchten, oder auf *Nein*, um (wie empfohlen) einen anderen Installationsort zu wählen.

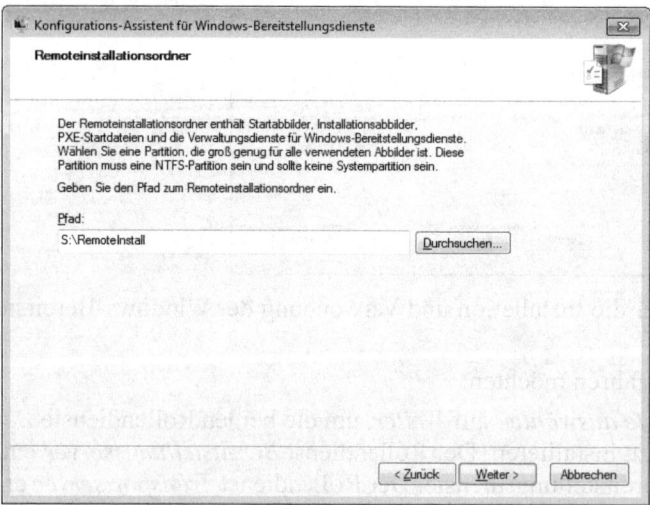

4. Markieren Sie auf der Seite *DHCP Option 60* beide Kontrollkästchen, wie nachfolgend gezeigt, und klicken Sie dann auf *Weiter*. (Je nach Konfiguration wird diese Seite vielleicht nicht angezeigt.) Im Abschnitt »DHCP-Voraussetzungen« dieses Kapitels wurde bereits beschrieben, welche Einstellungen man am besten vornimmt.

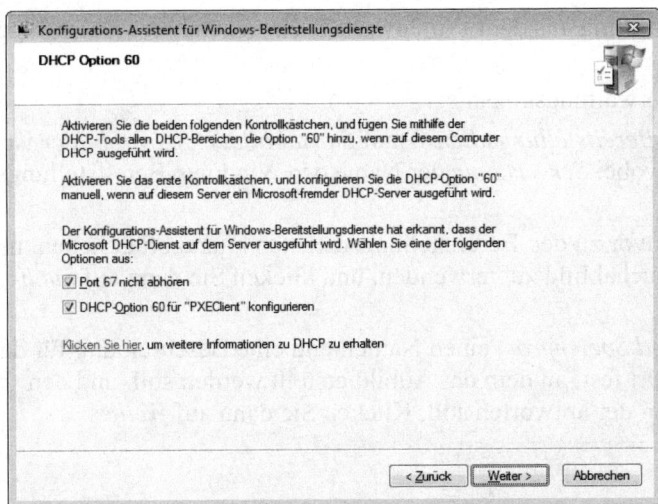

5. Legen Sie eine *PXE-Serveranfangseinstellung* (eine PXE-Antwortrichtlinie) fest, wie nachfolgend gezeigt, und klicken Sie dann auf *Weiter*.

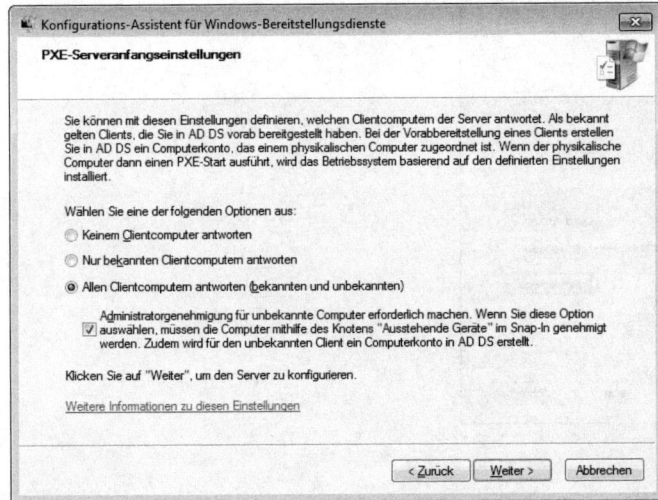

6. Auf der Seite *Der Vorgang ist abgeschlossen* können Sie Abbilder zum Server hinzufügen (die Voreinstellung) oder das Kontrollkästchen *Abbilder jetzt dem Server hinzufügen* löschen, wenn Sie die Abbilder später hinzufügen möchten. Wie man Abbilder zum Server hinzufügt, wird im Abschnitt »Importieren von Abbildern« dieses Kapitels beschrieben.

Vorbereiten der Suchabbilder

Für Clientcomputer, die keinen PXE-Start ermöglichen, können Sie einen Start von CD oder DVD, Festplatte oder USB-Flashlaufwerk vorbereiten. Die entsprechenden Startabbilder erstellen Sie mit den Verwaltungsprogrammen der Windows-Bereitstellungsdienste oder mit den Windows PE-Verwaltungstools aus dem Windows AIK. Der Prozess beginnt mit der Erstellung eines Windows PE-Startabbilds mit der Konsole *Windows-Bereitstellungsdienste* oder mit Wdsutil. Sobald dieses Abbild erstellt ist, können Sie mit dem Befehl Oscdimg aus dem Windows AIK ein startfähiges Datenträger-abbild erstellen.

So erstellen Sie ein Suchabbild mit der Verwaltungskonsole:

1. Klicken Sie in der Konsole *Windows-Bereitstellungsdienste* auf *Startabbilder*. *Startabbilder* ist unter *Server*, *Servername* zu finden, wobei *Servername* der Name des Windows-Bereitstellungs-diensteservers ist.

2. Klicken Sie ein Startabbild, das Sie zuvor zu den Bereitstellungsdiensten hinzugefügt haben, mit der rechten Maustaste an, um es als Suchabbild zu verwenden, und klicken Sie dann auf *Such-abbild erstellen*.

3. Geben Sie auf der Seite *Metadaten und Speicherort* einen Namen und eine Beschreibung für das Suchabbild ein. Legen Sie dann den Ort fest, an dem das Abbild erstellt werden soll, und den Windows-Bereitstellungsdiensteserver, der antworten soll. Klicken Sie dann auf *Weiter*.

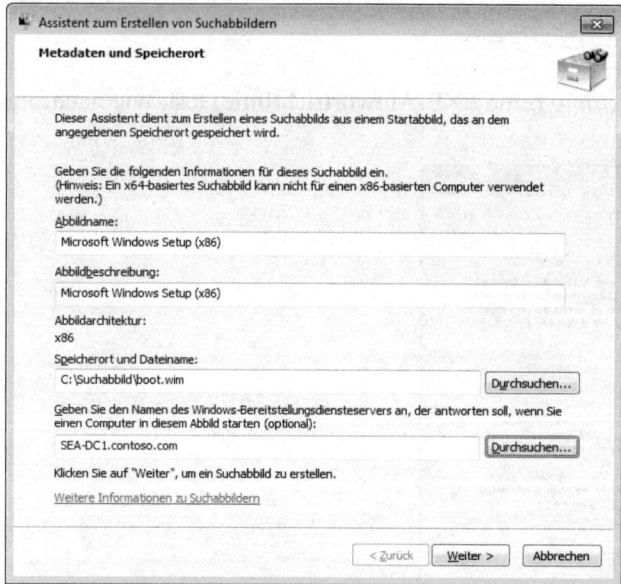

4. Klicken Sie auf *Fertig stellen*.

So erstellen Sie ein Suchabbild mit Wdsutil:

1. Verwenden Sie in einer Eingabeaufforderung mit erhöhten Rechten folgenden Befehl.

```
Wdsutil /new-discoverimage /image:Startabbild /architecture:Architektur /destinationimage
/filepath:Suchabbild
```

`Startabbild` ist der Name des Startabbilds, das Sie zur Erstellung des Suchabbilds verwenden möchten (nicht der Dateiname), und `Suchabbild` ist der Pfadname des neuen Windows PE-Start-abbilds. (Ein Pfadname besteht aus einem Pfad und einem Dateinamen.) `Architektur` ist entweder *x86* oder *x64*.

So erstellen Sie mit dem Suchabbild eine startfähige DVD:

1. Öffnen Sie eine *Eingabeaufforderung für Bereitstellungstools* und geben Sie im Ordner *C:\Program Files\Windows AIK\tools\PETools* folgenden Befehl:

```
CopyPE <Architektur> C:\Winpe
```

2. Kopieren Sie das Suchabbild, das Sie mit den gerade beschriebenen Prozeduren erstellt haben, in den Ordner *ISO\Sources* der Erstellungsumgebung:

```
copy C:\Suchabbild\boot.wim c:\Winpe\ISO\Sources
```

3. Geben Sie im Ordner *C:\Program Files\Windows AIK\tools\PETools* folgenden Befehl:

```
oscdimg -n -bc:\winpe\ISO\boot\etfsboot.com c:\winpe\ISO c:\Suchabbild\winpe.iso
```

4. Brennen Sie die *.iso*-Datei *winpe.iso* mit einer geeigneten Software auf eine DVD.

HINWEIS   Weitere Informationen über das Erstellen von startfähigen Medien finden Sie in Kapitel 9, »Vorbereiten von Windows PE«.

Importieren von Abbildern

Nachdem Sie die Windows-Bereitstellungsdienste installiert und konfiguriert haben, können Sie zusätzliche Windows PE-Startabbilder (*Boot.wim*) und Windows 7-Installationsabbilder (*Install.wim*) hinzufügen. Dieser Vorgang ist sehr einfach: Für diese Zwecke werden die Dateien *Boot.wim* und *Install.wim* aus dem Ordner *Sources* des Windows 7-Mediums verwendet. Sie können zum Beispiel ein Startabbild, das MDT 2010 erstellt, zu den Windows-Bereitstellungsdiensten hinzufügen. Das gibt Ihnen die Möglichkeit, im ganzen Netzwerk Verbindungen mit Bereitstellungsfreigaben herzustellen und MDT 2010-Tasksequenzen abzuarbeiten.

HINWEIS   Weitere Informationen über die Erstellung von benutzerdefinierten Start- und Installationsabbildern, die Sie in den Windows-Bereitstellungsdiensten verwenden können, finden Sie in Kapitel 9, »Vorbereiten von Windows PE«, und in Kapitel 6, »Entwickeln von Datenträgerabbildern«.

Importieren von Startabbildern

Um die Installation auf Clientcomputern vorzubereiten, müssen Sie ein Windows PE-Startabbild importieren. Die Windows-Bereitstellungsdienste von Windows Server 2008 und höher enthalten zwar den Code des Startladeprogramms, aber nicht das eigentliche Windows PE-Startabbild. Sie können Startabbilder direkt aus den Quelldateien von Windows 7 oder Windows Server 2008 R2 importieren. Sie können Startabbilder auch mit Verknüpfungen zu Bereitstellungssystemen wie MDT 2010 versehen. MDT 2010 erstellt zum Beispiel benutzerdefinierte Windows PE-Startabbilder, die eine Verbindung zu MDT 2010-Bereitstellungsfreigaben herstellen, um Betriebssystembuilds zu installieren. Zur Vereinfachung des LTI-Bereitstellungsprozesses können Sie diese benutzerdefinierten Windows PE-Startabbilder zu den Windows-Bereitstellungsdiensten hinzufügen.

So fügen Sie ein Startabbild zur Windows-Bereitstellungsdienste-Verwaltungskonsole hinzu:

1. Legen Sie eine Windows 7-DVD in das DVD Laufwerk des Servers ein oder sorgen Sie dafür, dass im Netzwerk eine Installationsquelle zur Verfügung steht.

2. Klicken Sie in der Konsole *Windows-Bereitstellungsdienste* den Ordner *Startabbilder* mit der rechten Maustaste an und klicken Sie dann auf *Startabbild hinzufügen*. *Startabbilder* ist unter *Server, Servername* zu finden, wobei *Servername* der Name des Windows-Bereitstellungsdienste-servers ist, zu dem Sie das Startabbild hinzufügen.

3. Klicken Sie auf der Seite *Abbilddatei* auf *Durchsuchen*, um das Startabbild im Dialogfeld *Windows-Abbilddatei auswählen* herauszusuchen, und klicken Sie dann auf *Öffnen*. Sie können zum Beispiel auf dem Windows 7-Medium das Standardstartabbild *Sources\boot.wim* auswählen.

4. Klicken Sie auf der Seite *Abbilddatei* auf *Weiter*.

5. Geben Sie auf der Seite *Abbildmetadaten* einen Namen und eine Beschreibung für das Abbild ein und klicken Sie auf *Weiter*. Der vorgegebene Standardname und die Beschreibung werden aus dem Inhalt der Startabbilddatei abgeleitet.

6. Klicken Sie auf der Seite *Zusammenfassung* auf *Weiter*, um das Abbild zu den Bereitstellungsdiensten hinzuzufügen.

7. Wenn der Import abgeschlossen ist, klicken Sie auf *Fertig stellen*.

Importieren von Installationsabbildern

Auf der Windows 7-DVD gibt es bereits ein Installationsabbild. Dieses Installationsabbild (*Install.wim*) kann mehrere Windows 7-Editionen enthalten. Sie können eine oder mehrere dieser Editionen in die Windows-Bereitstellungsdienste importieren und im Netzwerk bereitstellen.

> **AUF DER BEGLEIT-CD**   Auf der Begleit-CD dieses Buchs gibt es ein Beispielskript namens *VRKAddInstall-Image.vbs*, das zeigt, wie man Installationsabbilder mit einem Skript zu den Bereitstellungsdiensten hinzufügen kann. Ein ähnliches Skript namens *VRKListImages.vbs* zeigt, wie man ein Skript erstellt, das die Installationsabbilder auflistet. Diese Skripts sind aber nur Beispiele. Bevor Sie die Skripts in Ihrer Bereitstellungsumgebung einsetzen, müssen Sie sie an die Verhältnisse und Erfordernisse anpassen.

So importieren Sie ein Windows 7-Installationsabbild:

1. Legen Sie eine Windows 7-DVD in das DVD-Laufwerk des Servers ein oder sorgen Sie dafür, dass im Netzwerk eine Installationsquelle zur Verfügung steht.

2. Klicken Sie in der Konsole *Windows-Bereitstellungsdienste* den Ordner *Installationsabbilder* mit der rechten Maustaste an und klicken Sie dann auf *Abbildgruppe hinzufügen*. *Installationsabbilder* ist unter *Server*, *Servername* zu finden, wobei *Servername* der Name des Windows-Bereitstellungsdiensteservers ist, zu dem Sie das Installationsabbild hinzufügen.

3. Geben Sie der Abbildgruppe einen Namen und klicken Sie dann auf *OK*. Dadurch wird ein Ordner für den Abbildimport erstellt. Außerdem können Sie dadurch ähnliche Abbilder zusammenfassen, um den Speicherplatz und die Sicherheitsvorkehrungen optimal zu nutzen.

4. Klicken Sie *Installationsabbilder* mit der rechten Maustaste an und klicken Sie dann auf *Installationsabbild hinzufügen*.

5. Wählen Sie die gewünschte Abbildgruppe aus und klicken Sie auf *Weiter*.

6. Klicken Sie auf der Seite *Abbilddatei* auf *Durchsuchen*, wählen Sie die *Install.wim*-Datei aus, die Sie zum Server hinzufügen möchten, und klicken Sie dann auf *Öffnen*. Diese Datei liegt auf der Windows 7-DVD im Ordner *Sources*. Klicken Sie dann auf *Weiter*.

7. Wählen Sie auf der Seite *Liste der verfügbaren Abbilder* das Abbild oder die Abbilder aus, die Sie importieren möchten. (Achten Sie darauf, dass Sie nur Abbilder auswählen, für die Sie Lizenzen besitzen.) Klicken Sie auf *Weiter*.

8. Klicken Sie auf der Seite *Zusammenfassung* auf *Weiter*, um den Import einzuleiten. Der Vorgang kann einige Minuten dauern.

9. Wenn der Import abgeschlossen ist, klicken Sie auf *Fertig stellen*.

> **HINWEIS**   Wenn Sie die Quelldateien zuerst auf die lokale Festplatte kopieren und das Abbild dann aus den lokal gespeicherten Quelldateien importieren, erfolgt der Import schneller als direkt von der DVD.

Verwalten und Bereitstellen von Treiberpaketen

Ein neues Leistungsmerkmal der Windows-Bereitstellungsdienste von Windows Server 2008 R2 ist die Möglichkeit, Treiberpakete zu verwalten und bei der Durchführung einer Bereitstellung ebenfalls bereitzustellen. Sie können

- Treiberpakete zu einem Windows-Bereitstellungsdiensteserver hinzufügen und diese Treiberpakete anhand bestimmter Filterkriterien auf verschiedenen Clientcomputern bereitstellen.

- Treiberpakete, die für den Systemstart erforderlich sind, zu Startabbildern hinzufügen (wird nur für Windows 7-und Windows Server 2008 R2-Abbilder unterstützt).

Mit diesen neuen Funktionen ist es einfacher, dafür zu sorgen, dass bei der Bereitstellung die passenden Treiber zur Verfügung stehen.

Bereitstellen von Treiberpaketen für Clients

Sie können die Windows-Bereitstellungsdienste von Windows Server 2008 R2 verwenden, um mit den folgenden Methoden Treiberpakete für Clientcomputer bereitzustellen:

- **Methode 1**   Alle Treiberpakete werden für alle Clients zugänglich gemacht. Das ist die einfachste Lösung. Jeder Client verwendet Plug & Play, um das benötigte Treiberpaket zu installieren. Diese Methode setzt voraus, dass die Geräte, für die Treiber erforderlich sind, mit den Clients verbunden sind, bevor Sie Windows auf den Clients bereitstellen. Allerdings können sich Probleme ergeben, wenn zwei oder mehr inkompatible Treiber auf demselben Client installiert werden. Sollte dies geschehen, versuchen Sie es mit Methode 2.

- **Methode 2**   Für jeden Clienttyp wird eine separate Treibergruppe erstellt, die nach Bedarf mit Treiberpaketen ausgestattet wird. Eine *Treibergruppe* ist eine Sammlung von Treiberpaketen auf einem Windows-Bereitstellungsdiensteserver. Durch Filter wird auf der Basis der Clienthardware und des zu installierenden Betriebssystems festgelegt, welcher Clienttypen Zugriff auf eine Treibergruppe hat. Sie sollten diese Methode verwenden, wenn bestimmte Treiberpakete auf bestimmten Computern installiert werden sollen oder wenn die Hardwareumgebung für Methode 1 zu komplex ist.

- **Methode 3**   Für jeden Clienttyp wird eine separate Treibergruppe angelegt und nach Bedarf mit Treiberpaketen ausgestattet. Dann erstellen Sie eine weitere Treibergruppe und statten sie mit Treiberpaketen aus, die auf allen Computern bereitgestellt werden. Diese Methode ist von Nutzen, wenn Sie externe Hardware verwenden, die während der Installation nicht an die Clients angeschlossen ist. Nach dem Abschluss der Installation schließen Sie die Hardware an und das Treiberpaket wird installiert.

Die folgenden Abschnitte beschreiben jede Methode ausführlicher.

Bereitstellen von Treiberpaketen für Clients nach Methode 1

So machen Sie alle Treiberpakete während der Bereitstellung für alle Clients verfügbar:

1. Klicken Sie in der Konsole *Windows-Bereitstellungsdienste* unter *Servername* mit der rechten Maustaste auf den Knoten *Treiber* und wählen Sie *Treiberpaket hinzufügen*.

2. Suchen Sie einen Ordner heraus, in dem die bereitzustellenden Treiberpakete liegen, oder suchen Sie die *.inf*-Datei eines einzelnen Treiberpakets heraus, das Sie bereitstellen möchten.

   Beachten Sie, dass Sie keine Treiberpakete in der Form von *.msi*- oder *.exe*-Dateien bereitstellen können. Sie müssen die Treiberdateien aus diesen Paketen extrahieren, um Sie zum Windows-Bereitstellungsdiensteserver hinzufügen zu können.

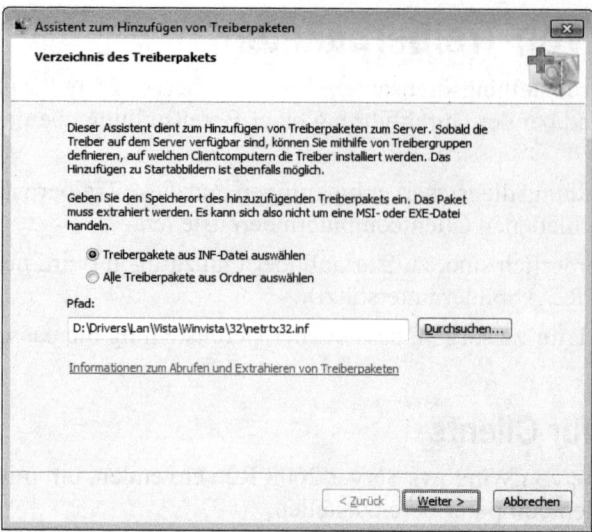

3. Klicken Sie auf *Weiter* und wählen Sie das Treiberpaket oder die Treiberpakete aus, die Sie zum Windows-Bereitstellungsdiensteserver hinzufügen möchten.

4. Klicken Sie auf *Weiter* um, das Paket zum Windows-Bereitstellungsdiensteserver hinzuzufügen.

5. Klicken Sie auf *Weiter* und wählen Sie die Option *Vorhandene Treibergruppe auswählen.*Wählen Sie dann *DriverGroup1* als Treibergruppe, zu der der Treiber hinzugefügt wird. *DriverGroup1* ist die Standardtreibergruppe. Für diese Gruppe wurden keine Filter konfiguriert. Das bedeutet, dass alle Clientcomputer Zugriff auf die Treiberpakete haben, die sich in dieser Gruppe befinden. Plug & Play sorgt dafür, dass nur solche Treiberpakete installiert werden, die sich für die Hardware des Clients eignen.

6. Beenden Sie den Assistenten zum Hinzufügen von Treiberpaketen. Das hinzugefügte Treiberpaket wird in der Konsole *Windows-Bereitstellungsdienste* unter *DriverGroup1* angezeigt.

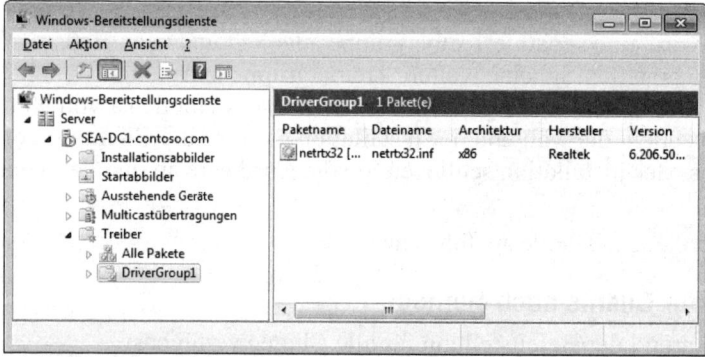

Diesen Lösungsansatz können Sie folgendermaßen testen:

1. Sorgen Sie dafür, dass das Gerät, für das der Treiber vorgesehen ist, am Clientcomputer angeschlossen ist.

2. Verwenden Sie die Windows-Bereitstellungsdienste, um Windows 7 auf dem Clientcomputer bereitzustellen.

3. Wenn die Installation abgeschlossen ist, melden Sie sich als Administrator an und öffnen den *Geräte-Manager*. Überprüfen Sie, ob der benötigte Gerätetreiber installiert wurde und richtig funktioniert.

Bereitstellen von Treiberpaketen für Clients nach Methode 2

So stellen Sie Treiberpakete unter Verwendung von Treibergruppen, die mit Hardware- und/oder Installationsabbildfiltern konfiguriert wurden, für verschiedene Clienttypen bereit.

1. Klicken Sie in der Konsole *Windows-Bereitstellungsdienste* unter dem Knoten *Treiber* mit der rechten Maustaste auf *DriverGroup1* und wählen Sie *Deaktivieren*. Sie müssen für diese Methode *DriverGroup1* deaktivieren, weil für *DriverGroup1* keine Filter konfiguriert wurden. Das bedeutet, dass alle Treiberpakete aus *DriverGroup1* für eine Bereitstellung zur Verfügung stehen, solange *DriverGroup1* nicht deaktiviert wurde.

2. Klicken Sie den Knoten *Treiber* mit der rechten Maustaste an und wählen Sie *Treibergruppe hinzufügen*. Geben Sie einen Namen für die Treibergruppe ein.

3. Klicken Sie auf *Weiter*, um die Seite *Clienthardwarefilter* des Assistenten zum Hinzufügen von Treibergruppen anzuzeigen.

4. Klicken Sie auf *Hinzufügen*, um das Dialogfeld *Filter hinzufügen* zu öffnen.

5. Wählen Sie einen Filtertyp. Zur Verfügung stehen folgende Filtertypen:
   - ☐ Hersteller
   - ☐ BIOS-Anbieter
   - ☐ BIOS-Version
   - ☐ Chassistype
   - ☐ UUID

   Hersteller ist der gebräuchlichste Filtertyp, gefolgt von *Chassistyp*. Die anderen Typen werden gewöhnlich bei der Problembehandlung verwendet.

6. Wählen Sie als Operator für den Filter *Gleich* oder *Ungleich*.

7. Geben Sie einen Wert für den Filter ein und klicken Sie auf *Hinzufügen*. Bei Bedarf können Sie mehrere Werte zu einem Filter hinzufügen, wenn zum Beispiel mehrere Schreibweisen für den Herstellernamen verwendet werden.

8. Wiederholen Sie die Schritte 5 bis 7 nach Bedarf, um zusätzliche Filter hinzuzufügen.

9. Klicken Sie auf *OK*, wenn Sie fertig sind. Die hinzugefügten Filter werden angezeigt.

10. Klicken Sie auf *Weiter*, um die Seite *Installationsabbildfilter* anzuzeigen.

11. Klicken Sie auf *Hinzufügen*, um das Dialogfeld *Filter hinzufügen* zu öffnen.

12. Wählen Sie einen Filtertyp. Zur Verfügung stehen folgende Filtertypen:
   - ☐ Betriebssystemversion
   - ☐ Betriebssystemedition
   - ☐ Betriebssystemsprache

13. Wählen Sie als Operator für den Filter *Gleich* oder *Ungleich*.

14. Geben Sie einen Wert für den Filter ein und klicken Sie auf *Hinzufügen*.

15. Wiederholen Sie die Schritte 12 bis 14 nach Bedarf, um zusätzliche Filter hinzuzufügen.

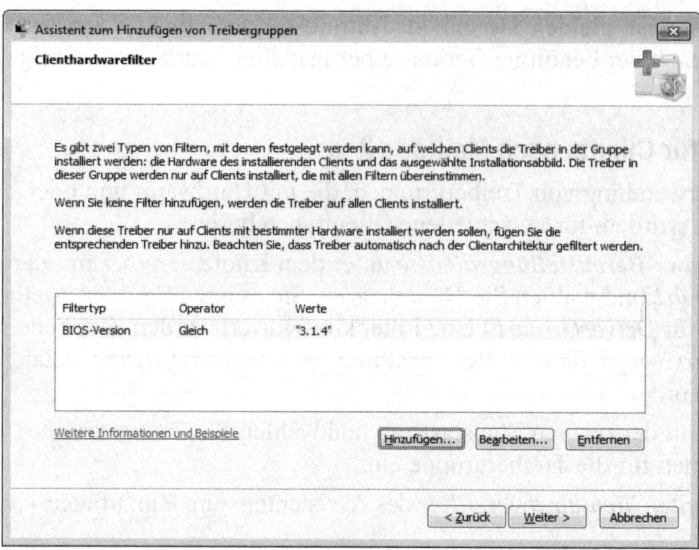

16. Klicken Sie auf *OK*, wenn Sie fertig sind, und klicken Sie dann auf *Weiter*, um die Seite *Zu installierende Pakete* anzuzeigen.

17. Lassen Sie auf der Seite *Zu installierende Pakete* die Option *Nur Treiberpakete installieren, die der Hardware eines Clients entsprechen* gewählt. Klicken Sie auf *Weiter* und dann auf *Fertig stellen*, um den Assistenten zum Hinzufügen von Treibergruppen zu beenden.

18. Nun müssen Sie Ihre neue Treibergruppe noch mit Treiberpaketen ausstatten. Das können Sie auf zwei Arten tun:

   ☐ Um Treiberpakete aufzunehmen, die noch nicht zum Windows-Bereitstellungsdiensteserver hinzugefügt wurden, klicken Sie den Knoten *Treiber* mit der rechten Maustaste an und wählen *Treiberpaket hinzufügen*. Verwenden Sie den Assistenten zum Hinzufügen von Treiberpaketen, um Treiberpakete hinzuzufügen, erst zum Server und dann zur Treibergruppe.

   ☐ Wurden die Treiberpakete bereits zum Windows-Bereitstellungsdiensteserver hinzugefügt, befinden sich aber in den falschen Gruppen, dann klicken Sie die Treibergruppe, die Sie gerade erstellt haben, mit der rechten Maustaste an und wählen *Treiberpakete zu dieser Gruppe hinzufügen*. Verwenden Sie den Assistenten zum Hinzufügen von Treiberpaketen, um die Treiberpakete zu dieser Gruppe hnzuzufügen.

> **WARNUNG**   Testen Sie diesen Lösungsansatz sorgfältig, bevor Sie ihn in eine Produktivumgebung übernehmen. Achten Sie vor allem darauf, dass Sie die Filter präzise festlegen. Fehlt ein Punkt oder ein anderes Zeichen, kann ein Filter unwirksam werden.

Bereitstellen von Treiberpaketen für Clients nach Methode 3

So können Sie die Plug & Play-Auswahl überspringen und alle Treiber aus einer Gruppe auf den Clients installieren:

1. Führen Sie die Schritte 1 bis 16 von Methode 2 durch, wie im vorigen Abschnitt beschrieben.

2. Auf der Seite *Zu installierende Pakete* wählen Sie *Alle Treiberpakete in dieser Gruppe installieren*.

3. Klicken Sie auf *Weiter* und dann auf *Fertig stellen*, um den Assistenten zum Hinzufügen von Treibergruppen zu beenden. Fügen Sie dann die erforderlichen Treiberpakete zur neuen Treibergruppe hinzu, wie im Schritt 18 von Methode 2 beschrieben.

Wenn Sie bereits eine Treibergruppe mit Filtern für Methode 2 erstellt und mit Treiberpaketen ausgestattet haben, die Sie nun für Methode 3 verwenden möchten, können Sie die Treibergruppe auch mit der rechten Maustaste anklicken, *Eigenschaften* wählen und dann *Alle Treiberpakete in der Gruppe* wählen.

WARNUNG Wenn mit dieser Methode inkompatible Treiberpakete bereitgestellt werden, kann dies dazu führen, dass sich die Clientcomputer nicht richtig starten lassen.

Verwalten von Treibergruppen und Treiberpaketen

Sie können die Windows-Bereitstellungsdienste von Windows Server 2008 R2 zur Verwaltung von Treibergruppen verwenden. Sie können zum Beispiel:

- Eine Treibergruppe aktivieren oder deaktivieren
- Eine Treibergruppe duplizieren. (Dadurch entsteht eine neue Treibergruppe mit denselben Treiberpaketen und Filtern. Es werden keine neuen Kopien der Dateien erstellt, sondern nur zusätzliche Verweise.)
- Die Filter für eine Treibergruppe ändern
- Die Anwendbarkeit einer Treibergruppe konfigurieren

Sie können die Windows-Bereitstellungsdienste von Windows Server 2008 R2 auch zur Verwaltung von Treiberpaketen verwenden. Sie können zum Beispiel:

- Die Eigenschaften eines Treiberpakets anzeigen, einschließlich seiner Treiber und Dateien
- Die Treibergruppen konfigurieren, zu denen das Treiberpaket gehören
- Das Treiberpaket aktivieren oder deaktivieren

Hinzufügen von Treiberpaketen zu Startabbildern

Mit den Windows-Bereitstellungsdiensten von Windows Server 2008 R2 können Sie Treiberpakete, die für den Start erforderlich sind, zu Startabbildern hinzufügen. So fügen Sie ein Treiberpaket zu einem Startabbild hinzu:

1. Klicken Sie in der Konsole *Windows-Bereitstellungsdienste* unter dem Namen des Servers auf *Startabbilder*. Klicken Sie dann ein Startabbild mit der rechten Maustaste an und wählen Sie *Abbild exportieren*, um eine Sicherungskopie des Startabbilds zu erstellen, bevor Sie fortfahren. Das ist zu empfehlen, denn wenn Sie einen inkompatiblen oder beschädigten Starttreiber zu einem Startabbild hinzufügen, kann das Startabbild unbrauchbar und irreparabel beschädigt werden.

2. Klicken Sie das Startabbild erneut mit der rechten Maustaste an und wählen Sie *Treiberpakete zu Abbild hinzufügen*, um den Assistenten zum Hinzufügen von Treiberpaketen zum Startabbild zu starten.

3. Klicken Sie auf *Weiter*, um die Seite *Treiberpakete auswählen* anzuzeigen.

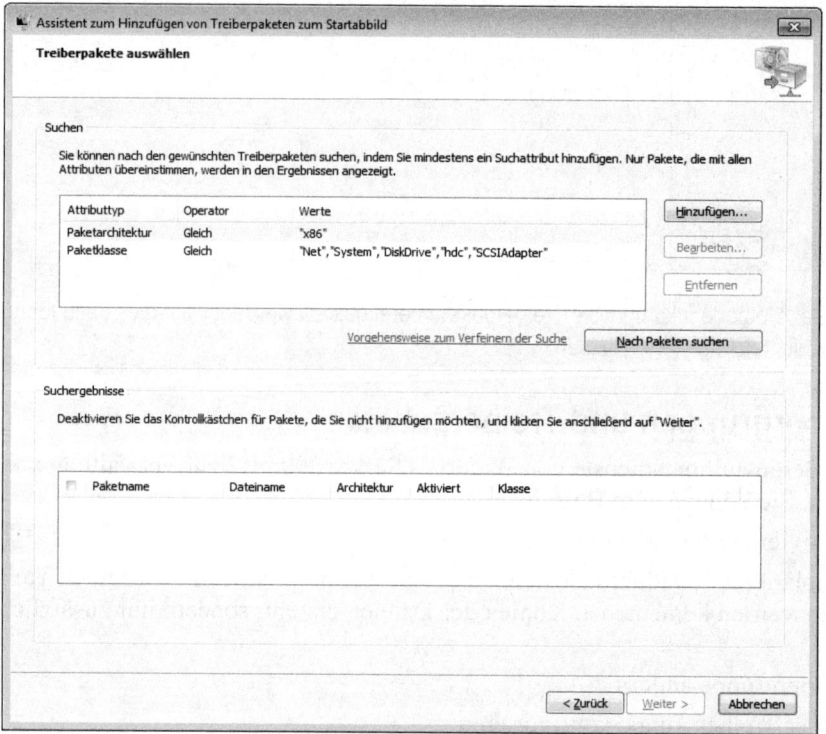

4. Klicken Sie auf *Hinzufügen* oder *Entfernen*, um Filterkriterien für die Suche nach Treiberpaketen, die bereits zum Windows-Bereitstellungsdiensteserver hinzugefügt wurden, hinzuzufügen oder zu entfernen. Klicken Sie dann auf *Nach Paketen suchen*, um alle Treiberpakete anzuzeigen, die auf dem Server vorhanden sind und die Filterkriterien erfüllen.

5. Wählen Sie aus den Suchergebnissen die Treiberpakete aus, die Sie zum Startabbild hinzufügen möchten. Schließen Sie dann die Arbeit im Assistenten ab.

Abbildsicherheit

Es ist wichtig, Start- und Installationsabbilder gut zu sichern, um eine nichtautorisierte Verwendung zu verhindern. Ein vollständig konfiguriertes Abbild enthält vielleicht Anwendungen und Daten der Organisation, vertrauliche Konfigurationen und vielleicht sogar Codes und Schlüssel, die zur Aktivierung von Anwendungen erforderlich sind.

Eine Methode zur Verhinderung einer nichtautorisierten Installation besteht darin, eine Vorauswahl der Clients zu treffen, die Abbilder anfordern dürfen. Bei dieser Vorauswahl werden Clients mit einer eindeutigen Kennung (Globally Unique Identification Number, GUID) in AD DS registriert (der Vorgang wird auch *Pre-Staging* genannt). Eine zweite Methode besteht darin, für eine Clientinstallation die Genehmigung eines Administrators vorzuschreiben. Außerdem können Sie noch festlegen, welche Benutzer Zugriff auf die Abbilder erhalten.

So konfigurieren Sie die Zugriffssteuerungsliste (Access Control List, ACL) einer Abbilddatei:

1. Klicken Sie das Abbild mit der rechten Maustaste an und klicken Sie dann auf *Eigenschaften*.

2. Konfigurieren Sie auf der Registerkarte *Benutzerberechtigungen* die Berechtigungen und klicken Sie dann auf *OK*. Damit ein Benutzer das Abbild installieren kann, muss er über die Berechtigung *Lesen und Ausführen* verfügen. Wie die folgende Abbildung zeigt, können Mitglieder der Gruppe *Installationen* das Abbild installieren, das durch diese Zugriffssteuerungsliste gesichert ist.

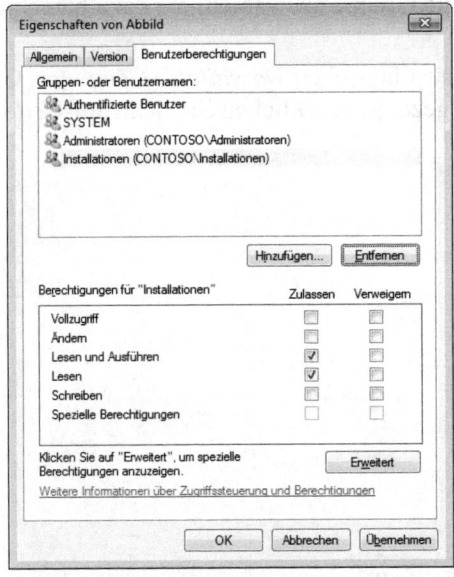

> **HINWEIS** Sie können nicht nur einzelne Abbilder sichern, sondern auch Abbildgruppen. Klicken Sie eine Abbildgruppe mit der rechten Maustaste an, klicken Sie auf *Sicherheit* und stellen Sie dann auf der Registerkarte *Sicherheit* die Berechtigungen ein. Standardmäßig übernehmen (erben) die Abbilder in einer Abbildgruppe die Berechtigungen, die für die Gruppe festgelegt werden.

Voranmeldung der Clientcomputer

Durch die Voranmeldung der Clientcomputerkonten können Sie erreichen, dass die Windows-Bereitstellungsdienste nur auf bekannte Clients antworten. Sie können auch bestimmte Bereitstellungsdiensteserver für die Bedienung der ausgewählten Clients vorsehen, bestimmte Installationsabbilder zuweisen und die Bereitstellung für Clients automatisch kontrollieren. Die PXE-Antwortrichtlinie haben Sie bereits bei der Installation der Windows-Bereitstellungsdienste festgelegt, wie im Abschnitt »Installieren der Windows-Bereitstellungsdienste« beschrieben.

Zur Voranmeldung eines Clientcomputerkontos müssen Sie die GUID des Systems kennen. Sie finden diesen Wert im BIOS des Computers, in der Dokumentation oder auf einem Schildchen, das am Gehäuse des Computers angebracht ist. Dieser Wert wird in den Eigenschaften der AD DS-Computerkonten eingetragen, um die Zugehörigkeit des Computers zur AD DS-Infrastruktur vorab festzulegen.

So melden Sie einen Clientcomputer vorab an:

1. Suchen Sie in *Active Directory-Benutzer und -Computer* die Organisationseinheit, in welcher der Computer vorangemeldet werden soll.

2. Klicken Sie die Organisationseinheit mit der rechten Maustaste an, wählen Sie *Neu* und klicken Sie auf *Computer*.

3. Geben Sie einen Namen für den Computer ein und klicken Sie dann auf *Weiter*. Wenn Sie möchten, können Sie auf *Ändern* klicken und den Benutzer oder die Gruppe auswählen, die dazu berechtigt ist, diesen Computer zur Domäne hinzuzufügen.

4. Wählen Sie auf der Seite *Verwalteter Computer* das Kontrollkästchen *Verwalteter Computer*. Geben Sie die GUID des Computers ein, wie nachfolgend gezeigt, und klicken Sie dann auf *Weiter*.

5. Wählen Sie auf der Seite *Hostserver* die Option *Verfügbarer Remoteinstallationsserver* oder wählen Sie den Windows-Bereitstellungsdiensteserver aus, der für diesen Client zuständig ist. Klicken Sie auf *Weiter*.

6. Klicken Sie auf *Fertig stellen*, um den Assistenten abzuschließen.

HINWEIS   Sie können Computerkonten auch mit dem Befehl `Wdsutil /Add-Device` vorab anmelden.

Konfigurieren der obligatorischen Bestätigung durch einen Administrator

Eine Alternative zur Voranmeldung der Clientcomputer oder zur unbeschränkten Freigabe des Zugriffs auf Bereitstellungsdiensteabbilder ist, die Bestätigung eines Administrators zu verlangen, bevor die Installation erfolgen kann. Das können Sie auf der Registerkarte *PXE-Antwort* des Servers konfigurieren. Sie können die PXE-Antwortrichtlinie auch bei der Installation der Windows-Bereitstellungsdienste festlegen, wie im Abschnitt »Installieren der Windows-Bereitstellungsdienste« beschrieben. Wenn Sie für unbekannte Computer eine Genehmigung durch einen Administrator konfigurieren möchten, geben Sie zuerst dem Computerkonto des Windows-Bereitstellungsdienste-servers die Berechtigungen eines Domänenadministrators. Eine Beschreibung dieses Vorgangs finden Sie unter *http://technet.microsoft.com/en-us/library/cc754005.aspx* unter der Überschrift »Approve a Pending Computer«. Anschließend konfigurieren Sie die PXE-Antwortrichtlinie.

So legen Sie fest, dass Zugriffe durch unbekannte Clients vom Administrator genehmigt werden müssen:

1. Klicken Sie den Server in der Konsole *Windows-Bereitstellungsdienste* mit der rechten Maustaste an und klicken Sie dann auf *Eigenschaften*.

2. Klicken Sie auf der Registerkarte *PXE-Antwort* auf *Allen Clientcomputern antworten (bekannten und unbekannten)* und wählen Sie dann das Kontrollkästchen *Administratorgenehmigung für unbekannte Computer erforderlich machen*.

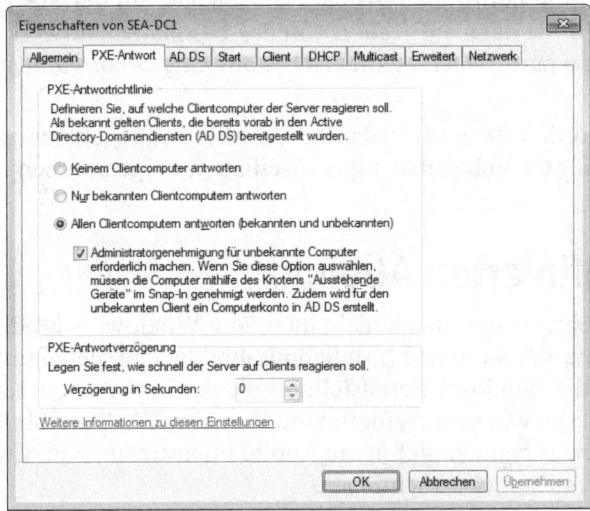

Ein Clientcomputer geht dann nach dem Start von Windows PE in einen Wartezustand über, bis ein Administrator die Installation genehmigt. Computer, die sich in diesem Zustand befinden, werden in der Konsole *Windows-Bereitstellungsdienste* unter dem Knoten *Ausstehende Geräte* angezeigt.

Installieren von Windows 7

Um die Installation von Windows 7 zu erleichtern, müssen Clientcomputer vom Netzwerk aus gestartet werden können. Die Windows-Bereitstellungsdienste verwenden PXE-Technologie, um einen Computer über das Netzwerk zu starten und um den Bereitstellungsdiensteclient zu starten. Sorgen Sie dafür, dass das BIOS des Computers für den Start über das Netzwerk konfiguriert ist.

So installieren Sie Windows 7 mit den Windows-Bereitstellungsdiensten:

1. Starten Sie den Clientcomputer oder führen Sie einen Neustart durch.

2. Wenn das Startladeprogramm der Windows-Bereitstellungsdienste Sie beim Start des Computers auffordert, F12 zu drücken, dann drücken Sie diese Taste, um den Windows-Bereitstellungs- diensteclient herunterzuladen und zu starten. Achten Sie darauf, dass Sie im BIOS des Computers den Netzwerkstart aktiviert haben.

3. Wählen Sie auf der Seite *Windows-Bereitstellungsdienste* ein Gebietsschema und ein Tastatur- layout und klicken Sie dann auf *Weiter*.

4. Wenn Sie aufgefordert werden, die Anmeldeinformationen für die Verbindung mit dem Windows- Bereitstellungsdiensteserver einzugeben, geben Sie den Namen und das Kennwort des Kontos ein, das für die Verbindung verwendet werden soll, und klicken auf *OK*.

5. Wählen Sie auf der Seite *Zu installierendes Betriebssystem auswählen* ein Betriebssystemabbild aus und klicken Sie dann auf *Weiter*.

6. Wählen Sie auf der Seite *Wo möchten Sie Windows installieren* eine Partition aus, auf der Sie Windows 7 installieren möchten, und klicken Sie dann auf *Weiter*. Um das Festplattenlaufwerk mit den erweiterten Laufwerkoptionen neu zu partitionieren, klicken Sie auf *Laufwerkoptionen (erweitert)*.

7. Windows Setup installiert Windows 7 und fordert Sie nach Bedarf auf, die Einstellungen vorzu- nehmen, die nicht durch eine Antwortdatei für die unbeaufsichtigte Installation vorgenommen werden.

Aufzeichnen von benutzerdefinierten Abbildern

Die Windows-Bereitstellungsdienste können mehr, als nur Standardabbilder vom Windows 7-Medium bereitzustellen. Sie können benutzerdefinierte Startabbilder und Installationsabbilder erstellen und diese dann zur automatischen Bereitstellung in die Windows-Bereitstellungsdienste importieren. Ka- pitel 9, »Vorbereiten von Windows PE«, beschreibt, wie benutzerdefinierte Windows PE-Startabbilder erstellt werden. Nach der Erstellung können Sie das benutzerdefinierte Abbild importieren, wie bereits im Abschnitt »Importieren von Abbildern« dieses Kapitels beschrieben.

Um ein benutzerdefiniertes Installationsabbild für die Windows-Bereitstellungsdienste zu erstellen, müssen Sie zuerst ein vorhandenes Abbild auf einem Referenzcomputer installieren, den Referenz- computer dann nach Bedarf durch die Installation von Treibern und Anwendungen anpassen und anschließend ein Abbild des Referenzcomputers erstellen. Die Aufzeichnung eines Abbilds erfolgt in zwei Schritten: Zuerst erstellen Sie ein Windows PE-Aufzeichnungsabbild, um den Referenzcomputer für die Aufzeichnung starten zu können, dann zeichnen Sie ein Abbild des Computers auf, der mit dem Sysprep-Programm auf die Abbildaufzeichnung vorbereitet wurde.

So erstellen Sie ein Aufzeichnungsabbild:

1. Klicken Sie in der Strukturansicht der Konsole *Windows-Bereitstellungsdienste* auf *Startabbilder*.

2. Klicken Sie das Abbild, das als Aufzeichnungsabbild verwendet werden soll, mit der rechten Maustaste an und klicken Sie dann auf *Aufzeichnungsabbild erstellen*.

3. Geben Sie auf der Seite *Metadaten und Speicherort* einen Namen und eine Beschreibung für das Aufzeichnungsabbild ein und legen Sie dann den Speicherort und den Dateinamen der zu erstellenden Abbilddatei fest. Klicken Sie auf *Weiter*, um das Aufzeichnungsabbild zu erstellen.

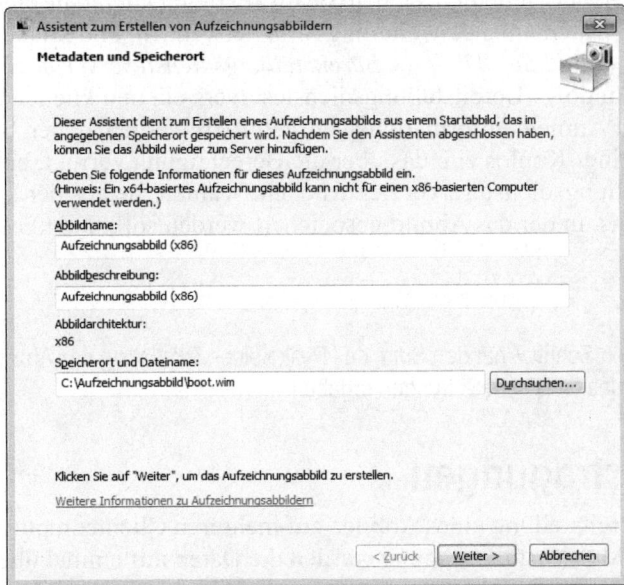

4. Klicken Sie auf *Fertig stellen*.

5. Importieren Sie das benutzerdefinierte Aufzeichnungsstartabbild, wie bereits im Abschnitt »Importieren von Abbildern« dieses Kapitels beschrieben. Beachten Sie, dass die Windows-Bereitstellungsdienste von Windows Server 2008 R2 auf der letzten Seite dieses Assistenten ein Kontrollkästchen aufweisen, das Sie wählen können, um das Abbild automatisch wieder zu importieren.

So erstellen Sie ein benutzerdefiniertes Windows 7-Installationsabbild:

1. Erstellen Sie eine Masterinstallation, indem Sie Windows 7 auf einem Referenzcomputer installieren und nach Bedarf anpassen. Auf Ihrem Referenzcomputer können Sie Windows 7 entweder vom Installationsmedium oder mit den Windows-Bereitstellungsdiensten installieren. Wie Windows 7 mit den Windows-Bereitstellungsdiensten installiert wird, beschreibt der Abschnitt »Installieren von Windows 7« dieses Kapitels.

2. Wechseln Sie auf dem Referenzcomputer in einer Eingabeaufforderung ins Verzeichnis *\Windows\ System32\Sysprep* und verwenden Sie folgenden Befehl.

```
sysprep /oobe /generalize /reboot
```

3. Wenn der Referenzcomputer neu gestartet wird und das Startladeprogramm Sie auffordert, F12 zu drücken, dann drücken Sie F12, um den Windows-Bereitstellungsdiensteclient herunterzuladen. Achten Sie darauf, dass im BIOS des Computers der Start vom Netzwerk aktiviert ist.

4. Wählen Sie im Windows-Start-Manager das Aufzeichnungsstartabbild.

5. Klicken Sie im Assistenten zur Abbildaufzeichnung für Windows-Bereitstellungsdienste auf *Weiter*.

6. Wählen Sie auf der Seite *Aufzuzeichnendes Verzeichnis* das Volume, das aufgezeichnet werden soll, aus der Liste *Aufzuzeichnendes Volume* aus und geben Sie einen Namen und eine Beschreibung für das Abbild ein. Klicken Sie auf *Weiter*. (Beachten Sie, dass an diesem Punkt keine Volumes ausgewählt werden können, wenn Sie Schritt 2 ausgelassen haben.)

7. Klicken Sie auf der Seite *Neuer Abbildspeicherort* auf *Durchsuchen*, um einen Ort herauszusuchen, an dem Sie das aufgezeichnete Abbild speichern möchten. Geben Sie im Textfeld *Dateiname* einen Namen für das Abbild ein, wobei Sie die Dateinamenserweiterung *.wim* verwenden, und klicken Sie dann auf *Speichern*. Klicken Sie auf *Abbild auf Windows-Bereitstellungsdiensteserver hochladen*, geben Sie dann den Namen des Windows-Bereitstellungsdiensteservers ein und klicken Sie auf *Verbinden*. Wenn Sie zur Eingabe der Anmeldeinformationen aufgefordert werden, geben Sie den Benutzernamen und das Kennwort eines Kontos ein, das über die Berechtigung verfügt, eine Verbindung mit dem Windows-Bereitstellungsdiensteserver herzustellen. Wählen Sie aus der Liste *Abbildgruppenname* die Abbildgruppe aus, in der das Abbild gespeichert werden soll, und klicken Sie auf *Weiter*.

8. Klicken Sie auf *Fertig stellen*.

HINWEIS   Die Speicherung einer lokalen Kopie in Schritt 7 hat den Sinn, das Risiko einer Zerstörung des Abbilds zu verringern, falls sich bei der Übertragung über das Netzwerk Störungen ergeben.

Erstellen von Multicastübertragungen

Multicasting ermöglicht die gleichzeitige Bereitstellung eines Abbilds auf mehreren Clientcomputern, ohne das Netzwerk zu überlasten. Bei einer Multicastübertragung werden die Daten nur einmal übertragen. Dadurch sinkt die Belastung des Netzwerks bei der Bereitstellung von Abbildern auf mehreren Computern beträchtlich.

Ziehen Sie eine Multicastbereitstellung in Betracht, wenn Ihre Organisation:

- Über Netzwerkrouter verfügt, die Multicasting unterstützen

- So groß ist, dass mehrere Clients gleichzeitig installiert werden müssen. Wenn Ihre Organisation nur auf einer kleinen Anzahl von Clients gleichzeitig Abbilder bereitstellen muss, ist Multicasting wahrscheinlich nicht die richtige Wahl.

- Die Netzwerkbandbreite effizient nutzen möchte. Bei einer Multicastbereitstellung werden Abbilder nur einmal über das Netzwerk übertragen und Sie können die Netzwerkbelastung außerdem beschränken, beispielsweise auf 10 Prozent der verfügbaren Bandbreite. Wenn das Netzwerk Ihrer Organisation keine Überlastungssymptome aufweist, lohnt sich Multicasting wahrscheinlich nicht.

- Die Clientcomputer mit ausreichend Speicherplatz ausstattet, damit das Abbild lokal gespeichert werden kann. Beim Multicasting laden die Clients das Abbild erst herunter und installieren es nicht direkt vom Server.

- Die Voraussetzungen erfüllt, die im folgenden Abschnitt beschrieben werden.

Voraussetzungen für Multicastbereitstellungen

Um in Ihrer Organisation Multicastbereitstellung einsetzen zu können, müssen die folgenden Voraussetzungen erfüllt sein:

- Die Router müssen Multicasting unterstützen. Vor allem muss die Netzwerkinfrastruktur IGMP (Internet Group Management Protocol) unterstützen, damit Multicastübertragungen korrekt weitergeleitet werden. Ohne IGMP werden Multicastpakete wie Broadcastpakete behandelt. Das kann zur Überlastung des Netzwerks führen.

- Auf dem Server muss mindestens ein Installationsabbild vorhanden sein, das Sie auf diese Weise übertragen möchten.

- Die *Boot.wim*-Datei aus dem Ordner *Sources* des Installationsmediums von Windows 7 oder Windows Server 2008 R2

- Auf allen Geräten sollte IGMP-Snooping aktiviert sein. Das bewirkt, dass die Netzwerkhardware Multicastpakete nur an die Geräte weiterleitet, die sie anfordern. Ist IGMP-Snooping ausgeschaltet, werden Multicastpakete wie Broadcastpakete behandelt und an jedes Gerät aus dem Subnetz weitergeleitet.

Übertragungsarten

Es gibt zwei Arten von Multicastübertragungen:

- **Automatische Übertragung**   Die Option *Cast (automatisch)* bewirkt, dass eine Multicastübertragung des ausgewählten Abbilds beginnt, sobald ein passender Client ein Installationsabbild anfordert. Fordern andere Clients dasselbe Abbild an, nehmen sie an der Übertragung teil, die bereits begonnen hat.

- **Geplante Übertragung**   Die Option *Cast (geplant)* macht den Beginn einer Übertragung abhängig von der Zahl der Clients, die ein Abbild anfordern, von einem bestimmten Zeitpunkt oder von beidem. Wenn Sie keines der Kontrollkästchen unter *Cast (geplant)* wählen, beginnt die Übertragung erst, wenn Sie die Übertragung manuell einleiten. Unabhängig von diesen Kriterien können Sie eine Übertragung jederzeit manuell einleiten, indem Sie sie mit der rechten Maustaste anklicken und *Starten* wählen.

Durchführen von Multicastbereitstellungen

Die Multicastbereitstellung erfordert die Rolle *Windows-Bereitstellungsdienste* von Windows Server 2008 oder Windows Server 2008 R2. Das Windows-Bereitstellungsdienste-Update für Windows Server 2003 SP1 und höhere Versionen unterstützt keine Multicastbereitstellung.

Eine Multicastbereitstellung wird nur für Installationsabbilder unterstützt. Die *Boot.wim*-Datei, die für Multicastbereitstellungen verwendet wird, muss von Windows Server 2008, Windows Vista SP1 oder höher, von Windows 7 oder Windows Server 2008 R2 importiert werden.

Der Funktionsumfang der Rolle *Windows-Bereitstellungsdienste* für Multicastübertragungen wurde unter Windows Server 2008 R2 erweitert und bietet nun auch Folgendes:

- Die Windows-Bereitstellungsdienste können langsame Clients automatisch trennen und Übertragungen in mehrere Datenströme für unterschiedlich schnelle Clients aufteilen. Multicastbereitstellungen setzen zwar Windows PE 3.0 voraus, aber die automatische Trennung funktioniert mit Windows PE 2.1 oder 3.0.

- Multicastbereitstellungen in IPv6-Umgebungen werden unterstützt. Diese Funktion setzt ein Startabbild von Windows Vista SP1 oder höher, Windows Server 2008, Windows 7 oder Windows Server 2008 R2 voraus.

- Startabbilder für Computer, die x64 EFI verwenden, werden unterstützt. Diese Funktion lässt sich nur mit dem Befehl Wdsutil verwalten.

WEITERE INFORMATIONEN Weitere Informationen über die Durchführung von Multicastbereitstellungen mit den Windows-Bereitstellungsdiensten finden Sie in »Performing Multicast Deployments« unter *http://technet. microsoft.com/en-us/library/dd637994.aspx*.

Verwenden der Windows-Bereitstellungsdienste mit dem Microsoft Deployment Toolkit

Für LTI generiert MDT 2010 Windows PE-Startabbilder, die eine Verbindung mit der Bereitstellungsfreigabe herstellen und den Windows Deployment Wizard starten. Der Windows Deployment Wizard ermöglicht dem Benutzer die Auswahl eines Betriebssystembuilds, der zu installierenden Anwendungen und so weiter.

MDT 2010 generiert Startabbilder, wenn Sie Bereitstellungsfreigaben aktualisieren. MDT 2010 generiert *.iso*-Abbilddateien, die Sie auf DVD brennen können. Sie finden diese Startabbilder im Ordner *DeploymentShare$\Boot* Ihres MDT 2010-Referenzcomputers. Der Dateiname lautet *LiteTouchPE_* Plattform.*iso*, wobei *Plattform* für *x86* oder *x64* steht. Nachdem Sie das *.iso*-Abbild auf DVD gebrannt haben, können Sie Clientcomputer mit dieser DVD starten.

Außerdem generiert MDT 2010 *.wim*-Startabbilder mit Windows PE, die Sie zu den Windows-Bereitstellungsdiensten hinzufügen können. Der Start der Windows PE-Startabbilder von MDT 2010 mit den Windows-Bereitstellungsdiensten ist bequemer und schneller als die Verwendung von DVDs. Sie finden diese Startabbilder im Ordner *DeploymentShare$\Boot* Ihres Referenzcomputers. Der Dateiname lautet *LiteTouchPE_*Plattform.*wim*, wobei *Plattform* für *x86* oder *x64* steht. Wie dieses Startabbild in die Windows-Bereitstellungsdienste importiert wird, wurde bereits im Abschnitt »Importieren von Abbildern« dieses Kapitels beschrieben.

AUF DER BEGLEIT-CD Auf der Begleit-CD dieses Buchs gibt es ein Beispielskript namens *VRKAddBoot-Image.vbs*, das Startabbilder zu den Windows-Bereitstellungsdiensten hinzufügt. Sie können dieses Skript verwenden, um MDT 2010-Startabbilder schnell hinzuzufügen. Allerdings handelt es sich bei diesen Skripts nur um Beispiele. Bevor Sie die Skripts in Ihrer Bereitstellungsumgebung einsetzen, müssen Sie sie an die Verhältnisse und Erfordernisse anpassen.

MDT 2010 kann auch Windows 7-Installationsabbilder der Windows-Bereitstellungsdienste verwenden. Dadurch können Sie die Installationsquellen verwenden, die auf einem Windows-Bereitstellungsdiensteserver vorhanden sind, ohne die Dateien in einer MDT 2010-Bereitstellungsfreigabe duplizieren zu müssen. Dazu ist es aber erforderlich, dass Sie die Dateien *Wdsclientapi.dll, Wdscsl.dll, Wdstptc.dll* und *Wdsimage.dll* aus dem Ordner *Sources* des Windows 7-Mediums in den Ordner *C:\Program Files\Microsoft Deployment Toolkit\bin* kopieren. Außerdem ist es erforderlich, dass zumindest eine Windows 7-Quelle in der Bereitstellungsfreigabe vorhanden ist und dass Sie die Bereitstellungsfreigabe aktualisieren. MDT 2010 verwendet die Installationsprogrammdateien aus der Bereitstellungsfreigabe, um das Windows 7-Abbild von den Windows-Bereitstellungsdiensten zu installieren.

So fügen Sie Abbilder von den Windows-Bereitstellungsdiensten zu einer MDT 2010-Bereitstellungsfreigabe hinzu:

1. Fügen Sie einen vollständigen Satz Windows 7-Quelldateien zur MDT 2010-Bereitstellungsfreigabe hinzu. Weitere Informationen darüber finden Sie in Kapitel 6, »Entwickeln von Datenträgerabbildern«.

2. Kopieren Sie folgende Dateien aus dem Ordner *Sources* des Windows 7-Mediums in den Ordner *C:\Program Files\Microsoft Deployment Toolkit\bin*:

   □ *Wdsclientapi.dll*

   □ *Wdscsl.dll*

   □ *Wdsimage.dll*

   □ *Wdstptc.dll*

3. Klicken Sie in der Deployment Workbench von MDT 2010 unter Ihrer Bereitstellungsfreigabe mit der rechten Maustaste auf *Operating Systems* und klicken Sie dann auf *Import Operating System*, um den Import Operating System Wizard zu starten.

4. Wählen Sie auf der Seite *OS Type* die Option *Windows Deployment Services images* und klicken Sie dann auf *Next*, um ein Abbild vom Windows-Bereitstellungsdiensteserver zur Bereitstellungsfreigabe hinzuzufügen.

5. Geben Sie auf der Seite *WDS Server* den Namen des Windows-Bereitstellungsdiensteservers ein, von dem die Betriebssystemabbilder hinzugefügt werden sollen, und klicken Sie dann so oft auf *Next*, bis die Übertragung beginnt.

6. Die Deployment Workbench fügt alle Installationsabbilder, die sie in den Windows-Bereitstellungsdiensten vorfindet, zu *Operating Systems* hinzu. Klicken Sie auf *Finish*.

Zusammenfassung

Die Windows-Bereitstellungsdienste bieten eine Lösung für die Installation von Windows 7 über ein Netzwerk. Sie verwenden die Standardinstallationstechnologie von Windows 7, wie Windows PE, *.wim*-Abbilddateien und eine Installation auf Abbildbasis. Die Verwendung der Windows-Bereitstellungsdienste kann Ihnen helfen, die Kosten und Komplexität von Windows 7-Bereitstellungen zu reduzieren.

Die Windows-Bereitstellungsdienste ersetzen in Windows Server 2008 R2 die Remoteinstallationsdienste. Zudem sind sie als Update für Windows Server 2003 erhältlich und bieten für Kunden, die noch über Altbestände an Remoteinstallationsdienstabbildern verfügen, einen Migrationspfad von den Remoteinstallationsdiensten an.

Die Windows-Bereitstellungsdienste bieten zwar die Technologie, die erforderlich ist, um Betriebssystemabbilder aufzuzeichnen und remote bereitzustellen, aber sie begleiten diesen Vorgang nicht vom Anfang bis zum Ende und bieten auch keine Hilfestellung für Bereitstellungsprojekte mit hoher Stückzahl. Außerdem bieten sie weder die Werkzeuge noch die Anleitung für die Anpassung der bereitzustellenden Abbilder, was Einstellungen, Anwendungen, Gerätetreiber und so weiter betrifft. MDT 2010 baut auf den Windows-Bereitstellungsdiensten auf und begleitet den Bereitstellungsprozess vom Anfang bis zum Ende. Außerdem bietet es die Tools zur Erstellung und Anpassung der Abbilder, die dann mit den Windows-Bereitstellungsdiensten bereitgestellt werden.

Weitere Informationen

Die folgenden Quellen bieten zusätzliche Informationen oder Tools für die Themen dieses Kapitels.

Informationsquellen

- »Windows Deployment Services« im Windows Server TechCenter aus dem Microsoft TechNet unter *http://technet.microsoft.com/en-us/library/cc772106.aspx* bietet weitere Informationen über die Windows-Bereitstellungsdienste.

- *Infrastructure Planning and Design Guide for Windows Deployment Services* unter *http://technet.microsoft.com/en-us/library/cc265612.aspx*

- Die »Schrittweise Anleitung für die Windows-Bereitstellungsdienste in Windows Server 2008« unter *http://go.microsoft.com/fwlink/?LinkId=84628* erklärt Schritt für Schritt die Verwendung der Windows-Bereitstellungsdienste.

- Das Forum »Setup Deployment« im Microsoft TechNet unter *http://go.microsoft.com/fwlink/?LinkId=87628*

- Kapitel 6, »Entwickeln von Datenträgerabbildern«, enthält Informationen über die Erstellung von Windows 7-Abbildern, die Sie mit den Windows-Bereitstellungsdiensten bereitstellen können.

- Kapitel 9, »Vorbereiten von Windows PE«, bietet Informationen über die Erstellung von benutzerdefinierten Windows PE-Abbildern, die Sie in den Windows-Bereitstellungsdiensten verwenden können.

- Kapitel 12, »Bereitstellen mit dem Microsoft Deployment Toolkit«, enthält weitere Informationen über die Bereitstellung von Windows 7 mit MDT 2010 und den Windows-Bereitstellungsdiensten.

Auf der Begleit-CD

- *VRKAddBootImage.vbs*
- *VRKAddInstallImage.vbs*
- *VRKListImages.vbs*

K A P I T E L   1 1

Verwenden der Volumenaktivierung

Die Volumenaktivierung ist eine konfigurierbare Lösung, die IT-Profis bei der Automatisierung und Verwaltung von Produktaktivierungen auf Computern unterstützt, auf denen Windows Vista, Windows 7, Windows Server 2008 oder Windows Server 2008 R2 mit einer Volumenlizenz nach dem Microsoft-Volumenlizenzprogramm ausgeführt wird, oder mit einer Volumenlizenz aus einem anderen Programm, in dem Volumenlizenzen für Microsoft Windows erhältlich sind. Dieses Kapitel beschreibt die Volumenaktivierung für Windows 7.

Einführung

Die Produktaktivierung ist ein Vorgang, bei dem die Software durch den Hersteller überprüft wird. Die Aktivierung bestätigt die Echtheit eines Produkts und die Gültigkeit des Product Keys. Sie lässt sich mit der Aktivierung von Kreditkarten oder neuen Handys vergleichen. Die Aktivierung stellt eine Verbindung zwischen dem Product Key der Software und einer bestimmten Installation dieser Software auf einem Gerät her.

Alle von Microsoft verwendeten Aktivierungsmethoden wurden so entworfen, dass sie den Schutz der Privatsphäre des Benutzers unterstützen. Die während der Aktivierung übertragenen Daten lassen sich nicht zu einem bestimmten Computer oder Benutzer zurückverfolgen. Anhand der erfassten Daten wird überprüft, ob es sich bei der Software um eine legal lizenzierte Kopie handelt. Anschließend werden die Daten für statistische Analysen gesammelt. Microsoft verwendet diese Informationen nicht, um den Benutzer oder die Organisation zu identifizieren oder zu kontaktieren. Während einer Online-Aktivierung werden zum Beispiel Informationen wie die Softwareversion, die Sprache und der Product Key sowie die IP-Adresse und Informationen über die Hardware des Geräts übermittelt. Die IP-Adresse wird nur zur Überprüfung des Standorts verwendet, denn manche Editionen von Windows lassen sich nur in bestimmten Regionen aktivieren, beispielsweise Windows 7 Starter.

AUF DER BEGLEIT-CD Auf der Begleit-CD finden Sie den vollständigen Satz der Handbücher zur Volumenaktivierung. Der *Volume Activation Planning Guide* bietet eine Anleitung für die Planung der Bereitstellung. Der *Volume Activation Deployment Guide* enthält eine ausführliche Beschreibung der Bereitstellung der Volumenaktivierung in Unternehmensumgebungen. Auch der *Volume Activation Operations Guide* beschreibt, wie die Volumenaktivierung in Unternehmensumgebungen unterstützt wird. Der *Volume Activation Technical Reference Guide* ist ein nützliches Nachschlagewerk für die Volumenaktivierung.

Aktivierungsoptionen

Lizenzen für Windows 7 sind über drei Vertriebswege erhältlich: Einzelhandel, Originalgerätehersteller oder Volumenlizenzierung. Jeder Vertriebsweg verwendet seine eigenen Aktivierungsmethoden. Da Organisationen ihre Betriebssysteme über jeden dieser drei verfügbaren Vertriebswege beziehen können, können sie die Aktivierungsmethoden nach Bedarf kombinieren.

Einzelhandel

Im Einzelhandel erworbene Windows 7-Produkte werden genauso aktiviert wie die Einzelhandelsversionen von Windows Vista. Jede Kopie wird mit einem eindeutigen Product Key geliefert, der auf der Produktverpackung zu finden ist und bei der Installation des Produkts eingegeben wird. Der Computer verwendet diesen Product Key, um nach der Installation des Betriebssystems die Aktivierung durchzuführen. Die Aktivierung kann online oder telefonisch erfolgen.

OEM-Aktivierung

Die meisten Originalgerätehersteller (Original Equipment Manufacturers, OEMs) verkaufen Computer mit einer Standardversion von Windows 7. Wenn der Hardwarehersteller eine OEM-Aktivierung durchführt, stellt er dadurch eine Verbindung zwischen Windows und der Firmware (Basic Input/Output System, BIOS) des physischen Computers her. Die Aktivierung erfolgt vor der Auslieferung der Computer an die Kunden, die ihre Computer also nicht mehr zu aktivieren brauchen. Diese Aktivierungsmethode wird *OEM-Aktivierung* genannt.

Die OEM-Aktivierung gilt so lange, wie der Kunde das vom Originalgerätehersteller bereitgestellte Abbild auf einem Computer verwendet. Kunden können das vom Originalgerätehersteller bereitgestellte Abbild als Ausgangspunkt für die Erstellung eines benutzerdefinierten Abbilds verwenden. Andernfalls muss eine andere Aktivierungsmethode verwendet werden.

HINWEIS Einige Editionen von Windows 7 sind nur über Volumenlizenzen erhältlich, wie zum Beispiel Windows 7 Enterprise. Eine OEM-Aktivierung kommt in Betracht, wenn über OEM-Vertriebskanäle Computer mit bereits installiertem Windows erworben werden.

Volumenlizenzierung

Eine Volumenlizenzierung ist in angepassten Programmen möglich, die auf die Größe und Kaufgewohnheiten der Organisation zugeschnitten sind. Diese Programme bieten einfache, flexible und kostengünstige Lösungen für die Verwaltung der Lizenzen. Um Volumenlizenzkunde zu werden, muss die Organisation einen Volumenlizenzvertrag mit Microsoft abschließen.

Es gibt nur zwei offizielle Wege, eine vollständige Windows-Desktop-Lizenz für ein neues Computersystem zu erwerben. Der erste und wirtschaftlichste ist die Vorinstallation des Betriebssystems durch den Hardwarehersteller. Der andere ist der Erwerb eines entsprechenden Produktpakets im Einzelhandel. Volumenlizenzprogramme wie die Open-Lizenzierung, die Select-Lizenzierung und die Enterprise-Verträge decken nur Windows-Upgrades ab und bieten keine vollständige Windows-Desktop-Lizenz. Erst wenn Computer über vollständige Windows-Desktop-Lizenzen verfügen, kann ein Volumenlizenzvertrag abgeschlossen werden, der die Berechtigung für Upgrades bietet. Weitere Informationen über die Volumenlizenzierung erhalten Sie unter *http://go.microsoft.com/fwlink/?LinkId=73076*.

Die Volumenaktivierung ermöglicht es Volumenlizenzkunden, Aktivierungen so zu automatisieren, dass kein Benutzer in den Vorgang eingreifen muss. Eine Volumenaktivierung gilt für Computer, die unter ein Volumenlizenzprogramm fallen. Sie wird ausschließlich zur Aktivierung verwendet und ist in keiner Weise mit der Rechnungsstellung für die Lizenzen verknüpft. Es gibt zwei verschiedene Modelle für Volumenaktivierungen: den Schlüsselverwaltungsdienst (Key Management Service, KMS) und Mehrfachaktivierungsschlüssel (Multiple Activation Key, MAK). Mit KMS können Organisationen die Aktivierung von Computern vollständig im eigenen Netzwerk durchführen, während eine Aktivierung mit MAK einmalig durch Aktivierungsdienste von Microsoft erfolgt.

Kunden können zur Aktivierung der Computer in ihrer Umgebung einen der Schlüsseltypen verwenden, oder beide. Welches Modell besser geeignet ist, hängt von der Größe, der Netzwerkinfrastruktur, den Verbindungen und den Sicherheitsanforderungen der Organisation ab. IT-Profis können sich auf eines der Aktivierungsmodelle beschränken oder beide miteinander kombinieren. Weitere Informationen über die Auswahl eines Aktivierungsmodells finden Sie im Abschnitt »Volumenaktivierungsszenarien« dieses Kapitels.

Direkt von der Quelle: Auswählen der Aktivierungsmethode

Kim Griffiths, Product Manager, *Genuine Windows*
Aaron Smith, Program Manager, *Windows Genuine Platform Team*

Welche Methode sollte man verwenden? Das ist eine der häufigsten Fragen, die wir von unseren Kunden zum Thema Volumenaktivierung hören. Es ist eine Entscheidung, die Sie noch vor der Bereitstellung der Computer treffen müssen. Als wir die Volumenaktivierung entwarfen, waren wir uns dessen bewusst, dass eine Vielzahl von Bereitstellungsmodellen und Verwendungsmustern berücksichtigt werden muss. Ein globales Unternehmensintranet mit guten Verbindungen unterscheidet sich zum Beispiel stark von einer isolierten Entwicklungs- und Testumgebung. Daher wurden zwei Methoden entwickelt, um unseren Kunden die gewünschte Flexibilität zu geben: KMS und MAK. Kunden können sich auf eine der Methoden beschränken oder beide verwenden, je nachdem, wie sie ihre Computer bereitstellen und verwenden.

Aus verschiedenen Gründen ist für die meisten Kunden KMS zu empfehlen. Erstens ist es für den Administrator leicht zu konfigurieren und bietet automatische Aktivierungen. Der KMS-Client erkennt und verwendet den Dienst für die eigene Aktivierung, ohne dass die Konfiguration des Abbilds geändert werden oder ein Benutzer eingreifen muss. Zweitens erfolgt die Aktivierung vollständig in der Umgebung des Kunden. Nach der Aktivierung des Dienstes läuft die ganze Kommunikation innerhalb der Organisation ab. Kein KMS-Client muss zu Aktivierungszwecken eine Verbindung mit Microsoft herstellen.

MAK eignet sich am besten für einzelne eigenständige Computer, für kleine Computerbestände oder für Computer, die sich in isolierten Netzwerken befinden. Die Aktivierung hat große Ähnlichkeit mit der Aktivierung von Einzelhandelsprodukten und kann im Rahmen der Bereitstellung erfolgen, damit sich der Endbenutzer nicht mehr damit zu beschäftigen braucht.

Schlüsselverwaltungsdienst

Die Aktivierung von Computern durch den Schlüsselverwaltungsdienst erfolgt vollständig im lokalen Netzwerk. Die einzelnen Computer brauchen zu diesem Zweck keine Verbindung mit Microsoft herzustellen. Um dies zu ermöglichen, wird eine Client/Server-Topologie verwendet. KMS-Clients suchen KMS-Hosts mit DNS (Domain Name System) oder erhalten eine entsprechende statische Konfiguration. Die Kommunikation mit dem KMS-Host erfolgt mit RPC (Remote Procedure Call). Der Schlüsselverwaltungsdienst kann auf Computern installiert werden, auf denen eines der Betriebssysteme Windows 7, Windows Vista, Windows Server 2008 R2, Windows Server 2008 oder Windows Server 2003 verwendet wird.

Mindestanforderungen an die Computer

Wenn Sie KMS-Aktivierungen durchführen möchten, muss die Anzahl an KMS-Clients im Netzwerk bestimmte Schwellenwerte erreichen oder überschreiten. IT-Profis müssen sich zudem damit beschäftigen, wie der KMS-Host die Zahl der Computer im Netzwerk ermittelt.

KMS-Aktivierungsschwellenwerte

Der Schlüsselverwaltungsdienst kann physische und virtuelle Computer aktivieren. Um sich für eine KMS-Aktivierung zu eignen, muss ein Netzwerk über eine Mindestanzahl von KMS-Clients verfügen. Diese Anzahl ist der *Aktivierungsschwellenwert*. KMS-Hosts beginnen erst dann mit der Aktivierung von Clients, wenn dieser Schwellenwert erreicht ist. Um zu überprüfen, ob der Aktivierungsschwellenwert erreicht ist, zählt ein KMS-Host die Anzahl der Computer mit, die im Netzwerk ihre Aktivierung anfordern.

Für Windows Server-Betriebssysteme (ab Windows Server 2008) und Windows-Clientbetriebssysteme (ab Windows Vista) gelten unterschiedliche Schwellenwerte. Die Aktivierungsschwelle für Windows Server beträgt 5 Computer, während für Windows-Clientbetriebssysteme 25 Computer erforderlich sind. Dabei spielt es keine Rolle, ob die Windows-Client- und Serverbetriebssysteme auf physischen oder auf virtuellen Computern ausgeführt werden.

Ein KMS-Host antwortet auf jede gültige Aktivierungsanforderung von einem KMS-Client mit der Zahl der Computer, die ihre Aktivierung vom KMS-Host angefordert haben. Clients, die einen Wert empfangen, der unter dem Aktivierungsschwellenwert liegt, werden nicht aktiviert. Wenn zum Beispiel auf den ersten beiden Computern, die Kontakt mit dem KMS-Host aufnehmen, Windows 7 ausgeführt wird, erhält der erste den Aktivierungswert 1 und der zweite den Aktivierungswert 2. Handelt es sich bei dem nächsten Computer um einen virtuellen Windows 7-Computer, erhält er den Aktivierungswert 3, und so weiter. Keiner dieser Computer wird aktiviert, weil ein Computer unter Windows 7 einen Aktivierungswert erhalten muss, der größer oder gleich 25 ist, um aktiviert zu werden. KMS-Clients, die sich im Anmeldezeitraum befinden und nicht aktiviert werden, weil ihr Aktivierungswert zu niedrig ist, nehmen alle 2 Stunden Kontakt mit dem KMS-Host auf, um den aktuellen Aktivierungswert abzurufen. Sie werden aktiviert, wenn der Schwellenwert erreicht ist.

Wenn auf dem nächsten Computer, der den KMS-Host kontaktiert, Windows Server 2008 ausgeführt wird, erhält er den Aktivierungswert 4. In Aktivierungswerten werden also Windows Server 2008 R2- und Windows 7-Computer gleichermaßen berücksichtigt. Wenn ein Computer, auf dem Windows Server 2008 oder Windows Server 2008 R2 ausgeführt wird, einen Aktivierungswert erhält, der größer oder gleich 5 ist, wird er aktiviert. Wenn ein Computer, auf dem Windows 7 ausgeführt wird, einen Aktivierungswert erhält, der größer oder gleich 25 ist, wird er aktiviert.

Aktivierungswertcache

Um den Aktivierungswert zu ermitteln, führt der KMS-Host Buch über die KMS-Clients, die eine Aktivierung anfordern. Der KMS-Host weist jedem KMS-Client eine CMID (Client Machine Identi-fication) zu und speichert diese Kennungen in einer Tabelle. Jede Aktivierungsanforderung bleibt 30 Tage in der Tabelle. Wenn ein Client seine Aktivierung erneuert, wird die zwischengespeicherte CMID aus der Tabelle entfernt. Dann wird ein neuer Datensatz erstellt und der 30-Tage-Zeitraum beginnt von vorn. Erneuert ein KMS-Client seine Aktivierung nicht innerhalb von 30 Tagen, entfernt der KMS-Host die entsprechende CMID aus der Tabelle und verringert den Aktivierungswert um 1.

Der KMS-Host speichert die doppelte Anzahl an CMIDs zwischen, die für Aktivierungen erforderlich sind, damit der Aktivierungswert möglichst nicht unter den Aktivierungsschwellenwert fällt. In einem Netzwerk mit Windows 7-Clients beträgt der KMS-Aktivierungsschwellenwert zum Beispiel 25. Der KMS-Host speichert die CMIDs der letzten 50 Aktivierungen zwischen. Der KMS-Aktivierungs-schwellenwert für Windows Server 2008 R2 beträgt 5. Ein KMS-Host, der nur von Windows Server 2008 R2-Clients kontaktiert wird, würde also die letzten 10 CMIDs zwischenspeichern. Sobald ein Windows 7-Client den KMS-Host kontaktiert, erhöht der Schlüsselverwaltungsdienst die Cachegröße auf 50, um den höheren Schwellenwert zu berücksichtigen. Der Schlüsselverwaltungsdienst verkleinert den Cache nie.

Funktionsweise des Schlüsselverwaltungsdienstes

Für KMS-Aktivierungen ist eine TCP/IP-Verbindung erforderlich. Standardmäßig verwenden KMS-Hosts und KMS-Clients DNS, um den Schlüsselverwaltungsdienst zu veröffentlichen und zu ermit-teln. Sie können die Standardeinstellungen verwenden, die nur wenige oder keine weiteren Verwal-tungsarbeiten erfordern, oder die KMS-Hosts und KMS-Clients bei Bedarf manuell konfigurieren, sofern die Netzwerkkonfiguration oder die Sicherheitsanforderungen dies erfordern.

Erneuern der KMS-Aktivierung

KMS-Aktivierungen gelten 180 Tage. Dieser Zeitraum wird *Aktivierungsgültigkeitszeitraum* genannt. Um aktiviert zu bleiben, müssen KMS-Clients ihre Aktivierung alle 180 Tage beim KMS-Host erneu-ern. KMS-Clientcomputer versuchen standardmäßig alle 7 Tage, ihre Aktivierung zu erneuern. Schlägt die KMS-Aktivierung fehl, versucht der Client es alle 2 Stunden erneut. Nach der Erneuerung der Aktivierung beginnt der Aktivierungsgültigkeitszeitraum für den Client von vorn.

Veröffentlichen des Schlüsselverwaltungsdienstes

Der KMS-Dienst verwendet DNS-Ressourceneinträge für Dienste (*SRV*), um die Positionen von KMS-Hosts bekannt zu geben und zu speichern. Sofern verfügbar, verwenden KMS-Hosts für die SRV-Datensätze DDNS (Dynamic DNS). Steht kein DDNS zur Verfügung oder verfügt der KMS-Host nicht über die Berechtigungen zur Veröffentlichung der Datensätze, müssen die DNS-Datensätze manuell erstellt werden oder die Clientcomputer müssen vom IT-Personal so eingestellt werden, dass sie bestimmte KMS-Hosts verwenden. Der *Volume Activation Deployment Guide* unter *http://go. microsoft.com/fwlink/?LinkId=150083* beschreibt, wie der Schlüsselverwaltungsdienst in DNS veröffentlicht wird.

HINWEIS Je nach Komplexität und Topologie des Netzwerks kann es einige Zeit dauern, bis alle DNS-Hosts nach einer Änderung auf dem neusten Stand sind.

Ermitteln des geeigneten KMS-Hosts

KMS-Clients verwenden standardmäßig DNS, um einen KMS-Host zu ermitteln. Bei der ersten DNS-Abfrage wählt ein KMS-Client nach dem Zufallsprinzip einen KMS-Host aus der Liste der *SRV*-Datensätze aus, die er von DNS erhält.

Auf KMS-Clients kann die Adresse eines DNS-Servers, der *SRV*-Datensätze enthält, in einer Suffix-suchliste angegeben werden. Dadurch wird es möglich, die Veröffentlichung von *SRV*-Datensätzen für KMS auf einen DNS-Server zu beschränken. KMS-Clients, die andere primäre DNS-Server verwenden, finden dann trotzdem den Schlüsselverwaltungsdienst.

Außerdem können Prioritäts- und Gewichtungsparameter für KMS zum Registrierungswert `DnsDomain-PublishList` hinzugefügt werden. Dadurch können IT-Profis Prioritätsgruppen für Hosts definieren und mit Gewichtungen innerhalb der Gruppen festlegen, welcher KMS-Host zuerst kontaktiert werden soll, um den Datenverkehr in geeigneter Weise auf die KMS-Hosts zu verteilen. Nur Windows 7 und Windows Server 2008 R2 verwenden die Prioritäts- und Gewichtungsangaben.

Wenn der von einem Client ausgewählte KMS-Host nicht antwortet, entfernt der KMS-Client diesen KMS-Host aus der Liste der *SRV*-Datensätze und wählt nach dem Zufallsprinzip einen anderen KMS-Host aus der Liste aus. Antwortet ein KMS-Host, speichert der KMS-Client den Namen des KMS-Hosts zwischen und verwendet ihn für spätere Aktivierungs- und Erneuerungsanforderungen. Antwortet der zwischengespeicherte KMS-Host nicht auf eine spätere Erneuerungsanforderung, ermittelt der KMS-Client durch DNS-Abfragen nach *SRV*-Datensätzen für KMS einen anderen KMS-Host.

Standardmäßig stellen Clientcomputer für eine Aktivierung mit anonymen RPCs über den TCP-Port 1688 eine Verbindung mit dem KMS-Host her. (IT-Profis können einen anderen Port einstellen.) Nach der Einrichtung einer TCP-Sitzung mit dem KMS-Host sendet der Client ein Anforderungspaket. Der KMS-Host antwortet mit dem Aktivierungswert. Wenn der Wert den Aktivierungsschwellenwert für das Betriebssystem erreicht oder übersteigt, wird der Client aktiviert und die Sitzung beendet. Diesen Vorgang verwendet der KMS-Client auch für Erneuerungsanforderungen. In jede Richtung werden dabei 250 Bytes übertragen.

Planen einer KMS-Bereitstellung

Der Schlüsselverwaltungsdienst erfordert keinen dedizierten Server. Der KMS kann auf einem Computer installiert werden, auf dem bereits andere Dienste vorhanden sind, beispielsweise auf AD DS-Domänencontrollern (Active Directory Domain Services, Active Directory-Domänendienste) und auf schreibgeschützten Domänencontrollern (Read-Only Domain Controllers, RODCs). Außerdem kann der Schlüsselverwaltungsdienst auf einem physischen oder auf einem virtuellen Computer installiert werden, auf dem eines der unterstützten Betriebssysteme ausgeführt wird, einschließlich Windows Server 2003. Ein KMS-Host kann unter Windows Server 2008 R2 zwar jedes Windows-Betriebssystem aktivieren, das sich für eine Volumenaktivierung eignet, aber ein KMS-Host, der auf Windows 7 installiert wurde, kann nur Windows-Clientbetriebssysteme aktivieren. Ein einzelner KMS-Host kann zwar eine unbeschränkte Zahl von KMS-Clients aktivieren, aber Microsoft empfiehlt die Bereitstellung von mindestens zwei KMS-Hosts, damit auch noch Aktivierungen erfolgen können, wenn einer dieser Hosts ausfällt. In den meisten Organisationen reichen zwei KMS-Hosts für die gesamte Infrastruktur aus.

HINWEIS KMS ist nicht im Lieferumfang von Windows Server 2003 enthalten. Wenn Sie KMS unter Windows Server 2003 verwenden möchten, laden Sie von *http://go.microsoft.com/fwlink/?LinkID=82964* KMS für Windows Server 2003 SP1 und höher herunter und installieren es. KMS ist in mehreren Sprachen erhältlich. Die 64-Bit-Version finden Sie unter *http://go.microsoft.com/fwlink/?LinkId=83041*.

Planen der DNS-Serverkonfiguration

Die automatische Standardveröffentlichung der KMS-Daten erfordert die Unterstützung von DNS-Ressourceneinträgen für Dienste (*SRV*) und DDNS. DNS-Server von Microsoft und andere DNS-Server, die *SRV*-Ressourceneinträge gemäß RFC 2782 (Request for Comments) der IETF (Internet Engineering Task Force) und dynamische Updates gemäß RFC 2136 unterstützen, können das Standardverhalten der KMS-Clients und die KMS-Veröffentlichung mit *SRV*-Ressourceneinträgen unterstützen. Die BIND-Versionen 8.x und 9.x (Berkeley Internet Domain Name) unterstützen zum Beispiel *SRV*-Ressourceneinträge und DDNS.

Der KMS-Host muss mit den Anmeldeinformationen konfiguriert werden, die er für die Erstellung und Aktualisierung von *SRV*-, *A*- (IP Version 4, IPv4) und *AAAA*-Ressourceneinträgen auf den DDNS-Servern braucht. Andernfalls müssen die Datensätze manuell erstellt werden. Damit alle KMS-Hosts die erforderlichen Berechtigungen erhalten, empfiehlt es sich, in AD DS eine Sicherheitsgruppe zu erstellen und alle KMS-Hosts in diese Gruppe aufzunehmen. Auf dem Microsoft-DNS-Server sorgen Sie dann dafür, dass diese Sicherheitsgruppe den Vollzugriff auf den Eintrag _vlmcs._TCP für jede DNS-Domäne erhält, die *SRV*-Ressourceneinträge für KMS enthält.

Aktivieren des ersten KMS-Hosts

Auf den KMS-Hosts eines Netzwerks muss ein KMS-Schlüssel installiert werden und dann müssen die KMS-Hosts bei Microsoft aktiviert werden. Durch die Installation eines Schlüssels wird der Schlüsselverwaltungsdienst auf dem KMS-Host aktiviert. Nach der Installation des KMS-Schlüssels schließen Sie die Aktivierung des KMS-Hosts telefonisch oder online ab. Über diese erste Aktivierung hinaus senden KMS-Hosts keine weiteren Informationen an Microsoft.

KMS-Schlüssel werden nur auf KMS-Hosts installiert, niemals auf einzelnen KMS-Clients. Windows 7 und Windows Server 2008 R2 sind mit Schutzvorkehrungen ausgestattet, damit KMS-Schlüssel nicht versehentlich auf KMS-Clientcomputern installiert werden. Wenn ein Benutzer versucht, einen KMS-Schlüssel zu installieren, wird eine entsprechende Warnmeldung angezeigt. Die Benutzer können aber damit fortfahren, den KMS-Schlüssel zu installieren.

Aktivieren weiterer KMS-Hosts

Jeder KMS-Schlüssel kann auf bis zu sechs KMS-Hosts installiert werden, wobei es sich um physische oder um virtuelle Computer handeln kann. Nach der Aktivierung eines KMS-Hosts kann derselbe Host bis zu neun Mal mit demselben Schlüssel reaktiviert werden.

Falls die Organisation mehr als sechs KMS-Hosts braucht, können IT-Profis zusätzliche Aktivierungen für den KMS-Schlüssel der Organisation anfordern. Das kann zum Beispiel erforderlich werden, wenn ein Volumenlizenzvertrag für zehn separate Standorte besteht und jeder Standort einen lokalen KMS-Host erhalten soll. Zur Anforderung zusätzlicher Aktivierungen wenden Sie sich an das Aktivierungscallcenter. Weitere Informationen erhalten Sie auf der Volumenlizenzierungswebsite unter *http://go. microsoft.com/fwlink/?LinkID=73076*.

Aktualisieren vorhandener KMS-Hosts

KMS-Hosts unter Windows Server 2003, Windows Vista oder Windows Server 2008 können so konfiguriert werden, dass sie auch KMS-Clients unterstützen, auf denen Windows 7 oder Windows Server 2008 R2 verwendet wird. Bei Windows Vista und Windows Server 2008 muss der KMS-Host aktualisiert werden, damit er die erweiterte KMS-Clientunterstützung leisten kann. Das erforderliche Aktualisierungspaket ist beim Microsoft Download Center unter *http://www.microsoft.com/downloads* oder über Windows Update oder WSUS (Windows Server Update Services) erhältlich. Nach der

Aktualisierung des Hosts lässt sich ein KMS-Schlüssel verwenden, der für die Unterstützung von Windows 7 und Windows Server 2008 R2 geeignet ist, wie bereits in diesem Kapitel beschrieben. Ein KMS-Schlüssel, der die neuen Windows-Versionen unterstützt, eignet sich auch für KMS-Clients, auf denen die älteren Volumenlizenzeditionen von Windows ausgeführt werden.

Was die Aktualisierung von Windows Server 2003-KMS-Hosts betrifft, sind die erforderlichen Dateien im KMS 1.2-Aktualisierungspaket enthalten, das vom Microsoft Download Center unter *http://www.microsoft.com/downloads* erhältlich ist.

Planen der KMS-Clients

Bei Computern, auf denen Volumenlizenzeditionen von Windows Vista, Windows 7, Windows Server 2008 oder Windows Server 2008 R2 ausgeführt werden, handelt es sich standardmäßig um KMS-Clients, für die keine weitere Konfiguration erforderlich ist. KMS-Clients können KMS-Hosts automatisch ermitteln, indem sie DNS-Abfragen nach *SRV*-Ressourceneinträgen durchführen, in denen KMS-Hosts veröffentlicht werden. Wenn die Netzwerkumgebung keine *SRV*-Ressourceneinträge verwendet, kann ein Client manuell so konfiguriert werden, dass er einen bestimmten KMS-Host verwendet. Die manuelle Konfiguration von KMS-Clients wird im Handbuch *Volume Activation Deployment Guide* unter *http://go.microsoft.com/fwlink/?LinkId=150083* beschrieben.

Aktivieren als Standardbenutzer

Unter Windows 7 erfordert eine Aktivierung keine Administratorrechte. Allerdings erhalten Standardbenutzerkonten durch diese Änderung nicht die Berechtigung, den aktivierten Status von Windows 7 aufzuheben. Für andere Arbeiten, die sich auf die Aktivierung oder Lizenzierung beziehen, wie zum Beispiel das Rücksetzen des Anmeldezeitraums, ist ein Administratorkonto erforderlich.

Mehrfachaktivierungsschlüssel

Ein Mehrfachaktivierungsschlüssel (Multiple Activation Key, MAK) wird für die einmalige Aktivierung bei einem Aktivierungsdienst von Microsoft verwendet. Jeder MAK weist eine bestimmte Anzahl von zulässigen Aktivierungen auf, die vom Volumenlizenzvertrag abhängt und nicht der genauen Lizenzanzahl der Organisation entspricht. Jede Aktivierung, die mit einem MAK bei einem Aktivierungsdienst von Microsoft durchgeführt wird, zählt im Hinblick auf das Aktivierungslimit.

Computer können auf zwei Arten mit einem MAK aktiviert werden:

- **Unabhängige MAK-Aktivierung**   Eine unabhängige MAK-Aktivierung erfordert, dass jeder einzelne Computer zur Aktivierung eine Verbindung mit Microsoft herstellt. Die Aktivierung kann über das Internet oder telefonisch erfolgen. Die unabhängige MAK-Aktivierung eignet sich am besten für die Computer einer Organisation, die keine Verbindung mit dem Netzwerk der Organisation haben.

- **MAK-Proxyaktivierung**   Eine MAK-Proxyaktivierung ermöglicht mit einer einzigen Verbindung mit Microsoft die zentrale Aktivierung von mehreren Computern. Die MAK-Proxyaktivierung wird mit VAMT (Volume Activation Management Tool) konfiguriert. Sie eignet sich für Umgebungen, in denen die Sicherheitsanforderungen eine direkte Verbindung mit dem Firmennetzwerk oder dem Internet verbieten. Außerdem eignet sie sich für Entwicklungs- und Testumgebungen, in denen solche Verbindungen fehlen.

MAK wird für Computer empfohlen, die nur selten oder nie eine Verbindung mit dem Netzwerk der Organisation herstellen, sowie für Umgebungen, in denen die Anzahl der Computer unter dem KMS-Aktivierungsschwellenwert liegt. MAK kann für einzelne Computer oder für ein Speicherabbild verwendet werden, das mit Microsoft-Bereitstellungslösungen dupliziert oder installiert werden kann.

Außerdem kann MAK auf Computern verwendet werden, die ursprünglich für eine KMS-Aktivierung konfiguriert wurden. Das ist von Nutzen, wenn ein Computer aus dem Kernnetzwerk in eine isolierte Umgebung wechselt.

Volume Activation Management Tool

Das im Windows Automated Installation Kit (Windows AIK) enthaltene VAMT (Volume Activation Management Tool) ist eine eigenständige Anwendung, die Aktivierungsanforderungen von mehreren Computern sammeln und in einer einzigen Sitzung an Microsoft weiterleiten kann. VAMT ermöglicht IT-Profis die Angabe der zu aktivierenden Computer mit AD DS, Arbeitsgruppennamen, IP-Adressen oder Computernamen. Nach dem Eingang der Aktivierungsbestätigungs-IDs verteilt VAMT diese IDs an die Computer, die eine Aktivierung angefordert haben. Da VAMT diese Bestätigungs-IDs auch lokal speichert, kann es einen bereits aktivierten Computer nach der Erstellung eines Speicherabbilds ohne Kontaktaufnahme mit Microsoft erneut aktivieren. Die Kommunikation zwischen VAMT und Clientcomputern erfolgt mit der Windows-Verwaltungsinstrumentation (Windows Management Instrumentation, WMI). Daher muss die Firewall auf den Clientcomputern so konfiguriert werden, dass sie WMI-Datenverkehr zulässt. Außerdem kann VAMT für die Umstellung der Aktivierungsmethode von Computern verwendet werden, von MAK auf KMS, und umgekehrt. Sie können das *Windows AIK für Windows 7*, in dem VAMT enthalten ist, unter *http://go.microsoft.com/fwlink/ ?LinkId=136976* herunterladen.

Ablauf der Aktivierung

Bei der unabhängigen MAK-Aktivierung wird ein MAK-Product Key auf einem Clientcomputer installiert und der Computer angewiesen, über das Internet Kontakt mit den Microsoft-Servern aufzunehmen und sich aktivieren zu lassen. Bei der MAK-Proxyaktivierung installiert VAMT einen MAK-Product Key auf einem Clientcomputer, fordert von diesem Clientcomputer eine Installationskennung (Installation Identifier, IID) an, sendet diese Kennung im Auftrag des Clients an Microsoft und erhält eine Bestätigungskennung (Confirmation Identifier, CID). Anschließend kann das Tool den Client aktivieren, indem es die Bestätigungskennung installiert.

Volumenaktivierungsszenarien

Für jede Volumenaktivierungsmethode gibt es eine Netzwerkkonfiguration, für die sie sich am besten eignet. Um die beste Aktivierungsmethode oder -methodenkombination für eine Organisation zu ermitteln, überprüfen Sie, wie die verschiedenen Computergruppen mit dem Netzwerk verbunden sind. Verbindungen mit dem Unternehmensnetzwerk, Internetzugang und die Zahl der Computer, die regelmäßig eine Verbindung mit dem Unternehmensnetzwerk herstellen, sind einige der wichtigen Konfigurationsmerkmale. Die meisten mittleren bis großen Organisationen verwenden mehrere Aktivierungsmethoden, weil ihre Clientcomputer auf unterschiedliche Arten an die Netzwerke angeschlossen sind.

KMS ist die empfohlene Aktivierungsmethode für Computer, die über gute Verbindungen mit dem Kernnetzwerk der Organisation verfügen oder regelmäßig eine Verbindung herstellen, wie zum Beispiel Computer, die sich nicht am Standort befinden. Die MAK-Aktivierung ist die empfohlene Aktivierungsmethode für Computer, die sich nicht am Standort befinden und nur über eingeschränkte Verbindungen verfügen oder die wegen der Sicherheitsanforderungen keine Verbindung mit dem Kernnetzwerk herstellen können. Dazu gehören auch Computer, die sich in isolierten Test- und Entwicklungsumgebungen befinden.

Tabelle 11.1 beschreibt die häufiger vorkommenden Netzwerkkonfigurationen und nennt für jeden Typ die empfohlene Aktivierungsart. Bei jeder Lösung wird die Anzahl der Computer und die Netzwerkverbindung der Aktivierungsclients berücksichtigt.

Tabelle 11.1 Volumenaktivierungsempfehlungen für verschiedene Szenarien

Netzwerkinfrastruktur	Empfehlungen	Besondere Aspekte

Kernnetzwerk
Gut verbundenes LAN
Häufigstes Szenario
	Gesamtzahl Computer > KMS-Aktivierungsschwellenwert:
	■ Klein (< 100 Computer):
	  KMS-Host = 1
	■ Mittel (> 100 Computer):
	  KMS-Host ≥ 1
	■ Unternehmen:
	  KMS-Host > 1
	Gesamtzahl Computer ≤ KMS-Aktivierungsschwellenwert:
	■ MAK (mit Telefon oder Internet)
	■ MAK-Proxy
		Minimiert die Anzahl der KMS-Hosts.
		Jeder KMS-Host muss beständig eine Computerzahl verwalten, die über dem KMS-Aktivierungsschwellenwert liegt.
		KMS-Hosts sind autonom.
		Der KMS-Host wird über Telefon oder Internet aktiviert.

Isoliertes Netzwerk Zweigstelle, Netzwerksegmente mit hoher Sicherheit, Umkreisnetzwerke Gut verbundenes Zonen-LAN	Wenn Firewallports zwischen KMS-Clients und -Hosts geöffnet werden können: ■ Verwendung von KMS-Hosts im Kernnetzwerk Wenn Richtlinien eine Anpassung der Firewall verhindern: ■ Verwendung von lokalen KMS-Hosts in einem isolierten Netzwerk ■ MAK (über Telefon oder Internet) ■ MAK-Proxy	Firewallkonfiguration ■ RPC über TCP (TCP-Port 1688) ■ Durch den Client eingeleitet Änderungsverwaltung für Firewallregelsammlungen
Test- oder Entwicklungsumgebung Isoliertes Netzwerk	Gesamtzahl Computer > KMS-Aktivierungsschwellenwert: ■ KMS-Host = 1 (pro isoliertes Netzwerk) Gesamtzahl Computer ≤ KMS-Aktivierungsschwellenwert: ■ Keine Aktivierung (Aktivierungszeitraum zurücksetzen) ■ MAK (telefonisch) ■ Manuelle AK-Proxyaktivierung	Variable Konfiguration Begrenzte Anzahl von Computern KMS-Host und MAK-Aktivierung über Telefon, manuelle MAK-Proxyaktivierung

Einzelne nichtverbundene Computer
Keine Verbindung mit dem Internet oder Kernnetzwerk
Mobile Computer, die regelmäßig eine Verbindung mit dem Kernnetzwerk herstellen (direkt oder über ein virtuelles privates Netzwerk)
Mobile Computer mit Internetzugang, aber ohne Verbindung mit dem Kernnetzwerk
	Clients, die regelmäßig eine Verbindung mit dem Kernnetzwerk herstellen:
	■ Verwendung der KMS-Hosts im Kernnetzwerk
	Clients, die nie eine Verbindung mit dem Kernnetzwerk herstellen oder über keinen Internetzugang verfügen:
	■ MAK (telefonisch)
	Netzwerke, die keine Verbindung mit dem Kernnetzwerk herstellen können:
	■ Gesamtzahl Computer > KMS-Aktivierungsschwellenwert:
	  □ Klein: KMS-Host = 1
	  □ Mittel: KMS-Host ≥ 1
	  □ Unternehmen: KMS-Host > 1
	■ Gesamtzahl Computer ≤ KMS-Aktivierungsschwellenwert:
	  Unabhängige MAK-Aktivierung oder manuelle MAK-Proxyaktivierung
	Clients, die nie eine Verbindung mit dem Kernnetzwerk herstellen, aber über Internetzugang verfügen:
	■ MAK (über Internet)
		Eingeschränkte Umgebungen oder Netzwerke, die keine Verbindung mit anderen Netzwerken herstellen können.
		Der KMS-Host kann aktiviert und dann zu einem isolierten Netzwerk hinzugefügt werden.
		KMS-Host- und MAK-Aktivierung über Telefon; manuelle MAK-Proxyaktivierung.

Die folgenden Abschnitte beschreiben Beispiele für Volumenaktivierungen in heterogenen Unternehmensumgebungen, in denen mehrere Aktivierungsmethoden kombiniert werden müssen. Für jedes Szenario gibt es eine empfohlene Aktivierungslösung. Einige Umgebungen weisen aber eine Infrastruktur oder Richtlinienanforderungen auf, für die sich eine andere Lösung besser eignet.

Kernnetzwerk

Für Computer aus dem Kernnetzwerk wird eine zentrale KMS-Lösung empfohlen. Diese Lösung eignet sich für Netzwerke, die in mehreren Netzwerksegmenten gut verbundene Computer aufweisen, die außerdem eine Verbindung zum Internet herstellen können. Abbildung 11.1 zeigt ein Kernnetzwerk mit einem KMS-Host. Der KMS-Host veröffentlicht seine Anwesenheit mit DDNS. KMS-Clients fragen DNS nach *SRV*-Datensätzen über KMS ab und aktivieren sich selbst, nachdem Sie Kontakt zum KMS-Host aufgenommen haben. Der KMS-Host wird direkt über das Internet aktiviert.

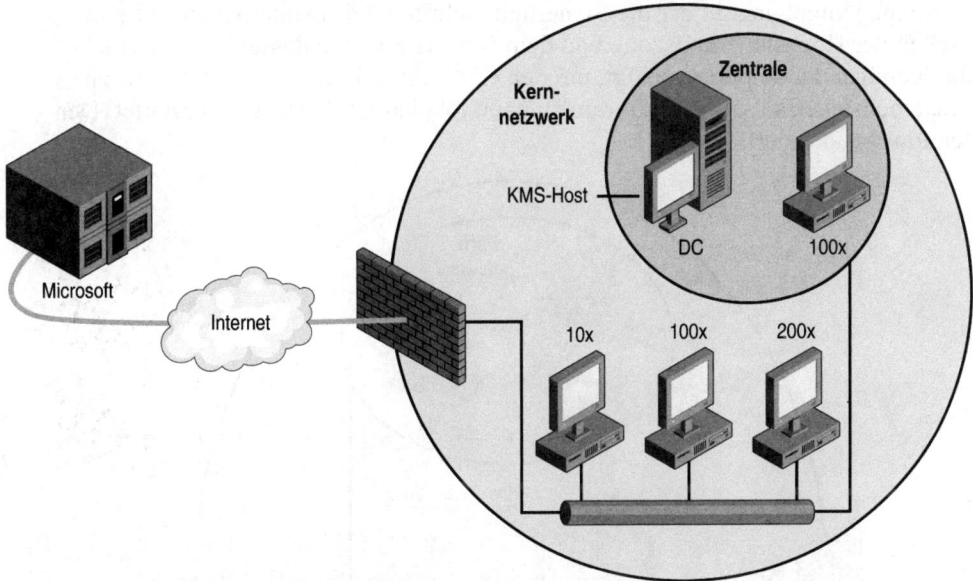

Abbildung 11.1   Szenario Kernnetzwerk

HINWEIS   Ein KMS-Host kann zwar auf einem virtuellen Computer installiert werden, aber wählen Sie einen virtuellen Computer aus, der höchstwahrscheinlich nicht auf einen anderen Hostcomputer verschoben wird. Wenn der virtuelle KMS-Host auf einen anderen Hostcomputer verschoben wird, erkennt das Betriebssystem die Änderung in der zugrundeliegenden Hardware und der KMS-Host muss erneut bei Microsoft aktiviert werden. KMS-Hosts können bis zu neun Mal bei Microsoft aktiviert werden.

Isolierte Netzwerke

Viele Organisationen verwenden Netzwerke, die in mehrere Sicherheitszonen aufgeteilt sind. Manche Netzwerke weisen eine Hochsicherheitszone auf, die isoliert ist, weil sie sensible Informationen enthält, während andere Netzwerke vom Kernnetzwerk getrennt sind, weil sie sich an einem anderen Ort befinden (zum Beispiel in einer Zweigstelle).

Hochsicherheitszone

Hochsicherheitszonen sind Netzwerksegmente, die durch eine Firewall isoliert werden, mit der die Kommunikation mit anderen Netzwerksegmenten beschränkt wird. Wenn den Computern in einer Hochsicherheitszone der Zugriff auf das Kernnetzwerk erlaubt wird, wobei TCP-Port 1688 für ausgehenden Datenverkehr verwendet und eine eingehende RPC-Antwort zugelassen wird, aktivieren Sie die Computer aus der Hochsicherheitszone mit den KMS-Hosts aus dem Kernnetzwerk. Auf diese Weise muss die Anzahl der Clientcomputer im Hochsicherheitsnetzwerk keinen KMS-Aktivierungsschwellenwert erreichen.

Wenn diese Firewallausnahmen nicht zugelassen sind und die Gesamtzahl der Computer in der Hochsicherheitszone KMS-Aktivierungsschwellenwerte erreicht, fügen Sie einen lokalen KMS-Host zur Hochsicherheitszone hinzu. Aktivieren Sie den KMS-Host in der Hochsicherheitszone dann telefonisch.

Abbildung 11.2 zeigt eine Umgebung, in der die Sicherheitsrichtlinien des Unternehmens keinen Datenverkehr zwischen der Hochsicherheitszone und dem Kernnetzwerk zulassen. Da die Hochsicherheitszone über genügend Computer verfügt, um den KMS-Aktivierungsschwellenwert zu erreichen, wurde die Hochsicherheitszone mit ihrem eigenen lokalen KMS-Host ausgestattet. Der KMS-Host wird telefonisch aktiviert.

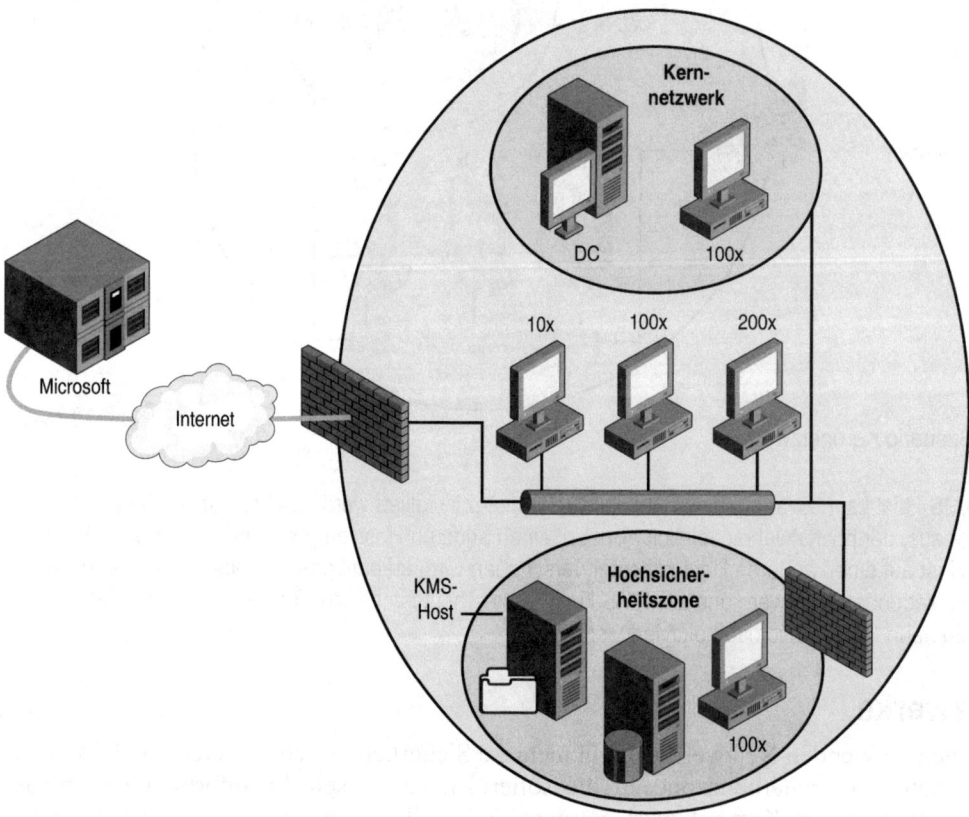

Abbildung 11.2   Szenario Hochsicherheitsnetzwerk

Wenn KMS ungeeignet ist, weil sich nur wenige Computer in der Hochsicherheitszone befinden, wird die unabhängige MAK-Aktivierung empfohlen. Jeder Computer kann dann über Telefon bei Microsoft aktiviert werden.

In diesem Szenario ist auch eine MAK-Proxyaktivierung mit VAMT möglich. VAMT kann Clientcomputer mit AD DS, unter Verwendung des Computernamens, der IP-Adresse oder durch ihre Mitgliedschaft in einer Arbeitsgruppe erkennen. VAMT verwendet WMI, um MAK-Produktschlüssel und Bestätigungskennungen (CIDs) zu installieren und den Zustand der MAK-Clients abzufragen. Da dieser Datenverkehr durch die Firewall verhindert wird, muss die Hochsicherheitszone mit einem lokalen VAMT-Host ausgestattet werden und ein zweiter VAMT-Host in einer anderen Zone verfügbar sein, der über Internetzugang verfügt.

Zweigstellenstandorte

Abbildung 11.3 zeigt ein Unternehmensnetzwerk mit Clientcomputern an drei Standorten. Standort A verwendet einen lokalen KMS-Host, weil er mehr als 25 Clientcomputer aufweist, aber nicht über eine sichere TCP/IP-Verbindung mit dem Kernnetzwerk verfügt. Standort B verwendet eine MAK-Aktivierung, weil sich KMS nicht für Standorte mit weniger als 25 KMS-Clients eignet und der Standort nicht durch eine sichere Verbindung mit dem Kernnetzwerk verbunden ist. Standort C verwendet KMS, weil er durch eine sichere Verbindung über ein privates WAN (Wide Area Network) mit dem Kernnetzwerk verbunden ist und die Aktivierungsschwellenwerte mit den KMS-Clients aus dem Kernnetzwerk erreicht werden.

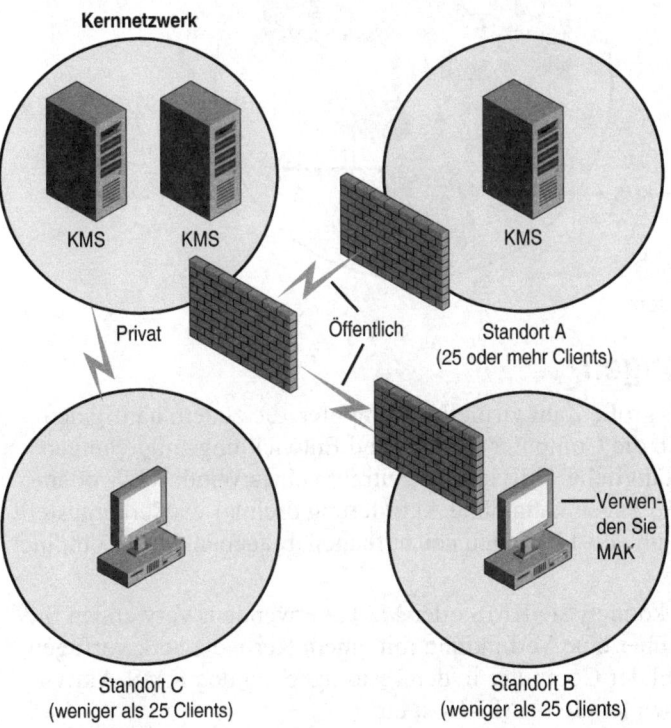

Abbildung 11.3   Szenario Zweigstelle

Einzelne nichtverbundene Computer

Einige Benutzer aus einer Organisation befinden sich vielleicht an anderen Orten oder sind viel auf Reisen. Dieses Szenario ist häufig bei mobilen Clients anzutreffen, beispielsweise bei Computern für Handelsvertreter oder für andere Benutzer, die sich außer Haus befinden. Dieses Szenario kann auch auf Zweigstellenstandorte zutreffen, die nicht über eine feste oder gelegentliche Verbindung mit dem Kernnetzwerk verfügen.

Je nachdem, wie oft unverbundene Computer eine Verbindung mit dem Kernnetzwerk herstellen, können sie KMS oder MAK verwenden. Eine KMS-Aktivierung eignet sich für Computer, die mindestens alle 180 Tage eine Verbindung mit dem Kernnetzwerk herstellen, sei es direkt oder über VPN, sofern das Kernnetzwerk KMS verwendet. Für Computer, die selten oder nie eine Verbindung mit dem Kernnetzwerk herstellen, ist eine unabhängige MAK-Aktivierung (telefonisch oder über Internet) besser geeignet. Abbildung 11.4 zeigt unverbundene Clients, die eine unabhängige MAK-Aktivierung über Internet oder Telefon verwenden.

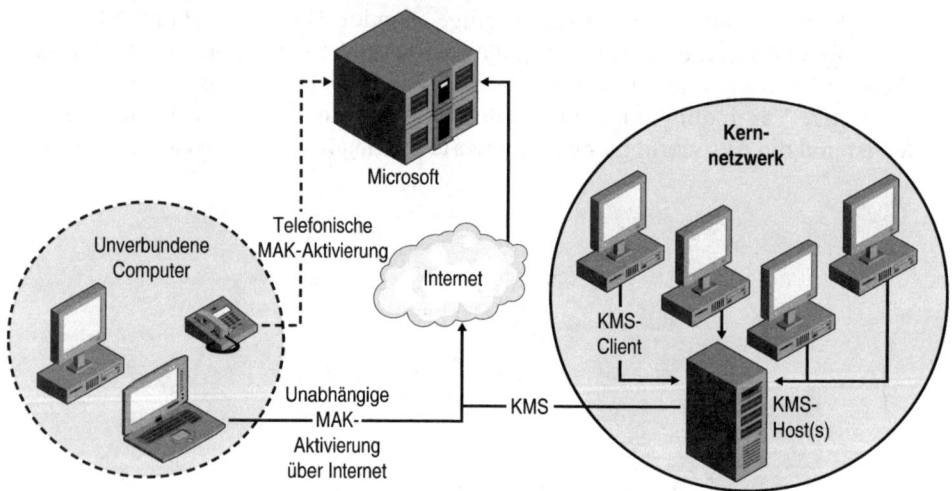

Abbildung 11.4 Szenario unverbundene Computer

Test- und Entwicklungsumgebungen

In Testumgebungen gibt es gewöhnlich eine große Zahl virtueller Computer, die zudem häufig neu konfiguriert werden. Ermitteln Sie zuerst, ob die Computer in Test- und Entwicklungsumgebungen überhaupt aktiviert werden müssen. Der anfängliche Aktivierungszeitraum eines Windows 7- oder Windows Server 2008 R2-Computers von 30 Tagen kann ohne Aktivierung dreimal wiederhergestellt werden. Wenn Sie Testcomputer also innerhalb von 120 Tagen neu aufbauen, brauchen diese Computer nicht aktiviert zu werden.

Müssen die Testcomputer aktiviert werden, können Sie KMS oder MAK verwenden. Verwenden Sie die KMS-Aktivierung, wenn die Computer über eine Verbindung mit einem Kernnetzwerk verfügen, in dem KMS verwendet wird. Wenn die Zahl der Computer in der Testumgebung den KMS-Aktivierungsschwellenwert erreicht, richten Sie einen lokalen KMS-Host ein.

Werden die Computer in einer Testumgebung oft ausgetauscht und ist nur eine kleine Zahl von KMS-Clients vorhanden, ist es wichtig, den KMS-Aktivierungswert zu überwachen, damit der KMS-Host über eine ausreichende Zahl von zwischengespeicherten CMIDs verfügt. Ein KMS-Host speichert Aktivierungsanforderungen von Computern 30 Tage lang zwischen. (Weitere Informationen über die

Bedeutung der CMIDs für Aktivierungen finden Sie im Abschnitt »Mindestanforderungen an die Computer« an früherer Stelle dieses Kapitels.) Sind in einer Testumgebung, die sich nicht für KMS eignet, Aktivierungen erforderlich, verwenden Sie die MAK-Aktivierung. MAK-Clients werden über das Internet aktiviert, sofern dies für die Clients zugänglich ist, oder telefonisch.

In diesem Szenario kann auch eine MAK-Proxyaktivierung mit VAMT verwendet werden. Installieren Sie VAMT in dem isolierten Testnetzwerk und außerdem in einem Netzwerk, das über Internetzugang verfügt. VAMT ermittelt in der isolierten Testumgebung, welche Computer vorhanden sind, ruft deren Status ab, installiert einen MAK-Product Key und ermittelt die IID jedes Computers aus der Testumgebung. Exportieren Sie diese Informationen aus VAMT auf ein Wechselmedium und importieren Sie diese Datei auf einem VAMT-Host, der über Internetzugang verfügt. VAMT sendet die IIDs an Microsoft und erhält als Antwort die entsprechenden CIDs, die für den Abschluss der Aktivierung erforderlich sind. Nach dem Export dieser Daten auf ein Wechselmedium importieren Sie die CIDs in der Testumgebung, damit VAMT die Aktivierungen abschließen kann.

> **HINWEIS**   Im Hochsicherheitsmodus entfernt VAMT alle personenbezogenen Informationen (Personally Identifiable Information, PII) aus der Datei, die exportiert wird. Dabei handelt es sich um eine XML-Datei (Extensible Markup Language), die in jedem XML- oder Texteditor überprüft werden kann.

Was geschieht, wenn Computer nicht aktiviert werden?

Der Vorgang der Aktivierung kann so erfolgen, dass die Aktivierung vor dem Benutzer verborgen bleibt. Findet nach der Installation des Betriebssystems keine Aktivierung statt, stehen trotzdem für einen beschränkten Zeitraum (den *Aktivierungszeitraum*) alle Funktionen von Windows 7 und Windows Server 2008 R2 zur Verfügung. Für Windows 7 beträgt der Aktivierungszeitraum 30 Tage, für Windows Server 2008 R2 10 Tage. Nach dem Ablauf des Aktivierungszeitraums erinnern beide Betriebssysteme den Benutzer immer wieder daran, dass der Computer aktiviert werden muss.

Aktivierungszeitraum

Während des ersten Aktivierungszeitraums weist das Betriebssystem den Benutzer regelmäßig darauf hin, dass es aktiviert werden muss. Die Aktivierung kann innerhalb eines festgelegten Zeitraums, dem Aktivierungszeitraum, erfolgen. Einmal täglich, bei der Anmeldung, erinnert eine Meldung den Benutzer daran, das Betriebssystem zu aktivieren. Diese Art der Erinnerung erfolgt bis 3 Tage vor Ablauf des Aktivierungszeitraums. In den folgenden 2 Tagen erscheinen die diesbezüglichen Meldungen alle 4 Stunden. Am letzten Tag des Aktivierungszeitraums erscheint die Meldung zu jeder vollen Stunde.

Ablauf des Aktivierungszeitraums

Nach dem Ablauf des ersten Aktivierungszeitraums oder nach einem Fehler bei der Aktivierung weist Windows 7 den Benutzer weiter darauf hin, dass das Betriebssystem aktiviert werden muss. Bis zur Aktivierung des Betriebssystems erscheinen die Hinweise auf die erforderliche Aktivierung an verschiedenen Stellen des Produkts:

- Benachrichtigungsfelder werden bei der Anmeldung angezeigt, nachdem Benutzer ihre Anmeldeinformationen eingegeben haben.
- Am unteren Bildrand werden entsprechende Benachrichtigungen über dem Infobereich angezeigt.
- Der Desktophintergrund wird dauerhaft schwarz angezeigt.
- Wenn Benutzer bestimmte Windows-Anwendungen öffnen, werden ebenfalls entsprechende Meldungen angezeigt.

Product Keys

Die Volumenaktivierung hat keine Auswirkungen darauf, wie Volumenlizenzkunden ihre Product Keys erhalten. Sie können MAK- und KMS-Schlüssel auf der VLSC-Webseite (Volume Licensing Service Center) unter *http://go.microsoft.com/fwlink/?LinkId=107544* oder telefonisch bei einem Aktivierungscallcenter erhalten. Partner mit Dienstanbieter-Lizenzvertrag (Service Provider License Agreement, SPLA) können Schlüssel nur telefonisch bei einem Aktivierungscallcenter erhalten. Kunden in den Vereinigten Staaten können die Nummer 888-352-7140 wählen. Kunden in anderen Ländern wenden sich an ihren lokalen Support. Die Telefonnummern aller Aktivierungscenter weltweit finden Sie unter *http://go.microsoft.com/fwlink/?LinkId=107418*. Halten Sie beim Anruf des Supports den Volumenlizenzvertrag bereit.

Volumenlizenzkunden können sich jederzeit auf der VLSC-Webseite anmelden, um ihre KMS-Schlüsselinformationen einzusehen. Die VLSC-Website bietet auch Informationen über die Anforderung und Verwendung von MAKs. Weitere Informationen über MAK- und KMS-Schlüssel, beispielsweise über die Erhöhung der Anzahl zulässiger Aktivierungen, erhalten Sie auf der Seite »Existing Customers« unter *http://go.microsoft.com/fwlink/?LinkId=74008*.

Zusammenfassung

Die Volumenaktivierung unterstützt IT-Profis bei der Automatisierung und Verwaltung der Produktaktivierungen auf Computern, auf denen Editionen von Windows 7 ausgeführt werden, die unter ein Volumenlizenzprogramm oder ein anderes Programm fallen, unter dem Volumenlizenzeditionen von Windows erhältlich sind. Für eine Volumenaktivierung stehen zwei Optionen zur Wahl: KMS und MAK. Die KMS-Aktivierung ist eine Lösung, die leicht bereitzustellen und zu verwalten ist und nur wenige Eingriffe erfordert. In Umgebungen, die nicht die Voraussetzungen für eine KMS-Aktivierung erfüllen, lässt sich die MAK-Aktivierung verwenden, wobei die Aktivierung bei den Aktivierungsdiensten von Microsoft erfolgt.

Weitere Informationen

Die folgenden Quellen bieten zusätzliche Informationen oder Tools für die Themen dieses Kapitels.

Informationsquellen

- Genuine Microsoft Software unter *http://go.microsoft.com/fwlink/?LinkId=151993*
- Genuine Microsoft Software-Gültigkeitsprüfungsseite unter *http://go.microsoft.com/fwlink/?LinkId=64187*
- »Schlüsselverwaltungsdienst 1.1 (x64) für Windows Server 2003 ab SP1« unter *http://www.microsoft.com/downloads/details.aspx?displaylang=de&FamilyID=03fe69b2-6244-471c-80d2-b4171fb1d7a5*
- »Update für Windows Server 2003 x64 Edition (KB968915)« unter *http://go.microsoft.com/fwlink/?LinkId=83041*
- »Microsoft Activation Centers Worldwide Telephone Numbers« unter *http://go.microsoft.com/fwlink/?LinkId=107418*
- Microsoft Volume Licensing unter *http://go.microsoft.com/fwlink/?LinkId=73076*
- Microsoft Volume Licensing Service Center unter *http://go.microsoft.com/fwlink/?LinkId=107544*
- »Product Activation and Key Information« unter *http://go.microsoft.com/fwlink/?LinkId=74008*

- »System Center Pack Catalog« unter *http://go.microsoft.com/fwlink/?LinkID=110332*
- »Volume Activation 2.0 Technical Guidance« unter *http://go.microsoft.com/fwlink/?LinkID= 75674*
- *Volume Activation Deployment Guide* unter *http://go.microsoft.com/fwlink/?LinkId=150083*
- Volumenaktivierung im TechNet unter *http://technet.microsoft.com/en-us/windows/dd197314.aspx*
- *Volume Activation Operations Guide* unter *http://go.microsoft.com/fwlink/?LinkId=150084*
- *Volume Activation Planning Guide* unter *http://technet.microsoft.com/en-us/library/dd878528. aspx*
- *Volume Activation Technical Reference Guide* unter *http://go.microsoft.com/fwlink/?LinkId= 152550*
- »Windows Vista – Wichtige Hinweise zum Datenschutz« unter *http://go.microsoft.com/fwlink/ ?LinkID=52526*
- »Windows Automated Installation Kit (AIK) für Windows 7« unter *http://go.microsoft.com/ fwlink/?LinkId=136976*

Auf der Begleit-CD

- *Volume Activation Planning Guide*
- *Volume Activation Deployment Guide*
- *Volume Activation Operations Guide*
- *Volume Activation Technical Reference Guide*

K A P I T E L   1 2

Bereitstellen mit dem Microsoft Deployment Toolkit

Das Betriebssystem Windows 7 und das Windows Automated Installation Kit (*Windows AIK für Windows 7*) enthalten alle Tools, die zur Bereitstellung des Betriebssystems erforderlich sind. Allerdings bieten sie keinen Rahmen für die Verwaltung und Automatisierung von Windows 7-Bereitstellungen in hohen Stückzahlen und keine Logik für die Verwaltung komplexer Projekte. Diesen Rahmen und die Logik bietet der Solution Accelerator for Business Desktop Deployment 2010 (MDT 2010), der damit zu Microsofts wichtigstem Tool für die Bereitstellung von Windows 7 wird.

Dieses Kapitel beschreibt die Bereitstellung von Windows 7 mit MDT 2010. Es setzt voraus, dass Sie in einer Testumgebung bereits eine Bereitstellungsfreigabe eingerichtet und mit Anwendungen, Gerätetreibern und Paketen ausgestattet haben. Außerdem geht es davon aus, dass Sie bereits benutzerdefinierte Windows 7-Datenträgerabbilder erstellt haben, wie in Kapitel 6, »Entwickeln von Datenträgerabbildern«, beschrieben. Dieses Kapitel unterstützt Sie bei der Konfigurierung und Anpassung von MDT 2010 für die LTI-Bereitstellung (Lite Touch-Installation). Informationen über die ZTI-Bereitstellung (Zero Touch-Installation) mit MDT und dem System Center Configuration Manager 2007 finden Sie in der MDT 2010-Dokumentation.

Einführung in MDT 2010

Die folgenden Abschnitte führen Schlüsselkonzepte für die Bereitstellung von Windows 7 mit MDT 2010 ein. Der Abschnitt »Bereitstellungsszenarien« beschreibt die Szenarien, die von MDT 2010 unterstützt werden. LTI-Bereitstellungen lassen sich mit der Kombination von MDT 2010 und Windows AIK durchführen, vielleicht noch ergänzt durch die Windows-Bereitstellungsdienste.

Bereitstellungsszenarien

Die folgende Liste beschreibt Bereitstellungsszenarien, die von MDT 2010 unterstützt werden:

- **Neuer Computer**   Auf einem neuen Computer wird Windows installiert. Dieses Szenario bedeutet, dass es keine Benutzer- oder Profildaten gibt, die erhalten bleiben müssen.

- **Computeraktualisierung (Upgrade Computer)**   Das aktuelle Windows auf dem Zielcomputer wird auf das gewünschte Betriebssystem aktualisiert. Die vorhandenen Benutzerzustandsdaten und Anwendungen sollen erhalten bleiben (sofern das Zielbetriebssystem dies unterstützt).

- **Computerauffrischung (Refresh Computer)**   Ein Computer, auf dem bereits ein unterstütztes Windows-Betriebssystem installiert ist, wird aufgefrischt. Dieses Szenario bedeutet, dass die Abbilder erneut installiert werden müssen, um ein Problem zu beheben oder um die Installationen zu vereinheitlichen. Außerdem sollen die auf dem Computer vorhandenen Benutzerzustandsdaten erhalten bleiben.

- **Computerersatz (Replace Computer)**   Ein Computer, auf dem ein unterstütztes Windows-Betriebssystem verwendet wird, wird durch einen anderen Computer ersetzt. Die vorhandenen Benutzerzustandsdaten werden vom Originalcomputer gesichert. Dann wird Windows auf einem neuen Computer installiert. Anschließend werden die Benutzerzustandsdaten auf dem neuen Computer wiederhergestellt.

Je nach den Gegebenheiten in Ihrer Umgebung kann eine Kombination dieser Bereitstellungsszenarien erforderlich werden. Wenn Sie zum Beispiel nur vorhandene Computer aufrüsten möchten, sind nur die Szenarien *Computerauffrischung* oder *Computeraktualisierung* erforderlich. Wenn Sie für einige Benutzer neue Computer bereitstellen und die restlichen Computer aufrüsten, verwenden Sie die Szenarien *Computeraktualisierung*, *Computerersatz* und *Computerauffrischung*.

Ressourcenzugriff

Bevor Sie mit der Bereitstellung beginnen, erstellen Sie zusätzliche freigegebene Ordner, in denen die zu übernehmenden Benutzerzustandsdaten und die Bereitstellungsprotokolle gespeichert werden. Sie können diese freigegebenen Ordner auf jedem Server erstellen, der für die Zielcomputer zugänglich ist. Orientieren Sie sich bei der Wahl der Server an Ihrem Bereitstellungsplan. Die folgende Liste beschreibt die freigegebenen Ordner, die Sie erstellen sollten:

- *MigData*   Nimmt bei der Bereitstellung die Benutzerzustandsdaten auf
- *Logs*   Speichert Bereitstellungsprotokolle

HINWEIS   Die Namen in der obigen Liste werden für die freigegebenen Ordner empfohlen. Sie können zwar jeden beliebigen Namen verwenden, aber in den folgenden Beschreibungen werden die obigen Namen verwendet.

Während der Bereitstellung auf den Zielcomputern stellen die MDT 2010-Bereitstellungsskripts Verbindungen zu den Bereitstellungsfreigaben und freigegebenen Ordnern her. Legen Sie für diese Skripts Konten an, die für den Zugriff auf diese Ressourcen verwendet werden können.

Nach der Erstellung der zusätzlichen freigegebenen Ordner können Sie die erforderlichen Berechtigungen einstellen. Sorgen Sie dafür, dass nichtautorisierte Benutzer keinen Zugang zu den Benutzerzustandsdaten und den Bereitstellungsprotokollen erhalten. Nur die Zielcomputer, die diese Benutzerzustandsdaten und Ereignisprotokolle speichern, sollten Zugang zu diesen Ordnern erhalten.

In jedem freigegebenen Ordner deaktivieren Sie die Vererbung und entfernen die vorhandenen Berechtigungen. Dann geben Sie der Gruppe *Domänencomputer* in jedem Ordner die Berechtigung *Ordner erstellen / Daten anhängen* und geben diese Berechtigung auch der Gruppe *Domänen-Benutzer*. Außerdem fügen Sie die Gruppe *ERSTELLER-BESITZER* zu jedem freigegebenen Ordner hinzu und geben ihr den Vollzugriff auf Unterordner und Dateien. Geben Sie außerdem diese Berechtigung jeder Gruppe, die Administratorzugriff auf Migrationsdaten und Protokolldateien braucht.

Die Berechtigungen, die Sie in diesen Schritten vergeben haben, ermöglichen es einem Zielcomputer, eine Verbindung mit einer Freigabe herzustellen und neue Ordner anzulegen, in denen Benutzerzustandsdaten oder Protokolle gespeichert werden. Die Ordnerberechtigungen verhindern, dass andere Benutzer oder Computer Zugriff auf die Daten erhalten, die in diesen Ordnern gespeichert sind.

LTI-Bereitstellungen mit MDT 2010

Vor der LTI-Bereitstellung mit MDT 2010 müssen Sie einige Vorbereitungen treffen, wie in Kapitel 6 beschrieben:

- Erstellen Sie eine Bereitstellungsfreigabe, möglichst in einer Testumgebung, und fügen Sie die gewünschten Ressourcen hinzu. Wie man Anwendungen zur Bereitstellungsfreigabe hinzufügt, beschreibt Kapitel 8, »Bereitstellen von Anwendungen«.

- In der Bereitstellungsfreigabe erstellen Sie nach Bedarf Tasksequenzen, die Windows 7 installieren, und passen sie an.

- Erstellen Sie alle benutzerdefinierten Windows 7-Abbilder, die für die Bereitstellung nötig sind.

- Testen Sie Ihre Bereitstellungsfreigabe und die benutzerdefinierten Abbilder in der Testumgebung.

Kapitel 6 beschreibt, wie die Bereitstellungsfreigabe mit Anwendungen, Gerätetreibern, Paketen und Betriebssystemquelldateien ausgestattet wird. Es beschreibt auch, wie Tasksequenzen und benutzerdefinierte Windows 7-Abbilder erstellt werden. In diesem Kapitel erfahren Sie, wie Sie Ihre Bereitstellungsfreigabe in das Produktivnetzwerk replizieren und mit dieser Bereitstellungsfreigabe eine LTI-Bereitstellung durchführen.

Replizieren einer Bereitstellungsfreigabe

Für LTI müssen Sie die Bereitstellungsfreigabe in die Produktivumgebung replizieren oder auf ein Wechselspeichergerät kopieren. Dieser Schritt ermöglicht es Ihnen, die Entwicklung in einer kontrollierten Umgebung durchzuführen und die Bereitstellungsfreigabe anschließend in der Produktivumgebung verfügbar zu machen, wenn Sie fertig ist.

Wenn Sie eine Bereitstellungsfreigabe replizieren, können Sie die zu replizierenden Ordner auswählen oder alles replizieren. Die Auswahl der Ordner erfolgt mit Auswahlprofilen. Ein Auswahlprofil legt fest, welche Ordner mit Anwendungen, Betriebssystemen, Gerätetreibern, Paketen und Tasksequenzen repliziert werden. Sie erstellen das Auswahlprofil vorab und wählen es dann bei der Vorbereitung der Replikation aus.

Während der Replikation aktualisiert die Deployment Workbench das Startmedium. Das aktualisierte Startmedium enthält eine aktualisierte Datei *Bootstrap.ini*, die so konfiguriert ist, dass sie eine Verbindung mit der replizierten Bereitstellungsfreigabe herstellt. Jede Bereitstellungsfreigabe verfügt also über eigene Startmedien, die so konfiguriert sind, dass sie eine Verbindung mit der betreffenden Bereitstellungsfreigabe herstellen.

So erstellen Sie ein Auswahlprofil:

1. Erweitern Sie in der Strukturansicht der Konsole *Deployment Workbench* den Ordner der gewünschten Bereitstellungsfreigabe und dann den Ordner *Advanced Configuration* unter dieser Freigabe. Klicken Sie *Selection Profiles* mit der rechten Maustaste an und klicken Sie auf *New Selection Profile*.

2. Geben Sie im Textfeld *Selection profile name* einen Anzeigenamen für das Profil ein und klicken Sie dann auf *Next*. Ein Auswahlprofil, das Dateien zur Bereitstellung in einer bestimmten Abteilung auswählt, könnte beispielsweise nach dieser Abteilung benannt werden.

3. Legen Sie auf der Seite *Folders* fest, welche Ordner im Auswahlprofil enthalten sein sollen, und klicken Sie dann auf *Next*.

4. Überprüfen Sie die Angaben auf der Seite *Summary* und klicken Sie auf *Next*.

5. Klicken Sie auf *Finish*, um den New Selection Profile Wizard zu schließen.

Stellen Sie nun eine Verknüpfung mit der Zielfreigabe her:

1. Erstellen Sie in der Produktivumgebung eine Freigabe, die eine Replik der Bereitstellungsfreigabe aufnehmen soll. Sorgen Sie dafür, dass Ihr Konto über den Vollzugriff auf die Produktivfreigabe verfügt.

2. Klicken Sie in der Strukturansicht der Konsole *Deployment Workbench* unter dem Ordner *Advanced Configuration* Ihrer Bereitstellungsfreigabe mit der rechten Maustaste auf *Linked Deployment Shares* und klicken Sie dann auf *New Linked Deployment Share*.

3. Führen Sie auf der nachfolgend gezeigten Seite *General Settings* folgende Einstellungen durch und klicken Sie dann auf *Next*:

   a. Geben Sie im Textfeld *Linked deployment share UNC path* den UNC-Pfad (Universal Naming Convention) der Bereitstellungsfreigabe in der Produktivumgebung ein.

   b. Wählen Sie in der Liste *Selection profile* das Profil aus, mit dem die Ordner festgelegt werden, die Sie in die Produktivumgebung replizieren wollen.

   c. Wählen Sie die Option *Merge the selected contents into the target deployment share*, damit diese Bereitstellungsfreigabe in die Produktivfreigabe eingefügt wird. Soll die gesamte Produktivfreigabe durch die aktuelle Freigabe ersetzt werden, wählen Sie die Option *Replace the contents of the target deployment share folder with those selected*.

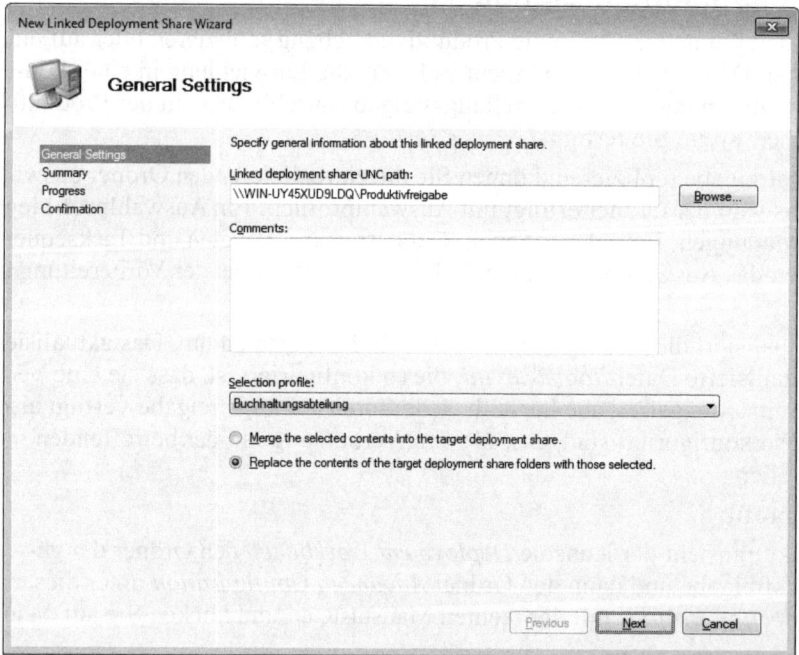

4. Überprüfen Sie die Angaben auf der Seite *Summary* und klicken Sie dann auf *Next*.

5. Klicken Sie auf der Seite *Confirmation* auf *Finish*, um den New Linked Deployment Share Wizard zu schließen.

So replizieren Sie die Bereitstellungsfreigabe aus der Testumgebung in die Produktivumgebung:

1. Klicken Sie in der Strukturansicht der Konsole *Deployment Workbench* unter dem Ordner *Advanced Configuration* Ihrer Bereitstellungsfreigabe auf *Linked Deployment Shares*.

2. Klicken Sie im Detailbereich mit der rechten Maustaste auf die Verknüpfung mit dem Replikationspartner, die Sie zuvor erstellt haben, und klicken Sie dann auf *Replicate Content*.

3. Klicken Sie auf der Seite *Confirmation* auf *Finish*, um das Dialogfeld *Replicate to Linked Deployment Share* zu schließen.

So können Sie Wechselspeichergeräte mit der Bereitstellungsfreigabe verknüpfen:

1. Klicken Sie in der Strukturansicht der Konsole *Deployment Workbench* unter dem Ordner *Advanced Configuration* Ihrer Bereitstellungsfreigabe mit der rechten Maustaste auf *Media* und klicken Sie dann auf *New Media*.

2. Führen Sie auf der Seite *General Settings* folgende Einstellungen durch und klicken Sie dann auf *Next*:

   a. Geben Sie im Textfeld *Media Path* den Pfad des Wechselspeichergeräts ein, auf das Sie die Bereitstellungsfreigabe kopieren möchten.

   b. Wählen Sie in der Liste *Selection profile* das Profil aus, mit dem die Ordner festgelegt werden, die Sie in die Produktivumgebung replizieren wollen.

3. Überprüfen Sie die Angaben auf der Seite *Summary* und klicken Sie dann auf *Next*.

4. Klicken Sie auf der Seite *Confirmation* auf *Finish*, um den New Media Wizard zu schließen.

So replizieren Sie die Bereitstellungsfreigabe aus der Testumgebung auf ein Wechselspeichergerät:

1. Klicken Sie in der Strukturansicht der Konsole *Deployment Workbench* unter dem Ordner *Advanced Configuration* Ihrer Bereitstellungsfreigabe auf *Media*.

2. Klicken Sie im Detailbereich mit der rechten Maustaste auf die Medienverknüpfung, die Sie zuvor erstellt haben, und klicken Sie dann auf *Update Media Content*.

3. Klicken Sie auf der Seite *Confirmation* auf *Finish*, um das Dialogfeld *Updated Media Content* zu schließen.

Vorbereiten der Windows-Bereitstellungsdienste

Bei der Bereitstellung sind Windows-Bereitstellungsdiensteserver für den Start der Windows-Vorinstallationsumgebung (Windows PE) auf den Zielcomputern zuständig, um die Computer auf die Abbildinstallation vorzubereiten. Sorgen Sie nach der Installation und Konfiguration der Windows-Bereitstellungsdienste dafür, dass die Windows PE-Abbilder, die durch eine Aktualisierung der Bereitstellungsfreigaben in der Deployment Workbench erstellt werden, die erforderliche flache Abbildstruktur aufweisen, und fügen Sie die Abbilder zum Windows-Bereitstellungsdiensteserver hinzu.

Die Windows-Bereitstellungsdienste sind für die Einleitung des Bereitstellungsprozesses auf Clientcomputern zuständig, die für einen PXE-Start (Preboot Execution Environment) geeignet sind. Weitere Informationen über die Einrichtung und Konfiguration des Windows-Bereitstellungsdiensteserver finden Sie in Kapitel 10, »Konfigurieren der Windows-Bereitstellungsdienste«.

Konfigurieren der Ressourcen

Außer auf die im Abschnitt »Ressourcenzugriff« dieses Kapitels bereits beschriebenen freigegebenen Ordner greifen MDT 2010-Skripts noch auf andere Ressourcen zu, zum Beispiel auf Anwendungen oder Datenbankserver wie Microsoft SQL Server 2008. Auf welche Ressourcen die Installation zugreift, hängt davon ab, welche Anwendungen Sie zur Distribution hinzugefügt und welche Änderungen Sie an MDT 2010 und an der Tasksequenz vorgenommen haben.

Für LTI müssen Sie eine der folgenden Einstellungen für die Anmeldeinformationen vornehmen, die für den Zugriff auf die Bereitstellungsfreigabe erforderlich sind:

- Geben Sie in der Datei *CustomSettings.ini* die Eigenschaften `UserID`, `UserPassword` und `UserDomain` an. MDT 2010 verwendet diese Anmeldeinformationen, um eine Verbindung mit der Bereitstellungsfreigabe und anderen Netzwerkressourcen herzustellen. Sorgen Sie dafür, dass das in diesen Eigenschaften angegebene Konto auf der Bereitstellungsfreigabe über die Berechtigungen *Lesen* und *Ausführen* verfügt. Indem Sie die Anmeldeinformationen in der Datei *CustomSettings.ini* angeben, können Sie die LTI-Installation automatisieren.

- Wenn Sie in *CustomSettings.ini* keine Anmeldeinformationen angeben, müssen Sie die Anmeldeinformationen, die für die Verbindung mit der Bereitstellungsfreigabe erforderlich sind, nach dem Start des Windows Deployment Wizards auf dem Zielcomputer eingeben. Sorgen Sie dafür, dass das Konto, das im Windows Deployment Wizard angegeben wird, auf der Bereitstellungsfreigabe über die Berechtigungen *Lesen* und *Ausführen* verfügt.

Sorgen Sie außerdem dafür, dass das für LTI verwendete Konto (wie in *CustomSettings.ini* definiert oder im Windows Deployment Wizard eingegeben) für folgende Ressourcen über die Berechtigungen *Lesen* und *Ausführen* verfügt:

- **Bereitstellungsfreigabe**   Konfigurieren Sie den Zugang zu der Bereitstellungsfreigabe, die in der Deployment Workbench erstellt wurde.

- **Alle Ressourcen, die auf Anwendungs- oder Datenbankservern verwendet werden**   Konfigurieren Sie den Zugang zu Anwendungen oder Datenbanken, die über die Eigenschaften `SQLServer`, `SQLShare` und `Database` verwendet werden.

> **HINWEIS**   Andere Verbindungen zu denselben Servern, beispielsweise über Named Pipes und RPC-Aufrufe (Remote Procedure Calls), verwenden dieselben Anmeldeinformationen. Verwenden Sie das Skript *ZTIConnect.wsf*, um diese Verbindungen herzustellen. In der MDT 2010-Dokumentation erhalten Sie weitere Informationen über das Skript *ZTIConnect.wsf*.

Anpassen von *CustomSettings.ini*

Die Datei *CustomSettings.ini* ist die wichtigste Konfigurationsdatei für MDT 2010. Die Anpassungen, die Sie vornehmen, betreffen in erster Linie Angaben, die nur für Ihre Organisation gelten. Die Namen der Server, die Standardgateways der Subnetze und die MAC-Adressen (Media Access Control) gelten natürlich nur in Ihrer Organisation. Mit Ihren Anpassungen sorgen Sie dafür, dass die Bereitstellungen in Ihrer Netzwerkumgebung reibungslos ablaufen. Die Beispiele dieses Abschnitts sollen Ihnen bei der Anpassung helfen. Informationen über andere Szenarien erhalten Sie in der MDT-Dokumentation.

Das folgende Listing zeigt eine angepasste Version der Datei *CustomSettings.ini* nach dem Abschluss des New Deployment Share Wizards der Deployment Workbench. Der Inhalt der Datei *CustomSettings.ini* hängt natürlich davon ab, welche Antworten Sie im New Deployment Share Wizard geben. Der Abschnitt »Customizing *CustomSettings.ini*« dieses Kapitels beschreibt ausführlicher, wie Sie diese Einstellungen für verschiedene Computer anpassen können.

CustomSettings.ini nach der Änderung durch die Deployment Workbench

```
[Settings]
Priority=Default
Properties=MyCustomProperty

[Default]
OSInstall=Y
SkipAppsOnUpgrade=YES
SkipCapture=NO
SkipAdminPassword=YES
SkipProductKey=YES
```

Die Datei *CustomSettings.ini* aus diesem Listing enthält Eigenschaftswerte für alle Zielcomputer, auf denen mit dieser Version der Datei eine Bereitstellung erfolgen soll. Diese Version der Datei enthält keine Werte, die nur für einen bestimmten Zielcomputer gelten, da alle Einstellungen im Abschnitt [Default] definiert wurden. Zielcomputerspezifische Werte werden in diesem Fall während der Bereitstellung manuell im Windows Deployment Wizard eingegeben. Tabelle 12.1 beschreibt die Eigenschaften und Werte, die in diesem Listing verwendet wurden.

> **HINWEIS** Das MDT-Dokument *Microsoft Deployment Toolkit Reference* beschreibt diese und Dutzende anderer Einstellungen, die Sie in *CustomSettings.ini* vornehmen können. Von allen MDT-Dokumenten ist die *Microsoft Deployment Toolkit Reference* das nützlichste, vor allem für IT-Profis, denen die Grundkonzepte von MDT 2010 bereits geläufig sind.

Tabelle 12.1 Beschreibungen der Eigenschaften in *CustomSettings.ini* für LTI

Zeile in *CustomSettings.ini*	Beschreibung
[Settings]	Bezeichnet den Anfang des [Settings]-Abschnitts.
Priority=Default	Bestimmt die Reihenfolge, in der die Unterabschnitte ausgewertet werden, um die Werte der Variablen zu ermitteln. In diesem Beispiel ist der Abschnitt [Default] der einzige Unterabschnitt, der nach Variablen durchsucht wird.
Properties=MyCustomProperty	Gibt zusätzliche Eigenschaften an, für die Werte bestimmt werden müssen. Die hier aufgeführten Eigenschaften ergänzen die Eigenschaften, die in *ZTIGather.xml* genannt werden. *ZTIGather.wsf* durchsucht *ZTIGather.xml*, um eine Liste der Eigenschaften aufzustellen. Die hier definierten Eigenschaftsnamen werden dazu hinzugefügt.
[Default]	Kennzeichnet den Anfang des [Default]-Abschnitts. Die Einstellungen aus diesem Abschnitt gelten für alle Computer.
OSInstall=Y	Gibt an, dass auf dem Zielcomputer eine Betriebssysteminstallation durchgeführt werden soll.
SkipAppsOnUpgrade=YES	Legt fest, ob der Windows Deployment Wizard den Benutzer bei einer Aktualisierung zur Installation von Anwendungen auffordert. Die Einstellung YES bewirkt, dass die Seite übersprungen und nicht angezeigt wird.
SkipCapture=NO	Legt fest, ob der Windows Deployment Wizard den Benutzer zur Aufzeichnung eines Abbilds auffordert. Die Einstellung YES bewirkt, dass die Seite übersprungen und nicht angezeigt wird.
SkipAdminPassword=YES	Legt fest, ob der Windows Deployment Wizard den Benutzer zur Festlegung eines Kennworts für das lokale Administratorkonto auffordert. Die Einstellung YES bewirkt, dass die Seite übersprungen und nicht angezeigt wird.
SkipProductKey=YES	Legt fest, ob der Windows Deployment Wizard den Benutzer zur Eingabe eines Product Keys auffordert. Die Einstellung YES bewirkt, dass die Seite übersprungen und nicht angezeigt wird.

Automatisierungseinstellungen für LTI

Sie können den LTI-Bereitstellungsprozess in hohem Maße automatisieren. ZTI ermöglicht die Automatisierung der Bereitstellung mit MDT 2010-Skripts, dem System Center Configuration Manager 2007 und den Windows-Bereitstellungsdiensten (Windows Deployment Services, Windows DS). Aber LTI ist so konzipiert, dass es geringere Ansprüche an die Infrastruktur stellt.

Sie können die Zahl der angezeigten Assistentenseiten verringern oder die Anzeige von Assistentenseiten bei der LTI-Bereitstellung ganz abschalten. Außerdem können Sie den ganzen Windows Deployment Wizard überspringen, indem Sie in der Datei *CustomSettings.ini* die Eigenschaft `SkipWizard` verwenden. Um einzelne Seiten des Assistenten zu überspringen, stehen Ihnen folgende Eigenschaften zur Verfügung (eine Beschreibung der Eigenschaften finden Sie in der *Microsoft Deployment Toolkit Reference* von MDT 2010):

- `SkipAdminPassword`
- `SkipApplications`
- `SkipAppsOnUpgrade`
- `SkipBDDWelcome`
- `SkipBitLocker`
- `SkipBitLockerDetails`
- `SkipCapture`
- `SkipComputerBackup`
- `SkipComputerName`
- `SkipDeploymentType`
- `SkipDomainMembership`
- `SkipFinalSummary`
- `SkipLocaleSelection`
- `SkipPackageDisplay`
- `SkipProductKey`
- `SkipSummary`
- `SkipTaskSequence`
- `SkipTimeZone`
- `SkipUserData`

HINWEIS   Eine LTI-Bereitstellung allein mit *CustomSettings.ini* zu automatisieren, ist unrealistisch. Es ist schwierig, mit *CustomSettings.ini* für jeden Computer benutzerdefinierte Einstellungen festzulegen. Das ideale Werkzeug für die Automatisierung von LTI-Bereitstellungen ist eine MDT 2010-Datenbank, die es Ihnen auf einfache Weise ermöglicht, Einstellungen für einzelne Computer und für Computergruppen festzulegen. Weitere Informationen über die Verwendung der MDT 2010-Datenbank finden Sie im Abschnitt »Verwenden der MDT 2010-Datenbank« dieses Kapitels.

Für jede Assistentenseite, die übersprungen werden soll, geben Sie in den Dateien *CustomSettings.ini* und *BootStrap.ini* die entsprechenden Eigenschaften an, die normalerweise auf der betreffenden Seite erfasst werden (dafür können Sie auch die MDT 2010-Datenbank verwenden). In der MDT-Dokumentation finden Sie weitere Informationen über die Eigenschaften, die Sie in den Dateien *Custom-Settings.ini* und *BootStrap.ini* konfigurieren müssen.

Das folgende Listing zeigt eine *CustomSettings.ini*-Datei für ein *Computerauffrischungsszenario*, in dem alle Windows Deployment Wizard-Seiten übersprungen werden. In diesem Beispiel werden die Eigenschaften, die normalerweise auf einer Seite erfasst werden, direkt unter der Eigenschaft angegeben, mit der die Assistentenseite übersprungen wird.

CustomSettings.ini-Datei für das Szenario *Computerauffrischung*

```
[Settings]
Priority=Default
Properties=MyCustomProperty

[Default]
OSInstall=Y
ScanStateArgs=/v:5 /o /c
LoadStateArgs=/v:5 /c /lac /lae
SkipAppsOnUpgrade=Yes
SkipCapture=Yes
SkipAdminPassword=YES
SkipProductKey=YES

SkipDeploymentType=Yes
DeploymentType=REFRESH

SkipDomainMembership=Yes
JoinDomain=Americas
DomainAdmin=Administrator
DomainAdminDomain=Americas
DomainAdminPassword=

SkipUserData=yes
UserDataLocation=AUTO
UDShare=\\nyc-am-dep-01\Dellimage\OSDUsmt
UDDir=%ComputerName%

SkipComputerBackup=yes
ComputerBackuplocation=AUTO
BackupShare=\\nyc-am-dep-01\Dellimage\OSDBackup
BackupDir=%ComputerName%

SkipTaskSequence=Yes
TaskSequenceID=Enterprise

SkipComputerName=Yes
ComputerName=%ComputerName%

SkipPackageDisplay=Yes
LanguagePacks1={3af4e3ce-8122-41a2-9cf9-892145521660}
LanguagePacks2={84fc70d4-db4b-40dc-a660-d546a50bf226}
```

```
SkipLocaleSelection=Yes
UILanguage=en-US
UserLocale=en-CA
KeyboardLocale=0409:00000409

SkipTimeZone=Yes
TimeZoneName=China Standard Time

SkipApplications=Yes
Applications1={a26c6358-8db9-4615-90ff-d4511dc2feff}
Applications2={7e9d10a0-42ef-4a0a-9ee2-90eb2f4e4b98}
UserID=Administrator
UserDomain=Americas
UserPassword=P@ssw0rd

SkipBitLocker=Yes
SkipSummary=Yes
Powerusers1=Americas\JoinRis
```

Durchführen von LTI-Bereitstellungen

Zur Bereitstellung eines Computers mit LTI starten Sie den Bereitstellungsprozess durch die Ausführung von *LiteTouch.vbs* aus der Bereitstellungsfreigabe oder mit dem Windows PE-Startabbild, das bei der Aktualisierung der Bereitstellungsfreigabe erstellt wurde. Sie können das Windows PE-Startabbild auf drei verschiedene Arten verwenden:

- Brennen Sie das *.iso*-Abbild auf eine DVD. Dieser Vorgang ist langsam und umständlich. Die ISO-Abbilddateien liegen im Ordner *Boot* der Bereitstellungsfreigabe.

- Brennen Sie den Inhalt des Windows PE-Startabbilds auf ein startfähiges USB-Flashlaufwerk. Das ist wesentlich bequemer als DVDs und die meisten modernen Computer lassen sich von USB-Flashlaufwerken starten. Weitere Informationen über die Erstellung von startfähigen USB-Flashlaufwerken finden Sie in Kapitel 9, »Vorbereiten von Windows PE«.

- Fügen Sie die Abbilddatei *LiteTouchPE_x86.wim* oder *LiteTouchPE_x64.wim* zum *Startabbilder*-Element eines Windows-Bereitstellungsdiensteservers hinzu. Die *.wim*-Abbilddateien liegen im Ordner *Boot* der Bereitstellungsfreigabe. Weitere Informationen über die Installation und Konfiguration der Windows-Bereitstellungsdienste finden Sie in Kapitel 10, »Konfigurieren der Windows-Bereitstellungsdienste«.

Bevor Sie mit der Installation beginnen, sollten Sie dafür sorgen, dass auf keinem Laufwerk des Zielcomputers folgende Ordner vorhanden sind (MDT 2010 erstellt diese Ordner auf dem Laufwerk, auf dem am meisten Speicherplatz frei ist):

- **MININT**   Dieser Ordner bleibt während des Bereitstellungsprozesses erhalten und enthält Zustandsdaten für die Bereitstellung (wie Benutzerstatusmigrationsdaten und Protokolldateien).

- **SMSTaskSequence**   Dieser Ordner enthält Zustandsdaten für den Task Sequencer.

Der Windows Deployment Wizard erstellt und benutzt diese Ordner (auf dem Laufwerk, auf dem das Betriebssystem installiert wird) während des Bereitstellungsprozesses. Wird eine vorhergehende Bereitstellung vorzeitig abgebrochen, sind diese Ordner vielleicht noch auf dem Zielcomputer erhalten. Wenn Sie die Ordner nicht manuell löschen, wird der Prozess nicht neu begonnen, sondern an dem Punkt fortgesetzt, an dem der Prozess vorzeitig abgebrochen wurde. Löschen Sie diese Ordner vor Beginn der Bereitstellung, falls sie noch vorhanden sind.

So führen Sie eine LTI-Bereitstellung mit dem Windows Deployment Wizard durch:

1. Starten Sie den Windows Deployment Wizard mit einer der folgendem Methoden:

   ☐ Starten Sie den Wizard aus einer vorhandenen Windows-Installation heraus, indem Sie eine Verbindung mit der entsprechenden Bereitstellungsfreigabe herstellen (zum Beispiel \\Server-name*DeploymentShare$\Scripts*) und **cscript litetouch.vbs** eingeben.

   ☐ Starten Sie das Lite Touch Windows PE-Abbild unter Verwendung einer startfähigen DVD, eines startfähigen USB-Flashlaufwerks oder mit den Windows-Bereitstellungsdiensten. Alle Abbilder, die von der Deployment Workbench erstellt werden, starten automatisch den Windows Deployment Wizard. Wie man diese Startabbilder zu den Bereitstellungsdiensten hinzufügt, beschreibt Kapitel 10, »Konfigurieren der Windows-Bereitstellungsdienste«.

2. Wenn Sie vom Dialogfeld *Welcome Windows Deployment* dazu aufgefordert werden, klicken Sie auf *Run the Deployment Wizard to install a new Operating System*.

3. Wenn ein Dialogfeld zur Eingabe der Benutzeranmeldeinformationen erscheint, geben Sie die Daten ein, die für eine Verbindung mit der Bereitstellungsfreigabe erforderlich sind (Benutzername, Domäne und Kennwort), und klicken dann auf *OK*. Der Windows Deployment Wizard wird automatisch gestartet. Sie müssen ein Konto verwenden, das über Lese- und Schreibzugriff auf die Bereitstellungsfreigabe verfügt.

4. Folgen Sie der Anleitung des Windows Deployment Wizards, um eine Tasksequenz auszuwählen und die Daten einzugeben, die nicht von *CustomSettings.ini* oder der MDT 2010-Datenbank vorgegeben werden, und um die Installation einzuleiten. Der genaue Ablauf hängt davon ab, welche Einstellungen Sie in *CustomSettings.ini* und der MDT 2010-Datenbank vorgenommen haben.

HINWEIS   Ein Windows 7-Computer kann auch dann zu einer Domäne hinzugefügt werden, wenn keine Verbindung zu der Domäne besteht. Dieser Offline-Domänenbeitritt setzt Windows 7 und Windows Server 2008 R2 voraus. Zuerst legen Sie auf dem Domänencontroller das Computerkonto an. Der Domänencontroller erstellt eine Metadatendatei mit den Informationen, die für einen Beitritt zur Domäne erforderlich sind. Dann übertragen Sie die Metadaten auf den betreffenden Computer, der zur Domäne hinzugefügt werden soll. Der Computer tritt der Domäne bei, ohne dass dafür eine Verbindung zum Domänencontroller erforderlich ist. Weitere Informationen erhalten Sie, wenn Sie auf einem Windows Server 2008 R2-Computer **djoin.exe /?** eingeben.

Anpassen von MDT 2010

Bei der MDT 2010-Anpassung werden die erforderlichen Einstellungen für die Zielcomputer vorgenommen. Die Konfigurationseinstellungen betreffen die Werte, die Sie bei einer manuellen Bereitstellung des Betriebssystems angeben würden. Wählen Sie dafür eine oder mehrere der folgenden Optionen:

- Konfigurieren der Datei *CustomSettings.ini*
- Konfigurieren der Datei *BootStrap.ini*
- Abrufen von Informationen aus der MDT 2010-Datenbank

Bei LTI-Bereitstellungen müssen Sie alle Angaben, die Sie nicht in der Datei *CustomSettings.ini*, in der Datei *BootStrap.ini* oder in der MDT 2010-Datenbank machen, bei der Installation im Windows Deployment Wizard machen. Das gibt Ihnen die Flexibilität, den LTI-Prozess vollständig zu automatisieren oder bei der Ausführung des Windows Deployment Wizards den größten Teil der Einstellungen vorzugeben.

Weitere Informationen   In den folgenden Quellen finden Sie weitere Informationen:

■ Die Syntax und Struktur der Datei *CustomSettings.ini* wird in der MDT-Dokumentation beschrieben.

■ Die Syntax und Struktur der Datei *Bootstrap.ini* wird in der MDT-Dokumentation beschrieben.

Konfigurieren von mehreren Computern

Wenn möglich, wenden Sie Konfigurationseinstellungen auf mehrere Computer an. Sie können Computergruppen definieren und dann die ganze Gruppe konfigurieren. Bei einer Konfiguration auf Gruppenbasis gelten dieselben Einstellungen für alle Clientcomputer der Gruppe. Nach der Anwendung von Gruppeneinstellungen können Sie auf Basis der Einzelcomputer alle computerspezifischen Einstellungen vornehmen.

Auswählen einer Gruppierungsmethode

Sie können Clientcomputer auf unterschiedliche Arten zu Gruppen zusammenfassen. Nachdem Sie festlegt haben, nach welchen Kriterien Sie die Gruppen bilden, legen Sie die entsprechenden Eigenschaften fest.

Mit den Bearbeitungsregeln von MDT 2010 können Sie Computer nach jeder Eigenschaft zu Gruppen zusammenfassen, die auf eine Computergruppe angewendet werden kann (wie `Make`, `Model`, `Default-Gateway` und so weiter). Tabelle 12.2 listet die Gruppierungsmethoden für Computer auf, beschreibt die Methoden und nennt die Eigenschaften, die Sie zur Gruppierung verwenden können.

Tabelle 12.2   Gruppierungsmethoden

Gruppierungsmethode	Beschreibung	Eigenschaften
Geografisch	Gruppenkonfigurationseinstellungen nach Ressourcen, die in einer bestimmten Region verfügbar sind, zum Beispiel ein freigegebener Ordner auf einem Computer in einer bestimmten Region.	`DefaultGateway`
Hardwareeigenschaften der Zielcomputer	Gruppenkonfigurationseinstellungen auf der Basis von Hardwareeigenschaften, etwa Hersteller oder Prozessorarchitektur des Zielcomputers.	`Architecture` `CapableArchitecture` `Make` `Model` `HALName`
Softwareeigenschaften der Zielcomputer	Gruppenkonfigurationseinstellungen auf der Basis von Softwareeigenschaften wie zum Beispiel der Betriebssystemversion des Zielcomputers.	`OSVersion`
Standardeigenschaften	Konfigurationseinstellungen gelten für alle Zielcomputer, wenn die Eigenschaften nicht anderen Abschnitten zugeordnet sind.	`Default`

In den meisten Fällen können Sie Computergruppen schachteln. Sie können zum Beispiel die Eigenschaft `DefaultGateway` verwenden, um die IP-Subnetze anzugeben, zu denen ein Computer an einem bestimmen Ort gehört. Orte können Sie wie im folgenden Listing mit benutzerdefinierten Eigenschaften im Abschnitt `[DefaultGateway]` angeben.

Bei der Gruppierung von Computern nach Hardwarekonfiguration können Sie verschiedene Methoden anwenden, und das Skript sucht nach dem ersetzten Wert. Wenn Sie zum Beispiel `Priority=Make` angeben, ersetzt das Skript den Wert `Make` durch einen Wert, den es mit einem WMI-Aufruf (Windows Management Instrumentation) ermittelt, und sucht nach dem entsprechenden Abschnitt, wie zum Beispiel `[Dell Computer Corporation]`.

Gruppieren mit *[DefaultGateway]*

```
[DefaultGateway]
172.16.0.3=NYC
172.16.1.3=NYC
172.16.2.3=NYC
172.16.111.3=DALLAS
172.16.112.3=DALLAS
172.16.116.3=WASHINGTON
172.16.117.3=WASHINGTON

[NYC]
UDShare=\\NYC-AM-FIL-01\MigData
SLShare=\\NYC-AM-FIL-01\Logs
Packages1=NYC00010-Install
Packages2=NYC00011-Install
Administrator1=WOODGROVEBANK\NYC Help Desk Staff

[DALLAS]
UDShare=\\DAL-AM-FIL-01\MigData
SLShare=\\DAL-AM-FIL-01\Logs
Administrator1=WOODGROVEBANK\DAL Help Desk Staff
```

WEITERE INFORMATIONEN   Die vollständige *CustomSettings.ini*-Datei, die für diese Beispiele verwendet wurde, finden Sie in der MDT 2010-Dokumentation.

Anwenden von Eigenschaften auf Gruppen

Nachdem Sie die Methoden für die Gruppenbildung festgelegt haben, wählen Sie die Eigenschaften und die entsprechenden Einstellungen aus, die für jede Gruppe gelten sollen. Eigenschaften, die für mehrere Computer gelten, können Sie für Gruppen festlegen. Folgende Eigenschaften können Sie auf Computergruppen anwenden:

- `BackupDir`
- `BackupShare`
- `CaptureGroups`
- `ComputerBackupLocation`
- `Packagesx`
- `SLShare`
- `UDDir`
- `UDShare`
- `UDProfiles`

Legen Sie für Gruppen keine Eigenschaften fest, die nur für Einzelcomputer gelten. Zu diesen Eigenschaften gehören:

- `AssetTag`
- `HostName`
- `IPAddress`
- `OSDNewMachineName`
- `SerialNumber`

HINWEIS MDT 2010 unterstützt in der Datei *CustomSettings.ini* Dutzende von Eigenschaften. Die *Microsoft Deployment Toolkit Reference* aus dem MDT 2010 enthält eine vollständige Beschreibung aller unterstützten Einstellungen.

Konfigurieren von Einzelcomputern

Für LTI kann es ausreichen, die Einstellungen vorzugeben, die für Computergruppen gelten. Die restlichen computerspezifischen Einstellungen können Sie im Windows Deployment Wizard interaktiv vornehmen.

Wenn Sie Ihre LTI-Bereitstellung vollständig automatisieren möchten, müssen Sie außer den Einstellungen für Computergruppen auch die Einstellungen vorbereiten, die nur für Einzelcomputer gelten. Sie können die Einstellungen für Einzelcomputer verwenden, um Einstellungen, die für Computergruppen gelten, je nach Priorität außer Kraft zu setzen oder zu ergänzen. Informationen über die Bestimmung der Priorität von Bearbeitungsregeln finden Sie in der MDT-Dokumentation.

Auswählen einer Identifizierungsmethode

Auch für die Identifizierung einzelner Computer stehen mehrere Methoden zur Verfügung, wie zur Identifizierung von Gruppen. Nachdem Sie eine Methode zur Identifizierung einzelner Zielcomputer ausgewählt haben, können Sie die entsprechenden Eigenschaften auswählen.

Die Bearbeitungsregeln von MDT 2010 erlauben die Identifizierung einzelner Computer durch jede Eigenschaft, deren Wert nur für einen Computer gilt (wie `AssetTag`, `MACAddress`, `UUID` und so weiter). Tabelle 12.3 listet die Methoden und Eigenschaften auf, mit denen sich Einzelcomputer identifizieren lassen, und beschreibt diese Methoden.

Tabelle 12.3 Identifizieren von Einzelcomputern

Identifizierungsmethode	Beschreibung	Eigenschaften
Hardwareeigenschaften der Zielcomputer	Identifiziert den Zielcomputer anhand der Hardwarekonfiguration.	`MACAddress`
Softwareeigenschaften der Zielcomputer	Identifiziert den Zielcomputer anhand der Software- oder Firmwarekonfiguration.	`Product` (zusammen mit `Make and Model`) `UUID`
Benutzerdefinierte Attribute der Zielcomputer	Identifiziert den Zielcomputer mit Attributen, die den Computern zugewiesen wurden, aber nicht zur Hardware- oder Softwarekonfiguration gehören.	`AssetTag` `SerialNumber`

Anwenden von Eigenschaften auf Einzelcomputer

Nachdem Sie die Methoden für die Identifizierung von Einzelcomputern festgelegt haben, wählen Sie die Eigenschaften und die entsprechenden Einstellungen aus, die Sie für jeden Zielcomputer vornehmen möchten. Diese Einstellungen gelten gewöhnlich nur für einen Computer. Falls eine bestimmte Einstellung für mehrere Computer gelten soll, verwenden Sie Bearbeitungsregeln auf Gruppenbasis.

Folgende Eigenschaften werden gewöhnlich auf Einzelcomputer angewendet:

- `AssetTag`
- `HostName`
- `IPAddress`
- `OSDNewMachineName`
- `SerialNumber`

Hat eine Gruppeneinstellung eine höhere Priorität und ist die Einstellung in dieser Gruppe zu finden, wird dieselbe Einstellung für einen Einzelcomputer ignoriert. Weitere Informationen über die Priorität von Bearbeitungsregeln finden Sie in der MDT-Dokumentation.

Anpassen von *CustomSettings.ini*

Die Datei *CustomSettings.ini* ist die wichtigste Konfigurationsdatei für MDT 2010. Die Konfigurationen werden entweder direkt oder indirekt vorgenommen:

- Direkt in der Datei *CustomSettings.ini*
- Indirekt in der MDT 2010-Datenbank, die in der Datei *CustomSettings.ini* angegeben wird

Die Syntax der Datei *CustomSettings.ini* ähnelt der Syntax, die in vielen *.ini*-Dateien verwendet wird. Die Datei *CustomSettings.ini* im folgenden Listing wurde für eine LTI-Bereitstellung vorbereitet. Eine ausführlichere Beschreibung der *CustomSettings.ini*-Datei aus dem Listing finden Sie in der MDT-Dokumentation.

CustomSettings.ini für LTI

```
[Settings]
Priority=Default, MACAddress
Properties=CustomProperty

[Default]
OSInstall=Y
ScanStateArgs=/v:5 /o /c
LoadStateArgs=/v:5 /c /lac
UserDataLocation=NONE
CustomProperty=TRUE

[00:0F:20:35:DE:AC]
ComputerName=HPD530-1

[00:03:FF:FE:FF:FF]
ComputerName=BVMXP
```

Eine *CustomSettings.ini*-Datei enthält:

- **Abschnitte**   Abschnittsbezeichnungen sind an eckigen Klammern erkennbar, die den Abschnittsnamen umschließen (wie in [Settings]). Im vorigen Listing gibt es die Abschnitte [Settings], [Default], [00:0F:20:35:DE:AC] und [00:03:FF:FE:FF:FF]. Die Abschnitte von *CustomSettings.ini* lassen sich in zwei Gruppen aufteilen:
  - ☐ **Erforderliche Abschnitte**   Nur der Abschnitt [Settings] ist erforderlich. Alle anderen Abschnitte sind optional. Die MDT 2010-Skripts brauchen den Abschnitt [Settings] der Datei *CustomSettings.ini*, um bestimmte Eigenschaften zu ermitteln (Priority und Properties).
  - ☐ **Optionale Abschnitte**   Die optionalen Abschnitte der Datei *CustomSettings.ini* werden dazu verwendet, einer Computergruppe oder einem Einzelcomputer eine bestimmte Menge an Einstellungen zuzuweisen. Im vorigen Listing gelten die Einstellungen im Abschnitt [Default] für mehrere Computer und die Einstellungen der Abschnitte [00:0F:20:35:DE:AC] und [00:03:FF:FE:FF:FF] jeweils für den betreffenden Einzelcomputer.
- **Eigenschaften**   Eigenschaften sind Variablen, denen Werte zugewiesen werden müssen. An den Namen einer Eigenschaft schließt sich ein Gleichheitszeichen (=) an. Skripts können die Datei *CustomSettings.ini* nach Eigenschaften durchsuchen.

■ **Werte**   Werte sind Konfigurationseinstellungen, die Eigenschaften zugewiesen werden. Vor einem Wert steht ein Gleichheitszeichen. Skripts können die Datei *CustomSettings.ini* nach Werten durchsuchen. Der Wert, der im vorigen Listing der Eigenschaft LoadStateArgs zugewiesen wurde, lautet /v:5 /c /lac.

WEITERE INFORMATIONEN   Weitere Informationen über die Syntax der Datei *CustomSettings.ini* finden Sie in der MDT-Dokumentation.

Anpassen von *BootStrap.ini*

In der Datei *BootStrap.ini* nehmen Sie Einstellungen vor, die vor dem Zugriff auf die Datei *Custom-Settings.ini* bekannt sein müssen. Die Datei *Bootstrap.ini* beschreibt, wie eine Verbindung zu der Bereitstellungsfreigabe hergestellt wird, auf der die Datei *CustomSettings.ini* liegt. Konfigurieren Sie die Datei *Bootstrap.ini* entsprechend, damit MDT 2010-Skripts die richtige MDT 2010-Bereitstellungsfreigabe finden.

Die Syntax der Datei *BootStrap.ini* ist mit der Syntax der Datei *CustomSettings.ini* identisch. Die Datei *BootStrap.ini* enthält eine Teilmenge der Eigenschaften, die in der Datei *CustomSettings.ini* verwendet werden. Folgende Eigenschaften werden in *BootStrap.ini* konfiguriert:

■ DeployRoot

■ SkipBDDWelcome

■ UserDomain

■ UserID

■ UserPassword

■ KeyboardLocale

WEITERE INFORMATIONEN   Die Deployment Workbench erstellt die Datei *BootStrap.ini* bei der Erstellung einer Bereitstellungsfreigabe. Anschließend nehmen Sie alle weiteren Änderungen manuell vor. Weitere Informationen über die Konfiguration der Datei *BootStrap.ini* finden Sie in der MDT-Dokumentation.

Verwenden der MDT 2010-Datenbank

Sie können mit der Deployment Workbench in der MDT 2010-Datenbank Regeln für LTI-Bereitstellungen festlegen. Die Verwendung einer Datenbank hat folgende Vorteile:

■ **Eine allgemeinere Version von *CustomSettings.ini***   Durch die Speicherung der Konfigurationseinstellungen in der MDT 2010-Datenbank verschwinden viele Details aus der Datei *CustomSettings.ini*. Diese Änderung unterstützt den Versuch, die Datei *CustomSettings.ini* allgemeiner zu halten, damit man dieselbe Datei in mehreren Bereitstellungsfreigaben verwenden kann.

■ **Ein zentraler Speicher für alle Einstellungen von Eigenschaften**   Die zentrale Konfiguration aller Eigenschaften bedeutet einheitlichere Einstellungen über alle Bereitstellungsfreigaben hinweg.

So konfigurieren Sie die Regeln in der Konfigurationsdatenbank:

1. Erstellen Sie die Datenbank mit der Deployment Workbench. Dieser Schritt wird in dem folgenden Abschnitt »Erstellen der MDT 2010-Datenbank« ausführlicher beschrieben.

2. Konfigurieren Sie die Eigenschaftswerte in der MDT 2010-Datenbank mit dem *Database*-Element der Deployment Workbench. Dieser Schritt wird im Abschnitt »Konfigurieren der MDT 2010-Datenbank« dieses Kapitels ausführlicher beschrieben.

3. Richten Sie die Datei *CustomSettings.ini* so ein, dass sie die entsprechenden Datenbankabfragen enthält, mit denen die Eigenschaftswerte aus der MDT 2010-Datenbank abgerufen werden. Dieser Schritt wird im Abschnitt »Konfigurieren des Datenbankzugriffs« dieses Kapitels ausführlicher beschrieben.

Erstellen der MDT 2010-Datenbank

Bevor Sie die Datenbank konfigurieren, müssen Sie sie in SQL Server anlegen. Die Deployment Workbench erstellt die Datenbank mit dem New DB Wizard automatisch für Sie. Dieser Abschnitt setzt natürlich voraus, dass SQL Server bereits lokal oder remote in Ihrer Umgebung installiert und konfiguriert ist und dass Sie über die Berechtigung verfügen, Datenbanken anzulegen.

So erstellen Sie die MDT 2010-Datenbank in SQL Server:

1. Klicken Sie in der Deployment Workbench mit der rechten Maustaste auf *Database* und klicken Sie dann auf *New Database*. *Database* ist unter der Bereitstellungsfreigabe unter *Advanced Configuration* zu finden.

2. Geben Sie auf der Seite *SQL Server Details* im Textfeld *SQL Server name* den Namen des Servers ein, auf dem SQL Server ausgeführt wird. Geben Sie bei Bedarf eine Instanz, einen Port und eine Netzwerkbibliothek an, die für die Verbindung verwendet werden soll. Klicken Sie auf *Next*.

3. Wählen Sie auf der nachfolgend gezeigten Seite *Database* die Option *Create a new database* und geben Sie im Textfeld *Database* den Namen der Datenbank ein. Sie können auch die Reparatur einer vorhandenen Datenbank oder die Verbindung mit einer vorhandenen Datenbank wählen. Klicken Sie dann auf *Next*.

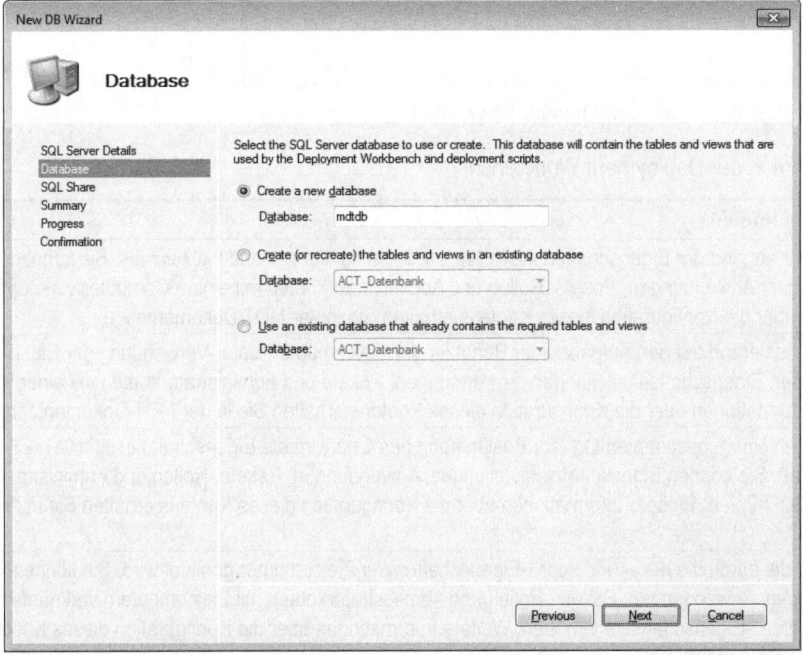

4. Geben Sie bei Bedarf auf der Seite *SQL Share* den Namen einer Freigabe ein, die auf dem Server liegt, auf dem SQL Server ausgeführt wird. MDT 2010 verwendet diese Freigabe nur bei Bedarf, sofern die integrierte Sicherheit verwendet wird, um eine sichere Verbindung mit dem Computer herzustellen, auf dem SQL Server ausgeführt wird. Geben Sie diese Freigabe nur an, wenn der

Windows Deployment Wizard bei der Bereitstellung keine Verbindung zum SQL Server herstellen kann. Der Assistent versucht dann, mit den konfigurierten Anmeldeinformationen (wie im Abschnitt »Konfigurieren des Ressourcenzugriffs« beschrieben) eine Verbindung mit dieser Freigabe herzustellen. Klicken Sie so oft auf *Next*, bis die Datenbank angelegt wird, und dann auf *Finish*.

Konfigurieren der MDT 2010-Datenbank

MDT 2010 organisiert die Eigenschaftswerte in der Datenbank nach den Methoden, mit denen sie auf Zielcomputern angewendet werden. In der Deployment Workbench stellt ein Element unter dem Element *Database* eine solche Methode dar (Abbildung 12.1 und Tabelle 12.4).

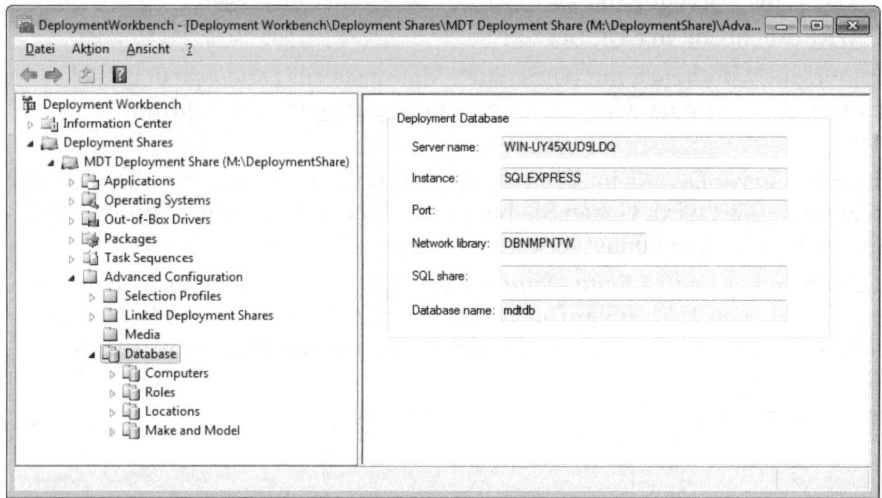

Abbildung 12.1   Datenbankorganisation in der Deployment Workbench

Tabelle 12.4   Datenbankelemente in der Deployment Workbench

Knoten	Sie wählen mit diesem Knoten
Computers	Bestimmte Zielcomputer anhand der Eigenschaften `AssetTag`, `UUID`, `SerialNumber` und `MACAddress`. Sie können Eigenschaftseinstellungen, Anwendungen, Pakete, Rollen und Administratorkonten mit einem Computer verknüpfen. Weitere Informationen über die Konfiguration dieses Knotens erhalten Sie in der MDT-Dokumentation.
Roles	Eine Computergruppe basierend auf den Aufgaben der Benutzer der Zielcomputer (unter Verwendung der Eigenschaft `Roles`). Sie können Eigenschaftseinstellungen, Anwendungen, Pakete und Administratorkonten mit einer Rolle verknüpfen. Weitere Informationen über die Konfiguration dieses Knotens erhalten Sie in der MDT-Dokumentation.
Locations	Eine Computergruppe an einem bestimmten Ort (zur Bestimmung des Orts wird die Eigenschaft `DefaultGateway` der Zielcomputer verwendet). Sie können Eigenschaftseinstellungen, Anwendungen, Pakete, Rollen und Administratorkonten mit einem Ort verknüpfen. Weitere Informationen über die Konfiguration dieses Knotens erhalten Sie in der MDT-Dokumentation.
Make and Model	Eine Computergruppe, die durch die `Make`- und `Model`-Eigenschaften der Zielcomputer gebildet wird. Sie können Eigenschaftseinstellungen, Anwendungen, Pakete, Rollen und Administratorkonten mit Zielcomputern verknüpfen, die gleiche `Make`- und `Model`-Eigenschaftswerte haben. Weitere Informationen über die Konfiguration dieses Knotens erhalten Sie in der MDT-Dokumentation.

HINWEIS   Erstellen Sie zuerst die Elemente im Knoten *Roles*, bevor Sie unter den anderen Knoten *Computers*, *Locations* und *Make and Model* Elemente definieren, denn diese anderen Knoten lassen sich mit Rollen verknüpfen.

Konfigurieren der MDT 2010-Datenbank

Nachdem Sie die Eigenschaftswerte in der MDT 2010-Datenbank definiert haben, müssen Sie die Daten *CustomSettings.ini* so vorbereiten, dass die entsprechenden Datenbankabfragen durchgeführt werden. Dazu können Sie den Configure DB Wizard der Deployment Workbench verwenden. Konfigurieren Sie mit dem Configure DB Wizard jede in der Deployment Workbench definierte Bereitstellungsfreigabe, für die Sie die Datenbank verwenden möchten.

So konfigurieren Sie *CustomSettings.ini* für Datenbankabfragen:

1. Klicken Sie in der Strukturansicht der Deployment Workbench *Database* mit der rechten Maustaste an und klicken Sie dann auf *Configure Database Rules*. *Database* ist unter der Bereitstellungsfreigabe unter *Advanced Configuration* zu finden.

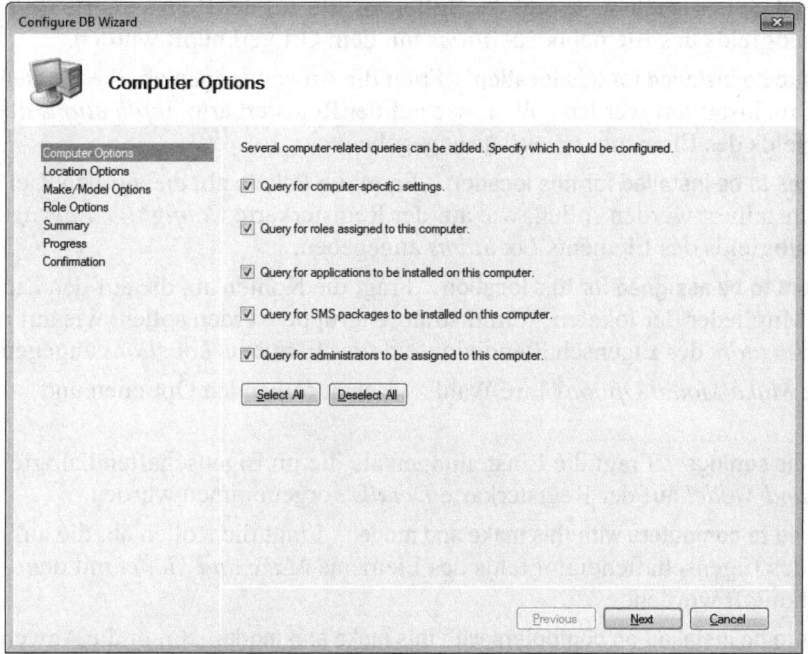

2. Treffen Sie auf der Seite *Computer Options* Ihre Wahl zwischen folgenden Optionen und klicken Sie dann auf *Next*:

   □ **Query for computer-specific settings**   Fragt die Einstellungen ab, die im Eigenschaftendialogfeld des Elements *Computers* auf der Registerkarte *Details* vorgenommen wurden.

   □ **Query for roles assigned to this computer**   Fragt die Rollen ab, die dem Computer auf der Registerkarte *Roles* des Eigenschaftendialogfelds des Elements *Computers* zugewiesen wurden.

   □ **Query for applications to be installed on this computer**   Fragt die Anwendungen ab, die auf dem Computer installiert werden sollen, wie auf der Registerkarte *Applications* des Eigenschaftendialogfelds des Elements *Computers* angegeben.

   □ **Query for SMS packages to be installed on this computer**   Fragt die Pakete ab, die auf dem Computer installiert werden sollen, wie auf der Registerkarte *ConfigMgr Packages* des Eigenschaftendialogfelds des Elements *Computers* angegeben.

☐ **Query for administrators to be assigned to this computer**   Fragt die Konten ab, die auf dem Ziel-computer Mitglieder der lokalen Administratorengruppe werden sollen, wie auf der Register-karte *Administrators* des Eigenschaftendialogfelds des Elements *Computers* angegeben.

3. Treffen Sie auf der Seite *Location Options* Ihre Wahl zwischen folgenden Optionen und klicken Sie dann auf *Next*:

☐ **Query for location names based on default gateways**   Fragt die Ortsnamen anhand der IP-Adresse der Standardgateways ab, wie auf der Registerkarte *Identity* des Eigenschaftendialogfelds des Elements *Locations* angegeben.

☐ **Query for location specific settings**   Ruft die Einstellungen ab, die auf der Registerkarte *Details* des Eigenschaftendialogfelds des Elements *Locations* vorgenommen wurden.

☐ **Query for roles assigned for this location**   Fragt die Rollen ab, die auf der Registerkarte *Roles* des Eigenschaftendialogfelds des Elements *Locations* mit dem Ort verknüpft wurden.

☐ **Query for applications to be installed for this location**   Fragt die Anwendungen ab, die auf den Zielcomputern des Orts installiert werden sollen, wie auf der Registerkarte *Applications* des Eigenschaftendialogfelds des Elements *Locations* angegeben.

☐ **Query for SMS packages to be installed for this location**   Fragt die Pakete ab, die auf den Ziel-computern des Orts installiert werden sollen, wie auf der Registerkarte *ConfigMgr Packages* des Eigenschaftendialogfelds des Elements *Locations* angegeben.

☐ **Query for administrators to be assigned for this location**   Fragt die Konten ab, die auf den Ziel-computern des Orts Mitglieder der lokalen Administratorengruppe werden sollen, wie auf der Registerkarte *Administrators* des Eigenschaftendialogfelds des Elements *Locations* angegeben.

4. Treffen Sie auf der Seite *Make/Model Options* Ihre Wahl zwischen folgenden Optionen und klicken Sie auf *Next*:

☐ **Query for model-specific settings**   Fragt die Einstellungen ab, die im Eigenschaftendialogfeld des Elements *Make and Model* auf der Registerkarte *Details* vorgenommen wurden.

☐ **Query for roles assigned to computers with this make and model**   Fragt die Rollen ab, die auf der Registerkarte *Roles* des Eigenschaftendialogfelds des Elements *Make and Model* mit dem Computermodell verknüpft wurden.

☐ **Query for applications to be installed on computers with this make and model**   Fragt die Anwen-dungen ab, die auf den mit den Eigenschaften `Make` und `Model` ausgewählten Zielcomputern installiert werden sollen, wie auf der Registerkarte *Applications* des Eigenschaftendialogfelds des Elements *Make and Model* angegeben.

☐ **Query for SMS packages to be installed on computers with this make and model**   Fragt die Pakete ab, die auf den mit den Eigenschaften `Make` und `Model` ausgewählten Zielcomputern installiert werden sollen, wie auf der Registerkarte *ConfigMgr Pakages* des Eigenschaftendialogfelds des Elements *Make and Model* angegeben.

☐ **Query for administrators to be assigned to machines with this make and model**   Fragt die Konten ab, die auf den Zielcomputern, die anhand der Eigenschaften `Make` und `Model` ausgewählt wurden, Mitglieder der lokalen Administratorengruppe werden sollen, wie auf der Registerkarte *Ad-ministrators* des Eigenschaftendialogfelds des Elements *Make and Model* angegeben.

5. Treffen Sie auf der Seite *Role Options* Ihre Wahl zwischen folgenden Optionen. Klicken Sie dann so oft auf *Next*, bis die Konfigurationen durchgeführt werden. Klicken Sie anschließend auf *Finish*.

☐ **Query for role specific settings**   Fragt die Einstellungen ab, die im Eigenschaftendialogfeld des Elements *Roles* auf der Registerkarte *Details* vorgenommen wurden.

☐ **Query for applications to be installed for this role**   Fragt die Anwendungen ab, die auf den Computern, die für die angegebene Rolle vorgesehen sind, installiert werden sollen, wie auf der Registerkarte *Applications* des Eigenschaftendialogfelds des Elements *Roles* angegeben.

☐ **Query for SMS packages to be installed for this role**   Fragt die Pakete ab, die auf den Computern, die für die angegebene Rolle vorgesehen sind, installiert werden sollen, wie auf der Registerkarte *ConfigMgr Packages* des Eigenschaftendialogfelds des Elements *Roles* angegeben.

☐ **Query for administrators to be assigned for this role**   Fragt die Konten ab, die auf den Zielcomputern der Computer, die diese Rolle haben, Mitglieder der lokalen Administratorengruppe werden sollen, wie auf der Registerkarte *Administrators* des Eigenschaftendialogfelds des Elements *Roles* angegeben.

WEITERE INFORMATIONEN   Nach dem Abschluss der Konfiguration im Configure DB Wizard ist die Datei *CustomSettings.ini* so vorbereitet, dass die ausgewählten Abfragen durchgeführt werden. Weitere Informationen finden Sie in der MDT-Dokumentation. Achten Sie vor allem auf die Tabellen und Ansichten, die in der *Microsoft Deployment Toolkit Reference* unter der Überschrift »Tables and Views in the MDT DB« beschrieben werden.

Zusammenfassung

Dieses Kapitel hat die LTI-Bereitstellung von Windows 7 mit MDT 2010 Schritt für Schritt beschrieben. LTI ist eine einfache Möglichkeit zur Bereitstellung von Windows 7 in kleinen und mittleren Unternehmen. Es erfordert keine spezielle Infrastruktur und ist sehr leicht einzurichten und anzupassen.

Weitere Informationen

Die folgenden Quellen bieten zusätzliche Informationen oder Tools für die Themen dieses Kapitels.

Informationsquellen

■ Kapitel 3, »Bereitstellungsplattform«, enthält Informationen über die Installationsarchitektur von Windows 7, über die Schlüsselkomponenten und -technologien und über das Zusammenwirken der verschiedenen Komponenten.

■ Kapitel 4, »Planen der Bereitstellung«, enthält Informationen über die Installation und Vorbereitung von MDT 2010. Außerdem beschreibt dieses Kapitel, wie die Anleitung von MDT 2010 verwendet wird.

■ Kapitel 6, »Entwickeln von Datenträgerabbildern«, beschreibt die Planung und Entwicklung von Windows 7-Datenträgerabbildern zur Verwendung in MDT 2010.

■ Kapitel 10, »Konfigurieren der Windows-Bereitstellungsdienste«, erklärt die Installation und Konfiguration der Windows-Bereitstellungsdienste und ihre Verwendung mit MDT 2010.

■ Kapitel 11, »Verwenden der Volumenaktivierung«, enthält weitere Informationen über Windows 7-Product Keys und die Volumenaktivierung.

■ Die *Microsoft Deployment Toolkit Reference* von MDT 2010 beschreibt die Eigenschaften, die Sie in einer Bereitstellungsfreigabe konfigurieren können.

■ Das *Benutzerhandbuch für das Windows Automated Installation Kit (Windows AIK)* enthält Informationen über die Tools und Technologien des Windows AIK. Sie finden diese Anleitung in der Datei *Waik.chm* des Windows AIK.

Desktopverwaltung

K A P I T E L   1 3

Überblick über die Verwaltungstools

Als Administrator brauchen Sie für die Verwaltung von Computern, auf denen das Betriebssystem Windows 7 ausgeführt wird, entsprechende Tools. Welche Tools am besten geeignet sind, hängt von vielen Faktoren ab, beispielsweise von der Zahl der Computer, für deren Verwaltung Sie zuständig sind, von der Erfahrung Ihrer IT-Abteilung und vom Budget Ihrer Organisation. In den Betriebssystemen Windows 7 und Windows Server 2008 R2 stehen viele integrierte Tools und Technologien zur Verwaltung von Windows 7-Clientcomputern zur Verfügung. Es gibt auch ausgewählte Tools, die nur für Kunden mit Volumenlizenzen verfügbar sind, und frei verfügbare Tools, die jeder im Microsoft Download Center herunterladen kann. Für große und mittlere Unternehmen kann es zudem sinnvoll sein, in umfassende Verwaltungstools zu investieren, die zur Verwaltung einer großen Anzahl von Computern geeignet sind, wie zum Beispiel die Tools aus der Microsoft System Center-Produktfamilie.

Dieses Kapitel gibt Ihnen einen kurzen Überblick über die verschiedenen Tools zur Verwaltung von Windows 7-Computern und nennt Ihnen die Quellen, aus denen Sie mehr über diese Tools erfahren können, sei es an anderer Stelle in diesem Buch oder online. Außerdem bietet Ihnen dieses Kapitel eine kurze Einführung in die Verwendung von Windows PowerShell 2.0, das zum Lieferumfang von Windows 7 gehört. Dabei handelt es sich um eine leistungsfähige Skriptsprache, die sich auch zur Remoteverwaltung von Windows 7-Clients eignet.

Integrierte Tools

Windows 7 und Windows Server 2008 R2 werden mit verschiedenen Tools und Technologien ausgeliefert, die Sie zur Verwaltung von Windows 7-Computern verwenden können. Die folgenden Abschnitte beschreiben kurz die wichtigsten Tools, die Sie kennen sollten, und nennt Ihnen Informationsquellen, aus denen Sie mehr über deren Verwendung erfahren. Beachten Sie, dass Ihnen dieses Kapitel aber nur einen kurzen Überblick geben kann. Es ist nicht gedacht als umfassende Liste aller Tools, die auf diesen Plattformen verfügbar sind.

Gruppenrichtlinien

Gruppenrichtlinien stehen zur Verfügung, wenn die Active Directory-Domänendienste verwendet werden, und ermöglichen es Administratoren, Konfigurationen oder Richtlinieneinstellungen für bestimmte Benutzer oder Computer des Unternehmens remote vorzunehmen. Gruppenrichtlinien bieten eine Infrastruktur, die eine zentrale Konfiguration des Betriebssystems Windows 7 und der unterstützten Anwendungen ermöglicht, beispielsweise von Microsoft Office 2007, ohne dass jeder einzelne Computer dafür vor Ort konfiguriert werden müsste.

Gruppenrichtlinien können mit der Konsole *Gruppenrichtlinienverwaltung* verwaltet werden, die auch als Snap-In für die MMC (Microsoft Management Console) zur Verfügung steht und über einige skriptfähige Schnittstellen für die Bereitstellung, Verwaltung und Fehlersuche in Gruppenrichtlinien verfügt. Die Konsole ist unter Windows Server 2008 R2 als installierbares Feature verfügbar. Sie lässt sich auch auf Workstations einsetzen, die zur Verwaltung der Betriebssysteme Windows 7 Professional, Enterprise oder Ultimate verwendet werden. Wenn Sie die Gruppenrichtlinienverwaltungskonsole auf einem Windows 7-Computer verwenden möchten, installieren Sie auf diesem Computer zuerst die Remote Server Administration Tools (RSAT) für Windows 7. Anschließend klicken Sie in der *Systemsteuerung* auf *Programme*. Klicken Sie dann auf *Programme und Funktionen* und anschließend auf *Windows-Funktionen aktivieren oder deaktivieren*. Erweitern Sie den Knoten *Remoteserver-Verwaltungstools*, dann den Knoten *Featureverwaltungstools* und wählen Sie die *Tools für die Gruppenrichtlinienverwaltung*.

Neu in Windows 7 und Windows Server 2008 R2 ist die Möglichkeit, die üblichen Aufgaben, die sich im Zusammenhang mit Gruppenrichtlinien ergeben, mit Windows PowerShell zu automatisieren, zum Beispiel die Erstellung, Konfiguration, Verknüpfung und Sicherung von Gruppenrichtlinienobjekten und die Bearbeitung von Werten in der Registrierung. Für Windows 7 und Windows Server 2008 R2 wurden die Gruppenrichtlinien erweitert und bieten nun zusätzliche Richtlinieneinstellungen, zusätzliche Arten von Einstellungselementen, Verbesserungen für die Starter-Richtlinienobjekte und eine verbesserte Benutzerschnittstelle für die Konfiguration der Richtlinieneinstellungen für administrative Vorlagen. Weitere Informationen über die Verwaltung von Windows 7-Computern mit Gruppenrichtlinien finden Sie in Kapitel 14, »Verwalten der Desktopumgebung«.

Windows Management Instrumentation

Die Windows-Verwaltungsinstrumentation (Windows Management Instrumentation, WMI) ist Microsofts Implementierung des Web-Based Enterprise Management (WBEM), einer Initiative der IT-Branche zur Entwicklung einer Standardtechnologie für den unternehmensweiten Zugriff auf Verwaltungsinformationen. WMI verwendet zur Darstellung von Computern, Netzwerken, Geräten, Anwendungen und anderen verwalteten Objekten den Industriestandard CIM (Common Information Model). WMI kann verwendet werden, um von Windows-Computern lokal oder remote Verwaltungsdaten abzurufen. WMI eignet sich auch zur Automatisierung der Konfiguration bestimmter Aspekte von Windows-Computern. WMI-Remoteverbindungen können mit DCOM (Distributed Component Object Model) oder unter Verwendung der Windows-Remoteverwaltung hergestellt werden.

WMI kann auf verschiedene Arten zur Verwaltung von Windows 7-Computern eingesetzt werden:

- Interaktiv auf der WMI-Befehlszeile (Windows Management Instrumentation Command-line, WMIC)
- Im Batchmodus mit WMI-Skripts, die in Microsoft VBScript geschrieben wurden
- Interaktiv oder im Batchmodus mit Windows PowerShell

WEITERE INFORMATIONEN Informationen über die Verwaltung von Windows 7-Computern mit WMI finden Sie in vielen Ressourcen des Script Centers aus dem Microsoft TechNet unter *http://www.microsoft.com/technet/ scriptcenter/default.mspx*. Im Script Center Script Repository unter *http://gallery.technet.microsoft.com/ScriptCenter/ en-us/* finden Sie eine Sammlung von Beispiel-Verwaltungsskripts.

Windows PowerShell

Windows PowerShell ist eine Skriptsprache für die Verwaltung von Windows-Computern, die sich auf der Befehlszeile und in Skripts verwenden lässt. Windows PowerShell unterstützt Administratoren bei der Kontrolle und Automatisierung der Verwaltung und von Windows-Betriebssystemen und Anwendungen. Windows PowerShell basiert auf dem Microsoft .NET Framework und verwendet zur lokalen Verwaltung und zur unternehmensweiten Remoteverwaltung von Windows-Computern Standard-Befehlszeilentools, die Cmdlets genannt werden. Außerdem ist Windows PowerShell erweiterbar. Anwendungsentwickler können ihre eigenen Cmdlets, Provider und Funktionen erstellen und zu Modulen zusammenfassen, die sie an andere weitergeben können.

Windows PowerShell 2.0 ist in Windows 7 und Windows Server 2008 R2 enthalten und wird für einige ältere Windows-Versionen als Download verfügbar sein. Es bietet neue Features, wie zum Beispiel zusätzliche Cmdlets, eine verbesserte Remoteverwaltung und eine integrierte Skriptumgebung (Integrated Scripting Environment, ISE). Durch die Einarbeitung in Windows PowerShell erhalten Administratoren leistungsfähige neue Mittel zur Automatisierung vieler häufiger durchzuführender Systemverwaltungsaufgaben. Eine kurze Einführung in die Verwendung von Windows PowerShell erhalten Sie im Abschnitt »Einführung in das Skripting mit Windows PowerShell« dieses Kapitels.

WEITERE INFORMATIONEN Weitere Informationen über Windows PowerShell erhalten Sie im Beitrag »Scripting with Windows PowerShell« des Script Centers unter *http://www.microsoft.com/technet/scriptcenter/hubs/msh. mspx*. Informationen über die neuen Features von Windows PowerShell 2.0 erhalten Sie unter *http://technet.micro soft.com/en-us/library/dd367858.aspx*. Im Windows PowerShell-Blog unter *http://blogs.msdn.com/PowerShell/* finden Sie die neusten Nachrichten über Windows PowerShell und erhalten Tipps zu dessen Verwendung.

Windows-Remoteverwaltung

Der Windows-Remoteverwaltungsdienst (WinRM) implementiert das WS-Verwaltungsprotokoll für die Remoteverwaltung unter Windows 7 und Windows Server 2008 R2. Die WS-Verwaltung (WS-Management) ist ein Standard-Webdienstprotokoll, das auf SOAP (Simple Object Access Protocol) basiert und zur Remoteverwaltung von Hard- und Software dient. Wenn er auf dem Computer aktiviert und konfiguriert wird, wartet der WinRM-Dienst auf WS-Verwaltungsanfragen aus dem Netzwerk und bearbeitet sie. Administratoren können die Windows-Remoteshell (WinRS) verwenden, ein Befehlszeilentool (*Winrs.exe*), das Administratoren in die Lage versetzt, mit dem WS-Verwaltungsprotokoll Remotecomputer zu verwalten.

Bevor Sie einen Remotecomputer mit WinRS verwalten können, muss darauf der WinRM-Dienst aktiviert und mit einem Listener konfiguriert werden. Damit ist ein Verwaltungsdienst gemeint, der WS-Verwaltungsnachrichten senden und empfangen kann. Ein Listener wird durch eine Transportmethode (HTTP oder HTTPS) und eine IPv4- oder IPv6-Adresse definiert. Unter Windows 7 und Windows Server 2008 R2 kann die Aktivierung des WinRM-Dienstes und die Konfiguration eines Listeners entweder mit dem Befehlszeilentool *Winrm.cmd* oder mit den Gruppenrichtlinieneinstellungen unter *Computerkonfiguration\Richtlinien\Administrative Vorlagen\Windows-Komponenten\ Windows-Remoteverwaltung (WinRM)* erfolgen. Weitere Gruppenrichtlinien für die Konfiguration von WinRS finden Sie unter *Computerkonfiguration\Richtlinien\Administrative Vorlagen\Windows-Komponenten\Windows-Remoteshell.*

> **WEITERE INFORMATIONEN** Weitere Informationen über WinRM und WinRS finden Sie unter »Windows Remote Management« im MSDN unter *http://msdn.microsoft.com/en-us/library/aa384426.aspx.*

Befehlszeilentools

Windows 7 enthält mehr als 200 integrierte Befehlszeilentools. Administratoren können diese Tools für die verschiedensten Aufgaben verwenden, von der Konfiguration der Netzwerkeinstellungen bis hin zur Datensicherung. An verschiedenen Stellen dieser technischen Referenz finden Sie Beispiele für die Verwendung einiger dieser Befehle:

- Kapitel 16, »Verwalten von Laufwerken und Dateisystemen,« enthält Beispiele für die Erstellung und Verwaltung von Datensicherungen von Windows 7-Computern mit dem Befehlszeilentool *WBAdmin.exe.*

- Kapitel 17, »Verwalten von Geräten und Diensten,« enthält Beispiele für die Konfiguration und Verwaltung der Energieverwaltungsrichtlinien von Windows 7-Computern mit dem Befehlszeilentool *Powercfg.exe.*

- Kapitel 21, »Pflegen der Desktopcomputer«, enthält Beispiele für die Erstellung und Verwaltung von geplanten Aufgaben auf Windows 7-Computern mit dem Befehlszeilentool *Schtasks.exe.*

- Kapitel 23, »Verwalten von Softwareupdates,« enthält Beispiele für die Verwaltung von Aufträgen für den intelligenten Hintergrundübertragungsdienst (Background Intelligent Transfer Service, BITS), die auf Windows 7-Computern ausgeführt werden, mit dem Befehlszeilentool *Bitsadmin.exe.*

- Kapitel 26, »Konfigurieren von Windows-Firewall und IPsec,« enthält Beispiele für die Verwaltung der Windows-Firewall auf Windows 7-Computern mit dem Befehlszeilentool *Netsh.exe.*

> **WEITERE INFORMATIONEN** Eine Liste der verfügbaren Befehle und deren Syntax finden Sie im Abschnitt »Command Reference« des Beitrags »Commands, References, and Tools for Windows Server 2008 R2« im Windows Server TechCenter aus dem Microsoft TechNet unter *http://technet.microsoft.com/en-us/library/dd695747. aspx.*

Remotedesktop

Die Remotedesktopfunktion von Windows 7 ermöglicht es Benutzern, die über die entsprechende Berechtigung verfügen, von einem anderen Windows-Computer aus auf den gesamten Desktop eines Windows 7-Computers zuzugreifen. Sobald die Remotedesktopverbindung hergestellt ist, kann der Benutzer des Remotecomputers auf dem lokalen Computer Anwendungen benutzen und andere Aufgaben durchführen, als würde er direkt vor dem lokalen Computer sitzen und wäre interaktiv angemeldet. Verfügt der Remotebenutzer zudem auf dem lokalen Computer über Administratorrechte, kann er auf dem Computer alle Verwaltungsarbeiten durchführen, die auch ein lokal angemeldeter Administrator durchführen kann. Bei Bedarf können Administratoren also eine Verbindung mit einem Windows 7-Computer aus ihrem Netzwerk herstellen und ihn remote verwalten. Weitere Informationen über den Remotedesktop von Windows 7 finden Sie im Kapitel 27, »Verbindungen mit Remotebenutzern und -netzwerken«.

Bei Bedarf kann ein Administrator auf seinem Verwaltungscomputer mit dem Programm Remotedesktopverbindung (*Mstsc.exe*) mit jedem Windows 7-Computer, auf dem Remotedesktop aktiviert ist, eine Remoteverbindung herstellen und Wartungsarbeiten durchführen oder Fehler beheben. Sobald die Verbindung besteht und der Administrator auf dem Remotecomputer in einer Remotedesktopsitzung arbeiten kann, kann er Informationen über den Computer abrufen, die Konfiguration des Computers nach Bedarf ändern und den Computer mit den integrierten Anwendungen verwalten, die lokal auf dem Computer installiert sind. Dazu gehören zum Beispiel:

- **Task-Manager** Ermöglicht die Anzeige von Anwendungen, Prozessen und Diensten, die auf dem Computer ausgeführt werden, die Beendung von nicht mehr reagierenden Programmen und die Überwachung der Computerleistung. In Kapitel 21, »Pflegen der Desktopcomputer«, erhalten Sie weitere Informationen über den *Task-Manager*.

- **Ressourcenmonitor** Ermöglicht die detaillierte Anzeige von Informationen über die Leistung der CPU, des Speichers, der Laufwerke und des Netzwerks auf Prozessbasis. Weitere Informationen über den Ressourcenmonitor erhalten Sie in Kapitel 30, »Problembehandlung für Hardware, Treiber und Laufwerke«.

- **Ereignisanzeige** Ermöglicht das Lesen und die Verwaltung der Ereignisprotokolle, um den Zustand des Computers zu überprüfen und bei Bedarf Probleme zu beseitigen. In Kapitel 21 erhalten Sie weitere Informationen über die Verwendung der Ereignisanzeige.

- **Dienste-Konsole** Ermöglicht die Anzeige und Änderung von Einstellungen für die Dienste, die auf dem Computer ausgeführt werden. In Kapitel 17 erhalten Sie weitere Informationen über die Verwaltung der Dienste.

- **Wartungscenter** Ermöglicht die Überprüfung des Computers auf Spyware, die Konfiguration der Sicherheitseinstellungen, die Anzeige des Zuverlässigkeitsverlaufs, die Behandlung bestimmter Probleme, die Wiederherstellung des Computers und die Durchführung anderer Wartungsarbeiten. Informationen über das Wartungscenter erhalten Sie in Kapitel 1, »Überblick über die Verbesserungen in Windows 7«.

Zu den weiteren Tools, die einem Administrator in einer Remotedesktopsitzung von Nutzen sein können, gehören die Windows-Eingabeaufforderung (*Cmd.exe*) und die Windows PowerShell-Eingabeaufforderung (*PowerShell.exe*). Stattdessen können Sie Windows-Befehle auch mit WinRM/WinRS auf einem Remotecomputer ausführen oder den Remotecomputer mit Windows PowerShell 2.0 steuern.

Herunterladbare Tools

Bereits zu der Zeit, als dieses Buch geschrieben wurde, bot das Microsoft Download Center (*http://www.microsoft.com/downloads/*) mehrere kostenlose Tools an, mit denen sich Windows 7-Computer verwalten lassen. Im Lauf der Zeit werden wahrscheinlich weitere Tools verfügbar. Die folgenden Abschnitte beschreiben einige nützliche Tools für Administratoren.

Microsoft Network Monitor

Der Microsoft Network Monitor ist ein Netzwerkprotokollanalysator, mit dem Sie den Netzwerkdatenverkehr aufzeichnen, anzeigen und analysieren können. Die Version 3.3 des Netzwerkmonitors ist in 32-Bit- und 64-Bit-Versionen unter *http://www.microsoft.com/downloads/details.aspx?display lang=en&FamilyID=983b941d-06cb-4658-b7f6-3088333d062f* erhältlich. Der Network Monitor-Blog unter *http://blogs.technet.com/netmon/* ist eine gute Informationsquelle für die Verwendung dieses Tools.

Microsoft Baseline Security Analyzer

Der Microsoft Baseline Security Analyzer ist ein leicht zu bedienendes Tool, mit dem Administratoren in kleinen und mittleren Unternehmen überprüfen können, ob Ihre Windows-Computer sicher sind. Mit MBSA können Sie überprüfen, ob Ihre Computer den Sicherheitsempfehlungen von Microsoft entsprechen. Außerdem gibt MBSA auch Empfehlungen zur Behebung erkannter Sicherheitsprobleme, beispielsweise bei Konfigurationsfehlern oder fehlenden Sicherheitsupdates.

Die aktuelle Version 2.1 von MBSA ist zwar für mehrere Sprachen in 32- und 64-Bit-Versionen erhältlich, lässt sich aber nicht unter Windows 7 installieren. Vielleicht gibt es zu dem Zeitpunkt, an dem Sie dies lesen, bereits eine neue Version. Weitere Informationen erhalten Sie unter *http://www. microsoft.com/mbsa/*.

Microsoft IPsec Diagnostic Tool

Das Microsoft IPsec Diagnostic Tool unterstützt Netzwerkadministratoren bei der Behebung von Netzwerkproblemen, wobei der Schwerpunkt auf dem Bereich IPsec (Internet Protocol security) liegt. Das Tool überprüft, ob auf dem Hostcomputer eines der häufiger auftretenden Netzwerkprobleme vorliegt, und macht Vorschläge zu deren Behebung. Außerdem sammelt das Tool IPsec-Richtlinieninformationen über den Computer und durchsucht die IPsec-Protokolle nach Hinweisen auf Fehlerursachen. Weiterhin ermöglicht das Tool die Erfassung von Ereignismeldungen aus den Bereichen virtuelles privates Netzwerk, Netzwerkzugriffsschutzsclient, Windows-Firewall, Gruppenrichtlinienaktualisierungen, Drahtlosnetzwerk und System. Der Diagnosebericht, den dieses Tool erstellt, wird mit Daten aus den Systemprotokollen erstellt, die das Tool während der Analysephase erfasst.

Das Microsoft IPsec Diagnostic Tool lässt sich auf den 32- und 64-Bit-Versionen von Windows installieren und ist unter *http://www.microsoft.com/downloads/details.aspx?displaylang=en&FamilyID=1d4c292c-7998-42e4-8786-789c7b457881* erhältlich.

Windows NT Backup-Restore Utility

Mit Windows Vista wurde ein neues Datensicherungsprogramm eingeführt, das nicht abwärtskompatibel ist zu dem Dateiformat des älteren Tools *NTBackup.exe*, das auf früheren Versionen von Windows verwendet wurde. Daher bietet Microsoft ein Windows NT Backup-Restore Utility zum Download an, mit dem Datensicherungen, die unter Windows XP und Windows Server 2003 erstellt wurden, auf Windows Vista-Computern und neueren Windows-Versionen wiederhergestellt werden können. Das Tool setzt voraus, dass auf dem Computer die Wechselmedienverwaltung aktiviert ist. Es ist unter *http://www.microsoft.com/downloads/details.aspx?displaylang=en&FamilyID=7da725e2-8b69-4c65-afa3-2a53107d54a7* in 32- und 64-Bit-Versionen erhältlich.

Windows Sysinternals Suite

Die Windows Sysinternals Suite besteht aus einer Reihe von leistungsfähigen Tools, die bei der Problembehebung auf Windows-Computern von Nutzen sein können. Ursprünglich wurden diese Tools von Winternals Software LP entwickelt, einer Firma, die Microsoft 2006 übernommen hat. Winternals wurde 1996 von Mark Russinovich und Bryce Cogswell gegründet, beides anerkannte Fachleute im Bereich Betriebssystemdesign und -architektur. Diese nützliche Suite enthält u.a. folgende Tools:

- **Autoruns** Mit diesem Tool können Sie überprüfen, welche Programme so konfiguriert sind, dass sie beim Start Ihres Computers automatisch gestartet werden. Außerdem zeigt es alle Stellen in der Registrierung und dem Dateisystem an, an denen Anwendungen Autostarteinstellungen vornehmen können.

- **BgInfo**   Dieses Tool erstellt automatisch Desktophintergründe, auf denen wichtige Informationen über das System angegeben werden, darunter IP-Adresse, Computername und Netzwerkkarten.

- **Process Explorer**   Mit diesem Tool können Sie überprüfen, welche Dateien, Registrierungsschlüssel und andere Objekte Ihre Prozesse geöffnet haben, welche DLLs (Dynamic-Link Libraries) sie geladen haben und wem die Prozesse gehören.

- **Process Monitor**   Dieses Tool ermöglicht Ihnen die Überwachung der Aktivitäten im Dateisystem, in der Registrierung, in Prozessen, Threads und DLLs auf Ihrem Computer in Echtzeit.

- **PsTools**   Mit dieser Gruppe von Befehlszeilentools können Sie die Prozesse anzeigen, die auf dem lokalen Computer oder auf Remotecomputern ausgeführt werden, Prozesse auf Remotecomputern ausführen, Computer neu starten, Ereignisprotokolle ausgeben und andere Aufgaben durchführen.

- **RootkitRevealer**   Mit diesem Tool können Sie Ihren Computer auf Rootkit-Malware überprüfen.

- **ShellRunas**   Mit diesem Tool können Sie Programme mit einer anderen Benutzeridentität starten, wobei Sie einen Menüeintrag im Shell-Kontextmenü verwenden.

- **TCPView**   Mit diesem Tool können Sie in Echtzeit aktive Sockets auf dem Computer anzeigen.

Die vollständige Sysinternals Suite ist in einer komprimierten Archivdatei unter *http://download. sysinternals.com/Files/SysinternalsSuite.zip* erhältlich. Wenn Sie weitere Informationen über einzelne Tools wünschen, klicken Sie im »Sysinternals Utility Index« unter *http://technet.microsoft.com/en-us/ sysinternals/bb545027.aspx* auf den entsprechenden Link. Neuigkeiten über neue und aktualisierte Tools erhalten Sie im Sysinternals Site-Blog unter *http://blogs.technet.com/Sysinternals/*. Mark Russinovich beschreibt in seinem Blog *http://blogs.technet.com/markrussinovich/default.aspx* sehr nützliche Beispiele für die Verwendung dieser Tools. Unter *http://technet.microsoft.com/en-us/sysinternals/ bb963890.aspx* finden Sie einen Index für die Blog-Beiträge von Mark Russinovich.

Windows 7 Enterprise und das Microsoft Desktop Optimization Pack

Windows 7 Enterprise ist eine spezielle Version von Windows 7, die nur für Kunden des »Microsoft Software Assurance for Volume Licensing«-Programms verfügbar ist. Software Assurance ist ein umfangreiches Wartungsangebot, das Kunden bei der Optimierung des Nutzwerts ihrer Technologie-Investitionen mit neuen Versionsrechten, Dienstleistungen, einer Problemlösungsunterstützung rund um die Uhr und anderen Dingen unterstützt, je nach Art des Volumenlizenzprogramms, das der Kunde abonniert. Weitere Informationen über das »Microsoft Software Assurance for Volume Licensing«-Programm erhalten Sie unter *http://www.microsoft.com/licensing/software-assurance/default.aspx*.

Windows 7 Enterprise bietet folgende Features, die in Windows 7 Professional nicht verfügbar sind:

- **AppLocker**   Ermöglicht Administratoren, mit Gruppenrichtlinien zu kontrollieren, welche Software auf den Computern der Anwender ausgeführt werden kann. Weitere Informationen über AppLocker erhalten Sie in Kapitel 2, »Sicherheit in Windows 7«.

- **BitLocker und BitLocker To Go**   Unterstützt Sie beim Schutz der Daten auf Laptops und Wechsellaufwerken für den Fall, dass diese Geräte gestohlen werden oder verloren gehen. Weitere Informationen über BitLocker und BitLocker To Go finden Sie in Kapitel 16, »Verwalten von Laufwerken und Dateisystemen«.

- **BranchCache**   Ermöglicht es Organisationen, in Zweigstellen die Wartezeiten beim Herunterladen von Dateien über ein langsames WAN (Wide Area Network) zu verringern. In Kapitel 27, »Verbindungen mit Remotebenutzern und -netzwerken«, finden Sie weitere Informationen über BranchCache.

- **DirectAccess** Bietet mobilen Benutzern auch ohne VPN den nahtlosen Zugang zum Firmennetzwerk. Weitere Informationen über DirectAccess erhalten Sie in Kapitel 27.

- **Enterprise Search-Bereiche** Ermöglicht es Benutzern, mit einer einfachen Schnittstelle Informationen aus Speicherorten zu finden, die sich im Netzwerk befinden, beispielsweise auf Windows SharePoint-Sites. Weitere Informationen über dieses Feature erhalten Sie in Kapitel 19, »Verwalten der Suchfunktionen«.

- **MUI-Pakete (Multi-lingual User Interface)** Ermöglicht es Administratoren, für die weltweite Bereitstellung ein einziges Betriebssystemabbild zu erstellen und zu verwenden. Weitere Informationen erhalten Sie in Teil II, »Bereitstellung«.

- **VDI-Optimierungen (Virtual Desktop Infrastructure)** Bietet für Microsoft VDI-Implementierungen eine verbesserte Oberfläche mit Multimonitor-Unterstützung und Mikrofon-Unterstützung. Ermöglicht zudem die Verwendung eines Abbilds von einem virtuellen Computer für den Start eines physischen Computers. Weitere Informationen über VDI-Lösungen erhalten Sie unter *http://www.microsoft.com/windows/enterprise/solutions/virtualization/improve-flexibility.aspx*.

WEITERE INFORMATIONEN Weitere Informationen Windows 7 Enterprise Edition erhalten Sie unter *http://www.microsoft.com/windows/enterprise/products/windows-7-enterprise.aspx*.

Das Microsoft Desktop Optimization Pack (MDOP) besteht aus sechs Produkten, die nur für Kunden verfügbar sind, die das Software Assurance-Programm abonnieren. MDOP 2009, die neuste Ausgabe dieser Produktsuite, bietet innovative Technologien, die Unternehmen bei der Verringerung der Gesamtkosten (Total Cost of Ownership, TCO) für die Bereitstellung, Wartung und Problembehandlung auf Windows-Desktops unterstützen. Die folgenden Abschnitte beschreiben kurz die sechs Microsoft-Technologien, aus denen MDOP 2009 besteht.

WEITERE INFORMATIONEN Weitere Informationen über MDOP erhalten Sie unter *http://www.microsoft.com/windows/enterprise/technologies/mdop.aspx*. Die neusten Informationen über MDOP-Produkte und Tipps zu ihrer Verwendung erhalten Sie im »Official MDOP Blog« unter *http://blogs.technet.com/mdop/default.aspx*. Wenn Sie Software Assurance-Kunde sind, können Sie MDOP 2009 von der »Microsoft Volume Licensing Services (MVLS)«-Site unter *https://licensing.microsoft.com/eLicense/L1033/Default.asp* herunterladen.

Microsoft-Anwendungsvirtualisierung

Die Microsoft-Anwendungsvirtualisierung (Microsoft Application Virtualization, App-V) unterstützt Organisationen bei der Bereitstellung von Software-Anwendungen, die dem Benutzer bei Bedarf an einen beliebigen Ort folgen können, aber nie installiert werden müssen und keinen Regressionstest erfordern. App-V wandelt Anwendungen in virtualisierte Dienste um, die im Netzwerk verfügbar sind und automatisch bereitgestellt werden, wenn Benutzer sie brauchen. Es ist nicht erforderlich, diese Anwendungen auf den Computern der Benutzer zu installieren.

WEITERE INFORMATIONEN Weitere Informationen über App-V 4.5, die neuste Version dieses Produkts, erhalten Sie unter *http://www.microsoft.com/windows/enterprise/products/app-virtualization.aspx*.

Microsoft Advanced Group Policy Management

Microsoft Advanced Group Policy Management (AGPM) unterstützt Administratoren bei der Konfiguration der Windows-Desktops durch eine effektive Änderungsverwaltung, Versionskontrolle und Resets. AGPM ist eine Erweiterung der Gruppenrichtlinien, die eine flexiblere Verwaltung ermöglicht. Sie erlaubt es Administratoren, Gruppenrichtlinienobjekte zu entwickeln, zu prüfen und zu ändern, ohne die Benutzer und Computer zu stören, für die diese Gruppenrichtlinienobjekte vorgesehen sind. Außerdem ermöglicht AGPM es den Administratoren, Änderungen zu konfigurieren, zu testen und zu genehmigen, bevor sie in der Produktivumgebung wirksam werden, und diese Änderungen bei Bedarf schnell wieder rückgängig zu machen.

WEITERE INFORMATIONEN   Weitere Informationen über AGPM finden Sie unter *http://www.microsoft.com/ windows/enterprise/products/advanced-group-policy-management.aspx.*

Microsoft Asset Inventory Service

Microsoft Asset Inventory Service (AIS) unterstützt Administratoren bei der Bestandsverwaltung, indem es ihnen ermöglicht, die Desktopcomputer auf installierte Software zu untersuchen und so den Bestand im Netzwerk zu erfassen. Außerdem können Sie mit AIS leichter sicherstellen, dass die Computer entsprechend den Lizenzen eingesetzt werden, die Sie erworben haben, weil es unternehmensweit das Nachverfolgen von Microsoft-Volumenlizenzen ermöglicht.

WEITERE INFORMATIONEN   Weitere Informationen über AIS 1.5, die neuste Version dieses Produkts, erhalten Sie unter *http://www.microsoft.com/windows/enterprise/products/ais.aspx.*

Microsoft Diagnostics and Recovery Toolset

Das Microsoft Diagnostics and Recovery Toolset (DaRT) umfasst eine Reihe von speziellen Problembehebungs-Tools, mit denen Administratoren einen Computer mit einer Windows-Wiederherstellungsumgebung starten können, um nicht startfähige oder ausgesperrte Computer zu reparieren. Mit diesen Tools können Sie beispielsweise verlorene Daten wiederherstellen, Malware von infizierten Systemen entfernen und verschiedene Arten von Problemen diagnostizieren.

WEITERE INFORMATIONEN   Weitere Informationen über DaRT erhalten Sie unter *http://www.microsoft.com/ windows/enterprise/products/dart.aspx.*

Microsoft Enterprise Desktop Virtualization

Microsoft Enterprise Desktop Virtualization (MED-V) Version 1 ist neu im Microsoft Desktop Optimization Pack 2009. Es ermöglicht die Bereitstellung und Verwaltung von Microsoft Virtual PC-Abbildern auf einem Desktop, auf dem das Betriebssystem Windows ausgeführt wird. MED-V 1.0 kann die Umstellung auf neue Windows-Versionen erleichtern, weil es die Verwendung alter Anwendungen auf einem virtualisierten Windows-Abbild erlaubt.

WEITERE INFORMATIONEN   Weitere Informationen über MED-V 1.0 finden Sie unter *http://www.microsoft.com/ windows/enterprise/products/med-v.aspx.*

Microsoft System Center Desktop Error Monitoring

Microsoft System Center Desktop Error Monitoring (DEM) kann Informationen liefern, die Administratoren bei der Ermittlung der Ursachen für ein Versagen von Anwendungen oder des Betriebssystems unterstützen. DEM ermöglicht Administratoren, eine kostengünstige und skalierbare Lösung für die Erkennung von Fehlern und die Benachrichtigung über Fehler einzurichten und Desktopcomputer auf diese Weise stabiler zu machen.

WEITERE INFORMATIONEN Weitere Informationen über DEM finden Sie unter *http://www.microsoft.com/windows/enterprise/products/dem.aspx*.

Microsoft System Center

Das Microsoft System Center besteht aus einer Reihe von Produkten und Lösungen für die IT-Verwaltung. System Center-Produkte bieten Technologien und Lösungen für die Kapazitätsplanung, die Bereitstellung von Betriebssystemen und Anwendungen, die Verwaltung des Inventars, die Überwachung der Leistung und Verfügbarkeit, die Aktualisierung der Software, die Verwaltung der Datenspeicher und Datenwiederherstellung, das Operations Management und die Erstellung von Berichten. Für Organisationen, die Hunderte oder sogar Tausende von Windows 7-Desktopcomputern einsetzen, ist es durchaus sinnvoll, wenn sie die System Center-Produkte in ihre IT-Verwaltungsinfrastruktur integrieren. Die folgenden Abschnitte beschreiben kurz die fünf wichtigsten System Center-Produkte.

System Center Configuration Manager

System Center Configuration Manager ermöglicht es Organisationen, Server, Clientcomputer und Geräte in physischen, virtuellen, verteilten und mobilen Netzwerkumgebungen bereitzustellen, umfassend einzusetzen und zu aktualisieren. System Center Configuration Manager ist erweiterbar und für Windows optimiert. System Center Configuration Manager 2007 R2, die neuste Version der Plattform, bietet folgende neue Features:

- Unterstützung für die App-V-Verwaltung
- Integration von Microsoft Forefront Client Security
- Berichterstellung mit den Microsoft SQL Server Reporting Services
- Erstellung von Berichten über die Zustände der Clients
- Erweiterungen für die Multicast-Betriebssystembereitstellung und Unterstützung von unbekannten Computern

WEITERE INFORMATIONEN Weitere Informationen über System Center Configuration Manager 2007 R2 erhalten Sie unter *http://www.microsoft.com/systemcenter/configurationmanager/en/us/default.aspx*. System Center Configuration Manager und Tipps zur Verwendung dieser Plattform finden Sie im System Center Configuration Manager Team-Blog unter *http://blogs.technet.com/configmgrteam/default.aspx*. Wie man Probleme mit dem System Center Configuration Manager behebt, erfahren Sie im Configuration Manager Support Team-Blog unter *http://blogs.technet.com/configurationmgr/default.aspx*.

System Center Operations Manager

System Center Operations Manager bietet eine umfassende Ende-zu-Ende-Überwachung von IT-Umgebungen in Unternehmen. Mit System Center Operations Manager können Sie Tausende von Servern, Anwendungen und Clients im gesamten Unternehmen überwachen und umfangreiche Informationen über die Integritätszustände dieser Systeme und Anwendungen abrufen. System Center Operations Manager 2007 R2, die neuste Version der Plattform, bietet folgende neue Features:

- Ein Assistent zum Importieren von Management Packs
- Eine Management Pack-Vorlage zur Prozessüberwachung
- Eine Management Pack-Vorlage für die Überwachung des Clientzugriffsservers von Microsoft Exchange Server 2007
- Eine Management Pack-Vorlage für die Überwachung des organisationsinternen Mail-Flusses unter Exchange Server 2007
- Eine Management Pack-Vorlage für benutzerdefinierte Abfragen von OLE DB-Datenquellen
- Unterstützung für die Erkennung und Überwachung von UNIX- und LINUX-Computern
- Überwachung auf Dienstebene (Service Level Tracking)
- Integritäts-Explorer
- Aktualisierte Exportfunktion für Microsoft Visio
- Verbesserungen bei der Konfiguration und Wiederherstellung, Berichterstellung, Erstellung von Management Packs und der Benutzeroberfläche

WEITERE INFORMATIONEN Weitere Informationen über System Center Operations Manager 2007 R2 erhalten Sie unter *http://www.microsoft.com/systemcenter/operationsmanager/en/us/default.aspx*. Die neusten Mitteilungen über System Center Operations Manager und Tipps zur Verwendung dieser Plattform finden Sie im System Center Operations Manager Team-Blog unter *http://blogs.technet.com/momteam/default.aspx*. Wie man Probleme mit dem System Center Operations Manager behebt, erfahren Sie im Operations Manager Support Team-Blog unter *http://blogs.technet.com/operationsmgr*.

System Center Data Protection Manager

System Center Data Protection Manager bietet Lösungen für die Datensicherung und -wiederherstellung im gesamten Unternehmen und ermöglicht unter Verwendung von integrierten Festplatten- und Bandmedien einen kontinuierlichen Datenschutz für Microsoft-Anwendungen und Dateiserver. System Center Data Protection Manager 2007 Service Pack 1 (SP1), die neuste Version der Plattform, unterstützt nun auch Folgendes:

- Windows SharePoint Services (WSS) und Microsoft Office SharePoint Server (MOSS), mit beträchtlichen Leistungsverbesserungen beim Schutz von WSS-Farmen und Unterstützung von Suchindexsicherungen für WSS und MOSS
- Exchange Server Standby Continuous Replication (SCR)
- Gespiegelte SQL Server-Datenbanken und gespiegelte Cluster
- Hyper-V-Gäste und Hyper-V-Hosts

Weitere Informationen über System Center Data Protection Manager 2007 SP1 erhalten Sie unter *http://www.microsoft.com/systemcenter/dataprotectionmanager/en/us/default.aspx*. Die neusten Nachrichten über System Center Data Protection Manager und Tipps zur Verwendung dieser Plattform finden Sie im System Center Data Protection Manager-Blog namens »Rescue Data Like A Hero« unter *http://blogs.technet.com/dpm/*.

System Center Virtual Machine Manager

System Center Virtual Machine Manager ermöglicht eine zentrale Verwaltung der virtuellen Infrastruktur einer Organisation. Mit dem System Center Virtual Machine Manager können Sie Ihre physische und virtuelle Infrastruktur von einer einzigen Verwaltungskonsole aus zentral verwalten und neue virtuelle Computer bereitstellen und konfigurieren. System Center Virtual Machine Manager 2008 R2, die neuste Version der Plattform, unterstützt nun auch Folgendes:

- Live-Migration, einschließlich der Unterstützung von Warteschlangen
- Schnelle Bereitstellung virtueller Computer
- Mehrere virtuelle Computer pro LUN (Logical Unit Number) und andere Erweiterungen im SAN-Bereich (Storage Area Network)
- Migration des Speichers
- Überprüfung der Hostkompatibilität
- Unterstützung von Clusterdateisystemen anderer Hersteller
- Unterstützung von Veritas Volume Manager

Weitere Informationen über System Center Virtual Machine Manager 2008 R2 finden sie unter *http://www.microsoft.com/systemcenter/virtualmachinemanager/en/us/default.aspx*. Die neusten Nachrichten über System Center Virtual Machine Manager und Tipps zur Verwendung dieser Plattform finden Sie im System Center Virtual Machine Manager Team-Blog unter *http://blogs.technet.com/scvmm/*.

System Center Essentials

System Center Essentials ist ein Verwaltungsprodukt, das eine Ende-zu-Ende-Überwachung und die Bereitstellung von Software und Updates in mittleren Unternehmen mit bis zu 500 Clientcomputern und 30 Servern ermöglicht. Mit System Center Essentials können Sie Server, Anwendungen, Clients und Netzwerkgeräte überwachen und Informationen über deren Integritätszustände abrufen. System Center Essentials 2007 SP1, die neuste Version des Produkts, bietet zudem Folgendes:

- Verbesserungen der Leistung, Nutzbarkeit und Unterstützbarkeit
- Verbesserte Unterstützung von Datensicherung und Notfall-Wiederherstellung
- Verbesserte Management Packs
- Unterstützung der Verwaltung von Arbeitsgruppencomputern
- Unterstützung der Überwachung von SNMPv1-Netzwerkgeräten (Simple Network Management Protocol)
- Unterstützung der Verwendung von mehreren Regeln für das automatische Genehmigen von Updates
- Unterstützung der Verwendung einer Remoteinstanz von SQL Server 2005, die auf einem Computer mit einer anderen Architektur als der Verwaltungsserver ausgeführt wird
- Unterstützung für die Ausführung des Verwaltungsservers, der Konsole und der Agenten auf Computern, auf denen Windows Server 2008 ausgeführt wird

Weitere Informationen über System Center Essentials 2007 SP1 finden Sie unter *http://www.microsoft. com/systemcenter/sce/default.mspx*. Die neusten Nachrichten über System Center Essentials und Tipps zur Verwendung dieser Plattform finden Sie im System Center Essentials Team-Blog unter *http://blogs. technet.com/systemcenteressentials/*.

Einführung in das Skripting mit Windows PowerShell

Systemadministratoren, Netzwerkadministratoren und andere IT-Profis können die Verwaltung von Windows 7 in ihren Organisationen mit Windows PowerShell als Verwaltungstool vereinfachen und automatisieren. Das restliche Kapitel bietet Ihnen eine Einführung in die Grundlagen der Verwendung von Windows PowerShell zur Durchführung von Verwaltungsarbeiten und zur Erstellung entsprechender Skripts. Außerdem werden einige der neuen Funktionen von Windows PowerShell 2.0 beschrieben. VBScript-Kenntnisse werden vorausgesetzt, praktische Erfahrungen mit Windows PowerShell 1.0 erleichtern das Durcharbeiten der Einführung.

Direkt von der Quelle: Cmdlets

James O'Neill, Evangelist, *Developer and Platform Group*

Windows PowerShell kann unterschiedliche Arten von Befehlen ausführen, beispielsweise Skripts, externe Programme und benutzerdefinierte Funktionen. Außerdem verfügt es über kompilierte Cmdlets (»Kommandlets« ausgesprochen), die aus .NET-DLL-Dateien in die Windows Power-Shell-Umgebung geladen werden. Windows PowerShell lädt die Standard-DLLs, wenn es gestartet wird. Ohne die DLLs wäre es nicht viel mehr als eine Skriptsprache ohne nennenswertes Vokabular. Die DLLs, die als Teil eines Windows PowerShell-Moduls oder separat als Snap-Ins registriert und geladen werden können, können auch Provider enthalten, mit denen Windows PowerShell Objekte als Laufwerke verfügbar macht. So ist zum Beispiel die Windows-Registrierung in PowerShell als Laufwerk zugänglich. Außerdem kann PowerShell auch Variablen und Dateisysteme als Laufwerke zugänglich machen. Entwickler können selbst DLLs mit zusätzlichen Cmdlets und Providern erstellen. Für Windows Server 2008 R2 hat das Active Directory-Team zum Beispiel ein Modul entwickelt, dessen DLL eine umfangreiche Befehlssammlung und einen Provider enthält, der Active Directory in Form eines Laufwerks verfügbar macht. Systemadministratoren können in Windows PowerShell ihre eigenen Befehle oder Funktionen schreiben.

Für Cmdlets gilt eine Namenskonvention. Der Name eines Cmdlets hat die Form Verb-Substantiv (verb-noun). Dadurch sind Cmdlets leicht zu finden. Um die Schreibarbeit zu vereinfachen und die Verwendung von gewohnten Bezeichnungen zu ermöglichen, lassen sich für Cmdlets auch Ersatz-namen (Aliasse) definieren. Wenn wir über Windows PowerShell-Befehle reden, können damit Cmdlets, Funktionen, Aliasse, Skripts, externe Programme oder eine Kombination dieser Elemente gemeint sein, die zu einer Pipeline zusammengefasst werden. (In einer Pipeline werden die Ergeb-nisse eines Befehls an den nachfolgenden Befehl übergeben und von ihm als Eingabe verwendet.)

Arbeiten mit Windows PowerShell-Cmdlets

Die Einarbeitung in Windows PowerShell dauert eine gewisse Zeit, weil es eine ungewohnte Art des Zugriffs auf die Umgebung ermöglicht. Einerseits erlaubt die Windows PowerShell-Konsole die inter-aktive Verwendung von Befehlen, andererseits ist Windows PowerShell eine Programmiersprache, in der Sie Skripts schreiben können. Das lässt sich mit einer Eingabeaufforderung vergleichen, in der Sie VBScript-Skripts verwenden. Anders gesagt, Sie erhalten zwei Tools in einem.

Die integrierten Cmdlets, die zum Lieferumfang von Windows PowerShell gehören, bilden den Kern des Produkts. Cmdlets können aber auch von anderen Programmierern geschrieben werden, um den Befehlssatz zu erweitern.

Sie können zum Beispiel Windows PowerShell öffnen und Informationen über die Prozesse abrufen, die auf Ihrem Computer ausgeführt werden. Das Cmdlet `Get-Process` gibt die Prozess-ID, die beanspruchte Prozessorzeit und den Speicherbedarf an. Der Befehl lautet `Get-Process` und Abbildung 13.1 zeigt das Ergebnis.

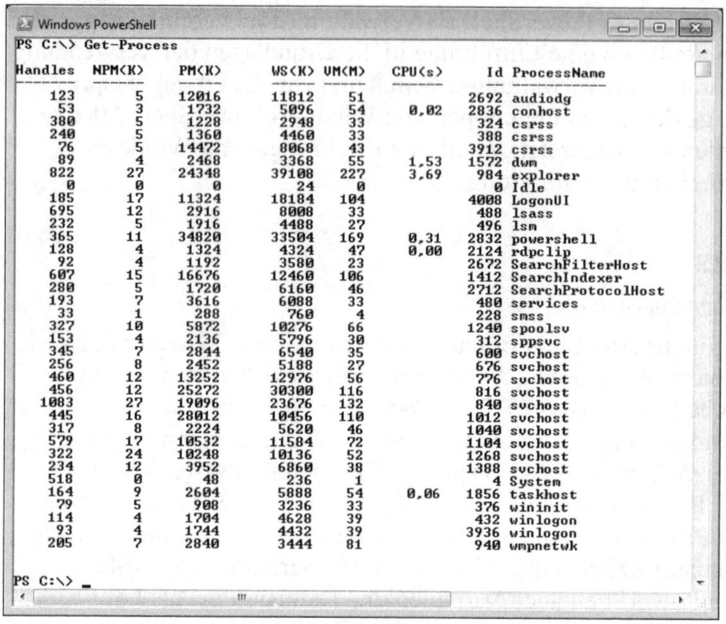

```
Windows PowerShell
PS C:\> Get-Process

Handles  NPM(K)    PM(K)      WS(K) VM(M)   CPU(s)     Id ProcessName
-------  ------    -----      ----- -----   ------     -- -----------
    123       5    12016      11812    51            2692 audiodg
     53       3     1732       5096    54     0,02   2836 conhost
    380       5     1228       2948    33             324 csrss
    240       5     1360       4460    33             388 csrss
     76       5    14472       8068    43            3912 csrss
     89       4     2468       3368    55     1,53   1572 dwm
    822      27    24348      39108   227     3,69    984 explorer
      0       0        0         24     0               0 Idle
    185      17    11324      18184   104            4008 LogonUI
    695      12     2916       8008    33             488 lsass
    232       5     1916       4488    27             496 lsm
    365      11    34820      33504   169     0,31   2832 powershell
    128       4     1324       4324    47     0,00   2124 rdpclip
     92       4     1192       3580    23            2672 SearchFilterHost
    607      15    16676      12460   106            1412 SearchIndexer
    280       5     1720       6160    46            2712 SearchProtocolHost
    193       7     3616       6088    33             480 services
     33       1      288        760     4             228 smss
    327      10     5872      10276    66            1240 spoolsv
    153       4     2136       5796    30             312 sppsvc
    345       7     2844       6540    35             600 svchost
    256       8     2452       5188    27             676 svchost
    460      12    13252      12976    56             776 svchost
    456      12    25272      30300   116             816 svchost
   1083      27    19096      23676   132             840 svchost
    445      16    28012      10456   110            1012 svchost
    317       8     2224       5620    46            1040 svchost
    579      17    10532      11584    72            1104 svchost
    322      24    10248      10136    52            1268 svchost
    234      12     3952       6860    38            1388 svchost
    518       0       48        236     1               4 System
    164       9     2604       5888    54     0,06   1856 taskhost
     79       5      900       3236    33             376 wininit
    114       4     1704       4628    39             432 winlogon
     93       4     1744       4432    39            3936 winlogon
    205       7     2840       3444    81             940 wmpnetwk

PS C:\> _
```

Abbildung 13.1 Das Cmdlet `Get-Process` liefert ausführliche Angaben über Prozesse

Wenn Sie mehr über Dienste erfahren möchten, ist `Get-Service` das richtige Windows PowerShell-Cmdlet. Mit diesem Befehl erfahren Sie etwas über die Namen, Zustände und Anzeigenamen der Dienste. Abbildung 13.2 zeigt das Ergebnis.

Wenn Sie das Datum erfahren möchten, ist `Get-Date` der richtige Befehl. Wollen Sie mehr über die Gebietseinstellungen wissen, verwenden Sie `Get-Culture`. Sie sind in der PowerShell-Konsole aber nicht auf die Verwendung von Windows PowerShell-Cmdlets beschränkt. Auch externe Befehle wie zum Beispiel *Getmac.exe* lassen sich verwenden (Abbildung 13.3).

Alle bisher gezeigten Befehle beginnen mit dem Wort `Get`, woran sich ein anderes Wort anschließt. Die Namen aller Windows PowerShell-Cmdlets bestehen aus zwei Teilen. Der erste Teil eines Cmdlet-Namens ist ein *Verb*, der zweite ein *Substantiv* (engl. noun). Das entspricht zwar nicht genau dem, was diese Bezeichnungen in einer natürlichen Sprache bedeuten, aber diese zweiteilige Bezeichnung soll ausdrücken, was getan werden soll und mit welchem Gegenstand oder Objekt es getan werden soll. Durch die festgelegten Standardverben ist es sehr leicht, sich die Namen von Cmdlets zu merken. Ein IT-Profi muss zum Beispiel häufig bestimmte Prozesse beenden. In den verschiedenen Hilfsprogrammen, die zu diesem Zweck verwendet werden, heißen die entsprechenden Befehle `stop`, `unload`, `delete`, `kill`, `terminate` anders. In Windows PowerShell sind die Verhältnisse übersichtlicher: das Verb lautet immer `stop`. Wenn Sie etwas starten möchten, verwenden Sie das Verb `start`. Tabelle 13.1 zeigt gebräuchliche Verben.

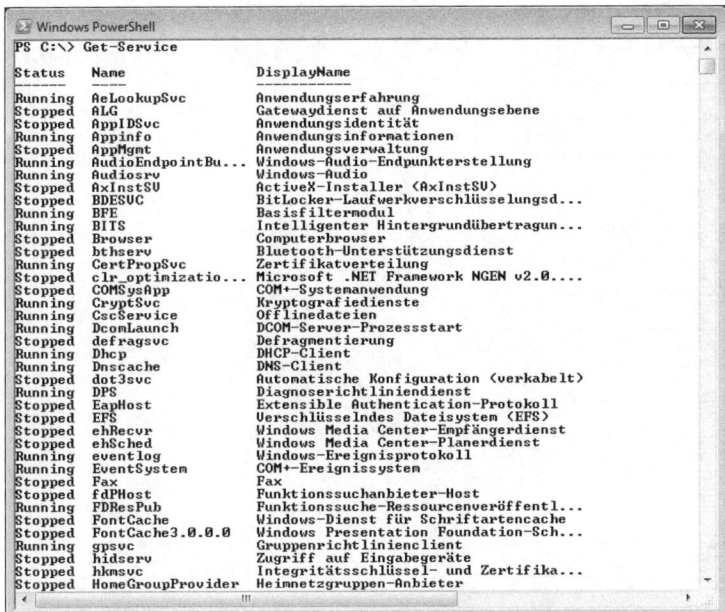

Abbildung 13.2 Das Cmdlet `Get-Service` liefert Informationen über Dienste

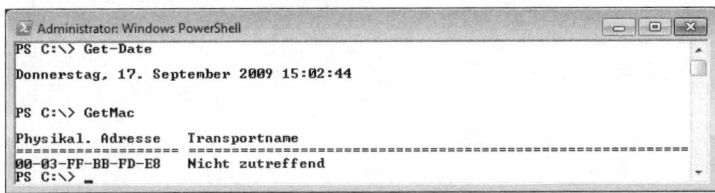

Abbildung 13.3 Windows PowerShell-Cmdlets und externe Befehle
lassen sich in derselben PowerShell-Sitzung verwenden

Tabelle 13.1 Gebräuchliche Windows PowerShell-Verben und ihre jeweilige Gruppenzugehörigkeit

Verb	Gruppe
Add	Allgemein
Clear	Allgemein
Copy	Allgemein
Enter	Allgemein
Exit	Allgemein
Format	Allgemein
Get	Allgemein
Hide	Allgemein
Join	Allgemein
Lock	Allgemein
Move	Allgemein
New	Allgemein
Pop	Allgemein ▶

Verb	Gruppe
Push	Allgemein
Redo	Allgemein
Remove	Allgemein
Rename	Allgemein
Search	Allgemein
Select	Allgemein
Set	Allgemein
Show	Allgemein
Split	Allgemein
Undo	Allgemein
Use	Allgemein
Unlock	Allgemein
Backup	Daten
Checkpoint	Daten
Compare	Daten
Compress	Daten
Convert	Daten
ConvertFrom	Daten
ConvertTo	Daten
Dismount	Daten
Expand	Daten
Export	Daten
Import	Daten
Initialize	Daten
Limit	Daten
Merge	Daten
Mount	Daten
Out	Daten
Publish	Daten
Redo	Wiederholt die letzte Aktion, die mit einer Ressource durchgeführt wurde. Das Gegenstück ist Undo.
Restore	Daten
Save	Daten
Undo	Versetzt eine Ressource in den Zustand, in dem sie sich vor der letzten Aktion befand. Das Gegenstück ist Redo.
Unpublish	Daten
Update	Daten
Complete	Lebenszyklus
Disable	Lebenszyklus
Enable	Lebenszyklus
Install	Lebenszyklus
Register	Lebenszyklus ▶

Verb	Gruppe
Restart	Lebenszyklus
Resume	Lebenszyklus
Start	Lebenszyklus
Stop	Lebenszyklus
Suspend	Lebenszyklus
Uninstall	Lebenszyklus
Unregister	Lebenszyklus
Wait	Lebenszyklus
Debug	Diagnose
Measure	Diagnose
Ping	Diagnose
Repair	Diagnose
Resolve	Diagnose
Test	Diagnose
Trace	Diagnose
Connect	Kommunikation
Disconnect	Kommunikation
Read	Kommunikation
Receive	Kommunikation
Send	Kommunikation
Write	Kommunikation
Block	Sicherheit
Grant	Sicherheit
Revoke	Sicherheit
Unblock	Sicherheit
Use	Andere

In der PowerShell-Konsole können Sie nicht nur die neuen Cmdlets verwenden, sondern auch Befehle, die Ihnen bereits vertraut sind. Wollen Sie beispielsweise überprüfen, was sich in einem Verzeichnis befindet, können Sie **dir** eingeben. Abbildung 13.4 zeigt ein Beispiel für die Ergebnisse dieses Befehls. Vergessen Sie dabei aber nicht, dass einige der erweiterten Funktionen des dir-Befehls von Windows PowerShell anders arbeiten als im alten dir-Befehl. Die Befehle sind sich aber hinreichend ähnlich, um die Einarbeitung in die Windows PowerShell-Syntax zu erleichtern.

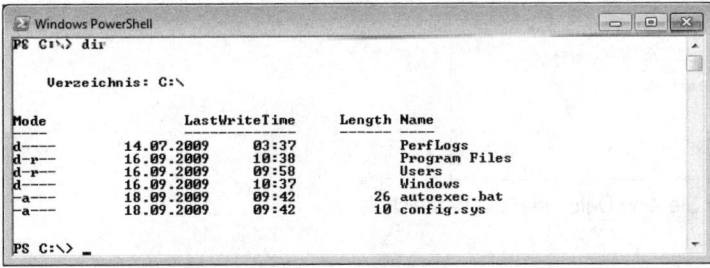

Abbildung 13.4   Der Befehl dir liefert eine Liste der Dateien und Verzeichnisse, die in einem Verzeichnis enthalten sind

Um ein Verzeichnis zu erstellen, können Sie den Befehl md verwenden. Dabei geben Sie den Namen des Verzeichnisses an, das Sie erstellen möchten, beispielsweise *C:\hsgTest*. Mit der rechten spitzen Klammer als Umleitungszeichen können Sie die Textausgaben eines Befehls in eine Textdatei umleiten, beispielsweise die Ausgaben des dir-Befehls (Abbildung 13.5).

```
Windows PowerShell
PS C:\> md C:\hsgTest

    Verzeichnis: C:\

Mode                LastWriteTime     Length Name
----                -------------     ------ ----
d----        18.09.2009     10:24            hsgTest

PS C:\> dir > C:\hsgTest\Verzeichnis.txt
PS C:\> _
```

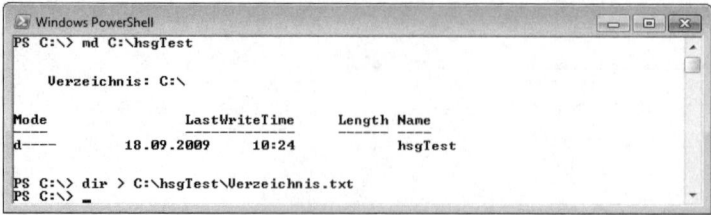

Abbildung 13.5 Zur Erstellung eines neuen Verzeichnisses verwenden Sie den Befehl md

Bei der Erstellung einer Datei durch Umleitung erhalten Sie in Windows PowerShell keine Rückmeldung. Abbildung 13.6 zeigt die Datei, die auf diese Weise erstellt wurde.

```
Verzeichnis - Editor
Datei  Bearbeiten  Format  Ansicht  ?

    Verzeichnis: C:\

Mode                LastWriteTime     Length Name
----                -------------     ------ ----
d----        18.09.2009     10:25            hsgTest
d----        14.07.2009     03:37            PerfLogs
d-r--        16.09.2009     10:38            Program Files
d-r--        16.09.2009     09:58            Users
d----        16.09.2009     10:37            Windows
-a---        18.09.2009     09:42         26 autoexec.bat
-a---        18.09.2009     09:42         10 config.sys
```

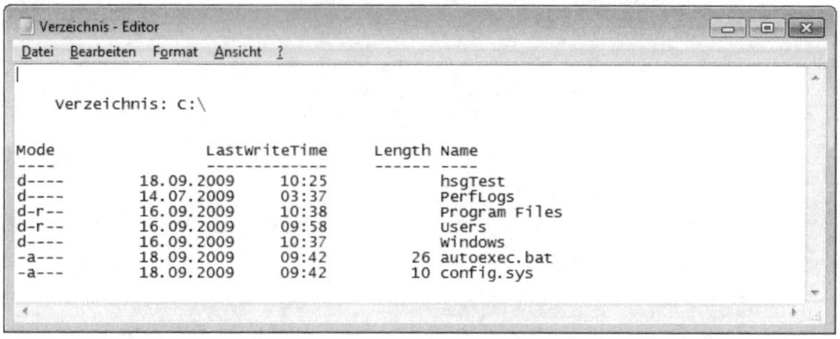

Abbildung 13.6 Diese Textdatei wurde mit dem Umleitungsoperator erstellt

Zu den typischen Arbeiten in einem Verzeichnissystem gehört auch das Löschen von Dateien und Ordnern. Dazu verwenden Sie den Befehl del. Das ist der Windows PowerShell-Alias für das Cmdlet Remove-Item. Wechseln Sie zuerst mit dem Befehl cd in das Verzeichnis *C:\hsgTest*, das Sie zuvor mit dem Befehl md erstellt haben (Abbildung 13.5). Anschließend können Sie sich mit dem Befehl dir den aktuellen Inhalt des Verzeichnisses anzeigen lassen. Dann löschen Sie mit dem Befehl del die Datei *Verzeichnis.txt*. Wie Abbildung 13.7 zeigt, wird der Dateiname mit den vorangestellten Zeichen ».\« angegeben.

```
Windows PowerShell
PS C:\> cd C:\hsgTest
PS C:\hsgTest> dir

    Verzeichnis: C:\hsgTest

Mode                LastWriteTime     Length Name
----                -------------     ------ ----
-a---        18.09.2009     10:30        550 Verzeichnis.txt

PS C:\hsgTest> del .\Verzeichnis.txt
PS C:\hsgTest> cd C:\
PS C:\> del C:\hsgTest
PS C:\> _
```

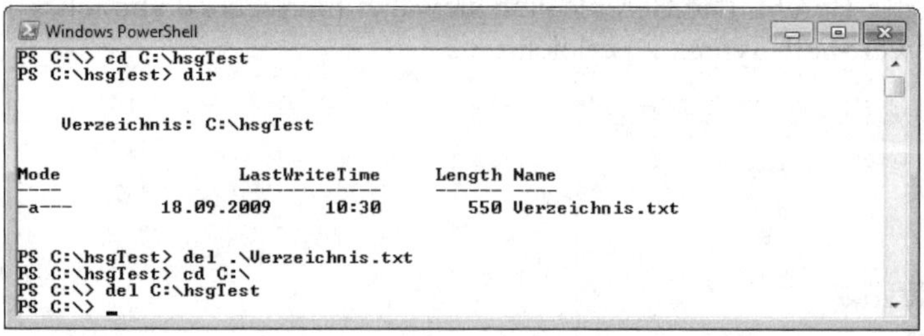

Abbildung 13.7 Mit dem Befehl del löschen Sie eine Datei oder ein Verzeichnis

Das bedeutet, dass eine Datei aus dem aktuellen Verzeichnis gemeint ist. Wenn Sie die ersten Buchstaben des Dateinamens eingeben und dann die TAB-Taste drücken, werden die Zeichen ».\« bei der automatischen Ergänzung des Dateinamens ebenfalls automatisch hinzugefügt. Sie brauchen also weder diese Zeichen noch den vollständigen Dateinamen einzugeben. Dieser Mechanismus wird TAB-Erweiterung genannt und kann viel Zeit sparen.

Lesen von Textdateien mit einer Pipeline

Häufig müssen in einem Skript Textdateien eingelesen werden. Das folgende Skript *SearchTextFileForSpecificWord.vbs* zeigt ein typisches Beispiel. Das Skript legt eine Instanz der Klasse `Scripting.` `FileSystemObject` an, öffnet die gewünschte Datei und speichert das resultierende `TextStream`-Objekt in der Variablen `file`. Anschließend wird der Textdatenstrom in einer `Do Until...Loop`-Schleife bearbeitet. In dieser Schleife wird jeweils eine Textzeile aus dem Datenstrom ausgelesen. Dann wird mit der Funktion `InStr` überprüft, ob die Zeile das gesuchte Wort enthält. Ist dies der Fall, wird die Zeile auf dem Bildschirm angezeigt. Das folgende Listing zeigt das Skript *SearchTextFileForSpecificWord.vbs*.

```
SearchTextFileForSpecificWord.vbs
filepath = "C:\fso\TestDatei.txt"
word = "text"
set fso = CreateObject("Scripting.FileSystemObject")
Set file = fso.OpenTextFile(filepath)

Do Until file.AtEndOfStream
 line = file.ReadLine
 If InStr(line, word) Then
  WScript.Echo line
 End If
Loop
```

Die Verwendung der Methode `ReadLine` ist sehr effizient und eignet sich auch für die Verarbeitung von großen Dateien in VBScript. Auch mit der Methode `ReadAll` könnte man in VBScript den Inhalt einer Textdatei einlesen. Allerdings ergibt sich dabei das Problem, dass die Methode `ReadAll` den Inhalt der Textdatei im Arbeitsspeicher ablegt. Bei kleinen Dateien spielt dies zwar keine Rolle, aber für eine große Datei wird eine entsprechende Menge des Arbeitsspeichers beansprucht. Außerdem müssen Sie dann ihre eigenen Verfahren entwickeln, um die jeweils nächste Zeile zu isolieren, sofern Sie die Datei, wie es bei Textdateien häufig der Fall ist, zeilenweise bearbeiten möchten. Bei der Verwendung eines `TextStream`-Objekts und der Methode `ReadLine` erhalten Sie automatisch die jeweils nächste Zeile, und die Datei wird nicht als Ganzes in den Arbeitsspeicher geladen. Die Verwendung des `TextStream`-Objekts von VBScript ähnelt der Verwendung der Pipeline in Windows PowerShell.

In Windows PowerShell brauchen Sie für die Arbeit, die das Skript *SearchTextFileForSpecific-Word.vbs* durchführt, kein umfangreiches Skript zu schreiben. Drei Codezeilen reichen aus, um dieselbe Arbeit zu erledigen:

```
PS C:\> $filepath = "C:\fso\TestDatei.txt"
PS C:\> $word = "test"
PS C:\> Get-Content -Path $filepath | ForEach-Object {if($_ -match $word){$_}}
```

Abbildung 13.8 zeigt die Ausgabe nach der interaktiven Eingabe dieses Befehls.

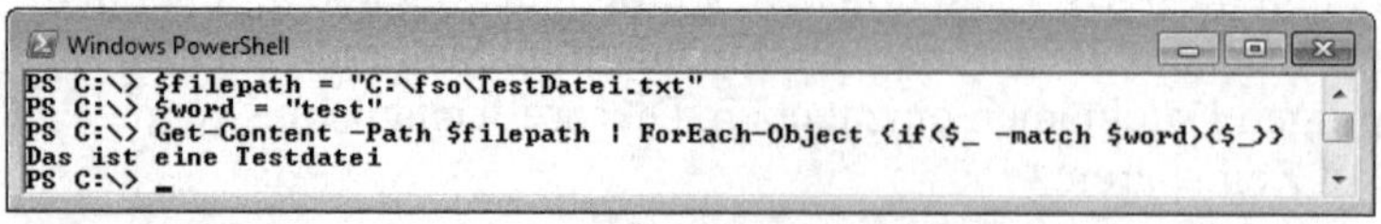

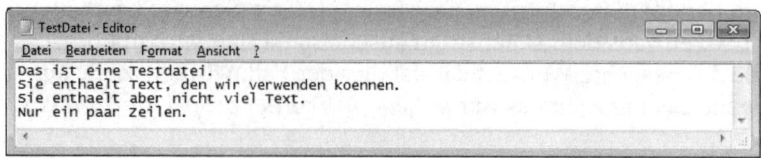

Abbildung 13.8 Befehle, die in einem Skript verwendet werden können, lassen sich in der Windows PowerShell-Konsole interaktiv eingeben

Sehen Sie sich kurz die Datei *TestDatei.txt* in Abbildung 13.9 an, bevor Sie fortfahren, damit Sie einen Eindruck davon erhalten, womit Sie arbeiten.

Abbildung 13.9 Die Datei *TestDatei.txt* enthält ein paar Textzeilen

In den ersten beiden Zeilen, die in der Windows PowerShell-Konsole eingegeben wurden, werden Variablen Zeichenfolgen zugewiesen. Das geschieht in ähnlicher Weise auch im Skript *SearchText-FileForSpecificWord.vbs*. Die letzte Zeile, die in der Windows PowerShell-Konsole eingegeben wurde, enthält nicht nur einen, sondern zwei Befehle. Der erste liest den Inhalt der angegebenen Textdatei ein. In VBScript könnten Sie dafür eine Instanz von `Scripting.FileSystemObject` anlegen, die Textdatei öffnen und in einer `Do...While`-Schleife mit der Methode `ReadLine` einlesen. Hier ist der `Get-Content`-Befehl:

```
Get-Content -Path $filepath
```

Die Ergebnisse des Cmdlets `Get-Content` werden an das Cmdlet `ForEach-Object` weitergeleitet. Das Cmdlet `ForEach-Object` ermöglicht es Ihnen, die einzelnen Textzeilen aus der Pipeline zu entnehmen und zu untersuchen. Die Variable `$_` wird automatisch erstellt, wenn Sie mit einer Pipeline arbeiten. Sie ermöglicht Ihnen den Zugriff auf den Wert, der sich gerade in der Pipeline befindet. In VBScript würden Sie das `If...Then...End If`-Konstrukt verwenden, in Windows PowerShell verwenden Sie stattdessen `If(...){...}`. Beide Konstrukte haben dieselbe Aufgabe, nämlich das Treffen von Entscheidungen. In VBScript steht die Bedingung, die überprüft wird, zwischen den Anweisungen `If` und `Then`. In Windows PowerShell steht die zu überprüfende Bedingung in runden Klammern. Was getan werden soll, wenn die Bedingung erfüllt ist, steht in VBScript zwischen den Anweisungen `Then` und `End If`. In Windows PowerShell steht die Aktion, die bei einer erfüllten Bedingung erfolgen soll, in geschweiften Klammern.

In VBScript überprüfen Sie mit der Funktion `InStr`, ob eine Zeile das gesuchte Wort enthält. In Windows PowerShell verwenden Sie dafür den Operator `-match`. Zur Anzeige der entsprechenden Zeilen auf dem Bildschirm verwenden Sie in VBScript den Befehl `Wscript.Echo`. In Windows PowerShell brauchen Sie in der geschweiften Klammer nur die Variable `$_` anzugeben. Sie wird dann automatisch angezeigt.

Allerdings brauchen Sie nicht das Cmdlet `Get-Content` zu verwenden, falls Sie das nicht möchten, denn in Windows PowerShell gibt es auch ein Cmdlet namens `Select-String`, das eine Textdatei untersuchen und die gewünschten Zeilen ermitteln kann. Die drei für dieses Beispiel verwendeten Codezeilen lassen sich damit auf eine Zeile kürzen.

```
PS C:\> Select-String -Path C:\fso\TestDatei.txt -Pattern "text"
```

Abbildung 13.10 zeigt das Ergebnis dieses Befehls.

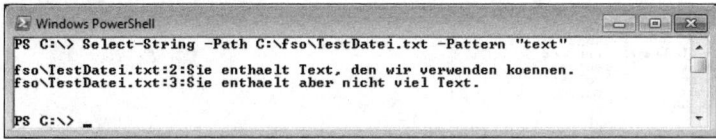

Abbildung 13.10 Das Cmdlet `Select-String` kann eine Datei einlesen und durchsuchen

Direkt von der Quelle: Befehlsausgabe

James O'Neill, Evangelist, *Developer and Platform Group*

Eines der ungewohnten Konzepte von Windows PowerShell ist, dass alle Ergebnisse von Befehlen, sofern es nicht ausdrücklich anders festgelegt wird, als Ausgaben behandelt werden, die von dem nächsten Befehl in der Pipeline als Eingaben verwendet werden können. Daher brauchen Sie nie einen `echo`-, `print`- oder `write`-Befehl zu verwenden. Windows PowerShell bietet allerdings auch für diese Aufgaben Befehle, auch wenn viele dieser Befehle redundant zu sein scheinen. `Write-Host` sorgt dafür, dass die Ausgabe auf dem Bildschirm erscheint und sich nicht umleiten lässt. Ein Befehl wie *TaskList.exe* generiert Text und sendet diesen Text dagegen an das Standardausgabegerät. Wird die Ausgabe umgeleitet, erscheint sie nicht auf dem Bildschirm. Ein Cmdlet wie `Get-Process` liefert Objekte, die Prozesse beschreiben. Wie die Ausgaben formatiert werden sollen, erfährt Windows PowerShell aus PS1XML-Dateien. Wird es nicht anders festgelegt, überprüft Windows Power-Shell, ob für das Objekt eine spezielle Formatierung vorliegt, und sendet die Ausgabe mit dieser Formatierung an das Standardausgabegerät. Manchmal ist die Standardformatierung aber nicht erwünscht und die Ausgabe soll eine andere Formatierung erhalten. Windows PowerShell kann Objekte zwar in CSV-Dateien (Comma-separated Values) ausgeben oder in HTML-Tabellen um-formen, was die Programmierung vereinfachen kann, aber die am häufigsten für diesen Zweck verwendeten Befehle sind `Format-List` und `Format-Table`.

Wenn Sie intensiver mit Windows PowerShell arbeiten, werden Sie wahrscheinlich oft die Forma-tierungs-Cmdlets verwenden. Es gibt drei sehr nützliche Formatierungs-Cmdlets:

- `Format-Wide`
- `Format-Table`
- `Format-List`

Das erste Cmdlet ist `Format-Wide`. Es erweist sich als nützlich, wenn Sie eine bestimmte Eigenschaft mehrspaltig anzeigen möchten. Das kann zum Beispiel sinnvoll sein, wenn Sie die Namen aller Prozesse anzeigen möchten, die auf der Arbeitsstation ausgeführt werden. Dazu eignet sich folgende Zeile:

```
PS C:\> Get-Process | Format-Wide -Property name -AutoSize
```

Zuerst rufen Sie mit dem Cmdlet `Get-Process` alle Prozesse ab, die auf dem Computer ausgeführt werden. Dann leiten Sie die Prozessobjekte durch die Pipeline an das Cmdlet `Format-Wide` weiter. Mit dem Parameter `-Property` wählen Sie die anzuzeigende Eigenschaft `name` aus und weisen `Format-Wide` mit dem Parameter `-AutoSize` an, so viele Spalten zu verwenden, wie sich bei einer ungekürzten An-zeige der Prozessnamen in der Windows PowerShell-Konsole einrichten lassen. Abbildung 13.11 zeigt das Ergebnis dieses Befehls.

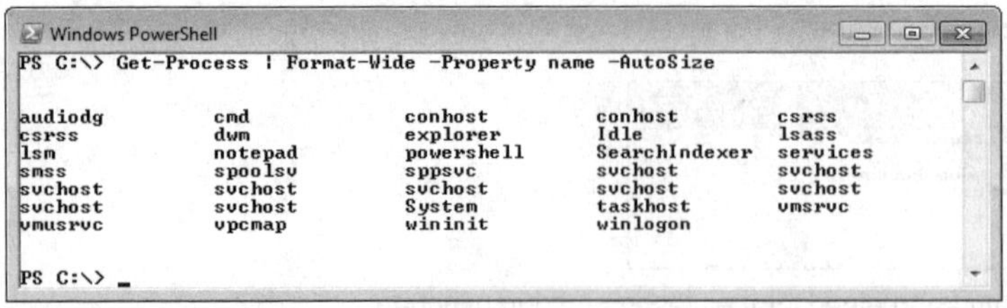

Abbildung 13.11   Das Cmdlet `Format-Wide` zeigt eine einzige Eigenschaft an

Wenn Sie zwei bis vier Eigenschaften der Prozesse anzeigen möchten, können Sie das Cmdlet `Format-Table` verwenden:

```
PS C:\> Get-Process | Format-Table -Property Name, Path, Id -AutoSize
```

Zuerst fordern Sie mit dem Cmdlet `Get-Process` die Prozessobjekte an und geben sie in der Pipeline an das Cmdlet `Format-Table` weiter. Sie wählen drei Eigenschaften der Prozessobjekte aus, die angezeigt werden sollen: `Name`, `Path` und `Id`. Das Cmdlet `Format-Table` hat wie das Cmdlet `Format-Wide` einen Parameter `-AutoSize`. Das erleichtert die platzsparende Anordnung der Spalten in der Konsole. Wie Abbildung 13.12 zeigt, war in diesem Beispiel wegen der langen Pfadangaben kein Platz mehr für die Anzeige der Spalte *Id*. Daher wurde die Spalte *Id* entfernt und der Parameter `-AutoSize` blieb praktisch ohne Wirkung. Es empfiehlt sich aber, diesen Parameter routinemäßig anzugeben, wenn man nicht sicher ist, ob die Ausgabe tatsächlich wie vorgesehen in das Fenster passt.

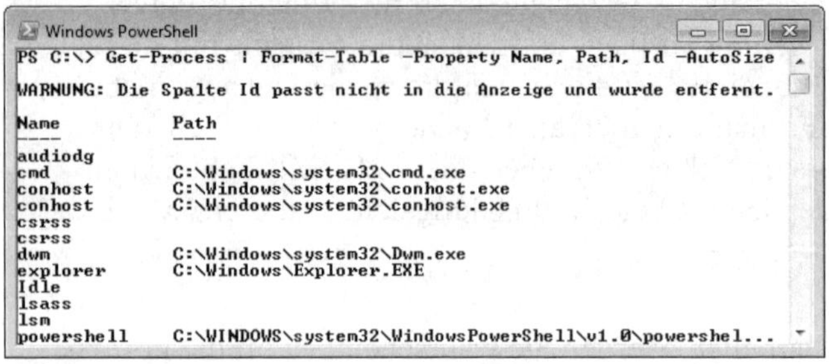

Abbildung 13.12   Mit dem Cmdlet `Format-Table` lassen sich leicht Tabellen erstellen

Am häufigsten werden Sie das Formatierungs-Cmdlet `Format-List` verwenden, da es damit am einfachsten ist, viele Informationen anzuzeigen. Außerdem lässt sich mit diesem Cmdlet leicht überprüfen, welche Daten ein bestimmter Befehl liefert. Anhand dieser Informationen entscheiden Sie dann, ob Sie sich auf eine kleinere Gruppe ausgewählter Eigenschaften konzentrieren und die Ausgabe in Tabellenform durchführen, oder ob Sie die Ausgabe als Liste beibehalten. Bei der Verwendung des Cmdlets `Format-List` werden Sie meistens das Platzhalterzeichen * (das Sternchen) angeben, damit alle Eigenschaften des Objekts angezeigt werden. Das folgende Beispiel bewirkt die Anzeige aller Eigenschaften der Prozessobjekte:

```
PS C:\> Get-Process | Format-List -Property *
```

Da die Werte nicht alle in der Konsole Platz finden, wird während der Anzeige ein Bildlauf durchgeführt. Abbildung 13.13 zeigt einen kleinen Teil der angezeigten Informationen.

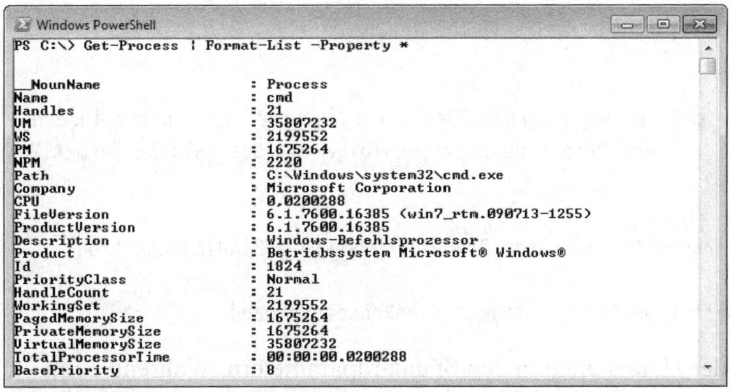

Abbildung 13.13   Das Cmdlet `Get-Process` liefert Informationen über Prozesse

Auch die Informationsmenge, die über einen einzelnen Prozess zur Verfügung steht, passt nicht vollständig in das Fenster. Wenn Sie die vom Cmdlet `Format-List` angezeigten Werte genauer überprüfen möchten, können Sie die Daten an die Funktion `more` weitergeben. Die Funktion arbeitet wie der Befehl `more`, der in einer Eingabeaufforderung zur Verfügung steht. Mit den Kurzformen oder Ersatznamen (Aliassen) lassen sich die Befehle sehr kompakt formulieren. `Gps` ist ein Alias für das Cmdlet `Get-Process`. Der Befehl `fl` ist ein Alias für `Format-List`. Da `-Property` der erste Parameter des Cmdlets `Format-List` ist, können Sie die Angabe des Parameternamens `Property` auch weglassen. Dann geben Sie die Ergebnisse an `more` weiter, damit die Daten seitenweise angezeigt werden. Die resultierende Befehlszeile ist sehr kurz.

```
PS C:\> gps | fl * | more
```

Weitere Anwendungen der Pipeline

In Windows PowerShell ist die Pipeline von großer Bedeutung. Daher ist es wichtig, die verschiedenen Verwendungsarten der Pipeline zu kennen. Dieser Abschnitt beschreibt, wie sich Positionsfehler vermeiden lassen. Außerdem wird die Verwendung der Pipeline bei der Filterung von Ergebnissen sowie die Überprüfung von bestimmten Bedingungen beschrieben.

Vermeiden von Positionsfehlern

Wenn Sie Informationen über den Prozess `notepad` abrufen möchten und der Editor (*Notepad.exe*) tatsächlich ausgeführt wird, verwenden Sie das Cmdlet `Get-Process`:

```
Get-Process Notepad
```

Sie brauchen nicht explizit anzugeben, dass es sich um den Namensparameter handelt, weil `Name` der Standardparameter von `Get-Process` ist. Natürlich können Sie trotzdem den Parameternamen `Name` angeben und auf folgende Weise Informationen über den Prozess `notepad` einholen:

```
PS C:\> Get-Process -name notepad
```

```
Handles  NPM(K)    PM(K)      WS(K) VM(M)   CPU(s)     Id ProcessName
-------  ------    -----      ----- -----   ------     -- -----------
     47       2      976       3512    59     0.10   3960 notepad
```

Um den Prozess `notepad` zu beenden, verwenden Sie das Cmdlet `Stop-Process`. Allerdings sollten Sie das Cmdlet `Get-Process` nicht ohne explizite Angabe des Parameternamens `Name` aufrufen.

Die folgenden Zeilen zeigen, was sonst geschieht:

```
PS C:\> Stop-Process notepad
```

```
Stop-Process : Der Parameter "Id" kann nicht gebunden werden. Der Wert "notepad" kann nicht in den
Typ "System.Int32" konvertiert werden. Fehler: "Die Eingabezeichenfolge hat das falsche Format."
Bei Zeile:1 Zeichen:13
+ Stop-Process <<<<  notepad
    + CategoryInfo          : InvalidArgument: (:) [Stop-Process], ParameterBindingException
    + FullyQualifiedErrorId :
CannotConvertArgumentNoMessage,Microsoft.PowerShell.Commands.StopProcessCommand
```

Der Grund für diese Fehlermeldung ist der Unterschied in den Standardparametern. Während beim Cmdlet Get-Process der Parameter Name an erster Stelle steht, steht beim Cmdlet Stop-Process der Parameter Id an erster Stelle. Wenn Sie keine benannten Parameter angeben, sucht das Cmdlet Stop-Process in diesem Beispiel nach einem Prozess mit der Kennung notepad. Das ist keine ganze Zahl. Daher erfolgt die Fehlermeldung. Im Cmdlet Stop-Process ist Name ein benannter Parameter. Wenn Sie also den Namen eines Prozesses angeben, um den Prozess zu stoppen, müssen Sie auch den Parameter Name angeben:

```
Stop-Process -name notepad
```

Um solche Fehler zu vermeiden, können Sie immer die Parameternamen angeben, was sich besonders bei der Entwicklung von Skripts empfiehlt, oder die Pipeline verwenden. Ein Vorteil der Pipeline ist, dass Sie sich keine Gedanken über die vielen Parameter zu machen brauchen. Sie können Windows PowerShell verwenden, um den gewünschten Prozess herauszusuchen, und leiten das Ergebnis des ersten Befehls durch die Pipeline an den zweiten Befehl weiter, der den Prozess beendet:

```
Get-Process notepad | Stop-Process
```

Abbildung 13.14 zeigt eine Sitzung, die eine Instanz des Editors startet und dann den Editorprozess heraussucht.

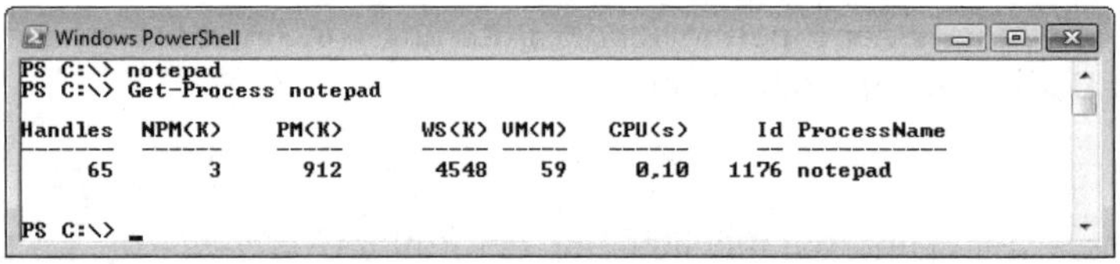

Abbildung 13.14   Die Verwendung der Pipeline kann Schwierigkeiten mit Parametern vereinfachen

Zur Identifikation von Prozessen können Sie Platzhalterzeichen verwenden. Diese Technik ist aber nicht nur nützlich, sondern auch mit einem gewissen Risiko behaftet. Wie das folgende Beispiel zeigt, führt die Verwendung des Sternchens als Platzhalter dazu, dass alle Editorprozesse gefunden werden.

```
PS C:\> Get-Process note*
```

Handles	NPM(K)	PM(K)	WS(K)	VM(M)	CPU(s)	Id	ProcessName
66	3	912	4492	59	0,04	2196	notepad
66	3	908	4668	59	0,05	4036	notepad

Diese Ergebnisse können Sie über die Pipeline an das Cmdlet `Stop-Process` weitergeben, um alle laufenden `notepad`-Prozesse zu beenden.

```
Get-Process note* | Stop-Process
```

Abbildung 13.15 zeigt ein weiteres Beispiel für die Verwendung von Platzhaltern bei der Arbeit mit Prozessen.

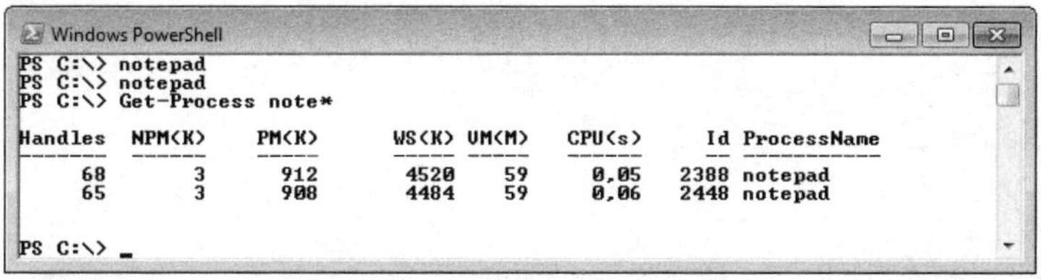

Abbildung 13.15   Die Verwendung von Platzhaltern erleichtert die Identifikation von Prozessen

Die Verwendung von Platzhaltern kann allerdings bei unbedachter Anwendung Probleme nach sich ziehen, wie das folgende Beispiel zeigt. Der Code ruft eine Liste aller Prozesse ab, die auf dem Computer ausgeführt werden, und reicht diese Liste in der Pipeline an das Cmdlet `Stop-Process` weiter. Dadurch wird ein großer Teil der auf dem Computer laufenden Prozesse beendet, bis der `powershell`-Prozess beendet wird. Natürlich kann das Betriebssystem dann nicht mehr ordnungsgemäß arbeiten und wird vielleicht sogar heruntergefahren. (Unter Windows Vista und höheren Windows-Versionen sind zur Ausführung dieses Befehls Administratorrechte erforderlich.)

```
Get-Process * | Stop-Process
```

Wenn Sie das Betriebssystem tatsächlich herunterfahren möchten, ist es bedeutend besser, die Methode `Shutdown` der WMI-Klasse `Win32_OperatingSystem` zu verwenden.

Filtern der Ergebnisse

Nehmen wir an, auf Ihrem Computer werden mehrere Instanzen des Editors (*Notepad.exe*) ausgeführt. Eine Instanz läuft bereits längere Zeit und hat mehr Prozessorzeit verbraucht als die anderen Prozesse. Diese Information erhalten Sie auf folgende Weise:

```
PS C:\> Get-Process notepad

Handles  NPM(K)    PM(K)      WS(K) VM(M)   CPU(s)     Id ProcessName
-------  ------    -----      ----- -----   ------     -- -----------
     47       2      976       3452    59     0.10   2688 notepad
     49       2     1160       3936    60     1.13   3984 notepad
```

Zum Beenden des Prozesses, der die meiste Prozessorzeit beansprucht, können Sie zwar die Prozesskennung verwenden, die in diesem Fall 3984 lautet, aber vielleicht möchten Sie für diese Aufgabe nicht zwei separate Befehle eingeben. (Vielleicht wollen Sie auch erreichen, dass ein Prozess automatisch beendet wird, wenn er zu viel Prozessorzeit beansprucht.) Dann können Sie die Ergebnisse der ersten Abfrage an das Cmdlet `Where-Object` weitergeben. Mit dem Alias `Where` für `Where-Object` können Sie die Schreibarbeit etwas verringern, ohne die Lesbarkeit zu beeinträchtigen. Spielt die Lesbarkeit nur eine untergeordnete Rolle, können Sie `gps` als Alias für das Cmdlet `Get-Process` verwenden, und `?` als Alias für `Where-Object`.

Wenn Sie sich in Windows PowerShell eingearbeitet haben, möchten Sie vielleicht für verschiedene Cmdlets eigene Aliasse definieren. Mit dem Cmdlet `Get-Alias` können Sie überprüfen, welche Aliasse bereits definiert wurden. Zur Abfrage der Aliasse, die für ein bestimmtes Cmdlet definiert wurden, müssen Sie den Parameter `Definition` angeben. Die folgende Zeile ruft die Aliasse für das Cmdlet `Get-Process` ab:

```
PS C:\> Get-Alias -Definition Get-Process
```

CommandType	Name	Definition
Alias	gps	Get-Process
Alias	ps	Get-Process

Die Kurzform der gesuchten Befehlszeile lautet:

```
PS C:\> gps notepad | ? { $_.cpu -gt 1 }
```

Handles	NPM(K)	PM(K)	WS(K)	VM(M)	CPU(s)	Id	ProcessName
47	2	1316	4080	60	1.38	2420	notepad

Gewöhnlich schreiben Sie `Get-Process` aus. (Diese Arbeit können Sie sich mit der TAB-Erweiterung erleichtern. Sie brauchen also nur **Get-Pr** einzugeben und dann die TAB-Taste zu drücken.) Das Cmdlet `Where-Object` wird zur Filterung der Prozessobjekte verwendet, die durch die Pipeline gelangen. Das Cmdlet `Get-Process` gibt jede Prozessobjektinstanz für einen Prozess namens `notepad` zurück. Während das Prozessobjekt die Pipeline durchläuft, repräsentiert die automatische Variable `$_` das aktuelle Prozessobjekt. Das versetzt Sie in die Lage, die Eigenschaften des Prozessobjekts zu untersuchen. Sie überprüfen, ob die vom Prozess beanspruchte Prozessorzeit das vorgesehene Maß übersteigt. Ist dies der Fall, können Sie für den Prozess besondere Maßnahmen treffen. Das folgende Beispiel zeigt den betreffenden Prozess einfach nur in der Konsole an.

```
PS C:\> Get-Process notepad | Where { $_.cpu -gt 1 }
```

Handles	NPM(K)	PM(K)	WS(K)	VM(M)	CPU(s)	Id	ProcessName
49	2	1160	3936	60	1.13	3984	notepad

Wenn Sie nicht sicher sind, welche Eigenschaften für den `Where-Object`-Filter zur Verfügung stehen, können Sie dies mit dem Cmdlet `Get-Member` überprüfen. Wenn Sie die Ausgabe zusätzlich noch auf Eigenschaften einschränken, werden keine Methoden oder Ereignisse angezeigt:

```
PS C:\> Get-Process | Get-Member -MemberType property
```

Allerdings fehlen dann auch die `ScriptProperty`- und `AliasProperty`-Eigenschaften. Damit Sie auch die anderen Eigenschaften finden, die vom Windows PowerShell-Team hinzugefügt wurden, geben Sie den `MemberType`-Parameter mit einem Platzhalter vor dem Wort `property` an. `CPU` gehört zu den Eigenschaften, die das Windows PowerShell-Team hinzugefügt hat. Es handelt sich um eine `ScriptProperty`-Eigenschaft:

```
PS C:\> Get-Process | Get-Member -MemberType *property
```

TypeName: System.Diagnostics.Process		
Name	MemberType	Definition
Handles	AliasProperty	Handles = Handlecount
Name	AliasProperty	Name = ProcessName

```
NPM                             AliasProperty   NPM = NonpagedSystemMemorySize
PM                              AliasProperty   PM = PagedMemorySize
VM                              AliasProperty   VM = VirtualMemorySize
WS                              AliasProperty   WS = WorkingSet
__NounName                      NoteProperty    System.String __NounName=Process
BasePriority                    Property        System.Int32 BasePriority {get;}
Container                       Property        System.ComponentModel.IContainer C...
EnableRaisingEvents             Property        System.Boolean EnableRaisingEvents...
ExitCode                        Property        System.Int32 ExitCode {get;}
ExitTime                        Property        System.DateTime ExitTime {get;}
Handle                          Property        System.IntPtr Handle {get;}
HandleCount                     Property        System.Int32 HandleCount {get;}
HasExited                       Property        System.Boolean HasExited {get;}
Id                              Property        System.Int32 Id {get;}
MachineName                     Property        System.String MachineName {get;}
MainModule                      Property        System.Diagnostics.ProcessModule M...
MainWindowHandle                Property        System.IntPtr MainWindowHandle {get;}
MainWindowTitle                 Property        System.String MainWindowTitle {get;}
MaxWorkingSet                   Property        System.IntPtr MaxWorkingSet {get;s...
MinWorkingSet                   Property        System.IntPtr MinWorkingSet {get;s...
Modules                         Property        System.Diagnostics.ProcessModuleCo...
NonpagedSystemMemorySize        Property        System.Int32 NonpagedSystemMemoryS...
NonpagedSystemMemorySize64      Property        System.Int64 NonpagedSystemMemoryS...
PagedMemorySize                 Property        System.Int32 PagedMemorySize {get;}
PagedMemorySize64               Property        System.Int64 PagedMemorySize64 {get;}
PagedSystemMemorySize           Property        System.Int32 PagedSystemMemorySize...
PagedSystemMemorySize64         Property        System.Int64 PagedSystemMemorySize...
PeakPagedMemorySize             Property        System.Int32 PeakPagedMemorySize {...
PeakPagedMemorySize64           Property        System.Int64 PeakPagedMemorySize64...
PeakVirtualMemorySize           Property        System.Int32 PeakVirtualMemorySize...
PeakVirtualMemorySize64         Property        System.Int64 PeakVirtualMemorySize...
PeakWorkingSet                  Property        System.Int32 PeakWorkingSet {get;}
PeakWorkingSet64                Property        System.Int64 PeakWorkingSet64 {get;}
PriorityBoostEnabled            Property        System.Boolean PriorityBoostEnable...
PriorityClass                   Property        System.Diagnostics.ProcessPriority...
PrivateMemorySize               Property        System.Int32 PrivateMemorySize {get;}
PrivateMemorySize64             Property        System.Int64 PrivateMemorySize64 {...
PrivilegedProcessorTime         Property        System.TimeSpan PrivilegedProcesso...
ProcessName                     Property        System.String ProcessName {get;}
ProcessorAffinity               Property        System.IntPtr ProcessorAffinity {g...
Responding                      Property        System.Boolean Responding {get;}
SessionId                       Property        System.Int32 SessionId {get;}
Site                            Property        System.ComponentModel.ISite Site {...
StandardError                   Property        System.IO.StreamReader StandardErr...
StandardInput                   Property        System.IO.StreamWriter StandardInp...
StandardOutput                  Property        System.IO.StreamReader StandardOut...
```

```
StartInfo                Property        System.Diagnostics.ProcessStartInf...
StartTime                Property        System.DateTime StartTime {get;}
SynchronizingObject      Property        System.ComponentModel.ISynchronize...
Threads                  Property        System.Diagnostics.ProcessThreadCo...
TotalProcessorTime       Property        System.TimeSpan TotalProcessorTime...
UserProcessorTime        Property        System.TimeSpan UserProcessorTime ...
VirtualMemorySize        Property        System.Int32 VirtualMemorySize {get;}
VirtualMemorySize64      Property        System.Int64 VirtualMemorySize64 {...
WorkingSet               Property        System.Int32 WorkingSet {get;}
WorkingSet64             Property        System.Int64 WorkingSet64 {get;}
Company                  ScriptProperty  System.Object Company {get=$this.M...
CPU                      ScriptProperty  System.Object CPU {get=$this.Total...
Description              ScriptProperty  System.Object Description {get=$th...
FileVersion              ScriptProperty  System.Object FileVersion {get=$th...
Path                     ScriptProperty  System.Object Path {get=$this.Main...
Product                  ScriptProperty  System.Object Product {get=$this.M...
ProductVersion           ScriptProperty  System.Object ProductVersion {get=...
```

Durchführen von Aktionen in der Pipeline

Sobald Sie sehen, dass der Filter korrekt arbeitet und die gewünschten Ergebnisse liefert, leiten Sie die herausgefilterten Prozessobjekte einfach an das Cmdlet Stop-Process weiter und führen die gewünschte Aktion durch:

```
PS C:\> Get-Process notepad | Where { $_.cpu -gt 1 } | Stop-Process
```

Die Möglichkeit, eine Pipeline aufzubauen, in der die Ergebnisse eines Cmdlets an ein anderes Cmdlet weitergereicht werden, ist ein wichtiger Aspekt der Leistungsfähigkeit von Windows PowerShell. Für Leute, die bisher nur auf der grafischen Benutzeroberfläche gearbeitet haben, ist dies wahrscheinlich ein neues Konzept, wogegen es auf der Befehlszeile schon seit vielen Jahren praktiziert wird. Der wichtige Unterschied zur klassischen Befehlszeile liegt darin, dass Windows PowerShell in der Pipeline keinen Text übergibt, sondern Objekte.

Arbeiten mit Cmdlets

Die Verwendung von Windows PowerShell und der integrierten Cmdlets bietet den großen Vorteil, dass Sie sich nicht mehr um die vielen Details zu kümmern brauchen. Windows PowerShell verwendet zwar das Microsoft .NET Framework, aber Sie brauchen selbst keine .NET Framework-Programmierung zu betreiben. Wenn Sie mit Dateien und Ordnern arbeiten möchten, verwenden Sie die passenden Cmdlets. Den entsprechenden .NET Framework-Code brauchen Sie nicht zu schreiben.

Filtern der Cmdlet-Ausgaben

Wenn Sie eine Liste aller Ordner erstellen möchten, in der auch das Datum der letzten Änderung jedes Ordners aufgeführt wird, könnten Sie ein FileSystemObject verwenden und ein VBScript wie *ListFoldersAndModifiedDates.vbs* schreiben. Zuerst erstellen Sie eine Instanz der Klasse FileSystemObject und speichern das Objekt in der Variablen objFSO. Dann fordern Sie mit der Methode GetFolder ein Ordnerobjekt für den Stammordner von Laufwerk C an. Anschließend rufen Sie mit der Methode SubFolders die Sammlung der vorhandenen Unterordner ab. Mit einer For Each...Next-Schleife durchlaufen Sie diese Sammlung und zeigen jeweils den Namen des Ordners und das Datum der letzten Änderung an. Die folgenden Zeilen zeigen das Skript *ListFoldersAndModifiedDates.vbs*.

ListFoldersAndModifiedDates.vbs

```
Set objFSO = CreateObject("Scripting.FileSystemObject")
Set objFolder = objFSO.GetFolder("C:\")
Set colFOlders = objFolder.SubFolders
For Each subFolder In colFOlders
  WScript.Echo subFolder.Name, subFolder.DateLastModified
Next
```

In Windows PowerShell rufen Sie mit dem Cmdlet `Get-ChildItem` eine Sammlung der Dateien und Ordner ab. Wenn Sie das Cmdlet `Get-ChildItem` ohne Parameter verwenden, liefert es eine Liste aller Dateien und Ordner, die sich im Stammordner befinden (Abbildung 13.16).

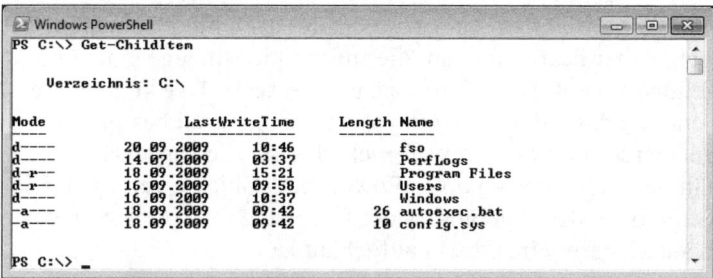

Abbildung 13.16   Das Cmdlet `Get-ChildItem` listet den Inhalt des Stammordners auf, wenn Sie es ohne Parameter verwenden

Sollen nur Ordner aufgelistet werden, müssen Sie sich überlegen, wie sich die Ordner von den Dateien unterscheiden lassen, die beim Standardaufruf des Cmdlets `Get-ChildItem` ebenfalls in den Ergebnissen zu finden sind. Dafür bieten sich mehrere Lösungen an, die aber alle darauf beruhen, dass die Ergebnisse des Cmdlets `Get-ChildItem` an das Cmdlet `Where-Object` weitergeleitet werden. Meistens wird bei einer näheren Untersuchung der Spaltenüberschriften und der angezeigten Werte deutlich, welche Eigenschaft sich für die Erstellung eines Filters mit dem Cmdlet `Where-Object` eignet. Die Standardspaltenüberschriften für das Cmdlet `Get-ChildItem` lauten *Mode*, *LastWriteTime*, *Length* und *Name*. Von diesen vier Spalten ist *Mode* am besten geeignet, weil als erstes Zeichen jeweils ein *d* angezeigt wird, wenn es sich bei dem fraglichen Objekt um ein Verzeichnis handelt. Zuerst rufen Sie also mit dem Cmdlet `Get-ChildItem` die Ordner und Dateien ab, die im Stammordner des Laufwerks liegen, und leiten diese Objekte an das Cmdlet `Where-Object` weiter. Im Skriptblock des Cmdlets `Where-Object`, der durch die geschweiften Klammern begrenzt wird, verwenden Sie die automatische Variable `$_`, um jedes einzelne Objekt zu untersuchen, das in der Pipeline eintrifft. Zur Unterscheidung zwischen Dateien und Ordnern dient die Eigenschaft mode. Mit dem Operator `-like` und einem Platzhalter können Sie überprüfen, ob der Wert mit dem Buchstaben *d* beginnt. Der Befehl zur Auflistung der Ordner, die sich im Stammordner des Laufwerks befinden, lässt sich folgendermaßen formulieren:

```
PS C:\> Get-ChildItem | Where-Object { $_.mode -like 'd*' }
```

Abbildung 13.17 zeigt das Ergebnis dieses Befehls.

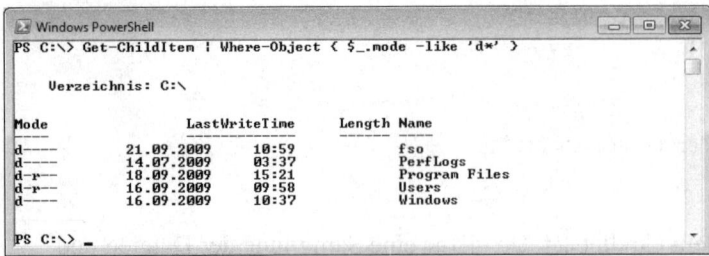

Abbildung 13.17 Durch die Verwendung eines Platzhalterzeichens können Sie auf einfache Weise Ordner von Dateien unterscheiden

Falls Sie die Ausgabe des Skripts *ListFoldersAndModifiedDates.vbs* genauer nachbilden möchten, müssen Sie die bisherigen Ergebnisse noch weiter bearbeiten, um die Informationsmenge einzuschränken. Zur Beschränkung der angezeigten Eigenschaften auf Name und LastWriteTime können Sie das Cmdlet Select-Object verwenden. Wenn Sie das Cmdlet Select-Object zur Auswahl bestimmter Eigenschaften verwenden, gibt es ein benutzerdefiniertes Objekt zurück, das nur die ausgewählten Eigenschaften sowie die Methoden enthält, über die alle Windows PowerShell-Objekte verfügen. Die folgenden Zeilen entstanden durch die Weitergabe des Ergebnisses des Cmdlets Select-Object an das Cmdlet Get-Member. Sie zeigen, wie das benutzerdefinierte Objekt aufgebaut ist.

```
PS C:\> Get-ChildItem | Where-Object { $_.mode -like 'd*' } | Select-Object -Property Name,
LastWriteTime | Get-Member
```

```
   TypeName: Selected.System.IO.DirectoryInfo

Name          MemberType   Definition
----          ----------   ----------
Equals        Method       bool Equals(System.Object obj)
GetHashCode   Method       int GetHashCode()
GetType       Method       type GetType()
ToString      Method       string ToString()
LastWriteTime NoteProperty System.DateTime LastWriteTime=21.09.2009 10:59:05
Name          NoteProperty System.String Name=fso
```

Cmdlet-Ausgabeobjekte

Es ist wichtig, die von einem Cmdlet zurückgegebenen Objekte zu verstehen, damit man sie bei Bedarf noch weiter bearbeiten kann. Die folgende Codezeile zeigt den Befehl Get-ChildItem, der die Namen und Daten der letzten Änderung der Unterordner eines Stammordners auflistet. (Da die Befehlszeile relativ lang ist, wurde sie für die Wiedergabe in diesem Buch umbrochen).

```
PS C:\> Get-ChildItem | Where-Object { $_.mode -like 'd*' } |
Select-Object -Property Name, LastWriteTime
```

Abbildung 13.18 zeigt das Ergebnis dieses `Get-ChildItem`-Befehls.

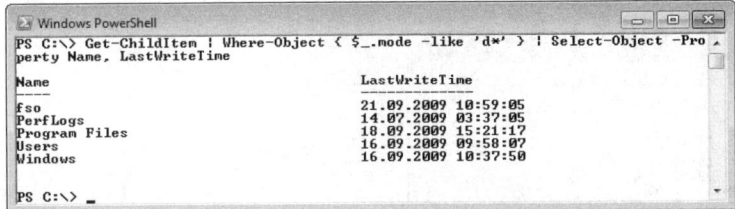

Abbildung 13.18   Mit dem Cmdlet `Select-Object` können Sie die Informationsmenge beschränken, die von einem Cmdlet geliefert wird

Sie können die Schreibarbeit verringern, ohne die Lesbarkeit des Befehls zu beeinträchtigen, indem Sie `dir` als Alias für `Get-ChildItem` verwenden, `where` als Alias für `Where-Object` und `select` als Alias für `Select-Object`. Außerdem können Sie den Parameternamen `-Property` weglassen, da es sich um den Standardparameter des Cmdlets `Select-Object` handelt. Die überarbeitete Befehlszeile lautet nun:

```
PS C:\> dir | where { $_.mode -like 'd*'} | select name, lastwritetime
```

Eine andere Lösung für die Erstellung einer Ordnerliste mit den Namen und Änderungszeiten der Ordner aus dem Stammordner eines Laufwerks besteht darin, die Ergebnisse des Cmdlets `Get-ChildItem` an das Cmdlet `Format-Table` zu senden:

```
PS C:\> Get-ChildItem | Where-Object { $_.mode -like 'd*' } |
Format-Table -Property Name, LastWriteTime
```

Das Cmdlet `Format-Table` liefert praktisch dasselbe Ergebnis wie das Cmdlet `Select-Object` (Abbildung 13.19).

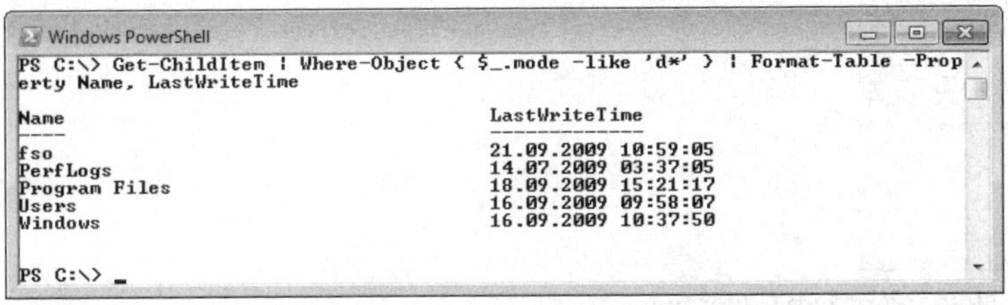

```
Windows PowerShell
PS C:\> Get-ChildItem | Where-Object { $_.mode -like 'd*' } | Format-Table -Prop
erty Name, LastWriteTime

Name                            LastWriteTime
----                            -------------
fso                             21.09.2009 10:59:05
PerfLogs                        14.07.2009 03:37:05
Program Files                   18.09.2009 15:21:17
Users                           16.09.2009 09:58:07
Windows                         16.09.2009 10:37:50

PS C:\> _
```

Abbildung 13.19   Mit dem Cmdlet `Format-Table` können Sie praktisch dieselbe Ausgabe erstellen wie mit dem Cmdlet `Select-Object`

Allerdings ergibt sich bei der Formatierung von Ausgaben mit `Format-Table` das Problem, dass sich das Ergebnis dieses Cmdlets praktisch nicht mehr zur weiteren Bearbeitung der Daten eignet. Je nachdem, was Sie erreichen möchten, können sich sogar mit einem benutzerdefinierten Windows PowerShell-Objekt, das von `Select-Object` erstellt wurde, Probleme ergeben. Es empfiehlt sich, die erforderliche Datenbearbeitung vollständig abzuschließen, bevor man ein Objekt an ein Ausgabe-Cmdlet weiterleitet.

Eines ist an diesem Punkt in der Pipeline aber sehr einfach, nämlich die Speicherung der Ausgabe in einer Textdatei. Am einfachsten ist die Verwendung des Umleitungsoperators `>>`, wie im folgenden Beispiel (auch in diesem Fall wurde die Befehlszeile für die Wiedergabe in diesem Buch umbrochen).

```
PS C:\> Get-ChildItem | Where-Object { $_.mode -like 'd*' } |
Format-Table -Property Name, LastWriteTime >> c:\fso\OrdnerListe.txt
```

Die in der Konsole sichtbare Formatierung des Textes bleibt erhalten, wenn der Umleitungsoperator den Text in eine Datei schreibt (Abbildung 13.20).

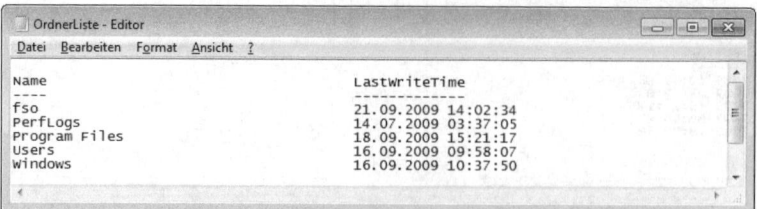

Abbildung 13.20 Der Umleitungsoperator formatiert den Text so, wie er in der Windows PowerShell-Konsole erscheint

Damit ist diese kurze Einführung in den Umgang mit Ordnern und Dateien in Windows PowerShell abgeschlossen.

Grundlagen der Skriptentwicklung

In seiner einfachsten Form ist ein Windows PowerShell-Skript eine Sammlung von Windows Power-Shell-Befehlen wie dem folgenden:

```
Get-Process notepad | Stop-Process
```

Diesen Befehl können Sie so, wie er geschrieben wurde, in ein Windows PowerShell-Skript übernehmen und ausführen. Abbildung 13.21 zeigt das Beipspiel *StopNotepad.ps1*.

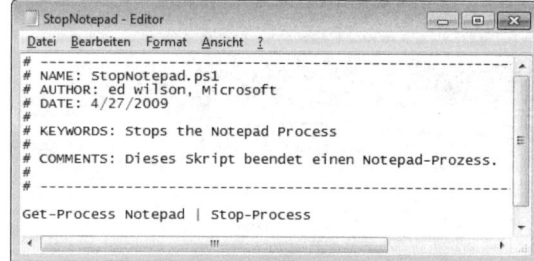

Abbildung 13.21 So sieht das Skript *StopNotepad.ps1* im Editor aus

Zur Erstellung eines entsprechenden Windows PowerShell-Skripts brauchen Sie den Befehl nur in einen Texteditor zu kopieren und als einfache Textdatei mit der Namensendung *.ps1* zu speichern. Stattdessen können Sie auch Windows PowerShell ISE verwenden, die grafische Version von Windows PowerShell.

Ausführen von Windows PowerShell-Skripts

Zur Ausführung eines Skripts unter Windows XP oder Windows Server 2003 können Sie die Windows PowerShell-Konsole öffnen und die Skriptdatei in die Konsole ziehen. In Windows Vista wurde die Möglichkeit, ein Skript auf eine Befehlszeile zu ziehen, wegen potenzieller Sicherheitsprobleme entfernt. Als Ersatz wurde Windows Vista mit einem sehr nützlichen Befehl versehen, den Sie stattdessen verwenden können: *Als Pfad kopieren*. Sie halten die UMSCHALTTASTE gedrückt, klicken die PS1-Datei mit der rechten Maustaste an und wählen aus dem Kontextmenü den Befehl *Als Pfad kopieren* (Abbildung 13.22).

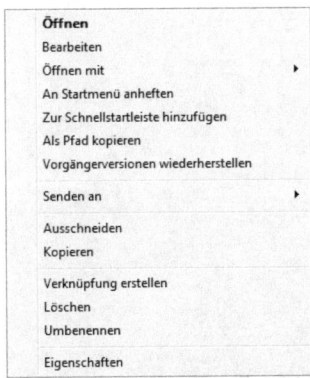

Abbildung 13.22   Mit Windows Vista wurde der Befehl
Als Pfad kopieren eingeführt, um die Arbeit mit langen Pfaden
in der Windows PowerShell-Konsole zu vereinfachen

Für Windows 7 wurden die Probleme mit dem Ziehen-und-Ablegen behoben und der Befehl *Als Pfad kopieren* beibehalten. Es steht also beides zur Verfügung. Nun sind Sie bereit, Ihr erstes Skript auszuführen. Kopieren Sie den Pfad des Skripts, klicken Sie mit der rechten Maustaste in eine Windows PowerShell-Konsole, um den Pfadnamen des Skripts dort einzufügen, und drücken Sie die EINGABE-TASTE. Mit dieser Aktion haben Sie gerade den Pfad des Skripts angezeigt, wie in folgendem Beispiel:

```
PS C:\> "C:\BestPracticesBook\StopNotepad.ps1"
```

```
C:\BestPracticesBook\StopNotepad.ps1
```

Direkt von der Quelle: Ausdrücke und Pfade

James O'Neill, Evangelist, *Developer and Platform Group*

Windows PowerShell kann Befehle ausführen und »Ausdrücke« auswerten. 2 + 2 ist zum Beispiel ein Ausdruck, ebenso `$Host` (der Wert in der Variablen namens `Host`). `"Hello world"` ist ein bekanntes Beispiel für einen Ausdruck. Auch `1..100` (die Zahlen von 1 bis 100) ist ein Ausdruck. Wenn Sie in Windows PowerShell einen Ausdruck eingeben, errechnet PowerShell dessen Wert und gibt ihn weiter. Auch ein Ausdruck erzeugt also bereits eine Ausgabe in der Konsole. Aber auch das Ergebnis des Ausdrucks lässt sich in einer Pipeline an einen anderen Befehl weitergeben. Das führt zu einem Problem, wenn Sie einen Ausdruck wie `"C:\Program Files (x86)\Internet Explorer\iexplore.exe"` verwenden. Ohne Anführungszeichen ist für Windows PowerShell beim Leerzeichen der Pfad zu Ende. Mit Anführungszeichen hält PowerShell den Pfad für eine Zeichenfolgenkonstante. Damit Windows PowerShell eine Zeichenfolge als Befehl ansieht, müssen Sie der Zeichenfolge den Aufrufoperator (&, das kaufmännische Und, engl. ampersand) voranstellen.

Wenn Sie in Windows PowerShell eine Zeichenfolge in der Konsole ausgeben möchten, geben Sie die Zeichenfolge in Anführungszeichen an. Sie brauchen nicht wie in VBScript `Wscript.Echo` oder ähnliche Befehle zu verwenden. In Windows PowerShell ist es einfacher, eine Zeichenfolge auszugeben, aber es kann schwierig sein, sich daran zu gewöhnen. Wenn Sie einen Pfad als Zeichenfolge angezeigt haben, sollten Sie einmal die Anführungszeichen entfernen und die EINGABETASTE drücken. Diesmal erhalten Sie eine Fehlermeldung (Abbildung 13.23). Der Grund für diese Fehlermeldung ist die Standardeinstellung der Ausführungsrichtlinie. Sie verhindert die Ausführung von Skripts.

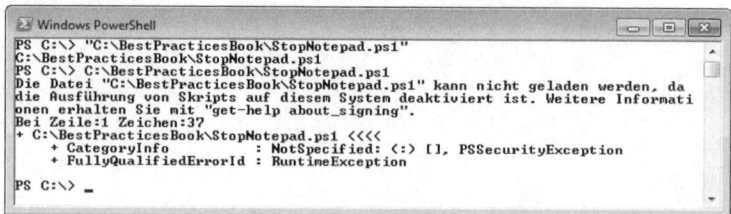

Abbildung 13.23 Der Versuch, ein Skript auszuführen, führt in der Standardeinstellung von Windows PowerShell zu einer Fehlermeldung

Aktivieren der Skriptausführung von Windows PowerShell

Die Ausführung von Windows PowerShell-Skripts ist nach der Installation des Betriebssystems noch gesperrt. Sie kann in den Gruppenrichtlinien zugelassen werden. Ist dies nicht der Fall und verfügen Sie auf Ihrem Computer über Administratorrechte, können Sie die Ausführung von Skripts mit dem Windows PowerShell-Cmdlet Set-ExecutionPolicy zulassen. Vier Werte sind zulässig:

- **Restricted** Es werden keine Konfigurationsdateien geladen und keine Skripts ausgeführt. Restricted ist die Standardeinstellung.

- **AllSigned** Alle Skripts und Konfigurationsdateien müssen von einem vertrauenswürdigen Herausgeber signiert werden, einschließlich der Skripts, die auf dem lokalen Computer erstellt werden.

- **RemoteSigned** Alle aus dem Internet heruntergeladenen Skripts und Konfigurationsdateien müssen von einem vertrauenswürdigen Herausgeber signiert werden.

- **Unrestricted** Alle Konfigurationsdateien werden geladen und alle Skripts werden ausgeführt. Wenn Sie ein nicht signiertes Skript ausführen, das aus dem Internet heruntergeladen wurde, werden Sie zur Genehmigung aufgefordert.

In Windows PowerShell 2.0 sind zwei weitere Werte zulässig:

- **Bypass** Es findet keine Blockierung statt und es werden keine Warnungen oder Eingabeaufforderungen angezeigt.

- **Undefined** Entfernt die zugewiesene Ausführungsrichtlinie aus dem aktuellen Bereich. Allerdings wird die Ausführungsrichtlinie nicht entfernt, wenn sie in einem Gruppenrichtlinienbereich festgelegt wurde.

Nun stellt sich die Frage, welche Einstellung der Ausführungsrichtlinie für Ihre Zwecke am besten geeignet ist. Das Windows PowerShell-Team empfiehlt die Einstellung RemoteSigned mit dem Hinweis, sie sei »für die meisten Situationen geeignet«. Beachten Sie, dass mit der Bezeichnung *Internet* nicht zwangsläufig das World Wide Web oder ein Ort jenseits Ihrer eigenen Firewall gemeint ist. Windows PowerShell ermittelt den Ursprung eines Skripts unter Verwendung der Zoneneinstellungen des Internet Explorers. Das bedeutet, dass alles, was nicht vom lokalen Computer stammt, der Internetzone zugeordnet wird. Sie können die Zoneneinstellungen des Internet Explorers im Internet Explorer selbst, in der Registrierung oder in den Gruppenrichtlinien ändern.

Direkt von der Quelle: Ausführungsrichtlinie

James O'Neill, Evangelist, *Developer and Platform Group*

Die Ausführungsrichtlinie für Windows PowerShell wird durch einen Registrierungswert festgelegt, den Sie direkt in der Registrierung ändern können. Allerdings müssen Sie für eine Änderung des Werts über Administratorrechte verfügen, und zwar unabhängig davon, ob die Änderung in der Registrierung oder in der Windows PowerShell-Konsole erfolgt. Außerdem können Sie eine ADM-Datei (eine administrative Vorlage) herunterladen, wenn Sie die Einstellung nicht mehr auf den einzelnen Computern durchführen, sondern in den Gruppenrichtlinien festlegen möchten. Beachten Sie, dass Windows PowerShell-Skripts im Gegensatz zu Batchdateien nicht automatisch ausgeführt werden, wenn man sie im Windows Explorer doppelt anklickt. Heruntergeladene Skripts werden als solche gekennzeichnet, solange Sie diese Kennzeichnung nicht entfernen.

Wenn Sie die Einstellung der Ausführungsrichtlinie in Windows PowerShell 1.0 mit dem Cmdlet Set-ExecutionPolicy ändern, erfolgt die Änderung ohne weitere Rückfragen. In Windows PowerShell 2.0 ist dagegen eine Bestätigung des Befehls erforderlich (Abbildung 13.24).

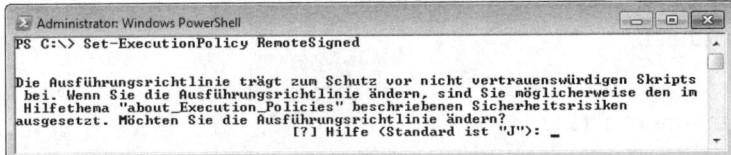

Abbildung 13.24   In Windows PowerShell 2.0 verlangt das Cmdlet Set-ExecutionPolicy eine Bestätigung

Wenn in Windows PowerShell 2.0 keine Aufforderung zur Bestätigung angezeigt werden soll, können Sie diese Aufforderung mit dem Parameter -force unterdrücken. Dann verhält sich das Cmdlet wie in Windows PowerShell 1.0. Leider kennt das Cmdlet Set-ExecutionPolicy in Windows PowerShell 1.0 keinen Force-Parameter. Die Verwendung dieses Parameters führt dort also zu einer Fehlermeldung. Die folgende Batchdatei ändert die Ausführungsrichtlinie für Windows PowerShell 2.0:

ChangeScriptExecutionPolicyPs2.bat

```
REM ChangeExecutionPolicyPs2.bat
REM Ed Wilson, 27.4.2009
REM Stellt die Ausführungsrichtlinie auf RemoteSigned ein. Andere Werte:
REM AllSigned, Restricted, Unrestricted, ByPass
cls
Powershell -noexit  command "& {Set-ExecutionPolicy RemoteSigned -Force}"
```

Wenn Sie den Befehl in Windows PowerShell 1.0 verwenden möchten, entfernen Sie den Parameter -force. Der Rest der Batchdatei bleibt unverändert.

ChangeExecutionPolicyPs1.bat

```
REM ChangeExecutionPolicyPs1.bat
REM Ed Wilson, 27.4.2009
REM Stellt die Ausführungsrichtlinie auf RemoteSigned ein. Andere Werte:
REM AllSigned, Restricted, Unrestricted
cls
Powershell -noexit -command "& {Set-ExecutionPolicy RemoteSigned}"
```

Von der Befehlszeile zum Skript

Nachdem die Ausführung von Skripts aktiviert ist, können Sie das Skript *StopNotepad.ps1* verwenden:

StopNotepad.ps1

```
Get-Process Notepad | Stop-Process
```

Sofern der Editor auf dem Computer ausgeführt wird, beendet das Skript den entsprechenden Prozess. Wird der Editor nicht ausgeführt, kommt es zu folgender Fehlermeldung:

```
PS C:\> E:\Chapters\Chapter13\StopNotepad.ps1
```

```
Get-Process : Es kann kein Prozess mit dem Namen "Notepad" gefunden werden. Überprüfen Sie den
Prozessnamen, und rufen Sie das Cmdlet erneut auf.
Bei E:\Chapters\Chapter13\StopNotepad.ps1:12 Zeichen:12
+ Get-Process <<<<  Notepad | Stop-Process
    + CategoryInfo          : ObjectNotFound: (Notepad:String) [Get-Process],
  ProcessCommandException
    + FullyQualifiedErrorId : NoProcessFoundForGivenName,Microsoft.PowerShell.
  Commands.GetProcessCommand
```

Wenn Sie mit Windows PowerShell arbeiten, sollten Sie sich angewöhnen, die Fehlermeldungen zu lesen. Im ersten Teil einer Fehlermeldung wird das Problem beschrieben. In diesem Beispiel war kein Prozess mit dem Namen Notepad zu finden. Der zweite Teil der Fehlermeldung gibt die Position im Code an, an der sich der Fehler ergeben hat. Dieser Teil wird auch *Positionsmeldung* genannt. Die erste Zeile der Positionsmeldung besagt, dass der Fehler in Zeile 12 aufgetreten ist. In der zweiten Zeile verweisen mehrere Pfeile auf den Befehl, der zum Fehler führte. In diesem Fall trat der Fehler bei der Ausführung des Cmdlets Get-Process auf.

```
Bei E:\Chapters\Chapter13\StopNotepad.ps1:12 Zeichen:12
+ Get-Process <<<<  Notepad | Stop-Process
```

Der einfachste Weg zur Unterdrückung dieser Fehlermeldung ist die Verwendung des Parameters -erroraction mit dem Wert SilentlyContinue. Im Wesentlichen ist dies dasselbe, als würde man in VBScript den Befehl On Error Resume Next verwenden. Als sehr nützlich erweist es sich allerdings, dass der Parameter -erroraction für jedes Cmdlet separat angegeben werden kann. Vier Werte sind zulässig:

- Continue (der Standardwert)
- SilentlyContinue
- Inquire
- Stop

Fügen Sie für das Skript *StopNotepadSilentlyContinue.ps1* den Parameter `-erroraction` zum Cmdlet `Get-Process` hinzu, um Fehlermeldungen zu unterdrücken, die sich ergeben, wenn kein Notepad-Prozess vorhanden ist. Damit das Skript leichter zu lesen ist, können Sie den Code beim Pipelineoperator umbrechen. Windows PowerShell lässt die Aufteilung eines Befehls über mehrere Zeilen zu, wenn erkennbar ist, dass eine Zeile unvollständig ist. Der Pipelineoperator am Ende der ersten Zeile sorgt dafür, dass die Zeile unvollständig ist. Er ist aber kein Zeichen, mit dem sich allgemein angeben lässt, dass eine Zeile fortgesetzt wird. Dafür wird der Gravis (`, ASCII 96) verwendet, auch als Gravisakzent bezeichnet. Er wird verwendet, wenn eine Codezeile so lang ist, dass sie umbrochen werden muss, und die resultierende erste Zeile in Windows PowerShell ein gültiger Befehl ist. Beachten Sie, dass die beiden separaten Zeilen trotzdem eine einzige logische Zeile darstellen. Ein Beispiel:

```
Write-Host -foregroundcolor green "Dies ist ein Beispiel " `
          "für das Zeilenumbruchszeichen"
```

Die folgenden Zeilen zeigen das Skript *StopNotepadSilentlyContinue.ps1*.

StopNotepadSilentlyContinue.ps1

```
Get-Process -name Notepad -erroraction SilentlyContinue |
Stop-Process
```

Da Sie ein Skript entwickeln, können Sie natürlich alles tun, was in einem Skript möglich ist. Es bietet sich zum Beispiel an, den Namen des Prozesses, der beendet werden soll, in einer Variablen zu speichern. Der Vorteil liegt darin, dass sich das Skript später leichter ändern lässt, wenn Sie einen anderen Prozess als Notepad beenden möchten. Alle Variablen beginnen mit einem Dollarzeichen ($). Die folgende Zeile zeigt eine Variable, die den Prozessnamen aufnimmt.

```
$process= "notepad"
```

Eine weitere Verbesserung des Skripts wäre, Informationen über den beendeten Prozess anzuzeigen. Das Cmdlet `Stop-Process` gibt keine Informationen zurück, wenn es verwendet wird. Wenn Sie es aber mit dem Parameter `-passthru` verwenden, wird das Prozessobjekt in der Pipeline weitergereicht. Geben Sie also diesen Parameter an und reichen Sie das Prozessobjekt an das Cmdlet `ForEach-Object` weiter. Mit der automatischen Variablen `$_` können Sie auf das aktuelle Objekt in der Pipeline zugreifen und den Namen sowie die Kennung des Prozesses abrufen, der beendet wurde. Als Verkettungsoperator dient in Windows PowerShell das Pluszeichen (+). Verwenden Sie es bei der Anzeige der ausgewählten Eigenschaften und des zusätzlichen Textes, der den Satz vervollständigt. Die entsprechende Codezeile könnte so aussehen:

```
ForEach-Object { $_.name + ' mit der Prozess-ID ' + $_.ID + ' wurde beendet.'}
```

Die folgenden Zeilen zeigen das vollständige Cmdlet *StopNotepadSilentlyContinuePassThru.ps1*.

StopNotepadSilentlyContinuePassThru.ps1

```
$process = "notepad"
Get-Process -name $Process -erroraction SilentlyContinue |
Stop-Process -passthru |
ForEach-Object { $_.name + ' mit der Prozess-ID ' + $_.ID + ' wurde beendet.'}
```

Wenn bei der Ausführung des Skripts zwei Instanzen des Editors laufen, wird folgendes Ergebnis angezeigt:

```
notepad mit der Prozess-ID 1072 wurde beendet.
notepad mit der Prozess-ID 3692 wurde beendet.
```

Zudem bietet das Skript *StopNotepadSilentlyContinuePassThru.ps1* den Vorteil, dass Sie es zum Beenden verschiedener Prozesse verwenden können. Dazu weisen Sie der Variablen $process die Namen mehrerer Prozesse zu (ein Array). Bei der Ausführung des Skripts wird jeder der angegebenen Prozesse beendet. In diesem Beispiel weisen Sie der Variablen $process die Namen Notepad und Calc zu:

```
$process= "notepad", "calc"
```

Bei der Ausführung des Skripts werden beide Prozesse beendet.

```
calc mit der Prozess-ID 808 wurde beendet.
notepad mit der Prozess-ID 2676 wurde beendet.
```

Nun können Sie das Skript noch weiter überarbeiten. Sie könnten den Code zu einer Funktion zusammenfassen, einen Hilfetext verfassen und das Skript so ändern, dass die Prozesse auf der Befehlszeile oder in einer Textdatei angegeben werden können. Durch den Wechsel von der Befehlszeile zum Skript werden solche Dinge möglich.

Verwenden der *while*-Anweisung

In VBScript gibt es die While...Wend-Schleife. Das Skript *WhileReadLineWend.vbs* zeigt ein Beispiel für die Verwendung dieser Schleife. Zuerst legen Sie in diesem Skript eine Instanz der Klasse FileSystemObject an und speichern sie in der Variablen objFSO. Dann öffnen Sie mit der Methode OpenTextFile eine Testdatei und speichern das resultierende TextStream-Objekt in der Variablen objFile. Anschließend lesen Sie den Inhalt der Testdatei mit dem While...Not...Wend-Konstrukt zeilenweise aus dem TextStream-Objekt ein und zeigen ihn auf dem Bildschirm an. Das tun Sie so lange, bis das Ende des TextStream-Objekts erreicht ist. Eine While...Wend-Schleife wird so lange durchlaufen, wie die bewertete Bedingung wahr ist. In diesem Beispiel wird so lange die jeweils nächste Zeile aus der Textdatei ausgelesen, wie das Ende der Datei noch nicht erreicht ist. Die folgenden Codezeilen zeigen das Skript *WhileReadLineWend.vbs*.

WhileReadLineWend.vbs

```
Set objFSO = CreateObject("Scripting.FileSystemObject")
Set objFile = objFSO.OpenTextFile("C:\fso\TestDatei.txt")

While Not objFile.AtEndOfStream
  WScript.Echo objFile.ReadLine
Wend
```

Zusammenstellen der *while*-Anweisung

Wie Sie wohl schon vermuten, steht Ihnen auch in Windows PowerShell eine While-Schleife zur Verfügung. Die while-Anweisung wird in Windows PowerShell wie die While...Wend-Anweisung in VBScript verwendet. Im Beispielskript *DemoWhileLessThan.ps1* initialisieren Sie zuerst die Variable $i mit dem Wert 0. Dann verwenden Sie das Schlüsselwort while, um den Anfang der while-Schleife zu kennzeichnen. In Windows PowerShell müssen Sie die Schleifenbedingung in runden Klammern angeben. In diesem Beispiel überprüfen Sie bei jedem Schleifendurchgang den Wert der Variablen $i. Solange $i kleiner als 5 ist, wird die Aktion aus dem Skriptblock durchgeführt, der in geschweiften

Klammern angegeben wird. In VBScript wird die Schleifenbedingung in derselben Zeile wie die `While`-Anweisung angegeben, wobei keine Klammern erforderlich sind. Die Schreibarbeit ist zwar etwas geringer, aber der Code wird dadurch unübersichtlicher. In Windows PowerShell steht die Anweisung außerhalb der Klammern und die Schleifenbedingung wird eindeutig durch runde Klammern begrenzt. In VBScript wird die durchzuführende Aktion zwischen den beiden Wörtern `While` und `Wend` angegeben. In Windows PowerShell gibt es keine `wend`-Anweisung und die durchzuführende Aktion wird in geschweiften Klammern angegeben. Auf VBScript-Anwender mögen die geschweiften Klammern auf den ersten Blick befremdlich wirken, aber sie werden stets zur Aufnahme von Code verwendet. Dieses Gebilde wird *Skriptblock* genannt und praktisch überall verwendet. Sobald Sie sich daran gewöhnt haben, werden Sie feststellen, dass es auch in anderen Anweisungen der Sprache Skriptblöcke gibt. Sie haben zum Beispiel den Vorteil, dass man nicht mehr nach Schlüsselwörtern wie `Wend` oder `Loop` zu suchen braucht.

Erweiterbare Zeichenfolgen

In Windows PowerShell gibt es zwei Arten von Zeichenfolgen: Literalzeichenfolgen und erweiterbare Zeichenfolgen. Im Skript *DemoWhileLessThan.ps1* verwenden Sie die erweiterbare Zeichenfolge (in doppelten Anführungszeichen – Literalzeichenfolgen werden in einfachen Anführungszeichen angegeben). Nehmen wir an, Sie möchten den Namen einer Variablen und ihren Wert anzeigen. In einer erweiterbaren Zeichenfolge wird bei der Auswertung einer Zeile der Wert der angegebenen Variablen auf dem Bildschirm angezeigt. Betrachten Sie das folgende Beispiel. Sie weisen der Variablen `$i` den Wert 12 zu. Dann verwenden Sie `$i` in einer Zeichenfolge, die mit doppelten Anführungszeichen angegeben wird, also in einer erweiterbaren Zeichenfolge. Die Auswertung der Zeile »$i ist gleich $i« führt zu der Anzeige »12 ist gleich 12«. Das ist zwar korrekt, aber es ist nicht das, was Sie eigentlich in Erfahrung bringen möchten. Der wenig hilfreiche Code sieht so aus:

```
PS C:\> $i = 12
PS C:\> "$i ist gleich $i"
12 ist gleich 12
PS C:\>
```

Literale

Nehmen wir an, Sie möchten den Namen einer Variablen und den Wert der Variablen anzeigen. In VBScript verketten Sie den Text mit der Variablen. Damit das Beispiel in Windows PowerShell funktioniert, müssen Sie Literale verwenden:

```
PS C:\> $i = 12
PS C:\> '$i ist gleich ' + $i
$i ist gleich 12
PS C:\>
```

Wenn Sie erweiterbare Zeichenfolgen verwenden möchten, müssen Sie die Erweiterung für die erste Angabe der Variablen unterdrücken. Dazu verwenden Sie das Escapezeichen von Windows Power-Shell, nämlich der Gravis:

```
PS C:\> $i = 12
PS C:\> "`$i ist gleich $i"
$i ist gleich 12
PS C:\>
```

Im Skript *DemoWhileLessThan.ps1* zeigen Sie in jedem Schleifendurchgang den Wert der Variablen $i an. Für die erste Angabe der Variablen unterdrücken Sie die Erweiterung der erweiterbaren Zeichenfolge, damit Sie sehen, welche Variable gemeint ist. Anschließend erhöhen Sie den Wert der Variablen $i um 1. Dazu verwenden Sie die Syntax $i++. Das entspricht folgender Zeile:

```
$i = $i + 1
```

Der Vorteil der Schreibweise $i++ liegt in der geringeren Schreibarbeit. Der folgende Code zeigt das Skript *DemoWhileLessThan.ps1*.

DemoWhileLessThan.ps1

```
$i = 0
While ($i -lt 5)
  {
   "`$i ist gleich $i. Der Wert ist kleiner als 5"
   $i++
  } #Ende while $i lt 5
```

Das Skript *DemoWhileLessThan.ps1* gibt folgenden Text aus:

```
$i ist gleich 0. Der Wert ist kleiner als  5
$i ist gleich 1. Der Wert ist kleiner als  5
$i ist gleich 2. Der Wert ist kleiner als  5
$i ist gleich 3. Der Wert ist kleiner als  5
$i ist gleich 4. Der Wert ist kleiner als  5
PS C:\>
```

Ein praktisches Beispiel für die Verwendung der *while*-Anweisung

Da Sie nun wissen, wie die while-Schleife verwendet wird, wird es Zeit für das Skript *WhileReadLine.ps1*. Zuerst initialisieren Sie die Variable $i mit dem Wert 0. Dann lesen Sie mit dem Cmdlet Get-Content den Inhalt der Datei *TestDatei.txt* ein und speichern den Inhalt in der Variablen $fileContents. Abbildung 13.25 zeigt die Datei *TestDatei.txt*.

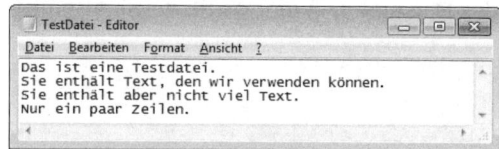

Abbildung 13.25   Mit dem Cmdlet Get-Content können Sie den Inhalt der Datei *TestDatei.txt* einlesen

Anschließend verarbeiten Sie den Inhalt der Textdatei in einer while-Schleife, die so lange durchlaufen wird, wie der Wert in der Variablen $i kleiner oder gleich der Anzahl der Zeilen in der Textdatei ist. Die Zahl der Zeilen, die sich in der Textdatei befinden, erfahren Sie aus der Eigenschaft length. Im Skriptblock behandeln Sie die Variable $fileContents wie ein Array (sie ist ein Array) und verwenden die Variable $i als Index für den Zugriff auf das Array in der Variablen $fileContents, um die betreffende Zeile auszugeben. Dann erhöhen Sie den Wert der Variablen $i um 1. Der folgende Code zeigt das Skript *WhileReadLine.ps1*.

WhileReadLine.ps1

```
$i = 0
$fileContents = Get-Content -path C:\fso\TestDatei.txt
While ( $i -le $fileContents.length )
 {
  $fileContents[$i]
  $i++
 }
```

Verwenden spezieller Windows PowerShell-Funktionen

Das Skript *WhileReadLine.ps1* ist nicht viel komplizierter als die VBScript-Version. Der Unterschied liegt in der Verwendung eines Arrays zur Speicherung des Inhalts, den das Cmdlet Get-Content liefert. Die VBScript-Version verwendet für die Bearbeitung der Daten ein FileSystemObject-Objekt und ein TextStream-Objekt. In der Praxis brauchen Sie ein Skript zum Einlesen und Anzeigen einer Textdatei aber nicht wie das Beispielskript *WhileReadLine.ps1* zu schreiben, weil das Cmdlet Get-Content diese Arbeiten übernehmen kann. Um den Inhalt der Datei *TestDatei.txt* anzuzeigen, brauchen Sie nur Get-Content zu verwenden:

```
Get-Content -path c:\fso\TestDatei.txt
```

Abbildung 13.26 zeigt das Ergebnis dieses Befehls.

```
PS C:\> Get-Content -path c:\fso\TestDatei.txt
Das ist eine Testdatei.
Sie enthält Text, den wir verwenden können.
Sie enthält aber nicht viel Text.
Nur ein paar Zeilen.
PS C:\>
```

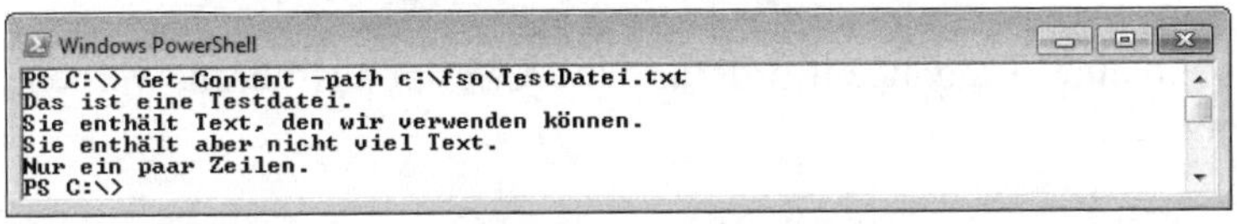

Abbildung 13.26   Get-Content liest eine Textdatei ein und zeigt sie an

Da das Ergebnis dieses Befehls nicht in einer Variablen gespeichert wird, wird es automatisch auf der Konsole ausgegeben. Der Befehl lässt sich noch weiter verkürzen, wenn man das Alias gc des Cmdlets Get-Content verwendet und den Namen des Parameters -path, bei dem es sich um den Standardparameter des Cmdlets handelt, weglässt. Wenn Sie das tun, ergibt sich ein Befehl wie der folgende:

```
gc c:\fso\TestDatei.txt
```

Zur Ermittlung der verfügbaren Aliasse für das Cmdlet Get-Content verwenden Sie das Cmdlet Get-Alias mit dem Parameter -definition. Dann sucht das Cmdlet Get-Alias nach Aliassen, die für Get-Content definiert wurden. Die folgenden Zeilen zeigen den Befehl und seine Ergebnisse.

```
PS C:\> Get-Alias -Definition Get-Content
```

CommandType	Name	Definition
Alias	cat	Get-Content
Alias	gc	Get-Content
Alias	type	Get-Content

In diesem Abschnitt haben Sie erfahren, wie man in Windows PowerShell mit der while-Anweisung Schleifen programmieren kann. Außerdem haben Sie erfahren, dass Vorgänge, zu deren Bewältigung in VBScript Schleifen erforderlich sind, in Windows PowerShell nicht zwangsläufig ebenfalls Schleifen erfordern, da einige Cmdlets die gewünschten Informationen automatisch anzeigen. Schließlich haben Sie noch das Cmdlet `Get-Alias` kennengelernt, mit dem man die Aliasse ermittelt, die für ein bestimmtes Cmdlet definiert worden sind.

Verwenden der *do...while*-Anweisung

Die `Do While...Loop`-Anweisung wird in VBScript häufig verwendet. Dieser Abschnitt beschreibt einige der Vorteile, die die `do...while`-Anweisung auch in Windows PowerShell aufweist.

Das Skript *DemoDoWhile.vbs* zeigt, wie die `Do While`-Anweisung in VBScript verwendet wird. Zuerst weisen Sie der Variablen i den Wert 0 zu. Dann legen Sie ein Array an. Dazu verwenden Sie die Funktion `Array` und weisen der Variablen `ary` ein Array mit den Zahlen von 1 bis 5 zu. Anschließend erstellen Sie eine `Do While...Loop`-Schleife, in der Sie zuerst ein Element des Arrays anzeigen. Dann wird der Wert der Variablen i inkrementiert und es erfolgt jeweils der nächste Schleifendurchlauf, solange die Variable i kleiner als 5 ist. Der folgende Code zeigt das Skript *DemoDoWhile.vbs*.

```
DemoDoWhile.vbs
i = 0
ary = Array(1,2,3,4,5)
Do While i < 5
 WScript.Echo ary(i)
 i = i + 1
Loop
```

Wenn Sie das Skript *DemoDoWhile.vbs* in einer Eingabeaufforderung mit CScript ausführen, werden die Zahlen 1 bis 5 angezeigt (Abbildung 13.27).

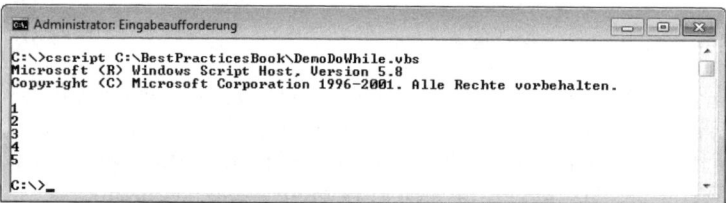

Abbildung 13.27   Das Skript *DemoDoWhile.vbs* zeigt die Zahlen 1 bis 5 an, wenn es mit CScript ausgeführt wird

Genau dasselbe können Sie auch in Windows PowerShell tun. Das Skript *DemoDoWhile.ps1* und das Skript *DemoDoWhile.vbs* sind im Wesentlichen gleich. Die größten Unterschiede zwischen den beiden Skripts liegen in den Syntaxunterschieden zwischen Windows PowerShell und VBScript. Zuerst weisen Sie der Variablen $i den Wert 1 zu. Dann erstellen Sie ein Array mit den Zahlen 1 bis 5 und speichern es in der Variablen $ary. Dabei verwenden Sie eine Kurzschreibweise, mit der Windows PowerShell diese Arbeit vereinfacht. Die Verwendung von Arrays ist in Windows PowerShell sowieso relativ einfach. Wenn Sie ein Array erstellen möchten, brauchen Sie einer Variablen nur mehrere Datenelemente zuzuweisen, die jeweils durch ein Komma voneinander getrennt sind, wie im folgenden Beispiel:

`$ary = 1,2,3,4,5`

Verwenden des Bereichsoperators

Wenn Sie ein Array mit 32.000 Zahlen erstellen möchten, wäre es kaum möglich, jede einzelne Zahl einzugeben und durch ein Komma von der nächsten zu trennen. In VBScript würden Sie eine For...Next-Schleife verwenden, mit der Sie die Zahlen ins Array eintragen. In Windows PowerShell können Sie stattdessen den Bereichsoperator verwenden. Dabei verwenden Sie eine Variable, die das zu erstellende Zahlenarray aufnehmen soll, und geben die Grenzwerte des gewünschten Zahlenbereichs ein, wobei diese beiden Zahlen durch zwei Punkte getrennt werden, wie im folgenden Beispiel:

```
$ary = 1..5
```

Leider funktioniert der Bereichsoperator nicht bei Buchstaben. Sie können aber ein Zahlenarray mit den ASCII-Werten der Buchstaben erstellen und diese Werte später in Buchstaben konvertieren.

Auslesen eines Arrays

Nun ist alles für die do...while-Schleife von Windows PowerShell vorbereitet. Schreiben Sie die do-Anweisung und die beiden geschweiften Klammern, die einen Skriptblock kennzeichnen. Zuerst lesen Sie mit einem Index ein Element aus dem Array aus. Beim ersten Zugriff auf das Array ist die Variable $i gleich 0. Daher zeigen Sie auf das erste Element des Arrays $ary. Dann erhöhen Sie den Wert der Variablen $i um 1. Damit ist der Skriptblock fertig und Sie können sich der while-Anweisung zuwenden. Ob ein weiterer Schleifendurchlauf erfolgt, hängt vom Wert der Variablen $i ab. Solange $i kleiner als 5 ist, erfolgt ein weiterer Schleifendurchlauf. Erst wenn die Variable $i nicht mehr kleiner als 5 ist, erfolgen keine weiteren Schleifendurchläufe mehr.

```
DemoDoWhile.ps1
$i = 0
$ary = 1..5
do
{
 $ary[$i]
 $i++
} while ($i -lt 5)
```

Abbildung 13.28 zeigt das Ergebnis des Skripts *DemoDoWhile.ps1*.

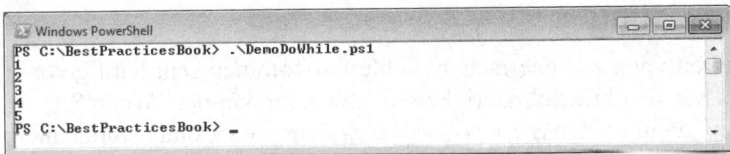

Abbildung 13.28   Solange der Wert von $i kleiner als 5 ist, wird in jedem Schleifendurchlauf eine Zahl angezeigt

Beachten Sie, dass die Arrayzugriffe und die Schleifensteuerung von $i abhängen. Am Anfang des Codes initialisieren Sie $i mit 0. Die erste Zahl im Array ist 1. Der Index des ersten Arrayelements lautet in Windows PowerShell immer 0 (im Gegensatz zu VBScript, wo ein Array mit dem Index 0 oder 1 beginnen kann). Die while-Anweisung überprüft den Wert der Variablen $i und nicht den Wert aus dem Array. Daher erscheint die Zahl 5 auf dem Bildschirm.

Konvertieren der ASCII-Werte

Sie können Ihr Skript *DemoDoWhile.ps1* so ändern, dass es die Großbuchstaben von A bis Z anzeigt. Am Anfang des Codes initialisieren Sie wieder die Variable $i mit 0. Dann erstellen Sie in der Variablen $caps ein Array mit den Zahlen von 65 bis 91. Das sind die ASCII-Zahlenwerte für die Großbuchstaben A bis Z. Nun schreiben Sie die do-Anweisung und öffnen einen Skriptblock. Bis zu diesem Punkt unterscheidet sich das Skript kaum vom vorigen Beispiel. Um die Zahlen als Buchstaben anzuzeigen, konvertieren Sie den Datentyp integer in den Datentyp char. Für diese Konvertierung geben Sie den gewünschten Datentyp char in eckigen Klammern an. Auf diese Weise können Sie einen Integerwert in den entsprechenden Großbuchstaben konvertieren. In den folgenden Zeilen wird zum Beispiel die Zahl 66 als Buchstabe B angezeigt:

```
PS C:\> [char]66

B
```

In Ihrem Beispielskript enthält die Variable $caps ein Array mit den Zahlen von 65 bis 91 und die Variable $i durchläuft die Werte von 0 bis 26. Mit der folgenden Zeile lesen Sie mit der Indexvariablen $i einen Integerwert aus dem Array $caps aus, konvertieren ihn in den Datentyp char und zeigen das Ergebnis in der Konsole an:

```
[char]$caps[$i]
```

Anschließend inkrementieren Sie $i um 1, schließen den Skriptblock und geben die while-Anweisung ein, in der Sie überprüfen, ob $i kleiner als 26 ist. Solange $i kleiner als 26 ist, erfolgt ein weiterer Schleifendurchlauf. Das folgende Beispiel zeigt das Skript *DisplayCapitalLetters.ps1*.

```
DisplayCapitalLetters.ps1
$i = 0
$caps = 65..91
do
{
 [char]$caps[$i]
 $i++
} while ($i -lt 26)
```

Verwenden der *do...until*-Anweisung

Es ist wichtig, die verschiedenen Schleifentypen zu beherrschen. Schleifen kommen sehr häufig vor und sollten Ihnen so geläufig sein, dass Sie sie ohne Schwierigkeiten anwenden können. Wenn Sie zum Beispiel ein Array auslesen müssen, dann sollten Sie wissen, wie Sie vorgehen, ohne stundenlang das Internet durchsuchen zu müssen. Dieser Abschnitt beschreibt das Do Until...Loop-Konstrukt. Die meisten Skripts aus dem Microsoft Technet Script Center verwenden eine Do...While-Schleife, sofern eine Schleife erforderlich ist. Die Skripts, in denen eine Do Until...Loop-Schleife verwendet wird, bearbeiten gewöhnlich eine Textdatei (bis zum Ende des Datenstroms) oder einen ADO-Datensatz (bis zum Ende der Datei). Dabei handelt es sich aber nicht um verbindliche Konventionen oder absichtliche Beschränkungen. Oft lässt sich dieselbe Aufgabe mit verschiedenen Schleifentypen lösen.

Vergleichen der Schleifenkonstrukte von VBScript

Untersuchen Sie das folgende Skript *DemoDoUntil.vbs*. Im Skript *DemoDoUntil.vbs* weisen Sie zuerst der Variablen i den Wert 0 zu. Dann erstellen Sie ein Array namens `ary` mit den Zahlen von 1 bis 5. Anschließend lesen Sie in einer `Do Until...Loop`-Schleife die Werte aus dem Array aus, bis die Variable i den Wert 5 erreicht. Das Skript läuft so lange, bis die Variable i gleich 5 ist. Eine `Do Until...Loop`-Schleife läuft so lange, bis eine Bedingung erfüllt ist. Der Unterschied zwischen einer `Do Until...Loop`-Schleife und einer `Do...While`-Schleife, die im vorigen Abschnitt besprochen wurde, liegt darin, dass die `Do...While`-Schleife ausgeführt wird, solange die Schleifenbedingung erfüllt ist, während eine `Do Until...Loop`-Schleife ausgeführt wird, bis eine Bedingung erfüllt ist. Das bedeutet, dass eine `Do Until...Loop`-Schleife in VBScript mindestens einmal durchlaufen wird, weil die Bedingung erst am Ende der Schleife überprüft wird, während die Schleifenbedingung in einer `Do...While`-Schleife zuerst überprüft wird, noch bevor der erste Schleifendurchlauf erfolgt. Ist die Bedingung nicht erfüllt, erfolgt auch kein Schleifendurchlauf. In Windows PowerShell gilt dies nicht, wie Sie später noch sehen werden.

In der Schleife zeigen Sie im ersten Durchlauf den Wert aus dem Arrayelement 0 an, da Sie die Variable i zu Beginn auf 0 gesetzt haben. Dann erhöhen Sie den Wert der Variablen i um 1. Wenn der Wert von i noch nicht 5 ist, erfolgt der nächste Schleifendurchlauf. Der folgende Code zeigt das Skript *DemoDoUntil.vbs*.

DemoDoUntil.vbs

```
i = 0
ary = array(1,2,3,4,5)
Do Until i = 5
 wscript.Echo ary(i)
 i = i+1
Loop
```

Verwenden der *do...until*-Anweisung von Windows PowerShell

Sie können dasselbe Skript mit Windows PowerShell schreiben. Im Skript *DemoDoUntil.ps1* initialisieren Sie zuerst wieder die Variable $i mit 0. Dann erstellen Sie in der Variablen $ary ein Array mit den Zahlen von 1 bis 5. Für die nachfolgende do...until-Schleife schreiben Sie das Schlüsselwort do und die beiden geschweiften Klammern, die den Skriptblock begrenzen. Zwischen den geschweiften Klammern verwenden Sie die Variable $i für den Zugriff auf das Array $ary und lesen den Wert des ersten Arrayelements (Element 0) aus. Dann erhöhen Sie den Wert der Variablen $i um 1. Solange der Wert der Variablen $i noch nicht 5 ist, erfolgt der nächste Schleifendurchlauf. Sobald die Variable $i gleich 5 ist, wird das Skript beendet. Dieses Skript hat große Ähnlichkeit mit dem Skript *DemoDoWhile.ps1* aus dem vorigen Abschnitt.

DemoDoUntil.ps1

```
$i = 0
$ary = 1..5
Do
{
 $ary[$i]
 $i ++
} Until ($i -eq 5)
```

Die *do...while-* und *do...until*-Schleifen werden mindestens einmal durchlaufen

Wenn die Schleifenbedingung in einer Do...While-Schleife von VBScript nie erfüllt ist, wird die Schleife nie durchlaufen. In Windows PowerShell werden dagegen nicht nur do...until-Schleifen, sondern auch do...while-Schleifen mindestens einmal durchlaufen, wie das Skript *DoWhileAlwaysRuns.ps1* zeigt. Beachten Sie dieses Verhalten, denn es kann unerwartete Folgen haben. Im Skript weisen Sie der Schleifenvariablen $i den Wert 1 zu. Im Skriptblock der do...while-Schleife geben Sie eine Meldung aus, die beweist, dass die Schleife durchlaufen wird. Die Schleifenbedingung lautet sinngemäß: »solange $i gleich 5 ist «. Wie Sie sehen, ist der Wert der Variablen $i 1. Da die Variable nicht verändert wird, erreicht sie nie den Wert 5. Der folgende Code zeigt das Skript *DoWhileAlwaysRuns.ps1*.

DoWhileAlwaysRuns.ps1
```
$i = 1
Do
{
 "in der Do-Schleife"
} While ($i -eq 5)
```

Bei seiner Ausführung zeigt das Skript einmal den Text »in der Do-Schleife« an (Abbildung 13.29).

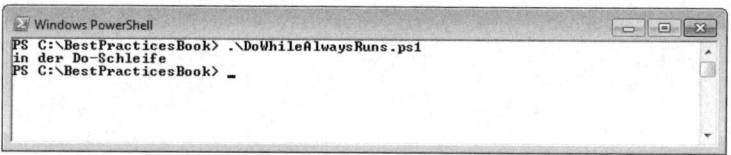

Abbildung 13.29   Der Skriptblock einer do...while-Anweisung wird mindestens einmal ausgeführt

Und wie steht es mit einem vergleichbaren Skript, das eine do...until-Schleife enthält? Das Skript *EndlessDoUntil.ps1* gleicht weitgehend dem Skript *DoWhileAlwaysRuns.ps1*, mit einer kleinen Ausnahme: Statt do...while verwenden Sie do...until, der Rest bleibt gleich. Der Wert der Variablen $i ist 1 und im Skriptblock der do...until-Schleife geben Sie den Text »in der Do-Schleife« aus. Dieser Text wird in jedem Schleifendurchlauf ausgegeben, bis der Wert von $i gleich 5 ist. Da $i aber nie den Wert 5 erreicht, läuft das Skript endlos. Die folgenden Zeilen zeigen das Skript *EndlessDoUntil.ps1*.

EndlessDoUntil.ps1
```
$i = 1
Do
{
 "in der Do-Schleife"
} Until ($i -eq 5)
```

Bevor Sie das Skript *EndlessDoUntil.ps1* jedoch starten, sollten Sie wissen, dass man es mit der Tastenkombination STRG+C abbrechen kann (halten Sie die Taste STRG gedrückt und drücken Sie zusätzlich die Taste C). Das ist dieselbe Tastenkombination, mit der man auch ein VBScript abbrechen kann, das unter CScript ausgeführt wird. Abbildung 13.30 zeigt das Ergebnis der Ausführung von *EndlessDoUntil.ps1*.

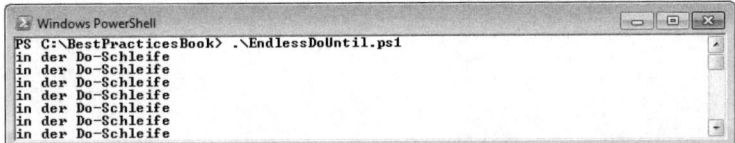

Abbildung 13.30 Wird die Schleifenbedingung nie erfüllt, läuft eine do...until-Schleife so lange, bis die Ausführung des Skripts mit STRG+C abgebrochen wird

Die *while*-Anweisung wird verwendet, um unerwünschte Schleifendurchläufe zu vermeiden

Wenn sich die Situation ergibt, dass ein Skriptblock nicht ausgeführt werden darf, wenn die Schleifenbedingung nicht erfüllt ist, sollten Sie die while-Anweisung verwenden. (Die while-Anweisung wurde bereits in einem früheren Abschnitt beschrieben.) Auch dieses Skript ist wie die bisherigen Beispielskripts aufgebaut. Sie weisen der Variablen $i den Wert 0 zu, aber statt einer do-Schleife verwenden Sie eine while-Anweisung mit derselben Schleifenbedingung, die bereits in den letzten Skripts verwendet wurde: »Solange der Wert von $i gleich 5 ist«. Im Skriptblock zeigen Sie einen Text an, der beweist, dass die while-Schleife durchlaufen wird. Die folgenden Zeilen zeigen das Skript *WhileDoesNotRun.ps1*.

WhileDoesNotRun.ps1

```
$i = 0
While ($i -eq 5)
{
 "in der While-Schleife"
}
```

Probieren Sie das Skript *WhileDoesNotRun.ps1* aus, auch wenn es ein wenig enttäuschend ist. Das Skript zeigt nichts in der Konsole an (Abbildung 13.31).

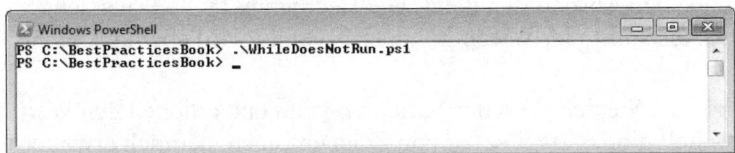

Abbildung 13.31 Wenn die Schleifenbedingung der while-Schleife nicht erfüllt ist, wird der Skriptblock nicht ausgeführt

Die *for*-Anweisung

In VBScript ist eine For...Next-Schleife leicht zu schreiben. Das Skript *DemoForLoop.vbs* zeigt ein Beispiel für eine einfache For...Next-Schleife. Sie schreiben das Schlüsselwort For, definieren eine Variable, die als Schleifenzähler dient, legen dann den Endwert der Variablen fest, geben die Aktion an und schreiben das Schlüsselwort Next. Das ist alles. Es klingt schwieriger, als es ist. Die folgenden Zeilen zeigen das Beispielskript *DemoForLoop.vbs*.

> **_DemoForLoop.vbs_**
>
> ```
> For i = 1 To 5
>  WScript.Echo i
> Next
> ```

Verwenden der *for*-Anweisung

Dasselbe können Sie auch in Windows PowerShell erreichen. Eine for-Schleife von Windows Power-Shell ist wie eine For-Schleife von VBScript aufgebaut. Beide beginnen mit dem Schlüsselwort for, in beiden wird der Schleifenzähler initialisiert und in beiden wird der Grenzwert festgelegt, bis zu dem der Schleifenzähler inkrementiert werden soll. Der wichtigste Unterschied liegt darin, dass der Schleifenzähler in einer For-Schleife von VBScript automatisch inkrementiert wird. In Windows PowerShell geschieht dies nicht automatisch. Daher geben Sie noch die Anweisung $i++ an, damit die Variable $i in jedem Schleifendurchgang inkrementiert wird. Der folgende Code zeigt das Skript *DemoFor-Loop.ps1*.

> **_DemoForLoop.ps1_**
>
> ```
> For($i = 0; $i -le 5; $i++)
> {
>  '$i ist gleich ' + $i
> }
> ```

Die for-Anweisung von Windows PowerShell ist sehr flexibel, Sie können bestimmte Elemente weglassen. Im Skript *DemoForWithoutInitOrRepeat.ps1* bleiben der erste und der letzte Abschnitt der for-Anweisung leer. In der Zeile des Skripts initialisieren Sie die Variable $i mit 0. Dann folgt die for-Anweisung. Im Prinzip wird die Zuweisung $i = 0, die im Skript *DemoForLoop.ps1* noch in der for-Anweisung erfolgt, auf die erste Skriptzeile verschoben. Das Semikolon muss trotzdem angegeben werden, weil es als Trennzeichen zwischen den Abschnitten dient. Die Bedingung $i -le 5 aus dem vorigen Skript bleibt erhalten. Der dritte Abschnitt, der Wiederholungsabschnitt, wird ebenfalls nicht verwendet.

Im Skriptabschnitt der for-Anweisung zeigen Sie den Wert der Variablen $i an und erhöhen den Wert der Variablen um 1. In Windows PowerShell gibt es zwei Arten von Zeichenfolgen, nämlich erweiterbare Zeichenfolgen und Literalzeichenfolgen (sie wurden weiter oben in diesem Kapitel beschrieben). Im Skript *DemoForLoop.ps1* sehen Sie ein Beispiel für eine Literalzeichenfolge. Sie wird so angezeigt, wie sie eingegeben wird:

```
'$i ist gleich ' + $i
```

Im Skript *DemoForWithoutInitOrRepeat.ps1* sehen Sie ein Beispiel für eine erweiterbare Zeichenfolge. Nicht der Name der Variablen wird angezeigt, sondern der Wert der Variablen. Um diese Eigenart der erweiterbaren Zeichenfolge zu unterdrücken, können Sie das Escapezeichen von Windows PowerShell verwenden (der Gravis). Wenn Sie eine erweiterbare Zeichenfolge in dieser Weise verwenden, brauchen Sie nicht wie im Skript *DemoForLoop.ps1* eine Zeichenfolge mit einer Variablen zu verknüpfen:

```
"`$i ist gleich $i"
```

Der Wert von $i muss an einer geeigneten Stelle erhöht werden. Da er nicht im Wiederholungsabschnitt der for-Schleife erhöht wird, müssen Sie die Variable im Skriptblock inkrementieren. Die folgenden Zeilen zeigen das Skript *DemoForWithoutInitOrRepeat.ps1*.

DemoForWithoutInitOrRepeat.ps1

```
$i = 0
For(;$i -le 5; )
{
 "`$i ist gleich $i"
 $i++
}
```

Die Ausgabe des Skripts *DemoForWithoutInitOrRepeat.ps1* gleicht der Ausgabe, die das Skript *DemoForLoop.ps1* erzeugt (Abbildung 13.32). Man kann nicht erkennen, dass zwei Drittel der Schleifenparameter fehlen.

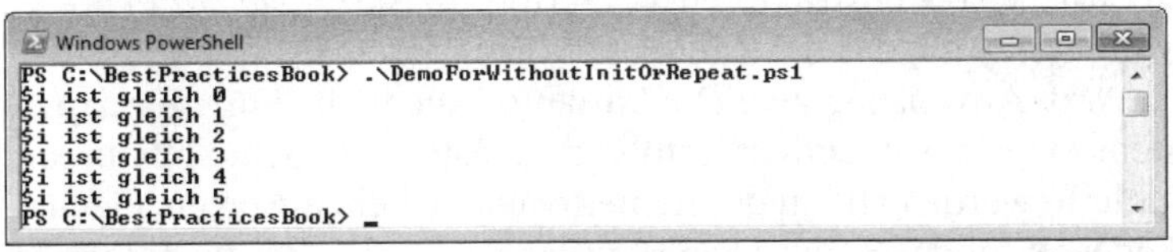

```
PS C:\BestPracticesBook> .\DemoForWithoutInitOrRepeat.ps1
$i ist gleich 0
$i ist gleich 1
$i ist gleich 2
$i ist gleich 3
$i ist gleich 4
$i ist gleich 5
PS C:\BestPracticesBook>
```

Abbildung 13.32   Die Ausgabe des Skripts *DemoForWithoutInitOrRepeat.ps1*

Sie können mit der `for`-Anweisung leicht eine Endlosschleife formulieren, indem Sie alle drei Abschnitte der `for`-Anweisung leer lassen. Die Semikolons müssen Sie allerdings trotzdem angeben, damit Windows PowerShell erkennt, dass die drei Abschnitte leer sind. Das Ergebnis sieht so aus:

`for(;;)`

Das Skript *ForEndlessLoop.ps1* verwendet zwar eine Endlosschleife, aber Sie können in der Schleife beispielsweise eine `if`-Anweisung verwenden, um die Schleife bei bestimmten Bedingungen abzubrechen. (If-Anweisungen werden im Verlauf dieses Kapitels noch besprochen). Das Skript *ForEndlessLoop.ps1* zeigt den Wert der Variablen `$i` an und erhöht ihren Wert dann um 1. Mit einem Semikolon kann man Anweisungen voneinander trennen, wenn in einer Zeile mehrere angegeben werden sollen. Das kann in komplexen `for`-Anweisungen sinnvoll sein, damit der Code leichter zu lesen ist. Schreibt man die Befehle aus dem Skriptblock des Skripts *ForEndlessLoop.ps1* in getrennte Zeilen, sieht der Block so aus:

```
{
 $i
 $i++
}
```

ForEndlessLoop.ps1

```
for(;;)
{
 $i ; $i++
}
```

Nach dem Start zeigt das Skript *ForEndlessLoop.ps1* eine lange Zahlenkolonne (Abbildung 13.33). Wenn Sie die Ausführung des Skripts abbrechen möchten, drücken Sie in der Windows PowerShell-Konsole die Tastenkombination STRG+C.

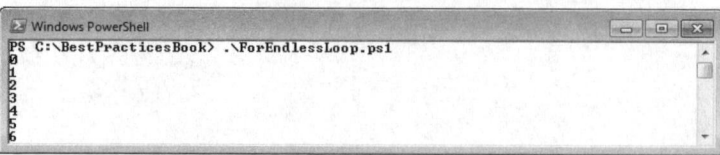

Abbildung 13.33 Drücken Sie STRG+C, um die Ausgabe der Zahlenkolonne zu beenden

Wie Sie sehen, geht es bei der Arbeit mit Windows PowerShell um Entscheidungen. Sie müssen entscheiden, wie Sie arbeiten möchten und was Sie erreichen möchten. Die for-Anweisung ist sehr flexibel und lässt die unterschiedlichsten Lösungen zu.

Verwenden der *foreach*-Anweisung

Die foreach-Anweisung ähnelt dem For Each...Next-Konstrukt von VBScript. Im Skript *DemoForEach-Next.vbs* legen Sie in der Variablen ary ein Array an, das die Zahlen von 1 bis 5 enthält. Dann lesen Sie die Arrayelemente in einer For Each...Next-Anweisung aus. Die Variable i dient als Index für den Arrayzugriff. Sofern das Array mindestens ein Element enthält, erfolgt mindestens ein Schleifendurchlauf. Nach dem ersten Eintritt in die Schleife werden alle in der Schleife angegebenen Anweisungen für das erste Element ausgeführt. Das bedeutet für das Skript *DemoForEachNext.vbs*, dass die folgende Anweisung für das erste Arrayelement ausgeführt wird:

```
Wscript.Echo i
```

Wenn das Array (oder die Sammlung) noch weitere Elemente enthält, erfolgt für jedes weitere Element ein weiterer Schleifendurchlauf. Nachdem alle Arrayelemente auf diese Weise verarbeitet wurden, wird die Schleife beendet und die Ausführung des Skripts mit der Anweisung fortgesetzt, die auf die Next-Anweisung folgt. Das können Sie mit dem Skript *DemoForEachNext.vbs* überprüfen.

DemoForEachNext.vbs

```
ary = Array(1,2,3,4,5)
For Each i In ary
  WScript.Echo i
Next
Wscript.echo "Fertig"
```

Das Windows PowerShell-Skript *DemoForEach.ps1* arbeitet wie das Skript *DemoForEachNext.vbs*. Im Skript *DemoForEach.ps1* legen Sie zuerst in der Variablen $ary ein Array mit den Zahlen von 1 bis 5 an:

```
$ary = 1..5
```

Dann verwenden Sie eine foreach-Anweisung, um der Reihe nach alle Elemente des Arrays $ary auszulesen. Die Variable $i enthält jeweils das aktuelle Arrayelement. Im Skriptblock (in den geschweiften Klammern) zeigen Sie den Wert des aktuellen Elements an. Der folgende Code zeigt das Skript *Demo-ForEach.ps1*.

DemoForEach.ps1

```
$ary = 1..5
Foreach ($i in $ary)
{
  $i
}
```

Verwenden der *foreach*-Anweisung in der Windows PowerShell-Konsole

Zu den äußerst nützlichen Aspekten von Windows PowerShell gehört, dass man auch Anweisungen wie die foreach-Anweisung interaktiv in der Windows PowerShell-Konsole verwenden kann:

```
PS C:\> $ary = 1..5
PS C:\> foreach($i in $ary) { $i }

1
2
3
4
5
```

Dadurch lässt sich die interaktive Arbeit in der Windows PowerShell-Konsole sehr flexibel gestalten. Allerdings umfasst ein großer Teil der Arbeit in der Windows PowerShell-Konsole die Verwendung von Pipelines. Für Pipelines können Sie das Cmdlet ForEach-Object verwenden. Es verhält sich ähnlich wie die foreach-Anweisung. Ein Unterschied besteht darin, dass Sie keine spezielle Variable brauchen, die den Inhalt des Arrays aufnimmt. Sie können das Array erstellen und durch die Pipeline weiterreichen. Ein weiterer Unterschied besteht darin, dass Sie keine temporäre Variable erstellen müssen, die das aktuelle Arrayelement aufnimmt. Stattdessen verwenden Sie einfach die automatische Variable $_, die das aktuelle Element aus der Pipeline enthält:

```
PS C:\> 1..5 | ForEach-Object { $_ }

1
2
3
4
5
```

Vorzeitiges Beenden der *foreach*-Anweisung

Angenommen, Sie möchten nicht alle Elemente eines Arrays verarbeiten. In VBScript können Sie eine For Each-Schleife mit der Anweisung Exit For vorzeitig verlassen. Mit einer If-Anweisung überprüfen Sie in der Schleife, ob eine bestimmte Bedingung erfüllt ist. Wenn die Bedingung erfüllt ist, wird die Schleife mit Exit For verlassen. Im Skript *DemoExitFor.vbs* treffen Sie diese Entscheidung mit der Inline-Version der If-Anweisung. Die Inline-Syntax ist für solche Dinge besser geeignet, weil Sie alles in eine Zeile schreiben können, statt drei Zeilen zu verwenden. Beachten Sie, dass die Inline-Version der If-Anweisung nicht mit der Anweisung End If beendet wird. Der folgende Code zeigt das Skript *DemoExitFor.vbs*.

DemoExitFor.vbs
```
ary = Array(1,2,3,4,5)
For Each i In ary
 If i = 3 Then Exit For
 WScript.Echo i
Next
WScript.Echo "Die nächste Anweisung nach dem Next"
```

Verwenden der *break*-Anweisung

In Windows PowerShell verwenden Sie eine break-Anweisung, um die Schleife vorzeitig zu verlassen. Überprüfen Sie im Skriptblock der Schleife mit einer if-Anweisung den Wert der Variablen $i. Ist der Wert gleich 3, wird die break-Anweisung wirksam und die Schleife wird beendet. Die folgende Codezeile zeigt die Überprüfung der Abbruchbedingung:

```
if($i -eq 3) { break }
```

Die folgenden Zeilen zeigen das vollständige Skript *DemoBreakFor.ps1*.

DemoBreakFor.ps1
```
$ary = 1..5
ForEach($i in $ary)
{
 if($i -eq 3) { break }
 $i
}
"Die Anweisung unter der foreach-Schleife"
```

Wenn das Skript *DemoBreakFor.ps1* ausgeführt wird, zeigt es die Zahlen 1 und 2 an. Dann verlässt es die foreach-Schleife und die Codezeile unter der foreach-Schleife wird ausgeführt:

```
1
2
Die Anweisung unter der foreach-Schleife
```

Verwenden der *exit*-Anweisung

Wenn der Code, der auf die Schleife folgt, nicht ausgeführt werden soll, verwenden Sie statt der break-Anweisung eine exit-Anweisung, wie im folgenden Beispielskript *DemoExitFor.ps1*.

DemoExitFor.ps1
```
$ary = 1..5
ForEach($i in $ary)
{
 if($i -eq 3) { exit }
 $i
}
"Die Anweisung unter der foreach-Schleife"
```

Der Code unter der `foreach`-Schleife des Skripts *DemoExitFor.ps1* wird nie ausgeführt, weil die Ausführung des Skripts durch die `exit`-Anweisung beendet wird. Das Skript *DemoExitFor.ps1* gibt folgende Zeilen aus:

```
1
2
```

In VBScript können Sie dasselbe mit der Anweisung `Wscript.Quit` erreichen statt mit `Exit For`. Wie im Skript *DemoExitFor.ps1* wird auch die Codezeile unter der `For Each`-Schleife des folgenden Skripts *DemoQuitFor.vbs* nie ausgeführt.

DemoQuitFor.vbs

```
ary = Array(1,2,3,4,5)
For Each i In ary
 If i = 3 Then WScript.Quit
 WScript.Echo i
Next
WScript.Echo "Die Anweisung unter Next"
```

In diesem Abschnitt wurde die Verwendung der `foreach`-Anweisung besprochen. Sie wird verwendet, wenn nicht bekannt ist, wie viele Elemente in einer Sammlung oder einem Array enthalten sind. Sie ermöglicht es, alle Elemente der Sammlung oder des Arrays der Reihe nach einzeln zu bearbeiten. Außerdem wurden zwei Methoden beschrieben, mit denen sich eine `foreach`-Schleife vorzeitig beenden lässt.

Die *if*-Anweisung

Die `If...Then...End If`-Anweisung von VBScript ist zwar nicht kompliziert, aber es sind einige Dinge zu beachten:

- Die `If`- und `Then`-Anweisungen müssen in derselben Zeile stehen.
- Die `If...Then...End If`-Anweisung muss mit `End If` abgeschlossen werden.
- `End If` besteht aus zwei Wörtern, nicht aus einem.

Das folgende Skript *DemoIf.vbs* zeigt die `If...Then...End If`-Anweisung von VBScript.

DemoIf.vbs

```
a = 5
If a = 5 Then
 WScript.Echo "a ist gleich 5"
End If
```

In der Windows PowerShell-Version der Anweisung `If...Then...End If` gibt es kein Schlüsselwort `Then` und keine `End If`-Anweisung. Die `if`-Anweisung von Windows PowerShell ist einfacher zu schreiben, aber diese Einfachheit zieht andererseits auch eine gewisse Komplexität nach sich. Die von der `if`-Anweisung überprüfte Bedingung wird in runden Klammern angegeben. Im Skript *DemoIf.ps1* wird zum Beispiel überprüft, ob die Variable $a den Wert 5 hat:

```
If ($a -eq 5)
```

Der Code, der ausgeführt werden soll, wenn die Bedingung erfüllt ist, wird in geschweiften Klammern angegeben. Die folgenden Zeilen zeigen den Skriptblock des Skripts *DemoIf.ps1*.

```
{
    '$a ist gleich 5'
}
```

DemoIf.ps1 ist die Windows PowerShell-Version des Skripts *DemoIf.vbs*.

DemoIf.ps1
```
$a = 5
If($a -eq 5)
  {
    '$a ist gleich 5'
  }
```

Der größte Unterschied bei der Verwendung der if-Anweisung von Windows PowerShell zeigt sich in den Vergleichsoperatoren. In VBScript dient das Gleichheitszeichen (=) als Zuweisungsoperator. Es wird auch zur Überprüfung zweier Elemente auf Gleichheit verwendet. In der ersten Codezeile des Beispielskripts *DemoIf.vbs* wird der Variablen a der Wert 5 zugewiesen. Dabei wird das Gleichheitszeichen als Zuweisungsoperator verwendet. In der nächsten Codezeile wird mit der if-Anweisung überprüft, ob der Wert von a gleich 5 ist. In dieser Codezeile dient das Gleichheitszeichen als Vergleichsoperator, mit dem auf Gleichheit geprüft werden kann:

```
a = 5
If a = 5 Then
```

In einfachen Beispielen wie diesen ist es nicht schwer, den Unterschied zwischen einem Vergleichsoperator und einem Zuweisungsoperator zu erkennen. In komplizierteren Skripts können die Dinge aber unübersichtlich werden. Windows PowerShell beseitigt solche Mehrdeutigkeiten durch die Verwendung spezieller Vergleichsoperatoren. Wie bereits erwähnt, sind die Vergleichsoperatoren anfangs etwas ungewohnt. Die wichtigsten Operatoren sind zwei Buchstaben lang. Vergleichsoperatoren für Vergleiche, bei denen zwischen Groß- und Kleinbuchstaben unterschieden wird, beginnen mit einem vorangestellten c, wie in ceq. Wenn Sie mehr über Vergleichsoperatoren erfahren möchten, geben Sie in der Windows PowerShell-Konsole **Get-Help about_Comparison_Operators** ein. Tabelle 13.2 stellt Ihnen die Vergleichsoperatoren vor.

Tabelle 13.2 Vergleichsoperatoren

Operator	Beschreibung	Beispiel	Ergebnis
-eq	Gleich	$a = 5 ; $a -eq 4	False
-ne	Ungleich	$a = 5 ; $a -ne 4	True
-gt	Größer als	$a = 5 ; $a -gt 4	True
-ge	Größer oder gleich	$a = 5 ; $a -ge 5	True
-lt	Kleiner als	$a = 5 ; $a -lt 5	False
-le	Kleiner oder gleich	$a = 5 ; $a -le 5	True
-like	Übereinstimmung, mit Platzhalterzeichen	$a = "Dies ist Text" ; $a -like "Text"	False
-notlike	Keine Übereinstimmung, mit Platzhalterzeichen	$a = "Dies ist Text" ; $a -notlike "Text"	True
-match	Übereinstimmung, mit regulären Ausdrücken	$a = "Dies ist Text" ; $a -match "Text"	True
-notmatch	Keine Übereinstimmung, mit regulären Ausdrücken	$a = "Dies ist Text" ; $a -notmatch "Text$"	False

Verwenden von Zuweisungs- und Vergleichsoperatoren

Jede Wertzuweisung wird als True bewertet. Daher wird der Skriptblock im folgenden Beispiel ausgeführt. In diesem Beispiel weisen Sie der Variablen $a zuerst den Wert 1 zu. In der Bedingung der if-Anweisung weisen Sie der Variablen $a den Wert 12 zu. Die Bewertung einer Zuweisung ergibt immer True und der Skriptblock wird ausgeführt.

```
PS C:\> $a = 1 ; If ($a = 12) { "es stimmt" }
```

```
es stimmt
```

Nur selten wird eine Bedingung überprüft und dann nur eine bestimmte Aktion durchgeführt. Meistens wird eine bestimmte Aktion durchgeführt, wenn die Bedingung erfüllt ist, und eine andere im anderen Fall. In VBScript haben Sie für diese Situation das Konstrukt If...Else...End If verwendet. Die Else-Klausel folgt wie im Skript *DemoIfElse.vbs* direkt nach dem Code, der ausgeführt werden soll, wenn die Bedingung erfüllt ist.

DemoIfElse.vbs
```
a = 4
If a = 5 Then
 WScript.Echo "a ist gleich 5"
Else
 WScript.Echo "a ist ungleich 5"
End If
```

Die Syntax in Windows PowerShell folgt diesem Schema. Im Anschluss an die geschweiften Klammern des Skriptblocks für die if-Anweisung schreiben Sie das Schlüsselwort else und öffnen einen neuen Skriptblock für den alternativen Code:

demoIfElse.ps1
```
$a = 4
If ($a -eq 5)
{
 '$a ist gleich 5'
}
Else
{
 '$a ist ungleich 5'
}
```

Die Dinge werden in VBScript etwas unübersichtlicher, wenn Sie mehrere Bedingungen überprüfen möchten und wenn mehrere Ergebnisse möglich sind. Mit der Klausel Else IF können Sie eine weitere Bedingung überprüfen. An diese Bedingung schließt sich wieder das Schlüsselwort Then an. Nach dem Schlüsselwort Then folgt der Code, der ausgeführt werden soll, wenn diese zweite Bedingung erfüllt ist. Dann folgt das Schlüsselwort Else, gefolgt von zwei End If-Anweisungen. Das Skript *DemoIfElse-IfElse.vbs* zeigt ein Beispiel für diese Schachtelung der If-Anweisung.

DemoIfElseIfElse.vbs

```
a = 4
If a = 5 Then
 WScript.Echo "a ist gleich 5"
Else If a = 3 Then
 WScript.Echo "a ist gleich 3"
Else
 WScript.Echo "a ist weder gleich 3 noch gleich 5"
End If
End If
```

Überprüfen mehrerer Bedingungen

Das Windows PowerShell-Skript *demoIfElseIfElse.ps1* ist leichter zu verstehen, da es ohne doppeltes End If auskommt. Für jede Bedingung, die Sie überprüfen möchten, verwenden Sie eine elseif-Anweisung. Beachten Sie, dass es sich dabei nicht um zwei Wörter handelt, sondern um eins. Schreiben Sie die zu überprüfende Bedingung in runde Klammern und öffnen Sie Ihren Skriptblock, wie im Skript *demoIfElseIfElse.ps1* gezeigt.

demoIfElseIfElse.ps1

```
$a = 4
If ($a -eq 5)
{
 '$a ist gleich 5'
}
ElseIf ($a -eq 3)
{
 '$a ist gleich 3'
}
Else
{
 '$a ist weder gleich 3 noch gleich 5'
}
```

Die *switch*-Anweisung

Es empfiehlt sich, elseif-Konstruktionen in VBScript oder Windows PowerShell zu vermeiden, da es bessere Methoden gibt, um das gewünschte Ergebnis zu erzielen. In VBScript verwenden Sie die Select Case-Anweisung, um eine Bedingung zu überprüfen und die auszuführende Aktion aus einer Gruppe von potenziellen Aktionen auszuwählen. Im Skript *DemoSelectCase.vbs* wird der Variablen a der Wert 2 zugewiesen. Der Wert der Variablen a wird mit einer Select Case-Anweisung überprüft. Die Syntax lautet:

```
Select Case Testausdruck
```

Der Testausdruck, der ausgewertet wird, ist die Variable a. Jeder der verschiedenen Case-Abschnitte ist für einen anderen Wert zuständig, der sich aus dem Testausdruck ergeben kann. Beträgt der Wert der Variablen a beispielsweise 1, wird die Codezeile Wscript.Echo "a = 1" ausgeführt:

```
Case 1
    WScript.Echo "a = 1"
```

Jeder der verschiedenen `Case`-Abschnitte enthält den Code für ein anderes Ergebnis der Auswertung des Testausdrucks. Liegt kein passender `Case`-Abschnitt vor, wird der Abschnitt unter `Case Else` ausgeführt. Der folgende Code zeigt das vollständige Skript *DemoSelectCase.vbs*.

DemoSelectCase.vbs

```
a = 2
Select Case a
 Case 1
    WScript.Echo "a = 1"
 Case 2
    WScript.Echo "a = 2"
 Case 3
    WScript.Echo "a = 3"
 Case Else
    WScript.Echo "Kann den Wert von a nicht ermitteln."
End Select
WScript.Echo "Die Anweisung nach der Select Case-Anweisung."
```

Verwenden der *switch*-Anweisung

In Windows PowerShell gibt es zwar keine `Select Case`-Anweisung, aber eine `switch`-Anweisung. Die `switch`-Anweisung ist die leistungsfähigste Anweisung der Sprache Windows PowerShell. Eine `switch`-Anweisung beginnt mit dem Schlüsselwort `switch`. Daran schließt sich in runden Klammern der Ausdruck an, der ausgewertet werden soll:

```
Switch ($a)
```

Dann folgt ein Paar geschweifter Klammern, die den Skriptblock für die `switch`-Anweisung enthalten. Jede Bedingung, die überprüft werden soll, beginnt mit der Angabe eines Werts, gefolgt von einem Skriptblock, der ausgeführt wird, wenn der zu bewertende Ausdruck mit der angegebenen Bedingung übereinstimmt:

```
1 { '$a = 1' }
2 { '$a = 2' }
3 { '$a = 3' }
```

Definieren der *default*-Bedingung

Wenn es keine Übereinstimmung gibt und kein `default`-Abschnitt angegeben wurde, wird die `switch`-Anweisung beendet und die Codezeile ausgeführt, die nach der `switch`-Anweisung folgt. Die Anweisung `default` funktioniert wie `Case Else` in der `Select Case`-Anweisung. Die folgende Zeile zeigt die `default`-Anweisung des nächsten Beispielskripts:

```
Default { 'Kann den Wert von $a nicht ermitteln.' }
```

Die folgenden Zeilen zeigen das vollständige Skript *DemoSwitchCase.ps1*.

DemoSwitchCase.ps1

```
$a = 2
Switch ($a)
{
 1 { '$a = 1' }
 2 { '$a = 2' }
 3 { '$a = 3' }
 Default { 'Kann den Wert von $a nicht ermitteln.' }
}
"Die Anweisung nach der switch-Anweisung."
```

Fallentscheidungen bei mehrfachen Übereinstimmungen

In einer Select Case-Anweisung wird der Code unter der ersten passenden Case-Anweisung ausgeführt. Anschließend wird die nächste Codezeile ausgeführt, die nach der Select Case-Anweisung folgt. Gibt es in der Select Case-Anweisung mehrere Case-Abschnitte mit identischen Bedingungen, wird nur der Code aus dem ersten passenden Case-Abschnitt ausgeführt. Der Code aus den nachfolgenden Case-Abschnitten mit identischen Bedingungen wird nicht ausgeführt. Sorgen Sie also dafür, dass der Code, der ausgeführt werden soll, in der Select Case-Liste an höchster Stelle steht.

In der switch-Anweisung von Windows PowerShell spielt die Reihenfolge keine so wichtige Rolle, weil der Code unter jeder passenden Bedingung ausgeführt wird. Wie das gemeint ist, verdeutlicht das folgende Skript *DemoSwitchMultiMatch.ps1*.

DemoSwitchMultiMatch.ps1

```
$a = 2
Switch ($a)
{
 1 { '$a = 1' }
 2 { '$a = 2' }
 2 { 'Zweite Übereinstimmung mit der Variablen $a.' }
 3 { '$a = 3' }
 Default { 'Kann den Wert von $a nicht ermitteln.' }
}
"Die Anweisung nach der switch-Anweisung."
```

Bei der Ausführung des Skripts *DemoSwitchMultiMatch.ps1* passen die zweite und die dritte Bedingung. Daher werden die dazugehörigen Skriptblöcke beide ausgeführt. Das Skript *DemoSwitchMulti-Match.ps1* erzeugt folgende Ausgaben:

```
$a = 2
Zweite Übereinstimmung mit der Variablen $a.
Die Anweisung nach der switch-Anweisung.
```

Auswerten eines Arrays

Wenn im Skript *DemoSelectCase.vbs* ein Array in der Variablen a gespeichert wird, kommt es bei der Ausführung des Skripts zu folgender Fehlermeldung:

```
Laufzeitfehler in Microsoft VBScript: Typen unverträglich
```

Die switch-Anweisung von Windows PowerShell kann ohne Änderung ein Array in der Variablen $a verarbeiten, zum Beispiel das folgende:

```
$a = 2,3,5,1,77
```

Die folgenden Zeilen zeigen das vollständige Skript *DemoSwitchArray.ps1*.

DemoSwitchArray.ps1
```
$a = 2,3,5,1,77
Switch ($a)
{
 1 { '$a = 1' }
 2 { '$a = 2' }
 3 { '$a = 3' }
 Default { 'Kann den Wert von $a nicht ermitteln.' }
}
"Die Anweisung nach der switch-Anweisung."
```

Abbildung 13.34 zeigt, was das Skript *DemoSwitchArray.ps1* bei seiner Ausführung ausgibt.

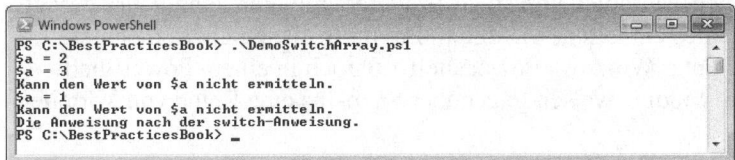

Abbildung 13.34   In der switch-Anweisung gibt es viele Übereinstimmungen

Kontrollieren der Ausführung übereinstimmender Fälle

Wenn Sie nicht möchten, dass die switch-Anweisung Mehrfachübereinstimmungen liefert, können Sie das Verhalten der switch-Anweisung mit der break-Anweisung ändern. Im Skript *DemoSwitchArray-Break.ps1* wird die switch-Anweisung jeweils nach der ersten Übereinstimmung verlassen, weil jeder Skriptblock in der switch-Anweisung mit einer break-Anweisung abgeschlossen ist:

```
1 { '$a = 1' ; break }
2 { '$a = 2' ; break }
3 { '$a = 3' ; break }
```

Sie brauchen die break-Anweisung aber nicht unter jeder Bedingung anzugeben, sondern können sich auch auf eine oder mehrere bestimmte Bedingungen beschränken. Die folgenden Zeilen zeigen das vollständige Skript *DemoSwitchArrayBreak.ps1*.

Abbildung 13.35 zeigt, was das Skript *DemoSwitchArrayBreak.ps1* bei seiner Ausführung ausgibt.

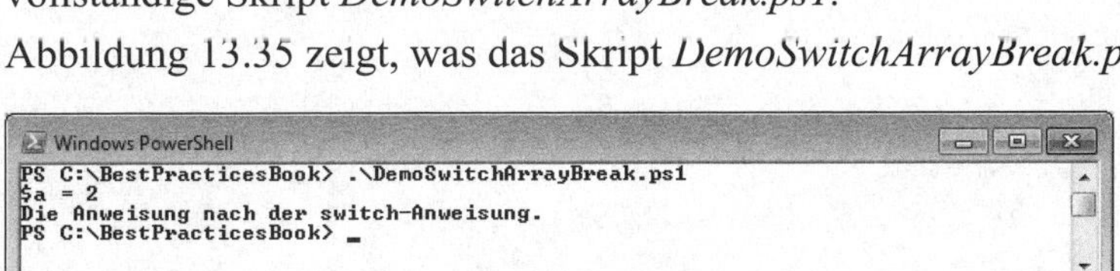

Abbildung 13.35   Die erste Übereinstimmung führt zum Verlassen der switch-Anweisung

DemoSwitchArrayBreak.ps1

```
$a = 2,3,5,1,77
Switch ($a)
{
 1 { '$a = 1' ; break }
 2 { '$a = 2' ; break }
 3 { '$a = 3' ; break }
 Default { 'Kann den Wert von $a nicht ermitteln.' }
}
"Die Anweisung nach der switch-Anweisung."
```

In diesem Abschnitt wurde die switch-Anweisung von Windows PowerShell besprochen. Auch das Verhalten der switch-Anweisung bei Übereinstimmungen und die Verwendung der break-Anweisung wurden beschrieben.

Grundlagen von Modulen

Windows PowerShell 2.0 führt das Konzept der Module ein. Ein Modul ist ein Paket, das Windows PowerShell-Cmdlets, Aliasse, Funktionen, Variablen und sogar Provider enthalten kann. Kurz gesagt, ein Windows PowerShell-Modul kann alles enthalten, was Sie in Ihrem Profil speichern möchten, aber es kann auch Dinge enthalten, die unter Windows PowerShell 1.0 noch in einem PowerShell-Snap-In untergebracht werden mussten. Module weisen gegenüber Snap-Ins eine Reihe von Vorteilen auf:

- Jeder, der ein Windows PowerShell-Skript schreiben kann, kann ein Modul erstellen.
- Ein Modul muss nicht in C++ oder C# geschrieben werden. Es kann sich um eine Sammlung von Windows PowerShell-Skripts mit PowerShell-Funktionen handeln.
- Zur Installation eines Moduls muss kein Windows Installer-Paket geschrieben werden.
- Zur Installation eines Moduls sind keine Administratorrechte erforderlich.

Solche Vorteile sind für IT-Profis von Bedeutung.

Einbinden von Funktionen

In Windows PowerShell 1.0 konnten Sie mit einem Mechanismus namens Dot-Quellentnahme Funktionen aus bereits erstellen Skripts einbinden. Module bieten aber eine höhere Flexibilität, weil man ein Modulmanifest erstellen kann, das genau festlegt, welche Funktionen und Programmelemente in die aktuelle Sitzung importiert werden.

Direkt von der Quelle: Bereiche und Dot-Quellentnahme

James O'Neill, Evangelist, *Developer and Platform Group*

Windows PowerShell verfügt über drei logische Laufwerke, die man sich als die Variablen ENV: (enthält Umgebungsvariablen), VARIABLE: (enthält Windows PowerShell-Variablen) und FUNCTION: (enthält Windows PowerShell-Funktionen) vorstellen kann. Auf eine Umgebungsvariable können Sie zum Beispiel mit der Schreibweise $ENV:<Name> zugreifen. Windows PowerShell kennt auch das Konzept der Bereiche. Bereiche bedeuten kurz gesagt: »Was im Skript geschieht, bleibt im Skript«. Die Änderung einer Variablen, eines Alias oder einer Funktion in einem Skript wirkt sich also nach der Beendigung des Skripts nicht auf die Windows PowerShell-Umgebung aus. Gewöhnlich ist dies eine gute Sache. Aktionen, die auf der Befehlszeile ausgeführt werden, wirken sich auf einen globalen Bereich aus. Skripts und Funktionen wirken sich nur auf ihren lokalen Bereich aus. Eine Funktion, die etwas im globalen Bereich ändern muss, kann explizit $Global:<Name> verwenden. Allerdings stellt dies für Skripts ein Problem dar, wenn die Skripts Werte für Variablen festlegen, die wir später noch in der Sitzung verwenden möchten, oder wenn Skripts Funktionen laden, weil die Variablen oder Funktionen nach der Beendigung des Skripts nicht mehr vorhanden sind. Windows PowerShell ermöglicht es, einem Befehl einen Punkt (.) voranzustellen. Dieser Dot-Quellentnahme-Operator besagt: »Führe diesen Befehl im aktuellen Bereich aus, und nicht in seinem eigenen Bereich«. Dieser Vorgang wird »Dot-Quellentnahme« genannt (Dot-Sourcing).

Verwenden der Dot-Quellentnahme

Die Dot-Quellentnahme funktioniert auch noch in Windows PowerShell 2.0 und bietet den Vorteil, dass sie einfach und bereits bekannt ist. Im folgenden Beispielskript *TextFunctions.ps1* werden zwei Funktionen erstellt. Die erste Funktion heißt New-Line, die zweite heißt Get-TextStatus.

TextFunctions.ps1
```
Function New-Line([string]$stringIn)
{
 "-" * $stringIn.length
} #Ende New-Line
Function Get-TextStats([string[]]$textIn)
{
 $textIn | Measure-Object -Line -word -char
} #Ende Get-TextStats
```

Die Funktion New-Line erstellt eine Zeile, die so lang ist wie der Eingabetext. Das erweist sich als nützlich, wenn man zur optischen Trennung einen Text unterstreichen möchte und sich die Länge der Unterstreichung nach dem unterstrichenen Text richten soll. VBScript-Anwender würden die benötigte Funktion in eine separate Datei kopieren und das auf diese Weise neu erstellte Skript verwenden. Das folgende Beispielskript demonstriert diese Art der Verwendung der Funktion New-Line.

CallNew-LineTextFunction.ps1

```
Function New-Line([string]$stringIn)
{
 "-" * $stringIn.length
} #Ende New-Line

Function Get-TextStats([string[]]$textIn)
{
 $textIn | Measure-Object -Line -word -char
} #Ende Get-TextStats

# *** Eintrittspunkt des Skripts ***
"Dies ist eine Zeichenfolge" | ForEach-Object  {$_ ; New-Line $_}
```

Bei seiner Ausführung erzeugt das Skript folgende Ausgabe

```
Dies ist eine Zeichenfolge

--------------------------
```

Das ist nicht sehr effizient und schränkt die Verwendungsmöglichkeiten der Funktionen ein. Wenn Sie jedes Mal den gesamten Text einer Funktion in ein neues Skript kopieren müssen und jedes Mal ein neues Skript erstellen müssen, wenn Sie die Funktion in einer anderen Weise verwenden möchten, steigt der Arbeitsaufwand beträchtlich. Wären die Funktionen stets verfügbar, ließen sie sich leichter verwenden. Damit die Textfunktionen in Ihrer aktuellen Windows PowerShell-Konsole verfügbar werden, müssen Sie das Skript mit dem Mechanismus der Dot-Quellentnahme in Ihre Konsole laden. Falls sich der Ordner, in dem sich das Skript befindet, nicht im Suchpfad befindet, müssen Sie dabei den vollständigen Pfadnamen des Skripts angeben. Wer jetzt eine komplizierte Formel oder ein Cmdlet mit kaum verständlichen Parametern erwartet, wird überrascht sein. Die Syntax der Dot-Quellentnahme ist sehr einfach: nur ein Punkt gefolgt vom Pfadnamen des Skripts, in dem die gewünschten Funktionen liegen. Deswegen wird es Dot-Quellentnahme (Dot-Sourcing) genannt: Sie haben einen Punkt (dot) und die Angabe der Quelle (source) der gewünschten Funktionen, wie im folgenden Beispiel:

```
PS C:\> . C:\fso\TextFunctions.ps1
```

Wenn Sie die Funktionen in Ihre aktuelle Konsole aufnehmen, werden alle Funktionen aus dem Quellskript zum Laufwerk `Function` hinzugefügt (Abbildung 13.36).

Verwenden der per Dot-Quellentnahme eingebundenen Funktionen

Nachdem die Funktionen per Dot-Quellentnahme in der Konsole verfügbar gemacht wurden, können sie in den Befehlen verwendet werden. Diese Flexibilität wird sich auch darauf auswirken, wie Sie die Funktionen schreiben. Wenn Sie die Funktionen so schreiben, dass sie Eingaben aus der Pipeline annehmen können und die Systemumgebung nicht verändern, beispielsweise durch neue globale Variablen, werden Sie die Funktionen wahrscheinlich öfter verwenden. Außerdem werden Konflikte mit anderen Funktionen oder Cmdlets, die in der aktuellen Konsole verfügbar sind, dann weniger wahrscheinlich.

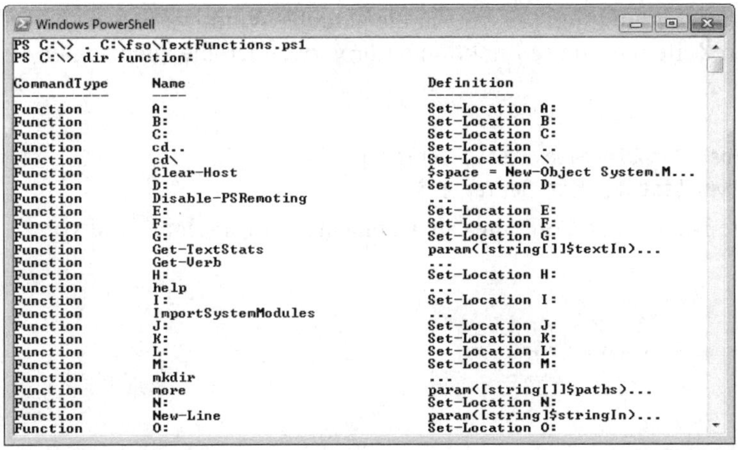

Abbildung 13.36 Funktionen sind nach der Dot-Quellentnahme auf dem Laufwerk `Function` verfügbar

Als Beispiel für die Verwendung der Funktion `New-Line` bietet sich das Cmdlet `Get-WmiObject` an, in dessen Parameter `-computername` mehrere Computernamen angegeben werden können. Allerdings ist die Ausgabe dann sehr unübersichtlich, weil nicht zu sehen ist, welche Informationen von welchem Computer stammen. Im folgenden Beispiel werden die BIOS-Daten (Basic Input/Output System) von zwei verschiedenen Workstations ermittelt:

```
PS C:\> Get-WmiObject -Class Win32_bios -ComputerName berlin, vista
```

```
SMBIOSBIOSVersion : 080002
Manufacturer      : A. Datum Corporation
Name              : BIOS Date: 02/22/06 20:54:49  Ver: 08.00.02
SerialNumber      : 2096-1160-0447-0846-3027-2471-99
Version           : A D C  - 2000622

SMBIOSBIOSVersion : 080002
Manufacturer      : A. Datum Corporation
Name              : BIOS Date: 02/22/06 20:54:49  Ver: 08.00.02
SerialNumber      : 2716-2298-1514-1558-4398-7113-73
Version           : A D C  - 2000622
```

Sie können die Darstellung deutlich übersichtlicher gestalten, indem Sie die von `Get-WmiObject` gelieferten Informationen jeweils unter dem Namen des betreffenden Computers anzeigen, den Sie zudem noch mit der Funktion `New-Line` unterstreichen. Dafür brauchen Sie kein separates Skript zu schreiben. Den entsprechenden Befehl können Sie direkt in der Windows PowerShell-Konsole eingeben. Zuerst müssen Sie aber per Dot-Quellentnahme die Funktionen aus dem Skript *TextFunctions.ps1* in der aktuellen Windows PowerShell-Konsolensitzung verfügbar machen. Dann rufen Sie mit der bereits gezeigten `Get-WmiObject`-Abfrage via WMI die gewünschten BIOS-Informationen von zwei Computern ab. Leiten Sie die resultierenden Verwaltungsobjekte in der Pipeline an das Cmdlet `ForEach-Object` weiter. Im Skriptblock des Cmdlets verwenden Sie die automatische Variable `$_`, damit Sie Zugriff auf das Objekt erhalten, das sich in der Pipeline befindet, und rufen dessen `System.Management.ManagementPath`-Objekt ab. Von diesem `ManagementPath`-Objekt erfahren Sie den Namen des Computers, von dem die Informationen stammen. Diesen Namen geben Sie an die Funktion `New-Line` weiter, damit der Namen unterstrichen wird. Anschließend zeigen Sie die BIOS-Informationen aus der Variablen `$_` an.

Die erste der folgenden Zeilen importiert die Funktion New-Line in die aktuelle Windows PowerShell-Sitzung. In der (umbrochenen) zweiten Zeile wird diese Funktion dafür verwendet, die angezeigten Computernamen zu unterstreichen.

```
PS C:\> . C:\fso\TextFunctions.ps1
PS C:\> Get-WmiObject -Class win32_Bios -ComputerName vista, berlin |
>> ForEach-Object { $_.Path.Server ; New-Line $_.Path.Server ; $_ }
```

Wie Abbildung 13.37 zeigt, werden die Namen der Computer als Überschriften verwendet und von der Funktion New-Line unterstrichen.

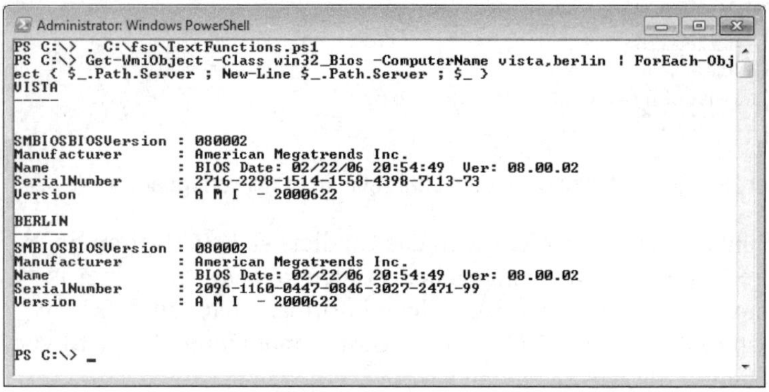

Abbildung 13.37 Funktionen, die so geschrieben werden, dass sie Eingabedaten aus der Pipeline übernehmen können, finden schnell ihren Weg in die tägliche Arbeit

Die Funktion Get-TextStats aus dem Skript *TextFunctions.ps1* liefert statistische Daten über die angegebene Zeichenfolge. Wenn das Skript *TextFunctions.ps1* per Dot-Quellentnahme in der aktuellen Konsole verfügbar gemacht wurde, ermittelt die Funktion Get-TextStats die Zahl der Wörter, Zeilen und Zeichen in der angegebenen Zeichenfolge. Ein Beispiel:

```
Get-TextStats "Dies ist eine Zeichenfolge"
```

Bei diesem Aufruf liefert Get-TextStats folgendes Ergebnis:

Lines	Words	Characters Property
-----	-----	---------- --------
1	4	16

In diesem Abschnitt wurde die Verwendung von Funktionen besprochen. Die arbeitsintensivste Form der Wiederverwendung besteht darin, den gesamten Text der Funktion von einem Skript in ein anderes zu kopieren. Die Wiederverwendung wird einfacher, wenn Sie die Funktion per Dot-Quellentnahme in der Windows PowerShell-Konsole verfügbar machen. Das kann interaktiv in der Windows PowerShell-Konsole oder mit einem Skript geschehen.

Hinzufügen von Hilfetexten für Funktionen

Werden Funktionen per Dot-Quellentnahme zur aktuellen Windows PowerShell-Konsole hinzugefügt, ergibt sich ein Problem: Da Sie die Datei nicht öffnen müssen, in der die gewünschten Funktionen liegen, wissen Sie vielleicht gar nicht, was alles darin enthalten ist. Außer den Funktionen kann die Datei Variablen, Aliasse, Windows PowerShell-Laufwerke und eine Vielzahl anderer Dinge enthalten. Je nachdem, was Sie tun möchten, könnte dies zu Problemen führen. Daraus ergibt sich der Bedarf an Informationen über den Inhalt des Windows PowerShell-Skripts.

Verwenden von Here-Zeichenfolgen für Hilfetexte

In Windows PowerShell 1.0 könnten Sie das Problem lösen, indem Sie einen Parameter namens -help zur Funktion hinzufügen und den Hilfetext in einer Here-Zeichenfolge speichern. Solche Hilfetexte können Sie auch in Windows PowerShell 2.0 verwenden, aber dort steht Ihnen eine bessere Lösung zur Verfügung (sie wird im nächsten Abschnitt besprochen). Die klassische Lösung mit einer Here-Zeichenfolge ist im Skript *GetWmiClassesFunction.ps1* zu sehen. Zuerst muss ein Schalterparameter namens $help definiert werden. Im zweiten Schritt wird eine Here-Zeichenfolge mit dem gewünschten Hilfetext erstellt. Die folgenden Zeilen zeigen das Skript *GetWmiClassesFunction.ps1*.

GetWmiClassesFunction.ps1

```
Function Get-WmiClasses(
                $class=($paramMissing=$true),
                $ns="root\cimv2",
                [switch]$help
                )
{
  If($help)
    {
    $helpstring = @"
NAME
    Get-WmiClasses
SYNOPSIS
    Zeigt eine Liste der WMI-Klassen an, die die Suchkriterien erfüllen.
SYNTAX
  Get-WmiClasses [[-class] [Zeichenfolge]] [[-ns] [Zeichenfolge]] [-help]
BEISPIEL
  Get-WmiClasses -class disk -ns root\cimv2
  Dieser Befehl sucht WMI-Klassen heraus, die das Wort disk enthalten. Die
  angegebenen Klassen stammen aus dem Namespace root\cimv2.
"@
  $helpString
    break # Vorzeitiges Verlassen der Funktion
    }
  If($local:paramMissing)
    {
      throw "VERWENDUNG: getwmi2 -class <Klassentyp> -ns <WMI-Namespace>"
    } #$local:paramMissing
"`nKlassen im Namespace $ns ...."
Get-WmiObject -namespace $ns -list |
Where-Object {
                $_.name -match $class -and `
                $_.name -notlike 'cim*'
                }
} #Ende get-wmiclasses
```

Here-Zeichenfolgen eignen sich recht gut zur Anzeige von Hilfetexten für Funktionen. Abbildung 13.38 zeigt die Ausgabe des obigen Beispielskripts.

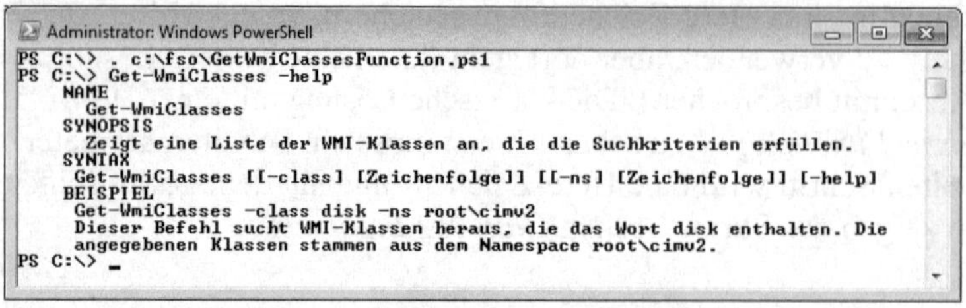

```
Administrator: Windows PowerShell
PS C:\> . c:\fso\GetWmiClassesFunction.ps1
PS C:\> Get-WmiClasses -help
   NAME
       Get-WmiClasses
   SYNOPSIS
       Zeigt eine Liste der WMI-Klassen an, die die Suchkriterien erfüllen.
   SYNTAX
     Get-WmiClasses [[-class] [Zeichenfolge]] [[-ns] [Zeichenfolge]] [-help]
   BEISPIEL
     Get-WmiClasses -class disk -ns root\cimv2
     Dieser Befehl sucht WMI-Klassen heraus, die das Wort disk enthalten. Die
     angegebenen Klassen stammen aus dem Namespace root\cimv2.
PS C:\> _
```

Abbildung 13.38   Manuell erstellte Hilfetexte können sich an den
Hilfetexten der Kern-Cmdlets orientieren

Allerdings hat die manuelle Erstellung von Hilfetexten für Funktionen auch den Nachteil, dass sie sehr arbeitsaufwendig ist. Daher werden bei dieser Vorgehensweise wohl nur die wichtigsten Funktionen mit Hilfetexten versehen. Das ist bedauerlich, denn Benutzer sind dadurch gezwungen, sich viele Einzelheiten über die Funktionen zu merken. Als provisorische Lösung bietet es sich an, mit dem Cmdlet Get-Content den Code der Funktion abzurufen. Das ist viel einfacher, als das entsprechende Skript herauszusuchen und im Editor zu öffnen. Wenn Sie den Funktionscode anzeigen möchten, geben Sie **Get-Content** und den Funktionspfad ein. Alle Funktionen, die in der Windows PowerShell-Umgebung verfügbar sind, liegen auf dem PowerShell-Laufwerk Function. Daher können Sie den Code einer Funktion leicht anzeigen, wie das folgende Beispiel zeigt:

```
PowerShell C:\> Get-Content Function:\Get-WmiClasses
```

Abbildung 13.39 zeigt das Ergebnis.

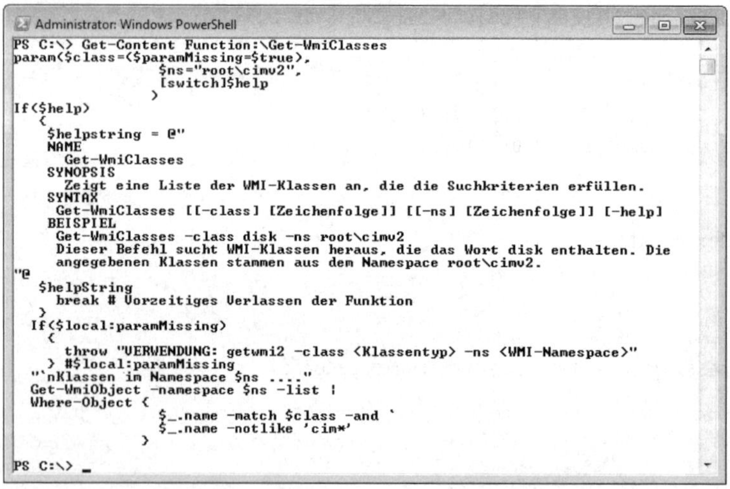

```
Administrator: Windows PowerShell
PS C:\> Get-Content Function:\Get-WmiClasses
param($class=($paramMissing=$true),
                $ns="root\cimv2",
                [switch]$help
            )
If($help)
  {
     $helpstring = @"
     NAME
        Get-WmiClasses
     SYNOPSIS
        Zeigt eine Liste der WMI-Klassen an, die die Suchkriterien erfüllen.
     SYNTAX
      Get-WmiClasses [[-class] [Zeichenfolge]] [[-ns] [Zeichenfolge]] [-help]
     BEISPIEL
      Get-WmiClasses -class disk -ns root\cimv2
      Dieser Befehl sucht WMI-Klassen heraus, die das Wort disk enthalten. Die
      angegebenen Klassen stammen aus dem Namespace root\cimv2.
"@
     $helpString
     break # Vorzeitiges Verlassen der Funktion
  }
  If($local:paramMissing)
    {
       throw "VERWENDUNG: getwmi2 -class <Klassentyp> -ns <WMI-Namespace>"
    } #$local:paramMissing
"`nKlassen in Namespace $ns ...."
Get-WmiObject -namespace $ns -list |
Where-Object {
                $_.name -match $class -and `
                $_.name -notlike 'cim*'
            }
PS C:\> _
```

Abbildung 13.39   Das Cmdlet Get-Content kann den Quellcode einer Funktion anzeigen

Verwenden der Hilfefunktionstags für Hilfetexte

Ein großer Teil der Arbeit entfällt, wenn Sie für die Hilfetexte die formalisierten Hilfefunktionstags von Windows PowerShell 2.0 verwenden. Die Hilfefunktionstags werden in einem Kommentarblock verwendet. Wenn Sie eine Funktion schreiben und unter Verwendung der Hilfefunktionstags mit dem passenden Hilfetext versehen, wird der Hilfetext in das Hilfesystem integriert, das mit dem Cmdlet

`Get-Help` verfügbar ist. Für Benutzer Ihrer Funktionen ergibt sich also eine nahtlose Integration Ihrer Funktionen, ohne erkennbare Brüche oder Übergänge. Benutzerdefinierte Funktionen erhalten dadurch in Windows PowerShell praktisch denselben Status wie die integrierten Cmdlets. Benutzerdefinierte Funktionen lassen sich wie Cmdlets verwenden und die Benutzer brauchen sich nicht zu merken, ob eine benutzerdefinierte Funktion per Dot-Quellentnahme eingebunden oder mit einem Modul geladen wurde, oder ob es sich um ein integriertes Cmdlet handelt. Tabelle 13.3 zeigt die Hilfefunktionstags und beschreibt sie.

Tabelle 13.3 Hilfefunktionstags und ihre Bedeutungen

Tag	Beschreibung
`.Synopsis`	Eine sehr kurze Beschreibung der Funktion. Sie beginnt mit einem Verb, das die Tätigkeit der Funktion beschreibt. Sie enthält keinen Funktionsnamen und keine Beschreibung der Arbeitsweise. Die Synopsis wird in allen Hilfetextdarstellungen im Feld *ÜBERSICHT* angezeigt.
`.Description`	Zwei oder drei Sätze, die kurz beschreiben, was die Funktion leistet. Der erste Satz beginnt mit den Worten »Die Funktion *<Funktionsname>*...«. Wenn die Funktion mehrere Objekte oder Eingaben annehmen kann, verwenden Sie in der Beschreibung an den passenden Stellen den Plural. Die Beschreibung erscheint im Feld *BESCHREIBUNG* der Hilfetextanzeige.
`.Parameter`	Kurz und präzise. Beschreibt, was die Funktion bei der Verwendung des Parameters tut und welche Werte für den Parameter zulässig sind. Der Parameter erscheint in der detaillierten und in der vollständigen Hilfeanzeige im Feld *PARAMETER*.
`.Example`	Illustriert die Verwendung der Funktion und aller ihrer Parameter. Das erste Beispiel, bei dem nur die erforderlichen Parameter werden verwendet, ist das einfachste. Das letzte Beispiel ist das komplizierteste und sollte auch die Verwendung der Pipeline demonstrieren, sofern dies angemessen ist. Die Beispiele werden in der Hilfetextanzeige mit Beispiel sowie in der detaillierten und in der vollständigen Hilfetextanzeige im Feld *BEISPIELE* gezeigt.
`.Inputs`	Listet die .NET Framework-Klassen auf, die die Funktion als Eingaben akzeptiert. Es gibt keine festgelegte Obergrenze für die Zahl dieser Klassen. Die Eingaben werden nur in der vollständigen Hilfedarstellung im Feld *EINGABEN* angezeigt.
`.Outputs`	Listet die .NET Framework-Klassen auf, die die Funktion für Ausgaben verwendet. Es gibt keine festgelegte Obergrenze für die Zahl dieser Klassen. Die Ausgaben werden nur in der vollständigen Hilfedarstellung im Feld *AUSGABEN* angezeigt.
`.Notes`	Bietet die Möglichkeit für die Angabe von Informationen, die in keinen anderen Abschnitt passen. Dabei kann es sich um spezielle Bedingungen handeln, die für die Verwendung der Funktion erfüllt sein müssen, oder um die Angabe des Autors, der Version und anderer Informationen. Hinweise erscheinen nur in der vollständigen Hilfedarstellung im Feld *HINWEISE*.
`.Link`	Zeigt Verweise auf andere Hilfethemen und passende Websites im Internet. Da diese Verweise in einem Befehlsfenster angezeigt werden, handelt es sich nicht um direkte Links. Die Zahl der angezeigten Verweise ist nicht beschränkt. Die Verweise werden in allen Hilfetextdarstellungen im Feld *VERWANDTE LINKS* angezeigt.

Sie brauchen nicht alle Hilfetags zu verwenden. Es empfiehlt sich aber, zumindest die Tags `.Synopsis` und `.Example` zu verwenden, weil sie die wichtigsten Informationen für jemanden liefern, der sich in den Gebrauch der Funktion einarbeiten möchte.

Das Skript *GetWmiClassesFunction1.ps1* zeigt ein Beispiel für die Verwendung der Hilfetags. Es bietet dieselben Hilfeinformationen wie das Skript *GetWmiClassesFunction.ps1*. Der Unterschied liegt in der Verwendung der Hilfetags. Wie Ihnen auffallen wird, ist kein Schalterparameter `$help` mehr erforderlich. Der Grund dafür ist die Einbindung des Codes in den Mechanismus zur Anzeige von Hilfetexten, den das Cmdlet `Get-Help` bietet. Wenn Sie keinen Schalterparameter `$help` mehr brauchen, brauchen Sie auch nicht zu überprüfen, ob in diesem Parameter ein Wert übergeben wurde.

Da die Überprüfung der Variablen `$help` entfällt, kann das Skript deutlich einfacher sein. Durch die Verwendung der verschiedenen Hilfetags ergeben sich noch weitere Vorteile:

- Der Name der Funktion wird automatisch angezeigt und erscheint in allen Hilfetextdarstellungen.
- Die Syntax der Funktion wird automatisch aus den Parametern abgeleitet und in allen Hilfetextdarstellungen angezeigt.
- Wenn das Cmdlet `Get-Help` mit dem Parameter `-full` aufgerufen wird, werden automatisch ausführliche Informationen über die Parameter angezeigt.
- Wenn das Cmdlet `Get-Help` mit den Parametern `-detailed` oder `-full` aufgerufen wird, werden automatisch allgemeine Informationen über die Parameter angezeigt.

Die Funktion `Get-WmiClasses` beginnt im Skript *GetWmiClassesFunction1.ps1* mit einem mehrzeiligen Kommentarblock, in dem unter Windows PowerShell 2.0 der Hilfetext angegeben werden kann. Eingeleitet wird der mehrzeilige Kommentarblock mit der linken spitzen Klammer, gefolgt von einer Raute (<#). Beendet wird der Kommentarblock durch eine Raute, gefolgt von der rechten spitzen Klammer (#>). Alles, was sich zwischen diesen beiden Zeichenfolgen befindet, wird als Kommentar angesehen. Im Beispielskript werden zwei Hilfetags verwendet, nämlich `.Synopsis` und `.Example`. Die anderen in Tabelle 13.3 beschriebenen Hilfetags werden in dieser Funktion nicht verwendet.

```
<#
  .Synopsis
    Zeigt eine Liste der WMI-Klassen an, die die Suchkriterien erfüllen.
  .Example
   Get-WmiClasses -class disk -ns root\cimv2
   Dieser Befehl sucht WMI-Klassen heraus, die das Wort disk enthalten. Die
   angegebenen Klassen stammen aus dem Namespace root\cimv2.
#>
```

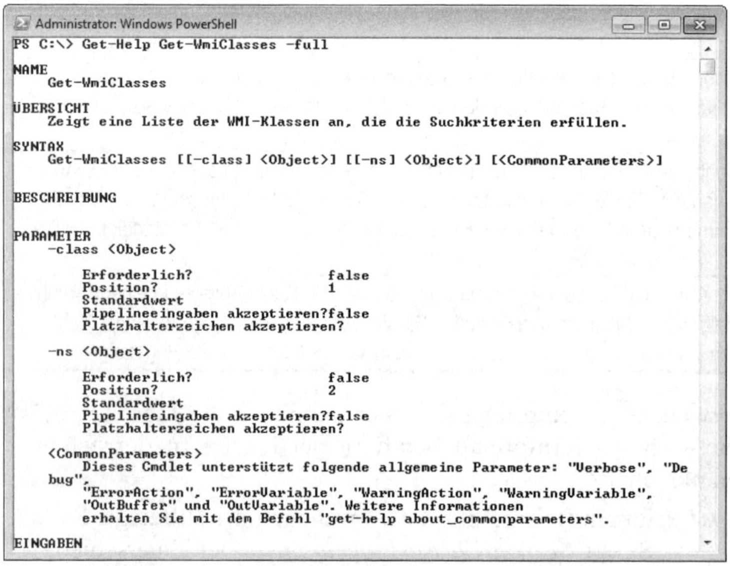
```
Administrator: Windows PowerShell
PS C:\> Get-Help Get-WmiClasses -full

NAME
    Get-WmiClasses

ÜBERSICHT
    Zeigt eine Liste der WMI-Klassen an, die die Suchkriterien erfüllen.

SYNTAX
    Get-WmiClasses [[-class] <Object>] [[-ns] <Object>] [<CommonParameters>]


BESCHREIBUNG


PARAMETER
    -class <Object>

        Erforderlich?                false
        Position?                    1
        Standardwert
        Pipelineeingaben akzeptieren?false
        Platzhalterzeichen akzeptieren?

    -ns <Object>

        Erforderlich?                false
        Position?                    2
        Standardwert
        Pipelineeingaben akzeptieren?false
        Platzhalterzeichen akzeptieren?

    <CommonParameters>
        Dieses Cmdlet unterstützt folgende allgemeine Parameter: "Verbose", "De
    bug",
        "ErrorAction", "ErrorVariable", "WarningAction", "WarningVariable",
        "OutBuffer" und "OutVariable". Weitere Informationen
        erhalten Sie mit dem Befehl "get-help about_commonparameters".

EINGABEN
```

Abbildung 13.40 Der vollständige Hilfetext für die Funktion `Get-WmiClasses`

Nach der Übernahme des Skripts *GetWmiClassesFunction1.ps1* per Dot-Quellentnahme in die Windows PowerShell-Konsole können Sie den Hilfetext für die Funktion `Get-WmiClasses` mit dem Cmdlet `Get-Help` abrufen. Abbildung 13.40 gibt Ihnen einen Eindruck davon, wie der Hilfetext angezeigt wird, wenn Sie das Cmdlet `Get-Help` mit dem Parameter `-full` verwenden.

Der folgende Code zeigt das vollständige Skript *GetWmiClassesFunction1.ps1.*

GetWmiClassesFunction1.ps1

```
Function Get-WmiClasses(
                        $class=($paramMissing=$true),
                        $ns="root\cimv2"
                        )
{
<#
    .Synopsis
      Zeigt eine Liste der WMI-Klassen an, die die Suchkriterien erfüllen.
    .Example
      Get-WmiClasses -class disk -ns root\cimv2
      Dieser Befehl sucht WMI-Klassen heraus, die das Wort disk enthalten. Die
      angegebenen Klassen stammen aus dem Namespace root\cimv2.
#>
  If($local:paramMissing)
    {
      throw "VERWENDUNG: getwmi2 -class <Klassentyp> -ns <WMI-Namespace>"
    } #$local:paramMissing
"`nKlassen im Namespace $ns ...."
Get-WmiObject -namespace $ns -list |
Where-Object {
              $_.name -match $class -and `
              $_.name -notlike 'cim*'
              }
  #
} #Ende get-wmiclasses
```

Wenn Sie Funktionen per Dot-Quellentnahme in Ihre Windows PowerShell-Umgebung übernehmen, ist es sinnvoll, das Verzeichnis, in dem die betreffenden Skripts liegen, in den Suchpfad aufzunehmen. Sie können den Skriptpfad mit den GUI-Tools von Windows zum Suchpfad hinzufügen oder den Pfad nach jedem Start von Windows PowerShell in Ihrem PowerShell-Profil hinzufügen. Wenn Sie den Skriptpfad mit Windows PowerShell-Befehlen hinzufügen, können Sie das Umgebungslaufwerk von PowerShell verwenden, um auf die Pfadvariable zuzugreifen und die Änderung durchzuführen. Der folgende Code zeigt den Pfad zuerst an und hängt dann den Ordner `C:\Fso` an den Pfad an. Die Pfadangaben werden jeweils durch ein Semikolon voneinander getrennt. Wenn Sie einen neuen Ordner in den Suchpfad eintragen, müssen Sie also zuerst ein Semikolon an die vorhandenen Einträge anhängen, gefolgt vom Pfad des neuen Ordners. Den Pfad des neuen Ordners können Sie mit dem Operator `+=` an den vorhandenen Suchpfad anhängen. Der letzte Befehl des folgenden Beispielcodes zeigt den geänderten Suchpfad an.

```
PS C:\> $env:path
```

```
C:\Windows\system32\WindowsPowerShell\v1.0\;C:\Windows\system32;C:\Windows;C:\Windows\System32\
Wbem;C:\Windows\System32\WindowsPowerShell\v1.0\
```

```
PS C:\> $env:path += ";C:\fso"
PS C:\> $env:path
```

```
C:\Windows\system32\WindowsPowerShell\v1.0\;C:\Windows\system32;C:\Windows;C:\Windows\System32\
Wbem;C:\Windows\System32\WindowsPowerShell\v1.0\;C:\fso
```

Pfadänderungen, die über das Umgebungslaufwerk von Windows PowerShell erfolgen, sind temporär. Sie gelten zwar nur für die Dauer der aktuellen Windows PowerShell-Konsolensitzung, eignen sich aber sehr gut zur Konfiguration der aktuellen Windows PowerShell-Umgebung, denn sie erfordern keine Änderung der Windows-Betriebssystemumgebung und werden sofort wirksam.

Das bedeutet, dass Sie einen neuen Ordner zum Pfad hinzufügen, ein Skript per Dot-Quellentnahme einbinden und die Hilfeinformationen der neuen Funktionen mit dem Cmdlet Get-Help anzeigen können, ohne die Windows PowerShell-Konsole zwischendurch schließen und wieder öffnen zu müssen. Nachdem Sie einen Ordner zum Suchpfad hinzugefügt haben, können Sie Skripts aus diesem Ordner per Dot-Quellentnahme einbinden, ohne den vollständigen Pfadnamen der Skripts angeben zu müssen. Die folgenden Zeilen verdeutlichen den Arbeitsablauf:

```
PS C:\> $env:Path += ";C:\fso"
PS C:\> . GetWmiClassesFunction1.ps1
PS C:\> Get-Help Get-WmiClasses
```

Abbildung 13.41 zeigt den beschriebenen Ablauf in der Konsole. Zuerst wird der Skriptordner zum Suchpfad hinzugefügt. Dann wird das gewünschte Skript per Dot-Quellentnahme in die Konsole eingebunden und der Hilfetext der neu eingebundenen Funktion Get-WmiClasses abgerufen.

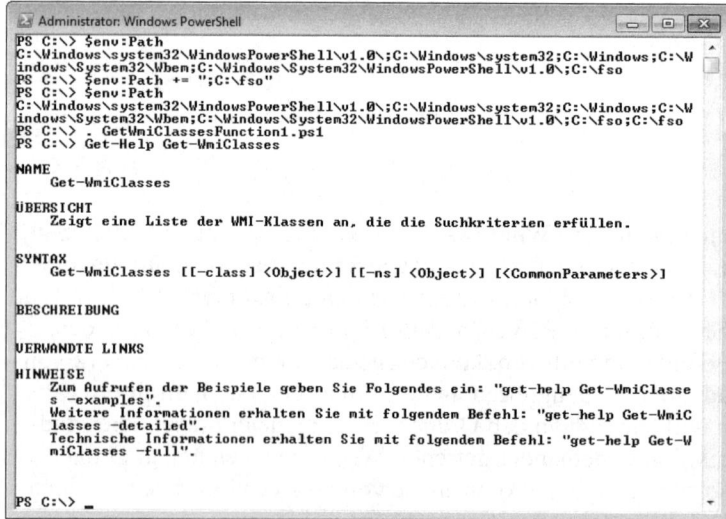

Abbildung 13.41   Fügt man den Skriptordner zum Suchpfad hinzu, lassen sich Skripts sehr einfach per Dot-Quellentnahme in die aktuelle Windows PowerShell-Umgebung einbinden

Direkt von der Quelle: Ordner und Speicherorte

James O'Neill, Evangelist, *Developer and Platform Group*

Wenn Sie **DIR Variable:** eingeben, sehen Sie alle Speicherorte, an denen Windows PowerShell Konfigurationsdaten speichert. `$PSHome` gibt den Ordner an, in dem Windows PowerShell installiert wurde. Er enthält *.ps1xml*-Dateien, mit denen die Standardformatierung und Typerweiterungen festgelegt werden. Außerdem enthält dieser Ordner den Ordner `Modules` und einen Ordner, in dem die lokalisierten Hilfetexte von Windows PowerShell liegen. `$Profile` gibt den Pfad des Benutzerprofils an. Dabei handelt es sich um ein Skript, das beim Start von Windows PowerShell ausgeführt wird. Windows PowerShell sieht sogar vier verschiedene Profile vor, von denen zwei hostspezifisch sind und zwei für alle Hosts gelten. Jeweils eines aus jeder dieser beiden Gruppen gilt für den aktuellen Benutzer, das andere gilt für alle Benutzer. Diese Profile können Sie in den Eigenschaften `AllUsersAllHosts`, `AllUsersCurrentHost`, `CurrentUserAllHosts` und `CurrentUserCurrentHost` der Variablen `$Profile` sehen. Wo die Module zu finden sind, erfährt Windows PowerShell aus der Windows-Umgebungsvariablen `$env:PSModulePath`. Standardmäßig werden der Ordner *$PSHome* und der Ordner verwendet, in dem das Benutzerprofil liegt.

Suchen und Laden von Modulen

Es gibt zwei Standardspeicherorte für Windows PowerShell-Module. Der erste ist der Stammordner des Benutzers, der zweite ist der Stammordner von Windows PowerShell. Der Modulordner im Stammordner von Windows PowerShell ist immer vorhanden. Für den Modulordner im Stammordner des Benutzers gilt das nicht. Er wird erst angelegt, wenn jemand darin Module speichert. Allerdings sucht Windows PowerShell zuerst im Modulordner des Benutzers nach Modulen, sofern er existiert. Ist er nicht vorhanden, wird der Modulordner im Stammordner von Windows PowerShell verwendet.

Auflisten verfügbarer Module

Windows PowerShell-Module liegen in zwei Zuständen vor: geladen und nicht geladen. Zur Anzeige einer Liste der geladenen Module verwenden Sie das Cmdlet `Get-Module` ohne Parameter:

```
PS C:\> Get-Module

ModuleType Name              ExportedCommands
---------- ----              ----------------
Script     helloworld        {Hello-World, Hello-User}
```

Sind mehrere Module geladen, wird jedes Modul mit seinen exportierten Befehlen auf einer separaten Zeile angezeigt:

```
PS C:\> Get-Module

ModuleType Name              ExportedCommands
---------- ----              ----------------
Script     GetFreeDiskSpace  Get-FreeDiskSpace
Script     HelloWorld        {Hello-World, Hello-User}
Script     TextFunctions     {New-Line, Get-TextStats}
Manifest   BitsTransfer      {Start-BitsTransfer, Remove-BitsTransfe...
Script     PSDiagnostics     {Enable-PSTrace, Enable-WSManTrace, Sta...

PS C:\>
```

Wenn keine Module geladen sind, wird in der Windows PowerShell-Konsole natürlich kein geladenes Modul angezeigt. Die Ausführung von `Get-Modul` führt in diesem Fall aber nicht zu einer Fehlermeldung. Es erscheint auch kein Hinweis darauf, ob das Cmdlet überhaupt ausgeführt wurde.

```
PS C:\> Get-Module
PS C:\>
```

Wenn Sie wissen möchten, welche Module auf dem Computer verfügbar sind, verwenden Sie das Cmdlet `Get-Module` mit dem Parameter `-ListAvailable`. Dann listet `Get-Module` alle verfügbaren Module auf, unabhängig davon, ob die Module in der Windows PowerShell-Konsole geladen sind oder nicht.

```
PS C:\> Get-Module -ListAvailable
```

```
ModuleType Name              ExportedCommands
---------- ----              ----------------
Manifest   GetFreeDiskSpace  Get-FreeDiskSpace
Script     HelloWorld        {}
Script     TextFunctions     {}
Manifest   BitsTransfer      {}
Manifest   PSDiagnostics     {Enable-PSTrace, Enable-WSManTrace, Sta...
```

Laden von Modulen

Wenn Sie das gewünschte Modul gefunden haben, können Sie es mit dem Cmdlet `Import-Module` in die aktuelle Windows PowerShell-Sitzung laden.

```
PS C:\> Import-Module -Name GetFreeDiskSpace
PS C:\>
```

Sofern das Modul vorhanden ist, führt das Cmdlet `Import-Module` seine Arbeit ohne weitere Meldungen durch. Ist das Modul bereits geladen, wird keine Fehlermeldung angezeigt. Das können Sie überprüfen, indem Sie den Befehl mit der Taste NACH-OBEN zurückholen und dann die EINGABETASTE drücken, um den Befehl erneut auszuführen. Im folgenden Beispiel wird der Befehl `Import-Module` dreimal ausgeführt:

```
PS C:\> Import-Module -Name GetFreeDiskSpace
PS C:\> Import-Module -Name GetFreeDiskSpace
PS C:\> Import-Module -Name GetFreeDiskSpace
PS C:\>
```

Nach dem Import eines Moduls können Sie mit dem Cmdlet `Get-Module` schnell überprüfen, welche Funktionen im Modul verfügbar sind:

```
PS C:\> Get-Module -Name GetFreeDiskSpace
```

```
ModuleType Name              ExportedCommands
---------- ----              ----------------
Script     GetFreeDiskSpace  Get-FreeDiskSpace
```

```
PS C:\>
```

Das Modul GetFreeDiskSpace exportiert nur einen Befehl, nämlich die Funktion `Get-FreeDiskSpace`. Das Cmdlet `Get-Module` zeigt allerdings nur die exportierten Befehle an und keine anderen Informationen, die vom Modul exportiert werden.

Wenn Sie Module verwenden, die lange Namen haben, brauchen Sie nicht den ganzen Modulnamen einzugeben, sondern Sie können Platzhalter verwenden. Allerdings empfiehlt es sich, so viel vom Namen des gewünschten Moduls einzugeben, dass es unter den verfügbaren Modulen eindeutig bezeichnet wird:

```
PS C:\> Import-Module -Name GetFree*
PS C:\>
```

> **WICHTIG**   Wenn Sie ein Muster eingeben, das auf mehrere Modulnamen passt, wird nur das erste Modul geladen, die anderen Module bleiben unberücksichtigt. Das kann unerwartete und unerwünschte Folgen nach sich ziehen. Wenn das angegebene Muster auf mehrere Modulnamen passt, wird keine entsprechende Fehlermeldung angezeigt.

Wenn Sie alle Module laden möchten, die auf Ihrem Computer verfügbar sind, können Sie das Cmdlet `Get-Module` mit dem Parameter `-ListAvailable` verwenden und die resultierenden `PSModuleInfo`-Objekte in einer Pipeline an das Cmdlet `Import-Module` weitergeben:

```
PS C:\> Get-Module -ListAvailable | Import-Module
PS C:\>
```

Wenn Sie ein Modul verwenden, das Befehlsnamen mit unzulässigen Verben enthält, werden Sie beim Import des Moduls mit einer Meldung darauf hingewiesen. Allerdings lassen sich die Module und die darin enthaltenen Befehle trotzdem verwenden.

```
PS C:\> Get-Module -ListAvailable | Import-Module
```

```
WARNUNG: Einige importierte Befehle enthalten nicht genehmigte Verben. Dies kann deren
Auffindbarkeit erschweren. Weitere Informationen erhalten Sie mithilfe des Verbose-Parameters,
oder geben Sie "Get-Verb" ein, um eine Liste der genehmigten Verben anzuzeigen.
```

```
PS C:\>
```

Um Informationen über die unzulässigen Verben zu erhalten, können Sie `Import-Module` mit dem Parameter `-verbose` verwenden:

```
PS C:\> Get-Module -ListAvailable | Import-Module -verbose
```

Abbildung 13.42 zeigt das Ergebnis des Befehls `Import-Module -verbose`.

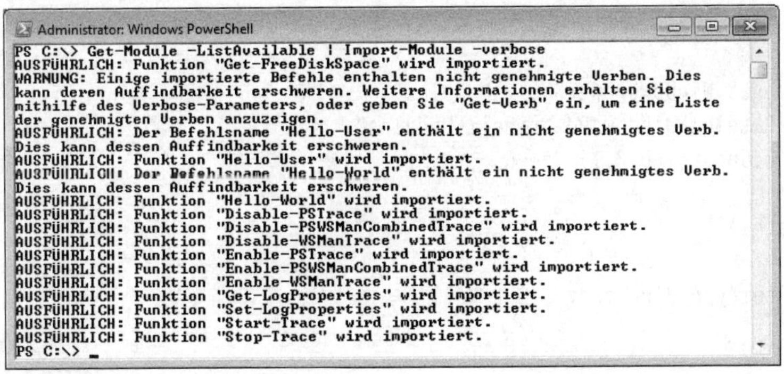

Abbildung 13.42   Der Parameter `-verbose` von `Import-Module` sorgt für ausführlichere Angaben über die Funktionen und unzulässige Verben

Installieren von Modulen

Module lassen sich ohne erhöhte Rechte installieren. Da jeder Benutzer in seinem Profil über einen Modulordner verfügen kann, zu dessen Verwendung er berechtigt ist, ist für die Installation eines Moduls kein Administratorrecht erforderlich. Außerdem ist für die Installation von Modulen kein spezielles Installationsprogramm erforderlich. Die Dateien, aus denen sich ein Modul zusammensetzt, lassen sich mit dem Befehl xcopy oder unter Verwendung von Windows PowerShell-Cmdlets in den Modulordner kopieren.

Erstellen eines Modulordners

Der Modulordner *Modules* eines Benutzers wird nicht standardmäßig erstellt. Um Verwechslungen zu vermeiden, können Sie das Verzeichnis *Modules* vor der Bereitstellung von Modulen im Benutzerprofil erstellen. Oder Sie erstellen ein Modulinstallationsskript, das die Existenz des Ordners *Modules* im Profil des Benutzers überprüft, den Ordner bei Bedarf erstellt und dann die Module kopiert. Beachten Sie, dass der Modulordner des Benutzers je nach Version des Betriebssystems an einem anderen Ort liegt. In Windows XP und Windows Server 2003 liegt der Ordner *Modules* im Ordner *Eigene Dateien*, während er in Windows Vista und in höheren Versionen im Ordner *Documents* liegt. Im Skript *Copy-Modules.ps1* lösen Sie das Problem der verschiedenen Speicherorte unter Verwendung der Funktion Get-OperatingSystemVersion, mit der Sie die Versionsnummer des Betriebssystems ermitteln. Die folgenden Zeilen zeigen die Funktion Get-OperatingSystemVersion:

```
Function Get-OperatingSystemVersion
{
 (Get-WmiObject -Class Win32_OperatingSystem).Version
} #Ende Get-OperatingSystemVersion
```

In der Funktion Test-ModulePath überprüfen Sie die Hauptversionsnummer des Betriebssystems. Ist diese Nummer größer oder gleich 6, handelt es sich um Windows Vista oder höher. Dann wird im Pfad des Modulordners der Ordner *Documents* verwendet. Ist die Hauptversionsnummer kleiner als 5, verwendet das Skript für den Modulordner den Ordner *Eigene Dateien*. Nachdem Sie die Betriebssystemversion bestimmt und den Pfad des Modulordners ermittelt haben, überprüfen Sie, ob der Modulordner vorhanden ist. Das beste Mittel, um die Existenz von Ordnern zu überprüfen, ist das Cmdlet Test-Path. Es gibt einen booleschen Wert zurück. Wenn Sie herausfinden möchten, ob der Ordner fehlt, können Sie den Operator -not verwenden, wie in der folgenden Funktion Test-ModulePath:

```
Function Test-ModulePath
{
 $VistaPath = "$env:userProfile\documents\WindowsPowerShell\Modules"
 $XPPath =  "$env:Userprofile\Eigene Dateien\WindowsPowerShell\Modules"
 if ([int](Get-OperatingSystemVersion).substring(0,1) -ge 6)
   {
     if(-not(Test-Path -path $VistaPath))
       {
         New-Item -Path $VistaPath -itemtype directory | Out-Null
       } #end if
   } #end if
```

```
Else
  {
    if(-not(Test-Path -path $XPPath))
      {
        New-Item -path $XPPath -itemtype directory | Out-Null
      } #end if
  } #end else
} #Ende Test-ModulePath
```

Wenn der Modulordner des Benutzers bereit ist, erstellen Sie darin einen Unterordner für das neue Modul. Ein Modul wird immer in einem Ordner installiert, der denselben Namen wie das Modul trägt. Der Modulname ist der Name der Datei, in der das Modul liegt, ohne die Erweiterung *.psm1*. Abbildung 13.43 zeigt ein Beispiel.

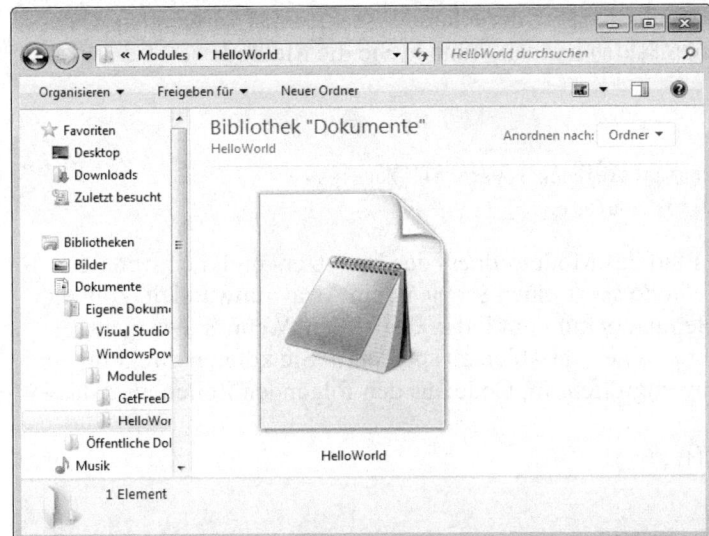

Abbildung 13.43 Module werden im Modulordner des Benutzers gespeichert

Die erste Aktion in der Funktion Copy-Module aus dem Skript *Copy-Modules.ps1* ist der Abruf der Umgebungsvariablen PSModulePath. Da es zwei Speicherorte für Module gibt, enthält die Umgebungsvariable PSModulePath die Pfadnamen beider Speicherorte. PSModulePath wird nicht als Array gespeichert, sondern als Zeichenfolge. Die Variable enthält folgende Angaben:

```
PS C:\> $env:PSModulePath
```

```
C:\Users\administrator.NWTRADERS.000\Documents\WindowsPowerShell\Modules;C:\Windows\system32\
WindowsPowerShell\v1.0\Modules\
```

Wenn Sie mit einem Index auf die Daten in der Umgebungsvariablen PSModulePath zugreifen, rufen Sie die Zeichen aus der Zeichenfolge einzeln ab, wie im folgenden Beispiel:

```
PS C:\> $env:PSModulePath[0]
```

```
C
```

```
PS C:\> $env:PSModulePath[1]
```

```
:
```

```
PS C:\> $env:PSModulePath[2]
```

```
\
```

```
PS C:\> $env:PSModulePath[3]
```

```
U
```

Den Pfad des Modulordners des Benutzers zeichenweise auszulesen ist relativ umständlich und fehlerträchtig. Da es sich um eine Zeichenfolge handelt, können Sie die üblichen String-Funktionen verwenden. Um eine Zeichenfolge, die mehrere Pfadangaben enthält, so aufzuteilen, dass die Pfadangaben in einem Array vorliegen, können Sie die Methode split der Klasse System.String verwenden. Da es sich bei der Variablen PSModulePath um einen String handelt, können Sie die Methode split direkt verwenden, wie im folgenden Beispiel:

```
PS C:\> $env:PSModulePath.split(";")
```

```
C:\Users\administrator.NWTRADERS.000\Documents\WindowsPowerShell\Modules
C:\Windows\system32\WindowsPowerShell\v1.0\Modules\
```

Die erste angezeigte Zeichenfolge ist der Pfad des Modulordners des Benutzers und die zweite der Pfad des Systemmodulordners. Da die Methode split einen String in ein Array umwandelt, können Sie nun den Pfad des Modulordners des Benutzers mit dem Index 0 auslesen. Wenn Sie es nicht möchten, brauchen Sie das Pfadarray nicht in einer Variablen zu speichern. Sie können direkt mit einem Index auf das zurückgegebene Array zugreifen. Im Code aus den folgenden Zeilen wird das Array in einer Variablen gespeichert:

```
PS C:\> $aryPaths = $env:PSModulePath.split(";")
PS C:\> $aryPaths[0]
```

```
C:\Users\administrator.NWTRADERS.000\Documents\WindowsPowerShell\Modules
```

Weil das Array sofort nach dem Aufruf der Methode split zugänglich ist, können Sie den Pfad des Modulordners des Benutzers auch ohne zusätzliche Variable abrufen:

```
PS C:\> $env:PSModulePath.split(";")[0]
```

```
C:\Users\administrator.NWTRADERS.000\Documents\WindowsPowerShell\Modules
```

Zusammenstellen des Pfads für ein Modul

Der Pfad, unter dem das Modul gespeichert werden soll, wird im folgenden Beispielskript in der Variablen $ModulePath gespeichert. Dieser Pfad besteht aus dem Pfad des Modulordners des Benutzers und dem Namen eines Unterordners, der denselben Namen wie das Modul erhält. Es empfiehlt sich, den neuen Pfad nicht mit den üblichen String-Funktionen zusammenzusetzen, sondern das Cmdlet Join-Path zu verwenden. Das Cmdlet setzt aus einem übergeordneten Pfad und einem untergeordneten Pfad einen neuen Pfad zusammen, wie im folgenden Beispiel:

```
$ModulePath = Join-Path -path $userPath `
            -childpath (Get-Item -path $name).basename
```

Für Windows PowerShell 2.0 hat das PowerShell-Team eine Skripteigenschaft namens `basename` zur Klasse `System.Io.FileInfo` hinzugefügt. Dadurch wird es einfacher, den Namen einer Datei ohne Namenserweiterung zu bestimmen. Vorher war es üblich, die Dateinamenserweiterung mit der Methode `split` oder mit anderen Methoden zur `String`-Bearbeitung vom Dateinamen zu entfernen. Die folgenden Zeilen zeigen, wie die Eigenschaft `basename` verwendet wird:

```
PS C:\> (Get-Item -Path C:\fso\HelloWorld.psm1).basename
```

```
HelloWorld
```

Die letzten Arbeitsschritte sind das Erstellen eines Unterordners, der die Moduldateien aufnimmt, und das Kopieren der Moduldateien in dieses Verzeichnis. Damit der Bildschirm nicht durch die Ausgaben von den Cmdlets `New-Item` und `Copy-Item` unübersichtlich wird, werden die Ausgaben an das Cmdlet `Out-Null` weitergeleitet:

```
New-Item -path $ModulePath -itemtype directory | Out-Null
Copy-item -path $name -destination $ModulePath | Out-Null
```

Am Eintrittspunkt des Skripts *Copy-Modules.ps1* wird die Funktion `Test-ModulePath` aufgerufen, um zu überprüfen, ob der Modulordner des Benutzers vorhanden ist. Dann wird mit dem Cmdlet `Get-ChildItem` eine Liste aller Moduldateien aufgestellt, die sich im Pfad befinden. Die resultierenden `FileInfo`-Objekte werden an das Cmdlet `ForEach-Object` weitergeleitet. Die Eigenschaft `fullname` des jeweils aktuellen `FileInfo`-Objekts wird an die Funktion `Copy-Module` übergeben, wie im folgenden Beispiel:

```
Test-ModulePath
Get-ChildItem -Path C:\fso -Include *.psm1,*.psd1 -Recurse |
Foreach-Object { Copy-Module -name $_.fullName }
```

Die folgenden Zeilen zeigen das vollständige Skript *Copy-Modules.ps1*.

Copy-Modules.ps1
```
Function Get-OperatingSystemVersion
{
 (Get-WmiObject -Class Win32_OperatingSystem).Version
} #Ende Get-OperatingSystemVersion
Function Test-ModulePath
{
 $VistaPath = "$env:userProfile\documents\WindowsPowerShell\Modules"
 $XPPath =  "$env:Userprofile\Eigene Dateien\WindowsPowerShell\Modules"
 if ([int](Get-OperatingSystemVersion).substring(0,1) -ge 6)
   {
     if(-not(Test-Path -path $VistaPath))
       {
          New-Item -Path $VistaPath -itemtype directory | Out-Null
       } #end if
   } #end if
```

```
Else
  {
    if(-not(Test-Path -path $XPPath))
      {
        New-Item -path $XPPath -itemtype directory | Out-Null
      } #end if
  } #end else
} #Ende Test-ModulePath
Function Copy-Module([string]$name)
{
 $UserPath = $env:PSModulePath.split(";")[0]
 $ModulePath = Join-Path -path $userPath `
            -childpath (Get-Item -path $name).basename
 if(-not(Test-Path -path $ModulePath))
  {
    New-Item -path $ModulePath -itemtype directory | Out-Null
  }
 Copy-item -path $name -destination $ModulePath | Out-Null
}
# *** Eintrittspunkt des Skripts ***
Test-ModulePath
Get-ChildItem -Path C:\fso -Include *.psm1,*.psd1 -Recurse |
Foreach-Object { Copy-Module -name $_.fullName }
```

HINWEIS   Die Skriptausführung muss in Windows PowerShell nicht aktiviert werden, damit sich Module verwenden lassen, sofern diese Module keine Funktionen enthalten, wie zum Beispiel die Diagnosemodule. Damit aber Module mit dem Skript *Copy-Modules.ps1* im Profil des Benutzers installiert werden können, muss die Skriptausführung aktiviert sein. Die Skriptausführung aktivieren Sie in Windows PowerShell mit dem Cmdlet Set-ExecutionPolicy. Außerdem können Sie das Programm Xcopy verwenden, um Module in den Modulordner des Benutzers zu kopieren.

Erstellen eines Modullaufwerks

Zur Vereinfachung der Arbeit mit Modulen können Sie mit dem FileSystem-Provider einige geeignete Windows PowerShell-Laufwerke erstellen. Weil sich die Moduldateien an Orten befinden, die von der Befehlszeile aus nur schwer zu erreichen sind, und weil die Umgebungsvariable PSModulePath eine Zeichenfolge mit den Pfaden der Modulordner des Benutzers und des Systems enthält, ist es sinnvoll, den Zugriff auf die Moduldateien zu vereinfachen. Um ein Windows PowerShell-Laufwerk für den Modulordner des Benutzers zu erstellen, verwenden Sie das Cmdlet New-PSDrive, geben einen Namen wie mymods an, verwenden den FileSystem-Provider und ermitteln den Pfad des Ordners, indem Sie die Zeichenfolge aus der Umgebungsvariablen PSModulePath mit der Methode split der .NET Framework-Klasse String aufteilen. Das erste Element im resultierenden Array ist der Pfadname des Modulordners des Benutzers:

```
PS C:\> New-PSDrive -Name mymods -PSProvider filesystem -Root `
(($env:PSModulePath).Split(";")[0])
```

```
WARNUNG: Die Spalte CurrentLocation passt nicht in die Anzeige und wurde entfernt.

Name         Used (GB)     Free (GB) Provider      Root
----         ---------     --------- --------      ----
mymods                         53,54 FileSystem    C:\Users\administrator....
```

Der Befehl zur Erstellung eines Windows PowerShell-Laufwerks für den Systemmodulordner ist genauso aufgebaut. Allerdings wird ein anderer Name verwendet, beispielsweise `sysmods`, und als Pfad dient das zweite Element aus dem Array, das die Methode `split` für den Wert aus der Variablen `PSModulePath` liefert:

```
PS C:\> New-PSDrive -Name sysmods -PSProvider filesystem -Root `
(($env:PSModulePath).Split(";")[1])
```

```
WARNUNG: Die Spalte CurrentLocation passt nicht in die Anzeige und wurde entfernt.

Name         Used (GB)     Free (GB) Provider      Root
----         ---------     --------- --------      ----
sysmods                        53,54 FileSystem    C:\Windows\system32\Win...
```

Sie können auch ein Skript schreiben, das für beide Modulspeicherorte Windows PowerShell-Laufwerke erstellt. Zuerst legen Sie ein Array mit den gewünschten Namen der Windows PowerShell-Laufwerke an. Dann lesen Sie die Laufwerksnamen in einer `for`-Schleife aus dem Array aus und rufen jeweils das Cmdlet `New-PSDrive` auf. Da die Befehle in einem Skript ausgeführt werden, sind die neuen Windows PowerShell-Laufwerke im Gültigkeitsbereich des Skripts verfügbar. Sobald die Ausführung des Skripts beendet wird, verschwindet dieser Gültigkeitsbereich. Daher sind auch die Windows PowerShell-Laufwerke nach der Beendigung des Skripts nicht mehr verfügbar und das Skript wäre sinnlos. Um das Problem zu lösen, müssen Sie die Windows PowerShell-Laufwerke in einem globalen Gültigkeitsbereich anlegen, dann sind sie in der Windows PowerShell-Konsole auch noch verfügbar, nachdem das Skript ausgeführt wurde. Um die Anzeige von Bestätigungsmeldungen bei der Erstellung der Windows PowerShell-Laufwerke zu unterdrücken, leiten Sie die Ergebnisse an das Cmdlet `Out-Null` weiter.

Im Skript *New-ModulesDrive.ps1* wird auch noch eine andere Funktion erstellt. Diese Funktion zeigt globale Windows PowerShell-Laufwerke an, die den `FileSystem`-Provider verwenden. Bei der Ausführung des Skripts wird zuerst die Funktion `New-ModuleDrives` aufgerufen, gefolgt von der Funktion `Get-FileSystemDrives`. Die folgenden Zeilen zeigen das vollständige Skript *New-ModulesDrive.ps1*.

New-ModulesDrive.ps1

```
Function New-ModuleDrives
{
<#
    .Synopsis
    Erstellt zwei PSDrives: myMods und sysMods
    .Example
    New-ModuleDrives
```

```
      Erstellt zwei PSDrives: myMods und sysMods. Diese entsprechen
      den Modulordnern des Benutzers und des Systems.
#>
 $driveNames = "myMods","sysMods"
 For($i = 0 ; $i -le 1 ; $i++)
 {
  New-PsDrive -name $driveNames[$i] -PSProvider filesystem `
  -Root ($env:PSModulePath.split(";")[$i]) -scope Global |
  Out-Null
 } #end For
} #Ende New-ModuleDrives
Function Get-FileSystemDrives
{
<#
    .Synopsis
    Zeigt globale PS-Laufwerke an, die den Filesystem-Provider verwenden.
    .Example
    Get-FileSystemDrives
    Zeigt globale PS-Laufwerke an, die den Filesystem-Provider verwenden.
#>
 Get-PSDrive -PSProvider FileSystem -scope Global
} #Ende Get-FileSystemDrives

# *** Eintrittspunkt des Skripts ***
New-ModuleDrives
Get-FileSystemDrives
```

Zusammenfassung

Dieses Kapitel hat Ihnen einen Überblick über die Tools gegeben, mit denen Sie eine Windows 7-Desktopinfrastruktur verwalten können. Zum Teil sind die Tools im Lieferumfang von Windows 7 enthalten, zum Teil sind sie kostenlos beim Microsoft Download Center erhältlich. Zu den beschriebenen Tools gehören die Windows Sysinternals Suite mit Tools für die Problembehebung, die sechs Produkte aus dem Microsoft Desktop Optimization Pack for Software Assurance und die Microsoft System Center-Produktfamilie. Außerdem enthält das Kapitel eine Einführung in Windows PowerShell für Administratoren und demonstriert einige der neuen Funktionen von Windows PowerShell 2.0.

Weitere Informationen

Die folgenden Quellen bieten zusätzliche Informationen oder Tools für die Themen dieses Kapitels.

Informationsquellen

Die folgenden Informationen sind der Übersichtlichkeit halber nach Themen sortiert.

Informationen über die integrierten Tools

- Informationen über die Verwaltung von Windows 7-Computern mit WMI finden Sie in vielen Quellen des Script Centers aus dem Microsoft TechNet unter *http://www.microsoft.com/technet/scriptcenter/default.mspx*.
- Im Script Center Script Repository unter *http://gallery.technet.microsoft.com/ScriptCenter/en-us/* finden Sie eine Sammlung von Beispiel-Verwaltungsskripts.
- Weitere Informationen über Windows PowerShell erhalten Sie im Beitrag »Scripting with Windows PowerShell« des Script Centers unter *http://www.microsoft.com/technet/scriptcenter/hubs/msh.mspx*.
- Informationen über die neuen Features von Windows PowerShell 2.0 erhalten Sie unter *http://technet.microsoft.com/en-us/library/dd367858.aspx*.
- Im Windows PowerShell-Blog unter *http://blogs.msdn.com/PowerShell/* erhalten Sie die neusten Nachrichten über Windows PowerShell sowie Tipps zu dessen Verwendung.
- Informationen über WinRM und WinRS finden Sie unter »Windows Remote Management« im MSDN unter *http://msdn.microsoft.com/en-us/library/aa384426.aspx*.
- Eine Liste der verfügbaren Befehle und deren Syntax finden Sie im Abschnitt »Command Reference« des Beitrags »Commands, References, and Tools for Windows Server 2008 R2« unter *http://technet.microsoft.com/en-us/library/dd695747.aspx*.

Informationen über herunterladbare Tools

- Suchen Sie im Microsoft Download Center unter *http://www.microsoft.com/downloads/* nach kostenlosen Tools, die Sie bei der Verwaltung von Windows 7 in Ihrer Umgebung unterstützen.

Informationen über Windows Sysinternals Tools

- Informationen über die einzelnen Tools aus der Windows Sysinternals Suite erhalten Sie, wenn Sie auf der Indexseite *Sysinternals Utility Index* unter *http://technet.microsoft.com/en-us/sysinternals/bb545027.aspx* auf den Link für das betreffende Tool klicken.
- Sie können unter *http://download.sysinternals.com/Files/SysinternalsSuite.zip* die gesamte Sysinternals Suite als komprimierte Archivdatei herunterladen.

Informationen über MDOP for Software Assurance

- Informationen über das »Microsoft Software Assurance for Volume Licensing«-Programm erhalten Sie unter *http://www.microsoft.com/licensing/software-assurance/default.aspx*.
- Informationen Windows 7 Enterprise Edition erhalten Sie unter *http://www.microsoft.com/windows/enterprise/products/windows-7-enterprise.aspx*.
- Informationen über MDOP erhalten Sie unter *http://www.microsoft.com/windows/enterprise/technologies/mdop.aspx*.
- Die neusten Informationen über MDOP-Produkte und Tipps zu ihrer Verwendung erhalten Sie im »Official MDOP Blog« unter *http://blogs.technet.com/mdop/default.aspx*.

- Software Assurance-Kunden können MDOP 2009 von der »Microsoft Volume Licensing Services (MVLS)«-Site unter *https://licensing.microsoft.com/eLicense/L1033/Default.asp* herunterladen.

- Informationen über App-V 4.5, die neuste Version dieses Produkts, erhalten Sie unter *http://www.microsoft.com/windows/enterprise/products/app-virtualization.aspx*.

- Informationen über AGPM finden Sie unter *http://www.microsoft.com/windows/enterprise/products/advanced-group-policy-management.aspx*.

- Informationen über AIS 1.5, die neuste Version dieses Produkts, erhalten Sie unter *http://www.microsoft.com/windows/enterprise/products/ais.aspx*.

- Informationen über DaRT erhalten Sie unter *http://www.microsoft.com/windows/enterprise/products/dart.aspx*.

- Informationen über MED-V 1.0 finden Sie unter *http://www.microsoft.com/windows/enterprise/products/med-v.aspx*.

- Informationen über DEM finden Sie unter *http://www.microsoft.com/windows/enterprise/products/dem.aspx*.

Informationen über Microsoft System Center

- Informationen über System Center Configuration Manager 2007 R2 erhalten Sie unter *http://www.microsoft.com/systemcenter/configurationmanager/en/us/default.aspx*.

- Die neusten Nachrichten über System Center Configuration Manager und Tipps zur Verwendung dieser Plattform finden Sie im System Center Configuration Manager Team-Blog unter *http://blogs.technet.com/configmgrteam/default.aspx*.

- Wie man Probleme mit dem System Center Configuration Manager behebt, erfahren Sie im Configuration Manager Support Team-Blog unter *http://blogs.technet.com/configurationmgr/default.aspx*.

- Weitere Informationen über System Center Operations Manager 2007 R2 erhalten Sie unter *http://www.microsoft.com/systemcenter/operationsmanager/en/us/default.aspx*.

- Die neusten Nachrichten über System Center Operations Manager und Tipps zur Verwendung dieser Plattform finden Sie im System Center Operations Manager Team-Blog unter *http://blogs.technet.com/momteam/default.aspx*.

- Wie man Probleme mit dem System Center Operations Manager behebt, erfahren Sie im Operations Manager Support Team-Blog unter *http://blogs.technet.com/operationsmgr*.

- Informationen über System Center Data Protection Manager 2007 SP1 erhalten Sie unter *http://www.microsoft.com/systemcenter/dataprotectionmanager/en/us/default.aspx*.

- Die neusten Nachrichten über System Center Data Protection Manager und Tipps zur Verwendung dieser Plattform finden Sie im System Center Data Protection Manager-Blog namens »Rescue Data Like A Hero« unter *http://blogs.technet.com/dpm/*.

- Weitere Informationen über System Center Virtual Machine Manager 2008 R2 finden Sie unter *http://www.microsoft.com/systemcenter/virtualmachinemanager/en/us/default.aspx*.

- Die neusten Nachrichten über System Center Virtual Machine Manager und Tipps zur Verwendung dieser Plattform finden Sie im System Center Virtual Machine Manager Team-Blog unter *http://blogs.technet.com/scvmm/*.

- Weitere Informationen über System Center Essentials 2007 SP1 finden Sie unter *http://www.microsoft.com/systemcenter/sce/default.mspx*.

- Die neusten Nachrichten über System Center Essentials und Tipps zur Verwendung dieser Platt-form finden Sie im System Center Essentials Team-Blog unter *http://blogs.technet.com/system centeressentials/.*

Informationen über die Einarbeitung in Windows PowerShell

- Weitere Unterstützung bei der Einarbeitung in Windows PowerShell erhalten Sie im Beitrag »Scripting with Windows PowerShell« des Script Centers unter *http://www.microsoft.com/technet/ scriptcenter/hubs/msh.mspx.*

Auf der Begleit-CD

Windows PowerShell-Skripts (*.ps1*):

- *BlockForStatement.ps1*
- *CallNew-LineTextFunction.ps1*
- *Copy-Modules.ps1*
- *DemoBreakFor.ps1*
- *DemoDoUntil.ps1*
- *DemoDoWhile.ps1*
- *DemoExitFor.ps1*
- *DemoForEach.ps1*
- *DemoForEachObject.ps1*
- *DemoForLoop.ps1*
- *DemoForWithoutInitOrRepeat.ps1*
- *DemoIf.ps1*
- *demoIfElse.ps1*
- *demoIfElseIfElse.ps1*
- *DemoLineContinuation.ps1*
- *DemoSwitchArray.ps1*
- *DemoSwitchArrayBreak.ps1*
- *DemoSwitchCase.ps1*
- *DemoSwitchMultiMatch.ps1*
- *DisplayCapitalLetters.ps1*
- *DoLoopForStatement.ps1*
- *DoUntilBios.ps1*
- *DoWhileAlwaysRuns.ps1*
- *EndlessDoUntil.ps1*
- *Export-XML.ps1*
- *ForEndlessLoop.ps1*
- *ForProcesses.ps1*
- *Get-ISEHost.ps1*
- *Get-PsCmdlet.ps1*

- *GetWmiClasses.ps1*
- *GetWmiClassesFunction.ps1*
- *GetWmiClassesFunction1.ps1*
- *MultiCountForLoop.ps1*
- *New-ModulesDrive.ps1*
- *ScanForSoftware.ps1*
- *StopNotepad.ps1*
- *StopNotepadSilentlyContinue.ps1*
- *StopNotepadSilentlyContinuePassThru.ps1*
- *Test-ModulePath.ps1*
- *TextFunctions.ps1*
- *TextFunctions1.ps1*
- *WhileDemo1.ps1*
- *WhileDoesNotRun.ps1*
- *WhileReadLine.ps1*

VBScript-Skripts (*.vbs*):

- *DemoDoUntil.vbs*
- *DemoDoWhile.vbs*
- *DemoExitFor.vbs*
- *DemoForEachNext.vbs*
- *DemoForLoop.vbs*
- *DemoIf.vbs*
- *DemoIfElse.vbs*
- *DemoIfElseIfElse.vbs*
- *DemoQuitFor.vbs*
- *DemoSelectCase.vbs*
- *ListFoldersAndModifiedDates.vbs*
- *SearchTextFileForSpecificWord.vbs*
- *WhileReadLineWend.vbs*

KAPITEL 14

Verwalten der Desktopumgebung

Gruppenrichtlinien sind ein leistungsfähiges Werkzeug zur Verwaltung der Computer- und Benutzerkonfiguration von Clientcomputern in Unternehmensumgebungen. Mit Gruppenrichtlinien können Administratoren verschiedene Aspekte von Desktopcomputern und Laptops konfigurieren und zum Beispiel eine allgemeine Benutzeroberfläche festlegen. Dieses Kapitel beschreibt die Erweiterungen in den Gruppenrichtlinien der Betriebssysteme Windows 7 und Windows Server 2008 R2, die auf den mit Windows Vista und Windows Server 2008 eingeführten Gruppenrichtlinienerweiterungen aufbauen.

Grundlagen der Gruppenrichtlinien in Windows 7

Windows Vista und Windows Server 2008 haben in den Bereichen Verwaltung, Bearbeitung und Einstellung von Gruppenrichtlinien neue und erweiterte Funktionen eingeführt. Durch diese Funktionen und Erweiterungen sind Gruppenrichtlinien leichter zu verwalten, zuverlässiger und leistungsfähiger. Auch die Problembehandlung in Unternehmensumgebungen, in denen die Active Directory-Domänendienste (Active Directory Domain Services, AD DS) eingesetzt werden, ist einfacher.

Windows 7 und Windows Server 2008 R2 bauen auf den Verbesserungen auf, die bereits für Windows Vista und Windows Server 2008 R2 an den Gruppenrichtlinien vorgenommen wurden, und bieten leistungsfähige neue Funktionen, mit denen die Verwaltung von Unternehmensnetzwerken einfacher wird als je zuvor. Um Administratoren, die Desktopcomputer von Windows XP auf Windows 7 umstellen, die Arbeit zu erleichtern, beginnt dieser Abschnitt mit einer Übersicht über die Verbesserungen in den Gruppenrichtlinien, die in Windows Vista und Windows Server 2008 im Vergleich zu älteren Windows-Versionen erfolgt sind.

WEITERE INFORMATIONEN Dieses Kapitel beschränkt sich auf die Kernaufgaben der Verwaltung von Windows 7-Umgebungen mit Gruppenrichtlinien. Eine ausführliche aufgabenorientierte Hilfe über alle Aspekte der Gruppenrichtlinien finden Sie in *Windows Group Policy Administrator's Pocket Consultant* von William R. Stanek (Microsoft Press, 2009).

Gruppenrichtlinien vor Windows Vista

Die Art, wie Gruppenrichtlinien in älteren Windows-Versionen wie Windows 2000 Server, Windows XP und Windows Server 2003 implementiert wurden, führte zu einigen Problemen und Beschränkungen. Dazu gehörten folgende Punkte:

- ADM-Dateien (Administrative Template, ADM) wurden mit einer speziellen Syntax entwickelt, die es Administratoren erschwerte, die Gruppenrichtlinienverwaltung durch eigene benutzerdefinierte ADM-Vorlagendateien zu erweitern, um neue Richtlinieneinstellungen für Windows, andere Microsoft-Softwareprodukte, Anwendungen von anderen Herstellern und benutzerdefinierte interne Anwendungen einzuführen und zu verwenden. Außerdem erschwerte die Syntax der ADM-Vorlagendateien Administratoren die Entwicklung von lokalisierten Versionen, mit denen sie Richtlinieneinstellungen in ihrer eigenen Sprache anzeigen konnten. (Die Verwendung von mehreren Sprachen in ADM-Dateien führte zu einer Mischung der Sprachen in der Benutzeroberfläche – die ADM-Datei mit dem jüngsten Datum/Zeit-Stempel hatte Vorrang vor den anderen ADM-Dateien.) Diese Beschränkungen erschwerten Administratoren die Entwicklung eigener Gruppenrichtlinienlösungen zur Verwaltung von Registrierungseinstellungen, vor allem in globalen Unternehmen mit mehrsprachigen Umgebungen.

- Wenn Sie auf einem Verwaltungscomputer mit dem Gruppenrichtlinienobjekt-Editor ein neues Gruppenrichtlinienobjekt (Group Policy Object, GPO) für die Domäne erstellten, wurde automatisch der gesamte Satz an ADM-Standardvorlagendateien vom Ordner *%SystemRoot%\inf* des Computers, auf dem das GPO bearbeitet wurde, zur Gruppenrichtlinienvorlage (Group Policy Template, GPT) hinzugefügt – dem physischen Teil der GPOs, die auf den Domänencontrollern Ihrer Domäne gespeichert wurden. Für jedes GPO, das Sie erstellen, wird die GPT unter *%SystemRoot%\SYSVOL\domain\Policies\GPO_GUID* erstellt und erscheint auch in der *SYSVOL*-Freigabe unter *\\DomänenControllerName\SYSVOL\DomänenName\Policies\GPO_GUID*, wobei *GPO_GUID* ein Ordner ist, der den Namen der GUID (Globally Unique Identifier) des GPOs trägt. Der andere, logische Teil jedes GPOs wird im Gruppenrichtliniencontainer (Group Policy Container, GPC) gespeichert, in AD DS zu finden im Container `CN=Policies,CN=System`. Der Dateireplikationsdienst repliziert den Inhalt jedes GPT-Ordners aus der *SYSVOL*-Freigabe auf alle Domänencontroller der Domäne. Der Speicherbedarf dafür, dass Kopien aller ADM-Standardvorlagen in jeder GPT gespeichert werden, liegt bei mindestens 4 MByte pro GPO. Für große Unternehmensumgebungen, in denen Dutzende oder Hunderte von GPOs eingesetzt werden, ergeben sich eine sehr umfangreiche *SYSVOL*-Freigabe und ein umfangreicher Replikationsdatenverkehr nach Änderungen in den Einstellungen eines GPOs. Stehen Domänencontroller an verschiedenen Standorten und sind sie über langsame WAN-Verbindungen (Wide Area Network) miteinander verbunden, kann sich der Replikationsdatenverkehr und der Speicherplatzbedarf auf die Verfügbarkeit und Leistung von Netzwerkanwendungen auswirken, die andere Formen des Datenverkehrs verwenden. Verschärft wurde diese Situation, wenn Ereignisse eintraten, durch die sich alle GPOs gleichzeitig änderten, weil zum Beispiel im Rahmen der Umstellung einer Domäne von Windows 2000 auf Windows Server 2003 Berechtigungen der GPOs geändert wurden.

- Um den von Gruppenrichtlinien verursachten Datenverkehr auf langsamen WAN-Verbindungen einzuschränken, wurde ein spezieller Modus für langsame Verbindungen eingeführt. Bei diesem Modus wurden Reaktions- und Antwortzeiten im Netzwerk mithilfe von ICMP-Paketen überprüft. Wurde eine langsame Verbindung erkannt, was gewöhnlich einer Reaktionszeit von über 10 Millisekunden entspricht, kontaktierte der Client den Domänencontroller dreimal mit `Echo Request`-Paketen von 2 KByte und verwendete die zurückgesandten `Echo Reply`-Pakete, um die effektive Bandbreite der Netzwerkverbindung zum Domänencontroller zu bestimmen. Lag die effektive

Bandbreite unter 400 KBit pro Sekunde, stufte der Client die Netzwerkverbindung als langsame Verbindung ein und informierte den Domänencontroller. Nachdem die Verbindung als langsam eingestuft war, wurden im Hintergrund nur Sicherheits- und ADM-Einstellungen aktualisiert. Da langsame Verbindungen mit ICMP vermittelt wurden, ergaben sich Probleme, wenn eine Host- oder Perimeterfirewall den ICMP-Datenverkehr blockierte. Außerdem vergrößerte sich die Angriffsfläche der Computer, weil der ICMP-Datenverkehr nicht blockiert werden durfte.

■ Die Gruppenrichtlinienverarbeitung erfolgte nur beim Start des Computers (Bearbeitung der Computereinstellungen), bei der Anmeldung (Bearbeitung von Benutzereinstellungen) und bei geplanten Richtlinienaktualisierungen im Hintergrund, für Clientcomputer und Mitgliedsserver also standardmäßig alle 90 Minuten zuzüglich eines Zeitversatzes von bis zu 30 Minuten. Für Domänencontroller betrugt das Intervall 5 Minuten. Allerdings wurden Gruppenrichtlinien in älteren Windows-Versionen so implementiert, dass bei folgenden Ereignissen keine Gruppenrichtlinienbearbeitung durchgeführt wurde: Wenn ein Clientcomputer aus einem Standbymodus oder Ruhezustand wiederhergestellt wurde, wenn ein Laptop mit seiner Dockingstation verbunden wurde, wenn ein Computer mit einem Remotecomputer oder -netzwerk eine VPN-Verbindung (Virtual Private Network) herstellte, und wenn ein Computer mit Erfolg die Netzwerkquarantäne verließ. Als Folge dieser Beschränkungen und Umstände lagen auf älteren Windows-Versionen vielleicht nicht immer die neusten Gruppenrichtlinieneinstellungen vor, die in der Domäne galten. Wenn zur Beseitigung von Sicherheitslücken Änderungen in den Gruppenrichtlinien vorgenommen wurden, konnten diese Lücken zeitweilig bis zur nächsten Hintergrundaktualisierung bestehen bleiben. War ein Domänencontroller zeitweilig nicht verfügbar, wenn eine geplante Hintergrundaktualisierung durchgeführt werden sollte, gab es keinen Mechanismus, um den Clientcomputer anzuweisen, die Richtlinienaktualisierung nachzuholen, sobald der Domänencontroller wieder verfügbar war. Stattdessen trug der Clientcomputer eine Fehlermeldung ins Ereignisprotokoll ein und versuchte, die Aktualisierung zum nächsten geplanten Zeitpunkt durchzuführen.

■ Die Konfiguration von lokalen Computerrichtlinien (Local Group Policy Object, LGPO) auf eigenständigen Computern ergab Einstellungen, die für alle Benutzer des Computers einschließlich Administrator galten. Durch diese Beschränkung war es schwierig, Computer so zu konfigurieren, dass sie beispielsweise in Bibliotheken oder an anderen öffentlichen Orten eingesetzt werden konnten, oder in anderen, nicht mit AD DS verwalteten Umgebungen, weil die konfigurierten Einstellungen nicht nur für die gewöhnlichen Benutzer galten, sondern auch für die lokalen Administratoren der Computer.

■ Eine Behandlung von Problemen bei den Gruppenrichtlinien macht es derzeit erforderlich, die Protokollierung des Gruppenrichtlinienmoduls *Userenv.dll* zu aktivieren. Die von *Userenv.dll* erstellten Protokolldateien werden im Ordner *%WinDir%\Debug\UserMode* gespeichert und enthalten eine Mischung aus Funktionsablaufeinträgen und Einträgen zum Laden und Entladen von servergespeicherten Profilen. Dadurch sind diese Protokolldateien unübersichtlich und bei der Suche nach Fehlern nur schwer zu interpretieren.

■ Zwar bieten Windows XP Service Pack 2 (SP2) und Windows Server 2003 SP1 und höher über 1800 verschiedene Gruppenrichtlinieneinstellungen für eine Vielzahl von Bereichen, aber auf älteren Windows-Versionen können Sie viele dieser Bereiche nicht mit Gruppenrichtlinien verwalten. Mit Gruppenrichtlinien können Sie beispielsweise nicht ohne Weiteres die Energieverwaltung kontrollieren, die Installation und Verwendung von Wechselspeichergeräten wie USB-Flashlaufwerke (Universal Serial Bus) sperren oder Drucker nach den Standorten der Computer für Benutzer bereitstellen. (Allerdings gibt es Lösungen von anderen Herstellern, um diese Funktionalität der Gruppenrichtlinien auf solchen Plattformen verfügbar zu machen.)

Gruppenrichtlinien in Windows Vista und Windows Server 2008

Zur Behebung der beschriebenen Probleme und Beschränkungen führten Windows Vista und Windows Server 2008 folgende neue Funktionen und Erweiterungen ein:

- **ADMX-Vorlagen**   In Windows Vista wurden statt der speziellen Syntax der ADM-Vorlagendateien aus den Vorgängerversionen von Windows ADMX-Verwaltungsvorlagendateien auf der Basis von XML verwendet. Sprachspezifische Ressourcen wurden in separaten ADML-Dateien (Architecture Description Markup Language) gespeichert, damit Administratoren Gruppenrichtlinieneinstellungen in ihren eigenen lokalisierten Sprachen anzeigen können. Weitere Informationen finden Sie im Abschnitt »Grundlagen der ADMX-Vorlagendateien« dieses Kapitels.

- **Zentraler Speicher**   ADMX-Vorlagendateien können unter Windows Vista in einem zentralen Speicher in der *SYSVOL*-Freigabe von Domänencontrollern gespeichert werden, statt in jeder GPT. Außerdem liest oder kopiert die Konsole *Gruppenrichtlinienverwaltung* aus den Remoteserver-Verwaltungstools keine ADMX-Dateien in ein einzelnes GPO, wenn Sie einen zentralen Speicher für ADMX-Dateien einrichten. Diese Erweiterungen führen zu einem deutlich kleineren Datenbestand in *SYSVOL* und zu einem geringeren Replikationsdatenverkehr, wodurch die Bearbeitung von Gruppenrichtlinien effizienter wird. Außerdem lassen sich ADMX-Vorlagendateien leichter verwalten und in der ganzen Domäne aktualisieren, wenn sie in einem zentralen Speicher gespeichert werden. Weitere Informationen finden Sie im Abschnitt »Konfigurieren des zentralen Speichers« dieses Kapitels.

- **Abkehr von ICMP**   Statt ICMP verwendet Windows Vista NLA Version 2.0 (Network Location Awareness), um die Netzwerkverbindungen eines Computers für die Übermittlung von Gruppenrichtlinien einzustufen. Mit NLA können Windows Vista-Computer überprüfen, ob Domänencontroller für den Client verfügbar sind oder nicht. Außerdem ermöglicht NLA, dass Computer unter Windows Vista die Gruppenrichtlinien im Hintergrund aktualisieren, nachdem sie aus einem Energiesparmodus wiederhergestellt wurden, oder wenn sie eine VPN-Verbindung herstellen, an eine Dockingstation angeschlossen werden oder erfolgreich die Netzwerkquarantäne verlassen haben. Mit NLA können langsame Verbindungen auch ohne ICMP erkannt und Gruppenrichtlinien auch dann auf Clients bearbeitet werden, wenn eine Firewall den ICMP-Datenverkehr sperrt.

- **MLGPOs**   Unter Windows Vista sind mehrfache lokale Gruppenrichtlinienobjekte (Multiple Local Group Policy Objects, MLGPOs) verfügbar. MLGPOs bieten eine höhere Flexibilität in der Konfiguration eigenständiger Computer, die von mehreren Benutzern oder öffentlich benutzt werden, und lassen sich bei Bedarf sogar in Domänenumgebungen einsetzen. Weitere Informationen finden Sie im Abschnitt »Grundlagen der lokalen Mehrfachgruppenrichtlinienobjekte« dieses Kapitels.

- **Ablaufprotokollierung**   Windows Vista bietet eine neue Methode für die Erstellung von Ablaufprotokollen zur Behandlung von Problemen bei der Gruppenrichtlinienverarbeitung. Dabei wird die Ablaufverfolgung der Gruppenrichtlinienfunktionen von anderen Aktivitäten des Betriebssystems getrennt, damit die Protokolldateien leichter zu interpretieren sind, wenn sie zur Behandlung von Problemen bei der Gruppenrichtlinienverarbeitung herangezogen werden.

- **Neue Kategorien von Richtlinieneinstellungen**   Windows Vista unterstützt über 2500 verschiedene Gruppenrichtlinieneinstellungen, während es auf älteren Windows-Plattformen 1800 Einstellungen waren. Darunter gibt es viele neue Richtlinienkategorien wie Energieverwaltung, die Sperrung der Geräteinstallation, Druckerbereitstellung auf Standortbasis und so weiter. Eine Übersicht über diese Kategorien, die mit Windows Vista eingeführt wurden, finden Sie im Abschnitt »Neue Gruppenrichtlinieneinstellungen in Windows 7« dieses Kapitels. Ausführliche Informationen über die Gruppenrichtlinieneinstellungen einer bestimmten Kategorie finden Sie in dem entsprechenden

Kapitel dieser technischen Referenz, in dem die betreffende Kategorie behandelt wird. Informationen über die Verwendung von Gruppenrichtlinien zur Druckerbereitstellung auf Standortbasis finden Sie zum Beispiel in Kapitel 18, »Drucken«.

■ **RSAT** GPMC ist nun ein Bestandteil von RSAT, der unter Windows Server 2008 als integriertes Feature verfügbar und für Windows Vista SP1 als separater Download erhältlich ist. (Das herunterladbare RSAT können Sie nicht auf RTM-Ausgaben von Windows Vista installieren. Es lässt sich nur auf Windows Vista SP1 oder höher installieren.) RSAT bietet Tools für die Verwaltung von Windows Server 2008-Rollen und Diensten. Das herunterladbare RSAT für Windows Vista SP1 enthält dieselbe GPMC-Version wie das integrierte RSAT-Feature von Windows Server 2008 und ist für 32-Bit- und 64-Bit-Plattformen verfügbar. Die neuste GPMC-Version aus RSAT bietet folgende Leistungsmerkmale:

☐ **Starter-Gruppenrichtlinienobjekte** Starter-Gruppenrichtlinienobjekte bieten eine Grundlage für die Erstellung von Gruppenrichtlinienobjekten mit vorkonfigurierten ADM-Richtlinieneinstellungen. Ein neues Gruppenrichtlinienobjekt, das aus einem Starter-Gruppenrichtlinienobjekt erstellt wird, enthält alle Richtlinieneinstellungen dieses Objekts. Windows Vista SP1 unterstützt zwei Arten von Starter-Gruppenrichtlinienobjekten: benutzerdefinierte Starter-Gruppenrichtlinienobjekte, die vom Benutzer erstellt werden können, und System-Starter-Gruppenrichtlinienobjekte, die als schreibgeschützte Starter-Gruppenrichtlinienobjekte zur Verbreitung von vordefinierten Konfigurationen dienen. Wie Gruppenrichtlinienobjekte können auch Starter-Gruppenrichtlinienobjekte gesichert und wiederhergestellt werden. Außerdem können Sie Starter-Gruppenrichtlinienobjekte aus *.cab*-Dateien importieren und in *.cab*-Dateien exportieren, wodurch sie sehr portabel werden.

☐ **ADM-Richtlinieneinstellungsfilterung** Erlaubt die Anwendung von Einschlussfiltern auf den Knoten *Administrative Vorlagen\Alle Einstellungen*. Das ermöglicht Ihnen die Filterung von ADM-Richtlinieneinstellungen nach verwalteten und unverwalteten, nach konfigurierten und unkonfigurierten Richtlinieneinstellungen. Außerdem können Sie Schlüsselwörter für die Suche in den Richtlinienbezeichnungen, in den Erklärungen oder den Kommentaren der ADM-Richtlinieneinstellungen verwenden. Außerdem können Sie nach Plattform oder Anwendungen filtern, beispielsweise nach allen Richtlinieneinstellungen, die zumindest den Standard von Windows Server 2008 erfüllen.

☐ **Registerkarte *Kommentar*** Unter Windows Vista verfügt jede ADM-Richtlinieneinstellung und jedes Gruppenrichtlinienobjekt in ihrem Eigenschaftendialogfeld über eine zusätzliche Registerkarte namens *Kommentar*. Das gibt Administratoren die Gelegenheit, die Richtlinieneinstellung oder das Gruppenrichtlinienobjekt zu kommentieren. Sie können auch nach dem Inhalt des Kommentarfelds filtern.

☐ **Gruppenrichtlinienpräferenzen** Dieses Leistungsmerkmal erweitert den Funktionsumfang von vorhandenen Gruppenrichtlinien, indem es Administratoren die Durchführung von Arbeiten ermöglicht, für die vorher Skriptkenntnisse erforderlich waren. Gruppenrichtlinienpräferenzen ermöglichen die Verwaltung von Laufwerkszuordnungen, Registrierungseinstellungen, lokalen Benutzern und Gruppen, Dateien, Ordnern und Verknüpfungen mit Clientcomputern. Gruppenrichtlinienpräferenzen können unter Windows Vista SP1 mit RSAT oder unter Windows Server 2008 verwaltet werden. In Windows Server 2008 sind bereits clientseitige Erweiterungen (Client-side Extensions, CSEs) für Gruppenrichtlinienpräferenzen enthalten, während sie für Windows Vista RTM oder höher, Windows XP SP2 oder höher und Windows Server 2003 SP1 oder höher im Microsoft Download Center heruntergeladen werden können.

Neue Gruppenrichtlinienfunktionen in Windows 7 und Windows Server 2008 R2

Windows 7 und Windows Server 2008 R2 bauen auf der Basis auf, die in Windows Vista und Windows Server 2008 mit den Verbesserungen in den Gruppenrichtlinien geschaffen wurde. Die wichtigsten Weiterentwicklungen in den Gruppenrichtlinien von Windows 7 und Windows Server 2008 R2 sind folgende:

- **Neue Kategorien von Richtlinieneinstellungen**   Windows 7 und Windows Server 2008 R2 bieten neue Kategorien von Gruppenrichtlinieneinstellungen und einige zusätzliche Richtlinieneinstellungen für vorhandene Richtlinienkategorien. Weitere Informationen über diese Verbesserungen finden Sie im Abschnitt »Gruppenrichtlinieneinstellungen in Windows 7« weiter unten im Kapitel.

- **Standard-Starter-Gruppenrichtlinienobjekte**   Windows 7 und Windows Server 2008 R2 enthalten nun eine Reihe von Standard-Starter-Gruppenrichtlinienobjekten, die Sie dazu verwenden können, die Umsetzung der Sicherheitsempfehlungen für Unternehmensumgebungen sicherzustellen. Unter Windows Vista und Windows Server 2008 mussten Sie diese Starter-Gruppenrichtlinienobjekte vor ihrer Verwendung separat herunterladen. Weitere Informationen über diese Verbesserung finden Sie im Abschnitt »Verwenden von Starter-Gruppenrichtlinienobjekten« weiter unten im Kapitel.

- **Windows PowerShell-Cmdlets für Gruppenrichtlinien**   Unter Windows 7 und Windows Server 2008 R2 können Sie nun Windows PowerShell verwenden, um Gruppenrichtlinienobjekte mit den neuen Windows PowerShell-Cmdlets für Gruppenrichtlinien aus der Windows Server 2008 R2 GPMC zu erstellen, zu bearbeiten und zu warten. Damit können Administratoren viele häufig vorkommende Verwaltungsarbeiten an Gruppenrichtlinien auf der Befehlszeile durchführen. Beachten Sie, dass sich lokale Gruppenrichtlinien nicht auf diese Weise bearbeiten lassen. Außerdem lassen sich auf diese Weise nur Einstellungen auf Registrierungsbasis verändern, und keine Sicherheitsrichtlinien oder andere Richtlinienaspekte. Weitere Informationen über diese Verbesserung erhalten Sie im Abschnitt »Erstellen und Verwalten von Gruppenrichtlinienobjekten mit Windows PowerShell« weiter unten im Kapitel.

- **Erweiterungen an ADM-Einstellungen**   ADM-Richtlinieneinstellungen (ADMX-Vorlagen) wurden unter Windows 7 und Windows Server 2008 R2 mit einer verbesserten Benutzeroberfläche versehen, in der sich Richtlinieneinstellungen auf einfache Weise kommentieren lassen. Außerdem unterstützen ADMX-Vorlagen für Windows 7 nun mehrteilige Zeichenfolgen und QWORD-Registrierungswerte. Die Bearbeitungsmöglichkeit wurde durch die neue ADMX-Benutzeroberfläche mit ihren einheitlicheren Fenstern und größenveränderlichen Dialogfeldern verbessert. Informationen über die Konfiguration von Richtlinieneinstellungen finden Sie im Abschnitt »Konfigurieren von Richtlinieneinstellungen« weiter unten im Kapitel.

- **Erweiterungen der Gruppenrichtlinienpräferenzen**   Die Gruppenrichtlinienpräferenzen wurden unter Windows 7 und Windows Server 2008 R2 in den Bereichen Energieeinstellungen für Windows Vista und höhere Versionen, Erstellen von geplanten Aufgaben für Windows Vista und höhere Versionen, Erstellen von sofortigen Aufgaben, die direkt bei der Aktualisierung der Gruppenrichtlinien ausgeführt werden, für Windows Vista und höhere Versionen, und Verwalten von Einstellungen für Windows Internet Explorer 8 erweitert. Außerdem ermöglicht ein neues Präferenzelement namens *Sofortige Aufgabe* die Erstellung von Aufgaben. Informationen über die Konfiguration der Einstellungselemente finden Sie im Abschnitt »Konfigurieren der Einstellungselemente« weiter unten im Kapitel.

- **Erweiterte Überwachungsrichtlinienkonfiguration** Die Gruppenrichtlinien von Windows 7 und Windows Server 2008 R2 umfassen nun mehr als 50 erweiterte Überwachungsrichtlinien aus über zehn Bereichen, die zur Identifikation von potenziellen Angriffen auf Ihr Netzwerk oder zur Überprüfung der Einhaltung der Sicherheitsvorschriften Ihrer Organisation verwendet werden können. Unter Windows Vista und Windows Server 2008 lassen sich diese erweiterten Überwachungsrichtlinienkategorien mit dem Dienstprogramm *auditpol.exe* auf der Befehlszeile verwalten. Ab Windows 7 und Windows Server 2008 R2 lassen sich die erweiterten Sicherheitsrichtlinienkategorien allerdings im Gruppenrichtlinienverwaltungs-Editor verwalten und sind unter *Computerkonfiguration\Richtlinien\Windows-Einstellungen\Sicherheitseinstellungen\Erweiterte Überwachungsrichtlinienkonfiguration* zu finden. Weitere Informationen erhalten Sie in Kapitel 2, »Sicherheit in Windows 7«.

- **Anwendungssteuerungsrichtlinien** In den Gruppenrichtlinien von Windows 7 und Windows Server 2008 R2 gibt es nun Windows AppLocker, das die Richtlinien für Softwareeinschränkung von Windows Vista und Windows Server 2008 ersetzt. AppLocker ist unter *Computerkonfiguration\Richtlinien\Windows-Einstellungen\Sicherheitseinstellungen\Anwendungssteuerungsrichtlinien* zu finden. AppLocker bietet neue Funktionen und Erweiterungen, die den Verwaltungsaufwand verringern und Administratoren die Kontrolle darüber ermöglichen, wie Benutzer ausführbare Dateien, Skripts, Windows Installer-Dateien (*.msi*- und *.msp*-Dateien) und DLLs (Dynamic-Link Libraries) verwenden können. Weitere Informationen über AppLocker finden Sie in Kapitel 24, »Schützen des Clients«.

- **Namensauflösungsrichtlinie** Die Gruppenrichtlinien bieten unter Windows 7 und Windows Server 2008 R2 nun auch eine Namensauflösungsrichtlinie, mit der die Speicherung von Einstellungen für DNSsec (Domain Name System security) und für den Direktzugriff in einer Richtlinientabelle für die Namensauflösung (Name Resolution Policy Table, NRPT) auf Clientcomputern möglich ist. Diese neuen Einstellungen sind unter *Computerkonfiguration\Richtlinien\Windows-Einstellungen\Namensauflösungsrichtlinie* zu finden.

Gruppenrichtlinieneinstellungen in Windows 7

Windows Vista und Windows Server 2008 haben viele Gruppenrichtlinienkategorien neu eingeführt und andere erweitert. Windows 7 und Windows Server 2008 R2 bieten ebenfalls neue Richtlinienkategorien, mit denen Administratoren verschiedene Aspekte von Clientcomputern für die Benutzer konfigurieren und festlegen können.

Tabelle 14.1 listet viele dieser neuen und erweiterten Kategorien auf den verschiedenen Plattformen auf und zeigt, wo sie im Gruppenrichtlinienverwaltungs-Editor zu finden sind. Die Tabelle zeigt Ihnen auch, ob Sie in dieser technischen Referenz weitere Informationen über die Richtlinieneinstellungen finden. Die mit einem Sternchen (*) versehenen Kategorien sind in Windows 7 und Windows Server 2008 R2 neu. Für Richtlinien, die mit zwei Sternchen (**) versehen sind, gibt es in Windows 7 und Windows Server 2008 R2 neue Unterkategorien.

Tabelle 14.1 Neue und erweiterte Gruppenrichtlinienbereiche in Windows 7, Windows Server 2008 R2, Windows Vista und Windows Server 2008

Kategorie	Beschreibung	Ort	Informationen in
Anlagen-Manager	Steuert die Bewertung von Anlagen mit hohem Risiko.	*Benutzerkonfiguration\Richtlinien\ Administrative Vorlagen\Windows- Komponenten\Anlagen-Manager*	Nicht besprochen
Benutzerkontensteuerung	Steuert das Verhalten der Meldung bei der Anforderung von erhöhten Rechten.	*Computerkonfiguration\Richtlinien\ Windows-Einstellungen\Sicherheits- einstellungen\Lokale Richtlinien\ Sicherheitsoptionen*	Kapitel 24
Bereitgestellte Drucker	Stellt eine Druckerverbindung für einen Computer bereit.	*Computerkonfiguration\Richtlinien\ Windows-Einstellungen\ Bereitgestellte Drucker Benutzerkonfiguration\Richtlinien\ Windows-Einstellungen\ Bereitgestellte Drucker*	Kapitel 18
** BitLocker-Laufwerk- verschlüsselung	Steuert das Verhalten der BitLocker- Laufwerkverschlüsselung.	*Computerkonfiguration\Richtlinien\ Administrative Vorlagen\Windows- Komponenten\BitLocker-Laufwerk- verschlüsselung*	Kapitel 16
* BranchCache	Steuert das Verhalten von Branch- Cache.	*Computerkonfiguration\Richtlinien\ Administrative Vorlagen\Netzwerk\ BranchCache*	Kapitel 27
* Dateisystem	Legt die Komprimierung und andere Eigenschaften des NTFS-Dateisystems fest.	*Computerkonfiguration\Richtlinien\ Administrative Vorlagen\System\ Dateisystem*	Kapitel 16
Datenträgerdiagnose	Legt die Informationen fest, die bei der Diagnose eines Laufwerksausfalls angezeigt werden.	*Computerkonfiguration\Richtlinien\ Administrative Vorlagen\System\ Problembehandlung und Diagnose\ Datenträgerdiagnose*	Kapitel 30
Energieverwaltung	Betrifft Energieverwaltungsoptionen, Benachrichtigungen, die Wirkung des Netzschalters, den Energiesparmodus, Festplatteneinstellungen und Grafik- einstellungen.	*Computerkonfiguration\Richtlinien\ Administrative Vorlagen\System\ Energieverwaltung*	Kapitel 17
Ereignisprotokolldienst	Konfiguriert Ereignisprotokolle.	*Computerkonfiguration\Richtlinien\ Administrative Vorlagen\Windows- Komponenten\Ereignisprotokoll- dienst*	Kapitel 21
Geräteinstallation	Erlaubt oder beschränkt die Geräte- installation auf der Basis von Geräte- klassen oder Gerätekennungen.	*Computerkonfiguration\Richtlinien\ Administrative Vorlagen\System\ Geräteinstallation*	Kapitel 17
* Heimnetzgruppe	Verhindert, dass Computer zu einer Heimnetzgruppe hinzugefügt werden.	*Computerkonfiguration\Richtlinien\ Administrative Vorlagen\Windows- Komponenten\Heimnetzgruppe*	Kapitel 25

▶

Kategorie	Beschreibung	Ort	Informationen in
** Internet Explorer	Konfiguriert den Internet Explorer.	*Computerkonfiguration\Richtlinien\ Administrative Vorlagen\Windows- Komponenten\Internet Explorer Benutzerkonfiguration\Richtlinien\ Administrative Vorlagen\Windows- Komponenten\Internet Explorer*	Kapitel 20
Netzwerkfreigabe	Verhindert, dass Benutzer in ihren Profilpfaden Freigaben einrichten.	*Benutzerkonfiguration\Richtlinien\ Administrative Vorlagen\Windows- Komponenten\Netzwerkfreigabe*	Nicht besprochen
* Netzwerkverbindungs- Statusanzeige	Wird zur Überprüfung der Netzwerk- umgebung verwendet.	*Computerkonfiguration\Richtlinien\ Administrative Vorlagen\Netzwerk\ Netzwerkverbindungs-Statusanzeige*	Nicht besprochen
Offlinedateien	Konfiguriert für Offlinedateien einen Modus für langsame Verbindungen.	*Computerkonfiguration\Richtlinien\ Administrative Vorlagen\Netzwerk\ Offlinedateien*	Kapitel 14
Onlineunterstützung	Legt fest, ob Benutzer Hilfetext-Inhalte anzeigen können, die nicht vertrauens- würdig sind.	*Computerkonfiguration\Richtlinien\ Administrative Vorlagen\Windows- Komponenten\Onlineunterstützung Benutzerkonfiguration\Richtlinien\ Administrative Vorlagen\Windows- Komponenten\Onlineunterstützung*	Nicht besprochen
Permanenter Festplattencache	Konfiguriert die Eigenschaften von Hybridfestplattenlaufwerken.	*Computerkonfiguration\Richtlinien\ Administrative Vorlagen\System\ Permanenter Festplattencache*	Kapitel 16
** Problembehandlung und Diagnose	Steuert das Verhalten der integrierten Diagnose.	*Computerkonfiguration\Richtlinien\ Administrative Vorlagen\System\ Problembehandlung und Diagnose*	Kapitel 30
Regions- und Sprach- optionen	Beschränkt den Zugriff auf Regions- und Sprachoptionen.	*Computerkonfiguration\Richtlinien\ Administrative Vorlagen\ Systemsteuerung\Regions- und Sprachoptionen Benutzerkonfiguration\Richtlinien\ Administrative Vorlagen\ Systemsteuerung\Regions- und Sprachoptionen*	Nicht besprochen
Remoteunterstützung	Steuert das Verhalten der Remote- unterstützung.	*Computerkonfiguration\Richtlinien\ Administrative Vorlagen\System\ Remoteunterstützung*	Kapitel 22
Suche	Verhindert die Indizierung von Dateien im Offlinedateizwischenspeicher.	*Computerkonfiguration\Richtlinien\ Administrative Vorlagen\Windows- Komponenten\Suche*	Kapitel 19
Systemsteuerung – Leistung	Sperrt den Zugriff auf das Leistungs- tool.	*Computerkonfiguration\Richtlinien\ Administrative Vorlagen\System\ Systemsteuerung – Leistung Benutzerkonfiguration\Richtlinien\ Administrative Vorlagen\System\ Systemsteuerung – Leistung*	Kapitel 21

▶

Kategorie	Beschreibung	Ort	Informationen in
* TCP/IP-Einstellungen	Konfiguriert IPv6-Übergangstechnologien für den Direktzugriff.	*Computerkonfiguration\Richtlinien\ Administrative Vorlagen\Netzwerk\ TCP/IP-Einstellungen*	Kapitel 27
Terminaldienste	Steuert das Verhalten der Remotedesktopclients.	*Computerkonfiguration\Richtlinien\ Administrative Vorlagen\Windows-Komponenten\Terminaldienste Benutzerkonfiguration\Richtlinien\ Administrative Vorlagen\Windows-Komponenten\Terminaldienste*	Kapitel 27
Wechselspeichergeräte	Kontrolliert das Lesen von und Schreiben auf Wechselspeichergeräte.	*Computerkonfiguration\Richtlinien\ Administrative Vorlagen\System\ Wechselmedienzugriff Benutzerkonfiguration\Richtlinien\ Administrative Vorlagen\System\ Wechselmedienzugriff*	Kapitel 16
Windows-Anmeldeoptionen	Zeigt eine Meldung an, wenn die Anmeldung mit zwischengespeicherten Anmeldeinformationen erfolgt.	*Computerkonfiguration\Richtlinien\ Administrative Vorlagen\Windows-Komponenten\Windows-Anmeldeoptionen Benutzerkonfiguration\Richtlinien\ Administrative Vorlagen\Windows-Komponenten\Windows-Anmeldeoptionen*	Nicht besprochen
* Windows Anytime Upgrade	Verhindert die Ausführung von Windows Anytime Upgrade.	*Computerkonfiguration\Richtlinien\ Administrative Vorlagen\Windows-Komponenten\Windows Anytime Upgrade Benutzerkonfiguration\Richtlinien\ Administrative Vorlagen\Windows-Komponenten\Windows Anytime Upgrade*	Nicht besprochen
Windows Defender	Steuert den Windows-Defender.	*Computerkonfiguration\Richtlinien\ Administrative Vorlagen\Windows-Komponenten\Windows Defender*	Kapitel 24
Windows-Fehlerberichterstattung	Steuert die Windows-Fehlerberichterstattung.	*Computerkonfiguration\Richtlinien\ Administrative Vorlagen\Windows-Komponenten\Windows-Fehlerberichterstattung Benutzerkonfiguration\Richtlinien\ Windows-Komponenten\ Administrative Vorlagen\Windows-Fehlerberichterstattung*	Kapitel 21
Windows-Firewall mit erweiterter Sicherheit	Konfiguriert Windows-Firewall und IPsec-Einstellungen.	*Computerkonfiguration\Richtlinien\ Windows-Einstellungen\Sicherheitseinstellungen\Windows-Firewall mit erweiterter Sicherheit*	Kapitel 26

▶

Kategorie	Beschreibung	Ort	Informationen in
Windows-Programm zur Verbesserung der Benutzerfreundlichkeit	Konfiguriert das Programm zur Verbesserung der Benutzerfreundlichkeit.	*Computerkonfiguration\Richtlinien\ Administrative Vorlagen\Windows-Komponenten\Windows Programm zur Verbesserung der Benutzerfreundlichkeit*	Kapitel 12
Windows Update	Aktiviert die Energieverwaltung, um das System für geplante Updates automatisch hochzufahren.	*Computerkonfiguration\Richtlinien\ Administrative Vorlagen\Windows-Komponenten\Windows Update*	Kapitel 23
* Windows-Zuverlässigkeitsanalyse	Konfiguriert WMI-Anbieter für Zuverlässigkeit.	*Computerkonfiguration\Richtlinien\ Administrative Vorlagen\Windows-Komponenten\Windows-Zuverlässigkeitsanalyse*	Kapitel 21

Tabelle 14.2 nennt einige der neuen und erweiterten Richtlinienkategorien, mit denen sich in Unternehmensumgebungen zum Beispiel die Benutzeroberfläche festlegen lässt. Die mit einem Sternchen (*) versehenen Kategorien sind in Windows 7 und Windows Server 2008 R2 neu.

Tabelle 14.2 Gruppenrichtlinienkategorien für die Einstellung der Benutzerdesktops unter Windows 7, Windows Server 2008 R2, Windows Vista und Windows Server 2008

Kategorie	Beschreibung	Ort	Informationen in
Anmelden	Entfernt den Einstiegspunkt für die schnelle Benutzerumschaltung.	*Computerkonfiguration\Richtlinien\Administrative Vorlagen\System\Anmelden*	Nicht besprochen
* Anpassen	Konfiguriert das Design, den Bildschirmschoner und andere Desktopeinstellungen.	*Benutzerkonfiguration\Richtlinien\Administrative Vorlagen\Systemsteuerung\ Anpassen*	Nicht besprochen
Benutzerprofile	Legt das Verhalten von servergespeicherten Benutzerprofilen und lokal zwischengespeicherten Benutzerprofilen fest.	*Computerkonfiguration\Richtlinien\Administrative Vorlagen\System\Benutzerprofile* *Benutzerkonfiguration\Richtlinien\Administrative Vorlagen\System\Benutzerprofile*	Kapitel 15
Desktop	Konfiguriert den Desktophintergrund.	*Benutzerkonfiguration\Richtlinien\Administrative Vorlagen\Desktop*	Nicht besprochen
Desktopfenster-Manager	Stellt den Desktopfenster-Manager ein.	*Benutzerkonfiguration\Richtlinien\Administrative Vorlagen\Windows-Komponenten\Desktopfenster-Manager*	Nicht besprochen
* Desktopminianwendungen	Konfiguriert das Verhalten der Desktopminianwendungen.	*Computerkonfiguration\Richtlinien\Administrative Vorlagen\Windows-Komponenten\Desktopminianwendungen* *Benutzerkonfiguration\Richtlinien\Administrative Vorlagen\Windows-Komponenten\Desktopminianwendungen*	Nicht besprochen

▶

Kategorie	Beschreibung	Ort	Informationen in
Ordnerumleitung	Aktiviert die Lokalisierung von umgelenkten Unterordnern des Startmenüs und der eigenen Dateien.	*Computerkonfiguration\Richtlinien\Administrative Vorlagen\System\Ordnerumleitung* *Benutzerkonfiguration\Richtlinien\Administrative Vorlagen\System\Ordnerumleitung*	Kapitel 15
Programme	Blendet Teile der Systemsteuerung aus.	*Benutzerkonfiguration\Richtlinien\Administrative Vorlagen\Systemsteuerung\Programme*	Nicht besprochen
* Sofortsuche	Konfiguriert benutzerdefinierte Anbieter für die Sofortsuche im Internet.	*Benutzerkonfiguration\Richtlinien\Administrative Vorlagen\Windows-Komponenten\Sofortsuche*	Kapitel 19
Startmenü und Taskleiste	Legt das Verhalten von Startmenü und Taskleiste fest.	*Benutzerkonfiguration\Richtlinien\Administrative Vorlagen\Startmenü und Taskleiste*	Nicht besprochen
Windows-Explorer	Steuert das Verhalten des Explorers und von Vorgängerversionen.	*Benutzerkonfiguration\Richtlinien\Administrative Vorlagen\Windows-Komponenten\Windows-Explorer*	Nicht besprochen

Die Tabellen 14.1 und 14.2 sind keine vollständigen Listen der neuen und erweiterten Richtlinienkategorien von Windows 7 und Windows Server 2008 R2. Eine vollständige Liste aller Richtlinieneinstellungen in Windows 7 und Windows Server 2008 R2 finden Sie in der Excel-Tabelle *Group Policy Settings Reference*, die im Microsoft Download Center unter *http://www.microsoft.com/ downloads/* erhältlich ist.

Grundlagen der ADMX-Vorlagendateien

In den Vorgängerversionen von Microsoft Windows wurden ADM-Vorlagendateien verwendet, um Richtlinieneinstellungen auf Registrierungsbasis anzuzeigen, die im Gruppenrichtlinienverwaltungs-Editor unter *Computerkonfiguration\Richtlinien\Administrative Vorlagen* und *Benutzerkonfiguration\ Richtlinien\Administrative Vorlagen* erscheinen. Diese ADM-Vorlagendateien verwenden eine komplizierte Syntax auf Textbasis, die es für Administratoren recht schwierig macht, für eine lokalisierte Darstellung der ADM-Einstellungen zu sorgen. Windows XP und Windows Server 2003 werden mit fünf ADM-Standardvorlagendateien ausgeliefert: *Conf.adm*, *Inetres.adm*, *System.adm*, *Wmplayer.adm* und *Wuau.adm*. Die meisten ADM-Einstellungen werden in *Inetres.adm* und *System.adm* beschrieben. Diese ADM-Standardvorlagendateien sind im Ordner *%WinDir%\inf* gespeichert. Wenn ein Gruppenrichtlinienobjekt erstellt wird, werden die ADM-Vorlagendateien auf der Verwaltungsworkstation ins GPO auf der *SYSVOL*-Freigabe kopiert und dann auf andere Domänencontroller der Domäne repliziert.

Mit Windows Vista wurden die ADM-Vorlagendateien aber durch ADMX-Vorlagendateien ersetzt. ADMX-Vorlagendateien verwenden statt der speziellen Syntax der ADM-Vorlagendateien eine Syntax auf XML-Basis. ADMX-Vorlagendateien haben gegenüber ADM-Vorlagendateien folgende Vorteile:

- *SYSVOL* wird nicht aufgebläht, weil ADMX-Vorlagendateien nicht in den GPO-Ordnern auf *SYSVOL* gespeichert werden.
- Sie können die ADMX-Vorlagendateien der ganzen Domäne nun in einem einzigen zentralen Speicher unterbringen, wodurch sie leichter zu pflegen sind.

- Mit ADMX-Vorlagendateien kann der Editor für lokale Gruppenrichtlinien Einstellungen in der lokalen Sprache des Benutzers anzeigen, ohne die Darstellung der Richtlinieneinstellungen für andere Benutzer zu beeinträchtigen.

- ADMX-Vorlagendateien unterstützen eine strenge Versionsbezeichnung, was ihre Erstellung und Verwaltung erleichtert.

ADMX-Vorlagendateitypen

Es gibt zwei Arten von ADMX-Vorlagendateien:

- **Sprachneutrale ADMX-Dateien**   Diese Dateien haben die Erweiterung *.admx* und zeigen die Richtlinieneinstellungen auf Registrierungsbasis an, die Sie im Gruppenrichtlinienverwaltungs-Editor bearbeiten können. In Windows 7 gibt es über 100 verschiedene *.admx*-Dateien, gewöhnlich eine für jede Kategorie von Gruppenrichtlinieneinstellungen. Zum Beispiel enthält die Datei *RemovableStorage.admx* die Einstellungen auf Registrierungsbasis, die im Editor für lokale Gruppenrichtlinien unter *Computerkonfiguration\Richtlinien\Administrative Vorlagen\System\Wechselmedienzugriff* und *Benutzerkonfiguration\Richtlinien\Administrative Vorlagen\System\Wechselmedienzugriff* angezeigt werden.

- **Sprachspezifische ADML-Dateien**   Diese Dateien haben die Erweiterung *.adml* und halten sich an die ADML-Syntax (Architecture Description Markup Language). Für jede *.admx*-Datei kann es mehrere *.adml*-Dateien geben, eine für jede installierte Sprache. Diese *.adml*-Dateien ermöglichen im Gruppenrichtlinienverwaltungs-Editor eine lokalisierte Anzeige der ADM-Einstellungen in der Sprache, die aktuell für den Benutzer installiert ist.

  Stellen Sie sich zum Beispiel einen Administrator in einem globalen Unternehmen vor, der seinen Arbeitsplatz in den USA hat. Dieser Administrator erstellt auf seinem Verwaltungscomputer, auf dem Windows 7 mit RSAT in U.S.-Englisch als Standardsprache ausgeführt wird, ein GPO. Wenn anschließend ein Administrator, der in Deutschland ansässig ist, mit der Gruppenrichtlinienverwaltungskonsole dieses GPO bearbeitet, werden die Richtlinieneinstellungen in seinem Gruppenrichtlinienverwaltungs-Editor in Deutsch angezeigt, weil die Arbeitsstation des Administrators Deutsch als Standardsprache verwendet. Diese automatische Anpassung an mehrsprachige Umgebungen erfolgt, sofern die *.adml*-Dateien für Englisch und Deutsch im zentralen Speicher vorhanden sind und Administratoren in verschiedenen geografischen Regionen Zugriff auf die passende Version haben.

So funktioniert's: Die Texte »*Unterstützt auf*« und »*Anforderungen*«

Judith Herman, Group Policy Programming Writer, *Windows Enterprise Management Division UA*

Gruppenrichtlinien sind ein Konfigurationsverwaltungssystem für Unternehmen. ADMX-Dateien sind gegenüber den Richtlinieneinstellungen älterer Betriebssysteme immer eine Obermenge. Das ermöglicht einem Administrator, von einer einzigen Plattform aus mehrere Betriebssysteme zu unterstützen. Der Gruppenrichtlinienverwaltungs-Editor zeigt für Richtlinieneinstellungen in der erweiterten Ansicht Angaben für die Anforderungen an, die diese Richtlinie stellt, oder im Eigenschaftendialogfeld Angaben zu dem Punkt *Unterstützt auf*, damit ein Administrator überprüfen kann, welche Systeme von den verschiedenen ADMX-Richtlinieneinstellungen betroffen sind. Die Richtlinieneinstellungen gelten für ein bestimmtes Betriebssystem, das im Text nach der Beschriftung *Unterstützt auf* genannt wird. Beachten Sie Folgendes: Wenn eine Richtlinieneinstellung nicht auf das Betriebssystem einer Clientarbeitsstation anwendbar ist, hat sie keine Wirkung.

Lokale Speicherung von ADMX-Vorlagendateien

ADMX-Vorlagendateien werden an diesen Orten auf einem Windows 7-Computer lokal gespeichert:

- **Sprachneutrale ADMX-Dateien**   Sie werden im Ordner *%SystemRoot%\PolicyDefinitions* gespeichert.

- **Sprachspezifische ADML-Dateien**   Sie werden im Ordner *%SystemRoot%\PolicyDefinitions\MUI_Kultur* gespeichert, wobei *MUI_Kultur* die Bezeichnung für die installierte Sprache und Kultur ist. Die *.adml*-Dateien für U.S.-Englisch werden zum Beispiel im Ordner *%SystemRoot%\PolicyDefinitions\en-US* gespeichert.

Zentrale Speicherung von ADMX-Vorlagendateien

In AD DS-Umgebungen, in denen Windows Server 2003, Windows Server 2008 oder Windows Server 2008 R2 verwendet wird, können Sie ADMX-Vorlagendateien in einem zentralen Speicher speichern. Dadurch wird es leichter, einen einzigen Satz an ADMX-Vorlagendateien zusammenzustellen, der für alle Computer der Domäne gilt, auf denen Windows 7, Windows Vista, Windows Server 2008 oder Windows Server 2008 R2 ausgeführt wird. Außerdem sucht die Gruppenrichtlinienverwaltungskonsole aus RSAT automatisch diesen zentralen Speicher, und wenn sie ihn findet, verwendet sie statt der lokal gespeicherten ADMX-Vorlagendateien die ADMX-Vorlagendateien aus diesem Speicher. Wenn Sie eine ADMX-Vorlagendatei von einem Windows 7-Computer in den zentralen Speicher kopieren, wird die ADMX-Vorlagendatei für alle Gruppenrichtlinienadministratoren der Domäne verfügbar und die Gruppenrichtlinieneinstellungen werden unabhängig davon, welche Sprache der Administrator lokal installiert hat, korrekt angezeigt.

In einer Domänenumgebung, in der ein zentraler Speicher eingerichtet wurde, werden ADMX-Vorlagendateien auf dem Domänencontroller an folgenden Orten gespeichert:

- **Sprachneutrale ADMX-Dateien**   Sie liegen im Ordner *%SystemRoot%\SYSVOL\domain\Policies\PolicyDefinitions*.

- **Sprachspezifische ADML-Dateien**   Sie werden im Ordner *%SystemRoot%\SYSVOL\domain\Policies\PolicyDefinitions\MUI_Kultur* gespeichert, wobei *MUI_Kultur* die Bezeichnung für die installierte Sprache und Kultur ist. Die *.adml*-Dateien für U.S.-Englisch werden zum Beispiel im Ordner *%SystemRoot%\SYSVOL\domain\Policies\PolicyDefinitions\en-US* gespeichert.

HINWEIS   Wenn Sie diese Funktion nutzen möchten, müssen Sie den zentralen Speicher manuell erstellen und die ADMX-Vorlagendateien hineinkopieren. Weitere Informationen finden Sie im Abschnitt »Konfigurieren des zentralen Speichers« weiter unten im Kapitel.

So funktioniert's: ADMX-Zentralspeicher in Windows 2000 Server- und Windows Server 2003-Domänen

Judith Herman, Group Policy Programming Writer, *Windows Enterprise Management Division UA*

Ein Zentralspeicher kann in einer Windows 2000 Server-Domäne oder in einer Windows Server 2003-Domäne eingerichtet werden. Der ADMX-Zentralspeicher ist einfach nur eine Gruppe von Ordnern auf der *SYSVOL*-Freigabe der Domäne, die genau festgelegte Namen erhalten und die ADMX-Vorlagendateien enthalten. Der Gruppenrichtlinienverwaltungs-Editor kann unabhängig von der vorliegenden Domänenart auf den ADMX-Zentralspeicher zugreifen, solange ein Administrator den Gruppenrichtlinienverwaltungs-Editor auf einer Arbeitsstation unter Windows Vista oder höher verwendet.

Wichtige Faktoren bei der Verwendung von ADMX-Vorlagendateien

Die folgenden Sachverhalte sind bei der Verwendung von ADMX-Vorlagendateien zu berücksichtigen:

- Windows 7 enthält nur ADMX-Vorlagendateien und keine der ADM-Standardvorlagendateien, die auf älteren Windows-Versionen als Windows Vista verwendet werden. Die ADMX-Standardvorlagendateien von Windows 7 ersetzen die ADM-Standardvorlagendateien der älteren Windows-Plattformen.

- Wenn Sie die ADM-Standarddateien zu einem Gruppenrichtlinienobjekt hinzufügen, wird die Windows 7-Version des Gruppenrichtlinienverwaltungs-Editors sie nicht lesen. Haben Sie beispielsweise die Datei *System.adm* einer älteren Windows-Version angepasst und verwenden diese Datei in einem GPO, werden Sie die angepassten Einstellungen nicht sehen, wenn Sie dieses GPO auf einem Windows 7-Computer im Gruppenrichtlinienverwaltungs-Editor öffnen.

- Wenn es auf dem lokalen Windows 7-Computer und in einem Zentralspeicher auf einem Domänencontroller ADMX-Vorlagendateien gibt, werden die ADMX-Vorlagendateien aus dem Zentralspeicher zur Anzeige der Gruppenrichtlinieneinstellungen verwendet, sofern der Gruppenrichtlinienverwaltungs-Editor auf einem Windows 7-Computer der Domäne verwendet wird.

- Wenn in einer ADMX-Vorlagendatei die Anforderung »Mindestens Windows 7« gestellt wird, sind die Richtlinieneinstellungen nur auf Computern zugänglich, auf denen Windows 7 oder Windows Server 2008 ausgeführt wird. Diese Einstellungen sind nicht auf Computern verfügbar, auf denen ältere Versionen von Microsoft Windows ausgeführt werden, und haben keine Auswirkungen auf die Registrierung dieser Computer, wenn sie in einem GPO verwendet werden. Außerdem können Richtlinieneinstellungen, die nur in ADMX-Vorlagendateien vorhanden sind, nur auf Computern verwaltet werden, auf denen Windows 7 mit RSAT oder Windows Server 2008 ausgeführt wird, weil sie in den Versionen des Gruppenrichtlinienverwaltungs-Editors, die für ältere Windows-Versionen verfügbar sind, nicht angezeigt werden.

- Sie können auf einem Windows 7-Computer ADM-Vorlagendateien in gewohnter Weise in den Ordner *%WinDir%\inf* importieren, indem Sie im Gruppenrichtlinienverwaltungs-Editor den Knoten *Administrative Vorlagen* unter *Computerkonfiguration* oder *Benutzerkonfiguration* mit der rechten Maustaste anklicken und *Vorlagen hinzufügen/entfernen* wählen. Allerdings verfügt Windows 7 nicht über eine Schnittstelle für den Import von ADMX-Vorlagendateien nach *%SystemRoot%\PolicyDefinitions*.

- Administratoren, die benutzerdefinierte ADM-Vorlagendateien entwickeln, können diese Dateien mit dem ADMX Migrator ins neue ADMX-Format übernehmen. Weitere Informationen finden Sie im Abschnitt »Konvertieren von ADM-Vorlagen ins ADMX-Format« weiter unten im Kapitel.

- Der Gruppenrichtlinienverwaltungs-Editor von Windows 7 kann ADMX-Vorlagendateien und benutzerdefinierte ADM-Dateien lesen und anzeigen, aber nicht die ADM-Standardvorlagendateien, die in älteren Windows-Versionen verwendet werden. (Beachten Sie, dass sich daraus keine Probleme ergeben, weil die ADMX-Vorlagendateien von Windows 7 und Windows Vista eine Obermenge der Richtlinieneinstellungen aus den ADM-Dateien der älteren Windows-Versionen sind.) Wenn im Ordner *%WinDir%\inf* des lokalen Windows 7-Computers eine benutzerdefinierte ADM-Datei gespeichert ist (also keine ADM-Standardvorlagendatei), dann werden die von dieser Datei definierten Richtlinieneinstellungen in einem separaten Knoten namens *Klassische administrative Vorlage (ADM)* angezeigt, der je nachdem, wo die ADM-Vorlagendatei importiert wurde, unter *Computerkonfiguration\Richtlinien\Administrative Vorlagen* oder *Benutzerkonfiguration\Richtlinien\Administrative Vorlagen* zu finden ist (Abbildung 14.1). Auch wenn die

ADM-Vorlagendateien in einem GPO auf *SYSVOL* gespeichert werden, erfolgt die Anzeige in dieser Weise, wenn Sie das GPO mit dem Gruppenrichtlinienverwaltungs-Editor unter Windows 7 mit RSAT öffnen.

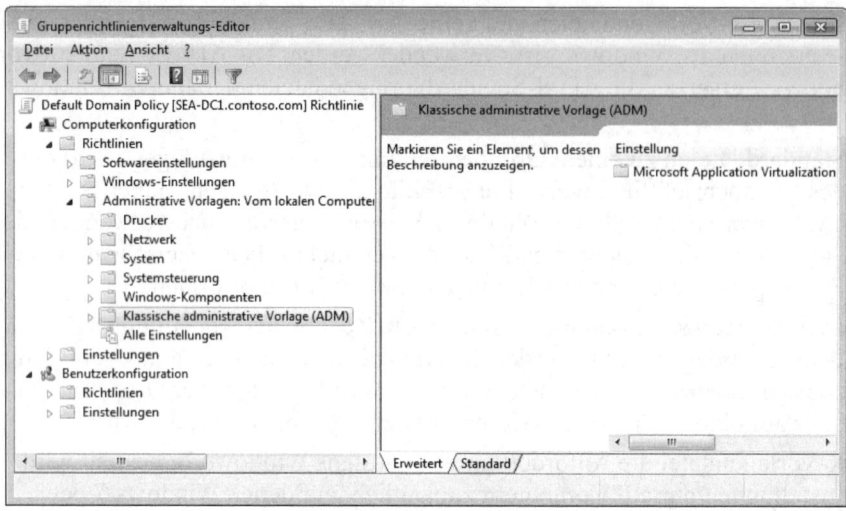

Abbildung 14.1 Im Knoten *Klassische administrative Vorlage (ADM)* des Gruppenrichtlinienverwaltungs-Editors werden Richtlinieneinstellungen angezeigt, die von ADM-Vorlagendateien stammen

- Wenn Sie auf einem Computer unter Windows 7 mit RSAT oder Windows Vista SP1 mit der Gruppenrichtlinienverwaltungskonsole ein neues GPO erstellen und dieses GPO nie mit einem Gruppenrichtlinienverwaltungs-Editor von älteren Windows-Versionen bearbeitet wird, enthält der GPO-Ordner weder ADM- noch ADMX-Vorlagendateien. Dadurch wird die Größe jedes GPO-Ordners gegenüber älteren Plattformen um ungefähr 4 MByte verringert und *SYSVOL* wird auf den Domänencontrollern nicht so stark belastet. Wenn Sie allerdings auf einem Computer unter Windows 7 oder Windows Vista SP1 mit der Gruppenrichtlinienverwaltungskonsole ein neues GPO erstellen und das GPO mit einem Gruppenrichtlinienobjektverwaltungs-Editor einer älteren Windows-Version bearbeiten, werden die ADM-Vorlagendateien aus dem Ordner *%WinDir%\inf* der älteren Windows-Version automatisch in den GPO-Ordner kopiert und auf alle Domänencontroller der Domäne repliziert.

WICHTIG Es empfiehlt sich, keine älteren Versionen der Gruppenrichtlinienverwaltungskonsole oder des Gruppenrichtlinienverwaltungs-Editors zur Bearbeitung von GPOs zu verwenden, die Sie mit der Gruppenrichtlinienverwaltungskonsole von Windows 7 mit RSAT oder Windows Server 2008 R2 bearbeitet haben.

WARNUNG Wie in den älteren Windows-Versionen rät Microsoft davon ab, die ADMX-Standarddateien anzupassen, die in Windows 7 verwendet werden. Falls Sie die ADM- oder ADMX-Standarddateien verändern, können Ihre Änderungen verloren gehen, wenn Microsoft neue Versionen dieser Dateien veröffentlicht.

Direkt von der Quelle: Beheben des SYSVOL-Platzproblems

Judith Herman, Group Policy Programming Writer, *Windows Enterprise Management Division UA*

Die *SYSVOL*-Freigabe wird deswegen aufgebläht, weil der Gruppenrichtlinienverwaltungs-Editor bei der Bearbeitung eines GPOs automatisch die ADM-Standarddateien ins GPO kopiert. Für jedes GPO, das geöffnet und bearbeitet wird, werden dadurch ungefähr 4 MByte Daten in die *SYSVOL*-Freigabe kopiert. Das geschieht unabhängig davon, ob Sie Richtlinien auf Registrierungsbasis bearbeiten oder nicht. Eine große Organisation kann durchaus 1000 oder mehr GPOs verwenden. Speichert man in jedem GPO ADM-Dateien, wird dadurch eine beträchtliche Menge an Speicherplatz beansprucht.

ADMX-Vorlagendateien werden nicht in die einzelnen GPOs kopiert, die auf einer Windows 7-Workstation erstellt oder bearbeitet werden. Indem Sie GPOs mit Windows 7-Workstations erstellen und bearbeiten, können Sie das *SYSVOL*-Platzproblem lösen. Aber das erfordert eine gewisse Disziplin. Speicher lässt sich auf *SYSVOL* nur dann einsparen, wenn alle Gruppenrichtlinienadministratoren für die Erstellung und Bearbeitung von GPOs Windows 7-Workstations verwenden. Die vorhandenen GPOs oder GPOs, die mit älteren Betriebssystemen bearbeitet werden, können auch dann auf *SYSVOL* ADM-Dateien enthalten, wenn das GPO mit der Windows 7-Version von *Gpedit.msc* erstellt wurde.

Grundlagen der lokalen Mehrfachgruppenrichtlinienobjekte

Eine weitere neue Funktion, die mit Windows Vista eingeführt wurde, ist die Unterstützung von mehrfachen lokalen Gruppenrichtlinienobjekten (Multiple Local Group Policy Objects, MLGPOs). MLGPOs erleichtern die Absicherung von Computern, die von einer Gruppe oder von der Öffentlichkeit verwendet werden, wie zum Beispiel öffentlich zugängliche Computer in einer Bibliothek. MLGPOs sind zwar in erster Linie für eigenständige Einzelcomputer gedacht, können aber auch auf Computern verwendet werden, die Domänen angehören (wobei es aber besser ist, in diesem Fall mehrere Domänen-GPOs zu erstellen, solange das möglich ist).

MLGPO-Typen

Die älteren Versionen von Windows unterstützten pro Computer nur ein lokales Gruppenrichtlinienobjekt (Local Group Policy Object, LGPO). Dieses Objekt war gemeint, wenn von den lokalen Gruppenrichtlinien gesprochen wurde. Eigenständige Einzelcomputer, auf denen diese Windows-Versionen ausgeführt wurden, ließen sich nur dann mit Gruppenrichtlinien verwalten, wenn dieses LGPO verwendet wurde. Waren Computer Mitglieder einer Domäne, ließen sie sich nicht nur mit ihrem LGPO mit Gruppenrichtlinien verwalten, sondern auch durch die Verwendung eines oder mehrerer Domänen-GPOs, die mit dem AD DS Container verknüpft waren (Domäne, Organisationseinheit oder Standort), zu dem der Computer oder der Benutzer gehörte.

Auf älteren Windows-Versionen können Sie LGPOs zwar nicht mit der Gruppenrichtlinienverwaltungskonsole verwalten, aber Sie können LGPOs auf dem lokalen Computer im Gruppenrichtlinienverwaltungs-Editor öffnen und konfigurieren. Eine ältere Windows-Version, die neu installiert wurde, besaß kein LGPO. Es wurde erst erstellt, wenn ein Administrator das erste Mal mit dem Editor für lokale Gruppenrichtlinien Einstellungen an dem Objekt vornahm. Das neu erstellte LGPO wurde in einem verborgenen Verzeichnis namens *%WinDir%\System32\GroupPolicy* mit einer ähnlichen Verzeichnisstruktur gespeichert, wie sie die Gruppenrichtlinienvorlage eines Domänen-GPOs aufweist. Allerdings sind nicht alle Domäneneinstellungen im lokalen GPO verfügbar.

In Windows 7 gibt es drei Ebenen mit LGPOs (deswegen heißen sie MLGPOs):

- **Richtlinien für den lokalen Computer**   Das ist das Standard-LGPO. Es wirkt sich auf alle Benutzer des Computers aus und enthält zudem die einzigen lokalen Computerrichtlinien. Diese Ebene besteht aus einem einzelnen MLGPO, dessen Richtlinieneinstellungen für alle Benutzer des Computers gelten, auch für Administratoren. Zu den lokalen Gruppenrichtlinien gehören Computer- und Benutzereinstellungen. Das Verhalten unter Windows 7 ist dasselbe wie in Windows-Versionen vor Windows Vista. Da es das einzige MLGPO ist, das Computereinstellungen enthält, sollten Sie in diesem MLGPO normalerweise nur Einstellungen vornehmen, die für alle Benutzer des Computers gleichermaßen gelten.

- **Lokale Richtlinien für Administratoren und Nicht-Administratoren**   Benutzer von Windows 7 sind entweder Mitglieder der lokalen Administratorengruppe oder nicht. Benutzer, die Mitglieder der Administratorengruppe sind, verfügen auf dem Computer über alle Verwaltungsrechte (allerdings kann eine Anhebung der Rechte erforderlich sein, um diese Rechte umzusetzen). Benutzer, die nicht zu dieser Gruppe gehören, verfügen nur über beschränkte Rechte. Zu dieser Ebene gehören zwei MLGPOs, eines für Mitglieder der Administratorengruppe und eines für die anderen Benutzer. In diesen MLGPOs gibt es nur Benutzereinstellungen und keine Computereinstellungen. Sie können diese MLGPOs verwenden, um Administratoren und Standardbenutzer mit unterschiedlichen Rechten auszustatten. Die Einstellungen gelten nur für Benutzerrichtlinien und wirken sich nicht auf Computerrichtlinien aus.

- **Benutzerspezifische lokale Gruppenrichtlinien**   Zu dieser Ebene gehören eines oder mehrere MLGPOs, nämlich eines für jedes lokale Benutzerkonto, das Sie auf dem Computer einrichten. Diese MLGPOs haben nur Benutzereinstellungen und verfügen nicht über Computereinstellungen. Damit können Sie bei Bedarf für jeden lokalen Benutzer des Computers maßgeschneiderte Richtlinieneinstellungen vornehmen. Diese Einstellungen gelten nur für die jeweiligen Benutzer und wirken sich nicht auf den Computer aus.

HINWEIS   Windows 7 unterstützt nicht die Einstellung von lokalen Gruppenrichtlinien für frei definierte Benutzergruppen. Sie können auch keine anderen Gruppen als die Administratoren (und Nicht-Administratoren) zur Einstellung von Richtlinien verwenden, die für lokale Gruppen gelten. Beispielsweise können Sie kein MLGPO für Benutzer erstellen, die zur vordefinierten Gruppe der *Sicherungs-Operatoren* gehören.

MLGPOs und die Gruppenrichtlinienverarbeitung

Auf älteren Windows-Versionen wurden Gruppenrichtlinien in folgender Reihenfolge verarbeitet:

1. Lokale Computerrichtlinien

2. Standort-GPOs

3. Domänen-GPOs

4. GPOs der Organisationseinheiten

Richtlinien werden so angewendet, dass die Richtlinieneinstellung, die dem Benutzer oder Computer am nächsten ist, Vorrang hat, sofern die Reihenfolge nicht mit der Gruppenrichtlinienverwaltungskonsole geändert wird (außer Kraft setzen, von höherer Stelle blockieren, GPO oder Benutzer- oder Computereinstellungen des GPOs deaktivieren). Wird eine bestimmte Richtlinie beispielsweise auf Domänenebene aktiviert, aber auf der Ebene der Organisationseinheit deaktiviert, und gehören der Computer und/oder die Benutzer ebenfalls zu dieser Organisationseinheit, hat der letzte Wert (Deaktiviert) Vorrang und gibt die effektive Einstellung der Richtlinie an.

Windows 7 verwendet dieselbe Bearbeitungsreihenfolge der Gruppenrichtlinien und auch dieselbe »der Letzte gewinnt«-Einstellung. Allerdings bietet Windows 7 nun drei Ebenen an lokalen Richtlinien. Deren Bearbeitung erfordert zusätzliche Schritte:

1. Lokale Computerrichtlinien

2. Richtlinien für Administratoren und Nicht-Administratoren (nur Benutzerrichtlinien)

3. Benutzerspezifische lokale Gruppenrichtlinien (nur Benutzerrichtlinien)

Informationen über die Einstellung von MLGPOs finden Sie im Abschnitt »Bearbeiten von mehrfachen lokalen Gruppenrichtlinienobjekten« dieses Kapitels. Wie man die Verarbeitung von MLGPO-Richtlinien in einer Domänenumgebung deaktiviert, beschreibt der Abschnitt »Konfigurieren der Gruppenrichtlinienverarbeitung« dieses Kapitels.

Verwalten von Gruppenrichtlinien

Die Verwaltung der Gruppenrichtlinien für Windows 7-Plattformen umfasst unter anderem folgende Aufgaben:

- Konfigurieren des zentralen Speichers
- Hinzufügen von ADMX-Vorlagen zum zentralen Speicher
- Erstellen und Verwalten von Gruppenrichtlinienobjekten
- Bearbeiten von Gruppenrichtlinienobjekten
- Verwalten von MLGPOs
- Konvertieren von ADM-Vorlagen ins ADMX-Format
- Konfigurieren der Gruppenrichtlinienverarbeitung
- Verwenden der erweiterten Gruppenrichtlinienverarbeitung

Die folgenden Abschnitte beschreiben diese einzelnen Schritte ausführlicher.

Konfigurieren des zentralen Speichers

In AD DS-Domänen, in denen Windows Server 2008 R2, Windows Server 2008 und Windows Server 2003 verwendet werden, sollten Sie den Zentralspeicher für ADMX-Vorlagendateien manuell einrichten und konfigurieren. Gehen Sie folgendermaßen vor, um den Zentralspeicher zu erstellen und einzurichten:

1. Melden Sie sich auf dem Domänencontroller mit dem Betriebsmastertoken für die PDC-Emulation (die Rolle FSMO, Flexible Single Master Operations) mit einem Konto an, das zur vordefinierten Gruppe der *Domänen-Admins* gehört.

2. Öffnen Sie Windows Explorer und wählen Sie in der Ordnerstruktur folgenden Ordner aus:

   %SystemRoot%\SYSVOL\domain\Policies

3. Erstellen Sie in diesem Ordner einen Unterordner namens *PolicyDefinitions*.

4. Wählen Sie den neu erstellten Ordner *PolicyDefinitions* in der Strukturdarstellung aus und erstellen Sie für jede Sprache, die Ihre Gruppenrichtlinienadministratoren verwenden, einen passenden Unterordner mit der ISO-Sprachenkennung als Namen. Für U.S.-Administratoren erstellen Sie zum Beispiel unter dem Ordner *PolicyDefinitions* einen Unterordner mit Namen *EN-US*, wie in Abbildung 14.2.

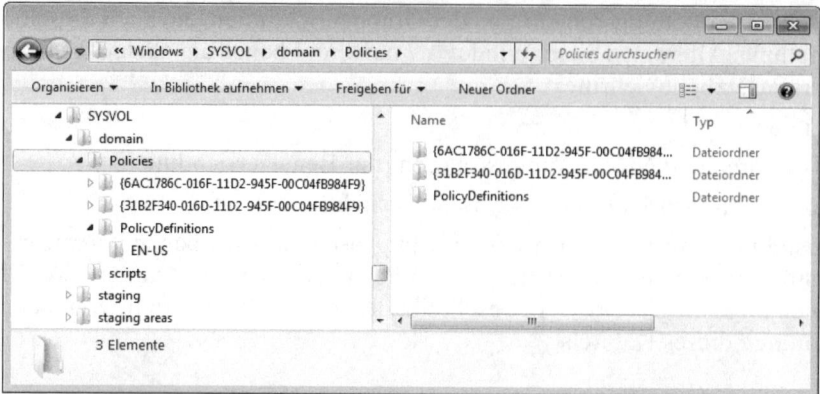

Abbildung 14.2   Die Ordnerstruktur für den zentralen Speicher, in dem die ADMX-Vorlagendateien der Domäne gespeichert werden

HINWEIS   Unter *http://msdn.microsoft.com/en-us/library/dd318691.aspx* finden Sie eine Liste der ISO-Sprachkennungen.

Nachdem Sie diese Ordnerstruktur für den Zentralspeicher auf dem PDC-Emulator erstellt haben, repliziert der Dateireplikationsdienst diese Struktur auf alle Domänencontroller der Domäne. Sie wählen den Domänencontroller mit dem Betriebsmastertoken für die PDC-Emulation für diese Ordnerstruktur aus, weil dieser Domänencontroller in der Gruppenrichtlinienverwaltungskonsole standardmäßig vorgewählt wird.

HINWEIS   Die Erstellung eines zentralen Speichers ist keine Voraussetzung für die Verwaltung von Computern unter Windows Vista und höher mit Gruppenrichtlinien. Wenn kein Zentralspeicher vorhanden ist, kann ein Administrator zum Beispiel auf einer Windows 7-Verwaltungsarbeitsstation mit der Gruppenrichtlinienverwaltungskonsole GPOs erstellen und diese GPOs dann mit dem Gruppenrichtlinienverwaltungs-Editor konfigurieren. Der Vorteil eines Zentralspeichers liegt darin, dass alle GPOs, die nach der Einrichtung des Zentralspeichers erstellt und bearbeitet wurden, Zugriff auf alle ADMX-Dateien im Zentralspeicher haben. Der Zentralspeicher eignet sich also sehr gut, um benutzerdefinierte ADMX-Dateien auch für alle anderen Administratoren der Domäne verfügbar zu machen.

Hinzufügen von ADMX-Vorlagen zum zentralen Speicher

Nachdem Sie den Zentralspeicher eingerichtet haben, müssen Sie ihn mit ADMX-Vorlagendateien ausstatten. Von einem Windows 7-Computer können Sie die ADMX-Vorlagendateien mit folgenden Schritten in den Zentralspeicher kopieren:

1. Melden Sie sich auf einer Windows 7-Verwaltungsarbeitsstation mit einem Benutzerkonto an, das Mitglied der vordefinierten Gruppe der *Domänen-Admins* ist.

2. Öffnen Sie eine Eingabeaufforderung und verwenden Sie folgenden Befehl:

```
xcopy %SystemRoot%\PolicyDefinitions\* %LogonServer%\sysvol\%UserDNSDomain%\policies\
PolicyDefinitions /s /y
```

3. Wiederholen Sie diesen Prozess auf jeder Windows 7-Verwaltungsarbeitsstation, auf der eine andere Sprache installiert ist.

Nachdem Sie alle ADMX-Vorlagendateien in den Zentralspeicher kopiert haben, wird der Zentralspeicher auf alle Domänencontroller der Domäne repliziert, da der Dateireplikationsdienst den Inhalt der *SYSVOL*-Freigabe repliziert. Wenn Sie die Dateien aktualisieren oder eine benutzerdefinierte ADMX-Vorlagendatei hinzufügen möchten, müssen Sie dies manuell tun.

Direkt von der Quelle: Lassen Sie den ADMX-Zentralspeicher nicht leer

Judith Herman, Group Policy Programming Writer, *Windows Enterprise Management Division UA*

Sobald es einen ADMX-Zentralspeicher gibt, ignoriert der Gruppenrichtlinienverwaltungs-Editor die lokalen Versionen der ADMX-Dateien. Daher empfiehlt es sich, nach der Erstellung des Zentralspeichers so schnell wie möglich die ADMX-Vorlagendateien (und die dazugehörigen ADML-Dateien) in den Zentralspeicher zu kopieren. Wenn der Gruppenrichtlinienverwaltungs-Editor von Windows 7 gestartet wird, während der Zentralspeicher noch leer ist, zeigen die Knoten für die ADM-Richtlinieneinstellungen keine Richtlinien an. Das liegt daran, dass der Gruppenrichtlinienverwaltungs-Editor zur Anzeige der Einstellungen nur noch die Vorlagen aus dem zentralen Speicher verwendet, wenn es einen zentralen Speicher gibt. Sind dort keine Vorlagen vorhanden, erfolgt keine Anzeige der Informationen.

Erstellen und Verwalten von Gruppenrichtlinienobjekten

Nachdem Sie den Zentralspeicher eingerichtet und die ADMX-Vorlagendateien hineinkopiert haben, können Sie zur Verwaltung Ihrer Umgebung GPOs erstellen. Ab Windows 7 können Sie GPOs auf zwei Arten erstellen und verwalten:

- In der grafischen Benutzeroberfläche mit der Gruppenrichtlinienverwaltungskonsole. Das war in älteren Windows-Versionen die einzige Möglichkeit zur Verwaltung von Gruppenrichtlinien.

- Auf der Befehlszeile oder mit einem Skript, wobei Sie die neuen Richtlinien-Cmdlets von Windows PowerShell verwenden. Diese Methode zur Verwaltung von Gruppenrichtlinien ist in Windows 7 und Windows Server 2008 R2 neu und wird im Abschnitt »Erstellen und Verwalten von Gruppenrichtlinienobjekten mit Windows PowerShell« weiter unten im Kapitel beschrieben.

Beschaffen der Gruppenrichtlinienverwaltungskonsole

Die GPMC ist kein Teil von Windows 7. Um mit ihr auf einem Windows 7-Computer arbeiten zu können, müssen Sie zuerst die RSAT für Windows 7 herunterladen und installieren:

1. Beschaffen Sie sich im Microsoft Download Center unter *http://www.microsoft.com/downloads/* das passende RSAT-Paket (x86 oder x64) für Ihre Windows 7-Verwaltungsarbeitsstation und installieren Sie das RSAT-Paket auf Ihrem Computer.

2. Öffnen Sie in der Systemsteuerung die Seite *Programme und Funktionen* und wählen Sie *Windows-Funktionen aktivieren oder deaktivieren*.

3. Erweitern Sie im Dialogfeld *Windows-Funktionen* zuerst den Knoten *Remoteserver-Verwaltungstools* und dann *Featureverwaltungstools*.

4. Wählen Sie das Kontrollkästchen neben *Tools für die Gruppenrichtlinienverwaltung* und klicken Sie auf *OK*.

Statt Gruppenrichtlinien auf einem Windows 7-Computer zu verwalten, auf dem Sie RSAT installiert haben, können Sie auch einen Computer unter Windows Server 2008 R2 verwenden, auf dem Sie das Feature *Gruppenrichtlinienverwaltung* installiert haben.

Verwenden von Starter-Gruppenrichtlinienobjekten

Starter-Gruppenrichtlinienobjekte, eingeführt in die GPMC für Windows Server 2008 und Windows Vista SP1 mit RSAT, sind schreibgeschützte Sammlungen von konfigurierten *.admx*-Richtlinieneinstellungen, die Sie zur Erstellung von GPOs verwenden können. Starter-Gruppenrichtlinienobjekte bieten Grundeinstellungen für bestimmte Szenarien. Indem Sie Starter-Gruppenrichtlinienobjekte als Vorlagen für Domänen-GPOs verwenden, können Sie Gruppenrichtlinien in unterschiedlichen Umgebungen schnell bereitstellen. Beachten Sie, dass Starter-Gruppenrichtlinienobjekte nur Richtlinieneinstellungen (ADM-Einstellungen) enthalten können. Sie können keine Einstellungselemente (preference items), Sicherheitseinstellungen oder andere Arten von Gruppenrichtlinieneinstellungen enthalten.

Unter Windows Vista SP1 und Windows Server 2008 mussten Sie Starter-Gruppenrichtlinienobjekte erst herunterladen, um sie benutzen zu können. Nun ist in den RSAT für Windows 7 und im Feature *Gruppenrichtlinienverwaltung* von Windows Server 2008 R2 bereits ein Standardsatz an Starter-Gruppenrichtlinienobjekten enthalten.

RSAT für Windows 7 enthält zwei verschiedene Kategorien von Starter-Gruppenrichtlinienobjekten:

- **Enterprise Client (EC)**   Clientcomputer sind in dieser Art von Umgebung Mitglieder einer AD DS-Umgebung und brauchen nur mit Computern zu kommunizieren, auf denen Windows Server 2003 ausgeführt wird. Auf den Clientcomputern können in dieser Umgebung verschiedene Windows-Versionen ausgeführt werden, einschließlich Windows 7, Windows Vista und Windows XP.

- **Specialized Security Limited Functionality (SSLF)**   In dieser Art von Umgebung sind Clientcomputer Mitglieder einer AD DS-Umgebung und müssen Windows Vista oder höher ausführen. In dieser Umgebung haben Sicherheitsaspekte Vorrang vor Funktionalität und Verwaltbarkeit. Das bedeutet, dass die Mehrheit aller Unternehmen diese Umgebung nicht verwendet. Zu den Organisationen, die SSLF verwenden könnten, gehören eher militärische oder geheimdienstliche Organisationen.

Neben diesen beiden Kategorien lassen sich die Standard-Starter-Gruppenrichtlinienobjekte in RSAT für Windows 7 auch nach folgenden Kriterien zusammenfassen:

- Sie gelten nur für Clients, auf denen Windows XP SP2 oder höher oder Windows Vista SP1 oder höher ausgeführt wird.

- Sie gelten für Benutzer oder Computer.

Diese Art der Kategorisierung ergibt für die Starter-Gruppenrichtlinienobjekte aus RSAT für Windows 7 die folgenden acht Typen:

- Windows Vista EC-Computer
- Windows Vista EC-Benutzer
- Windows Vista SSLF-Computer
- Windows Vista SSLF-Benutzer
- Windows XP EC-Computer
- Windows XP EC-Benutzer
- Windows XP SSLF-Computer
- Windows XP SSLF-Benutzer

Weitere Informationen über die Standardkonfiguration der Richtlinieneinstellungen in Starter-Gruppenrichtlinienobjekten für Windows Vista SP1 oder höher finden Sie im *Windows Vista Security Guide* unter *http://go.microsoft.com/?linkID=5744573*. Informationen über die Standardkonfiguration der Richtlinieneinstellungen in Starter-Gruppenrichtlinienobjekten für Windows XP SP2 oder höher finden Sie im *Windows XP Security Compliance Management Toolkit* unter *http://go.microsoft.com/ fwlink/?LinkId=14839.* Außerdem sollten aktualisierte Informationen über Starter-Gruppenrichtlinienobjekte verfügbar sein (suchen Sie im Microsoft Download Center nach »Windows 7 Security Guide«).

Bevor Sie Starter-Gruppenrichtlinienobjekte verwenden können, müssen Sie Ihre Umgebung vorbereiten und in der *SYSVOL*-Freigabe Ihrer Domänencontroller einen separaten Ordner für diese GPOs einrichten. Wenn Ihre Gesamtstruktur mehrere Domänen enthält, müssen Sie in jeder Domäne der Gesamtstruktur einen separaten Starter-Gruppenrichtlinienobjektordner erstellen. So erstellen Sie den Starter-Gruppenrichtlinienobjektordner:

1. Öffnen Sie die Gruppenrichtlinienverwaltungskonsole und wählen Sie in der Konsolenstruktur den Knoten *Starter-Gruppenrichtlinienobjekte* für die Domäne.

2. Klicken Sie im Detailbereich auf die Schaltfläche *Ordner für Starter-Gruppenrichtlinienobjekte erstellen* (Abbildung 14.3).

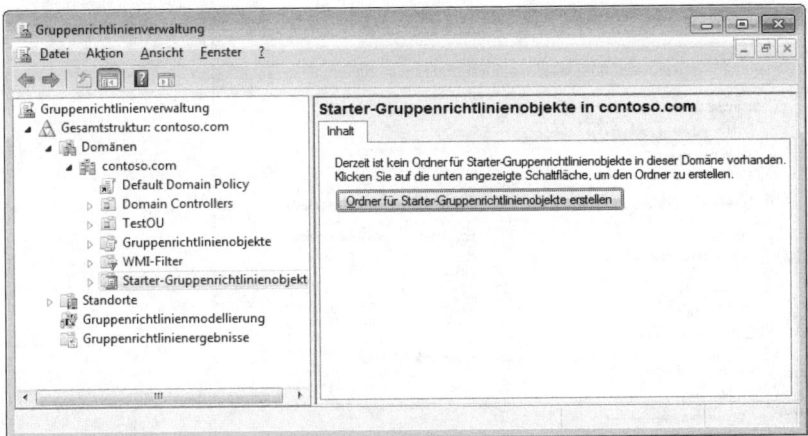

Abbildung 14.3   Erstellen des Starter-Gruppenrichtlinienobjektordners in der SYSVOL-Freigabe der Domäne

3. Wiederholen Sie dies für jede Domäne aus der Gesamtstruktur.

Nachdem Sie den Ordner für die Starter-Gruppenrichtlinienobjekte erstellt haben, können Sie die Standard-Starter-Gruppenrichtlinienobjekte bei der Erstellung neuer GPOs als Vorlagen verwenden, wie im nächsten Abschnitt beschrieben. Sie können auch eigene Starter-Gruppenrichtlinienobjekte erstellen und verwalten. (Klicken Sie dazu den Knoten *Starter-Gruppenrichtlinienobjekte* in der Konsolenstruktur der GPMC mit der rechten Maustaste an und wählen Sie *Neu*.)

Erstellen und Verwalten von GPOs mit der GPMC

Zur Erstellung und Einstellung eines Gruppenrichtlinienobjekts gehen Sie folgendermaßen vor:

1. Melden Sie sich auf einer Verwaltungsarbeitsstation unter Windows 7 und RSAT mit einem Benutzerkonto an, das Mitglied der vordefinierten Gruppe der *Domänen-Admins* ist.

2. Klicken Sie *Start* mit der rechten Maustaste an und wählen Sie *Eigenschaften*. Klicken Sie auf der Registerkarte *Startmenü* auf *Anpassen*. Führen Sie dann im Dialogfeld *Startmenü anpassen* einen Bildlauf bis zur *Systemverwaltung* durch. Wählen Sie *Im Menü "Alle Programme" und im Startmenü anzeigen* und schließen Sie die geöffneten Dialogfelder jeweils mit einem Klick auf *OK*.

3. Klicken Sie auf *Start*, dann auf *Verwaltung* und schließlich auf *Gruppenrichtlinienverwaltung*. (Als Alternative können Sie auch im Eingabefeld *Programme/Dateien durchsuchen* **gpmc.msc** eingeben und dann auf *gpmc.msc* klicken, wenn es in den Suchergebnissen erscheint.)

4. Erweitern Sie die Konsolenstruktur, um die Domäne oder Organisationseinheit auszuwählen, mit der Sie das neue GPO verknüpfen möchten, das Sie erstellen.

5. Klicken Sie diese Domäne oder Organisationseinheit mit der rechten Maustaste an und wählen Sie dann *Gruppenrichtlinienobjekt hier erstellen und verknüpfen*.

6. Geben Sie einen leicht verständlichen Anzeigenamen für Ihr neues GPO ein, beispielsweise **Seattle Computers GPO**, und wählen Sie bei Bedarf ein Starter-Gruppenrichtlinienobjekt als Vorlage dafür aus. Klicken Sie dann auf *OK*.

7. Erweitern Sie die Domäne oder Organisationseinheit, um die neue Verknüpfung mit dem GPO sichtbar zu machen, wie in der folgenden Abbildung.

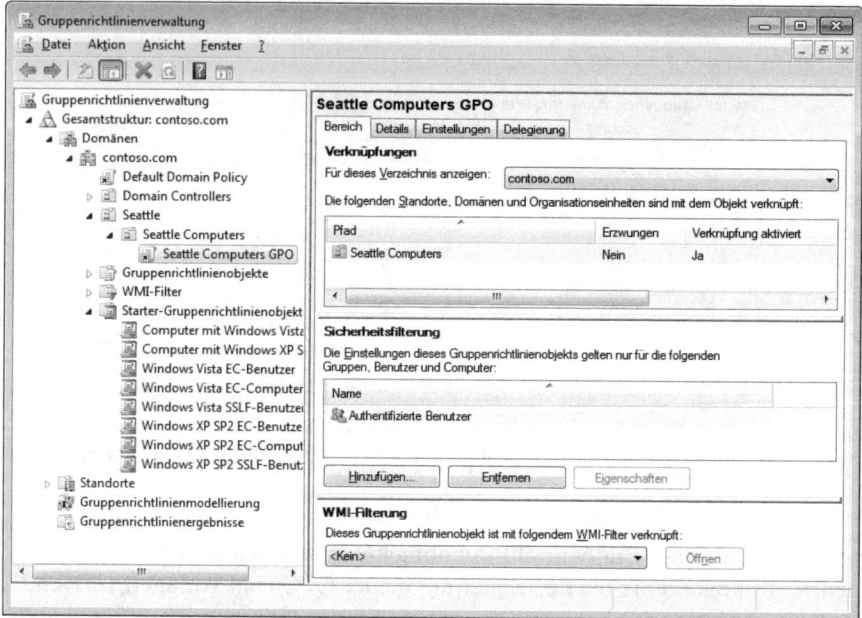

8. Klicken Sie die GPO-Verknüpfung mit der rechten Maustaste an und wählen Sie dann *Bearbeiten*, um das GPO zu öffnen.

9. Nehmen Sie die gewünschten Einstellungen für die Computer und/oder Benutzer vor, für die das GPO gilt.

HINWEIS   Wenn bei der Anmeldung eines Windows 7-Computers an einem Netzwerk kein Domänencontroller verfügbar ist, führt der Computer die Anmeldung mit den zwischengespeicherten Anmeldeinformationen durch und verwendet die lokalen Kopien der ADMX-Dateien für die Anzeige der ADM-Richtlinieneinstellungen im Editor für lokale Gruppenrichtlinien. Auch wenn ein Administrator auf einem Windows 7-Computer mit RSAT die GPMC oder den Editor für lokale Gruppenrichtlinien startet und kein Zentralspeicher zu finden ist, werden die lokalen Kopien der ADMX-Dateien für die Anzeige der ADM-Richtlinieneinstellungen im Editor für lokale Gruppenrichtlinien verwendet.

Erstellen und Verwalten von Gruppenrichtlinienobjekten mit Windows PowerShell

Beginnend mit Windows 7 und Windows Server 2008 R2 können Sie auch 25 neue Windows Power-Shell-Cmdlets verwenden, um auf der PowerShell-Befehlszeile oder mit PowerShell-Skripts GPOs zu erstellen und zu warten. Diese neuen Leistungsmerkmale bauen auf den älteren Skriptmöglichkeiten auf, die unter Windows Vista und Windows Server 2008 auf der Basis von COM (Component Object Model) für Gruppenrichtlinien bestanden. Die Steuerung mit PowerShell erstreckt sich über den ganzen Lebenszyklus von GPOs und umfasst das Erstellen, Löschen, Kopieren, Konfigurieren, Verknüpfen, Sichern und Wiederherstellen, das Erstellen von Richtlinienergebnissätzen, das Konfigurieren von Berechtigungen und das Übertragen (Import und Export) von GPOs über Domänen- und Gesamtstrukturgrenzen hinweg, sowie von Test- in Produktivumgebungen.

Diese neuen Funktionen verwenden die Programmierschnittstellen der GPMC und sind als Modul verfügbar, das Sie auf der Windows PowerShell-Befehlszeile importieren können. Das bedeutet, dass die GPMC auf dem Computer installiert sein muss, auf dem Sie die Windows PowerShell-Befehle verwenden. Die neuen Cmdlets eignen sich zur Durchführung von GPMC-Operationen und zum Lesen und Schreiben von Registrierungseinstellungen in GPOs (Richtlinieneinstellungen und Einstellungselemente).

Tabelle 14.3 Windows PowerShell-Cmdlets für Gruppenrichtlinien in Windows 7 und Windows Server 2008 R2

Verb	Cmdlets
Get	Get-GPInheritance
	Get-GPO
	Get-GPOReport
	Get-GPPermissions
	Get-GPPrefRegistryValue
	Get-GPRegistryValue
	Get-GPResultantSetofPolicy
	Get-GPStarterGPO
New	New-GPLink
	New-GPO
	New-GPStarterGPO
Set	Set-GPInheritance
	Set-GPLink
	Set-GPPermissions
	Set-GPPrefRegistryValue
	Set-GPRegistryValue
Remove	Remove-GPLink
	Remove-GPO
	Remove-GPPrefRegistryValue
	Remove-GPRegistryValue
(Verschiedenes)	Backup-GPO
	Copy-GPO
	Import-GPO
	Rename-GPO
	Restore-GPO

In den Gruppenrichtlinien können Sie auch festlegen, ob Windows PowerShell-Skripts beim Starten und Herunterfahren des Computers und bei der An- und Abmeldung von Benutzern vor anderen Skripts ausgeführt werden können. Standardmäßig werden Windows PowerShell-Skripts nach anderen Skripts ausgeführt.

Wie Tabelle 14.3 zeigt, lassen sich die Windows PowerShell-Cmdlets für Gruppenrichtlinien nach ihren Verben in fünf Gruppen aufteilen.

Als Beispiel für die Verwendung dieser neuen Cmdlets erstellt die folgende Prozedur ein neues GPO namens `Seattle Users GPO` und verknüpft es mit der Organisationseinheit `Seattle Users`, die in der Domäne *contoso.com* unterhalb der Organisationseinheit `Seattle` liegt, um das GPO `Seattle Computers GPO` zu ergänzen, das im vorigen Abschnitt mit der GPMC erstellt wurde.

1. Melden Sie sich auf dem Domänencontroller an und klicken Sie auf der Taskleiste auf das *Windows PowerShell*-Symbol. Dadurch öffnet sich das Befehlseingabefenster von Windows Power-Shell.

2. Geben Sie **import-module GroupPolicy** ein, um das Gruppenrichtlinienmodul nach Windows PowerShell zu importieren. Dieser Schritt ist am Anfang jedes Windows PowerShell-Skripts oder jeder Windows PowerShell-Befehlsserie erforderlich, mit der Sie Gruppenrichtlinien verwalten möchten.

3. Geben Sie **\$gpo = New-GPO "Seattle Users GPO"** ein, um ein neues GPO namens `Seattle Users GPO` zu erstellen und es der Windows PowerShell-Variablen `\$gpo` zuzuweisen.

4. Geben Sie **Get-GPO \$gpo.DisplayName** ein, um die Eigenschaften des neu erstellten GPOs abzurufen und seine Erstellung zu überprüfen, wie nachfolgend gezeigt.

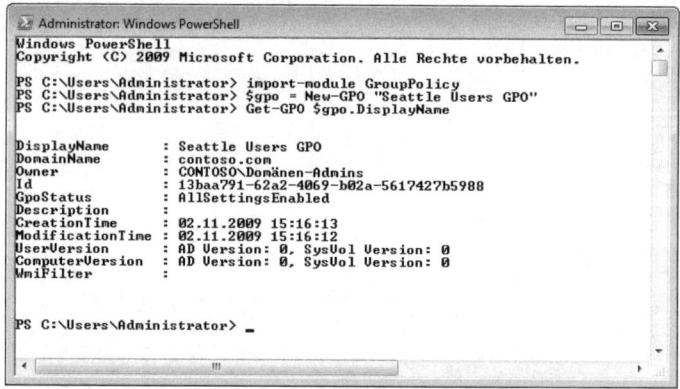

5. Geben Sie **New-GPLink \$gpo.DisplayName –target "ou=Seattle Users,ou=Seattle,dc=contoso, dc=com" –order 1** ein, um das neue GPO mit der OU `Seattle Users` unterhalb der OU `Seattle` der Domäne *contoso.com* zu verknüpfen und dem GPO die Verknüpfungsposition 1 zuzuweisen.

Wenn Sie die Darstellung der GPMC aktualisieren, sollten Sie nun das neu erstellte GPO in der angegebenen OU sehen.

Weitere Beispiele zur Verwendung dieser neuen Gruppenrichtlinien-Cmdlets finden Sie im Windows PowerShell-Abschnitt des *Group Policy Team Blog* im Microsoft TechNet unter *http://blogs.technet. com/grouppolicy/archive/tags/PowerShell/default.aspx*. Eine allgemeine Einführung in Windows PowerShell gibt Ihnen Kapitel 13, »Überblick über die Verwaltungstools«.

Bearbeiten von Gruppenrichtlinienobjekten

Nachdem Sie ein GPO erstellt haben, können Sie es auf zwei verschiedene Arten bearbeiten:

- In der grafischen Benutzeroberfläche mit dem Gruppenrichtlinienverwaltungs-Editor, der sich von der GPMC aus starten lässt. Das war in älteren Windows-Versionen die einzige Methode zur Bearbeitung von GPOs. Mit dieser Methode können Sie alle GPO-Einstellungen ändern, einschließlich Richtlinieneinstellungen, Einstellungselementen und Sicherheitseinstellungen.

- Auf der Befehlszeile oder in Skripts. Dazu verwenden Sie die Cmdlets `Set-GPRegistryValue`, `Set-GPPrefRegistryValue`, `Get-GPRegistryValue`, `Get-GPPrefRegistryValue`, `Remove-GPRegistryValue` und `Remove-GPPrefRegistryValue` aus den neuen Windows PowerShell-Cmdlets für Gruppenrichtlinien von Windows 7. Mit dieser Methode können Sie Richtlinieneinstellungen oder Gruppenrichtlinienpräferenzen von Einstellungselementen auf Registrierungsbasis ändern (andere Arten von Einstellungselementen können Sie nicht mit Cmdlets ändern). Mit Windows PowerShell können Sie keine Sicherheitseinstellungen, Softwareinstallationseinstellungen oder andere Arten von GPO-Einstellungen ändern.

Konfigurieren von Richtlinieneinstellungen

So konfigurieren Sie eine Richtlinieneinstellung in einem GPO:

1. Klicken Sie das GPO oder seine Verknüpfung im GPMC an und wählen Sie *Bearbeiten*, um das GPO im Gruppenrichtlinienverwaltungs-Editor zu öffnen.

2. Erweitern Sie nach Bedarf den Knoten *Richtlinien* unter *Computerkonfiguration* oder *Benutzerkonfiguration*.

3. Erweitern Sie den Knoten *Administrative Vorlagen* unter *Richtlinien* und suchen Sie die Richtlinie heraus, die Sie einstellen möchten, wie nachfolgend gezeigt.

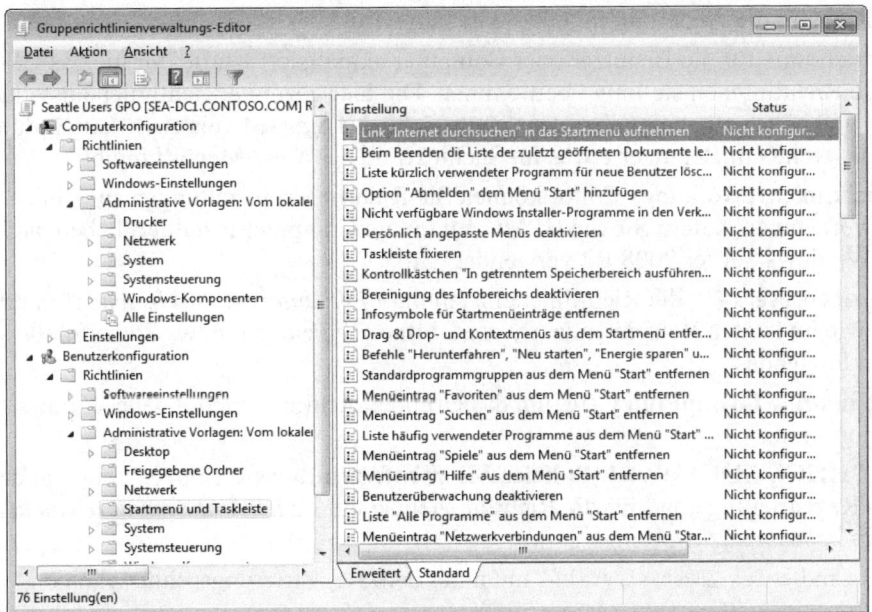

4. Klicken Sie die Richtlinieneinstellung doppelt an, um ihr Eigenschaftsdialogfeld zu öffnen. Aktivieren oder deaktivieren Sie die Einstellung dann nach Bedarf und geben Sie optional einen Kommentar ein, um Ihre Aktion zu dokumentieren.

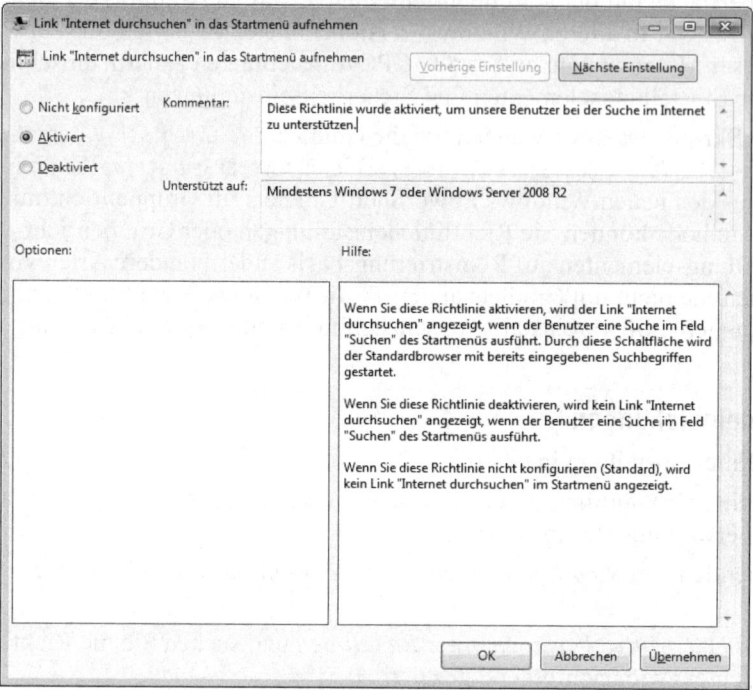

5. Klicken Sie auf *OK*, damit die Änderung im GPO wirksam wird.

Nachdem die Gruppenrichtlinie für die Benutzer oder Computer aktualisiert wurde, für die das GPO vorgesehen ist, wird die Richtlinieneinstellung übernommen. Die hier gezeigte Richtlinieneinstellung, die nur für Windows 7 und höher gilt, zeigt über der Schaltfläche des *Start*-Menüs eine Verknüpfung *Internet durchsuchen* an, wenn ein Benutzer etwas im Suchtextfeld des *Start*-Menüs eingibt.

Neben dem Gruppenrichtlinienverwaltungs-Editor können Sie Richtlinieneinstellungen auch mit Windows PowerShell vornehmen, sofern Sie die GPMC auf einem Computer installiert haben, auf dem Windows 7 oder Windows Server 2008 R2 verwendet wird.

Um zum Beispiel im `Seattle Users` GPO die Richtlinieneinstellung *Link "Internet durchsuchen" in das Startmenü aufnehmen* wie im letzten Beispiel zu aktivieren, öffnen Sie ein Windows PowerShell-Eingabefenster und tun Folgendes:

1. Geben Sie **Import-module GroupPolicy** ein, um das Gruppenrichtlinienmodul nach Windows PowerShell zu importieren.

2. Geben Sie **$key = "HKCU\SOFTWARE\Policies\Microsoft\Windows\Explorer"** ein, um der Variablen `$key` den Registrierungspfad für die Richtlinieneinstellung *Link "Internet durchsuchen" in das Startmenü aufnehmen* zuzuweisen.

3. Verwenden Sie das Cmdlet `Set-GPRegistryValue`, um unter dem Registrierungsschlüssel einen neuen `DWORD`-Registrierungswert namens `AddSearchInternetLinkInStartMenu` anzulegen und ihm den Wert 1 zuzuweisen (Abbildung 14.4).

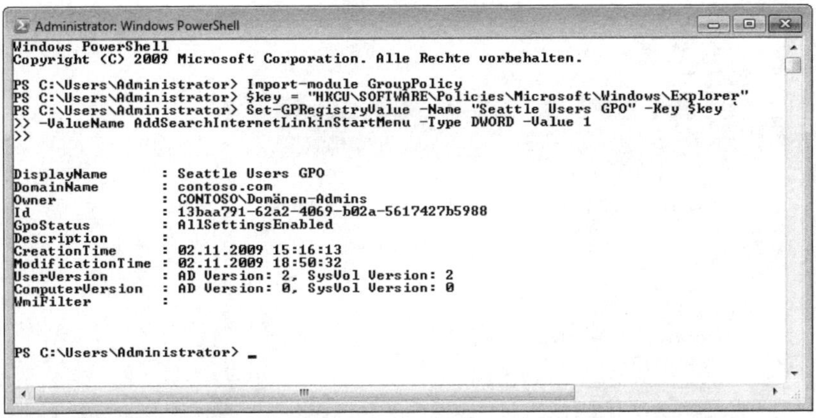

```
Administrator: Windows PowerShell
Windows PowerShell
Copyright (C) 2009 Microsoft Corporation. Alle Rechte vorbehalten.

PS C:\Users\Administrator> Import-module GroupPolicy
PS C:\Users\Administrator> $key = "HKCU\SOFTWARE\Policies\Microsoft\Windows\Explorer"
PS C:\Users\Administrator> Set-GPRegistryValue -Name "Seattle Users GPO" -Key $key `
>> -ValueName AddSearchInternetLinkinStartMenu -Type DWORD -Value 1
>>

DisplayName      : Seattle Users GPO
DomainName       : contoso.com
Owner            : CONTOSO\Domänen-Admins
Id               : 13baa791-62a2-4069-b02a-5617427b5988
GpoStatus        : AllSettingsEnabled
Description      :
CreationTime     : 02.11.2009 15:16:13
ModificationTime : 02.11.2009 18:50:32
UserVersion      : AD Version: 2, SysVol Version: 2
ComputerVersion  : AD Version: 0, SysVol Version: 0
WmiFilter        :

PS C:\Users\Administrator> _
```

Abbildung 14.4 Konfigurieren einer Richtlinieneinstellung in einem GPO mit Windows PowerShell

Zur Überprüfung, ob die Richtlinieneinstellung wie gewünscht im GPO erfolgt ist, öffnen Sie das GPO im Gruppenrichtlinienverwaltungs-Editor und klicken die Richtlinie mit einem Doppelklick an, um ihr Eigenschaftsdialogfeld zu öffnen. Sie können das GPO auch in der GPMC unter dem Knoten *Gruppenrichtlinienobjekte* auswählen und dann im Detailbereich die Registerkarte *Einstellungen* wählen, um sich sämtliche Richtlinieneinstellungen anzeigen zu lassen, die im GPO vorgenommen wurden.

HINWEIS Um eine Richtlinieneinstellung mit dem Cmdlet `Set-GPRegistryValue` zu ändern, müssen Sie die dazugehörige Registrierungseinstellung kennen. Diese Information erhalten Sie zum Beispiel, indem Sie im Microsoft Download Center die Excel-Arbeitsmappe *Group Policy Settings Reference for Windows Server 2008 R2 and Windows 7* herunterladen, in Microsoft Office Excel öffnen, das Rechenblatt *Administrative Template* auswählen, in der Spalte *Policy Setting Name* die Zeile mit dem Namen der gesuchten Richtlinieneinstellung auswählen und dann aus der Spalte *Registry Information* auf dieser Zeile den Registrierungsschlüssel und den Namen des Werts heraussuchen. Beachten Sie, dass dieses Rechenblatt weder den Wertetyp noch zulässige Werte angibt. Um diese zu ermitteln, sofern sie nicht offensichtlich sind, können Sie die Richtlinieneinstellung auf einem Testcomputer aktivieren, deaktivieren oder in einer geeigneten Weise konfigurieren und dann mit dem Registrierungseditor den Registrierungswert der Richtlinie öffnen und überprüfen.

Konfigurieren der Einstellungselemente

So konfigurieren Sie in einem Gruppenrichtlinienobjekt Einstellungselemente:

1. Klicken Sie das GPO oder dessen Verknüpfung im GPMC mit der rechten Maustaste an und wählen Sie *Bearbeiten*, um das GPO im *Gruppenrichtlinienverwaltungs-Editor* zu öffnen.
2. Erweitern Sie nach Bedarf den Knoten *Einstellungen* unter *Computerkonfiguration* oder *Benutzerkonfiguration*.
3. Klicken Sie einen Einstellungsknoten mit der rechten Maustaste an und wählen Sie die gewünschte Menüoption, um eine Einstellung zu erstellen, zu ersetzen, zu aktualisieren oder zu entfernen, wie nachfolgend gezeigt.

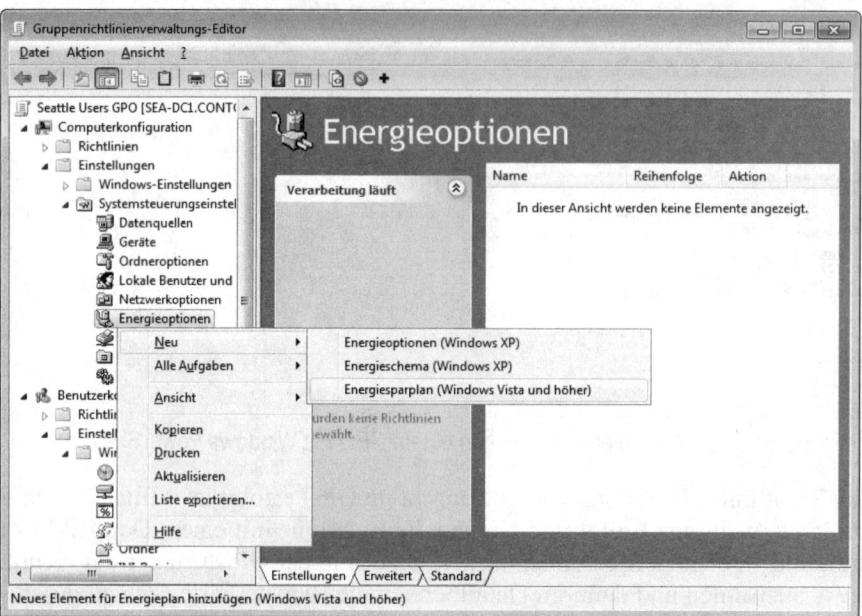

Sie können auch das Cmdlet `Get-GPPrefRegistryValue` verwenden, um Einstellungselemente mit Windows PowerShell zu konfigurieren. Weitere Beispiele zur Verwendung der Gruppenrichtlinien-Cmdlets finden Sie im Windows PowerShell-Abschnitt des *Group Policy Team Blog* im Microsoft TechNet unter *http://blogs.technet.com/grouppolicy/archive/tags/PowerShell/default.aspx*.

Direkt von der Quelle: Gruppenrichtlinieneinstellungen versus Gruppenrichtlinienpräferenzen

William R. Stanek, Autor (mit freundlicher Genehmigung aus *Windows Group Policy Administrator's Pocket Consultant*, Microsoft Press, 2009)

Gruppenrichtlinien kann man sich als ein Regelwerk vorstellen, das im ganzen Unternehmen gilt. Mit Gruppenrichtlinien ließen sich bereits Server und Arbeitsstationen unter Windows 2000 und höher verwalten, aber seit ihrer ersten Implementierung mit Windows 2000 haben sich die Gruppenrichtlinien sehr verändert. Unter Windows Vista mit SP1 oder höher und Windows Server 2008 gibt es in den Gruppenrichtlinien verwaltete Einstellungen (Gruppenrichtlinieneinstellungen) und unverwaltete Einstellungen (Gruppenrichtlinienpräferenzen). Wenn Sie die Gruppenrichtlinien-CSEs auf Windows XP mit SP2 oder höher, Windows Vista oder Windows Server 2003 mit SP1 oder höher bereitstellen, können auch diese älteren Betriebssysteme Gruppenrichtlinienpräferenzen verwenden.

■ Gruppenrichtlinieneinstellungen (policy settings) ermöglichen Ihnen die Kontrolle der Konfiguration des Betriebssystems und seiner Funktionen. Sie können Richtlinieneinstellungen auch zur Konfiguration von Computer- und Benutzerskripts, zur Ordnerumleitung, für die Computersicherheit, Softwareinstallation und andere Dinge verwenden.

■ Gruppenrichtlinienpräferenzen (policy preferences, gewöhnlich nur »Einstellungen« genannt) ermöglichen Ihnen die Konfiguration, Bereitstellung und Verwaltung von Betriebssystem- und Anwendungseinstellungen, die in älteren Implementierungen nicht von den Gruppenrichtlinien berücksichtigt wurden. Dazu gehören Datenquellen, Laufwerkszuordnungen, Umgebungs-variablen, Netzwerkfreigaben, Ordneroptionen, Verknüpfungen und andere Dinge. In vielen Fällen werden Sie feststellen, dass die Verwendung von Gruppenrichtlinienpräferenzen eine bessere Lösung ist als die Konfiguration dieser Einstellungen in Windows-Abbildern oder durch Anmeldeskripts.

- Der entscheidende Unterschied zwischen Präferenzen (Einstellungen) und Richtlinieneinstel-lungen ist die Durchsetzung. Die Gruppenrichtlinien setzen Richtlinieneinstellungen strikt durch. Sie verwenden Richtlinieneinstellungen, um die Konfiguration des Betriebssystems und seiner Funktionen zu kontrollieren. Außerdem verwenden Sie Richtlinieneinstellungen, um die Benutzeroberfläche für Einstellungen zu sperren, die durch Gruppenrichtlinien festgelegt wer-den, damit Benutzer diese Einstellungen nicht ändern können. Die meisten Richtlinieneinstel-lungen sind in den richtlinienbezogenen Zweigen der Registrierung gespeichert. Das Betriebs-system und konforme Anwendungen überprüfen die richtlinienbezogenen Zweige der Regis-trierung, um zu ermitteln, ob und welche Aspekte des Betriebssystems kontrolliert werden. Die Gruppenrichtlinieneinstellungen werden regelmäßig aktualisiert. Standardmäßig findet dies etwa alle 90 bis 120 Minuten statt.

- Im Gegensatz dazu setzen Gruppenrichtlinien die gewöhnlichen Einstellungen (Präferenzen) nicht strikt durch. Diese Einstellungen werden nicht in den richtlinienbezogenen Zweigen der Registrierung gespeichert, sie werden vielmehr an denselben Stellen in der Registrierung ge-speichert, die auch eine Anwendung oder eine Betriebssystemfunktion zur Speicherung der Einstellung verwendet. Auf diese Weise können Gruppenrichtlinienpräferenzen Anwendungen und Betriebssystemfunktionen unterstützen, die eigentlich nichts mit Gruppenrichtlinien zu tun haben, ohne die Änderung dieser Einstellungen in der Benutzeroberfläche zu verhindern. Daher können Benutzer Einstellungen ändern, die mit Richtlinienpräferenzen vorgegeben wurden. Präferenzen werden zwar im selben Intervall wie Gruppenrichtlinieneinstellungen aktualisiert, aber Sie können die Aktualisierung einzelner Präferenzen unterdrücken, indem Sie eine einmalige Anwendung der Einstellung wählen.

Für Richtlinieneinstellungen gilt Folgendes:

- Die meisten Richtlinieneinstellungen werden in den richtlinienbezogenen Bereichen der Regis-trierung gespeichert.
- Einstellungen werden durchgesetzt.
- Optionen der Benutzeroberfläche können deaktiviert werden.
- Einstellungen werden automatisch aktualisiert.
- Einstellungen erfordern gruppenrichtlinienfähige Anwendungen.
- Originaleinstellungen werden nicht geändert.
- Bei der Entfernung einer Richtlinieneinstellung wird die Originaleinstellung wiederhergestellt.

Für Einstellungen (Präferenzen) gilt Folgendes:

- Präferenzen werden an denselben Stellen in der Registrierung gespeichert, die auch vom Be-triebssystem und von Anwendungen verwendet werden.
- Präferenzen werden nicht durchgesetzt.
- Optionen der Benutzeroberfläche werden nicht deaktiviert.
- Einstellungen können einmalig angewendet oder automatisch aktualisiert werden.
- Präferenzen unterstützen auch Anwendungen, die nicht gruppenrichtlinienfähig sind.

- Originaleinstellungen werden überschrieben.

- Durch die Entfernung eines Einstellungselements wird die Originaleinstellung nicht wiederhergestellt.

Wie Sie Richtlinieneinstellungen und -präferenzen in der Praxis verwenden, hängt davon ab, ob die Einstellungen durchgesetzt werden sollen. Wenn Sie eine Einstellung vorgeben, aber nicht durchsetzen wollen, verwenden Sie Richtlinienpräferenzen und deaktivieren dann die automatische Aktualisierung. Wenn Sie eine Einstellung vornehmen und als verbindlich festlegen möchten, verwenden Sie Richtlinieneinstellungen oder konfigurieren Präferenzen und aktivieren dann die automatische Aktualisierung.

Verwalten von MLGPOs (Multiple Local Group Policy Objects)

Um die verschiedenen MLGPOs auf einem Windows 7-Computer zu bearbeiten, gehen Sie folgendermaßen vor:

1. Melden Sie sich auf einer Windows 7-Verwaltungsarbeitsstation mit einem Benutzerkonto an, das zur vordefinierten lokalen Gruppe der *Administratoren* gehört.

2. Geben Sie im Startmenü **mmc** ein und klicken Sie dann auf *mmc.exe*, wenn diese Datei in den Suchergebnissen unter *Programme* erscheint.

3. Wählen Sie *Datei* und dann *Snap-In hinzufügen/entfernen*.

4. Wählen Sie in der Liste der verfügbaren Snap-Ins den *Gruppenrichtlinienobjekt-Editor* und klicken Sie auf *Hinzufügen*.

5. Nun können Sie Folgendes tun:

   ☐ Um eine benutzerdefinierte MMC-Konsole (Microsoft Management Console) zur Bearbeitung der lokalen Computerrichtlinien zu erstellen, klicken Sie auf *Fertig stellen*.

   ☐ Um eine benutzerdefinierte MMC-Konsole zur Bearbeitung der lokalen Richtlinien für Administratoren zu erstellen, klicken Sie auf *Durchsuchen*, klicken auf die Registerkarte *Benutzer*, wählen *Administratoren*, klicken auf *OK* und dann auf *Fertig stellen*.

   ☐ Um eine benutzerdefinierte MMC-Konsole zur Bearbeitung der lokalen Richtlinien für Nicht-Administratoren zu erstellen, klicken Sie auf *Durchsuchen*, klicken auf die Registerkarte *Benutzer*, wählen *Nicht-Administratoren*, klicken auf *OK* und dann auf *Fertig stellen*.

   ☐ Um eine benutzerdefinierte MMC-Konsole zur Bearbeitung der lokalen Richtlinien für ein bestimmtes Benutzerkonto zu erstellen, klicken Sie auf *Durchsuchen*, klicken auf die Registerkarte *Benutzer*, wählen das Benutzerkonto, klicken auf *OK* und dann auf *Fertig stellen*.

6. Statt mehrere verschiedene MMC-Konsolen zu erstellen, können Sie auch mehrere Instanzen des Snap-Ins *Gruppenrichtlinienobjekt-Editor* in dieselbe MMC-Konsole einfügen, wobei jedes Snap-In ein anderes MLGPO bearbeitet, wie in Abbildung 14.5.

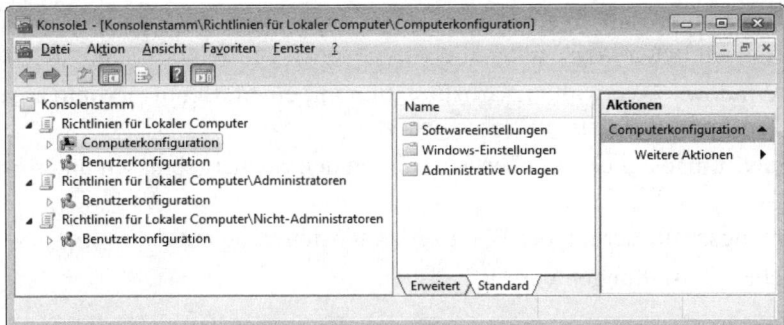

Abbildung 14.5 Die Richtlinien für den lokalen Computer, die lokale Gruppe der Administratoren und die lokale Gruppe der Nicht-Administratoren lassen sich in derselben MMC-Konsole bearbeiten

MLGPOs existieren so lange nicht, bis Sie ihre Einstellungen im Editor für lokale Gruppenrichtlinien bearbeiten. MLGPOs, die Sie nicht mehr brauchen, können Sie folgendermaßen löschen:

1. Melden Sie sich auf einer Windows 7-Verwaltungsarbeitsstation mit einem Benutzerkonto an, das zur vordefinierten lokalen Gruppe der *Administratoren* gehört.

2. Klicken Sie auf die *Start*-Schaltfläche, geben Sie im Suchfeld des Startmenüs **mmc** ein und klicken Sie dann auf *mmc.exe*, wenn diese Datei in den Suchergebnissen unter *Programme* erscheint.

3. Klicken Sie in der Zustimmungsaufforderung der Benutzerkontensteuerung auf *Ja*.

4. Klicken Sie auf *Datei* und dann auf *Snap-In hinzufügen/entfernen*.

5. Wählen Sie in der Liste der verfügbaren Snap-Ins den *Gruppenrichtlinienobjekt-Editor* und klicken Sie auf *Hinzufügen*.

6. Klicken Sie auf *Durchsuchen* und dann auf die Registerkarte *Benutzer*, wie nachfolgend gezeigt.

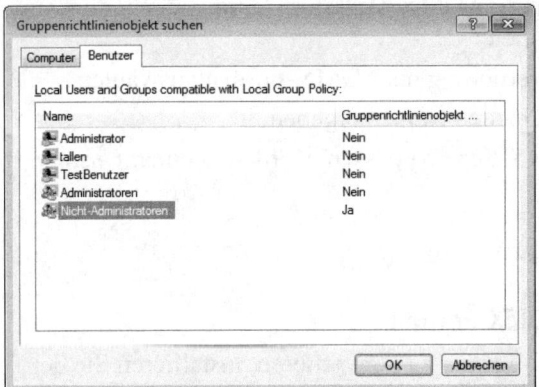

7. Klicken Sie den Benutzer oder die Gruppe (*Administratoren* oder *Nicht-Administratoren*), deren MLGPO Sie löschen wollen, mit der rechten Maustaste an, wählen Sie *Gruppenrichtlinienobjekt entfernen*, klicken Sie auf *Ja* und dann auf *OK*.

HINWEIS Sie können ein MLGPO auch für eine gewisse Zeit deaktivieren, indem Sie den betreffenden Benutzer oder die Gruppe mit der rechten Maustaste anklicken, auf *Eigenschaften* klicken und dann mit den verfügbaren Kontrollkästchen die Konfigurationseinstellungen des MLGPO deaktivieren.

Sie können sich auch darauf beschränken, auf einem Windows 7-Computer nur die lokalen Computer-richtlinien zu bearbeiten, wie es in ähnlicher Weise unter älteren Versionen von Windows möglich war:

1. Melden Sie sich auf einer Windows 7-Verwaltungsarbeitsstation mit einem Benutzerkonto an, das zur vordefinierten lokalen Gruppe der *Administratoren* gehört.

2. Geben Sie im Startmenü **gpedit.msc** ein und klicken Sie dann in den Suchergebnissen unter *Programme* auf *gpedit.msc*.

3. Klicken Sie in der Zustimmungsaufforderung der Benutzerkontensteuerung auf *Ja*.

4. Nehmen Sie die erforderlichen Einstellungen vor.

Konvertieren von ADM-Vorlagen ins ADMX-Format

ADMX Migrator ist ein MMC-Snap-In, das von der FullArmor Corporation (*http://www.fullarmor. com*) entwickelt wurde und die Konvertierung vorhandener ADM-Vorlagendateien in ADMX-Vor-lagendateien erleichtert. Damit kann Ihr Unternehmen die Vorteile des neuen Formats nutzen. Der ADMX Migrator ist unter *http://go.microsoft.com/fwlink/?LinkId=103774* im Microsoft Download Center verfügbar und lässt sich auf Windows 7, Windows Server 2008 R2, Windows Vista, Windows Server 2008, Windows Server 2003 SP1 oder höher oder auf Windows XP SP2 oder höher installieren, sofern MMC 3.0 und das .NET Framework 2.0 installiert sind.

> **WICHTIG** ADMX Migrator wurde von der FullArmor Corporation entwickelt, die auch für den Support zuständig ist. Wenden Sie sich bei Problemen mit dem ADMX Migrator an *http://www.fullarmor.com/admx-migrator-issue-report.htm*.

Mit ADMX Migrator können Administratoren Folgendes tun:

- Sie verwenden ein GUI-Programm namens ADMX Editor, um ADM-Dateien ins ADMX-Format zu konvertieren und benutzerdefinierte ADMX-Vorlagendateien zu erstellen und zu bearbeiten.

- Sie verwenden ein Befehlszeilenprogramm namens ADMX Migrator Command Window, um Migrationseinstellungen für Vorlagen vorzunehmen.

- Sie können ADM-Vorlagendateien für die Konvertierung ins ADMX-Format auswählen

- Sie können Konflikte erkennen, die sich aus doppelten Namen ergeben.

Elemente, die bei der Konvertierung nicht ins ADMX-Schema passen, werden in einen *Unsupported*-Abschnitt verschoben, also nicht gelöscht.

> **HINWEIS** Anmerkungen in den ADM-Vorlagendateien gehen bei der Konvertierung verloren.

Konvertieren von ADM-Vorlagendateien ins ADMX-Format

Um eine benutzerdefinierte ADM-Datei ins ADMX-Format zu konvertieren, installieren Sie den ADMX Migrator und tun Folgendes:

1. Klicken Sie auf *Start*, dann auf *Alle Programme*, klicken Sie auf *FullArmor*, erweitern Sie *Full-Armor ADMX Migrator* und klicken Sie dann auf *ADMX Editor*.

2. Bestätigen Sie bei Bedarf die Benutzerkontensteuerung, um ADMX Migrator zu öffnen.

3. Klicken Sie den Stammknoten in der Konsolenstruktur mit der rechten Maustaste an und wählen Sie *Generate ADMX From ADM*.

4. Suchen Sie Ihre benutzerdefinierte ADM-Datei heraus und klicken Sie auf *Öffnen*.

5. Klicken Sie auf *Ja*, wenn die Meldung erscheint, dass die ADM-Datei erfolgreich ins ADMX-Format konvertiert wurde. Dadurch wird die neue ADMX-Datei in den ADMX Migrator geladen.

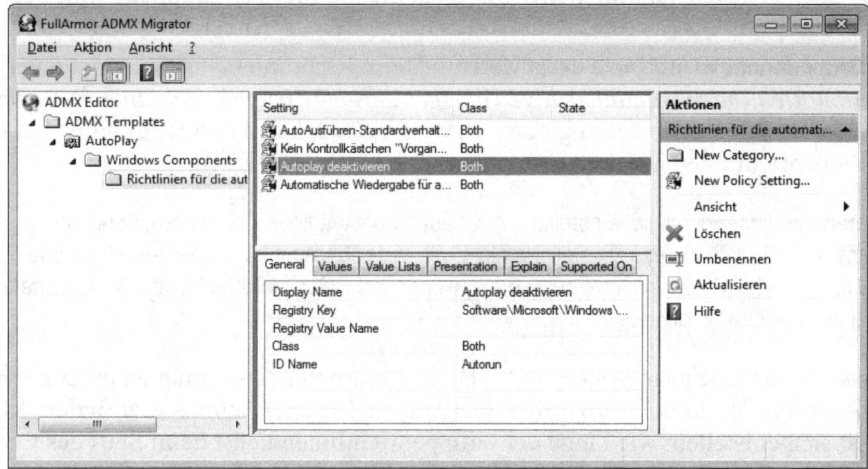

Die konvertierte ADMX-Vorlagendatei wird mit demselben Namen im Ordner *%UserProfile%\AppData\Local\Temp* gespeichert, den die *.adm*-Datei trägt, allerdings mit der Dateinamenserweiterung *.admx*. Kopieren Sie diese *.admx*-Datei in den Zentralspeicher Ihrer Domäne. Anschließend können Sie die Richtlinieneinstellungen konfigurieren, die von dieser Vorlage definiert werden, wenn Sie auf Domänenbasis GPOs erstellen und bearbeiten.

Erstellen und Bearbeiten benutzerdefinierter ADMX-Vorlagendateien

Mit FullArmor ADMX Migrator können Sie neue ADMX-Vorlagendateien erstellen und vorhandene ADMX-Vorlagendateien bearbeiten:

1. Klicken Sie auf *Start*, dann auf *Alle Programme*, klicken Sie auf *FullArmor*, erweitern Sie *FullArmor ADMX Migrator* und klicken Sie dann auf *ADMX Editor*.

2. Beantworten Sie nach Bedarf die Bestätigungsaufforderung der Benutzerkontensteuerung, um ADMX Migrator zu öffnen.

3. Klicken Sie den Knoten *ADMX Templates* unter dem Stammknoten mit der rechten Maustaste an und tun Sie Folgendes:

   □ Wählen Sie *New Template*, wenn Sie eine neue ADMX-Vorlagendatei erstellen möchten. Nachdem Sie die Datei erstellt haben, können Sie den Knoten für diese Vorlage mit der rechten Maustaste anklicken und *New Category* wählen, um neue Richtlinienkategorien hinzuzufügen. Nachdem Sie Kategorien hinzugefügt haben, können Sie sie mit der rechten Maustaste anklicken und *New Policy Setting* wählen, um neue Richtlinieneinstellungen auf Registrierungsbasis definieren. Geben Sie einen Anzeigenamen, den vollständigen Pfad des Registrierungsschlüssels und optional einen Standardwert für den Schlüssel ein.

   □ Wählen Sie *Load Template*, wenn Sie eine vorhandene ADMX-Vorlagendatei öffnen und bearbeiten möchten. Nach dem Öffnen der Datei können Sie nach Bedarf Kategorien und Richtlinieneinstellungen hinzufügen oder löschen.

WARNUNG   Ändern Sie keine ADMX-Standardvorlagendateien von Windows 7.

Konfigurieren der Gruppenrichtlinienverarbeitung

Seit Windows Vista gibt es zwei neue Richtlinieneinstellungen, die sich auf die Gruppenrichtlinienverarbeitung auswirken:

- **Verarbeitung lokaler Gruppenrichtlinienobjekte deaktivieren**   Diese Richtlinieneinstellung ist unter *Computerkonfiguration\Richtlinien\Administrative Vorlagen\System\Gruppenrichtlinie* zu finden. Eine Aktivierung dieser Richtlinieneinstellung bewirkt, dass keine lokalen GPOs (LGPOs) bei der Verarbeitung der Gruppenrichtlinien auf dem Computer berücksichtigt werden.

> **WARNUNG**   Aktivieren Sie diese Richtlinieneinstellung nicht auf eigenständigen Computern, denn der Gruppenrichtliniendienst berücksichtigt diese Einstellung nicht, wenn der Computer zu einer Arbeitsgruppe gehört. Aktivieren Sie diese Richtlinie nur in Domänen-GPOs, wenn Sie LPGOs vollständig von der Gruppenrichtlinienverarbeitung ausschließen möchten.

- **Wartezeit für Richtlinienverarbeitung beim Systemstart**   Diese Richtlinieneinstellung ist unter *Computerkonfiguration\Richtlinien\Administrative Vorlagen\System\Gruppenrichtlinie* zu finden. Mit dieser Richtlinie lässt sich einstellen, wie lange der Gruppenrichtliniendienst beim Start des Computers auf die Netzwerkverfügbarkeit warten soll. Der Standardwert, den diese Richtlinie bei ihrer Aktivierung erhält, ist 120 Sekunden. Diese Richtlinie hat Vorrang vor allen vom System festgelegten Wartezeiten. (Die übliche Wartezeit von Windows 7-Computern ist 30 Sekunden.) Wenn Sie eine synchrone Richtlinienverarbeitung verwenden, ist der Computer so lange blockiert, bis das Netzwerk verfügbar wird oder die Wartezeit abgelaufen ist. Wenn Sie eine asynchrone Richtlinienverarbeitung verwenden, wird der Computer dadurch nicht blockiert und die Verarbeitung erfolgt im Hintergrund. In beiden Fällen hat diese Richtlinieneinstellung Vorrang vor allen vom System berechneten Wartezeiten.

Verwenden der erweiterten Gruppenrichtlinienverarbeitung

Microsoft Advanced Group Policy Management 4.0 (AGPM), das Windows 7 und Windows Server 2008 R2 unterstützt, wird Teil der R2-Ausgabe des Microsoft Desktop Optimization Pack 2009 (MDOP), einer dynamischen Desktoplösung, die Software Assurance-Kunden zur Verfügung steht und Bereitstellungskosten für Anwendungen verringern soll, das Anbieten von Anwendungen als Dienste unterstützt und die Verwaltung und Kontrolle in Unternehmensdesktopumgebungen erleichtert. AGPM basierte ursprünglich auf GPOVault Enterprise Edition, einer Softwarelösung, die von DesktopStandard entwickelt und von Microsoft erworben wurde. AGPM fügt sich nahtlos in die GPMC ein und bietet für die Gruppenrichtlinienverwaltung in Unternehmensumgebungen folgende Vorteile:

- Genauere Kontrolle durch eine Verwaltung auf Rollenbasis, ein robustes Delegierungsmodell und die Genehmigung von Änderungsanforderungen

- Geringeres Risiko des Gruppenrichtlinienversagens durch die Unterstützung der Offlinebearbeitung von GPOs, Wiederherstellung gelöschter GPOs, Reparatur vorhandener GPOs, Berichte über Unterschiede und Überwachungsprotokolle

- Effektivere Gruppenrichtlinienänderungsverwaltung durch die Erstellung von GPO-Vorlagenbibliotheken, Versionsverfolgung, Ablaufaufzeichnung, schnelle Rücknahme von bereitgestellten Änderungen und das Abonnement von E-Mail-Benachrichtigungen bei Richtlinienänderungen

WEITERE INFORMATIONEN   Weitere Informationen über AGPM und andere MDOP-Technologien erhalten Sie unter *http://www.microsoft.com/windows/enterprise/default.aspx*. Eine ausführliche aufgabenorientierte Hilfe zur Verwendung von AGPM für die Verwaltung von Gruppenrichtlinien in Unternehmensumgebungen finden Sie in *Windows Group Policy Administrator's Pocket Consultant* von William R. Stanek (Microsoft Press, 2009).

Behandlung von Problemen mit Gruppenrichtlinien

Seit Windows Vista SP1 zeichnet das Gruppenrichtliniensystem keine Informationen mehr im *Userenv.log* auf. Stattdessen können Sie mit einer der folgenden Methoden ausführliche Protokolldaten über Gruppenrichtlinienprobleme erhalten:

- Verwenden Sie die Ereignisanzeige zur Anzeige der Einträge im Betriebsprotokoll der Gruppenrichtlinien, wenn bei ihrer Verarbeitung auf dem Computer Probleme auftreten.

- Aktivieren Sie die Debug-Protokollierung für den Gruppenrichtlinienverwaltungs-Editor, damit er ein *GpEdit.log* erstellt. Damit wird die Behandlung von Problemen erleichtert, die durch Fehler in ADMX-Dateien entstehen.

WEITERE INFORMATIONEN   Weitere Informationen über die Behandlung von Problemen mit Gruppenrichtlinien unter Windows 7 und Windows Vista SP1 finden Sie in »Troubleshooting Group Policy Using Event Logs« unter *http://technet2.microsoft.com/WindowsVista/en/library/7e940882-33b7-43db-b097-f3752c84f67f1033.mspx?mfr=true*.

Direkt von der Quelle: Ein systematischer Lösungsansatz zur Behandlung von Gruppenrichtlinienproblemen

Mark Lawrence, Senior Program Manager, *Windows Enterprise Management Division (WEMD)*, mit Unterstützung von Dilip Radhakrishnan aus dem *Group Policy Program Managers-Team*

Um Probleme mit Gruppenrichtlinien unter Windows Vista und höher erfolgreich zu beheben, empfehlen wir folgende Vorgehensweise:

1. Beginnen Sie in der Ereignisanzeige mit dem Punkt *Administrative Ereignisse* unter *Benutzerdefinierte Ansichten*. Überprüfen Sie, ob Fehler in den Richtlinien aufgetreten sind. Lesen Sie die entsprechenden Beschreibungen der Einträge, sehen Sie sich die Informationen auf der Registerkarte *Details* an und überprüfen Sie Angaben unter der Verknüpfung *Weitere Informationen*.

2. Öffnen Sie das Betriebsprotokoll der Gruppenrichtlinien und suchen Sie die *Aktivitäts-ID* für einen Fehlereintrag heraus. Verwenden Sie dann *GPLogView.exe* mit der Option -a, um die Ereignisse für diese Aktivitäts-ID herauszufiltern und die Ergebnisse für die weitere Analyse und Archivierung als HTML oder XML zu exportieren.

3. Analysieren Sie die *GPLogView.exe*-Ausgabe und überprüfen Sie Schritt für Schritt die Ereigniseinträge für die verschiedenen Richtlinienverarbeitungsszenarien. Suchen Sie die Punkte heraus, an denen sich Fehler zeigen, und notieren Sie die Fehlercodes für künftige Problembehandlungen.

Verwenden der Ereignisanzeige

Das Betriebsprotokoll der Gruppenrichtlinienverarbeitung ist in der Ereignisanzeige unter *Anwendungs- und Dienstprotokolle\Microsoft\Windows\GroupPolicy\Betriebsbereit* zu finden (Abbildung 14.6).

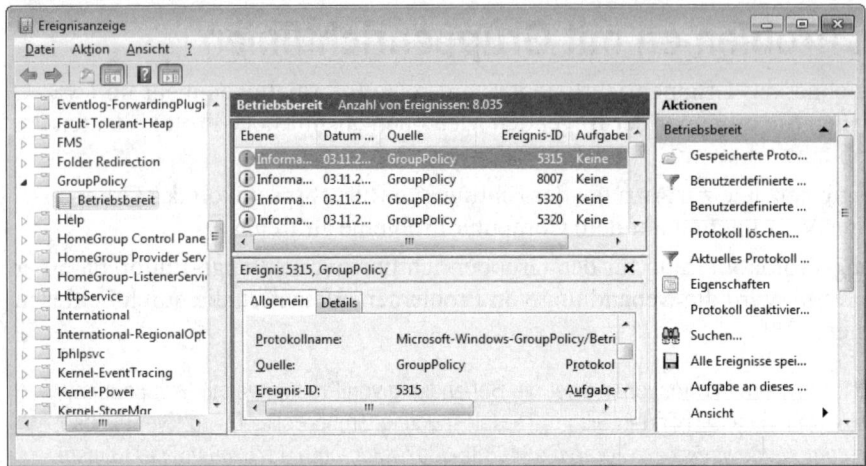

Abbildung 14.6   Das Betriebsprotokoll für Gruppenrichtlinien in der Ereignisanzeige

WEITERE INFORMATIONEN   Weitere Informationen über die Verwendung der Ereignisanzeige in Windows 7 erhalten Sie in Kapitel 21, »Pflegen der Desktopcomputer«.

Dieser Gruppenrichtlinien-Anwendungskanal der Ereignisanzeige zeichnet jedes Verarbeitungsereignis auf, das bei der Anwendung der Gruppenrichtlinien auf dem Client eintritt. Dieser Kanal ist ein administratorfreundlicher Ersatz für das *Userenv.log*, das in den Vorgängerversionen von Windows für die Behandlung von Problemen bei der Gruppenrichtlinienverarbeitung verwendet wurde. (Das Protokoll *Userenv.log* war auf diesen Plattformen nur sehr schwer für Gruppenrichtlinien auszuwerten, weil auch verschiedene andere Ereignisse in derselben Datei protokolliert wurden.) Die Betriebsereignisse der Gruppenrichtlinien enthalten Informationen, die bei der Problembehandlung wichtig werden können, wie Benutzername, GPO-Liste und statistische Angaben wie die Gesamtverarbeitungszeit und die Verarbeitungszeiten einzelner Erweiterungen. Außerdem ermöglicht eine eindeutige Aktivitäts-ID die Zusammenfassung von Ereignissen, die in jedem Gruppenrichtlinienverarbeitungszyklus eintreten.

HINWEIS   Nur das Gruppenrichtliniensystem nimmt Einträge im Systemereignisprotokoll vor. Die Gruppenrichtlinienerweiterungs-DLLs tragen in diesem Kanal keine Ereignisse ein, sondern verwenden das Betriebsprotokoll der Gruppenrichtlinien.

Tabelle 14.4 gibt Ihnen einen Überblick über die verschiedenen Bereiche der Ereignis-IDs im Gruppenrichtlinien-Anwendungskanal.

Tabelle 14.4   Ereignis-ID-Bereiche für das Gruppenrichtlinien-Betriebsprotokoll

Bereich	Bedeutung
4000–4299	Startereignisse
5000–5299	Entsprechende Abschlussereignisse (Startereignis + 1000)
5300–5999	Informationsereignisse
6000–6299	Entsprechende Warnereignisse (Startereignis + 2000)
6300–6999	Warnereignisse (das entsprechende Informationsereignis + 1000)
7000–7299	Entsprechende Fehlerereignisse (Startereignis + 3000)
7300–7999	Fehlerereignisse (das entsprechende Informationsereignis + 2000)
8000–8999	Erfolgsereignisse

HINWEIS   Administrative Ereignisse, die sich auf Gruppenrichtlinien beziehen, werden wie auf älteren Windows-Versionen immer noch im System-Ereignisprotokoll erfasst. Allerdings wird als Ereignisquelle nun `Gruppenricht-linie` angegeben und nicht mehr `USERENV`. Ein weiterer Vorteil besteht darin, dass Fehler, die bei der Verarbeitung von Skripts entstehen (die Skripts, die von der Skripterweiterung der Gruppenrichtlinie bereitgestellt werden), seit Windows Vista mit demselben Mechanismus protokolliert werden wie die restlichen Gruppenrichtlinienfehler.

WEITERE INFORMATIONEN   Eine andere Methode zur Kategorisierung dieser Ereignisse beschreibt der Beitrag *Group Policy Troubleshooting – helpful Event log categories* aus dem *Group Policy Team-Blog* unter *http://blogs.technet.com/grouppolicy/archive/2009/03/04/group-policy-troubleshooting-helpful-event-log-categories.aspx*.

Aktivieren der Debug-Protokollierung

Windows 7 ermöglicht bei Bedarf die Erstellung eines Debug-Protokolls für den Gruppenrichtlinien-verwaltungs-Editor, in dem die Abläufe wesentlich ausführlicher protokolliert werden, als die Ereignisanzeige dies zu leisten vermag. Sie können die Debug-Protokollierung aktivieren, indem Sie den folgenden `REG_DWORD`-Registrierungswert definieren und einstellen:

HKLM\Software\Microsoft\Windows NT\CurrentVersion\Winlogon\GPEditDebugLevel

Der Wert, der normalerweise für die Fehlersuche verwendet wird, ist `0x10002`. Wenn Sie diesen Registrierungswert einstellen, wird im Ordner *%SystemRoot%\debug\usermode* die Datei *GpEdit.log* erstellt. Der folgende Auszug aus dieser Datei zeigt ein Beispiel für die Einträge, die für schlecht geformte *.admx*-Testdateien namens *test.admx* und *test.adml* vorgenommen wurden.

```
GPEDIT(b6c.10c8) 12:10:03:713 PDX parser: Parsing file 'C:\Windows\PolicyDefinitions
    \FolderRedirection.admx'.
GPEDIT(b6c.10c8) 12:10:03:716 PDX parser: Obtained appropriate PDX resource file 'C:\Windows\
    PolicyDefinitions\en-US\FolderRedirection.adml' for language 'en-US'.
GPEDIT(b6c.10c8) 12:10:03:717 PDX parser: Parsing resource file 'C:\Windows\PolicyDefinitions\
    en-US\FolderRedirection.adml'.
GPEDIT(b6c.10c8) 12:10:03:719 PDX parser: Parsing resource file completed successfully.
GPEDIT(b6c.10c8) 12:10:03:720 PDX parser: Successfully parsed file.
GPEDIT(b6c.10c8) 12:10:03:720 PDX parser: Parsing file 'C:\Windows\PolicyDefinitions
    \test.admx'.
GPEDIT(b6c.10c8) 12:10:03:721 CSAXErrorHandlerImpl::fatalError: Parsing error, hr = 0xc00cee2d,
    message = 'Incorrect document syntax.
```

```
GPEDIT(b6c.10c8) 12:10:11:223 CSAXParser::ParseURL: parseURL for C:\Windows\
    PolicyDefinitions\test.admx failed with 0xc00cee2d.
GPEDIT(b6c.10c8) 12:10:11:223 PDX parser: Failed to parse C:\Windows\PolicyDefinitions\
    test.admx with 0xc00cee2d.
```

Verwenden von GPLogView

GPLogView.exe ist ein Tool zur Problembehandlung, mit dem Sie Ereignisprotokolleinträge für Gruppenrichtlinien, die im System-Ereignisprotokoll und im Betriebsprotokoll der Gruppenrichtlinien vorgenommen wurden, als Text-, HTML- oder XML-Datei exportieren können. *GPLogView.exe* funktioniert nur auf Windows Vista oder höher. Es gehört zwar nicht zum Lieferumfang von Windows 7, ist aber als Download unter *http://go.microsoft.com/fwlink/?LinkId=75004* erhältlich. Die Befehlszeilenoptionen für dieses Tool lauten:

- **-?**   Zeigt diese Hilfeinformationen an.
- **-o [Ausgabedateiname]**   Der Name der Ausgabedatei für Text, XML oder HTML. Nicht gültig, wenn -m angegeben wird.
- **-n**   Gibt die Aktivitäts-ID nicht aus.
- **-p**   Zeigt für jedes Ereignis die Prozess-ID und die Thread-ID an.
- **-a [Aktivitäts-ID]**   Zeigt nur Ereignisse an, die zur Aktivitäts-ID passen.
- **-m**   Führt das Tool im Überwachungsmodus aus, bei dem Ereignisse in Echtzeit angezeigt werden.
- **-x**   Gibt die Ereignisse in XML aus. Die einzigen anderen Optionen, die mit dieser Option kombiniert werden können, sind -m und -a (aber nicht beide gleichzeitig).
- **-h**   Gibt die Ereignisse im HTML-Format aus. Die Optionen -m oder -x sind nicht zulässig. Die Optionen -m und -a sind zulässig (aber nicht beide gleichzeitig). Außerdem müssen Sie die Option -o angeben.
- **-q [Abfragedateiname]**   Verwendet die angegebene Abfragedatei für die Abfrage.
- **-l [Name des Herausgebers]**   Wenn -q verwendet wird, muss der Name des Herausgebers angegeben werden.

Die folgenden Beispiele zeigen, wie das Tool verwendet wird:

- `GPLogView.exe -o GPEvents.txt`
- `GPLogView.exe -n -o GPEvents.txt`
- `GPLogView.exe -a ea276341-d646-43e0-866c-e7cc35aecc0a -o GPEvents.txt`
- `GPLogView.exe -p -o GPEvents.txt`
- `GPLogView.exe -x -o GPEvents.xml`
- `GPLogView.exe -x -m`
- `GPLogView.exe -x -a ea276341-d646-43e0-866c-e7cc35aecc0a -o GPEvents.xml`
- `GPLogView.exe -h -o GPEvents.html`
- `GPLogView.exe -h -a ea276341-d646-43e0-866c-e7cc35aecc0a -o GPEvents.html`
- `GPLogView.exe -h -q EineAbfragedatei.txt -l Microsoft-Windows-GroupPolicy -o GPEvents.html`

Verwenden von GPResult

GPResult.exe ist ein Befehlszeilentool von Windows 7, Windows Server 2008 R2, Windows Vista und Windows Server 2008, das zur Anzeige von Gruppenrichtlinieneinstellungen und des Richtlinienergebnissatzes für einen bestimmten Benutzer oder Computer verwendet werden kann. Beginnend mit Windows Vista SP1 und Windows Server 2008 hat *GPResult.exe* zwei neue Befehlszeilenschalter erhalten:

- **/x** *Dateiname*   Speichert den Bericht im XML-Format am angegebenen Speicherort unter dem angegebenen Dateinamen.

- **/h** *Dateiname*   Speichert den Bericht im HTML-Format am angegebenen Speicherort unter dem angegebenen Dateinamen.

Außerdem erfordert GPResult bei der Ausführung nun zwei Befehlszeilenparameter. Weitere Informationen über die Syntax und Verwendung von *GPResult.exe* finden Sie unter *http://technet2.microsoft. com/windowsserver2008/en/library/dfaa3adf-2c83-486c-86d6-23f93c5c883c1033.mspx?mfr=true*. Informationen erhalten Sie auch aus folgender Veröffentlichung aus dem *Ask the Directory Services Team*-Blog: *http://blogs.technet.com/askds/archive/2007/12/04/an-old-new-way-to-get-group-policy-results.aspx*.

Direkt von der Quelle: Voraussetzungen für die Verwendung von Präferenzen auf älteren Windows-Versionen

Group Policy Team von Microsoft

Es ist wichtig, die Installationsvoraussetzungen für Gruppenrichtlinien-CSEs und XMLLite zu kennen, weil dies in den Microsoft Product Support Services das am häufigsten angefragte Problem ist. Damit Einstellungselemente auf Clients wirksam werden, müssen Sie folgende Vorbereitungen treffen:

1. Installieren Sie auf jedem Client, auf dem Sie Einstellungselemente verwenden möchten, die Gruppenrichtlinien-CSEs, sofern diese noch nicht installiert wurden. Sie sind erforderlich, damit Clients Gruppenrichtlinienpräferenzen auswerten können.

2. Installieren Sie auf denselben Clients XMLLite, sofern es nicht standardmäßig installiert worden ist (Informationen finden Sie unter *http://msdn.microsoft.com/en-us/library/ms752838. aspx*).

Eine Möglichkeit wäre, die CSEs und XMLLite mit einem Skript zu installieren (ein Beispiel finden Sie unter *http://heidelbergit.blogspot.com/2008/03/how-to-install-gpp-cses-using-startup.html*). Oder Sie erhalten die CSEs von Windows Update, WSUS (Windows Server Update Services) oder im Microsoft Download Center. Anschließend können Sie XMLLite im Download Center herunterladen.

Die folgenden Informationen sollen Ihnen bei der Beantwortung der Fragen helfen, ob die CSEs und XMLLite installiert werden müssen und ob Sie die Software vom Microsoft Download Center oder von Windows Update erhalten.

Voraussetzungen für CSEs

Folgende Voraussetzungen gelten für die Installation von CSEs auf älteren Windows-Versionen:

- **Windows Server 2008**   Die CSEs sind bereits enthalten und brauchen nicht installiert zu werden.
- **Windows Vista and Windows Vista mit SP1**   Laden Sie die 32-Bit-Version der CSEs unter *http://go.microsoft.com/fwlink/?LinkId=111859* herunter und die 64-Bit-Version unter *http://go.microsoft.com/fwlink/?LinkID=111857* und installieren Sie sie nach Bedarf.
- **Windows XP mit SP2 oder höher**   Laden Sie die 32-Bit-Version der CSEs unter *http://go.microsoft.com/fwlink/?LinkId=111851* herunter und die 64-Bit-Version unter *http://go.microsoft.com/fwlink/?LinkId=111862* und installieren Sie sie nach Bedarf.
- **Windows Server 2003 mit SP1 oder höher**   Laden Sie die 32-Bit-Version der CSEs unter *http://go.microsoft.com/fwlink/?LinkId=111852* herunter und die 64-Bit-Version unter *http://go.microsoft.com/fwlink/?LinkId=111863* und installieren Sie sie nach Bedarf.

Voraussetzungen for XMLLite

Beachten Sie, dass XMLLite nicht erforderlich ist, wenn Folgendes zutrifft:

- Auf Ihren Clients Windows Server 2008 oder Windows Vista ausgeführt wird.
- Auf Ihren Windows XP- und Windows Server 2003-Clients wird Internet Explorer 7 ausgeführt und/oder die neusten Service Packs sind installiert.

Für Clients mit Betriebssystemversionen von Windows Server 2003 und Windows XP, die CSEs unterstützen, gibt die folgende Liste die Voraussetzungen und die Bezugsquelle für XMLLite im Download Center an:

- **Windows XP SP3**   XMLLite ist bereits vorhanden und braucht nicht zusätzlich installiert zu werden.
- **Windows XP SP2**   Sofern nicht Internet Explorer 7 installiert ist (in diesem Fall ist XMLLite bereits vorhanden), müssen Sie XMLLite unter *http://go.microsoft.com/fwlink/?LinkId=111843* herunterladen und installieren.
- **Windows Server 2003 SP2**   XMLLite ist bereits vorhanden und braucht nicht zusätzlich installiert zu werden.
- **Windows Server 2003 SP1**   Sofern nicht Internet Explorer 7 installiert ist (in diesem Fall ist XMLLite bereits vorhanden), müssen Sie XMLLite unter *http://go.microsoft.com/fwlink/?LinkId=111843* herunterladen und installieren.

Zusammenfassung

Für die Verwaltung von Windows 7-Computern mit Gruppenrichtlinien empfiehlt sich Folgendes:

- Installieren Sie RSAT auf Ihren Windows 7-Verwaltungs-Arbeitsstationen, damit Sie auf diesen Arbeitsstationen Gruppenrichtlinien verwalten können.
- Wenn Sie GPOs mit dem GPMC aus Windows Server 2008 R2 oder dem GPMC bearbeitet haben, der in RSAT für Windows 7 enthalten ist, sollten Sie diese GPOs nicht mehr mit älteren GPMC-Versionen oder mit dem Gruppenrichtlinienverwaltungs-Editor bearbeiten.
- Sie Erstellen auf Domänencontrollern, auf denen Windows Server 2008 R2, Windows Server 2008 oder Windows Server 2003 ausgeführt wird, einen zentralen Speicher und kopieren die ADMX-Dateien von Ihren Windows 7-Computern in diesen Speicher.

- Konvertieren Sie Ihre benutzerdefinierten ADM-Dateien mit dem ADMX Migrator ins ADMX-Format. Übernehmen Sie dabei aber keine ADM-Standarddateien aus älteren Windows-Versionen. Windows 7 braucht diese Dateien nicht.

- Wenn Sie Software Assurance-Kunde sind, beschaffen Sie sich das MDOP, damit Sie die erweiterte Funktionalität der AGPM-Komponente dieses Pakets nutzen können.

Weitere Informationen

Die folgenden Quellen bieten zusätzliche Informationen oder Tools für die Themen dieses Kapitels.

Informationsquellen

- Das Windows Server Group Policy-TechCenter unter *http://technet.microsoft.com/en-us/windows server/grouppolicy/default.aspx*

- »What's New in Group Policy« in Windows Server 2008 R2 und Windows 7 unter *http://technet. microsoft.com/en-us/library/dd367853.aspx*

- »Group Policy Frequently Asked Questions (FAQ)« unter *http://technet.microsoft.com/en-us/ windowsserver/grouppolicy/cc817587.aspx*

- »Group Policy Preferences Frequently Asked Questions (FAQ)« unter *http://technet.microsoft. com/en-us/windowsserver/grouppolicy/cc817590.aspx*

- Das Whitepaper »Group Policy Preferences Overview« unter *http://www.microsoft.com/down loads/details.aspx?FamilyID=42e30e3f-6f01-4610-9d6e-f6e0fb7a0790&DisplayLang=en*

- Das Whitepaper »Planning and Deploying Group Policy« unter *http://www.microsoft.com/down loads/details.aspx?FamilyID=73d96068-0aea-450a-861b-e2c5413b0485&DisplayLang=en*

- Das Whitepaper »Advanced Group Policy Management Overview« unter *http://www.microsoft. com/downloads/details.aspx?FamilyID=993a34d0-c274-4b46-b9fc-568426b81c5e&Display Lang=en*

- Der ADMX Migrator unter *http://www.microsoft.com/downloads/details.aspx?FamilyID= 0f1eec3d-10c4-4b5f-9625-97c2f731090c&DisplayLang=en*

- Group Policy Log View (GPLogView), verfügbar unter *http://www.microsoft.com/downloads/ details.aspx?FamilyID=bcfb1955-ca1d-4f00-9cff-6f541bad4563&DisplayLang=en*

- »Group Policy Settings Reference for Windows 7 and Windows Server 2008 R2«, erhältlich im Microsoft Download Center

- »Overview Series: Advanced Group Policy Management« unter *http://technet.microsoft.com/en-us/library/cc749396.aspx*

- »Step-by-Step Guide to Managing Multiple Local Group Policy Objects« unter *http://technet. microsoft.com/en-us/library/cc766291.aspx*

- *Managing Group Policy ADMX Files Step-by-Step Guide* unter *http://technet.microsoft.com/en-us/ library/cc709647.aspx*

- *Deploying Group Policy Using Windows Vista* unter *http://technet.microsoft.com/en-us/library/ cc766208.aspx*

- »Troubleshooting Group Policy Using Event Logs« unter *http://technet.microsoft.com/en-us/ library/cc749336.aspx*

- *Windows Group Policy Resource Kit: Windows Server 2008 and Windows Vista* (Microsoft Press, 2008)
- *Windows Group Policy Administrator's Pocket Consultant* von William R. Stanek (Microsoft Press, 2009)
- »ADMX Schema« im MSDN unter *http://msdn2.microsoft.com/en-us/library/aa373476.aspx*
- *Group Policy Team Blog* unter *http://blogs.technet.com/grouppolicy/*
- »Automating Group Policy Management with Windows PowerShell« im TechNet Magazine unter *http://technet.microsoft.com/en-us/magazine/dd797571.aspx*
- Knowledge Base-Artikel 929841, »How to Create a Central Store for Group Policy Administrative Templates in Windows Vista« unter *http://support.microsoft.com/kb/929841*

Auf der Begleit-CD

- *Get-ComputerIEEE80211GroupPolicySetting.ps1*
- *Get-IPSECPolicySetting.ps1*
- *Get-RegistryPolicySetting.ps1*
- *Get-RSOPRestrictedGroup.ps1*
- *Get-ComputerRsop.ps1*
- *Get-ComputerRsopGPLink.ps1*
- *Get-ComputerRsopSOM.ps1*
- *Get-OptionalFeatures.ps1*
- *ListCodec.ps1*
- *Get-Games.ps1*
- *TroubleshootPerformance.ps1*

KAPITEL 15

Verwalten von Benutzern und Benutzerdaten

Große Unternehmen brauchen sichere und zuverlässige Methoden zur Verwaltung der Daten und Einstellungen der Benutzer. Diese Methoden müssen in den verschiedensten Netzwerkszenarien funktionieren, angefangen bei mobilen Benutzern über Umgebungen, in denen mehrere Benutzer am selben Computer arbeiten, bis hin zu großräumigen Netzwerken mit langsamen und unzuverlässigen Verbindungen (Wide Area Network, WAN). Seit Windows Vista wurden an drei für Unternehmen wichtigen Technologien für mobile Benutzer, die es bereits in älteren Windows-Versionen gab, Verbesserungen vorgenommen: Servergespeicherte Benutzerprofile, Ordnerumleitung und Offlinedateien. Windows 7 bringt weitere Verbesserungen in diesem Bereichen, wodurch die Verwaltung von Benutzerdaten und Einstellungen für Windows 7-Computer einfacher wird und Benutzer, die einen bestimmten Computer gemeinsam benutzen, an Remotestandorten arbeiten oder viel unterwegs sind, profitieren von einer einheitlicheren und zuverlässigeren Umgebung.

Grundlagen der Benutzerprofile von Windows 7

Seit Windows Vista hat sich die Implementierung von Benutzerprofilen gegenüber älteren Windows-Versionen beträchtlich geändert. Das zeigt sich zum Beispiel am Standardspeicherort für lokale Benutzerprofile, der sich von *C:\Dokumente und Einstellungen* unter Windows XP in *C:\Users* unter Windows Vista geändert hat. Ein weiteres Beispiel ist der Standardspeicherort für Dokumente, der sich vom Ordner *Eigene Dateien* unter Windows XP in den Ordner *Dokumente* unter Windows Vista geändert hat.

Windows 7 bringt keine signifikanten Änderungen in der Grundstruktur der Benutzerprofile oder ihrer Speicherorte. Allerdings ermöglicht Windows 7 durch ein neues Feature, das *Bibliotheken* genannt wird, einen anderen Zugriff auf Benutzerprofilordner. Die folgenden Abschnitte beschreiben ausführlicher die zugrundeliegende Struktur der Benutzerprofile von Windows 7 und zeigen wie sich Bibliotheken auf die Organisation von Dokumenten und anderen Dateien auswirken.

Für Administratoren ist es wichtig, die Implementierung und Funktionsweise von Benutzerprofilen zu verstehen. Wegen der Unterschiede in den Benutzerprofilen können zum Beispiel servergespeicherte Benutzerprofile nicht zwischen Windows 7-Computern (oder Windows Vista-Computern) und Windows XP-Computern ausgetauscht werden. Das Grundwissen über die Implementierung von Benutzerprofilen unterstützt Administratoren auch bei der Behandlung von Problemen, wenn Benutzer beispielsweise nicht auf ihren Desktop oder ihre Dokumente zugreifen können. Versteht man die Funktionsweise der Benutzerprofile, ist es zudem einfacher, Benutzern eine sinnvolle Art der Speicherung und Organisation von Dokumenten zu erklären.

Benutzerprofiltypen

Ein Benutzerprofil ist eine Sammlung von Ordnern und Registrierungsdaten, mit denen die Umgebung eines Benutzers beschrieben wird, wenn sich der Benutzer an einem Clientcomputer anmeldet. Benutzerprofile enthalten:

- Eine Ordnerhierarchie, die Desktopsymbole, Verknüpfungen mit Dateien und Autostartanwendungen und andere Daten und Einstellungen enthält. Die Struktur dieser Ordnerhierarchie wird im Abschnitt »Benutzerprofilnamespace in Windows Vista und Windows 7« weiter unten im Kapitel besprochen.

- Einen Registrierungshive, der benutzerdefinierte Desktopeinstellungen, Anwendungseinstellungen, dauerhafte Netzwerkverbindungen und Druckerverbindungen und so weiter enthält. Der Registrierungshive für ein Benutzerprofil ist in der Datei *Ntuser.dat* im Profilstamm des Benutzers gespeichert und wird auf den *HKEY_CURRENT_USER*-Abschnitt der Registrierung abgebildet, wenn sich der Benutzer anmeldet. *Ntuser.dat* enthält die Einstellungen für die Umgebung, die sich der Benutzer eingerichtet hat.

Windows-Clients unterstützen zwei Arten von Benutzerprofilen:

- **Lokale Benutzerprofile**   Lokale Benutzerprofile werden auf dem Clientcomputer gespeichert. Wenn sich ein Benutzer das erste Mal an einem Windows-Computer anmeldet, wird standardmäßig ein lokales Benutzerprofil für den Benutzer erstellt und auf *%SystemDrive%* gespeichert, unter Windows Vista und höheren Versionen im Ordner *\Users\Benutzername* und in älteren Windows-Versionen im Ordner *\Dokumente und Einstellungen\Benutzername*, wobei *Benutzername* der Name des Benutzers ist. Wenn sich ein Benutzer am Computer anmeldet, wird das lokale Benutzerprofil des Benutzers geladen und die Desktopumgebung so eingerichtet, wie es die im Profil gespeicherten Daten und Einstellungen verlangen. Wenn sich der Benutzer vom Computer abmeldet, werden alle Konfigurationsänderungen, die an der Desktopumgebung des Benutzers vorgenommen wurden, im Benutzerprofil gespeichert.

   Alle Windows-Computer unterstützen von Haus aus lokale Benutzerprofile. Der Vorteil der Benutzerprofile liegt darin, dass sie jedem Benutzer, der sich am Computer anmeldet, eine ganz individuelle Konfiguration der Desktopumgebung ermöglichen. Daher können sich mehrere Benutzer denselben Computer teilen und nach ihren persönlichen Wünschen einrichten, ohne andere zu stören. Jeder erhält seine eigenen Einstellungen und Daten. Der Nachteil der lokalen Benutzerprofile liegt darin, dass sie lokal sind. Das bedeutet, dass die Daten und Einstellungen einem Benutzer nicht automatisch folgen, wenn er sich an einem anderen Computer anmeldet. Somit ist es für Benutzer sehr umständlich, den Arbeitsplatz zu wechseln und in der Unternehmensumgebung »mal eben« einen anderen Computer zu benutzen, der gerade frei ist.

- **Servergespeicherte Benutzerprofile**   Servergespeicherte Benutzerprofile werden im Netzwerk an einem zentralen Ort gespeichert, gewöhnlich in einem freigegebenen Verzeichnis eines Dateiservers. Wenn sich der Benutzer auf einem Clientcomputer anmeldet, wird das servergespeicherte Benutzerprofil von diesem zentralen Speicherplatz heruntergeladen und vom Clientcomputer geladen, um die Desktopumgebung des Benutzers zu konfigurieren. Wenn sich der Benutzer vom Computer abmeldet, werden alle Konfigurationsänderungen, die an der Desktopumgebung des Benutzers vorgenommen wurden, wieder in der Netzwerkfreigabe gespeichert. Neben der Kopie des servergespeicherten Profils, die in der Netzwerkfreigabe gespeichert wird, behält Windows auf jedem Computer, auf dem sich der Benutzer anmeldet, auch eine lokal zwischengespeicherte Kopie des servergespeicherten Profils.

Servergespeicherte Benutzerprofile werden nur in Active Directory-Domänendienste-Umgebungen (Active Directory Domain Services, AD DS) unterstützt und müssen entsprechend bereitgestellt und konfiguriert werden. Ein Vorteil der servergespeicherten Benutzerprofile besteht darin, dass sich ein Benutzer im Prinzip an jedem freien Computer des Netzwerks anmelden kann. Dabei wird sein Profil heruntergeladen und seine ganz persönliche Desktopumgebung eingestellt. Ein weiterer Vorteil der servergespeicherten Profile ist, dass sie einzelnen Benutzern und Benutzergruppen zugewiesen werden können. Das sorgt für Flexibilität bei der Bereitstellung von Desktopumgebungen. Allerdings weist die Windows XP-Implementierung der servergespeicherten Benutzerprofile einige Schwächen auf, die in Windows Vista beseitigt wurden. Windows 7 weist weitere Verbesserungen auf. Darüber erfahren Sie mehr im Abschnitt »Grundlagen der servergespeicherten Benutzerprofile und der Ordnerumleitung« dieses Kapitels.

Erforderliche (oder vorgeschriebene) Benutzerprofile und *zwingend erforderliche* Benutzerprofile sind die beiden Varianten von schreibgeschützten servergespeicherten Benutzerprofilen, die vorkonfiguriert werden, um Benutzern eine einheitliche Desktopumgebung zu geben, die sie nicht ändern können. Wenn ein Benutzerkonto so konfiguriert wird, dass es ein erforderliches Benutzerprofil verwendet, wird das Profil bei der Anmeldung des Benutzers von der Netzwerkfreigabe heruntergeladen. Wenn sich der Benutzer abmeldet, werden aber Änderungen, die der Benutzer an der Desktopumgebung vorgenommen hat, nicht zum Netzwerkspeicherplatz hochgeladen und verfallen. Bei der nächsten Anmeldung wird wieder das unveränderte Profil vom Server heruntergeladen. Zwingend erforderliche Benutzerprofile lassen sich ebenfalls nicht vom Benutzer ändern. Sie können nur gelesen werden und werden bei der Abmeldung des Benutzers nicht gespeichert. Der Unterschied liegt darin, dass zwingend erforderliche Profile, wie der Name schon sagt, für die Anmeldung des Benutzers zwingend erforderlich sind. Jeder Umstand, der das Laden eines zwingend erforderlichen Profils verhindert, verhindert auch, dass sich der Benutzer am Computer anmelden kann. Daher sollten zwingend erforderliche Benutzerprofile nur in Umgebungen eingesetzt werden, in denen die Netzwerkstruktur sehr zuverlässig und das Vorhandensein des Benutzerprofils entscheidend ist.

Benutzerprofile für Dienstkonten

In Windows Vista und höher verfügen Dienstkonten wie *Lokales System*, *Lokaler Dienst* und *Netzwerkdienst* ebenfalls über Benutzerprofile. Die Profile für diese Konten liegen an folgenden Speicherorten:

- **Lokales System**   *%WinDir%\System32\config\systemprofile*
- **Lokaler Dienst**   *%WinDir%\ServiceProfiles\LocalService*
- **Netzwerkdienst**   *%WinDir%\ServiceProfiles\NetworkService*

Benutzerprofilnamespace

Die Hierarchie der Ordner im Benutzerprofil wird *Benutzerprofilnamespace* genannt. In Windows Vista und höheren Windows-Versionen ist dieser Namespace in einer ganz anderen Weise aufgebaut als in älteren Windows-Versionen, einschließlich Windows XP und Windows 2000. Wenn Sie verstehen wollen, wie servergespeicherte Profile in gemischten Umgebungen wie zum Beispiel in Netzwerken funktionieren, die Windows 7- und Windows XP-Computer enthalten, müssen Sie diese Unterschiede verstehen. In großen Unternehmen ist besonders in Umstellungsphasen eine gemischte Umgebung üblich.

Benutzerprofilnamespace in Windows XP

In Windows XP und Windows 2000 lässt sich der Benutzerprofilnamespace folgendermaßen beschreiben:

- Lokale Benutzerprofile werden im Stammordner *%SystemDrive%\Dokumente und Einstellungen* gespeichert.

- Für jeden Benutzer, der sich mindestens einmal am Computer angemeldet hat, gibt es einen Profilordner, der nach seinem Konto benannt ist. Für den Benutzer Michael Allen (*mallen@contoso.com*) gibt es zum Beispiel den Benutzerprofilordner *%SystemDrive%\Dokumente und Einstellungen\mallen*. Für das Konto des lokalen Administrators gibt es den Ordner *%SystemDrive%\Dokumente und Einstellungen\Administrator*, und so weiter.

- Ein spezieller Ordner namens *%SystemDrive%\Dokumente und Einstellungen\All Users* enthält Programmelemente, die von allen Benutzern verwendet werden, die sich am Computer anmelden, wie Verknüpfungen des Startmenüs und Desktopelemente. Durch die Anpassung des Profils *All Users* können Sie allen Benutzern, die sich auf dem Computer anmelden, Zugang zu den Programmen und Verknüpfungen geben, die sie brauchen. Zusätzlich stehen den Benutzern die Elemente zur Verfügung, die in ihren persönlichen Startmenü- und Desktopordnern gespeichert sind. Das Profil *All Users* enthält keinen Registrierungshive, weil Windows dieses Profil nicht lädt. Stattdessen trägt Windows alle gemeinsamen Einstellungen im Hive *HKEY_LOCAL_MACHINE* der Registrierung des Computers ein.

- Ein spezieller verborgener Ordner namens *%SystemDrive%\Dokumente und Einstellungen\Default User* wird als Vorlage für alle neuen lokalen Benutzerprofile verwendet, die auf dem Computer erstellt werden. Wenn sich ein Benutzer das erste Mal auf dem Computer anmeldet und in der *NETLOGON*-Freigabe des Domänencontrollers kein Standarddomänenbenutzerprofil gespeichert ist (und kein servergespeichertes Profil für alle Benutzer mit einem servergespeicherten Profil konfiguriert ist), wird das Profil *Default User* geladen und als lokales Profil des Benutzers in den Ordner *%SystemDrive%\Dokumente und Einstellungen\Benutzername* kopiert. Wenn auf der *NETLOGON*-Freigabe ein *Default User*-Profil gespeichert ist, wird dieses Profil statt des Profils *%SystemDrive%\Dokumente und Einstellungen\Default User* als lokales Benutzerprofil in den Ordner *%SystemDrive%\Dokumente und Einstellungen\Benutzername* kopiert.

- Die Ordner *%SystemDrive%\Dokumente und Einstellungen\LocalService* und *%SystemDrive%\Dokumente und Einstellungen\NetworkService* sind zwei spezielle, gut versteckte Profilordner, die automatisch für die integrierten Konten *Lokaler Dienst* und *Netzwerkdienst* erstellt werden. Sie werden vom Dienststeuerungs-Manager für Dienste verwendet, die nicht als *Lokales System* ausgeführt werden müssen. Windows ist auf diese beiden speziellen Profile angewiesen. Ändern Sie diese Profile nicht.

Die Hierarchie der Ordner (der Namespace) in einem Benutzerprofilordner von Windows XP besteht aus einer Mischung von Ordnern mit Anwendungseinstellungen und Benutzerdaten, wobei viele dieser Ordner verborgen sind. Zu den wichtigen Ordnern dieses Namespace gehören:

- *Anwendungsdaten* Enthält anwendungsspezifische Daten wie benutzerdefinierte Wörterbücher oder herstellerspezifische Daten. Die Verzeichnisse in den Anwendungsdaten werden bei Bedarf auf verschiedene Computer übertragen.

- *Cookies* Enthält Cookies für den Microsoft Internet Explorer.

- **Desktop**   Enthält Desktopelemente wie Dateien und Verknüpfungen.

- **Favoriten**   Enthält Favoriten für den Internet Explorer.

- **Lokale Einstellungen**   Enthält Anwendungseinstellungen und Daten, die entweder computerspezifisch oder zu umfangreich sind, um auf andere Computer übernommen zu werden. (Die Ordner in *Lokale Einstellungen* werden nicht auf den nächsten Computer übernommen, auf dem sich der Benutzer anmeldet.) Zu den Unterordnern dieses Ordners gehören *Anwendungsdaten*, *Verlauf*, *Temp* und *Temporary Internet Files*.

- **Eigene Dateien**   Dieser Ordner ist der Standardspeicherort für Dokumente, die der Benutzer erstellt. Zu den Unterordnern dieses Ordners gehören *Eigene Bilder*, *Eigene Musik* und andere anwendungsspezifische Ordner.

- **Netzwerkumgebung**   Enthält Verknüpfungen mit Elementen der Netzwerkumgebung.

- **Druckumgebung**   Enthält Verknüpfungen mit Elementen des Druckerordners.

- **Recent**   Enthält Verknüpfungen mit den zuletzt verwendeten Dateien, Programmen und Einstellungen.

- **SendTo**   Enthält Verknüpfungen mit Speicherorten und Speicheranwendungen.

- **Startmenü**   Enthält Verknüpfungen mit Programmen.

- **Vorlagen**   Enthält Verknüpfungen mit Vorlagen.

In Windows XP werden Benutzerprofilordner wie *Eigene Dateien* und *Favoriten* als *Spezialordner* bezeichnet. Das Betriebssystem identifiziert diese Spezialordner anhand von CSIDL-Werten (Constant Special Item ID List). CSIDLs bieten eine eindeutige, systemunabhängige Methode zur Identifizierung von Ordnern, die häufig von Anwendungen benutzt werden, aber auf den verschiedenen Systemen wegen der Installationsmethode oder der Ordnerumleitung nicht am selben Ort liegen oder dieselben Namen tragen.

Diese Struktur des Benutzerprofilnamespace von Windows XP hat einige Nachteile:

- Ein Benutzerprofil besteht aus einer Mischung von Anwendungs- und Benutzerdatenordnern, die im Stammordner des Profils gespeichert sind. Das bedeutet, dass Benutzerdaten nicht sauber von Anwendungsdaten getrennt sind. Der Ordner *%SystemDrive%\Dokumente und Einstellungen \ Benutzername\Lokale Einstellungen\Anwendungsdaten* enthält zum Beispiel computerspezifische Daten und Einstellungen, die nicht mit dem Benutzerprofil auf andere Computer übertragen werden können (oder sollen), oder er enthält Daten, die zu umfangreich sind, um auf andere Computer übertragen zu werden. (Wäre dies der Fall, würde die Anmeldung an anderen Computern zu lange dauern.) Andererseits enthält der Ordner *%SystemDrive%\Dokumente und Einstellungen\Benutzername\Anwendungsdaten* Daten und Einstellungen, die dem Benutzer auf andere Computer folgen sollten, sofern servergespeicherte Profile verwendet werden. Diese Mischung von Daten, die auf dem Computer bleiben oder dem Benutzer auf andere Computer folgen sollten, in ähnlich benannten Ordnern hat manchmal dazu geführt, dass Anwendungen entwickelt wurden, die Daten und Einstellungen im falschen Ordner abgelegt haben und daher einem Benutzer nicht auf andere Computer folgen konnten.

- *Eigene Bilder*, *Eigene Musik* und *Eigene Videos* sind Unterordner von *Eigene Dateien*, obwohl sie Mediendateien aufnehmen sollen, also keine herkömmlichen Dokumente. Dadurch wird die Einrichtung einer Ordnerumleitung unnötig kompliziert und führt gelegentlich dazu, dass vom Benutzer verwaltete Daten, die gar nicht zu den Dokumenten zählen, unnötig umgeleitet werden.

- Es gibt keine Richtlinien oder Beschränkungen dafür, wie Anwendungen ihre benutzerspezifischen Daten und Einstellungen im Benutzerprofil zu speichern haben. So können Anwendungen von anderen Softwareentwicklern beispielsweise im Stammordner des Profils neue Unterordner anlegen, um benutzerspezifische Daten zu speichern, statt die Daten in den vorhandenen Ordnern des Namespace zu speichern. Manche Anwendungen speichern auch computerspezifische und benutzerspezifische Daten im selben *Anwendungsdaten*-Ordner. Dann ergeben sich natürlich Probleme, wenn servergespeicherte Benutzerprofile verwendet werden und die Anwendungen den Benutzern folgen sollen.

- Benutzern steht keine einfache und leicht durchschaubare Möglichkeit zur Verfügung, Teile ihrer Profile und der darin enthaltenen Daten auf sichere Weise über ein Netzwerk für andere Benutzer zugänglich zu machen. Daher hat es ein unerfahrener Benutzer zum Beispiel schwer, bestimmte Dokumente aus seinem Ordner *Eigene Dateien* freizugeben.

- Die Verwendung von CSIDL-Werten zur Identifizierung von Spezialordnern hat einige Nachteile. CSIDL-Werte können zum Beispiel nicht erweitert werden. Das bedeutet, dass ein Anwendungsentwickler nicht ohne Weiteres eigene Spezialordner zu Benutzerprofilen hinzufügen konnte. Außerdem war unter Windows XP keine API (Application Programming Interface) verfügbar, mit der sich die auf dem Computer verfügbaren CSIDL-Werte auflisten ließen. Schließlich ließ sich unter dem CSIDL-System nur der Ordner *Eigene Dateien* an einen anderen Ort umleiten.

Benutzerprofilnamespace in Windows Vista und Windows 7

Um die Probleme zu beseitigen, die sich mit dem Benutzerprofilnamespace von älteren Windows-Versionen ergeben haben, wurden beginnend mit Windows Vista folgende Änderungen an den Benutzerprofilen vorgenommen:

- Der Stamm des Benutzerprofilnamespace wurde von *%SystemDrive%\Dokumente und Einstellungen* nach *%SystemDrive%\Users* verlegt. Das bedeutet zum Beispiel, dass der Profilordner des Benutzers Michael Allen (*mallen@contoso.com*) nun unter *%SystemDrive%\Users\mallen* zu finden ist und nicht mehr unter *%SystemDrive%\Dokumente und Einstellungen\mallen*.

- Das Präfix *Eigene* (oder *My*) der Ordner, in denen vom Benutzer verwaltete Dokumente gespeichert werden, wurde weggelassen, um die Oberfläche übersichtlicher zu gestalten. Dokumente werden nun zum Beispiel im Ordner *Dokumente* gespeichert und nicht mehr in *Eigene Dateien*. Beachten Sie, dass diese Ordner unter Windows Vista nicht nur im Windows-Explorer ohne das Präfix *Eigene* (oder *My*) angezeigt werden, sondern auch in einer Eingabeaufforderung. Beginnend mit Windows 7 weisen diese Ordner aber ein *Eigene*-Präfix auf, wenn sie im Windows-Explorer angezeigt werden. Bei der Anzeige in einer Eingabeaufforderung ist dies nicht der Fall. Anders gesagt, der Windows-Explorer von Windows 7 stellt den Namen dieser Ordner bei der Darstellung ein *Eigene*-Präfix voran, während die Ordner im zugrundeliegenden Dateisystem dieses Namenspräfix nicht tragen.

- Die neuen Versionen der Ordner *Eigene Musik*, *Eigene Bilder* und *Eigene Videos* sind unter Windows Vista und höher nicht mehr Unterordner von *Eigene Dateien*. Stattdessen werden diese und andere vom Benutzer verwaltete Datenordner nun im Stammordner des Benutzerprofils gespeichert und befinden sich auf derselben Stufe wie der Ordner *Dokumente*. Der Benutzerprofilnamespace wurde auf diese Weise flacher gemacht, um eine bessere Trennung zwischen vom Benutzer verwalteten Daten und Anwendungseinstellungen zu erreichen und die Ordnerumleitung zu vereinfachen.

- Unter dem Stammordner des Benutzerprofils wurden neue Unterordner angelegt, um die Organisation der vom Benutzer verwalteten Daten und Einstellungen übersichtlicher zu gestalten und nach Möglichkeit zu verhindern, dass Benutzer oder Anwendungen Daten im falschen Ordner des

Benutzerprofils speichern. Die folgenden Unterordner wurden seit Windows Vista neu ins Profil aufgenommen:

- ☐ *Kontakte* Standardspeicherort für Kontaktinformationen des Benutzers
- ☐ *Downloads* Standardspeicherort für alles, was heruntergeladen wird
- ☐ *Suchvorgänge* Standardspeicherort für gespeicherte Suchvorgänge
- ☐ *Links* Standardspeicherort für Explorerfavoriten
- ☐ *Gespeicherte Spiele* Standardspeicherort für gespeicherte Spiele

- ■ Das System der CSIDL-Werte, das unter Windows XP zur Identifizierung von Spezialordnern wie *Eigene Dokumente* diente, wurde ersetzt. Diese Spezialordner werden nun *bekannte Ordner* genannt und vom Betriebssystem durch eine Reihe von speziellen GUIDs (Globally Unique Identifiers) identifiziert, die *Kennungen bekannter Ordner* (Known Folder IDs) genannt werden. Das System der bekannten Ordner hat gegenüber dem älteren CSIDL-System eine Reihe von Vorteilen. So können unabhängige Softwareentwickler zum Beispiel den ID-Satz für bekannte Ordner erweitern, um zusätzliche anwendungsspezifische bekannte Ordner zu definieren, diesen Ordnern IDs zuzuweisen und sie beim System zu registrieren. Im Gegensatz dazu lässt sich das System der CSIDL-Werte nicht erweitern. Ein bekannter Ordner, der von einem unabhängigen Softwareentwickler hinzugefügt wird, kann zudem benutzerdefinierte Eigenschaften aufweisen, die es dem Ordner ermöglichen, dem Benutzer gegenüber seinen Zweck und seine vorgesehene Verwendung bekannt zu geben. Außerdem lassen sich alle bekannten Ordner eines Computers mit der Methode `GetFolderIds` der Schnittstelle `IKnownFolderManager` auflisten. Schließlich lassen sich 13 bekannte Ordner im Rahmen der Ordnerumleitung an neue Orte umleiten. Unter dem CSIDL-System ließ sich im Vergleich dazu nur der Ordner *Eigene Dateien* umleiten. Ein neuer verborgener Ordner namens *AppData* unter dem Profilstamm dient als zentraler Speicherort für alle benutzerspezifischen Anwendungseinstellungen und Binärdateien. Außerdem gibt es unter *AppData* folgende drei Unterordner, um eine bessere Trennung der Zustandsdaten zu erreichen und die Übernahme der Anwendungsdaten auf andere Computer zu erleichtern:

- ☐ *Local* Dieser Ordner speichert computerspezifische Anwendungsdaten und -einstellungen, die dem Benutzer nicht folgen können (oder sollen), sowie vom Benutzer verwaltete Daten oder Einstellungen, die zu umfangreich sind, um auf andere Computer übernommen zu werden. Der Ordner *AppData\Local* in einem Benutzerprofil unter Windows Vista oder höher lässt sich mit dem Ordner *Lokale Einstellungen\Anwendungsdaten* unter dem Stammordner eines Windows XP-Benutzerprofils vergleichen.

- ☐ *Roaming* Dieser Ordner speichert benutzerspezifische Anwendungsdaten und -einstellungen, die dem Benutzer folgen sollen (oder müssen), wenn servergespeicherte Benutzerprofile verwendet werden. Der Ordner *AppData\Roaming* eines Benutzerprofils unter Windows Vista oder höher gleicht dem Ordner *Anwendungsdaten* unter dem Stammordner eines Windows XP-Benutzerprofils.

- ☐ *LocalLow* Dieser Ordner ermöglicht Prozessen mit niedriger Integritätseinstufung Schreibzugriff. Prozesse mit niedriger Integritätseinstufung führen Aufgaben durch, die für das Betriebssystem potenziell gefährlich sind. Beispielsweise müssen Anwendungen, die im geschützten Modus des Internet Explorers gestartet werden, zur Speicherung von Anwendungsdaten und -einstellungen diesen Profilordner verwenden. Für den Profilordner *LocalLow* gibt es in Windows XP keine Entsprechung.

- Das Profil *All Users* wurde in *Public* umbenannt, um seinen Zweck deutlicher zu machen. (Alles, was in diesem Ordner gespeichert wird, ist allen Benutzern des Computers zugänglich.) Der Inhalt von bestimmten Unterordnern dieses Profils, beispielsweise *Desktop*, wird mit dem Profil des Benutzers zusammengeführt, wenn sich der Benutzer am Computer anmeldet, wie es in Windows XP mit dem Profil *All Users* geschah. Wie das Profil *All Users* von Windows XP verfügt auch das Profil *Public* von Windows Vista und höher über keinen benutzerspezifischen Registrierungshive, weil das Betriebssystem das Profil nie lädt. Außerdem werden Anwendungsdaten, die unter Windows XP im Profil *All Users* gespeichert wurden, in Windows Vista nun im verborgenen Ordner *%SystemDrive%\ProgramData* gespeichert.

- Benutzer können nun auf einfache und sichere Weise einzelne Dateien aus ihren Profilordnern und Unterordnern freigeben.

- Das Profil *Default User* wurde in *Default* umbenannt. Wie das Profil *Default User* von Windows XP wird das Profil *Default* von Windows Vista und höher nie geladen, sondern bei der Erstellung eines neuen Profils kopiert. Das Profil *Default* dient als Vorlage, wenn sich ein Benutzer das erste Mal am Computer anmeldet und sein Benutzerprofil erstellt wird.

HINWEIS   Nur der lokale Standardbenutzerordner hat seinen Namen von *Default User* in *Default* geändert. Das servergespeicherte Standardbenutzerprofil auf der *NETLOGON*-Freigabe eines Domänencontrollers heißt nun *Default User.v2*.

Tabelle 15.1 vergleicht die Benutzerprofilnamespaces von Windows Vista (und höher) und Windows XP. Die Ordner in der ersten Spalte sind Unterordner (oder spezielle Dateien) des Profilstammordners *%SystemDrive\Users\Benutzername*. Die Ordner in der zweiten Spalte liegen im Ordner *%SystemDrive%\Dokumente und Einstellungen\Benutzername*. Viele dieser Ordner sind verborgen. (Unter Windows Vista und höher werden Verzeichnisse in einer Eingabeaufforderung gewöhnlich in Englisch angezeigt, während Ordner in der Benutzeroberfläche übersetzte Bezeichnungen haben.)

Tabelle 15.1   Benutzerprofilnamespaces in Windows Vista (und höher) und Windows XP

Windows Vista und höher	Windows XP
(keine Entsprechung)	*Lokale Einstellungen*
AppData	(keine Entsprechung)
AppData\Local	*Lokale Einstellungen\Anwendungsdaten*
AppData\Local\Microsoft\Windows\History	*Lokale Einstellungen\Verlauf*
AppData\Local\Temp	*Lokale Einstellungen\Temp*
AppData\Local\Microsoft\Windows\Temporary Internet Files	*Lokale Einstellungen\Temporary Internet Files*
AppData\LocalLow	(keine Entsprechung)
AppData\Roaming	*Anwendungsdaten*
AppData\Roaming\Microsoft \Windows\Cookies	*Cookies*
AppData\Roaming\Microsoft\Windows\Network Shortcuts	*Netzwerkumgebung*
AppData\Roaming\Microsoft\Windows\Printer Shortcuts	*Druckumgebung*
AppData\Roaming\Microsoft\Windows\Recent	*Recent*
AppData\Roaming\Microsoft\Windows\Send To	*SendTo*
AppData\Roaming\Microsoft\Windows\Start Menu	*Startmenü*
AppData\Roaming\Microsoft\Windows\Templates	*Vorlagen*
Contacts	(keine Entsprechung) ▶

Windows Vista und höher	Windows XP
Desktop	Desktop
Documents	Eigene Dateien
Downloads	(keine Entsprechung)
Favorites	Favoriten
Links	(keine Entsprechung)
Music	Eigene Dateien\Eigene Musik
Pictures	Eigene Dateien\Eigene Bilder
Searches	(keine Entsprechung)
Saved Games	(keine Entsprechung)
Videos	Eigene Dateien\Eigene Videos

HINWEIS   Windows Vista und höher ermöglichen Benutzern, alle Dateien und Ordner in ihren Benutzerprofilen mit dem verschlüsselnden Dateisystem (Encrypting File System, EFS) zu verschlüsseln, mit Ausnahme der Datei *Ntuser.dat* und des Unterordners *AppData\Roaming\Microsoft\Credentials*. Im Wesentlichen gelten also dieselben Bedingungen wie für die Verschlüsselung von Profilen unter Windows XP. Um Dateien zu verschlüsseln, die das verschlüsselnde Dateisystem nicht verschlüsseln kann, verwenden Sie Windows BitLocker. Weitere Informationen darüber finden Sie in Kapitel 16, »Verwalten von Laufwerken und Dateisystemen«.

Anwendungskompatibilitätsprobleme

Da sich beginnend mit Windows Vista im Benutzerprofilnamespace beträchtliche Änderungen ergeben haben, vor allem durch den neuen Profilstammordner *%SystemDrive%\Users* und die Verflachung der Profilordnerhierarchie, können sich Kompatibilitätsprobleme mit dem vorhandenen Anwendungsbestand, mit Anwendungen von anderen Herstellern und mit Eigenentwicklungen ergeben. Verwendet zum Beispiel eine alte Anwendung, die für Windows XP entwickelt wurde, den Pfad *%SystemDrive%\ Dokumente und Einstellungen\Benutzername\Eigene Dateien* zur Speicherung von Benutzerdatendateien, die mit der Anwendung erstellt werden, können sich Probleme ergeben, weil dieser Pfad unter Windows Vista und höher nicht existiert.

Um solche Kompatibilitätsprobleme zu lösen, wurden in den Benutzerprofilordnern beginnend mit Windows Vista eine Reihe von Verzeichnisverbindungen vorgesehen. Diese Verzeichnisverbindungen leiten Anwendungen, die auf alte Profilpfade zugreifen wollen, automatisch in neue Profilpfade um, die unter Windows Vista und höher verwendet werden. Eine Verbindung unter *%SystemDrive%* namens *Dokumente und Einstellungen* verweist beispielsweise auf *%SystemDrive%\Users*, damit alte Anwendungen, die auf den unter Windows Vista und höher nicht vorhandenen Ordner *%SystemDrive%\ Dokumente und Einstellungen* zugreifen wollen, automatisch auf *%SystemDrive%\Users* umgeleitet werden.

Verbindungspunkte sind verborgen (die Attribute System und Hidden sind gesetzt) und lassen sich in einer Eingabeaufforderung mit dem Befehl dir /AL anzeigen, wobei die Option L die Anzeige der Analysepunkte (Verbindungspunkte oder symbolische Verknüpfungen) im aktuellen Verzeichnis bewirkt. Im Profilstammordner des Benutzers Michael Allen zeigt dieser Befehl zum Beispiel 10 Verbindungen an:

```
C:\Users\mallen>dir /AL

 Volume in Laufwerk C: hat keine Bezeichnung.
 Volumeseriennummer: D82C-3F90

 Verzeichnis von C:\Users\mallen

26.04.2007  08:44  <VERBINDUNG>  Anwendungsdaten [C:\Users\mallen\AppData\Roaming]
26.04.2007  08:44  <VERBINDUNG>  Cookies [C:\Users\mallen\AppData\Roaming\Microsoft\Windows\Cookies]
26.04.2007  08:44  <VERBINDUNG>  Druckumgebung
                                 [C:\Users\mallen\AppData\Roaming\Microsoft\Windows\Printer Shortcuts]
26.04.2007  08:44  <VERBINDUNG>  Eigene Dateien [C:\Users\mallen\Documents]
26.04.2007  08:44  <VERBINDUNG>  Lokale Einstellungen [C:\Users\mallen\AppData\Local]
26.04.2007  08:44  <VERBINDUNG>  Netzwerkumgebung
                                 [C:\Users\mallen\AppData\Roaming\Microsoft\Windows\Network Shortcuts]
26.04.2007  08:44  <VERBINDUNG>  Recent [C:\Users\mallen\AppData\Roaming\Microsoft\Windows\Recent]
26.04.2007  08:44  <VERBINDUNG>  SendTo [C:\Users\mallen\AppData\Roaming\Microsoft\Windows\SendTo]
26.04.2007  08:44  <VERBINDUNG>  Startmenü
                                 [C:\Users\mallen\AppData\Roaming\Microsoft\Windows\Start Menu]
26.04.2007  08:44  <VERBINDUNG>  Vorlagen [C:\Users\mallen\AppData\Roaming\Microsoft\Windows\Templates]
               0 Datei(en),            0 Bytes
              10 Verzeichnis(se), 56.576.475.136 Bytes frei
```

Direkt von der Quelle: Arbeiten mit Verzeichnisverbindungspunkten

Ming Zhu, Software Design Engineer, *Microsoft Windows Shell Team*

Verzeichnisverbindungspunkte sind nicht für Aufzählungen gedacht. Das bedeutet, dass Sie nicht mit dem Befehl dir *<Verbindungspunkt>* den Inhalt des Ordners auflisten können, auf den der Verbindungspunkt verweist, weil das zu einer unendlichen Schleife führen würde. *%UserProfile%\AppData\Local\Anwendungsdaten* verweist zum Beispiel direkt auf *%UserProfile%\AppData\Local*. Damit sich keine unendlichen Schleifen ergeben, gibt es in der Zugangkontrollliste für diese Verbindungspunkte einen Eintrag mit einem Leseverbot. Statt den Inhalt der Ordner aufzulisten, können Anwendungen nur direkt auf die Dateien zugreifen, wobei sie mit dem Verbindungspunkt einen geeigneten Pfadnamen bilden. Sie können zum Beispiel nicht den Befehl dir *%UserName%\ Eigene Dokumente* verwenden, aber wenn in Ihrem Verzeichnis *Documents* eine Datei *Beispiel.txt* liegt, können Sie die Datei (in diesem Beispiel als Benutzer *mallen*) mit Notepad *C:\Users\mallen\ Eigene Dokumente\Beispiel.txt* direkt öffnen.

Ein Nachteil dieser Änderung ist, dass Sie Benutzerprofile nicht mehr mit dem gewohnten Befehl XCopy kopieren können, weil er Verzeichnisverbindungspunkte nicht korrekt behandelt. Stattdessen sollten Sie den neuen Befehl Robocopy verwenden (er ist in Windows Vista und höher enthalten), weil er über eine Option /XJD verfügt, die ihn beim Kopieren alle Verzeichnisverbindungspunkte ignorieren lässt.

Windows Vista und höhere Versionen verwenden zwei Arten von Verbindungspunkten:

■ **Benutzerspezifische Verbindungspunkte** Benutzerspezifische Verbindungspunkte werden innerhalb der Benutzerprofile angelegt, um für ältere Anwendungen Kompatibilität zu gewährleisten. Ein Beispiel für eine benutzerspezifische Verbindung, die vom Profildienst bei der Erstellung eines

Benutzerprofils eingerichtet wird, ist die Verbindung von *%SystemDrive%\Users\Benutzername\ Eigene Dateien* mit *C:\Users\Benutzername\Documents*.

- **Systemverbindungspunkte** Zu den Systemverbindungspunkten gehören alle anderen Verbindungspunkte, die auf dem System außerhalb des Benutzerprofilnamespace für einen Benutzer eingerichtet werden, der sich am Computer angemeldet hat. Die Verbindung von *%SystemDrive%\Dokumente und Einstellungen* mit *%SystemDrive%\Users* ist ein Beispiel für eine Systemverbindung, die bei der Installation von Windows Vista und höher auf dem Computer eingerichtet wird. Außerdem gehören die Verbindungen in den Profilen *All Users*, *Public* und *Default User* zu den Systemverbindungspunkten, weil diese Profile nie geladen werden.

Die Tabellen 15.2 bis 15.5 zeigen die verschiedenen Verbindungspunkte, die in Windows Vista und höher eingerichtet wurden, um Kompatibilität zu alten Anwendungen zu gewährleisten, die für Windows XP oder Windows 2000 entwickelt wurden.

Tabelle 15.2 Verbindungen in Benutzerprofilen unter Windows Vista und höher

Erstellungsort der Verbindung	Ziel der Verbindung
Verbindung für Stammordner	
Dokumente und Einstellungen	*Users*
Verbindungen für alte Benutzerdatenordner	
Dokumente und Einstellungen\Benutzername\Eigene Dateien	*Users\Benutzername\Documents*
Dokumente und Einstellungen\Benutzername\Eigene Dateien\ Eigene Musik	*Users\Benutzername\Music*
Dokumente und Einstellungen\Benutzername\Eigene Dateien\ Eigene Bilder	*Users\Benutzername\Pictures*
Dokumente und Einstellungen\Benutzername\Eigene Dateien\ Eigene Videos	*Users\Benutzername\Videos*
Verbindungen für alte benutzerspezifische Anwendungsdatenordner	
Dokumente und Einstellungen\Benutzername\Lokale Einstellungen	*Users\Benutzername\AppData\Local*
Dokumente und Einstellungen\Benutzername\Lokale Einstellungen\ Anwendungsdaten	*Users\Benutzername\AppData\Local*
Dokumente und Einstellungen\Benutzername\Lokale Einstellungen\ Temporary Internet Files	*Users\Benutzername\AppData\Local\Microsoft\Windows\ Temporary Internet Files*
Dokumente und Einstellungen\Benutzername\Lokale Einstellungen\ Verlauf	*Users\Benutzername\AppData\Local\Microsoft\Windows\ History*
Dokumente und Einstellungen\Benutzername\Anwendungsdaten	*Users\Benutzername\AppData\Roaming*
Verbindungen für alte benutzerspezifische Betriebssystemeinstellungsordner	
Dokumente und Einstellungen\Benutzername\Cookies	*Roaming\Microsoft\Windows\Cookies*
Dokumente und Einstellungen\Benutzername\Recent	*Roaming\Microsoft\Windows\Recent Items*
Dokumente und Einstellungen\Benutzername\Netzwerkumgebung	*Roaming\Microsoft\Windows\Network Shortcuts*
Dokumente und Einstellungen\Benutzername\Druckumgebung	*Roaming\Microsoft\Windows\Printer Shortcuts*
Dokumente und Einstellungen\Benutzername\SendTo	*Roaming\Microsoft\Windows\Send To*
Dokumente und Einstellungen\Benutzername\Startmenü	*Roaming\Microsoft\Windows\Start Menu*
Dokumente und Einstellungen\Benutzername\Vorlagen	*Roaming\Microsoft\Windows\Templates*

Tabelle 15.3 Verbindungen für alte *Default User*-Profile unter Windows Vista und höher

Erstellungsort der Verbindung	Ziel der Verbindung
Dokumente und Einstellungen\Default User	*Users\Default*
Dokumente und Einstellungen\Default User\Desktop	*Users\Default \Desktop*
Dokumente und Einstellungen\Default User\Eigene Dateien	*Users\Default \Documents*
Dokumente und Einstellungen\Default User\Favoriten	*Users\Default \Favorites*
Dokumente und Einstellungen\Default User \Eigene Dateien\ Eigene Musik	*Users\Default \Music*
Dokumente und Einstellungen\Default User\Eigene Dateien\ Eigene Bilder	*Users\Default \Pictures*
Dokumente und Einstellungen\Default User\Eigene Dateien\ Eigene Videos	*Users\Default \Videos*
Dokumente und Einstellungen\Default User \Anwendungsdaten	*Users\Default\AppData\Roaming*
Dokumente und Einstellungen\Default User\Startmenü	*Users\Default\AppData\Roaming\Microsoft\Windows\Start Menu*
Dokumente und Einstellungen\Default User\Vorlagen	*Users\Default\AppData\Roaming\Microsoft\Windows\Templates*
Programme (Lokalisierter Name)	*Program Files*
Programme\Gemeinsame Dateien (Lokalisierter Name)	*Program Files\Common Files*

Tabelle 15.4 Verbindungen für alte *All Users*-Ordner unter Windows Vista und höher

Erstellungsort der Verbindung	Ziel der Verbindung
Users\All Users	*ProgramData*
ProgramData\Desktop	*Users\Public\Desktop*
ProgramData\Dokumente	*Users\Public\Documents*
ProgramData\Favoriten	*Users\Public\Favorites*
Users\Public\Documents\Eigene Musik	*Users\Public\Music*
Users\Public\Documents\Eigene Bilder	*Users\Public\Pictures*
Users\Public\Documents\Eigene Videos	*Users\Public\Vdeos*
ProgramData\Anwendungsdaten	*ProgramData*
ProgramData\Startmenü	*ProgramData\Microsoft\Windows\Start Menu*
ProgramData\Vorlagen	*ProgramData\Microsoft\Windows\Templates*

Tabelle 15.5 Alte Profilordner, für die unter Windows Vista und höher keine Verbindungen erforderlich sind

Alter Speicherort	Begründung
Dokumente und Einstellungen\Benutzername\Desktop	Wird von einer Verbindung unter *Dokumente und Einstellungen* berücksichtigt .
Dokumente und Einstellungen\Benutzername\Favoriten	Wird von einer Verbindung unter *Dokumente und Einstellungen* berücksichtigt.
Dokumente und Einstellungen\Benutzername\ Lokale Einstellungen\Temp	Wird von der Verbindung unter *Lokale Einstellungen* berücksichtigt.

HINWEIS   Die Verbindung von *Users\All Users* mit *ProgramData* in Tabelle 15.4 ist eigentlich eine symbolische Verknüpfung und kein Verbindungspunkt. Symbolische Verknüpfungen (symlinks) wurden mit Windows Vista eingeführt und werden von den Vorgängerversionen von Microsoft Windows nicht unterstützt. Symbolische Verknüpfungen, Verbindungspunkte und feste Verknüpfungen können mit dem Befehl mklink erstellt werden. Weitere Informationen über neue NTFS-Funktionen in Windows Vista und höher finden Sie in Kapitel 16, »Verwalten von Laufwerken und Dateisystemen«.

Deaktivieren bekannter Ordner

Administratoren können bestimmte bekannte Ordner unter Windows 7 mit folgender Gruppenrichtlinieneinstellung deaktivieren:

Benutzerkonfiguration\Richtlinien\Administrative Vorlagen\Windows-Komponenten\Windows-Explorer\Bekannte Ordner deaktivieren

Der bekannte Ordner *Beispielvideos* hat zum Beispiel die Bekannte-Ordner-Kennung {440fcffd-a92b-4739-ae1a-d4a54907c53f} und den kanonischen Namen *SampleVideos*. Indem Sie diese Richtlinieneinstellung aktivieren und entweder die Bekannte-Ordner-Kennung oder den kanonischen Namen dieses Ordners angeben, können Sie verhindern, dass der Ordner mit der Programmierschnittstelle der bekannten Ordner angelegt wird. Sollte der Ordner vor der Anwendung der Richtlinieneinstellung bereits existieren, muss er manuell gelöscht werden (die Richtlinie sperrt nur die Erstellung des Ordners).

WARNUNG   Die Deaktivierung eines bekannten Ordners kann bei Anwendungen, die auf den Ordner angewiesen sind, zu Kompatibilitätsproblemen führen.

So funktioniert's: Verschieben von Benutzerprofilen

In älteren Windows-Versionen kann ein vorhandenes Benutzerkontenprofil mit dem Programm Moveuser (aus den Windows Server 2003 Resource Kit Tools) auf ein neues Domänenkontenprofil abgebildet werden, wenn ein Computer aus einer Arbeitsgruppe zu einer Domäne hinzugefügt wird. Moveuser eignet sich auch, um ein vorhandenes Domänenkontenprofil auf ein neues Domänenkontenprofil abzubilden. Unter Windows Vista und höher funktioniert Moveuser aber nicht mehr und wurde durch einen herunterladbaren Benutzerprofil-WMI-Anbieter (Windows Management Instrumentation) ersetzt. Weitere Informationen über diesen WMI-Anbieter finden Sie im Microsoft Knowledge Base-Artikel 930955, »Moveuser.exe is incompatible with Windows Vista and is replaced by the new Win32_UserProfile WMI functionality« unter *http://support.microsoft.com/kb/930955*.

Bibliotheken

Bibliotheken sind ein neues Feature von Windows 7, das es Benutzern erleichtert, ihre Dokumente, Bilder und andere Datendateien zu organisieren und wiederzufinden. Mit Bibliotheken können Benutzer auf einheitliche Weise auf Dateien zugreifen, die an verschiedenen Orten gespeichert sind. So werden zum Beispiel Dokumente, die im Ordner *Eigene Dokumente*, im Ordner *Öffentliche Dokumente*, auf einem externen Festplattenlaufwerk und auf einer Netzwerkfreigabe gespeichert sind, in der Bibliothek *Dokumente* als einheitliche Dateigruppe dargestellt und können verwendet werden, als wären alle am selben Ort gespeichert. Außerdem sind Bibliotheken in den Windows-Suchdienst integriert, damit Benutzer die gewünschten Dateien schnell auf ihren Computern oder Netzwerkdateiservern finden. Bibliotheken wurden in Windows 7 eingeführt, da manche Benutzer die Neigung haben, ihre Dateien an verschiedenen Orten auf ihren Computern zu speichern, und sie später nicht mehr wiederfinden, wenn sie gebraucht werden.

Damit eine Bibliothek verschiedene Speicherorte berücksichtigen kann, müssen Sie diese Speicherorte in die Bibliothek aufnehmen. Wenn Sie einen Ordner aufnehmen, wird er der Bibliothek so zugeordnet, dass der Inhalt des Ordners (des Bibliotheksspeicherorts) in der Bibliothek angezeigt wird und mit den Mitteln der Bibliothek durchsucht werden kann. Bibliotheksspeicherorte können Ordner aus dem lokalen Dateisystem oder freigegebene Netzwerkordner sein. Wie Abbildung 15.1 zeigt, werden bei der Installation von Windows 7 auf einem Computer vier Bibliotheken erstellt:

- *Dokumente*
- *Bilder*
- *Musik*
- *Videos*

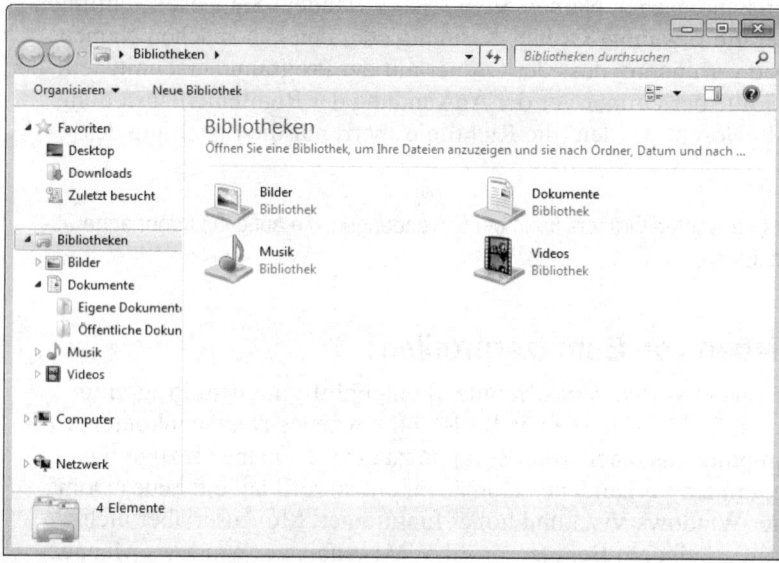

Abbildung 15.1   Die vier Standardbibliotheken von Windows 7

Für jede dieser Standardbibliotheken wurden zwei Speicherorte konfiguriert. Die Bibliothek *Dokumente* verfügt standardmäßig zum Beispiel über folgende Speicherorte:

- **Eigene Dokumente**   Der Ordner *C:\Users\Benutzername\Documents* im Profil des Benutzers
- **Öffentliche Dokumente**   Der Ordner *C:\Users\Public\Documents*, der jedem Benutzer zugänglich ist, der interaktiv am Computer angemeldet ist

Nur ein Speicherort kann für eine Bibliothek als Standardspeicherort festgelegt werden. Der *Standardspeicherort* ist der Ordner, in dem Dateien gespeichert werden, die in die Bibliothek verschoben, kopiert oder in ihr gespeichert werden. Der Standardspeicherort für die Bibliothek *Dokumente* ist zum Beispiel der Ordner *Eigene Dokumente*. Wie Abbildung 15.2 zeigt, lässt sich der Standardspeicherort einer Bibliothek im Eigenschaftsdialogfeld der Bibliothek anzeigen oder ändern. Wird der Standardspeicherort aus der Bibliothek entfernt, rückt automatisch der nächste verfügbare Speicherort aus der Liste der Speicherorte nach.

Abbildung 15.2   Der Standardspeicherort lässt sich
im Eigenschaftsdialogfeld einer Bibliothek festlegen

Bibliotheken bieten zwei Funktionsstufen:

- **Voll funktionsfähig**   Wenn alle Speicherorte einer Bibliothek vom Windows-Suchdienst indiziert
  werden, steht den Benutzern der ganze Funktionsumfang der Bibliotheken zur Verfügung. Dazu
  gehören zum Beispiel::

    □ **Umfassende Metadatendarstellungen**   Ermöglichen Ihnen die Sortierung von Dateien nach
      Eigenschaften wie Datum, Typ, Autor oder Tags.

    □ **Schnelle Suche über den gesamten Inhalt**   Bei der Suche in den Inhalten stehen angepasste
      Filterkriterien zur Verfügung, die sich nach der Art der Dateien richten.

- **Grundfunktionen**   Sind in der Bibliothek Speicherorte enthalten, die nicht indiziert werden, stehen
  einige Funktionen nicht zur Verfügung:

    □ Sie können die Bibliothek nicht vom *Start*-Menü aus durchsuchen.

    □ Sie können keine Volltextsuche durchführen (stattdessen wird eine Grep-Suche verwendet).

    □ Sie können keine anderen Suchfilter als das Änderungsdatum und die Größe verwenden.

    □ In den Suchergebnissen werden keine Dateiauszüge angezeigt.

    □ Sie können keine Darstellungen verwenden, die nach Metadaten sortiert sind.

Weitere Informationen über die Funktionsstufen der Bibliotheken erhalten Sie im Abschnitt »Verwalten von Bibliotheken« weiter unten im Kapitel.

HINWEIS   Der Windows-Explorer lässt es nicht zu, einen nichtindizierten Remotespeicherort zu einer Bibliothek hinzuzufügen.

Arbeiten mit Bibliotheken

Benutzer können zu jeder der Standardbibliotheken zusätzliche Ordner hinzufügen oder vorhandene Ordner aus ihnen entfernen. Als neue Speicherorte eignen sich Ordner des lokalen Computers oder freigegebene Ordner von anderen Computern aus dem Netzwerk.

Damit ein Ordner in eine Bibliothek aufgenommen werden kann, muss er bereits indiziert sein oder für eine Indizierung durch den Windows-Suchdienst verfügbar sein. Ist ein Ordner aus dem lokalen Dateisystem nicht indiziert, wird er bei der Aufnahme in eine Bibliothek automatisch indiziert.

Speicherorte können auf zwei Arten indiziert werden:

- **Durch die Indizierung des Speicherorts mit dem Windows-Suchdienst auf dem lokalen Computer**   Die Aufnahme eines lokalen Ordners in eine Bibliothek führt dazu, dass der Ordner im Arbeitsbereich des lokalen Indizierungsdienstes liegt. Ist ein Ordner nicht remote gespeichert und wurde er nicht auf dem Remotesystem indiziert, liegt er ebenfalls im Bereich des lokalen Indizierungsdienstes, wenn er für eine Offline-Verwendung verfügbar gemacht wird. Weitere Informationen erhalten Sie im Abschnitt »Hinzufügen von nichtindizierten Remotespeicherorten zu einer Bibliothek« weiter unten im Kapitel.

- **Durch die Verwendung von Indexdateien, die auf Remotecomputern erstellt wurden**   Auf dem Remotecomputer muss der Windows-Suchdienst installiert sein und ausgeführt werden. Außerdem muss es sich um eine der folgenden Plattformen handeln:

  - ☐ Windows 7 mit zusätzlichen Features
  - ☐ Windows Vista Service Pack 1 (SP1) oder höher ohne zusätzliche Features
  - ☐ Windows Server 2008 R2 mit der Rolle *Dateidienste* und den Rollendiensten *Dateiserver* und *Windows-Suchdienst*
  - ☐ Windows Server 2008 mit der Rolle *Dateidienste* und den Rollendiensten *Dateiserver* und *Windows-Suchdienst*
  - ☐ Windows XP SP2 oder höher mit installiertem Windows Search 4.0
  - ☐ Windows Server 2003 SP2 oder höher mit installiertem Windows Search 4.0

Tabelle 15.6 fasst zusammen, welche Speicherorte bei voller Funktionsfähigkeit in Bibliotheken aufgenommen werden können und welche nicht.

Tabelle 15.6   Unterstützte und nicht unterstützte Speicherorte

Unterstützte Speicherorte	Nicht unterstützte Speicherorte
Fest installierte lokale Volumes (NTFS oder FAT)	Wechsellaufwerke und Wechselmedien wie DVDs
Freigegebene Remoteordner, die bereits indiziert sind oder für eine Offline-Verwendung zur Verfügung stehen (manuell oder durch Ordnerumleitung)	Remotenetzwerkfreigaben, die nicht indiziert sind und nicht für eine Offline-Verwendung verfügbar sind
	Andere Datenquellen wie Windows SharePoint-Sites, Microsoft Exchange Server, Windows Live SkyDrive und so weiter

Hinzufügen von indizierten Ordnern zu einer Bibliothek

Benutzer können indizierte Ordner in eine Bibliothek aufnehmen, zum Beispiel in die Bibliothek *Dokumente*:

1. Klicken Sie die Bibliothek *Dokumente* mit der rechten Maustaste an und wählen Sie *Eigenschaften*, um das Eigenschaftsdialogfeld der Bibliothek zu öffnen.

2. Klicken Sie die Schaltfläche *Ordner hinzufügen* an, um das Dialogfeld *Ordner in Dokument aufnehmen* zu öffnen.

3. Suchen Sie den lokalen Ordner oder die Netzwerkfreigabe heraus, die Sie zur Bibliothek hinzufügen möchten, und klicken Sie auf *Ordner aufnehmen*.

Abbildung 15.3 zeigt eine *Dokumente*-Bibliothek mit folgenden fünf Speicherorten:

- Der Ordner *Eigene Dokumente* im Profil des Benutzers
- Der Ordner *Öffentliche Dokumente* auf dem Computer des Benutzers
- Ein Ordner im Stammverzeichnis von Laufwerk *C:*
- Ein Ordner auf einem anderen lokalen Laufwerk
- Ein freigegebener Ordner auf einem Dateiserver, auf dem Windows Server 2008 R2 ausgeführt wird

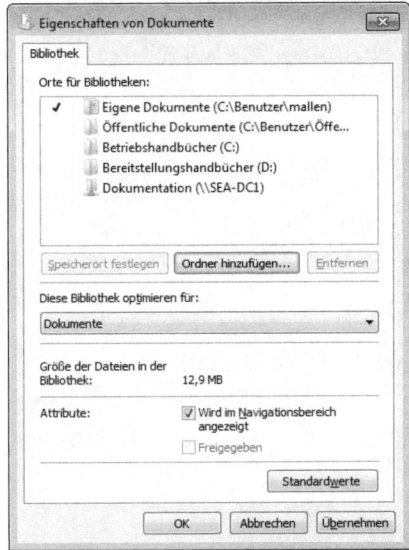

Abbildung 15.3   Eine *Dokumente*-Bibliothek
mit fünf konfigurierten Speicherorten

Benutzer können einen indizierten Ordner auch zu einer Bibliothek hinzufügen, indem sie den Ordner oder die Netzwerkfreigabe im Windows-Explorer mit der rechten Maustaste anklicken und dann im Kontextmenü die Option *In Bibliothek aufnehmen* wählen.

Hinzufügen von nichtindizierten Remotespeicherorten zu einer Bibliothek

Benutzer können auch Remotespeicherorte zur Bibliothek hinzufügen, die nicht indiziert sind, beispielsweise freigegebene Ordner, die auf Dateiservern liegen, auf denen ältere Windows-Versionen verwendet werden. Dazu müssen Sie den freigegebenen Ordner für die Offline-Verwendung verfügbar machen. Dadurch wird der Inhalt des Ordners auf dem lokalen Computer zum Offlinedateizwischenspeicher hinzugefügt und kann vom lokalen Indexdienst indiziert werden. Windows sorgt dann für eine automatische Synchronisation der lokal und remote vorhandenen Exemplare.

So fügen Sie einen nichtindizierten freigegebenen Ordner von einem Remotecomputer auf Ihrem Computer zur Bibliothek *Dokumente* hinzu:

1. Geben Sie im Suchfeld des *Start*-Menüs **Computername** ein und drücken Sie die EINGABE-TASTE. Dabei ist *Computername* der Name des Remotecomputers. Dadurch öffnet sich der Windows-Explorer und zeigt die freigegebenen Ordner auf dem Remotecomputer an.

2. Klicken Sie den freigegebenen Ordner, den Sie zu Ihrer Bibliothek hinzufügen möchten, mit der rechten Maustaste an und wählen Sie *Immer offline verfügbar*. Ein grünes Synchronisationssymbol wird zum Symbol des freigegebenen Ordners hinzugefügt, wenn die Synchronisation zwischen dem freigegebenen Ordner des Remotecomputers und dem Offlinedateicache des lokalen Computers abgeschlossen ist.

3. Fügen Sie den Remotespeicherort mit den Schritten zu Ihrer Bibliothek hinzu, die im vorigen Abschnitt beschrieben wurden. Wenn Sie fertig sind, sollte der Remotespeicherort im Eigenschaftsdialogfeld der Bibliothek in der Liste der Speicherorte erscheinen (Abbildung 15.4).

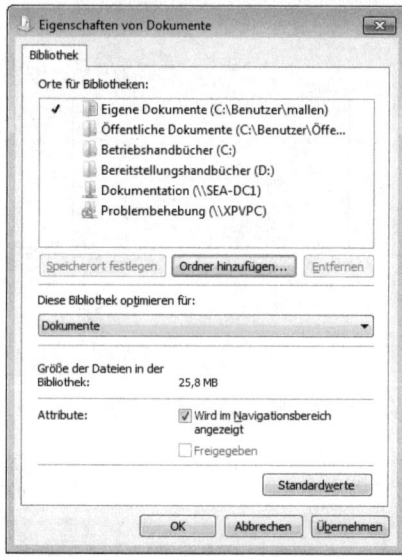

Abbildung 15.4 Ein nichtindizierter freigegebener Ordner, der auf einem Remotecomputer liegt, wurde zur Bibliothek *Dokumente* hinzugefügt, nachdem er für die Offline-Verwendung verfügbar gemacht wurde

Erstellen zusätzlicher Bibliotheken

Benutzer können zusätzliche Bibliotheken erstellen:

1. Klicken Sie auf der Symbolleiste auf die Schaltfläche *Neue Bibliothek* (Abbildung 15.1) und geben Sie einen Namen für die neue Bibliothek ein. Dadurch wird eine neue Bibliothek erstellt, die noch nicht über Speicherorte verfügt und für allgemeine Inhalte konfiguriert ist (verschiedene Dateitypen).

2. Klicken Sie die neue Bibliothek mit der rechten Maustaste an und wählen Sie *Eigenschaften*, um das Eigenschaftsdialogfeld der neuen Bibliothek zu öffnen.

3. Fügen Sie nach Bedarf einen oder mehrere Ordner zur Bibliothek hinzu, wie bereits im Abschnitt »Hinzufügen von nichtindizierten Remotespeicherorten zu einer Bibliothek« beschrieben.

4. Wählen Sie die Option *Diese Bibliothek optimieren für* und wählen Sie die Art von Dateien aus, die Sie in der Bibliothek speichern möchten.

Sie können auch in einem einzigen Schritt eine neue Bibliothek erstellen und einen indizierten Ordner in die Bibliothek aufnehmen, indem Sie den Ordner oder die Netzwerkfreigabe im Windows-Explorer mit der rechten Maustaste anklicken, *In Bibliothek aufnehmen* wählen und dann *Neue Bibliothek erstellen* wählen.

Anpassen von Bibliotheken

Von den folgenden Eigenschaften lassen sich die meisten im Eigenschaftsdialogfeld einer Bibliothek ändern:

- Bibliotheksname (umbenennen im Windows-Explorer)
- Speicherorte
- Standardspeicherort
- Dateityp, für den die Bibliothek optimiert ist
- Sichtbarkeit der Bibliothek im Navigationsbereich
- Freigabe der Bibliothek (nur in Heimnetzgruppen)

Bibliotheken lassen sich durch die Bearbeitung ihrer Bibliothekbeschreibungsdateien weiter anpassen. Dabei handelt es sich um XML-Dateien (Extensible Markup Language) mit der Dateinamenserweiterung *.library-ms*, die im Ordner *%AppData%\Microsoft\Windows\Libraries* gespeichert werden.

WEITERE INFORMATIONEN   Weitere Informationen über die Bearbeitung von Bibliothekbeschreibungsdateien finden Sie in dem Beitrag »Understanding Windows 7 Libraries« im Windows-Blog unter *http://windowsteamblog. com/blogs/developers/archive/2009/04/06/understanding-windows-7-libraries.aspx*.

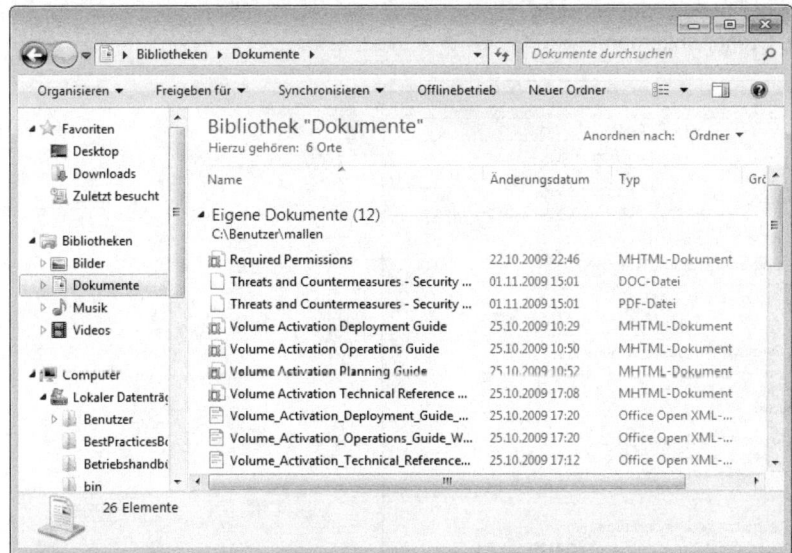

Abbildung 15.5   Alle Dateien aus allen konfigurierten Speicherorten werden angezeigt, wenn Sie die Bibliothek im Navigationsbereich des Windows-Explorers auswählen

Anzeigen von Bibliotheken

Wenn eine Bibliothek im Navigationsbereich des Windows-Explorers angezeigt wird, bewirkt die Auswahl des Bibliotheksknotens die Anzeige der Dateien aus allen konfigurierten Speicherorten (Abbildung 15.5). Auf diese Weise können Benutzer Inhalte aus lokalen Ordnern und aus Remoteordnern am selben Ort anzeigen, was ihnen die Suche nach einer bestimmten Datei erleichtert.

Benutzer können weitere Ordner in eine Bibliothek aufnehmen oder vorhandene Ordner entfernen, indem sie unterhalb des Bibliotheknamens auf *Orte* klicken (Abbildung 15.5). Dann öffnet sich ein Dialogfeld, in dem alle konfigurierten Orten aufgelistet werden (Abbildung 15.6).

Abbildung 15.6   Benutzer können schnell neue Ordner in eine Bibliothek aufnehmen oder vorhandene Ordner entfernen

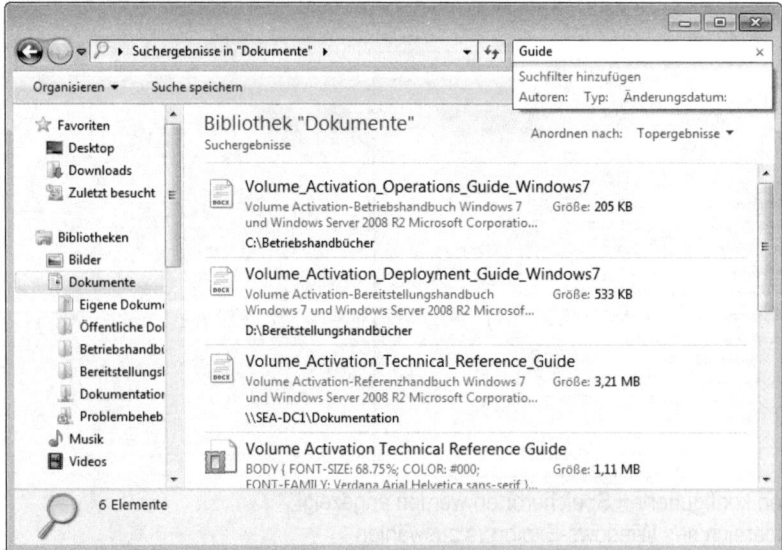

Abbildung 15.7   Bei einer Suche in einer Bibliothek werden alle konfigurierten Speicherorte der Bibliothek durchsucht

Wie Abbildung 15.7 zeigt, bewirkt eine Eingabe im Suchfeld *Dokumente durchsuchen*, wenn im Windows-Explorer eine Bibliothek ausgewählt ist, eine Suche nach dem angegebenen Text in der gesamten Bibliothek und in all ihren Speicherorten. Weitere Informationen über die Suchfunktionen von Windows 7 finden Sie in Kapitel 19, »Verwalten der Suchfunktionen«.

Verwalten von Bibliotheken

Welche Standardbibliotheken im Startmenü von Benutzern verfügbar sind, können Administratoren mit folgenden Gruppenrichtlinieneinstellungen festlegen, die unter *Benutzerkonfiguration\Richtlinien\ Administrative Vorlagen\Startmenü und Taskleiste* zu finden sind:

- *Symbol "Eigene Dateien" aus dem Menü "Start" entfernen*
- *Symbol "Bilder" aus dem Menü "Start" entfernen*
- *Symbol "Musik" aus dem Menü "Start" entfernen*
- *Link "Videos" aus dem Startmenü entfernen*

Diese Richtlinieneinstellungen werden für die vorgesehenen Benutzer wirksam, wenn sich die Benutzer das nächste Mal anmelden.

In geschäftlichen Umgebungen, in denen solche Bibliotheken nicht erwünscht sind, können Administratoren ausgewählte Standardbibliotheken wie *Musik* und *Videos* verbergen. Allerdings verschwindet eine Bibliothek dadurch nur aus dem Navigationsbereich des Windows-Explorers. Um eine Standardbibliothek wie *Musik* zu verbergen, sorgen Sie mit Gruppenrichtlinien dafür, dass bei der nächsten Anmeldung der betreffenden Benutzer folgendes Skript ausgeführt wird:

```
@echo off
%SystemDrive%
cd\
cd %AppData%\Microsoft\Windows\Libraries
attrib +h Music.library-ms
```

HINWEIS Wenn Sie eine Bibliothek mit diesem Skript verbergen, sollten Sie die Bibliothek auch aus den *Start*-Menüs der Benutzer entfernen.

Administratoren können für Benutzer zusätzliche benutzerdefinierte Bibliotheken bereitstellen, indem sie manuell die entsprechenden Bibliothekbeschreibungsdateien erstellen und mit Anmeldeskripts oder Gruppenrichtlinienpräferenzen dafür sorgen, dass die Bibliothekbeschreibungsdateien in die Ordner *%UserProfile%\AppData\Roaming\Microsoft\Windows\Libraries* der Zielgruppe kopiert werden.

Administratoren, in deren Umgebungen bekannte Ordner auf Serverfreigaben umgeleitet werden, die nicht remote indiziert werden und nicht offline verfügbar gemacht werden können, können nach der Aktivierung folgender Gruppenrichtlinieneinstellung Bibliotheken konfigurieren, in denen zumindest die Grundfunktionen verfügbar sind:

Benutzerkonfiguration\Richtlinien\Administrative Vorlagen\Windows-Komponenten\Windows-Explorer\Windows-Bibliotheksfeatures deaktivieren, die indizierte Dateidaten verwenden

Beachten Sie, dass der Funktionsumfang einer Bibliothek beträchtlich darunter leidet, wenn diese Richtlinieneinstellung aktiviert wird. Das gilt auch für Bibliotheken, die nur indizierte Dateien enthalten. Wenn Ihre Umgebung aber keine lokale Indizierung unterstützt, wird durch die Aktivierung dieser Gruppenrichtlinie die Zahl der Beschwerden sinken, in denen Benutzer auf eine Bibliothek mit einem nicht unterstützten Speicherort hinweisen. Außerdem kann diese Richtlinie dabei helfen, die Belastung des Netzwerks durch Grep-Suchen auf nichtindizierte Remotespeicherorte zu verringern.

Die Aktivierung dieser Richtlinie deaktiviert folgende Funktionen:

- Bibliothekssuchen im *Start*-Menü
- Anwendung anderer Anordnungen als nach *Ordner*
- Verwendung anderer Suchfilter als *Änderungsdatum* und *Größe*
- Verwendung des Tags *Nicht unterstützt* im Dialogfeld *Bibliotheksverwaltung*
- Anwendung des vollständigen Funktionsumfangs auf benutzerdefinierte Bibliotheken
- Anzeige von Auszügen des Inhalts im Ansichtsmodus *Inhalt*
- Benachrichtigung der Benutzer, dass in der Bibliothek nicht unterstützte Speicherorte enthalten sind

Bewegliche Arbeitsplätze

Servergespeicherte Benutzerprofile und Ordnerumleitung sind zwei Technologien, die Benutzern die Möglichkeit geben, zwischen Computern zu wechseln und dabei ihre persönlichen Desktopumgebungen mit ihren persönlichen Daten und Einstellungen auf andere Computer mitzunehmen. Sind die Benutzer bei der Wahl ihrer Computer frei, haben Unternehmen zudem eine wesentlich höhere Flexibilität bei der Raumausstattung. Benutzer haben nicht oder brauchen nicht die Garantie, stets am selben Computer zu arbeiten, beispielsweise in einem Callcenter, in dem Benutzer nicht über einen fest zugewiesenen Arbeitsplatz oder Schreibtisch verfügen und sie sich Computer zu verschiedenen Zeiten an verschiedenen Tagen mit anderen Benutzern teilen müssen. Sorgt man für die Beweglichkeit der Benutzer im Unternehmen, ergibt sich zudem der Vorteil, dass die Datensicherung für Administratoren vereinfacht wird, weil es einen zentralen Ort gibt, an dem alle Benutzerdaten und Einstellungen gespeichert sind, nämlich den Server, auf dem die Benutzerprofile liegen.

Grundlagen der servergespeicherten Benutzerprofile und der Ordnerumleitung

Servergespeicherte Benutzerprofile sind eine Technologie, die seit Microsoft Windows NT 4 auf Microsoft Windows-Plattformen zur Verfügung steht. Servergespeicherte Profile sind Benutzerprofile, die an einem zentralen Ort gespeichert werden, gewöhnlich in einem freigegebenen Verzeichnis eines Netzwerkdateiservers, der dadurch zum *Profilserver* wird. Da servergespeicherte Profile das gesamte Profil eines Benutzers aufnehmen (mit Ausnahme des Unterordners *Lokale Einstellungen* des Profils), können alle Daten und Anwendungseinstellungen eines Benutzers bei Bedarf auf anderen Computern verwendet werden. Wenn servergespeicherte Benutzerprofile aktiviert sind, kann sich ein Benutzer an einem beliebigen Computer des Firmennetzwerks anmelden und dort mit seinem Desktop, seinen Anwendungen und seinen Daten arbeiten wie an jedem anderen Computer auch.

Servergespeicherte Benutzerprofile in älteren Windows-Versionen

Wegen der Art, in der servergespeicherte Benutzerprofile unter Windows NT 4, Windows 2000 und Windows XP implementiert wurden, wiesen sie folgende Nachteile auf:

- **Benutzerprofile können im Lauf der Zeit sehr groß werden**   Der Dokumentordner eines Benutzers enthält vielleicht zahlreiche Tabellen, Microsoft Word-Dokumente und andere vom Benutzer verwaltete Daten. Da bei der Anmeldung eines Benutzers das ganze Profil vom Profilserver heruntergeladen und bei der Abmeldung wieder hochgeladen wird, kann die Anmeldung eines Benutzers ziemlich lange dauern, vor allem wenn langsame WAN-Verbindungen oder Einwählverbindungen (bei Benutzern mobiler Computer) beteiligt sind.

- **Servergespeicherte Profile werden nur bei der Abmeldung gespeichert** Administratoren können zwar leicht eine Sicherung der Profildateien erstellen, die auf dem zentralen Profilserver gespeichert sind, aber diese Profile (einschließlich der darin enthaltenen Benutzerdaten) sind vielleicht nicht auf dem neusten Stand. Servergespeicherte Profile stellen eine gewisse Herausforderung dar, was den Echtzeitzugriff auf die benutzerverwalteten Daten und die Integrität dieser Daten betrifft.

- **Servergespeicherte Profile erfassen alle Einstellungen für einen Benutzer, auch von solchen Anwendungen, die sich vielleicht gar nicht für diese Profilart eignen, und auch solche Daten und Einstellungen, die sich gar nicht geändert haben** Wenn ein Benutzer auf seinem Desktop eine Verknüpfung mit einer Anwendung erstellt hat, die auf einem Computer installiert ist, und dann auf einen zweiten Computer wechselt, auf dem die Anwendung nicht installiert ist, wird die Verknüpfung zwar auf den zweiten Computer übernommen, aber sie funktioniert dort nicht.

- **Servergespeicherte Profile unterstützen keine Mehrfachanmeldungen desselben Benutzers auf mehreren Computern** Ist ein Benutzer zum Beispiel auf zwei Computern angemeldet und stellt den Desktophintergrund auf beiden Computern verschieden ein, bleibt die Einstellung des Computers erhalten, bei dem er sich zuletzt abmeldet.

- **Die Einrichtung und Verwaltung von servergespeicherten Profilen bedeutet einen gewissen Aufwand für die Administratoren** Es muss ein Profildateiserver aufgebaut werden, servergespeicherte Profile müssen erstellt und auf dem Server gespeichert werden und die Benutzerkonten müssen so eingestellt werden, dass sie die servergespeicherten Profile verwenden. Allerdings können Sie verschiedene Aspekte der servergespeicherten Profile mit Gruppenrichtlinien verwalten.

So funktioniert's: Servergespeicherte Benutzerprofile und Terminaldienste

Es gibt vier verschiedene Wege, um servergespeicherte Profile für Benutzer einzustellen. Windows 7 liest die Konfigurationseinstellungen für servergespeicherte Profile in der folgenden Reihenfolge und verwendet die erste Konfigurationseinstellung, die es vorfindet:

1. Der Pfad für servergespeicherte Profile, wie in den Richtlinieneinstellungen für die Remotedesktopdienste angegeben

2. Der Pfad für servergespeicherte Profile, wie auf der Registerkarte *Remotedesktopdienste-Benutzerprofil* des Eigenschaftendialogfelds eines Benutzerkontos in Active Directory-Benutzer und -Computer angegeben

3. Der computerspezifische Pfad für servergespeicherte Profile, wie mit der Richtlinieneinstellung *Computerkonfiguration\Richtlinien\Administrative Vorlagen\System\Benutzerprofile\Pfad des servergespeicherten Profils für alle Benutzer festlegen, die sich an diesem Computer anmelden* festgelegt

4. Der benutzerspezifische Pfad für servergespeicherte Profile, wie auf der Registerkarte *Profil* des Eigenschaftendialogfelds des Benutzerkontos in Active Directory-Benutzer und -Computer angegeben

Beachten Sie, dass der *Remotedesktopdienste-Benutzerprofil*-Pfad oder die entsprechenden Gruppenrichtlinieneinstellungen für die Remotedesktopdienste bei Remotedesktopverbindungen mit einem Windows 7-Computer nicht unterstützt werden. Beide verwenden zwar das Remotedesktopprotokoll (RDP), aber die Remotedesktopdienste-Richtlinien gelten nicht für einen Windows 7-Remotedesktop.

Ordnerumleitung in früheren Windows-Versionen

Wegen der Schwächen der servergespeicherten Profile wurde mit Windows 2000 erstmals eine Technologie namens Ordnerumleitung eingeführt, um die Einrichtung beweglicher Arbeitsplätze zu erleichtern. Diese Technologie wurde in Windows XP im Wesentlichen unverändert übernommen. Die Ordnerumleitung gibt Ihnen die Möglichkeit, den Speicherort der Spezialordner aus einem Benutzerprofil von ihren Stammplätzen innerhalb des lokalen Benutzerprofils an einen anderen Ort zu verlegen, der sich auf dem lokalen Computer oder in einer Netzwerkfreigabe befinden kann. Ein Administrator kann beispielsweise den Ordner *Eigene Dateien* eines Benutzers vom lokalen Benutzerprofil des Benutzers auf eine Netzwerkfreigabe verlegen, die sich auf einem Dateiserver befindet. Somit ermöglicht es die Ordnerumleitung den Benutzern, auf einem Netzwerkserver gespeicherte Datendateien so zu verwenden, als wären sie auf ihren lokalen Computern gespeichert.

Die Ordnerumleitung bietet einige Vorteile:

- Sie können die Ordnerumleitung mit servergespeicherten Benutzerprofilen kombinieren, um die Größe der servergespeicherten Benutzerprofile zu verringern. Das bedeutet, dass bei der An- oder Abmeldung eines Benutzers nicht jedes Mal alle Daten eines Benutzerprofils übertragen werden müssen. Dank der Ordnerumleitung wird nur ein Teil der Benutzerdaten und -einstellungen übertragen. Dadurch können sich die An- und Abmeldezeiten von Benutzern im Vergleich zu servergespeicherten Profilen ohne Ordnerumleitung deutlich verkürzen.

- Sie können eine Ordnerumleitung auch ohne servergespeicherte Benutzerprofile einrichten, damit Benutzer unabhängig davon, mit welchem Computer sie sich am Netzwerk anmelden, Zugriff auf ihre Daten erhalten. Die Ordnerumleitung bietet von jedem Computer aus, an dem die Anmeldung erfolgt, Zugriff auf die umgeleiteten Ordner. Unter Windows XP gehören die Profilordner *Eigene Dateien* (die optional auch *Eigene Bilder* enthalten können), *Anwendungsdaten*, *Desktop* und *Startmenü* dazu.

Allerdings weist die Ordnerumleitung in der Form, wie sie auf älteren Windows-Versionen implementiert wurde, einige Nachteile auf:

- Die Ordnerumleitung arbeitet mit fest vorgegebenen Pfaden und kann nur eine bestimmte Anzahl an Ordnern des Benutzerprofils umleiten. Manche wichtigen Ordner wie *Favoriten* und *Cookies* werden nicht umgeleitet, was die Nützlichkeit dieser Technologie einschränkt, wenn sie nicht mit servergespeicherten Benutzerprofilen kombiniert wird.

- Ordnerumleitung selbst sorgt noch nicht dafür, dass Registrierungseinstellungen von Anwendungen auf anderen Computern verfügbar werden. Auch das schränkt die Nützlichkeit der Ordnerumleitung als Technologie für bewegliche Arbeitsplätze ein. Um eine optimale Beweglichkeit zu erreichen, kombinieren Sie die Ordnerumleitung mit servergespeicherten Benutzerprofilen.

HINWEIS Servergespeicherte Benutzerprofile sind die einzige Möglichkeit, Benutzereinstellungen (im HKCU-Registrierungshive) für bewegliche Arbeitsplätze bereitzustellen. Ordnerumleitung ist die wichtigste Methode, Benutzerdaten für bewegliche Arbeitsplätze bereitzustellen.

Erweiterungen an servergespeicherten Benutzerprofilen und der Ordnerumleitung, die mit Windows Vista eingeführt wurden

Wegen der Beschränkungen, denen servergespeicherte Benutzerprofile und Ordnerumleitung in älteren Windows-Versionen unterlagen, wurden diese Technologien für Windows Vista auf mehrere Arten erweitert und verbessert:

- Die Änderungen am Aufbau der Benutzerprofile (wie im Abschnitt »Benutzerprofilnamespace in Windows Vista und Windows 7« dieses Kapitels beschrieben) trennen Benutzer- von Anwendungsdaten und erleichtern die Bereitstellung eines Teils der Daten und Einstellungen mit servergespeicherten Profilen und eines anderen Teils mit einer Ordnerumleitung.

- Die Zahl der Ordner, die sich mit Gruppenrichtlinien umleiten lassen, wurde beträchtlich erhöht. Administratoren können also wesentlich flexibler die Benutzerdaten und Einstellungen auswählen, die umgeleitet werden sollen. Die Liste der Ordner, die in Windows Vista und höher umgeleitet werden können, umfasst nun *AppData*, *Desktop*, *Startmenü*, *Dokumente*, *Bilder*, *Musik*, *Videos*, *Favoriten*, *Kontakte*, *Downloads*, *Verknüpfungen*, *Suchvorgänge* und *Gespeicherte Spiele*.

- Wenn Sie servergespeicherte Benutzerprofile zusammen mit der Ordnerumleitung einsetzen, kopiert Windows Vista oder höher das Benutzerprofil und leitet die Ordner an die entsprechenden Stellen im Netzwerk um. Dadurch ergibt sich eine schnellere Anmeldung, die den Desktop schneller zum Vorschein bringt als bei älteren Windows-Versionen. Vor allem wenn alle Datenordner des Benutzers umgelenkt und servergespeicherte Benutzerprofile verwendet werden, wird die Anmeldung praktisch nur noch um die Zeit verzögert, die das Herunterladen der (gewöhnlich ziemlich kleinen) Datei *Ntuser.dat* vom Profilserver erfordert. (Ein Teil des Ordners *AppData\Roaming\Microsoft* wird ebenfalls auf dem Server gespeichert, selbst wenn der Ordner *AppData\Roaming* umgeleitet wurde. Dieser Ordner enthält einige Verschlüsselungszertifikate.)

- Offlinedateien, die zusammen mit der Ordnerumleitung verwendet werden können, wurden bereits für Windows Vista auf verschiedene Arten erweitert. Für Windows 7 wurden erneut Erweiterungen vorgenommen. Weitere Informationen erhalten Sie im Abschnitt »Arbeiten mit Offlinedateien« weiter unten im Kapitel.

Zusätzliche Erweiterungen an servergespeicherten Benutzerprofilen und der Ordnerumleitung, die mit Windows 7 eingeführt wurden

Für Windows 7 wurden weitere Verbesserungen an den Mechanismen vorgenommen, mit denen sich bewegliche Arbeitsplätze einrichten lassen, vor allem an den servergespeicherten Profilen. Durch diese Verbesserungen, die im folgenden Abschnitt beschrieben werden, wird die Kombination von servergespeicherten Profilen und der Ordnerumleitung robuster und zuverlässiger.

Synchronisation der Registrierung im Hintergrund

Beginnend mit Windows 7 werden Benutzereinstellungen in *HKCU* (anders gesagt, in der Datei *Ntuser.dat* aus dem Benutzerprofil) für servergespeicherte Benutzerprofile regelmäßig mit dem Server synchronisiert, während die Benutzer noch an ihren Computern angemeldet sind. Unter Windows Vista und älteren Windows-Versionen wurden servergespeicherte Benutzerprofile erst bei der Abmeldung der Benutzer mit dem Server synchronisiert.

Von dieser Änderung profitieren vor allem Unternehmen, in denen viele Mitarbeiter an Laptops remote arbeiten, denn Laptopbenutzer melden sich gewöhnlich nicht ab, sondern versetzen ihren Computer in einen Ruhezustand. In älteren Windows-Versionen konnte dies zur Folge haben, dass Änderungen am Benutzerprofil niemals mit dem Server synchronisiert wurden, was wiederum ein Risiko für die Firmendaten darstellte. Von dieser Änderung profitieren auch Firmen, deren mobile Mitarbeiter über ein virtuelles privates Netzwerk (VPN) Verbindungen mit dem Firmennetzwerk herstellen. VPN-Verbindungen werden gewöhnlich hergestellt, nachdem sich der Benutzer angemeldet hat, und wieder beendet, bevor sich der Benutzer abmeldet. Auch dadurch kann eine Synchronisation der Profile mit dem Server verhindert werden.

Beachten Sie, dass die Hintergrundsynchronisation von servergespeicherten Benutzerprofilen nur in eine Richtung erfolgt: vom Client zum Server. Wie in den älteren Windows-Versionen erfolgt eine Synchronisation der servergespeicherten Benutzerprofile vom Server zum Client nur bei der Anmeldung des Benutzers. Ebenfalls wie in älteren Windows-Versionen entscheidet der Zeitstempel im Fall eines Konflikts, welche Einstellungen übernommen werden. Wenn sich ein Benutzer zum Beispiel mit einem servergespeicherten Benutzerprofil anmeldet, überprüft Windows, ob die lokale Version von *Ntuser.dat* neuer ist als die Serverkopie von *Ntuser.dat*. Ist dies der Fall, lädt Windows die vorhandene lokale Version von *Ntuser.dat* und präsentiert dem Benutzer seinen Desktop. Ist dies nicht der Fall, fordert Windows die neuere Version von *Ntuser.dat* vom Server an, lädt diese Version, beendet das Laden der Profildaten und präsentiert dem Benutzer seinen Desktop. Der Vorgang bei der Abmeldung ist vergleichbar.

Die Hintergrundsynchronisation der Registrierung ist unter Windows 7 standardmäßig deaktiviert und kann auf den Zielcomputern mit Gruppenrichtlinien aktiviert werden. Zur Steuerung kann folgende Gruppenrichtlinieneinstellung verwendet werden:

Computerkonfiguration\Richtlinien\Administrative Vorlagen\System\Benutzerprofile\Registrierungs-datei für servergespeichertes Benutzerprofil im Hintergrund hochladen, während Benutzer angemeldet ist

Wenn Sie diese Richtlinieneinstellung aktivieren, können Sie für die Hintergrundsynchronisation der Registrierung einen der folgenden Zeitpläne festlegen:

- *In festgelegtem Intervall ausführen* (der Standardwert beträgt 12 Stunden und kann zwischen einer und 720 Stunden liegen)
- *Zu festgelegter Tageszeit ausführen* (der Standardwert ist 3 Uhr nachts)

In beiden Fällen wird ein nach dem Zufallsprinzip bestimmter Zeitversatz von bis zu einer Stunde hinzugefügt, um eine Überlastung des Servers durch viele gleichzeitig erfolgende Synchronisationen zu vermeiden.

Zur Problembehandlung und Überwachung der Hintergrundsynchronisation protokolliert Windows 7 in folgendem Ereignisprotokoll zusätzliche Ereignisse:

Anwendungs- und Dienstprotokolle\Microsoft\Windows\Benutzerprofildienst\Betriebsbereit

Zu den zusätzlich protokollierten Ereignissen gehören

- Hochladen im Hintergrund gestartet
- Hochladen im Hintergrund erfolgreich beendet
- Hive wegen langsamer Verbindung nicht hochgeladen
- Hive nicht hochgeladen, da Speicherserver nicht erreichbar

Außerdem trägt Windows ein Fehlerereignis »RUP-Hochladung im Hintergrund fehlgeschlagen, mit Fehlerdetails« in das Ereignisprotokoll *Windows-Protokolle/Anwendungen* ein.

Verbesserte Leistung bei der ersten Anmeldung mit Ordnerumleitung

Die Ordnerumleitung wies unter Windows Vista und älteren Windows-Versionen einen großen Nachteil auf, nämlich die potenziell schlechte Leistung bei der ersten Anmeldung eines Benutzers nach der Aktivierung der Ordnerumleitung. Das liegt daran, dass sich der Benutzer unter Windows Vista und älteren Versionen so lange nicht anmelden kann, bis alle seine umgeleiteten Daten zum Server übertragen wurden. Für Benutzer mit großen Datenmengen können sich durchaus lange Wartezeiten ergeben, in denen sie nicht mit ihren Computern arbeiten können. Besonders frustrierend kann dies natürlich für Benutzer sein, die sich über eine langsame Verbindung anmelden. Wenn der Benutzer über eine große Datenmenge verfügt, die umgeleitet werden muss, kann es 1 Stunde oder länger dauern, bis der Desktop des Benutzers bei der ersten Anmeldung nach der Aktivierung der Ordnerumleitung erscheint.

Beginnend mit Windows 7 erfolgt die erste Anmeldung nach der Aktivierung der Ordnerumleitung deutlich schneller, vor allem in Organisationen mit langsamen Netzwerken. Statt die umgeleiteten Daten des Benutzers während der Anmeldung zum Server hochzuladen und dem Benutzer eine Pause aufzuzwingen, bis dieser Vorgang abgeschlossen ist, werden diese Daten nun auf dem Computer des Benutzers in einen lokalen Zwischenspeicher für Offlinedateien kopiert. Dieser Vorgang ist wesentlich schneller. Anschließend erscheint der Desktop des Benutzers und der Zwischenspeicher für Offlinedateien lädt die umgeleiteten Daten des Benutzers im Rahmen der Synchronisation von Offlinedateien zum Server hoch, bis alle Daten kopiert sind.

Zu den Erweiterungen von Windows 7, mit denen die erste Anmeldung nach der Aktivierung der Ordnerumleitung verbessert werden soll, gehören auch folgende:

- Bevor Windows versucht, die umgeleiteten Daten des Benutzers in den lokalen Zwischenspeicher für Offlinedateien zu kopieren, überprüft es, ob der Zwischenspeicher groß genug ist, um diese Daten aufzunehmen. Wenn die Daten nicht in den Zwischenspeicher passen, werden sie während der Anmeldung zum Server hochgeladen. Das entspricht dem Verhalten, das auch Windows Vista aufweist. Daraus ergibt sich unter Umständen wieder eine längere Verzögerung, bis der Desktop des Benutzers erscheint.

- Wenn der lokale Zwischenspeicher für Offlinedateien auf dem Computer des Benutzers deaktiviert wurde, überprüft Windows nun, ob es auf dem Server genügend Platz für die Benutzerdaten gibt, bevor es versucht, die Daten zum Server hochzuladen. Verfügt der Server nicht über genügend Speicherplatz, werden die Daten nicht hochgeladen und der Desktop des Benutzers wird schnell sichtbar. Im Ereignisprotokoll wird eine entsprechende Ereignismeldung protokolliert, die besagt, dass die Anmeldung ohne Umleitung von Daten erfolgte.

Da Offlinedateien standardmäßig auf Windows 7-Computern aktiviert sind, zeigt sich auch diese verbesserte Leistung bei der ersten Anmeldung nach der Aktivierung der Ordnerumleitung standardmäßig.

> **HINWEIS** Eine neue Funktion der Offlinedateien unter Windows 7 namens Hintergrundsynchronisation erweitert ebenfalls die Art, wie die Ordnerumleitung funktioniert. Weitere Informationen über diese Funktion finden Sie im Abschnitt »Zusätzliche Erweiterungen für Offlinedateien, die mit Windows 7 eingeführt wurden« weiter unten in diesem Kapitel.

Einrichten der Ordnerumleitung

In Unternehmensumgebungen können Sie die Ordnerumleitung mit Gruppenrichtlinien einstellen. Die Richtlinien zur Einstellung der Ordnerumleitung für die bekannten Ordner finden Sie unter *Benutzerkonfiguration\Richtlinien\Windows-Einstellungen\Ordnerumleitung* (Abbildung 15.8).

Um die Ordnerumleitung in einer AD DS-Umgebung einzurichten, gehen Sie folgendermaßen vor:

1. Erstellen Sie auf dem Dateiserver, auf dem Sie die umgeleiteten Ordner speichern möchten, ein freigegebenes Verzeichnis und legen Sie die Berechtigungen für diese Freigabe fest. (Informationen über die erforderlichen Berechtigungen für diese Freigabe finden Sie im Textkasten »Direkt von der Quelle: Absichern umgeleiteter Ordner«)

2. Erstellen Sie ein Ordnerumleitungs-GPO (oder verwenden Sie ein vorhandenes GPO) und verknüpfen Sie es mit der Organisationseinheit, zu der die Benutzer gehören, deren Ordner Sie umleiten möchten.

3. Öffnen Sie das Ordnerumleitungs-GPO im Gruppenrichtlinienverwaltungs-Editor und navigieren Sie zu *Benutzerkonfiguration\Richtlinien\Windows-Einstellungen\Ordnerumleitung*. Konfigurieren Sie jede Ordnerumleitungsrichtlinie nach Bedarf.

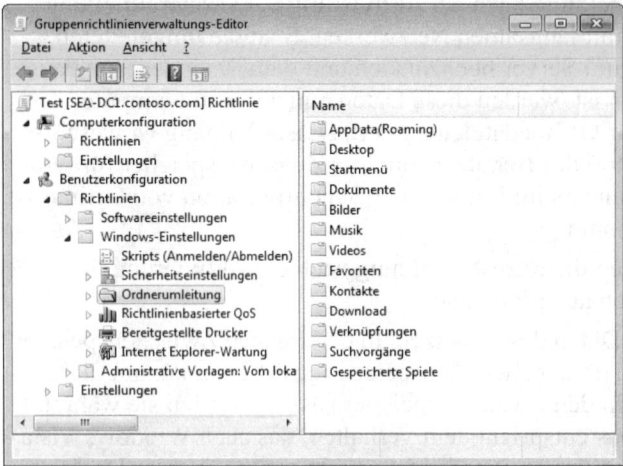

Abbildung 15.8 Ordnerumleitungsrichtlinien

> **HINWEIS** Vielleicht sind zwei Bearbeitungszyklen erforderlich, damit die Gruppenrichtlinienobjekte wirksam werden, mit denen die Ordnerumleitung eingestellt wird. Das liegt daran, dass Windows XP und spätere Versionen die Anmeldung optimieren, wobei Gruppenrichtlinien asynchron im Hintergrund verarbeitet werden. Einige Teile der Gruppenrichtlinien, wie zum Beispiel die Softwareinstallation und die Ordnerumleitung, erfordern aber eine synchrone Verarbeitung. Das bedeutet, dass bei der ersten Richtlinienanwendung die Ordnerumleitungsrichtlinie zwar erkannt wird, aber wegen der asynchronen Ausführung nicht sofort angewendet werden kann. Daher sorgt das Gruppenrichtliniensystem bei der nächsten Anmeldung für eine synchrone Verarbeitung der Gruppenrichtlinien.

Direkt von der Quelle: Absichern umgeleiteter Ordner

Mike Stephens, Technical Writer, *Group Policy*

Die folgenden Empfehlungen für die Vergabe sicherer Berechtigungen bei einer Ordnerumleitung beruhen auf dem Microsoft Knowledge Base-Artikel 274443.

Wenn Sie eine Standard-Ordnerumleitung verwenden, gehen Sie folgendermaßen vor, damit nur der Benutzer und Domänenadministratoren das Recht haben, einen bestimmten umgeleiteten Ordner zu öffnen:

1. Wählen Sie in Ihrer Umgebung einen zentralen Ort aus, an dem Sie den umgeleiteten Ordner speichern möchten, und geben Sie diesen Ordner frei. In diesem Beispiel heißt die Freigabe *FLDREDIR*.

2. Geben Sie der Gruppe *Authentifizierte Benutzer* die Freigabeberechtigung *Vollzugriff*.

3. Verwenden Sie folgende Einstellungen für die NTFS-Berechtigungen:

☐ *ERSTELLER-BESITZER – Vollzugriff* (Übernehmen für: Nur Unterordner und Dateien)

☐ *SYSTEM – Vollzugriff* (Übernehmen für: Diesen Ordner, Unterordner und Dateien)

☐ *Domänen-Admins – Vollzugriff* (Übernehmen für: Diesen Ordner, Unterordner und Dateien) (Diese Berechtigung ist optional und wird nur gebraucht, wenn Administratoren Vollzugriff brauchen.)

☐ *Authentifizierte Benutzer – Ordner erstellen/Daten anhängen* (Übernehmen für: Nur diesen Ordner)

☐ *Authentifizierte Benutzer – Ordner auflisten/Daten lesen* (Übernehmen für: Nur diesen Ordner)

☐ *Authentifizierte Benutzer – Attribute lesen* (Übernehmen für: Nur diesen Ordner)

☐ *Authentifizierte Benutzer – Ordner durchsuchen/Datei ausführen* (Übernehmen für: Nur diesen Ordner)

4. Wählen Sie die Option *Einen Ordner für jeden Benutzer im Stammpfad erstellen* oder die Option *An folgenden Pfad umleiten* und geben Sie einen Pfad wie *\\Server\FLDREDIR\%UserName%* ein, damit unter dem freigegebenen Ordner *FLDREDIR* für jeden Benutzer ein eigener Ordner angelegt wird.

Wenn Sie die erweiterte Ordnerumleitung verwenden, gehen Sie folgendermaßen vor:

1. Wählen Sie in Ihrer Umgebung einen zentralen Ort aus, an dem Sie den umgeleiteten Ordner speichern möchten, und geben Sie diesen Ordner frei. In diesem Beispiel heißt die Freigabe *FLDREDIR*.

2. Geben Sie der Gruppe *Authentifizierte Benutzer* die Freigabeberechtigung *Vollzugriff*.

3. Verwenden Sie folgende Einstellungen für die NTFS-Berechtigungen:

☐ *ERSTELLER-BESITZER – Vollzugriff* (Übernehmen für: Nur Unterordner und Dateien)

☐ *SYSTEM – Vollzugriff* (Übernehmen für: Diesen Ordner, Unterordner und Dateien)

☐ *Domänen-Admins – Vollzugriff* (Übernehmen für: Diesen Ordner, Unterordner und Dateien) (Diese Berechtigung ist optional und wird nur gebraucht, wenn Administratoren Vollzugriff brauchen.)

☐ *<jede in der Richtlinie aufgeführte Gruppe> – Ordner erstellen/Daten anhängen* (Übernehmen für: Nur diesen Ordner)

☐ *<jede in der Richtlinie aufgeführte Gruppe> – Ordner auflisten/Daten lesen* (Übernehmen für: Nur diesen Ordner)

☐ *<jede in der Richtlinie aufgeführte Gruppe> – Attribute lesen* (Übernehmen für: Nur diesen Ordner)

☐ *<jede in der Richtlinie aufgeführte Gruppe> – Ordner durchsuchen/Datei ausführen* (Übernehmen für: Nur diesen Ordner)

4. Wählen Sie die Option *Einen Ordner für jeden Benutzer im Stammpfad erstellen* oder die Option *An folgenden Pfad umleiten* und geben Sie einen Pfad wie *\\Server\FLDREDIR\%UserName%* ein, damit unter dem freigegebenen Ordner *FLDREDIR* für jeden Benutzer ein eigener Ordner angelegt wird.

Wenn Sie erweiterte Ordnerumleitungsrichtlinien festlegen, müssen Sie die letzten vier Schritte unter Punkt 3 für jede Gruppe durchführen, die in der Richtlinie aufgeführt wird. Wahrscheinlich gehört der Benutzer nur einer dieser Gruppen an, aber damit die Benutzerordner korrekt angelegt werden, müssen die Zugangskontrolllisten der Ressource alle Gruppen berücksichtigen, die in den Ordnerumleitungseinstellungen genannt werden. Außerdem wird der Administrator hoffentlich eine Gruppenrichtlinienfilterung vornehmen, damit nur die Benutzer, die in den Ordnerumleitungsrichtlinieneinstellungen aufgeführt werden, die Richtlinie tatsächlich anwenden. Andernfalls ist es einfach Zeitverschwendung, weil der Benutzer versucht, die Richtlinie anzuwenden, aber die Ordnerumleitung schlägt fehl, weil der Benutzer kein Mitglied einer der Gruppen ist, die in der Richtlinie genannt werden. Das führt im Ereignisprotokoll zum Eintrag einer Fehlerbedingung, aber eigentlich handelt es sich um ein Konfigurationsproblem.

Einstellen der Umleitungsmethode

Sie können die Umleitungsmethode für die Umleitung von Ordnern auf der Registerkarte *Ziel* der Eigenschaftsdialogfelder der Richtlinieneinstellungen festlegen. Drei Umleitungsmethoden stehen zur Wahl, für bestimmte Ordner sogar vier:

- **Nicht konfiguriert** Durch die Wahl dieser Option kehrt die Ordnerumleitungsrichtlinie in ihren Standardzustand zurück. Das bedeutet, dass Ordner, die zuvor umgeleitet wurden, umgeleitet bleiben und dass lokale Ordner des Computers lokal bleiben. Wie ein umgeleiteter Ordner wieder an seinen ursprünglichen Speicherort verlegt wird, beschreibt der Abschnitt »Aufheben der Richtlinieneinstellungen« weiter unten im Kapitel.

- **Standard-Ordnerumleitung** Administratoren sollten diese Option wählen, wenn sie planen, umgeleitete Ordner von allen Benutzern, die vom GPO im selben Netzwerkabschnitt erfasst werden, auf derselben Netzwerkfreigabe zu speichern (Abbildung 15.9).

Abbildung 15.9 Wählen Sie auf der Registerkarte *Ziel* einer Ordnerumleitungsrichtlinie eine Umleitungsmethode und den Zielordner für die Umleitung

- **Erweiterte Ordnerumleitung**   Administratoren sollten diese Option wählen, wenn sie planen, umgeleitete Ordner von verschiedenen Benutzergruppen auf verschiedenen Netzwerkfreigaben zu speichern. Die *Dokumente*-Ordner der Benutzer, die zur *Personalabteilung* gehören, könnten zum Beispiel auf *\\DOCSRV\HRDOCS* umgeleitet werden, und die *Dokumente*-Ordner der Benutzer aus der Gruppe *Manager* auf *\\DOCSRV\MGMTDOCS,* und so weiter.

  Wenn ein Benutzer mehreren Sicherheitsgruppen angehört, die für einen umgeleiteten Ordner aufgeführt werden, wird der Zielort für die Ordnerumlenkung durch die erste aufgelistete Sicherheitsgruppe bestimmt, der der Benutzer angehört.

- **Dem Ordner *Dokumente* folgen**   Diese Option ist nur für die Ordner *Musik*, *Bilder* und *Videos* verfügbar. Durch die Wahl dieser Option werden diese Ordner als Unterordner des umgeleiteten Ordners *Dokumente* umgeleitet und erben ihre restlichen Ordnerumleitungseinstellungen von den Umleitungseinstellungen des Ordners *Dokumente*.

Einstellen des Zielordners

Wenn Sie auf der Registerkarte *Ziel* die Standard-Ordnerumleitung oder die erweiterte Ordnerumleitung wählen, können Sie für den Zielordner unter drei Orten wählen, oder unter vier Orten, falls es um den Ordner *Dokumente* geht:

- **Einen Ordner für jeden Benutzer im Stammpfad erstellen**   Das ist die Standardeinstellung für den Zielordner. Wenn Sie diese Option wählen, können Sie einen Stammordner für die umgelenkten Ordner aller Benutzer angeben, die vom GPO erfasst werden. Sie müssen diesen Pfad im UNC-Format (Universal Naming Convention) angeben. Wenn Sie zum Beispiel diese Option für die *Dokumente*-Richtlinie festlegen und als Stammpfad *\\DOCSRV\DOCS* angeben, wird für alle Benutzer, die zum Wirkungsbereich dieses GPOs gehören, ein Ordner namens *\\DOCSRV\DOCS\ Benutzername\Documents* auf dem Dateiserver angelegt, wenn sie das nächste Mal ihre Computer starten. Dabei ist *Benutzername* der Name, mit dem sich der Benutzer angemeldet hat.

- **An folgenden Pfad umleiten**   Wählen Sie diese Option, wenn Sie mehrere Benutzer auf denselben Ordner umlenken möchten, den Sie mit dem UNC-Pfad angeben. Leiten Sie beispielsweise den Ordner *Desktop* nach *\\DOCSRV\DESKTOP* um und wählen diese Option, erhalten alle Benutzer, die in den Wirkungsbereich des GPOs fallen, dieselbe Desktopumgebung, wenn sie sich das nächste Mal an ihren Computern anmelden.

  Eine weitere Anwendung dieser Option wäre die Umleitung des Startmenüordners, damit alle Benutzer aus der Zielgruppe dasselbe Startmenü erhalten. Wenn Sie das tun, achten Sie darauf, dass Sie für den umgeleiteten Ordner passende Berechtigungen einstellen, damit alle Benutzer darauf zugreifen können.

- **An lokalen Benutzerprofilpfad umleiten**   Wählen Sie diese Option, wenn Sie einen Ordner, der zuvor umgelenkt wurde, wieder an seinen ursprünglichen lokalen Speicherort zurückverlegen möchten. Die Wahl dieser Option für die *Dokumente*-Richtlinieneinstellung verlegt den Ordner *Dokumente* wieder zurück nach *%SystemDrive%\Users\Benutzername\Documents*.

- **In das Basisverzeichnis des Benutzers kopieren**   Diese Option ist nur für den Ordner *Dokumente* verfügbar. Die Wahl dieser Option führt dazu, dass der Ordner *Dokumente* in den Stammordner des Benutzers umgeleitet wird. (Der Stammordner des Benutzers wird in Active Directory-Benutzer und -Computer auf der Registerkarte *Profil* des Eigenschaftendialogfelds eines Benutzerkontos festgelegt.) Wenn Sie außerdem möchten, dass die Ordner *Bilder*, *Musik* und *Videos* dem *Dokumente*-Ordner ins Stammverzeichnis des Benutzers folgen, wählen Sie auf der Registerkarte *Einstellungen* der Richtlinieneinstellung die Option *Umleitungsrichtlinie auch auf die Betriebssysteme Windows 2000, Windows 2000 Server, Windows XP und Windows Server 2003 anwenden.*

> **HINWEIS** Zur Umleitung von Ordnern auf eine Netzwerkfreigabe können Sie den Stammordner nur als UNC-Pfad angeben. Sie können kein zugeordnetes Netzlaufwerk für diesen Pfad angeben. Das ist so, weil Netzlaufwerke erst zugeordnet werden, nachdem alle Gruppenrichtlinienerweiterungen auf dem Clientcomputer verarbeitet wurden.

> **HINWEIS** Sie können in dem UNC-Pfad, den Sie in der Ordnerumleitungsrichtlinie für einen Zielordner angeben, eine der folgenden Umgebungsvariablen verwenden: *%UserName%*, *%UserProfile%*, *%HomeShare%* und *%Home-Path%*. Andere Umgebungsvariablen können Sie in Ordnerumleitungsrichtlinien nicht für UNC-Pfade verwenden. Das ist so, weil andere Umgebungsvariablen noch nicht definiert sind, wenn der Gruppenrichtliniendienst im Anmeldeprozess die Ordnerumleitungserweiterung (*Fdeploy.dll*) lädt.

Einstellen der Umleitungsoptionen

Sie können für jede Ordnerumleitungsrichtlinie drei Umleitungsoptionen einstellen (für bestimmte Richtlinieneinstellungen allerdings nur zwei). Diese Umleitungsoptionen werden auf der Registerkarte *Einstellungen* des Eigenschaftendialogfelds der Richtlinieneinstellung ausgewählt (Abbildung 15.10).

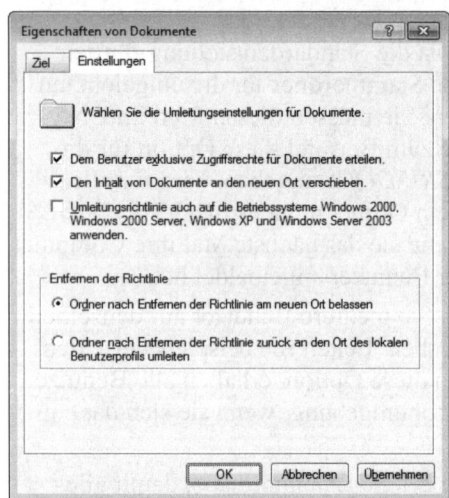

Abbildung 15.10 Auswählen von zusätzlichen Umleitungsoptionen und Richtlinienentfernungsoptionen auf der Registerkarte *Einstellungen* der Ordnerumleitungsrichtlinie

Die drei Umleitungsoptionen auf der Registerkarte *Einstellungen* sind:

- **Dem Benutzer exklusive Zugriffsrechte für *Ordnername* erteilen** Diese Option ist standardmäßig vorgewählt und bietet dem Benutzer, für den die Richtlinie umgesetzt wird, NTFS-*Vollzugriff* auf den umgeleiteten Ordner. Der Benutzer Michael Allen (*mallen@contoso.com*) würde beispielsweise *Vollzugriff* auf den Ordner *\\DOCSRV\DOCS\mallen\Documents* erhalten. Außerdem hat das Konto *Lokales System Vollzugriff*, damit Windows den Inhalt des lokalen Zwischenspeichers mit dem Zielordner synchronisieren kann. Eine Änderung dieser Option, nachdem die Richtlinie auf einige Benutzer angewendet wurde, wirkt sich nur auf neue Benutzer aus, für die diese Richtlinie gilt, und die Option gilt nur für neu erstellte Ordner. (Wenn der Ordner bereits vorhanden ist, wird nur der Besitz überprüft.)

Löschen Sie diese Option, wenn die Ordnerumleitung die Besitzverhältnisse des Ordners überprüfen soll. Löschen Sie diese Option auch, wenn Sie der Gruppe *Administratoren* Zugriff auf die umgelenkten Ordner der Benutzer geben möchten. (Das setzt voraus, dass den Administratoren die entsprechenden NTFS-Berechtigungen für den Stammordner zugewiesen wurden.)

- **Den Inhalt von *Ordnername* an den neuen Ort verschieben**   Diese Option wird standardmäßig vorgewählt und bewirkt, das alle Dateien, die sich im lokalen Ordner befinden, in den Zielordner auf der Netzfreigabe verschoben werden. Löschen Sie diese Option, wenn Sie nur erreichen wollen, dass für alle Benutzer, die in den Wirkungsbereich des GPOs fallen, im Zielordner des Dateiservers Ordner angelegt werden, die lokalen Dokumente aber auf dem lokalen Computer bleiben.

- **Umleitungsrichtlinie auch auf die Betriebssysteme Windows 2000, Windows 2000 Server, Windows XP und Windows Server 2003 anwenden**   Diese Option ist standardmäßig nicht vorgewählt und nur für bekannte Ordner verfügbar, die in älteren Windows-Versionen umgeleitet werden konnten. Dazu zählen *Dokumente*, *Bilder*, *Desktop*, *Startmenü* und *Anwendungsdaten*. Wenn Sie diese Ordner umleiten, diese Option aber nicht wählen und dann versuchen, die Richtlinie anzuwenden, erscheint ein Dialogfeld, in dem Sie darauf hingewiesen werden, dass Windows diese Richtlinie in einem Format schreibt, das nur Windows Vista-Computer und höher verstehen. Wenn Sie diese Option wählen und diese Richtlinieneinstellung anwenden, wird die Richtlinie in einem Format geschrieben, das auch die genannten älteren Windows-Versionen verstehen.

Aufheben der Richtlinieneinstellungen

In den folgenden Szenarien kann es geschehen, dass eine Ordnerumleitungsrichtlinie für einen bestimmten Benutzer nicht mehr wirksam ist:

- Die Verknüpfung des Ordnerumleitungs-GPOs mit der Organisationseinheit, zu der der Benutzer gehört, wird aufgehoben.

- Das Ordnerumleitungs-GPO wird gelöscht.

- Das Benutzerkonto wird in eine andere Organisationseinheit verschoben, mit der das Ordnerumleitungs-GPO nicht verknüpft ist.

- Der Benutzer wird Mitglied einer Sicherheitsgruppe, für die ein Filter wirksam ist, das die Anwendung des Ordnerumleitungs-GPOs auf diese Gruppe verhindert.

In jedem dieser Szenarien bestimmt die eingestellte Richtlinienentfernungsoption, was geschehen soll. Die beiden Richtlinienentfernungsoptionen für Ordnerumleitungsrichtlinien sind:

- **Ordner nach Entfernen der Richtlinie am neuen Ort belassen**   Das ist die Standardoption. Der umgeleitete Ordner bleibt in seinem aktuellen Zustand, wenn die Richtlinie unwirksam wird. Leitet ein GPO beispielsweise den Ordner *Dokumente* nach *\\DOCSRV\DOCS\Benutzername \Documents* um und ist dieses GPO später nicht mehr für den betreffenden Benutzer wirksam, bleibt der Ordner *Dokumente* des Benutzers auf dem Dateiserver und wird nicht in das lokale Profil des Benutzers zurückverlegt.

- **Ordner nach Entfernen der Richtlinie zurück an den Ort des lokalen Benutzerprofils umleiten**   Die Wahl dieser Option bewirkt, dass der umgeleitete Ordner wieder in das lokale Profil des Benutzers zurückverlegt wird, wenn die Richtlinie nicht mehr für den Benutzer gilt.

Ordnerumleitung und Synchronisierungscenter

Wenn die Ordnerumleitungsrichtlinie erstmals von einem Windows 7-Computer verarbeitet wird, erscheint eine Meldung über dem Infobereich, die besagt, dass eine Synchronisierungspartnerschaft eingerichtet wurde, damit die lokalen Kopien und die Netzwerkkopien der umgeleiteten Ordner synchron bleiben. Ein Klick auf diese Meldung öffnet das Synchronisierungscenter, in dem sich der Benutzer Details ansehen kann. Weitere Informationen über das Synchronisierungscenter finden Sie im Abschnitt »Verwalten von Offlinedateien mit dem Synchronisierungscenter« weiter unten im Kapitel.

Direkt von der Quelle: Serverpfade und Ordnernamen

Ming Zhu, Software Design Engineer, *Microsoft Windows Shell Team*

Bei der Festlegung eines Pfads für den umgeleiteten Ordner eines Benutzers empfiehlt es sich, den Ordner unter dem Namen des Benutzers abzulegen und auf diese Weise die Ordnerhierarchie des lokalen Profils nachzubilden. Legen Sie zum Beispiel den Ordner *Documents* unter *\\Server\Freigabe\Benutzername\Documents* und den Ordner *Pictures* unter *\\Server\Freigabe\Benutzername\Pictures* ab.

In bestimmten Situationen kann es sinnvoll sein, verschiedene Ordner auf verschiedene Freigaben umzuleiten. In diesem Fall können Sie *%UserName%* als Zielordner verwenden und zum Beispiel den Ordner *Documents* auf *\\Server\Docs\Benutzername* und den Ordner *Pictures* auf *\\Server\Pics\Benutzername* umleiten. Empfohlen wird dies allerdings nicht, und zwar aus folgendem Grund: Unter Windows Vista und höheren Versionen sind die Namen von Spezialordnern wie *Documents* und *Pictures* für eine mehrsprachige Benutzeroberfläche (Multi-lingual User Interface, MUI) ausgelegt. Das bedeutet, dass die lokalisierten Namen der Ordner in einer Datei namens *Desktop.ini* gespeichert werden. In dieser Datei gibt es einen Eintrag wie den folgenden: *LocalizedResourceName=@%SystemRoot%\System32\shell32.dll,-21770*. Das bedeutet, dass der Windows-Explorer bei der Anzeige eines Ordners die Ressource mit der Kennung 21770 aus der Datei *Shell32.dll* ausliest und diese Ressource dann zur Anzeige des Ordnernamens verwendet. Das Ergebnis ist der Anzeigename des Ordners. Verschiedene Benutzer können verschiedene Sprachen wählen. Die Ressourcen für diese verschiedenen Sprachen sind unterschiedlich. Derselbe Ordner wird dann für die verschiedenen Benutzer unter verschiedenen Namen angezeigt.

Das Ergebnis ist, dass jeder Ordner des Benutzerprofils einen Anzeigenamen erhält. Dieser Anzeigename ändert sich nicht, solange dieselbe *Desktop.ini*-Datei vorhanden ist, selbst wenn der Name des Ordners im Dateisystem geändert wird. Wenn Sie also den Ordner *Documents* auf *\\Server\Docs\Benutzername* umleiten, bleibt der Anzeigename *Dokumente*. In vergleichbarer Weise bleibt *Bilder* der Anzeigename des Ordners *Pictures*, wenn Sie diesen Ordner auf *\\Server\Pics\Benutzername* umleiten. Der Benutzer sieht auf seinem Clientcomputer keinen Unterschied, sofern er Windows Vista oder höher verwendet. So weit, so gut. Zumindest, was den Benutzer betrifft. Für den Administrator gibt es allerdings eine schlechte Nachricht. Wenn er den Ordner *\\Server\Docs* überprüft, sieht er eine große Zahl von *Dokumente*-Ordnern und nicht die *Benutzername*-Ordner, die er erwartet hat.

Daher sollten Sie den Pfad des umgeleiteten Ordners nach Möglichkeit so angeben, dass er den Pfad des lokalen Ordners nachbildet. Wenn Sie die *%UserName%*-Lösung verwenden müssen, können Sie das Problem lösen, indem Sie für den umgeleiteten Ordner die Option *Dem Benutzer exklusive Zugriffsrechte erteilen* wählen, damit Administratoren keinen Zugriff auf die Datei *Desktop.ini* erhalten. Der Windows-Explorer zeigt dann wieder den Namen an, den der Ordner im Dateisystem hat. Kommt diese Lösung aus anderen Gründen nicht in Frage, müssen Sie ein Skript verwenden, das die Berechtigungen der *Desktop.ini*-Dateien der Benutzer ändert und die Leseberechtigung für Administratoren entfernt. Das könnte Ihre einzige Wahl sein, wenn Sie für den *Documents*-Ordner die Option *In das Basisverzeichnis des Benutzers kopieren* wählen, weil ein Stammordner gewöhnlich den Namen des Benutzers trägt und die Option bei Stammverzeichnissen nicht funktioniert.

Besonderheiten in gemischten Umgebungen

Bei der Einrichtung der Ordnerumleitung in gemischten Umgebungen mit Clientcomputern, auf denen Windows 7 oder Windows Vista verwendet wird, und Clientcomputer, auf denen Windows XP oder Windows 2000 verwendet wird, sind folgende Besonderheiten zu berücksichtigen:

- Wenn Sie eine Ordnerumleitungsrichtlinie auf einem Computer einrichten, auf dem eine ältere Windows-Version verwendet wird, und diese Richtlinie auf Windows Vista-Computern oder höher anwenden, dann führt Windows diese Richtlinie wie auf älteren Windows-Versionen durch. Nehmen wir zum Beispiel an, Sie richten auf Windows Server 2003 eine Ordnerumleitungsrichtlinie ein, die den Ordner *Eigene Dateien* eines Benutzers, für den das GPO gilt, nach *\\DOCSRV\ DOCS\Benutzername\Eigene Dateien* umleitet. Wenn Sie diese Richtlinie auf Windows Vista-Computern oder höher anwenden, bewirkt sie die Umleitung des *Dokumente*-Ordners nach *\\DOCSRV\DOCS\Benutzername\Eigene Dateien* und nicht nach *\\DOCSRV\DOCS\Benutzername\Documents*. Außerdem sorgt die Richtlinie dafür, dass die Ordner *Musik*, *Videos* und *Bilder* automatisch dem Ordner *Dokumente* folgen. (Allerdings folgt der Ordner *Bilder* nur, wenn keine separate Richtlinie für den Ordner *Bilder* eingerichtet wurde.)

- Wenn Sie eine Ordnerumleitungsrichtlinie auf einem Computer einrichten, auf dem Windows 7, Windows Vista oder Windows Server 2008 ausgeführt wird, und die Richtlinie auf Windows Vista-Computern oder höher und auf Computern anwenden, auf denen ältere Windows-Versionen ausgeführt werden, empfiehlt es sich, die Richtlinie nur für bekannte Ordner einzurichten, die auch auf Computern umgeleitet werden können, auf denen ältere Windows-Versionen ausgeführt werden. (Sie können Ordnerumleitungsrichtlinien, die auf Windows 7-, Windows Vista- oder Windows Server 2008-Computern eingerichtet werden, zwar auch zur Verwaltung der Ordnerumleitung in älteren Windows-Versionen verwenden, aber nur für Shellordner, die sich auf diesen älteren Windows-Versionen umleiten lassen.)

Sie können zum Beispiel die Umleitung des Ordners *Dokumente* konfigurieren. Dadurch werden die *Dokumente*-Ordner von Windows Vista-Computern und höher und die Ordner *Eigene Dateien* von Windows XP- oder Windows 2000-Computern umgeleitet. Wenn Sie die Umleitung des Ordners *Favoriten* einstellen, leitet diese Richtlinie zwar den Ordner *Favoriten* von Windows Vista-Computern und höher um, aber in älteren Windows-Versionen wird die Richtlinie ignoriert. In Umgebungen, in denen Benutzer stufenweise oder nach und nach von älteren Windows-Versionen als Windows Vista wechseln, bedeutet dieser Lösungsansatz übersichtlichere Verhältnisse für die Benutzer. In einer reinen Windows Vista-Umgebung und höher können Sie aber alle bekannten Ordner umleiten, die sich mit den Ordnerumleitungsrichtlinien von Windows Vista, Windows 7 oder Windows Server 2008 umleiten lassen.

- Wenn Sie eine Ordnerumleitungsrichtlinie auf einem Computer einstellen, auf dem eine ältere Windows-Version ausgeführt wird, werden die Richtlinieneinstellungen für die Ordnerumleitung in einer verborgenen Konfigurationsdatei namens *Fdeploy.ini* gespeichert, die in der *SYSVOL*-Freigabe in der Gruppenrichtlinienvorlage unter *GPO_GUID\Users\Documents and Settings\ fdeploy.ini* zu finden ist. In dieser Datei gibt es einen Abschnitt `FolderStatus`, der die verschiedenen Ordner nennt, die von dieser Richtlinie umgeleitet werden. Für jeden Ordner gibt ein Flag die Umleitungseinstellungen an. Außerdem gibt eine Liste mit UNC-Pfaden die Ziele an, zu denen Ordner für Benutzer umgeleitet werden sollen, wobei die verschiedenen Sicherheitsgruppen durch die Sicherheitskennungen (SIDs) dieser Gruppen angegeben werden. Wenn die Ordnerumleitungsrichtlinie dann auf einem Windows Vista-, Windows 7- oder Windows Server 2008-Computer geändert wird, wird im selben Ordner, in dem die Datei *Fdeploy.ini* liegt, eine zweite Datei namens *Fdeploy1.ini* erstellt. Nur Windows Vista-Computer und höher können die Ordnerumleitungsrichtlinieneinstellungen aus dieser Datei erkennen und verwenden. Vorhandensein oder Fehlen dieser beiden Dateien zeigt Windows Vista-Computern und höher, für die das GPO gilt, neben den enthaltenen Daten an, ob es sich um eine reine Windows Vista-Umgebung und höher oder um eine gemischte Umgebung handelt, in der auch ältere Windows-Versionen verwendet werden. Wenn Sie also in Windows Vista, Windows 7 oder Windows Server 2008 eine Ordnerumleitungsrichtlinie konfigurieren und die bereits beschriebene Option *Umleitungsrichtlinie auch auf die Betriebssysteme Windows 2000, Windows 2000 Server, Windows XP und Windows Server 2003 anwenden* wählen, wird im GPO keine *Fdeploy1.ini*-Datei erstellt. (Ist die Datei bereits vorhanden, wird sie gelöscht.) Stattdessen wird die Datei *Fdeploy.ini* konfiguriert, damit die Richtlinie auch auf älteren Windows-Versionen verwendet werden kann.

- Das Hinzufügen von bekannten Ordnern von Windows Vista und höher zu einer vorhandenen Ordnerumleitungsrichtlinie, die auf einer älteren Windows-Version erstellt wurde, führt dazu, dass sich die Ordnerumleitungseinstellungen nicht mehr in der älteren Windows-Version speichern lassen. Das liegt an der Art, wie das Ordnerumleitungs-Snap-In in Windows Vista und höher funktioniert. Wenn Sie einen bekannten Ordner in Windows Vista (und höher) zu einer vorhandenen Richtlinieneinstellung hinzufügen, die zu älteren Windows-Versionen kompatibel war, schreibt die Windows-Version (Vista und höher) des Ordnerumleitungs-Snap-Ins beide Dateien (*fdeploy.ini* und *fdeploy1.ini*). Allerdings kennzeichnet das Snap-In die Datei *fdeploy.ini* als schreibgeschützt. Das hindert ältere Versionen des Ordnerumleitungs-Snap-Ins daran, die Ordnerumleitungseinstellungen zu ändern. Der Administrator erhält die Meldung *Zugriff verweigert*, weil die Ordnerumleitungseinstellungen nun unter Windows Vista und höher vorgenommen werden müssen. (Windows Vista und höher sorgen dafür, dass beide Richtliniendateien synchron bleiben.)

- Wählen Sie in gemischten Umgebungen, in denen die Ordnerumleitung auf einem Windows Server 2008-, Windows Vista- oder Windows 7-Computer konfiguriert wird und außer für Windows Vista-Computer (und höher) auch für Computer gelten soll, auf denen ältere Windows-Versionen verwendet werden, für die Ordner *Musik* und *Videos* die Umleitungsmethode *Dem Ordner Dokumente folgen*. Wenn Sie versuchen, die Ordner *Musik* und *Videos* an einen anderen Ort umzuleiten, der nicht unter dem Ordner *Documents* liegt, gibt es keine Kompatibilität zu älteren Windows-Versionen mehr. Allerdings können Sie den Ordner *Bilder* an einen anderen Ort umleiten, der nicht unter *Documents* liegt. (Diese Option ist in älteren Windows-Versionen verfügbar.)

- In gemischten Umgebungen können Administratoren auch Ordner wie *Favoriten* umleiten, die auf älteren Windows-Versionen nicht umgeleitet werden konnten, sodass diese Windows Vista-Ordner (und höher) auch auf Computer übernommen werden können, auf denen eine ältere Windows-Version ausgeführt wird. Dazu leiten Sie in Windows Vista und höher den Ordner *%SystemDrive%\ Users\Benutzername\Favorites* in den Ordner *\\Profilserver\Profile\Benutzername\Favoriten* des servergespeicherten Profils von der älteren Windows-Version um. Leider werden auf diese Weise Daten zu einem Benutzerprofil hinzugefügt, damit die Daten in beiden Windows-Versionen verfügbar sind. Diese zusätzlichen Daten verzögern auf Clients, auf denen eine ältere Windows-Version verwendet wird, die An- und Abmeldung.

So funktioniert's: Ordnerumleitung und servergespeicherte Profile in gemischten Umgebungen

Mike Stephens, Technical Writer, *Group Policy*

Einer der größten Vorteile der Ordnerumleitung liegt in der Beschleunigung von An- und Abmeldevorgängen, weil Informationen aus den Profilen entfernt werden. In gemischten Umgebungen funktioniert die Ordnerumleitung aber nur zusammen mit servergespeicherten Benutzerprofilen, was wiederum bedeutet, dass Windows XP-Profile mehr Daten aufnehmen müssen. Das führt in verschiedenen Szenarien mit gemischten Umgebungen zu folgenden Ergebnissen:

- **Gemischte Umgebungen nur mit Ordnerumleitung**   Das geht nicht. Um Ordner wie *Favoriten* auf anderen Computern verfügbar zu machen, müssen Sie servergespeicherte Benutzerprofile verwenden. Das Hinzufügen von servergespeicherten Benutzerprofilen kann bedeuten, dass Anmeldungen verlangsamt werden, weil Benutzer dann auf das Herunterladen des Profils warten müssen. Ist die Implementierung von servergespeicherten Benutzerprofilen, damit Benutzer die Computer wechseln können, diesen Nachteil wert?

- **Gemischte Umgebungen nur mit servergespeicherten Benutzerprofilen**   Das können Sie für Windows Vista-Clients und höher erreichen, indem Sie zusätzlich eine Ordnerumleitung einrichten, aber nicht für Windows XP-Clients. Windows Vista und höher leiten spezielle Ordner wie *Favoriten* wieder ins Windows XP-Benutzerprofil um. Das Positive daran: Windows Vista-Benutzerdaten (und höher) werden per Ordnerumleitung auf den Server kopiert. Das Negative: Windows XP-Profile können sehr umfangreich werden, wodurch sich An- und Abmeldungen verlängern. Außerdem sind Benutzerdaten unter Windows Vista und höher zwar immer aktuell, aber unter Windows XP sind sie auf dem Stand, auf dem sie bei der letzten Anmeldung auf Windows XP waren.

- **Gemischte Umgebungen mit Ordnerumleitung und servergespeicherten Benutzerprofilen**   Die aktuellen Ordnerumleitungsrichtlinien sollten die fünf Ordner, die sich schon auf älteren Windows-Versionen umleiten ließen, aus dem Benutzerprofil herausleiten. Das Positive daran: Diese Variante beschleunigt An- und Abmeldungen (insbesondere für *Eigene Dateien*). Das Negative: Für Windows Vista-Clients und höher müssen Richtlinien konfiguriert werden, die umgeleitete Spezialordner wie *Favoriten* zurück ins Benutzerprofil leiten. Dadurch erhalten Windows XP-Profile mehr Daten, was wiederum An- und Abmeldungen verzögern kann. Sobald die Benutzer aber von Windows XP auf Windows Vista und höher umgestiegen sind, können Sie die Ordnerumleitungsrichtlinien so einstellen, dass alle Daten aus den bekannten Ordnern aus dem Benutzerprofil herausgeleitet werden. Dadurch beschleunigen sich An- und Abmeldungen.

Zusätzliche Gruppenrichtlinieneinstellungen für die Ordnerumleitung

Sie können zusätzliche Einstellungen für die Ordnerumleitung vornehmen:

- **Bei der Umleitung von *Startmenü* und *Eigene Dateien* lokalisierte Unterordnernamen verwenden**
  Sie finden diese Einstellung unter *Computerkonfiguration\Richtlinien\Administrative Vorlagen\System\Ordnerumleitung* und *Benutzerkonfiguration\Richtlinien\Administrative Vorlagen\System\Ordnerumleitung*. Sie gilt nur für Computer, auf denen Windows Vista oder höher ausgeführt wird. Administratoren können mit dieser Einstellung festlegen, ob bei der Umleitung des übergeordneten Ordners *Start* oder des alten Ordners *Eigene Dateien* für die Unterordner *Alle Programme*, *Autostart*, *Eigene Musik*, *Eigene Bilder* und *Eigene Videos* lokalisierte Namen verwendet werden sollen. Wenn Sie diese Richtlinieneinstellung aktivieren, verwenden Windows Vista und

höher bei der Umleitung des Startmenüs oder des alten Ordners *Eigene Dateien* lokalisierte Namen für diese Unterordner. Wenn Sie diese Richtlinieneinstellung deaktivieren oder nicht konfigurieren, verwenden Windows Vista und höher bei der Umleitung des Startmenüs oder des alten Ordners *Eigene Dateien* die englischen Namen dieser Unterordner. (Diese Richtlinie ist nur gültig, wenn in einer bestehenden lokalisierten Umgebung bereits eine Umleitungsrichtlinie für diese Ordner eingerichtet wurde und mit Windows Vista und höher verarbeitet wird.)

- **Umgeleitete Ordner nicht automatisch offline verfügbar machen** Sie finden diese Benutzereinstellung unter *Benutzerkonfiguration\Richtlinien\Administrative Vorlagen\System\Ordnerumleitung*. Sie gilt für Computer, auf denen Windows XP oder höher ausgeführt wird. Standardmäßig sind alle umgeleiteten Shellordner für die Offlineverwendung verfügbar. Mit dieser Einstellung können Sie das ändern, damit umgeleitete Shellordner nicht automatisch für die Offlineverwendung verfügbar sind. (Die Benutzer können Dateien und Ordner jedoch nach wie vor selbst offline verfügbar machen.) Wenn Sie diese Einstellung aktivieren, müssen Benutzer die Dateien, die sie offline verfügbar machen möchten, manuell auswählen. Bleibt diese Einstellung unkonfiguriert oder wird sie deaktiviert, sind umgeleitete Ordner automatisch offline verfügbar (einschließlich der Unterordner in den umgeleiteten Ordnern). Die Aktivierung dieser Einstellung verhindert nicht, dass Dateien automatisch zwischengespeichert werden, wenn die Netzwerkfreigabe für die automatische Zwischenspeicherung konfiguriert ist. Sie wirkt sich auch nicht auf die Verfügbarkeit der Menüoption *Offline verfügbar machen* in der Benutzeroberfläche aus. Aktivieren Sie diese Einstellung nur, wenn Sie sicher sind, dass die Benutzer keinen Zugriff auf die umgeleiteten Dateien benötigen, wenn die Netzwerkfreigabe aus irgendwelchen Gründen einmal nicht verfügbar ist.

HINWEIS Manche Richtlinieneinstellungen für Offlinedateien wirken sich auch auf umgeleitete Ordner aus, weil die Ordnerumleitung auch Offlinedateien verwendet. Sie finden die entsprechenden Richtlinieneinstellungen unter *Computerkonfiguration\Richtlinien\Administrative Vorlagen\Netzwerk\Offlinedateien* und *Benutzerkonfiguration\ Richtlinien\Administrative Vorlagen\Netzwerk\Offlinedateien*. Bevor Sie in diesen Richtlinien Einstellungen vornehmen, sollten Sie sorgfältig überprüfen, welche Auswirkungen die Änderungen gegebenenfalls auf die Ordnerumleitung haben, die Sie für Ihre Umgebung eingerichtet haben. Weitere Informationen über Gruppenrichtlinieneinstellungen für Offlinedateien finden Sie im Abschnitt »Verwalten von Offlinedateien mit Gruppenrichtlinien« weiter unten im Kapitel.

Behandlung von Problemen mit der Ordnerumleitung

Ein häufiger auftretendes Problem zeigt sich, wenn Administratoren die Zielordner vorab erstellen, statt es den Ordnerumleitungsrichtlinien zu überlassen, diese Ordner automatisch anzulegen. Gewöhnlich haben diese Probleme eine der drei folgenden Ursachen:

- Der Zielordner ist nicht vorhanden.
- Für den Zielordner wurden die falschen NTFS-Berechtigungen eingestellt.
- Der Benutzer ist nicht der Besitzer des Zielordners.

Die Ordnerumleitungserweiterung (*Fdeploy.dll*) protokolliert Ereignisse im Anwendungsprotokoll. Überprüfen Sie also dieses Protokoll, wenn sich Probleme mit der Ordnerumleitung ergeben. Außerdem können Sie zu Diagnosezwecken die Protokollierung der Ordnerumleitungserweiterung aktivieren, indem Sie den Wert *FdeployDebugLevel* unter folgendem Registrierungsschlüssel konfigurieren:

HKLM\Software\Microsoft\Windows NT\CurrentVersion\Diagnostics Set

FdeployDebugLevel ist ein `DWORD`-Wert, den Sie auf `0x0F` stellen können, um die Ordnerumleitungs-protokollierung zu aktivieren. In älteren Windows-Versionen wurde die resultierende Datei unter *%WinDir%\Debug\UserMode\fdeploy.log* gespeichert. In Windows Vista und höher bedeutet das Hinzufügen dieses Registrierungsschlüssels aber nur, dass in den Ereignisprotokollen ausführlichere Protokolleinträge über die Ordnerumleitungsaktivität erscheinen.

> **HINWEIS** Fehler in den Ordnerumleitungsrichtlinien wirken sich in der Ordnerumleitungserweiterung (*Fdeploy.dll*) nur auf Ordnerbasis aus.

Einrichten servergespeicherter Benutzerprofile

Um in einer AD DS-Umgebung servergespeicherte Benutzerprofile für Benutzer von Windows Vista-Computern und höher einzurichten, gehen Sie folgendermaßen vor:

1. Bereiten Sie den Dateiserver vor, auf dem Sie die servergespeicherten Benutzerprofile für Benutzer speichern wollen, indem Sie auf dem Server einen freigegebenen Ordner einrichten. (Dieser Server wird auch *Profilserver* genannt und *Profile* (oder engl. *Profiles*) ist ein typischer Name für diesen freigegebenen Ordner.)

2. Stellen Sie für die Freigabe und den zugrundeliegenden Ordner die Berechtigungen aus den Tabellen 15.7 und 15.8 ein. Sorgen Sie dafür, dass die Berechtigungen aus Tabelle 15.9 automatisch auf jeden Benutzerprofilordner angewendet werden.

3. Erstellen Sie ein Standardnetzwerkprofil für Benutzer und kopieren Sie es in die *NETLOGON*-Freigabe eines Domänencontrollers. Es wird auf die anderen Domänencontroller der Domäne repliziert. (Dieser Schritt ist optional und nur erforderlich, wenn Sie ein Standardprofil vorbereiten möchten, damit alle Benutzer bei der ersten Anmeldung dieselbe Umgebung erhalten. Wenn Sie kein Standardprofil erstellen, verwenden Windows Vista und höher stattdessen das lokale Profil *%SystemDrive%\Users\Default*.)

4. Öffnen Sie *Active Directory-Benutzer und -Computer* und richten Sie auf der Registerkarte *Profil* für jeden Benutzer mit einem beweglichen Arbeitsplatz den Profilpfad ein.

Außerdem können Sie die servergespeicherten Profile bei Bedarf auch als erforderliche oder zwingend erforderliche Profile einrichten.

Tabelle 15.7 NTFS-Berechtigungen für den Stammordner der servergespeicherten Profile

Benutzerkonto	Erforderliche Mindestberechtigungen
ERSTELLER-BESITZER	*Vollzugriff – Nur Unterordner und Dateien*
Administrator	Keine
Sicherheitsgruppe der Benutzer, die in der Freigabe Daten speichern müssen	*Ordner auflisten/Daten lesen, Ordner erstellen / Daten anhängen – Nur diesen Ordner*
Jeder	Keine
Lokales System	*Vollzugriff – Diesen Ordner, Unterordner und Dateien*

Tabelle 15.8   Freigabeberechtigungen für die Netzwerkfreigabe, auf der servergespeicherte Profile gespeichert werden

Benutzerkonto	Standardberechtigungen	Erforderliche Mindestberechtigungen
Jeder	*Vollzugriff*	Keine
Sicherheitsgruppe der Benutzer, die in der Freigabe Daten speichern müssen	(keine Entsprechung)	*Vollzugriff*

Tabelle 15.9   NTFS-Berechtigungen für die servergespeicherten Profilordner der Benutzer

Benutzerkonto	Standardberechtigungen	Erforderliche Mindestberechtigungen
%UserName%	*Vollzugriff*, Besitzer des Ordners	*Vollzugriff*, Besitzer des Ordners
Lokales System	*Vollzugriff*	*Vollzugriff*
Administratoren	Keine*	Keine
Jeder	Keine	Keine

* Das gilt, solange Sie die Richtlinie *Sicherheitsgruppe »Administratoren« zu servergespeicherten Profilen hinzufügen* nicht konfigurieren. Wenn Sie es tun, haben Administratoren *Vollzugriff* (erfordert Windows 2000 Service Pack 2 oder höher).

Erstellen eines servergespeicherten Standardbenutzerprofils

Wenn sich ein Benutzer das erste Mal bei Windows Vista und höher anmeldet, versucht Windows, wie bereits in diesem Abschnitt erwähnt, in der *NETLOGON*-Freigabe des Domänencontrollers, der für die Authentifizierung des Benutzers zuständig ist, ein Profil namens *Default User.v2* zu finden. Kann Windows 7 in der *NETLOGON*-Freigabe ein Profil namens *Default User.v2* finden, wird dieses Profil auf den Computer des Benutzers kopiert und dient zur Erstellung des lokalen Profils des Benutzers. Kann Windows 7 in der *NETLOGON*-Freigabe kein Profil namens *Default User.v2* finden, wird stattdessen das *Default*-Profil, das auf dem lokalen Computer des Benutzers unter *%SystemDrive%\Users* zu finden ist, ins lokale Profil des Benutzers kopiert.

Auf folgende Weise können Sie ein servergespeichertes Standardbenutzerprofil erstellen:

1. Melden Sie sich auf einem Windows Vista-Testcomputer (oder höher) mit einem Administratorkonto oder einem anderen Konto an, das über Administratorrechte verfügt. (Achten Sie darauf, dass Sie einen Testcomputer verwenden.)

2. Stellen Sie den Desktop, das Startmenü und andere Aspekte des Computers nach Bedarf ein. Richten Sie den Computer so ein, wie Benutzer ihn vorfinden sollen, wenn sie sich das erste Mal am Computer anmelden.

3. Erstellen Sie eine *Unattend.xml*-Datei, die den Parameter `Microsoft-Windows-Shell-Setup\Copy-Profile` enthält, und stellen Sie diesen Parameter im Konfigurationsdurchlauf `specialize` auf `True`.

4. Geben Sie in der Eingabeaufforderung den Befehl **SysPrep.exe /generalize /unattend:Unattend.xml** ein. Bei der Ausführung dieses Befehls werden alle Anpassungen, die Sie vorgenommen haben, in das Standardbenutzerprofil kopiert und das Administratorkonto gelöscht und neu erstellt.

5. Starten Sie den Computer neu und melden Sie sich mit dem *Administrator*-Konto an. Klicken Sie auf *Start*. Klicken Sie mit der rechten Maustaste auf *Computer*, wählen Sie *Eigenschaften*, wählen Sie *Erweiterte Systemeinstellungen* und klicken Sie dann unter *Benutzerprofile* auf *Einstellungen*. Das Dialogfeld *Benutzerprofile* öffnet sich.

6. Wählen Sie aus der Liste der auf dem Computer gespeicherten Profile das *Standardprofil* aus und klicken Sie auf *Kopieren nach*. Das Dialogfeld *Kopieren nach* öffnet sich.

7. Geben Sie im Dialogfeld *Kopieren nach* den Pfadnamen ***Domänencontroller*****NETLOGON**\\ **Default User.v2** ein.

8. Klicken Sie auf *Ändern*, geben Sie **Jeder** ein und klicken Sie dann zweimal auf *OK*, um das lokale Benutzerprofil, das Sie zuvor eingerichtet haben, als servergespeichertes Standardbenutzerprofil *Default User v.2* in die *NETLOGON*-Freigabe zu kopieren.

9. Geben Sie im Schnellsuchfeld ***Domänencontroller*****NETLOGON** ein und drücken Sie die EINGABETASTE, um die *NETLOGON*-Freigabe Ihres Domänencontrollers in einem Windows Explorer-Fenster zu öffnen. Überprüfen Sie, ob das Profil tatsächlich kopiert wurde.

> **HINWEIS**   Vielleicht gibt es in Ihrer *NETLOGON*-Freigabe bereits ein *Default User*-Profil, das Sie für ältere Windows-Versionen als servergespeichertes Standardbenutzerprofil erstellt haben. Dieses Profil ist nicht zu Windows Vista und höher kompatibel. Weitere Informationen finden Sie im Abschnitt »Besonderheiten in gemischten Umgebungen« dieses Kapitels.

Einstellen von servergespeicherten Benutzerprofilen in Benutzerkonten

Nachdem Sie auf einem Dateiserver eine Profilfreigabe erstellt und mit den passenden Berechtigungen versehen haben, können Sie neue Benutzerkonten einrichten, die servergespeicherte Benutzerprofile verwenden. Dazu gehen Sie folgendermaßen vor:

1. Melden Sie sich auf einem Domänencontroller als Mitglied der Gruppe *Domänen-Admins* an (oder auf einer Verwaltungsarbeitsstation, auf der eine ältere Windows-Version ausgeführt wird und auf der das *adminpak.msi* installiert wurde).

2. Öffnen Sie *Active Directory-Benutzer und -Computer* und wählen Sie die Organisationseinheit, in der die neuen Benutzerkonten liegen, für die Sie servergespeicherte Benutzerprofile aktivieren möchten.

3. Wählen Sie in der Organisationseinheit jedes Benutzerkonto aus, das Sie konfigurieren möchten. Klicken Sie eines der ausgewählten Konten mit der rechten Maustaste an und wählen Sie *Eigenschaften*.

4. Klicken Sie auf die Registerkarte *Profil*, wählen Sie das Kontrollkästchen *Profilpfad* und geben Sie im Textfeld neben *Profilpfad* den Pfad ***Profilserver*****Profile****%*UserName*%** ein. Klicken Sie dann auf *OK*.

Die ausgewählten neuen Benutzerkonten sind nun bereit, servergespeicherte Profile zu verwenden. Um diese Prozedur abzuschließen, sorgen Sie dafür, dass sich jeder Benutzer mit seinen Anmeldeinformationen an einem Windows Vista-Computer oder höher anmeldet. Wenn sich der Benutzer das erste Mal an Windows Vista oder höher anmeldet, wird das Profil *Default User.v2* von *NETLOGON* ins lokale Profil des Benutzers kopiert und dann als *Benutzername.v2* in die Profilfreigabe des Profilservers kopiert. Ein Benutzer namens Jacky Chen (*jchen@contoso.com*), der sich das erste Mal an einem Windows 7-Computer anmeldet, erhält zum Beispiel das servergespeicherte Benutzerprofil *\\Profilserver\Profile\jchen.v2*. Das Suffix *.v2* kennzeichnet dieses Profil als kompatibel zu Windows Vista oder höher.

Einrichten von erforderlichen Profilen

Die Einrichtung von erforderlichen Profilen ähnelt der Einrichtung von servergespeicherten Benutzerprofilen, wie in diesem Kapitel bereits beschrieben, mit folgenden Unterschieden:

- Statt der vordefinierten Gruppe *Authentifizierte Benutzer* den *Vollzugriff* auf den Ordner *Profile* des Profilservers zu geben, weisen Sie dieser Gruppe die Berechtigung *Lesen* zu und geben stattdessen der Gruppe *Administratoren* den *Vollzugriff*.

- Folgen Sie der Anleitung aus dem Abschnitt »Erstellen eines servergespeicherten Standardbenutzerprofils«, aber kopieren Sie das Domänenbenutzerprofil, das Sie konfiguriert haben, nicht nach *\\Domänencontroller\NETLOGON\Default User.v2*, sondern nach *\\Profilserver\Profile\Mandatory.v2*.

- Suchen Sie die verborgene Datei *\\Profilserver\Profile\Mandatory.v2\Ntuser.dat* heraus und ändern Sie den Namen der Datei in *ntuser.man*. (Die Attribute Verborgen und System der Datei sind gesetzt.)

- Folgen Sie der Anleitung aus dem Abschnitt »Einstellen von servergespeicherten Benutzerprofilen in Benutzerkonten« dieses Kapitels, aber geben Sie im Textfeld neben *Profilpfad* nicht *\\Profilserver\Profile\%UserName%* ein, sondern **\\Profilserver\Profile\Mandatory**.

Jeder Benutzer, der sich nun mit dem erforderlichen Profil anmeldet, kann seinen Desktop einrichten, solange er am Netzwerk angemeldet ist. Aber wenn er sich abmeldet, werden diese Änderungen nicht gespeichert.

> **VORSICHT**   Geben Sie in Active Directory-Benutzer und -Computer nicht das *.v2* in den Profilpfad des Benutzerobjekts ein. Das würde verhindern, dass Windows Vista und höher das servergespeicherte oder erforderliche Profil finden. Geben Sie das Suffix *.v2* nur für den Namen von Benutzerordnern auf dem zentralen Dateiserver an.

> **VORSICHT**   Es ist möglich, die vorhandenen Server und Dateifreigaben zu verwenden, auf denen Sie Ihre bereits vorhandenen servergespeicherten Benutzerprofile speichern. In diesem Fall erhält allerdings jeder Benutzer zwei Ordner für servergespeicherte Profile, nämlich einen für Windows Vista und höher und einen für Windows XP. Der zusätzliche Ordner bedeutet natürlich zusätzlichen Platzbedarf auf dem Server. Sorgen Sie dafür, dass in der Freigabe genügend Speicherplatz vorhanden ist. Überprüfen Sie die Einstellungen der Kontingentrichtlinien, sofern Sie Kontingente festgelegt haben.

Einrichten von zwingend erforderlichen Profilen

Die Einrichtung von zwingend erforderlichen Benutzerprofilen ähnelt der bereits beschriebenen Einrichtung von erforderlichen Benutzerprofilen, mit folgenden Unterschieden:

- Statt das Domänenbenutzerprofil, das Sie eingerichtet haben, nach *\\Domänencontroller\NETLOGON\Default User.v2* zu kopieren, kopieren Sie das Profil nach *\\Profilserver\Profile\Mandatory.man.v2*.

- Statt im Textfeld neben *Profilpfad* den Pfad *\\Profilserver\Profile\%UserName%* einzugeben, geben Sie den Pfad **\\Profilserver\Profile\Mandatory.man** ein.

Nachdem Sie diese Profile implementiert haben, können Benutzer ihre Desktopumgebungen ändern, solange sie am Netzwerk angemeldet sind. Wenn sie sich abmelden, werden die Änderungen nicht gespeichert. Außerdem erlauben Windows Vista und höher dem Benutzer keine Anmeldung am Computer, wenn der Profilserver bei seinem Anmeldeversuch nicht verfügbar ist (oder wenn sich das zwingend erforderliche Profil aus irgendwelchen Gründen nicht laden lässt).

Kombinieren von servergespeicherten Benutzerprofilen und Ordnerumleitung

Wenn Sie die Ordnerumleitung mit servergespeicherten Profilen kombinieren, werden die umgeleiteten Ordner nicht im servergespeicherten Profil gespeichert, sondern auf einer Netzwerkfreigabe, die bei der Einrichtung der Ordnerumleitung festgelegt wird. Dadurch verringert sich die Größe der servergespeicherten Profile. Die Profile lassen sich schneller herunterladen und die Anmeldung eines Benutzers erfolgt so ebenfalls schneller.

Gewöhnlich ist es am besten, zuerst die Ordnerumleitung einzurichten, dann dafür zu sorgen, dass sie wie geplant funktioniert, und anschließend servergespeicherte Profile einzurichten. Außerdem sollten sich die Benutzer von allen Computern abmelden und die Umstellung zuerst auf nur einem Computer durchführen (mit ihren wichtigsten Daten).

Besonderheiten in gemischten Umgebungen

Die folgenden Besonderheiten sind bei der Einrichtung servergespeicherter Benutzerprofile in gemischten Umgebungen zu beachten, in denen Computer mit Windows Vista oder höher und Computer mit Windows XP oder Windows 2000 eingesetzt werden.

- Servergespeicherte Standardbenutzerprofile, die für Computer mit älteren Windows-Versionen erstellt wurden, sind nicht zu servergespeicherten Standardbenutzerprofilen von Windows Vista-Computern und höher kompatibel, weil der Profilnamespace von Windows Vista und höher nicht zum Profilnamespace von Windows XP kompatibel ist. Wegen dieser Inkompatibilität können Benutzer, die sich auf einer älteren Windows-Version anmelden, ihre Profile nicht im freien Wechsel auf Windows Vista-Computer oder höher verwenden, und umgekehrt. Wenn Benutzer abwechselnd mit Windows Vista-Computern oder höher und mit Computern mit älteren Windows-Versionen arbeiten müssen, brauchen sie für beide Betriebssystemarten separate servergespeicherte Profile und müssen die Profile separat verwalten. Wird zusätzlich eine Ordnerumleitung eingerichtet, können allerdings Teile der Benutzerprofile (die umgeleiteten Ordner) zwischen beiden Desktopumgebungen ausgetauscht werden.

- Wenn Benutzer zwischen Windows Vista-Computern oder höher und Computern wechseln müssen, auf denen ältere Windows-Versionen ausgeführt werden, brauchen Sie doppelt so viel Platz für die Speicherung der servergespeicherten Profile. Wechselt der Benutzer Jacky Chen zum Beispiel zwischen einem Windows Vista-Computer oder höher und einem Computer mit einer älteren Windows-Version, sind auf dem Profilserver zwei servergespeicherte Profile vorhanden:

  - ☐ *\\Profilserver\Profile\jchen*, das servergespeicherte Profil für die älteren Windows-Versionen

  - ☐ *\\Profilserver\Profile\jchen.v2*, das servergespeicherte Profil für Windows Vista-Computer oder höher

- Diese beiden Benutzerprofile sind nicht kompatibel und haben keine gemeinsamen Daten, sofern Sie keine Ordnerumleitung für den Benutzer eingerichtet haben. Wenn Sie alle verfügbaren Ordnerumleitungen für diesen Benutzer einrichten (einschließlich der Umleitungen, die auf älteren Windows-Versionen zur Verfügung stehen), lassen sich im Wesentlichen nur die HKCU-Einstellungen nicht unter den Plattformen austauschen.

Laufwerkskontingente, die für servergespeicherte Profile eingerichtet wurden, verhindern unter Windows Vista und höher keine Abmeldungen mehr, wie es in älteren Windows-Versionen der Fall sein konnte. Allerdings können Laufwerkskontingente verhindern, dass das servergespeicherte Profil bei der Abmeldung des Benutzers zum Profilserver hochgeladen wird. Es gehen zwar keine Benutzerdaten verloren, weil die Daten im lokalen Benutzerprofil auf dem Computer bleiben, aber es können Daten verloren gehen, wenn die Profile so eingestellt sind, dass sie nach der Abmeldung des Benutzers gelöscht werden, beispielsweise in einem Terminaldienste-Szenario. In diesem Fall wären alle Änderungen verloren, die der Benutzer während seiner Sitzung vorgenommen hat. Aber die Serverkopie seines Profils wäre noch intakt.

HINWEIS   Informationen über die Migration von Benutzerprofilen von älteren Windows-Versionen in Umgebungen, in denen Windows Vista oder höher und Windows Server 2008 verwendet wird, finden Sie im Knowledge Base-Artikel 947025, »Support guidelines for migrating roaming user profiles data to Windows Vista or to Windows Server 2008« unter *http://support.microsoft.com/kb/947025.*

Verwalten von Benutzerprofilen mit Gruppenrichtlinien

Sie können Benutzerprofile (insbesondere servergespeicherte Profile) in AD DS-Umgebungen mit den Gruppenrichtlinien verwalten, die Sie unter *Computerkonfiguration\Richtlinien\Administrative Vorlagen\System\Benutzerprofile* und *Benutzerkonfiguration\Richtlinien\Administrative Vorlagen\System\Benutzerprofile* finden. Sie brauchen den Computer nicht neu zu starten oder sich abzumelden, damit Änderungen in den Einstellungen wirksam werden.

Die Tabellen 15.10 und 15.11 beschreiben die neuen computer- und benutzerspezifischen Richtlinieneinstellungen von Windows Vista und höher für Benutzerprofile.

Tabelle 15.10   Neue computer- und benutzerspezifische Richtlinieneinstellungen für die Verwaltung von Benutzerprofilen in Windows Vista und höher

Richtlinieneinstellung	Beschreibung
Registrierungsdatei für servergespeichertes Benutzerprofil im Hintergrund hochladen, während Benutzer angemeldet ist (Gilt nur für Windows 7 und Windows Server 2008 R2)	Legt den Zeitplan fest, nach dem die Registrierungsdatei (*Ntuser.dat*) eines servergespeicherten Benutzerprofils im Hintergrund hochgeladen wird. Durch diese Einstellung wird lediglich die Registrierungsdatei des Benutzerprofils (und keine anderen Benutzerdaten) hochgeladen, sofern der Benutzer angemeldet ist. Es wird ausschließlich die Registrierungsdatei für ein servergespeichertes Benutzerprofil hochgeladen, normale Profile sind hiervon nicht betroffen. Diese Richtlinie verhindert nicht, dass die Registrierungsdatei des servergespeicherten Benutzerprofils bei der Abmeldung des Benutzers hochgeladen wird. Wenn diese Einstellung deaktiviert oder nicht konfiguriert ist, wird die Registrierungsdatei für ein servergespeichertes Benutzerprofil nicht im Hintergrund hochgeladen, während der Benutzer angemeldet ist. Zur Verwendung dieser Einstellung wählen Sie zunächst eine Planungsmethode aus. ■ Bei Auswahl von *In festgelegtem Intervall ausführen* muss ein Intervall zwischen 1 und 720 Stunden festgelegt werden. Anschließend wird die Registrierungsdatei des Profils im angegebenen Intervall hochgeladen, nachdem sich der Benutzer angemeldet hat. Wenn der Wert zum Beispiel auf 6 Stunden festgelegt ist, sich um 6:00 Uhr ein Benutzer anmeldet und um 12:00 Uhr immer noch angemeldet ist, wird dessen Registrierungsdatei zu dieser Uhrzeit hochgeladen. Ist der Benutzer um 18:00 Uhr immer noch angemeldet, wird die Datei zu diesem Zeitpunkt erneut hochgeladen, wie auch alle weiteren 6 Stunden, bis sich der Benutzer abmeldet. Bei der nächsten Anmeldung wird der Zeitgeber erneut gestartet und die Registrierungsdatei (in diesem Beispiel) 6 Stunden später hochgeladen. ■ Bei Auswahl von *Zu festgelegter Tageszeit ausführen* muss eine Tageszeit festgelegt werden. Danach wird der Registrierungshive täglich zur selben Zeit hochgeladen, sofern der Benutzer zu dieser Zeit angemeldet ist. ▶

Richtlinieneinstellung	Beschreibung
Benutzerprofile, die älter als eine bestimmte Anzahl von Tagen sind, beim Systemneustart löschen (Gilt für Windows Vista oder höher)	Diese Richtlinieneinstellung ermöglicht es einem Administrator, die innerhalb einer angegebenen Anzahl von Tagen nicht verwendeten Benutzerprofile beim Systemneustart automatisch zu löschen.
	Wenn Sie diese Richtlinieneinstellung aktivieren, löscht der Benutzerprofildienst beim nächsten Systemneustart automatisch alle Benutzerprofile auf dem Computer, die innerhalb der angegebenen Anzahl von Tagen nicht verwendet wurden.
Die Registrierung der Benutzer bei der Benutzerabmeldung nicht zwangsweise entladen (Gilt für Windows Vista oder höher)	Mit dieser Richtlinieneinstellung können Administratoren verhindern, dass Windows Vista die Registrierung der Benutzer bei der Benutzerabmeldung zwangsweise entlädt. (Standardmäßig entlädt Windows Vista die Registrierung der Benutzer, auch wenn bei der Benutzerabmeldung noch Handles für benutzerspezifische Registrierungsschlüssel geöffnet sind.)
	Wenn Sie diese Einstellung aktivieren, wird die Registrierung des Benutzers bei der Benutzerabmeldung nicht zwangsweise entladen. Die Registrierung wird jedoch entladen, wenn alle Handles für benutzerspezifische Registrierungsschlüssel geschlossen sind.
	Wenn Sie diese Richtlinieneinstellung deaktivieren oder nicht konfigurieren, wird die Registrierung des Benutzers immer entladen, auch wenn bei der Benutzerabmeldung noch Handles für benutzerspezifische Registrierungsschlüssel geöffnet sind.
	Sie sollten diese Richtlinie nicht standardmäßig aktivieren, da hierdurch verhindert werden kann, dass die Benutzer eine aktualisierte Version ihres servergespeicherten Benutzerprofils erhalten. Diese Richtlinie sollte nur verwendet werden, wenn aufgrund des Entladens der Registrierung Anwendungskompatibilitätsprobleme auftreten.
Maximale Wartezeit für das Netzwerk festlegen, wenn ein Benutzer über ein servergespeichertes Benutzerprofil oder ein Remotestammverzeichnis verfügt (Gilt für Windows Vista oder höher)	Mit dieser Richtlinieneinstellung können Administratoren angeben, wie lange Windows Vista auf die Netzwerkverfügbarkeit warten soll, wenn der Benutzer ein servergespeichertes Profil oder ein Remotestammverzeichnis verwendet und das Netzwerk noch nicht bereit ist. (Wenn der Benutzer ein servergespeichertes Benutzerprofil oder Remotestammverzeichnis verwendet und das Netzwerk derzeit nicht verfügbar ist, wartet Windows Vista 30 Sekunden auf die Netzwerkverfügbarkeit, wenn sich der Benutzer am Computer anmeldet.) Wenn das Netzwerk nach der maximalen Wartezeit nicht verfügbar ist, wird der Benutzer ohne Netzwerkverbindung angemeldet. Aber das servergespeicherte Benutzerprofil wird dann nicht mit dem Server synchronisiert und das Remotestammverzeichnis wird nicht für die Anmeldesitzung verwendet. Wenn das Netzwerk vor Ablauf der maximalen Wartezeit verfügbar wird, setzt Windows Vista die Benutzeranmeldung unmittelbar fort. (Windows Vista wartet nicht auf die Verfügbarkeit des Netzwerks, wenn auf dem Computer keine physische Netzwerkverbindung verfügbar ist, weil die Verbindung zum Beispiel getrennt ist.)
	Wenn Sie diese Richtlinieneinstellung aktivieren, wartet Windows Vista so lange auf die Verfügbarkeit des Netzwerks, wie in dieser Richtlinieneinstellung als maximale Wartezeit angegeben ist. (Wenn Sie den Wert auf 0 stellen, fährt Windows Vista fort, ohne auf die Verfügbarkeit des Netzwerks zu warten.)
	Wenn Sie diese Richtlinieneinstellung deaktivieren oder nicht konfigurieren, wartet Windows Vista maximal 30 Sekunden auf die Verfügbarkeit des Netzwerks.
	Sie sollten diese Richtlinie aktivieren, wenn die Initialisierung eines Netzwerks länger dauert als üblich, zum Beispiel bei einem Drahtlosnetzwerk. ▶

Richtlinieneinstellung	Beschreibung
Pfad des servergespeicherten Profils für alle Benutzer festlegen, die sich an diesem Computer anmelden (Gilt für Windows Vista oder höher)	Mit dieser Richtlinie können Administratoren festlegen, ob Windows Vista den angegebenen Netzwerkpfad (gewöhnlich *\\Computername\Freigabename\%UserName%*) für alle Benutzer, die sich am Computer anmelden, als Stammpfad für servergespeicherte Profile verwenden soll. (Wird *%UserName%* nicht angegeben, verwenden alle Benutzer, die sich am Computer anmelden, dasselbe servergespeicherte Profil, wie in der Richtlinie angegeben.) Wenn Sie diese Richtlinieneinstellung aktivieren, verwenden alle Benutzer, die sich an diesem Computer anmelden, den in dieser Richtlinie angegebenen Pfad für servergespeicherte Profile. Wenn Sie diese Richtlinieneinstellung deaktivieren oder nicht konfigurieren, verwenden Benutzer, die sich an diesem Computer anmelden, ihr lokales Profil oder das servergespeicherte Standardbenutzerprofil.

Tabelle 15.11   Neue benutzerspezifische Richtlinieneinstellung für die Verwaltung von Benutzerprofilen in Windows Vista und höher

Richtlinieneinstellung	Beschreibung
Nur bei der An-/Abmeldung zu synchronisierende Netzwerkverzeichnisse (Gilt für Windows Vista oder höher)	Mit dieser Richtlinieneinstellung können Administratoren angeben, welche Netzwerkverzeichnisse nur bei der An- und Abmeldung mit Offlinedateien synchronisiert werden sollen. Diese Richtlinieneinstellung ist für die gemeinsame Verwendung mit der Ordnerumleitung vorgesehen, um Probleme mit Anwendungen zu beheben, die nicht gut mit Offlinedateien funktionieren, während der Benutzer online ist. (Weitere Informationen finden Sie im Abschnitt »Einrichten der Ordnerumleitung« dieses Kapitels.) Wenn Sie diese Richtlinieneinstellung aktivieren, werden die in der Richtlinieneinstellung angegebenen Netzwerkpfade nur bei der Ab- und Anmeldung des Benutzers mit Offlinedateien synchronisiert und offline geschaltet, während der Benutzer angemeldet ist. Wenn Sie diese Richtlinieneinstellung deaktivieren oder nicht konfigurieren, verhalten sich die in der Richtlinieneinstellung angegebenen Pfade wie alle anderen als Offlinedateien zwischengespeicherten Daten und bleiben weiterhin online, während der Benutzer angemeldet ist, sofern auf die Netzwerkpfade zugegriffen werden kann. Sie sollten diese Richtlinieneinstellung nicht verwenden, um einen der umgeleiteten Stammordner offline zu schalten, zum Beispiel *AppData\Roaming*, *Start Menu* oder *Documents*. Sie sollten nur die Unterordner dieser übergeordneten Ordner offline schalten.

Die folgenden Gruppenrichtlinieneinstellungen für Benutzerprofile werden unter Windows Vista und höher nicht mehr unterstützt:

- *Basisverzeichnis mit dem Freigabestamm verbinden*
- *Maximale Wiederholungsversuche zum Entladen und Aktualisieren des Benutzerprofils*
- *Zeitlimit für Dialogfelder*

Außerdem haben sich zwei Benutzerprofilgruppenrichtlinieneinstellungen in Windows Vista und höher geändert:

- **Profilgröße beschränken**   Der Benutzer wird nicht an der Abmeldung gehindert, aber das geänderte servergespeicherte Benutzerprofil wird bei der Abmeldung nicht zum Server hochgeladen. Wenn Sie diese Richtlinieneinstellung deaktivieren oder nicht konfigurieren, wird die Größe von Benutzerprofilen nicht beschränkt. Wenn Sie diese Richtlinieneinstellung aktivieren, können Sie Folgendes tun:

☐ Eine maximal zulässige Benutzerprofilgröße festlegen

☐ Festlegen, ob die Registrierungsdateien in die Berechnung der Profilgröße eingeschlossen werden

☐ Festlegen, ob Benutzer beim Erreichen der maximal zulässigen Profilgröße benachrichtigt werden

☐ Eine benutzerdefinierte Nachricht festlegen, mit der Benutzer über zu große Profile informiert werden

☐ Festlegen, wie oft die benutzerdefinierte Nachricht angezeigt wird

Diese Einstellung betrifft lokale und servergespeicherte Profile.

- **Benutzer bei langsamer Netzwerkverbindung zum Bestätigen auffordern**   Diese Richtlinieneinstellung ermöglicht es Benutzern, ihre servergespeicherten Profile herunterzuladen, auch wenn eine langsame Netzwerkverbindung mit dem Server, auf dem die Profile gespeichert sind, erkannt wird. Wenn Sie diese Richtlinieneinstellung aktivieren, können Benutzer angeben, ob sie ihr servergespeichertes Profil herunterladen möchten, wenn mit dem Profilserver nur eine langsame Netzwerkverbindung besteht. In älteren Windows-Versionen wird bei der Anmeldung ein Dialogfeld für Benutzer angezeigt, wenn eine langsame Netzwerkverbindung erkannt wird. Der Benutzer kann dann entscheiden, ob er die Serverkopie des Benutzerprofils herunterlädt. Unter Microsoft Windows Vista und höher wird im Anmeldebildschirm ein Kontrollkästchen angezeigt und der Benutzer muss entscheiden, ob das Remotebenutzerprofil heruntergeladen werden soll, bevor Windows die Netzwerkgeschwindigkeit ermittelt.

  Wenn Sie diese Richtlinieneinstellung deaktivieren oder nicht konfigurieren, wird der Benutzer nicht aufgefordert, eine entsprechende Auswahl zu treffen. Stattdessen verwendet das System das lokale Exemplar des Benutzerprofils. Wenn Sie die Richtlinieneinstellung *Remotebenutzerprofil abwarten* aktiviert haben, lädt das System die Serverkopie des Benutzerprofils herunter, ohne den Benutzer zu informieren. Unter Microsoft Windows Vista und höher ignoriert das System die Auswahl, die der Benutzer auf dem Anmeldebildschirm getroffen hat.

  Diese Einstellung wird ignoriert, falls die Richtlinieneinstellung *Langsame Netzwerkverbindungen nicht erkennen* aktiviert ist. Wenn Sie die Richtlinieneinstellung *Zwischengespeicherte Kopien von servergespeicherten Profilen löschen* aktivieren, steht keine lokale Kopie des servergespeicherten Profils zur Verfügung, wenn nur eine langsame Netzwerkverbindung besteht.

HINWEIS   Weitere Informationen über Richtlinieneinstellungen für Benutzerprofile finden Sie in der *Group Policy Settings Reference for Windows Server 2008 R2 and Windows 7*, die im Microsoft Download Center erhältlich ist.

Arbeiten mit Offlinedateien

Offlinedateien sind ein Leistungsmerkmal der Betriebssysteme Windows 7 Professional, Enterprise und Ultimate, das es Benutzern erlaubt, selbst dann auf Dateien zuzugreifen, die auf freigegebenen Ordnern von Netzwerkdateiservern gespeichert sind, wenn diese freigegebenen Ordner nicht verfügbar sind, weil es zum Beispiel Netzwerkprobleme gibt oder der betreffende Dateiserver nicht am Netz ist. Offlinedateien sind seit Windows 2000 unter Windows verfügbar und bieten in Firmennetzwerken eine Reihe von Vorteilen:

- Benutzer können auch dann mit Dateien arbeiten, die auf Netzwerkfreigaben gespeichert sind, wenn die betreffenden Dateiserver nicht verfügbar sind oder wenn Probleme im Netzwerk auftreten.

- Benutzer in Filialen können auch dann mit Dateien arbeiten, die in der Zentrale auf Dateiservern liegen, wenn die WAN-Verbindung zwischen der Filiale und der Zentrale ausfällt, unzuverlässig wird oder überlastet ist.

- Mobile Benutzer können weiter mit Dateien arbeiten, die auf Netzwerkfreigaben liegen, wenn Sie unterwegs sind oder aus anderen Gründen keine Remoteverbindung mit dem Firmennetzwerk herstellen können.

Zu den häufiger auftretenden Bereitstellungsszenarien für Offlinedateien gehören folgende:

- **Verwenden der Ordnerumleitung**   Die Kombination von Offlinedateien und Ordnerumleitung bietet eine robuste Lösung, mit der sich sicherstellen lässt, dass Benutzer auch dann Zugriff auf ihre Dateien haben, wenn sie nicht mit dem Firmennetzwerk verbunden sind. Dieses Szenario ermöglicht es Administratoren, die Datendateien der Benutzer zentral auf den Netzwerkservern zusammenzufassen und regelmäßig zu sichern.

- **Arbeiten mit zwischengespeicherten Laufwerken**   Wenn Sie Anmeldeskripts verwenden, um SMB-Freigaben (Server Message Block) eines Dateiservers mit Laufwerkbuchstaben zu verknüpfen und diese Netzlaufwerke für die Offlineverwendung verfügbar machen, können Benutzer auch dann ihre Dateien auf den Netzlaufwerken öffnen und mit den Dateien arbeiten, wenn ihre Computer nicht mit dem Firmennetzwerk verbunden sind.

- **Fixieren von Remotefreigaben oder bestimmten Dateien**   Indem Sie eine einzelne Netzwerkfreigabe oder eine Datei aus der Freigabe für die Offlineverwendung verfügbar machen, können Benutzer diese Datei oder die Dateien aus der Freigabe auch dann verwenden, wenn ihre Computer nicht mit dem Firmennetzwerk verbunden sind.

Bereits Windows Vista bietet zahlreiche Erweiterungen und Verbesserungen für Offlinedateien. Windows 7 baut darauf auf und hat den Leistungsumfang für Offlinedateien noch einmal erweitert. Die folgenden Abschnitte beschreiben die Verbesserungen für Offlinedateien unter Windows Vista und Windows 7.

Erweiterungen für Offlinedateien, die mit Windows Vista eingeführt wurden

Die Offlinedateifunktionalität wurde für Windows Vista neu entworfen, um die Leistung, Zuverlässigkeit, Flexibilität, Verwaltbarkeit und Anwendbarkeit zu verbessern. Die folgende Liste fasst die Erweiterungen und Änderungen zusammen, die Offlinedateien unter Windows Vista gegenüber Windows XP aufweisen:

- Der Übergang zwischen Online- und Offlinemodus ist unter Windows Vista einfacher und weniger störend. Die Synchronisation erfolgt automatisch, sofern sie konfiguriert wurde, und Benutzer werden durch das Synchronisationssymbol im Infobereich der Taskleiste auf Synchronisationskonflikte hingewiesen. Nach einem Klick mit der rechten Maustaste auf dieses Symbol können Benutzer unter verschiedenen Optionen wählen, um Konflikte zu beheben, oder das neue Synchronisierungscenter in der Systemsteuerung öffnen, das weiter unten im Kapitel im Abschnitt »Verwalten von Offlinedateien mit dem Synchronisierungscenter« beschrieben wird. Die Synchronisierung anderer Dateien, in denen keine Konflikte auftreten, wird im Hintergrund fortgesetzt, während der Benutzer daran arbeitet, die aufgetretenen Konflikte zu lösen.

- Im Vergleich zu Windows XP ist die Arbeit mit Dateien, die unter Windows Vista in den Offlinemodus wechseln, einheitlicher. Wenn ein Netzwerkordner unter Windows XP zum Beispiel mehrere Dateien enthält, von denen nur zwei für die Offlineverwendung verfügbar sind, sind im Windows-Explorer nur diese beiden Dateien in dem Ordner sichtbar, sofern der Server nicht zur Verfügung steht. In derselben Situation sind unter Windows Vista alle Dateien aus dem Ordner sichtbar, wobei die nicht verfügbaren Dateien durch Platzhalter dargestellt werden (Abbildung 15.11). Diese Änderung macht die Verhältnisse für die Benutzer übersichtlicher, weil die auf dem Server befindlichen Dateien unabhängig davon zu sehen sind, ob sie sich im Online- oder Offlinemodus befinden. Wenn Sie die Zwischenspeicherung des Netzwerkordners konfigurieren, damit alle Dateien, die Benutzer von der Freigabe öffnen, auch offline zur Verfügung stehen, werden außerdem für alle Dateien aus dem Ordner automatisch Platzhalter erstellt,

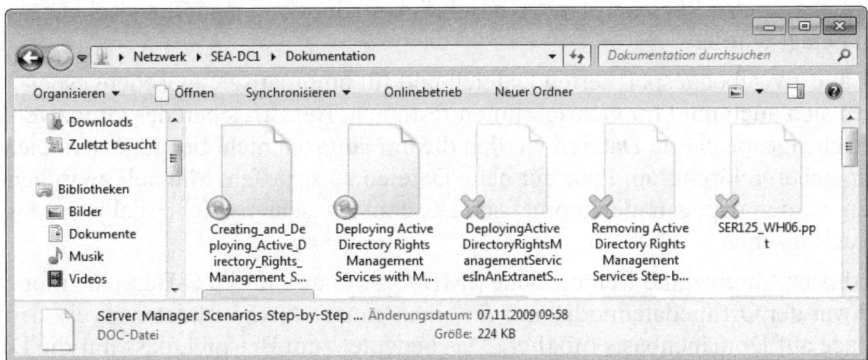

Abbildung 15.11   Offline-Arbeit mit einem Netzwerkordner, der mehrere Dateien enthält, von denen zwei für die Offlineverwendung verfügbar gemacht wurden

- Der Synchronisationsvorgang für Offlinedateien wurde unter Windows Vista durch einen neuen Algorithmus namens Bitmap Differential Transfer (BDT) vereinfacht und effizienter gestaltet. BDT führt Buch darüber, welche Abschnitte einer Datei im lokalen Zwischenspeicher (auch clientseitiger Cache oder CSC genannt) bei der Offlinearbeit geändert werden. Wird dann eine Synchronisierung durchgeführt, sendet BDT nur die Abschnitte, die sich geändert haben, zum Server. Dadurch ergibt sich ein deutlicher Leistungsvorteil gegenüber Windows XP, bei dem selbst dann die ganze Datei vom lokalen Cache zum Server übertragen wurde, wenn sich nur ein kleiner Teil der Datei geändert hatte. Neben der Leistungsverbesserung durch BDT kann unter Windows Vista nun jeder Dateityp für die Offlineverwendung verfügbar gemacht werden. Auch das ist eine Verbesserung gegenüber Windows XP, bei dem sich bestimmte Dateitypen wie *.pst-* und *.mdb-*Dateien nicht offline verwenden ließen, sei es wegen ihrer Größe oder wegen der Häufigkeit, mit der Änderungen auftreten. Beachten Sie, dass BDT nur bei der Übertragung vom Client zum Server eingesetzt wird, nicht umgekehrt. Außerdem funktioniert dieser Algorithmus nur bei Dateien, die bei Änderungen nicht verschoben werden. Bei Anwendungen wie Microsoft Office Power-Point, Office Word und so weiter lässt sich dieser Algorithmus also nicht einsetzen.

- Mobile Benutzer und Benutzer in Zweigstellen mit langsamen Netzwerkverbindungen profitieren von einem verbesserten Modus für langsame Verbindungen. Wenn Windows Vista erkennt, dass der Durchsatz einer Verbindung zwischen dem lokalen Computer und dem Remoteserver unter einen bestimmten Wert fällt, wechseln Offlinedateien automatisch in den neuen Modus für langsame Verbindungen. Werden Offlinedateien im Modus für langsame Verbindungen verwendet, werden alle Schreib- und Lesezugriffe aus dem lokalen Zwischenspeicher bedient und alle Synchronisierungsvorgänge müssen manuell vom Benutzer eingeleitet werden. Die Offlinedateien werden so lange im Modus für langsame Verbindungen verwendet, bis der Benutzer mit einem Klick auf die Schaltfläche *Onlinebetrieb* auf der Symbolleiste des Windows-Explorers den Wechsel in den Onlinebetrieb versucht. Wenn der Onlinemodus wieder möglich ist, überprüft Windows

Vista standardmäßig alle 2 Minuten den Netzwerkdurchsatz und die Netzwerklatenz und wechselt bei Bedarf wieder in den Modus für langsame Verbindungen.

- Unter Windows Vista können Sie die Größe des lokalen Zwischenspeichers begrenzen, der für automatisch und manuell zwischengespeicherte Offlinedateien insgesamt verwendet wird. Außerdem können Sie einen zweiten Grenzwert für den Speicherplatz festlegen, der von automatisch zwischengespeicherten Dateien belegt werden darf. Unter Windows XP konnten Sie dagegen nur einen Grenzwert für automatisch zwischengespeicherte Dateien festlegen. Es gab unter Windows XP keine Möglichkeit, den Speicherplatz zu beschränken, der von manuell zwischengespeicherten Dateien belegt wurde.

- Die Grenzwerte für alle zwischengespeicherten Dateien und für automatisch zwischengespeicherte Dateien lassen sich auch mit Gruppenrichtlinien festlegen. Bei Erreichen des Grenzwerts für automatisch zwischengespeicherte Dateien werden die am längsten nicht benutzten Dateien aus dem Zwischenspeicher gelöscht, um Platz für neue Dateien zu schaffen. Manuell zwischengespeicherte Dateien werden dagegen nie automatisch aus dem Zwischenspeicher gelöscht. Sie lassen sich nur manuell löschen.

- Der Offlinedateimodus ist für einzelne freigegebene SMB-Ordner und für DFS-Bereiche möglich. Unter Windows XP war der Offlinedateimodus nur für einen ganzen Netzwerkdateiserver oder für einen DFS-Namespace auf Domänenbasis möglich. Das bedeutet zum Beispiel, dass nur die DFS-Verbindung mit der fraglichen Datei oder dem Ordner in den Offlinemodus wechselt, wenn bei einem Zugriffsversuch auf diese Datei oder den Ordner aus einem DFS-Namespace unter Windows Vista ein Netzwerkfehler auftritt. Unter Windows XP wechselte in derselben Situation der gesamte DFS-Namespace in den Offlinemodus.

- Offlinedateien können unter Windows Vista im lokalen Zwischenspeicher mit dem EFS-Zertifikat des Benutzers, der die Verschlüsselung vornimmt, verschlüsselt werden. Unter Windows XP konnte nur der gesamte Zwischenspeicher mit dem Konto *Lokales System* verschlüsselt werden. Das verbessert den Datenschutz, weil andere Benutzer des Computers keinen Zugriff auf die zwischengespeicherten Daten erhalten. Wenn der lokale Zwischenspeicher verschlüsselt wird, hat nur der erste Benutzer, der eine bestimmte Datei offline verfügbar macht, Zugriff auf diese Datei, während andere Benutzer nur online auf diese Datei zugreifen können. Die Verschlüsselung des Offlinedateizwischenspeichers lässt sich mit Gruppenrichtlinien konfigurieren. Weitere Informationen zu diesem Thema erhalten Sie im Abschnitt »Grundlagen der Offlinedateisynchronisierung« dieses Kapitels. Beachten Sie, dass Sie keine Dateien verschlüsseln können, die gerade verwendet werden. Außerdem wird eine verschlüsselte Datei automatisch im clientseitigen Zwischenspeicher entschlüsselt, wenn sie offline verfügbar gemacht wird.

- Offlinedateien lassen sich unter Windows Vista mit dem WMI-Anbieter oder mit Win32/COM-Schnittstellen programmgesteuert verwalten. Weitere Informationen erhalten Sie unter *http://msdn2.microsoft.com/en-us/library/cc296092.aspx*.

HINWEIS Alle Änderungen, die Windows Vista für Offlinedateien bringt, sind einschließlich BDT zu jedem Windows Server-Betriebssystem kompatibel, das das SMB-Protokoll vollständig unterstützt, wie Windows Server 2000, Windows Server 2003, Windows Server 2003 R2 und Windows Server 2008.

Zusätzliche Erweiterungen für Offlinedateien, die mit Windows 7 eingeführt wurden

Um die Leistung und Verwendbarkeit von Offlinedateien weiter zu verbessern, wurden unter Windows 7 folgende zusätzliche Erweiterungen vorgenommen:

- **Aktivierter Modus für langsame Verbindungen** Der Modus für langsame Verbindungen ist unter Windows 7 standardmäßig für Offlinedateien aktiviert. Der Schwellenwert für die Round-Trip-Netzwerklatenz ist unter Windows 7 80 Millisekunden, um auch bei langsamen WAN-Verbindungen ein optimales Arbeiten mit Dateien zu ermöglichen, die für die Offlineverwendung verfügbar sind.

- **Hintergrundsynchronisierung** Seit Windows 7 kann die Synchronisierung von Offlinedateien zwischen Client und Server nun automatisch im Hintergrund erfolgen, ohne dass Benutzer zwischen Offline- und Onlinemodus wechseln müssen. Das bedeutet, dass die Synchronisierung nun ohne jedes Zutun der Anwender erfolgen kann und sich Benutzer nicht mehr mit einer manuellen Synchronisierung ihrer Daten über langsame Netzwerkverbindungen beschäftigen müssen (vorausgesetzt, es ist ein Server verfügbar, sei es über eine LAN-, eine WAN- oder eine VPN-Verbindung). Außerdem erleichtert die automatische Synchronisierung der Benutzerdateien auch den Administratoren die Arbeit, weil sie leichter dafür sorgen können, dass die Benutzerdateien regelmäßig gesichert werden.

  Durch die neue Hintergrundsynchronisierung von Offlinedateien unter Windows 7 wird auch die Ordnerumleitung leistungsfähiger und für Benutzer unauffälliger. Wenn Sie beispielsweise den Ordner *Dokumente* auf eine Netzwerkfreigabe umleiten und Offlinedateien aktivieren, sorgt die Hintergrundsynchronisierung dafür, dass die lokalen Kopien der Dokumente der Benutzer automatisch mit den Kopien auf der Netzwerkfreigabe synchronisiert werden.

  Wenn Windows feststellt, dass die Offlinedateien im Modus für langsame Verbindungen verwendet werden, erfolgt eine vollständige Zwei-Wege-Hintergrundsynchronisierung. Standardmäßig werden Netzwerkordner im Modus für langsame Verbindungen alle 6 Stunden mit dem Server synchronisiert (zuzüglich eines nach dem Zufallsprinzip bestimmten Versatzes von bis zu 1 Stunde). Die Hintergrundsynchronisierung ist mit Gruppenrichtlinien konfigurierbar. Weitere Informationen über die Konfiguration der Hintergrundsynchronisierung erhalten Sie im Abschnitt »Zusätzliche Richtlinieneinstellungen für Offlinedateien unter Windows 7« weiter unten im Kapitel.

- **Transparente Zwischenspeicherung** Wenn Clientcomputer unter Windows Vista und älteren Windows-Versionen über ein langsames Netzwerk eine Datei öffneten, musste der Client die Datei auch dann wieder vom Server anfordern, wenn er sie kurz zuvor bereits heruntergeladen hatte. Seit Windows 7 können Clientcomputer nun Remotedateien zwischenspeichern, um die Zahl der Vorgänge zu verringern, bei denen die Datei vom Remoteserver heruntergeladen werden muss.

  Wenn der Benutzer erstmals eine Datei von einer SMB-Netzwerkfreigabe öffnet, wird die Datei vom Server heruntergeladen und lokal im Offlinedateizwischenspeicher des Clients zwischengespeichert. Muss der Benutzer später dieselbe Datei erneut lesen, kontaktiert der Client den Server und überprüft, ob die lokal zwischengespeicherte Version der Datei auf dem neusten Stand ist. Wenn dies der Fall ist, liest der Client die Datei aus dem lokalen Zwischenspeicher ein. Ist die Kopie veraltet, lädt der Client eine aktuelle Kopie der Datei vom Dateiserver herunter. Wenn der Server nicht verfügbar ist, kann der Benutzer nicht auf die Datei zugreifen. Die lokal zwischengespeicherte Kopie ist nicht verfügbar, wenn der Benutzer offline ist.

Die lokal zwischengespeicherte Kopie wird nicht automatisch mit der Kopie auf dem Server synchronisiert und erscheint nicht im Synchronisierungscenter. Der Server muss verfügbar sein, damit der Client auf die Datei zugreifen kann, sei es lokal oder über das Netzwerk. Führt der Client Änderungen an der Datei durch und speichert sie, werden die Änderungen auf dem Server übernommen, damit der Server immer über eine aktuelle Kopie der Datei verfügt. Sollte der Server nicht verfügbar sein, wenn der Client eine geänderte Datei speichern möchte, schlägt der Speichervorgang mit einer Fehlermeldung fehl.

Die transparente Zwischenspeicherung kann mit Gruppenrichtlinien konfiguriert werden und findet immer dann statt, wenn die Netzwerklatenz den festgelegten Schwellenwert überschreitet. In schnellen Netzwerken (beispielsweise Netzwerke mit LAN-Verbindungen) wird die transparente Zwischenspeicherung nicht standardmäßig aktiviert. Weitere Informationen über die transparente Zwischenspeicherung finden Sie im Abschnitt »Zusätzliche Richtlinieneinstellungen für Offlinedateien unter Windows 7« weiter unten im Kapitel.

Eine transparente Zwischenspeicherung ist für Benutzer in Zweigstellen von Vorteil, weil sie einen schnellen Zugriff auf Dateien über langsame WAN-Verbindungen ermöglicht, wobei die Dateien aus dem lokalen Zwischenspeicher des Clients ausgelesen werden, sofern sie dort vorhanden sind. Auch für Administratoren ist eine transparente Zwischenspeicherung eine Arbeitserleichterung, weil sie die Belastung von langsamen WAN-Verbindungen verringert. Administratoren können unerwünschten WAN-Datenverkehr weiter verringern und den Endbenutzern Dateizugriffe erleichtern, indem sie BranchCache einrichten. BranchCache ist ein neues Leistungsmerkmal von Windows Server 2008 R2 und Windows 7, das eine Zwischenspeicherung von Dateien, die sonst nur über WAN zugänglich sind, auf den lokalen Computern der Zweigstelle ermöglicht. Weitere Informationen über BranchCache erhalten Sie in Kapitel 27, »Verbindungen mit Remotebenutzern und -netzwerken«.

- **Ausschlussliste für Offlinedateien**   Administratoren können nun Dateitypen festlegen, die nicht offline verfügbar sein sollen. Diese Ausschlussliste wird in den Gruppenrichtlinien festgelegt, wobei die Dateinamensendungen der Dateien angegeben werden, die nicht offline verfügbar sein sollen. Informationen über die Konfiguration einer Ausschlussliste finden Sie im Abschnitt »Zusätzliche Richtlinieneinstellungen für Offlinedateien unter Windows 7« weiter unten im Kapitel.

Mit der Ausschlussliste können Administratoren die Sicherheitsrichtlinien ihrer Organisation einfacher umsetzen, weil sie damit die Speicherung bestimmter Inhalte auf Netzwerkservern sperren können, beispielsweise die Speicherung von Videodateien oder Musikdateien. Die Ausschlussliste ermöglicht es Administratoren zudem, Speicherplatz auf Clients und Servern einzusparen und die Netzwerkbelastung zu verringern, weil weniger Übertragungen zur Synchronisierung erforderlich sind.

Grundlagen der Offlinedateisynchronisierung

Wenn ein Benutzer eine bestimmte Datei offline verfügbar macht, erstellt Windows im lokalen Zwischenspeicher des Computers des Benutzers automatisch eine Kopie dieser Datei. Fällt das Netzwerk aus, weil ein mobiler Benutzer zum Beispiel die Verbindung zum Netzwerk trennt, kann der Benutzer mit der lokalen Kopie der Datei arbeiten und sie zum Beispiel in der dafür vorgesehenen Anwendung öffnen und bearbeiten. Später, wenn das Netzwerk wieder verfügbar ist, weil beispielsweise ein mobiler Benutzer die Verbindung mit dem Netzwerk wiederhergestellt hat, synchronisiert Windows die lokale Kopie und die Remotekopie der Datei. Außerdem können Benutzer ihre lokal zwischengespeicherten Dateikopien bei Bedarf manuell mit den Remotekopien synchronisieren.

Wenn eine offline verfügbare Datei geändert wird, sind die lokale Kopie und die Remotekopie nicht mehr gleich. Was dann bei einer Synchronisierung geschieht, hängt davon ab, welche der beiden Kopien geändert wurde:

- Wenn die lokale Kopie aus dem Zwischenspeicher des lokalen Computers des Benutzers geändert wurde, aber die Remotekopie unverändert geblieben ist, wird die Remotekopie bei der Synchronisierung mit der lokalen Version überschrieben, weil die lokale Kopie die aktuellere Version der Datei ist.

- Wenn die lokale Kopie unverändert geblieben ist, aber die Remotekopie geändert wurde, wird die lokale Kopie bei der Synchronisierung mit der Remotekopie überschrieben, weil die Remotekopie die aktuellere Version der Datei ist.

- Wenn beide Kopien geändert wurden, kommt es bei der Synchronisierung zu einem Konflikt. Windows fordert den Benutzer auf, diesen Konflikt auf eine der drei folgenden Arten zu lösen:

  - ☐ Der Benutzer legt fest, welche der beiden Kopien (lokal oder remote) die Masterkopie ist und welche überschrieben werden soll.

  - ☐ Der Benutzer behält beide Kopien bei, wobei eine der Kopien umbenannt wird und beide Versionen dann an beiden Orten gespeichert werden (lokal und remote).

  - ☐ Der Benutzer ignoriert den Konflikt. In diesem Fall zeigt sich der Konflikt gewöhnlich beim nächsten Synchronisierungsversuch der Datei erneut.

Synchronisierungsvorgänge spielen auch eine Rolle, wenn Offlinedateien hinzugefügt oder gelöscht werden. Wird zum Beispiel eine lokale Kopie einer Datei gelöscht, so wird die Remotekopie bei der nächsten Synchronisierung ebenfalls gelöscht. Und wenn eine Datei zu einem Ort hinzugefügt wird (lokal oder remote), wird sie bei der nächsten Synchronisierung zum jeweils anderen Ort kopiert.

Betriebsmodi der Offlinedateien

Für Offlinedateien gibt es unter Windows Vista und höher vier Betriebsmodi:

- **Onlinemodus** Das ist der Standardbetriebsmodus. Er bietet Benutzern den normalen Zugriff auf Dateien und Ordner aus Netzwerkfreigaben und DFS-Bereichen. Im Onlinemodus werden alle Änderungen, die an Dateien oder Ordnern vorgenommen werden, zuerst auf die Netzwerkfreigabe übertragen und dann in den lokalen Zwischenspeicher übernommen. Lesezugriffe werden allerdings aus dem Zwischenspeicher bedient, um den Zugriff zu beschleunigen.

- **Automatischer Offlinemodus** Wenn die Offlinedateiverwaltung bei einer Dateioperation mit einem freigegebenen SMB-Ordner oder einem DFS-Bereich einen Netzwerkfehler erkennt, schaltet sie die Netzwerkfreigabe in den automatischen Offlinemodus. In diesem Modus erfolgen Dateioperationen mit dem lokalen Zwischenspeicher. Bestimmte Dateioperationen lassen sich allerdings nicht im automatischen Offlinemodus durchführen, beispielsweise Zugriffe auf Vorgängerversionen von Dateien. Wenn sich eine Netzwerkfreigabe im automatischen Offlinemodus befindet, versucht die Offlinedateiverwaltung alle 2 Minuten, eine Verbindung mit der Netzwerkfreigabe herzustellen. Ist der Verbindungsversuch erfolgreich, wechselt die Netzwerkfreigabe wieder in den Onlinemodus. Im automatischen Offlinemodus können Benutzer keine Synchronisierungen einleiten.

- **Manueller Offlinemodus** Wenn ein Benutzer eine bestimmte Netzwerkfreigabe im Windows-Explorer geöffnet hat, kann er mit einem Klick auf die Schaltfläche *Offlinebetrieb* auf der Symbolleiste des Windows-Explorers einen Wechsel vom Onlinemodus in den manuellen Offlinemodus erzwingen. Im manuellen Offlinemodus sind dieselben Dateioperationen möglich wie im automatischen Offlinemodus. Der manuelle Offlinemodus bleibt auch bei einem Neustart des Computers erhalten und der Benutzer kann ein Element aus dem Dateisystem manuell synchronisieren, indem er auf der Symbolleiste des Windows-Explorers auf die Schaltfläche *Synchronisieren* klickt oder den Wechsel in den Onlinemodus erzwingt, indem er auf der Symbolleiste des Windows-Explorers auf die Schaltfläche *Onlinebetrieb* klickt. Wenn der Benutzer ein Offlineelement synchronisiert, bleibt das Element offline.

■ **Modus für langsame Verbindungen** Wenn die Richtlinieneinstellung *Modus für langsame Verbindungen konfigurieren* aktiviert wurde und diese Richtlinieneinstellung für den Computer des Benutzers gilt, wechselt eine Netzwerkfreigabe automatisch in den Modus für langsame Verbindungen, wenn sich Offlinedateien im Onlinemodus befinden, aber die Netzwerkleistung unter einen bestimmten Schwellenwert fällt. Weitere Informationen finden Sie im Abschnitt »Verwalten von Offlinedateien mit Gruppenrichtlinien« weiter unten im Kapitel.

HINWEIS Seit Windows Vista SP1 können Sie Offlinedateien nun auch im Offlinemodus umbenennen oder löschen. Allerdings muss diese Funktion erst in der Registrierung aktiviert werden. Weitere Informationen darüber erhalten Sie unter *http://support.microsoft.com/kb/942845*.

Abbildung 15.12 fasst die Bedingungen zusammen, unter denen Übergänge zwischen den verschiedenen Modi stattfinden.

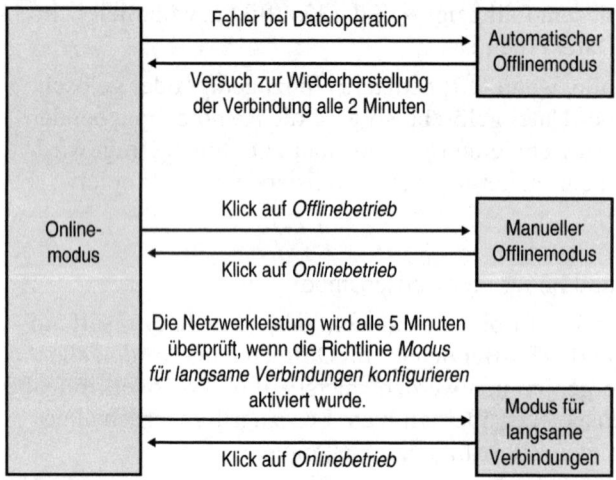

Abbildung 15.12 So erfolgen Übergänge zwischen den verschiedenen Modi

Tabelle 15.12 fasst zusammen, wie verschiedene Dateioperationen für jeden Modus bedient werden (aus dem lokalen Zwischenspeicher oder vom Netzwerkserver).

Tabelle 15.12 Wer bedient Dateioperationen in den verschiedenen Modi?

Modus	Datei öffnen/erstellen	Datei lesen	In Datei schreiben	Ordner durchsuchen
Online	Server	Zwischenspeicher (sofern zum Server synchron)	Erst Server, dann Zwischenspeicher	Server
Automatisch offline	Zwischenspeicher	Zwischenspeicher	Zwischenspeicher	Zwischenspeicher
Manuell offline	Zwischenspeicher	Zwischenspeicher	Zwischenspeicher	Zwischenspeicher
Langsame Verbindung	Zwischenspeicher	Zwischenspeicher	Zwischenspeicher	Zwischenspeicher

Tabelle 15.13 fasst die Möglichkeiten zur Synchronisation (manuell oder automatisch) für jeden Modus zusammen.

Tabelle 15.13   Verfügbarkeit der Synchronisierung in den verschiedenen Modi

Modus	Automatische Synchronisierung	Manuelle Synchronisierung
Online	Verfügbar	Verfügbar
Automatisch offline	Nicht verfügbar	Nicht verfügbar
Manuell offline	Nicht verfügbar	Verfügbar
Langsame Verbindung	Nicht verfügbar	Verfügbar

Verwalten von Offlinedateien

Windows 7 und Windows Server 2008 R2 bieten mehrere Tools zur Verwaltung von Offlinedateien:

- Windows-Explorer
- Das Offlinedateien-Tool der Systemsteuerung
- Das Synchronisierungscenter der Systemsteuerung
- Offlineeinstellungen auf dem Server
- Gruppenrichtlinien

HINWEIS   Das Befehlszeilentool CSCCMD (Client-Side Caching Command-Line Options, *CscCmd.exe*), das unter Windows XP zur Verwaltung von Offlinedateien verwendet wurde, wird unter Windows Vista und höher nicht mehr unterstützt.

Abbildung 15.13   Die Registerkarte *Offlinedateien* im Eigenschaftsdialogfeld einer Datei

Verwalten von Offlinedateien mit dem Windows-Explorer

Wie bereits in Abbildung 15.11 gezeigt, werden Elemente (Dateien oder Ordner), die offline verfügbar sind, im Windows-Explorer mit einem überlagerten Synchronisierungssymbol angezeigt, während Elemente, die nicht offline verfügbar sind, nur als Platzhalter mit einem überlagerten X-Symbol angezeigt werden. Damit ein Element aus einer Netzwerkfreigabe offline verfügbar ist, klicken Sie das Element mit der rechten Maustaste an und wählen *Immer offline verfügbar* (für diesen Vorgang müssen Sie online sein). Sie können ein Element auch auf der Registerkarte *Offlinedateien* seines Eigenschaftsdialogfelds offline verfügbar machen (Abbildung 15.13).

Außerdem können Sie den Detailbereich des Windows-Explorers anpassen, damit er den Offlinestatus und die Offlineverfügbarkeit der Elemente aus den Netzwerkfreigaben anzeigt (Abbildung 15.14). Die Offlineverfügbarkeit eines Elements kann folgende Zustände annehmen:

- **Verfügbar**   Das Element ist für die Offlineverwendung verfügbar.
- **Nicht verfügbar**   Das Element ist nicht für die Offlineverwendung verfügbar.

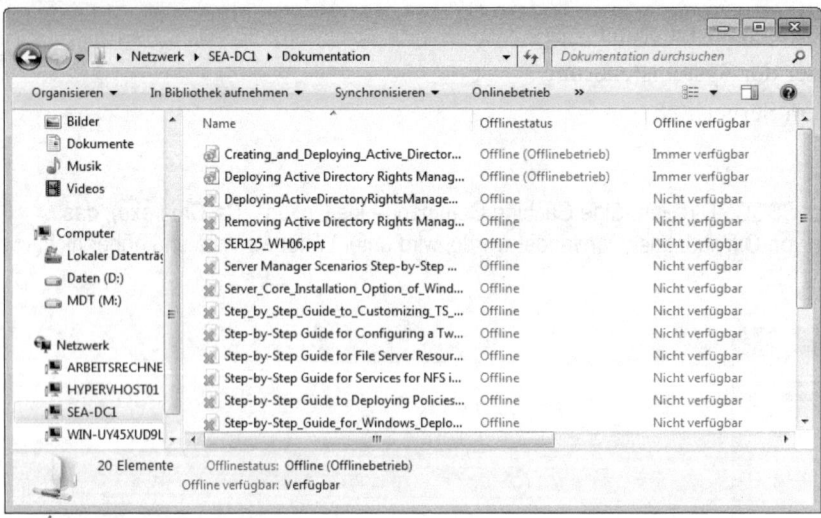

Abbildung 15.14   Für Offlinedateien sind im Detailbereich des Windows-Explorers zwei zusätzliche Spalten verfügbar

Der Offlinestatus eines Elements wird durch folgende Beschreibungen ausgedrückt:

- **Online**   Die Freigabe befindet sich im Onlinemodus. Daher sind die Netzwerkversion und die lokal zwischengespeicherte Version einer Datei verfügbar. (Lesezugriffe werden aus dem Zwischenspeicher bedient, Aufträge zur Erstellung und Öffnung sowie Schreibzugriffe werden an den Server weitergeleitet.)
- **Offline (keine Verbindung)**   Es besteht keine Verbindung zur Netzwerkfreigabe. Daher sind nur die lokal zwischengespeicherten Versionen der Dateien verfügbar.
- **Offline (Offlinebetrieb)**   Die Freigabe wurde manuell offline geschaltet. Daher sind nur die lokal zwischengespeicherten Versionen der Dateien verfügbar.
- **Offline (langsame Verbindung)**   Dasselbe Verhalten wie bei *Offline (keine Verbindung)*.
- **Offline**   Keine Version des Elements ist verfügbar, weil es nicht für die Offlineverwendung verfügbar gemacht wurde.

Zur Synchronisation eines bestimmten Offlineelements im Windows-Explorer klicken Sie das Element mit der rechten Maustaste an und wählen *Synchronisierung*. Zur manuellen Einleitung der Synchronisation aller Offlineelemente aus einer Netzwerkfreigabe klicken Sie in der Symbolleiste auf *Synchronisieren*. Wenn sich ein Offlineelement online befindet, können Sie es auch synchronisieren, indem Sie auf der Registerkarte *Offlinedateien* seines Eigenschaftsdialogfelds auf *Jetzt synchronisieren* klicken. Andere Methoden zur Synchronisierung von Offlineelementen werden im Abschnitt »Verwalten von Offlinedateien mit dem Synchronisierungscenter« weiter unten im Kapitel beschrieben.

Verwalten von Offlinedateien mit dem Offlinedateien-Tool

Benutzer unverwalteter Computer können Einstellungen für Offlinedateien im Offlinedateien-Tool durchführen (Abbildung 15.15). In verwalteten Netzwerken, in denen die Einstellungen für Offlinedateien mit Gruppenrichtlinien festgelegt werden, sind die Optionen des Offlinedateien-Tools deaktiviert (sie werden grau dargestellt). Weitere Informationen über Gruppenrichtlinieneinstellungen für Offlinedateien finden Sie im Abschnitt »Verwalten von Offlinedateien mit Gruppenrichtlinien« weiter unten im Kapitel.

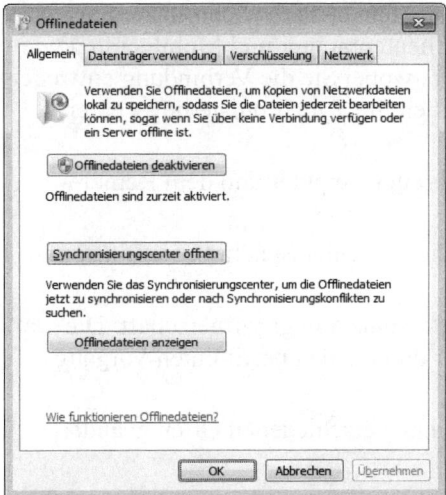

Abbildung 15.15   Die Registerkarte *Allgemein* des Offlinedateien-Tools

Das Offlinedateien-Tool weist folgende vier Registerkarten auf:

- **Allgemein**   Ermöglicht Ihnen die Aktivierung oder Deaktivierung von Offlinedateien auf dem Computer, das Öffnen des Synchronisierungscenters und die Anzeige aller Offlinedateien, die sich auf dem Computer befinden, einschließlich der Dateien aus freigegebenen Ordnern, DFS-Bereichen und zugeordneten Netzlaufwerken. Unter Windows Vista und höher sind Offlinedateien standardmäßig aktiviert.

- **Datenträgerverwendung**   Ermöglicht Ihnen die Anzeige und Einstellung des Speicherplatzes, der auf Ihrem Computer für Offlinedateien und temporäre Offlinedateien reserviert ist. Auf dieser Registerkarte können Sie auch alle temporären Offlinedateien auf Ihrem Computer löschen. Beachten Sie, dass die Anzeige unter *Alle Offlinedateien* für automatisch und manuell zwischengespeicherte Offlinedateien gilt, während die Anzeige unter *Temporäre Dateien* nur für automatisch zwischengespeicherte Dateien gilt.

- **Verschlüsselung** Ermöglicht Ihnen die Verschlüsselung des lokalen Zwischenspeichers auf Ihrem Computer mit EFS. Allerdings können Sie nur die lokal zwischengespeicherten Kopien der Dateien verschlüsseln, nicht die Originale im Netzwerk.

- **Netzwerk** Auf dieser Registerkarte können Sie überprüfen, ob auf Ihrem Computer der Modus für langsame Verbindungen aktiviert wurde und wie oft der Computer die Übertragungsgeschwindigkeit überprüft, wenn Sie die Freigabe in den Onlinemodus geschaltet haben. Ein Benutzer kann auf dieser Registerkarte aber keinen Modus für langsame Verbindungen konfigurieren. Das geht nur in den Gruppenrichtlinien.

HINWEIS Windows Vista und höher indizieren Offlinedateien standardmäßig. Die Indizierung von Offlinedateien lässt sich im Modul *Indizierungsoptionen* der Systemsteuerung einstellen. Weitere Informationen finden Sie in Kapitel 19, »Verwalten der Suchfunktionen«.

Verwalten von Offlinedateien mit dem Synchronisierungscenter

Das Synchronisierungscenter, eingeführt mit Windows Vista, ermöglicht die Synchronisation von Offlinedateien zwischen Clientcomputer und Netzwerkserver. Sie können das Synchronisierungscenter auch zur Synchronisation von Inhalten zwischen einem Clientcomputer und Mobilgeräten wie Musik-Player, digitalen Kameras und Mobiltelefonen verwenden, wobei Sie die Verbindung entweder mit einem Drahtlosnetzwerk oder einer USB-Verbindung herstellen. Im Synchronisierungscenter führen Sie folgende Arbeiten durch:

- Anzeigen der Synchronisierungspartnerschaften zwischen Ihrem Computer und dem Remoteserver oder Mobilgerät

- Einleiten oder Beenden der Synchronisation zwischen Mitgliedern einer Synchronisierungspartnerschaft

- Festlegen des Auslösers einer Synchronisierung für eine Synchronisierungspartnerschaft. Die Synchronisierung kann zu einem bestimmten Zeitpunkt oder durch einen bestimmten Vorgang oder ein Ereignis ausgelöst werden.

- Lösen von Konflikten, die sich ergeben, wenn dieselbe Datei an verschiedenen Orten geändert wurde

- Anzeigen des Status der Synchronisierungspartnerschaft und Identifizieren der Synchronisationsfehler und der Warnungen (Abbildung 15.16)

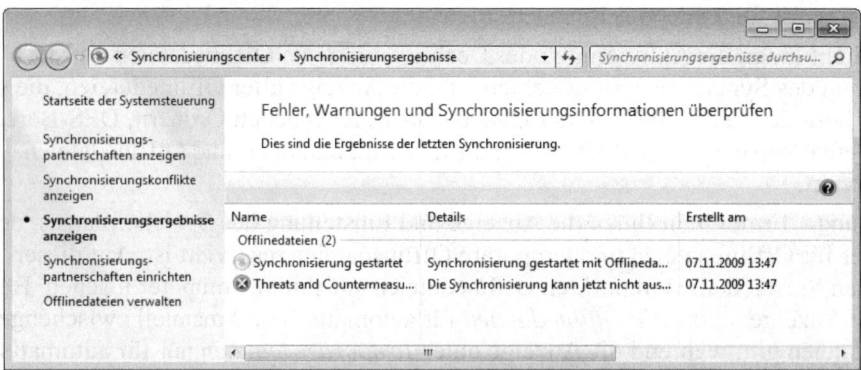

Abbildung 15.16 Im Synchronisierungscenter werden auch Synchronisierungsfehler angezeigt

Sie können das Synchronisierungscenter auch öffnen, indem Sie das *Synchronisierungscenter*-Symbol im Informationsbereich der Taskleiste anklicken. Dieses Symbol können Sie auch mit der rechten Maustaste anklicken und eine Synchronisation einleiten oder abbrechen sowie Synchronisations-konflikte oder Synchronisationsergebnisse anzeigen.

Konfigurieren von Offlinedateien auf dem Server

Wenn Sie auf einem Dateiserver unter Windows Server 2008 R2 einen freigegebenen Ordner erstellen, können Sie auch die Einstellungen für Offlinedateien festlegen. Dazu öffnen Sie das Eigenschafts-dialogfeld des freigegebenen Ordners und wählen die Registerkarte *Freigabe*. Klicken Sie auf *Erwei-terte Freigabe*, um das Dialogfeld *Erweiterte Einstellungen* zu öffnen. Dann klicken Sie auf *Zwischen-speichern*, um das Dialogfeld *Offlineeinstellungen* zu öffnen (Abbildung 15.17).

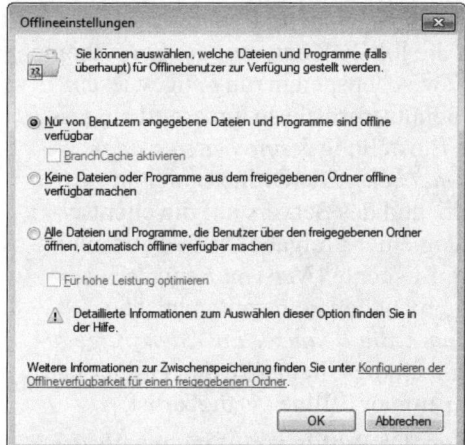

Abbildung 15.17   Offlinedateieinstellungen für einen freigegebenen Ordner eines Netzwerkservers

Drei Einstellungen sind für den freigegebenen Ordner verfügbar:

- **Nur von Benutzern angegebene Dateien und Programme sind offline verfügbar**   Das ist die Standard-einstellung, die für die manuelle Konfiguration der Zwischenspeicherung der Elemente aus dem Ordner verwendet wird. Wenn ein Benutzer also möchte, dass ein Element offline verfügbar ist, muss er es mit einer der bereits beschriebenen Methoden manuell offline verfügbar machen.

- **Keine Dateien oder Programme aus dem freigegebenen Ordner offline verfügbar machen**   Mit dieser Einstellung erfolgt keine Zwischenspeicherung. (Die Elemente im freigegebenen Ordner können nicht offline verfügbar gemacht werden.)

- **Alle Dateien und Programme, die Benutzer über den freigegebenen Ordner öffnen, automatisch offline verfügbar machen**   Diese Einstellung dient zur Konfiguration der automatischen Zwischenspei-cherung der Elemente. Wenn ein Benutzer ein Element aus dem freigegebenen Ordner benutzt, wird dieses Element temporär auf seinem Computer offline verfügbar gemacht. Wenn Sie zu-sätzlich die Option *Für hohe Leistung optimieren* wählen, werden alle Programme automatisch zwischengespeichert, damit sie lokal verwendet werden können. (Diese Option ist besonders für Anwendungen von Nutzen, die auf Dateiservern liegen, weil sie den Datenverkehr im Netzwerk verringert und die Skalierbarkeit verbessert.)

HINWEIS   Sie können auch mit Gruppenrichtlinien die automatische Zwischenspeicherung von bestimmten Dateien festlegen, indem Sie die Richtlinieneinstellung *Vom Administrator zugewiesene Offlinedateien* aktivieren und konfigurieren. Weitere Informationen finden Sie im Abschnitt »Verwalten von Offlinedateien mit Gruppenrichtlinien« dieses Kapitels.

Direkt von der Quelle: Einstellung der clientseitigen Zwischenspeicherung

Ming Zhu, Software Design Engineer, *Microsoft Windows Shell Team*

Wenn Sie auf einem Server servergespeicherte Benutzerprofile oder eine Ordnerumleitung einrichten, müssen Sie auch die Einstellungen für die clientseitige Zwischenspeicherung der Freigabe vornehmen. Was die clientseitige Zwischenspeicherung betrifft, verhalten sich servergespeicherte Benutzerprofile und die Ordnerumleitung unterschiedlich. Servergespeicherte Benutzerprofile verwenden einen eigenen Synchronisierungsalgorithmus, um die lokale Kopie mit der Serverkopie synchron zu halten. Daher sind sie nicht auf die clientseitige Zwischenspeicherung angewiesen. Microsoft empfiehlt, den Server für die servergespeicherten Benutzerprofile so einzustellen, dass die clientseitige Zwischenspeicherung deaktiviert ist (mit der Einstellung *Keine Dateien oder Programme aus dem freigegebenen Ordner offline verfügbar machen*). Die Ordnerumleitung ist dagegen für die Synchronisierung des Clientzwischenspeichers und des Servers auf die clientseitige Zwischenspeicherung angewiesen. Die typische Einstellung einer Freigabe für Ordnerumleitungen ist die manuelle Auswahl der zwischenzuspeichernden Elemente (*Nur von Benutzern angegebene Dateien und Programme sind offline verfügbar*). Sie brauchen keine automatische Zwischenspeicherung einzustellen (*Alle Dateien und Programme, die Benutzer über den freigegebenen Ordner öffnen, automatisch offline verfügbar machen*), weil die Clientseite den Ordner bei der Ordnerumleitung automatisch zwischenspeichert, damit er immer offline verfügbar ist.

Allerdings gibt es eine Ausnahme zu den obigen Empfehlungen. Da Profile von Windows Vista oder höher auf dem Profilserver von Windows XP-Profilen getrennt sind (die Profile haben ein *.v2*-Suffix), können Sie keine Daten zwischen diesen Plattformen austauschen, wenn Sie in Ihrer Organisation XP-Clients und Vista-Clients einsetzen und auf beiden Plattformen servergespeicherte Benutzerprofile verwenden. Um einen bestimmten Ordner auf beiden Plattformen verwenden zu können, können Sie für Vista-Clients eine spezielle Ordnerumleitungsrichtlinie einrichten, damit nur ein bestimmter Ordner (beispielsweise *Favoriten*) auf die Profilfreigabe für Windows XP umgeleitet wird. In dieser Konfiguration können Sie aber die clientseitige Zwischenspeicherung für die Profilfreigabe nicht völlig abschalten. Stattdessen müssen Sie eine manuelle Zwischenspeicherung einrichten, damit die clientseitige Zwischenspeicherung unter Windows Vista und höher für diese Freigabe funktioniert. Machen Sie sich aber keine Gedanken über die Benutzerprofile von Windows XP, denn der Mechanismus für die servergespeicherten Benutzerprofile versucht, die clientseitige Zwischenspeicherung herauszuhalten, indem er die Zwischenspeicherung umgeht und direkt mit dem Server kommuniziert.

Verwalten von Offlinedateien mit Gruppenrichtlinien

Eine Reihe von Aspekten der Offlinedateien lassen sich mit Gruppenrichtlinien konfigurieren. Diese Richtlinieneinstellung finden Sie an folgenden Orten:

- *Computerkonfiguration\Richtlinien\Administrative Vorlagen\Netzwerk\Offlinedateien*
- *Benutzerkonfiguration\Richtlinien\Administrative Vorlagen\Netzwerk\Offlinedateien*

Einige Richtlinieneinstellungen für Offlinedateien gelten für Computer und Benutzer, andere nur für Computer. In Tabelle 15.14 finden Sie weitere Informationen darüber, welche Einstellungen für Benutzer und welche für Computer gelten.

Mit Windows Vista wurden eine Reihe von neuen Richtlinieneinstellungen für die Verwaltung von Offlinedateien eingeführt. Diese Einstellungen werden im Abschnitt »Richtlinieneinstellungen für Offlinedateien, die mit Windows Vista eingeführt wurden« weiter unten im Kapitel beschrieben. Auch Windows 7 bringt neue Richtlinieneinstellungen für Offlinedateien mit. Diese Einstellungen werden im Abschnitt »Zusätzliche Richtlinieneinstellungen für Offlinedateien unter Windows 7« weiter unten im Kapitel beschrieben.

Beachten Sie, dass einige Richtlinieneinstellungen für Offlinedateien, die in älteren Windows-Versionen wie Windows XP und Windows Server 2003 verwendet wurden, unter Windows Vista und höher nicht mehr gelten. Tabelle 15.14 zeigt die Richtlinieneinstellungen für Offlinedateien, die für Windows Vista und Windows 7 gelten.

Tabelle 15.14   Richtlinieneinstellungen für Offlinedateien unter Windows Vista und Windows 7

Name der Richtlinieneinstellung	Pro Computer	Pro Benutzer	Gilt für Windows Vista	Gilt für Windows 7
Maßnahme bei Serververbindungstrennung	✓	✓		
Vom Administrator zugewiesene Offlinedateien	✓	✓	✓	✓
Die Funktion "Offlinedateien" zulassen bzw. nicht zulassen	✓		✓	✓
Lokale Kopien der Benutzerofflinedateien bei der Abmeldung löschen	✓			
Hintergrundsynchronisierung konfigurieren	✓			✓
Übertragungsrate für langsame Verbindungen konfigurieren	✓			
Modus für langsame Verbindungen konfigurieren	✓		✓ (ersetzt die Richtlinie *Übertragungsrate für langsame Verbindungen konfigurieren*)	✓
Standardcachegröße	✓			
Transparentes Zwischenspeichern aktivieren	✓			✓
Offlinedateicache verschlüsseln	✓		✓	✓
Ereignisprotokollierungsstufe	✓	✓		
Dateien aus der Zwischenspeicherung ausschließen	✓			✓
Nicht zwischengespeicherte Dateien	✓			
Lebensdauer des ersten Erinnerungssymbols	✓	✓		
Von Offlinedateien verwendeten Speicherplatz begrenzen	✓		✓ (ersetzt die Richtlinie *Standardcachegröße*)	✓
Maßnahme bei nicht standardmäßiger Serververbindungstrennung	✓	✓		
Verwendung von Offlinedateiordnern verhindern	✓	✓		
"Offline zur Verfügung stellen" für diese Dateien und Ordner nicht zulassen	✓	✓		▶

Name der Richtlinieneinstellung	Pro Computer	Pro Benutzer	Gilt für Windows Vista	Gilt für Windows 7
Benutzerkonfiguration von Offlinedateien nicht zulassen	✓	✓		
Erinnerungssymbolfrequenz	✓	✓		
Lebensdauer des Erinnerungssymbols	✓	✓		
"Offline verfügbar machen" entfernen	✓	✓	✓	✓
Untergeordnete Ordner immer offline verfügbar machen	✓			
Alle Offlinedateien vor der Abmeldung synchronisieren	✓	✓		
Alle Offlinedateien beim Anmelden synchronisieren	✓	✓		
Offlinedateien vor der Unterbrechung synchronisieren	✓	✓		
Erinnerungssymbole deaktivieren	✓	✓		
Wirtschaftliche Verwendung der vom Administrator zugewiesenen Offlinedateien aktivieren	✓		✓	✓

Richtlinieneinstellungen für Offlinedateien, die mit Windows Vista eingeführt wurden

Die folgenden Gruppenrichtlinieneinstellungen für Offlinedateien wurden mit Windows Vista einge-führt und gelten auch noch für Windows 7:

- **Modus für langsame Verbindungen konfigurieren** Mit dieser Richtlinieneinstellung können Sie den Modus für langsame Verbindungen aktivieren und konfigurieren. Wenn sich die Offlinedateien im Modus für langsame Verbindungen befinden, werden alle Dateianforderungen aus dem Offline-zwischenspeicher so bedient, als ob der Benutzer offline arbeiten würde. Benutzer können die Synchronisierung jedoch bei Bedarf manuell starten. Nachdem die Synchronisierung abgeschlos-sen ist, befindet sich der Computer weiterhin im Modus für langsame Verbindungen, bis der Be-nutzer die Freigabe in den Onlinemodus umschaltet.

  Wenn Sie diese Richtlinieneinstellung aktivieren, wechseln die Offlinedateien in den Modus für langsame Verbindungen, wenn der Durchsatz zwischen Client und Server unter dem festgelegten Durchsatzschwellenwert liegt oder die Verzögerungen im Netzwerk den vorgesehenen Grenzwert überschreiten.

  Sie können den Modus für langsame Verbindungen konfigurieren, indem Sie die Schwellenwerte für den Durchsatz (Bits pro Sekunde) und die Verzögerungszeit (in Millisekunden) für bestimmte UNC-Pfade angeben. Sie können einen oder beide Schwellenwerte angeben.

  Wenn eine Freigabe in den Modus für langsame Verbindungen wechselt, kann der Benutzer den Wechsel in den Onlinemodus erzwingen. Das System überprüft jedoch regelmäßig die Geschwin-digkeit einer Verbindung zum Server. Bei einer langsamen Verbindung wechselt die Freigabe erneut in den Modus für langsame Verbindungen.

  HINWEIS Sie können bei der Angabe von UNC-Pfaden Platzhalter (*) verwenden.

  Wenn Sie diese Richtlinieneinstellung deaktivieren oder nicht konfigurieren, können Offline-dateien nicht in den Modus für langsame Verbindungen wechseln.

HINWEIS Die Richtlinieneinstellung *Modus für langsame Verbindungen konfigurieren* ersetzt die Richtlinieneinstellung *Übertragungsrate für langsame Verbindungen konfigurieren*, die in älteren Windows-Versionen verwendet wurde.

■ **Von Offlinedateien verwendeten Speicherplatz begrenzen** Diese Richtlinie beschränkt die Größe des Speicherplatzes, der auf dem lokalen Computer zum Speichern von Offlinedateien verwendet werden kann. Mit dieser Einstellung können Sie festlegen, wie viel Speicherplatz insgesamt (in Megabyte) zum Speichern von Offlinedateien reserviert wird. Hierzu gehört auch der Speicherplatz, der von automatisch zwischengespeicherten Dateien belegt wird, sowie der Speicherplatz, der von explizit offline verfügbaren Dateien belegt wird. Dateien können automatisch zwischengespeichert werden, wenn der Benutzer auf eine Datei zugreift, die sich auf einer Netzwerkfreigabe befindet, für die eine automatische Zwischenspeicherung eingerichtet wurde. Diese Einstellung sperrt auch die Änderung der Größeneinstellung des Offlinedateizwischenspeichers mit dem Offlinedateien-Tool. Wenn eine Richtlinieneinstellung die Option kontrolliert, kann ein Benutzer sie nicht ändern.

Wenn Sie diese Richtlinieneinstellung aktivieren, können Sie ein Speicherplatzlimit für Offlinedateien festlegen und zudem angeben, welcher Anteil dieses Speicherplatzes von automatisch zwischengespeicherten Dateien verwendet werden kann.

Wenn Sie diese Richtlinieneinstellung deaktivieren oder nicht konfigurieren, beschränkt das System den Speicherplatz, den Offlinedateien belegen können, auf 25 Prozent des Gesamtspeicherplatzes des Laufwerks, auf dem sich der Offlinedateizwischenspeicher befindet. (Das Limit für automatisch zwischengespeicherte Dateien beträgt 100 Prozent des Offlinedateispeicherplatzlimits.)

Wenn Sie diese Einstellung aktivieren und eine Beschränkung für die Gesamtgröße angeben, die die Größe des Laufwerks überschreitet, auf dem sich der Offlinedateizwischenspeicher befindet, und es sich bei diesem Laufwerk um das Systemlaufwerk handelt, wird die Gesamtgröße automatisch auf 75 Prozent der Laufwerksgröße verringert. Wenn sich der Cache nicht auf dem Systemlaufwerk befindet, wird die Zwischenspeichergröße automatisch auf 100 Prozent der Laufwerksgröße beschränkt.

Wenn Sie diese Einstellung aktivieren und eine Gesamtgröße angeben, die kleiner ist als der derzeit vom Offlinedateicache belegte Speicherplatz, wird die Gesamtgröße automatisch auf die Größe des Speicherplatzes erhöht, der derzeit von den Offlinedateien belegt wird. Der Cache wird dann als voll angesehen.

Wenn Sie diese Einstellung aktivieren und eine Beschränkung für automatisch zwischengespeicherte Dateien angeben, die über der Gesamtgröße des Zwischenspeichers liegt, wird diese Beschränkung automatisch auf die maximale Größe des Zwischenspeichers zurückgenommen.

HINWEIS Die Richtlinieneinstellung *Von Offlinedateien verwendeten Speicherplatz begrenzen* ersetzt die Richtlinieneinstellung *Standardcachegröße* älterer Windows-Versionen.

■ **Wirtschaftliche Verwendung der vom Administrator zugewiesenen Offlinedateien aktivieren** Mit dieser Richtlinieneinstellung können Sie die wirtschaftliche Verwendung der zugewiesenen Offlinedateien aktivieren.

Wenn Sie diese Richtlinieneinstellung aktivieren, werden neue Dateien und Ordner, die sich in vom Administrator zugewiesenen Ordnern befinden, bei der Anmeldung synchronisiert. Dateien und Ordner, die bereits offline verfügbar sind, werden übersprungen und später synchronisiert.

Wenn Sie diese Richtlinieneinstellung deaktivieren oder nicht konfigurieren, werden alle vom Administrator zugewiesenen Ordner bei der Anmeldung synchronisiert.

Zusätzliche Richtlinieneinstellungen für Offlinedateien unter Windows 7

Die folgenden Gruppenrichtlinieneinstellungen für Offlinedateien wurden mit Windows 7 eingeführt:

- **Hintergrundsynchronisierung konfigurieren**   Diese Richtlinieneinstellung gilt für jeden Benutzer, der sich an einem Computer anmeldet, auf dem diese Richtlinie wirksam ist. Die Richtlinie ist wirksam, wenn die Richtlinie *Modus für langsame Verbindungen konfigurieren* zu dem Ergebnis kommt, dass sich ein Netzwerkordner im Modus für langsame Verbindungen befindet.

  Für Netzwerkordner in diesem Modus wird entsprechend den Einstellungen regelmäßig eine Synchronisierung eingeleitet, die im Hintergrund erfolgt und die Dateien in diesen Freigaben oder Ordnern zwischen Client und Server synchronisiert.

  Standardmäßig werden Netzwerkordner im Modus für langsame Verbindungen alle 360 Minuten mit dem Server synchronisiert, wobei sich der Start des Vorgangs nach dem Zufallsprinzip um 0 bis 60 Minuten verzögern kann (Abbildung 15.18).

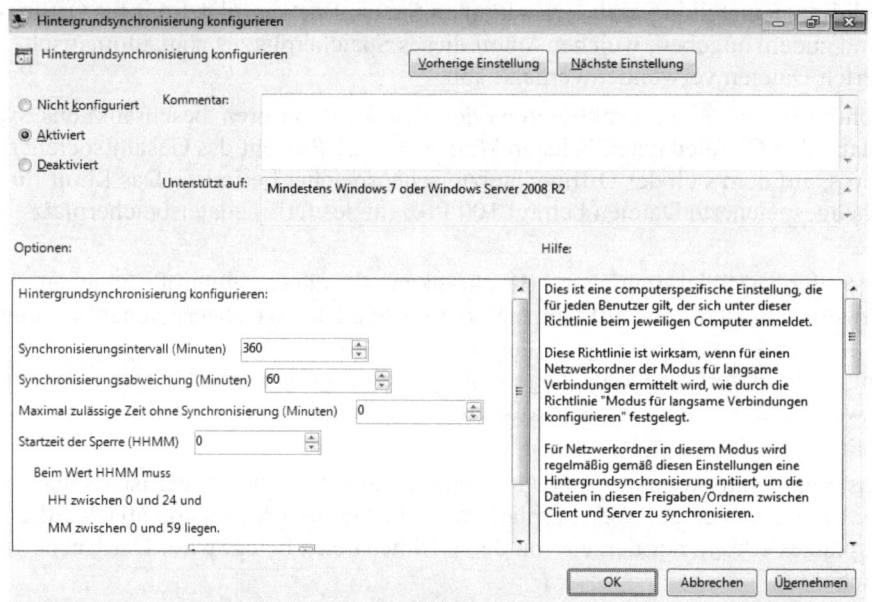

Abbildung 15.18   Die neue Richtlinieneinstellung *Hintergrundsynchronisierung konfigurieren* von Windows 7

Sie können das Synchronisierungsintervall und den Versatz ändern, indem Sie andere Werte für *Synchronisierungsintervall* und *Synchronisierungsabweichung* festlegen. Außerdem können Sie mit den Werten *Startzeit der Sperre* und *Dauer der Sperre* einen Zeitraum festlegen, in dem keine Hintergrundsynchronisierung erfolgt. Damit alle Netzwerkordner auf dem Computer regelmäßig mit dem Server synchronisiert werden, können Sie auch eine *Maximal zulässige Zeit ohne Synchronisierung* festlegen.

Außerdem können Sie eine Hintergrundsynchronisierung für Netzwerkfreigaben konfigurieren, für die der Benutzer den Offlinemodus gewählt hat. Dieser Modus wird wirksam, wenn ein Benutzer für eine bestimmte Freigabe auf die Schaltfläche *Offlinebetrieb* klickt. In diesem Fall gelten alle konfigurierten Einstellungen auch für die Freigaben, für die der Benutzer den Offlinebetrieb ausgewählt hat.

- **Transparentes Zwischenspeichern aktivieren**   Durch Aktivieren dieser Richtlinie werden nachfolgende Lesezugriffe auf Netzwerkdateien durch einen Benutzer oder eine Anwendung optimiert. Um dies zu erreichen, werden Remotedateien, die nur über ein langsames Netzwerk zugänglich sind, im Offlinedateizwischenspeicher zwischengespeichert. Nachfolgende Lesezugriffe auf dieselbe Datei werden dann aus dem Zwischenspeicher bedient, nachdem die Integrität der zwischengespeicherten Kopie überprüft wurde. Diese Richtlinie verbessert nicht nur die Antwortzeiten auf der Endbenutzerseite, sondern verringert bei WAN-Verbindungen mit dem Server auch die Netzwerkbelastung. Die Dateien werden nur temporär zwischengespeichert und sind für den Benutzer nicht im Offlinebetrieb verfügbar. Die zwischengespeicherten Dateien werden nicht laufend mit der Version auf dem Server synchronisiert. Für nachfolgende Lesezugriffe ist immer die aktuelle Version vom Server verfügbar.

Diese Richtlinie wird vom konfigurierten Wert für die Roundtrip-Netzwerklatenz ausgelöst (Abbildung 15.19). Wir empfehlen die Verwendung dieser Richtlinie, wenn die Netzwerkverbindung mit dem Server langsam ist. Beispielsweise können Sie einen Wert von 60 ms für die Roundtrip-Netzwerklatenz konfigurieren. Ist die Netzwerklatenz größer, werden Dateien transparent im Offlinedateizwischenspeicher zwischengespeichert. Wenn die Roundtrip-Netzwerklatenz weniger als 60 ms beträgt, werden keine Remotedateien zwischengespeichert. Wenn Sie diese Einstellung nicht konfigurieren, werden Remotedateien nicht transparent auf den Clients zwischengespeichert.

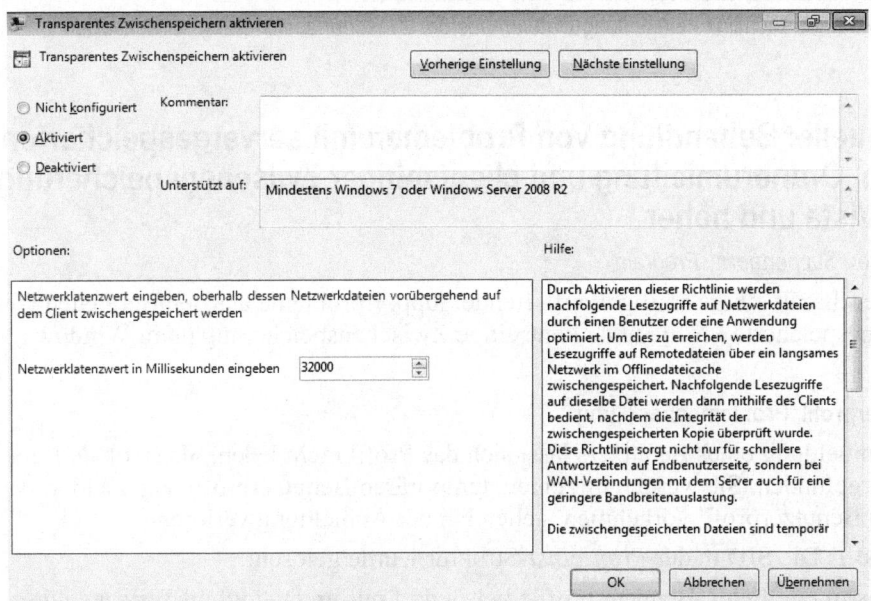

Abbildung 15.19   Die neue Richtlinieneinstellung *Transparentes Zwischenspeichern aktivieren* von Windows 7

- **Dateien aus der Zwischenspeicherung ausschließen**   Mit dieser Richtlinie können Administratoren ausschließen, dass bestimmte Dateitypen offline verfügbar sind. Sie brauchen nur die Dateinamenerweiterungen der Dateitypen anzugeben, die ausgeschlossen werden sollen (Abbildung 15.20). Anschließend kann kein Benutzer mehr eine Datei dieses Typs in einem Ordner anlegen, der offline verfügbar ist.

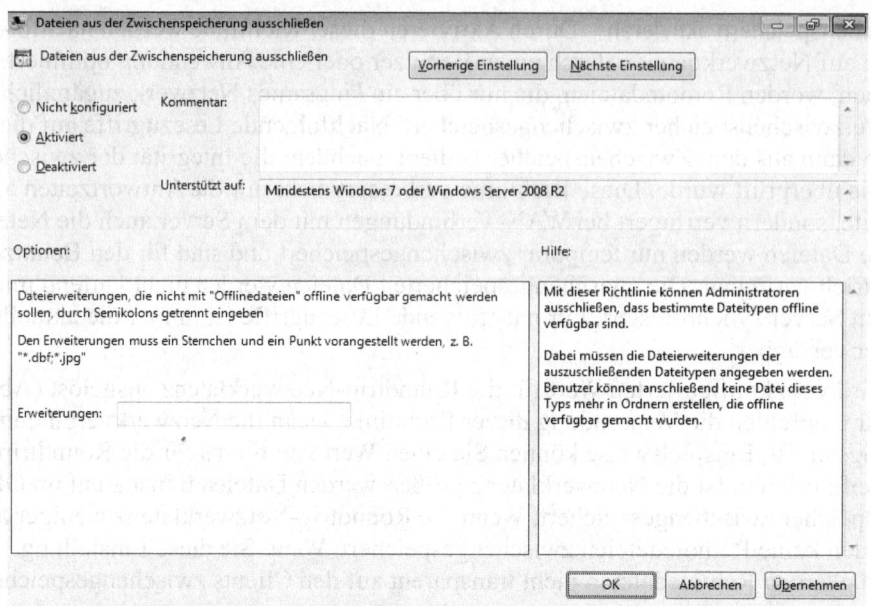

Abbildung 15.20   Die neue Richtlinieneinstellung *Dateien aus der Zwischenspeicherung ausschließen* von Windows 7

Direkt von der Quelle: Behandlung von Problemen mit servergespeicherten Benutzerprofilen, Ordnerumleitung und clientseitiger Zwischenspeicherung unter Windows Vista und höher

Paul D. LeBlanc, Manager, *Supportability Program*

Die folgende Liste beschreibt einige häufiger auftretende Supportprobleme aus den Bereichen Ordnerumleitung, servergespeicherte Profile und clientseitige Zwischenspeicherung unter Windows Vista und höher.

Serverseitiges Benutzerprofil, Problembehandlung

Symptom: Bei der Anmeldung eines Benutzers lässt sich das Profil nicht laden: »Das lokale Benutzerprofil wurde nicht gefunden. Sie werden mit einem temporären Benutzerprofil angemeldet. Änderungen, die Sie am Benutzerprofil vornehmen, gehen bei der Abmeldung verloren«.

■ Mögliche Ursache 1: Die SID in der *ProfileList*-Struktur wurde gelöscht.

Erklärung: Microsoft empfiehlt, Benutzerprofile bei Bedarf nur im Dialogfeld *Systemeigenschaften* zu löschen (*Start*-Menü, Rechtsklick auf *Computer*, *Eigenschaften*, *Erweiterte Systemeinstellungen*, *Benutzerprofile*, *Einstellungen*). Wenn die Ordnerstruktur eines Benutzerprofils im Windows-Explorer oder in einer Eingabeaufforderung gelöscht wird, bleiben die dazugehörigen Einträge unter dem Registrierungsschlüssel *ProfileList* zurück.

Lösung: Löschen Sie den dazugehörigen SID-Eintrag unter dem Registrierungsschlüssel *ProfileList*:

HKEY_LOCAL_MACHINE\SOFTWARE\Microsoft\Windows NT\CurrentVersion\ProfileList.

- Mögliche Ursache 2: Der Benutzer gehört zur Gruppe *Gäste*.

  Erklärung: Während der Anmeldung wird überprüft, ob der interaktive Benutzer zur lokalen Gruppe *Gäste* oder zur Domänengruppe *Gäste* gehört (sofern der Benutzer Mitglied einer Domäne ist).

  Lösung: Sofern dies zutrifft, entfernen Sie den Benutzer aus der lokalen Gruppe *Gäste* oder aus der Domänengruppe *Gäste* (siehe *http://support.microsoft.com/kb/940453*).

- Mögliche Ursache 3: Unzureichende Rechte (servergespeichertes Profil)

  Erklärung: Dieser Fehler kann auftreten, wenn die Berechtigung eines zuvor funktionierenden servergespeicherten Profils geändert wurden.

  Lösung: Korrigieren Sie die Berechtigungen, damit der Benutzer über *Vollzugriff* auf die Ordner seines servergespeicherten Benutzerprofils verfügt. Wenn ein gesperrtes Benutzerprofil erforderlich ist, verwenden Sie ein erforderliches Benutzerprofil.

Ordnerumleitung, Problembehandlung

Symptom: Doppelte Ordner im Benutzerprofil

- Mögliche Ursache 1: Teilsynchronisierung

  Erklärung: Benutzer von Windows Vista und höher können verschiedene Ordner aus ihren Profilen auf ein lokales Laufwerk oder ein Remotelaufwerk umleiten. Wird nur ein Teil der Inhalte verschoben, sieht der Benutzer vielleicht doppelte Ordner in seinem Profil, beispielsweise je zwei Ordner namens *Dokumente* oder *Musik*.

  Lösung: Erlauben Sie es der Sitzung, die Datenübertragung abzuschließen, bevor Sie sich abmelden.

- Mögliche Ursache 2: Lokale Kopien und Remotekopien von Dateien werden beibehalten.

  Erklärung: Wenn ein Ordner eines Benutzers umgeleitet wird, wird der Benutzer gefragt, ob er den gesamten Inhalt verschieben möchte. Entscheidet sich der Benutzer dafür, den Inhalt nicht zu verschieben, sondern nur zu kopieren, erscheinen im Benutzerprofil doppelte Ordner – einer lokal, einer remote.

  Lösung: Das soll so sein (oder wie es offiziell heißt: »This is by design«).

- Mögliche Ursache 3: Ein Programm hat den Ordner lokal erstellt (Anwendungskompatibilität).

  Erklärung: Nachdem ein Benutzer einen oder mehrere Ordner erfolgreich umgeleitet hat, wird bei der Ausführung einer Anwendung vielleicht eine Instanz des Benutzerprofilordners angelegt (oder der Ordner, falls es sich um mehrere handelt). Das liegt daran, dass die Anwendung anscheinend nur lokale Ressourcen verwendet oder mit einem fest vorgegebenen Pfad auf die Ressourcen zugreift, also keine Umgebungsvariablen verwendet. Das ist ein Problem der speziellen Anwendung.

  Lösung: Aktualisieren Sie die Anwendung oder leiten Sie die betroffenen Benutzerprofilordner nicht um.

Clientseitige Zwischenspeicherung, Problembehandlung

Symptom: Offlinedateien oder Offlineordner sind nicht zu sehen.

- Mögliche Ursache 1: Die Synchronisierung ist noch nicht abgeschlossen (sie erfolgt noch im Hintergrund).

  Erklärung: Dies ist eine grundsätzliche Änderung gegenüber Windows XP. Unter Windows Vista und höher werden Offlinedateien im Hintergrund synchronisiert, soweit es die Aktivitäten des Benutzers zulassen. Das bedeutet, dass Benutzer nicht mehr auf dem Abschluss der Synchronisierung warten müssen, um sich abmelden zu können. Es bedeutet auch, dass je nach Art und Umfang der zu synchronisierenden Datenmenge weitere Anmeldesitzungen erforderlich sein können, um den Vorgang abzuschließen.

  Lösung: Lassen Sie längere Anmeldesitzungen zu, wenn größere Datenmengen synchronisiert werden müssen.

- Mögliche Ursache 2: Die Synchronisierung wurde nicht vollständig durchgeführt.

  Erklärung: Eine weitere wichtige Ursache für unvollständige Synchronisierungen ist dieselbe wie unter Windows XP – wenn eine Datei benutzt wird, verhindert das offene Dateihandle eine Synchronisierung.

  Lösung: Das ist ein unverändertes Verhalten, das sich aus dem Design ergibt.

- Mögliche Ursache 3: Offlinedateien reagieren über eine VPN-Verbindung langsam.

  Erklärung: Auf Computern, auf denen Windows Vista oder höher verwendet wird, scheint die VPN-Verbindung sehr langsam zu sein. Außerdem kann es einige Minuten dauern, einen umgeleiteten Shellordner zu öffnen. Das Problem zeigt sich, wenn folgende Bedingungen erfüllt sind:

  - ☐ Offlinedateien sind auf dem Computer aktiviert.
  - ☐ Einige Offlinedateien werden auf dem lokalen Computer zwischengespeichert.
  - ☐ Sie haben sich auf dem Computer angemeldet, als Sie noch offline waren.
  - ☐ Die VPN-Verbindung basiert auf einer langsamen Verbindung.

  Dieses Problem bleibt gewöhnlich einige Minuten bestehen und verschwindet dann.

  Lösung: Siehe *http://support.microsoft.com/kb/934202*. (Das Problem wurde in SP1 behoben.)

- Mögliche Ursache 4: Änderungen an Offlinedateien werden bei der Synchronisierung nicht auf dem Server gespeichert.

  Erklärung: Wenn Sie eine Offlinedatei unter Windows Vista oder höher ändern, werden die Änderungen bei der Synchronisierung nicht auf dem Server gespeichert. Wenn dieses Problem auftritt, erhalten Sie die Fehlermeldung: »Zugriff verweigert«. Außerdem erscheint auf dem Server eine *.tmp*-Datei, die der Datei entspricht. Dieses Symptom kann auch auftreten, wenn Sie die Berechtigung zur Änderung der freigegebenen Ressource haben.

  Lösung: Siehe *http://support.microsoft.com/kb/935663*. (Das Problem wurde in SP1 behoben.)

Zusammenfassung

Ordnerumleitung, Offlinedateien und servergespeicherte Benutzerprofile wurden in Windows 7 in vielfältiger Weise erweitert, um eine hohe Verfügbarkeit der Daten in Dateiserverszenarien und eine bessere Unterstützung für Umgebungen zu bieten, in denen die Mitarbeiter nicht ortsgebunden arbeiten. Sie können diese Funktionen mit den Verfahren implementieren, die in diesem Kapitel besprochen wurden. Die Verwaltung kann mit Gruppenrichtlinien und mit den vorgesehenen Verwaltungsprogrammen erfolgen.

Weitere Informationen

Die folgenden Quellen bieten zusätzliche Informationen oder Tools für die Themen dieses Kapitels.

Informationsquellen

- »Folder Redirection Overview« unter *http://technet.microsoft.com/en-us/library/cc732275.aspx*
- »File Sharing and Offline Files Enhancements« unter *http://technet.microsoft.com/en-us/library/dd637828.aspx*
- »Windows Browse and Organize Features« unter *http://technet.microsoft.com/en-us/library/dd744693.aspx*
- *Managing Roaming User Data Deployment Guide* unter *http://technet.microsoft.com/en-us/library/cc766489.aspx*. Beachten Sie, dass diese Informationen für Windows Vista gedacht sind. Überprüfen Sie also zuerst, ob sich für Windows 7 Änderungen ergeben haben.

Auf der Begleit-CD

- *AddLocalUserToLocalGroup.ps1*
- *Change-LocalUserPassword.ps1*
- *CreateLocalGroup.ps1*
- *CreateLocalUser.ps1*
- *Remove-LocalUserFromLocalGroup.ps1*
- *Get-LocalGroupMembers.ps1*
- *LocateDisabledUsers.ps1*
- *Get-LocalGroups.ps1*
- *Get-LocalUsers.ps1*
- *LocateLockedOutLocalUsers.ps1*
- *ListUserLastLogon.ps1*
- *FindAdmin.ps1*
- *EnableDisableUser.ps1*
- *BackupFolderToServer.ps1*
- *GetSystemRestoreSettings.ps1*

K A P I T E L   1 6

Verwalten von Laufwerken und Dateisystemen

Der wichtigste Aspekt an einem Computer sind die Daten der Benutzer. Firmen sind darauf angewiesen, dass ihre Betriebsgeheimnisse geheim bleiben, damit sie weiterhin konkurrenzfähig sein können. Auch für Behörden spielt der Datenschutz eine wichtige Rolle. Daher ist es wichtig, dass Windows die Verfügbarkeit, Unversehrtheit und Geheimhaltung der Benutzerdaten auf den Clientcomputern schützt. Das Betriebssystem Windows 7 bietet einige wichtige Verbesserungen für die Datenträger- und Dateiverwaltung.

Windows 7 hat noch weitere Verbesserungen zu bieten, die bei Benutzern und Administratoren Anklang finden werden. Bei einer Datensicherung wird standardmäßig ein Abbild des gesamten Systemlaufwerks erstellt. Außerdem können Sie Systemabbildsicherungen in freigegebenen Ordnern speichern. Systemabbildsicherungen verringern den Zeitaufwand, der nach einer Zerstörung des Systems oder nach einem Festplattenausfall zur Wiederherstellung des Systems erforderlich ist.

Um die Sicherheit der Daten zu verbessern, können Sie die BitLocker-Laufwerkverschlüsselung verwenden, um ein ganzes Volume zu verschlüsseln. Dadurch sind die Daten in diesem Volume selbst dann geschützt, wenn das Laufwerk aus dem Computer ausgebaut und in ein anderes System eingebaut wird. BitLocker lässt sich mit EFS kombinieren. BitLocker kann die Dateien des Betriebssystems und die Auslagerungsdatei verschlüsseln, sowie alle anderen Dateien, die sich auf dem Volume befinden. EFS ist dagegen hauptsächlich für die Verschlüsselung von Benutzerdateien vorgesehen. Windows 7 unterstützt BitLocker To Go, was die Verschlüsselung von Flash-Wechsellaufwerken mit BitLocker ermöglicht. Der BitLocker To Go Reader ermöglicht es älteren Windows-Versionen, verschlüsselte Dateien aus dem Flash-Wechsellaufwerk auszulesen, sofern der Benutzer über das erforderliche Kennwort verfügt.

Dieses Kapitel beschreibt diese Funktionen und andere Funktionen, die mit Windows Vista eingeführt wurden, ausführlicher.

Überblick über die Laufwerkspartitionierung

Bevor Sie Festplattenlaufwerke formatieren und Volumes einrichten können, mit denen Anwendungen arbeiten können, müssen Sie die Festplattenlaufwerke partitionieren. Windows 7 ermöglicht eine flexible Aufteilung der Festplatte, die Sie sogar nachträglich ändern können, nachdem Sie ein Volume formatiert haben. Allerdings ist eine Vorausplanung bei der Festplattenpartitionierung trotzdem noch wichtig, vor allem dann, wenn Sie Funktionen wie die BitLocker-Laufwerkverschlüsselung verwenden möchten, die bestimmte Anforderungen an die Partitionierung stellen.

HINWEIS Stellt Windows ein Problem mit einem Volume fest, kann es eine Überprüfung mit ChkDsk einplanen, die erfolgt, wenn der Computer das nächste Mal hochgefahren wird. Die Überprüfung von großen Volumes kann länger als 1 Stunde dauern, vor allem dann, wenn die Volumes größer als 1 Terabyte sind. In dieser Zeit kann der Computer nicht verwendet werden. Wenn Sie also die Größen der Partitionen planen, sollten Sie die Zeit berücksichtigen, die Windows für eine Überprüfung mit ChkDsk beim Systemstart braucht.

Die folgenden Abschnitte beschreiben die Partitionierung von Festplattenlaufwerken in Windows 7.

Wählen zwischen MBR und GPT

MBR (Master Boot Record) und GPT (Globally Unique Identifier Partition Table) sind zwei verschiedene Systeme zur Aufteilung von Festplattenlaufwerken. Am gebräuchlichsten ist MBR. Es wird von jeder Windows-Version unterstützt, einschließlich Windows Vista und Windows 7. GPT ist ein aktuelleres und besseres Partitionierungssystem und steht unter Windows Vista, Windows 7, Windows Server 2008 und den 64-Bit-Versionen von Windows XP und Windows Server 2003 zur Verfügung.

GPT weist gegenüber MBR einige Vorteile auf:

- In Windows kann GPT bis zu 128 Partitionen unterstützen. MBR unterstützt nur vier Partitionen.
- GPT beschreibt die Geometrie des Festplattenlaufwerks sehr genau, sodass Windows Partitionen und logische Laufwerke an Zylindergrenzen anlegen kann. Windows versucht zwar auch bei MBR, dies zu tun, aber die Geometrie, die MBR berücksichtigt, hat auf modernen Laufwerken nicht mehr viel mit der tatsächlichen Geometrie zu tun, weil sie geändert wurde, um höhere Kapazitäten zu ermöglichen. Verschiedene Hersteller haben herstellerspezifische Lösungen für dieses Problem entwickelt, die aber nur schwierig zu berücksichtigen sind. Daher ist die Partitionierung bei Verwendung von GPT zuverlässiger.
- GPT kann größere Partitionen verwalten. Theoretisch kann ein GPT-Datenträger bis zu 18 Exabyte groß sein (ungefähr 18.000.000 Terabyte).
- GPT verwendet eine Hauptpartitionstabelle, eine redundante Reservetabelle und CRC32-Felder, um die Integrität der Partitionsdatenstruktur zu sichern. In MBR gibt es keine Reservepartitionstabelle.

HINWEIS Am Anfang aller GPT-Datenträger steht eine MBR-Schutzpartition, damit ältere MBR-Datenträgerprogramme wie Fdisk von MS-DOS oder die Datenträgerverwaltung von Windows NT die GPT-Partition nicht beschädigen, weil sie den Partitionstyp nicht erkennen. Wenn Sie einen GPT-Datenträger in einer 32-Bit-Version von Windows XP verwenden, sehen Sie nur die MBR-Schutzpartition.

Um von einem GPT-Datenträger starten zu können, muss der Computer EFI (Extensible Firmware Interface) unterstützen. Systeme auf BIOS-Basis (Basic Input/Output System) müssen zwar von einem MBR-Datenträger starten, können aber ein zusätzliches GPT-Festplattenlaufwerk als Datenspeicher verwenden. Alle Wechselmedien müssen MBR verwenden.

WEITERE INFORMATIONEN Weitere Informationen über GPT finden Sie in »Windows and GPT FAQ« unter *http://www.microsoft.com/whdc/device/storage/GPT_FAQ.mspx.*

Konvertieren von MBR- in GPT-Datenträger

Sie können Festplattenlaufwerke nur von MBR nach GPT oder umgekehrt umwandeln, wenn das Laufwerk noch keine Partitionen oder Volumes enthält. Die Konvertierung kann auf zwei Wegen erfolgen:

- Klicken Sie im Snap-In Datenträgerverwaltung das MBR-Laufwerk, das Sie nach GPT konvertieren möchten, mit der rechten Maustaste an und klicken Sie dann auf *Zu GPT-Datenträger konvertieren*. Wenn das Laufwerk nicht leer ist oder Partitionen enthält, ist diese Option nicht verfügbar.
- Wählen Sie im Befehlszeilenprogramm DiskPart das Laufwerk aus, das Sie konvertieren möchten, und verwenden Sie den Befehl `convert gpt`. In vergleichbarer Weise verwenden Sie, um das Laufwerk von GPT nach MBR zu konvertieren, den Befehl `convert mbr`.

HINWEIS Wenn der Typ eines dynamischen Datenträgers zwischen MBR und GPT wechseln soll, muss der Datenträger zuerst in einen Basisdatenträger konvertiert werden, dann nach Bedarf in einen MBR- oder GPT-Datenträger und schließlich wieder in einen dynamischen Datenträger. Wenn Sie das Datenträgerverwaltungs-Snap-In verwenden, findet die Umwandlung in einen Basisdatenträger und zurück in einen dynamischen Datenträger automatisch im Hintergrund statt. Wenn Sie das Befehlszeilenprogramm DiskPart verwenden, müssen Sie diese Konvertierungen explizit durchführen.

GPT-Partitionen

Auf EFI-Computern, die von einem GPT-Datenträger gestartet werden, muss das Startlaufwerk zumindest folgende Partitionen enthalten:

- **EFI-Systempartition** Auf EFI-Computern ist die ESP (EFI System Partition) ungefähr 100 MByte groß und enthält die Dateien des Windows-Start-Managers. Weitere Informationen über Startdateien finden Sie in Kapitel 29, »Konfiguration und Problembehandlung des Startvorgangs«. Die ESP hat folgende Partitions-GUID (Globally Unique Identifier):

  ```
  DEFINE_GUID (PARTITION_SYSTEM_GUID, 0xC12A7328L, 0xF81F, 0x11D2, 0xBA, 0x4B, 0x00, 0xA0, 0xC9,
  0x3E, 0xC9, 0x3B)
  ```

- **MSR-Partition** Die MSR-Partition (Microsoft Reserved Partition) reserviert auf jedem Laufwerk Platz für die spätere Verwendung durch die Betriebssystemsoftware. Auf Laufwerken, die kleiner sind als 16 GByte, ist die MSR 32 MByte groß. Ist das Laufwerk 16 GByte groß oder größer, so ist die MSR 128 MByte groß. GPT Laufwerke lassen keine verborgenen Sektoren zu. Softwarekomponenten, die bisher mit verborgenen Sektoren gearbeitet haben, fordern nun Teile der MSR für komponentenspezifische Partitionen an. Die Konvertierung eines Basisdatenträgers in einen dynamischen Datenträger bewirkt zum Beispiel, dass die MSR des Laufwerks kleiner wird, und eine neu erstellte Partition nimmt die dynamische Datenträgerdatenbank auf. Die MSR hat folgende Partitions-GUID:

  ```
  DEFINE_GUID (PARTITION_MSFT_RESERVED_GUID, 0xE3C9E316L, 0x0B5C, 0x4DB8, 0x81, 0x7D, 0xF9, 0x2D,
  0xF0, 0x02, 0x15, 0xAE)
  ```

- **Datenpartition** Diese Partition nimmt Windows 7-Systemdateien und Benutzerdateien auf. Die Datenpartition hat folgende Partitions-GUID:

```
DEFINE_GUID (PARTITION_BASIC_DATA_GUID, 0xEBD0A0A2L, 0xB9E5, 0x4433, 0x87, 0xC0, 0x68, 0xB6,
0xB7, 0x26, 0x99, 0xC7);
```

Außerdem können dynamische Datenträger zwei verschiedene GPT-Partitionen verwenden:

- Eine Datencontainerpartition, die der MBR-Partition 0x42 entspricht, mit folgender GUID:

```
DEFINE_GUID (PARTITION_LDM_DATA_GUID, 0xAF9B60A0L, 0x1431, 0x4F62, 0xBC, 0x68, 0x33, 0x11,
0x71, 0x4A, 0x69, 0xAD);
```

- Eine Partition, die die dynamische Konfigurationsdatenbank enthält, mit folgender GUID:

```
DEFINE_GUID(PARTITION_LDM_METADATA_GUID, 0x5808C8AAL, 0x7E8F, 0x42E0, 0x85, 0xD2, 0xE1, 0xE9,
0x04, 0x34, 0xCF, 0xB3);
```

Datenlaufwerke (ohne startfähige Partitionen) müssen eine MSR und eine Datenpartition haben. Standardbenutzer sehen gewöhnlich nur die Datenpartitionen. Administratoren sehen allerdings im Datenträgerverwaltungs-Snap-In oder im DiskPart-Programm auch die anderen Partitionen.

Wählen zwischen Basisdatenträgern und dynamischen Datenträgern

Herkömmliche Datenträger werden in Windows Vista und Windows 7 Basisdatenträger genannt und haben dieselbe Funktionalität, die Basisdatenträger bisher immer hatten. Darüber hinaus leisten sie noch einige Dinge mehr. Sie können neue Partitionen erstellen (in Windows Vista und Windows 7 *einfache Volumes* genannt), Partitionen löschen und vorhandene Partitionen vergrößern oder verkleinern. Die Fähigkeit, vorhandene Partitionen zu vergrößern oder zu verkleinern, ist eine wichtige neue Funktion von Windows Vista, die auch in Windows 7 zur Verfügung steht.

Dynamische Datenträger, die mit Microsoft Windows 2000 eingeführt wurden, bieten die Funktionalität der Basisdatenträger, darüber hinaus aber auch die Möglichkeit, Volumes anzulegen, die sich über mehrere Festplattenlaufwerke erstrecken, oder mehrere dynamische Datenträger in Streifen (Stripes) aufzuteilen, um ein größeres (und schnelleres) Volume zu erstellen. Allerdings bringen dynamische Datenträger auch Einschränkungen mit sich, denn sie sind für andere Betriebssysteme unzugänglich. Nur die Betriebssysteminstanz, die den Datenträger in einen dynamischen Datenträger umgewandelt hat, kann auf den Datenträger zugreifen. Das macht dynamische Datenträger in Umgebungen unzugänglich, in denen verschiedene Betriebssysteme verwendet werden, und es erschwert die Wiederherstellung von Daten, falls das Festplattenlaufwerk Schäden aufweist oder teilweise ausfällt. Daher sollten Sie immer Basisdatenträger verwenden, solange keine speziellen Forderungen gestellt werden, die nur mit dynamischen Datenträgern zu erfüllen sind.

Arbeiten mit Volumes

In älteren Windows-Versionen können Sie die Größen von vorhandenen Partitionen und Volumes nur eingeschränkt ändern. Wenn Sie ein Volume vergrößern müssen, haben Sie nur die Wahl, den Datenträger in einen dynamischen Datenträger zu konvertieren und ein übergreifendes Volume zu erstellen. Wenn Sie eine Partition vergrößern oder verkleinern wollen, sind spezielle Tools von anderen Herstellern die einzige Lösung. In Windows Vista und Windows 7 können Sie Volumes nun ohne Datenverlust vergrößern oder verkleinern. Außerdem ist kein Neustart erforderlich, damit die Änderung wirksam wird.

So erstellen Sie ein einfaches Volume

In Windows Vista und Windows 7 sind mit der Bezeichnung *einfaches Volume* Partitionen auf Basisdatenträgern und einfache Volumes auf dynamischen Datenträgern gemeint. Wenn Sie nur ein einfaches Volume brauchen, ist ein Basisdatenträger die beste Wahl, denn ein einfaches Volume nutzt die erweiterten Funktionen eines dynamischen Datenträgers gar nicht aus.

Um ein einfaches Volume zu erstellen, öffnen Sie das Datenträgerverwaltungs-Snap-In und gehen folgendermaßen vor:

1. Klicken Sie den freien Bereich einer Festplatte mit der rechten Maustaste an und wählen Sie *Neues einfaches Volume*. Der Assistent zum Erstellen neuer einfacher Volumes erscheint.

2. Klicken Sie auf *Weiter*. Geben Sie auf der Seite *Volumegröße festlegen* die Größe des Volumes, das Sie erstellen möchten, in MByte an. Vorgegeben wird der restliche Platz, der auf dem Laufwerk noch frei ist. Klicken Sie auf *Weiter*.

3. Weisen Sie auf der Seite *Laufwerkbuchstaben oder -pfad zuordnen* einen Laufwerkbuchstaben oder einen Bereitstellungspunkt zu. Klicken Sie auf *Weiter*.

4. Legen Sie auf der Seite *Partition formatieren* die Formatierungsoptionen für das Volume fest und klicken Sie dann auf *Weiter*.

5. Klicken Sie auf der Seite *Fertigstellen des Assistenten* auf *Fertig stellen*. Das Volume wird nach Ihren Angaben erstellt und formatiert.

HINWEIS   Das Datenträgerverwaltungs-Snap-In erstellt auf dynamischen Datenträgern immer einfache Volumes oder auf Basis-MBR-Datenträgern primäre Partitionen. Die ersten drei Volumes auf MBR-Datenträgern werden als primäre Partitionen angelegt. Das vierte einfache Volume auf einem Basis-MBR-Datenträger wird als eine erweiterte Partition angelegt, in der ein logisches Laufwerk liegt. Alle weiteren einfachen Volumes auf Basis-MBR-Datenträgern sind logische Laufwerke.

Wenn Sie in der Eingabeaufforderung oder mit einem Skript einfache Volumes erstellen möchten, müssen Sie wissen, ob der Datenträger, auf dem das einfache Volume entstehen soll, ein dynamischer oder ein Basisdatenträger ist. Das Tool DiskPart ist nicht so flexibel wie das Datenträgerverwaltungs-Snap-In, das je nach Datenträgertyp automatisch ein Volume oder eine Partition erstellt. Mit DiskPart müssen Sie auf einem Basisdatenträger eine Partition erstellen, auf einem dynamischen Datenträger dagegen ein Volume.

So erstellen Sie ein übergreifendes Volume

Ein übergreifendes Volume wird aus dem freien Speicherplatz von mehreren Festplattenlaufwerken zusammengestellt. Die Anteile auf den verschiedenen Laufwerken, aus denen sich das Volume zusammensetzt, müssen nicht gleich groß sein und es können auch mehrere freie Bereiche vom selben Festplattenlaufwerk eingebunden werden. Ein übergreifendes Volume bietet keinen zusätzlichen Geschwindigkeitsvorteil, erhöht aber das Risiko eines Totalausfalls des Volumes, der zum Datenverlust führt. Fällt ein Festplattenlaufwerk aus, das an einem übergreifenden Volume beteiligt ist, wird das ganze Volume unbrauchbar.

HINWEIS Um aus der Verwendung von mehreren Festplattenlaufwerken einen Geschwindigkeitsvorteil zu erzielen, müssen Sie Striping einsetzen, wie es beispielsweise bei RAID 1 oder RAID 5 verwendet wird. Dabei wird jede Datei eines Volumes gleichmäßig auf die Festplattenlaufwerke verteilt. Daher können die Schreib- oder Lesezugriffe beim Schreiben oder Lesen von Dateien auf mehreren Festplattenlaufwerken gleichzeitig erfolgen, und das erhöht den Durchsatz. Übergreifende Volumes hängen einfach einen Datenträger an den anderen an. Eine Datei wird daher normalerweise nur auf einem einzigen Festplattenlaufwerk gespeichert. Die beste Grundlage für Striping ist ein Computer oder eine Zusatzkarte, die Hardware-RAID bietet.

Wenn Sie trotzdem ein übergreifendes Volume erstellen möchten, gehen Sie folgendermaßen vor:

1. Öffnen Sie das Datenträgerverwaltungs-Snap-In.

2. Klicken Sie ein freies Segment, das Sie ins übergreifende Volume aufnehmen möchten, mit der rechten Maustaste an und wählen Sie im Kontextmenü dann *Neues übergreifendes Volume*. Der Assistent für neue übergreifende Volumes öffnet sich.

3. Klicken Sie auf *Weiter*. Wählen Sie auf der Seite *Datenträger wählen* die gewünschten Festplattenlaufwerke aus und klicken Sie auf *Hinzufügen*, um die Laufwerke zum übergreifenden Volume hinzuzufügen. Wählen Sie dann in der Spalte *Ausgewählt* nacheinander jedes Festplattenlaufwerk aus und legen Sie die Speicherplatzmenge fest, mit der es am übergreifenden Volume beteiligt sein soll. Klicken Sie auf *Weiter*.

4. Standardmäßig wird dem neuen Volume auf der Seite *Laufwerkbuchstaben oder -pfad zuordnen* der nächste verfügbare Laufwerkbuchstabe zugewiesen. Sie können das Volume auch in einem leeren NTFS-Ordner eines bereits vorhandenen Volumes bereitstellen. Klicken Sie auf *Weiter*.

5. Wählen Sie auf der Seite *Volume formatieren* die Formatierungsoptionen für das neue Volume. Windows Vista und Windows 7 unterstützen im Datenträgerverwaltungs-Snap-In nur das NTFS-Dateisystem. Wenn Sie FAT oder FAT32 einsetzen möchten, müssen Sie eine Eingabeaufforderung öffnen. Klicken Sie auf *Weiter*.

6. Klicken Sie auf der Seite *Fertigstellen des Assistenten* auf *Fertig stellen*, um das Volume zu erstellen.

Mit DiskPart ist das Erstellen eines übergreifenden Volumes etwas komplizierter als die Erstellung eines einfachen Volumes. Sie können das übergreifende Volume nicht in einem Schritt erstellen; zuvor müssen Sie sicherstellen, dass es sich bei den verwendeten Datenträgern um dynamische Datenträger handelt. Dann erstellen Sie auf dem ersten Datenträger, der am übergreifenden Volume beteiligt sein soll, ein einfaches Volume, erweitern das Volume auf einen zweiten Datenträger und fügen dann alle weiteren Datenträger hinzu, die noch fehlen. Zum Schluss weisen Sie dem Volume einen Laufwerkbuchstaben oder einen Bereitstellungspunkt zu.

So erstellen Sie ein Stripesetvolume

Ein Stripesetvolume fasst den freien Speicherplatz von mehreren Festplattenlaufwerken zu einem größeren Volume zusammen. Im Gegensatz zum übergreifenden Volume erfolgt die Datenspeicherung aber in Datenblöcken (»Streifen«), die über alle beteiligten Festplattenlaufwerke verteilt werden. Jedes Festplattenlaufwerk ist mit derselben Speichermenge am Volume beteiligt. Die kleinste auf einem der beteiligten Festplattenlaufwerke verfügbare Speichermenge begrenzt also die Größe eines Stripesetvolumes.

Ein Stripesetvolume ist schneller als ein einfaches Volume, weil auf mehreren Festplattenlaufwerken gleichzeitig Schreib- oder Lesezugriffe erfolgen können. Allerdings bringt diese höhere Geschwindigkeit im Vergleich zu Volumes, die sich auf ein einziges Festplattenlaufwerk beschränken, auch ein höheres Ausfallrisiko mit sich, denn wenn eines der beteiligten Festplattenlaufwerke ausfällt, ist das ganze Volume unbrauchbar. Daher ist es sehr wichtig, regelmäßig eine Datensicherung von Stripesetvolumes durchzuführen.

Zur Erstellung eines Stripesetvolumes gehen Sie folgendermaßen vor:

1. Öffnen Sie das Datenträgerverwaltungs-Snap-In.

2. Klicken Sie einen freien Speicherbereich, den Sie ins Stripesetvolume aufnehmen möchten, mit der rechten Maustaste an und klicken Sie dann auf *Neues Stripesetvolume*. Der Assistent für neue Stripesetvolumes erscheint.

3. Klicken Sie auf *Weiter*. Wählen Sie auf der Seite *Datenträger wählen* die gewünschten Festplattenlaufwerke aus und klicken Sie auf *Hinzufügen*, um die Laufwerke zum Stripesetvolume hinzuzufügen. Legen Sie dann die Speichermenge fest, die auf jedem Festplattenlaufwerk verwendet werden soll. Klicken Sie auf *Weiter*.

4. Standardmäßig wird dem neuen Volume auf der Seite *Laufwerkbuchstaben oder -pfad zuordnen* der nächste verfügbare Laufwerkbuchstabe zugewiesen. Sie können das Volume auch in einem leeren NTFS-Ordner eines bereits vorhandenen Volumes bereitstellen. Klicken Sie auf *Weiter*.

5. Wählen Sie auf der Seite *Volume formatieren* die Formatierungsoptionen für das neue Volume. Windows Vista und Windows 7 unterstützen im Datenträgerverwaltungs-Snap-In nur das NTFS-Dateisystem. Wenn Sie FAT oder FAT32 einsetzen möchten, müssen Sie eine Eingabeaufforderung öffnen. Klicken Sie auf *Weiter*.

6. Klicken Sie auf der Seite *Fertigstellen des Assistenten* auf *Fertig stellen*, um das Volume zu erstellen. Handelt es sich um Basisdatenträger, werden Sie darauf hingewiesen, dass die Datenträger bei diesem Vorgang in dynamische Datenträger konvertiert werden. Klicken Sie auf *Ja*, um die Datenträger zu konvertieren und das Stripesetvolume zu erstellen.

So ändern Sie die Größe eines Volumes

Windows 7 ist wie Windows Vista in der Lage, einfache Volumes ohne zusätzliche Software von anderen Herstellern zu vergrößern oder zu verkleinern. Auch übergreifende Volumes können Sie vergrößern oder verkleinern. Die Größe von Stripesetvolumes lässt sich allerdings nicht nachträglich ändern. Um die Größe eines Stripesetvolumes zu ändern, müssen Sie das Volume löschen und neu erstellen.

> **HINWEIS** Manche Produkte von anderen Herstellern bieten zusätzliche Flexibilität bei der Größenänderung von Partitionen und erlauben beispielsweise die Größenänderung von Partitionen, wenn der freie Speicherbereich nicht unmittelbar neben der zu vergrößernden Partition liegt, oder ermöglichen die Kontrolle der Lage des freien Speicherbereichs nach dem Verkleinern der Partition.

So verkleinern Sie ein Volume:

1. Öffnen Sie das Datenträgerverwaltungs-Snap-In.

2. Klicken Sie das Volume, das Sie verkleinern möchten, mit der rechten Maustaste an und klicken Sie auf *Volume verkleinern*.

3. Das Dialogfeld *Verkleinern* erscheint und zeigt die Speichermenge in MByte an, um die das Volume verkleinert werden kann. Bei Bedarf können Sie diese Speichermenge, um die das Volume verkleinert wird, reduzieren. Klicken Sie dann auf *Verkleinern*. Die Verkleinerung erfolgt ohne weitere Eingabeaufforderungen.

In einer Eingabeaufforderung mit erhöhten Rechten können Sie auch DiskPart verwenden und so vorgehen, wie Sie es in einem Skript tun würden. Die interaktiven Schritte, um ein Volume so weit wie möglich zu verkleinern, sind folgende:

```
DiskPart
```

```
Microsoft DiskPart-Version 6.1.7600
Copyright (C) 1999-2008 Microsoft Corporation.
Auf Computer: WIN7
```

```
DISKPART> list volume
```

```
  Volume ###  Bst  Bezeichnung   DS     Typ        Größe    Status      Info
  ----------  ---  -----------   -----  ---------  -------  ---------   --------
  Volume 0     F   Volume        NTFS   Einfach     20 GB   Fehlerfre
  Volume 1     E   Volume        NTFS   Einfach     40 GB   Fehlerfre
  Volume 2     R                        DVD-ROM      0 B    Kein Medi
  Volume 3     C                 NTFS   Partition   75 GB   Fehlerfre   System
  Volume 4     D   Volume        NTFS   Partition   52 GB   Fehlerfre
```

```
DISKPART> select volume 4
```

```
Volume 4 ist jetzt das gewählte Volume.
```

```
DISKPART> shrink querymax
```

```
Maximale Anzahl der Bytes, die freigegeben werden können:   26 GB
```

```
DISKPART> shrink
```

```
DiskPart konnte das Volume erfolgreich verkleinern um:   26 GB
```

> **HINWEIS**   Der Befehl shrink querymax im obigen Listing liefert die Höchstmenge an Speicherplatz, um die das Volume verkleinert werden kann. Der Wert hängt davon ab, wie viel Speicherplatz auf dem Volume frei ist, wie stark das Volume fragmentiert ist und wo sich kritische Dateien auf dem Volume befinden.

Die Vorgehensweise zur Erweiterung eines Volumes ist ähnlich:

1. Öffnen Sie das Datenträgerverwaltungs-Snap-In.

2. Klicken Sie das Volume, das Sie erweitern möchten, mit der rechten Maustaste an und klicken Sie dann auf *Volume erweitern*. Der Assistent zum Erweitern von Volumes erscheint.

3. Klicken Sie auf *Weiter*. Die Seite *Wählen Sie einen Datenträger* erscheint.

4. Wählen Sie die Datenträger aus und legen Sie die Speichermenge fest, mit der jeder Datenträger am erweiterten Volume beteiligt sein soll. Wenn Sie ein Volume eines Basisdatenträgers erweitern und einen Speicherbereich wählen, der sich nicht lückenlos an das Volume anschließt oder sich auf einem anderen Datenträger befindet, werden die beteiligten Datenträger bei der Erweiterung in dynamische Datenträger konvertiert. Klicken Sie auf *Weiter*.

5. Klicken Sie auf der Seite *Fertigstellen des Assistenten* auf *Fertig stellen*. Sofern für die Erweiterung eine Konvertierung in dynamische Datenträger erforderlich ist, erscheint eine entsprechende Meldung.

So löschen Sie ein Volume

Sie können ein Volume im Datenträgerverwaltungs-Snap-In oder in einer Eingabeaufforderung löschen. Dabei werden alle Daten, die im Volume gespeichert sind, endgültig gelöscht.

Klicken Sie das Volume im Datenträgerverwaltungs-Snap-In mit der rechten Maustaste an und klicken Sie auf *Volume löschen*. Oder starten Sie das Befehlszeilenprogramm DiskPart in einer Eingabeaufforderung mit erhöhten Rechten, wählen Sie das Volume und geben Sie dann den Befehl `delete volume`, wie im folgenden Beispiel:

`DiskPart`

```
Microsoft DiskPart-Version 6.1.7600
Copyright (C) 1999-2008 Microsoft Corporation.
Auf Computer: WIN7
```

`DISKPART> list volume`

```
Volume ###  Bst  Bezeichnung  DS     Typ       Größe    Status     Info
----------  ---  -----------  -----  --------  -------  ---------  --------
Volume 0    F    Volume       NTFS   Einfach    20 GB   Fehlerfre
Volume 1    E    Volume       NTFS   Einfach    40 GB   Fehlerfre
Volume 2    R                        DVD-ROM     0 B    Kein Medi
Volume 3    C                 NTFS   Partition  75 GB   Fehlerfre  System
Volume 4    D    Volume       NTFS   Partition  52 GB   Fehlerfre
```

`DISKPART> select volume 0`

```
Volume 0 ist jetzt das gewählte Volume.
```

`DISKPART> delete volume`

```
Das Volume wurde erfolgreich gelöscht.
```

So erstellen und verwenden Sie eine virtuelle Festplatte

Virtuelle Festplatten (Virtual Hard Disks, VHDs) sind ein Dateityp, der sich wie ein Festplattenlaufwerk verwenden lässt. In älteren Windows-Versionen wurden VHDs von virtuellen Computern verwendet, wie sie sich beispielsweise mit Microsoft Virtual Server 2005 oder Microsoft Virtual PC erstellen lassen. Außerdem erstellte Complete PC-Sicherung unter Windows Vista eine Kopie der Festplatte des Computers als VHD-Laufwerksabbild.

Seit Windows 7 können Sie nun VHDs wie physische Festplatten einbinden. Nachdem Sie eine VHD bereitgestellt haben, können Sie leicht Dateien auf die virtuelle Festplatte kopieren oder von ihr herunterkopieren. Außerdem lässt sich Windows 7 so konfigurieren, dass es von einer VHD starten kann, wie in Kapitel 29, »Konfiguration und Problembehandlung des Startvorgangs«, beschrieben.

Sie können eine VHD entweder im Datenträgerverwaltungs-Snap-In oder auf der Befehlszeile erstellen. Nachdem Sie die VHD erstellt haben, müssen Sie die VHD einbinden und anschließend wie eine physische Festplatte formatieren, um sie verwenden zu können.

So erstellen Sie eine VHD in der Konsole *Datenträgerverwaltung*:

1. Klicken Sie *Datenträgerverwaltung* mit der rechten Maustaste an und klicken Sie dann auf *Virtuelle Festplatte erstellen*. Folgen Sie den Anweisungen.

2. Klicken Sie die neue Festplatte mit der rechten Maustaste an und klicken Sie dann auf *Datenträgerinitialisierung*. Klicken Sie auf *OK*.

3. Klicken Sie die neue Festplatte mit der rechten Maustaste an und klicken Sie dann auf *Neues einfaches Volume* (oder wählen Sie einen anderen Volumetyp, sofern verfügbar). Folgen Sie der Anleitung.

Die neue Festplatte kann nun genauso verwendet werden wie jede andere Festplatte.

Verwenden Sie im DiskPart-Befehlszeilentool in einer Eingabeaufforderung mit erhöhten Rechten den Befehl create vdisk und geben Sie den Parameter file mit dem Namen der Datei und den Parameter maximum an, um die maximale Größe der Festplatte in MByte festzulegen. Der folgende Befehl zeigt, wie man eine VHD-Datei unter *C:\vdisks\disk1.vdh* mit einer maximalen Dateigröße von 16 GByte (oder 16.000 MByte) anlegt.

DiskPart

```
Microsoft DiskPart-Version 6.1.7600
Copyright (C) 1999-2008 Microsoft Corporation.
Auf Computer: WIN7
```

```
DISKPART> create vdisk file="C:\vdisks\disk1.vhd" maximum=16000
```

```
DiskPart hat die Datei für virtuelle Datenträger erfolgreich erstellt.
```

Weitere Optionen werden angezeigt, wenn Sie in der DiskPart-Eingabeaufforderung **help create vdisk** eingeben.

Nachdem Sie eine VHD erstellt haben, müssen Sie die VHD einbinden, eine Partition erstellen, der Partition einen Laufwerkbuchstaben zuweisen und sie formatieren, damit sie verwendet werden kann. Das folgende Skript zeigt, wie man diese Arbeit automatisiert (es muss in einer DiskPart-Sitzung ausgeführt werden).

```
create vdisk file="C:\vdisks\disk1.vhd" maximum=16000
attach vdisk
create partition primary
assign letter=g
format
```

Dateisystemfragmentierung

Wenn auf Datenträgern Dateien erstellt, geändert oder gelöscht werden, ändern sich die Größe und vielleicht auch die Position der Dateien. Der innere Aufbau des Volumes wird immer komplexer. Wenn eine Datei vergrößert werden muss und direkt im Anschluss an die Datei keine Speicherblöcke frei sind, legt das Dateisystem die neuen Teile der Datei automatisch dort ab, wo Platz frei ist. Dann nimmt es in den Verwaltungsdatenstrukturen die entsprechenden Einträge vor, damit die ganze Datei nach außen als eine logische Einheit verfügbar ist, obwohl die Datei nun intern aus zwei oder mehr Fragmenten besteht.

Die Fragmentierung ist also ein ganz normaler Vorgang, der sich für den Benutzer unsichtbar hinter der Bühne abspielt. Das Problem ist, dass im Lauf der Zeit immer mehr Dateien fragmentiert werden und sogar sehr stark fragmentiert werden können, wodurch sich der Zeitbedarf des Festplattencontrollers erhöht, um alle Fragmente zusammenzubekommen. Dadurch wird nicht nur der Dateizugriff langsamer, sondern es steigt auch die mechanische Belastung des Festplattenlaufwerks.

Standardmäßig defragmentieren Windows Vista und Windows 7 das Festplattenlaufwerk jeden Mittwoch um 1 Uhr nachts. Ist der Computer zu dieser Zeit ausgeschaltet, beginnt die Defragmentierung kurz nach dem nächsten Start des Computers. Im Idealfall wird die Defragmentierung in den Leerlaufzeiten des Computers durchgeführt, damit sich keine spürbaren Auswirkungen auf die Computerleistung ergeben. Allerdings ist die Auswirkung sowieso nicht allzu hoch, denn der Defragmentierer selbst wird mit niedriger Priorität ausgeführt und verwendet auch E/A-Vorgänge niederer Priorität.

Anders als ältere Windows-Versionen erkennt Windows 7 auch SSDs (Solid-State Drives) und deaktiviert die automatische Defragmentierung solcher Laufwerke. Eine Defragmentierung verbessert die Leistung eines SSDs nicht, kann aber die Lebensdauer des SSDs durch unnötige Schreibzugriffe stark verkürzen.

So funktioniert's: Verbesserungen im Defragmentierungsalgorithmus

Viele Systemadministratoren waren von der grafischen Darstellung der Defragmentierung in den älteren Windows-Versionen fasziniert. Wie Sie feststellen werden, ist diese grafische Darstellung aus Windows Vista und Windows 7 verschwunden. Die Darstellung des Volumelayouts und die Hervorhebung auch solcher Dateien, die nur aus zwei Segmenten bestehen, führte dazu, dass einige leistungsorientierte Administratoren geradezu besessen waren von der Vorstellung, auch die letzte Fragmentierung verschwinden lassen zu müssen.

Die Fragmentierung verringert zwar die Laufwerksleistung, aber bei großen Dateien spielt es fast keine Rolle, ob die Datei in einem Stück oder mehreren Segmenten vorliegt. In der Praxis werden sich selbst dann keine nennenswerten Unterschiede ergeben, wenn Sie eine große Datei, die aus mehreren Segmenten besteht, jahrelang lesen und beschreiben. Daher hat Microsoft den Defragmentierungsalgorithmus so geändert, dass er keine Defragmentierung wegen eines Segments vornimmt, das größer als 64 MByte ist. Dateien neu anzuordnen, nur um zwei 64-MByte-Segmente zusammenzulegen, ist den Aufwand einfach nicht wert, also kümmert sich Windows nicht weiter darum.

Wenn Sie ein anderes Defragmentierungsprogramm verwenden (beispielsweise den Defragmentierer von Windows XP), werden diese Fragmente angezeigt und sie sehen ziemlich wichtig aus, weil die fragmentierte Datei so groß ist. (Gewöhnlich wird die ganze Datei rot dargestellt, selbst wenn sie nur aus zwei Segmenten besteht.) Vertrauen Sie aber trotzdem dem Algorithmus, einige wenige Fragmente spielen keine Rolle.

Um ein Dateisystem manuell zu defragmentieren oder den Zeitplan für die automatische Datenträgerdefragmentierung einzustellen, gehen Sie folgendermaßen vor:

1. Klicken Sie auf *Start* und dann auf *Computer*.
2. Klicken Sie das Laufwerk mit der rechten Maustaste an und klicken Sie auf *Eigenschaften*.
3. Klicken Sie auf die Registerkarte *Tools* und dann auf *Jetzt defragmentieren*. Das Dialogfeld *Defragmentierung* öffnet sich (Abbildung 16.1).
4. Klicken Sie im Dialogfeld *Defragmentierung* auf *Datenträger defragmentieren*, um die Defragmentierung einzuleiten.

Sie können zwar weiter auf dem Computer arbeiten, während die Defragmentierung läuft, aber der Computer reagiert vielleicht ein wenig langsamer. In der gezeigten Schnittstelle können Sie auch den Defragmentierungszeitplan für einzelne Computer ändern.

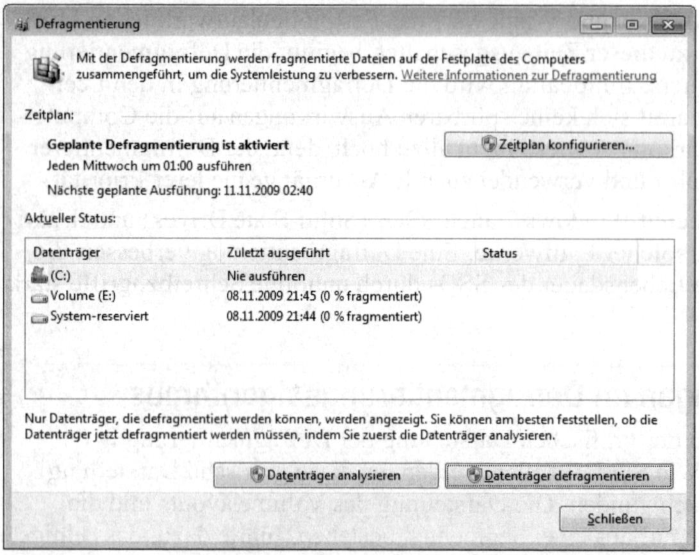

Abbildung 16.1 Die Datenträgerdefragmentierungsschnittstelle von Windows 7

Wenn Sie die Defragmentierung genauer steuern möchten, können Sie in einer Eingabeaufforderung mit erhöhten Rechten das Befehlszeilenprogramm *Defrag.exe* verwenden. *Defrag.exe* hat folgende Syntax, die sich unter Windows 7 geändert hat:

```
Defrag <Volume> | /C | /E <Volumes> [/A | /X | /T] [/H] [/M] [/U] [/V]
```

Die Optionen von Defrag bedeuten:

- **<Volume>** Der Laufwerkbuchstabe oder Bereitstellungspunkt des Volumes, das defragmentiert werden soll.

- **/C** Defragmentiert alle lokalen Volumes des Computers.

- **/E** Defragmentiert alle lokalen Volumes des Computers, mit Ausnahme der angegebenen.

- **/A** Führt auf dem angegebenen Volume nur eine Fragmentierungsanalyse durch, ohne es zu defragmentieren. Ein Analysebericht könnte so aussehen:

```
Volumeinformationen:
    Volumegröße                        = 48,72 GB
    Freier Speicherplatz               = 42,23 GB
    Fragmentierter Speicherplatz insgesamt = 0%
    Größter freier Speicherplatz       = 23,80 GB
Hinweis: Dateifragmente, die größer als 64 MB sind, sind nicht in den
         Fragmentierungsstatistiken enthalten.
Dieses Volume muss nicht defragmentiert werden.
```

- **/X** Führt eine Konsolidierung des freien Speicherplatzes durch. Dieser Vorgang ist sinnvoll, wenn Sie ein Volume verkleinern möchten, und kann die Fragmentierung von später auf dem Volume gespeicherten Dateien verringern.

- **/T** Verfolgt einen Vorgang, der auf dem angegebenen Volume bereits ausgeführt wird.

- **/H** Führt den Vorgang mit normaler Priorität aus, statt mit der sonst üblichen niedrigen Priorität. Verwenden Sie diese Option, wenn auf dem Computer keine anderen Arbeiten ausgeführt werden.

- **/M** Defragmentiert mehrere Volumes gleichzeitig. Diese Option ist hauptsächlich auf Computern sinnvoll, die gleichzeitig auf mehrere Festplatten zugreifen können, beispielsweise auf Computern, die SCSI- oder SATA-Festplatten verwenden und keine Festplatten mit IDE-Schnittstelle.

- **/U** Zeigt den Fortschritt des Vorgangs auf dem Bildschirm an.

- **/V** Die Defragmentierung wird ausführlicher dokumentiert.

Sichern und Wiederherstellen

Windows 7 enthält das Systemsteuerungstool *Sichern und Wiederherstellen* (Abbildung 16.2), eine aktualisierte Version des Centers zum Sichern und Wiederherstellen. Das Sicherungstool erstellt von Ihren Dateien eine Schattenkopie, damit der Datenbestand vollständig gesichert werden kann, auch wenn einige Dateien geöffnet sind.

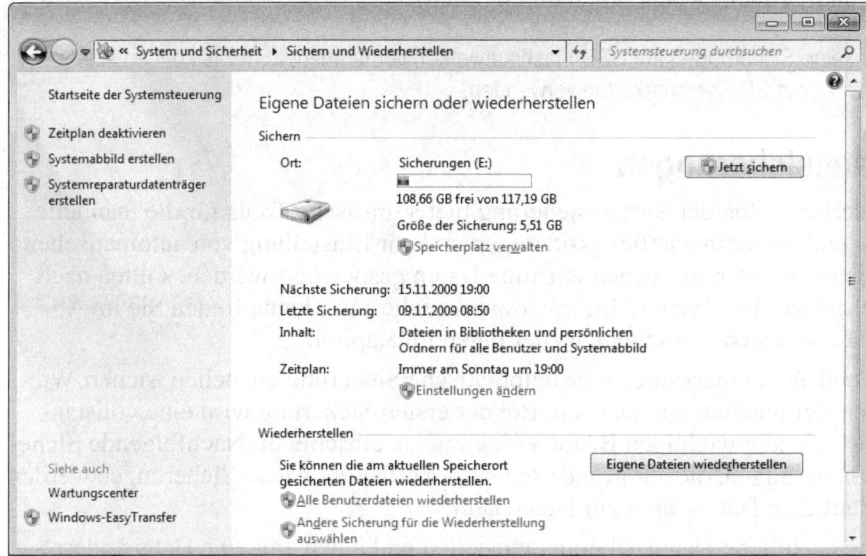

Abbildung 16.2   Das Tool *Sichern und Wiederherstellen* der Systemsteuerung

Das Sicherungstool bietet zwei Arten von Sicherungen:

- **Systemabbild** Unter Windows Vista als Complete PC-Sicherung bekannt, sichert die Systemabbildsicherung ein ganzes Volume in einer virtuellen Festplattendatei (Virtual Hard Disk, VHD), und zwar verdichtet, also ohne den freien Platz. Damit können Sie einen Computer und alle installierten Anwendungen schnell wiederherstellen. Allerdings erfordert diese Sicherung mehr Platz und mehr Zeit als die Alternative. Systemabbildsicherungen brauchen normalerweise nur nach der ersten vollständigen Installation und Einstellung eines Computers durchgeführt zu werden. Complete PC-Sicherungen unter Windows Vista konnten nur auf einem lokalen Medium wie einer DVD oder auf einem externen Festplattenlaufwerk durchgeführt werden, aber die Systemabbildsicherungen von Windows 7 lassen sich auch in freigegebenen Ordnern speichern.

■ **Dateien und Ordner** Speichert Benutzerdateien und Dokumente in komprimierten *.zip*-Dateien. Standardmäßig handelt es sich um inkrementelle Sicherungen, die sehr schnell erfolgen. Außerdem werden bei Dateisicherungen keine Systemdateien, Programmdateien, mit EFS verschlüsselte Dateien, temporäre Dateien, Dateien aus dem Papierkorb oder Benutzerprofileinstellungen berücksichtigt. Dateisicherungen können auf einem lokalen Medium oder auf einem freigegebenen Ordner des Netzwerks erfolgen.

> **HINWEIS** Dateisicherungen erfolgen schneller, weil sie keine System- oder Anwendungsdateien umfassen. Allerdings sind auch Systemabbildsicherungen erstaunlich schnell. Da der Datenträger bei einer Systemabbildsicherung blockweise gesichert wird, ist die Leseleistung besser als beim dateiorientieren Lesen, bei dem der Schreib-/Lesekopf des Laufwerks ständig zwischen den Spuren wechseln muss.

Das Tool Sichern und Wiederherstellen unterstützt die Sicherung von Datendateien auf CD, DVD, Festplatte (fest eingebaut oder Wechselfestplatte) und Netzwerkfreigaben. Mit den Standardeinstellungen für die erste Sicherung und für geplante Sicherungen werden die Systemabbildsicherung und die Sicherung von Dateien und Ordnern wöchentlich durchgeführt.

> **HINWEIS** Sie können zwar keine Sicherungen auf USB-Flashlaufwerken vornehmen, aber Sie können eine externe USB-Festplatte oder CF- oder SD-Speicherkarten verwenden.

So funktionieren Dateisicherungen

Das Tool Sichern und Wiederherstellen der Systemsteuerung bietet grafische Tools für die manuelle Einleitung von Sicherungs- und Wiederherstellungssitzungen und zur Einstellung von automatischen Datensicherungen. Alle Clientcomputer, auf denen wichtige Daten gespeichert werden, sollten nach Zeitplan automatisch gesichert werden. Weitere Informationen zu diesem Thema finden Sie im Abschnitt »Empfehlungen für Computersicherungen« weiter unten im Kapitel.

Wenn Sie im Tool Sichern und Wiederherstellen eine automatische Sicherung einstellen, sichert Windows 7 zu den vorgesehenen Zeitpunkten alle Dateien. Bei der ersten Sicherung wird eine vollständige Sicherung durchgeführt, die alle wichtigen Benutzerdokumente einschließt. Nachfolgende Sicherungen sind inkrementelle Sicherungen, die nur geänderte Dateien erfassen. Ältere Sicherungen werden verworfen, wenn der Platz auf dem Datenträger zur Neige geht.

Wenn Sie zum Beispiel eine nächtliche Datensicherung einstellen und jeden Tag eine Datei ändern, wird im Sicherungsordner der Tagessicherung eine Kopie dieser Datei gespeichert, wie im nächsten Abschnitt »Datei- und Ordnerstruktur der Sicherungen« dieses Kapitels beschrieben. Werden auf diese Art mehrere Versionen derselben Datei gespeichert, gibt Windows 7 dem Benutzer die Möglichkeit, unter diesen Vorgängerversionen die richtige Kopie auszuwählen (Vorgängerversionen werden ebenfalls weiter unten im Kapitel beschrieben). Wenn Sie Dateien wiederherstellen, brauchen Sie nur eine Sicherung wiederherzustellen, weil Windows 7 automatisch von jeder Datei die jeweils neuste Version wiederherstellt. Sofern Sie bestimmte Vorgängerversionen suchen, müssen Sie zuerst die letzte vollständige Sicherung wiederherstellen und dann die gewünschte Version aus den inkrementellen Sicherungen heraussuchen.

Windows 7 verwendet Schattenkopien, um die letzte gespeicherte Version einer Datei zu suchen. Daher wird eine Datei auch dann gesichert, wenn sie während der Sicherung geöffnet ist (wie zum Beispiel eine lokale Datenbankdatei für E-Mail oder ein offenes Dokument). Allerdings werden dabei keine Änderungen mehr erfasst, die der Benutzer seit dem Speichern vorgenommen hat.

Nur Administratoren können automatische Sicherungen einrichten oder manuell einleiten. Nach der Einrichtung sind aber keine Administratorrechte mehr erforderlich, um geplante Sicherungen durchzuführen. Die Wiederherstellung von gesicherten Dateien erfordert keine Administratorrechte, solange ein Benutzer nicht versucht, Dateien von anderen Benutzern wiederherzustellen.

Wenn Sie zur Speicherung der gesicherten Daten einen freigegebenen Ordner verwenden möchten, muss das Konto, mit dem die Sicherung durchgeführt wird, über Vollzugriff auf die Freigabe verfügen und die erforderlichen NTFS-Berechtigungen für die Zielordner aufweisen (diese Berechtigungen werden auch Mitbesitzerrechte genannt). Um das Sicherheitsrisiko möglichst klein zu halten, können Sie ein spezielles Benutzerkonto einrichten, das nur zur Datensicherung verwendet wird. Stellen Sie dann die Freigabe- und NTFS-Berechtigungen so ein, dass nur dieses Sicherungskonto Zugriff erhält. Das Sicherungskonto braucht auf dem zu sichernden Computer Administratorrechte, aber auf dem Zielcomputer nur die erforderlichen Berechtigungen für den Zugriff auf die Freigabe und die Ordner.

Datei- und Ordnerstruktur der Sicherungen

Das Sicherungsprogramm von Windows XP erstellt eine einzige Datei mit der Erweiterung *.bkf*, wenn Sie eine Sicherung durchführen. Sicherungen in Windows Vista und Windows 7 ergeben eine flexiblere und zuverlässigere Dateistruktur.

Wenn ein Benutzer die Sicherung auf einer externen Festplatte durchführt, erstellt Windows 7 im Stammverzeichnis des Laufwerks automatisch einen Ordner, der den Namen des Computers trägt. In diesem Ordner werden Sicherungen im Format *Backup Set <Jahr-Monat-Tag><Zeit>* gespeichert. Wenn Ihr Computer zum Beispiel Computer heißt, die Sicherung auf Laufwerk *E:* erfolgt und Sie die Sicherung am 22. Januar 2009 um 16 Uhr 32 durchführen, finden Sie die Sicherung in *E:\Computer\ Backup Set 2009-01-22 163200*.

Die Ordnerstruktur wird erstellt, wenn der Benutzer die erste Sicherung durchführt. Bei den automatischen inkrementellen Sicherungen, die anschließend erfolgen, werden zusätzliche Kopien der geänderten Dateien in Unterordnern gespeichert. Allerdings wird der Name des Sicherungssatzordners nie aktualisiert. Das im Ordnernamen verwendete Datum entspricht also nicht dem Stand der Dateien, die im Ordner enthalten sind. Ein neuer Ordner für den Sicherungssatz wird immer nur dann erstellt, wenn der Benutzer eine vollständige Sicherung durchführt.

Abbildung 16.3 Die Sicherungsordnerstruktur enthält separate Ordner für jeden Computer, jeden Sicherungssatz, jede Sicherungssitzung und Kataloge

In jedem *Backup Set*-Ordner erstellt das Sicherungsprogramm eine Reihe von *Backup Files*-Ordnern, in deren Namen der Zeitpunkt angegeben wird, an dem die inkrementelle Sicherung durchgeführt wurde. Außerdem erstellt das Sicherungsprogramm im *Backup Set*-Stammordner einen *Catalogs*-Ordner. Abbildung 16.3 zeigt eine Sicherungsordnerstruktur für einen Computer namens WIN7, der so eingestellt wurde, dass er die Sicherungsdateien auf Laufwerk *E:* speichert. Die Sicherungen von

Dateien und Ordnern werden im Ordner *WIN7* gespeichert, während die Systemabbildsicherung im Ordner *WindowsImageBackup* gespeichert wird. Die Dateiberechtigungen wurden für alle Ordner und Dateien beschränkt auf Administratoren, die Vollzugriff haben, und auf den Benutzer, der die Sicherung konfiguriert hat. Er erhält standardmäßig Lesezugriff.

> **HINWEIS** Bei der Wiederherstellung von Dateien sucht Windows 7 im Stammordner des Sicherungsmediums nach einem Ordner, der den Namen des aktuellen Computers trägt. Wenn Sie Dateien wiederherstellen müssen, die auf einem anderen Windows 7-Computer gesichert wurden, können Sie entweder den Ordner mit dem Namen des aktuellen Computers umbenennen oder die Option *Andere Sicherung für die Wiederherstellung auswählen* wählen und die gewünschte Sicherung auswählen.

In jedem Sicherungsordner gibt es eine Reihe von komprimierten *.zip*-Dateien mit den Namen *Backup filesxxx.zip*, wobei *xxx* eine laufende Nummer ist, die den Dateinamen eindeutig macht. Ein Sicherungsordner könnte beispielsweise folgende Dateien enthalten:

- *Backup files 1.zip*
- *Backup files 2.zip*
- *Backup files 138.zip*

> **HINWEIS** Da es sich bei den *.zip*-Dateien, die für Sicherungen verwendet werden, um komprimierte Dateien handelt, die zudem mehrere Dateien aufnehmen, verbrauchen Sie auf dem Sicherungsmedium weniger Platz. Gewöhnlich belegt eine Sicherung ungefähr die Hälfte des Speicherplatzes, den die Originaldateien beanspruchen. Wie weit die Komprimierung gehen kann, hängt von der Dateiart ab. Text- und XML-Dateien (Extensible Markup Language) werden gewöhnlich auf weniger als ein Zehntel der Originalgröße komprimiert. Sicherungen von Video-, Musik- und Bilddateien belegen dagegen meistens denselben Platz wie die Originale, weil die Dateien bereits komprimiert sind.

Diese Standard-ZIP-Dateien können Sie mit entsprechenden ZIP-Tools bearbeiten oder auf die Fähigkeit von Windows zur Dekomprimierung von ZIP-Dateien zurückgreifen. Da Windows *.zip*-Dateien durchsuchen kann, können Sie schnell die Sicherung einer bestimmten Datei finden, indem Sie den Sicherungsordner durchsuchen. Dann extrahieren Sie einfach die Datei aus dem komprimierten Ordner, ohne das Tool Sichern und Wiederherstellen aus der Systemsteuerung zu verwenden. Dadurch wird die Wiederherstellung von Dateien auch möglich, wenn Sie ein anderes Betriebssystem verwenden.

Der Ordner *Catalogs* enthält eine Datei namens *GlobalCatalog.wbcat*. Diese Datei liegt in einem speziellen Format vor und enthält einen Index, der die gesicherten Dateien nennt und auf die ZIP-Dateien verweist, in denen die Dateien jeweils zu finden sind. Windows 7 verwendet den Index, um eine Datei schnell wiederherstellen zu können. Der *Catalogs*-Ordner enthält auch für jede gesicherte Datei eine Liste der Dateiberechtigungen. Daher sind die Berechtigungen normalerweise wieder korrekt gesetzt, wenn Sie Dateien mit dem Tool Sichern und Wiederherstellen aus der Systemsteuerung wiederherstellen. Falls Sie eine Datei direkt aus dem komprimierten Ordner wiederherstellen, erbt die wiederhergestellte Datei allerdings die Berechtigungen des übergeordneten Ordners, statt die Originalberechtigungen beizubehalten.

So funktionieren Systemabbildsicherungen

Systemabbildsicherungen führen eine blockorientierte Sicherung Ihres Startvolumes durch. Gespeichert wird diese Sicherung in einer virtuellen Festplattendatei (*.vhd*), die in einem lokalen Speicher gespeichert werden muss, beispielsweise auf einem zweiten Festplattenlaufwerk. Wie bei Dateisicherungen wird bei nachfolgenden Sicherungen, die auf dasselbe Medium erfolgen, nur eine inkrementelle

Sicherung erstellt. Anders gesagt, nur die Teile der Festplatte, die sich geändert haben, werden zur vorhandenen Systemabbildsicherung kopiert. Im Gegensatz zu Dateisicherungen wird aber nur eine einzige Version der Systemabbildsicherung beibehalten. Es werden also nicht mehrere Versionen gespeichert.

Das Tool Sichern und Wiederherstellen bietet keine grafische Oberfläche zur Planung von automatischen Systemabbildsicherungen. Verwenden Sie stattdessen automatische Dateisicherungen und erstellen Sie eine Systemabbildsicherung nur dann, wenn Sie umfangreichere Änderungen an der Konfiguration eines Computers durchgeführt haben. Bei Bedarf können Sie auch mit dem Befehlszeilentool WBAdmin eine automatische Systemabbildsicherung vorbereiten, wie im nächsten Abschnitt beschrieben.

So führen Sie eine Systemabbildsicherung auf der Befehlszeile durch

Der einfachste Weg zur Durchführung einer Systemabbildsicherung ist, den Eingabeaufforderungen des Tools Sichern und Wiederherstellen der Systemsteuerung zu folgen. Wenn Sie Systemabbildsicherungen automatisch oder nach Zeitplan erstellen möchten, können Sie das Befehlszeilentool *WBAdmin.exe* verwenden.

Um beispielsweise eine Systemabbildsicherung von Laufwerk *C:* auf Laufwerk *L:* durchzuführen, verwenden Sie in einer Eingabeaufforderung mit erhöhten Rechten folgenden Befehl:

```
wbadmin start backup -backupTarget:L: -include:C: -quiet
```

```
wbadmin 1.0 - Sicherungs-Befehlszeilentool
(C) Copyright 2004 Microsoft Corp.

Volumeinformationen werden abgerufen...
Hierdurch wird das Volume "Lokaler Datenträger(C:)" in "L:" gesichert.

Der Sicherungsvorgang in "L:" wird gestartet.
Eine Schattenkopie der für die Sicherung angegebenen Volumes wird erstellt...
Von Volume "Lokaler Datenträger(C:)" wird eine Sicherung erstellt. Kopiert: (0%).
Von Volume "Lokaler Datenträger(C:)" wird eine Sicherung erstellt. Kopiert: (19%).
Von Volume "Lokaler Datenträger(C:)" wird eine Sicherung erstellt. Kopiert: (40%).
Von Volume "Lokaler Datenträger(C:)" wird eine Sicherung erstellt. Kopiert: (77%).
Von Volume "Lokaler Datenträger(C:)" wird eine Sicherung erstellt. Kopiert: (99%).
Die Sicherung von Volume "Lokaler Datenträger(C:)" wurde abgeschlossen.
Der Sicherungsvorgang wurde abgeschlossen.
Zusammenfassung des Sicherungsvorgangs:
------------------

Die Sicherung von Volume "Lokaler Datenträger(C:)" wurde abgeschlossen.
```

Die Systemabbildsicherung wird so durchgeführt, als wäre sie mit dem grafischen Tool Sichern und Wiederherstellen der Systemsteuerung eingeleitet worden. Wenn Sie das erste Mal eine Systemabbildsicherung durchführen, wird jeder Block des zu sichernden Volumes gesichert. Bei nachfolgenden Aufrufen wird dann nur noch die bestehende Sicherung aktualisiert.

Sie können mit dieser Befehlszeile auch eine automatische Sicherung nach Zeitplan einrichten. Allerdings müssen Sie die Aufgabe in der Aufgabenplanung so einstellen, dass sie mit Administratorrechten durchgeführt wird. Dazu geben Sie ein Benutzerkonto mit Administratorrechten an oder wählen auf der Registerkarte *Allgemein* des Eigenschaftendialogfelds der Aufgabe das Kontrollkästchen *Mit höchsten Privilegien ausführen*.

So stellen Sie einen Computer aus einer Systemabbildsicherung wieder her

Weil das Wiederherstellungsprogramm den gesamten Inhalt eines Datenträgers neu schreiben muss, können Sie einen Computer nur aus einer Systemabbildsicherung wiederherstellen, indem Sie ihn von der Windows 7-DVD starten und dann die Systemwiederherstellungsoptionen verwenden. Dass Sie einen Computer mit den Systemwiederherstellungsoptionen aus einer Systemabbildsicherung wiederherstellen können, bedeutet, dass Sie einen Computer nach dem Wechsel des Festplattenlaufwerks schnell wieder zum Laufen bringen können. (Vielleicht müssen Sie ein Festplattenlaufwerk austauschen, weil es ausgefallen ist oder weil Malware installiert wurde, die sich nicht entfernen lässt.)

Zur Wiederherstellung des Computers aus einer Systemabbildsicherung gehen Sie folgendermaßen vor:

1. Schließen Sie das Sicherungsmedium an den Computer an. Wurde die Systemabbildsicherung beispielsweise auf einem externen USB-Festplattenlaufwerk durchgeführt, schließen Sie dieses Laufwerk an Ihren Computer an.

2. Legen Sie die Windows 7-DVD ins Laufwerk ein. Sorgen Sie dafür, dass der Computer auf den Start von DVD eingestellt ist.

3. Starten Sie Ihren Computer neu. Wenn Sie aufgefordert werden, eine Taste zu drücken, damit der Start von der DVD erfolgt, dann drücken Sie eine Taste. Wenn Sie nicht dazu aufgefordert werden, müssen Sie wahrscheinlich die Bootreihenfolge des Computers ändern.

4. Windows Setup wird geladen. Sobald Sie dazu aufgefordert werden, nehmen Sie die gewünschten Sprach-, Zeit- und Tastatureinstellungen vor und klicken dann auf *Weiter*.

5. Klicken Sie auf *Computerreparaturoptionen*, um *RecEnv.exe* zu starten.

6. Im Dialogfeld *Systemwiederherstellungsoptionen* klicken Sie auf *Stellen Sie den Computer mithilfe eines zuvor erstellten Systemabbilds wieder her* (Abbildung 16.4). Wurde die Sicherung auf DVD vorgenommen, legen Sie nun die DVD ein. Klicken Sie auf *Weiter*. Der Assistent zur Wiederherstellung des Systemabbilds öffnet sich.

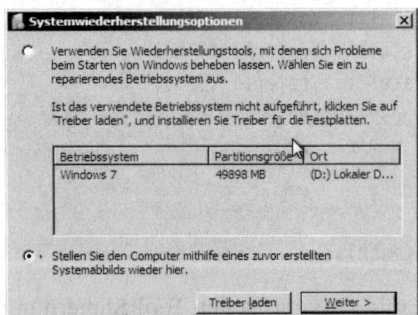

Abbildung 16.4   Sie können die Systemabbildwiederherstellung im Dialogfeld *Systemwiederherstellungsoptionen* starten

Auf der Seite *Systemabbildsicherung auswählen* ist die letzte Sicherung automatisch vorgewählt. Wenn es sich um die Sicherung handelt, die wiederhergestellt werden soll, klicken Sie auf *Weiter* (Abbildung 16.5). Andernfalls klicken Sie auf *Systemabbild auswählen*, klicken dann auf *Weiter* und wählen die richtige Sicherung aus.

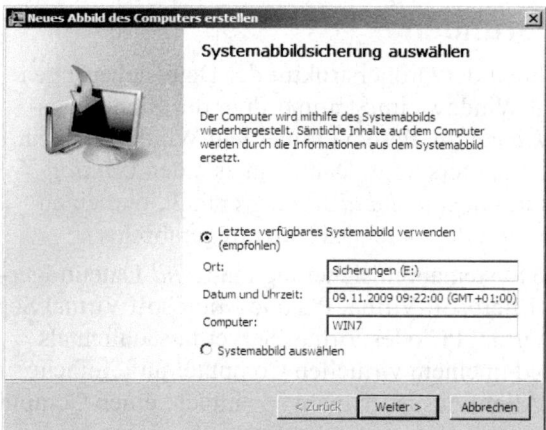

Abbildung 16.5 Wählen Sie die Systemabbildsicherung aus, die wiederhergestellt werden soll

7. Wählen Sie das Kontrollkästchen *Datenträger formatieren und neu partitionieren* auf der nächsten Seite nur, wenn das Festplattenlaufwerk noch nicht partitioniert und formatiert worden ist. Überprüfen Sie genau, ob Sie tatsächlich alle Daten, die auf dem aktuellen Laufwerk vorhanden sind, überschreiben möchten, und klicken Sie dann auf *Weiter* (Abbildung 16.6).

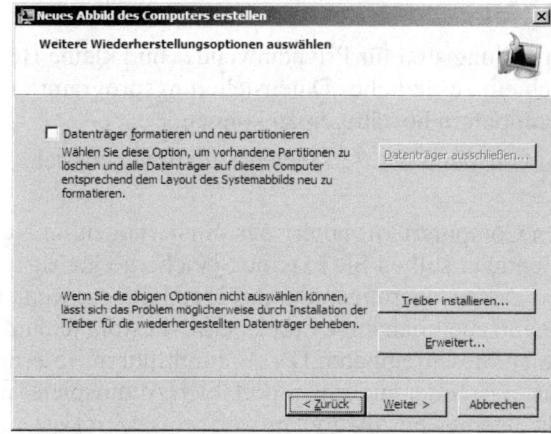

Abbildung 16.6 Der Systemabbild-Wiederherstellungsassistent stellt das ganze Datenträgerabbild wieder her, einschließlich Systemdateien und Benutzerdokumenten

8. Klicken Sie auf der letzten Seite auf *Fertig stellen*. Wenn Sie dazu aufgefordert werden, klicken Sie auf *Ja*.

Die Windows Systemabbild-Wiederherstellung liest die Daten aus der Sicherung ein und überschreibt damit die vorhandenen Dateien. Pro Gigabyte dauert dies gewöhnlich 30 bis 60 Sekunden. Sie können auch eine Wiederherstellung auf einem Festplattenlaufwerk durchführen, das eine andere Größe aufweist, solange das Festplattenlaufwerk groß genug ist, die Daten aufzunehmen. Nach dem Abschluss der Wiederherstellung führt der Computer mit den wiederhergestellten Dateien einen Neustart durch.

Ordnerstruktur der Systemabbildsicherungen

Die Ordnerstruktur der Systemabbildsicherungen ähnelt der Ordnerstruktur der Dateisicherungen. Wenn Sie eine Systemabbildsicherung erstellen, legt Windows im Stammordner des Sicherungsmediums einen Ordner namens *WindowsImageBackup* an. In diesem Ordner legt Windows einen weiteren Ordner an, der den Namen des aktuellen Computers trägt. Dann legt es einen *Catalog*-Ordner an, der die Katalogdateien *GlobalCatalog* und *BackupGlobalCatalog* enthält, und einen Ordner »*Backup <Jahr>-<Monat>-<Tag> <Zeit>*« mit der Datei des Datenträgerabbilds.

Bei der Sicherung eines ganzen Volumes erstellt die Systemabbildsicherung eine *.vhd*-Datenträgerabbilddatei. Das ist dasselbe Dateiformat, das auch Microsoft Virtual PC und Microsoft Virtual Server verwenden. Daher können Sie die *.vhd*-Dateien in Virtual PC oder Virtual Server tatsächlich als sekundäre Datenträger bereitstellen und anschließend in einem virtuellen Computer auf einfache Weise auf die darin enthaltenen Dateien zugreifen. Allerdings ist es nicht so einfach, einen Computer von einer Systemabbild-VHD-Datei zu starten.

Zu einer Systemabbildsicherung gehören auch noch einige andere Dateien:

- Eine Datei *MediaId* im Ordner *<Computername>* dient zur Identifizierung des Datenträgerabbilds.

- *GlobalCatalog* und *BackupGlobalCatalog* im Ordner *Catalog* führen Buch über die Datenträgerabbildungen der Systemabbildsicherung.

- Im *Backup*-Ordner gibt es einige XML-Dateien mit Konfigurationsdaten für die Sicherungsdatei.

Empfehlungen für Computersicherungen

Die Windows 7-Tools zur Sicherung und Wiederherstellung sind für Privatanwender und kleine Betriebe gedacht. Größere Firmen brauchen gewöhnlich ein zusätzliches Datensicherungsprogramm von anderen Herstellern, um die große Zahl von Clientcomputern bewältigen zu können.

Allerdings kann sich auch das Sicherungsprogramm von Windows 7 in vielen Situationen als sehr nützlich erweisen:

- **Mobile Benutzer**   Mobile Benutzer sind mit ihren Computern oft unterwegs, Sicherungen im Netzwerk sind also nur bedingt sinnvoll. Für diese Benutzer sollten Sie externe Speichergeräte zur Verfügung stellen, damit die Benutzer auch dann Datensicherungen durchführen können, wenn sie nicht im Büro sind. Im Normalfall werden Sie wahrscheinlich ein externes USB-Festplattenlaufwerk wählen. Sicherungen lassen sich aber auch auf beschreibbaren DVDs durchführen, sofern der Computer mit einem DVD-Brenner ausgerüstet ist, oder auf einem portablen Audiospieler mit ausreichend Speicherkapazität, sofern er sich als externes Festplattenlaufwerk einsetzen lässt.

- **Benutzer, die zu Hause arbeiten**   Benutzer, die zu Hause arbeiten, verfügen vielleicht nicht über eine hinreichend leistungsfähige Verbindung, um Netzwerksicherungen durchzuführen. Außerdem ist die Verbindung vielleicht nicht stabil genug, um wichtige Dateien auf den internen Firmenservern zu speichern. Um das Risiko zu verringern, dass diese Mitarbeiter wichtige Daten verlieren, statten Sie die Mitarbeiter mit externen Speichergeräten aus und richten automatische Sicherungen ein.

- **Kleine Firmen oder Filialen**   Um die Computer einer kleinen Firma oder Filiale mit einem lokalen Netzwerk (LAN) zu sichern, das Verbindungen mit 100 MBit/s oder mehr ermöglicht, richten Sie einen Server mit ausreichend Speicherkapazität ein, der die Sicherungen der Computer aufnimmt. Dann richten Sie automatische Sicherungen ein, bei denen die Daten auf einem freigegebenen Ordner des Servers gespeichert werden. Oder Sie verwenden NAS (Network Attached Storage).

Ein externes Festplattenlaufwerk an einen Computer anzuschließen und automatische Sicherungen einzurichten, ist die bequemste und zuverlässigste Methode, die Daten eines Computers zu sichern. Da sich das Sicherungsmedium aber räumlich nahe beim Computer befindet, schützt diese Konfiguration nicht vor üblichen Datenverlustszenarien wie Diebstahl, Feuer oder Überspannungen auf der Stromleitung. Zum Schutz vor diesen Bedrohungen sollten Benutzer wöchentlich auf einem zweiten externen Speichergerät vollständige Sicherungen durchführen und dieses Gerät dann an einem ganz anderen Ort sicher aufbewahren. Um den Schutz zu verbessern, ist es durchaus sinnvoll, Benutzer mit zwei externen Speichergeräten auszurüsten, die außerhalb des Büros aufbewahrt werden, und diese Geräte abwechselnd zu benutzen. Dann befindet sich ein Gerät immer an einem anderen Ort, auch wenn gerade eine Sicherung durchgeführt wird.

So verwalten Sie die Datensicherung mit Gruppenrichtlinieneinstellungen

In einer Unternehmensumgebung können Sie die Datensicherung mit Gruppenrichtlinien verwalten. Es gibt Benutzer- und Computereinstellungen für die Datensicherung. Die benutzerspezifischen Einstellungen gelten aber nur für Clients und sind an folgendem Ort zu finden:

Benutzerkonfiguration\Richtlinien\Administrative Vorlagen\Windows-Komponenten\Sicherungskopie\ Client

Computereinstellungen, die für die Clients und den Server vorgenommen werden können, finden Sie an folgenden Orten:

Computerkonfiguration\Richtlinien\Administrative Vorlagen\Windows-Komponenten\Sicherungs-kopie\Client

Computerkonfiguration\Richtlinien\Administrative Vorlagen\Windows-Komponenten\Sicherungs-kopie\Server

Tabelle 16.1 beschreibt die Richtlinien, die für eine Windows-Sicherung verfügbar sind. Clienteinstellungen gibt es für Benutzer und Computer, während Servereinstellungen nur für Computer möglich sind. Diese Einstellungen werden unter folgendem Registrierungsschlüssel in die Registrierung der Zielcomputer geschrieben:

HKLM\Software\Policies\Microsoft\Windows\Backup

Tabelle 16.1   Gruppenrichtlinieneinstellungen für die Windows-Datensicherung

Richtlinie	Client oder Server	Beschreibung
Ausführen des Programms "Sicherungsstatus und -konfiguration" durch Benutzer nicht zulassen	Client	Wenn diese Einstellung aktiviert ist, können Benutzer das Programm Sicherungsstatus und -konfiguration nicht starten. Benutzer können keine Sicherungen konfigurieren oder einleiten und das System nicht wiederherstellen.
Sicherung auf lokalen Datenträgern verhindern	Client	Die Aktivierung dieser Richtlinie verhindert, dass Benutzer einen lokalen Datenträger (intern oder extern) als Sicherungsziel auswählen können.
Sichern an Netzwerkspeicherort nicht zulassen	Client	Die Aktivierung dieser Richtlinie verhindert, dass Benutzer eine Netzwerkfreigabe als Sicherungsziel auswählen können.
Sicherung auf optischen Medien (CDR/ DVD) nicht zulassen	Client	Die Aktivierung dieser Richtlinie verhindert, dass Benutzer eine CD oder DVD als Sicherungsziel auswählen können.
Sicherungsfunktion für Datendateien deaktivieren	Client	Die Aktivierung dieser Richtlinie verhindert, dass Benutzer die Sicherungsanwendung ausführen können. Die Wiederherstellungsfunktion ist weiterhin verfügbar, wie auch die Windows-Systemabbildsicherung. ▶

Richtlinie	Client oder Server	Beschreibung
Wiederherstellungsfunktion deaktivieren	Client	Die Aktivierung dieser Richtlinie verhindert, dass Benutzer eine Wiederherstellung durchführen. Dateisicherungen und Windows-Systemabbildsicherung sind weiterhin verfügbar.
Funktion zum Erstellen von Systemabbildern deaktivieren	Client	Die Aktivierung dieser Richtlinie verhindert, dass Benutzer eine Systemwiederherstellung durchführen. Dateisicherungen und -wiederherstellungen sind weiterhin möglich.
Nur Systemsicherung zulassen	Server	Die Aktivierung dieser Richtlinie verhindert, dass Benutzer Volumes sichern, auf denen keine Systemdateien gespeichert sind.
Lokal installierten Speicher als Sicherungsziel nicht zulassen	Server	Die Aktivierung dieser Richtlinie verhindert, dass Benutzer Sicherungen auf lokal angeschlossenen Speichergeräten durchführen.
Netzwerk als Sicherungsziel nicht zulassen	Server	Die Aktivierung dieser Richtlinie verhindert, dass Benutzer Sicherungen auf einer Netzwerkfreigabe durchführen.
Optische Medien als Sicherungsziel nicht zulassen	Server	Die Aktivierung dieser Richtlinie verhindert, dass Benutzer Sicherungen auf CD oder DVD vornehmen.
Einmalig ausgeführte Sicherungen nicht zulassen	Server	Die Aktivierung dieser Richtlinie verhindert die Durchführung von ungeplanten Sicherungen.

Vorgängerversionen und Schattenkopien

Windows 7 kann auch ältere Dateiversionen wiederherstellen, damit Benutzer eine Datei, die versehentlich geändert, beschädigt oder gelöscht wurde, schneller wiederherstellen können. Je nach Art der Datei oder des Ordners können Benutzer eine Vorgängerversion öffnen, an einem anderen Ort speichern oder wiederherstellen. Die folgenden Abschnitte beschreiben die Volumeschattenkopietechnologie und die Benutzerschnittstelle für Vorgängerversionen.

So funktionieren Volumeschattenkopien

Um Sicherungskopien von Dateien herstellen zu können, die gerade in Gebrauch sind, verwendet Windows 7 den Volumeschattenkopie-Dienst. Dieser Dienst wurde mit Windows XP eingeführt und sorgt dafür, dass der Sicherungsprozess und die Anwendungen auf Dateien zugreifen können. Anders gesagt, wenn der Sicherungsprozess auf eine Datei zugreifen muss, die sich gerade in Gebrauch befindet, erstellt der Volumeschattenkopie-Dienst eine Schattenkopie der Datei und ermöglicht dann dem Sicherungsprozess den Zugriff auf die Schattenkopie. Abbildung 16.7 stellt diese Beziehungen zwischen den beteiligten Komponenten dar.

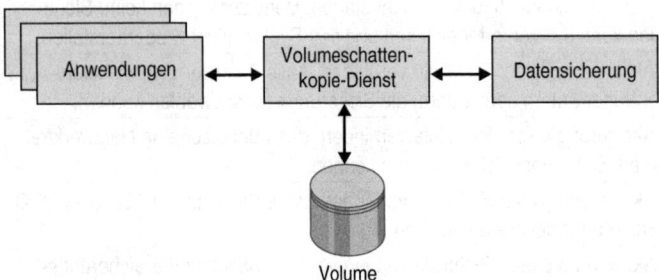

Abbildung 16.7   Volumeschattenkopien ermöglichen die Sicherung von offenen Dateien

Volumeschattenkopien lassen sich für jede Anwendung erstellen. Manche Anwendungen können sogar direkt mit dem Volumeschattenkopie-Dienst kommunizieren, um sicherzustellen, dass sich die gesicherten Dateien in einem einwandfreien Zustand befinden. Wenn eine Anwendung mehrere Dateien gleichzeitig verwendet, können sich zwischen zwei Dateien, die eigentlich synchron bleiben müssen, Abweichungen ergeben. Vielleicht wird eine der Dateien gerade aktualisiert, nachdem eine andere in einem früheren Zustand gesichert wurde.

HINWEIS   Anwendungsentwickler können mit dem Volumeschattenkopie-Dienst-SDK eine Integration des Volumeschattenkopie-Dienstes in ihre Anwendungen erreichen. Weitere Informationen finden Sie unter *http:// www.microsoft.com/downloads/details.aspx?FamilyID=0b4f56e4-0ccc-4626-826a-ed2c4c95c871*.

Damit eine Datei gesichert werden kann, die in Gebrauch ist und aktualisiert wird, muss der Volumeschattenkopie-Dienst zwei Versionen der Datei bereitstellen, nämlich eine, die von der Anwendung benutzt wird, und eine zweite, die einen Schnappschuss der Datei zu dem Zeitpunkt darstellt, an dem der Sicherungsprozess Zugriff auf die Datei verlangt. Der Volumeschattenkopie-Dienst löst dieses Problem ohne Eingreifen des Benutzers, indem er im Volumeschattenkopie-Speicher Kopien von geänderten Dateien speichert. Der Volumeschattenkopie-Dienst speichert eine Kopie des Originalzustands aller Abschnitte einer Datei, die geändert werden. Dadurch wird es möglich, die Originaldatei zu aktualisieren, ohne den Sicherungsprozess zu stören. Anders gesagt, wenn ein Benutzer eine Datei ändert, nachdem deren Sicherung begonnen hat, wird die Datei in dem Zustand gespeichert, in dem sie sich zu Beginn der Sicherung befand.

So verwalten Sie Schattenkopien

Sie können den Volumeschattenkopie-Dienst in einer Eingabeaufforderung mit erhöhten Rechten mit dem Befehlszeilenprogramm Vssadmin verwalten. Sie können dieses Tool mit folgenden Befehlen ausführen:

- **Vssadmin List Providers**   Listet die registrierten Volumeschattenkopieanbieter auf. Windows 7 enthält den *Microsoft-Softwareschattenkopie-Anbieter 1.0* (Microsoft Software Shadow Copy Provider 1.0).

- **Vssadmin List Shadows**   Listet die vorhandenen Volumeschattenkopien mit Erstellungszeit und Speicherort auf. Das folgende Beispiel zeigt die Beschreibungen von zwei Schattenkopien.

```
vssadmin 1.1 - Verwaltungsbefehlszeilenprogramm des Volumeschattenkopie-Dienstes
(C) Copyright 2001-2005 Microsoft Corp.

Inhalte der Schattenkopiesatzkennung: {79f6e5e8-0211-43bf-9480-c65e51b4b40d}
    1 Schattenkopie(n) war(en) enthalten bei der Erstellungszeit: 20.12.2006 13:05:08
        Schattenkopiekennung: {26fc6f1c-9610-4c0c-b10b-7e9f6fab042c}
            Ursprüngliches Volume: (C:)\\?\Volume{3e59796e cf1b 11da-af4b-806d6172696f}\
            Schattenkopievolume: \\?\GLOBALROOT\Device\HarddiskVolumeShadowCopy1
            Quellcomputer: WIN7
            Dienstcomputer: WIN7
            Anbieter: "Microsoft Software Software Shadow Copy provider 1.0"
            Typ: ClientAccessibleWriters
            Attribute: Permanent, Clientzugänglich, Keine automatische Freigabe, Differenziell,
                    Automatisch wiederhergestellt
```

```
Inhalte der Schattenkopiesatzkennung: {d14c728d-ff85-4be1-b048-24f3aced48a9}
   1 Schattenkopie(n) war(en) enthalten bei der Erstellungszeit: 20.12.2006 14:42:12
      Schattenkopiekennung: {271752a4-e886-4c92-9671-10624ca36cd4}
         Ursprüngliches Volume: (C:)\\?\Volume{3e59796e-cf1b-11da-af4b-806d6172696f}\
         Schattenkopievolume: \\?\GLOBALROOT\Device\HarddiskVolumeShadowCopy2
         Quellcomputer: WIN7
         Dienstcomputer: WIN7
         Anbieter: "Microsoft Software Software Shadow Copy provider 1.0"
         Typ: ClientAccessibleWriters
         Attribute: Permanent, Clientzugänglich, Keine automatische Freigabe, Differenziell,
                    Automatisch wiederhergestellt
```

- *Vssadmin List ShadowStorage*   Listet auf, wie viel Speicherplatz für Schattenkopien verwendet wird, wie viel für die künftige Benutzung reserviert ist (er wird als zugewiesener Speicherplatz aufgeführt) und wie viel maximal für Schattenkopien zur Verfügung steht. Dieser Platz dient zur Speicherung von Änderungen, die auftreten, während Schattenkopien aktiv sind. Die folgende Beispielausgabe entstand auf einem Computer, auf dem ungefähr 3 GByte Dateien als Schattenkopien gespeichert waren und auf dem maximal 6,4 GByte für Schattenkopien verwendet werden können:

```
vssadmin 1.1 - Verwaltungsbefehlszeilenprogramm des Volumeschattenkopie-Dienstes
(C) Copyright 2001-2005 Microsoft Corp.

Schattenkopie-Speicherassoziation
   Für Volume: (C:)\\?\Volume{3e59796e-cf1b-11da-af4b-806d6172696f}\
   Schattenkopie-Speichervolume: (C:)\\?\Volume{3e59796e-cf1b-11da-af4b-806d6172696f}\
   Verwendeter Schattenkopie-Speicherbereich: 2.985 GB
   Zugewiesener Schattenkopie-Speicherbereich: 3.249 GB
   Max. Schattenkopie-Speicherbereich: 6.436 GB
```

- *Vssadmin List Volumes*   Listet Volumes auf, die sich für Schattenkopien eignen.

- *Vssadmin List Writers*   Listet Schattenkopieschreiber auf, die mit dem Volumeschattenkopie-Dienst kommunizieren können, um sicherzustellen, dass Dateien in einem einwandfreien Zustand aufgezeichnet werden. Zu den angemeldeten Schreibern gehören standardmäßig unter anderem ein Betriebssystemschreiber, ein Registrierungsschreiber, ein WMI-Schreiber und ein Suchdienstschreiber. Auch SQL Server stellt einen Volumeschattenkopieschreiber bereit.

- *Vssadmin Resize ShadowStorage*   Ändert die Größe des Volumeschattenkopiespeichers. Sie können mit diesem Befehl den Speicherplatz erhöhen, der maximal für Volumeschattenkopien verwendet werden soll. Normalerweise ist das nicht nötig. Wenn Sie aber feststellen, dass sich auf einem Computer keine Sicherungen erstellen lassen, weil während der Sicherung sehr viele Änderungen im Volume auftreten und der Befehl Vssadmin List ShadowStorage zeigt, dass der Schattenkopiespeicher bis an die Grenze seines Fassungsvermögens ausgelastet ist, können Sie das Problem vielleicht beheben, indem Sie die Speicherplatzgrenze manuell erhöhen.

HINWEIS   Die Vssadmin-Version von Windows 7 beherrscht nicht alle Befehle, die die Version von Windows Server 2008 versteht, weil es auf Clientcomputern normalerweise nicht erforderlich ist, Schattenkopien manuell zu erstellen und zu verwalten.

So stellen Sie eine Datei mit einer Vorgängerversion wieder her

Mit Vorgängerversionen können Benutzer eine Datei schnell wieder in einen Zustand zurückversetzen, in dem sie sich zu einem früheren Zeitpunkt befand, an dem eine Schattenkopie erstellt oder eine Dateisicherung durchgeführt wurde. Mit Vorgängerversionen lässt sich eine Datei aber nicht aus einer Systemabbildsicherung wiederherstellen (aber vielleicht können Sie die gewünschte Datei direkt aus dem Systemdatenträgerabbild auslesen). Allerdings leitet die Durchführung einer Systemabbildsicherung eine Volumeschattenkopie ein. Vielleicht ist die gesuchte Dateiversion deswegen in der Schattenkopie verfügbar.

Um eine ältere Dateiversion wiederherzustellen, gehen Sie folgendermaßen vor:

1. Klicken Sie die Datei mit der rechten Maustaste an und klicken Sie dann auf *Vorgängerversionen wiederherstellen*. Die Registerkarte *Vorgängerversionen* erscheint (Abbildung 16.8).

Abbildung 16.8   Vorgängerversionen ermöglichen Benutzern ohne Anruf beim Support die Wiederherstellung einer Datei in einem früheren Zustand

> **HINWEIS**   Falls Sie die Datei bereits gelöscht haben, sich aber an den Dateinamen erinnern, können Sie im selben Ordner eine Datei mit exakt demselben Namen anlegen und dann mit den hier beschriebenen Schritten auf die Vorgängerversionen der Datei zugreifen. Die Datei kann leer sein. Solange der Dateiname übereinstimmt, können Sie auf die vorhandenen Vorgängerversionen zugreifen. Oder Sie wechseln im Eigenschaftendialogfeld des übergeordneten Ordners auf die Registerkarte *Vorgängerversionen* und stellen nur die gewünschte Datei wieder her. Sie können die Datei auch im Tool Sichern und Wiederherstellen der Systemsteuerung manuell suchen.

2. Falls eine ältere Version der Datei verfügbar ist, klicken Sie die Version an und klicken dann auf die Schaltfläche *Wiederherstellen*, sofern die Schaltfläche verfügbar ist. Bei Systemdateien können Sie auf *Öffnen* oder *Kopieren* klicken. Das Dialogfeld *Elemente kopieren* erscheint. Wenn Sie in diesem Dialogfeld denselben Ordner als Ziel auswählen, in dem die aktuelle Dateiversion liegt, erscheint außerdem das Dialogfeld *Datei kopieren* (Abbildung 16.9).

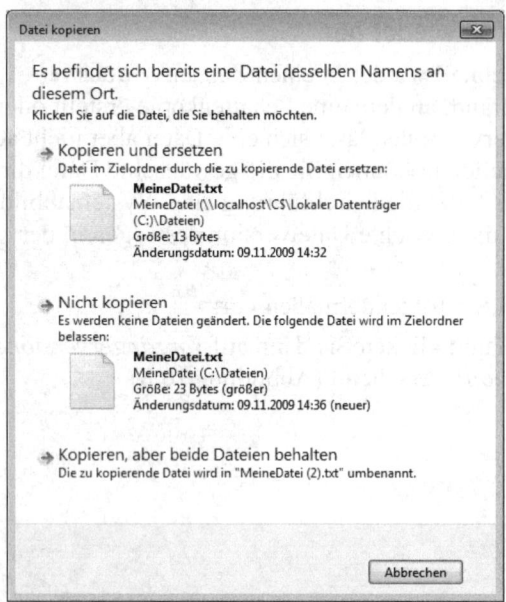

Abbildung 16.9   Bei der Wiederherstellung einer Datei können Sie die vorhandene Datei überschreiben oder die Vorgängerversion unter einem anderen Namen speichern

3. Sie können die vorhandene Datei überschreiben oder die wiederhergestellte Datei unter einem anderen Namen speichern.

4. Klicken Sie auf *OK*.

Damit Benutzer die Vorteile von Vorgängerversionen nutzen können, richten Sie mit dem Tool Sichern und Wiederherstellen der Systemsteuerung eine Onlinedatensicherung ein. Meistens werden Sicherungen von Computern, die mit dem internen Netzwerk verbunden sind, auf einem freigegebenen Ordner eines Servers gespeichert. Mobile Benutzer können Sicherungen auf externen Festplattenlaufwerken speichern.

So richten Sie Vorgängerversionen mit Gruppenrichtlinieneinstellungen ein

Sie können Vorgängerversionen mit sechs Gruppenrichtlinieneinstellungen konfigurieren, die unter *Richtlinien\Administrative Vorlagen\Windows-Komponenten\Windows-Explorer\Vorherige Versionen* zu finden sind (unter *Computerkonfiguration* sowie unter *Benutzerkonfiguration*):

- **Wiederherstellung vorheriger Versionen aus Sicherungen verhindern**   Wenn Sie diese Einstellung aktivieren, wird die Schaltfläche *Wiederherstellen* auf der Registerkarte *Vorgängerversionen* deaktiviert. Benutzer können zwar immer noch sehen, ob Vorgängerversionen verfügbar sind (sofern Sie die folgende Einstellung nicht aktivieren), können aber nicht auf diese Versionen zugreifen. Standardmäßig ist diese Einstellung deaktiviert.

- **Wiederherstellung vorheriger lokaler Versionen verhindern**   Wenn Sie diese Einstellung aktivieren, wird die Schaltfläche *Wiederherstellen* auf der Registerkarte *Vorgängerversionen* deaktiviert, wenn es sich bei der wiederherzustellenden Datei um eine lokale Datei handelt. Standardmäßig ist diese Einstellung deaktiviert.

- **Wiederherstellung vorheriger Remoteversionen verhindern**   Wenn Sie diese Einstellung aktivieren, wird die Schaltfläche *Wiederherstellen* auf der Registerkarte *Vorgängerversionen* deaktiviert, wenn die wiederherzustellende Datei auf einem Remotecomputer gespeichert ist. Standardmäßig ist diese Einstellung deaktiviert.

- **Liste vorheriger Versionen von lokalen Dateien ausblenden**   Wenn Sie diese Einstellung aktivieren, wird die Registerkarte *Vorgängerversionen* aus dem Eigenschaftendialogfeld entfernt. Außerdem wird der Menüpunkt *Vorgängerversionen wiederherstellen* aus dem Kontextmenü der Datei entfernt. Standardmäßig ist diese Einstellung deaktiviert.

- **Liste vorheriger Versionen von Remotedateien ausblenden**   Wenn Sie diese Einstellung aktivieren, ähnelt die Wirkung der Wirkung der vorigen Einstellung, aber statt lokaler Dateien sind nun Dateien davon betroffen, die auf Remotecomputern gespeichert sind. Standardmäßig ist diese Einstellung deaktiviert.

- **Vorherige Versionen von Dateien in Sicherungsspeicherorten ausblenden**   Wenn Sie diese Einstellung aktivieren, werden Vorgängerversionen ausgeblendet, die bei einer Sicherung entstehen. Vorgängerversionen, die durch Schattenkopien entstehen, sind weiterhin verfügbar. Standardmäßig ist diese Einstellung deaktiviert.

Windows ReadyBoost

Windows 7 unterstützt Windows ReadyBoost, das mit Windows Vista eingeführt wurde. ReadyBoost verwendet externe USB-Flashlaufwerke als Zwischenspeicher für Festplattenlaufwerke und kann unter bestimmten Umständen die Leseleistung verbessern. Als externe Speicher lassen sich USB-Flashlaufwerke (Abbildung 16.10), SD-Karten und CF-Karten verwenden.

Abbildung 16.10   ReadyBoost verbessert die Leseleistung von Festplattenlaufwerken mit USB-Flashlaufwerken

Im Gegensatz zu Windows Vista erkennt Windows 7, dass ReadyBoost keine Leistungsvorteile bietet, wenn ein SSD-Laufwerk als primäres Laufwerk verwendet wird. Wenn Windows 7 von einem SSD-Laufwerk hochgefahren wird, deaktiviert es ReadyBoost.

Der externe Speicher muss folgende Voraussetzungen erfüllen:

- Kapazität von mindestens 256 MByte, wobei mindestens 64 KByte frei sein müssen. Die 4-GByte-Obergrenze von Windows Vista gibt es nicht mehr.

- Mindestens 2,5 MByte/s Datendurchsatz für wahlfreie 4-KByte-Lesezugriffe

- Mindestens 1,75 MByte/s Durchsatz für wahlfreie 1-MByte-Schreibzugriffe

Leider werden für die meisten Flashspeicher nur Leistungsdaten angegeben, die unter idealen Bedingungen gemessen wurden, und nicht die sehr speziellen Leistungsdaten für wahlfreie 4-KByte-Lesezugriffe, die für ReadyBoost wichtig sind. Um herauszufinden, ob sich ein bestimmtes Flashlaufwerk für ReadyBoost eignet, testen Sie es einfach. Windows Vista und Windows 7 testen Flashlaufwerke automatisch, sobald sie angeschlossen werden. Fällt das Testergebnis negativ aus, wiederholt Windows den Test in gewissen Abständen.

Manche Geräte werden mit der Aufschrift »Enhanced for Windows ReadyBoost« verkauft. Das bedeutet, dass Microsoft das Gerät speziell auf diese Funktion getestet hat. Wenn Sie ein Flashlaufwerk anschließen, das die Voraussetzungen erfüllt, bietet die automatische Wiedergabe ReadyBoost als Option an (Abbildung 16.11).

Abbildung 16.11   AutoPlay bietet dem Benutzer an,
ein kompatibles Laufwerk für ReadyBoost zu verwenden

Sie können ReadyBoost auch aktivieren, indem Sie das Gerät im Windows-Explorer mit der rechten Maustaste anklicken, auf *Eigenschaften* klicken und dann auf die Registerkarte *ReadyBoost*. Sie haben die Wahl, das Gerät für ReadyBoost zu verwenden oder nicht. Außerdem müssen Sie die Größe des Zwischenspeichers einstellen. Sie sollten mindestens 256 MByte verwenden. Ein größerer Cache kann die Leistung verbessern. Auf FAT32-Dateisystemen kann der ReadyBoost-Zwischenspeicher aber nicht größer sein als 4 GByte, auf NTFS-Dateisystemen nicht größer als 32 GByte.

Windows Vista und Windows 7 verwenden den SuperFetch-Algorithmus (das ist der Nachfolger von Windows Prefetcher), um die Dateien zu ermitteln, die im Zwischenspeicher zwischengespeichert werden sollten. SuperFetch überwacht, welche Dateien der Benutzer verwendet (einschließlich Systemdateien, Anwendungsdateien und Dokumenten), und lädt diese Dateien vorab in den ReadyBoost-Zwischenspeicher. Die Dateien, die sich im Zwischenspeicher befinden, sind mit 128-Bit-AES verschlüsselt, sofern das Flash-Speichergerät entfernt werden kann. Computerhersteller können die Verschlüsselung für interne ReadyBoost-Geräte, die sich nicht entfernen lassen, deaktivieren. Da sich im ReadyBoost-Zwischenspeicher nur eine Kopie der Dateien befindet, kann das Flashlaufwerk jederzeit entfernt werden, ohne den Computer zu beeinträchtigen. Windows 7 liest dann einfach die Originaldateien vom Festplattenlaufwerk.

ReadyBoost bietet unter folgenden Umständen die größte Leistungssteigerung:

- Der Computer verfügt nur über ein langsames Festplattenlaufwerk. Auf Computern, deren Hauptfestplatten einen Windows-Leistungsindex unter 4.0 aufweisen, zeigen sich die deutlichsten Leistungssteigerungen.
- Der Flashspeicher bietet schnelle wahlfreie (nicht sequenzielle) Lesezugriffe. Die Lesegeschwindigkeit bei sequenziellen Zugriffen ist weniger wichtig.
- Der Flashspeicher ist über einen schnellen Bus angeschlossen. USB-Speicherkartenleser sind gewöhnlich nicht schnell genug. Allerdings kann ein Flashspeicher, der mit einem internen Speicherkartenleser verbunden wird, ausreichend schnell sein.

Die Leistung von Computern mit schnellen Festplattenlaufwerken (beispielsweise Laufwerke mit Geschwindigkeiten von 7.200 oder 10.000 Umdrehungen pro Sekunde) lässt sich durch ReadyBoost kaum steigern, weil das E/A-System bereits sehr schnell ist. ReadyBoost liest nur dann Dateien aus dem Zwischenspeicher, wenn sich dadurch ein Leistungsvorteil ergibt. Bei sequenziellen Lesezugriffen sind Festplattenlaufwerke schneller als Flashlaufwerke, aber bei nichtsequenziellen Zugriffen sind Flashlaufwerke schneller, weil sie keinen Schreib-/Lesekopf positionieren müssen und auch nicht darauf zu warten brauchen, bis der gewünschte Datenblock die richtige Position erreicht hat. Daher liest ReadyBoost nur bei wahlfreien (nichtsequenziellen) Lesezugriffen Daten aus dem Zwischenspeicher.

HINWEIS Bei privaten Experimenten des Autors ließ sich die Startzeit von Windows auf einem Laptop mit einem Festplattenlaufwerk, das den Leistungsindex 3,7 aufwies, durch ein 1-GByte-Flashlaufwerk mit ReadyBoost um mehr als 30 Prozent verkürzen. Auf Computern, deren Festplattenlaufwerke einen Leistungsindex über 5 aufwiesen, war die Geschwindigkeitssteigerung nur gering.

ReadyBoost legt im Stammordner des Flashlaufwerks eine Zwischenspeicherdatei namens *Ready-Boost.sfcache* an. Diese Datei wird direkt in der angegebenen vollen Größe des Zwischenspeichers angelegt. Allerdings überträgt Windows den Inhalt nur nach und nach.

Zur Überwachung der ReadyBoost-Leistung können Sie das Tool *System\Leistung\Überwachungstools\Leistungsüberwachung* in der Konsole *Computerverwaltung* verwenden und die Leistungsindikatoren für *ReadyBoost-Cache* hinzufügen. Durch diese Indikatoren erfahren Sie, welcher Anteil des Zwischenspeichers verwendet wird und wie viele Lese- und Schreibzugriffe auf den Zwischenspeicher erfolgen. Allerdings erfahren Sie nicht, welche Leistungsvorteile Sie durch die Verwendung von ReadyBoost erreichen.

BitLocker-Laufwerkverschlüsselung

Die Microsoft BitLocker-Laufwerkverschlüsselung ist ein neues Feature zur Verbesserung der Datenintegrität und des Datenschutzes durch Verschlüsselung ganzer Volumes, das mit Windows Vista eingeführt und für Windows 7 weiterentwickelt wurde. Unter Windows Vista muss Service Pack 1 (SP1) installiert sein, damit sich Datenvolumes verschlüsseln lassen. BitLocker kann zur Speicherung und Versiegelung der Schlüssel, mit denen das Systemvolume entschlüsselt wird, TPM-Sicherheitshardware (Trusted Platform Module) verwenden, um die Volumes vor Offlineangriffen zu schützen. Steht kein TPM zur Verfügung, können Sie zur Speicherung des Startschlüssels, mit denen die Volumes verschlüsselt werden, auch ein USB-Flashlaufwerk verwenden. BitLocker steht in den Editionen Enterprise und Ultimate von Windows 7 zur Verfügung.

BitLocker sollte zur Verschlüsselung des Systemvolumes mit einem TPM verwendet werden. Dabei handelt es sich um ein Hardwaremodul, das in vielen neuen Laptops sowie in einigen Desktopcomputern zu finden ist. Soll das TPM mit BitLocker verwendet werden, muss es sich um die Version 1.2 handeln.

Auch wenn kein TPM-1.2-Modul verfügbar ist, können Computer die BitLocker-Verschlüsselungstechnik für Systemvolumes einsetzen, sofern das BIOS des Computers in der Lage ist, vor dem Laden des Betriebssystems von einem USB-Flashlaufwerk zu lesen. Allerdings stehen ohne TPM-1.2-Modul nicht die Fähigkeiten von BitLocker zur Integritätsüberprüfung zur Verfügung.

Im Gegensatz zu EFS kann BitLocker ganze Volumes verschlüsseln, einschließlich Auslagerungsdatei, Ruhezustandsdatei, Registrierung und auch einschließlich temporärer Dateien, in denen sensible Daten vorhanden sein können. EFS kann nur Benutzerdateien verschlüsseln. Steht ein TPM zur Verfügung, kann BitLocker außerdem die Systemintegrität schützen, indem es sicherstellt, dass keine kritischen Startdateien von Windows manipuliert wurden (das könnte beispielsweise der Fall sein, wenn ein Rootkit oder andere Malware installiert wurde). Wird das Festplattenlaufwerk auf einem anderen Computer eingebaut (das ist die übliche Methode, um Daten von gestohlenen Festplatten zu lesen), muss der Benutzer ein Wiederherstellungskennwort eingeben, bevor er Zugriff auf die geschützten Volumes erhält.

So verschlüsselt BitLocker Daten

BitLocker verschlüsselt ganze Volumes. Der Inhalt der Volumes kann nur von jemandem entschlüsselt werden, der Zugang zum Entschlüsselungsschlüssel hat (auch *FVEK* oder *Full Volume Encryption Key* genannt). Windows 7 speichert den FVEK in den Metadaten des Volumes. Das sollte sich nicht als Problem erweisen, denn der FVEK wird zur Speicherung mit dem *Volumehauptschlüssel* verschlüsselt.

FVEK und Volumehauptschlüssel sind beide jeweils 256 Bit breit. Der FVEK verwendet zum Schutz des Volumes immer eine AES-Verschlüsselung. Mit der Gruppenrichtlinieneinstellung *Computerkonfiguration\Richtlinien\Administrative Vorlagen\Windows-Komponenten\BitLocker-Laufwerkverschlüsselung\Verschlüsselungsmethode und Verschlüsselungsstärke für Laufwerk auswählen* können Sie die AES-Verschlüsselungsstärke auf einen von vier Werten einstellen:

- AES 128 Bit mit Diffuser (Standardeinstellung).
- AES 256 Bit mit Diffuser (die stärkste Einstellung, aber sie kann sich negativ auf die Leistung auswirken)
- AES 128 Bit
- AES 256 Bit

> **HINWEIS**   Weitere Informationen über die verwendeten Verschlüsselungsalgorithmen und die Verwendung von Diffusern finden Sie in »AES-CBC + Elephant diffuser: A Disk Encryption Algorithm for Windows Vista« unter *http://download.microsoft.com/download/0/2/3/0238acaf-d3bf-4a6d-b3d6-0a0be4bbb36e/BitLockerCipher200608.pdf*.

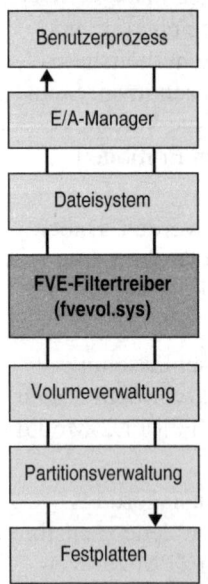

Abbildung 16.12   Der FVE-Filtertreiber verschlüsselt und entschlüsselt Dateiinhalte, ohne sich für Benutzer bemerkbar zu machen

Windows Vista und Windows 7 ver- und entschlüsseln Laufwerkssektoren mit dem FVE-Filtertreiber (*Fvevol.sys*), während Daten geschrieben und gelesen werden (solange Zugriff auf den FVEK besteht). Wie Abbildung 16.12 zeigt, ist der FVE-Filtertreiber wie alle Filtertreiber zwischen dem Dateisystem (das unverschlüsselte Dateiinhalte erwartet) und der Volumeverwaltung angeordnet, die Zugriff auf das Volume bietet. Daher macht es sich für Anwendungen und Benutzer kaum bemerkbar, ob eine Verschlüsselung stattfindet oder nicht, solange alles ordnungsgemäß funktioniert.

Allerdings wirkt sich die Ver- und Entschlüsselung auf die Leistung des Computers aus. Für die Lese- und Schreibzugriffe auf ein mit BitLocker geschütztes Volume wird ein gewisser Anteil der Prozessorzeit beansprucht, damit BitLocker die kryptografischen Operationen durchführen kann. Wie groß die Auswirkungen sind, hängt von mehreren Faktoren ab, zum Beispiel von der Zwischenspeicherung der Daten, von der Leistungsfähigkeit des Festplattenlaufwerks und natürlich von der Leistungsfähigkeit des Prozessors. Microsoft hat große Anstrengungen unternommen, ein effizientes AES-Modul zu implementieren, damit sich BitLocker auf modernen PCs nur wenig auf die Gesamtleistung auswirkt.

So schützt BitLocker Daten

Bevor BitLocker Zugriff auf den FVEK und das verschlüsselte Volume gewährt, verlangt es vom autorisierten Benutzer und/oder dem Computer einen Schlüssel. Sofern der Computer mit einem TPM-Chip ausgerüstet ist, kann die Authentifizierung auf verschiedene Arten erfolgen. Verfügt der Computer nicht über einen TPM-Chip, können Sie nur einen USB-Schlüssel verwenden. Die folgenden Abschnitte beschreiben die verschiedenen Authentifizierungsmethoden.

TPM (Verwendung von BitLocker ohne zusätzliche Schlüssel)

BitLocker verwendet das TPM, um den Volumehauptschlüssel freizugeben. Beim Start von Windows wird mithilfe des TPM überprüft, ob das Festplattenlaufwerk mit dem richtigen Computer verbunden ist (die Festplatte wurde also nicht in einen anderen Computer eingebaut) und ob wichtige Systemdateien unversehrt sind (als Schutz vor Zugriffen auf die Festplatte, die durch Malware oder Rootkits erfolgen). Nach der Überprüfung des Computers gibt das TPM den Volumehauptschlüssel frei und Windows 7 kann ohne zusätzliche Eingaben durch den Benutzer starten (Abbildung 16.13). Diese Überprüfungsmethode bietet einen gewissen Schutz, ohne sich für den autorisierten Benutzer bemerkbar zu machen.

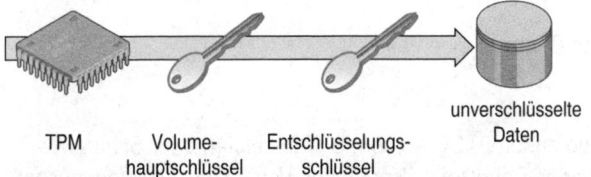

TPM   Volume-   Entschlüsselungs-
             hauptschlüssel   schlüssel

unverschlüsselte
Daten

Abbildung 16.13   Erfolgt die Authentifizierung ausschließlich mit dem TPM, wird der Benutzer nicht zu einer zusätzlichen Eingabe aufgefordert

TPM mit externem Schlüssel (bei jedem Systemstart ist ein USB-Startschlüssel erforderlich)

Zusätzlich zu dem Schutzmechanismus, der im vorigen Abschnitt beschrieben wurde, verlangt das TPM, dass der Benutzer einen externen Schlüssel bereitstellt (Abbildung 16.14). Das bedeutet, dass der Benutzer ein USB-Flashlaufwerk, auf dem der Schlüssel gespeichert ist, mit dem Computer verbinden muss. (Oder er verwendet ein anderes Speichergerät, das vom BIOS gelesen werden kann.) Auf diese Weise wird die Identität des Benutzers überprüft und die Integrität des Computers geschützt. Dadurch werden die Daten sogar dann noch geschützt, wenn der Computer gestohlen wird. Allerdings gilt das nur, wenn der Computer heruntergefahren wurde oder sich im Ruhezustand befindet. Die Reaktivierung aus dem Energiesparmodus wird nicht durch BitLocker geschützt. Damit dieser Schutz wirksam ist, muss der Benutzer den externen Schlüssel getrennt vom Computer aufbewahren, damit der Schlüssel nicht ohne Weiteres zusammen mit dem Computer gestohlen werden kann.

HINWEIS Eine ausgezeichnete Methode, mit der Sie verhindern können, dass Sie Ihren Startschlüssel leicht verlieren oder ihn versehentlich im Computer eingesteckt lassen, besteht darin, den USB-Startschlüssel an Ihren Schlüsselbund zu hängen. Wenn Sie den USB-Schlüssel nicht abziehen, ist die Wahrscheinlichkeit größer, dass er mit dem Computer gestohlen wird oder dass unerwünschte Software in der Lage ist, den Schlüssel zu kopieren.

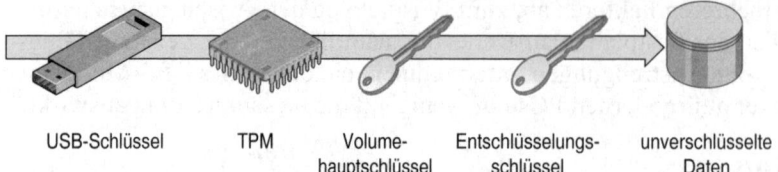

USB-Schlüssel   TPM   Volume-   Entschlüsselungs-   unverschlüsselte
                        hauptschlüssel   schlüssel   Daten

Abbildung 16.14   Aus Sicherheitsgründen wird vom Benutzer verlangt, zur Authentifizierung beim TPM ein USB-Flashlaufwerk einzustecken

TPM mit PIN (bei jedem Start ist die Eingabe einer PIN erforderlich)

Diese Konfiguration verhindert den Start des Computers, bis der Benutzer eine persönliche Identifikationsnummer (PIN) eingegeben hat (Abbildung 16.15). Das schützt die Daten auch in dem Fall, wenn der (heruntergefahrene) Computer gestohlen wird. Allerdings sollten Sie niemals PINs zum Schutz von Computern verwenden, die ohne Anwesenheit von Menschen automatisch hochfahren müssen, wie zum Beispiel Computer, die zur Wartung oder zur Datensicherung hochfahren müssen, oder Computer, die als Server verwendet werden.

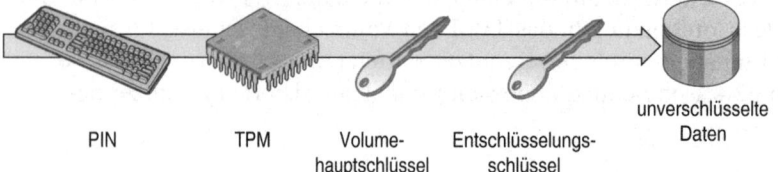

PIN   TPM   Volume-   Entschlüsselungs-   unverschlüsselte
                         hauptschlüssel   schlüssel   Daten

Abbildung 16.15   Zur Verbesserung des Schutzes müssen Benutzer eine PIN eingeben, um sich beim TPM zu authentifizieren

HINWEIS   Achten Sie darauf, dass Sie Ihre PIN oft genug ändern. TCG-konforme TPMs bieten zwar Schutz vor Angriffen, bei denen das Kennwort geraten wird, indem sie den Benutzer zwischen den Versuchen zu Wartepausen zwingen, aber die Tasten einer Computertastatur zeigen im Lauf der Zeit Gebrauchsspuren. Das gilt in diesem Zusammenhang besonders dann, wenn Sie selten benutzte Funktionstasten zur Eingabe der PIN verwenden (auf den meisten Tastaturen können Sie stattdessen die üblichen Zifferntasten verwenden). Wenn Sie jahrelang dieselbe PIN verwenden, zeigen die Tasten, die Sie zur Eingabe der PIN verwenden, vielleicht stärkere Abnutzungsspuren als andere Tasten. Ein guter Beobachter könnte anhand der Spuren erraten, welche Ziffern Sie für Ihre PIN verwenden, und auf diese Weise die Anzahl der potenziellen Schlüssel verringern, die er ausprobieren muss. Verwenden Sie außerdem eine lange PIN, um dieses Risiko einzugrenzen, und verwenden Sie manche Tasten in der PIN mehrfach.

Beim Anfordern einer PIN legt die TPM-Hardware des Computers zwischen den einzelnen PIN-Eingabeversuchen eine nicht rücksetzbare Pause ein (wie lang diese Pause ist, hängt vom TPM-Hersteller ab). Wegen dieser Pause würde es ein ganzes Jahr dauern, eine vierstellige PIN durch Ausprobieren herauszufinden. Ohne diese Pause wäre eine vierstellige PIN in weniger als einem Tag zu knacken.

Wegen dieser Schwäche des PIN-Systems lässt BitLocker keine PIN-Authentifizierung auf Computern zu, die nicht mit TPM-Hardware ausgerüstet sind.

So funktioniert's: PIN-Authentifizierung

In diesem Authentifizierungsszenario legt der Administrator bei der Aktivierung von BitLocker eine PIN fest. BitLocker berechnet mit SHA-256 einen Hashwert der PIN. Der resultierende nicht umkehrbare Hashwert wird zur Autorisierung an das TPM übermittelt, um den Volumehauptschlüssel zu versiegeln. Anschließend wird der Volumehauptschlüssel durch das TPM und die PIN geschützt. Um die Versiegelung des Volumehauptschlüssels aufzuheben, gibt der Benutzer beim Start des Computers die PIN ein. Der Hashwert der PIN wird berechnet und an das TPM übermittelt. Ist der übermittelte Hashwert (und andere Werte der Plattformkonfigurationsregister) korrekt, was als Beweis dafür gewertet wird, dass der Benutzer die richtige PIN eingegeben hat, hebt das TPM die Versiegelung des Volumehauptschlüssels auf.

Die folgenden Authentifizierungsmethoden stehen auch dann zur Verfügung, wenn der Computer nicht über ein TPM verfügt.

TPM mit PIN und externem Schlüssel

Unter Windows 7 und Windows Vista SP1 haben Sie auf Computern mit TPM eine zusätzliche Option für BitLocker: Sie können vom Benutzer verlangen, eine PIN einzugeben und einen USB-Schlüssel einzustecken. Das bietet den höchsten BitLocker-Schutz, denn es ist erforderlich, dass der Benutzer etwas weiß (die PIN) und etwas hat (den externen Schlüssel). Damit ein Angreifer erfolgreich auf eine mit BitLocker geschützte Partition zugreifen kann, muss er sich den Computer mit dem Festplattenlaufwerk verschaffen, den USB-Schlüssel in seinem Besitz haben und die PIN kennen.

Diese Authentifizierungsoption konfigurieren Sie mit dem BitLocker-Befehlszeilentool *Manage-bde.exe*. Dieses Tool wird später noch besprochen.

Externer Schlüssel (bei jedem Systemstart ist ein USB-Startschlüssel erforderlich)

Der Benutzer stellt den Volumehauptschlüssel auf einem USB-Flashlaufwerk oder einem anderen geeigneten Speichermedium bereit, damit BitLocker den FVEK und das Volume ohne TPM-Hardware entschlüsseln kann. Bei dem externen Schlüssel kann es sich um den Standardschlüssel oder um einen Wiederherstellungsschlüssel handeln, der für den Fall erstellt wird, dass der Standardschlüssel verloren geht.

Unter Verwendung eines USB-Schlüssels können Sie ein Volume ohne TPM und ohne Aktualisierung der Hardware verschlüsseln. Allerdings ist das System beim Systemstart nicht so gut geschützt, wie dies mit TPM der Fall ist, und es erkennt auch nicht, ob die Festplatte in einen anderen Computer eingebaut wurde.

Wiederherstellungskennwort

Der Benutzer gibt ein 48-stelliges Wiederherstellungskennwort ein, mit dem der Volumehauptschlüssel entschlüsselt wird und der Zugriff auf den FVEK und das Volume möglich ist. Das Wiederherstellungskennwort enthält Prüfsummen, damit der IT-Support einem Benutzer das Kennwort am Telefon vorlesen und leicht erkennen kann, ob der Benutzer ein Zeichen falsch eingegeben hat. Weitere Informationen finden Sie weiter unten im Kapitel im Abschnitt »So stellen Sie Daten wieder her, die von BitLocker geschützt werden«.

Unverschlüsselter Schlüssel

Es findet keine Authentifizierung statt. BitLocker überprüft weder die Integrität des Computers noch die des Betriebssystems, und der Volumehauptschlüssel ist frei zugänglich, verschlüsselt mit einem symmetrischen Schlüssel, der im Klartext auf der Festplatte gespeichert ist. Das Volume bleibt allerdings verschlüsselt. Diese Konfiguration wird nur benutzt, wenn BitLocker deaktiviert ist (zum Beispiel, um das BIOS des Computers zu aktualisieren). Sobald BitLocker wieder aktiviert wird, wird der unverschlüsselte Schlüssel wieder entfernt und der Volumehauptschlüssel wird neu erstellt und neu verschlüsselt. Weitere Informationen finden Sie im Abschnitt »So wird die BitLocker-Laufwerkverschlüsselung deaktiviert oder aufgehoben« weiter unten im Kapitel.

BitLocker To Go

BitLocker To Go ermöglicht Benutzern die Verschlüsselung von Wechselspeichergeräten mit Kennwort oder Smartcard. Wenn ein mit BitLocker To Go geschütztes Laufwerk angeschlossen wird, fordert Windows 7 den Benutzer zur Eingabe eines Kennworts auf. Wird das richtige Kennwort eingegeben, ist der Inhalt des Laufwerks im Windows-Explorer zugänglich und der Zugriff auf das Laufwerk erfolgt für den Benutzer in gewohnter Weise.

Wenn ein mit BitLocker To Go geschütztes Laufwerk an eine ältere Windows-Version angeschlossen wird, kann der Benutzer die Anwendung BitLocker To Go Reader verwenden (Abbildung 16.16). Dieses Tool fordert den Benutzer zur Eingabe eines Kennworts auf. Die Anwendung BitLocker To Go Reader kann nur mit Laufwerken verwendet werden, die mit dem FAT-Dateisystem formatiert worden sind und so konfiguriert wurden, dass sie sich mit einem Kennwort entschlüsseln lassen.

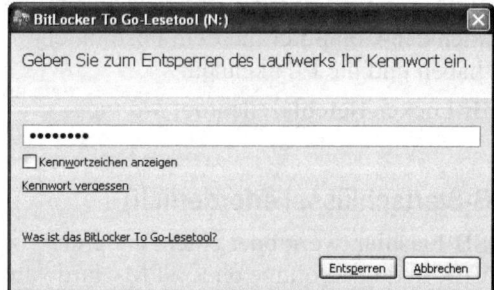

Abbildung 16.16 Die Anwendung BitLocker To Go Reader ermöglicht älteren Windows-Versionen den Zugriff auf Laufwerke, die mit BitLocker To Go geschützt wurden

Wird das richtige Kennwort eingegeben, dann ist der Inhalt des Laufwerks in BitLocker To Go Reader zugänglich (Abbildung 16.17). Benutzer können Dateien von BitLocker To Go Reader in ein Windows-Explorer-Fenster ziehen, wo sie die Dateien wie gewohnt verwenden können. Beachten Sie, dass ältere Windows-Versionen als Windows 7 nicht von Haus aus auf ein Laufwerk zugreifen können, das mit BitLocker To Go geschützt wurde, sondern auf die Anwendung BitLocker To Go Reader angewiesen sind.

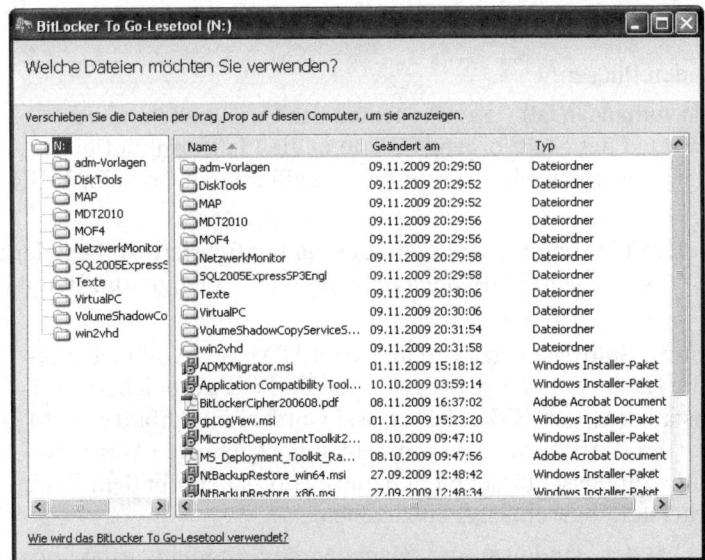

Abbildung 16.17 Benutzer können Dateien von BitLocker To Go Reader in ein Windows-Explorer-Fenster ziehen

BitLocker To Go können Sie mit Gruppenrichtlinien konfigurieren. Unter dem Knoten *Computerkonfiguration\Richtlinien\Administrative Vorlagen\Windows-Komponenten\BitLocker-Laufwerkverschlüsselung\Wechseldatenträger* können Sie folgende Richtlinien definieren:

- **Verwendung von BitLocker auf Wechseldatenträgern steuern** Legt fest, ob Benutzer BitLocker To Go verwenden oder den BitLocker-Schutz auf Wechsellaufwerken aufheben können.

- **Smartcard-Verwendung für Wechseldatenträger konfigurieren** Legt fest, ob Smartcards zur Authentifizierung für den Zugriff auf Wechsellaufwerke, die mit BitLocker To Go geschützt sind, verwendet werden dürfen oder erforderlich sind.

- **Schreibzugriff auf Wechseldatenträger verweigern, die nicht durch BitLocker geschützt sind** Legt fest, dass ein Wechsellaufwerk mit BitLocker To Go geschützt werden muss.

- **Zugriff auf BitLocker-geschützte Wechseldatenträger von früheren Windows-Versionen zulassen** Legt fest, ob der BitLocker To Go Reader auf einem Wechsellaufwerk installiert wird, das durch BitLocker To Go geschützt ist.

- **Kennwortverwendung für Wechseldatenträger konfigurieren** Legt fest, ob für den Zugriff auf ein mit BitLocker To Go geschütztes Wechsellaufwerk ein Kennwort erforderlich ist und welche Komplexitätsbedingungen das Kennwort erfüllen muss.

- **Festlegen, wie BitLocker-geschützte Wechseldatenträger wiederhergestellt werden können** Lässt Datenwiederherstellungs-Agenten zu und legt fest, ob ein Wiederherstellungs-Agent, ein 48-stelliges Wiederherstellungskennwort oder ein 256-Bit-Wiederherstellungsschlüssel verwendet werden darf, um ein mit BitLocker geschütztes Laufwerk wiederherzustellen. Sie können diese Richtlinie auch verwenden, um Wiederherstellungsinformationen für BitLocker To Go in den Active Directory-Domänendiensten zu speichern.

BitLocker-Phasen

Der Start von BitLocker verläuft in folgenden Phasen:

- **Systemintegritätsprüfung (sofern ein TPM vorhanden ist)**   Komponenten des Computers und der Windows-Start-Manager schreiben während des Startvorgangs Werte in die Plattformkonfigurationsregister (PCRs) des TPM, darunter auch einen Messwert für den ausführbaren Code im MBR (Master Boot Record).

- **Benutzerauthentifizierung (optional)**   Sofern die Benutzerauthentifizierung konfiguriert ist, liest der Windows-Start-Manager einen Schlüssel von einem USB-Speichergerät oder verlangt vom Benutzer die Eingabe einer PIN.

- **Volumehauptschlüsselabruf**   Der Windows-Start-Manager verlangt vom TPM, den Volumehauptschlüssel zu entschlüsseln. Stimmen die Hashwerte der Messwerte, die im PCR gespeichert sind, mit den Werten überein, die bei der Installation von BitLocker erfasst wurden, übergibt das TPM den Volumehauptschlüssel. Sollte einer der Messwerte nicht mit dem aufgezeichneten Wert übereinstimmen, gibt das TPM den Entschlüsselungsschlüssel nicht heraus. BitLocker gibt dem Benutzer dann die Möglichkeit, den Wiederherstellungsschlüssel einzugeben.

- **Betriebssystemstart**   An diesem Punkt hat der Windows-Start-Manager die Systemintegrität überprüft und Zugriff auf den Volumehauptschlüssel. Der Volumehauptschlüssel muss allerdings an das Ladeprogramm des Betriebssystems übergeben werden und der Windows-Start-Manager muss vermeiden, den Schlüssel an ein potenziell bösartiges Ladeprogramm zu übergeben und auf diese Weise den Volumehauptschlüssel preiszugeben. Um sicherzustellen, dass es sich um das autorisierte Betriebssystemladeprogramm handelt, überprüft der Windows-Start-Manager die ausführbare Datei des Betriebssystemladeprogramms. Außerdem überprüft der Windows-Start-Manager, ob die Startkonfigurationsdaten verändert wurden, indem er die Daten mit einer zuvor generierten digitalen Signatur vergleicht, die MAC (Message Authenticity Check) genannt wird. Der Startkonfigurationsdaten-MAC wurde mit dem Volumehauptschlüssel generiert und lässt sich daher nicht ohne Weiteres nachahmen.

Nach dem Start des Betriebssystemladeprogramms kann Windows den Volumehauptschlüssel verwenden, um den FVEK zu entschlüsseln und anschließend mit dem FVEK das mit BitLocker geschützte Volume zu entschlüsseln. Mit dem nun möglichen Zugriff auf die unverschlüsselten Daten des Volumes wird der Startvorgang von Windows fortgesetzt.

Direkt von der Quelle: BitLocker-Volumes

Jamie Hunter, Lead Software Development Engineer, *Many-Core Strategies and Incubation*

Vor dem Wechsel zum Betriebssystem sorgt das Betriebssystemladeprogramm dafür, dass es genau einen Schlüssel (den Volumehauptschlüssel) an das Betriebssystem übergibt. Vor der Übergabe des Schlüssels an das Betriebssystem müssen folgende Bedingungen erfüllt sein:

- Alle Komponenten bis hin zum Start-Manager und einschließlich des Start-Managers müssen korrekt sein. Handelt es sich nicht um die richtigen Komponenten, ist der Volumehauptschlüssel nicht verfügbar.

- Der Volumehauptschlüssel muss korrekt sein, um den MAC-Wert der Metadaten zu überprüfen. Der Start-Manager überprüft diesen MAC-Wert.

- Beim Betriebssystemladeprogramm muss es sich um das Ladeprogramm handeln, das durch die Metadaten bestätigt wird, die mit dem Volumehauptschlüssel verknüpft sind. Das wird vom Start-Manager überprüft.

- Bei den Startkonfigurationsdaten muss es sich um die Daten handeln, die von den Metadaten bestätigt werden, die mit dem Volumehauptschlüssel verknüpft sind. Das wird vom Start-Manager überprüft.

- Der Volumehauptschlüssel muss den FVEK, der in den überprüften Metadaten gespeichert ist, korrekt entschlüsseln. Das wird vom Start-Manager überprüft.

- Der FVEK muss die Daten entschlüsseln können, die auf dem Volume gespeichert sind. Ein falscher FVEK führt dazu, dass der ausführbare Code und die eingelesenen Daten unbrauchbar sind. In einigen Fällen wird dies durch die Codeintegritätskomponente erkannt.

  - ☐ Die Master File Table (MFT) muss mit dem korrekten FVEK verschlüsselt werden, damit ein Zugriff auf alle Dateien möglich ist.

  - ☐ Die Treiber für Phase 0 einschließlich *Fvevol.sys* müssen mit dem korrekten FVEK verschlüsselt werden.

  - ☐ Die Registrierung muss mit dem korrekten FVEK verschlüsselt werden.

  - ☐ Kernel und Hardware Abstraction Layer (HAL) müssen mit dem korrekten FVEK verschlüsselt werden.

  - ☐ Die Komponenten der Phase 1 müssen mit dem FVEK verschlüsselt werden, denn *Fvevol.sys* (mit dem FVEK verschlüsselt) führt die Entschlüsselung nur mit demselben FVEK durch.

  - ☐ Die Komponenten der Phase 2 müssen ebenfalls mit dem FVEK verschlüsselt werden.

Der letzte Punkt ist besonders wichtig und gilt nur, wenn die Daten auf dem Volume vollständig verschlüsselt sind. Anders gesagt, ein Volume, dessen Verschlüsselung auf halbem Weg abgebrochen wurde, ist nicht sicher.

Voraussetzungen für den Schutz des Systemvolumes mit BitLocker

Um das Systemvolume auf einem Windows 7-Computer mit BitLocker zu schützen, muss der Computer folgende Voraussetzungen erfüllen:

- Sofern Sie sich nicht ausschließlich auf einen USB-Startschlüssel verlassen wollen, muss das System über ein TPM Version 1.2 (Revision 85 oder höher) verfügen, das auch aktiviert ist. (TPM-Chips können standardmäßig deaktiviert sein und lassen sich mit dem BIOS des Computers aktivieren.) Das TPM ermöglicht Integritätsprüfungen beim Systemstart.

- Das System muss über ein TCG-konformes BIOS verfügen (Trusted Computing Group, Version 1.21, Revision 0.24 oder höher), das die von TCG spezifizierten Static Root Trust Measurements (SRTMs) unterstützt, um vor dem Start von Windows eine Vertrauenskette einzurichten.

- Wenn Sie einen USB-Startschlüssel verwenden möchten, muss das BIOS des Computers USB Mass Storage Device Class2 unterstützen, einschließlich Lesen und Schreiben kleiner Dateien auf ein USB-Flashlaufwerk in der Umgebung, die vor dem eigentlichen Start des Betriebssystems zur Verfügung steht.

- Der Computer muss über mindestens zwei Volumes verfügen, damit BitLocker verwendet werden kann. Das Installationsprogramm von Windows 7 richtet die Volumes automatisch so ein, dass diese Forderung erfüllt ist. Auf Windows Vista-Computern können Sie das BitLocker-Laufwerksvorbereitungstool verwenden, erhältlich unter *http://www.microsoft.com/downloads*, um die vorhandenen Partitionen an diese Anforderungen anzupassen:

☐ Das Startvolume ist das Volume, auf dem das Windows-Betriebssystem und seine Hilfsdateien installiert werden. Es muss mit NTFS formatiert sein. Die Daten auf diesem Volume werden von BitLocker geschützt.

☐ Das Systemvolume ist das Volume, auf dem die hardwarespezifischen Dateien gespeichert sind, die zum Laden des Betriebssystems erforderlich sind, nachdem das BIOS die Plattform gestartet hat. Damit BitLocker verwendet werden kann, darf das Systemvolume nicht verschlüsselt werden. Es muss sich außerdem um ein separates Volume handeln (es darf also nicht mit dem Startvolume zusammengefasst werden) und es muss mit NTFS formatiert sein. Ihr Systemvolume sollte mindestens 100 MByte groß sein. Daten, die auf dieses Volume geschrieben werden, einschließlich zusätzlicher Daten, die der Benutzer dort speichert, werden nicht von BitLocker geschützt.

Sie können mehrere Instanzen von Windows auf einem Computer mit einem durch BitLocker geschützten Volume installieren, und alle sind in der Lage, auf das Volume zuzugreifen, wenn Sie jedes Mal das Wiederherstellungskennwort eingeben, das Sie brauchen, um von einer anderen Partition aus auf das Volume zuzugreifen. Sie können auf Volumes, die nicht durch BitLocker geschützt werden, auch ältere Windows-Versionen installieren. Allerdings sind diese älteren Windows-Versionen nicht in der Lage, auf das mit BitLocker geschützte Volume zuzugreifen.

So bereiten Sie die Verwendung von BitLocker auf Computern ohne TPM vor

BitLocker kann die Entschlüsselungsschlüssel statt in einem eingebauten TPM-Modul auch auf einem USB-Flashlaufwerk speichern. Das ermöglicht die Verwendung von BitLocker auch auf Computern, die nicht über TPM-Hardware verfügen. Allerdings ist es mit einem gewissen Risiko verbunden, BitLocker auf diese Weise zu verwenden, denn wenn der Benutzer das USB-Flashlaufwerk verliert, ist das verschlüsselte Volume nicht mehr zugänglich und der Computer lässt sich ohne Wiederherstellungsschlüssel nicht starten. Daher macht Windows 7 diese Option nicht standardmäßig verfügbar.

Um die BitLocker-Laufwerkverschlüsselung auch auf einem Computer zu verwenden, der nicht über ein kompatibles TPM-Modul verfügt, müssen Sie eine Gruppenrichtlinieneinstellung vornehmen:

1. Öffnen Sie den Gruppenrichtlinienverwaltungs-Editor, indem Sie auf *Start* klicken, **gpedit.msc** eingeben und dann die EINGABETASTE drücken.

2. Navigieren Sie zu *Computerkonfiguration(\Richtlinien)\Administrative Vorlagen\Windows-Komponenten\BitLocker-Laufwerkverschlüsselung\Betriebssystemlaufwerke\Zusätzliche Authentifizierung beim Start anfordern*. Auf Computern, auf denen Windows Vista oder Windows Server 2008 (vor Windows Server 2008 R2) ausgeführt wird, wählen Sie die Richtlinie *Zusätzliche Authentifizierung beim Start erforderlich (Windows Server 2008 und Windows Vista)*.

3. Aktivieren Sie die Einstellung und wählen Sie dann das Kontrollkästchen *BitLocker ohne kompatibles TPM zulassen*.

So aktivieren Sie die BitLocker-Laufwerkverschlüsselung auf Systemvolumes

Zur Aktivierung von BitLocker auf einem Systemvolume gehen Sie folgendermaßen vor:

1. Führen Sie eine vollständige Sicherung des Computers durch. Überprüfen Sie dann den Zustand der BitLocker-Partition mit *ChkDsk*. Weitere Informationen über den Umgang mit *ChkDsk* finden Sie in Kapitel 30, »Problembehandlung für Hardware, Treiber und Laufwerke«.

2. Öffnen Sie die Systemsteuerung. Klicken Sie auf *System und Sicherheit*. Klicken Sie unter *Bit-Locker-Laufwerkverschlüsselung* auf *Computer durch Verschlüsseln von Daten auf dem Datenträger schützen*.

3. Klicken Sie auf der Seite *BitLocker-Laufwerkverschlüsselung* auf *BitLocker aktivieren* (Abbildung 16.18).

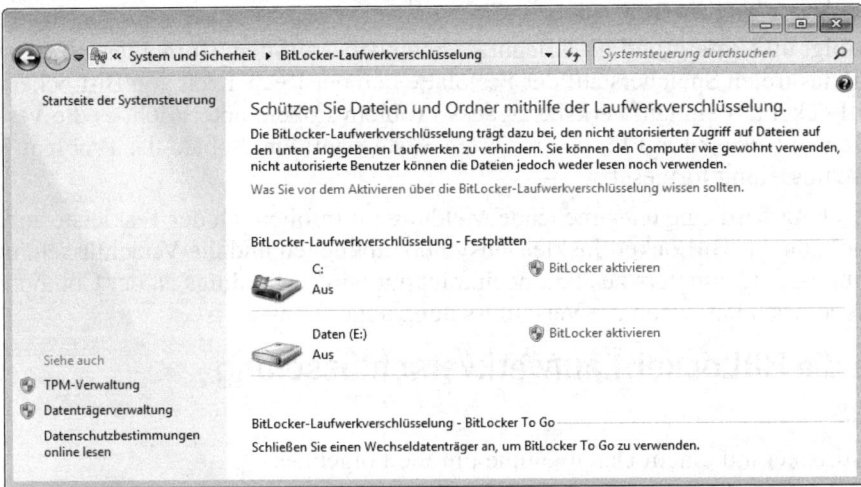

Abbildung 16.18 Wenn Ihre Partitionen richtig konfiguriert sind und Ihr Computer über ein TPM verfügt (oder wenn durch eine entsprechende Einstellung kein TPM mehr erforderlich ist), können Sie BitLocker aktivieren

4. Wählen Sie im Dialogfeld *BitLocker-Systemstarteinstellungen festlegen* die Authentifizierungsmethode, sofern diese Auswahl geboten wird (sie lässt sich durch eine Gruppenrichtlinieneinstellung blockieren).

5. Wenn Sie einen USB-Schlüssel wählen, erscheint das Dialogfeld *Systemstartschlüssel speichern*. Wählen Sie das USB-Gerät aus und klicken Sie dann auf *Speichern*.

6. Wählen Sie den Ort aus, an dem Sie Ihr Wiederherstellungskennwort speichern möchten. Das Wiederherstellungskennwort ist eine kleine Textdatei mit einer kurzen Anleitung, einer Laufwerksbeschriftung, einer Kennwort-ID und dem 48-stelligen Wiederherstellungskennwort. Zur Auswahl stehen ein USB-Flashlaufwerk, ein lokaler Ordner (oder ein Remoteordner) oder das Ausdrucken des Kennworts. Achten Sie darauf, dass Sie das Kennwort und den Wiederherstellungsschlüssel auf verschiedenen Geräten speichern. Sie können diesen Schritt wiederholen, um das Kennwort an mehreren Orten zu speichern. Sorgen Sie für eine sichere Verwahrung des Wiederherstellungskennworts, denn wer Zugang zu Ihrem Wiederherstellungskennwort hat, kann die Sicherheitsmechanismen von BitLocker umgehen. Klicken Sie auf *Weiter*.

> **HINWEIS**   Es ist dringend zu empfehlen, das Wiederherstellungskennwort an mehr als nur einem Ort oder auf mehreren Geräten zu speichern, um sicherzustellen, dass Sie auch dann wieder Zugriff auf das von Bit-Locker verschlüsselte Volume erhalten, wenn das Laufwerk gesperrt wurde. Speichern Sie die Wiederherstellungsschlüssel an sicheren Orten getrennt vom geschützten Computer. Sorgen Sie außerdem dafür, dass die mit BitLocker geschützten Volumes regelmäßig gesichert werden.

7. Wählen Sie das Kontrollkästchen *BitLocker-Systemüberprüfung ausführen* und klicken Sie auf *Weiter*, wenn Sie die Verschlüsselung einleiten möchten. Klicken Sie auf *Jetzt neu starten*. Bit-Locker überprüft beim Neustart, ob der Computer tatsächlich kompatibel ist und verschlüsselt werden kann. BitLocker zeigt einen speziellen Bildschirm mit einer Bestätigung an, dass das Schlüsselmaterial geladen wurde. Nachdem dies geprüft worden ist, beginnt BitLocker mit der Verschlüsselung des Laufwerks *C:*, sobald Windows hochgefahren wird, und BitLocker wird aktiviert. Wenn Sie das Kontrollkästchen *BitLocker-Systemüberprüfung ausführen* nicht wählen, klicken Sie auf *Verschlüsselung starten*.

Die Verschlüsselung erfolgt im Hintergrund. Der Benutzer kann dabei auf dem Computer arbeiten (allerdings wird ein Teil des freien Speichers auf der Festplatte und der Rechenzeit von BitLocker beansprucht). Sollte BitLocker auf ein laufwerksbezogenes Problem stoßen, unterbricht es die Verschlüsselung und plant einen *Chkdsk*-Lauf für den nächsten Systemstart ein. Sobald das Problem gelöst ist, wird die Verschlüsselung fortgesetzt.

Während der Verschlüsselung wird eine entsprechende Meldung im Infobereich der Taskleiste angezeigt. Ein Administrator kann das BitLocker-Taskleistensymbol anklicken und die Verschlüsselung anhalten, falls die Leistung des Computers zu stark beeinträchtigt wird. Allerdings ist der Computer erst dann durch BitLocker geschützt, wenn die Verschlüsselung abgeschlossen ist.

So aktivieren Sie die BitLocker-Laufwerkverschlüsselung auf Datenvolumes

Zur Aktivierung von BitLocker auf einem Datenvolume tun Sie Folgendes:

1. Führen Sie eine vollständige Datensicherung des Computers durch. Überprüfen Sie dann den Zustand der BitLocker-Partition mit *ChkDsk*. Weitere Informationen über den Umgang mit *ChkDsk* finden Sie in Kapitel 30, »Problembehandlung für Hardware, Treiber und Laufwerke«.

2. Klicken Sie das Laufwerk, das Sie schützen möchten, im Windows-Explorer mit der rechten Maustaste an und klicken Sie dann auf *BitLocker aktivieren*.

3. Wählen Sie auf der Seite *Methode zum Entsperren des Laufwerks auswählen* eine oder mehrere Schutzmethoden aus:

   □ *Kennwort zum Entsperren des Laufwerks verwenden*. Benutzer werden aufgefordert, ein Kennwort einzugeben, bevor sie auf den Inhalt des Laufwerks zugreifen können.

   □ *Smartcard zum Entsperren des Laufwerks verwenden*. Benutzer werden aufgefordert, eine Smartcard einzulegen, bevor sie auf den Inhalt des Laufwerks zugreifen können. Sie können diese Option auch bei Wechsellaufwerken verwenden. Allerdings werden Sie dann nicht unter Windows Vista oder Windows XP auf das Laufwerk zugreifen können, weil der BitLocker To Go Reader Smartcards nicht unterstützt.

   □ *Laufwerk auf diesem Computer automatisch entsperren*. Windows entsperrt nicht wechselbare Datenlaufwerke ohne Rückfrage beim Benutzer automatisch. Die Wahl dieser Option setzt voraus, dass das Systemvolume mit BitLocker geschützt wird. Wenn Sie das Laufwerk in einen anderen PC einbauen, werden Sie zur Eingabe von Anmeldeinformationen aufgefordert.

4. Wählen Sie auf der Seite *Wie soll der Wiederherstellungsschlüssel gespeichert werden* eine Methode zur Speicherung des Wiederherstellungsschlüssels aus. Klicken Sie auf *Weiter*.

5. Klicken Sie auf der Seite *Möchten Sie das Laufwerk jetzt verschlüsseln* auf *Verschlüsselung starten*.

So verwalten Sie BitLocker-Schlüssel auf einem lokalen Computer

Zur Verwaltung der Schlüssel auf dem lokalen Computer gehen Sie folgendermaßen vor:

1. Öffnen Sie die Systemsteuerung und klicken Sie auf *System und Sicherheit*. Klicken Sie unter *BitLocker-Laufwerkverschlüsselung* auf *BitLocker verwalten*.

2. Klicken Sie im Fenster *BitLocker-Laufwerkverschlüsselung* auf *BitLocker verwalten*.

Mit diesem Tool können Sie den Wiederherstellungsschlüssel auf einem USB-Flashlaufwerk oder in einer Datei speichern oder ihn ausdrucken.

So verwalten Sie BitLocker auf der Befehlszeile

Zur Verwaltung von BitLocker auf einer Befehlszeile mit erhöhten Rechten oder von einem Remotecomputer aus können Sie das Tool *Manage-bde.exe* verwenden. Das folgende Beispiel zeigt, wie der Status angezeigt wird.

```
manage-bde -status
```

```
BitLocker-Laufwerkverschlüsselung: Konfigurationstoolversion 6.1.7600
Copyright (C) Microsoft Corporation. Alle Rechte vorbehalten.

Datenträgervolumes, die mit BitLocker-Laufwerkverschlüsselung
geschützt werden können:
Volume "C:" []
[Betriebssystemvolume]

   Größe:                    74.37 GB
   BitLocker-Version:        Windows 7
   Konvertierungsstatus:     Vollständig verschlüsselt
   Verschlüsselt (Prozent):  100%
   Verschlüsselungsmethode:  AES 128 mit Diffuser
   Schutzstatus:             Der Schutz ist aktiviert.
   Sperrungsstatus:          Entsperrt
   ID-Feld:                  Kein
   Schlüsselschutzvorrichtungen:
        TPM
        Numerisches Kennwort
```

Verwenden Sie folgenden Befehl, um die BitLocker-Laufwerkverschlüsselung auf Laufwerk *C:* zu aktivieren, den Startschlüssel auf Laufwerk *Z:* und den Wiederherstellungsschlüssel auf Laufwerk *Y:* zu speichern und ein Wiederherstellungskennwort zu generieren:

```
manage-bde -on C: -StartupKey Z: -RecoveryKey Y: -RecoveryPassword
```

```
BitLocker-Laufwerkverschlüsselung: Konfigurationstoolversion 6.1.7600
Copyright (C) Microsoft Corporation. Alle Rechte vorbehalten.

Volume "C:" []
[Betriebssystemvolume]
Hinzugefügte Schlüsselschutzvorrichtungen:
    Gespeichert in Verzeichnis "Y:"

    Externer Schlüssel:
      ID: {7B7E1BD1-E579-4F6A-8B9C-AEB626FE08CC}
      Name der externen Schlüsseldatei:
        7B7E1BD1-E579-4F6A-8B9C-AEB626FE08CC.BEK

    Numerisches Kennwort:
      ID: {75A76E33-740E-41C4-BD41-48BDB08FE755}
      Kennwort:
        460559-421212-096877-553201-389444-471801-362252-086284

    TPM:
      ID: {E6164F0E-8F85-4649-B6BD-77090D49DE0E}
ERFORDERLICHE AKTIONEN:

    1. Bewahren Sie dieses numerische Wiederherstellungskennwort
    an einem sicheren Ort und getrennt von Ihrem Computer auf:

    460559-421212-096877-553201-389444-471801-362252-086284

    Zur Vermeidung von Datenverlusten sollten Sie dieses Kennwort sofort
    speichern. Mit diesem Kennwort wird sichergestellt, dass Sie das
    verschlüsselte Volume wieder entsperren können.

    2. Schließen Sie ein USB-Flashlaufwerk mit einer externen
    Schlüsseldatei an den Computer an.

    3. Starten Sie den Computer neu, um einen Hardwaretest auszuführen.
    (Geben Sie "shutdown /?" ein, um Befehlszeilenanweisungen anzuzeigen.)

    4. Geben Sie "manage-bde -status" ein, um zu überprüfen, ob der
    Hardwaretest erfolgreich abgeschlossen wurde.
HINWEIS: Der Verschlüsselungsvorgang beginnt nach erfolgreichem Abschluss des Hardwaretests.
```

Starten Sie den Computer nach dem Befehl mit angeschlossenem Wiederherstellungsschlüssel neu, um den Hardwaretest abzuschließen. Nach dem Hochfahren des Computers beginnt die BitLocker-Laufwerkverschlüsselung mit der Verschlüsselung des Volumes.

Mit folgendem Befehl können Sie BitLocker auf Laufwerk *C:* deaktivieren.

```
manage-bde -off C:
```

```
BitLocker-Laufwerkverschlüsselung: Konfigurationstoolversion 6.1.7600
Copyright (C) Microsoft Corporation. Alle Rechte vorbehalten.

Die Entschlüsselung wird durchgeführt.
```

Sie können mit *Manage-bde.exe* auch einen Startschlüssel und einen Wiederherstellungsschlüssel festlegen, um beispielsweise auf mehreren Computern dieselben Schlüssel zu verwenden. Das ist sinnvoll, wenn ein Benutzer über mehrere Computer verfügt, beispielsweise über einen Tablet PC-Computer und über einen Desktopcomputer. Auch in Testumgebungen kann dies sinnvoll sein, wenn mehrere Benutzer mit mehreren Computern arbeiten müssen. Beachten Sie aber, dass ein bekannt gewordener Startschlüssel oder Wiederherstellungsschlüssel bedeutet, dass alle Computer, die diesen Schlüssel verwenden, neue Schlüssel erhalten müssen.

Ausführlichere Informationen über die Verwendung von *Manage-bde.exe* erhalten Sie, indem Sie auf einer Befehlszeile den Befehl **Manage-bde.exe -?** verwenden.

So stellen Sie Daten wieder her, die von BitLocker geschützt werden

Wenn Sie BitLocker verwenden, werden die verschlüsselten Volumes gesperrt, falls kein Verschlüsselungsschlüssel verfügbar ist. BitLocker wechselt dann in den Wiederherstellungsmodus. Es gibt mehrere Gründe, warum vielleicht kein Verschlüsselungsschlüssel verfügbar ist:

- Eine der Startdateien wurde geändert.
- Das BIOS wurde geändert und das TPM deaktiviert.
- Das TPM wurde gelöscht.
- Es wurde der Versuch unternommen, den Computer ohne TPM, PIN oder USB-Schlüssel zu starten.
- Das mit BitLocker verschlüsselte Festplattenlaufwerk wurde in einen anderen Computer eingebaut.

Ist das Laufwerk gesperrt, kann der Computer nur noch im Wiederherstellungsmodus starten (Abbildung 16.19). Im Wiederherstellungsmodus geben Sie das Wiederherstellungskennwort mit den Funktionstasten der Tastatur ein (wie bei der Eingabe der PIN), wobei F1 die Ziffer 1 bedeutet, F2 die Ziffer 2 und so weiter. F10 steht für die Ziffer 0. Sie müssen Funktionstasten verwenden, weil die Lokalisierung der Tastatur in dieser Phase des Systemstarts noch nicht erfolgt ist.

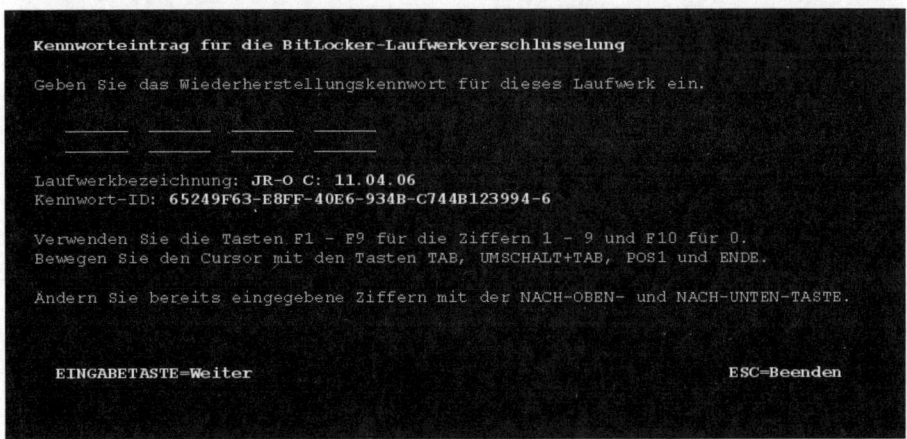

Abbildung 16.19   Im Wiederherstellungsmodus werden Sie zur Eingabe eines 48-stelligen Wiederherstellungskennworts aufgefordert

Wenn Sie den Wiederherstellungsschlüssel auf einem USB-Flashlaufwerk gespeichert haben, können Sie den Wiederherstellungsschlüssel einstecken und den Computer dann mit einem Druck auf die Taste ESC neu starten. Beim Start wird der Wiederherstellungsschlüssel automatisch eingelesen.

Wenn Sie die Wiederherstellung abbrechen, bietet der Windows-Start-Manager eine Anleitung, wie Sie ein Startproblem mit der Systemstartreparatur automatisch beheben können. Befolgen Sie diese Anleitung nicht. Die Systemstartreparatur kann nicht auf das verschlüsselte Volume zugreifen. Starten Sie stattdessen den Computer neu und geben Sie den Wiederherstellungsschlüssel ein.

WEITERE INFORMATIONEN Außerdem können Sie versuchen, mit dem BitLocker-Reparaturtool *Repair-bde.exe* Daten von einem verschlüsselten Volume wiederherzustellen. Wenn ein Fehler in BitLocker den Start von Windows 7 verhindert, können Sie Repair-bde in der Eingabeaufforderung der Windows-Wiederherstellungsumgebung (Windows RE) starten. Weitere Informationen über Repair-bde erhalten Sie, wenn Sie in einer Eingabeaufforderung den Befehl **repair-bde /?** verwenden. Weitere Informationen über die Behebung von Startproblemen und die Verwendung von Repair-bde erhalten Sie in Kapitel 29, »Konfiguration und Problembehandlung des Startvorgangs«.

So wird die BitLocker-Laufwerkverschlüsselung deaktiviert oder aufgehoben

Da sich BitLocker in den Startvorgang einklinkt und die ersten Startdateien auf Änderungen untersucht, können sich in folgenden Situationen Probleme ergeben, obwohl es sich nicht um Angriffe handelt:

- Aktualisierung oder Ersatz des Mainboards oder TPMs
- Installation eines neuen Betriebssystems, das den MBR oder den Start-Manager ändert
- Einbau eines mit BitLocker verschlüsselten Laufwerks in einen anderen Computer mit einem TPM
- Änderung der Partitionierung des Festplattenlaufwerks
- Aktualisierung des BIOS
- Aktualisierungen, die außerhalb des Betriebssystems erfolgen (beispielsweise eine Aktualisierung der Firmware der Hardware)

Damit BitLocker nicht in den Wiederherstellungsmodus wechselt, können Sie BitLocker zeitweise deaktivieren. Das ermöglicht es Ihnen, das TPM zu ändern und das Betriebssystem zu aktualisieren. Wenn Sie BitLocker anschließend wieder aktivieren, gelten noch dieselben Schlüssel. Sie können das mit BitLocker geschützte Volume auch entschlüsseln, dadurch wird der BitLocker-Schutz vollständig aufgehoben. Um BitLocker dann wieder zu aktivieren, müssen Sie die übliche Aktivierungsprozedur wiederholen, um neue Schlüssel zu erstellen und das Volume zu verschlüsseln.

Um BitLocker zu deaktivieren oder den Schutz komplett aufzuheben, gehen Sie folgendermaßen vor:

1. Melden Sie sich als Administrator auf dem Computer an.
2. Öffnen Sie in der *Systemsteuerung* die *BitLocker-Laufwerkverschlüsselung*.
3. Um BitLocker temporär zu deaktivieren und einen unverschlüsselten Schlüssel zu verwenden, klicken Sie auf *Schutz anhalten* und dann auf *Ja*. Um BitLocker dauerhaft zu deaktivieren, klicken Sie auf *BitLocker deaktivieren* und dann auf *Laufwerk entschlüsseln*.

So stellen Sie ein BitLocker-Laufwerk außer Dienst

Datendiebstahl kann auch erfolgen, wenn Computer oder Festplattenlaufwerke außer Dienst gestellt sind. Ein Computer, der in einer Organisation nicht mehr gebraucht wird, wird gewöhnlich weggeworfen, verkauft oder für einen wohltätigen Zweck gestiftet. Die Person, die den Computer erhält, könnte vertrauliche Dateien von der Festplatte kopieren. Daten lassen sich häufig auch dann wiederherstellen, wenn die Festplatte formatiert wurde.

BitLocker verringert das Risiko, das mit der Ausmusterung von Festplatten verbunden ist. Wenn Sie zum Beispiel einen Startschlüssel oder eine Start-PIN verwenden, bleibt der Inhalt des Volumes ohne diese zusätzlichen Informationen oder ohne die Wiederherstellungsdaten, die für das Laufwerk erforderlich wären, unzugänglich.

Sie können die Sicherheit der Daten, die sich auf einem außer Dienst gestellten Laufwerk befinden, noch weiter erhöhen, indem Sie die Schlüssel-BLOBs von der Festplatte entfernen. Nachdem Sie die BitLocker-Schlüssel vom Volume entfernt haben, bleibt einem Angreifer nur noch der Weg, die Verschlüsselung zu knacken – eine Aufgabe, die in der üblichen Lebensspanne eines Menschen höchstwahrscheinlich nicht zum Abschluss zu bringen ist. Und wenn Sie schon beim Aufräumen sind, sollten Sie auch alle gespeicherten Wiederherstellungsinformationen für das außer Dienst gestellte Laufwerk löschen, wie zum Beispiel die Wiederherstellungsinformationen, die in den Active Directory-Domänendiensten gespeichert sind.

Um alle Schlüssel-BLOBs auf einem Sekundärdatenträger (Datenvolume) zu löschen, können Sie das Laufwerk unter Windows 7 oder in der Windows 7-Wiederherstellungsumgebung formatieren. Beachten Sie bitte, dass sich ein Festplattenlaufwerk, das sich in Gebrauch befindet, nicht formatieren lässt. Sie können die Formatierung zum Beispiel nicht verwenden, um das Laufwerk, auf dem Windows installiert ist, auf sichere Weise außer Dienst zu stellen.

Um alle Schlüssel-BLOBs auf einem laufenden Laufwerk zu entfernen, können Sie ein Skript erstellen, das folgende Aufgaben durchführt:

1. Es ruft die Methode `Win32_EncryptableVolume.GetKeyProtectors` auf, um alle Schlüsselschutzvorrichtungen abzurufen (`KeyProtectorType 0`).

2. Es erstellt ein nicht für die Verwendung vorgesehenes Wiederherstellungskennwort-BLOB (und verwirft das aktuelle Wiederherstellungskennwort), indem es `Win32_EncryptableVolume.ProtectKeyWithNumericalPassword` und eine nach dem Zufallsprinzip generierte Kennwortsequenz verwendet. Das ist erforderlich, weil `Win32_EncryptableVolume.DeleteKeyProtector` nicht alle Schlüsselschutzvorrichtungen entfernt.

3. Es entfernt mit `Win32_EncryptableVolume.DeleteKeyProtector` alle verwendbaren Schlüsselschutzvorrichtungen, die mit den erwähnten Kennungen verknüpft sind.

4. Es löscht das TPM durch den Aufruf der Methode `Win32_TPM.Clear`.

Weitere Informationen über die Entwicklung eines Skripts oder einer Anwendung für die sichere Außerdienststellung eines mit BitLocker verschlüsselten Laufwerks finden Sie in der Dokumentation der WMI-Anbieterklasse `Win32_EncryptableVolume` unter *http://msdn.microsoft.com/en-us/library/aa376483.aspx* und in der Dokumentation der WMI-Anbieterklasse `Win32_TPM` unter *http://msdn.microsoft.com/en-us/library/aa376484.aspx*.

So bereiten Sie AD DS für BitLocker vor

BitLocker ist auch in AD DS integriert. Tatsächlich sollten Unternehmen BitLocker nicht ohne AD DS verwenden, obwohl das geht, denn die Schlüsselwiederherstellung und Datenwiederherstellungs-Agenten sind bei der Verwendung von BitLocker extrem wichtige Aspekte. AD DS bietet eine zuverlässige und effiziente Möglichkeit zur Speicherung von Wiederherstellungsschlüsseln, sodass Sie auch dann wieder Zugriff auf verschlüsselte Daten erhalten, wenn ein Schlüssel verloren geht. Die Konfiguration der Datenwiederherstellungs-Agenten erfolgt mit Gruppenrichtlinien.

Wenn sich Ihr AD DS auf der Funktionsebene Windows Server 2008 oder höher befindet, brauchen sie AD DS nicht speziell für BitLocker vorzubereiten. Befindet sich Ihr AD DS aber auf der Funktionsebene Windows Server 2003 oder niedriger, müssen Sie das Schema für BitLocker aktualisieren. Ausführliche Angaben zur Konfiguration von AD DS für die Sicherung von BitLocker- und TPM-Wiederherstellungsinformationen finden Sie in dem Dokument »Configuring Active Directory to Back up Windows BitLocker Drive Encryption and Trusted Platform Module Recovery Information« unter *http://go.microsoft.com/fwlink/?LinkId=78953*. Informationen über den Abruf von Wiederherstellungskennwörtern unter AD DS finden Sie in dem Artikel »How to use the BitLocker Recovery Password Viewer for Active Directory Users and Computers tool to view Recovery Passwords for Windows Vista« unter *http://support.microsoft.com/?kbid=928202*.

So konfigurieren Sie einen Datenwiederherstellungs-Agenten

Ältere Windows-Versionen haben die Speicherung von BitLocker-Wiederherstellungsschlüsseln in AD DS unterstützt. Das funktioniert zwar recht gut, aber es gibt dann für jedes durch BitLocker geschützte Volume einen separaten Wiederherstellungsschlüssel. In Unternehmen kann dies einen beträchtlichen Platzbedarf in AD DS nach sich ziehen. Wenn Sie keine Wiederherstellungsschlüssel in AD DS speichern, sondern stattdessen einen Datenwiederherstellungs-Agenten verwenden, können Sie ein Zertifikat in AD DS speichern, das sich zur Wiederherstellung aller mit BitLocker geschützten Volumes eignet.

Ein Datenwiederherstellungs-Agent lässt sich folgendermaßen konfigurieren:

1. Veröffentlichen Sie das Zertifikat des zukünftigen Datenwiederherstellungs-Agenten in AD DS. Stattdessen können Sie das Zertifikat auch in eine *.cer*-Datei exportieren und bereithalten.

2. Öffnen Sie im Gruppenrichtlinienverwaltungs-Editor ein Gruppenrichtlinienobjekt, das für die vorgesehenen Windows 7-Computer gilt, und wählen Sie *Computerkonfiguration\Richtlinien\ Windows-Einstellungen\Sicherheitseinstellungen\Richtlinien für öffentliche Schlüssel*.

3. Klicken Sie *BitLocker-Laufwerkverschlüsselung* mit der rechten Maustaste an, klicken Sie auf *Datenwiederherstellungs-Agents hinzufügen*, um den Assistenten für das Hinzufügen eines Wiederherstellungs-Agenten zu starten, und klicken Sie dann auf *Weiter*.

4. Klicken Sie auf der Seite *Wiederherstellungs-Agents auswählen* auf *Verzeichnis durchsuchen* (sofern das Zertifikat in AD DS gespeichert ist) oder auf *Ordner durchsuchen* (falls Sie die *.cer*-Datei lokal gespeichert haben). Wählen Sie eine *.cer*-Datei aus, die als Datenwiederherstellungs-Agent verwendet werden soll. Nach der Auswahl der Datei wird das Zertifikat importiert und der Benutzer erscheint im Assistenten in der Liste *Wiederherstellungs-Agents*. Sie können mehrere Datenwiederherstellungs-Agenten angeben. Nachdem Sie alle Datenwiederherstellungs-Agenten angegeben haben, die Sie verwenden möchten, klicken Sie auf *Weiter*.

5. Auf der Seite *Fertigstellen des Assistenten* wird eine Liste der Datenwiederherstellungs-Agenten angezeigt, die zum Gruppenrichtlinienobjekt hinzugefügt werden. Klicken Sie auf *Fertig stellen*, um die Datenwiederherstellungs-Agenten zu bestätigen und den Assistenten zu schließen.

Wenn die Gruppenrichtlinien das nächste Mal auf die Windows 7-Computer aus der Zielgruppe angewendet werden, wird das Zertifikat des Datenwiederherstellungs-Agenten auf das Laufwerk angewendet. Anschließend können Sie ein mit BitLocker geschütztes Laufwerk mit dem Zertifikat wiederherstellen, das als Datenwiederherstellungs-Agent konfiguriert wurde.

So verwalten Sie BitLocker mit Gruppenrichtlinien

Für BitLocker gibt es unter *Computerkonfiguration\Richtlinien\Administrative Vorlagen\Windows-Komponenten\BitLocker-Laufwerkverschlüsselung* einige Gruppenrichtlinieneinstellungen, die Sie zur Verwaltung der verfügbaren Funktionen verwenden können. Tabelle 16.2 beschreibt diese Richtlinien, die auf den Zielcomputern unter folgendem Registrierungsschlüssel gespeichert werden:

HKLM\Software\Policies\Microsoft\FVE

Tabelle 16.2   Gruppenrichtlinieneinstellungen für die BitLocker-Laufwerkverschlüsselung

Richtlinie	Beschreibung
BitLocker-Wiederherstellungsinformationen in Active Directory-Domänendiensten speichern (Windows Server 2008 und Windows Vista)	Die Aktivierung dieser Richtlinie sorgt für die Sicherung der BitLocker-Wiederherstellungsinformationen in AD DS. Für Computer, auf denen Windows 7 oder Windows Server 2008 R2 ausgeführt wird, aktivieren Sie die Richtlinien *Festplattenlaufwerke\Festlegen, wie BitLocker-geschützte Festplattenlaufwerke wiederhergestellt werden können, Betriebssystemlaufwerke\Festlegen, wie BitLocker-geschützte Betriebssystemlaufwerke wiederhergestellt werden können* oder *Wechseldatenträger\Festlegen, wie BitLocker-geschützte Wechseldatenträger wiederhergestellt werden können.*
Standardordner für Wiederherstellungskennwort auswählen	Die Aktivierung dieser Richtlinie und die Konfiguration eines passenden Standardpfads legen fest, welcher Standardordner angezeigt wird, wenn der Benutzer Wiederherstellungsinformationen für BitLocker speichert. Der Benutzer hat die Möglichkeit, von dieser Vorgabe abzuweichen.
Wiederherstellungsoptionen für BitLocker-geschützte Laufwerke für Benutzer auswählen (Windows Server 2008 und Windows Vista)	Mit dieser Richtlinie können Sie festlegen, unter welchen Wiederherstellungsmechanismen der Benutzer wählen kann. Die Deaktivierung des Wiederherstellungskennworts sperrt die Speicherung des Schlüssels in einem Ordner oder den Ausdruck des Schlüssels, weil dabei das 48-stellige Wiederherstellungskennwort verwendet wird. Die Deaktivierung des 256-Bit-Wiederherstellungsschlüssels sperrt die Speicherung auf einem USB-Flashlaufwerk. Wenn Sie beide Optionen deaktivieren, müssen Sie die Speicherung in den AD DS-Domänendiensten aktivieren, damit es nicht zu einem Richtlinienfehler kommt. Für Computer, auf denen Windows 7 oder Windows Server 2008 R2 ausgeführt werden, aktivieren Sie die Richtlinien *Festplattenlaufwerke\Festlegen, wie BitLocker-geschützte Festplattenlaufwerke wiederhergestellt werden können, Betriebssystemlaufwerke\Festlegen, wie BitLocker-geschützte Betriebssystemlaufwerke wiederhergestellt werden können* oder *Wechseldatenträger\Festlegen, wie BitLocker-geschützte Wechseldatenträger wiederhergestellt werden können.*
Verschlüsselungsmethode und Verschlüsselungsstärke für Laufwerk auswählen	Die Aktivierung dieser Richtlinie ermöglicht die Einstellung der Verschlüsselungsmethode, die von der BitLocker-Laufwerkverschlüsselung verwendet wird. Solange diese Richtlinie nicht aktiviert ist, lautet die Standardeinstellung AES 128 Bit mit Diffuser. Zur Wahl stehen außerdem AES 256 Bit mit Diffuser, AES 128 Bit und AES 256 Bit. ▶

Richtlinie	Beschreibung
Überschreiben des Arbeitsspeichers beim Neustart verhindern	Die Aktivierung dieser Richtlinie verhindert, dass Windows den Arbeitsspeicher beim Neustart überschreibt. Dadurch werden zwar potenziell BitLocker-Interna zugänglich, aber der Neustart wird beschleunigt.
Eindeutige IDs für Ihre Organisation angeben	Aktivieren Sie diese Richtlinie, wenn Sie verhindern möchten, dass Benutzer mit BitLocker geschützte Laufwerke verwenden, die nicht aus der Organisation stammen.
Einhaltung der Regel zur Smartcard-Zertifikatverwendung überprüfen	Aktivieren Sie diese Richtlinie nur, wenn Sie die Verwendung von Smartcards auf Smartcards mit zugelassenen Objektkennungen beschränken möchten.
Betriebssystemlaufwerke\Zusätzliche Authentifizierung beim Start anfordern oder *Betriebssystemlaufwerke\Zusätzliche Authentifizierung beim Start erforderlich (Windows Server 2008 und Windows Vista)*	Die Aktivierung dieser Richtlinie ermöglicht Ihnen die Einstellung zusätzlicher Startoptionen und die Aktivierung von BitLocker auf einem Computer, der nicht über ein TPM verfügt. Auf Computern, die mit TPM ausgestattet sind, kann eine sekundäre Authentifizierung für den Start vorgeschrieben werden – entweder ein USB-Schlüssel oder eine Start-PIN, aber nicht beides zusammen.
Erweiterte PINs für Systemstart zulassen	Erweiterte PINs können Groß- und Kleinbuchstaben, Symbole, Ziffern und Leerzeichen enthalten. Standardmäßig sind erweiterte PINs deaktiviert.
Betriebssystemlaufwerke\Minimale PIN-Länge für Systemstart konfigurieren	Ermöglicht es Ihnen, eine Mindestlänge für PINs festzulegen.
Betriebssystemlaufwerke\Festlegen, wie BitLocker-geschützte Betriebssystemlaufwerke wiederhergestellt werden können	Mit dieser Richtlinie können Sie kontrollieren, welche Wiederherstellungsmechanismen der Benutzer auswählen kann und ob Wiederherstellungsinformationen in AD DS gespeichert werden. Die Deaktivierung des Wiederherstellungskennworts sperrt die Speicherung des Schlüssels in einem Ordner oder den Ausdruck des Schlüssels, weil dabei das 48-stellige Wiederherstellungskennwort verwendet wird. Die Deaktivierung des 256-Bit-Wiederherstellungsschlüssels sperrt die Speicherung auf einem USB-Flashlaufwerk.
Betriebssystemlaufwerke\TPM-Plattformvalidierungsprofil konfigurieren	Die Aktivierung dieser Richtlinie ermöglicht die genaue Konfiguration der Plattformkonfigurationsregister-Indizes. Jeder Index ist Komponenten zugeordnet, die beim Systemstart ausgeführt werden.
Festplattenlaufwerke\Smartcard-Verwendung für Festplattenlaufwerke konfigurieren	Aktiviert die Verwendung von Smartcards für den Schutz von Datenvolumes durch BitLocker oder schreibt sie vor.
Festplattenlaufwerke\Schreibzugriff auf Festplattenlaufwerke verweigern, die nicht durch BitLocker geschützt sind	Lässt die Speicherung von Dateien nur auf Volumes zu, die durch BitLocker geschützt sind.
Festplattenlaufwerke\Zugriff auf BitLocker-geschützte Festplattenlaufwerke von früheren Windows-Versionen zulassen	Verhindert, dass das BitLocker To Go-Lesetool auf Festplattenlaufwerke kopiert wird. Benutzer älterer Windows-Versionen (einschließlich Windows Server 2008, Windows Vista und Windows XP SP2 oder SP3) können dann nicht mit einem Kennwort auf das Laufwerk zugreifen.
Festplattenlaufwerke\Kennwortverwendung für Festplattenlaufwerke konfigurieren	Schreibt ein Kennwort für den Zugriff auf mit BitLocker geschützte Festplattenlaufwerke vor und legt die Kennwortkomplexität fest.
Festplattenlaufwerke\Festlegen, wie BitLocker-geschützte Festplattenlaufwerke wiederhergestellt werden können	Mit dieser Richtlinie können Sie kontrollieren, welche Wiederherstellungsmechanismen der Benutzer auswählen kann und ob Wiederherstellungsinformationen in AD DS gespeichert werden. Die Deaktivierung des Wiederherstellungskennworts sperrt die Speicherung des Schlüssels in einem Ordner oder den Ausdruck des Schlüssels, weil dabei das 48-stellige Wiederherstellungskennwort verwendet wird. Die Deaktivierung des 256-Bit-Wiederherstellungsschlüssels sperrt die Speicherung auf einem USB-Flashlaufwerk.

Die Gruppenrichtlinien für BitLocker To Go unter dem Knoten *Wechseldatenträger* wurden bereits im Abschnitt »BitLocker To Go« dieses Kapitels beschrieben.

Die Kosten von BitLocker

Die meisten Sicherheitsfunktionen haben einen Preis. Der Vorteil jeder Sicherheitsfunktion ist das verringerte Risiko. Dadurch sinken die Kosten für entstehende Schäden, weil weniger Angriffe erfolgreich sind. Aber auch durch Sicherheitsmaßnahmen entstehen Kosten, sei es durch den reinen Kaufpreis, einen erhöhten Wartungsaufwand oder eine geringere Produktivität.

Der Vorteil von BitLocker ist das verringerte Risiko, dass beim Diebstahl eines Festplattenlaufwerks oder eines Computers vertrauliche Daten bekannt werden. Wie die meisten Sicherheitsfunktionen bringt auch BitLocker Kosten mit sich (neben den reinen Kosten für Software oder Hardware):

- Sofern eine PIN oder ein externer Schlüssel erforderlich ist, wird der Startvorgang für die Benutzer aufwendiger. Verliert ein Benutzer seine PIN oder seinen Startschlüssel, muss er darauf warten, dass ihm jemand aus dem Support das Kennwort vorliest, damit er seinen Computer starten kann.

- Treten Fehler auf der Festplatte auf oder kommt es aus anderen Gründen zu Beschädigungen der Dateien, kann die Wiedererlangung der Daten von der Festplatte schwieriger werden.

Weitere Informationen   Sie sollten BitLocker nur dann in Ihrer Organisation verwenden, wenn das verringerte Risiko diese Kosten überwiegt. Weitere Informationen über die Analyse von Kosten und Vorteilen finden Sie in dem Artikel *Security Risk Management Guide* unter *http://technet.microsoft.com/en-us/library/cc163143.aspx*.

Verschlüsselndes Dateisystem

BitLocker ist kein Ersatz für das verschlüsselnde Dateisystem (Encrypting File System, EFS), das mit Windows 2000 eingeführt wurde, aber es ergänzt EFS, weil es dafür sorgt, dass das Betriebssystem selbst besser vor einem Angriff geschützt ist. Zum Schutz von Computern mit sensiblen Daten empfiehlt es sich, beide Funktionen zu kombinieren, um die auf dem System gespeicherten Daten bestmöglich zu schützen.

EFS ist auch weiterhin ein wichtiges Tool zum Schutz der Datenintegrität unter Windows 7. Mit EFS können Sie ganze Volumes oder einzelne Ordner und Dateien verschlüsseln. Es kann auf demselben Computer mehrere Benutzer unterstützen und jedem Benutzer Datenschutz bieten. Außerdem ermöglicht EFS mehreren Benutzern sicheren Zugang zu sensiblen Daten, während die Daten gegen unautorisierte Einblicke oder Änderungen geschützt sind. Allerdings kann EFS nicht zur Verschlüsselung der Systemdateien verwendet werden. Wo sensible Daten geschützt werden müssen, sollte es mit BitLocker kombiniert werden, um auch das Volume zu schützen, auf dem die Systemdateien gespeichert sind. EFS ist gegen Offlineangriffe mit dem SYSKEY anfällig. Aber wenn Sie EFS mit BitLocker kombinieren, um das Volume zu verschlüsseln, auf dem das System installiert ist, ist dieser potenzielle Angriffsweg geschützt.

EFS verwendet eine symmetrische Verschlüsselung mit öffentlichen Schlüsseln, um Dateien und Ordner zu schützen. Für jeden Benutzer von EFS wird ein digitales Zertifikat mit einem Schlüsselpaar ausgestellt, das aus einem öffentlichen und einem geheimen Schlüssel besteht. EFS verwendet die Schlüssel, um die Dateien des angemeldeten Benutzers zu verschlüsseln und zu entschlüsseln, ohne dass der Benutzer dafür etwas zusätzlich tun muss. Autorisierte Benutzer können mit verschlüsselten Ordnern und Dateien genauso arbeiten, wie sie es bei unverschlüsselten Ordnern und Dateien gewohnt sind. Unautorisierte Benutzer erhalten die Meldung *Zugriff verweigert*, wenn sie versuchen, eine verschlüsselte Datei oder einen verschlüsselten Ordner zu öffnen, zu kopieren, zu verschieben oder umzubenennen.

Dateien werden mit einem symmetrischen Schlüssel verschlüsselt. Dieser symmetrische Schlüssel wiederum wird auf zwei verschiedene Arten verschlüsselt, nämlich einmal mit dem öffentlichen EFS-Schlüssel des Benutzers, um eine transparente Entschlüsselung zu ermöglichen, und einmal mit dem Schlüssel des Wiederherstellungsagenten, um eine Wiederherstellung der Daten zu ermöglichen.

Die folgenden Abschnitte beschreiben die Verwaltung der EFS-Schlüssel. Ausführlichere Informationen über das verschlüsselnde Dateisystem finden Sie in dem Artikel »Encrypting File System in Windows XP and Windows Server 2003« unter *http://technet.microsoft.com/en-us/library/bb457065. aspx.*

So exportieren Sie persönliche Zertifikate

Um zu verhindern, dass Sie selbst keinen Zugriff mehr auf Ihre eigenen verschlüsselten Dateien haben, können Sie Ihr persönliches Zertifikat exportieren und an einem sicheren Ort speichern. Wenn Sie das Zertifikat exportiert haben, können Sie die verschlüsselte Datei auf einen anderen Computer kopieren und erhalten auf dem anderen Computer trotzdem wieder Zugriff auf die in der Datei enthaltenen Daten, indem Sie Ihr exportiertes Zertifikat auf dem anderen Computer importieren.

Um Ihr persönliches Zertifikat zu exportieren, gehen Sie folgendermaßen vor:

1. Öffnen Sie den Windows-Explorer und wählen Sie eine Datei, die Sie verschlüsselt haben.
2. Klicken Sie die Datei mit der rechten Maustaste an und wählen Sie *Eigenschaften*.
3. Klicken Sie auf der Registerkarte *Allgemein* auf *Erweitert*.
4. Klicken Sie im Dialogfeld *Erweiterte Attribute* auf *Details*, um das *Benutzerzugriff*-Dialogfeld zu öffnen.
5. Wählen Sie Ihren Benutzernamen und klicken Sie auf *Schlüssel sichern*, um den Zertifikatexport-Assistenten zu öffnen.
6. Klicken Sie auf *Weiter*, um das gewünschte Dateiformat auszuwählen.
7. Klicken Sie auf *Weiter* und geben Sie ein Kennwort ein, um den Schüssel zu schützen. Wiederholen Sie die Eingabe im Bestätigungsfeld und klicken Sie auf *Weiter*.
8. Geben Sie einen Pfad ein oder suchen Sie einen Pfad heraus. Geben Sie einen Dateinamen ein, unter dem die Datei gespeichert werden soll. Klicken Sie auf *Weiter*.
9. Klicken Sie auf *Fertig stellen*, um das Zertifikat zu exportieren, und klicken Sie auf *OK*, um das Dialogfeld mit der Erfolgsmeldung zu schließen.

So importieren Sie persönliche Zertifikate

Wenn Sie über die Zertifikate von anderen Benutzern verfügen, können Sie verschlüsselte Dateien mit diesen Benutzern austauschen. Damit ein anderer Benutzer eine Datei verwenden kann, die Sie verschlüsselt haben, müssen Sie auf Ihrem Computer das Zertifikat dieses Benutzers importieren und den Namen des Benutzers in die Liste der Benutzer eintragen, die Zugriff auf die Datei erhalten sollen.

Um ein Benutzerzertifikat zu importieren, gehen Sie folgendermaßen vor:

1. Klicken Sie auf *Start*, geben Sie **mmc** ein und drücken Sie die EINGABETASTE, um eine leere Microsoft Management Console zu öffnen.
2. Klicken Sie auf *Datei* und dann auf *Snap-In hinzufügen/entfernen*.

3. Wählen Sie *Zertifikate* und klicken Sie auf *Hinzufügen*. Wählen Sie *Eigenes Benutzerkonto* und klicken Sie auf *Fertig stellen*. Klicken Sie auf *OK*, um das Dialogfeld *Snap-Ins hinzufügen bzw. entfernen* zu schließen.

4. Klicken Sie auf *Zertifikate* und dann mit einem Doppelklick auf *Vertrauenswürdige Personen*.

5. Klicken Sie unter *Vertrauenswürdige Personen* mit der rechten Maustaste auf *Zertifikate*. Klicken Sie im Menü *Alle Aufgaben* auf *Importieren*, um den Zertifikatimport-Assistenten zu öffnen.

6. Klicken Sie auf *Weiter* und suchen Sie dann das Zertifikat heraus, das Sie importieren möchten.

7. Wählen Sie das Zertifikat und klicken Sie dann auf *Weiter*.

8. Geben Sie das Kennwort für das Zertifikat ein und klicken Sie auf *Weiter*.

9. Klicken Sie auf *Weiter*, um das Zertifikat im Speicher *Vertrauenswürdige Personen* zu speichern.

10. Klicken Sie auf *Fertig stellen*, um den Import abzuschließen.

11. Klicken Sie im Bestätigungsdialogfeld auf *OK* und schließen Sie die MMC.

So gewähren Sie anderen Benutzern Zugang zu einer verschlüsselten Datei

Nachdem Sie das Zertifikat eines Benutzers importiert haben, können Sie diesen Benutzer in die Liste der Benutzer eintragen, die Zugang zu einer Datei erhalten. Das Zertifikat eines Benutzers befindet sich automatisch auf einem Computer, falls sich der Benutzer bereits auf dem Computer angemeldet hat.

Um einen Benutzer, dessen Zertifikat Sie importiert haben, in die Liste der Benutzer einzutragen, die eine Datei verwenden dürfen, gehen Sie folgendermaßen vor:

1. Öffnen Sie den Windows-Explorer und markieren Sie die Datei, die für andere Benutzer zugänglich werden soll.

2. Klicken Sie die Datei mit der rechten Maustaste an und wählen Sie *Eigenschaften*.

3. Klicken Sie auf der Registerkarte *Allgemein* auf *Erweitert*.

4. Klicken Sie im Dialogfeld *Erweiterte Attribute* auf *Details*, um das *Benutzerzugriff*-Dialogfeld zu öffnen.

5. Klicken Sie auf *Hinzufügen*, um das Dialogfeld *Verschlüsselndes Dateisystem* zu öffnen. Wählen Sie dann den Benutzer aus, der Zugang zur verschlüsselten Datei erhalten soll.

6. Klicken Sie auf *OK*, um den Benutzer in die Liste der Benutzer aufzunehmen, die mit der Datei arbeiten dürfen.

7. Schließen Sie auch die restlichen Dialogfelder jeweils mit einem Klick auf *OK*.

Sie brauchen aber für Benutzer, die über ein Netzwerk hinweg auf Dateien zugreifen sollen, keinen EFS-Zugriff einzurichten. Freigegebene Ordner und verschlüsselte Ordner sind zwei völlig verschiedene Themen.

Symbolische Verknüpfungen

Windows Vista und Windows 7 bieten *symbolische Verknüpfungen*. Symbolische Verknüpfungen funktionieren so ähnlich wie die Dateiverknüpfungen, die Sie aus dem Explorer kennen, wirken aber auf der Ebene des Dateisystems. Ein Benutzer kann eine Verknüpfung im Explorer mit einem Doppelklick anklicken, um die Originaldatei zu öffnen, während eine symbolische Verknüpfung einer Anwendung die Möglichkeit gibt, mit der Originaldatei zu arbeiten.

Als Administrator sind Sie vielleicht auf symbolische Verknüpfungen angewiesen, um die gewünschte Abwärtskompatibilität zu erreichen. Erwartet eine Anwendung beispielsweise, eine bestimmte Datei im Stammordner von Laufwerk *C:* vorzufinden, die inzwischen an einen anderen Ort auf dem lokalen Datenträger verschoben wurde, können Sie im Stammordner von Laufwerk *C:* eine symbolische Verknüpfung mit der aktuellen Datei an ihrem aktuellen Ort herstellen. Dann kann die Anwendung weiterhin im Stammordner von Laufwerk *C:* auf die Datei zugreifen. Windows Vista und Windows 7 verwenden symbolische Verknüpfungen, um eine Abwärtskompatibilität zu Benutzerprofilen aus älteren Windows-Versionen zu erreichen. Weitere Informationen zu diesem Thema finden Sie in Kapitel 15, »Verwalten von Benutzern und Benutzerdaten«.

So funktioniert's: Symbolische Verknüpfungen, feste Verknüpfungen, Abzweigungspunkte und Verknüpfungen

Windows Vista und Windows 7 unterstützen vier verschiedene Verknüpfungsarten, die jeweils etwas anders funktionieren:

- **Verknüpfungen** Verknüpfungen (shortcuts) sind Dateien mit der Erweiterung *.lnk*. Wenn Sie eine Verknüpfung in der Windows-Shell mit einem Doppelklick anklicken, öffnet Windows die Zieldatei. Allerdings behandelt das Dateisystem *.lnk*-Dateien wie alle anderen Dateien. Wenn Sie beispielsweise in einer Eingabeaufforderung eine *.lnk*-Datei öffnen, wird nicht die Zieldatei geöffnet.

- **Feste Verknüpfungen** Feste Verknüpfungen (hard links) stellen einen neuen Verzeichniseintrag für eine vorhandene Datei dar. Ein und dieselbe Datei kann also in mehreren Ordnern erscheinen (oder unter mehreren Dateinamen im selben Ordner). Feste Verknüpfungen gibt es aber nur innerhalb desselben Volumes.

- **Abzweigungspunkte** Abzweigungspunkte (junction points), auch Soft-Links genannt, verweisen mit einem absoluten Pfad auf einen Ordner. Windows leitet Anfragen, die an einen Abzweigungspunkt gerichtet sind, automatisch an den Zielordner weiter. Abzweigungspunkte brauchen sich nicht auf demselben Volume zu befinden.

- **Symbolische Verknüpfungen** Ein Zeiger auf eine Datei oder einen Ordner. Symbolische Verknüpfungen (symbolic links) sind für Benutzer praktisch unsichtbar. (Es kann aber geschehen, dass ein Programm eine veraltete API verwendet, die keine Abzweigungspunkte berücksichtigt.) Symbolische Verknüpfungen verwenden meistens relative Pfade, seltener absolute Pfade.

So erstellen Sie symbolische Verknüpfungen

Normalerweise können nur Administratoren symbolische Verknüpfungen erstellen. Allerdings können Sie mit der Einstellung *Computerkonfiguration\Richtlinien\Windows-Einstellungen\Sicherheitseinstellungen\Lokale Richtlinien\Zuweisen von Benutzerrechten\Erstellen symbolischer Verknüpfungen* anderen Benutzern das Recht geben, symbolische Verknüpfungen zu erstellen.

Um eine symbolische Verknüpfung zu erstellen, öffnen Sie eine Eingabeaufforderung mit erhöhten Rechten und verwenden den Befehl Mklink. Der folgende Befehl erstellt zum Beispiel eine symbolische Verknüpfung von *C:\MeineAnwendung.exe* zum Editor im Systemverzeichnis:

```
C:\>mklink MeineAnwendung.exe %WinDir%\System32\notepad.exe
```

Symbolische Verknüpfung erstellt für MeineAnwendung.exe <<===>> C:\Windows\System32\notepad.exe

Hinweis Entwickler können die Funktion `CreateSymbolicLink` aufrufen, um symbolische Verknüpfungen zu erstellen. Weitere Informationen finden Sie unter *http://msdn.microsoft.com/en-us/library/aa363866.aspx.*

Nachdem Sie diese symbolische Verknüpfung erstellt haben, verhält sich die symbolische Verknüpfung *MeineAnwendung.exe* wie eine Kopie der Datei *Notepad.exe.* Der Explorer zeigt symbolische Verknüpfungen mit dem üblichen Verknüpfungssymbol an. Allerdings haben herkömmliche Verknüpfungen immer die Dateinamenserweiterung *.lnk*, während symbolische Verknüpfungen beliebige Erweiterungen haben können. In einer Eingabeaufforderung verwendet der Befehl Dir die Bezeichnung *<SYMLINK>*, um symbolische Verknüpfungen zu kennzeichnen, und zeigt zudem den Pfad der Zieldatei an:

```
C:\>dir
```

```
Volume in Laufwerk C: hat keine Bezeichnung.
Volumeseriennummer: BC33-D7AC

Verzeichnis von C:\

18.09.2006  16:43                  24 AUTOEXEC.BAT
18.09.2006  16:43                  10 config.sys
28.12.2006  00:16    <SYMLINK>        MeineAnwendung.exe [C:\Windows\System32\notepad.exe]
23.12.2006  16:47    <DIR>            Program Files
29.11.2006  15:31    <DIR>            Users
27.12.2006  20:39    <DIR>            Windows
```

Da eine symbolische Verknüpfung nur eine Verknüpfung ist, wirken sich alle Änderungen, die mit der symbolischen Verknüpfung durchgeführt werden, direkt auf die Zieldatei aus, und umgekehrt. Wenn Sie eine symbolische Verknüpfung erstellen und die Zieldatei anschließend löschen, bleibt die symbolische Verknüpfung bestehen. Aber alle Versuche, die symbolische Verknüpfung zu verwenden, führen dann zu einer Fehlermeldung, weil Windows 7 automatisch versucht, das Verknüpfungsziel zu verwenden. Wenn Sie eine Zieldatei löschen und später durch eine andere Datei desselben Namens ersetzen, wird die neue Datei das Verknüpfungsziel. Das Löschen einer symbolischen Verknüpfung hat keine Auswirkungen auf das Verknüpfungsziel.

Attributänderungen, wie zum Beispiel die Kennzeichnung als verborgene Datei oder als Systemdatei, wirken auf die symbolische Verknüpfung und auf die Zieldatei.

So erstellen Sie relative oder absolute symbolische Verknüpfungen

Relative symbolische Verknüpfungen geben die Lage des Ziels in Bezug auf den eigenen Ordner an. Eine relative symbolische Verknüpfung mit einer Zieldatei, die sich im selben Ordner befindet, wird immer versuchen, im selben Ordner, in dem sie sich befindet, auf die Zieldatei zuzugreifen, auch wenn sie inzwischen in einen anderen Ordner verschoben wurde. Sie können zwar außer relativen auch absolute symbolische Verknüpfungen erstellen, aber standardmäßig sind alle symbolischen Verknüpfungen relativ. Die folgenden Beispiele zeigen, wie eine symbolische Verknüpfung namens *Link.txt* mit einer Zieldatei namens *Target.txt* erstellt wird. Anschließend erfolgen drei Zugriffsversuche auf die symbolische Verknüpfung. Vor dem zweiten wird die Zieldatei in einen anderen

Ordner verschoben, vor dem dritten wird die symbolische Verknüpfung in den neuen Ordner der Zieldatei verschoben:

```
C:\>mklink link.txt target.txt
C:\>type link.txt
```

```
Hallo, Welt.
```

```
C:\>REM Verschiebe Link.txt in einen anderen Ordner
C:\>move link.txt C:\links
```

```
        1 Datei(en) verschoben.
```

```
C:\>cd links
C:\links>type link.txt
```

```
Das System kann die angegebene Datei nicht finden.
```

```
C:\links>move \target.txt C:\links
C:\links>type link.txt
```

```
Hallo, Welt.
```

Im obigen Beispiel war Windows 7 nach der Verschiebung der symbolischen Verknüpfung in einen anderen Ordner nicht mehr in der Lage, die Zieldatei zu finden, denn bei der symbolischen Verknüpfung handelt es sich um eine relative Verknüpfung, die auf eine Datei namens *Target.txt* aus demselben Ordner verweist. Nachdem auch die Zieldatei in diesen Ordner verschoben wurde, funktioniert die symbolische Verknüpfung wieder.

Im folgenden Beispiel wird dieses Experiment mit einer absoluten symbolischen Verknüpfung wiederholt, die den vollständigen Pfadnamen der Zieldatei enthält:

```
C:\>mklink link.txt C:\target.txt
C:\>type link.txt
```

```
Hallo, Welt.
```

```
C:\>REM Verschiebe Link.txt in einen anderen Ordner
C:\>move link.txt C:\links
```

```
        1 Datei(en) verschoben.
```

```
C:\>cd links
C:\links>type link.txt
```

```
Hallo, Welt.
```

```
C:\links>move C:\target.txt C:\links\
C:\links>type link.txt
```

```
Das System kann die angegebene Datei nicht finden.
```

In diesem Beispiel ist durch die Angabe des vollständigen Pfadnamens der Zieldatei eine absolute symbolische Verknüpfung entstanden, die davon ausgeht, dass die Zieldatei an einem ganz bestimmten Ort zu finden ist. Daher funktioniert die symbolische Verknüpfung auch noch nach ihrer Verschiebung in einen anderen Ordner. Verschiebt man auch die Zieldatei in denselben Ordner, ist die Zieldatei allerdings nicht mehr dort vorhanden, wo die symbolische Verknüpfung sie erwartet.

So erstellen Sie symbolische Verknüpfungen mit freigegebenen Ordnern

Sie können im lokalen Dateisystem symbolische Verknüpfungen mit Dateien erstellen, die in anderen lokalen oder freigegebenen Ordnern liegen. Wenn Sie aber den Befehl Mklink verwenden, müssen Sie immer den absoluten Pfadnamen der Zieldatei angeben, weil der Befehl sonst davon ausgeht, dass es sich um eine relative Pfadangabe handelt. Nehmen Sie zum Beispiel an, Sie möchten eine symbolische Verknüpfung namens *C:\Link.txt* erstellen, deren Ziel eine Datei namens *Z:\Target.txt* ist, die sich in einem freigegebenen Ordner befindet. Mit folgenden Befehlen erstellen Sie die symbolische Verknüpfung *C:\Link.txt*.

```
C:\>Z:
Z:\>mklink C:\link.txt target.txt
```

Allerdings erfolgt die Verknüpfung mit der Datei *C:\Target.txt* und nicht, wie gewünscht, mit *Z:\Target.txt*. Um eine Verknüpfung mit der Datei *Z:\Target.txt* zu erreichen, verwenden Sie folgenden Befehl:

```
C:\>mklink C:\link.txt Z:\target.txt
```

Der Befehl Mklink ermöglicht auch die Erstellung einer symbolischen Verknüpfung mit einem UNC-Pfad. Wenn Sie folgenden Befehl verwenden, erstellt Windows 7 zum Beispiel eine symbolische Verknüpfung namens *Link.txt* mit der Zieldatei *Target.txt*.

```
Mklink link.txt \\Server\Ordner\target.txt
```

Wenn Sie symbolische Remoteverknüpfungen aktivieren, wie im Verlauf dieses Abschnitts noch beschrieben, können diese Verknüpfungen verwendet werden, um auf freigegebenen Ordnern symbolische Verknüpfungen einzurichten und andere Windows-Netzwerkclients automatisch zu anderen Dateien im Netzwerk umzuleiten.

Standardmäßig können Sie symbolische Verknüpfungen nur auf lokalen Volumes verwenden. Wenn Sie versuchen, eine symbolische Verknüpfung zu verwenden, die in einem freigegebenen Ordner liegt (unabhängig vom Verknüpfungsziel), oder eine symbolische Verknüpfung in einen freigegebenen Ordner kopieren, erhalten Sie eine Fehlermeldung. Sie können dies mit folgender Gruppenrichtlinieneinstellung ändern:

Computerkonfiguration\Richtlinien\Administrative Vorlagen\System\Dateisystem\Auswertung symbolischer Links selektiv zulassen

Wenn Sie diese Richtlinieneinstellung aktivieren, können Sie vier Einstellungen vornehmen:

- **Lokaler Link zu lokalem Ziel**   Diese Einstellung ermöglicht lokale symbolische Verknüpfungen mit Zielen im lokalen Dateisystem.

- **Lokaler Link zu Remoteziel**   Diese Einstellung ermöglicht lokale symbolische Verknüpfungen mit Zielen in freigegebenen Ordnern.

- **Remotelink zu Remoteziel**   Diese Einstellung ermöglicht symbolische Remoteverknüpfungen mit Zielen in freigegebenen Ordnern.

- **Remotelink zu lokalem Ziel**   Diese Einstellung ermöglicht symbolische Remoteverknüpfungen mit Zielen im lokalen Dateisystem.

Die Aktivierung von Remoteverknüpfungen bringt aber Sicherheitsprobleme mit sich. Ein böswilliger Angreifer könnte zum Beispiel auf einem freigegebenen Ordner eine symbolische Verknüpfung mit einem absoluten Pfad auf dem lokalen Computer einrichten. Wenn der Benutzer versucht, die symbolische Verknüpfung zu verwenden, greift er unerwartet auf eine ganz andere Datei zu, die vielleicht vertrauliche Informationen enthält. Auf diese Weise könnte der Angreifer einen Benutzer dazu verleiten, vertrauliche Dateien von seinem lokalen Computer offenzulegen.

So verwenden Sie feste Verknüpfungen

Feste Verknüpfungen stellen zusätzliche Verzeichniseinträge für vorhandene Dateien dar, während symbolische Verknüpfungen zusätzliche Dateien sind, die auf vorhandene Dateien verweisen. Aus diesem kleinen Unterschied ergeben sich beträchtliche Unterschiede im Verhalten.

Sie können feste Verknüpfungen erstellen, indem Sie den Befehl Mklink mit dem Parameter /H verwenden. Mit dem folgenden Befehl wird zum Beispiel eine feste Verknüpfung von *Link.txt* mit *Target.txt* erstellt:

```
C:\>mklink /H link.txt target.txt
```

```
Feste Verknüpfung erstellt für link.txt <<===>> target.txt
```

Wie bei symbolischen Verknüpfungen erfolgen alle Änderungen, die an einer festen Verknüpfung vorgenommen werden, automatisch auch am Ziel, und umgekehrt, einschließlich Änderungen an den Attributen, denn die Datei ist nur einmal auf dem Volume vorhanden. Allerdings gibt es einige wichtige Unterschiede zwischen festen Verknüpfungen und symbolischen Verknüpfungen:

- Feste Verknüpfungen müssen sich auf Dateien beziehen, die auf dem selben Volume liegen. Symbolische Verknüpfungen können sich auf Dateien oder Ordner beziehen, die in anderen Volumes oder in freigegebenen Ordnern liegen.
- Feste Verknüpfungen können nur für Dateien erstellt werden. Symbolische Verknüpfungen können sich auf Dateien oder Ordner beziehen.
- Windows verwaltet feste Verknüpfungen. Die Verknüpfung und das Ziel bleiben also weiterhin zugänglich, auch wenn Sie einen der beiden in einen anderen Ordner verschieben.
- Feste Verknüpfungen überleben die Löschung der Zieldatei. Eine Zieldatei wird erst dann tatsächlich gelöscht, wenn nicht nur sie, sondern auch alle festen Verknüpfungen mit ihr gelöscht werden.
- Wenn Sie das Verknüpfungsziel einer symbolischen Verknüpfung löschen und dann eine neue Datei gleichen Namens erstellen, ist diese neue Datei das neue Verknüpfungsziel der symbolischen Verknüpfung. Feste Verknüpfungen beziehen sich weiterhin auf die ursprüngliche Zieldatei, auch wenn Sie die Zieldatei ersetzen.
- Feste Verknüpfungen erscheinen in der Ausgabe des Befehls Dir nicht als symbolische Verknüpfungen und der Explorer zeigt kein spezielles Verknüpfungssymbol für sie an. Feste Verknüpfungen lassen sich praktisch nicht von der Originaldatei unterscheiden.
- Änderungen, die an den Dateiberechtigungen einer festen Verknüpfung vorgenommen werden, gelten auch für die Zieldatei, und umgekehrt. Bei symbolischen Verknüpfungen können Sie zwar für die symbolische Verknüpfung andere Berechtigungen einstellen, aber diese Berechtigungen werden ignoriert.

Windows XP hat mit dem Befehl fsutil hardlink feste Verknüpfungen ermöglicht. Feste Verknüpfungen von Windows Vista und Windows 7 sind zu den Hardlinks von Windows XP kompatibel und der Befehl fsutil hardlink funktioniert auch unter Windows Vista und Windows 7.

Datenträgerkontingente

Administratoren können Datenträgerkontingente einrichten, um den Platz zu begrenzen, den einzelne Benutzer mit ihren Dateien beanspruchen dürfen. Am sinnvollsten ist es natürlich, solche Beschränkungen auf einem Server vorzunehmen, auf dem es freigegebene Ordner gibt. Die Einrichtung von Datenträgerkontingenten könnte aber auch in Umgebungen erforderlich werden, in denen mehrere Benutzer denselben Computer verwenden, weil sich damit verhindern lässt, dass einzelne Benutzer den gesamten Speicherplatz belegen und andere Benutzer ihre Dateien dann nicht mehr speichern können. Seit Windows XP hat sich bei Datenträgerkontingenten nichts Wesentliches geändert.

Bevor Sie Datenträgerkontingente aktivieren, sollten Sie überprüfen, ob sich der Aufwand lohnt. Die Verwaltung von Datenträgerkontingenten erfordert nämlich, dass Administratoren die entsprechenden Ereignismeldungen überwachen, die zum Beispiel erfolgen, wenn ein Benutzer sein Kontingent überschreitet. Dann müssen die Administratoren mit den Benutzern über die Erhöhung der Kontingente verhandeln oder nach Dateien suchen, die gelöscht werden können. Oft ist es wesentlich einfacher und billiger, eine größere Festplatte einzubauen, selbst wenn manche Benutzer gar nicht so genau wissen, wie viel Platz sie belegen.

So richten Sie auf einem einzelnen Computer Datenträgerkontingente ein

Um auf einem einzelnen Computer Datenträgerkontingente einzurichten, gehen Sie folgendermaßen vor:

1. Klicken Sie auf *Start* und dann auf *Computer*.
2. Klicken Sie im rechten Bereich mit der rechten Maustaste auf das Laufwerk, für das Sie Kontingente einrichten möchten, und klicken Sie dann auf *Eigenschaften*.
3. Klicken Sie auf die Registerkarte *Kontingent* und klicken Sie dann auf *Kontingenteinstellungen anzeigen*. Das Dialogfeld *Kontingenteinstellungen* erscheint.
4. Wählen Sie das Kontrollkästchen *Kontingentverwaltung aktivieren*, wie in Abbildung 16.20.

Abbildung 16.20 Datenträgerkontingente beschränken die Speicherplatzmenge, die ein Benutzer beanspruchen kann

In diesem Dialogfeld können Sie folgende Optionen wählen:

- **Kontingentverwaltung aktivieren** Standardmäßig ist die Datenträgerkontingentverwaltung deaktiviert. Wählen Sie dieses Kontrollkästchen, um die Kontingentverwaltung zu aktivieren.

- **Speicherplatz bei Überschreitung der Kontingentgrenze verweigern** Normalerweise werden Benutzer nur darauf hingewiesen, dass sie ihre Datenträgerkontingente überschreiten. Wenn Sie diese Kontrollkästchen wählen, verweigert Windows nach einer Überschreitung des Kontingents alle weiteren Datenträgerzugriffe. Normalerweise reicht es aus, Benutzer auf die Kontingentüberschreitung hinzuweisen, sofern Sie außerdem die Ereignismeldungen protokollieren und die Benutzer aufklären, die ihren Speicherbereich nicht aufräumen. Die Verweigerung der Datenträgerzugriffe bedeutet, dass die Anwendungen nicht noch mehr Daten auf dem Datenträger speichern können. Es kann also geschehen, dass Benutzer ungespeicherte Arbeit verlieren.

> **Hinweis** Um die Datenträgerkontingentgrenzen für Benutzer zu ermitteln, können Entwickler die WMI-Methode `ManagementObjectSearcher.Get` aufrufen, um ein `ManagementObjectCollection`-Objekt anzufordern, und dann auf das Element `QuotaVolume` des Objekts zugreifen.

- **Speicherplatznutzung nicht beschränken** Richtet standardmäßig keine Kontingente für neue Benutzer ein. Sie können trotzdem das *Kontingenteinträge*-Fenster verwenden, um für Benutzer Datenträgerkontingente festzulegen.

- *Speicherplatz beschränken auf* und *Warnstufe festlegen auf* Erstellt standardmäßig ein Datenträgerkontingent für neue Benutzer. Der Wert im Eingabefeld *Warnstufe festlegen auf* sollte niedriger sein als der Wert im Eingabefeld *Speicherplatz beschränken auf*, damit der Benutzer einen entsprechenden Hinweis erhält, bevor ihm der Speicherplatz ausgeht.

- *Ereignis bei Kontingentüberschreitung protokollieren* und *Ereignis bei Warnstufenüberschreitung protokollieren* Richtet Windows so ein, dass ein Protokolleintrag erfolgt, wenn ein Benutzer sein Kontingent überschreitet. Im Normalfall sollten Sie dieses Kontrollkästchen wählen und anschließend die Protokolleinträge überwachen, damit sich die IT-Abteilung bei Kontingentüberschreitungen direkt mit dem Benutzer in Verbindung setzen kann oder das Kontingent bei Bedarf erhöhen kann.

Außerdem können Sie auf *Kontingenteinträge* klicken, um für bereits vorhandene Benutzer und Gruppen Kontingente festzulegen.

So richten Sie auf der Befehlszeile Datenträgerkontingente ein

Um Datenträgerkontingente mit Skripts oder von der Befehlszeile anzuzeigen oder zu überwachen, verwenden Sie das Befehlszeilenprogramm Fsutil. Zu den verfügbaren Fsutil-Befehlen zählen:

- *fsutil quota query C:* Zeigt Kontingentinformationen über Volume *C:* an, wie im folgenden Beispiel.

```
C:\>fsutil quota query C:
```

```
FileSystemControlFlags = 0x00000301
    Kontingente werden auf diesem Volume überwacht.
    Die Protokollierung von Kontingentereignissen ist nicht aktiviert.
    Die Kontingentwerte sind aktuell.

Standardkontingentschwelle  = 0xffffffffffffffff
Standardkontingentbegrenzung = 0xffffffffffffffff
```

```
SID-Name       = VORDEFINIERT\Administratoren (Alias)
Änderungszeit      = Dienstag, 11. April 2006    07:54:59
Verwendetes Kontingent = 3165737984
Kontingentschwelle   = 18446744073709551615
Kontingentbegrenzung  = 18446744073709551615
```

- **fsutil quota track C:**   Aktiviert Datenträgerkontingente auf Volume *C:*.

- **fsutil quota disable C:**   Deaktiviert Datenträgerkontingente auf Volume *C:*.

- **fsutil quota enforce C:**   Aktiviert die Durchsetzung der Datenträgerkontingente auf Volume *C:*. Das veranlasst Windows dazu, bei Bedarf den Datenträgerzugriff zu verweigern, wenn das Kontingent überschritten ist.

- **fsutil quota modify C: 3000000000 5000000000 Contoso\Benutzer**   Erstellt einen Datenträgerkontingenteintrag für den Benutzer *Contoso\Benutzer*. Die erste Zahl (3.000.000.000 im obigen Beispiel) legt eine Warnstufe bei ungefähr 3 GByte fest, während die zweite Zahl (5.000.000.000 im obigen Beispiel)) die Kontingentgrenze bei ungefähr 5 GByte festlegt.

Weitere Informationen über die Verwendung von fsutil erhalten Sie, wenn Sie in einer Eingabeaufforderung den Befehl **Fsutil /?** verwenden.

So richten Sie Datenträgerkontingente mit Gruppenrichtlinieneinstellungen ein

Zur Einrichtung von Datenträgerkontingenten in einem Unternehmen können Sie die Gruppenrichtlinieneinstellungen unter *Computerkonfiguration\Richtlinien\Administrative Vorlagen\System\Datenträgerkontingente* verwenden. Folgende Einstellungen sind verfügbar:

- *Datenträgerkontingente ermöglichen*

- *Datenträgerkontingentsgrenze erzwingen*

- *Standarddatenträgerkontingent und Warnstufe*

- *Ereignis protokollieren, wenn die Datenträgerkontingentsgrenze überschritten wird*

- *Ereignis protokollieren, wenn die Kontingentwarnstufe überschritten wird*

- *Richtlinie auf austauschbare Datenträger anwenden*

Jede dieser Einstellungen hat direkt mit einer der bereits beschriebenen Computereinstellungen zu tun, mit Ausnahme von *Richtlinie auf austauschbare Datenträger anwenden*. Wenn Sie diese Einstellung aktivieren, gelten Kontingente auch für Wechselmedien, die mit NTFS formatiert wurden. Die Kontingentverwaltung funktioniert nur für fest eingebaute Medien oder Wechselmedien, die mit NTFS formatiert wurden.

Datenträgertools

Microsoft bietet kostenlos einige Tools für die Verwaltung von Laufwerken und Dateisystemen an, die in den folgenden Abschnitten beschrieben werden und sich als sehr nützlich erweisen können. Informationen über Tools zur Behebung von Datenträgerproblemen finden Sie in Kapitel 30, »Problembehandlung für Hardware, Treiber und Laufwerke«.

Disk Usage

Die vielleicht größte Herausforderung bei der Verwaltung von Dateisystemen ist die Datenträgerverwendung. Kontingente können hilfreich sein, aber häufig müssen Sie manuell die Ordner und Dateien ermitteln, die zu große Teile des Speicherplatzes beanspruchen.

Das kostenlose Programm Disk Usage (Du), herunterladbar von *http://technet.microsoft.com/en-us/ sysinternals/bb896651.aspx*, zeigt an, wie viel Speicherplatz ein Ordner und seine Unterordner belegen. Rufen Sie Du.exe mit dem Ordner auf, den Sie untersuchen möchten, wie im folgenden Beispiel.

```
Du C:\users\
```

```
Du v1.33 - report directory disk usage
Copyright (C) 2005-2007 Mark Russinovich
Sysinternals - www.sysinternals.com

Files:          96459
Directories:    19696
Size:           51.641.352.816 bytes
Size on disk:   47.647.077.498 bytes
```

EFSDump

Benutzer können EFS-verschlüsselte Dateien für andere Benutzer zugänglich machen, indem sie deren Benutzerzertifikate zu der Liste der zugelassenen Benutzer der Datei hinzufügen. Allerdings ist die Verwaltung der Benutzer, die über die entsprechenden Rechte verfügen sollen, in der grafischen Benutzeroberfläche des Windows-Explorers sehr zeitaufwendig. Mit EFSDump, herunterladbar von *http://technet.microsoft.com/en-ca/sysinternals/bb896735.aspx*, können Sie die Benutzer, die Zugriff auf verschlüsselte Dateien haben, wesentlich einfacher auflisten.

Um beispielsweise die Benutzer aufzulisten, die Zugriff auf den verschlüsselten Unterordner *Encrypted* haben, verwenden Sie folgenden Befehl.

```
Efsdump -s Encrypted
```

```
EFS Information Dumper v1.02
Copyright (C) 1999 Mark Russinovich
Systems Internals - http://www.sysinternals.com

C:\Users\User1\Documents\Encrypted\MyFile.txt:
DDF Entry:
     COMPUTER\User1:
         User1(User1@COMPUTER)
DDF Entry:
     COMPUTER\User2:
         User2(User2@COMPUTER)
```

SDelete

Wenn Sie eine Datei löschen, entfernt Windows den Eintrag der Datei aus dem Index und sorgt dafür, dass das Betriebssystem nicht mehr auf den Inhalt der Datei zugreift. Ein Angreifer mit direktem Zugang zum Festplattenlaufwerk könnte allerdings den Inhalt der gelöschten Datei auslesen, sofern er noch nicht durch eine andere Datei überschrieben wurde – was je nach Umständen vielleicht sehr schnell geschieht, vielleicht aber auch nie. In vergleichbarer Weise hinterlassen auch EFS-verschlüsselte Dateien auf der Festplatte den unverschlüsselten Inhalt der Datei.

Mit dem Tool SDelete, herunterladbar von *http://technet.microsoft.com/en-us/sysinternals/bb897443. aspx*, können Sie den freien Platz auf Ihrer Festplatte überschreiben, um die Wiederherstellung von Inhalten aus gelöschten oder verschlüsselten Dateien zu verhindern.

Um gelöschte Dateien auf Laufwerk *C:* zu überschreiben, verwenden Sie folgenden Befehle.

```
Sdelete -z C:
```

```
SDelete - Secure Delete v1.51
Copyright (C) 1999-2005 Mark Russinovich
Sysinternals - www.sysinternals.com

SDelete is set for 1 pass.
Free space cleaned on C:
```

Streams

NTFS-Dateien können mehrere Datenströme mit Daten enthalten. Jeder Datenstrom lässt sich mit einer separaten Datei vergleichen, wobei aber alle Datenströme unter demselben Dateinamen aufgelistet werden. Der Zugriff auf Datenströme erfolgt mit der Syntax `Datei:Datenstrom`, wobei der Hauptdatenstrom standardmäßig keinen Namen erhält (er ist gemeint, wenn man nur den Dateinamen angibt).

Sie können zum Beispiel den Befehl Echo verwenden, um eine Datei oder einen bestimmten Datenstrom zu erstellen. Einen Datenstrom namens *Daten* für eine Datei namens *Text.txt* erstellen Sie zum Beispiel mit folgendem Befehl:

```
Echo Hallo, Welt > Text.txt:data
```

Wie eine Verzeichnislauflistung zeigt, ist die Datei *Text.txt* 0 Byte lang und eine Öffnung der Datei in einem Texteditor zeigt ebenfalls keinen Inhalt. Allerdings enthält die Datei Daten in einem Datenstrom, wie Sie mit folgendem Befehl überprüfen können.

```
More < text.txt:data
```

```
Hallo, Welt
```

Anwendungen verwenden häufig Datenströme. Allerdings verwendet auch unerwünschte Software Datenströme, um Daten zu verbergen. Mit dem Programm Streams, verfügbar unter *http://technet. microsoft.com/en-ca/sysinternals/bb897440.aspx*, können Sie Datenströme auflisten. Mit dem folgenden Befehl können Sie zum Beispiel alle Dateien aus dem Windows-Verzeichnis auflisten, die über Datenströme verfügen.

```
Streams -s %WinDir%
```

```
Streams v1.56 - Enumerate alternate NTFS data streams
Copyright (C) 1999-2007 Mark Russinovich
Sysinternals - www.sysinternals.com

C:\Windows\Thumbs.db:
     :encryptable:$DATA 0
C:\Windows\PLA\System\LAN Diagnostics.xml:
   :0v1ieca3Feahez0jAwxjjk5uRh:$DATA    2524
   :{4c8cc155-6c1e-11d1-8e41-00c04fb9386d}:$DATA        0
C:\Windows\PLA\System\System Diagnostics.xml:
   :0v1ieca3Feahez0jAwxjjk5uRh:$DATA    5384
   :{4c8cc155-6c1e-11d1-8e41-00c04fb9386d}:$DATA        0
C:\Windows\PLA\System\System Performance.xml:
   :0v1ieca3Feahez0jAwxjjk5uRh:$DATA    500
   :{4c8cc155-6c1e-11d1-8e41-00c04fb9386d}:$DATA        0
C:\Windows\PLA\System\Wireless Diagnostics.xml:
   :0v1ieca3Feahez0jAwxjjk5uRh:$DATA    3240
   :{4c8cc155-6c1e-11d1-8e41-00c04fb9386d}:$DATA        0
C:\Windows\ShellNew\Thumbs.db:
     :encryptable:$DATA 0
C:\Windows\System32\Thumbs.db:
     :encryptable:$DATA 0
```

Wie Sie an dieser Ausgabe sehen, gibt es auf dem untersuchten Computer in den Unterverzeichnissen des Verzeichnisses *C:\Windows* eine ganze Reihe von Dateien, die über einen Datenstrom namens $DATA verfügen.

Sync

In manchen Fällen speichert Windows Daten zwischen, bevor es die Daten auf der Festplatte speichert. Beim normalen Herunterfahren eines Computers werden alle zwischengespeicherten Daten auf der Festplatte gespeichert. Wenn Sie einen Computer sehr schnell herunterfahren möchten, beispielsweise durch das Auslösen eines Stop-Fehlers oder durch schlichtes Ausschalten mit dem Stromschalter, können Sie die zwischengespeicherten Daten zuvor mit dem Befehl Sync auf den Datenträger schreiben. Der Einsatz von Sync ist auch bei Wechseldatenträgern sinnvoll, um sicherzustellen, dass alle Daten auf den Datenträger geschrieben wurden.

Sie können Sync von *http://technet.microsoft.com/en-ca/sysinternals/bb897438.aspx* herunterladen. Die einfachste Verwendung ist der Aufruf ohne Parameter und mit Administratorrechten. Dabei werden alle zwischengespeicherten Daten auf die Datenträger geschrieben.

```
Sync
```

```
Sync 2.2: Disk Flusher for Windows 9x/Me/NT/2K/XP
Copyright (C) 1997-2004 Mark Russinovich
Sysinternals - www.sysinternals.com

Flushing: C E F
```

Um die Daten auf das Wechselmedium F: zu schreiben und das Medium dann auszuwerfen, verwenden Sie folgenden Befehl.

```
Sync -r -e F:
```

```
Sync 2.2: Disk Flusher for Windows 9x/Me/NT/2K/XP
Copyright (C) 1997-2004 Mark Russinovich
Sysinternals - www.sysinternals.com

Flushing: F
```

MoveFile und PendMoves

Dateien können nicht verschoben werden, während sie vom Betriebssystem oder einer Anwendung benutzt werden. Wird eine Datei ständig verwendet, können Sie Windows mit dem Tool MoveFile den Auftrag auf den Arbeitsplan schreiben, die Datei beim nächsten Systemstart zu verschieben. MoveFile ist unter *http://technet.microsoft.com/en-ca/sysinternals/bb897556.aspx* herunterladbar.

MoveFile wird wie Move verwendet, wie das folgende Beispiel zeigt.

```
Movefile Datei.txt test\Datei.txt
```

```
Movefile v1.0 - copies over an in-use file at boot time
Move successfully scheduled.
```

Die Datei wird nicht sofort verschoben. Windows verschiebt die Datei, wenn der Computer das nächste Mal hochgefahren wird. Wenn Sie eine Datei löschen möchten, die ständig in Gebrauch ist (das kommt beim Löschen von unerwünschter Software häufiger vor), geben Sie mit "" ein leeres Ziel an, wie im folgenden Beispiel.

```
Movefile Datei2.txt ""
```

```
Movefile v1.0 - copies over an in-use file at boot time
Move successfully scheduled.
```

Mit MoveFile laden Sie auch das Tool PendMoves herunter, das die Aufträge zum Verschieben und Löschen anzeigen kann. Starten Sie das Programm einfach ohne Parameter, wie im folgenden Beispiel.

```
Pendmoves
```

```
PendMove v1.1
Copyright (C) 2004 Mark Russinovich
Sysinternals - wwww.sysinternals.com

Source: C:\Users\User1\Documents\Datei.txt
Target: C:\Users\User1\Documents\dest\Datei.txt

Source: C:\Users\User1\Documents\Datei2.txt
Target: DELETE

Time of last update to pending moves key: 2/27/2008 10:08 AM
```

Zusammenfassung

Windows 7 verwendet zur Speicherung von wichtigen Betriebssystemdateien lokalen Speicher, gewöhnlich auf der Basis von Festplattenlaufwerken. Benutzer verwenden denselben Speicher für vertrauliche Dateien. Da die Integrität des Betriebssystems und die Sicherheit Ihrer Organisation von den Laufwerken und Dateisystemen abhängen, die in jedem Windows-Computer installiert sind, sollten Sie Ihre Anforderungen an das Speichersystem der Clients genau überprüfen.

Windows 7 bietet eine relativ einfache Festplattenlaufwerks- und Volumeverwaltung mit grafischen Programmen oder Befehlszeilentools. Im Vergleich zu Windows XP haben Windows Vista und Windows 7 einige Verbesserungen aufzuweisen, da sich die Größe von Partitionen nun dynamisch ändern lässt. Administratoren können also Partitionen anders aufteilen, ohne das ganze Festplattenlaufwerk neu formatieren oder Tools von anderen Herstellern verwenden zu müssen.

Windows 7 bietet mehrere Funktionen zur Verwaltung von Laufwerken und Dateisystemen. Um die Wiederherstellung der Daten für den Fall zu ermöglichen, dass ein Festplattenlaufwerk ausfällt oder Dateien zerstört oder versehentlich gelöscht werden, bietet Windows 7 eine manuelle Sicherung oder eine Sicherung nach Zeitplan. Wenn Sicherungen online verfügbar sind, können Benutzer auf Vorgängerversionen zurückgreifen, wenn sie eine Datei wiederherstellen wollen, ohne den Support anrufen zu müssen. Das Sichern und Wiederherstellen auf Abbildbasis ermöglicht Ihnen den Austausch eines Festplattenlaufwerks und die schnelle Wiederherstellung eines Computers, ohne alle Anwendungen neu installieren zu müssen.

Um die Laufwerksleistung bei wahlfreien Zugriffen zu erhöhen, kann ReadyBoost Daten auf Flashspeicher zwischenspeichern. ReadyBoost meldet sich automatisch beim Benutzer, sobald ein passendes Medium angeschlossen wird und kein Administrator diese Funktion deaktiviert hat. Die größten Leistungsverbesserungen hat ReadyBoost auf Computern aufzuweisen, die mit relativ langsamen Festplattenlaufwerken ausgerüstet sind.

Wie ältere Windows-Versionen unterstützt auch Windows 7 das verschlüsselnde Dateisystem (EFS), mit dem sich Benutzerdateien verschlüsseln lassen. Zur Verschlüsselung des Volumes, auf dem die Betriebssystemdateien liegen, einschließlich Auslagerungs- und Ruhezustandsdatei, unterstützt Windows 7 zudem die BitLocker-Laufwerkverschlüsselung. BitLocker verlangt einen Entschlüsselungsschlüssel, damit Windows starten kann. Der Schlüssel kann auf einem TPM-Hardwarechip gespeichert sein, auf einem USB-Flashlaufwerk oder auf einer Kombination dieser beiden Geräte. Außerdem kann man das System so einrichten, dass der Schlüssel auf dem TPM gespeichert wird und die Eingabe einer PIN erforderlich ist. BitLocker To Go ist neu in Windows 7 und ermöglicht die Verschlüsselung von Wechselspeichergeräten, während das BitLocker To Go-Lesetool auch auf älteren Windows-Versionen den Zugriff auf die verschlüsselten Inhalte ermöglicht, sofern das richtige Kennwort eingegeben wird.

Weitere Informationen

Die folgenden Quellen bieten zusätzliche Informationen oder Tools für die Themen dieses Kapitels.

Informationsquellen

- Kapitel 29, »Konfiguration und Problembehandlung des Startvorgangs«, enthält weitere Informationen über Startdateien und die Systemstartreparatur.
- Kapitel 30, »Problembehandlung für Hardware, Treiber und Laufwerke«, enthält weitere Informationen über ChkDsk.
- »Windows and GPT FAQ« unter *http://www.microsoft.com/whdc/device/storage/GPT_FAQ.mspx* enthält ausführliche Informationen über GPT.
- »BitLocker Drive Encryption Overview« unter *http://technet.microsoft.com/en-us/library/ cc732774.aspx* enthält ausführliche Informationen über BitLocker.
- *Security Risk Management Guide* unter *http://technet.microsoft.com/en-us/library/cc163143.aspx* enthält Informationen über Kosten-Nutzen-Analysen.
- »BitLocker Drive Encryption Team Blog« unter *http://blogs.technet.com/bitlocker/* bietet die neusten BitLocker-Nachrichten direkt vom Microsoft BitLocker-Team.

Auf der Begleit-DVD

- *Get-DefragAnalysis.ps1*
- *Get-DiskDriveInventory.ps1*
- *Get-DiskPerformance.ps1*
- *Get-LogicalDiskInventory.ps1*
- *Get-PageFile.ps1*
- *Get-PercentFreeSpace.ps1*
- *Get-VolumeDirty.ps1*
- *Get-VolumeInventory.ps1*
- *Get-VolumeLabel.ps1*
- *ListFreeSpace.ps1*
- *Set-VolumeAutoCheck.ps1*
- *Set-VolumeLabel.ps1*
- *Start-Defrag.ps1*

K A P I T E L   1 7

Verwalten von Geräten und Diensten

Das Betriebssystem Windows 7 baut auf den Verbesserungen auf, die vorher im Betriebssystem Windows Vista in den Bereichen Geräteinstallation und -verwaltung, Energieverwaltung sowie Dienstimplementierung und -Verwaltung vorgenommen wurden. Diese Verbesserungen machen es nicht nur Benutzern einfacher, Geräte anzuschließen und zu verwenden sowie die Akkulaufzeit ihrer mobilen Computer zu verlängern, sie ermöglichen es auch Administratoren, den Geräteinstallationsvorgang besser zu verwalten und die Energieeffizienz im ganzen Unternehmen zu gewährleisten. Dieses Kapitel beschreibt, wie Sie Geräte, Energieeffizienz und Dienste auf Desktop- und mobilen Computern verwalten, und stellt die verschiedenen Verbesserungen vor, die Windows 7 in diesen Bereichen bietet.

Grundlagen von Geräteinstallation und -verwaltung

Das Installieren und Verwalten von Geräten und Gerätetreibern sind wichtige Elemente im Rahmen der Desktopverwaltung in Unternehmen. Windows Vista führte in diesem Bereich schon eine Reihe von Verbesserungen ein und bot neue Möglichkeiten zum Installieren, Konfigurieren und Verwalten von Geräten. Windows 7 bringt weitere wichtige Features und Verbesserungen mit.

Verbesserungen an der Geräteverwaltung in Windows 7

Die Verfahren zum Verwalten von Geräten in Windows 7 bauen auf den vielen Verbesserungen auf, die vorher in Windows Vista in diesem Bereich eingeführt wurden. Die folgende Liste fasst einige Änderungen an der Geräteverwaltung zusammen, die in Windows Vista implementiert wurden. Viele dieser Änderungen haben erhebliche Auswirkungen für IT-Experten, die Computer in Unternehmensumgebungen verwalten, daher erklären die weiteren Abschnitte dieses Kapitels genauer, wie etliche dieser Verbesserungen funktionieren.

- **Treiberspeicher**   Ein zentraler Speicher, von dem Gerätetreiberdateien bei der Geräteinstallation an ihren endgültigen Ort kopiert werden.

- **Windows-Ressourcenschutz (Windows Resource Protection, WRP)**   Ersetzt den Windows-Dateischutz (WFP) und schützt die Integrität von Systemdateien und Registrierungseinstellungen, einschließlich der Gerätetreiber und Geräteeinstellungen. Gerätetreiber werden nur in die Liste der durch den Windows-Ressourcenschutz geschützten Dateien aufgenommen, wenn sie bei der Aufnahme in den Treiberspeicher dafür vorgesehen wurden.

- **Neue Standards für die Treiberentwicklung** Die Windows Logo Program Requirements 3.0 legen neue Richtlinien für die Entwicklung von Gerätetreibern fest, damit sich Geräte ohne großen Aufwand auch mit Standardbenutzerkonten installieren lassen, ohne lokale Administratorrechte oder einen Neustart des Computers erforderlich zu machen.

- **Treiberbereitstellung (oder Treibervorbereitung, Staging)** Beschleunigt die Geräteinstallation und führt eine Überprüfung der Treiber durch, um zu vermeiden, dass die Erkennung von Plug & Play-Geräten bei der Geräteinstallation festhängt oder abstürzt, weil die Treiber schlecht geschrieben oder beschädigt sind.

- **Treiberverpackung** Sorgt dafür, dass alle für die Geräteinstallation erforderlichen Treiber bei der Bereitstellung an einem Ort zu finden sind.

- **Neue Tools zur Verwaltung von Treiberpaketen** Administratoren können mit *PnPutil.exe*, *Drvload. exe* und anderen Tools Treiberpakete zum Treiberspeicher hinzufügen oder entfernen, wobei die Vorbereitung online oder offline erfolgen kann.

- **Obligatorische Treibersignatur** Alle Gerätetreiber, die für 64-Bit-Versionen von Windows entwickelt werden, müssen digital signiert sein.

- **Interne Treibersignatur und Signatur von Treibern, die von anderen Herstellern stammen** Den Unternehmen stehen Richtlinien und Tools zur Verfügung, um Eigenentwicklungen und Gerätetreiber von anderen Herstellern zu signieren.

- **INF-Änderungen** An der INF-Dateisyntax wurden Änderungen vorgenommen, um die Kompatibilität zu Windows 7 sicherzustellen und dafür zu sorgen, dass nur überprüfte Treiber in den Treiberspeicher aufgenommen werden.

- **Neuer Algorithmus zur Treibereinstufung** Ein neuer Algorithmus, mit dem Windows 7 versucht, den Treiber zu ermitteln, der für ein bestimmtes Gerät am stabilsten ist.

- **Rekursive Suche in den Treiberpfaden** Bei der Installation von Gerätetreibern werden die Treiberpfade, einschließlich der angegebenen Verzeichnisse und der darin enthaltenen Unterverzeichnisse, rekursiv durchsucht, um mit weniger Eingabeaufforderungen die passenden Treiber zu finden. Außerdem durchsucht Windows automatisch mehrere Pfade, darunter den lokalen Treiberspeicher, Wechselmedien, Netzwerkfreigaben und sogar Windows Update, um den besten Treiber für ein neu erkanntes Gerät zu finden und zu installieren.

- **Geänderte Protokollierung von Gerätetreiberdiagnosen** Ist sie aktiviert, trägt die Gerätetreiberdiagnose ihre Informationen nicht mehr in ein separates Protokoll ein, sondern in die Ereignisprotokolle.

- **Windows-Fehlerberichterstattung** Schlägt die Installation eines Gerätetreibers oder eines Geräts aus irgendwelchen Gründen fehl, wird der Benutzer aufgefordert, mit der Windows-Fehlerberichterstattung (WER) Informationen über den Vorgang an Microsoft zu senden. Microsoft und die Gerätehersteller können die Daten dann analysieren und bei Bedarf aktualisierte Treiber bereitstellen.

- **Windows Update/Microsoft Update** Microsoft und Gerätehersteller bieten aktualisierte Treiber an, die ohne großen Aufwand auf die Computer der Benutzer heruntergeladen und dort installiert werden können, sobald sie verfügbar sind.

- **Windows Display Driver Model** Ein neues Gerätetreibermodell namens Windows Display Driver Model (WDDM) ersetzt das XP Device Driver Model (XDDM) und bietet einen erweiterten Funktionsumfang, wie zum Beispiel ACPI-Unterstützung (Advanced Configuration and Power Interface) für Videoausgabegeräte, Unterstützung für Windows Aero Glass und eine höhere Stabilität der Videogerätetreiber.

- **Windows-Systembewertung**   Das Tool WinSAT dient dazu, die Leistung des Systems und den Umfang zu bewerten, in dem sich Aero Glass einsetzen lässt. Sie können WinSAT auch bei der Behandlung von Gerätetreiberproblemen verwenden, die beim Start des Systems auftreten.

- **Neue Gruppenrichtlinieneinstellungen für die Geräteinstallation und die Fehlerberichterstattung** Die Windows-Fehlerberichterstattung bei der Geräteinstallation und bei Fehlern, die in Geräte- treibern auftreten, wurde erweitert. Mit den Richtlinien lässt sich auch die Installation von Geräten sperren, und zwar nach Herstellern, nach Geräteklassen oder für bestimmte Gerätekennungen. Außerdem lässt sich auch festlegen, welche Rückmeldungen Benutzer erhalten, wenn sie ver- suchen, gesperrte Geräte zu installieren.

- **Neue Gruppenrichtlinieneinstellungen für die Sperrung der Installation und Verwendung von Wechsel- speichergeräten**   Unterstützen Unternehmen bei dem Versuch, versehentliche Informationslecks oder absichtlichen Datendiebstahl mit Wechselgerätemedien wie zum Beispiel USB-Flashlauf- werken oder portablen Medienabspielern zu verhindern. Die Richtlinien können so eingestellt werden, dass die Installation von Wechselspeichergeräten verhindert wird oder dass Daten zwar von den Geräten gelesen, aber nicht auf den Geräten gespeichert werden können.

- **Neue Gruppenrichtlinieneinstellungen für die Energieverwaltung**   Bieten die Möglichkeit, auf allen Computern einer Organisation bestimmte Energiespareinstellungen vorzunehmen und durchzu- setzen.

- **Keine Unterstützung für Standard-HALs**   Standard-HALs (Hardware Abstraction Layer) werden nicht mehr unterstützt.

- **Keine Unterstützung für IEEE 1394 (FireWire)**   Die Unterstützung für IEEE 1394-Netzwerke wurde entfernt.

Die nächste Liste fasst zusammen, welche zusätzlichen Änderungen an der Geräteverwaltung in Windows 7 eingeführt wurden:

- **Geräte und Drucker**   Ein neues Startmenü- und Systemsteuerungselement in Windows 7, das Benutzern eine zentrale Anlaufstelle bietet, wo sie Geräte, die an ihre Computer angeschlossen sind, erkennen, konfigurieren und verwenden können. Weitere Informationen über dieses Feature finden Sie im Abschnitt »Verwenden des Ordners *Geräte und Drucker*« weiter unten in diesem Kapitel.

- **Device Stage**   Eine neue, intuitive Benutzeroberfläche für unterstützte Geräte. Sie macht es den Benutzern einfacher, Geräte, die an ihre Computer angeschlossen sind, zu konfigurieren, zu ver- wenden und zu verwalten. Weitere Informationen über dieses Feature finden Sie im Abschnitt »Grundlagen von Device Stage« weiter unten in diesem Kapitel.

- **Gerätecontainer**   Eine Verbesserung an der Windows-PnP-Infrastruktur, die es erlaubt, die ver- schiedenen Funktionen, die ein Gerät anbietet, zu Gruppen zusammenzufassen. Weitere Infor- mationen über dieses Feature finden Sie im Abschnitt »Gerätecontainer« weiter unten in diesem Kapitel.

- **Mehr Benutzerfreundlichkeit bei der Gerätetreiberinstallation**   Der Ablauf der Geräteinstallation wurde in Windows 7 leichter gemacht, damit die Benutzer ihre Geräte einfacher an Computer anschließen können. Das betrifft sowohl kabelgebundene als auch Drahtlosgeräte. Einen Überblick über diese Verbesserungen enthält der Abschnitt »Verbesserungen an der Geräteinstallation in Windows 7« weiter unten in diesem Kapitel.

- **Neue Gruppenrichtlinieneinstellungen für Geräteinstallation**   Es wurden neue Gruppenrichtlinienein- stellungen zu den Betriebssystemen Windows 7 und Windows Server 2008 R2 hinzugefügt, mit denen Sie die neuen Features (beispielsweise Device Stage) und die Benutzeroberfläche der Windows-Geräteinstallation verwalten können. Diese neuen Richtlinieneinstellungen werden in den entsprechenden Abschnitten weiter unten in diesem Kapitel behandelt.

- **Anzeigeverbesserungen** Windows 7 enthält etliche Verbesserungen im Bereich der Anzeige, die Leistung und Zuverlässigkeit der Anzeige steigern. Einen Überblick über einige dieser Verbesserungen enthält der Textkasten »Anzeigeverbesserungen in Windows 7« weiter unten in diesem Kapitel.

- **Weitere Geräteverbesserungen** Windows 7 bietet zahlreiche weitere Verbesserungen im Bereich von Geräten. Das sind unter anderem:

  - ☐ WBF (Windows Biometric Framework), das einen Technologie-Stack für die Unterstützung von biometrischen Fingerabdrucklesegeräten von anderen Hardwareherstellern zur Verfügung stellt.

  - ☐ Windows Mobile Broadband Driver Model, das die Standards für eine Treiberintegration definiert und die Verwendung nativer Breitbandfunktionen in Windows 7 ermöglicht.

  - ☐ Windows Portable Devices (WPD), eine neue Möglichkeit für Computer, mit angeschlossenen Medien- und Speichergeräten zu kommunizieren. WPD führt zwei neue Features ein: eine objektbasierte Gerätetreiberschnittstelle (Device-Driver Interface, DDI) und das Media Transfer Protocol (MTP). WPD ersetzt die Features Windows-Mediengeräte-Manager (WMDM) und Windows-Bilderfassung (Windows Image Acquisition, WIA) aus älteren Windows-Versionen.

Anzeigeverbesserungen in Windows 7

Windows 7 unterstützt nun WDDM 1.1, das den Arbeitsspeicherverbrauch durch Windows Aero verringert und unter anderem folgende Verbesserungen bietet: höhere Anzeigeleistung, verbesserte Video-Overlay-Darstellung, einfachere Anzeigekonfiguration auf Fernsehgeräten und Breitbild-Notebooks, höhere Zuverlässigkeit und die Fähigkeit, Probleme zu diagnostizieren. Windows 7 bietet Unterstützung für hochauflösende Monitore mit hohen DPI-Werten (Dots Per Inch), und die Benutzer können die DPI-Einstellungen mithilfe des überarbeiteten Dienstprogramms *Anzeige* der Systemsteuerung konfigurieren:

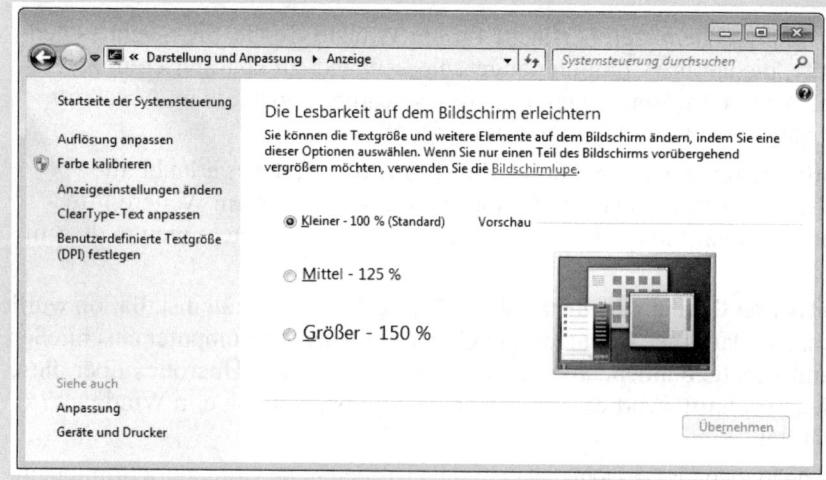

In Windows 7 verwendet das Dienstprogramm *Anzeige* Prozentwerte für die Skalierung, keine direkten DPI-Werte. Daher ist es für die Benutzer einfacher, ihre Textgröße und andere Elemente anzupassen, sodass sie auf ihrem eigenen Bildschirm optimal zu lesen sind. Die Zuordnung zwischen den Prozentwerten für die Skalierung und den DPI-Einstellungen im Dienstprogramm *Anzeige* lautet:

- 100% Skalierung entspricht 96 DPI
- 125% Skalierung entspricht 120 DPI
- 150% Skalierung entspricht 144 DPI (dieser hohe DPI-Wert ist neu in Windows 7)

Ähnlich wie in Windows Vista können erfahrene Benutzer auch in Windows 7 weiterhin auf das Dialogfeld *DPI-Einstellung anpassen* zugreifen, um einen bestimmten DPI-Wert für ihre Monitore einzugeben. Sie öffnen dieses Dialogfeld, indem Sie *Benutzerdefinierte Textgröße (DPI) festlegen* anklicken (siehe die Abbildung weiter oben in diesem Textkasten).

Ab Windows 7 können DPI-Einstellungen allerdings für jeden Benutzer individuell konfiguriert werden, sodass sie nicht mehr für den Computer insgesamt gelten. Außerdem können die DPI-Einstellungen nun geändert werden, ohne dass das System neu gestartet werden muss; Sie müssen sich allerdings ab- und wieder neu anmelden, damit die Änderungen wirksam werden. Windows Internet Explorer 8 bietet ebenfalls native Unterstützung für hohe DPI-Einstellungen.

DPI-Einstellungen können nun während der Bereitstellung konfiguriert werden. Dazu tragen Sie in der *Unattend.xml*-Antwortdatei in der Einstellung `<DPI>` unter `<Display>` den Wert 96, 120 oder 144 ein. Beachten Sie, dass einige Anwendungen Anzeigeprobleme haben, wenn keine standardmäßigen DPI-Werte verwendet werden. Um solche Probleme zu beseitigen, bietet Windows 7 (wie schon Windows Vista) Unterstützung für automatische Skalierung (auch als DPI-Virtualisierung bezeichnet), sodass Anwendungen anderer Hersteller, die noch nicht mit abweichenden DPI-Werten umgehen können, richtig dargestellt werden. Die automatische Skalierung kann auch für jede Anwendung individuell deaktiviert werden. Aktivieren Sie dazu das Kontrollkästchen *Skalierung bei hohem DPI-Wert deaktivieren* auf der Registerkarte *Kompatibilität* im Eigenschaftendialogfeld der Anwendung.

Weitere Verbesserungen im Bereich der Anzeige von Windows 7 sind die Unterstützung für eine integrierte Anzeigehelligkeitssteuerung, ein neues Tool für die Farbkalibrierung (Display Color Calibration, DCC) und eine erweiterte Windows Touch-Technologie, die Multi-Touch unterstützt. Weitere Informationen zu Anzeigeverbesserungen in Windows 7 finden Sie auf der Seite »Hardware Design For Windows 7« in WHDC (Windows Hardware Developer Central) unter *http:// www.microsoft.com/whdc/system/hwdesign/HWdesign_Win7.mspx*.

Grundlagen der Geräteinstallation in Windows 7

Zur Bereitstellung und Verwaltung von Geräten und Gerätetreibern und zur Problembehandlung unter Windows 7 muss man wissen, wie die Geräteinstallation erfolgt. Wichtig sind vor allem:

- Der neue Treiberspeicher
- Treiberpakete
- Treiberbereitstellung und -installation
- Treiberbewertung
- Treibersignatur
- Tools für die Verwaltung des Treiberspeichers

HINWEIS Die 64-Bit-Versionen von Windows Vista oder neueren Versionen unterstützen keine 32-Bit Gerätetreiber oder 16-Bit-Anwendungen. Weitere Informationen enthält der Knowledge Base-Artikel 946765, »Beschreibung der Unterschiede zwischen 32-Bit- und 64-Bit-Versionen von Windows Vista«, unter *http://support.microsoft.com/kb/946765*.

Treiberspeicher und Treiberpakete

Der in Windows Vista eingeführte Treiberspeicher ist ein zentraler Speicher, in dem alle Treiberdateien gespeichert werden, bevor sie im Verlauf der Geräteinstallation an ihre Zielorte kopiert werden. Sie finden den Treiberspeicher auf einem Computer mit Windows Vista und neueren Versionen an folgendem Ort:

%SystemRoot%\System32\DriverStore

Treiberdateien werden in Ordnern gespeichert, die Treiberpakete genannt werden und unter dem angegebenen Pfad im Unterordner *FileRepository* liegen. Das Treiberpaket zum Beispiel, das Microsoft für die Maus entwickelt hat, liegt in folgendem Ordner:

%SystemRoot%\System32\DriverStore\FileRepository\msmouse.inf_3dfa3917

In diesem Ordner befinden sich Treiberdateien (*.sys*), eine Treiberinstallationsdatei (*.inf*), eine vorkompilierte INF-Datei (*.pnf*) und eine XML-Manifestdatei (*.man*) mit dem Manifest aller Dateien, die zu dem Treiberpaket gehören. Zusammen bilden diese unterschiedlichen Dateien ein Treiberpaket, das alle Dateien enthält, die zur Installation des Geräts erforderlich sind. Um diese Treiberdateien zu schützen, erhält das Konto *Lokales System* die NTFS-Berechtigung *Vollzugriff* auf den Treiberspeicher und alle seine Unterordner und Dateien, und die vordefinierte Identität *Jeder* erhält die Berechtigung *Lesen und Ausführen*.

Dieser zentrale Speicher und die Treiberpaketarchitektur unterscheidet sich von Windows XP, wo die für eine Geräteinstallation erforderlichen Treiberquelldateien an verschiedenen Orten zu finden waren, darunter:

- *%SystemRoot%\Driver Cache\I386\Drivers.cab*
- *%SystemRoot%\Driver Cache\I386\Service_Pack.cab* (zum Beispiel *Sp2.cab*)
- INF-Dateien unter *%WinDir%\Inf*
- SYS-Dateien unter *%SystemRoot%\System32\Drivers*
- Unterstützungs-DLLs unter *%SystemRoot%\System32*
- Installationsprogramme von anderen Herstellern an verschiedenen Speicherorten

Ein zentraler Speicher bietet bei der Erkennung von neuen Plug & Play-Geräten folgende Vorteile für die Installation von Gerätetreibern:

- Er ermöglicht schnellere Geräteinstallationen, eine zuverlässigere Aufhebung der Installation, falls Probleme auftreten, und bietet einen verbindlichen Standard für die Deinstallation von Treibern.
- Er ermöglicht den Schutz von Gerätetreibern durch den Windows-Ressourcenschutz (Windows Resource Protection, WRP).
- Indexdateien verringern die Auswirkungen auf die Leistungsfähigkeit des Speichers, wenn der Speicher durch das Hinzufügen zusätzlicher Pakete immer größer wird.

Treibervorbereitung versus Installation

Wenn der *Plug & Play*-Dienst in Windows XP ein neues Gerät erkennt, werden die Treiberdateien aus den *.cab*-Dateien extrahiert, die unter *%SystemRoot%\Driver Cache\I386* zu finden sind, oder aus *.cab*-Dateien von Installationsmedien der Hersteller oder direkt von Windows Update. Dann werden die Dateien nach Bedarf an die verschiedenen Zielorte kopiert, um die Treiber zu installieren und das Gerät zu aktivieren. Die Installation eines Geräts unter Windows XP läuft folgendermaßen: Sie schließen das Gerät an, der *Plug & Play*-Dienst erkennt es, Windows sucht im Treiberpfad nach einem passenden Treiber und installiert das Gerät. Unter Windows XP muss das Zielgerät daher im System vorhanden (oder angeschlossen) sein, damit eine Treiberinstallation erfolgen kann.

Ab Windows Vista erfolgt die Geräteinstallation dagegen in zwei separaten Schritten:

1. **Vorbereitung (Staging)**   Damit ist das Hinzufügen eines Treiberpakets zum Treiberspeicher gemeint.

2. **Installation**   Mit Installation ist die Installation von Gerätetreibern aus dem Treiberspeicher gemeint, wenn der *Plug & Play*-Dienst ein Gerät erkennt.

Die Treibervorbereitung erfolgt im Sicherheitskontext des Kontos *Lokales System*. Das Hinzufügen neuer Treiberpakete zum Treiberspeicher erfordert auf dem Computer Administratorrechte. Während der Vorbereitung werden die Treiberdateien überprüft, in den Speicher kopiert und indiziert, damit sie sich schnell auffinden lassen. Aber sie werden nicht im System installiert. Bei der Vorbereitung werden Treiberpakete nach folgenden Kriterien überprüft, um sicherzustellen, dass die Treiber nicht das System destabilisieren, wenn sie später installiert werden:

- Das Treiberpaket muss vollständig sein und alle Dateien enthalten, die zur Installation des Geräts erforderlich sind. Das bedeutet, dass die INF-Datei für das Gerät alle Dateien auflisten muss, die während der Treiberinstallation gebraucht werden, und alle diese Dateien auch vorhanden sein müssen.

- Wenn die Treiber installiert werden, dürfen sie keine Eingabeaufforderungen für den Benutzer anzeigen oder irgendwelche Vorbereitungen erforderlich machen, die interaktiv ausgeführt werden müssen. Das ist so, weil Windows Vista und neuere Versionen verlangen, dass alle Gerätetreiber im Sicherheitskontext des nicht für Interaktionen vorgesehenen Kontos *Lokales System* erfolgen.

- PnP-Gerätetreiberdateien müssen vollständig im nicht interaktiven Sicherheitskontext des Kontos *Lokales System* ausgeführt werden. Wenn die Treiberinstallationsroutine versucht, irgendwelche interaktiven Benutzeroberflächenelemente anzuzeigen, hängt die Installation fest und wird nach einem vorgegebenen Zeitlimit (5 Minuten) abgebrochen. Der Benutzer wird dann aufgefordert, einen anderen Ort für einen Treiber anzugeben, der zu dem Gerät passt. (Sie können das Zeitlimit für die Geräteinstallation ändern, wie im Abschnitt »Einstellen des Systemverhaltens bei der Geräteinstallation« dieses Kapitels beschrieben.)

- Die INF-Dateien und andere Gerätetreiberdateien dürfen nicht verändert oder manipuliert worden sein. Die Unversehrtheit der Treiberdateien wird mit dem *Plug & Play*-Dienst überprüft.

- Der Treiber darf nicht in der Liste der bekannten schlechten Treiber stehen, die auf dem System in einer DLL geführt wird und sich nicht ändern lässt.

Hält das Treiberpaket einem dieser Kriterien nicht stand (mit Ausnahme des dritten angeführten Kriteriums), schlägt die Bereitstellung des Pakets im Treiberspeicher fehl. Auf diese Weise wird verhindert, dass Windows destabilisiert wird und vielleicht sogar abstürzt, wenn der Benutzer versucht, das Gerät zu installieren, das auf den Treiber angewiesen ist. Ein Fehlschlag der Bereitstellung hat aber keine weiteren Auswirkungen auf das System. Es bedeutet einfach nur, dass das Paket nicht in den Treiberspeicher aufgenommen wird.

Das Gerät braucht nicht im Computer eingebaut oder an den Computer angeschlossen zu sein, damit das Treiberpaket in den Speicher übernommen wird. Treiberpakete lassen sich von Wechselmedien (CD, DVD und so weiter) oder aus dem Netzwerk zum Treiberspeicher hinzufügen. Zum Lieferumfang von Windows Vista gehören schon zahlreiche Treiber, die bei der Installation zum Treiberspeicher hinzugefügt werden und dem Benutzer schon bei der ersten Anmeldung am System für die Installation von Geräten zur Verfügung stehen. Ab Windows 7 wurde die Zahl der beigepackten In-Box-Gerätetreiber dagegen deutlich verringert, weil Windows Update nun im Standardgerätepfad eingetragen ist. Weitere Informationen über diese Änderung finden Sie im Abschnitt »Verbesserungen an der Geräteinstallation in Windows 7« weiter unten in diesem Kapitel.

Treiberpakete von anderen Herstellern lassen sich auf zwei Wegen zum Treiberspeicher hinzufügen:

- Wenn das Gerät angeschlossen wird, wobei ein Installationsmedium vom Hersteller und der Assistent zum Hinzufügen neuer Hardware verwendet werden. (Der Assistent *Hardware hinzufügen* ist für Geräte gedacht, die von PnP nicht erkannt werden.)

- Wenn ein Gerät entfernt wird, wobei Tools wie *PnPutil.exe* oder *Drvload.exe* verwendet werden. Außerdem stellen viele Gerätehersteller *.exe*-Dateien bereit, die Treiber in den Treiberspeicher einspielen.

Sie können auf Windows 7 auch mit dem Microsoft Deployment Toolkit 2010 (MDT 2010) Treiber bereitstellen. In MDT 2010 können Administratoren Treiber einfach durch Ziehen-und-Ablegen bereitstellen. Außerdem können Sie Treiber zu Gruppen zusammenfassen und auf diese Weise spezielle Zusammenstellungen für unterschiedliche Computermodelle vorbereiten, auf denen unterschiedliche Treiber gebraucht werden. Weitere Informationen über MDT 2010 finden Sie in Teil II, »Bereitstellung«.

Schließlich können Sie Treiberpakete auch bereitstellen, indem Sie die Pakete mit dem Windows AIK 2.0 (Automated Installation Kit) in die Datenträgerabbilder aufnehmen. Weitere Informationen zum Windows AIK 2.0 finden Sie in Teil II.

> **HINWEIS**   Es gibt keine fest vorgegebene Obergrenze für die maximale Größe des Treiberspeichers. Der Treiberspeicher verwendet Indexdateien, die bei der Aufnahme weiterer Treiberpakete aktualisiert werden, um die Suchzeiten bei der Installation zu minimieren.

Treibervorbereitungs- und Installationsprozesse

Die Prozesse zur Treibervorbereitung und Installation wechseln folgendermaßen zwischen Benutzermodus und Kernmodus:

1. Die Dateien aus dem Treiberpaket werden in Form von CMI-Objekten (Configuration Management Interface) an einen sicheren temporären Ort im Benutzerprofil kopiert. Dann überprüft der Treiberspeicher im Kontext von *Lokales System* die Vertrauenswürdigkeit des Treiberpakets.

2. Ist die Überprüfung erfolgreich, wird das Treiberpaket im Kontext des Kontos *Lokales System* vom temporären Speicherort in den Treiberspeicher kopiert. Nachdem das Treiberpaket in den Speicher aufgenommen wurde, wird seine INF-Datei untersucht, um die Namen und Speicherorte der Gerätetreiberdateien zu ermitteln. Diese Angaben werden in die Indexdateien des Speichers aufgenommen. Dann wird das Treiberpaket aus dem temporären Speicherort gelöscht.

   Außerdem wird bei der Vorbereitung ein Systemwiederherstellungspunkt erstellt, um eine schnelle Wiederherstellung des alten Zustands zu ermöglichen, falls der Treiber das System destabilisiert. (Die automatische Erstellung von Wiederherstellungspunkten bei der Aktualisierung oder Installation von Treibern können Sie mit Gruppenrichtlinien deaktivieren. Weitere Informationen finden Sie im Abschnitt »Einstellen des Systemverhaltens bei der Geräteinstallation« dieses Kapitels.)

3. Wenn das Treiberpaket später aktualisiert werden muss, weil zum Beispiel auf Windows Update eine neue Version verfügbar ist, wird dieser Vorgang im Benutzerkontext eingeleitet, aber im Systemkontext ausgeführt (dieser Schritt ist optional).

4. Wenn der *Plug & Play*-Dienst das Gerät erkennt, wird der Treiber im Kontext des Kontos *Lokales System* aus dem Treiberspeicher installiert. Die Installation erfolgt ohne weitere Interaktion des Benutzers.

   Beachten Sie, dass über dem Hinweisbereich eine Sprechblase mit der Meldung *Neue Hardware gefunden* erscheinen kann, während das Gerät installiert wird. Eine zweite Sprechblase informiert den Benutzer über den Abschluss der Installation. Allerdings können Sie diese Benachrichtigungen in den Gruppenrichtlinien deaktivieren. Weitere Informationen finden Sie im Abschnitt »Einstellen des Systemverhaltens bei der Geräteinstallation« dieses Kapitels.

5. Wenn der Treiber die Installation von Unterstützungssoftware verlangt (zum Beispiel ein Steuerprogramm für einen Bildschirmtreiber), wird im Kontext des Benutzers eine Installationsseite angezeigt (sie erfordert eine Anhebung der Rechte oder die Rechte eines lokalen Administrators), damit der Benutzer die erforderliche Unterstützungssoftware anzeigen kann. (Dieser Schritt ist optional.)

Weitere Informationen über die Vorbereitung von Treibern finden Sie im Abschnitt »Verwalten von Treiberpaketen« dieses Kapitels.

Der Installationsvorgang im Detail

Eine Geräteinstallation läuft folgendermaßen ab:

1. Windows erkennt, dass ein neues Gerät vorhanden ist.

2. Der *Plug & Play*-Dienst ermittelt die Gerätekennungen.

3. Windows überprüft die drei Indexdateien *Infpub.dat*, *Infstor.dat* und *Drvindex.dat* des Treiberspeichers, die unter *%SystemRoot%\inf* zu finden sind, um herauszufinden, ob für das Gerät ein passender Gerätetreiber zur Verfügung steht. Wurde bereits ein passender Treiber in den Treiberspeicher aufgenommen, kann Windows den Treiber installieren, ohne vom Benutzer die Eingabe der Anmeldeinformationen eines Administrators zu verlangen. Anders gesagt, auch ein Standardbenutzer kann ein Gerät installieren, für das im Treiberspeicher bereits ein Treiber vorhanden ist.

4. Ist im Treiberspeicher kein Treiberpaket zu finden, sucht Windows in den konfigurierten Pfaden (zu denen in Windows 7 auch Windows Update gehört) rekursiv nach einem Treiberpaket für das Gerät. Ist ein Treiberpaket zu finden, überprüft Windows 7, ob der Benutzer über das Recht verfügt, den Treiber zu installieren, und ob das Paket vertrauenswürdig ist und über eine gültige digitale Signatur verfügt. Erfüllt das Treiberpaket die Anforderungen, wird es in den Treiberspeicher kopiert.

5. Der *Plug & Play* Dienst kopiert die Treiberdateien aus dem Treiberspeicher zu ihrem Zielort im System.

6. Der *Plug & Play*-Dienst konfiguriert die Registrierung, damit Windows 7 den neuen Treiber verwenden kann.

7. Der *Plug & Play*-Dienst startet den Treiber. Im Normalfall ist das Gerät dann einsatzbereit.

Weitere Informationen über den Ablauf der Gerätetreiberinstallation in Windows 7 finden Sie im Abschnitt »Verbesserungen an der Geräteinstallation in Windows 7« weiter unten in diesem Kapitel.

Verwalten von Treiberpaketen

Treiberpakete zu verwalten bedeutet im Wesentlichen, Pakete zum Treiberspeicher hinzuzufügen oder aus dem Treiberspeicher zu entfernen. Treiber können auf zwei Arten bereitgestellt werden:

- **Onlinebereitstellung**   Das bedeutet, Treiberpakete zum Treiberspeicher hinzuzufügen, während Windows auf dem Computer ausgeführt wird. Sie können Treiberpakete mit Tools wie *PnPutil.exe* oder dem Befehlszeilentool DISM (Deployment Image Servicing and Management) einspielen. Weitere Informationen über die Verwendung von *PnPutil.exe* enthält der nächste Abschnitt. Informationen über das Tool DISM finden Sie im Abschnitt »Verwenden von DISM.exe« weiter unten in diesem Kapitel.

- **Offlinebereitstellung**   Das bedeutet, Treiberpakete zu Datenträgerabbildern hinzuzufügen, um Windows Vista mit den Gerätetreibern bereitstellen zu können, die vom Zielcomputer gebraucht werden. Die Offlinebereitstellung von Gerätetreiberpaketen können Sie mit dem Befehlszeilentool DISM durchführen, oder indem Sie Gerätetreiberpakete in der Deployment Workbench von MDT 2010 durch Ziehen-und-Ablegen zum Ordner *Out-Of-Box Drivers* einer Bereitstellungsfreigabe hinzufügen. Weitere Informationen darüber, wie Sie eine Offlinebereitstellung von Treiberpaketen durchführen, finden Sie in Teil II, »Bereitstellung«.

> **HINWEIS**   Den Ordner *Out-Of-Box Drivers* einer Bereitstellungsfreigabe können Sie in der Deployment Workbench von MDT 2010 nur zur Bereitstellung von Kerngerätetreibern verwenden. Wenn Sie auch eine Hilfsanwendung (*Setup.exe*-Datei) für einen Gerätetreiber von anderen Herstellern bereitstellen wollen, müssen Sie diese Anwendung in MDT 2010 als Anwendung bereitstellen. Weitere Informationen über die Bereitstellung von Windows 7 mit MDT 2010 finden Sie in Teil II, »Bereitstellung«.

Verwenden von *PnPutil.exe*

PnPutil.exe ist das Werkzeug der Wahl für die Onlinebereitstellung von Treiberpaketen auf Windows 7-Computern. *PnPutil.exe* ist in diesem Sinn der Nachfolger des Tools DevCon.exe, das für die Verwaltung von Gerätetreibern in älteren Windows-Versionen zur Verfügung stand. Sie können *PnPutil.exe* in einem Eingabeaufforderungsfenster oder in einem Skript aufrufen, um PnP-Treiber hinzuzufügen, zu löschen oder aufzulisten.

Die folgenden Bespiele zeigen die Bearbeitung des Treiberspeichers mit *PnPutil.exe*. Die Syntax dieses Befehls erfahren Sie, indem Sie in einer Eingabeaufforderung mit erhöhten Rechten den Befehl **pnputil /?** eingeben.

- *pnputil –a a:\usbcam.inf*   Fügt das Paket, das durch *Usbcam.inf* beschrieben wird, zum Treiberspeicher hinzu. Dieser Befehl setzt voraus, dass Sie *PnPutil.exe* mit Administratoranmeldeinformationen ausführen. Es darf aber nicht vorgeschrieben sein, dass das Gerät bereits an den Computer angeschlossen ist.

- *pnputil –a PfadZuInfDateien*.inf*   Fügt mehrere Treiber mit einem einzigen Befehl oder Skript zum Treiberspeicher hinzu. Zuerst müssen Sie aber dafür sorgen, dass alle Treiberpakete an dem Ort verfügbar sind, der in diesem Befehl angegeben wird.

- *pnputil –e*   Listet alle Pakete auf, die in den Treiberspeicher aufgenommen wurden. Wenn keine Treiber von anderen Herstellern in den Treiberspeicher aufgenommen wurden, erscheint die Meldung »Im System wurden keine veröffentlichten Treiberpakete gefunden«.

- *pnputil.exe –d INF-Dateiname*   Löscht das angegebene Paket aus dem Treiberspeicher, sofern kein aktuell installiertes Gerät den Treiber verwendet. Dieser Befehl löscht auch jeden Verweis auf das Paket aus den Indexdateien. Beachten Sie, dass dieser `INF-Dateiname` der veröffentlichte Name eines Treiberpakets von anderen Herstellern ist, wie der Befehl `pnputil -e` ihn liefert. Dieser Befehl setzt voraus, dass Sie *Pnputil.exe* mit Administratoranmeldeinformationen ausführen.

- **_pnputil.exe –f –d INF-Dateiname_** Löscht das angegebene Treiberpaket. Sie können diesen Befehl bei Bedarf verwenden, um ein Treiberpaket zu entfernen, das von einem im Computer installierten Gerät verwendet wird, oder wenn die Verwendung des Parameters -d zu einer Fehlermeldung führt. Empfohlen wird dieser Befehl aber nicht, denn daraus ergeben sich Probleme mit dem oder den Geräten, die ebenfalls das entfernte Treiberpaket verwendet haben. Beachten Sie, dass dieser *INF-Dateiname* der veröffentlichte Name eines Treiberpakets von anderen Herstellern ist, wie der Befehl `pnputil -e` ihn liefert. Dieser Befehl setzt voraus, dass Sie *Pnputil.exe* mit Administratoranmeldeinformationen ausführen.

Die Auflistung der zum Treiberspeicher hinzugefügten Speicher könnte auf einem Windows 7-Computer so aussehen:

```
C:\Users\tallen>pnputil -e
```

```
Microsoft-PnP-Dienstprogramm

Veröffentlichter Name:      oem0.inf
Treiberpaketanbieter:       Microsoft
Klasse:                     Drucker
Treiberversion und -datum:  06/21/2006 6.1.7100.0
Name des Signaturgebers:    Microsoft Windows

Veröffentlichter Name:      oem1.inf
Treiberpaketanbieter:       NVIDIA
Klasse:                     Netzwerkkarten
Treiberversion und -datum:  05/03/2007 65.7.4
Name des Signaturgebers:    microsoft windows hardware compatibility publisher
```

Beachten Sie, dass der Befehl oder das Skript unter bestimmten Bedingungen nicht vollständig ausgeführt wird, wenn Sie mit `pnputil -a` mehrere Treiber zum Speicher hinzufügen möchten. Das kann unter folgenden Umständen geschehen:

- Das Treiberpaket ist unvollständig oder beschädigt.
- Der Treiberpfad in der INF-Datei erstreckt sich über mehrere Medien.

Wenn dieses Problem auftaucht, untersuchen Sie das Skript oder den Befehl genauer, um den problematischen Treiber zu finden, und ersetzen diesen Treiber durch einen aktualisierten Treiber, der für Windows 7 entwickelt wurde.

Verwenden von *DISM.exe*

Das neue Befehlszeilentool DISM (*DISM.exc*) ist in der Standardinstallation von Windows 7 und in Windows AIK 2.0 enthalten. Mit *DISM.exe* können Sie sowohl Online- (laufende) als auch Offline-Windows-Abbilder bearbeiten, indem Sie Gerätetreiber, Hotfixes und Betriebssystempakete hinzufügen oder deinstallieren, internationale Einstellungen konfigurieren und eine Windows-Installation auf eine andere Edition aktualisieren, zum Beispiel von Business auf Ultimate. *DISM.exe* kann Abbilder in folgenden Windows-Versionen bearbeiten:

- Windows Vista Service Pack 1 (SP1) oder neuere Versionen
- Windows Server 2008
- Windows 7
- Windows Server 2008 R2

Wenn Sie ein Offline-Windows-Abbild auf einem Computer bearbeiten wollen, auf dem Windows AIK 2.0 installiert ist, müssen Sie *DISM.exe* folgendermaßen einsetzen:

1. Stellen Sie das Abbild im Dateisystem bereit.
2. Listen Sie die Treiber auf, fügen Sie neue hinzu oder entfernen Sie die nicht benötigten Treiber.
3. Heben Sie die Bereitstellung des Abbilds im Dateisystem auf und speichern Sie die Änderungen.

Bearbeiten Sie dagegen ein Online-Windows-Abbild, brauchen Sie das Abbild nicht im Dateisystem bereitzustellen, weil das Betriebssystem bereits läuft. Außerdem werden alle Änderungen, die Sie am Treiberspeicher vornehmen (etwa durch Hinzufügen oder Deinstallieren eines Gerätetreibers), sofort gespeichert, wenn ein DISM-Befehl zum Bearbeiten eines Onlineabbilds ausgeführt wird. Sie geben an, dass Sie das aktuell laufende Abbild bearbeiten, indem Sie das Argument /online in den DISM-Befehl einfügen.

Zum Beispiel listet der folgende DISM-Befehl alle installierten Out-of-Box-Gerätetreiber auf einem laufenden Windows 7-System auf.

```
C:\Windows\system32>dism /online /get-drivers
```

```
Tool zur Abbildverwaltung für die Bereitstellung
Version: 6.1.7100.0

Abbildversion: 6.1.7100.0

Liste der Treiber von Drittanbietern wird aus dem Treiberspeicher abgerufen...

Treiberpaketauflistung:

Veröffentlichter Name : oem0.inf

Originaldateiname : prnms001.inf
Windows-intern : Nein
Klassenname : Printers
Anbietername : Microsoft
Datum : 21.06.2006
Version : 6.1.7100.0

Veröffentlichter Name : oem1.inf
Originaldateiname : nvfd6032.inf
Windows-intern : Nein
Klassenname : Net
Anbietername : NVIDIA
Datum : 03.05.2007
Version : 65.7.4.0

Der Vorgang wurde erfolgreich beendet.
```

Ausführlichere Informationen über den Treiber namens *Oem0.inf* erhalten Sie mit dem DISM-Argument /get-driverinfo:

```
C:\Windows\system32>dism /online /get-driverinfo /driver:oem0.inf
```

```
Tool zur Abbildverwaltung für die Bereitstellung
Version: 6.1.7100.0

Abbildversion: 6.1.7100.0
```

```
Treiberpaketinformationen:

Veröffentlichter Name : oem0.inf
Treiberspeicherpfad : C:\Windows\System32\DriverStore\FileRepository\prnms001.inf_x86_neutral_
d9580ee0743299f4\prnms001.inf
Klassenname : Printers
Klassenbeschreibung : Drucker
Klassen-GUID : {4D36E979-E325-11CE-BFC1-08002BE10318}
Datum : 21.06.2006
Version : 6.1.7100.0
Für den Start erforderlich : Nein

Treiber für Architektur : x86

    Hersteller : Microsoft
    Beschreibung : Microsoft XPS-Dokument-Generator
    Architektur : x86
    Hardware-ID : MicrosoftMicrosoft_X00AC
    Dienstname :
    Kompatible IDs :
    Ausschluss-IDs :

Der Vorgang wurde erfolgreich beendet.
```

Out-of-Box-Gerätetreiber können Sie in einem laufenden Windows 7-System mit den Argumenten /add-driver und /remove-driver hinzufügen beziehungsweise entfernen. Beachten Sie, dass die Treiberverwaltungsbefehle von DISM nur *.inf*-Dateien unterstützen. Sie können mit DISM keine Windows Installer-Pakete (*.msi*-Dateien) oder andere Treiberpakettypen (etwa *.exe*-Dateien) hinzufügen oder entfernen. Weitere Informationen zum Bearbeiten von Onlineabbildern mit *DISM.exe* finden Sie unter »Befehlszeilenoptionen zum Warten von Treibern« im Microsoft TechNet unter *http://technet. microsoft.com/de-de/library/dd799258.aspx*.

Treibersignatur

Mit dem Windows Driver Kit (WDK) können Administratoren benutzerdefinierte Treiber unter Verwendung von Authenticode signieren und diese Treiber dann auf Windows 7-Computern oder in Datenträgerabbildern bereitstellen. Windows 7 bietet die Möglichkeit, Treiber mit dem digitalen Zertifikat eines Unternehmens, das beispielsweise von der Zertifizierungsstelle des Unternehmens erstellt wird, zu signieren. Eine Organisation kann ihr digitales Zertifikat verwenden, um unsignierte Treiber zu signieren oder um die Signatur des Herstellers durch eine eigene Signatur zu ersetzen. Dann kann der Administrator Gruppenrichtlinien verwenden, um das digitale Zertifikat an Clientcomputer zu übermitteln, und die Clients so einstellen, dass nur solche Treiber installiert werden, die von der Organisation signiert wurden. Weitere Informationen finden Sie in *Device Management and Installation Step-by-Step Guide*: »Signing and Staging Device Drivers in Windows Vista and Windows Server 2008« unter *http://technet.microsoft.com/en-us/library/cc754052.aspx*. Informationen über das WDK finden Sie unter *http://www.microsoft.com/whdc/DevTools/WDK/*.

> **HINWEIS** Sie können zwar unsignierte Treiber für die 32-Bit-Versionen von Windows Vista oder neueren Versionen verwenden, aber die 64-Bit-Versionen von Windows Vista und neueren Versionen fordern, dass alle Gerätetreiber vom Entwickler digital signiert werden. Weitere Informationen finden Sie im Knowledge Base-Artikel 946765, »Beschreibung der Unterschiede zwischen 32-Bit- und 64-Bit-Versionen von Windows Vista«, unter *http://support. microsoft.com/kb/946765.*

Treiberbewertung

Windows XP verwendet zur Auswahl eines geeigneten Treibers unter mehreren Treibern folgenden Algorithmus:

1. Treiber aus dem Lieferumfang haben Vorrang.

2. Von den Windows Hardware Quality Labs (WHQL) signierte Treiber sind die nächste Wahl, wobei der neuste Treiber bevorzugt wird.

3. Unsignierte Treiber werden zuletzt berücksichtigt, wobei der neuste Treiber bevorzugt wird.

Windows Vista und neuere Versionen berücksichtigen folgende acht Bewertungsstufen, wobei die jeweils nächste Stufe in der folgenden Liste nachrangig ist:

1. Von Microsoft signierte und von WHQL zertifizierte Treiber

2. Von Microsoft signierte Treiber aus dem Lieferumfang (vom NT Build Lab zertifiziert)

3. Von Microsoft signierte und von WinSE zertifizierte Treiber

4. Treiber, die mit Authenticode signiert wurden (Unternehmens-Zertifizierungsstelle)

5. Treiber, die mit Authenticode signiert wurden (von einer Klasse 3-Zertifizierungsstelle zertifiziert)

6. Treiber, die mit Authenticode signiert wurden (mit MAKECERT.EXE zertifiziert)

7. Von Microsoft signierte und von WHQL zertifizierte Treiber für ein älteres Windows-Betriebssystem

8. Unsignierte Treiber

> **HINWEIS** Zum Zweck der Bewertung werden WHQL, DQS, INBOX, STANDARD und PREMIUM in Windows XP und Windows Vista als gleich angesehen.

Neben der Frage, ob und wie Treiber signiert wurden, verwendet Windows 7 folgende Kriterien zur Auswahl eines Treibers, der für ein bestimmtes Gerät installiert wird:

- Der Wert der Featurebewertung, sofern er in der INF-Treiberdatei angegeben ist

- Grad der Übereinstimmung der PNPID (Plug & Play ID) des Geräts mit der PNPID des Treibers

- Aktualität eines Treibers im Vergleich zu anderen geeigneten Treibern?

- Die Treiberversion

> **HINWEIS** Datum und Version werden nur herangezogen, wenn andere Aspekte keine Auswahl zwischen den Treibern ermöglichen, weil die Treiber in den wichtigen Aspekten gleich sind.

Für WDDM-Grafiktreiber ist die Auswahl etwas komplizierter:

1. WHQL-zertifizierte Treiber oder Treiber aus dem Lieferumfang

2. WHQL-zertifizierte oder mit Authenticode signierte Treiber für ein älteres Windows-Betriebssystem

3. Unsignierte Treiber

4. Vorrang von WDDM-Treibern vor anderen Technologien

5. Gerätekennung

6. Treiberdatum

7. Treiberversion

HINWEIS Die Ermittlung von Treibern für Audiogeräte und Drucker erfolgt auf ähnliche Weise wie für WDDM-Grafiktreiber.

Während von Microsoft signierte Treiber bei der Standardbewertung Vorrang vor Treibern haben, die mit Authenticode signiert wurden, können Sie dieses Verhalten mit der entsprechenden Gruppenrichtlinieneinstellung ändern:

Computerkonfiguration\Richtlinien\Administrative Vorlagen\System\Geräteinstallation\Alle digital signierten Treiber bei Treiberbewertung und Auswahl gleich behandeln

Weitere Informationen finden Sie im Abschnitt »Einstellen des Systemverhaltens bei der Geräteinstallation« dieses Kapitels.

Installieren und Verwenden von Geräten

Die Benutzerfreundlichkeit bei der Verwaltung von Geräten wurde in Windows 7 deutlich verbessert, sodass es für Benutzer einfacher ist, Geräte auf ihren Computern zu installieren und zu verwenden. Einige der wichtigsten Verbesserungen in diesem Bereich sind:

- Verbesserungen der Benutzerfreundlichkeit bei der Geräteinstallation
- Der neue Ordner *Geräte und Drucker*
- Device Stage und die zugrundeliegenden Änderungen an der Gerätearchitektur

Diese Verbesserungen verfolgen das Ziel, es den Benutzern so einfach wie möglich zu machen, Gerätetreiber und gerätebezogene Anwendungen zu installieren. Dazu schließen sie einfach ihre Geräte an den Computer an. Handelt es sich um ein Gerät, das über ein Kabel angeschlossen wird, stecken sie lediglich das Kabel an. Bei Drahtlos- und Netzwerkgeräten beliebiger Typen, beispielsweise Bluetooth-Geräten, Web-Services-Geräten, UPnP-Geräten (Universal Plug & Play), WiFi-Geräten, Netzwerkscannern, Druckern, Mediaplayern und so weiter, starten Benutzer den Assistenten zum Hinzufügen von Geräten; das geht sogar bei Netzwerkgeräten, die über LAN-Kabel erreichbar sind. Das Ergebnis ist, dass alle diese Geräte in Windows 7 »einfach funktionieren«. Der neuste Treiber für ein Gerät wird dabei automatisch installiert, sodass sich der Benutzer um nichts mehr kümmern muss.

Verbesserungen an der Geräteinstallation in Windows 7

Der Ablauf der Geräteinstallation wurde in Windows 7 in vier Punkten verbessert:

- **Sie geschieht automatisch** Wird ein Gerät angeschlossen, sucht Windows 7 automatisch in allen konfigurierten Gerätetreiberspeicherorten nach dem neusten Treiber für das Gerät. Das Gerät wird dann installiert, ohne dass irgendein Assistent oder eine Anhebungseingabeaufforderung angezeigt wird. Es erscheint lediglich ein Benachrichtigungssymbol (Windows kann auch so konfiguriert werden, dass es kein solches Symbol anzeigt) über dem animierten PnP-Symbol im Infobereich der Taskleiste, das zeigt, dass Treiber für das Gerät installiert werden. Wenn der Benutzer dieses Benachrichtigungssymbol (oder das animierte PnP-Symbol) anklickt, bekommte er ausführlichere Statusinformationen angezeigt, die verraten, welcher Gerätetreiberspeicherort gerade durchsucht wird. Der Geräteinstallationsvorgang in Windows 7 läuft aus Sicht des Benutzers somit vollständig automatisch ab. Er kann sogar erledigt werden, während gar kein Benutzer am System angemeldet ist.

- **Sie ist einfacher**   In älteren Windows-Versionen war es für die Benutzer recht kompliziert, Bluetooth-Verbindungen herzustellen. Ab Windows 7 ist das ganz einfach. Der Assistent zum Hinzufügen von Geräten macht diese Aufgabe absolut trivial und einleuchtend. Der Assistent zum Hinzufügen von Geräten unterstützt auch das sogenannte Vertical Pairing, das bedeutet, dass Windows Ihren Computer automatisch mit dem Gerät verbindet, wenn Sie ein WiFi-Gerät mit Ihrem Netzwerk verbinden. Sie brauchen nicht mehr von Hand mehrere Schritte zu erledigen, also das Gerät mit einem WiFi-Netzwerk verbinden, das Gerät auswählen und so weiter.

- **Sie ist treffsicher**   Wird in Windows Vista ein neues Gerät an den Computer angeschlossen, sucht Windows im Treiberspeicher nach einem unterstützten Gerätetreiber für das Gerät. Wenn ein Treiber gefunden wird, wird dieser Treiber installiert. Der Treiberinstallationsvorgang endet dann, ohne dass geprüft wird, ob Windows Update vielleicht eine neuere Version des Treibers findet. Ab Windows 7 fragt Windows in der Standardeinstellung zuerst Windows Update ab, wenn es nach einem Treiber für ein Gerät sucht, das gerade an das System angeschlossen oder neu erkannt wurde. Falls in Windows Update kein Treiber für das Gerät gefunden wird, durchsucht Windows 7 seinen eigenen Treiberspeicher nach einem unterstützten Treiber für das Gerät. Diese Standardsuchreihenfolge für Gerätetreiber in Windows 7 (also erst Windows Update, dann der Treiberspeicher) kann von Administratoren, die genauere Kontrolle über die Geräteinstallation haben wollen, mithilfe von Gruppenrichtlinien individuell konfiguriert werden. Weitere Informationen finden Sie im Abschnitt »Verwalten der Geräteinstallation mit Gruppenrichtlinien« weiter unten in diesem Kapitel.

- **Die Leistung ist besser**   Damit die Geräteinstallation schneller abläuft, wird in Windows 7 kein Systemwiederherstellungspunkt mehr aufgezeichnet, bevor ein neues Gerät installiert wird. Benutzer können langwierige Treiberdownloads bei Bedarf abbrechen. Und in Sonderfällen können bestimmte Geräte so konfiguriert werden, dass nicht in Windows Update nach unterstützten Treibern gesucht wird.

HINWEIS   Das Systemsteuerungs-Dienstprogramm *Hardware hinzufügen* aus Windows Vista wurde aus der Systemsteuerung von Windows 7 entfernt. Benutzer, die den Hardware-Assistenten brauchen, um von Hand ältere Geräte zu installieren, die an ihre Computer angeschlossen sind, können im Suchfeld des Startmenüs **hdwwiz** eingeben und die EINGABETASTE drücken.

Sie verstehen besser, wie die Geräteinstallation in Windows 7 funktioniert, wenn Sie sich eine Reihe unterschiedlicher Szenarien ansehen:

1. Ein Treiber wird im Treiberspeicher gefunden.
2. Ein Treiber wird in Windows Update gefunden.
3. Ein Treiber wird im Treiberspeicher gefunden, aber ein besserer wird in Windows Update gefunden.
4. Ein Treiber, der über die Gruppenrichtlinien konfiguriert ist, wird irgendwo im Gerätepfad des Unternehmensnetzwerks gefunden.
5. Es wird kein Treiber für das Gerät im Treiberspeicher, in Windows Update, im Unternehmensnetzwerk oder auf Medien gefunden, die der Benutzer zur Verfügung hat.
6. Der Benutzer hat eine CD, die vom Gerätehersteller zur Verfügung gestellt wurde. Eine solche CD enthält üblicherweise Software, die den Funktionsumfang des Geräts über die Möglichkeiten hinaus erweitert, die der Gerätetreiber allein anbietet.

7. Der Hersteller hat kein Treibermedium mitgeliefert, aber es wird Software des Herstellers gebraucht, um Funktionen des Geräts zu nutzen, die über das hinausgehen, was der Gerätetreiber allein bietet. Diese zusätzliche Software stellt der Hersteller als Download auf seiner Website zur Verfügung.

Die folgenden Abschnitte betrachten diese Treiberinstallationsszenarien genauer, wobei verglichen wird, was in Windows Vista passiert und was sich daran in Windows 7 geändert hat. Diese Szenarien beschreiben die Geräteinstallation für alle PnP-Geräte in Windows 7, darunter sowohl externe als auch interne Geräte, Geräte mit einer oder mehreren Funktionen sowie Drahtlosgeräte.

Wenn Sie sich diese Szenarien durchlesen, werden Sie feststellen, dass Windows 7 in der Standardeinstellung mit Windows Update nach kompatiblen Gerätetreibern sucht, bevor es den Treiberspeicher des Computers überprüft. Diese Änderung im Verhalten der Gerätetreiberinstallation soll sicherstellen, dass Windows den neusten Treiber für ein Gerät installiert. In älteren Windows-Versionen endete der Treiberinstallationsvorgang, sobald ein kompatibler Treiber gefunden wurde, selbst wenn ein Treiber mit höherer Bewertung an einem anderen Speicherort verfügbar war. Wird dagegen in Windows 7 ein Treiber für ein Gerät sowohl im Treiberspeicher als auch in Windows Update gefunden, wird der Treiber installiert, der die bessere Bewertung hat. Wie Sie dieses Verhalten konfigurieren, ist im Abschnitt »Verwalten der Geräteinstallation mit Gruppenrichtlinien« weiter unten in diesem Kapitel beschrieben.

Szenario 1: Treiber im Treiberspeicher gefunden

In Windows Vista müssen in diesem Szenario folgende Schritte durchgeführt werden:

1. Der Benutzer schließt das Gerät an den Computer an.
2. Es erscheint ein Benachrichtigungssymbol mit dem Hinweis »Installieren von Gerätetreibersoftware. Klicken Sie hier, um Statusinformationen zu erhalten.«
3. Sobald der Treiber, der im Treiberspeicher gefunden wurde, installiert ist, ändert sich der Text im Benachrichtigungssymbol auf »Die Geräte können jetzt verwendet werden. Die Gerätetreibersoftware wurde erfolgreich installiert.«
4. Der Benutzer kann das angeschlossene Gerät nun verwenden und seine Funktionen nutzen.

In Windows 7 sehen die durchgeführten Schritte bei diesem Szenario genauso aus wie in Windows Vista. Windows 7 prüft nun zwar Windows Update, bevor es den Treiberspeicher durchsucht, aber in diesem Fall wurde bei der Suche in Windows Update kein Treiber für das Gerät gefunden.

Szenario 2: Treiber in Windows Update gefunden

In Windows Vista müssen in diesem Szenario folgende Schritte durchgeführt werden:

1. Der Benutzer schließt das Gerät an den Computer an.
2. Es erscheint ein Benachrichtigungssymbol mit dem Hinweis »Installieren von Gerätetreibersoftware. Klicken Sie hier, um Statusinformationen zu erhalten.«
3. Das Dialogfeld *Neue Hardware gefunden* wird angezeigt. Es weist darauf hin, dass Windows Treibersoftware für das unbekannte Gerät installieren muss. Das Gerät wird als unbekannt bezeichnet, weil Windows Vista noch keinen Treiber für das Gerät im Treiberspeicher auf dem Computer gefunden hat.
4. Der Benutzer muss nun im Dialogfeld die Option *Treibersoftware suchen und installieren (empfohlen)* auswählen, um mit Windows Update nach einem geeigneten Treiber zu suchen. Weil die Benutzerkontensteuerung in Windows Vista entsprechend implementiert ist, wird eine Anhebungs-

eingabeaufforderung angezeigt, wenn der Benutzer auf *Treibersoftware suchen und installieren (empfohlen)* klickt.

5. Sobald der Benutzer in Schritt 4 die Auswahl vorgenommen und die Anhebungseingabeaufforderung bestätigt hat, sucht Windows Vista mit Windows Update nach einem Treiber, findet ihn und beginnt mit dem Download.

6. Sobald der Treiber, der in Windows Update gefunden wurde, heruntergeladen und installiert ist, ändert sich der Text im Benachrichtigungssymbol auf »Die Geräte können jetzt verwendet werden. Die Gerätetreibersoftware wurde erfolgreich installiert.«

In Windows 7 sehen die Schritte beim selben Szenario so aus:

1. Der Benutzer schließt das Gerät an den Computer an.

2. Es erscheint ein Benachrichtigungssymbol mit dem Hinweis »Installieren von Gerätetreibersoftware. Klicken Sie hier, um Statusinformationen zu erhalten.« Wenn der Benutzer das Benachrichtigungssymbol anklickt, wird ein Gerätetreiberinstallations-Dialogfeld angezeigt, das angibt, dass Windows in Windows Update nach einem geeigneten Treiber sucht und dass dies einige Zeit dauern kann.

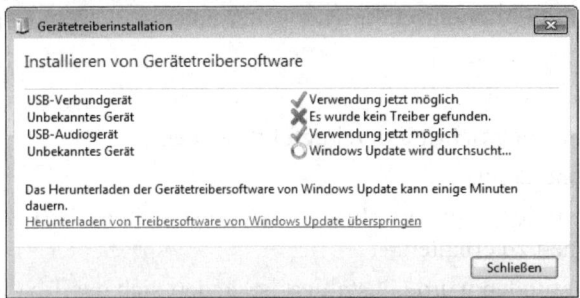

Dauert dem Benutzer der Download zu lange, hat er die Möglichkeit, auf *Schließen* zu klicken und so den Download des neusten verfügbaren Treibers für das Gerät aus Windows Update abzubrechen.

3. Sobald der Treiber, der in Windows Update gefunden wurde, heruntergeladen und installiert ist, ändert sich der Text im Benachrichtigungssymbol auf »Die Geräte können jetzt verwendet werden. Die Gerätetreibersoftware wurde erfolgreich installiert.« Sofern das Dialogfeld *Gerätetreiberinstallation* offen ist, zeigt es den Status *Betriebsbereit* an, wenn der Treiber erfolgreich installiert wurde.

4. Der Benutzer kann das angeschlossene Gerät nun verwenden und seine Funktionen nutzen.

Beachten Sie, dass der Windows Vista-Benutzer in diesem Szenario zwei Entscheidungen treffen muss, von denen abhängt, ob der Treiber für das Gerät erfolgreich installiert wird: Erst muss er im Dialogfeld *Neue Hardware gefunden* die richtige Auswahl treffen, dann die Anhebungseingabeaufforderung bestätigen. Die verbesserte Benutzerfreundlichkeit in Windows 7 nimmt dem Benutzer diese zwei Entscheidungen ab; somit wird es für den Benutzer einfacher, das Gerät zu installieren.

Szenario 3: Treiber im Treiberspeicher, aber besserer Treiber in Windows Update

In Windows Vista müssen in diesem Szenario folgende Schritte durchgeführt werden:

1. Der Benutzer schließt das Gerät an den Computer an.

2. Es erscheint ein Benachrichtigungssymbol mit dem Hinweis »Installieren von Gerätetreibersoftware. Klicken Sie hier, um Statusinformationen zu erhalten.«

3. Sobald der Treiber, der im Treiberspeicher gefunden wurde, installiert ist, ändert sich der Text im Benachrichtigungssymbol auf »Die Geräte können jetzt verwendet werden. Die Gerätetreibersoftware wurde erfolgreich installiert.«

4. Der Benutzer kann nun mit dem angeschlossenen Gerät arbeiten, allerdings funktioniert es unter Umständen nicht optimal, weil nicht der neuste Treiber, der in Windows Update verfügbar ist, heruntergeladen und für das Gerät installiert wurde. Anders ausgedrückt: In diesem Szenario haben Sie nicht den neusten Treiber für das Gerät erhalten, daher wird die optimale Funktion verschenkt.

In Windows 7 sehen die Schritte beim selben Szenario so aus:

1. Der Benutzer schließt das Gerät an den Computer an.

2. Es erscheint ein Benachrichtigungssymbol mit dem Hinweis »Installieren von Gerätetreibersoftware. Klicken Sie hier, um Statusinformationen zu erhalten.«

3. Sobald der Treiber, der in Windows Update gefunden wurde, heruntergeladen und installiert ist, ändert sich der Text im Benachrichtigungssymbol auf »Die Geräte können jetzt verwendet werden. Die Gerätetreibersoftware wurde erfolgreich installiert.«

4. Der Benutzer kann nun mit dem angeschlossenen Gerät arbeiten, das optimal funktionieren sollte, da der neuste Treiber für das Gerät installiert wurde.

Szenario 4: Treiber wird irgendwo im konfigurierten Gerätepfad gefunden

Die Schritte für dieses Szenario sind dieselben wie in Szenario 2, und zwar sowohl für Windows Vista als auch für Windows 7.

Szenario 5: Es wird kein Treiber für das Gerät gefunden

In Windows Vista müssen in diesem Szenario folgende Schritte durchgeführt werden:

1. Der Benutzer schließt das Gerät an den Computer an.

2. Es erscheint ein Benachrichtigungssymbol mit dem Hinweis »Installieren von Gerätetreibersoftware. Klicken Sie hier, um Statusinformationen zu erhalten.«

3. Das Dialogfeld *Neue Hardware gefunden* wird angezeigt. Es weist darauf hin, dass Windows Treibersoftware für das unbekannte Gerät installieren muss.

4. Der Benutzer wählt in diesem Dialogfeld die Option *Treibersoftware suchen und installieren (empfohlen)* aus und bestätigt die Anhebungseingabeaufforderung, um im Treiberpfad nach einem geeigneten Treiber zu suchen.

5. Der Assistent zum Suchen neuer Hardware öffnet sich mit der Meldung »Legen Sie den Datenträger für <Gerätename> ein«.

6. Weil der Benutzer kein Medium mit dem Treiber hat, klickt er im Assistenten zum Suchen neuer Hardware auf *Weiter*, um im konfigurierten Treiberpfad nach einem geeigneten Treiber zu suchen.

7. Nach dem Durchsuchen des konfigurierten Treiberpfads wird kein Treiber für das Gerät gefunden, daher zeigt der Assistent zum Suchen neuer Hardware die Meldung »Unbekanntes Gerät konnte nicht installiert werden« an.

8. Der Benutzer klickt im Assistenten zum Suchen neuer Hardware auf *Zurück* und wählt *Der Datenträger ist nicht verfügbar. Andere Optionen anzeigen*.

9. Der Assistent zum Suchen neuer Hardware zeigt die Meldung »Die Treibersoftware für das Gerät wurde nicht gefunden« an und bietet dem Benutzer zwei Optionen zur Auswahl: *Nach einer Lösung suchen* und *Auf dem Computer nach Treibersoftware suchen (Erweitert)*.

10. Der Benutzer wählt *Auf dem Computer nach Treibersoftware suchen (Erweitert)* und wählt einen lokalen Ordner auf dem System aus, in dem weitere Treiber gespeichert sind. Leider befindet sich der Treiber, der für das Gerät gebraucht wird, nicht in diesem Ordner, daher zeigt der Assistent zum Suchen neuer Hardware erneut die Meldung »Unbekanntes Gerät konnte nicht installiert werden« an.

11. Der Benutzer geht wiederum eine Seite zurück und wählt diesmal *Nach einer Lösung suchen* aus.

12. Der Assistent zum Suchen neuer Hardware zeigt erneut die Meldung »Unbekanntes Gerät konnte nicht installiert werden« an. Nachdem der Benutzer 10 unterschiedliche Entscheidungen getroffen hat (welche Schaltfläche er anklicken oder welche Option er auswählen soll), gibt der Benutzer auf und die Geräteinstallation schlägt fehl.

In Windows 7 sehen die Schritte in diesem Szenario folgendermaßen aus:

1. Der Benutzer schließt das Gerät an den Computer an.

2. Es erscheint ein Benachrichtigungssymbol mit der Meldung »Installieren von Gerätetreibersoftware. Klicken Sie hier, um Statusinformationen zu erhalten.«

3. Nachdem Windows alle Speicherorte im konfigurierten Treiberpfad durchsucht hat, ohne einen kompatiblen Treiber für das Gerät zu finden, erscheint ein anderes Benachrichtigungssymbol, diesmal mit der Meldung »Die Gerätetreibersoftware wurde nicht installiert. Klicken Sie hier, um Details zu erhalten.« Ein Klick auf diesen Link verrät, dass kein Treiber gefunden wurde. Der Benutzer kann nun wählen, ob immer automatisch in Windows Update nach neusten Treibern gesucht werden soll (Standardeinstellung) oder ob der Benutzer entscheiden soll, was er tun will. Diese Optionen sind im Abschnitt »Konfigurieren von Geräteinstallationseinstellungen« weiter unten in diesem Kapitel genauer beschrieben.

Szenario 6: Medium des Herstellers steht zur Verfügung

Die Schritte für dieses Szenario hängen davon ab, ob Sie zuerst die Software installieren, die vom Gerätehersteller mitgeliefert wird, oder erst das Gerät an Ihr System anschließen. Wenn Sie zuerst das vom Hersteller zur Verfügung gestellte Medium für das Gerät in Ihr CD-/DVD-Laufwerk einlegen, bekommen Sie sowohl in Windows Vista als auch Windows 7 meist eine Anhebungseingabeaufforderung angezeigt, bevor die Installation fortgesetzt werden kann. Sobald die Herstellersoftware installiert ist, schließen Sie Ihr Gerät an; darauf folgen die Schritte, die in Szenario 1 beschrieben wurden.

Schließen Sie dagegen erst das Gerät an Ihren Computer an, laufen in Windows Vista folgende Schritte ab, um die Geräteinstallation abzuschließen:

1. Der Benutzer schließt das Gerät an den Computer an.

2. Es erscheint ein Benachrichtigungssymbol mit dem Hinweis »Installieren von Gerätetreibersoftware. Klicken Sie hier, um Statusinformationen zu erhalten.«

3. Das Dialogfeld *Neue Hardware gefunden* wird angezeigt. Es weist darauf hin, dass Windows Treibersoftware für das unbekannte Gerät installieren muss.

4. Der Benutzer wählt in diesem Dialogfeld die Option *Treibersoftware suchen und installieren (empfohlen)* aus und bestätigt die Anhebungseingabeaufforderung, um im Treiberpfad nach einem geeigneten Treiber zu suchen.

5. Der Assistent zum Suchen neuer Hardware öffnet sich mit der Meldung »Legen Sie den Datenträger für <Gerätename> ein«.

6. Der Benutzer legt das vom Hersteller zum Gerät mitgelieferte Medium in das CD-/DVD-Laufwerk ein.

7. Der Benutzer klickt im Assistenten zum Suchen neuer Hardware auf *Weiter*. Windows sucht auf dem Medium nach einem kompatiblen Treiber, findet ihn, installiert den Treiber und zeigt die Meldung »Die Software für dieses Gerät wurde erfolgreich installiert« an. Weil allerdings in diesem Szenario das *Setup.exe*-Programm, das der Hersteller auf einem Medium beigelegt hat, nicht ausgeführt wurde, wird keinerlei Software installiert, die der Hersteller als Ergänzung zum Gerätetreiber zur Verfügung stellt. Das kann dazu führen, dass dem Benutzer nicht der vollständige Funktionsumfang des Geräts zur Verfügung steht.

Wenn Sie in Windows 7 zuerst das Gerät an Ihren Computer anschließen, laufen folgende Schritte ab, um die Geräteinstallation abzuschließen:

1. Der Benutzer schließt das Gerät an den Computer an.

2. Es erscheint ein Benachrichtigungssymbol mit dem Hinweis »Installieren von Gerätetreibersoftware. Klicken Sie hier, um Statusinformationen zu erhalten.«

3. Das Benachrichtigungssymbol wird durch ein anderes ersetzt, das die Meldung »Die Geräte können jetzt verwendet werden. Die Gerätetreibersoftware wurde erfolgreich installiert.« anzeigt.

4. Der Benutzer legt das vom Gerätehersteller mitgelieferte Medium für das Gerät in sein CD-/DVD-Laufwerk ein und bestätigt die Anhebungseingabeaufforderung, die angezeigt wird.

5. Sobald die Herstellersoftware für das Gerät installiert ist, ist das Gerät betriebsbereit und stellt seinen vollständigen Funktionsumfang zur Verfügung.

Szenario 7: Der Hersteller stellt zusätzliche Gerätesoftware als Download bereit

In Windows Vista müssen in diesem Szenario folgende Schritte durchgeführt werden:

1. Der Benutzer schließt das Gerät an den Computer an.

2. Es erscheint ein Benachrichtigungssymbol mit dem Hinweis »Installieren von Gerätetreibersoftware. Klicken Sie hier, um Statusinformationen zu erhalten.«

3. Sobald der Treiber, der im Treiberspeicher gefunden wurde, installiert ist, ändert sich der Text im Benachrichtigungssymbol auf »Die Geräte können jetzt verwendet werden. Die Gerätetreibersoftware wurde erfolgreich installiert.«

4. Der Benutzer muss den Internet Explorer öffnen, die Website des Herstellers aufrufen, die Support- und Downloadseite des Herstellers suchen und die zusätzliche Software installieren, die für das Gerät gebraucht wird, damit es seinen vollständigen Funktionsumfang entfaltet. Das überfordert einige Benutzer, sodass sie auf die Hilfe eines Experten angewiesen sind.

In Windows 7 sehen die Schritte beim selben Szenario so aus:

1. Der Benutzer schließt das Gerät an den Computer an.

2. Es erscheint ein Benachrichtigungssymbol mit dem Hinweis »Installieren von Gerätetreibersoftware. Klicken Sie hier, um Statusinformationen zu erhalten.«

3. Sobald der richtige Treiber installiert ist, ändert sich die Meldung des Benachrichtigungssymbols in »Die Geräte können jetzt verwendet werden. Die Gerätetreibersoftware wurde erfolgreich installiert.«

4. Nun erscheint ein neues Benachrichtigungssymbol mit dem Text »Software für <*Gerätename*> ist nicht installiert. Laden Sie die Software für <*Gerätename*> herunter«.

5. Wenn der Benutzer auf das Benachrichtigungssymbol klickt, öffnet sich ein Dialogfeld, das ihn auffordert, die zusätzliche Software vom Hersteller herunterzuladen. Dieses Dialogfeld wird vom Wartungscenter auf dem Windows 7-Computer des Benutzers generiert.

Konfigurieren von Geräteinstallationseinstellungen

Während der OOBE-Phase (Out-Of-Box Experience) einer Windows 7-Installation wird das Dialogfeld *Windows einrichten* angezeigt, in dem Sie die Auswahl zwischen drei Möglichkeiten haben:

- *Empfohlene Einstellungen verwenden*
- *Nur wichtige Updates installieren*
- *Später erneut nachfragen*

Wird die Option *Empfohlene Einstellungen verwenden* ausgewählt, entweder vom Benutzer während einer manuellen Installation oder über eine Antwortdatei bei einem unbeaufsichtigten Setup, wird die Windows 7-Geräteinstallation so konfiguriert, dass sie mit Windows Update automatisch nach den neusten Gerätetreibern sucht, bevor sie den Treiberspeicher auf dem Computer durchsucht.

Benutzer können dieses Verhalten später folgendermaßen ändern:

1. Klicken Sie im Startmenü auf *Geräte und Drucker*, um den Ordner *Geräte und Drucker* zu öffnen.
2. Klicken Sie mit der rechten Maustaste auf das Symbol des Computers und wählen Sie den Befehl *Geräteinstallationseinstellungen*.
3. Wählen Sie im Dialogfeld *Geräteinstallationseinstellungen* die gewünschte Option aus:

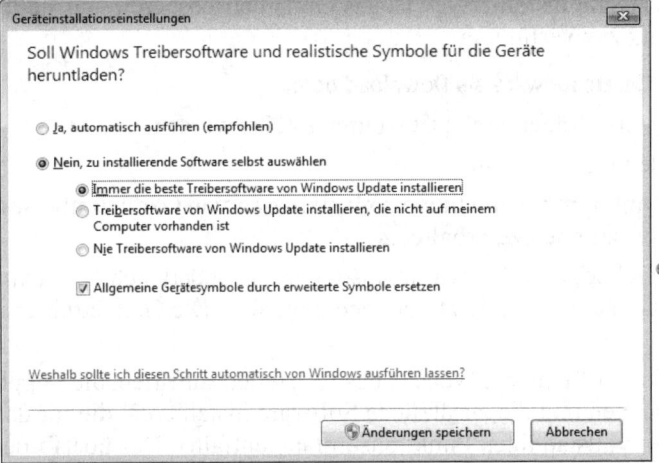

Administratoren können mithilfe von Gruppenrichtlinien verhindern, dass Benutzer die Geräteinstallationseinstellungen auf ihrem Computer verändern. Weitere Informationen dazu finden Sie im Abschnitt »Verwalten der Geräteinstallation mit Gruppenrichtlinien« weiter unten in diesem Kapitel.

Verwenden des Ordners *Geräte und Drucker*

Geräte und Drucker ist ein neues Startmenü- und Systemsteuerungselement in Windows 7. Es bietet Benutzern eine zentrale Anlaufstelle, wo sie Geräte, die an ihre Computer angeschlossen sind, erkennen, verbinden, konfigurieren, verwenden und verwalten können. In älteren Windows-Versionen gab es keinen zentralen Ort, an dem die Benutzer die an ihren Computer angeschlossenen Kabel- und Drahtlosgeräte anzeigen und verwalten können. Ab Windows 7 können die Benutzer nun den Ordner *Geräte und Drucker* öffnen, um alle Geräte, die an den Computer angeschlossen sind oder die vom Computer erkannt wurden, anzusehen und zu verwalten. Zu diesen Geräten gehören unter anderem Drucker, Faxgeräte, Scanner, Kameras, Wechselmediengeräte, Netzwerkgeräte, verbundene WiFi- oder Bluetooth-Geräte und Multifunktionsgeräte (die als einzelnes Gerät aufgeführt werden).

Abbildung 17.1 zeigt den Ordner *Geräte und Drucker* auf einem Computer, an den ein Drucker, eine Webcam und ein Musikplayer angeschlossen sind.

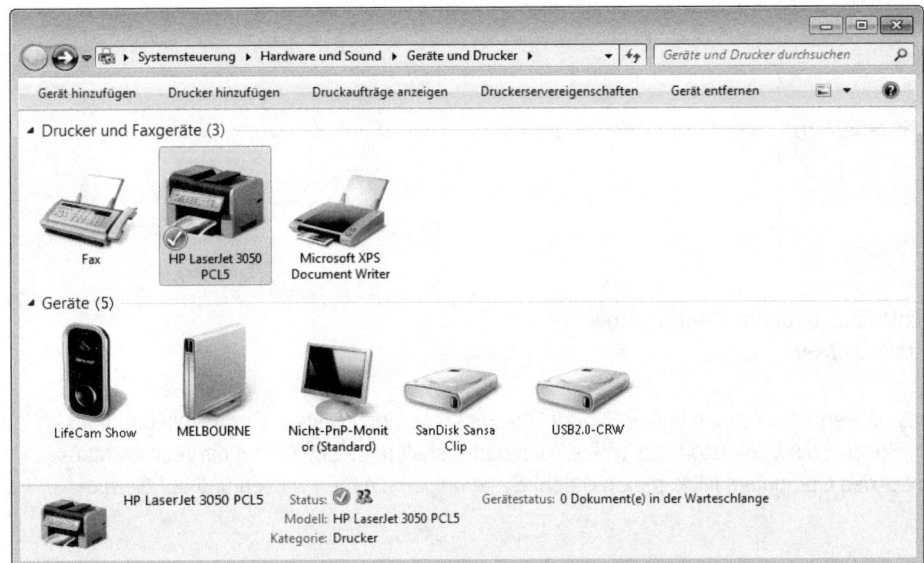

Abbildung 17.1   Der neue Ordner *Geräte und Drucker* in Windows 7

Die wichtigsten Features des Ordners *Geräte und Drucker* sind:

- Eine kontextabhängige Befehlsleiste, die sich abhängig vom ausgewählten Gerät verändert. Unabhängig davon, welches Gerät ausgewählt ist, zeigt die Befehlsleiste immer die Schaltflächen *Gerät hinzufügen* (zum Erkennen und Verbinden von Drahtlosgeräten) und *Drucker hinzufügen* an (startet den Assistenten *Drucker hinzufügen*).

- Ein Kontextmenü, das sich abhängig vom ausgewählten Gerät verändert. Zum Beispiel können Sie die Eigenschaften für ein Gerät anzeigen, indem Sie mit der rechten Maustaste auf das Gerät klicken und im Kontextmenü den Befehl *Eigenschaften* wählen. Diese Eigenschaftendialogfelder können vom Gerätehersteller erweitert werden. Dazu fügt der Hersteller weitere Registerkarten hinzu und registriert sie für die Geräteverwaltung und -konfiguration. Beachten Sie, dass die Standardaktion bei einem Doppelklick für das Kontextmenü ebenfalls konfigurierbar ist.

- Ein Gerätemetadatensystem und ein Satz XML-Schemas, mit dem Gerätehersteller anpassen können, wie ihre Geräte im Ordner *Geräte und Drucker* für die Benutzer angezeigt werden. Beispielsweise kann *Geräte und Drucker* automatisch weitere Metadaten für ein neu angeschlossenes Gerät herunterladen, um ein fotorealistisches Bild des Geräts und weitere Herstellerinformationen anzuzeigen, die nicht aus der Hardware oder dem Gerätetreiber abgerufen werden können. Weitere Informationen finden Sie im Abschnitt »Gerätemetadatensystem« weiter unten in diesem Kapitel.

- Integration mit dem neuen Device Stage-Feature von Windows 7, das im nächsten Abschnitt dieses Kapitels vorgestellt wird.

Der Windows 7-Computer selbst taucht als Gerät im Ordner *Geräte und Drucker* auf. Wie Abbildung 17.2 zeigt, können Sie mit der rechten Maustaste auf das Gerätesymbol Ihres Computers klicken, um ein Menü der Aktionen zu öffnen, die Sie ausführen können, um Ihren Computer zu konfigurieren und zu verwalten.

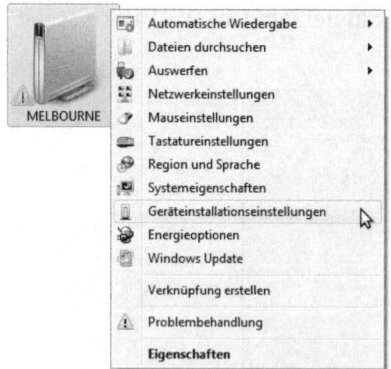

Abbildung 17.2 Das Kontextmenü für das Gerätesymbol des Computers in *Geräte und Drucker*

HINWEIS Fortgeschrittene Benutzer können in *Geräte und Drucker* sogar noch weitere Gerätekonfigurationsaufgaben erledigen, zum Beispiel die Vorversion von Treibern wiederherstellen, indem Sie mit der rechten Maustaste auf das Gerätesymbol des Computers klicken, den Befehl *Systemeigenschaften* wählen und auf *Geräte-Manager* klicken.

Grundlagen von Device Stage

Device Stage ist eine neue, intuitive Benutzeroberfläche für unterstützte Geräte. Sie macht es für Benutzer einfacher, Geräte, die an ihre Computer angeschlossen sind, zu konfigurieren, zu verwenden und zu verwalten. Microsoft arbeitet mit anderen Hardwareherstellern zusammen und hilft ihnen dabei, Device Stage für ihre Geräte zu unterstützen. Derzeit wird Device Stage nur von wenigen Multifunktionsdruckern, Musikplayern und Mobiltelefonen unterstützt.

Abbildung 17.3 zeigt die neue Benutzeroberfläche für ein Gerät, das Device Stage unterstützt. Hier werden Branding-Informationen und verschiedene Aufgaben angezeigt, aus denen der Benutzer eine wählen kann, um das Gerät zu verwenden und zu verwalten. Wenn die Device Stage-Benutzeroberfläche für ein Gerät offen ist, wird außerdem ein fotorealistisches Shellsymbol für das Gerät in der Taskleiste angezeigt. Wenn Sie dieses Symbol anklicken, wird ein Vorschaubild des Geräts und der Device Stage-Benutzeroberfläche des Geräts angezeigt.

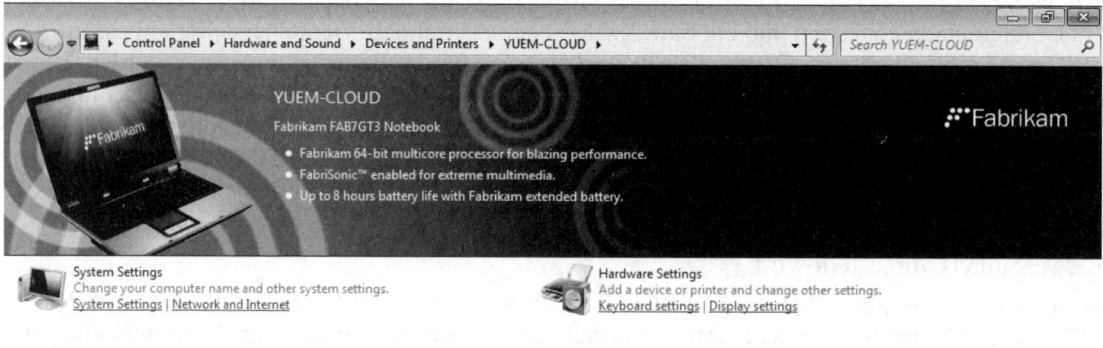

Abbildung 17.3 Beispiel für die Device Stage-Benutzeroberfläche eines kompatiblen Geräts

Grundlagen der Geräteverwaltungsarchitektur

Abbildung 17.4 zeigt die Architektur der neuen Geräteverwaltung in Windows 7. Neue Elemente von Windows 7 sind unter anderem:

- Zwei neue Benutzeroberflächen (der Ordner *Geräte und Drucker* und die Device Stage-Oberfläche)
- Zwei zugrundeliegende Features (Device-Display-Objekt und Gerätemetadatensystem), die die neuen Benutzeroberflächen möglich machen

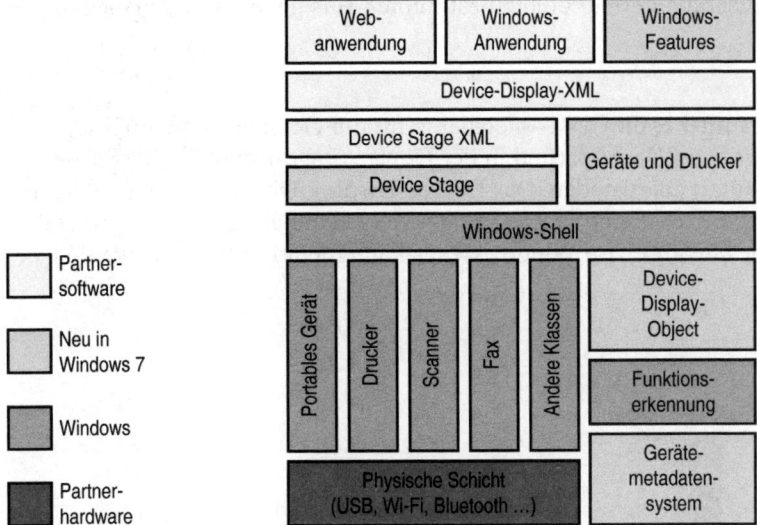

Abbildung 17.4 Die Architektur der neuen Geräteverwaltung in Windows 7

Die Gerätehersteller müssen für jedes Gerät folgende Elemente zur Verfügung stellen:

- XML-Metadaten für das Gerät. Dazu gehören sowohl Device Stage-XML und Device-Display-XML-Metadaten.
- Herstelleranwendungen für die Benutzung des Geräts. Dies können Webanwendungen und/oder Windows-Anwendungen sein.
- Gerätetreiber für die Konnektivität auf der physischen Schicht zum Gerät und für die Benutzung des Geräts.

Diese Features der Windows 7-Geräteverwaltung werden in den nächsten Abschnitten genauer beschrieben.

Gerätecontainer

Aufgrund der steigenden Beliebtheit von Multifunktionsgeräten wie Drucker/Kopierer/Fax/Scanner-Kombinationen wurde die PnP-Architektur in Windows 7 so erweitert, dass sie die Erkennung und Gruppierung der unterschiedlichen von einem Gerät angebotenen Funktionen unterstützt. Dieses neue Feature wird als *Gerätecontainer* bezeichnet, eine neue PnP-Geräteeigenschaft, die Gerätefunktionen in einem einzigen Container zusammenfasst, der das physische Gerät repräsentiert. Gerätecontainer behalten das vorhandene Devnode-Modell von Windows bei, stellen dem Benutzer aber eine natürlichere Darstellung eines realen Geräts bereit. (Ein *Devnode* ist eine interne Struktur, die im System ein Gerät repräsentiert. Sie enthält den Gerätestack und Informationen darüber, ob das Gerät gestartet wurde und welche Treiber für Benachrichtigungen des Geräts registriert wurden. Jedes Gerät auf einem Computer hat einen Devnode, und diese Devnodes sind in einer hierarchischen Gerätestruktur organisiert. Der Plug & Play-Manager erstellt für ein Gerät einen Devnode, wenn das Gerät konfiguriert wird.)

Dank der Gerätecontainer kann ein Multifunktionsgerät wie ein Drucker/Kopierer/Fax/Scanner dem Benutzer als einzelnes Gerätesymbol im Ordner *Geräte und Drucker* (und auch in der Device Stage-Benutzeroberfläche, sofern das vom Gerät unterstützt wird) angezeigt werden. Gerätecontainer werden anhand einer Container-ID identifiziert. Dies ist eine GUID (Globally Unique Identifier), die bei jedem physischen Gerät eindeutig ist. Die Container-ID für ein Gerät wird von PnP automatisch generiert. Alle Devnodes, die zum selben Gerätecontainer auf einem bestimmten Bus gehören, teilen sich dieselbe Container-ID.

Device-Display-Objekt

Das Device-Display-Objekt hat die Aufgabe, die XML-Metadaten für ein Gerät zusammenzustellen und das Gerät damit im Ordner *Geräte und Drucker* (und in der Device Stage-Benutzeroberfläche, sofern das Gerät Device Stage unterstützt) darzustellen. Das Device-Display-Objekt enthält den Device Metadata Retrieval Client (DMRC), der Geräte mit Device Stage-Metadatenpaketen verknüpft. Das Device-Display-Objekt ist ein internes Feature von Windows 7, es kann nicht konfiguriert werden.

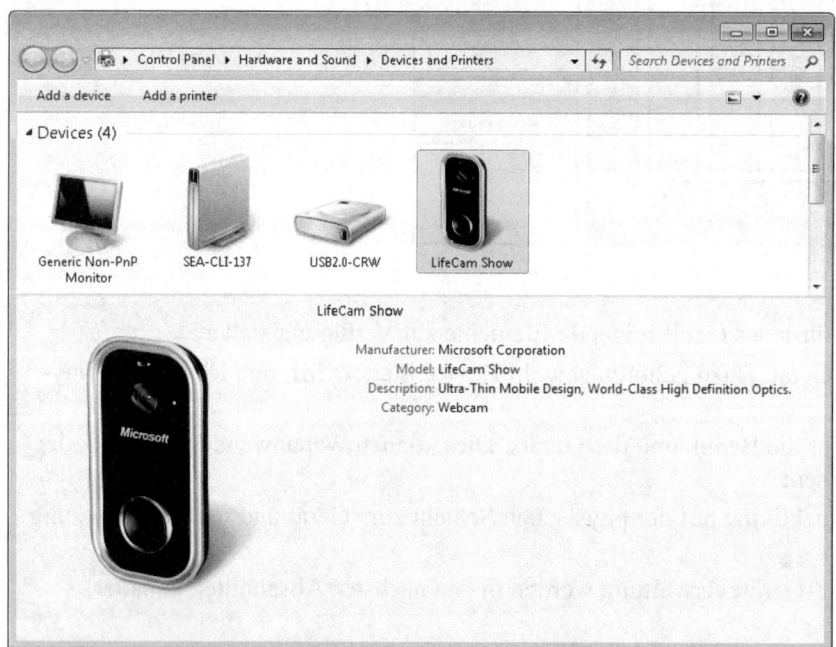

Abbildung 17.5 Device-Display-XML-Metadaten verbessern die Darstellung eines Geräts

Gerätemetadatensystem

Das Gerätemetadatensystem ist neu in Windows 7. Es stellt einen Prozess zur Verfügung, um Metadatenpakete für Geräte, die Benutzer an ihre Computer anschließen, zusammenzustellen und zu verteilen. Gerätemetadaten sind Informationen, die benutzt werden, um die Darstellung der Geräte zu verbessern und in Windows auf die Geräte zuzugreifen. Sie bestehen aus zwei Arten von Metadaten:

- **Device-Display-XML-Metadaten** Dieser Typ Metadaten ähnelt im Prinzip einem Plattencover für Musik-CDs. Mithilfe dieser Metadaten kann ein fotorealistisches Gerätesymbol zusammen mit

weiteren Geräteinformationen angezeigt werden, etwa Hersteller-, Modell- und Beschreibungs-
felder. Abbildung 17.5 zeigt ein Beispiel, wie Device-Display-XML-Metadaten die Darstellung
eines Geräts im Ordner *Geräte und Drucker* verbessern. (Der untere Abschnitt im Fenster *Geräte
und Drucker* in dieser Abbildung wurde vergrößert, indem die Trennlinie nach oben gezogen
wurde.)

- **Geräteverwaltungs-XML-Metadaten**   Dieser Typ Metadaten ähnelt vom Prinzip her einer einfachen
  Webseite. Sie werden von der Device Stage-Benutzeroberfläche benutzt. Solche Metadaten er-
  möglichen beispielsweise Branding, indem Hintergrund- und überlagerte Bilder angezeigt werden.
  Sie können ein großes, fotorealistisches Bild des Geräts anzeigen, Echtzeitinformationen zum
  Gerätestatus liefern, ein Herstellerlogo und Marketinginformationen anzeigen und beschreiben,
  was der Benutzer mit dem Gerät tun kann. Abbildung 17.3 weiter oben in diesem Kapitel zeigt ein
  Beispiel, wie diese Metadaten benutzt werden können, um ein Gerät anzuzeigen, das Device Stage
  unterstützt.

Das Gerätemetadatensystem in Windows 7 liefert Gerätemetadaten in Form eines Pakets aus. Dieses
Paket besteht aus XML-Dateien, Grafikdateien und Symboldateien. Normalerweise enthält es folgende Dateien:

- *PackageInfo.xml*   Enthält die Hardware-IDs, Modell-ID, Zeitstempel, Schemas, Index und Ge-
  bietsschemainformationen für das Gerät.

- *DeviceInfo.xml*   Enthält zusätzliche Geräteinformationen mit einer Symboldatei für das Gerät.

- *WindowsInfo.xml*   Enthält zusätzliche Informationen, die von Windows benötigt werden.

Falls das Gerät Device Stage unterstützt, sind folgende zusätzliche Metadatendateien im Gerätemeta-
datenpaket enthalten:

- *Behavior.xml*   Definiert das Layout der Device Stage-Benutzeroberfläche durch Branding-Grafi-
  ken, die vom Hersteller mitgeliefert werden.

- *Task.xml*   Definiert, welche Aufgaben der Benutzer mit dem Gerät in der Device Stage-Benutzeroberfläche ausführen kann. Enthält außerdem die zugehörigen Symbole und Befehle für diese
  Aufgaben.

- *Resource.xml*   Enthält alle lokalisierten Ressourcen, die für die Device Stage-Benutzeroberfläche
  gebraucht werden.

HINWEIS   XML-Metadaten können entweder über die Hardware-ID oder die Modell-ID mit einem Gerät verknüpft
werden. Die Modell-ID ist die bevorzugte Methode.

Hersteller, die Metadatenpakete für ihre Geräte erstellen, müssen diese Metadaten bei den Windows
Quality Online Services (Winqual) vorlegen. Das dient dazu, die Qualität der Metadaten zu überprüfen
und das Paket digital zu signieren, um es vor Manipulation zu schützen. Sobald das Paket von Winqual signiert wurde, kann es über folgende Wege an die Benutzer verteilt werden:

- Einbetten der Metadaten in die Hardware des Geräts

- Einbinden der Metadaten in die Herstellersoftware, die mit dem Gerät geliefert wird

- Installieren der Metadaten auf den Computern der Benutzer als OEM-Add-On (Original Equipment Manufacturer)

- Metadaten als Download in WMIS (Windows Metadata and Internet Services) zur Verfügung
  stellen

Wird ein Gerät zum ersten Mal an einen Windows 7-Computer angeschlossen, besorgt sich Windows die Metadaten für das Gerät mit dem folgenden Prozess:

1. Der DMRC sucht im lokalen Metadatencache des Computers und im Metadatenspeicher nach Metadaten, die zu dem Gerät passen.

2. Findet der DMRC keine Metadaten für das Gerät, ruft er die WMIS-Website auf, um festzustellen, ob dort irgendwelche Metadaten für das Gerät verfügbar sind.

3. Falls keine Metadaten für das Gerät in WMIS zur Verfügung stehen, wird ein Standardsymbol für das Gerät angezeigt, außerdem werden aussagekräftige Informationen aus dem Treiber des Geräts ausgegeben. Das Gerät wird dann im Abschnitt für unbekannte Geräte unten im Ordner *Geräte und Drucker* aufgelistet.

4. Wenn Metadaten für das Gerät in WMIS gefunden und heruntergeladen werden, wertet das Device-Display-Objekt die Metadaten aus und verwendet die Daten, um das Gerät im Ordner *Geräte und Drucker* anzuzeigen (und in der Device Stage-Benutzeroberfläche, sofern das Gerät Device Stage unterstützt).

Benutzer können verhindern, dass Metadaten aus WMIS heruntergeladen werden, indem sie die Geräteinstallationseinstellungen auf ihren Computern konfigurieren. Weitere Informationen finden Sie im Abschnitt »Konfigurieren von Geräteinstallationseinstellungen« weiter oben in diesem Kapitel. Administratoren können mithilfe von Gruppenrichtlinien verhindern, dass Metadaten aus WMIS heruntergeladen werden. Der folgende Abschnitt »Verwalten der Geräteinstallation mit Gruppenrichtlinien« geht genauer darauf ein.

> **HINWEIS**   Einige ältere Systeme zeigen unter Umständen einige interne Geräte, etwa CD-/DVD-Laufwerke, USB-Root-Hubs und andere Geräte, als separate Geräte im Ordner *Geräte und Drucker* an, weil das System diese Geräte als Wechselmediengeräte meldet, obwohl es eigentlich keine sind. Manchmal lässt sich das Problem auf solchen älteren Systemen durch ein Update des BIOS (Basic Input/Output System) beseitigen.

Verwalten der Geräteinstallation mit Gruppenrichtlinien

In einem Unternehmen, das mit AD DS (Active Directory Domain Services) arbeitet, wird die Einstellung des Systemverhaltens bei der Geräteinstallation mit Gruppenrichtlinien empfohlen. Die folgenden Abschnitte fassen die verschiedenen Richtlinieneinstellungen zusammen, die für die Verwaltung der Geräteinstallation in Windows 7 zur Verfügung stehen.

Einstellen des Systemverhaltens bei der Geräteinstallation

Die Richtlinieneinstellungen für die Geräte- und Treiberinstallation in Windows 7 sind im Gruppenrichtlinienobjekt-Editor unter folgendem Knoten zu finden:

Computerkonfiguration\Richtlinien\Administrative Vorlagen\System\Geräteinstallation

Bei den Richtlinien für die Geräteinstallation, die in Tabelle 17.1 beschrieben werden, handelt es sich nur um computerspezifische Richtlinien. Sie gelten entweder nur für Windows Vista und Windows Server 2008, nur für Windows 7 und Windows Server 2008 R2 oder für alle diese Plattformen; die erste Spalte der Tabelle enthält Informationen darüber, auf welchen Plattformen jede Richtlinie gilt. Richtlinieneinstellungen, die in Windows 7 neu eingeführt wurden, sind mit einem vorangestellten Sternchen (*) markiert. Und Richtlinieneinstellungen, die in Windows Vista eingeführt, aber in Windows 7 verworfen wurden, sind mit zwei Sternchen (**) gekennzeichnet.

Konfigurierte Richtlinieneinstellungen stehen zwar auf dem Computer zur Verfügung, auch wenn er nicht neu gestartet wurde, sie werden aber erst für Geräteinstallationen wirksam, die nach dem Anwenden der Richtlinieneinstellungen durchgeführt werden. Anders ausgedrückt: Die Richtlinieneinstellungen gelten nicht rückwirkend; sie haben keine Auswirkung auf den Status von Geräten, die bereits vorher installiert wurden.

Tabelle 17.1   Richtlinien für die Einstellung des Systemverhaltens bei der Geräteinstallation

Richtlinienname	Beschreibung
Remotezugriff auf die Plug & Play-Schnittstelle zulassen (Gilt für Windows Vista und neuere Versionen)	Gibt an, ob der Remotezugriff auf die Plug & Play-Schnittstelle zulässig ist. Wenn Sie diese Einstellung aktivieren, sind Remoteverbindungen zur Plug & Play-Schnittstelle erlaubt. Wenn Sie diese Einstellung deaktivieren oder nicht konfigurieren, ist die Plug & Play-Schnittstelle für Remoteverbindungen nicht verfügbar. Beachten Sie, dass diese Richtlinie nur aktiviert sein sollte, wenn der Administrator des Systems die Möglichkeit braucht, Informationen über Geräte auf diesem System von einem Remotecomputer aus abzurufen, weil er etwa mit dem Windows Geräte-Manager von einem Remotecomputer aus eine Verbindung zu diesem System herstellt.
Zeitlimit für Geräteinstallation festlegen (Gilt für Windows Vista und neuere Versionen)	Gibt an, wie viele Sekunden das System auf den Abschluss einer Geräteinstallation wartet. Wenn die Installation nicht innerhalb der angegebenen Anzahl von Sekunden abgeschlossen wird, bricht das System die Installation ab. Wenn Sie diese Einstellung aktivieren, wartet das System die angegebene Anzahl von Sekunden, bevor es die Installation abbricht. Wenn Sie diese Einstellung deaktivieren oder nicht konfigurieren, wartet das System 300 Sekunden (5 Minuten) lang auf den Abschluss einer Geräteinstallation, bevor es die Installation abbricht.
** Bei der Installation eines neuen Gerätetreibers keinen Systemwiederherstellungspunkt erstellen (Gilt nur für Windows Vista und Windows Server 2008)	Wenn Sie diese Einstellung aktivieren, werden bei der Installation oder Aktualisierung eines neuen Gerätetreibers keine Systemwiederherstellungspunkte erstellt. Wenn Sie diese Einstellung deaktivieren oder nicht konfigurieren, wird bei jeder Installation eines neuen Treibers und jeder Aktualisierung eines vorhandenen Gerätetreibers ein Systemwiederherstellungspunkt erstellt.
Keinen Windows-Fehlerbericht senden, wenn ein Standardtreiber für ein Gerät installiert ist (Gilt für Windows Vista und neuere Versionen)	Wenn Sie diese Einstellung aktivieren, wird kein Windows-Fehlerbericht gesendet, wenn ein Standardtreiber installiert ist. Wenn Sie diese Einstellung deaktivieren oder nicht konfigurieren, wird ein Windows-Fehlerbericht gesendet, wenn ein Standardtreiber installiert ist.
* Bei der Installation eines neuen Gerätetreibers keinen Systemwiederherstellungspunkt erstellen (Gilt für Windows Vista und neuere Versionen)	Mit dieser Richtlinie können Sie verhindern, dass Windows einen Systemwiederherstellungspunkt erstellt, wenn Geräteaktivitäten ausgeführt werden, die normalerweise veranlassen, dass Windows einen Systemwiederherstellungspunkt erstellt. Windows erstellt üblicherweise Wiederherstellungspunkte für bestimmte Treiberaktivitäten, zum Beispiel die Installation eines unsignierten Treibers. Mit einem Systemwiederherstellungspunkt können Sie Ihr System einfacher in dem Zustand wiederherstellen, den es hatte, bevor die Operation ausgeführt wurde. Wenn Sie diese Richtlinieneinstellung deaktivieren oder nicht konfigurieren, erstellt Windows in der gewohnten Weise einen Systemwiederherstellungspunkt. Hinweis: Diese Richtlinieneinstellung ersetzt *Bei der Installation eines neuen Gerätetreibers keinen Systemwiederherstellungspunkt erstellen*, die in Windows Vista benutzt wurde. ▶

Richtlinienname	Beschreibung
* Abrufen von Gerätemetadaten aus dem Internet verhindern (Gilt nur für Windows 7 und Windows Server 2008 R2)	Wenn Sie diese Richtlinieneinstellung aktivieren, ruft Windows keine Gerätemetadaten für installierte Geräte aus dem Internet ab. Diese Richtlinieneinstellung überschreibt die Einstellung im Dialogfeld *Geräteinstallationseinstellungen* auf dem Computer des Benutzers. Wenn Sie diese Richtlinieneinstellung deaktivieren oder nicht konfigurieren, wird durch die Einstellung im Dialogfeld *Geräteinstallationseinstellungen* gesteuert, ob Windows Gerätemetadaten aus dem Internet abruft.
* *Verhindern, dass ein Fehlerbericht gesendet wird, wenn ein Gerätetreiber während der Installation zusätzliche Software anfordert* (Gilt nur für Windows 7 und Windows Server 2008 R2)	Wenn Sie diese Richtlinieneinstellung aktivieren, sendet Windows keinen Fehlerbericht, wenn ein Gerätetreiber installiert wird, der zusätzliche Software anfordert. Wenn Sie diese Richtlinieneinstellung deaktivieren oder nicht konfigurieren, sendet Windows einen Fehlerbericht, wenn ein Gerätetreiber installiert wird, der zusätzliche Software anfordert.
Alle digital signierten Treiber bei Treiberbewertung und Auswahl gleich behandeln (Gilt für Windows Vista und neuere Versionen)	Bei der Auswahl des zu installierenden Treibers wird nicht zwischen Treibern, die mit einem Windows Publisher-Zertifikat signiert wurden, und Treibern unterschieden, die von Dritten signiert wurden. Wenn Sie diese Einstellung aktivieren, werden alle gültigen Authenticode-Signaturen bei der Auswahl eines zu installierenden Gerätetreibers gleich behandelt. Die Auswahl erfolgt auf Grundlage anderer Kriterien (z. B. anhand der Versionsnummer oder des Erstellungsdatums des Treibers) und nicht aufgrund der Frage, ob der Treiber durch ein Windows Publisher-Zertifikat oder ein anderes Authenticode-Zertifikat signiert wurde. Ein signierter Treiber wird einem nichtsignierten vorgezogen. Treiber, die durch ein Windows Publisher-Zertifikat signiert wurden, werden jedoch keinen Treibern vorgezogen, die durch andere Authenticode-Zertifikate signiert wurden. Wenn Sie diese Einstellung deaktivieren oder nicht konfigurieren, werden bei der Auswahl für die Installation Treiber, die durch ein Microsoft Windows Publisher-Zertifikat signiert wurden, Treibern vorgezogen, die durch andere Authenticode-Zertifikate signiert wurden.
* *Suchreihenfolge für Quellspeicherorte für Gerätetreiber festlegen* (Gilt nur für Windows 7 und Windows Server 2008 R2)	Wenn Sie diese Richtlinieneinstellung aktivieren, können Sie festlegen, ob Windows Update zuerst, zuletzt oder gar nicht durchsucht wird. Wenn Sie diese Richtlinieneinstellung deaktivieren oder nicht konfigurieren, können Mitglieder der Administratorengruppe festlegen, in welcher Reihenfolge Windows Quellspeicherorte für Gerätetreiber durchsucht.
Sprechblasen mit der Meldung "Neue Hardware gefunden" während der Geräteinstallation deaktivieren (Gilt für Windows Vista und neuere Versionen)	Wenn Sie diese Einstellung aktivieren, werden während der Geräteinstallation keine Sprechblasen mit der Meldung »Neue Hardware gefunden« angezeigt. Wenn Sie diese Einstellung deaktivieren oder nicht konfigurieren, erscheinen bei der Geräteinstallation Sprechblasen mit der Meldung »Neue Hardware gefunden«, sofern sie nicht vom Treiber für das Gerät unterdrückt werden.

Beachten Sie beim Konfigurieren dieser Richtlinieneinstellungen folgende Empfehlungen:

- Um sicherzustellen, dass Benutzer von Windows 7-Computern eine optimale Geräteverwaltung erhalten, sollten Sie die Richtlinie *Suchreihenfolge für Quellspeicherorte für Gerätetreiber festlegen* aktivieren und den Wert *Windows Update zuerst durchsuchen* einstellen. So wird verhindert, dass Benutzer ihre Geräteinstallationseinstellungen verändern, wie im Abschnitt »Konfigurieren von Geräteinstallationseinstellungen« weiter oben in diesem Kapitel beschrieben.

- Wenn Sie die Richtlinieneinstellung *Zeitlimit für Geräteinstallation festlegen* aktivieren, können Sie keine kürzere Frist einstellen als 300 Sekunden. Manche Geräte brauchen für ihre Initialisierung sehr lange, beispielsweise manche RAID-Controller (Redundant Array of Independent Disks) oder andere Geräte, die für den Systemstart wichtig sind. Der Standardwert für diese Einstellung wurde so gewählt, dass sich solche Geräte zuverlässig installieren lassen, ohne den Systemstart zu gefährden. Ein Zeitlimit wurde deswegen eingeführt, weil schlecht geschriebene oder fehlerhafte Installationspakete dazu führen können, dass das System festhängt. Auf älteren Windows-Versionen war das ein Problem, weil manche schlecht durchdachten Treiber mit einem Dialogfeld im Hintergrund auf eine Eingabe warteten, die der Benutzer nicht durchführen konnte, weil er das Dialogfeld nicht erreichen konnte. In Windows Vista wurde die Geräteinstallation aus der *Newdev.dll* herausgenommen und in den *Plug & Play*-Dienst (*Drvinst.exe*) verlegt. Der *Plug & Play*-Dienst startet für jede Geräteinstallation einen neuen separaten Prozess. Diese Änderungen in der Geräteinstallation erschweren es schlecht konzipierten Treibern, den *Plug & Play*-Dienst von Windows Vista in Schwierigkeiten zu bringen. Wenn eine Prozessinstanz festhängt, wird der Prozess nach der vorgesehenen Frist beendet und der Assistent zum Hinzufügen neuer Hardware geöffnet, damit der Benutzer einen anderen Treiber auswählen kann. Administratoren haben aber die Möglichkeit erhalten, das Zeitlimit mit einer Richtlinieneinstellung zu ändern, damit sie auch Treiber installieren können, deren Installation eine längere Zeit in Anspruch nimmt. Das System wartet entsprechend länger, bevor es den Vorgang als misslungen einstuft und die Installation abbricht.

Einstellen des Systemverhaltens bei der Treiberinstallation

Gruppenrichtlinien zur Einstellung des Systemverhaltens bei der Treiberinstallation betreffen die Signatur und Suche von Treibern und sind unter *Computerkonfiguration\Richtlinien\Administrative Vorlagen\System\Treiberinstallation*, unter *Benutzerkonfiguration\Richtlinien\Administrative Vorlagen\System\Treiberinstallation* oder in beiden Zweigen zu finden. Die einzige Richtlinieneinstellung für Treiberinstallation, die in Windows 7 weiterhin gilt, ist allerdings die Richtlinie, mit der Sie das Treiberinstallationsverhalten für Standardbenutzer verwalten. Dies ist folgende Richtlinieneinstellung:

Computerkonfiguration\Richtlinien\Administrative Vorlagen\System\Treiberinstallation\Installation von Treibern für diese Gerätesetupklassen ohne Administratorrechte zulassen

Diese Richtlinie gilt nur unter Windows Vista oder höher und kann verwendet werden, um eine Liste mit GUIDs der Gerätesetupklassen festzulegen, mit denen die Gerätetreiber beschrieben werden, die Standardbenutzer auf dem System installieren dürfen. Die Aktivierung dieser Einstellung ermöglicht Standardbenutzern die Installation neuer Treiber für die angegebenen Gerätesetupklassen. (Die Treiber müssen entsprechend der Treibersignaturrichtlinie oder durch Herausgeber signiert sein, die bereits im Speicher der vertrauenswürdigen Herausgeber vermerkt sind.) Wenn Sie diese Richtlinie deaktivieren oder nicht konfigurieren, können nur Mitglieder der vordefinierten Gruppe der Administratoren neue Gerätetreiber auf dem Computer installieren.

Zur Einstellung dieser Richtlinie gehen Sie folgendermaßen vor:

1. Öffnen Sie auf einem Windows Vista-Computer im Gruppenrichtlinienobjekt-Editor das Gruppenrichtlinienobjekt, das mit der Organisationseinheit verknüpft ist, in der die Computerkonten Ihrer Zielbenutzer liegen.

2. Suchen Sie die Richtlinieneinstellung heraus und klicken Sie sie mit einem Doppelklick an.

3. Aktivieren Sie die Richtlinie. Klicken Sie auf die Schaltfläche *Anzeigen* und dann auf *Hinzufügen*.

4. Geben Sie die GUID der Gerätesetupklasse für den Gerätetyp an, den Standardbenutzer auf den Computern installieren dürfen, die zum Wirkungsbereich des Gruppenrichtlinienobjekts gehören. Damit Benutzer beispielsweise Bildgeräte wie digitale Fotoapparate und Scanner installieren dürfen, geben Sie im Textfeld *Hinzuzufügendes Object* **{6bdd1fc6-810f-11d0-bec7-08002be2092f}** ein. Geben Sie nach Bedarf alle weiteren erforderlichen GUIDs ein.

WEITERE INFORMATIONEN Eine Liste der Gerätesetupklassen und ihrer GUIDs finden Sie unter *http://msdn2.microsoft.com/en-US/library/ms791134.aspx*.

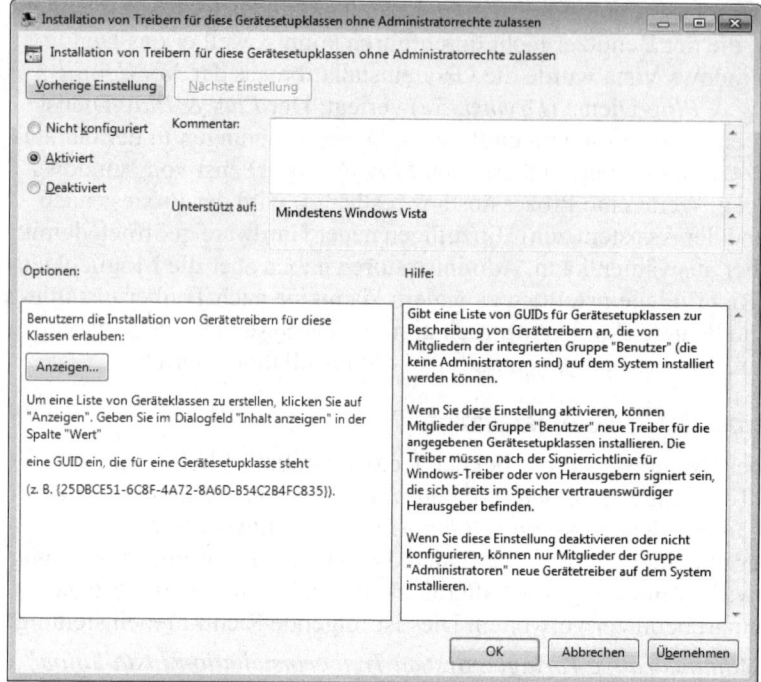

Sperren der Installation von Wechselspeichergeräten

Richtlinieneinstellungen zur Sperrung der Geräteinstallation finden Sie im Gruppenrichtlinienobjekt-Editor unter folgendem Knoten:

Computerkonfiguration\Richtlinien\Administrative Vorlagen\System\Geräteinstallation\Einschränkungen bei der Geräteinstallation

Richtlinien zur Sperrung der Geräteinstallation, wie sie in Tabelle 17.2 beschrieben werden, gibt es nur für Computer, nicht für Benutzer. Bis auf eine Ausnahme gelten alle diese Richtlinien nur für Windows Vista und neuere Versionen (die mit einem Sternchen markierte Richtlinieneinstellung gilt nur für Windows 7 und Windows Server 2008 R2). Außerdem wurden zwei der Richtlinieneinstellungen (markiert mit zwei Sternchen) in Windows 7 durch neue Funktionen erweitert.

Die Richtlinieneinstellungen werden bei der nächsten Hintergrundaktualisierung der Gruppenrichtlinien angewendet. Anders gesagt, Sie brauchen sich nach der Einstellung der Gruppenrichtlinien nicht ab- und wieder anzumelden und den Computer auch nicht neu zu starten, damit die Richtlinien wirksam werden.

Tabelle 17.2 Computerrichtlinien zur Sperrung der Geräteinstallation

Richtlinienname	Beschreibung
Administratoren das Außerkraftsetzen der Richtlinien unter "Einschränkungen bei der Geräteinstallation" erlauben (Gilt für Windows Vista und neuere Versionen)	Ermöglicht den Mitgliedern der Gruppe *Administratoren*, die Treiber für alle Geräte unabhängig von anderen Richtlinieneinstellungen zu installieren und zu aktualisieren. Wenn Sie diese Einstellung aktivieren, können Administratoren den Hardware-Assistenten oder den Treibersoftwareupdate-Assistenten verwenden, um Treiber für beliebige Geräte zu installieren und zu aktualisieren. Wenn Sie diese Einstellung deaktivieren oder nicht konfigurieren, wirken sich alle Richtlinien, die die Geräteinstallation einschränken, auch auf Administratoren aus. Wenn es sich bei dem Computer um einen Terminalserver handelt, wirkt sich die Aktivierung dieser Richtlinie auch auf die Umleitung der angegebenen Geräte von einem Remotedesktopclient an diesen Computer aus.
Installation von Geräten mit diesen Geräte-IDs zulassen (Gilt für Windows Vista und neuere Versionen)	Gibt eine Liste von Plug & Play-Hardwarekennungen und kompatiblen Kennungen an, die installierbare Geräte beschreiben. Diese Einstellung sollte nur verwendet werden, wenn die Einstellung *Installation von Geräten verhindern, die nicht in anderen Richtlinien beschrieben sind* aktiviert ist. Sie hat keinen Vorrang vor irgendeiner anderen Einstellung, mit der die Installation eines Geräts verhindert wird. Wenn Sie diese Einstellung aktivieren, kann jedes Gerät installiert und aktualisiert werden, dessen Hardwarekennung oder kompatible Kennung mit einer der Kennungen in der Liste übereinstimmt, sofern diese Installation nicht ausdrücklich durch die Richtlinieneinstellungen *Installation von Geräten mit diesen Geräte-IDs verhindern, Installation von Geräten mit Treibern verhindern, die diesen Gerätesetupklassen entsprechen* oder *Installation von Wechselgeräten verhindern* verhindert wird. Wenn eine andere Richtlinieneinstellung die Installation eines Geräts verhindert, kann das Gerät auch dann nicht installiert werden, wenn seine Installation durch diese Richtlinieneinstellung erlaubt ist. Wenn Sie diese Einstellung deaktivieren oder nicht konfigurieren und das Gerät nicht von einer anderen Richtlinie beschrieben wird, bestimmt die Einstellung *Installation von Geräten verhindern, die nicht in anderen Richtlinien beschrieben sind*, ob das Gerät installiert werden kann. Wenn es sich bei dem Computer um einen Remotedesktopserver handelt, wirkt sich die Aktivierung dieser Richtlinie auch auf die Umleitung der angegebenen Geräte von einem Remotedesktopclient an diesen Computer aus.
Installation von Geräten mit Treibern zulassen, die diesen Gerätesetupklassen entsprechen (Gilt für Windows Vista und neuere Versionen)	Gibt eine Liste von GUIDs für Gerätesetupklassen an, die installierbare Geräte beschreiben. Diese Einstellung sollte nur verwendet werden, wenn die Einstellung *Installation von Geräten verhindern, die nicht in anderen Richtlinien beschrieben sind* aktiviert ist. Sie hat keinen Vorrang vor irgendeiner anderen Einstellung, mit der die Installation eines Geräts verhindert wird. Wenn Sie diese Einstellung aktivieren, kann jedes Gerät installiert und aktualisiert werden, dessen Hardwarekennung oder kompatible Kennung mit einer der Kennungen in der Liste übereinstimmt, sofern diese Installation nicht ausdrücklich durch die Richtlinieneinstellungen *Installation von Geräten mit diesen Geräte-IDs verhindern, Installation von Geräten mit Treibern verhindern, die diesen Gerätesetupklassen entsprechen* oder *Installation von Wechselgeräten verhindern* verhindert wird. Wenn eine andere Richtlinieneinstellung die Installation eines Geräts verhindert, kann das Gerät auch dann nicht installiert werden, wenn diese Einstellung die Installation des Geräts erlaubt. Wenn Sie diese Einstellung deaktivieren oder nicht konfigurieren und das Gerät nicht von einer anderen Richtlinie beschrieben wird, bestimmt die Einstellung *Installation von Geräten verhindern, die nicht in anderen Richtlinien beschrieben sind*, ob das Gerät installiert werden kann. ▶

Richtlinienname	Beschreibung
	Wenn es sich bei dem Computer um einen Remotedesktopserver handelt, wirkt sich die Aktivierung dieser Richtlinie auch auf die Umleitung der angegebenen Geräte von einem Remotedesktopclient an diesen Computer aus.
Benutzerdefinierte Meldung anzeigen, wenn Installation durch eine Richtlinie verhindert wird (Hinweistitel) (Gilt für Windows Vista und neuere Versionen)	Gibt eine benutzerdefinierte Meldung an, die dem Benutzer im Titel des Hinweissymbols angezeigt wird, wenn die Installation eines Geräts durch eine Richtlinie verhindert wird. Wenn Sie diese Einstellung aktivieren, wird dieser Text als Hauptteil der Meldung angezeigt, der von Windows angezeigt wird, wenn eine Geräteinstallation durch eine Richtlinie verhindert wird. Wenn Sie diese Einstellung deaktivieren oder nicht konfigurieren, zeigt Windows eine Standardmeldung an, wenn eine Geräteinstallation durch eine Richtlinie verhindert wird.
Benutzerdefinierte Meldung anzeigen, wenn Installation durch eine Richtlinie verhindert wird (Hinweistext) (Gilt für Windows Vista und neuere Versionen)	Gibt eine benutzerdefinierte Meldung an, die dem Benutzer im Text des Hinweissymbols angezeigt wird, wenn die Installation eines Geräts durch eine Richtlinie verhindert wird. Wenn Sie diese Einstellung aktivieren, wird dieser Text als Hauptteil der Meldung angezeigt, der von Windows angezeigt wird, wenn eine Geräteinstallation durch eine Richtlinie verhindert wird. Wenn Sie diese Einstellung deaktivieren oder nicht konfigurieren, zeigt Windows eine Standardmeldung an, wenn eine Geräteinstallation durch eine Richtlinie verhindert wird.
Installation von Geräten verhindern, die nicht in anderen Richtlinien beschrieben sind (Gilt für Windows Vista und neuere Versionen)	Diese Einstellung steuert die Installationsrichtlinie für Geräte, die in anderen Richtlinien nicht ausdrücklich beschrieben sind. Wenn Sie diese Einstellung aktivieren, kann ein Gerät, das nicht in *Installation von Geräten mit diesen Geräte-IDs zulassen* oder *Installation von Geräten mit Treibern zulassen, die diesen Gerätesetupklassen entsprechen* beschrieben ist, nicht installiert werden, noch kann sein Treiber aktualisiert werden. Wenn Sie diese Richtlinie deaktivieren oder nicht konfigurieren, kann ein Gerät, das nicht in den Richtlinien *Installation von Geräten mit diesen Geräte-IDs verhindern*, *Installation von Geräten mit Treibern verhindern, die diesen Gerätesetupklassen entsprechen* oder *Installation von Wechselgeräten verhindern* beschrieben ist, installiert werden. In diesem Fall kann auch der Treiber aktualisiert werden. Wenn es sich bei dem Computer um einen Remotedesktopserver handelt, wirkt sich die Aktivierung dieser Richtlinie auch auf die Umleitung der angegebenen Geräte von einem Remotedesktopclient an diesen Computer aus.
** *Installation von Geräten mit diesen Geräte-IDs verhindern* (Gilt für Windows Vista und neuere Versionen, wurde in Windows 7 aktualisiert)	Gibt eine Liste von Plug & Play-Hardwarekennungen und kompatiblen Kennungen an, die nicht installierbare Geräte beschreiben. Diese Richtlinieneinstellung hat Vorrang gegenüber anderen Richtlinieneinstellungen, die Windows erlauben, ein Gerät zu installieren. Wenn Sie diese Einstellung aktivieren, kann ein Gerät nicht installiert oder aktualisiert werden, wenn seine Hardwarekennung oder kompatible Kennung mit einer der Kennungen in der Liste übereinstimmt. Wenn Sie diese Richtlinieneinstellung auf einem Remotedesktopserver aktivieren, wirkt sich die Aktivierung dieser Richtlinie auch auf die Umleitung der angegebenen Geräte von einem Remotedesktopclient an diesen Computer aus. Wenn Sie diese Einstellung deaktivieren oder nicht konfigurieren, können neue Geräte installiert und vorhandene Geräte aktualisiert werden, sofern die anderen Richtlinieneinstellungen für die Geräteinstallation dies zulassen. ▶

Richtlinienname	Beschreibung
	Hinweis: Diese Richtlinie wurde in Windows 7 aktualisiert, sodass sie eine rückwirkende Deinstallation auslöst. Das heißt, dass Geräte entfernt werden können, die installiert wurden, bevor diese Richtlinie angewendet wurde (zum Beispiel wenn ein OEM Windows auf einem System vorinstalliert hat). Sie aktivieren die rückwirkende Deinstallation, indem Sie diese Richtlinieneinstellung aktivieren und das Kontrollkästchen *Auch für übereinstimmende anwenden, die bereits installiert sind* aktivieren. Dann müssen Sie die Richtlinie *Zeit (in Sekunden) bis zum Erzwingen eines Neustarts, wenn dieser für das Inkrafttreten von Richtlinienänderungen erforderlich ist* aktivieren und konfigurieren, weil die Deinstallation vorher installierter Geräte einen Neustart auslöst.
** *Installation von Geräten mit Treibern verhindern, die diesen Gerätesetupklassen entsprechen* (Gilt für Windows Vista und neuere Versionen, wurde in Windows 7 aktualisiert)	Gibt eine Liste von Gerätesetupklassen-GUIDs für Gerätetreiber an, die nicht installierbare Geräte beschreiben. Diese Richtlinieneinstellung hat Vorrang gegenüber anderen Richtlinieneinstellungen, die Windows erlauben, ein Gerät zu installieren. Wenn Sie diese Einstellung aktivieren, können Gerätetreiber nicht installiert oder aktualisiert werden, wenn ihre Gerätesetupklassen-GUIDs mit einer der Kennungen in der Liste übereinstimmen. Wenn Sie diese Richtlinieneinstellung auf einem Remotedesktopserver aktivieren, wirkt sich die Aktivierung dieser Richtlinie auch auf die Umleitung der angegebenen Geräte von einem Remotedesktopclient an diesen Computer aus. Wenn Sie diese Einstellung deaktivieren oder nicht konfigurieren, können neue Geräte installiert und vorhandene Geräte aktualisiert werden, sofern die anderen Richtlinieneinstellungen für die Geräteinstallation dies zulassen. Hinweis: Diese Richtlinie wurde in Windows 7 aktualisiert, sodass sie eine rückwirkende Deinstallation auslöst. Das heißt, dass Geräte entfernt werden können, die installiert wurden, bevor diese Richtlinie angewendet wurde (zum Beispiel wenn ein OEM Windows auf einem System vorinstalliert hat). Sie aktivieren die rückwirkende Deinstallation, indem Sie diese Richtlinieneinstellung aktivieren und das Kontrollkästchen *Auch für übereinstimmende anwenden, die bereits installiert sind* aktivieren. Dann müssen Sie die Richtlinie *Zeit (in Sekunden) bis zum Erzwingen eines Neustarts, wenn dieser für das Inkrafttreten von Richtlinienänderungen erforderlich ist* aktivieren und konfigurieren, weil die Deinstallation vorher installierter Geräte einen Neustart auslöst.
Installation von Wechselgeräten verhindern (Gilt für Windows Vista und neuere Versionen)	Verhindert, dass Wechselgeräte installiert werden können. Wenn Sie diese Einstellung aktivieren, können Wechselgeräte nicht installiert werden und die Treiber vorhandener Wechselgeräte können nicht aktualisiert werden. Wenn Sie diese Einstellung deaktivieren oder nicht konfigurieren, können Wechselgeräte installiert und vorhandene Wechselgeräte aktualisiert werden, sofern die anderen Richtlinieneinstellungen für die Geräteinstallation dies zulassen. Hinweis: Diese Richtlinieneinstellung hat Vorrang vor jeder anderen Richtlinieneinstellung, die die Installation eines Geräts ermöglicht. Wenn diese Richtlinieneinstellung die Installation eines Geräts verhindert, kann das Gerät auch dann nicht installiert oder aktualisiert werden, wenn eine andere Richtlinieneinstellung die Installation dieses Geräts zulässt. Im Rahmen dieser Richtlinie wird ein Gerät als Wechselgerät betrachtet, wenn die Treiber für das Gerät, mit dem es verbunden ist, anzeigen, dass das Gerät ausgetauscht werden kann. Ein USB-Gerät wird zum Beispiel von den Treibern für den USB-Hub, an dem es angeschlossen ist, als Wechselgerät gemeldet. Wenn es sich bei dem Computer um einen Remotedesktopserver handelt, wirkt sich die Aktivierung dieser Richtlinie auch auf die Umleitung der angegebenen Geräte von einem Remotedesktopclient an diesen Computer aus. ▶

Richtlinienname	Beschreibung
Zeit (in Sekunden) bis zum Erzwingen eines Neustarts, wenn dieser für das Inkrafttreten von Richtlinienänderungen erforderlich ist (Gilt nur für Windows 7 und Windows Server 2008 R2)	Wenn Sie diese Einstellung aktivieren, legen Sie fest, wie viele Sekunden das System wartet, bis es einen Neustart durchführt, um eine Änderung an den Richtlinien zur Geräteinstallationseinschränkung zu erzwingen. (Standardwert ist 120 Sekunden.) Wenn Sie diese Einstellung deaktivieren oder nicht konfigurieren, erzwingt das System keinen Neustart. Hinweis: Falls kein Neustart erzwungen wird, tritt das Recht einer Geräteinstallationseinschränkung erst nach einem Neustart des Systems in Kraft.

WEITERE INFORMATIONEN   Wie Sie die Gerät-IDs für PnP-Geräte ermitteln, ist in *http://msdn2.microsoft.com/ en-us/library/ms791083.aspx* beschrieben.

Verwalten des Geräteumleitungsverhaltens

In Windows 7 wurden einige neue Richtlinieneinstellungen hinzugefügt, mit denen Sie die Umleitung von USB-Geräten auf Ihrem System steuern können. Diese Richtlinieneinstellungen werden nur in Windows 7 und Windows Server 2008 R2 unterstützt. Es sind Computerrichtlinien, die sich im folgenden Zweig befinden:

Computerkonfiguration\Richtlinien\Administrative Vorlagen\System\Geräteumleitung\Einschränkungen der Geräteumleitung

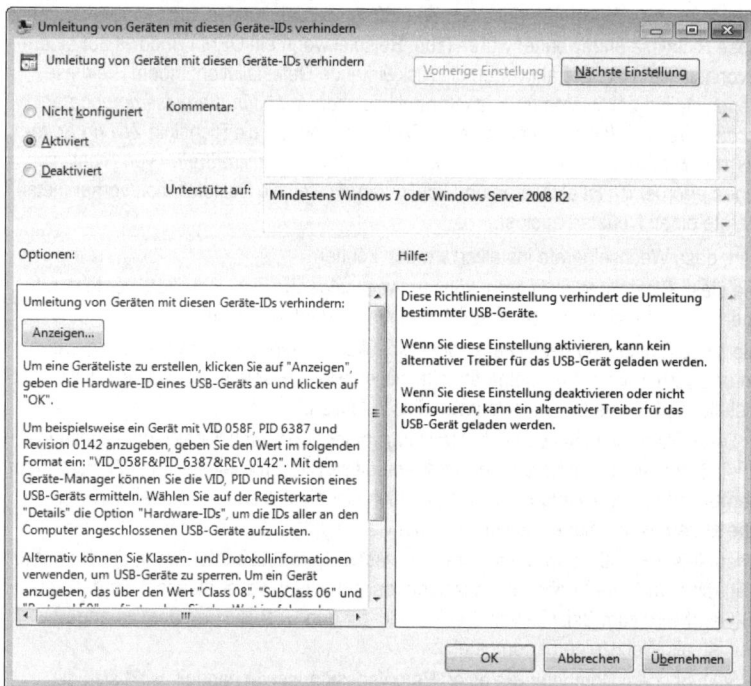

Abbildung 17.6   Details der neuen Richtlinieneinstellung *Umleitung von Geräten mit diesen Geräte-IDs verhindern*

Hier stehen zwei Richtlinien für die Konfiguration zur Verfügung:

- **Umleitung von USB-Geräten verhindern**   Verhindert die Umleitung von USB-Geräten.

  ☐ Wenn Sie diese Einstellung aktivieren, kann kein alternativer Treiber für USB-Geräte geladen werden.

  ☐ Wenn Sie diese Einstellung deaktivieren oder nicht konfigurieren, kann ein alternativer Treiber für USB-Geräte geladen werden.

- **Umleitung von Geräten mit diesen Geräte-IDs verhindern**   Verhindert die Umleitung bestimmter USB-Geräte (Abbildung 17.6).

  ☐ Wenn Sie diese Einstellung aktivieren, kann kein alternativer Treiber für das USB-Gerät geladen werden.

  ☐ Wenn Sie diese Einstellung deaktivieren oder nicht konfigurieren, kann ein alternativer Treiber für das USB-Gerät geladen werden.

Behandlung von Problemen bei der Geräteinstallation

Die folgenden Abschnitte beschreiben einige Vorgehensweisen zur Behandlung von Problemen, die sich bei der Geräteinstallation ergeben können. Allgemeine Hinweise auf die Behandlung von Hardwareproblemen unter Windows 7 finden Sie Kapitel 30, »Problembehandlung für Hardware, Treiber und Laufwerke«.

Ereignisprotokolle

Windows-Ereignisprotokolle können zur Behandlung von Problemen mit Geräten und Treibern sehr nützlich sein. Außer dem Systemereignisprotokoll sollten Sie auch das Betriebsprotokoll *Operational* unter *Anwendungs- und Dienstprotokolle\Microsoft\Windows\DriverFrameworks-UserMode* überprüfen, wenn sich bei der Installation von Geräten und Gerätetreibern Probleme ergaben. Informationen über die Verwendung der Ereignisanzeige finden Sie in Kapitel 21, »Pflegen der Desktopcomputer«.

WinSAT

Die Windows-Systembewertung (WinSAT) ist ein Tool von Windows 7, das folgende Komponenten bewertet und aus den Ergebnissen einen Leistungsindex berechnet:

- Prozessor
- Physischer Arbeitsspeicher (RAM)
- Festplattenlaufwerk (nur *%SystemDrive%*)
- Allgemeine Grafik und Spielegrafik

Die Ergebnisse von WinSAT werden in der Registrierung und in einer XML-Datei im Verzeichnis *%SystemRoot%\Performance\WinSAT\Datastore* gespeichert. Sie können WinSAT auch erneut starten, indem Sie in der Systemsteuerung das Modul *Leistungsinformationen und -tools* öffnen und dann auf *Neu bewerten* klicken. WinSAT speichert bis zu 100 Systembewertungen und verwirft die älteste Bewertung, wenn diese Grenze erreicht wird. Windows löscht aber nicht die erste Bewertung, die nach der Installation erstellt wird.

WinSAT kann sich auch bei der Suche nach Treibern als nützlich erweisen, die den Systemstart verzögern oder ein System davon abhalten, in den Energiesparmodus zu wechseln. Problematische Treiber werden unter *Leistungsprobleme* mit Beschreibungen wie »Diese Treiber verursachen einen langsamen Start von Windows« oder »Einige Treiber behindern den Wechsel von Windows in den

Energiesparmodus« angezeigt. Die Lösung solcher Probleme besteht gewöhnlich darin, die betreffenden Treiber zu aktualisieren. Allerdings können solche Meldungen auch das Ergebnis einer falschen Konfiguration von Geräten sein.

Windows-Fehlerberichterstattung

Wenn ein Gerät oder Gerätetreiber aus irgendeinem Grund versagt, wird der Benutzer aufgefordert, mit der Windows-Fehlerberichterstattung (WER) entsprechende Informationen zu übermitteln, damit Microsoft und die betreffenden Soft- und Hardwarehersteller die Informationen analysieren und bei Bedarf neue Treiber bereitstellen können. Wenn ein Benutzer einen Fehlerbericht einschickt, wird auf der WER-Website ein entsprechender Eintrag in der Datenbank erstellt und das Problem protokolliert. Was die Geräteinstallation betrifft, werden Daten für folgende Fehlertypen erfasst:

- **Gerätefehler**   Fehler mit expliziten Gerätemanagercodes
- **Importfehler**   Probleme bei der Übernahme eines Treibers in den Treiberspeicher
- **Installationsfehler**   Der Treiber wurde zwar in den Treiberspeicher übernommen, wird aber beim Anschluss des Geräts an das System nicht richtig installiert.
- **Treiber wurde nicht gefunden**   Es ist kein passendes Treiberpaket zu finden.
- **Treiberschutzfehler**   Fehler bei der Bearbeitung durch den Windows-Ressourcenschutz: Der Treiber ist zwar als geschützt ausgewiesen, erfüllt aber die Kriterien nicht.
- **Standardtreiber gefunden**   Windows hat keinen speziellen Treiber für ein Gerät gefunden und einen Standardtreiber installiert.
- **Windows Update-Fehler**   Wenn es ein Benutzer mit einem dieser Fehler zu tun hat und beschließt, den Fehlerbericht einzusenden, werden zusätzliche Daten erfasst. Um welche Daten es sich handelt, hängt vom Problem ab.

Die Windows-Fehlerberichterstattung sammelt auch folgende Daten:

- Die Zahl der Benutzer, die in den letzten 30 Tagen dasselbe Problem hatten
- Die Zahl der Fehler nach Gebietsschema (Englisch, Deutsch, Französisch und so weiter)
- Die Zahl der Fehler nach Betriebssystemversion
- Die Gesamtzahl der Fehler
- Die Fehlerberichte, die für das Problem erfasst wurden

Anhand der gesammelten Informationen lässt sich ermitteln, welche Treiber Probleme aufweisen. Die Hersteller können Fehlerkorrekturen vornehmen und die neuen Treiber über Windows Update oder die WER-Schnittstelle anbieten. Microsoft und die Hersteller haben Zugriff auf die WER-Daten und die WinQual-Website unter *https://winqual.microsoft.com*. Sobald ein Treiber verfügbar wird, kann er zum Antwortteil der WER-Schnittstelle hinzugefügt werden. Schickt ein Benutzer einen Fehlerbericht ein, wird er aufgefordert, einige zusätzliche Angaben zu machen. (Falls der Soft- oder Hardwarehersteller bereits eine Lösung für einen bestimmten Fehler anbietet, kann der Benutzer diese Lösung auch erhalten, ohne die zusätzlichen Angaben zu machen.) Der Antwortteil kann zum Beispiel einen Verweis auf die Website des Herstellers enthalten, auf der neue Treiber angeboten werden. Dadurch sollte die Zahl der Anrufe bei der Supportabteilung sinken, in denen es um neue Treiber geht.

HINWEIS   Standardmäßig sendet Windows 7 einen Windows-Fehlerbericht, wenn für ein Gerät nur ein Standardtreiber installiert werden kann. Dieses Verhalten können Sie mit Gruppenrichtlinien ändern. Weitere Informationen finden Sie im Abschnitt »Einstellen des Systemverhaltens bei der Geräteinstallation« dieses Kapitels.

Die SetupAPI-Protokolldatei

Unter Windows XP gibt es mit der Datei *SetupAPI.log* eine Protokolldatei mit einem einfachen Textformat, die im Verzeichnis *%WinDir%* zu finden ist und zur Behandlung von Problemen herangezogen werden kann, die bei der Geräteinstallation auftreten. Ab Windows Vista wurde diese Datei nach *%WinDir%\Inf* verlegt und besteht nun aus zwei separaten Protokolldateien namens *SetupAPI.app.log* und *SetupAPI.dev.log*. Jede Protokolldatei setzt sich aus mehreren Abschnitten zusammen, wobei jeder Abschnitt eine Geräteinstallation darstellt:

```
<Protokollüberschrift>
>>> Abschnittsüberschrift
     Geräteinstallation, Abschnitt 1
<<< Abschnittsende

>>> Abschnittsüberschrift
     Geräteinstallation, Abschnitt 2
<<< Abschnittsende

>>> Abschnittsüberschrift
     Geräteinstallation, Abschnitt 3
<<< Abschnittsende
...
```

Die INF-Datei des Gerätetreibers steuert die Geräteinstallation und die *SetupAPI*-Datei protokolliert mit einigen Einträgen die Befehle, die in der INF-Datei gegeben werden, sowie das Ergebnis des Vorgangs. Wenn Sie zur Problembehandlung diese Protokolle untersuchen, suchen Sie am besten nach Problembeschreibungen wie »device did not install«, »wrong driver installed« oder »Exit status: FAILURE«.

Das folgende Beispiel zeigt, wie ein Geräteinstallationsproblem in den *SetAPI*-Protokollen beschrieben wird:

```
>>> [Device Install (Hardware initiated) - USB\VID_045E&PID_00BD\{0D51C6EB-7E08-D342-9E60-
177B6A619B96}]
>>> Section start 2006/08/17 13:40:16.348
     ump: Creating Install Process: DrvInst.exe 13:40:16.348
     ndv: Retrieving device info...
     ndv: Setting device parameters...
     ndv: Building driver list...
     dvi: {Build Driver List} 13:40:16.645
     dvi:     Searching for hardware ID(s):
     dvi:         usb\vid_045e&pid_00bd&rev_0100
     dvi:         usb\vid_045e&pid_00bd
     dvi:     Searching for compatible ID(s):
     dvi:         usb\class_ff&subclass_ff&prot_ff
     dvi:         usb\class_ff&subclass_ff
     dvi:         usb\class_ff
     dvi:     Enumerating INFs from path list 'C:\Windows\INF'
     inf:     Searched 0 potential matches in published INF directory
     inf:     Searched 34 INFs in directory: 'C:\Windows\INF'
     dvi: {Build Driver List - exit(0x00000000)} 13:40:16.818
     ndv: Selecting best match...
```

```
       dvi: {DIF_SELECTBESTCOMPATDRV} 13:40:16.819
       dvi:     No class installer for 'Microsoft® Fingerprint Reader'
       dvi:     No CoInstallers found
       dvi:     Default installer: Enter 13:40:16.821
       dvi:         {Select Best Driver}
!!!    dvi:             Selecting driver failed(0xe0000228)
       dvi:         {Select Best Driver - exit(0xe0000228)}
!!!    dvi:     Default installer: failed!
!!!    dvi:     Error 0xe0000228: There are no compatible drivers for this device.
       dvi: {DIF_SELECTBESTCOMPATDRV - exit(0xe0000228)} 13:40:16.824
       ndv: {Core Device Install}
       ndv:     Device install status=0xe0000203
       ndv:     Performing device install final cleanup...
       ndv:     Queueing up error report since device installation failed...
       ndv: {Core Device Install - exit(0xe0000203)}
       ump: Server install process exited with code 0xe0000203 13:40:16.832
<<< Section end 2006/08/17 13:40:16.837
<<< [Exit status: FAILURE(0xe0000203)]
```

Beschrieben wird das Problem, dass sich der Microsoft Fingerprint Reader nicht installieren lässt. Als Ursache des Fehlers wird »There are no compatible drivers for this device« angegeben.

Gewöhnlich protokollieren Windows Vista und neuere Versionen die Installationen etwas ausführlicher in den *SetupAPI*-Protokollen, als es in den Vorgängerversionen von Microsoft Windows geschah. Mit folgendem DWORD-Registrierungswert können Sie einstellen, wie ausführlich die Protokollierung erfolgen soll:

HKLM\Software\Microsoft\Windows\CurrentVersion\Setup\LogLevel

Die Standardeinstellung für diesen Wert ist 0x2000ffff. Informationen über die Einstellung der Protokollierungsstufen für die *SetupAPI*-Protokolle finden Sie im Whitepaper »Debugging Device Installation in Windows Vista« unter *http://www.microsoft.com/whdc/driver/install/diagnose.mspx*.

INF-Dateien der Treiber

Der Windows-Ressourcenschutz (Windows Resource Protection, WRP) schützt die Dateisysteme und die Registrierungseinstellungen des Systems, einschließlich der Einstellungen für Gerätetreiber und Geräte. Gerätetreiber werden nur dann in die Liste der Dateien aufgenommen, die auf dem Computer vom Windows-Ressourcenschutz geschützt werden, wenn bei ihrer Aufnahme in den Treiberspeicher ein bestimmtes Flag vorhanden ist.

Wenn ein Treiberpaket für den Windows-Ressourcenschutz gekennzeichnet ist und das Paket in den Treiberspeicher aufgenommen wird, erfolgt in den Ereignisprotokollen ein entsprechender Eintrag. Um zu überprüfen, ob ein bestimmter Treiber, den Sie installieren möchten, vom Windows-Ressourcenschutz geschützt wird, öffnen Sie die INF-Datei des Treibers und suchen im Abschnitt [Version] nach Pnplockdown=1. Microsoft empfiehlt den Entwicklern von Gerätetreibern für Windows 7, diese Einstellung in ihre INF-Dateien aufzunehmen. Diese Einstellung bewirkt, dass der Windows-Ressourcenschutz (WRP) verhindert, dass Benutzer mit Administratorrechten die Treiberdateien löschen oder verändern, die in der INF-Datei genannt werden. Allerdings ist dies nur eine Empfehlung. Entwickler sind nicht gezwungen, diese Einstellung vorzunehmen, falls sich daraus Kompatibilitätsprobleme ergeben sollten.

Fehlercodes des Gerätemanagers

Die Fehlercodes des Geräte-Managers werden in der Konsole *Geräte-Manager* (*Devmgmt.msc*) für Geräte angezeigt, in denen Fehler aufgetreten sind. Wenn Sie die Fehlercodes überprüfen möchten, öffnen Sie im Geräte-Manager das Eigenschaftendialogfeld des entsprechenden Geräts (Geräte, in denen Probleme aufgetreten sind, werden mit einem Ausrufezeichen gekennzeichnet) und sehen Sie auf der Registerkarte *Allgemein* im Textfeld *Gerätestatus* nach. Die Hardwarekennung des Problemgeräts können Sie anzeigen, indem Sie in der Liste *Eigenschaften* auf der Registerkarte *Details* den Eintrag *Hardware-IDs* wählen. Diese ID kann nützlich sein, wenn Sie durch die Untersuchung der *SetupAPI*-Protokolle herausfinden möchten, warum sich ein Gerät nicht installieren ließ oder nicht korrekt arbeitet.

Der Geräte-Manager gibt in Windows 7 dieselben Fehlercodes an wie in den Vorgängerversionen von Windows. Der Microsoft Knowledge Base-Artikel 245386 unter *http://support.microsoft.com/kb/245386* beschreibt diese Codes, erklärt ihre Bedeutung und beschreibt mögliche Ursachen.

> **HINWEIS** Wenn ein Benutzer während der Geräteinstallation angibt, dass er das Gerät erst später installieren möchte, muss trotzdem ein Treiber installiert werden. Sonst sucht der *Plug & Play*-Dienst immer wieder nach einem Treiber und fordert zu dessen Installation auf. In diesem Szenario wird der Nulltreiber installiert (anders gesagt, das Gerät wird so eingestellt, dass es keinen Treiber verwendet) und der Geräte-Manager zeigt den Fehlercode 28 an. Wenn der Benutzer das Gerät später installieren möchte, muss er im Geräte-Manager die Option *Treibersoftware aktualisieren* wählen, da dem Gerät ein Fehlercode zugeordnet wurde, weil es nicht mit einem Treiber installiert werden konnte.

Geräte-Manager-Codes werden nur bei der Geräteinstallation angegeben, aber nicht bei der Aufnahme eines Treibers in den Treiberspeicher. Gibt der Geräte-Manager einen Fehlercode an, bedeutet das also, dass der Fehler bei der Geräteinstallation aufgetreten ist und nicht bei der Übernahme des Treibers in den Treiberspeicher. Zur Behandlung des Problems überprüft man am besten zuerst, wo das Gerät angeschlossen wurde und ob alle Verbindungen korrekt hergestellt wurden. Die Fehlercodes des Geräte-Managers werden auch in die Datei *SetupAPI.dev.log* eingetragen. Weitere Informationen finden Sie im Abschnitt »Die SetupAPI-Protokolldatei« dieses Kapitels.

Verwenden der Treiberüberprüfung

Ein weiteres Problembehandlungstool für Gerätetreiber ist die Treiberüberprüfung. Sie kann Kernelmodustreiber und Grafiktreiber überwachen und verbotene Funktionsaufrufe oder andere Aktionen entdecken, die möglicherweise dazu führen, dass das System beschädigt wird. Die Treiberüberprüfung kann Treiber einer Vielzahl von Stresstests unterziehen, um fehlerhaftes Treiberverhalten aufzudecken. Das Tool Treiberüberprüfungs-Manager (*Verifier.exe*) liegt in *%WinDir%\System32*. Sie können es entweder über die grafische Benutzeroberfläche (drücken Sie die Tastenkombination WINDOWS-LOGO+R, geben Sie **verifier** ein und drücken Sie die EINGABETASTE) oder in einer Eingabeaufforderung mit erhöhten Rechten unter Angabe diverser Argumente ausführen. (Geben Sie **verifier /?** ein, um mehr über die verfügbaren Argumente zu erfahren.)

> **WEITERE INFORMATIONEN** Weitere Informationen über die Verwendung der Treiberüberprüfung finden Sie unter *http://msdn2.microsoft.com/en-us/library/ms792872.aspx*.

Reparieren des Treiberspeichers

Wird der Treiberspeicher beschädigt, lassen sich keine neuen Treiber hinzufügen und Windows kann vielleicht auch keine Treiber mehr aus dem Speicher herauskopieren. Wenn Sie also keine neuen Treiber zum Speicher hinzufügen oder vorhandene Treiber nicht installieren können, deutet dies auf ein Problem mit dem Treiberspeicher hin. Eine Beschädigung des Treiberspeichers kann mehrere Ursachen haben:

- Unterbrochene Schreibvorgänge wegen Stromausfalls
- Beschädigte Sektoren auf *%SystemDrive%* (verwenden Sie *Chkdsk.exe* für die Reparatur)
- Fehler in dem Arbeitsspeicherbereich, der für E/A-Vorgänge verwendet wurde
- Malware oder vielleicht sogar fehlerhafte Anti-Spyware-Programme

Wenn Sie vermuten, dass ein beschädigter Treiberspeicher das Problem ist, wenden Sie sich an die Microsoft Product Support Services (PSS).

Reparieren beschädigter Indexdateien

Wenn die Indexdateien des Treiberspeichers fehlen oder beschädigt sind, können keine neuen Treiber zum Speicher hinzugefügt werden. Lassen sich also keine neuen Treiber zum Speicher hinzufügen oder keine neuen Geräte installieren, kann dies auf Probleme mit den Indexdateien hindeuten. Die möglichen Ursachen sind dieselben, die auch für Beschädigungen des Treiberspeichers in Frage kommen.

Wenn Indexdateien beschädigt werden, stellen Sie die Dateien aus Ihrer jüngsten Systemsicherung wieder her. Die drei Indexdateien des Treiberspeichers heißen *Infpub.dat*, *Infstor.dat* und *Drvindex.dat* und sind unter *%SystemRoot%\Inf* zu finden. Sie können zur Wiederherstellung von Indexdateien auch die Systemwiederherstellung verwenden, weil die Dateien in die Wiederherstellungspunkte aufgenommen werden. Empfehlenswert ist dies aber nicht, weil die Rückführung des Systems auf einen Wiederherstellungspunkt starke Auswirkungen auf andere Aspekte des Systems und der installierten Software haben kann. Daher ist es besser, die Wiederherstellung selektiv aus einer Datensicherung vorzunehmen.

Direkt von der Quelle: Beheben von Treibersignaturproblemen

Sampath Somasundaram, SDET, *DMI Team, Windows*

Wenn Sie ein Dialogfeld des Windows-Sicherheitssystems mit dem Text »Der Herausgeber der Treibersoftware konnte nicht überprüft werden« erhalten, sollten Sie überprüfen, ob der Treiber über eine gültige Signatur verfügt:

1. Überprüfen Sie, ob die *.inf*-Datei einen Eintrag in der Form `CatalogFile=Dateiname` aufweist und ob der Dateiname mit dem Namen der *.cat*-Datei aus demselben Verzeichnis übereinstimmt.

2. War die erste kurze Überprüfung erfolgreich, klicken Sie die Katalogdatei mit einem Doppelklick an, zeigen die Signatur an, zeigen das Zertifikat an und überprüfen die Registerkarte *Zertifizierungspfad*. Überprüfen Sie, ob die gesamte Zertifikatkette als vertrauenswürdig eingestuft wird. Ist dies nicht der Fall, fügen Sie die Zertifikate zum lokalen Speicher der vertrauenswürdigen Stammzertifizierungsstellen hinzu. Das letzte Zertifikat sollte zum Speicher der vertrauenswürdigen Herausgeber hinzugefügt werden.

Wenn Sie ein Dialogfeld des Windows-Sicherheitssystems mit der Beschreibung »Software von *Herausgeber* immer vertrauen« sehen, installieren Sie das Zertifikat auf dem lokalen Computer im

Speicher der vertrauenswürdigen Herausgeber. Stattdessen können Sie auch das Kontrollkästchen aktivieren und auf *Installieren* klicken, dann fügt das System das Zertifikat automatisch zum Speicher der vertrauenswürdigen Herausgeber hinzu. Beachten Sie, dass Sie das Zertifikat mit *Mmc.exe* installieren müssen, nicht mit der Benutzeroberfläche von *Certmgr.exe*, weil *Certmgr.exe* das Zertifikat nur im Speicher des aktuellen Benutzers installiert.

Wenn das Paket zwar signiert ist, aber trotzdem ein Dialogfeld mit dem Hinweis auf eine fehlende Signatur erscheint, überprüfen Sie, ob sich ältere Versionen des Treibers im Treiberspeicher befinden. Dazu öffnen Sie eine Eingabeaufforderung und geben den Befehl `pnputil.exe -e` ein. Um einen Treiber aus dem Speicher zu entfernen, geben Sie den Befehl `pnputil -d OEMfilename.inf` ein, wobei `OEMFilename.inf` der Name der OEM-Datei ist, der von `pnputil -e` für das Treiberpaket angegeben wird.

Mit dem Programm *Signtool.exe* aus dem WDK/Platform SDK können Sie überprüfen, ob die Katalogdatei tatsächlich die Treiberdateien enthält. Geben Sie den Befehl `signtool verify /c Katalogdateiname Dateiname` ein.

Überprüfen Sie zum Schluss auch noch, ob Ihr neuster signierter Treiber vielleicht gegenüber den vorhandenen Treibern verliert:

- Legen Sie fest, dass alle Signaturen als gleich angesehen werden.
- Vergleichen Sie das Datum Ihres Treibers mit dem Datum des Treibers aus dem Lieferumfang.
- Überprüfen Sie auch die Versionsnummern.

Grundlagen der Energieverwaltung

Aufgabe der Energieverwaltung von Windows ist es, die Energieeffizienz zu optimieren. Dazu wird der Energieverbrauch möglichst gering gehalten, während bei Bedarf trotzdem die benötigte Leistung zur Verfügung gestellt wird. Die Energieverwaltung wird für Unternehmen immer wichtiger, weil die Energiekosten steigen und moderne Desktopcomputer und Laptops erhebliche Mengen Strom verbrauchen. In den USA schätzt die Environmental Protection Agency (EPA), dass die PCs zu Hause und am Arbeitsplatz etwa 2 Prozent des gesamten Stromverbrauchs verursachen. Wird ein PC zu Hause ständig eingeschaltet gelassen, kann das bei einem Durchschnittshaushalt bis zu 8 Prozent des gesamten Stromverbrauchs ausmachen.

Wird ein PC dagegen 14 Stunden pro Tag in den Energiesparmodus geschaltet, kann das zwischen 600 und 760 kWh Strom pro Jahr einsparen. Im Jahr 2009 bedeutet das in den USA rund 63.000 US-Dollar pro Jahr und pro 1.000 PCs, bei denen diese Maßnahme ergriffen wird. Die geschäftliche und umweltpolitische Bedeutung einer Optimierung der Energieeffizienz von PCs ist offensichtlich, und Microsoft hat in diesem Bereich in Windows 7 zahlreiche Verbesserungen vorgenommen.

Verbesserungen an der Energieverwaltung in Windows 7

Windows XP bot einige Verbesserungen im Bereich der Energieverwaltung, zum Beispiel Unterstützung für Ruhezustand und Standbymodus sowie die Fähigkeit, Monitore und Festplattenlaufwerke automatisch abzuschalten, um den Stromverbrauch zu senken. Windows Vista baute auf dieser Basis auf und führte eine Reihe verbesserter Energieverwaltungsfähigkeiten ein. Die wichtigsten sind:

- Verbesserte Unterstützung für ACPI 2.0 (Advanced Configuration and Power Interface). Außerdem unterstützt Windows Vista ausgewählte Funktionen von ACPI 3.0.

- Standard-HALs werden in Windows Vista nicht mehr unterstützt. Nur die ACPI-PIC-HAL (PIC steht für Programmable Interrupt Controller) und die ACPI-APIC-HAL (APIC bedeutet Advanced Programmable Interrupt Controller) werden in Windows Vista unterstützt.

- Vereinfachte Energiesparpläne mit drei Standardplänen:

  - **Ausbalanciert**   Versucht, den Energieverbrauch automatisch zu verringern, wenn weniger Rechenleistung erforderlich ist. Bei rechenintensiven Arbeiten, etwa beim Ausführen eines 3D-Spiels, ist der Energieverbrauch höher, bei geringeren Leistungsanforderungen, beispielsweise bei der Bearbeitung eines Dokuments in Microsoft Office Word, ist der Energieverbrauch geringer. Dies ist der Standardenergiesparplan in Windows Vista.

  - **Energiesparmodus**   Verringert den Stromverbrauch auf Kosten der Leistung. Auf mobilen Computern hilft das, die Akkulaufzeit zu verlängern. Auf Desktop- und Serverplattformen senkt es den Stromverbrauch.

  - **Höchstleistung**   Stellt ohne Rücksicht auf den Energieverbrauch die höchste Systemleistung zur Verfügung.

- Benutzer von Laptops können mit der Batterieanzeige im Infobereich oder mit der *Akkustatus*-Schaltfläche im Windows-Mobilitätscenter leicht zwischen den Energiesparplänen wechseln. Desktop- und Serverbenutzer können in den Energieoptionen der Systemsteuerung zwischen den Energiesparplänen wechseln.

- Computerhersteller können Energiesparpläne anpassen oder eigene Energiesparpläne erstellen und als Systemstandard einstellen. Außerdem können Benutzer auf einfache Weise eigene Energiesparpläne erstellen und verwalten.

- Ein neuer Hybrid-Energiesparmodus ist verfügbar. Er vereint die Vorteile von Standby und Ruhezustand. Wenn ein Computer in den Hybridmodus übergeht, wird eine Ruhezustandsdatei erstellt und das System wechselt in den Energiesparmodus (S3). Der Übergang in den Energiesparmodus und die Rückkehr in den normalen Betriebsmodus erfolgen wesentlich schneller, weil das System meistens aus dem Arbeitsspeicher wiederhergestellt wird (S3). Kommt es zu einem Stromausfall, bleibt der Zustand erhalten und das System wird aus der Ruhezustandsdatei wiederhergestellt.

- Verbesserungen an der Zuverlässigkeit des Ruhezustands. Windows Vista fragt weder Anwendungen noch Dienste um Zustimmung, bevor es in einen der Energiesparmodi wechselt. Im Vergleich zu Windows XP ist dies also eine Änderung in der Verhaltensweise. Anwendungen können nicht mehr verhindern, dass das System in den Ruhezustand wechselt, wenn ein Benutzer die entsprechende Schaltfläche anklickt oder den Deckel eines Notebooks schließt. Das verhindert, dass das System versehentlich angeschaltet bleibt, wenn es in einer Notebooktasche oder anderen geschlossenen Umgebungen aufbewahrt wird.

- Verbesserungen beim Aufwachen aus dem Ruhezustand. Die Wiederherstellung aus einem Energiesparmodus ist wesentlich schneller und eine verbesserte Leistungsstufenwechseldiagnose unterstützt einheitliche und vorhersagbare Wechsel zwischen den Energiesparmodi.

- Unterstützung für die Verwaltung der Energieverwaltung mit Gruppenrichtlinien. Dadurch können Unternehmen ganz einfach Richtlinien konfigurieren, um unbenutzte Monitore und Computer automatisch auszuschalten und auf diese Weise Energie und Kosten einzusparen.

- Erweiterbare Energieeinstellungen. Treiber und Anwendungen von anderen Herstellern können neue Energieeinstellungen zum System hinzufügen. Benutzerdefinierte Energieeinstellungen können auf dieselbe Weise verwaltet werden wie Systemenergieeinstellungen.

Windows 7 baut auf der Grundlage von Windows Vista auf und fügt in diesem Bereich weitere Verbesserungen ein. Zum Beispiel wurden in Windows 7 zahlreiche Änderungen durchgeführt, um den

Energieverbrauch zu senken, während sich das System im Leerlauf befindet. Dies ist der Schlüssel bei dem Problem, höchstmögliche Akkulaufzeit auf mobilen Computern zu erreichen, weil regelmäßige Hintergrundaktivitäten den Energieverbrauch eines Systems deutlich erhöhen können. Besonders häufig auftretende Ereignisse können den Energieverbrauch durch Prozessor und Chipsatz erheblich vergrößern, und seltener auftretende, aber länger laufende Ereignisse verhindern unter Umständen, dass das System vom Leerlauf in den Energiesparmodus schaltet, um den Akku zu schonen. In Windows 7 wurden unter anderem folgende Änderungen vorgenommen, um die Leerlaufaktivitäten zu verringern und das Leerlaufintervall zu verlängern:

- Windows 7 geht jetzt aggressiver vor, wenn es ein System, das sich im Leerlauf befindet, in den Energiesparmodus schaltet. Dazu reagiert es lediglich auf Benutzereingaben und Anwendungsverfügbarkeitsanforderungen.

- Sie können nun konfigurieren, wie lange sich das System im Leerlauf befinden muss, bevor Windows den Computer automatisch in den Energiesparmodus schaltet. Dieses Energieeffizienzfeature kann auch über Gruppenrichtlinien konfiguriert werden; mehr dazu im Abschnitt »Konfigurieren von Energieverwaltungseinstellungen mit Gruppenrichtlinien« weiter unten in diesem Kapitel.

- Sie können Windows so konfigurieren, dass nur Benutzereingaben, aber keine Anwendungs- oder Treiberaktivitäten verhindern, dass Windows automatisch in den Energiesparmodus schaltet. Dieses Energieeffizienzfeature kann auch über Gruppenrichtlinien konfiguriert werden; mehr dazu im Abschnitt »Konfigurieren von Energieverwaltungseinstellungen mit Gruppenrichtlinien« weiter unten in diesem Kapitel.

- Mit der neuen Option /requests des Befehls *Powercfg.exe* können Sie Anwendungs- und Treiberanforderungen auflisten, die verhindern, dass der Computer automatisch den Monitor ausschaltet oder in den Energiesparmodus wechselt.

- Mit der neuen Option /requestsoverride des Befehls *Powercfg.exe* können Sie entweder einzelne Verfügbarkeitsanforderungen oder alle Verfügbarkeitsanforderungen überschreiben.

- Ein neues Feature namens Intelligent Timer Tick Distribution (ITTD) ermöglicht es, Timerinterrupts auf einem Mehrprozessorsystem von einem einzigen Prozessor verarbeiten zu lassen, sodass die anderen Kerne und Prozessoren länger im Energiesparmodus bleiben können.

- Ein neues Feature namens Timer Coalescing lässt mehrere separate Softwaretimer gleichzeitig ablaufen, um das durchschnittliche Prozessorleerlaufintervall zu verlängern.

- Offene Dateien im clientseitigen Cache (Offlinedateien) verhindern nicht mehr, dass das System in den Energiesparmodus schaltet. Dieses Energieeffizienzfeature kann auch über Gruppenrichtlinien konfiguriert werden; mehr dazu im Abschnitt »Konfigurieren von Energieverwaltungseinstellungen mit Gruppenrichtlinien« weiter unten in diesem Kapitel.

- Der TCP-DPC-Timer wird bei jedem System-Timer-Interrupt gelöscht.

- Die Häufigkeit der USB-Treiberwartungstimer wird verringert.

Windows 7 bringt auch eine Reihe neuer Energierichtlinien mit, über die Administratoren den Energieverbrauch auf Clientcomputern verwalten können. Die Richtlinien für den Standardenergiesparplan (Ausbalanciert) sind in Tabelle 17.3 zusammengefasst.

Ein weiteres neues Feature von Windows 7, das die Energieeffizienz verbessert, ist eine einheitliche Architektur, die die Zeitplanung von Diensten und geplanten Tasks steuert und den Triggerstart von Diensten ermöglicht. Weitere Informationen zu dieser neuen einheitlichen Architektur und zu Triggerstartdiensten enthält der Abschnitt »Grundlagen von Diensten« weiter unten in diesem Kapitel.

Tabelle 17.3   Neue Energierichtlinien in Windows 7 für den Standardenergiesparplan (Ausbalanciert)

Name	GUID	Beschreibung	Standard (Ausbalanciert)	
			Stromnetz	Akku
Leerlaufzeit nach unbeaufsichtigter Reaktivierung	7bc4a2f9-d8fc-4469-b07b-33eb785aaca0	Legt fest, wie lange das System wartet, bevor es nach einer Phase der Inaktivität wieder automatisch in den Energiespar-modus wechselt, wenn der Computer aufgeweckt wurde, ohne dass ein Benutzer anwesend ist.	2 Minuten	2 Minuten
Systemkühlungs-richtlinie	94d3a615-a899-4ac5-ae2b-e4d8f634367f	Legt fest, ob für die Temperaturzonen aktive oder passive Kühlung bevorzugt wird.	Aktiv	Aktiv
Akkustand für Reservestrom	f3c5027d-cd16-4930-aa6b-90db844a8f00	Stellt ein, wie viel Prozent der Akkukapazität verbleiben, bevor die Reservestromwarnung angezeigt wird.	Nicht verfügbar	7%
AHCI-Link-Energie-modus	0b2d69d7-a2a1-449c-9680-f91c70521c60	Konfiguriert AHCI-Link-Energiemodi (HIPM, DIPM) und Link-Energiezustände (Partial, Slumber, Aktiv)	HIPM, Partial	HIPM, Slumber
Richtlinie für erforderliches System zulassen	a4b195f5-8225-47d8-8012-9d41369786e2	Ermöglicht es, dass Anwendungen verhindern, dass das System nach einer Leerlaufphase in den Energiesparmodus schaltet.	Aktiviert	Aktiviert
Bildschirm verdunkeln nach	17aaa29b-8b43-4b94-aafe-35f64daaf1ee	Legt fest, wie lange die Phase der Inaktivität sein muss, be-vor das System die Helligkeit der Anzeige auf einem Mobil-PC automatisch verringert.	5 Minuten	2 Minuten

Sie können in Windows 7 eine Energieeffizienzdiagnose ausführen, indem Sie die neue Option /energy des Befehls *Powercfg.exe* verwenden. Auf diese Weise können Sie auf einem System häufiger vorkommende Energieeffizienzprobleme aufdecken. Dieser Befehl kann Energieeffizienzprobleme wie ineffiziente Energierichtlinieneinstellungen, Plattformfirmwareprobleme, Akkukapazitätsprobleme, selektiven Suspend von USB-Geräten und andere Probleme erkennen. Administratoren in Großunternehmen und Computerhersteller können mit dieser Befehlsoption die Energieeffizienz von Windows 7-Computern überprüfen, bevor sie ein Abbild für die Bereitstellung erstellen. Der Befehl wird auch automatisch ausgeführt, wenn sich ein Windows 7-System im Leerlauf befindet. Die dabei gesammelten Daten werden über das Programm zur Verbesserung der Benutzerfreundlichkeit (Customer Experience Improvement Program, CEIP) an Microsoft übermittelt. Informationen zur Benutzung dieser neuen Befehlsoption enthält der Abschnitt »Konfigurieren von Energieverwaltungseinstellungen mit dem Dienstprogramm PowerCfg« weiter unten in diesem Kapitel.

Weitere neue Energieeffizienzfeatures in Windows 7 sind:

- Aufwachtimer sind auf mobilen Computern mit Windows 7 standardmäßig deaktiviert, um unnötige Aufwachereignisse zu verhindern, beispielsweise dass ein System in einer Notebooktasche aufgrund einer Anwendungsanforderung aufwacht. Aufwachtimer bleiben auf Desktopsystemen allerdings standardmäßig aktiviert.

- Sie können nun konfigurieren, wie viel Prozent der Akkukapazität übrig sein muss, bevor der Reservestrommodus ausgelöst wird. Dieses Energieeffizienzfeature kann auch über Gruppenrichtlinien konfiguriert werden; mehr dazu im Abschnitt »Konfigurieren von Energieverwaltungseinstellungen mit Gruppenrichtlinien« weiter unten in diesem Kapitel.

- Die adaptive Anzeigehelligkeit kann den Monitor auf einem mobilen Computer automatisch verdunkeln, wenn der Benutzer einige Zeit inaktiv war. Die adaptive Anzeigehelligkeit ist eine intelligente Richtlinie, deren Wartezeit automatisch an die Benutzereingaben angepasst wird. Sie verursacht keine Störungen bei Präsentationen, etwa bei der Vollbildwiedergabe von Mediendateien. Dieses Energieeffizienzfeature kann auch über Gruppenrichtlinien konfiguriert werden; mehr dazu im Abschnitt »Konfigurieren von Energieverwaltungseinstellungen mit Gruppenrichtlinien« weiter unten in diesem Kapitel.

- Die Leerlauferkennung für Kabel-LAN sorgt dafür, dass Netzwerkkarten automatisch in einen energiesparenden D3-Zustand (Device Sleep) schalten, wenn kein Kabel angeschlossen ist. Sobald die Verbindung wiederhergestellt wird, wechseln sie zurück in den D0-Zustand (Working).

- Wake on LAN (WoL), das in Windows Vista standardmäßig deaktiviert war, ist in der Standardeinstellung von Windows 7 eingeschaltet. Dieses Feature nutzt einen überarbeiteten Satz von Aufwachmustern, um überflüssige Wechsel aus dem Energiesparmodus zu verhindern.

- Unterstützung für die neuste Intel-HD-Audio-Low-Power-Spezifikationen

- Unterstützung für USB-Audio-Class-Selective-Suspend

- Bluetoothfunk wechselt nun in selektives Suspend, wenn sich Verbindungen im Sniff-Modus befinden.

- Aktualisierungen für den Kernleistungsstatusalgorithmus

- Core-Parking auf unterstützter Hardware

- Überarbeiteter Mechanismus zum Anhalten optischer Laufwerke

Direkt von der Quelle: ACPI-Energiezustände

Pat Stemen, Senior Program Manager, *Windows Kernel Team*

ACPI definiert Systemenergiezustände, die mit der Abkürzung Sx bezeichnet werden (wobei x die Nummer des Zustands ist). Zum Beispiel entspricht der Zustand S3 dem Standbymodus in Windows, wenn sich das System in einem Modus mit geringem Energieverbrauch befindet und der Arbeitsspeicherinhalt erhalten bleibt. Die folgende Tabelle beschreibt die ACPI-Sx-Zustände.

ACPI-Zustand	Windows-Zustand	Beschreibung
S0	[An]	Im Zustand S0 ist der Computer eingeschaltet und führt Anwendungen aus. Der Prozessor arbeitet Anweisungen ab und der Benutzer kann mit dem System arbeiten.
S1	[Standbymodus]	Der Zustand S1 wird in Windows ebenfalls als Standbymodus eingestuft, aber auf modernen Computern wird er nur selten benutzt. Der Zustand S1 lässt alle Systemgeräte eingeschaltet, aber der Prozessor wird angehalten und führt keine Anweisungen mehr aus.
S2	[Standbymodus]	S2 ist eine energiesparende Variante von S1. Nur ganz wenige Systeme unterstützen den Zustand S2.
S3	Standbymodus	S3 ist der übliche Energiesparmodus in Windows. Im Zustand S3 sind Prozessor und die meisten Systemgeräte ausgeschaltet. Der Hauptspeicher (das RAM) wird weiter mit Strom versorgt, damit die offenen Anwendungen und Dokumente des Benutzers erhalten bleiben. Nur Geräte, die gebraucht werden, um das System wieder aufzuwecken (beispielsweise LAN-Adapter und USB-Mäuse/Tastaturen), bleiben eingeschaltet.
S4	Ruhezustand	S4 ist der Windows-Ruhezustand. Im Ruhezustand wird der Inhalt des Arbeitsspeichers in eine Datei auf der Festplatte geschrieben. Diese Datei wird als Ruhezustandsdatei (hibernation file) bezeichnet. Alle Geräte sind ausgeschaltet. Auch der Prozessor ist ausgeschaltet, er führt keine Anweisungen aus.
S5	Heruntergefahren	In diesem Zustand bleibt der Arbeitsspeicherinhalt nicht erhalten, alle Systemgeräte sind ausgeschaltet.

Konfigurieren der Energieverwaltung

Seit Windows Vista können Administratoren die Energieverwaltung für die Clientcomputer einer Unternehmensumgebung mit Gruppenrichtlinien steuern. Außerdem wurde das Modul Energieoptionen der Systemsteuerung erweitert und bietet nun ausführlichere Einstellungsmöglichkeiten. Mit dem Befehl *Powercfg.exe* ist zudem die Verwaltung der Energieoptionen auf der Befehlszeile möglich. Windows 7 baut auf diesen Windows Vista-Features auf und verfeinert die Benutzeroberfläche für die Energieverwaltung, fügt neue Richtlinieneinstellungen zum Konfigurieren der Energieverwaltung mit Gruppenrichtlinien hinzu und stellt neue Befehlszeilenoptionen für den Befehl *Powercfg.exe* zur Verfügung. Sie können die Energieverwaltungseinstellungen außerdem mithilfe der Windows Management Instrumentation (WMI) über Skripts konfigurieren.

Konfigurieren von Energieverwaltungseinstellungen im Dienstprogramm *Energieoptionen* der Systemsteuerung

Das Modul *Energieoptionen* der Systemsteuerung bietet Benutzern die Möglichkeit zur zentralen Steuerung des Energieverbrauchs ihrer Computer, zur Erstellung und Verwaltung von Energiesparplänen, zur Einstellung des Verhaltens der Netzschalter und anderer Dinge. In Windows 7 wurde dieses Dienstprogramm dadurch verbessert, dass der Energieplan *Höchstleistung* standardmäßig ausgeblendet wird. Er wird erst sichtbar, wenn Sie auf *Weitere Energiesparpläne einblenden* klicken (Abbildung 17.7). Auf diese Weise sollen Benutzer veranlasst werden, Strom zu sparen, indem der Energiesparplan *Höchstleistung* gegenüber *Ausbalanciert* und *Energiesparmodus* in den Hintergrund tritt.

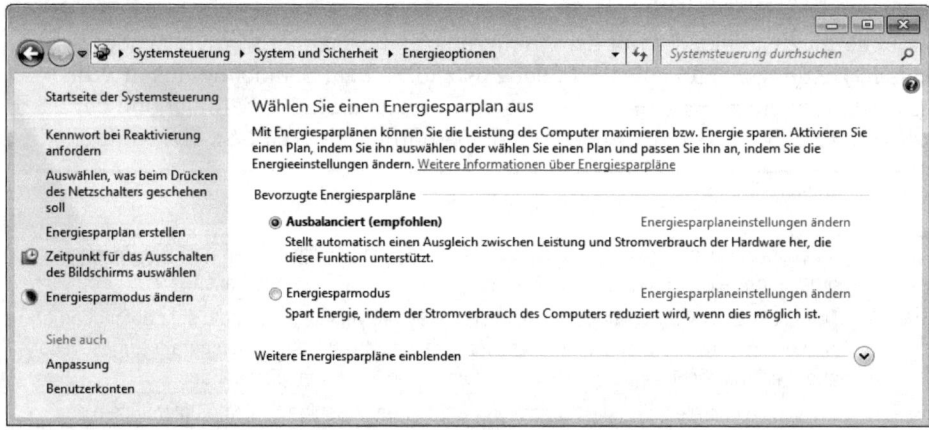

Abbildung 17.7   Das Modul *Energieoptionen* der Systemsteuerung

Ein Klick auf eine der beiden oberen Verknüpfungen auf der linken Seite öffnet einen Bildschirm, in dem Benutzer das Verhalten der Netzschalter des Computers einstellen und festlegen können, ob beim Wechsel vom Energiesparmodus in den Normalmodus ein Kennwort eingegeben werden muss (Abbildung 17.8).

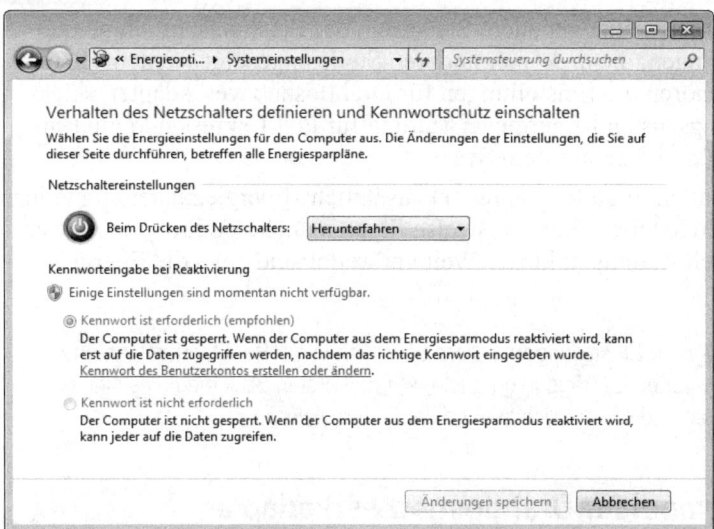

Abbildung 17.8   Einstellen des Wiederherstellungskennworts und des Verhaltens des Netzschalters

Ab Windows Vista können auch Standardbenutzer die meisten Energieeinstellungen für ihre Computer selbst vornehmen. In älteren Windows-Versionen konnte nur der lokale Administrator die Energieeinstellungen verändern. Außerdem gibt es in Windows Vista und neueren Versionen nur einen einzigen Satz Energiesparpläne für den Computer. Alle Benutzer eines Computers haben Zugriff auf dieselben Energieeinstellungen. So werden Situationen vermieden, in denen sich die Energierichtlinie abhängig davon ändern, welcher Benutzer gerade angemeldet ist (sofern überhaupt ein Benutzer angemeldet ist). Das ist eine Änderung gegenüber Windows XP, wo ein Teil der Energierichtlinie für jeden Benutzer individuell konfiguriert wurde, der Rest dagegen für den Computer insgesamt.

Zur Verwaltung der erweiterten Energieoptionen klicken Sie auf eine der beiden Verknüpfungen auf der linken Seite des Hauptfensters *Energieoptionen* und klicken dann auf *Erweiterte Energieeinstellungen ändern*, um das Dialogfeld *Energieoptionen* mit der Registerkarte *Erweiterte Einstellungen* zu öffnen (Abbildung 17.9):

Abbildung 17.9   Einstellen der erweiterten Energieoptionen

Die erweiterten Leistungseinstellungen bieten eine genauere Steuerung der Leistungsaufnahme und ermöglichen die Änderung von Einstellungen, die an keiner anderen Stelle angezeigt werden. Zu den zusätzlich verfügbaren Einstellungen gehören die Einstellungen für Drahtlosnetzwerkadapter, selektives USB-Energiesparen, die Verbindungszustand-Energieverwaltung für PCI Express und die Einstellung für die Such- und Indizierungsaktivitäten auf dem System.

Beachten Sie, dass einige Systeme (vor allem mobile Computer) zusätzliche Energieeinstellungen in den erweiterten Energieeinstellungen bereitstellen. Beispielsweise fügen manche Treiber und Anwendungen anderer Hersteller neue Energieeinstellungen hinzu. Weit verbreitet sind etwa die Energieverwaltungsoptionen für Grafikkarten.

> **HINWEIS** Wenn Sie auf *Zurzeit nicht verfügbare Einstellungen ändern* und dann in der Benutzerkontensteuerung auf *Fortsetzen* klicken, erscheinen keine neuen Einträge in der Liste. Auf den ersten Blick mag dies sinnlos erscheinen, aber nun können Sie Einstellungen ändern, die sich zuvor nicht ändern ließen.

So funktioniert's: Energiesparmodi für Drahtlosnetzwerkadapter

Auf der Registerkarte *Erweiterte Einstellungen* des Dialogfelds *Energieoptionen* sind unter *Drahtlosadaptereinstellungen* vier Einstellungen möglich (die Einstellungen unter den Punkt *Auf Akku* sind nur auf Laptops und auf anderen Computern wichtig, die mit Batterie oder Akku betrieben werden):

- Höchstleistung
- Minimaler Energiesparmodus
- Mittlerer Energiesparmodus
- Maximaler Energiesparmodus

Wird *Höchstleistung* gewählt, setzt der Drahtlosadapter keine Energiesparoptionen ein, sondern versucht, die Kommunikation mit dem drahtlosen Zugriffspunkt mit Höchstgeschwindigkeit durchzuführen. Wenn Sie dagegen *Maximaler Energiesparmodus* wählen, spart der Drahtlosadapter Energie, indem er für die Kommunikation mit dem drahtlosen Zugriffspunkt eine geringere Geschwindigkeit wählt. Dadurch sinkt zwar die Übertragungsleistung, aber das spart Energie und verlängert die Betriebsbereitschaft des Laptops. Die Einstellungen *Minimaler Energiesparmodus* und *Mittlerer Energiesparmodus* sind Kompromisse zwischen Energieersparnis und Leistung.

> **HINWEIS** Auch mit dem Befehl *Powercfg.exe* können Sie erweiterte Energieeinstellungen vornehmen. Darüber erhalten Sie im Abschnitt »Konfigurieren von Energieverwaltungseinstellungen mit dem Dienstprogramm PowerCfg« dieses Kapitels weitere Informationen.

Konfigurieren von Energieverwaltungseinstellungen mit Gruppenrichtlinien

Die Gruppenrichtlinieneinstellungen von Windows Vista und neueren Versionen zur Energieverwaltung sind computerspezifische Einstellungen, die nur für Computer gelten, auf denen Windows Vista oder höher ausgeführt wird. Soweit es sinnvoll ist, können Energieverwaltungsrichtlinien separat für Akku- und Netzbetrieb konfiguriert werden.

Die Gruppenrichtlinieneinstellungen für die Energieverwaltung befinden sich im folgenden Zweig:

Computerkonfiguration/Administrative Vorlagen/System/Energieverwaltung

Unter diesem Knoten befinden sich folgende Unterknoten :

- **Schaltflächeneinstellungen**   Dient zur Einstellung des Verhaltens beim Druck auf den Netzschalter, auf die Energiespartaste und auf die Netzschaltfläche des Startmenüs sowie zur Einstellung des Verhaltens des Deckelschalters von Laptops.

- **Festplatteneinstellungen**   Damit lassen sich die Zeitspannen festlegen, nach denen Festplattenlaufwerke ausgeschaltet werden.

- **Benachrichtigungseinstellungen**   Dient zur Festlegung der Pegel, die als niedrige oder kritische Restkapazität des Akkus eingestuft werden, und des Verhaltens.

- **Energiesparmoduseinstellungen**   Dient zur Angabe von Fristen für den Wechsel in den Energiesparmodus oder in den Ruhezustand sowie zur Festlegung des Verhaltens.

- **Video- und Anzeigeeinstellungen**   Dient zur Einstellung von Fristen für das Grafiksystem, nach deren Ablauf die Anzeige automatisch ausgestellt wird.

Tabelle 17.4 listet alle Richtlinieneinstellungen für die Energieverwaltung in Windows 7 auf. Dabei wird immer nur die »Akku«-Einstellung gezeigt, wenn es auch eine entsprechende »Stromnetz«-Einstellung gibt. Die Tabelle gibt auch an, welche Richtlinieneinstellungen in Windows 7 neu sind; solche Richtlinien sind mit einem vorangestellten Sternchen (*) markiert.

Tabelle 17.4   Ausgewählte Energieverwaltungsrichtlinieneinstellungen für Windows 7

Richtlinienname	Beschreibung
	Unter /System/Energieverwaltung
Aktiven Energiesparplan auswählen (Gilt für Windows Vista und neuere Versionen)	Wenn Sie diese Richtlinieneinstellung aktivieren, können Sie den aktiven Energiesparplan aus einer Liste mit Windows-Standardenergiesparplänen auswählen. Verwenden Sie die Einstellung *Benutzerdefinierten aktiven Energiesparplan festlegen*, um einen benutzerdefinierten Energiesparplan anzugeben. Wenn Sie diese Richtlinie deaktivieren oder nicht konfigurieren, können Benutzer diese Einstellung anzeigen und ändern.
Benutzerdefinierten aktiven Energiesparplan festlegen (Gilt für Windows Vista und neuere Versionen)	Mit dieser Richtlinie legen Sie einen aktiven benutzerdefinierten Energiesparplan fest, wenn Sie die GUID eines Energiesparplans eingeben. Sie können die GUID eines benutzerdefinierten Energiesparplans mit dem Befehlszeilenprogramm Powercfg abrufen. Geben Sie die GUID im folgenden Format ein: XXXXXXXX-XXXX-XXXX-XXXX-XXXXXXXXXXXX. (Geben Sie beispielsweise **103eea6e-9fcd-4544-a713-c282d8e50083** ein.) Wenn Sie diese Richtlinie deaktivieren oder nicht konfigurieren, können Benutzer diese Einstellung anzeigen und ändern. Beachten Sie, dass es sich um eine allgemeine Einstellung handelt, die in ihrer Wirkung nicht auf Laptops beschränkt ist. Außerdem muss unter der angegebenen GUID auf dem Zielcomputer ein Energiesparplan vorhanden sein.
	Unter /System/Energieverwaltung/Schaltflächeneinstellungen
Aktion zum Wechseln des Deckels auswählen (Akkubetrieb) (Gilt für Windows Vista und neuere Versionen)	Wenn Sie diese Richtlinie aktivieren, können Sie festlegen, welche Aktion Windows ausführt, wenn der Deckel eines mobilen PCs zugeklappt wird. Zulässige Einstellungen sind: - *Keine Aktion durchführen* - *Energiesparmodus* - *Ruhezustand* - *Herunterfahren* Wenn Sie diese Richtlinieneinstellung deaktivieren oder nicht konfigurieren, können Benutzer diese Einstellung anzeigen und ändern. ▶

Richtlinienname	Beschreibung
Netzschalteraktion auswählen (Akkubetrieb) (Gilt für Windows Vista und neuere Versionen)	Wenn Sie diese Richtlinie aktivieren, können Sie festlegen, welche Aktion Windows ausführt, wenn ein Benutzer den Netzschalter drückt. Zulässige Einstellungen sind: ■ *Keine Aktion durchführen* ■ *Energiesparmodus* ■ *Ruhezustand* ■ *Herunterfahren* Wenn Sie diese Richtlinieneinstellung deaktivieren oder nicht konfigurieren, können Benutzer diese Einstellung anzeigen und ändern.
Energiespartastenaktion auswählen (Akkubetrieb) (Gilt für Windows Vista und neuere Versionen)	Wenn Sie diese Richtlinie aktivieren, können Sie festlegen, welche Aktion Windows ausführt, wenn ein Benutzer die Energiespartaste drückt. Zulässige Einstellungen sind: ■ *Keine Aktion durchführen* ■ *Energiesparmodus* ■ *Ruhezustand* ■ *Herunterfahren* Wenn Sie diese Richtlinieneinstellung deaktivieren oder nicht konfigurieren, können Benutzer diese Einstellung anzeigen und ändern.
Aktion für Netzschalter (Startmenü) auswählen (Akkubetrieb) (Gilt nur für Windows Vista)	Wenn Sie diese Richtlinie aktivieren, können Sie festlegen, welche Aktion Windows ausführt, wenn ein Benutzer in der Benutzeroberfläche die Schaltfläche für den Energiesparmodus betätigt. Zulässige Einstellungen sind: ■ *Keine Aktion durchführen* ■ *Energiesparmodus* ■ *Ruhezustand* ■ *Herunterfahren* Wenn Sie diese Richtlinieneinstellung deaktivieren oder nicht konfigurieren, können Benutzer diese Einstellung anzeigen und ändern.
	Unter /System/Energieverwaltung/Festplatteneinstellungen
Festplatte deaktivieren (Akkubetrieb) (Gilt für Windows Vista und neuere Versionen)	Wenn Sie diese Richtlinie aktivieren, können Sie den Zeitraum der Inaktivität angeben, bevor Windows die Festplatte ausschaltet. Wenn Sie diese Richtlinie deaktivieren oder nicht konfigurieren, können Benutzer diese Einstellung anzeigen und ändern. Diese Einstellung gibt es für den Netz- und für den Akkubetrieb, sie ist nicht auf mobile Computer beschränkt
	Unter /System/Energieverwaltung/Benachrichtigungseinstellungen
Aktion zur Benachrichtigung bei kritischer Akkukapazität (Gilt für Windows Vista und neuere Versionen)	Wenn Sie diese Richtlinieneinstellung aktivieren, können Sie festlegen, welche Aktion Windows ausführt, wenn die Akkukapazität die Benachrichtigungsebene für kritische Akkukapazität erreicht. Zulässige Einstellungen sind: ■ *Keine Aktion durchführen* ■ *Energiesparmodus* ■ *Ruhezustand* ■ *Herunterfahren* Wenn Sie diese Richtlinieneinstellung deaktivieren oder nicht konfigurieren, können Benutzer diese Einstellung anzeigen und ändern. ▶

Richtlinienname	Beschreibung
Benachrichtigungsebene für kritische Akkukapazität (Gilt für Windows Vista und neuere Versionen)	Gibt den Prozentsatz der verbleibenden Akkukapazität an, bei dem die Benachrichtigung über den kritischen Ladezustand erfolgt. Wenn Sie diese Richtlinie aktivieren, müssen Sie einen numerischen Wert (Prozentsatz) eingeben, um den Ladezustand festzulegen, bei dem die Benachrichtigung über die kritische Akkukapazität erfolgt. Mit der Richtlinieneinstellung *Aktion zur Benachrichtigung bei kritischer Akkukapazität* können Sie die Aktion festlegen, die dann durchgeführt wird. Wenn Sie diese Richtlinieneinstellung deaktivieren oder nicht konfigurieren, können Benutzer diese Einstellung anzeigen und ändern.
Aktion zur Benachrichtigung bei niedriger Akkukapazität (Gilt für Windows Vista und neuere Versionen)	Wenn Sie diese Richtlinieneinstellung aktivieren, können Sie festlegen, welche Aktion Windows ausführt, wenn die Akkukapazität die Benachrichtigungsebene für niedrige Akkukapazität erreicht. Zulässige Einstellungen sind: ▪ *Keine Aktion durchführen* ▪ *Energiesparmodus* ▪ *Ruhezustand* ▪ *Herunterfahren* Wenn Sie diese Richtlinieneinstellung deaktivieren oder nicht konfigurieren, können Benutzer diese Einstellung anzeigen und ändern.
Benachrichtigungsebene für niedrige Akkukapazität (Gilt für Windows Vista und neuere Versionen)	Gibt den Prozentsatz der verbleibenden Akkukapazität an, bei dem die Benachrichtigung über den niedrigen Ladezustand erfolgt. Wenn Sie diese Richtlinie aktivieren, müssen Sie einen numerischen Wert (Prozentsatz) eingeben, um den Ladezustand festzulegen, bei dem die Benachrichtigung über die niedrige Akkukapazität erfolgt. Mit der Richtlinieneinstellung *Aktion zur Benachrichtigung bei niedriger Akkukapazität* können Sie die Aktion festlegen, die dann durchgeführt wird. Wenn Sie diese Richtlinieneinstellung deaktivieren oder nicht konfigurieren, können Benutzer diese Einstellung anzeigen und ändern.
* *Benachrichtigungsebene für Reservestrom* (Gilt nur für Windows 7 oder Windows Server 2008 R2)	Gibt den Prozentsatz der verbleibenden Akkukapazität an, bei dem der Reservestrommodus ausgelöst wird. Wenn Sie diese Richtlinieneinstellung aktivieren, müssen Sie einen numerischen Wert (Prozentsatz) eingeben, um den Akkustand festzulegen, bei dem die Benachrichtigung über Reservestrom ausgelöst wird. Wenn Sie diese Richtlinieneinstellung deaktivieren oder nicht konfigurieren, können Benutzer diese Einstellung anzeigen und ändern.
Benutzerbenachrichtigung bei niedriger Akkukapazität deaktivieren (Gilt für Windows Vista und neuere Versionen)	Deaktiviert die Benutzerbenachrichtigung, die normalerweise erfolgt, wenn die verbleibende Akkukapazität der Benachrichtigungsebene für niedrige Akkukapazität erreicht. Wenn Sie diese Richtlinie aktivieren, zeigt Windows keine Benachrichtigung an, wenn die verbleibende Akkukapazität der Benachrichtigungsebene für niedrige Akkukapazität entspricht. Mit der Richtlinie *Benachrichtigungsebene für niedrige Akkukapazität* können Sie die Benachrichtigungsebene einstellen. Die Benachrichtigung wird nur angezeigt, wenn Sie die Richtlinie *Aktion zur Benachrichtigung bei niedriger Akkukapazität* auf *Keine Aktion durchführen* einstellen. Wenn Sie diese Richtlinieneinstellung nicht konfigurieren, können Benutzer diese Einstellung anzeigen und ändern.
Unter /System/Energiesparmoduseinstellungen	
* *Verhindern des automatischen Energiesparmodus für Anwendungen zulassen (Akkubetrieb)* (Gilt nur für Windows 7 oder Windows Server 2008 R2)	Wenn Sie diese Richtlinieneinstellung aktivieren, können Anwendungen und Dienste Windows daran hindern, nach einer bestimmten Zeit der Inaktivität automatisch in den Energiesparmodus zu wechseln. Wenn Sie diese Richtlinieneinstellung deaktivieren, können Anwendungen, Dienste oder Treiber Windows nicht daran hindern, automatisch in den Energiesparmodus zu wechseln. Nur Benutzereingaben entscheiden darüber, ob Windows automatisch in den Energiesparmodus wechselt. ▶

Richtlinienname	Beschreibung
* *Automatischen Energiesparmodus bei geöffneten Netzwerkdateien (Akkubetrieb) zulassen* (Gilt nur für Windows 7 oder Windows Server 2008 R2)	Wenn Sie diese Richtlinieneinstellung aktivieren, wechselt der Computer automatisch in den Energiesparmodus, während Netzwerkdateien geöffnet sind. Wenn Sie diese Richtlinieneinstellung deaktivieren, wechselt der Computer nicht automatisch in den Energiesparmodus, während Netzwerkdateien geöffnet sind.
Verschiedene Statusoptionen (S1-S3) beim Wechsel in den Energiesparmodus zulassen (Akkubetrieb) (Gilt für Windows Vista und neuere Versionen)	Wenn diese Richtlinie aktiviert ist, kann Windows verschiedene Energiezustände verwenden, wenn der Computer in den Energiesparmodus wechselt. Wenn diese Richtlinie deaktiviert ist, ist nur der Wechsel in den Ruhezustand möglich.
Kennwort anfordern, wenn ein Computer reaktiviert wird (Akkubetrieb) (Gilt für Windows Vista und neuere Versionen)	Wenn Sie diese Richtlinie aktivieren oder nicht konfigurieren, wird der Benutzer zur Eingabe eines Kennworts aufgefordert, wenn das System aus dem Energiesparmodus aufgeweckt wird. Wenn Sie diese Richtlinie deaktivieren, wird der Benutzer beim Aufwachen des Systems nicht zur Eingabe eines Kennworts aufgefordert.
Zeitlimit für Systemruhezustand angeben (Akkubetrieb) (Gilt für Windows Vista und neuere Versionen)	Wenn Sie diese Richtlinieneinstellung aktivieren, müssen Sie einen Wert für die Leerlaufzeit in Sekunden angeben, die verstreichen soll, bevor Windows in den Ruhezustand wechselt. Wenn Sie diese Richtlinieneinstellung deaktivieren oder nicht konfigurieren, können Benutzer diese Einstellung anzeigen und ändern.
Zeitlimit für System-Energiesparmodus angeben (Akkubetrieb) (Gilt für Windows Vista und neuere Versionen)	Wenn Sie diese Richtlinieneinstellung aktivieren, müssen Sie einen Wert für die Leerlaufzeit in Sekunden angeben, die verstreichen soll, bevor Windows in den Energiesparmodus wechselt. Wenn Sie diese Richtlinieneinstellung deaktivieren oder nicht konfigurieren, können Benutzer diese Einstellung anzeigen und ändern.
* *Leerlaufzeit nach unbeaufsichtigter Reaktivierung angeben (Akkubetrieb)* (Gilt nur für Windows 7 oder Windows Server 2008 R2)	Wenn Sie diese Richtlinieneinstellung aktivieren, müssen Sie einen Wert für die Leerlaufzeit in Sekunden angeben, nach der Windows automatisch in den Energiesparmodus wechselt, wenn der Computer nicht benutzt wird. Wenn Sie 0 Sekunden angeben, wechselt Windows nicht automatisch in den Energiesparmodus. Wenn Sie diese Richtlinieneinstellung deaktivieren oder nicht konfigurieren, können Benutzer diese Einstellung anzeigen und ändern.
Hybriden Energiesparmodus deaktivieren (Akkubetrieb) (Gilt für Windows Vista und neuere Versionen)	Deaktiviert den hybriden Energiesparmodus. Dies bedeutet, dass der Ruhezustand benutzt wird, um den Arbeitsspeicherinhalt des Computers zu speichern. Wenn Sie diese Richtlinieneinstellung aktivieren, wird keine Ruhezustanddatei (*Hiberfile.sys*) generiert, wenn das System in den Standbymodus wechselt. Wenn Sie diese Richtlinieneinstellung nicht konfigurieren, können Benutzer diese Einstellung anzeigen und ändern.
Wechsel in den Energiesparmodus durch Anwendungen verhindern (Akkubetrieb) (Gilt für Windows Vista und neuere Versionen)	Wenn Sie diese Richtlinieneinstellung aktivieren, kann eine Anwendung oder ein Dienst verhindern, dass das System in den Energiesparmodus wechselt (hybrider Energiesparmodus, Energiesparmodus oder Ruhezustand). Wenn Sie diese Richtlinieneinstellung deaktivieren oder nicht konfigurieren, können Benutzer diese Einstellung anzeigen und ändern. ▶

Richtlinienname	Beschreibung
	Unter /System/Video- und Anzeigeeinstellungen
Bildschirmhelligkeit reduzieren (Akkubetrieb) (Gilt nur für Windows 7 oder Windows Server 2008 R2)	Wenn Sie diese Richtlinieneinstellung aktivieren, müssen Sie einen Wert für die Leerlaufzeit in Sekunden angeben, die verstreichen soll, bevor Windows die Helligkeit des Bildschirms automatisch reduziert. Windows reduziert nur die Helligkeit des in den Computer integrierten ersten Bildschirms. Wenn Sie diese Richtlinieneinstellung deaktivieren oder nicht konfigurieren, können Benutzer diese Einstellung anzeigen und ändern.
Einstellung für die Bildschirmabdunkelung angeben (Akkubetrieb) (Gilt nur für Windows 7 oder Windows Server 2008 R2)	Wenn Sie diese Richtlinieneinstellung aktivieren, müssen Sie einen prozentualen Wert für die Helligkeit des Bildschirms angeben, wenn Windows die Helligkeit des Bildschirms automatisch verringert. Wenn Sie diese Richtlinieneinstellung deaktivieren oder nicht konfigurieren, können Benutzer diese Einstellung anzeigen und ändern.
Zeitlimit für adaptiven Bildschirm deaktivieren (Akkubetrieb) (Gilt für Windows Vista und neuere Versionen)	Verwaltet, wie Windows die Einstellung steuert, mit der angegeben wird, wie lange ein Computer inaktiv sein muss, bevor die Anzeige des Computers deaktiviert wird. Wenn diese Richtlinie aktiviert ist, passt Windows die Einstellung auf Grundlage des Tastatur- oder Mausverhaltens des Benutzers zum Beibehalten der Anzeige an. Wenn diese Richtlinie deaktiviert ist, wird dieselbe Einstellung verwendet, unabhängig vom Tastatur- oder Mausverhalten des Benutzers. Wenn Sie diese Einstellung nicht konfigurieren, können Benutzer diese Einstellung anzeigen und ändern.
Anzeige deaktivieren (Akkubetrieb) (Gilt für Windows Vista und neuere Versionen)	Wenn Sie diese Richtlinie aktivieren, müssen Sie einen Wert für die Leerlaufzeit in Sekunden angeben, die verstreichen soll, bevor die Anzeige ausgeschaltet wird. Wenn Sie diese Richtlinie deaktivieren oder nicht konfigurieren, können Benutzer diese Einstellung anzeigen und ändern.
Diashow für Desktophintergrund aktivieren (Akkubetrieb) (Gilt nur für Windows 7 oder Windows Server 2008 R2)	Wenn Sie diese Richtlinieneinstellung aktivieren, wird die Diashow für den Desktophintergrund aktiviert. Wenn Sie diese Richtlinieneinstellung deaktivieren, wird die Diashow für den Desktophintergrund deaktiviert. Wenn Sie diese Einstellung nicht konfigurieren, können Benutzer diese Einstellung anzeigen und ändern.

Direkt von der Quelle: Probleme mit dem automatischen Standbymodus

Nick Judge, Senior Development Lead, *Windows Kernel Development*

Software kann in Windows Vista zwar nicht verhindern, dass von Hand der Standbymodus aktiviert wird (indem Sie beispielsweise den Deckel Ihres Notebooks schließen oder den Netzschalter drücken), aber Sie haben zumindest mehrere Möglichkeiten, den automatischen Standbymodus (nach einer bestimmten Leerlaufphase) zu verhindern:

- **API-Aufrufe** Anwendungen, Dienste oder Treiber können eine Programmierschnittstelle (`SetThreadExecutionState`, `PoRegisterSystemState`) aufrufen, um den automatischen Standbymodus zu verhindern, während sie eine wichtige Aufgaben ausführen, die nicht unterbrochen werden soll. Beispiele sind etwa das Brennen einer DVD, das Kopieren einer großen Netzwerkdatei und das Durchführen eines Systemscans.

- **Längerfristige Prozessorauslastung über 20%** Der Energieverwaltungsmanager prüft die Prozessorauslastung, um den automatischen Standbymodus nach Möglichkeit zu verhindern, wenn eine Anwendung beschäftigt ist. Windows Vista hat eine Energieverwaltungseinstellung, die anpasst, welche Prozessorauslastung den automatischen Standbymodus verhindert.

- **Netzwerkdateifreigabe** Hat ein Computer beispielsweise freigegebene Dateien oder Drucker, die gerade von einem Remotecomputer benutzt werden, verhindert das den automatischen Standbymodus auf beiden Computern.

- **Medienfreigabe** Die Medienfreigabe verhindert den automatischen Standbymodus, weil nicht alle Remotecomputer oder Mediengeräte in der Lage sind, den Computer über das Netzwerk wieder aufzuwecken. Dieses Verhalten kann in den erweiterten Einstellungen der Energieoptionen konfiguriert werden. Die Einstellung *Bei der Freigabe von Medien* unter den Multimediaeinstellungen konfiguriert dieses Verhalten.

Konfigurieren von Energieverwaltungseinstellungen mit dem Dienstprogramm PowerCfg

Powercfg ist ein Befehlszeilenprogramm zum Konfigurieren der Windows 7-Energieverwaltungsrichtlinien. Das Programm *Powercfg.exe* macht alle Energieverwaltungsoptionen verfügbar, auch solche, die in der Benutzeroberfläche oder in den Gruppenrichtlinien unzugänglich sind.

Energieverwaltungseinstellungen werden durch GUIDs dargestellt. Daher ist es bei der Arbeit mit *Powercfg.exe* erforderlich, die GUIDs der Einstellungen zu kennen, die geändert werden sollen. Allerdings versteht *Powercfg.exe* für die gebräuchlichen GUIDs auch einfachere Bezeichnungen. Mit `powercfg -aliases` können Sie eine Liste der verfügbaren Bezeichnungen anzeigen. Hier ein Beispiel (die Ausgabe wurde gekürzt):

```
C:\Windows\system32\>powercfg -aliases
```

```
a1841308-3541-4fab-bc81-f71556f20b4a   SCHEME_MAX
8c5e7fda-e8bf-4a96-9a85-a6e23a8c635c   SCHEME_MIN
381b4222-f694-41f0-9685-ff5bb260df2e   SCHEME_BALANCED
fea3413e-7e05-4911-9a71-700331f1c294   SUB_NONE
238c9fa8-0aad-41ed-83f4-97be242c8f20   SUB_SLEEP
29f6c1db-86da-48c5-9fdb-f2b67b1f44da   STANDBYIDLE
9d7815a6-7ee4-497e-8888-515a05f02364   HIBERNATEIDLE
94ac6d29-73ce-41a6-809f-6363ba21b47e   HYBRIDSLEEP
d4c1d4c8-d5cc-43d3-b83e-fc51215cb04d   REMOTEFILESLEEP
7516b95f-f776-4464-8c53-06167f40cc99   SUB_VIDEO
...
```

Sie können zum Beispiel den Befehl `powercfg -setactive SCHEME_BALANCED` ausführen, statt die GUID des Energieschemas *Ausbalanciert* einzugeben.

Die folgenden Beispiele zeigen die Verwendung von *Powercfg.exe* auf Computern mit Windows Vista und neueren Versionen. Die meisten Befehle können Sie auch als Standardbenutzer geben, aber einige Ausnahmen, wie zum Beispiel `-export` (zum Exportieren von Energieschemas) oder `-h` (zum Aktivieren oder Deaktivieren der Ruhezustandsunterstützung), müssen mit erhöhten Rechten gegeben werden.

HINWEIS Wenn Sie den Befehl **powercfg /?** in einer Eingabeaufforderung ausführen, bekommen Sie eine ausführliche Hilfe zu *Powercfg.exe* angezeigt.

Der folgende Befehl zeigt eine Liste der verfügbaren Energiesparpläne (in *Powercfg.exe* werden die Energiesparpläne als Energieschemen bezeichnet):

```
C:\>powercfg -L
```

```
Bestehende Energieschemen (* Aktiv)
-----------------------------------
GUID des Energieschemas: 381b4222-f694-41f0-9685-ff5bb260df2e  (Ausbalanciert)
GUID des Energieschemas: 8c5e7fda-e8bf-4a96-9a85-a6e23a8c635c  (Höchstleistung) *
GUID des Energieschemas: a1841308-3541-4fab-bc81-f71556f20b4a  (Energiesparmodus)
```

Die Liste führt auch die GUIDs der einzelnen Energiesparpläne auf. Das Sternchen neben dem Energieschema *Höchstleistung* weist darauf hin, dass es sich um das aktive Energieschema handelt. Sie können das aktive Energieschema auch anders ermitteln:

```
C:\>powercfg -getactivescheme
```

```
GUID des Energieschemas: 8c5e7fda-e8bf-4a96-9a85-a6e23a8c635c  (Höchstleistung)
```

Das folgende Beispiel zeigt das Energieschema *Höchstleistung* ausführlicher an (so ausführlich, dass die folgende Darstellung etwas gekürzt wurde):

```
C:\>powercfg -q 8c5e7fda-e8bf-4a96-9a85-a6e23a8c635c
```

```
GUID des Energieschemas: 8c5e7fda-e8bf-4a96-9a85-a6e23a8c635c  (Höchstleistung)
  GUID der Untergruppe: fea3413e-7e05-4911-9a71-700331f1c294  (Einstellungen, die zu keiner
    Untergruppe gehören)
    GUID der Energieeinstellung: 0e796bdb-100d-47d6-a2d5-f7d2daa51f51  (Kennwort bei
    Reaktivierung anfordern)
      Index der möglichen Einstellung: 000
      Anzeigename der möglichen Einstellungen: Nein
      Index der möglichen Einstellung: 001
      Anzeigename der möglichen Einstellungen: Ja
    Index der aktuellen Wechselstromeinstellung: 0x00000001
    Index der aktuellen Gleichstromeinstellung: 0x00000001
  GUID der Untergruppe: 0012ee47-9041-4b5d-9b77-535fba8b1442  (Festplatte)
    GUID der Energieeinstellung: 6738e2c4-e8a5-4a42-b16a-e040e769756e  (Festplatte ausschalten
    nach)
      Minimum der möglichen Einstellung: 0x00000000
      Maximum der möglichen Einstellung: 0xffffffff
      Schrittweise Erhöhung der möglichen Einstellungen: 0x00000001
      Einheiten der möglichen Einstellungen: Sekunden
    Index der aktuellen Wechselstromeinstellung: 0x000004b0
    Index der aktuellen Gleichstromeinstellung: 0x000004b0
  GUID der Untergruppe: 0d7dbae2-4294-402a-ba8e-26777e8488cd  (Desktophintergrundeinstellungen)
    GUID der Energieeinstellung: 309dce9b-bef4-4119-9921-a851fb12f0f4  (Diashow)
      Index der möglichen Einstellung: 000
      Anzeigename der möglichen Einstellungen: Verfügbar
      Index der möglichen Einstellung: 001
      Anzeigename der möglichen Einstellungen: Angehalten
```

```
    Index der aktuellen Wechselstromeinstellung: 0x00000000
    Index der aktuellen Gleichstromeinstellung: 0x00000000

  GUID der Untergruppe: 19cbb8fa-5279-450e-9fac-8a3d5fedd0c1  (Drahtlosadaptereinstellungen)
    GUID der Energieeinstellung: 12bbebe6-58d6-4636-95bb-3217ef867c1a  (Energiesparmodus)
      Index der möglichen Einstellung: 000
      Anzeigename der möglichen Einstellungen: Höchstleistung
      Index der möglichen Einstellung: 001
      Anzeigename der möglichen Einstellungen: Minimaler Energiesparmodus
      Index der möglichen Einstellung: 002
      Anzeigename der möglichen Einstellungen: Mittlerer Energiesparmodus
      Index der möglichen Einstellung: 003
      Anzeigename der möglichen Einstellungen: Maximaler Energiesparmodus
    Index der aktuellen Wechselstromeinstellung: 0x00000000
    Index der aktuellen Gleichstromeinstellung: 0x00000000
...
```

Um das aktive Energieschema auf *Ausbalanciert* umzustellen, geben Sie folgenden Befehl ein:

```
C:\>powercfg -setactive SCHEME_BALANCED
```

Überprüfen Sie das Ergebnis:

```
C:\>powercfg -L
```

```
Bestehende Energieschemen (* Aktiv)
-----------------------------------
GUID des Energieschemas: 381b4222-f694-41f0-9685-ff5bb260df2e  (Ausbalanciert) *
GUID des Energieschemas: 8c5e7fda-e8bf-4a96-9a85-a6e23a8c635c  (Höchstleistung)
GUID des Energieschemas: a1841308-3541-4fab-bc81-f71556f20b4a  (Energiesparmodus)
```

Auf folgende Weise finden Sie heraus, welche Energiesparmodi vom System unterstützt werden:

```
C:\>powercfg -a
```

```
Die folgenden Ruhezustandfunktionen sind auf diesem System
verfügbar: Standby ( S1 S3 ) Ruhezustand Hybrider Standbymodus
Die folgenden Ruhezustandfunktionen sind auf diesem System nicht verfügbar:
Standby (S2)
        Die Systemfirmware unterstützt diesen Standbystatus nicht.
```

WEITERE INFORMATIONEN Die Unterschiede zwischen diesen unterschiedlichen Energiesparmodi sind unter *http://msdn2.microsoft.com/en-gb/library/ms798270.aspx* beschrieben.

So können Sie herausfinden, welche Quelle das System aus dem Energiesparmodus aufgeweckt hat:

```
C:\>powercfg -lastwake
```

```
Aktivierungsverlaufsanzahl - 1
Aktivierungsverlauf [0]
  Aktivierungsquellenanzahl - 1
```

```
Aktivierungsquelle [0]
  Typ: Gerät
  Instanzpfad: ACPI\PNP0C0C\2&daba3ff&1
  Anzeigename:
  Beschreibung: ACPI-Einschaltknopf
  Hersteller: (Standardsystemgeräte)
```

Um das Zeitlimit für die Abschaltung des Monitors im aktuellen Energieschema auf 30 Minuten zu stellen, geben Sie folgenden Befehl ein:

```
C:\>powercfg -setacvalueindex SCHEME_CURRENT SUB_VIDEO VIDEOIDLE 1800
C:\>powercfg -setactive SCHEME_CURRENT
```

Mit folgendem Befehl können Sie ein Energieschema in eine *.pow*-Datei exportieren (das ist ein spezielles Binärformat):

```
C:\>powercfg -export C:\newscheme.pow 8c5e7fda-e8bf-4a96-9a85-a6e23a8c635c
```

Verwenden Sie den Schalter -import, um eine *.pow*-Datei zu importieren.

So können Sie den Ruhezustand auf einem Computer sperren:

```
C:\>powercfg -h off
```

Um die Energieeffizienz des Computers zu ermitteln, schließen Sie erst alle Anwendungen und Dokumente, lassen das System dann 10 Minuten lang im Leerlauf und führen schließlich den folgenden Befehl aus:

```
C:\Windows\system32>powercfg -energy
```

```
Ablaufverfolgung wird für 60 Sekunden aktiviert...
Systemverhalten wird überwacht...
Ablaufverfolgungsdaten werden analysiert...
Die Analyse ist abgeschlossen.

Es wurden Energieeffizienzprobleme festgestellt.

7 Fehler
2 Warnungen
11 Informationsereignisse

Weitere Informationen finden Sie in "C:\Windows\system32\energy-report.html".
```

Wenn Sie die HTML-Datei (Hypertext Markup Language) öffnen, die von diesem Befehl generiert wurde, bekommen Sie einen Energieeffizienzdiagnosebericht mit Fehler-, Benachrichtigungs- und Informationseinträgen angezeigt. Abbildung 17.10 zeigt den Fehlerabschnitt eines Berichts, der auf einem älteren System erstellt wurde, das nicht für optimale Energieeffizienz konfiguriert ist.

Konfigurieren von Energieverwaltungseinstellungen mit dem Power-WMI-Anbieter

Windows 7 enthält nun einen WMI-Anbieter, mit dem Sie die Energierichtlinie über die normale WMI-Schnittstelle konfigurieren können. Dank dieses Anbieters können Sie viele Aktionen in Skripts ausführen. Einige Beispiele:

- Ändern der Werte für die Enegieeinstellungen per Skript mithilfe der Klasse Win32_PowerSetting
- Aktivieren eines bestimmten Energiesparplans mit der Methode Win32_Plan.Activate()

WEITERE INFORMATIONEN   In MSDN finden Sie weitere Informationen darüber, wie Sie mit WMI Energieeinstellungen in Windows 7 verwalten.

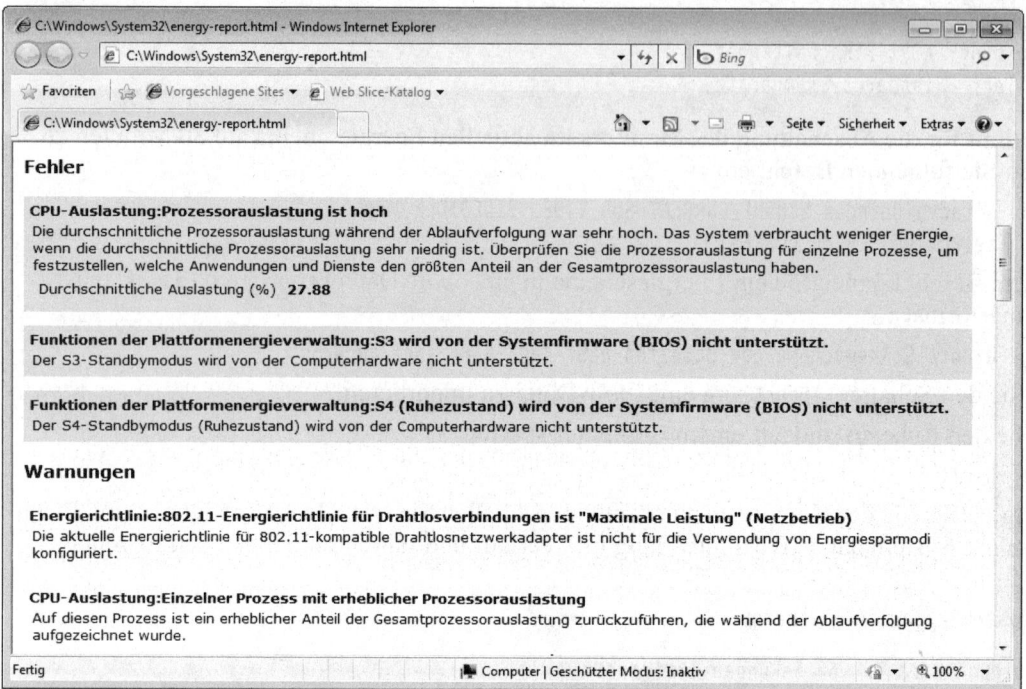

Abbildung 17.10   Ausschnitt eines Energieeffizienzdiagnoseberichts, der mit `powercfg -energy` generiert wurde

Grundlagen von Diensten

Dienste kann man als Anwendungen beschreiben, die im Hintergrund laufen, gewöhnlich beim Start des Computers gestartet und unabhängig von der Anmeldung eines Benutzers ausgeführt werden. Dienste erledigen niedere Aufgaben wie zum Beispiel die Authentifizierung, den Netzwerkbetrieb und andere Arbeiten, die keine oder nur geringe Steuerung durch einen Benutzer erfordern. Auf Windows können auch Dienste von anderen Herstellern ausgeführt werden, beispielsweise Firewalls oder Antivirussoftware.

Dienste werden mit der Services-API implementiert und vom Dienststeuerungs-Manager verwaltet. Der Dienststeuerungs-Manager verwaltet eine Datenbank mit Informationen über die Dienste, die auf dem Computer installiert sind. Die Verwaltung der Dienste kann mit Befehlszeilenprogrammen und mit Programmen erfolgen, die eine grafische Oberfläche haben. Mit diesen Tools können Administratoren folgende Aufgaben erledigen:

- Einen Dienst so einstellen, dass er beim Start des Computers automatisch gestartet wird, dass er bei Bedarf manuell gestartet wird oder dass er deaktiviert ist.
- Einen Dienst starten, beenden, für eine gewisse Zeit anhalten und wieder weiterlaufen lassen (sofern der Dienst gerade ausgeführt wird).
- Einen Sicherheitskontext festlegen, in dem der Dienst ausgeführt wird. Meistens handelt es sich dabei um das Konto *Lokales System*, um ein Konto mit geringeren Rechten wie *Lokaler Dienst*

oder *Netzwerkdienst* oder um ein benutzerdefiniertes Konto, das speziell für den Dienst angelegt wurde.

- Für den Fall, dass der Dienst ausfallen sollte, Wiederherstellungsoptionen festlegen.
- Die Abhängigkeiten des Dienstes von anderen Diensten anzeigen.

Verbesserungen an den Diensten in Windows 7

Die Implementierung der Dienste in Windows 7 baut auf den Verbesserungen auf, die bereits in Windows Vista in diesem Bereich vorgenommen wurden. Die folgende Liste fasst die wichtigsten Änderungen an den Diensten zusammen, die in Windows Vista implementiert wurden, um die Sicherheit, Zuverlässigkeit und Leistung der Dienste zu verbessern, die auf dem System ausgeführt werden.

- **Ausführung mit den geringstmöglichen Rechten**   Verbessert die Sicherheit durch die Entfernung von überflüssigen Rechten aus dem Prozesstoken, unter dem der Dienst ausgeführt wird. Bei eigenständigen Diensten erreicht der Dienststeuerungs-Manager dies durch einen Vergleich der erforderlichen Rechte mit den Rechten des Prozesstokens und durch die Entfernung der überflüssigen Rechte. Ein Dienst kann mit den »erforderlichen Rechten« konfiguriert werden. Gewöhnlich übernimmt dies der Entwickler des Dienstes und nicht der Administrator, weil die Liste der erforderlichen Rechte an das Dienstdesign gebunden ist. Erfolgt die Konfiguration in dieser Weise, entfernt der Dienststeuerungs-Manager überflüssige Rechte aus dem Konto des Dienstes, bevor er den Dienstprozess startet. Wenn der Dienstprozess mehrere Dienste aufnimmt, berechnet der Dienststeuerungs-Manager die Vereinigungsmenge der erforderlichen Rechte der betreffenden Dienste und entfernt überflüssige Rechte. Standardmäßig werden keine Rechte entfernt, damit ältere Dienste, die unter Windows Vista ausgeführt werden, nicht durch diese Funktion beeinträchtigt werden.

- **Dienstisolierung**   Die Sicherheit wird durch die Verwendung von eingeschränkten SIDs (Sicherheits-IDs) verbessert, weil Dienste dadurch mit geringeren Rechten ausgeführt werden und trotzdem Zugriff auf Objekte wie zum Beispiel Registrierungsschlüssel erhalten, die nur für Administratoren zugänglich sind. In älteren Windows-Versionen wurden viele Dienste so eingestellt, dass sie mit dem leistungsfähigen Konto *Lokales System* ausgeführt werden, weil die ACLs der Ressourcen, die sie benötigten, auf den Zugriff durch das Konto *Lokales System* ausgelegt waren (es ist mit einem relativ hohen Aufwand verbunden, Prozessen mit geringeren Rechten Zugriff zu gewähren). Durch die Ausführung mit dem Konto *Lokales System* hatten aber Angriffspunkte, die ein Dienst aufwies, unter Umständen schwerwiegende Folgen. Unter Windows Vista können Dienste so eingestellt werden, dass sie mit Konten ausgeführt werden, die über weniger Rechte verfügen. Allerdings kann der Entwickler des Dienstes den Dienst nur unter Windows Vista so konfigurieren, dass eine eindeutige SID (die *Dienst-SID)* zum Prozesstoken hinzugefügt wird und die ACLs der Ressourcen, die vom Dienst verwendet werden (Registrierungsschlüssel und so weiter), mit dieser Dienst-SID einen Vollzugriff erlauben. Dadurch reichen geringere Rechte für das Dienstkonto aus. Trotzdem erhält nur der Dienstprozess Zugriff auf die Ressourcen, im Gegensatz zu anderen Prozessen, die mit dem Dienstkonto ausgeführt werden und auf die Ressourcen zugreifen wollen.

- **Eingeschränkte Dienst-SID**   Wenn der Entwickler des Dienstes diese Funktion wählt, wird die Dienst-SID beim Start des Dienstprozesses zum Prozesstoken hinzugefügt, wie im Fall der Dienst-SID (die SID ist im Fall eines von mehreren Diensten benutzten Prozesses in einem deaktivierten Zustand, bis der Dienst gestartet wird). Außerdem ist das Prozesstoken mit einem beschränkten Schreibzugriff versehen. Das bedeutet, dass der Dienstprozesscode nur die Ressourcen mit Schreibzugriffen verändern kann, deren ACLs explizit einen Zugriff durch die Dienst-SID vorsehen. Stellen Sie sich zum Beispiel einen Registrierungsschlüssel vor, der dem Konto *Lokaler Dienst* den Vollzugriff erlaubt. Ein eingeschränkter Dienstprozess würde keinen Schreibzugriff auf diesen Schlüssel erhalten, selbst wenn er mit dem Konto *Lokaler Dienst* ausgeführt wird. Der eingeschränkte Dienst würde nur Zugriff erhalten, wenn die ACL des Schlüssels der Dienst-SID den Schreibzugriff erlaubt. Diese Funktion soll den Schaden eingrenzen, den ein Dienst im System anrichten kann, falls ein Angreifer Erfolg hat. Gewöhnlich werden diese Funktionen vom Entwickler des Dienstes vorgesehen, nicht vom Administrator.

- **Beschränkter Netzwerkzugriff**   Verwendet die Windows-Diensthärtung (Windows Service Hardening, WSH) und dienstspezifische SIDs, um die Sicherheit durch die Beschränkung der Zugriffsrechte zu erhöhen, die ein Dienst auf Netzwerkressourcen wie zum Beispiel Ports und Protokolle erhält.

- **Isolierung der Sitzung 0**   Verbessert die Sicherheit durch die Isolierung der Dienste von den Benutzeranwendungen, wobei alle Dienste in Sitzung 0 ausgeführt werden, während Benutzeranwendungen in Sitzung 1 oder höher ausgeführt werden. Das bedeutet, dass ein Dienst, der in älteren Windows-Versionen als interaktiv gekennzeichnet wurde und eine Benutzeroberfläche anzeigen konnte, dies in Windows Vista nicht mehr kann. Beachten Sie, dass solche Dienste bereits in älteren Windows-Versionen nicht mehr einsetzbar waren, als die schnelle Benutzerumschaltung eingeführt wurde. Solche Dienste müssen nun in der Sitzung des Benutzers einen entsprechenden Benutzerprozess ausführen, der sich um die Benutzeroberfläche kümmert und über COM oder RPC mit dem Dienst kommuniziert.

- **Verzögerter Start**   Ein neuer Startmodus für Dienste, der die Leistung beim Systemstart erhöht, indem der Start von weniger kritischen Diensten etwa 2 Minuten hinausgezögert wird, bis Windows hochgefahren ist. Dadurch sind Windows und die Anwendungen nach dem Start des Computers schneller einsatzbereit. Ein Beispiel für einen Dienst, der für den verzögerten Start konfiguriert ist, ist der Windows Update-Dienst.

- **Benachrichtigungen über Zustandsänderungen der Dienste**   Verbessert die Leistung, weil der Dienststeuerungs-Manager nun erkennen kann, wenn ein Dienst gestartet oder beendet wird, oder seinen Status ändert, ohne ständig den Status jedes Dienstes abfragen zu müssen. Der Dienststeuerungs-Manager kann dann den Client über die Änderungen im Dienststatus informieren. Das funktioniert bei lokalen Clients und bei Remoteclients.

- **Benachrichtigungen über das anstehende Herunterfahren**   Verbessert die Zuverlässigkeit, weil der Dienststeuerungs-Manager Dienste im Voraus über das Herunterfahren informieren kann, damit sie mehr Zeit für Aufräumarbeiten und die geordnete Beendigung ihrer Arbeit haben. In älteren Windows-Versionen und auch in Windows Vista ist für das Herunterfahren des Computers nur eine bestimmte Zeit vorgesehen, in der Dienste ihre Arbeit beenden können. Für die meisten Dienste ergeben sich dadurch zwar keine negativen Folgen, aber manche Dienste werden dadurch vorzeitig und unsauber abgebrochen. Das kann beim nächsten Systemstart längere Verzögerungen nach sich ziehen, wenn beispielsweise eine Datenbank wiederhergestellt werden muss. In Windows Vista können solche Dienste Nachrichten über das bevorstehende Herunterfahren des Computers abonnieren. Das System versendet diese Benachrichtigungen, nachdem sich alle Benutzer abgemeldet haben und bevor der Computer heruntergefahren wird. Die Dienste können sich dann so viel Zeit nehmen, wie sie brauchen, bevor sie beendet werden. Allerdings kann sich das auf die Zeit auswirken, die für das Herunterfahren des Computers erforderlich ist, und muss daher vom Entwickler des Dienstes sorgfältig überlegt werden. Auch diese Funktion wird durch den Entwickler des Dienstes implementiert und kann nicht von einem Administrator konfiguriert werden.

- **Reihenfolge des Herunterfahrens** Verbessert die Zuverlässigkeit, weil die Besitzer der Dienste die Abhängigkeiten zwischen den Diensten in eine globale Abhängigkeitsliste eintragen können, mit der die Reihenfolge festgelegt wird, in der Dienste heruntergefahren werden. Das ist nur auf Dienste anwendbar, die Benachrichtigungen über das bevorstehende Herunterfahren abonnieren. In diesem Fall können die Dienste entweder geordnet oder ungeordnet heruntergefahren werden. Wenn sie sich selbst in die geordnete Liste eintragen, wartet der Dienststeuerungs-Manager darauf, dass ein Dienst seinen Lauf beendet, bevor er mit dem nächsten Dienst aus der Liste fortfährt. Nachdem das geordnete Herunterfahren abgeschlossen ist, beginnt das ungeordnete Herunterfahren. Beachten Sie, dass die Dienste in dieser Phase genauso ungeordnet heruntergefahren werden wie bisher.

- **Erkennung und Behebung von behebbaren Fehlern** Verbessert die Zuverlässigkeit, weil der Dienststeuerungs-Manager behebbare Fehler besser erkennen kann, wie zum Beispiel Speicherlecks, und entsprechende Maßnahmen treffen kann. In älteren Windows-Versionen konnten nur bestimmte Dienste für den Fall eines Absturzes mit Wiederherstellungsaktionen konfiguriert werden (Neustart, Ausführung eines Skripts und so weiter). In Windows Vista können Dienste zusätzlich so konfiguriert werden, dass Wiederherstellungsaktionen ausgeführt werden, wenn der Dienst nicht abstürzt, sondern mit einem Fehler beendet wird. Die Folgen von Speicherlecks und anderen Problemen können daher mit dieser Funktion eingeschränkt werden.

- **Begründung für das Beenden eines Dienstes** Ein Administrator, der einen Dienst beendet, kann nun einen Grund dafür angeben. Dadurch ist es bei der Post-Mortem-Zuverlässigkeitsanalyse einfacher möglich, den Grund für den Ausfall eines Dienstes herauszufinden. Wenn der Administrator den Grund für das Beenden mit der Stop-Option von *Sc.exe* angibt, trägt der Dienststeuerungs-Manager eine Ereignismeldung mit dem Grund ins Ereignisprotokoll ein. Auch eine neue API namens `ControlServiceEx` ist in der Lage, die Begründung für die Beendigung anzunehmen.

- **Lokalisierung** Ein Dienstentwickler kann nun Diensteigenschaften wie den Anzeigenamen oder die Beschreibung als lokalisierbare Zeichenfolge vorsehen. Der Dienststeuerungs-Manager lädt diese Ressourcen aus einer Ressourcen-DLL, wenn ein Benutzer die Diensteigenschaft abfragt. Der Name hat die Form `@resource_dll,-resource_ID`.

Windows 7 führt weitere Verbesserungen an der Implementierung von Diensten ein, die Sicherheit, Leistung und Energieeffizienz von Windows-Computern erhöhen. Die wichtigsten dieser Verbesserungen sind:

- **Neue einheitliche Architektur** Windows 7 hat eine neue einheitliche Architektur, die die Zeitplanung von Hintergrundprozessen (Dienste und geplante Aufgaben) in Windows steuert. Das geschieht für die Benutzer, Administratoren und vorhandene APIs transparent. Dieses Feature ermöglicht den Triggerstart von Diensten, wie im nächsten Punkt beschrieben.

- **Triggerstart** Windows 7 ermöglicht es nun, einen Dienst zu starten oder zu beenden (aber nicht anzuhalten oder fortzusetzen), wenn ein bestimmtes Ereignis, der sogenannte *Trigger,* auftritt. Hier einige Beispiele für Trigger, die Sie benutzen können, um einen Dienst zu starten oder zu beenden:

  - ☐ Eintreffen der ersten IP-Adresse
  - ☐ Verlassen der letzten IP-Adresse
  - ☐ Anschließen und Entfernen eines Hardwaregeräts
  - ☐ Beitreten zu einer Domäne oder Verlassen einer Domäne
  - ☐ Änderung an Gruppenrichtlinien
  - ☐ Benutzerdefinierte Trigger, die vom Kernel- oder Benutzermodus ausgelöst werden

Zum Beispiel kann der Start des passenden Bilddienstes über einen Trigger ausgelöst werden, wenn ein Scanner an einen Windows 7-Computer angeschlossen wird. Wird der Scanner wieder entfernt, kann der Dienst wieder über einen Trigger beendet werden. Der Triggerstart verbessert die Leistung von Windows, weil weniger Dienste auf dem Computer laufen. Er erhöht außerdem die Sicherheit, weil weniger laufende Dienste bedeuten, dass die Angriffsfläche kleiner ist. Und schließlich kann der Triggerstart den Systemstart beschleunigen, weil weniger Dienste gleich beim Start von Windows gestartet werden müssen. Eine vollständige Liste der Trigger finden Sie unter *http://msdn.microsoft.com/en-us/library/dd405512.aspx*.

- **Neue Optionen für den Befehl *Sc.exe***   Das Befehlszeilentool *Sc.exe* zum Verwalten von Diensten wurde in Windows 7 durch neue Befehlsoptionen erweitert, mit denen Sie Diensttrigger verwalten können. Neue Optionen sind:

  - **qtriggerinfo**   Fragt die Triggerparameter eines Dienstes ab.

  - **triggerinfo**   Konfiguriert die Triggerparameter eines Dienstes.

- **Verwaltete Dienstkonten**   Verwaltete Dienstkonten in Windows Server 2008 R2 und Windows 7 sind verwaltete Domänenkonten, die mithilfe der folgenden Funktionen die Dienstadministration vereinfachen:

  - Automatische Kennwortverwaltung

  - Einfachere Verwaltung der Dienstprinzipalnamen (Service Principal Name, SPN), inklusive Delegierung der Verwaltung an andere Administratoren

- **Virtuelle Konten**   Die virtuellen Konten in Windows Server 2008 R2 und Windows 7 sind »verwaltete lokale Konten«, die folgende Funktion bereitstellen, um die Dienstadministration zu erleichtern:

  - Keine Kennwortverwaltung nötig

  - Die Möglichkeit, mit einer Computeridentität auf das Netzwerk in einer Domänenumgebung zuzugreifen

Direkt von der Quelle: Beheben von Problemen mit Diensten

Chittur Subbaraman, Software Design Engineer, *Windows Kernel Development*

Hier ein paar Tipps für IT-Administratoren und Dienstentwickler zur Problembehandlung:

- **Leistungsprobleme**   Schlechte Leistung eines Dienstes ist einer der häufigsten Gründe für lange Anmeldezeiten und für Schwierigkeiten mit bestimmten Anwendungen nach der Anmeldung. Wenn Sie es mit solchen Symptomen zu tun haben, überprüfen Sie mit der Ereignisanzeige das Systemereignisprotokoll nach Warnungen oder Fehlereinträgen vom Dienststeuerungs-Manager. Außerdem können Sie mit dem Befehl sc queryex überprüfen, für welche Dienste immer noch der Status START_PENDING ausgewiesen wird. Der Status der Dienste lässt sich auch mit dem Dienste-Snap-In überprüfen. Solche blockierten Dienste können die Ursache für eine schlechte Systemleistung sein.

- **Die Registerkarte *Dienste* des Task-Managers**   In Windows Vista verfügt der Task-Manager über eine neue Registerkarte namens *Dienste*, die verschiedene Informationen über Dienste anzeigen kann. Damit lassen sich Dienste erkennen, die viel Rechenzeit oder andere Ressourcen beanspruchen. Sie können den fraglichen Dienst mit der rechten Maustaste anklicken und ihn dann beenden, um das Problem für den Augenblick zu lösen, bevor Sie sich an den Hersteller des Dienstes wenden.

■ **Allgemein** Wenn einige Dinge nicht so laufen, wie sie sollen, kann es nützlich sein, die Zustände aller Dienste zu überprüfen, die an dem Vorgang beteiligt sind. Wenn beispielsweise die Echtzeitvirenüberwachung nicht funktioniert, wurde vielleicht der Überwachungsdienst nicht gestartet. Überprüfen Sie in der Ereignisanzeige das Systemereignisprotokoll auf Warnungen oder Fehlereinträge, die der Dienststeuerungs-Manager für den fraglichen Dienst vorgenommen hat. Außerdem können Sie den Dienststatus mit dem Befehl `sc queryex` *Dienstname* überprüfen. Auch das Dienste-Snap-In ist hilfreich.

Verwalten von Diensten

Windows 7 bietet für die Verwaltung von Diensten vier wichtige Tools:

■ Das Dienste-Snap-In (*Services.msc*)
■ Den Task-Manager
■ Gruppenrichtlinien
■ Den Befehl *Sc.exe*

Verwenden des Dienste-Snap-Ins

Das Snap-In *Dienste* hat sich in Windows 7 gegenüber Windows Vista nicht verändert. Im Vergleich zur Snap-In-Version von Windows XP ist die wichtigste Änderung, dass der Starttyp für einen Dienst nun im Eigenschaftendialogfeld eines Dienstes auf der Registerkarte *Allgemein* als *Automatisch (Verzögerter Start)* angegeben werden kann (Abbildung 17.11).

Abbildung 17.11 Einstellen eines Dienstes für den verzögerten Start

WICHTIG Bevor Sie einen Dienst für den verzögerten automatischen Start vorsehen, sollten Sie sicher sein, dass Sie die möglichen Folgen richtig einschätzen. Nach einem verzögerten automatischen Start gibt es keinerlei Garantie für den Zeitpunkt, an dem der Dienst nach dem Abschluss des Systemstarts gestartet wird. Wenn eine Anwendung versucht, den Dienst zu verwenden, bevor er gestartet wurde, kann sie keinen Erfolg haben.

Das bedeutet, dass Clientanwendungen so entworfen werden sollten, dass sie den Dienst bei Bedarf starten, wenn sie ihn brauchen, bevor er im Rahmen des verzögerten automatischen Starts gestartet wird. Wird ein bestimmter Dienst für den verzögerten automatischen Start vorgesehen und der Dienststeuerungs-Manager erkennt, dass ein anderer Dienst von diesem Dienst abhängig ist, ignoriert der Dienststeuerungs-Manager die Einstellung für den verzögerten automatischen Start des Dienstes und startet ihn bereits beim Start des Computers.

Die einzige weitere wichtige Änderung im Dienste-Snap-In gegenüber der Version in Windows XP ist die Option, Aktionen zu konfigurieren, die ausgeführt werden, wenn der Dienst mit Fehlern beendet wird. Diese Option lässt sich auf der Registerkarte *Wiederherstellung* einstellen. Ihre Einstellung aktiviert die Erkennung von behebbaren Fehlern und die Wiederherstellung nach behebbaren Fehlern.

Verwenden des Task-Managers

Der Task-Manager hat in Windows Vista eine neue Registerkarte *Dienste* erhalten (Abbildung 17.12), die auch in Windows 7 zur Verfügung steht. Mit dieser Registerkarte können Sie Folgendes tun:

- Den Namen, die Prozess-ID (PID), die Beschreibung (eigentlich handelt es sich um den Anzeigenamen des Dienstes), den Status (*wird ausgeführt* oder *beendet*) und die Dienstgruppe aller Dienste anzeigen, die auf dem System ausgeführt werden.

- Einen Dienst starten oder beenden, indem Sie ihn mit der rechten Maustaste anklicken und im Menü den entsprechenden Befehl wählen.

- Den Prozess anzeigen, in dem ein Dienst ausgeführt wird, indem Sie den Dienst mit der rechten Maustaste anklicken und dann *Zu Prozess wechseln* wählen.

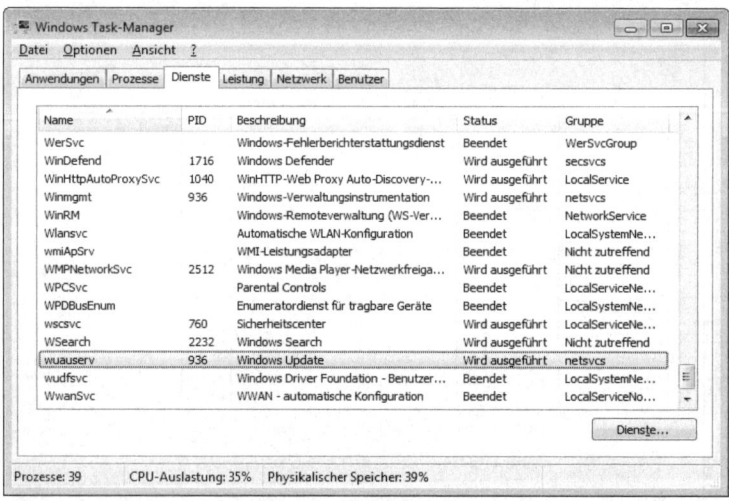

Abbildung 17.12   Die neue Registerkarte *Dienste* des Task-Managers

HINWEIS   Vor der Anzeige des Prozesses, der mit dem Dienst verknüpft ist, sollten Sie zuerst auf der Registerkarte *Prozesse* auf die Schaltfläche *Prozesse aller Benutzer anzeigen* klicken. Dieser Schritt ist erforderlich, da viele Dienste in einem *Svchost.exe*-Prozess ausgeführt werden, damit sie im Speicher weniger Platz beanspruchen. Wenn auf der Registerkarte *Prozesse* die Prozesse von allen Benutzern angezeigt werden, klicken Sie auf der Registerkarte *Dienste* einen Dienst, der über eine PID verfügt, mit der rechten Maustaste an und wählen *Zu Prozess wechseln*. Der Task-Manager wechselt automatisch auf die Registerkarte *Prozesse* und markiert den *Svchost.exe*-Prozess, in dem der ausgesuchte Dienst ausgeführt wird.

Verwenden von Gruppenrichtlinien

Mit Gruppenrichtlinien können Sie den Starttyp (*Automatisch*, *Manuell* oder *Deaktiviert*) und ACLs für Dienste in derselben Weise festlegen wie in den älteren Windows-Versionen. Für jeden Dienst des Computers ist unter folgendem Knoten eine Richtlinieneinstellung zu finden:

Computerkonfiguration\Richtlinien\Windows-Einstellungen\Sicherheitseinstellungen\Systemdienste

Verwenden des Befehls *Sc.exe*

Mit dem Befehlszeilenprogramm *Sc.exe* können Sie Dienste in derselben Weise starten, beenden, konfigurieren und verwalten wie in älteren Windows-Versionen. Der Befehl *Sc.exe* bietet Administratoren weit mehr Flexibilität beim Konfigurieren von Diensten als das Snap-In *Dienste* oder Gruppenrichtlinien.

Der Befehl *Sc.exe* wurde bereits in Windows Vista durch zusätzliche Befehlszeilenargumente erweitert, darunter folgende:

- Mit folgenden Befehlen lassen sich die Rechte angeben, die für einen Dienst erforderlich sind:
    - ☐ **privs** Legt die erforderlichen Berechtigungen eines Dienstes fest.
    - ☐ **qprivs** Fragt die erforderlichen Berechtigungen eines Dienstes ab.
- Für dienstspezifische SIDs gibt es folgende Befehle:
    - ☐ **sidtype** Ändert die SID eines Dienstes.
    - ☐ **qsidtype** Fragt den SID-Typ eines Dienstes ab.
- Für die Fehleraktionseinstellungen stehen folgende Befehle zur Verfügung:
    - ☐ **failureflag** Ändert das Fehleraktionsflag eines Dienstes.
    - ☐ **qfailureflag** Fragt das Fehleraktionsflag eines Dienstes ab.
    - ☐ **showsid** Zeigt die Dienst-SID des Dienstes an.
    - ☐ **stop** Das ist ein alter Befehl, der für Windows 7 erweitert wurde, damit sich der Grund für die Beendigung eines Dienstes angeben lässt. Dadurch lässt sich bei der Post-Mortem-Zuverlässigkeitsanalyse ermitteln, warum ein Administrator einen Dienst beendet hat (man sucht im Ereignisprotokoll nach einem Eintrag des Dienststeuerungs-Managers, in dem dieser Grund angegeben wird).

In Windows 7 kommen neue Befehlsoptionen für *Sc.exe* hinzu, mit denen Sie die unterstützten Trigger für einen Dienst konfigurieren und abfragen können. Informationen über die Benutzung dieser neuen Befehlsoptionen enthält der Textkasten »Direkt von der Quelle: Unterstützung für Diensttrigger im Befehl *Sc.exe*« weiter unten in diesem Kapitel.

Weitere Informationen über die Befehlszeilenargumente von *Sc.exe* erhalten Sie, indem Sie in einer Eingabeaufforderung **sc /?** eingeben.

Direkt von der Quelle: Unterstützung für Diensttrigger im Befehl *Sc.exe*

CSS Global Technical Readiness Team

Das Befehlszeilentool *Sc.exe* wurde für Windows 7 und Windows Server 2008 R2 aktualisiert. Es enthält nun die Befehlsoption `triggerinfo`, mit der Sie die unterstützten Trigger für einen Dienst konfigurieren, sowie die Befehlsoption `qtriggerinfo` zum Abfragen der Triggerinformationen zu einem Dienst.

Die Syntax der Option `triggerinfo` lautet.

```
sc <Server> triggerinfo [Dienstname] <Parameter1> <Parameter2>...
```

Mögliche Parameter für die Befehlsoption -`triggerinfo` sind:

- **start/device/UUID/HwId1/...**   Startet den Dienst, sobald der angegebene Geräteschnittstellen-klasse-UUID-String mit einem oder mehreren Hardware-ID-Strings und/oder Kompatiblen-ID-Strings eintrifft.

- **start/custom/UUID/data0/...**   Startet den Dienst, wenn ein Ereignis aus einem angegebenen benutzerdefinierten ETW-Anbieter-UUID-String mit einem oder mehreren Binärdatenelementen als hexadezimale Zeichenfolge eintrifft, zum Beispiel ABCDABCD für einen 4-Byte-Datenblock.

- **stop/custom/UUID/data0/...**   Beendet den Dienst, wenn ein Ereignis aus einem angegebenen benutzerdefinierten ETW-Anbieter-UUID-String mit einem oder mehreren Binärdatenelementen als hexadezimale Zeichenfolge eintrifft, zum Beispiel ABCDABCD für einen 4-Byte-Datenblock.

- **start/strcustom/UUID/data0/...**   Startet den Dienst, wenn ein Ereignis aus einem angegebenen benutzerdefinierten ETW-Anbieter-UUID-String mit einem oder mehreren optionalen String-datenelementen eintrifft.

- **stop/strcustom/UUID/data0/...**   Beendet den Dienst, wenn ein Ereignis aus einem angegebenen benutzerdefinierten ETW-Anbieter-UUID-String mit einem oder mehreren optionalen String-datenelementen eintrifft.

- **start/networkon**   Startet den Dienst bei der ersten IP-Adresse.

- **stop/networkoff**   Beendet den Dienst bei 0 IP-Adressen.

- **start/domainjoin**   Startet den Dienst, wenn es sich um ein Domänenmitglied handelt.

- **stop/domainleave**   Beendet den Dienst, wenn es sich nicht um ein Domänenmitglied handelt.

- **start/portopen/parameter**   Startet den Dienst beim Öffnen eines Netzwerkports. Der Parameter enthält durch Strichpunkt getrennte Daten in der Form Portnummer;Protokollname;Bildpfad;Dienstname.

- **stop/portclose/parameter**   Beendet den Dienst, wenn ein Netzwerkport geschlossen wird. Der Parameter enthält durch Strichpunkt getrennte Daten in der Form Portnummer;Protokollname;Bildpfad;Dienstname.

- **start/machinepolicy**   Startet den Dienst, wenn sich die Computergruppenrichtlinie ändert oder beim Systemstart vorhanden ist.

- **start/userpolicy**   Startet den Dienst, wenn sich die Benutzergruppenrichtlinie ändert oder beim Systemstart vorhanden ist.

- **delete**   Löscht die vorhandenen Triggerparameter.

Der folgende Ausschnitt zeigt am Beispiel des Befehls `sc -qtriggerinfo` und des Windows-Zeitgeber-Dienstes (W32Time), dass dieser Dienst so konfiguriert ist, dass er startet, sobald das System einer Domäne beitritt, und wieder beendet wird, wenn das System kein Domänenmitglied ist.

```
C:\Windows\system32>sc qtriggerinfo w32time
[SC] QueryServiceConfig2 ERFOLG
DIENSTNAME: "w32time"
DIENST STARTEN
  DOMÄNENBEITRITTSSTATUS: 1ce20aba-9851-4421-9430-1ddeb766e809 [DOMÄNE BEIGETRETEN]
DIENST BEENDEN
  DOMÄNENBEITRITTSSTATUS: ddaf516e-58c2-4866-9574-c3b615d42ea1 [KEINER DOMÄNE BEIGETRETEN]
```

Für alle Dienste, die Triggeraktionen festlegen, wird in der Registrierung unter dem Dienstkonfigurationsschlüssel ein *TriggerInfo*-Unterschlüssel erstellt. Der Dienstkonfigurationsschlüssel befindet sich im folgenden Pfad:

HKEY_LOCAL_MACHINE\System\CurrentControlSet\services\<Dienstname>

Die folgende Abbildung zeigt den Registrierungsschlüssel *TriggerInfo* für den Windows-Zeitdienst:

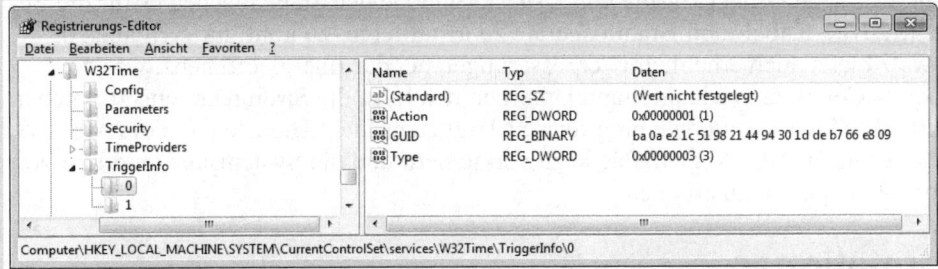

Der erste Trigger bekommt den Unterschlüssel *0* zugewiesen, er ist in der gezeigten Abbildung ausgewählt. Der Unterschlüssel *0* für den Windows-Zeitdienst definiert die Starttriggeraktion. Die zweite Triggeraktion bekommt den Unterschlüssel *1* zugewiesen. Beim Windows-Zeitdienst wird der zweite Trigger für die Stopptriggeraktion verwendet.

In den *TriggerInfo*-Unterschlüsseln sind folgende Werte gespeichert:

- Wertname: Action

  Werttyp: REG_DWORD

  Beschreibung: Legt die Aktion beim Auslösen des Triggers fest:

  - □ 0x00000001 = Dienst starten
  - □ 0x00000002 = Dienst beenden

- Wertname: GUID

  Werttyp: REG_BINARY!

  Beschreibung: Eine GUID kann angegeben werden, wenn es für den Triggertyp sinnvoll ist. Bei einem Geräteankunfttrigger wird beispielsweise die Schnittstellenklassen-GUID angegeben. Bei einem ETW-Ereignistrigger wird die ETW-Anbieter-GUID angegeben.

- Wertname: Type

  Werttyp: REG_DWORD

  Beschreibung: Legt den Typ des Triggers fest:
  - ☐ 0x00000001 = Geräteankunftstrigger
  - ☐ 0x00000002 = IP-Adressen-Trigger
  - ☐ 0x00000003 = Domänenbeitrittstrigger
  - ☐ 0x00000020 = Benutzerdefinierter Trigger

  Beachten Sie, dass der Startwert für Triggerstartdienste 0x00000003 sein sollte, um den Start bei Bedarf festzulegen. Der Starttyp für solche bei Bedarf gestarteten Dienste wird in der Konsole *Dienste* als *Manuell* aufgeführt.

Zusammenfassung

Windows 7 bietet mehr Benutzerfreundlichkeit bei der Geräteinstallation, weil immer mit Windows Update nach den neusten kompatiblen Treibern gesucht wird, sobald der Benutzer ein Gerät an den Computer anschließt. Der neue Ordner *Geräte und Drucker* und Device Stage machen es für die Benutzer einfacher als je zuvor, Kabel- und Drahtlosgeräte zu installieren, zu konfigurieren und zu verwenden. Windows 7 bietet auch erhebliche Verbesserungen bei der Energieeffizienz, was die Akkulaufzeit für mobile Computer verlängert und Unternehmen hilft, die Stromrechnung zu senken. Und schließlich bietet Windows 7 Unterstützung für den Triggerstart von Diensten, um die Arbeitsspeicherbelegung zu verringern, die Angriffsfläche zu verkleinern und die Systemstart- und Laufzeitleistung von Windows-Computern zu erhöhen.

Weitere Informationen

Die folgenden Quellen bieten zusätzliche Informationen oder Tools für die Themen dieses Kapitels.

Informationsquellen

- »Device Management and Installation« unter *http://technet.microsoft.com/en-us/library/cc766437.aspx*
- »Power Management in Windows 7 Overview« unter *http://technet.microsoft.com/en-us/library/dd744300.aspx*
- »Neues in Dienstkonten« unter *http://technet.microsoft.com/de-de/library/dd367859.aspx*
- »What's New in Services« unter *http://msdn.microsoft.com/en-us/library/dd405528.aspx*
- »Service Accounts Step-by-Step Guide« unter *http://technet.microsoft.com/en-us/library/dd548356.aspx*
- »Windows Logo'd Products List updated for Windows 7« unter *http://winqual.microsoft.com/HCL/Default.aspx*
- »Windows Logo Program« unter *http://www.microsoft.com/whdc/winlogo/default.mspx*
- »Microsoft Hardware Support for Windows 7« unter *http://www.microsoft.com/hardware/windows7/support.mspx*
- *Device Management and Installation Step-by-Step Guide*: »Controlling Device Driver Installation and Usage with Group Policy« unter *http://technet.microsoft.com/en-us/library/cc731387.aspx*

- *Device Management and Installation Step-by-Step Guide*: »Signing and Staging Device Drivers in Windows Vista and Windows Server 2008« unter *http://technet.microsoft.com/en-us/library/cc754052.aspx*

- *Device Management and Installation Operations Guide* unter *http://technet.microsoft.com/en-us/library/cc753759.aspx*

- »Overview of Device and Driver Installation« (aus dem Windows Driver Kit) unter *http://msdn.microsoft.com/en-us/library/ms791091.aspx*

- »Device and Driver Technologies« (aus dem Windows Driver Kit) unter *http://msdn.microsoft.com/en-us/library/aa972913.aspx*

- »Device Identification Strings« (aus dem Windows Driver Kit) unter *http://msdn.microsoft.com/en-us/library/ms791083.aspx*

- »How Setup Ranks Drivers (Windows Vista and Later)« unter *http://msdn.microsoft.com/en-us/library/aa477022.aspx*

Auf der Begleit-CD

- *AcceptPause.ps1*
- *AutoServicesNotRunning.ps1*
- *ChangMmodeThenStart.ps1*
- *ChangeServiceAccountLogon.ps1*
- *CheckServiceThenStart.ps1*
- *CheckServiceAThenStop.ps1*
- *CountRunningServices.ps1*
- *EvaluateServices.ps1*
- *FindPortableDeviceEvents.ps1*
- *GetMultipleServices.ps1*
- *GetServiceStatus.ps1*
- *MonitorService.ps1*
- *ServiceDependencies.ps1*
- *StartMultipleServices.ps1*
- *StopMultipleServices.ps1*

K A P I T E L   1 8

Drucken

Bereits vor der Einführung des Betriebssystems Windows 7 bot das Betriebssystem Windows Vista erweiterte Druckfähigkeiten, wie hochwertige Druckausgaben, bessere Druckleistung, verbesserte Verwaltbarkeit von Druckern und Druckservern, integrierte Unterstützung für XPS (XML Paper Specification) und das Windows-Farbsystem, das deutlich verbesserten Farbdruck ermöglicht. Das Betriebssystem Windows 7 baut auf diesen älteren Verbesserungen im Druckbereich auf und fügt standortabhängiges Drucken, Druckertreiberisolation, konfigurierbare Standardsicherheitseinstellungen für den Spooler und eine verbesserte Point-and-Print-Oberfläche für Benutzer hinzu. Dieses Kapitel beschreibt die Druckfähigkeiten von Windows 7 und erklärt, wie Sie Drucker in Unternehmensumgebungen verwalten.

Verbesserungen beim Drucken in Windows 7

Das Drucksubsystem in Windows 7 und Windows Server 2008 R2 baut auf den Verbesserungen im Druckbereich auf, die vorher in Windows Vista und Windows Server 2008 eingeführt wurden, daher stellen wir im nächsten Abschnitt erst einmal die Verbesserungen vor, die in den älteren Betriebssystemen vorgenommen wurden. Darauf folgt ein Abschnitt, der die neuen Druckfeatures beschreibt, die in Windows 7 hinzugefügt wurden.

Verbesserungen am Druck, die bereits in Windows Vista eingeführt wurden

In Windows Vista wurden etliche Verbesserungen am Drucksubsystem, der Druckverwaltung und der Benutzeroberfläche beim Drucken vorgenommen, die in Windows 7 ebenfalls enthalten sind. Die folgenden neuen Features und Verbesserungen wurden in den Druckfunktionen von Windows Vista eingeführt:

- **Integrierte Unterstützung für XPS** Windows Vista bietet Unterstützung für XPS (XML Paper Specification), einen Satz von Konventionen, die festlegen, wie mit XML (Extensible Markup Language) der Inhalt und das Aussehen von Dokumentenseiten beschrieben wird.

- **XPS-Druckpfad** Neben der Unterstützung für den GDI-Druckpfad (Graphics Device Interface), der in älteren Versionen von Windows benutzt wurde, enthält die Druckarchitektur von Windows Vista auch den XPS-Druckpfad, der XPS als Dokumentformat nutzt, ein Windows-Spooldatei-format und eine Seitenbeschreibungssprache (Page Description Language, PDL) für Drucker.

- **Grafiktreue und Druckleistung durch XPS-Dokumente** Das Feature zum Drucken von XPS-Doku-menten in Windows Vista unterstützt vektorbasierte Grafik, die sehr stark vergrößert werden kann, ohne kantigen Text mit sichtbarer Pixelstruktur zu produzieren. Auf diese Weise lassen sich hoch-wertige Druckausgaben für Dokumente mit vielen Grafiken erstellen. Ein XPS-Dokument wird standardmäßig erstellt, wenn Sie aus irgendeiner Anwendung in Windows Vista einen Ausdruck starten. Sie können dieses Dokument ausdrucken, ohne es für einen XPS-fähigen Drucker neu zu rendern. Daher können Sie den Zeitaufwand für die Druckverarbeitung gegenüber älteren Versio-nen von Microsoft Windows um bis zu 90 Prozent senken. Die genauen Werte hängen von der Art des ausgedruckten Inhalts und den Fähigkeiten des Druckers ab.

- **Microsoft XPS-Dokument-Generator** Windows Vista enthält den Microsoft XPS-Dokument-Gene-rator (Microsoft XPS Document Writer), den Sie aus jeder Windows-Anwendung heraus nutzen können, um grafikintensive Anwendungsausgaben als XPS-Dokumente zu drucken. Sie können diese Dokumente dann im Windows Internet Explorer mithilfe des Microsoft XPS Viewer ansehen oder sie ohne erneutes Rendering direkt auf einem XPS-fähigen Drucker ausgeben.

- **Client-Side Rendering (CSR)** In der Standardeinstellung rendert Windows Vista Druckaufträge auf dem Client statt auf dem Druckserver. Das kann die Zeit für die Druckverarbeitung deutlich ver-ringern, wenn auf XPS-fähigen Druckern ausgedruckt wird. CSR funktioniert auch auf Nicht-XPS-Druckern. CSR ist nützlich, um die Belastung für CPU/Arbeitsspeicher auf dem Server zu verringern (Server können mehrere Warteschlangen hosten), und verringert bei manchen Treibern auch den Netzwerkverkehr.

- **Wiederverwendung von Ressourcen** XPS-Dokumente bieten die Fähigkeit, Bilder einmal zu ren-dern und das gerenderte Bild dann wiederzuverwenden, wenn es auf mehreren Seiten innerhalb eines Druckauftrags auftaucht. Das kann die Druckverarbeitungszeit für Dokumente verringern, die grafikintensive Unternehmenslogos enthalten. Es verringert auch die Datenmenge, die über das Netzwerk an Remotedrucker übertragen werden kann.

- **Windows Color System** Das Windows Color System (WCS) bietet in Kombination mit dem Win-dows Vista-Drucksubsystem einen verbesserten Farbdruck, der Drucker mit erweitertem Farbraum (Tintenstrahldrucker, die mehr als vier Farbpatronen haben) für lebensechten Druck von Farbfotos und grafikintensiven Dokumenten unterstützt.

- **Druckverwaltung** Die Druckverwaltung, ein MMC-Snap-In, das erstmals in Windows Server 2003 R2 enthalten war, wird in Windows Vista standardmäßig installiert. Es erlaubt Administra-toren, Drucker, Druckserver und Druckaufträge im ganzen Unternehmen einfach zu verwalten. Die Druckverwaltung in Windows Vista wurde durch neue Fähigkeiten erweitert.

- **Netzwerkdruckerinstallations-Assistent** Windows Vista ersetzt den Druckerinstallations-Assisten-ten, der in älteren Windows-Versionen benutzt wurde, durch einen neuen Netzwerkdruckerinstal-lations-Assistenten, der einfacher zu bedienen ist und neue Fähigkeiten bietet, sodass es für die Benutzer einfacher ist, eine Verbindung zu Remotedruckern und lokalen Druckern herzustellen, die kein Plug & Play unterstützen.

- **Druckerinstallation für Nicht-Administratoren** Standardbenutzer (Benutzer, die keine lokalen Administratoren auf ihrem Computer sind) können Drucker installieren, ohne administrative Privilegien oder eine Anhebung über eine Eingabeaufforderung der Benutzerkontensteuerung (User Account Control, UAC) zu benötigen.

- **Bereitstellen und Verwalten von Druckern mithilfe von Gruppenrichtlinien** Die Möglichkeit, Druckerverbindungen mithilfe von Gruppenrichtlinien bereitzustellen, wurde erstmals in Windows Server 2003 R2 eingeführt. In Windows Vista wurde sie verbessert, weil Clientcomputer nicht mehr durch Ausführen eines Startskripts vorbereitet werden müssen, das die Clientsoftware *PushPrinterConnections.exe* auf dem Computer installiert. Auch neue Richtlinieneinstellungen wurden in Windows Vista hinzugefügt, um die Fähigkeit zu verbessern, Drucker und Ausdrucke mithilfe von Gruppenrichtlinien zu verwalten. Sie können auch den Gruppenrichtlinienergebnis-Assistenten in der Gruppenrichtlinienverwaltungskonsole verwenden, um den Richtlinienergebnissatz für bereitgestellte Drucker anzuzeigen.

- **Drucker abhängig vom Standort zuweisen** In Windows Vista können Sie Drucker abhängig vom Standort zuweisen, indem Sie Drucker mithilfe von Gruppenrichtlinien bereitstellen und Gruppenrichtlinienobjekte mit Standorten in AD DS (Active Directory Domain Services) verknüpfen. Wenn mobile Benutzer sich zu einem anderen Standort bewegen, aktualisieren Gruppenrichtlinien ihre Druckerverbindungen für den neuen Ort. Und wenn die Benutzer an ihren primären Standort zurückkehren, werden die ursprünglichen Standarddrucker wiederhergestellt.

- **Einfachere Druckermigration** Sie können einen neuen Druckermigrationsassistenten (inklusive einer Befehlszeilenversion namens PrintBRM) verwenden, um Druckerkonfigurationen auf Druckservern zu sichern, Drucker auf andere Druckserver zu verschieben und mehrere Druckserver zu einem einzigen Server zu konsolidieren.

Zusätzliche Verbesserungen an den Druckfunktionen von Windows 7

Neben den bereits aufgeführten Verbesserungen an den Druckfunktionen, die erstmals in Windows Vista eingeführt wurden, wurden die Druckfunktionen in Windows 7 und Windows Server 2008 R2 folgendermaßen verbessert:

- **XPS-Drucksystem** Das XPS-Drucksystem wurde in Windows 7 und Windows Server 2008 R2 erweitert, sodass es nun einen neuen Renderingdienst für XPS-Druckertreiber, neue Programmierschnittstellen (Application Programming Interface, APIs), Verbesserungen am XPS-Viewer und diverse Leistungsoptimierungen bietet. Informationen über diese Verbesserungen enthält der Textkasten »Direkt von der Quelle: Neuer Rasterdienst für Druckertreiber« weiter unten in diesem Kapitel.

- **Geräte und Drucker** Windows 7 und Windows Server 2008 R2 enthalten ein neues Element in Startmenü und Systemsteuerung, das den Namen *Geräte und Drucker* trägt. Es bietet eine zentrale Anlaufstelle, wo Benutzer auf alle Geräte zugreifen, die an ihren Computer angeschlossen sind. *Geräte und Drucker* zeigt unterschiedliche Gerätetypen an, darunter USB- (Universal Serial Bus), WiFi- und Bluetooth-Geräte. *Geräte und Drucker* ist auch in Device Stage integriert, ein neues Feature von Windows 7, das es für die Benutzer einfacher macht, ihre Geräte anzuschließen, zu erkennen und zu verwenden. Weitere Informationen über *Geräte und Drucker* finden Sie im Abschnitt »Arbeiten mit *Geräte und Drucker*« weiter unten in diesem Kapitel. Weitere Informationen über Device Stage finden Sie in Kapitel 17, »Verwalten von Geräten und Diensten«.

- **Installieren von Druckertreibern mit Windows Update** Der Assistent für die Druckertreiberinstallation wurde in Windows 7 und Windows Server 2008 R2 verbessert. Er kann nun zusätzliche Druckertreiber direkt von der Windows Update-Website herunterladen. Diese Änderung bedeutet auch, dass weniger In-Box-Druckertreiber in Windows enthalten sein müssen. Das macht die Point-and-Print-Oberfläche für die Benutzer einfacher: Wird kein kompatibler In-Box-Treiber gefunden, wenn versucht wird, einen Drucker zu installieren, sucht Windows Update im Hintergrund nach einem kompatiblen Treiber, um die Installation abzuschließen. Weitere Informationen über dieses Feature finden Sie in den Abschnitten »Verwalten von Druckertreibern« und »Erweitern von Point-and-Print mit Windows Update« weiter unten in diesem Kapitel.

- **Plattformübergreifendes Point-and-Print**   Verbesserungen an der Point-and-Print-Oberfläche machen es den Benutzern einfacher, auf Windows 7-Computern, die auf unterschiedlichen Prozessorarchitekturen (x86 oder x64) laufen, ihre Drucker freizugeben. Weitere Informationen über dieses Feature enthält der Abschnitt »Erweitern von Point-and-Print mit Windows Update« weiter unten in diesem Kapitel.

- **Standortabhängiges Drucken**   Dieses Feature erlaubt mobilen Benutzern, die Windows 7 auf ihren Notebooks ausführen, für jeden konfigurierten Netzwerkstandort einen anderen Standarddrucker einzurichten. Weitere Informationen über dieses Feature finden Sie im Abschnitt »Standortabhängiges Drucken« weiter unten in diesem Kapitel.

- **Druckertreiberisolation**   Diese Verbesserung am Drucksubsystem in Windows Server 2008 R2 verbessert die Stabilität des Druckservers, weil Administratoren instabile Druckertreiber in einem separaten Prozess isolieren können, sodass er nicht im Spoolerprozess läuft. Stürzt dann ein instabiler Druckertreiber ab, hält der Absturz nicht den Spooler an, was dazu führen würde, dass auch alle anderen Drucker auf dem Server den Betrieb einstellen. Weitere Informationen über dieses Feature enthalten die Abschnitte »Grundlagen der Druckertreiberisolation« und »Konfigurieren des Druckertreiberisolationsmodus« weiter unten in diesem Kapitel.

- **Benutzerdefinierte Standardsicherheitseinstellungen für Druckserver**   Administratoren können nun benutzerdefinierte Standardsicherheitseinstellungen in Windows Server 2008 R2-Druckservern definieren, die für alle Drucker gelten, die auf dem Druckserver installiert sind. Weitere Informationen über dieses Feature enthält der Abschnitt »Konfigurieren der Standardsicherheit für Druckserver« weiter unten in diesem Kapitel.

- **Verbesserungen an der Druckverwaltung**   Das MMC-Snap-In *Druckverwaltung* wurde in Windows 7 und Windows Server 2008 durch neue Funktionen erweitert, die es Administratoren ermöglichen, Standardsicherheitseinstellungen für Druckserver und Druckertreiberisolationseinstellungen zu konfigurieren. Die Filterungsfähigkeiten von benutzerdefinierten Filtern wurden ebenfalls verbessert. Sie bieten nun zusätzliche Filterkriterien, die die Filterung leistungsfähiger machen. Weitere Informationen zu diesen Verbesserungen finden Sie im Abschnitt »Verbesserungen an der Druckverwaltungskonsole in Windows 7« weiter unten in diesem Kapitel.

- **PrintBRM**   Das Befehlszeilentool PrintBRM wurde in Windows 7 und Windows Server 2008 R2 erweitert. Es bietet mehr Flexibilität und eine verbesserte Instrumentierung für den Administrator. Weitere Informationen über diese Verbesserungen enthält der Textkasten »Direkt von der Quelle: Verbesserungen an PrintBRM in Windows 7 und Windows Server 2008 R2« weiter unten in diesem Kapitel.

So funktioniert das Drucken in Windows 7

Für Administratoren ist es wichtig zu wissen, wie das Drucken in Windows 7 funktioniert, damit sie Drucker und Ausdrucke auf dieser Plattform konfigurieren, verwalten und Probleme damit beheben können. Die Schlüsselthemen, die ein Administrator kennen muss, sind:

- XPS
- Windows-Drucksubsystem

Grundlagen von XPS

XPS ist ein plattformunabhängiges, lizenzfreies, offenes Dokumentformat, das von Microsoft entwickelt wurde. Es nutzt XML, OPC (Open Packaging Conventions) und andere Industriestandards, um plattformübergreifende Dokumente zu erstellen. XPS wurde entwickelt, um den Prozess zum Erstellen, Freigeben, Anzeigen, Drucken und Archivieren digitaler Dokumente zu vereinfachen, die Anwendungsausgaben exakt wiedergeben. Mithilfe von APIs, die vom Windows SDK und dem Microsoft .NET Framework 3.0 zur Verfügung gestellt werden, können Entwickler WPF-Anwendungen (Windows Presentation Foundation) erstellen, die von den XPS-Technologien Gebrauch machen.

XPS-Unterstützung, die in Windows Vista und neueren Versionen nativ ist, erlaubt Benutzern, XPS-Dokumente im Internet Explorer 7.0 oder neuer zu öffnen und XPS-Dokumente mit dem Microsoft XPS-Dokument-Generator aus allen Windows-Anwendungen zu generieren. Wenn Sie zusätzliche Komponenten installieren, können auch einige ältere Windows-Versionen bestimmte Fähigkeiten von XPS nutzen:

- Wenn Sie das .NET Framework 3.0-Redistributable auf Windows XP Service Pack 2 (SP2) oder Windows Server 2003 installieren, können Benutzer dieser Plattformen XPS-Dokumente mit dem Internet Explorer 6.0 oder neuer öffnen.
- Wenn Sie Microsoft Core XML Services 6.0 auf Windows XP SP2 oder neuer installieren, können Benutzer mit dem Microsoft XPS-Dokument-Generator XPS-Dokumente aus jeder Windows-Anwendung generieren.
- Wenn Sie das Microsoft XPS Essentials Pack und Microsoft Core XML Services 6.0 auf Microsoft Windows 2000, Windows XP oder Windows Server 2003 installieren, können Benutzer XPS-Dokumente in einer eigenständigen XPS-Anzeigeanwendung öffnen.

HINWEIS Sie können diese zusätzlichen Komponenten im Microsoft Download Center unter *http://www.microsoft.com/downloads* herunterladen.

Detaillierte Informationen zu XPS in der Version 1.0 finden Sie unter *http://www.microsoft.com/whdc/xps/downloads.mspx* in der Microsoft Windows Hardware Developer Central (WHDC). Zusätzliche Artikel über diese Spezifikation finden Sie im XPS Team-Blog unter *http://blogs.msdn.com/xps/*.

Grundlagen des Windows-Drucksubsystems

Das Drucksubsystem in älteren Windows-Versionen als Windows Vista verwendet den GDI-Druckpfad (Graphics Device Interface). Der GDI-Druckpfad verarbeitet Druckaufträge folgendermaßen:

- **Clientverarbeitung** Wenn ein Benutzer auf einem Clientcomputer aus einer Anwendung heraus einen Druckauftrag sendet, ruft die Anwendung die GDI auf, die dann wiederum beim Druckertreiber Informationen abruft, wie der Druckauftrag in einem Format gerendert werden muss, das der Drucker versteht. Der Druckertreiber liegt auf dem Computer des Benutzers, und er ist speziell für den verwendeten Druckertyp gedacht. Sobald GDI den Druckauftrag gerendert hat, sendet sie den Auftrag an den Spooler. In der Standardeinstellung rendert GDI Druckaufträge in Windows 2000 und neuer im EMF-Format (Enhanced Metafile), ein Standarddruckauftragsformat, das sehr portabel ist, aber noch vom Spooler weiter gerendert werden muss, bevor es an den Drucker gesendet werden kann. Wenn ein EMF-Druckauftrag an den Spooler gesendet wurde, wird die Steuerung an den Benutzer zurückgegeben und der Spooler schließt den Druckauftrag ab. (Indem der EMF-Auftrag schnell an den Spooler übergeben wird, kann die Zeit verringert werden, in der der Computer des Benutzers beschäftigt ist.)

- **Spoolerverarbeitung** Die Druckwarteschlange ist eine Sammlung von Komponenten, die sich über den Clientcomputer, der den Druckauftrag sendet, und einen Netzwerkdruckserver verteilen, der den Druckauftrag empfängt. Der Spooler nimmt den Auftrag, der von der GDI gerendert wurde, und rendert ihn bei Bedarf noch weiter, um sicherzustellen, dass er richtig ausgedruckt wird. Dann übergibt der Spooler den Auftrag an den Drucker.

- **Druckerverarbeitung** Der Drucker empfängt den Druckauftrag vom Spooler, setzt ihn in eine Bitmap um und druckt das Dokument.

Ab Windows Vista enthält das Drucksystem nach wie vor einen GDI-Druckpfad (für Typ 3, Benutzermodus), um den Druck auf vorhandenen Druckern zu unterstützen. Kernmodus-GDI-Treiber (Typ 2, Kernmodus) werden allerdings nicht mehr unterstützt.

> **HINWEIS** Typ 3 (Benutzermodus) bedeutet, dass der Treiber zu Windows 2000, Windows XP, Windows Server 2003, Windows Server 2003 R2, Windows Vista, Windows Server 2008, Windows 7 und Windows Server 2008 R2 kompatibel ist.

Ab Windows Vista enthält das Drucksubsystem zusätzlich einen zweiten Druckpfad, der auf XPS aufsetzt. Dieser zusätzliche Druckpfad, der sogenannte XPS-Druckpfad (XPS print path), baut auf dem XPS-Druckertreibermodell (XPSDrv) auf und bietet gegenüber dem GDI-Modell folgende Vorteile:

- Der XPS-Druckpfad behält das XPS-Dokumentformat von dem Punkt, an dem eine Anwendung einen Druckauftrag sendet, bis zur abschließenden Verarbeitung durch den Druckertreiber oder das Gerät bei. Im Vergleich rendert der GDI-Druckpfad den Auftrag in EMF, und dann rendert der Druckertreiber oder das Gerät den Auftrag ein zweites Mal in die Sprache, die der Drucker versteht.

- Der XPS-Druckpfad kann effizienter sein und Unterstützung für erweiterte Farbprofile bieten. Dazu gehören 32 Bit pro Kanal (bpc), CMYK, benannte Farben, n-Inks und native Unterstützung für Transparenz und Farbverläufe, wenn XPS-fähige Drucker eingesetzt werden.

- Bietet WYSIWYG-Druck (What You See Is What You Get).

Anwendungen können Dokumente in Windows Vista und neueren Versionen entweder über den GDI- oder den XPS-Druckpfad drucken. Falls zum Beispiel eine Win32-Anwendung den Druckauftrag an eine Druckerwarteschlange sendet, die einen GDI-basierten Druckertreiber verwendet, wird der Druckauftrag über denselben GDI-Druckpfad verarbeitet wie in älteren Versionen von Windows. Falls dagegen eine WPF-Anwendung den Auftrag an eine Druckerwarteschlange sendet, die einen neuen XPSDrv-Druckertreiber nutzt, wird der Auftrag im XPS-Spooldateiformat gespoolt und über den XPS-Druckpfad verarbeitet. Welchen Druckpfad ein Druckauftrag nimmt, hängt also vom Typ des Druckertreibers ab (GDI-basiert oder XPSDrv), der in der Zieldruckerwarteschlange installiert ist.

Abbildung 18.1 zeigt die beiden Druckpfade (GDI und XPS), die in Windows Vista und neueren Versionen zur Verfügung stehen. Beide Pfade verwenden denselben Druckwarteschlangendienst (*%SystemRoot%\System32\spoolsv.exe*), auch wenn das nicht im Diagramm zu sehen ist.

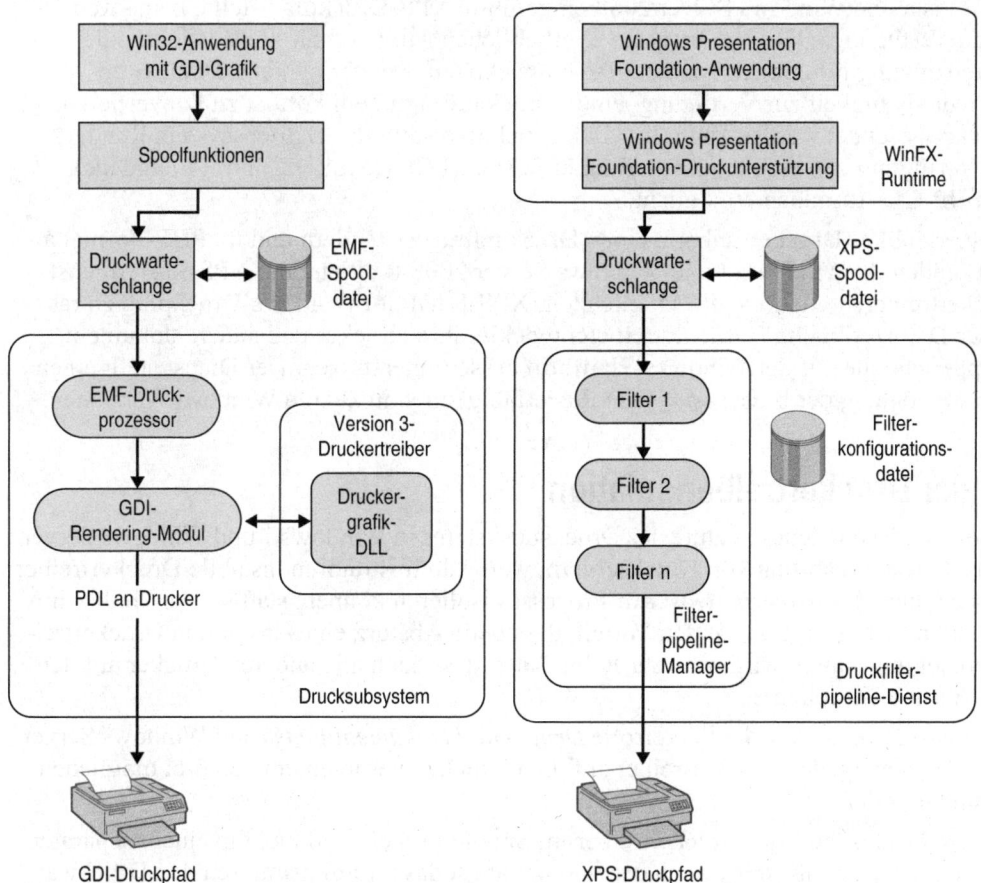

Abbildung 18.1 Die Druckpfade GDI und XPS in Windows Vista und neueren Versionen

Abhängig vom Darstellungssystem der Anwendung, aus der das Dokument ausgedruckt wird, muss der Druckauftrag unter Umständen konvertiert werden, bevor er im Zieldruckpfad gespoolt wird. Wenn Sie zum Beispiel aus einer Win32-Anwendung auf einen XPS-fähigen Drucker ausdrucken, müssen die GDI-Spoolfunktionen eine Konvertierung von GDI in XPS vornehmen. Dabei wird eine WPF-Anwendung (Windows Presentation Foundation) simuliert und der Auftrag im XPS-Spooldatei-format gespoolt. Und wenn Sie aus einer WPF-Anwendung heraus auf einen alten GDI-basierten Drucker ausdrucken, müssen die WPF-Druckunterstützungsfunktionen eine Konvertierung von XPS in GDI vornehmen. Dabei werden GDI-Aufrufe durch eine Win32-Anwendung simuliert und der Auftrag im EMF-Format gespoolt. Diese zwei Konvertierungstechnologien sind in Windows Vista und neueren Versionen eingebaut, um maximale Anwendungskompatibilität zu gewährleisten, wenn aus unterschiedlichen Anwendungsarten auf alte oder XPS-fähige Drucker gedruckt wird.

Weitere Informationen zum XPS-Druckpfad und XPSDrv-Druckertreibern finden Sie im Whitepaper »The XPSDrv Filter Pipeline« in WHDC unter *http://www.microsoft.com/whdc/device/print/XPSDrv_ FilterPipe.mspx*.

Neuer Rasterdienst für Druckertreiber

CSS Global Technical Readiness Team

Der in Windows Vista und Windows Server 2008 eingeführte XPS-Druckpfad stellte keine Renderingdienste zur Verfügung. Daher verursachte er erheblichen Aufwand für die Hersteller, die Treiber mit Unterstützung für den XPS-Druckpfad entwickelten. Renderingdienste stellen im Drucksubsystem die Fähigkeit zur Verfügung, einen Druckauftrag in ein Format zu konvertieren, das an den Drucker gesendet werden kann. Im GDI-Druckpfad stellt das Betriebssystem Renderingdienste zur Verfügung, die eine Konvertierung in Raster-, PCL- (Printer Control Language), PostScript- und HP-GL-Ausgaben ermöglicht.

Ein Rasterdienst erlaubt es Druckertreibern, einen Druckauftrag zu rendern und im PDL-Format an den Drucker zu senden. In Windows 7 und Windows Server 2008 R2 bietet der XPS-Rasterdienst (XPSRas) Druckertreiberentwicklern die Möglichkeit, XPS-Inhalt im Windows-Druckpfad zu rastern. Dank dieses Dienstes können Druckertreiberentwickler ihre Drucker und andere dokumentorientierte Peripheriegeräte auf der Windows-Plattform besser unterstützen. Der Dienst stellt einen XPS-Dienst zur Verfügung, der besser ist als die Rasterfähigkeiten in älteren Windows-Versionen.

Grundlagen der Druckertreiberisolation

Druckertreiberisolation ist ein neues Feature des Drucksubsystems in Windows 7 und Windows Server 2008 R2. Es verbessert die Stabilität von Druckservern, weil Administratoren instabile Druckertreiber innerhalb eines separaten *PrintIsolationHost.exe*-Prozesses isolieren können, statt solche Treiber im Spoolerprozess laufen zu lassen. Das hat den Vorteil, dass beim Absturz eines instabilen Druckertreibers nicht der Spooler angehalten wird, was zur Folge hätte, dass auch alle anderen Drucker auf dem Druckserver den Betrieb einstellen.

Wenn der Rollendienst *Druckserver* der Serverrolle *Druck- und Dokumentdienste* auf Windows Server 2008 R2 installiert ist, kann jeder Druckertreiber auf dem Druckserver in einem von drei möglichen Treiberisolationsmodi laufen:

- **Kein**   In diesem Modus läuft der Druckertreiber im Spoolerprozess und nicht in einem separaten Prozess. Stürzt ein Treiber ab, stürzt auch der Spooler ab, sodass Administratoren den Druckwarteschlangendienst neu starten müssen. Alle Druckerwarteschlangen auf dem Server sind offline, während der Spooler offline ist. Dieser Modus ist in Druckservern, die unter Windows 2000, Windows Server 2003 und Windows Server 2008 laufen, die einzige Option.

- **Freigegeben**   Der Druckertreiber läuft gemeinsam mit allen anderen Treibern, die ebenfalls in diesem Modus konfiguriert sind, in einem separaten Prozess. Stürzt der Treiber ab, stürzt der Spooler nicht ab, aber alle Druckerwarteschlangen, deren Treiber ebenfalls im gemeinsamen Prozess laufen, sind offline. (Druckerwarteschlangen mit Treibern in isolierten Prozessen oder innerhalb des Spoolerprozesses bleiben online.) Der gemeinsame Prozess wird wiederverwendet, die Treiber werden neu gestartet, und die Warteschlangen, die mit diesen Treibern verknüpft sind, kehren in den Onlinestatus zurück.

- **Isoliert**   In diesem Modus läuft der Druckertreiber allein in einem separaten Prozess, der von allen anderen Treibern isoliert ist. Falls der Treiber abstürzt, ist nur die Druckerwarteschlange offline, die mit diesem Treiber verknüpft ist. Der isolierte Prozess wird wiederverwendet, die Druckerwarteschlange wird neu gestartet, und die Warteschlange, die mit dem Treiber verknüpft ist, kehrt in den Onlinestatus zurück. Der Absturz/Neustart hat keine Auswirkungen auf andere Druckerwarteschlangen oder Treiber des Servers.

Ein Windows Server 2008 R2-Druckserver kann daher in folgenden Modi laufen:

- Legacymodus (immer vorhanden)
- Gemeinsamer Prozess (immer vorhanden)
- Einer oder mehrere isolierte Prozesse (optional)

HINWEIS   Der Standardisolationsmodus für In-Box-Druckertreiber in Windows 7 und Windows Server 2008 R2 ist »Freigegeben«, während der Standardisolationsmodus für virtuelle Druckertreiber (beispielsweise den Microsoft XPS-Dokument-Generator), Fax- und Dateiausgabetreiber (zum Beispiel Drucken in OneNote) »Kein« ist. Gruppenrichtlinien und .inf-Einstellungen können diese Standardisolationseinstellungen des Systems überschreiben. Weitere Informationen finden Sie im Abschnitt »Konfigurieren des Druckertreiberisolationsmodus« weiter unten in diesem Kapitel.

Druckerhersteller können angeben, ob ein bestimmter Druckertreiber, den sie zur Verfügung stellen, erfolgreich darauf getestet wurde, dass er die Ausführung in einem gemeinsamen oder isolierten Prozess unterstützt. Dazu fügt ein Hersteller den Eintrag DriverIsolation in den Abschnitt Version der .inf-Datei des Treibers ein. Zum Beispiel gibt der folgende Eintrag aus einer .inf-Datei an, dass der Treiber nicht die Ausführung in einem separaten (gemeinsamen oder isolierten) Prozess unterstützt:

```
[Version]
...
DriverIsolation=0
```

Dagegen gibt der folgende .inf-Eintrag an, dass der Treiber in einem separaten Prozess ausgeführt werden kann:

```
[Version]
...
DriverIsolation=2
```

HINWEIS   Die Werte 1 und 3 für DriverIsolation sind für künftige Zwecke reserviert. Alle anderen Werte als DriverIsolation=2 haben dieselbe Bedeutung wie DriverIsolation=0.

Unabhängig davon, ob dieser Eintrag in der .inf-Datei vorhanden ist und welchen Wert er hat, können Administratoren die Einstellung überschreiben und den Isolationsmodus für jeden Druckertreiber in der Druckverwaltungskonsole konfigurieren. Administratoren können auch globale Treiberisolationseinstellungen mithilfe von Gruppenrichtlinien konfigurieren. Wie Sie die Treiberisolation mithilfe der Konsole *Druckverwaltung* und Gruppenrichtlinien konfigurieren, ist im Abschnitt »Konfigurieren des Druckertreiberisolationsmodus« weiter unten in diesem Kapitel beschrieben.

HINWEIS   Die Leistung von Druckservern sinkt unter Umständen etwas, wenn die Treiberisolation implementiert wird. Es laufen dann mehr Prozesse auf dem System, und es findet prozessübergreifende Kommunikation statt, wenn ein Treiber Spoolerfunktionen aufruft, und umgekehrt. Ein zusätzlicher, allerdings zeitweiser Leistungseinbruch tritt möglicherweise auf, wenn ein neuer Prozess erstellt wird oder wiederverwendet werden muss. Dieser Leistungseinbruch wird deutlicher, wenn viele Treiber im isolierten Modus laufen statt im gemeinsamen Modus.

Direkt von der Quelle: Druckertreiberisolation

CSS Global Technical Readiness Team

Die Druckertreiberisolation in Windows 7 und Windows Server 2008 R2 ermöglicht es, einige Druckertreiberfunktionen in Prozessen auszuführen, die von der Druckwarteschlange getrennt sind. Indem Druckertreiber in einem separaten Prozess ausgeführt werden, werden Probleme aufgrund fehlerhafter Druckertreiber vom Druckwarteschlangendienst isoliert, sodass er nicht abstürzt. Außerdem erhöht die Fähigkeit, Druckertreiber voneinander zu isolieren, die Zuverlässigkeit des Drucksystems noch weiter.

Vor Windows 7 und Windows Server 2008 R2 waren Abstürze von Treibern von anderen Herstellern eine der häufigsten Ursachen für Supportanfragen im Bereich der Druckserver bei Microsoft. Der Absturz eines Treibers, der in den Druckwarteschlangenprozess geladen war, brachte den Prozess zum Absturz, was wiederum zum Ausfall des ganzen Drucksystems führte. Die Auswirkungen eines Spoolerabsturzes auf einem Druckserver sind besonders groß, weil meist sehr viele Benutzer und Drucker davon betroffen sind.

Neben dem Vorteil, dass es die Drucksystemstabilität insgesamt erhöht, bietet dieses neue Feature auch noch folgende Möglichkeiten:

- Isolieren neuer Treiber zum Testen und Debuggen, ohne dass dies Auswirkungen auf den Spooler hat
- Feststellen, welche Treiber Spoolerabstürze verursachen

Die Druckertreiberisolation soll nicht dazu dienen, Druckertreiberfunktionen von anderen Anwendungen als der Druckwarteschlange zu isolieren. Falls eine Anwendung einen Druckertreiber in ihren eigenen Prozessraum lädt und der Treiber abstürzt, stürzt unter Umständen auch die Anwendung mit ab. Wenn beispielsweise eine Anwendung direkt ein Druckerkonfigurationsmodul aufruft, um die Druckfähigkeiten zu ändern oder abzufragen, bringt ein Fehler im Konfigurationsmodul die Anwendung selbst zum Absturz. In diesem Fall lädt die Anwendung den Druckertreiber direkt in ihren Prozessraum. Wird das Renderingmodul eines Druckertreibers in den Prozessraum der Anwendung geladen, löst ein Fehler im Treiber ebenfalls einen Absturz der Anwendung aus.

Grundlagen der Konsole *Druckverwaltung*

Die Druckverwaltung ist ein Snap-In für die Microsoft Management Console (MMC), in dem Administratoren mehrere Drucker und Druckserver in einem Netzwerk verwalten können. Mithilfe der Konsole *Druckverwaltung* kann ein Administrator Hunderte von Druckservern und Tausende von Druckerwarteschlangen auf Microsoft Windows 2000 Server, Windows Server 2003 und Windows Server 2003 R2 verwalten.

HINWEIS Die Konsole *Druckverwaltung* wurde als allgemeines Systemverwaltungstool für die Verwaltung von Druckservern und Druckerwarteschlangen entwickelt. Für Helpdesk-Szenarien oder druckerspezifische Problembehandlung müssen Unternehmen unter Umständen herstellerspezifische Tools der Druckerhersteller verwenden.

Verbesserungen der Konsole *Druckverwaltung* in Windows 7

Die Konsole *Druckverwaltung* wurde in Windows Server 2003 R2 eingeführt. In Windows Vista wurde sie in etlichen Bereichen verbessert:

- **Netzwerkdruckerinstallations-Assistent** Der Druckerinstallations-Assistent aus älteren Windows-Versionen wurde durch den neuen Netzwerkdruckerinstallations-Assistenten ersetzt, der im Netzwerk automatisch nach TCP/IP-Druckern und WSD-Druckern (Web Services for Devices) suchen und sie zum Druckserver hinzufügen kann. Sie können im Assistenten auch von Hand TCP/IP- und WSD-Drucker hinzufügen, Drucker zu einem vorhandenen Anschluss hinzufügen oder einen neuen Anschluss und einen neuen Drucker hinzufügen.

- **Filter für alle Treiber** Der neue Filter für alle Treiber zeigt Details über alle installierten Druckertreiber aller Druckserver an, die von der Druckverwaltung verwaltet werden. Der Filter zeigt die Version des Druckertreibers auf mehreren Servern an, sodass Administratoren schnell und einfach sehen, welche Druckserver aktualisierte Treiber brauchen (wenn sie Druckertreiber in ihrer Organisation aktualisieren). Der Filter für alle Treiber erlaubt Administratoren auch, nicht mehr benötigte Druckertreiberpakete einfach aus dem Treiberspeicher zu entfernen.

- **Exportieren/Importieren von Druckerwarteschlangen und Druckertreibern** Sie können jetzt in der Druckverwaltung die Konfiguration aller Druckerwarteschlangen und Druckertreiber auf einem Druckserver in eine Druckermigrationsdatei (*.printerExport*) exportieren, die Sie dann auf demselben oder einem anderen Druckserver wieder importieren können. Das ist nützlich für Administratoren, die Druckerkonfigurationen sichern oder Drucker auf einen anderen Druckserver migrieren wollen.

- **Kommagetrennte Liste für das Hinzufügen/Entfernen von Servern** Administratoren können jetzt schnell mehrere Druckserver zur Druckverwaltung hinzufügen, indem sie eine kommagetrennte Liste der Druckserver im Dialogfeld *Server hinzufügen/entfernen* bereitstellen. Administratoren können auch eine Liste der Server (ein Server pro Zeile) in das Textfeld des Dialogs eingeben. Außerdem brauchen die in diesem Dialogfeld angegebenen Druckserver nicht mehr online zu sein, wenn sie zur Druckverwaltung hinzugefügt werden.

- **Mehr Filterbedingungen** Wenn Administratoren einen neuen benutzerdefinierten Filter erstellen, haben sie jetzt die Möglichkeit, bis zu sechs Filterbedingungen (statt wie früher drei) anzugeben.

- **In der Standardeinstellung weniger detaillierte Protokollierung** In der Standardeinstellung werden jetzt nur noch Fehler- und Warnungsereignisse in den Ereignisprotokollen des Druckspoolerdienstes aufgezeichnet. Falls gewünscht, können Administratoren aber auch die Protokollierung von Informationsereignissen aktivieren, falls eine detaillierte Protokollierung erforderlich ist, zum Beispiel beim Überwachen der Druckerwarteschlangeaktivitäten.

- **Migrieren von Druckeroptionen** Administratoren können jetzt mit der rechten Maustaste auf den Stammknoten in der Druckverwaltung klicken, um im neuen Druckermigrations-Assistenten Druckerwarteschlangen und Druckertreiber zu exportieren oder zu importieren. Auf diese Weise lassen sich Drucker auf andere Druckserver verlegen, zum Beispiel für Konsolidierungszwecke.

Neben den Verbesserungen an der Konsole *Druckverwaltung* in Windows Vista und Windows Server 2008, die bereits beschrieben wurden, wurde die Konsole *Druckverwaltung* in Windows 7 und Windows Server 2008 R2 noch weiter verbessert. Die wichtigsten Verbesserungen sind:

- **Registerkarte *Sicherheit* für Druckserver** Wenn Sie die Eigenschaften eines Druckservers aus dem Knoten *Druckserver* der Druckverwaltung öffnen, wird nun eine Registerkarte namens *Sicherheit* angezeigt. Auf dieser Registerkarte konfigurieren Sie die Standarddruckerberechtigungen für alle neuen Drucker, die auf dem Server installiert werden. Informationen zu dieser Konfiguration finden

Sie im Abschnitt »Konfigurieren der Standardsicherheit für Druckserver« weiter unten in diesem Kapitel.

- **Neue benutzerdefinierte Druckerfilterkriterien**   Der Assistent für neue Druckerfilter wurde durch zusätzliche Kriterien zum Erstellen benutzerdefinierter Druckerfilter erweitert. Weitere Informationen zu dieser Verbesserung enthält der Abschnitt »Erstellen und Verwenden von Druckerfiltern« weiter unten in diesem Kapitel.

- **Benutzerdefinierte Treiberfilter**   Es gibt einen neuen Assistenten zum Erstellen neuer Treiberfilter, mit dem Sie Druckertreiber nach unterschiedlichsten Kriterien filtern können. Weitere Informationen zu dieser Verbesserung finden Sie im Abschnitt »Erstellen und Verwenden von Treiberfiltern« weiter unten in diesem Kapitel.

- **Konfigurieren des Treiberisolationsmodus**   Sie können nun den Treiberisolationsmodus als *Kein*, *Gemeinsam* oder *Isoliert* konfigurieren, indem Sie im Knoten *Treiber* der Druckverwaltung mit der rechten Maustaste auf einen Druckertreiber klicken und den entsprechenden Eintrag im Kontextmenü wählen. Wie das funktioniert, erklärt der Abschnitt »Konfigurieren des Druckertreiberisolationsmodus« weiter unten in diesem Kapitel.

- **Installieren von Druckertreibern mit Windows Update**   Der Assistent für die Druckertreiberinstallation wurde erweitert. Er ist nun in der Lage, zusätzliche Druckertreiber direkt von der Windows Update-Website herunterzuladen. Diese Änderung hat zur Folge, dass weniger In-Box-Druckertreiber in Windows enthalten sein müssen. Auch der Netzwerkdruckerinstallations-Assistent wurde angepasst, damit er diese Funktion unterstützt. Weitere Informationen zu diesem Feature enthält der Abschnitt »Verwalten von Druckertreibern« weiter unten in diesem Kapitel.

Um die Konsole *Druckverwaltung* direkt auf einem Remotecomputer (zum Beispiel einem Remotedruckserver) zu benutzen, können Sie eine Remotedesktopverbindung zu diesem Computer herstellen. Der Remotecomputer muss unter Windows Server 2003 R2 oder neuer laufen, und die Konsole *Druckverwaltung* muss auf dem Computer installiert sein. Dieser Ansatz kann nötig sein, falls der Computer, auf dem Sie die Druckverwaltung ausführen, nicht alle Druckertreiber hat, die benötigt werden, um die Drucker zu verwalten, da die Druckverwaltung ihre Druckertreiber von dem Computer holt, auf dem sie selbst läuft.

Damit Ihr Computer die neuen Features der Konsole Druckverwaltung aus Windows 7 und Windows Server 2008 R2 nutzen kann, sollte er unter einer dieser Windows-Versionen laufen. In Windows Server 2008 R2 können Sie die Konsole Druckverwaltung über das Menü *Verwaltung* öffnen, sofern Sie die Serverrolle *Druck- und Dokumentdienste* installiert haben. In Windows 7 finden Sie die Druckverwaltungskonsole unter *Verwaltung* im Systemsteuerungselement *System und Sicherheit*.

Die Konsole *Druckverwaltung*

Wie in Abbildung 18.2 zu sehen, zeigt die Druckverwaltung einen Stammknoten und drei primäre Unterknoten an. Die Funktionalität dieser unterschiedlichen Knoten können Sie im Fensterabschnitt *Aktionen* bedienen (oder indem Sie mit der rechten Maustaste auf einen Knoten klicken). Sie können folgendermaßen zusammengefasst werden:

- **Druckverwaltung (Stammknoten)**
    - ☐ Fügt Druckserver zur Konsole hinzu oder entfernt sie.
    - ☐ Startet den Druckermigrations-Assistenten, um Druckerkonfigurationen zu exportieren oder zu importieren.

- **Benutzerdefinierte Filter**   Zeigt alle benutzerdefinierten Filter an, darunter die vier Standardfilter:

  - ☐ **Alle Drucker**   Zeigt alle Drucker auf allen Druckservern an und erlaubt Administratoren, die Druckwarteschlange für einen ausgewählten Drucker zu öffnen, den Druck anzuhalten oder fortzusetzen, eine Testseite auf einem Drucker auszudrucken, Druckereigenschaften zu konfigurieren und eine Druckerverbindung mithilfe von Gruppenrichtlinien bereitzustellen.

  - ☐ **Alle Treiber**   Zeigt alle Druckertreiber für alle Drucker an und erlaubt Administratoren, Treibereigenschaften anzuzeigen und Treiberpakete aus dem Treiberspeicher zu entfernen.

  - ☐ **Drucker nicht bereit**   Zeigt alle Druckerwarteschlangen an, die aus irgendwelchen Gründen im Zustand »Nicht bereit« sind.

  - ☐ **Drucker mit Aufträgen**   Zeigt alle Druckerwarteschlangen an, in denen gerade Aufträge anstehen.

  Wenn Sie einen neuen benutzerdefinierten Filter mit dem Assistenten für neue Druckerfilter erstellen, können Sie für Problembehandlungszwecke eine E-Mail-Benachrichtigung konfigurieren, über die Administratoren alarmiert werden, wenn ein Drucker die Filterbedingungen erfüllt. Sie können auch eine Skriptaktion konfigurieren, damit ein angegebenes Skript ausgeführt wird, wenn ein Drucker die Bedingungen erfüllt, zum Beispiel ein Skript, das den Druckspoolerdienst auf einem Druckserver neu startet.

  Außerdem zeigt die Option *Erweiterte Ansicht einblenden* (verfügbar, wenn Sie mit der rechten Maustaste auf einen benutzerdefinierten Filter klicken) die Aufträge an, die in der Druckerwarteschlange anstehen sowie (sofern unterstützt vom Druckgerät) die Webseite, über die der Drucker verwaltet werden kann.

- **Druckserver**   Zeigt alle Druckserver an, die von der Druckverwaltung verwaltet werden, zusammen mit einer konfigurierbaren Ansicht ihrer Treiber, Formulare, Anschlüsse und Druckerwarteschlangen. Sie können diesen Knoten auch verwenden, um Druckerwarteschlangen und Druckertreiber zu exportieren/importieren, E-Mail-Benachrichtigungen oder Skriptaktionen für den Fall zu konfigurieren, dass der Spooler oder Server ausfällt, und den Netzwerkdruckerinstallations-Assistenten zu starten, um von Hand neue Drucker hinzuzufügen oder automatisch nach TCP/IP- und WSD-Druckern zu suchen und sie zur Liste der Drucker hinzuzufügen, die von der Druckverwaltung verwaltet werden.

- **Bereitgestellte Drucker**   Zeigt Druckerverbindungen an, die mithilfe von Gruppenrichtlinien bereitgestellt wurden. Weitere Informationen finden Sie im Abschnitt »Bereitstellen von Druckern mit Gruppenrichtlinien« weiter unten in diesem Kapitel.

HINWEIS   Sie können in der Druckverwaltung auch Druckerwarteschlangen auf einem UNIX- oder Linux-Server mit Samba sowie auf Apple Macintosh-Computern anzeigen. Sie können diese Warteschlangen anzeigen und die Druckserver überwachen, indem Sie Benachrichtigungen senden lassen, falls die Server ausfallen. Sie können in der Druckverwaltung aber keine Drucker für solche Server hinzufügen oder davon entfernen. Um sich Druckerwarteschlangen auf UNIX- oder Linux-Servern ansehen zu können, müssen Sie sich erst an *Servername\ipc$* authentifizieren, bevor Sie den Server zur Liste der überwachten Druckserver hinzufügen können.

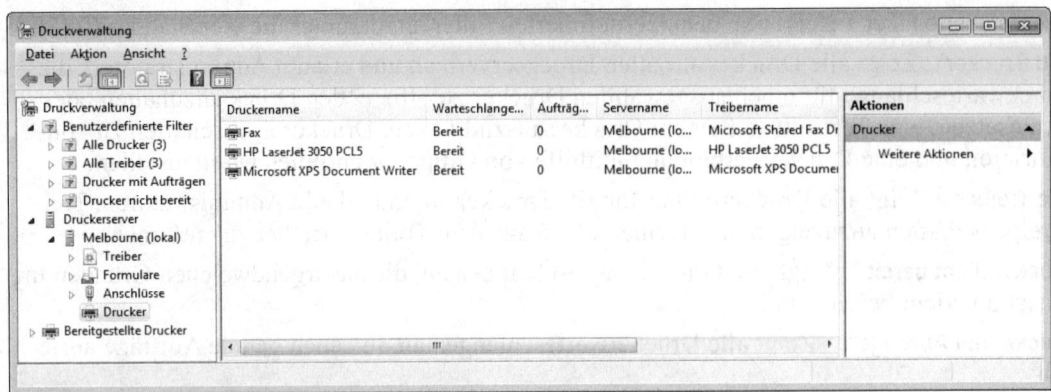

Abbildung 18.2   Die Konsole *Druckverwaltung*

Hinzufügen und Entfernen von Druckservern

Gehen Sie folgendermaßen vor, um Druckserver hinzuzufügen oder zu entfernen, damit sie in der Druckverwaltung verwaltet werden können:

1. Klicken Sie im Startmenü auf *Alle Programme*, dann *Verwaltung* und schließlich auf *Druckverwaltung*.

2. Bestätigen Sie die UAC-Eingabeaufforderung, indem Sie entweder auf *Fortsetzen* klicken oder Administratoranmeldeinformationen eingeben.

3. Klicken Sie mit der rechten Maustaste auf den Stammknoten oder den Knoten *Druckserver* und wählen Sie *Server hinzufügen/entfernen*, um das Dialogfeld *Server hinzufügen/entfernen* zu öffnen. Sie haben jetzt folgende Möglichkeiten:

   ☐ Klicken Sie auf *Lokalen Server hinzufügen*, um den lokalen Computer zur Liste der verwalteten Druckserver hinzuzufügen.

   ☐ Klicken Sie auf *Durchsuchen*, um den Netzwerk-Explorer zu öffnen, und suchen Sie die gewünschten Druckserver im Netzwerk.

   ☐ Geben Sie eine kommagetrennte Liste der Druckserver ein und klicken Sie auf *Zur Liste hinzufügen*.

Sie können einen Druckserver aus der Liste der verwalteten Druckserver entfernen, indem Sie das Dialogfeld *Server hinzufügen/entfernen* öffnen, den Druckserver auswählen und dann auf *Entfernen* klicken. Sie können auch alle Druckserver entfernen, indem Sie auf *Alle entfernen* klicken.

Konfigurieren der Standardsicherheit für Druckserver

In Windows Server 2008 und älteren Versionen wurden standardmäßig folgende Berechtigungen zugewiesen, wenn ein neuer Drucker zur Konsole *Druckverwaltung* hinzugefügt wurde:

- *Administrator* bekommt die Berechtigungen *Drucken*, *Drucker verwalten* und *Dokumente verwalten* zugewiesen.
- *Ersteller-Besitzer* bekommt die Berechtigung *Dokumente verwalten* zugewiesen.
- *Jeder* bekommt die Berechtigung *Drucken* zugewiesen.

Will ein Administrator diese Berechtigungen für alle Drucker auf einem Druckserver ändern, der unter einer dieser Plattformen läuft, muss er die Eigenschaften jedes Druckers einzeln öffnen und die gewünschten Änderungen auf der Registerkarte *Sicherheit* im Eigenschaftendialogfeld des jeweiligen Druckers durchführen. Das ist lästig, wenn der Administrator die Druckerberechtigungen ändern muss, um eine unternehmensweit gültige Sicherheitsrichtlinie zu erfüllen.

Windows Server 2008 R2 bietet die neue Fähigkeit, die Standardsicherheitseinstellungen für alle Drucker zu ändern, die auf einem Druckserver installiert sind. Dies geschieht auf der neuen Registerkarte *Sicherheit* im Eigenschaftendialogfeld eines Druckservers (Abbildung 18.3). Alle Änderungen, die an diesen Standardsicherheitseinstellungen durchgeführt werden, werden automatisch an alle neuen Drucker weitervererbt, die zum Druckserver hinzugefügt werden. Änderungen an diesen Standardsicherheitseinstellungen haben keine Auswirkung auf die Berechtigungen für Drucker, die bereits auf dem Druckserver vorhanden sind.

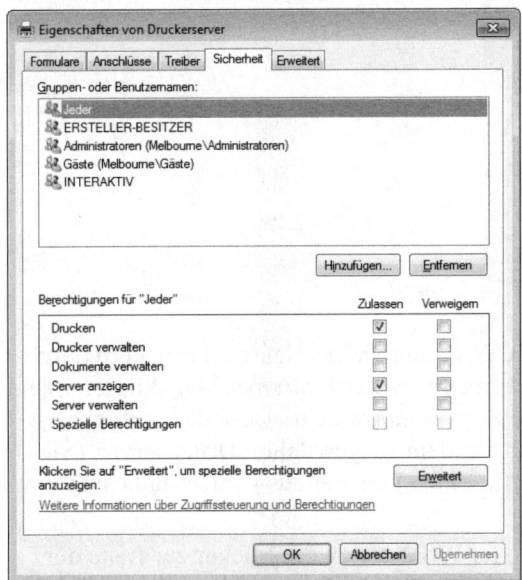

Abbildung 18.3   Konfigurieren von Standardsicherheitseinstellungen
für neue Drucker, die auf einem Druckserver angelegt werden

Sie können die Standardsicherheitseinstellungen eines Druckservers über eine Druckverwaltungs-
konsole ändern, die unter Windows 7 oder Windows Server 2008 R2 läuft. Sie können auch den
Besitz eines Druckservers übernehmen oder ihn zuweisen, indem Sie auf *Erweitert* klicken und im
Dialogfeld *Erweiterte Sicherheitseinstellungen* die Registerkarte *Besitzer* auswählen.

> **HINWEIS** Ein Benutzer braucht die Berechtigung *Server anzeigen*, um sich die Druckereinstellungen auf einem
> Druckserver anzusehen. Damit ein Benutzer auf einem Druckserver Drucker, Treiber, Anschlüsse und Formulare
> für Drucker hinzufügen oder entfernen sowie Einstellungen des Druckservers ändern kann, braucht er die Berech-
> tigung *Server verwalten*.

Hinzufügen von Druckern mit dem Netzwerkdrucker-installations-Assistenten

Gehen Sie folgendermaßen vor, um Drucker mit dem Netzwerkdruckerinstallations-Assistenten
hinzuzufügen:

1. Fügen Sie mindestens einen Druckserver zur Liste der verwalteten Druckserver hinzu.

2. Klicken Sie mit der rechten Maustaste auf einen Druckserver und wählen Sie den Befehl *Drucker
   hinzufügen*, um den Netzwerkdruckerinstallations-Assistenten zu starten.

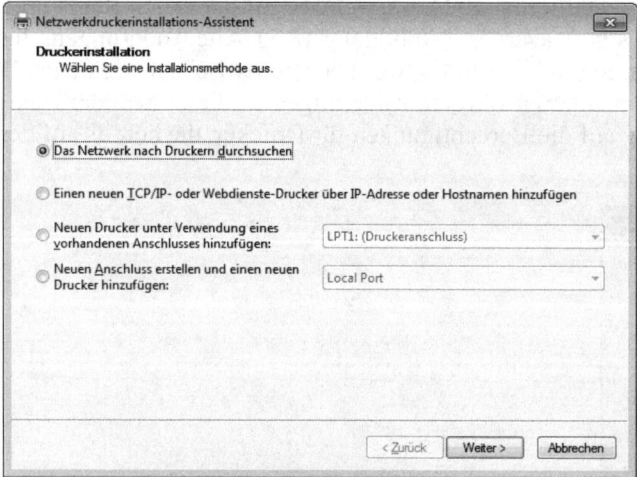

3. Sie haben jetzt folgende Möglichkeiten:

   ☐ Sie können das lokale Subnetz automatisch nach TCP/IP- oder WSD-Netzwerkdruckern durchsuchen lassen, indem Sie die Option *Das Netzwerk nach Druckern durchsuchen* aktivieren und
   dann auf *Weiter* klicken. Während die Suche läuft, zeigt Windows eine Liste der verfügbaren
   Netzwerkdrucker an und installiert sie automatisch auf dem ausgewählten Druckserver. (Sie
   müssen unter Umständen von Hand einen Treiber für einen Drucker auswählen, falls Windows
   keinen automatisch finden kann.)

   ☐ Sie können von Hand einen bestimmten TCP/IP- oder WSD-Netzwerkdrucker zur Liste der
   vom Druckserver verwalteten Drucker hinzufügen, indem Sie die Option *Einen neuen TCP/
   IP- oder Webdienste-Drucker über IP-Adresse oder Hostnamen hinzufügen* aktivieren, den
   Namen oder die IP-Adresse des Druckers eingeben und dann auf *Weiter* klicken.

☐ Sie können einen neuen Drucker für einen vorhandenen Anschluss hinzufügen. Das kann entweder ein lokaler Anschluss (LTP oder COM) sein oder ein vorher hinzugefügter TCP/IP-Anschluss. Wählen Sie dazu die Option *Neuen Drucker unter Verwendung eines vorhandenen Anschlusses hinzufügen* aus, klicken Sie auf *Weiter* und installieren Sie entweder den automatisch vom Assistenten ausgewählten Druckertreiber oder wählen Sie einen vorhandenen Treiber aus oder installieren Sie einen neuen Treiber, entweder von der Treiber-CD, die mit dem Drucker geliefert wurde, oder über Windows Update.

☐ Sie können einen neuen lokalen Anschluss erstellen und einen Drucker darauf installieren, indem Sie die Option *Neuen Anschluss erstellen und einen neuen Drucker hinzufügen* auswählen, auf *Weiter* klicken, einen Namen für den neuen Anschluss eingeben und dann entweder den automatisch vom Assistenten ausgewählten Druckertreiber installieren, einen vorhandenen Treiber auswählen oder einen neuen Treiber installieren.

HINWEIS Die Option *Das Netzwerk nach Druckern durchsuchen*, mit der automatisch Drucker im lokalen Subnetz erkannt werden, kann nicht über eine Firewall funktionieren. Falls Sie mit diesem Feature Drucker an anderen Standorten erkennen wollen, zum Beispiel in einem Remotesubnetz in einer Zweigstelle, die hinter einer Firewall liegt, können Sie mit dem Remotedesktop eine Verbindung zu einem Windows Server 2003 R2-Computer (oder neuer) am Remotestandort herstellen, die Druckverwaltung starten und dann wie beschrieben die Option *Das Netzwerk nach Druckern durchsuchen* verwenden.

Neben dem neuen Netzwerkdruckerinstallations-Assistenten ist auch noch der Assistent *Drucker hinzufügen* für Endbenutzer in Windows 7 vorhanden. Er wurde verbessert, damit Benutzer lokale, Netzwerk-, Drahtlos- und Bluetooth-Drucker hinzufügen und bei Bedarf mit Windows Update nach Druckertreibern suchen können. Weitere Informationen zu diesem Thema finden Sie unter »Clientseitige Verwaltung von Druckern« weiter unten in diesem Kapitel.

So funktioniert's: WSD-Drucker

WSD (Web Services for Devices) ist ein neuer Typ Netzwerkkonnektivität, der von Windows Vista und neueren Versionen unterstützt wird. Mit WSD können Benutzer von einem Plug & Play-Mechanismus profitieren, ähnlich wie bei USB-Geräten. Allerdings funktioniert dieser Mechanismus über das Netzwerk und nicht für lokal angeschlossene Geräte.

In Windows Vista und neueren Versionen werden WSD-Druckeranschlüsse vom WSD-Portmonitor (WSDMon) bedient statt vom Standard-Portmonitor (TCPMon), der für TCP/IP-Anschlüsse zuständig ist. WSDMon wird standardmäßig benutzt, falls ein Drucker es unterstützt. Andernfalls wird standardmäßig TCPMon verwendet.

Weitere Informationen über die verschiedenen Webdienstspezifikationen und ihre Unterstützung auf Windows-Plattformen finden Sie unter *http://msdn.microsoft.com/en-us/library/ms951274.aspx* im MSDN. Weitere Informationen über WSD-Druckerunterstützung in Windows Vista und neueren Versionen finden Sie in WHDC unter *http://www.microsoft.com/whdc/device/print/default.mspx*.

Erstellen und Verwenden von Druckerfiltern

Sie können mit der Druckverwaltung benutzerdefinierte Druckerfilter erstellen, um die Verwaltung Hunderter von Druckservern und Tausender von Druckern zu vereinfachen. Gehen Sie folgendermaßen vor, um einen benutzerdefinierten Druckerfilter zu erstellen:

1. Klicken Sie in der Konsole *Druckverwaltung* mit der rechten Maustaste auf den Knoten *Benutzerdefinierte Filter* und wählen Sie den Befehl *Neue Druckerfilter hinzufügen*.

2. Geben Sie einen Namen und eine Beschreibung für den neuen Filter ein. Zum Beispiel könnten Sie einen Filter, der alle Drucker anzeigt, deren Treibernamen mit »HP« beginnt (also Hewlett-Packard-Drucker), »Alle HP-Drucker« nennen. Falls gewünscht, können Sie das Kontrollkästchen *Druckeranzahl neben dem Namen des Druckerfilters anzeigen* aktivieren. Klicken Sie auf *Weiter*.

3. Geben Sie bis zu sechs Filterkriterien für Ihren neuen Filter an. Um zum Beispiel Drucker zu filtern, deren Treibername mit »HP« beginnt, können Sie unter *Feld* den Eintrag *Treibername* auswählen, unter *Bedingung* den Eintrag *beginnt mit* auswählen und dann »HP« als Wert eingeben.

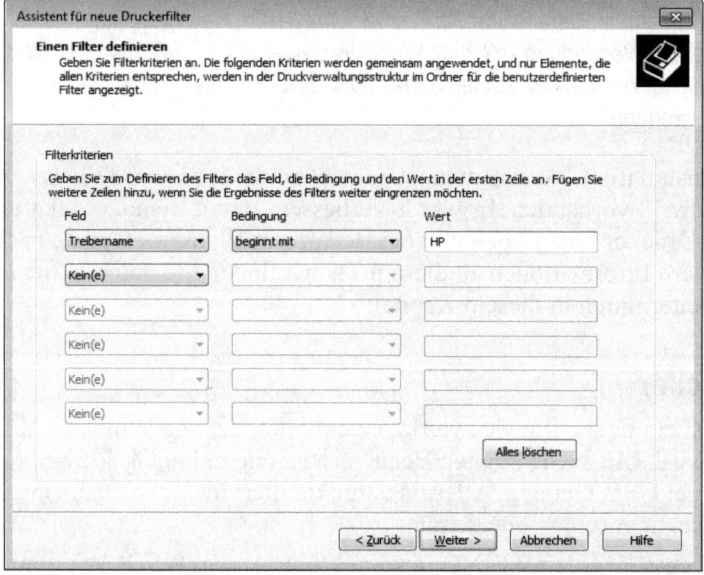

4. Klicken Sie auf *Weiter* und konfigurieren Sie eine E-Mail-Benachrichtigung oder Skriptaktion, die ausgelöst wird, wenn ein Drucker die angegebenen Filterkriterien erfüllt. Das Konfigurieren von Benachrichtigungen ist optional, es wird im Abschnitt »Überwachen und Problembehandlung von Druckern« weiter unten in diesem Kapitel genauer beschrieben.

5. Klicken Sie auf *Fertig stellen*, um den neuen Filter zu erstellen. Wählen Sie den neuen Filter aus, um ihn zu aktivieren und die Drucker anzuzeigen, die die im Filter angegebenen Kriterien erfüllen.

Tabelle 18.1 listet die Felder, Bedingungen und möglichen Werte auf, die Sie beim Erstellen eines benutzerdefinierten Druckerfilters als Filterkriterien verwenden können. Filterkriterienfelder, die mit einem Sternchen (*) markiert sind, sind neu in der Druckverwaltung von Windows 7 und Windows Server 2008 R2.

Tabelle 18.1 Felder, Bedingungen und mögliche Werte für Druckerfilterkriterien

Feld	Bedingungen	Wert
Druckername Servername Kommentare Treibername Verzeichnis Freigabename Treiberversion* Anbieter*	ist genau entspricht nicht genau beginnt mit beginnt nicht mit endet mit endet nicht mit enthält enthält nicht	(gewünschten Wert eingeben)
Warteschlangen- status	ist genau entspricht nicht genau	Bereit, Angehalten, Fehler, Wird gelöscht, Papierstau, Kein Papier, Manuelle Papier- zufuhr notwendig, Papierproblem, Offline, E/A aktiv, Ausgelastet, Druckt, Ausgabefach voll, Nicht verfügbar, Wartet, Verarbeitung, Initialisierung, Aufwärmphase, Niedriger Toner-/Tintenstand, Kein Toner/keine Tinte, Papierverwurf, Benutzereingriff notwendig, Nicht genügend Arbeitsspeicher, Gerät geöffnet
Aufträge in Warteschlange	ist genau entspricht nicht genau kleiner als kleiner oder gleich größer als größer oder gleich	(gewünschten Wert eingeben)
Freigegeben	ist genau entspricht nicht genau	Falsch, Wahr

HINWEIS Sie können einen Druckerfilter verändern, nachdem Sie ihn erstellt haben, indem Sie den Filter mit der rechten Maustaste anklicken und den Befehl *Eigenschaften* wählen.

Erstellen und Verwenden von Treiberfiltern

Die Druckverwaltung in Windows 7 und Windows Server 2008 R2 bietet als neues Feature die Möglichkeit, benutzerdefinierte Treiberfilter zu erstellen. Das vereinfacht Ihnen die Verwaltung aller Druckertreiber auf Ihren Druckservern. Gehen Sie folgendermaßen vor, um einen benutzerdefinierten Treiberfilter zu erstellen:

1. Klicken Sie in der Druckverwaltung mit der rechten Maustaste auf den Knoten *Benutzerdefinierte Filter* und wählen Sie den Befehl *Neuen Treiberfilter hinzufügen*.

2. Geben Sie einen Namen und eine Beschreibung für den neuen Filter ein, zum Beispiel **Alte Treiber** für einen Filter, der alle Druckertreiber auflistet, die keine Treiberisolation unterstützen.

3. Klicken Sie auf *Weiter* und stellen Sie bis zu sechs Filterkriterien für Ihren neuen Filter ein. Wollen Sie beispielsweise nach Druckertreibern filtern, die keine Unterstützung für die Treiberisolation bieten, können Sie das Feld *Treiberisolation* auswählen, die Bedingung *ist genau* wählen und als Wert **Kein** eingeben.

4. Klicken Sie auf *Weiter* und konfigurieren Sie den Filter, wie im vorherigen Abschnitt beschrieben.

Tabelle 18.2 listet die Felder, Bedingungen und möglichen Werte für Filterkriterien auf, die Sie beim Erstellen eines benutzerdefinierten Treiberfilters verwenden können.

Tabelle 18.2   Felder, Bedingungen und mögliche Werte für Treiberfilterkriterien

Feld	Bedingungen	Wert
Treibername	ist genau	(gewünschten Wert eingeben)
Treiberversion	entspricht nicht genau	
Anbieter	beginnt mit	
Umgebung	beginnt nicht mit	
Treiberdatei	endet mit	
Konfigurationsdateipfad	endet nicht mit	
Datendateipfad	enthält	
Standarddatentyp	enthält nicht	
Hardwarekennung		
Hilfedateipfad		
Sprachmonitor		
Hersteller		
OEM-URL		
INF-Pfad		
Druckprozessor		
Treiberdatum		
Typ		
Treiberisolation		
Servername		
Paket	ist genau	Falsch, Wahr
	entspricht nicht genau	

Verwalten von Druckern mit der Druckverwaltung

Wenn Sie Druckserver zur Druckverwaltung hinzugefügt und Druckerfilter erstellt haben, um unterschiedliche Druckertypen einfach anzeigen und auswählen zu können, können Sie beginnen, diese Drucker und Druckserver zu verwalten. Unter anderem können Sie in der Konsole *Druckverwaltung* folgende Aufgaben erledigen:

- Konfigurieren von Druckereigenschaften
- Veröffentlichen von Druckern in AD DS, damit Benutzer sie einfach finden können
- Hinzufügen, Entfernen und Verwalten von Druckertreibern
- Exportieren und Importieren von Druckerkonfigurationen
- Durchführen von Gruppenaktionen, zum Beispiel Anhalten aller Druckerwarteschlangen auf einem Druckserver

Konfigurieren von Druckereigenschaften

Sie können mit der Druckverwaltung die Eigenschaften von Druckern in Ihrem Netzwerk konfigurieren. Dafür ist es unter Umständen erforderlich, dass Sie zusätzliche Druckertreiber lokal auf dem Windows 7-Computer installieren, auf dem Sie die Druckverwaltung ausführen. Das ist so, weil einige Druckereigenschaften unter Umständen nur konfigurierbar sind, wenn der Treiber des Druckers auf dem lokalen Computer installiert ist. Falls also unter den mitgelieferten Standarddruckertreibern von Windows 7 kein Treiber für einen Netzwerkdrucker ist, den Sie verwalten wollen, müssen Sie erst einen Treiber für den Drucker vom Druckserver herunterladen und installieren, bevor Sie die Eigenschaften des Druckers in der Druckverwaltung konfigurieren können.

Gehen Sie folgendermaßen vor, um die Eigenschaften eines Druckers in der Druckverwaltung zu konfigurieren:

1. Klicken Sie mit der rechten Maustaste auf den Drucker, den Sie konfigurieren wollen, und wählen Sie den Befehl *Eigenschaften*.

2. Bestätigen Sie die folgenden Meldungen, falls sie angezeigt werden:

   □ Es kann folgende Meldung erscheinen: »Sie müssen den Druckertreiber auf diesem Computer installieren, um den freigegebenen Drucker <\\Servername\Druckerfreigabenname> verwenden zu können. Installieren Sie den Treiber nicht, wenn Sie den Namen oder Standort des Druckers nicht erkennen oder ihm nicht vertrauen.« Falls diese Meldung angezeigt wird und Sie den Drucker verwalten wollen, können Sie auf *Treiber installieren* klicken, um den Druckertreiber automatisch vom Druckserver herunterzuladen und zu installieren.

   □ Es kann folgende Meldung erscheinen: »Der Druckertreiber <Druckerfreigabenname> ist nicht installiert. Auf manche Druckereigenschaften kann ohne die Installation des Druckertreibers nicht zugegriffen werden. Möchten Sie den Treiber jetzt installieren?« Falls diese Meldung erscheint und Sie den Drucker verwalten wollen, können Sie auf *Ja* klicken, um den Assistenten *Drucker hinzufügen* zu öffnen. Folgen Sie den Schritten des Assistenten, um den Druckertreiber für den Drucker von Hand zu installieren, indem Sie die erforderlichen Treibermedien bereitstellen.

   □ Falls keine Meldung oder der Eigenschaftendialog des Druckers erscheint, ist der Druckertreiber entweder bereits auf dem lokalen Computer installiert oder als eingebauter Treiber in Windows 7 vorhanden.

3. Konfigurieren Sie die gewünschten Einstellungen auf den verschiedenen Registerkarten im Eigenschaftendialog des Druckers. In Hilfe und Support finden Sie weitere Informationen über die Konfiguration von Druckereigenschaften in Windows 7.

Veröffentlichen von Druckern in AD DS

Wenn Drucker auf Druckservern mit Windows Server 2003 oder neuer installiert und über das Netzwerk freigegeben werden, werden sie in der Standardeinstellung auch automatisch in AD DS aufgelistet. Aber andere Netzwerkdrucker, zum Beispiel eigenständige TCP/IP- oder WSD-Netzwerkdrucker, werden unter Umständen nicht in AD DS aufgelistet. Sie müssen solche Drucker von Hand zum Verzeichnis hinzufügen, damit die Benutzer nach ihnen im Verzeichnis suchen können.

Gehen Sie folgendermaßen vor, um in der Druckverwaltung von Hand einen Netzwerkdrucker zu Active Directory hinzuzufügen:

1. Klicken Sie mit der rechten Maustaste auf den Drucker und wählen Sie den Befehl *In Verzeichnis auflisten*.

2. Öffnen Sie den Eigenschaftendialog des Druckers, klicken Sie auf die Registerkarte *Freigabe* und aktivieren Sie das Kontrollkästchen *Im Verzeichnis anzeigen*.

Sie können auch Drucker aus AD DS entfernen, indem Sie entweder das Kontrollkästchen *Im Verzeichnis anzeigen* deaktivieren oder indem Sie mit der rechten Maustaste auf den Drucker klicken und den Befehl *Aus Verzeichnis entfernen* wählen. Sie können Drucker aus AD DS entfernen, um zu verhindern, dass Benutzer sie von Hand mit dem Assistenten *Drucker hinzufügen* im Systemsteuerungsmodul *Drucker* installieren.

Sobald ein Drucker in AD DS veröffentlicht ist, können Benutzer AD DS mit dem Assistenten *Drucker hinzufügen* durchsuchen und von Hand eine Druckerverbindung auf ihrem Computer installieren. So können die Benutzer auf einem Netzwerkdrucker ausdrucken. Weitere Informationen finden Sie im Abschnitt »Suchen nach Druckern« weiter unten in diesem Kapitel.

Verwalten von Druckertreibern

Sie können in der Druckverwaltung zusätzliche Druckertreiber zu Druckservern hinzufügen, die von Clientcomputern benötigt werden, und Sie können auch Druckertreiber von Druckservern entfernen, wenn die Clients sie nicht mehr brauchen. Zum Beispiel können Sie folgendermaßen zusätzliche Druckertreiber für Netzwerkdrucker hinzufügen, um 64-Bit-Windows-Clientcomputer zu unterstützen:

1. Öffnen Sie die Druckverwaltung, erweitern Sie die Konsolenstruktur und wählen Sie den Knoten *Treiber* in dem Druckserver aus, zu dem Sie zusätzliche Treiber hinzufügen wollen.

2. Klicken Sie mit der rechten Maustaste auf den Knoten *Treiber*, wählen Sie den Befehl *Treiber hinzufügen*, um den Assistenten für die Druckertreiberinstallation zu öffnen, und klicken Sie auf *Weiter*.

3. Wählen Sie die Systemarchitekturen aus, für die Sie zusätzliche Treiber installieren wollen.

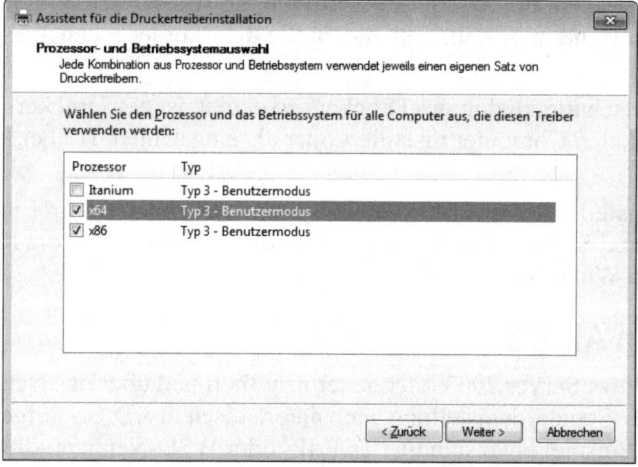

4. Klicken Sie auf *Weiter*. Falls die Treiber, die Sie installieren wollen, noch nicht innerhalb des Treiberspeichers auf dem lokalen Computer bereitliegen, haben Sie zwei Möglichkeiten:

- Klicken Sie auf *Datenträger* und legen Sie das Treibermedium ein oder wählen Sie einen Netzwerkspeicherort aus, in dem die Treiberpakete zur Verfügung stehen.

- Klicken Sie auf *Windows Update*, sofern es verfügbar ist. Daraufhin wird eine Liste der Druckertreiber angezeigt, die in Windows Update verfügbar sind. Beachten Sie, dass es beim ersten Mal, wenn Sie diese Operation ausführen, einige Minuten dauern kann, bis die Liste der Druckertreiber von Windows Update heruntergeladen wurde.

Gehen Sie dann die weiteren Seiten des Assistenten durch, um die Treiber zum Druckserver hinzuzufügen und sie für die Clients zur Verfügung zu stellen, die sie benötigen.

Wenn Sie zusätzliche Treiber in der Druckverwaltung hinzufügen, gibt es folgende Punkte zu bedenken:

- Wenn Sie den Assistenten für die Druckertreiberinstallation aus einer Druckverwaltungskonsole heraus ausführen, die unter Windows Server 2003 R2 oder neuer läuft, können Sie zusätzliche x86-, x64- und Itanium-Treiber für ältere Versionen von Windows (vor Windows Vista) hinzufügen.

- Wenn Sie den Assistenten für die Druckertreiberinstallation von einer Druckverwaltungskonsole heraus ausführen, die unter Windows Vista und neueren Versionen läuft, können Sie nur Typ 3-Druckertreiber (Benutzermodus) für x86-, x64- und Itanium-Systeme hinzufügen, die unter Windows Vista, Windows 7, Windows Server 2008 oder Windows Server 2008 R2 laufen. Um zusätzliche Treiber für ältere Versionen von Microsoft Windows hinzuzufügen, müssen Sie die Druckverwaltung von Windows Server 2003 R2 (oder neuer) verwenden statt die von Windows 7.

HINWEIS   Es gibt keine Unterschiede in der Installationsmethode beim Hinzufügen von 32-Bit- und 64-Bit-Treibern.

Sie können Druckertreiber auch wieder von Druckservern entfernen, wenn die Clientcomputer sie nicht mehr benötigen. Gehen Sie folgendermaßen vor, um einen Druckertreiber von einem Druckserver zu entfernen:

1. Öffnen Sie die Druckverwaltung, erweitern Sie die Konsolenstruktur und wählen Sie den Knoten *Treiber* unterhalb des Druckservers aus, von dem Sie die Treiber entfernen wollen.

2. Klicken Sie mit der rechten Maustaste auf einen Treiber im Knoten *Treiber* und wählen Sie den Befehl *Löschen*.

3. Klicken Sie auf *Ja*, um Ihre Aktion zu bestätigen.

HINWEIS   Wenn Sie mit den beschriebenen Schritten versuchen, einen Druckertreiber vom lokalen Druckserver zu entfernen (wenn Sie einen Computer als Druckserver einsetzen, der unter Windows Vista, Windows 7, Windows Server 2008 oder Windows Server 2008 R2 läuft), wird das Treiberpaket deinstalliert, bleibt aber im Treiberspeicher verfügbar. Windows wählt den Treiber wieder aus und installiert ihn, wenn ein kompatibler TCP/IP- oder Plug & Play-Drucker zum System hinzugefügt wird. Falls Sie statt *Löschen* allerdings den Befehl *Treiberpaket entfernen* auswählen, löscht Windows das Paket und verwendet den Treiber künftig nicht mehr.

Sie können detaillierte Informationen über alle Druckertreiber anzeigen, die auf einem Druckserver installiert sind. Gehen Sie dazu folgendermaßen vor:

1. Öffnen Sie die Druckverwaltung, erweitern Sie die Konsolenstruktur und wählen Sie den Knoten *Treiber* unterhalb eines Druckservers aus.

2. Wählen Sie im Menü *Ansicht* den Befehl *Spalten hinzufügen/entfernen*.

3. Fügen Sie weitere Spalten aus der Liste der verfügbaren Spalten hinzu, um mehr Details über jeden Treiber anzuzeigen, der auf dem Server installiert ist.

Sie können die detaillierten Informationen über jeden Treiber, der auf einem Druckserver installiert ist, speichern und für die Berichterstellung in Microsoft Office Excel importieren. Fügen Sie dazu wie beschrieben die gewünschten Spalten hinzu, klicken Sie mit der rechten Maustaste auf den Knoten *Treiber* und wählen Sie den Befehl *Liste exportieren*. Speichern Sie die Treiberdetails als kommagetrennte Datei (*.csv*) und importieren Sie sie in Office Excel. Der Befehl *Liste exportieren* steht für alle Knoten in einem MMC-Snap-In zur Verfügung.

> ## Direkt aus der Praxis: Ist Ihr Drucker kompatibel zu Windows 7?
>
> Mitch Tulloch, MVP, *http://www.mtit.com*
>
> Ihr Unternehmen überlegt also, ob es die Windows XP-Clients auf Windows 7 aktualisieren soll. Frage: Funktionieren die Drucker, die Sie momentan auf Ihrem Windows Server 2003 R2-Druckserver installiert haben, weiterhin, wenn auf den Computern der Benutzer das Upgrade durchgeführt wurde?
>
> Das finden Sie folgendermaßen schnell heraus: Sehen Sie sich in der Druckverwaltung die Version jedes Druckertreibers auf Ihrem Druckserver an. Ist es ein Treiber für Windows XP oder Windows Server 2003 (also ein Typ-3-Treiber), ist der zugehörige Drucker kompatibel zu Windows 7 und Windows Vista. Ist es dagegen ein Treiber für Windows NT 4 (Typ 2), benutzt der Drucker einen Kernelmodustreiber, und Sie brauchen ein Update für diesen Treiber, damit Windows 7-Clients ihn benutzen können.

Konfigurieren des Druckertreiberisolationsmodus

Administratoren können in der Druckverwaltung den Treiberisolationsmodus für einen Druckertreiber konfigurieren, der auf einem Druckserver installiert ist. Es gibt mehrere Szenarien, in denen das nützlich ist, um die Zuverlässigkeit des Druckservers zu erhöhen. Falls beispielsweise eine Druckerwarteschlange, die mit einem bestimmten Treiber verknüpft ist, immer wieder abstürzt, kann der Administrator den Treiberisolationsmodus für diesen Treiber auf *Isoliert* ändern, sodass der Treiber in einem eigenen, separaten Prozess läuft. Auf diese Weise hat es keine Auswirkungen auf andere Druckerwarteschlangen des Servers, wenn der Treiber abstürzt. Der Administrator kann sich dann an den Hersteller wenden und ein Update des Treibers für den Drucker anfordern.

Ein anderes Beispiel ist ein Hersteller, der dem Administrator einen Druckertreiber unbekannter Qualität zur Verfügung stellt. In diesem Fall wird empfohlen, den Treiber in einem isolierten Prozess zu verwenden und über einen gewissen Zeitraum hinweg Absturzstatistiken zu der Druckerwarteschlange zu sammeln und zu analysieren, die mit diesem Treiber verknüpft ist. Sobald der Treiber als ausreichend stabil eingestuft wurde, kann ihn der Administrator in den gemeinsamen Prozess verschieben.

Konfigurieren des Druckertreiberisolationsmodus mit der Konsole *Druckverwaltung*

Sie haben zwei Möglichkeiten, den Druckertreiberisolationsmodus für einen Druckertreiber zu konfigurieren: unter dem Knoten *Alle Treiber* (einem benutzerdefinierten Treiberfilter) oder unter dem *Treiber*-Knoten eines Druckservers. Sie konfigurieren den Treiberisolationsmodus für einen Druckertreiber, indem Sie mit der rechten Maustaste auf den Treiber klicken und im Kontextmenü auf *Treiberisolation festlegen* klicken (Abbildung 18.4). Daraufhin öffnet sich ein Untermenü mit vier Einträgen:

- **Kein**   Führt den Treiber innerhalb des Spoolerprozesses aus (alter Isolationsmodus).
- **Freigegeben**   Führt den Treiber innerhalb des gemeinsamen Prozesses aus.
- **Isoliert**   Erstellt einen neuen isolierten Prozess, der allein für diesen Treiber benutzt wird.
- **Systemstandard**   Dieser Menüeintrag zeigt *(Kein)* an, wenn der Eintrag `DriverIsolation` in der *.inf*-Datei des Treibers fehlt oder den Wert 0 hat. Er zeigt *(Freigegeben)* an, wenn der Eintrag `DriverIsolation` in der *.inf*-Datei des Treibers den Wert 2 hat. Anders ausgedrückt: *Kein* bedeutet, dass der Treiber nicht so entworfen wurde, dass er Treiberisolation unterstützt, und *Freigegeben* heißt, dass der Treiber die Treiberisolation unterstützt.

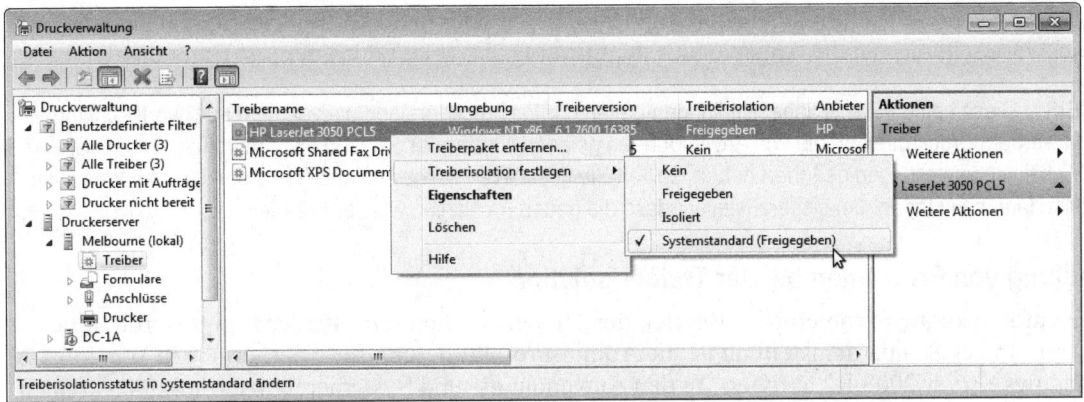

Abbildung 18.4   Konfigurieren des Druckertreiberisolationsmodus für einen Druckertreiber

Beachten Sie auch die neue Spalte *Treiberisolation* in der Detailansicht, wenn Treiber in der Druckverwaltung angezeigt werden. Diese Spalte ist neu in Windows 7 und Windows Server 2008 R2.

> **HINWEIS**   Wenn Sie die Konsole *Druckverwaltung* auf einem Windows 7- oder Windows Server 2008 R2-Com-
> puter ausführen und eine Verbindung zu einem Druckserver herstellen, der unter einer älteren Windows-Version
> läuft, weist die Konsole *Druckverwaltung* darauf hin, dass die Treiberisolation auf diesem Server nicht unterstützt
> wird. Sie haben dann keine Möglichkeit, diese Modi zu ändern.

Konfigurieren des Druckertreiberisolationsmodus mithilfe von Gruppenrichtlinien

Bestimmte Elemente der Druckertreiberisolation können Sie auf einem Windows Server 2008 R2-
Druckserver global konfigurieren. Dazu stehen zwei Gruppenrichtlinieneinstellungen zur Verfügung,
die in Windows 7 und Windows Server 2008 R2 neu eingeführt wurden und nur für diese Plattformen
gelten:

- *Computerkonfiguration\Richtlinien\Administrative Vorlagen\Drucker\Druckertreiber in isolierten
  Prozessen ausführen*

  Diese Richtlinieneinstellung legt fest, ob die Druckwarteschlange Druckertreiber in einem isolierten oder einem separaten Prozess ausführt. Wenn Sie diese Richtlinieneinstellung aktivieren oder
  nicht konfigurieren, versucht die Druckwarteschlange, Druckertreiber in einem isolierten Prozess
  auszuführen. Deaktivieren Sie diese Richtlinieneinstellung, wird keine Treiberisolation versucht,
  und die Druckwarteschlange führt Druckertreiber im Prozess der Druckwarteschlange aus. Anders
  ausgedrückt: Indem Sie diese Richtlinieneinstellung auf *Deaktiviert* stellen, schalten Sie die Treiberisolation vollständig ab und erzwingen, dass das gesamte System im älteren Modus läuft (Modus
  Kein). Alle anderen Einstellungen erlauben die Nutzung der Treiberisolation, wie sie in der *.inf*-
  Datei eines Treibers und in den Einstellungen der Druckverwaltungskonsole festgelegt ist.

- *Computerkonfiguration\Richtlinien\Administrative Vorlagen\Drucker\Vom Druckertreiber gemeldete Kompatibilitätseinstellung zur Ausführung des Druckertreibers außer Kraft setzen*

  Diese Richtlinieneinstellung legt fest, ob die Druckwarteschlange die Kompatibilitätseinstellung
  für die Treiberisolation überschreibt, die der Druckertreiber über den Eintrag `DriverIsolation` in
  seiner *.inf*-Datei meldet. Auf diese Weise führen Sie Druckertreiber selbst dann in einem isolierten
  Prozess aus, wenn der Treiber keine Kompatibilität meldet. Wenn Sie diese Richtlinieneinstellung
  aktivieren, versucht die Druckwarteschlange, den Treiber auf jeden Fall im Isolationsmodus auszuführen, unabhängig davon, was im Eintrag `DriverIsolation` der *.inf*-Datei des Treibers festgelegt

ist. Wenn Sie diese Richtlinieneinstellung deaktivieren oder nicht konfigurieren, hält sich die Druckwarteschlange an die Angaben aus dem Eintrag `DriverIsolation` der *.inf*-Datei des Treibers.

> **HINWEIS** Diese beiden Richtlinieneinstellungen gelten nur für Druckertreiber, die von der Druckwarteschlange geladen werden. Druckertreiber, die von Anwendungen geladen werden, sind davon nicht betroffen. Sobald Sie diese Richtlinieneinstellungen geändert haben, sollten Sie `gpupdate /force` ausführen und den Druckwarteschlangendienst dann neu starten, um sicherzustellen, dass die neuen Richtlinien wirksam werden.

Behandlung von Problemen bei der Treiberisolation

Administratoren können Probleme im Bereich der Treiberisolation mithilfe der Ereignisprotokolle analysieren. In der Standardeinstellung ist die Admin-Protokollierung für PrintService in Windows 7 und Windows Server 2008 R2 aktiviert. In den Anwendungs- und Systemereignisprotokollen können Sie nach Ereignissen suchen, die von der Druckwarteschlange stammen.

Wenn Sie zusätzliche Ereignisse auswerten wollen, die mit der Treiberisolation zu tun haben, können Sie die Operational-Protokollierung folgendermaßen aktivieren:

1. Öffnen Sie die Ereignisanzeige und erweitern Sie den folgenden Knoten:

   Anwendungs- und Dienstprotokolle\Microsoft\Windows\PrintService.

2. Klicken Sie mit der rechten Maustaste auf *Betriebsbereit* und wählen Sie den Befehl *Protokoll aktivieren*.

Sobald Sie die Operational-Protokollierung aktiviert haben, sollten Sie nach Informationsereignissen mit der Ereignis-ID 842 und der Quelle PrintService Ausschau halten. Dieses Ereignis gibt an, dass der Isolationsmodus benutzt wurde, um einen bestimmten Druckauftrag auszudrucken. Das Ereignis liefert Informationen, die beispielsweise so aussehen.

```
Der Druckauftrag <x> wurde wie folgt gesendet: über den Druckprozessor <Druckprozessorname> an
Drucker <Druckername>, mit Treiber <Druckertreibername>, im Isolationsmodus <x> (0 - in Spooler
geladen, 1 - in freigegebener Sandbox geladen, 2 - in isolierter Sandbox geladen). Vom
Druckprozessor wurde ein Win32-Fehlercode zurückgegeben: 0x0.
```

Exportieren und Importieren von Druckserverkonfigurationen

Sie können die Konfiguration aller Druckerwarteschlangen und Druckertreiber auf einem Druckserver in eine Druckermigrationsdatei (*.printerExport*) exportieren, die Sie dann auf demselben oder einem anderen Druckserver wieder importieren können. Das ist nützlich für Administratoren, die Druckerkonfigurationen sichern oder Drucker auf einen anderen Druckserver migrieren wollen. Das Exportieren von Druckerwarteschlangen-Konfigurationseinstellungen und Druckertreibern ist auch eine nützliche Methode, um die Konfiguration eines Druckservers im Rahmen des BCP (Business Continuity Plan) Ihrer Organisation zu sichern.

Sie können alle Druckertreiber und die Konfiguration aller Druckerwarteschlangen für einen Druckserver exportieren, indem Sie in der Druckverwaltung mit der rechten Maustaste auf den Knoten des Druckservers klicken und den Befehl *Drucker in Datei exportieren* wählen. Daraufhin öffnet sich der Druckermigrationsassistent, der eine Liste der Druckerwarteschlangen und Druckertreiber anzeigt, die exportiert werden. Speichern Sie die *.printerExport*-Datei in einer Netzwerkfreigabe, damit Sie sie während einer Notfallwiederherstellung oder beim Konsolidieren von Druckservern wieder importieren können.

Sie haben folgende Möglichkeiten, um vorher exportierte Druckserverkonfigurationen zu importieren:

- Klicken Sie in der Druckverwaltung mit der rechten Maustaste auf den Knoten des Druckservers, wählen Sie den Befehl *Drucker aus Datei importieren*, suchen Sie die *.printerExport*-Datei und importieren Sie sie.

- Klicken Sie doppelt auf eine *.printerExport*-Datei, während Sie an dem Druckserver angemeldet sind, in den Sie die Konfigurationsinformationen importieren wollen. Daraufhin startet der Druckermigrationsassistent und Sie können die Konfiguration importieren.

Weitere Informationen über die Verwendung des Druckermigrationsassistenten finden Sie im Abschnitt »Migrieren von Druckservern« weiter unten in diesem Kapitel.

HINWEIS Das Befehlszeilentool PrintBRM können Sie auch in der Aufgabenplanung verwenden, um jede Nacht Ihre Druckserverkonfigurationen zu sichern.

So funktioniert's: Druckerexportdateien

Eine Druckerexportdatei hat die Dateierweiterung *.printerExport* und ist im Wesentlichen eine komprimierte Cabinet-Datei (*.cab*), die XML-Definitionsdateien für die Treiber, Anschlüsse, Formulare und Drucker auf einem Computer enthält. Außerdem enthält sie alle Treiberdateien für jeden Drucker.

Die folgenden Dateien sind Teil der Druckerexportdatei:

- *BrmDrivers.xml* Druckertreiberbeschreibungsdatei. Diese Datei enthält eine Liste aller Treiber, die auf dem Computer installiert sind, und die Treiberdateien für jeden Treiber.

- *BrmForms.xml* Formularbeschreibungsdatei. Diese Datei enthält eine Liste aller installierten Formulare.

- *BrmLMons.xml* Anschlussüberwachungsdefinitionsdatei. Diese Datei enthält normalerweise entweder Windows NT x86 oder Windows x64 als Architektur und eine Liste der Anschluss-überwachungen und der Anschlussüberwachungsdateien, die auf dem Computer installiert sind.

- *BrmPorts.xml* Druckeranschlussdefinitionsdatei. Diese Datei enthält eine Liste aller Drucker-anschlüsse, die auf dem Computer installiert wurden. Diese Liste enthält *nicht* die Druckerver-bindungen.

- *BrmPrinters.xml* Druckerdefinitionsdatei. Diese Datei enthält eine Liste aller Drucker, die auf dem Computer installiert sind. Diese Liste enthält *nicht* die Druckerverbindungen.

- *BrmSpoolerAttrib.xml* Spoolerattributdefinitionsdatei. Diese Datei enthält Informationen über den Spoolerverzeichnispfad und einen Wert, der festlegt, ob der Quellcomputer ein Cluster-server war.

Durchführen von Gruppenaktionen mit der Druckverwaltung

Sie können mit der Druckverwaltung auch die folgenden Gruppenaktionen für Drucker und Drucker-treiber auf einem Druckserver durchführen:

- Sie können die folgenden Gruppenaktionen für Drucker ausführen, indem Sie mehrere Drucker auswählen, die in einem Druckserver liegen oder innerhalb eines Druckerfilters angezeigt werden:

  - ☐ *Drucker anhalten*
  - ☐ *Druckvorgang fortsetzen*

- ☐ *Alle Aufträge abbrechen*
- ☐ *In Verzeichnis auflisten*
- ☐ *Aus Verzeichnis entfernen*
- ☐ *Löschen*

- Sie können die folgenden Gruppenaktionen für Druckertreiber ausführen, indem Sie mehrere Druckertreiber auswählen, die in einem Druckserver liegen oder innerhalb eines Druckerfilters angezeigt werden, zum Beispiel im Standardfilter *Alle Treiber*:
  - ☐ *Treiberpaket entfernen*
  - ☐ *Löschen*

Direkt von der Quelle: Verwalten von Druckerwarteschlangen und Servern mit der Druckverwaltungskonsole

Frank Olivier, User Experience Program Manager, *Windows-Client*

Mit Windows 7-Clientcomputern und der Windows 7-Druckverwaltungskonsole können Druckeradministratoren den Benutzern ganz einfach eine hohe Druckerverfügbarkeit bieten. Das lässt sich erreichen, indem Benutzer aus den Druckerwarteschlangen eines Servers in gleiche Druckerwarteschlangen (für dieselben Hardwaredrucker) eines anderen Servers verschoben werden, wenn der erste Server nicht verfügbar ist.

Verwenden Sie erst die Druckverwaltungskonsole, um Drucker mit einem Gruppenrichtlinienobjekt (zum Beispiel *ServerA**ColorPrinter* mit GPO1) für eine Reihe von Benutzern bereitzustellen, und verknüpfen Sie GPO1 mit einer Organisationseinheit, die eine Reihe von Benutzern oder Computern enthält.

Starten Sie dann das Tool Druckserver importieren/exportieren und führen Sie eine Datensicherung eines Druckservers durch. Klicken Sie in der Druckverwaltungskonsole mit der rechten Maustaste auf einen Druckserver und wählen Sie den Befehl *Drucker in Datei exportieren*. Alle Druckerwarteschlangen und Druckertreiber werden in eine *.printerExport*-Datei exportiert. Stattdessen können Sie auch das Befehlszeilentool PrintBRM (in *%WinDir%\System32\spool\Tools*) verwenden, entweder von der Befehlszeile oder in der Aufgabenplanung, um regelmäßig Backups des Druckservers anzulegen.

Wenn ein Druckserver aufgrund eines Hardwaredefekts ausfällt, kann der Administrator Benutzer ganz einfach auf einen neuen Server verschieben. Öffnen Sie auf dem neuen Server (Server2) die Druckverwaltungskonsole und importieren Sie die *.printerExport*-Datei. Jetzt werden neue Druckerwarteschlangen erstellt (zum Beispiel *Server2**ColorPrinter*, falls der alte Server *Server1**ColorPrinter* verwendet hat).

Verwenden Sie das Feature »Bereitgestellte Drucker« in der Druckverwaltungskonsole und stellen Sie die Drucker über GPO2 bereit. Deaktivieren Sie im Gruppenrichtlinienverwaltungstool die Verknüpfung zu GPO1. Die Druckerwarteschlangen von Server1 werden entfernt und die Druckerwarteschlangen von GPO2 (Server2) werden installiert.

Wenn der alte Druckserver wieder online ist, kann die Verknüpfung mit GPO2 deaktiviert und die Verknüpfung mit GPO1 aktiviert werden.

Clientseitige Verwaltung von Druckern

Abhängig von den Gruppenrichtlinieneinstellungen können Endbenutzer von Windows 7-Computern in verwalteten Umgebungen ihre eigenen Drucker bei Bedarf finden und installieren. Der Abschnitt »Verwalten der clientseitigen Druckfeatures mit Gruppenrichtlinien« weiter unten in diesem Kapitel enthält weitere Informationen über die entsprechenden Richtlinieneinstellungen.

Installieren von Druckern mit dem Assistenten *Drucker hinzufügen*

Neben dem neuen Netzwerkdruckerinstallations-Assistenten der Druckverwaltung steht auch der Assistent *Drucker hinzufügen* noch für Endbenutzer in Windows 7 zur Verfügung. Er wurde verbessert, sodass Benutzer ganz einfach lokale, Netzwerk-, Drahtlos- und Bluetooth-Drucker hinzufügen können. Dieser Assistent wird allerdings nicht benötigt, um USB-Drucker zu installieren, weil der Benutzer den Drucker nur an einen USB-Anschluss auf dem Computer anzustecken braucht und der Drucker automatisch installiert wird.

HINWEIS   In Windows 7 können Standardbenutzer Netzwerkdrucker installieren, ohne Administratoranmeldeinformationen einzugeben. Voraussetzung ist, dass der Treiber als sicher eingestuft ist (zum Beispiel signiert und verpackt ist). Wenn Sie eine Anhebungseingabeaufforderung mit der Frage »Vertrauen Sie diesem Drucker?« sehen, während Sie einen Drucker installieren, liegt das daran, dass der Druckertreiber nicht als vertrauenswürdig gilt. Nur lokale Administratoren können einen nicht vertrauenswürdigen Treiber installieren.

Gehen Sie folgendermaßen vor, um den Assistenten *Drucker hinzufügen* in Windows 7 zu starten:

1. Klicken Sie im Startmenü auf *Geräte und Drucker*.

2. Klicken Sie in der Symbolleiste auf *Drucker hinzufügen*, um den Assistenten *Drucker hinzufügen* zu starten.

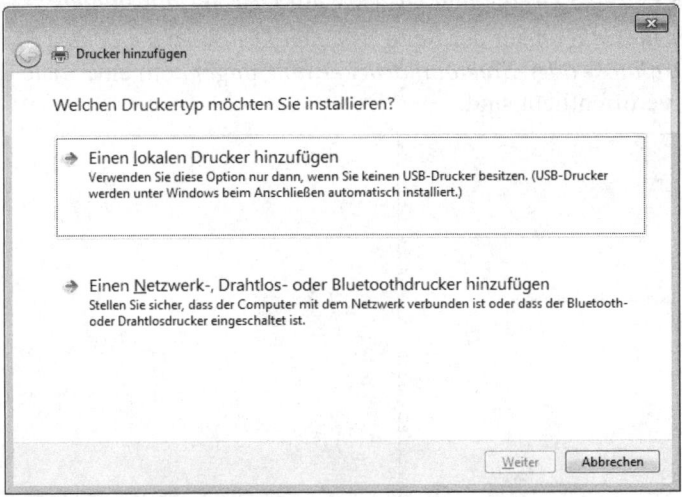

3. Sie haben jetzt folgende Möglichkeiten:

   ☐ Sie können einen lokalen Drucker (nicht USB) installieren, indem Sie auf *Einen lokalen Drucker hinzufügen* klicken und dann Anschlüsse, Druckertreiber und andere Informationen angeben, die der Assistent benötigt. Sie brauchen einen lokalen Drucker nur dann auf diese Weise von Hand zu installieren, wenn er Plug & Play nicht unterstützt. USB-Drucker werden automatisch erkannt und installiert, wenn sie an einen USB-Anschluss des Computers ange-steckt werden.

☐ Sie können einen Netzwerk-, Drahtlos- oder Bluetooth-Drucker installieren, indem Sie auf *Einen Netzwerk-, Drahtlos- oder Bluetoothdrucker hinzufügen* klicken, den Drucker, den Sie installieren wollen, aus der Liste der gefundenen Drucker auswählen und dann auf *Weiter* klicken, um den Drucker zu installieren.

In einem verwalteten Netzwerk, wo AD DS bereitgestellt wurde, findet die Option *Einen Netzwerk-, Drahtlos- oder Bluetoothdrucker hinzufügen* des Assistenten *Drucker hinzufügen* Netzwerkdrucker, die in AD DS veröffentlicht sind, sowie die verfügbaren Drahtlos- und Bluetooth-Drucker. Wenn Sie in einem unverwalteten Netzwerk ohne AD DS diese Option auswählen, durchsucht der Assistent *Drucker hinzufügen* das lokale Subnetz nach TCP/IP-, WSD-, Drahtlos- und Bluetooth-Druckern.

HINWEIS   Netzwerkadministratoren können die Zahl und die Typen der gesuchten Drucker mit Gruppenricht-linieneinstellungen im Knoten *Computerkonfiguration\Richtlinien\Administrative Vorlagen\Drucker* festlegen. Falls Sie nicht wollen, dass ein Drucker angezeigt wird, können Sie die Zahl der Drucker für jeden Typ entweder in *Druckerinstallations-Assistent – Netzwerksuchseite (Verwaltetes Netzwerk)* oder *Druckerinstallations-Assistent – Netzwerksuchseite (Nicht verwaltetes Netzwerk)* auf 0 setzen.

Suchen nach Druckern

Sobald ein Drucker in AD DS veröffentlicht wurde, können Benutzer mit dem Assistenten *Drucker hinzufügen* nach Netzwerkdruckern in AD DS suchen und von Hand eine Druckerverbindung auf ihrem Computer installieren, damit sie auf diesen Drucker ausdrucken können. Ein Benutzer kann mit dem Systemsteuerungsmodul *Drucker* folgendermaßen nach einem veröffentlichten Drucker suchen, um ihn zu installieren:

1. Klicken Sie in der Symbolleiste des Fensters *Geräte und Drucker* auf *Drucker hinzufügen*.

2. Klicken Sie im Assistenten *Drucker hinzufügen* auf der Seite *Welchen Druckertyp möchten Sie installieren* auf *Einen Netzwerk-, Drahtlos- oder Bluetoothdrucker hinzufügen*, um eine Liste der Drucker anzuzeigen, die in AD DS veröffentlicht sind.

3. Wählen Sie den veröffentlichten Drucker, für den Sie eine Verbindung installieren wollen, und klicken Sie auf *Weiter*, um den Assistenten fortzusetzen und die Druckerverbindung auf dem lokalen Computer zu installieren.

4. Falls der Drucker, den Sie installieren wollen, nicht im Verzeichnis aufgelistet ist, oder die Zahl der angezeigten veröffentlichten Drucker sehr groß ist und der Benutzer nach einem bestimmten Druckertyp in AD DS suchen will, können Sie auf *Der gesuchte Drucker ist nicht aufgeführt* klicken, um die Seite *Einen Drucker anhand des Namens oder der TCP/IP-Adresse suchen* des Assistenten *Drucker hinzufügen* zu öffnen.

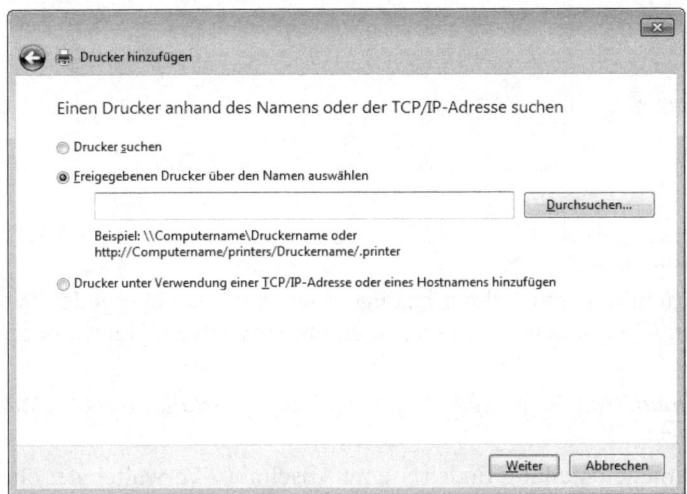

5. Wählen Sie eine der folgenden Optionen aus:

☐ Sie können einen freigegebenen Drucker mit dem Netzwerk-Explorer suchen, indem Sie die Option *Einen freigegebenen Drucker über den Namen auswählen* wählen und dann auf *Durchsuchen* klicken. Sie können auch den UNC-Pfad (Universal Naming Convention) des freigegebenen Druckers eingeben, falls Sie den Pfad wissen.

☐ Sie können eine Druckerverbindung zu einem eigenständigen TCP/IP- oder WSD-Netzwerkdrucker installieren, indem Sie die Option *Einen Drucker unter Verwendung einer TCP/IP-Adresse oder eines Hostnamens hinzufügen* auswählen und dann auf *Weiter* klicken. Geben Sie die IP-Adresse oder den Hostnamen des Druckers ein, wählen Sie *Automatische Erkennung*, um automatisch feststellen zu lassen, ob der Drucker vom Typ TCP/IP oder WSD ist, aktivieren Sie das Kontrollkästchen *Den Drucker abfragen und den zu verwendenden Treiber automatisch auswählen* und klicken Sie dann auf *Weiter*, um eine Druckerverbindung zum Netzwerkdrucker zu installieren.

☐ Sie können AD DS nach einem Drucker durchsuchen, der die angegebenen Kriterien erfüllt, indem Sie die Option *Einen Drucker im Verzeichnis anhand des Standorts oder der Druckerfunktionen suchen* auswählen und auf *Weiter* klicken, um das Dialogfeld *Drucker suchen* zu öffnen. Geben Sie die Kriterien für den gewünschten Druckertyp an und klicken Sie dann auf *Jetzt suchen*, um Active Directory abzufragen. Klicken Sie doppelt auf den gewünschten Drucker, um eine Druckerverbindung dafür zu installieren.

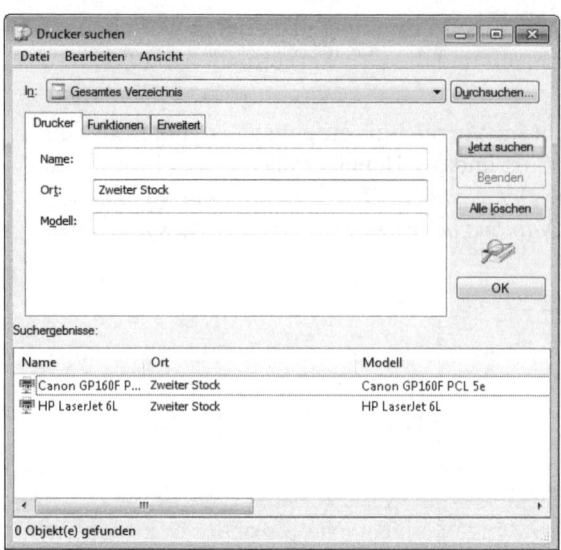

Sie können mit der folgenden Gruppenrichtlinieneinstellung festlegen, wie viele Drucker jedes Typs der Assistent *Drucker hinzufügen* maximal auf einem Computer in einem verwalteten Netzwerk anzeigen darf:

Computerkonfiguration\Richtlinien\Administrative Vorlagen\Drucker\Druckerinstallations-Assistent – Netzwerksuchseite (Verwaltetes Netzwerk)

Weitere Informationen zu dieser Richtlinieneinstellung finden Sie im Abschnitt »Verwalten der clientseitigen Druckfeatures mit Gruppenrichtlinien« weiter unten in diesem Kapitel.

> **HINWEIS** Fortgeschrittene Benutzer können auch nach Druckern suchen, die installiert werden sollen, indem sie eine Eingabeaufforderung öffnen, den Befehl **rundll32 dsquery.dll,OpenQueryWindow** eingeben, Drucker aus dem Listenfeld auswählen und wie in den vorherigen Schritten beschrieben fortfahren.

Installieren von Druckern mit Point-and-Print

Endbenutzer können auch Point-and-Print nutzen, um Drucker über ein Netzwerk zu installieren. Wenn Point-and-Print verwendet wird, sendet der Druckserver dem Clientcomputer folgende Informationen über den Drucker, der installiert werden soll:

■ Name des Servers, auf dem die Druckertreiberdateien gespeichert sind

■ Druckermodellinformationen, die angeben, welcher Druckertreiber installiert werden muss

■ Die eigentlichen Druckertreiberdateien, die der Client benötigt

Endbenutzer können Druckerverbindungen mit Point-and-Print installieren, indem sie im Netzwerk-Explorer nach einem Druckserver suchen, doppelt auf den Druckserver klicken, um seine freigegebenen Drucker anzuzeigen, mit der rechten Maustaste auf einen freigegebenen Drucker klicken und den Befehl *Verbinden* wählen. Falls kein Treiber für den Drucker im Treiberspeicher des lokalen Computers gefunden wird, braucht der Benutzer Administratoranmeldeinformationen, um die UAC-Eingabeaufforderung zu bestätigen, die erscheint, wenn der Treiber vom Druckserver auf den lokalen Computer kopiert wird. Weitere Informationen über den Treiberspeicher finden Sie in Kapitel 17, »Verwalten von Geräten und Diensten«.

Verwenden von *Geräte und Drucker*

Sobald ein Drucker installiert ist, können Sie ihn im Fenster *Geräte und Drucker* konfigurieren. *Geräte und Drucker* ist ein neues Feature in Windows 7. Es bietet Benutzern eine zentrale Anlaufstelle, wo sie alle Geräte, die an den Computer angeschlossen sind, installieren und verwalten.

Wenn Sie in *Geräte und Drucker* einen Drucker auswählen, werden einige zusätzliche Symbolleistenschaltflächen angezeigt (Abbildung 18.5). Über diese Schaltflächen sowie über die Kontextmenübefehle, die angeboten werden, wenn Sie mit der rechten Maustaste auf einen Drucker klicken, können Sie eine Reihe clientseitiger Verwaltungsaufgaben für den ausgewählten Drucker erledigen. Die wichtigsten sind:

- **Druckaufträge anzeigen** Öffnet die Druckerwarteschlange für den ausgewählten Drucker und zeigt an, welche Dokumente gerade gedruckt werden und welche Druckaufträge anstehen.

- **Eigenschaften des Druckerservers** Hier können Sie die Einstellungen des Druckservers konfigurieren, sofern Sie die erforderlichen Berechtigungen haben.

- **Als Standarddrucker festlegen** Macht den Drucker zum Standarddrucker auf dem Computer des Benutzers. (Beachten Sie, dass manche Clientanwendungen eine eigene Einstellung für den Standarddrucker verwalten, die Vorrang vor dieser Einstellung hat.)

- **Druckeinstellungen** Erlaubt dem Benutzer, Seitenlayout und Papier-/Qualitäts-Optionen für den Drucker auszuwählen.

- **Druckereigenschaften** Der Benutzer kann unterschiedliche Eigenschaften der Druckerverbindung konfigurieren.

- **Problembehandlung** Der Benutzer kann das Problembehandlungsmodul für Drucker starten, um Probleme beim Ausdrucken auf dem Drucker zu identifizieren und zu beseitigen.

- **Gerät entfernen** Löscht den Drucker aus dem Computer des Benutzers.

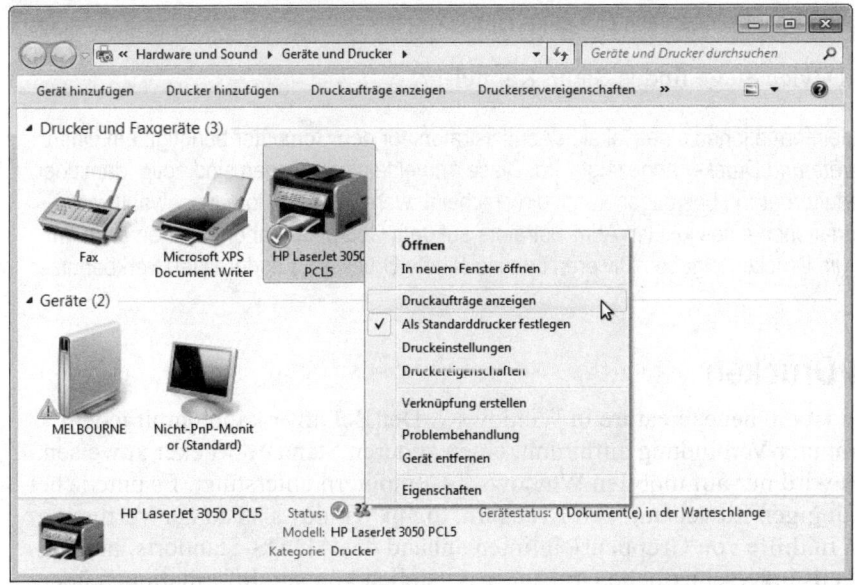

Abbildung 18.5 Die neue Benutzeroberfläche *Geräte und Drucker* in Windows 7

Abhängig vom Typ des installierten Druckers stehen unter Umständen weitere Symbolleistenschalt-flächen oder Kontextmenübefehle zur Verfügung. Handelt es sich bei dem Windows 7-Computer um ein Notebook, das mit mehreren Netzwerken verbunden ist, kann der Benutzer das neue standort-abhängige Druckfeature von Windows 7 verwenden, um jedem verfügbaren Netzwerk einen anderen Standarddrucker zuzuweisen. Weitere Informationen über dieses neue Feature finden Sie im nächsten Abschnitt, »Standortabhängiges Drucken«. *Geräte und Drucker* integriert sich in Device Stage, ein neues Feature von Windows 7, das es den Benutzern einfacher macht, ihre Geräte anzuschließen, zu erkennen und zu verwenden. Wenn ein Drucker Device Stage unterstützt, brauchen Sie lediglich doppelt auf das Symbol des Druckers in *Geräte und Drucker* zu klicken, um die Device Stage-Benut-zeroberfläche für den Drucker zu öffnen. Sie wurde so entworfen, dass Drucker einfacher zu ver-walten und zu verwenden sind (Abbildung 18.6).

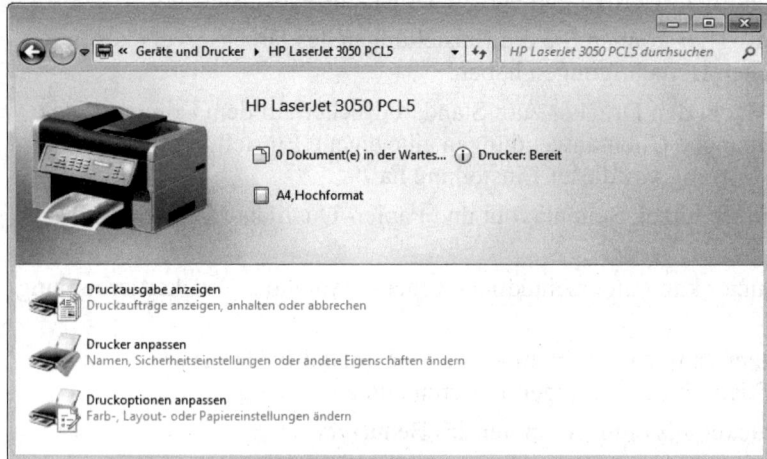

Abbildung 18.6   Die Device Stage-Benutzeroberfläche für einen Drucker

Weitere Informationen über Device Stage finden Sie in Kapitel 17.

HINWEIS   Es werden Anmeldeinformationen eines lokalen Administrators für den Computer benötigt, um einen Drucker freizugeben, der in *Geräte und Drucker* angezeigt wird. Diese Anmeldeinformationen sind nötig, damit der Endbenutzer die UAC-Eingabeaufforderung bestätigen kann, die erscheint, wenn diese Aktion ausgewählt wird. Endbenutzer, die Anmeldeinformationen eines lokalen Administrators auf dem Computer haben, können auch im Netzwerk- und Freigabecenter die Druckerfreigabe aktivieren und installierte Drucker für andere Netzwerkbenutzer automatisch freigeben.

Standortabhängiges Drucken

Standortabhängiges Drucken ist ein neues Feature in Windows 7. Der Benutzer kann damit jedem Netzwerk, mit dem sein Computer Verbindung aufnimmt, einen anderen Standarddrucker zuweisen. Standortabhängiges Drucken wird nur auf mobilen Windows 7-Computern unterstützt. Es unterschei-det sich von der standortabhängigen Zuweisung von Druckern, die in Windows Vista zur Verfügung steht, damit Administratoren mithilfe von Gruppenrichtlinien anhand des AD DS-Standorts, in dem die Zielcomputer liegen, jeweils unterschiedliche Drucker bereitstellen können. Informationen über das Zuweisen von Druckern anhand des Standorts enthält der Abschnitt »Zuweisen von Druckern anhand des Standorts« weiter unten in diesem Kapitel.

Das standortabhängige Drucken wurde in Windows 7 eingeführt, weil mobile Computer im Unternehmensbereich immer wichtiger werden. Hier ein typischer Fall, in dem dieses Feature nützlich ist:

1. Karen bekommt von ihrem Unternehmen, der Firma Contoso, ein neues Notebook zur Verfügung gestellt. Während sie im Büro ist, fügt sie mit dem Assistenten *Drucker hinzufügen* eine Druckerverbindung zu einem Arbeitsplatzdrucker hinzu. Der Drucker wird automatisch als Standarddrucker für ihr Arbeitsplatznetzwerk eingestellt.

2. Abends fügt sie zu Hause einen USB-Drucker hinzu. Dieser Drucker wird automatisch zum Standarddrucker für ihr Heimnetzwerk gemacht.

3. Als sie am nächsten Morgen wieder ins Büro kommt, stellt sie fest, dass die Druckerverbindung zu ihrem Arbeitsplatzdrucker wieder als Standarddrucker eingestellt ist.

4. Als sie wieder nach Hause kommt, wird wiederum ihr privater Drucker zum Standarddrucker.

Immer wenn Karen im Büro arbeitet, ist also ihr Arbeitsplatzdrucker der Standarddrucker. Und wenn sie zu Hause ist, wird ihr privater Drucker zum Standarddrucker. Anders ausgedrückt: Karen braucht nicht jedes Mal, wenn sie in ein anderes Netzwerk wechselt, den Standarddrucker umzustellen, wie es in älteren Windows-Versionen nötig war. Stattdessen druckt sie ihre Dokumente immer auf den passenden Drucker aus, ohne etwas einzurichten oder zu konfigurieren, wenn sie von einem Netzwerk ins andere wechselt.

Wenn das standortabhängige Drucken auf einem Windows 7-Computer zur Verfügung steht, wird in der Symbolleiste von *Geräte und Drucker* eine zusätzliche Schaltfläche namens *Standarddrucker verwalten* angezeigt. Wenn der Benutzer diese Schaltfläche anklickt, kann er Standarddrucker für jedes Netzwerk konfigurieren, zu dem er Verbindung hat. Es gibt außerdem einen neuen Link auf der letzten Seite des Assistenten *Drucker hinzufügen*, der zu *Standarddrucker verwalten* führt.

Direkt von der Quelle: Standortabhängiges Drucken und NLA

CSS Global Technical Readiness Team

Das standortabhängige Drucken greift auf den NLA-Dienst (Network Location Awareness) und den Netzwerklistendienst zurück, um zu ermitteln, mit welchen Netzwerken das Notebook gerade verbunden ist.

Mithilfe der Netzwerklistenmanager-APIs können Sie alle Netzwerke oder alle Netzwerkverbindungen auflisten lassen. Für dieses Feature werden die Netzwerke aufgelistet. Wenn der Benutzer also mit einem verwalteten Unternehmensnetzwerk verbunden ist (unabhängig davon, ob über eine Kabel- oder eine Drahtlosverbindung), wird das Domänennetzwerk des Unternehmens erkannt, unabhängig davon, welche konkrete Netzwerkverbindung benutzt wird.

Ist ein Benutzer allerdings mit unterschiedlichen Kabel- und Drahtlosnetzwerken verbunden, wird der Konflikt anhand der folgenden Vorrangsreihenfolge gelöst, um auszuwählen, welches der Netzwerke das aktive Netzwerk ist:

1. Eine Kabelnetzwerkverbindung zu einem verwalteten Netzwerk (Kabelnetzwerke werden immer standardmäßig gespeichert.)

2. Alle WLAN-Netzwerke, die der Benutzer gespeichert oder nicht gespeichert hat (Drahtlosnetzwerke werden in der Standardeinstellung nicht gespeichert. Gespeicherte Netzwerke werden unter *Systemsteuerung\Netzwerk und Internet\Drahtlosnetzwerke verwalten* aufgelistet.)

3. Eine Kabelnetzwerkverbindung zu irgendeinem unverwalteten Netzwerk

4. Kein Netzwerk

Verwenden des Systemsteuerungsmoduls *Farbverwaltung*

Windows XP bietet Unterstützung für ICM Version 2.0 (Image Color Management), um sicherzu-stellen, dass die auf einem Farbdrucker ausgegebenen Farben originalgetreu reproduziert werden. In Windows 7 wurden die Funktionen von ICM erweitert. Sie nutzen jetzt das Microsoft Windows Color System (WCS), das Anwendungen die Fähigkeit verleiht, Farbverarbeitung für Spooldateidaten mit erweitertem Farbraum und hochdynamischen Bereichen durchzuführen, sodass die Möglichkeiten von ICM in älteren Versionen von Windows übertroffen werden.

Windows Vista und neuere Versionen enthalten auch ein neues Systemsteuerungsmodul *Farbverwal-tung*, mit dem Endbenutzer die folgenden Aspekte des Farbdrucks verwalten können:

- Hinzufügen oder Entfernen von Farbprofilen und Festlegen eines Standardfarbprofils für jeden Drucker und jedes Anzeigegerät, das auf dem lokalen Computer benutzt wird
- Konfigurieren von Einstellungen für die erweiterte Farbverwaltung, um sicherzustellen, dass Anzeige oder Ausdrucke die Farbinformationen originalgetreu wiedergeben

Weitere Informationen über die Verwendung des Systemsteuerungsmoduls *Farbverwaltung* erhalten Sie, indem Sie in der Systemsteuerung *Farbverwaltung* öffnen und dann auf der Registerkarte *Geräte* auf *Weitere Informationen zu den Farbverwaltungseinstellungen* klicken, um die Hilfe- und Support-informationen zu diesem Thema zu öffnen.

Verwalten der clientseitigen Druckfeatures mit Gruppenrichtlinien

In verwalteten Umgebungen, wo AD DS bereitgestellt ist, können Administratoren Gruppenrichtlinien verwenden, um unterschiedliche Aspekte beim Installieren, Konfigurieren und Verwenden von Dru-ckerverbindungen durch die Endbenutzer zu verwalten.

Sie finden die Gruppenrichtlinieneinstellungen zum Verwalten der clientseitigen Druckfeatures in den beiden folgenden Knoten des Gruppenrichtlinienobjekt-Editors:

- *Computerkonfiguration\Richtlinien\Administrative Vorlagen\Drucker*
- *Benutzerkonfiguration\Richtlinien\Administrative Vorlagen\Systemsteuerung\Drucker*

Die folgenden Abschnitte beschreiben die Druckerrichtlinieneinstellungen, die in Windows Vista und Windows 7 neu sind. Allgemeine Informationen über Druckerrichtlinieneinstellungen, die bereits in älteren Windows-Versionen eingeführt wurden, aber auch für Windows 7 gelten, finden Sie in der Gruppenrichtlinieneinstellungsreferenz für Windows Server 2008 R2 und Windows 7, die Sie im Microsoft Download Center (*http://www.microsoft.com/downloads/*) herunterladen können.

Sie können in Windows 7 und Windows Server 2008 R2 auch Gruppenrichtlinieneinstellungen ver-wenden, um lokale Drucker zu konfigurieren und Netzwerk- sowie TCP/IP-Drucker zuzuweisen. Gruppenrichtlinieneinstellungen sind eine Alternative zu Gruppenrichtlinien. Der wichtigste Unter-schied ist die Erzwingung: Richtlinien werden immer erzwungen, Einstellungen (Präferenzen) können dagegen von Endbenutzern überschrieben werden. Weitere Informationen über Gruppenrichtlinienein-stellungen finden Sie in Kapitel 14, »Verwalten der Desktopumgebung«.

Konfigurieren des Assistenten *Drucker hinzufügen*

Mit den beiden folgenden Richtlinien aus dem Knoten *Computerkonfiguration\Richtlinien\Administrative Vorlagen\Drucker* können Sie steuern, wie der Assistent *Drucker hinzufügen* auf Clientcomputern arbeitet:

- **Druckerinstallations-Assistent – Netzwerksuchseite (Verwaltetes Netzwerk)** Diese Richtlinie legt fest, wie viele Drucker (jedes Typs) der Assistent *Drucker hinzufügen* auf einem Computer in einem verwalteten Netzwerk anzeigt (wenn der Computer in der Lage ist, einen Domänencontroller zu erreichen; zum Beispiel ein Laptop in einem Unternehmensnetzwerk, der einer Domäne beigetreten ist). Falls diese Einstellung deaktiviert ist, wird die Netzwerksuchseite nicht angezeigt.

  Falls diese Einstellung nicht konfiguriert ist, zeigt der Assistent *Drucker hinzufügen* die Standardzahl von Druckern für jeden Typ an:

  - ☐ Verzeichnisdrucker: 20
  - ☐ TCP/IP-Drucker: 0
  - ☐ Webdienstedrucker: 0
  - ☐ Bluetooth-Drucker: 10
  - ☐ Freigegebene Drucker: 0

  Falls Sie keine Drucker eines bestimmten Typs anzeigen wollen, können Sie diese Richtlinie aktivieren und die Zahl der angezeigten Drucker auf 0 setzen. Sie können steuern, wie viele Drucker jedes Typs angezeigt werden, indem Sie die Einstellungen in dieser Richtlinie konfigurieren (Abbildung 18.7).

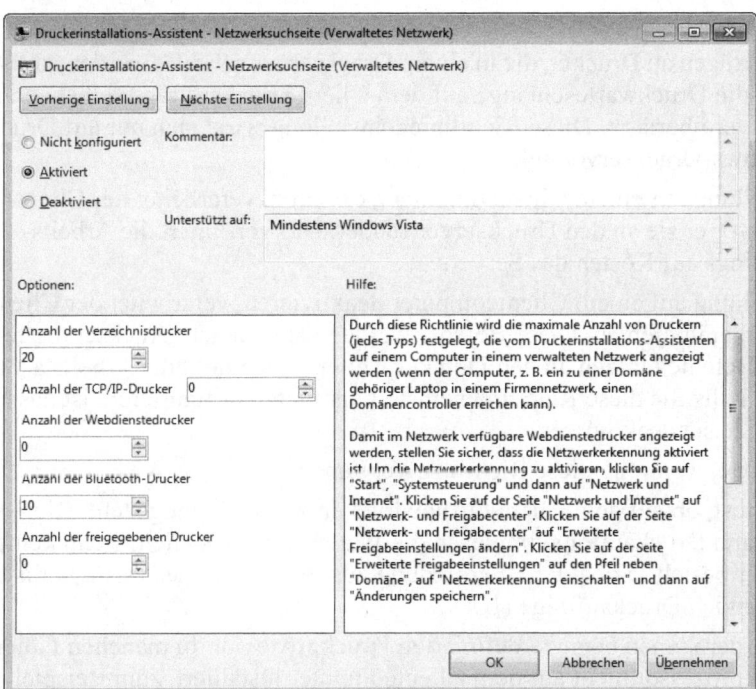

Abbildung 18.7 Konfigurieren der Richtlinieneinstellung *Druckerinstallations-Assistent – Netzwerksuchseite (Verwaltetes Netzwerk)*

■ **Druckerinstallations-Assistent – Netzwerksuchseite (Unverwaltetes Netzwerk)** Diese Richtlinie legt fest, wie viele Drucker (jedes Typs) der Assistent *Drucker hinzufügen* auf einem Computer in einem unverwalteten Netzwerk anzeigt (wenn der Computer nicht in der Lage ist, einen Domänencontroller zu erreichen; zum Beispiel ein Laptop in einem Heimnetzwerk).

Falls diese Einstellung deaktiviert ist, wird die Netzwerksuchseite nicht angezeigt.

Falls diese Einstellung nicht konfiguriert ist, zeigt der Assistent *Drucker hinzufügen* die Standardzahl von Druckern für jeden Typ an:

❑ TCP/IP-Drucker: 50

❑ Webdienstedrucker: 50

❑ Bluetooth-Drucker: 10

Auch hier gilt: Falls Sie keine Drucker eines bestimmten Typs anzeigen wollen, können Sie diese Richtlinie aktivieren und die Zahl der angezeigten Drucker auf 0 setzen.

Deaktivieren des clientseitigen Druckerrenderings

Administratoren können mit Gruppenrichtlinien verhindern, dass auf Clientcomputern Druckerrendering durchgeführt wird. Wenn eine Anwendung, die auf einem Windows Vista- oder Windows 7-Computer läuft, einen Auftrag an einen Drucker sendet, der auf einem Druckserver gehostet wird, wird dieser Auftrag in der Standardeinstellung auf dem Clientcomputer gerendert, bevor er an den Druckserver gesendet wird. Die folgende Richtlinieneinstellung steuert das Rendering-Verhalten für Druckaufträge auf Windows Vista- oder Windows 7-Computern:

Computerkonfiguration\Richtlinien\Administrative Vorlagen\Drucker\Druckaufträge auf dem Server immer wiedergeben

Wenn das Durchreichen von Aufträgen an Drucker, die in einem Druckserver gehostet werden, aktiviert ist, legt diese Richtlinie fest, ob die Druckwarteschlange auf dem Client Druckaufträge selbst verarbeitet oder diese Arbeit dem Server überlässt. Diese Richtlinieneinstellung wirkt sich nur auf Druckaufträge aus, die an einen Windows-Druckserver geleitet werden.

Falls Sie diese Richtlinieneinstellung auf einem Clientcomputer aktivieren, verarbeitet der Clientspooler keine Druckaufträge, bevor er sie an den Druckserver sendet. Das verringert die Arbeitsbelastung auf dem Client, allerdings auf Kosten des Servers.

Falls Sie diese Richtlinieneinstellung auf einem Clientcomputer deaktivieren, verarbeitet der Client Druckaufträge selbst zu Druckergerätbefehlen. Diese Befehle werden dann an den Druckserver gesendet und der Server leitet die Befehle einfach an den Drucker weiter. Das erhöht die Arbeitslast des Clients, schont aber den Server. Falls Sie diese Richtlinieneinstellung nicht konfigurieren, ist das Verhalten dasselbe, als würden Sie sie deaktivieren.

Beachten Sie die folgenden Punkte, wenn Sie diese Richtlinie verwenden:

■ Diese Richtlinie stellt nicht fest, ob auf dem Client Offlinedrucken zur Verfügung steht. Die Clientdruckwarteschlange kann Druckaufträge immer in die Warteschlange stellen, wenn keine Verbindung zum Druckserver besteht. Sobald die Verbindung zum Server wieder verfügbar ist, liefert der Client alle anstehenden Druckaufträge ab.

■ Manche Druckertreiber erfordern einen benutzerdefinierten Druckprozessor. In manchen Fällen ist der benutzerdefinierte Druckprozessor nicht auf dem Clientcomputer installiert, zum Beispiel wenn der Druckserver nicht das Übertragen von Druckprozessoren im Rahmen von Point-and-Print unterstützt. Falls kein geeigneter Druckprozessor vorhanden ist, sendet der Clientspooler

Aufträge immer an den Druckserver, damit sie dort gerendert werden. Wenn Sie die obige Richtlinieneinstellung deaktivieren, überschreiben Sie dieses Verhalten nicht.

■ In Fällen, in denen der Clientdruckertreiber nicht dem Serverdruckertreiber entspricht, verarbeitet immer der Client den Druckauftrag, unabhängig von der Einstellung dieser Richtlinie.

Konfigurieren von Einschränkungen für Point-and-Print

Windows XP SP1 und Windows Server 2003 führen die folgende Gruppenrichtlinieneinstellung ein:

Benutzerkonfiguration\Richtlinien\Administrative Vorlagen\Systemsteuerung\Drucker\Point-and-Print-Einschränkungen

Diese Richtlinieneinstellung steuert, zu welchen Servern ein Clientcomputer für Point-and-Print eine Verbindung herstellen kann. Ein neues Feature dieser Richtlinieneinstellung für Windows Vista und Windows 7 ist die Fähigkeit, das Verhalten der UAC-Eingabeaufforderungen beim Installieren von Druckertreibern auf Windows Vista-Computern mit Point-and-Print zu steuern (Abbildung 18.8). Diese Richtlinieneinstellung gilt nur für Benutzer, die keine Druckadministratoren sind, und Computer, die Mitglieder einer Domäne sind.

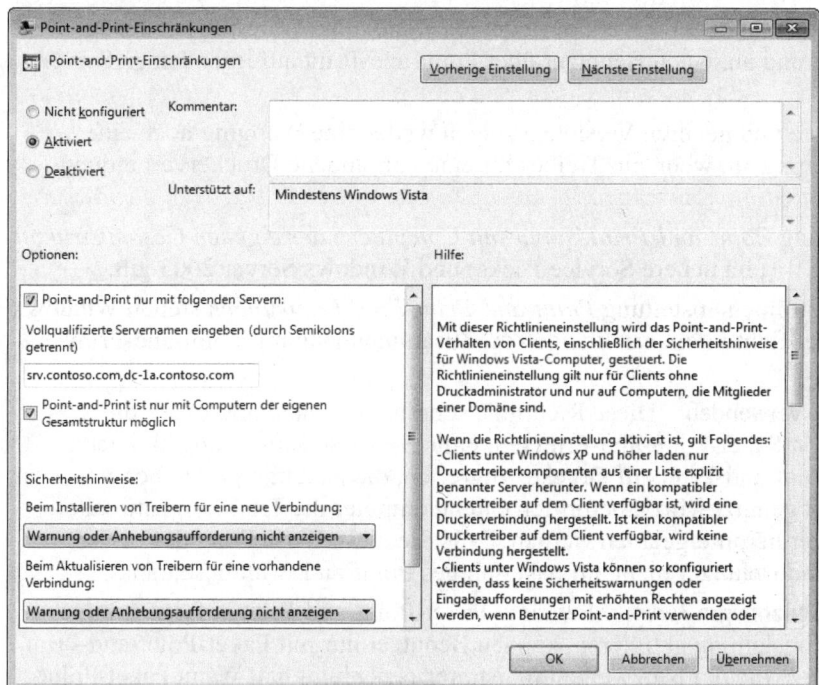

Abbildung 18.8   Steuern des Verhaltens für Sicherheitseingabeaufforderungen bei der Installation von Druckern über Point-and-Print

Wenn Sie diese Richtlinieneinstellung aktivieren, bleibt der Client auf die Point-and-Print-Anbieter beschränkt, die in der Liste mit explizit benannten Servern aufgeführt sind. Sie können Windows Vista- und Windows 7-Clients so konfigurieren, dass sie keine Sicherheitswarnungen oder Anhebungsaufforderungen anzeigen, wenn Benutzer Point-and-Print verwenden oder wenn Treiber für Druckerverbindungen aktualisiert werden müssen.

Wenn Sie die Richtlinieneinstellung nicht konfigurieren, gelten folgende Standardeinstellungen:

- Windows XP- und Windows Server 2003-Clientcomputer können über Point-and-Print auf alle Server in ihrer Gesamtstruktur zugreifen.

- Clientcomputer mit Windows Vista und neueren Versionen können über Point-and-Print auf alle Server zugreifen.

- Computer mit Windows Vista und neueren Versionen zeigen eine Warnung und eine Anhebungseingabeaufforderung an, wenn Benutzer über Point-and-Print auf irgendeinen Server zugreifen.

- Computer mit Windows Vista und neueren Versionen zeigen eine Warnung und eine Anhebungseingabeaufforderung an, wenn ein Treiber für eine vorhandene Druckerverbindung aktualisiert werden muss.

Wenn Sie die Richtlinieneinstellung deaktivieren, gelten folgende Einstellungen:

- Windows XP- und Windows Server 2003-Clientcomputer können über Point-and-Print auf alle Server zugreifen.

- Clientcomputer mit Windows Vista und neueren Versionen können über Point-and-Print auf alle Server zugreifen.

- Computer mit Windows Vista und neueren Versionen zeigen weder eine Warnung noch eine Anhebungseingabeaufforderung an, wenn Benutzer über Point-and-Print auf irgendeinen Server zugreifen.

- Computer mit Windows Vista und neueren Versionen zeigen weder eine Warnung noch eine Anhebungseingabeaufforderung an, wenn ein Treiber für eine vorhandene Druckerverbindung aktualisiert werden muss.

Beachten Sie, dass die Einstellung *Point-and-Print ist nur mit Computern der eigenen Gesamtstruktur möglich* nur für Windows XP SP1 (und neuere Service Packs) und Windows Server 2003 gilt.

Neben dieser aktualisierten Richtlinieneinstellung *Point-and-Print-Einschränkungen* stellen Windows Vista und Windows 7 zwei neue Richtlinieneinstellungen im Zusammenhang mit Point-and-Print bereit:

- **Nur Point-and-Print für Pakete verwenden** Diese Richtlinie schränkt Clientcomputer auf die ausschließliche Verwendung von Paket-Point-and-Print ein. Falls Sie diese Einstellung aktivieren, können Benutzer nur mit Point-and-Print auf Drucker zugreifen, die paketfähige Treiber einsetzen. Wenn Paket-Point-and-Print genutzt wird, überprüfen Clientcomputer die Treibersignatur aller Treiber, die vom Druckserver heruntergeladen werden. Falls Sie diese Einstellung deaktivieren oder nicht konfigurieren, sind Benutzer nicht auf paketfähiges Point-and-Print beschränkt.

- **Point-and-Print für Pakete – Genehmigte Server** Schränkt Paket-Point-and-Print auf genehmigte Server ein. Falls Sie diese Einstellung aktivieren, können Benutzer nur mit Paket-Point-and-Print auf die Druckserver zugreifen, die der Netzwerkadministrator genehmigt hat. Wenn Paket-Pointand-Print genutzt wird, überprüfen Clientcomputer die Treibersignatur aller Treiber, die vom Druckserver heruntergeladen werden. Falls Sie diese Einstellung deaktivieren oder nicht konfigurieren, wird Paket-Point-and-Print nicht auf bestimmte Druckserver eingeschränkt.

Bei Paket-Point-and-Print wird das vollständige Treiberpaket in den Treiberspeicher auf dem Windows Vista- oder Windows 7-Clientcomputer gelegt. Alle Komponenten des Druckertreibers werden auf dem Client installiert, und der Installationsvorgang stellt sicher, dass das Paket digital signiert ist, bevor es zum Speicher hinzugefügt wird. Das ermöglicht eine sicherere Form von Point-and-Print als auf älteren Versionen von Windows.

HINWEIS   Beim Drucken von Computern mit Windows Vista und neueren Versionen auf Druckserver, die unter älteren Windows-Versionen laufen, wird Legacy-Point-and-Print verwendet.

Erweitern von Point-and-Print mit Windows Update

In der Standardeinstellung wird mit Windows Update nach einem kompatiblen Treiber gesucht, wenn ein Benutzer im Assistenten *Drucker hinzufügen* einen neuen Drucker installiert. Falls kein kompatibler In-Box-Treiber gefunden wird, während ein Drucker mithilfe von Gruppenrichtlinien auf einem Clientcomputer bereitgestellt wird, wird ebenfalls mit Windows Update nach einem kompatiblen Treiber gesucht. Dieses Verhalten kann in Unternehmensumgebungen mit der folgenden Gruppenrichtlinieneinstellung, die in Windows 7 und Windows Server 2008 R2 neu eingeführt wurde, deaktiviert werden:

Computerkonfiguration\Richtlinien\Administrative Vorlagen\Drucker\Point-and-Print-Verbindung auf die Suche in Windows Update ausdehnen

Wenn Sie diese Richtlinieneinstellung aktivieren oder nicht konfigurieren, sucht der Clientcomputer weiterhin mit Windows Update nach kompatiblen Point-and-Print-Treibern, wenn er keinen kompatiblen Treiber im lokalen Treiberspeicher und im Servertreibercache findet. Gelingt es dem Clientcomputer nicht, einen kompatiblen Point-and-Print-Treiber zu finden, versucht er, eine CSR-Mismatch-Verbindung mit irgendeinem verfügbaren Treiber aufzubauen, der die Hardware unterstützt. Wenn Sie diese Richtlinieneinstellung dagegen deaktivieren, sucht der Clientcomputer nur im lokalen Treiberspeicher und im Servertreibercache nach kompatiblen Point-and-Print-Treibern. Findet er dort keinen kompatiblen Treiber, schlägt die Point-and-Print-Verbindung fehl.

Ist diese Richtlinie aktiviert, steht auch das neue plattformübergreifende Point-and-Print-Feature von Windows 7 zur Verfügung. Das plattformübergreifende Point-and-Print erlaubt es Benutzern, deren Computer auf unterschiedlichen Prozessorarchitekturen (etwa x86 oder x64) laufen, ihre Drucker problemlos freizugeben. Plattformübergreifendes Point-and-Print soll folgende Szenarien ermöglichen:

- Karen kauft ein neues Windows 7-Notebook für ihren Sohn, damit er in der Schule damit arbeiten kann. Sie beschließt, bei dieser Gelegenheit auch gleich bei ihrem alten Windows XP-Desktopcomputer ein Upgrade auf Windows 7 durchzuführen. Während des Setupprozesses fügt sie beide PCs zu ihrer neuen Heimnetzgruppe hinzu. Sie schließt ihren vorhandenen Tintenstrahldrucker über den USB-Anschluss an ihr Desktopsystem an. Kurz danach fällt ihr auf, dass das Notebook ihres Sohns bereits eine Druckerwarteschlange für ihren Bürodrucker hat, damit ihr Sohn Hausaufgaben und andere Dokumente ausdrucken kann. Ihr ist nicht klar, dass der Desktopcomputer unter einer x86-Version von Windows läuft, das Notebook dagegen unter einer x64-Version. Diese Konstellation funktioniert, weil ein Benutzer in Windows 7 einen Drucker lokal zu einem System in einer Heimnetzgruppe hinzufügen kann und daraufhin jeder andere PC in der Heimnetzgruppe seinen lokalen Treiberspeicher, den Druckserver und Windows Update nach einem passenden Treiber durchsucht, um eine Druckerverbindung herzustellen.

- Tony bringt ein neues Windows 7-Notebook nach Hause mit, um an privaten Projekten zu arbeiten. Er hat bereits ein Heimnetzwerk eingerichtet, zu dem ein alter Windows XP-Datei- und Druckserver aus seinem Arbeitszimmer gehört. Sobald das neue Notebook eingerichtet ist, erstellt Tony im Assistenten *Drucker hinzufügen* eine neue Verbindung zu seinem Arbeitszimmerdrucker. Das neue Notebook läuft unter einer x64-Edition des Betriebssystems Windows 7 Business. Der Drucker ist schon älter, und es gibt keine In-Box-Treiber. Ohne irgendwelche Nachfragen oder Anhebungsanforderungen sucht das System mit Windows Update nach einem passenden Treiber, installiert ihn und erstellt die Verbindung zum Drucker. Tony bringt sein Notebook anschließend ins Büro, weil er damit eine Präsentation zeigen will. Nach dem Meeting wird er gebeten, die Folien für seinen Manager auszudrucken. Er navigiert im Windows-Explorer zum Druckserver des Büros und öffnet den Drucker. Nach wenigen Minuten ist in der Lage, die Folien auszudrucken, obwohl Windows Update durch die IT-Abteilung seines Unternehmens blockiert wird.

In Unternehmensumgebungen ist es sinnvoll, die automatische Suche nach kompatiblen Druckertreibern mithilfe von Windows Update zu deaktivieren. Das gilt besonders, wenn Gruppenrichtlinien benutzt werden, um Drucker bereitstellen, wie im nächsten Abschnitt beschrieben. Hier ein Beispiel für ein Szenario, in dem Sie diese Gruppenrichtlinieneinstellung deaktivieren:

- Tony richtet eine kleine Bürocomputerumgebung für einen Kunden ein. Er verwendet auf allen Systemen Windows 7. Er schreibt einige Skripts, um die Server einzurichten. Damit stellt er unter anderem eine Verbindung zu einem freigegebenen Drucker her, damit Protokolle und andere Berichte regelmäßig ausgedruckt werden können. In der Konsole *Druckverwaltung* richet er den Druckserver ein und sendet Druckerverbindungen an alle Clients. Auf dem ersten Clientcomputer, den er testet, stellt er fest, dass er mit Windows Update nach einem Druckertreiber für die Druckerverbindung sucht, die vom Druckserver gesendet wurde. Dieses Verhalten ist allerdings nicht erwünscht. Nach einer kurzen Recherche findet er ein neues Feature in Windows 7, das Clients erlaubt, mit Windows Update nach Treibern zu suchen, wenn auf dem Server keiner zur Verfügung steht. Er stellt auch fest, dass Gruppenrichtlinien konfiguriert werden können, um dieses Verhalten zu deaktivieren. Er deaktiviert die entsprechende Richtlinieneinstellung und fügt den mit Windows Update gefundenen Treiber zum Druckserver hinzu, damit die übrigen Clients das normale Point-and-Print nutzen können.

Bereitstellen von Druckern mit Gruppenrichtlinien

Die Fähigkeit, Druckerverbindungen für Windows-basierte Clientcomputer mithilfe von Gruppenrichtlinien bereitzustellen, wurde erstmals in Windows Server 2003 R2 eingeführt. Sie haben zwei Möglichkeiten, mithilfe von Gruppenrichtlinien Druckerverbindungen bereitzustellen:

- Als computerspezifische Druckerverbindungen, die für alle Benutzer zur Verfügung stehen, die sich am Clientcomputer anmelden. Sie können computerspezifische Druckerverbindungen für Computer mit Windows XP oder neuer bereitstellen.

- Als benutzerspezifische Druckerverbindungen, die dem Benutzer auf allen Clientcomputern zur Verfügung stehen, an denen er sich anmeldet. Sie können benutzerspezifische Druckerverbindungen für Benutzer von Computern bereitstellen, die unter Windows 2000 oder neuer laufen.

Das Bereitstellen von Druckern mit Gruppenrichtlinien ist nützlich in Szenarien, wo jeder Benutzer oder Computer in einem Raum oder Büro Zugriff auf denselben Drucker braucht. Das Bereitstellen von Druckern mit Gruppenrichtlinien kann auch in großen Unternehmen nützlich sein, wo Benutzer und Computer anhand von Funktion, Arbeitsgruppe oder Abteilung unterschieden werden.

Direkt aus der Praxis: Konfigurieren von Druckerverbindungen mit Gruppenrichtlinieneinstellungen

Jerry Honeycutt, *Deployment Forum*

Gruppenrichtlinieneinstellungen (oder -präferenzen, group policy preferences), ein neues Feature in Windows Server 2008, stellen Administratoren eine zusätzliche Methode zur Verfügung, Druckerverbindungen auf Windows 7-Computern bereitzustellen, zu konfigurieren und zu verwalten. Administratoren müssen oft Druckerverbindungen konfigurieren, und die meisten schreiben dafür Anmeldeskripts. Mithilfe der Erweiterung für Gruppenrichtlinieneinstellungen für Drucker können Sie allerdings ganz einfach freigegebene Drucker, TCP/IP-Drucker und lokale Drucker für mehrere Benutzer oder Computer erstellen, aktualisieren, ersetzen oder löschen. Mithilfe der Auswahl der Zielobjekte können Sie Druckerverbindungen anhand des Standorts, der Abteilung, des Computertyps und anderer Faktoren bereitstellen.

Die Gruppenrichtlinien von Windows 7 bieten native Unterstützung für das Bereitstellen von Druckern. Sie unterstützen allerdings nur freigegebene Drucker und erfordern AD DS-Schemaerweiterungen. Dagegen unterstützen die Gruppenrichtlinieneinstellungen für Drucker freigegebene, lokale und TCP/IP-Drucker auf Windows XP SP2, Windows Vista und Windows 7. Außerdem können Sie damit den Standarddrucker festlegen und lokalen Anschlüssen freigegebene Drucker zuordnen.

HINWEIS   Weitere Informationen über Gruppenrichtlinieneinstellungen finden Sie in Kapitel 14, »Verwalten der Desktopumgebung«.

Vorbereiten einer Druckerbereitstellung

Das Bereitstellen von Druckern mit Gruppenrichtlinien setzt voraus, dass Sie einige Vorbereitungen durchführen:

- Sofern Sie keine Windows Server 2008-Domänencontroller haben, muss Ihr AD DS-Schema erst auf die Ebene Windows Server 2003 R2 oder höher aktualisiert werden. Das bedeutet, dass die Schemarevisionsnummer 9 sein muss (für Windows Server 2003) und die Schemaversionsnummer 31 (für das R2-Schemaupdate). Sie können Ihre aktuelle Schemaversionsnummer mit ADSI Edit ermitteln, indem Sie unter dem Knoten *Schema* mit der rechten Maustaste auf das Objekt mit dem Namen *CN=Schema,CN=Configuration,DC=forest_root_domain* klicken, den Befehl *Eigenschaften* wählen und dann den Wert des *objectVersion*-Attributs untersuchen. Das R2-Schemaupdate ist erforderlich, damit die Druckverwaltung die beiden folgenden Objekte in AD DS anlegen kann:

  - ☐ *CN=Schema,CN=Policies,CN=GPO_GUID,CN=Machine,CN=PushPrinterConnections*
  - ☐ *CN=Schema,CN=Policies,CN=GPO_GUID,CN−User,CN=PushPrinterConnections*

- Falls Ihre Clientcomputer unter einer älteren Version von Windows laufen, müssen Sie das Dienstprogramm *PushPrinterConnections.exe* auf diesen Clients bereitstellen, bevor Sie mithilfe von Gruppenrichtlinien Druckerverbindungen für die Computer bereitstellen. Das Dienstprogramm *PushPrinterConnections.exe* liest die Gruppenrichtlinienobjekte (Group Policy Objects, GPO), die verwendet werden, um Druckerverbindungen bereitzustellen, und fügt nach Bedarf Verbindungen zum Client hinzu oder entfernt sie. Am einfachsten können Sie *PushPrinterConnections.exe* bereitstellen, indem Sie ein GPO folgendermaßen benutzen:

☐ Als Benutzeranmeldeskript für die Bereitstellung von benutzerspezifischen Druckerverbindungen

☐ Als Computerstartskript für die Bereitstellung computerspezifischer Druckerverbindungen

Der einfachste Ansatz besteht darin, dasselbe GPO zu verwenden, um sowohl *PushPrinterConnections.exe* für die Zielbenutzer und/oder Computer mithilfe von Start-/Anmeldeskripts bereitzustellen, als auch für die Bereitstellung der eigentlichen Druckerverbindungen für diese Benutzer und/oder Computer. Ab Windows Vista brauchen Sie allerdings nicht erst *PushPrinterConnections.exe* auf den Clientcomputern bereitzustellen, weil Windows Vista und neuere Versionen diese Fähigkeit bereits ins Betriebssystem integriert haben.

Bereitstellen einer Druckerverbindung

Sobald Sie die beschriebenen Vorbereitungsschritte durchgeführt haben, können Sie eine Druckerverbindung folgendermaßen bereitstellen:

1. Erstellen Sie ein neues GPO für die Bereitstellung der Verbindungen oder verwenden Sie ein vorhandenes Gruppenrichtlinienobjekt, das mit der Organisationseinheit (Organizational Unit, OU) der Domäne oder dem Standort verknüpft ist, in dem sich die Zielbenutzer oder -computer befinden.

2. Öffnen Sie die Druckverwaltung, klicken Sie mit der rechten Maustaste auf den Drucker, den Sie bereitstellen wollen, und wählen Sie den Befehl *Mit Gruppenrichtlinie bereitstellen*.

3. Klicken Sie im Dialogfeld *Mit Gruppenrichtlinie bereitstellen* auf *Durchsuchen*, wählen Sie das GPO aus, das Sie für die Bereitstellung des Druckers verwenden wollen, und klicken Sie dann auf *OK*.

4. Wählen Sie aus, ob der Drucker als computerspezifische Verbindung, benutzerspezifische Verbindung oder beides bereitgestellt werden soll.

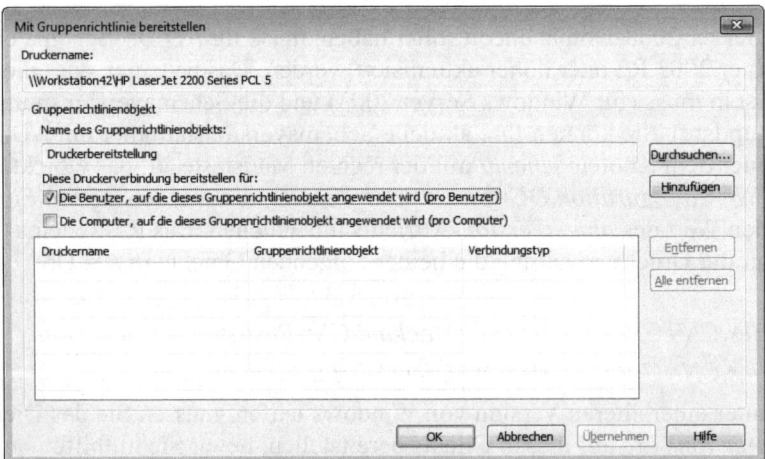

5. Klicken Sie auf *Hinzufügen*, um die Druckerverbindungseinstellungen zum GPO hinzuzufügen.

6. Wiederholen Sie bei Bedarf die Schritte 3 bis 5, um denselben Drucker für weitere GPOs bereitzustellen.

7. Klicken Sie auf *OK*, wenn Sie fertig sind. Die Druckerverbindung, die mithilfe von Gruppenrichtlinien bereitgestellt werden soll, wird in der Druckverwaltung unter dem Knoten *Bereitgestellte Drucker* angezeigt.

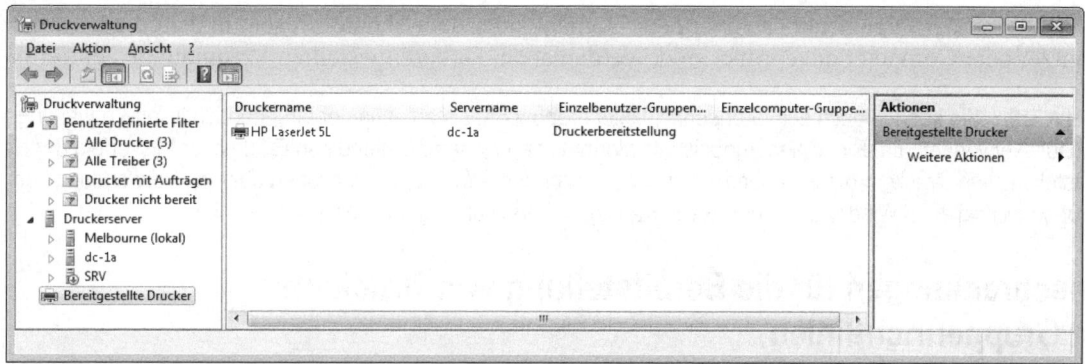

Benutzerspezifische Druckerverbindungen können sofort über Gruppenrichtlinien bereitgestellt werden, falls sich der Benutzer ab- und wieder auf einem betroffenen Clientcomputer anmeldet. Computerspezifische Druckerverbindungen können ebenfalls sofort bereitgestellt werden, falls der Computer des Benutzers neu gestartet wird. Keiner der Verbindungstypen wird während der normalen Hintergrundaktualisierung der Gruppenrichtlinien auf älteren Windows-Versionen bereitgestellt. Auf Windows 7-Clients dagegen kann die Hintergrundrichtlinienaktualisierung auch benutzer- und computerspezifische Druckerverbindungen bereitstellen.

HINWEIS In Windows Vista und neueren Versionen können Benutzer erzwingen, dass Druckerverbindungen sofort bereitgestellt werden, indem sie in einer Eingabeaufforderung mit erhöhten Rechten `gpupdate /force` eingeben.

Die bereitgestellte Druckerverbindung wird auch in dem GPO angezeigt, das für die Bereitstellung der Verbindung benutzt wurde. Sie können sich dieses GPO ansehen, indem Sie die Gruppenrichtlinienverwaltungskonsole öffnen, mit der rechten Maustaste auf das GPO klicken, mit dem Sie die Verbindung bereitgestellt haben, und dann *Bearbeiten* wählen, um das GPO im Gruppenrichtlinienobjekt-Editor zu öffnen (Abbildung 18.9).

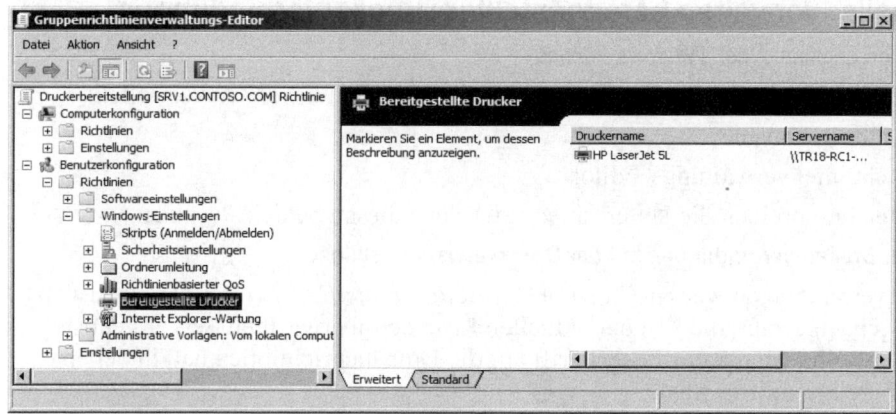

Abbildung 18.9   Anzeigen einer bereitgestellten Druckerverbindung in einem GPO

Sie können die bereitgestellte Druckerverbindung während der nächsten Hintergrundaktualisierung der Gruppenrichtlinien von den betreffenden Benutzern oder Computern entfernen, indem Sie mit der rechten Maustaste auf die Verbindung klicken und dann *Entfernen* wählen. Wenn Sie die Verknüpfung des GPOs mit der Organisationseinheit, der Domäne oder dem Standort lösen, in dem die betreffenden Benutzer oder Computer angeordnet sind, werden auch die bereitgestellten Verbindungen entfernt.

> **HINWEIS**   Sie können auch den Gruppenrichtlinienergebnis-Assistenten in der Gruppenrichtlinien-Verwaltungskonsole verwenden, um Richtlinienergebnissatzinformationen zu sammeln und den Erfolg oder Misserfolg der Bereitstellung von Druckern mit Gruppenrichtlinien zu überprüfen. Weitere Informationen über die Verwendung von Gruppenrichtlinien in Windows 7 finden Sie in Kapitel 14, »Verwalten der Desktopumgebung«.

Einschränkungen für die Bereitstellung von Druckern mit Gruppenrichtlinien

Die folgenden Einschränkungen gelten, wenn Sie Druckerverbindungen für Windows 7-Clients mit Gruppenrichtlinien bereitstellen:

- Sie können den Standarddrucker auf dem Client nicht über Gruppenrichtlinien konfigurieren.
- Der Loopback-Modus wird nicht unterstützt.

Zuweisen von Druckern nach dem Standort

Windows Vista führte die neue Möglichkeit ein, Drucker anhand ihrer Position zuzuweisen. Das kann in großen Unternehmen nützlich sein, die sich über unterschiedliche geografische Standorte erstrecken. Mobile Benutzer können dann ihre Drucker aktualisieren, wenn sie an einen neuen Standort wechseln. Wenn mobile Benutzern an ihren primären Standort zurückkehren, werden auch ihre ursprünglichen Standarddrucker wiederhergestellt.

Um Drucker aufgrund ihres Standorts zuzuweisen, müssen Sie die Drucker mithilfe von GPOs bereitstellen, die mit AD DS-Standorten verknüpft sind. Wenn ein mobiler Computer an einen neuen Standort gebracht wird, werden die Druckerverbindungen für den Computer im Rahmen der normalen Gruppenrichtlinienverarbeitung aktualisiert.

Direkt von der Quelle: Verwalten bereitgestellter Druckerverbindungen

Alan Morris, Software Design Engineer, *Test, Windows Printing*

Es gibt zwei Möglichkeiten, bereitgestellte Druckerverbindungen in Windows 7 zu verwalten:

- Mit der Druckverwaltungskonsole
- Mit dem Gruppenrichtlinienverwaltungs-Editor

Die folgenden Abschnitte beschreiben die Unterschiede zwischen diesen beiden Ansätzen.

Verwalten bereitgestellter Druckerverbindungen mit der Druckverwaltungskonsole

Bereitgestellte Druckerverbindungen werden im Knoten *Bereitgestellte Drucker* der Druckverwaltung für die Verbindungen angezeigt, die von der aktuellen Liste der überwachten Server gehostet wird, wenn der Druckverwaltungsoperator Lesezugriff auf die Domänenrichtlinien hat, in denen Druckerverbindungen bereitgestellt werden.

Um Verbindungen über die Druckverwaltungskonsole in Gruppenrichtlinien bereitstellen zu können, muss Schreibzugriff auf die Domänenrichtlinie bestehen, und der Server, der den Drucker freigibt, muss zur Liste der Server hinzugefügt werden, die die Druckverwaltung überwacht. Der Administrator, der für die Druckerbereitstellung verantwortlich ist, braucht keine Administratorrechte auf dem Druckserver.

Bereitgestellte Druckerverbindungen werden nicht benutzt, um lokale Drucker zu erstellen, aber ein Benutzer mit Administratorrechten kann Druckerverbindungen zur lokalen Richtlinie eines Computers hinzufügen. Die lokale Richtlinie für bereitgestellte Druckerverbindungen ist nützlich, wenn AD DS nicht vollständig implementiert ist oder wenn Systeme in einer Arbeitsgruppenumgebung eingerichtet werden. Eine Form der Peer-to-Peer-Authentifizierung ist erforderlich, wenn die Arbeitsgruppencomputer oder -benutzer sich nicht bei einem Domänencontroller authentifizieren können.

Bereitgestellte Druckerverbindungen brauchen nicht in AD DS veröffentlicht zu werden.

Bereitgestellte Drucker erfordern nicht, dass während der Installation irgendwelche Eingabeaufforderungen für Treiberdownloads angezeigt werden. Der Benutzer hat nicht den nötigen Zugriff, um bereitgestellte Druckerverbindungen zu entfernen. Der Drucker muss aus der Richtlinie entfernt oder die Verknüpfung mit dem Benutzer muss aus der Richtlinie gelöscht werden, damit der Drucker entfernt wird.

Verwalten bereitgestellter Druckerverbindungen mit dem Gruppenrichtlinienverwaltungs-Editor

Es bringt einige Vorteile, wenn statt des Druckverwaltung-Snap-Ins dieses Tool verwendet wird. Es gibt keinen Grund, den Server zu überwachen, der die bereitgestellten Drucker freigibt. Sie können Druckerfreigaben bereitstellen, die erst noch erstellt werden müssen. Die Benutzeroberfläche arbeitet direkt innerhalb des ausgewählten Gruppenrichtlinienobjekts. Der Benutzer braucht nicht in derselben Domäne angemeldet zu sein wie das Gruppenrichtlinienobjekt.

Der große Nachteil bei der Benutzung dieses Tools (statt des Druckverwaltung-Snap-Ins) besteht darin, dass keinerlei Überprüfung der Druckfreigabe stattfindet. Falls eigentlich gültige Server- und Freigabedaten falsch eingegeben werden, schlägt die Verbindung fehl. Dass die Freigaben nicht überprüft werden, hat andererseits den Vorteil, dass eine Bereitstellung von Verbindungen möglich ist, bevor die Freigabe erstellt wurde. Sobald die Freigabe erstellt ist, werden die Verbindungen für den Benutzer hinzugefügt, wenn die nächste Richtlinienaktualisierung auf Windows 7-Clients stattfindet beziehungsweise wenn auf älteren Clients das nächste Mal *PushPrinterConnections.exe* ausgeführt wird.

Drucker, die auf einem Server in einer Domäne gehostet werden, können einfach für Clients in einer anderen vertrauenswürdigen Domäne bereitgestellt werden.

Ein anderer wichtiger Anwendungsbereich für den Gruppenrichtlinienverwaltungs-Editor ist das Entfernen bereitgestellter Drucker, nachdem ein Druckserver ausgemustert wurde. Der Gruppenrichtlinienverwaltungs-Editor zeigt die Drucker an, die zu einer Richtlinie bereitgestellt wurden, sodass der Operator sie entfernen kann, wenn der Server nicht mehr im Netzwerk zur Verfügung steht.

Migrieren von Druckservern

Sie können entweder den Druckermigrations-Assistenten oder das Befehlszeilentool PrintBRM verwenden, um Druckerwarteschlangen, Druckereinstellungen, Druckeranschlüsse und Sprachmonitore zu exportieren und dann auf einem anderen Druckserver zu importieren, der unter Microsoft Windows läuft. Dies ist ein effizienter Weg, mehrere Druckserver auf einem einzigen Computer zu konsolidieren oder einen älteren Druckserver durch ein neueres System zu ersetzen. Der Druckermigrations-Assistent und das Befehlszeilentool PrintBRM wurden in Windows Vista eingeführt, sie ersetzen das ältere Tool Print Migrator 3.1, das im Microsoft Download Center zur Verfügung steht.

> **HINWEIS** Der Druckermigrations-Assistent kann auch nützlich sein, um Druckserverkonfigurationen für die Notfallwiederherstellung zu sichern. Weitere Informationen zu diesem Thema finden Sie im Abschnitt »Exportieren und Importieren von Druckserverkonfigurationen« weiter oben in diesem Kapitel.

Migrieren von Druckservern mithilfe der Druckverwaltung

Gehen Sie folgendermaßen vor, um Druckserver mithilfe der Druckverwaltung zu migrieren:

1. Öffnen Sie die Druckverwaltung, klicken Sie mit der rechten Maustaste auf den Druckserver, der die Druckerwarteschlangen und Druckertreiber enthält, die Sie exportieren wollen, und klicken Sie dann auf *Drucker in Datei exportieren*. Das startet den Druckermigrations-Assistenten.

2. Sehen Sie sich die Liste der Elemente an, die exportiert werden, und klicken Sie dann auf *Weiter*.

3. Klicken Sie auf *Durchsuchen*, um den Speicherort anzugeben, an dem Ihre Druckerexportdatei (*.printerExport*) gespeichert werden soll, geben Sie einen Namen für diese Datei ein und klicken Sie dann auf *Öffnen*.

4. Klicken Sie auf *Weiter*, um die Druckerwarteschlangen und Druckertreiber des Druckservers als komprimierte Cabinet-Datei (CAB) mit der Erweiterung *.printerExport* zu exportieren.

5. Falls während des Exportprozesses Fehler gemeldet werden, sollten Sie auf *Ereignisanzeige öffnen* klicken, um sich die zugehörigen Ereignisse anzusehen.

6. Klicken Sie auf *Fertig stellen*, um den Exportprozess abzuschließen.

7. Klicken Sie mit der rechten Maustaste auf den Zieldruckserver, in den Sie die vorher exportierten Druckerwarteschlangen und Druckertreiber importieren wollen, und wählen Sie den Befehl *Drucker aus Datei importieren*.

8. Klicken Sie auf *Durchsuchen*, suchen Sie die vorher gespeicherte Druckerexportdatei und klicken Sie sie doppelt an.

9. Klicken Sie auf *Weiter*, sehen Sie sich an, welche Elemente importiert werden, und klicken Sie dann erneut auf *Weiter*.

10. Wählen Sie auf der Seite *Importoptionen wählen* des Assistenten die gewünschten Optionen (die Bedeutung der Optionen ist im Anschluss beschrieben):

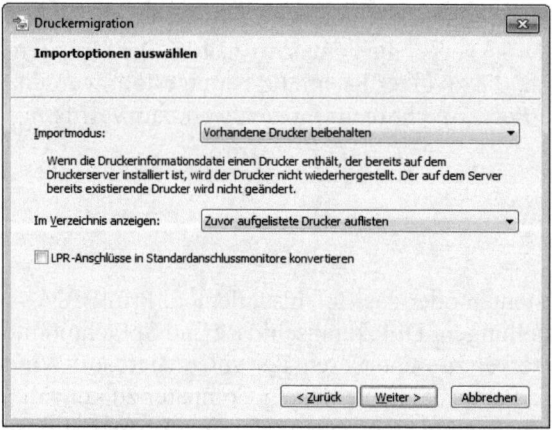

11. Klicken Sie auf *Weiter*. Falls während des Importprozesses Fehler gemeldet werden, sollten Sie auf *Ereignisanzeige öffnen* klicken, um sich die zugehörigen Ereignisse anzusehen.

12. Klicken Sie auf *Fertig stellen*, um den Exportprozess abzuschließen.

> **HINWEIS**   Falls die Drucker, die Sie migrieren, mit Gruppenrichtlinien bereitgestellt wurden, sollten Sie Gruppen-
> richtlinien verwenden, um die bereitgestellten Druckerverbindungen von den Computern der Benutzer zu entfernen,
> bevor Sie Ihre Druckserver migrieren. Sobald die Migration abgeschlossen ist, können Sie die Drucker mit Grup-
> penrichtlinien erneut bereitstellen.

Auf der Seite *Importoptionen wählen* stehen folgende Optionen zur Verfügung:

- **Importmodus**   Legt fest, was getan wird, falls eine Druckerwarteschlange bereits auf dem Ziel-
  druckserver vorhanden ist. Folgende Möglichkeiten stehen zur Auswahl:
  - ☐ *Vorhandene Drucker beibehalten, Kopien importieren* (Standardwert)
  - ☐ *Vorhandene Drucker überschreiben*
- **Im Verzeichnis anzeigen**   Legt fest, ob die importierten Druckerwarteschlangen in Active Directory
  veröffentlicht werden. Folgende Möglichkeiten stehen zur Auswahl:
  - ☐ *Zuvor aufgelistete Drucker auflisten* (Standardwert)
  - ☐ *Alle Drucker auflisten*
  - ☐ *Keine Drucker auflisten*
- **LPR-Anschlüsse in Standardanschlussmonitore konvertieren**   Legt fest, ob LPR-Druckeranschlüsse
  (Line Printer Remote) beim Importieren von Druckern in der Druckereinstellungsdatei in den
  schnelleren Standardanschlussmonitor konvertiert werden.

Migrieren von Druckservern mit PrintBRM

PrintBRM wurde in Windows 7 und Windows Server 2008 als Ersatz für das Dienstprogramm *Print-
mig.exe* aus älteren Windows-Versionen eingeführt. Mit PrintBRM kann ein Administrator Druckerwarteschlangen, Druckereinstellungen, Druckeranschlüsse und Sprachmonitore ganz einfach sichern,
wiederherstellen und migrieren. Windows 7 und Windows Server 2008 R2 führen einige Verbesserungen an PrintBRM ein, die die Flexibilität des Tools erhöhen und dem Administrator mehr Instru-
mentierungsmöglichkeiten zur Verfügung stellen. Weitere Informationen über diese Verbesserungen
finden Sie im Textkasten »Direkt von der Quelle: Verbesserungen an PrintBRM in Windows 7 und
Windows Server 2008 R2« weiter unten in diesem Kapitel.

Gehen Sie folgendermaßen vor, um Druckserver mit PrintBRM aus der Befehlszeile heraus zu migrieren:

1. Öffnen Sie eine Eingabeaufforderung mit erhöhten Rechten, indem Sie im Startmenü auf *Alle
   Programme* und dann *Zubehör* klicken, mit der rechten Maustaste auf *Eingabeaufforderung* klicken
   und den Befehl *Als Administrator ausführen* wählen.
2. Geben Sie die folgenden Befehle ein, um die Druckserverkonfiguration in eine Datei zu exportieren:

```
cd %WinDir%\System32\Spool\Tools
printbrm -s \\Druckservername -b -f Dateiname.printerExport
```

3. Geben Sie den folgenden Befehl ein, um die vorher gespeicherte Druckserverkonfigurationsdatei
   zu importieren:

```
printbrm -s \\Druckservername -r -f Dateiname.printerExport
```

Direkt von der Quelle: Verbesserungen an PrintBRM in Windows 7 und Windows Server 2008 R2

CSS Global Technical Readiness Team

PrintBRM wurde in Windows 7 und Windows Server 2008 R2 folgendermaßen verbessert:

- Bessere Problembehandlung und Berichterstellung
- Eine Teilwiederherstellung von Druckobjekten aus einer Datensicherung ist möglich
- Möglichkeit, Sicherheitseinstellungen für Druckerwarteschlangen während einer Wiederherstellung nicht wiederherzustellen
- Migration von Treiberisolationseinstellungen

Die folgenden Abschnitte beschreiben diese Verbesserungen genauer.

Bessere Problembehandlung und Berichterstellung

Im Bereich der Berichterstellung und der Behandlung von Fehlerbedingungen während der Datensicherungs- und Wiederherstellungsprozesse wurden viele allgemeine Verbesserungen vorgenommen. Alle Probleme, die während eines Exports oder Imports auftreten, werden dem Administrator im Exportieren/Importieren-Dialogfeld oder in den Ereignisprotokollen mitgeteilt.

Suchen Sie in den folgenden Protokollen der Ereignisanzeige nach Meldungen des Tools:

- *Benutzerdefinierte Ansichten\Administrative Ereignisse*
- *Benutzerdefinierte Ansichten\Druckermigrationsereignisse*
- *Windows-Protokolle\Anwendung*
- *Windows-Protokolle\System*
- *Anwendungs- und Dienstprotokolle\Microsoft\Windows\PrintService\Administrator*
- *Anwendungs- und Dienstprotokolle\Microsoft\Windows\PrintService\Betriebsbereit*

Selektive Wiederherstellung

Administratoren haben die Möglichkeit, mit dem Befehlszeilentool *PrintBRM.exe* eine selektive Wiederherstellung ausgewählter Drucker und zugehöriger Objekte durchzuführen. Diese Möglichkeit steht mit *PrintBRMUI.exe* nicht zur Verfügung.

Möglichkeit, Druckerwarteschlangen-ACLs nicht wiederherzustellen

In manchen Situationen ist es nicht sinnvoll, Sicherheitseinstellungen für Druckerwarteschlangen wiederherzustellen. Wenn beispielsweise Drucker in eine andere Domäne migriert wurden oder Druckerwarteschlangen mit Berechtigungen für lokale Benutzer und Gruppen migriert werden, möchten Sie vermeiden, dass die Zugriffssteuerungslisten (Access Control List, ACL) migriert werden.

Im Befehlszeilentool *PrintBRM.exe* kann der Administrator verhindern, dass die Druckerwarteschlangen-ACLs wiederhergestellt werden.

Treiberisolationseinstellungen werden migriert

Die Druckertreiberisolationseinstellungen werden zusammen mit anderen Spoolereinstellungen in *BRMSpoolerAttrib.xml* exportiert. Die folgende Zeile mit den aktuellen Treiberisolationseinstellungen wird zur XML-Datei hinzugefügt:

```
<DriverIsolation value="<Druckertreiberisolationsgruppen>"/>
```

Der Wert von ⟨Druckertreiberisolationsgruppen⟩ stammt aus dem folgenden Registrierungsschlüsselwert:

HKLM\System\CurrentControlSet\Control\Print\PrintDriverIsolationGroups

Der Wert der Zeichenfolge kann in der XML-Datei vor einer Import- oder Wiederherstellungsoperation bei Bedarf geändert werden.

Überwachen und Problembehandlung von Druckern

Die Behandlung von Problemen mit Druckern kann zahlreiche Aspekte umfassen: Geräteprobleme wie Papierstau, inkompatible Druckertreiber, falsch konfigurierte Druckereinstellungen, Probleme mit dem Druckspoolerdienst auf dem Client oder dem Druckserver und vieles mehr. Ausführliche Anleitungen für die Behandlung von Druckerproblemen würden den Rahmen dieses Kapitels sprengen. Stattdessen beschreiben die folgenden Abschnitte einige allgemeine Überlegungen und Empfehlungen für die Überwachung von Druckern, sodass das Supportpersonal Probleme schnell identifizieren und beseitigen kann.

Die neue Windows-Problembehandlungsplattform in Windows 7 enthält ein Problembehandlungsmodul für Drucker, mit dem Endbenutzer Druckerprobleme selbst identifizieren und beseitigen können, ohne sich an den Helpdesk wenden zu müssen. Wie Sie dieses Problembehandlungsmodul starten, ist im Abschnitt »Verwenden von *Geräte und Drucker*« weiter oben in diesem Kapitel beschrieben.

HINWEIS   Einen allgemeinen Leitfaden für die Behandlung von Hardwareproblemen finden Sie in Kapitel 30, »Problembehandlung für Hardware, Treiber und Laufwerke«. Weitere Informationen darüber, wie Gerätetreiber in Windows 7 implementiert sind und verwaltet werden, finden Sie in Kapitel 17, »Verwalten von Geräten und Diensten«.

Konfigurieren von E-Mail-Benachrichtigungen

Wenn Sie einen benutzerdefinierten Druckerfilter erstellen, haben Sie die Möglichkeit, automatisch eine E-Mail-Benachrichtigung zu senden, wenn die Bedingungen des Filters erfüllt sind. Das kann nützlich sein, um Druckerprobleme zu beseitigen, vor allem in einer Organisation mit mehreren Gebäuden und Administratoren. Zum Beispiel können Sie eine Ansicht aller Drucker erstellen, die von einem bestimmten Druckserver verwaltet werden und deren Status nicht »Bereit« ist. Falls dann ein Drucker vom Status »Bereit« in einen anderen Status wechselt, bekommt der Administrator eine Benachrichtigungs-E-Mail von der Druckverwaltung. (Sie können auch E-Mail-Benachrichtigungen für vorhandene Druckerfilter konfigurieren, etwa für die Standardfilter *Drucker nicht bereit* und *Drucker mit Aufträgen*.) Um E-Mail-Benachrichtigungen senden zu können, müssen Sie einen SMTP-Server (Simple Mail Transfer Protocol) angeben, der diese E-Mail-Nachrichten weiterleiten kann.

Gehen Sie folgendermaßen vor, um E-Mail-Benachrichtigungen zu konfigurieren:

1. Falls Sie eine Benachrichtigung für einen vorhandenen Druckerfilter einrichten wollen, können Sie die Druckverwaltung öffnen, mit der rechten Maustaste auf einen Druckerfilter klicken, den Befehl *Eigenschaften* wählen und dann auf die Registerkarte *Benachrichtigung* klicken.

2. Aktivieren Sie das Kontrollkästchen *E-Mail-Benachrichtigungen senden.*

3. Geben Sie folgende Informationen an:

☐ Geben Sie im Textfeld *E-Mail-Adresse des Empfängers* die E-Mail-Adressen der Empfänger im Format *Konto@Domäne* an. (Verwenden Sie Strichpunkte, um mehrere Konten anzugeben.)

☐ Geben Sie im Textfeld *E-Mail-Adresse des Absenders* die E-Mail-Adresse des Absenders im Format *Konto@Domäne* an.

☐ Geben Sie im Textfeld *SMTP-Server* den vollqualifizierten Hostnamen oder die IP-Adresse des SMTP-Servers an, der die E-Mail-Benachrichtigungen weiterleitet.

☐ Geben Sie im Textfeld *Nachricht* eine Textnachricht ein, die die Bedingungen des Druckerproblems beschreibt.

4. Klicken Sie auf *Testen*, um zu überprüfen, ob Ihre SMTP-Konfiguration zum Senden von E-Mail-Benachrichtigungen richtig ist, und klicken Sie dann auf *OK*, falls der Test erfolgreich war.

Konfigurieren von Druckserverbenachrichtigungen

Neben Benachrichtigungen, die Sie mithilfe eines Druckerfilters für einen benutzerdefinierten Satz von Druckern definieren, können Sie auch Benachrichtigungen für Druckserver einrichten. Falls zum Beispiel der Druckserver offline ist oder der Spooler ausfällt, kann eine E-Mail-Benachrichtigung gesendet werden.

Sie können Druckserverbenachrichtigungen konfigurieren, indem Sie in der Druckverwaltung mit der rechten Maustaste auf einen Druckserver klicken, den Befehl *Benachrichtigungen festlegen* wählen und dann den oben beschriebenen Schritten folgen, um die Parameter der E-Mail-Nachricht zu konfigurieren.

Konfigurieren von Skriptaktionen

Wenn Sie benutzerdefinierte Druckerfilter für bestimmte Druckerkriterien erstellen, haben Sie die Möglichkeit, ein Skript auszuführen, wenn die Bedingungen des Filters erfüllt sind. Skriptbenachrichtigungen werden ebenfalls auf der weiter oben beschriebenen Registerkarte *Benachrichtigung* im Eigenschaftendialog des Druckerfilters konfiguriert.

Das Einstellen von Skriptbenachrichtigungen kann nützlich sein, um Druckerprobleme zu beseitigen und eine Problembehandlung durchzuführen. Zum Beispiel können Sie automatisch ein Skript ausführen, das den Druckspoolerdienst auf einem Druckserver neu startet, wenn seine Drucker offline gehen. Sie können auch automatisch ein Skript ausführen, das eine Testseite druckt oder das Ihr internes Überwachungssystem über ein potenzielles Problem benachrichtigt. Skripts können in VBScript oder einer beliebigen anderen Skriptsprache geschrieben werden, die auf dem Computer zur Verfügung steht. Das Skript muss sich auf dem Computer befinden, der die Druckverwaltung ausführt, und das Skript sollte mit ausreichenden Anmeldeinformationen laufen und die erforderlichen Berechtigungen haben, um alle seine vorgesehenen Aufgaben zu erfüllen.

Ein Beispiel für einen Befehl, den Sie in einem Skript einsetzen können, um den Druckspoolerdienst zu starten, ist `net start spooler`. Beispielskripts, die Sie verwenden und anpassen können, um Druckerwarteschlangen zu verwalten, finden Sie im Abschnitt »Auf der Begleit-CD« am Ende dieses Kapitels. Zusätzliche Skripts finden Sie in Microsoft TechNet unter *http://www.microsoft.com/technet/ scriptcenter/scripts/printing/default.mspx*.

Konfigurieren von ausführlicher Ereignisprotokollierung

Um eine Aufzeichnung der Druckaufträge und ihrer Details zu speichern, können Sie folgendermaßen die ausführliche Protokollierung von Informationsereignissen aktivieren:

1. Klicken Sie in der Druckverwaltung mit der rechten Maustaste auf einen Druckserver und wählen Sie den Befehl *Eigenschaften*.

2. Klicken Sie auf die Registerkarte *Erweitert*.

3. Aktivieren Sie das Kontrollkästchen *Spoolerinformationen protokollieren*.

In der Ereignisanzeige können Sie sich die aufgezeichneten Informationsereignisse ansehen, wenn sie für Problembehandlungs- oder Überwachungszwecke benötigt werden. Falls zum Beispiel ein fehlerhafter Druckertreiber dafür verantwortlich war, dass riesige Papierstapel mit zufälligen Daten bedruckt wurden, können Sie anhand dieser Ereignisse den Benutzernamen, die Druckerwarteschlange, den Dokumenttitel, die Größe in Seiten und andere nützliche Informationen identifizieren, mit denen sich die mögliche Ursache für das Problem ermitteln lässt.

HINWEIS   Weitere Informationen zur Behandlung von Problemen im Bereich Drucker mithilfe von Ereignisprotokollen finden Sie unter *http://technet.microsoft.com/en-us/library/cc771594.aspx*.

Zusammenfassung

Windows 7 und Windows Vista bieten zahlreiche Verbesserungen für Drucktechnologien sowie neue Tools für die Verwaltung von Druckerwarteschlangen und die Migration von Druckservern. Diese neuen Features und Tools bieten Endbenutzern eine einfachere Bedienbarkeit und machen die Verwaltung von Druckern innerhalb eines Unternehmens einfacher.

Weitere Informationen

Die folgenden Ressourcen liefern weitere Informationen und Tools zu den Themen dieses Kapitels.

Informationsquellen

- »What's New in Print Management for Windows 7« unter *http://technet.microsoft.com/en-us/library/dd878494.aspx*

- »What's New In Print and Document Services for Windows Server 2008 R2« unter *http://technet.microsoft.com/en-ca/library/dd878502(WS.10).aspx*

- Abschnitt »Windows Server 2008 Print Services« im Windows Server-TechCenter unter *http://technet.microsoft.com/en-ca/windowsserver/2008/dd448602.aspx*

- *Windows TIFF IFilter Installation and Operations Guide* unter *http://technet.microsoft.com/en-ca/library/dd755985(WS.10).aspx*

- »Script Repository: Printing (Windows PowerShell Scripts)« unter *http://www.microsoft.com/technet/scriptcenter/scripts/msh/printing/default.mspx?mfr=true*

- TechNet-Forum für Diskussionen zu Drucker/Fax unter *http://social.technet.microsoft.com/Forums/en-US/winserverprint/threads*

- »Printing – Architecture and Driver Support« unter *http://www.microsoft.com/whdc/device/print/default.mspx*

- Blog des XPS-Teams unter *http://blogs.msdn.com/xps/*
- Blog des PrintVerifier-Teams unter *http://blogs.msdn.com/printverifier/default.aspx*
- »Druck- und Drucksystemverwaltung« unter *http://msdn.microsoft.com/de-de/library/aa970449.aspx*

Auf der Begleit-CD

- *FindPrinterDrivers.ps1*
- *FindPrinterPorts.ps1*
- *Get-PrinterPorts.ps1*
- *Get-PrintQueueStatistics.ps1*
- *Get-SharedPrinter.ps1*
- *InstallPrinterDriver.ps1*
- *InstallPrinterDriverFull.ps1*
- *ListPrinterDrivers.ps1*
- *listPrinters.ps1*
- *ListSharedPrintersAddPrintConnection.ps1*
- *TroubleshootPrinter.ps1*
- *WorkWithPrinters.ps1*

KAPITEL 19

Verwalten der Suchfunktionen

Die Suchfunktion wurde gegenüber älteren Windows-Plattformen bereits in Windows Vista in vielen Punkten verbessert und erweitert. Eine neue Suchmaschinenarchitektur bietet bessere Leistung und erweiterte Abfragefähigkeiten für schnellere und treffsicherere Suche nach Informationen. Die Integration der Suche in alle Bereiche der Benutzeroberfläche macht es einfacher, innerhalb des gerade geöffneten Fensters nach Dateien, E-Mails und anderen Informationen zu suchen. Die Sofortsuche (instant search) liefert praktisch verzögerungsfrei Suchergebnisse, während der Benutzer seine Abfragen eintippt, daher kann er sich besser auf seine Abfragen konzentrieren und die Ergebnisse schon während des Tippens sinnvoll einschränken. Suchordner stellen den Benutzern eine einfache Möglichkeit zur Verfügung, die Ergebnisse ihrer Abfragen so zu speichern, dass sie schnell auf häufig benötigte Daten zugreifen können. Dank dieser Fähigkeit brauchen die Benutzer nicht mehr von Hand zu organisieren, wie die Informationen auf ihren Computern gespeichert werden. Dieses Kapitel erklärt, wie Suche und Indizierung in Windows 7 arbeiten und wie Sie diese Fähigkeiten mithilfe von Gruppenrichtlinien verwalten.

Verbesserungen an Suche und Indizierung in Windows 7

Die ständig wachsenden Speicherkapazitäten in Unternehmensumgebungen führen dazu, dass die Fähigkeit, Informationen schnell und effizient zu finden, für den modernen »Knowledge Worker« unverzichtbar ist. Um diese Anforderungen zu erfüllen, wurden die Such- und Indizierungsfähigkeiten in Windows Vista deutlich verbessert. Diese Fähigkeiten wurden nun in Windows 7 noch weiter verbessert, sodass die Suchfunktionen noch bessere Suchergebnisse bieten.

Suchfunktionen in Windows XP

Die Suche in Windows XP wies folgende Probleme und Einschränkungen auf:

- Die Suche nach Dateien mit dem Such-Assistenten dauerte oft recht lange. Daher mussten die Benutzer oft viel Zeit investieren, um ihre Daten in einer hierarchischen Ordnerstruktur zu organisieren, damit die Informationen innerhalb eines bestimmten Ordners einfacher gesucht werden konnten.

- Sollte innerhalb von Dateien nach Text gesucht werden, musste der Indexdienst (*Cisvc.exe*) auf dem Computer aktiviert sein. Standardmäßig läuft dieser Dienst nicht, sein Startmodus steht auf *Manuell*.

- Wenn der Indexdienst dann aktiviert ist, macht er sich oft unangenehm bemerkbar, weil er viel CPU- und E/A-Leistung verbraucht, was den Benutzer bisweilen bei anderen Tätigkeiten im System behindert.

- E-Mail-Suchfunktionen in Anwendungen wie Microsoft Outlook waren nicht in die allgemeinen Such- und Indizierungsfunktionen von Windows integriert.

- Die Syntax für Suchabfragen war bezüglich Umfang und Fähigkeiten beschränkt. Insbesondere fehlte die Unterstützung für Schlüsselwörter wie From: und der Indexdienst war auf den Dateiinhalt beschränkt.

Suchfunktionen in Windows Vista

In Windows Vista wurde die Suche deutlich verbessert, um sie leistungsfähiger und einfacher bedienbar zu machen. In Windows Vista wurden folgende neue Features und Verbesserungen zu den Such- und Indizierungsfunktionen hinzugefügt:

- Windows Vista führte eine völlig neue Suchmaschinenarchitektur ein, den sogenannten Windows-Suchdienst, der auf dem älteren Add-On WDS (Windows Desktop Search) für Windows XP und Windows Server 2003 aufsetzte. Der Windows-Suchdienst ersetzt den älteren Indexdienst und bietet mehr Leistung und bessere Abfragefähigkeiten. Informationen über diese neue Suchmaschinenarchitektur und ihre Funktionsweise finden Sie im Abschnitt »So funktioniert Windows Search« weiter unten in diesem Kapitel. Informationen über die unterschiedlichen Versionen von Windows Search finden Sie im Abschnitt »Versionen von Windows Search« weiter unten in diesem Kapitel.

- In Windows XP musste die Indizierung des Inhalts aktiviert sein, damit die Suchfunktionen zur Verfügung standen. Seit Windows Vista ist die Indizierung des Inhalts standardmäßig aktiviert und unterstützt die Abfrage von Metadaten (Eigenschaften) beliebiger Dateitypen und die Volltextsuche in vielen verbreiteten Dokumentformaten. Dank der Erweiterbarkeit von Windows Search können auch andere Hersteller (Independent Software Vendor, ISV) Plug-Ins bereitstellen, mit denen Benutzer in Dokumentformaten dieser Hersteller suchen können, beispielsweise in Adobe Portable Document Format (PDF). Ab Windows Vista können Benutzer auch nach E-Mail-Nachrichten in Office Outlook 2007 suchen und nach Inhalten, die in Microsoft Office OneNote 2007-Notizbüchern gespeichert sind. Außerdem können Benutzer mithilfe der erweiterten Abfragesyntax AQS (Advanced Query Syntax) komplexe Abfragen zusammenstellen, die genau eingekreiste Ergebnisse zurückgeben, und diese Abfragen für die künftige Verwendung speichern.

- In Windows XP versuchte der Indexdienst nicht, die Indizierung des Inhalts zu vermeiden, wenn das System stark ausgelastet war. Seit Windows Vista umfasst der Windows-Suchdienst dagegen Algorithmen, die eine Indizierung von Inhalt verhindern, während das System zu beschäftigt ist. Dank dieser Verbesserung verursacht Windows Search weniger Störungen als der ältere Indexdienst. Ein neues Feature von Windows Search ist die »vorausschauende Suche«, also die sofortige Anzeige der zum bisher eingetippten Text passenden Einträge. Die Benutzer können damit direkt verfolgen, wie sich die Ergebnismenge ihrer Abfragen verringert, während sie einen Dateinamen oder einen Suchbegriff eingeben. Das macht die Suche für die Benutzer deutlich schneller als auf älteren Plattformen, wo die Benutzer den gesamten Suchbegriff eingeben und jedes Mal, wenn sie eine Suche ausführen wollten, auf *Suchen* klicken mussten.

- Seit Windows Vista ist die Suchfähigkeit jetzt an mehr Stellen in die Shell integriert, sodass es einfach ist, eine Suche auszuführen. Das Feld für die Sofortsuche steht fast überall bereit: im Startmenü, in der Systemsteuerung, in jedem Windows Explorer-Fenster und in anderen Windows-Features. Außerdem ist jede Instanz des Sofortsuchfelds so optimiert, dass es die passenden Ergebnisse für den jeweiligen Abfragetyp liefert.

- Windows Vista führte neue Such- und Organisationsfähigkeiten ein, die es Benutzern viel einfacher machen, Dateien auf ihren Computern zu finden, ohne sie aufwendig in hierarchischen Ordnerstrukturen organisieren zu müssen. Die wichtigsten dieser neuen Fähigkeiten sind verbesserte Spaltenköpfe, die Fähigkeit, Dateien und Ordner zu gruppieren und zu stapeln sowie die Fähigkeit, Dateien und Ordner mit aussagekräftigen Schlüsselwörtern zu markieren.

- Ab Windows Vista ist die clientseitige Zwischenspeicherung (Client-Side Caching, CSC) standardmäßig aktiviert, sodass umgeleitete Ordner für die Benutzer verfügbar sind, auch während ihr Computer nicht mit dem Netzwerk verbunden ist. Diese umgeleiteten Ordner werden jetzt lokal indiziert, sodass die Benutzer ihren Inhalt selbst dann durchsuchen können, wenn ihr Computer gerade nicht ins Netzwerk eingebunden ist oder wenn der Server, auf den ihre Benutzerprofilordner umgeleitet wurden, gerade offline ist. Die zwischengespeicherten Versionen von Offlineordnern werden ebenfalls lokal indiziert, sodass als offline markierte Netzwerkfreigaben auch dann durchsucht werden können, wenn der Computer des Benutzers nicht mit dem Netzwerk verbunden ist.

- Seit Windows Vista können Benutzer auf anderen Computern, die unter Windows Vista oder neueren Versionen laufen, nach Daten suchen, die in freigegebenen Ordnern gespeichert sind. Die Ergebnisse einer solchen Suche sind entsprechend den Sicherheitsanforderungen angepasst, sodass in den Suchergebnissen nur Dateien und Dokumente angezeigt werden, für die der Benutzer eine Zugriffsberechtigung hat.

Suchfunktionen in Windows 7

Windows 7 baut auf der Grundlage von Windows Vista auf und erweitert die Such- und Indizierungsfunktionen durch folgende neue Features und Verbesserungen:

- Die Suche im Startmenü wurde deutlich verbessert, sodass sie zum universellen Einstiegspunkt zum Starten von Programmen, zum Finden von Systemsteuerungseinstellungen und zum Suchen nach praktisch allen Objekten auf dem lokalen Computer, im Unternehmensnetzwerk oder im Internet wird. Weitere Informationen über diese Verbesserungen finden Sie im Abschnitt »Verwenden der Suche im Startmenü« weiter unten in diesem Kapitel.

- Die Option der erweiterten Suche in Windows Vista, die erst nach einer Suche verfügbar wird, ist durch den neuen Fensterabschnitt *Erweiterte Suche* ersetzt worden, der Benutzern hilft, komplexe Abfragen zu erstellen und dabei AQS zu erlernen. Weitere Informationen zu dieser Verbesserung finden Sie im Abschnitt »Suchen in Bibliotheken« und im Textkasten »So funktioniert's: Erweiterte Abfragesyntax« weiter unten in diesem Kapitel.

- Ab Windows 7 gibt der Indexer nun alle Elemente aus dem indizierten Speicherort zurück, die auch von einer Grep-Suche zurückgegeben werden. Voraussetzung ist, dass der Indexer auf dem System auf dem neusten Stand ist. Eine Ausnahme sind Analysepunkte (reparse point) wie Abzweigungspunkte und harte Links. Dies ist eine Veränderung gegenüber Windows Vista, wo bestimmte Dateitypen standardmäßig immer von der Indizierung ausgeschlossen waren. Weitere Informationen zu dieser Änderung enthält der Abschnitt »Der Indizierungsprozess« weiter unten in diesem Kapitel.

- Ein neues Feature von Windows 7, die sogenannten Bibliotheken, machen es den Benutzern jetzt einfacher, Dokumente und andere Dateitypen zu organisieren und zu suchen. Weitere Informationen über Bibliotheken finden Sie in Kapitel 15, »Verwalten von Benutzern und Benutzerdaten«. Informationen über die Suche in Bibliotheken enthält der Abschnitt »Suchen in Bibliotheken« weiter unten in diesem Kapitel.

- Die Prioritätseinstufung für die Indizierung wurde implementiert, um sicherzustellen, dass bestimmte Bereiche während der Indizierung bevorzugt bearbeitet werden. Der Windows-Explorer stellt mithilfe dieses Features sicher, dass Indexansichten immer Priorität erhalten. Das verbessert Geschwindigkeit und Relevanz der Suchoperationen in Bibliotheken. Wenn ein Benutzer beispielsweise die Musikbibliothek offen hat und eine Indexansicht betrachtet (etwa nach dem Interpreten sortiert), fordert Windows-Explorer an, dass die Indexbereiche, die mit dieser Ansicht verknüpft sind, Priorität erhalten. Ist die Indizierung für diese Bereiche noch nicht abgeschlossen, erhält die Indizierung für diesen Speicherort folglich Vorrang gegenüber der Indizierung anderer Inhalte im System.

- Die Indizierungsleistung wurde deutlich gesteigert, sodass die Ressourcenanforderungen für den Indexer sinken. Der Indexer wurde um neue Funktionen erweitert, die eine Problembehandlung erleichtern, die Berichterstellung ermöglichen und Rückmeldungen über Probleme bei der Indizierung geben. Weitere Informationen finden Sie im Abschnitt »Behandlung von Problemen bei Suche und Indizierung mithilfe des integrierten Problembehandlungsmoduls« weiter unten in diesem Kapitel.

- In Windows Vista musste ein Benutzer lokaler Administrator auf dem Computer sein, um in den Indizierungsoptionen der Systemsteuerung neue Speicherorte zum Indexer hinzuzufügen. Ab Windows 7 fällt diese Einschränkung weg, auch Standardbenutzer können jetzt Speicherorte im Indexer hinzufügen oder entfernen.

- Ab Windows 7 ist Windows Search ein optionales Feature, das über *Windows-Funktionen aktivieren oder deaktivieren* in der Systemsteuerung aktiviert oder deaktiviert werden kann. Beachten Sie, dass Windows Search standardmäßig aktiviert ist und Benutzer, die die Suche auf diese Weise deaktivieren, erhebliche Einschränkungen in Kauf nehmen müssen.

- Dateien, die mit dem verschlüsselnden Dateisystem (Encrypting File System, EFS) verschlüsselt und lokal auf dem Computer des Benutzers gespeichert sind, können nun genauso einfach indiziert und durchsucht werden wie unverschlüsselte Dateien. Weitere Informationen über dieses Feature enthält der Abschnitt »Konfigurieren der Indizierung von verschlüsselten Dateien mithilfe von Gruppenrichtlinien« weiter unten in diesem Kapitel.

- Benutzer können nun in Windows 7 nach TIFF-Bildern (Tagged Image File Format) suchen, die einen bestimmten Text enthalten, etwa die Texte in den Bildern von Faxdokumenten. Weitere Informationen zu diesem neuen Feature finden Sie im Abschnitt »Konfigurieren der Indizierung von Text in TIFF-Bilddokumenten« weiter unten in diesem Kapitel.

- Windows 7 verringert die Auswirkungen durch die Indizierung von E-Mails, die in Microsoft Exchange Server gespeichert sind. Auch die Unterstützung für die Indizierung digital signierter E-Mails ist neu in Windows 7.

- Windows 7 ermöglicht die Suche nach Inhalt in Netzwerkdateifreigaben auf Computern, die unter Windows 7, Windows Server 2008 R2, Windows Vista, Windows Server 2008, Windows XP oder Windows Server 2003 laufen. Bei einigen dieser Betriebssysteme muss dafür ein zusätzliches Feature installiert werden, das Remoteabfragen von Windows 7-Computern unterstützt. Weitere Informationen finden Sie im Abschnitt »Grundlagen der Remotesuche« weiter unten in diesem Kapitel.

■ Die Verbundsuche (federated search) ist ein neues Feature von Windows 7. Mit ihrer Hilfe können Benutzer Remotedatenquellen aus dem Windows-Explorer heraus durchsuchen. Die Verbundsuche greift auf Suchconnectors (search connector) zurück, damit Benutzer mit Dateien arbeiten können, die in Repositorys gespeichert sind, etwa in Windows SharePoint-Sites. Das gelingt genauso einfach wie beim Durchsuchen des lokalen Dateisystems auf dem eigenen Computer. Weitere Informationen über die Verbundsuche enthält der Abschnitt »Arbeiten mit der Verbundsuche« weiter unten in diesem Kapitel.

Versionen von Windows Search

Organisationen, die eine umfangreiche Desktopmigration durchführen, stellen unter Umständen fest, dass sie mehrere unterschiedliche Versionen von Windows Search auf ihren Computern haben. Das kann Auswirkungen für die Administratoren haben, die die Such- und Indizierungsfunktionen im ganzen Unternehmen verwalten müssen. Daher ist es wichtig, die unterschiedlichen Versionen von Windows Search zu kennen und zu wissen, in welchen Windows-Versionen sie enthalten oder verfügbar sind.

Windows Search wird in mehreren unterschiedlichen Formen bereitgestellt:

■ Als integrierter Dienst namens *Windows Search* in Windows 7 und Windows Vista

■ Als Rollendienst namens *Windows-Suchdienst*, den Sie über die Rolle *Dateidienste* in Windows Server 2008 und Windows Server 2008 R2 installieren können

■ Als herunterladbares Add-On aus dem Microsoft Download Center für Windows XP, Microsoft Windows 2000 Server und Windows Server 2003

In Windows 7 und Windows Vista enthaltene Versionen von Windows Search

Tabelle 19.1 listet die unterschiedlichen Versionen von Windows Search auf, die in Windows 7 und Windows Vista enthalten sind.

Tabelle 19.1   Versionen von Windows Search in Windows 7 und Windows Vista

Windows-Version	Windows Search-Version
Windows 7	4.00.6001.16503
Windows Vista Service Pack 2 (SP2)	4.00.6001.16503
Windows Vista SP1	3.00.6001.18000
Windows Vista RTM	3.00.6000.16386

Außerdem steht Windows Search 4.0 (Version 4.00.6001.16503) für Windows Vista SP1 als herunterladbares Add-On im Microsoft Download Center zur Verfügung.

Versionen von Windows Search in Windows Server 2008

Tabelle 19.2 listet die unterschiedlichen Versionen des Windows-Suchdiensts auf, die in Windows Server 2008 enthalten sind.

Tabelle 19.2   Versionen des Windows-Suchdiensts in Windows Server 2008

Windows-Version	Windows Search-Version
Windows Server 2008 R2	4.00.6001.16503
Windows Server 2008 SP2	4.00.6001.16503
Windows Server 2008 RTM	3.00.6001.18000

Außerdem steht Windows Search 4.0 (Version 4.00.6001.16503) für Windows Server 2008 als herunterladbares Add-On im Microsoft Download Center zur Verfügung.

In älteren Windows-Versionen verfügbare Versionen von Windows Search

Von Windows Search, das früher als Windows-Desktopsuche (Windows Desktop Search, WDS) bezeichnet wurde, stehen momentan folgende Versionen im Microsoft Download Center zur Verfügung:

- Windows Search 4.0
- WDS 3.01
- WDS 2.6.6

Windows Search 4.0 (Version 4.00.6001.16503) lässt sich auf folgenden Plattformen installieren:

- Windows Vista SP1
- Windows XP SP2 oder neuer
- Windows Server 2003 R2
- Windows Server 2003 SP2 oder neuer
- Windows Search

WDS 3.01 (Version 3.01.6000.72) lässt sich auf folgenden Plattformen installieren:

- Windows XP SP2 oder neuer
- Windows Server 2003 SP1 oder neuer

WDS 2.6.6 (Version 2.06.6000.5414) lässt sich auf folgenden Plattformen installieren:

- Windows XP SP2
- Windows Server 2003 SP1
- Windows 2000 SP4

HINWEIS   Mit der Methode `GetIndexerVersionStr` der Schnittstelle `ISearchManager` können Sie die aktuelle Versionsnummer von Windows Search auf einem System ermitteln. Weitere Informationen finden Sie unter *http://msdn.microsoft.com/en-us/library/bb231477.aspx*.

So funktioniert Windows Search

Die zugrundeliegende Architektur und die Arbeitsweise der Indizierung haben sich in Windows Vista und Windows 7 gegenüber den Suchfähigkeiten aus älteren Windows-Versionen deutlich verändert. Damit Sie Suche und Indizierung konfigurieren, verwalten und Probleme damit beseitigen können, müssen Sie wissen, wie Suche und Indizierung funktionieren.

Terminologie für die Suchmaschine

Die folgende Terminologie beschreibt die Suche und Indizierung, wie sie in Windows Vista und Windows 7 implementiert wurden:

- **Eigenschaftshandler (property handler)**   Ein Feature von Windows, das formatabhängige Eigenschaften extrahiert. Dieses Feature wird sowohl von der Windows-Suchmaschine zum Lesen und Indizieren von Eigenschaftswerten als auch vom Windows-Explorer zum Lesen und Schreiben von Eigenschaftswerten direkt in der Datei benutzt. Microsoft stellt Eigenschaftshandler für viele gebräuchliche Formate standardmäßig bereit.

- **Eigenschaftsspeicher (property store)**   Ein anderer Name für den Eigenschaftszwischenspeicher.
- **Eigenschaftszwischenspeicher (property cache)**   Der dauerhafte Zwischenspeicher der Eigenschaften (Metadaten) von indizierten Elementen. Einfache Dateieigenschaften (beispielsweise Dateigröße oder das Datum der letzten Änderung) werden für jedes indizierte Element zum Eigenschaftszwischenspeicher hinzugefügt. Zusätzliche Eigenschaften werden für Elemente mit formatspezifischen Eigenschaften hinzugefügt, die von einem Eigenschaftshandler oder IFilter gesammelt wurden. Dank der Indizierung von Elementeigenschaften können Benutzer diese Daten schnell durchsuchen und in angepassten Ansichten komfortabel anhand der verfügbaren Metadaten suchen.
- **IFilter**   Ein Feature der Windows-Suchmaschine, das Text aus Dokumenten extrahiert, sodass er zum Index hinzugefügt werden kann. (IFilters können auch benutzt werden, um formatspezifische Eigenschaften zu extrahieren, etwa Stichwörter oder Autor; in Windows Vista und Windows 7 sind allerdings die Eigenschaftshandler der bevorzugte Mechanismus zum Extrahieren dieser Eigenschaften.) Microsoft stellt IFilters für viele gebräuchliche Dokumentformate standardmäßig bereit, und Hersteller wie Adobe bieten eigene IFilters zum Indizieren anderer Inhaltstypen an.
- **Indizierung (indexing)**   Der Vorgang, bei dem der Systemindex und der Eigenschaftszwischenspeicher erstellt werden, die zusammen den Katalog bilden.
- **Katalog (catalog)**   Index mit dem Eigenschaftszwischenspeicher
- **Masterindex (master index)**   Ein einzelner Index, der in einem Prozess namens Master-Zusammenführung aus der Kombination der Schattenindizes (shadow index) gebildet wird. Dies ist ein Inhaltsindex, der Wörter zu Dokumenten oder anderen Elementen zuordnet.
- **Master-Zusammenführung (master merge)**   Der Vorgang, bei dem Indexfragmente (Schattenindizes) zu einem einzigen Inhaltsindex zusammengefasst werden, dem sogenannten Masterindex.
- **Protokollhandler (potocol handler)**   Eine Komponente der Windows-Suchmaschine, die benutzt wird, um mit Speichern zu kommunizieren und ihren Inhalt abzurufen. Solche Speicher sind zum Beispiel das Dateisystem, eine MAPI-E-Mail-Datenbank (Messaging Application Program Interface), der clientseitige Cache (CSC) oder die Offlinedateiendatenbank. Wie IFilters sind auch Protokollhandler erweiterbar.
- **Sammlung (gathering)**   Der Vorgang, bei dem Elemente innerhalb eines Datenspeichers mithilfe von Protokollhandlern und IFilters gefunden und durchsucht werden.
- **Schattenindizes (shadow index)**   Temporäre Indizes, die im Rahmen des Indizierungsvorgangs erstellt und dann in einem einzelnen Index namens Masterindex zusammengeführt werden.
- **Schattenzusammenführung (shadow merge)**   Der Vorgang, bei dem Indexfragmente (Schattenindizes) zur nächsthöheren Indexebene zusammengeführt werden. Die dabei entstandene Indexdatei ist noch ein Schattenindex, aber die Abfrageleistung wird besser, wenn Indizes zu größeren Einheiten kombiniert werden.
- **Startadresse (start address)**   Eine Anwendungs-URL, die auf die Startposition für indizierten Inhalt verweist. Beim Durchführen der Indizierung wird jede konfigurierte Startadresse durch einen Protokollhandler abgefragt, um den Inhalt zu finden, der indiziert werden soll.
- **Suchbereiche mit Aufnahme- und Ausschlussliste (crawl scope)**   Die in einem Suchstamm aufgenommenen oder ausgeschlossenen Pfade. Falls zum Beispiel ein Benutzer das Laufwerk *D:* indizieren, aber das Verzeichnis *D:\temp* ausnehmen will, kann er »D:*« als enthaltenen Ort eintragen und »D:\temp*« als Ausschluss. Der Crawl-Scope-Manager fügt außerdem eine Startadresse für »D:\« hinzu.
- **Suchstamm (search root)**   Der Basisnamespace eines bestimmten Protokollhandlers.

- **Suchstandards (search defaults)** Die Standardsuchbereiche für einen bestimmten Suchstamm.

- **Systemindex (system index)** Der Gesamtindex für das System mit Masterindex, Schattenindizes und diversen Konfigurations-, Protokoll- sowie Temporärdateien.

HINWEIS Vorhandene IFilter, zum Beispiel der Klartextfilter, können ebenfalls benutzt werden, um unregistrierte Dateitypen oder Dateitypen zu indizieren, deren Inhalt standardmäßig nicht indiziert wird. Beispielsweise können Sie den Klartextfilter für den Einsatz in *.cpp*-Dateien registrieren.

Direkt von der Quelle: Die Evolution der Windows-Desktopsuche

Joe Sherman, Principal Program Manager, *Windows Experience Find & Organize Team*

Die Indizierung von Inhalt wurde erstmals durch den Indexserver im NT 4 Option Pack eingeführt. Seitdem war sie in allen Windows-Versionen seit Windows 2000 enthalten. Der Name Indexserver (index server) wurde später in Indexdienst (index service) geändert. Diese Komponente umfasst eine Dateiindizierung, aber keine Sammel- oder Durchsuchungsfunktionalität. Sie konnte auch nicht für den Zugriff auf anderen Inhalt als das Dateisystem erweitert werden. Site Server führte den ersten Microsoft-Gatherer (oder Crawler) ein. Darin wurde die Inhaltsindizierungstechnologie des Indexservers wiederverwendet. Gleichzeitig wurde der Inhaltsindex (content index) zu SQL Server 7 hinzugefügt, der in neueren Versionen von SQL Server (sowie Exchange) noch erweitert wurde. Die Indizierungspipeline wurde für SQL Server 2005 neu geschrieben, sodass sie gewaltige Verbesserungen beim Indizierungsdurchsatz und bessere Skalierung für große Datenbanken bietet.

SharePoint Portal Server 2001 und neuere Versionen bauten auf den Sammel- und Inhaltsindizierungskomponenten von SQL Server 2000 und Exchange 2000 auf, um portaleigenen Inhalt sowie Inhalt außerhalb des Portals zusammenfassen zu können. Diese Codebasis wurde schließlich für den Client Desktop optimiert, und zwar vom MSN-Team, das die Windows-Desktopsuche (Windows Desktop Search, WDS) entwickelte. WDS 3.0 wurde dann als Systemdienst und Plattform für Anwendungen (unter anderem für das Microsoft Office-System) in Windows Vista integriert. WDS 4.0 ist jetzt in Windows Vista SP2 und Windows Server 2008 SP2 enthalten und in Windows 7 und Windows Server 2008 R2 fest integriert.

Für alle, die es ganz genau wissen wollen: Microsoft Office XP enthielt eine Version des Indizierungsmoduls für den Einsatz auf Microsoft Windows NT 4 und Microsoft Windows 98 (nutzte auf Windows 2000 aber den Indexdienst).

Prozesse der Windows-Suchmaschine

Die neue Windows-Suchmaschine in Windows Vista und Windows 7 basiert auf der Indizierungs- und Suchmaschine MSSearch, die für SQL Server, SharePoint Portal Server, Microsoft Office SharePoint Server und andere Microsoft-Produkte entwickelt wurde. Die neue Windows-Suchmaschine ersetzt den Indexdienst (*Cisvc.exe*), der auf älteren Windows-Plattformen wie Windows XP und Windows Server 2003 eingesetzt wurde.

Die neue Windows-Suchmaschine lässt sich in vier logische Prozesse untergliedern:

- **Indizierungsprozess (indexer process)** Der Indizierungsprozess (*SearchIndexer.exe*) ist die Hauptkomponente der Windows-Suchmaschine. Sie hat die Aufgabe, die zentralen Indizierungs- und Abfrageoperationen im System durchzuführen. Dieser Prozess ist als Windows-Dienst namens *Windows Search* (WSearch) implementiert. Er kann mit dem Dienststeuerungs-Manager (*Services.*

msc) über die Shell verwaltet werden. Dieser Dienst läuft im Kontext des lokalen Systemkontos, es wurden aber alle Privilegien bis auf die beiden folgenden entfernt:

- ☐ **SE_BACKUP_PRIVILEGE**   Dieses Privileg erlaubt dem Dienst, alle Dateien im System zu lassen, sodass er sie indizieren kann.

- ☐ **SE_MANAGE_VOLUME_PRIVILEGE**   Dieses Privileg erlaubt dem Dienst, mit dem NTFS-Änderungsjournal zu kommunizieren.

- ■ **Systemweiter Protokollhost (system-wide protocol host)**   Der systemweite Protokollhost (*Search-ProtocolHost.exe*) ist ein eigener Prozess, der die Protokollhandler hostet, um sie vom Hauptindizierungsprozess zu isolieren. Protokollhandler sind Plug-Ins zum Zugreifen auf unterschiedliche Speicher, zum Auslesen von Dokumenten und Weitergeben der Informationen an den Prozess SearchFilterHost, wo sie gefiltert werden. Der systemweite Protokollhost läuft im selben Kontext wie der Hauptindizierungsprozess, dem lokalen Systemkonto. Dieser Sicherheitskontext wird benötigt, weil der Protokollhost Zugriff auf alle Dateien des Systems benötigt. Der systemweite Protokollhost unterstützt auch Benachrichtigungen über Benutzergrenzen hinweg und die Auflistung von computerspezifischen Datenspeichern, zum Beispiel dem lokalen Dateisystem.

- ■ **Benutzerspezifischer Protokollhost (per-user protocol host)**   Der benutzerspezifische Protokollhost (ebenfalls *SearchProtocolHost.exe*) ist ein weiterer separater Prozess, der Protokollhandler hostet, um sie gegenüber dem Hauptindizierungsprozess zu isolieren. Der Unterschied zwischen diesem Prozess und dem systemweiten Protokollhost ist, dass dieser Prozess im Sicherheitskontext des angemeldeten Benutzers läuft. (Falls mithilfe der schnellen Benutzerumschaltung zwei Benutzer am selben Computer angemeldet sind, ist es möglich, dass zwei benutzerspezifische Protokollhosts laufen.) Ein benutzerspezifischer Protokollhost ist nötig, weil der Zugriff auf einige Datenspeicher unter Verwendung der Anmeldeinformationen des angemeldeten Benutzers erfolgen muss, dessen Daten indiziert werden sollen. Beispiele für solche Speicher sind Outlook-E-Mails (über MAPI), der clientseitige Cache (CSC) und Remotedateifreigaben.

- ■ **Suchfilterhostprozess (search filter host process)**   Dieser Prozess (der als *SearchFilterHost.exe* ausgeführt wird) dient als Host für IFilters, mit denen Text aus Dateien und anderen Objekten extrahiert wird. IFilters werden in einem separaten Prozess gehostet statt innerhalb des Hauptindizierungsprozesses, um den Windows-Suchdienst vor möglichen Abstürzen zu schützen und die Stabilität und Sicherheit des Indizierungsmoduls sicherzustellen. Dies ist nötig, weil zwar viele IFilters von Microsoft selbst geschrieben wurden, aber weitere von anderen Herstellern bereitgestellt und daher als nicht vertrauenswürdiger Code eingestuft werden. Wenn IFilters innerhalb eines separaten Prozesses (etwa des Filterhosts) gehostet werden, der stark eingeschränkte Berechtigungen hat (beispielsweise ein eingeschränktes Token), ist eine gute Isolation gewährleistet, die den Hauptindizierungsprozess schützt, falls ein IFilter abstürzt. Der Indizierungsprozess läuft als einzelne Instanz von *SearchFilterProcess.exe* und dieser Prozess enthält alle IFilters zum Analysieren von Dokumenten, die aus SearchProtocolHost-Prozessen für systemweite und benutzerspezifische Filterung stammen. Dieser SearchFilterHost-Prozess liest nur die Streams mit dem Inhalt, führt IFilters aus und gibt Text an den Indizierungsprozess zurück.

Im normalen Betrieb starten alle diese Prozesse sofort, sobald Windows startet und der Desktop erscheint. Der Hauptindizierungsprozess (*SearchIndexer.exe*) ist aber der einzige, der immer läuft. Die anderen Prozesse müssen nicht zwangsläufig ausgeführt werden. Das hängt von den momentanen Anforderungen der Windows-Suchmaschine ab. Der Hauptindizierungsprozess greift auf den Standard-Dienstmechanismus Service Control Manager (SCM) zurück, um festzustellen, ob der Dienst eventuell nicht läuft, und ihn bei Bedarf selbst neu zu starten. Unter welchen Bedingungen der Dienst neu gestartet wird, finden Sie auf der Registerkarte *Wiederherstellung* im Eigenschaftendialogfeld des

Dienstes *Windows Search* heraus. Dieses Dialogfeld öffnen Sie über die Konsole *Dienste*. Die Neustartbedingungen sind in der Standardeinstellung folgendermaßen konfiguriert:

- Dienst neu starten, sofort nachdem der erste Fehler aufgetreten ist
- Dienst neu starten, sofort nachdem der zweite Fehler aufgetreten ist
- Keine Aktion durchführen, wenn weitere Fehler auftreten
- Fehlerzähler nach 1 Tag zurücksetzen

Weitere Anwendungen können ebenfalls versuchen, den Indexer neu zu starten, falls er beendet wird. Der Windows-Explorer tut dies beispielsweise, wenn Sie versuchen, eine Suche über das Startmenü oder den Suchexplorer einzuleiten. Sie können das überprüfen, indem Sie den Dienst *Windows Search* beenden und dann etwas im Suchfeld des Startmenüs oder des Explorers eingeben. Wollen Sie verhindern, dass der Windows-Explorer oder eine andere Anwendung den Dienst *Windows Search* neu starten, müssen Sie den Dienst deaktivieren; es reicht nicht, ihn lediglich zu beenden.

Aktivieren des Indexdienstes

Der auf älteren Windows-Plattformen verwendete Indexdienst (*Cisvc.exe*) steht auch unter Windows Vista und Windows 7 noch als optionale Komponente zur Verfügung, die Administratoren bei Bedarf folgendermaßen aktivieren können:

1. Wählen Sie in der Systemsteuerung den Eintrag *Programme und Funktionen*.
2. Klicken Sie unter *Programme und Funktionen* auf *Windows-Funktionen ein- oder ausschalten* und bestätigen Sie die UAC-Eingabeaufforderung, die daraufhin erscheint.
3. Aktivieren Sie im Dialogfeld *Windows-Funktionen ein- oder ausschalten* das Kontrollkästchen neben dem Eintrag *Indexdienst* und klicken Sie dann auf *OK*.

Unternehmen werden den alten Indexdienst in erster Linie aus Gründen der Anwendungskompatibilität aktivieren. Falls ein Unternehmen zum Beispiel Anwendungen entwickelt hat, die *Cisvc.exe* voraussetzen, kann dieser Dienst aktiviert werden, damit solche Anwendungen laufen. Auch die Suchfunktion von Microsoft Office Visio verwendet *Cisvc.exe*, um Shapes (Formen) zu indizieren. Wollen Sie daher auf einigen Computern die Möglichkeit bieten, schnell in Office oder Office Visio nach Shapes zu suchen, können Sie *Cisvc.exe* auf diesen Computern aktivieren.

HINWEIS Microsoft empfiehlt nicht, den älteren Indexdienst auf Windows 7-Computern zu aktivieren. Sie sollten davon absehen, sofern keine zwingenden Gründe bestehen. Der Indexdienst wird in einer künftigen Windows-Version wahrscheinlich entfernt.

Architektur der Windows-Suchmaschine

Die Architektur der Windows-Suchmaschine in Windows Vista und Windows 7 (Abbildung 19.1) zeigt, wie die Interaktion zwischen den vier weiter oben beschriebenen Suchmaschinenprozessen, der Desktopsitzung des Benutzers, Clientanwendungen, Benutzerdaten (zum Beispiel lokale und Netzwerkdateispeicher, MAPI-Speicher und der CSC) und dauerhaft im Katalog gespeicherten Indexdaten abläuft. Die folgenden Abschnitte beschreiben genauer, wie Windows Search arbeitet und wie der Katalog erstellt und konfiguriert wird.

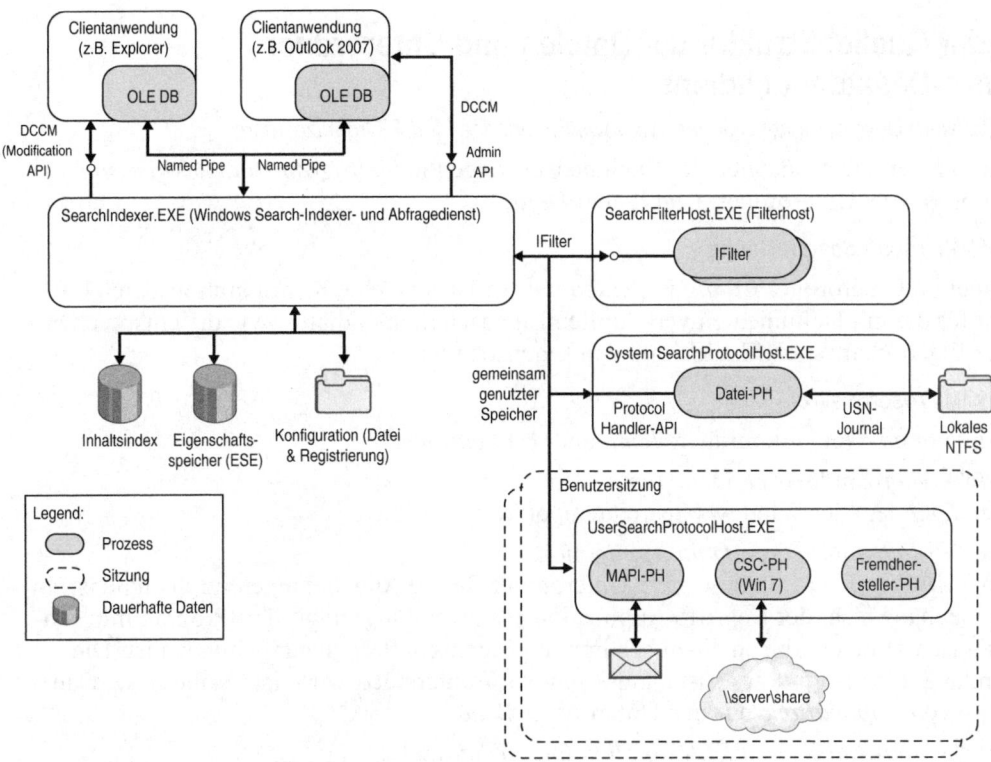

Abbildung 19.1 Die Architektur der Windows-Suchmaschine in Windows 7

Grundlagen des Katalogs

Der Katalog enthält die Ergebnisse des Indizierungsprozesses, der auf dem lokalen Computer läuft. Jeder Windows 7-Computer hat einen einzigen Katalog, der in der Standardeinstellung im Unterordner *Search* des Ordners *%SystemDrive%\ProgramData\Microsoft* liegt. (Sie müssen versteckte Dateien sichtbar machen, damit Sie sich den Ordner *ProgramData* und seinen Inhalt ansehen können.) Die Informationen im Katalog untergliedern sich in drei Haupttypen:

- Der Volltextindex für den gesamten Inhalt, der vom Indexer analysiert wurde.
- Der Eigenschaftsspeicher, eine Jet-Datenbank mit den Eigenschaften der Dateien, die indiziert wurden. (Mit dem Windows 7-Eigenschaftsschema wird festgelegt, welche Eigenschaften zwischengespeichert werden.)
- Konfigurationsdateien, die die Funktionsweise des Indexers steuern. (Zusätzliche Konfigurationseinstellungen sind in der Registrierung gespeichert.)

Der Katalog indiziert zwar Elemente für alle Benutzer des Computers, der Eigenschaftsspeicher enthält aber Sicherheitsbeschreibungen für jedes Element. Daher kann der Indexer die Sicherheit für die Ergebnisse der Abfragen gewährleisten, weil nur Ergebnisse für die Dokumente zurückgegeben werden, auf die der Benutzer, der die Abfrage ausführt, auch zugreifen darf.

HINWEIS Die Position dieses Katalogs kann entweder in den Indizierungsoptionen der Systemsteuerung oder mithilfe von Gruppenrichtlinien geändert werden. Weitere Informationen finden Sie im Abschnitt »Konfigurieren des Index« weiter unten in diesem Kapitel.

Direkt von der Quelle: Struktur der Dateien und Unterordner im Windows 7-Desktopsuchdienst

Denny Gursky, Software Development Engineer, *Windows Experience Find & Organize Team*

Die Konfigurations- und Datendateien des Suchdienstes liegen in *%ProgramData%\Microsoft\Search*. Hier gibt es zwei Unterordner: *Config* und *Data*.

%ProgramData%\Microsoft\Search\Config

Die einzige Datei im Unterordner *Config* ist *Msscolmn.txt*. Dies ist eine Konfigurationsdatei, die Anzeigenamen für die mit Dokumenten verknüpften Eigenschaften enthält sowie die entsprechende vollständige Eigenschaftsspezifikation und den Eigenschaftstyp.

%ProgramData%\Microsoft\Search\Data

Im Ordner *Data* gibt es zwei Unterordner: *Temp* und *Applications*.

%ProgramData%\Microsoft\Search\Data\Temp
Im Unterordner *Temp* legt der Windows Search temporäre Dateien an.

%ProgramData%\Microsoft\Search\Data\Applications
Der Unterordner *Applications* enthält weitere Unterordner für die Anwendungen im Suchdienst. In diesem Zusammenhang steht der Begriff »Application« (Anwendung) nicht für »Programm«, sondern für eine logische Einheit, die an einen bestimmten Eigenschaftsspeicher gebunden ist. Die einzige Anwendung, die in Windows Vista und Windows 7 unterstützt wird, ist »Windows«. Daher gibt es innerhalb von *Applications* nur den Unterordner *Windows*.

%ProgramData%\Microsoft\Search\Data\Applications\Windows
Der Unterordner *Windows* enthält wiederum die Unterordner *Config*, *GatherLogs* und *Projects* sowie eine Reihe von **.edb*- und *MSS*.**-Dateien. Dies sind Jet-Datendateien und Protokolle, die den Eigenschaftsspeicher enthalten.

%ProgramData%\Microsoft\Search\Data\Applications\Windows\Config
Der Unterordner *Config* ist in Windows Search 4.0 und neueren Versionen immer leer.

%ProgramData%\Microsoft\Search\Data\Applications\Windows\GatherLogs
Der Unterordner *GatherLogs* enthält einen einzigen Unterordner namens *SystemIndex*. Dieser Unterordner entspricht dem einzelnen Katalog, der vom Suchdienst unterstützt wird (weitere Einzelheiten folgen bei der Beschreibung des Ordners *Projects*).

%ProgramData%\Microsoft\Search\Data\Applications\Windows\GatherLogs\SystemIndex

Der Unterordner *SystemIndex* enthält eine Reihe von *SystemIndex.*.Crwl*- und *SystemIndex.*.gthr*-Dateien. Die *.Crwl*-Dateien sind Protokolldateien, die die Ergebnisse der Durchsuchungstransaktionen aufzeichnen. Die *.gthr*-Dateien enthalten die Ergebnisse der Benachrichtigungstransaktionen.

%ProgramData%\Microsoft\Search\Data\Applications\Windows\Projects
Der Unterordner *Projects* enthält Unterordner, die den unterschiedlichen Katalogen (Projekten, projects) entsprechen. Kataloge sind der Mechanismus, mit dem der Index untergliedert wird. Der einzige vom Suchdienst unterstützte Katalog ist SystemIndex, daher ist *SystemIndex* der einzige Unterordner innerhalb von *Projects*.

%ProgramData%\Microsoft\Search\Data\Applications\Windows\Projects\SystemIndex
Der Unterordner *SystemIndex* enthält die Unterordner *Indexer*, *PropMap* und *SecStore*.

%ProgramData%\Microsoft\Search\Data\Applications\Windows\Projects\SystemIndex\PropMap
Der Unterordner *PropMap* enthält Datendateien der proprietären Datenbank, in der die vollständigen Eigenschaftsspezifikationen zu den internen Eigenschaftskennungen zugeordnet werden.

%ProgramData%\Microsoft\Search\Data\Applications\Windows\Projects\SystemIndex\SecStore
Der Unterordner *SecStore* enthält Datendateien der proprietären Datenbank, in der die Zugriffsberechtigungen für alle indizierten Dokumente in Form von SIDs (Security ID) gespeichert sind.

%ProgramData%\Microsoft\Search\Data\Applications\Windows\Projects\SystemIndex\Indexer

Der Unterordner *Indexer* enthält nur einen Unterordner: *CiFiles*.
%ProgramData%\Microsoft\Search\Data\Applications\Windows\Projects\SystemIndex\Indexer
CiFiles

Der Ordner *CiFiles* enthält die eigentlichen Indexdateien mit den Schattenindizes und dem Masterindex. Diese Indexdateien sind:

- Die Datei *SETTINGS.DIA* enthält Einstellungen zu diakritischen Zeichen.

- Die **.ci*-Dateien sind Indexdateien mit indizierten Wörtern, die Fundstellen und Verweise in die Dokumente, die diese Wörter enthalten.

- Die **.dir*-Dateien sind Indexverzeichnisdateien mit Suchtabellen für den Inhalt der **.ci*-Dateien. Sie ermöglichen es, schnell eine bestimmte Stelle innerhalb des Index zu lokalisieren, ohne die Indexdatei ab dem Anfang durchsuchen zu müssen.

- Die **.wid*- und **.wsb*-Dateien steuern, ob die Indizierungsergebnisse noch aktuell sind. Sie enthalten eine Tabelle der Dokumente, in der verzeichnet ist, welche Informationen in der entsprechenden **.ci*-Datei noch auf dem neusten Stand sind. Der Trick besteht darin, jede **.ci*-Datei nur ein einziges Mal zu schreiben, nämlich beim Erstellen, und sie danach nie mehr zu ändern. Falls die Informationen in der **.ci*-Datei zu einem bestimmten Dokument nicht mehr gültig ist, markiert der Indexer lediglich das Dokument für diese konkrete **.ci*-Datei als ungültig.

- Die Dateien *INDEX.000*, *INDEX.001* und *INDEX.002* implementieren eine transaktionale dauerhafte Speicherung der Indextabelle, in der alle verwendeten Indexdateien aufgelistet sind.

- Die *CiMG*.**-Dateien sind Protokolle für den Zusammenführungsvorgang. Sie ermöglichen es dem Indexzusammenführungsprozess, seine Arbeit fortzusetzen, wenn er aufgrund einer Beendigung des Diensts (oder sogar wegen eines Absturzes) unterbrochen wurde. Es ist dann nicht nötig, die Indizierung ganz von vorne neu zu starten.

- Die *CiAD*.**- und *CiAB*.**-Dateien protokollieren die durchschnittliche Dokumentlänge, die für Berechnungen der Relevanzmetrik benutzt werden.

Standardsystemausschlussregeln

Systemausschlussregeln definieren, welche Dateien von der Indizierung ausgenommen sind. In der Standardeinstellung sind in Windows 7 folgende Ordner und Dateien ausgeschlossen:

- *%SystemDrive%\ProgramData** (mit einigen Ausnahmen, beispielsweise *%SystemDrive%\ ProgramData\Windows\StartMenu*)

- *%SystemDrive%\Windows\CSC** (schließt den CSC für Offlinedateien aus)

- *%SystemDrive%\Windows.*** (schließt Installationsverzeichnisse alter Windows-Versionen aus)

- *%SystemDrive%\Windows** (schließt das Windows-Verzeichnis aus)

- **\System volume information**

- *\$Recycle.bin*
- %SystemDrive%\Windows*\Temp*
- C:\Users\<Benutzername>\AppData* (unter jedem Benutzerprofil wird ein Ausschluss für das AppData-Verzeichnis hinzugefügt, sobald das Profil eines Benutzers erstellt wird, wobei für jeden Benutzer des Computers ein expliziter Ausschluss erstellt wird)
- %SystemDrive%\Users*\AppData\Local\Microsoft\Windows\Temporary Internet Files* (Schließt die temporären Dateien von Windows Internet Explorer aus. Beachten Sie aber, dass dieser Ausschluss nicht aktualisiert wird, wenn Sie den Speicherort dieser Dateien verschieben.)
- *\Windows.**
- *\Dfsrprivate*

Auch der Speicherort der Indexerdateien wird ausgeschlossen. In der Standardeinstellung ist dies %SystemDrive%\ProgramData\Microsoft\Search\Data*, aber der Pfad ist konfigurierbar und der Ausschluss wird aktualisiert, wenn der Benutzer den Speicherort ändert.

Ab Windows 7 werden auch besonders ausgeblendete Dateien (geschützte Betriebssystemdateien, bei denen sowohl das Attribut *Versteckt* als auch *System* aktiviert ist) und Dateien indiziert, bei denen das Attribut FILE_ATTRIBUTE_NOT_CONTENT_INDEXED (FANCI-Bit) gesetzt ist. Allerdings werden nur die Grundeigenschaften für diese Dateitypen indiziert, etwa Dateiname, Größe und Änderungsdatum. Es werden keine IFilter-Eigenschaftshandler eingesetzt, um solche Dateien zu indizieren. Weil ausblendete Dateien im Index als versteckt markiert sind, werden sie in Suchergebnissen nur angezeigt, wenn der Benutzer in seinen Ordnereinstellungen die Option *Versteckte Dateien/Ordner anzeigen* aktiviert hat.

So funktioniert's: Das FANCI-Attribut

Wenn das Attribut FILE_ATTRIBUTE_NOT_CONTENT_INDEXED (auch als FANCI-Bit bezeichnet) bei einer Datei gesetzt ist, werden nur die grundlegenden Eigenschaften der Datei indiziert. Der Inhalt einer solchen Datei wird nicht indiziert, selbst wenn der Speicherort indiziert wird. Wird das Attribut entfernt (indem Sie ein Kontrollkästchen aktivieren), kann die Datei indiziert werden, sofern sie an einem indizierten Speicherort liegt; allerdings wird der Speicherort der Datei dadurch nicht automatisch zu einem indizierten Speicherort. Das Attribut legt niemals fest, ob eine Datei indiziert wird, sondern nur, ob sie indiziert werden sollte, wenn sie sich in einem indizierten Speicherort befindet. Wird die Indizierung durchgeführt, wird der Satz indizierter Speicherorte durchsucht. Hier werden jeweils nur die Elemente indiziert, bei denen das FANCI-Attribut nicht gesetzt ist. Ist das Attribut bei einem Element gesetzt (oder gelöscht), das außerhalb eines indizierten Speicherorts liegt, hat es keine Auswirkung.

Um es noch einmal klarzustellen: Sie setzen das FANCI-Bit für eine Datei (oder einen Ordner oder ein Volume), indem Sie mit der rechten Maustaste auf das Element klicken, den Befehl *Eigenschaften* wählen, auf *Erweitert* klicken und das Kontrollkästchen *Zulassen, dass für diese Datei [Dateien in diesem Ordner/Dateien auf diesem Laufwerk] Inhalte zusätzlich zu Dateieigenschaften indiziert werden* deaktivieren. Sie löschen das FANCI-Bit für ein Element, indem Sie es mit der rechten Maustaste anklicken, *Eigenschaften* wählen und das Kontrollkästchen aktivieren. Sie können das FANCI-Bit außerdem mit dem Befehl attrib +i in einer Eingabeaufforderung umschalten.

Ist das FANCI-Bit als Attribut eines Ordners (oder Laufwerks) gesetzt, können Sie wählen, ob das Attribut nur für den eigentlichen Ordner gelten oder an alle Unterordner und Dateien weitervererbt werden soll. Alle neu im Verzeichnis angelegten Dateien erben das FANCI-Bit des Ordners. Vorhandene Dateien, die in das Verzeichnis kopiert werden, behalten allerdings den bisherigen Zustand ihres FANCI-Bits. Sie können das Attribut auch für ein Verzeichnis festlegen und dann, wenn die Änderung angewendet wird, einstellen, dass es an alle enthaltenen Dateien und Ordner weitervererbt wird.

Wenn Sie das Kontrollkästchen *Zulassen, dass für Dateien in diesem Ordner [Dateien auf diesem Laufwerk] Inhalte zusätzlich zu Dateieigenschaften indiziert werden* für ein Volume oder Verzeichnis aktivieren, erlauben Sie lediglich, dass der Windows-Suchdienst das Volume beziehungsweise das Verzeichnis indiziert. Es heißt nicht, dass der Inhalt des Volumes oder des Verzeichnisses tatsächlich indiziert wird. Wollen Sie das sicherstellen, müssen Sie das Volume oder Verzeichnis in den Indizierungsoptionen der Systemsteuerung zur Liste der indizierten Orte hinzufügen. Wenn Sie also möchten, dass der Inhalt eines Volumes oder Verzeichnisses indiziert wird, öffnen Sie *Indizierungsoptionen* in der Systemsteuerung, klicken auf *Ändern* und konfigurieren die Kontrollkästchen unter *Ausgewählte Orte ändern* für das Volume oder das Verzeichnis. Ist das entsprechende Kontrollkästchen aktiviert, wird das Volume oder Verzeichnis bereits indiziert. Wenn das Kontrollkästchen dagegen nicht ausgewählt ist, aber umgeschaltet werden kann (also nicht abgeblendet ist), wird das Volume oder Verzeichnis noch nicht indiziert. Soll das Volume oder Verzeichnis indiziert werden, müssen Sie das Kontrollkästchen aktivieren und auf *OK* klicken. Wenn das Kontrollkästchen deaktiviert ist und der Name des Volumes oder Verzeichnisses abgeblendet (nicht verfügbar) angezeigt wird, liegt das entweder daran, dass Gruppenrichtlinien die Indizierung des Speicherorts verhindern, oder daran, dass das FANCI-Bit für den Speicherort gesetzt ist. Der Speicherort wird abgeblendet angezeigt, unabhängig davon, ob das Kontrollkästchen aktiviert oder deaktiviert ist; das bedeutet aber nicht, dass das Volume oder Verzeichnis nicht für die Indizierung zur Verfügung steht. Sie können feststellen, ob die Ursache ein gesetztes FANCI-Bit ist, indem Sie Ihre Maus über den Volume- oder Verzeichnisnamen setzen. Der daraufhin angezeigte Text gibt an, ob das FANCI-Bit die Indizierung des Inhalts am ausgewählten Speicherort verhindert.

Soll ein Volume oder Verzeichnis indiziert werden, müssen Sie mit der rechten Maustaste auf den abgeblendeten Volume- oder Verzeichnisnamen klicken, den Befehl *Eigenschaften* wählen, auf *Erweitert* klicken und das Kontrollkästchen *Zulassen, dass für Dateien in diesem Ordner [Dateien auf diesem Laufwerk] Inhalte zusätzlich zu Dateieigenschaften indiziert werden* aktivieren. Schließen Sie anschließend alle Dialogfelder, indem Sie mehrmals auf *OK* klicken, öffnen Sie erneut über *Indizierungsoptionen* das Dialogfeld *Indizierte Orte* und aktivieren Sie das Kontrollkästchen für das Volume oder Verzeichnis.

Seien Sie vorsichtig, wenn Sie das FANCI-Attribut für Speicherorte ändern, bei denen das FANCI-Bit gesetzt ist: Das kann die Leistung des Indexers verschlechtern. Bei bestimmten Speicherorten (zum Beispiel beim Ordner mit den Datendateien des Indexers, *\ProgramData\Microsoft\Search*) sollte das FANCI-Bit niemals gelöscht werden. Andere Speicherorte, etwa das Verzeichnis *ProgramData*, enthalten unter Umständen Dateien, die sehr oft aktualisiert werden. Liegen diese Dateien im Indizierungsbereich, analysiert der Indexer diese Dateien jedes Mal, wenn sie aktualisiert werden. Das kann die Systemleistung drücken.

Mit dem Befehl `dir` können Sie schnell feststellen, bei welchen Dateien eines Laufwerks das FANCI-Bit gesetzt ist. Wenn Sie beispielsweise in einer Eingabeaufforderung mit erhöhten Rechten den Befehl `dir C:\Test /AI /S` ausführen, erhalten Sie alle Dateien im Ordner *C:\Test* und seinen Unterordnern, bei denen das FANCI-Bit gesetzt ist. Haben Sie sehr viele Dateien oder eine tiefe Verzeichnisstruktur, die Sie untersuchen wollen, können Sie die Ergebnisse in eine Datei ausgeben, zum Beispiel in *C:\Fanci.txt*, indem Sie in einer Eingabeaufforderung mit erhöhten Rechten den Befehl `C:\Test /AI /S >C:\Fanci.txt` ausführen.

Standardindizierungsbereiche

Indizierungsbereiche (indexing scope, auch als Startadresse oder engl. start address bezeichnet) sind URLs, die Sie als Anfangsposition zum Indizieren des Inhalts auswählen. Beim Durchführen der Indizierung wird jede konfigurierte Startadresse durch den entsprechenden Protokollhandler aufgelistet, sodass das Indizierungsmodul den Inhalt findet, den es indizieren will. In der Standardeinstellung werden die folgenden Positionen des lokalen Volumes indiziert:

- Das Startmenü (*file:///%SystemDrive%\ProgramData\Microsoft\Windows\Start Menu*)
- Der Ordner *Users* (*file:///%SystemDrive%\Users*) und alle darin enthaltenen Benutzerprofilordner außer dem Standardbenutzerprofilordner (der Unterordner *AppData* ist allerdings in allen Benutzerprofilen ausgeschlossen)
- Der Offlinedateienzwischenspeicher (*Csc://<Benutzer-SID>*) für alle Benutzer, die den Computer benutzen (dieser Indizierungsbereich wird nur benutzt, wenn CSC auf dem Computer aktiviert ist)

In der Standardeinstellung werden alle Dateien und Ordner innerhalb dieser Positionen indiziert, sofern sie nicht explizit durch eine der weiter oben beschriebenen Systemausschlussregeln ausgenommen sind.

> **HINWEIS**   Sie können mithilfe der Indizierungsoptionen in der Systemsteuerung weitere Indizierungsbereiche hinzufügen. Weitere Informationen finden Sie im Abschnitt »Konfigurieren des Index« weiter unten in diesem Kapitel. Falls Outlook 2007 auf dem Computer installiert ist, wird es ebenfalls als Standardindizierungsposition aufgelistet.

Grundkonfiguration

Wenn Windows 7 auf einem Computer installiert wird, führt der Konfigurationscode der Windows-Suchmaschine folgende Schritte durch:

1. Der Dienst *Windows Search* wird gestartet.
2. Der Systemkatalog wird erstellt (zum ersten Mal).
3. Die Datei-, MAPI- und CSC-Protokollhandler werden registriert.
4. Vordefinierte Systemausschluss- und -einschlussregeln werden hinzugefügt (beim ersten Mal).
5. Vordefinierte Startadressen werden hinzugefügt (zum ersten Mal).

So funktioniert's: Internationalisierung

Microsoft Global Technical Readiness Platforms Team

Die Suche in Windows Vista und Windows 7 ist sprachunabhängig, aber die Treffsicherheit von Suchoperationen kann sich von Sprache zu Sprache unterscheiden. Der Grund dafür ist, dass der Text in Tokens zerlegt wird, und dafür werden sogenannte *Worttrenner* (wordbreakers) verwendet. Worttrenner implementieren die jeweiligen Regeln für die Wortzerlegung in einer bestimmten Sprache. Worttrenner zerlegen sowohl die Sprache des indizierten Textes als auch den Abfragestring. Stimmen Abfrage- und Indizierungssprache nicht überein, können unerwartete Ergebnisse die Folge sein.

Windows wird mit einem genau definierten Satz von Worttrennern geliefert und enthält für einige Sprachen neuen Tokenzerlegungscode, der auf LSP (Lexical Service Platform) aufbaut. Bei anderen Sprachen delegiert LSP die Aufgabe an die passende Worttrennerklasse. Falls für eine Sprache kein Worttrenner installiert ist, wird ein neutraler Trenner verwendet, der mit Leerzeichen arbeitet. (Windows stellt Worttrenner für 43 unterschiedliche Sprachen zur Verfügung.)

Während der Indizierung sollte der IFilter feststellen, in welcher Sprache eine Eigenschaft oder ein Abschnitt abgefasst ist. Falls ein Dateiformat keine Sprachinformationen aufzeichnet, wird versucht, die Sprache automatisch zu erkennen. Während der Abfrage gibt die aufrufende Anwendung (zum Beispiel die Shell) die Spracheinstellung für die Abfrage an.

Grundlagen des Indizierungsprozesses

Wenn Sie eine Problembehandlung im Zusammenhang mit Suche und Indizierung durchführen wollen, ist es nützlich, wenn Sie wissen, wie der Indizierungsprozess arbeitet. Die folgenden Abschnitte beschreiben die unterschiedlichen Aspekte dieses Prozesses.

Indizierte Dateitypen

IFilters, Eigenschaftshandler und das Windows-Eigenschaftensystem werden benutzt, um Text aus Dokumenten zu extrahieren, damit sie indiziert werden können. Microsoft stellt standardmäßig IFilters und Eigenschaftshandler für viele gebräuchliche Dokumentformate zur Verfügung. Wenn Sie andere Microsoft-Anwendungen installieren, werden unter Umständen zusätzliche IFilters und Eigenschaftshandler bereitgestellt, die eine Indizierung zusätzlicher Eigenschaften und Inhalte von Dokumenten erlauben, die von der jeweiligen Anwendung erstellt werden. Außerdem stellen auch etliche andere Hersteller eigene IFilters und Eigenschaftshandler zum Indizieren proprietärer Dokumentformate zur Verfügung.

IFilters und Eigenschaftshandler werden anhand der Dateierweiterung ausgewählt. IFilters kennen Dateiformate, Eigenschaftshandler dagegen meist nur Dateieigenschaften. Zum Beispiel werden Dateien mit der Erweiterung *.txt* mit dem Klartextfilter ausgewertet, Dateien mit der Erweiterung *.doc* mit dem Office-Filter und Dateien mit der Erweiterung *.mp3* vom Audio-Eigenschaftshandler. Alle diese Erweiterungen werden zusätzlich mit dem Windows-Eigenschaftensystem analysiert, um grundlegende Eigenschaften zu extrahieren, etwa Dateiname und Größe. Der Klartextfilter liefert ausschließlich Volltextinhalt, weil Textdateien keine erweiterten Eigenschaften (Metadaten) haben. Der Office-Filter liefert dagegen sowohl Volltextinhalt als auch Metadaten, weil *.doc*-Dateien und andere Office-Dateien erweiterte Eigenschaften haben können, zum Beispiel Titel, Betreff, Autor, Zeit der letzten Speicherung und so weiter.

Tabelle 19.3 listet gebräuchliche Dokumentformate, die zugehörigen Dateierweiterungen und die IFilter-DLL auf, mit denen der jeweilige Dokumenttyp in Windows 7 ausgelesen wird. (Tabelle 19.4 enthält ähnliche Informationen zu den Eigenschaftshandlern.) Beachten Sie, dass der Indexer Dateien anhand ihrer Dateierweiterung untersucht, nicht anhand des Inhalts innerhalb der Datei. Zum Beispiel wird der Inhalt einer Textdatei mit dem Namen *Test.txt* mit dem Klartextfilter ausgelesen und indiziert, aber bei einer Textdatei namens *Test.doc* wird stattdessen der Office-Filter verwendet. Und dieser Filter erwartet, dass es sich bei der Datei um eine *.doc*-Datei handelt und nicht um eine Textdatei.

HINWEIS In Windows Vista wurden etwas mehr als 100 unterschiedliche Dateierweiterungen standardmäßig von der Indizierung ausgeschlossen, darunter *.bin*, *.chk*, *.log*, *.manifest* und *.tmp*. Seit Windows 7 schließt der Indexer dagegen keine Dateierweiterungen mehr standardmäßig aus. Diese Änderung wurde vorgenommen, weil viele der Ausschlüsse nicht mehr gebraucht wurden, andere dagegen mit großer Wahrscheinlichkeit die Relevanz der Suchergebnisse verringern. Einige Ausschlüsse wurden definiert, um Leistungsprobleme zu vermeiden, die eventuell auftreten konnten, wenn die entsprechenden Dateien indiziert wurden. Beispielsweise werden *.log*-Dateien unter Umständen sehr oft aktualisiert, daher hätte der Indexer in Windows Vista sie ständig neu indiziert.

In Windows 7 wurde aber Unterstützung für intelligente Neuindizierung hinzugefügt, sodass die Auswirkungen weniger drastisch sind. Weitere Informationen über die intelligente Neuindizierung finden Sie im Textkasten »Direkt von der Quelle: Indizierung und Bibliotheken – der Unterschied zwischen Festplattenlaufwerken und Wechselmedien« weiter unten in diesem Kapitel.

Direkt von der Quelle: So funktioniert die Logik für einen erneuten Indizierungsversuch

Michael Novak, Principal Software Development Engineer, *Windows Experience Find & Organize Team*

Die Indizierung eines Dokuments schlägt manchmal aus Gründen fehl, die später beseitigt werden. Beispiele sind Serververfügbarkeit und Freigabeverletzungen. Wenn die Indizierung eines Dokuments fehlschlägt, versucht der Indexer später erneut, es zu indizieren. Die Wartezeit bis zum nächsten Indizierungsversuch beginnt bei 1 Sekunde, und wenn das Dokument weiterhin nicht indiziert werden kann, wächst sie logarithmisch auf 24 Stunden an. Wenn der Indexer den Fehlertyp nicht kennt, beginnen die Wiederholungsintervalle unter Umständen mit 1 Stunde statt 1 Sekunde. Nach einer fest eingestellten Zahl von Versuchen wird das Element als dauerhaft defekt eingestuft; daraufhin werden keine weiteren Versuche mehr unternommen, bis der Indexer darüber benachrichtigt wird, dass sich das Element erneut geändert hat.

Tabelle 19.3　In Windows 7 enthaltene IFilters, sortiert nach Dokumentformat und Dateierweiterung

Dokumentformat	Dateierweiterungen	IFilter-DLL
Klartext	*.a, .ans, .asc, .asm, .asx, .bas, .bat, .bcp, .c, .cc, .cls, .cmd, .cpp, .cs, .csa, .csv, .cxx, .dbs, .def, .dic, .dos, .dsp, .dsw, .ext, .faq, .fky, .h, .hpp, .hxx, .i, .ibq, .ics, .idl, .idq, .inc, .inf, .ini, .inl, .inx, .jav, .java, .js, .kci, .lgn, .lst, .m3u, .mak, .mk, .odh, .odl, .pl, .prc, .rc, .rc2, .rct, .reg, .rgs, .rul, .s, .scc, .sol, .sql, .tab, .tdl, .tlh, .tli, .trg, .txt, .udf, .udt, .usr, .vbs, .viw, .vspscc, .vsscc, .vssscc, .wri, .wtx*	*Query.dll*
RTF (Rich Text Format)	*.rtf*	*RTFfilt.dll*
Microsoft Office-Dokument	*.doc, .dot, .pot, .pps, .ppt, .xlb, .xlc, .xls, .xlt*	*Offfilt.dll*
WordPad	*.docx, .otd*	*WordpadFilter.dll*
MIME (Multi-purpose Internet Mail Extensions)	*.dll*	*Mimefilt.dll*
HTML (Hypertext Markup Language)	*.ascx, .asp, .aspx, .css, .hhc, .hta, .htm, .html, .htt, .htw, .htx, .odc, .shtm, .shtml, .sor, .srf, .stm, .vcproj, .wdp*	*Nlhtml.dll*
MIME-HTML	*.mht, .mhtml*	*Mimefilt.dll*
XML (Extensible Markup Language)	*.csproj, .user, .vbproj, .vcproj, .xml, .xsd, .xsl, .xslt*	*Xmlfilt.dll*
Favoriten	*.url*	*ieframe.dll*
Journal	*.jnt*	*Jntfiltr.dll*
XPS (XML Paper Specification)	*.dwfx, .easmx, .edrwx, .eprtx, .jtx, .xps*	*Mscoree.dll*

Tabelle 19.4 In Windows 7 enthaltene Eigenschaftshandler, sortiert nach Dokumentformat und Dateierweiterung

Dokumentformat	Dateierweiterungen	Eigenschaftshandler-DLL
Kontakte	.contact	Wab32.dll
System	.cpl, .dll, .exe, .ocx, .rll, .sys	Shell32.dll
Schriftarten	.fon, .otf, .ttc, .ttf	Shell32.dll
.Group-Shellerweiterung	.group	Wab32.dll
Anwendungsverweis	.appref-ms	Dfshim.dll
Audio/Video	3gp, .3gp2, .3gpp, .aac, .adts, .asf, .avi, .dvr-ms, .m1v, .m2t, .m2ts, .m2v, .m4a, .m4b, .m4p, .m4v, .mod, .mov, .mp2, .mp2v, .mp3, .mp4, .mp4v, .mpe, .mpeg, .mpg, .mpv2, .mts, .ts, .tts, .vob, .wav, .wma, .wmv	Mf.dll
Internetverknüpfung	.url	Leframe.dll
Bilder	.bmp, .dib, .gif, .ico, .jfif, .jpe, .jpeg, .jpg, .png, .rle, .tif, .tiff, .wdp	PhotoMetadataHandler.dll
Installer	.msi, .msm, .msp, .mst, .pcp	Propsys.dll
Bibliotheksordner	.library-ms	Shell32.dll
Microsoft-XPS	.xps, .dwfx, .easmx, .eadrwx, .eprtx, .jtx	Xpsshhdr.dll
Microsoft Office-Dokument	.doc, .dot, .pot, .ppt, .xls, .xlt, .msg	Propsys.dll
Eigenschaftslabel	.label	Shdocvw.dll
Search-Connector	.searchConnector-ms	Shell32.dll
Suchordner	.search-ms	Shdocvw.dll
Shellnachrichten	.eml, .nws	Inetcomm.dll
Verknüpfung	.lnk	Shell32.dll
Aufgezeichnetes Media Center-TV	.wtv	Sbe.dll

Nicht alle der in Tabelle 19.4 aufgelisteten Dateitypen (Erweiterungen) sind standardmäßig für die Indizierung aktiviert. Beachten Sie aber, dass der Klartextfilter standardmäßig Dateien mit der Erweiterung *.txt* indiziert, aber nicht Dateien mit der Erweiterung *.log*, obwohl dieser Filter das Auslesen von *.log*-Dateien unterstützt. Wie Sie den Indexer so konfigurieren, dass solche Dateien mit dem Standardfilter ausgewertet werden, ist im Abschnitt »Ändern des IFilter-Verhaltens« weiter unten in diesem Kapitel beschrieben.

Zwei zusätzliche (implizite) IFilters und ihre Erweiterungen sind in Tabelle 19.4 nicht aufgeführt:

- **Dateieigenschaftenfilter** Dieser Filter indiziert ausschließlich die Dateisystemeigenschaften von Dateien, zu denen kein IFilter registriert ist oder für die zwar ein IFilter registriert ist, der Benutzer aber explizit in der Systemsteuerung die Einstellung *Nur Eigenschaften indizieren* ausgewählt hat. Dateierweiterungen, die mit diesem Filter arbeiten, sind *.cat*, *.evt*, *.mig*, *.msi*, *.pif* und etwa 300 weitere Dateitypen. Der Dateieigenschaftenfilter ist gar kein Filter im eigentlichen Sinn, sondern ein Konzept, das bedeutet, dass für eine Erweiterung kein registrierter Filter vorhanden ist. Anders ausgedrückt: Er verlässt sich darauf, dass der Protokollhandler des Dateisystems die Dateieigenschaften liefert.

- **Nullfilter** Dieser Filter extrahiert dieselben Eigenschaften wie der Dateieigenschaftenfilter. Er gewährleistet Abwärtskompatibilität zu älteren Methoden zum Registrieren von IFilters. Auch hier handelt es sich nicht um einen echten Filter. Er greift auf den Dateisystem-Protokollhandler zurück, um die Dateieigenschaften zu liefern. Der Nullfilter wird für die folgenden Dateierweiterungen eingesetzt: *.386*, *.aif*, *.aifc*, *.aiff*, *.aps*, *.art*, *.asf*, *.au*, *.avi*, *.bin*, *.bkf*, *.bmp*, *.bsc*, *.cab*, *.cda*, *.cgm*, *.cod*, *.com*, *.cpl*, *.cur*, *.dbg*, *.dct*, *.desklink*, *.dib*, *.dl_*, *.dll*, *.drv*, *.emf*, *.eps*, *.etp*, *.ex_*, *.exe*,

.exp, .eyb, .fnd, .fnt, .fon, .ghi, .gif, .gz, .hqx, .icm, .ico, .ilk, .imc, .in_, .inv, .jbf, .jfif, .jpe, .jpeg, .jpg, .latex, .lib, .m14, .m1v, .mapimail, .mid, .midi, .mmf, .mov, .movie, .mp2, .mp2v, .mp3, .mpa, .mpe, .mpeg, .mpg, .mpv2, .mv, .mydocs, .ncb, .obj, .oc_, .ocx, .pch, .pdb, .pds, .pic, .pma, .pmc, .pml, .pmr, .png, .psd, .res, .rle, .rmi, .rpc, .rsp, .sbr, .sc2, .scd, .sch, .sit, .snd, .sr_, .sy_, .sym, .sys, .tar, .tgz, .tlb, .tsp, .ttc, .ttf, .url, .vbx, .vxd, .wav, .wax, .wll, .wlt, .wm, .wma, .wmf, .wmp, .wmv, .wmx, .wmz, .wsz, .wvx, .xix, .z, .z96, .zfsendtotarget und *.zip.*

> **HINWEIS** Ab Windows 7 bekommen Sie im Systemsteuerungselement *Indizierungsoptionen* nicht mehr den Namen »Nullfilter« angezeigt. Stattdessen werden Erweiterungen, die diesen IFilter benutzen, einfach mit dem Dateieigenschaftenfilter verknüpft. Ob der Nullfilter für eine Dateierweiterung verwendet wird, erfahren Sie nur, indem Sie den entsprechenden Eintrag in der Registrierung untersuchen. Diese Änderung wurde in Windows 7 vorgenommen, weil der Name »Nullfilter« für manche Benutzer verwirrend war.

So funktioniert's: Besorgen Sie sich das Microsoft Filter Pack

Sie können den Windows-Suchdienst erweitern, indem Sie das Microsoft Filter Pack installieren. Es stellt zusätzliche IFilters bereit, die wichtige Suchszenarien über mehrere Microsoft Search-Produkte hinweg unterstützen. Das Filter Pack enthält folgende IFilters:

- Metro (*.docx, .docm, .pptx, .pptm, .xlsx, .xlsm, .xlsb*)
- Visio (*.vdx, .vsd, .vss, .vst, .vdx, .vsx, .vtx*)
- OneNote (*.one*)
- Zip (*.zip*)

Diese IFilters wurden so entworfen, dass sie verbesserte Suchfunktionen für folgende Produkte bieten: SPS2003, MOSS2007, Search Server 2008, Search Server 2008 Express, WSSv3, Exchange Server 2007, SQL Server 2005, SQL Server 2008 und WDS 3.01.

Wenn Sie das Filter Pack installieren, werden die IFilters aus der obigen Liste installiert und beim Windows-Suchdienst registriert. Beachten Sie, dass das Filter Pack nicht installiert zu werden braucht, wenn bereits Office 2007 vorhanden ist. Das Filter Pack steht unter *http://www.microsoft. com/downloads/details.aspx?FamilyId=60C92A37-719C-4077-B5C6-CAC34F4227CC&display lang=en* in x86- und x64-Versionen für Windows 7, Windows Vista, Windows Server 2008 R2, Windows Server 2008, Windows XP und Windows Server 2003 bereit.

Ändern des IFilter-Verhaltens

Wenn der Indexer das Dateisystem durchsucht, hat jeder IFilter drei Möglichkeiten, um eine Datei auszuwerten, deren Dateierweiterung mit dem IFilter verknüpft ist:

- Dateiinhalt und Eigenschaften der Datei indizieren
- Nur die Eigenschaften der Datei indizieren
- Dateien dieses Typs nicht indizieren

> **HINWEIS** Der Indexer versucht immer, Eigenschaften über eine Shellimplementierung des Eigenschaftshandlers (`IPropertyStore`) zu indizieren. IFilter-Eigenschaften werden überschrieben, falls es einen Eigenschaftshandler gibt. IFilter-Eigenschaften werden überschrieben, wenn ein Eigenschaftshandler vorhanden ist. IFilter-Eigenschaften überschreiben die Eigenschaften eines Eigenschaftshandlers für den Eigenschaftsspeicher. Der Systemindex enthält allerdings sowohl Eigenschaften von den Eigenschaftshandlern als auch von den IFilters.

Gehen Sie folgendermaßen vor, um zu verändern, wie ein bestimmter Dateityp (Erweiterung) während der Indizierung durch den zugehörigen IFilter behandelt wird:

1. Öffnen Sie *Indizierungsoptionen* in der Systemsteuerung.

2. Klicken Sie auf *Erweitert* und bestätigen Sie die UAC-Eingabeaufforderung, um das Dialogfeld *Erweiterte Optionen* zu öffnen.

3. Klicken Sie auf die Registerkarte *Dateitypen* und aktivieren oder deaktivieren Sie die Kontroll-kästchen für die Dateierweiterung, deren Einstellung Sie verändern wollen (Abbildung 19.2)

Abbildung 19.2   Konfigurieren, wie Dateierweiterungen durch die zugehörigen IFilters verarbeitet werden

Beachten Sie, dass bei Dateien, die keine Dateierweiterung haben, standardmäßig nur die Eigen-schaften indiziert werden, nicht ihr Inhalt. Ab Windows 7 können Sie dieses Verhalten allerdings folgendermaßen ändern:

1. Öffnen Sie *Indizierungsoptionen* in der Systemsteuerung und klicken Sie auf *Erweitert*.

2. Wählen Sie die Registerkarte *Dateitypen* aus, geben Sie im Textfeld *Neue Erweiterung in die Liste aufnehmen* einen Punkt (**.**) ein und klicken Sie auf *Hinzufügen*, um Dateien, die keine Erweiterung haben, mit dem Dateieigenschaftenfilter zu verknüpfen.

3. Wählen Sie die Option *Eigenschaften und Dateiinhalte indizieren* aus, damit Dateien, die keine Erweiterung haben, mit dem Klartextfilter verknüpft werden.

WICHTIG   Weil der Klartextfilter nicht zwischen binären und Textdateien unterscheidet, müssen Sie sich bewusst sein, welche Auswirkung die beschriebene Änderung hat. Sie müssen vor allem wissen, dass diese Einstellung unter Umständen dazu führt, dass Binärdateien indiziert werden, sodass der Indexer sinnlose Informationen erhält.

So funktioniert die Indizierung

Wie der Indizierungsvorgang abläuft, lässt sich am besten verstehen, wenn Sie betrachten, was passiert, wenn ein neues Dokument zu einem indizierten Ort auf einem NTFS-Volume hinzugefügt wird (also einem Ort, für den die Indizierung konfiguriert ist). Die folgende abstrakte Beschreibung erklärt, welche Schritte ablaufen, während die Indizierung des neuen Dateisysteminhalts abläuft:

1. Das NTFS-Änderungsjournal erkennt eine Änderung am Dateisystem und benachrichtigt den Hauptindizierungsprozess (*SearchIndexer.exe*). Sie können sich den Zustand dieses Flags für eine Datei ansehen, indem Sie im Windows-Explorer die Eigenschaften der Datei öffnen und auf *Erweitert* klicken. Bei diesem Vorgang wird eine Dateiänderungsbenachrichtigung im USN-Journal aufgezeichnet, und der Indizierungsdienst reagiert auf solche Benachrichtigungen.

2. Der Indizierungsprozess startet den Suchfilterhostprozess (*SearchFilterHost.exe*), sofern er noch nicht läuft, und der Systemprotokollhandler lädt den Dateiprotokollhandler und den Protokollhost.

3. Die URL der Datei wird an die Warteschlange des Sammelmoduls (gatherer) geschickt. Wenn der Indexer die URL aus der Warteschlange empfängt, wählt er den passenden Dateiprotokollhandler für den Zugriff auf das Element aus (anhand des `file:`-Schemas in der URL). Der Dateiprotokollhandler greift auf die Systemeigenschaften (etwa Name und Größe) zu, ruft den Eigenschaftenhandler auf, sofern einer vorhanden ist, liest den Inhaltsstream aus dem Dateisystem ein und sendet ihn an den Suchfilterhost.

4. Im Filterhost wird der passende Filter geladen, und dieser Filter gibt Text- und Eigenschaftsabschnitte an den Indexer zurück.

5. Im Indizierungsprozess werden die Abschnitte unter Verwendung der passenden Worttrenner für die Sprache (jeder Abschnitt hat eine Regions-ID) in Token zerlegt, dann wird der Text in die Indizierungspipeline geschickt.

6. In der Pipeline erkennt das Indizierungs-Plug-In die Daten und erstellt im Arbeitsspeicher Wortlisten (Wort zu Element-ID/Vorkommenszähler). In bestimmten Abständen werden sie in die Schattenindizes geschrieben, zuletzt werden sie im Rahmen der Masterzusammenführung in den Masterindex aufgenommen.

7. Ein Plug-In liest die Eigenschaftswerte und speichert sie im Eigenschaftszwischenspeicher.

8. Falls Sie einen Tablet PC haben, ist unter Umständen ein weiteres Plug-In aktiviert, das nach geschriebenem Text sucht. Es wird verwendet, um die Handschrifterkennung zu verbessern.

> **HINWEIS** In Windows 7 unterstützen sowohl NTFS- als auch FAT32-Volumes die Indizierung auf Basis von Benachrichtigungen (Crawling oder Pull-Indizierung). Bei NTFS-Volumes ermöglicht das NTFS-Änderungsjournal eine benachrichtigungsbasierte Indizierung. Bei FAT-Volumes wird ein erster Crawl-Durchgang ausgeführt, sobald der Speicherort hinzugefügt wird. Danach werden jedes Mal erneute Crawl-Vorgänge ausgeführt, wenn die Verbindung zu diesem Speicherort unterbrochen wird (zum Beispiel wenn ein externes USB-Laufwerk benutzt wird, das mit FAT formatiert ist) oder wenn das System neu gestartet wird. Wenn der Crawl-Vorgang einmal abgeschlossen ist, kann allerdings die `ReadDirectoryChangesW`-API benutzt werden, um eventuelle Änderungen zu erkennen.

Neuerstellen des Index

Eine Neuerstellung des Index kann auch erzwungen werden, sie benötigt aber unter Umständen viel Zeit. Gehen Sie folgendermaßen vor, um den Katalog neu zu erstellen:

1. Öffnen Sie *Indizierungsoptionen* in der Systemsteuerung.

2. Klicken Sie auf *Erweitert* und bestätigen Sie die UAC-Eingabeaufforderung, um das Dialogfeld *Erweiterte Optionen* zu öffnen.

3. Klicken Sie auf *Neu erstellen* und dann auf *OK*.

> **HINWEIS**   Sie sollten den Index nur neu erstellen, falls Ihre Suchabfragen inkonsistente Ergebnisse liefern oder Ihre Suchergebnisse nicht auf dem neusten Stand sind. Wenn der Computer viele Dateien enthält, die indiziert werden müssen, kann diese Operation sehr lange dauern.

Anzeigen des Indizierungsfortschritts

Sie können den Fortschritt des Indizierungsvorgangs verfolgen, wenn Sie sich die Statusmeldung ansehen, die im Fenster *Indizierungsoptionen* der Systemsteuerung angezeigt wird (Abbildung 19.3). Wenn der Benutzer mit dem System arbeitet, hält sich die Suchmaschine zurück, damit sie den Benutzer nicht behindert (die Indizierung läuft dann weiter, aber in verringertem Tempo). Wenn das passiert, wird die Meldung »Die Indizierungsgeschwindigkeit wurde durch eine Benutzeraktivität reduziert« angezeigt. Sobald alle Indizierungsorte indiziert worden sind und keine Elemente mehr in der Sammelwarteschlange stehen, wird die Meldung »Die Indizierung wurde abgeschlossen« angezeigt.

Abbildung 19.3   In den Indizierungsoptionen der Systemsteuerung können Sie den Fortschritt des Indizierungsvorgangs verfolgen

> **HINWEIS**   Bei einem Klick auf *Anhalten* stoppt Windows Search das Indizieren für 15 Minuten.

Sie können sich den Fortschritt des Indizierungsvorgangs auch im Fenster *Zuverlässigkeits- und Leistungsüberwachung* ansehen. Zum Beispiel zeigt der Leistungsindikator *Indexerstellung für die Suche\Gefilterte Dokumente* an, wie viele Dokumente für die Indizierung analysiert wurden, und der Leistungsindikator *Indexerstellung für die Suche\Hauptzusammenführungen bisher* gibt an, wie weit die Masterzusammenführung in Prozent fortgeschritten ist. Wichtige Leistungsobjekte zum Überwachen der Indizierung sind *Indexerstellung für die Suche*, *Such-Gatherer* und *Such-Gatherer-Projekte*. Weitere Informationen über das Benutzen der Zuverlässigkeits- und Leistungsüberwachung finden Sie in Kapitel 21, »Pflegen der Desktopcomputer«.

Direkt von der Quelle: Die Unterbrechungslogik von Windows Search

Darren Baker, Program Manager, und Max Georgiev, Software Development Engineer,
Windows Experience Find & Organize Team

Im Windows-Suchdienst wurde eine Unterbrechungslogik implementiert, um die Auswirkungen des Indizierungsprozesses auf Benutzeraktivitäten und andere Anwendungen zu verringern, die auf demselben Computer laufen. Um optimale Benutzerfreundlichkeit bei Such- und Navigationsvorgängen zu bieten, aber trotzdem den Index immer auf dem neusten Stand zu halten, verarbeitet der Indexer eingehende Benachrichtigungen über Änderungen an Dokumenten so bald wie möglich nach ihrem Eintreffen. Ist der Computer im Leerlauf oder nur gering ausgelastet, nutzt der Indexer die verfügbaren Systemressourcen, um die Elemente, die auf eine Indizierung warten, schnell abzuarbeiten. Wenn der Indexer dagegen feststellt, dass jemand aktiv mit dem Computer arbeitet oder andere Anwendungen erhebliche Anteile der Systemressourcen nutzen, fährt er seine Indizierungsgeschwindigkeit zurück, um die Auswirkungen auf die Systemleistung zu verringern. In den meisten Anwendungsfällen (wenn beispielsweise jemand einfache Aktivitäten in der Benutzeroberfläche durchführt, etwa Websurfen, E-Mails lesen oder Text schreiben), verringert der Indexer einfach sein Tempo, um Systemressourcen freizugeben. Auf diese Weise kann der Benutzer weiterhin den zuletzt aktualisierten Inhalt durchsuchen, ohne dass merkliche Verzögerungen bei der Reaktionsgeschwindigkeit der Benutzeroberfläche auftreten. In Fällen, wo das System durch andere Prozesse stark ausgelastet ist, unterbricht der Indexer seine Verarbeitung bei Bedarf vollständig, bis wieder Ressourcen frei sind.

Um zu erkennen, ob andere Agents (entweder Benutzer oder Prozesse) auf Systemressourcen zugreifen, überwacht der Windows-Suchdienst eine Reihe von Systemparametern, darunter die Menge des freien Arbeitsspeichers und den freien Festplattenplatz. Zu jedem überwachten Parameter ist ein Schwellenwert definiert, der die Unterbrechung der Aktivitäten auslöst. Erreicht oder überschreitet der Parameter diesen Schwellenwert, schaltet der Windows-Suchdienst in den Unterbrechungszustand. Die Unterbrechungsschwellenwerte werden beim Dienststart aus der Registrierung initialisiert. (Administratoren können einige dieser Unterbrechungsschwellenwerte mithilfe von Gruppenrichtlinien ändern oder deaktivieren.)

Wird eine Unterbrechungsbedingung erkannt, hält der Unterbrechungscontroller (ein Codeabschnitt, der die Unterbrechungslogik implementiert) den Indizierungsthread von Windows Search und alle Threads an, die Zusammenführungsvorgänge ausführen. Wie bereits beschrieben, führt das Anhalten dieses Threads dazu, dass die Indizierung langsamer wird, sofern die Unterbrechung durch Benutzeraktivität veranlasst wird, und dass sie in den anderen Fällen ganz abgebrochen wird.

Überblick über die unterstützten Backoff-Typen

Dieser Abschnitt beschreibt alle Standardunterbrechungsbedingungen:

- **Benutzeraktivität**   Die Indizierung wird unterbrochen, falls Benutzeraktivität festgestellt wird. Jeder Tastendruck und jede Mausbewegung eines Benutzers, der entweder an der Konsole oder über eine Remotedesktopsitzung angemeldet ist, wird als Benutzeraktivitätsereignis erkannt. Tritt dieses Ereignis auf, wird die Indizierung gedrosselt, sodass sie nicht mehr als 30 Prozent der CPU-Kapazität verbraucht. 1 Minute nach dem letzten erkannten Benutzeraktivitätsereignis wird der maximale CPU-Verbrauch wieder auf 60 Prozent erhöht, und nach weiteren 30 Sekunden wird die Indizierung mit voller Geschwindigkeit fortgesetzt. Die Grenzwerte von 30 und 60 Prozent CPU-Verbrauch können mit den Registrierungswerten *BackOffOnUserActivityInterval1* beziehungsweise *BackOffOnUserActivityInterval2* konfiguriert werden.

Dieser Unterbrechungsmechanismus bei Benutzeraktivität ist standardmäßig aktiviert, er lässt sich über die Richtlinieneinstellung *Backoff-Funktion des Indizierungsmoduls deaktivieren* ausschalten.

- **Knapper Arbeitsspeicher**   Die Indizierung wird unterbrochen, wenn der Arbeitsspeicher im System knapp wird. Der Unterbrechungscontroller überwacht den freien Platz in der System-auslagerungsdatei (kann mit dem Befehlszeilenprogramm *Systeminfo.exe* untersucht werden) und unterbricht die Indizierung, falls der freie Platz den konfigurierten Schwellenwert unter-schreitet. Der Standardschwellenwert für diese Einstellungen ist 65.536 KByte. Für dieses Feature gibt es kein Deaktivierungsflag.

- **Geringer freier Festplattenplatz**   Wenn nur wenig Festplattenplatz auf der Partition frei ist, in der der Index gespeichert ist (in der Standardkonfiguration ist dies die Systempartition), kann der Indizierungsprozess blockieren und der Indexdienst hält an, falls in der Indexpartition der Spei-cherplatz knapp wird. Der Standardschwellenwert für diese Einstellung ist 600 MByte. Diese Einstellung können Sie über die Richtlinieneinstellung *Indizierung bei eingeschränktem Fest-platten-Speicherplatz* anpassen. Für dieses Feature gibt es kein Deaktivierungsflag, es lässt sich daher nur ausschalten, indem Sie den Schwellenwert auf 0 setzen.

Grundlagen der Remotesuche

Benutzer können in Windows 7 nicht nur Inhalte suchen, die auf dem lokalen Computer gespeichert sind, sondern auch Inhalte, die in freigegebenen Ordnern im Netzwerk liegen. Damit dieses Feature zur Verfügung steht, müssen folgende Voraussetzungen erfüllt sein:

- Der Remotecomputer muss unter Windows 7, Windows Vista, Windows Server 2008, Windows Server 2008 R2 oder Windows XP laufen, oder es muss Windows Server 2003 mit WDS 4.0 darauf installiert sein.

- Der Dienst *Windows Search* (WSearch) muss auf dem Remotecomputer laufen (in Windows Server 2008 aktivieren Sie den Suchdienst, indem Sie die Rolle *Dateidienste* installieren und dann den Rollendienst *Windows-Suchdienst* innerhalb dieser Rolle aktivieren).

- Das freigegebene Verzeichnis auf dem Remotecomputer muss im Indizierungsbereich des Remote-computers enthalten sein.

HINWEIS   Um die Benutzerfreundlichkeit der Remotesuche zu erhöhen, empfiehlt Microsoft, dass Computer, die ältere installierte Windows-Versionen mit WDS 2.6.6 oder WDS 3.01 ausführen, auf WDS 4.0 aktualisiert werden. Weitere Informationen über die Unterstützung für WDS finden Sie im Abschnitt »Versionen von Windows Search« weiter oben in diesem Kapitel.

Wird die Remotesuche vom lokalen Computer aus ausgeführt, greift sie auf den Dienst *Windows Search* des Remotecomputers zu, um die Abfrage über den Index des Remotecomputers auszuführen. Bei den Ergebnissen der Suche werden die Sicherheitseinstellungen beachtet, es werden also die Berechtigungen ausgewertet, die den Dateien im freigegebenen Ordner zugewiesen sind. Wenn bei-spielsweise ein Dokument in der Freigabe den Text »Microsoft« enthält, die Berechtigungen dieses Dokuments aber nicht erlauben, dass der Benutzer das Dokument liest, wird dieses Dokument nicht in den zurückgegebenen Suchergebnissen aufgelistet, wenn der Benutzer in der Freigabe nach Doku-menten mit dem Text »Microsoft« sucht.

> **HINWEIS** Windows Search 4.0 indiziert automatisch alle Freigabeordner. WDS 3.01 und das Suchfeature in Windows 7 (und Windows Server 2008 R2) indizieren freigegebene Ordner dagegen nicht automatisch. Sie deaktivieren die automatische Indizierung freigegebener Ordner, indem Sie in den Gruppenrichtlinien die Einstellung *Das automatische Hinzufügen von freigegebenen Ordnern zum Index verhindern* aktivieren.

Die folgende Anleitung zeigt, wie Sie auf einem Windows 7-Computer nach Text innerhalb von Dokumenten suchen, die in einem freigegebenen Ordner auf einem Dateiserver mit Windows Server 2008 gespeichert sind:

1. Installieren Sie die Rolle *Dateidienste* auf dem Windows Server 2008-Computer und fügen Sie dabei den Rollendienst *Windows-Suchdienst* hinzu.

2. Stellen Sie einige Dokumente in einen Ordner namens *Data*, der sich im Indizierungsbereich für den Windows Server 2008-Computer befindet. Eines dieser Dokumente muss eine Textdatei namens *Findme.txt* sein, die den Text »Hallo, Welt« enthält.

3. Geben Sie den Ordner *Data* unter dem Namen *DATA* frei, wobei Sie Domänenbenutzern Leseberechtigung geben.

4. Melden Sie sich unter einem Domänenbenutzerkonto an einem Windows 7-Computer an und drücken Sie die Tastenkombination WINDOWS-LOGO+R.

5. Geben Sie den UNC-Pfad (Universal Naming Convention) für die Remotefreigabe (**SERVER-NAME\DATA**) ein und drücken Sie die EINGABETASTE.

6. Tippen Sie im Suchfeld des Windows-Explorer-Fensters, das daraufhin geöffnet wird, den Text **Hallo** ein. Nun sollte sofort *Findme.txt* in den Ergebnissen Ihrer Suche aufgelistet werden.

> **HINWEIS** Falls eine gelbe Informationsleiste mit der Meldung »Netzwerkadressen und angeschlossene Geräte werden langsamer durchsucht als indizierte Orte« erscheint, wird der Remotestandort nicht indiziert, und es wird die langsamere Grep-Methode benutzt, um das Remoteverzeichnis zu durchsuchen.

Verwalten der Indizierung

Sie können die Windows-Suchmaschine auf zwei Arten konfigurieren und verwalten:

- Lokal mit den Indizierungsoptionen in der Systemsteuerung
- Im Remotezugriff über Gruppenrichtlinien, indem Sie die Richtlinieneinstellungen in Gruppenrichtlinienobjekten (Group Policy Object, GPO) konfigurieren, die mit Organisationseinheiten (Organizational Unit, OU) der Windows 7-Computer verknüpft sind, die verwaltet werden sollen

Die folgenden Abschnitte beschreiben viele der Such- und Indizierungseinstellungen, die Sie in Windows 7 konfigurieren können, entweder in der Systemsteuerung oder mithilfe von Gruppenrichtlinien.

> **HINWEIS** Alle Gruppenrichtlinieneinstellungen zum Konfigurieren von Suche und Indizierung in Windows Vista und Windows 7 sind Computereinstellungen. Sie gelten auch für ältere Windows-Plattformen, bei denen ältere Versionen der Windows-Desktopsuche installiert sind, allerdings mit Ausnahme der Richtlinie zum Verhindern der Indizierung des Offlinedateicaches. (Diese Richtlinie gilt nur für Windows Vista oder neuer.)

Konfigurieren des Index

Administrative Aufgaben zum Konfigurieren des Index sind unter anderem:

- Verschieben des Index an einen anderen Speicherort
- Ändern der indizierten Orte (Ändern von Indizierungsbereichen und Ausschlussregeln)
- Neuerstellen des Index
- Ändern, wie Dateitypen indiziert werden

HINWEIS   Wie Sie den Index neu erstellen, können Sie im Abschnitt »So funktioniert die Indizierung« weiter oben in diesem Kapitel nachlesen. Wie Sie ändern, welche Dateitypen indiziert werden, ist im Abschnitt »Indizierte Dateitypen« weiter oben in diesem Kapitel beschrieben.

Konfigurieren des Speicherorts für den Index über die Systemsteuerung

Sie können die Position des Index ändern, falls der freie Platz auf dem Systemlaufwerk knapp wird. Gehen Sie folgendermaßen vor, um die Position des Index über die Indizierungsoptionen in der Systemsteuerung zu ändern:

1. Klicken Sie auf *Erweitert*, um das Dialogfeld *Erweiterte Optionen* zu öffnen.

2. Klicken Sie auf *Neu auswählen* und wählen Sie ein neues Volume oder einen neuen Ordner aus, wo der Index des Systems gespeichert werden soll.

3. Starten Sie den Dienst *Windows Search* auf dem Computer neu.

HINWEIS   Der Index darf nur auf einer fest eingebauten Festplatte liegen. Sie können den Index nicht auf eine Wechselfestplatte oder eine Netzwerkfestplatte verschieben. Außerdem sollten alle Volumes oder Ordner, in die der Index verschoben wird, mit einem Schreibschutz für Nicht-Administratoren versehen werden. Stellen Sie vor allem sicher, dass *\Search\Data\Applications\Windows* nur Zugriff für *VORDEFINIERT\Administratoren* und *NT-AUTORITÄT\System* erlaubt. Alle Zugriffsmöglichkeiten für andere Benutzer, etwa *Benutzer* oder *Authentifizierte Benutzer*, sollten entfernt werden.

Konfigurieren des Speicherorts für den Index mit Gruppenrichtlinien

Wollen Sie den Speicherort des Index mithilfe von Gruppenrichtlinien verändern, müssen Sie folgende Richtlinieneinstellung für die Zielcomputer konfigurieren:

Computerkonfiguration\Richtlinien\Administrative Vorlagen\Windows-Komponenten\Suche\Daten-speicherort für Indizierung

Aktivieren Sie diese Richtlinie und geben Sie den Pfad für den neuen Speicherort des Katalogs ein; der Pfad darf höchstens 128 Zeichen lang sein.

Konfigurieren von Indizierungsbereichen in der Systemsteuerung

Gehen Sie folgendermaßen vor, um von Hand festzulegen, welche Speicherorte indiziert werden (um also Indizierungsbereiche hinzuzufügen oder zu entfernen):

1. Öffnen Sie in der Systemsteuerung *Indizierungsoptionen* und klicken Sie auf *Ändern*.

2. Erweitern Sie den Ordnerbaum und wählen Sie die Volumes und Verzeichnisse aus, die Sie auf dem Computer indizieren wollen (Abbildung 19.4).

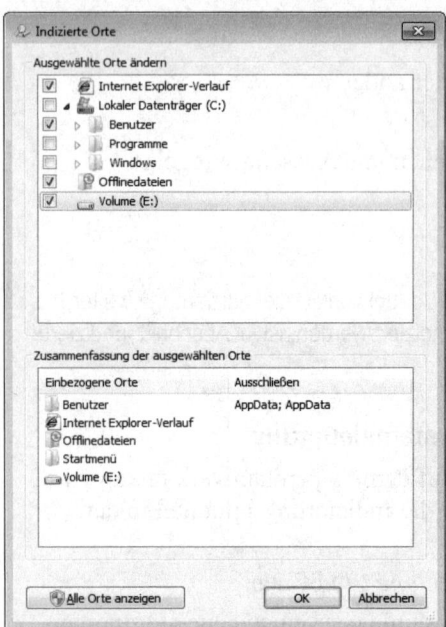

Abbildung 19.4   Ändern der indizierten Orte

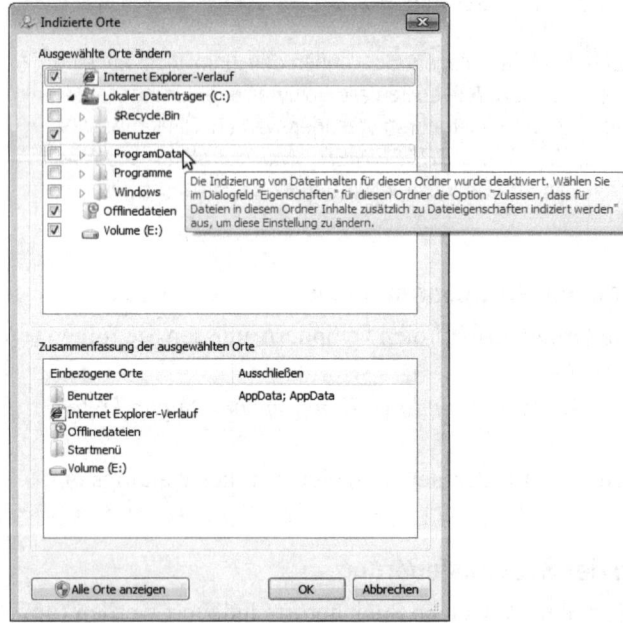

Abbildung 19.5   Indizieren eines versteckten Systemordners

Wenn Sie zum Beispiel das ganze Systemvolume indizieren wollen, können Sie das Kontrollkästchen für dieses Volume (normalerweise *C:*) aktivieren. Dadurch wird das Systemlaufwerk zur Liste der Startadressen für den Indexer hinzugefügt, jedoch mit folgenden Standardausschlüssen: *ProgramData*, *Data*, *AppData*, *Windows* und *CSC*.

Sie können diese Ausschlüsse überschreiben, indem Sie ausgeblendete und Systemdateien im Windows-Explorer sichtbar machen, auf *Alle Orte anzeigen* klicken (Abbildung 19.4), das Systemvolume im Ordnerbaum erweitern und die ausgeschlossenen Ordner aktivieren. Davon wird aber abgeraten, weil sich Suchabfragen verlangsamen und die Benutzerfreundlichkeit bei der Suche verringern können, wenn Programme und Betriebssystemdateien hinzugefügt werden. Ist außerdem das FANCI-Bit in einem Verzeichnis gesetzt, wird dieses Verzeichnis abgeblendet dargestellt. Wenn Sie es auswählen, werden zusätzliche Informationen angezeigt, wie der Inhalt dieses Verzeichnisses indiziert wird (Abbildung 19.5).

Konfigurieren von Indizierungsbereichen und Ausschlüssen mit Gruppenrichtlinien

Sie können mithilfe von Gruppenrichtlinien ändern, welche Speicherorte indiziert werden, indem Sie für die Zielcomputer die folgende Richtlinieneinstellung konfigurieren:

Computerkonfiguration\Richtlinien\Administrative Vorlagen\Windows-Komponenten\Suche\Standardmäßig indizierte Pfade

Konfigurieren Sie nun diese Richtlinie, indem Sie die lokalen Dateisystempfade der Volumes und Verzeichnisse angeben, die Sie als Indizierungsbereiche auf den Zielcomputern einschließen wollen.

Sie schließen über Gruppenrichtlinien Speicherorte von der Indizierung aus, indem Sie für die Zielcomputer folgende Richtlinieneinstellung aktivieren:

Computerkonfiguration\Richtlinien\Administrative Vorlagen\Windows-Komponenten\Suche\Standardmäßig ausgenommene Pfade

Konfigurieren Sie dann diese Richtlinie, indem Sie die lokalen Dateisystempfade der Volumes und Verzeichnisse angeben, die Sie auf den Zielcomputern von der Indizierung ausschließen wollen.

> **HINWEIS**   Benutzer, deren Computer von diesen beiden Richtlinieneinstellungen betroffen sind, können sie von Hand über die Indizierungsoptionen in der Systemsteuerung überschreiben. Wird ein Speicherort beispielsweise indiziert, weil die erste Gruppenrichtlinieneinstellung entsprechend konfiguriert ist, kann der Benutzer ihn manuell von der Indizierung ausschließen. Und wenn ein Speicherort aufgrund der zweiten Gruppenrichtlinieneinstellung aus der Indizierung ausgeschlossen ist, kann der Benutzer von Hand festlegen, dass er dennoch indiziert wird.

Konfigurieren der Indizierung von Offlinedateien

Die Indizierung von Offlineinhalt im CSC ist standardmäßig aktiviert, aber Sie können sie über die Indizierungsoptionen in der Systemsteuerung oder mithilfe von Gruppenrichtlinien deaktivieren. Sie können nur einstellen, ob der gesamte Offlinecache eines Benutzers indiziert wird, es ist nicht möglich, einzelne Dateien innerhalb des Zwischenspeichers in die Indizierung aufzunehmen oder davon auszuschließen.

Konfigurieren der Indizierung von Offlinedateien mithilfe der Systemsteuerung

Gehen Sie folgendermaßen vor, um die Indizierung des Offlinedateienzwischenspeichers mithilfe der Indizierungsoptionen in der Systemsteuerung zu deaktivieren:

1. Klicken Sie auf *Ändern*, um das Dialogfeld *Indizierte Orte* zu öffnen.

2. Deaktivieren Sie das Kontrollkästchen beim Eintrag *Offlinedateien*.

Dadurch deaktivieren Sie die Indizierung von Offlinedateien für den aktuellen Benutzer. Gehen Sie folgendermaßen vor, um die Indizierung von Offlinedateien für einen anderen Benutzer in den Indizierungsoptionen der Systemsteuerung zu deaktivieren:

1. Klicken Sie auf *Ändern*, um das Dialogfeld *Indizierte Orte* zu öffnen.

2. Klicken Sie auf *Alle Orte anzeigen* und bestätigen Sie die UAC-Eingabeaufforderung.

3. Deaktivieren Sie das Kontrollkästchen für den Offlinedateienzwischenspeicher des gewünschten Benutzers.

HINWEIS Wollen Sie die Indizierung von Offlinedateien für alle Benutzer eines Computers deaktivieren, müssen Sie Gruppenrichtlinien verwenden, wie im nächsten Abschnitt beschrieben.

Konfigurieren der Indizierung von Offlinedateien mithilfe von Gruppenrichtlinien

Mit Gruppenrichtlinien können Sie die Indizierung von Offlinedateien nur für alle Benutzer des Computers deaktivieren, es ist nicht möglich, die Indizierung für einzelne Benutzer zu steuern. Aktivieren Sie die folgende Richtlinieneinstellung auf den Zielcomputern, um die Indizierung von Offlinedateien für alle Benutzer zu deaktivieren:

Computerkonfiguration\Richtlinien\Administrative Vorlagen\Windows-Komponenten\Suche\Indizierung von Dateien im Offlinedateicache verhindern

Konfigurieren der Indizierung von verschlüsselten Dateien

Die Indizierung von Dateien, die mit EFS verschlüsselt sind, ist in Windows 7 standardmäßig deaktiviert, aber Sie können sie über die Indizierungsoptionen in der Systemsteuerung oder mithilfe von Gruppenrichtlinien aktivieren. Ab Windows 7 wird die Indizierung des Inhalts von verschlüsselten Dateien unterstützt, sodass die Suche in verschlüsselten Inhalten genauso einfach wird wie die Suche nach unverschlüsselten Inhalten. (In Windows 7 werden die unverschlüsselten Eigenschaften einer Datei immer indiziert, unabhängig davon, ob die Datei selbst verschlüsselt ist.) Es gilt lediglich die Einschränkung, dass Benutzer nur verschlüsselte Inhalte suchen können, die im lokalen Dateisystem ihres Computers gespeichert sind, aber keine verschlüsselten Inhalte, die in Netzwerkfreigaben liegen. Vor Windows Vista SP2 konnten nur verschlüsselte Dateien indiziert werden, die für die Offlineverwendung verfügbar gemacht wurden.

WICHTIG Wenn Sie die Indizierung verschlüsselter Inhalte auf einem Windows 7-Computer aktivieren wollen, empfiehlt Microsoft, dass Sie die Windows BitLocker-Laufwerkverschlüsselung einsetzen, um das Datenträgervolume auf Ihrem Computer zu verschlüsseln, in dem der Index liegt. Microsoft rät davon ab, den Index mit EFS zu verschlüsseln.

Konfigurieren der Indizierung von verschlüsselten Dateien über die Systemsteuerung

Gehen Sie folgendermaßen vor, um die Indizierung von verschlüsselten Dateien über die Indizierungsoptionen in der Systemsteuerung zu aktivieren:

1. Klicken Sie auf *Erweitert*, um das Dialogfeld *Erweiterte Optionen* zu öffnen.

2. Aktivieren Sie das Kontrollkästchen *Verschlüsselte Dateien indizieren*.

3. Falls das Datenträgervolume, in dem der Index liegt, noch nicht durch Windows BitLocker geschützt wird, erscheint das folgende Warnungsdialogfeld:

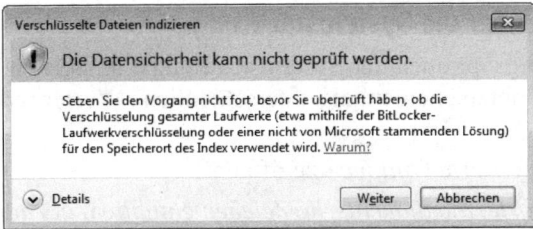

4. Klicken Sie auf *Fortsetzen*, um die Indizierung von verschlüsselten Inhalten auf Ihrem Computer zu aktivieren.

5. Wenn Sie eine Smartcard verwenden, um auf verschlüsselte Dateien zuzugreifen, erscheint eine Benachrichtigung über dem Infobereich, dass EFS Ihre Smartcard-PIN benötigt. Sobald Sie auf diese Benachrichtigung klicken, öffnet sich ein Dialogfeld der Windows-Sicherheit, in dem Sie die PIN für Ihre Smartcard eingeben können.

WICHTIG Wenn Sie das Kontrollkästchen *Verschlüsselte Dateien indizieren* aktivieren oder deaktivieren, wird der Index sofort neu erstellt. Je nachdem, wie viele Dateien Sie haben, dauert das möglicherweise mehrere Stunden. Die Suchvorgänge sind unter Umständen nicht vollständig, während der Index neu erstellt wird.

Konfigurieren der Indizierung von verschlüsselten Dateien mithilfe von Gruppenrichtlinien

Aktivieren Sie die folgende Richtlinieneinstellung für die Zielcomputer, um die Indizierung von verschlüsselten Dateien mithilfe von Gruppenrichtlinien zu aktivieren:

Computerkonfiguration\Richtlinien\Administrative Vorlagen\Windows-Komponenten\Suche\Indizieren verschlüsselter Dateien zulassen

Wenn Sie diese Richtlinieneinstellung aktivieren, ignoriert die Indizierung alle Verschlüsselungsflags (Zugriffseinschränkungen gelten allerdings weiter) und versucht, die Inhalte zu entschlüsseln und zu indizieren. Deaktivieren Sie diese Einstellung, darf der Windows-Suchdienst (inklusive Features von anderen Herstellern) keine verschlüsselten Elemente indizieren, etwa Dateien oder E-Mails, damit die Indizierung verschlüsselter Speicher vermieden wird.

Konfigurieren der Indizierung ähnlicher Wörter

In der Standardeinstellung werden Wörter, die sich nur durch diakritische Zeichen unterscheiden, vom Indexer als gleich eingestuft (zumindest in Deutsch, Englisch und einigen anderen Sprachen). Sie können über die Indizierungsoptionen der Systemsteuerung oder mithilfe von Gruppenrichtlinien aber auch einstellen, dass solche Wörter vom Indexer als unterschiedlich behandelt werden. Beachten Sie, dass der Index beim Ändern dieser Richtlinie ganz neu erstellt werden muss, da sich hierdurch die interne Struktur des Inhaltsindex verändert.

HINWEIS Die Standardeinstellung für die Behandlung diakritischer Zeichen hängt von der Sprache ab. Zum Beispiel ist sie in Englisch und Deutsch standardmäßig ausgeschaltet, aber in einigen anderen Sprachen aktiviert.

Konfigurieren der Indizierung ähnlicher Wörter über die Systemsteuerung

Gehen Sie folgendermaßen vor, um in den Indizierungsoptionen der Systemsteuerung einzustellen, dass Wörter, die sich nur durch diakritische Zeichen unterscheiden, als unterschiedliche Wörter indiziert werden:

1. Klicken Sie auf *Erweitert*, um das Dialogfeld *Erweiterte Optionen* zu öffnen.
2. Aktivieren Sie das Kontrollkästchen *Ähnliche Worte, die diakritische Zeichen enthalten, als unterschiedliche Worte behandeln*.

Konfigurieren der Indizierung ähnlicher Wörter mithilfe von Gruppenrichtlinien

Aktivieren Sie die folgende Richtlinieneinstellung für die Zielcomputer, um mithilfe der Gruppenrichtlinien einzustellen, dass Wörter, die sich nur durch diakritische Zeichen unterscheiden, als unterschiedliche Wörter indiziert werden:

Computerkonfiguration\Richtlinien\Administrative Vorlagen\Windows-Komponenten\Suche\Verwenden diakritischer Zeichen zulassen

Konfigurieren der Indizierung von Text in TIFF-Bilddokumenten

Windows 7 bietet Benutzern erstmals die Möglichkeit, innerhalb von TIFF-Bilddokumenten, die der Spezifikation TIFF 6.0 entsprechen, nach Text zu suchen. Dieses Feature arbeitet mit OCR (Optical Character Recognition), in der Standardeinstellung ist es nicht aktiviert.

WICHTIG   Wenn Sie die Indizierung von Text in TIFF-Bilddokumenten aktivieren, kann das erhebliche Verarbeitungslast verursachen.

Konfigurieren der Indizierung von Text in TIFF-Bilddokumenten mit der Systemsteuerung

Gehen Sie folgendermaßen vor, um auf einem Windows 7-Computer von Hand die Indizierung von Text in TIFF-Bilddokumenten zu aktivieren:

1. Öffnen Sie die Systemsteuerung, klicken Sie auf *Programme* und dann auf *Windows-Funktionen aktivieren oder deaktivieren*.
2. Aktivieren Sie das Kontrollkästchen *Windows-TIFF-IFilter* und klicken Sie auf *OK*.
3. Erstellen Sie den Index neu, wenn Sie vorhandene TIFF-Bilddokumente im Indizierungsbereich Ihres Computers haben.

HINWEIS   Sind Ihre TIFF-Bilddokumente auf einem Computer gespeichert, der unter Windows Server 2008 R2 läuft, können Sie mit dem *Assistenten "Features hinzufügen"* das Feature *Windows-TIFF-IFilter* hinzufügen, um die Indizierung von Text in TIFF-Bilddokumenten zu aktivieren, die auf dem Server gespeichert sind.

Konfigurieren der Indizierung von Text in TIFF-Bilddokumenten mit Gruppenrichtlinien

Sie können auch mit Gruppenrichtlinien steuern, wie Text in TIFF-Bilddokumenten indiziert wird. Die entsprechenden Richtlinieneinstellungen finden Sie unter:

Computerkonfiguration\Richtlinien\Administrative Vorlagen\Windows-Komponenten\Suche\OCR

Hier stehen folgende Richtlinieneinstellungen zur Verfügung, die festlegen, wie Text in TIFF-Bild-dokumenten indiziert wird:

- **Erzwingen, dass TIFF-IFilter OCR für jede Seite in einem TIFF-Dokument ausführt** Die Benutzer können die Leistungsoptimierung ausschalten, sodass der TIFF-IFilter für jede Seite in einem TIFF-Dokument den Text mit seinem OCR-Modul analysiert. Auf diese Weise kann der gesamte erkannte Text indiziert werden. In der Standardeinstellung optimiert der TIFF-IFilter seine Leistung, indem er die Zeichenerkennung bei Dokumentseiten überspringt, die keinen Text enthalten (zum Beispiel Fotos). In manchen Fällen enthalten Seiten aber auch Text, obwohl sie als Seiten ohne Text einge-stuft wurden. In einem solchen Fall wird der Text auf diesen Seiten nicht indiziert.

  Wenn Sie diese Einstellung aktivieren, führt der TIFF-IFilter für jede Seite in einem TIFF-Dokument die Texterkennung aus, um den gesamten erkannten Text zu indizieren. Daher ist der OCR-Prozess langsamer. Dieser Leistungsverlust kann recht hoch werden, wenn es im System viele TIFF-Dokumente mit Seiten ohne Text gibt.

  Falls Sie diese Einstellung deaktivieren oder nicht konfigurieren, optimiert der TIFF-IFilter seine Leistung, indem er während des OCR-Prozesses alle Inhalte überspringt, die keinen Text enthalten.

- **OCR-Sprachen aus einer Codepage auswählen** Diese Richtlinieneinstellung ermöglicht es, die OCR-Sprachen auszuwählen, die zu einer der unterstützten Codeseiten gehören. Wenn Sie diese Richtlinieneinstellung aktivieren, werden die ausgewählten OCR-Sprachen für die Texterkennung benutzt, während die TIFF-Dateien indiziert werden. Die Standardsystemsprache wird ignoriert, sofern sie sich nicht unter den ausgewählten OCR-Sprachen befindet. Wenn Sie diese Richtlinien-einstellung deaktivieren oder nicht konfigurieren, wird nur die Standardsystemsprache benutzt.

  Alle ausgewählten OCR-Sprachen müssen zur selben Codeseite gehören. Wenn Sie Sprachen aus mehreren Codeseiten auswählen, wird die ganze OCR-Sprachauswahl ignoriert und nur die Stan-dardsystemsprache verwendet.

  Es wird keine Neuindizierung angestoßen, wenn Sie diese Richtlinie aktivieren und OCR-Sprachen auswählen. Diese Richtlinieneinstellung gilt nur für die Indizierung neuer Dateien, sofern nicht von Hand eine Neuindizierung eingeleitet wird.

Weitere Richtlinieneinstellungen für die Indizierung

Tabelle 19.5 listet einige weitere Richtlinieneinstellungen auf, mit denen Sie die Indizierung in Win-dows 7 konfigurieren können. Alle in dieser Tabelle aufgeführten Richtlinieneinstellungen befinden sich im folgenden Zweig:

Computerkonfiguration\Richtlinien\Administrative Vorlagen\Windows-Komponenten\Suche

Ausführliche Informationen über alle Richtlinieneinstellungen, die für die Indizierung zur Verfügung stehen, finden Sie in »Windows Server 2008 R2 and Windows 7 Group Policy Settings Reference«, das Sie im Microsoft Download Center unter *http://www.microsoft.com/downloads/* herunterladen können.

Richtlinieneinstellungen, mit denen die Benutzeroberfläche für die Suche im Windows-Explorer von Windows 7 konfiguriert wird, sind im Abschnitt »Verwenden der Suche« weiter unten in diesem Kapitel beschrieben.

Tabelle 19.5 Weitere Gruppenrichtlinieneinstellungen für Windows Search

Richtlinie	Beschreibung
Indizierung von E-Mail-Anlagen verhindern	Wenn diese Richtlinieneinstellung aktiviert ist, wird der Inhalt von E-Mail-Anhängen nicht indiziert.
Indizierung von Microsoft Office Outlook verhindern	Wenn diese Richtlinieneinstellung aktiviert ist, werden keinerlei Outlook-Elemente (Nachrichten, Kontakte, Kalenderelemente, Notizen und so weiter) indiziert.
Indizierung von öffentlichen Ordnern verhindern	Wenn diese Richtlinieneinstellung aktiviert ist, werden öffentliche Exchange Server-Ordner in Microsoft Outlook 2003 oder neuer nicht indiziert, wenn der Benutzer im Zwischenspeicherungsmodus arbeitet und die Option *Öffentliche Ordner-Favoriten herunterladen* aktiviert ist. Wenn diese Richtlinieneinstellung den Wert *Deaktiviert* oder *Nicht konfiguriert* hat, können Outlook-Benutzer wählen, ob zwischengespeicherte öffentliche Ordner indiziert werden oder nicht.
Anzeige erweiterter Indizierungsoptionen in der Systemsteuerung verhindern	Wenn diese Richtlinieneinstellung aktiviert ist, können Benutzer der entsprechenden Computer die Indizierungsoptionen der Systemsteuerung nicht öffnen, um die Such- und Indizierungseinstellungen auf ihrem Computer lokal zu konfigurieren.

Direkt von der Quelle: Indizierung und Bibliotheken – der Unterschied zwischen Festplattenlaufwerken und Wechselmedien

Anton Kucer, Senior Program Manager, *Windows Experience Find & Organize Team*

In Windows 7 werden Festplattenlaufwerke im Abschnitt *Festplatten* des Windows-Explorers aufgeführt. Typische Geräte in dieser Kategorie sind interne und externe Festplattenlaufwerke. Beispiele für externe Festplattenlaufwerke sind Laufwerke, die über ein USB-, FireWire- oder eSATA-Kabel an einen externen Anschluss des PCs angeschlossen sind. Alle Laufwerke, die unter *Festplatten* aufgeführt werden und mit NTFS, FAT, FAT32 oder exFAT formatiert sind, können in eine Bibliothek aufgenommen und zum Indexer hinzugefügt werden.

Dagegen werden Geräte mit Wechselmedien im Windows-Explorer unter der Kategorie *Geräte mit Wechselmedien* aufgelistet. Typische Speichergeräte in dieser Kategorie sind DVD-Laufwerke, CD-Laufwerke, Flashkartenleser und USB-Flashlaufwerke. Diese Kategorie fasst Geräte zusammen, deren Medium entfernt werden kann. Allerdings melden nicht alle Geräte zuverlässig, ob sie Wechseldatenträger unterstützen. Daher kommt es häufig vor, dass in dieser Kategorie Geräte auftauchen, die keine Wechselmedien haben, etwa USB-Flashlaufwerke oder tragbare Mediaplayer wie ein Zune oder iPod. Laufwerke oder Medien, die unter *Geräte mit Wechselmedien* aufgeführt sind, können nicht zu einer Bibliothek oder dem Indexer hinzugefügt werden.

Regeln für die Zuordnung von Laufwerkbuchstaben

Damit die Beschreibung der Regeln für die Zuweisung von Laufwerkbuchstaben nicht unnötig kompliziert wird, betrachten wir hier nur folgende Geräte: Geräte, die extern an einen PC angeschlossen sind, nur einen Laufwerkbuchstaben brauchen und keine Disketten-, CD- oder DVD-Laufwerke sind. Eine vollständige Beschreibung der Zuweisungsregeln für Laufwerkbuchstaben finden Sie unter *http://support.microsoft.com/kb/234048*.

Wenn ein Gerät, dem ein Laufwerkbuchstabe zugewiesen wird, unter Windows zum ersten Mal angeschlossen wird, bekommt es den nächsten freien Buchstaben ab C (das heißt den ersten Buchstaben, der momentan nicht für ein angeschlossenes Gerät oder eine Ressource verwendet wird). Wird das Laufwerk entfernt und dann wieder angeschlossen, weist Windows ihm denselben Laufwerkbuchstaben zu, sofern dieser Laufwerkbuchstabe noch nicht für ein anderes Gerät oder eine andere Ressource wiederverwendet wurde. Wurde der Laufwerkbuchstabe in der Zwischenzeit wiederverwendet, bekommt das Gerät wieder den ersten freien Laufwerkbuchstaben nach C zugewiesen.

Nehmen wir an, ein Computer hat zwei Festplattenlaufwerke (C und D) sowie ein DVD/CD-RW-Laufwerk (G), bevor irgendwelche externen Geräte angeschlossen werden. Wird nun zum ersten Mal ein externes Laufwerk angesteckt, bekommt das externe Laufwerk 1 den untersten freien Laufwerkbuchstaben (E) zugewiesen. Wenn das externe Laufwerk 1 entfernt und stattdessen das externe Laufwerk 2 angeschlossen wird, wird der Laufwerkbuchstabe E wiederverwendet und dem externen Laufwerk 2 zugewiesen. Wird danach erneut das externe Laufwerk 1 angeschlossen, bekommt es den neuen Laufwerkbuchstaben F zugewiesen.

Solange die Laufwerkbuchstaben nicht wiederverwendet werden (beispielsweise weil ein neues Gerät angeschlossen wird, nachdem das andere Geräte entfernt wurde), können beide externen Laufwerke entfernt und in beliebiger Reihenfolge wieder angeschlossen werden, behalten aber trotzdem ihren aktuellen Laufwerkbuchstaben. Wenn zum Beispiel beide externen Laufwerke entfernt werden und dann das externe Laufwerk 1 wieder angeschlossen wird, bekommt es wieder den Laufwerkbuchstaben F zugewiesen.

Auswirkung der Laufwerkbuchstabenzuweisung auf die Indizierung

Der Indexer bietet keine Möglichkeit, indizierte Speicherorte mithilfe einer eindeutigen ID zu identifizieren. Indizierte Orte werden lediglich über ihre URI (Uniform Resource Identifier) verfolgt, beispielsweise *file:///F:\Music*. Der Indexer unterliegt folgenden Einschränkungen, wenn er einen Speicherort auf einem Laufwerk indiziert und sich dieser Laufwerkbuchstabe ändert:

- Wenn sich ein Laufwerkbuchstabe ändert, ist der Indexer nicht in der Lage, die Pfadinformationen für die indizierten Elemente dynamisch zu aktualisieren. Wenn beispielsweise der Speicherort *E:\Music* auf dem externen Laufwerk 1 zum Indexer hinzugefügt wird und das externe Laufwerk 1 später den Laufwerkbuchstaben F zugewiesen bekommt, erkennt der Indexer nicht, dass *F:\Music* ein Speicherort ist, der indiziert werden sollte, stattdessen behält er den bisherigen Indizierungsbereich *E:\Music* bei.

- Wird der Laufwerkbuchstabe einem anderen Laufwerk zugewiesen, kann der Indexer erkennen, dass sich der Inhalt verändert hat. Sofern das neue Laufwerk unterstützt wird, entfernt der Indexer die gesamten Indizierungsdaten, die er über den Inhalt des vorherigen Laufwerks gesammelt hat, und versucht, das neue Laufwerk zu indizieren.

Auswirkung der Laufwerkbuchstabenzuweisung auf Bibliotheken

Auch Bibliotheken bieten nicht die Möglichkeit, hinzugefügte Speicherorte mithilfe einer eindeutigen ID zu verfolgen. Sie speichern allerdings zusätzliche Informationen über Speicherorte, darunter die Erstellungszeit, und sie sind dank der sogenannten Linkverfolgung in der Lage, anhand dieser Daten oft die Speicherorte aufzulösen, auch wenn sich die Laufwerkbuchstaben geändert haben. Dies ist in folgenden Fällen möglich:

- Die Linkverfolgung kann Speicherorte auflösen, wenn Ordner zu einer Bibliothek hinzugefügt wurden und sich danach Laufwerkbuchstaben verändert haben. In einem solchen Fall wird die Bibliothek so aktualisiert, dass sie auf den neuen Speicherort verweist (im obigen Beispiel wird *E:\Music* also in *F:\Music* geändert). Außerdem benachrichtigt die Bibliothek den Indexer, dass er den alten Speicherort (in diesem Fall *E:\Music*) entfernen und den neuen Speicherort (*F:\Music*) hinzufügen soll.

- Bibliotheken lösen keine Speicherorte auf, wenn sich die Laufwerkbuchstaben ändern, nachdem das Stammverzeichnis eines Laufwerks zu einer Bibliothek hinzugefügt wurde.

Verhalten, wenn ein Laufwerk nicht verfügbar ist

Wenn ein externes Laufwerk nicht mehr verfügbar ist (weil es zum Beispiel vom Computer abgesteckt wurde), nachdem ein Speicherort auf diesem Laufwerk zu einer Bibliothek und zum Indexer hinzugefügt wurde, und wenn der Laufwerkbuchstabe nicht wiederverwendet wurde, entfernt der Indexer bei seinen Abfragen alle Ergebnisse, die diesen Speicherort betreffen. Das Systemsteuerungsapplet *Indizierungsoptionen* zeigt den Speicherort als indiziert, aber nicht verfügbar an.

Empfohlene Vorgehensweisen für die Verwendung externer Festplatten für Bibliotheken

Wenn Sie externe Festplattenlaufwerke in Bibliotheken verwenden, sollten Sie sich an folgende Empfehlungen halten:

- Wenn Sie alle Laufwerke, die Sie auf dem Computer verwenden wollen, einmal gemeinsam anschließen, wird verhindert, dass die Laufwerkbuchstaben wiederverwendet werden.
- Fügen Sie ein Gerät, dem der Laufwerkbuchstabe A oder B zugewiesen ist, nicht zu einer Bibliothek hinzu. Die Indizierung dieser Laufwerkbuchstaben wird nicht unterstützt, und Sie können diese Speicherorte nicht zu einer Bibliothek hinzufügen. Beachten Sie, dass Windows 7 einem externen Laufwerk niemals automatisch die Laufwerkbuchstaben A oder B zuweist. Sie müssen die Zuweisung dieser Laufwerkbuchstaben von Hand erzwingen (beispielsweise in der Konsole *Datenträgerverwaltung*).

Verhindern der Wiederverwendung von Laufwerkbuchstaben

In den meisten Fällen müssen Sie die Maßnahmen, bei denen Sie einen Speicherort von Hand entfernen und dann wieder hinzufügen, weil der Laufwerkbuchstabe wiederverwendet wurde, nur ein einziges Mal durchführen. Wurde allerdings das Stammverzeichnis eines Laufwerks zu einer Bibliothek hinzugefügt, können Situationen auftreten, in denen der zugehörige Laufwerkbuchstabe ständig wiederverwendet wird.

Nehmen wir an, ein Benutzer hat zwei externe Festplattenlaufwerke, die niemals gleichzeitig an den Computer angeschlossen sind. Ein Festplattenlaufwerk (das externe Laufwerk 1) ist nur an das Notebook angeschlossen, während der Benutzer im Büro arbeitet, und das andere Festplattenlaufwerk (externes Laufwerk 2) ist nur an das Notebook angeschlossen, wenn sich der Benutzer zu Hause befindet. Wird das externe Laufwerk 1 angeschlossen, bekommt es den Laufwerkbuchstaben E zugewiesen, und immer wenn das externe Laufwerk 2 angeschlossen wird, erhält es ebenfalls den Laufwerkbuchstaben E. Wenn der Benutzer also den Pfad *E:* des externen Laufwerks 1 zu einer Bibliothek hinzufügt, zeigt die Bibliothek jedes Mal, wenn er das externe Laufwerk 2 anschließt, stattdessen den Inhalt dieses Laufwerks in der Bibliothek an. Jedes Mal, wenn das passiert, indiziert der Indexer das ganze Laufwerk neu.

Dieses Problem lässt sich unter anderem dadurch beseitigen, dass zumindest einmal beide Laufwerke gleichzeitig an das System angesteckt werden. Ist das nicht möglich, kann der Benutzer einem oder beiden Laufwerken auch von Hand einen höheren Laufwerkbuchstaben zuweisen. Zum Beispiel kann er dem externen Laufwerk 2 in der Konsole *Datenträgerverwaltung* den Laufwerkbuchstaben S zuweisen. Ein Laufwerkbuchstabe aus dem hinteren Bereich verringert die Gefahr, dass der Laufwerkbuchstabe wiederverwendet wird. Am besten verwenden Sie einen Buchstaben aus der Mitte des Alphabets, weil Windows zugeordneten Laufwerken standardmäßig Laufwerkbuchstaben vom Ende des Alphabets zuweist.

Verwenden der Suche

Das Verwalten der Suchfunktionen für Endbenutzer bedeutet in erster Linie, sie in den leistungsfähigen neuen Suchfähigkeiten zu schulen, die in Windows 7 eingebaut sind. Die folgenden Abschnitte bieten einen Überblick über diese Suchfähigkeiten und erklären, wie Sie die Suche für Ihre Benutzer mithilfe von Gruppenrichtlinien konfigurieren.

Konfigurieren der Suche mithilfe von Ordneroptionen

Über die Registerkarte *Suchen* aus dem Modul *Ordneroptionen* der Systemsteuerung (Abbildung 19.6) können Benutzer unterschiedliche Aspekte der Windows-Suchfunktionen konfigurieren, um die Suchfunktionen an ihre Bedürfnisse anzupassen. Unter anderem können sie einstellen, was durchsucht wird, wie gesucht wird und was passiert, wenn im Windows-Explorer an nichtindizierten Orten gesucht wird.

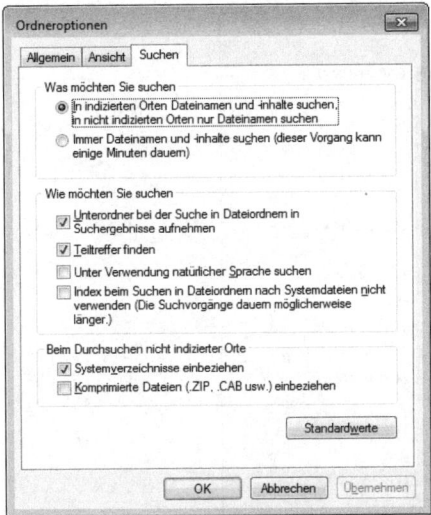

Abbildung 19.6   Konfigurieren der Suchfunktionen mithilfe der Registerkarte *Suchen* in den *Ordneroptionen* der Systemsteuerung

Konfigurieren, was durchsucht wird

In der Standardeinstellung ist die Windows 7-Suche so konfiguriert, dass sie sowohl nach Dateinamen als auch nach dem Inhalt von Dateien sucht, wenn sie indizierte Orte durchsucht. Wenn nichtindizierte Orte durchsucht werden, wird nur nach Dateinamen gesucht. Wenn zum Beispiel im Ordner *%WinDir%* nach »log« gesucht wird, werden alle Dateien und Unterordner unterhalb von *%WinDir%* zurückgegeben, die irgendeine der folgenden Bedingungen erfüllen:

- Die Dateien heißen »log« oder »Log« (es wird nicht zwischen Groß- und Kleinschreibung unterschieden).

- Die Dateinamen enthalten »log« als Präfix. Das bedeutet, dass bei der Suche nach »log« zum Beispiel »logger«, »logarithm« oder sogar »fire-log« (der Bindestrich wird als Worttrenner interpretiert) zurückgegeben werden, aber nicht »blog« oder »firelog«, da diese Dateinamen nicht »log« als Präfix haben.

- Die Dateien haben die Namenserweiterung *.log*.

Sie führen eine solche Suche aus, indem Sie den Windows-Explorer öffnen, im Navigationsfenster-abschnitt das Verzeichnis *C:\Windows* auswählen und im Suchfeld rechts oben im Fenster (Abbildung 19.7) den Text **log** eingeben. Beachten Sie aber, dass der Ordner *%WinDir%* in der Standardeinstellung nicht indiziert wird, daher ist die Suche in diesem Ordner langsam, weil mit Grep statt mit dem Windows-Suchdienst gearbeitet wird. (Diese Methode wurde vom Suchassistenten in Windows XP verwendet.) Wird dagegen in der *Dokumente*-Bibliothek des Benutzers nach »log« gesucht, werden die Ergebnisse praktisch sofort zurückgegeben, weil die *Dokumente*-Bibliothek des Benutzers standardmäßig indiziert wird. Der Windows-Suchdienst braucht lediglich den Katalog abzufragen, um die Ergebnisse zu liefern.

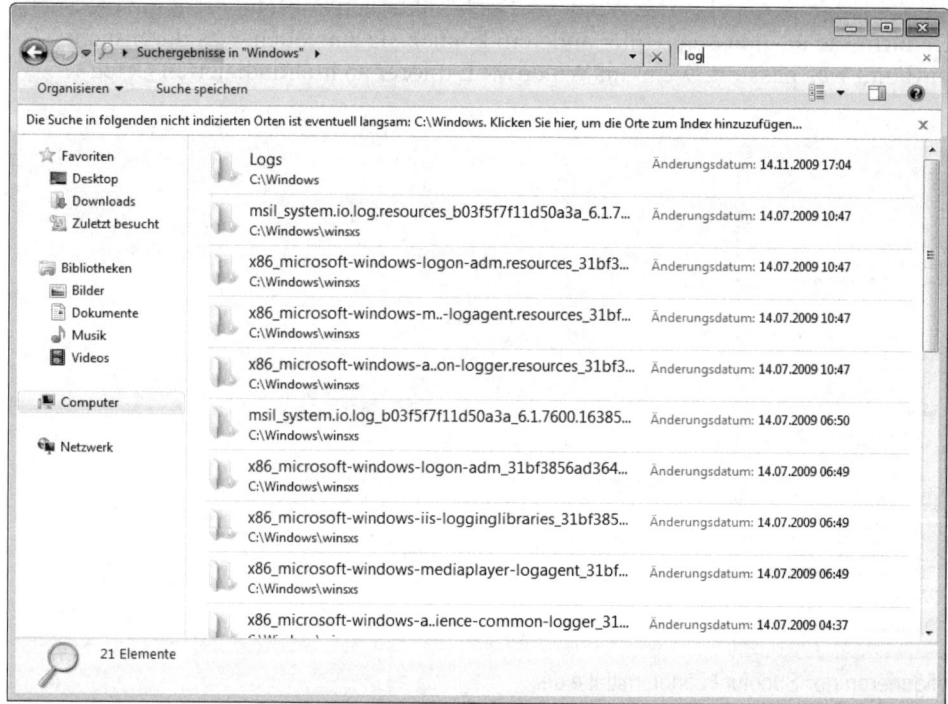

Abbildung 19.7   Ergebnisse einer Suche nach der Zeichenfolge »log« im nichtindizierten Verzeichnis *%WinDir%*

Die Benutzer können dieses Standardsuchverhalten verändern, indem sie auf der Registerkarte *Suchen* des Dialogfelds *Ordneroptionen* unter *Was möchten Sie suchen* die Option *Immer Dateinamen und -inhalte suchen (dieser Vorgang kann einige Minuten dauern)* auswählen. Dann sucht Windows sowohl nach Dateinamen als auch im Inhalt der Dateien, selbst wenn die durchsuchten Speicherorte nicht indiziert werden. Das kann allerdings den Suchvorgang für solche Orte deutlich verzögern. Ein besserer Ansatz besteht darin, für diese Speicherorte die Indizierung zu aktivieren. Wenn ein nicht-indizierter Ordner auf diese Weise im Windows-Explorer durchsucht wird, wird eine gelbe Benachrichtigungsleiste mit der Meldung »Die Suche in folgenden nicht indizierten Orten ist eventuell langsam: <Ordnername>. Klicken Sie hier, um die Orte zum Index hinzuzufügen« angezeigt (Abbildung 19.7). Wenn ein Benutzer diese Benachrichtigungsleiste anklickt und den Befehl *Zum Index hinzufügen* wählt, wird der ausgewählte Ordner zum Indizierungsbereich seines Computers hinzugefügt.

Konfigurieren des Suchverfahrens

Folgende Optionen konfigurieren, wie die Suche durchgeführt wird:

- **Unterordner bei der Suche in Dateiordnern in Suchergebnisse aufnehmen** Diese Option ist standardmäßig aktiviert. Sie bewirkt, dass Windows innerhalb von Unterordnern sucht, wenn Sie die Suche in irgendeinem Windows-Explorer-Fenster verwenden. Wenn Sie dieses Kontrollkästchen deaktivieren, sucht Windows nur im ausgewählten Ordner.

- **Teiltreffer finden** Diese Option ist standardmäßig aktiviert. Sie bewirkt, dass Windows Ergebnisse anzeigt, während Sie Ihren Suchbegriff eintippen. Falls Sie zum Beispiel »fi« in das Suchfeld des Startmenüs eintippen, lautet eines der zurückgegebenen Ergebnisse »Windows-Firewall«, weil das zweite Wort im Namen dieses Programms mit »fi« beginnt. Falls Sie diese Option dagegen deaktivieren, müssen Sie den Namen »Windows-Firewall« vollständig eintippen, damit Sie Ihre Suchergebnisse angezeigt bekommen.

- **Unter Verwendung natürlicher Sprache suchen** Wenn diese Option aktiviert ist, interpretiert Windows den Suchstring als natürliche Sprache. Wenn Sie zum Beispiel nach »Mails von Karen« suchen, bekommen Sie alle E-Mail-Nachrichten, die von Benutzern mit dem Namen Karen empfangen wurden.

- **Index beim Suchen in Dateiordnern nach Systemdateien nicht verwenden (Die Suchvorgänge dauern möglicherweise länger.)** Wenn diese Option aktiviert ist, verwendet Windows immer die langsamere Grep-Methode, um nach Dateinamen zu suchen. Der Inhalt der Dateien wird überhaupt nicht durchsucht, wenn dieses Kontrollkästchen zusammen mit der Option *Immer Dateinamen und -inhalte suchen (dieser Vorgang kann einige Minuten dauern)* aktiviert ist.

Konfigurieren, was beim Durchsuchen nichtindizierter Orte passiert

Benutzer können die folgenden Sucheinstellungen aktivieren, um festzulegen, was passiert, wenn nichtindizierte Orte durchsucht werden:

- **Systemverzeichnisse einbeziehen** Wenn diese Option aktiviert ist, werden Systemverzeichnisse eingeschlossen, wenn ein Volume oder ein Ordner mit der Grep-Methode durchsucht wird. Beachten Sie, dass dieses Kontrollkästchen ab Windows 7 standardmäßig aktiviert ist.

- **Komprimierte Dateien (.*zip*, .*cab* usw.) einbeziehen** Wenn diese Option aktiviert ist, wird der Inhalt von komprimierten Dateien sowohl nach passenden Dateinamen als auch passendem Inhalt innerhalb dieser Dateien durchsucht.

Verwenden der Suche im Startmenü

Die Startmenüsuche wurde in Windows 7 gegenüber der Implementierung in Windows Vista deutlich verbessert. Die zahlreichen Verbesserungen machen die Startmenüsuche zum universellen Einstiegspunkt, über den die Benutzer schnell und einfach Programme, Einstellungen und Dateien finden.

Beispielsweise waren in Windows Vista die Ergebnisse der Startmenüsuche fest in vier Gruppen untergliedert: Programme, Favoriten und Verlauf, Kommunikation und Dateien. Mit Windows 7 wurden diese Gruppen erweitert. Sie umfassen nun auch Systemsteuerung, Bibliotheken und alle indizierten Orte, wobei Programme und Systemsteuerung die höchste Priorität haben. Die Kategorien *Favoriten und Verlauf* sowie *Kommunikation* wurden ganz entfernt. Abbildung 19.8 zeigt zum Beispiel eine Startmenüsuche nach der Zeichenfolge »remote«, die zwei Programme, mehrere Systemsteuerungselemente und eine Reihe von Dokumenten und anderen Dateitypen liefert.

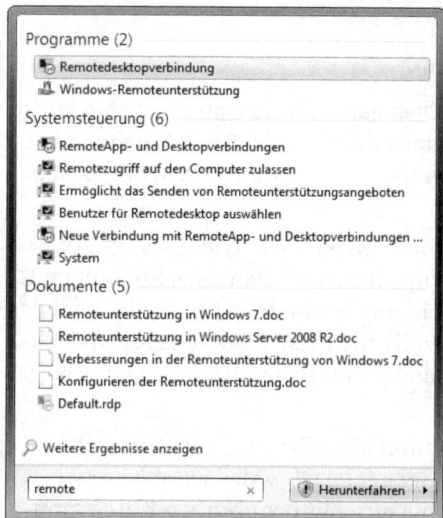

Abbildung 19.8 Die Startmenüsuche liefert nun Programme,
Systemsteuerungselemente und andere Dateitypen

Wenn Sie auf eine Gruppenüberschrift klicken, erhalten Sie alle Suchergebnisse für diese Gruppe.
Zum Beispiel zeigt Abbildung 19.9, wie nach dem Anklicken der Überschrift *Dokumente* der Windows-
Explorer geöffnet wird, der die Suchergebnisse anzeigt, die von der Dokumentbibliothek zu dieser
Suchzeichenfolge zurückgegeben wurden.

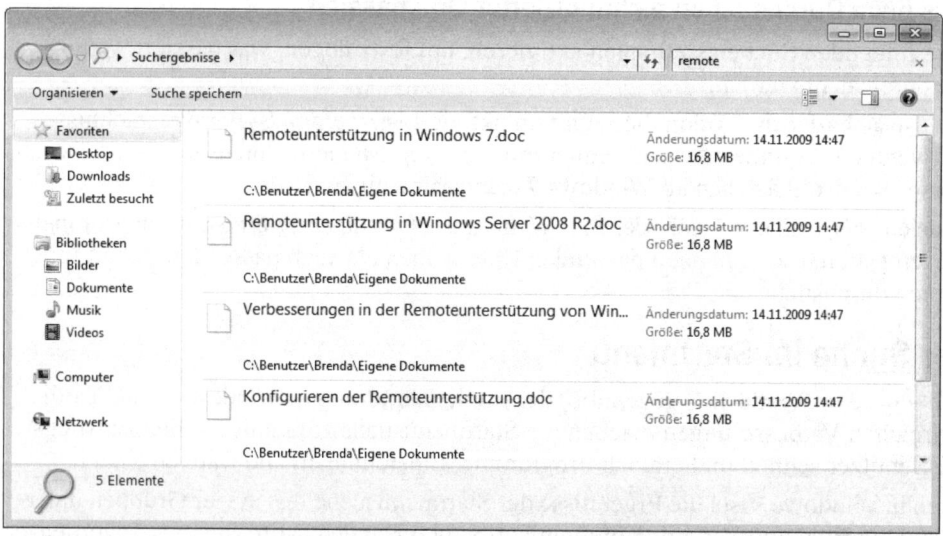

Abbildung 19.9 Ein Klick auf die Überschrift *Dokumente* liefert alle Dokumente,
die die Zeichenfolge »remote« im Dateinamen oder Text enthalten

Das Startmenü ist das Mittel der Wahl, wenn Sie schnell eine bestimmte Systemsteuerungseinstellung
finden wollen. Wenn Sie beispielsweise die Anzeigeeinstellungen auf Ihrem Computer ändern wollen,
geben Sie einfach **anzeige** im Suchfeld des Startmenüs ein. Die Einstellung, die Sie suchen, wird dann
normalerweise in der Liste der Ergebnisse aufgeführt. Abbildung 19.10 zeigt, dass sich unter den Ele-

menten, die bei den Ergebnissen der Startmenüsuche in der Gruppe *Systemsteuerung* aufgeführt sind, nicht nur Systemsteuerungs-Dienstprogramme (wie das Applet *Anzeige*) befinden, sondern auch Systemsteuerungsaktionen wie *Anzeigeeinstellungen ändern*. Diese Verbesserung macht das Arbeiten mit der Suche im Startmenü viel effizienter als das Durchblättern der Systemsteuerung, wenn Sie nach Konfigurationseinstellungen für Ihren Computer suchen.

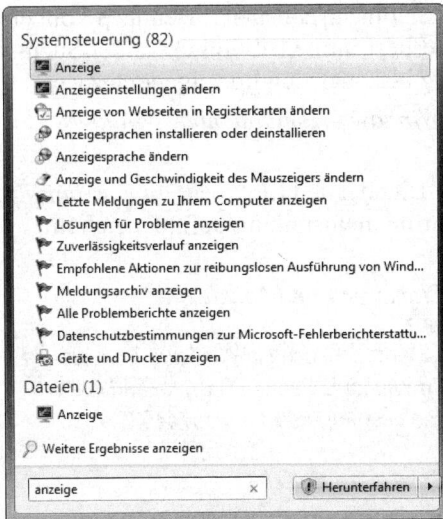

Abbildung 19.10   Die Suche im Startmenü liefert Ergebnisse zum Ändern der Anzeigeeinstellungen

Unten in den Suchergebnissen des Startmenüs werden unter Umständen Links zum Ändern des Suchbereichs angezeigt, damit die Benutzer den Suchbereich schnell auf andere Speicherorte erweitern oder einschränken können. Der in Abbildung 19.10 gezeigte Link *Weitere Ergebnisse anzeigen* ist standardmäßig vorhanden. Wenn Sie ihn anklicken, öffnet sich der Windows-Explorer, der die Abfrage erneut über alle indizierten Orte ausführt. Mithilfe von Gruppenrichtlinien können Sie bis zu drei weitere Links zum Ändern des Suchbereichs dauerhaft am Startmenü befestigen. Folgende Links zum Ändern des Suchbereichs stehen zur Verfügung:

- **Internet durchsuchen**   Führt die Abfrage erneut mit dem Standardwebbrowser und der Standardsuchmaschine aus.

- **Link für benutzerdefinierte Bibliothek**   Führt die Abfrage erneut mit dem Windows-Explorer über die angegebene Bibliothek aus.

- **Link für Suchconnector**   Führt die Abfrage erneut im angegebenen Verbundspeicherort mit dem Windows-Explorer über einen Suchconnector aus.

- **Link für benutzerdefinierte Internetsuche**   Führt die Abfrage erneut mit dem Standardwebbrowser über die angegebene Internet- oder Intranetsite aus, die den OpenSearch-Standard unterstützt.

Die folgenden Gruppenrichtlinieneinstellungen sind neu in Windows 7. Sie dienen dazu, Links zum Ändern des Suchbereichs im Startmenü zu befestigen oder daraus zu entfernen:

- **Link "Internet durchsuchen" in das Startmenü aufnehmen**   Benutzer können den Suchbereich auf ihre Standardinternetsuchmaschine erweitern, wenn sie im Startmenü suchen. Diese Richtlinieneinstellung befindet sich im folgenden Zweig:

Benutzerkonfiguration\Richtlinien\Administrative Vorlagen\Startmenü und Taskleiste

- **Internetsuchsites an "Erneut suchen"-Links und Startmenü anheften** Benutzer können Suchanfragen aus dem Windows-Explorer und dem Startmenü erneut an die konfigurierten Internet- oder Intranetsites senden. Diese Richtlinieneinstellung befindet sich im folgenden Zweig:

  Benutzerkonfiguration\Richtlinien\Administrative Vorlagen\Windows-Komponenten\Windows-Explorer

- **Bibliotheken oder Suchconnectors an "Erneut suchen"-Links und Startmenü anheften** Benutzer können den Suchbereich im Windows-Explorer und im Startmenü auf bestimmte Bibliotheks- oder Suchconnectorspeicherorte erweitern. Diese Richtlinieneinstellung befindet sich im folgenden Zweig:

  Benutzerkonfiguration\Richtlinien\Administrative Vorlagen\Windows-Komponenten\Windows-Explorer

- **Link "Weitere Ergebnisse anzeigen"/"Überall suchen" entfernen** Blendet den Link *Weitere Ergebnisse anzeigen/Überall suchen* aus dem Startmenü aus. Diese Richtlinieneinstellung befindet sich im folgenden Zweig:

  Benutzerkonfiguration\Richtlinien\Administrative Vorlagen\Startmenü und Taskleiste

WEITERE INFORMATIONEN Weitere Informationen darüber, wie die Startmenüsuche in Windows 7 funktioniert und welche Ergebnisgruppen angezeigt werden können, finden Sie in *Windows Search, Browse, and Organize Administrator's Guide* in Microsoft TechNet unter *http://technet.microsoft.com/en-us/library/dd744681.aspx.*

Suchen in Bibliotheken

Bibliotheken sind ein neues Feature von Windows 7. Sie machen es für die Benutzer einfacher, Dokumente und andere Dateitypen zu organisieren und zu durchsuchen. In Bibliotheken kann ein Benutzer Dateien aus mehreren Speicherorten anzeigen und durchsuchen, ganz so, als wären sie alle am selben Speicherort abgelegt. Zum Beispiel kann die Bibliothek *Dokumente* auf dem Computer eines Benutzers folgende Elemente enthalten:

- Den eigenen *Dokumente*-Ordner des Benutzers (standardmäßig enthalten)
- Den Ordner *Öffentliche Dokumente* auf dem Computer des Benutzers (standardmäßig enthalten)
- Weitere Volumes oder Ordner auf dem Computer des Benutzers
- Freigegebene Ordner im Netzwerk

Bibliotheken sind vollständig in Windows 7 integriert. Sie bieten schnelle Suche im gesamten Inhalt und stellen dynamische Filtersuchvorschläge zur Verfügung, die sich automatisch an den Typ der Dateien anpassen, die in der Bibliothek enthalten sind. Abbildung 19.11 zeigt die Bibliothek *Dokumente* auf dem Computer eines Benutzers, wobei einer der Speicherorte dieser Bibliothek die Netzwerkfreigabe *\\SEA-DC1\Documentation* ist.

Wenn Sie eine Suchzeichenfolge in das Suchfeld rechts oben im Windows-Explorer eingeben, wird die Dokumentbibliothek nach diesem Text durchsucht. Wie Abbildung 19.12 zeigt, werden unter den zurückgegebenen Ergebnissen die Teile der Dateinamen hervorgehoben, die die Suchzeichenfolge enthalten, sowie Textausschnitte der Dokumente angezeigt, die die Suchzeichenfolge enthalten.

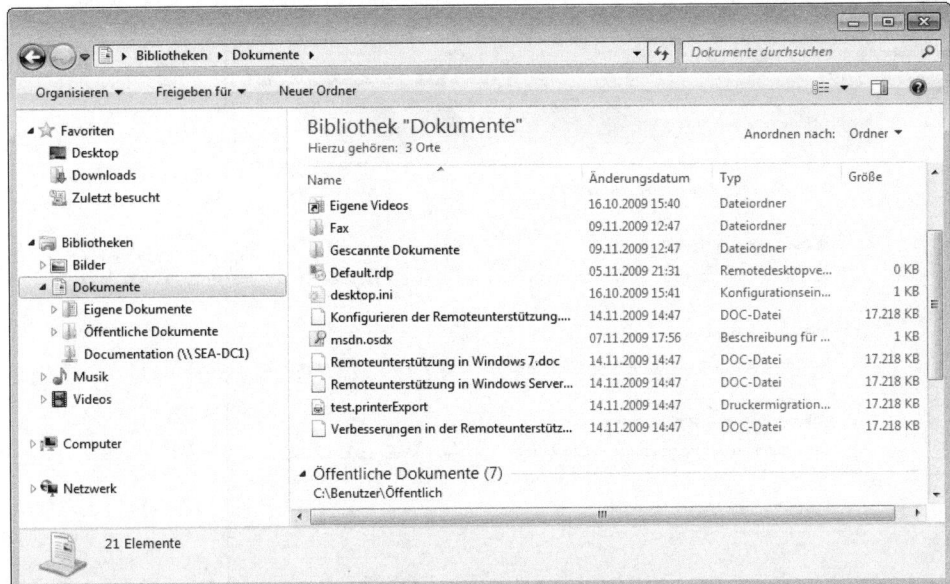

Abbildung 19.11   Diese Dokumentbibliothek enthält Dateien, die in einer Netzwerkfreigabe liegen

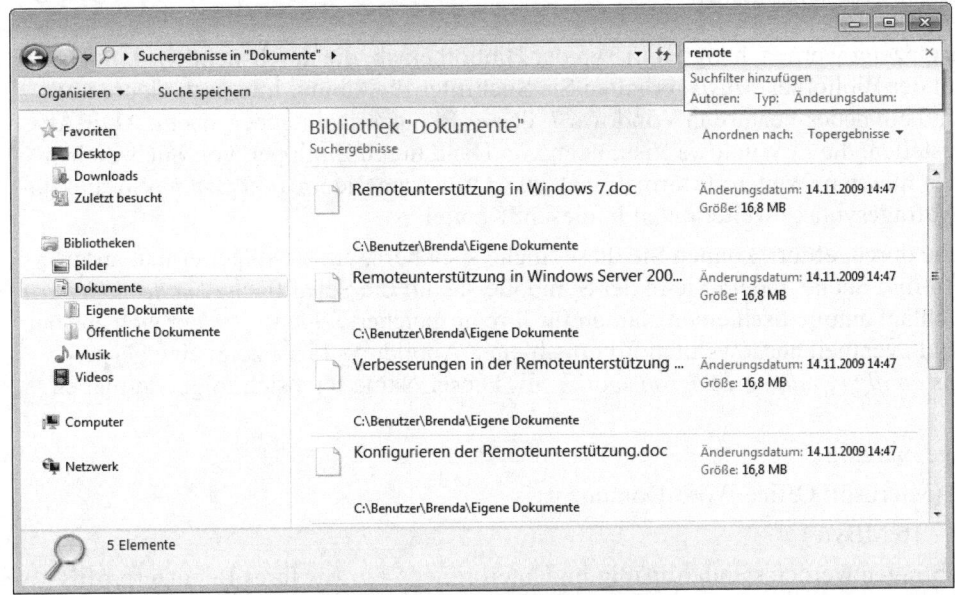

Abbildung 19.12   Ergebnisse einer Suche in der Dokumentbibliothek

Wenn Sie, wie in Abbildung 19.12 zu sehen, in das Suchfeld klicken, können Sie Ihre Suche mithilfe von Filtern einschränken, um nur nach Dokumenten zu suchen, die von einem bestimmten Autor stammen, eine bestimmte Größe, ein bestimmtes Änderungsdatum oder einen bestimmten Typ haben. Abbildung 19.13 zeigt, dass auch der Verlauf früher durchgeführter Abfragen angezeigt wird, sodass Sie eine Abfrage bei Bedarf schnell wiederholen können.

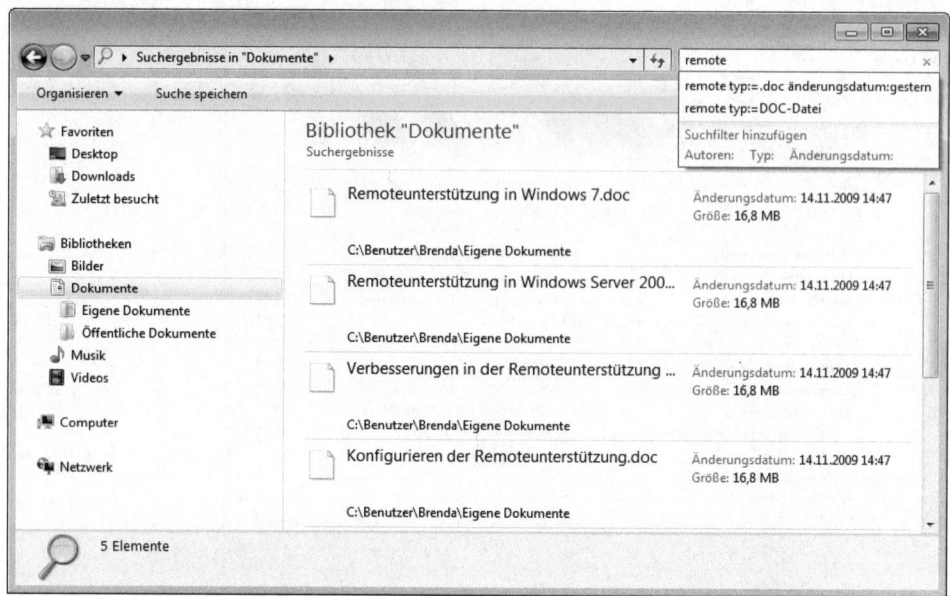

Abbildung 19.13 Suchoperationen lassen sich mithilfe von Filtern einschränken, frühere Suchabfragen können wiederholt werden

Welche Suchfilter angezeigt werden, hängt vom Typ der Bibliothek ab, die durchsucht wird. Suchen Sie beispielsweise in der Bibliothek *Musik*, erhalten Sie Suchfilter für Album, Interpret, Genre und Länge. Suchfilter sind ein neues Feature in Windows 7, das es Benutzern einfacher macht, AQS-Abfragen zusammenzustellen, die in Windows Vista noch von Hand durch Eintippen von Suchzeichenfolgen erstellt werden mussten. Weitere Informationen zu AQS finden Sie im Textkasten »So funktioniert's: Erweiterte Abfragesyntax« weiter unten in diesem Kapitel.

Haben Sie eine Suche durchgeführt, können Sie diese Suche speichern, um sie später erneut auszuführen. Sie speichern Ihre Suche, indem Sie in der Symbolleiste auf die Schaltfläche *Suche speichern* klicken. Windows schlägt automatisch einen Namen für Ihre gespeicherte Suche vor, der sich aus der Suchzeichenfolge und eventuell ausgewählten Filtern ableitet. Abbildung 19.14 zeigt eine gespeicherte Suche namens *config typ.doc größegroß.search-ms*. Dieser Name setzt sich folgendermaßen zusammen:

- Suchzeichenfolge: »config«
- Typ: *.doc*-Datei (Microsoft Office Word-Dokument)
- Größe: Groß (1 – 16 MByte)

Gespeicherte Suchabfragen werden standardmäßig im Unterordner *Searches* Ihres Benutzerprofils gespeichert und haben die Dateierweiterung *.search-ms*. Die gespeicherten Suchabfragen werden unter *Favoriten* im Navigationsfensterabschnitt des Windows-Explorers angezeigt. Wollen Sie eine gespeicherte Suche erneut ausführen, brauchen Sie sie lediglich im Windows-Explorer auszuwählen (Abbildung 19.15).

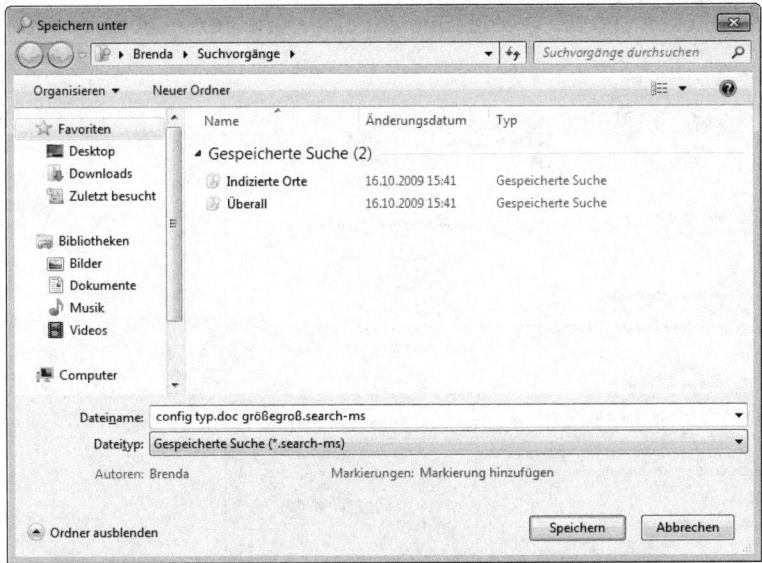

Abbildung 19.14   Speichern einer Suche als *.search-ms*-Datei

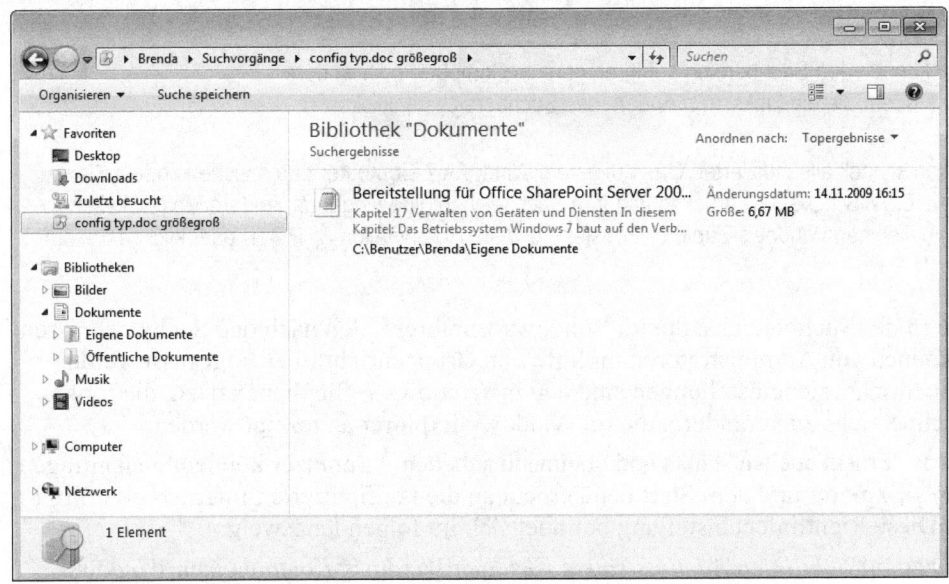

Abbildung 19.15   Sie führen eine gespeicherte Suche erneut aus, indem Sie sie
im Navigationsfensterabschnitt des Windows-Explorers auswählen

Liefert die Suche in der Bibliothek *Dokumente* nicht das gewünschte Ergebnis, können Sie die Suche
auf andere Bibliotheken, den ganzen Computer oder sogar das Internet ausweiten, indem Sie einen der
Links zum Ändern des Suchbereichs anklicken, der unten in den Suchergebnissen angezeigt wird.
Indem Sie beispielsweise auf den Link *Computer* klicken, erweitern Sie den Suchbereich so, dass
Dateien gesucht werden, die irgendwo auf Ihrem Computer gespeichert sind (Abbildung 19.16). Sie
können sogar einen benutzerdefinierten Bereich für diese Suche definieren. Dazu brauchen Sie ledig-

lich auf den Link *Benutzerdefiniert* zu klicken und die gewünschten Speicherorte anzugeben, sowohl lokal als auch im Netzwerk.

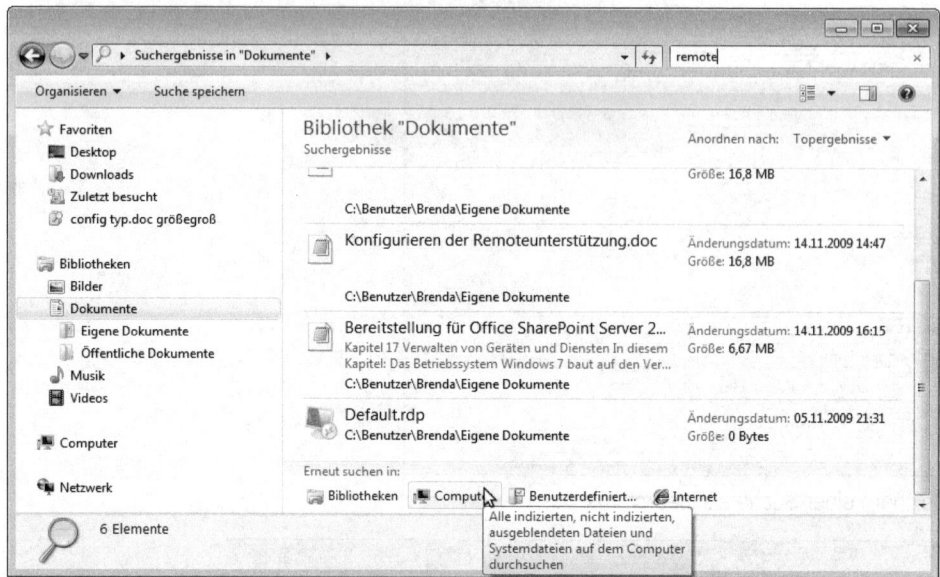

Abbildung 19.16   Sie können den Suchbereich auf Ihren ganzen Computer oder andere Speicherorte ausweiten, indem Sie die Links zum Ändern des Suchbereichs anklicken

> **HINWEIS**   Sie können schnell alle indizierten Orte auf einem Windows 7-Computer durchsuchen, indem Sie die Tastenkombination WINDOWS-LOGO+F drücken und Ihre Suchzeichenfolge eingeben. Andere Möglichkeiten: Drücken Sie in einem beliebigen Windows-Explorer-Fenster die Tastenkombination STRG+F oder klicken Sie auf *Start* und dann die Taste F3.

Die Links zum Ändern des Suchbereichs, die im Windows-Explorer unten nach den Suchergebnissen angezeigt werden, können von Administratoren mithilfe von Gruppenrichtlinien angepasst werden. Die folgenden Gruppenrichtlinieneinstellungen sind neu in Windows 7. Sie dienen dazu, die Links zum Ändern des Suchbereichs zu verändern, die im Windows-Explorer angezeigt werden:

- **Internetsuchsites an "Erneut suchen"-Links und Startmenü anheften**   Benutzer können Suchanfragen aus dem Windows-Explorer und dem Startmenü erneut an die konfigurierten Internet- oder Intranetsites senden. Diese Richtlinieneinstellung befindet sich im folgenden Zweig:

  Benutzerkonfiguration\Richtlinien\Administrative Vorlagen\Windows-Komponenten\Windows-Explorer

- **Bibliotheken oder Suchconnectors an "Erneut suchen"-Links und Startmenü anheften**   Benutzer können den Suchbereich im Windows-Explorer und im Startmenü auf bestimmte Bibliotheks- oder Suchconnectorspeicherorte erweitern. Diese Richtlinieneinstellung befindet sich im folgenden Zweig:

  Benutzerkonfiguration\Richtlinien\Administrative Vorlagen\Windows-Komponenten\Windows-Explorer

- **Link "Erneut suchen" unter "Internet durchsuchen" entfernen**   Blockiert den Zugriff auf die Internetsuche im Windows-Explorer. Diese Richtlinieneinstellung befindet sich im folgenden Zweig:

  Benutzerkonfiguration\Richtlinien\Administrative Vorlagen\Windows-Komponenten\Windows-Explorer

Ebenfalls neu in Windows 7 sind die folgenden Gruppenrichtlinieneinstellungen, mit denen Sie genauer konfigurieren, wie Suchergebnisse angezeigt werden:

- **Anzeige von Ausschnitten im Inhaltsansichtsmodus deaktivieren**   Deaktiviert die Anzeige von Ausschnitten des Dateiinhalts, wenn Suchergebnisse zurückgegeben werden. Diese Richtlinieneinstellung befindet sich im folgenden Zweig:

  Benutzerkonfiguration\Richtlinien\Administrative Vorlagen\Windows-Komponenten\Windows-Explorer

- **Anzeige der letzten Sucheinträge im Windows-Explorer-Suchfeld deaktivieren**   Verhindert, dass die letzten Suchanfragen angezeigt werden. Suchzeichenfolgen werden nicht dauerhaft im Registrierungsabschnitt des Benutzers gespeichert. Diese Richtlinieneinstellung befindet sich im folgenden Zweig:

  Benutzerkonfiguration\Richtlinien\Administrative Vorlagen\Windows-Komponenten\Windows-Explorer

- **Numerische Sortierung in Windows-Explorer deaktivieren**   Der Windows-Explorer sortiert die Dateinamen nach dem Wert, wie in älteren Windows-Versionen. Diese Richtlinieneinstellung befindet sich im folgenden Zweig:

  Benutzerkonfiguration\Richtlinien\Administrative Vorlagen\Windows-Komponenten\Windows-Explorer

WEITERE INFORMATIONEN   Weitere Informationen über Bibliotheken und Beschreibungen, wie Sie sie verwalten und damit arbeiten, finden Sie in Kapitel 15, »Verwalten von Benutzern und Benutzerdaten«. Weitere Informationen darüber, wie Sie die Suche mithilfe von Gruppenrichtlinien in Windows 7 verwalten, finden Sie in *Windows Search, Browse, and Organize Administrator's Guide* im TechNet unter *http://technet.microsoft.com/en-us/library/dd744681.aspx*.

So funktioniert's: Erweiterte Abfragesyntax

Die erweiterte Abfragesyntax (Advanced Query Syntax, AQS) ist eine Syntax zum Erstellen komplexer Suchabfragen über das Suchfeature von Windows 7. AQS unterscheidet nicht zwischen Groß- und Kleinschreibung (abgesehen von den booleschen Operatoren AND, OR und NOT). Sie verwendet ein implizites AND, wenn mehrere Suchbegriffe angegeben werden. Die Syntax unterstützt folgende Elemente:

- Logische Operatoren: AND (oder ein dem Begriff vorangestelltes +), OR und NOT (oder ein dem Begriff vorangestelltes <;$MI>) sowie Klammern zum Zusammenfassen. (Es sollten keine Annahmen über den relativen Vorrang zwischen AND, OR und NOT getroffen werden, daher sollten immer Klammern verwendet werden, um Abfragen eindeutig zu machen.)

- Einzelne Wörter. Standardmäßig werden Teilübereinstimmungen akzeptiert, sodass die Abfrage sea Elemente mit »sea«, »seal«, »Seattle« und so weiter zurückgibt. Wenn ein Wort mit einem Platzhalterzeichen (*) endet, werden Teilübereinstimmungen immer akzeptiert, selbst wenn die Einstellung *Teiltreffer finden* ausgeschaltet ist. Die Abfrage sea* liefert also immer Elemente, bei denen irgendein Wort mit »sea« beginnt. Mehrere Wörter, die durch Interpunktionszeichen, aber ohne Leerzeichen getrennt sind, werden implizit wie eine Phrase behandelt. Daher sucht die Abfrage `love/hate` nach dem Wort »love«, sofort gefolgt von dem Wort »hate«. Die Suche wird über alle (Zeichenfolgen-)Eigenschaften ausgeführt.

- Exakte Phrasen, in doppelte Anführungszeichen eingeschlossen. Zum Beispiel gibt die Abfrage `"Majestik Møøse"` alle Elemente zurück, die diese zwei Wörter hintereinander enthalten. (Es gibt eine Indizierungsoption, die steuert, ob diakritische Zeichen, wie hier »ø«, genau übereinstimmen müssen.) Falls unmittelbar nach dem hinteren Anführungszeichen ein Platzhalterzeichen (*) folgt, werden Teilübereinstimmungen für jedes Wort in der Phrase akzeptiert. Die Abfrage `"my dog"*` gibt also Elemente mit der Phrase »mystic dogfood« zurück. Die doppelten Anführungszeichen stellen außerdem sicher, dass die enthaltenen Wörter nicht als AQS-Schlüsselwörter ausgewertet werden. Die Suche wird über alle (Zeichenfolgen-)Eigenschaften ausgeführt.

- Eigenschaftssuche in der Form `<Eigenschaft>`: `<Operation> <Wert>`, wobei `<Operation>` optional ist und einen der im Folgenden beschriebenen Werte haben kann. `<Eigenschaft>` ist ein beliebiger Term, der eine Eigenschaft eines Elements identifiziert; das Label (Beschriftung) einer Eigenschaft ist ein gültiges AQS-Schlüsselwort. Bei Eigenschaften, deren Wert eine Zeichenfolge enthält, ist `<Wert>` ein beliebiges Wort oder eine beliebige Phrase, wie oben beschrieben, während bei Eigenschaften mit anderen Wertetypen (zum Beispiel Integer, Datum/Zeit oder boolesche Werte) Werte entsprechend dem Gebietsschema des Benutzers interpretiert werden. Ein Element wird zurückgegeben, wenn `<Wert>` so, wie es mit `<Operation>` festgelegt ist (siehe unten), in `<Eigenschaft>` gefunden wird. Wird `<Operation>` weggelassen, wird die Wortsuche für Eigenschaften verwendet, die Zeichenfolgen enthalten, beziehungsweise = für andere Eigenschaften. Zum Beispiel gibt die Abfrage `markierungen:John` alle Dokumente zurück, bei denen die Eigenschaft `Markierungen` ein Wort enthält, das »John« enthält. Und die Abfrage `aufnahmedatum:>2007` gibt Dokumente zurück, bei denen die Eigenschaft `Aufnahmedatum` das Entstehungsjahr 2007 oder neuer angibt.

- Vergleichsoperationen sind `>`, `>=`, `<`, `<=`, `=` und `<>`. Sie haben die übliche Bedeutung und können auf numerische Eigenschaften sowie auf Zeichenfolgen und Datum/Zeit-Eigenschaften angewendet werden.

- Zeichenbasierte Operationen sind `~<` (Wert beginnt mit), `~>` (Wert endet mit) und `~~` (Wert enthält). Zum Beispiel gibt die Abfrage `autor:~>ing` Elemente zurück, bei denen die Eigenschaft `Autor` mit den Zeichen »ing« endet, während die Abfrage `titel:~~"ill a mock"` Elemente liefert, die die Zeichenfolge »ill a mock« irgendwo in der Eigenschaft `Titel` enthalten (in diesen Operationen bewirken die doppelten Anführungszeichen, dass Leerräume in der Suchzeichenfolge enthalten sein dürfen). Die Zeichenoperationen sind im Allgemeinen viel langsamer als die wortbasierten Operationen. Die Zeichenoperationen können nur auf bestimmte Eigenschaften angewendet werden. Es gibt keine Syntax für die Suche nach beliebigen Zeichenfolgen über alle Eigenschaften hinweg.

- Die vierte zeichenbasierte Operation ist `~`. Sie interpretiert das Platzhalterzeichen (*) und das Platzhalterzeichen für ein einzelnes Zeichen (?) auf dieselbe Weise wie das Dateisystem: * steht für 0 oder mehr beliebige Zeichen, und ? steht für genau ein beliebiges Zeichen. Zum Beispiel gibt die Abfrage `autor:~?oe` Elemente zurück, in denen die Eigenschaft `Autor` »joe« oder »moe« ist. (Beachten Sie, dass nach einer Übereinstimmung mit dem gesamten Wert gesucht wird. Eine sinnvollere Abfrage wäre daher `autor:~"?oe *"`, weil sie Elemente liefert, bei denen das 2., 3. und 4. Zeichen »o«, »e« und ein Leerzeichen sind, die anderen Zeichen aber egal sind.)

- Wortsuche und Wortpräfixsuche können explizit mit den Operationen `$$` beziehungsweise `$<` angegeben werden. (Weil dies die Standardoperationen für Eigenschaften sind, die Zeichenfolgen enthalten, ist das aber selten erforderlich.)

- Der spezielle Wert `[]` steht für »kein Wert« oder »Nullwert«. Die Abfrage `markierung:=[]` gibt also alle Elemente zurück, die keinen Wert in der Eigenschaft `Markierungen` enthalten, während die Abfrage `markierung:<>[]` (oder `-markierung:=[]` oder auch `markierung:-[]`) alle Elemente liefert, die einen Wert in der Eigenschaft `Markierungen` enthalten.

- Für jede Eigenschaft, die »symbolische« Werte hat, können diese Zeichenfolgen als Werte in AQS verwendet werden. Zum Beispiel gibt `wichtigkeit:normal` alle Elemente zurück, bei denen die Eigenschaft `Wichtigkeit` zwischen 2 und 4 liegt, `größe:klein` liefert alle Elemente mit einer Größe zwischen 10.241 und 102.400, `art:dokument` alle Elemente, bei denen `Art` den Wert »Dokument« enthält, und `blitzlichtmodus:blitz rote augen` alle Bilder, bei denen die Eigenschaft `Blitzlichtmodus` den Wert 65 hat.

- Es gibt auch symbolische Werte für einige relative Datumsangaben: `heute`, `gestern`, `morgen`, `diese woche`, `letzte woche`, `nächste woche`, `diesen monat`, `letzten monat`, `nächsten monat`, `dieses jahr`, `letztes jahr` und `nächstes jahr`. Diese Werte stehen für den aktuellen, den vorherigen oder nächsten vollständigen Kalendertag beziehungsweise Woche/Monat/Jahr. Sie können auch `seit einem tag`, `in einem tag`, `die letzte woche`, `die nächste woche`, `der letzte monat`, `der nächste monat`, `das letzte jahr` und `das nächste jahr` verwenden. Diese Angaben stehen für einen Zeitraum der angegebenen Länge, der beim aktuellen Zeitpunkt beginnt oder endet. Beispielsweise gibt `geändert:letzten monat` (oder `geändert:letztenmonat`; das Leerzeichen ist hier optional) Elemente zurück, bei denen die Eigenschaft `Änderungsdatum` einen Wert aus dem letzten Kalendermonat enthält. Und `aufnahmedatum:die letzte woche` (oder `aufnahmedatum:dieletztewoche`) liefert Bilder, die in den letzten 24 × 7 Stunden gemacht wurden. Wie oben erwähnt, können Sie absolute Datum/Zeit-Werte entsprechend dem Gebietsschema des Benutzers angeben. Arbeitet der Benutzer also mit einem Thai-Gebietsschema und dem Thailändischen Sonnenkalender, gibt die Abfrage `erstellt:19/6/2552` oder `erstellt:19 มิถุนายน 2552` Elemente zurück, die an dem Tag erstellt wurden, der im Gregorianischen Kalender der 19. Juni 2009 ist.

- Ein Wertebereich kann in der Form `<Anfangswert> .. <Endwert>` angegeben werden. Zum Beispiel gibt `aufnahmedatum:März 2007 .. Juni 2008` alle Bilder zurück, die zwischen dem 1. März 2007 und dem 30. Juni 2008 gemacht wurden (sofern das Gebietsschema des Benutzers mit dem Gregorianischen Kalender arbeitet).

- Integersuffixe für Kilobyte, Megabyte und so weiter werden erkannt. Die Abfrage `größe:<=1MB` liefert daher Elemente mit einer Größe von höchstens 1.048.576 Byte.

- Es gibt einige »virtuelle« Eigenschaften für spezielle Zwecke, die nur über AQS zur Verfügung stehen: `vor:<Datum/Zeit>` und `nach:<Datum/Zeit>` gibt Elemente zurück, bei denen die primäre Datumseigenschaft kleiner als beziehungsweise größer als der angegebene Datum/Zeit-Wert ist. `von:` sucht im Absendernamen und der Adresse von Nachrichten; entsprechend arbeiten `an:`, `cc:`, `bcc:`, `organisator:`, `erforderlich:`, `optional:` und `ressourcen:`. Und `datei:` interpretiert seinen Wert als Kombination aus Pfad, Dateiname und Dateierweiterung, wobei `?` und `*` als Platzhalter behandelt werden. Die Abfrage `datei:Bericht*.doc` gibt also alle Dokumente zurück, deren Name mit »Bericht« beginnt und die die Erweiterung *.doc* haben. Die Abfrage `datei:Bericht?.doc` liefert dagegen alle Dokumente, deren Name aus »Bericht« und genau einem weiteren Zeichen besteht und die die Erweiterung *.doc* haben. Die Abfrage `datei:\\lab\files\*` gibt alle Dateien zurück, die unterhalb des Stammverzeichnisses *lab**files* liegen. Und die Abfrage `datei:"C:\` `Program Files\SomeCompany\*\*.log"` liefert alle Dateien mit der Erweiterung *.log*, die unter dem Ordner *C:\Program Files\SomeCompany* liegen.

- Sie können den Bereich der Suche begrenzen, indem Sie Einschränkungen für Eigenschaften wie `Ordner`, `Ordnerpfad`, `Dateipfad` und `Dateiname` festlegen. Zum Beispiel gibt `ordner:"My Stuff"` Elemente aus allen Ordnern zurück, deren Name die Phrase »My Stuff« enthält. Und `ordner-` `pfad:~<"C:\Budgets\2006\"` liefert nur Elemente aus *C:\Budgets\2006* und seinen Unterordnern.

- Was hinter `<Eigenschaft>:` kommt, kann aus mehreren Werten mit `AND`, `OR` sowie `NOT` kombiniert werden, die wiederum jeweils optionale Operationen enthalten können. Die Abfrage `art:(kom-` `munikation -e-mail)` gibt also Elemente zurück, bei denen `Art` den Wert »Kommunikation« hat, aber nicht »E-Mail« (beachten Sie, dass Art eine Eigenschaft mit mehreren Werten ist). Und `aufnahmedatum:(> letzten monat < nächsten monat)` ist eine reichlich komplizierte Methode, die-selbe Abfrage wie `aufnahmedatum:diesen monat` auszudrücken.

- Eigenschaftsnamen und symbolische Werte müssen in der Standard-UI-Sprache des Benutzers angegeben sein, damit sie erkannt werden. Auf diese Weise können die Benutzer Abfragen in der Sprache formulieren, die ihrer normalen Benutzeroberfläche entspricht. Das hat zur Folge, dass die Abfrage `Titel:zoo` Elemente mit »zoo« im Titel zurückgibt, wenn der Benutzer eine deutsche Benutzeroberfläche verwendet, aber nicht wenn er mit einer schwedischen Benutzer-oberfläche arbeitet. Damit es möglich ist, für die Nutzung in Programmen Abfragen zu schrei-ben, die unabhängig von der Benutzeroberflächensprache des Benutzers funktionieren, gibt es zu jeder Eigenschaft Synonyme, die den »kanonischen Namen« dieser Eigenschaft festlegen. Zum Beispiel lautet die kanonische Form der obigen Beispielabfrage `System.Title:zoo` (oder sogar `System.Title:$<zoo`, um sicherzustellen, dass Teilübereinstimmungen benutzt werden).

- Eine nicht so strenge Form von AQS, in der keine Doppelpunkte nach den Eigenschaftsnamen gebraucht werden, können Sie mit der Option *Unter Verwendung natürlicher Sprache suchen* aktivieren. Die Benutzer können dann Abfragen formulieren, die natürlicher Sprache ähneln. Wenn diese Option eingeschaltet ist, gibt die Abfrage `Musik von REM` Elemente mit der `Art Musik` zurück, die von `REM` stammt. Dieses Feature ist derzeit eher als experimentell einzustufen, da es unter Umständen Verwechslungen verursacht (ein Wort, nach dem gesucht wird, wird mög-licherweise als Eigenschaftsname interpretiert). Ergebnisse sind daher nur mit Vorsicht zu ge-nießen.

Weitere Informationen zu AQS finden Sie in MSDN unter *http://msdn.microsoft.com/en-us/library/ bb266512.aspx* und unter *http://www.microsoft.com/windows/products/winfamily/desktopsearch/ technicalresources/advquery.mspx*. Sie können komplexe Suchabfragen zusammenstellen, ohne AQS zu beherrschen, wenn Sie den Fensterabschnitt *Erweiterte Suche* verwenden, wie weiter oben in diesem Kapitel beschrieben.

Arbeiten mit der Verbundsuche

Mithilfe der Verbundsuche (federated search) können Benutzer in der vertrauten Benutzeroberfläche des Windows-Explorers nach Inhalten suchen, die in Repositorys wie beispielsweise Windows Share-Point-Sites, Intranetsites und anderen Remotedatenquellen liegen, inklusive Sites im Internet. Die Verbundsuche soll Benutzer befähigen, mit Dateien, die in solchen Repositorys gespeichert sind, ge-nauso einfach zu arbeiten wie mit Dateien, die sich im Dateisystem ihres lokalen Computers befinden.

> **HINWEIS**   Die Verbundsuche in Windows 7 führt keine Suchergebnisse aus mehreren Quellen zusammen. Sie müssen jede Quelle einzeln durchsuchen.

So funktioniert die Verbundsuche

Die Verbundsuche greift auf Suchconnectors zurück. Dies sind XML-Dateien, die Informationen darüber speichern, wie die Verbindung zu einer Remotedatenquelle hergestellt wird. Suchconnectors werden mithilfe von OpenSearch-Beschreibungsdateien (OSDX) installiert; dies sind XML-Dateien mit der Dateierweiterung *.osdx*. Wird eine solche Datei geöffnet, erstellt sie eine *.searchConnector-ms*-Datei im Ordner *%UserProfile%\Searches* auf dem Computer sowie eine Verknüpfung zu dieser Datei im Bereich *Favoriten* des Navigationsfensterabschnitts im Windows-Explorer. Zum Beispiel sieht der XML-Code für einen Suchconnector namens *MSDN.OSDX*, der die Suche nach Inhalt in *http://social.msdn.microsoft.com* ermöglicht, so aus:

```
<?xml version="1.0" encoding="UTF-8"?>
<OpenSearchDescription xmlns="http://a9.com/-/spec/opensearch/1.1/">
  <ShortName>MSDN</ShortName>
  <Description>Search MSDN. Powered by live.com</Description>
  <Language></Language>
  <Url type="text/html" template="http://social.msdn.microsoft.com/Search
/en-US/?Query={searchTerms}"/>
  <Url type="application/rss+xml" template="http://social.msdn.microsoft.com/Search
/Feed.aspx?locale=en-US&amp;Query={searchTerms}&amp;format=RSS&amp;StartIndex=
{startIndex}"/>
</OpenSearchDescription>
```

Wenn Sie doppelt auf diesen Suchconnector klicken, um ihn zu öffnen, zeigt er das Dialogfeld aus Abbildung 19.17 an.

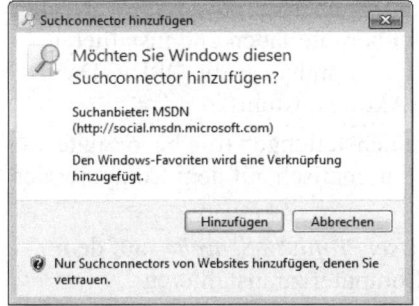

Abbildung 19.17   Ilinzufügen eines Suchconnectors zum Durchsuchen von MSDN

Klicken Sie in diesem Dialogfeld auf *Hinzufügen*, um den MSDN-Suchconnector (*MSDN.search-Connector-ms*) im Bereich *Favoriten* des Navigationsfensterabschnitts im Windows-Explorer zu installieren. Anschließend können Sie ganz einfach den Inhalt von MSDN durchsuchen (Abbildung 19.18).

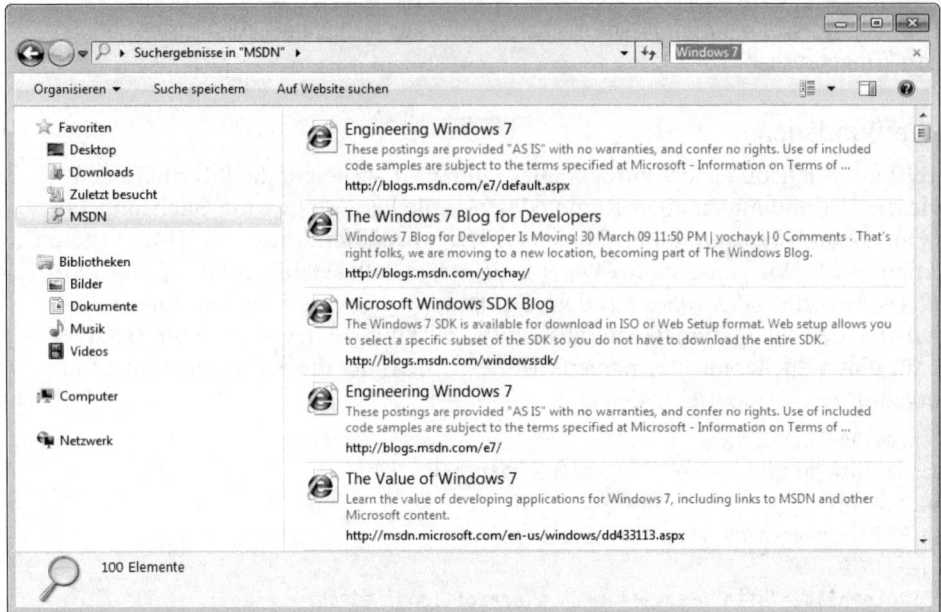

Abbildung 19.18 In MSDN nach Informationen über Windows 7 suchen

Bereitstellen von Suchconnectors

Suchconnectors müssen erst auf Computern mit Windows 7 installiert werden, bevor sie benutzt werden können. Um einen Suchconnector zu installieren, brauchen Sie die *.osdx*-Datei, die den Connector erstellt. Es gibt drei Wege, *.osdx*-Dateien bereitzustellen:

- **Pull-Methode** Der Administrator sendet die OSDX-Datei entweder an den Benutzer (beispielsweise als E-Mail-Anhang) oder verweist den Benutzer auf einen Speicherort (etwa eine Webseite oder eine Netzwerkfreigabe), in der der Benutzer die *.osdx*-Datei herunterladen und installieren kann. Der Benutzer muss den Suchconnector dann selbst installieren, indem er die OSDX-Datei öffnet, einen Link auf einer Webseite anklickt oder eine andere Aktion ausführt.

- **Push-Methode** Der Administrator verwendet Gruppenrichtlinieneinstellungen (die bevorzugte Methode) oder ein Anmeldeskript, um die folgenden Aktionen automatisch auf dem Computer des Benutzers auszuführen:

  ☐ Kopieren der *.searchConnector-ms*-Datei in den Ordner *%UserProfile%\Searches* auf dem Computer des Benutzers, um den Suchconnector auf dem Computer zu installieren

  ☐ Erstellen einer Verknüpfung (*.lnk*-Datei) im Ordner *%UserProfile%\Links* auf dem Computer des Benutzers, um den Suchconnector im Bereich *Favoriten* des Navigationsfensterabschnitts im Windows-Explorer verfügbar zu machen

  Außerdem kann der Administrator folgende Gruppenrichtlinieneinstellung verwenden, um einen Link zum Ändern des Suchbereichs für den Suchconnector im Startmenü und im Suchbereich des Windows-Explorers anzubringen:

  Benutzerkonfiguration\Richtlinien\Administrative Vorlagen\Windows-Komponenten\Windows-Explorer\Bibliotheken oder Suchconnectors an "Erneut suchen"-Links und Startmenü anheften

- **Abbildmethode** Bevor der Administrator Desktopcomputer für die Benutzer bereitstellt, ändert er die Masterinstallation von Windows 7, indem er folgende Aktionen ausführt:

☐ Kopieren der *.searchConnector-ms*-Datei in den Ordner *C:\Users\Default\Searches* auf dem Mastercomputer, um den Suchconnector auf dem Computer zu installieren

☐ Erstellen einer Verknüpfung (*.lnk*-Datei) im Ordner *C:\Users\Default\Links* auf dem Mastercomputer, um den Suchconnector im Bereich *Favoriten* des Navigationsfensterabschnitts im Windows-Explorer verfügbar zu machen

Dann bereitet der Administrator den Mastercomputer mit Sysprep vor, erstellt mit dem Windows Automated Installation Kit (Windows AIK) ein Abbild des Mastercomputers und stellt dieses Abbild mithilfe von WDS oder einer anderen Bereitstellungsmethode auf den Zielcomputern bereit. Sobald sich der Benutzer zum ersten Mal an seinem Computer anmeldet, wird das Benutzerprofil auf Basis des Standardprofils erstellt, das der Administrator konfiguriert hat.

WEITERE INFORMATIONEN Weitere Informationen darüber, wie die Verbundsuche funktioniert und wie Sie sie implementieren, finden Sie im Buch *Windows 7 Federated Search Provider Implementer's Guide*, das Sie von *http://www.microsoft.com/downloads/details.aspx?FamilyID=c709a596-a9e9-49e7-bcd4-319664929317 &DisplayLang=en* herunterladen können.

Behandlung von Problemen bei Suche und Indizierung mithilfe des integrierten Problembehandlungsmoduls

Windows 7 enthält die neue Windows-Problembehandlungsplattform (Windows Troubleshooting Platform, WTP). Sie hilft Organisationen, die Zahl der Anrufe beim Helpdesk zu verringern, weil die Benutzer häufiger auftretende Probleme mithilfe der eingebauten Problembehandlungsmodule selbst beseitigen können. Eines dieser Problembehandlungsmodule dient dazu, Probleme im Bereich von Suche und Indizierung auf dem Computer zu diagnostizieren und zu beseitigen. Am schnellsten startet ein Benutzer dieses Problembehandlungsmodul, indem er im Suchfeld des Startmenüs **probleme search** eintippt (Abbildung 19.19).

Abbildung 19.19 Starten des Problembehandlungsmoduls für Suche und Indizierung

In der Gruppe *Systemsteuerung* listen die Suchergebnisse den Eintrag *Probleme mit Windows Search erkennen und beheben* auf. Wenn der Benutzer dieses Element anklickt oder die EINGABETASTE drückt, öffnet sich die Startseite des Problembehandlungsmoduls für Suche und Indizierung (Abbildung 19.20).

> **HINWEIS**   Sie können das Problembehandlungsmodul auch über die Links unten im Dialogfeld *Indizierungsoptionen* der Systemsteuerung oder auf der Seite *Problembehandlung* der Systemsteuerung aufrufen. Unter Umständen müssen Sie auf *Alles anzeigen* klicken, um das Problembehandlungsmodul für Suche und Indizierung zu finden, falls es nicht auf der Startseite des Systemsteuerungselements *Problembehandlung* angezeigt wird.

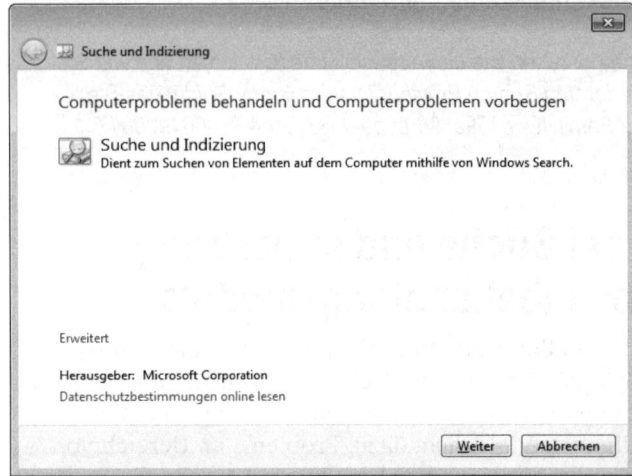

Abbildung 19.20   Die Startseite des Problembehandlungsmoduls
für Suche und Indizierung

Sobald der Benutzer auf der Startseite des Problembehandlungsmoduls auf *Weiter* klickt, öffnet sich eine Seite mit einer Liste häufiger vorkommender Suchprobleme. Hier werden mögliche Symptome für Probleme aufgeführt (Abbildung 19.21).

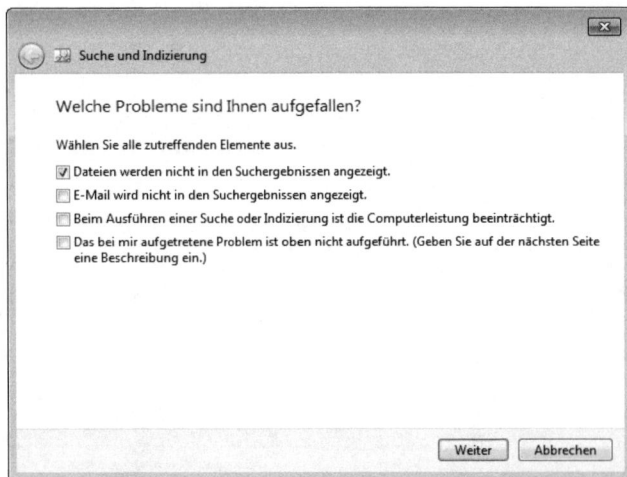

Abbildung 19.21   Auswählen der Probleme, die ein Benutzer mit der Suche hat

Sobald der Benutzer die Art der Probleme ausgewählt hat, die auftreten, kann er auf *Weiter* klicken. Nun werden entweder die Ursachen identifiziert und Informationen dazu angezeigt, wie der Benutzer die Probleme beseitigen kann, oder der Benutzer wird auf Informationsquellen verwiesen, wo er weitere Hilfe findet oder anfordern kann (Abbildung 19.22).

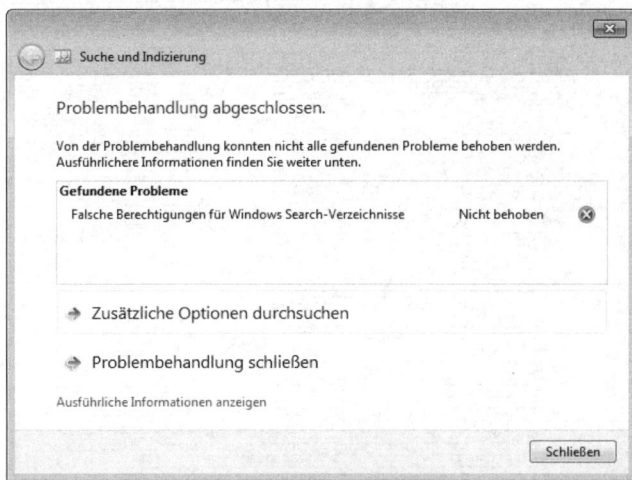

Abbildung 19.22   Das Problembehandlungsmodul analysiert das Problem

Zusammenfassung

Suche und Indizierung wurden in Windows 7 auf vielerlei Arten verbessert, sodass es für Benutzer nun viel einfacher ist, umfangreiche Informationsmengen zu verwalten, die auf ihren Computern gespeichert sind. Administratoren können mithilfe von Gruppenrichtlinien verwalten, wie die Indizierung arbeitet, und Benutzer, die Computeradministratoren sind, können über *Indizierungsoptionen* und *Ordneroptionen* der Systemsteuerung die Funktionsweise von Suche und Indizierung auf ihrem System optimieren.

Weitere Informationen

Die folgenden Ressourcen liefern weitere Informationen und Tools zu den Themen dieses Kapitels.

Informationsquellen

- »Neues in Windows Search, und beim Durchsuchen und Organisieren in Windows« unter *http:// technet.microsoft.com/de-de/library/dd349340.aspx*
- *Windows Search, Browse, and Organize Administrator's Guide* unter *http://technet.microsoft.com/ en-us/library/dd744681.aspx*

Auf der Begleit-CD

- *Get-SearchService.ps1*
- *Set-SearchService.ps1*
- *Stop-SearchService.ps1*
- *TroubleshootSearch.ps1*

K A P I T E L   2 0

Verwalten des Internet Explorers

Das Zugreifen auf Websites ist für viele Benutzer ein wichtiger Teil der Arbeit. Der Webbrowser, hier konkret der Windows Internet Explorer, stellt die grafische Benutzeroberfläche für viele unverzichtbare Intranet- und Internet-Webanwendungen bereit. Außerdem müssen viele Benutzer für Recherchen oder zu Kommunikationszwecken auf Websites zugreifen.

Microsoft stellt im Betriebssystem Windows 7 den Internet Explorer 8 zur Verfügung, damit der Zugriff auf das Web so produktiv wie möglich erfolgt. Dank neuer Features, insbesondere Schnellinfos, Web Slices und Registerkartenisolierung, können die Benutzer effizienter arbeiten. Die Sicherheitsfeatures des Internet Explorers (darunter InPrivate-Browsing, Domänenhervorhebung und Smart-Screen) helfen, die Bedrohung deutlich zu verringern, wenn potenziell böswillige Websites unter Umständen versuchen, Malware auf den Computern Ihrer Organisation zu installieren.

Für Administratoren ist der Internet Explorer 8 besser zu verwalten als seine Vorgänger, weil jetzt praktisch alle Aspekte des Browsers mithilfe von Gruppenrichtlinieneinstellungen konfiguriert werden können.

Verbesserungen an Internet Explorer 8

Der Internet Explorer 8 bietet Verbesserungen an der Benutzeroberfläche, den Browsingfähigkeiten, der Sicherheit und der Verwaltbarkeit. Die folgenden Abschnitte liefern einen allgemeinen Überblick über die Features von Internet Explorer 8, die Auswirkungen für die Benutzer und Administratoren haben. Der Rest dieses Kapitels enthält Informationen, die für das Verwalten des Internet Explorers in Unternehmensumgebungen relevant sind.

InPrivate-Browsing

Wenn Benutzer im Web browsen, hinerlassen sie Datenspuren ihrer Aufrufe auf dem lokalen Computer. Der Browser zeichnet die Besuche direkt im Verlauf auf. Bilder werden im Browsercache auf der lokalen Festplatte gespeichert. Wörter, die der Benutzer eingetippt hat, werden unter Umständen aufgezeichnet, damit das AutoVervollständigen-Feature sie später automatisch eintragen kann.

Diese Aufzeichnungen verbessern zwar die Leistung und machen es für die Benutzer einfacher, die Sites später wiederzufinden, aber gelegentlich wollen Benutzer auch browsen, ohne ein Protokoll davon zu hinterlassen, welche Websites sie besucht haben. InPrivate-Browsing bietet diese Möglichkeit. Dazu wird ein neues Browserfenster geöffnet, das so konfiguriert ist, dass es keinerlei Spuren der besuchten Websites hinterlässt.

Gehen Sie folgendermaßen vor, um ein InPrivate-Browsingfenster zu öffnen:

1. Erstellen Sie eine neue Registerkarte, indem Sie auf eine leere Registerkarte klicken oder STRG+T drücken.

2. Klicken Sie auf *Ein Fenster für das InPrivate-Browsen öffnen*.

Stattdessen können Benutzer auch in der Symbolleiste auf die Schaltfläche *Sicherheit* und dann auf *InPrivate-Browsen* klicken. Eine letzte Möglichkeit besteht darin, die Tastenkombination STRG+ UMSCHALT+P zu drücken. Daraufhin öffnet sich ein neues Fenster (Abbildung 20.1), das in der Titelzeile und der Adressleiste das Wort *InPrivate* enthält.

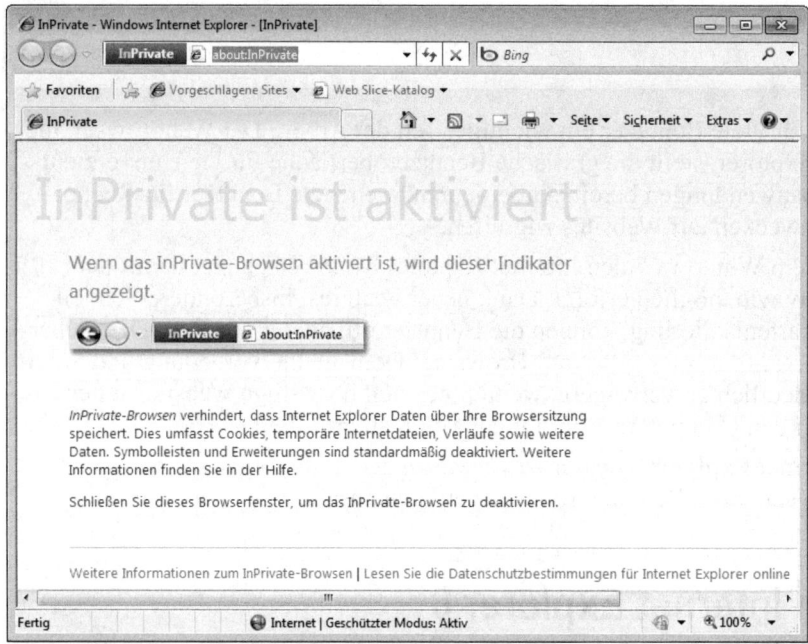

Abbildung 20.1   InPrivate-Browsing verhindert, dass Sites im Verlauf aufgezeichnet oder Dateien im Cache gespeichert werden

Wenn Sie alle Einträge der besuchten Websites löschen wollen, während InPrivate aktiviert ist, brauchen Sie lediglich den Browser zu schließen.

HINWEIS   InPrivate-Browsing bietet keinen Schutz vor vielen Überwachungsmechanismen, etwa Firewalls, Routern oder Proxyservern, die möglicherweise die besuchten Websites aufzeichnen, Tastaturlogger, die eingetippte URLs (Uniform Resource Locator) aufzeichnen, und Überwachungssoftware, die Screenshots aufzeichnet. Dennoch verbessert es den Datenschutz für den Benutzer.

Administratoren möchten vielleicht nicht, dass Benutzer InPrivate-Browsing einsetzen. Sie können InPrivate deaktivieren, indem Sie die Gruppenrichtlinieneinstellung *Administrative Vorlagen\Windows-Komponenten\Internet Explorer\InPrivate\InPrivate-Browsen* deaktivieren; dies wird im Abschnitt »Neue Gruppenrichtlinieneinstellungen für Internet Explorer 8« weiter unten in diesem Kapitel beschrieben.

InPrivate-Filterung

Der Hauptvorteil von InPrivate-Browsing besteht darin, dass der gesamte lokale Verlauf der vom Benutzer besuchten Websites gelöscht wird. Dagegen versucht die InPrivate-Filterung, den Datenschutz zu verbessern, indem sie Werbung, Bilder, Analyse und andere Nachverfolgungsinhalte blockiert, die es Websites unter Umständen ermöglichen, einen Besucher über mehrere Websites zu verfolgen. Der Benutzer merkt meist gar nichts davon, dass die Nachverfolgungsinhalte von einer externen Website kommen, weil diese Nachverfolgungsinhalte oft Bilder oder Videos sind, die in die Webseite eingebettet sind. Unter Umständen sind diese Inhalte auch völlig unsichtbar in die Webseite integriert.

Wenn beispielsweise Blue Yonder Airlines sowohl auf *Contoso.com* als auch *Fabrikam.com* inseriert, kann Blue Yonder Airlines möglicherweise feststellen, wenn derselbe Benutzer sowohl *Contoso.com* als auch *Fabrikam.com* besucht. Anhand solcher Informationen lässt sich ein Profil über den Benutzer entwickeln. Künftig kann dieses Profil dann genutzt werden, um Werbung zu generieren, die die persönlichen Gewohnheiten des Benutzers berücksichtigt. Vielleicht wollen die Benutzer aber nicht, dass Blue Yonder Airlines zu viel über ihre Surfgewohnheiten erfährt. Die InPrivate-Filterung versucht, ein solches siteübergreifendes Tracking zu verhindern.

InPrivate-Filterung ist in der Standardeinstellung ausgeschaltet. Sie muss für jede Sitzung individuell aktiviert werden. Sie nutzen dieses Feature, indem Sie im Menü *Sicherheit* den Befehl *InPrivate-Filterung* wählen oder die Tastenkombination STRG+UMSCHALT+F drücken. Die InPrivate-Filterung kann in einer normalen Browsingsitzung oder einer InPrivate-Browsingsitzung aktiviert werden.

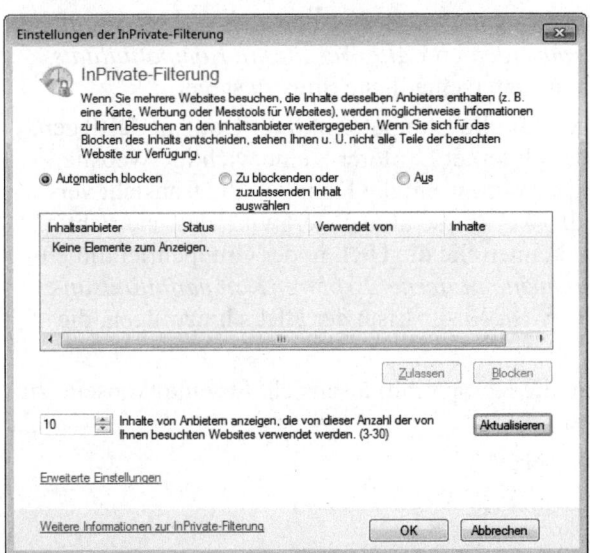

Abbildung 20.2   InPrivate-Filterung blockiert Inhalte, die den Benutzer
unter Umständen über mehrere Websites hinweg verfolgen

In der Standardeinstellung blockiert InPrivate-Filterung Inhalte, die von 10 oder mehr unterschiedlichen Sites gemeinsam benutzt werden. Sie können die Zahl der Sites im Dialogfeld *Einstellungen der InPrivate-Filterung* verringern (Abbildung 20.2) oder stattdessen die Gruppenrichtlinieneinstellung *Administrative Vorlagen\Windows-Komponenten\Internet Explorer\InPrivate\Schwelle für InPrivate-Filterung* konfigurieren.

Über wie viele Websites ein Inhaltsanbieter den Benutzer verfolgt, stellt die InPrivate-Filterung mithilfe der Protokollierungsdaten fest. Sie können diese Protokollierung deaktivieren, indem Sie die Gruppenrichtlinieneinstellung *Administrative Vorlagen\Windows-Komponenten\Internet Explorer\InPrivate\Keine InPrivate-Filterungsdaten sammeln* aktivieren.

Sie deaktivieren die InPrivate-Filterung, indem Sie die Gruppenrichtlinieneinstellung *Administrative Vorlagen\Windows-Komponenten\Internet Explorer\InPrivate\InPrivate-Filterung deaktivieren* aktivieren.

Kompatibilitätsansicht

Internet Explorer 8 enthält ein Renderingmodul, das noch standardkonformer ist. Das neue Renderingmodul zeigt die meisten Webseiten genau so an, wie es sich der Webdesigner vorgestellt hat. Allerdings müssen manche Webdesigner die Style Sheets und den HTML-Code für ihre Seite aktualisieren, damit die Seite in Internet Explorer 8 richtig dargestellt wird.

Sollten Sie auf eine Seite stoßen, die in Internet Explorer 8 nicht richtig dargestellt wird, können Sie die Kompatibilitätsansicht aktivieren, damit die Seite ähnlich wie in Internet Explorer 7 angezeigt wird. Sie zeigen die aktuelle Seite in der Kompatibilitätsansicht an, indem Sie auf *Seite* und dann auf *Kompatibilitätsansicht* klicken. Internet Explorer 8 zeichnet daraufhin die aktuelle Seite neu und zeigt sie diesmal ähnlich an wie in Internet Explorer 7.

Sie können den Internet Explorer so konfigurieren, dass er für bestimmte Seiten immer die Kompatibilitätsansicht verwendet. Klicken Sie dazu auf *Seite* und dann auf *Einstellungen der Kompatibilitätsansicht*. Stellen Sie im Dialogfeld *Einstellungen der Kompatibilitätsansicht* eine Liste der Websites zusammen. Außerdem können Sie die Kontrollkästchen *Aktualisierte Websitelisten von Microsoft einbeziehen*, *Intranetsites in Kompatibilitätsansicht anzeigen* und *Alle Websites in Kompatibilitätsansicht anzeigen* aktivieren, um den Anzeigemodus für unterschiedliche Sites zu steuern.

In den Gruppenrichtlinien können diese Einstellungen für alle Computer in Ihrer Domäne festlegen. Üblicherweise tun Sie das nur, wenn Tests zeigen, dass Internet Explorer 8 eine wichtige Website (zum Beispiel eine interne Website) nur dann richtig anzeigt, wenn die Kompatibilitätsansicht verwendet wird. Selbst dann ist es vorzuziehen, wenn die Website so aktualisiert wird, dass sie richtig angezeigt wird. Sollte das nicht sofort möglich sein, können Sie die URL in der Gruppenrichtlinieneinstellung *Administrative Vorlagen\Windows-Komponenten\Internet Explorer\Kompatibilitätsansicht\Richtlinienliste von Internet Explorer 7-Sites verwenden* zur Liste der URLs hinzufügen, die die Kompatibilitätsansicht verwenden.

Websiteautoren können Internet Explorer 8 zwingen, die Kompatibilitätsansicht für eine Webseite zu verwenden, indem sie folgendes Metatag hinzufügen:

```
<meta http-equiv="X-UA-Compatible" content="IE=EmulateIE7" />
```

SmartScreen

Viele Websites versuchen, die Benutzer durch Tricks dazu zu bringen, Kreditkartennummern, Benutzernamen und Kennwörter einzugeben oder bösartige Software zu installieren. Manche Websites sind dabei so raffiniert, dass sie es schaffen, selbst Administratoren und Sicherheitsexperten zu überlisten.

Internet Explorer 8 enthält SmartScreen, das mit einem Microsoft-Webdienst kommuniziert und die Integrität von Sites überprüft, bevor Benutzer sie besuchen. Ist eine Site als potenziell böswillig aufgeführt, warnt Internet Explorer 8 die Benutzer, bevor er ihnen erlaubt, eine Verbindung zu dieser Site herzustellen (Abbildung 20.3).

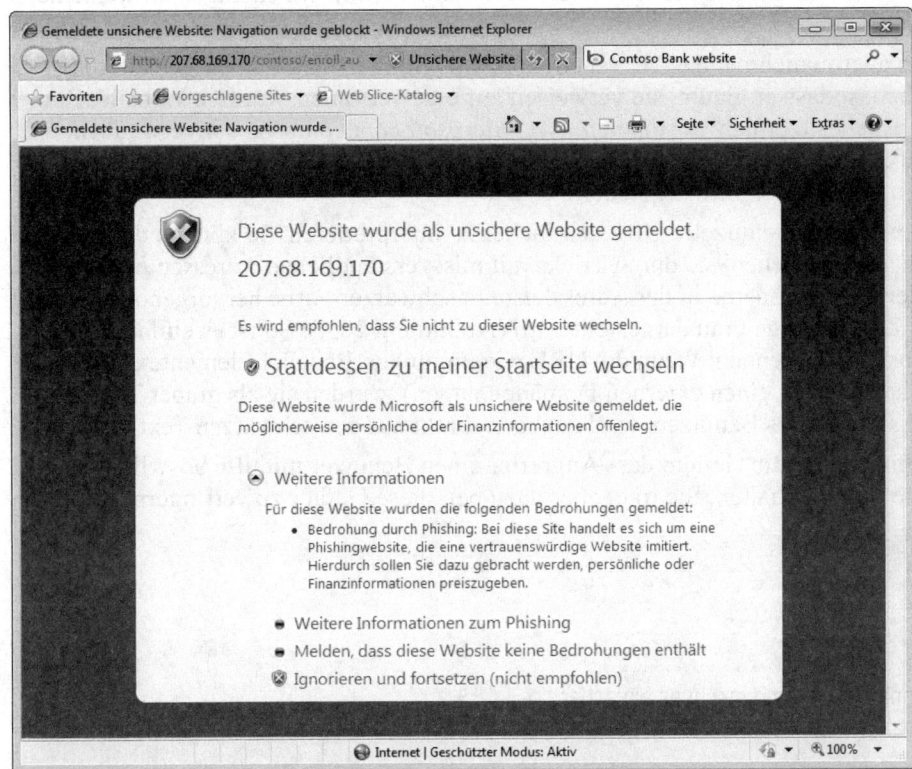

Abbildung 20.3   SmartScreen warnt Benutzer, falls eine Website potenziell bösartig ist

Sie aktivieren oder deaktivieren den SmartScreen-Filter über die Gruppenrichtlinieneinstellung *Administrative Vorlagen\Windows-Komponenten\Internet Explorer\Verwalten von SmartScreen-Filter deaktivieren*. Wenn Sie diese Richtlinie aktivieren und den SmartScreen-Filter einschalten, sendet der Internet Explorer alle Websites, die noch nicht in der Zulassen-Liste des Filters verzeichnet sind, an Microsoft und warnt den Benutzer, falls eine Site möglicherweise gefährlich ist. Wenn Sie den Filter ausschalten oder diese Richtlinieneinstellung nicht aktivieren, fragt Internet Explorer 8 beim Benutzer nach, ob er SmartScreen verwenden möchte, sobald der Benutzer den Internet Explorer zum ersten Mal startet.

Sie können die Sicherheit von SmartScreen dadurch verbessern, dass Sie die Gruppenrichtlinieneinstellung *Administrative Vorlagen\Windows-Komponenten\Internet Explorer\Umgehung der Smart-Screen-Filterwarnungen verhindern* aktivieren. Ist diese Richtlinie aktiviert, verhindert Internet Explorer 8, dass Benutzer eine Site besuchen, die SmartScreen als möglicherweise böswillig auflistet. Die Benutzer finden unter Umständen trotzdem einen Weg, diese Sperre zu umgehen, etwa mit einem anderen Webbrowser oder einem mobilen Gerät ohne SmartScreen-Schutz, aber indem Sie die Richtlinie aktivieren, erhöhen Sie auf jeden Fall die Sicherheit.

Domänenhervorhebung

Ein Benutzer beurteilt die Vertrauenswürdigkeit einer Site unter anderem dadurch, dass er ihre URL überprüft. Zum Beispiel vertrauen viele Benutzer der URL *microsoft.com* und sind unter Umständen bereit, einen Benutzernamen und das zugehörige Kennwort auf *microsoft.com* einzugeben, wenn sie dazu aufgefordert werden.

Angreifer missbrauchen aber manchmal das Vertrauen in URLs mithilfe trickreich aufgebauter URLs, die den Benutzer täuschen, sodass er glaubt, sie verweisen auf eine vertrauenswürdige Website. Zum Beispiel könnte ein Websitebesitzer den Hostnamen *www.microsoft.com.contoso.com* verwenden, um dem Benutzer vorzugaukeln, es handle sich um die Site *www.microsoft.com*, obwohl in Wirklichkeit der Teil *contoso.com* die Adresse der Website steuert.

Die Domänenhervorhebung hilft Benutzern, URLs einfacher zu interpretieren. So können die Benutzer Websites vermeiden, die versuchen, sie durch Tricks mit missverständlichen Adressen in die Irre zu führen. Dazu wird der Domänenname in der Adressleiste in schwarzer Farbe hervorgehoben, während der Rest der URL-Zeichenfolge grau dargestellt wird (Abbildung 20.4). So ist es einfacher, die wahre Identität der Website zu erkennen. Wenn die URL wie im obigen Beispiel Elemente enthält, die den Benutzer täuschen sollen (z.B. einen externen Domänennamen), werden sie als grauer Text angezeigt. Die Aufmerksamkeit des Benutzers wird dagegen direkt auf den schwarzen Text gezogen.

Die Domänenhervorhebung kann die Gefahr, dass Angreifer einen Benutzer mithilfe böswilliger URLs täuschen, nicht völlig ausschalten. Sie trägt aber dazu bei, diese Gefahr zu verringern.

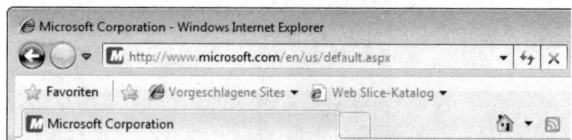

Abbildung 20.4 Domänenhervorhebung macht es einfacher, in einer URL den Domänennamen zu identifizieren

Registerkartenisolierung

Um die Zuverlässigkeit zu steigern, enthält Internet Explorer 8 einen neuen Prozess namens LCIE (Loosely Coupled Internet Explorer). Dieses Prozessmodell erfordert auch ein neues Sitzungsmodell. Jede Registerkarte ist ein separater Prozess. Wenn eine einzelne Webseite abstürzt, schließt Windows folglich nur die eine zugehörige Registerkarte. Abbildung 20.5 zeigt eine Instanz von Internet Explorer 8 mit vier Prozessen: einer für den Rahmen und jeweils einer für die drei Registerkarten. Jeder Teil des Fensters, für den ein separater Prozess zuständig ist, ist eingerahmt. Im Unterschied zu Internet Explorer 7 kann Internet Explorer 8 Registerkarten innerhalb eines einzelnen Browserfensters hosten, und zwar unabhängig davon, ob der geschützte Modus aktiviert und deaktiviert ist.

Alle Registerkarten und Browserinstanzen teilen sich allerdings eine einzige Sitzung. Das bedeutet, dass unterschiedliche Registerkarten und unterschiedliche Browserfenster standardmäßig denselben Satz Cookies verwenden.

Internet Explorer 7 benutzt für unterschiedliche Browserfenster auch getrennte Sitzungen. Daher kann sich ein Benutzer in einem Browserfenster als *Benutzer1* an einer Website anmelden, dann ein zweites Browserfenster öffnen und sich als *Benutzer2* an derselben Website anmelden. In Internet Explorer 8 wird der Benutzer im zweiten Browserfenster automatisch als *Benutzer1* angemeldet. Wenn sich der Benutzer abmeldet und dann im zweiten Browserfenster neu als *Benutzer2* anmeldet, wird er im ersten Browserfenster ebenfalls als *Benutzer2* angemeldet.

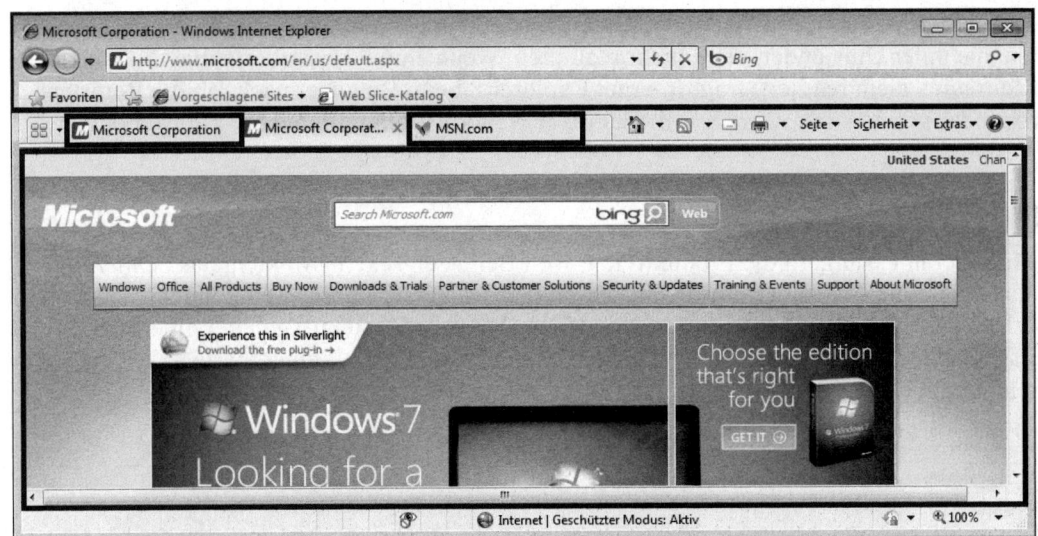

Abbildung 20.5   Die Registerkartenisolierung teilt die Registerkarten auf unterschiedliche Prozesse auf

Um das zu umgehen, kann der Benutzer in einem neuen Browserfenster eine neue Sitzung starten, indem er im Menü *Datei* den Befehl *Neue Sitzung* wählt. Stattdessen können Sie Internet Explorer 8 auch mit dem Befehlszeilenargument `-nomerge` starten. Zum Beispiel können Sie die Standardverknüpfung für Internet Explorer 8 durch eine Verknüpfung mit `Iexplore.exe-nomerge` ersetzen.

Direkt von der Quelle: Die Prozesse von *Iexplore.exe*

Brent Goodpaster, Principal Escalation Engineer, *Developer Support/Internet*

Aufgrund der Änderungen in LCIE für Internet Explorer 8 kann es ziemlich schwierig sein festzustellen, welche Internet Explorer-Registerkarten zu welchem *Iexplore.exe*-Prozess gehören. Verwirrung lässt sich aber einfach vermeiden, indem Sie im Task-Manager Spalten für die Befehlszeile und die PID (Prozess-ID) zur Registerkarte *Prozesse* hinzufügen.

Im Task-Manager sehen Sie zwei *Iexplore.exe*-Prozesse, sobald Sie den Internet Explorer gestartet haben. Der untere davon ist der erste Prozess (der Prozess für den Startrahmen), der geladen wird, wenn das Internet Explorer-Symbol auf dem Desktop angeklickt wird. Anschließend lädt der obere *Iexplore.exe*-Prozess (in der Registerkarte *Prozesse*) die Website, die Sie als Ihre Startseite eingerichtet haben. Wenn Sie nun eine zweite Registerkarte öffnen, erscheint ein dritter *Iexplore.exe*-Prozess.

Sehen Sie sich im Task-Manager die Spalte *Befehlszeile* an. Der Prozess für den Startrahmen heißt einfach *Iexplore.exe*. Alle Registerkartenprozesse zeigen den Parameter `SCODEF` an. Die SCODEF-Nummer ist die PID des Startrahmenprozesses.

Mit dem Process Explorer (als Download unter *http://live.sysinternals.com/procexp.exe* verfügbar) können Sie feststellen, welche Registerkarte zu welchem Prozess gehört. Wählen Sie erst die Registerkarte im Internet Explorer aus. Ziehen Sie dann im Process Explorer die Symbolleistenschaltfläche *Process* aus dem *Find*-Fenster auf die Webseite. Der Process Explorer hebt nun den Prozess *Iexplore.exe* hervor, der mit dieser Registerkarte verknüpft ist. Ziehen Sie die Symbolleistenschaltfläche *Process* aber nicht auf die Registerkarte selbst, sonst bekommen Sie den *Iexplore.exe*-Prozess, der mit dem Rahmen verknüpft ist.

Wenn Sie den Internet Explorer 8 in Windows 7 benutzen, erkennt Windows 7 mithilfe eines Timers Registerkarten, die unter Umständen nicht mehr reagieren. Wenn eine Registerkarte innerhalb eines bestimmten Zeitraums nicht reagiert, fragt Internet Explorer 8 beim Benutzer nach, ob die Registerkarte überdeckt oder geschlossen werden soll oder ob er weiter warten will, bis die Registerkarte wieder reagiert.

Schnellinfos

Schnellinfos (accelerator) steigern die Produktivität, weil Benutzer Text auswählen, das *Schnellinfo*-Symbol anklicken und die Auswahl mithilfe eines Webdienstes verarbeiten lassen können. Beispielsweise enthält Internet Explorer 8 Schnellinfos, mit denen Benutzer Blogeinträge über eine Webseite schreiben, ausgewählten Text als E-Mail verschicken und eine Adresse auf einer Karte anzeigen können. Abbildung 20.6 zeigt die Standardschnellinfos, mit denen Text übersetzt wird.

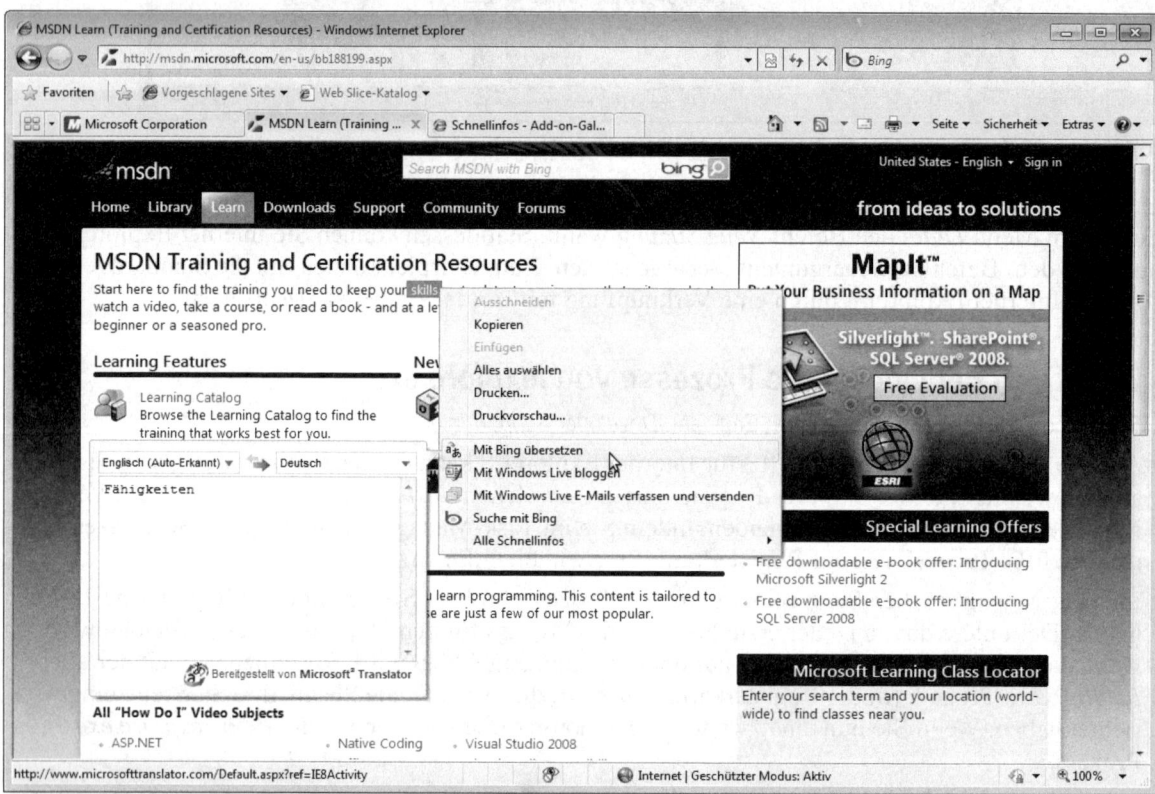

Abbildung 20.6   Schnellinfos bieten schnellen Zugriff auf Webtools

Mit Gruppenrichtlinieneinstellungen unter *Administrative Vorlagen\Windows-Komponenten\Internet Explorer\Schnellinfos* können Sie neue Schnellinfos bereitstellen, erzwingen, dass nur die von Ihnen bereitgestellten Schnellinfos benutzt werden, oder Schnellinfos ganz deaktivieren.

Verbesserungen, die bereits in Internet Explorer 7 eingeführt wurden

Internet Explorer 8 enthält alle Verbesserungen, die bereits in Internet Explorer 7 vorhanden waren. Die folgenden Abschnitte beschreiben diese Verbesserungen, die schon in Internet Explorer 7 zur Verfügung stehen. Das ist nützlich für Leser, die noch mit Internet Explorer 6 arbeiten. Wo der Internet Explorer 8 Features, die in Internet Explorer 7 eingeführt wurden, noch weiter verbessert (zum Beispiel die Aufwertung des Phishingfilters durch SmartScreen), wird auf diese Verbesserungen hingewiesen.

Änderungen an der Benutzeroberfläche

Das Design der Benutzeroberfläche im Internet Explorer wurde verändert, sodass möglichst wenig Platz für Menüs, Symbolleisten, Statuszeile sowie die Anzeige von Favoriten, Feeds und Verlauf benötigt wird. Damit bleibt auf dem Bildschirm mehr Platz für die eigentliche Webseite.

Tabbed Browsing

Dank der Einführung von Tabbed Browsing (Abbildung 20.7) können Benutzer mehrere Webseiten innerhalb eines einzigen Browserfensters offen halten. In den Vorgängerversionen des Internet Explorers konnten Benutzer mehrere Fenster öffnen, wenn sie mehrere Seiten gleichzeitig ansehen wollten. Mit Tabbed Browsing ist die Taskleiste nun nicht mehr überfüllt.

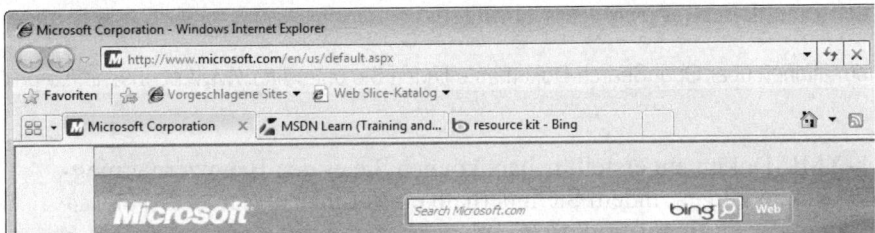

Abbildung 20.7   Mit Tabbed Browsing können Benutzer mehrere Webseiten offen halten, ohne mehrere Browser öffnen zu müssen

Sie können Tabbed Browsing ausschalten, indem Sie die Gruppenrichtlinieneinstellung *Tabbed Browsing deaktivieren* einschalten. Sie finden diese Gruppenrichtlinieneinstellung im Zweig *Benutzerkonfiguration\Richtlinien\Administrative Vorlagen\Windows-Komponenten\Internet Explorer* oder *Computerkonfiguration\Richtlinien\Administrative Vorlagen\Windows-Komponenten\Internet Explorer*. Sie können außerdem mit der Einstellung *Konfiguration des Popupverhaltens bei Tabbed Browsing deaktivieren* konfigurieren, ob der Internet Explorer Popupfenster als neue Fenster oder neue Registerkarten öffnet. Und schließlich können Sie mit der Einstellung *Konfiguration des Standardverhaltens beim Erstellen neuer Registerkarten deaktivieren* steuern, wie neue Registerkarten geöffnet werden.

Suchleiste

Die Symbolleiste von Internet Explorer 7 wurde um eine Suchleiste erweitert. Mit der Suchleiste können Benutzer aus ihrem aktuellen Fenster heraus mit verschiedenen vordefinierten Suchmaschinen Internetsuchen durchführen. In der Standardeinstellung ist der Internet Explorer 8 so konfiguriert, dass er die Suchmaschine Bing verwendet. Sie können auch Suchmaschinen zum Auswahlmenü der

Suchleiste hinzufügen, sodass Sie praktisch jede öffentliche Suchmaschine oder sogar eine Suchmaschine in Ihrem Intranet verwenden können.

Sie können auf einzelnen Computern andere Suchanbieter konfigurieren, indem Sie *http://www.micro soft.com/windows/ie/searchguide/* aufrufen. Die folgenden Abschnitte beschreiben unterschiedliche Techniken, wie Sie Computer innerhalb Ihrer Organisation konfigurieren können.

So erstellen Sie einen Weblink, um einen benutzerdefinierten Suchanbieter hinzuzufügen

Sie können einen Link auf einer Webseite bereitstellen, damit Benutzer eine benutzerdefinierte Suchmaschine hinzufügen können. Erstellen Sie erst eine OpenSearch-1.1-XML-Datei (Extensible Markup Language), die Ihre Suchmaschine beschreibt. Zum Beispiel beschreibt die folgende XML-Datei eine Suchmaschine, mit der Sie die Website *Microsoft.com* durchsuchen können:

```
<?xml version="1.0" encoding="UTF-8" ?>
<OpenSearchDescription xmlns="http://a9.com/-/spec/opensearch/1.1/">
    <ShortName>Microsoft.com</ShortName>
    <Description>Microsoft.com-Anbieter</Description>
    <InputEncoding>UTF-8</InputEncoding>
    <Url type="text/html"
    template="http://search.microsoft.com/results.aspx?q={searchTerms}" />
</OpenSearchDescription>
```

Sie können Ihr eigenes OpenSearch-XML-Dokument erstellen, indem Sie einfach das Attribut `template` im `<URL>`-Element durch die URL Ihrer Suchmaschine ersetzen und an der Stelle in der URL, wo der Suchbegriff steht, den Platzhalter `{searchTerms}` einfügen.

> **HINWEIS**   Ausführliche Informationen über OpenSearch-Dokumente finden Sie unter *http://www.opensearch.org/ home*.

Sobald Sie ein OpenSearch-XML-Dokument erstellt haben, können Sie es den Benutzern ermöglichen, es über eine Webseite hinzuzufügen, indem Sie innerhalb eines Links `window.external.Add SearchProvider("<url>")` aufrufen. Wenn Benutzer diesen Link anklicken, wird ihnen angeboten, die Suchmaschine hinzuzufügen. Das folgende Beispiel demonstriert das entsprechende HTML (Sie müssen `<URL>` durch die Position Ihres OpenSearch-XML-Dokuments ersetzen):

```
<a Href="#"
    onClick="window.external.AddSearchProvider(&quot;<URL>&quot;);">Suchmaschine hinzufügen
</a>
```

So konfigurieren Sie benutzerdefinierte Suchanbieter über die Registrierung

Suchanbieter sind in der Registrierung im Zweig *Software\Microsoft\Internet Explorer\SearchScopes* gespeichert, entweder in der Struktur *HKEY_CURRENT_USER* oder in *HKEY_LOCAL_MACHINE*. Sie können das Hinzufügen von Suchanbietern zu Computern automatisieren, indem Sie die gewünschten Suchmaschinen von Hand auf einem Testcomputer konfigurieren, wobei Sie auch die Standardsuchmaschine angeben. Legen Sie dann eine *.reg*-Datei für diesen Registrierungsschlüssel und seine Unterschlüssel an und verteilen Sie diese Datei auf Ihre Clientcomputer.

Gehen Sie folgendermaßen vor, um eine *.reg*-Datei zu erstellen:

1. Starten Sie den Registrierungs-Editor, indem Sie auf *Start* klicken, **Regedit** eingeben und dann die EINGABETASTE drücken.

2. Wählen Sie den Zweig *HKEY_CURRENT_USER\Software\Microsoft\Internet Explorer\SearchScopes* aus, wenn Sie Suchmaschinen für einzelne Benutzer konfigurieren wollen. Wählen Sie den Zweig *HKEY_LOCAL_MACHINE\Software\Microsoft\Internet Explorer\SearchScopes* aus, wenn Sie Suchmaschinen für alle Benutzer eines Computers konfigurieren wollen.

3. Wählen Sie den Menübefehl *Datei/Exportieren*. Speichern Sie die *.reg*-Datei.

Sie können die *.reg*-Datei nun auf Computer in Ihrer Organisation verteilen. Sie können die Suchmaschinen konfigurieren, indem Sie doppelt auf die *.reg*-Datei klicken, um den Registrierungs-Editor zu öffnen und die Einstellungen anzuwenden. Leider sind dafür administrative Anmeldeinformationen erforderlich. Falls Sie die aktualisierten Einstellungen verteilen wollen, ohne explizit administrative Anmeldeinformationen zur Verfügung zu stellen, können Sie von einem Entwickler ein Windows Installer-Paket erstellen lassen, das die Registrierungswerte anlegt, und dieses Windows Installer-Paket mithilfe der Gruppenrichtlinien-Softwarebereitstellung verteilen.

So konfigurieren Sie benutzerdefinierte Suchanbieter über Gruppenrichtlinien

Sie können eine Liste mit Suchanbietern mithilfe von Gruppenrichtlinieneinstellungen bereitstellen. Standardmäßig steht diese Richtlinieneinstellung allerdings nicht zur Verfügung. Um sie verfügbar zu machen, müssen Sie eine administrative Vorlage erstellen, die die entsprechenden Registrierungsschlüssel auf Clientcomputern aktualisiert. Eine ausführliche Anleitung finden Sie im Microsoft Knowledge Base-Artikel 918238 unter *http://support.microsoft.com/kb/918238*.

Falls Sie nicht wollen, dass die Suchleiste sichtbar ist, können Sie die Gruppenrichtlinieneinstellung *Internet Explorer-Suchfeld nicht anzeigen* in den Zweigen *Benutzerkonfiguration\Richtlinien\ Administrative Vorlagen\Windows-Komponenten\Internet Explorer* oder *Computerkonfiguration\ Richtlinien\Administrative Vorlagen\Windows-Komponenten\Internet Explorer* deaktivieren.

So konfigurieren Sie benutzerdefinierte Suchanbieter über das Internet Explorer Administration Kit

Falls Sie mit dem Internet Explorer Administration Kit (IEAK) arbeiten wollen, können Sie damit auch Suchanbieter konfigurieren. Konfigurieren Sie erst Ihren aktuellen Computer mit den gewünschten Suchanbietern. Klicken Sie dann auf die Schaltfläche *Importieren*, sobald Sie die Suchanbieter-Seite erreicht haben, um die konfigurierten Suchanbieter zu konfigurieren. Weitere Informationen finden Sie im Abschnitt »Arbeiten mit dem Internet Explorer Administration Kit« weiter unten.

RSS-Feeds

Über Really Simple Syndication (RSS) werden heutzutage Updates von Nachrichtensites, Blogs und anderen regelmäßig aktualisierten Quellen verteilt. Internet Explorer 7 und neuere Versionen bieten ein neues Feature zum Erkennen von Feeds (Nachrichtenquellen) und integrieren die Feedanzeige in den Webbrowser. Mithilfe von RSS behalten Benutzer den Überblick über Updates bei vielen unterschiedlichen Websites, auch bei Intranetsites.

Falls Sie interne Blogs oder Nachrichtensites haben, die einen RSS-Feed veröffentlichen, können Sie sie auf den Computern in Ihrer Organisation zum Internet Explorer hinzufügen. Am einfachsten können Sie benutzerdefinierte Feeds über die Seite *Favoriten, Favoritenleiste und Feeds* des Internet Explorer Administration Kit konfigurieren, wie in Abbildung 20.8 gezeigt.

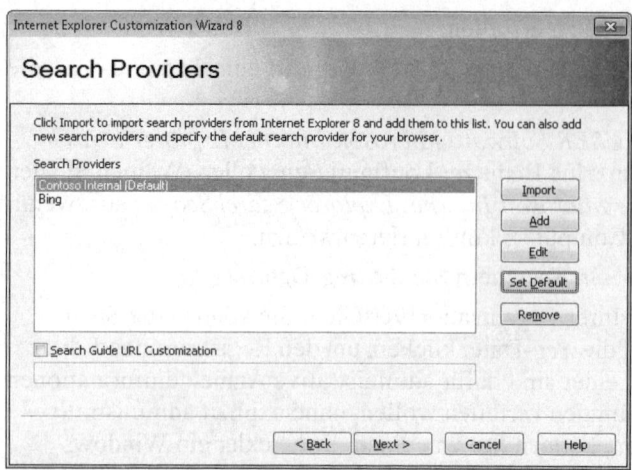

Abbildung 20.8   Hinzufügen benutzerdefinierter RSS-Feeds mit dem IEAK

Feeds werden im Ordner *%LocalAppData%\Microsoft\Feeds* gespeichert. Zum Beispiel liegen die Feeds für eine Benutzerin namens Jane standardmäßig in *C:\Benutzer\Jane\AppData\Local\Microsoft\Feeds*. Die Datei *FeedsStore.feedsdb-ms* besteht aus mehreren OLE-Dokumenten (Object Linking und Embedding), die für jeden Feed speichern, welche Einstellungen dafür konfiguriert sind und wann er zum letzten Mal synchronisiert wurde. Die **.feed-ms*-Dateien dienen als Zwischenspeicher für den Inhalt, der aus dem jeweiligen Feed heruntergeladen wurde. Wenn Sie einen Feed auf andere Computer übertragen wollen, brauchen Sie lediglich die **.feed-ms*-Datei zu kopieren.

> **HINWEIS**   Entwickler: Falls Sie ein Programm erstellen wollen, das Feeds für den Internet Explorer durch Bearbeiten der Datei *FeedsStore.feedsdb-ms* anzeigt oder ändert, können Sie das Beispielprogramm unter *http://www.codeproject.com/KB/XML/rssstoreviewer.aspx* als Anschauungsobjekt verwenden.

Sie können verschiedene Aspekte für RSS-Feeds über Gruppenrichtlinien konfigurieren. Die Gruppenrichtlinieneinstellungen im Zusammenhang mit Feeds finden Sie sowohl unter *Computerkonfiguration* als auch *Benutzerkonfiguration*, jeweils im Pfad *Administrative Vorlagen\Windows-Komponenten\RSS-Feeds*.

Verbesserte Unterstützung für Standards

Webentwickler haben bisweilen Missfallen wegen einiger Besonderheiten im Verhalten von Internet Explorer 6 geäußert, vor allem in den Bereichen der Standardunterstützung. Mit Internet Explorer 7 wurde die Browserarchitektur neu entworfen, sodass Kompatibilitätsprobleme im Zusammenhang mit Standards beseitigt und zusätzliche Unterstützung für wichtige Standards hinzugefügt werden.

- **CSS-Verbesserungen**   CSS ist ein weit verbreiteter Standard beim Erstellen von Webseiten. Der Internet Explorer 7 und seine Nachfolger legen großes Gewicht auf die Einhaltung der CSS-Standards. Dazu wurden zuerst einmal die Features implementiert, die laut Aussagen von Entwicklern die wichtigsten sind. Microsoft hat unter anderem einige Probleme im Bereich von Positionierung und Layout beseitigt, die in Internet Explorer 6 im Zusammenhang mit `<div>`-Tags auftraten.

- **Unterstützung für transparente PNG-Grafiken**   Internet Explorer 7 und neuere Versionen unterstützen die Anzeige von Bildern im PNG-Format (Portable Network Graphics), inklusive optionaler Alphakanaltransparenz. PNG-Dateien können die Angabe enthalten, wie transparent ein Bild sein soll. Diese Angabe wird als *Alphakanal* bezeichnet. Mit einem Alphakanal können Designer Spezialeffekte einsetzen, die vorher nicht unterstützt wurden. Zum Beispiel können sie Webseitenbilder erstellen, die Schatten werfen, aber das darunter liegende Hintergrundbild nicht verdecken.

Erweiterte Gruppenrichtlinieneinstellungen

Internet Explorer 7 und neuere Versionen enthalten über 1200 Gruppenrichtlinieneinstellungen, mit denen Administratoren selbst kleinste Aspekte im Verhalten des Internet Explorers verwalten können. Ausführliche Informationen über die Gruppenrichtlinieneinstellungen für den Internet Explorer finden Sie im Abschnitt »Verwalten des Internet Explorers mit Gruppenrichtlinien« weiter unten in diesem Kapitel.

Abwehr von Malware

Als Malware wird böswillige Software wie zum Beispiel Spyware und Adware bezeichnet. Solche Malware hat die IT-Abteilungen in den letzten Jahren stark belastet. Oft wurde Malware über Websites verteilt, die Benutzer entweder über einen Trick dazu bringen, die Software zu installieren, oder die die Sicherheitsfeatures des Webbrowsers umgehen, um die Software ohne Einwilligung des Benutzers zu installieren. Internet Explorer 7 wurde noch besser geschützt, um die Gefahr zu verringern, dass böswillige Websites den Browser eines Benutzers oder das Betriebssystem kompromittieren. Die folgenden Abschnitte beschreiben weitere Verbesserungen, die Gefahren verringern, wenn der Benutzer im Web surft.

Geschützter Modus

Ab Microsoft Windows Vista laufen Windows Internet Explorer 7 und seine Nachfolger im geschützten Modus (protected mode), damit Benutzer besser gegen Angriffe geschützt sind. Der Prozess des Internet Explorers läuft dabei mit stark eingeschränkten Privilegien. Der geschützte Modus verringert deutlich die Möglichkeiten eines Angreifers, Daten auf dem Computer des Benutzers zu schreiben, zu verändern oder zu zerstören und böswilligen Code zu installieren. Der geschützte Modus steht nicht zur Verfügung, wenn Internet Explorer 7 und neuere Versionen auf Windows XP installiert ist, weil dafür verschiedene Sicherheitsfeatures benötigt werden, die erst ab Windows Vista zur Verfügung stehen.

So verbessert der geschützte Modus die Sicherheit

Wenn der Internet Explorer im geschützten Modus läuft, zwingt ein Feature von Windows Vista und neueren Versionen, die Mandatory Integrity Control (MIC), den Internet Explorer, als Prozess mit niedriger Integrität zu laufen. MIC verbietet Prozessen mit niedriger Integrität den Schreibzugriff auf Objekte mit höheren Integritätsebenen, zum Beispiel Dateien und Registrierungsschlüsseln im Profil eines Benutzers oder in Systempfaden. Prozesse mit niedriger Integrität können nur in Ordner, Dateien und Registrierungsschlüssel schreiben, denen ein MIC-Zugriffssteuerungseintrag (Access Control Entry, ACE) für niedrige Integrität zugewiesen ist, die sogenannte *Verbindlichkeitskennzeichnung* (mandatory label). Tabelle 20.1 beschreibt die unterschiedlichen Integritätsstufen.

Tabelle 20.1 Verbindlichkeitsstufen für die Integritätssteuerung

Zugriffsebene	Systemprivilegien
Hoch	Administrativ. Prozesse können Dateien in den *Programme*-Ordner installieren und in kritische Registrierungs-bereiche schreiben, zum Beispiel *HKEY_LOCAL_MACHINE*.
Mittel	Benutzer. Prozesse können Dateien im *Dokumente*-Ordner des Benutzers anlegen und ändern sowie in benutzer-spezifische Bereiche der Registrierung schreiben, zum Beispiel *HKEY_CURRENT_USER*. Die meisten Dateien und Ordner auf einem Computer haben diese mittlere Integritätsstufe, weil bei allen Objekten ohne Verbindlich-keitskennzeichnung standardmäßig die Integritätsstufe Mittel eingestellt ist.
Gering	Nicht vertrauenswürdig. Prozesse können nur an Orte mit niedriger Integrität schreiben, zum Beispiel in den Ordner *Temporary Internet Files\Low* oder den Registrierungsschlüssel *HKEY_CURRENT_USER\Software\ Microsoft\Internet Explorer\Low*.

Weil der Internet Explorer und seine Erweiterungen als Prozess mit niedriger Integrität laufen, werden sie im geschützten Modus ausgeführt, sodass sie nur an Orte mit niedriger Integrität schreiben können, zum Beispiel in den neuen Ordner für temporäre Internetdateien mit niedriger Integrität, in den Ordner *Verlauf*, den Ordner *Cookies*, den Ordner *Favoriten* und den Ordner für Windows-Temporärdateien. Weil der geschützte Modus den nichtautorisierten Zugriff auf kritische Bereiche des Systems verhindert, bleiben die Folgen beschränkt, selbst falls ein Internet Explorer-Prozess kompromittiert wird. Es wird einem Angreifer zum Beispiel nicht gelingen, einfach einen Tastaturlogger im Autostartordner des Benutzers zu installieren.

Außerdem läuft der Prozess im geschützten Modus mit einer niedrigen Desktopintegritätsstufe. Dank der User Interface Privilege Isolation (UIPI) kann ein kompromittierter Prozess daher keine Anwendungen auf dem Desktop mithilfe von Fensternachrichten manipulieren. Das hilft dabei, die Gefahren durch sogenannte *Shatter-Angriffe* zu verringern. Shatter-Angriffe kompromittieren Prozesse, die höhere Privilegien haben, mithilfe von Fensternachrichten.

Falls eine Webseite oder ein Add-On mehr Privilegien benötigt, als im geschützten Modus oder der Kompatibilitätsschicht zur Verfügung stehen, bekommt der Benutzer eine Eingabeaufforderung angezeigt, in der er diese Privilegien mithilfe der Benutzerzugriffssteuerung (User Access Control, UAC) gewähren kann. Das passiert zum Beispiel, falls der Benutzer ein Add-On installieren muss, das höhere Rechte benötigt (Abbildung 20.9). Die meisten Add-Ons können allerdings im geschützten Modus laufen, wenn sie geladen werden, daher bekommt der Benutzer dann keine Eingabeaufforderung angezeigt.

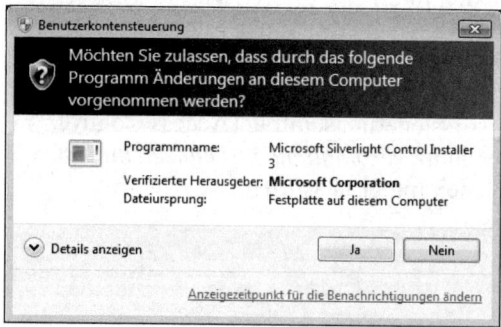

Abbildung 20.9 Der Internet Explorer schützt erhöhte Privilegien

Weil der geschützte Modus auch Erweiterungen schützt, können Sicherheitslücken in Erweiterungen (zum Beispiel Pufferüberläufe) nicht ausgenutzt werden, um Zugriff auf irgendwelche Teile des Dateisystems oder andere Betriebssystemobjekte zu bekommen, auf die der geschützte Modus normalerweise keinen Zugriff hat. Daher bleibt der mögliche Schaden bei einem erfolgreichen Exploit sehr beschränkt.

Gestaffelte Verteidigung

Der geschützte Modus ist nicht die erste Verteidigungslinie gegen Malware. Er bildet ein Element in einer gestaffelten Verteidigung (defense-in-depth). Der geschützte Modus bietet Schutz für den Fall, dass eine böswillige Webseite erfolgreich die anderen Sicherheitsmaßnahmen des Internet Explorers umgeht. Falls ein Exploit erfolgreich ist, hat der geschützte Modus die Aufgabe, den Schaden zu begrenzen, den Malware anrichten kann. Dazu beschränkt der geschützte Modus die Privilegien der Prozesse. Anders ausgedrückt: Selbst falls Ihr Browser gehackt wird, sollte der geschützte Modus dafür sorgen, dass Ihr Computer trotzdem sicher bleibt.

So funktioniert die Kompatibilitätsschicht des geschützten Modus

Um die Auswirkungen strenger Sicherheitseinschränkungen zu verringern, stellt der geschützte Modus eine Kompatibilitätsarchitektur zur Verfügung, die einige Anforderungen von geschützten Ressourcen umleitet und bei anderen Anforderungen beim Benutzer nachfragt, ob er einverstanden ist. Abbildung 20.10 zeigt, wie dieses Verhalten organisiert ist.

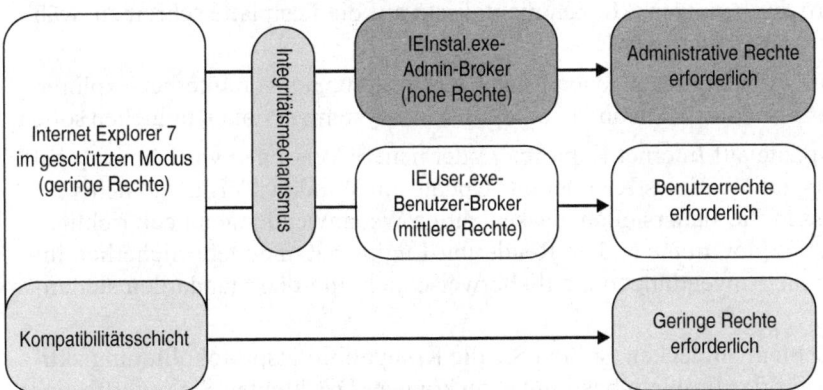

Abbildung 20.10 Der geschützte Modus des Internet Explorers bietet sowohl Sicherheit als auch Kompatibilität

Die *Kompatibilitätsschicht* (compatibility layer) kümmert sich um die Anforderungen von Erweiterungen, die für ältere Windows-Versionen geschrieben wurden und Zugriff auf geschützte Ressourcen erfordern. Dazu leitet sie die Anforderungen an sicherere Orte um. Der *Dokumente*-Ordner wird auf *\%UserProfile%\AppData\Local\Microsoft\Windows\Temporary Internet Files\Virtualized* umgeleitet und die Registrierungsstruktur *HKEY_CURRENT_USER* auf *HKEY_CURRENT_USER\Software\ Microsoft\InternetExplorer\InternetRegistry*.

Wenn ein Add-On zum ersten Mal versucht, in ein geschütztes Objekt zu schreiben, kopiert die Kompatibilitätsschicht das Objekt und verändert dann die Kopie. Sobald die erste Änderung vorgenommen wurde, zwingt die Kompatibilitätsschicht Add-Ons, aus der Kopie zu lesen. Statt der UAC-Virtualisierung von Windows Vista und neueren Betriebssystemversionen wird die Virtualisierung der Internet Explorer-Kompatibilitätsschicht benutzt.

> **HINWEIS** Für Windows Vista und neuere Versionen entwickelte Add-Ons können beim Speichern einer Datei die Kompatibilitätsschicht umgehen, indem sie die API-Funktion `SaveAs` aufrufen, es geht also keine Funktionalität verloren. Wenn Sie es dem Benutzer erlauben wollen, die Position der Datei auszuwählen, können Sie `IEShowSave-FileDialog` aufrufen, um dem Benutzer ein Dialogfeld zum Aussuchen eines Ordners anzuzeigen, und dann `IESaveFile`, um die Datei zu schreiben. Mit `IEGetWriteableFolderPath` und `IEGetWriteableHKCU` können Sie Positionen mit niedriger Integrität ermitteln, in die Ihr Add-On schreiben kann. Ob der geschützte Modus aktiv ist, können Sie mit der Methode `IEIsProtectedModeProcess` feststellen. Weitere Informationen finden Sie unter *http://msdn.microsoft.com/en-us/library/ms537319.aspx*.

Zwei sogenannte *Brokerprozesse* mit höheren Privilegien erlauben es dem Internet Explorer und den Erweiterungen, kritischere Operationen auszuführen, sofern der Benutzer zustimmt:

- Der Benutzer-Broker (*IEUser.exe*) bietet einen Satz Funktionen, mit denen der Benutzer Dateien in Bereiche außerhalb der Bereiche niedriger Integrität speichern kann.

- Der Admin-Broker (*IEInstal.exe*) erlaubt dem Internet Explorer, ActiveX-Steuerelemente zu installieren.

So werden Kompatibilitätsprobleme im geschützten Modus gelöst

Bestimmte Anwendungen, die für Internet Explorer 6 entwickelt wurden, funktionieren wegen der Einschränkungen im geschützten Modus mit Internet Explorer 7 und neueren Versionen unter Windows Vista und neueren Betriebssystemversionen möglicherweise nicht. Es gibt folgende Ursachen, warum Anwendungen aufgrund des geschützten Modus nicht funktionieren:

- Anwendungen, die *IExplore.exe* benutzen, können nicht direkt auf die Festplatte schreiben, während sie in der Zone *Internet* ausgeführt werden.

- Anwendungen wissen nicht, wie sie mit den neuen Eingabeaufforderungen von Internet Explorer 7 und neueren Versionen oder Windows Vista und neueren Betriebssystemversionen umgehen sollen.

Bevor Sie bei Benutzern ein Update auf Internet Explorer 7 oder neuere Versionen vornehmen (egal ob nur ein Update des Browsers auf Windows XP oder das Update auf Windows Vista und neuere Betriebssystemversionen), müssen Sie sicherstellen, dass wichtige Webanwendungen noch richtig funktionieren. Weil der Internet Explorer eine andere Rendering-Engine hat und mehr Sicherheit implementiert, funktionieren manche Anwendungen möglicherweise nicht mit den Standardeinstellungen.

Falls Sie ein Kompatibilitätsproblem entdecken, sollten Sie die Kompatibilitätsprotokollierung aktivieren, um die genaue Ursache für das Problem bestimmen zu können. Das können Sie mithilfe einer Gruppenrichtlinieneinstellung tun, indem Sie die Einstellung *Kompatibilitätsprotokollierung aktivieren* im Zweig *Computerkonfiguration\Richtlinien\Administrative Vorlagen\Windows-Komponenten\ Internet Explorer* oder *Benutzerkonfiguration\Richtlinien\Administrative Vorlagen\Windows-Komponenten\Internet Explorer* aktivieren.

Weitere Informationen über die Kompatibilitätsprotokollierung finden Sie in »Finding Security Compatibility Issues in Internet Explorer 7« unter *http://msdn.microsoft.com/en-us/library/bb250493.aspx*.

Sobald Sie mithilfe der Protokollierung das Problem identifiziert haben, können Sie versuchen, die Kompatibilitätsprobleme durch den geschützten Modus folgendermaßen zu beseitigen:

- **Fügen Sie die betroffene Site zur Zone *Vertrauenswürdige Sites* hinzu** Sites in der Zone *Vertrauenswürdige Sites* besitzen mehr Privilegien als Sites in anderen Zonen. Weitere Informationen finden Sie im Abschnitt »Sicherheitszonen« weiter unten in diesem Kapitel.

- **Ändern Sie die Anwendung, sodass sie im geschützten Modus läuft und mit allen eventuell angezeigten Eingabeaufforderungen umgehen kann**   Die meisten Anwendungen laufen erfolgreich im geschützten Modus, wenn sie entsprechend den Microsoft-Empfehlungen geschrieben sind und minimale Privilegien nutzen. Allerdings gibt es viele vorhandene Anwendungen, bei deren Entwicklung diese Richtlinien nicht beachtet wurden. Entwerfen Sie in Zusammenarbeit mit Ihren Entwicklern Anwendungen für den geschützten Modus. Weitere Informationen finden Sie in »Understanding and Working in Protected Mode Internet Explorer« unter *http://msdn.microsoft.com/en-us/library/ bb250462.aspx.*

- **Deaktivieren Sie den geschützten Modus (nicht empfohlen)**   Der geschützte Modus ist ein wichtiges Sicherheitsfeature, weil er den Schaden begrenzen kann, der durch böswillige Sites und Malware angerichtet wird. Falls der geschützte Modus Probleme verursacht, die Ihnen höhere Kosten verursachen, als durch die Sicherheitsverbesserungen gerechtfertigt sind, können Sie den geschützten Modus für bestimmte Sicherheitszonen deaktivieren. Öffnen Sie dazu das Dialogfeld *Internetoptionen*, klicken Sie auf die Registerkarte *Sicherheit*, wählen Sie die gewünschte Zone aus und deaktivieren Sie das Kontrollkästchen *Geschützten Modus aktivieren*. Starten Sie dann den Internet Explorer neu. Der geschützte Modus ist in der Standardeinstellung für die Zone *Vertrauenswürdige Sites* deaktiviert. Sie können den geschützten Modus auch über die Gruppenrichtlinieneinstellung namens *Geschützten Modus aktivieren* deaktivieren. Weitere Informationen finden Sie im Abschnitt »Sicherheitszonen« weiter unten in diesem Kapitel.

HINWEIS   Falls Sie den geschützten Modus deaktivieren, läuft der Internet Explorer in der mittleren Integritätsstufe.

Mit dem Microsoft Application Compatibility Toolkit (ACT) können Sie sicherstellen, dass unverzichtbare Webanwendungen kompatibel sind. Weitere Informationen über das ACT finden Sie unter *http://technet.microsoft.com/de-de/windows/aa905066.aspx.* Neben dem ACT enthält auch das Internet Explorer 8 Readiness Toolkit ausführliche Informationen und Tools, mit denen Sie Kompatibilitätsprobleme identifizieren und beseitigen können. Sie können das Internet Explorer 8 Readiness Toolkit von *http://www.microsoft.com/windows/internet-explorer/readiness/developers.aspx* herunterladen. Weitere Informationen über Webseitenprobleme, die durch Sicherheitseinstellungen verursacht werden, finden Sie in »Finding Security Compatibility Issues in Internet Explorer 7« unter *http://msdn.micro soft.com/en-us/library/bb250493.aspx.*

Windows Defender

Um den Schutz vor Malware auf der Browserebene zu verbessern, hilft Windows Defender dabei, dass Malware nicht in einem Download auf den Computer »geschmuggelt« wird (das sogenannte »Piggy-Back«-Verfahren). Dieser Mechanismus wird oft benutzt, um Spyware unerkannt zusammen mit anderen Anwendungen zu verteilen und zu installieren. Die Verbesserungen an Internet Explorer 7 können zwar keine Spyware abwehren, die das System nicht über den Browser befällt, aber in Kombination mit Windows Defender bieten sie eine robuste Verteidigung mit mehreren Ebenen. Weitere Informationen über Windows Defender finden Sie in Kapitel 24, »Schützen des Clients«.

Schutzmechanismen für den Umgang mit URLs

In der Vergangenheit verwendeten viele browserbasierte Angriffe absichtlich falsche URLs, um über einen Pufferüberlaufangriff böswilligen Code auszuführen. Für Internet Explorer 7 wurden diese Mechanismen und Angriffsmuster analysiert. Microsoft hat die interne Angriffsfläche von Internet Explorer 7 drastisch verkleinert, indem bestimmte Codeabschnitte neu geschrieben und eine einzige

Funktion definiert wurde, um URL-Daten zu verarbeiten. Dieser neue Datenhandler bietet eine höhere Zuverlässigkeit und stellt bessere Features und mehr Flexibilität zur Verfügung, um die sich ständig ändernde Natur von Internet, URL-Formaten, Domänennamen und internationalen Zeichensätzen zu beherrschen.

So funktioniert's: Pufferüberlaufangriffe

Ein Pufferüberlauf (buffer overflow oder buffer overrun) tritt auf, wenn eine Anwendung versucht, zu viele Daten in einem Puffer zu speichern, sodass Speicher überschrieben wird, der gar nicht dem Puffer zugewiesen ist. Ein besonders geschickter Angreifer kann sogar Daten einschleusen, die das Betriebssystem anweisen, böswilligen Code des Angreifers mit Privilegien der Anwendung auszuführen.

Eine der häufigsten Arten des Pufferüberlaufs ist der Stacküberlauf (stack overflow). Wenn Sie verstehen wollen, wie dieser Angriff abläuft, müssen Sie erst einmal wissen, wie Anwendungen normalerweise Variablen und andere Informationen auf dem Stack speichern. Abbildung 20.11 zeigt ein vereinfachtes Beispiel, wie eine C-Konsolenanwendung den Inhalt einer Variablen auf dem Stack ablegt. In diesem Beispiel wird der String »Hello« an die Anwendung übergeben und in der Variablen `argv[1]` gespeichert. Im Kontext eines Webbrowsers wäre die Eingabe statt des Worts »Hello« eine URL.

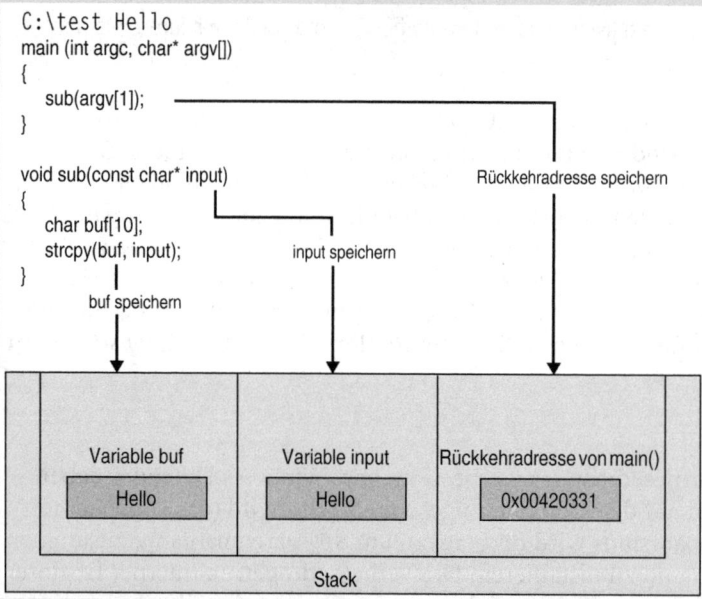

Abbildung 20.11   Ein einfaches Beispiel für normale Stackoperationen

Das erste Befehlszeilenargument, das an die Anwendung übergeben wird, wird letztlich in einem 10 Zeichen langen Array namens `buf` gespeichert. Während das Programm läuft, speichert es Informationen temporär auf dem Stack, darunter die Rückkehradresse, an der die Verarbeitung fortgesetzt werden soll, sobald die Unterroutine beendet ist, sowie die Variable, die an die Unterroutine übergeben wird. Die Anwendung funktioniert einwandfrei, solange sie weniger als 10 Zeichen übergeben bekommt. Aber wenn mehr als 10 Zeichen übergeben werden, ist ein Pufferüberlauf die Folge.

Abbildung 20.12 zeigt, wie es aussieht, wenn ein Angreifer derselben Anwendung in böser Absicht eine Eingabe übergibt, die länger ist als 10 Zeichen. Wenn die Zeile `strcpy(buf, input);` ausgeführt wird, versucht die Anwendung, den String `"hello-aaaaaaaa0066ACB1"` im 10-Zeichen-Array `buf` zu speichern. Weil die Eingabe zu lang ist, überschreibt sie den Inhalt anderer Informationen auf dem Stack, darunter die gespeicherte Adresse, zu der das Programm springt, um zu `main()` zurückzukehren. Sobald die Unterroutine beendet ist, springt der Prozessor an die vermeintliche Rückkehradresse, die auf dem Stack gespeichert ist. Weil diese Adresse manipuliert wurde, beginnt die Ausführung bei Speicheradresse 0x0066ACB1, wo der Angreifer wahrscheinlich böswilligen Code hinterlegt hat. Dieser Code läuft mit denselben Privilegien wie die ursprüngliche Anwendung, denn schließlich geht das Betriebssystem davon aus, dass die Anwendung den Code aufgerufen hat.

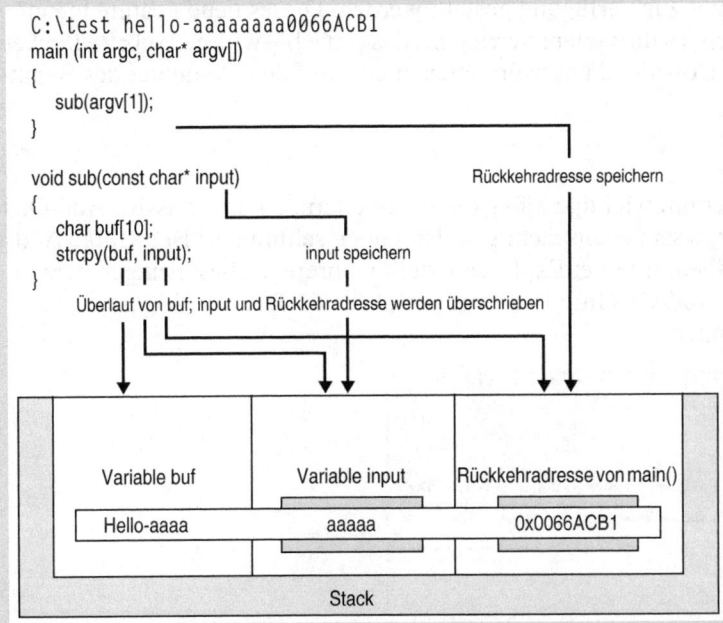

Abbildung 20.12 Ein vereinfachtes Beispiel für einen Pufferüberlaufangriff, der die Ausführung umleitet

Sichtbarkeit der Adressleiste

Angreifer führen Benutzer oft dadurch in die Irre, dass sie sie glauben machen, sie bekämen Informationen aus einer bekannten und vertrauenswürdigen Quelle angezeigt. Ein Weg, wie das Angreifern bisher gelingen konnte, bestand darin, die tatsächliche URL und den Domänennamen vor dem Benutzer zu verbergen, indem sie speziell zusammengestellte URLs verwendeten, die so aussahen, als gehörten sie zu anderen Websites.

Um diese Art von Angriff schwieriger zu machen, enthalten alle Browserfenster von Internet Explorer 7 oder neueren Versionen nun obligatorisch eine Adressleiste. Angreifer haben oft gültige Popupfensteraktionen missbraucht, um Fenster mit irreführenden Grafiken und Daten anzuzeigen, die Benutzer dazu zu bringen sollte, Malware herunterzuladen und zu installieren. Weil jetzt in jedem Fenster eine Adressleiste vorhanden ist, wissen die Benutzer genauer, aus welcher Quelle die angezeigten Informationen tatsächlich stammen.

Schutz vor Cross-Domain-Scripting-Angriffen

Bei einem Cross-Domain-Scripting-Angriff wird ein Skript von einer Internetdomäne ausgeführt, das den Inhalt einer anderen Domäne manipuliert. Zum Beispiel könnte ein Benutzer eine böswillige Seite besuchen, die ein neues Fenster mit einer echten Seite öffnet (zum Beispiel eine Bankwebsite) und den Benutzer auffordert, seine Kontodaten einzugeben. Diese Daten kann der Angreifer dann extrahieren.

Internet Explorer 7 hilft, diese Angriffsform zu bekämpfen, indem er den Namen der Domäne anhängt, von der das Skript stammt. Außerdem schränkt er die Fähigkeit des Skripts ein, sodass sie nur auf Fenster und Inhalt zugreifen können, die von derselben Domäne stammen. Diese Sperren gegen Cross-Domain-Scripting helfen sicherzustellen, dass Benutzerinformationen nur an die Empfänger geleitet werden, denen sie vom Benutzer explizit zur Verfügung gestellt werden. Dieses neue Feature bietet außerdem Schutz gegen Malware, indem es die Gefahr verringert, dass eine böswillige Website Lücken in anderen Websites ausnutzt und den Download unerwünschter Inhalte auf den Computer des Benutzers veranlasst.

Steuern der Browser-Add-Ons

Browser-Add-Ons können Webbrowser um wichtige Fähigkeiten erweitern. Unzuverlässige Add-Ons können allerdings die Stabilität des Browsers beeinträchtigen. Und noch schlimmer: Böswillige Add-Ons können vertrauliche Daten ausspähen. Internet Explorer 7 stellt mehrere Verbesserungen bereit, mit denen Sie steuern können, welche Add-Ons Ihre Benutzer ausführen dürfen. Die folgenden Abschnitte beschreiben diese Verbesserungen.

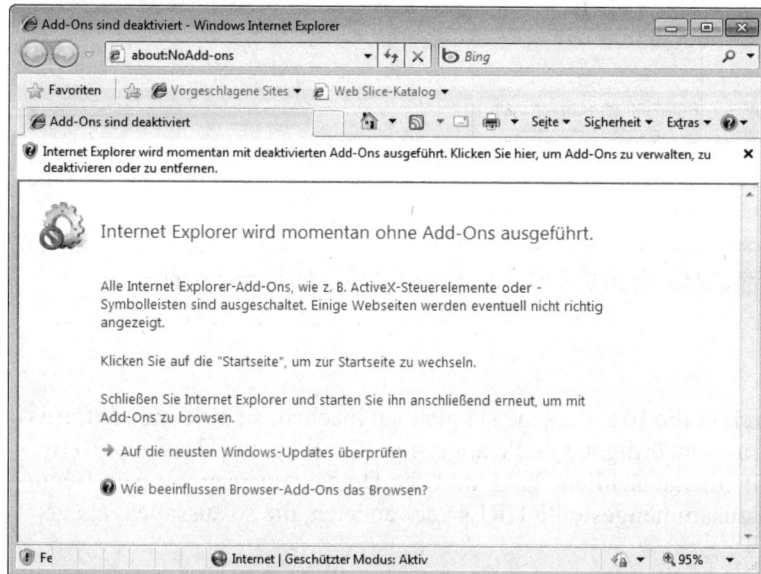

Abbildung 20.13   Sie können alle Add-Ons deaktivieren, um Probleme im Internet Explorer zu analysieren

Modus zum Deaktivieren von Internet Explorer-Add-Ons

Internet Explorer 7 bietet einen Modus, in dem keine Add-Ons erlaubt sind. So kann er temporär ohne irgendwelche Symbolleisten, ActiveX-Steuerelemente oder andere Add-Ons ausgeführt werden. Die Funktionalität in diesem Modus ist dieselbe, wie wenn Sie im Add-On-Manager von Hand alle Add-

Ons deaktivieren. Das kann sehr nützlich sein, wenn Sie eine Problembehandlung durchführen, die möglicherweise mit einem Add-On zu tun hat.

Gehen Sie folgendermaßen vor, um den Modus zum Deaktivieren aller Add-Ons zu verwenden:

1. Öffnen Sie das Startmenü und wählen Sie *Alle Programme*.

2. Öffnen Sie *Zubehör*, dann *Systemprogramme* und klicken Sie auf *Internet Explorer (ohne Add-Ons)*.

3. Beachten Sie die Informationsleiste, die in Ihrem Browser angezeigt wird. Sie weist darauf hin, dass die Add-Ons deaktiviert sind (Abbildung 20.13).

Wenn Sie den Internet Explorer über die Standardverknüpfung im Startmenü ausführen, bekommen Sie wieder die übliche Funktionalität.

Verbesserungen am Add-On-Manager

Der Add-On-Manager bietet eine simple Oberfläche, in der Sie wahlweise auflisten können: alle installierten Add-Ons, alle Add-Ons, die beim Start des Internet Explorers geladen werden, sowie alle Add-Ons, die der Internet Explorer jemals benutzt hat. In diesen Listen können Sie feststellen, welche Add-Ons aktiviert oder deaktiviert sind, und die gewünschten Einträge einfach deaktivieren oder aktivieren.

Gehen Sie folgendermaßen vor, um ein bestimmtes Add-On zu deaktivieren:

1. Wählen Sie in Ihrem Browser den Menübefehl *Extras/Add-Ons verwalten/Add-Ons aktivieren bzw. deaktivieren*.

2. Wählen Sie in der Liste *Anzeigen* aus, welchen Satz von Add-Ons Sie verwalten wollen.

3. Wählen Sie das Add-On aus, das Sie deaktivieren wollen (Abbildung 20.14), und klicken Sie dann auf *Deaktivieren*.

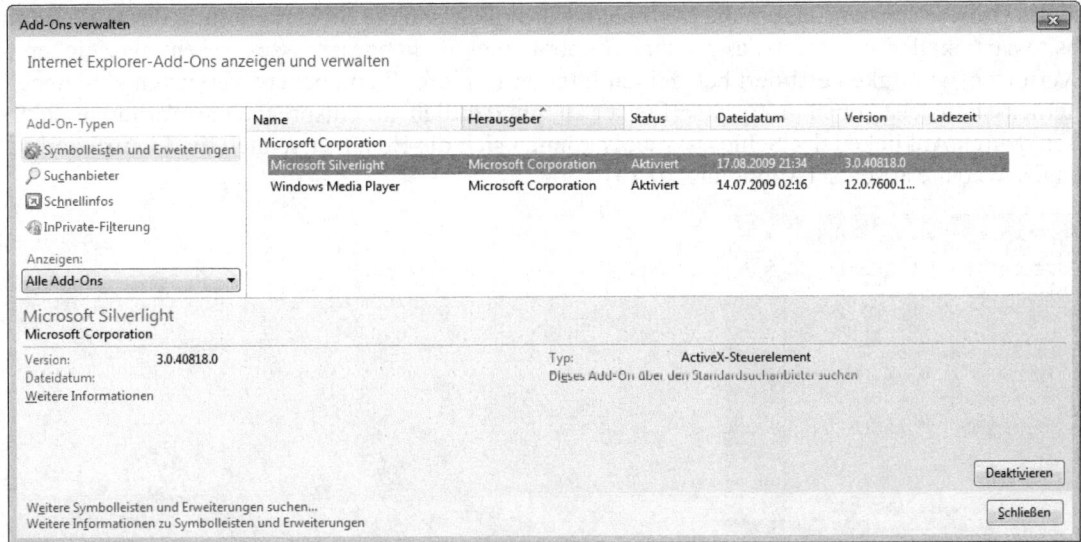

Abbildung 20.14   Das Dialogfeld *Add-Ons verwalten* macht es einfach, problematische Add-Ons zu deaktivieren

4. Klicken Sie auf *OK*, um das Dialogfeld *Add-Ons verwalten* zu schließen.

Im Rahmen einer Problembehandlung können Sie auf diese Weise ein Add-On nach dem anderen deaktivieren, bis das Problem nicht mehr auftritt.

Steuern von Add-Ons mithilfe von Gruppenrichtlinien

Wie bei älteren Versionen des Internet Explorers können Sie mit Gruppenrichtlinieneinstellungen im Zweig *Benutzerkonfiguration\Richtlinien\Administrative Vorlagen\Windows-Komponenten\Internet Explorer\Sicherheitsfunktionen\Add-On-Verwaltung* bestimmte Add-Ons für Ihre ganze Organisation aktivieren oder deaktivieren.

Schutz vor Datendiebstahl

Den meisten Benutzern ist gar nicht klar, wie viele persönliche, nachverfolgbare Daten sie bei jedem Mausklick im Web hinterlassen. Die Menge dieser Informationen wächst, während Browserentwickler und Websitebetreiber ihre Technologien erweitern, um den Benutzern leistungsfähigere und komfortablere Features zu bieten. Den meisten Onlinebenutzern fällt es außerdem schwer, eine gültige Website von einer Fälschung oder einer böswilligen Kopie zu unterscheiden. Wie in den folgenden Abschnitten beschrieben, stellt der Internet Explorer mehrere Features zur Verfügung, um Benutzern Informationen zu liefern, mit denen sie feststellen können, ob eine Site echt ist.

Die Sicherheitsstatusleiste

Viele Benutzer wissen inzwischen über SSL (Secure Sockets Layer) und seine Sicherheitsvorteile Bescheid, aber nach wie vor vertraut ein großer Teil der Internetbenutzer zu stark darauf, dass eine beliebige Website, in der sie vertrauliche Daten eingeben sollen, tatsächlich geschützt ist. Internet Explorer 7 versucht dieses Problem zu verringern, indem er klare und deutliche Hinweise zur Sicherheit und Vertrauenswürdigkeit einer Website anzeigt.

Ältere Versionen des Internet Explorers zeigten ein goldenes Schlosssymbol in der rechten unteren Ecke des Browserfensters an, um die Vertrauenswürdigkeit und die Sicherheitsstufe der aufgerufenen Website darzustellen. Weil sich das goldene Symbol eines Vorhängeschlosses so sehr als Zeichen für die Vertrauenswürdigkeit etabliert hat, zeigen Internet Explorer 7 und neuere Versionen eine neue Sicherheitsstatusleiste oben im Browserfenster an, um deutlich auf entsprechende Warnungen hinzuweisen. Durch Anklicken des Schlosssymbols können sich die Benutzer schnell die Identifizierungsdaten der Website ansehen (Abbildung 20.15).

Abbildung 20.15   Das Symbol mit dem goldenen Schloss zeigt deutlicher an, dass SSL eingesetzt wird

Außerdem zeigt der Internet Explorer eine Warnungsseite an, bevor er eine Site mit einem ungültigen Zertifikat darstellt (Abbildung 20.16).

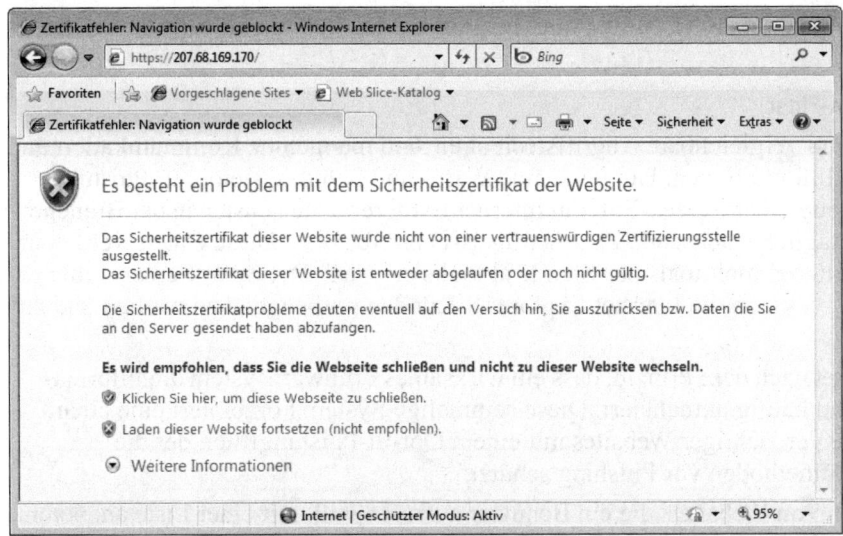

Abbildung 20.16   Der Internet Explorer warnt Benutzer, wenn ein Zertifikat ungültig ist

Und falls der Benutzer eine Site aufruft, obwohl sie ein ungültiges Zertifikat hat, wird die Adressleiste mit einem roten Hintergrund angezeigt (Abbildung 20.17).

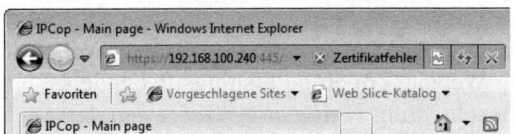

Abbildung 20.17   Der rote Hintergrund macht unzweifelhaft klar, dass es ein Problem mit dem SSL-Zertifikat der Site gibt

Phishing

Phishing ist eine Technik, die von vielen Betreibern böswilliger Websites genutzt wird, um persönliche Daten auszuspähen. Dabei gibt sich der Betreiber als vertrauenswürdiges Unternehmen aus, um an persönliche Daten wie Sozialversicherungsnummern oder Kreditkartennummern zu gelangen. Diese gefälschten Websites (fake sites oder spoofed sites) sind so entworfen, dass sie genauso aussehen wie die echten Sites. Die Zahl der Phishingwebsites ist ständig gewachsen, allein im August 2006 erhielt die Anti-Phishing Working Group Meldungen über mehr als 10.000 unterschiedliche Phishingsites, die versuchen, 148 echte Websites vorzutäuschen.

> **HINWEIS**   Weitere Informationen über die Anti-Phishing Working Group finden Sie unter *http://www.antiphishing. org/*.

Im Unterschied zu direkten Angriffen (bei denen Angreifer in ein System einbrechen, um Kontoinformationen auszuspähen), erfordert ein Phishingangriff kein technisches Spezialwissen. Er funktioniert dadurch, dass Benutzer ihre Daten, zum Beispiel Kontokennwörter oder Sozialversicherungsnummern, freiwillig mitteilen. Diese Verfahren werden oft als »Social Engineering« bezeichnet. Sie sind am schwierigsten abzuwehren, weil sie erfordern, dass die Schulung und das Verständnis der Benutzer verbessert werden; es reicht nicht, ein Update für eine Anwendung einzuspielen. Selbst erfahrene Profis lassen sich manchmal durch die Qualität und Detailgenauigkeit bestimmter Phishingwebsites täuschen. Die Angreifer bekommen mehr Erfahrung und reagieren schneller, um zu verhindern, dass sie entdeckt werden.

So funktioniert der SmartScreen-Filter

Voraussetzung für Phishing und vergleichbare Angriffstechniken sind mangelnde Kommunikation und der begrenzte Austausch von Informationen. Um wirksame Warn- und Schutzsysteme für Phishing aufzubauen, kombiniert der neue SmartScreen-Filter in Internet Explorer 8 die neusten in der Branche gesammelten Daten über die täglich wachsende Zahl betrügerischer Websites. Diese Daten werden in einem Onlinedienst gesammelt, der mehrmals pro Stunde aktualisiert wird. Der SmartScreen-Filter liefert diese Informationen zurück, um die Internet Explorer 8-Kunden vorbeugend zu warnen und zu schützen.

Der SmartScreen-Filter arbeitet nach dem Prinzip, dass ein wirksames Frühwarnsystem die Informationen dynamisch sammelt und häufig aktualisiert. Dieses einmalige System kombiniert eine clientseitige Prüfung auf Merkmale verdächtiger Websites mit einem Opt-In-Phishingfilter, der die Benutzer anhand von drei Prüfmethoden vor Phishing schützt:

- Er vergleicht die Adressen von Websites, die ein Benutzer aufrufen will, mit einer Liste anerkannt seriöser Sites, die auf dem Computer des Benutzers gespeichert ist.
- Er analysiert die Sites, die ein Benutzer besuchen will, indem er diese Sites auf Merkmale überprüft, die häufig bei Phishingsites vorkommen.
- Er sendet die Websiteadressen an einen Microsoft-Onlinedienst, um sie mit einer häufig aktualisierten Liste gemeldeter Phishingsites zu vergleichen.

Der Dienst überprüft, ob eine angeforderte URL in einer Liste bekannter vertrauenswürdiger Websites eingetragen ist. Besteht der Verdacht, dass es sich bei einer Website um eine Phishingsite handelt, zeigt Internet Explorer 8 eine gelbe Schaltfläche mit der Beschriftung *Verdächtige Website* in der Adressleiste an. Der Benutzer kann diese Schaltfläche anklicken, um sich detaillierte Informationen zur Warnung anzeigen zu lassen.

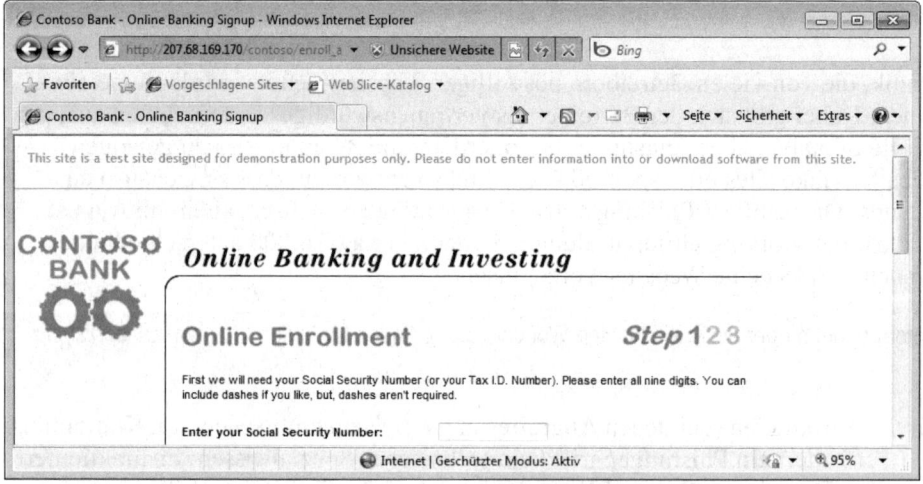

Abbildung 20.18   Der Internet Explorer kann Phishingwebsites erkennen und Benutzer warnen, bevor sie eine solche Site besuchen

Falls es sich bei einer Website um eine bekannte Phishingsite handelt, zeigt Internet Explorer 7 eine Warnung mit einer roten Statuszeile an, wie in Abbildung 20.18 zu sehen. Falls der Benutzer die Warnungen ignoriert und die Website trotzdem aufruft, bleibt die Statuszeile rot und zeigt deutlich an, dass es sich um eine Phishingwebsite handelt.

Der Internet Explorer überprüft erst, ob eine Website in einer *Liste seriöser Sites* (legitimate list oder allow list) eingetragen ist, die auf Ihrem lokalen Computer gespeichert ist. Diese Liste wird von Microsoft aus den Daten der Websites generiert, die als echt gemeldet wurden. Falls die Website in der Liste seriöser Sites eingetragen ist, wird sie als sicher betrachtet und es wird auf weitere Prüfungen verzichtet. Falls sich die Site nicht in der Liste seriöser Sites befindet oder die Site aufgrund bestimmter Merkmale als verdächtig gilt, kann der Internet Explorer anhand von zwei Techniken feststellen, ob eine Website möglicherweise eine Phishingwebsite ist:

- **Lokale Analyse**   Der Internet Explorer sucht auf der Website nach Mustern oder Phrasen, die verraten, dass es sich unter Umständen um eine böswillige Site handelt. Die lokale Analyse bietet einen gewissen Schutz gegen neue Phishingsites, die noch nicht in der Onlineliste eingetragen sind. Außerdem kann die lokale Analyse den Schutz von Benutzern verbessern, die den Onlinevergleich deaktiviert haben.

- **Onlinevergleich**   Der Internet Explorer sendet die URL an Microsoft, wo geprüft wird, ob sie in einer Liste bekannter Phishingsites eingetragen ist. Diese Liste wird regelmäßig aktualisiert.

Wenn Sie Websites mithilfe des SmartScreen-Filters automatisch oder von Hand überprüfen (indem Sie den SmartScreen-Filter aktivieren und dann im Menü *Sicherheit* unter *SmartScreen-Filter* den Befehl *Diese Website überprüfen* wählen), wird die Adresse der besuchten Website an Microsoft gesendet (und zwar an den TCP-Port 443 von *https://urs.microsoft.com*), zusammen mit einigen Standarddaten über Ihren Computer, zum Beispiel IP-Adresse, Browsertyp und die Versionsnummer des SmartScreen-Filters. Um Ihre Daten zu schützen, werden die an Microsoft gesendeten Daten mithilfe von SSL verschlüsselt, außerdem werden nur Domäne und Pfad der Website übertragen. Weitere Daten, die möglicherweise in der Adresse enthalten sind, zum Beispiel Suchbegriffe, in Formulare eingegebene Daten oder Cookies, werden nicht übertragen.

HINWEIS   Wenn eine Website im Onlinephishingfilter überprüft wird, werden unter Umständen 8 KByte Daten oder mehr übertragen. Der Großteil davon ist erforderlich, um die verschlüsselte HTTPS-Verbindung aufzubauen. Der Phishingfilter sendet für jede Domäne, die Sie innerhalb eines bestimmten Zeitraums besuchen, nur eine einzige Anforderung. Eine einzelne Webseite kann allerdings Objekte enthalten, die auf unterschiedlichen Servern gespeichert sind, sodass mehrere Anforderungen generiert werden. Anforderungen nach mehreren Webseiten erfordern mehrere separate HTTPS-Sitzungen.

Falls Sie zum Beispiel die Suchsite Bing unter *http://www.bing.com* aufgerufen und den Suchbegriff »Geheim« eingegeben haben, wird nicht die vollständige Adresse *http://www.bing.com/search?q=Geheim&FORM=QBLH* übertragen, sondern der SmartScreen-Filter entfernt den Suchbegriff und überträgt nur *http://www.bing.com/search*. Adressstrings können manchmal unbeabsichtigt persönliche Daten enthalten, aber diese Daten werden nicht benutzt, um Sie zu identifizieren oder sich mit Ihnen in Kontakt zu setzen. Falls Benutzer sich Sorgen machen, dass ein Adressstring persönliche oder vertrauliche Daten enthält, sollten sie die Site nicht melden. Weitere Informationen finden Sie in der Datenschutzerklärung zu Internet Explorer 8 unter *http://www.microsoft.com/windows/internet-explorer/privacy.aspx*.

Direkt von der Quelle: Echtzeitprüfung auf Phishingsites

Rob Franco, Lead Program Manager, *Federated Identity Group*

Leser haben uns gefragt, warum wir uns für eine Echtzeitsuche im Anti-Phishing-Server entschieden haben statt für eine regelmäßig heruntergeladene Liste der Sites, vergleichbar einem Anti-Spyware-Produkt. Wir verwenden eine Echtzeitprüfung bezüglich Phishingsites, weil sie einen besseren Schutz als rein statische Listen bietet und die Überlastung der Netzwerke vermeidet.

Der SmartScreen-Filter enthält eine regelmäßig heruntergeladene Liste »bekanntermaßen sicherer« Sites, aber wir wissen, dass Phishingangriffe blitzschnell ablaufen und auf neue Adressen wechseln können. Das passiert oft innerhalb von 24 bis 48 Stunden, und somit viel schneller, als wir Updates zu einer Liste »bekannter Phishingsites« verteilen können. Selbst wenn der SmartScreen-Filter 24 Mal am Tag eine Liste der Phishingsites herunterladen würde, wären Sie eine volle Stunde lang ungeschützt gegen eine bekannte, aber neue Phishingsite.

Weil der SmartScreen-Filter unbekannte Sites in Echtzeit überprüft, haben Sie immer die neusten Erkenntnisse. Müssten die Benutzer ständig eine lokale Liste herunterladen, würde das auch Skalierungsprobleme mit der Netzwerkauslastung verursachen. Wir denken, dass die Zahl der Computer, mit denen Phishingangriffe gestartet werden können, viel höher ist als die Zahl der Spyware-Signaturen, mit denen Benutzer heutzutage zu kämpfen haben. Wo sich die Phishingbedrohungen so rasant fortbewegen, könnte der Download einer Liste neu entdeckter Phishingsites einmal pro Stunde den Internetverkehr deutlich verlangsamen.

Es werden auch anonyme Statistiken über Ihre Nutzung an Microsoft gesendet, zum Beispiel die Zeit und die Gesamtzahl der Websites, die besucht wurden, seit zuletzt eine Adresse zur Analyse an Microsoft gesendet wurde. Diese Informationen werden zusammen mit den vorher beschriebenen Daten ausgewertet, um die Leistung zu analysieren und die Qualität des SmartScreen-Filterdienstes zu verbessern. Microsoft nutzt die empfangenen Informationen nicht, um Sie persönlich zu identifizieren. Einige übertragene URLs werden unter Umständen gespeichert, um sie in die Liste seriöser Sites aufzunehmen und dann als Clientupdates zu verbreiten. Wenn diese Informationen gespeichert werden, werden zusätzliche Informationen gespeichert, darunter die Version des SmartScreen-Filters und des Betriebssystems sowie Ihre Browsersprache.

Die Onlineliste der Phishingsites wird zwar regelmäßig aktualisiert, aber es kann passieren, dass Benutzer auf eine Phishingsite stoßen, die noch nicht in der Liste eingetragen ist. Die Benutzer können Microsoft dabei helfen, eine möglicherweise böswillige Site zu identifizieren, indem sie diese Site melden. Wählen Sie dazu in Internet Explorer 8 den Menübefehl *Sicherheit/SmartScreen-Filter/ Unsichere Website melden*. Daraufhin wird ein einfaches Formular geöffnet, in dem Sie die Daten der Site an Microsoft melden können.

So konfigurieren Sie die Optionen für den SmartScreen-Filter

Gehen Sie folgendermaßen vor, um den SmartScreen-Filter zu aktivieren oder zu deaktivieren:

1. Klicken Sie in Ihrem Browser auf *Extras* und dann auf *Internetoptionen*.
2. Klicken Sie im Dialogfeld *Internetoptionen* auf die Registerkarte *Erweitert*, blättern Sie in der Liste *Einstellungen* bis zur Rubrik *Sicherheit* und aktivieren oder deaktivieren Sie das Kontrollkästchen *SmartScreen-Filter aktivieren*.

Mit den folgenden Gruppenrichtlinieneinstellungen können Sie einstellen, ob Benutzer den Smart-Screen-Filter konfigurieren müssen:

- *Computerkonfiguration\Richtlinien\Administrative Vorlagen\Windows-Komponenten\Internet Explorer\Verwalten von SmartScreen-Filter deaktivieren*
- *Benutzerkonfiguration\Richtlinien\Administrative Vorlagen\Windows-Komponenten\Internet Explorer\Verwalten von SmartScreen-Filter deaktivieren*

Wenn Sie diese Einstellung aktivieren, haben Sie die Auswahl, ob Sie SmartScreen aktivieren oder deaktivieren wollen. Außerdem haben Sie in derselben Gruppe die Möglichkeit, die Richtlinie *Umgehung der SmartScreen-Filterwarnungen verhindern* zu aktivieren.

Direkt von der Quelle: Wirksamkeitsstudie zu Anti-Phishing-Techniken

Tony Chor, Group Program Manager, *Internet Explorer Product Team*

Während wir am neuen Phishingfilter für Internet Explorer 7 arbeiteten, war uns klar, dass sich seine Qualität hauptsächlich danach bemisst, wie gut er die Kunden schützt. Neben unseren internen Tests wollten wir auch einige externe Messverfahren nutzen, um unsere Fortschritte zu bewerten und Verbesserungsmöglichkeiten zu finden. Wir kannten keine öffentlich verfügbare Studie zu diesem Bereich, nur einige interne Untersuchungen und Produkttests.

Um uns bei der Beantwortung dieser Frage zu helfen, baten wir 3Sharp, eine Vergleichsstudie mit dem Phishingfilter in Internet Explorer 7 und sieben anderen Produkten durchzuführen, die gegen Phishing schützen sollen. 3Sharp testete acht browserbasierte Produkte, um ihre Wirksamkeit zu untersuchen. Dabei wurden im Zeitraum von 6 Wochen (Mai bis Juli 2006) 100 aktive, bekannte Phishingwebsites sowie 500 seriöse Sites aufgerufen (um zu ermitteln, wie viele Fehlalarme auftraten). Erfreulicherweise landete der Phishingfilter von Internet Explorer 7 bei der Untersuchung von 3Sharp auf dem ersten Platz: Er fand 9 von 10 Phishingsites, ohne dabei Fehlalarme zu erzeugen oder irgendwelche der 500 getesteten seriösen Websites zu blockieren.

Es ist erfreulich, dass so viele Firmen nach unterschiedlichen Wegen suchen, den schlimmen Problemen durch Phishing zu begegnen. Wir glauben, dass die von 3Sharp gemeldeten Ergebnisse die Richtigkeit unseres Ansatzes bestätigen, eine dienstbasierte Blockierungsliste mit clientseitigen Heuristiken zu kombinieren. Uns ist aber natürlich klar, dass die Bedrohung durch Phishing sich ständig weiterentwickelt, genauso wie die Tools, die die Benutzer schützen sollen. Die Ergebnisse dieser Studie machen nur Aussagen über die relative Leistung während des Untersuchungszeitraums. Wir wissen, dass wir am Ball bleiben müssen, während sich die Angriffe verändern. Und wir nutzen die Ergebnisse dieses Tests bereits, um die Wirksamkeit des Phishingfilters noch weiter zu steigern.

Löschen des Browserverlaufs

Browser speichern viele Spuren, die verraten, welche Sites der Benutzer besucht hat. Das sind zwischengespeicherte Kopien von Seiten und Bildern, Kennwörter und Cookies. Falls ein Benutzer von einem öffentlichen Computer aus auf vertrauliche Daten oder authentifizierte Websites zugreift, kann ein anderer Benutzer unter Umständen anhand der gespeicherten Kopien der Website auf vertrauliche Daten zugreifen. Damit solche Spuren einfacher entfernt werden können, stellt Internet Explorer 7 den Befehl *Browserverlauf löschen* zur Verfügung. Der Benutzer kann damit über einen einzigen Mausklick ganz einfach und auf einen Schlag alle persönlichen Daten löschen.

Gehen Sie folgendermaßen vor, um den Browserverlauf zu löschen:

1. Wählen Sie im Browser den Befehl *Extras/Internetoptionen*.

2. Klicken Sie im Dialogfeld *Internetoptionen* auf der Registerkarte *Allgemein* im Feld *Browserverlauf* auf die Schaltfläche *Löschen*.

3. Löschen Sie im Dialogfeld *Browserverlauf löschen* (Abbildung 20.19) nur die Objekte, die Sie entfernen wollen.

Abbildung 20.19   Im Dialogfeld *Browserverlauf löschen* können Sie zentral alle vertraulichen Daten löschen, die beim Websurfen gespeichert wurden

Falls Sie verhindern wollen, dass Benutzer ihren Browserverlauf, ihre Formulardaten oder ihre Kennwörter löschen, können Sie die Gruppenrichtlinien in den Zweigen *Computerkonfiguration\Richtlinien\Administrative Vorlagen\Windows-Komponenten\Internet Explorer\Browserverlauf löschen* beziehungsweise *Benutzerkonfiguration\Richtlinien\Administrative Vorlagen\Windows-Komponenten\ Internet Explorer\Browserverlauf löschen* aktivieren.

Verhindern von IDN-Spoofing

Bei den sogenannten *Look-alike-* oder *Homograph*-Angriffen werden bestimmte Zeichen durch andere, ganz ähnlich aussehende Zeichen ersetzt. Das ist auch schon mit dem ASCII-Zeichensatz möglich. Wenn zum Beispiel *www.alpineskihouse.com* der richtige Name für die Website von Alpine Ski House ist, könnte *www.a1pineskihouse.com* leicht damit verwechselt werden, obwohl der Kleinbuchstabe »l« durch die Zahl 1 ersetzt wurde. In IDN (International Domain Name) wächst der Zeichenvorrat von einigen Dutzend auf viele tausend Zeichen aus allen möglichen Sprachen an, sodass die Möglichkeiten für Spoofing-Angriffe gewaltig wachsen.

Der Entwurf für die Anti-Spoofing-Maßnahmen bei IDN verfolgt diese Ziele:

- Verringern der Angriffsfläche
- Keine Benachteiligung von Unicode-Domänennamen
- Hohe Benutzerfreundlichkeit für Benutzer in aller Welt
- Einfache, logische Optionen, mit denen der Benutzer die IDN-Nutzung optimieren kann

Eine Technik, wie der Internet Explorer diese Gefahr verringert, ist die Verwendung von *Punycode*. Punycode (definiert in RFC 3492) konvertiert Unicode-Domänennamen in einen begrenzten Satz von Zeichen. Mit Punycode wird aus dem Domänennamen *soüth.contoso.com* (mit dem *south.contoso. com* vorgetäuscht werden könnte) der Name *soth-kva.contoso.com*. Offensichtlich lässt die Anzeige der Adresse in Punycode-Form wenig Raum für erfolgreiches Spoofing, auch wenn der ganze Unicode-Zeichensatz genutzt werden kann. Punycode ist allerdings nicht sehr benutzerfreundlich.

Daher definieren Internet Explorer 7 oder neuere Versionen einige Einschränkungen, welche Zeichensätze in der Adressleiste angezeigt werden dürfen. Diese Einschränkungen werden durch die konfigurierte Browsersprache des Benutzers gesteuert. Anhand der APIs von *Idndl.dll* stellt der Internet Explorer fest, welche Zeichensätze vom aktuellen Domänennamen benutzt werden. Falls der Domänenname Zeichen enthält, die nicht in den vom Benutzer eingestellten Sprachen vorhanden sind, wird der Name in Punycode angezeigt, um Spoofing zu verhindern.

Ein Domänenname wird in Punycode angezeigt, falls eine der folgenden Bedingungen zutrifft:

- Der Domänenname enthält Zeichen, die in keiner Sprache vorhanden sind, wie in *www.* ☺ *.com*.

- Irgendein Element des Domänennamens enthält eine Mischung aus Schriften, die nicht zusammen in irgendeiner Sprache vorkommen. Zum Beispiel dürfen im selben Element nicht griechische und kyrillische Zeichen vermischt werden.

- Irgendein Element des Domänennamens enthält Zeichen, die nur in Sprachen vorkommen, die nicht in der vom Benutzer eingestellten Liste der Sprachen stehen. Beachten Sie aber, dass Elemente mit reinem ASCII-Inhalt immer erlaubt sind, um die Kompatibilität zu vorhandenen Sites zu gewährleisten. Ein Element ist dabei ein Segment eines Domänennamens, das durch Punkte begrenzt wird. Beispielsweise enthält *www.microsoft.com* drei Elemente: »www«, »microsoft« und »com«. In unterschiedlichen Elementen dürfen unterschiedliche Sprachen verwendet werden, sofern alle Sprachen in der vom Benutzer eingestellten Liste enthalten sind. Dadurch soll die Unterstützung für Domänennamen wie *Name.contoso.com* sichergestellt werden, wo die Wörter *contoso* und *Name* aus unterschiedlichen Sprachen stammen.

Immer wenn Internet Explorer 7 oder neuere Versionen verhindern, dass ein IDN-Domänenname in Unicode angezeigt wird, macht eine Informationsleiste den Benutzer darauf aufmerksam, dass der Domänenname Zeichen enthält, für deren Anzeige der Internet Explorer nicht konfiguriert ist. In der IDN-Informationsleiste können Sie ganz einfach weitere Sprachen zur Liste der erlaubten Sprachen hinzufügen. In der Standardeinstellung enthält die Liste der für einen Benutzer erlaubten Sprachen normalerweise nur die gerade konfigurierte Microsoft Windows-Sprache.

Der Schutzmechanismus gegen IDN-Spoofing kümmert sich um zwei Dinge:

- Er verhindert, dass innerhalb eines Adresselements eine nichtstandardmäßige Kombination von Schriften angezeigt wird. Damit können Angriffe wie *http://bank.contoso.com* verhindert werden, wo es so aussieht, als würde nur eine Schrift verwendet, aber in Wirklichkeit zwei Schriften enthalten sind. Dieser Domänenname wird immer als *http://xn--bnk-sgz.contoso.com* angezeigt, weil zwei Schriften (Kyrillisch und Lateinisch) im selben Element gemischt wurden. Damit reduzieren sich die Angriffsmöglichkeiten auf die Verwendung von Zeichen innerhalb einer einzigen Sprache.

- Er verringert die Gefahr durch Angriffe mit Zeichen aus einer einzigen Sprache, indem er nur die Sprachen zulässt, die der jeweilige Benutzer als Zielsprache zugelassen hat.

Benutzer, die beispielsweise in ihren Spracheinstellungen Griechisch erlauben, können durch Spoofs mit griechischen Zeichen getäuscht werden, genauso wie englischsprachige Benutzer durch reine ASCII-Spoofs getäuscht werden können. Um solche Gefahren zu verringern, überwacht der Phishingfilter in Internet Explorer 7 sowohl Unicode- als auch ASCII-URLs. Falls der Benutzer die Verwendung des Phishingfilters aktiviert hat, wird während der Navigation in Echtzeit überprüft, ob der Zieldomänenname eine bekannte Phishingsite ist. Ist das der Fall, wird die Navigation blockiert. Als weitere Verteidigungslinie kann der Webdienst des Phishingfilters zusätzliche Heuristiken anwenden, um festzustellen, ob der Domänenname optisch irreführend ist. Ist das der Fall, warnt der Phishingfilter den Benutzer mit einem Hinweis in der Adressleiste des Internet Explorers.

Jedes Mal, wenn ein Benutzer eine Site aufruft, die eine IDN-Adresse hat, erscheint in der Internet Explorer-Adressleiste ein Hinweis, um den Benutzer darauf aufmerksam zu machen, dass IDN aktiv ist. Der Benutzer kann auf das IDN-Symbol klicken, um weitere Informationen über den aktuellen Domänennamen abzurufen. Benutzer, die keine Unicode-Adressen angezeigt bekommen möchten, können auf der Registerkarte *Erweitert* des Dialogfelds *Internetoptionen* das Kontrollkästchen *Codierte Adressen immer anzeigen* aktivieren.

Sicherheitszonen

Webanwendungen können fast alles tun, was auch eine normale Windows-Anwendung tun kann: Sie können mit dem Desktop kommunizieren, Software installieren und die Einstellungen Ihres Computers verändern. Würden Webbrowser allerdings beliebigen Websites erlauben, solche Aktionen auszuführen, würden manche Websites diese Möglichkeiten missbrauchen, um Malware zu installieren oder andere böswillige Aktionen auf den Computern auszuführen.

Um diese Gefahr zu verringern, schränkt der Internet Explorer ein, welche Aktionen Websites aus dem Internet durchführen dürfen. Diese Einschränkungen können allerdings Probleme für seriöse Websites verursachen, die höhere Privilegien benötigen. Nehmen wir zum Beispiel an, Ihre Benutzer müssen eine interne Website besuchen, die ein unsigniertes ActiveX-Steuerelement verwendet. Es wäre sehr gefährlich, deswegen die Verwendung unsignierter ActiveX-Steuerelemente gleich für alle Websites zuzulassen.

Grundlagen von Zonen

Um optimale Sicherheit für nicht vertrauenswürdige Websites zu bieten, aber gleichzeitig für vertrauenswürdige Websites höhere Privilegien zur Verfügung zu stellen, stellt der Internet Explorer mehrere Sicherheitszonen zur Verfügung:

- **Internet**   Alle Websites, die nicht in den Zonen *Vertrauenswürdige Sites* oder *Eingeschränkte Sites* aufgelistet sind. Sites in dieser Zone dürfen keine persönlichen Informationen auf Ihrem Computer auslesen (auch keine Cookies oder temporären Dateien von anderen Websites) und können keine dauerhaften Änderungen an Ihrem Computer vornehmen.

- **Lokales Intranet**   Websites in Ihrem Intranet. Der Internet Explorer kann automatisch feststellen, ob sich eine Website in Ihrem Intranet befindet. Außerdem können Sie von Hand Websites zu dieser Zone hinzufügen.

- **Vertrauenswürdige Sites**   Websites, die Administratoren zur Liste der vertrauenswürdigen Sites hinzugefügt haben, weil sie höhere Privilegien erfordern. Vertrauenswürdige Sites arbeiten nicht im geschützten Modus, daher könnten Sicherheitslücken auftreten. Prüfen Sie also sorgfältig, ob Sie eine Website zur Zone *Vertrauenswürdige Sites* hinzufügen wollen. Sie brauchen nicht alle Sites, denen Sie vertrauen, zu dieser Zone hinzuzufügen. Sie brauchen nur die Sites aufzunehmen, denen Sie erstens vertrauen und die zweitens nicht richtig funktionieren, wenn sie in den Zonen *Internet* oder *Lokales Intranet* arbeiten. In der Standardeinstellung ist diese Zone leer.

- **Eingeschränkte Sites**   Websites, die unter Umständen böswillig sind und die daher keinerlei potenziell gefährliche Aktionen durchführen dürfen. Sie brauchen diese Zone nur, falls Sie vorhaben, eine potenziell böswillige Website zu besuchen, und das Sicherheitsrisiko verringern wollen. In der Standardeinstellung ist diese Zone leer.

> **HINWEIS** Wenn der Benutzer von einer vertrauenswürdigen zu einer nicht vertrauenswürdigen Site wechselt, oder umgekehrt, warnt der Internet Explorer ihn und öffnet ein neues Fenster. Dadurch verringert sich die Gefahr, dass der Benutzer versehentlich einer böswilligen Site vertraut.

Konfigurieren von Zonen auf dem lokalen Computer

Sie können folgendermaßen konfigurieren, welche Privilegien jeder dieser Sicherheitszonen zugewiesen werden:

1. Wählen Sie den Befehl *Extras/Internetoptionen*.
2. Klicken Sie im Dialogfeld *Internetoptionen* auf die Registerkarte *Sicherheit*.
3. Klicken Sie auf die Zone, die Sie anpassen wollen. Bewegen Sie im Feld *Sicherheitsstufe dieser Zone* den Schieber nach oben, wenn Sie die Sicherheit erhöhen und die Gefahren verringern wollen, oder nach unten, um die Privilegien und die Sicherheitsrisiken für Websites in dieser Zone zu erhöhen. Sie können die einzelnen Privilegien genauer steuern, indem Sie auf *Stufe anpassen* klicken. Die Standardeinstellungen können Sie mit einem Klick auf *Standardstufe* wiederherstellen.
4. Klicken Sie auf *OK*, um Ihre Einstellungen anzuwenden.

> **HINWEIS** Anwendungsentwickler können die Methode `IInternetSecurityManager::SetZoneMapping()` aufrufen, um Sites zu bestimmten Sicherheitszonen hinzuzufügen.

Gehen Sie folgendermaßen vor, um zu konfigurieren, welche Websites Teil der Zonen *Lokales Intranet*, *Vertrauenswürdige Sites* oder *Eingeschränkte Sites* sind:

1. Rufen Sie im Internet Explorer die Webseite auf, die Sie konfigurieren wollen.
2. Klicken Sie auf *Extras* und dann auf *Internetoptionen*.
3. Klicken Sie im Dialogfeld *Internetoptionen* auf die Registerkarte *Sicherheit*.
4. Klicken Sie auf die Zone, zu der Sie die Site hinzufügen wollen, und dann auf die Schaltfläche *Sites*.
5. Falls Sie Sites zur Zone *Lokales Intranet* hinzufügen wollen: Klicken Sie auf *Erweitert*.
6. Falls Sie eine Site zur Zone *Vertrauenswürdige Sites* hinzufügen wollen, die Website aber HTTPS nicht unterstützt: Deaktivieren Sie das Kontrollkästchen *Für Sites in dieser Zone ist eine Serverüberprüfung (https:) erforderlich*.
7. Klicken Sie auf *Hinzufügen*, um die aktuelle Website zur Zone *Vertrauenswürdige Sites* hinzuzufügen. Klicken Sie dann auf *Schließen*.
8. Klicken Sie auf *OK*, um das Dialogfeld *Internetoptionen* zu schließen. Schließen Sie anschließend den Internet Explorer, öffnen Sie ihn neu und rufen Sie wieder die Website auf. Falls das Problem weiterhin besteht, sollten Sie diese Schritte wiederholen, um die Site aus der Zone *Vertrauenswürdige Sites* zu entfernen. Weiter unten in diesem Abschnitt finden Sie Hinweise zur Problembehandlung.

Sie brauchen Sites nur dann zu einer Zone hinzuzufügen, wenn sie in ihrer Standardzone Probleme verursachen. Weitere Informationen finden Sie im Abschnitt »Behandlung von Problemen beim Internet Explorer« weiter unten in diesem Kapitel.

Konfigurieren von Zonen mithilfe von Gruppenrichtlinien

In einem Unternehmen können Sie Sicherheitszonen mithilfe von Gruppenrichtlinieneinstellungen verwalten. Die entsprechenden Einstellungen befinden sich im Zweig *Administrative Vorlagen\Windows-Komponenten\Internet Explorer\Internetsystemsteuerung\Sicherheitsseite* unterhalb von *Computerkonfiguration* beziehungsweise *Benutzerkonfiguration*. Mit diesen Einstellungen können Sie genau konfigurieren, welche Rechte auf eine Zone angewendet werden. Sie können eine Standardsicherheitsstufe (Sehr niedrig, Niedrig, Mittel, Mittelhoch oder Hoch) auf eine Zone anwenden, indem Sie eine der folgenden Einstellungen aktivieren:

- Vorlage für Internetzone
- Vorlage für Intranetzone
- Vorlage für Zone des lokalen Computers
- Vorlage für Zone eingeschränkter Sites
- Vorlage für Zone vertrauenswürdiger Sites

Falls keine der Standardsicherheitsstufen die Sicherheitseinstellungen bietet, die Sie benötigen, können Sie die Einstellungen im Unterknoten der entsprechenden Zone bearbeiten. Beachten Sie dabei die Einstellung *Geschützten Modus aktivieren*, die in den Knoten aller Zonen zur Verfügung steht.

Sie können einstellen, dass eine URL zu einer bestimmten Zone gehört, indem Sie im Knoten *Sicherheitsseite* die Einstellung *Liste der Site zu Zonenzuweisungen* bearbeiten. Sobald Sie die Einstellung aktiviert haben, können Sie eine URL (im Feld *Name*, optional mit einer Protokollangabe) einer bestimmten Zone (im Feld *Wert*) zuordnen, indem Sie die folgenden Zahlen für die verschiedenen Zonen verwenden:

- 1: Zone *Lokales Intranet*
- 2: Zone *Vertrauenswürdige Sites*
- 3: Zone *Internet*
- 4: Zone *Eingeschränkte Sites*

Abbildung 20.20   Mit der Einstellung *Liste der Site zu Zonenzuweisungen* können Sie die Sicherheitszonenzuweisung für bestimmte URLs überschreiben

Zum Beispiel zeigt Abbildung 20.20 Gruppenrichtlinieneinstellungen, mit denen alle Anforderungen nach *contoso.com* (unabhängig vom Protokoll) der Zone *Eingeschränkte Sites* (Wert 4) zugeordnet werden. Anforderungen nach *www.fabrikam.com*, die über HTTP oder HTTPS laufen, werden der Zone *Intranet* (Wert 1) zugeordnet. HTTPS-Anforderungen nach *www.microsoft.com* werden der Zone

Vertrauenswürdige Sites (Wert 2) zugeordnet. Neben Domänennamen können Sie auch IP-Adressen angeben, zum Beispiel *192.168.1.1*, oder IP-Adressbereiche, zum Beispiel *192.168.1.1-192.168.1.200*.

Netzwerkprotokollsperrung

Manchmal wollen Sie unterschiedliche Sicherheitseinstellungen auf bestimmte Protokolle innerhalb einer Zone anwenden. Nehmen wir zum Beispiel an, Sie möchten den Internet Explorer so konfigurieren, dass er HTML-Inhalt sperrt, der im Protokoll *Shell:* gehostet wird, falls sich dieser Inhalt in der Zone *Internet* befindet. Da das Protokoll *Shell:* in erster Linie für lokalen Inhalt genutzt wird und nicht für Internetinhalt, kann diese Einschränkung die Angriffsfläche des Browsers gegenüber potenziellen Sicherheitslücken in Protokollen vermindern, die seltener eingesetzt werden als HTTP.

In der Standardeinstellung ist die Netzwerkprotokollsperrung (network protocol lockdown) nicht aktiviert, und für die meisten Umgebungen ist diese Einstellung auch ausreichend. Falls Sie eine streng eingeschränkte Desktopumgebung einrichten wollen, können Sie mithilfe der Netzwerkprotokollsperrung einige Gefahren verringern. Das Konfigurieren der Netzwerkprotokollsperrung besteht aus zwei Phasen:

- **Konfigurieren, welche Protokolle für jede Zone gesperrt werden**   Aktivieren Sie die Gruppenrichtlinieneinstellung für die gewünschte Zone und geben Sie an, welche Protokolle Sie sperren wollen. Die entsprechenden Gruppenrichtlinieneinstellungen finden Sie sowohl im Zweig *Benutzerkonfiguration* als auch im Zweig *Computerkonfiguration*, unter *Administrative Vorlagen\Windows-Komponenten\Internet Explorer\Sicherheitsfunktionen\Netzwerkprotokollsperrung\Eingeschränkte Protokolle pro Sicherheitszone*.

- **Konfigurieren der Sicherheitseinstellungen für die gesperrten Zonen**   Aktivieren Sie die Gruppenrichtlinieneinstellung für die Zone und geben Sie eine Vorlage mit starken Einschränkungen an oder konfigurieren Sie die einzelnen Sicherheitseinstellungen. Die entsprechenden Gruppenrichtlinieneinstellungen finden Sie sowohl im Zweig *Benutzerkonfiguration* als auch im Zweig *Computerkonfiguration*, unter *Administrative Vorlagen\Windows-Komponenten\Internet Explorer\Internetsystemsteuerung\Sicherheitsseite*.

Verwalten des Internet Explorers mit Gruppenrichtlinien

Der Internet Explorer hat Hunderte von Einstellungen. In einer Unternehmensumgebung lassen sie sich nur sinnvoll verwalten, indem Sie die über 1300 Einstellungen nutzen, die in den Gruppenrichtlinien zur Verfügung gestellt werden. Neben den Sicherheitseinstellungen, die bereits weiter oben in diesem Kapitel beschrieben wurden, können Sie mit Dutzenden weiterer Gruppenrichtlinieneinstellungen praktisch jeden Aspekt des Internet Explorers konfigurieren. Die folgenden Abschnitte beschreiben Gruppenrichtlinieneinstellungen, die für Internet Explorer 7 gelten (und somit auch für Internet Explorer 8), sowie Richtlinien, die nur für Internet Explorer 8 gelten.

Gruppenrichtlinieneinstellungen für Internet Explorer 7 und Internet Explorer 8

Tabelle 20.2 zeigt einige Beispiele für die nützlichsten Einstellungen, die sowohl für Internet Explorer 7 als auch Internet Explorer 8 gelten. Einstellungen in der Spalte »CK« stehen im Zweig *Computerkonfiguration\Richtlinien\Administrative Vorlagen\Windows-Komponenten\Internet Explorer* zur Verfügung, Einstellungen aus der Spalte »BK« im Zweig *Benutzerkonfiguration\Richtlinien\Administrative Vorlagen\Windows-Komponenten\Internet Explorer*.

Tabelle 20.2   Gruppenrichtlinieneinstellungen für Internet Explorer 7 und Internet Explorer 8

Einstellung	CK	BK	Beschreibung
Der Suchanbieterliste des Benutzers eine spezielle Suchanbieterliste hinzufügen	✓	✓	Mithilfe von benutzerdefinierten Registrierungseinstellungen oder einer benutzerdefinierten administrativen Vorlage können Sie benutzerdefinierte Suchanbieter konfigurieren, die über die Suchleiste zur Verfügung stehen.
Systemabsturzermittlung deaktivieren	✓	✓	Erlaubt Ihnen, die Absturzermittlung zu deaktivieren, die problematische Add-Ons automatisch deaktiviert. Aktivieren Sie diese Einstellung nur, falls Sie ein internes Add-On haben, das unzuverlässig ist, aber trotzdem benötigt wird.
Aktivierung bzw. Deaktivierung von Add-Ons für Benutzer nicht zulassen	✓	✓	Aktivieren Sie diese Einstellung, um den Add-On-Manager zu deaktivieren.
Menüleiste standardmäßig aktivieren	✓	✓	In der Standardeinstellung zeigt Internet Explorer 7 keine Menüleiste an. Die Benutzer können die Menüleiste anzeigen lassen, indem sie die ALT-Taste drücken. Aktivieren Sie diese Einstellung, um die Menüleiste standardmäßig anzuzeigen.
Zwischenspeichern von Autoproxy-Skripts deaktivieren		✓	Falls Sie Proxyeinstellungen mithilfe von Skripts konfigurieren, können Sie diese Einstellung aktivieren, falls es Probleme mit der Zwischenspeicherung von Skripts gibt.
Externes Branding von Internet Explorer deaktivieren		✓	Verhindert die Anpassung von Logos und Titelzeile im Internet Explorer und Microsoft Office Outlook Express. Dieses sogenannte Branding wird oft durchgeführt, wenn Benutzer Software von einem Internetprovider installieren.
Einstellungen für die Seite "Erweitert" deaktivieren		✓	Aktivieren Sie diese Richtlinie, wenn Sie verhindern wollen, dass Benutzer Sicherheits-, Multimedia- und Druckeinstellungen aus der Registerkarte *Erweitert* des Dialogfelds *Internetoptionen* ändern.
Zeichenkette des Benutzer-Agents anpassen	✓	✓	Ändert die Angabe des Benutzer-Agents. Browser übergeben diesen String, damit Webserver Typ und Version des Browsers identifizieren können.
Automatische Suche von DFÜ-Einstellungen verwenden		✓	Diese Einstellung ist standardmäßig deaktiviert. Sie können sie aktivieren, wenn Sie möchten, dass die automatische Erkennung von einem DHCP- (Dynamic Host Configuration Protocol) oder DNS-Server (Domain Name System) Einstellungen zum Anpassen des Browsers abruft, sobald der Browser zum ersten Mal gestartet wird.
Menüleiste über Navigationsleiste verschieben		✓	Aktivieren Sie diese Richtlinieneinstellung, wenn Sie die Anordnung der Menüleiste steuern wollen. Falls Sie diese Einstellung nicht aktivieren, können die Benutzer die Position der Menüleiste relativ zur Navigationsleiste ändern, indem Sie die Leiste mit der Maus verschieben.
Verwaltung der Popupfilterebene deaktivieren	✓	✓	Mit dieser Einstellung können Sie konfigurieren, ob Benutzer die Popupfilterebene einstellen dürfen. Sie können die Popupfilterebene mit dieser Einstellung nicht direkt wählen, sondern nur festlegen, ob die Benutzer diese Einstellung ändern dürfen.
Überprüfung der Sicherheitseinstellungen deaktivieren	✓	✓	In der Standardeinstellung warnt der Internet Explorer die Benutzer, falls die Einstellungen gefährlich sind. Falls Sie Einstellungen konfigurieren, bei denen der Internet Explorer normalerweise einen Warnung ausgeben würde, können Sie diese Einstellung aktivieren, um zu verhindern, dass der Benutzer die Warnmeldung angezeigt bekommt.
Kompatibilitätsprotokollierung aktivieren	✓	✓	Aktivieren Sie diese Einstellung, um die Details aller Anforderungen zu protokollieren, die der Internet Explorer abblockt. Normalerweise brauchen Sie diese Einstellung nur im Rahmen einer Problembehandlung zu aktivieren, wenn ein Problem mit einer Website auftritt.
Vollbildmodus erzwingen	✓	✓	Aktivieren Sie diese Richtlinie nur, falls ein Computer im Kioskmodus mit Webbrowser arbeitet. ▶

Einstellung	CK	BK	Beschreibung
Medienleiste konfigu-rieren		✓	Aktivieren Sie diese Richtlinie, falls Sie die Medienleiste deaktivieren wollen. Die Medienleiste spielt Musik- und Videoinhalt aus dem Internet ab. Denken Sie daran, dass Multimediainhalt zunehmend auch auf seriösen, für geschäftliche Zwecke genutzten Websites eingesetzt wird, etwa für das Übertragen von Meetings und Webcasts.
Internet Explorer-Such-feld nicht anzeigen		✓	Aktivieren Sie diese Richtlinie, um das Suchfeld zu verbergen.
Änderungen am Stan-dardsuchanbieter ein-schränken	✓	✓	Aktivieren Sie diese Richtlinie, wenn Sie die Benutzer zwingen wollen, die von Ihnen konfigurierten Suchanbieter zu verwenden.
Liste zugelassener Popups	✓	✓	Falls Sie interne Websites haben, die Popups benötigen, können Sie diese Richtlinie aktivieren und eine Liste der Sites angeben, die Popups öffnen dürfen.
Teilnahme am Programm zur Verbesserung der Benutzerfreundlichkeit verhindern	✓	✓	Microsoft sammelt im Programm zur Verbesserung der Benutzerfreundlichkeit (Customer Experience Improvement Program, CEIP) Informationen darüber, wie Benutzer mit dem Internet Explorer arbeiten. Falls Sie diese Richtlinie aktivieren, wird CEIP nicht verwendet. In manchen Organisationen sollten Sie CEIP deaktivieren, um die vorgeschriebenen Anforderungen an die Vertraulichkeit zu gewährleisten. Falls Sie diese Richtlinie deaktivieren, wird CEIP immer benutzt. Weitere Informationen über CEIP finden Sie unter *http://www.microsoft.com/products/ceip/de-de/default.mspx.*

Neben den Einstellungen aus Tabelle 20.2 gibt es mehrere Unterknoten, die weitere Einstellungen im Zusammenhang mit dem Internet Explorer enthalten. Mit den Richtlinieneinstellungen im Zweig *\Administrative Vorlagen\Windows-Komponenten\Internet Explorer\Vom Administrator überprüfte Steuerelemente* (sowohl in *Benutzerkonfiguration* als auch *Computerkonfiguration*) können Sie bestimmte Steuerelemente innerhalb Ihrer ganzen Organisation aktivieren oder deaktivieren.

Mit den Richtlinieneinstellungen im Zweig *\Administrative Vorlagen\Windows-Komponenten\Internet Explorer\Anwendungskompatibilität* (sowohl in *Benutzerkonfiguration* als auch *Computerkonfiguration*) können Sie Ausschneide-, Kopier- und Einfüge-Operationen für den Internet Explorer steuern. Normalerweise brauchen Sie diese Einstellungen nicht zu ändern.

Mit den Richtlinieneinstellungen im Zweig *\Administrative Vorlagen\Windows-Komponenten\Internet Explorer\Browser-Menüs* (sowohl in *Benutzerkonfiguration* als auch *Computerkonfiguration*) können Sie bestimmte Menüelemente deaktivieren.

Mit den Richtlinieneinstellungen im Zweig *\Administrative Vorlagen\Windows-Komponenten\Internet Explorer\Internetsystemsteuerung* (sowohl in *Benutzerkonfiguration* als auch *Computerkonfiguration*) können Sie bestimmte Aspekte des Dialogfelds *Internetoptionen* deaktivieren, darunter einzelne Registerkarten und Einstellungen. Ändern Sie diese Einstellungen, falls Sie verhindern wollen, dass die Benutzer wichtige Internet Explorer-Einstellungen einfach ändern können. Dadurch deaktivieren Sie lediglich die Benutzeroberfläche, die Benutzer können weiterhin direkt die entsprechenden Registrierungswerte ändern.

Mit den Richtlinieneinstellungen im Zweig *\Administrative Vorlagen\Windows-Komponenten\Internet Explorer\Interneteinstellungen* (sowohl in *Benutzerkonfiguration* als auch *Computerkonfiguration*) können Sie Benutzeroberflächenelemente konfigurieren, zum Beispiel AutoVervollständigen, Bildgrößenanpassung, Bildlaufoptimierung und Linkfarben. Sie brauchen diese Einstellungen nur zu verändern, falls eine der Standardeinstellungen in Ihrer Umgebung Probleme verursacht.

Mit den Richtlinieneinstellungen im Zweig *\Administrative Vorlagen\Windows-Komponenten\Internet Explorer\Offlineseiten* (sowohl in *Benutzerkonfiguration* als auch *Computerkonfiguration*) können Sie unterschiedliche Aspekte von Offlineseiten deaktivieren, die es Benutzern erlauben, Kopien von Webseiten zu speichern, um darauf zugreifen zu können, während sie keine Verbindung zum Netzwerk haben. Normalerweise brauchen Sie diese Einstellungen nicht zu ändern.

Mit den Richtlinieneinstellungen im Zweig *Administrative Vorlagen\Windows-Komponenten\Internet Explorer\Dauerhaftigkeitsverhalten* (sowohl in *Benutzerkonfiguration* als auch *Computerkonfiguration*) können Sie für jede Zone einzeln konfigurieren, welche Datenmenge für die DHTML-Persistenzspeicherung (Dynamic HTML) belegt werden darf. Normalerweise brauchen Sie diese Einstellungen nicht zu ändern.

Mit den Richtlinieneinstellungen im Zweig *Administrative Vorlagen\Windows-Komponenten\Internet Explorer\Sicherheitsfunktionen* (sowohl in *Benutzerkonfiguration* als auch *Computerkonfiguration*) können Sie alle Aspekte der Internet Explorer-Sicherheit konfigurieren.

Mit den Richtlinieneinstellungen im Zweig *Administrative Vorlagen\Windows-Komponenten\Internet Explorer\Symbolleisten* (sowohl in *Benutzerkonfiguration* als auch *Computerkonfiguration*) können Sie die Symbolleistenschaltflächen konfigurieren und verhindern, dass der Benutzer diese Schaltflächen anpasst. Die Benutzer sind wahrscheinlich mit der standardmäßigen Schaltflächenkonfiguration vertraut. Sie können die Standardeinstellungen aber auch verändern, damit sie besser zu Ihrer Umgebung passen.

Neue Gruppenrichtlinieneinstellungen für Internet Explorer 8

Tabelle 20.3 zeigt einige Beispiele für die nützlichsten Einstellungen, die nur für Internet Explorer 8 gelten. Einstellungen in der Spalte »CK« stehen im Zweig *Computerkonfiguration\Richtlinien\Administrative Vorlagen\Windows-Komponenten\Internet Explorer* zur Verfügung, Einstellungen aus der Spalte »BK« im Zweig *Benutzerkonfiguration\Richtlinien\Administrative Vorlagen\Windows-Komponenten\Internet Explorer*.

Tabelle 20.3 Neue Gruppenrichtlinieneinstellungen für Internet Explorer 8

Einstellung	CK	BK	Beschreibung
Schnellinfos\Schnellinfos deaktivieren	✓	✓	Aktivieren Sie diese Richtlinieneinstellung, um Schnellinfos zu deaktivieren.
Schnellinfos\Nicht standardmäßige Schnell-infos bereitstellen	✓	✓	Aktivieren Sie diese Richtlinieneinstellung, um benutzerdefinierte Schnellinfos bereitzustellen.
Erneutes Öffnen der letzten Browsersitzung deaktivieren	✓	✓	Falls der Internet Explorer abstürzt, fragt er beim Benutzer nach, ob alle Registerkarten erneut geöffnet werden sollen, wenn der Benutzer ihn das nächste Mal startet. Aktivieren Sie diese Richtlinie, um dieses Verhalten zu deaktivieren, sodass der Internet Explorer immer mit einer einzigen, leeren Registerkarte startet.
Kompatibilitätsansicht\Internet Explorer 7-Standards-Modus aktivieren und *Internet Explorer 7-Standards-Modus für lokales Intranet aktivieren*	✓	✓	Verwenden Sie diese zwei Richtlinien, um den Internet Explorer 7-Standards-Modus für das Internet beziehungsweise Ihr Intranet zu aktivieren. Der Standards-Modus konfiguriert Internet Explorer 8 so, dass er sich Webservern gegenüber als Internet Explorer 7 identifiziert. Die Richtlinien bewirken außerdem, dass der Internet Explorer Webseiten ähnlich wie in Internet Explorer 7 anzeigt.
Kompatibilitätsansicht\Kompatibilitätsansicht deaktivieren	✓	✓	Wenn Sie diese Richtlinie aktivieren, wird verhindert, dass Benutzer auf die Kompatibilitätsansicht zugreifen. ▶

Einstellung	CK	BK	Beschreibung
Datenausführungsverhinderung deaktivieren	✓	✓	Die Datenausführungsverhinderung (Data Execution Prevention, DEP) kann Probleme mit manchen Webanwendungen verursachen. Sollten Sie feststellen, dass DEP dazu führt, dass eine wichtige Anwendung fehlschlägt, sollten Sie versuchen, den Fehler in der Anwendung zu beseitigen. In der Zwischenzeit können Sie diese Richtlinie aktivieren, damit die Anwendung funktioniert, ohne dass sie von der DEP beendet wird.
Löschen von besuchten Websites verhindern, Löschen temporärer Internetdateien verhindern, Löschen von Cookies verhindern, Löschen von InPrivate-Filterungsdaten verhindern, Löschen des Browserverlaufs beim Beenden konfigurieren	✓	✓	Diese Richtlinien gibt Ihnen Kontrolle über den Browsingverlauf des Benutzers. Sie können diese Richtlinien konfigurieren, um zu verhindern, dass Benutzer ihren Verlauf löschen. So ist es einfacher, die Benutzeraktivitäten zu überwachen. Stattdessen können Sie auch einstellen, dass der Verlauf automatisch gelöscht wird, wenn Sie den Browsingverlauf lieber nicht speichern möchten.
Standardverhalten für neue Registerkartenseite konfigurieren	✓	✓	Aktivieren Sie diese Richtlinie, wenn Sie auswählen wollen, ob eine neue Registerkarte eine leere Seite, die Startseite des Benutzers oder die Standardseite für neue Registerkarten anzeigt.
AutoVervollständigen für Windows-Suche deaktivieren	✓	✓	Wenn ein Benutzer beginnt, Text in ein Suchfeld einzutippen, liefert AutoVervollständigen eine Liste der bisherigen Suchvorgänge des Benutzers. Das nimmt dem Benutzer zwar Tipparbeit ab, verrät aber unter Umständen, wonach der Benutzer gesucht hat. Möglicherweise ist das nicht erwünscht, während ein Kollege zusieht oder eine Präsentation läuft.
InPrivate\InPrivate-Browsen deaktivieren	✓	✓	Aktivieren Sie diese Richtlinie, wenn Sie verhindern wollen, dass die Benutzer den InPrivate-Browsing-Modus verwenden.

Arbeiten mit dem Internet Explorer Administration Kit

Der Internet Explorer hat Dutzende von Einstellungen. Um es für Ihre Organisation einfacher zu machen, den Internet Explorer zu konfigurieren und anzupassen sowie benutzerdefinierte Features hinzuzufügen, können Sie das Internet Explorer Administration Kit (IEAK) verwenden.

Mit dem IEAK können Sie folgende Aufgaben durchführen:

- Einrichten einer Versionsverwaltung für Ihre ganze Organisation
- Browserinstallationen zentral verteilen und verwalten
- Konfigurieren von automatischen Verbindungsprofilen für die Computer der Benutzer
- Anpassen praktisch aller Aspekte des Internet Explorers, darunter Startseiten, Suchmaschinen, RSS-Feeds, Favoriten, Symbolleistenschaltflächen, Schnellinfos, Sicherheit, Kommunikationseinstellungen und anderer wichtiger Elemente

Selbstverständlich können Sie alle diese Einstellungen auch mit Gruppenrichtlinieneinstellungen konfigurieren. In AD DS-Umgebungen (Active Directory Domain Services) ist es effizienter, wenn Sie die Konfiguration mit Gruppenrichtlinien durchführen als mit dem IEAK. Das IEAK ist aber sehr nützlich, um Arbeitsgruppencomputer zu konfigurieren. Und es gibt keinen Grund, der dagegen spricht, den Internet Explorer auch in AD DS-Umgebungen mithilfe des IEAK bereitzustellen.

Sie können das IEAK von Microsoft unter der Adresse *http://technet.microsoft.com/de-de/ie/bb219517.aspx* herunterladen. Warten Sie, bis das IEAK installiert wurde, und starten Sie dann den Assistenten zum Anpassen des Internet Explorers, indem Sie im Startmenü auf *Alle Programme*, dann auf *Windows IEAK 8* und schließlich auf *Assistent zum Anpassen von Internet Explorer* klicken. Der Assistent fordert Sie auf, genaue Informationen über Ihre Organisation einzugeben, und Sie können wählen, wie Sie den Internet Explorer konfigurieren wollen. Die meisten Assistentenseiten sind selbsterklärend. Die folgenden Seiten sollten etwas genauer erläutert werden:

- **Medienauswahl** Falls Sie die Einstellungen ausschließlich auf Computern mit Windows Vista und neueren Versionen bereitstellen, können Sie auf dieser Seite *Nur-Konfigurationspaket* wählen. Wählen Sie die Einstellungen *CD-ROM* oder *Datei* aus, falls Sie Internet Explorer 8 auch für ältere Windows-Versionen bereitstellen möchten.

- **Zusätzliche Einstellungen** Die Einstellungen im Zweig *Control Management* gelten nicht für Windows Vista und neuere Versionen. Stattdessen sollten Sie die Gruppenrichtlinieneinstellungen aus dem Zweig *\Administrative Vorlagen\Windows-Komponenten\Internet Explorer\Vom Administrator überprüfte Steuerelemente* (sowohl in *Benutzerkonfiguration* als auch *Computerkonfiguration*) verwenden, um ausgewählte Steuerelemente in Ihrer ganzen Organisation zu aktivieren oder zu deaktivieren.

Sobald Sie den Assistenten abgeschlossen haben, speichert er Ihre Einstellungen an der angegebenen Position. Sie können sie später im IEAK-Profil-Manager ändern. Das ist nützlich, falls Sie mehrere leicht unterschiedliche Versionen Ihrer Internet Explorer-Anpassungen erstellen wollen.

Behandlung von Problemen beim Internet Explorer

Weil Webseiten komplex sind und sich häufig ändern, kann es gelegentlich vorkommen, dass Probleme mit dem Internet Explorer auftreten. Die folgenden Abschnitte bieten einen Leitfaden für die Behandlung folgender Probleme:

- Der Internet Explorer startet nicht.
- Ein Add-On funktioniert nicht richtig.
- Bestimmte Webseiten werden nicht richtig angezeigt.
- Eine unerwünschte Symbolleiste erscheint.
- Die Startseite oder andere Einstellungen haben sich geändert.

HINWEIS Falls Sie die Kommunikation zwischen dem Internet Explorer und einer Website untersuchen wollen, können Sie das Programm Fiddler ausprobieren. Fiddler analysiert die Webkommunikation und ist wesentlich einfacher zu verstehen als der Network Monitor. Weitere Informationen über Fiddler (das kostenlos heruntergeladen werden kann) finden Sie unter *http://www.fiddlertool.com/fiddler*.

Der Internet Explorer startet nicht

Falls der Internet Explorer überhaupt nicht startet oder nach dem Start stillzustehen scheint, wird das Problem wahrscheinlich durch ein problematisches Add-On verursacht. In vielen Fällen können Sie den Internet Explorer-Prozess (*iexplore.exe*) einfach mit dem Task-Manager beenden und den Internet Explorer dann neu starten. Falls der Neustart des Internet Explorers das Problem nicht beseitigt, sollten Sie den Internet Explorer im Modus mit deaktivierten Add-Ons ausführen, wie im Abschnitt »Modus zum Deaktivieren von Internet Explorer-Add-Ons« weiter oben in diesem Kapitel beschrieben.

Ein Add-On funktioniert nicht richtig

Gelegentlich kann es vorkommen, dass eine Webseite ein bestimmtes Add-On voraussetzt. Falls die Webseite eine Meldung anzeigt, dass Sie das Add-On installieren müssen, sollten Sie sorgfältig prüfen, ob die Sicherheit gefährdet ist, bevor Sie es tatsächlich installieren.

Falls die Seite weiterhin falsch angezeigt wird, nachdem Sie das Add-On installiert haben, ist das Add-On möglicherweise deaktiviert. Benutzer können Add-Ons von Hand deaktivieren, manchmal deaktiviert der Internet Explorer ein problematisches Add-On auch automatisch. Gehen Sie folgendermaßen vor, um ein Add-On zu aktivieren:

1. Öffnen Sie in Ihrem Browser das Menü *Extras*, klicken Sie auf *Add-Ons verwalten* und dann auf *Add-Ons aktivieren bzw. deaktivieren*.
2. Öffnen Sie das Kombinationsfeld *Anzeigen* und klicken Sie auf den Eintrag *Von Internet Explorer verwendete Add-Ons*.
3. Wählen Sie das Add-On aus, das Sie aktivieren wollen, und klicken Sie auf *Aktivieren*.
4. Klicken Sie auf *OK*.

Falls das Add-On später erneut deaktiviert wird, hat es wahrscheinlich der Internet Explorer deaktiviert, weil es abstürzt. Besuchen Sie die Website des Add-On-Entwicklers und laden Sie die neuste Version herunter. Möglicherweise steht ein Update zur Verfügung, das das Problem beseitigt. Falls kein Update zur Verfügung steht oder das Problem weiterhin besteht, können Sie die Fähigkeit des Internet Explorers ausschalten, das Plug-In automatisch zu deaktivieren. Sie können die Absturzerkennung deaktivieren, indem Sie die Gruppenrichtlinieneinstellung *Systemabsturzermittlung deaktivieren* im Zweig *Computerkonfiguration\Richtlinien\Administrative Vorlagen\Windows-Komponenten\Internet Explorer* oder *Benutzerkonfiguration\Richtlinien\Administrative Vorlagen\Windows-Komponenten\Internet Explorer* aktivieren. Falls das Problem nur auf einem einzelnen Computer auftritt, können Sie die Einstellung in den lokalen Gruppenrichtlinien konfigurieren. Falls das Problem auf allen Computern in einer Domäne besteht, sollten Sie die Domänengruppenrichtlinieneinstellungen bearbeiten.

Bestimmte Webseiten werden nicht richtig angezeigt

Die meisten Websiteentwickler testen ihre Webseiten unter den Standardeinstellungen des Internet Explorers. Falls Sie die Standardeinstellungen ändern, kann das unter Umständen dazu führen, dass Seiten falsch angezeigt werden. Insbesondere wenn Sie scharfe Sicherheitseinstellungen wählen oder Komponenten wie Skripts deaktivieren, können Darstellungsprobleme auftreten.

Falls das Problem auf einer kleinen Zahl vertrauenswürdiger Websites auftritt, sollte der erste Schritt bei der Problembehandlung darin bestehen, die Kompatibilitätsansicht zu aktivieren, wie im Abschnitt »Verbesserungen an Internet Explorer 8« weiter oben in diesem Kapitel beschrieben. Wenn dies das Problem nicht beseitigt, können Sie die Sites zur Zone *Vertrauenswürdige Sites* hinzufügen. Gehen Sie dazu folgendermaßen vor:

1. Besuchen Sie die Webseite im Internet Explorer.
2. Klicken Sie auf *Extras* und dann auf *Internetoptionen*.
3. Klicken Sie im Dialogfeld *Internetoptionen* auf die Registerkarte *Sicherheit*.
4. Klicken Sie auf *Vertrauenswürdige Sites* und dann auf die Schaltfläche *Sites*.
5. Falls die Website HTTPS nicht unterstützt, müssen Sie das Kontrollkästchen *Für Sites in dieser Zone ist eine Serverüberprüfung (https:) erforderlich* deaktivieren. Klicken Sie auf *Hinzufügen*, um die aktuelle Website in die Liste der vertrauenswürdigen Sites aufzunehmen, und dann auf *Schließen*.
6. Klicken Sie auf *OK*, um das Dialogfeld *Internetoptionen* zu schließen. Schließen Sie dann den Internet Explorer, starten Sie ihn neu und rufen Sie wieder die Webseite auf. Falls das Problem weiterhin besteht, sollten Sie die geschilderten Schritte wiederholen, um die Site aus der Zone

Vertrauenswürdige Sites zu löschen. Setzen Sie die Problembehandlung entsprechend den weiteren Leitfäden in diesem Abschnitt fort.

Falls viele unterschiedliche Websites dieselben Symptome zeigen, ist es unter Umständen sinnvoller, die Sicherheitseinstellungen des Browsers für alle Websites zu ändern.

1. Klicken Sie im Internet Explorer auf *Extras* und dann auf *Internetoptionen*.

2. Klicken Sie im Dialogfeld *Internetoptionen* auf die Registerkarte *Sicherheit*.

3. Klicken Sie auf *Internet*. Falls die Schaltfläche *Standardstufe* aktiviert ist, sollten Sie sich die aktuelle Sicherheitsstufe für die Zone *Internet* notieren. Klicken Sie dann auf *Standardstufe*.

4. Klicken Sie auf *OK*, um das Dialogfeld *Internetoptionen* zu schließen. Schließen Sie den Internet Explorer, starten Sie ihn neu und rufen Sie wieder die Webseiten auf. Falls das Problem weiterhin besteht, sollten Sie die geschilderten Schritte wiederholen, um die vorherigen Einstellungen für die Sicherheitszone *Internet* wiederherzustellen. Setzen Sie die Problembehandlung entsprechend den weiteren Leitfäden in diesem Abschnitt fort.

Falls das Ändern der Sicherheitseinstellungen für die Zone das Problem nicht beseitigt, sollten Sie die Sicherheitseinstellungen wieder auf den vorherigen Zustand zurücksetzen. Sehen Sie sich dann die erweiterten Einstellungen an, indem Sie folgendermaßen vorgehen:

1. Klicken Sie auf *Extras* und dann auf *Internetoptionen*.

2. Klicken Sie im Dialogfeld *Internetoptionen* auf die Registerkarte *Erweitert*.

3. Suchen Sie in der Liste *Einstellungen* nach Einstellungen, die möglicherweise Ihr Problem verursachen. Ändern Sie jeweils nur eine einzige Einstellung und testen Sie die Webseite, um festzustellen, ob das Problem beseitigt wurde. Falls die Änderung das Problem nicht beseitigt hat, sollten Sie die Einstellung wieder auf den ursprünglichen Zustand zurücksetzen und erst dann eine andere Einstellung probieren.

Weil Websiteentwickler Seiten meist unter den Standardeinstellungen des Browsers testen, funktionieren die Standardeinstellungen in den meisten Fällen. Bevor Sie die Einstellungen wiederherstellen, sollten Sie eventuelle Risiken analysieren: Änderungen an den Einstellungen wurden wahrscheinlich absichtlich vorgenommen und unter Umständen vergrößern Sie die Gefahren, wenn Sie die Standardeinstellungen wiederherstellen. Falls Sie feststellen, dass die Risiken vernachlässigbar sind, können Sie die erweiterten Einstellungen folgendermaßen auf die Standardeinstellungen zurücksetzen:

1. Klicken Sie auf *Extras* und dann auf *Internetoptionen*.

2. Klicken Sie im Dialogfeld *Internetoptionen* auf die Registerkarte *Erweitert*.

3. Klicken Sie auf *Erweiterte Einstellungen wiederherstellen*.

4. Klicken Sie auf *OK* und starten Sie den Internet Explorer neu.

Falls die Probleme weiterhin bestehen, können Sie alle Browsereinstellungen außer Favoriten, Feeds, Internetverbindungseinstellungen, Gruppenrichtlinieneinstellungen und Inhaltsratgebereinstellungen zurücksetzen. Gehen Sie dazu folgendermaßen vor:

1. Schließen Sie alle Fenster bis auf ein Internet Explorer-Fenster.

2. Klicken Sie auf *Extras* und dann auf *Internetoptionen*.

3. Klicken Sie im Dialogfeld *Internetoptionen* auf die Registerkarte *Erweitert*.

4. Klicken Sie auf *Zurücksetzen*.

5. Klicken Sie im Warnungsfeld auf *Zurücksetzen*.

6. Klicken Sie auf *Schließen* und dann zweimal auf *OK*. Starten Sie den Internet Explorer neu.

Falls die Probleme weiterhin bestehen, ist es möglich, dass Einstellungen durch Gruppenrichtlinien definiert werden. Sie können mit dem Tool Richtlinienergebnissatz feststellen, ob irgendwelche Internet Explorer-Gruppenrichtlinieneinstellungen die Standardeinstellungen überschreiben. Gehen Sie folgendermaßen vor, um dieses Tool zu verwenden:

1. Geben Sie im Startmenü den Befehl **Rsop.msc** ein und drücken Sie die EINGABETASTE.

2. Suchen Sie an den folgenden Positionen nach Einstellungen im Zusammenhang mit dem Internet Explorer:

   □ *Computerkonfiguration\Richtlinien\Administrative Vorlagen\Windows-Komponenten\Internet Explorer*

   □ *Benutzerkonfiguration\Richtlinien\Administrative Vorlagen\Windows-Komponenten\Internet Explorer*

   □ *Benutzerkonfiguration\Windows-Einstellungen\Internet Explorer-Wartung*

Falls Sie feststellen, dass Gruppenrichtlinieneinstellungen Probleme verursachen, sollten Sie sich mit dem für die entsprechenden Gruppenrichtlinien verantwortlichen Administrator in Verbindung setzen und ihn auf das Problem ansprechen.

Statt die Internet Explorer-Einstellungen zu ändern, können Sie auch den Websiteadministrator auf das Problem ansprechen. Die meisten Websiteadministratoren möchten, dass ihre Website in möglichst vielen Browsern funktioniert, und sind daher gern bereit, eventuelle Probleme zu beseitigen. Wenn Sie den Websiteadministrator kontaktieren, sollten Sie einen Screenshot mitschicken, der zeigt, wie die Website in Ihrem Browser aussieht. Gehen Sie folgendermaßen vor, um einen Screenshot einer Website als E-Mail zu verschicken:

1. Öffnen Sie die Website im Internet Explorer.

2. Drücken Sie die Tastenkombination ALT+DRUCK, um ein Bild des aktuellen Fensters in die Zwischenablage zu kopieren.

3. Erstellen Sie eine HTML-E-Mail an den Websiteadministrator.

4. Drücken Sie im Body der Nachricht die Tastenkombination STRG+V, um das Bild in die E-Mail einzufügen.

Eine unerwünschte Symbolleiste erscheint

Der Internet Explorer stellt in Kombination mit Windows Vista und neueren Betriebssystemversionen mehrere Verteidigungslinien bereit, um zu verhindern, dass unerwünschte Software die Konfiguration des Internet Explorers verändert. Falls trotzdem eine unerwünschte Symbolleiste im Internet Explorer auftaucht, können Sie sie mit dem Add-On-Manager deaktivieren. Weitere Informationen finden Sie im Abschnitt »Verbesserungen am Add-On-Manager« weiter oben in diesem Kapitel. Falls das Problem weiterhin besteht, sollten Sie den Internet Explorer im Modus mit deaktivierten Add-Ons starten, wie im Abschnitt »Modus zum Deaktivieren von Internet Explorer-Add-Ons« weiter oben in diesem Kapitel beschrieben. Deaktivieren Sie anschließend im Add-On-Manager alle Add-Ons, die Sie nicht explizit installiert haben.

Um die Installation unerwünschter Software zu verhindern, sollten Sie sicherstellen, dass Sie alle Microsoft-Sicherheitsupdates installiert haben und eine Anti-Malware-Software verwenden, zum Beispiel Microsoft Forefront oder Windows Defender. Weitere Informationen über das Installieren von Sicherheitsupdates finden Sie in Kapitel 23, »Verwalten von Softwareupdates«. Weitere Informationen über Microsoft Forefront und Windows Defender finden Sie in Kapitel 24, »Schützen des Clients«.

Die Startseite oder andere Einstellungen haben sich geändert

Falls sich die Startseite oder andere Einstellungen geändert haben, können Sie folgendermaßen alle Browsereinstellungen außer Favoriten, Feeds, Internetverbindungseinstellungen, Gruppenrichtlinieneinstellungen und Inhaltsratgebereinstellungen auf die Standardwerte zurücksetzen:

1. Schließen Sie alle Fenster bis auf ein Internet Explorer-Fenster.
2. Klicken Sie auf *Extras* und dann auf *Internetoptionen*.
3. Klicken Sie im Dialogfeld *Internetoptionen* auf die Registerkarte *Erweitert*.
4. Klicken Sie auf *Zurücksetzen*.
5. Klicken Sie im Warnungsfeld auf *Zurücksetzen*.
6. Klicken Sie auf *Schließen* und dann zweimal auf *OK*. Starten Sie den Internet Explorer neu.

Um unerwünschte Veränderungen der Konfiguration in Zukunft zu verhindern, sollten Sie sicherstellen, dass Sie alle Microsoft-Sicherheitsupdates installiert haben und eine Anti-Malware-Software verwenden, zum Beispiel Microsoft Forefront oder Windows Defender. Weitere Informationen über das Installieren von Sicherheitsupdates finden Sie in Kapitel 23, »Verwalten von Softwareupdates«. Weitere Informationen über Microsoft Forefront und Windows Defender finden Sie in Kapitel 24, »Schützen des Clients«.

Zusammenfassung

Zur Anpassung an das sich ständig ändernde Web bietet Internet Explorer 8 gegenüber den Vorgängerversionen des Webbrowsers wichtige Verbesserungen. Die wichtigsten Änderungen sind für den Benutzer nicht sichtbar, aber der Benutzer profitiert von höherer Sicherheit, mehr Datenschutz und größerer Zuverlässigkeit. Werden Websites in Internet Explorer 8 nicht richtig angezeigt, schaltet die Kompatibilitätsansicht auf das Renderingmodul von Internet Explorer 7 um. Die Registerkartenisolierung verhindert, dass eine Webseite, die den Browser zum Absturz bringt, Auswirkungen auf mehr als eine Registerkarte hat.

Den Benutzern werden vor allem InPrivate-Browsing, InPrivate-Filterung, SmartScreen, Domänenhervorhebung und Schnellinfos ins Auge fallen. Dank InPrivate-Browsing können Benutzer im Web surfen, ohne Spuren ihrer Aktivitäten auf dem lokalen Computer zu hinterlassen. InPrivate-Filterung verringert die Möglichkeiten für andere, die Aktivitäten eines Benutzers über mehrere Websites hinweg zu verfolgen. SmartScreen warnt Benutzer, bevor sie bekannte bösartige Websites besuchen, und die Domänenhervorhebung hilft Benutzern, die tatsächlich besuchte Website zu erkennen. Und schließlich verbessern Schnellinfos die Benutzerfreundlichkeit, weil die Benutzer damit auf Webdienste zugreifen können, um schnell die Informationen aus einer Webseite weiterzuverarbeiten.

Weitere Informationen

Die folgenden Ressourcen liefern weitere Informationen und Tools zu den Themen dieses Kapitels.

Informationsquellen

- Die Internet Explorer 8-Homepage unter *http://www.microsoft.com/windows/internet-explorer/default.aspx*
- »What's New in Internet Explorer 8« in MSDN unter *http://msdn.microsoft.com/en-us/library/cc288472.aspx*
- Informationen zum Internet Explorer Administration Kit (IEAK) und Download unter *http://technet.microsoft.com/de-de/ie/bb219517.aspx*
- Das Blog des Internet Explorer-Teams unter *http://blogs.msdn.com/ie/*
- »How to create custom .adm or .admx files to add search providers to the toolbar search box in Internet Explorer 7« unter *http://support.microsoft.com/kb/918238*
- »Understanding and Working in Protected Mode Internet Explorer« unter *http://msdn.microsoft.com/library/bb250462.aspx*
- »Introduction to the Protected Mode API« unter *http://msdn.microsoft.com/en-us/library/ms537319.aspx* beschreibt, wie Sie Add-Ons erstellen, die im geschützten Modus funktionieren.
- Kapitel 23, »Verwalten von Softwareupdates«, enthält Informationen über das Bereitstellen von Sicherheitsupdates in Ihrer Organisation.
- Kapitel 24, »Schützen des Clients«, enthält weitere Informationen über die Benutzerzugriffssteuerung und Windows Defender.

Auf der Begleit-CD

- *Clean-IE.ps1*
- *Get-IEHomePage.ps1*
- *Get-IESearchPage.ps1*
- *Set-IEHomePage.ps1*
- *TroubleshootIEBrowseWeb.ps1*
- *TroubleshootIESecurity.ps1*

TEIL IV

Desktopwartung

K A P I T E L   2 1

Pflegen der Desktopcomputer

Die Überwachung und Wartung der Desktopcomputer ist ein wesentliches Element innerhalb der Wartung einer IT-Infrastruktur. Dieses Kapitel beschreibt einige der Tools, die im Betriebssystem Windows 7 zur Verfügung stehen, um einen fehlerfreien Zustand der Desktopcomputer zu gewährleisten. Das sind unter anderem Leistungsüberwachung, Ressourcenmonitor, Zuverlässigkeitsüberwachung, WPT-Kit (Windows Performance Tools), Ereignisanzeige, Windows-Systembewertungstool, das Systemsteuerungsapplet Leistungsinformationen und -tools, die Windows-Fehlerberichterstattung (Windows Error Reporting, WER) und die Aufgabenplanung. Ab Windows 7 können Sie auch die Windows PowerShell einsetzen, um Leistungsdaten zu sammeln, Ereignisprotokolle zu lesen und andere Desktopwartungsaufgaben durchzuführen.

Leistungsüberwachung

Mit der Leistungsüberwachung können Sie Leistungsdaten sammeln, anzeigen und analysieren, etwa die Prozessor-, Datenträger- oder Arbeitsspeicherauslastung und andere Messdaten zu einem Computer. Mit der Leistungsüberwachung können Sie Leistungsdaten in Echtzeit anzeigen oder Daten aufzeichnen und in Protokolldateien abspeichern, um sie später zu analysieren.

Die Leistungsüberwachung baut auf einer Instrumentierungsinfrastruktur in Windows auf, die auf allen Systemen ständig zur Verfügung steht. Über diese Infrastruktur erhalten Sie numerische Daten über Betriebssystem- und Anwendungsleistung, die in Kategorien, Leistungsindikatoren und Instanzen untergliedert sind. Auf diese Leistungsdaten können Sie folgendermaßen zugreifen:

- Mit dem Snap-In *Leistungsüberwachung* in einer MMC (Microsoft Management Console)
- Mit Windows PowerShell-Skripts
- Mit nativen und verwalteten Programmierschnittstellen (Application Programming Interface, API) vom Programmcode aus

Das Snap-In *Leistungsüberwachung* (Abbildung 21.1) wird meist benutzt, um eine Baseline (einen Referenzwert) für das Systemverhalten zu ermitteln, die Ressourcenauslastung zu überwachen und Leistungsprobleme im Zusammenhang mit Betriebssystem und Anwendungen zu untersuchen. Die Leistungsüberwachung in Windows 7 ähnelt stark der aus dem Betriebssystem Windows Vista, die gegenüber ihren Vorgängerversionen erhebliche Verbesserungen aufweist, weil sie übersichtlichere Darstellungen, einfachere Navigation und detailliertere Kontrolle über das Sammeln und Anzeigen der Leistungsdaten bietet.

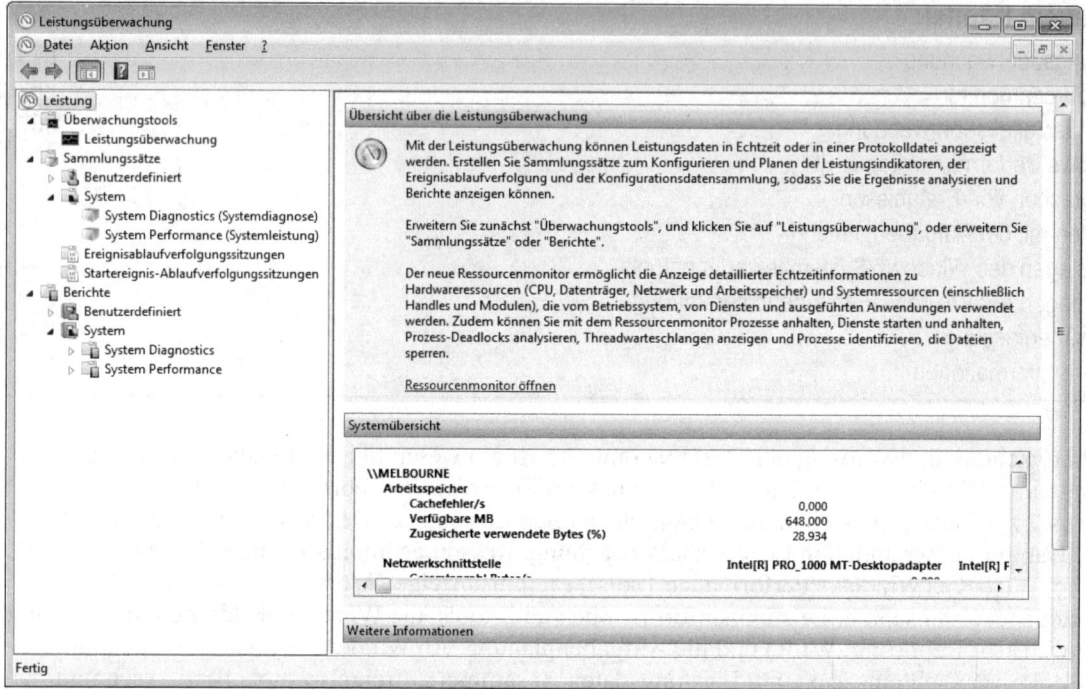

Abbildung 21.1   Das Snap-In *Leistungsüberwachung*

Insbesondere wurden in Windows Vista folgende Verbesserungen an der Leistungsüberwachung vorgenommen:

- **Drag & Drop**   Dieses Feature erlaubt einem Benutzer, jede beliebige Datei, die die Leistungsüberwachung verarbeiten kann, in den Anzeigebereich zu ziehen, um sie zu öffnen. Die Anzeige der Leistungsüberwachung ändert sich und bietet die Aktionen an, die für den geöffneten Dateityp sinnvoll sind. Unter anderem werden folgende Dateitypen unterstützt:
    - ☐ Vorlagen (html, xml)
    - ☐ Protokolle (blg)
    - ☐ Dateien mit durch Komma oder Tabulatorzeichen getrennten Werten (csv, tsv)

    Sie können auch mehrere binäre Protokolldateien (*.blg*) in das Leistungsüberwachungsfenster ziehen. Es ist allerdings nicht möglich, mehrere *html-*, *xml-*, *csv-* oder *tsv*-Dateien hineinzuziehen. Versuchen Sie es, erhalten Sie eine Fehlermeldung.

- **Steuern des Zeitbereichs**   Jeder Messwert eines Leistungsindikators hat einen Zeitstempel, der angibt, wann der Wert gemessen wurde. In älteren Versionen der Leistungsüberwachung mussten Benutzer sich die Eigenschaften einer geladenen Protokolldatei ansehen und sie ändern, um den sichtbaren Zeitausschnitt (auf der X-Achse) zu verändern. Wenn ein Diagramm in Linienform angezeigt wird, werden jetzt in der Hauptansicht der Leistungsüberwachung automatisch Zeitwerte als Beschriftungen für die horizontale Zeitachse eingetragen.

Die Zeitstempel für den ersten und letzten Messwert werden immer angezeigt. Weil der Platz für die X-Achse begrenzt ist, kann nicht für jeden Datenpunkt die Zeit angezeigt werden. Welche Zeitpunkte beschriftet werden, hängt vom Messabstand und dem momentan sichtbaren Zeitbereich ab. Wie viele Zeitbeschriftungen tatsächlich angezeigt werden, hängt von der Größe des Diagrammfensters der Leistungsüberwachung ab. Dieser Wert ändert sich auch, wenn die Größe des Diagrammbereichs geändert wird.

- **Anpassen der Legende** Das Legenden-Steuerelement der Leistungsüberwachung seit Windows Vista bietet zwei Features, die eine einfachere und genauere Steuerung der angezeigten Leistungsindikatoren erlauben:

  - ☐ Auswählen mehrerer Leistungsindikatoren
  - ☐ Anzeigen/Verbergen von Indikatoren

Bisher konnten Operationen für Leistungsindikatoren, zum Beispiel das Ändern des Skalierungsfaktors, nur für jeweils einen einzigen Leistungsindikator durchgeführt werden. Und die einzige Möglichkeit, einen Leistungsindikator zu verbergen, bestand darin, ihn aus der Leistungsüberwachungsansicht zu löschen. Jetzt können Sie mehrere Indikatoren gleichzeitig auswählen, um sie gemeinsam zu ändern. Als Operationen für mehrere ausgewählte Indikatoren stehen zur Verfügung: *Ausgewählte Leistungsindikatoren einblenden*, *Ausgewählte Leistungsindikatoren ausblenden* sowie *Ausgewählte Leistungsindikatoren skalieren*. Sie können mit den üblichen Tastaturoder Mausfunktionen (STRG+Linksklick oder UMSCHALT+Linksklick) mehrere Indikatoren in der Legende, im Berichts- oder im Diagrammfenster auswählen. Die ausgewählten Elemente werden hervorgehoben, sodass sie leicht zu erkennen sind.

Mit Menübefehlen können Sie Leistungsindikatoren auch temporär aus einer Diagramm- oder Berichtsansicht ausblenden. Das bietet eine komfortable Möglichkeit, einen Leistungsindikator schnell auszublenden, um ein Diagramm übersichtlicher zu machen. Sie können Indikatoren einbeziehungsweise ausblenden, indem Sie das Kontrollkästchen *Anzeigen* neben den gewünschten Indikatoren aktivieren oder deaktivieren, oder Sie können den Leistungsindikator (oder mehrere Indikatoren) auswählen und mit den Befehlen des Kontextmenüs ein- oder ausblenden. Beachten Sie, dass die Befehle *Einblenden* und *Ausblenden* in der Berichtsansicht nicht zur Verfügung stehen. Früher konnten Sie einen Leistungsindikator aus der aktuellen Ansicht nur dadurch ausblenden, dass Sie ihn aus der Legende der Leistungsüberwachung löschten.

- **Automatische Skalierung** Weil die Werte einiger Leistungsindikatoren den aktuellen Diagrammbereich überschreiten konnten, konnte es im Betriebssystem Windows XP passieren, dass nicht alle Daten in der Leistungsüberwachung sichtbar waren. Es war dann nötig, die Diagramm- oder Leistungsindikatorskalierung zu verändern, und das erforderte mehrere Schritte. Die automatische Skalierung, die seit Windows Vista zur Verfügung steht, erlaubt es jetzt, die Leistungsdaten für jeden Leistungsindikator an die aktuelle Diagrammgröße anzupassen, ohne die Skalierung des Diagramms insgesamt zu ändern oder etliche Schritte auszuführen, um die Skalierung eines bestimmten Leistungsindikators anzupassen. Die automatische Skalierung steht für Linien- und Balkendiagramme zur Verfügung, sowohl für Echtzeit- als auch aufgezeichnete Datenquellen.

Wenn ein Benutzer Indikatoren auswählt und die automatische Skalierung darauf anwendet, legt die Leistungsüberwachung die Skalierung der ausgewählten Indikatoren in der aktuellen Diagrammansicht automatisch so fest, dass der Wertebereich für die Indikatoren ausreicht. Die Ansicht wird aktualisiert, um das Diagramm mit dem neuen Skalierungsfaktor zu zeichnen, sodass die

Messwerte immer innerhalb des aktuellen vertikalen Wertebereichs liegen. Die automatische Skalierung verändert nicht die Minimal- oder Maximalbereiche der vertikalen Achsen. Sie können den aktuellen Skalierungsfaktor für jeden Leistungsindikator in der Spalte *Faktor* der Liste mit den Leistungsindikatoren einstellen.

Sie können die automatische Skalierung nutzen, indem Sie die Indikatoren auswählen, die Sie anpassen wollen, unten in der Leistungsüberwachung mit der rechten Maustaste auf die Indikatoren klicken und *Ausgewählte Leistungsindikatoren skalieren* wählen. Wenn Sie die automatische Skalierung verwenden, können Sie mehrere Indikatoren auswählen, indem Sie entweder bei gedrückter STRG-Taste beliebige Indikatoren anklicken oder bei gedrückter UMSCHALT-Taste einen ganzen Bereich von Indikatoren auswählen. Der Algorithmus, mit dem die Leistungsüberwachung den optimalen Skalierungsfaktor für jeden ausgewählten Leistungsindikator ermittelt, wertet den aktuellen Wertebereich und die Diagrammskalierung aus. Dann berechnet er die aufgezeichneten Datenwerte neu und zeigt sie mit dem neuen Skalierungsfaktor im Diagramm an.

Weil der Wertebereich der vertikalen Achse konfigurierbar ist und die Skalierung mit dem Faktor 10 arbeitet, ist es – abhängig von den Werten des ausgewählten Leistungsindikators – möglich, dass die ausgewählten Leistungsindikatordaten trotzdem nicht innerhalb des konfigurierten Achsenbereichs angezeigt werden können.

- **Dialogfeld *Leistungsindikatoren hinzufügen*** Das Dialogfeld *Leistungsindikatoren hinzufügen* der Leistungsüberwachung wurde anhand von Benutzerrückmeldungen neu gestaltet, sodass es mehr Benutzerfreundlichkeit bietet. In den Vorgängerversionen war es im Dialogfeld *Leistungsindikatoren hinzufügen* schwierig zu überprüfen, welche Leistungsindikatoren hinzugefügt wurden. Die neue Schnittstelle (Abbildung 21.2) hat einen hierarchischen Entwurf, sodass Sie sofort sehen können, welche Indikatoren zu einem Protokoll hinzugefügt wurden.

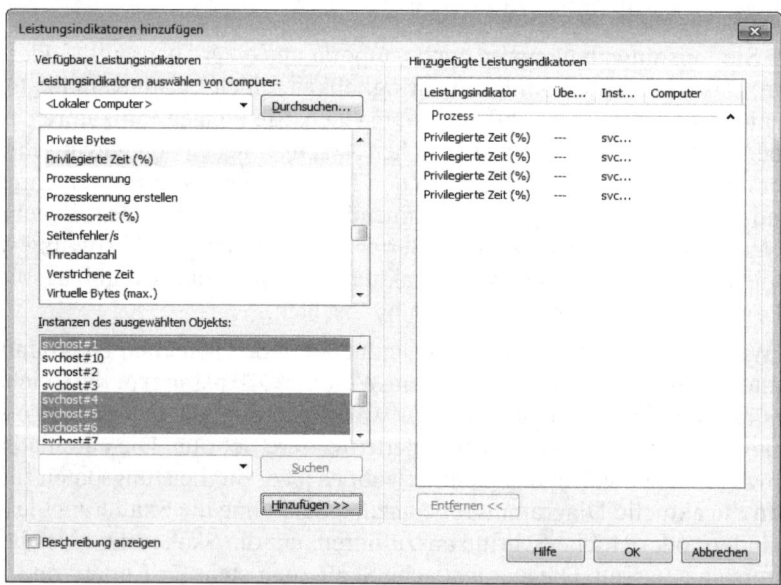

Abbildung 21.2 Das neue Dialogfeld *Leistungsindikatoren hinzufügen*

Das Dialogfeld *Leistungsindikatoren hinzufügen* enthält auf der linken Seite direkt unter dem Feld mit dem Computernamen eine Liste der verfügbaren Objekte. Sie können die Indikatoren für das ausgewählte Objekt ansehen und auswählen, indem Sie das Pfeilsymbol rechts neben dem Objektnamen anklicken. Die mit dem ausgewählten Objekt verknüpften Instanzen werden im Listenfeld *Instanzen des ausgewählten Objekts* angezeigt. Sie können beliebige Kombinationen aus Objekten, Indikatoren und Instanzen hinzufügen, indem Sie die gewünschten Elemente markieren und dann auf die Schaltfläche *Hinzufügen* klicken. Die hinzugefügten Elemente werden sofort im Listenfeld *Hinzugefügte Leistungsindikatoren* aufgeführt. Die Fenster für Objekte, Indikatoren und Instanzen unterstützen die Mehrfachauswahl, daher können Sie mehrere Elemente mit den üblichen Tastatur- und Mausfunktionen (STRG+Linksklick oder UMSCHALT+Linksklick) markieren und dann mit einem Klick auf die Schaltfläche *Hinzufügen* gemeinsam hinzufügen.

Es steht auch eine Suchfunktion zur Verfügung, wenn die Option *Alle Instanzen* für ein Leistungsobjekt ausgewählt ist. Das Suchfeature bietet Ihnen die Möglichkeit, alle verfügbaren Instanzen für das ausgewählte Objekt zu suchen. Die Suchergebnisse werden im Instanzelement *<Alle durchsuchten Instanzen>* gruppiert. Sie können sie zum Protokoll hinzufügen, indem Sie das Element *<Alle durchsuchten Instanzen>* auswählen und dann auf *Hinzufügen* klicken.

- **Zoom** Das neue Zoomfeature in der Leistungsüberwachung bietet Ihnen die Möglichkeit, die aufgezeichneten Daten ganz einfach in einer höheren Detailstufe anzusehen. (Sie können nicht in Echtzeitleistungsdaten hineinzoomen.) Benutzer können auswählen, welchen Zeitbereich sie sich genauer ansehen wollen, und dann mit dem neuen Kontextmenübefehl *Zoommodus* die aktuelle Protokollansicht löschen und durch den gezoomten Zeitbereich ersetzen. Ist der Zeitbereich gezoomt, werden weniger Messwerte angezeigt, aber Sie können die angezeigten Werte genauer sehen. Sie können folgendermaßen auswählen, welcher Zeitbereich angezeigt werden soll:

  ☐ Klicken Sie mit der linken Maustaste in das Diagramm, um den Startpunkt auszuwählen. Ziehen Sie die Maus an den zweiten Zeitpunkt und lassen Sie die Maustaste los. Der ausgewählte Zeitbereich wird in der Diagrammansicht durch einen Schatten hervorgehoben. Klicken Sie die rechte Maustaste, um das Kontextmenü zu öffnen, und wählen Sie den Befehl *Zoommodus*.

  ☐ Verändern Sie den Schieberegler für den Zeitbereich (sichtbar unter dem Diagramm), um den gewünschten Zeitbereich auszuwählen. Sie können an beiden Enden des Schiebereglers ziehen, um das angezeigte Zeitfenster einzustellen. Der ausgewählte Zeitbereich wird in der Diagrammansicht durch einen Schatten markiert. Klicken Sie dann mit der rechten Maustaste, um das Kontextmenü zu öffnen, und wählen Sie den Befehl *Zoommodus*.

  Sie können herauszoomen, indem Sie den Zeitbereich mit dem Schieberegler zurücksetzen und dann wieder den Befehl *Zoommodus* wählen, um den momentan ausgewählten Zeitbereich einzustellen. Sie können auch die Pfeilsymbole neben dem Schieberegler anklicken, um den im Diagramm angezeigten Zeitbereich zu verschieben.

- **Vergleichsfeature** Wenn Sie die Leistungsüberwachung mit dem Befehl `perfmon /comp` starten, steht ein Vergleichsfeature zur Verfügung, mit dem Sie mehrere Protokolldateien für einen relativen Vergleich übereinanderlegen können. Die verglichenen Protokolle werden mit einem konfigurierbarem Transparenzgrad angezeigt, sodass Sie durch die oben liegenden Protokolle hindurchsehen können. Dieses Feature ist zum Beispiel nützlich, wenn ein Benutzer die Ressourcennutzung eines Servers zwischen 8:00 und 9:00 Uhr morgens über 1 Woche hinweg ansehen will. Das Vergleichsfeature wird im Abschnitt »Vergleichen von Leistungsüberwachungsprotokollen« weiter unten in diesem Kapitel genauer beschrieben.

- **QuickInfos** QuickInfos werden angezeigt, wenn Sie die Maus über ein Datenelement im Leistungsüberwachungsdiagramm stellen. Die QuickInfos geben die Leistungsindikatordaten für das Element aus, das dem Mauszeiger am nächsten liegt. Das ist entweder der vorhergehende oder der nachfolgende Datenpunkt, je nachdem, welcher näher am Mauszeiger liegt. QuickInfos werden nur für Datenelemente angezeigt, die im Diagramm sichtbar sind.

■ **Zeitbasierte Algorithmen** Mithilfe zeitbasierter Datenaufzeichnung können Sie Leistungsindikator-daten über einen bestimmten Zeitraum protokollieren. Wenn früher eine Protokollierungssitzung einige Zeit keine Daten sammeln konnte, wurde fälschlicherweise angenommen, dass alle Daten regelmäßig gesammelt wurden, sodass keine fehlenden Datenpunkte angezeigt wurden. Das führte dazu, dass falsche Daten angezeigt wurden. Die neuen zeitbasierten Algorithmen zeigen Lücken im Diagramm an, wenn in einer Protokolldatei einige Zeit keine Werte aufgezeichnet wurden. Dieses Feature führt keinen neuen Diagrammtyp ein.

■ **Transportable Konfigurationsdateien** In Windows 2000, Windows XP und Windows Server 2003 ist es möglich, die Konfiguration eines Leistungsprotokolls oder Leistungswarnungen als HTML-Datei zu speichern, darin den Computernamen zu ändern und die Datei dann auf einem anderen Computer als Vorlage zum Erstellen eines Protokolls zu verwenden. Ab Windows Vista wurde das Standardformat der Konfigurationsdatei in XML geändert.

■ **Dateiende-Befehl** Der Leistungsüberwachung verwendete früher `CreateProcess`, um einen Datei-ende-Befehl auszuführen und so den angegebenen Prozess zu starten, sobald ein Protokoll abge-schlossen wurde. Um die Sicherheit zu verbessern und mehr Flexibilität für den Ausführungskon-text zu bieten (Anmeldeinformationen), wird dieses Feature durch die Möglichkeit ersetzt, einen vorhandenen Aufgabenplanungs-Auftrag zu starten, sobald eine Protokolldatei abgeschlossen ist.

Verbesserungen an der Leistungsüberwachung in Windows 7

Das Snap-In *Leistungsüberwachung* hat sich in Windows 7 zwar kaum verändert, es gibt aber einige erhebliche Verbesserungen an der Leistungsüberwachung, die in Windows 7 neu eingeführt wurden. Die wichtigsten dieser Verbesserungen sind:

■ Verbesserte Architektur, die mehr Leistung, Skalierbarkeit und Robustheit für die Leistungsindi-katorinfrastruktur bietet

■ Neue Kernelmodus-APIs in der Version 2.0, die mithilfe von XML deklarativ definiert werden und die Infrastruktur der Version 2.0 nutzen, die in Windows Vista eingeführt wurde

■ Neue Leistungsindikatoren, die zusätzliche Aspekte der Windows-Interna zugänglich machen

■ Möglichkeit, Leistungsindikatoren von Windows PowerShell-Skripts aus zu benutzen. Weitere Informationen zu diesem neuen Feature finden Sie im Abschnitt »Leistungsüberwachung mit Windows PowerShell« weiter unten in diesem Kapitel.

Arbeiten mit der Leistungsüberwachung

Sie haben folgende Möglichkeiten, die Leistungsüberwachung zu öffnen:

■ Wählen Sie *Computerverwaltung*, *System* und dann *Leistung*.

■ Wählen Sie *Systemsteuerung*, *Verwaltung* und dann *Leistungsüberwachung*.

■ Wählen Sie *Wartungscenter*, *Leistungsinformationen anzeigen*, *Weitere Tools* und dann *Leistungs-überwachung öffnen*.

■ Fügen Sie das Snap-In *Leistung* zu einer neuen MMC hinzu.

■ Geben Sie im Suchfeld des Startmenüs **leistung** ein und klicken Sie auf *Leistungsüberwachung*, wenn es in der Gruppe *Programme* aufgelistet wird.

■ Geben Sie im Suchfeld des Startmenüs **perfmon.exe** oder **perfmon.msc** ein und drücken Sie die EINGABETASTE.

Folgende Befehlszeilenargumente stehen für den Aufruf von `perfmon.exe` zur Verfügung (aber nicht für *perfmon.msc*):

- **perfmon /rel**   Zeigt den Zuverlässigkeits- und Problemverlauf des Computers an. (Dieses Ergebnis erhalten Sie auch, wenn Sie in der Leistungsüberwachung mit der rechten Maustaste auf den Knoten *Überwachungstools* klicken und den Befehl *Systemzuverlässigkeit anzeigen* wählen.)

- **perfmon /report**   Sammelt 60 Sekunden lang Leistungsdaten, über die anschließend ein Systemintegritätsbericht generiert und angezeigt wird.

- **perfmon /res**   Öffnet den Ressourcenmonitor. (Sie können stattdessen auch in der Leistungsüberwachung mit der rechten Maustaste auf den Knoten *Überwachungstools* klicken und den Befehl *Ressourcenmonitor* wählen.)

- **perfmon /sys**   Startet die Leistungsüberwachung im eigenständigen Modus (mit dem ActiveX-Steuerelement *Sysmon.ocx*). Mit einer weiteren Option, `/comp`, können Sie zwei offene Leistungsüberwachungsinstanzen miteinander vergleichen.

An den Konzepten und Verfahren der Leistungsüberwachung hat sich seit Microsoft Windows NT 4 nur wenig geändert. Die folgenden Abschnitte setzen voraus, dass Sie mit der Bedienung der Leistungsüberwachung in Windows XP vertraut sind; sie konzentrieren sich in erster Linie darauf, wie Sie Sammlungssätze für die Protokollierung und Analyse von Leistungsdaten erstellen und benutzen. Allgemeine Informationen zur Benutzung der Leistungsüberwachung in Windows 7 finden Sie unter *http://technet.microsoft.com/de-de/library/cc749249.aspx*.

Echtzeitsystemüberwachung

Sie können Echtzeitleistungsindikatoren für den lokalen Computer oder einen Remotecomputer hinzufügen und ansehen. Sie haben zwei Möglichkeiten, um Leistungsindikatoren zu einem Echtzeitliniendiagramm hinzuzufügen:

- Klicken Sie auf das Symbol *Hinzufügen* (+) auf der Symbolleiste.

- Klicken Sie mit der rechten Maustaste irgendwo in das Diagramm und wählen Sie im Kontextmenü den Befehl *Leistungsindikatoren hinzufügen*.

Sie können eine gespeicherte Leistungsüberwachungsdatei öffnen, indem Sie die Datei in das Leistungsüberwachungsfenster ziehen oder (wie in den älteren Versionen) das Symbol *Protokolldaten anzeigen* auf der Symbolleiste anklicken (beziehungsweise STRG+L eingeben). Eine weitere Verbesserung ist das Kontextmenüelement *Bild speichern unter*, mit dem Sie die aktuelle Ansicht für die spätere Verwendung als GIF-Bilddatei speichern können.

Leistungsüberwachungsprotokollierung

In Windows XP haben Sie Leistungsüberwachungsprotokolle oder -warnungen im Fenster *Leistung* mithilfe des Knotens *Berichtstyp* unter *Leistungsprotokolle und Warnungen* erstellt. Sie konnten konfigurieren, ob ein Protokoll eine einzelne Datensammlungsentität (Leistungsindikatorprotokoll, Ablaufverfolgungsprotokoll oder Warnung) enthält. Seit Windows Vista arbeitet die Leistungsüberwachung dagegen mit dem Konzept von Sammlungssätzen (data collector set). In Windows Vista und Windows 7 wird eine Datensammlungsentität als *Sammlung* (data collector) bezeichnet, die ein Mitglied eines Sammlungssatzes (Data Collector Set, DCS) sein muss. Ein DCS kann eine beliebige Zahl von Sammlungen enthalten, sodass Leistungsüberwachungs- und Datenorganisationsaufgaben genauer gesteuert werden können.

Sammlungssätze wurden implementiert, um Leistungsberichte zu unterstützen, die Daten aus mehreren Protokolldateien unterschiedlicher Typen benötigen. Diese Sammlungen enthalten Leistungsindikator-,

Ablaufverfolgungs-, Warnungs- und Systemkonfigurationsprotokolle. Sie können eine beliebige Zahl von Sammlungen zu einem einzigen DCS hinzufügen. Vor Windows Vista enthielt jede Datensammlungsentität ihre eigenen Zeitplanungseigenschaften, die vom Dienst *Leistungsprotokolle und Warnungen* benutzt wurden. Seit Windows Vista verwenden alle Mitglieder eines DCS die Zeitplanungseigenschaften (und andere gemeinsame Eigenschaften), die für das übergeordnete DCS angegeben wurden. Das DCS ist als einzelnes Aufgabenplanungsobjekt implementiert und Sie können eine einzige Aufgabe angeben, die ausgeführt wird, sobald alle enthaltenen Sammlungen abgeschlossen wurden.

Es gibt drei Typen von Sammlungssätzen:

- **Benutzerdefiniert**   Die meisten, wenn nicht sogar alle benutzerkonfigurierten Sammlungssätze fallen in diese Kategorie.

- **System**   Hier werden XML-Sammlungssatzvorlagen angezeigt, die in *Windows\PLA\System* gespeichert wurden. Sie können solche Vorlagen nicht selbst erstellen, sie werden von Windows zur Verfügung gestellt.

- **Ereignisablaufverfolgungssitzungen**   Dies sind Sammlungssätze, die für die Ereignisablaufverfolgung von ETW (Event Tracing for Windows) konfiguriert wurden. (Weitere Informationen finden Sie im Abschnitt »Grundlagen der Ereignisarchitektur von Windows« weiter unten in diesem Kapitel.)

HINWEIS   Protokolldateien, die in Windows Vista oder neuer aus Sammlungssätzen erstellt werden, sind nicht abwärtskompatibel zu älteren Windows-Versionen. Sie können aber Protokolle, die in älteren Windows-Versionen erstellt wurden, in der Leistungsüberwachung von Windows Vista oder neuer ansehen.

Erstellen eines Sammlungssatzes

Sie erstellen einen DCS mithilfe eines Assistenten oder einer vorkonfigurierten XML-Vorlage. Die Daten können ein Datensatz eines einzelnen Leistungsprotokolls, einer Ereignisablaufverfolgung oder einer Systemkonfiguration sein oder eine beliebige Kombination der drei. Sie können auch Leistungsindikatorwarnungen über diese Oberfläche konfigurieren.

Gehen Sie folgendermaßen vor, um einen neuen DCS zu erstellen:

1. Öffnen Sie das Snap-In *Leistungsüberwachung* und wählen Sie unterhalb des Knotens *Sammlungssätze* den Knoten *Benutzerdefiniert* aus:

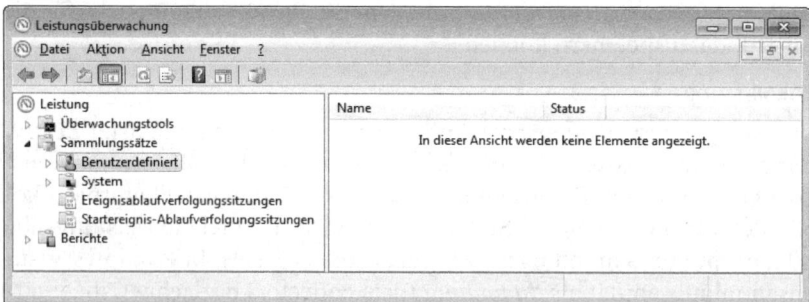

2. Klicken Sie mit der rechten Maustaste auf den Knoten *Benutzerdefiniert* und wählen Sie im Kontextmenü den Befehl *Neu/Sammlungssatz*, um den Assistenten *Neuen Sammlungssatz erstellen* zu starten.

3. Geben Sie einen Namen für den Sammlungssatz ein und wählen Sie die Option *Aus Vorlage erstellen* oder *Manuell erstellen*, wenn Sie die restlichen Schritte des Assistenten durchgehen wollen.

Wenn Sie einen neuen DCS erstellen, ist es am einfachsten, im Assistenten *Neuen Sammlungssatz erstellen* die Option *Aus Vorlage erstellen* auszuwählen. Sie können Vorlagen für häufig benötigte Überwachungsszenarien erstellen und später dazu benutzen, um schnell eine neue Protokollierungssitzung zu konfigurieren und zu starten. Die Vorlagen liegen im XML-Format vor, alle Einstellungen für den DCS sind in der Vorlage eingetragen. Windows stellt drei vorkonfigurierte Vorlagen zum Erstellen neuer Sammlungssätze zur Verfügung:

- Basis
- System Diagnostics
- System Performance

Sie können einen DCS auch als Vorlage exportieren, die Sie ändern und importieren können, um neue Sammlungssätze zu erstellen. Sie können eine DCS-Konfigurations-XML-Datei exportieren, indem Sie im Knoten *Sammlungssätze* der Leistungsüberwachung mit der rechten Maustaste auf den Namen des Sammlungssatzes klicken und im Kontextmenü den Befehl *Vorlage speichern* wählen. Die Vorlagendateien werden nicht in einem Vorlagenspeicher abgelegt, Sie müssen sie jedes Mal importieren, wenn Sie sie benutzen wollen. Sie können die XML-Vorlagendateien in jedem beliebigen Ordner speichern, auf den Sie Zugriff haben.

Im Allgemeinen werden Sie eine Vorlage exportieren, wenn Sie einen DCS manuell konfiguriert haben. Sobald Sie die DCS-Vorlage exportiert haben, können Sie sie bearbeiten, um sie für bestimmte Szenarien anzupassen (unterschiedliche Computer, unterschiedliche Ordner und so weiter). Nachdem Sie die Vorlage exportiert haben, können Sie sie in den DCS importieren, indem Sie im Assistenten *Neuen Sammlungssatz erstellen* die Option *Aus Vorlage erstellen* wählen dann die Position der XML-Datei suchen.

> **HINWEIS** Die Leistungsüberwachung installiert kein Systemübersichtsprotokoll, wie es in Windows XP und älteren Versionen der Fall war. Sie stellt aber eine Sammlungssatzvorlage für eine Systemdiagnose bereit.

Gehen Sie folgendermaßen vor, um einen DCS manuell zu erstellen:

1. Wählen Sie im Assistenten *Neuen Sammlungssatz erstellen* die Option *Manuell erstellen* aus und klicken Sie auf *Weiter*.

2. Wählen Sie die gewünschten Sammlungen aus und klicken Sie auf *Weiter*:

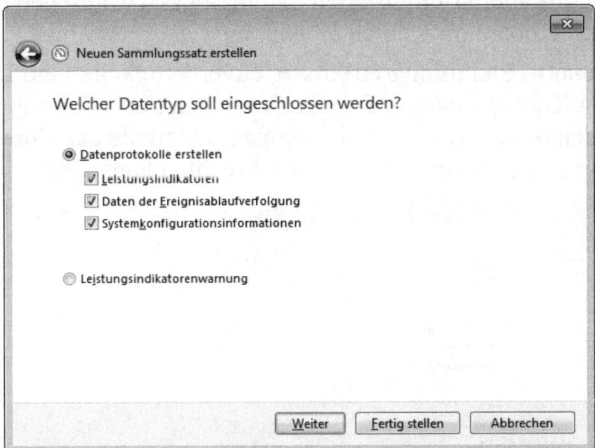

3. Wählen Sie die Leistungsindikatoren aus (sofern gewünscht), die in der Sammlung aufgezeichnet werden, und klicken Sie auf *Weiter*.

4. Wählen Sie die Anbieter für die Ereignisablaufverfolgung aus (sofern gewünscht) und klicken Sie auf *Weiter*.

5. Wählen Sie die Registrierungsschlüssel aus, die überwacht werden sollen (sofern gewünscht), und klicken Sie auf *Weiter*.

6. Wählen Sie den Pfad zum DCS aus und klicken Sie auf *Weiter*. Alle Datendateien für den DCS verwenden diesen Pfad und liegen in dem übergeordneten Ordner, den Sie hier angeben. Der Standardpfad für Sammlungssätze ist *%SystemDrive%\PerfLogs\Admin\<DCS-Name>*.

7. Klicken Sie auf *Ändern* und wählen Sie das Benutzerkonto aus, unter dem dieser Sammlungssatz ausgeführt wird.

8. Bevor der Assistent abgeschlossen ist, können Sie wählen, ob die Eigenschaften des Datensammlungssatzes geöffnet werden, sobald der Assistent fertig ist, und ob die Datensammlung unmittelbar nach dem Fertigstellen des Assistenten gestartet wird:

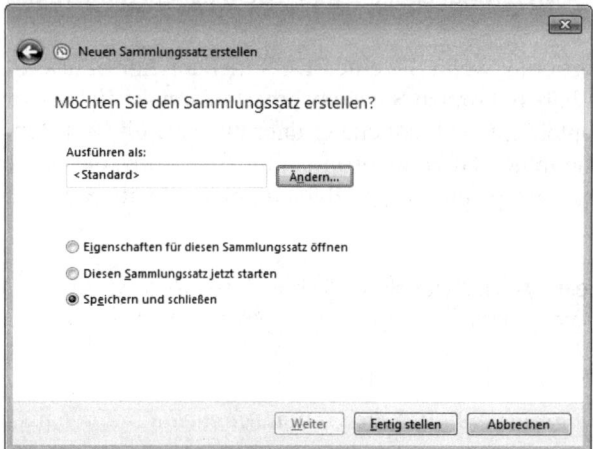

9. Klicken Sie auf *Fertig stellen*, um den DCS in der Zuverlässigkeits- und Leistungsüberwachung anzeigen zu lassen. Sie können sich den Status aller konfigurierten Sammlungssätze ansehen, indem Sie den gewünschten übergeordneten Knoten im Knoten *Sammlungssätze* auswählen.

10. Sie können sich die in einem DCS enthaltene(n) Sammlung(en) in der Zuverlässigkeits- und Leistungsüberwachung ansehen, indem Sie den Knoten *Benutzerdefiniert* im linken Fensterabschnitt erweitern. Klicken Sie dann entweder auf den Namen des Sammlungssatzes innerhalb des Knotens *Benutzerdefiniert* oder doppelt auf den Namen des Sammlungssatzes im rechten Fensterabschnitt.

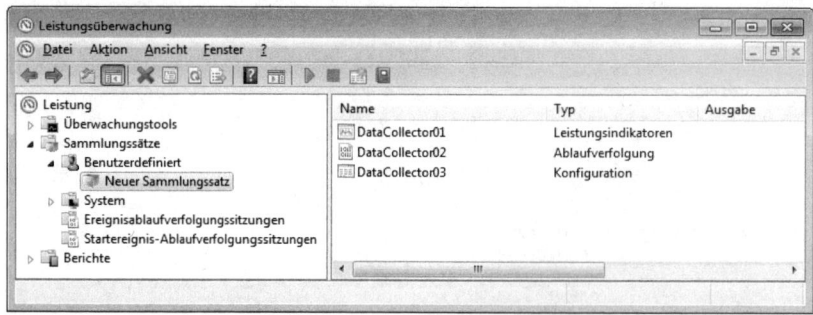

Sie können den Sammlungssatz starten, indem Sie den Namen des DCS durch Anklicken markieren und dann entweder den grünen Pfeil in der Symbolleiste drücken, um die Protokollierung zu starten, oder mit der rechten Maustaste auf den Namen des Sammlungssatzes klicken und im Kontextmenü den Befehl *Starten* wählen.

Konfigurieren eines Sammlungssatzes

Sie können auf die Eigenschaften eines DCS zugreifen, indem Sie mit der rechten Maustaste auf den Namen des Sammlungssatzes klicken und im Kontextmenü den Befehl *Eigenschaften* wählen. Alle Eigenschaften einer Sammlung werden über diese Schnittstelle konfiguriert. Folgende Eigenschaften stehen in den verschiedenen Registerkarten zur Verfügung:

- **Registerkarte *Allgemein*** Hier können Sie die Sammlungsbeschreibung konfigurieren, alle Schlüsselwörter, die für Suchzwecke benötigt werden, und die Ausführungseigenschaften, die festlegen, in welchem Benutzerkontext dieser DCS läuft. Klicken Sie auf *Ändern*, um den Benutzerkontext für die Sammlung zu verändern. Der Standardwert ist das lokale Systemkonto.

- **Registerkarte *Verzeichnis*** Hier können Sie das Stammverzeichnis für den DCS konfigurieren und bei Bedarf ein separates Unterverzeichnis angeben. Standardwert ist *%SystemDrive%\perflogs\ <Sammlungssatzname>*. Sie können auch das Format des Unterverzeichnisnamens abhängig von den folgenden Optionen einstellen:

  - ☐ **Datum und Uhrzeit** Wählen Sie aus den angezeigten Platzhaltern das gewünschte Element für den Unterverzeichnisnamen aus.

  - ☐ **Computername** Sie können dem Unterverzeichnis den Computernamen voranstellen, indem Sie das Kontrollkästchen *Computernamen dem Unterverzeichnis voranstellen* aktivieren.

  - ☐ **Seriennummer** Sie können mithilfe einer Seriennummer (N) jedes Mal, wenn der DCS gestartet wird, einen einmaligen Unterordnernamen generieren. Das ermöglicht es, mehrere Protokolle derselben Sammlungen in unterschiedlichen Unterordnern des übergeordneten DCS-Ordners zu speichern. Sie können die Seriennummer nur in den Sammlungssatzeigenschaften bearbeiten, aber das Seriennummernformat kann auch für die Verwendung in den einzelnen Sammlungen festgelegt werden. Die Standardnamenskonvention für DCS-Unterverzeichnisse ist *NNNNN*, wodurch für den Sammlungssatz Unterordner mit Namen wie *000001, 000002* und so weiter generiert werden.

    Wenn Sie zum Beispiel einen Sammlungssatz mit der Seriennummer 8 am 31. Januar 2003 um 4:20 ausführen, erhalten Sie für die folgenden Unterverzeichnisnamensformate die folgenden Ergebnisse:

    - ☐ Unterverzeichnisnamensformat: yyyyMMddNNNN; tatsächlicher Unterverzeichnisname: 200301310008

    - ☐ Unterverzeichnisnamensformat: yyDDD NN; tatsächlicher Unterverzeichnisname: 03031 08

    - ☐ Unterverzeichnisnamensformat: MM\. MMMM yyyy \u\m h mmtt \- N; tatsächlicher Unterverzeichnisname: 31. Januar 2003 um 4 20 – 8

- **Registerkarte *Sicherheit*** Hier können Sie Sicherheitsparameter für den DCS einstellen. Standardberechtigungen werden *SYSTEM, Administratoren, Leistungsprotokollbenutzer* und dem Ersteller/ Besitzer der Sammlung gewährt.

- **Registerkarte *Zeitplan*** Hier können Sie das Anfangs- und Ablaufdatum sowie die Startzeit und den Wochentag einstellen. Klicken Sie auf *Hinzufügen*, um einen Zeitplan zu konfigurieren.

- **Registerkarte *Stoppbedingung*** Definiert, wann die Datensammlung beendet wird. Auf dieser Registerkarte stehen folgende Optionen zur Verfügung:

  □ **Gesamtdauer** Legt fest, ob das Protokoll nach einer festgelegten Dauer gestoppt wird. Der Zeitraum wird in Sekunden, Minuten, Tagen, Stunden oder Wochen angegeben.

  □ **Limits** Definiert die Grenzen für die Protokollgröße oder -dauer und legt fest, ob der Sammlungssatz neu gestartet wird, sobald diese Grenzen erreicht sind. Sie können eine Zeitdauer oder Maximalgröße festlegen.

- **Registerkarte *Aufgabe*** Hier können Sie eine bestimmte Aufgabe festlegen, die ausgeführt wird, sobald ein Sammlungssatz beendet ist. Die angegebene Aufgabe muss eine vorhandene Aufgabenplanungsaufgabe sein. Sie können auch die Argumente und das Arbeitsverzeichnis für die Aufgabe festlegen.

HINWEIS Sie können die Eigenschaften jeder Sammlung auch innerhalb eines DCS über die Kontextmenüs der einzelnen Sammlungen ansehen und bearbeiten. Die Konfigurationseinstellungen für eine Sammlung hängen davon ab, ob die Sammlung zum Sammeln von Leistungsindikator-, Ereignisablaufverfolgungs- oder Registrierungsdaten eingesetzt wird.

Ansehen von Leistungsdaten mit dem Daten-Manager

Der Daten-Manager wurde in Windows Vista als zentrales Werkzeug zum Verwalten aufgezeichneter Leistungsdatendateien neu eingeführt. Jeder DCS ist mit einem Daten-Manager verknüpft, der die Datenverwaltungsaufgaben, zum Beispiel Berichtgenerierung, Datenbeibehaltungsrichtlinie, Bedingungen/Aktionen und Datentransfer, für die Daten in allen Unterordnern des Stammpfads des Sammlungssatzes steuert.

In der Standardeinstellung ist der Daten-Manager für einen Sammlungssatz deaktiviert. Wenn Sie den Daten-Manager für einen DCS aktivieren, erstellt der Daten-Manager nach dem Abschluss der Datensammlung einen Zusammenfassungsbericht, der einen Überblick über die Datenergebnisse liefert. Falls Sie den Daten-Manager für einen DCS nicht aktivieren, wird der DCS trotzdem im Knoten *Berichte* der Diagnosekonsole aufgeführt, aber es wird kein Bericht für den DCS generiert.

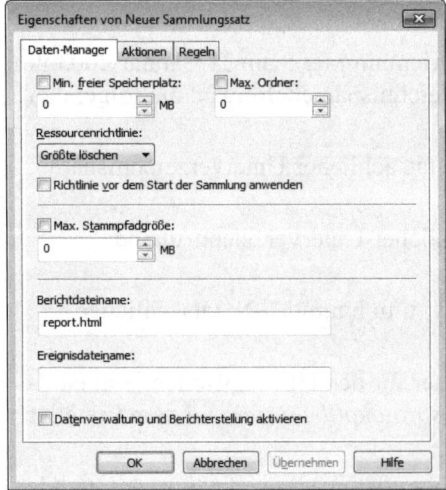

Abbildung 21.3 Eigenschaften des Daten-Managers

Sie können auf die Daten-Manager-Eigenschaften eines Sammlungssatzes zugreifen, indem Sie im Knoten *Sammlungssätze* der Leistungsüberwachung mit der rechten Maustaste auf den DCS-Namen klicken und dann im Kontextmenü den Befehl *Daten-Manager* wählen. Den Daten-Manager für den DCS können Sie aktivieren, indem Sie das Kontrollkästchen *Datenverwaltung und Berichterstellung aktivieren* auf der Registerkarte *Daten-Manager* aktivieren (Abbildung 21.3). Beachten Sie, dass der Daten-Manager standardmäßig die ausgewählten Optionen erst übernimmt, nachdem der DCS abgeschlossen wurde. Sie können erzwingen, dass die ausgewählten Daten-Manager-Optionen schon vor dem Start des DCS angewendet werden, indem Sie das Kontrollkästchen *Richtlinie vor dem Start der Sammlung anwenden* aktivieren. Wenn Sie diese Option wählen, werden die vorher anhand der konfigurierten Daten-Manager-Bedingungen gesammelten Daten gelöscht, bevor der DCS die nächste Protokolldatei anlegt.

Folgende Daten-Manager-Bedingungen stehen zur Verfügung:

- **Min. freier Speicherplatz** Die Menge an Festplattenplatz, die auf dem Laufwerk zur Verfügung stehen muss, auf dem die Protokolldaten gespeichert werden. Falls Sie diese Bedingung auswählen, werden vorherige Daten entsprechend der gewählten Ressourcenrichtlinie gelöscht, sobald das Limit erreicht ist.

- **Max. Ordner** Die Zahl der Unterordner, die sich im DCS-Datenverzeichnis befinden dürfen. Falls Sie diese Bedingung auswählen, werden vorherige Daten entsprechend der gewählten Ressourcenrichtlinie gelöscht, sobald das Limit erreicht ist.

- **Max. Stammpfadgröße** Die Maximalgröße für das Datenverzeichnis des DCS, inklusive aller Unterordner. Falls Sie diese Bedingung auswählen, überschreibt diese maximale Pfadgröße die Limits für mindestens freien Speicherplatz und maximale Anzahl Ordner. Wenn Sie diese Bedingung auswählen, werden vorherige Daten entsprechend der gewählten Ressourcenrichtlinie gelöscht, sobald das Limit erreicht ist.

Sie können festlegen, dass die Ressourcenrichtlinie folgende Aktionen mit den Ordnern im Stammordner des Sammlungssatzes ausführt, falls eines der aufgeführten Limits überschritten wird:

- **Größten löschen** Der größte Ordner innerhalb des DCS-Stammordners wird gelöscht, wenn eines der Limits überschritten wird.

- **Ältesten löschen** Der älteste Ordner innerhalb des DCS-Stammordners wird gelöscht, wenn eines der Limits überschritten wird.

HINWEIS Diese Ressourcenrichtlinienaktionen werden für ganze Ordner ausgeführt, nicht für einzelne Dateien.

Sie können auf der Registerkarte *Aktionen* definieren, welche Ordneraktionen ausgeführt werden, wenn die angegebenen Daten-Manager-Bedingungen eintreten. Die für den DCS definierten Aktionen werden im Abschnitt *Ordneraktionen* der Registerkarte *Aktionen* angezeigt. Auf dieser Registerkarte können Sie Ordneraktionen für einen DCS hinzufügen, bearbeiten oder entfernen. Mithilfe von Ordneraktionen kann ein Benutzer auswählen, wie Daten archiviert werden, bevor sie aufgrund der ausgewählten Ressourcenrichtlinie für immer gelöscht werden. Sie können auch darauf verzichten, die Daten-Manager-Limits zu verwenden, und stattdessen alle aufgezeichneten Daten entsprechend den ausgewählten Ordneraktionsregeln verwalten. Folgende Optionen stehen für Ordneraktion zur Verfügung:

- **Alter** Das Alter der Datendatei in Tagen oder Wochen. Falls der Wert 0 ist, wird das Kriterium nicht benutzt.

- **Ordnergröße** Die Größe des Ordners (in MByte), in dem die Protokolldaten gespeichert werden. Falls der Wert 0 ist, wird das Kriterium nicht benutzt.

- **Aktionen**   Hier können Sie auswählen, welche Aktion ausgeführt wird, wenn entweder die Ressourcenrichtlinien- oder die Ordneraktionsbedingungen erfüllt sind. Als Aktionen stehen das Löschen der Rohdatendateien und/oder des Berichts sowie verschiedene Optionen für *cab*-Dateien zur Verfügung. *cab*-Dateien können erstellt, gelöscht oder in einen lokalen oder freigegebenen Ordner verschoben werden.

Starten und Stoppen der Datenprotokollierung

Der DCS startet die Protokollierung automatisch, falls Sie beim Erstellen im Assistenten *Neuen Sammlungssatz erstellen* die Option *Diesen Sammlungssatz jetzt starten* gewählt haben. Falls Sie diese Option nicht gewählt haben, müssen Sie die Protokollierung von Hand starten.

Nachdem Sie den DCS erstellt haben, können Sie die Protokollierung auf folgende Arten starten und stoppen:

- Klicken Sie im Unterknoten *Benutzerdefiniert* des Knotens *Sammlungssätze* mit der rechten Maustaste auf den Namen des Sammlungssatzes und wählen Sie im Kontextmenü den Befehl *Starten* oder *Beenden*.

- Markieren Sie im Unterknoten *Benutzerdefiniert* des Knotens *Sammlungssätze* den Namen des Sammlungssatzes und klicken Sie in der Symbolleiste der Diagnosekonsole auf die Schaltfläche *Sammlungssatz starten* oder auf *Sammlungssatz anhalten*.

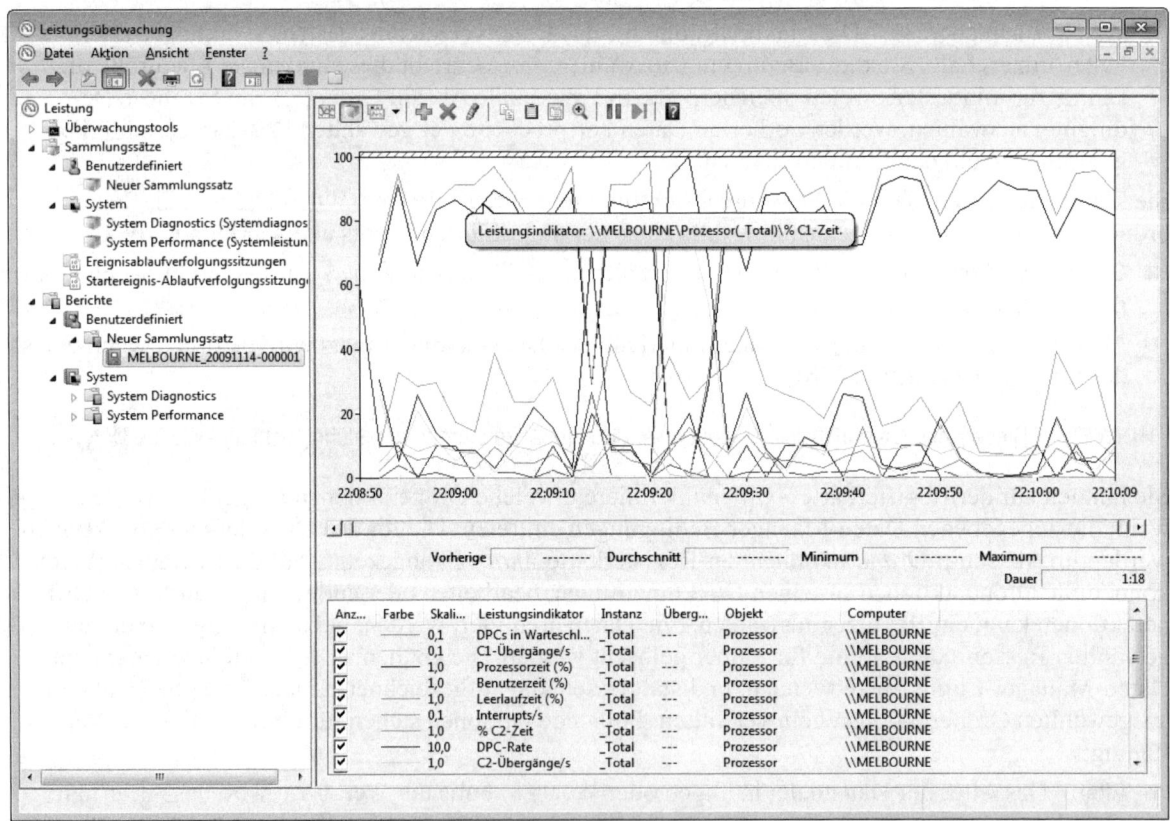

Abbildung 21.4   Ansehen von Leistungsdaten mithilfe von Berichten

HINWEIS   Sie können die Leistungsindikatoraufzeichnung automatisch starten lassen, sobald das System neu gestartet wird. Erstellen Sie dazu eine geplante Aufgabe mit der Bedingung *Systemstart* und rufen Sie *Logman.exe* auf, um die Aufzeichnung zu beginnen.

Ansehen von Leistungsdaten

Sobald Sie den DCS erstellt haben, wird er im Abschnitt *Berichte* der Leistungsüberwachung aufgeführt, wie in Abbildung 21.4 zu sehen.

Ihnen stehen aber auch andere Methoden zur Verfügung, um die aufgezeichneten Leistungsdaten anzusehen:

- Klicken Sie doppelt auf eine Leistungsüberwachungsprotokolldatei (*.blg*), um das Protokoll in der Leistungsüberwachung zu öffnen und dabei alle konfigurierten Indikatoren anzuzeigen.

- Verwenden Sie das Kontextmenü für die Sammlungen, die in der Diagnosekonsole unter *Sammlungssätze* im Knoten *Berichte* aufgeführt sind.

- Klicken Sie mit der rechten Maustaste auf eine Sammlung, die unter dem DCS-Namen im Knoten *Berichte* aufgelistet ist, und wählen Sie dann den gewünschten Ansichtsmodus.

Im Kontextmenü einer Sammlung stehen die drei folgenden Ansichtsmodi zur Verfügung:

- **Leistungsüberwachung**   Wenn Sie den Menübefehl *Ansicht/Leistungsüberwachung* wählen, wird die Leistungsüberwachungsprotokolldatei mit allen konfigurierten Indikatoren im Liniendiagramm angezeigt.

- **Ordner**   Wenn Sie den Menübefehl *Ansicht/Ordner* wählen, wird der Ordner angezeigt, der die Dateien der ausgewählten Sammlung enthält.

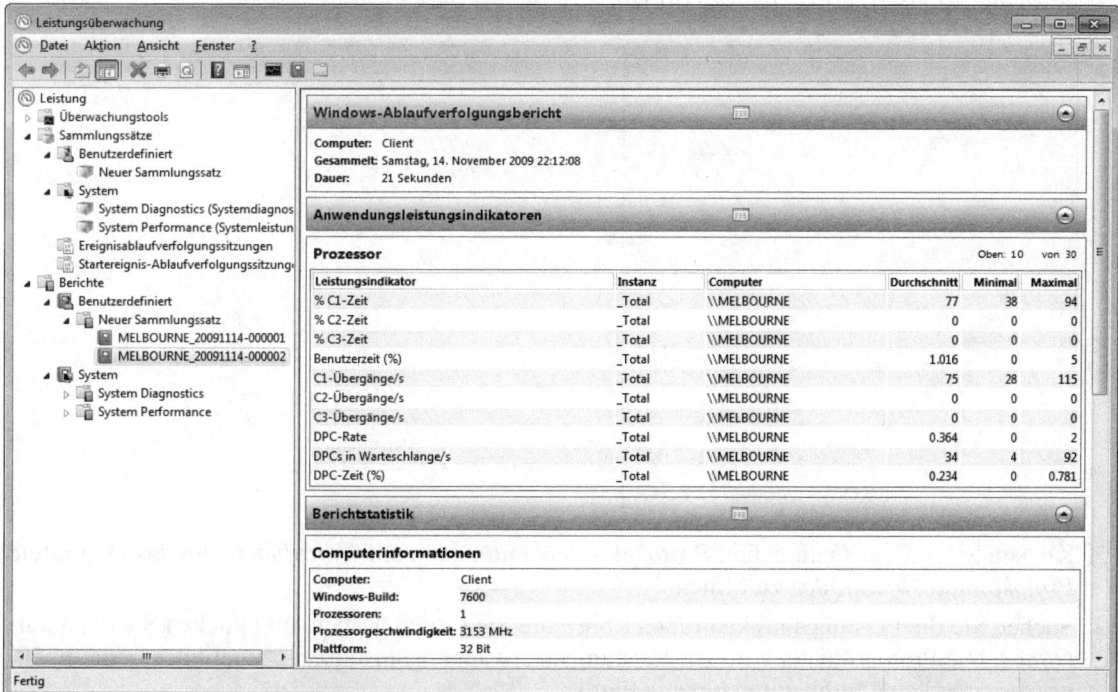

Abbildung 21.5   Ein Bericht des Daten-Managers

- **Bericht**   Wenn Sie den Daten-Manager für den DCS aktiviert haben, steht der Menübefehl *Bericht* zur Verfügung, wenn Sie im Knoten *Berichte* mit der rechten Maustaste auf die Sammlung klicken. Falls Sie den Daten-Manager nicht aktiviert haben, steht dieser Menübefehl nicht zur Verfügung. Der Daten-Manager-Bericht liefert eine Zusammenfassung der aufgezeichneten Leistungsdaten (Abbildung 21.5). Der Bericht wird als XML-Datei im DCS-Ordner gespeichert, der mit der ausgewählten Sammlung verknüpft ist.

Wenn ein Benutzer ein Protokoll anklickt, das gerade läuft, zeigt das Hauptfenster der Leistungsüberwachung eine grüne Statuszeile mit einem entsprechenden Symbol an. Sie können sich das Protokoll erst ansehen, wenn Sie den DCS für das Protokoll gestoppt haben. Protokolldateien sind unter dem Sammlungssatzknoten des Knotens *Berichte* angeordnet. Die Dateinamen entsprechen der Standardnamenskonvention »NNNNNN« (Seriennummer). Die Seriennummer wird bei jedem Start des DCS hochgezählt.

Vergleichen von Leistungsüberwachungsprotokollen

Mit dem Vergleichsfeature der Leistungsüberwachung können Sie mehrere Protokolldateien übereinanderlegen, um sie zu vergleichen. Dieses Feature ist besonders nützlich, wenn Sie mehrere Protokolldateien vergleichen wollen, die dieselben Datenpunkte über einen gleich langen Zeitraum aufgezeichnet haben. Sie können das Vergleichsfeature nur nutzen, wenn Sie die Leistungsüberwachung im eigenständigen Modus starten. Sobald die Leistungsüberwachung geöffnet wurde, können Sie Protokolldateien ansehen und vergleichen, indem Sie folgendermaßen vorgehen:

1. Geben Sie den Befehl **perfmon /sys /comp** ein, um die Leistungsüberwachung für den Vergleich im eigenständigen Modus zu öffnen, und klicken Sie in der Symbolleiste auf die Schaltfläche *Protokolldaten anzeigen*, um das Dialogfeld *Eigenschaften von Leistungsüberwachung* mit ausgewählter Registerkarte *Quelle* zu öffnen.

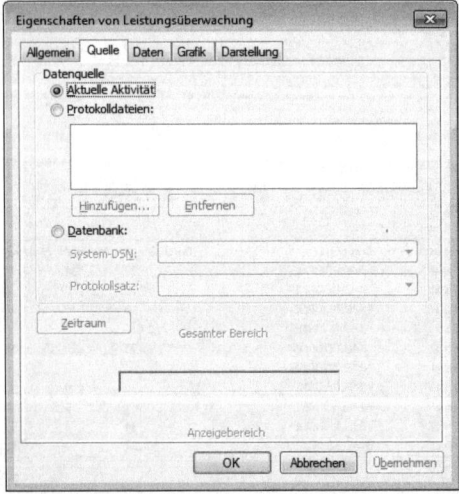

2. Klicken Sie auf das Optionsfeld *Protokolldateien* und dann auf *Hinzufügen*, um das Dialogfeld *Protokolldatei auswählen* zu öffnen.

3. Suchen Sie die Leistungsindikatordatei (.blg), die Sie öffnen wollen, und klicken Sie dann auf *Öffnen*. Die Protokolldatei wird zur Leistungsüberwachungsinstanz hinzugefügt, standardmäßig werden aber keine Indikatoren hinzugefügt.

4. Klicken Sie auf die Schaltfläche *Hinzufügen* in der Symbolleiste, um das Dialogfeld *Leistungs-indikatoren hinzufügen* zu öffnen, und wählen Sie die gewünschten Indikatoren aus. Die Leistungs-indikatordaten werden im Fenster der Leistungsüberwachung angezeigt.

5. Wiederholen Sie die Schritte 1 bis 4, um ein zweites Protokoll in einer eigenständigen Instanz der Leistungsüberwachung zu öffnen und die gewünschten Indikatoren hinzuzufügen.

6. Nachdem Sie die Protokolle geöffnet haben, die Sie vergleichen wollen, werden zwei undurch-sichtige Leistungsüberwachungsfenster auf dem Desktop angezeigt. Stellen Sie Position und Größe des Verankerungsfensters (das kann irgendeines der verglichenen Leistungsüberwachungsproto-kolle sein) wie gewünscht ein. Dies wird das Leistungsüberwachungsfenster, über das Sie die anderen Fenster legen.

7. Wählen Sie das zweite Leistungsüberwachungsfenster aus (das über das erste Fenster gelegt wird), klicken Sie auf den Menübefehl *Vergleichen*, dann auf *Transparenz festlegen* und wählen Sie die gewünschte Transparenzstufe aus. Beachten Sie, dass die hier angebotenen Transparenzstufen nichts mit dem Windows-Feature Aero Glass zu tun haben. Sie funktionieren auch auf Systemen, die keine Unterstützung für Aero Glass bieten.

8. Die Befehle aus dem Untermenü *Transparenz festlegen* legen die Transparenz des Fensters fest, das über das Verankerungsfenster gelegt wird. Es stehen folgende Transparenzstufen zur Ver-fügung: *Keine Transparenz*, *40% Transparenz* und *70% Transparenz*. Wenn Sie die Transparenz auf 40% einstellen, scheint der Desktophintergrund durch das zweite Fenster hindurch.

9. Wählen Sie das Menüelement *Vergleichen* und klicken Sie dann auf *Zum Vergleich ausrichten*. Das zweite Fenster hat jetzt dieselbe Größe wie das Verankerungsfenster und ist über dem Ver-ankerungsfenster angeordnet:

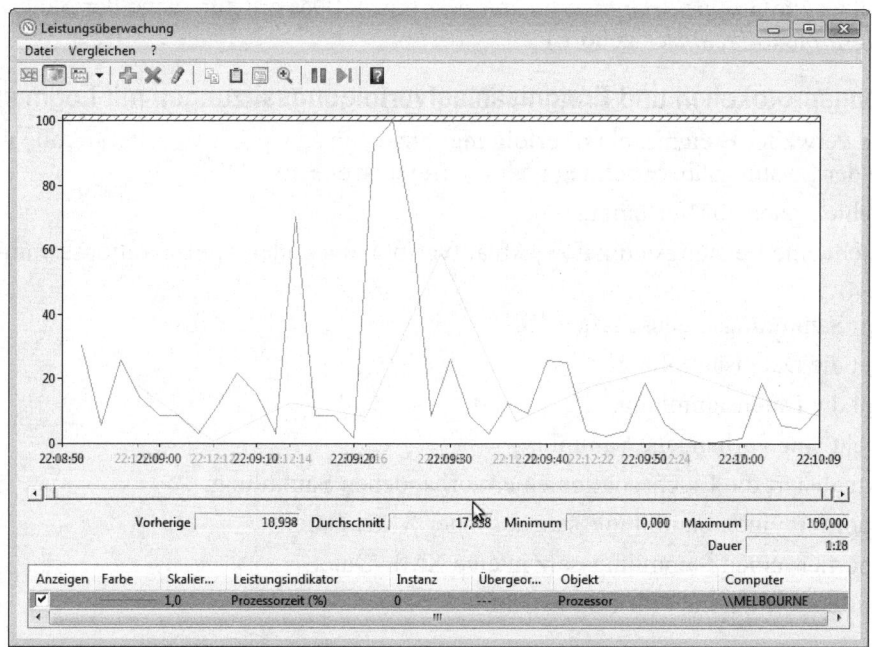

HINWEIS   Sie können trotzdem beide Leistungsüberwachungsfenster unabhängig voneinander bedienen, um Eigenschaften zu ändern, Menübefehle auszuwählen und die Fenster zu minimieren, zu maximieren oder zu schließen.

Benutzerrechte für den Leistungsüberwachung

Für die Leistungsüberwachung stehen folgende Benutzerrechte zur Verfügung:

- **Administratoren**   Mitglieder dieser Gruppe haben vollständige Kontrolle, sowohl lokal als auch im Remotebetrieb.

- **Leistungsprotokollbenutzer**   Mitglieder dieser Gruppe können auf Leistungsindikatordaten lokal und im Remotebetrieb zugreifen und sie aufzeichnen (Erstellen, Ändern und Ansehen von Protokollen).

- **Leistungsüberwachungsbenutzer**   Mitglieder dieser Gruppe können auf Leistungsindikatordaten lokal und im Remotezugriff zugreifen (Protokolle ansehen).

HINWEIS   In älteren Windows-Versionen kann die Leistungsüberwachung benutzt werden, um Computer zu überwachen, die unter Windows Vista oder neuer laufen. Dabei stehen die Optionen aus der älteren Windows-Version zur Verfügung, aber die neuen Features der Leistungsüberwachung ab Windows Vista werden nicht unterstützt. Benutzer der älteren Windows-Version müssen zur lokalen Gruppe *Administratoren* des Computers gehören, der unter Windows Vista oder neuer läuft.

Daten von Remotecomputern aufzeichnen

Sie müssen folgende Vorbereitungen treffen, damit alle Leistungsaufzeichnungs- und -warnungsfeatures auch im Remotebetrieb zur Verfügung stehen:

- Aktivieren Sie die Firewallausnahme *Leistungsprotokolle und -warnungen* auf dem Computer des Benutzers.

- Fügen Sie den Benutzer zur Gruppe *Ereignisprotokolllleser* hinzu. (Das gilt nur, wenn der Benutzer zur Gruppe *Leistungsprotokollbenutzer* gehört.)

Verwalten von Leistungsprotokollen und Ereignisablaufverfolgungssitzungen mit Logman

Logman.exe erstellt und verwaltet Ereignisablaufverfolgungssitzungen sowie Leistungsprotokolle und bietet viele Funktionen der Leistungsüberwachung über die Befehlszeile an.

Folgende Logman-Befehle stehen zur Verfügung:

- **logman create**   Erstellt eine Leistungsindikator-, Ablaufverfolgungs- oder Konfigurationssammlung, oder eine API.

- **logman query**   Fragt Sammlungseigenschaften ab.

- **logman start**   Startet die Datensammlung.

- **logman stop**   Stoppt die Datensammlung.

- **logman delete**   Löscht eine vorhandene Sammlung.

- **logman update**   Aktualisiert die Eigenschaften einer vorhandenen Sammlung.

- **logman import**   Importiert einen Sammlungssatz aus einer XML-Datei.

- **logman export**   Exportiert einen Sammlungssatz in eine XML-Datei.

- **logman /?**   Zeigt Hilfeinformationen für Logman an.

Die folgenden Beispiele zeigen die Syntax von Logman:

```
logman create counter perf_log -c "\Processor(_Total)\% Processor Time"
logman create trace trace_log -nb 16 256 -bs 64 -o c:\logfile
logman start perf_log
logman update perf_log -si 10 -f csv -v mmddhhmm
logman update trace_log -p "Windows Kernel Trace" (disk,net)
```

Eine detaillierte Syntax aller Logman-Befehle und weitere Beispiele finden Sie unter *http://technet. microsoft.com/en-us/library/cc753820.aspx.*

Leistungsüberwachung mit Windows PowerShell

Windows 7 bietet die neue Möglichkeit, Leistungsdaten mithilfe der Windows PowerShell zu sammeln. Dazu stellen drei neue Windows PowerShell-Cmdlets folgende Funktionen bereit:

- **Get-counter** Ermittelt Echtzeitleistungsindikatordaten von lokalen und Remotecomputern.
- **Export-counter** Exportiert `PerformanceCounterSampleSet`-Objekte als Leistungsindikatorprotokolldateien (*.blg*, *.csv*, *.tsv*).
- **Import-counter** Importiert Leistungsindikatorprotokolldateien und erstellt Objekte für alle Leistungsindikatoren aus dem Protokoll.

Zum Beispiel ermittelt der folgende Windows PowerShell-Befehl die kombinierten Werte des Leistungsindikators »Prozessorzeit (%)« für alle Prozessoren des lokalen Computers. Dabei misst er alle 2 Sekunden den Wert, bis 100 Werte aufgezeichnet sind. Anschließend zeigt der Befehl die aufgezeichneten Daten an.

```
PS C:\Users\mallen>Get-counter -Counter "\Processor(_Total)\% Processor Time" -SampleInterval 2
-MaxSamples 100
```

Der nächste Befehl misst kontinuierlich jede Sekunde (das ist das Standardintervall) den kombinierten Wert des Leistungsindikators »Prozessorzeit (%)« für alle Prozessoren des lokalen Computers und zeigt die aufgezeichneten Daten an. Dies wird so lange fortgesetzt, bis Sie STRG+C drücken.

```
PS C:\Users\mallen>Get-counter -Counter "\Processor(_Total)\% Processor Time" -Continuous
```

Sie können die Ausgabe des Cmdlets `Get-counter` über eine Pipe in das Cmdlet `Export-counter` weiterleiten. Der folgende Befehl ermittelt alle 2 Sekunden die kombinierten Werte des Leistungsindikators »Prozessorzeit (%)« für alle Prozessoren des lokalen Computers 2 Sekunden, bis 100 Werte vorhanden sind. Dann exportiert er die aufgezeichneten Daten als Leistungsindikatorprotokolldatei namens *Data1.blg*, die im aktuellen Verzeichnis (hier der Stammordner im Benutzerprofil des Benutzers Michael Allen) gespeichert wird.

```
PS C:\Users\mallen>Get-counter "\Processor(*)\% Processor Time" -SampleInterval 2 -MaxSamples 100 |
Export-counter -Path $home\data1.blg
```

Auch die Ausgabe des Cmdlets `Import-counter` können Sie über eine Pipe in das Cmdlet `Export-counter` leiten. Das ist beispielsweise nützlich, wenn Sie eine Leistungsüberwachungsprotokolldatei aus einem Format in ein anderes konvertieren wollen, etwa aus dem *.csv*-Format in das *.blg*-Format.

WEITERE INFORMATIONEN Wie Sie die Windows PowerShell für die Leistungsüberwachung einsetzen, ist in der Hilfe zu den Cmdlets `Get-counter`, `Import-counter` und `Export-counter` in den Windows PowerShell-Cmdlet-Hilfethemen unter *http://technet.microsoft.com/en-us/library/dd347701.aspx* erklärt.

Ressourcenmonitor

Aus dem Bildschirm *Ressourcenübersicht* im Systemsteuerungselement *Zuverlässigkeits- und Leistungsüberwachung* von Windows Vista wurde in Windows 7 ein separates Tool, der Ressourcenmonitor (Abbildung 21.6). Sie haben folgende Möglichkeiten, den Ressourcenmonitor zu öffnen:

- Geben Sie im Suchfeld des Startmenüs **Ressource** ein und klicken Sie auf *Ressourcenmonitor*, wenn der Eintrag in der Gruppe *Programme* angezeigt wird.

- Geben Sie im Suchfeld des Startmenüs oder in einer Eingabeaufforderung **perfmon /res** ein und drücken Sie die EINGABETASTE.

- Öffnen Sie die Leistungsüberwachung, klicken Sie mit der rechten Maustaste auf den Knoten *Überwachungstools* und wählen Sie im Kontextmenü den Befehl *Ressourcenmonitor*.

- Wählen Sie *Wartungscenter*, *Leistungsinformationen anzeigen*, *Weitere Tools* und dann *Ressourcenmonitor öffnen*.

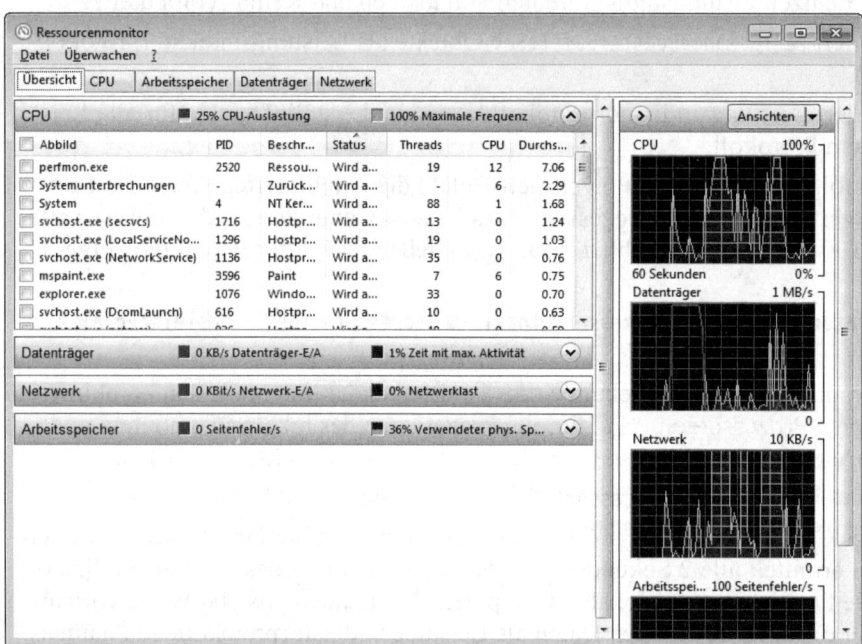

Abbildung 21.6 Die Registerkarte *Übersicht* des Ressourcenmonitors

Der Ressourcenmonitor liefert in Windows 7 deutlich mehr Informationen als der Bildschirm *Ressourcenübersicht* in der Zuverlässigkeits- und Leistungsüberwachung von Windows Vista. Die folgenden Abschnitte fassen zusammen, welche Informationen auf den verschiedenen Registerkarten des Ressourcenmonitors angezeigt werden.

> **HINWEIS** Wenn Sie den Ressourcenmonitor so konfiguriert haben, dass er die Informationen nach Ihren Wünschen filtert und anzeigt, können Sie die Konfiguration als XML-Datei speichern, indem Sie im Menü *Datei* den Befehl *Einstellungen speichern unter* wählen. Sie können auf diese Weise mehrere Konfigurationen speichern und dann die jeweils passende Konfiguration laden, um nur die gerade benötigten Informationen angezeigt zu bekommen.

Registerkarte *Übersicht*

Die Registerkarte *Übersicht* (Abbildung 21.6) zeigt Diagramme zur Auslastung von CPU, Datenträgern und Netzwerk an sowie ein Diagramm zur Zahl der harten Speicherseitenfehler auf dem Computer. Diese Diagramme können Sie in der Dropdownliste *Ansichten* anpassen. Außerdem zeigt die Registerkarte *Übersicht* eine Zusammenfassung zur Auslastung von CPU, Datenträgern, Netzwerk und Arbeitsspeicher auf dem System an:

- **CPU**   Zeigt den Abbildnamen, die Prozess-ID (PID), die Beschreibung, den Status, die Zahl der Threads, den aktuellen Prozentwert der CPU-Auslastung und die durchschnittliche CPU-Belastung für jeden Prozess an, der auf dem Computer läuft. Wenn Sie mit der rechten Maustaste auf einen Prozess klicken, bekommen Sie zusätzlich folgende Befehle angeboten:

  - ☐ *Prozess beenden*
  - ☐ *Prozessstruktur beenden*
  - ☐ *Warteschlange analysieren*
  - ☐ *Vorgang* [d.h. Prozess] *anhalten*
  - ☐ *Vorgang* [d.h. Prozess] *fortsetzen*
  - ☐ *Online suchen*

  Indem Sie die Kontrollkästchen ausgewählter Prozesse aktivieren, filtern Sie, welche Daten in den Abschnitten *Datenträger*, *Netzwerk* und *Arbeitsspeicher* dieser Registerkarte angezeigt werden.

- **Datenträger**   Zeigt für jeden Prozess, der auf das Laufwerkssubsystem des Computers zugreift, den Abbildnamen, die PID, den Dateinamen, die durchschnittliche Zahl der pro Sekunde aus einer Datei gelesenen Bytes, die durchschnittliche Zahl der pro Sekunde in eine Datei geschriebenen Bytes, die durchschnittliche Zahl der pro Sekunde insgesamt in einer Datei gelesenen oder geschriebenen Bytes, die Priorität der E/A-Übertragungen und die Datenträgerreaktionszeit in Millisekunden an.

- **Netzwerk**   Zeigt für jeden Prozess, der auf das Netzwerksubsystem des Computers zugreift, den Abbildnamen, die PID, die Adresse (IP, NetBIOS oder vollqualifizierter Domänenname), mit der der Prozess verbunden ist, die durchschnittliche Zahl der pro Sekunde gesendeten Bytes, die durchschnittliche Zahl der pro Sekunde empfangenen Bytes und die durchschnittliche Zahl der pro Sekunde übertragenen Bytes an.

- **Arbeitsspeicher**   Zeigt für alle Prozesse des Systems den Abbildnamen, die PID, die durchschnittliche Zahl der harten Seitenfehler pro Sekunde, die Größe des vom Betriebssystem für den Prozess reservierten virtuellen Arbeitsspeichers, die Größe des momentan vom Prozess benutzten virtuellen Arbeitsspeichers, die Größe des momentan vom Prozess benutzten virtuellen Arbeitsspeichers, der mit anderen Prozessen gemeinsam genutzt werden darf, und die Größe des momentan vom Prozess benutzten virtuellen Arbeitsspeichers, den andere Prozesse nicht nutzen dürfen, an.

Registerkarte *CPU*

Die Registerkarte *CPU* zeigt Diagramme zum Prozentwert der gesamten Prozessorauslastung, dem Prozentsatz der Prozessorauslastung durch Dienste und dem Prozentsatz der Prozessorauslastung für jede logische oder physische CPU auf dem Computer an. Außerdem zeigt die Registerkarte *CPU* folgende Informationen über die CPU-Auslastung auf dem Computer an:

- **Prozesse**   Zeigt für jeden Prozess, der auf dem Computer läuft, den Abbildnamen, die PID, die Beschreibung, den Status, die Zahl der Threads, den aktuellen Prozentsatz der CPU-Auslastung und die durchschnittliche CPU-Auslastung an. Wenn Sie mit der rechten Maustaste auf einen Prozess klicken, bekommen Sie zusätzlich folgende Befehle angeboten:

  - ☐ *Prozess beenden*

  - ☐ *Prozessstruktur beenden*

  - ☐ *Warteschlange analysieren*

  - ☐ *Vorgang anhalten*

  - ☐ *Vorgang fortsetzen*

  - ☐ *Online suchen*

- **Dienste**   Zeigt zu jedem Prozess, der auf dem Computer läuft, den Abbildnamen, die PID, die Beschreibung, den Status, den Dienstgruppennamen, den aktuellen Prozentwert der CPU-Auslastung und die durchschnittliche CPU-Auslastung an. Wenn Sie mit der rechten Maustaste auf einen Prozess klicken, bekommen Sie zusätzlich folgende Befehle angeboten:

  - ☐ *Dienst starten*

  - ☐ *Dienst beenden*

  - ☐ *Dienst neu starten*

  - ☐ *Online suchen*

- **Zugeordnete Handles**   Wenn Sie im Abschnitt *Prozesse* dieser Registerkarte die Kontrollkästchen ausgewählter Prozesse aktivieren, bekommen Sie Abbildnamen, PID, Handletyp und Handlename für jedes Handle angezeigt, das mit dem Prozess verknüpft ist. Sie können auch nach den Handles suchen, die einem Prozess zugeordnet sind, indem Sie den Namen des Prozesses im Feld *Handles durchsuchen* eintippen.

- **Zugeordnete Module**   Wenn Sie im Abschnitt *Prozesse* dieser Registerkarte die Kontrollkästchen ausgewählter Prozesse aktivieren, bekommen Sie Abbildnamen, PID, Modulname, Modulversion und vollständigen Pfad der Moduldatei zu jedem Modul angezeigt, das mit dem Prozess verknüpft ist.

Registerkarte *Arbeitsspeicher*

Die Registerkarte *Arbeitsspeicher* (Abbildung 21.7) zeigt Diagramme an, die Prozentwerte zum benutzten physischen Arbeitsspeicher, festgelegten virtuellen Speicher und harten Seitenfehlern pro Sekunde angeben. Außerdem enthält die Registerkarte *Arbeitsspeicher* folgende Informationen über die Arbeitsspeicherauslastung auf dem Computer:

- **Prozesse**   Zeigt zu allen Prozessen des Systems den Abbildnamen, die PID, die durchschnittliche Zahl der harten Seitenfehler pro Sekunde, die Größe des vom Betriebssystem für den Prozess reservierten virtuellen Arbeitsspeichers, die Größe des momentan vom Prozess benutzten virtuellen Arbeitsspeichers, die Größe des momentan vom Prozess benutzten virtuellen Arbeitsspeichers, der mit anderen Prozessen gemeinsam genutzt werden darf, und die Größe des momentan vom Prozess benutzten virtuellen Arbeitsspeichers, den andere Prozesse nicht nutzen dürfen, an. Wenn Sie mit der rechten Maustaste auf einen Prozess klicken, bekommen Sie zusätzlich folgende Befehle angeboten:

- ☐ *Prozess beenden*
- ☐ *Prozessstruktur beenden*
- ☐ *Warteschlange analysieren*
- ☐ *Vorgang anhalten*
- ☐ *Vorgang fortsetzen*
- ☐ *Online suchen*

■ **Physikalischer Speicher**   Zeigt in Diagrammform an, wie viel physischer Arbeitsspeicher auf dem Computer belegt ist.

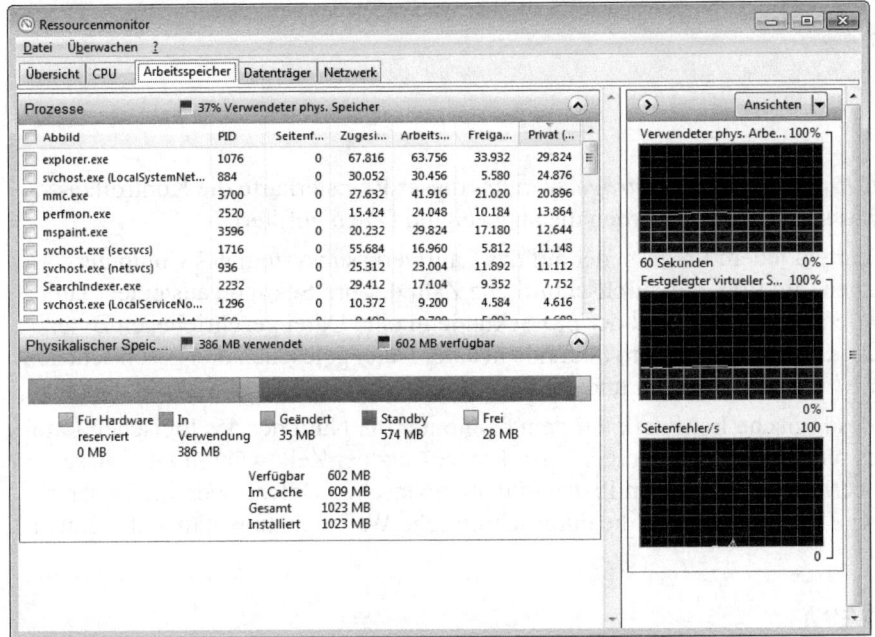

Abbildung 21.7   Die Registerkarte *Arbeitsspeicher* des Ressourcenmonitors zeigt die Belegung des physischen Arbeitsspeichers in Diagrammform an

HINWEIS   Harte Seitenfehler (hard page fault) geben besser als weiche Seitenfehler (soft page fault) darüber Auskunft, ob der Arbeitsspeicher knapp wird. Ein harter Seitenfehler tritt auf, wenn die angesprochene Arbeitsspeicherseite sich nicht mehr im physischen Arbeitsspeicher befindet, sondern auf Festplatte ausgelagert wurde. Ein harter Seitenfehler ist also kein »Fehler«, er kann aber darauf hindeuten, dass mehr RAM gebraucht wird, um die Leistung zu verbessern.

Registerkarte *Datenträger*

Die Registerkarte *Datenträger* zeigt Diagramme zur gesamten Datenträgeraktivität auf dem Computer und zur Warteschlangenlänge für jeden Datenträger des Systems an. Außerdem enthält die Registerkarte *Datenträger* folgende Daten über die Datenträgerauslastung auf dem Computer:

- **Prozesse mit Datenträgeraktivität** Zeigt zu jedem Prozess, der auf das Laufwerkssubsystem des Computers zugreift, den Abbildnamen, die PID, die durchschnittliche Zahl der pro Sekunde aus einer Datei gelesenen Bytes, die durchschnittliche Zahl der pro Sekunde in eine Datei geschriebenen Bytes und die durchschnittliche Gesamtzahl der pro Sekunde in einer Datei gelesenen und geschriebenen Bytes an. Wenn Sie mit der rechten Maustaste auf einen Prozess klicken, bekommen Sie zusätzlich folgende Befehle angeboten:

  - ☐ *Prozess beenden*
  - ☐ *Prozessstruktur beenden*
  - ☐ *Warteschlange analysieren*
  - ☐ *Vorgang anhalten*
  - ☐ *Vorgang fortsetzen*
  - ☐ *Online suchen*

  Wenn Sie im Abschnitt *Prozesse mit Datenträgeraktivität* dieser Registerkarte die Kontrollkästchen ausgewählter Prozesse aktivieren, werden die angezeigten Daten gefiltert.

- **Datenträgeraktivität** Zeigt zu jedem Prozess, der auf das Laufwerkssubsystem des Computers zugreift, den Abbildnamen, die PID, die durchschnittliche Zahl der pro Sekunde aus einer Datei gelesenen Bytes, die durchschnittliche Zahl der pro Sekunde in eine Datei geschriebenen Bytes und die durchschnittliche Gesamtzahl der pro Sekunde in einer Datei gelesenen und geschrieben Bytes, die Priorität der E/A-Übertragungen und die Datenträgerreaktionszeit in Millisekunden an.

- **Speicher** Zeigt für jedes logische Laufwerk auf dem Computer die Nummer des logischen Laufwerks, die Nummer des physischen Datenträgers, den Prozentsatz der Zeit, während der dieser Datenträger nicht im Leerlauf ist, den freien Platz auf dem physischen Datenträger, die Gesamtkapazität des physischen Datenträgers und die durchschnittliche Warteschlangenlänge des Datenträgers an.

Registerkarte *Netzwerk*

Die Registerkarte *Netzwerk* zeigt Diagramme zur Zahl der durchschnittlich übertragenen Bytes, der Zahl von TCP-Verbindungen (Transmission Control Protocol) und der gesamten Netzwerkauslastung für alle Netzwerkverbindungen auf dem Computer an. Außerdem liefert die Registerkarte *Netzwerk* folgende Daten über die Netzwerkauslastung des Computers:

- **Prozesse mit Netzwerkaktivität** Zeigt zu jedem Prozess, der auf das Netzwerksubsystem des Computers zugreift, den Abbildnamen, die PID, die durchschnittliche Zahl der pro Sekunde gesendeten Bytes, die durchschnittliche Zahl der pro Sekunde empfangenen Bytes und die durchschnittliche Zahl der pro Sekunde übertragenen Bytes an. Wenn Sie mit der rechten Maustaste auf einen Prozess klicken, bekommen Sie zusätzlich folgende Befehle angeboten:

  - ☐ *Prozess beenden*
  - ☐ *Prozessstruktur beenden*
  - ☐ *Warteschlange analysieren*
  - ☐ *Vorgang anhalten*

☐ *Vorgang fortsetzen*

☐ *Online suchen*

Wenn Sie im Abschnitt *Prozesse mit Netzwerkaktivität* dieser Registerkarte die Kontrollkästchen ausgewählter Prozesse aktivieren, werden die angezeigten Daten gefiltert.

- **Netzwerkaktivität** Zeigt zu jedem Prozess, der auf das Netzwerksubsystem des Computers zugreift, den Abbildnamen, die PID, die Adresse (IP, NetBIOS oder FQDN), mit der dieser Prozess verbunden ist, die durchschnittliche Zahl der pro Sekunde gesendeten Bytes, die durchschnittliche Zahl der pro Sekunde empfangenen Bytes und die durchschnittliche Zahl der pro Sekunde übertragenen Bytes an.

- **TCP-Verbindungen** Zeigt zu jeder TCP-Verbindung auf dem Computer den Abbildnamen, die PID, die lokale Adresse und Portnummer, die Remoteadresse und -portnummer, den Prozentsatz der verlorenen Pakete und die Round-Trip-Latenz in Millisekunden an.

- **Überwachungsports** Zeigt zu jedem überwachten Port des Computers den Abbildnamen, die PID, die IP-Adresse, die Portnummer, das Netzwerkprotokoll und den Firewallportstatus an.

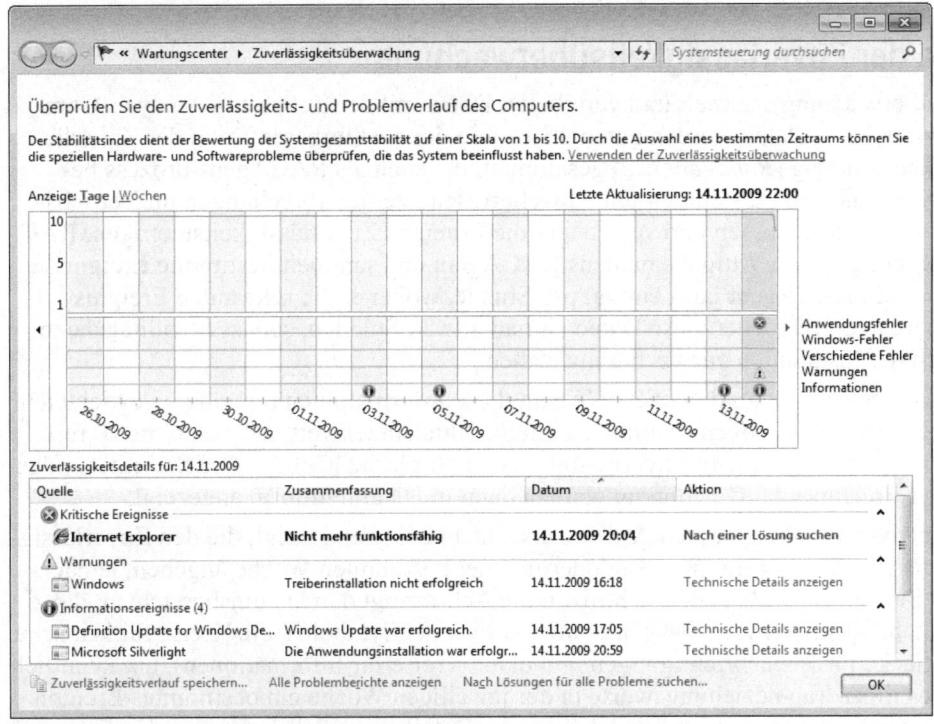

Abbildung 21.8 Zuverlässigkeitsüberwachung

Zuverlässigkeitsüberwachung

Die Zuverlässigkeitsüberwachung bietet eine grafische Übersicht, wie sich die Stabilität eines Computers über einen längeren Zeitraum hinweg verändert. Sie finden hier auch detaillierte Informationen über Einzelereignisse, die sich unter Umständen auf die Gesamtstabilität des Systems auswirken (Abbildung 21.8). Die Zuverlässigkeitsüberwachung beginnt sofort nach der Systeminstallation damit, Daten zu sammeln. Diese Daten zeigt sie in Diagrammform an, sodass leicht zu erkennen ist, welche

Treiber, Anwendungen oder Hardware Stabilitäts- oder Zuverlässigkeitsprobleme auf dem Computer verursachen. Sie haben folgende Möglichkeiten, die Zuverlässigkeitsüberwachung zu öffnen:

- Tippen Sie im Suchfeld des Startmenüs **Zuverlässigkeit** ein und klicken Sie auf *Zuverlässigkeitsverlauf anzeigen*, wenn es in der Gruppe *Programme* aufgelistet wird.

- Geben Sie im Suchfeld des Startmenüs oder in einer Eingabeaufforderung den Befehl **perfmon /rel** ein und drücken Sie die EINGABETASTE.

- Öffnen Sie die Leistungsüberwachung, klicken Sie mit der rechten Maustaste auf den Knoten *Überwachungstools* und wählen Sie im Kontextmenü den Befehl *Systemzuverlässigkeit anzeigen*.

Die Zuverlässigkeitsüberwachung verfolgt fünf Ereigniskategorien:

- Anwendungsfehler
- Windows-Fehler
- Verschiedene Fehler
- Warnungen
- Informationen

Funktionsweise der Zuverlässigkeitsüberwachung

Die Zuverlässigkeitsüberwachung sammelt und verarbeitet Daten mit der Reliability Analysis Component (RAC) von Windows 7. Daten werden automatisch von der ausführbaren Datei der Zuverlässigkeitsanalysemetrikberechnung (*Racagent.exe*) gesammelt, die auch als RACAgent-Prozess bezeichnet wird. RACAgent analysiert, sammelt und korreliert Benutzerunterbrechungen im Betriebssystem, in Diensten und in Programmen und verarbeitet die Daten zu Zuverlässigkeitsmetriken. RACAgent läuft als verborgene geplante Aufgabe namens RACAgent und sammelt bestimmte Ereignisse aus dem Ereignisprotokoll. RACAgent läuft einmal pro Stunde, wobei er die relevanten Ereignisprotokolldaten sammelt, und verarbeitet diese Daten einmal alle 24 Stunden, sodass Stabilitätsdaten nicht unmittelbar nach der Installation zur Verfügung stehen.

Sobald die Daten gesammelt sind, verarbeitet RACAgent diese Informationen mit einem gewichteten Algorithmus. Das Ergebnis der Datenverarbeitung ist ein Stabilitätsindexwert, der von 0 bis 10 reichen kann. Dabei steht 0 für die geringste Zuverlässigkeit und 10 für die höchste. Der Stabilitätsindex und die Ergebnisse der Ereignisablaufverfolgung werden dann in Diagrammform angezeigt.

Die Daten zur Systemzuverlässigkeit werden grafisch als Datenpunkte angezeigt, die den Zuverlässigkeitsindex des Systems an einem bestimmten Tag oder in einer bestimmten Woche angeben, je nachdem, welche Ansicht Sie eingestellt haben. Die horizontale Achse zeigt den Datumsbereich an, die vertikale Achse den Stabilitätsindexwert. Das Diagramm verwendet Symbole (rote Kreise für kritische Ereignisse, gelbe Dreiecke für Benachrichtigungen und blaue Kreise für Informationen), um kenntlich zu machen, ob am jeweiligen Tag beziehungsweise in der jeweiligen Woche ein bestimmtes Ereignis in einer der Hauptkategorien aufgetreten ist. Sie können sich Details zu einem Ereignis oder einem Fehler ansehen, indem Sie den Tag oder die Woche anklicken, in der das Ereignis auftrat, und dann im unteren Listenfeld in der Zeile mit dem Ereignis auf *Technische Details anzeigen* klicken. Der Stabilitätsindex ist der wichtigste Kennwert für den zeitlichen Verlauf der Systemstabilität; er wird aus den Daten berechnet, die von der Zuverlässigkeitsüberwachung gesammelt und verarbeitet werden. Das Diagramm zeigt den Wert des Stabilitätsindex im ausgewählten Zeitbereich an.

Die Zuverlässigkeitsüberwachung überwacht die Zahl der Benutzerunterbrechungen pro Tag über ein 28 Tage langes Zeitfenster, wobei der letzte Tag in diesem Zeitfenster immer der aktuelle Tag ist. Der Stabilitätsindexalgorithmus verarbeitet die Informationen und berechnet den Stabilitätsindex relativ zum aktuellen Tag. Bis die Zuverlässigkeitsüberwachung Daten für 28 Tage gesammelt hat, wird der Stabilitätsindex als gestrichelte Linie im Diagramm angezeigt, um deutlich zu machen, dass noch keine aussagekräftige Grundlage für die Messung vorliegt.

Direkt von der Quelle: Die geplante Aufgabe RACAgent

CSS Global Technical Readiness (GTR) Team

RACAgent ist eine verborgene geplante Aufgabe (*Microsoft\Windows\RAC\RacTask* in Aufgabenplanung), die während der Systeminstallation automatisch konfiguriert wird. Diese Aufgabe hat den Zweck, die Zuverlässigkeitsdaten zu sammeln und im Diagramm anzuzeigen. Die RACAgent-Aufgabe läuft normalerweise jede Stunde, weckt den Computer aber nicht aus dem Ruhezustand auf. Falls der Computer ein Laptop ist, der im Akkubetrieb läuft, beendet sich *RACAgent.exe* sofort, falls die Akkukapazität unter 33 Prozent beträgt. Sie können sich die RACAgent-Aufgabe in der Aufgabenplanung ansehen, indem Sie *RAC* in der Aufgabenplanungsbibliothek auswählen, mit der rechten Maustaste darauf klicken und den Befehl *Ansicht/Ausgeblendete Aufgaben einblenden* wählen.

Falls Sie die Systemstabilität nicht überwachen wollen, können Sie die RACAgent-Aufgabe deaktivieren, indem Sie den Befehl *Deaktivieren* wählen. Diesen Befehl finden Sie an folgenden Stellen, wenn die Aufgabe RACAgent im mittleren MMC-Fensterabschnitt markiert ist:

- Im Menü *Aktion*
- Im Fensterabschnitt *Aktionen*
- Im Kontextmenü für die Aufgabe

Windows Performance Tools Kit

Das Windows Performance Tools Kit (WPT) enthält Tools, mit denen Sie eine Vielzahl von Leistungsproblemen in Windows 7, Windows Vista und Windows Server 2008 analysieren können. Unter anderem eignet sich das WPT Kit, um Leistungsprobleme aus folgenden Kategorien zu untersuchen: Anwendungstartzeiten, Systemstartprobleme, DPCs (Deferred Procedure Calls), ISRs (Interrupt Service Routines), lange Reaktionszeiten des Systems, Anwendungsressourcenauslastung und massive Interruptkaskaden. Das WPT Kit ist im Windows Software Development Kit (SDK) für Windows Server 2008 oder neuer sowie im Microsoft .NET Framework 3.5 oder neuer enthalten. Es ist für Systemkonfiguratoren, Hardwarehersteller, Treiberentwickler und Entwickler von Anwendungen allgemein gedacht.

Das WPT Kit steht als MSI-Installationsdatei zur Verfügung, jeweils eine pro Architektur. Es enthält die Toolsuite Performance Analyzer, die aus den folgenden drei Tools besteht:

- ***Xperf.exe***   Zeichnet Ablaufverfolgungen auf und verarbeitet sie für den Einsazt auf beliebigen Computern. Unterstützt außerdem die Befehlszeilenablaufverfolgungsanalyse (aktionsbasiert).
- ***Xperfview.exe***   Zeigt Ablaufverfolgungsinhalte in Form von interaktiven Diagrammen und Zusammenfassungstabellen an.
- ***Xbootmgr.exe***   Automatisiert Statusübergänge (Ein/Aus) und zeichnet während solcher Übergänge Ablaufverfolgungen auf.

Typische Einsatzszenarien für Xperf sind:

- Profilerstellung von Anwendungen oder des Systems selbst mit dem Sampling-Profiler-Modus
- Aufzeichnen einer Ereignisablaufverfolgung von Windows-Daten für die spätere Analyse
- Feststellen, ob eine Anwendung E/A- oder CPU-lastig ist

Gehen Sie folgendermaßen vor, um mit Xperf eine Ablaufverfolgung eines Systems aufzuzeichnen:

1. Installieren Sie das WPT Kit auf dem System.
2. Schalten Sie mit dem Befehl `xperf -on` die Ablaufverfolgung ein.
3. Führen Sie die Aktivitäten aus, die Sie auf dem System analysieren wollen.
4. Zeichnen Sie mit dem Befehl `xperf -d Protokolldateiname` eine Protokolldatei auf.
5. Analysieren Sie Ihre Protokolldatei mit dem Befehl `xperf Protokolldateiname`.

WEITERE INFORMATIONEN   Weitere Informationen über die Windows Performance Tools finden Sie unter *http://msdn.microsoft.com/en-us/performance/cc825801.aspx*. Die neuste Version des Windows SDK können Sie unter *http://msdn.microsoft.com/de-de/windowsserver/bb980924.aspx* herunterladen.

Überwachen von Ereignissen

Administratoren, Entwickler und technischer Support sammeln mithilfe der Ereignisüberwachung Informationen über den Zustand von Hardware, Software und System und überwachen Sicherheitsereignisse. Um diesen Benutzern nützliche Informationen zu liefern, müssen Sie einem Ereignis eine geeignete Stufe beziehungsweise einen Schweregrad geben, es in das richtige Protokoll eintragen, es mit den richtigen Attributen versehen und ihm eine verständliche und hilfreiche Meldung mitgeben.

Die Ereignisanzeige in Windows 7 enthält jetzt komponentenspezifische Protokolle und Ereignisse. Komponenten, die unter Windows XP Ereignisse in die System- oder Anwendungsereignisprotokolle schreiben, können Ereignisse auch in ihr eigenes Ereignisprotokoll schreiben, den sogenannten *Kanal* (channel). Diese komponentenspezifischen Protokolle enthalten im Allgemeinen nichtadministrative Ereignisse, also entweder operationelle, analytische oder Debugereignisse. Diese Ereignisse benötigen normalerweise keine sofortige Reaktion und werden für die Ablaufverfolgung des normalen Betriebs oder zum Aufzeichnen genauerer Details zu potenziellen Problemen eingesetzt. Administrative Ereignisse (die eine Reaktion erfordern) werden normalerweise weiterhin im Anwendungs- oder Systemprotokoll aufgezeichnet. Eine Ausnahme können große Komponenten oder Anwendungen mit sehr vielen administrativen Ereignissen sein, für die es unter Umständen ein separates komponentenspezifisches administratives Protokoll gibt. Aufgrund dieser Änderungen ist die Windows 7-Ereignisanzeige einfacher zu lesen und enthält viel mehr Ereignisse mit detaillierten Informationen als ältere Windows-Plattformen.

Grundlagen der Ereignisarchitektur von Windows

Vor Windows Vista waren die APIs von Windows-Ereignisprotokoll und ETW (Event Tracing for Windows) separate Komponenten. Die Windows-Ereignisprotokoll-API schrieb Ereignisse in Ereignisprotokolle, etwa die System- und Anwendungsereignisprotokolle, während ETW genutzt wurde, um Ereignisablaufverfolgungssitzungen für die detaillierte Problembehandlung von System- und Anwendungsproblemen zu starten.

Seit Windows Vista sind Windows-Ereignisprotokolle und ETW in einer gemeinsamen Architektur zusammengefasst, die eine immer verfügbare Infrastruktur für die selektive Protokollierung zur Verfügung stellt. Auch wenn Windows-Ereignisprotokolle und ETW in Windows Vista und neueren Versionen integriert sind, sind Ereignisprotokolle und ETW im Allgemeinen für zwei unterschiedliche Benutzertypen gedacht:

- **ETW** Wird in erster Linie von Entwicklern und Supportexperten für die erweiterte Problembehandlung eingesetzt. ETW muss auf einem Computer manuell aktiviert werden. Es generiert mehr Ereignisse (etwa 10.000 pro Sekunde) als Ereignisprotokolle. ETW enthält folgende Features:

  ☐ Wird deklarativ in Manifesten definiert.

  ☐ Hat lokalisierbare Zeichenfolgen.

  ☐ Hat ein flexibles Datenmodell.

  ☐ Kann von Programmcode aus genutzt werden.

  ☐ Ermöglicht automatische Erkennung.

- **Ereignisprotokolle** Sie werden vor allem von Systemadministratoren genutzt. Ereignisprotokolle sind immer eingeschaltet. Sie generieren üblicherweise weniger Ereignisse (ca. 100 Ereignisse pro Sekunde) als ETW. Ereignisprotokolle umfassen alle Features von ETW, und zusätzlich:

  ☐ Tools für Administratoren

  ☐ Zentralisierte Ereignisprotokolle

  ☐ Unterstützung für Remotesammlung

  ☐ Unterstützung für Datenabfrage

  ☐ Geringere Protokollierungsrate

Die Windows-Ereignisarchitektur besteht aus folgenden Komponenten:

- **Ereignisanbieter** Sie definieren Ereignisse und registrieren sie mithilfe von XML-Manifestdateien bei der ETW/Ereignisprotokoll-Infrastruktur. Die Manifestdateien definieren die Ereignisse, die generiert werden können, die Protokollierungsstufen, die Ereignisvorlagen und andere Komponenten.

- **Ereigniscontroller** Sie starten und beenden Ablaufverfolgungssitzungen auf dem Computer.

- **Ereignisempfänger** Sie registrieren sich, damit sie in Echtzeit (aus einem Ereigniskanal oder ETW-Sitzungen) oder aus einer vorhandenen Protokolldatei (einer Ereignisprotokolldatei oder Ablaufverfolgungsdatei) Ereignisse gesendet bekommen.

Kanäle

Damit ein Ereignis veröffentlicht werden kann, muss es mithilfe der ETW-API registriert werden. Ein XML-Manifest definiert dann, wie das Ereignis veröffentlicht wird. Windows-Ereignisse werden entweder in einem Kanal oder einer ETW-Sitzung veröffentlicht.

Ein *Kanal* (channel) ist ein benannter Stream mit Ereignissen. Kanäle dienen dazu, Ereignisse von einem Ereignisherausgeber in eine Ereignisprotokolldatei zu transportieren, sodass ein Ereignisempfänger das Ereignis erhält. Abbildung 21.9 zeigt den Aufbau der Kanäle und Ereignisprotokolle in Windows Vista und neueren Versionen. Windows Vista und neuere Versionen enthalten folgende Kanaltypen:

- **System** Systemkanäle umfassen die Kanäle für System-, Anwendungs- und Sicherheitsereignisprotokoll. Diese Kanäle werden erstellt, wenn Windows auf dem Computer installiert wird.

- **Gewartet** Gewartete Kanäle (serviced channel) sind:

  □ **Admin** Ereignisse in diesem Kanal richten sich in erster Linie an Administratoren, Support-techniker und Benutzer. Admin-Ereignisse weisen oft auf Probleme hin, zu denen genau definierte Lösungen bekannt sind.

  □ **Operational** Ereignisse in diesem Kanal werden benutzt, um ein Problem mit dem Computer zu analysieren und zu diagnostizieren. Operational-Ereignisse können benutzt werden, um Aufgaben oder Tools für die Problembehandlung auszuführen.

- **Direkt** Direkte Kanäle (direct channel) sind:

  □ **Analytic** Ereignisse in diesem Kanal beschreiben Probleme, die nicht durch den Benutzer beseitigt werden können. Analytic-Ereignisse werden in großer Zahl veröffentlicht. Sie können abgefragt, aber nicht abonniert werden. Analytic-Kanäle sind in der Standardeinstellung deaktiviert.

  □ **Debug** Ereignisse in diesem Kanal werden von Entwicklern oder Supporttechnikern zum Debuggen von System- und Anwendungsproblemen benutzt. Debug-Kanäle sind in der Standardeinstellung deaktiviert.

HINWEIS Ereignisdaten aus Analytic- und Debug-Kanälen sollten erst in das Standardereignisprotokollformat (*.evtx*) konvertiert werden, damit sie in der Ereignisanzeige einfacher zu lesen sind.

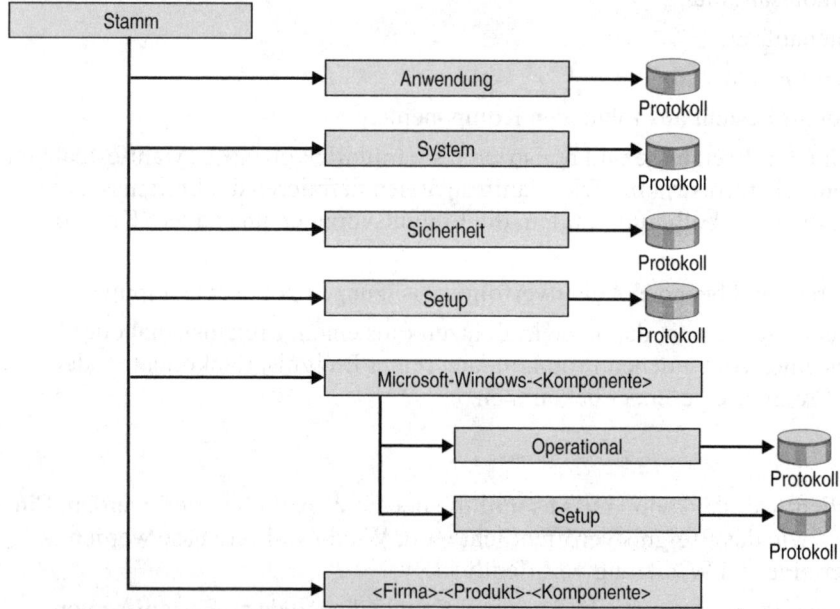

Abbildung 21.9 Aufbau der Ereigniskanäle und -protokolle

In der Standardeinstellung wird außer Analytic- und Debug-Kanälen mit jedem Kanal eine Ereignis-protokolldatei verknüpft. Die Ereignisprotokolle für diese Kanäle sind in der Standardeinstellung deaktiviert und werden in der Ereignisanzeige nicht angezeigt. Damit Analytic- und Debug-Ereignis-protokolle in der Ereignisanzeige sichtbar werden, müssen Sie im Menü *Ansicht* den Befehl *Analytische und Debugprotokolle einblenden* wählen. Sobald diese Protokolle angezeigt werden, können

Sie sie einzeln aktivieren, indem Sie eines mit der rechten Maustaste anklicken und den Befehl *Protokoll aktivieren* wählen.

Verbesserungen an der Ereignisüberwachung in Windows 7

In Windows Vista hatten Sie folgende Möglichkeiten, auf Ereignisdaten (also Ereignisprotokolle und ETW) zuzugreifen:

- Vom Programmcode aus mit nativen und verwalteten APIs
- Im MMC-Snap-In *Ereignisanzeige*
- Mit dem Befehlszeilentool *Wevtutil.exe*
- Mit dem Befehlszeilentool *Tracerpt.exe*

Windows 7 bietet die neue Möglichkeit, mit Windows PowerShell-Skripts auf Ereignisdaten von lokalen und Remotecomputern zuzugreifen. Weitere Informationen über dieses Thema finden Sie im Abschnitt »Überwachen von Ereignissen mit Windows PowerShell« weiter unten in diesem Kapitel.

Weitere Verbesserungen im Bereich von ETW/Ereignisprotokollen in Windows 7 sind:

- Neue Windows-Ereignisse und Ereignisanbieter
- Verbesserte Datenformatierung für die Ereignisverarbeitung
- Bessere Leistung, Skalierbarkeit und Robustheit
- Einfachere Ereignisentwicklung für Anwendungsentwickler dank verbesserter Entwurfsphasenüberprüfung und automatischer XML-Codegenerierung

Arbeiten mit der Ereignisanzeige

Sie haben folgende Möglichkeiten, die Ereignisanzeige zu öffnen:

- Klicken Sie im Fenster *Systemsteuerung* auf *Verwaltung* und dann auf *Ereignisanzeige*.
- Klicken Sie in *Computerverwaltung* auf *System* und dann auf *Ereignisanzeige*.
- Geben Sie im Suchfeld des Startmenüs **Ereignis** ein und klicken Sie auf *Ereignisanzeige*, wenn es in der Gruppe *Programme* angezeigt wird.
- Geben Sie in einer Eingabeaufforderung mit erhöhten Rechten **eventvwr.exe** oder **eventvwr.msc** ein.

Die folgenden Abschnitte beschreiben, wie Sie in der Ereignisanzeige Ereignisprotokolle anzeigen und verwalten.

Ansichten der Ereignisanzeige

Wird die Ereignisanzeige gestartet, zeigt sie anfangs den Bildschirm *Übersicht und Zusammenfassung* an (Abbildung 21.10). Hier sind alle Ereignisse aus allen Windows-Protokollen aufgeführt. Es wird die Gesamtzahl der für jeden Typ aufgetretenen Ereignisse angezeigt, zusammen mit weiteren Spalten, in denen die Zahl der Ereignisse während der letzten 7 Tage, der letzten 24 Stunden oder der letzten Stunde angegeben ist. Wenn Sie auf das Dreieckssymbol klicken, können Sie jeden Ereignistyp genauer untersuchen und die Ereignis-ID, die Quelle und das Protokoll anzeigen, in dem das Ereignis auftrat. Wenn Sie doppelt auf eine bestimmte Ereigniszusammenfassung klicken, kommen Sie direkt zu diesem Ereignis im Protokoll, und es wird automatisch eine gefilterte Ansicht erstellt, in der Sie alle einzelnen Ereignisse mit dieser Ereignisquelle und Ereignis-ID sehen können. Auf diese Ansicht können Sie im linken Fensterabschnitt zugreifen.

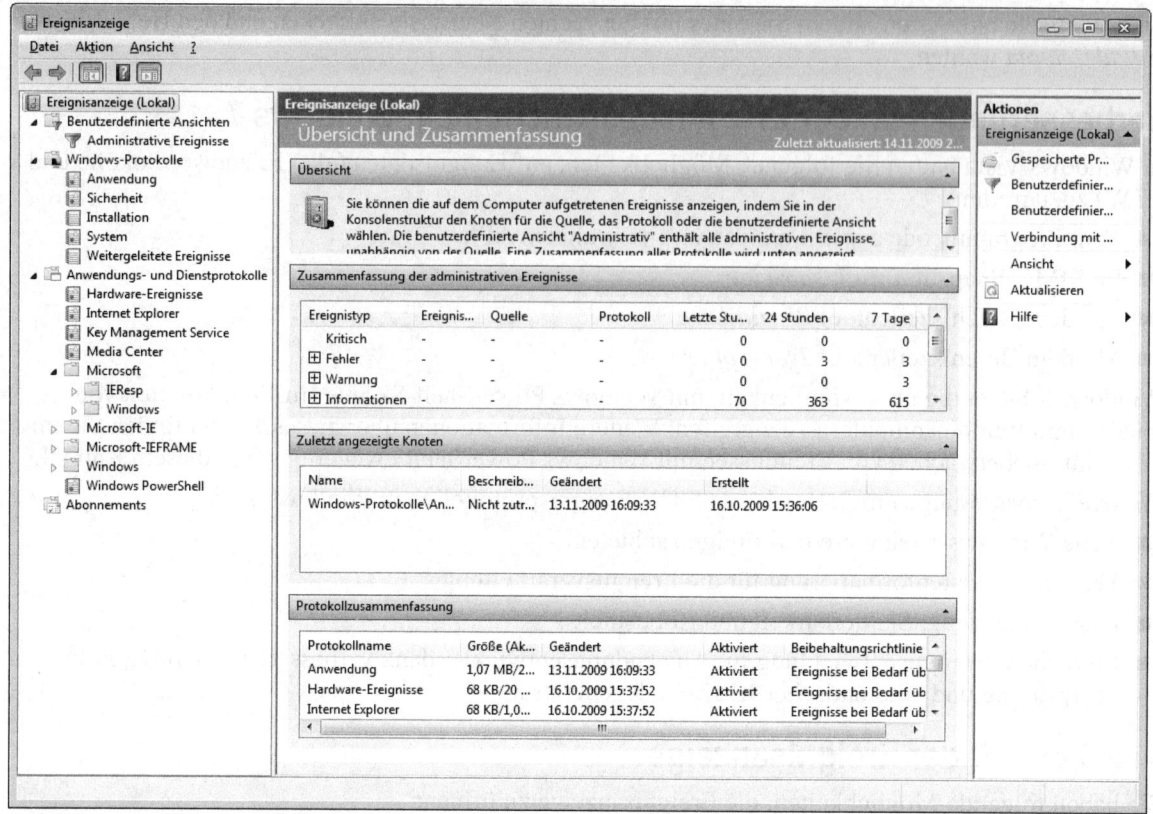

Abbildung 21.10   Das Snap-In *Ereignisanzeige*

Sie können Ereignisfilter mithilfe des Knotens *Benutzerdefinierte Ansichten* in der Ereignisanzeige konfigurieren und speichern. Sie können Ansichten automatisch erstellen, indem Sie doppelt auf Ereignisse in der Zusammenfassungsansicht klicken oder sie von Hand zusammenstellen. Eine eingebaute benutzerdefinierte Ansicht namens *Administrative Ereignisse* zeigt alle Ereignisse im System an, die möglicherweise eine administrative Aktion erfordern. Dazu werden Fehler und Warnungen aus allen Admin-Protokollen gefiltert, die das System angemeldet hat.

Gehen Sie folgendermaßen vor, um eine Ansicht (Filter) von Hand zu erstellen:

1. Klicken Sie mit der rechten Maustaste auf *Benutzerdefinierte Ansichten* und wählen Sie den Befehl *Benutzerdefinierte Ansicht erstellen*.

2. Geben Sie im Dialogfeld *Benutzerdefinierte Ansicht erstellen* an, bei Erfüllung welcher Kriterien die Ereignisse angezeigt werden sollen.

   Sie können auch auf die Registerkarte *XML* klicken und den XML-Filter direkt eingeben. Das kann nützlich sein, wenn Sie eine erweiterte Abfrage erstellen, für die die GUI-Optionen auf der Registerkarte *Filter* nicht ausreichen. Beachten Sie aber, dass Sie für einen Filter nicht mehr auf die Registerkarte *Filter* zurückwechseln können, sobald Sie einen Filter auf der Registerkarte *XML* bearbeitet haben.

3. Wählen Sie die Felder aus, nach denen die Ereignisse gefiltert werden sollen. Es stehen folgende Kriterien zur Verfügung:

☐ **Per Protokoll**   Falls Sie nach Protokollen filtern, müssen Sie erst die gewünschten Protokolle auswählen, und die Dropdownliste *Quellen* wird dann mit den Quellen gefüllt, die in diesen Protokollen zur Verfügung stehen.

☐ **Per Quelle**   Falls Sie nach Quellen filtern wollen, wählen Sie erst die gewünschten Quellen aus. Die Dropdownliste *Protokolle* wird dann mit den Protokollen gefüllt, die für diese Quellen relevant sind.

☐ **Protokolliert**   Hier stehen die Optionen *Letzte Stunde, Letzte 12 Stunden, Letzte 24 Stunden, Letzte 7 Tage* oder *Letzte 30 Tage* zur Verfügung. Wenn Sie *Benutzerdefinierter Bereich* auswählen, öffnet sich das Dialogfeld *Benutzerdefinierter Bereich*, in dem Sie einen beliebigen Datumsbereich auswählen können, um das erste und das letzte Ereignis festzulegen.

☐ **Ereignisebene**   Hier stehen *Kritisch, Warnung, Ausführlich, Fehler* oder *Informationen* zur Verfügung.

☐ **Protokolle**   Klicken Sie auf das Pfeilsymbol der Dropdownliste, um das Fenster zum Auswählen von Ereignisprotokollen zu öffnen. Wählen Sie ein oder mehrere Ereignisprotokolle aus, die Sie in die Ansicht aufnehmen wollen.

☐ **Quellen**   Klicken Sie auf die Dropdownliste, um eine Liste der für das ausgewählte Protokoll verfügbaren Quellen anzuzeigen. Hier können Sie festlegen, welche Ereignisquellen in die Ansicht aufgenommen werden sollen. In einigen Fällen kann es vorkommen, dass bestimmte Quellen nicht aufgeführt werden (normalerweise passiert das bei Quellen aus älteren Windows-Versionen). In diesem Fall können Sie den Quellennamen von Hand eintippen.

☐ **Ereignis-IDs ein-/ausschließen**   Geben Sie die Nummer oder die Bereiche der Ereignis-IDs ein, die ein- oder ausgeschlossen werden sollen. Sie können mehrere Einträge durch Kommas voneinander trennen. Stellen Sie einer Nummer ein Minuszeichen voran, wenn Sie sie ausschließen wollen. Zum Beispiel werden mit »1,3,5-99,-76« die Ereignis-IDs 1, 3 sowie 5 bis 99 eingeschlossen und 76 ausgeschlossen.

□ **Aufgabenkategorie** Wählen Sie eine Aufgabenkategorie aus, wenn nur Ereignisse aufgeführt werden sollen, die diese Aufgabenkategorie haben.

□ **Schlüsselwörter** Geben Sie Aufgabenschlüsselwörter ein, die im Filter enthalten sein sollen.

□ **Benutzer** Geben Sie den Namen des Benutzers ein, nach dem die Ereignisse gefiltert werden sollen.

□ **Computer** Geben Sie den Namen des Computers ein, nach dem die Ereignisse gefiltert werden sollen. Diese Möglichkeit werden Sie normalerweise nutzen, um gespeicherte Protokolle zu filtern, die von mehreren anderen Computern stammen, oder um Ereignisse zu filtern, die von verschiedenen Computern an ein zentrales Protokoll weitergeleitet wurden.

4. Klicken Sie auf *OK*, geben Sie einen Namen für die Ansicht ein und wählen Sie aus, wo die Ansicht gespeichert werden soll. Erstellen Sie bei Bedarf einen neuen Ordner, damit Sie Ihre benutzerdefinierten Ansichten besser organisieren können, wenn Sie Ansichten für verschiedene Zwecke entwerfen. In der Standardeinstellung stehen benutzerdefinierte Ansichten, die auf einem Computer definiert wurden, allen Benutzern dieses Computers zur Verfügung. Sie können eine benutzerdefinierte Ansicht auf den aktuellen Benutzer beschränken, indem Sie das Kontrollkästchen *Alle Benutzer* deaktivieren, bevor Sie die Ansicht speichern. Die benutzerdefinierte Ansicht ist damit gespeichert, und Sie können sie künftig jederzeit abrufen, wenn Sie mit der Ereignisanzeige arbeiten. Außerdem können Sie benutzerdefinierte Ansichten in eine XML-Datei an einer angegebenen Position exportieren oder aus einer XML-Datei importieren. Auf diese Weise können Administratoren interessante Ereignisansichten austauschen, indem sie sie in einen freigegebenen Ordner exportieren und dann bei Bedarf in die verschiedenen Ereignisanzeigekonsolen importieren.

Abbildung 21.11 zeigt die standardmäßig erstellte benutzerdefinierte Ansicht *Administrative Ereignisse*.

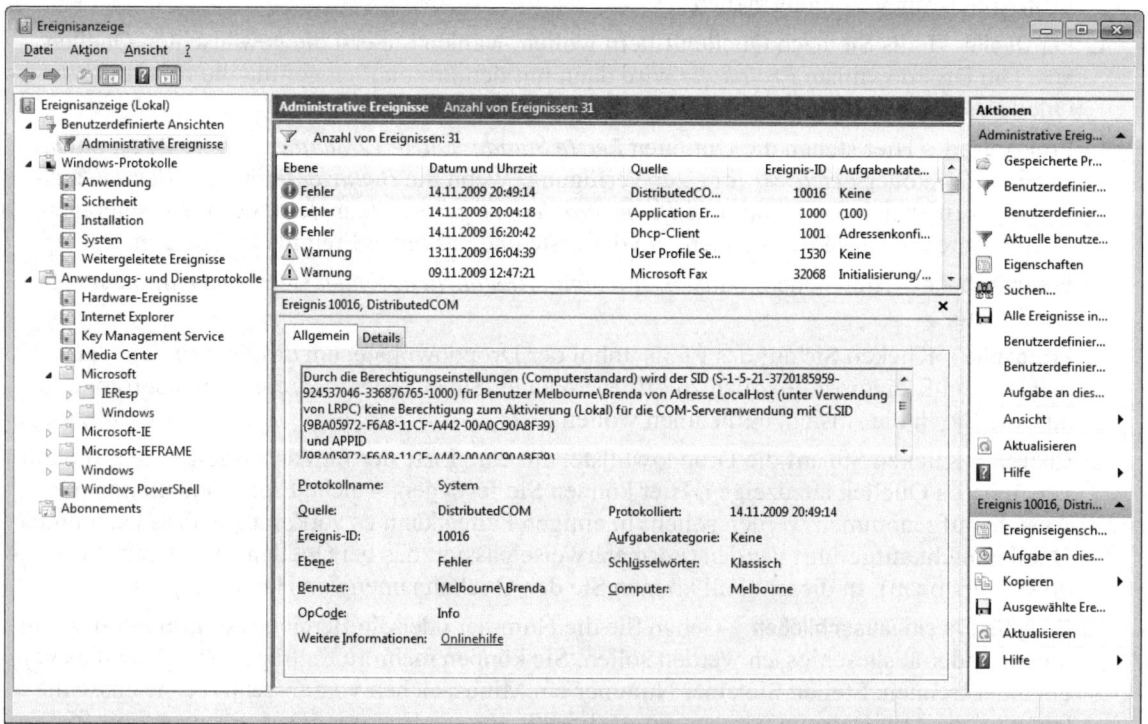

Abbildung 21.11 Die standardmäßig erstellte benutzerdefinierte Ansicht *Administrative Ereignisse*

Anzeigen von Ereignisprotokollen

Die Protokolle Anwendung, System, Sicherheit und Einrichtung liegen jetzt in der Strukturansicht der Ereignisanzeige unterhalb des Knotens *Windows-Protokolle*. Eine Ereigniszusammenfassung mit Name, Typ, Zahl der Ereignisse und Größe jedes Protokolls wird angezeigt, wenn Sie diesen Knoten auswählen. Die Ereignisse in einem Protokoll können Sie ansehen, indem Sie das gewünschte Protokoll im linken Fensterabschnitt auswählen.

Hardwareereignisse, Ereignisse vom Internet Explorer und von anderen Windows-Komponenten sowie Anwendungsereignisse stehen über den Knoten *Anwendungs- und Dienstprotokolle* zur Verfügung. Anwendungs- und Dienstprotokolle sind eine neue Kategorie von Ereignisprotokollen. Sie speichern Ereignisse aus einer einzigen Anwendung oder Komponente, also keine Ereignisse, die systemweite Auswirkungen haben. Normalerweise werden die verfügbaren Anwendungs- oder Dienstprotokolle hierarchisch unterhalb des Hersteller- und Produktnamens aufgelistet. (Manche Ereignisanbieter verwenden keine Namenskonvention, die sich so einfach in Kategorien unterteilen lässt. Sie werden unter Umständen unmittelbar unterhalb des Knotens *Anwendungs- und Dienstprotokolle* aufgeführt.) Eine Zusammenfassungsansicht mit Name, Typ, Zahl der Ereignisse und Größe jedes Protokolls wird angezeigt, wenn in der Strukturansicht der Ereignisanzeige der Knoten *Anwendungs- und Dienstprotokolle* oder einer seiner Unterknoten, in dem Protokolle enthalten sind, ausgewählt ist (Abbildung 21.12). Falls andere Anwendungen installiert sind, zum Beispiel Microsoft Office 2007-Anwendungen, werden unter Umständen weitere Anwendungs- und Dienstprotokolle angezeigt.

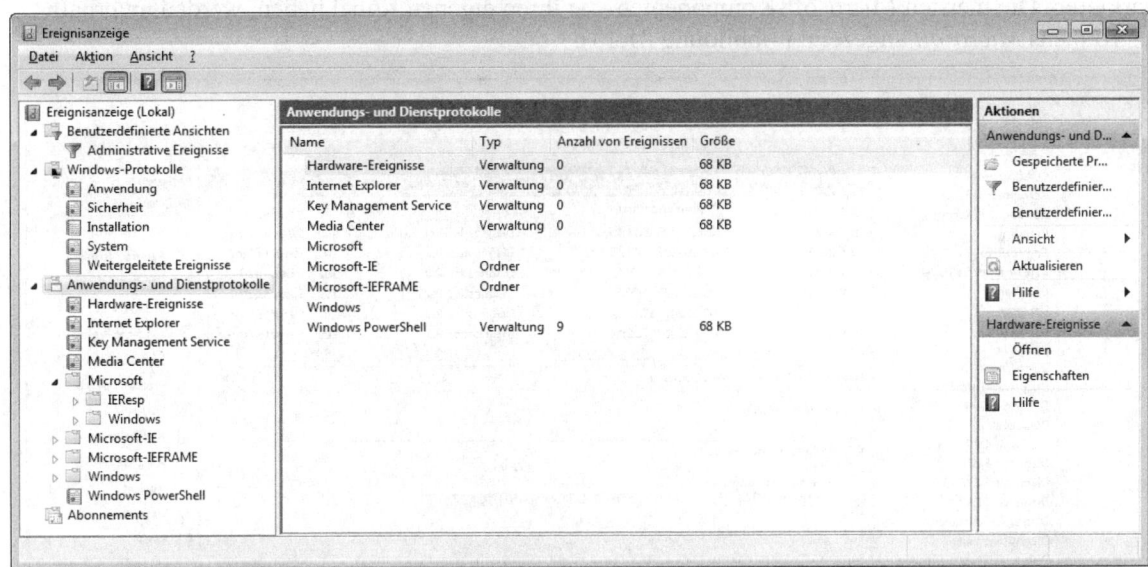

Abbildung 21.12   Zusammenfassung für Anwendungs- und Dienstprotokolle

Wie bereits erklärt, enthalten die Anwendungs- und Dienstprotokolle vier Untertypen: Admin-, Operational-, Analytic- (Trace) und Debug-Protokolle. Ereignisse in Admin-Protokollen sind vor allem für IT-Experten von Interesse, die mithilfe der Ereignisanzeige eine Problembehandlung durchführen, weil Ereignisse im Admin-Protokoll einen Leitfaden liefern, wie sie auf das Ereignis reagieren sollten. Ereignisse im Operational-Protokoll sind ebenfalls für IT-Experten nützlich, sind aber manchmal etwas aufwendiger zu interpretieren.

Analytic- und Debug-Protokolle sind nicht so benutzerfreundlich, sie sind eher für Tools oder besonders geschulte Administratoren und Entwickler gedacht. Analytic-Protokolle speichern Ereignisse, die ein Problem nachverfolgen, und oft wird eine große Zahl von Ereignissen aufgezeichnet. Debug-Protokolle werden von Entwicklern genutzt, wenn sie Anwendungen debuggen. Sowohl Analytic- als auch Debug-Protokolle sind standardmäßig verborgen. Falls Sie mit diesen Protokolltypen arbeiten und sie in der Ereignisanzeige sehen wollen, müssen Sie den Befehl *Analytische und Debugprotokolle einblenden* aus dem Befehl *Ansicht* des Fensterabschnitts *Aktionen* wählen. Dann können Sie die Protokollierung in ein bestimmtes Analytic- oder Debug-Protokoll ein- oder ausschalten, indem Sie das gewünschte Protokoll auswählen und im Fensterabschnitt *Aktionen* auf *Protokoll aktivieren* oder *Protokoll deaktivieren* klicken. Stattdessen können Sie Analytic- und Debug-Protokolle auch aktivieren/deaktivieren, indem Sie in einer Eingabeaufforderung mit erhöhten Rechten den Befehl **wevtutil sl <Protokollname> /e:true** eingeben. Weitere Informationen über *wevtuti.exe* finden Sie im Abschnitt »Arbeiten mit dem Windows-Befehlszeilenprogramm für Ereignisse« weiter unten in diesem Kapitel.

WICHTIG Wenn Sie Analytic- (Trace) und Debug-Protokolle aktivieren, generieren Sie normalerweise eine große Zahl von Einträgen. Aus diesem Grund sollten Sie sie nur für einen begrenzten Zeitraum aktivieren, um Daten für eine Problembehandlung zu sammeln, und sie dann wieder deaktivieren, um unnötigen Aufwand zu vermeiden.

Sie können sich Ereignisse ansehen, indem Sie das gewünschte Protokoll im linken Fensterabschnitt markieren. Die meisten Microsoft-Komponenten, die ihren eigenen Kanal haben, werden unterhalb des Knotens *Microsoft* angezeigt (Abbildung 21.13).

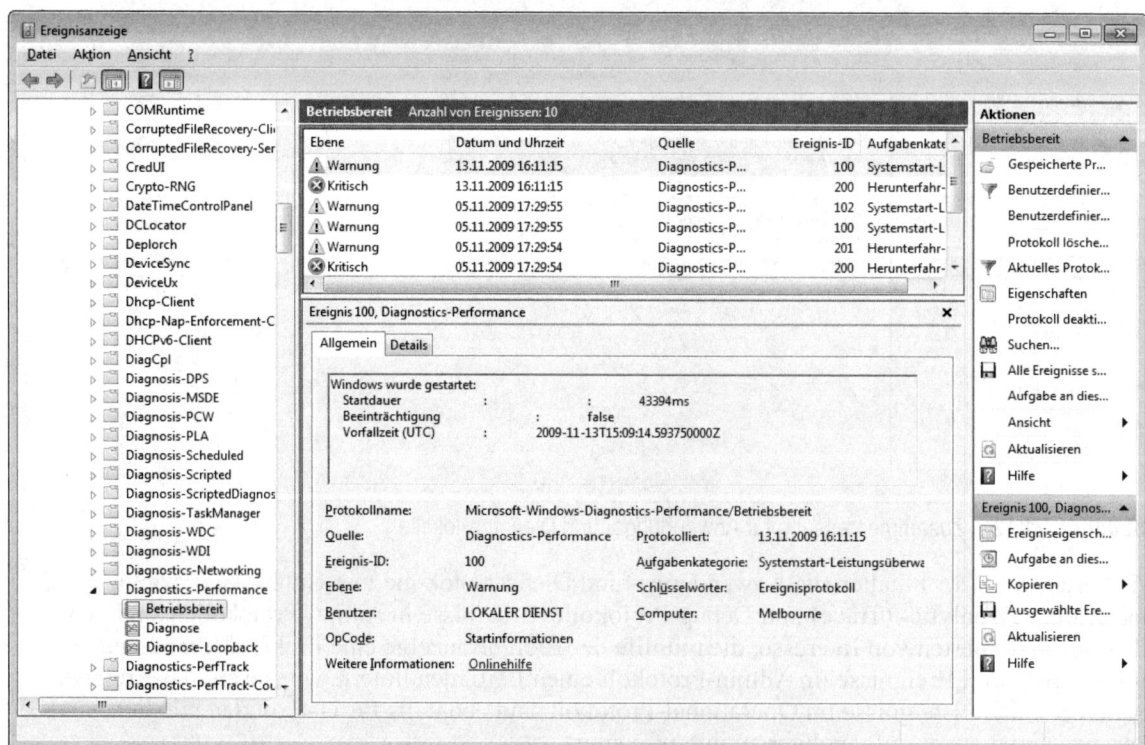

Abbildung 21.13   Ereignisse für unterschiedliche Microsoft-Komponenten

HINWEIS Wenn Sie mit der rechten Maustaste auf ein Ereignis klicken und den Befehl *Aufgabe an dieses Ereignis anfügen* wählen, öffnet sich der Aufgabenplanungsassistent, wobei bereits die Felder für Ereignisprotokoll, Ereignisquelle und Ereignis-ID eingetragen sind. Auf diese Weise können Sie mithilfe der Aufgabenplanung eine beliebige Aufgabe mit einem Ereignis verknüpfen. Weitere Informationen finden Sie im Abschnitt »Arbeiten mit der Aufgabenplanung« weiter unten in diesem Kapitel.

Speichern von Ereignisprotokollen

Sie können in der Ereignisanzeige Ereignisse speichern und gespeicherte Ereignisprotokolle für Archivierungs- und Analysezwecke öffnen. Zum Speichern eines Ereignisprotokolls stehen folgende Formate zur Verfügung:

- Ereignisprotokolldatei (*.evtx*), das Standardformat
- XML-Datei (*.xml*)
- Tabulatorzeichengetrennte Textdatei (*.txt*)
- Kommagetrennte Textdatei (*.csv*)

Gespeicherte Ereignisprotokolle können Sie sich in der Ereignisanzeige ansehen. Hier werden unter anderem folgende Formate unterstützt:

- Ereignisprotokolldatei (*.evtx*)
- Ältere Ereignisprotokolldatei (*.evt*)
- Ablaufverfolgungsprotokolldatei (*.etl*)

Konfigurieren von Ereignisabonnements

Beim Arbeiten mit der Ereignisanzeige können Sie Ereignisse eines einzelnen Remotecomputers betrachten. Für die Behandlung eines Problems kann es aber notwendig sein, einen Satz von Ereignissen zu untersuchen, die in mehreren Protokollen auf mehreren verschiedenen Computern gespeichert sind.

Windows Vista und neuere Versionen bieten die Fähigkeit, Ereignisdaten von mehreren Remotecomputern zu sammeln, weiterzuleiten und zentral auf dem lokalen Computer abzuspeichern. Welche Ereignisse Sie sammeln wollen, legen Sie mithilfe eines Ereignisabonnements (event subscription) fest. Neben anderen Details legt das Abonnement genau fest, welche Ereignisse gesammelt und in welchem Protokoll sie lokal gespeichert werden. Sobald ein Abonnement aktiv ist und Ereignisse gesammelt werden, können Sie diese weitergeleiteten Ereignisse genauso ansehen und bearbeiten wie beliebige andere lokal gespeicherte Ereignisse.

Bevor Sie solche Ereignisabonnements nutzen können, müssen Sie die Computer konfigurieren, die die Ereignisse weiterleiten, sowie den Computer, der die Ereignisse sammelt. Die Funktion zum Sammeln von Ereignissen benötigt den Windows-Remoteverwaltungs- (WinRM) und den Windows-Ereignissammlungs-Dienst (Wecsvc). Der WinRM-Dienst muss auf beiden Computern laufen, die am Weiterleitungs- und Sammelprozess beteiligt sind. Der Wecsvc-Dienst braucht nur auf dem sammelnden Computer zu laufen, da es auf dem Quellcomputer ein Weiterleitungs-Plug-In gibt, das innerhalb des Prozesses von WinRM läuft.

Abonnements können Sie nur definieren, wenn Sie auf dem sammelnden Computer ein Administrator sind. Im Rahmen der Abonnementdefinition legen Sie fest, welcher Sicherheitskontext verwendet werden soll, um auf das Protokoll der Quellcomputer zuzugreifen. Das kann entweder ein bestimmtes Benutzerkonto oder das Konto des sammelnden Computers sein. Das angegebene Konto muss Lesezugriff auf die Protokolle der Quellcomputer haben, die am Abonnement beteiligt sind. Sie können diese Konfiguration zum Beispiel dadurch einrichten, dass Sie eine neue vordefinierte Gruppe namens

Ereignisprotokollleser definieren, zu der Sie alle Konten hinzufügen, denen Sie Lesezugriff auf die Protokolle gewähren möchten.

Gehen Sie folgendermaßen vor, um Computer so zu konfigurieren, dass sie Ereignisse weiterleiten und sammeln:

1. Melden Sie sich an allen sammelnden und Quellcomputern an; sie alle müssen unter Windows Vista oder neueren Versionen laufen. Falls die Computer Mitglieder einer Domäne sind, wird empfohlen, ein Domänenkonto mit administrativen Privilegien zu verwenden.

2. Geben Sie auf jedem Quellcomputer in einer Eingabeaufforderung mit erhöhten Rechten den Befehl **winrm quickconfig** ein. Bestätigen Sie, dass die Änderungen durchgeführt werden sollen, sobald das Programm nachfragt. Sie können diese Sicherheitsabfrage überspringen (falls Sie diesen Befehl zum Beispiel in einem Skript verwenden), indem Sie den Parameter `-q` hinzufügen.

3. Geben Sie auf dem sammelnden Computer in einer Eingabeaufforderung mit erhöhten Rechten den Befehl **wecutil qc** ein. (Falls Sie in der Ereignisanzeige arbeiten, wird das auf dem sammelnden Computer automatisch für Sie erledigt.) Bestätigen Sie, dass die Änderungen durchgeführt werden sollen, sobald das Programm nachfragt. Sie können diese Sicherheitsabfrage überspringen, indem Sie den Parameter `/q:true` hinzufügen.

4. Fügen Sie das Computerkonto des sammelnden Computers auf allen Quellcomputern zur Gruppe *Ereignisprotokollleser* hinzu, falls Sie das Computerkonto verwenden, um Ereignisse zu sammeln. Wenn Sie für diesen Zweck das Computerkonto verwenden, hat dies den Vorteil, dass Sie sich nicht mit ablaufenden Kennwörtern herumschlagen müssen. Falls Sie allerdings ein bestimmtes Benutzerkonto verwenden, müssen Sie statt des Computerkontos des sammelnden Computers dieses Konto zu *Ereignisprotokollleser* hinzufügen.

Die Computer sind nun so konfiguriert, dass sie Ereignisse weiterleiten beziehungsweise sammeln. Folgen Sie der Anleitung im Abschnitt »Erstellen eines neuen Abonnements« weiter unten in diesem Kapitel, um festzulegen, welche Ereignisse an den Sammelcomputer weitergeleitet werden.

> **HINWEIS** In der Standardeinstellung ist es im MMC-Snap-In *Lokale Benutzer und Gruppen* nicht möglich, Computerkonten hinzuzufügen. Klicken Sie im Dialogfeld *Benutzer, Computer oder Gruppen auswählen* auf *Objekttypen* und aktivieren Sie das Kontrollkästchen *Computer*. Anschließend können Sie auch Computerkonten hinzufügen.

> **HINWEIS** Ab Windows 7 steht Ihnen das Windows PowerShell-Cmdlet `Set-WsManQuickConfig` zur Verfügung, um WinRM auf dem lokalen Computer zu konfigurieren. Weitere Informationen finden Sie unter *http://technet. microsoft.com/en-us/library/dd819520.aspx*.

Weitere Vorbereitungen in Arbeitsgruppenumgebungen

In einer Arbeitsgruppenumgebung können Sie im Prinzip genauso vorgehen wie im letzten Abschnitt beschrieben, um die Computer zum Weiterleiten und Sammeln von Ereignissen zu konfigurieren. Arbeitsgruppen erfordern allerdings einige zusätzliche Schritte und Überlegungen:

- Sie können nur Abonnements mit dem Modus *Normal* (Pull) verwenden.

- Sie müssen auf jedem Quellcomputer eine Windows-Firewall-Ausnahme für die Remote-Ereignisprotokollverwaltung hinzufügen.

- Sie müssen auf jedem Quellcomputer ein Konto mit Administratorprivilegien zur Gruppe *Ereignisprotokollleser* hinzufügen. Sie müssen dieses Konto im Dialogfeld *Erweiterte Abonnementeinstellungen* angeben, wenn Sie ein Abonnement auf dem sammelnden Computer erstellen.

- Geben Sie in einer Eingabeaufforderung auf dem sammelnden Computer den Befehl **winrm set**

winrm/config/client @{TrustedHosts="<Quellen>"} ein, damit alle Quellcomputer NTLM-Authentifizierung verwenden können, wenn sie mit WinRM auf dem sammelnden Computer kommunizieren. Führen Sie diesen Befehl nur einmal aus. Ersetzen Sie `<Quellen>` dabei durch eine kommagetrennte Liste mit den Namen aller teilnehmenden Quellcomputer in der Arbeitsgruppe. Stattdessen können Sie auch Platzhalter verwenden, um die Namen aller Quellcomputer abzudecken. Falls Sie zum Beispiel einen Satz von Quellcomputern konfigurieren wollen, deren Namen alle mit »msft« beginnen, können Sie den Befehl **winrm set winrm/config/client @{TrustedHosts="msft*"}** auf dem sammelnden Computer eingeben. Wenn Sie weitere Informationen über diesen Befehl benötigen, können Sie in einer Eingabeaufforderung **winrm help config** eingeben.

- Falls Sie über die Option *HTTPS* in *Erweiterte Abonnementeinstellungen* ein Abonnement konfigurieren, das mit dem Protokoll HTTPS arbeitet, müssen Sie auch eine entsprechende Windows-Firewall-Ausnahme für Port 443 einrichten. Für ein Abonnement, das im Feld *Event Delivery Optimization* die Option *Normal* verwendet (Pull-Modus), brauchen Sie diese Ausnahme nur auf den Quellcomputern hinzuzufügen. Wenn das Abonnement im Feld *Event Delivery Optimization* die Option *Bandbreite minimieren* oder *Wartezeit minimieren* verwendet (Push-Modus), müssen Sie die Ausnahme sowohl auf dem Quell- als auch dem sammelnden Computer definieren.

- Falls Sie ein bestimmtes Benutzerkonto angeben wollen, indem Sie beim Erstellen des Abonnements in *Erweiterte Abonnementeinstellungen* die Option *Bestimmter Benutzer* wählen, müssen Sie in Schritt 4 der weiter oben beschriebenen Anleitung sicherstellen, dass das Konto auf allen Quellcomputern ein Mitglied der lokalen Gruppe *Administratoren* ist. Sie dürfen also nicht das Computerkonto des sammelnden Computers verwenden. Stattdessen können Sie das Windows-Befehlszeilenprogramm für Ereignisse verwenden, um einem Konto Zugriff auf einzelne Protokolle zu gewähren. Über dieses Befehlszeilenprogramm erhalten Sie weitere Informationen, wenn Sie in einer Eingabeaufforderung den Befehl **wevtutil -?** eingeben.

Erstellen eines neuen Abonnements

Gehen Sie wie folgt vor, um auf dem Sammelcomputer ein neues Abonnement zu konfigurieren:

1. Klicken Sie in der Strukturansicht der Ereignisanzeige mit der rechten Maustaste auf *Abonnements* und wählen Sie im Kontextmenü den Befehl *Abonnement erstellen*, oder wählen Sie den Knoten *Abonnements* aus und klicken Sie im Fensterabschnitt *Aktionen* auf *Abonnement erstellen*.

2. Geben Sie im Dialogfeld *Abonnementeigenschaften* den Namen des Abonnements ein:

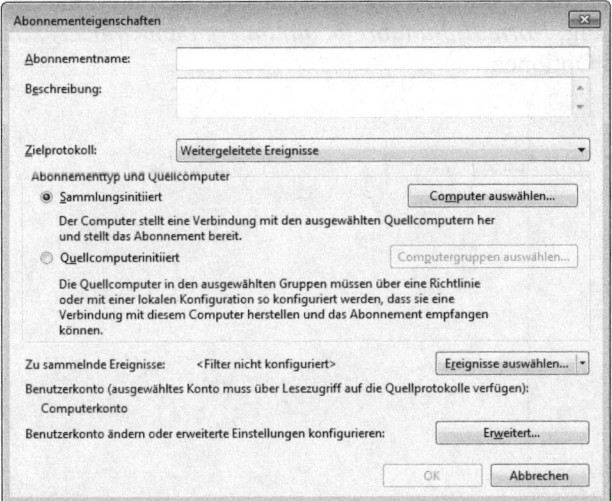

3. Wählen Sie den Namen des Zielprotokolls aus, in dem die abonnierten Ereignisse gespeichert werden sollen. In der Standardeinstellung werden Ereignisabonnements im Protokoll *Weitergeleitete Ereignisse* gesammelt.

4. Klicken Sie auf *Computer auswählen*, um das Dialogfeld *Computer* zu öffnen:

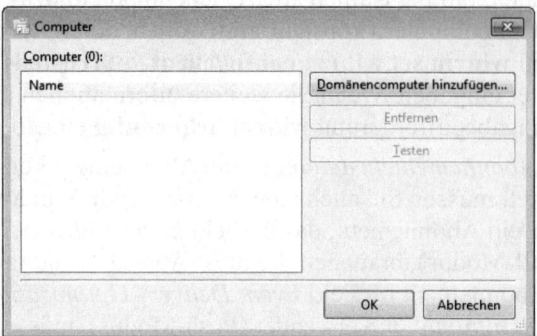

5. Klicken Sie auf *Domänencomputer hinzufügen* und fügen Sie die Quellcomputer hinzu, von denen das Abonnement die Daten sammelt. Mit der Schaltfläche *Test* können Sie die Verbindung zum ausgewählten Computer überprüfen und sicherstellen, dass der sammelnde Computer Zugriff auf diesen Quellcomputer hat und Ereignisse von dort entgegennehmen kann. Klicken Sie auf *OK*, wenn Sie alle Quellcomputer hinzugefügt haben.

6. Klicken Sie auf *Ereignisse auswählen*, um zu konfigurieren, welche Ereignisse Sie sammeln wollen. Die Schaltfläche *Ereignisse auswählen* stellt zwei Optionen zur Verfügung, wenn Sie die Dropdownliste aufklappen:

   ☐ **Bearbeiten** Öffnet das Dialogfeld *Abfragefilter*, wo Sie einen Ereignisfilter erstellen können, der für das Abonnement verwendet wird.

   ☐ **Von der vorhandenen benutzerdefinierten Ansicht kopieren** Erlaubt die Auswahl einer vorhandenen benutzerdefinierten Ansicht, die für das Abonnement verwendet wird.

7. Klicken Sie auf *Erweitert*, um die Optionen im folgenden Dialogfeld zu konfigurieren. Mit der Schaltfläche *Erweitert* können Sie konfigurieren, wie gesammelte Ereignisse übertragen werden, und Sie können einstellen, über welches Konto das Sammeln der Ereignisse durchgeführt wird. Die Ereignisanzeige stellt drei Optionen für das Optimieren der Ereignisauslieferung (Feld *Ereignisübermittlungsoptimierung*) zur Verfügung: *Normal*, *Bandbreite minimieren* und *Wartezeit minimieren*. Tabelle 21.1 beschreibt diese drei Optionen.

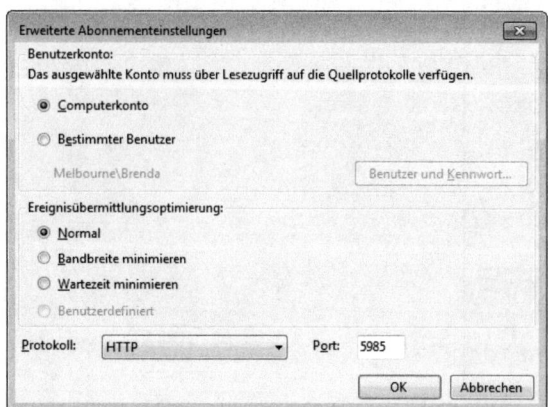

Tabelle 21.1   Optionen für das Optimieren der Ereignisauslieferung beim Sammeln von Ereignissen

Option	Beschreibung
Normal	Stellt sicher, dass die Ereignisse zuverlässig abgeliefert werden. Es wird nicht versucht, Bandbreite zu sparen. Das ist in den meisten Fällen die geeignete Option, sofern Sie nicht den Bandbreitenverbrauch genau steuern müssen oder weitergeleitete Ereignisse so schnell wie möglich abgeliefert werden sollen. Diese Methode verwendet einen Pull-Modus, fasst jeweils 5 Elemente zu einem Batch zusammen und legt eine Batchzeitüberschreitung von 15 Minuten fest.
Bandbreite minimieren	Stellt sicher, dass die für die Ereignisauslieferung verbrauchte Netzwerkbandbreite strikt eingeschränkt wird. Dies ist die richtige Wahl, wenn Sie einschränken wollen, wie oft Netzwerkverbindungen zum Ausliefern der Ereignisse aufgebaut werden. Diese Methode arbeitet mit dem Push-Modus und legt eine Batchzeitüberschreitung von 6 Stunden fest, auch das Taktintervall beträgt 6 Stunden.
Wartezeit minimieren	Stellt sicher, dass die Ereignisse mit möglichst geringer Verzögerung ausgeliefert werden. Dies ist die richtige Wahl, wenn Sie Warnungen oder kritische Ereignisse sammeln. Diese Methode arbeitet mit dem Push-Modus und legt eine Batchzeitüberschreitung von 30 Sekunden fest.

Sobald Sie das Abonnement erstellt haben, können Sie es im mittleren Fensterabschnitt der Ereignisanzeige ansehen und konfigurieren. Zu jedem Abonnement werden Name, Status, teilnehmende Quellcomputer und Beschreibung angezeigt. Sie können sich detaillierte Statusinformationen zu jedem Quellcomputer anzeigen lassen, der an einem Abonnement teilnimmt, wenn Sie das Dialogfeld *Abonnementeigenschaften* für das gewünschte Abonnement öffnen. Das Listenfeld *Quellcomputer* führt alle teilnehmenden Computer mit ihrem jeweiligen Status auf. Wenn Sie einen bestimmten Computer aus der Liste auswählen, wird sein detaillierter Status im Feld unterhalb des Listenfelds *Quellcomputer* angezeigt. Falls ein Problem mit diesem Computer besteht, werden hier auch mögliche Ursachen und Abhilfen beschrieben. Einzelne Computer können zeitweise deaktiviert werden, sodass sie nicht mehr am Abonnement teilnehmen. Wählen Sie dazu den Computer in der Liste aus und drücken Sie auf die Schaltfläche *Deaktivieren*. Sie können auch ein ganzes Abonnement zeitweise deaktivieren, indem Sie es in der Liste im mittleren Fensterabschnitt der Ereignisanzeige auswählen und auf die Aktion *Deaktivieren* klicken. Sie können einzelne Computer oder das ganze Abonnement erneut testen (um zum Beispiel zu überprüfen, ob bestehende Probleme inzwischen beseitigt wurden), indem Sie den Computer oder das ganze Abonnement auswählen und auf *Wiederholen* anklicken.

Arbeiten mit dem Windows-Befehlszeilenprogramm für Ereignisse

Mit dem Windows-Befehlszeilenprogramm für Ereignisse (*Wevtutil.exe*) können Sie Ereignisprotokolle auf einem Computer über die Befehlszeile verwalten. Es bietet unter anderem die Möglichkeit, folgende Aufgaben auszuführen:

- Abrufen von Informationen über Ereignisprotokolle und Herausgeber
- Installieren und Deinstallieren von Ereignismanifesten
- Ausführen von Abfragen nach bestimmten Ereignissen
- Exportieren, Archivieren und Löschen von Ereignisprotokollen

Wevtutil sollte in einer Eingabeaufforderung mit erhöhten Rechten ausgeführt werden. Die allgemeine Syntax von Wevtutil sieht folgendermaßen aus.

```
wevtutil Befehl [Argument [Argument] ...] [/Option:Wert [/Option:Wert] ...]
```

Dabei kann *Befehl* für einen der folgenden Befehle stehen:

- **al (archive-log)**   Archiviert ein exportiertes Protokoll.
- **cl (clear-log)**   Löscht ein Protokoll.
- **el (enum-logs)**   Listet die Protokollnamen auf.
- **ep (enum-publishers)**   Listet die Ereignisherausgeber auf.
- **epl (export-log)**   Exportiert ein Protokoll.
- **gl (get-log)**   Liefert die Protokollkonfigurationsinformationen.
- **gli (get-log-info)**   Liefert Protokollstatusinformationen.
- **gp (get--publisher)**   Liefert Herausgeberkonfigurationsinformationen.
- **im (install-manifest)**   Installiert Ereignisherausgeber und -protokolle aus einem Manifest.
- **qe (query-events)**   Fragt Ereignisse aus einem Protokoll oder einer Protokolldatei ab.
- **sl (set-log)**   Ändert die Konfiguration eines Protokolls.
- **um (uninstall-manifest)**   Deinstalliert Ereignisherausgeber und -protokolle aus einem Manifest.

Wichtige Optionen sind:

- **/r:*Wert* (remote)**   Wenn diese Option angegeben ist, wird der Befehl auf einem Remotecomputer mit dem Namen *Wert* ausgeführt. Beachten Sie, dass im (install-manifest) und um (uninstall-manifest) keine Remoteoperation unterstützen.
- **/u:*Wert* (username)**   Für die Anmeldung am Remotecomputer wird ein anderer Benutzername verwendet. Hier ist *Wert* ein Benutzername in der Form »Domäne\Benutzer« oder »Benutzer«. Diese Option steht nur zur Verfügung, wenn auch die Option /r (remote) angegeben ist.
- **/p:*Wert* (password)**   Gibt ein Kennwort für den angegebenen Benutzer an. Wenn diese Option nicht angegeben ist oder *Wert* gleich "*" ist, wird der Benutzer aufgefordert, ein Kennwort einzugeben. Diese Option steht nur zur Verfügung, wenn auch die Option /u (username) angegeben ist.
- **/a:*Wert* (authentication)**   Gibt einen Authentifizierungstyp für die Verbindung zu einem Remotecomputer an. *Wert* kann Default, Negotiate, Kerberos oder NTLM sein. Standardwert ist Negotiate.
- **/uni:*Wert* (unicode)**   Zeigt die Ausgabe in Unicode an. *Wert* kann true oder false sein (true bedeutet, dass die Ausgabe in Unicode angezeigt wird).

Weitere Informationen über einen bestimmten Befehl erhalten Sie, indem Sie in einer Eingabeaufforderung mit erhöhten Rechten **wevtutil Befehl /?** eingeben.

HINWEIS   Sie können entweder die kurze (ep /uni) oder die lange (enum-publishers /unicode) Version der Befehls- und Optionsnamen verwenden. Bei den Befehlen, Optionen und Optionswerten wird nicht zwischen Groß- und Kleinschreibung unterschieden.

WEITERE INFORMATIONEN   Über einen bestimmten Befehl erfahren Sie mehr, wenn Sie in einer Eingabeaufforderung mit erhöhten Rechten **wevtutil <Befehl> /?** eingeben. Weitere Informationen über *Wevtutil.exe* finden Sie unter *http://technet.microsoft.com/en-us/library/cc732848.aspx*.

Überwachen von Ereignissen mit Windows PowerShell

In Windows 7 steht die neue Möglichkeit zur Verfügung, Windows PowerShell zu nutzen, um Ereignisprotokolle zu verwalten und Ereignisdaten zu sammeln. Eine Reihe neuer Windows PowerShell-Cmdlets stellt diese Funktion bereit:

- **Clear-EventLog**   Löscht alle Einträge aus den angegebenen Ereignisprotokollen auf dem lokalen Computer oder auf Remotecomputern.

- **Get-Event**   Ruft die Ereignisse aus der Ereigniswarteschlange ab.

- **Get-EventLog**   Ruft die Ereignisse aus einem angegebenen Ereignisprotokoll oder einer der Ereignisprotokolle auf einem Computer ab.

- **Get-EventSubscriber**   Ruft die Ereignisabonnenten in der aktuellen Sitzung ab.

- **Get-WinEvent**   Ruft Ereignisse aus den Ereignisprotokollen und Ereignisablaufverfolgungsprotokolldateien auf dem lokalen und Remotecomputern ab.

- **Limit-EventLog**   Legt die Ereignisprotokolleigenschaften fest, die die Größe des Ereignisprotokolls und das Alter seiner Einträge beschränken.

- **New-Event**   Erstellt ein neues Ereignis.

- **New-EventLog**   Erstellt ein neues Ereignisprotokoll und eine neue Ereignisquelle auf einem lokalen oder einem Remotecomputer.

- **Register-EngineEvent**   Abonniert Ereignisse, die von der Windows PowerShell-Engine und dem Cmdlet `New-Event` generiert werden.

- **Register-ObjectEvent**   Abonniert Ereignisse, die von einem .NET-Objekt generiert werden.

- **Register-WmiEvent**   Abonniert Ereignisse, die von einem WMI-Objekt generiert werden.

- **Remove-Event**   Löscht Ereignisse aus der Ereigniswarteschlange.

- **Remove-EventLog**   Löscht ein Ereignisprotokoll oder hebt die Registrierung einer Ereignisquelle auf.

- **Show-Eventlog**   Zeigt die Ereignisprotokolle des lokalen oder eines Remotecomputers in der Ereignisanzeige an.

- **Unregister-Event**   Beendet ein Ereignisabonnement.

- **Wait-Event**   Wartet, bis ein bestimmtes Ereignis ausgelöst wird, bevor die Verarbeitung fortgesetzt wird.

- **Write-EventLog**   Schreibt ein Ereignis in ein Ereignisprotokoll.

Zum Beispiel rufen Sie mit dem Cmdlet `Get-Eventlog` folgendermaßen Informationen über die »klassischen« (Windows-) Ereignisprotokolle auf dem Computer ab:

```
PS C:\Windows\system32> get-eventlog -list

  Max(K) Retain OverflowAction      Entries Log
  ------ ------ --------------      ------- ---
  20.480      0 OverwriteAsNeeded       899 Application
  20.480      0 OverwriteAsNeeded         0 HardwareEvents
     512      7 OverwriteOlder            0 Internet Explorer
  20.480      0 OverwriteAsNeeded         0 Key Management Service
   8,192      0 OverwriteAsNeeded         0 Media Center
  20.480      0 OverwriteAsNeeded     1.473 Security
```

Der nächste Befehl zeigt die drei neusten Ereignisse aus dem Systemprotokoll an:

```
PS C:\Windows\system32> get-eventlog -newest 3 -logname System
```

Index	Time	EntryType	Source	InstanceID	Message
3125	Jun 28 11:55	Information	Service Control M...	1073748860	Dienst "Anwendungsinformationen" befindet sich jetzt im Status...
3124	Jun 28 11:41	Information	Service Control M...	1073748860	Dienst "Diagnosesystemhost" befindet sich jetzt im Status...
3123	Jun 28 11:37	Information	Service Control M...	1073748860	Dienst "Microsoft-Softwareschattenkopie-Anbieter" ...

Der folgende Befehl zeigt alle kritischen Ereignisse (»Fehler«) aus dem Systemprotokoll an:

```
PS C:\Windows\system32> get-eventlog -logname System -entrytype Error
```

Index	Time	EntryType	Source	InstanceID	Message
1707	Jun 17 08:38	Error	EventLog	2147489656	Das System wurde zuvor am 16.06.2009 um 05:34 unerwartet ...
1688	Jun 16 16:22	Error	Server	3221227977	Der Server konnte zu der Transportschicht \Dev...
1680	Jun 16 16:22	Error	Server	3221227977	Der Server konnte zu der Transportschicht \Dev...
1675	Jun 16 16:16	Error	NETLOGON	5783	Das Sitzungssetup des Windows NT- oder Windows 2000- ...
1669	Jun 16 15:43	Error	RasSstp	1	CoId={746056B2-DA98-451B-BF59-6371A598B450}:The...
1662	Jun 16 15:07	Error	Server	3221227977	Der Server konnte zu der Transportschicht \Dev...
1659	Jun 16 15:06	Error	RasSstp	1	CoId={40BE02A6-FB36-4FC4-BA37-8F996CCEF143}:The...
1656	Jun 16 15:06	Error	RasSstp	1	CoId={600CDFFC-90F9-4C85-990F-95F45582ADEE}:The...

Wenn Sie detaillierte Informationen über das oben angezeigte NETLOGON-Ereignis brauchen, müssen Sie die entsprechende Indexnummer für dieses Ereignis angeben:

```
PS C:\Windows\system32> get-eventlog -logname System -index 1675 | format-list -property *
```

```
EventID         : 5783
MachineName     : SEA-CLI-49.contoso.com
Data            : {}
Index           : 1675
Category        : (0)
CategoryNumber  : 0
EntryType       : Error
```

```
Message            : Das Sitzungssetup des Windows NT- oder Windows 2000-Domänencontrollers
                     \\SEA-DC1.contoso.com für die Domäne CONTOSO antwortet nicht. Der aktuelle
                     RPC-Aufruf der Netzwerkanmeldung auf \\SEA-CLI-49 an \\SEA-DC1.contoso.com
                     wurde abgebrochen.
Source             : NETLOGON
ReplacementStrings : {\\SEA-DC1.contoso.com, CONTOSO, SEA-CLI-49}
InstanceId         : 5783
TimeGenerated      : 16.06.2009 4:16:45
TimeWritten        : 16.06.2009 4:16:45
UserName           :
Site               :
Container          :
```

Das Cmdlet `Get-Winevent` bietet sogar noch mehr Funktionen zum Anzeigen von Ereignisprotokoll- und Ereignisinformationen. Beispielsweise zeigt der folgende Befehl detaillierte Informationen über das Anwendungsprotokoll auf dem Computer an:

```
PS C:\Windows\system32> get-winevent -listlog Application | format-list -property *
```

```
FileSize                        : 1118208
IsLogFull                       : False
LastAccessTime                  : 08.06.2009 18:10:23
LastWriteTime                   : 28.06.2009 11:01:10
OldestRecordNumber              : 1
RecordCount                     : 899
LogName                         : Application
LogType                         : Administrative
LogIsolation                    : Application
IsEnabled                       : True
IsClassicLog                    : True
SecurityDescriptor              : O:BAG:SYD:(A;;0xf0007;;;SY)(A;;0x7;;;BA)(A;;0x7;;;SO)
                                  (A;;0x3;;;IU)(A;;0x3;;;SU)(A;;0x3;;;S-1-5-3)(A;;0x3;;;
                                  S-1-5-33)(A;;0x1;;;S-1-5-32-573)
LogFilePath                     : %SystemRoot%\System32\Winevt\Logs\Application.evtx
MaximumSizeInBytes              : 20971520
LogMode                         : Circular
OwningProviderName              :
ProviderNames                   : {.NET Runtime, .NET Runtime Optimization Service, Application,
                                  Application Frror...}
ProviderLevel                   :
ProviderKeywords                :
ProviderBufferSize              : 64
ProviderMinimumNumberOfBuffers  : 0
ProviderMaximumNumberOfBuffers  : 64
ProviderLatency                 : 1000
ProviderControlGuid             :
```

WEITERE INFORMATIONEN Wie Sie Windows PowerShell für die Ereignisüberwachung einsetzen, ist in der Hilfe zu diesen Cmdlets in den Windows PowerShell-Cmdlet-Hilfethemen unter *http://technet.microsoft.com/en-us/ library/dd347701.aspx* beschrieben.

Arbeiten mit der Aufgabenplanung

Die Aufgabenplanung (task scheduler) ist ein MMC-Snap-In, mit dem Sie automatisierte Aufgaben definieren, die nach einem festgelegten Zeitplan oder beim Auftreten bestimmter Ereignisse Aktionen ausführen. Die Aufgabenplanung verwaltet eine Bibliothek aller geplanten Aufgaben, listet diese Aufgaben strukturiert auf und stellt eine Benutzeroberfläche zum Verwalten der Aufgaben bereit. Die Windows 7-Version der Aufgabenplanung ist im Wesentlichen dieselbe wie die in Windows Vista, die gegenüber älteren Windows-Versionen erhebliche Verbesserungen bringt: Sie bietet eine bessere Benutzeroberfläche, flexiblere Zeitplanung, höhere Sicherheit und bessere Verwaltbarkeit. Insbesondere wurden in Windows Vista folgende Verbesserungen an der Aufgabenplanung eingeführt:

- **Verbesserungen an der Benutzeroberfläche** Die Windows Vista-Version der Aufgabenplanung führte eine ganz neue Benutzeroberfläche ein, die auf der MMC aufbaut. Diese Oberfläche stellt eine Reihe neuer Bedingungen und Filter zur Verfügung, die Administratoren helfen, geplante Aufgaben festzulegen und zu verwalten.

- **Verbesserungen an der Zeitplanung** Der zeitgesteuerte Start von Aufgaben wurde in der Aufgabenplanung verbessert, sodass die Zeitplanungsoptionen detaillierter einstellbar und umfangreicher sind. Eine wichtige Verbesserung erlaubt Ihnen, eine Reihe von Aktionen zu verketten, sodass Sie dafür nicht mehrere geplante Aufgaben erstellen müssen. Sie können Aufgaben so planen, dass sie ausgeführt werden, sobald ein angegebenes Ereignis in einem Ereignisprotokoll aufgezeichnet wird. Sie können geplante Aufgaben so konfigurieren, dass ein Computer aus dem Energiesparmodus oder Ruhezustand aufgeweckt wird, oder dass sie nur ausgeführt werden, wenn sich der Computer im Leerlauf befindet. Sie können auch vorher geplante Aufgaben ausführen, sobald ein heruntergefahrener Computer wieder eingeschaltet wird. Die Skalierbarkeit wurde verbessert, indem Einschränkungen für die Zahl der registrierten Aufgaben aufgehoben wurden und jetzt mehrere Instanzen einer Aufgabe parallel oder nacheinander ablaufen können.

- **Verbesserungen an der Sicherheit** Neue Sicherheitsfeatures sind die Verwendung des neuen Anmeldeinformations-Managers (CredMan) von Windows 7 zum sicheren Speichern von Kennwörtern, die zum Ausführen von Aufgaben benötigt werden, sowie die Unterstützung für einen Benutzerdienst (Service for User, S4U), sodass Kennwörter in vielen Szenarien überhaupt nicht gespeichert werden müssen. Die verbesserte Verwaltung durch S4U und den Anmeldeinformations-Manager erhöht außerdem die Zuverlässigkeit und verringert den Wartungsaufwand. Um die Sicherheit noch weiter zu verbessern, werden geplante Aufgaben einer eigenen Sitzung ausgeführt, nicht in derselben Sitzung wie Systemdienste oder der aktuelle Benutzer:

  ☐ Es sind separate Anmeldeinformationen für die einzelnen Benutzer erforderlich.

  ☐ Systemaufgaben laufen in der Systemsitzung (Sitzung 0), Benutzeraufgaben in der Sitzung des Benutzers.

- **Verbesserungen an der Administration** Die Version der Aufgabenplanung in Windows Vista führte Features ein, die die Administration geplanter Aufgaben erleichtern. Geplante Aufgaben können von Ereignisprotokollereignissen aktiviert und mit Betriebsereignissen synchronisiert werden, die vom Dienst ausgelöst werden (diese Ereignisse können Sie in der Ereignisanzeige im Protokoll *Anwendungs- und Dienstprotokolle/Microsoft/Windows/Task Scheduler/Operational* sehen). Aufgaben können so konfiguriert werden, dass sie im Fehlerfall erneut gestartet werden und dass sie aktiviert werden, wenn Ressourcen verfügbar werden, etwa im Fall von mobilen Geräten, die Ausführungszeiten von geplanten Aufgaben verpassen könnten. Steuerung und Überwachung des Aufgabenstatus wurden verbessert und liefern jetzt detaillierte Fehlermeldungen und Aufgabenverläufe. Das Statusfeedback wurde deutlich verbessert. Zum Beispiel kann ein Administrator mithilfe der detaillierten Ereignisse, die für die Aufgabenplanung über den Betrieb einer Aufgabe protokolliert werden, einstellen, dass er eine E-Mail gesendet bekommt, falls ein Fehler auftritt. Darin kann ein vollständiger Ausführungsverlauf des Ereignisses enthalten sein. Außerdem kann der vollständige Verlauf der ausgeführten geplanten Aufgaben problemlos angezeigt werden. Der Administrator kann jederzeit die Liste der momentan laufenden Aufgaben ansehen und Aufgaben gezielt starten oder beenden. Um die Administratoren beim Skripting von komplexen Aufgaben zu unterstützen, steht die Task Scheduler API jetzt vollständig für Skriptsprachen offen.

- **Verbesserungen an Plattform und Verwaltbarkeit** Die Version der Aufgabenplanung in Windows Vista führte mehrere neue Features ein, die den Plattformbetrieb und die Verwaltbarkeit verbessern. Infrastrukturfeatures für die Anwendungsüberwachung erlauben es jetzt, Werkzeuge zur Problembehandlung und andere Reparaturmaßnahmen zu hosten und zu aktivieren. Es wurde eine regelmäßige Datensammlung implementiert, um die Erkennung von Ereignissen zu verbessern. Die Zuordnung von Prioritäten für Aufgabenprozesse wurde verbessert und es können Kontingente zugewiesen werden. Computerressourcen werden effizienter genutzt, weil Aufgaben auf Basis eines *echten Leerlaufzustands* aktiviert werden können. Dieser Leerlaufzustand ist durch eine Kombination folgender Kriterien definiert:

  □ CPU-, Arbeitsspeicher- und E/A-Auslastung

  □ Anwesenheit eines Benutzers

  □ Kein Präsentationsmodus

Verbesserungen an der Aufgabenplanung in Windows 7

Auch wenn sich das Snap-In *Aufgabenplanung* in Windows 7 praktisch nicht verändert hat, gibt es in Windows 7 mehrere deutliche Verbesserungen im Bereich der Aufgabenzeitplanung. Die wichtigsten Verbesserungen sind:

- Mehr Sicherheit durch Aufgabenhärtung (nur für Aufgaben, die als *LOKALER DIENST* oder *NETZWERKDIENST* laufen)

- Die Möglichkeit, den Start von Aufgaben in RAIL-Sitzungen (Remote Applications Integrated Locally) zu verweigern

- Die Option, den UBPM (Unified Background Process Manager) als Zeitplanungsmodul für Aufgaben einzusetzen. UBPM ist eine neue Komponente von Windows 7, die die Zeitplanung von Diensten und geplanten Aufgaben übernimmt und den Start von Diensten aufgrund von Triggern ermöglicht. Es wird zwar empfohlen, den UBPM zu verwenden, er unterstützt allerdings nicht alle Aufgabenplanungsfeatures; es fehlen unter anderem bestimmte Anmeldetypen, Aktionen zum Anzeigen von E-Mails und Nachrichten, Netzwerkeinstellungsaufgaben und bestimmte Aufgabentrigger. Weitere Informationen zu UBPM und dem triggergesteuerten Start von Diensten finden Sie im Abschnitt »Grundlagen von Diensten« in Kapitel 17, »Verwalten von Geräten und Diensten«.

- Verschiedene Änderungen an den Aufgabenplanungs-APIs.

Grundlagen von Aufgaben

Eine Aufgabe besteht aus mindestens einem Trigger, Ausführungsbedingungen (als *Einstellungen* bezeichnet) und einem Ausführungsbody (als *Aktionen* bezeichnet):

- **Aufgabentrigger** Die Bedingung oder die Kombination aus Bedingungen, unter denen die Aufgabe gestartet wird. Ein Aufgabentrigger definiert, wann eine Aufgabe beginnt, und kann Bedingungen enthalten. Zum Beispiel kann eine Aufgabe dann ausgeführt werden, wenn ein System gestartet wird, wenn sich ein Benutzer an einem Computer anmeldet oder wenn ein bestimmtes Ereignis im Ereignisprotokoll gespeichert wird. Eine Aufgabe kann einen oder mehrere Trigger definieren. Das bedeutet, dass die Aufgabe immer dann gestartet wird, wenn eine der Bedingungen des Triggers erfüllt ist.

- **Aufgabeneinstellungen** Zusätzliche Bedingungen neben dem Trigger, die definieren, ob eine Aufgabe ausgeführt wird. Sie steuern auch das Verhalten der Aufgabe. Aufgabeneinstellungen sind Bedingungen wie zum Beispiel, ob die Aufgabe nur ausgeführt wird, wenn sich der Computer im Leerlauf befindet oder der Computer mit einem bestimmten Netzwerk verbunden ist. Andere Aufgabeneinstellungen erlauben es zum Beispiel, eine Aufgabe auf Anforderung auszuführen, eine Aufgabe gezielt zu beenden, Aktionen zu definieren, die bei einem Fehlschlagen der Aufgabe ausgeführt werden, und eine Aufgabe nach der Ausführung zu löschen.

- **Aufgabenaktion** Der Code, der ausgeführt wird, wenn die Aufgabe läuft. Der Body einer Aufgabe kann ein Skript, eine Batchdatei, eine ausführbare Datei oder eine Komponente sein, die als Handler für die Aufgabenplanungsschnittstelle geschrieben wurde. Die Ausführungshosts für Aufgabenaktionen werden als *Aufgabenplanungsmodule* (task scheduler engine) bezeichnet. Eine Aufgabe kann eine oder mehrere Aktionen definieren, die im Rahmen der Aufgabenausführung nacheinander durchgeführt werden.

Architektur der Aufgabenplanung

Die Aufgabenplanung unterstützt ein Isolationsmodell, in dem jeder Satz von Aufgaben, der in einem bestimmten Sicherheitskontext läuft, in einer eigenen Sitzung gestartet wird. Die Aufgabenplanungsmodule, die in transienten (vorübergehenden, kurzlebigen) Prozessen im Benutzer- oder Computerkontext laufen, verarbeiten die Ausführung, die für den Start durch einen Trigger definiert ist. Aufgaben können in einem Computerkontokontext gestartet werden, zum Beispiel *System*, *LOKALER DIENST* oder *NETZWERKDIENST*, oder in einem angegebenen Benutzerkontext. Die Aufgabenplanung versucht auch, die Aufgabenintegrität sicherzustellen, selbst wenn die Domänenanmeldeinformationen eines Benutzers aktualisiert werden (gilt nur für Windows Server 2003-Domänen).

Aufgaben können entweder lokal oder im Remotezugriff gestartet werden. Jede Aufgabe kann mehrere Aktionen enthalten, die nacheinander ausgeführt werden. Mehrere Aufgaben können parallel oder nacheinander gestartet werden, um eine Reihe von synchronisierten Operationen durchzuführen. Dazu können die vom Dienst protokollierten Ereignisse verwendet werden. Ein Satz vordefinierter Ereignisse im Systemereignisprotokoll sowie das private Operational-Ereignisprotokoll der Aufgabenplanung (TaskScheduler) zeichnen den Ausführungsstatus jeder Aktion für Überwachungs-, Synchronisierungs- und Zustandsverwaltungszwecke auf.

Das vereinfachte Blockdiagramm in Abbildung 21.14 zeigt die grundlegende Architektur, die in der Version 2.0 der Aufgabenplanung (die Version in Windows Vista und neuer) implementiert ist.

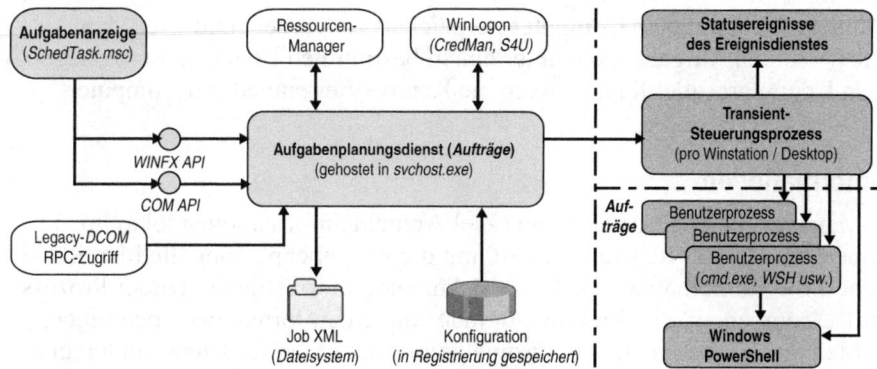

Abbildung 21.14 Architektur der Aufgabenplanung

Die Aufgabenplanung kombiniert mehrere Komponenten, die zusammenarbeiten, um die Benutzeroberfläche der Aufgabenplanung, das Aufgabenausführungsmodul und die Ereignisverfolgung und -verwaltung zur Verfügung zu stellen:

- Die Benutzeroberfläche der Aufgabenplanung wurde neu entworfen und liegt jetzt im MMC-.NET-Snap-In *SchedTask.msc* vor. Diese grafische Benutzeroberfläche enthält einen Assistenten zum Erstellen und Konfigurieren von Aufgaben und Eigenschaftsseiten, die über die COM-API auf den Dienst *Aufgabenplanung* zugreifen.

- Eine gemeinsam genutzte *Svchost.exe* lädt die Aufgabenplanungsdienst-DLL *SchedSvc.dll* unter einem Systemkonto, greift über die Komponente *TaskSchd.dll* auf den Ressourcen-Manager zu und holt aus S4U die benötigten Anmeldeinformationen. Diese Dienst-DLL liest auch Konfigurationsinformationen aus der Registrierung und schreibt Auftragsaufgaben im XML-Format auf das Laufwerk.

- Das Transient-Steuerungsprozessmodul *TaskEng.exe* läuft im Kontext des durch die Aufgabe definierten Benutzerkontos, zeichnet Statusereignisse des Ereignisprotokolls auf und generiert Benutzerprozesse, die die von der Aufgabe definierten Aktionen ausführen.

- Die Komponente *TaskComp.dll* stellt die Abwärtskompatibilität für die Verwaltung und Ausführung von Aufgaben sicher, die in älteren Windows-Versionen erstellt wurden.

Sicherheit in der Aufgabenplanung

In der Version 2.0 der Aufgabenplanung wurde die Sicherheit gegenüber der Vorgängerversion 1.0 (die Aufgabenplanungsversion in Windows XP und älteren Versionen) stark verbessert. Die Aufgabenplanung unterstützt ein Sicherheitsisolationsmodell, in dem jeder Satz von Aufgaben, der in einem bestimmten Sicherheitskontext läuft, in einer eigenen Sitzung gestartet wird. Aufgaben, die für unterschiedliche Benutzer ausgeführt werden, werden in getrennten Fenstersitzungen ausgeführt, also vollständig voneinander isoliert. Sie sind auch von Aufgaben isoliert, die im Computerkontext (System) ausgeführt werden. Kennwörter werden (bei Bedarf) mit dem Anmeldeinformations-Manager-Dienst (CredMan) gespeichert. Die Verwendung von CredMan verhindert, dass Malware das gespeicherte Kennwort auslesen kann. So wird die Sicherheit noch weiter gestärkt.

Ab Windows Vista wurde der Aufwand für die Verwaltung von Anmeldeinformationen in der Aufgabenplanung verringert. Anmeldeinformationen werden für die meisten Szenarien nicht mehr lokal gespeichert, daher führt die Änderung eines Kennworts nicht mehr dazu, dass Aufgaben nicht mehr funktionieren. Administratoren können Sicherheitsdienste konfigurieren, zum Beispiel S4U und CredMan, abhängig davon, ob die Aufgabe Remote- oder lokale Ressourcen benötigt. Dank S4U brauchen Kennwörter nicht mehr lokal auf dem Computer gespeichert zu werden, und CredMan aktualisiert automatisch alle geplanten Aufgaben, die unter einem bestimmten Benutzerkonto ausgeführt werden, mit dem neuen Kennwort (allerdings müssen die Kennwörter einmal pro Computer aktualisiert werden).

Verwalten der Anmeldeinformationen

Der Anmeldeinformations-Manager speichert das Paar aus Ziel/Anmeldeinformationen lokal im Benutzerprofil-CredMan-Speicher. Bei der Registrierung nimmt die Aufgabenplanung die Identität des Benutzers an und speichert die Kombination aus Ziel und Anmeldeinformationen. Dieser Prozess läuft auch beim Zugriff auf Ressourcen ab, die Windows-fremde Anmeldeinformationen benötigen. Der Anmeldeinformations-Manager verwaltet auch die Anmeldeinformationen für Dienstkonten und erweitert die Anmeldeinformationenverarbeitung auf Computerkonten.

Benutzersicherheit

Sie können lokal und im Remotezugriff Aufgaben aktivieren und im Auftrag eines Benutzers ausführen, der nicht angemeldet ist. Anmeldeinformationen für verteilte Aufgaben können aktualisiert werden, wenn die Anmeldeinformationen in der Authentifizierungsautorität geändert werden. Die Benutzersicherheit wurde so erweitert, dass sie auch in Umgebungen außerhalb von Microsoft Active Directory Domain Services (AD DS) über Gesamtstrukturen und Firewalls hinweg funktioniert. Diese Features erlauben es, Aufgaben auch dann auszuführen, wenn die Aufgabe auf eine Ressource zugreift, die Windows-fremde Anmeldeinformationen benötigt.

Sicherheitskonzepte

Die Aufgabenplanung verwendet Standard-Windows-Sicherheitsfunktionen, die vom Benutzerdienst (S4U) zur Verfügung gestellt werden. Bei der Registrierung authentifiziert die Aufgabenplanung die Anmeldeinformationen als vertrauenswürdiger Dienst und speichert die Identität nur im Format »Domäne\Benutzerame«. Bei der Ausführung stellt S4U Zugriff über eingeschränkte Token anhand der Identität zur Verfügung, die von der Aufgabenplanung bereitgestellt wird. S4U2Self (Service for User to Self) implementiert dieselben Funktionen wie S4U für Arbeitsgruppen, eigenständige Computer und Computer, die zu einer Domäne gehören, aber momentan nicht mit dieser Domäne verbunden sind. Weitere Informationen über S4U finden Sie in »RFC 1510: The Kerberos Network Authentication Service (V5)« unter *http://www.ietf.org/rfc/rfc1510.txt*.

Schützen von laufenden Aufgaben

Die Aufgabenplanung unterstützt ein Isolationsmodell, in dem jeder Satz von Aufgaben, der in einem bestimmten Sicherheitskontext läuft, in separaten Desktops gestartet wird. Die Ausführung, die vom Trigger definiert und gestartet wird, wird von Modulen verarbeitet, die in transienten Prozessen in einem Benutzer- oder Computerkontext laufen. Aufgaben können in einem Systemkontokontext gestartet werden, zum Beispiel *System*, *LOKALER DIENST* oder *Netzwerkdienst*, oder in einem angegebenen Benutzerkontokontext. Aufgaben, die in einem Systemkontokontext gestartet werden, laufen immer nichtinteraktiv in Sitzung 0.

Die Funktion `CreateProcess`, mit der die Aufgaben erstellt werden, stellt sicher, dass jede in einem Benutzerkontext erstellte Winstation in einer anderen Sitzung läuft als Sitzung 0. In der Standardeinstellung werden alle Winstations in derselben Sitzung angelegt.

Berechtigungen für die Registrierung von Aufgaben

Der Aufgabenplanungsdienst erzwingt folgende Berechtigungsregeln für die Registrierung von Aufgaben:

- Jeder Benutzer kann beliebige Aufgaben für sich selbst planen.

- Jeder Benutzer kann beliebige Aufgaben für beliebige andere Benutzer planen, wenn er deren Kennwort bei der Registrierung angibt.

- Ein Administrator oder Systemkonto kann Aufgaben für andere Benutzer oder Sicherheitsgruppen planen, ohne ein Kennwort anzugeben. Es gelten aber folgende Einschränkungen:

  - ☐ Es muss das Flag *Nur ausführen, wenn angemeldet* gesetzt sein. Das ähnelt einem Anmeldeskript und bietet Konsistenz zum aktuellen Verhalten.

  - ☐ Die Aufgabe darf nur im interaktiven Modus ausgeführt werden.

- Aufgaben, die mit `RunOnlyIfUserLoggedon` geplant sind und kein Kennwort enthalten, werden nur im interaktiven Modus ausgeführt.

- Aufgaben, die im Systemkontext laufen, zum Beispiel *System*, *LOKALER DIENST* oder *Netzwerkdienst*, werden nicht im interaktiven Modus ausgeführt.

Kompatibilitätsmodi für AT und Aufgabenplanung v1.0

Die Aufgabenplanung bietet zwei Modi, um Abwärtskompatibilität sicherzustellen:

- **AT-Kompatibilitätsmodus**   Aufgaben, die über *AT.exe* registriert werden, sind sichtbar und können in der GUI der Aufgabenplanung v1.0 sowie mit dem Aufgabenplanungsbefehlszeilenprogramm *SchTasks.exe* bearbeitet werden.

- **Aufgabenplanung v1.0-Kompatibilitätsmodus**   Aufgaben, die in der Benutzeroberfläche der Aufgabenplanung v1.0 sowie mit dem Aufgabenplanungsbefehlszeilenprogramm *SchTasks.exe* erstellt oder geändert wurden, sind in *AT.exe nicht* sichtbar.

Der Aufgabenplanungsparser ermittelt bei der Registrierung, ob die Aufgabe in einen dieser Kompatibilitätsmodi konvertiert werden kann.

Das Snap-In Aufgabenplanung

Die Benutzeroberfläche der Aufgabenplanung ist jetzt ein MMC-Snap-In (Abbildung 21.15).

Der linke Fensterabschnitt enthält im Stammknoten *Aufgabenplanung* standardmäßig den Unterknoten *Aufgabenplanungsbibliothek*. In diesem Unterknoten sind alle momentan definierten Aufgaben aufgelistet, und zwar in einer Ordnerhierarchie. Der Unterknoten *Microsoft* innerhalb von *Aufgabenplanungsbibliothek* enthält einen Unterknoten namens *Windows* mit den Standard-Windows-Systemaufgaben, die von Betriebssystemkomponenten wie der Zuverlässigkeitsüberwachung (Reliability Monitor, RAC) und der Systemwiederherstellung benutzt werden. Standardsystemaufgaben werden normalerweise nicht geändert.

Der mittlere Fensterabschnitt zeigt den Aufgabennamen und andere relevante Informationen über die gerade ausgewählte Aufgabe an. Der untere Teil des mittleren Fensterabschnitts enthält eine Vorschau mit den Definitionsdetails der gerade in der Liste am Anfang dieses Abschnitts ausgewählten Aufgabe. Aufgabendefinitionen können Sie entweder ändern, indem Sie doppelt auf den Aufgabennamen in der Liste klicken oder die Aufgabe auswählen, sie mit der rechten Maustaste anklicken und im Kontextmenü den Befehl *Eigenschaften* wählen, oder die Aktion *Eigenschaften* im Fensterabschnitt *Aktionen* auf der rechten Seite anklicken.

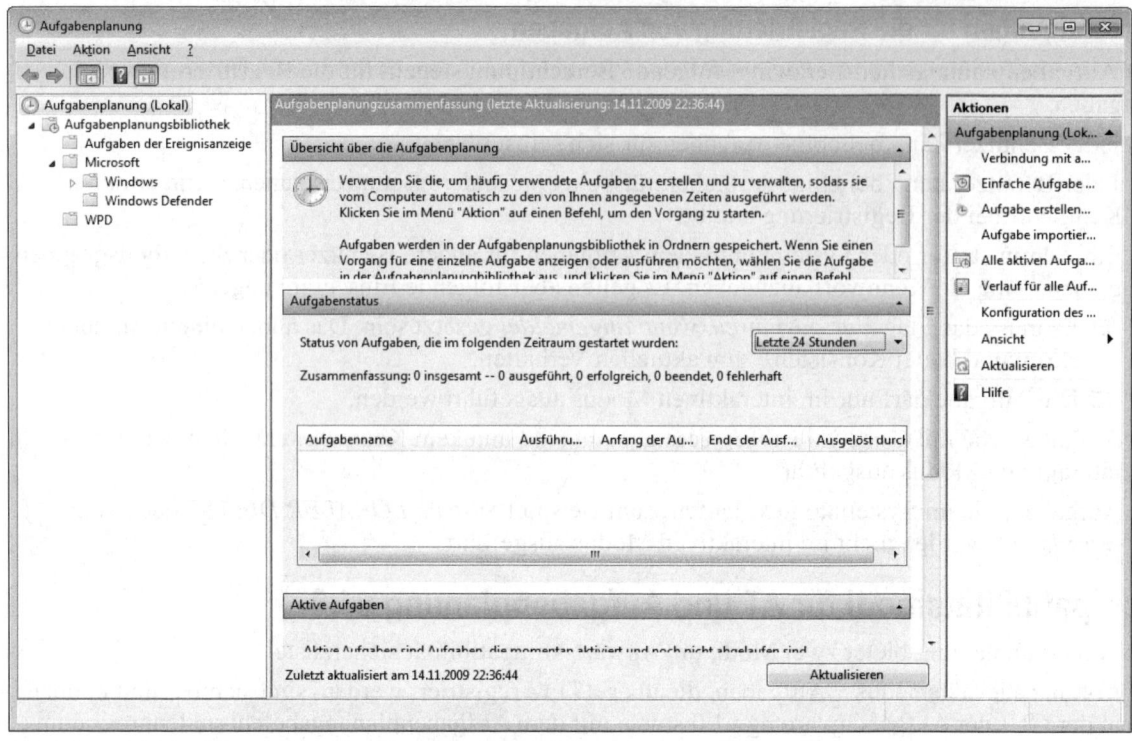

Abbildung 21.15   Die Benutzeroberfläche der Aufgabenplanung

Der Fensterabschnitt *Aktionen* auf der rechten Seite zeigt die relevanten Aktionen für eine ausgewählte Aufgabe oder einen Strukturknoten an. Neue Aufgaben können Sie mit der Aktion *Einfache Aufgabe erstellen* anlegen, wenn Sie mit einem Assistenten simple Aufgaben definieren wollen, oder mit der Aktion *Aufgabe erstellen* für komplexere Aufgaben.

Die Zusammenfassungsseite (Standardseite), die geöffnet wird, wenn Sie die Aufgabenplanung starten und den obersten Knoten auswählen, zeigt eine Zusammenfassung des Aufgabenstatus für das System an. Sie zeigt, wie viele Aufgaben ausgeführt wurden, wie viele erfolgreich waren oder fehlgeschlagen sind und welche momentan aktiven Aufgaben nicht deaktiviert oder abgelaufen sind.

Standardaufgaben

Eine Standardinstallation von Windows Vista und neueren Versionen erstellt eine Reihe geplanter Aufgaben, die dazu dienen, verschiedene Aspekte Ihres Systems zu warten. Weitere Informationen zu diesen Standardaufgaben finden Sie im Knowledge Base-Artikel 939039, »Description of the scheduled tasks in Windows Vista«, unter *http://support.microsoft.com/kb/939039*.

Erstellen von Aufgaben

Bevor Sie eine Aufgabe erstellen, sollten Sie einen neuen Ordner innerhalb von *Aufgabenplanungsbibliothek* anlegen, um die neue Aufgabe darin zu speichern. Gehen Sie folgendermaßen vor, um einen neuen Aufgabenplanungsordner anzulegen:

1. Markieren Sie *Aufgabenplanungsbibliothek* und klicken Sie im Fensterabschnitt *Aktionen* auf den Befehl *Neuer Ordner*.

2. Geben Sie den Namen des neuen Ordners ein und klicken Sie auf *OK*, um den neuen Unterknoten anzulegen.

3. Wählen Sie den neuen Ordner aus, um darin eine neue Aufgabe zu erstellen.

Sie können Aufgaben mithilfe des Assistenten zum Erstellen einfacher Aufgaben oder von Hand über das Fenster *Aufgabe erstellen* definieren. Gehen Sie folgendermaßen vor, um eine neue Aufgabe mit dem Assistenten zum Erstellen einfacher Aufgaben anzulegen:

1. Klicken Sie mit der rechten Maustaste auf den neu erstellten Ordner, in dem Sie Ihre Aufgaben speichern wollen, und wählen Sie im Kontextmenü den Befehl *Einfache Aufgabe erstellen*, um den Assistenten zum Erstellen einfacher Aufgaben zu öffnen, oder klicken Sie im Fensterabschnitt *Aktionen* auf *Einfache Aufgabe erstellen*.

2. Geben Sie den Namen der Aufgabe ein, optional mit Beschreibung, und klicken Sie dann auf *Weiter*.

3. Geben Sie auf der Seite *Aufgabentrigger* an, wann die Aufgabe starten soll, und klicken Sie dann auf *Weiter*. Bei einigen Optionen müssen Sie zusätzliche Informationen eingeben, um den Trigger zu definieren.

4. Wählen Sie auf der Seite *Aktion* aus, welche Aktion für Ihre Aufgabe ausgeführt werden soll, und klicken Sie dann auf *Weiter*, um die Einzelheiten der Aktion festzulegen.

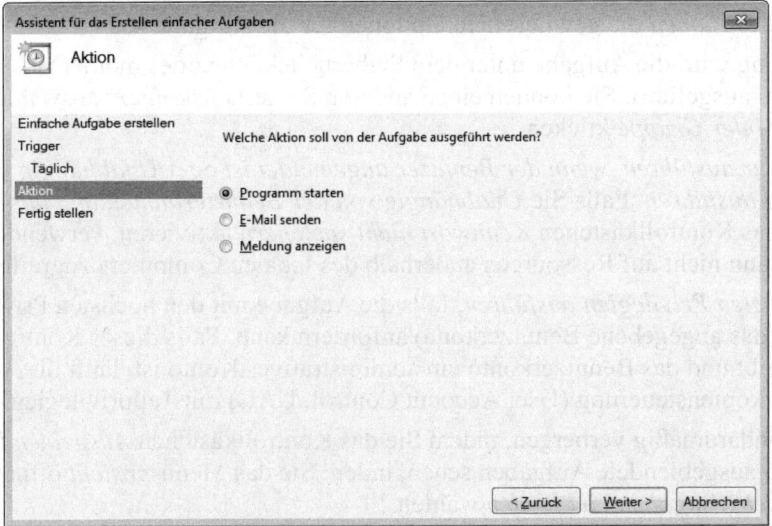

5. Welche Optionen auf der nächsten Seite angezeigt werden, hängt davon ab, welche Aktion Sie in Schritt 4 ausgewählt haben.

6. Nachdem Sie die gewünschten Aktionsdetails eingegeben haben, können Sie auf *Fertig stellen* klicken, um die Aufgabe zu erstellen und den Assistenten zu schließen.

Gehen Sie folgendermaßen vor, um eine neue Aufgabe von Hand zu erstellen:

1. Wählen Sie den Ordner aus, in dem die Aufgabe gespeichert werden soll, und wählen Sie im Kontextmenü den Befehl *Aufgabe erstellen* oder klicken Sie im Fensterabschnitt *Aktionen* auf *Aufgabe erstellen*. In beiden Fällen wird das Dialogfeld *Aufgabe erstellen* angezeigt, auf dessen Registerkarten Sie die unterschiedlichen Aufgabendetails einstellen können. Die Registerkarte *Allgemein* definiert allgemeine Informationen über die Aufgabe:

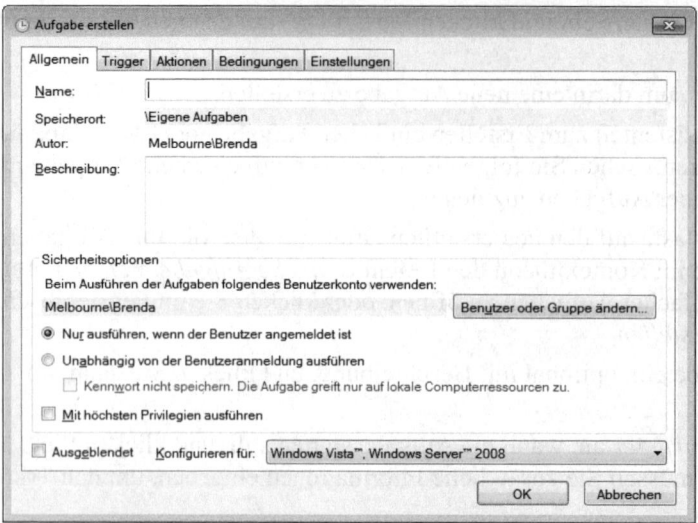

2. Geben Sie im Textfeld *Name* einen Namen für die Aufgabe ein.

3. Im Textfeld *Beschreibung* können Sie eine optionale Aufgabenbeschreibung eingeben.

4. Wählen Sie unter *Sicherheitsoptionen* die gewünschten Optionen für die Aufgabe aus:

   ☐ In der Standardeinstellung wird die Aufgabe unter dem Sicherheitskontext des momentan angemeldeten Benutzers ausgeführt. Sie können einen anderen Sicherheitskontext auswählen, indem Sie auf *Benutzer oder Gruppe* klicken.

   ☐ Wählen Sie entweder *Nur ausführen, wenn der Benutzer angemeldet ist* oder *Unabhängig von der Benutzeranmeldung ausführen*. Falls Sie *Unabhängig von der Benutzeranmeldung ausführen* auswählen und das Kontrollkästchen *Kennwort nicht speichern* aktivieren, verwendet die Aufgabe S4U und kann nicht auf Ressourcen außerhalb des lokalen Computers zugreifen.

   ☐ Aktivieren Sie *Mit höchsten Privilegien ausführen*, falls die Aufgabe mit den höchsten Privilegien laufen muss, die das angegebene Benutzerkonto anfordern kann. Falls dieses Kontrollkästchen deaktiviert bleibt und das Benutzerkonto ein administratives Konto ist, läuft die Aufgabe unter der Benutzerkontensteuerung (User Account Control, UAC) mit Teilprivilegien.

5. Sie können die Aufgabe standardmäßig verbergen, indem Sie das Kontrollkästchen *Ausgeblendet* aktivieren. Sie können auch ausgeblendete Aufgaben sehen, indem Sie das Menü *Ansicht* öffnen und den Befehl *Ausgeblendete Aufgaben einblenden* wählen.

6. In der Standardeinstellung sind Aufgaben für die Kompatibilität mit der Version 2.0 der Aufgabenplanung konfiguriert (Windows Vista und neuer). Wenn Sie Abwärtskompatibilität benötigen, können Sie in der Liste *Windows Server 2003, Windows XP oder Windows 2000* auswählen, damit die Aufgabe zur Aufgabenplanung v1.0 kompatibel ist.

Mit den Optionen auf den anderen Registerkarten können Sie Aufgabendetails definieren, die in späteren Abschnitten dieses Kapitels beschrieben werden.

Definieren von Triggern

Auf der Registerkarte *Trigger* können Sie einen oder mehrere Trigger ansehen und konfigurieren, von denen die Aufgabe gestartet wird. Klicken Sie auf die Schaltfläche *Neu*, um einen neuen Trigger zu definieren. Daraufhin öffnet sich das Dialogfeld *Neuer Trigger* (Abbildung 21.16). Einen vorhandenen Trigger können Sie verändern, indem Sie den Trigger in der Liste auswählen und auf *Bearbeiten* klicken. Einen vorhandenen Trigger können Sie löschen, indem Sie den Trigger auswählen und auf *Löschen* klicken.

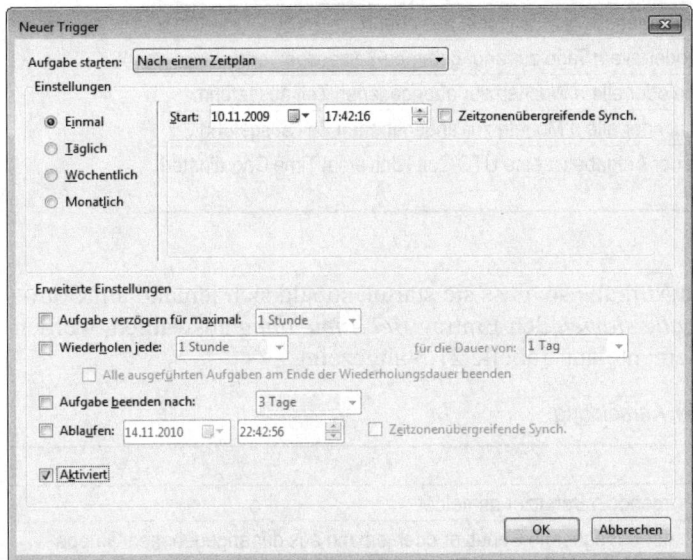

Abbildung 21.16   Erstellen eines neuen Triggers für eine Aufgabe

Im Dialogfeld *Neuer Trigger* können Sie in der Dropdownliste *Aufgabe starten* konfigurieren, auf welche Art eine Aufgabe gestartet wird. Es stehen folgende Triggertypen zur Verfügung:

- *Nach einem Zeitplan*
- *Bei Anmeldung*
- *Beim Start*
- *Im Leerlauf*
- *Bei einem Ereignis*
- *Bei Aufgabenerstellung/-änderung*
- *Bei Verbindung mit Benutzersitzung* oder *Bei Trennung von Benutzersitzung*
- *Bei Arbeitsgruppensperre* oder *Beim Aufheben der Arbeitsgruppensperre*

Die folgenden Abschnitte erklären die Triggertypen und ihre entsprechenden Einstellungen genauer.

Triggertyp *Nach einem Zeitplan*

Die Option *Nach einem Zeitplan* konfiguriert die Aufgabe so, dass sie nach einem definierten Zeitplan gestartet wird. Wenn Sie in der Liste *Aufgabe starten* den Eintrag *Nach einem Zeitplan* auswählen, werden im Gruppenfeld *Einstellungen* Steuerelemente angezeigt, mit denen Sie Zeitplanparameter konfigurieren können. Tabelle 21.2 beschreibt diese Steuerelemente.

Tabelle 21.2   Einstellungen für den Triggertyp *Nach einem Zeitplan*

Einstellung	Beschreibung
Einmal	Die Aufgabe wird einmal zum angegebenen Zeitpunkt ausgeführt.
Täglich	Die Aufgabe wird jeden Tag oder alle *n* Tage zur angegebenen Zeit ausgeführt.
Wöchentlich	Die Aufgabe wird jede Woche oder alle *n* Wochen zur angegebenen Zeit ausgeführt.
Monatlich	Die Aufgabe wird jeden Monat oder alle *n* Monate zur angegebenen Zeit ausgeführt.
Zeitzonenübergreifende Synch.	Die Zeitangabe zum Starten der Aufgabe ist eine UTC-Zeit (Universal Time Coordinated), nicht die Ortszeit.

Triggertyp *Bei Anmeldung*

Die Option *Bei Anmeldung* konfiguriert die Aufgabe so, dass sie startet, sobald sich jemand am Computer anmeldet. Wenn Sie in der Liste *Aufgabe starten* den Eintrag *Bei Anmeldung* auswählen, werden im Gruppenfeld *Einstellungen* die Steuerelemente aus Tabelle 21.3 angezeigt.

Tabelle 21.3   Einstellungen für den Triggertyp *Bei Anmeldung*

Einstellung	Beschreibung
Jeder Benutzer	Die Aufgabe startet, sobald sich irgendein Benutzer anmeldet.
Bestimmter Benutzer oder Gruppe	Die Aufgabe startet, sobald sich der angegebene Benutzer oder jemand aus der angegebenen Gruppe anmeldet.
<Domäne\Benutzer>	In diesem Beschriftungsfeld wird der momentan ausgewählte Benutzer oder die Gruppe angezeigt.
Benutzer/Gruppe ändern	Öffnet das Standard-Windows-Dialogfeld *Benutzer oder Gruppe wählen*, in dem Sie einen Benutzer oder eine Gruppe auswählen können. Falls Sie einen anderen Benutzer in diesem Dialog auswählen und auf *OK* klicken, sollte sich der Inhalt des Beschriftungsfelds *<Domäne\Benutzer>* ändern und die neue Auswahl anzeigen.

Triggertyp *Beim Start*

Dieser Trigger führt die Aufgabe aus, sobald der Computer gestartet wird. Für diesen Trigger gibt es nur die erweiterten Einstellungen, die in Abbildung 21.16 weiter oben zu sehen sind.

Triggertyp *Im Leerlauf*

Die Option *Im Leerlauf* konfiguriert die Aufgabe so, dass sie ausgeführt wird, sobald sich der Computer im Leerlauf befindet. Um die Konfiguration für diesen Trigger abzuschließen, müssen Sie zusätzlich die Registerkarte *Bedingungen* wählen und die Leerlaufeinstellungen anpassen. Der Abschnitt »Definieren von Bedingungen« weiter unten in diesem Kapitel enthält weitere Informationen über diese Einstellungen.

Triggertyp *Bei einem Ereignis*

Mit dem Triggertyp *Bei einem Ereignis* können Sie definieren, dass eine Aufgabe ausgeführt wird, wenn ein angegebenes Ereignis in das Ereignisprotokoll eingetragen wird. Um den Ereignistrigger zu definieren, stellt das Gruppenfeld *Einstellungen* zwei Optionen zur Verfügung:

- **Minimal**   Über die Option *Minimal* können Sie einfach ein einziges Ereignis auswählen (angegeben durch Protokoll, Quelle und Ereignis-ID), das als Trigger benutzt wird.

- **Benutzerdefiniert**   Mit der Option *Benutzerdefiniert* können Sie einen komplexeren Ereignisfilter zusammenstellen, indem Sie die Schaltfläche *Neuer Ereignisfilter* wählen. Klicken Sie auf die Schaltfläche, um das Dialogfeld *Neuer Ereignisfilter* (dasselbe wie in der Ereignisanzeige) zu öffnen und detailliertere Ereignisfilter anhand von Zeit, Ebene, Quelle und so weiter zu definieren.

Triggertyp *Bei Aufgabenerstellung/-änderung*

Die Option *Bei Aufgabenerstellung/-änderung* konfiguriert die Aufgabe so, dass sie sofort startet, sobald sie erstellt oder geändert wurde. Es sind keine weiteren Bedingungen erforderlich, daher werden für diesen Trigger auch keine Einstellungen angezeigt.

Triggertyp *Bei Verbindung mit Benutzersitzung* oder *Bei Trennung von Benutzersitzung*

Die Trigger für Benutzersitzungen konfigurieren die Aufgabe so, dass sie startet, sobald eine Benutzersitzung zum lokalen Computer oder über eine Remotedesktopverbindung aufgebaut oder beendet wird. Wenn Sie zum Beispiel eine Benutzersitzung auf dem lokalen Computer aufbauen, indem Sie den Benutzer auf dem Computer umschalten, sorgt dieser Trigger dafür, dass die Aufgabe ausgeführt wird. Eine Aufgabe kann auch gestartet werden, wenn ein Benutzer eine Benutzersitzung beginnt, indem er mithilfe des Programms Remotedesktopverbindung von einem Remotecomputer aus eine Verbindung herstellt. Mit den Einstellungen des Triggers können Sie festlegen, dass die Aufgabe ausgelöst werden soll, wenn irgendein Benutzer eine Benutzersitzung beginnt oder beendet oder wenn ein bestimmter Benutzer oder ein Benutzergruppenmitglied die Sitzung beginnt oder beendet.

Wenn Sie in der Liste *Aufgabe starten* die Einträge *Bei Verbindung mit Benutzersitzung* oder *Bei Trennung von Benutzersitzung* auswählen, werden im Gruppenfeld *Einstellungen* die Steuerelemente aus Tabelle 21.4 angezeigt.

Tabelle 21.4   Einstellungen für die Triggertypen *Bei Verbindung mit Benutzersitzung* oder *Bei Trennung von Benutzersitzung*

Einstellung	Beschreibung
Jeder Benutzer	Die Aufgabe startet, sobald irgendein Benutzer eine Verbindung zu einer Benutzersitzung herstellt.
Bestimmter Benutzer der Gruppe	Die Aufgabe startet, sobald der angegebene Benutzer oder jemand aus der angegebenen Gruppe eine Verbindung zu einer Benutzersitzung herstellt.
<Domäne\Benutzer>	In diesem Beschriftungsfeld wird der momentan ausgewählte Benutzer oder die Gruppe angezeigt.
Benutzer/Gruppe ändern	Öffnet das Standard-Windows-Dialogfeld *Benutzer oder Gruppe wählen*, in dem Sie einen Benutzer oder eine Gruppe auswählen können. Falls Sie einen anderen Benutzer in diesem Dialog auswählen und auf *OK* klicken, sollte sich der Inhalt des Beschriftungsfelds *<Domäne\Benutzer>* ändern und die neue Auswahl anzeigen.
Verbindung vom lokalen Computer	Die Aufgabe wird gestartet, wenn der angegebene Benutzer eine lokale Verbindung herstellt.
Verbindung vom Remotecomputer	Die Aufgabe wird gestartet, wenn der angegebene Benutzer eine Remoteverbindung herstellt.

Triggertyp *Bei Arbeitsgruppensperre* oder *Beim Aufheben der Arbeitsgruppensperre*

Wenn Sie in der Liste *Aufgabe starten* die Einträge *Bei Arbeitsgruppensperre* oder *Beim Aufheben der Arbeitsgruppensperre* auswählen, werden im Gruppenfeld *Einstellungen* die Steuerelemente aus Tabelle 21.5 angezeigt.

Tabelle 21.5 Einstellungen für Triggertyp *Bei Arbeitsgruppensperre* oder *Beim Aufheben der Arbeitsgruppensperre*

Einstellung	Beschreibung
Jeder Benutzer	Die Aufgabe wird gestartet, wenn irgendein Benutzer die Arbeitsstation sperrt oder die Sperre aufhebt.
Bestimmter Benutzer oder Gruppe	Die Aufgabe wird gestartet, wenn der angegebene Benutzer oder jemand aus der angegebenen Gruppe die Arbeitsstation sperrt oder die Sperre aufhebt.
<Domäne\Benutzer>	In diesem Beschriftungsfeld wird der momentan ausgewählte Benutzer oder die Gruppe angezeigt.
Benutzer/Gruppe ändern	Öffnet das Standard-Windows-Dialogfeld *Benutzer oder Gruppe wählen*, in dem Sie einen Benutzer oder eine Gruppe auswählen können. Falls Sie einen anderen Benutzer in diesem Dialog auswählen und auf *OK* klicken, sollte sich der Inhalt des Beschriftungsfelds *<Domäne\Benutzer>* ändern und die neue Auswahl anzeigen.

Definieren von Aktionen

Wenn Sie eine Aufgabe erstellen, müssen Sie eine oder mehrere Aktionen konfigurieren, damit ein Programm, ein Skript oder eine Batchdatei ausgeführt, eine E-Mail gesendet oder eine Meldung angezeigt wird, sobald Ihre Aufgabe startet. Auf der Registerkarte *Aktionen* können Sie Aktionen für die Aufgabe definieren, anzeigen oder ändern. Sie konfigurieren Aktionen, indem Sie auf die Registerkarte *Aktionen* klicken und dann die Schaltfläche *Neu* anklicken, um das Dialogfeld *Neue Aktion* zu öffnen (Abbildung 21.17).

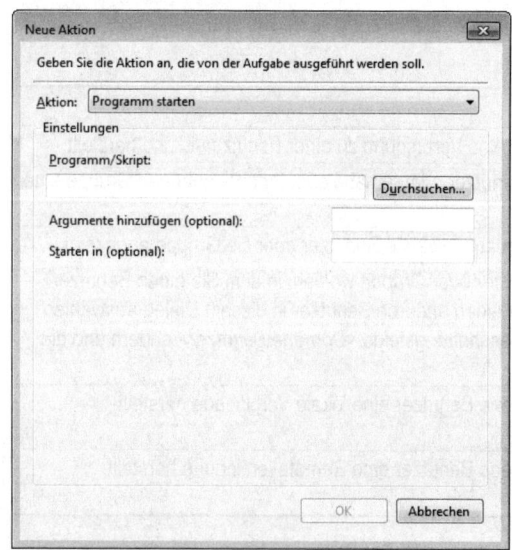

Abbildung 21.17 Erstellen einer neuen Aktion, bei der ein Programm gestartet wird

Gehen Sie folgendermaßen vor, um eine Aktion zu konfigurieren, die ein Programm, ein Skript oder eine Batchdatei startet:

1. Öffnen Sie die Dropdownliste *Aktion* und wählen Sie den Eintrag *Programm starten* aus, um die Konfigurationsoptionen anzuzeigen (siehe Abbildung 21.17).
2. Geben Sie im Gruppenfeld *Einstellungen* unter *Programm/Skript* den Pfad des Programms oder Skripts ein oder klicken Sie auf *Durchsuchen*, um ein Programm, ein Skript oder eine Batchdatei auf dem lokalen Computer auszuwählen.

3. Falls das Verzeichnis, in dem das Programm, das Skript oder die Batchdatei liegt, nicht im Ausführungspfad des lokalen Computers enthalten ist, können Sie das Verzeichnis im Textfeld *Starten in* eingeben.

4. Falls Sie dem Programm, dem Skript oder der Batchdatei beim Start zusätzliche Argumente übergeben müssen, können Sie diese Argumente im Textfeld *Argumente hinzufügen (optional)* eingeben.

Gehen Sie folgendermaßen vor, um eine Aktion so zu konfigurieren, dass sie eine E-Mail sendet:

1. Öffnen Sie die Dropdownliste *Aktion* und wählen Sie den Eintrag *E-Mail senden* aus, um die Konfigurationsoptionen anzuzeigen.

2. Geben Sie im Gruppenfeld *Einstellungen* die erforderlichen Informationen ein. Die Bedeutung der Steuerelemente ist in Tabelle 21.6 beschrieben.

Tabelle 21.6 Einstellungen zum Senden einer E-Mail

Einstellung	Beschreibung
Von	Die E-Mail-Adresse des Absenders
An	Eine oder mehrere E-Mail-Adressen für die Empfänger. Wenn Sie mehrere Adressen eingeben, müssen Sie sie durch Strichpunkte (;) voneinander trennen.
Betreff	Ein Betreff für die E-Mail
Text	Hier können Sie eine formatierte Nachricht eingeben, die in den Inhalt der E-Mail aufgenommen wird.
Anlage	Zeigt einen *Datei öffnen*-Dialog an, in dem Sie eine oder mehrere Dateien auswählen können, die als Anlagen mit der E-Mail verschickt werden.
SMTP-Server	Hier können Sie den DNS- (Domain Name System) oder NETBIOS-Namen für den SMTP-Server (Simple Mail Transfer Protocol) eingeben, über den die E-Mail verschickt werden soll.

HINWEIS   Sie können die Aufgabe so konfigurieren, dass sie eine Meldung anzeigt, indem Sie in der Dropdownliste *Aktion* den Eintrag *Meldung anzeigen* wählen und dann Titel und Meldungstext eingeben, die angezeigt werden sollen, wenn die Aufgabe ausgeführt wird.

Definieren von Bedingungen

Die Registerkarte *Bedingungen* zeigt unterschiedliche Bedingungen zum Ausführen von Aufgaben an, und Sie können darauf Einstellungen für diese Bedingungen definieren. Falls Sie keine Bedingungseinstellungen festlegen, werden vordefinierte Standardeinstellungen für die Aufgabe angewendet. Die Bedingungen auf dieser Seite sind optional, sofern Sie nicht den Triggertyp *Im Leerlauf* ausgewählt haben. Falls Sie diesen Triggertyp ausgewählt haben, müssen Sie Leerlaufeinstellungen konfigurieren, wie in diesem Abschnitt beschrieben.

Konfigurieren Sie Aufgabenbedingungen, indem Sie auf die Registerkarte *Bedingungen* klicken und die gewünschten Optionen konfigurieren. Die verfügbaren Einstellungen sind in Tabelle 21.7 beschrieben.

Tabelle 21.7 Optionen für Bedingungen

Einstellung	Beschreibung
Leerlauf	Fasst alle Bedingungen im Zusammenhang mit dem Leerlaufzustand zusammen, die sich darauf auswirken, ob die Aufgabe gestartet wird.
Aufgabe nur starten, falls Computer im Leerlauf ist für	Konfiguriert die Aufgabe so, dass sie nur startet, falls der Computer für eine bestimmte Zeit im Leerlauf war.
Auf Leerlauf warten	Nur verfügbar, wenn *Aufgabe nur starten, falls Computer im Leerlauf ist für* aktiviert ist. Legt fest, wie lange gewartet wird, bis die Leerlaufbedingung erfüllt ist.
	In der Liste stehen folgende Optionen zur Verfügung: 0 Minuten (Unendlich), 1 Minute, 5 Minuten, 10 Minuten, 15 Minuten, 30 Minuten, 1 Stunde und 2 Stunden.
	Standardwert: 30 Minuten
	Sie können auch andere Werte eingeben. Dabei stehen folgende Formate zur Verfügung:
	<ss> Sekunden
	<mm>[:<ss>] Minuten
	<hh>[:<mm>:<ss>] Stunden
Beenden, falls Computer aus dem Leerlauf reaktiviert wird	Die Aufgabe wird beendet, sobald der Computer den Leerlaufzustand verlässt.
	Standardwert: Aktiviert
Neustart beim Fortsetzen des Leerlaufs	Nur verfügbar, wenn *Beenden, falls Computer aus dem Leerlauf reaktiviert wird* aktiviert ist. Legt fest, dass die Aufgabe neu gestartet wird, wenn der Computer wieder in den Leerlaufzustand wechselt.
	Standardwert: Deaktiviert
Aufgabe nur starten, falls Computer im Netzbetrieb ausgeführt wird	Die Aufgabe wird nur gestartet, falls der Computer mit Netzstrom betrieben wird und nicht aus dem Akku.
	Standardwert: Deaktiviert
Beenden, wenn Computer in den Akkubetrieb wechselt	Die Aufgabe wird beendet, falls der Computer in den Akkubetrieb wechselt.
	Standardwert: Deaktiviert
Computer zum Ausführen der Aufgabe reaktivieren	Legt fest, dass der Computer aus dem Ruhezustand oder Standby geweckt werden soll, um diese Aufgabe auszuführen.
	Standardwert: Deaktiviert
Nur starten, wenn folgende Netzwerkverbindung verfügbar ist	Die Aufgabe wird nur ausgeführt, falls eine bestimmte benannte Netzwerkverbindung zur Verfügung steht oder eine beliebige Netzwerkverbindung verfügbar ist, wenn der Trigger der Aufgabe aktiviert wird.
	Standardwert: Deaktiviert

Definieren von Einstellungen

Die Registerkarte *Einstellungen* zeigt für die Aufgabe zusätzliche globale Einstellungen an, die sich ändern lassen. Alle Einstellungen auf dieser Seite sind optional. Falls Sie diese Einstellungen nicht festlegen, werden vordefinierte Standardwerte auf die Aufgabe angewendet.

Konfigurieren Sie globale Einstellungen, indem Sie auf die Registerkarte *Einstellungen* klicken und die gewünschten Optionen konfigurieren. Die verfügbaren Einstellungen sind in Tabelle 21.8 beschrieben.

Tabelle 21.8   Globale Einstellungen in der Registerkarte *Einstellungen*

Einstellung	Beschreibung
Aufgabe kann bei Bedarf ausgeführt werden	Legt fest, ob die Aufgabe Run-Now-Funktionalität unterstützt, sodass Aufgaben auf Anforderung über die Benutzeroberfläche oder Befehlszeilenprogramme gestartet werden können. Standardwert: Aktiviert
Aufgabe so schnell wie möglich nach einem verpassten Start ausführen	Die Aufgabe wird sofort ausgeführt, wenn der Dienst feststellt, dass eine geplante Aktivierung versäumt wurde. Das kann zum Beispiel sein, weil der Computer ausgeschaltet war, als die Triggerbedingung eintrat. Standardwert: Deaktiviert
Folgende Regel anwenden, falls die Aufgabe bereits ausgeführt wird	Legt fest, welche Aktion stattfindet, falls der Trigger für eine Aufgabe ausgelöst wird, während bereits eine Instanz dieser Aufgabe läuft. Als Optionen stehen zur Verfügung: *Keine neue Instanz starten*, *Vorhandene Instanz anhalten*, *Neue Instanz parallel ausführen* und *Neue Instanz in Warteschlange*. Standardwert: *Keine neue Instanz starten*
Wenn die Aufgabe nicht ausgeführt werden kann, neu starten alle	Mit dieser Einstellung können Sie eine Aufgabe neu starten lassen, falls die Aufgabe aufgrund eines Fehlers abgebrochen wird. (Das letzte Ausführungsergebnis der Aufgabe hat keinen Erfolg gemeldet.) Der Benutzer gibt an, wie lange gewartet wird, bis ein Neustart der Aufgabe probiert wird, und wie oft versucht wird, die Aufgabe neu zu starten. Standardwert: Deaktiviert
<Wartezeit>	Steht nur zur Verfügung, falls das Kontrollkästchen *Falls Aufgabe fehlschlägt, neu starten alle* aktiviert ist. Legt fest, wie oft ein erneuter Versuch unternommen werden soll. In der Liste stehen folgende Optionen zur Verfügung: 1 Minute, 5 Minuten, 10 Minuten, 15 Minuten, 30 Minuten und 1 Stunde und 1 Stunden Standardwert: 1 Minute Sie können auch andere Werte eingeben. Dabei stehen folgende Formate zur Verfügung: <ss> Sekunden <mm>[:<ss>] Minuten <hh>[:<mm>:<ss>] Stunden
Neustartversuche bis maximal	Steht nur zur Verfügung, falls das Kontrollkästchen *Falls Aufgabe fehlschlägt, neu starten alle* aktiviert ist. Gibt an, wie die Aufgabe im Fehlerfall neu gestartet wird.
Aufgabe beenden, falls länger ausgeführt als	Die Aufgabe wird beendet, falls sie länger als die angegebene Zeit gelaufen ist. Standardwert: Aktiviert
<Ausführungszeitlimit>	Steht nur zur Verfügung, falls das Kontrollkästchen *Aufgabe beenden, falls länger ausgeführt als* aktiviert ist. Die Aufgabe wird nach der angegebenen Zeit beendet. Es stehen folgende Optionen zur Verfügung: 1 Stunde, 2 Stunden, 4 Stunden, 8 Stunden, 12 Stunden, 1 Tag und 3 Tage Standardwert: 3 Tage Sie können auch andere Werte eingeben. Dabei stehen folgende Formate zur Verfügung: <ss> Sekunden <mm>[:<ss>] Minuten <hh>[:<mm>:<ss>] Stunden
Beenden der aktiven Aufgabe erzwingen, falls sie auf Aufforderung nicht beendet wird	Falls dieses Kontrollkästchen aktiviert ist, wird die Aufgabe zwangsweise beendet, falls sie auf die Anforderung, sich zu beenden, nicht reagiert. Standardwert: Aktiviert
Falls keine weitere Ausführung geplant ist, Aufgabe löschen nach	Die Aufgabe wird gelöscht, falls keine weiteren Ausführungen mehr geplant sind. Standardwert: Deaktiviert

▶

Einstellung	Beschreibung
<Wartezeit bis Löschung>	Steht nur zur Verfügung, falls das Kontrollkästchen *Falls keine weitere Ausführung geplant ist, Aufgabe löschen nach* aktiviert ist. Legt fest, wie lange nach dem Beenden der letzten Ausführung der Aufgabe gewartet wird, bevor sie gelöscht wird. Es stehen folgende Optionen zur Verfügung: Sofort, 30, 90, 180 oder 365 Tage. Standardwert: 30 Tage Sie können auch andere Werte eingeben. Dabei stehen folgende Formate zur Verfügung: <ss> Sekunden <mm>[:<ss>] Minuten <dd> Tage <mm> Monate

Verwalten von Aufgaben

Das Snap-In *Aufgabenplanung* vereinfacht das Verwalten und Überwachen von Aufgaben. Dieser Abschnitt konzentriert sich darauf, wie Sie folgende Arbeiten erledigen:

- Anzeigen der laufenden Aufgaben
- Anzeigen des Aufgabenverlaufs
- Exportieren von Aufgaben
- Importieren von Aufgaben

Weitere Informationen über die Verwaltung von Aufgaben finden Sie im Überblick zur Aufgabenplanung unter *http://technet.microsoft.com/de-de/library/cc721871.aspx*.

Anzeigen der laufenden Aufgaben

Sie können alle momentan im System laufenden Aufgaben anzeigen, indem Sie die Aufgabenplanung öffnen und im Menü *Aktion* den Befehl *Alle aktiven Aufgaben anzeigen* wählen. Daraufhin wird das Fenster *Alle aktiven Aufgaben* geöffnet, und Sie können *Aktualisieren* anklicken, um die Anzeige von Hand zu aktualisieren. Sie können auch eine oder mehrere Aufgaben auswählen und auf *Aufgabe beenden* klicken, um Aufgaben direkt zu beenden.

Anzeigen des Verlaufs

Die Registerkarte *Verlauf* einer Aufgabe zeigt die bekannten Ereignisse für diese Aufgabe an. Sie können so schnell nachsehen, wann die Aufgabe zuletzt ausgeführt wurde und welchen Status sie hat. Nur Ereignisse, die mit der momentan ausgewählten Aufgabe zu tun haben, werden angezeigt, sodass Sie nicht das Aufgabenplanungsereignisprotokoll nach einzelnen Ereignissen von bestimmten Aufgaben durchsuchen müssen.

Gehen Sie folgendermaßen vor, um sich den Verlauf einer Aufgabe anzusehen:

1. Starten Sie die Aufgabenplanung, falls sie noch nicht geöffnet ist.
2. Klicken Sie auf den Aufgabenordner in der Konsolenstruktur, der die Aufgabe enthält, die Sie sich ansehen wollen.
3. Klicken Sie im Konsolenfenster auf die Aufgabe, die Sie sich ansehen wollen.
4. Klicken Sie auf die Registerkarte *Verlauf*, um sich den Verlauf der Aufgabe anzusehen. Klicken Sie auf ein Ereignis in der entsprechenden Liste der Registerkarte *Verlauf*, um sich die Beschreibung dieses Ereignisses anzusehen.

Exportieren von Aufgaben

Sie können Aufgaben in eine *.xml*-Datei exportieren und dann später wieder importieren, entweder auf demselben Computer oder auf einem anderen Computer. Dieses Feature ermöglicht eine einfache Portierbarkeit von Aufgaben von einem Computer auf den anderen.

Gehen Sie folgendermaßen vor, um eine Aufgabe zu exportieren:

1. Klicken Sie mit der rechten Maustaste auf die zu exportierende Aufgabe und wählen Sie im Kontextmenü den Befehl *Exportieren,* oder klicken Sie im Fensterabschnitt *Aktionen* auf *Exportieren.*

2. Suchen Sie einen Speicherort für die Datei, geben Sie den Namen der Datei ein und klicken Sie dann auf *Speichern.*

3. Die Aufgabe wird im *.xml*-Format gespeichert. Das folgende Beispiel zeigt den XML-Code einer einfachen Aufgabe.

```xml
<?xml version="1.0" encoding="UTF-16"?>
<Task version="1.2" xmlns="http://schemas.microsoft.com/windows/2004/02/mit/task">
  <RegistrationInfo>
    <Date>2006-04-11T13:54:51</Date>
    <Author>USER1-VISTA\user1</Author>
    <Description>Test Task</Description>
  </RegistrationInfo>
  <Triggers>
    <TimeTrigger id="1a08ebe4-0527-4e7a-af76-84f2ef1dbfa0">
      <StartBoundary>2006-04-11T13:55:23</StartBoundary>
      <Enabled>true</Enabled>
    </TimeTrigger>
  </Triggers>
  <Principals>
    <Principal id="Author">
      <UserId>USER1-VISTA\user1</UserId>
      <LogonType>InteractiveToken</LogonType>
      <RunLevel>LeastPrivilege</RunLevel>
    </Principal>
  </Principals>
  <Settings>
    <IdleSettings>
      <Duration>PT10M</Duration>
      <WaitTimeout>PT1H</WaitTimeout>
      <StopOnIdleEnd>true</StopOnIdleEnd>
      <RestartOnIdle>false</RestartOnIdle>
    </IdleSettings>
    <MultipleInstancesPolicy>IgnoreNew</MultipleInstancesPolicy>
    <DisallowStartIfOnBatteries>true</DisallowStartIfOnBatteries>
    <StopIfGoingOnBatteries>true</StopIfGoingOnBatteries>
    <AllowHardTerminate>true</AllowHardTerminate>
    <StartWhenAvailable>false</StartWhenAvailable>
    <RunOnlyIfNetworkAvailable>false</RunOnlyIfNetworkAvailable>
    <AllowStartOnDemand>true</AllowStartOnDemand>
```

```
    <Enabled>true</Enabled>
    <Hidden>false</Hidden>
    <RunOnlyIfIdle>false</RunOnlyIfIdle>
    <WakeToRun>false</WakeToRun>
    <Priority>7</Priority>
  </Settings>
  <Actions Context="Author">
    <Exec>
      <Command>C:\Windows\System32\calc.exe</Command>
    </Exec>
  </Actions>
</Task>
```

Importieren von Aufgaben

Aufgaben, die vorher exportiert wurden, lassen sich ganz einfach auf einen anderen oder denselben Computer importieren.

Gehen Sie folgendermaßen vor, um eine Aufgabe zu importieren:

1. Klicken Sie mit der rechten Maustaste auf den gewünschten Aufgabenordner unterhalb von *Aufgabenplanungsbibliothek* und wählen Sie im Kontextmenü den Befehl *Aufgabe importieren,* oder klicken Sie im Fensterabschnitt *Aktionen* auf *Aufgabe importieren*.

2. Suchen Sie die *.xml*-Datei und klicken Sie auf *Öffnen*. Die Aufgabe wird automatisch mit den Einstellungen, die in der *.xml*-Datei definiert sind, in die Bibliothek importiert.

HINWEIS Um sicherzustellen, dass die Aufgabe fehlerfrei ausgeführt wird, sollten Sie die Eigenschaften der Aufgabe überprüfen, sobald Sie sie importiert haben.

Erstellen und Verwalten von Aufgaben mit *SchTasks.exe*

Dieser Abschnitt beschreibt Syntax und Parameter des Befehlszeilenprogramms *SchTasks.exe*. Mit dem Befehlszeilenprogramm *Schtasks.exe* kann ein Administrator geplante Aufgaben auf einem lokalen oder Remotesystem über die Befehlsshell erstellen, löschen, abfragen, ändern, ausführen und beenden.

Befehlssyntax

Der Befehl *SchTasks.exe* verwendet die folgende Syntax:

```
schtasks /<Parameter> [Argumente]
```

Befehlsparameter

Für *SchTasks.exe* stehen folgende Parameter zur Verfügung:

- **/Create**   Erstellt eine neue geplante Aufgabe.
- **/Delete**   Löscht die geplanten Aufgaben.
- **/Query**   Zeigt alle geplanten Aufgaben an.
- **/Change**   Ändert die Eigenschaften der geplanten Aufgabe.
- **/Run**   Führt die geplante Aufgabe sofort aus.

- **/End**   Beendet die momentan laufende geplante Aufgabe.
- **/?**   Zeigt Hilfeinformationen an.

Erstellen von Aufgaben

Die allgemeine Syntax für *Schtasks.exe* lautet:

SCHTASKS /Create [/S System [/U <Benutzername> [/P [<Kennwort>]]]]
[/RU <Benutzername> [/RP <Kennwort]] /SC Zeitplan [/MO <Modifizierer>] [/D <Tag>]
[/M <Monate>] [/I <Leerlaufzeit>] /TN <Aufgabenname> /TR <Aufgabenausführung>
[/ST <Startzeit>] [/RI <Intervall>] [{/ET <Endzeit> | /DU <Dauer>} [/K] [/XML <XML-Datei>]
[/V1]] [/SD <Startdatum>] [/ED <Enddatum>] [/IT] [/Z] [/F]

Beispielbefehl:

```
SCHTASKS /Create /S System /U Benutzer /P Kennwort /RU AusführenAlsBenutzer
    /RP AusführenAlsKennwort /SC HOURLY /TN rtest1 /TR notepad
```

Löschen von Aufgaben

Die allgemeine Syntax zum Löschen einer Aufgabe lautet:

SCHTASKS /Delete [/S <System> [/U <Benutzername> [/P [<Kennwort>]]]] /TN <Aufgabenname>
[/F]

Beispielbefehl:

```
SCHTASKS /Delete /TN "Backup und Wiederherstellen"
```

Ausführen von Aufgaben

Die allgemeine Syntax zum Ausführen einer Aufgabe lautet:

SCHTASKS /Run [/S <System> [/U <Benutzername> [/P [<Kennwort>]]]] /TN <Aufgabenname>

Beispielbefehl:

```
SCHTASKS /Run /TN "Starten des Backups"
```

Beenden von Aufgaben

Syntax:

SCHTASKS /End [/S <System> [/U <Benutzername> [/P [<Kennwort>]]]] /TN <Aufgabenname>

Beispielbefehl:

```
SCHTASKS /End /TN "Starten des Backups"
```

Abfragen von Aufgaben

Die allgemeine Syntax zum Abfragen von Aufgaben lautet:

SCHTASKS /Query [/S <System> [/U <Benutzername> [/P [<Kennwort>]]]] [/FO <Format>]
[/NH] [/V] [/?]

Beispielbefehle:

```
SCHTASKS /Query /S System /U Benutzer /P Kennwort
SCHTASKS /Query /FO LIST /V
```

Ändern von Aufgaben

Die allgemeine Syntax zum Ändern einer Aufgabe lautet:

SCHTASKS /Change [/S <System> [/U <Benutzername> [/P [<Kennwort>]]]]
/TN <Aufgabenname> { [/RU <AusführenAlsBenutzer>] [/RP <AusführenAlsKennwort>]
[/TR <Aufgabenausführung>] [/ST <Startzeit>] [/RI <Intervall>]
[{/ET <Endzeit> | /DU <Dauer>} [/K]] [/SD <Startdatum>] [/ED <Enddatum>]
[/ENABLE | /DISABLE] [/IT] [/Z] }

Beispielbefehl:

```
SCHTASKS /Change /RP Kennwort /TN "Backup und Wiederherstellung"
```

Aufgabenplanungsereignisse

In Windows Server 2003 und älteren Versionen benutzte die Aufgabenplanung eine Protokolldatei namens *Schedlgu.txt*, um Aufgaben und ihren Status zu verfolgen. Windows 7 implementiert ganz neue Ereignisprotokolle für Anwendungen, und die Aufgabenplanung zeichnet jetzt alle Betriebsinformationen über geplante Aufgaben in ihrem eigenen Ereignisprotokoll auf. Das Aufgabenplanungsereignisprotokoll *Microsoft/Windows/TaskScheduler* liegt im Knoten *Anwendungs- und Dienstprotokolle*. Wichtige Fehler oder Warnungen zu Aufgaben- oder Dienstfehlern werden im Systemprotokoll aufgezeichnet, damit Administratoren sie sofort sehen und entsprechende Maßnahmen einleiten können.

Die Aufgabenplanungskomponente in Windows Vista und neuer protokolliert normalerweise jeweils ein Ereignis beim Registrieren der Aufgabe (also bei ihrer Erstellung), beim Start der Aufgabe und wenn die Aufgabeninstanz an das Modul gesendet wurde. Ereignisse werden auch aufgezeichnet, wenn die Aufgabe fehlschlägt oder andere Probleme im Zusammenhang mit einer Aufgabe auftreten.

Dieser Abschnitt liefert einige Beispiele für typische Ereignisse, die vom Aufgabenplanungsdienst protokolliert werden.

Registrieren der Aufgabe

Ein Ereignis mit der ID 106 wird aufgezeichnet, wenn eine Aufgabe erstellt wird. Dieses Ereignis wird auch als *Aufgabenregistrierung* bezeichnet.

Starten der Aufgabe

Aufgaben können entweder auf Anforderung eines Benutzers oder über einen Trigger gestartet werden. Normalerweise wird ein Ereignis mit der ID 110 aufgezeichnet, wenn ein Benutzer eine Aufgabe von Hand startet. Ein Ereignis mit der ID 107 wird normalerweise aufgezeichnet, wenn eine Aufgabe aufgrund eines Triggers gestartet wird.

Ausführen der Aufgabe

Ein Ereignis mit der ID 319 gibt an, dass das Aufgabenmodul eine Nachricht vom Aufgabenplanungsdienst empfangen hat, die das Starten der Aufgabe anfordert. Dies ist der beste Indikator für den Start einer Aufgabe. In diesen Ereignissen wird das Aufgabenmodul durch die Benutzer-SID identifiziert, und auch der Aufgabenname wird eingetragen.

Beenden der Aufgabe

Ein Ereignis mit der ID 102 wird normalerweise aufgezeichnet, wenn eine Aufgabe erfolgreich beendet wurde.

Behandlung von Problemen bei der Aufgabenplanung

Aufgaben- oder Dienstfehler werden im Systemereignisprotokoll aufgezeichnet. Dabei ist wichtig, dass die Ereignisse sich unterscheiden können, je nachdem, wo ein Fehler genau aufgetreten ist. Ein Benutzer bekommt unterschiedliche Ereignisse angezeigt, je nachdem, ob eine Aufgabe nicht starten konnte oder die Aufgabe erfolgreich gestartet wurde, aber die Aktion fehlgeschlagen ist.

Der Schlüssel zur Behandlung von Problemen bei der Aufgabenplanung besteht darin zu erkennen, wo im Prozess der Fehler genau aufgetreten ist. Eine Aufgabe definiert sich durch eine Aktion, den Trigger für die Aktion, die Bedingungen, unter denen die Aufgabe ausgeführt wird, und zusätzliche Einstellungen. Das Ereignisprotokoll zeigt, ob der Fehler im Trigger, bei der Aufgabenaktion, den Bedingungen oder den Einstellungen der Aufgabe liegt.

Aufgaben werden nicht ausgeführt, wenn der Dienst nicht läuft

Falls Sie Probleme mit der Zeitplanung oder der korrekten Ausführung von Aufgaben haben, sollten Sie zuerst sicherstellen, dass der Dienst *Aufgabenplanung* läuft. Sie können *services.msc* ausführen, um zu überprüfen, ob der Status des Aufgabenplanungsdienstes *Gestartet* lautet.

Die Aufgabe wurde nicht zur vorgesehenen Zeit ausgeführt

Falls eine geplante Aufgabe nicht zum erwarteten Zeitpunkt ausgeführt wird, sollten Sie erst einmal sicherstellen, dass die Aufgabe aktiviert ist. Prüfen Sie auch die Trigger für die Aufgabe und stellen Sie sicher, dass sie richtig eingestellt sind. Prüfen Sie den Verlauf der Aufgabe (Abbildung 21.18), um zu sehen, wann die Aufgabe gestartet wurde und ob dabei Fehler auftraten.

Die Aufgabe wird nur ausgeführt, wenn alle Bedingungen erfüllt sind

Sie können Aufgabenbedingungen auf der Registerkarte *Bedingungen* im Eigenschaftendialogfeld der Aufgabe einstellen. Falls Bedingungen nicht erfüllt sind oder falsch konfiguriert sind, wird die Aufgabe nicht ausgeführt.

Die Aufgabe wird nur ausgeführt, wenn ein bestimmter Benutzer angemeldet ist

Falls eine geplante Aufgabe nicht ausgeführt wird, wenn Sie es eigentlich erwarten, sollten Sie im Eigenschaftendialogfeld der Aufgabe auf der Registerkarte *Allgemein* die Einstellungen im Feld *Sicherheitsoptionen* überprüfen.

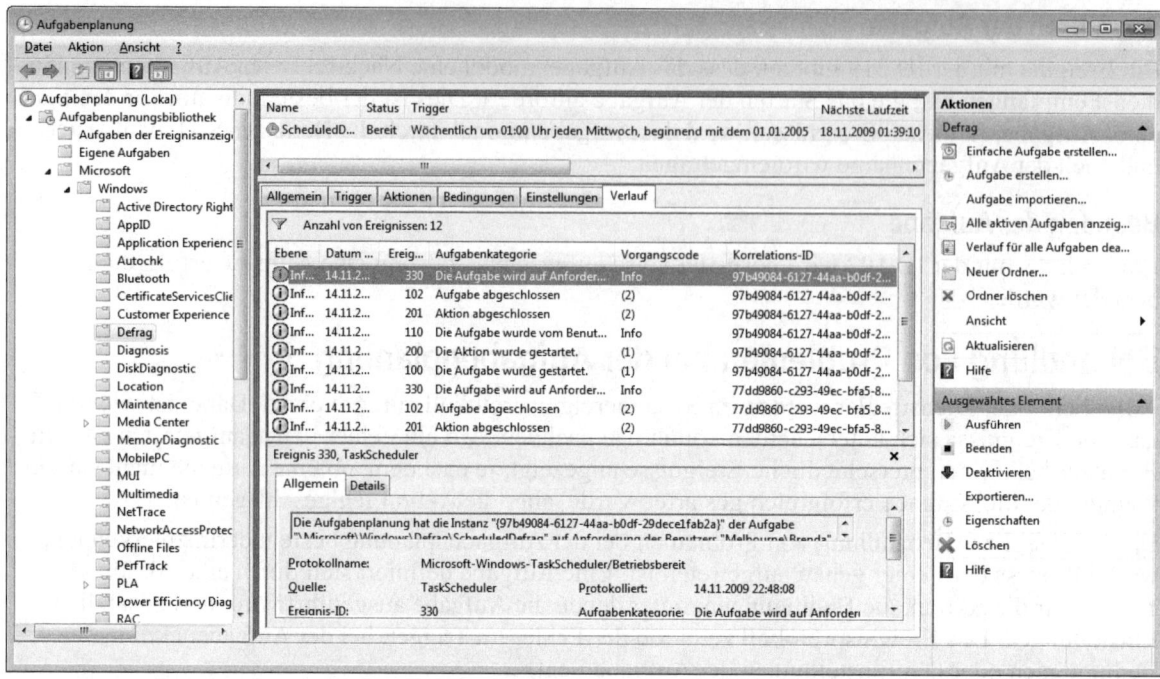

Abbildung 21.18   Registerkarte *Verlauf* für eine Aufgabe

Die Aufgabe hat ein Programm gestartet, aber das Programm wurde nicht richtig ausgeführt

Falls eine Aufgabe versucht, ein Programm auszuführen, aber das Programm nicht richtig läuft, sollten Sie erst versuchen, das Programm von Hand zu starten (nicht von einer Aufgabe aus), um sicherzustellen, dass das Programm richtig funktioniert. Sie müssen unter Umständen Argumente zum Aufruf hinzufügen (Feld *Argumente hinzufügen*) oder den Ausführungspfad angeben (Feld *Starten in*).

Die Aufgabe konnte nicht starten

Ein Ereignis mit der ID 101 wird normalerweise aufgezeichnet, wenn der Start einer Aufgabe fehlschlägt. In solchen Fällen wird auch der Ergebniscode angezeigt. Weitere Informationen über Ergebnis- und Rückgabewerte finden Sie unter »Interpretieren von Ergebnis- und Rückgabecodes« weiter unten in diesem Abschnitt.

Die Aufgabenaktion konnte nicht ausgeführt werden

Wenn eine Aufgabe startet, aber die Aktion, die für diese Aufgabe konfiguriert ist, nicht ausgeführt werden kann, wird ein Ereignis mit der ID 103 oder 203 aufgezeichnet. Diese Ereignisse zeigen auch den Rückgabewert an. Weitere Informationen über Ergebnis- und Rückgabewerte finden Sie unter »Interpretieren von Ergebnis- und Rückgabecodes« weiter unten in diesem Abschnitt.

Das in der Aufgabe angegebene Programm benötigt erhöhte Privilegien

Falls eine Aufgabe ein Programm ausführt, das erhöhte Privilegien erfordert, sollten Sie sicherstellen, dass die Aufgabe mit den höchstmöglichen Privilegien läuft. Sie können einstellen, dass eine Aufgabe mit den höchsten Privilegien ausgeführt wird, indem Sie die Sicherheitsoptionen der Aufgabe auf der Registerkarte *Allgemein* ihres Eigenschaftendialogfelds ändern.

Interpretieren von Ergebnis- und Rückgabecodes

Um Rückgabewerte zu interpretieren, können Sie ein Tool wie zum Beispiel *Err.exe* verwenden, das Sie im Microsoft Download Center herunterladen können. *Err.exe* durchsucht die Quellcodeheaderdateien, bis es eine Übereinstimmung für den Fehler findet. In dieser Hinsicht funktioniert der Aufgabenplanungsdienst in Windows Vista und neuer noch ganz ähnlich wie in älteren Windows-Versionen. Rückgabecodes von Ereignissen, die intern auftreten, werden immer in `hresult`-Codes umgesetzt. Zum Beispiel enthält das Ereignis, das durch eine fehlgeschlagene Anmeldung ausgelöst wird, einen Ergebniscode, der als `hresult` interpretiert werden kann. Aufgabenverarbeitungsaufgaben geben ebenfalls Ergebniscodes zurück, die Sie mit denselben Tools interpretieren können.

Wenn allerdings eine ausführbare Datei gestartet wird und aus unbekannten Gründen abbricht, können Sie nicht wissen, was der Ergebniscode bedeutet. Der im Ereignisprotokoll aufgezeichnete `hresult`-Wert ist normalerweise der Wert, der vom Dienst aus der ausführbaren Datei selbst zurückgegeben wurde. Um die Bedeutung dieses Codes zu ermitteln, ist es unter Umständen erforderlich, zusätzliche Recherchen zu betreiben und in Dokumentationen nachzuschlagen.

HINWEIS Sie können *Err.exe* aus dem Microsoft Download Center unter *http://www.microsoft.com/downloads/details.aspx?familyid=be596899-7bb8-4208-b7fc-09e02a13696c* herunterladen. Dieses Tool trägt zwar den Namen »Microsoft Exchange Server Error Code Look-up«, es sucht aber in Wirklichkeit nach beliebigen Fehlercodes des Betriebssystems Windows.

Grundlagen des Windows-Systembewertungstools

Mit dem Windows-Systembewertungstool (Windows System Assessment Tool, WinSAT) können Sie die Features und Fähigkeiten eines Windows-PCs untersuchen. Sofern die WinSAT-Bewertungen nicht bereits vom OEM (Original Equipment Manufacturer) eingetragen wurden, führt WinSAT folgende Tests durch:

1. DWM-Test während der Erstinstallation oder Out-of-Box-Experience (OOBE). Er ermittelt Daten über den Desktopfenster-Manager (Desktop Window Manager, DWM) und die Bandbreite des Videospeichers, um festzustellen, ob Aero auf einem System ausgeführt werden kann.

2. Die übrigen Tests werden ausgeführt, während sich das System im Leerlauf befindet (als Leerlaufaufgabe, die von der Aufgabenplanung gestartet wird, wenn der Computer nicht beschäftigt ist).

Außerdem prüft WinSAT einmal pro Woche, ob neue Hardware auf dem Computer installiert wurde. Wenn neue Hardware gefunden wird und die aktuellen Einstufungen veraltet sind, wird WinSAT im Leerlaufmodus ausgeführt, um die Einstufungen zu aktualisieren. WinSAT kann auch bei Bedarf ausgeführt werden, wenn der Befehl *Bewertung erneut ausführen* im Systemsteuerungselement *Leistungsinformationen und -tools* ausgewählt wird.

Direkt von der Quelle: WinSAT-Datendateien

CSS Global Technical Readiness (GTR) Team

Fortgeschrittene Benutzer wünschen sich oft mehr Informationen über den Windows-Leistungs-index und die Systemleistung, als im Systemsteuerungsapplet *Leistungsinformationen und -tools* angezeigt werden. Die zugrundeliegende Technologie, auf der der Windows-Leistungsindex auf-baut, ist das Windows-Systembewertungstool (Windows System Assessment Tool, WinSAT). Dieses Tool speichert die 10 letzten Bewertungen im folgenden Datenspeicherungsordner:

%WinDir%\Performance\WinSAT\DataStore

Der Datenspeicher besteht aus XML-Dateien mit Informationen zu den einzelnen Bewertungen. Diese XML-Dateien enthalten ausführlichere Details über die Systemleistung und den Windows-Leistungsindex. Die Dateinamen enthalten Datum und Uhrzeit des Zeitpunkts, an dem die Bewer-tungen ausgeführt wurden.

Überblick über WinSAT

WinSAT führt eine ganze Reihe von Bewertungstests für die Hardware eines Computers aus. Die wichtigsten Bewertungstests sind:

- **cpu**   Misst die Rechenleistung des Prozessors.
- **d3d**   Die Direct3D-Bewertung (D3D) soll die Fähigkeiten eines Systems zum Ausführen von 3D-Grafik ermitteln; dies betrifft sowohl geschäftliche Grafikprogramme als auch Spiele.
- **disk**   Misst die Leistung der Festplattenlaufwerke beim sequenziellen und zufälligen Lesezugriff sowie bei einer Mischung aus Lese- und Schreibzugriffen.
- **dwm**   Die Bewertung des Desktopfenster-Managers (Desktop Window Manager, DWM) soll fest-stellen, ob ein System die Fähigkeit besitzt, einen zusammengestellten (composited) Windows 7-Desktop auszuführen (oft als Aero Glass bezeichnet). Sie können diese Bewertung nur auf Com-putern ausführen, die über WDDM-Grafiktreiber (Windows Display Driver Model) verfügen.
- **features**   Listet die relevanten Systeminformationen auf. Diese Bewertung wird bei jedem Aufruf von WinSAT automatisch einmal durchgeführt, die Daten werden in der XML-Ausgabe gespei-chert.
- **formal**   Führt den vollständigen Satz aller Bewertungen aus und speichert das Ergebnis im XML-Format, das gebraucht wird, um die Bewertungen und Teilbewertungen des Windows-Leistungs-index im Systemsteuerungselement *Leistungsinformationen und -tools* anzuzeigen.
- **media**   Misst die Leistung der Videokodierung und -dekodierung.
- **mem**   Führt Tests zur Bandbreite des Arbeitsspeichers aus. Dies soll ermitteln, wie schnell um-fangreiche Puffer innerhalb des Arbeitsspeichers kopiert werden können, wie es beispielsweise bei der Multimediaverarbeitung (Video, Grafik, Bildverarbeitung und so weiter) vorkommt.
- **mfmedia**   Führt die Media Foundation-Bewertung durch.

Auswerten der WinSAT-Featurebewertung

WinSAT führt die Featurebewertung jedes Mal automatisch aus, wenn es gestartet wird. Es sammelt dabei die aufgelisteten Systeminformationen. Die Bewertung listet alle Systeminformationen auf, die für die Leistung relevant sind. Das sind unter anderem:

- Eine optionale GUID (Globally Unique Identifier), falls der Befehlszeilenschalter -igcid benutzt wird, um sicherzustellen, dass jede XML-Datei eine eindeutige Kennung hat
- Der Iterationswert aus dem Befehlszeilenschalter -iter <n>
- Die Zahl der Prozessoren, Kerne und CPUs
- Ob CPU-Threading-Technologie zur Verfügung steht
- x64-Fähigkeit
- Die Prozessorsignatur
- Größe und andere Merkmale der L1- und L2-Caches des Prozessors
- Ob MMX-, SSE- und SSE2-Befehle zur Verfügung stehen.
- Informationen über das Speichersubsystem (dies ist stark vom System abhängig: manche Systeme liefern hier viele Details, andere kaum welche)
- Grafikspeicher
- Grafikauflösung
- Grafikaktualisierungsrate
- Grafiknamen und -geräte-IDs

Ausführen von WinSAT in der Befehlszeile

In den meisten Fällen wird WinSAT nicht von Hand über eine Eingabeaufforderung ausgeführt, aber das prinzipielle Format der Befehlszeile lautet:

`winsat <Bewertungsname> <Bewertungsparameter>`

Bei den Befehlszeilenoptionen von WinSAT wird nicht zwischen Groß- und Kleinschreibung unterschieden. Dem Bewertungsnamen braucht in der Befehlszeile kein Bindestrich oder Schrägstrich vorangestellt zu werden, aber ein Bewertungsparameter kann mit einem vorangestellten Bindestrich (-) oder einem normalen Schrägstrich eingeleitet werden. WinSAT kann von einer Eingabeaufforderung mit administrativen Privilegien ausgeführt werden. Es wird ein Fehler gemeldet, falls eine Option oder ein Schalter nicht unterstützt wird.

Das Tool WinSAT unterstützt neben den Bewertungsparametern noch einige weitere Befehlszeilenschalter. Sie werden von WinSAT analysiert, bevor das Tool die Steuerung an die Bewertungen übergibt. Einige dieser Parameter werden auch von einer oder mehreren Bewertungen unterstützt.

WinSAT kennt folgende Befehlszeilenparameter:

- **–csv**   WinSAT speichert die gemessenen Toplevel-Metriken in einer CSV-Datei (Comma-Separated Value).
- **–help oder –?**   Zeigt den Hilfeinhalt an.
- **–idiskinfo**   Informationen zum Laufwerkssubsystem (logische Volumes und physische Datenträger) werden normalerweise nicht als Teil des <SystemConfig>-Abschnitts in XML-Ausgabe gespeichert.

- **–iguid**   Generiert eine GUID (Globally Unique Identifier) in der XML-Ausgabedatei. Beachten Sie, dass dies bei der formalen Bewertung nicht möglich ist.

- **–iter <n>**   Nimmt die Iterationsnummer ⟨*n*⟩ in die XML-Ausgabedatei auf.

- **–v**   Legt fest, dass WinSAT ausführliche Ausgaben liefern soll. Diese Ausgaben umfassen Fortschritts- und Statusinformationen sowie möglicherweise Fehlerinformationen. In der Standardeinstellung werden keine ausführlichen Ausgaben geliefert. Dieser Schalter wird an alle angegebenen Bewertungen weitergegeben.

- **–xml <*Dateiname*>**   Legt fest, dass die XML-Ausgaben der Bewertung in der Datei mit dem angegebenen Namen gespeichert werden. Alle Bewertungen unterstützen den Befehlszeilenschalter `-xml`. Falls bereits eine Datei mit demselben Namen vorhanden ist, wird sie überschrieben.

Bedeutung der Ergebniswerte von WinSAT

WinSAT liefert die folgenden Rückgabewerte:

- **0**   Alle angeforderten Bewertungen wurden erfolgreich abgeschlossen.

- **1**   Mindestens eine Bewertung wurde aufgrund eines Fehlers nicht abgeschlossen.

- **2**   Mindestens eine Bewertung wurde aufgrund einer Unterbrechung nicht abgeschlossen.

- **3**   WinSAT wurde vom Benutzer abgebrochen.

- **4**   Der an WinSAT übergebene Befehl war ungültig.

- **5**   WinSAT wurde nicht mit Administratorprivilegien ausgeführt.

- **6**   Es läuft schon eine andere Instanz von WinSAT.

- **7**   WinSAT kann auf Remotedesktopservern keine einzelnen Bewertungen (zum Beispiel D3D oder DWM) ermitteln.

- **8**   WinSAT kann keine formale Bewertung im Akkubetrieb durchführen.

- **9**   WinSAT kann keine formale Bewertung auf Remotedesktopservern durchführen.

- **10**   Es wurde keine Multimediaunterstützung erkannt, daher konnten WinSAT-Tests nicht ausgeführt werden.

- **11**   Diese Version von WinSAT läuft nicht auf Windows XP.

- **12**   Der WinSAT-Watchdog-Timer ist abgelaufen. Das deutet darauf hin, dass die Tests aus irgendwelchen Gründen ungewöhnlich lange dauern.

- **13**   Auf einem virtuellen Computer kann keine formale Bewertung durchgeführt werden.

Direkt von der Quelle: Wann wird WinSAT ausgeführt?

Server Performance Group, *Windows Fundamentals*

In Windows Vista wurden alle WinSAT-Tests während der OOBE (Out-Of-Box Experience, die Erstinstallation) ausgeführt, um sicherzustellen, dass zu allen Systemen detaillierte Einstufungen vorlagen. Das dauerte allerdings eine gewisse Zeit (etwa 3 bis 5 Minuten).

In Windows 7 haben wir die OOBE-Installation beschleunigt. Nur der WinSAT-Test zu DWM muss während der OOBE ausgeführt werden. Dieser Test ermittelt die Grafikspeicherbandbreite, die vom DWM benutzt wird. Auf diese Weise kann festgestellt werden, ob Aero eingeschaltet werden kann. Die übrigen WinSAT-Tests (also alle anderen als der DWM-Test) werden als Leerlaufaufgaben ausgeführt.

Nachdem die Bewertungen einmal ermittelt wurden, prüft WinSAT wöchentlich, ob die Hardware so stark geändert wurde, dass die Tests erneut ausgeführt werden sollten. Kunden können ihr System auch jederzeit im Systemsteuerungselement *Leistungsinformationen und -tools* neu bewerten lassen. In der Standardeinstellung verfolgt WinSAT den Verlauf der Bewertungen auf einem Computer. Sofern die Hardwarekomponenten nicht verändert wurden, wird die höchste Bewertung beibehalten. Das verhindert, dass sich kurzfristige Schwankungen auf die Bewertung auswirken, weil beispielsweise jemand die Bewertung ausgeführt hat, während eine komplexe Anwendung lief, die viele Ressourcen verbraucht. Damit Sie ein System von Grund auf neu bewerten können, ohne dass dabei der bisherige Verlauf einfließt, stellt *Leistungsinformationen und -tools* zusätzlich den Befehl *Alle Windows-Leistungsindexbewertungen löschen und das System neu bewerten* zur Verfügung.

Außerdem unterstützt WinSAT in Windows 7 nun die neue »Vordefinitions«-Syntax. Kunden und Partner, die Abbilder aktualisieren, bevor sie die Installationen bereitstellen, können *Winsat.xml*-Dateien generieren, in denen die Bewertungsdaten für ihre konkreten Systeme enthalten sind. Während der OOBE sucht WinSAT nach Dateien, die zur Systemkonfiguration passen. Ist eine solche Datei vorhanden, wertet WinSAT sie aus, um die WinEI-Bewertungen für *Leistungsinformationen und -tools* zu ermitteln. Werden die Bewertungen auf diese Weise vordefiniert, hat das folgende Vorteile:

- Der DWM-Test wird nicht während der OOBE ausgeführt, weil die entsprechende *Winsat.xml*-Datei bereits vorhanden ist.

- Der Kunde verfügt von Anfang an über einen vollständigen Satz WinEI-Bewertungen, sodass er nicht zu warten braucht, bis die übrigen WinSAT-Tests im Leerlaufzustand ausgeführt werden.

- Komponenten, die Entscheidungen anhand der WinSAT-Daten treffen, verfügen so früh wie möglich über die Informationen, die sie brauchen. So können sie ihr Verhalten anhand der vordefinierten Einstellungen anpassen, statt Standardeinstellungen zu verwenden. Beispielsweise erkennt SuperFetch Verbesserungen an der Datenträgertechnologie und schaltet sich selbst automatisch aus, wenn die Systemfestplatte eine WinEI-Bewertung größer oder gleich 6,5 hat. (SuperFetch hilft in Fällen, wenn das Auslesen von Daten von der Festplatte relativ langsam ist; ist die Systemfestplatte sehr schnell, überlässt SuperFetch dem Festplattensystem das Feld.)

Ausführen von WinSAT über *Leistungsinformationen und -tools*

Wenn WinSAT das System überhaupt nicht bewertet hat oder die Hardware seit der Erstinstallation verändert wurde, steht das Windows-Feature Aero Glass unter Umständen nicht zur Verfügung. Falls Sie neue Grafikhardware oder andere Hardware installiert haben, die die Systembewertung ändern könnte, ist es manchmal ebenfalls nötig, den Computer erneut von WinSAT bewerten zu lassen, indem Sie WinSAT über *Leistungsinformationen und -tools* starten.

Gehen Sie folgendermaßen vor, um WinSAT zu zwingen, erneut zu starten und die Hardware zu bewerten:

1. Klicken Sie im Infobereich der Taskleiste auf das Wartungscentersymbol, um das Wartungscenter zu öffnen.

2. Klicken Sie auf der linken Seite auf den Link *Leistungsinformationen anzeigen*, um das Systemsteuerungselement *Leistungsinformationen und -tools* zu öffnen.

3. Klicken Sie rechts unten auf den Link *Bewertung erneut ausführen*. Das Dialogfeld *Windows-Leistungsindex* wird geöffnet. Es zeigt eine Statuszeile an. Die Neubewertung kann einige Minuten dauern. Während das System untersucht wird, flackert möglicherweise der Bildschirm.

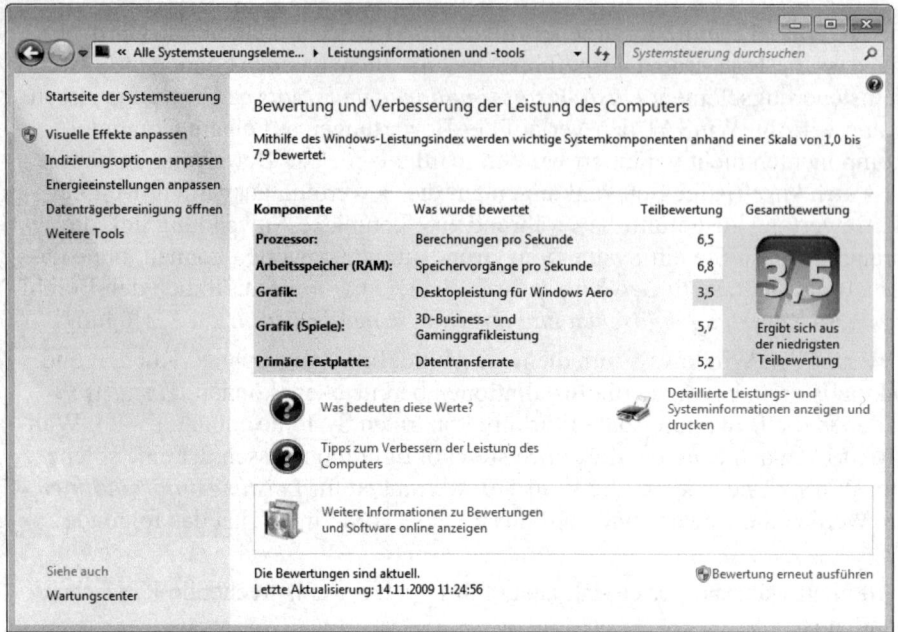

> **HINWEIS** Sie können *Leistungsinformationen und -tools* nicht im abgesicherten Modus verwenden.

Der Hauptbildschirm von *Leistungsinformationen und -tools* enthält von oben nach unten folgende Abschnitte:

- Systemfähigkeiten
- Hilfelinks mit weiteren Informationen
- Link zum Ausdrucken der detaillierten Systeminformationen
- OEM- und Onlinehilfe

Sie können mithilfe von Gruppenrichtlinien konfigurieren, was auf den Zielcomputern im System-steuerungselement *Leistungsinformationen und -tools* angezeigt wird. Die entsprechenden Richt-linieneinstellungen finden Sie im folgenden Zweig:

Computerkonfiguration\Richtlinien\Administrative Vorlagen\System\Systemsteuerung – Leistung

Systemfähigkeiten-Abschnitt

Der Detailabschnitt mit den Systemfähigkeiten enthält Bewertungen, die aus den WinSAT-Daten abgeleitet werden, und gibt die Werte und Teilbewertungen für die verschiedenen Komponenten des Windows-Leistungsindex an. Der Windows-Leistungsindex besteht aus dem Basiswert (Index) und den Teilbewertungen für folgende Bereiche:

- Prozessor
- Arbeitsspeicher (RAM)
- Primäre Festplatte
- Desktopgrafik
- 3D- und Spielegrafik

Der Basiswert ist eine positive Zahl, die bei 1 beginnt und höher werden kann, wenn neue Technologien entwickelt werden. In Windows Vista war der höchstmögliche Wert 5,9, in Windows 7 reicht die Skala dagegen bis 7,9. Auch jede der Komponenten hat eine Bewertung.

Der Systemfähigkeiten-Abschnitt kann in drei unterschiedlichen Modi angezeigt werden:

- **Nicht bewertet**   Der Computer wurde noch nicht bewertet.
- **Normal**   Der Computer wurde bewertet und die Bewertung ist auf dem neusten Stand.
- **Veraltet**   Die Hardwarekonfiguration wurde geändert und der Windows-Leistungsindex sollte aktualisiert werden.

OEM-Upsell- und Hilfe-Abschnitt

Der OEM-Upsell- und Hilfe-Abschnitt stellt folgende Features bereit:

- Einen Bereich, in dem OEMs ihr Logo und einen Link auf eine lokale Seite oder eine Website unterbringen können
- Einen Link auf weitere Onlineinformationen

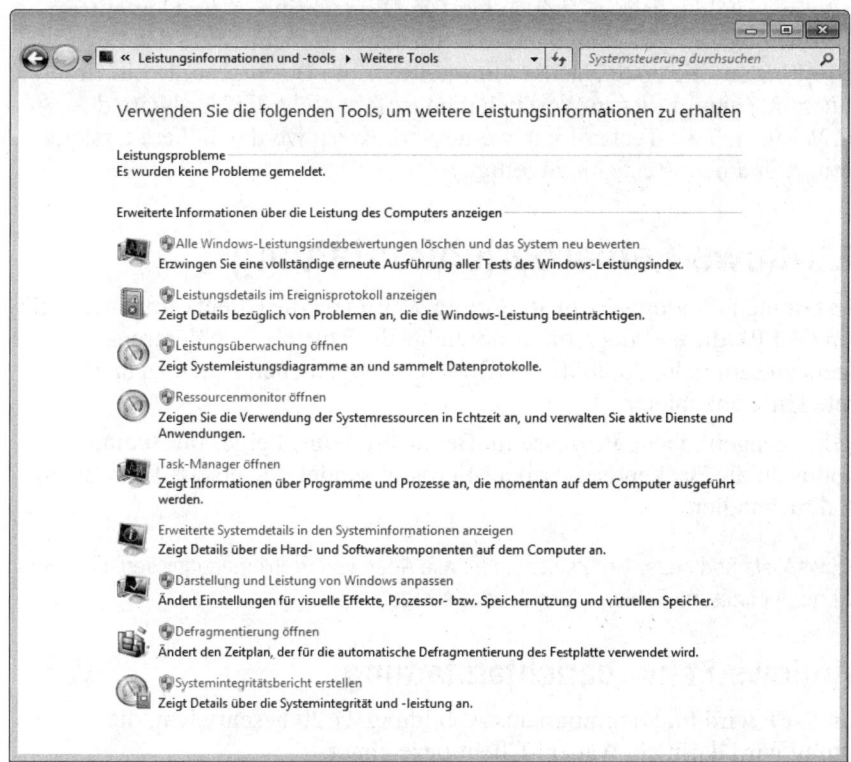

Abbildung 21.19   Weitere Leistungstools

Zugreifen auf erweiterte Leistungstools

Am linken Rand von *Leistungsinformationen und -tools* stehen weitere Optionen zur Verfügung:

- **Visuelle Effekte anpassen**   Öffnet das Dialogfeld *Leistungsoptionen*.
- **Indizierungsoptionen anpassen**   Öffnet das Dialogfeld *Indizierungsoptionen*.

- **Energieeinstellungen anpassen** Öffnet das Dialogfeld *Energieoptionen*.
- **Datenträgerbereinigung öffnen** Öffnet das Dialogfeld *Datenträgerbereinigungsoptionen*.
- **Weitere Tools** Öffnet die Seite *Weitere Tools*, auf der Sie Zugriff auf andere Leistungstools haben (Abbildung 21.19)

So funktioniert's: Interpretieren der Systemleistungsbewertung

Microsoft Global Technical Readiness Platforms Team

Es ist wichtig, dass der Wert der Systemleistungsbewertung die allgemeine Geschwindigkeit und Leistungsfähigkeit eines Computers unter Windows angibt. Die Bewertung betrifft nur Leistungsaspekte, die sich darauf auswirken, wie gut Features in Windows und anderen Programmen auf diesem Computer laufen. Sie gibt keinen Aufschluss über die Gesamtqualität des Computers. Eine höhere Leistungsbewertung bedeutet, dass der Computer im Allgemeinen besser und schneller arbeitet als ein Computer mit einer geringeren Leistungsbewertung. Das gilt vor allem, wenn komplexere und ressourcenintensivere Aufgaben durchgeführt werden.

Das Bewertungssystem wurde so gestaltet, dass es sich an künftige Fortschritte in der Computertechnologie anpassen lässt. Im Allgemeinen bleiben daher die Standards für jede Stufe des Bewertungssystems gleich (zumindest bis auf die erste Nachkommastelle). Zum Beispiel sollte ein Computer mit der Bewertung 4 auch in Zukunft diesen Wert behalten, sofern nicht die Hardware des Computers aufgerüstet wird. Wenn sich die Technologie weiter verbessert, werden höhere Systemleistungsbewertungen eingeführt und neue Tests hinzugefügt.

Grundlagen der Windows-Fehlerberichterstattung

Die Windows-Fehlerberichterstattung (Windows Error Reporting, WER) ist die Clientkomponente für die Watson Feedback Platform (WFP), die es Microsoft ermöglicht, Berichte über Fehlerereignisse auf dem System eines Benutzers zu sammeln, die in diesen Berichten enthaltenen Daten zu analysieren und dem Benutzer konkrete Hilfe anzubieten.

WER ist die Technologie, die hängengebliebene Prozesse im Benutzermodus, Fehler im Benutzermodus und Fehler im Kernmodus an die Backendserver bei Microsoft sendet. Sie ersetzt Dr. Watson als Standardanwendungsausnahmehandler.

HINWEIS WER bietet in Windows Vista und neuer Unterstützung für alle Arten von Problemereignissen, die vom Entwickler definiert werden, nicht nur für kritische Fehler, wie in Windows XP.

Überblick über die Windows-Fehlerberichterstattung

Der grundlegende Aufbau von WFP wird im Diagramm aus Abbildung 21.20 beschrieben, die Windows-Fehlerberichterstattung wird darin als Watson-Client bezeichnet.

Eine wichtige Verbesserung der Windows-Fehlerberichterstattung in Windows Vista und neueren Versionen ist das Konzept der Warteschlangenarchitektur (queuing). In Windows XP konnten WER-Berichte abgesehen von wenigen Ausnahmen nur zu dem Zeitpunkt gesendet werden, als das Ereignis auftrat. Ab Windows Vista stellt WER eine flexible Warteschlangenarchitektur zur Verfügung, mit der Benutzer, Administratoren oder WER-Integratoren das Warteschlangenverhalten ihrer WER-Ereignisse einstellen können.

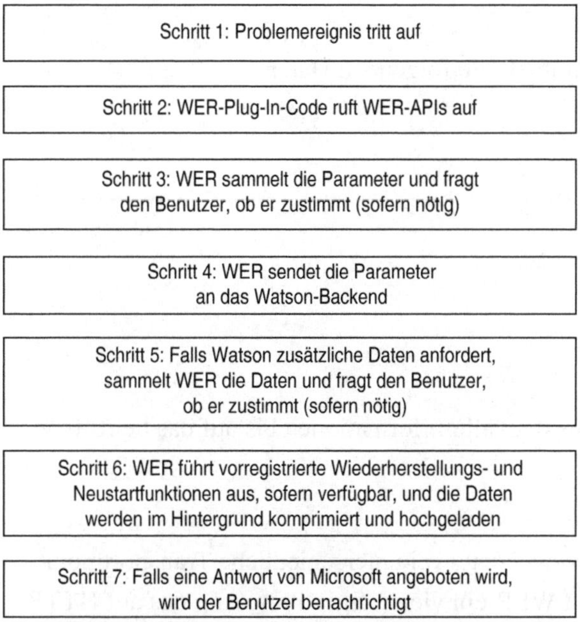

Schritt 1: Problemereignis tritt auf

Schritt 2: WER-Plug-In-Code ruft WER-APIs auf

Schritt 3: WER sammelt die Parameter und fragt den Benutzer, ob er zustimmt (sofern nötig)

Schritt 4: WER sendet die Parameter an das Watson-Backend

Schritt 5: Falls Watson zusätzliche Daten anfordert, sammelt WER die Daten und fragt den Benutzer, ob er zustimmt (sofern nötig)

Schritt 6: WER führt vorregistrierte Wiederherstellungs- und Neustartfunktionen aus, sofern verfügbar, und die Daten werden im Hintergrund komprimiert und hochgeladen

Schritt 7: Falls eine Antwort von Microsoft angeboten wird, wird der Benutzer benachrichtigt

Abbildung 21.20 Flussdiagramm der Watson Feedback Platform

Während der OOBE-Phase bei der Installation von Windows 7 kann der Benutzer wählen, ob WER automatisch einfache Problemberichte an Microsoft senden darf. Einfache Problemberichte enthalten nur gerade so viele Informationen, wie nötig sind, um nach einer Lösung zu suchen. Später können Sie auch festlegen, zusätzliche Informationen automatisch zu senden.

Funktionsweise von WER

Die Windows-Fehlerberichterstattung besteht aus folgenden konzeptuellen Komponenten:

- Berichtsprozessor
- Datensammelmodul
- Transportsystem
- Speicherverwaltungssystem

Clientseitig werden die WER-Funktionen durch den WER-Dienst zur Verfügung gestellt.

Berichtsprozessor

Der Berichtsprozessor (report processor) ist eine Komponente, die den Status eines Berichts verwaltet, sobald er an WER gesendet wurde. Anwendungen greifen auf die WER-APIs zu, um Berichte zu erstellen und einzureichen. An diesem Punkt entscheidet der Berichtsprozessor, ob der Bericht in die Warteschlange gestellt oder abgeliefert wird. Der Berichtsprozessor versucht, den Bericht an das Transportsystem zu übergeben, falls die folgenden Bedingungen erfüllt sind: Es besteht eine Netzwerkverbindung, der Bericht betrifft eine interaktive Anwendung und es kann eine Benutzeroberfläche angezeigt werden. Andernfalls übergibt der Berichtsprozessor den Bericht an das Warteschlangenverwaltungssystem. Der Berichtsprozessor ruft außerdem die Benutzeroberflächenkomponente auf, sofern das nötig ist.

Datensammelmodul

Das Datensammelmodul (data collection module) sammelt die folgenden Daten:

- Heapspeicherabbilder
- WMI-Abfrageergebnisse
- Registrierungsschlüsseldaten
- Registrierungsstrukturdaten
- Dateien
- Dateiversionsinformationen
- Benutzerdokumente
- Minispeicherabbild
- Mikrospeicherabbild (ein Minispeicherabbild, aus dem alle Informationen bis auf das betroffene Stackabbild entfernt wurden)

Transportsystem

Das Transportsystem (transport system) von WER verwendet zwei unterschiedliche Transportmodi:

- **Live-Watson-Modus** In diesem Modus verwendet WER ein vierstufiges Protokoll, das auf HTTP aufbaut, um mit den Live-Watson-Backendservern zu kommunizieren.
- **Agentless Exception Monitoring (AEM)** In Windows Vista wurde die Unterstützung für den CER-Transportmodus (Corporate Error Reporting) aus älteren Windows-Versionen eingestellt, der auf Basis von Dateifreigaben arbeitete. Als Ersatz wurde in Windows Vista Unterstützung für Agentless Exception Monitoring (AEM) eingeführt. Es eignet sich besonders für den Einsatz in Unternehmensumgebungen. AEM ist eine Komponente des Clientüberwachungsfeatures in Microsoft System Center Operations Manager (SCOM) 2007, mit der Sie Betriebssysteme und Anwendungen innerhalb Ihrer Organisation auf Fehler überwachen können. Weitere Informationen über AEM finden Sie unter *http://technet.microsoft.com/en-us/library/bb309493.aspx*.

Speicherverwaltungssystem

Die WER-Speicherverwaltungssystemkomponente (store management system) hat die Aufgabe, die Fehlerberichtspeicher (Ordner) zu verwalten und die Benachrichtigungen anzuzeigen, in denen ein Benutzer bestätigen muss, ob bisher ungesendete Fehlerberichte aus der Warteschlange gesendet werden dürfen. WER verwendet Benutzerspeicher für Probleme auf Benutzerebene und Computerspeicher für Probleme auf Systemebene. Der Typ des Speichers hat Auswirkungen darauf, welche Benachrichtigungsmeldungen WER anzeigt und wo die Fehlerberichtsdaten abgespeichert werden. Außerdem enthalten Benutzer- und Computerspeicher zwei Unterordner namens *ReportQueue* und *ReportArchive*. Diese Ordner speichern die ungesendeten (in der Warteschlange stehenden) beziehungsweise archivierten Berichtsinhalte. Die eigentlichen Daten für jeden Fehlerbericht werden in einzelnen Unterordnern innerhalb der Ordner *ReportQueue* und *ReportArchive* gespeichert, in denen standardmäßig die NTFS-Komprimierung aktiviert ist. Wenn ein Fehlerbericht generiert wird, wertet das Warteschlangensubsystem die WER-Konfiguration und den Verbindungsstatus aus, um zu ermitteln, welchen Speicher es verwenden soll. Die Struktur und das Verhalten der WER-Warteschlangen werden weiter unten in diesem Abschnitt beschrieben.

Benutzerspeicher

Der WER-Benutzerspeicher liegt im folgenden Ordner:

Benutzer\<Benutzername>\AppData\Local\Microsoft\Windows\WER

In der Standardeinstellung speichert WER Fehlerberichtsdaten in Benutzerspeichern. Fehlerberichte werden in den Speicher des aktuellen Benutzers geschrieben, falls folgende Bedingungen erfüllt sind:

- Die Berichtübertragung ist aus irgendeinem Grund fehlgeschlagen (ausgenommen: der Benutzer hat die Schaltfläche *Abbrechen* gedrückt).
- Der Entwickler hat die Anwendung, die auf die WER-APIs zugreift, so entworfen, dass sie den Warteschlangenmodus als Standardverhalten anfordert.
- Die ForceAdminQueue-Richtlinie ist nicht aktiviert.

Computerspeicher

Der WER-Computerspeicher liegt im folgenden Ordner:

ProgramData\Microsoft\Windows\WER

Sie können WER mithilfe von Gruppenrichtlinien oder der Registrierung so konfigurieren, dass alle Fehlerberichtsdaten in den Computerspeicher geschrieben werden. Berichte werden in den Computerspeicher geschrieben, falls eine der folgenden Bedingungen erfüllt ist:

- Der Prozess zum Übertragen des Berichts läuft nicht in einem interaktiven Desktop (dazu gehören auch Systemdienste).
- Die ForceAdminQueue-Richtlinie ist aktiviert.

Der Ordner *ReportQueue*

Der Ordner *ReportQueue* enthält Berichte, die für eine spätere Übertragung in die Warteschlange gestellt wurden. Diese Berichte sind entweder bereits genehmigt, warten aber auf eine Netzwerkverbindung für die Übertragung, oder sie benötigen noch eine Genehmigung vom Benutzer, bevor sie übertragen werden können. Sobald ein Bericht erfolgreich hochgeladen wurde, wird er aus dem Ordner *ReportQueue* entfernt. Dieser Ordner wird als Upload- oder Signoff-Warteschlange bezeichnet. Sobald ein Bericht erfolgreich übertragen wurde, wird er zusammen mit allen hochgeladenen Daten in den Ordner *ReportArchive* verschoben.

Der Ordner *ReportQueue* liegt in einem der beiden folgenden Pfade:

- *Users\<Benutzername>\AppData\Local\Microsoft\Windows\WER\ReportQueue* (für Berichte im Benutzerspeicher)
- *ProgramData\Microsoft\Windows\WER\ReportQueue* (für Berichte im Computerspeicher)

Wenn die Fehlerdaten gesammelt werden, also noch bevor sie in die Warteschlange im Ordner *Report-Queue* gestellt werden, sind die gesammelten Fehlerberichtdateien in Unterordnern innerhalb des folgenden Ordners gespeichert:

Benutzer\<Benutzername>\AppData\Local\Temp

Der Ordner *ReportArchive*

Der Ordner *ReportArchive* enthält Berichte, die hochgeladen wurden oder bei denen die Übertragung untersagt wurde (über eine Richtlinie oder explizit vom Benutzer). Dieser Ordner wird als Archivspeicher bezeichnet. Berichte, die aus den Warteschlangenspeichern erfolgreich übertragen wurden, werden automatisch in den Archivspeicher verschoben.

Sie können auch einen *ERC*-Ordner (Event Reporting Console) in den WER-Speicherordnern anlegen.

Die Unterordner im Ordner *ERC* speichern Antwortmetadaten und Vorlagen, die benutzt werden, um die Antwortdaten im Systemsteuerungsapplet *Problemberichte und -lösungen* anzuzeigen. Sie brauchen die Daten im Ordner *ERC* nicht zu verändern, eine Bearbeitung dieser Daten wird auch nicht unterstützt. Der Ordner *ReportArchive* liegt in einem der beiden folgenden Pfade:

- *Users\<Benutzername>\AppData\Local\Microsoft\Windows\WER\ReportArchive* (für Berichte im Benutzerspeicher)
- *ProgramData\Microsoft\Windows\WER\ReportArchive* (für Berichte im Computerspeicher)

Warteschlangenberichtsmodus

Wenn ein neuer Fehlerbericht erfolgreich an irgendeine Warteschlange oder direkt an die Watson-Backendserver abgeliefert wurde, wechselt WER in einen Warteschlangenberichtsmodus. Im Warteschlangenberichtsmodus fragt WER nach, ob die in der Warteschlange stehenden Berichte gesendet werden dürfen, sobald eine Übertragung möglich ist. Falls die Bedingungen für eine Berichtübertragung nicht optimal sind, lässt sich WER starten, sobald eine Netzwerkverbindung eingerichtet ist (SENS) oder wenn der aktuell angemeldete Benutzer sich zum nächsten Mal anmeldet (*HKCU\Run*). So ist sichergestellt, dass die Infrastruktur zu einem künftigen Zeitpunkt, wenn die Bedingungen für die Berichtsübertragung geeignet sind, die Konsole der Berichtswarteschlange anzeigen kann.

Im Warteschlangenberichtsmodus führt WER folgende Prüfungen aus, und zwar in genau dieser Reihenfolge:

1. Läuft der fehlerhafte Prozess in einem interaktiven Desktop? Falls nicht, beendet sich *Wermgr.exe*. Das ist nötig, weil keine WER-Dialoge für nichtinteraktive Desktops angezeigt werden sollen, zum Beispiel die von Dienstkonten.

2. Hat der aktuelle Benutzer bereits Berichte in seiner Warteschlange oder ist der aktuelle Benutzer ein Administrator und ist die administrative Warteschlange aktiviert? Falls keine dieser Bedingungen zutrifft, hat der aktuelle Benutzer keine Berichte zu melden. In diesem Fall stellt WER sicher, dass die Netzwerk- und Anmeldeauslöser für den aktuellen Benutzer entfernt sind, und beendet sich selbst sofort. Falls eine der Bedingungen zutrifft, fragt WER beim Benutzer nach, ob die Einträge in der Warteschlange übertragen werden dürfen.

3. Falls die Bedingungen im Moment nicht für die Berichtsübertragung geeignet sind, werden Netzwerk- und Anmeldeauslöser für den aktuellen Benutzer eingerichtet.

4. Der Netzwerkzugriff wird überprüft und es wird ermittelt, ob die Wartezeit abgelaufen ist. Falls eine dieser Prüfungen fehlschlägt, beendet sich *Wermgr.exe*.

5. Das Systemsteuerungsapplet *Problemberichte und -lösungen* wird gestartet, damit der Benutzer die Wartezeit ändern kann.

Speicherwartung

In der Standardeinstellung führt das Warteschlangenverwaltungssystem Wartungsaufgaben durch, zum Beispiel löscht es veraltete Daten und kürzt die Warteschlange in einem Berichtsspeicher, sobald 50 Berichte darin gespeichert sind. Wenn die Gesamtzahl der Berichte in der Warteschlange den Wert überschreiten, der im Registrierungswert *MaxQueueCount* definiert ist (oder bei Archivspeichern im Registrierungswert *MaxArchiveCount*), löscht das Warteschlangensubsystem die ältesten CAB-Dateien aus den Warteschlangen. Die Dateien werden in der folgenden Reihenfolge gelöscht, bis die Länge der Warteschlange den Wert *MaxQueueCount* erreicht oder keine CAB-Dateien mehr übrig sind:

1. Archivspeicher
2. Signoff-Warteschlange
3. Upload-Warteschlange

Die Metadaten zu einem Bericht werden 1 Jahr lang aufgehoben, sofern der Benutzer die Archivierung nicht über die Einstellung *DisableArchive* deaktiviert hat.

Die Datenbeibehaltungsrichtlinien für die WER-Warteschlange kann mithilfe von Gruppenrichtlinien konfiguriert werden. Falls keine Warteschlangenrichtlinien konfiguriert sind, speichert die Archivwarteschlange 1000 Berichte und die Upload/Signoff-Warteschlange 50 Berichte. Falls eine Warteschlange voll ist und ein neuer Bericht erstellt wird, überschreibt der neue Bericht den ältesten Bericht in der jeweiligen Warteschlange.

Auslöser für die Warteschlange

Dieser Abschnitt beschreibt die Startauslöser (trigger), mit denen WER sicherstellt, dass für die Übertragung der in der Warteschlange stehenden Berichte die Genehmigung des Benutzers eingeholt wird, wenn er ungesendete Berichte in seiner Warteschlange hat. Auslöser bleiben auch über einen Neustart hinweg erhalten.

WER-Startauslöser sind unter anderem:

- **Netzwerkauslöser** Dieser Auslöser startet *WerMgr.exe* im Warteschlangenberichtsmodus für einen bestimmten Benutzer, wenn eine Netzwerkverbindung hergestellt wird. Der Netzwerkauslöser ist über die SENS-API implementiert, die feststellen kann, ob eine Netzwerkverbindung vorhanden ist.

- **Anmeldeauslöser** Dieser Auslöser startet *WerMgr.exe* im Warteschlangenberichtsmodus für einen bestimmten Benutzer, wenn sich der Benutzer anmeldet. *WerMgr.exe* ist für die Verwaltung der WER-Warteschlange zuständig.

- **Administratorauslöser** Der Administratorauslöser benachrichtigt einen Administrator über ungesendete Einträge in der Computerwarteschlange. Dieser Auslöser tritt nur für Administratoren des Systems auf.

Windows-Fehlerberichterstattungsdienst

Der Dienst *Windows-Fehlerberichterstattungsdienst* ist dafür verantwortlich, beim Auftreten einer Anwendungsausnahme die Informationen zu sammeln, die an die Watson-Backendserver übertragen werden. Die Dienstbibliothek *Wersvc.dll* wird in einem eigenen *Svchost.exe*-Prozess gehostet. Wenn ein Prozess abstürzt, ruft die Windows-Fehlerberichterstattungsdienst *Werfault.exe* (oder *Werfaultsecure.exe*, wie weiter unten in diesem Abschnitt beschrieben) auf, um alle erforderlichen Daten über den abgestürzten/hängenden Prozess zu ermitteln. *Werfault.exe* lädt *Dbgeng.dll* und *Dbghelp.dll*, um die Fehlerdaten der Anwendung zu sammeln. Sie lädt außerdem *Faultrep.dll*, um die Bericherstattung an die Watson-Backendserver durchzuführen. Falls der Windows-Fehlerberichterstattungsdienst nicht läuft, wenn eine Anwendungsausnahme auftritt, werden *Werfault.exe* und die abhängigen Bibliotheken trotzdem gestartet, um die Datensammlungs- und Berichterstattungsaufgaben für den Fehler durchzuführen.

WER unterstützt in Windows Vista und neuer auch die Fehlerberichterstattung für geschützte Prozesse. Geschützte Prozesse sind Prozesse, deren Daten mit einem privaten Schlüssel verschlüsselt sind und die eingeschränkte Berechtigungen haben. Falls ein Absturz in einem geschützten Prozess auftritt, ermittelt der Windows-Fehlerberichterstattungsdienst mit *Werfaultsecure.exe* die nötigen Daten für den abgestürzten/hängenden Prozess. Der Bericht wird verschlüsselt erstellt und automatisch in die Warteschlange gestellt, um alle Möglichkeiten eines Angriffs über die Benutzeroberfläche zu verhindern. Die verschlüsselten Daten werden an die Watson-Backendserver gesendet, wo sie entschlüsselt und analysiert werden.

Direkt von der Quelle: WER und SCOM 2007

Dhananjay Mahajan, Senior Program Manager, *Enterprise Management Division*

Alle Versionen von Microsoft Windows haben einen Dienst namens *Windows-Fehlerberichterstattungsdienst*, der den Windows-Fehlerberichterstattungsclient (in Windows Vista oder neuer) oder den Watson-Client (in älteren Windows-Versionen) benutzt, um Informationen über Anwendungs- und Betriebssystemabstürze zu sammeln. Die Windows-Fehlerberichterstattung leitet die Berichte zu den Abstürzen dann an Microsoft weiter, wo sie analysiert werden. Microsoft System Center Operations Manager 2007 (SCOM 2007) erlaubt es der Windows-Fehlerberichterstattung, diese Berichte erst einmal an einen Verwaltungsserver weiterzuleiten, der von der eigenen Organisation betrieben wird. Der Administrator kann dann entscheiden, ob er die Daten zur Analyse an Microsoft senden und prüfen will, ob eine Lösung für das Problem angeboten wird. Weil die Clientadministratoren Zugriff auf diese Informationen haben, können sie sich genauere Einblicke in Systemfehler verschaffen als jemals zuvor. Für diesen Zweck stehen vordefinierte Berichte zur Verfügung, die Absturzdaten von allen WER-Clients sammeln und zusammenfassen. Mithilfe dieser Berichte können Administratoren erkennen, welche Anwendungen am häufigsten abstürzen, welche Absturztypen am häufigsten auftreten und ob Lösungen im WER-Dienst verfügbar sind.

Agentless Exception Monitoring (AEM), ein Feature von SCOM 2007, bietet die Möglichkeit, keine Informationen, sondern nur die Fehler-IDs oder die vollständigen Informationen zum Absturz inklusive Speicherabbilder zur Analyse zu senden. Falls eine Fehler-ID oder vollständige Informationen gesendet werden, durchsucht Microsoft seine Knowledge Base nach dem Fehler und gibt eine Lösung zurück, falls eine vorhanden ist. Microsoft nutzt die Absturzinformationen, die über die Windows-Fehlerberichterstattung gesendet werden, um die Qualität der eigenen Produkte zu verbessern. Da Administratoren Zugriff auf diese Absturzdaten haben, können sie auch die Qualität ihrer internen Anwendungen verbessern. AEM verursacht nur einen geringen Aufwand, und Abstürze treten nur gelegentlich auf. Daher kann AEM problemlos auf allen Clientsystemen innerhalb eines Unternehmens bereitgestellt werden, ohne dass dafür große Speicherkapazitäten aufgewendet werden müssen. Ein einzelner Server ist üblicherweise in der Lage, Absturzdaten von 100.000 Desktopcomputern mit »normalen« Absturzraten zu sammeln, zusammenzufassen und zu analysieren.

Der Zyklus der Fehlerberichterstattung

Der Fehlerberichterstattungszyklus von WER beginnt, wenn ein Bericht auf dem System eines Benutzers generiert wird, und endet, wenn eine Antwort an den Benutzer zurückgegeben wird. Insgesamt besteht dieser Prozess aus fünf Hauptschritten: Berichterstattung, Kategorisierung, Untersuchung, Auflösung und Antwort. Die folgenden Abschnitte beschreiben diese Schritte genauer.

Berichterstattung

Der erste Schritt ist das Erstellen und Einreichen des Berichts. Das kann durch eine Reihe von Ereignissen ausgelöst werden, zum Beispiel einen Anwendungsabsturz, eine hängengebliebene Anwendung oder einen Abbruchfehler (Bluescreen). Ab Windows Vista können auch Anwendungen ihre eigenen benutzerdefinierten Ereignistypen definieren, sodass sie den Berichtsprozess auslösen können, sobald irgendein Problem auftritt.

Kategorisierung

Nachdem die Backendserver bei Microsoft den Bericht erhalten haben, wird er einer Kategorie zugeordnet, die sich aus dem Problem ableitet. Für die Kategorisierung reichen manchmal die Ereignisparameter (Textbeschreibung des Ereignisses), vielleicht werden aber auch zusätzliche Daten (Speicherabbilder) benötigt. Das Ergebnis der Kategorisierung ist, dass das vom Kunden gemeldete Ereignis in eine sogenannte Watson-Buckct-ID umgesetzt wird. Das erlaubt den Entwicklern, die Ereignisse zu analysieren und herauszufinden, welche Probleme am häufigsten gemeldet werden. So können sie sich auf die wichtigsten Problembereiche konzentrieren.

Untersuchung

Sobald das Problem einer Kategorie zugeordnet wurde, können sich Entwicklungsteams die Berichtsdaten über das Watson-Portal ansehen. Das Watson-Portal stellt die Daten zur Verfügung, die erforderlich sind, um allgemeine Trends zu erkennen und Daten zusammenzustellen, zum Beispiel die für eine Anwendung am häufigsten gemeldeten Fehler. Es bietet außerdem einen Mechanismus, die detaillierten Daten in der Meldung zu untersuchen, um die eigentliche Ursache für das Problem zu finden.

Auflösung

Sobald ein Entwickler die eigentliche Ursache eines Problems ermittelt hat, wird im Idealfall eine Korrektur, ein Workaround oder eine neue Version erstellt, die dem Kunden verfügbar gemacht wird.

Antwort

Der letzte Schritt besteht darin, Kontakt mit dem Kunden aufzunehmen, der das Problem gemeldet hat. Er bekommt eine Antwort auf seinen Bericht und erhält Informationen, wie er das Problem beseitigen kann. Es gibt zwei Wege, wie ein Kunde eine Antwort erhalten kann:

- Falls das Problem zu dem Zeitpunkt, an dem ein Fehlerbericht übertragen wird, bereits bekannt und gelöst ist, bekommt der Kunde eine Antwort in Form eines Dialogfelds, das sofort nach dem Kategorisierungsschritt eine Benachrichtigung ausgibt.

- Falls das Problem zu dem Zeitpunkt, an dem ein Fehlerbericht übertragen wird, noch nicht gelöst ist, aber einige Zeit nach dem Einreichen des Berichts eine Lösung zur Verfügung steht, kann der Kunde zu einem späteren Zeitpunkt nachfragen, ob neue Erkenntnisse zum Problem zur Verfügung stehen.

Überblick über die WER-Daten

Um das Einreichen des Berichts zu optimieren, werden die WER-Fehlerdaten in zwei Ebenen untergliedert. Während der Kommunikation mit den Backendservern, bei denen die Daten der ersten Ebene übertragen werden, stellt WER fest, ob weitere Daten benötigt werden. Falls der Server mehr Daten anfordert, wird sofort damit begonnen, die Daten der zweiten Ebene zu sammeln. Gleichzeitig wird ein Dialog angezeigt, in dem der Benutzer gefragt wird, ob er auch der Übertragung dieser ausführlicheren Daten zustimmt.

Daten der ersten Ebene

Die Daten der ersten Ebene bestehen aus maximal 10 Stringparametern, die eine bestimmte Klassifizierung des Problems enthalten. Diese Daten sind in der Berichtsmanifestdatei *Report.wer* gespeichert und werden als Erstes an die Watson-Backendserver übertragen. (Die Datei *Report.wer* selbst wird nicht übertragen, nur die Parameter.) Anhand dieser Parameter wird das Problem einer Kategorie zugeordnet. Zum Beispiel liefern die Parameter für einen Absturz (Anwendungsname, Anwendungsversion, Modulname, Modulversion, Moduloffset, AppTimeStamp, ModTimeStamp und Exception-Code) einen zuverlässigen Weg, einen Absturz der richtigen Kategorie zuzuordnen. Die Parameter sind die einzigen Daten, die während dieser ersten Kommunikation an das Watson-Backend übertragen werden.

Berichte sind in einem Archiv als Ordnerstruktur im System gespeichert. Jeder Berichtsunterordner enthält zumindest die Berichtsmanifesttextdatei (*Report.wer*), die den Inhalt des Fehlerberichts beschreibt. Die Datei *Report.wer* ist zwar eine reine Textdatei, sie wurde aber nicht mit dem Ziel entworfen, von einem Menschen verstanden oder bearbeitet zu werden. Alle Dateien, auf die im Bericht verwiesen wird, werden ebenfalls in diesen Ordner gelegt. Die folgenden Hauptabschnitte sind in den meisten *Report.wer*-Dateien enthalten:

- Version
- Ereignisinformationen
- Signatur
- UI
- Status
- Dateien
- Antwort

Daten der zweiten Ebene

Die Daten der zweiten Ebene sind ergänzende Daten, die unter Umständen benötigt werden, um einen bestimmten Bucket zu diagnostizieren und zu lösen. Da Microsoft normalerweise nur einen kleinen Ausschnitt dieser umfangreichen Daten benötigt, werden die Daten der zweiten Ebene nur übertragen, falls der Backendserver sie anfordert und der Benutzer der Übertragung zustimmt. Daten der zweiten Ebene werden in zwei Kategorien eingeteilt:

- **Sichere Daten**   Dies sind Informationen, von denen der Entwickler glaubt, dass sie keinerlei persönliche Informationen enthalten, zum Beispiel ein kleiner Abschnitt des Arbeitsspeichers, ein bestimmter Registrierungsschlüssel oder eine Protokolldatei.
- **Andere Daten**   Dazu gehören alle anderen Daten, die unter Umständen persönliche Informationen enthalten können.

Sie haben die Option, sichere Daten immer automatisch zu senden. Welche Informationen die Daten der zweiten Ebene enthalten, wird von den Watson-Backendservern festgelegt. Sie können unter anderem folgende Elemente enthalten:

- Minispeicherabbild
- Inhalt des Heaps
- Registrierungsschlüssel
- WMI-Abfragen
- Diverse Dateien

WEITERE INFORMATIONEN   Weitere Informationen darüber, welche Informationen in der Windows-Fehlerberichterstattung übertragen werden können, finden Sie in der Windows Vista-WER-Datenschutzerklärung unter *http://go.microsoft.com/fwlink/?linkid=50163.*

HINWEIS Ab Windows Vista generiert WER Minispeicherabbilddateien und Heapabsturzabbilddateien, aber keine Absturzabbilddateien von Benutzermodusprozessen. Informationen darüber, wie Sie diese Abbilddateien generieren, finden Sie im Knowledge Base-Artikel 931673, »How to create a user-mode process dump file in Windows Vista«, unter *http://support.microsoft.com/kb/931673*.

Konfigurieren von WER mit Gruppenrichtlinien

Administratoren können Gruppenrichtlinien nutzen, um WER in AD DS-Umgebungen zu konfigurieren. Tabelle 21.9 beschreibt, welche Richtlinieneinstellungen zur Verfügung stehen, um WER auf Zielcomputern mit Windows Vista und neuer zu konfigurieren. Sie finden WER-Richtlinieneinstellungen an zwei Stellen:

Computerkonfiguration\Richtlinien\Administrative Vorlagen\Windows-Komponenten\Windows-Fehlerberichterstattung

Benutzerkonfiguration\Richtlinien\Administrative Vorlagen\Windows-Komponenten\Windows-Fehlerberichterstattung

Fast alle Richtlinieneinstellungen, die in der folgenden Tabelle aufgeführt sind, stehen sowohl im Zweig *Computerkonfiguration* als auch im Zweig *Benutzerkonfiguration* zur Verfügung. Die einzige Ausnahme ist die Richtlinieneinstellung *Windows-Fehlerberichterstattung im Unternehmen konfigurieren*, die es nur im Zweig *Computerkonfiguration* gibt.

Tabelle 21.9 Gruppenrichtlinieneinstellungen zum Konfigurieren der WER

Richtlinieneinstellung	Beschreibung
Unter \Windows-Fehlerberichterstattung	
Windows-Fehlerberichterstattung deaktivieren	Ist diese Einstellung aktiviert, sendet WER keine Probleminformationen an Microsoft. In diesem Fall stehen im Wartungscenter auch keine Lösungsinformationen zur Verfügung.
Anzeige der Benutzeroberfläche bei schwerwiegenden Fehlern verhindern	Diese Richtlinieneinstellung verhindert, dass bei kritischen Fehlern die Benutzeroberfläche angezeigt wird. Wenn Sie diese Richtlinieneinstellung aktivieren, verhindert WER, dass beim Auftreten von kritischen Fehlern die Benutzeroberfläche angezeigt wird. Wenn Sie diese Richtlinieneinstellung deaktivieren oder nicht konfigurieren, zeigt WER die Benutzeroberfläche für kritische Fehler an.
Protokollierung deaktivieren	Ist diese Einstellung aktiviert, werden WER-Ereignisse nicht im Systemereignisprotokoll aufgezeichnet.
Keine zusätzlichen Daten senden	Ist diese Einstellung aktiviert, werden Anforderungen von Microsoft nach zusätzlichen Daten, die als Reaktion auf ein WER-Ereignis eingehen, automatisch abgelehnt, ohne dass der Benutzer benachrichtigt wird.
Unter \Windows-Fehlerberichterstattung\Erweiterte Einstellungen für Fehlerberichterstattung	
Berichtsarchiv konfigurieren	Diese Einstellung steuert das Verhalten des WER-Archivs. Ist als Archivverhalten die Option *Alles speichern* ausgewählt, werden alle Daten, die für jeden Bericht gesammelt wurden, am jeweiligen Speicherort gespeichert. Ist als Archivverhalten die Option *Nur Parameter speichern* eingestellt, werden nur die Daten gespeichert, die unbedingt nötig sind, um nach einer vorhandenen Lösung zu suchen. Die Einstellung *Maximale Anzahl gespeicherter Berichte* legt fest, wie viele Berichte gespeichert werden können, bevor alte Berichte automatisch gelöscht werden. Ist diese Einstellung deaktiviert, werden keine WER-Informationen gespeichert.
Windows-Fehlerberichterstattung im Unternehmen konfigurieren	Diese Einstellung legt fest, an welchen Unternehmensserver WER Berichte sendet (statt die Berichte an Microsoft zu senden). *Serveranschluss* ist der Port, der auf dem Zielserver benutzt wird. *Verbindung über SSL* legt fest, ob Windows die Berichte über eine sichere Verbindung an den Server überträgt. ▶

Richtlinieneinstellung	Beschreibung
Liste ausgeschlossener Anwendungen	Diese Einstellung legt das Verhalten der Ausschlussliste der Fehlerberichterstattung fest. Windows sendet keine Berichte für Prozesse, die in dieser Liste aufgeführt sind. Klicken Sie auf *Anzeigen*, um die Ausschlussliste zu öffnen. Geben Sie im Dialogfeld *Inhalt anzeigen* in der Spalte *Wert* einen Prozessnamen ein, um einen Prozess zur Liste hinzuzufügen. Sie löschen einen Prozess aus der Liste, indem Sie den Prozessnamen anklicken und die Taste ENTF drücken. Klicken Sie auf *OK*, um die Liste zu speichern.
Berichtswarteschlange konfigurieren	Diese Einstellung legt das Verhalten der WER-Warteschlange fest. Ist in *Warteschlangenverhalten* die Option *Standard* ausgewählt, entscheidet Windows jedes Mal, wenn ein Problem auftritt, ob der Bericht in die Warteschlange gestellt oder ob der Benutzer gefragt werden soll, ob er ihn sofort absenden möchte. Ist in *Warteschlangenverhalten* die Option *Immer in Warteschlange stellen* ausgewählt, werden alle Berichte in die Warteschlange gestellt, bis der Benutzer benachrichtigt wird, dass er sie versenden soll, oder bis der Benutzer im Systemsteuerungsmodul *Problemberichte und -lösungen* entscheidet, sie zu senden. Ist in *Warteschlangenverhalten* die Option *Immer in Warteschlange für Administrator stellen* ausgewählt, werden Berichte so lange in die Warteschlange gestellt, bis ein Administrator benachrichtigt wird, dass er sie versenden soll, oder bis ein Administrator im Systemsteuerungsmodul *Problemberichte und -lösungen* entscheidet, sie zu senden. Die Einstellung *Maximale Anzahl von Berichten in Warteschlange* legt fest, wie viele Berichte in die Warteschlange gestellt werden können, bevor alte Berichte automatisch gelöscht werden. Die Einstellung *Anzahl Tage zwischen Erinnerungen für die Suche nach Lösungen* legt fest, wie lange mit dem Anzeigen von Systembenachrichtigungen gewartet wird, die den Benutzer daran erinnern, nach Lösungen für die Probleme zu suchen. Der Wert 0 deaktiviert die Erinnerungsmeldungen. Ist die Einstellung für die WER-Warteschlange deaktiviert, werden keine WER-Informationen in die Warteschlange gestellt und die Benutzer können Berichte nur zu dem Zeitpunkt versenden, an dem ein Problem auftritt.

Unter \Windows-Fehlerberichterstattung\Zustimmung

Zustimmungseinstellungen anpassen	Diese Richtlinieneinstellung legt das Zustimmungsverhalten von WER für bestimmte Ereignistypen fest. Wenn diese Richtlinieneinstellung aktiviert ist und die Zustimmungsebene auf 0 (deaktiviert) gesetzt ist, sendet WER im Fehlerfall keinerlei Daten an Microsoft. Ist die Zustimmungsebene auf 1 gesetzt (*Vor dem Senden von Daten immer nachfragen*), fragt Windows den Benutzer, ob er die Genehmigung zum Versenden von Berichten gibt. Hat die Zustimmungsebene den Wert 2 (*Parameter senden*), werden automatisch nur so viele Daten versendet, wie unbedingt gebraucht werden, um nach vorhandenen Lösungen zu suchen; Windows fragt den Benutzer nach seiner Zustimmung, bevor es zusätzliche Daten sendet, die Microsoft anfordert. Ist die Zustimmungsebene auf 3 gesetzt (*Parameter und sichere zusätzliche Daten senden*), werden automatisch die Daten versendet, die gebraucht werden, um nach vorhandenen Lösungen zu suchen, sowie Daten, die nach der Analyse von Windows keine persönlichen Daten enthalten (mit hoher Wahrscheinlichkeit); Windows fragt den Benutzer nach seiner Zustimmung, bevor es zusätzliche Daten sendet, die Microsoft anfordert. Hat die Zustimmungsebene den Wert 4 (*Alle Daten senden*), werden alle Daten, die Microsoft anfordert, automatisch gesendet. Wenn diese Einstellung deaktiviert oder nicht konfiguriert ist, wird die Standardzustimmungseinstellung verwendet.
Benutzerdefinierte Zustimmungseinstellungen ignorieren	Mit dieser Richtlinieneinstellung wird das Verhalten der Standardzustimmungseinstellungen im Verhältnis zu den benutzerdefinierten Zustimmungseinstellungen festgelegt. Wenn diese Einstellung aktiviert ist, setzt die Standardzustimmungsebene stets alle anderen Zustimmungseinstellungen außer Kraft. Wenn diese Einstellung deaktiviert oder nicht konfiguriert ist, bestimmt eine benutzerdefinierte Zustimmungseinstellung die Zustimmungsebene für den betreffenden Ereignistyp, während die Standardzustimmungseinstellung die Zustimmungsebene für alle anderen Berichte festlegt. ▶

Richtlinieneinstellung	Beschreibung
Standardzustimmungsverhalten konfigurieren	Diese Einstellung legt das Zustimmungsverhalten der Windows-Fehlerberichterstattung fest. Wenn als Zustimmungsebene *Vor dem Senden von Daten immer nachfragen* eingestellt ist, werden die Benutzer aufgefordert, das Senden von Berichten zu bestätigen. Wenn als Zustimmungsebene *Parameter senden* eingestellt ist, werden automatisch nur so viele Daten versendet, wie unbedingt gebraucht werden, um nach vorhandenen Lösungen zu suchen; Windows fragt den Benutzer nach seiner Zustimmung, bevor es zusätzliche Daten sendet, die Microsoft anfordert. Wenn als Zustimmungsebene *Parameter und sichere zusätzliche Daten* ausgewählt ist, werden automatisch die Daten versendet, die gebraucht werden, um nach vorhandenen Lösungen zu suchen, sowie Daten, die nach der Analyse von Windows keine persönlichen Daten enthalten (mit hoher Wahrscheinlichkeit); Windows fragt den Benutzer nach seiner Zustimmung, bevor es zusätzliche Daten sendet, die Microsoft anfordert. Wenn als Zustimmungsebene *Alle Daten senden* ausgewählt ist, werden alle von Microsoft angeforderten Daten automatisch gesendet. Wenn Sie diese Einstellung deaktivieren oder nicht konfigurieren, wird standardmäßig *Vor dem Senden von Daten immer nachfragen* als Zustimmungsverhalten verwendet.

Konfigurieren von WER im Wartungscenter

In Windows Vista befand sich die Benutzeroberfläche für WER im Systemsteuerungselement *Problemberichte und -lösungen*. In Windows 7 wurde die Bedienung von WER vereinfacht und in das neue Wartungscenter (Abbildung 21.21) integriert. Das Wartungscenter bildet eine zentrale Anlaufstelle, wo der Benutzer Meldungen zu Sicherheit, Stabilität, Zuverlässigkeit und Leistung des Systems untersucht. Das Wartungscenter agiert als Nachrichtenwarteschlange, es zeigt die Elemente an, die der Aufmerksamkeit des Benutzers bedürfen, und fasst 10 separate Komponenten aus Windows Vista in einem einzigen Tool zusammen.

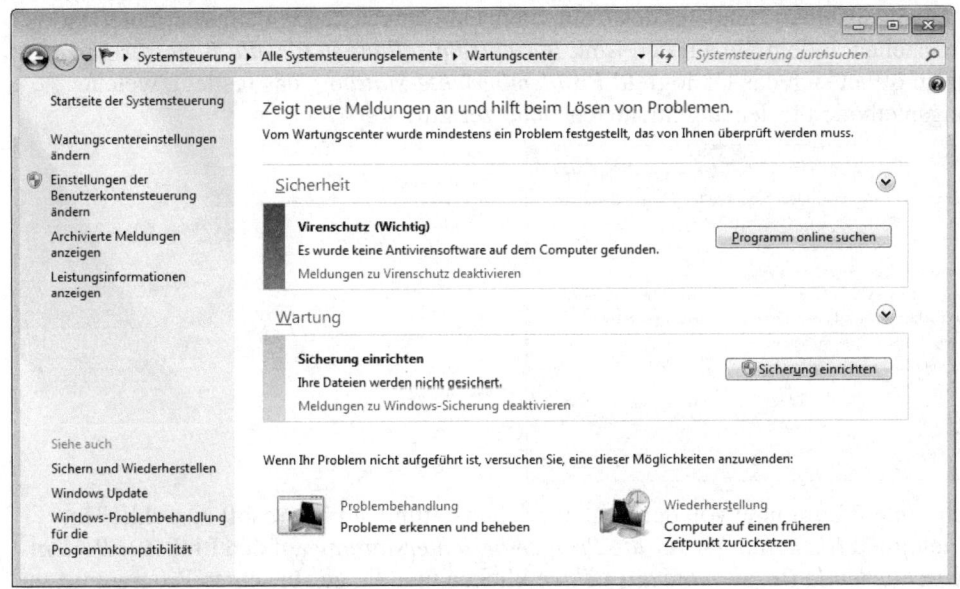

Abbildung 21.21   Das neue Wartungscenter in Windows 7

Gehen Sie folgendermaßen vor, um die clientseitigen WER-Einstellungen im Wartungscenter zu konfigurieren:

1. Klicken Sie am linken Rand des Wartungscenters auf den Link *Wartungscentereinstellungen ändern*, um das Dialogfeld *Wartungscentereinstellungen ändern* zu öffnen.

2. Klicken Sie unten im Fenster *Wartungscentereinstellungen ändern* unter *Verwandte Einstellungen* auf den Link *Einstellungen für Problemberichterstattung*, um das Dialogfeld *Einstellungen für die Problemberichterstattung* zu öffnen:

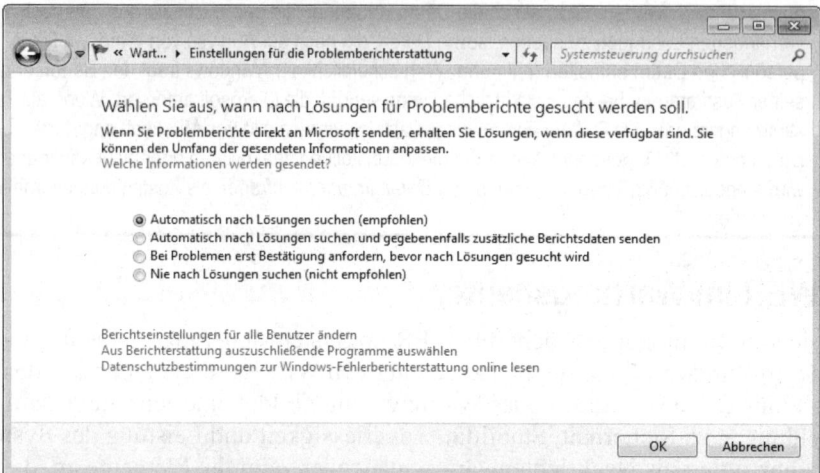

3. Konfigurieren Sie im Dialogfeld *Einstellungen für die Problemberichterstattung* die Fehlerberichterstattungsmethode, die für alle Benutzer des Computers gelten soll.

4. Sie können für einen einzelnen Benutzer des Computers eine abweichende Fehlerberichterstattungsmethode einstellen, indem Sie auf den Link *Berichtseinstellungen für alle Benutzer ändern* klicken. Daraufhin öffnet sich das Dialogfeld *Problemberichterstattung*, das festlegt, welche Berichterstattungsmethode für den angemeldeten Benutzer gilt:

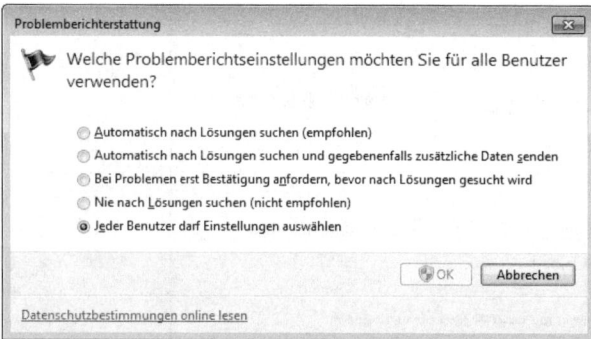

5. Sie können bestimmte Programme von der Fehlerberichterstattung an Microsoft ausschließen, indem Sie im Dialogfeld *Einstellungen für die Problemberichterstattung* auf den Link *Aus Berichterstattung auszuschließende Programme auswählen* klicken und die gewünschten Programme zur Liste hinzufügen:

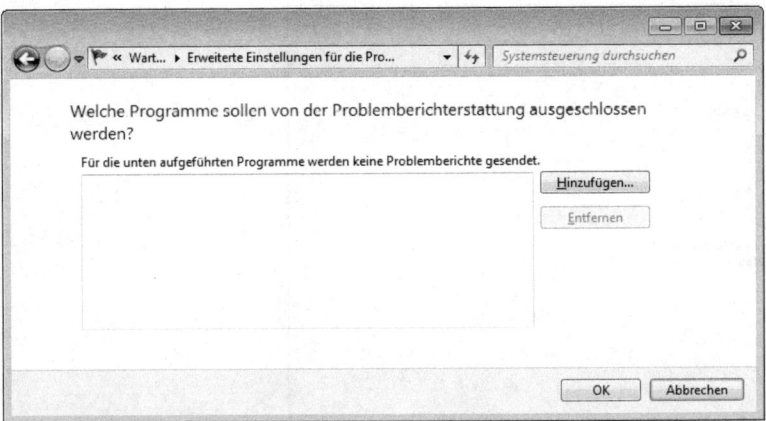

Welche WER-Nachrichten von diesem Computer an Microsoft gesendet wurden, stellen Sie fest, indem Sie im Suchfeld des Startmenüs **Alle** eintippen und dann auf *Alle Problemberichte anzeigen*, wenn es in der Gruppe *Systemsteuerung* angezeigt wird. Daraufhin öffnet sich das Dialogfeld *Problemberichte überprüfen* (Abbildung 21.22), das zu jedem gesendeten Bericht die Quelle, eine Zusammenfassung des Problems, das den Bericht ausgelöst hat, das Datum und die Uhrzeit, zu der dieser Bericht gesendet wurde, und den Status des Problems anzeigt.

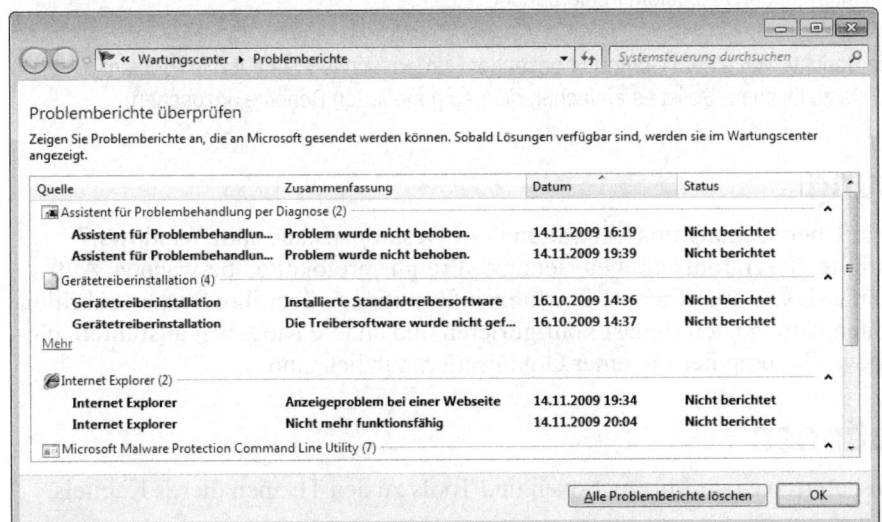

Abbildung 21.22   Anzeigen der Fehlerberichte, die vom Computer an Microsoft gesendet wurden

Wenn Sie doppelt auf einen Bericht klicken, werden detaillierte Informationen über das Problem und den gesendeten Bericht angezeigt, darunter die Watson-Bucket-ID (Abbildung 21.23). Diese Daten sind nützlich, wenn Sie versuchen, ungelöste Probleme in Zusammenarbeit mit den Spezialisten des Microsoft-Produktsupports zu klären.

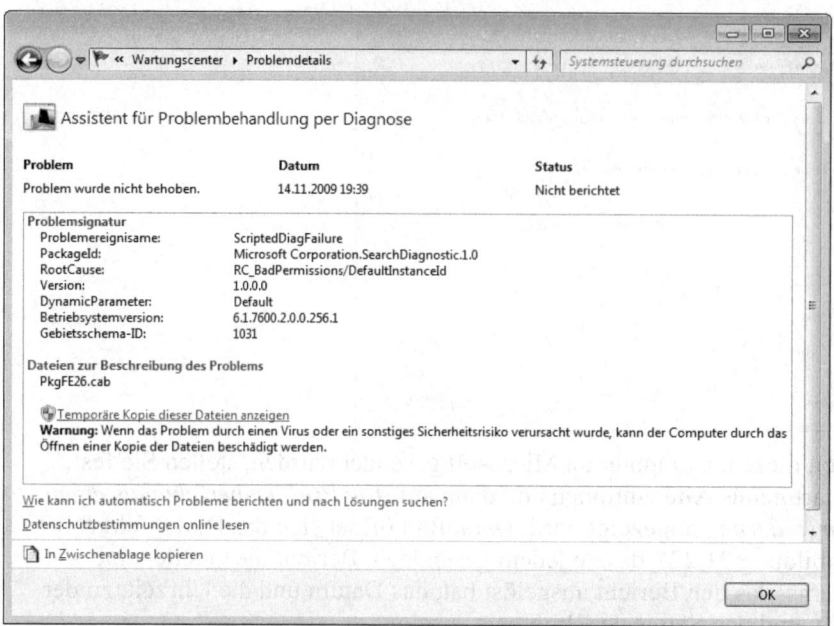

Abbildung 21.23   Detaillierte Informationen zu einem Fehlerbericht

HINWEIS   Wenn sehr viele Berichte von einem Computer gesendet wurden, können Sie auf *Alle Problem-berichte löschen* klicken, um sie zu löschen. So ist es einfacher, die neu generierten Berichte anzusehen.

Zusammenfassung

Dieses Kapitel hat Tools für Überwachung und Verwaltung des Desktopzustands auf Windows 7-Computern behandelt. Mithilfe dieser Tools können Benutzer Ereignisprotokolle überwachen, Aufgaben verwalten, die Zuverlässigkeit überwachen, Leistungsinformationen über ihre Systeme abrufen, die Windows-Fehlerberichterstattung nach Bedarf konfigurieren und andere Aufgaben ausführen, die bei der Wartung von Windows 7-Computern in einer Organisation nützlich sind.

Weitere Informationen

Die folgenden Ressourcen liefern weitere Informationen und Tools zu den Themen dieses Kapitels.

Informationsquellen

- Weitere Informationen zur Benutzung der Leistungsüberwachung in Windows 7 finden Sie unter *http://technet.microsoft.com/de-de/library/cc749249.aspx*.

- Weitere Informationen zu den Windows-Leistungsanalysetools finden Sie unter *http://msdn.microsoft.com/en-us/performance/cc825801.aspx*.

- Weitere Informationen über *Wevtutil.exe* finden Sie unter *http://technet.microsoft.com/en-us/library/cc732848.aspx*.

- Weitere Informationen über die Verwaltung von Aufgaben finden Sie im Überblick zur Aufgaben-planung unter *http://technet.microsoft.com/de-de/library/cc721871.aspx*.

Auf der Begleit-CD

- *CountErrors.ps1*
- *CreateScheduledTask.ps1*
- *DeleteScheduledTask.ps1*
- *FindUSBEvenets.ps1*
- *Get-DiagnosticEventLogs.ps1*
- *GetDetailedProcessInfo.ps1*
- *GetErrorsFromAllLogFiles.ps1*
- *GetEventLogErrors.ps1*
- *GetEventLogRetentionPolicy.ps1*
- *GetEventLogs.ps1*
- *GetFirstEntry.ps1*
- *GetLastEvent.ps1*
- *GetLogLastMinutes.ps1*
- *GetLogSources.ps1*
- *ListScheduledTask.ps1*
- *ListSystemRestorePoints.ps1*
- *MonitorCPU.ps1*
- *MonitorMemory.ps1*
- *MonitorNetwork.ps1*
- *QueryEventLog.ps1*
- *ReportWinSat.ps1*

KAPITEL 22

Benutzersupport über Remoteunterstützung

Die Remoteunterstützung (Remote Assistance, RA) in Windows Vista führte eine Reihe von Verbesserungen in den Bereichen Konnektivität, Leistung, Benutzerfreundlichkeit und Sicherheit ein, außerdem Featureverbesserungen, die die Remoteunterstützung sogar noch nützlicher machen als die alte Version in Windows XP. Das Betriebssystem Windows 7 baut mit Easy Connect auf diesen Verbesserungen auf. Easy Connect ist ein neues Feature der Remoteunterstützung, das es Anfängern einfacher als je zuvor macht, Hilfe von erfahrenen Benutzern anzufordern. Auch für Experten wird es damit einfacher, Anfängern ihre Hilfe anzubieten. Mit umfangreicherer Unterstützung für Gruppenrichtlinien, Befehlszeilenskriptingfähigkeiten, Sitzungsprotokollierung, Bandbreitenoptimierung und etlichem mehr ist die Remoteunterstützung jetzt ein unverzichtbares Tool, wenn Unternehmen in Helpdesk-Szenarien Support für ihre Benutzer bereitstellen wollen. Dieses Kapitel untersucht, wie die Remoteunterstützung in Windows 7 funktioniert, wie Sie damit Endbenutzer unterstützen und wie Sie sie mithilfe von Gruppenrichtlinien und Skripts verwalten.

Grundlagen der Remoteunterstützung

Der Support von Endbenutzern ist eine Kernaufgabe von IT-Abteilungen und dem Unternehmens-Helpdesk. Leider ist herkömmlicher technischer Support über das Telefon oder Chattools im Allgemeinen umständlich und ineffizient. Daher ist der Benutzersupport für große Unternehmen oft zeitaufwendig und teuer. Zum Beispiel fällt es Endbenutzern oft schwer, genau zu beschreiben, was für ein Problem sie haben. Wegen ihrer Unerfahrenheit und mangelndem Fachwissen versuchen Benutzer oft, ihr Problem in nichttechnischer, ungenauer Sprache zu beschreiben. Das Helpdesk-Personal ist dann im Allgemeinen darauf beschränkt, eine Reihe einfacher Fragen zu stellen und auf diese Weise zu versuchen, das Problem des Benutzers zu isolieren. Diese methodischen Fragen haben manchmal zur Folge, dass Benutzer das Gefühl bekommen, sie würden vom Helpdesk-Personal herablassend behandelt. Solche Missverständnisse können die Effektivität des Supports verringern und dazu führen, dass Benutzer bei künftigen Problemen lieber darauf verzichten, Supportpersonal zu kontaktieren.

Endbenutzer haben oft auch Schwierigkeiten, den Anweisungen der Helpdesk-Mitarbeiter zu folgen, die ihnen helfen wollen. Gut geschulte Supportmitarbeiter versuchen nach Möglichkeit, technischen Jargon zu vermeiden, wenn sie mit Endbenutzern kommunizieren. Nun kann einfache Sprache den Support für den Endbenutzer zwar erleichtern, sie kann aber auch dazu führen, dass die Lösungsschritte lang und mühsam werden. Soll zum Beispiel einem Benutzer erklärt werden, wie er die Datenträgerbereinigung über *Zubehör/Systemprogramme* startet, sind dafür unter Umständen mehrere

Sätze nötig. Diese Art der Kommunikation kann Supportfälle in die Länge ziehen, sodass sie für das Unternehmen teuer werden.

Remoteunterstützung löst diese Probleme, weil Supportpersonal den Desktop des Benutzers in Echtzeit sehen kann. Der Benutzer, der Hilfe benötigt, kann dem Supportmitarbeiter sein Problem direkt vorführen. Das ist ein schnellerer und effizienterer Weg, ein Problem zu kommunizieren, als über Telefon oder E-Mail. Falls nötig, kann der Benutzer dem Supportmitarbeiter auch die Berechtigung geben, zeitweise die Kontrolle über den Computer des Benutzers zu übernehmen, damit er dem Benutzer demonstrieren kann, wie sich das Problem beseitigen lässt. Ergebnisse der Remoteunterstützung sind schnellere Problemlösung, verbesserte Supporterfahrung und geringere Betriebskosten (Total Cost of Ownership, TCO) für den Endbenutzersupport in großen Unternehmensumgebungen.

Remoteunterstützung und Remotedesktop

Remoteunterstützung und Remotedesktop sind unterschiedliche Features von Windows 7, die völlig unterschiedliche Zwecke verfolgen. Der Remotedesktop basiert auf Microsofts Terminaldiensten, er ist ein Tool für die Anmeldung an Remotecomputern. Wenn Sie mit Remotedesktop eine Verbindung zu einem Remotecomputer herstellen, wird eine neue Benutzersitzung eingerichtet. Der Remotedesktop kann auch Sitzungen mit Computern einrichten, auf denen keine interaktiven Sitzungen laufen (an denen sich kein Benutzer lokal angemeldet hat), zum Beispiel Server ohne Monitor (sogenannte Headless-Server). Weitere Informationen zum Remotedesktop finden Sie in Kapitel 27, »Verbindungen mit Remotebenutzern und -netzwerken«.

Die Remoteunterstützung ist dagegen ein Tool, um Benutzern interaktiv dabei zu helfen, Probleme mit ihren Computern zu beseitigen. Die Remoteunterstützung kann nur verwendet werden, wenn sich sowohl der Benutzer (auch Anfänger oder engl. novice genannt) als auch der Helfer an seinem Computer befindet. Im Unterschied zum Remotedesktop braucht für die Remoteunterstützung keine neue Sitzung angelegt zu werden. Stattdessen erlaubt die Remoteunterstützung dem Helfer, in der vorhandenen Sitzung des Benutzers zu arbeiten. Der Desktop des Benutzers wird vom Helfer *ferngesteuert* (to remote), sodass er sich den Desktop des Benutzers ansehen und (sofern der Benutzer zustimmt) gemeinsam mit dem Benutzer die Kontrolle über den Desktop übernehmen kann.

Hier eine andere Möglichkeit, die Unterschiede zwischen diesen beiden Features zusammenzufassen: In der Remoteunterstützung sehen beide beteiligten Benutzer denselben Desktop unter denselben Anmeldeinformationen (denen des interaktiv angemeldeten Benutzers) und können sich die Steuerung dieses Desktops teilen. Wenn sich dagegen beim Remotedesktop der Remotebenutzer anmeldet, wird der interaktiv angemeldete Benutzer (sofern vorhanden) abgemeldet.

Verbesserungen an der Remoteunterstützung in Windows 7

Wie bereits erwähnt, baut die Remoteunterstützung von Windows 7 auf den zahlreichen Verbesserungen auf, die in Windows Vista für dieses Feature eingeführt wurden. Die Windows Vista-Version bot gegenüber der älteren Windows XP-Implementierung der Remoteunterstützung folgende Verbesserungen:

- Konnektivitätsverbesserungen mit transparentem NAT-Traversal (Network Address Translation) über Teredo und IPv6.

- Eine verbesserte Benutzeroberfläche, die einfacher zu starten und zu bedienen ist.

- Eine eigenständige ausführbare Datei (*Msra.exe*), die Befehlszeilenparameter versteht und einfach skriptgesteuert werden kann.

- Verbesserte Gesamtleistung mit geringerem Speicherbedarf, schnellerem Start und Verbindungsaufbau und optimiertem Bandbreitenverbrauch für Bildschirmaktualisierungen.

- Verbesserte Sicherheit mit obligatorischem Kennwort und Integration mit der Benutzerkontensteuerung (User Account Control, UAC).

- Neues Szenario zum Anbieten der Remoteunterstützung über IM und eine offene API (Application Programming Interface) für Integration mit Peer-to-Peer-Anwendungen.

- Zusätzliche Gruppenrichtlinieneinstellungen für bessere Verwaltbarkeit.

Zusätzlich zu diesen Verbesserungen aus Windows Vista fügt Windows 7 folgende Neuerungen zur Remoteunterstützung hinzu:

- Easy Connect, eine Methode zum Aushandeln der Remoteunterstützung, die auf der P2P-Zusammenarbeitsinfrastruktur aufsetzt, um die Benutzerinteraktionen im Bereich der Remoteunterstützung zu vereinfachen

- Ein verbesserter Windows-Remoteunterstützungsassistent, der es für die Benutzer einfacher als je zuvor macht, Hilfe anzufordern oder anzubieten

- Neue Befehlszeilenparameter für die ausführbare Datei der Remoteunterstützung (*Msra.exe*)

Bei der Remoteunterstützung in Windows Vista und Windows 7 fallen folgende Features weg, die in Windows XP zur Verfügung standen:

- Unterstützung für die MAILTO-Methode zum Anfordern der Remoteunterstützung.

- Unterstützung für Sprachsitzungen.

Daneben fällt in der Remoteunterstützung von Windows 7 auch das Dateiübertragungsfeature weg, das in Windows XP und Windows Vista zur Verfügung stand. Die Kompatibilität zu älteren Versionen bleibt aber gewahrt: Wird beispielsweise von einem Windows XP- oder Windows Vista-Computer eine Dateiübertragung eingeleitet, nimmt Windows 7 diese Übertragung an.

Informationen zur Interoperabilität zwischen den Windows XP-, Windows Vista- und Windows 7-Versionen der Remoteunterstützung finden Sie im Abschnitt »Interoperabilität mit der Remoteunterstützung in Windows XP« weiter unten in diesem Kapitel.

So funktioniert die Remoteunterstützung

In der Remoteunterstützung wird die Person, die Hilfe benötigt, als *Benutzer* oder *Anfänger* (engl. user oder novice) bezeichnet, und der Supportmitarbeiter, der Hilfe bietet, als *Helfer* oder *Experte* (engl. helper oder expert). Sie öffnen die Remoteunterstützung über das Startmenü mit dem Befehl *Alle Programme/Wartung/Windows-Remoteunterstützung*. Sie kann auch über eine Eingabeaufforderung mit dem Befehl **msra.exe** gestartet werden. Die Remoteunterstützung hat zwei grundlegende Betriebsmodi:

- **Angeforderte RA** Bei der *angeforderten RA* (solicited RA, manchmal auch escalated RA) fordert der Benutzer Hilfe beim Experten an, indem er die RA-Sitzung über E-Mail oder Instant Messaging einleitet oder dem Experten eine gespeicherte Einladungsdatei (**.MsRcIncident*) sendet. Jede dieser Methoden arbeitet mit einem anderen Basismechanismus:

  - ☐ **Angeforderte RA über E-Mail** Bei dieser Methode müssen die vom Benutzer verwendeten E-Mail-Clients SMAPI (Simple Mail Application Programming Interface) unterstützen. Beispiele für SMAPI-kompatible E-Mail-Clients sind Windows Mail, das in Windows Vista enthalten ist, und Microsoft Office Outlook 2007. Windows 7 enthält keinen integrierten SMAPI-kompatiblen E-Mail-Client, aber Sie können Windows Live Mail installieren, das als Download innerhalb der Windows Live Essentials-Anwendungssuite enthalten ist (unter *http://get.*

live.com). Webbasierte E-Mail-Dienste wie Windows Live Hotmail sind nicht SMAPI-kompatibel und können nicht benutzt werden, um Remoteunterstützung über E-Mail anzufordern oder anzubieten. Bei diesem Ansatz startet der Benutzer die RA-Benutzeroberfläche, um eine E-Mail-Nachricht zu erstellen, in der eine RA-Einladungsdatei (**.MsRcIncident*) als Anlage enthalten ist. Der Benutzer muss ein Kennwort für die RA-Sitzung eingeben, das er dem Helfer über einen anderen Kommunikationskanal mitteilen muss, zum Beispiel durch einen Telefonanruf. Wenn der Helfer die RA-Einladung des Benutzers erhält, öffnet er das beigefügte Ticket, gibt das Kennwort ein, das er vom Benutzer erhalten hat, und damit beginnt die RA-Sitzung. Der Helfer muss innerhalb eines angegebenen Zeitlimits (Standardwert 6 Stunden) auf die Einladung des Benutzers reagieren, sonst verfällt die Einladung und es muss eine neue gesendet werden. In einer Domänenumgebung kann die Lebensdauer dieses Tickets auch über Gruppenrichtlinien konfiguriert werden. Mehr dazu im Abschnitt »Verwalten der Remoteunterstützung mithilfe von Gruppenrichtlinien« weiter unten in diesem Kapitel.

☐ **Angeforderte RA über Dateitransfer**   Bei dieser Methode brauchen der Benutzer und der Helfer Zugriff auf einen gemeinsamen Ordner (zum Beispiel eine Netzwerkfreigabe auf einem Dateiserver) oder sie müssen eine andere Methode nutzen, um die Datei zu übertragen (zum Beispiel über einen USB-Stick, auf dem die Datei gespeichert wurde, oder durch Upload der Datei auf eine FTP-Site). Der Benutzer erstellt eine RA-Einladungsdatei und speichert sie im freigegebenen Ordner. Der Benutzer muss ein Kennwort bereitstellen, das er dem Helfer auf andere Weise mitteilt, zum Beispiel durch einem Telefonanruf. Der Helfer liest das Ticket aus dem freigegebenen Ordner, öffnet es, gibt das Kennwort ein, und die RA-Sitzung beginnt. Auch hier muss der Helfer innerhalb eines bestimmten Zeitraums auf die Einladung reagieren, sonst verfällt die Einladung und es muss eine neue erstellt werden (die Verfallsdauer ist über Gruppenrichtlinien konfigurierbar).

☐ **Angeforderte RA über Instant Messaging**   Bei dieser Methode zum Anfordern von RA muss sowohl der Benutzer als auch der Helfer IM-Anwendungen (Instant Messaging) verwenden, die Microsofts neue Rendezvous API unterstützen. Der Windows Live Messenger ist zum Beispiel eine IM-Anwendung, die Rendezvous unterstützt. Der Windows Live Messenger steht als Teil der Windows Live Essentials-Anwendungssuite als Download zur Verfügung (unter *http://get.live.com*). Bei diesem Ansatz fordert der Benutzer Unterstützung von jemandem an, der in seiner Buddy-Liste eingetragen ist. Um sicherzustellen, dass die angesprochene Person tatsächlich der Buddy des Benutzers ist (und nicht jemand, der sich dafür ausgibt), erfordert die Remoteunterstützung, dass ein Kennwort über einen anderen Kommunikationskanal vom Benutzer an den Helfer übermittelt wird (zum Beispiel durch ein Telefongespräch), bevor der Helfer die Verbindung herstellen kann. Weitere Informationen zur Rendezvous API finden Sie im Windows SDK auf MSDN unter *http://msdn.microsoft.com/en-us/library/aa359213.aspx*.

☐ **Angeforderte RA über Easy Connect**   Diese Methode zum Anfordern von Unterstützung ist neu in Windows 7. Sie greift auf das Peer Name Resolution-Protokoll (PNRP) zurück, um eine direkte P2P-Übertragung der Einladung zur Remoteunterstützung über die Cloud einzuleiten. Damit der Anfänger die erste Remoteunterstützungssitzung einleiten kann, muss er dem Helfer über eine andere Kommunikationsmethode ein Kennwort mitteilen; das kann beispielsweise über das Telefon geschehen. Der Helfer ruft mithilfe dieses Kennworts die Einladung zur Remoteunterstützung aus der Cloud ab und leitet die Sitzung ein. Sobald die erste Remoteunterstützungsverbindung aufgebaut ist, wird eine Vertrauensbeziehung zwischen Helfer und Benutzer eingerichtet. Dazu werden Kontakt- und Zertifikatinformationen ausgetauscht. Nachfolgende Interaktionen sind einfacher, weil die Kontaktinformationen genutzt werden können, um einen Helfer auszusuchen, der momentan verfügbar ist. Weitere Informationen zu dieser Methode zum Anfordern von Unterstützung finden Sie im Abschnitt »Szenario 1: Anfordern von Remoteunterstützung über Easy Connect« weiter unten in diesem Kapitel. Informationen über die Funktionsweise von Easy Connect finden Sie im Textkasten »Direkt von der Quelle: So funktioniert Easy Connect« weiter unten in diesem Kapitel. Informationen zur Funktionsweise von PNRP finden Sie im Textkasten »So funktioniert's: PNRP und Microsoft P2P-Zusammenarbeitsdienste« weiter unten in diesem Kapitel.

- **Unangeforderte RA** Bei der unangeforderten Remoteunterstützung (unsolicited RA oder offer RA) bietet der Helfer dem Benutzer Unterstützung an, indem er die RA-Sitzung mithilfe von DCOM (Distributed Component Object Model) einleitet. Dieser Fall ist typisch für Unternehmens-Helpdesks, wo sich alle Benutzer in einer Domäne befinden. Der Helfer gibt entweder den vollqualifizierten Domänennamen (Fully Qualified Domain Name, FQDN) oder die IP-Adresse des Computers des Benutzers ein, um die Verbindung zum Computer des Benutzers herzustellen. Bei dieser Methode muss der Helfer vorher als Domänenadministrator autorisiert worden sein, damit er Benutzern Remoteunterstützung anbieten kann. (Informationen darüber, wie Sie Helfer so autorisieren, dass sie RA anbieten dürfen, finden Sie im Abschnitt »Verwalten der Remoteunterstützung mithilfe von Gruppenrichtlinien« weiter unten in diesem Kapitel.) Diese Methode setzt außerdem voraus, dass der Helfer entweder den Namen (Hostnamen in einem lokalen Subnetz, andernfalls den vollqualifizierten Namen) oder die Adresse (IPv4 oder IPv6) des Computers des Benutzers weiß.

So funktioniert's: PNRP und Microsoft P2P-Zusammenarbeitsdienste

Microsoft P2P-Netzwerk- und Zusammenarbeitstechnologien wurden mit dem Ziel entworfen, eine neue Generation von Peer-to-Peer-Szenarien zu ermöglichen, beispielsweise gemeinsam genutzte Arbeitsbereiche, verteiltes Rechnen und sogar Lastausgleich. Mithilfe dieser P2P-Technologien können Benutzer auf sichere Weise kommunizieren und untereinander Informationen austauschen, ohne dass dafür ein zentraler Server gebraucht wird. Weil P2P-Technologien so entworfen sind, dass sie in Netzwerkumgebungen mit vorübergehender Konnektivität funktionieren (etwa über ein Ad-hoc-Drahtlosnetzwerk, das zwischen mehreren Notebooks in einem Internetcafé aufgebaut wird), können sie kein serverbasiertes DNS (Domain Name System) voraussetzen, um die Namensauflösung zwischen den Peers durchzuführen. Stattdessen basiert P2P-Namensauflösung auf PNRP, einem Mechanismus für verteilte, serverlose Namensauflösung von Peers in einem P2P-Netzwerk.

PNRP arbeitet mit mehreren Gruppen von Computern, den sogenannten Clouds (»Wolken«). Diese Clouds entsprechen zwei unterschiedliche IPv6-Adressbereichen:

- **Globale Cloud** Jeder Computer wird mit einer einzigen globalen Cloud verbunden. Bei Computern mit IPv6-Internetkonnektivität ist die globale Cloud internetweit. In Netzwerken, wo die Computer keine IPv6-Internetkonnektivität haben, aber globale IPv6-Adressen besitzen (beispielsweise in einer durch Firewalls abgeschirmten Unternehmensumgebung), überspannt die globale Cloud das Netzwerk.

- **Verbindungslokale Cloud** Eine oder mehrere Clouds, die jeweils den Knoten innerhalb desselben Subnetzes oder der Netzwerkverbindung (verbindungslokale Adressen und verbindungslokaler Adressbereich) entsprechen. Beachten Sie, dass die Remoteunterstützung nur die globale (internetweite) Cloud benutzt; verbindungslokale Clouds werden von der Remoteunterstützung nicht benutzt.

Peernamen sind in PNRP statische Kennungen der Endpunkte, die in wechselnde IP-Adressen aufgelöst werden können. Dies macht die P2P-Kommunikation möglich. Peernamen können Computer, Benutzer, Geräte, Gruppen, Dienste oder beliebige andere Objekte sein, die durch eine IPv6-Adresse und einen Port identifiziert werden. Peernamen werden durch Kennungen (IDs) dargestellt, die 32 Byte lang sind und entweder ungeschützt (die Namen können gefälscht werden) oder geschützt sind (die Namen können nicht gefälscht werden, weil sie aus einem Paar mit öffentlichem/privatem Schlüssel abgeleitet werden, das dem Herausgeber gehört).

Die zugrundeliegenden Namensauflösungsfunktionen für die PNRP-IDs innerhalb einer Cloud sind verteilt in einem Cache gespeichert, der sich über alle Peers innerhalb der Cloud befindet. Dabei enthält jeder Peercache nur einen Teil der Namen für alle Peers in der Cloud. Wenn ein Peer (der anbietende Peer) den Namen eines Zielpeers in seine veröffentlichte Adresse und Portnummer auflösen will, geht er folgendermaßen vor:

1. Der anbietende Peer sucht erst in seinem eigenen PNRP-Cache nach diesen Informationen. Findet er die Daten hier, sendet er eine PNRP-Request-Nachricht an den Zielpeer und wartet auf eine Antwort. Diese Request-Nachrichten ermöglichen es Peers, anderen Peers ihre aktive Rolle innerhalb der Cloud mitzuteilen.

2. Findet der anbietende Peer die gesuchten Informationen nicht, sendet er die Request-Nachricht an den Peer, dessen ID der des Zielpeers am ähnlichsten ist (numerisch am nächsten kommt). Der Peer, der diese Nachricht empfängt, durchsucht nun seinen eigenen Cache. Findet er einen besser passenden Eintrag oder den gesuchten Peer selbst, gibt er diese Informationen an den anfordernden Peer zurück. Der anfordernde Peer wendet sich nun an den zurückgegebenen Peer und wiederholt den Prozess, bis die Auflösung gelingt oder fehlschlägt.

3. Wenn der Peer, der diese Nachricht empfängt, keinen besser passenden Eintrag in seinem Cache findet, gibt er eine Nachricht an den anbietenden Peer zurück, in der er darauf hinweist, dass er den Zielpeer nicht kennt. Der anbietende Peer wiederholt daraufhin den vorherigen Schritt, indem er eine Nachricht an den Peer sendet, dessen ID der des Zielpeers am zweitähnlichsten ist. Dieser Prozess wird fortgesetzt, bis der Zielpeer gefunden wird (sofern er im Netzwerk vorhanden ist) oder nicht (wenn er sich nicht mehr in der Cloud befindet).

Eine Schleifenbildung (looping) wird verhindert, indem in die Request-Nachricht die Liste aller Peers eingetragen wird, die bereits Anforderungen weitergeleitet haben.

Weitere Informationen zur Funktionsweise von PRNP und anderen Microsoft P2P-Technologien finden Sie unter *http://technet.microsoft.com/en-us/library/bb742623.aspx* in TechNet.

Betriebszustände der Remoteunterstützung

Die Remoteunterstützung hat drei Betriebszustände:

- **Warten auf Verbindung**   Dieser Zustand tritt auf, wenn eine der folgenden Bedingungen erfüllt ist:
  - ☐ Der Helfer hat dem Benutzer Remoteunterstützung angeboten, aber der Benutzer hat noch nicht zugestimmt, dass der Helfer die Verbindung zu seinem Computer herstellen darf.
  - ☐ Der Benutzer hat dem Helfer eine Einladung gesendet, aber der Helfer hat noch nicht reagiert, indem er die Einladung geöffnet hat, oder der Helfer hat die Einladung geöffnet und der Benutzer hat noch nicht zugestimmt, dass der Helfer die Verbindung zu seinem Computer herstellen darf.

Im Zustand »Warten auf Verbindung« kann der Helfer den Bildschirm des Benutzercomputers nicht sehen oder steuern. Das geht erst, wenn eine RA-Verbindung aufgebaut wurde und beide Computer in den Zustand »Bildschirmfreigabe« gewechselt haben. Sobald die RA-Anwendung gestartet wurde und sich im Zustand »Warten auf Verbindung« befindet, sollte die Anwendung nicht geschlossen werden, bevor der Partner antwortet und die Verbindung aufbaut. Falls zum Beispiel der Benutzer RA über E-Mail anfordert und eine Einladungsdatei an einen Helfer sendet, wird die RA-Anwendung auf dem Benutzercomputer geöffnet und wartet darauf, dass der Helfer die Einladung annimmt. Falls der Benutzer RA auf seinem Computer schließt, bevor der Helfer die Einladung annimmt, kann der Helfer keine Verbindung zum Benutzercomputer herstellen und der Benutzer muss eine neue Einladung senden.

■ **Bildschirmfreigabe**   Dieser Zustand tritt ein, wenn der Benutzer zugestimmt hat, dass der Helfer die Verbindung zu seinem Computer herstellen darf, entweder nachdem der Benutzer dem Helfer eine Einladung gesendet oder der Helfer dem Benutzer RA angeboten hat. Im Zustand »Bildschirmfreigabe« wurde eine RA-Sitzung eingerichtet und der Helfer kann den Bildschirm des Benutzercomputers ansehen, aber nicht steuern.

Wenn der Benutzer gefragt wird, ob der Helfer die Verbindung zu seinem Computer herstellen darf, erscheint eine Warnmeldung auf dem Benutzercomputer, die den Benutzer benachrichtigt, dass der Helfer eine Verbindung zu seinem Computer herstellen will. Diese Warnmeldung lässt sich durch Gruppenrichtlinien anpassen. Weitere Information dazu finden Sie im Abschnitt »Verwalten der Remoteunterstützung mithilfe von Gruppenrichtlinien« weiter unten in diesem Kapitel.

■ **Steuerungsfreigabe**   Dieser Zustand tritt nach dem Zustand »Bildschirmfreigabe« auf, wenn der Helfer die Steuerung des Benutzercomputers angefordert und der Benutzer erlaubt hat, dass der Helfer gemeinsam mit ihm die Steuerung seines Computers übernimmt. Im Zustand »Steuerungsfreigabe« hat der Helfer dieselbe Zugriffsebene auf Benutzercomputer wie der Benutzer, und der Helfer kann über seine eigene Maus und Tastatur im Remotezugriff Aktionen auf dem Benutzercomputer ausführen. Im Einzelnen gilt:

☐ Falls der Benutzer ein Standardbenutzer auf seinem Computer ist, kann der Helfer nur die Aktionen auf dem Benutzercomputer ausführen, die einem Standardbenutzer auf diesem Computer erlaubt sind.

☐ Falls der Benutzer ein lokaler Administrator auf seinem Computer ist, kann der Helfer alle Aktionen auf dem Benutzercomputer ausführen, die einem lokalen Administrator auf diesem Computer erlaubt sind.

Weitere Informationen darüber, welche Aktionen ein Helfer auf einem Benutzercomputer durchführen kann, finden Sie im Abschnitt »Remoteunterstützung und der sichere Desktop« weiter unten in diesem Kapitel.

Bedienmöglichkeiten von Benutzer und Helfer

Sobald eine RA-Verbindung aufgebaut ist und beide Computer in den Zustand »Bildschirmfreigabe« gewechselt sind, können Benutzer und Helfer die in Tabelle 22.1 aufgelisteten Aufgaben durchführen.

Tabelle 22.1 Aufgaben, die von Benutzer und Helfer während einer RA-Sitzung durchgeführt werden können

Beschreibung der Aufgabe	Benutzer?	Helfer?
Chat	Ja	Ja
Protokoll der Sitzungsaktivitäten speichern	Ja (Standard)	Ja (Standard)
Konfigurieren der Bandbreitenutzung	Ja	Nein
Anhalten (Bildschirm zeitweise verbergen)	Ja	Nein
Gemeinsame Steuerung anfordern	Nein	Ja
Gemeinsame Steuerung beenden	Ja	Ja
Verbindung trennen	Ja	Ja

Remoteunterstützung und NAT-Traversal

Die Remoteunterstützung bedient sich einer Peer-to-Peer-Verbindung zwischen den Computern des Benutzers und des Helfers. Eine Schwierigkeit besteht dabei darin, die Peer-to-Peer-Verbindung aufzubauen, falls einer oder beide beteiligten Computer sich hinter einem Gateway oder einem Router befinden, die mit NAT arbeiten. NAT ist eine IP-Routingtechnologie (beschrieben in RFC 1631), die benutzt wird, um IP-Adressen und TCP/UDP-Portnummern von weitergeleiteten Paketen umzusetzen. NAT wird normalerweise eingesetzt, um einen Satz privater IP-Adressen in eine einzige öffentliche IP-Adresse (oder mehrere öffentliche Adressen) umzusetzen. Auch Heimnetzwerke, die einen Funk- oder Kabelrouter enthalten, nutzen NAT-Technologie.

Um diese Schwierigkeit zu umgehen, haben Windows Vista und Windows 7 Unterstützung für Teredo eingebaut, eine IPv6-Umsetzungstechnologie (beschrieben in RFC 4380), die Adresszuweisung und automatische Tunnelung für Unicast-IPv6-Konnektivität über das IPv4-Internet bietet. Die NAT-Traversal-Fähigkeit, die Teredo in Windows Vista und Windows 7 zur Verfügung stellt, ermöglicht eine RA-Konnektivität, wenn einer oder beide der an einer RA-Sitzung beteiligten Benutzer hinter einem NAT liegen. Die RA-Bedienung erfolgt aus Sicht der Benutzer völlig transparent, unabhängig davon, ob NAT in den Netzwerken der Benutzer eingesetzt wird. Bei den meisten kleinen Unternehmens- und Heimnetzwerken durchquert die RA von Windows Vista und Windows 7 problemlos einen NAT-Router, ohne dass der Router speziell dafür konfiguriert werden muss. Informationen zu Unternehmen, die Remoteunterstützung für Benutzer an Heimarbeitsplätzen anbieten müssen, finden Sie im Abschnitt »Andere denkbare Szenarien für die Nutzung der Remoteunterstützung« weiter unten in diesem Kapitel.

HINWEIS Das Anbieten von Remoteunterstützung über DCOM ist normalerweise kein Teredo-Szenario, weil Unternehmensbenutzer sich hinter einer Unternehmensfirewall befinden und nicht durch NATs voneinander getrennt sind.

Die Remoteunterstützung kann Verbindungen über Restricted-NATs und Cone-NATs herstellen. Die meisten bereitgestellten NATs fallen in diese Kategorien. Ab Windows 7 ist die Remoteunterstützung auch in der Lage, Verbindungen über bestimmte Typen symmetrischer NATs aufzubauen, aber nur wenn der andere Computer nicht ebenfalls hinter einem symmetrischen NAT liegt. Weitere Informationen über die Unterstützung von NAT-Traversal in Windows 7 finden Sie in Kapitel 28, »Bereitstellen von IPv6«.

In bestimmten Konfigurationen baut die Remoteunterstützung keine Verbindung auf. Dies sind im Einzelnen folgende Fälle:

- Remoteunterstützung funktioniert nicht, falls der NAT-Router so konfiguriert ist, dass er die von RA benutzten Ports blockiert. Weitere Informationen dazu finden Sie im Abschnitt »Remoteunterstützung und Windows-Firewall« weiter unten in diesem Kapitel.

- Die Remoteunterstützung funktioniert nicht, falls der NAT-Router des Benutzers so konfiguriert ist, dass er den ganzen UDP-Verkehr blockiert.

HINWEIS Sie können feststellen, welchen Typ NAT ein Netzwerk verwendet, indem Sie eine Eingabeaufforderung mit erhöhten Rechten öffnen und den Befehl **netsh interface teredo show state** eingeben.

Weitere Informationen zur IPv6-Unterstützung in Windows 7 und die eingebaute Clientunterstützung für Teredo und andere IPv6-Durchquerungstechnologien finden Sie in Kapitel 28, »Bereitstellen von IPv6«.

Ob Ihr NAT Remoteunterstützungsverbindungen ermöglicht, finden Sie mit dem Internet Connectivity Evaluation Tool unter *http://www.microsoft.com/windows/using/tools/igd/default.mspx* heraus. Wenn Ihr NAT Universal Plug & Play (UPnP) unterstützt, sollte die Remoteunterstützung in der Lage sein, eine globale IPv4-Adresse zu bekommen, die es anderen ermöglicht, eine Verbindung zu Ihnen aufzubauen. Wenn Ihr NAT Teredo/IPv6 unterstützt und Sie Windows 7 oder Windows Vista benutzen, sollte ein RA-Helfer, der mit Windows 7 oder Windows Vista arbeitet und ein Teredo-fähiges System hat, eine Verbindung zu Ihnen herstellen können.

Von der Remoteunterstützung benutzte IP-Ports

Welche Ports in einer Remoteunterstützungssitzung benutzt werden, hängt davon ab, welche Windows-Version auf den beiden Computern läuft, die an der Sitzung teilnehmen:

- **Windows 7 zu Windows 7, Windows 7 zu Windows Vista oder Windows Vista zu Windows Vista**
  Das System weist dynamische Ports im TCP/UDP-Bereich 49152–65535 zu.

- **Windows 7 zu Windows XP oder Windows Vista zu Windows XP**   TCP-Port 3389 (lokal/remote)

Daneben wird bei der unangeforderten RA über DCOM Port 135 (TCP) benutzt.

HINWEIS Wenn Sie Bedenken haben, den DCOM-Port (TCP-Port 135) in Ihrer Unternehmensfirewall zu öffnen, aber Remotebenutzern trotzdem die Möglichkeit der Remoteunterstützung bieten wollen, können Sie authentifizierten IPsec-Bypass einsetzen, wie in *http://technet.microsoft.com/en-us/library/cc753463.aspx* beschrieben.

Remoteunterstützung und die Windows-Firewall

Die Windows-Firewall ist mit einer Gruppenausnahme für Remoteunterstützung konfiguriert. Diese Gruppenausnahme hat mehrere Eigenschaften, die als Elemente der RA-Ausnahme zusammengefasst sind. Die Eigenschaften der RA-Ausnahme ändern sich abhängig davon, in was für einem Netzwerk sich die Computer befinden (Privat, Öffentlich oder Domäne). Zum Beispiel ist die Standard-RA-Ausnahme für einen Computer in einer öffentlich zugänglichen Position strenger als für einen Computer in einer privaten Position. An einem öffentlichen Standort (zum Beispiel auf einem Flughafen) ist die RA-Ausnahme standardmäßig deaktiviert und öffnet keine Ports für UPnP- (Universal Plug & Play) und SSDP-Verkehr (Simple Service Discovery Protocol). In einem privaten Netzwerk (zum Beispiel Heim- oder Unternehmensnetzwerk) ist die RA-Ausnahme standardmäßig aktiviert und UPnP- und SSDP-Verkehr ist erlaubt. In einer domänenbasierten Unternehmensumgebung wird die

Ausnahme für die Remoteunterstützung normalerweise über Gruppenrichtlinien verwaltet. In Windows 7 ist sie standardmäßig aktiviert, während sie in Windows Vista deaktiviert war.

Die Standardkonfiguration für die RA-Ausnahme in der Windows-Firewall hängt vom Firewallprofil ab:

- **Privates Profil** Die RA-Ausnahme in der Windows-Firewall ist standardmäßig aktiviert, wenn der Standort des Computers als »Privat« eingestellt ist. Sie ist standardmäßig für NAT-Traversal über Teredo konfiguriert, sodass Benutzer in einer privaten Netzwerkumgebung (zum Beispiel zu Hause) Hilfe von anderen Benutzern anfordern können, die sich ebenfalls hinter einem NAT befinden. Das private Profil enthält die passenden Ausnahmen, um Kommunikation mit UPnP-NAT-Geräten zu erlauben. Falls es in dieser Umgebung UPnP-NAT gibt, versucht die Remoteunterstützung, UPnP für NAT-Traversal einzusetzen. Dieses Profil enthält auch Ausnahmen, die für PNRP gebraucht werden. Unangeforderte RA über DCOM ist in diesem Profil nicht konfiguriert.

- **Öffentliches Profil** Die RA-Ausnahme ist standardmäßig deaktiviert und es ist kein eingehender RA-Verkehr erlaubt. Die Windows-Firewall ist standardmäßig so konfiguriert, damit Benutzer in einer öffentlichen Netzwerkumgebung (zum Beispiel einem Internetcafé oder auf einem Flughafen) besser geschützt sind. Wenn die RA-Ausnahme aktiviert ist, ist NAT-Traversal über Teredo aktiviert. Verkehr an UPnP-Geräte ist allerdings nicht aktiviert und unangeforderte RA über DCOM ist deaktiviert.

- **Domänenprofil** Wenn sich der Computer in einer Domänenumgebung befindet, ist die RA-Ausnahme so konfiguriert, dass unangeforderte RA ermöglicht wird. Diese Ausnahme ist in Windows 7 standardmäßig aktiviert. Üblicherweise wird sie über Gruppenrichtlinien verwaltet.

Tabelle 22.2 fasst die Zustände der Firewallausnahmen für eingehenden Remoteunterstützungsverkehr nach der Position des Netzwerks aufgeschlüsselt zusammen. Die RA-Ausnahme hat auch ausgehende Eigenschaften, die Windows-Firewall ist aber standardmäßig nicht so konfiguriert, dass sie ausgehende Eigenschaften aktiviert.

Tabelle 22.2 Standardzustände der Firewallausnahmen für eingehenden Remoteunterstützungsverkehr

Netzwerkstandort	Zustand der RA-Ausnahme	Standardeigenschaften der RA-Ausnahme
Privat (Heim- oder Unternehmensnetzwerk)	Standardmäßig aktiviert	- Msra.exe-Anwendungsausnahme - UPnP für Kommunikation mit UPnP-NATs aktiviert - PNRP aktiviert - Randüberquerung für die Teredo-Unterstützung aktiviert
Öffentlich	Standardmäßig deaktiviert, muss von einem Benutzer mit administrativen Anmeldeinformationen aktiviert werden	- Msra.exe-Anwendungsausnahme - Randüberquerung für die Teredo-Unterstützung aktiviert
Domäne	In Windows 7 standardmäßig aktiviert, in Windows Vista deaktiviert	- Msra.exe-Anwendungsausnahme - RAServer.exe-Anwendungsausnahme (der RA-COM-Server) - PNRP aktiviert - DCOM-Port 135 - UPnP für Kommunikation mit UPnP-NATs aktiviert

Remoteunterstützung und der sichere Desktop

Wenn ein Benutzer zulässt, dass ein Helfer während einer Remoteunterstützungssitzung die Steuerung über seinen Computer übernehmen darf, hat der Benutzer die Option, dem Helfer zu erlauben, UAC-Nachfragen zu bestätigen (Abbildung 22.1). Normalerweise werden Meldungen der Benutzerkontensteuerung (User Account Control, UAC) auf dem sicheren Desktop angezeigt (der nicht im Remotezugriff bedient werden kann). Daher kann der Helfer keine Meldungen auf dem sicheren Desktop sehen oder darauf reagieren. Der Sichere-Desktop-Modus ist derselbe Modus, den ein Benutzer sieht, wenn er sich an seinem Computer anmeldet oder die SAS-Tastenkombination (Secure Attention Sequence) drückt (STRG+ALT+ENTF). UAC-Anhebungsaufforderungen werden statt auf dem normalen Desktop des Benutzers auf dem sicheren Desktop angezeigt, um den Benutzer davor zu schützen, dass er unbeabsichtigt Malware mit erhöhten Privilegien auf seinem Computer ausführt. Der Benutzer muss einer UAC-Eingabeaufforderung zustimmen, bevor er auf seinen normalen Desktop zurückkehren und weiterarbeiten kann. Für diese Zustimmung ist es entweder erforderlich, auf *Fortsetzen* zu klicken (falls der Benutzer ein lokaler Administrator auf seinem Computer ist) oder Anmeldeinformationen für einen lokalen Administrator einzugeben (falls er ein Standardbenutzer auf seinem Computer ist).

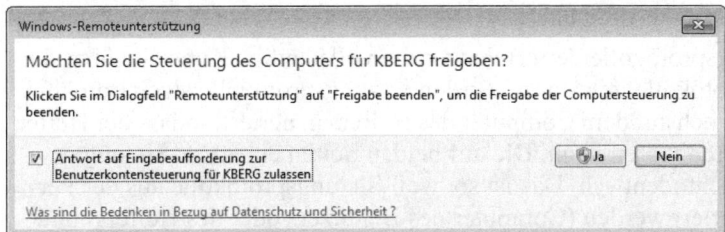

Abbildung 22.1   Der Benutzer kann wählen, ob der Helfer auf UAC-Eingabeaufforderungen antworten darf, wenn sich die RA-Sitzung im Zustand »Steuerungsfreigabe« befindet

Es ist wichtig, dass der sichere Desktop auf dem Benutzercomputer nicht vom Computer des Helfers aus ferngesteuert wird. Anders ausgedrückt: Der Helfer kann nur mit den eigenen Anmeldeinformationen des Benutzers auf UAC-Eingabeaufforderungen des Benutzercomputers reagieren. Falls der Benutzer also ein Standardbenutzer auf seinem Computer ist, der Helfer dagegen ein lokaler Administrator auf dem Benutzercomputer, hat der Helfer nur administrative Privilegien auf dem Benutzercomputer, falls der Benutzer diese Anmeldeinformationen erst einmal zur Verfügung stellen kann.

Die strenge Einhaltung dieser Einschränkung ist unverzichtbar, um die Sicherheit des Windows 7-Desktops zu garantieren. Die Überlegung hinter dieser Entwurfsentscheidung ist, dass der Benutzer die RA-Sitzung abbrechen und so die Anmeldeinformationen eines lokalen Administrators vom Helfer stehlen könnte, wenn die RA es erlauben würde, dass der Helfer die Privilegien des Benutzers im Remotezugriff erhöht.

Protokollierung der Remoteunterstützung

Die Remoteunterstützung kann ein Sitzungsprotokoll der im Rahmen der RA ausgeführten Aktivitäten generieren. Die Sitzungsprotokollierung ist standardmäßig aktiviert und besteht aus Datensätzen mit Zeitstempeln, die angeben, welche Aktivitäten auf jedem Computer im Zusammenhang mit der RA ausgeführt wurden. Sitzungsprotokolle enthalten nur Informationen über Aktivitäten, die direkt mit der RA-Funktionalität zu tun haben, zum Beispiel wer die Sitzung eingeleitet hat, ob die Genehmigung für eine Steuerungsfreigabe erteilt wurde, und so weiter.

Sitzungsprotokolle enthalten keine Informationen über die eigentlichen Tätigkeiten, die der Benutzer oder der Helfer während einer Sitzung ausgeführt hat. Falls der Helfer zum Beispiel die Privilegien für eine Steuerungsfreigabe erhält, eine Administrator-Eingabeaufforderung startet und die TCP/IP-Konfiguration auf dem Benutzercomputer während einer RA-Sitzung verändert, enthalten die Sitzungsprotokolle keine Aufzeichnungen über diese Aktion.

Sitzungsprotokolle enthalten alle Chataktivitäten, die während einer RA-Sitzung ausgeführt wurden. Das während einer Sitzung generierte Protokoll wird auch innerhalb des Chatfensters angezeigt, sodass sowohl der Benutzer als auch der Helfer sehen können, was während der Sitzung protokolliert wird. Sitzungsprotokolle enthalten auch alle Dateiübertragungstätigkeiten, die während der Sitzung durchgeführt wurden, und zeichnen auf, wann die Sitzung unterbrochen wurde.

Zweck der RA-Sitzungsprotokollierung

Sitzungsprotokolle für RA sind in erster Linie für Unternehmen gedacht, die System- und Benutzeraktivitäten für Archivierungszwecke aufzeichnen müssen. Sie sollen nicht dazu dienen, jede Aktion aufzuzeichnen, die das Helpdesk-Personal bei der Problembehandlung auf den Computern der Benutzer ausführt. Eine typische Umgebung, in der die Sitzungsprotokollierung erforderlich sein kann, ist etwa in einer Bank, da Finanzunternehmen gesetzlich verpflichtet sind, Aufzeichnungen darüber zu machen, wer wann auf einen Computer zugegriffen hat.

Weil die Berechtigungen dieser Sitzungsprotokolle dem Benutzer die vollständige Kontrolle über die auf seinem Computer gespeicherten Protokolle gewähren, werden Sitzungsprotokolle standardmäßig sowohl auf dem Benutzercomputer als auch auf dem Computer des Helfers generiert, sodass der Helfer sie gegen Manipulation schützen und archivieren kann. Die auf beiden Seiten einer RA-Sitzung erstellten Protokolle sind ähnlich, aber nicht identisch. Das ist so, weil Sitzungsprotokolle aus der Perspektive der beteiligten Computer generiert werden (Computer des Benutzers oder des Helfers) und sich daher ergänzen, aber nicht identisch sind.

In einer Unternehmensumgebung kann die Sitzungsprotokollierung mithilfe von Gruppenrichtlinien aktiviert oder deaktiviert werden. Falls die Sitzungsprotokollierung nicht über Gruppenrichtlinien konfiguriert ist, haben Benutzer und Helfer die Option, die Sitzungsprotokollierung auf ihrem jeweiligen Computer zu deaktivieren. Weitere Informationen finden Sie im Abschnitt »Verwalten der Remoteunterstützung mithilfe von Gruppenrichtlinien« weiter unten in diesem Kapitel.

Pfad und Namenskonvention für Sitzungsprotokolle

Sitzungsprotokolle sind XML-Dokumente, die einfach in andere Datensätze integriert werden können. Sie lassen sich zum Beispiel in eine Datenbank importieren, die von Microsoft SQL Server 2005 verwaltet wird. Alle Sitzungsprotokolle sind im *Documents*-Ordner des Benutzers im folgenden Pfad gespeichert:

%UserProfile%\Documents\Remote Assistance Logs

Für jede RA-Sitzung auf dem Computer wird eine eindeutige Sitzungsprotokolldatei erstellt. Die in diesem Ordner gespeicherten Protokolldateien liegen im XML-Format vor, ihr Name entspricht dem Schema *<JahrMonatTagStundeMinuteSekunde>.xml*, wobei die Zeit im 24-Stunden-Format angegeben ist. Zum Beispiel bekommt ein Sitzungsprotokoll, das um 15:45:20 am 13. August 2008 erstellt wurde, den Namen *20080813154520.xml*.

Der XML-Inhalt eines typischen Sitzungsprotokolls sieht folgendermaßen aus:

```xml
<?xml version="1.0" ?>
<SESSION>
   <INVITATION_OPENED TIME="3:24 PM" DATE="Wednesday, May 07, 2008"
                        EVENT="A Remote Assistance invitation has been opened." />
   <INCOMING_IP_ADDRESS TIME="3:26 PM" DATE="Wednesday, May 07, 2008">fe80::2856:e5b0:
                        fc18:143b%10</INCOMING_IP_ADDRESS>
   <CONNECTION_ESTABLISHED TIME="3:26 PM" DATE="Wednesday, May 07, 2008"
                        EVENT="A Remote Assistance connection has been established.">
                        jdow</CONNECTION_ESTABLISHED>
   <EXPERT_REQUEST_CONTROL TIME="3:27 PM" DATE="Wednesday, May 07, 2008"
                        EVENT="jdow has requested to share control of the computer." />
   <EXPERT_GRANTED_CONTROL TIME="3:27 PM" DATE="Wednesday, May 07, 2008"
                        EVENT="jdow has been granted permission to share control of the computer."/>
   <EXPERT_CONTROL_STARTED TIME="3:27 PM" DATE="Wednesday, May 07, 2008"
                        EVENT="jdow is sharing control of the computer." />
   <EXPERT_CONTROL_ENDED TIME="3:27 PM" DATE="Wednesday, May 07, 2008"
                        EVENT="jdow is not sharing control of the computer." />
   <CHAT_MESSAGE TIME="3:30 PM" DATE="Wednesday, May 07, 2008">jdow: test</CHAT_MESSAGE>
   <CHAT_MESSAGE TIME="3:30 PM" DATE="Wednesday, May 07, 2008">jchen: ok</CHAT_MESSAGE>
   <CONNECTION_ENDED TIME="3:30 PM" DATE="Wednesday, May 07, 2008"
                        EVENT="The Remote Assistance connection has ended." />
   <INVITATION_CLOSED TIME="3:30 PM" DATE="Wednesday, May 07, 2008"
                        EVENT="A Remote Assistance invitation has been closed." />
</SESSION>
```

Verwenden der Remoteunterstützung im Unternehmen

Das wichtigste Szenario für die Remoteunterstützung innerhalb einer Unternehmensnetzwerkumgebung ist der Support für Desktopcomputer, die sich im Unternehmensnetzwerk befinden und einer Domäne angeschlossen sind. Die Computer der Benutzer müssen passend konfiguriert sein, bevor RA angeboten werden kann. Das wird über Gruppenrichtlinien erledigt, wie im Abschnitt »Verwalten der Remoteunterstützung mithilfe von Gruppenrichtlinien« weiter unten in diesem Kapitel beschrieben. Außerdem muss die Remoteunterstützungsausnahme in der Windows-Firewall aktiviert sein. Weitere Informationen finden Sie im Abschnitt »Remoteunterstützung und Windows-Firewall« weiter oben in diesem Kapitel.

Weil die meisten Unternehmensnetzwerke eine Grenzfirewall haben, die den Zugriff von außerhalb des internen Netzwerks blockiert, kann es schwieriger sein, Support für Remotebenutzer anzubieten, die von außerhalb des Unternehmensnetzwerks eine Verbindung herstellen. Die meisten Unternehmen arbeiten inzwischen allerdings mit VPN-Technologien (Virtual Private Network), um es Remotebenutzern zu ermöglichen, über das Internet eine Verbindung in ihr Unternehmensnetzwerk aufzubauen. Bei diesem Szenario gibt es im Allgemeinen keine Probleme für die RA-Funktionalität.

Verwenden der Remoteunterstützung für den Unternehmens-Helpdesk

Die Remoteunterstützung in einer Unternehmensumgebung wird normalerweise eingesetzt, damit Helpdesk-Personal den Benutzern, die telefonisch Hilfe anfordern, Remoteunterstützung bieten kann. Ein typisches Szenario sieht etwa so aus:

1. Benutzer Karl (der Benutzer) hat Probleme, eine Anwendung auf seinem Computer zu konfigurieren. Er ruft beim Helpdesk an, erklärt kurz sein Problem und bittet um Hilfe.

2. Eine Helpdesk-Mitarbeiterin namens Jacky (der Helfer) fragt Karl nach dem vollqualifizierten Namen oder der IP-Adresse seines Computers. Er gibt diese Informationen durch, die er aus den Computereigenschaften oder durch Ausführen von Ipconfig ermitteln kann.

3. Jacky startet die Remoteunterstützung auf ihrem Computer und verwendet eine unangeforderte RA, um Karl Hilfe anzubieten. Daraufhin öffnet sich auf Karls Computer ein Dialog, in dem er gefragt wird, ob er Jacky erlauben will, eine Verbindung zu seinem Computer herzustellen.

4. Karl nimmt das Angebot an. Jetzt ändert sich unter Umständen Karls Desktop für einige Zeit, um die für die Remoteunterstützungssitzung benötigte Netzwerkbandbreite zu beschränken. Das Remoteunterstützungsfenster, das sich auf dem Bildschirm von Karl öffnet, benachrichtigt ihn, dass er Unterstützung von Jacky erhält.

5. An diesem Punkt kann Jacky Karls Bildschirm sehen, ihn aber nicht steuern. Karl erklärt nun sein Problem, entweder mithilfe des Chatfeatures der Remoteunterstützung oder (wahrscheinlicher) über das Telefon. Jacky bittet Karl, eine Reihe von Schritten durchzuführen, um das Problem zu beseitigen, und beobachtet dabei seinen Bildschirm in ihrem eigenen Remoteunterstützungsfenster.

6. Falls die Anweisungen von Jacky zu kompliziert sind oder die Sache eilig ist, kann Jacky Karl fragen, ob sie die Steuerung über seinen Computer übernehmen darf. Falls Karl zustimmt, klickt Jacky auf die Schaltfläche *Steuerung anfordern* oben in ihrem Remoteunterstützungsfenster. Auf dem Desktop von Karl öffnet sich ein Dialog, in dem er gefragt wird, ob er Jacky erlauben will, die Steuerung seines Desktops zu übernehmen. Karl stimmt zu und erteilt Jacky dabei auch gleich über die entsprechende Option die Erlaubnis, auf Eingabeaufforderungen zur Benutzerkontensteuerung auf Karls Computer zu antworten.

7. Jacky hat jetzt eine Verbindung zu Karls Computer, wobei sie Karls Anmeldeinformationen verwendet. Sie kann seinen Bildschirm sehen und ihn über ihre eigene Maus und Tastatur bedienen. Jacky führt nun die Schritte durch, um das Problem zu beseitigen, wobei sie entweder direkt das Problem korrigiert oder Karl demonstriert, wie er das Problem selbst beheben kann, sollte es in Zukunft noch einmal auftreten. Falls Karl irgendwann Jacky zwingen will, die Kontrolle über seinen Computer aufzugeben, kann er die Schaltfläche *Freigabe aufheben* oder die Schaltfläche *Verbindung trennen* anklicken oder die Paniktaste (ESC) drücken.

> **HINWEIS**   Die unangeforderte RA muss auf dem Computer des Benutzers vorher mithilfe von Gruppenrichtlinien aktiviert werden. Weitere Informationen finden Sie im Abschnitt »Verwalten der Remoteunterstützung mithilfe von Gruppenrichtlinien« weiter unten in diesem Kapitel.

Andere denkbare Szenarien für die Nutzung der Remoteunterstützung

Auch andere Remoteunterstützungsszenarien sind möglich. Sie reichen von Großunternehmen bis zu SOHO-Umgebungen (Small Office/Home Office). Einige Beispiele für denkbare Nutzungsszenarien sind:

- Ein Benutzer, der beim Konfigurieren einer Anwendung auf seinem Computer auf Probleme stößt, kann beim Helpdesk anrufen. Ein Supportmitarbeiter kann dann über eine unangeforderte RA die Verbindung zum Benutzercomputer herstellen, auf seinem Bildschirm die Genehmigung für eine Steuerungsfreigabe erbitten und dem Benutzer zeigen, wie er seine Anwendung konfiguriert. Dieses Szenario ist der Standardfall für Unternehmens-Helpdesk-Umgebungen, es ist genauer im Abschnitt »Verwenden der Remoteunterstützung für den Unternehmens-Helpdesk« weiter oben in diesem Kapitel beschrieben.

- Ein Benutzer, der beim Installieren eines Druckers Probleme hat, sendet mit Windows Mail eine RA-Einladung an den Helpdesk. Ein Supportmitarbeiter, der die Helpdesk-E-Mail-Adresse überwacht, liest die Nachricht, öffnet die beigefügte Einladungsdatei und stellt die Verbindung zum Benutzercomputer her. Der Supportmitarbeiter bittet um die Genehmigung, die Steuerung des Benutzercomputers übernehmen zu dürfen, und leitet den Benutzer durch die Schritte, die erforderlich sind, um den Drucker zu installieren.

- Ein Benutzer ist auf Dienstreise und über eine VPN-Verbindung durch das Internet mit dem internen Unternehmensnetzwerk verbunden. Der Benutzer hat Probleme bei der Konfiguration von Windows Mail auf seinem Computer, daher öffnet er den Windows Messenger und sieht, dass jemand aus der Supportabteilung des Unternehmens momentan online ist. Er sendet mit dem Windows Messenger eine RA-Einladung an den Supportmitarbeiter, der auf die Einladung antwortet, um die Genehmigung zum Freigeben der Steuerung bittet und dem Benutzer zeigt, wie er Windows Mail konfiguriert.

- Ein Benutzer, der Probleme beim Installieren einer Anwendung hat, fordert mit Easy Connect Hilfe von einem Supporttechniker an. Weil dies das erste Mal ist, dass er Hilfe von diesem konkreten Supporttechniker braucht, muss der Benutzer dem Supporttechniker das Kennwort für die Sitzung auf anderem Weg mitteilen, etwa durch einen Telefonanruf. Wenn der Benutzer das nächste Mal Hilfe braucht, muss er das Kennwort nicht mehr übermitteln, weil während der ersten Remoteunterstützungssitzung eine Vertrauensbeziehung zwischen Helfer und Benutzer eingerichtet wurde.

Diese Liste ist bei Weitem nicht vollständig, es gibt andere Szenarien beim Unternehmenssupport, in denen mit RA gearbeitet werden kann. Generell gilt aber, dass in Unternehmensumgebungen eine unangeforderte RA verwendet wird, um Benutzern, die sich wegen eines Problems telefonisch beim Helpdesk melden, Hilfe anzubieten. Manche Unternehmen erlauben es Benutzern auch, RA-Einladungen über E-Mail oder mithilfe von Einladungsdateien in Netzwerkfreigaben zu versenden. Das Supportpersonal überwacht dann die entsprechenden E-Mail-Adressen oder Netzwerkfreigaben. Oder es werden Instant Messaging-Anwendungen verwendet, um Remoteunterstützung innerhalb des Unternehmensnetzwerks zur Verfügung zu stellen.

> **HINWEIS** Helfer können mehrere RA-Sitzungen gleichzeitig öffnen, eine für jeden Benutzer, dem sie helfen. Benutzer können dagegen nur eine einzige RA-Sitzung im Zustand »Warten auf Verbindung« haben. Die erstellte Einladung könnte an mehrere Empfänger gesendet werden, von denen dann irgendeiner die Verbindung herstellt. Alle nachfolgenden Verbindungsversuche werden blockiert, bis der erste Helfer die Verbindung beendet. Anschließend kann der nächste Helfer eine Verbindung herstellen. Falls der Benutzer die Sitzung abbricht, wird die RA-Anwendung beendet und es werden keine weiteren Verbindungen erlaubt.

Interoperabilität mit der Remoteunterstützung in Windows Vista

Die Remoteunterstützung in Windows 7 bietet vollständige Abwärtskompatibilität zur Remoteunterstützung in Windows Vista. Die einzige Ausnahme ist, dass Windows Vista nicht die neue Easy Connect-Methode zum Anfordern von Remoteunterstützung unterstützt, die Windows 7 anbietet. Das bedeutet, dass ein Benutzer auf einem Windows Vista-Computer nicht Easy Connect verwenden kann, um eine Remoteunterstützung von einem Helfer anzufordern, der mit einem Windows 7-Computer arbeitet. Und umgekehrt kann ein Benutzer auf einem Windows 7-Computer nicht mit Easy Connect Remoteunterstützung von einem Helfer anfordern, der mit einem Windows Vista-Computer arbeitet. Außerdem kann ein Windows 7-Benutzer während einer Remoteunterstützungssitzung keine Datei an einen Windows Vista-Benutzer übertragen.

Interoperabilität mit der Remoteunterstützung in Windows XP

Die Remoteunterstützung in Windows 7 ist abwärtskompatibel zur Remoteunterstützung in Windows XP, allerdings gelten folgende Einschränkungen:

- Unangeforderte RA von Windows 7 an Windows XP wird unterstützt, aber unangeforderte RA von Windows XP an Windows 7 ist nicht möglich. Das bedeutet, dass Unternehmen, die unangeforderte RA als Supportlösung für ihre Helpdeskabteilungen implementieren wollen, sicherstellen müssen, dass das Supportpersonal mit Windows 7-Computern arbeitet, wenn es Benutzern helfen soll, die Windows 7-Computer haben. (Für die Supportabteilung reicht Windows XP also nicht aus.)

- NAT-Traversal über Teredo und IPv6 wird ausschließlich für Windows 7-zu-Windows 7-RA unterstützt, nicht für Windows 7-zu-Windows XP.

- Sprachunterstützung für RA in Windows XP wird von RA in Windows 7 nicht unterstützt. Versucht ein Benutzer auf einem Windows XP-Computer, dieses Feature während einer RA-Sitzung mit einem Helfer auf einem Windows 7-Computer zu verwenden, erhält er eine Benachrichtigungsmeldung, die ihn auf diese Beschränkung hinweist.

- Die MAILTO-Methode zum Anfordern von Unterstützung, die von der RA in Windows XP angeboten wird, steht in der RA von Windows 7 nicht zur Verfügung.

- Windows Messenger (der in Windows XP enthalten ist) ist in Windows 7 nicht enthalten. Benutzer, die unter Windows XP mit Windows Messenger eine RA verwenden, müssen auf ein IM-Produkt wie Windows Live Messenger wechseln, das die Remoteunterstützung von Windows 7 unterstützt.

- Unangeforderte RA über Windows Live Messenger wird in Windows 7 unterstützt, aber nicht in Windows XP.

- Windows XP unterstützt nicht die neue Easy Connect-Methode zum Anfordern von Remoteunterstützung, die Windows 7 anbietet. Das bedeutet, dass ein Benutzer auf einem Windows XP-Computer nicht Easy Connect verwenden kann, um eine Remoteunterstützung von einem Helfer anzufordern, der mit einem Windows 7-Computer arbeitet. Und umgekehrt kann ein Benutzer auf einem Windows 7-Computer nicht mit Easy Connect Remoteunterstützung von einem Helfer anfordern, der mit einem Windows XP-Computer arbeitet. Außerdem kann ein Windows 7-Benutzer während einer Remoteunterstützungssitzung keine Datei an einen Windows XP-Benutzer übertragen.

Implementieren und Verwalten der Remoteunterstützung

Die Remoteunterstützung ist ein leistungsfähiges und flexibles Feature, das auf viele Arten eingesetzt werden kann, um Benutzer in großen Unternehmen, Betrieben mittlerer Größe und SOHO-Umgebungen Support zu bieten. Dieser Abschnitt beschreibt, wie Remoteunterstützungssitzungen über die UI und die Befehlszeile eingeleitet werden. Der Abschnitt demonstriert auch, wie die Remoteunterstützung in einer Unternehmens-Helpdesk-Umgebung genutzt werden kann, wobei zwei gebräuchliche Szenarien beleuchtet werden:

- Der Helfer bietet dem Benutzer, der den Helpdesk wegen eines Problems angerufen hat, Remoteunterstützung an.
- Der Benutzer erstellt eine RA-Einladung und speichert sie in einer Netzwerkfreigabe, die vom Helpdesk-Personal überwacht wird.

Informationen darüber, wie die Remoteunterstützung in anderen Szenarien implementiert wird (zum Beispiel, wie Einladungen mit Windows Mail und Windows Messenger gesendet werden), finden Sie im Thema »Remoteunterstützung« innerhalb von Windows-Hilfe und Support.

Einleiten von Remoteunterstützungssitzungen

Remoteunterstützungssitzungen können entweder über die Benutzeroberfläche oder die Befehlszeile eingeleitet werden. Aus Sicht des Supportpersonals wird die Benutzerfreundlichkeit deutlich dadurch gesteigert, dass die unangeforderte RA nicht mehr tief in Hilfe und Support vergraben ist, wie das in Windows XP der Fall war, sondern jetzt direkt in der GUI zur Verfügung steht.

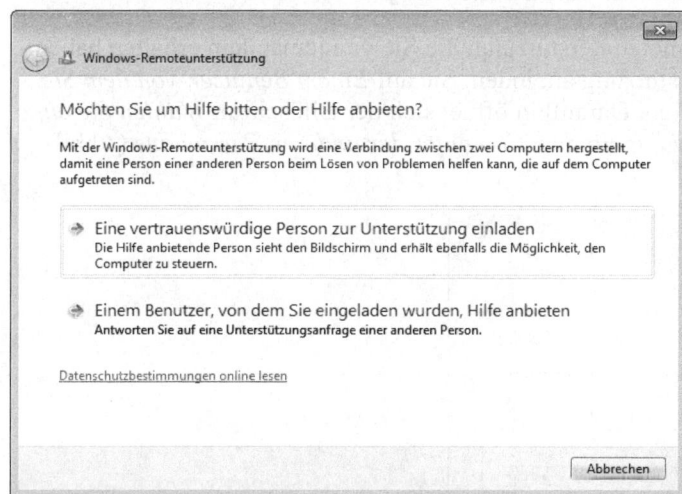

Abbildung 22.2 Startbildschirm der Windows-Remoteunterstützung

Einleiten der Remoteunterstützung über die GUI

Es stehen mehrere Wege zur Verfügung, um Remoteunterstützungssitzungen von der GUI aus einzuleiten:

- Klicken Sie im Startmenü auf *Alle Programme*, dann *Wartung* und schließlich auf *Windows-Remoteunterstützung*.
- Geben Sie im Suchfeld des Startmenüs den Begriff **Remote** ein und klicken Sie in der Liste *Programme* auf den Eintrag *Windows-Remoteunterstützung*, wenn er erscheint.

In all diesen Fällen öffnet sich der Startbildschirm der Remoteunterstützung (Abbildung 22.2). Wenn dieser Startbildschirm erscheint, haben Sie folgende Möglichkeiten zur Auswahl:

- Remoteunterstützung von jemandem anfordern. Klicken Sie dafür auf *Eine vertrauenswürdige Person zur Unterstützung einladen*. Daraufhin öffnet der Bildschirm *Wie möchten Sie den vertrauenswürdigen Helfer einladen?* (Abbildung 22.3).

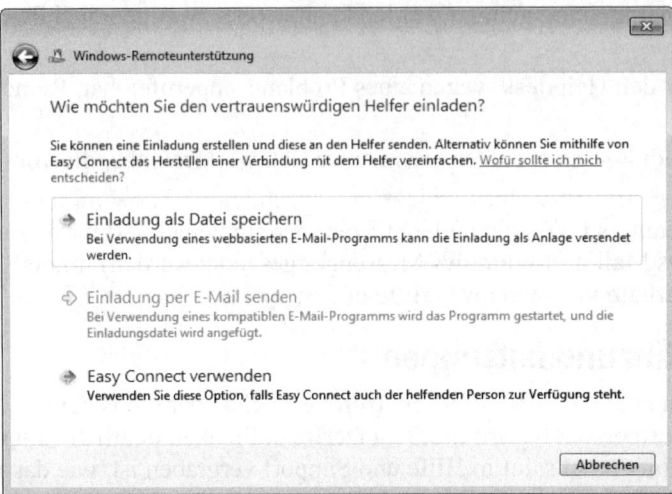

Abbildung 22.3 Der Bildschirm zum Anfordern von Remoteunterstützung

- Akzeptieren Sie eine Einladung zur Remoteunterstützung, die Sie von jemandem erhalten haben, oder bieten Sie jemandem Remoteunterstützung an, indem Sie auf *Einem Benutzer, von dem Sie eingeladen wurden, Hilfe anbieten* klicken. Daraufhin öffnet sich der Bildschirm *Wählen Sie eine Möglichkeit zum Herstellen der Verbindung mit dem Computer der anderen Person aus* (Abbildung 22.4).

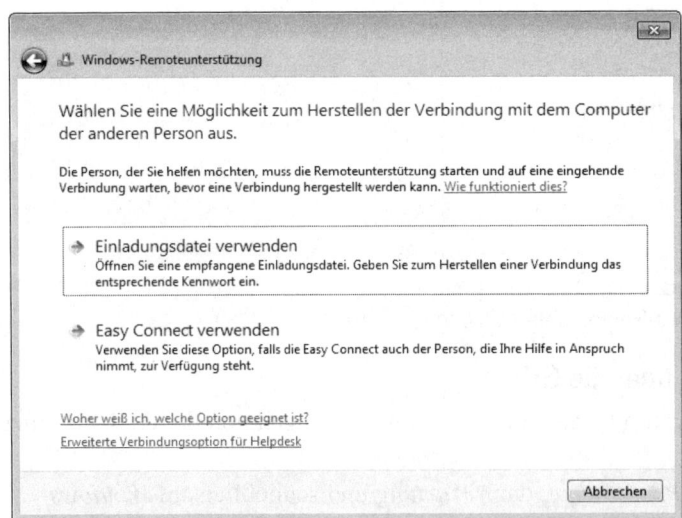

Abbildung 22.4 Der Bildschirm, mit dem jemand anders Remoteunterstützung angeboten wird

Auf dem Bildschirm *Wie möchten Sie den vertrauenswürdigen Helfer einladen?* (Abbildung 22.3) wählen Sie eine der folgenden Methoden zum Anfordern der Remoteunterstützung aus:

- **Einladung als Datei speichern** Wenn Sie diese Option auswählen, können Sie Ihre Einladung zur Remoteunterstützung als Datei in einem Ordner auf Ihrem Computer oder in einem verfügbaren freigegebenen Ordner im Netzwerk speichern.

- **Einladung per E-Mail senden** Wenn Sie diese Option auswählen, wird Ihre E-Mail-Clientanwendung gestartet. Dort wird eine neue Nachricht erstellt, an die die Einladungsdatei angehängt wird. Wenn Sie keine SMAPI-kompatible E-Mail-Clientanwendung auf Ihrem Computer haben, steht diese Option nicht zur Verfügung.

- **Easy Connect verwenden** Wenn Sie diese Option auswählen, wird Ihre Remoteunterstützungseinladungsdatei erstellt und mit PNRP in der Cloud veröffentlicht. Es wird ein 12 Zeichen langes Kennwort angezeigt, das Sie Ihrem Helfer über einen anderen Kommunikationskanal mitteilen müssen, damit er Ihre Einladung akzeptieren kann. Haben Sie allerdings schon vorher Easy Connect benutzt, um eine Remoteunterstützungssitzung zu diesem Helfer herzustellen, kann der Helfer Ihre Einladung akzeptieren, ohne dass er ein Kennwort braucht.

HINWEIS Wenn auf dem Computer IPv6 deaktiviert ist oder sich der Computer hinter einem NAT-Router befindet, der Teredo-Verkehr blockiert, steht die Option *Easy Connect verwenden* nicht zur Verfügung.

Auf dem Bildschirm *Wählen Sie eine Möglichkeit zum Herstellen der Verbindung mit dem Computer der anderen Person aus* (Abbildung 22.4) haben Sie die Möglichkeit, eine Einladung zur Remoteunterstützung anzunehmen, die Ihnen von jemand anders gesendet wurde, oder jemandem Remoteunterstützung anzubieten. Auf diesem Bildschirm stehen folgende Optionen zur Auswahl, um eine Einladung zur Remoteunterstützung anzunehmen:

- **Einladungsdatei verwenden** Wenn Sie diese Option auswählen, können Sie in Ihrem lokalen Dateisystem oder in einer Netzwerkfreigabe nach der Einladung zur Remoteunterstützung eines Benutzers suchen, der Ihre Hilfe benötigt. Sie müssen das Kennwort wissen, das mit dieser Einladung verknüpft ist. Dieses Kennwort muss Ihnen der Benutzer, der Hilfe benötigt, über andere Kommunikationskanäle mitteilen.

- **Easy Connect verwenden** Wenn Sie diese Option auswählen, können Sie in der PNRP-Cloud nach der Einladung zur Remoteunterstützung eines Benutzers suchen, der Ihre Hilfe benötigt. Wenn Sie zum ersten Mal Easy Connect benutzen, um diesem Benutzer zu helfen, brauchen Sie das Kennwort, das mit der Einladung verknüpft ist. Dieses Kennwort muss Ihnen der Benutzer, der Hilfe benötigt, über andere Kommunikationskanäle mitteilen. Wenn Sie demselben Benutzer später erneut über Easy Connect helfen, wird das Kennwort nicht mehr gebraucht.

Sie bieten jemandem Remoteunterstützung an, indem Sie unten im Bildschirm auf den Link *Erweiterte Verbindungsoption für Helpdesk* klicken (Abbildung 22.4). Weitere Schritte zum Anfordern und Anbieten von Remoteunterstützung sind in den Szenario-Abschnitten weiter unten in diesem Kapitel beschrieben.

So funktioniert's: RA-Einladungsdateien

Dateien mit einer Einladung zur Remoteunterstützung (*.MsRcIncident*) sind XML-Dateidokumente mit Informationen, die der Computer des Helfers auswertet, um die Verbindung herzustellen. Diese Ticketinformationen sind verschlüsselt, um zu verhindern, dass nichtautorisierte Benutzer die Informationen abfangen, falls die Einladung als E-Mail oder Dateitransfer über ein ungeschütztes Netzwerk gesendet wird.

Falls die Einladungsdatei als E-Mail an den Helfer gesendet wird, liegt die Einladungsdatei als E-Mail-Anhang mit dem Dateinamen *RATicket.MsRcIncident* bei. Falls die Einladung stattdessen mit einem Dateitransfer übertragen wird, wird die Einladungsdatei mit dem Namen *Einladung.MsRcIncident* standardmäßig auf dem Desktop des Benutzercomputers erstellt.

Einleiten der Remoteunterstützung über die Befehlszeile

Die Remoteunterstützung in Windows Vista und Windows 7 ist als eigenständige ausführbare Datei namens *Msra.exe* implementiert. Sie können RA-Sitzungen direkt über die Befehlszeile oder mithilfe von Skripts einleiten. Syntax und Bedeutung dieses Befehls sind in Tabelle 22.3 erklärt.

Tabelle 22.3   Syntax der Befehlszeilenversion der Remoteunterstützung (*Msra.exe*)

Option	Unterstützt in	Beschreibung
/novice	Windows 7 Windows Vista	Startet die Remoteunterstützung als Anfänger im Modus »angeforderte RA« und bietet dem Benutzer die Auswahl, entweder ein RA-Ticket über eine SMAPI-fähige E-Mail-Anwendung wie Windows Mail zu senden oder die Einladung als Datei zu speichern. Sobald der Benutzer diese Wahl getroffen hat, öffnet sich die Windows-Remoteunterstützung auf dem Computer des Anfängers im Zustand »Warten auf Verbindung«.
/expert	Windows 7 Windows Vista	Startet die Remoteunterstützung im Helfermodus und bietet dem Benutzer die Auswahl, entweder die Position eines RA-Tickets anzugeben, das geöffnet werden soll, oder den Computernamen oder die Adresse des Anfängers anzugeben (bei unangeforderter RA). Der Computername kann entweder ein Hostname sein (falls der Anfänger sich im lokalen Subnetz befindet) oder ein vollqualifizierter Name (DNS-Name). Die Adresse kann entweder eine IPv4-Adresse oder eine IPv6-Adresse sein. Unangeforderte RA ohne eine Einladung setzt voraus, dass der Remotecomputer, dessen Benutzer Hilfe bekommt, entsprechend konfiguriert wurde.
/offerRA *Computer*	Windows 7 Windows Vista	Startet die Remoteunterstützung als Helfer im Modus »unangeforderte RA«, öffnet über DCOM im Remotezugriff die Remoteunterstützung auf dem Computer des Anfängers und stellt dann die Verbindung zum Computer des Anfängers her, um eine RA-Sitzung einzuleiten. Der Computer des Anfängers kann entweder anhand seines Computernamens oder der Adresse angegeben werden. Der Computername kann entweder ein Hostname sein (falls der Anfänger sich im lokalen Subnetz befindet) oder ein vollqualifizierter Name (DNS-Name). Die Adresse kann entweder eine IPv4- oder eine IPv6-Adresse sein. Diese Methode wird ausführlicher im Abschnitt »Szenario 3: Anbieten von Remoteunterstützung über DCOM« weiter unten in diesem Kapitel beschrieben.
/email *Kennwort*	Windows 7 Windows Vista	Startet die Remoteunterstützung als Anfänger im Modus »angeforderte RA« und erstellt ein kennwortgeschütztes RA-Ticket, das als Anlage einer neuen RA-Einladungsnachricht beigefügt wird, die vom standardmäßigen SMAPI-fähigen E-Mail-Client (in der Standardeinstellung Windows Mail) geöffnet wird. Das Kennwort muss mindestens 6 Zeichen lang sein und getrennt an den Helfer übermittelt werden. Die E-Mail-Clientanwendung ▶

Option	Unterstützt in	Beschreibung
		öffnet ein Fenster mit einer Nachricht, in der die Einladungsdatei bereits als Anlage hinzugefügt wurde. Der Benutzer muss die E-Mail-Adresse des Helfers in das Feld *An* eingeben, damit die Nachricht an den Helfer gesendet werden kann.
`/saveasfile` *Pfad Kennwort*	Windows 7 Windows Vista	Startet die Remoteunterstützung als Anfänger im Modus »angeforderte RA« und erstellt ein kennwortgeschütztes RA-Ticket, das im angegebenen Pfad gespeichert wird. Der Pfad kann entweder ein lokaler Ordner oder eine Netzwerkfreigabe sein. Der Benutzer muss die entsprechenden Berechtigungen für diesen Zielordner haben, um die Datei dort zu erstellen. Der Pfad muss einen Dateinamen für das Ticket enthalten. (Die Dateierweiterung *.MsRcIncident* wird automatisch an den Dateinamen angehängt.) Das Kennwort muss mindestens 6 Zeichen lang sein. Diese Methode wird ausführlicher im Abschnitt »Szenario 2: Anfordern von Remoteunterstützung durch Erstellen von RA-Tickets und Speichern in überwachten Netzwerkfreigaben« weiter unten in diesem Kapitel beschrieben.
`/openfile` *Pfad Kennwort*	Windows 7 Windows Vista	Startet die Remoteunterstützung als Helfer im Modus »angeforderte RA« und öffnet ein vorher erstelltes RA-Ticket, das im angegebenen Pfad gespeichert wurde. Der Pfad kann entweder ein lokaler Ordner oder eine Netzwerkfreigabe sein. Der Helfer muss die entsprechenden Berechtigungen für diesen Zielordner haben, um die Datei dort zu öffnen. Der Pfad muss den Dateinamen eines gültigen Tickets mit der Dateierweiterung *.MsRcIncident* enthalten. Das Kennwort muss dasselbe sein, mit dem der Benutzer das Ticket geschützt hat, als es erstellt wurde.
`/geteasyhelp`	Nur Windows 7	Startet die Remoteunterstützung als Anfänger (Benutzer) als angeforderte RA, wobei die Easy Connect-Option bereits ausgewählt ist. Sobald die Einladung zur Remoteunterstützung in der PNRP-Cloud veröffentlicht ist, bekommt der Benutzer ein 12 Zeichen langes Kennwort angezeigt, das er dem Experten (Helfer) über andere Kommunikationskanäle mitteilen muss. Der Helfer braucht dieses Kennwort, um die Einladung anzunehmen und die Remoteunterstützungssitzung einzuleiten.
`/offereasyhelp` *Adresse*	Nur Windows 7	Startet die Remoteunterstützung als Experte (Helfer) als unangeforderte RA, wobei die Easy Connect-Option bereits ausgewählt ist. Der Helfer bekommt ein Dialogfeld angezeigt, in dem er das 12 Zeichen lange Kennwort eingibt, das ihm über andere Kommunikationskanäle vom Anfänger (Benutzer) mitgeteilt wurde. Der Helfer braucht dieses Kennwort, um die Einladung anzunehmen und die Remoteunterstützungssitzung einzuleiten.
`/getcontacthelp` *Adresse*	Nur Windows 7	Startet die Remoteunterstützung als Anfänger (Benutzer) als angeforderte RA, wobei die Easy Connect-Option bereits ausgewählt und der Remoteunterstützungskontakt, der durch *Adresse* angegeben ist, bereits ausgewählt ist. Sie finden die Adresse für einen Kontakt in Ihrem Remoteunterstützungsverlauf, indem Sie die Datei *RAContacthistory.xml* aus dem Ordner *\Users\<Benutzername>\AppData\Local* Ihres Computers öffnen. *Adresse* wird als 40 Zeichen lange Hexadezimalzeichenfolge angegeben, an die die Erweiterung *.RAContact* angehängt ist.
`/offercontacthelp` *Adresse*	Nur Windows 7	Startet die Remoteunterstützung als Experte (Helfer) als unangeforderte RA, wobei die Easy Connect-Option bereits ausgewählt und der Remoteunterstützungskontakt, der durch *Adresse* angegeben ist, bereits ausgewählt ist. Sie finden die Adresse für einen Kontakt in Ihrem Remoteunterstützungsverlauf, indem Sie die Datei *RAContacthistory.xml* aus dem Ordner *\Users\<Benutzername>\AppData\Local* Ihres Computers öffnen. *Adresse* wird als 40 Zeichen lange Hexadezimalzeichenfolge angegeben, an die die Erweiterung *.RAContact* angehängt ist.

HINWEIS WMI-Skripting (Windows Management Instrumentation) von *Msra.exe* wird nicht unterstützt.

Szenario 1: Anfordern von Remoteunterstützung über Easy Connect

Wollen Privatbenutzer in Windows 7 Unterstützung von jemand anders anfordern, ist es am einfachsten, wenn sie Easy Connect verwenden. (Easy Connect ist nicht für Unternehmensumgebungen gedacht, weil es voraussetzt, dass globale P2P-Konnektivität vorhanden ist.) Im folgenden Szenario fordert Tony Allen, ein Anfänger, Hilfe von Karen Berg an, einer erfahrenen Benutzerin. Tony fordert Karens Hilfe zum ersten Mal an, indem er die Remoteunterstützung auf seinem Computer startet und *Eine vertrauenswürdige Person zur Unterstützung einladen* und anschließend *Easy Connect verwenden* anklickt. An diesem Punkt zeigt die Windows-Remoteunterstützung ein Kennwort an (Abbildung 22.5).

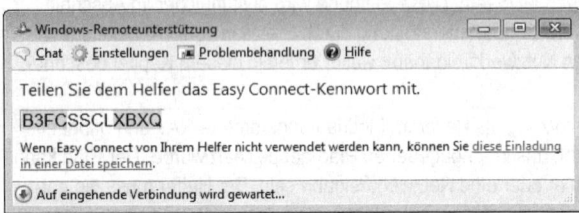

Abbildung 22.5   Tonys Computer zeigt das Kennwort an, das Karen braucht, um die Remoteunterstützungsverbindung herzustellen

Tony ruft Karen an, bittet sie darum, ihm über Remoteunterstützung zu helfen, und gibt ihr das Kennwort durch. Karen startet nun auf ihrem Computer die Remoteunterstützung und wählt *Einem Benutzer, von dem Sie eingeladen wurden, Hilfe anbieten* aus. Die Windows-Remoteunterstützung startet und zeigt das Dialogfeld aus Abbildung 22.6 an.

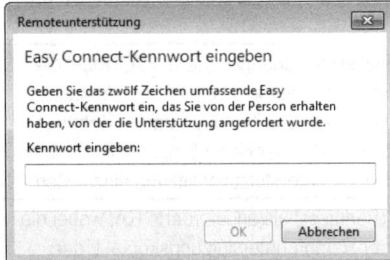

Abbildung 22.6   Karen braucht Tonys Kennwort, um eine Verbindung zu seinem Computer über Remoteunterstützung herzustellen

Karen gibt das Kennwort ein, das Tony ihr vorgelesen hat, und klickt auf *Eingeben*. Karens Computer sucht in der PNRP-Cloud nach Tonys Einladung zur Remoteunterstützung und zeigt in der Statuszeile der Remoteunterstützung die Meldung »Verbindung wird hergestellt« an. Wurde die Einladung gefunden, ändert sich die Meldung in der Statuszeile auf »Warten auf Annahme«. Daraufhin öffnet sich ein Dialogfeld auf dem Computer von Tony, in dem er gefragt wird, ob er zulassen will, dass Karen eine Verbindung zu seinem Computer herstellt und seinen Desktop sieht (Abbildung 22.7). Tony hat 2 Minuten, um diesen Dialog zu beantworten, bevor das Angebot abläuft und das Dialogfeld verschwindet. In diesem Fall erscheint die Meldung »Die Person, der Sie helfen möchten, antwortet nicht« auf Karens Computer.

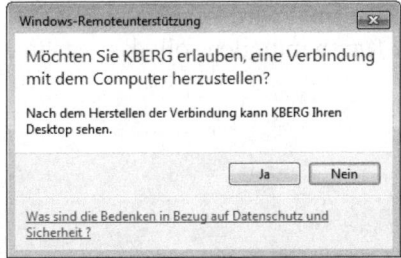

Abbildung 22.7 Tony muss erlauben, dass die Remoteunterstützungsverbindung aufgebaut wird

Tony klickt auf *Ja*, woraufhin die Remoteunterstützungssitzung beginnt. An diesem Punkt ändern sich unter Umständen die Desktopeigenschaften auf Tonys Computer (abhängig von konfigurierbaren Einstellungen), um die Belastung der Netzwerkbandbreite zu optimieren, die für die Bildschirmaktualisierungen der RA auf Karens Computer benötigt wird. Karen kann jetzt von Tony die Erlaubnis erbitten, die Steuerung zu übernehmen, mit Tony chatten oder die Sitzung abbrechen. Tony kann chatten oder die Sitzung unterbrechen oder beenden.

> **HINWEIS** Falls Sie ein Benutzer sind und einem Helfer die Steuerung Ihres Computers freigegeben haben, können Sie die Fernsteuerung augenblicklich unterbrechen und die Sitzung in den Zustand »Bildschirmfreigabe« zurückführen, indem Sie die Paniktaste (ESC) drücken.

Wenn Tony später erneut Hilfe von Karen benötigt, ist der Ablauf einfacher. Tony startet die Remoteunterstützung und wählt *Eine vertrauenswürdige Person zur Unterstützung einladen*. Die Remoteunterstützung zeigt die Verlaufsliste der bisherigen Kontakte an, die Tony vorher als Helfer eingeladen hat (Abbildung 22.8).

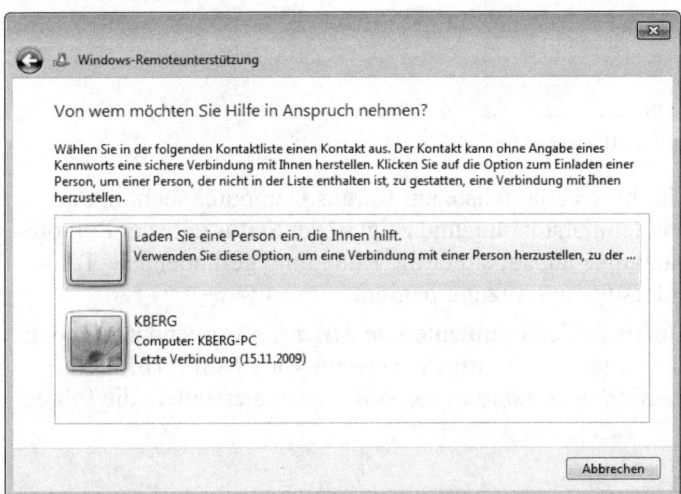

Abbildung 22.8 Karen ist als Kontakt in der Verlaufsliste von Tony aufgeführt

Tony klickt den Kontakteintrag von Karen in seiner Verlaufsliste an. Diesmal wird kein Kennwort angezeigt, sondern es erscheint eine Meldung, die erklärt, dass Tony Karen mitteilen soll, dass er ihre Hilfe benötigt (Abbildung 22.9).

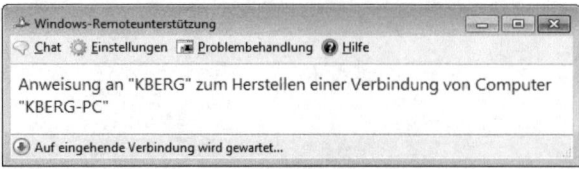

Abbildung 22.9   Bei späteren Hilfeanforderungen über Easy Connect ist kein Kennwort mehr nötig

Tony ruft Karen an und bietet sie, auf ihrem Computer die Remoteunterstützung zu starten. Karen kommt dem nach und wählt *Wem möchten Sie helfen?* aus (Abbildung 22.10).

Abbildung 22.10   Tony ist als Kontakt in Karens Verlaufsliste aufgeführt

Karen klickt den Kontakteintrag von Tony in ihrer Verlaufsliste an. Karens Computer sucht in der PNRP-Cloud nach Tonys Einladung zur Remoteunterstützung und zeigt in der Statuszeile der Remoteunterstützung die Meldung »Warten auf Annahme« an, sobald er die Einladung gefunden hat. Tony klickt auf *Ja*, woraufhin die neue Remoteunterstützungssitzung beginnt.

Sie können in Windows 7 auch die neuen Befehlszeilenargumente von *Msra.exe* verwenden, um den Verbindungsaufbau über Easy Connect noch weiter zu vereinfachen. Wenn Tony häufig Hilfe von Karen benötigt, kann Karen (die Expertin) auf Tonys Desktop eine Verknüpfung erstellen, die folgenden Befehl ausführt:

```
msra.exe /getcontacthelp <Adresse>
```

Dabei ist <Adresse> der Wert des Adressattributs für Karens Kontaktinformationen im Remoteunterstützungsverlauf auf Tonys Computer. Diese Daten sind als XML-Element in der Datei *RAContacthistory.xml* im Ordner *\Users\TALLEN\AppData\Local* auf Tonys Computer gespeichert. Der Inhalt dieser Datei sieht ähnlich aus wie im folgenden Beispiel:

```
<?xml version="1.0"?>
<RAINVITATIONCOLL>
<RAINVITATIONITEM NAME="KBERG" COMPUTERNAME="KBERG-PC" AVATAR="Qk1QgA...[lange Zeichenfolge]..."
PUBLICKEY="BgIAAAC..."
ADDRESS="5823b8d7b47af2c1cd94f32535a79d8f0569e7d0.RAContact"
TYPE="1"
TIME="20090320170235.779000"/>
</RAINVITATIONCOLL>
```

In diesem Beispiel führt die Verknüpfung, die Karen auf Tonys Computer anlegt, folgenden Befehl aus:

```
msra.exe /getcontacthelp 5823b8d7b47af2c1cd94f32535a79d8f0569e7d0.RAContact
```

Karen kann auf ihrem eigenen Computer eine ähnliche Verknüpfung anlegen, die die Kontaktinformationen für Tony aus ihrem Remoteunterstützungsverlauf enthält. Diese Daten sind als XML-Element in der Datei *RAContacthistory.xml* im Ordner *\Users\KBERG\AppData\Local* auf Karens Computer gespeichert. Sobald diese Vorbereitungen fertig sind, kann Tony Hilfe anfordern, indem er doppelt auf die Verknüpfung auf seinem Desktop klickt. Sobald er Karen darüber benachrichtigt hat, klickt Karen doppelt auf die entsprechende Verknüpfung ihres eigenen Computers. Sobald Tony nun der Verbindung zustimmt, beginnt die Sitzung.

Direkt von der Quelle: So funktioniert Easy Connect

John Thekkethala, Program Manager, *Remote Assistance Team*

Das neue Easy Connect-Feature vereinfacht die Remoteunterstützung, indem es die direkte P2P-Übertragung der Einladung zur Remoteunterstützung mithilfe von PNRP ermöglicht. Wenn der Benutzer die Remoteunterstützung startet und *Eine vertrauenswürdige Person zur Unterstützung einladen* gefolgt von *Easy Connect verwenden* wählt, wird eine Einladung zur Remoteunterstützung erstellt, verschlüsselt und als Nutzdaten in einem Knoten der PNRP-Cloud veröffentlicht. Diese Einladung wird vom Helfer aus der PNRP-Cloud abgerufen, woraufhin mithilfe der darin gespeicherten Informationen eine Remoteunterstützungsverbindung zum Benutzer aufgebaut wird.

Beim Erstellen der Einladung wird automatisch ein 12 Zeichen langes alphanumerisches Kennwort generiert und im Dialogfeld *Teilen Sie dem Helfer das Easy Connect-Kennwort mit* angezeigt. Wenn der Benutzer zum ersten Mal mit einem bestimmten Helfer arbeitet, muss das Kennwort über andere Kommunikationskanäle an den Helfer übermittelt werden, bevor der Helfer eine Verbindung zum Computer des Benutzers herstellen kann. Beim Kennwort wird nicht zwischen Groß- und Kleinschreibung unterschieden, und es enthält keine Zeichen oder Zahlen, die leicht verwechselt werden (zum Beispiel I und 1, 5 und S oder 0 und O).

Sobald der PNRP-Knoten in der PNRP-Cloud erstellt ist, wartet der Computer des Benutzers auf eine eingehende Verbindung vom Computer des Helfers. Dieser Knoten besteht für 30 Minuten, bevor er abläuft und die Einladung ungültig wird.

Der Helfer startet die Remoteunterstützung, wählt *Einem Benutzer, von dem Sie eingeladen wurden, Hilfe anbieten* und dann *Easy Connect verwenden* aus und gibt das Kennwort ein, das ihm über andere Kommunikationskanäle vom Benutzer mitgeteilt wurde. Der Computer des Helfers sucht mithilfe des Kennworts den PNRP-Knoten, der die Einladung des Benutzers enthält, liest die Nutzdaten (die Einladung) aus und entschlüsselt sie. Die Remoteunterstützung stellt mithilfe der Einladung eine Verbindung zum Computer des Benutzers her. Sobald die Remoteunterstützungsverbindung hergestellt ist, muss der Benutzer natürlich noch explizit seine Zustimmung geben, bevor der Remotezugriff auf seinen Desktop erlaubt wird.

Wurde einmal eine Remoteunterstützungssitzung über Easy Connect hergestellt, werden Benutzer und Helfer gegenseitig zu vertrauenswürdigen Kontakten. Der Speicher des Remoteunterstützungsverlaufs auf allen Computern verwaltet eine Liste der Einträge mit vertrauenswürdigen Kontakten, die über Easy Connect aufgebaut wurden. Diese Einträge enthalten zu jedem vertrauenswürdigen Kontakt folgende Informationen:

- Benutzername
- Computername
- Benutzergrafik (mit dem Benutzeranmeldekonto verknüpft)
- Datum und Uhrzeit der Verbindung
- Öffentlicher Schlüssel des verbundenen Benutzers

Jeder Verlaufsdatensatz identifiziert einen bestimmten Benutzer auf einem bestimmten Computer. Es wird nur ein Datensatz erstellt, wenn beide Seiten der Verbindung die Bestätigung erhalten, dass die andere Seite die gesamten Kontaktinformationen des anderen Benutzers empfangen haben. Beachten Sie, dass der Kontaktverlauf der Remoteunterstützung nicht die Rolle des jeweiligen Partners (Benutzer oder Experte) enthält. Ist also einmal eine Vertrauensbeziehung zwischen zwei Benutzer/Computer-Paaren hergestellt, kann jeder der beiden die Rolle des Benutzers übernehmen und den anderen um Hilfe bitten.

Wenn der Benutzer das nächste Mal versucht, über Easy Connect Unterstützung vom selben Helfer anzufordern, startet der Benutzer einfach die Remoteunterstützung und wählt den Helfer aus seiner Remoteunterstützungskontaktliste aus. Diesmal wird kein Kennwort gebraucht, weil der Helfer bereits vom Benutzer als vertrauenswürdig eingestuft ist. Das Remoteunterstützungsticket wird über Secure PNRP ausgetauscht. Der Benutzer braucht nur noch den Helfer zu benachrichtigen, dass er Hilfe braucht; das kann über Telefon, IM oder beliebige andere Kommunikationskanäle erfolgen.

Sobald der Benutzer den Helfer benachrichtigt hat, dass er seine Unterstützung benötigt, startet der Helfer die Remoteunterstützung und wählt den Kontakt des Benutzers aus. Der Computer des Helfers verwendet Secure PNRP, um die Einladung zur Remoteunterstützung abzurufen. Die Remoteunterstützungssitzung mit dem Benutzer wird aufgebaut, ohne dass der Helfer ein Kennwort eingeben muss.

Szenario 2: Anfordern von Remoteunterstützung durch Erstellen von RA-Tickets und Speichern in überwachten Netzwerkfreigaben

Sie können die Remoteunterstützung auch in einer Unternehmensumgebung einsetzen, indem die Benutzer Einladungsdateien erstellen und in einer Netzwerkfreigabe speichern, die von Helpdesk-Personal überwacht wird. Wenn der Helpdesk feststellt, dass ein neues Ticket in die Freigabe hochgeladen wurde, kann sich ein Supportmitarbeiter telefonisch beim Benutzer melden, um sich das Kennwort für das Ticket sagen zu lassen, und dann mithilfe dieses Tickets eine RA-Sitzung mit dem Benutzer einrichten, der Hilfe benötigt.

Um diesen Vorgang zu erleichtern, können Administratoren ein Skript auf den Desktops der Benutzer bereitstellen, das mithilfe der Befehlszeilenversion der Remoteunterstützung (*Msra.exe*) die Einladungsdatei erstellt und in der Netzwerkfreigabe speichert. Nehmen wir zum Beispiel an, dass die Benutzer die Einladungsdateien auf *\\FILESRV3.contoso.com\Support\IncomingTickets* hochladen sollen, einen Ordner in der Freigabe *Support* des Dateiservers *FILESRV3*. Wenn das folgende Skript (*SubmitTicket.vbs*) bei allen Benutzern auf dem Desktop bereitgestellt wird, erledigt es diese Aufgabe:

```
dim strPassword
dim strUser
dim strTicketName

strPassword = InputBox("Geben Sie ein Kennwort für das Ticket ein")
Set WshShell = Wscript.CreateObject("Wscript.Shell")
strUser = WshShell.ExpandEnvironmentStrings("%UserName%")
strTicketName = strUser & "-" & Year(Now) & "-" & Month(Now) & "-" & Day(Now) & _
    "-" & Hour(Now) & "-" & Minute(Now) & "-" & Second(Now)
strRA = "msra.exe /saveasfile \\FILESRV3\Support\IncomingTickets\" & _
    strTicketName & " " & strPassword
WshShell.Run strRA
```

Wenn der Benutzer doppelt auf dieses Skript klickt, um es auszuführen, öffnet sich ein Eingabefeld, in dem der Benutzer ein Kennwort eingeben soll, mit dem die Einladung geschützt wird. Sobald der Benutzer ein Kennwort eingegeben hat, wird ein neues RA-Ticket erstellt und im Zielordner auf dem Dateiserver gespeichert. Der Name des Tickets ist eindeutig und besteht aus dem Namen des Benutzers, gefolgt von Datum und Uhrzeit, zum Beispiel *tallen-YYYY-MM-DD-HH-MM-SS.MsRcIncident*. Sobald der Supportmitarbeiter, der die Freigabe überwacht, das Kennwort für das Ticket über einen anderen Kommunikationskanal in Erfahrung gebracht hat (zum Beispiel über ein Telefonat), öffnet er das Ticket. Sobald der Benutzer seine Zustimmung gegeben hat, wird die RA-Verbindung aufgebaut.

Um den Ordner *IncomingTickets* in der Netzwerkfreigabe zu überwachen, kann sich das Helpdesk-Personal die Dateiprüfungsfähigkeiten von Windows Server 2008-Dateiservern zunutze machen. Dazu können Sie eine passive Dateiprüfung erstellen, die den Ordner überwacht und jedes Mal eine E-Mail an eine Helpdesk-Aliasadresse sendet, wenn ein neues Ticket in den Ordner hochgeladen wird. Gehen Sie dazu folgendermaßen vor:

1. Installieren oder aktualisieren Sie die Dateiserverfunktion auf dem Windows Server 2008-Computer, in dem der Ordner *Support* liegt.

2. Starten Sie in *Verwaltung* die Konsole *Ressourcen-Manager für Dateiserver*, klicken Sie mit der rechten Maustaste auf den Stammknoten und wählen Sie im Kontextmenü den Befehl *Optionen konfigurieren*.

3. Geben Sie den DNS-Namen der IP-Adresse eines SMTP-Hosts (Simple Mail Transfer Protocol) an, der die E-Mails weiterleitet, die von der Dateiprüfung generiert werden.

4. Klicken Sie auf *OK*, um den Optionsbildschirm zu schließen. Erweitern Sie die Konsolenstruktur und wählen Sie in *Dateiprüfungsverwaltung* den Knoten *Dateiprüfungen*.

5. Klicken Sie im Fensterabschnitt *Aktionen* auf *Dateiprüfung erstellen*.

6. Klicken Sie auf *Durchsuchen* und wählen Sie den Ordner *IncomingTickets* als Dateiprüfungspfad aus.

7. Wählen Sie die Option *Benutzerdefinierte Dateiprüfungseigenschaften definieren* und klicken Sie auf *Benutzerdefinierte Eigenschaften*.

8. Wählen Sie die Option *Passives Prüfen* aus, damit die hochgeladenen Tickets nur überwacht, aber von der Prüfung nicht blockiert werden.

9. Klicken Sie auf *Erstellen*, um eine neue Dateigruppe namens *RA Tickets* zu erstellen, und fügen Sie mit der Schaltfläche *Hinzufügen* Dateien vom Typ **MsRcIncident* zu dieser Gruppe hinzu.

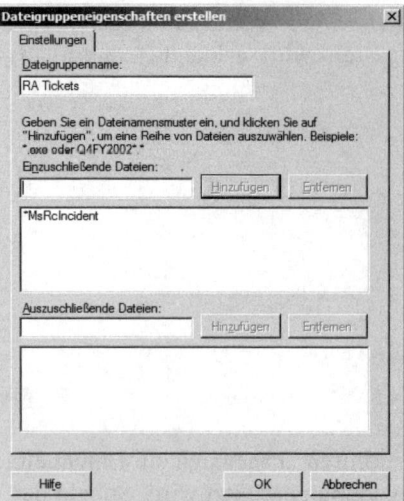

10. Klicken Sie auf *OK*, um zu den Eigenschaftenseiten für die neue Dateiprüfung zurückzukehren, und aktivieren Sie das Kontrollkästchen für die Dateigruppe *RA Tickets*, die Sie gerade erstellt haben.

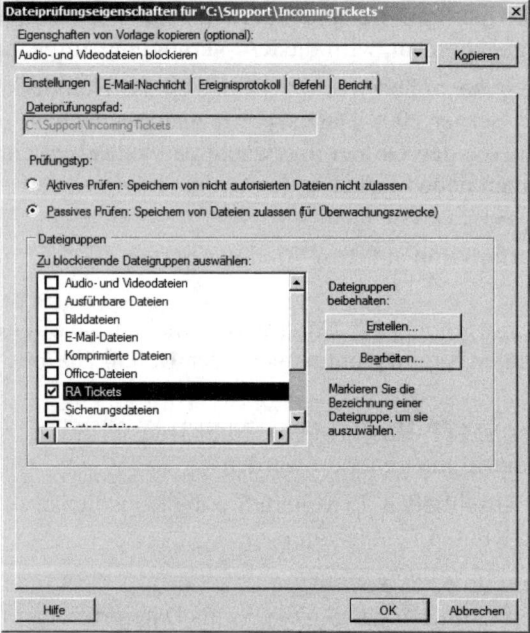

11. Klicken Sie auf die Registerkarte *E-Mail-Nachricht* und geben Sie eine Supportaliasadresse (zum Beispiel *support@contoso.com*) ein, die benachrichtigt wird, sobald ein neues Ticket in den Ordner hochgeladen wird. Konfigurieren Sie einen geeigneten Betreff und einen aussagekräftigen Text für die Nachricht.

12. Klicken Sie auf *Erstellen*, um die neue Dateiprüfung zu erstellen, und wählen Sie dann die Option, die Prüfung ohne Erstellung einer Vorlage zu speichern.

13. Testen Sie die neue Dateiprüfung, indem Sie auf einem Benutzercomputer eine Eingabeaufforderung öffnen und den Befehl `msra.exe /saveasfile` *Pfad Kennwort* eingeben, wobei *Pfad* der UNC-Pfad des Ordners *IncomingTickets* innerhalb der Freigabe *Support* auf dem Dateiserver ist und *Kennwort* ein beliebiges Kennwort mit mindestens 6 Zeichen.

WEITERE INFORMATIONEN   Weitere Informationen darüber, wie Sie die Dateiprüfung in Windows Server 2008 implementieren, finden Sie im Thema »Screening Files« des Microsoft Windows Server TechCenter unter *http:// technet2.microsoft.com/windowsserver2008/en/library/c16070f8-25f6-4d22-8040-5299b08d6eea1033.mspx ?mfr=true*.

Szenario 3: Anbieten von Remoteunterstützung über DCOM

Bevor Sie anderen Benutzern Remoteunterstützung anbieten können, muss Ihr Benutzerkonto auf dem Benutzercomputer als Helfer autorisiert sein. In einer Unternehmensumgebung sollten Sie dafür Gruppenrichtlinien einsetzen. (Dies wird im Abschnitt »Verwalten der Remoteunterstützung mithilfe von Gruppenrichtlinien« weiter unten in diesem Kapitel beschrieben.)

Sobald ein Supportmitarbeiter (oder eine Gruppe) als Helfer für alle Windows 7-Computer in einer Domäne oder Organisationseinheit konfiguriert worden ist, kann dieser Supportmitarbeiter Benutzern auf diesen Computern Remoteunterstützung anbieten, wenn sie Hilfe benötigen. Nehmen wir in diesem Beispielszenario an, dass Tony Allen (*tallen@contoso.com*) ein Windows 7-Benutzer ist, der Hilfe bei einem Problem mit seinem Computer benötigt. Tony ruft die Helpdesk-Abteilung an und der Anruf wird von Karen Berg (*kberg@contoso.com*) angenommen, die Tony bittet, ihm den Namen oder die IP-Adresse seines Computers zu sagen. Tony nennt Karen den vollqualifizierten Computernamen (*TALLEN-PC.contoso.com*) oder die IP-Adresse. Karen bietet Tony nun Unterstützung an, indem sie auf ihrem Computer die Remoteunterstützung startet, *Einem Benutzer, von dem Sie eingeladen wurden, Hilfe anbieten* und dann *Erweiterte Verbindungsoption für Helpdesk* anklickt und den Namen oder die IP-Adresse von Tonys Computer eingibt (Abbildung 22.11).

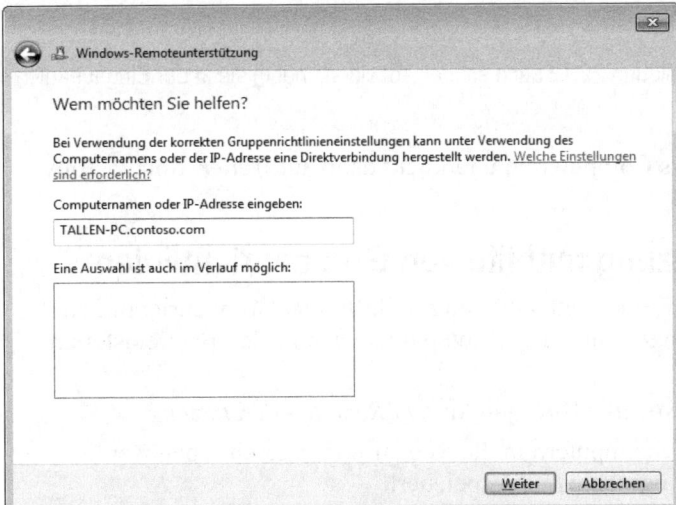

Abbildung 22.11   Karen hilft Tony über eine unangeforderte Remoteunterstützung

> **HINWEIS** Karen kann auch in einer Eingabeaufforderung **msra /offerRA TALLEN-PC.contoso.com** eintippen, um Tony schnell zu helfen.

Der Ablauf ist sogar noch einfacher, wenn Karen später erneut hilft. Karen startet dann einfach die Remoteunterstützung auf ihrem Computer, wählt *Einem Benutzer, von dem Sie eingeladen wurden, Hilfe anbieten* aus und klickt auf *Erweiterte Verbindungsoption für Helpdesk*; nun wird der Name oder die IP-Adresse von Tonys Computer in der Remoteunterstützungs-Verlaufsliste angezeigt (Abbildung 22.12).

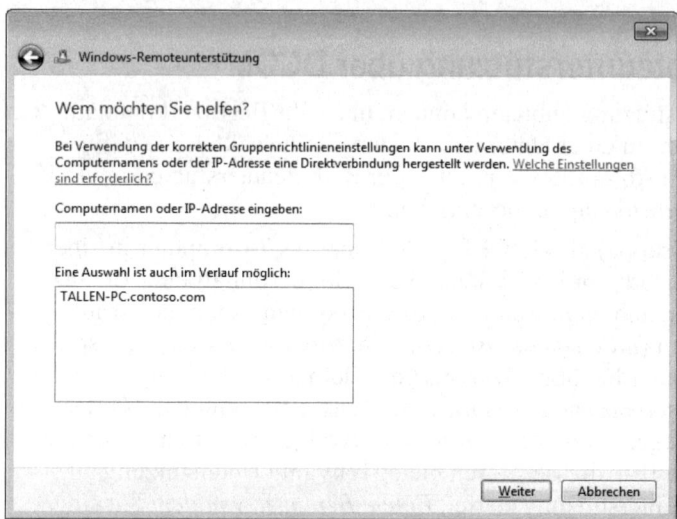

Abbildung 22.12 Die Verlaufsliste macht es ganz einfach, Remoteunterstützungssitzungen mit Benutzern zu starten, denen schon einmal geholfen wurde

> **HINWEIS** Karen kann den Bildschirm aus Abbildung 22.12 auch schnell anzeigen, indem sie in der Eingabeaufforderung **msra /offerRA** eingibt.

Karen klickt nun in ihrer Verlaufsliste Tonys Computer an und klickt dann auf *Weiter*. Sobald Tony das Angebot annimmt, beginnt die Sitzung.

Verwalten der Remoteunterstützung mithilfe von Gruppenrichtlinien

In einer Unternehmensumgebung kann die Remoteunterstützung mithilfe von Gruppenrichtlinien verwaltet werden. Alle Richtlinieneinstellungen für Remoteunterstützung sind Computereinstellungen, sie liegen an folgender Position:

Computerkonfiguration\Richtlinien\Administrative Vorlagen\System\Remoteunterstützung

Wenn diese Richtlinieneinstellungen auf Zielcomputern in die Registrierung geschrieben werden, werden sie unter dem folgenden Registrierungsschlüssel gespeichert:

HKLM\SOFTWARE\Policies\Microsoft\WindowsNT\Terminal Services

Die Richtlinieneinstellungen für Remoteunterstützung sind in Tabelle 22.4 zusammengefasst.

Tabelle 22.4   Gruppenrichtlinieneinstellungen für Remoteunterstützung

Richtlinie	Beschreibung
Angeforderte Remoteunterstützung	Wenn diese Richtlinie aktiviert ist, können Benutzer auf Zielcomputern mit angeforderter RA Hilfe über E-Mail, Dateitransfer oder Instant Messaging anfordern. Wenn diese Richtlinie deaktiviert ist, können Benutzer keine angeforderte RA verwenden. Die Standardeinstellung ist *Nicht konfiguriert*, das heißt, dass Benutzer ihre Remoteunterstützungseinstellungen über die Registerkarte *Remote* des Systemsteuerungsapplets *System* ändern können. Falls die Richtlinie aktiviert ist, können Sie zusätzlich konfigurieren, ob Helfern verboten wird, die Steuerung auf dem Benutzercomputer zu übernehmen, wie lange die Ticketlebensdauer maximal ist und auf welche Weise Einladungen als E-Mail gesendet werden. (Windows 7 unterstützt nicht die MAILTO-Methode. Wählen Sie stattdessen SMAPI aus, falls die Zielcomputer unter Windows 7 laufen.) Die Ticketlebensdauer gilt nur für RA-Einladungen, die als E-Mail oder als Dateiübertragung gesendet werden. Der Standardwert für die Ticketlebensdauer ist 6 Stunden, wenn keine Gruppenrichtlinien verwendet werden. Falls diese Richtlinie aktiviert ist, müssen Sie auch die Remoteunterstützungsausnahme in der Windows-Firewall aktivieren, damit angeforderte RA funktionieren kann. In einer unverwalteten Umgebung kann diese Einstellung auch über die Registerkarte *Remote* des Systemsteuerungsapplets *System* konfiguriert werden. Diese Richtlinie wird auch auf Windows XP Professional und Windows Server 2003 unterstützt.
Remoteunterstützung anbieten	Wenn diese Richtlinie aktiviert ist, können Helfer den Benutzern der Zielcomputer über unangeforderte RA Hilfe anbieten. Wenn diese Richtlinie deaktiviert oder auf *Nicht konfiguriert* gelassen wird, kann den Benutzern der Zielcomputer keine unangeforderte RA angeboten werden. Falls die Richtlinie aktiviert ist, können Sie außerdem konfigurieren, ob die Helfer die Computer der Benutzer ansehen oder deren Steuerung übernehmen dürfen, und Sie müssen eine Liste der Helfer angeben, die den Benutzern der Zielcomputer unangeforderte RA anbieten dürfen. Helfer können entweder Benutzer oder Gruppen sein, sie müssen in der Form »Domänenname\Benutzerame« oder »Domänenname\ Gruppenname« angegeben sein. Falls diese Richtlinie aktiviert ist, müssen Sie auch die Remoteunterstützungsausnahme in der Windows-Firewall aktivieren, damit unangeforderte RA funktionieren kann. (In Windows 7 ist die RA-Ausnahme im Domänenfirewallprofil standardmäßig geöffnet.) Diese Richtlinie wird auch auf Windows XP Professional und Windows Server 2003 unterstützt. Weitere Informationen finden Sie auf der Registerkarte *Erklärung* zu dieser Richtlinieneinstellung.
Nur Verbindungen von Computern mit Windows Vista oder höher zulassen	Die Standard-Windows 7-Einladungsdatei enthält einen Windows XP-spezifischen Knoten, um die Abwärtskompatibilität zu ermöglichen. Dieser Knoten ist nicht verschlüsselt und erlaubt Windows XP-Computern, eine Verbindung zum Windows 7-Computer herzustellen, der das Ticket erstellt hat. Wenn diese Richtlinie aktiviert ist, enthalten die RA-Einladungen, die von Benutzern der Zielcomputer generiert werden, *keine* Windows XP-Knoten. Sie verbessern damit Sicherheit und Datenschutz. Wenn diese Richtlinie deaktiviert oder auf *Nicht konfiguriert* gelassen wird, bleiben Informationen wie IP-Adresse und Portnummer unverschlüsselt in den RA-Einladungen. Diese Richtlinieneinstellung gilt nur für RA-Einladungen, die über E-Mail oder Dateitransfer übertragen werden, sie hat keine Auswirkung auf die Anforderung mithilfe von Instant Messaging oder die Verwendung von unangeforderter RA. In einer unverwalteten Umgebung kann diese Einstellung auch über die Schaltfläche *Erweitert* der Registerkarte *Remote* des Systemsteuerungsapplets *System* konfiguriert werden. Diese Richtlinie wird nur auf Windows Vista und neueren Plattformen unterstützt. ▶

Richtlinie	Beschreibung
Warnmeldungen anpassen	Wenn diese Richtlinie aktiviert ist, wird die angegebene Warnung auf Zielcomputern angezeigt, wenn ein Helfer während einer RA-Sitzung in den Zustand »Bildschirmfreigabe« oder »Steuerungsfreigabe« wechseln möchte. Wenn diese Richtlinie deaktiviert oder auf *Nicht konfiguriert* gelassen wird, wird in beiden Fällen die Standardwarnung angezeigt.
	Falls die Richtlinie aktiviert ist, können Sie außerdem einstellen, welche Warnmeldung in den beiden Fällen jeweils angezeigt wird.
	Diese Richtlinie wird nur auf Windows Vista und neueren Plattformen unterstützt.
Sitzungsprotokollierung aktivieren	Wenn diese Richtlinie aktiviert ist, werden die RA-Sitzungsaktivitäten auf den Zielcomputern protokolliert. Weitere Informationen finden Sie im Abschnitt »Protokollierung der Remoteunterstützung« weiter oben in diesem Kapitel. Wenn diese Richtlinie deaktiviert ist, wird die RA-Protokollierung auf den Zielcomputern deaktiviert. Die Standardeinstellung ist *Nicht konfiguriert*, dann wird die RA-Protokollierung automatisch eingeschaltet.
	Diese Richtlinie wird nur auf Windows Vista und neueren Plattformen unterstützt.
Bandbreitenoptimierung aktivieren	Wenn diese Richtlinie aktiviert ist, wird die angegebene Stufe der Bandbreitenoptimierung angewendet, um die Benutzerfreundlichkeit der RA über Netzwerkverbindungen mit geringer Bandbreite zu verbessern. Wenn diese Richtlinie deaktiviert oder auf *Nicht konfiguriert* gelassen wird, werden die Systemstandardeinstellungen verwendet.
	Falls die Richtlinie aktiviert ist, müssen Sie die gewünschte Stufe der Bandbreitenoptimierung auswählen. Es stehen folgende Optionen zur Verfügung: ■ *Keine Bandbreitenoptimierung* ■ *Kein Ziehen vollständiger Fenster* ■ *Hintergrund deaktivieren* ■ *Vollständige Optimierung (8-Bit-Farben verwenden)* Falls *Keine Bandbreitenoptimierung* ausgewählt ist, verwendet der Benutzercomputer das Windows-Basis-Design mit vollständigem Hintergrund, und während einer Sitzung mit Steuerungsfreigabe kann der Helfer vollständige Fenster über den Bildschirm des Benutzers ziehen. Zusätzliche Optimierung schaltet Effekte ab, damit der Helfer eine bessere Reaktionsfähigkeit des Systems bekommt.
	Diese Richtlinie wird nur auf Windows Vista und neueren Plattformen unterstützt.

> **HINWEIS**   In Windows XP bekamen Mitglieder der Gruppe *Domänen-Admins* implizit Helferprivilegien, auch wenn sie nicht zur Helferliste der Richtlinieneinstellung *Remoteunterstützung anbieten* hinzugefügt wurde. Das ist in Windows Vista und Windows 7 nicht mehr der Fall. Hier muss die Gruppe *Domänen-Admins* explizit zur Helferliste hinzugefügt werden, damit sie Helferprivilegien für unangeforderte RA erhält.

Konfigurieren der Remoteunterstützung in unverwalteten Umgebungen

Benutzer von unverwalteten Computern können die Remoteunterstützung über die Registerkarte *Remote* des Systemsteuerungsapplets *System* aktivieren und konfigurieren (Abbildung 22.13). Es sind Anmeldeinformationen als lokaler Administrator des Computers erforderlich, um die Remoteunterstützung zu aktivieren, zu deaktivieren und ihre Einstellungen zu verändern. Daher öffnet sich eine UAC-Eingabeaufforderung, wenn der Benutzer diese Einstellungen vornehmen will.

Einstellungen, die auf diese Weise geändert werden, wirken sich auf alle Benutzer des Systems aus. Wenn Sie auf *Erweitert* klicken, können Sie festlegen, ob während einer Remoteunterstützungssitzung die Remotesteuerung des Computers erlaubt ist, wie lange eine Einladung zur Remoteunterstützung höchstens gültig bleibt (Standardwert ist 6 Stunden) und ob Einladungen erstellt werden, die nur von der Remoteunterstützung in Windows Vista oder neueren Versionen unterstützt werden (Abbildung 22.14).

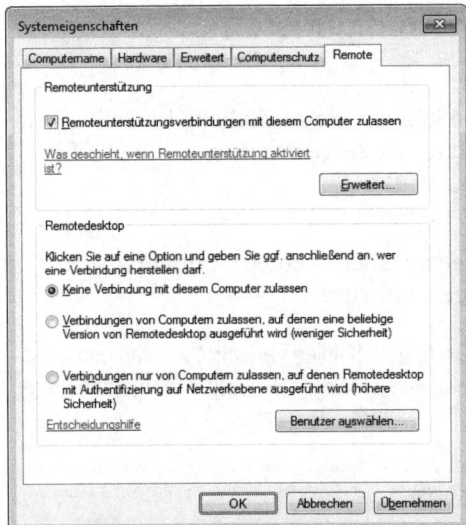

Abbildung 22.13   Konfigurieren der Remoteunterstützung in der
Registerkarte *Remote* des Systemsteuerungsapplets *System*

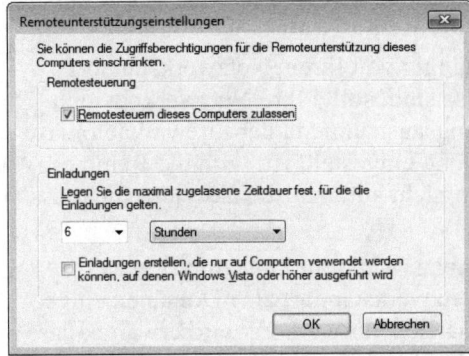

Abbildung 22.14   Erweiterte Konfigurationseinstellungen
für die Remoteunterstützung

HINWEIS   Eine PNRP-Einladung ist nur 30 Minuten lang gültig, für sie gilt diese Einstellung nicht. Diese Einschränkung betrifft keine Einladungen, die an vertrauenswürdige Kontakte gesendet werden.

In verwalteten Umgebungen werden die Systemsteuerungseinstellungen zum Konfigurieren der Remoteunterstützung blockiert (sie werden eingegraut angezeigt), wenn die folgende Gruppenrichtlinieneinstellung aktiviert ist.

Computerkonfiguration\Richtlinien\Administrative Vorlagen\System\Remoteunterstützung\Angeforderte Remoteunterstützung

Zusätzliche Registrierungseinstellungen zum Konfigurieren der Remoteunterstützung

Durch Änderungen an bestimmten Registrierungseinstellungen können Sie zusätzliche Einstellungen an der Remoteunterstützung vornehmen. Die benutzerspezifischen Registrierungseinstellungen für Remoteunterstützung liegen im folgenden Schlüssel:

HKCU\Software\Microsoft\Remote Assistance

Diese Einstellungen können über die Schaltfläche *Einstellungen* geändert werden, während die RA auf eine Verbindung wartet oder nachdem die Verbindung hergestellt wurde.

WARNUNG Falls Remoteunterstützungseinstellungen mithilfe von Gruppenrichtlinien verwaltet werden und irgendwelche konfigurierten Richtlinieneinstellungen diesen Registrierungseinstellungen widersprechen, haben die Richtlinieneinstellungen Vorrang.

Direkt von der Quelle: Behandlung von Problemen mit der Remoteunterstützung in Windows 7 und Windows Vista

John Thekkethala, Program Manager, *Remote Assistance Team*

Wenn ich versuche, eine Einladung mit E-Mail oder Dateitransfer zu generieren, bekomme ich die Warnung, dass die Windows-Firewall momentan die Remoteunterstützung blockiert.

Die Remoteunterstützungs-Ausnahme der Firewall wird abhängig von Ihrem Netzwerkstandort geändert (Privat, Öffentlich oder Domäne). Falls Sie zu Hause sind, sollte Ihre Netzwerkposition auf »Privat« gestellt werden, da dann die Remoteunterstützungsausnahme in der Firewall automatisch aktiviert wird. Falls Ihr Netzwerkstandort auf »Öffentlich« eingestellt ist, wird die Remoteunterstützungsausnahme der Firewall aus Sicherheitsgründen nicht automatisch aktiviert. Sie muss von einem Administrator aktiviert werden.

Falls Sie eine Verbindung zu einem verwalteten Netzwerk haben (wenn Sie sich zum Beispiel innerhalb einer Unternehmensdomäne befinden), wird der Netzwerkstandort als »Domäne« eingestuft und die Remoteunterstützungsausnahme ist nicht automatisch aktiviert. Es wird erwartet, dass sie über Gruppenrichtlinien von Ihrem Systemadministrator konfiguriert wird.

Ich kann mit der Remoteunterstützung keine Verbindung von meinem Heimcomputer zu meinem Arbeitsplatzcomputer herstellen.

Die Remoteunterstützung verwendet Teredo (IPv6), um NATs zu durchqueren. Teredo kann allerdings nicht benutzt werden, um Unternehmensrandfirewalls zu durchqueren, die NAT für Intranetclients bereitstellen und dynamische Ports oder ausgehenden UDP-Verkehr blockieren. Da Sie innerhalb des Unternehmensnetzwerkes keine global erreichbare IPv4-Adresse besitzen, kann RA keine Verbindung zu Ihnen von außerhalb des Unternehmensnetzwerks herstellen.

Falls ich die Windows-Firewall deaktiviere, kann ich in bestimmten Fällen keine RA-Verbindung herstellen. Das scheint unlogisch, da ich erwarte, dass die Konnektivität bei deaktivierter Firewall weniger eingeschränkt ist.

In Windows Vista und Windows 7 kann die Windows-Firewall mit IPv6 umgehen. Die RA-Ausnahme in der Windows-Firewall aktiviert Teredo für die Randüberquerung. Falls die Windows-Firewall deaktiviert ist, ist auch die Fähigkeit deaktiviert, Teredo für NAT-Traversal zu nutzen. Die Windows-Firewall muss laufen, und zwar mit aktivierter RA-Ausnahme, damit RA NATs mithilfe von Teredo durchqueren kann.

Ich kann mit der Remoteunterstützung keine Verbindung von meinem Arbeitsplatz zu meinem Heimcomputer herstellen.

Ihre Unternehmensfirewall ist möglicherweise so konfiguriert, dass ausgehende Peer-to-Peer-Verbindungen geblockt werden. In einer verwalteten Umgebung (Domänencomputer), wie sie normalerweise in einem Unternehmensnetzwerk zu finden ist, aktiviert die RA-Ausnahme Teredo (Randüberquerung) nicht, da Unternehmensfirewalls normalerweise ausgehenden UDP-Verkehr blockieren. NAT-Traversal mit Teredo ist in diesem Szenario standardmäßig deaktiviert. Falls der Benutzer, dem Sie helfen wollen, hinter einem UPnP-NAT oder direkt mit dem Internet verbunden ist, sollte es möglich sein, eine Verbindung herzustellen. Fragen Sie bei Ihrem Netzwerkadministrator nach, ob ausgehende Peer-to-Peer-Verbindungen durch die Unternehmensfirewall aktiviert werden können.

Wenn ich meinen Laptop (oder die Position meines Heimnetzwerks) von einem Standort mit der Einstellung »Privat« zu einem mit der Einstellung »Öffentlich« verschiebe, kann ich keine Verbindung zu bestimmten Computern herstellen.

Falls Sie einen Laptop haben, den Sie abwechselnd zu Hause und an Ihrem Arbeitsplatz anschließen, ändern sich die Eigenschaften der RA-Firewallausnahme in der Windows-Firewall abhängig davon, ob Ihr Netzwerkstandort als »Privat«, »Öffentlich« oder »Domäne« eingestuft ist. Ist »Privat« eingestellt, ist die RA-Ausnahme standardmäßig aktiviert. Und wenn Sie ein UPnP-NAT verwenden, erlaubt die RA-Ausnahme die Kommunikation mit dem UPnP-NAT, damit RA-Verbindungen möglich sind, die UPnP verwenden. In einem öffentlichen Netzwerk ist die RA-Ausnahme standardmäßig nicht aktiviert. Sie muss von einem Administrator aktiviert werden. Außerdem erlaubt das Standardprofil »Öffentlich« aus Sicherheitsgründen keine UPnP-Kommunikation, wodurch in bestimmten Fällen die RA-Konnektivität eingeschränkt ist.

Ich arbeite über eine Verbindung mit geringer Bandbreite, und die Person, die mir hilft, hat mit langsamer Bildschirmaktualisierung zu kämpfen.

Stellen Sie die Bandbreitennutzung unter *Einstellungen* auf *Gering*, damit im Rahmen der Remoteunterstützungsverbindung möglichst wenig Bandbreite benötigt wird. Denken Sie daran, dass sich die Anzeigequalität verschlechtert, wenn die Bandbreite eingeschränkt ist.

Warum kann ich zu Windows XP-Computern, die sich hinter einem NAT befinden, nicht so einfach eine Verbindung herstellen wie zu Windows Vista- und Windows 7-Computern?

Die Remoteunterstützung in Windows XP unterstützt kein Teredo für NAT-Traversal. Daher kann ein RA-Verbindungsversuch von Windows 7 oder Windows Vista zu Windows XP fehlschlagen, falls beide Computer hinter Nicht-UPnP-NATs liegen.

Wie stellt die Remoteunterstützung eine Verbindung her?

Wenn die RA-Einladung erstellt wird, richtet sich der Benutzercomputer selbst als Listener für alle seine IP-Adressen (IPv4 und IPv6) ein, auch seine Teredo-Adresse. Alle diese Überwachungen warten darauf, dass eine Verbindung vom Computer des Helfers aufgebaut wird. Die Adress- und Portinformationen dieser unterschiedlichen Listener werden innerhalb der RA-Einladung (die vom Windows Messenger übertragen wird, wenn der Windows Messenger zum Starten der RA benutzt wird) an den Computer des Helfers übermittelt. Der Computer des Helfers versucht dann, gleichzeitig auf allen Adress/Port-Paaren der Einladung eine Verbindung aufzubauen. Die erste Verbindung, die erfolgreich hergestellt werden kann, wird dann für die RA-Sitzung verwendet, die übrigen Verbindungsversuche werden beendet.

Wie kann ich einen Verbindungsfehler zwischen zwei privaten Windows Vista- oder Windows 7-Computern beheben, die sich hinter NATs befinden?

Sehen Sie sich die RA-Konnektivitätsinformationen in den Tabellen 22.5 und 22.6 an und stellen Sie sicher, dass für Ihre Netzwerkkonfiguration RA-Konnektivität unterstützt wird. Stellen Sie dann sicher, dass die Windows-Firewall auf dem Computer der Person läuft, die Hilfe bekommt, und für RA konfiguriert ist. Gehen Sie dazu folgendermaßen vor:

- Die Windows-Firewall ist IPv6-kompatibel und muss laufen, damit NAT-Traversal über Teredo möglich ist.

- Der Netzwerkstandort des Computers muss »Privat« oder »Öffentlich« sein, da Teredo in den Einstellungen »Domäne« oder »Verwaltet« nicht aktiviert ist.

- Die Remoteunterstützungsausnahme in der Firewall muss aktiviert sein, damit RA-Verbindungen möglich sind.

Stellen Sie nun sicher, dass keine Edge-Firewall zwischen Benutzer und Helfer liegt, da sie unter Umständen Peer-to-Peer-Anwendungen wie RA blockiert.

Stellen Sie schließlich sicher, dass Benutzer und Helfer nicht hinter einem symmetrischen NAT sind, und dass Teredo in der Lage ist, auf beiden Computern den Status »qualifiziert« zu erreichen. Gehen Sie dazu folgendermaßen vor:

1. Starten Sie Teredo, indem Sie RA in den Zustand »Warten auf Verbindung« zwingen. Dazu können Sie in einer Eingabeaufforderung **msra.exe /saveasfile Einladung *Kennwort*** eingeben.

2. Prüfen Sie dann, ob Teredo auf beiden Computern aktiviert werden kann und in den Status »qualifiziert« wechselt. Öffnen Sie eine Eingabeaufforderung mit erhöhten Rechten und geben Sie den Befehl **netsh interface teredo show state** ein. Die Ausgabe sollte zeigen, dass Teredo im Status »qualifiziert« ist. Falls Teredo nicht auf beiden Computern in diesen Status wechselt, ist unter Umständen keine RA-Verbindung zwischen diesen beiden Computern möglich. Teredo wechselt nicht in den Status »qualifiziert«, falls eine der beiden folgenden Bedingungen zutrifft:

   □ Es konnte kein globaler Teredo-Server unter *teredo.ipv6.microsoft.com* gefunden werden.

   □ Der Computer liegt hinter einem symmetrischen NAT. Das können Sie überprüfen, indem Sie sich die Ausgabe von netsh interface teredo show state ansehen und in der Zeile »NAT :« den angegebenen NAT-Typ überprüfen.

Wenn ich jemandem helfe, der ein Standardbenutzer ist, kann ich kein Programm ausführen, das Administratorprivilegien benötigt. Dabei habe ich sie auf dem Benutzercomputer.

RA erlaubt einem Benutzer, die Steuerung seines Computers für einen Remotehelfer freizugeben. Falls der Benutzer ein Standardbenutzer ist, bekommt der Remotehelfer dieselben Privilegien wie der Standardbenutzer. Falls der Helfer versucht, ein Programm zu starten, das die Anmeldeinformationen eines Administrators benötigt, müssen diese Anmeldeinformationen lokal (auf dem sicheren Desktop) vom Benutzer eingegeben werden. Sie können nicht im Remotezugriff vom Helfer eingegeben werden. Das ist nötig, um eine Sicherheitslücke zu verhindern, die auftritt, wenn Administrationsprogramme, die von einem Remotehelfer gestartet wurden, vom lokalen Benutzer entführt werden, indem jemand einfach die RA-Sitzung beendet. In verwalteten Umgebungen, in denen die Clientcomputer unter Windows Vista Service Pack 1 (SP1) oder neueren Versionen laufen, können Sie allerdings eine neue Gruppenrichtlinieneinstellung aktivieren, die es der Remoteunterstützung erlaubt, den sicheren Desktop während einer Remoteunterstützungssitzung auszuschalten, sogar wenn der Benutzer ein Standardbenutzer ist. Folglich kann der Remotehelfer nun Administratoranmeldeinformationen eingeben, wenn während einer Remote-unterstützungssitzung eine UAC-Eingabeaufforderung erscheint, und so administrative Aufgaben auf dem Computer des Benutzers ausführen. Sie konfigurieren dieses Verhalten, indem Sie die folgende Richtlinieneinstellung aktivieren:

Computerkonfiguration\Richtlinien\Windows-Einstellungen\Sicherheitseinstellungen\Lokale Richt-linien\Sicherheitsoptionen\Benutzerkontensteuerung: UIAccess-Anwendungen können erhöhte Rechte ohne sicheren Desktop anfordern

Plattformübergreifende Konnektivität für die Remoteunterstützung

Für Umgebungen, in denen unterschiedliche Windows-Versionen im Einsatz sind, fassen die Tabellen 22.5 und 22.6 die Remoteunterstützungskonnektivität zwischen Experten und Anfängern auf Computern zusammen, die unter Windows XP, Windows Vista und Windows 7 laufen.

Tabelle 22.5   Remoteunterstützungskonnektivität für Experten auf Windows XP

		Experte auf Windows XP			
		Direkt verbunden	Hinter UPnP-NAT	Hinter Nicht-UPnP-NAT	Hinter Unternehmens-Edge-Firewall**
Anfänger (Benutzer) auf Windows XP	Direkt verbunden	Ja	Ja	Ja	Ja
	Hinter UPnP-NAT	Ja	Ja	Ja	Ja
	Hinter Nicht-UPnP-NAT	Ja, nur bei Verwendung von Msgr	Ja, nur bei Verwendung von Msgr	Nein	Nein
	Hinter Unternehmens-Edge-Firewall**	Ja, nur bei Verwendung von Msgr	Ja, nur bei Verwendung von Msgr	Nein	Ja, falls beide hinter derselben Firewall sind Nein, falls beide hinter unterschiedlichen Firewalls sind
Anfänger (Benutzer) auf Windows 7 oder Windows Vista	Direkt verbunden	Ja	Ja	Ja	Ja
	Hinter UPnP-NAT	Ja	Ja	Ja	Ja
	Hinter Nicht-UPnP-NAT	Ja, nur bei Verwendung von Msgr	Ja, nur bei Verwendung von Msgr	Nein	Nein
	Hinter Unternehmens-Edge-Firewall**	Ja, nur bei Verwendung von Msgr	Ja, nur bei Verwendung von Msgr	Nein	Ja, falls beide hinter derselben Firewall sind Nein, falls beide hinter unterschiedlichen Firewalls sind

Tabelle 22.6   Remoteunterstützungskonnektivität für Experten auf Windows Vista und Windows 7

		Experte auf Windows Vista oder Windows 7			
		Direkt verbunden	Hinter UPnP-NAT	Hinter Nicht-UPnP-NAT	Hinter Unternehmens-Edge-Firewall**
Anfänger (Benutzer) auf Windows XP	**Direkt verbunden**	Ja	Ja	Ja	Ja
	Hinter UPnP-NAT	Ja	Ja	Ja	Ja
	Hinter Nicht-UPnP-NAT	Ja, nur bei Verwendung von Msgr	Ja, nur bei Verwendung von Msgr	Nein	Nein
	Hinter Unternehmens-Edge-Firewall**	Ja, nur bei Verwendung von Msgr	Ja, nur bei Verwendung von Msgr	Nein	Ja, falls beide hinter derselben Firewall sind / Nein, falls beide hinter unterschiedlichen Firewalls sind
Anfänger (Benutzer) auf Windows 7 oder Windows Vista	**Direkt verbunden**	Ja	Ja	Ja	Ja
	Hinter UPnP-NAT	Ja	Ja	Ja	Ja
	Hinter Nicht-UPnP-NAT	Ja, über Teredo*	Ja, über Teredo*	Ja, über Teredo*	Keine
	Hinter Unternehmens-Edge-Firewall**	Nein	Nein	Nein	Ja, falls beide hinter derselben Firewall sind / Nein, falls beide hinter unterschiedlichen Firewalls sind

*   Teredo-Konnektivität steht nicht zur Verfügung, falls sich beide Computer hinter einem »symmetrischen NAT« befinden.
** Die Edge-Firewall muss ausgehende Verbindungen erlauben (z.B. den Microsoft ISA Firewall-Client verwenden).

Zusammenfassung

Die Remoteunterstützung wurde in Windows Vista und Windows 7 deutlich verbessert und bietet bessere Leistung, größere Benutzerfreundlichkeit, NAT-Traversal-Flexibilität und höhere Sicherheit. Folgende Empfehlungen sollten beachtet werden, wenn Remoteunterstützung in einer Unternehmensumgebung implementiert wird:

- Ermöglichen Sie es mit Gruppenrichtlinien, dass Benutzer der Zielcomputer in einer Domäne oder Organisationseinheit RA-Angebote vom Helpdesk-Personal bekommen können.
- Aktivieren Sie mithilfe von Gruppenrichtlinien die RA-Ausnahme in der Windows-Firewall.
- Stellen Sie mit Gruppenrichtlinien Skripts bereit, damit Benutzer die ausführbare Datei *Msra.exe* starten können, falls Sie den Startablauf für RA-Sitzungen anpassen wollen. Zum Beispiel können Sie eine Einladung in eine Netzwerkfreigabe hochladen, die von Supportpersonal überwacht wird.
- Falls alle Ihre Supportcomputer unter Windows Vista oder Windows 7 laufen, sollten Sie mit Gruppenrichtlinien RA-Tickets verschlüsseln, damit vertrauliche Informationen wie die IP-Adressen und Computernamen der Benutzer verborgen bleiben.
- Falls die Unternehmensrichtlinie für Überwachungszwecke eine RA-Aufzeichnung erfordert, sollten Sie mit Gruppenrichtlinien die RA-Protokollierung für die Desktopcomputer Ihres Unternehmens aktivieren und regelmäßig Skripts ausführen, die die RA-Protokolle von Helfern und Benutzern an einen sicheren Speicherort übertragen.
- Um die Datenschutz- und Sicherheitsanforderungen Ihres Unternehmens zu erfüllen, können Sie mit Gruppenrichtlinien die Textnachrichten anpassen, die den Benutzern angezeigt werden, bevor sie dem Helfer erlauben, ihre Bildschirme zu sehen oder die Steuerung zu übernehmen.

Weitere Informationen

Die folgenden Ressourcen liefern weitere Informationen und Tools zu den Themen dieses Kapitels.

Informationsquellen

- »Windows-Remoteunterstützung: Häufig gestellte Fragen« unter *http://windowshelp.microsoft. com/windows/de-de/Help/398b5eda-aa7f-4078-94c5-1519b697bfa01033.mspx.*

Auf der Begleit-CD

- *RemoteAssistanceDiag.ps1*

K A P I T E L   2 3

Verwalten von Softwareupdates

Es war Microsofts Ziel, das Betriebssystem Windows 7 schon am Erscheinungstag so sicher und zuverlässig zu machen, wie es nur möglich ist. Aber vernetzte Software erfordert immer regelmäßige Updates, weil sich die Sicherheitsbedrohungen in Netzwerken ständig verändern. Um die Gefahr durch neue Sicherheitsbedrohungen zu minimieren, müssen Sie Windows 7 regelmäßig mit den von Microsoft bereitgestellten Updates aktualisieren.

Dieses Kapitel gibt einen Überblick über die Features von Windows 7, die mit Softwareupdates im Zusammenhang stehen, und beschreibt, wie sie die Effizienz bei der Auslieferung von Updates in Ihrer Organisation verbessern. Dieses Kapitel beschreibt auch die drei wichtigsten Methoden, Microsoft-Updates zu verteilen: Windows Update-Client, Windows Server Update Services (WSUS) und Microsoft System Center Configuration Manager 2007 R2 (Configuration Manager 2007 R2). Eine ausführliche Beschreibung von BITS 3.0 (Background Intelligent Transfer Service, intelligenter Hintergrundübertragungsdienst) und wie Sie BITS verwalten können, sind ebenfalls Themen dieses Kapitels.

Weil Sie den Windows Update-Client von Windows 7 mit Gruppenrichtlinieneinstellungen verwalten können, beschreibt dieses Kapitel nützliche Gruppenrichtlinieneinstellungen. Organisationen, die Proxyserver verwenden, müssen unter Umständen einen zusätzlichen Konfigurationsschritt einschieben, damit der Windows Update-Client richtig funktioniert, und dieses Kapitel erklärt, wie Sie diese Konfiguration vornehmen. Um zu überprüfen, ob Updates richtig bereitgestellt wurden, können Sie Überwachungstools wie zum Beispiel MBSA (Microsoft Baseline Security Analyzer) und Configuration Manager 2007 R2 einsetzen.

Gelegentlich tritt möglicherweise ein Problem mit einem Windows 7-Client auf, der nicht richtig aktualisiert werden kann. Dieses Kapitel liefert auch Informationen zur Problembehandlung, mit der Sie das Problem diagnostizieren und beseitigen können. Und schließlich enthält das Kapitel einen grundlegenden Überblick über die Planung des Softwareupdatevorgangs und eine Beschreibung des Ansatzes, den Microsoft für Updates verfolgt.

Methoden für die Bereitstellung von Updates

Um die Anforderungen ganz unterschiedlicher Organisationen erfüllen zu können, stellt Microsoft mehrere unterschiedliche Methoden für das Einspielen von Updates zur Verfügung. Für Privatbenutzer und Kleinunternehmen ist Windows 7 so konfiguriert, dass es Updates automatisch direkt von Microsoft holt. In mittleren und vielen großen Organisationen ist die bevorzugte Methode für das Bereitstellen von Updates WSUS, das bessere Steuermöglichkeiten und mehr Leistung bietet. Großunternehmen, die Configuration Manager 2007 R2 einsetzen, können Updates mit diesem Tool bereitstellen und verwalten.

Tabelle 23.1 listet die Vor- und Nachteile der verschiedenen Updateverteilungsmethoden auf und beschreibt, für welche Netzwerkgröße die jeweilige Methode am effektivsten ist. Die folgenden Abschnitte beschreiben diese Methoden genauer.

Tabelle 23.1   Vergleich der Methoden für die automatische Updateverteilung

Update-verteilungs-methode	Netzwerk-größe	Vorteile	Nachteile
Windows Update-Client mit direkter Verbindung zu Microsoft	Bis zu 50 Computer	Es muss keine Infrastruktur bereitgestellt werden.	Administratoren können Updates nicht zentral testen oder genehmigen und auch keine Installationsfehler verwalten. Verschwendet Internetbandbreite, weil die Updates direkt auf jeden einzelnen Computer heruntergeladen werden.
Windows Server Update Services	Beliebige Zahl von Computern	Erlaubt Administratoren, Updates zu testen, zu genehmigen und zu planen. Verringert die Internetbandbreitenauslastung.	Erfordert einen Infrastrukturserver.
System Center Configuration Manager 2007 R2	Beliebige Zahl von Computern	Bietet detailliert einstellbare, zentralisierte Kontrolle über die Updatebereitstellung, mit der Möglichkeit, Clientsysteme zu überwachen und zu inventarisieren. Kann verwendet werden, um andere Typen von Software zu verteilen. Unterstützt Microsoft Windows NT 4 und Windows 98.	Erfordert Infrastrukturserver und zusätzliche Softwarelizenzen.

Windows Update-Client

Unabhängig davon, ob ein Clientcomputer so konfiguriert ist, dass er Updates direkt von Microsoft bezieht oder von einem WSUS-Server in Ihrem Intranet, wird immer derselbe Client verwendet, um die Updates herunterzuladen und zu installieren: Windows Update. Windows Update kann Benutzer automatisch benachrichtigen, wenn kritische Updates und Sicherheitsupdates bei Microsoft oder auf einem angegebenen WSUS-Server bereitstehen.

Der Windows Update-Client (implementiert als Dienst und als eine Systemsteuerungsanwendung) in Windows 7 ersetzt den Automatische Updates-Client aus Windows 2000 Service Pack 3, Windows XP Home Edition, Windows XP Professional und Windows Server 2003. Sowohl Windows Update in Windows 7 als auch Automatische Updates in den älteren Plattformen sind »Pull«-Dienste, die eine automatische Erkennung, Benachrichtigung, den Download und die Installation wichtiger Updates erlauben. Beide Clients starten einen Computer sogar zur vorgesehenen Zeit neu, um sicherzustellen, dass Updates so bald wie möglich wirksam werden.

Der Windows Update-Client lässt sein Verhalten detailliert steuern. Sie können einzelne Computer über die Seite *Systemsteuerung\Sicherheit\Windows Update\Einstellungen ändern* konfigurieren. Netzwerke, die mit Active Directory Domain Services (AD DS) arbeiten, können die Konfiguration aller Windows Update-Clients mithilfe von Gruppenrichtlinien einstellen. In Nicht-AD DS-Umgebungen können Sie Computer konfigurieren, indem Sie die lokalen Gruppenrichtlinieneinstellungen ändern oder einen Satz von Registrierungswerten bearbeiten.

Systemadministratoren können Windows Update so konfigurieren, dass es Updates automatisch herunterlädt und ihre Installation zu einem angegebenen Zeitpunkt einplant. Falls der Computer zu diesem Zeitpunkt ausgeschaltet ist, können die Updates installiert werden, sobald der Computer wieder eingeschaltet wird. Stattdessen kann Windows Update einen Computer aus dem Standby aufwecken und das Update zur angegebenen Zeit installieren, falls die Computerhardware dies unterstützt. Das funktioniert allerdings nicht, falls ein Computer ausgeschaltet ist. Der Download von Updates wirkt sich nicht negativ auf die Netzwerkleistung für den Benutzer aus, weil der Windows Update-Agent die Updates mithilfe von BITS herunterlädt.

Falls die vollständige Automatisierung nicht gewünscht wird, können Sie auch von den Benutzern steuern lassen, wann Updates heruntergeladen und installiert werden. Der Windows Update-Client kann mithilfe von Gruppenrichtlinien so konfiguriert werden, dass der Benutzer lediglich benachrichtigt wird, wenn Updates zur Verfügung stehen. Die Updates werden erst heruntergeladen oder angewendet, wenn der Benutzer die Benachrichtigungssprechblase anklickt und die gewünschten Updates auswählt. Weitere Informationen finden Sie weiter unten in diesem Kapitel im Abschnitt »Gruppenrichtlinieneinstellungen für Windows Update«.

Sobald der Windows Update-Client Updates heruntergeladen hat, überprüft er die digitalen Signaturen und SHA1-Hashwerte (Secure Hash Algorithm) der Updates, um sicherzustellen, dass sie nicht manipuliert wurden.

Wenn Windows Update so konfiguriert ist, dass es Updates automatisch herunterlädt oder sucht, und wenn nicht WSUS oder Configuration Manager 2007 R2 für die Verwaltung der Updates eingesetzt wird, aktualisiert sich der Windows Update-Client automatisch selbst. So ist sichergestellt, dass der Windows Update-Client immer richtig funktioniert.

Windows Server Update Services

Windows Server Update Services (WSUS) ist eine Version des Microsoft Update-Dienstes, den Sie in Ihrem privaten Netzwerk hosten können. WSUS stellt eine Verbindung zur Windows Update-Site her, lädt Informationen über verfügbare Updates herunter und fügt sie zu einer Liste der Updates hinzu, die der Administrator genehmigen muss. Um Updates für Windows 7-Clients bereitzustellen, müssen Sie WSUS 3.0 mit SP2 oder eine neuere Version einsetzen.

Sobald ein Administrator diese Updates genehmigt und ihnen bestimmte Prioritäten zugeordnet hat, macht WSUS sie automatisch für alle Computer verfügbar, auf denen Windows Update (oder der Automatische Updates-Client aus älteren Windows-Versionen) läuft. Windows Update prüft dann (sofern es richtig konfiguriert ist) den WSUS-Server und lädt automatisch die Updates herunter, die von den Administratoren konfiguriert wurden, und installiert sie. Wie in Abbildung 23.1 gezeigt, kann WSUS über mehrere Server und Standorte verteilt werden, um für große Unternehmen Skalierung zu ermöglichen. WSUS erfüllt die Anforderungen von mittelgroßen Organisationen und vielen Großunternehmen.

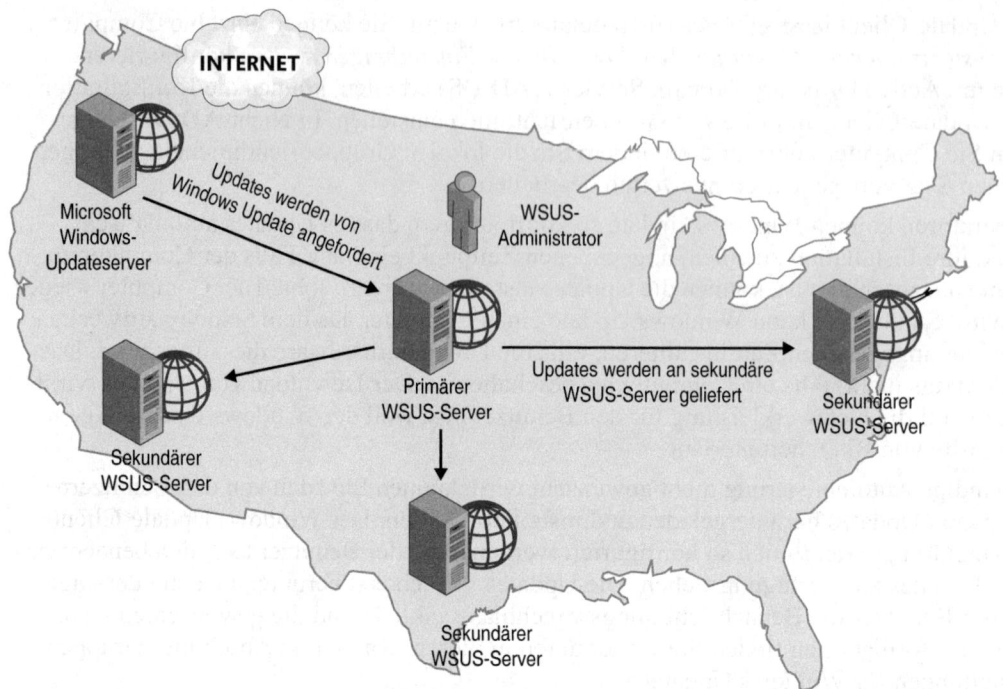

Abbildung 23.1   WSUS kann für große Unternehmen skaliert werden

WSUS benötigt mindestens einen Infrastrukturserver: einen Computer, der unter Windows Server 2003 SP2 oder einem neueren Serverbetriebssystem läuft und auf dem das Microsoft .NET Framework 2.0 SP1 oder neuer installiert ist. Außerdem muss auf dem Server Microsoft IIS (Internet Information Services) 6.0 oder neuer installiert sein. Wie in Abbildung 23.2 gezeigt, wird WSUS mit einem MMC-Snap-In (Microsoft Management Console) verwaltet.

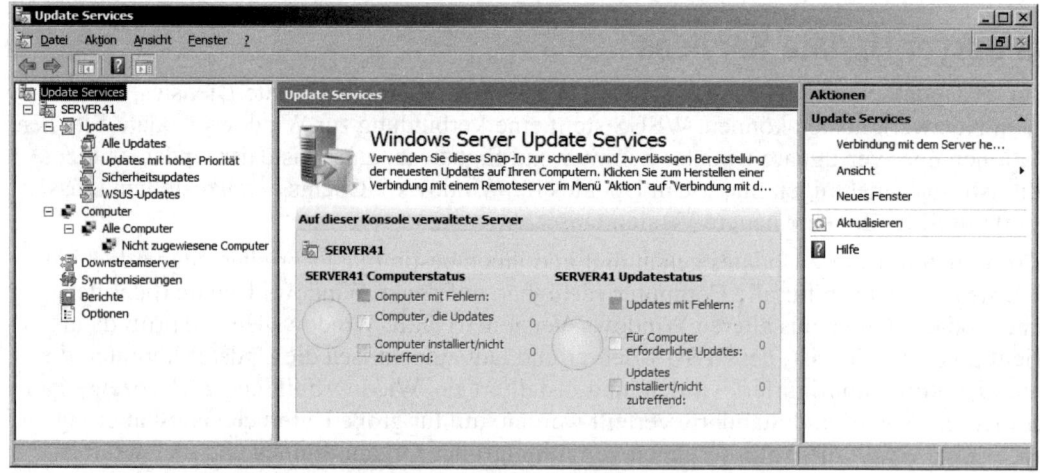

Abbildung 23.2   WSUS wird über ein MMC-Snap-In verwaltet

WICHTIG   Um Updates für Windows 7-PCs bereitstellen zu können, brauchen Sie WSUS 3.0 mit SP2 oder neuer.

In der Oberfläche von WSUS können Administratoren die folgenden administrativen Aufgaben durchführen:

- Synchronisieren des WSUS-Servers, indem eine Liste der Updates von Microsoft heruntergeladen wird

- Genehmigen von Updates für die Verteilung an Clientcomputer

- Anzeigen einer Liste der Computer, auf denen Updates erfolgreich installiert wurden oder bei denen während der Installation von Updates Probleme aufgetreten sind. Im zweiten Fall lässt sich genauer feststellen, welche Updates installiert wurden und welche nicht.

HINWEIS   Weitere Informationen über die Updateverwaltung mit WSUS und einen Downloadlink für WSUS finden Sie unter *http://www.microsoft.com/wsus*.

System Center Configuration Manager 2007 R2

Microsoft System Center Configuration Manager 2007 R2 (Configuration Manager 2007 R2) ist ein Softwareprodukt, mit dem Großunternehmen ihre Netzwerkinfrastruktur effizienter verwalten können. Zu seinen Aufgaben gehört auch das Verteilen von Softwareupdates. Der Mechanismus für die Softwareupdateverteilung in Configuration Manager 2007 R2 basiert auf WSUS. Configuration Manager 2007 R2 bietet aber zusätzlich folgende Fähigkeiten:

- Benutzerdefinierte Softwareupdatekataloge, mit denen Sie Updates für Anwendungen anderer Hersteller und benutzerdefinierte Anwendungen verteilen können

- Wake-on-LAN-Fähigkeit, um Computer außerhalb der normalen Geschäftszeiten zu starten und zu aktualisieren

- Updateverteilung über das Internet an Clients, die nicht mit dem internen Netzwerk verbunden sind

- Integration in Netzwerkzugriffsschutz (Network Access Protection, NAP), sodass Clientcomputer gezwungen werden, Updates einzuspielen, bevor sie sich mit dem internen Netzwerk verbinden können

- Flexible Berichterstellung, die eine Analyse der Updateverteilung in Ihrer Organisation vereinfacht.

HINWEIS   Weitere Informationen über Configuration Manager 2007 R2 finden Sie auf der Produktwebsite unter *http://www.microsoft.com/sccm*. Wie Sie Configuration Manager 2007 R2 für die Updateverwaltung einsetzen, ist in »Softwareupdates in Configuration Manager« unter *http://technet.microsoft.com/de-de/library/bb680701.aspx* beschrieben.

Updates von Hand installieren, entfernen und skriptgesteuert einspielen

Die meisten Updates in Ihrer Organisation sollten über WSUS 3.0 SP2 oder Configuration Manager 2007 R2 installiert werden. Gelegentlich gibt es allerdings Fälle, in denen Sie Updates von Hand installieren, entfernen oder skriptgesteuert verwalten müssen. Dieser Abschnitt bietet einen Überblick über Windows Update-Dateien und beschreibt, wie Sie mit Updates arbeiten.

Überblick über die Windows 7-Updatedateien

Windows 7 verwendet MSU-Dateien, um Updates zu installieren (MSU steht für Microsoft Update Standalone Packages). MSU-Dateien sind keine ausführbaren Dateien, im Gegensatz zu den Updates für Windows-Versionen vor Windows Vista. Sie funktionieren allerdings ähnlich wie ausführbare Dateien, weil Sie eine solche MSU-Datei doppelt anklicken können, um das Update zu installieren.

> **SICHERHEITSWARNUNG**   Aus Sicherheitsgründen sollten MSU-Dateien als ausführbare Dateien behandelt werden. Falls Sie daher ausführbare Dateien als E-Mail-Anhänge blockieren, sollten Sie auch MSU-Dateien blockieren.

MSU-Dateinamen haben das folgende Format:

<WindowsVersion>-KB<Artikelnummer>-[v<Versionsnummer>-]<Plattform>.MSU

Die Versionsnummer wird nur aufgelistet, falls ein Update unter einer höheren Versionsnummer als 1 neu herausgegeben wird. Zum Beispiel könnte die Version 1 eines 32-Bit-Windows 7-Updates den Namen *Windows6.1-KB961367-x86.MSU* tragen. Die 64-Bit-Version derselben Version des Updates heißt *Windows6.1-KB961367-x64.MSU*. Der folgende Abschnitt beschreibt die einzelnen Platzhalter:

- *WindowsVersion*   Die Windows-Version, auf die das Update angewendet wird. Bei Windows 7 ist dies »Windows6.1«.

- *Artikelnummer*   Die Nummer des Microsoft Knowledge Base-Artikels, der das Update beschreibt. Sie können den Artikel unter *http://support.microsoft.com/kb/<Artikelnummer>* abrufen. Falls zum Beispiel der Dateiname des Updates *Windows6.1-KB961367-v1-x86-ENU.MSU* lautet, finden Sie den entsprechenden Knowledge Base-Artikel unter *http://support.microsoft.com/kb/961367*.

- *Versionsnummer*   Gelegentlich gibt Microsoft mehrere Versionen eines Updates heraus. Normalerweise lautet die Versionsnummer 1.

- *Plattform*   Dieser Wert ist »x86« für 32-Bit-Betriebssysteme, »x64« für 64-Bit-Windows-Versionen und »ia64« für Itanium-basierte Computer.

Das standardisierte Namensschema für Updates vereinfacht ihre Verarbeitung, weil Sie Updates aus einem Skript heraus auswählen können, indem Sie einfach den Dateinamen untersuchen.

So steuern Sie die Installation von Updates mit einem Skript

Windows 7 öffnet MSU-Dateien mit dem Windows Update Standalone Installer (*Wusa.exe*). Sie können ein Update aus einem Skript heraus installieren, indem Sie das Skript mit administrativen Privilegien ausführen, Wusa aufrufen und den Pfad der MSU-Datei angeben. Zum Beispiel können Sie ein Update namens *Windows6.1-KB961367-x86.MSU* im aktuellen Verzeichnis installieren, indem Sie den folgenden Befehl ausführen:

```
wusa Windows6.1-KB961367-x86.MSU
```

Außerdem unterstützt Wusa die folgenden Standardbefehlszeilenoptionen:

- **/?, /h oder /help**   Zeigt die Befehlszeilenoptionen an.

- **/quiet**   Stiller Modus. Er entspricht dem unbeaufsichtigten Modus, es werden aber keine Status- oder Fehlermeldungen angezeigt. Verwenden Sie den stillen Modus, wenn Sie ein Update als Teil eines Skripts installieren.

- **/norestart**   Startet den Computer nicht neu, nachdem eine Installation abgeschlossen wurde. Verwenden Sie diesen Parameter, wenn Sie mehrere Updates gleichzeitig installieren. Alle außer dem letzten installierten Update sollten den Parameter /norestart haben.

Skripting ist normalerweise nicht die beste Möglichkeit, Updates regelmäßig zu installieren. Stattdessen sollten Sie Windows Update, WSUS oder Configuration Manager 2007 R2 verwenden. Allerdings können Sie ein Skript erstellen, um Updates auf neuen Computern zu installieren oder Updates auf Computern zu installieren, die nicht an Ihrer Standard-Updateverteilungsmethode teilnehmen können.

So entfernen Sie Updates

Manche Updates können Anwendungskompatibilitätsprobleme auslösen. Das ist zwar selten, aber falls Sie den Verdacht haben, dass ein Update ein Problem verursacht, können Sie es entfernen, um das Problem zu beseitigen. Anschließend sollten Sie versuchen, zusammen mit Microsoft und anderen beteiligten Softwareherstellern das Problem zu lösen, damit Sie das Update wieder installieren können.

SICHERHEITSWARNUNG   Bevor Sie ein Update entfernen, sollten Sie sich den Knowledge Base-Artikel zu diesem Update durchlesen. Darin erfahren Sie möglicherweise, ob eine andere Gegenmaßnahme zur Verfügung steht, um die Sicherheitslücke zu schließen, die das Update nötig macht. Zum Beispiel kann es sein, dass Sie die Sicherheitslücke schließen können, indem Sie Ihre Firewall entsprechend konfigurieren. So vermeiden Sie die Gefahr eines erfolgreichen Angriffs, während Sie versuchen, das Problem mit einem Update zu beseitigen.

Es gibt zwei Möglichkeiten, ein Update zu entfernen:

- **WSUS**   Sie können einige Updates mit WSUS entfernen, aber viele Updates bieten keine Unterstützung dafür. Gehen Sie folgendermaßen vor, um ein Update für eine Gruppe von Computern oder alle Computer mit WSUS zu entfernen:
    1. Zeigen Sie in WSUS die Seite *Updates* an.
    2. Wählen Sie das Update aus und klicken Sie dann im Feld *Updateaufgaben* auf *Genehmigung ändern*.
    3. Klicken Sie auf die Liste *Genehmigung* und dann auf *Nicht genehmigt*.
    4. Klicken Sie auf *OK*.

- **Hinzufügen/Entfernen von Programmen**   Gehen Sie folgendermaßen vor, um ein Update auf einem Clientcomputer von Hand zu deinstallieren:
    1. Öffnen Sie die Systemsteuerung.
    2. Klicken Sie unter *Programme* auf *Programm deinstallieren*.
    3. Klicken Sie im Feld *Aufgaben* auf *Installierte Updates anzeigen*.
    4. Klicken Sie auf ein Update und dann auf *Deinstallieren*.

Wenn Sie ein Update von einem einzelnen Computer in einer vernetzten Umgebung entfernen, kann das zwar zeitweise Probleme beseitigen, die durch das Update verursacht wurden. Aber je nachdem, mit welchem Verteilungsmechanismus das Update installiert wurde, kann es sein, dass es bald automatisch neu installiert wird. Wenn Sie ein Update explizit entfernen, sollten Sie außerdem die Mitarbeiter informieren, die für die Überwachung von Softwareupdates verantwortlich sind, dass das Update mit Absicht entfernt wurde und dass Sie andere Maßnahmen unternommen haben, um die Sicherheitslücke zu schließen (sofern möglich).

Bereitstellen von Updates auf neuen Computern

Microsoft veröffentlicht selbstverständlich auch weiterhin wichtige Updates für Windows 7. Wenn Sie einen neuen Computer bereitstellen, sind diese Updates darauf möglicherweise noch nicht installiert. Daher könnte der neue Computer bekannte, aber noch nicht geschlossene Sicherheitslücken haben.

Direkt von der Quelle: Wie sich Windows Update auf neuen Computern verhält

Gary Henderson, Lead Program Manager, *Windows Update Agent*

Windows 7 wartet nicht bis zur geplanten Uhrzeit, um die erste Gruppe der verfügbaren Updates zu installieren. Sie werden gleich heruntergeladen und installiert, und der Benutzer wird bei Bedarf aufgefordert, den Computer neu zu starten.

Der WSUS-Administrator kann außerdem die kritischsten Updates mit einem Termin bereitstellen. Daher werden neue Computer, die eine Verbindung zu diesem WSUS-Server herstellen, diese sehr kritischen Updates sofort herunterladen und installieren. Anschließend erzwingen sie einen sofortigen Neustart, um sicherzustellen, dass der Computer geschützt ist.

Um die Gefahr eines Angriffs auf Computer, die noch nicht aktualisiert worden sind, zu minimieren, können Sie folgende Techniken nutzen:

- **Integrieren von Updates in die Windows 7-Setupdateien** Sie können Service Packs und andere Updates (auch Nicht-Microsoft-Updates) integrieren, indem Sie Windows 7 und alle Updates auf einem Testcomputer installieren und dann mit Windows PE und dem Tool XImage ein Betriebssystemabbild (eine *.wim*-Datei) erstellen, das Sie auf neuen Computern bereitstellen können.

  WEITERE INFORMATIONEN Weitere Informationen über Windows PE und XImage finden Sie in Kapitel 3, »Bereitstellungsplattform«, und Kapitel 6, »Entwickeln von Datenträgerabbildern«.

- **Nehmen Sie Update-Dateien in Ihre Windows 7-Distribution auf und installieren Sie sie während des Setups automatisch** Falls Sie Updates nicht in Setupdateien integrieren können, sollten Sie Ihre Installation nach dem Setup automatisieren. Sie haben mehrere Möglichkeiten, während der Installation zusätzliche Befehle auszuführen:

  - ☐ Fügen Sie mit dem Windows System Image Manager einen RunSynchronous-Befehl zu einer *Unattend.xml*-Antwortdatei hinzu. RunSynchronous-Befehle stehen im Microsoft Windows-Setup und den Microsoft Windows-Bereitstellungskomponenten zur Verfügung.

    WEITERE INFORMATIONEN Weitere Informationen über Windows System Image Manager finden Sie in Kapitel 3 und Kapitel 6.

  - ☐ Bearbeiten Sie die Datei *%WinDir%\Setup\Scripts\SetupComplete.cmd*. Diese Datei läuft, sobald Windows Setup abgeschlossen ist, und alle Befehle in dieser Datei werden ausgeführt. Befehle in der Datei *Setupcomplete.cmd* werden mit den Privilegien des lokalen Systems ausgeführt. Es ist nicht möglich, das System neu zu starten und die Ausführung von *SetupComplete.cmd* fortzusetzen. Daher müssen Sie alle Updates in einem einzigen Durchgang installieren.

■ **Stellen Sie Updates für Clientcomputer auf Wechseldatenträgern bereit**   Falls Sie Updates nicht in Setupdateien integrieren können, sollten Sie sie sofort installieren, sobald das Setup abgeschlossen ist. Um die Gefahr von Netzwerkangriffen zu minimieren, sollten Sie Windows 7-Computer einrichten, ohne sie an ein Netzwerk anzuschließen. Installieren Sie dann alle Updates von Wechseldatenträgern. Sobald der Computer alle kritischen Updates hat, können Sie ihn ohne unnötiges Risiko mit dem Netzwerk verbinden. Diese Technik hat den Nachteil, dass Administratoren die Wechseldatenträger vor Ort in jeden neuen Computer einlegen müssen.

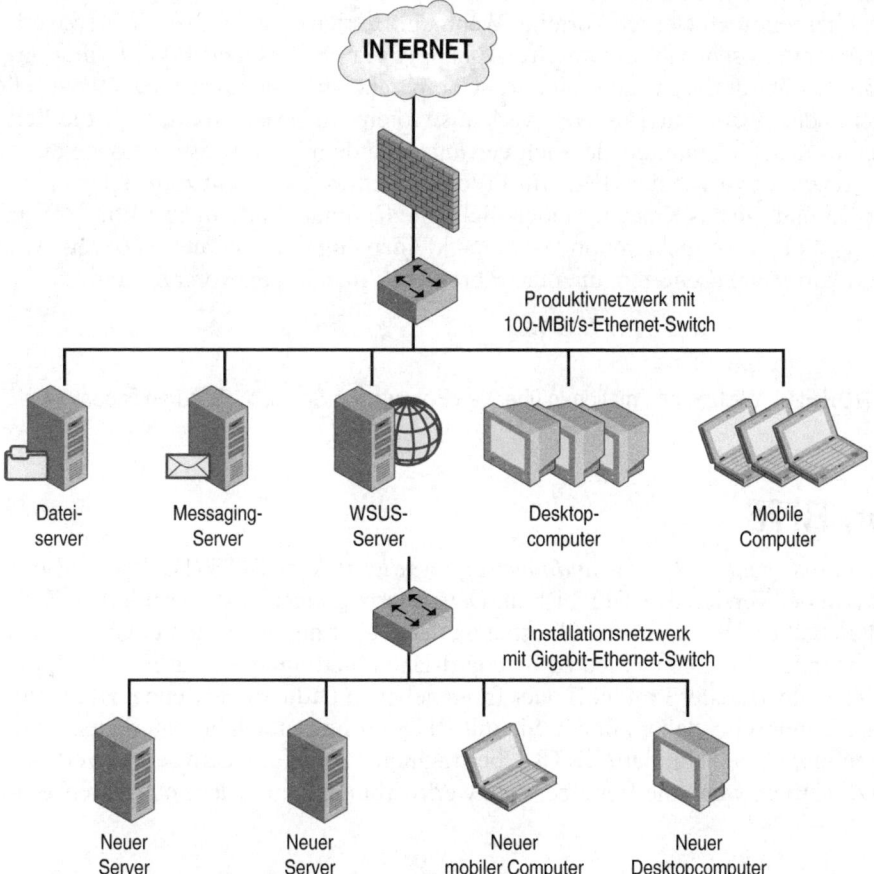

Abbildung 23.3   Erstellen Sie ein separates Subnetz, um neue Computer zu schützen, bevor Updates installiert werden

■ **Stellen Sie Updates für Clientcomputer über das Netzwerk bereit**   Statt Updates von Wechseldatenträgern zu installieren, ist es effizienter, sie über das Netzwerk zu installieren. Wenn Sie allerdings Computer an ein Netzwerk anschließen, werden sie der Gefahr eines Angriffs über dieses Netzwerk ausgesetzt. Selbst wenn es sich um ein internes Netzwerk handelt, gibt es unter Umständen auf anderen Computern in Ihrem internen Netzwerk böswillige Software, zum Beispiel Würmer, die Angriffe ausführen. Oft ist böswillige Software sehr effizient darin, mit neuen Computern Verbindung aufzunehmen. Ein ungeschützter Computer kann innerhalb weniger Sekunden infiziert sein, wenn Sie ihn an ein Netzwerk anschließen. Daher ist es kaum möglich, einen vernetzten Computer schnell genug zu aktualisieren, damit er geschützt ist. Falls Sie Updates für neue Computer über das Netzwerk installieren, sollten Sie ein privates Netzwerk ohne Router für die Updates erstellen. Halten Sie die Zahl der Computer im Netzwerk so klein wie möglich. Und überwachen Sie die Computer regelmäßig, um sicherzustellen, dass sie keine böswillige Software enthalten. Diese Art von Netzwerk ist in Abbildung 23.3 dargestellt.

Weitere Gründe, für neue Computer ein privates Netzwerk zu verwenden

Wenn Sie ein separates Netzwerksegment für die Installation neuer Computer anlegen, hat das neben der höheren Sicherheit noch weitere Vorteile. Wenn ein Betriebssystem über ein Netzwerk installiert wird, verbraucht das sehr viel Bandbreite. Abhängig von Ihrer Netzwerkkonfiguration kann sich die Bandbreite, die für die Installation eines Computers verbraucht wird, negativ auf die Netzwerkleistung der anderen Computer im Netzwerk auswirken. Außerdem können Sie die Zeit für die Installation eines neuen Computers deutlich verringern, indem Sie für Installationen ein besonders schnelles Netzwerk verwenden. Falls Ihr Produktivnetzwerksegment zum Beispiel ein 100-MBit/s-Ethernet ist und Sie aus Kostengründen nicht alle Computer auf Gigabit-Ethernet aufrüsten können, ist es vielleicht möglich, zumindest einen kleinen Gigabit-Ethernet-Netzwerkswitch und Gigabit-Netzwerkkarten anzuschaffen, die nur während des Installationsvorgangs eingesetzt werden.

WEITERE INFORMATIONEN   Weitere Informationen über den Entwurf von Setuparchitekturen finden Sie in Kapitel 3.

Verwalten von BITS

Windows 7 enthält den *intelligenten Hintergrundübertragungsdienst*, kurz BITS (Background Intelligent Transfer Service), in der Version 3.0. BITS ist ein Dateiübertragungsdienst, der mit dem Ziel entworfen wurde, Dateien über das Internet zu übertragen, dabei aber nur ansonsten ungenutzte Netzwerkbandbreite zu verwenden. Im Unterschied zu Standard-Dateiübertragungen mit HTTP (Hypertext Transfer Protocol), FTP (File Transfer Protocol) oder freigegebenen Ordnern verwendet BITS nicht die gesamte verfügbare Bandbreite, daher können Sie mit BITS große Dateien herunterladen, ohne andere Netzwerkanwendungen zu behindern. BITS-Übertragungen sind außerdem sehr zuverlässig und können fortgesetzt werden, wenn die Benutzer Netzwerkverbindungen ändern oder ihre Computer neu starten.

Das Netzwerkprotokoll von BITS

BITS verwendet HTTP, um Dateien auf dieselbe Weise zu übertragen wie ein Webbrowser. Im Unterschied zu Standard-HTTP-Übertragungen wird bei BITS aber die Übertragungsgeschwindigkeit umsichtig gedrosselt. Weil das Protokoll HTTP verwendet wird, kann BITS durch Proxyserver arbeiten, um Clients wie auch Server zu authentifizieren und Verschlüsselung mit SSL-Zertifikaten (Secure Sockets Layer) zu ermöglichen. Falls Sie BITS-Übertragungen an Ihrer Firewall explizit zulassen oder blockieren wollen, können Sie Filter für die Protokolle HTTP oder HTTPS (Hypertext Transfer Protocol Secure) und die Quell- oder Zielnetzwerke erstellen. Zum Beispiel können Sie die HTTP-Kommunikation so einschränken, dass Windows 7-Clients nur mit Ihrem WSUS-Server Verbindung aufnehmen können.

So funktioniert's: BITS-Dateispeicherung

Weil Updates sehr groß sein können und unter Umständen die Netzwerkleistung verschlechtern, verwendet Windows Update BITS, um Updates von Microsoft Update oder einem WSUS-Server herunterzuladen. Auch benutzerdefinierte Anwendungen können auf BITS zurückgreifen, um Dateien zu übertragen. Damit BITS funktionieren kann, muss der Dienst *Intelligenter Hintergrundübertragungsdienst* laufen.

In Windows 7 kann BITS auf BranchCache zurückgreifen, um den Bandbreitenverbrauch im WAN (Wide Area Network) zu senken. Weitere Informationen finden Sie in Kapitel 25, »Konfigurieren der Windows-Netzwerkfunktionen«.

Das Verhalten von BITS

BITS (und somit Windows Update) öffnet selbst keine Wählverbindung, auch wenn eigentlich der Download von Updates geplant ist. BITS wartet stattdessen, bis der Benutzer oder eine andere Anwendung eine Netzwerkverbindung öffnet. Falls ein Computer mehrere Wochen oder Monate ohne Verbindung bleibt oder seinen Updateserver aus anderen Gründen nicht erreichen kann, fehlen dem Computer die letzten Updates, und möglicherweise ist er dann durch einen Angriff verwundbar. Um die Gefahr zu verringern, dass ein ungeschützter Computer Würmer oder Viren in Ihrem lokalen Netzwerk verbreitet, sollten Sie NAP nutzen.

HINWEIS   Weitere Informationen über Network Access Protection finden Sie unter *http://www.microsoft.com/nap/*.

BITS speichert die teilweise heruntergeladenen Dateien im Zielordner unter einem temporären Namen. Diese Dateien sind als versteckt markiert. Sobald der Auftrag abgeschlossen ist, benennt BITS die Datei in ihren endgültigen Namen um und entfernt das Versteckt-Attribut. BITS nimmt die Identität des Besitzers des jeweiligen Auftrags an, bevor er diese Dateien schreibt. Daher werden die Dateisystemsicherheits- und Kontingentbeschränkungen für den Benutzer durchgesetzt.

Gruppenrichtlinieneinstellungen für BITS

Sie können Gruppenrichtlinieneinstellungen aus der administrativen Vorlage *Bits.admx* verwenden, um verschiedene Aspekte von BITS zu konfigurieren und zu steuern, wie viel Bandbreite BITS verwendet. Diese Richtlinien liegen im Knoten *Computerkonfiguration\Administrative Vorlagen\ Netzwerk\Intelligenter Hintergrundübertragungsdienst (Background Intelligent Transfer Service, BITS)* des Gruppenrichtlinienobjekt-Editors. Informationen über Richtlinien zu BranchCache finden Sie in Kapitel 25, »Konfigurieren der Windows Netzwerkfunktionen«.

- **Computer darf nicht als BITS-Peercachingclient fungieren**   Wenn diese Einstellung und die Einstellung *BITS-Peercaching zulassen* beide aktiviert sind, versuchen Windows 7-Clientcomputer nicht, Dateien von Peers herunterzuladen. Stattdessen laden sie Dateien direkt von der ursprünglichen Quelle. In der Standardeinstellung agieren Windows 7-Computer als Peercaching-Clients und versuchen daher, peerfähige BITS-Aufträge von Peercomputern herunterzuladen, bevor sie sich an den ursprünglichen Server wenden. Diese Einstellung setzt Windows 7 voraus.

- **Computer darf nicht als BITS-Peercachingserver fungieren**   Wenn diese Einstellung und die Einstellung *BITS-Peercaching zulassen* beide aktiviert sind, versuchen Windows 7-Clientcomputer nicht, Dateien für Peers freizugeben. Sie können allerdings versuchen, Dateien von anderen Windows 7-

Computern herunterzuladen, die so konfiguriert sind, dass sie als Peercaching-Server agieren. In der Standardeinstellung agieren Windows 7-Computer als Peercaching-Server. Diese Einstellung setzt Windows Vista oder Windows 7 voraus.

- **BITS-Peercaching zulassen** In der Standardeinstellung ist bei Windows 7-Computern das Peercaching deaktiviert, sodass Windows 7 Dateien immer direkt vom ursprünglichen Server herunterlädt. Falls Sie diese Einstellung aktivieren, versucht Windows 7, Dateien von anderen Windows 7-Peers zu übertragen, was unter Umständen die Bandbreitenauslastung Ihrer Internetverbindung verringert. Diese Einstellung setzt Windows Vista oder Windows 7 voraus.

- **Zeitüberschreitung für inaktive BITS-Aufträge** Legt fest, nach wie vielen Tagen BITS einen anstehenden Auftrag abbricht, falls der Download nicht erfolgreich war oder sich die Eigenschaften des Auftrags ändern. Sobald ein Auftrag als abgebrochen eingestuft wird, löscht BITS alle heruntergeladenen Dateien. Diese Einstellung hat normalerweise keine Auswirkungen auf den Windows Update-Client, aber unter Umständen auf andere Anwendungen, die BITS benutzen. Diese Einstellung steht neben Windows Vista und Windows 7 auch für Microsoft Windows 2000, Windows XP und Windows Server 2003 mit BITS 1.5 zur Verfügung.

- **Maximale Netzwerkbandbreite für BITS-Übertragungen im Hintergrund begrenzen** Ermöglicht Ihnen, die von BITS verwendete Bandbreite zu begrenzen. Sie können zwei unterschiedliche Bandbreitenlimits für unterschiedliche Tageszeiten konfigurieren. Zum Beispiel können Sie die Bandbreite tagsüber auf 10 KBit/s pro Clientcomputer begrenzen, damit die Netzwerkbelastung während der aktivsten Zeit nicht so stark ausfällt, aber außerhalb der Geschäftszeiten bis zu 20 KBit/s pro Clientcomputer erlauben. Falls Sie einen kleineren Wert als 2 KBit/s angeben, verwendet BITS trotzdem bis zu 2 KBit/s. Mit der Einstellung 0 KBit/s können Sie Übertragungen ganz unterbinden. Weil BITS so entworfen wurde, dass es ungenutzte Bandbreite verwendet, brauchen Sie diese Einstellung normalerweise nicht zu definieren. Bitten Sie stattdessen Ihre Netzwerkverwaltungsabteilung, die Nutzung der BITS-Bandbreite zu überwachen und diese Einstellung nur anzupassen, falls die Bandbreitenauslastung zum Problem wird. Wenn Sie die Bandbreitenbegrenzung auf einen zu geringen Wert setzen, kann Windows Update unter Umständen die Updates nicht mehr richtig herunterladen. Diese Einstellung steht neben Windows Vista und Windows 7 auch für Windows 2000, Windows XP und Windows Server 2003 mit BITS 2.0 zur Verfügung.

- **Maximale Netzwerkbandbreite für das Peercaching begrenzen** Die maximale Bandbreite, die verbraucht wird, um Dateien über das LAN an Peers zu übertragen. In der Standardeinstellung verwendet BITS 8 MBit/s als maximale Bandbreite. Falls Sie ein LAN mit 10 MBit/s oder langsamer haben, können Sie eine niedrigere Einstellung wählen, um die Wahrscheinlichkeit zu verringern, dass die BITS-Peerübertragungen andere Netzwerkanwendungen behindern. Diese Einstellung hat keine Auswirkungen auf die WAN- oder Internetbandbreite. Diese Einstellung setzt Windows Vista oder Windows 7 voraus.

- **Größe des BITS-Peercaches beschränken** Legt fest, wie viel Festplattenplatz minimal und maximal für die Zwischenspeicherung des BITS-Inhalts verwendet wird. Diese Einstellung setzt Windows Vista oder Windows 7 voraus.

- **Alter der Elemente im BITS-Peercache beschränken** Legt fest, wie viele Tage maximal gewartet wird, bevor BITS zwischengespeicherten Inhalt löscht. Diese Einstellung setzt Windows Vista oder Windows 7 voraus.

- **Maximale Downloadzeit für BITS-Aufträge begrenzen** Legt fest, wie viele Sekunden ein aktiver BITS-Download laufen darf. In der Standardeinstellung hat diese Einstellung den Wert 54.000 oder 90 Minuten. Diese Einstellung setzt Windows Vista oder Windows 7 voraus.

- **Maximale Anzahl zulässiger Dateien in einem BITS-Auftrag begrenzen**   Legt fest, wie viele Dateien maximal zu einem BITS-Auftrag hinzugefügt werden dürfen. Normalerweise brauchen Sie diese Einstellung nicht zu definieren. Diese Einstellung setzt Windows Vista oder Windows 7 voraus.

- **Maximale Anzahl von BITS-Aufträgen für diesen Computer begrenzen**   Legt fest, wie viele BITS-Aufträge maximal für alle Benutzer (außer Diensten und Administratoren) erlaubt sind. Diese Einstellung setzt Windows Vista oder Windows 7 voraus.

- **Maximale Anzahl von BITS-Aufträgen für jeden Benutzer begrenzen**   Legt fest, wie viele BITS-Aufträge maximal für jeden einzelnen Benutzer (außer Diensten und Administratoren) erlaubt sind. Diese Einstellung setzt Windows Vista oder Windows 7 voraus.

- **Maximale Anzahl von Bereichen begrenzen, die einer Datei in einem BITS-Auftrag hinzugefügt werden können**   Legt fest, wie viele Bereiche maximal zu einer Datei hinzugefügt werden dürfen. Bereiche erlauben es, einen Teil einer Datei herunterzuladen. Diese Einstellung setzt Windows Vista oder Windows 7 voraus.

- **Wartungszeitplan zur Beschränkung der für BITS-Übertragungen im Hintergrund verwendeten maximalen Netzwerkbandbreite einrichten**   Schränkt ein, wie viel Bandbreite BITS zu bestimmten Uhrzeiten an bestimmten Tagen verbraucht. Diese Einstellung setzt Windows 7 voraus.

- **Arbeitszeitplan zur Beschränkung der für BITS-Übertragungen im Hintergrund verwendeten maximalen Netzwerkbandbreite einrichten**   Schränkt ein, wie viel Bandbreite BITS zu bestimmten Uhrzeiten an bestimmten Tagen verbraucht. Diese Einstellung setzt Windows 7 voraus.

Konfigurieren der Richtlinie *Maximale Netzwerkbandbreite für das Peercaching begrenzen*

Die Richtlinie *Maximale Netzwerkbandbreite für das Peercaching begrenzen* wird in der Einheit Byte/s konfiguriert, also einer anderen Einheit als die Einstellung *Maximale Netzwerkbandbreite für BITS-Übertragungen im Hintergrund begrenzen*, die mit KBit/s arbeitet. Ein Byte enthält 8 Bit, daher entspricht die Standardeinstellung 1048576 etwa 8 MBit/s. Das ist etwa ein Zehntel der nutzbaren Bandbreite in einem Standard-Fast-Ethernet mit 100 MBit/s.

Verwalten von BITS mit Windows PowerShell

Ältere Windows-Versionen stellten das Tool *BITSAdmin.exe* zur Verfügung, mit dem Sie BITS über die Befehlszeile verwalten können. In Windows 7 wurde *BITSAdmin.exe* überflüssig. Stattdessen sollten Sie die Windows PowerShell-Cmdlets einsetzen.

Führen Sie in Windows PowerShell zuerst den folgenden Befehl aus.

```
Import-Module BitsTransfer
```

Sobald Sie das Modul BitsTransfer importiert haben, stehen folgende Cmdlets zur Verfügung:

- **Add-BitsFile**   Fügt Dateien zu einer BITS-Übertragung hinzu.
- **Complete-BitsTransfer**   Schließt eine BITS-Übertragung ab.
- **Get-BitsTransfer**   Ruft eine BITS-Übertragung ab.
- **Remove-BitsTransfer**   Beendet eine BITS-Übertragung.
- **Resume-BitsTransfer**   Setzt eine angehaltene BITS-Übertragung fort.
- **Set-BitsTransfer**   Konfiguriert den Auftrag für eine BITS-Übertragung.

- **Start-BitsTransfer** Erstellt und startet einen Auftrag für eine BITS-Übertragung.

- **Suspend-BitsTransfer** Hält den Auftrag für eine BITS-Übertragung an.

Zum Beispiel beginnt der folgende Windows PowerShell-Bcfehl eine BITS-Übertragung vom lokalen Computer an einen Computer namens *CLIENT*:

```
Start-BitsTransfer -Source Datei.txt -Destination \\client\share -Priority normal
```

Wenn Sie Windows PowerShell interaktiv ausführen, zeigt das PowerShell-Fenster den Fortschritt der Übertragung an. Der folgende Befehl verwendet eine abgekürzte Notation, um eine Datei von einer Website auf den lokalen Computer herunterzuladen:

```
Start-BitsTransfer http://server/dir/myfile.txt C:\docs\myfile.txt
```

Ausführliche Informationen erhalten Sie, indem Sie den folgenden Befehl in Windows PowerShell ausführen:

```
Help About_BITS_Cmdlets
```

Gruppenrichtlinieneinstellungen für Windows Update

Sie können die Einstellungen des Windows Update-Clients über lokale oder Domänengruppenrichtlinieneinstellungen konfigurieren. Das ist für die folgenden Aufgaben nützlich:

- Konfigurieren von Computern für die Verwendung eines lokalen WSUS-Servers

- Konfigurieren der automatischen Installation von Updates zu einer bestimmten Tageszeit

- Konfigurieren, wie oft nach Updates gesucht werden soll

- Konfigurieren von Updatebenachrichtigungen, und ob Nicht-Administratoren Updatebenachrichtigungen erhalten

- Konfigurieren von Clientcomputern als Teil einer WSUS-Gruppe, sodass Sie unterschiedliche Updates für unterschiedliche Gruppen von Computern bereitstellen können

Windows Update-Einstellungen liegen im Knoten *Computerkonfiguration\Administrative Vorlagen\ Windows-Komponenten\Windows Update*. Die folgenden Gruppenrichtlinieneinstellungen stehen für Windows Update zur Verfügung:

- **Automatische Updates konfigurieren** Legt fest, ob dieser Computer Sicherheitsupdates und andere wichtige Downloads über den automatischen Windows Update-Dienst erhält. Mit dieser Einstellung konfigurieren Sie auch, ob die Updates automatisch installiert werden und zu welcher Tageszeit die Installation durchgeführt wird.

- **Internen Pfad für den Microsoft Updatedienst angeben** Legt die Position Ihres WSUS-Servers fest.

- **Suchhäufigkeit für automatische Updates** Legt fest, wie oft der Windows Update-Client nach neuen Updates sucht. In der Standardeinstellung ist dies ein zufälliger Wert zwischen 17 und 22 Stunden.

- **Nicht-Administratoren gestatten, Updatebenachrichtigungen zu erhalten** Legt fest, ob alle Benutzer oder nur Administratoren Updatebenachrichtigungen erhalten. Nicht-Administratoren können Updates mit dem Windows Update-Client installieren.

- **Automatische Updates sofort installieren** Legt fest, ob der Windows Update-Client Updates, die keinen Neustart des Computers erfordern, sofort installiert.

- **Empfohlene Updates über automatische Updates aktivieren** Legt fest, ob Clientcomputer sowohl kritische als auch empfohlene Updates (worin auch aktualisierte Treiber enthalten sein können) installieren.

- **Keinen automatischen Neustart für geplante Installationen durchführen**   Legt fest, ob Windows Update, wenn es eine Installation abschließen muss, wartet, bis der Computer von irgendeinem angemeldeten Benutzer neu gestartet wird, statt den Computer automatisch neu zu starten.

- **Erneut zu einem Neustart für geplante Installationen auffordern**   Legt fest, wie oft der Windows Update-Client den Benutzer zum Neustart auffordert. Abhängig von anderen Konfigurationseinstellungen hat der Benutzer die Möglichkeit, einen geplanten Neustart aufzuschieben. Der Windows Update-Client erinnert ihn dann aber automatisch in bestimmten Abständen daran, dass ein Neustart erforderlich ist. Diese Einstellung konfiguriert, wie oft diese Erinnerung angezeigt wird.

- **Neustart für geplante Installationen verzögern**   Legt fest, wie lange der Windows Update-Client wartet, bevor er einen automatischen Neustart durchführt.

- **Zeitplan für geplante Installationen neu erstellen**   Legt fest, wie lange Windows Update nach einem Systemstart wartet, bevor es eine geplante Installation beginnt, die vorher versäumt wurde. Falls Sie diese Werte nicht angeben, wird eine versäumte geplante Installation 1 Minute nach dem nächsten Start des Computers durchgeführt.

- **Clientseitige Zielzuordnung aktivieren**   Legt fest, zu welcher Gruppe der Computer gehört. Diese Option ist nur nützlich, wenn Sie WSUS verwenden. In SUS können Sie diese Einstellung nicht verwenden.

- **Windows Update-Energieverwaltung aktivieren, um das System zur Installation von geplanten Updates automatisch zu reaktivieren**   Falls die Benutzer in Ihrer Organisation ihre Computer normalerweise ausschalten, sobald sie das Büro verlassen, können Sie diese Einstellung aktivieren, um die Computer (sofern sie die entsprechende Hardwareunterstützung bieten) so zu konfigurieren, dass sie zur vorgesehenen Zeit automatisch starten und ein Update installieren. Computer werden nur dann aufgeweckt, wenn tatsächlich ein Update installiert werden muss. Falls der Computer im Akkubetrieb läuft, wird er nach 2 Minuten wieder in den Ruhezustand geschaltet.

Zusätzlich stehen im selben Knoten, sowohl unter *Computerkonfiguration* als auch *Benutzerkonfiguration*, die beiden folgenden Einstellungen zur Verfügung:

- **Option "Updates installieren und herunterfahren" im Dialogfeld "Windows herunterfahren" nicht anzeigen**   Legt fest, ob Windows XP mit Service Pack 2 oder neuer die Option *Updates installieren und herunterfahren* anzeigt.

- **Die Standardoption "Updates installieren und herunterfahren" im Dialogfeld "Windows herunterfahren" nicht anpassen**   Legt fest, ob Windows XP mit Service Pack 2 oder neuer automatisch die Standardoption beim Herunterfahren in *Updates installieren und herunterfahren* ändert, wenn Windows Update darauf wartet, ein Update zu installieren.

Schließlich steht noch die folgende Benutzereinstellung im Knoten *Administrative Vorlagen\Windows-Komponenten\Windows Update* zur Verfügung:

- **Zugriff auf alle Windows Update-Funktionen entfernen**   Wenn diese Einstellung aktiviert ist, kann der Benutzer nicht auf die Windows Update-Oberfläche zugreifen.

Sie sollten unterschiedliche Gruppenrichtlinienobjekte für Computergruppen erstellen, die jeweils andere Anforderungen bezüglich der Updateinstallation haben. Falls Sie zum Beispiel Updates erst einmal in der IT-Abteilung im Rahmen einer Pilotbereitstellung bereitstellen, sollten die IT-Computer ihr eigenes Gruppenrichtlinienobjekt haben, dessen Einstellungen sie einer speziellen WSUS-Gruppe für das Pilotprojekt zuordnen.

Windows Update so konfigurieren, dass es einen Proxyserver benutzt

Windows Update kann einen HTTP-Proxyserver benutzen. Es reicht allerdings nicht aus, den Windows Internet Explorer entsprechend zu konfigurieren, weil Windows Update die Windows-HTTP-Dienste (WinHTTP) benutzt, um nach Updates zu suchen, und BITS einsetzt, um Updates herunterzuladen.

Es gibt zwei Möglichkeiten, Windows Update so zu konfigurieren, dass es einen Proxyserver benutzt:

- WPAD-Einstellungen (Web Proxy Auto Detect). Das WPAD-Feature ermöglicht es Diensten, einen verfügbaren Proxyserver zu ermitteln, indem sie eine DHCP-Option (Dynamic Host Configuration Protocol) abfragen oder einen bestimmten DNS-Eintrag (Domain Name System) suchen.

- Das Befehlszeilentool Netsh, das das Tool *Proxycfg.exe* ersetzt.

Wenn Sie mit dem Befehlszeilentool Netsh arbeiten wollen, sollten Sie erst in den Netsh-Kontext winhttp wechseln. Zeigen Sie dann mit dem Befehl show proxy Einstellungen an oder definieren Sie mit dem Befehl set proxy Ihre Proxyserverkonfigurationseinstellungen. Zum Beispiel können Sie mit dem folgenden Befehl die aktuellen Proxyservereinstellungen anzeigen:

```
Netsh winhttp show proxy
```

Die folgenden Befehle demonstrieren, wie Sie Proxyservereinstellungen konfigurieren:

```
Netsh winhttp set proxy myproxy
Netsh winhttp set proxy myproxy:80 "<local>;bar"
Netsh winhttp set proxy proxy-server="http=myproxy;https=sproxy:88" bypass-list="*.contoso.com"
```

Falls Sie die Proxyservereinstellungen im Internet Explorer richtig konfiguriert haben, können Sie stattdessen auch diese Einstellungen aus dem Internet Explorer in WinHTTP importieren. Geben Sie dazu den folgenden Befehl ein:

```
Netsh winhttp import proxy source=ie
```

Mit dem folgenden Befehl können Sie Ihre Proxyservereinstellungen zurücksetzen:

```
Netsh winhttp reset proxy
```

Tools zum Überwachen von Softwareupdates

Eines der wichtigsten Prinzipien bei der Sicherheit lautet: »Vertrauen ist gut, Kontrolle ist besser«. Überwachung bietet eine unverzichtbare Schutzmaßnahme, um menschliches Versagen und Nachlässigkeit zu kompensieren. Im Fall der Softwareupdateverwaltung erlaubt Ihnen die Überwachung, sicherzustellen, dass Updates richtig verteilt und nach der Verteilung nicht gelöscht werden.

Microsoft stellt verschiedene Tools für die Überwachung von Softwareupdates und des Softwareupdateprozesses zur Verfügung:

- **WSUS**   Mit WSUS können Sie sich ansehen, welche Updates auf welche Computer verteilt wurden. Sie können feststellen, wenn Updates nach der Verteilung entfernt wurden oder auf neuen Computern noch nicht die richtigen Updates installiert sind, indem Sie die WSUS-Berichterstellung mit einem der anderen Tools in dieser Liste kombinieren.

- **Configuration Manager 2007 R2**   Configuration Manager 2007 R2 überwacht installierte Updates und generiert Berichte, die darüber Auskunft geben, ob Updates erfolgreich angewendet wurden.

- **MBSA**   Der Microsoft Baseline Security Analyzer (MBSA) stellt aktiv eine Verbindung zu Computern in Ihrem Netzwerk her und generiert Berichte (entsprechende Anmeldeinformationen vorausgesetzt), die die installierten Updates und die erkannten Sicherheitslücken auflisten. MBSA ist ein grafisches Tool, das die manuelle, interaktive Überwachung vereinfacht. MBSACLI und Configuration Manager 2007 R2 greifen auf die MBSA-Engine zurück.

- **MBSACLI** Die Befehlszeilenschnittstelle von MBSA (MBSA Command-Line Interface, MBSA-CLI) erlaubt Ihnen, MBSA-Überwachung mit Skripts zu automatisieren, sodass Sie eine große Zahl von Computern automatisch überwachen können. Sie können XML-Berichte (Extensible Markup Language) generieren, die Sie dann in der MBSA-Oberfläche oder in Tools ansehen können, die solche XML-basierten MBSACLI-Berichte verarbeiten. MBSACLI ist in MBSA enthalten.

WSUS und Configuration Manager 2007 R2 wurden bereits weiter oben in diesem Kapitel beschrieben. Die folgenden Abschnitte beschreiben MBSA und MBSACLI.

Die MBSA-Konsole

Microsoft Baseline Security Analyzer (MBSA) kann einen oder mehrere Computer auf Sicherheitslücken untersuchen. MBSA sucht nach zwei Kategorien von Sicherheitslücken: schwachen Sicherheitskonfigurationen und fehlenden Sicherheitsupdates. Dieser Abschnitt konzentriert sich darauf, wie Sie mit MBSA nach Updates suchen, die installiert sein sollten, aber aus irgendwelchen Gründen fehlen.

Wenn Sie MBSA installiert haben, können Sie damit alle Computer in Ihrem Netzwerk oder in Ihrer Domäne untersuchen, für die Sie Administratorzugriff haben. Gehen Sie folgendermaßen vor, um alle Computer in einem bestimmten Subnetz unter Verwendung Ihrer aktuellen Benutzeranmeldeinformationen zu untersuchen:

1. Starten Sie MBSA, indem Sie im Startmenü auf *Alle Programme* und dann auf *Microsoft Baseline Security Analyzer* klicken.

2. Klicken Sie auf der Seite *Willkommen* auf *Mehrere Computer überprüfen*.

3. Geben Sie auf der Seite *Mehrere Computer zur Überprüfung wählen* den Domänen- oder Arbeitsgruppennamen oder den IP-Adressbereich ein, den Sie untersuchen wollen (Abbildung 23.4). Sie können den Überprüfungsprozess beschleunigen, indem Sie alle Kontrollkästchen außer *Auf Sicherheitsupdates prüfen* deaktivieren. Falls Sie einen WSUS-Server in Ihrem Netzwerk haben, können Sie die Geschwindigkeit noch weiter erhöhen, indem Sie das Kontrollkästchen *Erweiterte Update Services-Optionen* aktivieren und die Option *Nur mit zugewiesenen Update Services-Servern überprüfen* auswählen, um zu verhindern, dass unverwaltete Computer überprüft werden.

4. Klicken Sie auf *Überprüfung starten*. Während MBSA die Überprüfung durchführt, zeigt es den Fortschritt dieses Prozesses an.

5. Sobald die Überprüfung abgeschlossen ist, erscheint die Seite *Sicherheitsbericht anzeigen*, wo die überprüften Computer aufgelistet sind.

> **HINWEIS** Falls Sie keine ausreichenden Anmeldeinformationen für einen Computer haben, zeigt MBSA die IP-Adresse des Computers und die Meldung »Benutzer ist kein Administrator auf dem überprüften Computer« an.

Fehlende Sicherheitsupdates sind durch ein rotes X markiert, fehlende Service Packs oder Update Rollups mit einem gelben X. Ein grünes Häkchen bedeutet, dass die Überprüfung erfolgreich abgeschlossen wurde und keine fehlenden Updates entdeckt wurden. Überprüfungsberichte werden auf dem Computer, von dem aus Sie MBSA ausführen, im Ordner *%UserProfile%\SecurityScans* gespeichert. Für jeden überprüften Computer wird ein eigener Sicherheitsbericht erstellt.

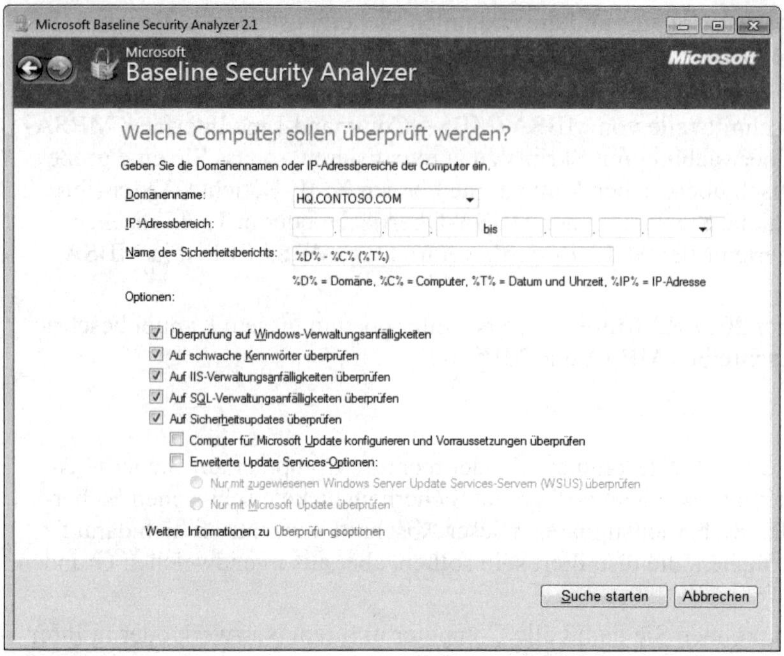

Abbildung 23.4 MBSA kann mehrere Computer auf Sicherheitsupdates überprüfen

Während des Überprüfungsprozesses stellt MBSA über die Protokolle NetBIOS over TCP/IP (Transmission Control Protocol/Internet Protocol) und CIFS (Common Internet File System) Verbindungen zu den Computern her. Dazu werden die TCP-Ports 135, 139 und 445 und die UDP-Ports (User Datagram Protocol) 137 und 139 benutzt. Falls eine Firewall diese Ports zwischen Ihrem Computer und den Zielcomputern blockiert oder falls bei den Computern die Windows-Firewall aktiviert ist und diese Ports nicht geöffnet wurden, können Sie die Computer nicht überprüfen.

Am Anfang der Überprüfung muss MBSA einen aktualisierten MBSA-Erkennungskatalog (*Wsusscan.cab*) abrufen, der Informationen über Updates und Sicherheitslücken liefert. In der Standardeinstellung wird diese Datei von der Microsoft-Website unter *http://go.microsoft.com/fwlink/?LinkId= 39043* heruntergeladen. Sie listet alle aktuellen Updates auf, die bei Microsoft verfügbar sind. Falls der Computer als WSUS-Client konfiguriert ist, holt er die Datei stattdessen von Ihrem WSUS-Server.

MBSACLI

Ein großes Netzwerk sollte regelmäßig geprüft werden, um Computer zu finden, die nicht richtig aktualisiert wurden. Die Überprüfung eines großen Netzwerks ist allerdings ein zeitaufwendiger Prozess. Die MBSA-Konsole ist zwar die effizienteste Möglichkeit, ein Netzwerk interaktiv zu überprüfen, aber das Befehlszeilentool *MBSACLI* bietet die Möglichkeit, eine Analyse über ein Skript durchführen zu lassen. Wenn Sie Skripts benutzen, können Sie die Überprüfung regelmäßig über die Aufgabenplanung durchführen lassen, ohne den Prozess jedes Mal selbst starten zu müssen. Auf diese Weise können Sie mit MBSACLI einen Bericht generieren lassen, den Sie bei Bedarf abrufen können.

Aufgabenplanung für MBSA-Überprüfungen

Es ist sinnvoll, die Aufgabe, in der MBSACLI seine Überprüfung vornimmt, außerhalb der Geschäftszeiten starten zu lassen, damit sie nicht während der Arbeitszeit Netzwerkressourcen verbraucht. Auf diese Weise können Sie aber keine Computer überprüfen, die von den Benutzern nach Hause mitgenommen werden. Es ist daher am besten, die Überprüfungen für unterschiedliche Tageszeiten anzusetzen.

Ein weiterer guter Grund, Überprüfungen mithilfe von MBSACLI als geplante Aufgaben ausführen zu lassen, besteht darin, dass Sie von mehreren Stellen in Ihrem Netzwerk aus arbeiten können. Falls Ihre Organisation zum Beispiel fünf Zweigstellen hat, ist es effizienter, jedes externe Büro mithilfe eines Computers zu überprüfen, der sich in diesem Büro befindet. Das verbessert die Leistung, verbraucht weniger Bandbreite in Ihrem WAN und erlaubt Ihnen, Computer selbst dann zu überprüfen, wenn eine Grenzfirewall die Ports blockiert, die MBSACLI verwendet.

Wie bei der grafischen Konsole von MBSA brauchen Sie administrativen Zugriff, um einen Computer mit MBSACLI überprüfen zu können. In einer Domänenumgebung können Sie sich einfach mit einem Konto an Ihrem Computer anmelden, das ausreichende Privilegien hat. Andernfalls können Sie mit den Parametern /u und /p Anmeldeinformationen auf der Befehlszeile angeben. Schreiben Sie aber keine Anmeldeinformationen in ein Skript, weil das Skript ausgespäht werden könnte, sodass ein Angreifer Privilegien für Remotecomputer erlangt.

Tabelle 23.2 listet die Parameter auf, die im MBSA-Modus von MBSACLI zur Verfügung stehen.

Tabelle 23.2 Parameter im MBSA-Modus von MBSACLI

Parameter	Beschreibung
/target Domäne\Computer- name | IP-Adresse	Überprüft den Host mit dem angegebenen Computernamen oder der angegebenen IP-Adresse.
/r IPAdresse1- IPAdresse2	Überprüft alle Computer in einem IP-Adressbereich, der von IPAdresse1 bis einschließlich IPAdresse2 reicht.
/listfile Dateiname	Überprüft Hosts, die in einer Textdatei aufgelistet sind.
/d Domänenname	Überprüft alle Computer in einer angegebenen Domäne. Natürlich muss Ihr Computer in der Lage sein, diese Computer zu identifizieren. Es wird derselbe Mechanismus wie in der Netzwerkumgebung verwendet. Wenn also Computer im Fenster *Netzwerkumgebung* aufgelistet sind, müsste dieser Parameter funktionieren.
/u Benutzername /p Kennwort	Verwendet für die Überprüfung den angegebenen Benutzernamen und das Kennwort.
/n Überprüfungen	Überspringt bestimmte Überprüfungen. Sie können OS, SQL, IIS, Updates und Password angeben. Falls Sie mehrere Überprüfungen auslassen wollen, können Sie sie mit einem Pluszeichen verketten. Wenn Sie zum Beispiel nur auf Updates prüfen wollen, können Sie den Befehl Mbsacli /n OS+SQL+IIS+Password verwenden.
/wa	Er werden nur Updates angezeigt, die vom WSUS-Server genehmigt wurden.
/wi	Es werden alle Updates angezeigt, auch wenn sie nicht vom WSUS-Server genehmigt wurden.
/catalog Dateiname	Gibt den MBSA-Erkennungskatalog (*Wsusscan.cab*) an. Sie können diese Datei von *http://go. microsoft.com/fwlink/?LinkId=39043* herunterladen.
/qp, /qe, /qr, /qt, /q	Überprüfungsfortschritt, Fehlerliste, Berichtliste, Bericht nach der Überprüfung eines einzelnen Computers oder alle diese Elemente werden nicht angezeigt. ▶

Parameter	Beschreibung
/l, /ls	Listet alle verfügbaren Berichte beziehungsweise nur die bei der letzten Überprüfung erstellten Berichte auf.
/lr "Berichtsname", /ld "Berichtsname"	Zeigt einen Überblick beziehungsweise eine detaillierte Berichtszusammenfassung zum Bericht mit dem angegebenen Dateinamen an. Sie brauchen nicht den vollständigen Dateinamen anzugeben, nur den Namen des Berichts. Zum Beispiel zeigt der folgende Befehl einen Bericht für Computer1 an: `mbsacli /ld "Cohowinery.com - Computer1 (11.11.2003 07-46)"`
/nai, /nm, /nd	Verhindert, dass MBSACLI die Windows Update-Komponenten aktualisiert, Computer für die Verwendung der Microsoft Update-Website konfiguriert beziehungsweise Dateien von der Microsoft-Website herunterlädt.
/nvc	Verhindert, dass MBSACLI nach einer neuen Version von MBSA sucht.
/xmlout	Liefert XML-basierte Ausgaben, die schwieriger zu lesen sind als eine Textdatei, aber einfacher in Programmen zu verarbeiten sind.
/o "Vorlage"	Verwendet eine andere Vorlage als Dateinamen des Berichts. In der Standardeinstellung wird der Name mit *%Domain% – %ComputerName% (%Date%)* generiert. Vergessen Sie nicht, die Vorlage in Anführungszeichen einzuschließen, falls Sie Leerzeichen darin verwenden.

Wenn MBSACLI einen einzelnen Computer überprüft, gibt es Informationen über Sicherheitslücken direkt in der Konsole aus. Sie können diese Ausgaben in einer Datei speichern, indem Sie sie mit der Standardnotation (»>«) umleiten. Zum Beispiel speichert der folgende Befehl die Berichtausgabe in einer Datei namens *Output.txt*:

```
Mbsacli > output.txt
```

Wenn MBSACLI mehrere Computer überprüft, zeigt es nur an, welche Computer überprüft werden und wie die Gesamtbewertung aussieht. Die Details der Überprüfung werden in einem XML-Bericht in Ihrem Ordner *%UserProfile%\SecurityScans* gespeichert. In der Standardeinstellung setzt sich der Dateiname für jeden Bericht folgendermaßen zusammen: *Domäne – Computername (Datum).mbsa*.

Sie können sich die Berichte mit der grafischen MBSA-Konsole ansehen. Starten Sie dazu MBSA und klicken Sie dann auf *Einen Sicherheitsbericht zum Anzeigen wählen*. MBSA zeigt daraufhin die Seite *Einen Sicherheitsbericht zum Anzeigen wählen* an, wo alle verfügbaren Berichte aufgelistet sind. Sie können die Berichte auch von der Befehlszeile aus anzeigen, indem Sie den Parameter /ld gefolgt vom Dateinamen des gewünschten Berichts angeben.

Weitere Informationen darüber, wie Sie Skripts mit MBSACLI erstellen, um parallele Überprüfungen durchzuführen und mehrere Überprüfungsberichte zusammenzufassen, finden Sie in den MBSA 2.0 Scripting Samples unter *http://www.microsoft.com/downloads/details.aspx?familyid=3B64AC19-3C9E-480E-B0B3-6B87F2EE9042&displaylang=en*.

Problembehandlung für den Windows Update-Client

Gelegentlich stellen Sie vielleicht fest, dass ein Client Updates nicht richtig installiert. Meist werden solche Clients im Rahmen einer Softwareupdateüberwachung identifiziert, wie im Abschnitt »Tools zum Überwachen von Softwareupdates« weiter oben in diesem Kapitel beschrieben. Gehen Sie folgendermaßen vor, um die Ursache des Problems zu identifizieren:

1. Stellen Sie fest, wann der Client zum letzten Mal aktualisiert wurde. Dabei haben Sie zwei Möglichkeiten: Prüfen Sie die Registrierung des Clients (dies ist am zuverlässigsten) oder (falls Sie WSUS verwenden) prüfen Sie die Seite *Berichte* auf der WSUS-Website.

☐ Wenn Sie die Registrierung des Clients überprüfen wollen, müssen Sie den Registrierungsschlüssel *HKEY_LOCAL_MACHINE\SOFTWARE\Microsoft\Windows\CurrentVersion\WindowsUpdate\AutoUpdate\Results* öffnen. Jeweils in den Unterschlüsseln *Detect*, *Download* und *Install* finden Sie den Eintrag *LastSuccessTime*, der verrät, wann Updates zum letzten Mal erkannt, heruntergeladen beziehungsweise installiert wurden.

☐ Sie können den WSUS-Server überprüfen, indem Sie die Konsole *Updatedienste* auf dem WSUS-Server öffnen. Klicken Sie auf das Symbol *Berichte* und dann auf *Detaillierter Computerstatus, WSUS-Bericht*. Suchen Sie in der Liste nach Computern, bei denen Probleme aufgetreten sind, und stellen Sie fest, welche Updates erfolgreich installiert und welche noch nicht eingespielt wurden.

2. Sehen Sie sich in der Datei *%SystemRoot%\WindowsUpdate.log* alle Fehlermeldungen an, die der Windows Update-Client zurückgegeben hat. Diese Textdatei enthält detaillierte Ausgaben vom Windows Update-Client, inklusive Benachrichtigungen über jeden Versuch, Updates zu finden, herunterzuladen und zu installieren. Sie können mithilfe der Datei *WindowsUpdate.log* auch feststellen, ob der Client versucht, auf den richtigen Updateserver zuzugreifen. Suchen Sie in der Microsoft Knowledge Base nach den aufgezeichneten Fehlermeldungen, um weitere Problembehandlungsinformationen zu bekommen.

> **HINWEIS** Ausführliche Informationen über den Inhalt der Datei *WindowsUpdate.log* finden Sie im Microsoft Knowledge Base-Artikel 902093 unter *http://support.microsoft.com/kb/902093/*.

3. Falls Sie WSUS verwenden, sollten Sie sicherstellen, dass der Client eine Verbindung zum WSUS-Server herstellen kann. Öffnen Sie auf dem Client einen Webbrowser und geben Sie die URL *http://<WSUSServerName>/iuident.cab* ein. Falls Sie angeboten bekommen, die Datei herunterzuladen, bedeutet das, dass der Client den WSUS-Server erreichen kann. Es liegt in diesem Fall kein Konnektivitätsproblem vor. Klicken Sie auf *Abbrechen*. Falls Sie nicht angeboten bekommen, die Datei herunterzuladen, könnte es sich um ein Namensauflösungs- oder Konnektivitätsproblem handeln, oder WSUS ist nicht richtig konfiguriert. Untersuchen Sie das Problem weiter, um festzustellen, warum der Client nicht über HTTP mit dem WSUS-Server kommunizieren kann.

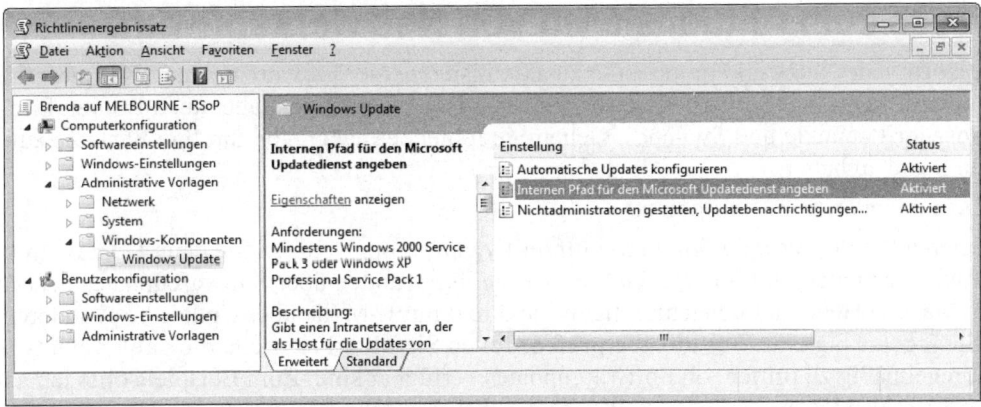

Abbildung 23.5 Im Snap-In *Richtlinienergebnissatz* können Sie die Windows Update-Konfiguration überprüfen

4. Falls Sie den WSUS-Server erreichen können, sollten Sie überprüfen, ob der Client richtig konfiguriert ist. Falls Sie Windows Update mit Gruppenrichtlinieneinstellungen konfigurieren, können Sie im Tool Richtlinienergebnissatz (Resultant Set of Policy, RSOP, Datei *Rsop.msc*) überprüfen,

wie die effektive Konfiguration des Computers aussieht. Wechseln Sie in der Konsole *Richtlinien-ergebnissatz* zum Knoten *Computerkonfiguration\Administrative Vorlagen\Windows-Komponenten\Windows Update* und überprüfen Sie die Konfigurationseinstellungen (Abbildung 23.5).

5. Falls Sie vermuten, dass WSUS nicht richtig konfiguriert ist, sollten Sie die IIS-Konfiguration überprüfen. WSUS verwendet IIS, um die meisten Clientcomputer automatisch mit dem WSUS-kompatiblen Automatische Updates-Client zu aktualisieren. Dazu erstellt das WSUS-Setup ein virtuelles Verzeichnis namens */Selfupdate* unter der Website, die auf Port 80 des Computers läuft, auf dem Sie WSUS installieren. Dieses virtuelle Verzeichnis, die sogenannte *Selbst-Update-Struktur* (self-update tree), enthält den neusten WSUS-Client. Aus diesem Grund brauchen Sie eine Website, die auf Port 80 läuft, selbst wenn Sie die WSUS-Website auf einem anderen Port betreiben. Die Website auf Port 80 muss nicht speziell für WSUS reserviert sein. WSUS verwendet die Site auf Port 80 ausschließlich, um die Selbst-Update-Struktur zu hosten. Um sicherzustellen, dass die Selbst-Update-Struktur einwandfrei funktioniert, sollten Sie erst überprüfen, dass eine Website auf Port 80 des WSUS-Servers eingerichtet ist. Geben Sie dann den folgenden Befehl in der Eingabeaufforderung des WSUS-Servers ein:

```
cscript "<WSUSInstallationsLaufwerk>:\programme\update services\setup\InstallSelfupdateOnPort80.vbs"
```

> **WEITERE INFORMATIONEN** Weitere Informationen über die Problembehandlung für WSUS finden Sie unter *http://technet.microsoft.com/en-us/library/cc708554.aspx*.

Falls Sie ein Problem gefunden und eine Konfigurationsänderung vorgenommen haben, von der Sie hoffen, dass sie das Problem beseitigt, sollten Sie den Windows Update-Dienst auf dem Clientcomputer neu starten, damit die Änderung wirksam wird, und dann einen neuen Updatezyklus einleiten. Sie können dazu die Konsole *Dienste* verwenden oder die beiden folgenden Befehle eingeben:

```
net stop wuauserv
net start wuauserv
```

Nach spätestens 6 bis 10 Minuten müsste Windows Update versuchen, mit Ihrem Updateserver Kontakt aufzunehmen.

Der Prozess zum Aktualisieren von Netzwerksoftware

Sie müssen planen, jede Netzwerkkomponente zu aktualisieren, die Software benutzt. Darunter fallen selbstverständlich Client- und Serverbetriebssysteme sowie Anwendungen, aber auch Router, Firewalls, Drahtloszugriffspunkte und Switches. Gehen Sie folgendermaßen vor, um Ihre Systeme auf dem aktuellen Stand zu halten:

1. Stellen Sie ein Updateteam zusammen.

2. Inventarisieren Sie die gesamte Software in Ihrer Organisation. Nehmen Sie dann Kontakt mit allen Softwareherstellern auf und prüfen Sie, wie sie ihre Kunden über Softwareupdates benachrichtigen. Manche Hersteller benachrichtigen Sie direkt mit E-Mails über Updates, bei anderen müssen Sie regelmäßig eine Website überprüfen. Teilen Sie Mitarbeiter ein, die dafür verantwortlich sind, regelmäßig zu prüfen, ob Softwareupdates verfügbar sind. Zum Beispiel sollte jemand aus Ihrem Team wenigstens einmal pro Woche die Websites aller Softwarehersteller auf neue Updates prüfen.

3. Entwickeln Sie einen Updateprozess zum Erkennen, Bewerten, Herunterladen, Testen, Installieren, Überwachen und Entfernen von Updates. Der Großteil dieses Prozesses verläuft zwar bei allen Herstellern gleich, aber unter Umständen müssen Sie Teile des Prozesses anpassen, um unter-

schiedliche Betriebs- und Testanforderungen für Server, Clients und Netzwerkgeräte zu berücksichtigen. Als Beispiel wird in diesem Kapitel der Updateprozess für Updates von Microsoft-Betriebssystemen ausführlich dokumentiert.

Diese technische Referenz konzentriert sich auf das Update des Betriebssystems Windows 7. Ihr Prozess sollte aber auch in der Lage sein, Updates für andere Betriebssysteme, Anwendungen und Netzwerkgeräte zu verwalten. Die folgenden Abschnitte beschreiben diese Schritte genauer.

Zusammenstellen des Updateteams

Eine der ersten Entscheidungen für Sie und das Management Ihres Unternehmens besteht normalerweise darin, die Mitarbeiter mit der richtigen Mischung aus technischen und Projektmanagementfähigkeiten zum Bereitstellen von Updates zu finden. Noch bevor die Auswahl der Mitarbeiter beginnen kann, müssen Sie allerdings die Rollen im Team oder die Vorkenntnisse bestimmen, die für die Updateverwaltung vorausgesetzt werden. Microsoft schlägt das MSF-Teammodell (Microsoft Solutions Framework) vor, das auf sechs verzahnten, multidisziplinären Rollen basiert: Produktmanagement, Programmmanagement, Entwicklung, Test, Benutzerzufriedenheit und Releasemanagement. Dieses Modell eignet sich gleichermaßen für Microsoft- wie Nicht-Microsoft-Software.

- **Produktmanagement**   Produktmanagement hat die Aufgabe, die geschäftlichen Anforderungen der Organisation und die Bedürfnisse der Endbenutzer zu identifizieren und sicherzustellen, dass diese Anforderungen vom Updateprozess unterstützt werden.

- **Programmmanagement**   Das Ziel des Programmmanagementteams besteht darin, Updates innerhalb der Projekteinschränkungen auszuliefern. Programmmanagement hat die Aufgabe, den Zeitplan und das Budget für das Update zu verwalten. Außerdem berichtet dieses Team über den Status, verwaltet projektbezogene Risikofaktoren (zum Beispiel Krankheitsfälle) und verwaltet den Entwurf des Updateprozesses.

- **Entwicklung**   Das Entwicklungsteam erstellt die Updateinfrastruktur entsprechend der Spezifikation. Die Verantwortungsbereiche dieses Teams umfassen das Festlegen der Features für die Updateinfrastruktur, Schätzen des zeitlichen und finanziellen Aufwands für die Bereitstellung der Updateinfrastruktur und das Vorbereiten der Infrastruktur für die Bereitstellung.

- **Test**   Das Testteam stellt sicher, dass Updates in der Produktivumgebung erst dann freigegeben werden, wenn alle Qualitätsprobleme identifiziert und beseitigt worden sind. Die Verantwortungsbereiche des Teams umfassen das Entwickeln der Teststrategie, Entwerfen und Aufbauen der Updatetestumgebung, Entwickeln des Testplans und Durchführen der Tests.

- **Benutzerzufriedenheit**   Das Benutzerzufriedenheitsteam stellt sicher, dass der Updateprozess die Bedürfnisse der Benutzer erfüllt. Das Team sammelt, analysiert und priorisiert Benutzeranforderungen und -beschwerden.

- **Releasemanagement**   Das Releasemanagementteam hat die Aufgabe, die Updates bereitzustellen. In großen Umgebungen hat es auch die Aufgabe, eine Pilotbereitstellung eines Updates zu entwerfen und zu verwalten, um sicherzustellen, dass das Update für die Bereitstellung in der Produktivumgebung ausreichend stabil ist.

Die MSF-Teamrollen sind flexibel. Sie können an die Prozesse und Managementphilosophie Ihrer Organisation angepasst werden. In einer kleinen Organisation oder bei einer begrenzten Bereitstellung kann eine Person mehrere Rollen übernehmen. In größeren Organisationen ist möglicherweise ein ganzes Team nötig, um alle Aufgaben zu erledigen, die einer einzelnen Rolle zugewiesen sind.

WEITERE INFORMATIONEN Weitere Informationen über das MSF-Teammodell finden Sie unter *http://www. microsoft.com/downloads/details.aspx?FamilyID=c54114a3-7cc6-4fa7-ab09-2083c768e9ab.*

Inventarisieren der Software

Wenn Sie ein Updateteam zusammengestellt haben, müssen Sie die Software in Ihrem Netzwerk inventarisieren. Vor allem müssen Sie wissen, welche Betriebssysteme und Anwendungen Sie installiert haben, um festlegen zu können, welche Updates bereitgestellt werden müssen. Sie müssen auch die Sicherheitsanforderungen für jedes Computersystem kennen. Dazu gehören Informationen darüber, welche Computer besonders vertrauliche Informationen speichern, welche mit dem öffentlichen Internet verbunden sind und welche Verbindung zu externen Netzwerken haben.

Stellen Sie zu jedem Computer in Ihrer Umgebung die folgenden Informationen zusammen:

- **Betriebssystem** Dokumentieren Sie die Betriebssystemversion und die Updatestufe. Vergessen Sie nicht, dass auch die meisten Router, Firewalls und Switches ein Betriebssystem haben. Dokumentieren Sie auch, welche optionalen Komponenten (zum Beispiel IIS) installiert sind.

- **Anwendungen** Dokumentieren Sie alle Anwendungen, die auf dem Computer installiert sind, mit Angaben zu Version und Updates.

- **Netzwerkkonnektivität** Dokumentieren Sie, mit welchen Netzwerken der Computer verbunden ist. Dazu gehört, ob der Computer mit dem öffentlichen Internet verbunden ist, ob er eine Verbindung zu anderen Netzwerken über ein virtuelles privates Netzwerk (VPN) oder eine DFÜ-Verbindung herstellt und ob es ein mobiler Computer ist, der möglicherweise Verbindungen zu Netzwerken an anderen Standorten herstellt.

- **Vorhandene Abwehrmaßnahmen** Firewalls und Virenscanner schützen einen Computer möglicherweise bereits vor Sicherheitslücken, sodass ein Update unnötig ist. Dokumentieren Sie für Firewalls die Konfiguration mit Informationen über die offenen Ports.

- **Standort** Falls Ihre Organisation mehrere Standorte hat, können Sie Updates für Computer jeweils von einem Server aus bereitstellen, der sich innerhalb des jeweiligen Standorts befindet, um den Bandbreitenverbrauch zu minimieren. Wenn Sie wissen, an welchem Standort ein Computer oder ein Netzwerkgerät steht, können Sie die Updates effizient bereitstellen.

- **Bandbreite** Computer, die über Verbindungen mit geringer Bandbreite angeschlossen sind, haben spezielle Anforderungen. Sie können große Updates außerhalb der Geschäftszeiten übertragen. Für DFÜ-Benutzer ist es möglicherweise effizienter, auf die Netzwerkverbindung zu verzichten und Updates auf Wechseldatenträgern wie zum Beispiel CDs zu übertragen.

- **Verantwortung des Administrators** Sie müssen wissen, wer die Aufgabe hat, Updates auf einem bestimmten Gerät bereitzustellen, und wer ein Problem beseitigt, falls das Gerät während des Updateprozesses ausfällt. Falls andere Personen für bestimmte Anwendungen oder Dienste verantwortlich sind, sollten Sie auch das dokumentieren.

- **Verfügbarkeitsanforderungen** Prüfen Sie, ob für ein bestimmtes Gerät Verfügbarkeitsvereinbarungen oder -garantien berücksichtigt werden müssen und ob geplante Ausfallzeiten auf die Gesamtbetriebsdauer angerechnet werden. Das ermöglicht Ihnen, Geräten eine höhere Priorität für die Problembehandlung und beim Testen der Updates zuzuordnen.

- **Planen von Abhängigkeiten** Beim Einspielen von Updates muss eingeplant werden, dass Systeme offline gehen. Das kann eine Behinderung für Benutzer bedeuten, selbst wenn das Gerät nur einen schnellen Neustart erfordert. Prüfen Sie, wer auf ein bestimmtes Gerät angewiesen ist, damit Sie die Ausfallzeit im Vorfeld mit den betroffenen Personen abklären können.

Einige dieser Informationen, zum Beispiel über Betriebssystem und installierte Anwendungen, können in einem automatisierten Verfahren ermittelt werden. Die meisten Netzwerkverwaltungstools besitzen diese Fähigkeit, zum Beispiel Configuration Manager 2007 R2. Sie können Microsoft-Software auf einem Computer auch mithilfe von Microsoft Software Inventory Analyzer (MSIA) inventarisieren, das als kostenloser Download zur Verfügung steht.

WEITERE INFORMATIONEN   Weitere Informationen über MSIA finden Sie unter *http://www.microsoft.com/ resources/sam/msia.mspx*.

Erstellen eines Updateprozesses

Beim Bereitstellen von Updates reicht es nicht aus, einfach eine Technologie auszuwählen, mit der die Updates installiert werden. Ein effektiver Updateprozess umfasst Planung, Diskussion und Tests. Sie sollten zwar den vorhandenen Änderungsmanagementprozess (sofern vorhanden) Ihrer Organisation nutzen, aber in diesem Abschnitt erfahren Sie etwas über die grundlegenden Schritte eines Updateprozesses.

Die folgenden Abschnitte beschreiben diese Schritte genauer.

Recherchieren von Updates

Der Sicherheitsupdateprozess beginnt, wenn Microsoft ein Sicherheitbulletin herausgibt oder aktualisiert. Aktualisierte Bulletins, die einen höheren Schweregrad haben, sollten erneut ausgewertet werden, um festzustellen, ob ein bereits geplantes Sicherheitsrelease eine andere Priorität erhalten und vorgezogen werden sollte. Sie können den Sicherheitsupdateprozess auch einleiten, sobald ein neues Service Pack freigegeben wird.

Sie können sich über Sicherheitsprobleme und -korrekturen von Microsoft informieren lassen, indem Sie sich bei den Microsoft Security Notification Services anmelden. Sie können sich auf der Website *http://www.microsoft.com/technet/security/bulletin/notify.mspx* für diesen Dienst registrieren. Falls Sie sich bei diesem Dienst anmelden, erhalten Sie über E-Mail automatisch Benachrichtigungen zu Sicherheitsproblemen. Beachten Sie, dass Sie von Microsoft niemals das Update als Anhang erhalten. E-Mails sind einfach zu fälschen, daher verwendet Microsoft eine digitale Signatur, die verifiziert werden kann. Im Allgemeinen ist es allerdings einfacher, gleich auf der Microsoft-Website zu prüfen, ob das Bulletin offiziell aufgelistet wird.

Außerdem sollten Sie von Microsoft unabhängige Quellen nutzen, um objektive Einschätzungen zu Sicherheitslücken zu erhalten. Folgende Quellen liefern Informationen zu Sicherheitswarnungen:

- Sicherheitswarnungslisten, insbesondere SecurityFocus (*http://www.securityfocus.com*)
- Sicherheitswebsites, zum Beispiel *http://www.sans.org* und *http://www.cert.org*
- Warnungen von Antivirensoftwareherstellern

Analysieren von Updates

Wenn Sie von einem Sicherheitsupdate erfahren haben, müssen Sie es analysieren, um festzustellen, welche Computer in Ihrer Organisation (falls überhaupt) es erhalten sollten. Lesen Sie die Informationen, die im Sicherheitsbulletin enthalten sind, und den darin erwähnten Knowledge Base-Artikel, sobald er veröffentlicht wird.

Sehen Sie sich anschließend die verschiedenen Bereiche Ihrer Umgebung an und stellen Sie fest, ob die Sicherheitslücke die Computer in Ihrem Netzwerk betrifft. Unter Umständen benutzen Sie die aktualisierte Softwarekomponente gar nicht, oder Sie sind durch andere Maßnahmen vor der Sicherheitslücke geschützt, etwa durch eine Firewall. Falls Microsoft zum Beispiel ein Sicherheitsupdate für Microsoft SQL Server herausgibt, Ihr Unternehmen SQL Server aber nicht benutzt (auch nicht als Voraussetzung für eine andere installierte Anwendung), brauchen Sie nichts weiter zu unternehmen. Falls Microsoft ein Sicherheitsupdate für den Serverdienst herausgibt, Sie aber die verwundbaren Ports mit der Windows-Firewall blockieren, brauchen Sie das Update nicht unbedingt einzuspielen (auch wenn das Einspielen des Updates zusätzlichen Schutz bietet). Möglicherweise entscheiden Sie auch, dass das Einspielen des Updates nicht die beste Gegenmaßnahme für die Sicherheitslücke ist. Stattdessen fügen Sie vielleicht eine Firewall hinzu oder passen die Filterregeln der Firewall an, um zu verhindern, dass die Sicherheitslücke ausgenutzt werden kann.

Die Entscheidung, ob ein Update angewendet werden sollte, ist nicht so einfach, wie Sie vielleicht meinen. Microsoft-Updates stehen als kostenlose Downloads zur Verfügung, aber es verursacht Kosten, ein Update einzuspielen: Sie müssen Zeit für das Testen, Verpacken und Bereitstellen des Updates aufwenden. Wenn in größeren Organisationen ein Softwareupdate in einen Server eingespielt werden soll, müssen viele Stunden investiert werden, um das Update zu analysieren und die Ausfallzeit mit den Gruppen abzuklären, die den Server benutzen.

Alle Updatearten bergen außerdem das Risiko, dass etwas schiefgeht, wenn das Update angewendet wird. Eigentlich gibt es jedes Mal, wenn Sie einen Computer neu starten, eine gewisse Gefahr, dass der Computer nicht richtig hochfährt. Es besteht auch das sehr reale Risiko, dass das Update vorhandene Anwendungen behindert. Diese Gefahr lässt sich glücklicherweise vermeiden, indem Sie das Update gründlich testen, bevor Sie es einspielen. Aber auch wenn Sie beschließen, ein Sicherheitsupdate nicht anzuwenden, verursacht das unter Umständen Kosten, nämlich die erhöhte Gefahr, dass eine Sicherheitslücke ausgenutzt wird.

Neben Tests können Sie die Gefahr, dass ein Update Probleme verursacht, auch dadurch verringern, dass Sie einen Plan entwickeln, mit dem sich das Update zurücknehmen lässt. Wenn Sie ein Update analysieren, sollten Sie feststellen, ob das Release wieder einfach deinstalliert werden kann, falls es ein Problem verursacht, das bei den Tests nicht aufgefallen ist. Die Möglichkeiten zum Deinstallieren von Updates können von vollständig automatisierter Deinstallation über manuelle Deinstallationsprozeduren bis zur völligen Unmöglichkeit reichen, ein Update zu deinstallieren. Falls ein Update nicht deinstalliert werden kann, haben Sie unter Umständen nur die Möglichkeit, den Computer aus einer kürzlichen Datensicherung wiederherzustellen. Ganz unabhängig davon, welche Deinstallationsmethode ein Update erfordert, sollten Sie sicherstellen, dass Sie einen ausformulierten Rollback-Plan für den Fall haben, dass die Bereitstellung nicht genauso erfolgreich verläuft wie in der Testumgebung.

Um auf den schlimmsten Fall vorbereitet zu sein, sollten Sie sicherstellen, dass Sie aktuelle Datensicherungen aller Computer haben, die aktualisiert werden, und dass Sie in der Lage sind, diese Systeme wiederherzustellen, falls sich das Update nicht wieder entfernen lässt. Es ist unwahrscheinlich, dass ein Update Ihre Systeme völlig lahmlegt, sodass sie aus einer Datensicherung wiederhergestellt werden müssen, aber es ist ein Fall, auf den Sie vorbereitet sein sollten.

Die Entscheidung, ob ein Update angewendet wird, ist so kompliziert, aber auch so wichtig, dass größere Organisationen ein Sicherheitskomitee bilden sollten, das zusammen entscheidet, welche Updates angewendet werden. Das Komitee sollte aus Mitarbeitern bestehen, die mit den Updateanforderungen der unterschiedlichen Computertypen in Ihrem Netzwerk vertraut sind. Falls Sie zum Beispiel getrennte Abteilungen für die Verwaltung von Server- und Clientcomputern haben, sollten beide Abteilungen Vertreter in dieses Komitee entsenden. Falls unterschiedliche Mitarbeiter die Web-, Messaging- und Infrastrukturserver in Ihrem Netzwerk verwalten, sollten sie alle ein Mitspracherecht bei der Entscheidung haben, ob ein bestimmtes Update angewendet wird. Bitten Sie Mitglieder Ihres Datenbankteams, der Netzwerkgruppen und des internen Überwachungsteams, eine aktive Rolle zu übernehmen. Ihre Erfahrung und Vorkenntnisse können bei der Bewertung des Risikos eine große Hilfe sein. Abhängig von Ihren Anforderungen kann das Komitee entweder jedes Update besprechen, sobald es veröffentlicht wird, oder sich alle 1 bis 2 Wochen treffen.

Falls das Komitee entscheidet, dass ein Update bereitgestellt werden muss, müssen Sie anschließend die Dringlichkeit ermitteln. Im Falle eines aktiven Angriffs müssen Sie jede Anstrengung unternehmen, um das Update sofort einzuspielen, bevor Ihr System infiziert wird. Falls der Angriff ernst genug ist, kann es sogar gerechtfertigt sein, verwundbare Computer vom Netzwerk zu trennen, bis das Update angewendet werden kann.

Beschleunigen des Updateprozesses

Falls Ihre Organisation normalerweise etliche Tage benötigt, um ein Update bereitzustellen, sollten Sie für kritische Updates einen beschleunigten Prozess erstellen. Nutzen Sie diesen Prozess, um zeitaufwendige Test- und Genehmigungsverfahren zu beschleunigen oder zu umgehen. Falls eine Sicherheitslücke bereits von einem sich schnell verbreitenden Wurm oder Virus ausgenutzt wird, kann die sofortige Bereitstellung des Updates Ihnen Hunderte von Stunden für die Wiederherstellung ersparen.

Abrufen von Updates

Sobald Sie sich entschieden haben, ein Update zu testen und/oder bereitzustellen, müssen Sie es von Microsoft herunterladen. Falls Sie WSUS als Bereitstellungsmechanismus einsetzen, kann WSUS das Update automatisch herunterladen. Falls Sie Updates mithilfe anderer Mechanismen bereitstellen, können Sie das Update von einem vertrauenswürdigen Microsoft-Server herunterladen.

Testen von Updates

Nachdem Sie ein Update oder eine Gruppe von Updates auf Ihre Testcomputer angewendet haben, sollten Sie alle Anwendungen und Funktionalitäten testen. Wie viel Zeit und Aufwand Sie für das Testen eines Updates investieren, sollte aufgrund des möglichen Schadens entschieden werden, den eine problematische Updatebereitstellung verursachen könnte. Es gibt im Wesentlichen zwei Methoden, wie Sie ein Update testen können: in einer Testumgebung und in einer Pilotbereitstellung. Eine Testumgebung besteht aus einem Testlabor oder mehreren Laboren und umfasst Testpläne, die genau dokumentieren, was getestet wird, und Testfälle, die beschreiben, wie jede Komponente getestet wird. Organisationen, die über die Ressourcen verfügen, Updates in einer Testumgebung zu analysieren, sollten das immer tun, weil sich dadurch die Zahl der Probleme verringert, die durch Updateinkompatibilitäten mit Anwendungen entstehen können. Selbst wenn Ihre Organisation nicht über die Ressourcen verfügt, kritische Updates und Sicherheitsupdates zu testen, sollten Sie Service Packs immer testen, bevor sie auf Produktivcomputern bereitgestellt werden.

Die Testumgebung kann aus einem einzigen Labor oder mehreren Laboren bestehen, die Tests ermöglichen, von denen keine Gefahr für Ihre Produktivumgebung ausgeht. In der Testumgebung können Mitglieder des Testteams die Entwurfsannahmen für die Bereitstellung überprüfen, Bereitstellungsprobleme aufdecken und mehr Erfahrung mit den Änderungen sammeln, die durch bestimmte Updates implementiert werden. Solche Aktivitäten verringern die Gefahr, dass während der Bereitstellung Fehler auftreten, und sie erlauben es Mitgliedern des Testteams, Probleme schnell zu beseitigen, die während der späteren Bereitstellung eines Updates oder nach seiner Anwendung auftreten.

Viele Organisationen teilen ihre Testteams in zwei Teilteams auf: das Entwurfsteam und das Bereitstellungsteam. Das Entwurfsteam sammelt Informationen, die für den Bereitstellungsprozess unverzichtbar sind, identifiziert unmittelbare und langfristige Testanforderungen und schlägt einen Testumgebungsentwurf vor (oder empfiehlt Verbesserungen an der vorhandenen Testumgebung). Das Bereitstellungsteam schließt den Prozess ab, indem es die Entscheidungen des Entwurfsteams implementiert und dann neue Updates kontinuierlich testet.

Am Anfang der Lebensdauer der Updatetestumgebung testet das Bereitstellungsteam den Updatebereitstellungsprozess, um zu überprüfen, ob der Entwurf funktionell ist. Später, nachdem Ihre Organisation beschlossen hat, dass ein Update bereitgestellt wird, testet das Bereitstellungsteam die einzelnen Updates, um sicherzustellen, dass alle Updates zu den Anwendungen kompatibel sind, die in Ihrer Umgebung verwendet werden.

Eine Updatetestumgebung sollte Computer enthalten, die jede wichtige Computerrolle in Ihrer Organisation repräsentieren, darunter Desktopcomputer, mobile Computer und Server. Falls Computer innerhalb einer Rolle unterschiedliche Betriebssysteme haben, sollten Sie alle Betriebssysteme entweder auf einem jeweils eigenen Computer, einem einzelnen Computer mit Multiboot-Konfiguration oder in einer virtuellen Desktopumgebung zur Verfügung stellen.

Wenn Sie einen Satz Computer haben, die alle Computertypen in Ihrer Organisation repräsentieren, können Sie diese Computer mit einem privaten Netzwerk verbinden. Sie müssen auch die Testversionen Ihrer Updateinfrastrukturcomputer mit diesem Netzwerk verbinden. Falls Sie Updates zum Beispiel mit WSUS bereitstellen wollen, müssen Sie einen WSUS-Server an das Testumgebungsnetzwerk anschließen.

Laden Sie alle Anwendungen, die Benutzer einsetzen, in die Testcomputer und entwickeln Sie einen Prozess, um die Funktionalität jeder Anwendung zu testen. Wenn Sie zum Beispiel die Funktionalität des Internet Explorers testen wollen, können Sie die Microsoft-Website und eine Intranetwebsite besuchen. Wenn Sie später Updates testen, wiederholen Sie diesen Test. Falls eine der Anwendungen den Test nicht besteht, könnte das Update, das Sie momentan untersuchen, ein Problem verursacht haben.

> **HINWEIS**   Falls Sie eine große Zahl von Anwendungen testen, sollten Sie Möglichkeiten finden, die Tests der Updates mithilfe von Skripting zu automatisieren.

Neben dem Test Ihrer Implementierung eines Updates kann das Durchführen einer Pilotbereitstellung die Möglichkeit geben, Ihren Bereitstellungsplan und die Bereitstellungsprozesse zu testen. Das hilft Ihnen festzustellen, wie viel Zeit erforderlich ist, um das Update zu installieren, und welches Personal und welche Tools dafür gebraucht werden. Das bietet auch die Gelegenheit, Supportpersonal zu schulen und die Reaktion der Benutzer auf den Updateprozess zu beobachten. Falls es zum Beispiel bei einem bestimmten Update eine Stunde dauert, bis ein DFÜ-Benutzer es heruntergeladen hat, müssen Sie eventuell einen anderen Weg finden, das Update an den Benutzer auszuliefern.

> **HINWEIS**   Je wichtiger das Update, desto wichtiger ist es auch, ein Pilotprogramm durchzuführen. Besonders Service Packs erfordern intensive Tests, sowohl in einer Testumgebung als auch außerhalb.

Neben eigenen Tests für das Update sollten Sie auch Mailing-Listen abonnieren und Newsgroups besuchen, in denen sich Ihre Kollegen austauschen. Oft werden Probleme mit Updates in diesen Foren gemeldet, bevor eine offizielle Ankündigung von Microsoft erfolgt. Falls Sie ein Problem entdecken, sollten Sie es Microsoft melden. Microsoft hat in der Vergangenheit immer wieder Sicherheitsupdates korrigiert und neu herausgegeben, die ernste Probleme verursacht haben. Auf der anderen Seite kann auch der Microsoft-Support in der Lage sein, eine andere Methode vorzuschlagen, wie sich die Gefahr durch die Sicherheitslücke verringern oder ganz beseitigen lässt.

Installieren von Updates

Wenn Sie überzeugt sind, dass Sie ein Update ausreichend getestet haben, können Sie es in Ihrer Produktivumgebung bereitstellen. Stellen Sie sicher, dass während des Installationsvorgangs ausreichend Supportpersonal zur Hand ist, um eventuell auftauchende Probleme zu beseitigen. Sorgen Sie dafür, dass eine Methode verfügbar ist, den Fortschritt der Updatebereitstellung zu überwachen, und dass ein Techniker bereitsteht, um eventuelle Probleme zu beseitigen, die bei der Updatebereitstellung auftreten. Benachrichtigten Sie die Netzwerkabteilung, dass eine Updatebereitstellung stattfindet, damit sie über die Ursache der gestiegenen Netzwerkauslastung informiert sind.

Entfernen von Updates

Trotz sorgfältiger Planungs- und Testprozeduren können Probleme auftauchen, wenn Sie ein Update auf Produktivcomputern bereitstellen. Bevor Sie Updates bereitstellen, sollten Sie einen Plan zur Hand haben, wie Sie Updates wieder von einem, mehreren oder allen Zielcomputern entfernen können. Die Hauptschritte für das Rückgängigmachen und die erneute Bereitstellung von Updates sehen folgendermaßen aus:

1. Brechen Sie die aktuelle Bereitstellung ab. Identifizieren Sie alle Schritte, die erforderlich sind, um die in Ihrer Umgebung genutzten Distributionsmechanismen zu deaktivieren.

2. Identifizieren und beseitigen Sie alle Updatebereitstellungsprobleme. Stellen Sie fest, warum eine Updatebereitstellung fehlschlägt. Mögliche Ursachen sind die Reihenfolge, in der Updates angewendet werden, die verwendeten Distributionsmechanismen und Fehler im Update selbst.

3. Deinstallieren Sie Updates, sofern nötig. Updates, die Instabilität in Ihre Produktivumgebung bringen, sollten nach Möglichkeit entfernt werden. Eine Anleitung finden Sie im Abschnitt »So entfernen Sie Updates« weiter oben in diesem Kapitel.

4. Reaktivieren Sie die Distributionsmechanismen. Sobald Sie die Updateprobleme beseitigt haben, sollten Sie den entsprechenden Distributionsmechanismus wieder aktivieren, um die Updates erneut zu verteilen. Von Microsoft veröffentlichte Sicherheitsbulletins geben immer an, ob ein Update deinstalliert werden kann. Es ist nicht immer möglich, Computer in einen vorherigen Zustand zurückzusetzen. Achten Sie daher besonders auf dieses Detail, bevor Sie ein Update bereitstellen, das nicht deinstalliert werden kann.

Wenn für ein Sicherheitsupdate kein einfacher Deinstallationsprozess zur Verfügung steht, müssen Sie sicherstellen, dass die nötigen Vorkehrungen getroffen wurden, Ihre unternehmenskritischen Computer in ihren ursprünglichen Zustand zurückzuversetzen, sollte der unwahrscheinliche Fall eintreten, dass die Bereitstellung eines Sicherheitsupdates einen Ausfall des Computers auslöst. Geeignete Vorkehrungen sind zum Beispiel, Ersatzcomputer bereitstehen zu haben und Datensicherungsmechanismen verfügbar zu machen, sodass ein Computer schnell wiederhergestellt werden kann.

Überwachen von Updates

Sobald Sie ein Update bereitgestellt haben, ist es wichtig, Ihre Arbeit zu überwachen. Im Idealfall sollte jemand, der nicht für die Bereitstellung des Updates verantwortlich ist, die tatsächliche Überwachung übernehmen. Dadurch verringert sich die Gefahr, dass die Person oder Gruppe, die für die Bereitstellung des Updates verantwortlich sind, bei der Überwachung unabsichtlich dieselbe Gruppe von Computern übersieht, die ihr schon während der Updatebereitstellung entgangen ist. Außerdem verringert sich so die Gefahr, dass jemand versucht, Versäumnisse oder Fehler gezielt zu vertuschen.

Für die Überwachung eines Updates, das eine Sicherheitslücke schließt, stehen zwei Wege zur Verfügung. Am einfachsten ist es, wenn Sie ein Tool wie zum Beispiel MBSA verwenden, um zu überprüfen, ob das Update vorhanden ist. Oder Sie überprüfen die Version der Dateien, die von einem Update aktualisiert werden, und stellen sicher, dass die vorhandene Version der Dateiversion aus dem Update entspricht.

Quarantänesteuerung für Computer, die nicht aktualisiert wurden

Sie sollten Updates auch für Remotecomputer verpflichtend machen, die eine Verbindung über Einwählverbindungen und VPNs herstellen. Bei solchen Computern ist die Gefahr groß, dass sie beim eigentlichen Update und der anschließenden Überwachung übersehen werden. Windows 7 und Windows Server 2008 unterstützen NAP (Network Access Protection). Mit NAP können Sie den Zugriff für Computer einschränken, die bestimmte Sicherheitsanforderungen nicht erfüllen, zum Beispiel aktuelle Updates. NAP ermöglicht es auch, die Updates in solchen Fällen an die Clientcomputer zu verteilen, sodass sie ohne Gefahr eine Verbindung mit dem Intranet herstellen können. Weitere Informationen über Network Access Protection finden Sie in Kapitel 25, »Konfigurieren der Windows Netzwerkfunktionen«. Sie können NAP mit einer Windows Server 2008-Infrastruktur nutzen, wie im Buch *Windows Server 2008 Networking und Netzwerkzugriffsschutz* (Microsoft Press, 2008) beschrieben.

So verteilt Microsoft Updates

Microsoft arbeitet fortwährend daran, die Gefahr von Sicherheitslücken in Microsoft-Software zu verringern, das umfasst natürlich auch Windows 7. Dieser Abschnitt beschreibt, welche unterschiedlichen Updatetypen Microsoft herausgibt. Er beschreibt außerdem den Microsoft-Produktlebenszyklus, der Auswirkungen auf die Updateverwaltung hat, weil Microsoft keine Sicherheitsupdates mehr für ein Produkt herausgibt, das das Ende seines Lebenszyklus erreicht hat.

Sicherheitsupdates

Ein Sicherheitsupdate (security update) ist ein Update, das vom Microsoft Security Response Center (MSRC) herausgegeben wird, um eine Sicherheitslücke zu schließen. Microsoft-Sicherheitsupdates stehen für Kunden als Download zur Verfügung, und sie werden durch zwei Dokumente ergänzt: ein Sicherheitsbulletin und einen Microsoft Knowledge Base-Artikel.

WEITERE INFORMATIONEN Weitere Informationen über das MSRC finden Sie unter *http://www.microsoft.com/security/msrc/default.mspx*.

Ein Microsoft-Sicherheitsbulletin benachrichtigt Administratoren über kritische Sicherheitsprobleme und -lücken. Es ist einem Sicherheitsupdate zugeordnet, mit dem sich die Sicherheitslücke schließen lässt. Sicherheitsbulletins enthalten im Allgemeinen detaillierte Informationen darüber, an wen sich das Bulletin wendet, welche Folgen die Sicherheitslücke hat, den Schweregrad der Sicherheitslücke und empfohlene Aktionen für betroffene Kunden.

Normalerweise sind in Sicherheitsbulletins folgende Informationen enthalten:

- **Titel** Titel des Sicherheitsbulletins im Format »MSyy-###«, wobei yy für die beiden letzten Ziffern der Jahreszahl steht und ### für die fortlaufende Bulletinnummer innerhalb dieses Jahrs.
- **Zusammenfassung** Informationen darüber, wer das Bulletin lesen sollte, über die Auswirkungen der Sicherheitslücke, die betroffene Software, den maximalen Schweregrad und die Empfehlung des MSRC, wie auf das Bulletin reagiert werden sollte. Der Schweregrad eines Bulletins bewertet

das maximale Risiko der Sicherheitslücke, die durch das Update geschlossen wird. Dieser Schweregrad kann Niedrig (low), Mittel (moderate), Hoch (important) oder Kritisch (critical) sein. Das MSRC legt den Schweregrad einer Sicherheitslücke auf Basis der gesamten Microsoft-Kundschaft fest. Die Auswirkungen einer Sicherheitslücke auf Ihre Organisation sind unter Umständen schwerer oder geringer als in diesem Schweregrad angegeben.

- **Kurzzusammenfassung** Überblick über die einzelnen Sicherheitslücken, die im Sicherheitsbulletin beschrieben sind, und ihre Schweregradeinstufungen. Ein Sicherheitsbulletin kann mehrere zusammenhängende Sicherheitslücken behandeln, die mit demselben Update beseitigt werden.

- **Häufig gestellte Fragen** Beschreibt Updates, die ersetzt werden, gibt an, ob Sie das Vorhandensein des Updates mit MBSA oder Configuration Manager 2007 R2 überwachen können, und stellt Lebenszyklus- und andere relevante Informationen bereit.

- **Einzelheiten zu dieser Sicherheitsanfälligkeit** Technische Details der Sicherheitslücke, eine Liste von Schadensbegrenzungsfaktoren, die Sie unter Umständen vor der Sicherheitslücke schützen, und alternative Problemumgehungen, mit denen Sie die Gefahr begrenzen können, falls Sie das Update nicht sofort installieren können. Eine der wichtigsten Informationen in diesem Abschnitt ist, ob es bekannte, aktive Exploits gibt, mit denen Angreifer in Computer eindringen können, die noch nicht aktualisiert wurden. Falls Sie nicht in der Lage sind, das Update sofort zu installieren, sollten Sie diesen Abschnitt sorgfältig lesen, damit Sie Bescheid wissen über die Risiken eines Computers, der nicht aktualisiert wurde.

- **Informationen zum Sicherheitsupdate** Anleitungen, wie Sie das Update installieren und welche Dateien und Konfigurationseinstellungen aktualisiert werden. Sehen Sie sich diesen Abschnitt an, falls Sie aktualisierte Dateien von Hand bereitstellen oder eine benutzerdefinierte Überwachung konfigurieren, um festzustellen, dass das Update auf einen Computer angewendet wurde.

WEITERE INFORMATIONEN Falls Sie mit dem Format von Sicherheitsbulletins nicht vertraut sind, sollten Sie sich etwas Zeit nehmen, einige aktuelle Bulletins zu lesen. Sie finden die Bulletins unter *http://www.microsoft. com/technet/security/current.aspx*.

Neben Sicherheitsbulletins legt Microsoft auch Knowledge Base-Artikel zu Sicherheitslücken an. Knowledge Base-Artikel enthalten im Allgemeinen detailliertere Informationen über die Sicherheitslücke und Schritt-für-Schritt-Anleitungen zum Aktualisieren der betroffenen Computer.

Gelegentlich gibt Microsoft Sicherheitsempfehlungen (security advisory) heraus. Sicherheitsempfehlungen sind nicht einem Sicherheitsupdate zugeordnet. Stattdessen bieten Sicherheitsempfehlungen den Kunden Leitfäden, die nicht direkt Sicherheitslücken betreffen.

Updaterollups

Es ist schon vorgekommen, dass Microsoft zwischen dem Erscheinen von zwei Service Packs eine größere Zahl von Updates veröffentlicht hat. Es ist mühsam, eine große Zahl von Updates einzeln zu installieren, daher gibt Microsoft ein Updaterollup heraus, damit die Updates mit geringerem Aufwand eingespielt werden können. Ein Updaterollup ist ein kumulativer Satz von Hotfixes, Sicherheitsupdates, kritischen Updates und anderen Updates, die alle zusammengepackt sind, um eine einfache Bereitstellung zu ermöglichen. Ein Updaterollup ist im Allgemeinen für einen bestimmten Bereich eines Produkts gedacht, zum Beispiel Sicherheit, oder für eine Komponente eines Produkts, zum Beispiel IIS. Updaterollups werden immer in Kombination mit einem Knowledge Base-Artikel veröffentlicht, der das Rollup im Detail beschreibt.

Updaterollups werden bei Microsoft ausgiebiger getestet als einzelne Sicherheitsupdates, aber nicht so aufwendig wie Service Packs. Und weil Updaterollups aus Einzelupdates bestehen, die bereits vorher herausgegeben und von vielen anderen Microsoft-Kunden angewendet wurden, ist es wahrscheinlicher, dass alle Inkompatibilitäten, die im Zusammenhang mit dem Updaterollup auftreten, bereits erkannt wurden. Daher ist die Gefahr bei der Bereitstellung von Updaterollups normalerweise geringer als bei der Bereitstellung von Sicherheitsupdates, trotz der Tatsache, dass Rollups mehr Code betreffen. Sie müssen jedoch auch Updaterollups mit kritischen Anwendungen testen, bevor Sie sie bereitstellen.

Service Packs

Ein Service Pack ist ein kumulativer Satz aller Updates, die für ein Microsoft-Produkt erstellt wurden. Ein Service Pack enthält auch Korrekturen für andere Probleme, die bei Microsoft seit dem Erscheinen des Produkts gefunden wurden. Service Packs können auch von den Kunden gewünschte Entwurfs-änderungen oder Features enthalten. Wie Sicherheitsupdates stehen auch Service Packs als Download zur Verfügung und werden von Knowledge Base-Artikeln begleitet.

Der wichtigste Unterschied zwischen Service Packs und anderen Typen von Updates besteht darin, dass Service Packs strategische Produkte sind, Updates dagegen taktische. Das bedeutet: Service Packs werden sorgfältig geplant und verwaltet. Das Ziel besteht darin, einen sorgfältig getesteten, umfassenden Satz von Korrekturen zu schaffen, der sich für die Nutzung auf jedem beliebigen Computer eignet. Dagegen werden Sicherheitsupdates entwickelt, sobald die Notwendigkeit besteht, bestimmte Probleme zu beseitigen, die sofortiges Handeln erfordern.

HINWEIS Service Packs werden aufwendigen Regressionstests unterzogen, die Microsoft für andere Update-typen nicht durchführt. Weil sie aber oft deutliche Änderungen am Betriebssystem vornehmen und neue Features hinzufügen, müssen sie trotzdem ausgiebig innerhalb Ihrer Umgebung getestet werden.

Microsoft gibt ein Service Pack erst heraus, wenn es dieselben Qualitätsstandards erfüllt wie das Produkt selbst. Service Packs werden schon bei der Entwicklung laufend getestet und werden über mehrere Wochen oder Monate rigorosen Abnahmetests unterzogen, bei denen auch Kombinationen mit Hunderten oder Tausenden Nicht-Microsoft-Produkten überprüft werden. Service Packs durch-laufen auch eine Betaphase, in der Kunden an den Tests teilnehmen. Falls die Tests Fehler aufdecken, schiebt Microsoft die Freigabe des Service Packs auf.

Auch wenn Microsoft Service Packs aufwendig testet, verursachen sie immer wieder bekannte An-wendungsinkompatibilitäten. Aber die Wahrscheinlichkeit, dass sie unbekannte Anwendungsinkompa-tibilitäten auslösen, ist geringer. Es ist wichtig, dass Sie die Releasehinweise des Service Packs analy-sieren, um festzustellen, welche Auswirkungen das Service Pack auf Ihre Anwendungen haben könnte.

Weil Service Packs umfassende Änderungen an Windows 7 vornehmen können, sind gründliche Tests und eine mehrstufige Bereitstellung unverzichtbar. Wenn Microsoft die Betaversion eines Service Packs veröffentlicht, sollten die Tests in Ihrer Umgebung beginnen. Testen Sie insbesondere alle Anwendungen, Desktopkonfigurationen und Netzwerkkonnektivitätsszenarien. Falls Sie Probleme entdecken, sollten Sie Microsoft helfen, das Problem eindeutig zu identifizieren, damit Microsoft die Probleme beseitigen kann, bevor das Service Pack veröffentlicht wird. Sobald das Service Pack ver-öffentlicht worden ist, müssen Sie das endgültige Service Pack sorgfältig testen, bevor Sie es bereit-stellen.

Während Sie ein neu veröffentlichtes Service Pack testen, sollten Sie mit der IT-Community in Kontakt stehen, um zu sehen, welche Erfahrungen Organisationen machen, die das Service Pack vor Ihnen bereitstellen. Solche Erfahrungen können sich als wertvoll erweisen, um potenzielle Probleme aufzudecken und Ihren Bereitstellungsprozess zu optimieren, sodass Verzögerungen und Inkompatibilitäten vermieden werden. Microsoft-Sicherheitsupdates können auf Systeme mit dem aktuellen oder dem vorherigen Service Pack angewendet werden, daher können Sie Ihren üblichen Microsoft-Updateprozess beibehalten, bis Sie das neue Service Pack bereitgestellt haben.

WEITERE INFORMATIONEN Weitere Informationen über die Microsoft TechNet IT Professional Community finden Sie unter *http://www.microsoft.com/technet/community/*.

Nach dem Testen sollten Sie eine mehrstufige Bereitstellung des Service Packs durchführen, genau wie bei jeder größeren Änderung. Bei einer mehrstufigen Bereitstellung installieren Sie das Service Pack erst einmal auf einer begrenzten Zahl von Computern. Dann warten Sie einige Tage oder Wochen, ob Benutzer Probleme mit dem Service Pack feststellen. Für den Fall, dass ein Problem entdeckt wird, sollten Sie darauf vorbereitet sein, das Service Pack zurückzunehmen, indem Sie es deinstallieren. Versuchen Sie nach Möglichkeit, alle Probleme zu beseitigen, bevor Sie das Service Pack an einen größeren Benutzerkreis verteilen.

Der Lebenszyklus von Microsoft-Produkten

Jedes Produkt hat einen Lebenszyklus. Am Ende dieses Produktlebenszyklus stellt Microsoft keine weiteren Updates mehr zur Verfügung. Das bedeutet aber nicht, dass keine neuen Sicherheitslücken im Produkt mehr entdeckt werden. Um Ihr Netzwerk vor den neusten Gefahren zu schützen, müssen Sie auf ein neueres Betriebssystem wechseln.

Microsoft bietet mindestens 5 Jahre normalen Support ab dem Datum, an dem ein Produkt für die Öffentlichkeit freigegeben wird. Wenn die normale Supportphase endet, haben Unternehmen die Möglichkeit, 2 Jahre erweiterten Support zu erwerben. Außerdem stehen immer noch Onlineressourcen für den eigenen Support zur Verfügung, zum Beispiel die Knowledge Base.

Sicherheitsupdates stehen für die meisten Produkte kostenlos bis zum Ende des erweiterten Supports zur Verfügung. Sie brauchen keinen Vertrag über erweiterten Support zu kaufen, um während dieser Phase Sicherheitsupdates zu bekommen. Weitere Informationen über den Produktlebenszyklus von Windows 7 finden Sie unter *http://support.microsoft.com/gp/lifeselectwin*. Wenn Sie künftige Betriebssystemupdates planen, müssen Sie den Produktlebenszyklus berücksichtigen, insbesondere den Zeitraum, in dem Sicherheitsupdates veröffentlicht werden.

Sie müssen bezüglich der Updates halbwegs auf dem aktuellen Stand bleiben, um Microsoft-Support zu erhalten, weil Microsoft nur Support für das aktuelle Service Pack und die letzte Vorgängerversion bietet. Diese Supportrichtlinie erlaubt Ihnen, während der normalen Supportphase vorhandene Hotfixes zu erhalten oder neue Hotfixes anzufordern, die auf das momentan ausgelieferte Service Pack, das Vorgänger-Service Pack, das unmittelbar vor dem aktuellen veröffentlicht wurde, oder beide angewendet werden können.

Zusammenfassung

Netzwerke und das Internet verändern sich ständig. Vor allem Sicherheitsbedrohungen im Netzwerk entwickeln sich ständig weiter, täglich tauchen neue Bedrohungen auf. Daher muss die gesamte Software laufend angepasst werden, um höchstmögliche Sicherheit und Zuverlässigkeit zu gewährleisten.

Microsoft stellt Tools zum Verwalten von Windows 7-Softwareupdates für Privatbenutzer, kleine Unternehmen und große Organisationen zur Verfügung. Unabhängig von der Größe der Organisation hat der Windows Update-Client in Windows 7 die Aufgabe, Updates herunterzuladen, freizugeben und zu installieren. Kleinere Organisationen können Updates direkt von Microsoft auf einen Windows 7-Computer herunterladen, der das Update dann an andere Computer im selben LAN weiterleiten kann. Größere Organisationen und Organisationen, die Updates vor der Installation testen müssen, können WSUS verwenden, um Updates zu identifizieren, zu testen und zu verteilen. Kombiniert mit AD DS-Gruppenrichtlinieneinstellungen lassen sich auf diese Weise Updates für eine ganze Organisation zentral verwalten.

Weitere Informationen

Die folgenden Ressourcen liefern weitere Informationen und Tools zu den Themen dieses Kapitels.

Informationsquellen

- Die Microsoft Update Management-Website unter *http://technet.microsoft.com/updatemanagement*.
- Die MBSA 2.1-Website unter *https://www.microsoft.com/mbsa* enthält weitere Informationen und eine Downloadmöglichkeit für MBSA.
- »MBSA 2.0 Scripting Samples« unter *http://www.microsoft.com/downloads/details.aspx?family id=3B64AC19-3C9E-480E-B0B3-6B87F2EE9042* enthält Beispiele, wie Sie mit MBSA komplexe Überwachungsskripts erstellen.
- Die Website des Configuration Manager 2007 R2 unter *https://www.microsoft.com/sccm* enthält weitere Informationen über die Verwendung von Configuration Manager 2007 R2.
- »Microsoft Update Product Team Blog« unter *http://blogs.technet.com/mu* enthält neuste Meldungen zu Microsoft Update direkt vom Microsoft Update-Produktteam.
- »WSUS Product Team Blog« unter *http://blogs.technet.com/wsus/* enthält Neuigkeiten zu WSUS.

Auf der Begleit-CD

- *ConfigureSoftwareUpdatesSchedule.ps1*
- *DownloadAndInstallMicrosoftUpdate.ps1*
- *Get-MicrosoftUpdates.ps1*
- *Get-MissingSoftwareUpdates.ps1*
- *ScanForSpecificUpdate.ps1*
- *TroubleshootWindowsUpdate.ps1*
- *UninstallMicrosoftUpdate.ps1*

K A P I T E L   2 4

Schützen des Clients

Vernetzte Clientcomputer sind immerfort Angriffen ausgesetzt. In der Vergangenheit war die Reparatur von Computern, die von Malware befallen waren, ein wesentlicher Kostenfaktor für IT-Abteilungen. Das Betriebssystem Windows 7 versucht, diese Kosten mit einer Kombination von Technologien zu senken, zum Beispiel Benutzerkontensteuerung (User Account Control, UAC), Windows AppLocker und Windows Defender. Außerdem stellt Microsoft unabhängig von Windows 7 Microsoft Forefront zur Verfügung, um die Clientsicherheit besser verwaltbar zu machen.

Die Gefahren von Malware

Malware (beschrieben in Kapitel 2, »Sicherheit in Windows 7«) wird im Allgemeinen über unterschiedliche Wege verbreitet:

- **In legitimer Software enthalten**   Malware wird oft mit legitimer Software gebündelt. Zum Beispiel kann eine Peer-to-Peer-Dateiübertragungsanwendung möglicherweise unerwünschte Software enthalten, die Werbung auf dem Computer des Benutzers anzeigt. Manchmal macht das Installationstool den Benutzer auf die Malware aufmerksam (auch wenn Benutzer die ernsteren Folgen oft nicht verstehen, zum Beispiel schlechtere Leistung und Verletzungen des Datenschutzes). In anderen Fällen wird die Tatsache, dass unerwünschte Software installiert wird, vor dem Benutzer verborgen. Windows Defender (weiter unten in diesem Kapitel beschrieben) kann helfen, sowohl legitime Software zu erkennen, die wahrscheinlich mit unerwünschter Software gebündelt ist, als auch die unerwünschte Software selbst. In einem solchen Fall macht Windows Defender den Benutzer darauf aufmerksam, dass die Software auf seinem System läuft. Wenn die UAC aktiv ist, haben Standardbenutzerkonten außerdem nicht genug Privilegien, um die gefährlichsten Anwendungen zu installieren.

- **Social Engineering (Täuschung)**   Benutzer werden oft durch Tricks dazu gebracht, Malware zu installieren. Eine verbreitete Technik besteht darin, einen Malware-Installer an eine E-Mail anzuhängen und in der E-Mail eine Anleitung zu geben, wie die beigefügte Software installiert wird. Zum Beispiel kann die E-Mail so aussehen, als stamme sie von einem vertrauten Kontakt, und behaupten, dass der Anhang ein wichtiges Sicherheitsupdate ist. E-Mail-Clients wie Microsoft Outlook verhindern inzwischen, dass Benutzer Anhänge mit ausführbaren Dateien ausführen.

Moderne Social Engineering-Angriffe arbeiten mit E-Mail, Instant Messaging, Social Networks oder Peer-to-Peer-Netzwerken, um den Benutzer dazu zu bringen, eine Website zu besuchen, die dann die Malware installiert, entweder mit oder ohne Wissen des Benutzers. Am effektivsten können die Auswirkungen von Social Engineering-Angriffe dadurch begrenzt werden, dass die Benutzer geschult werden, keine Software aus nicht vertrauenswürdigen Quellen zu installieren und keine nicht vertrauenswürdigen Websites zu besuchen. Außerdem schränkt UAC die Fähigkeit der Benutzer ein, Software zu installieren, AppLocker kann verhindern, dass Benutzer nicht vertrauenswürdige Software ausführen, und Windows Defender macht dem Benutzer deutlich, wenn potenziell unerwünschte Software installiert wird. Weitere Informationen über Social Engineering finden Sie in »Behavioral Modeling of Social Engineering-Based Malicious Software« unter *http://www.microsoft.com/downloads/details.aspx?FamilyID=e0f27260-58da-40db-8785-689cf6a05c73*.

> **HINWEIS** Windows XP Service Pack 2, Windows Vista und Windows 7 unterstützen Gruppenrichtlinieneinstellungen, mit denen das Verhalten für Mailanhänge konfiguriert werden kann. Die entsprechenden Gruppenrichtlinieneinstellungen finden Sie unter *Benutzerkonfiguration\Administrative Vorlagen\Windows-Komponenten\Anlagen-Manager*.

- **Ausnutzen von Browsersicherheitslücken** Von einigen Malwareprogrammen ist bekannt, dass sie sich selbst beim Aufrufen einer Webseite installieren, ohne dass der Benutzer davon weiß, geschweige denn zugestimmt hat. Um das zu schaffen, muss die Malware eine Sicherheitslücke im Browser oder einem Browser-Add-In ausnutzen, um einen Prozess mit den Privilegien des Benutzers oder des Systems zu starten und dann unter Verwendung dieser Privilegien die Malware zu installieren. Die Gefahr durch diese Art von Exploit wird in Windows Vista und Windows 7 durch den geschützten Modus des Windows Internet Explorers deutlich verringert. Und SmartScreen, ein neues Feature von Internet Explorer 8, warnt den Benutzer, wenn er eine böswillige Site besucht. Weitere Informationen über Microsoft Internet Explorer finden Sie in Kapitel 20, »Verwalten des Internet Explorers«.

- **Ausnutzen von Sicherheitslücken des Betriebssystems** Manche Malwareprogramme installieren sich selbst, indem sie Sicherheitslücken des Betriebssystems ausnutzen. Zum Beispiel infizieren viele Würmer den Computer, indem Sie einen Netzwerkdienst dazu bringen, einen Prozess auf dem Computer zu starten und dann die Malware zu installieren. Die Gefahr durch diese Art von Exploit wird deutlich verringert durch UAC (wie in diesem Kapitel beschrieben) und Windows-Diensthärtung (beschrieben in Kapitel 26, »Konfigurieren von Windows-Firewall und IPSec«).

Benutzerkontensteuerung (User Account Control, UAC)

Die meisten Administratoren wissen, dass sich Benutzer mit Konten an ihrem Computer anmelden sollten, die Mitglieder der Gruppe *Benutzer*, aber nicht der Gruppe *Administratoren* sind. Indem Sie die Privilegien Ihres Benutzerkontos einschränken, verringern Sie auch die Privilegien aller Anwendungen, die Sie starten. Und das kann auch Software sein, die ohne Ihre ausdrückliche Zustimmung installiert wurde. Falls Sie daher keine Autostartanwendung hinzufügen können, ist auch ein böswilliger Prozess, den Sie versehentlich starten, dazu nicht in der Lage.

Bei Windows-Versionen vor Windows Vista konnte es allerdings sehr schwierig sein, wenn der Benutzer nicht Mitglied der Administratorengruppe war. Dafür gab es folgende Gründe:

- Viele Anwendungen laufen nur mit administrativen Privilegien.

- Um Anwendungen mit erhöhten Privilegien auszuführen, musste der Benutzer entweder mit der rechten Maustaste auf das Symbol klicken und dann den Befehl *Ausführen als* wählen oder eine spezielle Verknüpfung erstellen. Das ist unbequem, erfordert Schulung und setzt voraus, dass der Benutzer ein lokales Administratorkonto hat (was das Ziel, die Privilegien einzuschränken, wieder zunichte macht).

- Viele wichtige Betriebssystemaufgaben, zum Beispiel das Ändern der Zeitzone oder das Hinzufügen eines Druckers, erfordern administrative Privilegien.

UAC ist ein Feature von Windows Vista und Windows 7, das die Clientsicherheit verbessert, weil es viel einfacher ist, Konten ohne administrative Privilegien zu benutzen. UAC bietet folgende grundlegende Vorteile:

- **Die meisten Anwendungen laufen jetzt ohne administrative Privilegien** Anwendungen, die für Windows Vista oder Windows 7 erstellt wurden, sollten so entworfen sein, dass sie keine administrativen Anmeldeinformationen erfordern. Außerdem virtualisiert UAC Datei- und Registrierungspfade, auf die oft zugegriffen wird, um Abwärtskompatibilität für Anwendungen zu bieten, die für ältere Windows-Versionen erstellt wurden und immer noch administrative Anmeldeinformationen erfordern. Falls zum Beispiel eine Anwendung versucht, in einen geschützten Abschnitt der Registrierung zu schreiben, der Auswirkungen auf den gesamten Computer hat, leitet die UAC-Virtualisierung den Schreibversuch auf einen ungeschützten Bereich der Benutzerregistrierung um, die sich nur auf diese einzelne Anwendung auswirkt.

- **Anwendungen, die administrative Privilegien benötigen, fordern den Benutzer automatisch auf, administrative Anmeldeinformationen einzugeben** Falls zum Beispiel ein Standardbenutzer versucht, die Computerverwaltungskonsole zu öffnen, erscheint ein Dialogfeld der Benutzerkontensteuerung und fordert administrative Anmeldeinformationen an (Abbildung 24.1). Falls das aktuelle Konto administrative Anmeldeinformationen hat, fordert das Dialogfeld den Benutzer auf, die Aktion zu bestätigen, bevor der Prozess administrative Privilegien gewährt bekommt.

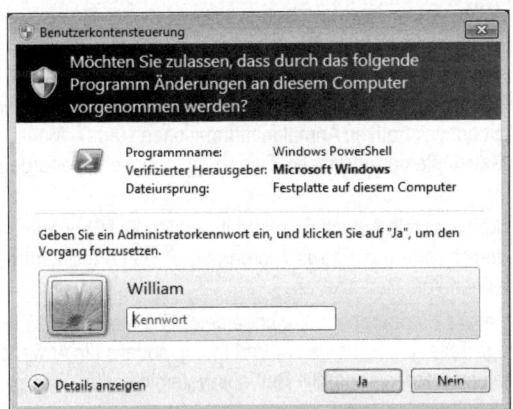

Abbildung 24.1 Die Benutzerkontensteuerung fordert Standardbenutzer bei Bedarf auf, Administratoranmeldeinformationen einzugeben

- **Benutzer benötigen für häufig durchgeführte Aufgaben keine Administratorprivilegien mehr** Windows Vista und Windows 7 wurden so verbessert, dass Benutzer häufiger benötigte Konfigurationsänderungen ohne Administratoranmeldeinformationen durchführen können. Zum Beispiel brauchten Benutzer in älteren Windows-Versionen Administratoranmeldeinformationen, um die Zeitzone zu ändern. In Windows Vista und Windows 7 kann jeder Benutzer die Zeitzone ändern, was gerade für reisende Benutzer wichtig ist. Weil das Ändern der Systemzeit das Potenzial hat, böswilligen Zwecken zu dienen, sind dafür aber immer noch Administratoranmeldeinformationen erforderlich.

- **Betriebssystemkomponenten zeigen ein Symbol an, wenn Administratoranmeldeinformationen erforderlich sind**   In älteren Windows-Versionen waren Benutzer oft überrascht, wenn eine Funktion des Betriebssystems höhere Privilegien erforderte, als sie hatten. Zum Beispiel konnte es passieren, dass Benutzer versuchten, Datum und Uhrzeit einzustellen, nur um sich in einem Dialog darüber informieren zu lassen, dass ihnen die entsprechenden Privilegien fehlen. In Windows Vista und Windows 7 kann jeder Benutzer das Eigenschaftendialogfeld *Datum und Uhrzeit* öffnen. Aber die Benutzer müssen auf eine Schaltfläche in diesem Dialogfeld klicken, um die Zeit einzustellen (wofür administrative Privilegien erforderlich sind), und diese Schaltfläche hat ein Schildsymbol, das anzeigt, dass administrative Privilegien erforderlich sind. Benutzer werden diesen optischen Hinweis bald kennen und nicht mehr überrascht sein, wenn Sie aufgefordert werden, Anmeldeinformationen einzugeben.

- **Falls Sie sich mit administrativen Privilegien anmelden, führen Windows Vista und Windows 7 Anwendungen trotzdem standardmäßig mit Privilegien eines Standardbenutzers aus**   Die meisten Windows 7-Benutzer sollten sich nur mit den Anmeldeinformationen eines Standardbenutzers anmelden. Falls Benutzer sich dennoch mit einem Konto anmelden, das Administratorprivilegien hat, startet UAC alle Prozesse trotzdem nur mit Benutzerprivilegien. Bevor ein Prozess Administratorprivilegien erlangen kann, muss der Benutzer die zusätzlichen Rechte mit einer UAC-Eingabeaufforderung bestätigen.

Tabelle 24.1 führt die wichtigsten Unterschiede im Verhalten von Windows 7 (mit installierter UAC) und Windows XP auf.

Tabelle 24.1   Verhaltensänderungen in Windows 7 mit UAC gegenüber Windows XP

Windows XP	Windows 7 mit UAC
Wenn ein Administrator als Standardbenutzer angemeldet ist, kann er Verwaltungstools ausführen, indem er das Symbol des Tools mit der rechten Maustaste anklickt, den Befehl *Ausführen als* wählt und dann die administrativen Anmeldeinformationen eingibt.	Standardbenutzer öffnen Verwaltungstools, ohne mit der rechten Maustaste zu klicken. UAC fordert den Benutzer dann auf, administrative Anmeldeinformationen einzugeben. Alle Benutzer können eine Anwendung aber nach wie vor explizit mit administrativen Anmeldeinformationen starten, indem sie mit der rechten Maustaste darauf klicken. Das ist aber nur selten erforderlich.
Die Arbeit mit einem Standardbenutzerkonto konnte lästig sein, insbesondere für Techniker oder mobile Benutzer.	Standardkonten können viele Aufgaben durchführen, für die früher höhere Privilegien erforderlich waren. Windows 7 fordert bei Bedarf Administratoranmeldeinformationen vom Benutzer an.
Wenn ein Benutzer als Standardbenutzer angemeldet war, verursachte eine Anwendung, die eine Datei oder eine Einstellung an einem geschützten Speicherort ändern wollte, einen Fehler.	Wenn ein Benutzer als Standardbenutzer angemeldet ist, stellt UAC Virtualisierung für wichtige Teile des Systems zur Verfügung, sodass die Anwendung erfolgreich ausgeführt werden kann, die Betriebssystemintegrität aber trotzdem gewahrt bleibt.
Falls ein bestimmtes Windows-Feature administrative Privilegien benötigte, brauchte das gesamte Tool administrative Privilegien.	Windows 7 zeigt das UAC-Schildsymbol auf Schaltflächen an, um Benutzer darauf aufmerksam zu machen, dass das Feature erhöhte Privilegien benötigt.
Wenn ein Benutzer als Administrator angemeldet war, liefen alle Anwendungen mit administrativen Privilegien.	Wenn ein Benutzer als Administrator angemeldet ist, laufen alle Anwendungen mit Standardbenutzerprivilegien. UAC lässt erhöhte Privilegien bestätigen, bevor sie ein Tool startet, das nicht zum Lieferumfang von Windows gehört, aber administrative Privilegien erfordert. Windows-Features, die Administratorprivilegien brauchen, erhalten automatisch höhere Privilegien, ohne dass beim Benutzer nachgefragt wird.

Wie in Kapitel 2 beschrieben, zeigt Windows 7 weniger UAC-Eingabeaufforderungen an als Windows Vista. Statt für eine Dateioperation, die mehrere administrative Aufgaben durchführt, mehrere Eingabeaufforderungen anzuzeigen, werden die Genehmigungen für alle Operationen über eine einzige Eingabeaufforderung zusammengefasst. Eingabeaufforderungen für den Internet Explorer werden auf dieselbe Weise zusammengefasst. Wenn Sie als Administrator angemeldet sind, brauchen Sie keine Bestätigungen mehr einzugeben, wenn für Windows-Funktionen Administratoranmeldeinformationen benötigt werden. Außerdem sind die UAC-Benachrichtigungen nun in vier Stufen untergliedert, die weiter unten in diesem Kapitel beschrieben werden.

Die folgenden Abschnitte beschreiben das Verhalten von UAC genauer.

UAC für Standardbenutzer

Microsoft hat viele Änderungen am Betriebssystem vorgenommen, damit Standardbenutzer praktisch alle üblichen Aufgaben durchführen können. Standardbenutzer können unter anderem folgende Aufgaben, für die in Windows XP administrative Privilegien erforderlich waren, durchführen, ohne dass sich eine UAC-Eingabeaufforderung öffnet:

- Anzeigen von Systemuhr und Kalender
- Ändern der Zeitzone
- Verbindung zu Kabel- oder Drahtlosnetzwerken herstellen
- Verbindung zu VPNs (virtuelles privates Netzwerk) herstellen
- Ändern von Anzeigeeinstellungen und Desktophintergrund
- Ändern des eigenen Kennworts
- Installieren kritischer Windows-Updates
- Installieren von Gerätetreibern, die in einem Staging-Bereich bereitgestellt wurden
- Planen von Aufgaben
- Hinzufügen von Druckern und anderen Geräten, deren Treiber bereits auf dem Computer installiert sind oder die von einem Administrator in Gruppenrichtlinien erlaubt wurden
- Installieren von ActiveX-Steuerelementen von Sites, die ein Administrator genehmigt hat
- Abspielen oder Brennen von CDs und DVDs (konfigurierbar mit Gruppenrichtlinieneinstellungen)
- Verbindung zu anderen Computern mit Remotedesktop herstellen
- Konfigurieren von Energieoptionen auf mobilen Computern
- Konfigurieren von Zugriffsebeneneinstellungen
- Konfigurieren und Verwenden der Synchronisierung mit einem mobilen Gerät
- Anschließen und Konfigurieren eines Bluetooth-Geräts
- Wiederherstellen vorher gesicherter Dateien desselben Benutzers

Außerdem ist die Festplattendefragmentierung für die automatische Ausführung im Hintergrund geplant, sodass Benutzer keine Privilegien brauchen, um eine Defragmentierung von Hand zu starten.

Einige der häufiger vorkommenden Aufgaben, die Standardbenutzer *nicht* ausführen dürfen, sind zum Beispiel:

- Installieren und Deinstallieren von Anwendungen
- Installieren von Gerätetreibern, die nicht in einem Staging-Bereich bereitgestellt wurden
- Installieren nichtkritischer Windows-Updates

- Ändern von Windows-Firewalleinstellungen, zum Beispiel Aktivieren von Ausnahmen
- Konfigurieren des Remotedesktopzugriffs
- Wiederherstellen von Systemdateien aus einer Datensicherung
- Installieren von ActiveX-Steuerelementen von Sites, die nicht von einem Administrator genehmigt wurden

HINWEIS Wenn Sie ActiveX-Steuerelemente im Internet Explorer installieren wollen, können Sie den Internet Explorer starten, indem Sie mit der rechten Maustaste auf das Symbol klicken und den Befehl *Als Administrator ausführen* wählen. Installieren Sie das ActiveX-Steuerelement, schließen Sie den Internet Explorer und öffnen Sie ihn wieder mit Standardprivilegien. Wenn das ActiveX-Steuerelement installiert ist, steht es Standardbenutzern zur Verfügung.

Die Gruppe *Hauptbenutzer* gibt es auch in Windows Vista und Windows 7 noch. Windows Vista und Windows 7 entfernen aber die erhöhten Privilegien. Daher sollten Sie Benutzer zu Mitgliedern der Gruppe *Benutzer* machen und die Gruppe *Hauptbenutzer* überhaupt nicht verwenden. Wenn Sie die Gruppe *Hauptbenutzer* in Windows 7 verwenden wollen, müssen Sie die Standardberechtigungen für Systemordner und die Registrierung ändern, damit die Gruppe *Hauptbenutzer* vergleichbare Berechtigungen wie in Windows XP erhält.

Direkt von der Quelle: Umgehen der UAC

Aaron Margosis, Senior Consultant, *Microsoft Consulting Services*

Die häufig gestellte Frage, »Warum kann ich die UAC-Eingabeaufforderung nicht umgehen?« wird oft mit folgenden Begründungen kombiniert:

- »Wir möchten, dass unsere Anwendung automatisch mit erhöhten Privilegien läuft, ohne dass der Benutzer eine Eingabeaufforderung bestätigen muss.«
- »Ich verstehe nicht, warum es nicht reicht, eine Anwendung ein einziges Mal zu autorisieren, um ihre Ausführung dauerhaft zu genehmigen.«
- »UNIX hat `setuid root`, das es erlaubt, privilegierte Programme auf sichere Weise auszuführen.«

Die Entwickler der UAC verzichteten ganz bewusst darauf, Funktionen wie `setuid/suid` oder `sudo` zu implementieren, wie sie in UNIX und Mac OS X zu finden sind. Ich denke, sie haben die richtige Entscheidung getroffen.

Wie sicherlich jeder weiß, blicken große Teile der Windows-Infrastruktur auf eine lange Geschichte zurück, in der stets davon ausgegangen wurde, dass der Benutzer administrative Berechtigungen hat. Daher funktionieren viele Programme nur dann richtig, wenn sie auf diese Weise ausgeführt werden. Als die Computersicherheit immer wichtiger wurde, wurde es unverzichtbar, dass Windows Vista dieses Schema durchbrach. Die Technologien, aus denen UAC besteht, sollen in erster Linie dafür sorgen, dass Standardbenutzerprivilegien der Normalfall in Windows werden. Das soll für die Softwareentwickler ein Antrieb sein, Anwendungen zu schreiben, die keine administrativen Privilegien benötigen.

Nehmen wir an, es wäre möglich, eine Anwendung so zu kennzeichnen, dass sie ohne Nachfrage mit erhöhten Privilegien läuft. Was würde in diesem Fall mit all den vorhandenen Anwendungen passieren, die administrative Privilegien benötigen? Ganz klar: Sie würden alle so gekennzeichnet werden, dass sie ohne Nachfrage mit höheren Privilegien laufen. Und wie würden neue Software-produkte für Windows auch künftig entwickelt werden? Genau: So, dass sie ohne Nachfrage mit höheren Privilegien laufen. Nur wenige Entwickler würden ihre Anwendungen korrigieren, und bei Benutzeranwendungen wäre es weiterhin üblich, dass sie nur mit vollständigen Administratorrechten laufen, obwohl das in vielen Fällen unnötig ist.

»Na und? Mir geht es hier nur um Anwendungen, die ich explizit genehmige!« Gut, gehen wir einmal davon aus, dass das stimmt. Aber wie stellen Sie sicher, dass Malware, die eine Benutzersitzung infiziert hat, eine Anwendung nicht so manipuliert, dass sie die Kontrolle über das System übernimmt? Es ist unglaublich schwierig, genaue Grenzlinien für das Verhalten komplexer Software festzulegen, die mit erhöhten Privilegien läuft. Die heutige Softwaretechnik ist schlicht nicht dazu in der Lage, Programme so zu entwickeln, dass sie garantiert frei von Entwurfs- und Implementierungsbugs sind, die sich als Einfallstor für Angriffe missbrauchen lassen. Komplexität und Risiko vervielfachen sich außerdem dadurch, dass viele Anwendungen Erweiterungsschnittstellen haben, über die sie Code laden, von dem Sie oder Ihr IT-Administrator gar nichts wissen. Und viele Erweiterungen laden nach lediglich oberflächlichen Überprüfungen oder sogar ganz ohne Prüfung Code oder lesen Daten aus Bereichen ein, für die Benutzer Schreibrechte haben.

Wir gehen davon aus, dass die Benutzer bei ihrer täglichen Arbeit nur ganz selten eine Anhebungsaufforderung zu Gesicht bekommen, viele sogar gar nie. Die meisten Benutzer führen nämlich kaum jemals administrative Aufgaben aus, schon gar nicht in einem Großunternehmen, das sinnvoll administriert wird. Anhebungsaufforderungen kommen vor allem ins Spiel, wenn ein neues System eingerichtet oder neue Software installiert wird. Davon abgesehen müssten sie so selten sein, dass sie die gebührende Aufmerksamkeit auf sich ziehen, sodass der Benutzer sie nicht einfach automatisch wegklickt. Probleme treten außerdem immer seltener auf, da mehr und mehr Software den Prinzipien der geringstmöglichen Privilegien folgt und Verbesserungen in der Windows-Benutzeroberfläche die Zahl der Eingabeaufforderungen weiter verringern.

(Dies war ein Auszug aus *http://blogs.msdn.com/windowsvistasecurity/archive/2007/08/09/faq-why-can-t-i-bypass-the-uac-prompt.aspx.*)

UAC für Administratoren

UAC verwendet den Administratorbestätigungsmodus, um Administratoren vor böswilliger und potenziell unerwünschter Software zu schützen. Wenn sich ein Administrator anmeldet, generiert Windows 7 zwei Zugriffstoken:

- **Standardbenutzer-Zugriffstoken**   Dieses Token wird benutzt, um den Desktop (*Explorer.exe*) zu starten. Weil der Desktop der übergeordnete Prozess für alle vom Benutzer gestarteten Prozesse ist, laufen alle Anwendungen, die der Benutzer ausführt, ebenfalls unter dem Standardbenutzer-Zugriffstoken. Dieses Token hat nicht die Privilegien, Software zu installieren oder wichtige Systemänderungen vorzunehmen.

- **Administrator-Zugriffstoken**   Dieses Token hat fast unbegrenzte Privilegien auf dem lokalen Computer. Es wird nur eingesetzt, wenn der Benutzer eine UAC-Eingabeaufforderung bestätigt.

HINWEIS   Wie im Abschnitt »So konfigurieren Sie die Benutzerkontensteuerung« weiter unten in diesem Kapitel beschrieben, können Sie das Standardverhalten an Ihre Anforderungen anpassen.

Das können Sie einfach testen, indem Sie zwei Eingabeaufforderungsfenster öffnen: eines mit Standardprivilegien und eines mit administrativen Privilegien. Führen Sie in jedem Eingabeaufforderungsfenster jeweils den Befehl **whoami /all** aus. Das Eingabeaufforderungsfenster mit administrativen Privilegien zeigt die Mitgliedschaft in der Gruppe *Administratoren*. Das normale Eingabeaufforderungsfenster führt diese Gruppenmitgliedschaft nicht auf.

Falls der Administrator versucht, eine Anwendung zu starten, die Administratorrechte benötigt (erkennbar im Manifest der Anwendung, siehe weiter unten), muss der Administrator in einer UAC-Eingabeaufforderung (Abbildung 24.2) bestätigen, dass er die zusätzlichen Rechte gewährt. Falls der Benutzer entscheidet, einer Anwendung die erhöhten Privilegien zu gewähren, erstellt der Dienst *Anwendungsinformationen* den neuen Prozess unter Verwendung des Administrator-Zugriffstokens. Die erhöhten Privilegien gelten dann auch für alle untergeordneten Prozesse, die diese Anwendung startet. Übergeordnete und untergeordnete Prozesse müssen dieselbe Integritätsstufe haben. Weitere Informationen über Integritätsstufen finden Sie in Kapitel 20, »Verwalten des Internet Explorers«.

HINWEIS   Der Dienst *Anwendungsinformationen* muss laufen, damit Prozesse mit erhöhten Privilegien gestartet werden können.

Abbildung 24.2   Der Administratorbestätigungsmodus
fordert Administratoren auf, erhöhte Privilegien zu bestätigen

In der Standardeinstellung hebt Windows 7 die Privilegien für Windows-Features, die Administratoranmeldeinformationen brauchen, ohne weitere Nachfrage an, wenn ein Administrator angemeldet ist. Sind Sie Mitglied der Gruppe *Administratoren*, können Sie daher die Konsole *Computerverwaltung* starten, ohne eine UAC-Eingabeaufforderung zu bestätigen. Wenn Sie allerdings versuchen, eine Anwendung zu starten, die nicht zu Windows gehört, oder wenn Sie ein Windows-Feature wie Paint oder das Eingabeaufforderungsfenster, das nicht für die automatische Privilegienerhöhung konfiguriert ist, von Hand mit Administratoranmeldeinformationen starten, bekommen Sie weiterhin eine UAC-Eingabeaufforderung angezeigt.

Eingabeaufforderungen erfordern besondere Aufmerksamkeit, weil UAC Sie nicht auffordern kann, die Privilegien zu erhöhen, wenn Sie einen Befehl ausführen wollen, der Administratorrechte benötigt. Wenn Sie einen Befehl mit Administratorrechten ausführen wollen, müssen Sie im Startmenü mit der rechten Maustaste auf *Eingabeaufforderung* klicken und dann den Befehl *Als Administrator ausführen* wählen. Die Eingabeaufforderung, die daraufhin geöffnet wird, enthält das Wort »Administrator« im Titel, damit Sie das Fenster in Ihrer Taskleiste sofort erkennen.

Der Administratorbestätigungsmodus gilt nicht für das vordefinierte Administratorkonto. Um dieses Konto gegen einen Angriff zu schützen, ist das vordefinierte Administratorkonto in der Standardeinstellung deaktiviert. Das Microsoft Deployment Toolkit 2010 aktiviert das Administratorkonto allerdings während des Bereitstellungsprozesses. Weitere Informationen finden Sie in Kapitel 3, »Bereitstellungsplattform«.

Die UAC-Benutzeroberfläche

Windows 7 verwendet ein Schildsymbol, um anzuzeigen, welche Features einer Anwendung erhöhte Rechte erfordern. Zum Beispiel können Standardbenutzer den Task-Manager ausführen (Abbildung 24.3), aber sie benötigen administrative Anmeldeinformationen, falls sie auf die Schaltfläche *Ressourcenmonitor* klicken. Das Schildsymbol dient als Warnung für den Benutzer, damit er schon im Vorfeld erkennen kann, dass er auf ein Feature zugreifen will, für das seine Privilegien nicht ausreichen.

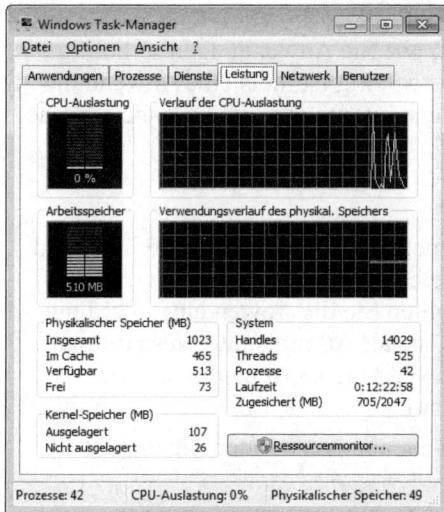

Abbildung 24.3   Das Schildsymbol auf der Schaltfläche *Ressourcenmonitor* zeigt an, dass für diese Funktion erhöhte Privilegien erforderlich sind

In der Standardeinstellung werden die Eingabeaufforderungen für Zustimmung oder Anmeldeinformationen auf dem *sicheren Desktop* angezeigt. Der sichere Desktop friert den gesamten Desktop außer der UAC-Eingabeaufforderung ein und blendet ihn ab, sodass es für Malware sehr schwierig sein dürfte, Sie durch einen Trick dazu zu bringen, eine Zustimmung zu geben.

So funktioniert's: Sicherer Desktop

Der sichere Desktop macht in Wirklichkeit eine Bitmapkopie des aktuellen Bildschirms und wendet dann Alpha-Blending an, um ihn abzudunkeln. Sie können sich davon überzeugen, dass es sich um eine Bitmapkopie handelt, indem Sie den Task-Manager öffnen, auf die Registerkarte *Leistung* klicken und sich dann das Diagramm mit der CPU-Auslastung ansehen. Es wird kontinuierlich aktualisiert. Versuchen Sie dann, die Computerverwaltung zu öffnen. Wenn die UAC-Eingabeaufforderung erscheint, stoppt die Aktualisierung im Task-Manager. Der Task-Manager zeichnet das Diagramm im Hintergrund weiter, auch wenn das nicht sichtbar ist. Davon können Sie sich überzeugen, indem Sie einige Sekunden warten und dann die UAC-Eingabeaufforderung schließen.

So stellt Windows fest, ob eine Anwendung administrative Privilegien benötigt

Windows untersucht mehrere Aspekte einer ausführbaren Datei, um feststellen, ob vor dem Ausführen der Anwendung eine UAC-Eingabeaufforderung angezeigt werden soll:

- **Anwendungseigenschaften** Benutzer können für ausführbare Dateien das Kontrollkästchen *Programm als ein Administrator ausführen* aktivieren.

- **Anwendungsmanifest** Eine Beschreibung der Anwendung, die vom Anwendungsentwickler zur Verfügung gestellt wird. Darin kann gefordert werden, dass Windows 7 das Programm als Administrator ausführt.

- **Anwendungsheuristik** Aspekte der Anwendung, die darauf hindeuten, dass sie administrative Privilegien erfordert, wenn sie zum Beispiel den Namen »Setup.exe« hat.

Die folgenden Abschnitte beschreiben diese Aspekte und zeigen, wie Sie Anwendungen so konfigurieren können, dass sie immer erhöhte Privilegien erfordern (was wichtig ist, falls eine Anwendung ohne erhöhte Privilegien nicht richtig funktioniert, aber UAC nicht automatisch die Eingabeaufforderung anzeigt).

So steuern Sie UAC über die Anwendungseigenschaften

Falls die Anwendung nicht automatisch mit administrativen Anmeldeinformationen ausgeführt wird, können Sie mit der rechten Maustaste darauf klicken und den Befehl *Als Administrator ausführen* wählen. Falls Sie eine Anwendung für Benutzer bereitstellen, sollten Sie die Anwendung allerdings so konfigurieren, dass der Benutzer automatisch aufgefordert wird, sie als Administrator auszuführen, falls er das vergisst. Gehen Sie folgendermaßen vor, um eine Anwendung so zu markieren, dass sie immer mit administrativen Anmeldeinformationen ausgeführt wird:

1. Melden Sie sich mit administrativen Anmeldeinformationen an, aber verwenden Sie nicht das vordefinierte Administratorkonto.

2. Klicken Sie mit der rechten Maustaste auf die Anwendung und wählen Sie den Befehl *Eigenschaften*.

3. Klicken Sie auf die Registerkarte *Kompatibilität*. Falls Sie wollen, dass andere Benutzer auf demselben Computer die Anwendung mit administrativen Privilegien ausführen, müssen Sie auf die Schaltfläche *Einstellungen für alle Benutzer anzeigen* klicken (Abbildung 24.4).

4. Aktivieren Sie im Feld *Berechtigungsstufe* das Kontrollkästchen *Programm als ein Administrator ausführen*. Klicken Sie auf *OK*. Falls das Kontrollkästchen nicht verfügbar ist, bedeutet das, dass die Anwendung nicht immer mit erhöhten Privilegien ausgeführt werden darf, keine administrativen Anmeldeinformationen benötigt oder Teil der aktuellen Windows 7-Version ist, oder dass Sie nicht als Administrator am Computer angemeldet sind.

Sie brauchen nur Anwendungen zu markieren, die administrative Anmeldeinformationen benötigen, bei denen UAC aber nicht automatisch die erhöhten Privilegien vom Benutzer anfordert. Sie können die Berechtigungsstufe nicht für Windows-Komponenten einstellen, etwa die Eingabeaufforderung. Stattdessen sollten Sie immer mit der rechten Maustaste auf solche Komponenten klicken und dann den Befehl *Als Administrator ausführen* wählen. Stattdessen können Sie auch eine neue Verknüpfung zur Anwendung erstellen. Öffnen Sie dann die Eigenschaften der Verknüpfung, klicken Sie auf der Registerkarte *Verknüpfung* auf die Schaltfläche *Erweitert* und aktivieren Sie das Kontrollkästchen *Als Administrator ausführen*.

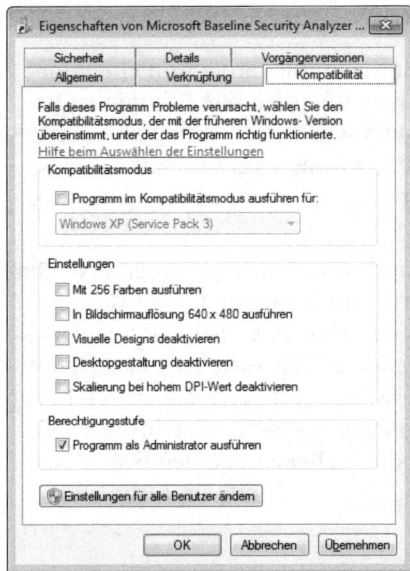

Abbildung 24.4   Sie können eine Anwendung so markieren, dass sie immer mit administrativen Anmeldeinformationen ausgeführt wird

So untersucht UAC das Anwendungsmanifest

Damit Anwendungen das Logo »Certified for Windows Vista« oder »Certified for Windows 7« erhalten, müssen sie ein eingebettetes *Manifest für die angeforderte Ausführungsebene* (requested execution level manifest) enthalten, das angibt, welche Privilegien erforderlich sind. Die Privilegebene kann folgende Werte haben:

- **asInvoker oder RunAsInvoker**   Die Anwendung wird mit den Standardbenutzerprivilegien ausgeführt und öffnet keine UAC-Eingabeaufforderung.

- **highestAvailable oder RunAsHighest**   Die Anwendung fordert höhere Privilegien als Standardbenutzer an und generiert eine UAC-Eingabeaufforderung. Falls der Benutzer allerdings keine entsprechenden Anmeldeinformationen liefert, läuft die Anwendung trotzdem mit den Standardprivilegien. Das ist nützlich für Anwendungen, die sich an höhere oder niedrigere Privilegebenen anpassen können oder höhere Privilegien brauchen als ein Standardbenutzer, aber geringere als ein Administrator. Zum Beispiel setzen Datensicherungsanwendungen normalerweise voraus, dass der Benutzer ein Mitglied der Gruppe *Sicherungs-Operatoren* ist, aber er braucht kein Mitglied der Administratorengruppe zu sein.

- **requireAdministrator oder RunAsAdmin**   Die Anwendung setzt administrative Privilegien voraus und generiert eine UAC-Eingabeaufforderung. Die Anwendung läuft nicht mit Standardprivilegien.

HINWEIS   Mit dem Application Compatibility Toolkit (ACT), das Sie von *http://go.microsoft.com/fwlink/?LinkId= 23302* herunterladen können, können Sie ein Manifest zu vorhandenen Anwendungen hinzufügen. Das ACT enthält auch das Tool Microsoft Standard User Analyzer. Weitere Informationen über Anwendungskompatibilität finden Sie in Kapitel 8, »Bereitstellen von Anwendungen«.

UAC-Heuristik

Falls Sie eine Anwendungssetupdatei ausführen, fordert UAC Sie auf, administrative Anmeldeinformationen einzugeben. Das ist sinnvoll, weil die meisten Installationsroutinen erhöhte Privilegien voraussetzen. Installer, die für ältere Versionen als Windows Vista erstellt wurden, enthalten allerdings kein Manifest, daher müssen Windows Vista und Windows 7 mit heuristischen Verfahren feststellen, welche ausführbaren Dateien Setupdateien sind. Ausführbare 64-Bit-Dateien enthalten dagegen immer ein Manifest mit der angeforderten Ausführungsebene.

Dazu untersucht Windows ausführbare 32-Bit-Dateien, die kein Manifest für die angeforderte Ausführungsebene haben und eigentlich mit Standardprivilegien ausgeführt werden müssten. Falls die ausführbare Datei diese Anforderungen erfüllt und einen Dateinamen oder Metadaten hat, die Schlüsselwörter wie »install«, »setup« oder »update« enthalten (oder einige andere Hinweise, dass es sich um einen Installer handelt), wird eine UAC-Eingabeaufforderung für erhöhte Privilegien angezeigt, bevor die Datei ausgeführt wird. Falls UAC keine Administratoranmeldeinformationen für eine Installationsdatei anfordert, können Sie mit der rechten Maustaste auf die Setupdatei klicken und den Befehl *Als Administrator ausführen* wählen. Ohne administrative Privilegien schlagen die meisten Installationen fehl.

UAC-Virtualisierung

In der Standardeinstellung virtualisiert UAC Anforderungen nach geschützten Ressourcen, um Kompatibilität für Anwendungen zu bieten, die nicht für UAC entwickelt wurden. Das ist wichtig, weil viele Anwendungen, die für Windows XP und ältere Betriebssysteme geschrieben wurden, voraussetzen, dass der Benutzer administrative Privilegien hat, und versuchen, auf geschützte Ressourcen zuzugreifen, zum Beispiel die Ordner *Programme* oder *System*.

UAC-Virtualisierung leitet Anforderungen nach den folgenden Ressourcen auf sichere, benutzerspezifische Speicherorte um:

- *%ProgramFiles%*
- *%WinDir%*
- *%WinDir%\System32*
- *HKEY_LOCAL_MACHINE\Software*

Wenn ein Benutzerprozess versucht, eine Datei zu einem geschützten Ordner hinzuzufügen, leitet UAC die Anforderung auf den Ordner *AppData\Local\VirtualStore* im Profil des Benutzers um. Falls zum Beispiel ein Benutzer namens *MyUser* eine Anwendung ausführt, die eine Protokolldatei in *C:\Programme\MyApps\Logs\Log.txt* speichert, gelingt der Versuch, in die Datei zu schreiben. Aber UAC speichert die Datei in Wirklichkeit unter *C:\Benutzer\MyUser\AppData\Local\VirtualStore\Programme\MyApps\Logs\Log.txt*. Die Anwendung kann auf die Datei unter *C:\Programme\MyApps\Logs\Log.txt* zugreifen, aber der Benutzer muss in sein Profil wechseln, wenn er direkt auf die Datei zugreifen will, weil die Virtualisierung nur auf den Anwendungsprozess selbst wirkt. Anders ausgedrückt: Falls der Benutzer die Protokolldatei innerhalb der Anwendung öffnet, sieht es aus, als wäre sie unter *%ProgramFiles%* abgelegt. Falls der Benutzer dagegen die Protokolldatei in einem Windows Explorer-Fenster öffnen will, liegt sie in seinem Profil.

Wenn eine Anwendung zum ersten Mal eine Änderung an einer virtualisierten Ressource vornimmt, kopiert Windows 7 den Ordner oder Registrierungsschlüssel an den entsprechenden Speicherort innerhalb des Benutzerprofils. Dann wird die Änderung an der Kopie der Ressource vorgenommen, die dem Benutzer gehört.

UAC-Virtualisierung ist so entworfen, dass bereits installierte Anwendungen erfolgreich mit Standardbenutzerprivilegien ausgeführt werden können, selbst wenn sie temporäre Dateien oder Protokolle in einem geschützten Ordner speichern. UAC-Virtualisierung erlaubt es Benutzern nicht, Anwendungen zu installieren, die Änderungen an diesen Ressourcen vornehmen. Die Benutzer müssen nach wie vor administrative Anmeldeinformationen eingeben, um die Installation durchzuführen.

Wenn eine ausführbare Datei ein Manifest für die angeforderte Ausführungsebene hat, deaktiviert Windows automatisch die UAC-Virtualisierung. Daher sollte die Virtualisierung niemals bei Anwendungen aktiv sein, die für Windows Vista oder Windows 7 entwickelt wurden. Native 64-Bit-Anwendungen müssen UAC-fähig sein und Daten gleich in die richtigen Speicherorte schreiben, daher sind sie nicht betroffen. Virtualisierung wird auch nicht für Anwendungen durchgeführt, die von Administratoren mit erhöhten Privilegien ausgeführt werden.

Falls Sie vorhaben, Anwendungen auszuführen, die Virtualisierung unterstützen, und Sie explizit verhindern wollen, dass UAC Anforderungen aus der Anwendung virtualisiert, können Sie die Virtualisierung mithilfe des ACT deaktivieren, indem Sie die Anwendung entsprechend markieren. Wenn die Einstellung NoVirtualization gewählt wird, ist die Anwendung einfacher zu debuggen (weil Sie sich nicht darum kümmern müssen, ob Datei- und Registrierungsanforderungen umgeleitet werden), und ihre Angriffsfläche ist kleiner, weil es für Malware schwieriger ist, die Anwendung zu infizieren (weil die Dateien dieser Anwendung nicht in das relativ ungeschützte Benutzerprofil verschoben werden).

UAC und Autostartprogramme

In der Standardeinstellung blockiert UAC für Standard- wie auch administrative Benutzer Autostartanwendungen, die im Ordner *Startup* liegen oder im Registrierungsschlüssel *Run* eingetragen sind, wenn diese Anwendungen erhöhte Privilegien erfordern. Es wäre einfach zu ärgerlich, bei der Anmeldung mehrere UAC-Eingabeaufforderungen bestätigen zu müssen. Müssten die Benutzer diese Eingabeaufforderungen bestätigen, wären sie außerdem gezwungen, Prozesse blind mit höheren Privilegien zu versehen, obwohl sie diese Prozesse gar nicht explizit gestartet haben: ein schlechtes Sicherheitsverfahren. Als Administrator sollten Sie sicherstellen, dass keine Autostartprogramme erhöhte Privilegien erfordern.

Autostartanwendungen, die über den Registrierungsschlüssel *RunOnce* gestartet oder in einer Gruppenrichtlinieneinstellung eingetragen sind, sind von diesem Feature nicht betroffen. UAC fordert den Benutzer auf, für diese Programme administrative Anmeldeinformationen einzugeben. So ist es möglich, dass Anwendungen nach dem Neustart des Computers Änderungen vornehmen können, um eine Installation erfolgreich abzuschließen.

Kompatibilitätsprobleme mit UAC

Damit Anwendungen das Logo »Certified for Windows Vista« oder »Certified for Windows 7« erhalten, muss die Anwendung so entworfen sein, dass sie für Standardbenutzer gut funktioniert (sofern das Tool nicht explizit für die Verwendung durch Administratoren gedacht ist). Viele Anwendungen wurden aber vor Windows Vista entwickelt und funktionieren nicht richtig, wenn UAC aktiviert ist. Dazu gehören einige ältere Antispyware-, Antivirus-, Firewall-, CD/DVD-Authoring-, Defragmentierungs- und Videoschnitttools, die für Windows XP oder ältere Windows-Versionen entwickelt wurden.

Meist funktioniert der Großteil der Features einer Anwendung, wenn UAC aktiviert ist, aber bestimmte Features führen zu einem Fehler. Sie haben mehrere Möglichkeiten, dieses Problem zu umgehen:

- **Führen Sie die Anwendung mit administrativen Anmeldeinformationen aus**   Wie im Abschnitt »So steuern Sie UAC über die Anwendungseigenschaften« weiter oben im Kapitel beschrieben, können Sie festlegen, dass eine Anwendung immer administrative Anmeldeinformationen anfordert.

- **Ändern Sie die Berechtigungen auf dem Computer**   Falls eine Anwendung Zugriff auf eine geschützte Ressource benötigt, können Sie die Berechtigungen für diese Ressource so ändern, dass Standardbenutzer die erforderlichen Privilegien haben. Wie Sie erkennen, welche geschützten Ressourcen benötigt werden, wird weiter unten in diesem Abschnitt erklärt.

- **Führen Sie Windows XP (oder eine ältere Windows-Version) in einem virtuellen Computer aus**   Falls die Anwendung mit administrativen Privilegien nicht funktioniert oder Sie der Anwendung auf Ihrem Computer keine administrativen Privilegien gewähren wollen, können Sie die Anwendung innerhalb eines virtuellen Computers ausführen. Virtuelle Computer stellen ein Betriebssystem innerhalb einer Sandbox-Umgebung zur Verfügung, sodass Sie Anwendungen unter Windows XP ausführen können, ohne dass dafür ein eigener Computer erforderlich ist. Sie können virtuelle Computer maximieren, sodass sie im Vollbild angezeigt werden. Sie lassen sich daher fast genauso bedienen wie bei der nativen Ausführung des Betriebssystems. Die Leistung von virtuellen Computern ist allerdings etwas geringer als bei Anwendungen, die nativ innerhalb von Windows laufen. Die Betriebssysteme Windows 7 Professional, Enterprise und Ultimate enthalten Windows Virtual PC und die Umgebung für den Windows XP-Modus. Weitere Informationen über virtuelle Computer finden Sie in Kapitel 5, »Testen der Anwendungskompatibilität«.

- **Deaktivieren Sie UAC**   Sie können UAC deaktivieren und so die meisten Anwendungskompatibilitätsprobleme umgehen, die mit den Berechtigungsänderungen in Windows Vista und Windows 7 zu tun haben. Dadurch erhöhen Sie aber die Gefahr für Clientcomputer, wenn beliebige Anwendungen ausgeführt werden können. Daher wird es nicht empfohlen. Wie Sie UAC deaktivieren, ist im Abschnitt »So konfigurieren Sie die Benutzerkontensteuerung« weiter unten in diesem Abschnitt beschrieben.

Gehen Sie folgendermaßen vor, um herauszufinden, auf welche geschützten Ressourcen eine Anwendung zugreift:

1. Laden Sie auf einem Windows 7-Computer, bei dem UAC aktiviert ist, den Microsoft Application Verifier von *http://www.microsoft.com/downloads/details.aspx?FamilyID=C4A25AB9-649D-4A1B-B4A7-C9D8B095DF18&displaylang=en* herunter und installieren Sie ihn.

2. Laden Sie auf demselben Computer das ACT von *http://go.microsoft.com/fwlink/?LinkId=23302* herunter und installieren Sie es.

3. Starten Sie den Standard User Analyzer, der im ACT enthalten ist. Klicken Sie auf die Registerkarte *App Info*, dann auf die Schaltfläche *Browse* und wählen Sie die ausführbare Datei der Anwendung aus.

4. Klicken Sie auf *Launch* und bestätigen Sie die UAC-Eingabeaufforderungen, die eventuell angezeigt werden. Der Standard User Analyzer startet die Anwendung. Arbeiten Sie mit der Anwendung, testen Sie insbesondere alle Funktionen, die unter Umständen erhöhte Privilegien erfordern, und schließen Sie die Anwendung wieder.

5. Wählen Sie den Menübefehl *View/Detailed Information*.

6. Warten Sie einige Augenblicke, bis der Standard User Analyzer die Anwendungsprotokolldatei untersucht hat (Abbildung 24.5). Sehen Sie sich die verschiedenen Registerkarten durch und suchen Sie nach Fehlermeldungen. Fehler zeigen an, dass die Anwendung versucht hat, eine Aktion auszuführen, die fehlgeschlagen wäre, wenn die Anwendung nicht mit administrativen Privilegien gelaufen wäre.

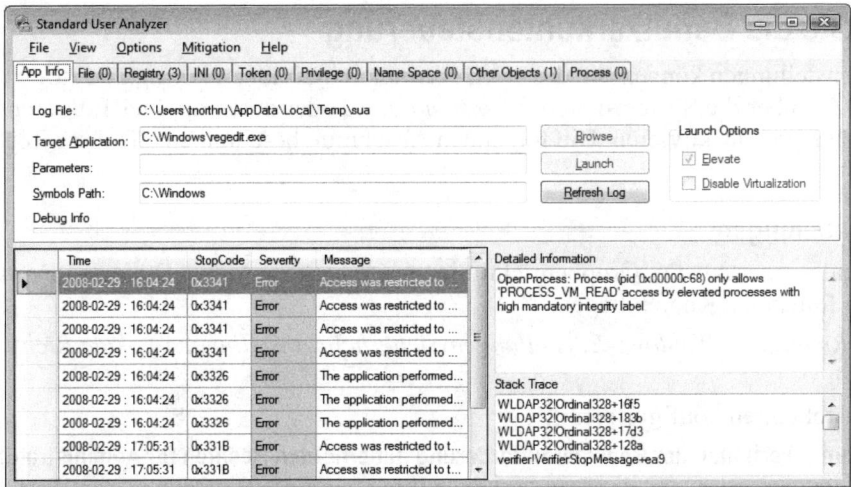

Abbildung 24.5 Das Tool Standard User Analyzer zeigt genau, welche erhöhten Privilegien eine Anwendung benötigt

Sehen Sie sich auf den Registerkarten *File* und *Registry* (Abbildung 24.6) die Spalte *Work With Virtualization* an. Falls die Spalte die Meldung *Yes* enthält, verursacht dieser konkrete Fehler kein Problem, solange die UAC-Virtualisierung aktiviert ist. Falls die UAC-Virtualisierung deaktiviert ist, tritt der Fehler auf. Falls die Spalte die Meldung *No* enthält, gibt es immer ein Problem, sofern die Anwendung nicht als Administrator ausgeführt wird.

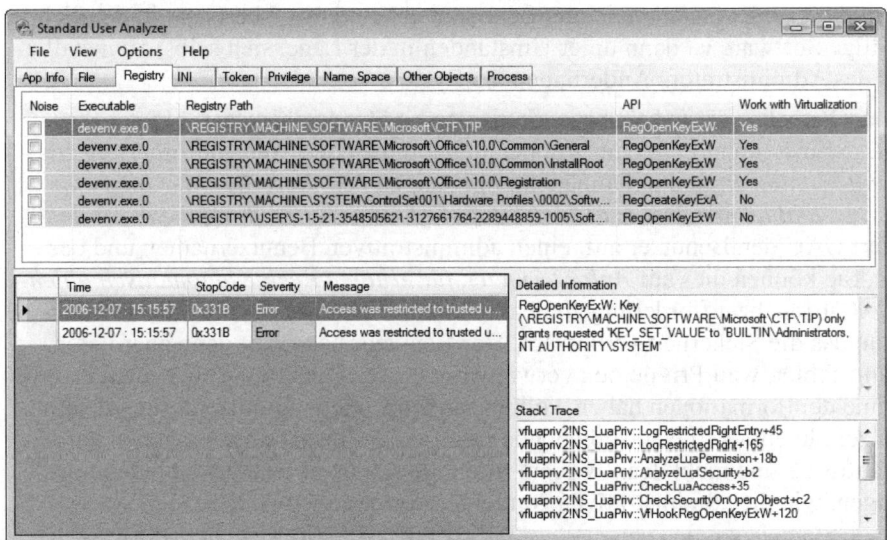

Abbildung 24.6 Das Tool Standard User Analyzer gibt an, welche Probleme durch die UAC-Virtualisierung behoben werden können

So konfigurieren Sie die Benutzerkontensteuerung

Mit Gruppenrichtlinieneinstellungen können Sie das UAC-Verhalten individuell konfigurieren. Außerdem können Sie UAC über die Systemsteuerung, *msconfig.exe* oder durch direktes Editieren von Registrierungseinstellungen deaktivieren. Die folgenden Abschnitte beschreiben alle diese Techniken genauer.

Gruppenrichtlinieneinstellungen

Sie können UAC mit lokalen oder AD DS-Gruppenrichtlinieneinstellungen (Active Directory Domain Services) steuern, die im folgenden Knoten liegen:

Computerkonfiguration\Richtlinien\Windows-Einstellungen\Sicherheitseinstellungen\Lokale Richtlinien\Sicherheitsoptionen

Sie können folgende Einstellungen konfigurieren:

- **Benutzerkontensteuerung: Verhalten der Benutzeraufforderung mit erhöhten Rechten für Administratoren im Administratorbestätigungsmodus**   In der Standardeinstellung hat diese Einstellung den Wert *Eingabeaufforderung zur Zustimmung für Nicht-Windows-Binärdateien*, daher erscheint die UAC-Eingabeaufforderung jedes Mal, wenn eine Anwendung mehr als Standardbenutzerprivilegien benötigt. Wenn Sie diese Einstellung in *Aufforderung zur Eingabe der Anmeldeinformationen* ändern, verhalten sich UAC-Eingabeaufforderungen im Administratorbestätigungsmodus wie Eingabeaufforderungen für Standardbenutzer, sodass der Benutzer ein administratives Kennwort eingeben muss, statt einfach auf *Fortsetzen* zu klicken. Wenn Sie diese Einstellung auf *Erhöhte Rechte ohne Eingabeanforderung* ändern, werden automatisch administrative Privilegien zur Verfügung gestellt, sodass UAC für administrative Konten de facto deaktiviert ist. Wenn Sie *Erhöhte Rechte ohne Eingabeanforderung* einstellen, ist der Schutz, den Windows 7 bereitstellt, deutlich eingeschränkt. Böswillige Software ist dann unter Umständen in der Lage, sich selbst zu installieren oder ohne Wissen des Administrators Änderungen am System vorzunehmen.

- **Benutzerkontensteuerung: Verhalten der Anhebungsaufforderung für Standardbenutzer**   In der Standardeinstellung hat diese Einstellung in Arbeitsgruppenumgebungen den Wert *Aufforderung zur Eingabe der Anmeldeinformationen* und in Domänenumgebungen den Wert *Anforderungen für erhöhte Rechte automatisch ablehnen*. Bei der Einstellung *Aufforderung zur Eingabe der Anmeldeinformationen* fordert UAC den Benutzer auf, einen administrativen Benutzernamen und das Kennwort einzugeben. Sie können dies auf *Anforderungen für erhöhte Rechte automatisch ablehnen* ändern, um die UAC-Eingabeaufforderung zu deaktivieren. Wenn Sie die Eingabeaufforderung deaktivieren, kann das die Sicherheit verbessern. Der Benutzer bekommt dann aber unter Umständen Anwendungsfehler, weil Privilegien verweigert werden. Falls Benutzer keinen Zugriff auf administrative Anmeldeinformationen haben, sollten Sie die Anhebungsaufforderung deaktivieren, weil der Benutzer ohnehin keine entsprechenden Anmeldeinformationen eingeben kann. Falls Sie die Eingabeaufforderung nicht deaktivieren, rufen die Benutzer wahrscheinlich beim Support an, um zu fragen, wie die administrativen Anmeldeinformationen lauten.

- **Benutzerkontensteuerung: Administratorbestätigungsmodus für das integrierte Administratorkonto**   Diese Richtlinie betrifft nur das vordefinierte Administratorkonto, nicht die anderen Konten, die Mitglieder der lokalen Gruppe *Administratoren* sind. Wenn Sie diese Richtlinieneinstellung aktivieren, ist für das vordefinierte Administratorkonto der UAC-Administratorbestätigungsmodus aktiviert, genau wie bei allen anderen administrativen Konten. Wenn Sie diese Einstellung deaktivieren, verhält sich das vordefinierte Administratorkonto wie in Windows XP, und alle Prozesse laufen mit Administratorprivilegien. Diese Einstellung ist in der Standardeinstellung deaktiviert.

■ **Benutzerkontensteuerung: Anwendungsinstallationen erkennen und erhöhte Rechte anfordern**   In der Standardeinstellung ist diese Einstellung in Arbeitsgruppenumgebungen aktiviert und in Domänen-umgebungen deaktiviert. Wenn die Einstellung aktiviert ist, fordert UAC administrative Anmelde-informationen an, wenn der Benutzer versucht, eine Anwendung zu installieren, die Änderungen an geschützten Aspekten des Systems vornimmt. Wenn die Einstellung deaktiviert ist, erscheint die Eingabeaufforderung nicht. Domänenumgebungen, die Technologien für delegierte Installation einsetzen, zum Beispiel GPSI (Group Policy Software Installation) oder Microsoft Systems Management Server (SMS), können dieses Feature problemlos deaktivieren, weil Installations-vorgänge automatisch die Privilegien anheben können, ohne dass der Benutzer eingreifen muss.

■ **Benutzerkontensteuerung: Nur ausführbare Dateien heraufstufen, die signiert und validiert sind**   Falls Ihre Umgebung voraussetzt, dass alle Anwendungen (auch intern entwickelte Anwendungen) mit einem vertrauenswürdigen Zertifikat signiert und validiert sein müssen, können Sie diese Richtlinie aktivieren und die Sicherheit in Ihrer Organisation auf diese Weise deutlich erhöhen. Wenn diese Richtlinie aktiviert ist, weigert sich Windows 7, irgendeine ausführbare Datei auszuführen, die nicht mit einem vertrauenswürdigen Zertifikat signiert ist, also zum Beispiel einem Zertifikat, das von einer internen PKI (Public Key Infrastructure) generiert wurde. Jede Software mit dem »Cer-tified for Windows 7«-Logo muss mit einem Authenticode-Zertifikat signiert sein, allerdings müs-sen Sie unter Umständen Ihre Domänen-PKI so konfigurieren, dass sie dem Zertifikat vertraut. Diese Einstellung ist in der Standardeinstellung deaktiviert, sodass Benutzer alle ausführbaren Dateien ausführen können, auch potenziell böswillige Software.

■ **Benutzerkontensteuerung: UIAccess-Anwendungen können erhöhte Rechte ohne sicheren Desktop an-fordern**   Diese Einstellung steuert, ob UIAccess-Programme (User Interface Accessibility) den sicheren Desktop automatisch deaktivieren dürfen. In der Standardeinstellung ist diese Einstellung deaktiviert. Ist sie dagegen aktiviert, deaktivieren UIAccess-Anwendungen (etwa die Remoteunter-stützung) den sicheren Desktop für Anhebungsaufforderungen automatisch. Ist der sichere Desktop deaktiviert, werden Anhebungsaufforderungen auf dem Standarddesktop angezeigt.

■ **Benutzerkontensteuerung: Nur erhöhte Rechte für UIAccess-Anwendungen, die an sicheren Orten instal-liert sind**   Diese Einstellung ist in der Standardeinstellung aktiviert. Sie bewirkt, dass Windows 7 nur Anwendungen, die aus den Ordnern *Programme*, *\Windows\System32* oder einem Unterver-zeichnis davon gestartet wurden, Benutzeroberflächenzugriff gewährt (erforderlich, um Fenster zu öffnen und überhaupt irgendetwas Nützliches tun zu können). Wenn Sie diese Einstellung aktivie-ren, wird praktisch verhindert, dass Nicht-Administratoren eine Anwendung herunterladen und ausführen können, weil Nicht-Administratoren nicht über die Privilegien verfügen, die nötig sind, um eine ausführbare Datei in einen dieser Ordner zu kopieren.

■ **Benutzerkontensteuerung: Alle Administratoren im Administratorbestätigungsmodus ausführen**   Diese Einstellung ist in der Standardeinstellung aktiviert. Sie bewirkt, dass alle Konten mit Administra-torprivilegien *außer* dem lokalen Administratorkonto den Administratorbestätigungsmodus ver-wenden. Falls Sie diese Einstellung deaktivieren, ist der Administratorbestätigungsmodus für administrative Konten deaktiviert und das Sicherheitscenter zeigt eine Warnmeldung an.

■ **Benutzerkontensteuerung: Bei Benutzeraufforderung nach erhöhten Rechten zum sicheren Desktop wechseln**   Diese Einstellung ist in der Standardeinstellung aktiviert. Sie bewirkt, dass der Bild-schirm abgeblendet wird, wenn eine UAC-Eingabeaufforderung erscheint. Wenn sich das Aussehen des gesamten Desktops ändert, ist es für Malware, die nicht schon vorher installiert wurde, sehr schwierig, eine UAC-Eingabeaufforderung vorzutäuschen. Manche Benutzer fühlen sich durch den sicheren Desktop belästigt. Sie können diese Einstellung dann deaktivieren, um das zu vermeiden. Wenn Sie diese Einstellung deaktivieren, verschlechtern Sie allerdings auch die Sicherheit, weil es möglich ist, dass andere Anwendungen eine UAC-Eingabeaufforderung vortäuschen.

- **Benutzerkontensteuerung: Datei- und Registrierungsschreibfehler an Einzelbenutzerstandorte virtualisieren**   Diese Einstellung ist in der Standardeinstellung aktiviert. Sie verbessert die Kompatibilität zu Anwendungen, die nicht für UAC entwickelt wurden. Dazu werden Anforderungen nach geschützten Ressourcen umgeleitet. Weitere Informationen finden Sie im Abschnitt »UAC-Virtualisierung« weiter oben in diesem Kapitel.

Sie können UAC deaktivieren, indem Sie für die Einstellung *Benutzerkontensteuerung: Verhalten der Benutzeraufforderung mit erhöhten Rechten für Administratoren im Administratorbestätigungsmodus* auf den Wert *Erhöhte Rechte ohne Eingabeanforderung* setzen. Deaktivieren Sie dann die Einstellungen *Benutzerkontensteuerung: Anwendungsinstallationen erkennen und erhöhte Rechte anfordern* und *Benutzerkontensteuerung: Alle Administratoren im Administratorbestätigungsmodus ausführen*. Setzen Sie schließlich die Einstellung *Benutzerkontensteuerung: Verhalten der Anhebungsaufforderung für Standardbenutzer* auf den Wert *Anforderungen für erhöhte Rechte automatisch ablehnen*. Starten Sie schließlich den Computer neu.

Zusätzlich können Sie die Benutzeroberfläche für die Eingabe der Anmeldeinformationen mit den beiden folgenden Gruppenrichtlinieneinstellungen aus dem Knoten *Computerkonfiguration\Richtlinien\Administrative Vorlagen\Windows-Komponenten\Benutzerschnittstelle für Anmeldeinformationen* konfigurieren:

- **Vertrauenswürdiger Pfad für Anmeldeinformationseintrag erforderlich**   Falls Sie diese Einstellung aktivieren, muss der Benutzer Anmeldeinformationen über einen vertrauenswürdigen Pfad eingeben, das heißt, dass der Benutzer die Tastenkombination STRG+ALT+ENTF drücken muss. Das hilft zu verhindern, dass ein Trojanisches Pferd oder andere Arten böswilligen Codes die Windows-Anmeldeinformationen des Benutzers stehlen. Diese Richtlinie hat nur auf Authentifizierungsaufgaben Auswirkungen, die nicht die Anmeldung betreffen. Als Sicherheitsempfehlung sollten Sie diese Richtlinie aktivieren, um die Gefahr zu verringern, dass Malware den Benutzer durch einen Trick dazu bringt, sein Kennwort einzutippen. Allerdings finden es Benutzer, die regelmäßig erhöhte Privilegien benötigen, ärgerlich und zeitaufwendig. Die Abbildungen 24.7, 24.8 und 24.9 zeigen die Dialogfelder, die jedes Mal angezeigt werden, wenn ein Benutzer seine Privilegien anheben muss, wenn diese Einstellung aktiviert ist.

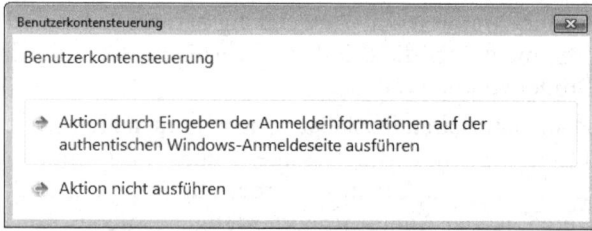

Abbildung 24.7   Die erste von drei Eingabeaufforderungen, die der Benutzer beantworten muss, wenn Sie für administrative Anmeldeinformationen einen vertrauenswürdigen Pfad voraussetzen

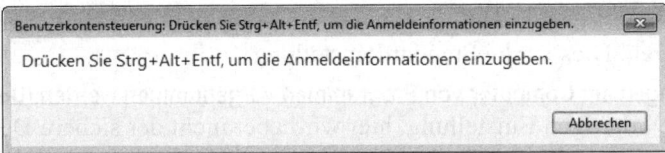

Abbildung 24.8   Die zweite von drei Eingabeaufforderungen, die der Benutzer beantworten muss, wenn Sie für administrative Anmeldeinformationen einen vertrauenswürdigen Pfad voraussetzen

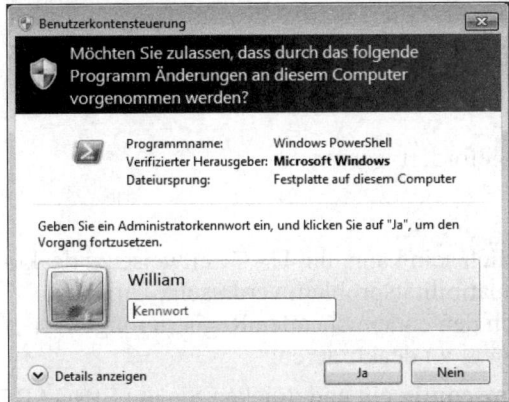

Abbildung 24.9   Die dritte von drei Eingabeaufforderungen, die der Benutzer beantworten muss, wenn Sie für administrative Anmeldeinformationen einen vertrauenswürdigen Pfad voraussetzen

- **Bei Ausführung mit erhöhten Rechten Administratorkonten auflisten**   In der Standardeinstellung ist diese Einstellung deaktiviert. Dies bewirkt, dass in der UAC-Eingabeaufforderung alle Administratorkonten aufgelistet werden, wenn ein Benutzer versucht, die Privilegien einer laufenden Anwendung anzuheben. Falls Sie diese Einstellung aktivieren, müssen die Benutzer sowohl einen Benutzernamen als auch ein Kennwort eingeben, um ihre Privilegien anzuheben.

Systemsteuerung

Gruppenrichtlinien sind die beste Möglichkeit, UAC in AD DS-Umgebungen zu konfigurieren. In Arbeitsgruppenumgebungen können die Administratoren UAC auf einem einzelnen Computer mithilfe der Systemsteuerung deaktivieren. Änderungen, die vorgenommen werden, während der Benutzer als Administrator angemeldet ist, gelten für alle Administratoren, und Änderungen, die vorgenommen werden, während der Benutzer als Standardbenutzer angemeldet ist, gelten für alle Standardbenutzer. Gehen Sie folgendermaßen vor, um die Standardeinstellung zu ändern:

1. Klicken Sie in der Systemsteuerung auf *System und Sicherheit*.

2. Klicken Sie unter *Wartungscenter* auf *Einstellungen der Benutzerkontensteuerung ändern*.

3. Wählen Sie eine der folgenden vier Benachrichtigungsstufen aus:

   - **Immer benachrichtigen**   Benutzer werden benachrichtigt, wenn sie Änderungen an Windows-Einstellungen vornehmen und wenn Programme versuchen, Änderungen am Computer durchzuführen.

   - **Standard – nur benachrichtigen, wenn Änderungen am Computer von Programmen vorgenommen werden**   Benutzer werden nicht benachrichtigt, wenn sie Änderungen an Windows-Einstellungen vornehmen, erhalten aber eine Benachrichtigung, wenn ein Programm versucht, Änderungen am Computer durchzuführen. Dies ist die Standardeinstellung.

- **Nur benachrichtigen, wenn Änderungen am Computer von Programmen vorgenommen werden (Desktop nicht abblenden)**   Ähnelt der vorherigen Einstellung, hier wird aber nicht der sichere Desktop benutzt. Wird der sichere Desktop deaktiviert, verschlechtert das die Sicherheit, aber die UAC hat auch weniger Auswirkungen auf den Benutzer. Diese Einstellung steht nur für Administratoren zur Verfügung.

- **Nie benachrichtigen**   Benutzer werden nicht benachrichtigt, wenn Änderungen an Windows-Einstellungen durchgeführt werden oder Software installiert wird. Alle Anhebungsanforderungen werden automatisch genehmigt. Diese Einstellung steht nur für Administratoren zur Verfügung.

4. Klicken Sie auf *OK*.

5. Starten Sie Ihren Computer neu, wenn Sie dazu aufgefordert werden.

Msconfig.exe

Msconfig.exe ist ein Problembehandlungstool, das nützlich sein kann, um UAC zeitweise zu deaktivieren, um festzustellen, ob UAC ein Anwendungskompatibilitätsproblem verursacht. Um diese Änderung vorzunehmen, verändert *Msconfig.exe* einfach den entsprechenden Registrierungswert. Gehen Sie folgendermaßen vor, um UAC mit *Msconfig.exe* zu deaktivieren:

1. Geben Sie im Suchfeld des Startmenüs den Befehl **msconfig** ein und drücken Sie die EINGABE-TASTE.

2. Klicken Sie auf die Registerkarte *Tools*.

3. Klicken Sie auf *UAC-Einstellungen ändern* und dann auf *Starten*.

4. Wählen Sie die gewünschte Benachrichtigungsstufe aus, wie im letzten Abschnitt beschrieben.

5. Klicken Sie auf *OK*.

6. Starten Sie Ihren Computer neu, wenn Sie dazu aufgefordert werden.

So konfigurieren Sie die Überwachung für die Privileganhebung

Sie können die Überwachung für Privileganhebungen aktivieren, sodass jedes Mal, wenn ein Benutzer administrative Anmeldeinformationen eingibt oder ein Administrator bei einer UAC-Eingabeaufforderung auf *Fortsetzen* klickt, ein Ereignis zum Sicherheitsereignisprotokoll hinzugefügt wird. Wenn Sie die Überwachung für Privileganhebungen aktivieren wollen, müssen Sie die Erfolgsüberwachung für die Einstellungen *Prozessverfolgung überwachen* und *Rechteverwendung überwachen* im Knoten *Lokale Richtlinien\Überwachungsrichtlinie* der Gruppenrichtlinien aktivieren. Beachten Sie, dass Sie die Überwachung nur aktivieren sollten, wenn Sie Anwendungen testen oder eine Problembehandlung durchführen. Wenn Sie diese Überwachungsarten aktivieren, kann das eine gewaltige Zahl von Ereignissen generieren, sodass die Computerleistung vermindert wird.

Verwenden Sie die Konsole *Lokale Sicherheitsrichtlinie*, um die Überwachung auf einem einzelnen Computer zu aktivieren. Wenn Sie die Überwachung auf mehreren Computern innerhalb einer Domäne aktivieren wollen, sollten Sie Gruppenrichtlinieneinstellungen verwenden. In den Gruppenrichtlinien liegen die Überwachungseinstellungen im Knoten *Computerkonfiguration\Richtlinien\Windows-Einstellungen\Sicherheitseinstellungen\Lokale Richtlinien\Überwachungsrichtlinie*. Nachdem Sie die Überwachungseinstellungen geändert haben, müssen Sie den Computer neu starten, damit die Änderungen wirksam werden.

Sobald Sie die Einstellung *Rechteverwendung überwachen* aktiviert haben, können Sie die Ereignisse mit den IDs 4648 und 4624 im Sicherheitsereignisprotokoll überwachen, um festzustellen, wann Benutzer mit der UAC-Eingabeaufforderung Privilegien anheben. Das Ereignis mit der ID 4648 kommt immer vor dem Ereignis mit der ID 4624, es enthält einen Prozessnamen (*Consent.exe*, die UAC-Eingabeaufforderung). Diese Ereignisse treten nicht auf, falls ein Benutzer die UAC-Eingabeaufforderung abbricht. Ereignisse mit der ID 4673 werden eingetragen, wenn der Benutzer eine Eingabeaufforderung abbricht. Dasselbe Ereignis wird allerdings auch in anderen Fällen eingetragen.

Wenn Sie die Einstellung *Prozessverfolgung überwachen* aktiviert haben, können Sie Ereignisse mit der ID 4688 überwachen, um festzustellen, wann Administratoren den Administratorbestätigungsmodus verwendet haben, um Prozessen vollständige Administratorprivilegien zu gewähren. Die Beschreibung zu diesem Ereignis enthält mehrere nützliche Informationen:

- **Sicherheitsbezeichner**   Benutzername und Domäne des aktuellen Benutzers.

- **Name des neuen Prozesses**   Pfad der ausführbaren Datei, die ausgeführt wird. Weitere Informationen über den neuen Prozess finden Sie in einem Ereignis mit der Ereignis-ID 4696, das gleichzeitig ausgelöst wird.

- **Tokenanhebungstyp**   Eine Zahl von 1 bis 3, die angibt, welcher Typ von Anhebung angefordert wurde:

  - ☐ Typ 1 (TokenElevationTypeDefault) wird nur benutzt, falls UAC deaktiviert ist oder der Benutzer das vordefinierte Administratorkonto oder ein Dienstkonto ist. Dieser Typ generiert keine UAC-Eingabeaufforderung.

  - ☐ Typ 2 (TokenElevationTypeFull) wird benutzt, wenn die Anwendung erhöhte Privilegien erfordert (und gewährt bekommt). Das ist der einzige Typ, der eine UAC-Eingabeaufforderung generiert. Dieser Typ kann auch generiert werden, falls ein Benutzer eine Anwendung über RunAs startet oder ein vorher angehobener Prozess einen neuen Prozess erstellt.

  - ☐ Typ 3 (TokenElevationTypeLimited) wird benutzt, wenn eine Anwendung unter den Standardprivilegien läuft. Dieser Typ erfordert keine UAC-Eingabeaufforderung.

Beachten Sie, dass viele Ereignisse mit der Ereignis-ID 4688 gar keine Anwendungen sind, die vom Benutzer gestartet wurden. Die meisten dieser Ereignisse werden von Hintergrundprozessen und Diensten generiert, die keine Interaktion mit dem Benutzer erfordern. Die interessantesten Ereignisse finden Sie, indem Sie das Sicherheitsereignisprotokoll nach der Ereignis-ID 4688 filtern. Suchen Sie dann nach der Phrase »TokenElevationTypeFull«. Weitere Informationen über die Verwendung der Ereignisanzeige finden Sie in Kapitel 21, »Pflegen der Desktopcomputer«.

Andere UAC-Ereignisprotokolle

Neben der Sicherheitsüberwachung (die in der Standardeinstellung nicht aktiviert ist) stellt UAC zwei weitere Protokolle innerhalb der Ereignisanzeige zur Verfügung:

- *Anwendungs- und Dienstprotokolle\Microsoft\Windows\UAC\Operational*   Zeichnet UAC-Fehler auf, zum Beispiel Prozesse, die die Anhebungsanforderungen nicht richtig verarbeiten.

- *Anwendungs- und Dienstprotokolle\Microsoft\Windows\UAC-FileVirtualization\Operational*   Zeichnet Details zur UAC-Virtualisierung auf, zum Beispiel virtualisierte Dateien, die erstellt oder gelöscht werden.

Falls bei Ihnen ein Problem auftritt und Sie vermuten, dass es mit UAC zu tun hat, sollten Sie diese Protokolle durchsehen und prüfen, ob sie entsprechende Informationen enthalten.

Empfehlungen für die Verwendung von UAC

Halten Sie sich an die folgenden Verfahrensempfehlungen, um von den Sicherheitsvorteilen von UAC zu profitieren, aber gleichzeitig die Kosten zu minimieren:

- Lassen Sie UAC auf allen Clientcomputern in Ihrer Organisation aktiviert.

- Sorgen Sie dafür, dass sich alle Benutzer (insbesondere das IT-Personal) mit Standardbenutzerprivilegien anmelden.

- Jeder Benutzer sollte ein einzelnes Konto haben, das nur über Standardbenutzerprivilegien verfügt. Geben Sie Benutzern keine Konten mit administrativen Privilegien für ihre lokalen Computer. Falls Sie diese Richtlinie befolgen, sollten Sie auch die UAC-Anhebungsaufforderungen deaktivieren, wie in »So konfigurieren Sie die Benutzerkontensteuerung« weiter oben in diesem Abschnitt beschrieben.

- Domänenadministratoren sollten zwei Konten haben: ein Standardbenutzerkonto, mit dem sie sich an ihrem Computer anmelden, und ein zweites Administratorkonto, mit dem sie Privilegien anheben können.

- Der Administratorbestätigungsmodus kann Administratoren behindern, weil sie für Verwaltungstools häufig die Anhebung bestätigen müssen. Falls Ihre Administratoren ein Standardbenutzerkonto für die normalen Aufgaben verwenden und sich nur mit einem Administratorkonto anmelden, wenn sie einen Computer verwalten, arbeitet Ihre IT-Abteilung möglicherweise effizienter, wenn Sie die Anhebungseingabeaufforderung deaktivieren. Konfigurieren Sie dazu die UAC-Richtlinieneinstellung *Verhalten der Benutzeraufforderung mit erhöhten Rechten für Administratoren im Administratorbestätigungsmodus* mit dem Wert *Erhöhte Rechte ohne Eingabeanforderung*. Allerdings kann sich die Gefahr für Ihre Umgebung erhöhen, wenn Sie diese Richtlinie ändern. Das Windows-Sicherheitscenter meldet daher diese Einstellung.

- Schulen Sie Benutzer, die über lokale administrative Anmeldeinformationen verfügen, dass sie eine UAC-Eingabeaufforderung, die unerwartet erscheint, *nicht* einfach bestätigen dürfen. UAC-Eingabeaufforderungen sollten nur erscheinen, wenn der Benutzer eine Anwendung installiert oder ein Tool startet, das erhöhte Privilegien erfordert. Eine UAC-Eingabeaufforderung, die zu einem anderen Zeitpunkt erscheint, kann unter Umständen durch Malware generiert worden sein. Wenn ein Benutzer eine solche Eingabeaufforderung zurückweist, verhindert er dadurch, dass die Malware dauerhafte Änderungen am Computer vornimmt.

- Testen Sie alle Anwendungen gründlich mit einem Standardbenutzerkonto in Windows 7, bevor Sie Windows 7 bereitstellen. Falls eine Fremdherstelleranwendung unter einem Standardbenutzerkonto nicht einwandfrei funktioniert, sollten Sie beim Anwendungsentwickler nachfragen, ob er ein Update für die Anwendung zur Verfügung stellen kann. Falls eine interne Anwendung nicht richtig funktioniert, sollten Sie die Entwickler auf »Windows Vista Application Development Requirements for User Account Control Compatibility« unter *http://msdn.microsoft.com/en-us/library/bb530410.aspx* verweisen. Dieses Dokument wurde zwar für Windows Vista geschrieben, die Informationen gelten aber genauso für Windows 7.

- Erstellen Sie Windows-Firewallausnahmen für Benutzer, bevor Sie eine Anwendung bereitstellen. Weitere Informationen finden Sie in Kapitel 26, »Konfigurieren von Windows-Firewall und IPsec«.

- Verwenden Sie GPSI, SMS oder ähnliche Technologien für die Anwendungsbereitstellung, um Ihre Anwendungen bereitzustellen. Deaktivieren Sie die Erkennung von Anwendungsinstallationsprogrammen mit der Einstellung *Benutzerkontensteuerung: Anwendungsinstallationen erkennen und erhöhte Rechte anfordern*, wie im Abschnitt »So konfigurieren Sie die Benutzerkontensteuerung« weiter oben in diesem Kapitel beschrieben.

- Wenn Benutzer erhöhte Privilegien benötigen, können Administratoren die erforderlichen Anmeldeinformationen entweder über Remoteunterstützung zur Verfügung stellen oder indem sie persönlich die administrativen Anmeldeinformationen am Computer des Benutzers eintippen.

- Verwenden Sie UAC als ein Element einer gestaffelten Verteidigung und einer Clientsicherheitsstrategie, die Antispyware- und Antivirenanwendungen, Updateverwaltung und Sicherheitsüberwachung umfasst.

AppLocker

Manche IT-Abteilungen wollen genau steuern, welche Anwendungen die Benutzer ausführen dürfen. Gelegentlich blockieren Administratoren auch einfach bestimmte Anwendungen, von denen bekannt ist, dass sie Probleme verursachen. Für die Clientsicherheit ist es aber besser, wenn Administratoren alle Anwendungen blockieren, die nicht von der IT-Abteilung genehmigt wurden.

Werden Benutzer daran gehindert, ungenehmigte Anwendungen auszuführen, hat das oft gewaltige Vorteile. Erstens wird die Gefahr durch Malware deutlich verringert, weil Windows verhindert, dass Benutzer die Malwareanwendung überhaupt starten; sie wurde ja nicht von der IT-Abteilung genehmigt. Zweitens verringern sich die Kompatibilitätsprobleme, weil die Benutzer nur die genehmigten Versionen von Anwendungen ausführen dürfen. Und schließlich steigt die Produktivität der Benutzer, weil verhindert wird, dass sie ihre Arbeitszeit mit Spielen oder anderen Freizeitanwendungen verschwenden.

Es hat aber auch erhebliche Nachteile, wenn eingeschränkt wird, welche Anwendungen die Benutzer ausführen dürfen. Für viele Organisationen machen diese Nachteile eventuelle Vorteile mehr als zunichte. Die IT-Abteilung muss jede Anwendung testen und eine Regel erstellen, die den Benutzern erlaubt, die betreffende Anwendung auszuführen. Natürlich werden Benutzer immer wieder daran gehindert, benötigte Anwendungen auszuführen, sodass ihre Produktivität leidet, während sie darauf warten, dass die IT-Abteilung eine neue Anwendung genehmigt. Manche Benutzer umgehen die Bevormundung durch die IT-Abteilung, indem sie Anwendungen auf Computern ausführen, die nicht zentral administriert werden. Und jedes Mal, wenn eine Anwendung aktualisiert wird, muss die IT-Abteilung sie erneut testen und genehmigen.

Windows 7 enthält AppLocker, eine erweiterte Version der Richtlinien für Softwareeinschränkung, die es bereits in älteren Windows-Versionen gab. Mit Richtlinien für Softwareeinschränkung konnten IT-Experten Regeln im Stil von »Allen Inhalten vertrauen, die von Microsoft signiert wurden«, »Dieser einzelnen ausführbaren Datei vertrauen« oder »Der Datei in diesem Pfad vertrauen« erstellen. In AppLocker können IT-Experten nun komplexere Regeln definieren, in denen auch die Metadaten einer Anwendung ausgewertet werden, zum Beispiel »Vertraue Microsoft Office, sofern es signiert ist und die Versionsnummer mindestens 12.0.0.0 lautet«. Außerdem können AppLocker-Regeln individuell ausgewählten Gruppen oder bestimmten Benutzern zugewiesen werden.

Tabelle 24.2 listet die Unterschiede zwischen Richtlinien für Softwareeinschränkung und AppLocker auf.

Tabelle 24.2 Unterschiede zwischen Richtlinien für Softwareeinschränkung und AppLocker

Feature	Richtlinien für Softwareeinschränkung	AppLocker
Bedingungen	Hash, Pfad, Zertifikat, Registrierungspfad und Internetzone	Hash, Pfad und Herausgeber
Gültigkeitsbereich einer Regel	Alle Benutzer	Alle Benutzer oder ausgewählte Benutzer und Gruppen
Reiner Überwachungsmodus	Nein	Ja
Regeln automatisch generieren	Nein	Ja
Richtlinie importieren und exportieren	Nein	Ja
Windows PowerShell-Unterstützung	Nein	Ja
Benutzerdefinierte Fehlermeldungen	Nein	Ja

AppLocker steht nur in den Editionen Windows 7 Enterprise und Windows 7 Ultimate zur Verfügung. Sie können AppLocker-Regeln auch in Windows 7 Professional erstellen, diese Regeln werden aber auf einem Computer mit Windows 7 Professional nicht durchgesetzt. Sie müssen den Dienst *Anwendungsidentität* starten, damit Windows 7 die AppLocker-Regeln anwendet; standardmäßig ist dieser Dienst so konfiguriert, dass er manuell gestartet werden muss.

Die folgenden Abschnitte beschreiben genauer, wie Sie AppLocker konfigurieren, testen und verwalten.

AppLocker-Regeltypen

Sie können drei Typen von AppLocker-Regeln erstellen:

- **Hashregeln** Sie ähneln den Hashregeln in den Richtlinien für Softwareeinschränkung. Dieser Regeltyp berechnet einen Hash, der eine ausführbare Datei eindeutig identifiziert. Bevor Windows 7 eine ausführbare Datei startet, berechnet es den Hash der Datei und vergleicht ihn mit den Hashwerten in allen Hashregeln, um festzustellen, welche Regeln zutreffen. Dieser Regeltyp hat den Nachteil, dass die Hashregeln jedes Mal angepasst werden müssen, wenn eine ausführbare Datei aktualisiert wird. Daher wird für jede Variante und jede neue Version einer Anwendung eine eigene Hashregel gebraucht.

- **Pfadregeln** Sie ähneln den Pfadregeln in den Richtlinien für Softwareeinschränkung. Dieser Regeltyp identifiziert ausführbare Dateien anhand ihres Pfads. Beispielsweise können Sie eine Pfadregel erstellen, die es erlaubt, die ausführbare Datei *C:\Windows\Editor.exe* auszuführen. Bei diesem Regeltyp ist es möglich, die ausführbare Datei zu aktualisieren. Die Datei kann auch nach einem Update weiterhin ausgeführt werden, solange sich nicht der Pfad verändert. Ein böswilliger Benutzer schafft es aber unter Umständen, eine genehmigte ausführbare Datei durch eine manipulierte ausführbare Datei zu ersetzen, sodass sie ausgeführt werden kann.

- **Herausgeberregeln** Die Zertifikatregeln in den Richtlinien für Softwareeinschränkung bieten zwar ähnliche Fähigkeiten, aber Herausgeberregeln sind nützlicher, weil Sie damit eine Regel für unterschiedliche Kombinationen von Herausgeber, Produktname, Dateiname und Version erstellen können. Weil diese Metadaten in die kryptografischen Berechnungen einfließen, die beim Erstellen der digitalen Signatur durchgeführt werden, können die Metadaten nicht geändert werden. Dieser Regeltyp identifiziert ausführbare Dateien anhand ihrer digitalen Signatur und der Elemente in der digitalen Signatur.

Wenn Sie AppLocker-Regeln erstellen, sollten Sie immer zuerst die Standardregeln festlegen. Die Standardregeln erlauben es, alle Dateien in den Ordnern *Windows* und *Programme* auszuführen, außerdem dürfen lokale Administratoren alle Programme starten. Weil AppLocker alle Anwendungen blockiert, die nicht explizit erlaubt sind, funktioniert Windows nicht mehr richtig, wenn Sie die Standardregeln nicht aktivieren.

Konfigurieren Sie AppLocker-Regeln über Gruppenrichtlinieneinstellungen. AppLocker wird im Knoten *Computerkonfiguration\Windows-Einstellungen\Sicherheitseinstellungen\Anwendungssteue-rungsrichtlinien\AppLocker* konfiguriert. Im Knoten *AppLocker* gibt es drei Unterknoten, mit denen Sie Regeln für ausführbare Dateien, Windows Installer-Regeln und Skriptregeln konfigurieren. Sie erstellen die Standardregeln, indem Sie im Gruppenrichtlinien-Editor mit der rechten Maustaste je-weils auf einen Unterknoten innerhalb des *AppLocker*-Knotens klicken und den Befehl *Standardregeln erstellen* wählen.

Am einfachsten ist es, Regeln für vorhandene Anwendungen zu generieren, wenn Sie einen Win-dows 7-Referenzcomputer mit allen Anwendungen einrichten, die in Ihrer Organisation gebraucht werden. Starten Sie den Gruppenrichtlinien-Editor auf diesem Computer. (Stellen Sie bei Bedarf die Verbindung mit den Remoteserver-Verwaltungstools her, die Sie im Microsoft Download Center unter *http://www.microsoft.com/downloads/* herunterladen können). Gehen Sie dann folgendermaßen vor:

1. Klicken Sie mit der rechten Maustaste auf den Knoten *Ausführbare Regeln* und wählen Sie im Kontextmenü den Befehl *Regeln automatisch generieren*. Daraufhin öffnet sich der Assistent *Ausführbare Regeln automatisch generieren*.

2. Wählen Sie auf der Seite *Ordner und Berechtigungen* (Abbildung 24.10) den Ordner aus, in dem die ausführbaren Dateien liegen, sowie die Gruppe, auf die Ihre Regeln angewendet werden sollen. Tragen Sie außerdem einen Namen für die Regel ein. Klicken Sie zuletzt auf *Weiter*.

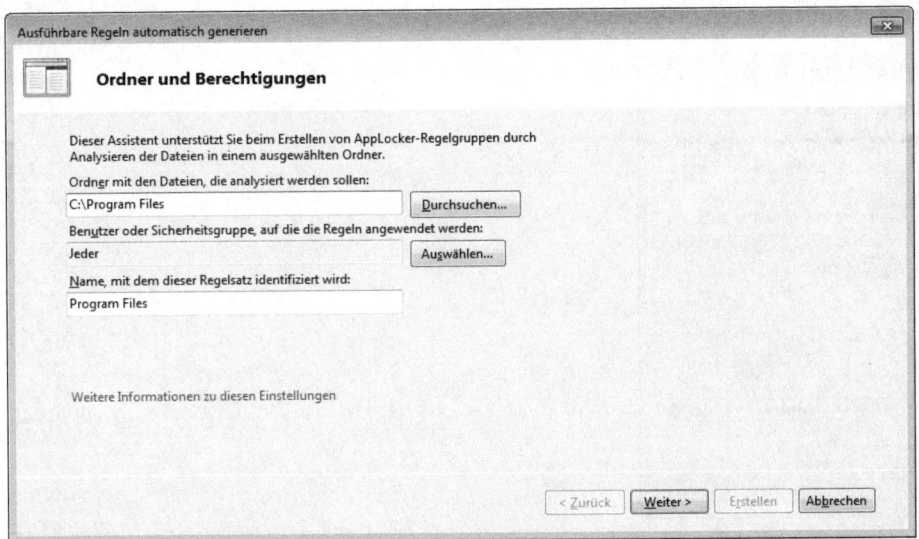

Abbildung 24.10   Die Seite *Ordner und Berechtigungen* im Assistenten *Ausführbare Regeln automatisch generieren*

3. Auf der Seite *Regeleinstellungen* (Abbildung 24.11) können Sie üblicherweise die Standardein-stellungen ausgewählt lassen. Die Standardeinstellungen erstellen Herausgeberregeln für Dateien, die digital signiert sind, weil für Herausgeberregeln eine digitale Signatur benötigt wird. Für

Dateien, die nicht digital signiert sind, generiert der Assistent dagegen Hashregeln, die nur die Ausführung explizit genehmigter Dateien erlauben. Stattdessen können Sie auch weniger sichere Pfadregeln für Dateien erstellen, die keine digitale Signatur haben, oder Hashregeln für alle Dateien generieren. Klicken Sie auf *Weiter*.

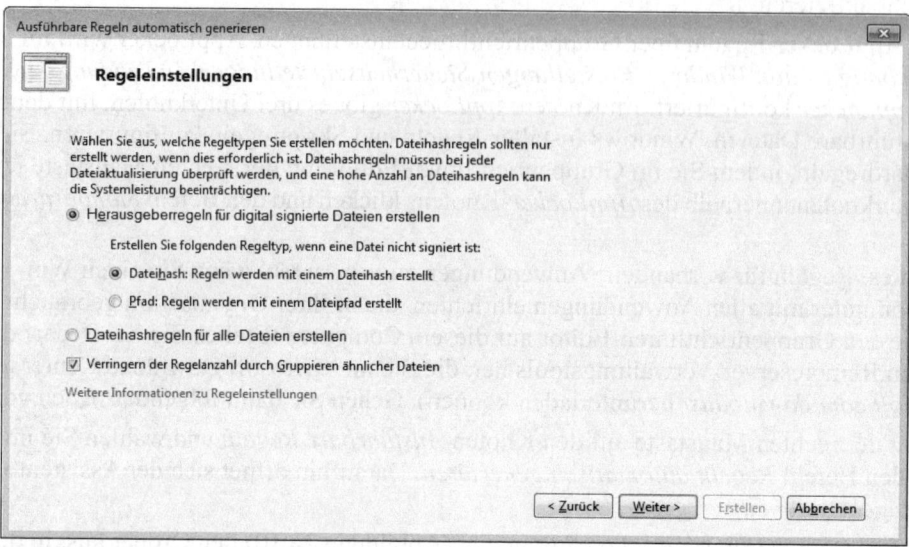

Abbildung 24.11   Die Seite *Regeleinstellungen* im Assistenten *Ausführbare Regeln automatisch generieren*

4. Klicken Sie auf der Seite *Regeln prüfen* auf *Erstellen*.

Abbildung 24.12   Automatisch generierte Regeln erlauben die Ausführung der aktuellen und neueren Versionen eines Programms

In der Standardeinstellung werden alle Herausgeberregeln so erstellt, dass die Anwendungen anhand des Produktnamens identifiziert werden und die Ausführung der aktuellen oder einer neueren Dateiversion erlaubt ist. Daher dürfen alle Anwendungen ausgeführt werden, die über eine digitale Signatur verfügen, selbst wenn ein Update auf eine neuere Version vorgenommen wurde. Abbildung 24.12 zeigt beispielsweise eine Regel, die automatisch für die Microsoft Virtual Machine Additions generiert wurde, eine ausführbare Datei, die digital signiert ist. Selbstverständlich können Sie die automatisch generierten Regeln bearbeiten, wenn Sie möchten, dass nur die aktuelle Version ausgeführt werden darf.

Sie erstellen Regeln von Hand, indem Sie in den Gruppenrichtlinien mit der rechten Maustaste auf den Knoten *Ausführbare Regeln*, *Windows Installer-Regeln* oder *Skriptregeln* klicken und den Befehl *Neue Regel erstellen* wählen. Der Assistent leitet Sie durch die Schritte, in denen Sie Ihre Anwendung analysieren, festlegen, ob die Anwendung zugelassen oder blockiert wird, und eventuelle Ausnahmen für die Regel konfigurieren.

Windows 7-Clients wenden entweder die Richtlinien für Softwareeinschränkung oder die AppLocker-Regeln aus demselben Gruppenrichtlinienobjekt (Group Policy Object, GPO) an, aber nie beide gleichzeitig. Wenn Sie ein einziges Gruppenrichtlinienobjekt erstellen, in dem sowohl Richtlinien für Softwareeinschränkung als auch AppLocker-Regeln definiert sind, wenden Windows 7-Computer nur die AppLocker-Regeln an und ignorieren die Richtlinien für Softwareeinschränkung. Erstellen Sie also bei Bedarf unterschiedliche Gruppenrichtlinienobjekte für AppLocker-Regeln und Richtlinien für Softwareeinschränkung.

Überwachen von AppLocker-Regeln

Es kann ernste Folgen haben, wenn eine AppLocker-Regel falsch konfiguriert ist: Unter Umständen kann ein Benutzer eine wichtige Anwendung nicht mehr ausführen, schlimmstenfalls gelingt es ihm nicht einmal, sich bei Windows anzumelden. Wenn Sie AppLocker-Regeln zu Gruppenrichtlinienobjekten hinzufügen, die in der gesamten Organisation angewendet werden, kann ein einziger Fehler Tausende von Benutzern lahmlegen.

Damit Sie Regeln testen können, bevor sie angewendet werden, können AppLocker-Regeln entweder erzwungen oder überwacht werden. Sie sollten neue AppLocker-Regeln immer erst einmal als reine Überwachungsregeln konfigurieren und eine Weile die Ergebnisse für Benutzer in einer Produktivumgebung beobachten. So stellen Sie sicher, dass es keine unerwünschten Nebenwirkungen gibt, weil Benutzer beispielsweise die benötigten Anwendungen nicht mehr ausführen können.

In der Standardeinstellung werden AppLocker-Regeln erzwungen. Gehen Sie folgendermaßen vor, um AppLocker-Regeln so zu konfigurieren, dass sie lediglich überwacht werden:

1. Klicken Sie im Gruppenrichtlinienobjekt-Editor mit der rechten Maustaste auf den Knoten *Computerkonfiguration\Richtlinien\Windows-Einstellungen\Sicherheitseinstellungen\Anwendungssteuerungsrichtlinien\AppLocker* und wählen Sie den Befehl *Eigenschaften*.

2. Daraufhin öffnet sich das Dialogfeld *Eigenschaften von AppLocker* (Abbildung 24.13). Aktivieren Sie bei allen Regeltypen, die Sie konfiguriert haben, das Kontrollkästchen *Konfiguriert* und wählen Sie dann in der zugehörigen Dropdownliste den Eintrag *Nur überwachen* aus. Falls Sie DLL-Regeln (Dynamic-Link Library) aktiviert haben, wird auf dieser Registerkarte zusätzlich die Option zum Überwachen oder Erzwingen von DLL-Regeln angezeigt.

3. Klicken Sie auf *OK*.

Während die Überwachung aktiviert ist, trägt AppLocker Ereignisse in die AppLocker-Ereignisprotokolle ein (unter *Anwendungs- und Dienstprotokolle\Microsoft\Windows\AppLocker*). Nachdem Sie sichergestellt haben, dass Ihre AppLocker-Regeln wie gewünscht funktionieren, können Sie die beschriebenen Schritte wiederholen, wobei Sie diesmal die Einstellung *Regeln erzwingen* wählen.

Tabelle 24.3 führt die Ereignisse auf, die AppLocker während der Überwachung oder einer vollständigen Regelerzwingung auslöst.

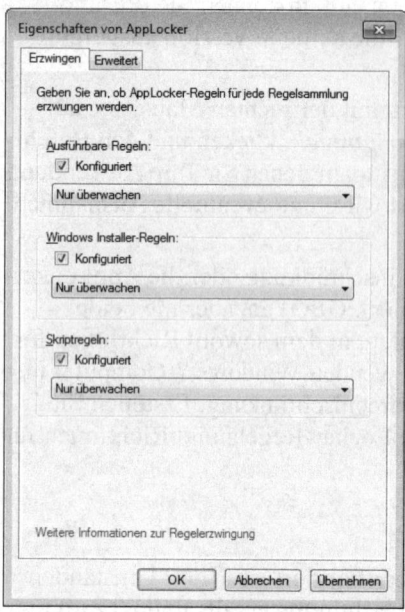

Abbildung 24.13   Konfigurieren von AppLocker-Regeln im reinen Überwachungsmodus

Tabelle 24.3   Überwachungsereignisse von AppLocker

Ereignis-ID	Ereignisebene	Ereignismeldung	Beschreibung
8002	Information	Die Ausführung von <Dateiname> wurde zugelassen.	Die .exe- oder .dll-Datei wurde durch eine AppLocker-Regel zugelassen.
8003	Warnung	Die Ausführung von <Dateiname> wurde zugelassen, wäre jedoch verhindert worden, wenn die AppLocker-Richtlinie erzwungen worden wäre.	Die Datei wäre blockiert worden, wäre der Modus zum Erzwingen der Regeln aktiv. Diese Ereignisebene taucht nur auf, wenn Sie im reinen Überwachungsmodus arbeiten.
8004	Fehler	Die Ausführung von <Dateiname> wurde verhindert.	Die Datei darf nicht ausgeführt werden. Diese Ereignisebene taucht nur auf, wenn der Erzwingungsmodus direkt oder indirekt über Gruppenrichtlinienvererbung so eingestellt ist, dass die Regeln erzwungen werden.
8005	Information	Die Ausführung von <Dateiname> wurde zugelassen.	Die .msi-Datei oder das Skript wurde durch eine AppLocker-Regel zugelassen.

DLL-Regeln

DLLs (Dynamic-link Library) speichern ausführbaren Code, der von mehreren Anwendungen benutzt werden kann. Schreibt ein Entwickler beispielsweise eine Anwendung, die aus einer Datenbank liest, erstellt er vielleicht eine DLL, deren Funktionen Daten aus der Datenbank abrufen. Dann kann er diese DLL nutzen, um sowohl in einem Windows-Client als auch über eine Webschnittstelle aus der Datenbank zu lesen.

In der Standardeinstellung gelten AppLocker-Regeln nicht für DLLs. Ist die Ausführung einer Anwendung erlaubt, kann sie beliebige DLLs laden. Im Allgemeinen ist diese Sicherheitsstufe ausreichend. AppLocker kann aber auch so konfiguriert werden, dass es den Zugriff auf einzelne DLLs steuert. Das macht die Konfiguration aber viel komplexer, und unter Umständen bricht dadurch die Leistung während der Laufzeit ein.

Gehen Sie folgendermaßen vor, um DLL-Regeln zu erzwingen:

1. Klicken Sie im Gruppenrichtlinienobjekt-Editor mit der rechten Maustaste auf den Knoten *Computerkonfiguration\Richtlinien\Windows-Einstellungen\Sicherheitseinstellungen\Anwendungssteuerungsrichtlinien\AppLocker* und wählen Sie den Befehl *Eigenschaften*.

    Daraufhin öffnet sich das Dialogfeld *Eigenschaften von AppLocker*.

2. Klicken Sie auf die Registerkarte *Erweitert* und aktivieren Sie das Kontrollkästchen *DLL-Regelsammlung aktivieren*.

3. Klicken Sie auf *OK*.

Nun wird im Knoten *AppLocker* des Gruppenrichtlinienobjekt-Editors der Knoten *DLL-Regeln* angezeigt. Definieren Sie Ihre DLL-Regeln in diesem Knoten. Zusätzlich können Sie auf der Registerkarte *Erzwingen* im Dialogfeld *Eigenschaften von AppLocker* einstellen, ob DLL-Regeln erzwungen oder nur überwacht werden sollen.

Benutzerdefinierte Fehlermeldungen

Sie haben die Möglichkeit, eine benutzerdefinierte URL anzugeben, die Windows anzeigt, wenn AppLocker die Ausführung einer Anwendung verhindert. Sie legen diese URL fest, indem Sie die Richtlinie *Administrative Vorlagen\Windows-Komponenten\Windows-Explorer\Link zur Supportwebseite festlegen* aktivieren.

Steuern von AppLocker mit Windows PowerShell

Windows PowerShell 2.0 enthält mehrere Cmdlets, mit denen Sie Skripts erstellen können, die AppLocker-Regeln untersuchen, erstellen und verwalten:

- **Get-AppLockerFileInformation**   Untersucht eine ausführbare Datei oder ein Skript und gibt die Informationen zurück, die AppLocker auswertet, um festzustellen, ob die Anwendung ausgeführt werden darf. Diese Informationen umfassen Dateihash, Dateipfad und Herausgeber (bei signierten Dateien).

- **Get-AppLockerPolicy**   Untersucht entweder die wirksame AppLocker-Richtlinie oder die AppLocker-Richtlinie aus einem Gruppenrichtlinienobjekt.

- **New-AppLockerPolicy**   Erstellt eine neue AppLocker-Richtlinie.

- **Set-AppLockerPolicy**   Mit diesem Cmdlet definieren Sie eine AppLocker-Richtlinie, die Sie gerade erstellt haben, für ein Gruppenrichtlinienobjekt.

- **Test-AppLockerPolicy**   Legt fest, ob die angegebenen Dateien für einen bestimmten Benutzer und in einer bestimmten AppLocker-Richtlinie ausgeführt werden dürfen.

Weitere Informationen erhalten Sie, indem Sie eine Windows PowerShell-Eingabeaufforderung öffnen und den Befehl `help <Modul>` ausführen. Sie können auch den Blogeintrag, »Getting Started with App-Locker Management Using Powershell« unter *http://blogs.msdn.com/powershell/archive/2009/06/02/getting-started-with-applocker-management-using-powershell.aspx* lesen.

Verwenden von Windows Defender

Windows Defender ist ein Tool, das entwickelt wurde, um die Gefahr bestimmter Arten von Spyware und anderer eventuell unerwünschter Software für Benutzer in kleinen Betrieben und für Privatbenutzer zu verringern. Windows Defender wurde zwar nicht für den Einsatz in großen Unternehmen entworfen, bietet aber eine gewisse Integration in AD DS-Gruppenrichtlinien und kann Updates von einem internen WSUS-Server (Windows Server Update Services) holen.

Windows Defender meldet sich beim Benutzer, falls potenziell unerwünschte Software erkannt wird. Daher müssen Benutzer geschult werden, bevor Windows Defender bereitgestellt wird, damit sie wissen, wie sie auf die verschiedenen Eingabeaufforderungen antworten müssen, und zwischen echten Windows Defender-Eingabeaufforderungen und Täuschungsversuchen anderer Software unterscheiden können (eine verbreitete Social Engineering-Technik).

Weitere Informationen über Windows Defender finden Sie im Windows Defender Virtual Lab Express unter *http://www.microsoftvirtuallabs.com/express/registration.aspx?LabId=92e04589-cdd9-4e69-8b1b-2d131d9037af.*

Grundlagen von Windows Defender

Windows Defender stellt zwei Arten von Schutz bereit, die beide in der Standardeinstellung aktiviert sind:

- **Automatische Durchsuchung** Windows Defender durchsucht den Computer regelmäßig nach potenziell böswilliger Software. In der Standardeinstellung ist Windows Defender so konfiguriert, dass er jede Nacht um 2:00 Uhr aktualisierte Definitionen herunterlädt und dann eine Schnellüberprüfung durchführt. Sie können die Suchhäufigkeit auf der Optionsseite von Windows Defender konfigurieren.

- **Echtzeitschutz** Windows Defender überwacht ständig die Benutzung des Computers und benachrichtigt Sie, falls potenziell unerwünschte Software versucht, Änderungen an Ihrem Computer vorzunehmen.

Die folgenden Abschnitte beschreiben die Schutzarten genauer.

Automatische Durchsuchung

Windows Defender stellt zwei unterschiedliche Überprüfungstypen zur Verfügung:

- **Schnellüberprüfung** Durchsucht die Teile eines Computers, die am wahrscheinlichsten von Spyware und anderer eventuell unerwünschter Software infiziert werden, zum Beispiel den Arbeitsspeicher des Computers und die Teile der Registrierung, die auf Autostartanwendungen verweisen. Das reicht aus, um die meisten Malwareanwendungen aufzuspüren.

- **Vollständige Überprüfung** Untersucht jede Datei auf dem Computer, auch gebräuchliche Typen von Dateiarchiven, sowie Anwendungen, die bereits in den Arbeitsspeicher des Computers geladen sind. Eine vollständige Überprüfung dauert normalerweise mehrere Stunden, aber es kann auch mehr als einen Tag erfordern, je nach Geschwindigkeit des Computers und Zahl der Dateien, die untersucht werden. Der Benutzer kann während einer Schnell- oder vollständigen Überprüfung auf dem Computer weiterarbeiten. Allerdings verlangsamen diese Überprüfungen den Computer und bewirken, dass der Akku auf mobilen Computern sehr schnell leer wird.

In der Standardeinstellung führt Windows Defender täglich eine Schnellüberprüfung durch. Das reicht für den Normalfall aus. Falls Sie vermuten, dass ein Benutzer Spyware und andere eventuell unerwünschte Software installiert hat, sollten Sie eine vollständige Überprüfung durchführen, um die

Chancen zu verbessern, alle Spuren der Software zu entfernen. Neben den Schnellüberprüfungen und den vollständigen Überprüfungen können Sie auch eine benutzerdefinierte Überprüfung konfigurieren, die bestimmte Teile eines Computers durchsucht. Benutzerdefinierte Überprüfungen beginnen immer mit einer Schnellüberprüfung. Falls Windows Defender potenziell unerwünschte Software findet, zeigt er eine Warnung an (Abbildung 24.14).

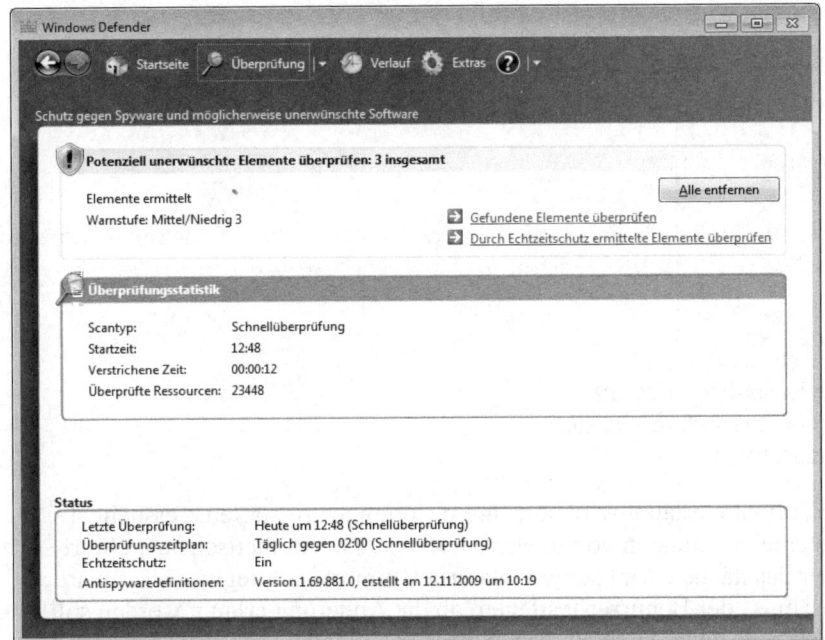

Abbildung 24.14   Windows Defender benachrichtigt den Benutzer über potenziell unerwünschte Software

In den meisten Fällen sollte der Benutzer einfach auswählen, dass die gesamte potenziell unerwünschte Software entfernt wird. Windows 7 zeigt allerdings vier Optionen für jedes entdeckte Element an:

- **Ignorieren**   Erlaubt, dass die Software auf Ihrem Computer installiert oder ausgeführt wird. Falls die Software bei der nächsten Überprüfung noch läuft oder die Software versucht, sicherheitsrelevante Einstellungen auf Ihrem Computer zu ändern, macht Windows Defender Sie erneut auf diese Software aufmerksam.

- **Quarantäne**   Wenn Windows Defender Software in Quarantäne sperrt, verschiebt er sie an einen anderen Speicherort in Ihrem Computer und verhindert dann, dass die Software ausgeführt wird, bis Sie sich entscheiden, ob Sie die Software wiederherstellen oder von Ihrem Computer entfernen wollen.

- **Entfernen**   Löscht die Software von Ihrem Computer.

- **Immer zulassen**   Fügt die Software zur Liste der erlaubten Anwendungen hinzu und erlaubt, dass sie auf Ihrem Computer ausgeführt wird. Windows Defender zeigt keine Warnungen zu Aktionen dieses Programms mehr an. Fügen Sie Software nur dann zur Liste der erlaubten Anwendungen hinzu, falls Sie der Software und dem Softwarehersteller vertrauen.

Weitere Informationen über Malwareinfektionen finden Sie weiter unten in diesem Kapitel im Abschnitt »So führen Sie eine Problembehandlung für unerwünschte Software durch«.

Echtzeitschutz

Windows Defender stellt in Windows 7 einen Echtzeitschutz mit deutlich verbesserter Leistung zur Verfügung. Echtzeitschutz kann Sie warnen, wenn Software versucht, sich auf Ihrem Computer selbst zu installieren oder zu starten (Abbildung 24.15). Abhängig von der Warnstufe können Benutzer entscheiden, ob sie die Anwendung entfernen, in Quarantäne sperren, ignorieren oder immer zulassen wollen. Dies sind dieselben Optionen wie bei einer Überprüfung.

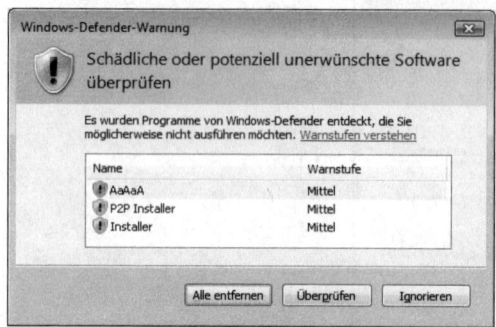

Abbildung 24.15   Der Windows Defender-Echtzeitschutz
warnt Benutzer, falls potenziell unerwünschte Software versucht,
Änderungen an ihrem Computer vorzunehmen

Falls potenziell unerwünschter Software erlaubt wird, auf Ihrem Computer zu starten, versucht sie manchmal, Änderungen an Systemeinstellungen vorzunehmen, sodass sie automatisch ausgeführt wird, sobald Sie Ihren Computer das nächste Mal starten. Natürlich nimmt auch legitime Software ähnliche Änderungen vor, daher muss der Benutzer festlegen, ob die Änderung erlaubt werden soll. Falls der Windows Defender-Echtzeitschutz entdeckt, dass Software versucht, Änderungen an wichtigen Windows-Einstellungen vorzunehmen, wird der Benutzer aufgefordert, dies zuzulassen (Änderungen erlauben) oder zu verbieten (Änderungen verhindern).

Während Windows Defender in Windows Vista sehr viele Echtzeitsicherheitsagenten umfasste, beschränkt sich Windows 7 auf 2 Agenten. Das verbessert die Leistung, während das Sicherheitsniveau praktisch gleich bleibt. Die zwei Agenten sind:

- **Heruntergeladene Dateien und Anhänge**   Überwacht Dateien und Programme, die mit Webbrowsern zusammenarbeiten, zum Beispiel ActiveX-Steuerelemente und Softwareinstallationsprogramme. Diese Dateien können vom Browser selbst heruntergeladen, installiert oder ausgeführt werden. Unerwünschte Software ist oft in diese Dateien eingebettet und installiert sich ohne Wissen des Benutzers.

- **Auf dem Computer ausgeführte Programme**   Überwacht den Start von Programmen und alle Operationen, die sie während ihrer Ausführung durchführen. Malware kann Sicherheitslücken in vorher installierten Anwendungen ausnutzen, um unerwünschte Software ohne Wissen des Benutzers auszuführen. Zum Beispiel kann Spyware sich selbst im Hintergrund ausführen, wenn ein Benutzer eine andere häufig verwendete Anwendung startet. Windows Defender überwacht Anwendungen und alarmiert den Benutzer, falls er verdächtige Aktivitäten entdeckt.

Warnstufen in Windows Defender

Wenn Windows Defender potenziell böswillige Software entdeckt, weist er ihr eine der folgenden Warnstufen zu:

- **Schwerwiegend** Potenziell unerwünschte Software, die Ihren Computer ernsthaft schädigen oder Ihren Datenschutz gefährden kann. Sie sollten diese Software immer entfernen.
- **Hoch** Ähnlich wie die Warnstufe Schwerwiegend, aber nicht ganz so gefährlich. Sie sollten diese Software immer entfernen.
- **Mittel** Potenziell unerwünschte Software, die möglicherweise den Datenschutz gefährdet, die Leistung Ihres Computers verschlechtert oder Werbung anzeigt. In manchen Fällen kann Software, die mit dieser Warnstufe versehen ist, legitimen Zwecken dienen. Untersuchen Sie die Software, bevor Sie zulassen, dass sie installiert wird.
- **Niedrig** Potenziell unerwünschte Software, die unter Umständen Informationen über Sie oder Ihren Computer sammelt oder die Funktionsweise Ihres Computers verändert, aber sich an die Lizenzbedingungen hält, die bei der Installation der Software angezeigt wurden. Diese Software ist im Allgemeinen gutartig, wurde aber unter Umständen ohne Wissen des Benutzers installiert. Zum Beispiel kann Remotesteuerungssoftware mit der Warnstufe Niedrig eingestuft werden, weil sie möglicherweise legitimen Zwecken dient, aber auch von einem Angreifer missbraucht werden kann, um unbemerkt vom Benutzer die Kontrolle über einen Computer zu übernehmen.
- **Noch nicht klassifiziert** Programme, die noch nicht analysiert wurden.

Grundlagen von Microsoft SpyNet

Das Ziel von Microsoft besteht darin, Definitionen für die gesamte in Frage kommende Software zu erstellen. Allerdings werden jeden Tag Tausende neuer Anwendungen erstellt und verbreitet, von denen einige unerwünschtes Verhalten zeigen. Wegen der rasanten Geschwindigkeit, mit der neue Software verteilt wird, können Benutzer unter Umständen auf potenziell unerwünschte Software treffen, die von Microsoft noch nicht klassifiziert wurde. In diesen Fällen sollte Windows Defender den Benutzer warnen, falls die Software eine potenziell unerwünschte Aktion ausführt, indem sie sich zum Beispiel so konfiguriert, dass sie beim Neustart des Computers jedes Mal automatisch ausgeführt wird.

Um Benutzern bei der Entscheidung zu helfen, ob sie die vom Echtzeitschutz entdeckten Anwendungsänderungen zulassen sollen, nimmt Windows Defender Kontakt mit Microsoft SpyNet auf, um festzustellen, wie andere Benutzer reagiert haben, wenn sie dazu aufgefordert wurden, über dieselbe Software zu entscheiden. Falls die Änderung Teil einer gewünschten Softwareinstallation ist, dürften die meisten Benutzer der Änderung zugestimmt haben, und Windows Defender kann die Rückmeldung von SpyNet nutzen, wenn der Benutzer über die Änderung informiert wird. Falls die Änderung unerwartet ist (wie es bei den meisten unerwünschten Programmen der Fall ist), dürften die meisten Benutzer der Änderung nicht zugestimmt haben.

Es stehen zwei Stufen für die Teilnahme an SpyNet zur Verfügung:

- **Einfach** Windows Defender sendet nur grundlegende Informationen an Microsoft, etwa woher die Software stammt (zum Beispiel die spezifische URL) und ob der Benutzer oder Windows Defender das Element zugelassen oder blockiert hat. Bei der einfachen Mitgliedschaft warnt Windows Defender den Benutzer nicht, falls er Software oder Änderungen entdeckt, die von Software stammen, die noch nicht auf Gefahren analysiert wurden. Es kann zwar passieren, dass bei einfacher wie auch erweiterter SpyNet-Mitgliedschaft persönliche Informationen an Microsoft gesendet werden, Microsoft verwendet diese Informationen aber nicht, um den Benutzer zu identifizieren oder mit ihm in Kontakt zu treten.

> **HINWEIS** Weitere Informationen darüber, welche Informationen übertragen werden können und wie Microsoft diese Informationen verwendet, finden Sie in der Windows Defender-Datenschutzerklärung online unter *http://go.microsoft.com/fwlink/?linkid=55418*.

- **Erweitert** Die erweiterte oder Premium-Mitgliedschaft bei SpyNet ist für Benutzer gedacht, die sich mit den Vorgängen im Betriebssystem auskennen und in der Lage sind herauszufinden, ob die Änderungen, die eine Anwendung vornimmt, böswilliger Natur sind. Der Hauptunterschied zwischen einfacher und erweiterter Mitgliedschaft besteht darin, dass Windows Defender die Benutzer bei erweiterter Mitgliedschaft warnt, wenn er Software oder Änderungen entdeckt, die noch nicht auf ihr Gefahrenpotenzial untersucht wurden. Außerdem werden bei erweiterter Mitgliedschaft zusätzliche Informationen an SpyNet gesendet, darunter der Speicherort der Software auf dem lokalen Computer, Dateinamen, wie die Software arbeitet und welche Auswirkungen sie auf den Computer hat.

Sie konfigurieren Ihre SpyNet-Ebene, indem Sie in *Windows Defender* auf der Seite *Extras* auf *Microsoft SpyNet* klicken.

Abgesehen davon, dass Benutzer Rückmeldungen über unbekannte Software erhalten, ist SpyNet auch eine wertvolle Ressource für Microsoft, um neue Malware zu identifizieren. Microsoft analysiert Informationen in SpyNet, um neue Definitionen zu erstellen. Das trägt wiederum dazu bei, die Verbreitung potenziell unerwünschter Software einzudämmen.

Direkt von der Quelle: Malwareanalyse

Sterling Reasor, Program Manager, *Windows Defender*

Malwaredefinitionen auf dem neusten Stand zu halten, kann dabei helfen, Ihren Computer vor schädlicher oder potenziell unerwünschter Software zu schützen. Microsoft hat verschiedene Schritte unternommen, um Definitionsupdates zu erstellen. Unter anderem werden neue Beispiele für verdächtige Dateien gesammelt, beobachtet und getestet sowie eine tiefgehende Analyse durchgeführt. Falls wir feststellen, dass ein Programm nicht unsere Kriterien erfüllt, wird seine Warnstufe festgelegt, und die Software wird zu den Softwaredefinitionen hinzugefügt und an die Kunden herausgegeben.

Weitere Informationen finden Sie unter *http://www.microsoft.com/athome/security/spyware/ software/msft/analysis.mspx*.

Konfigurieren von Windows Defender mit Gruppenrichtlinien

Sie können einige Aspekte von Windows Defender mit Gruppenrichtlinieneinstellungen konfigurieren. Die Gruppenrichtlinieneinstellungen für Windows Defender liegen im Knoten *Computerkonfiguration\ Administrative Vorlagen\Windows-Komponenten\Windows Defender*. In diesem Knoten können Sie folgende Einstellungen konfigurieren:

- **Definitionsaktualisierungen durch WSUS und Windows Update einschalten** Diese Einstellung ist in der Standardeinstellung aktiviert. Sie konfiguriert Windows Defender so, dass er Windows Update überprüft, wenn kein WSUS-Server lokal verfügbar ist. Das kann sicherstellen, dass auch mobile Clients, die unter Umständen nicht regelmäßig Verbindung zu ihrem lokalen Netzwerk haben, alle neuen Signaturupdates erhalten. Falls Sie diese Einstellung deaktivieren, prüft Windows Defender nur anhand der Einstellung auf Updates, die im Automatische Updates-Client konfiguriert sind (entweder bei einem internen WSUS-Server oder Windows Update). Weitere Informationen über WSUS und die Verteilung von Updates finden Sie in Kapitel 23, »Verwalten von Softwareupdates«.

- **Definitionsaktualisierungen durch WSUS und Windows Update einschalten** Stellt ähnliche Funktionen wie die letzte Gruppenrichtlinieneinstellung zur Verfügung, die Clients laden ihre Updates aber von einer anderen Site herunter. Sie sollten diese zwei Richtlinien auf denselben Wert setzen, es sei denn, der Computer hat keinen Zugriff auf das Internet und greift ausschließlich auf einen internen WSUS-Server zu.

- **Vor geplanten Scanvorgängen auf neue Signaturen überprüfen** Diese Einstellung ist in der Standardeinstellung deaktiviert. Sie können diese Einstellung aktivieren, damit Windows Defender immer nach Updates sucht, bevor er eine Überprüfung durchführt. Das hilft sicherzustellen, dass die Signaturen von Windows Defender auf dem neusten Stand sind. Wenn Sie diese Einstellung deaktivieren, lädt Windows Defender Updates zwar regelmäßig herunter, aber nicht unbedingt unmittelbar vor einer Überprüfung.

- **Windows Defender deaktivieren** Aktivieren Sie diese Einstellung, um den Windows Defender-Echtzeitschutz zu deaktivieren und alle geplanten Überprüfungen zu widerrufen. Sie sollten diese Einstellung nur aktivieren, falls Sie eine andere Anti-Malware-Software verwenden. Falls Windows Defender abgeschaltet ist, können Benutzer das Tool trotzdem noch von Hand ausführen, um nach potenziell unerwünschter Software zu suchen.

- **Echtzeitüberwachung deaktivieren** Falls Sie diese Richtlinieneinstellung aktivieren, fragt Windows Defender nicht beim Benutzer nach, ob unbekannte Aktivitäten zugelassen oder blockiert werden sollen. Falls Sie diese Richtlinieneinstellung deaktivieren oder nicht konfigurieren, fragt Windows Defender standardmäßig beim Benutzer nach, ob unbekannte Aktivitäten auf dem Computer zugelassen oder blockiert werden sollen.

- **Ausführung von Routinemaßnahmen deaktivieren** In der Standardeinstellung leitet Windows Defender nach etwa 10 Minuten automatisch Aktionen ein, um alle erkannten Bedrohungen zu beseitigen. Wenn Sie diese Richtlinie aktivieren, fragt Windows Defender stattdessen beim Benutzer nach, wie er auf eine Bedrohung reagieren soll.

- **Microsoft SpyNet-Berichterstattung konfigurieren** SpyNet ist die Onlinecommunity, die Benutzern bei der Entscheidung hilft, wie sie auf potenzielle Spyware reagieren sollen, die Microsoft noch nicht klassifiziert hat. Dazu wird angezeigt, wie andere Mitglieder auf dieselbe Warnung reagiert haben. Wenn diese Einstellung aktiviert ist und den Wert *Standard* oder *Erweitert* hat, zeigt Windows Defender Informationen darüber an, wie andere Benutzer auf eine potenzielle Bedrohung reagiert haben. Wenn die Einstellung aktiviert ist und den Wert *Standard* hat, übermittelt Windows Defender außerdem eine kleine Menge an Informationen über die potenziell böswilligen Dateien auf dem Computer des Benutzers. Wenn die Einstellung den Wert *Erweitert* hat, sendet Windows Defender ausführlichere Informationen. Falls Sie diese Einstellung aktivieren und auf den Wert *Keine Mitgliedschaft* setzen, wird SpyNet nicht benutzt und der Benutzer kann die Einstellung nicht ändern. Falls Sie diese Einstellung deaktiviert lassen (Standardwert), wird SpyNet nicht benutzt, sofern der Benutzer diese Einstellung nicht auf seinem lokalen Computer ändert. Das Microsoft Malware Protection Center empfiehlt, diese Einstellung auf *Erweitert* zu lassen, damit seine Analysten umfassendere Informationen zu potenziell unerwünschter Software bekommen.

Windows Defender-Gruppenrichtlinieneinstellungen sind in *WindowsDefender.admx* definiert, die in Windows 7 enthalten ist. Weitere Informationen über die Verwendung von administrativen Vorlagen für Gruppenrichtlinien finden Sie in Kapitel 14, »Verwalten der Desktopumgebung«.

Konfigurieren von Windows Defender auf einem einzelnen Computer

Neben den Einstellungen, die Sie mithilfe von Gruppenrichtlinien konfigurieren können, stellt Windows Defender auch viele Einstellungen bereit, die Sie nur über die Windows Defender-Seite *Optionen* auf dem lokalen Computer konfigurieren können. Sie können die Seite *Optionen* öffnen, indem Sie Windows Defender starten, auf *Extras* und dann auf *Optionen* klicken. Unter anderem können Sie auf dieser Seite folgende Einstellungen konfigurieren:

- Wann und wie oft automatische Überprüfungen vorgenommen werden
- Welche Sicherheitsagenten automatisch geprüft werden
- Welche Dateien und Ordner von der Überprüfung ausgenommen werden
- Ob Nicht-Administratoren Windows Defender ausführen können

Weil Sie diese Einstellungen nicht ohne Weiteres mit Gruppenrichtlinieneinstellungen konfigurieren können, ist Windows Defender möglicherweise nicht die richtige Wahl für den Spywareschutz in einer Unternehmensumgebung.

So ermitteln Sie, ob ein Computer mit Spyware infiziert ist

Verschiedene Anzeichen verraten, ob ein Computer mit Spyware infiziert ist. Sie sollten die Benutzer in Ihrer Umgebung so schulen, dass sie die entsprechenden Änderungen erkennen und Ihr Supportcenter anrufen, falls sie eine Infektion mit Malware vermuten:

- Eine neue, unerwartete Anwendung erscheint.
- Unerwartete Symbole erscheinen im Systembereich der Taskleiste.
- Unerwartete Benachrichtigungen erscheinen im Systembereich der Taskleiste.
- Die Startseite des Webbrowsers, die Standardsuchmaschine oder die Favoriten ändern sich.
- Der Mauszeiger verändert sich.
- Neue Symbolleisten erscheinen, insbesondere in Webbrowsern.
- Der Webbrowser zeigt zusätzliche Werbung an, wenn eine Webseite besucht wird, oder Popupwerbung erscheint, wenn der Benutzer gar nicht im Web surft.
- Wenn der Benutzer versucht, eine Webseite aufzurufen, wird er auf eine ganz andere Webseite umgeleitet.
- Der Computer läuft langsamer als üblich. Das kann durch viele unterschiedliche Probleme verursacht sein, aber Spyware ist eine der häufigsten Ursachen.

Bei manchen Spywareprogrammen sind unter Umständen gar keine Symptome sichtbar, aber trotzdem werden vertrauliche Informationen ausgespäht. Sie erzielen die besten Ergebnisse, wenn Sie den Windows Defender-Echtzeitschutz mit täglichen Schnellüberprüfungen verwenden.

Empfehlungen für die Verwendung von Windows Defender

Sie sollten die folgenden Empfehlungen befolgen, um von den Sicherheitsvorteilen von Windows Defender zu profitieren und gleichzeitig die Kosten zu minimieren:

- Schulen Sie Benutzer darin, wie Malware arbeitet und welche Probleme sie verursachen kann. Konzentrieren Sie sich vor allem darauf, den Benutzern einzuschärfen, dass sie sich nicht durch Social Engineering-Angriffe (Täuschungsversuche) dazu bringen lassen, Malware zu installieren.
- Bevor Sie Windows 7 bereitstellen, sollten Sie alle Anwendungen testen, während Windows Defender aktiviert ist. So stellen Sie sicher, dass Windows Defender den Benutzer nicht wegen

normaler Änderungen warnt, die Ihre Anwendungen unter Umständen vornehmen. Falls eine legitime Anwendung Warnungen auslöst, sollten Sie diese Anwendung zur Liste der zugelassenen Elemente in Windows Defender hinzufügen.

- Ändern Sie die geplante Zeit für die Überprüfung so, dass sie sich für Ihr Unternehmen eignet. In der Standardeinstellung führt Windows Defender die Überprüfungen um 2:00 Uhr nachts durch. Falls die Nachtschicht die Computer während dieser Zeit benutzt, sollten Sie vielleicht einen besseren Termin für die Überprüfung ausfindig machen. Falls Benutzer ihre Computer ausschalten, während sie nicht im Büro sind, sollten Sie die Überprüfung so planen, dass sie tagsüber durchgeführt wird. Die automatische Schnellüberprüfung kann die Computerleistung zwar verschlechtern, sie dauert aber im Allgemeinen weniger als 10 Minuten und die Benutzer können während dieser Zeit weiterarbeiten. Alle eventuell auftretenden Leistungsverluste werden durch die Sicherheitsvorteile mehr als aufgewogen.

- Verwenden Sie WSUS, um Signaturupdates zu verwalten und zu verteilen.

- Verwenden Sie Antivirensoftware in Kombination mit Windows Defender. Stattdessen können Sie Windows Defender auch völlig deaktivieren und Clientsicherheitssoftware einsetzen, die sowohl Antispyware- als auch Antivirenfunktionalität bietet.

- Stellen Sie Windows Defender nicht in Unternehmen bereit. Verwenden Sie stattdessen Microsoft Forefront oder die Clientsicherheitssuite eines anderen Herstellers, die in Unternehmensumgebungen einfacher verwaltet werden können.

So führen Sie eine Problembehandlung für unerwünschte Software durch

Eine Spywareinfektion beschränkt sich selten auf eine einzige Anwendung. Die meisten erfolgreichen Spywareinfektionen installieren automatisch mehrere, oft gleich Dutzende weiterer böswilliger Anwendungen. Einige dieser Anwendungen sind einfach zu entfernen. Aber falls auch nur eine einzige böswillige Anwendung zurückbleibt, kann diese verbleibende Malwareanwendung unter Umständen andere Malwareanwendungen installieren.

Gehen Sie folgendermaßen vor, falls Sie ein Problem feststellen, das auf Spyware oder andere potenziell unerwünschte Software zurückzuführen ist:

1. Führen Sie eine Schnellüberprüfung durch und entfernen Sie alle potenziell unerwünschten Anwendungen vom System. Führen Sie dann sofort eine vollständige Überprüfung durch und entfernen Sie sämtliche weitere potenziell böswillige Software. Die vollständige Überprüfung kann viele Stunden benötigen. Windows Defender muss Windows 7 dabei wahrscheinlich neu starten.

2. Für den Fall, dass die Software Änderungen am Internet Explorer vorgenommen hat, indem sie zum Beispiel unerwünschte Add-Ons hinzugefügt oder die Startseite verändert hat, sollten Sie in Kapitel 20, »Verwalten des Internet Explorers«, die Problembehandlungsinformationen lesen.

3. Führen Sie Antivirenscans auf Ihrem Computer durch, beispielsweise über *http://safety.live.com*. Spyware installiert oft Software, die als Virus eingestuft ist, oder die Sicherheitslücke, die von der Spyware ausgenutzt wird, kann auch von einem Virus genutzt werden. Windows Defender kann Viren nicht erkennen oder beseitigen. Entfernen Sie alle Viren, die auf dem Computer installiert sind.

4. Falls Sie immer noch Anzeichen für Malware sehen, sollten Sie eine zusätzliche Antispyware- und Antivirenanwendung installieren. Bei komplizierten Infektionen reicht ein einziges Anti-Malware-Tool oft nicht aus, um die Infektion völlig zu beseitigen. Ihre Chancen, alle Spuren von Malware zu beseitigen, sind besser, wenn Sie mehrere Anwendungen einsetzen. Sie sollten aber nicht mehrere Anwendungen für den Echtzeitschutz konfigurieren.

5. Falls die Probleme weiterhin bestehen, sollten Sie das System herunterfahren und das Tool Systemstartreparatur starten, um eine Systemwiederherstellung durchzuführen. Setzen Sie den Computer in einen Zustand vor der Malware-Infektion zurück. Die Systemwiederherstellung entfernt normalerweise alle Starteinstellungen, die bewirken, dass Malware-Anwendungen ausgeführt werden. Die ausführbaren Dateien selbst werden dabei allerdings nicht entfernt. Wählen Sie diese Möglichkeit nur als letzten Ausweg: Die Systemwiederherstellung entfernt zwar keine persönlichen Dateien des Benutzers, kann aber Probleme mit kürzlich installierten oder konfigurierten Anwendungen verursachen. Weitere Informationen finden Sie in Kapitel 29, »Konfiguration und Problembehandlung des Startvorgangs«.

Diese Schritte beseitigen die meisten Malwareprobleme. Sobald aber Malware einmal auf einem Computer gelaufen ist, können Sie nie mehr völlig sicher sein, dass die Software auch wirklich vollständig entfernt wurde. Insbesondere Malware, die als *Rootkit* bezeichnet wird, kann sich selbst auf eine Weise installieren, dass sie auf einem Computer nur sehr schwierig zu erkennen ist. In solchen Fällen besteht die einzig zuverlässige Möglichkeit, das Rootkit loszuwerden, möglicherweise darin, die Festplatte neu zu formatieren, Windows neu zu installieren und dann die Benutzerdateien aus einer Datensicherung wiederherzustellen, die vor der Infektion angefertigt wurde.

Network Access Protection (NAP)

Viele Organisationen wurden von Viren oder Würmern befallen, die über mobile PCs in das private Netzwerk eindrangen und sich schnell auf viele Computer in der gesamten Organisation ausbreiteten. Wenn Windows 7 mit einer Windows Server 2008-Infrastruktur verbunden ist, unterstützt es NAP. Damit werden die Risiken verringert, wenn befallene Computer direkt oder über ein VPN mit dem privaten Netzwerk verbunden werden. Falls ein NAP-Client nicht mit den aktuellen Sicherheitsupdates oder Virussignaturen versehen ist (oder sonstige Anforderungen für den Computerzustand nicht erfüllt), blockiert NAP auf dem Computer den uneingeschränkten Zugriff auf Ihr privates Netzwerk. Falls ein Computer nicht die Sicherheitsanforderungen erfüllt, wird er mit einem eingeschränkten Netzwerk verbunden, wo er die Updates, Virensignaturen oder Konfigurationseinstellungen herunterladen und installieren kann, die benötigt werden, um die aktuellen Anforderungen an die Systemintegrität zu erfüllen. Auf diese Weise ist es innerhalb weniger Minuten möglich, einen potenziell verwundbaren Computer zu aktualisieren, seine Systemintegrität zu überprüfen und ihm dann uneingeschränkten Zugriff auf Ihr Netzwerk zu gewähren.

NAP wurde nicht entworfen, um ein Netzwerk gegen böswillige Benutzer zu schützen. Es soll Administratoren helfen, die Systemintegrität der Computer im Netzwerk zu verwalten, was wiederum hilft, die Gesamtintegrität des Netzwerks sicherzustellen. Falls zum Beispiel ein Computer die gesamte Software und alle Konfigurationseinstellungen hat, die von der Sicherheitsanforderungsrichtlinie vorgeschrieben werden, wird der Computer als ungefährlich eingestuft und erhält uneingeschränkten Zugriff auf das Netzwerk. NAP verhindert nicht, dass ein autorisierter Benutzer mit einem als ungefährlich eingestuften Computer ein böswilliges Programm in das Netzwerk hochlädt oder andere dubiose Aktivitäten unternimmt.

NAP hat drei wichtige Aspekte:

-   **Netzwerkrichtlinienvalidierung**   Wenn ein Benutzer versucht, eine Verbindung zum Netzwerk herzustellen, wird die Systemintegrität des Computers anhand der Netzwerkzugriffsrichtlinien geprüft, die der Administrator definiert hat. Administratoren können dann entscheiden, was passieren soll, falls ein Computer die Integritätsanforderungen nicht erfüllt. In einer Umgebung, die nur mit Überwachung arbeitet, bekommen alle autorisierten Computer Zugriff auf das Netzwerk, sogar dann, wenn sie die Anforderungen an die Systemintegrität nicht erfüllen. Der Systemintegritätszustand aller Computer wird aber protokolliert. In einer Isolationsumgebung bekommen Computer, die die Anforderungen an die Systemintegrität erfüllen, uneingeschränkten Zugriff auf das Netzwerk, aber Computer, die die Anforderungen an die Systemintegrität nicht erfüllen oder nicht zu NAP kompatibel sind, werden in ein eingeschränktes Netzwerk gelegt. In beiden Umgebungen können Administratoren Ausnahmen für den Überprüfungsprozess definieren. NAP umfasst auch Migrationstools, die es Administratoren einfacher machen, Ausnahmen zu definieren, die sich optimal für ihr Netzwerk eignen.

- **Sicherstellen der Systemintegritätsanforderungsrichtlinien** Administratoren können sicherstellen, dass Computer die Systemintegritätsanforderungsrichtlinien erfüllen, indem Computer, die die Anforderung nicht erfüllen, automatisch mit den nötigen Updates versehen werden. Das geschieht über Verwaltungssoftware, zum Beispiel Microsoft System Center Configuration Manager. In einer Umgebung, die nur mit Überwachung arbeitet, haben Computer schon Zugriff auf das Netzwerk, bevor sie mit der nötigen Software oder Konfigurationsänderungen aktualisiert werden. In einer Isolationsumgebung haben Computer, die die Systemintegritätsanforderungsrichtlinien nicht erfüllen, nur eingeschränkten Zugriff, bis die Software- und Konfigurationsupdates abgeschlossen sind. Auch hier gilt wieder, dass der Administrator in beiden Umgebungen Richtlinienausnahmen definieren kann.

- **Eingeschränkter Zugriff für Computer, die die Anforderungen nicht erfüllen** Administratoren können das Netzwerk schützen, indem sie den Zugriff durch Computer einschränken, die die Anforderungen an die Systemintegrität nicht erfüllen. Für Computer, die die Anforderungen nicht erfüllen, wird der Netzwerkzugriff so weit eingeschränkt, wie es der Administrator definiert hat. Dieser Zugriff kann auf ein besonderes Netzwerk oder eine einzelne Ressource eingeschränkt werden oder alle Zugriffe auf interne Ressourcen verhindern. Falls ein Administrator keine Updateressourcen konfiguriert, mit denen sich die geforderte Systemintegrität erreichen lässt, bleibt der Zugriff für die gesamte Dauer der Verbindung eingeschränkt. Falls ein Administrator Updateressourcen konfiguriert, dauert der eingeschränkte Zugriff nur so lange, bis der Computer die Anforderungen an die Systemintegrität erfüllt.

NAP ist eine erweiterbare Plattform, die eine Infrastruktur und eine Programmierschnittstelle (Application Programming Interface, API) zur Verfügung stellt, mit der sich Komponenten hinzufügen lassen, die die Systemintegrität eines Computers überprüfen und bei Bedarf herstellen, sodass die Systemintegritätsanforderungsrichtlinien erfüllt sind. NAP selbst stellt keine Komponenten zur Verfügung, die die Systemintegrität eines Computers überprüfen oder herstellen. Andere Komponenten, die sogenannten SHAs (System Health Agent) und SHVs (System Health Validator), bieten automatisierte Funktionen für Berichterstattung, Überprüfung und Herstellung der Systemintegrität. Windows Vista, Windows Server 2008 und Windows 7 enthalten einen SHA und einen SHV, die es dem Netzwerkadministrator erlauben, Systemintegritätsanforderungen für die Dienste anzugeben, die vom Windows-Sicherheitscenter überwacht werden.

Wenn Sie eine Problembehandlung für clientseitige Probleme im Zusammenhang mit NAP durchführen, sollten Sie die Ereignisanzeige öffnen und sich das Ereignisprotokoll *Anwendungs- und Dienstprotokolle\Microsoft\Windows\Network Access Protection* ansehen. Weitere Informationen über die Konfiguration einer NAP-Infrastruktur mit Windows Server 2008 finden Sie in den Kapiteln 14 bis 19 des Buchs *Windows Server 2008 Networking und Netzwerkzugriffsschutz* von Joseph Davies und Tony Northrup (Microsoft Press, 2008).

Forefront

Forefront ist eine Sicherheitssoftware für Unternehmen, die Schutz vor Malware und vielen anderen Bedrohungen bietet. Während Windows Defender für Verbraucher und kleine Betriebe entworfen wurde, soll Forefront in großen Unternehmensnetzwerken bereitgestellt werden und sich dort effizient verwalten lassen.

Forefront-Produkte sind mit dem Ziel entworfen, eine mehrstufige Verteidigung für den Schutz von Desktopcomputern, Laptops und Serverbetriebssystemen zur Verfügung zu stellen. Forefront besteht momentan aus folgenden Produkten:

- Microsoft Forefront Client Security (FCS)
- Microsoft Forefront Security for Exchange Server (früherer Name Microsoft Antigen for Exchange)
- Microsoft Forefront Security for SharePoint (früherer Name Antigen für SharePoint)
- Microsoft Forefront Security for Office Communications Server (früherer Name Antigen für Instant Messaging)
- Microsoft Intelligent Application Gateway (IAG)
- Microsoft Forefront Threat Management Gateway (TMG)

Von diesen Produkten wird nur FCS auf Clientcomputern bereitgestellt. Die anderen Produkte werden normalerweise auf Servern bereitgestellt, um Anwendungen, Netzwerke und Infrastruktur zu schützen.

Die Unternehmensverwaltung von Anti-Malware-Software bietet folgende Vorteile:

- Zentrale Richtlinienverwaltung
- Warnungen und Berichte über Malwarebedrohungen in Ihrer Umgebung
- Umfassende Daten zum Sicherheitsstatus Ihrer Umgebung, etwa den Status von Sicherheitsupdates und aktuellen Signaturen

Forefront stellt eine einfache Benutzeroberfläche zum Erstellen von Richtlinien zur Verfügung, die Sie mithilfe von Gruppenrichtlinienobjekten automatisch an Organisationseinheiten (Organizational Unit, OU) und Sicherheitsgruppen verteilen können. Clients können ebenfalls ihren Status zentral melden, sodass Administratoren sich den Gesamtzustand der Clientsicherheit im Unternehmen anzeigen lassen können.

Mit Forefront können Administratoren Statistiken anzeigen lassen, die von domänenweit bis zu ausgewählten Gruppen von Computern oder sogar einzelnen Computern alle Größenordnungen abdecken, damit die Folgen von bestimmten Bedrohungen eingeschätzt werden können. Anders ausgedrückt: Falls Malware Computer in Ihrer Organisation befällt, können Sie die Infektion einfach erkennen, die betroffenen Computer isolieren und dann Schritte einleiten, um das Problem zu beseitigen.

Forefront stellt auch eine clientseitige Benutzeroberfläche zur Verfügung. Ähnlich wie Windows Defender kann Forefront Benutzer warnen, falls eine Anwendung versucht, potenziell böswillige Änderungen vorzunehmen, oder falls es erkennt, dass bekannte Malware versucht, sich auszuführen zu lassen. Die Hauptunterschiede zwischen Windows Defender und Forefront sind:

- **Forefront wird zentral verwaltet**　Forefront ist so entworfen, dass es in mittleren und großen Netzwerken eingesetzt werden kann. Administratoren können in der zentralen Verwaltungskonsole verschiedene Informationen anzeigen lassen: eine Zusammenfassung der aktuellen Bedrohungen und Sicherheitslücken, welche Computer aktualisiert werden müssen, und welche momentan Sicherheitsprobleme haben. Windows Defender wurde nur für Heimcomputer und kleine Betriebe entworfen, die Bedrohungen müssen daher auf den lokalen Computern verwaltet werden.

- **Forefront ist hochgradig konfigurierbar**   Sie können automatisierte Reaktionen auf Warnungen konfigurieren und zum Beispiel verhindern, dass Benutzer bekannte Malware ausführen, statt ihnen die Möglichkeit zu geben, eine Warnung zu ignorieren, wie es im Windows Defender möglich ist.

- **Forefront schützt gegen alle Arten von Malware**   Windows Defender wurde als Schutz gegen Spyware entworfen. Forefront schützt gegen Spyware, Viren, Rootkits, Würmer und Trojanische Pferde. Falls Sie Windows Defender verwenden, brauchen Sie zusätzlich eine andere Anwendung, die vor anderen Bedrohungen schützt.

- **Forefront kann eine größere Bandbreite von Windows-Plattformen schützen**   Forefront wurde dazu entworfen, Computer zu schützen, die unter Microsoft Windows 2000, Windows XP, Windows Server 2003, Windows Vista, Windows 7 und Windows Server 2008 laufen. Windows Defender kann nur Windows XP-, Windows Vista- und Windows 7-Computer schützen.

Wie Windows Defender unterstützt Forefront die Verwendung von Microsoft Update und WSUS, um aktualisierte Signaturen an Clientcomputer zu verteilen, aber Forefront unterstützt auch Softwareverteilungssysteme von Fremdherstellern. Weitere Informationen über Forefront finden Sie unter *http://www.microsoft.com/forefront/*. Sehen Sie sich auch die Microsoft TechNet Virtual Labs unter *http://technet.microsoft.com/bb499665.aspx* an.

> **HINWEIS**   Microsoft bietet noch eine dritte Clientsicherheitslösung an: Windows Live OneCare. Windows Live OneCare ist so entworfen, dass es Heimcomputer und kleine Unternehmen durch Antiviren-, Antispyware-, verbesserter Firewallsoftware-, Leistungsüberwachungs-, Datensicherungs- und Wiederherstellungsunterstützung schützt. Weitere Informationen finden Sie unter *http://onecare.live.com/*.

Zusammenfassung

Windows 7 ist so aufgebaut, dass es in der Standardeinstellung sicher ist, aber Standardeinstellungen erfüllen nicht immer die Anforderungen aller Benutzer. Außerdem können die hochsicheren Standardeinstellungen Kompatibilitätsprobleme mit Anwendungen verursachen, die nicht speziell für Windows 7 entwickelt wurden. Aus diesen Gründen ist es wichtig, dass Sie die Clientsicherheitstechnologien kennen, die in Windows 7 eingebaut sind, und wissen, wie sie konfiguriert werden.

Eine der wichtigsten Sicherheitsverbesserung ist die Benutzerkontensteuerung (User Account Control, UAC). In der Standardeinstellung sind sowohl Benutzer als auch Administratoren auf Standardbenutzerprivilegien beschränkt. Das verringert den Schaden, den Malware anrichten kann, falls sie erfolgreich einen Prozess im Benutzerkontext ausführt. Falls eine Anwendung erhöhte Privilegien benötigt, muss der Benutzer die Anforderung in einer UAC-Eingabeaufforderung bestätigen oder administrative Anmeldeinformationen eingeben. Weil UAC die Standardprivilegien für Anwendungen ändert, kann es Probleme mit Anwendungen verursachen, die Administratorrechte benötigen. Um diese Probleme zu minimieren, stellt UAC eine Datei- und Registrierungsvirtualisierung zur Verfügung, die Anforderungen nach geschützten Ressourcen auf benutzerspezifische Speicherorte umleitet, die keine Auswirkung auf das gesamte System haben.

AppLocker stellt ähnliche Funktionen zur Verfügung wie die Richtlinien für Softwareeinschränkung aus älteren Windows-Versionen. Die Herausgeberregeln von AppLocker bieten aber flexiblere Steuermöglichkeiten, sodass Administratoren eine einzige Regel erstellen können, die sowohl aktuelle als auch künftige Versionen einer Anwendung zulässt, ohne dass dafür die Risiken einer Pfadregel eingegangen werden müssen. Außerdem umfasst AppLocker einen Überwachungsmodus, in dem Administratoren feststellen können, für welche Anwendungen Regeln benötigt werden, und in dem sie ihre Regeln testen können, bevor sie erzwungen werden.

Microsoft stellt Windows Defender als zusätzlichen Schutz vor Spyware und anderer potenziell unerwünschter Software zur Verfügung. Windows Defender arbeitet auf Basis von Signaturen und einer heuristischen Spywareerkennung. Falls er Malware auf einem Computer findet, bietet er dem Benutzer an, die Installation zu verhindern oder das Programm zu entfernen, falls es bereits installiert ist. Windows Defender ist allerdings nicht für den Einsatz in Unternehmen gedacht. Verbesserte Verwaltbarkeit und Schutz vor anderen Malwaretypen (zum Beispiel Viren und Rootkits) bietet Forefront oder andere, ähnliche Clientsicherheitslösungen für Unternehmen.

Weitere Informationen

Die folgenden Ressourcen liefern weitere Informationen und Tools zu den Themen dieses Kapitels.

Informationsquellen

- Kapitel 2, »Sicherheit in Windows 7«, bietet einen Überblick über Malware.

- Kapitel 4, »Planen der Bereitstellung«, enthält mehr Informationen über Anwendungskompatibilität.

- Kapitel 20, »Verwalten des Internet Explorers«, enthält weitere Informationen über den Schutz von Internet Explorer.

- Kapitel 23, »Verwalten von Softwareupdates«, enthält Informationen über das Bereitstellen von WSUS.

- Kapitel 26, »Konfigurieren von Windows-Firewall und IPSec«, enthält mehr Informationen über Windows-Diensthärtung.

- Kapitel 29, »Konfiguration und Problembehandlung des Startvorgangs«, enthält Informationen über das Ausführen der Systemwiederherstellung.

- »Behavioral Modeling of Social Engineering-Based Malicious Software« unter *http://www. microsoft.com/downloads/details.aspx?FamilyID=e0f27260-58da-40db-8785-689cf6a05c73* enthält Informationen über Social Engineering-Angriffe.

- »Windows 7 Security Compliance Management Toolkit« unter *http://go.microsoft.com/fwlink/ ?LinkId=156033* enthält ausführliche Informationen darüber, wie Sie die Windows 7-Sicherheit für Ihre Organisation am besten konfigurieren.

- »Microsoft Security Intelligence Report« unter *http://www.microsoft.com/downloads/details.aspx ?FamilyID=aa6e0660-dc24-4930-affd-e33572ccb91f* enthält Informationen über Trends bei böswilliger und potenziell unerwünschter Software.

- »Malware Removal Starter Kit« unter *http://www.microsoft.com/downloads/details.aspx?Family ID=6cd853ce-f349-4a18-a14f-c99b64adfbea.*

- »Applying the Principle of Least Privilege to User Accounts on Windows XP« unter *http://technet. microsoft.com/en-us/library/bb456992.aspx.*

- »Fundamental Computer Investigation Guide for Windows« unter *http://www.microsoft.com/ downloads/details.aspx?FamilyId=71B986EC-B3F1-4C14-AC70-EC0EB8ED9D57.*

- »Security Compliance Management Toolkit Series« unter *http://www.microsoft.com/downloads/ details.aspx?FamilyID=5534bee1-3cad-4bf0-b92b-a8e545573a3e.*

Auf der Begleit-CD

- *DeleteCertificate.ps1*
- *FindCertificatesAboutToExpire.ps1*
- *FindExpiredCertificates.ps1*
- *Get-Certificates.ps1*
- *Get-DefenderStatus.ps1*
- *Get-ForefrontStatus.ps1*
- *InspectCertificate.ps1*
- *ListCertificates.ps1*

Netzwerke

KAPITEL 25

Konfigurieren der Windows-Netzwerkfunktionen

Das Betriebssystem Windows 7 baut auf den Netzwerkfähigkeiten auf, die in Windows Vista einge-führt wurden, und verbessert sie weiter. Dieses Kapitel beschreibt, wie Windows 7 die Probleme eines modernen Netzwerks angeht, wie Sie diese neuen Features konfigurieren und verwalten und wie Sie Windows 7 so bereitstellen, dass es die Vorteile einer modernen, flexiblen Netzwerktechnik nutzt.

Verbesserungen der Benutzerfreundlichkeit

Verbesserungen an der Benutzerfreundlichkeit von Windows 7 helfen sowohl Benutzern als auch Administratoren. Benutzer profitieren, weil sie mehr Arbeit in kürzerer Zeit erledigen, und Adminis-tratoren profitieren, weil Benutzer weniger Supportanfragen schicken.

Die folgenden Abschnitte beschreiben wichtige Verbesserungen der Benutzerfreundlichkeit im Zusammenhang mit dem Netzwerk, die in Windows Vista neu eingeführt und nun in Windows 7 weiterentwickelt wurden. Das sind vor allem das neue Netzwerk- und Freigabecenter, der Netzwerk-Explorer, die Netzwerkübersicht und der Assistent *Eine Verbindung oder ein Netzwerk einrichten*. Wenn Sie diese Features kennen, können Sie sie effektiv einsetzen und Benutzer durch viele häufiger vorkommende Netzwerkkonfigurations- und Problembehandlungsaufgaben leiten.

Netzwerk- und Freigabecenter

Das verbesserte Netzwerk- und Freigabecenter von Windows 7 (Abbildung 25.1) liefert eine über-sichtliche Darstellung der verfügbaren Drahtlosnetzwerke, eine Netzwerkübersicht mit den benach-barten Netzwerkressourcen in einem Heim- oder unverwalteten Netzwerk und einfache Methoden zum Erstellen oder Beitreten zu Ad-hoc-Drahtlosnetzwerken. Diagnosetools, die in das Netzwerk- und Freigabecenter eingebaut sind, vereinfachen die Behebung von Verbindungsproblemen. Benutzer können die Netzwerkressourcen mit dem neuen Netzwerk-Explorer durchsuchen, den sie mit einem Klick auf das Netzwerksymbol starten können.

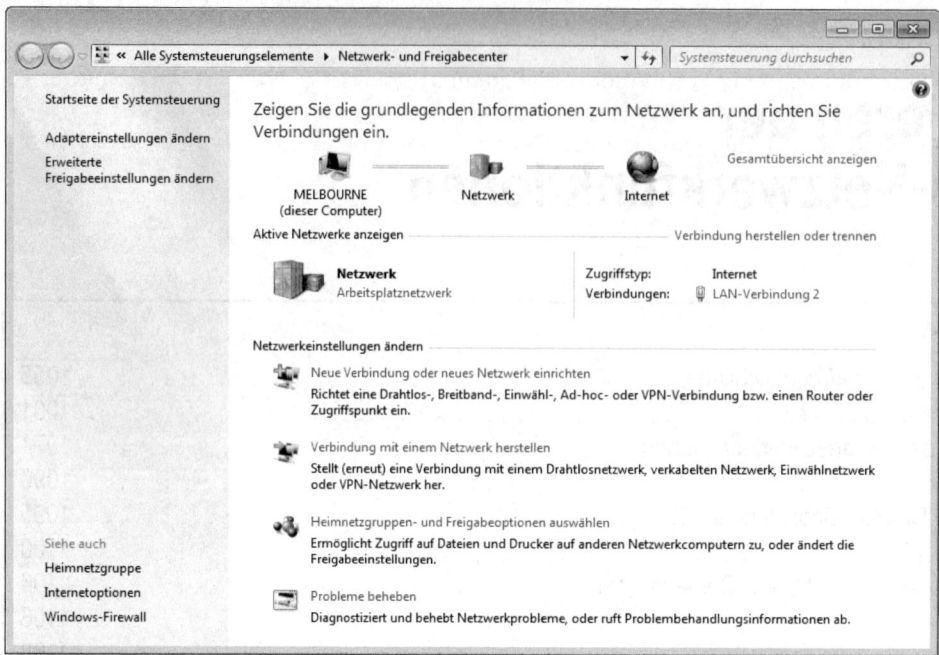

Abbildung 25.1 Das Netzwerk- und Freigabecenter vereinfacht die Netzwerkverwaltung für Benutzer

Falls eine Netzwerkverbindung nicht zur Verfügung steht, zum Beispiel bei einer fehlenden Internetverbindung (obwohl die Verbindung zum Computer funktioniert), erkennt das Netzwerk- und Freigabecenter diesen Fehler und zeigt ihn grafisch in der vereinfachten Version der Netzwerkübersicht an (Abbildung 25.2). Benutzer können eine Problembehandlung für das Problem durchführen, indem sie einfach auf das Fehlersymbol in der Netzwerkübersicht klicken und so die Windows-Netzwerkdiagnose starten. Weitere Informationen finden Sie in Kapitel 31, »Behandlung von Problemen mit Netzwerken«.

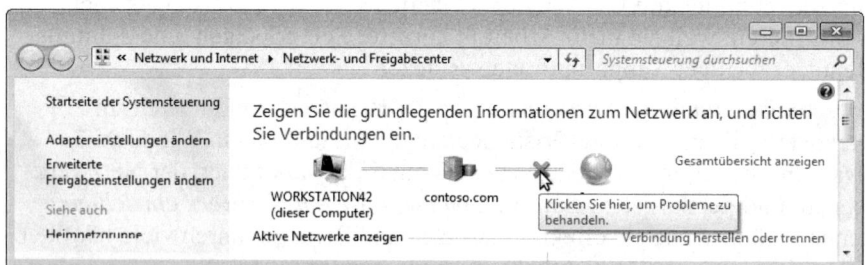

Abbildung 25.2 Das Netzwerk- und Freigabecenter erkennt Probleme automatisch und kann den Benutzern bei der Diagnose und Problembehandlung helfen

Sie öffnen das Netzwerk- und Freigabecenter, indem Sie im Infobereich der Taskleiste auf das Netzwerksymbol klicken und dann *Netzwerk- und Freigabecenter öffnen* wählen. Stattdessen können Sie auch die Systemsteuerung öffnen, auf *Netzwerk und Internet* und dann auf *Netzwerk- und Freigabecenter* klicken.

Der Netzwerk-Explorer

Ähnlich wie in der Netzwerkumgebung von Windows XP kann der Benutzer im Netzwerk-Explorer (auch als Netzwerkordner bezeichnet) die Ressourcen im lokalen Netzwerk durchsuchen. Der Netzwerk-Explorer ist aber deutlich leistungsfähiger als die Netzwerkumgebung, und zwar weil die Unterstützung für Netzwerkerkennung (network discovery) in Windows Vista und Windows 7 eingebaut ist (weiter unten in diesem Abschnitt beschrieben).

Sie öffnen den Netzwerk-Explorer, indem Sie im Netzwerk- und Freigabecenter auf das gewünschte Netzwerk klicken. Wie in Abbildung 25.3 zu sehen, zeigt der Netzwerk-Explorer die anderen sichtbaren Computer und Netzwerkgeräte an. Benutzer können auf Netzwerkressourcen zugreifen, indem sie sie doppelt anklicken.

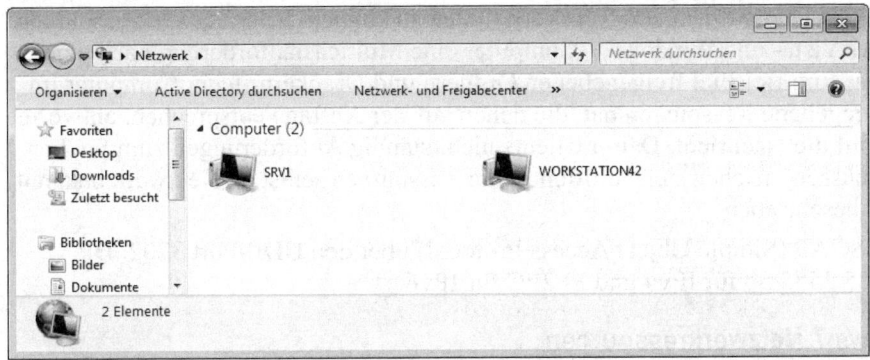

Abbildung 25.3   Im Netzwerk-Explorer können die Benutzer Ressourcen des lokalen Netzwerks durchsuchen

Die folgenden Abschnitte beschreiben, wie unterschiedliche Bereiche des Netzwerk-Explorers arbeiten, vor allem die Netzwerkerkennung und die Netzwerkübersicht.

So findet Windows 7 Netzwerkressourcen

Windows-Versionen vor Windows Vista verwenden NetBIOS-Broadcasts, um ihre Anwesenheit im Netzwerk bekannt zu geben, sodass freigegebene Ressourcen in Arbeitsgruppenumgebungen gefunden werden können. Windows Vista und Windows 7 erweitern diese Fähigkeit durch ein Feature namens Netzwerkerkennung (network discovery) oder Funktionserkennung (function discovery, FD). Die Hauptaufgabe der Netzwerkerkennung ist es, das Konfigurieren und Anschließen von Netzwerkgeräten in Heim- und kleinen Büroumgebungen zu vereinfachen. Zum Beispiel kann die Netzwerkerkennung das Media Center-Feature aktivieren, um ein Media Center Extender-Gerät (zum Beispiel eine Xbox 360) zu erkennen, wenn sie mit dem Netzwerk verbunden ist.

Die Netzwerkerkennung kann für unterschiedliche Netzwerkstandorttypen individuell aktiviert oder deaktiviert werden. Zum Beispiel ist die Netzwerkerkennung für Netzwerke mit dem Netzwerkstandorttyp »Privat« standardmäßig aktiviert, aber in Netzwerken mit dem Standorttyp »Domäne« oder »Öffentlich« deaktiviert. Wenn der Netzwerkstandorttyp richtig konfiguriert ist (weiter unten in diesem Kapitel beschrieben), können Windows Vista- und Windows 7-Computer in Ihrer Umgebung die Netzwerkerkennung nutzen, wenn sie mit Ihren internen Netzwerken verbunden sind, aber gleichzeitig werden die Sicherheitsgefahren minimiert, weil die Netzwerkerkennung deaktiviert ist, wenn eine Verbindung zu anderen Netzwerken besteht, zum Beispiel dem Internet. Es kann sinnvoll sein, die Netzwerkerkennung für einige Netzwerkstandorttypen aktiviert zu lassen, damit Benutzer Netzwerkressourcen in Ihrem Intranet einfacher finden können, die nicht in AD DS (Active Directory Domain

Services) aufgelistet sind, und damit Benutzer mit mobilen PCs Netzwerkgeräte in ihren Heimnetzwerken oder auf Reisen einfach konfigurieren können.

Die Netzwerkerkennung ist zwar die bevorzugte Methode, Windows Vista und Windows 7 verwenden aber auch weiterhin den Computerbrowserdienst und NetBIOS-Broadcasts, um Computer mit älteren Windows-Versionen im Netzwerk zu finden. Außerdem verwenden Windows Vista und Windows 7 den Dienst *Funktionssuchanbieter-Host* und Web Services Dynamic Discovery (WS-Discovery), um andere Windows Vista- und Windows 7-Computer zu finden, und Universal Plug & Play/Simple Service Discovery Protocol (SSDP/UPnP)), um vernetzte Geräte zu finden, die diese Protokolle unterstützen. Wenn die Netzwerkerkennung aktiviert wird, werden daher Ausnahmen für diese Protokolle in der Windows-Firewall aktiviert.

WS-Discovery ist ein Multicasterkennungsprotokoll, das von Microsoft, BEA, Canon, Intel und web-Methods entwickelt wurde, um Dienste in einem Netzwerk finden zu können. Um Netzwerkressourcen zu suchen, senden Windows Vista- und Windows 7-Computer eine Multicastanforderung nach einem oder mehreren Zieldiensten, zum Beispiel freigegebenen Ordnern und Druckern. Jeder Computer im lokalen Netzwerk, der freigegebene Ressourcen hat, die denen aus der Anfrage entsprechen, antwortet dann über WS-Discovery auf die Nachricht. Damit Clients nicht ständig Anforderungen zum Suchen neuer Ressourcen senden müssen, machen sich veröffentlichte Ressourcen selbst im Netzwerk bekannt, wie im nächsten Abschnitt beschrieben.

WS-Discovery verwendet SOAP (Simple Object Access Protocol) über den UDP-Port 3702. Die Multicastadresse ist 239.255.255.250 für IPv4 und FF2::C für IPv6.

So veröffentlicht Windows 7 Netzwerkressourcen

Wenn Sie eine Netzwerkressource freigeben, zum Beispiel einen Ordner oder Drucker, kommuniziert Windows 7 über verschiedene Protokolle, um anderen Computern im Netzwerk mitzuteilen, dass die Ressource zur Verfügung steht. Um mit Windows-Versionen vor Windows Vista zu kommunizieren, benachrichtigt der Serverdienst den Computerbrowserdienst, wenn neue Freigaben erstellt oder gelöscht werden, und der Computerbrowserdienst sendet die Bekanntmachung über NetBIOS.

Um Ressourcen anderen Windows Vista- und Windows 7-Computern über WS-Discovery bekannt zu machen, verwendet Windows 7 den Dienst *Funktionssuche-Ressourcenveröffentlichung* (Function Discovery Resource Publication, FDRP). Während FD die Aufgabe hat, freigegebene Ressourcen in einem Netzwerk zu finden, wenn der Computer als Client agiert, hat FDRP die Aufgabe, Ressourcen bekannt zu machen, wenn der Computer als Server agiert. Der Ablauf sieht folgendermaßen aus:

- Beim Start des Dienstes wird für jede registrierte Ressource eine HELLO-Nachricht gesendet.
- Jedes Mal, wenn eine neue Ressource registriert wird, wird eine HELLO-Nachricht gesendet. Es wird auf Netzwerkanfragen nach Ressourcen geantwortet, wenn eine der registrierten Ressourcen dem angeforderten Typ entspricht.
- Es werden Netzwerkanforderungen nach Ressourcen aufgelöst, die den Namen einer der registrierten Ressourcen enthalten.
- Es wird eine BYE-Nachricht gesendet, wenn eine Ressource deregistriert wird.
- Beim Beenden des Dienstes wird für jede registrierte Ressource eine BYE-Nachricht gesendet.

Die HELLO-Nachricht umfasst folgende Informationen:

- Name
- Beschreibung
- Ob der Computer Mitglied einer Arbeitsgruppe oder Domäne ist

- Computertyp, zum Beispiel Desktop, Laptop, Tablet, Media Center oder Server

- Ob Remotedesktop aktiviert und durch die Windows-Firewall erlaubt ist

- Ordner- und Druckerfreigaben, die zumindest Lesezugriff für *Jeder* bieten, falls die Dateifreigabe aktiviert und durch die Windows-Firewall erlaubt ist. Administrative Freigaben werden nicht bekannt gemacht. Für jede Freigabe werden folgende Informationen übermittelt:

  ☐ Pfad

  ☐ Sofern sinnvoll, der Ordnertyp (zum Beispiel Dokumente, Bilder, Musik oder Videos)

  ☐ Die Freigabeberechtigungen, die der Spezialgruppe *Jeder* zugewiesen sind

FDRP ist in erster Linie für Heimnetzwerke gedacht, wo die Benutzerfreundlichkeit ein wichtiges Kriterium ist und die Netzwerke normalerweise unverwaltet sind. In Unternehmensumgebungen, wo eine große Zahl von Computern im selben Subnetz liegen kann und das Netzwerk verwaltet ist, wird FDRP nicht empfohlen, da der Verkehr ein Ärgernis werden kann. Standardmäßig ist FDRP in einer Arbeitsgruppenumgebung aktiviert und in einer Domänenumgebung deaktiviert.

So erstellt Windows die Netzwerkübersicht

Windows erstellt die Netzwerkübersicht unter anderem mit dem LLTD-Protokoll (Link Layer Topology Discovery). Wie der Name andeutet, arbeitet LLTD in Schicht 2 (über diese Schicht kommunizieren Geräte in einem LAN) und ermöglicht es Netzwerkgeräten, sich gegenseitig zu identifizieren, sich über das Netzwerk zu informieren (zum Beispiel Bandbreitenfähigkeiten) und eine Kommunikation einzurichten (sogar dann, wenn Geräte noch nicht mit IP-Adressen konfiguriert sind). Normalerweise brauchen Sie LLTD nicht direkt zu verwalten. Sie können aber zwei Gruppenrichtlinieneinstellungen konfigurieren, die im Pfad *Computerkonfiguration\Richtlinien\Administrative Vorlagen\ Netzwerk\Verbindungsschicht-Topologieerkennung* liegen:

- **Treiber für den Beantworter (RSPNDR) aktivieren**   Diese Einstellung ermöglicht es, dass die Computer in einem Netzwerk erkannt werden können und an QoS-Aktivitäten (Quality of Service) teilnehmen können, zum Beispiel Bandbreiteneinschätzung und Netzwerkzustandsanalyse. Sie können die Beantwortertreiber (responder driver) aktivieren, während eine Verbindung zu Netzwerken der Standorttypen »Domäne«, »Öffentlich« oder »Privat« besteht. Windows aktiviert die Beantwortertreiber für alle Netzwerke standardmäßig.

- **Treiber für die Zuordnungs-E/A (LLTDIO) aktivieren**   Diese Einstellung ermöglicht es einem Computer, die Topologie des lokalen Netzwerks zu erkennen und QoS-Anforderungen einzuleiten. Sie können den Zuordnungstreiber (mapper driver) aktivieren, während eine Verbindung zu Netzwerken der Standorttypen »Domäne«, »Öffentlich« oder »Privat« besteht. Diese Option ist für alle Netzwerke standardmäßig aktiviert. Windows aktiviert den Zuordnungstreiber für alle Netzwerke standardmäßig.

Abbildung 25.4 zeigt, wie der LLTD-Responder und -Mapper sich in die Struktur der anderen Windows 7-Netzwerkkomponenten einordnen.

HINWEIS   Windows Vista und Windows 7 enthalten einen LLTD-Beantworter, ältere Windows-Versionen aber nicht. Wie Sie einen LLTD-Beantworter herunterladen und zu Windows XP hinzufügen, erfahren Sie im Microsoft Knowledge Base-Artikel 992120 unter *http://support.microsoft.com/kb/922120*. Damit können Windows XP-Computer in der Netzwerkübersicht von Windows 7 aufgeführt werden, aber Windows XP-Computer können trotzdem keine solchen Übersichten generieren.

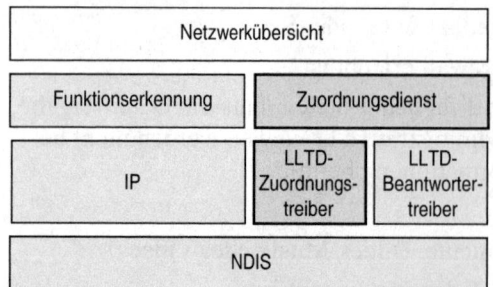

Abbildung 25.4 LLTD ist als Low-Level-Beantworter- und -Zuordnungskomponente implementiert

LLTD ist kein sicheres Protokoll und es gibt daher keine Garantie, dass die Netzwerkübersicht korrekt ist. Es ist möglich, dass Geräte im Netzwerk falsche Ankündigungen senden und auf diese Weise fiktive Elemente zur Übersicht hinzufügen.

Weil jeder Benutzer seinen eigenen Satz von Netzwerkprofilen haben kann, erstellt Windows Netzwerkübersichten individuell für den jeweiligen Benutzer. Für jedes Netzwerkprofil, das ein Benutzer erstellt, generiert Windows in Wirklichkeit zwei Übersichten: die aktuelle Übersicht und eine Kopie der letzten funktionierenden Übersicht (ähnlich der Wiederherstellungsoption *Letzte als funktionierend bekannte Konfiguration*). Wenn Windows dem Benutzer die Netzwerkübersicht anzeigt, kombiniert es diese beiden Übersichten.

Netzwerkübersicht

Die Netzwerkübersicht (Abbildung 25.5) macht es dem Benutzer einfacher, sich anzusehen, wie ein Computer mit einem oder mehreren Netzwerken und anderen Computern in Ihrem Intranet verbunden ist. Das Tool ist zwar in erster Linie dazu gedacht, Benutzern den Umgang mit dem Netzwerk zu erleichtern, es ist aber auch ein nützliches Tool für Administratoren. Benutzer können den Namen ihres Computers anklicken, um sich die Eigenschaften dieses Computers anzusehen, ein lokales Netzwerk anklicken, um sich die Netzwerkressourcen mit dem Netzwerk-Explorer anzusehen, oder das Internetsymbol anklicken, um im Web zu surfen.

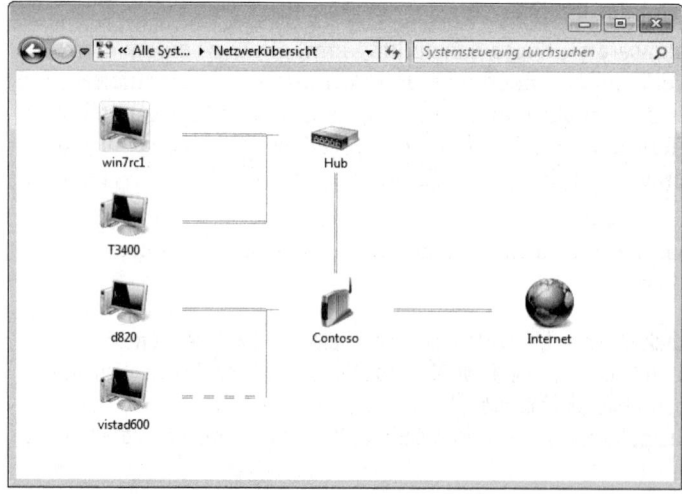

Abbildung 25.5 Die Netzwerkübersicht stellt alle Verbindungen eines Computers grafisch dar

Damit Windows eine vollständige Netzwerkübersicht erstellen kann, muss der LLTD-Zuordnungs-dienst (*Verbindungsschicht-Topologieerkennungs-Zuordnungsprogramm*) laufen und die Netzwerk-übersicht muss aktiviert sein. Der Dienst hat den Starttyp Manuell, die Netzwerkübersicht startet ihn bei Bedarf automatisch. Sie sollten den Dienst *Verbindungsschicht-Topologieerkennungs-Zuordnungs-programm* nicht deaktivieren, sofern Sie die Netzwerkübersicht nicht vollständig deaktivieren wollen. Netzwerkübersichten sind möglicherweise nicht immer korrekt, und Windows zeigt möglicherweise keine Geräte an, die LLTD nicht unterstützen.

Die Netzwerkübersicht ist standardmäßig deaktiviert, wenn ein Computer mit einer Domäne verbun-den ist. Sie können die Netzwerkübersicht aktivieren, indem Sie die Gruppenrichtlinieneinstellung *Treiber für die Zuordnungs-E/A (LLTDIO) aktivieren* (beschrieben im vorherigen Abschnitt) und das Kontrollkästchen *Betrieb bei Domänenmitgliedschaft zulassen* aktivieren. Damit Windows-Client-computer in der Netzwerkübersicht anderer Computer erscheinen, müssen Sie die Einstellung *Treiber für den Beantworter (RSPNDR) aktivieren* aktivieren.

Der Assistent *Eine Verbindung oder ein Netzwerk einrichten*

Windows 7 enthält einen Assistenten zum Einrichten des Netzwerks, der es noch einfacher macht, Kabelnetzwerke, Drahtlosnetzwerke, DFÜ-Verbindungen und VPNs (Virtual Private Network) einzu-richten. Normalerweise sollten Administratoren alle benötigten Netzwerkverbindungen konfigurieren, bevor sie einen Computer bereitstellen. Benutzer müssen aber oft Drahtlosverbindungen, VPN-Ver-bindungen und DFÜ-Verbindungen einrichten, nachdem ein Computer bereitgestellt wurde.

Weitere Informationen über das Einrichten von Drahtlosnetzwerken finden Sie unter »Einstellungen für Drahtlosnetzwerke von Hand konfigurieren« weiter unten in diesem Kapitel. Weitere Informationen über das Einrichten von DFÜ-Verbindungen und VPNs finden Sie in Kapitel 27, »Verbindungen mit Remotebenutzern und -netzwerken«.

Verbesserungen der Verwaltbarkeit

Netzwerke in Windows Vista bieten mehrere Verbesserungen im Bereich der Verwaltbarkeit, die in Windows 7 weiterhin unterstützt werden. Erstens ermöglichen es Netzwerkstandorttypen, unter-schiedliche Sicherheitseinstellungen zu konfigurieren, sodass Computer besser geschützt sind, wenn sie mit öffentlichen Netzwerken verbunden werden, aber trotzdem die nötige Funktionalität behalten, wenn sie an private Netzwerke angeschlossen werden.

Administratoren können richtlinienbasiertes QoS konfigurieren, um verfügbare Netzwerke besser auszunutzen und sicherzustellen, dass den wichtigsten Netzwerkanwendungen die benötigte Band-breite zur Verfügung steht. Windows-Firewall und Internet Protocol Security (IPsec) bieten wie bisher Netzwerkfilter, Authentifizierung und Verschlüsselung, aber Sie können jetzt beide Features mit einem einzigen Tool verwalten. Die Windows-Sofortverbindung vereinfacht Benutzern die Kon-figuration von Computern und Netzwerkgeräten.

Die folgenden Abschnitte beschreiben diese Features genauer.

Netzwerkstandorttypen

Unterschiedliche Netzwerktypen erfordern unterschiedliche Schutzstufen. Wenn Sie zum Beispiel eine Verbindung zu Ihrem internen AD DS-Netzwerk haben, wollen Sie wahrscheinlich, dass Com-puter es Netzwerkverwaltungstools erlauben, eingehende Verbindungen einzurichten. Dagegen wollen Sie genau das sicherlich verbieten, falls ein Benutzer eine Verbindung zu einem WLAN-Hotspot auf einem Flughafen oder in einem Internetcafé herstellt.

Windows Vista und Windows 7 definieren drei unterschiedliche Netzwerkstandorttypen:

- **Öffentlich** Bei öffentlichen Netzwerken, zum Beispiel WLAN-Hotspots, ist es unverzichtbar, den Computer gegen Netzwerkangriffe zu schützen. Die Netzwerkerkennung ist für öffentliche Netzwerke standardmäßig deaktiviert, und die Windows-Firewall blockiert jeglichen unangeforderten eingehenden Verkehr, sofern Sie nicht entsprechende Ausnahmen definieren.

- **Privat (als *Heimnetzwerk* oder *Arbeitsplatznetzwerk* beschriftet)** Private Netzwerke sind für Heim- oder kleine Büronetzwerke gedacht, wo Sie oft Ressourcen mit anderen Computern über das LAN gemeinsam nutzen, aber keinen AD DS-Domänencontroller haben. Die Netzwerkerkennung ist in privaten Netzwerken standardmäßig aktiviert.

- **Domäne** Wenn der Computer eine Verbindung zu einem AD DS-Domänencontroller der Domäne, deren Mitglied er ist, herstellen und sich bei diesem Domänencontroller authentifizieren kann, wird das Netzwerk als Domänennetzwerk eingestuft. Die Netzwerkerkennung ist in Domänennetzwerken standardmäßig deaktiviert, sofern dies nicht durch Domänengruppenrichtlinieneinstellungen überschrieben ist. Administratoren sollten mithilfe von Gruppenrichtlinieneinstellungen Windows-Firewall-Ausnahmen für interne Überwachungs- und Verwaltungssoftware einrichten.

Es ist wichtig, dass Sie die Netzwerkstandorttypen kennen, weil alle Windows-Firewall-Ausnahmen, die Sie erstellen, nur für den momentan konfigurierten Netzwerkstandorttyp gelten. Falls Sie zum Beispiel den Microsoft Internetinformationsdiensten (Internet Information Services, IIS) erlauben wollen, eingehende Verbindungen anzunehmen, während Sie an Ihr Heimnetzwerk angeschlossen sind, sollten Sie festlegen, dass das Heimnetzwerk ein privates Netzwerk ist, bevor Sie die Ausnahme erstellen. Falls Ihr Heimnetzwerk als öffentliches Netzwerk konfiguriert ist, wenn Sie die Ausnahme erstellen, steht IIS zur Verfügung, während Sie mit einem öffentlichen Netzwerk verbunden sind, zum Beispiel WLAN-Hotspots. Damit würden Sie IIS für Angriffe aus dem Internet verwundbar machen.

Domänennetzwerke werden automatisch konfiguriert, wenn ein Computer eine Verbindung zu einem Domänencontroller herstellt. Alle anderen Netzwerke werden standardmäßig als öffentliche Netzwerke eingestuft. Gehen Sie folgendermaßen vor, um für ein Netzwerk den Standorttyp »Privat« einzustellen:

1. Verbinden Sie Ihren Computer mit dem Netzwerk, das Sie als privat konfigurieren wollen.

2. Öffnen Sie das Netzwerk- und Freigabecenter. Klicken Sie unter Ihrer aktiven Netzwerkverbindung auf *Öffentliches Netzwerk*.

3. Das Dialogfeld *Netzwerkadresse festlegen* wird geöffnet. Klicken Sie auf *Heimnetz* oder *Arbeitsplatz*.

4. Klicken Sie auf *Schließen*.

Weil Windows 7 unter Umständen Verbindungen zu vielen unterschiedlichen Netzwerken herstellt, speichert es Profile für jedes Netzwerk, die durch den DNS-Suffix (Domain Name System) und die Gateway-MAC-Adresse (Media Access Control) des jeweiligen Netzwerks identifiziert werden. Die Gateway-MAC-Adresse identifiziert eindeutig eine Netzwerkkarte in Ihrem Router.

Richtlinienbasiertes QoS

Die Kosten für Bandbreite sind in den letzten Jahren stark gefallen, aber Netzwerküberlastung ist nach wie vor ein Problem. Da immer mehr Personen und Organisationen beginnen, Echtzeitnetzwerkdienste wie Voice over IP (VoIP), Multimediastreaming und Videokonferenzen zu nutzen, ist offensichtlich, dass eine Erhöhung der Bandbreite allein die Netzwerkqualitätsprobleme nicht beseitigen kann.

HINWEIS Windows Vista und Windows 7 unterstützen Quality Windows Audio Video Experience (qWAVE), das QoS-Unterstützung für das Streaming von Audio und Video über Heimnetzwerke ermöglicht. Weil sich diese technische Referenz auf Unternehmensnetzwerke konzentriert, wird qWave hier nicht ausführlich beschrieben. Wenn hier von QoS die Rede ist, bezieht sich das auf Unternehmens-QoS (enterprise QoS), auch eQoS genannt.

Richtlinienbasiertes QoS in Windows Vista und Windows 7 ermöglicht es, domänenweit zu verwalten, wie Computer in Ihrem Netzwerk Bandbreite nutzen. Diese Technologie kann Netzwerkprobleme beseitigen und ermöglicht zum Beispiel folgende Szenarien:

- Ermöglichen von Echtzeitverkehr, indem wichtigere Anwendungen, zum Beispiel VoIP, Priorität erhalten gegenüber unkritischerem Verkehr, zum Beispiel Internetsurfen oder E-Mail-Download.

- Anpassen von Bandbreitenanforderungen für Gruppen aus Benutzern und Computern. Zum Beispiel können Sie dem Netzwerkverkehr für Ihr IT-Supportcenter gegenüber anderen Benutzern eine höhere Priorität einräumen, damit die Reaktionsgeschwindigkeit bei der Verwaltung und Problembehandlung von Computern verbessert wird.

- Minimieren der negativen Auswirkungen von Verkehr mit hoher Bandbreite, aber geringer Priorität, zum Beispiel Datensicherungstransfers. Hierfür werden Prioritätseinstufung und Drosselung genutzt.

Probleme mit Netzwerküberlastung treten auf, weil Anwendungen mit hoher Bandbreite dazu neigen, die gesamte verfügbare Bandbreite mit Beschlag zu belegen. Und Anwendungen sind nicht so geschrieben, dass IT-Administratoren die genutzte Bandbreite zentral steuern können. Auch wenn mehr Bandbreite hinzugefügt wird, werden diese Probleme normalerweise nicht beseitigt. Vielmehr führt das Hinzufügen von mehr Bandbreite nur dazu, dass Anwendungen auch die höhere Kapazität auffressen. IT-Administratoren brauchen ein zentrales Werkzeug, um die Bandbreitenressourcen auf Basis der geschäftlichen Anforderungen zu steuern und zu reservieren.

Richtlinienbasierte QoS ermöglicht Ihnen, Ihre aktuelle Bandbreite optimal auszunutzen, weil eine flexible Bandbreitenverwaltung mithilfe von Gruppenrichtlinieneinstellungen möglich ist. Mit richtlinienbasierter QoS können Sie ausgehenden Netzwerkverkehr in Prioritäten einstufen und/oder drosseln, ohne dass Anwendungen geändert werden müssten. Sie können QoS-Richtlinien für ausgehenden Verkehr mit DSCP-Markierungen (Differentiated Services Code Point) konfigurieren, sodass Ihre Netzwerkausrüstung den Verkehr in Prioritäten einteilen oder eine maximale Drosselungsrate festlegen kann. DSCP-Markierung ist nur nützlich, falls in den Routern die Prioritätseinstufung aktiviert ist. Praktisch alle Unternehmensrouter unterstützen die DSCP-Prioritätseinstufung, meist ist sie aber in der Standardeinstellung deaktiviert.

Jeder Windows Vista- und Windows 7-Computer kann ausgehenden Verkehr in Prioritäten einstufen oder drosseln. Dazu können die folgenden Bedingungen beliebig kombiniert werden:

- Gruppen aus Benutzern oder Computern auf Basis eines AD DS-Containers, zum Beispiel eine Domäne, ein Standort oder eine Organisationseinheit

- Sendende Anwendung

- Quell- oder Ziel-IPv4- oder -IPv6-Adresse (inklusive Netzwerkpräfixlängennotation, zum Beispiel 192.168.1.0/24)

- Quell- oder Ziel-TCP- oder -UDP-Portnummer

- Nur bei Windows 7-Computern: URL (Uniform Resource Locator) einer Website, auf die mit HTTP oder HTTPS (Hypertext Transfer Protocol Secure) zugegriffen wird

Außerdem kann Windows 7 (wenn es als Webserver eingesetzt wird) nun Webverkehr anhand der URL eine Priorität zuweisen. Sie können daher unwichtigen Websites eine geringere Priorität geben als besonders wichtigen Websites. Weil dies in erster Linie ein Serverfeature ist, wird es hier nicht genauer beschrieben.

> **HINWEIS** Windows Vista und Windows 7 enthalten eine neue Implementierung der QoS-Komponente im NDIS-6.0-Lightweight-Filtertreiber *Pacer.sys*, der im Verzeichnis *%SystemRoot%\System32\Drivers* liegt. *Pacer.sys* ersetzt *Psched.sys* aus den Betriebssystemen Windows Server 2003 und Windows XP. Sie unterstützt weiterhin die GQoS- (Generic QoS) und TC-APIs (Traffic Control) aus Microsoft Windows 2000, Windows XP und Windows Server 2003. Daher funktionieren vorhandene Anwendungen, die QoS nutzen, auch in Windows Vista und Windows 7. Weitere Informationen über diese APIs finden Sie in »The MS QoS Components« unter *http://technet. microsoft.com/en-us/library/bb742475.aspx*.

Auswählen der DSCP-Werte

Wenn Computer Pakete senden, fügen sie einen DSCP-Wert hinzu, den Ihre Netzwerkinfrastruktur untersucht, um zu entscheiden, welche Priorität das Paket erhält. Die DSCP-Werte können zwar beliebig gewählt werden (je nachdem, wie Ihre Netzwerkinfrastruktur konfiguriert ist), aber viele Organisationen setzen eine typische DSCP-Strategie mit folgenden fünf Warteschlangen ein:

- **Steuerungsverkehr** Kommunikation, die zwischen Routern ausgetauscht wird. Diese Kommunikation benötigt üblicherweise nur sehr wenig Bandbreite, sollte aber eine hohe Priorität bekommen, weil die schnelle Übertragung Ausfallzeiten aufgrund eines Hardwaredefekts minimieren kann. Sie sollten diese Priorität auch für VoIP-Steuerungsverkehr verwenden. Benutzen Sie für Steuerungsverkehr den DSCP-Wert 25.
- **Latenzempfindlicher Verkehr** Verkehr wie VoIP, der so schnell wie möglich ausgeliefert werden muss. Normalerweise sollten Sie solchem Verkehr den DSCP-Wert 46 zuweisen; dieser Verkehr wird als EF (Expedited Forwarding) bezeichnet.
- **Geschäftskritischer Verkehr, auch als BBE (Better than Best Effort) bezeichnet** Kommunikation, die bevorzugt behandelt werden sollte, beispielsweise Abfragen einer Kundendienstdatenbank aus einer LOB-Anwendung (Line-Of-Business) oder Videostreaming, die aber keine allzu hohen Ansprüche an die Latenz stellt. Verwenden Sie den DSCP-Wert 34.
- **BE-Verkehr (Best Effort)** Standardverkehr, darunter jeglicher Verkehr, der nicht mit einer DSCP-Zahl versehen ist. Er sollte verarbeitet werden, nachdem die beiden vorher genannten Warteschlangen abgearbeitet sind. Dieser Verkehr sollte den DSCP-Wert 0 haben; dies ist der Standardwert, wenn kein DSCP-Wert angegeben ist.
- **Übriger Verkehr** Verkehr mit geringer Priorität, beispielsweise Datensicherungen, Downloads von Updates, unkritische Dateisynchronisierung und nicht geschäftlicher Verkehr, den die Angestellten generieren. Verwenden Sie den DSCP-Wert 10 oder 8.

> **HINWEIS** Wenn Sie dem Verkehr zu vieler Anwendungen hohe Priorität geben, wird die entsprechende Warteschlange in den Routern unter Umständen so lang, dass erhebliche Latenz entsteht. Das macht den Zweck von QoS zunichte. Daher sollten Sie die DSCP-Markierung mit der höchsten Priorität für Echtzeitkommunikation reservieren, zum Beispiel für VoIP.

Tabelle 25.1 fasst diese Werte zusammen.

Tabelle 25.1   DSCP-Werte, die gute Interoperabilität bieten

Zweck	Übliche Verwendung	DSCP-Wert
VoIP	VoIP-Verkehr inklusive Signal- und Steuerungsverkehr	46
Interaktives Video	Bidirektionale Videokonferenzen	34
Missionskritische Daten	Datenbankabfragen, LOB-Kommunikation, Videostreaming	25
BE-Verkehr	Jeglicher anderer Verkehr, darunter E-Mail und Websurfen	0
Massendaten	Datensicherungen, Nicht-Unternehmensanwendungen, Dateiübertragungen	10

Viele Netzwerke nutzen sogar eine noch simplere Struktur mit lediglich zwei Prioritäten: eine für latenzempfindlichen Verkehr, und eine zweite für BE-Verkehr. Wenn Sie allerdings Tools anderer Hersteller einsetzen, die anhand der DSCP-Werte Berichte über die Netzwerkleistung für unterschiedliche Verkehrstypen erstellen, ist es sinnvoll, viele unterschiedliche DSCP-Werte zu definieren, selbst wenn Ihre Netzwerkinfrastruktur gar nicht so konfiguriert ist, dass sie alle diese DSCP-Werte unterschiedlich behandelt.

DSCP-Werte gehen unter Umständen verloren, sobald Pakete Ihr eigenes Netzwerk verlassen, weil die meisten Organisationen keinen Prioritätswerten vertrauen, die von Computern außerhalb der Organisation stammen. Wird Verkehr gesendet, der mit der höchsten Priorität markiert ist, kann das einen Denial-of-Service-Angriff (DoS) bedeuten; daher sind DSCP-Werte, die von nicht vertrauenswürdigen Computern stammen, unter Umständen böswillig.

WMM (Wireless Multimedia) umfasst vier Zugriffskategorien, um dem Verkehr in 802.11-Drahtlosnetzwerken Prioritäten zuzuweisen. WMM benutzt DSCP-Werte, um die Priorität festzulegen, daher können Sie WMM automatisch nutzen, indem Sie DSCP-Werte angeben. Tabelle 25.2 zeigt, welche DSCP-Werte den WMM-Zugriffskategorien entsprechen.

Tabelle 25.2   DSCP-Werte und WMM-Zugriffskategorien

DSCP-Wert	WMM-Zugriffskategorie
48–63	Voice (VO)
32–47	Video (VI)
24–31, 0–7	Best Effort (BE)
8–23	Background (BK)

Ihre Netzwerkinfrastruktur bietet nur dann vollständige Unterstützung für Verkehrspriorität auf Basis der DSCP-Werte, wenn Sie mehrere Warteschlangen verwenden, wie in RFC 2474 definiert.

Planen der Verkehrsdrosselung

Wenn Sie Verkehr mithilfe von DSCP-Werten in unterschiedliche Prioritäten einstufen, können Sie die Bandbreite Ihres Netzwerks optimal ausnutzen und gleichzeitig bestmögliche Leistung für Ihren wichtigsten Verkehr sicherstellen. Das ist das ideale QoS-Szenario. Allerdings unterstützen nicht alle Netzwerkinfrastrukturen die Prioritätseinstufung von Verkehr mithilfe von DSCP-Werten. Falls Ihr Netzwerk keine Verkehrsprioritäten unterstützt, können Sie mithilfe der Verkehrsdrosselung sicherstellen, dass bestimmte Anwendungen nicht mehr als die ihnen zugewiesene Bandbreite aufbrauchen.

Verkehrsdrosselung beschränkt den Verkehr auf einzelnen Computern. Sie kann nicht die Gesamtbandbreite beschränken, die von mehreren Computern verbraucht wird. Wenn Sie beispielsweise fünf Webserver haben und sicherstellen wollen, dass sie höchstens die Hälfte Ihrer 1-MBit/s-Verbindung belegen, müssen Sie die QoS-Richtlinie so konfigurieren, dass der Verkehr bei jedem der fünf Computer auf 100 KBit/s beschränkt wird, sodass alle fünf Server zusammen höchstens 500 KBit/s für das Senden von Verkehr verbrauchen. Versuchen Sie nicht, mithilfe der Verkehrsdrosselung die Bandbreite jeder einzelnen Anwendung oder jedes einzelnen Protokolls zu beschränken. Verwenden Sie die Verkehrsdrosselung nur, um den Verkehr von Anwendungen geringer Priorität einzuschränken, etwa bei Netzwerkdatensicherungen oder beim Download umfangreicher Updates. Die Netzwerkinfrastruktur muss keine besonderen Voraussetzungen erfüllen, damit Sie die Verkehrsdrosselung nutzen können.

Konfigurieren von QoS-Richtlinien

Sie können QoS mithilfe der Gruppenrichtlinien in den Knoten *Computerkonfiguration\Windows-Einstellungen\Richtlinienbasierter QoS* oder *Benutzerkonfiguration\Windows-Einstellungen\Richtlinienbasierter QoS* konfigurieren. Gehen Sie dazu folgendermaßen vor:

1. Klicken Sie mit der rechten Maustaste auf den Knoten *Richtlinienbasierter QoS* und wählen Sie im Kontextmenü den Befehl *Neue Richtlinie erstellen*.

2. Der Assistent *Richtlinienbasierter QoS* wird geöffnet. Geben Sie auf der Seite *Erstellen einer QoS-Richtlinie* einen Namen für die Richtlinie ein. Geben Sie dann nach Bedarf einen DSCP-Wert an (mit dem Ihre Netzwerkinfrastruktur den Verkehr in Prioritäten einstellen kann) und eine Drosselungsrate (mit der Windows ausgehenden Bandbreitenverbrauch einschränkt) ein. Klicken Sie auf *Weiter*.

> **Hinweis** Beachten Sie, dass die Drosselungsrate in der Einheit Kilobyte pro Sekunde (KByte/s) oder Megabyte pro Sekunde (MByte/s) eingegeben werden muss, nicht in der sonst gebräuchlichen Einheit Kilobit pro Sekunde (KBit/s) oder Megabit pro Sekunde (MBit/s) – im Dialogfeld wird die Einheit als *KByte/s* beziehungsweise *MByte/s* angezeigt, das große »B« steht also für »Byte«. 1 Byte enthält 8 Bits. Wenn Sie also entschieden haben, auf welchen KBit/s- oder MBit/s-Wert Sie den Verkehr drosseln wollen, müssen Sie diesen Wert durch 8 dividieren und das Ergebnis im Assistenten *Richtlinienbasierter QoS* eingeben. Wollen Sie den Verkehr beispielsweise auf 128 KBit/s drosseln, müssen Sie *16 KByte/s* eingeben.

3. Wählen Sie auf der Seite *Diese QoS-Richtlinie wird angewendet auf* eine der folgenden Optionen: *Alle Anwendungen*, *Nur Anwendungen, bei denen es sich um folgende ausführbare Datei handelt* oder *Für die URL antworten nur HTTP-Serveranwendungen auf Anforderungen*. Wenn Sie eine Anwendung angeben, wendet Windows den DSCP-Wert oder die Drosselungsrate auf Netzwerkverkehr an, der von dieser Anwendung generiert wird. Welche ausführbare Datei ein Dienst benutzt, finden Sie im Snap-In *Dienste* im Eigenschaftendialogfeld des Dienstes heraus. Wenn Sie eine URL angeben, dürfen Sie nicht vergessen, dass Sie die URL auf dem Webserver eingeben müssen, nicht auf dem Clientcomputer. Klicken Sie auf *Weiter*.

4. Auf der Seite *Legen Sie Quell- und Ziel-IP-Adresse fest* können Sie konfigurieren, welche Richtlinie auf Verkehr zwischen zwei beliebigen Computern angewendet wird. Sie können ganze Netzwerke auswählen, indem Sie die Netzwerkpräfixlänge angeben, zum Beispiel steht 192.168.1.0/24 für das gesamte Netzwerk 192.168.1.*x* oder 192.168.0.0/16 für das gesamte Netzwerk 192.168.*x.x*. Falls Sie zum Beispiel eine QoS-Richtlinie konfigurieren wollen, die einen DSCP-Wert für Verkehr verwendet, der an Ihren E-Mail-Server gesendet wird, wählen Sie die Option *Nur für die folgende Ziel-IP-Adresse oder -Präfix* aus und geben dann die IP-Adresse des E-Mail-Servers ein (sowohl IPv4- als auch IPv6-Adressen sind möglich.) Klicken Sie auf *Weiter*.

> **Hinweis** QoS-Richtlinien gelten immer nur für ausgehenden Verkehr. Der Computer, auf den Sie die Richtlinie anwenden, wird also immer durch die Quelladresse identifiziert, und der Remotecomputer oder das Remotenetzwerk durch die Zieladresse.

5. Auf der Seite *Legen Sie das Protokoll und die Portnummern fest* können Sie Verkehr anhand der TCP- oder UDP-Portnummern in Prioritäten einteilen. Falls Sie zum Beispiel alle ausgehenden Webanforderungen drosseln wollen, wählen Sie *TCP* aus, aktivieren die Option *An diese Zielportnummer bzw. diesen -bereich* und geben Port 80 an. (Das HTTP-Protokoll verwendet TCP-Port 80.) Klicken Sie auf *Fertig stellen*.

Windows wendet QoS-Richtlinien nur für Netzwerke mit dem Standorttyp »Domäne« an. Wenn sich daher ein Benutzer mit dem Drahtlosnetzwerk in einem Internetcafé verbindet (und Ihr Domänencontroller nicht erreichbar ist), wendet Windows Ihre QoS-Richtlinien nicht an. Baut dieser Benutzer dann allerdings über ein VPN eine Verbindung zu Ihrem internen Netzwerk auf, wendet Windows die QoS-Richtlinien auf diese VPN-Verbindung an.

So funktioniert's: Priorität von QoS-Richtlinien

Ähnlich wie beim Anwenden von Gruppenrichtlinienobjekten hat die spezifischste QoS-Richtlinie Vorrang, wenn Konflikte zwischen mehreren Richtlinien auftreten. Wenn Sie beispielsweise zwei Richtlinien erstellen, eine für eine bestimmte IP-Adresse und eine zweite für ein Netzwerk, das diese IP-Adresse enthält, wird die Richtlinie für die IP-Adresse angewendet, nicht die für das Netzwerk. Windows wendet folgende Regeln an, wenn es QoS-Richtlinien anwendet:

1. QoS-Richtlinien auf Benutzerebene haben Vorrang vor QoS-Richtlinien auf Computerebene.

2. QoS-Richtlinien, die Anwendungen identifizieren, haben Vorrang vor QoS-Richtlinien, die Netzwerke oder IP-Adressen identifizieren.

3. QoS-Richtlinien, die IP-Adressen und spezifischere Netzwerke angeben, haben Vorrang vor QoS-Richtlinien, die weniger spezifische Netzwerke angeben.

4. QoS-Richtlinien, die Portnummern angeben, haben Vorrang vor QoS-Richtlinien, die Portbereiche angeben. Diese Richtlinien haben aber wiederum Vorrang vor QoS-Richtlinien, die keine Portnummer angeben.

5. Besteht weiterhin ein Konflikt zwischen mehreren QoS-Richtlinien, haben Richtlinien, die Quell-IP-Adressen angeben, Vorrang vor Richtlinien, die Ziel-IP-Adressen angeben. Außerdem haben Richtlinien, die einen Quellport angeben, Vorrang vor Richtlinien, die einen Zielport angeben.

QoS-Richtlinien werden nicht kombiniert. Auf jede Verbindung kann nur eine einzige QoS-Richtlinie angewendet werden.

Konfigurieren systemweiter QoS-Einstellungen

Wenn Sie eine Richtlinie erstellt haben, können Sie sie bearbeiten, indem Sie in der Detailansicht des Gruppenrichtlinienobjekt-Editors mit der rechten Maustaste darauf klicken und im Kontextmenü den Befehl *Vorhandene Richtlinie bearbeiten* wählen. Sie können systemweite QoS-Einstellungen innerhalb des Knotens *Computerkonfiguration\Richtlinien\Administrative Vorlagen\Netzwerk\QoS-Paketplaner* der Gruppenrichtlinien konfigurieren. Sie brauchen diese Einstellungen nur zu ändern, wenn Sie die ausstehenden Pakete beschränken, reservierbare Bandbreite limitieren oder die Auflösung des Paketplanungstimers ändern wollen. Im Knoten *QoS-Paketplaner* stehen folgende Richtlinien zur Verfügung:

- **Ausstehende Pakete einschränken** Legt fest, wie viele ausstehende Pakete höchstens gleichzeitig an die Netzwerkkarte übergeben werden. Sobald dieses Limit erreicht ist, werden neue Pakete in eine Warteschlange gestellt, bis die Netzwerkkarte ein Paket versendet hat. Daraufhin wird ein

Paket, das in der Warteschlange abgelegt ist, aus der *Pacer.sys*-Warteschlange entnommen und an die Netzwerkkarte übergeben. Diese Einstellung ist in der Standardeinstellung deaktiviert, es gibt praktisch keinen Grund, sie jemals zu aktivieren.

- **Reservierbare Bandbreite einschränken** Steuert, wie viel Prozent der Gesamtbandbreite die Anwendung reservieren kann. In der Standardeinstellung sind 20 Prozent eingestellt, sodass 80 Prozent der Bandbreite für Prozesse zur Verfügung stehen, die keine Bandbreite reserviert haben.

- **Zeitgeberauflösung festlegen** Dieser Wert wird nicht unterstützt und sollte nicht eingestellt werden.

Der Knoten *QoS-Paketplaner* hat außerdem die folgenden drei Unterknoten, in denen Sie die DSCP-Standardwerte von Hand konfigurieren können:

- **DSCP-Wert von übereinstimmenden Paketen** Diese Einstellungen gelten für Pakete, die mit den Flussspezifikationen übereinstimmen.

- **DSCP-Wert von nicht übereinstimmenden Paketen** Diese Einstellungen gelten für Pakete, die nicht mit den Flussspezifikationen übereinstimmen.

- **Prioritätswert für Schicht 2** Diese Einstellungen legen Standardprioritätswerte auf der Verbindungsschicht für Netzwerke fest, die diese Werte unterstützen.

Sie brauchen die Werte in diesen Unterknoten nur dann zu verändern, wenn Sie Ihre Netzwerkinfrastruktur so konfiguriert haben, dass sie mit anderen DSCP-Werten als den Standardwerten arbeitet.

Konfigurieren erweiterter QoS-Einstellungen

Sie können außerdem erweiterte QoS-Einstellungen für Computer mithilfe von Gruppenrichtlinien konfigurieren. Klicken Sie im Gruppenrichtlinienobjekt-Editor mit der rechten Maustaste auf den Knoten *Computerkonfiguration\Windows-Einstellungen\Richtlinienbasierter QoS* und wählen Sie den Befehl *Erweiterte QoS-Einstellungen*. Im Dialogfeld *Erweiterte QoS-Einstellungen* können Sie folgende Einstellungen vornehmen:

- **Stufe für eingehenden TCP-Durchsatz festlegen** Die meisten QoS-Richtlinien betreffen ausgehenden Verkehr, den der Clientcomputer sendet. Mit dieser Einstellung auf der Registerkarte *Eingehender TCP-Verkehr* können Sie Windows so konfigurieren, dass es versucht, eingehenden Verkehr zu drosseln. Windows hat zwar direkte Kontrolle über den Durchsatz des ausgehenden Verkehrs, kann aber nur indirekt auf die Rate des eingehenden Verkehrs Einfluss nehmen. Für TCP-Verbindungen können Sie einen Windows-Clientcomputer so konfigurieren, dass der eingehende Verkehr begrenzt wird, indem Sie die maximale Größe des TCP-Empfangsfensters angeben. Das TCP-Empfangsfenster legt fest, wie viele Daten ein Empfänger einem Absender zu senden erlaubt, bevor er auf eine Bestätigung warten muss. Ein größeres Fenster bedeutet, dass der Absender mehr Daten auf einmal senden kann. Das verbessert die Netzwerkausnutzung und den Durchsatz. Indem die Maximalgröße des TCP-Empfangsfensters eingeschränkt wird, kann ein Empfänger indirekt den Durchsatz der eingehenden Daten für eine TCP-Verbindung steuern. *Stufe 3 (Maximaler Durchsatz)* steht für ein 16-MByte-TCP-Empfangsfenster, *Stufe 2* für ein 1-MByte-TCP-Empfangsfenster, *Stufe 1* für ein 256-KByte-TCP-Empfangsfenster und *Stufe 0* für ein 64-KByte-TCP-Empfangsfenster. Im Unterschied zu richtlinienbasierten QoS-Einstellungen für ausgehenden Verkehr kann diese Einstellung nicht die Rate des eingehenden Verkehrs individuell für einzelne Anwendungen steuern, sondern nur pro Adresse oder pro Port.

> **HINWEIS** Weil UDP-Verkehr nicht bestätigt wird, können Sie UDP-Verkehr nicht auf dem Empfängercomputer drosseln.

■ **DSCP-Markierungsanforderungen von Anwendungen steuern**   Die DSCP-Markierung fügt Informationen zu ausgehenden Paketen hinzu, die die Priorität des Pakets angeben. Falls Ihre Netzwerkinfrastruktur DSCP-abhängige Auslieferung unterstützt, kann die Infrastruktur anhand des DSCP-
Werts eine Priorität für den Verkehr festlegen. Über diese Einstellung können Sie Anwendungen
erlauben, ihre eigenen DSCP-Werte anzugeben, oder die von Anwendungen angegebenen Werte
ignorieren, sodass nur QoS-Richtlinien DSCP-Werte festlegen dürfen.

Weitere Informationen über richtlinienbasierte QoS finden Sie auf der Seite »Quality Of Service«
unter *http://technet.microsoft.com/en-us/network/bb530836.aspx*. Ausführliche Informationen finden
Sie in Kapitel 5, »Policy-Based Quality of Service«, des Buchs *Windows Server 2008 Networking und
Netzwerkzugriffsschutz* von Joseph Davies und Tony Northrup (Microsoft Press, 2008).

Testen von QoS

Sie können den QoS Traffic Generator einsetzen, um Ihre QoS-Implementierung zu testen. Damit
generieren Sie unterschiedliche Verkehrstypen, die in unterschiedlichen Raten mit bestimmten Merk-
malen ausgesendet werden. Das folgende Beispiel demonstriert, wie mit dem QoS Traffic Generator
5 Sekunden lang UDP-Verkehr mit der Rate von 5 MBit/s an die IP-Adresse 10.12.1.1 gesendet wird.

Starten Sie zuerst den QoS Traffic Generator im Empfangsmodus auf dem Zielcomputer.

```
qostraffic -sink -udp
```

Senden Sie dann mit dem QoS Traffic Generator Verkehr vom Quellcomputer an den Zielcomputer.

```
qostraffic -source -udp -dest 10.12.1.1 -throttle 5000000 -duration 5
```

```
Parsing command line...
WSAStartup successful.
Time between each packet (microsec): 2400
Size of each packet: 1472
Statistics sampling interval (msec): 1000
Sending traffic at 5.00 Mbps to 192.168.1.100:9999
Date, Time, Packets received, Bytes received (headers included), Elapsed time (msec), Throughput
(Kbps), Bottleneck BW, Available BW, RTT, BBSet, ABSet, RTTSet, ErrorCode
05/15/2009, 10:51:54, 421, 631500, 1014, 4982.249,,,,,,,
05/15/2009, 10:51:55, 422, 633000, 1014, 4994.083,,,,,,,
05/15/2009, 10:51:56, 423, 634500, 1014, 5005.917,,,,,,,
05/15/2009, 10:51:57, 422, 633000, 1014, 4994.083,,,,,,,
05/15/2009, 10:51:58, 423, 634500, 1014, 5005.917,,,,,,,
05/15/2009, 10:51:59, 422, 633000, 1014, 4994.083,,,,,,,
05/15/2009, 10:52:00, 423, 634500, 1014, 5005.917,,,,,,,
05/15/2009, 10:52:01, 422, 633000, 1014, 4994.083,,,,,,,
05/15/2009, 10:52:02, 423, 634500, 1014, 5005.917,,,,,,,
Time has elapsed, or CTRL+C has been pressed.
Stopping Source traffic, waiting 5 sec.
SenderThread is exiting...
SenderThread exited successfully.
WSACleanup successful.
```

Der Empfängercomputer zeigt eine Bestätigung darüber an, welche Datagramme er empfangen hat.

Ausführliche Informationen zur Benutzung des Tools erhalten Sie, indem Sie in einer Eingabeaufforderung folgenden Befehl ausführen.

```
qostraffic -?
```

Sie können den QoS Traffic Generator herunterladen, indem Sie *http://connect.microsoft.com/wndp* besuchen und auf den Link *Downloads* klicken. Der QoS Traffic Generator umfasst Bibliotheken und Quellcode, sodass Entwickler seine Fähigkeiten in eigene Anwendungen integrieren können.

Windows-Firewall und IPsec

Während Unternehmen immer mehr Daten innerhalb und außerhalb der Organisationen austauschen müssen, wächst die Anforderung nach mehr Sicherheit. Windows 7 bietet starke, einfach zu konfigurierende Sicherheitsfeatures. Zum Beispiel kombiniert das MMC-Snap-In (Microsoft Management Console) *Windows-Firewall mit erweiterter Sicherheit* die Verwaltung eingehender und ausgehender Firewallports mit IPsec für Authentifizierung und/oder Verschlüsselung. Diese leistungsfähige Sicherheitsschicht kann auch über Gruppenrichtlinien oder Befehlszeilenskripting verwaltet werden, sodass es einfach möglich ist, Firewallfilter und Verkehrsschutzregeln bereitzustellen, mit denen der Zugriff für bestimmte Benutzer, Computer oder Anwendungen eingeschränkt werden kann, sodass der Administrator diese Bereiche sehr detailliert steuern kann.

Weitere Informationen über die Windows-Firewall und Verbesserungen an IPsec finden Sie in Kapitel 26, »Konfigurieren von Windows-Firewall und IPSec«.

Windows-Sofortverbindung

Um das Erstellen und Konfigurieren von Drahtlosnetzwerken und ihrer Sicherheitseinstellungen zu vereinfachen, unterstützt Windows 7 die Windows-Sofortverbindung (Windows Connect Now), mit der Benutzer Netzwerkkonfigurationsinformationen auf einem USB-Flashlaufwerk (Universal Serial Bus Flash Drive, UFD) speichern können. Wenn Benutzer ein Drahtlosnetzwerk konfigurieren, werden sie erst durch einen Netzwerkeinrichtungsassistenten geleitet, in dem sie ihre Voreinstellungen für Drahtlosnetzwerke eingeben. Dann konfiguriert Windows 7 den Computer mit Authentifizierungs- und Verschlüsselungseinstellungen für ein geschütztes Drahtlosnetzwerk und speichert die Konfiguration auf einem UFD. Neue Computer (mit Windows XP Service Pack 2 oder neuer, Windows Vista oder Windows 7) können zum Drahtlosnetzwerk hinzugefügt werden, indem einfach der UFD an den Computer angesteckt wird. Gruppenrichtlinien sind zwar die bevorzugte Methode, Domänenmitgliedscomputer für Drahtlosnetzwerke zu konfigurieren, aber UFDs sind eine hervorragende Möglichkeit, Gästen Zugriff auf ein verschlüsseltes Drahtlosnetzwerk zu gewähren. Beachten Sie aber, dass das Drahtlosnetzwerk von Ihren internen Netzwerken isoliert sein sollte, damit Ihr Intranet vor solchen Gastzugriffen geschützt ist.

Sie können vollständig verhindern, dass Benutzer auf den Windows-Sofortverbindungs-Assistenten zugreifen, indem Sie die Richtlinieneinstellung *Zugriff auf Windows-Sofortverbindungs-Assistenten verweigern* aktivieren, die in den Knoten *Computerkonfiguration\Richtlinien\Administrative Vorlagen\Netzwerk\Windows-Sofortverbindung* oder *Benutzerkonfiguration\Richtlinien\Administrative Vorlagen\Netzwerk\Windows-Sofortverbindung* zur Verfügung steht. Der Knoten *Computerkonfiguration\Richtlinien\Administrative Vorlagen\Netzwerk\Windows-Sofortverbindung* enthält außerdem die Einstellung *Konfiguration von Drahtloseinstellungen mit Windows-Sofortverbindung*, für die folgende Optionen eingestellt werden können:

- **Option zum Konfigurieren mit WCN über Ethernet (UPnP) deaktivieren**   Verhindert, dass Windows vernetzte Geräte konfiguriert, die UPnP unterstützen.

- **Fähigkeit zum Konfigurieren mit WCN über In-Band-802.11 Wi-Fi deaktivieren**   Verhindert, dass Windows drahtlos vernetzte Geräte konfiguriert.

- **Option zum Konfigurieren mittels USB-Flashlaufwerk deaktivieren**   Verhindert, dass Windows die Windows-Sofortverbindungskonfiguration auf einem USB-Flashlaufwerk speichert. Weil die auf einem Flashlaufwerk gespeicherten Windows-Sofortverbindungsinformationen Daten enthalten, mit denen Computer unter Umständen Zugriff auf Ihr geschütztes Drahtlosnetzwerk erhalten, kann es sinnvoll sein, diese Einstellung zu deaktivieren, um die Sicherheit Ihrer Drahtlosnetzwerke zu erhöhen.

- **Option zum Konfigurieren von tragbaren Windows-Geräten (Windows Portable Devices, WPD) deaktivieren**   Verhindert, dass Windows WPDs konfigurieren kann. Solche Geräte sind zum Beispiel tragbare Musikplayer, Digitalkameras und Mobiltelefone.

- **Maximal zulässige Anzahl von WCN-Geräten**   Ermöglicht Ihnen, die Zahl der Windows-Sofortverbindungsgeräte einzuschränken, die ein Windows-Computer konfigurieren kann.

- **Medium mit höherer Priorität für Geräte, die von mehreren Medien erkannt werden**   Legt fest, welcher Netzwerktyp benutzt wird, wenn ein Gerät sowohl über Kabel- als auch Drahtlosnetzwerke erreichbar ist.

Falls Sie nicht vorhaben, die Windows-Sofortverbindung zu verwenden, können Sie sie problemlos deaktivieren. Die Standardeinstellungen für die Gruppenrichtlinieneinstellungen im Zusammenhang mit der Windows-Sofortverbindung machen alle Fähigkeiten der Windows-Sofortverbindung verfügbar.

Verbesserungen an den Kernnetzwerkfunktionen

Die Windows 7-Netzwerkkomponenten wurden so entworfen, dass sie bessere Leistung, Sicherheit und Verwaltbarkeit bieten. Die meisten Benutzer werden die wichtigsten Änderungen niemals bemerken, weil sie ohne Benutzereingriffe funktionieren. Beispielsweise verringert BranchCache die Belastung des WAN (Wide Area Network), indem es Inhalte innerhalb von Zweigstellen zwischenspeichert; die Benutzer brauchen sich aber überhaupt nicht darum zu kümmern.

Die folgenden Abschnitte beschreiben Änderungen an den Kernnetzwerkfunktionen in Windows 7. Viele dieser Verbesserungen waren bereits in Windows Vista vorhanden. BranchCache, DNSsec-Unterstützung (DNS Security) und GreenIT-Unterstützung sind allerdings neu in Windows 7. Kapitel 27, »Verbindungen mit Remotebenutzern und -netzwerken«, beschreibt DirectAccess und die Wiederherstellung von VPN-Verbindungen (VPN Reconnect).

BranchCache

BranchCache nutzt Peer-to-Peer-Netzwerke über LANs, um Dateifreigabe- und HTTP-Verkehr über das WAN zu verringern. Sobald Sie BranchCache aktiviert haben, halten Windows 7-Clientcomputer eine lokal zwischengespeicherte Kopie der Daten vor, die sie aus einer Datei oder von einem Webserver kopieren, der unter Windows Server 2008 R2 läuft. Braucht ein anderer Windows 7-Computer im selben LAN oder in derselben Zweigstelle ebenfalls diese Daten, kann er sie direkt aus dem lokalen Cache kopieren. So wird weniger WAN-Bandbreite verbraucht und die Leistung steigt.

BranchCache-Architekturen

BranchCache kann in zwei Architekturen arbeiten: gehostetem Cache (hosted cache) und verteiltem Cache (distributed cache). Gehosteter Cache ist die bevorzugte Architektur, aber dann muss in jeder Zweigstelle ein Windows Server 2008 R2-Computer bereitgestellt werden. Beim verteilten Cache werden Dateien direkt zwischen Windows 7-Clientcomputern ausgetauscht, daher braucht in den Zweigstellen kein Server bereitgestellt zu werden. Der gehostete Cache erledigt die Zwischenspeicherung für eine gesamte Zweigstelle, sogar wenn sie mehrere LANs umfasst. Die zwischengespeicherten Daten können in diesem Fall sogar dann benutzt werden, wenn der Client, der die Daten ursprünglich zwischengespeichert hat, nicht mehr mit dem Netzwerk verbunden ist. Der verteilte Cache speichert nur Daten innerhalb eines LANs, kann aber auch in Zweigstellen eingesetzt werden, wo Windows 7-Clients vorhanden sind, aber kein Server mit Windows Server 2008 R2.

So funktioniert der gehostete Cache

Beim Modell mit dem gehosteten Cache laufen folgende Prozesse ab, um Daten zwischenzuspeichern und abzurufen:

1. Der Windows 7-Client stellt eine Verbindung zum Inhaltsserver her (einer Datei oder einem Webserver, der unter Windows Server 2008 R2 läuft) und fordert eine Datei (oder Teile einer Datei) an. Das funktioniert genauso wie beim Zugriff ohne BranchCache. Sobald der Benutzer autorisiert wurde, gibt der Server eine Kennung zurück, die einen signierten Hashwert des Datensegments enthält. Der Client sucht anhand dieser Kennung im gehosteten Cache, einem lokalen Windows Server 2008 R2-Computer, nach der Datei. Weil zum ersten Mal ein Client diese Datei abruft, ist sie noch nicht zwischengespeichert. Daher ruft der Client die Datei direkt vom Inhaltsserver ab.

2. Der Client speichert eine Kopie der Daten im gehosteten Cache.

3. Ein zweiter Windows 7-Client fordert dieselbe Datei vom Inhaltsserver an. Wiederum autorisiert der Inhaltsserver den Benutzer und gibt eine Kennung zurück.

4. Der Client fordert anhand der Kennung die Daten von seinem Cacheserver an. Der gehostete Cache verschlüsselt die Daten und sendet sie an den Client. Der Client überprüft die Daten mit dem Hashwert, der in der Kennung enthalten ist, und stellt auf diese Weise sicher, dass sich nichts geändert hat.

Abbildung 25.6 zeigt diesen Ablauf.

So funktioniert der verteilte Cache

Der Ablauf beim verteilten Cache ähnelt dem Modus mit gehostetem Cache, allerdings werden Anforderungen nach zwischengespeichertem Inhalt als Multicast in das LAN gesendet. Ein Server für den gehosteten Cache ist also nicht nötig:

1. Ein Windows 7-Client stellt eine Verbindung zum Inhaltsserver her und fordert Daten an. Der Server autorisiert den Benutzer und gibt eine Kennung zurück. Weil zum ersten Mal ein Client diese Datei abruft, ist sie noch nicht im lokalen Netzwerk zwischengespeichert. Daher ruft der Client die Datei direkt vom Inhaltsserver ab und speichert sie mit BranchCache auf seiner Festplatte.

2. Ein zweiter Windows 7-Client fordert dieselbe Datei vom Inhaltsserver an. Wiederum autorisiert der Inhaltsserver den Benutzer und gibt eine Kennung zurück.

3. Der anfordernde Client sendet an seine Peers im lokalen Netzwerk eine Anfrage, dass er die Datei benötigt. Diese Anfrage wird über das WS-Discovery-Multicast-Protokoll verschickt.

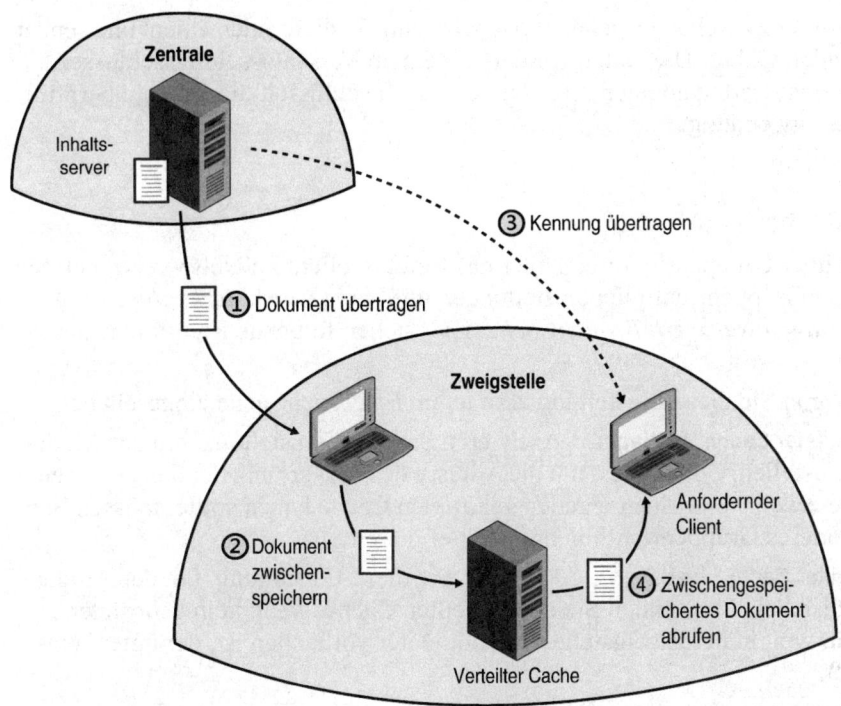

Abbildung 25.6 Die Architektur mit einem gehosteten Cache

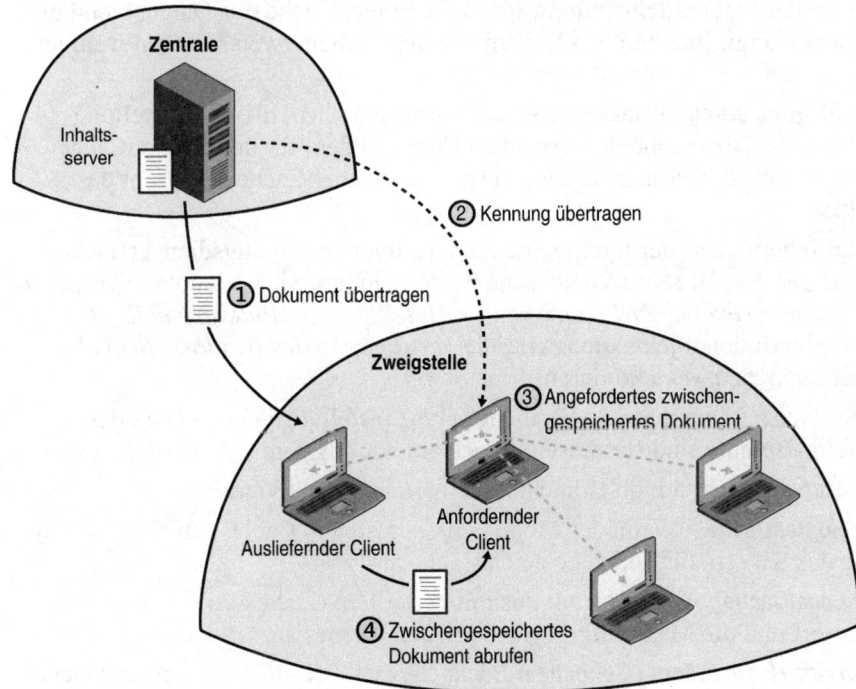

Abbildung 25.7 Die Architektur mit einem verteilten Cache

4. Der Client, der die Datei vorher zwischengespeichert hat, wird zum ausliefernden Client und sendet die Datei an den anfordernden Client. Die Daten werden mit einem Verschlüsselungsschlüssel verschlüsselt, der aus den Hashwerten abgeleitet ist. Der Client entschlüsselt die Daten, überprüft sie und übergibt sie an die Anwendung.

Abbildung 25.7 zeigt diesen Ablauf.

Konfigurieren von BranchCache

BranchCache-Clients werden über Gruppenrichtlinien oder das Befehlszeilentool Netsh verwaltet. Sie konfigurieren BranchCache mit Gruppenrichtlinieneinstellungen im Zweig *Computerkonfiguration\ Richtlinien\Administrative Vorlagen\Netzwerk\BranchCache*. Hier stehen folgende Richtlinien zur Verfügung:

- **BranchCache aktivieren**   Wenn Sie diese Einstellung aktivieren, ist BranchCache eingeschaltet.

- **BranchCache-Modus "Gehosteter Cache" festlegen**   Aktivieren Sie diese Einstellung, um den Modus mit gehostetem Cache einzustellen. Geben Sie dann die Adresse des Servers ein, der den gehosteten Cache speichert. Weil jede Zweigstelle einen eigenen gehosteten Cache haben sollte, müssen Sie für jede Zweigstelle ein anderes Gruppenrichtlinienobjekt definieren.

- **BranchCache-Modus "Verteilter Cache" festlegen**   Aktivieren Sie diese Einstellung, um den Modus mit verteiltem Cache einzustellen. Verwenden Sie den verteilten Cache, wenn kein gehosteter Cache zur Verfügung steht, weil in der Zweigstelle kein Computer vorhanden ist, der unter Windows Server 2008 R2 läuft.

- **BranchCache für Netzwerkdateien konfigurieren**   Aktivieren Sie diese Einstellung, um festzulegen, ab welcher Standardlatenz BranchCache eine Kopie der Daten speichert, die von einem Dateiserver abgerufen wurden. In der Standardeinstellung speichert BranchCache nur Daten, wenn die Latenz 80 Millisekunden übersteigt. In einem LAN werden Daten üblicherweise binnen weniger als 20 ms übertragen.

- **Prozentuale Speicherplatzbelegung durch Clientcomputercache festlegen**   Mit dieser Einstellung legen Sie fest, wie viel Platz die Clients, die den verteilten Cache bilden, für den BranchCache-Datenspeicher reservieren. In der Standardeinstellung verwendet BranchCache 5 Prozent des gesamten Festplattenplatzes.

  Außerdem können Sie verhindern, dass der intelligente Hintergrundübertragungsdienst (Background Intelligent Transfer Service, BITS) BranchCache benutzt, indem Sie im Knoten *Computerkonfiguration\Richtlinien\Administrative Vorlagen\Netzwerk\Intelligenter Hintergrundübertragungsdienst* eines Gruppenrichtlinienobjekts die Richtlinie *Verwendung des Windows Branch-Caches durch BITS-Client nicht zulassen* aktivieren.

Mit dem Befehlszeilentool Netsh können Sie die BranchCache-Einstellungen anzeigen oder ändern. Die folgenden Netsh-Befehle sind für diesen Zweck am wichtigsten:

- ***Netsh BranchCache Show Status***   Zeigt an, ob BranchCache momentan aktiviert ist.

- ***Netsh BranchCache Show HostedCache***   Wenn der Modus mit gehostetem Cache aktiviert ist, zeigt dieser Befehl die Adresse des Servers für den gehosteten Cache an.

- ***Netsh BranchCache Show LocalCache***   Wenn der Modus mit verteiltem Cache aktiviert ist, zeigt dieser Befehl den Speicherort und die Maximalgröße des lokalen Caches an.

- ***Netsh BranchCache Set Service HostedClient <Gehosteter-Cache-Server>***   Konfiguriert einen Client im Modus mit gehostetem Cache und legt den Ort des Servers (anhand des Hostnamens) für den gehosteten Cache fest.

- **Netsh BranchCache Set Service Distributed** Aktiviert BranchCache im Modus mit verteiltem Cache.
- **Netsh BranchCache Set Service Disabled** Deaktiviert BranchCache auf dem Client. BranchCache ist in der Standardeinstellung deaktiviert, Sie müssen diesen Befehl also nur ausführen, wenn Sie es vorher aktiviert haben.

Weitere Einzelheiten erhalten Sie, wenn Sie den folgenden Befehl ausführen.

```
Netsh BranchCache
```

BranchCache-Protokolle

BranchCache unterstützt die Dateifreigabe über SMB (Server Message Block) und HTTP. Wie in Abbildung 25.8 gezeigt, brauchen Anwendungen nicht direkt mit BranchCache zu kommunizieren (auch wenn sie das bei Bedarf tun können). Stattdessen greifen die Anwendungen auf die SMB- und HTTP-Schnittstellen zu, genau wie in älteren Windows-Versionen.

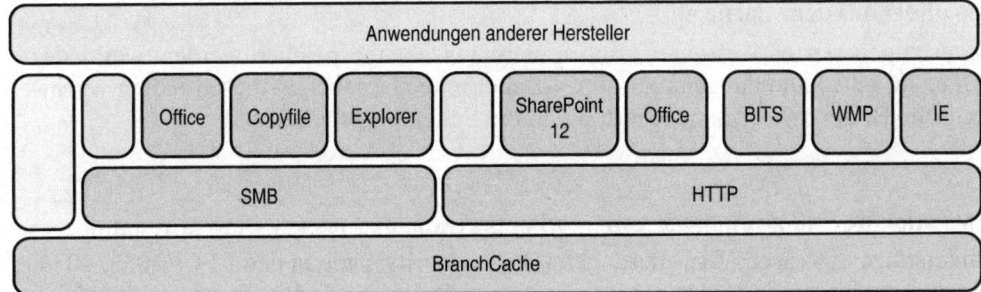

Abbildung 25.8 Die Architektur von BranchCache

Weil der BranchCache-Client in die SMB- und HTTP-Stacks integriert ist, nutzt jede Anwendung, die den SMB- oder HTTP-Stack von Windows 7 verwendet, automatisch BranchCache. Anwendungen, die eigene SMB- oder HTTP-Stacks implementieren, beispielsweise der Webbrowser Firefox, profitieren nicht von BranchCache.

Die folgenden Abschnitte beschreiben, wie BranchCache die Effizienz der Dateifreigabe über SMB und das Webbrowsen über HTTP verbessert.

Dateifreigabe mit SMB

BranchCache unterstützt SMB (und Signed SMB) und CIFS (Common Internet File System), die Standardprotokolle für Netzwerkdateiübertragungen bei Verbindungen zu freigegebenen Ordnern mit Windows-Explorer oder Befehlszeilentools wie Robocopy und Xcopy.

Die erste Anforderung nach einer Datei kann natürlich niemals aus dem Cache bedient werden. Der erste BranchCache-Client, der eine Datei abruft, muss sie direkt vom Server herunterladen und dann im Cache speichern. Solange die Datei nicht aktualisiert wird, können alle nachfolgenden Leseanforderungen nach dieser Datei allerdings direkt aus dem Cache bedient werden. Aktualisiert ein Benutzer eine Datei in einem freigegebenen Ordner, laden die Clients die neue Dateiversion direkt vom Server statt aus dem Cache. Dateien, die kleiner sind als 64 KByte, werden niemals zwischengespeichert.

Webbrowsen mit HTTP (inklusive HTTPS)

HTTP und HTTPS sind die Standardprotokolle, die von Webbrowsern benutzt werden. Mit HTTP oder HTTPS und BranchCache können Intranetwebseiten in der Zweigstelle zwischengespeichert und von anderen Clients im lokalen Netzwerk abgerufen werden. BranchCache stellt einen eigenen Cache bereit, der von dem des Windows Internet Explorers getrennt ist. Auf den integrierten Cache des Internet Explorers kann nur der aktuelle Benutzer zugreifen, während BranchCache allen anderen Benutzern in derselben Zweigstelle zur Verfügung steht.

BranchCache ist nicht für die Zwischenspeicherung von Internetwebseiten entworfen. HTTP-Zwischenspeicherung wird nur unterstützt, wenn der Webserver unter Windows Server 2008 R2 und IIS läuft. Nur Inhalte, die als zwischenspeicherbar markiert sind, werden von BranchCache gespeichert. Das erlaubt es im Allgemeinen, die bandbreitenintensivsten Webinhaltstypen zwischenzuspeichern, etwa statische HTML-Seiten, Dokumente, Bilder, Sounds und Videos.

Stellen Sie sich etwa den Fall vor, dass die Personalabteilung ein Video veröffentlicht, das sich alle Angestellten ansehen sollen. Wird dieses Video auf einem Webserver gehostet, während BranchCache aktiviert ist, laden die ersten beiden Clients, die das Video anzeigen, es über das WAN vom Intranetwebserver herunter. Der zweite Client speichert eine Kopie des Videos im Cache. Der dritte und alle weiteren Clients laden dann nur eine kleine Kennung vom Intranetwebserver herunter und rufen das vollständige Video direkt aus dem Cache ab.

Die meisten dynamisch generierten Webseiten können nicht zwischengespeichert werden, weil jede Seite anders ist. BranchCache kann die genutzte WAN-Bandbreite aber auch in diesen Fällen verringern, indem es statische Bilder zwischenspeichert, die in die Seiten eingebettet sind.

DNSsec

Der DNS-Client in Windows 7 und Windows Server 2008 R2 sowie der DNS-Server in Windows Server 2008 R2 unterstützen DNSsecs-Erweiterungen (DNS Security), wie in den RFCs 4033, 4034 und 4035 definiert, um die Integrität der DNS-Einträge zu gewährleisten. Indem Windows 7 und Windows Server 2008 R2 überprüfen, dass ein DNS-Eintrag vom autorisierenden DNS-Server generiert wurde und dass der DNS-Eintrag nicht verändert wurde, stellen sie die Integrität der DNS-Antworten sicher.

Bei DNSsec signieren autorisierende DNS-Server, die unter Windows Server 2008 R2 mit DNSsec-Unterstützung laufen, eine DNS-Zone kryptografisch, um digitale Signaturen für alle Ressourceneinträge in der Zone zu generieren. Andere DNS-Server überprüfen, ob ein DNS-Eintrag vom autorisierenden DNS-Server signiert wurde, und stellen sicher, dass er nicht manipuliert wurde. Der DNS-Client in Windows 7 ist DNSsec-fähig und greift für die DNSsec-Überprüfung auf seinen lokalen DNS-Server zurück.

GreenIT

Benutzer können Strom sparen, indem sie ihren Computer in den Energiesparmodus versetzen, während er nicht gebraucht wird. Bei älteren Windows-Versionen konnten die Administratoren Wake on LAN (WOL) nutzen, um den Computer aufzuwecken, damit er über das Netzwerk verwaltet werden konnte. WOL funktioniert allerdings nur bei Computern, die an Kabelnetzwerke angeschlossen sind. Computer im Energiesparmodus, die lediglich ein Drahtlosnetzwerk haben, können nicht über das Netzwerk gestartet oder verwaltet werden. Unter Umständen werden sie daher bei Konfigurationsänderungen, Softwareupdates und anderen Verwaltungsaufgaben übergangen.

Windows 7 fügt die Unterstützung für Wake on Wireless LAN (WoWLAN) hinzu. Mit WoWLAN kann Windows 7 den Stromverbrauch senken, weil die Benutzer Computer im Remotezugriff aus dem Energiesparmodus aufwecken können, selbst wenn diese Computer nur mit Drahtlosnetzwerken verbunden sind. Weil die Benutzer Computer aufwecken und über das Netzwerk darauf zugreifen können, hat die IT-Abteilung die Möglichkeit, Drahtloscomputer so zu konfigurieren, dass sie in den Standbymodus schalten, während sie nicht benutzt werden. Davon profitieren auch Benutzer, die eine Verbindung zu ihrem Computer herstellen wollen, während sie extern arbeiten.

Kabelnetzwerkverbindungen verbrauchen Strom, während sie aktiviert sind, selbst wenn gar kein Netzwerkkabel angeschlossen ist. Administratoren können die Kabelnetzwerkverbindungen auf mobilen Computern zwar deaktivieren, um Strom zu sparen und die Akkulaufzeit zu verlängern, die Benutzer müssen dann aber die Netzwerkverbindung wieder aktivieren, wenn sie sich mit einem Kabelnetzwerk verbinden wollen. Das führt unter Umständen zu Problemen bei mobilen Benutzern, die versuchen, eine Verbindung zu einem Kabelnetzwerk herzustellen, etwa in einem Hotel, das keine Drahtlosnetzwerkverbindung anbietet.

Windows 7 bietet die Möglichkeit, die Stromsparmöglichkeiten durch Deaktivieren einer Kabelnetzwerkverbindung zu nutzen, dem Benutzer aber trotzdem zu erlauben, bei Bedarf eine Verbindung zu einem Kabelnetzwerk herzustellen. Windows 7 kann den Energieverbrauch senken, indem es die Stromversorgung der Netzwerkkarte unterbricht, solange kein Kabel angeschlossen ist. Steckt der Benutzer ein Kabel ein, wird die Stromversorgung automatisch wiederhergestellt.

Effiziente Netzwerke

Der Großteil der Netzwerkkommunikation (zum Beispiel Download von Dateien, Websurfen und Lesen von E-Mail) arbeitet mit dem Layer-3-Protokoll TCP. TCP wird als zuverlässiges Netzwerkprotokoll eingestuft, weil der Empfänger bei allen Übertragungen bestätigen muss, dass er sie erhalten hat. Falls eine Übertragung nicht bestätigt wird, gilt sie als verloren und wird erneut übertragen.

Das Bestätigen von Übertragungen kann aber verhindern, dass TCP-Transfers die gesamte verfügbare Bandbreite nutzen. Das passiert, weil TCP die Datenblöcke in kleinere Teilstücke zerlegt, bevor sie gesendet werden, und die Empfänger bei jedem Datenstück den Empfang bestätigen müssen. Die Zahl der Stücke, die gesendet werden dürfen, bevor auf das Eintreffen der Bestätigungen gewartet werden muss, wird als *TCP-Empfangsfenstergröße* (TCP receive window size) bezeichnet.

Als TCP entworfen wurde, war die Netzwerkbandbreite nach heutigen Standards sehr klein, und die Kommunikation war recht unzuverlässig. Daher hatte es kaum Auswirkungen auf die Leistung, wenn darauf gewartet werden musste, bis jedes kleine Datenstück bestätigt wurde. Heutzutage wird die Bandbreite aber in Megabit pro Sekunde (MBit/s) gemessen statt in Kilobit pro Sekunde (KBit/s). Eine kleine TCP-Empfangsfenstergröße kann die Kommunikation deutlich bremsen, wenn der Computer, der einen Datenblock sendet, darauf warten muss, dass der empfangende Computer eine Bestätigung zurückschickt. Abbildung 25.9 zeigt, wie TCP Teilstücke eines Datenblocks bestätigt.

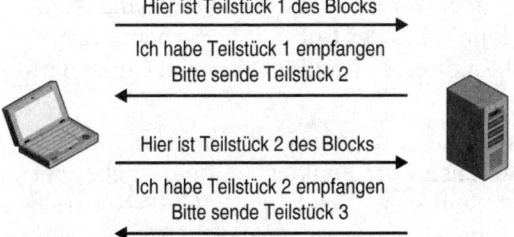

Hier ist Teilstück 1 des Blocks

Ich habe Teilstück 1 empfangen
Bitte sende Teilstück 2

Hier ist Teilstück 2 des Blocks

Ich habe Teilstück 2 empfangen
Bitte sende Teilstück 3

Abbildung 25.9   Bei TCP müssen Datentransfers bestätigt werden

TCP funktioniert gut und bietet tatsächlich eine zuverlässige Übertragung über eine Vielzahl von Netzwerken. Aber dass immer gewartet werden muss, bis jedes Teilstück eines Datenblocks bestätigt wird, verursacht eine geringe Verzögerung. Wie groß diese Verzögerung ist, hängt von zwei Faktoren ab:

- **Netzwerklatenz** Netzwerklatenz (network latency) ist die Zeit (normalerweise gemessen in Millisekunden, ms) die benötigt wird, bis ein Paket an einen Computer gesendet und die Antwort zurückgegeben worden ist. Latenz wird auch als Roundtripzeit (Round-Trip Time, RTT) bezeichnet. Falls die Latenz so hoch ist, dass der sendende Computer auf die Bestätigungen warten muss, hat die Latenz direkten Einfluss auf die Transfergeschwindigkeit, weil nichts übertragen wird, während der sendende Computer auf die Bestätigungen wartet.

- **Wie viel von der Datei übertragen werden kann, bevor auf eine Bestätigung gewartet werden muss (TCP-Empfangsfenstergröße)** Je kleiner die TCP-Empfangsfenstergröße, desto häufiger muss der sendende Computer unter Umständen auf Bestätigungen warten. Daher kann ein kleines TCP-Empfangsfenster die Netzwerkleistung verringern, weil der sendenden Computer warten muss, bis die Bestätigungen eintreffen. Größere TCP-Empfangsfenster können die Leistung verbessern, weil weniger Zeit damit verbracht wird, auf Bestätigungen zu warten.

Was Latenz verursacht, wie sie gemessen und wie sie gesteuert wird

Latenz entsteht normalerweise aufgrund zweier unterschiedlicher Ursachen: Router und Distanz.

Jeder Router, durch den ein Paket geleitet wird, muss das Paket von der einen Netzwerkschnittstelle in die andere kopieren. Das verursacht eine sehr kleine Verzögerung, normalerweise nur ein paar Millisekunden. Verkehr im Internet muss aber unter Umständen durch mehr als 50 Router wandern, bis ein Roundtrip zwischen zwei Computern abgeschlossen ist, daher summieren sich diese Verzögerungen auf. Stark belastete Router und Netzwerke, die sich nahe ihrer Kapazitätsgrenzen befinden, können noch mehr Latenz verursachen, weil der Router möglicherweise mehrere Millisekunden warten muss, bevor er ein Paket in eine Netzwerkschnittstelle schreiben kann.

Auch Distanz (Entfernung) führt zu Latenz. Wenn Pakete durch Netzwerke befördert werden, geschieht das etwas unter Lichtgeschwindigkeit. Grob geschätzt laufen Pakete mit 160.000 Kilometern pro Sekunde durch das Netzwerk. Das ist zwar sehr schnell, aber wenn ein Paket auf die andere Seite der Welt und wieder zurück befördert werden muss, verursacht das mindestens 250 Millisekunden Latenz (ohne Berücksichtigung der Latenz, die von den Routern verursacht wird). Satellitenverbindungen erhöhen die Latenz um etwa 500 Millisekunden, wenn das Paket zum Satelliten und von dort wieder zu einer Bodenstation gesendet werden muss. Außerdem sind Netzwerkpfade oft sehr indirekt und Pakete müssen oft ein Mehrfaches der Luftlinie zwischen zwei Computern zurücklegen. Insbesondere VPNs können sehr indirektes Routing zwischen Computern verursachen.

Um die Latenz zu messen, wird meistens das Befehlszeilentool Ping eingesetzt. Ping kann Ihnen eine grobe Schätzung vermitteln, wie groß die Latenz zwischen zwei Punkten ist. Ping ist aber bei Weitem nicht perfekt, weil es keine TCP-Daten überträgt. Stattdessen sendet Ping ICMP-Nachrichten (Internet Control Message Protocol), die für Diagnosezwecke gedacht sind. Viele Router geben diesen ICMP-Nachrichten eine geringere Priorität als anderem Verkehr, daher kann es sein, dass Ping eine höhere Latenz meldet als normal. Außerdem sind viele Router und Computer so konfiguriert, dass sie ICMP-Nachrichten, die von Ping gesendet werden, vollständig blockieren. Ein verwandtes Befehlszeilentool, PathPing, liefert grobe Latenzinformationen für alle Router zwischen zwei Hosts. PathPing verwendet dieselben ICMP-Nachrichten wie Ping.

Falls Latenz ein Problem in Ihrem Netzwerk verursacht, sollten Sie erst die Ursache der Latenz ermitteln. Falls die Latenz durch Distanz verursacht wird, finden Sie vielleicht eine Möglichkeit, die Distanz zu verringern. Zum Beispiel könnten Sie eine Satellitenverbindung durch eine Bodenleitung ersetzen. Falls Sie dagegen feststellen, dass der Pfad, der zwischen zwei Punkten genommen wird, ineffizient ist, können Sie Ihr Netzwerk möglicherweise so umkonfigurieren, dass die Distanz verringert wird. Falls Sie feststellen, dass überlastete Netzwerke oder Router Latenz verursachen, können Sie Ihre Router aufrüsten oder die verfügbare Bandbreite erhöhen. Oder Sie setzen richtlinienbasiertes QoS ein, um die Priorität für den wichtigsten Verkehr zu erhöhen und auf diese Weise die Latenz für zeitkritische Übertragungen wie Streaming von Mediendaten und Voice-over-IP zu verringern.

Wie Sie sehen, kann hohe Netzwerklatenz die Leistung verringern, vor allem wenn sie in Kombination mit kleinen TCP-Empfangsfenstern auftritt. Computer können die negativen Auswirkungen von Netzwerken mit hoher Latenz verringern, indem sie das TCP-Empfangsfenster größer machen. Windows-Versionen vor Windows Vista benutzen allerdings ein statisches Empfangsfenster mit nur 64 KByte Größe. Diese Einstellung war in Ordnung für Verbindungen mit geringer Bandbreite und wenig Latenz, setzt der Leistung über Verbindungen mit hoher Bandbreite und großer Latenz allerdings Grenzen. Abbildung 25.10 zeigt, welchen Durchsatz eine TCP-Verbindung bei verschieden großen Empfangsfenstern über unterschiedliche Latenzbedingungen erreichen kann. Wie Sie sehen, kann der maximale Durchsatz einer TCP-Verbindung mit der Standardempfangsfenstergröße von 64 KByte selbst innerhalb eines Kontinents auf 5 MBit/s sinken, und über eine Satellitenverbindung sogar bis aus 1 MBit/s.

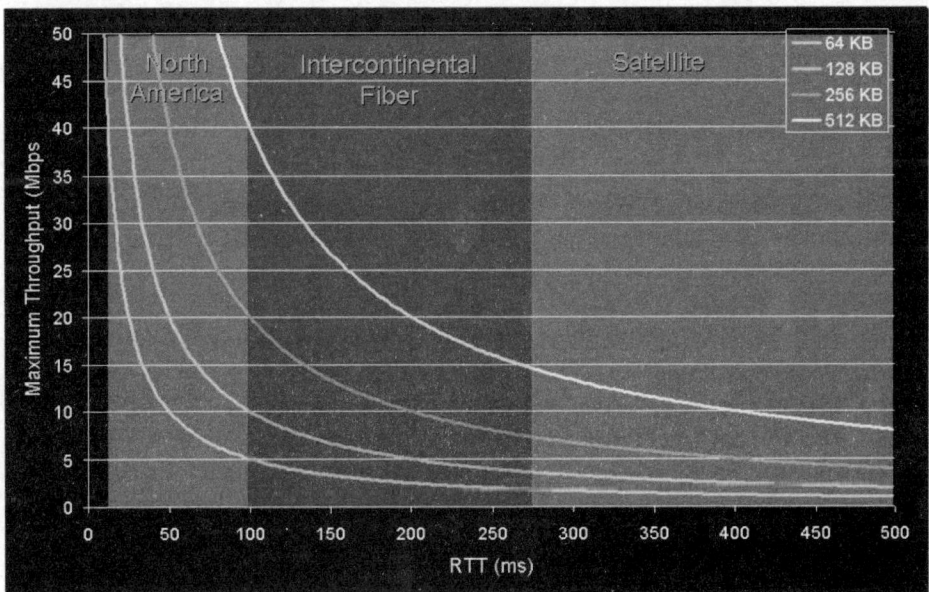

Abbildung 25.10 Die Einstellung der TCP-Empfangsfenstergröße kann den Durchsatz deutlich beeinflussen

Windows Vista und Windows 7 bieten eine automatische Optimierung der TCP-Empfangsfenstergröße, die standardmäßig aktiviert ist. Jede TCP-Verbindung kann dadurch höheren Durchsatz und geringere Übertragungszeiten erreichen, aber am meisten profitieren Verbindungen mit hoher Bandbreite und großer Latenz. Daher kann die automatische Optimierung des Empfangsfensters die Netzwerkleistung über Satelliten und WAN-Verbindungen deutlich steigern. Bei Hochgeschwindigkeits-LANs mit geringer Latenz fällt der Vorteil geringer aus.

Die automatische Optimierung des Empfangsfensters ermittelt die optimale Empfangsfenstergröße für jede Verbindung individuell, indem sie das Produkt aus Bandbreite mal Latenz der Verbindung sowie die Anwendungsempfangsrate misst und die maximale Empfangsfenstergröße permanent automatisch anpasst. Damit die automatische Optimierung den Durchsatz einer Verbindung deutlich verbessern kann, müssen alle folgenden Bedingungen erfüllt sein:

- **Verbindung mit großer Latenz**   Zum Beispiel Roundtripzeiten von über 100 ms
- **Verbindung mit hoher Bandbreite**   Zum Beispiel größer als 5 MBit/s
- **Die Anwendung legt keine Empfangspuffergröße fest**   Manche Anwendungen legen explizit eine Größe für den Empfangspuffer fest, die das Windows-Standardverhalten überschreibt. Das kann auf älteren Windows-Versionen ähnliche Vorteile bringen, aber es ist relativ ungewöhnlich, die Empfangspuffergröße zu verändern.
- **Die Anwendung verarbeitet die Daten schnell, sobald sie empfangen wurden**   Falls eine Anwendung die empfangenen Daten nicht sofort abholt, kann es sein, dass die automatische Optimierung des Windows 7-Empfangsfensters die Gesamtleistung überhaupt nicht verbessert. Falls zum Beispiel die Anwendung nur in gewissen Abständen Daten abholt, die über TCP empfangen wurden, und das nicht ständig tut, verbessert sich die Gesamtleistung möglicherweise nicht.

Bevor das TCP-Empfangsfenster vergrößert wird, werden der bisherige Verlauf der Verbindung und ihre Merkmale untersucht. TCP stellt nicht mehr Netzwerkbandbreite zur Verfügung, als der Remotehost sinnvoll nutzen kann. Das sorgt dafür, dass das veröffentlichte Empfangsfenster sich in denselben Dimensionen bewegt wie das entsprechende Fenster auf dem Remotehost. So wird eine Netzwerküberlastung vermieden, aber gleichzeitig die verfügbare Bandbreite optimal ausgenutzt.

Skalierung des TCP-Empfangsfensters

Die Fähigkeit, das Empfangsfenster zu vergrößern, wäre nutzlos ohne eine Fensterskalierung. TCP erlaubt direkt nur eine Fenstergröße von 64 KByte. Betriebssysteme bis Windows XP verwenden diesen Standardwert für schnelle Verbindungen. Die Fensterskalierungsoption ist eine Möglichkeit, Fenstergrößen bis in den Megabytebereich oder sogar darüber einzustellen. Ab Windows Vista wird die Fensterskalierung standardmäßig genutzt.

Während des Verbindungsaufbaus wird mit dem Remotehost ausgehandelt, ob die Fensterskalierung benutzt wird. Falls die Remoteseite es unterstützt, wird die Fensterskalierung für die Verbindung aktiviert. Windows Vista und Windows 7 verwenden den Skalierungsfaktor 8, das bedeutet, dass der veröffentlichte Wert für die Empfangsfenstergröße mit 256 multipliziert werden soll. Die automatische Optimierung des Empfangsfensters arbeitet daher mit einer maximalen Fenstergröße von 16 MByte.

Der TCP/IP-Stack von Windows Vista und Windows 7 unterstützt folgende RFCs, um den Durchsatz in Umgebungen mit vielen verlorenen Paketen zu optimieren:

- **RFC 2582: NewReno-Modifikation für den Fast-Recovery-Algorithmus von TCP**   Der NewReno-Algorithmus bietet einen schnelleren Durchsatz, weil verändert wird, auf welche Weise ein Sender die Senderate erhöhen kann, wenn mehrere Segmente in einem Datenfenster verloren gehen und der Sender eine Teilbestätigung empfängt (eine Bestätigung, dass lediglich ein bestimmter Teil der Daten richtig empfangen wurde). Sie finden diese RFC unter *http://www.ietf.org/rfc/rfc2582.txt*.

- **RFC 2883: Eine Erweiterung der SACK-Option (Selective Acknowledgement) für TCP** Das in RFC 2018 definierte SACK erlaubt einem Empfänger, bis zu vier nicht aneinanderstoßende Blöcke empfangener Daten anzugeben. RFC 2883 definiert eine weitere Verwendung für die Felder in der SACK-TCP-Option, mit der doppelte Pakete bestätigt werden. So kann der Empfänger des TCP-Segments, das die SACK-Option enthält, feststellen, wann er ein Segment unnötigerweise erneut gesendet hat, und sein Verhalten anpassen, um solche Fälle bei künftigen Übertragungsversuchen zu vermeiden. Je weniger Daten erneut übertragen werden müssen, desto besser ist der Gesamtdurchsatz. Sie finden diese RFC unter *http://www.ietf.org/rfc/rfc2883.txt*.

- **RFC 3168: Erweiterung von IP durch Explicit Congestion Notification (ECN)** Falls ein Paket in einer TCP-Sitzung verloren geht, nimmt TCP an, dass dies durch Netzwerküberlastung verursacht wurde. Bei dem Versuch, die Ursache dieses Problems zu beseitigen, verringert TCP die Übertragungsrate des Senders. Wenn ECN auf beiden TCP-Kommunikationspartnern und in der Routing-Infrastruktur unterstützt wird, markieren Router, die eine Überlastung feststellen, die Pakete, während sie weitergeleitet werden. Dann können die Computer ihre Übertragungsrate verringern, bevor Paketverluste auftreten. Somit verbessert sich der Durchsatz. Windows Vista und Windows 7 unterstützen ECN, es ist aber in der Standardeinstellung deaktiviert. Sie können ECN-Unterstützung mit folgendem Befehl aktivieren:

```
Netsh interface tcp set global ecncapability=enabled
```

Sie finden diese RFC unter *http://www.ietf.org/rfc/rfc3168.txt*.

- **RFC 3517: Ein konservativer SACK-basierter (Selective Acknowledgment) Loss-Recovery-Algorithmus für TCP** Die Implementierung von TCP/IP in Windows Server 2003 und Windows XP nutzt SACK-Informationen ausschließlich, um festzustellen, welche TCP-Segmente nicht das Ziel erreicht haben. RFC 3517 definiert eine Methode, mithilfe von SACK-Informationen verlorene Pakete wiederherzustellen, falls eine doppelte Bestätigung empfangen wurde. Dies ersetzt den Fast-Recovery-Algorithmus, wenn SACK auf einer Verbindung aktiviert ist. Windows Vista und Windows 7 überwachen die SACK-Informationen für jede Verbindung und zeichnen eingehende Bestätigungen und doppelte Bestätigungen auf, um eine schnellere Wiederherstellung durchführen zu können, wenn mehrere Segmente nicht beim Ziel ankommen. Sie finden diese RFC unter *http://www.ietf.org/rfc/rfc3517.txt*.

- **RFC 4138: Forward-RTO-Recovery (F-RTO): Ein Algorithmus zum Erkennen unregelmäßiger Neuübertragungs-Timeouts mit TCP und SCTP (Stream Control Transmission Protocol)** Unregelmäßig auftretende Neuübertragungen von TCP-Segmenten können vorkommen, wenn die RTT plötzlich, aber nur für kurze Zeit ansteigt. Der F-RTO-Algorithmus (Forward Retransmission Timeout) verhindert in solchen Fällen die Neuübertragung von TCP-Segmenten. Der F-RTO-Algorithmus bewirkt, dass F-RTO in Umgebungen, in denen die RTT kurzfristig stark ansteigt (zum Beispiel wenn ein WLAN-Client von einem Drahtloszugriffspunkt zu einem anderen wechselt), die unnötige Neuübertragung von Segmenten verhindert und die normale Senderate schneller wiederhergestellt wird. Sie finden diese RFC unter *http://www.ietf.org/rfc/rfc4138.txt*.

Skalierbarkeit von Netzwerken

Während sich die LAN-Bandbreite in Bereiche jenseits der Gigabitgeschwindigkeit gesteigert hat, wurden andere Komponenten eines Computers zu Engpässen, die die Netzwerkleistung drücken. Ein Computer, der an ein 10-GBit/s-Netzwerk angeschlossen ist, ist möglicherweise nicht in der Lage, diese Verbindung vollständig auszunutzen, weil der Prozessor mit der Verarbeitung des Netzwerkverkehrs überlastet ist.

Windows Vista, Windows 7 und Windows Server 2008 unterstützen folgende skalierbare Netzwerktechnologien (die kompatible Hardware voraussetzen):

- **TCP-Chimney-Auslagerung** Der Prozessor des Computers muss Daten aus mehreren TCP-Paketen in einem einzigen Netzwerksegment zusammenfassen. TCP-Chimney-Auslagerung erlaubt es der Netzwerkkarte, selbst die Aufteilung der TCP-Daten für ausgehende Pakete durchzuführen, die Daten eingehender Pakete zusammenzufassen und gesendete sowie empfangene Daten zu bestätigen. TCP-Chimney-Auslagerung ist nicht kompatibel zu QoS- oder Adapter-Teaming-Treibern, die für ältere Windows-Versionen entwickelt wurden. TCP-Chimney-Auslagerung ändert nichts an der Verarbeitung von Paketen, die keine TCP-Pakete sind; darunter fallen beispielsweise ARP (Address Resolution Protocol), DHCP (Dynamic Host Configuration Protocol), ICMP und UDP. TCP-Chimney-Auslagerung erfordert weiterhin, dass das Betriebssystem jede Anwendungs-E/A (Ein-/Ausgabe) verarbeitet. Daher profitieren in erster Linie große Übertragungen davon; bei Anwendungen, die lediglich kleine Datenmengen übertragen, verbessert sich die Leistung nicht. Zum Beispiel profitieren Datei- oder Medienstreaming-Server deutlich von dieser Technik. Dagegen zeigt sich bei einem Datenbankserver, der jeweils 100 bis 500 Byte große Datensätze sendet und empfängt, nur geringe oder gar keine Verbesserungen.

> **Hinweis** Daten zu Leistungstests mit der TCP-Chimney-Auslagerung finden Sie in »Boosting Data Transfer with TCP Offload Engine Technology« unter *http://www.dell.com/downloads/global/power/ps3q06-20060132-broadcom.pdf* und in »Enabling Greater Scalability and Improved File Server Performance with the Windows Server 2003 Scalable Networking Pack and Alacritech Dynamic TCP Offload« unter *http://www.alacritech.com/Resources/Files/File_Serving_White_Paper.pdf*. Weitere Informationen über TCP-Chimney-Auslagerung finden Sie in »Full TCP Offload« unter *http://msdn.microsoft.com/en-us/library/aa503758.aspx*.

- **Empfängerseitige Skalierung (Receive-Side Scaling, RSS)** Mit NDIS 6.0 und Windows Vista, Windows 7 sowie Windows Server 2008 können eingehende Pakete durch mehrere Prozessoren verarbeitet werden. In älteren Windows-Versionen mussten Pakete von einem Prozessor verarbeitet werden. Weil neuere Computer meist mehrere Kerne und Prozessoren haben, können Sie einen erheblichen Engpass beseitigen, wenn Sie eine Netzwerkkarte einsetzen, die RSS unterstützt.

> **Hinweis** Ausführliche Informationen über RSS finden Sie in »Scalable Networking: Eliminating the Receive Processing Bottleneck – Introducing RSS« unter *http://download.microsoft.com/download/5/D/6/5D6EAF2B-7DDF-476B-93DC-7CF0072878E6/NDIS_RSS.doc*.

- **NetDMA** NetDMA verschiebt Daten direkt von einem Speicherort im Arbeitsspeicher des Computers an einen anderen Speicherort, ohne dass die Daten dabei durch den Prozessor geleitet werden müssen. Das senkt die Belastung des Prozessors und beschleunigt den Kopiervorgang. NetDMA setzt voraus, dass die zugrundeliegende Hardwareplattform eine Technologie wie Intel E/AAT (Intel E/A Acceleration Technology) unterstützt. NetDMA und TCP-Chimney-Auslagerung sind nicht kompatibel. Unterstützt eine Netzwerkkarte sowohl NetDMA als auch TCP-Chimney-Auslagerung, nutzen Windows Vista und Windows 7 die TCP-Chimney-Auslagerung.

- **IPsec-Auslagerung** IPsec-Authentifizierung und -Verschlüsselung benötigen erheblichen Rechenaufwand. Der von einer typischen Arbeitsstation generierte IPsec-Verkehr hat zwar keine starke Auswirkung auf die Prozessorauslastung, aber wenn eine Arbeitsstation große Datenmengen überträgt (mit höherer Geschwindigkeit als 1 GBit/s), muss sie unter Umständen erhebliche Prozessorzeit für IPsec aufwenden. IPsec-Auslagerung verlegt die IPsec-Verarbeitung in die Netzwerkkarte, die üblicherweise einen Prozessor besitzt, der für die Verarbeitung von Authentifizierungs- und Verschlüsselungsoperationen optimiert ist.

Höhere Zuverlässigkeit

Die TCP/IP-Netzwerkfeatures von Windows Vista und Windows 7 bieten auch Verbesserungen, die die Zuverlässigkeit erhöhen sollen, wenn die Netzwerkbedingungen nicht optimal sind:

- **Erkennung von nicht erreichbaren Nachbarn für IPv4** Die Erkennung von nicht erreichbaren Nachbarn ist ein Feature von IPv6. Dabei verfolgt ein Knoten, ob ein benachbarter Knoten erreichbar ist. Das bietet bessere Fehlererkennung und Wiederherstellung, wenn Knoten plötzlich nicht mehr erreichbar sind. Windows 7 unterstützt auch für IPv4-Verkehr die Erkennung von nicht erreichbaren Nachbarn, indem es den Erreichbarkeitsstatus von IPv4-Nachbarn im IPv4-Routencache verfolgt. Die Erkennung von nicht erreichbaren Nachbarn in IPv4 bestimmt die Erreichbarkeit anhand des Austauschs von Unicast-ARP-Anforderungs- und ARP-Anwortnachrichten oder indem sie auf Protokolle höherer Schichten zurückgreift, zum Beispiel TCP. Durch die Erkennung von nicht erreichbaren Nachbarn in IPv4 profitiert IPv4-Kommunikation davon, dass erkannt wird, wenn benachbarte Knoten (das können auch Router sein) nicht mehr erreichbar sind, und dass diese Bedingung gemeldet wird.

- **Änderungen bei der Erkennung deaktivierter Gateways** Die Erkennung deaktivierter Gateways in TCP/IP für Windows Server 2003 und Windows XP bietet eine Failover-Funktion, aber keine Failback-Funktion, mit der ein deaktiviertes Gateway erneut überprüft wird, um festzustellen, ob es inzwischen wieder verfügbar ist. Windows Vista und Windows 7 bieten Failback für deaktivierte Gateways, indem sie regelmäßig versuchen, TCP-Verkehr durch das vorher als deaktiviert erkannte Gateway zu senden. Falls der TCP-Verkehr erfolgreich durch das vorher deaktivierte Gateway gesendet werden kann, schaltet Windows das Standardgateway auf dieses Gateway zurück. Unterstützung für Failback auf primäre Standardgateways kann schnelleren Durchsatz beim Senden von Verkehr durch das primäre Standardgateway im Subnetz bedeuten.

- **Änderungen bei der PMTU-Erkennung von Black-Hole-Routern** Die in RFC 1191 definierte Erkennung der PMTU (Path Maximum Transmission Unit) funktioniert auf Basis des Empfangs der ICMP-Nachrichten »Destination Unreachable-Fragmentation Needed« und »Don't Fragment (DF) Set« von Routern, die die MTU der nächsten Verbindung enthalten. In bestimmten Fällen verwerfen dazwischen liegende Router allerdings stillschweigend Pakete, die nicht fragmentiert werden können. Dieser Typ Router wird als Black-Hole-PMTU-Router bezeichnet. Dazwischen liegende Router verwerfen manchmal auch ICMP-Nachrichten, weil die Firewallregeln entsprechend konfiguriert sind. Das kann dazu führen, dass bei TCP-Verbindungen eine Zeitüberschreitung auftritt und sie abgebrochen werden, weil dazwischen liegende Router stillschweigend große TCP-Segmente, ihre Neuübertragungen und die ICMP-Fehlermeldungen für PMTU-Erkennung verwerfen. Die PTMU-Erkennung von Black-Hole-Routern erkennt, wenn große TCP-Segmente erneut übertragen werden, und passt die PMTU für die Verbindung automatisch an, statt nur auf den Empfang der ICMP-Nachrichten »Destination Unreachable-Fragmentation Needed« und »Don't Fragment (DF) Set« zu reagieren. Bei TCP/IP in Windows Server 2003 und Windows XP ist die PMTU-Erkennung von Black-Hole-Routern in der Standardeinstellung deaktiviert, weil sich bei einer Aktivierung die Maximalzahl der Neuübertragungen erhöht, die für ein bestimmtes Segment durchgeführt werden. Da allerdings zunehmend auf Routern Firewallregeln definiert sind, die ICMP-Verkehr verwerfen, aktivieren Windows Vista und Windows 7 die PMTU-Erkennung von Black-Hole-Routern standardmäßig, um zu verhindern, dass TCP-Verbindungen beendet werden. Die PMTU-Erkennung von Black-Hole-Routern wird auf einer TCP-Verbindung ausgelöst, wenn eine Neuübertragung kompletter Segmente mit gesetztem DF-Flag beginnt. TCP setzt dann die PMTU für die Verbindung auf 536 Byte zurück und überträgt die Segmente neu, wobei das

DF-Flag gelöscht ist. Auf diese Weise wird die TCP-Verbindung beibehalten, wenn auch unter Umständen mit einer geringeren PMTU-Größe, als die Verbindung eigentlich verkraftet.

IPv6-Unterstützung

Um Probleme mit der begrenzten Verfügbarkeit öffentlicher IPv4-Adressen zu lösen, steigen viele Regierungen, Internetdienstanbieter (Internetprovider) und andere Organisationen auf IPv6 um, die nächste Version des Netzwerkschichtprotokolls, das die Basis des Internets bildet. Windows Vista und Windows 7 bieten gegenüber Windows XP folgende Verbesserungen an IPv6:

- **Dual-IP-Schicht-Stack ist standardmäßig aktiviert** Windows Vista und Windows 7 unterstützen eine Dual-IP-Schicht-Architektur, bei der sich IPv4- und IPv6-Implementierungen dieselben Transport- (zum Beispiel TCP und UDP) und Framing-Schichten teilen, wie in Abbildung 25.11 gezeigt. Bei Windows Vista und Windows 7 sind IPv4 wie auch IPv6 standardmäßig aktiviert. Sie brauchen kein separates Feature zu installieren, um IPv6-Unterstützung zu bekommen. Sie können aber für eine Netzwerkkarte entweder IPv4 oder IPv6 deaktivieren.

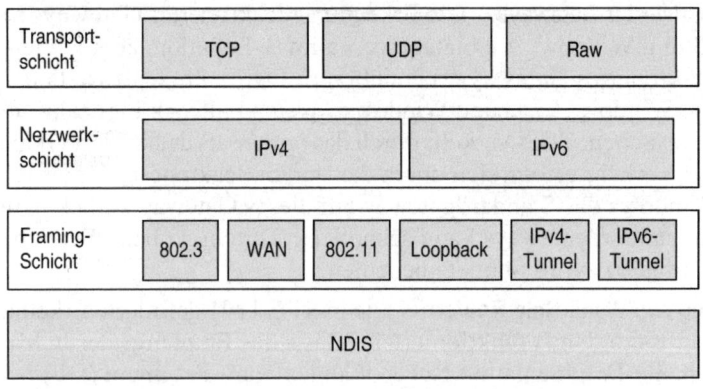

Abbildung 25.11   IPv4 und IPv6 arbeiten in Windows 7 parallel

- **GUI-basierte Konfiguration** In Windows Vista und Windows 7 können Sie jetzt IPv6-Einstellungen von Hand konfigurieren (ähnlich wie Sie IPv4-Einstellungen von Hand konfigurieren). Dafür steht eine Gruppe von Dialogfeldern im Ordner *Netzwerkverbindungen* zur Verfügung. Außerdem können Sie sowohl IPv4 als auch IPv6 mit dem Befehl Netsh konfigurieren.

- **Integrierte IPsec-Unterstützung** In Windows Vista und Windows 7 ist die IPsec-Unterstützung für IPv6-Verkehr dieselbe wie für IPv4, inklusive Unterstützung für Internet Key Exchange (IKE) und Datenverschlüsselung. Die Snap-Ins *Windows-Firewall mit erweiterter Sicherheit* und *IP-Sicherheitsrichtlinien* unterstützen jetzt die Konfiguration von IPsec-Richtlinien für IPv6-Verkehr, genau wie für IPv4-Verkehr. Wenn Sie zum Beispiel im Snap-In *IP-Sicherheitsrichtlinien* einen IP-Filter als Teil einer IP-Filterliste konfigurieren, können Sie jetzt IPv6-Adressen und -Adresspräfixe angeben, wenn Sie eine bestimmte Quell- oder Ziel-IP-Adresse eintragen.

- **MLDv2** Multicast Listener Discovery Version 2 (MLDv2), definiert in RFC 3810, bietet Unterstützung für quellspezifischen Multicastverkehr. MLDv2 ist die Entsprechung von Internet Group Management Protocol Version 3 (IGMPv3) für IPv4.

- **LLMNR** Link-Local Multicast Name Resolution (LLMNR) erlaubt IPv6-Hosts auf einem einzelnen Subnetz ohne DNS-Server, gegenseitig ihre Namen aufzulösen. Diese Fähigkeit ist nützlich für Heimnetzwerke, die nur ein einziges Subnetz umfassen, und Ad-hoc-Drahtlosnetzwerke.

- **IPv6 über PPP** Der eingebaute RAS-Client unterstützt jetzt IPv6 über das Point-to-Point Protocol (PPPv6), wie in RFC 2472 definiert. Nativer IPv6-Verkehr kann jetzt über PPP-Verbindungen gesendet werden. Zum Beispiel erlaubt Ihnen die PPPv6-Unterstützung, eine Verbindung mit einem IPv6-Internetprovider über DFÜ- oder PPPoE-Verbindungen (PPP over Ethernet) herzustellen, wie sie für Breitbandinternetzugriff eingesetzt werden.

- **Zufällige Schnittstellen-IDs für IPv6-Adressen** Um Adressscans von IPv6-Adressen anhand der bekannten Unternehmens-IDs von Netzwerkkartenherstellern zu verhindern, generieren Windows Vista, Windows 7 und Windows Server 2008 zufällige Schnittstellen-IDs für nicht temporäre, automatisch konfigurierte IPv6-Adressen, zum Beispiel öffentliche und linklokale Adressen.

- **DHCPv6-Unterstützung** Windows Vista, Windows 7 und Windows Server 2008 enthalten einen DHCPv6-fähigen DHCP-Client, der eine statusbehaftete automatische Adresskonfiguration mit einem DHCPv6-Server durchführt. Windows Server 2008 enthält einen DHCPv6-fähigen DHCP-Serverdienst.

Weitere Informationen über IPv6 finden Sie in Kapitel 28, »Bereitstellen von IPv6«.

802.1X-Netzwerkauthentifizierung

802.1X ist ein Protokoll, das Computer gegenüber Ihrer Netzwerkinfrastruktur authentifiziert, bevor sie Zugriff erhalten. 802.1X wird vor allem eingesetzt, um IEEE-802.11-Drahtlosnetzwerke zu schützen: Falls ein Clientcomputer keine gültigen Anmeldeinformationen für ein Drahtlosnetzwerk liefern kann, erlaubt der Drahtloszugriffspunkt dem Client nicht, dem Netzwerk beizutreten.

802.1X kann auch eingesetzt werden, um Kabelnetzwerke zu schützen. Falls Sie zum Beispiel einen Computer mit einem Kabel an ein Ethernet-Netzwerk anschließen, kann der Ethernetswitch den Clientcomputer zwingen, sich mit 802.1X zu authentifizieren, bevor er zur Netzwerkinfrastruktur Zugriff erhält. Falls der Computer die Authentifizierungsanforderungen erfüllt, leitet die Netzwerkinfrastruktur Netzwerkverkehr zu und vom Clientcomputer weiter. Falls der Clientcomputer keine gültigen Anmeldeinformationen liefert oder die angegebenen Anforderungen auf andere Weise nicht erfüllt, wird ihm der Zugriff verweigert oder er wird auf ein eingeschränktes Netzwerk umgeleitet.

Windows Vista und Windows 7 unterstützen 802.1X-Authentifizierung für drahtgebundene und Drahtlosnetzwerke. Clients können sich selbst über Benutzername und Kennwort oder mit einem Zertifikat authentifizieren, das lokal auf dem Computer oder in einer Smartcard gespeichert ist. Mit kompatibler Netzwerkhardware und einem RADIUS-Authentifizierungsserver (Remote Authentication Dial-In User Service), zum Beispiel einem Windows Server 2003- oder Windows Server 2008-Computer, können Sie sowohl drahtgebundenen als auch drahtlosen Zugriff auf Ihr Intranet zentral steuern. Das bedeutet, dass ein Angreifer mit physischem Zugriff auf Ihre Netzwerkhardware nicht einfach einen Computer in einen verfügbaren Ethernet-Port einstecken und sich so Zugriff auf Ihr Intranet verschaffen kann. Wenn Sie 802.1X-Authentifizierung mit NAP (Network Access Protection) kombinieren, können Sie sicherstellen, dass Computer erforderliche Sicherheitsupdates eingespielt haben und andere Anforderungen an die Systemintegrität erfüllen, bevor sie uneingeschränkten Zugriff auf Ihr Intranet bekommen.

Zwar unterstützen fast alle Drahtloszugriffspunkte 802.1X, aber nur neuere drahtgebundene Netzwerkswitches bieten Unterstützung für dieses Authentifizierungsprotokoll. Wenn ein Computer mit Ihrem Netzwerk verbunden ist, muss der Switch diese Verbindung erkennen, den Authentifizierungsprozess mit dem angeschlossenen Computer einleiten, eine Authentifizierungsanforderung an den konfigurierten RADIUS-Server senden und dann anhand der Antwort des Servers feststellen, ob der Clientcomputer mit Ihrem privaten Intranet, einem eingeschränkten Netzwerk oder einem anderen virtuellen LAN (VLAN) verbunden werden oder mit anderen Einschränkungen belegt werden soll.

Abbildung 25.12 zeigt diesen Prozess. Neben dem Einschränken des Netzwerkzugriffs kann 802.1X auch benutzt werden, um benutzerspezifische Bandbreiten- oder QoS-Richtlinien anzuwenden.

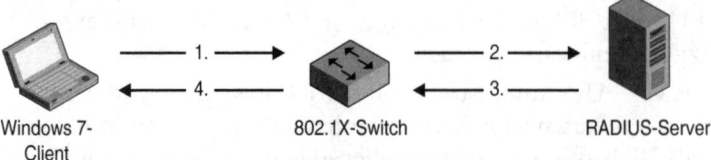

Windows 7-
Client   802.1X-Switch   RADIUS-Server

1. Benutzer verbindet einen Computer mit einem Ethernetkabelanschluss.
2. 802.1X-Switch erkennt die Verbindung und leitet die Authentifizierung
   ein, indem er die Anforderung an den RADIUS-Server weiterleitet.
3. Der RADIUS-Server authentifiziert den Computer und sendet eine
   Nachricht an den Switch.
4. Der Switch öffnet den Ethernetport, um Intranetzugriff zu erlauben,
   und erzwingt eventuelle Einschränkungen oder QoS-Richtlinien.

Abbildung 25.12   Sie können mit 802.1X sowohl Ihre drahtgebundenen als auch drahtlosen Netzwerke schützen

Wenn Sie 802.1X für eine Netzwerkkarte auf einem einzelnen Computer konfigurieren wollen, können Sie dafür die Registerkarte *Authentifizierung* in den Eigenschaften der Netzwerkkarte verwenden. Auf dieser Registerkarte können Sie den Authentifizierungstyp und das Zertifikat konfigurieren, das für die Authentifizierung verwendet wird. Außerdem können Sie 802.1X mit dem Befehl `Netsh lan` über die Befehlszeile konfigurieren. Die Registerkarte *Authentifizierung* wird nur angezeigt, wenn der Dienst *Automatische Konfiguration (verkabelt)* läuft. Auch der Befehl `Netsh lan` setzt voraus, dass dieser Dienst gestartet wurde.

> **WARNUNG**   802.1X verbessert die Sicherheit, ist aber nicht narrensicher. Ein Angreifer, der physischen Zugriff auf Ihr Netzwerk hat und über einen Computer verfügt, der sich erfolgreich mit 802.1X authentifizieren kann, kann einen Hub (oder sogar einen Drahtloszugriffspunkt) zwischen den echten Computer und das Netzwerk einschleusen. Wenn der Computer den Netzwerkport authentifiziert hat, erlaubt die Netzwerkinfrastruktur die gesamte Kommunikation durch diesen Port, unabhängig davon, ob sie von einem nicht authentifizierten Computer stammt, der an den Hub angeschlossen ist, oder vom echten Computer. Um die Sicherheit zu erhöhen, sollten Sie sowohl 802.1X als auch IPsec verwenden.

Wenn Sie Computer in einer AD DS-Domäne so konfigurieren wollen, dass sie 802.1X-Authentifizierung verwenden, gehen Sie im Prinzip folgendermaßen vor:

1. Konfigurieren Sie AD DS für Konten und Gruppen. Setzen Sie die RAS-Berechtigung auf der Registerkarte *DFÜ* des Eigenschaftendialogs des Benutzer- oder Computerkontos entweder auf *Zugriff gestatten* oder *Zugriff über RAS-Richtlinien steuern*.

2. Konfigurieren Sie primäre und redundante NPS-Server (Network Policy Server). Erstellen Sie dann eine Richtlinie für drahtgebundenes RAS auf dem NPS-Server. (Weitere Informationen über NPS finden Sie unter *http://technet.microsoft.com/network/bb545879.aspx*.)

3. Stellen Sie Ihren Authentifizierungsswitch bereit und konfigurieren Sie ihn. Sie müssen den Switch mit den IP-Adressen Ihrer primären und sekundären IAS-Server konfigurieren.

4. Konfigurieren Sie die Clientcomputer. Konfigurieren Sie bei Bedarf eine Zertifikatsinfrastruktur, um Zertifikate ausstellen zu können, mit denen sich Clientcomputer und Benutzer authentifizieren. Außerdem sollten Sie den Dienst *Automatische Konfiguration (verkabelt)* starten und so konfigurieren, dass er automatisch gestartet wird.

Weitere Informationen über die Konfiguration von 802.1X finden Sie in »NAP-Erzwingung für 802.1X« unter *http://technet.microsoft.com/de-de/library/cc770861.aspx*.

802.1X-Verbesserungen in Windows Vista und Windows 7

In drahtgebundenen 802.1X-Netzwerken unter Windows XP und Windows 2000 SP4 gibt es ein bekanntes Problem, das auftreten kann, falls alle der folgenden Bedingungen erfüllt sind:

- Sie haben 802.1X nur für Computerauthentifizierung konfiguriert (nicht Computer- und Benutzerauthentifizierung).
- Sie verwenden PEAP-MS-CHAP v2 (nicht EAP-TLS).
- Das Kennwort des Computerkontos ist abgelaufen.

Falls ein Computer alle diese Bedingungen erfüllt, kann er sich nicht an der Domäne anmelden. Das Problem wurde in Windows Vista und Windows 7 behoben, Sie können sich daher an der Domäne anmelden.

HINWEIS   Wenn Sie 802.1X voraussetzen, können Sie PXE-Boot (Pre-Boot Execution Environment) nicht verwenden, weil PXE-Clients die erforderlichen Anmeldeinformationen nicht liefern können (bei PXE-Boot lädt ein Clientcomputer das Betriebssystem direkt aus dem Netzwerk). Ein weiterer guter Grund, ein separates Netzwerk für die Bereitstellung einzurichten.

Sie können 802.1X über Gruppenrichtlinien verwalten, indem Sie das AD DS-Schema erweitern, wie in »AD DS Schema Extensions for Windows Vista Wireless and Wired Group Policy Enhancements« unter *http://technet.microsoft.com/en-us/library/bb727029.aspx* beschrieben.

Außerdem unterstützen Windows Vista und Windows 7 die neue EAPHost-Architektur, um eine einfachere Entwicklung von 802.1X-Authentifizierungsmechanismen zu ermöglichen. Weitere Informationen finden Sie unter »EAPHost-Architektur« weiter unten in diesem Kapitel.

Server Message Block (SMB) 2.0

Server Message Block (SMB), auch als Common Internet File System (CIFS) bekannt, ist das Dateifreigabeprotokoll, das auf Windows-Computern standardmäßig benutzt wird. Windows enthält einen SMB-Client (die Komponente »Client für Microsoft-Netzwerke«, die über die Eigenschaften einer Netzwerkverbindung installiert wird) und einen SMB-Server (die Komponente »Datei- und Druckerfreigabe für Microsoft-Netzwerke«, installiert über die Eigenschaften einer Netzwerkverbindung). SMB in Windows-Versionen vor Windows Server 2008 und Windows Vista (die Version SMB 1.0) wurde Anfang der 1990er Jahre für die ersten Windows-Netzwerkbetriebssysteme entwickelt, zum Beispiel Microsoft LAN Manager und Windows für Arbeitsgruppen. Es zeigt noch die Einschränkungen seines ersten Entwurfs.

Windows Server 2008, Windows Vista und Windows 7 unterstützen auch SMB 2.0, eine neue Version von SMB, die für die heutigen Netzwerkumgebungen und die Anforderungen der nächsten Dateiservergeneration entworfen wurde. SMB 2.0 weist folgende Verbesserungen auf:

- Unterstützt das Senden mehrerer SMB-Befehle innerhalb desselben Pakets. Dadurch verringert sich die Zahl der Pakete, die zwischen einem SMB-Client und -Server ausgetauscht werden (eine bekannte Schwachstelle von SMB 1.0).
- Unterstützt viel größere Puffer als SMB 1.0.

- Hebt die Eckwerte der Konstanten innerhalb des Protokollentwurfs an, um Skalierbarkeit zu ermöglichen. Beispiele sind etwa die größere Zahl gleichzeitig geöffneter Dateihandles auf dem Server und die Zahl der Dateifreigaben, die ein Server enthalten kann.
- Unterstützt dauerhafte Handles, die kurze Unterbrechungen der Netzwerkverfügbarkeit verkraften.
- Unterstützt symbolische Links.

Computer, die unter Windows Server 2008, Windows Vista oder Windows 7 laufen, unterstützen sowohl SMB 1.0 als auch SMB 2.0. Allerdings kann SMB 2.0 nur benutzt werden, wenn sowohl der Client als auch der Server es unterstützen. Daher müssen der Client wie auch der Server SMB 2.0 verwenden, um von den Verbesserungen zu profitieren. Windows Vista und Windows 7 bieten eine vollständige Abwärtskompatibilität zu SMB 1.0 und älteren Windows-Versionen.

Wie bei anderen Windows-Versionen werden die serverseitige Unterstützung für SMB (Freigabe von Dateien und Druckern) durch den Serverdienst und die clientseitige Unterstützung (Herstellen der Verbindung zu freigegebenen Ressourcen) durch den Arbeitsstationsdienst bereitgestellt. Beide Dienste sind so konfiguriert, dass sie automatisch starten. Sie können die beiden Dienste problemlos deaktivieren, falls Sie sie nicht benötigen. Die Sicherheitsgefahren aufgrund eines laufenden Serverdienstes wurden minimiert, weil die Windows-Firewall eingehende Anforderungen an den Serverdienst in öffentlichen Netzwerken standardmäßig blockiert.

Strenges Hostmodell

Wenn ein Unicastpaket bei einem Host eintrifft, muss IP feststellen, ob das Paket an ein lokales Ziel gerichtet ist (ob das Ziel einer Adresse entspricht, die einer Schnittstelle im Host zugewiesen ist). IP-Implementierungen, die einem schwachen Hostmodell folgen, nehmen alle Pakete an lokale Ziele an, unabhängig davon, über welche Schnittstelle das Paket empfangen wurde. IP-Implementierungen, die dem strengen Hostmodell folgen, nehmen nur Pakete an lokale Ziele an, falls die Zieladressen im Paket einer Adresse der Schnittstelle entsprechen, über die das Paket empfangen wurde.

Die aktuelle IPv4-Implementierung in Windows XP und Windows Server 2003 nutzt das schwache Hostmodell. Windows Vista und Windows 7 unterstützen das strenge Hostmodell, und zwar sowohl für IPv4 als auch IPv6. Sie sind auch so konfiguriert, dass dieses Modell in der Standardeinstellung genutzt wird. Sie können allerdings mit Netsh zum schwachen Hostmodell zurückkehren. Das schwache Hostmodell bietet eine bessere Netzwerkkonnektivität, macht Hosts aber auch gegen Multihome-Netzwerkangriffe anfällig.

Mit den folgenden Netsh-Befehlen können Sie das Hostmodell umstellen (Sie müssen dabei den Namen der Netzwerkkarte angeben):

```
Netsh interface IPv4 set interface "LAN-Verbindung" WeakHostSend=enabled
```
```
Ok.
```

```
Netsh interface IPv4 set interface "LAN-Verbindung" WeakHostReceive=enabled
```
```
Ok.
```

Sie können die Standardeinstellungen wiederherstellen, indem Sie dasselbe Befehlsformat verwenden, aber die Parameter WeakHostSend und WeakHostReceive deaktivieren.

Drahtlosnetzwerke

In Windows Server 2003 und Windows XP ist die Softwareinfrastruktur, die Drahtlosverbindungen unterstützt, so entworfen, dass sie eine Ethernet-Verbindung nachbildet. Sie kann nur durch die Unterstützung für zusätzliche EAP-Typen (Extensible Authentication Protocol) für 802.1X-Authentifizierung erweitert werden. In Windows Vista und Windows 7 wurde die Softwareinfrastruktur für 802.11-Drahtlosverbindungen neu entworfen. Sie heißt Native Wi-Fi Architecture (oder Revised Native Wi-Fi MSM oder RMSM) und bietet folgende Features:

- IEEE 802.11 wird jetzt in Windows als eigener Medientyp repräsentiert, getrennt von IEEE 802.3. Das erlaubt Hardwareanbietern mehr Flexibilität für erweiterte Features von IEEE 802.11-Netzwerken, zum Beispiel größere Frames als Ethernet.

- Neue Komponenten in der Native Wi-Fi Architecture führen Authentifizierung, Autorisierung und Verwaltung von 802.11-Verbindungen durch. Damit verringert sich die Belastung der Hardwareanbieter, weil sie diese Funktionen nicht mehr in ihren Drahtlosnetzwerkkartentreibern implementieren müssen. Die Entwicklung von Treibern für Drahtlosnetzwerkkarten wird dadurch wesentlich einfacher.

- Die Native Wi-Fi Architecture unterstützt APIs, über die Hardwareanbieter den eingebauten Drahtlosclient durch zusätzliche Drahtlosdienste und benutzerdefinierte Fähigkeiten erweitern können. Erweiterbare Komponenten, die vom Hardwareanbieter geschrieben werden, können auch angepasste Konfigurationsdialogfelder und Assistenten zur Verfügung stellen.

Außerdem führen Windows Vista und Windows 7 mehrere wichtige Änderungen am Verhalten der automatischen Drahtloskonfiguration ein. Die automatische Drahtloskonfiguration ist jetzt im Dienst *Automatische WLAN-Konfiguration* implementiert, der dynamisch das Drahtlosnetzwerk auswählt, zu dem der Computer automatisch eine Verbindung herstellt. Dabei wertet er entweder Ihre Voreinstellungen oder die Standardeinstellungen aus. Er wählt auch automatisch ein Drahtlosnetzwerk aus, das weiter oben in der Liste der bevorzugten Netzwerke steht, sobald es verfügbar wird. Unter anderem gibt es folgende Änderungen:

- **Einfachanmeldung** Damit Benutzer eine Verbindung zu geschützten Drahtlosnetzwerken herstellen können, bevor sie sich anmelden (somit können sich Drahtlosbenutzer also bei einer Domäne authentifizieren), können Administratoren Gruppenrichtlinieneinstellungen oder die neuen `Netsh wireless`-Befehle verwenden, um Einfachanmeldungsprofile für Drahtlosclientcomputer zu konfigurieren. Sobald ein Einfachanmeldungsprofil konfiguriert ist, geht eine 802.1X-Authentifizierung der Computeranmeldung an der Domäne voran. Die Benutzer brauchen nur bei Bedarf Anmeldeinformationen einzugeben. Dieses Feature stellt sicher, dass die Drahtlosverbindung vor der Computerdomänenanmeldung eingerichtet wird. Damit werden Szenarien ermöglicht, bei denen vor der Benutzeranmeldung bereits Netzwerkkonnektivität erforderlich ist, zum Beispiel Gruppenrichtlinienaktualisierungen, Ausführung von Anmeldeskripts und Domänenbeitritt von Drahtlosclients.

- **Verhalten, wenn keine bevorzugten Drahtlosnetzwerke verfügbar sind** In älteren Windows-Versionen erstellt Windows einen zufälligen Drahtlosnetzwerknamen und schaltet die Netzwerkkarte in den Infrastrukturmodus, falls kein bevorzugtes Netzwerk zur Verfügung steht und die automatische Verbindung zu nicht bevorzugten Netzwerken deaktiviert ist. Windows sucht dann alle 60 Sekunden nach bevorzugten Drahtlosnetzwerken. Windows Vista und Windows 7 erstellen kein zufällig benanntes Netzwerk mehr, sondern »parken« die Drahtlosnetzwerkkarte, während sie regelmäßig nach Netzwerken suchen. So wird verhindert, dass der zufällig generierte Drahtlosnetzwerkname einem vorhandenen Netzwerknamen entspricht.

- **Unterstützung für versteckte Drahtlosnetzwerke** Ältere Windows-Versionen stellen immer eine Verbindung zu den bevorzugten Drahtlosnetzwerken her, die eine SSID (Service Set Identifier) als Broadcast verschicken, bevor sie eine Verbindung zu bevorzugten Drahtlosnetzwerken herstellen, die keinen Broadcast aussenden. Das gilt sogar dann, wenn das versteckte Netzwerk eine höhere Priorität hat. Windows Vista und Windows 7 stellen die Verbindung zu bevorzugten Drahtlosnetzwerken anhand der Priorität her, unabhängig davon, ob sie eine SSID als Broadcast aussenden.

- **WPA2-Unterstützung** Windows Vista und Windows 7 unterstützen WPA2-Authentifizierungsoptionen (Wi-Fi Protected Access 2), die entweder vom Benutzer (beim Konfigurieren des Standardprofils) oder von AD DS-Domänen-Administratoren über Gruppenrichtlinieneinstellungen konfiguriert werden. Windows Vista und Windows 7 unterstützen sowohl Enterprise- (IEEE 802.1X-Authentifizierung) als auch Personal-Betriebsmodi (Authentifizierung mit gemeinsamen Schlüsseln) für WPA2 und können eine Verbindung zu Ad-hoc-Drahtlosnetzwerken herstellen, die mit WPA2 geschützt sind.

- **Integration mit NAP** WPA2-Enterprise-, WPA-Enterprise- und dynamische WEP-Verbindungen, die 802.1X-Authentifizierung nutzen, können die NAP-Plattform nutzen, um zu verhindern, dass Drahtlosclients, die nicht den Systemintegritätsanforderungen genügen, uneingeschränkten Zugriff auf ein privates Netzwerk erhalten.

Außerdem ist die Problembehandlung von Drahtlosverbindungsproblemen jetzt einfacher. Dafür gibt es folgende Gründe:

- Drahtlosverbindungen unterstützen jetzt das Netzwerkdiagnose-Framework, das versucht, häufig vorkommende Probleme zu diagnostizieren und zu beseitigen.

- Drahtlosverbindungen zeichnen detaillierte Informationen im Ereignisprotokoll auf, falls ein Drahtlosverbindungsversuch fehlschlägt.

- Der Benutzer wird aufgefordert, Diagnoseinformationen zur Analyse und Verbesserung an Microsoft zu senden.

Weitere Informationen über die Problembehandlung von Drahtlosnetzwerken finden Sie in Kapitel 31, »Behandlung von Problemen mit Netzwerken«. Weitere Informationen über die Konfiguration von Drahtlosnetzwerken finden Sie im Abschnitt »So konfigurieren Sie Drahtloseinstellungen« weiter unten in diesem Kapitel.

Verbesserte APIs

Windows Vista und Windows 7 enthalten verbesserte APIs, die leistungsfähigere vernetzte Anwendungen ermöglichen. Systemadministratoren bringen diese verbesserten APIs keine unmittelbaren Vorteile, aber Entwickler können mithilfe dieser APIs Anwendungen erstellen, die robuster sind, wenn sie unter Windows Vista oder Windows 7 laufen. So können Entwickler Anwendungen schneller erstellen und leistungsfähigere Features hinzufügen.

Netzwerkerkennung

Immer mehr Anwendungen öffnen Verbindungen ins Internet, um nach Updates zu suchen, Echtzeitinformationen herunterzuladen und Teamwork zwischen Benutzern zu ermöglichen. Aber für Entwickler war es schwierig, Anwendungen zu erstellen, die sich an veränderliche Netzwerkbedingungen anpassen. Netzwerkerkennung (network awareness) ermöglicht Anwendungen, Änderungen am Netzwerk zu erkennen, an das der Computer angeschlossen ist, wenn zum Beispiel ein mobiler PC am Arbeitsplatz geschlossen und in einem Internetcafé mit WLAN-Hotspot wieder gestartet wird. Das ermöglicht Windows Vista und Windows 7, Anwendungen über Netzwerkänderungen zu benachrichtigen. Die Anwendung kann sich dann anders verhalten, sodass eine konsistente Bedienung möglich ist.

Zum Beispiel kann Windows-Firewall mit erweiterter Sicherheit die Netzwerkerkennung nutzen, um automatisch eingehenden Verkehr von Netzwerkverwaltungstools zu erlauben, während der Computer an das Unternehmensnetzwerk angeschlossen ist, aber denselben Verkehr blockieren, wenn der Computer Verbindung mit einem Heimnetzwerk oder WLAN-Hotspot hat. Netzwerkerkennung kann daher Flexibilität in Ihrem internen Netzwerk bieten, ohne Kompromisse bei der Sicherheit einzugehen, wenn mobile Benutzer unterwegs sind.

Anwendungen können ebenfalls von der Netzwerkerkennung profitieren. Falls zum Beispiel ein Benutzer die Verbindung zum internen Unternehmensnetzwerk trennt und dann wieder eine Verbindung zu seinem Heimnetzwerk herstellt, könnte eine Anwendung die Sicherheitseinstellungen anpassen und fordern, dass der Benutzer eine VPN-Verbindung einrichtet, um die Konnektivität zu einem Intranetserver zu gewährleisten. Neue Anwendungen können automatisch offline oder online gehen, wenn mobile Benutzer die jeweilige Umgebung wechseln. Außerdem können Softwarehersteller ihre Software einfacher in den Netzwerkanmeldevorgang integrieren, weil Windows Vista und Windows 7 es Zugangsanbietern ermöglichen, benutzerdefinierte Verbindungen für den Einsatz während der Anmeldung hinzuzufügen.

Netzwerkerkennung nützt nur Anwendungen, die die neue API einsetzen. Es ist aber keinerlei Verwaltung oder Konfiguration erforderlich. Die Netzwerkerkennung setzt voraus, dass die Dienste *NLA (Network Location Awareness)* und *Netzwerklistendienst* laufen.

Verbesserte Peernetzwerke

Windows-Peer-to-Peer-Netzwerke, erstmals eingeführt im Advanced Networking Pack für Windows XP und später im Windows XP Service Pack 2 enthalten, ist eine Betriebssystemplattform und API in Windows Vista und Windows 7, die die Entwicklung von Peer-to-Peer-Anwendungen (P2P) ermöglicht, die ohne Server funktionieren. Windows Vista und Windows 7 bieten die folgenden Verbesserungen für Windows-Peer-to-Peer-Netzwerke:

- **Neue, einfache API**   APIs für den Zugriff auf die Windows-Peer-to-Peer-Netzwerkfähigkeiten wie Namensauflösung, Gruppenerstellung und Sicherheit wurden in Windows Vista und Windows 7 stark vereinfacht, sodass es für Entwickler unkomplizierter ist, P2P-Anwendungen zu erstellen.

- **Neue Version von PNRP**   Peer Name Resolution Protocol (PNRP) ist ein Namensauflösungsprotokoll (ähnlich DNS), das ohne einen Server funktioniert. PNRP identifiziert Computer innerhalb einer sogenannten Peer-*Cloud* (»Wolke«). Windows Vista und Windows 7 enthalten eine neue Version von PNRP (PNRP v2), die besser skalierbar ist und weniger Netzwerkbandbreite verbraucht. Mit PNRP v2 in Windows Vista und Windows 7 können Windows-Peer-to-Peer-Netzwerkanwendungen auf PNRP-Namenveröffentlichungs- und -auflösungsfunktionen über eine vereinfachte PNRP-API zugreifen, die die Standardnamensauflösungsmethoden unterstützt, die in Anwendungen üblicherweise eingesetzt werden. Für IPv6-Adressen können Anwendungen die Funktion `getaddrinfo()` aufrufen, um den FQDN (Fully Qualified Domain Name) *<Name>.prnp. net* aufzulösen (dabei ist *<Name>* ein Peername, der aufgelöst werden soll). Die Domäne *pnrp.net* ist eine reservierte Domäne für die PNRP-Namensauflösung. Das Protokoll PNRP v2 ist inkompatibel zu PNRP, das von Windows XP-Computern benutzt wird. Microsoft untersucht derzeit, ob ein Update für die Windows-Peer-to-Peer-Netzwerkkomponenten in Windows XP entwickelt und verfügbar gemacht wird, das PNRP v2 unterstützt.

■ **Personen in meiner Umgebung** Personen in meiner Umgebung (people near me) ist eine neue Fähigkeit von Windows-Peer-to-Peer-Netzwerken. Sie erlaubt es Benutzern, andere Benutzer im lokalen Subnetz und ihre registrierten People-Near-Me-fähigen Anwendungen dynamisch zu erkennen und Benutzer zu Teamworkaktivitäten einzuladen. Die Einladung und ihre Annahme starten eine Anwendung auf dem Computer des eingeladenen Benutzers, und die beiden Anwendungen können die Teamworkaktivitäten beginnen, zum Beispiel Chat, Fotofreigabe oder Spiele.

PNRPv2 ist nicht abwärtskompatibel zu älteren Versionen des Protokolls. PNRPv2 kann zwar parallel zu älteren Versionen im Netzwerk betrieben werden, aber nicht mit PNRPv1-Clients kommunizieren.

Von Peer-to-Peer-Netzwerken benutzte Dienste

Windows-Peer-to-Peer-Netzwerke verwenden die folgenden Dienste, die standardmäßig den Starttyp Manuell haben (Windows startet die Dienste bei Bedarf automatisch):

■ *Peer Name Resolution-Protokoll*

■ *Peernetzwerk-Gruppenzuordnung*

■ *Peernetzwerkidentitäts-Manager*

■ *PNRP-Computernamenveröffentlichungs-Dienst*

Falls diese Dienste deaktiviert sind, funktionieren einige Peer-to-Peer- und Teamanwendungen nicht.

Verwalten von Peer-to-Peer-Netzwerken

Windows-Peer-to-Peer-Netzwerke ist ein Satz von Tools, die von Anwendungen genutzt werden können. Sie bieten daher keine Fähigkeiten, die ohne eine Anwendung genutzt werden können. Sie können Windows-Peer-to-Peer-Netzwerke über das Tool Netsh oder mithilfe von Gruppenrichtlinieneinstellungen verwalten:

■ **Das Tool Netsh** Befehle im Kontext Netsh p2p werden vor allem von Entwicklern benutzt, um Peer-to-Peer-Anwendungen zu erstellen. Systemadministratoren brauchen normalerweise keine direkte Problembehandlung oder Verwaltung für Windows-Peer-to-Peer-Netzwerke vorzunehmen, daher wird dieser Aspekt des Tools Netsh hier nicht weiter vertieft.

■ **Gruppenrichtlinieneinstellungen** Sie können Windows-Peer-to-Peer-Netzwerke mithilfe der Gruppenrichtlinieneinstellungen in *Computerkonfiguration\Richtlinien\Administrative Vorlagen\ Netzwerk\Microsoft Peer-zu-Peer-Netzwerkdienste* konfigurieren oder vollständig deaktivieren. Normalerweise brauchen Sie die Konfiguration nur zu ändern, wenn eine Anwendung besondere Anforderungen stellt, sodass die Standardeinstellungen angepasst werden müssen.

So funktioniert's: Peer-to-Peer-Namensauflösung

In Peer-to-Peer-Netzwerken identifizieren Peers andere Computer, Benutzer, Gruppen, Dienste und alle weiteren Objekte, die in eine IP-Adresse aufgelöst werden sollen, über PNRP-Namen. Peernamen können als geschützt oder ungeschützt registriert sein. Ungeschützte Namen sind automatisch generierte Textstrings, die sich von einem böswilligen Computer fälschen lassen, indem er sich unter demselben Namen registriert. Ungeschützte Namen eignen sich daher am besten für private oder andernfalls sichere Netzwerke. Geschützte Namen sind mit einem Zertifikat digital signiert und können daher nur vom Besitzer registriert werden.

PNRP-IDs sind 256 Bit lang und bestehen aus folgenden Elementen:

- Die oberen 128 Bits, die sogenannte Peer-to-Peer-ID, sind ein Hash eines Peernamens, der dem Endpunkt zugewiesen ist.

- Die unteren 128 Bits werden für den Dienststandort verwendet, eine generierte Zahl, die unterschiedliche Instanzen derselben ID in einer Cloud identifiziert.

Die 256 Bit lange Kombination aus Peer-to-Peer-ID und Dienststandort ermöglicht es, mehrere PNRP-IDs vom selben Computer aus zu registrieren. Für jede Cloud verwaltet jeder Peerknoten einen Cache mit PNRP-IDs, der sowohl die eigenen registrierten PNRP-IDs als auch die im Lauf der Zeit zwischengespeicherten Einträge enthält.

Wenn ein Peer eine PNRP-ID in Adresse, Protokoll und Portnummer auflösen will, sucht er erst in seinem eigenen Cache nach Einträgen mit entsprechender Peer-ID (sofern der Client eine PNRP-ID für einen anderen Dienststandort auf demselben Peer aufgelöst hat). Falls dieser Peer gefunden wird, sendet der auflösende Client eine Anforderung direkt an den Peer.

Falls der auflösende Client keinen Eintrag für die Peer-ID hat, sendet er nacheinander Anforderungen an andere Peers in derselben Cloud. Falls einer dieser Peers einen Eintrag zwischengespeichert hat, überprüft er erst, ob der Peer mit dem Netzwerk verbunden ist, bevor er den Namen für den anfragenden Client auflöst. Während die PNRP-Anforderungsnachricht weitergeleitet wird, werden die Caches der Knoten, über die die Nachricht weitergeleitet wird, mit dem Inhalt der Nachricht aktualisiert. Wenn die Antwort über den Rückkehrpfad zurückgesendet wird, wird ihr Inhalt ebenfalls in die Knotencaches eingetragen. Dieser Namensauflösungsmechanismus ermöglicht es Clients, sich gegenseitig ohne eine Serverinfrastruktur zu identifizieren.

EAPHost-Architektur

Um eine einfachere Entwicklung von EAP-Authentifizierungsmethoden (Extensible Authentication Protocol) für IEEE 802.1X-authentifizierte Drahtlosverbindungen zu ermöglichen, unterstützen Windows Vista und Windows 7 eine neue EAP-Architektur namens EAPHost. EAPHost bietet folgende Features, die von der EAP-Implementierung in älteren Windows-Versionen nicht unterstützt werden:

- **Netzwerkerkennung** EAPHost unterstützt Netzwerkerkennung, wie im Internetdraft »Identity selection hints for Extensible Authentication Protocol (EAP)« definiert.

- **RFC 3748-Kompatibilität** EAPHost ist kompatibel zu EAP State Machine und beseitigt eine Reihe von Sicherheitslücken, die in RFC 3748 aufgeführt werden. Außerdem unterstützt EAPHost zusätzliche Fähigkeiten, zum Beispiel Expanded EAP Types (inklusive herstellerspezifischer EAP-Methoden).

- **Koexistenz von EAP-Methoden** EAPHost ermöglicht es, mehrere Implementierungen derselben EAP-Methode gleichzeitig zu betreiben. Zum Beispiel können die Microsoft-Version von Protected EAP (PEAP) und die Cisco Systems-Version von PEAP parallel installiert und ausgewählt werden.

- **Modulare Anforderungsarchitektur** Neben der Unterstützung für modulare EAP-Methoden unterstützt EAPHost auch eine modulare Anforderungsarchitektur, in der neue Anforderungsmodule einfach hinzugefügt werden können, ohne die gesamte EAP-Implementierung ersetzen zu müssen.

Für Hersteller von EAP-Methoden bietet EAPHost Unterstützung für EAP-Methoden, die bereits für Windows Server 2003 und Windows XP entwickelt wurden, sowie einen einfacheren Weg, neue EAP-Methoden zu entwickeln. Zertifizierte EAP-Methoden können mit Windows-Update verteilt werden. EAPHost erlaubt auch eine bessere Klassifizierung von EAP-Typen, sodass die eingebauten 802.1X-und PPP-basierten Windows-Anforderungen sie nutzen können.

Für Hersteller von Anforderungsmethoden bietet EAPHost Unterstützung für modulare und Plug-In-fähige Anforderungsmodule für neue Link-Layer. Weil EAPHost in NAP integriert ist, brauchen neue Anforderungsmodule nicht speziell für NAP entwickelt zu sein. Um von NAP zu profitieren, brauchen neue Anforderungsmodule lediglich eine Verbindungskennung und eine Rückruffunktion zu registrieren, die das Anforderungsmodul informiert, dass er sich erneut authentifizieren soll.

Weitere Informationen finden Sie in »EAPHost in Windows« unter *http://technet.microsoft.com/de-de/magazine/cc162364.aspx*.

Mehrschicht-Dienstanbieter

Die Winsock-Mehrschicht-Dienstanbieter-Architektur (Layered Service Provider, LSP) liegt zwischen der Winsock-DLL (Windows Sockets), mit der Anwendungen im Netzwerk kommunizieren, und dem Winsock-Kernmodustreiber (*Afd.sys*), der mit Netzwerkkartentreibern kommuniziert. LSPs werden unter anderem in folgenden Anwendungskategorien benutzt:

- Proxy und Firewalls
- Inhaltsfilter
- Virenscanner
- Adware und andere Netzwerkdatenmanipulatoren
- Spyware und andere Datenüberwachungsanwendungen
- Sicherheit, Authentifizierung und Verschlüsselung

Windows Vista und Windows 7 enthalten mehrere Verbesserungen für LSPs, um leistungsfähigere Netzwerkanwendungen und bessere Sicherheit zu ermöglichen:

- Das Hinzufügen und Entfernen von LSPs wird im Systemereignisprotokoll aufgezeichnet. Administratoren können anhand dieser Ereignisse feststellen, welche Anwendung einen LSP installiert hat und eine Problembehandlung für fehlgeschlagene LSP-Installationen durchführen.
- Eine neue Installations-API (WSCInstallProviderAndChains), die einfachere und zuverlässigere LSP-Installation ermöglicht.
- Neue Möglichkeiten zum Einteilen von LSPs in Kategorien. Außerdem ist es möglich, dass kritische Systemdienste LSPs umgehen. Das kann die Zuverlässigkeit verbessern, wenn mit fehlerhaften LSPs gearbeitet wird.
- Ein Diagnosemodul für das Netzwerkdiagnose-Framework, das es Benutzern erlaubt, LSPs, die Probleme verursachen, gezielt zu entfernen.

Windows Sockets-Direktpfad für System-Area-Netzwerke

Windows Sockets Direct (WSD) ermöglicht es Winsock-Anwendungen, die TCP/IP benutzen, die Leistungsvorteile von System-Area-Netzwerken (SANs) zu implementieren, ohne dass die Anwendungen dazu verändert werden müssen. Ein SAN ist ein bestimmter Typ Hochleistungsnetzwerk, der oft für Computercluster eingesetzt wird.

WSD erlaubt es, dass die Kommunikation über ein SAN den TCP/IP-Protokollstack umgeht, sodass die zuverlässige, direkte Kommunikation genutzt werden kann, die von einem SAN zur Verfügung gestellt wird. In Windows Vista und Windows 7 wird dies implementiert, indem ein virtueller Switch zwischen Winsock und dem TCP/IP-Stack eingeschoben wird. Dieser Switch hat die Fähigkeit, den Verkehr zu untersuchen und die Kommunikation an einen SAN-Winsock-Anbieter zu leiten, sodass TCP/IP vollständig umgangen wird. Abbildung 25.13 zeigt diese Architektur.

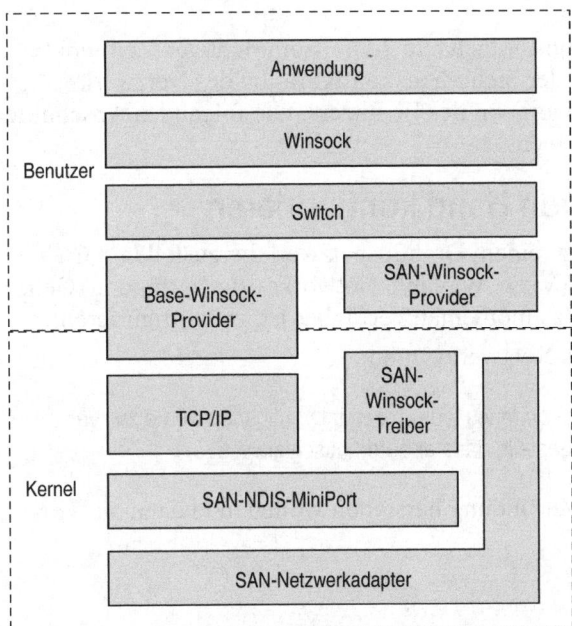

Abbildung 25.13   WSD kann die Leistung über SANs verbessern, indem TCP/IP mit einem virtuellen Switch gezielt umgangen wird

So konfigurieren Sie Drahtloseinstellungen

Benutzer wollen ständig mit ihren Netzwerken verbunden sein, und Drahtlos-LANs sowie Drahtlos-WANs machen das zunehmend möglich. Allerdings kann es recht schwierig sein, mehrere Netzwerkverbindungen zu verwalten, und Benutzern fällt es oft schwer, Verbindungsprobleme zu beseitigen. Daher wenden sich Benutzer öfter an Supportcenter, was die Supportkosten erhöht und die Benutzer verärgert. Sie können dieses Problem verringern, indem Sie Clientcomputer so konfigurieren, dass sie eine Verbindung zu den bevorzugten Drahtlosnetzwerken herstellen.

Windows stellt eine Verbindung zu den meisten Kabelnetzwerken automatisch her. Drahtlosnetzwerke erfordern dagegen eine Konfiguration, bevor Windows eine Verbindung aufbauen kann. Es gibt drei verschiedene Wege, Windows-Computer mit Drahtlosnetzwerken zu verbinden:

- **Manuell**   Windows 7 enthält eine neue Benutzeroberfläche, die es einfach macht, eine Verbindung zu Drahtlosnetzwerken herzustellen. Sie können diese Oberfläche verwenden, um Intranet-basierte Windows 7-Computer von Hand zu konfigurieren. Benutzer können auf diese Art eine Verbindung zu öffentlichen Netzwerken herstellen, während sie auf Reisen sind.

- **Mit Gruppenrichtlinien**   Gruppenrichtlinieneinstellungen sind die effizienteste Methode, um eine beliebige Zahl von Windows-Computern in Ihrer Organisation so zu konfigurieren, dass sie eine Verbindung zu Ihren internen Drahtlosnetzwerken herstellen.

- **Über die Befehlszeile oder mithilfe von Skripts**   Mit dem Tool Netsh und Befehlen im Kontext `Netsh wlan` können Sie vorhandene Drahtlosnetzwerkprofile exportieren, sie auf anderen Computern importieren, eine Verbindung zu verfügbaren Drahtlosnetzwerken herstellen oder die Verbindung von einem Drahtlosnetzwerk trennen.

Sobald ein Drahtlosnetzwerk konfiguriert ist, führt die Einfachanmeldung zum richtigen Zeitpunkt eine 802.1X-Authentifizierung durch (abhängig von der Sicherheitskonfiguration des Netzwerks), integriert sich aber trotzdem nahtlos in den Anmeldevorgang des Benutzers. Die folgenden Abschnitte beschreiben diese Konfigurationstechniken im Einzelnen.

Einstellungen für Drahtlosnetzwerke von Hand konfigurieren

Windows 7 macht es sehr einfach, eine Verbindung zu einem Drahtlosnetzwerk herzustellen. Für diesen Zweck stellt es das verbesserte VAN-Feature (View Available Networks) zur Verfügung. Gehen Sie folgendermaßen vor, um ein Drahtlosnetzwerk, das momentan verfügbar ist, zu konfigurieren:

1. Klicken Sie im Infobereich der Taskleiste auf das Netzwerksymbol.

> **HINWEIS**   Der Dienst *Automatische WLAN-Konfiguration* muss laufen, damit Drahtlosnetzwerke zur Verfügung stehen. Dieser Dienst ist standardmäßig so eingestellt, dass er automatisch startet.

2. Klicken Sie auf das Netzwerk, zu dem Sie eine Verbindung herstellen wollen, und dann auf *Verbindung herstellen* (Abbildung 25.14).

Abbildung 25.14   Herstellen der Verbindung zu einem Drahtlosnetzwerk

> **HINWEIS**   Netzwerke, die keine SSID als Broadcast aussenden, werden unter der Bezeichnung »Unbenanntes Netzwerk« aufgelistet, sodass Sie auch zu solchen Netzwerken eine Verbindung herstellen können.

3. Geben Sie den Verschlüsselungsschlüssel ein, falls das Netzwerk verschlüsselt ist.

Warum das Deaktivieren von SSID-Broadcasts die Sicherheit nicht verbessert

Drahtlosnetzwerke senden eine SSID als Broadcast, die den Netzwerknamen angibt. Das hilft Benutzern, die vorher keine Verbindung zum Netzwerk hatten, es zu finden. Das Deaktivieren des SSID-Broadcasts verbessert aber nicht die Sicherheit, weil die Tools, die ein böswilliger Angreifer normalerweise benutzt, um Ihr Drahtlosnetzwerk zu finden und eine Verbindung damit herzustellen, überhaupt keine SSID-Broadcasts benötigen. Der SSID-Broadcast macht es ehrlichen Benutzern einfacher, Ihre Drahtlosnetzwerke zu finden und eine Verbindung herzustellen. Indem Sie die Broadcasts der SSID abschalten, behindern Sie unter Umständen genau die Leute, denen Sie einen Verbindungsaufbau ermöglichen wollen.

Konfigurieren von Drahtloseinstellungen mit Gruppenrichtlinien

In AD DS-Umgebungen können Sie Drahtlosnetzwerkrichtlinien mit Gruppenrichtlinieneinstellungen konfigurieren. Sie sollten dabei Windows Server 2003 mit SP1 oder neuer auf Ihren Domänencontrollern installiert haben, weil Microsoft die Unterstützung für Drahtlosgruppenrichtlinieneinstellungen beim Erscheinen von SP1 erweitert hat.

Bevor Sie Drahtlosnetzwerke mit Gruppenrichtlinien konfigurieren können, müssen Sie das AD DS-Schema mit der Datei *802.11Schema.ldf* erweitern, das auf der Begleit-CD enthalten ist. Falls Sie keinen Zugriff auf die Begleit-CD haben, können Sie die Schemadatei von *http://technet.microsoft.com/en-us/library/bb727029.aspx* herunterladen. Gehen Sie folgendermaßen vor, um das Schema zu erweitern:

1. Kopieren Sie die Datei *802.11Schema.ldf* in einen Ordner eines Domänencontrollers.
2. Melden Sie sich mit den Privilegien eines Domänenadministrators beim Domänencontroller an und öffnen Sie eine Eingabeaufforderung.
3. Wechseln Sie in den Ordner mit der Datei *802.11Schema.ldf* und führen Sie den folgenden Befehl aus (dabei ist `Dist_Name_der_AD_Domäne` der definierte Name der AD DS-Domäne, deren Schema geändert wird. Ein Beispiel für einen definierten Namen ist »DC=wcoast,DC=microsoft,DC=com« für die AD DS-Domäne *wcoast.microsoft.com*):

    ```
    ldifde -i -v -k -f 802.11Schema.ldf -c DC=X Dist_Name_der_AD_Domäne
    ```
4. Starten Sie den Domänencontroller neu.

Sobald Sie das Schema erweitert haben, können Sie folgendermaßen eine Drahtlosnetzwerkrichtlinie konfigurieren:

1. Öffnen Sie das AD DS-Gruppenrichtlinienobjekt im Gruppenrichtlinienobjekt-Editor.
2. Erweitern Sie *Computerkonfiguration*, *Windows-Einstellungen*, *Sicherheitseinstellungen* und klicken Sie dann auf *Drahtlosnetzwerkrichtlinien (IEEE 802.11)*.
3. Klicken Sie mit der rechten Maustaste auf *Drahtlosnetzwerkrichtlinien (IEEE 802.11)* und dann auf *Eine neue Windows Vista-Richtlinie erstellen*. Der Eigenschaftendialog für Drahtlosnetzwerke wird geöffnet.
4. Sie können ein Infrastrukturnetzwerk hinzufügen, indem Sie auf *Hinzufügen* klicken und dann auf *Infrastruktur*, um die Registerkarte *Verbindung* im Dialogfeld *Eigenschaften von Neues Profil* zu öffnen. Klicken Sie in der Liste *Netzwerkname(n)* auf *NEWSSID* und dann auf *Entfernen*. Geben Sie anschließend im Feld *Netzwerkname(n)* eine gültige interne SSID ein und klicken Sie auf

Hinzufügen. Wiederholen Sie diese Schritte, wenn Sie mehrere SSIDs für ein einziges Profil konfigurieren wollen. Falls das Netzwerk verborgen sein soll, müssen Sie das Kontrollkästchen *Verbinden, selbst wenn das Netzwerk keine Kennung aussendet* aktivieren.

5. Klicken Sie im Dialogfeld *Eigenschaften von Neues Profil* auf die Registerkarte *Sicherheit*. Konfigurieren Sie auf dieser Registerkarte die Einstellungen für die Drahtlosnetzwerkauthentifizierung und Verschlüsselung. Klicken Sie auf *OK*.

> **HINWEIS** Diese technische Referenz beschreibt nicht, wie Drahtlosnetzwerke entworfen werden sollten. Sie sollten aber nach Möglichkeit Wired Equivalent Privacy (WEP) vermeiden. WEP ist gegen verschiedene Angriffsarten anfällig und WEP-Schlüssel können schwierig zu ändern sein. Verwenden Sie nach Möglichkeit WPA oder WPA2, die beide eine sichere Authentifizierung und dynamische Verschlüsselungsschlüssel einsetzen.

Die in der obigen Anleitung beschriebenen Einstellungen konfigurieren Clientcomputer so, dass sie automatisch eine Verbindung zu Ihren internen Drahtlosnetzwerken herstellen, aber nicht zu anderen Drahtlosnetzwerken.

Konfigurieren von Drahtloseinstellungen über die Befehlszeile oder ein Skript

Sie können Drahtloseinstellungen auch mit Befehlen im Kontext `Netsh wlan` des Befehlszeilentools Netsh konfigurieren. Sie können auf diese Weise Skripts erstellen, die eine Verbindung zu unterschiedlichen Drahtlosnetzwerken herstellen (verschlüsselt oder nicht). Mit dem folgenden Befehl können Sie die verfügbaren Drahtlosnetzwerke auflisten:

```
Netsh wlan show networks
```

```
Schnittstellenname : Drahtlosnetzwerkverbindung
Momentan sind 2 Netzwerke sichtbar

SSID 1 : Litware
    Netzwerktyp              : Infrastruktur
    Authentifizierung        : Offen
    Verschlüsselung          : Keine

SSID 1 : Contoso
    Netzwerktyp              : Infrastruktur
    Authentifizierung        : Offen
    Verschlüsselung          : Keine
```

Bevor Sie eine Verbindung zu einem Drahtlosnetzwerk mit Netsh herstellen können, müssen Sie ein Profil für dieses Netzwerk speichern. Profile enthalten die SSID und Sicherheitsinformationen, die erforderlich sind, um eine Verbindung zu einem Netzwerk herzustellen. Falls Sie bereits vorher eine Verbindung zu einem Netzwerk hatten, hat der Computer ein Profil für dieses Netzwerk gespeichert. Falls ein Computer noch nie eine Verbindung zu einem Drahtlosnetzwerk hatte, müssen Sie ein Profil speichern, bevor Sie mit Netsh eine Verbindung dazu herstellen können. Sie können ein Profil auf einem Computer in einer XML-Datei (Extensible Markup Language) speichern und diese XML-Datei dann auf andere Computer in Ihrem Netzwerk kopieren. Führen Sie den folgenden Befehl aus, um ein Profil zu speichern, nachdem Sie von Hand eine Verbindung zu einem Netzwerk hergestellt haben:

```
Netsh wlan export profile name=<SSID>
```

> ```
> Das Schnittstellenprofil "SSID" wurde erfolgreich in Datei ".\Drahtlosnetzwerkverbindung-
> SSID.xml" gespeichert.
> ```

Bevor Sie eine Verbindung zu einem neuen Drahtlosnetzwerk herstellen, können Sie auch ein Profil aus einer Datei laden. Das folgende Beispiel demonstriert, wie Sie ein Drahtlosprofil (das als XML-Datei gespeichert wurde) über ein Skript oder die Befehlszeile erstellen:

```
Netsh wlan add profile filename="C:\profiles\contoso1.xml"
```

> ```
> Das Profil contoso1 wird der Schnittstelle Drahtlosnetzwerkverbindung hinzugefügt.
> ```

Mit dem Befehl `Netsh wlan connect` können Sie schnell eine Verbindung zu einem Drahtlosnetzwerk herstellen, indem Sie den Namen eines Drahtlosnetzwerkprofils angeben (das vorher konfiguriert oder hinzugefügt worden sein muss). Die folgenden Beispiele demonstrieren unterschiedliche, aber äquivalente Syntaxvarianten, mit denen Sie eine Verbindung zu einem Drahtlosnetzwerk mit der SSID Contoso1 herstellen können:

```
Netsh wlan connect Contoso1
```

> ```
> Die Verbindungsanforderung wurde erfolgreich empfangen
> ```

```
Netsh wlan connect Contoso1 interface="Drahtlosnetzwerkverbindung"
```

> ```
> Die Verbindungsanforderung wurde erfolgreich empfangen
> ```

Beachten Sie, dass Sie den Schnittstellennamen nur anzugeben brauchen, falls Sie mehrere Drahtlosnetzwerkkarten haben – ein seltener Fall. Mit dem folgenden Befehl können Sie die Verbindungen zu allen Drahtlosnetzwerken trennen:

```
Netsh wlan disconnect
```

> ```
> Die Trennungsanforderung wurde erfolgreich empfangen
> ```

Sie können die Verbindungsherstellung zu privaten Drahtlosnetzwerken für Ihre Benutzer einfacher machen, indem Sie Skripts und Profile bereitstellen. Im Idealfall sollten Sie Skripts und Profile verwenden, damit die Benutzer niemals Sicherheitsschlüssel für ein Drahtlosnetzwerk eintippen müssen.

Sie können mit Netsh auch den Zugriff auf Drahtlosnetzwerke abhängig von deren SSIDs erlauben oder sperren. Zum Beispiel erlaubt der folgende Befehl den Zugriff auf ein Drahtlosnetzwerk mit der SSID Contoso1:

```
Netsh wlan add filter permission=allow ssid=Contoso networktype=infrastructure
```

Und der folgende Befehl sperrt den Zugriff auf das Drahtlosnetzwerk Fabrikam:

```
Netsh wlan add filter permission=block ssid=Fabrikam networktype=adhoc
```

Sie können alle Ad-hoc-Netzwerke sperren, indem Sie die Berechtigung `denyall` verwenden. Ein Beispiel:

```
Netsh wlan add filter permission=denyall networktype=adhoc
```

Mit dem folgenden Befehl können Sie verhindern, dass Windows automatisch eine Verbindung zu Drahtlosnetzwerken herstellt:

```
Netsh wlan set autoconfig enabled=no interface="Drahtlosnetzwerkverbindung"
```

Sie können mit Netsh auch die Priorität von Benutzerprofilen definieren (aber nicht von Gruppen-richtlinienprofilen). Gruppenrichtlinienprofile haben immer Vorrang gegenüber Benutzerprofilen. Das folgende Beispiel demonstriert, wie Sie Windows so konfigurieren, dass es automatisch eine Verbindung zu dem Drahtlosnetzwerk herstellt, das im Profil Contoso definiert ist, bevor es eine Verbindung zum Drahtlosnetzwerk aus dem Profil Fabrikam herstellt:

```
Netsh wlan set profileorder name=Contoso interface="Drahtlosnetzwerkverbindung" priority=1
Netsh wlan set profileorder name=Fabrikam interface="Drahtlosnetzwerkverbindung" priority=2
```

Netsh hat viele andere Befehle zum Konfigurieren von Drahtlosnetzwerken. Weitere Informationen erhalten Sie, indem Sie folgenden Befehl in einer Eingabeaufforderung eingeben:

```
Netsh wlan help
```

HINWEIS Wenn Sie eine Problembehandlung für die Verbindungsherstellung zu Drahtlosnetzwerken durch-führen, sollten Sie die Ereignisanzeige öffnen und das Ereignisprotokoll *Anwendungs- und Dienstprotokolle\Micro-soft\Windows\WLAN-AutoConfig* untersuchen. Sie können in diesem Protokoll auch feststellen, zu welchen Draht-losnetzwerken ein Client eine Verbindung hergestellt hat. Das kann nützlich sein, um die Quelle eines Sicherheits-vorfalls zu ermitteln. Weitere Informationen finden Sie in Kapitel 31, »Behandlung von Problemen mit Netzwerken«.

So konfigurieren Sie TCP/IP

Es stehen mehrere unterschiedliche Techniken zur Verfügung, um TCP/IP zu konfigurieren. Die meisten Umgebungen verwenden DHCP, um grundlegende Einstellungen vorzunehmen. Stattdessen können Sie TCP/IP-Einstellungen auch über grafische Tools von Hand konfigurieren. Schließlich lassen sich einige Einstellungen am einfachsten über Skripts konfigurieren, die Befehlszeilentools wie zum Beispiel Netsh aufrufen. Sie können mithilfe von Anmeldeskripts die Befehlszeilenkonfiguration automatisieren. Die folgenden Abschnitte beschreiben diese Konfigurationstechniken im Einzelnen.

HINWEIS Bei Drahtlosnetzwerken müssen Sie erst den Drahtlosadapter mit dem Drahtlosnetzwerk verbinden und dann die TCP/IP-Einstellungen konfigurieren. Für Drahtlosnetzwerke steht aber praktisch immer ein DHCP-Server zur Verfügung.

DHCP

Praktisch alle Clientcomputer sollten über DHPC (Dynamic Host Configuration Protocol) konfiguriert werden. Mit DHCP konfigurieren Sie einen DHCP-Server (zum Beispiel einen Windows Server 2003-Computer), der IP-Adressen und Netzwerkkonfigurationseinstellungen für die Clientcomputer bereit-stellt, sobald sie starten. Windows 7 und alle aktuellen Windows-Betriebssysteme sind so konfiguriert, dass sie in der Standardeinstellung DHCP verwenden, daher können Sie die Netzwerkeinstellungen konfigurieren, indem Sie einfach einen DHCP-Server einrichten und den Computer an das Netzwerk anschließen.

Da die Zahl der mobilen Computer, reisenden Benutzer und Drahtlosnetzwerke ständig wächst, ist auch DHCP wichtiger geworden. Weil Computer unter Umständen Verbindungen mit mehreren unter-schiedlichen Netzwerken herstellen müssen, müssten die Benutzer bei einer manuellen Konfiguration der Netzwerkeinstellungen jedes Mal Änderungen vornehmen, wenn sie eine Netzwerkverbindung herstellen. Bei DHCP liefert der DHCP-Server im lokalen Netzwerk die richtigen Einstellungen, wenn der Client eine Verbindung herstellt.

Unter anderem können Sie folgende Einstellungen mit DHCP konfigurieren:

- **IP-Adresse**   Identifiziert einen Computer eindeutig im Netzwerk.

- **Standardgateway**   Der Router, über den der Clientcomputer Verkehr an andere Netzwerke sendet.

- **DNS-Server**   Internetnamenserver zum Auflösen der Hostnamen anderer Computer

- **WINS-Server**   Microsoft-Namenserver zum Identifizieren bestimmter Computer im Netzwerk

- **Startserver**   Wird benutzt, um ein Betriebssystem über das Netzwerk zu laden, wenn neue Computer konfiguriert oder laufwerkslose Arbeitsstationen gestartet werden.

Folgender Prozess läuft ab, wenn Clients DHCP-Einstellungen abrufen:

1. Die Clientcomputer senden ein DHCPDiscover-Broadcastpaket in das lokale Netzwerk.

2. DHCP-Server empfangen dieses Broadcastpaket und senden ein DHCPOffer-Broadcastpaket an den Clientcomputer zurück. Dieses Paket enthält die Konfigurationsinformationen für die IP-Adressen. Falls sich mehrere DHCP-Server im lokalen Netzwerk befinden, erhält der Clientcomputer unter Umständen mehrere DHCPOffer-Pakete.

3. Der Clientcomputer sendet ein DHCPRequest-Paket an einen einzelnen DHCP-Server, mit dem er die Verwendung dieser Konfigurationseinstellungen beantragt. Andere DHCP-Server, die möglicherweise ebenfalls ein DHCPOffer-Broadcast gesendet haben, bekommen diese Antwort zu sehen und wissen, dass sie keine IP-Adresse für den Client mehr zu reservieren brauchen.

4. Zuletzt sendet der DHCP-Server ein DHCPACK-Paket, um zu bestätigen, dass die IP-Adresse für einen bestimmten Zeitraum an den Client vergeben wurde. Der Client kann jetzt mit den IP-Adresseinstellungen arbeiten.

Außerdem versuchen Clientcomputer, ihre IP-Adressen zu erneuern, wenn die Hälfte der DHCP-Leasedauer abgelaufen ist. In der Standardeinstellung verwenden Windows Server 2003-Computer eine Leasedauer von 8 Tagen. Daher versuchen Windows-Clientcomputer nach 4 Tagen, ihre DHCP-Einstellungen zu erneuern, und rufen dabei aktualisierte Einstellungen ab, falls Sie inzwischen irgendwelche Änderungen am DHCP-Server vorgenommen haben.

Weil Clientcomputer jedes Mal neue DHCP-Einstellungen abrufen, wenn sie starten, eine Verbindung zu einem neuen Netzwerk herstellen oder eine DHCP-Lease abläuft, haben Sie die Möglichkeit, Konfigurationseinstellungen kurzfristig zu ändern (mit nur wenigen Tagen Ankündigung). Falls Sie also einen DNS-Server ersetzen und dafür eine neue IP-Adresse verwenden wollen, können Sie die neue Adresse zu den Einstellungen Ihres DHCP-Servers hinzufügen und 8 Tage darauf warten, dass Clientcomputer ihre DHCP-Leases erneuert und die neuen Einstellungen abgerufen haben. Anschließend können Sie ziemlich sicher sein, dass Clientcomputer die IP-Adresse des neuen Servers haben, bevor Sie den alten DNS-Server abschalten.

Falls ein Clientcomputer keine DHCP-Adresse erhält und keine alternative IP-Adressenkonfiguration von Hand konfiguriert wurde, konfigurieren sich Windows-Clientcomputer automatisch mit einer zufällig ausgewählten APIPA-Adresse (Automatic Private IP Addressing) im Bereich von 169.254.0.1 bis 169.254.255.255. Falls mehrere Windows-Computer in einem Netzwerk APIPA-Adressen haben, können diese Computer miteinander kommunizieren. APIPA hat aber kein Standardgateway, daher können Clientcomputer keine Verbindung zum Internet, zu anderen Netzwerken oder zu Computern mit Nicht-APIPA-Adressen herstellen. Informationen über IPv6 finden Sie in Kapitel 28, »Bereitstellen von IPv6«.

Sie können auf folgende Arten feststellen, ob einem Client eine IP-Adresse zugewiesen wurde, und Probleme im Zusammenhang mit DHCP beseitigen:

- **IPConfig** Führen Sie in einer Befehlszeile `IPConfig /all` aus, um sich die aktuelle IP-Konfiguration anzeigen zu lassen. Falls der Client eine über DHCP zugewiesene IP-Adresse hat, wird für die Eigenschaft *DHCP-aktiviert* der Wert *Ja* angezeigt, und unter *DHCP-Server* wird eine IP-Adresse angegeben, wie im folgenden Beispiel zu sehen:

`Ipconfig /all`

```
Windows-IP-Konfiguration

    Hostname . . . . . . . . . . . . : Win7
    Primäres DNS-Suffix . . . . . . . : contoso.com
    Knotentyp . . . . . . . . . . . . : Hybrid
    IP-Routing aktiviert . . . . . . : Nein
    WINS-Proxy aktiviert . . . . . . : Nein
    DNS-Suffixsuchliste . . . . . . . : contoso.com

Ethernet-Adapter LAN-Verbindung:

    Verbindungsspezifisches DNS-Suffix: contoso.com
    Beschreibung. . . . . . . . . . . : Intel 21140-basierter PCI Fast-Ethernet-Adapter
    Physikalische Adresse . . . . . . : 00-03-FF-6D-14-C7
    DHCP aktiviert. . . . . . . . . . : Ja
    Autokonfiguration aktiviert . . . : Ja
    Verbindungslokale IPv6-Adresse  . : fe80::14e2:91d:5309:2e5b%8(Bevorzugt)
    IPv4-Adresse . . . . . . . . . . : 192.168.99.50(Bevorzugt)
    Subnetzmaske . . . . . . . . . . : 255.255.255.0
    Lease erhalten. . . . . . . . . . : Dienstag, 1. Mai 2009 11:47:38
    Lease läuft ab. . . . . . . . . . : Mittwoch, 9. Mai 2009 11:47:38
    Standardgateway . . . . . . . . . : 192.169.99.10
    DHCP-Server . . . . . . . . . . . : 192.168.99.10
    DHCPv6-IAID . . . . . . . . . . . : 201327615
    DNS-Server . . . . . . . . . . . : fec0:0:0:ffff::1%1
                                        fec0:0:0:ffff::2%1
                                        fec0:0:0:ffff::3%1
    NetBIOS über TCP/IP . . . . . . . : Aktiviert
```

HINWEIS Falls Sie eine Problembehandlung für ein Clientverbindungsproblem durchführen und bemerken, dass die IP-Adresse mit 169.254 beginnt, stand der DHCP-Server nicht zur Verfügung, als der Clientcomputer gestartet wurde. Überprüfen Sie, ob der DHCP-Server verfügbar und der Clientcomputer richtig mit dem Netzwerk verbunden ist. Geben Sie dann die Befehle **ipconfig /release** und **ipconfig /renew** ein, um eine neue IP-Adresse anzufordern. Weitere Informationen über die Problembehandlung von Netzwerkverbindungen finden Sie in Kapitel 31, »Behandlung von Problemen mit Netzwerken«.

- **Netzwerk- und Freigabecenter** Klicken Sie im Netzwerk- und Freigabecenter auf den Namen der Verbindung (beispielsweise *LAN-Verbindung*), um den Verbindungsstatus zu öffnen. Klicken Sie dann auf *Details*, um das Dialogfeld *Netzwerkverbindungsdetails* zu öffnen (Abbildung 25.15). Dieser Dialog liefert ähnliche Informationen wie der Befehl `IPConfig /all`.

Abbildung 25.15   Das Dialogfeld *Netzwerkverbindungsdetails*
zeigt die IP-Konfigurationseinstellungen an

■ **Ereignisanzeige**   Öffnen Sie die Ereignisanzeige und sehen Sie sich das Ereignisprotokoll
Windows-Protokolle\System an. Suchen Sie nach Ereignissen mit der Quelle »Dhcp-Client« für
IPv4-Adressen oder »DHCPv6-Client« für IPv6-Adressen. Diese Technik ist zwar nicht nützlich,
wenn Sie die aktive Konfiguration ermitteln wollen, kann aber Probleme aufdecken, die in der
Vergangenheit aufgetreten sind.

IP-Adressen manuell konfigurieren

Statt DHCP zu verwenden, können Sie IP-Adresseinstellungen auch von Hand konfigurieren. Weil es
aber einige Zeit dauert, Einstellungen zu konfigurieren, sich dabei auch die Wahrscheinlichkeit eines
Konfigurationsfehlers erhöht und es schwierig ist, neue Computer zu einem Netzwerk hinzuzufügen,
ist es nur selten die beste Variante, die IP-Adressen von Clientcomputern von Hand zu konfigurieren.

Gehen Sie folgendermaßen vor, um eine IPv4-Adresse von Hand zu konfigurieren:

1. Klicken Sie im Infobereich der Taskleiste auf das Netzwerksymbol und dann auf *Netzwerk- und
   Freigabecenter öffnen*.

2. Klicken Sie auf *Adaptereinstellungen ändern*.

3. Klicken Sie mit der rechten Maustaste auf die Netzwerkkarte und wählen Sie den Befehl *Eigenschaften*.

4. Klicken Sie im Eigenschaftendialog auf *Internetprotokoll Version 4 (TCP/IPv4)* und dann auf
   Eigenschaften.

5. Falls Sie immer die von Hand konfigurierten Netzwerkeinstellungen verwenden wollen, können
   Sie auf die Registerkarte *Allgemein* klicken und die Option *Folgende IP-Adresse verwenden* wählen. Falls Sie die von Hand konfigurierten Netzwerkeinstellungen nur verwenden wollen, wenn
   kein DHCP-Server zur Verfügung steht, können Sie die Registerkarte *Alternative Konfiguration*
   anklicken und die Option *Benutzerdefiniert* wählen. Konfigurieren Sie dann IP-Adresse, Standardgateway und DNS-Server des Computers.

6. Klicken Sie zweimal auf *OK*. Die Konfigurationsänderungen werden sofort wirksam, Sie brauchen
   den Computer nicht neu zu starten.

Es dürfte kaum jemals erforderlich sein, eine IPv6-Adresse von Hand zu konfigurieren, weil IPv6 so entworfen ist, dass es sich automatisch selbst konfiguriert. Weitere Informationen über die IPv6-Auto-konfiguration finden Sie in Kapitel 28, »Bereitstellen von IPv6«. Gehen Sie folgendermaßen vor, um eine IPv6-Adresse von Hand zu konfigurieren:

1. Klicken Sie im Infobereich der Taskleiste auf das Netzwerksymbol und dann auf *Netzwerk- und Freigabecenter öffnen*.

2. Klicken Sie auf *Adaptereinstellungen ändern*.

3. Klicken Sie mit der rechten Maustaste auf die Netzwerkkarte und wählen Sie den Befehl *Eigenschaften*.

4. Klicken Sie im Eigenschaftendialog auf *Internetprotokoll Version 6 (TCP/IPv6)* und dann auf *Eigenschaften*.

5. Klicken Sie auf *Folgende IPv6-Adresse verwenden* und konfigurieren Sie die IP-Adresse, Subnetzpräfixlänge, Standardgateway und DNS-Server des Computers. TCP/IPv6 unterstützt im Unterschied zu TCP/IPv4 keine alternative Konfiguration.

6. Klicken Sie zweimal auf *OK*. Die Konfigurationsänderungen werden sofort wirksam, Sie brauchen den Computer nicht neu zu starten.

Sie können verhindern, dass Benutzer auf diese grafischen Tools zugreifen. Die meisten wichtigen Einstellungen erfordern administrative Anmeldeinformationen. Wenn Sie die Benutzer daher nicht zu lokalen Administratoren auf ihren Computern machen, können sie auch keine wichtigen Änderungen vornehmen. Mit Gruppenrichtlinieneinstellungen im Knoten *Benutzerkonfiguration\Richtlinien\ Administrative Vorlagen\Netzwerk\Netzwerkverbindungen* können Sie die Oberfläche noch weiter einschränken (das kann aber nicht immer verhindern, dass der Benutzer Änderungen mit anderen Tools vornimmt).

Befehlszeilenprogramme und Skripts

Sie können Netzwerkeinstellungen auch über die Befehlszeile oder von einem Skript aus konfigurieren. Dazu stehen das Tool Netsh und Befehle im Kontext `Netsh interface ipv4` oder `Netsh interface ipv6` zur Verfügung. Zum Beispiel können Sie folgende Befehle verwenden, um die Standardnetzwerkschnittstelle so zu konfigurieren, dass sie DHCP und die von DHCP angegebenen DNS-Server verwendet:

```
Netsh interface ipv4 set address "LAN-Verbindung" dhcp
Netsh interface ipv4 set dnsserver "LAN-Verbindung" dhcp
```

HINWEIS   Windows XP enthält ebenfalls das Tool Netsh. Die Windows XP-Version von Netsh verwendet aber unterschiedliche Befehle. Zum Beispiel konfigurieren Sie auf einem Windows XP-Computer die DNS-Einstellungen mit dem Befehl `Netsh interface ip set dns`, auf einem Windows Vista- oder Windows 7-Computer dagegen mit `Netsh interface ipv4 set dnsserver`. Netsh in Windows Vista und Windows 7 ist aber abwärtskompatibel und versteht die ältere, Windows XP-kompatible Syntax.

Weil DHCP die Standardeinstellung für Netzwerkkarten ist, werden Sie mit Netsh-Befehlen wahrscheinlich eher eine statische IP-Adresse konfigurieren. Der folgende Befehl demonstriert, wie das in IPv4 geht:

```
Netsh interface ipv4 set address "LAN-Verbindung" source=static address=192.168.1.10
mask=255.255.255.0 gateway=192.168.1.1
Netsh interface ipv4 set dnsserver "LAN-Verbindung" source=static address=192.168.1.2
register=primary
```

Die folgenden Befehle demonstrieren, wie eine statische IP-Adresse und DNS-Serverkonfiguration für IPv6 konfiguriert wird:

```
Netsh interface ipv6 set address "LAN-Verbindung" address=2001:db8:3fa8:102a::2 anycast
Netsh interface ipv6 set dnsserver "LAN-Verbindung" source=static address=2001:db8:3fa8:1719::1
register=primary
```

Sie sollten Skripts nicht verwenden, um Clientcomputer in einer Produktivumgebung zu konfigurieren, weil sie keinerlei Flexibilität bei Änderungen der Hardwarekonfigurationen haben und DHCP die meisten Konfigurationsfähigkeiten bietet, die in Produktivnetzwerken erforderlich sind. Skripts können aber nützlich sein, um die Netzwerkkonfiguration von Computern in einer Testumgebung schnell zu ändern. Statt von Hand Netsh-Befehle zu schreiben, können Sie einen Computer über grafische Tools konfigurieren und dann mit dem Tool Netsh ein Konfigurationsskript generieren.

> **HINWEIS**   Sie können ein Konfigurationsskript generieren, das aus Netsh heraus ausgeführt wird. Verwenden Sie dazu den Befehl `Netsh interface dump > Skript_Dateiname`. Dann können Sie dieses Skript mit dem Befehl `Netsh -f Skript_Dateiname` ausführen.

Netsh bietet die Möglichkeit, praktisch jeden Bereich von Windows 7-Netzwerken zu konfigurieren. Ausführliche Anleitungen finden Sie in Hilfe und Support, Sie können auch den folgenden Befehl in einer Eingabeaufforderung ausführen:

```
Netsh ?
```

Direkt von der Quelle: Automatisieren der NIC-Konfiguration mit Netsh

Don Baker, Premier Field Engineer, *Windows Platform*

Während meiner jahrelangen Arbeit als Consultant war es nicht weiter ungewöhnlich, dass ich meinen Laptop am selben Tag an mehrere unterschiedliche Netzwerke anschloss. In manchen Fällen war DHCP aktiviert, daher war es ganz einfach, die Verbindung herzustellen. In anderen Fällen musste ich die Netzwerkkarte von Hand konfigurieren. Igitt!

Vorhang auf für die Netsh-Befehle. Mit dem Befehl Netsh können Sie die Netzwerkkonfiguration von Computern mit Windows 2000 oder neuer ändern. Er hat nicht gerade die benutzerfreundlichste Syntax, kann aber viel Zeit sparen, wenn Sie sich erst einmal eingearbeitet haben. Die folgenden Beispiele zeigen Skripts, die mit Netsh statische IP-Einträge für einen Adapter einstellen beziehungsweise den Adapter in den DHCP-Modus zurücksetzen, sodass die Einstellungen automatisch angefordert werden. Sie können diesen Code verwenden, indem Sie ihn in eine Batchdatei schreiben. Dabei müssen Sie den Platzhalter in `Name=` durch den Namen des Adapters in Anführungszeichen ersetzen und die IP-Adressen ändern.

Statische IP

```
Netsh interface ipv4 set address name="Drahtlosnetzwerkverbindung" source=static
    addr=192.168.0.100 mask=255.255.255.0 gateway=192.168.0.250 gwmetric=0
Netsh interface ipv4 set dnsserver name="Drahtlosnetzwerkverbindung"
    source=static addr=192.168.0.2 register=NONE
REM Netsh interface ipv4 set wins name="Drahtlosnetzwerkverbindung" source=static
    addr=10.217.27.9
REM ODER wenn kein WINS-Server
Netsh interface ipv4 set winsserver name="Drahtlosnetzwerkverbindung" source=dhcp
ipconfig /all
```

DHCP
```
Netsh interface ipv4 set address name="Drahtlosnetzwerkverbindung" source=dhcp
Netsh interface ipv4 set dnsserver name="Drahtlosnetzwerkverbindung" source=dhcp
Netsh interface ipv4 set winsserver name="Drahtlosnetzwerkverbindung" source=dhcp
ipconfig /renew "Drahtlosnetzwerkverbindung"
ipconfig /all
```

So stellen Sie Verbindungen zu AD DS-Domänen her

Die meisten Organisationen, die mehr als nur ein paar Windows-Clientcomputer betreiben, sollten eine AD DS-Domäne verwenden, um die Verwaltung der Computer zu vereinfachen. Normalerweise besteht einer der ersten Schritte bei der Konfiguration eines Computers darin, den Client zu einer Domäne hinzuzufügen. Dabei gehen Sie etwas anders vor, falls Sie 802.1X-Authentifizierung aktiviert haben.

So stellen Sie die Verbindung zu einer Domäne her, wenn die 802.1X-Authentifizierung nicht aktiviert ist

Bei Netzwerken ohne 802.1X-Authentifizierung gehen Sie folgendermaßen vor, um einen Computer zu einer Domäne hinzuzufügen:

1. Klicken Sie im Startmenü mit der rechten Maustaste auf *Computer* und wählen Sie den Befehl *Eigenschaften*.

2. Klicken Sie im Feld *Einstellungen für Computernamen, Domäne und Arbeitsgruppe* auf *Einstellungen ändern*.

3. Klicken Sie im Dialogfeld *Systemeigenschaften* auf *Netzwerk-ID*.

4. Der Assistent *Einer Domäne oder Arbeitsgruppe beitreten* wird geöffnet. Wählen Sie die Option *Dieser Computer gehört zu einem Firmennetzwerk* aus und klicken Sie auf *Weiter*.

5. Klicken Sie auf der Seite *Verwendet Ihr Firmennetzwerk eine Domäne* auf *Meine Firma verwendet ein Netzwerk mit Domäne*. Klicken Sie auf *Weiter*.

6. Überprüfen Sie auf der Seite *Folgende Informationen sind erforderlich*, ob Sie die erforderlichen Domänenanmeldeinformationen zur Verfügung haben und den Domänennamen wissen. Klicken Sie auf *Weiter*.

7. Geben Sie auf der Seite *Geben Sie Benutzernamen, Kennwort und Namen für das Domänenkennwort* [richtig: *Domänenkonto*] *ein* Ihre Domänenanmeldeinformationen ein. Klicken Sie auf *Weiter*.

8. Falls die Seite *Geben Sie den Computer- und den Computerdomänennamen ein* angezeigt wird, müssen Sie den Computer- und Domänennamen eingeben und auf *Weiter* klicken.

9. Geben Sie Benutzernamen, Kennwort und Domäne ein, falls Sie dazu aufgefordert werden, und klicken Sie auf *OK*.

10. Klicken Sie auf der Seite *Möchten Sie ein Domänenbenutzerkonto auf diesem Computer aktivieren* auf *Kein Domänenbenutzerkonto hinzufügen*. Klicken Sie auf *Weiter*.

11. Klicken Sie auf *Fertig stellen*.

12. Klicken Sie auf *OK* und starten Sie den Computer neu, wenn Sie dazu aufgefordert werden.

Hinweise zur Problembehandlung beim Beitritt zu einer Domäne finden Sie in Kapitel 31, »Behandlung von Problemen mit Netzwerken«.

So stellen Sie die Verbindung zu einer Domäne her, wenn die 802.1X-Authentifizierung aktiviert ist

Bei Netzwerken mit 802.1X-Authentifizierung ist es etwas komplizierter, einer Domäne beizutreten. Während der 802.1X-Authentifizierung authentifiziert der Client die Identität des Servers, indem er sicherstellt, dass das Serverzertifikat gültig ist und von einer vertrauenswürdigen Zertifizierungsstelle ausgestellt wurde. Falls Sie allerdings eine interne Zertifizierungsstelle verwenden (zum Beispiel eine, die von den Windows Server 2003-Zertifikatdiensten gehostet wird), um das Serverzertifikat auszustellen, gilt diese Zertifizierungsstelle in der Standardeinstellung nicht als vertrauenswürdig, bevor der Computer einer Domäne beigetreten ist. Um der Domäne beizutreten, müssen Sie daher den Clientcomputer temporär so konfigurieren, dass er das Serverzertifikat für die 802.1X-Authentifizierung ignoriert.

> **HINWEIS**   Falls Sie Ihre 802.1X-Authentifizierungsserver mit einem Serverzertifikat konfiguriert haben, das von einer öffentlichen Zertifizierungsstelle ausgestellt wurde, der Windows standardmäßig vertraut, können Sie das Kontrollkästchen *Serverzertifikat überprüfen* aktiviert lassen.

Gehen Sie folgendermaßen vor, um bei aktivierter 802.1X-Authentifizierung einer Domäne beizutreten:

1. Starten Sie die Konsole *Dienste*, starten Sie den Dienst *Automatische Konfiguration (verkabelt)* und legen Sie dafür den Starttyp Automatisch fest.

2. Öffnen Sie das Netzwerk- und Freigabecenter und klicken Sie auf *Adaptereinstellungen ändern*.

3. Klicken Sie mit der rechten Maustaste auf die Netzwerkkarte und wählen Sie den Befehl *Eigenschaften*.

4. Klicken Sie im Eigenschaftendialog auf die Registerkarte *Authentifizierung*. Klicken Sie auf die Liste *Wählen Sie eine Methode für die Netzwerkauthentifizierung aus* und dann auf *Microsoft: Geschütztes EAP (PEAP)*.

5. Klicken Sie auf *Einstellungen*. Deaktivieren Sie im Dialogfeld *Eigenschaften von Geschütztes EAP (PEAP)* das Kontrollkästchen *Serverzertifikat überprüfen*. Klicken Sie zweimal auf *OK*.

6. Fügen Sie den Computer zu einer Domäne hinzu, wie im vorherigen Abschnitt beschrieben.

7. Warten Sie, bis der Computer der Domäne hinzugefügt und neu gestartet wurde. Wiederholen Sie dann die Schritte 2 bis 5, aktivieren Sie diesmal aber in Schritt 5 das Kontrollkästchen *Serverzertifikat überprüfen*.

Sie können diesen Prozess teilweise automatisieren, indem Sie einen Windows 7-Computer so konfigurieren, dass er das Serverzertifikat nicht überprüft. Exportieren Sie dann mit dem Befehl `Netsh lan export profile` ein Profil für die konfigurierte Netzwerkkarte. Sie können ein Skript erstellen, um dieses Profil auf anderen Clientcomputern zu importieren, sodass sie einer Domäne beitreten können, ohne ein Serverzertifikat zu überprüfen. Weitere Informationen über das Exportieren und Importieren von Profilen finden Sie im Abschnitt »Konfigurieren von Drahtloseinstellungen über die Befehlszeile oder ein Skript« weiter oben in diesem Kapitel.

Zusammenfassung

Windows Vista implementierte die umfangreichsten Erweiterungen der Windows-Netzwerkfunktionen seit 1995. Windows 7 nimmt einige kleinere Verbesserungen vor und führt mehrere wichtige neue Features ein. Vor allem können Sie nun das neue Feature BranchCache nutzen, um den WAN-Verkehr zwischen Zweigstellen und der Hauptniederlassung zu verringern. Die Unterstützung für DNSsec verringert die Gefahr durch Man-in-the-Middle-Angriffe, die Sicherheitslücken in der Infrastruktur für die Namensauflösung ausnutzen. Unterstützung für GreenIT hilft, den Energieverbrauch zu senken, während es trotzdem möglich ist, Clientcomputer über das Netzwerk zu verwalten. Diese Änderungen führen dazu, dass Sie Ihre Netzwerkinfrastruktur besser nutzen können, aber trotzdem den Administrationsaufwand minimieren und die Benutzerproduktivität maximieren.

Weitere Informationen

Die folgenden Ressourcen liefern weitere Informationen und Tools zu den Themen dieses Kapitels.

Informationsquellen

- Kapitel 24, »Schützen des Clients«, enthält Informationen über das Konfigurieren des Desktops.
- Kapitel 26, »Konfigurieren von Windows-Firewall und IPSec«, enthält Informationen über die Windows-Firewall und Verbesserungen an IPsec.
- Kapitel 27, »Verbindungen mit Remotebenutzern und -netzwerken«, enthält Informationen über das Einrichten von DFÜ-Verbindungen und VPNs.
- Kapitel 28, »Bereitstellen von IPv6«, enthält Informationen über IPv6.
- Kapitel 31, »Behandlung von Problemen mit Netzwerken«, enthält Informationen über das Beseitigen von Netzwerkproblemen.
- »Active Directory Schema Extensions for Windows Vista Wireless and Wired Group Policy Enhancements« unter *http://technet.microsoft.com/en-us/library/bb727029.aspx* enthält Beschreibungen, wie das AD DS-Schema so erweitert wird, dass es die Konfiguration von Windows Vista-Drahtlosclients unterstützt.
- »Deployment of IEEE 802.1X for Wired Networks Using Microsoft Windows« unter *http://www.microsoft.com/downloads/details.aspx?familyid=05951071-6b20-4cef-9939-47c397ffd3dd* enthält weitere Informationen über 802.1X-Authentifizierung.
- RFC 1191 unter *http://www.ietf.org/rfc/rfc1191.txt*.
- RFC 2581 unter *http://www.ietf.org/rfc/rfc2581.txt*.
- RFC 2582 unter *http://www.ietf.org/rfc/rfc2582.txt*.
- RFC 2883 unter *http://www.ietf.org/rfc/rfc2883.txt*.
- RFC 3517 unter *http://www.ietf.org/rfc/rfc3517.txt*.
- RFC 4138 unter *http://www.ietf.org/rfc/rfc4138.txt*.

Auf der Begleit-CD

- *AssociatedAdaptersAndSettings.ps1*
- *ConfigureDNSSettings.ps1*
- *DetectNetworkAdapterConnection.ps1*
- *EnableDisableNetworkAdapters.ps1*

- *Get-DNSLookup.ps1*
- *GetActiveNicAndConfig.ps1*
- *GetConfigurationOfConnectedAdapters.ps1*
- *GetHalfDuplex.ps1*
- *GetNetAdapterConfig.ps1*
- *GetNetAdapterStatus.ps1*
- *GetNetID.ps1*
- *ManageDHCP.ps1*
- *ReportBandwidth.ps1*
- *SetStaticIP.ps1*
- *TroubleshootNetworking.ps1*

KAPITEL 26

Konfigurieren von Windows-Firewall und IPsec

Hostbasierte Firewalls und Internet Protocol Security (IPsec) sind zwei wichtige Methoden, mit denen Sie sicherstellen, dass Ihr Netzwerk geschützt ist. Die Windows-Firewall mit erweiterter Sicherheit wurde im Betriebssystem Windows 7 bezüglich Konfigurierbarkeit, Verwaltbarkeit und Diagnosefähigkeiten verbessert. Dieses Kapitel untersucht, wie die Windows-Firewall mit erweiterter Sicherheit in Windows 7 funktioniert und wie Sie die Firewall und IPsec konfigurieren, verwalten, überwachen und Probleme in diesem Bereich beseitigen.

Grundlagen der Windows-Firewall mit erweiterter Sicherheit

Die Windows-Firewall mit erweiterter Sicherheit (in diesem Kapitel oft kurz als »Windows-Firewall« bezeichnet) ist eine hostbasierte, statusbehaftete Firewall, die im Betriebssystem Windows Vista und neueren Versionen enthalten ist. Mit dieser Firewall können Sie festlegen, welche Arten von Netzwerkverkehr zwischen dem lokalen Computer und dem übrigen Netzwerk ausgetauscht werden dürfen. Die Windows-Firewall mit erweiterter Sicherheit weist folgende Haupteigenschaften auf:

- Eine hostbasierte Firewall, die den lokalen Computer schützt. Es handelt sich also nicht um eine Perimeterfirewall, deren Aufgabe es ist, das ganze interne Netzwerk zu schützen.

- Eine statusbehaftete Firewall, die sowohl eingehende als auch ausgehende Pakete für IPv4 und IPv6 untersuchen und filtern kann

Die Windows-Firewall mit erweiterter Sicherheit kann auch benutzt werden, um Netzwerkverkehr zu schützen, während er zwischen dem lokalen Computer und anderen Computern im Netzwerk ausgetauscht wird. Um das zu erreichen, greift die Windows-Firewall mit erweiterter Sicherheit auf IPsec zurück.

Windows 7 baut auf der Basis von Windows Vista auf und fügt neue Features und Verbesserungen zur Windows-Firewall mit erweiterter Sicherheit hinzu. Dieser Abschnitt beschreibt zuerst die Verbesserungen, die bereits vorher in Windows Vista eingeführt wurden, und fasst dann die neuen Verbesserungen in Windows 7 zusammen. Anschließend beschreibt der Abschnitt die der Windows-Firewall mit erweiterter Sicherheit zugrundeliegende Architektur und ihre Funktionsweise. Sofern nicht anders erwähnt, stehen die Features von Windows-Firewall und IPsec, die in Windows 7 verfügbar sind, auch in Windows Server 2008 R2 zur Verfügung.

Verbesserungen an der Windows-Firewall, die bereits in Windows Vista eingeführt wurden

Die Einführung der Windows-Firewall mit erweiterter Sicherheit in Windows Vista markierte einen deutlichen Fortschritt gegenüber der Windows-Firewall aus Windows XP Service Pack 2 (SP2). In der Windows-Firewall mit erweiterter Sicherheit von Windows Vista wurden folgende neue oder erweiterte Features hinzugefügt:

- **Windows-Filterplattform**   Die Windows-Filterplattform (Windows Filtering Platform, WFP) ist das Modul (engine), das die Paketfilterungslogik für die Windows-Firewall implementiert. WFP wird über eine Sammlung öffentlicher Programmierschnittstellen (Application Programming Interface, API) angesprochen, die es der Windows-Firewall und Firewallanwendungen anderer Hersteller erlauben, sich in den Netzwerkstapel einzuklinken und dieselbe Filterungslogik wie die Windows-Firewall zu nutzen. Weitere Informationen über dieses Feature finden Sie im Abschnitt »Grundlagen der Windows-Filterplattform« weiter unten in diesem Kapitel.

- **Windows-Diensthärtung**   Die Windows-Diensthärtung (Windows Service Hardening, WSH) hilft dabei, einen Missbrauch von Windows-Diensten zu verhindern. Dazu erkennt und blockiert sie ungewöhnliches Verhalten. Weitere Informationen über dieses Feature finden Sie im Abschnitt »Grundlagen der Windows-Diensthärtung« weiter unten in diesem Kapitel.

- **Profile mit automatischer Standorterkennung**   Die Windows-Firewall in Windows XP unterstützt nur zwei Arten von Firewallprofilen: Domäne und Standard. Windows Vista erweiterte die Zahl der Firewallprofile auf drei (Domäne, privat und öffentlich). Es stellt mithilfe von NLA (Network Location Awareness) fest, ob der Computer Mitglied einer AD DS-Domäne (Active Directory Domain Services) ist oder mit einem privaten Netzwerk hinter einem Gateway, einem NAT-Router (Network Address Translation) oder einem Sicherheitsgerät wie einer Firewall verbunden ist.

- **Konfigurierbare Firewallregeln**   Firewallregeln in Windows Vista können viel flexibler konfiguriert werden als in Windows XP. Sie erlauben die Filterung beliebiger Protokollnummern.

- **Ausgehende Filterung**   Seit Windows Vista können Sie Firewallregeln zum Filtern von ausgehendem Verkehr erstellen. So können Administratoren steuern, welche Anwendungen Verkehr in das Netzwerk senden dürfen.

- **Vollständige IPv6-Unterstützung**   Die Windows-Firewall mit erweiterter Sicherheit in Windows Vista bietet vollständige Unterstützung für die Filterung von IPv6-Netzwerkverkehr.

- **IPsec-Integration**   Die Windows-Firewall mit erweiterter Sicherheit in Windows Vista integriert IPsec-Schutz in die Firewallfilterung. Dazu nutzt sie Verbindungssicherheitsregeln und globale IPSec-Einstellungen für Schlüsselaustausch (Hauptmodus), Datenschutz (Schnellmodus) und Authentifizierungsmethoden. Weitere Informationen über die IPsec-Integration in die Windows-Firewall enthält der Abschnitt »Grundlagen von Verbindungssicherheitsregeln« weiter unten in diesem Kapitel.

- **Regeln für authentifizierte Umgehung**   In Windows Vista können Sie für bestimmte Computer Regeln für die authentifizierte Umgehung erstellen, damit Verbindungen von diesen Computern andere Firewallregeln umgehen dürfen. Auf diese Weise können Sie bestimmte Arten von Verkehr blockieren, aber trotzdem ausgewählten, authentifizierten Computern erlauben, diese Sperre zu umgehen. Sie können auch Firewallregeln erstellen, die anhand von Computer, Benutzer oder Gruppe in AD DS filtern. Weitere Informationen über dieses Feature finden Sie im Abschnitt »Regeln für die authentifizierte Umgehung« weiter unten in diesem Kapitel.

Weitere Verbesserungen an der Windows-Firewall in Windows 7

In Windows 7 wurde die Windows-Firewall mit erweiterter Sicherheit noch verbessert. Es wurden folgende neue und erweiterte Features hinzugefügt:

- **Mehrere aktive Firewallprofile**   In Windows Vista konnte jeweils nur ein einziges Firewallprofil gleichzeitig aktiv sein. Ist der Computer gleichzeitig mit mehreren Netzwerken verbunden, wird daher das Firewallprofil, das die am stärksten einschränkenden Regeln hat, auf alle Netzwerkverbindungen angewendet. Ab Windows 7 bekommt dagegen jede Netzwerkverbindung ihr eigenes Firewallprofil zugewiesen, völlig unabhängig von den anderen Verbindungen auf dem Computer. Weitere Informationen über dieses Feature finden Sie im Abschnitt »Mehrere aktive Firewallprofile« weiter unten in diesem Kapitel.

- **Autorisierungsausnahmen**   Wenn Sie in Windows 7 eingehende Firewallregeln erstellen, die festlegen, welche Computer oder Benutzer autorisiert sind, über das Netzwerk auf den lokalen Computer zuzugreifen, können Sie nun auch Ausnahmen definieren, dass der Zugriff auf den lokalen Computer verweigert wird. Auf diese Weise können Sie Regeln in der Form »jeder außer a, b und c« entwerfen, die Netzwerkverkehr bestimmter Benutzer oder Computer blockieren, die Sie festlegen, aber den Verkehr von anderen Benutzern oder Computern erlauben. Weitere Informationen finden Sie im Abschnitt »Konfigurieren der Firewallprofile und IPSec-Einstellungen mit Gruppenrichtlinien« weiter unten in diesem Kapitel.

- **Unterstützung für die Angabe von Portbereichen für Regeln**   Firewall- und Verbindungssicherheitsregeln in Windows 7 können nun Bereiche von Portnummern enthalten. So wird es einfacher, Regeln für Anwendungen zu erstellen, die Zugriff auf einen ganzen Portbereich brauchen.

- **Benutzeroberfläche zum Angeben von Portnummern und Protokollen für Verbindungssicherheitsregeln** In Windows Vista mussten Sie den Befehl Netsh verwenden, um Portnummern und Protokolle für Verbindungssicherheitsregeln anzugeben. In Windows 7 können Sie für diesen Zweck nun den Assistenten für neue Verbindungssicherheitsregel benutzen.

- **Unterstützung für dynamische Verschlüsselung**   Verbindungssicherheitsregeln in Windows 7 unterstützen jetzt dynamische Verschlüsselung. Das erlaubt es einem Computer, eingehende Pakete von einem anderen Computer zu empfangen, die authentifiziert, aber nicht verschlüsselt sind. Sobald die Verbindung aufgebaut ist, wird eine neue Schnellmodus-Sicherheitszuordnung ausgehandelt, die Verschlüsselung erfordert.

- **Dynamische Tunnelendpunkte**   Tunnelverbindungssicherheitsregeln in Windows 7 bieten die Möglichkeit, nur die Adresse für einen einzigen Endpunkt des Tunnels anzugeben. Das erleichtert die Erstellung von Richtlinien in Fällen, wo mehrere IPsec-Gateways und -Clients in mehreren Remotenetzwerken liegen.

- **Tunnelmodusautorisierung**   In Windows 7 können Sie nun Benutzer- oder Computergruppen angeben, die autorisiert sind, einen Tunnel zum IPsec-Gateway-Tunnelabschlusspunkt aufzubauen. Das ist wichtig in Kombination mit dynamischen Tunnelendpunkten, weil so gewährleistet wird, dass nur autorisierte Benutzer eine Verbindung mit dem Computer herstellen können. Windows 7 unterstützt auch Ausnahmen für die Tunnelmodusautorisierung, ähnlich wie die oben beschriebenen Authentifizierungsausnahmen.

- **Neue Edgeüberquerungsoptionen**   In Windows Vista konnten Sie die Edgeüberquerung (edge traversal) lediglich blockieren oder erlauben. In Windows 7 wurden zwei neue Optionen hinzugefügt, mit denen Sie eine Edgeüberquerung konfigurieren können, die es Benutzern oder Anwendungen erlaubt, selbst zu entscheiden, ob sie nichtangeforderten Verkehr annehmen. Weitere Informationen finden Sie unter *http://msdn.microsoft.com/en-us/library/dd775221.aspx*.

- **Einfachere Konfiguration von Suite-B-Algorithmen** In Windows Vista mussten Sie den Befehl Netsh verwenden, um Verbindungssicherheitsregeln zu erstellen, die den Suite-B-Satz von Algorithmen nutzten, der in RFC 4869 definiert ist. In Windows 7 können Sie für diesen Zweck den Assistenten für neue Verbindungssicherheitsregel benutzen. Weitere Informationen über die Unterstützung für Suite-B-Algorithmen in Windows finden Sie unter *http://support.microsoft.com/kb/949856/*.

- **Unterstützung für Zertifikate, die von Zwischenzertifizierungsstellen ausgestellt wurden** In Windows Vista konnten Verbindungssicherheitsregeln nur Zertifikate benutzen, die von Stammzertifizierungsstellen (Certification Authority, CA) ausgestellt wurden. In Windows 7 können solche Regeln jetzt auch Zertifikate verwenden, die von Zwischenzertifizierungsstellen ausgestellt wurden.

- **Unterstützung für mehrere Hauptmoduskonfigurationen** In Windows Vista konnten Sie nur eine globale Hauptmoduskonfiguration für die IPsec-Kommunikation des lokalen Computers erstellen. Im MMC-Snap-In (Microsoft Management Console) *Windows-Firewall mit erweiterter Sicherheit* von Windows 7 können Sie weiterhin nur eine einzige Hauptmoduskonfiguration für den Computer erstellen, aber mit dem Befehlszeilentool Netsh in Windows 7 und Windows Server 2008 R2 ist es nun möglich, zusätzliche Hauptmoduskonfigurationen zu erstellen. Diese Hauptmoduskonfigurationen können Sie für sichere Verbindungen zu anderen Computern im Netzwerk verwenden, wobei die Sicherheitsanforderungen berücksichtigt werden, die mit diesen Endpunkten verknüpft sind.

- **Neue Tunnelregeltypen** In Windows 7 stehen zwei zusätzliche Tunnelregeltypen zur Verfügung, die Sie konfigurieren können: Gateway-zu-Client und Client-zu-Gateway.

- **Diffie-Hellman erzwingen** In Windows 7 haben Sie nun die Möglichkeit, die Verwendung von Diffie-Hellman für den Schlüsselaustausch zu erzwingen.

Direkt von der Quelle: Dynamische Tunnelendpunkte

Sharad Kylasam, Program Manager, *Core Networking*

Mit dynamischen Tunnelendpunkten wird die Fähigkeit von IPsec bezeichnet, dynamisch die lokalen und Remote-Tunnelendpunkt-IP-Adressen zu ermitteln, die für Pakete benutzt werden sollen.

Früher sah in Fällen, wo die IP-Adresse des Clients nicht statisch war (also bei mobilen Benutzern zu Hause, im Hotel, in Konferenzräumen und so weiter), die Richtlinienkonfiguration so aus, dass die IP-Adresse des Clients in einer separaten Tunnelregel angegeben werden musste. Das war für jeden möglichen Standort nötig, an dem sich der Client befindet. Folglich entstand eine Unmenge von Richtlinien, eine für jede Kombination von Quelle des Clients und Ziel. Angesichts der hohen Mobilität bei heutigen Clients werden Bereitstellung, Konfiguration und Verwaltung dadurch erheblich aufwendiger.

Dynamische Tunnelendpunkte machen es einfacher, die Tunnelmodusrichtlinien festzulegen. Der Administrator kann eine einzige Regel für den Client erstellen, indem er für die Tunnelendpunkte *Beliebig* angibt. In diesem Fall ermittelt IPsec die tatsächliche Tunnelendpunktadresse anhand des Anwendungsverkehrs, der getunnelt werden muss. Werden in einer Domäne Gruppenrichtlinien verwendet, genügt es daher, eine einzige Richtlinie auf alle Clients anzuwenden. Die Bereitstellung wird dadurch noch einfacher. Das ist ein häufig benötigtes Bereitstellungsszenario für IPsec. Es wird für folgende Fälle eingesetzt:

- DirectAccess
- Kommunikation zwischen IPsec-fähigen und nicht-IPsec-fähigen Partnern

Grundlagen der Windows-Filterplattform

Die Windows-Filterplattform (Windows Filtering Platform, WFP) ist eine Architekturkomponente von Windows Vista und neueren Versionen, die Zugriff auf TCP/IP-Pakete (Transmission Control Protocol/Internet Protocol) erlaubt, während sie vom TCP/IP-Netzwerkstack verarbeitet werden. WFP ist das Modul, das die Paketfilterungslogik implementiert. Es wird über eine Sammlung öffentlicher APIs angesprochen, die Hooks in den Netzwerkstack und die zugrundeliegende Filterungslogik zur Verfügung stellen, auf der die Windows-Firewall basiert. Unabhängige Softwarehersteller (Independent Software Vendor, ISV) können mit WFP eigene Firewalls, Netzwerkdiagnosesoftware, Antivirensoftware und andere Netzwerkanwendungen entwickeln. Mithilfe dieser APIs kann eine WFP-fähige Filteranwendung an beliebiger Stelle im Verarbeitungspfad auf ein Paket zugreifen, um seinen Inhalt auszulesen oder zu verändern.

> **HINWEIS**   Unabhängige Hersteller und Netzwerkanwendungsentwickler sollten die WFP-APIs nur für Filterungs-
> anwendungen oder Sicherheitsanwendungen nutzen.

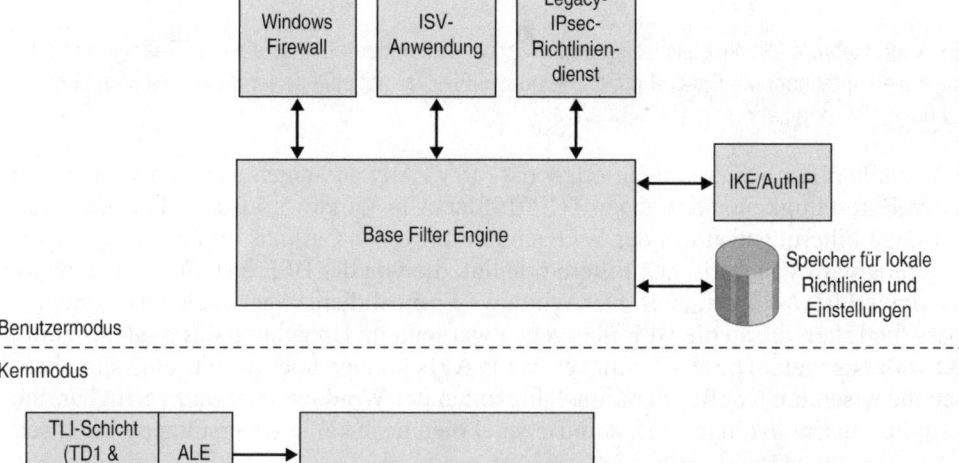

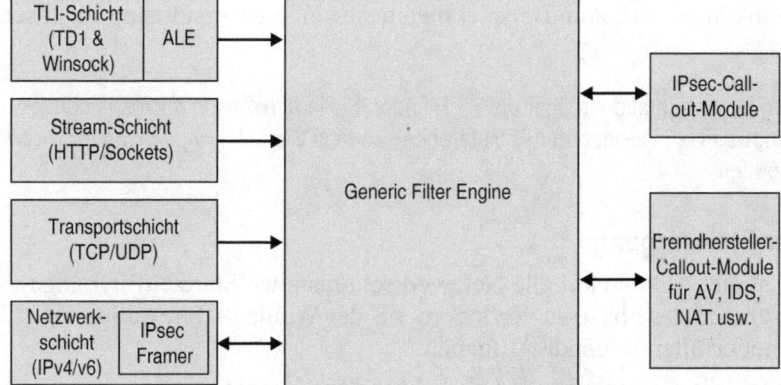

Abbildung 26.1   Vereinfachte Architektur der Windows-Filterplattform

Wie in Abbildung 26.1 zu sehen, besteht die WFP aus folgenden Hauptkomponenten:

- **Base Filter Engine (BFE)**   Die BFE läuft im Benutzermodus und empfängt Filterungsanforderungen von der Windows-Firewall, von Anwendungen anderer Hersteller und von dem älteren IPsec-Richtliniendienst. Die BFE fügt dann die Filter, die von diesen Anforderungen erstellt wurden, in die im

Kernmodus laufende Generic Filter Engine ein. Die BFE (*Bfe.dll*) läuft innerhalb eines generischen *Svchost.exe*-Prozesses.

■ **Generic Filter Engine (GFE)**   Die GFE empfängt die Filter von der BFE und speichert sie, damit die unterschiedlichen Schichten des TCP/IP-Stacks darauf zugreifen können. Während der Stack ein Paket verarbeitet, wird bei jeder Schicht, die das Paket durchläuft, die GFE aufgerufen, um festzustellen, ob das Paket weitergeleitet oder verworfen werden soll. Die GFE ruft auch die verschiedenen Callout-Module (siehe nächsten Punkt) auf, um festzustellen, ob das Paket weitergeleitet oder verworfen werden soll. (Manche Callouts führen unter Umständen identische Funktionen aus, vor allem wenn mehrere Fremdherstellerfirewalls gleichzeitig laufen.) Die GFE (*Wfp.lib*) ist Teil des im Kernmodus laufenden Next-Generation-TCP/IP-Stacks (*NetioTcpip.sys*), der erstmals in Windows Vista eingeführt wurde. Die GFE ist eigentlich eine Teilkomponente der BFE, die das Kernelmoduserzwingungsmodul enthält. Sie ist genau genommen kein separates Feature.

■ **Callout-Module**   Diese Komponenten werden benutzt, um eine Tiefenanalyse oder Datenänderung mit den Paketen durchzuführen, die vom Stack verarbeitet werden. Callout-Module speichern zusätzliche Filterkriterien, mit denen die GFE feststellt, ob ein Paket weitergeleitet oder verworfen werden soll.

HINWEIS   Die BFE kann mehrere Clients gleichzeitig unterstützen. Das bedeutet, dass eine WFP-fähige Fremdherstelleranwendung bei entsprechendem Entwurf mit der Windows-Firewall mit erweiterter Sicherheit kommunizieren und sie sogar überschreiben kann.

Die APIs der BFE sind alle öffentlich dokumentiert, sodass ISVs Anwendungen erstellen können, die sich in die erweiterten Filterfähigkeiten des neuen TCP/IP-Stacks in Windows Vista und neueren Versionen einklinken. Einige Filterungsfeatures der WFP sind mithilfe von Callouts implementiert, aber der Großteil der Filterung wird von statischen Filtern erledigt, die von der BFE erstellt werden, während sie mit der Windows-Firewall interagiert. Der Windows-Firewalldienst überwacht das System und stellt sicher, dass die Filter, die an die BFE übergeben werden, die Umgebung des Systems zum aktuellen Zeitpunkt widerspiegeln. Diese öffentlichen WFP-APIs können über Skripts angesprochen werden und machen die gesamten Konfigurierationsfähigkeiten der Windows-Firewall verfügbar. Sie weisen allerdings einige Einschränkungen auf, zum Beispiel bieten sie keine Unterstützung für IPsec-Integration.

WEITERE INFORMATIONEN   Weitere Informationen über die WFP finden Sie in *http://msdn.microsoft.com/en-us/library/aa366510.aspx*. Die »Windows Filtering Platform API Reference« können Sie unter *http://msdn.microsoft.com/en-us/library/aa364947.aspx* abrufen.

Die Windows-Firewall und der Startvorgang

Wenn ein Windows 7-Computer startet, werden auf alle Netzwerkschnittstellen Startzeitfilter angewendet, um die Angriffsfläche während der Phase zu verringern, bis der Windows-Firewalldienst (MpsSvc) startet. Die Startzeitfilter erfüllen folgende Aufgaben:

■ Sie blockieren allen nicht angeforderten eingehenden Verkehr in den Computer.

■ Sie lassen allen eingehenden DHCP-Verkehr (Dynamic Host Configuration Protocol) zu.

■ Sie lassen eingehenden ICMPv6-Verkehr (Internet Control Message Protocol 6) des Typs 135:* (Nachbarermittlung) zu.

■ Sie lassen allen ausgehenden Verkehr zu.

- Sie blockieren ausgehende TCP-Resets.
- Sie blockieren ausgehende ICMPv6-Fehlermeldungen des Typs 1:3 und ICMPv4-Fehlermeldungen des Typs »Ziel nicht erreichbar / Port nicht erreichbar«.

Sobald die BFE initialisiert ist, schaltet Windows auf die Verwendung dauerhafter Filter um, bis MpsSvc startet. Diese dauerhaften Filter erzwingen dieselben Richtlinien wie die Startzeitfilter. Sobald MpsSvc gestartet wurde, wird die Windows-Firewallrichtlinie verarbeitet und auf den Computer angewendet. Weitere Informationen über dauerhafte Filter finden Sie im folgenden Textkasten »Die Windows-Firewall und Startzeitfilterung«.

Direkt von der Quelle: Die Windows-Firewall und Startzeitfilterung

Eran Yariv, Principal Development Manager

Windows Vista führte die WFP ein, die die Filterung für die Windows-Firewall mit erweiterter Sicherheit erledigt. Firewallregeln und -einstellungen werden über drei Arten von WFP-Filtern implementiert:

- **Startzeitfilter**   Diese Filter sind während des Zeitraums vom Start des TCP/IP-Stacks bis zum Start des BFE-Dienstes aktiv. Sobald BFE gestartet ist, werden diese Filter entfernt.
- **Dauerhafte Filter**   Diese Filter werden dauerhaft (persistent) im BFE-Dienst (in der Registrierung) gespeichert und angewendet, während die BFE läuft.
- **Dynamische Filter**   Diese Filter sind nicht dauerhaft, sie sind mit einer aktiven API-Sitzung verknüpft. Wenn die Sitzung beendet wird, werden diese Filter automatisch entfernt.

Beim Start von Windows passiert Folgendes:

1. Der Computer startet. Jetzt gibt es noch keine Netzwerkfunktionen.
2. Der TCP/IP-Stack wird gestartet und startet den WFP-Treiber (*Netio.sys*).
3. Das Netzwerk startet und die WFP-Startzeitfilter sind aktiv.
4. Der BFE-Dienst startet: Dauerhafte Filter ersetzen die Startzeitfilter.
5. Der Firewalldienst startet und fügt die aktuellen Richtlinienregeln und -einstellungen (als Filter) hinzu, abhängig vom aktuellen Profil.

Die Startzeitfilter (Schritt 3) und dauerhaften Filter (Schritt 4) sind identisch und enthalten folgende Regeln:

- Der gesamte nicht angeforderte eingehende Verkehr wird blockiert.
- Eingehender Loopbackverkehr wird zugelassen.
- Eingehende ICMPv6-Nachbarermittlung (neighbor solicitation) wird zugelassen. Dieser Verkehr wird benutzt, um IPv6-Adressen den MAC-Adressen (Media Access Control) zuzuordnen (ähnlich ARP in IPv4).

Diese Filter sind immer vorhanden und haben eine niedrige Priorität. Filter mit höherer Priorität überschreiben diese Filter, wenn die Windows-Firewallrichtlinie aktiv ist (Schritt 5). Wenn die Windows-Firewall deaktiviert wird, werden die WFP-Startzeit- und dauerhaften Filter entfernt. Falls die Windows-Firewall aktiviert ist, aber der Windows-Firewalldienst beendet oder angehalten wurde, werden die dynamischen Filter automatisch entfernt, und es bleiben die dauerhaften Filter übrig, die letztlich den ganzen eingehenden Verkehr blockieren.

Grundlagen der Windows-Diensthärtung

Die Windows-Diensthärtung (Windows Service Hardening, WSH) ist ein Feature von Windows Vista und neueren Versionen. Es soll kritische Netzwerkdienste schützen, die auf einem System laufen. Falls ein Dienst kompromittiert wird, hält WSH den potenziellen Schaden in Grenzen, indem es die Angriffsfläche verringert, die sich durch böswilligen Code ausnutzen lässt. Da Netzwerkdienste (sowohl die in das Betriebssystem eingebauten als auch solche, die von Fremdherstelleranwendungen installiert werden) naturgemäß über das Netzwerk erreichbar sind (das seinerseits normalerweise mit dem Internet verbunden ist), bilden sie einen Angriffsvektor, über den ein Angreifer versuchen kann, in das System einzudringen. WSH implementiert die folgenden verbesserten Schutzmaßnahmen im Vergleich zu älteren Versionen von Microsoft Windows:

- Dienste werden so konfiguriert, dass sie nach Möglichkeit innerhalb der Kontexte *LOKALER DIENST* oder *NETZWERKDIENST* laufen, die geringere Privilegien haben als der Kontext *SYSTEM*, der für viele Dienste in älteren Windows-Versionen benutzt wird.

- Es wird eine neue dienstspezifische Sicherheitskennung (Dienst-SID) implementiert, die das Windows-Zugriffssteuerungsmodell auf Dienste und die Systemressourcen erweitert, auf die diese Dienste zugreifen. Wenn der Dienst vom Dienststeuerungs-Manager (Service Control Manager, SCM) gestartet wird, wird die SID zur sekundären SID-Liste des Prozesstokens hinzugefügt, falls der Dienst entsprechend vorbereitet ist.

- Es wird für jeden Dienst ein schreibgeschütztes Zugriffstoken auf den Prozess angewendet, sodass jeder Versuch, auf eine Systemressource zuzugreifen, scheitert, falls nicht explizit ein Zulassen-ACE (Access Control Entry) für die Dienst-SID vorhanden ist.

- Die Kontrolle über die generische *Svchost.exe*-Gruppierung und -Verteilung wird verstärkt.

- Die Zahl der Privilegien, die Diensten zugewiesen ist, wird verringert, sodass Dienste nur genau die Privilegien haben, die sie benötigen.

Grundlagen von Dienst-SIDs

Dienst-SIDs haben die Form S-1-5-80-{*SHA1-Hash des kurzen Dienstnamens*}. Sie ergänzen die vorhandenen Sätze von Benutzer-, Gruppen-, Computer- und Spezial-SIDs, die in älteren Windows-Versionen benutzt werden. Dienst-SIDs sind sekundäre SIDs, die zur SID-Liste des Dienstprozesstokens hinzugefügt werden, wenn der Dienstesteuerungs-Manager den Dienst startet. Die primäre SID für einen Dienst ist die eingebaute Identität (*LOKALER DIENST*, *NETZWERKDIENST* oder *SYSTEM*), unter der der Dienst läuft.

Ein Dienst bekommt nur dann eine Dienst-SID zu seinem Token hinzugefügt, wenn er dem vorher zugestimmt hat. Diese Zustimmung erfolgt normalerweise durch das Betriebssystem oder die Anwendung, sobald der Dienst gestartet wird. Administratoren können für Benutzermodusdienste von Hand die Zustimmung erteilen, indem sie den Befehl `sc sidtype` verwenden. Damit können sie die Dienst-SID entweder als `restricted`, `unrestricted` oder `none` konfigurieren. Zum Beispiel wird mit `sc sidtype` *Dienstname* `restricted` die Dienst-SID zum Dienstprozesstoken des Dienstes hinzugefügt, und zwar als schreibgeschütztes Token. Das bedeutet zum Beispiel, dass jeder Registrierungsschlüssel, auf den der Dienst zugreifen will, explizit mit einer ACL versehen sein muss, die dem Dienst erlaubt, darauf zuzugreifen. Dagegen fügt `sc sidtype` *Dienstname* `unrestricted` die SID des Dienstes so hinzu, dass die Zugriffsprüfungsoperationen, die diese SID für das Diensttoken anfordern, erfolgreich verlaufen. Und schließlich nimmt `sc sidtype` *Dienstname* `none` überhaupt keine SID in das Token auf. Weitere Informationen erhalten Sie, indem Sie in einer Eingabeaufforderung den Befehl **sc sidtype ?** eingeben.

> **HINWEIS** Sie können den SID-Typ eines Dienstes abfragen, indem Sie den Befehl **sc qsidtype** eingeben.

Einige Dienste in Windows Vista und neueren Versionen laufen in der Standardeinstellung als uneingeschränkt, und die meisten Dienste starten nicht, falls sie auf RESTRICTED geändert werden. Fremdherstelleranwendungen, zum Beispiel Antivirensoftware, können so entworfen werden, dass sie dem Hinzufügen von Dienst-SIDs zustimmen und entweder RESTRICTED oder UNRESTRICTED laufen. Falls der lokale Administrator einen vorhandenen Dienst-SID-Typ von NONE auf UNRESTRICTED ändert, läuft der Dienst mit diesem SID-Typ wahrscheinlich ohne Probleme. (Der SID-Typ UNRESTRICTED reicht aus für Netzwerkverkehrfilterung.)

> **HINWEIS** Die Dienst-SIDs aller konfigurierten Dienste pro Prozess sind immer im Prozess vorhanden. Nur bei den laufenden Diensten sind ihre SIDs aktiviert. Die SIDs von Diensten, die gerade nicht laufen, sind zwar vorhanden, aber deaktiviert. Allerdings betrachtet die Filterungsplattform alle SIDs als aktiviert, unabhängig davon, ob der Dienst selbst gerade deaktiviert ist.

Windows-Firewall und Windows-Diensthärtung

Mit Dienst-SIDs können Sie einschränken, wie Dienste mit Systemobjekten, dem Dateisystem, der Registrierung und Ereignissen interagieren dürfen. Wenn zum Beispiel das Firewalltreiberobjekt mit einer Zugriffsberechtigung für die Dienst-SID der Windows-Firewall versehen wird, akzeptiert dieser Treiber nur noch Kommunikation, die vom Windows-Firewalldienst stammt.

WSH schützt auch Dienste mithilfe von Regeln, die denen der Windows-Firewall ähneln. Diese Regeln werden als *Einschränkungsregeln für Dienste* (service restriction rule) bezeichnet. Sie sind bereits in Windows 7 eingebaut und können zum Beispiel angeben, welche Ports der Dienst überwachen und über welche Ports er Daten senden soll. Ein Beispiel für eine eingebaute WSH-Regel könnte lauten: »Der DNS-Clientdienst soll Daten nur über Port UDP/53 senden und darf niemals irgendeinen Port überwachen.« Diese Regeln bieten einen zusätzlichen Schutz für Netzwerkdienste, weil Netzwerkobjekte wie zum Beispiel Ports keine ACLs unterstützen. ISVs können diesen Schutz auf Fremdherstellerdienste erweitern, die sie mithilfe der öffentlichen COM-APIs (Component Object Model) für WSH entwickeln (*http://msdn.microsoft.com/en-us/library/aa365489.aspx*). WSH-Regeln erlauben aber keinen Verkehr (vorausgesetzt, die Windows-Firewall läuft). Vielmehr schränken sie den Verkehr ein, der für oder aus einem Dienst erlaubt ist, unabhängig von den Firewallregeln, die der Administrator erstellt hat. WSH-Regeln bilden somit eine Sandbox für den Dienst.

WSH-Regeln sind auch in den Filterungsprozess integriert, der stattfindet, wenn die Windows-Firewall mit erweiterter Sicherheit entscheidet, ob ein Paket weitergeleitet oder verworfen wird. Anders ausgedrückt: Bei den Entscheidungen, ob Verkehr an oder von Diensten zugelassen wird, arbeiten Windows-Firewallregeln und WSH-Regeln eng zusammen, um zu entscheiden, ob der Verkehr erlaubt oder verworfen wird. Weitere Informationen darüber, wie Einschränkungsregeln für Dienste mit Windows-Firewallregeln kombiniert werden, finden Sie im Abschnitt »Grundlagen der Windows-Firewall-Richtlinienspeicherungs- und -Regelzusammenführungslogik« weiter unten in diesem Kapitel.

> **HINWEIS** Eine Grundannahme von WSH lautet, dass die geschützten Dienste entweder unter dem Konto *NETZWERKDIENST* oder *LOKALER DIENST* laufen. Dienste, die unter dem Konto *SYSTEM* laufen, sind allmächtig: Sie können die Windows-Firewall mit erweiterter Sicherheit ausschalten oder ihre Regeln beliebig ignorieren; daher sind sie nicht geschützt.

Direkt von der Quelle: Stealth-Features der Windows-Firewall

Eran Yariv, Principal Development Manager

Die Windows-Firewall ist mit einem Stealth-Feature versehen, das immer aktiviert ist und nicht konfiguriert werden kann. Dieses Feature soll Fingerprinting-Angriffe verhindern, bei denen versucht wird, im Remotezugriff herauszufinden, welche Ports auf dem Computer offen sind, welche Dienste laufen, welche Updates auf dem Computer eingespielt sind und so weiter.

Wenn ein Remotecomputer versucht, eine Verbindung zu einem nicht überwachten TCP-Port (ein TCP-Port, der auf dem lokalen Computer nicht benutzt wird) herzustellen, sendet der TCP/IP-Stack ein spezielles TCP-Paket mit dem Namen TCP Reset (RST) zurück. Falls dagegen eine Anwendung diesen Port überwacht, aber eine Firewall verhindert, dass Verkehr darüber empfangen wird, bekommt der Remotecomputer einfach eine Zeitüberschreitung. Das ist eine häufig eingesetzte Technik, um den Computer zu analysieren und zu sehen, welche Ports nicht benutzt werden und welche benutzt, aber von der Firewall geblockt werden. Mit dem Stealth-Feature der Windows-Firewall werden alle ausgehenden TCP-RST-Pakete geblockt, sodass der Remotecomputer eine Zeitüberschreitung bekommt, wenn er eine Verbindung zu einem Port herstellt, der durch die Firewall blockiert wird, und zwar ganz unabhängig davon, ob dieser Port benutzt wird oder nicht.

Für UDP-Ports und Nicht-TCP/UDP-Sockets wird ein ähnlicher Mechanismus eingesetzt. Im Unterschied zu TCP sind dies keine sitzungsbasierten Protokolle. Wenn daher ein Remotecomputer versucht, eine Verbindung zu einem nicht überwachten UDP-Port (oder einem Nicht-TCP/UDP-Socket) herzustellen, antwortet der Stack mit einem ICMP-Paket, das quasi sagt: »Niemand zu Hause.« Bei IPv4-Verkehr ist die Antwort ICMPv4 (Protocol 1)/Type 3/Code 3 (Ziel unerreichbar/Port unerreichbar) oder ICMPv4 (Protocol 1)/Type 3/Code 2 (Ziel unerreichbar/Protokoll unerreichbar). Bei IPv6-UDP-Verkehr ist die Antwort ICMPv6 (Protocol 58)/Type 1.

Während das Stealth-Feature aktiviert ist, blockiert die Windows-Firewall diese ausgehenden Antworten, sodass der Remotecomputer keinen Unterschied zwischen einem nicht überwachten UDP-Port (oder Nicht-TCP/UDP-Socket) und einem erkennt, der zwar überwacht, aber von der Firewall blockiert wird.

Windows-Firewall und Diensttrigger

In Windows 7 können Dienste festlegen, dass sie gestartet oder beendet werden, sobald ein Triggerereignis auftritt. Dieses neue Feature wird als *Triggerstartdienste* bezeichnet. Folglich brauchen Dienste nicht mehr direkt beim Start des Systems gestartet zu werden, was oft den Systemstart verkürzt. Dienste brauchen auch nicht mehr ständig zu prüfen, ob ein bestimmtes Ereignis eingetreten ist. Anders ausgedrückt: Dienste können nun dann starten, wenn sie tatsächlich gebraucht werden; sie müssen nicht mehr automatisch gestartet werden, selbst wenn es momentan gar nichts für sie zu tun gibt.

Ab Windows 7 arbeiten WFP und Windows-Firewall mit erweiterter Sicherheit zusammen, um Diensttrigger auf Basis von WFP-Filtern zu implementieren. Das hilft dabei, unnötige Dienste auf dem Computer zu vermeiden. Sie werden nur gestartet, wenn die Windows-Firewall mit erweiterter Sicherheit so konfiguriert worden ist, dass sie Verkehr für solche Dienste erlaubt. Weitere Informationen darüber, wie die Windows-Firewall Diensttrigger einsetzt, enthält der Textkasten »Direkt von der Quelle: Dienste bei Bedarf starten mit Firewalltriggern« weiter unten in diesem Kapitel. Weitere Informationen über Triggerstartdienste finden Sie im Abschnitt »Verbesserungen an den Diensten in Windows 7« in Kapitel 17, »Verwalten von Geräten und Diensten«.

Direkt von der Quelle: Dienste bei Bedarf starten mit Firewalltriggern

CSS Global Technical Readiness Team

Vor Windows 7 war es so, dass etliche Dienste, darunter die Dienste für PNRP (Peer Name Resolution-Protokoll) oder SSDP (Simple Service Discovery Protocol), direkt beim Systemstart gestartet wurden und weiterlaufen, unabhängig davon, ob sie tatsächlich genutzt werden oder ob der entsprechende Verkehr durch die Windows-Firewall mit erweiterter Sicherheit blockiert wird. Die Anwendungen, die diese Dienste nutzen, greifen auf eine Plattform zurück, von der vorausgesetzt wird, dass sie immer zur Verfügung steht. Daher müssen die Dienste ständig laufen, damit sie für die Anwendungen verfügbar sind.

Der neue Dienst für den Start bei Bedarf in der Windows-Firewall bietet eine Möglichkeit, die Zahl der gleichzeitig laufenden Dienste zu verringern, wodurch sich die Leistung verbessert. Dieser Dienst hat systemweite Auswirkungen: Er beschleunigt den Systemstart, verlängert die Akkulaufzeit, verringert die Arbeitsspeicherauslastung und etliches mehr. Dienste, die mit geeigneten Firewalltriggern konfiguriert sind, starten nun erst, wenn eine Anwendung, die diese Dienste nutzt, gestartet wird und die Firewall auffordert, Ports für den entsprechenden Verkehr zu öffnen. Dienste können auch bei Änderungen an den Profilen gestartet und beendet (oder darüber benachrichtigt) werden.

Zum Beispiel ist die Remoteverwaltung der Windows-Firewall nur möglich, wenn der Richtlinienagent läuft. Folglich gibt es einen Trigger, der mit den Regeln für die Windows-Firewallremoteverwaltung verknüpft ist. Sobald Sie die Windows-Firewall-Gruppe »Windows-Firewallremoteverwaltung« aktivieren, wird der Richtlinienagentdienst gestartet (siehe die folgenden Beispiele). Dieses Feature arbeitet auch mit Firewalls anderer Hersteller zusammen, sofern sie so entwickelt wurden, dass sie kompatibel sind.

WICHTIG   Falls der BFE-Dienst beendet wird, werden alle registrierten Dienste gestartet.

So funktioniert's

Jeder Dienst kann seine Windows-Firewall-Bedarfsstart-Parameter beim SCM registrieren. Sobald die BFE startet, geht sie alle installierten Dienste durch und fragt bei jedem die Firewalltriggerdaten ab. Nach dem Start überwacht BFE alle hinzugefügten oder gelöschten Filter und löst entsprechende Ereignisse für den UBPM (Unified Background Process Manager) über seinen ETW-Kanal aus. Weitere Informationen zu diesem Thema finden Sie unter *http://msdn.microsoft.com/en-us/library/dd405512.aspx*.

Der Firewalltrigger

Ein Firewalltrigger besteht aus mindestens zwei und höchstens vier der folgenden Elemente:

- Portnummer (oder ein RPC-Token für die Anforderung eines dynamischen Ports)
- Protokollnummer
- Anwendung, die den Port überwacht (optional)
- Dienstname (optional; für *SvcHost.exe* kann ein Dienstname verwendet werden, der den Dienst lediglich für den Trigger identifiziert)

Mit dem Befehl sc stellen Sie fest, ob ein Dienst einen Firewalltrigger registriert hat:

```
c:\>sc qtriggerinfo policyagent

[SC] QueryServiceConfig2 ERFOLG
DIENSTNAME: policyagent
DIENST STARTEN
FIREWALLPORTEREIGNIS: b7569e07-8421-4ee0-ad10-86915afdad09 [PORT ÖFFNEN]
DATEN: "RPC;TCP;%WinDir%\system32\svchost.exe;policyagent;"
```

Der Abschnitt *DATEN* beschreibt die Firewalltrigger folgendermaßen:

- **RPC** Der dynamische Port (kann eine feste Nummer sein)
- **TCP** Das Protokoll
- ***%WinDir%\System32\SvcHost.exe*** Die Listener-Anwendung
- **policyagent** Der Dienstname

Hier ein weiteres Beispiel.

```
c:\>sc qtriggerinfo Browser

[SC] QueryServiceConfig2 ERFOLG
DIENSTNAME: Browser
DIENST STARTEN
FIREWALLPORTEREIGNIS: b7569e07-8421-4ee0-ad10-86915afdad09
[PORT ÖFFNEN]
 DATEN                  : "139;TCP;System;"
 DATEN                  : "137;UDP;System;"
 DATEN                  : "138;UDP;System;"
STOP SERVICE
FIREWALLPORTEREIGNIS: a144ed38-8e12-4de4-9d96-e64740b1a524
[PORT SCHLIESSEN]
 DATEN                  : "139;TCP;System;"
 DATEN                  : "137;UDP;System;"
 DATEN                  : "138;UDP;System;"
```

Firewalltrigger sind in der Registrierung unter dem Eintrag des Dienstes im folgenden Pfad definiert:

HKLM\SYSTEM\CurrentControlSet\services\<Dienstname>\TriggerInfo

Die Unterschlüssel sind in aufsteigender Reihenfolge sortiert (0, 1, 2 und so weiter). Innerhalb der Unterschlüssel enthalten nur die Werte *Action* und *Type* Klartextwerte. Gültige Werte für *Action* sind:

- **1** Dienst starten
- **2** Dienst beenden

Der Wert 4 in *Type* steht für SERVICE_TRIGGER_TYPE_FIREWALL_PORT_EVENT.

Mehrere aktive Firewallprofile

Windows Vista und neuere Versionen unterstützen NLA (Network Location Awareness), ein Feature, mit dem Windows Änderungen an der Netzwerkkonnektivität erkennt, sodass Anwendungen ohne Unterbrechung weiterarbeiten können, selbst wenn Änderungen am Netzwerk auftreten. Der Dienst *NLA (Network Location Awareness)* überwacht den lokalen Computer auf Änderungen an der Konnektivität zu den angeschlossenen Netzwerken. Wenn ein Computer zum ersten Mal eine Verbindung zu einem neuen Netzwerk herstellt, weist der Netzwerklistendienst dem neuen Netzwerk eine GUID (Globally Unique Identifier) zu. Falls der Dienst *NLA (Network Location Awareness)* später eine Änderung in der Netzwerkkonnektivität auf dem Computer feststellt, benachrichtigt er den Netzwerklistendienst, der dann wiederum die Windows-Firewall benachrichtigt.

Über die NLA-APIs in Windows können Anwendungen feststellen, ob Verbindung zu einem Netzwerk besteht oder nicht. Die APIs dienen auch dazu zu ermitteln, über welche Art von Verbindung (zum Beispiel Kabelverbindungen, Remotezugriffsverbindungen oder Drahtlosverbindungen) Windows momentan auf ein bestimmtes Netzwerk zugreift. Jedes von Windows identifizierte Netzwerk bekommt einen Standort zugewiesen, der vom Typ des Netzwerks abhängt, mit dem der Computer verbunden ist. In Windows Vista und neueren Versionen werden drei Netzwerkstandorttypen unterstützt:

- **Domänennetzwerk**   Ein Netzwerk, in dem Windows den Zugriff auf einen Domänencontroller für die Domäne authentifizieren kann, deren Mitglied der Computer ist.

- **Privates Netzwerk**   Ein Netzwerk, das vom Benutzer oder einer Anwendung explizit als privates Netzwerk eingestuft wurde, das hinter einem Gatewaygerät wie etwa einem NAT-Router liegt. Der typische Fall ist ein SOHO-Netzwerk (Small Office/Home Office).

- **Öffentliches Netzwerk**   Ein Netzwerk, das eine direkte Verbindung ins Internet bietet oder sich an einem öffentlichen Ort wie einem Internetcafé oder einem Flughafen befindet. Alle Netzwerke, die keine Domänennetzwerke sind, werden in der Standardeinstellung als öffentlich eingestuft.

Die Windows-Firewall ist ein Beispiel für eine Anwendung, die den Standorttyp auswertet. Sie stellt mithilfe der NLA-APIs fest, zu welchem Typ jedes angeschlossene Netzwerk gehört. Die Windows-Firewall verknüpft automatisch ein Firewallprofil mit jeder identifizierten Netzwerkverbindung und konfiguriert das Profil entsprechend dem Typ dieses Netzwerks. Ist eine Netzwerkverbindung des Computers beispielsweise eine Drahtlosverbindung zu einem WiFi-Hotspot in einem Internetcafé, identifiziert Windows das Netzwerk als öffentliches Netzwerk und verknüpft das entsprechende Firewallprofil (öffentlich) mit der Verbindung. Die Firewalleinstellungen für eine Netzwerkverbindung werden anhand des Firewallprofils festgelegt, das dem Standort zugewiesen ist. Identifiziert die Windows-Firewall mit erweiterter Sicherheit ein angeschlossenes Netzwerk beispielsweise als öffentliches Netzwerk, werden die Firewallregeln für Datei- und Druckerfreigabe standardmäßig deaktiviert, damit andere Benutzer im Netzwerk nicht auf freigegebene Ordner oder Drucker Ihres Computers zugreifen können. Stuft die Windows-Firewall mit erweiterter Sicherheit das Netzwerk dagegen als privat ein, werden die Datei- und Druckerfreigaberegeln aktiviert, weil das Netzwerk vom Administrator des Computers als Arbeitsplatz-/Heimumgebung gekennzeichnet wurde, wo andere vertrauenswürdige Benutzer und/oder Computer tätig sind.

Entsprechend diesen drei Netzwerkstandorttypen gibt es drei Firewallprofiltypen:

- **Domänenprofil**   Gilt für Netzwerkverbindungen, deren Netzwerkstandorttyp als Domänennetzwerk identifiziert wurde.

- **Privates Profil**   Gilt für Netzwerkverbindungen, deren Netzwerkstandorttyp als privates Netzwerk identifiziert wurde.

- **Öffentliches Profil** Gilt für Netzwerkverbindungen, deren Netzwerkstandorttyp als öffentliches Netzwerk identifiziert wurde.

In der Standardeinstellung ist das öffentliche Profil das am stärksten eingeschränkte Firewallprofil, und das Domänenprofil ist am wenigsten eingeschränkt. Diese Einstufung ergibt sich aus der Zahl unterschiedlicher Verkehrstypen, die in den einzelnen Profilen erlaubt sind.

In Windows Vista konnte nur jeweils ein einziges Firewallprofil aktiv sein, selbst wenn der Computer mit mehreren Netzwerken verbunden war. Außerdem wurde als aktives Profil immer das am stärksten eingeschränkte Profil aller Netzwerke verwendet, mit denen der Computer verbunden war. Das verursachte Probleme bei der Verwendung virtueller privater Netzwerke (Virtual Private Network, VPN). Betrachten wir als Beispiel einen Benutzer mit einem Windows Vista-Notebook. Er sitzt in einem Internetcafé, wo ein WLAN-Hotspot kostenlosen Internetzugriff bietet. Die Drahtlosverbindung wird von Windows als öffentliches Netzwerk identifiziert, daher ist das öffentliche Firewallprofil das aktive Firewallprofil. Der Benutzer baut nun eine VPN-Verbindung über das Internet zum internen Netzwerk seines Unternehmens auf, wobei er seine Domänenanmeldeinformationen verwendet. Weil in Windows Vista immer nur ein einziges Firewallprofil aktiv sein kann, wird auf die VPN-Verbindung dasselbe Firewallprofil angewendet wie das für die Filterung des Internetzugriffs, nämlich das öffentliche Profil. Das führt dazu, dass einige Unternehmensanwendungen nicht funktionieren, wenn sie über die VPN-Verbindung ausgeführt werden, weil diese Anwendungen erwarten, dass sie mit dem weniger restriktiven Domänenprofil laufen, nicht mit dem stark eingeschränkten öffentlichen Profil.

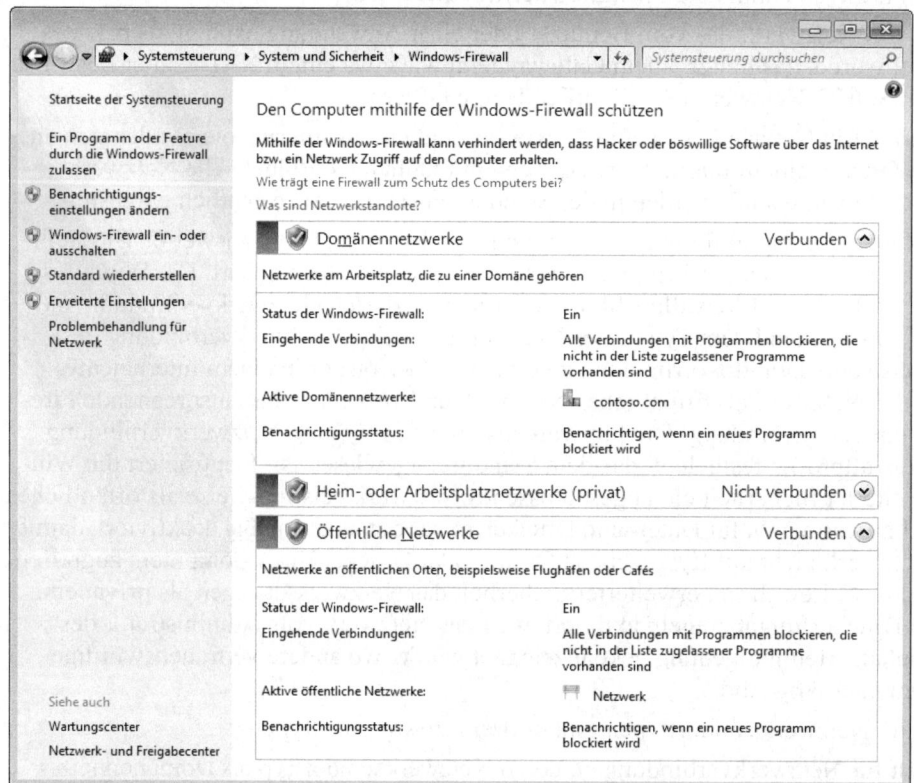

Abbildung 26.2 Dieser Windows 7-Computer ist über ein Kabel mit einem Domänennetzwerk verbunden und über eine Drahtlosverbindung mit einem öffentlichen Netzwerk; die Windows-Firewall ist bei beiden Netzwerkverbindungen aktiv

Windows 7 löst dieses Problem, indem es erlaubt, auf dem Computer gleichzeitig mehrere Firewall-profile zu aktivieren. In diesem Fall stellt der Benutzer mit einem Windows 7-Notebook über einen WLAN-Hotspot die Verbindung ins Internet her. Die Drahtlosverbindung wird als öffentliches Netz-werk identifiziert; dem Netzwerk wird das öffentliche Firewallprofil zugewiesen, und es ist das aktive Profil. Nun baut der Benutzer mit seinen Domänenanmeldeinformationen eine VPN-Verbindung ins Unternehmensnetzwerk auf. In diesem Fall bekommt die VPN-Verbindung das Domänenprofil zuge-wiesen, weil die Authentifizierung bei einem Domänencontroller möglich ist. Beide Firewallprofile, öffentliches Profil für die Drahtlosinternetverbindung und Domänenprofil für die VPN-Verbindung, sind in Windows 7 aktiv. Das öffentliche Profil filtert Verkehr, der nicht durch den VPN-Tunnel läuft, während das Domänenprofil Verkehr filtert, der im Tunnel ausgetauscht wird. Das Ergebnis ist, dass Unternehmensanwendungen nun wie erwartet über die VPN-Verbindung funktionieren. Zu beiden Netzwerken besteht Verbindung (Abbildung 26.2) und für jedes Netzwerk ist das passende Firewall-profil aktiv (Abbildung 26.3).

HINWEIS Falls ein Windows 7-Computer eine Netzwerkkarte hat, die nicht mit irgendeinem Netzwerk verbunden ist, ist der Netzwerkstandorttyp »nicht identifiziert«. Ein solches Netzwerk bekommt automatisch das öffentliche Firewallprofil zugewiesen.

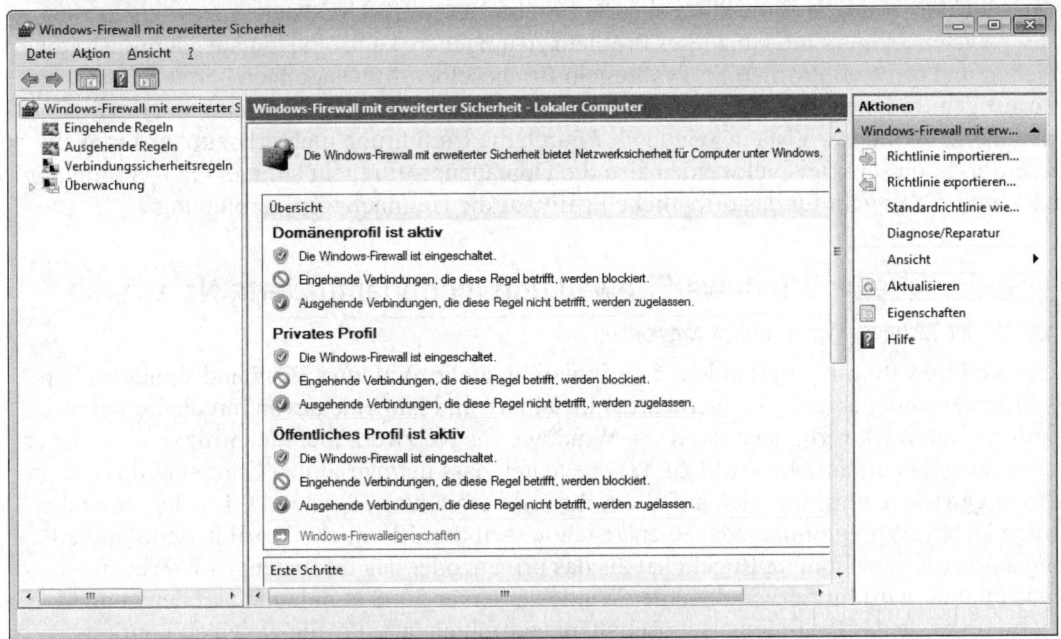

Abbildung 26.3 Das MMC-Snap-In *Windows-Firewall mit erweiterter Sicherheit* zeigt, dass auf diesem Windows 7-Computer Domänenprofil und öffentliches Profil gleichzeitig aktiv sind

Direkt von der Quelle: Mehrere aktive Firewallprofile im Einsatz

Sharad Kylasam, Program Manager, *Core Networking*

In Windows 7 können mehrere Firewallprofile gleichzeitig aktiv sein, wobei die Firewallregeln für das Profil erzwungen werden, die für die Netzwerkschnittstellen unter diesem Profil gelten.

Das folgende Beispiel zeigt, wie mehrere aktive Firewallprofile in der Praxis arbeiten: Ich stelle eine Verbindung zu meinem Heimnetzwerk her, das ich vorher als privat eingestuft habe. Dann starte ich meinen VPN-Client und stelle eine Verbindung zu meinem Unternehmensnetzwerk her. Die VPN-Verbindung wird als Domänennetzwerk eingestuft, und der Netzwerkverkehr über diese Schnittstelle unterliegt den Firewallregeln für das Domänenprofil. Verkehr, der über das Heimnetzwerk fließt, unterliegt dagegen den Firewallregeln des privaten Profils.

In Windows Vista kann immer nur ein einziges Firewallprofil aktiv sein. Es wird dabei das Profil verwendet, das »am stärksten eingeschränkt« ist (die Reihenfolge lautet: öffentlich ist stärker eingeschränkt als privat, und privat ist stärker eingeschränkt als Domäne). Im geschilderten Beispiel werden für die VPN-Verbindung daher die Regeln für das private Profil erzwungen. Folglich gibt es Anwendungen, deren Netzwerkverkehr ein Domänenadministrator eigentlich durch die Firewall erlaubt, wenn die Verbindung zum Unternehmensnetzwerk hergestellt wird. Aber die Anwendungen werden blockiert, weil die Firewallregeln, die für alle Netzwerkschnittstellen erzwungen werden, die des privaten Profils sind. Um dieses Problem zu umgehen, kann ein Domänenadministrator in öffentlichen und privaten Profilen Firewallregeln für dieselben Anwendungen bereitstellen, während er sie auf den Remotezugriffschnittstellentyp einschränkt. Wie bereits erwähnt, wurde diese Einschränkung aus Windows Vista in Windows 7 durch die Einführung mehrerer aktiver Firewallprofile beseitigt. In diesem Beispiel werden also die Domänenprofilregeln auf die VPN-Verbindung angewendet, und die Regeln für das öffentliche Profil auf die Heimnetzwerkverbindung.

Direkt von der Quelle: Windows-Firewall und nichtidentifizierte Netzwerke

Dave Bishop, Senior Technical Writer, *WSUA Networking*

Mehrere aktive Firewallprofile verhindern eine Situation, die in Windows Vista und Windows Server 2008 auftritt, wenn mehrere Netzwerkkarten installiert sind und eine davon mit einem »nichtidentifizierten« Netzwerk verbunden ist. Kann Windows das Netzwerk nicht identifizieren, weist es dieser Verbindung das öffentliche Profil zu. Das bedeutet, dass dem gesamten Computer das öffentliche Profil zugewiesen wird, was sich auf alle Netzwerkverbindungen auswirkt. Das legt in vielen Fällen einige Netzwerkprogramme oder -dienste lahm, weil das öffentliche Profil in der Standardeinstellung stärker eingeschränkte Regeln hat als das private oder das Domänenprofil. Wegen dieser Konstellation wird für Server, die unter Windows Server 2008 laufen und von denen nicht erwartet wird, dass sie das Profil jemals umschalten, empfohlen, alle Profile gleich zu konfigurieren. Wenn dann das Profil aus irgendwelchen Gründen wechselt, funktioniert der Server normal weiter. Problematischer wird es auf einem Notebook, das unter Windows Vista läuft. Hier brauchen Sie für unterschiedliche Netzwerke getrennte Profile. Bei Computern, die unter Windows 7 oder Windows Server 2008 R2 laufen, bekommt dagegen nur das nichtidentifizierte Netzwerk das öffentliche Profil zugewiesen; alle anderen Adapter verwenden weiterhin das Profil, das zum momentan angeschlossenen Netzwerk passt. Dennoch ist es in manchen Fällen sinnvoll, alle Profile auf einem Server gleich zu konfigurieren, damit Dienste, die über eine Verbindung bereitgestellt werden, problemlos weiterlaufen, selbst wenn das Profil für diese Netzwerkverbindung unerwartet umgeschaltet wird.

Grundlagen von Regeln

Die Windows-Firewall mit erweiterter Sicherheit benutzt Regeln, um das Verhalten von Netzwerkverkehr zu steuern, der zwischen dem lokalen Computer und dem Netzwerk ausgetauscht wird. Eine *Regel* (rule) ist im Prinzip eine Sammlung von Einstellungen, die das Verhalten eines bestimmten Typs von Netzwerkverkehr steuern. In der Windows-Firewall mit erweiterter Sicherheit können Sie zwei Arten von Regeln erstellen:

- **Firewallregeln (firewall rule)**   Diese Regeln steuern, ob Netzwerkverkehr, der zwischen dem lokalen Computer und dem übrigen Netzwerk fließt, erlaubt oder blockiert wird. Firewallregeln können lokal im Snap-In *Windows-Firewall mit erweiterter Sicherheit* oder auf Zielcomputern mithilfe von Gruppenrichtlinien konfiguriert werden.

- **Verbindungssicherheitsregeln (connection security rule)**   Diese Regeln legen fest, wie Netzwerkverkehr, der zwischen dem lokalen Computer und anderen Computern im Netzwerk ausgetauscht wird, mit IPsec geschützt wird. Im Unterschied zu Firewallregeln, die nur eine Seite betreffen, setzen Verbindungssicherheitsregeln voraus, dass beide beteiligte Computer entweder eine Verbindungssicherheitsregel oder eine kompatible IPsec-Richtlinie konfiguriert haben. Verbindungssicherheitsregeln können lokal im Snap-In *Windows-Firewall mit erweiterter Sicherheit* oder auf Zielcomputern mithilfe von Gruppenrichtlinien konfiguriert werden.

Es gibt noch weitere Regeltypen, die in der Windows-Firewall mit erweiterter Sicherheit benutzt werden:

- **Standardregeln (default rule)**   Diese Regeln definieren, welche Aktion ausgeführt wird, wenn auf eine Verbindung keine andere Regel zutrifft. Standardregeln können lokal im Snap-In *Windows-Firewall mit erweiterter Sicherheit* oder auf Zielcomputern mithilfe von Gruppenrichtlinien konfiguriert werden.

- **WSH-Regeln (WSH rule)**   Diese vordefinierten Regeln verhindern, dass Dienste Verbindungen auf anderen Wegen aufbauen als denen, für die sie entworfen wurden. WSH-Regeln können nur lokal über APIs konfiguriert werden; sie können nicht über Gruppenrichtlinien konfiguriert werden.

Die folgenden Abschnitte erklären diese unterschiedlichen Regeltypen genauer. Außerdem beschreiben sie andere Regeltypen, die von der Windows-Firewall mit erweiterter Sicherheit benutzt werden können.

Grundlagen von Firewallregeln

Firewallregeln werden benutzt, um Netzwerkverkehr zwischen dem lokalen Computer und dem Netzwerk zu filtern. Das »Filtern« von Verkehr bedeutet, dass Verkehr abhängig von Filterungsbedingungen, die in der Regel festgelegt sind, entweder erlaubt oder blockiert wird. Diese Filterungsbedingungen können folgende Elemente enthalten: Protokoll; lokale oder Remoteports; lokale oder Remote-IP-Adressbereiche; Benutzer, Computer oder Gruppe; Schnittstellentyp; Programm oder Dienst; ICMP-Typcode. Weitere Informationen über Filterungsbedingungen finden Sie im Abschnitt »Filterungsbedingungen für Firewallregeln« weiter unten in diesem Kapitel.

Die Firewallregeln in der Windows-Firewall mit erweiterter Sicherheit lassen sich nach unterschiedlichen Aspekten untergliedern:

- **Eingehende und ausgehende Regeln**   Legt die Richtung der Regel fest, das heißt, ob eine Regel für Verkehr gilt, der aus dem Netzwerk in den lokalen Computer fließt, oder umgekehrt.

- **Zulassen- und Blockieren-Regeln**   Legt fest, welche Aktion die Regel ausführt, das heißt, ob der durch die Regel definierte Verkehr erlaubt wird oder nicht.

- **»Zulassen, wenn sicher«-Regeln**   Gibt eine andere Aktion an, die eine Regel ausführen kann. Konkret wird nur Verkehr erlaubt, der mit IPsec geschützt ist.

- **Regeln für die authentifizierte Umgehung**   Setzen Blockierungsregeln für richtig authentifizierten Verkehr außer Kraft (ein optionaler Untertyp der »Zulassen, wenn sicher«-Regeln).

Die folgenden Abschnitte beschreiben diese unterschiedlichen Regeltypen genauer.

Neben den oben aufgeführten Regeltypen können alle Firewallregeln, die Sie erstellen (zum Beispiel eine eingehende Zulassen-Regel), folgendermaßen konfiguriert werden:

- **Programmregel**   Dieser Regeltyp wird eingesetzt, um Verkehr für ein bestimmtes Programm (eine ausführbare Datei) auf dem Computer zu erlauben.

- **Portregel**   Dieser Regeltyp wird eingesetzt, um Verkehr über eine bestimmte TCP- oder UDP-Portnummer oder einen Portnummernbereich zu erlauben.

- **Vordefinierte Regel**   Die Windows-Firewall mit erweiterter Sicherheit enthält eine Reihe vordefinierter Firewallregeln für bestimmte Windows-Funktionen. Beispiele für vordefinierte Regeln sind die Datei- und Druckerfreigabe und die Remoteunterstützung. Jede vordefinierte Regel ist in Wirklichkeit eine Gruppe von Regeln, die dem zugehörigen Windows-Feature erlauben, auf die benötigte Art auf das Netzwerk zuzugreifen.

- **Benutzerdefinierte Regel**   Erstellen Sie diese Art Regel, wenn die anderen Firewallregeltypen die Anforderungen Ihrer Umgebung nicht erfüllen.

Weitere Informationen finden Sie im Abschnitt »Erstellen und Konfigurieren von Firewallregeln« weiter unten in diesem Kapitel.

Eingehende und ausgehende Regeln

Eingehende Regeln (inbound rule) filtern Verkehr, der aus dem Netzwerk in den lokalen Computer fließt. Dazu werden die Filterungsbedingungen ausgewertet, die in der Regel definiert sind. Umgekehrt filtern ausgehende Regeln (outbound rule) Verkehr, der vom lokalen Computer in das Netzwerk fließt, anhand der Filterungsbedingungen, die in der Regel definiert sind. Sowohl eingehende als auch ausgehende Regeln können so konfiguriert werden, dass sie den jeweiligen Verkehr entweder erlauben oder blockieren.

Die Windows-Firewall mit erweiterter Sicherheit enthält eine Reihe vordefinierter eingehender und ausgehender Regeln zum Filtern von Verkehr, die in den meisten Fällen mit unterschiedlichen Windows-Features verknüpft sind. Diese Regeln sind in Regelgruppen organisiert, die jeweils mehrere Regeln zusammenfassen, mit denen ein bestimmtes Windows-Feature ermöglicht wird. Beispielsweise ist die Regelgruppe *Remoteunterstützung* ein Satz Firewallregeln, die es Benutzern des lokalen Computers erlauben, anderen Benutzern im Netzwerk über die Remoteunterstützung zu helfen oder Hilfe von anderen Benutzern zu erhalten. Die Regelgruppe *Remoteunterstützung* besteht aus folgenden Regeln:

- **Remoteunterstützung (DCOM eingehend)**   Eingehende Regel, die das Anbieten von Remoteunterstützung über DCOM (Distributed Component Object Model) erlauben

- **Remoteunterstützung (PNRP eingehend) und Remoteunterstützung (PNRP ausgehend)**   Eingehende und ausgehende Regeln, die die Verwendung von PNRP erlauben

- **Remoteunterstützung (RA-Server-TCP eingehend) und Remoteunterstützung (RA-Server-TCP ausgehend)**   Eingehende und ausgehende Regeln, die das Anbieten von Remoteunterstützung für andere Benutzer erlauben

- **Remoteunterstützung (SSDP/TCP eingehend) und Remoteunterstützung (SSDP/TCP ausgehend)**
  Eingehende und ausgehende Regeln, die die Verwendung von Universal Plug & Play (UPnP)
  über TCP-Port 2869 erlauben

- **Remoteunterstützung (SSDP/UDP eingehend) und Remoteunterstützung (SSDP/UDP ausgehend)**
  Eingehende und ausgehende Regeln, die die Verwendung von UPnP über UDP-Port 1900 erlauben

- **Remoteunterstützung (TCP eingehend) und Remoteunterstützung (TCP ausgehend)**   Eingehende und
  ausgehende Regeln, die Remoteunterstützungsverkehr erlauben

Außerdem gibt es zu einigen dieser Regeln noch separate Formen für unterschiedliche Firewallprofile. So gibt es beispielsweise zwei separate Regeln *Remoteunterstützung (TCP eingehend)*, eine für das Domänen- und das private Firewallprofil, die andere für das öffentliche Firewallprofil. Firewallregeln können entweder aktiviert oder deaktiviert sein. Regeln, die aktiviert sind, filtern den Verkehr; Regeln, die deaktiviert sind, sind zwar vorhanden, werden aber nicht zum Filtern von Verkehr benutzt. Zum Beispiel ist die Regel *Remoteunterstützung (TCP eingehend)* im Domänen- und privaten Firewallprofil standardmäßig aktiviert, während die Regel *Remoteunterstützung (TCP eingehend)* im öffentlichen Firewallprofil deaktiviert ist. Das bedeutet, dass die Remoteunterstützung in der Standardeinstellung in Domänen sowie in Arbeitsplatz-/Heimnetzwerken zur Verfügung steht, aber nicht in einem Internetcafé, wo die Verbindung ins öffentliche Internet über einen WLAN-Hotspot läuft.

Abbildung 26.4 zeigt die eingehenden Regeln für die Remoteunterstützung, wie sie im MMC-Snap-In *Windows-Firewall mit erweiterter Sicherheit* angezeigt werden. Regeln, die aktiviert sind, werden durch ein grünes Häkchen markiert. Deaktivierte Regeln sind an einem roten X zu erkennen. Sie können sich die Filterungsbedingungen für alle Regeln ansehen, indem Sie den sichtbaren Ausschnitt im mittleren Fensterabschnitt des Snap-Ins nach rechts schieben. Sie können die Filterungsbedingungen für eine bestimmte Regel auch anzeigen, indem Sie doppelt auf die Regel klicken. Vordefinierte Regeln werden unter Umständen angezeigt, wenn bestimmte Windows-Features ein- oder ausgeschaltet sind. Wenn Sie beispielsweise das Feature *Telnet-Server* installieren, wird eine neue vordefinierte eingehende Regel namens *Telnet-Server* hinzugefügt.

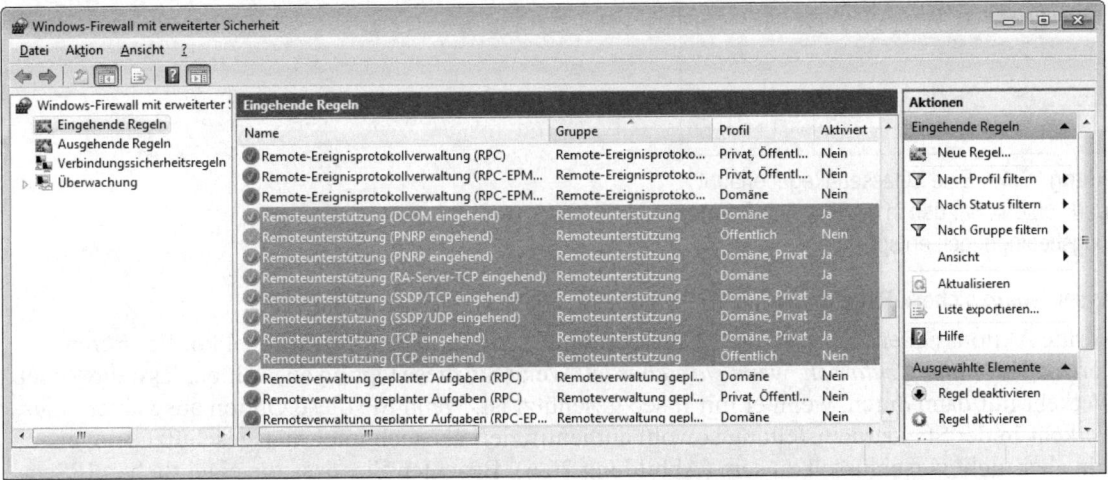

Abbildung 26.4   Eingehende Firewallregeln aus der Regelgruppe *Remoteunterstützung*

Zulassen- und Blockieren-Regeln

Sowohl eingehende als auch ausgehende Firewallregeln können so konfiguriert werden, dass sie Verkehr, der die in der Regel festgelegten Filterungsbedingungen erfüllt, entweder zulassen oder blockieren. Abbildung 26.5 zeigt als Beispiel die Eigenschaften der Regel *Remoteunterstützung (TCP eingehend)* aus dem Domänen- und privaten Firewallprofil. In der Standardeinstellung ist diese vordefinierte Regel mit der Option *Verbindung zulassen* konfiguriert. Es handelt sich also um eine Zulassen-Regel. Wenn die Windows-Firewall mit erweiterter Sicherheit daher ein eingehendes Paket verarbeitet und feststellt, dass diese Regel für den Verkehr gilt, wird dem Paket erlaubt, in den TCP/IP-Netzwerkstack des lokalen Computers zu fließen. Wenn Sie dagegen diese Regel ändern, indem Sie die Option *Verbindung blockieren* auswählen, und die Windows-Firewall mit erweiterter Sicherheit ein eingehendes Paket verarbeitet, auf das diese Regel zutrifft, wird verhindert, dass das Paket in den Netzwerkstapel des Computers gelangt.

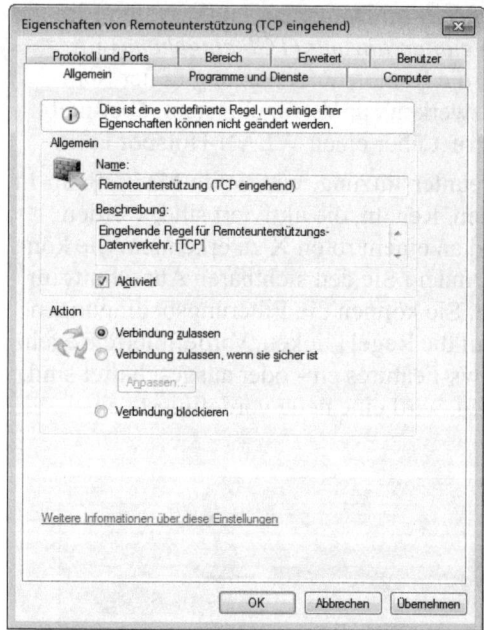

Abbildung 26.5 Eine Zulassen-Regel erlaubt
Netzwerkverkehr, der den in der Regel definierten
Filterungsbedingungen entspricht

»Zulassen, wenn sicher«-Regeln

Eine dritte Aktion (neben Zulassen oder Blockieren), die Sie für eine Firewallregel konfigurieren können, ist *Verbindung zulassen, wenn sie sicher ist*. Wenn Sie diese Option auswählen, lässt die Regel den Verkehr nur dann durch, wenn er mit IPsec geschützt ist. Wenn Sie diese Option auswählen, muss der Verkehr in der Standardeinstellung sowohl authentifiziert als auch integritätsgeschützt sein, er braucht aber nicht verschlüsselt zu sein (Abbildung 26.6). Beachten Sie, dass die eigentlichen IPSec-Einstellungen, die sicheren Verkehr erlauben, mithilfe getrennter Verbindungssicherheitsregeln konfiguriert werden.

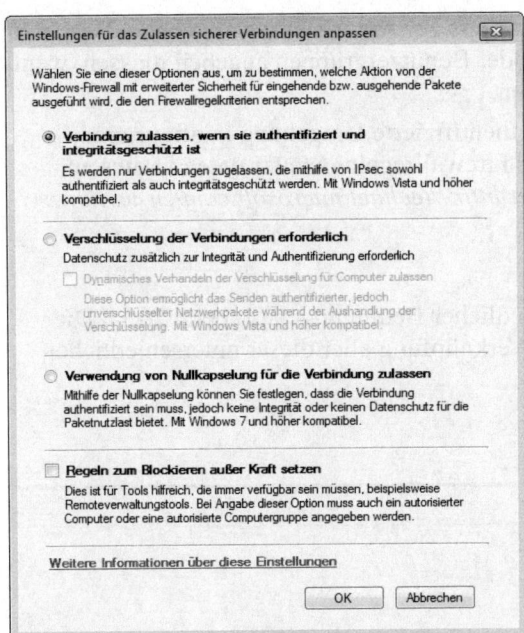

Abbildung 26.6   Standardbedingungen zum Zulassen
von Verkehr, der mit IPsec geschützt sein muss

Regeln für die authentifizierte Umgehung

Regeln für die authentifizierte Umgehung (authenticated bypass rule) sind Firewallregeln, die eine
Verbindung selbst dann erlauben, wenn die vorhandenen Firewallregeln in der Windows-Firewall mit
erweiterter Sicherheit die Verbindung blockieren würden. Mit Regeln für die authentifizierte Umgehung können Sie bestimmte Verkehrstypen mithilfe von Firewallregeln blockieren, während es
authentifizierten Benutzern oder Computern erlaubt wird, die Sperre zu umgehen. Regeln für die
authentifizierte Umgehung werden oft eingesetzt, um Netzwerkscanner und Intrusion-Detection-
Systeme auf Windows-Computern auszuführen, sodass die Windows-Firewall mit erweiterter
Sicherheit ihre Funktion nicht lahmlegt.

Regeln für die authentifizierte Umgehung setzen voraus, dass der Netzwerkverkehr von den autorisierten Computern mithilfe von IPsec authentifiziert wird, sodass die Identität bestätigt werden kann.
Die authentifizierte Umgehung kann nur für eingehende Firewallregeln konfiguriert werden, nicht für
ausgehende Regeln. Sie können allerdings Blockieren-Regeln in Kombination mit authentifizierten
ausgehenden Regeln überschreiben. Der Unterschied besteht darin, dass Sie bei ausgehenden Regeln
keine Remotecomputer anzugeben brauchen, bei eingehenden Regeln dagegen entweder Remotecomputer oder -benutzer.

Beispielsweise aktivieren Sie die authentifizierte Umgehung für die weiter oben beschriebene Bei-
spielregel, indem Sie im Dialogfeld aus Abbildung 26.6 das Kontrollkästchen *Regeln zum Blockieren
außer Kraft setzen* aktivieren und dann die Filterungsbedingungen der Regel anpassen, indem Sie
autorisierte Computer, Benutzer oder Gruppen von Computern oder Benutzern auswählen. Beachten
Sie, dass es nicht ausreicht, Benutzer oder Benutzergruppen anzugeben: Sie müssen einen Computer
oder eine Computergruppe auswählen. Wenn Sie zum Überschreiben einer eingehenden Blockieren-
Regel einen Benutzer oder eine Benutzergruppe angeben, können Sie die Regel nicht speichern; in
diesem Fall erscheint die Fehlermeldung »Regeln, die andere Blockierungsregeln außer Kraft setzen,

müssen mindestens einen Computer oder eine Computergruppe zur Autorisierung angeben«. Beachten Sie außerdem, dass Sie unter Umständen auch Benutzer oder Benutzergruppen angeben müssen, wenn Sie einen Computer oder eine Computergruppe hinzufügen.

Weitere Informationen darüber, wie Sie Regeln für die authentifizierte Umgehung konfigurieren, finden Sie im Abschnitt »Erstellen und Konfigurieren der Firewallregeln« weiter unten in diesem Kapitel. Weitere Informationen finden Sie außerdem unter *http://technet.microsoft.com/en-us/library/cc753463.aspx*.

Filterungsbedingungen für Firewallregeln

Firewallregeln filtern Verkehr nach einer Reihe unterschiedlicher Bedingungen (Tabelle 26.1). Die Wirkung einer Regel ergibt sich aus der logischen AND-Verknüpfung aller dieser unterschiedlichen Bedingungen.

Tabelle 26.1   Filterungsbedingungen für Firewallregeln

Bedingung	Mögliche Werte
Protokoll	Alle
	Benutzerdefiniert (IANA-IP-Protokollnummer)
	TCP oder UDP
	ICMPv4 oder ICMPv6
	Andere Protokolle, darunter IGMP (Internet Group Management Protocol), HOPOPT, GRE (Generic Route Encapsulation), IPv6-NoNxt, IPv6-Opts, VRRP (Virtual Router Redundancy Protocol), PGM (Pragmatic General Multicast), L2TP (Layer 2 Tunneling Protocol), IPv6-Route, IPv6-Frag
Lokaler Port (nur eingehendes TCP)	Alle Ports
	Bestimmte Ports
	Dynamische RPC-Ports
	RPC-Endpunktzuordnung
	IP-HTTPS (IP over Hypertext Transfer Protocol Secure)
Lokaler Port (nur eingehendes UDP)	Alle Ports
	Bestimmte Ports
	Edgeausnahme
Lokaler Port (nur ausgehendes TCP)	Alle Ports
	Bestimmte Ports
Lokaler Port (nur ausgehendes UDP)	Alle Ports
	Bestimmte Ports
Remoteport (nur eingehendes TCP)	Alle Ports
	Bestimmte Ports
Remoteport (nur eingehendes UDP)	Alle Ports
	Bestimmte Ports
Remoteport (nur ausgehendes TCP)	Alle Ports
	Bestimmte Ports
	IP-HTTPS
Remoteport (nur ausgehendes UDP)	Alle Ports
	Bestimmte Ports
ICMP-Typcode (für ICMPv4 und ICMPv6)	Alle ICMP-Typen
	Bestimmte ICMP-Typen

▶

Bedingung	Mögliche Werte
Bereich lokaler IP-Adressen*	Eine bestimmte IPv4- oder IPv6-Adresse oder Liste mit Adressen
	Ein Bereich mit IPv4- oder IPv6-Adressen oder eine Liste mit Bereichen
	Ein gesamtes IPv4- oder IPv6-Subnetz oder eine Liste mit Subnetzen
Bereich von Remote-IP-Adressen*	Eine bestimmte IPv4- oder IPv6-Adresse oder Liste mit Adressen
	Ein Bereich mit IPv4- oder IPv6-Adressen oder eine Liste mit Bereichen
	Ein gesamtes IPv4- oder IPv6-Subnetz oder eine Liste mit Subnetzen
	Ein vordefinierter Satz von Computern, zum Beispiel lokales Subnetz, Standardgateway, DNS-Server, WINS-Server oder DNS-Server, oder eine Liste solcher Elemente
Profile	Gibt die Profile an, für die diese Regel gilt; zum Beispiel *Domäne*, *Privat* und/oder *Öffentlich*
Schnittstellentyp	Alle Schnittstellentypen
	LAN
	Remotezugriff
	Drahtlos
Edgeausnahme	Edgeausnahme zulassen
	Edgeausnahme blockieren
	Auf Benutzer zurückstellen
	Auf Anwendung zurückstellen
Programme	Alle Programme
	System, ein spezielles Schlüsselwort, das den Verkehr auf den Systemprozess einschränkt (nützlich, um Verkehr einzugrenzen, der von Kernelmodustreibern wie *Http.sys*, *Smb.sys* und so weiter übertragen wird)
	Pfad und Namen der ausführbaren *.exe*-Datei angeben (der Pfad darf Umgebungsvariablen enthalten)
Dienste**	Auf alle Programme und Dienste anwenden
	Nur auf Dienste anwenden
	Auf den angegebenen Dienst oder einen Dienst mit dem angegebenen Kurznamen anwenden
Benutzer	Erlaubt nur Verbindungen von den angegebenen Benutzern oder Benutzergruppen (optional mit festgelegten Ausnahmen); diese Filterungsbedingung kann nur benutzt werden, wenn auf der Registerkarte *Allgemein* in den Eigenschaften einer Regel die Option *Verbindung zulassen, wenn sie sicher ist* ausgewählt ist.
Computer	Erlaubt nur Verbindungen von den angegebenen Computern oder Computergruppen (optional mit festgelegten Ausnahmen); diese Filterungsbedingung kann nur benutzt werden, wenn auf der Registerkarte *Allgemein* in den Eigenschaften einer Regel die Option *Verbindung zulassen, wenn sie sicher ist* ausgewählt ist.

* Wenn Sie Firewallregeln erstellen und konfigurieren, sollten Sie nach Möglichkeit Bereichsfilterungsbedingungen benutzen. Falls Sie zum Beispiel eine Netzwerkdatensicherung durchführen und eingehende Verbindungen vom Datensicherungsdienst erlauben müssen, sollten Sie den Bereich so konfigurieren, dass die Windows-Firewall nur Verbindungen von der IP-Adresse oder dem Netzwerk des Datensicherungsservers zulässt. Genauso sollten Sie den Bereich für Netzwerkverwaltungs- und Remoteverwaltungsprogramme so weit wie möglich einschränken, sodass er nur die erforderlichen Netzwerke umfasst.

** Windows-Firewallregeln können Dienste zulassen oder blockieren, unabhängig davon, wo ihre ausführbare Datei auf dem Computer gespeichert ist. Dienste können anhand ihres Dienstnamens angegeben werden, sogar wenn der Dienst als DLL implementiert ist. Programme werden anhand des Anwendungspfads identifiziert. (Das Angeben von DLLs wird nicht unterstützt.) Außerdem braucht der Dienst eine zugordnete Dienst-SID, damit diese Gültigkeitsbereiche richtig funktionieren. Überprüfen Sie mit dem Befehl `sc qsidtype Dienst-Kurzname`, dass für die Dienst-SID nicht *NONE* angezeigt wird.

Grundlagen von Verbindungssicherheitsregeln

Verbindungssicherheitsregeln legen fest, wie und wann die Windows-Firewall mit erweiterter Sicherheit Verkehr, der zwischen dem lokalen Computer und anderen Computern im Netzwerk ausgetauscht wird, mit IPsec schützt. Verbindungssicherheitsregeln zwingen zwei kommunizierende Computer, sich gegenseitig zu authentifizieren, bevor eine Verbindung zwischen ihnen aufgebaut werden kann. Verbindungssicherheitsregeln stellen bei Bedarf außerdem sicher, dass die Kommunikation zwischen den Computern sicher ist, indem der ganze ausgetauschte Verkehr verschlüsselt wird. Verbindungssicherheitsregeln werden meist in folgenden Szenarien eingesetzt:

- **Serverisolierung** Um Serverisolierung zu erreichen, werden auf einem Server Verbindungssicherheitsregeln konfiguriert, die erzwingen, dass Verbindungsversuche von anderen Computern im Netzwerk authentifiziert (und optional verschlüsselt) werden, bevor der Server diese Verbindungsversuche annimmt. Beispielsweise können Sie einen Backend-Datenbankserver so konfigurieren, dass er nur authentifizierte Verbindungen von einem Frontend-Webanwendungsserver annimmt. Weitere Informationen darüber, wie Serverisolierung funktioniert und wie sie implementiert wird, finden Sie unter *http://technet.microsoft.com/en-us/network/bb545651.aspx. Schrittweise Anleitung zum Bereitstellen von Richtlinien für die Windows-Firewall mit erweiterter Sicherheit* unter *http://technet.microsoft.com/de-de/library/cc732400.aspx* enthält eine Anleitung, wie Sie ein grundlegendes Serverisolierungsszenario implementieren.

- **Domänenisolierung** Domänenisolierung bedeutet, dass Verbindungssicherheitsregeln auf Clients und Servern so konfiguriert werden, dass die Domänenmitglieder nur authentifizierte (und optional verschlüsselte) Verbindungsversuche von anderen Domänenmitgliedern annehmen. In der Standardeinstellung werden keine Verbindungsversuche von Nicht-Domänenmitgliedern angenommen, aber Sie können Ausnahmeregeln konfigurieren, die nicht authentifizierte Verbindungen von ausgewählten Computern erlauben, obwohl sie keine Domänenmitglieder sind. Weitere Informationen darüber, wie die Domänenisolierung funktioniert und wie sie implementiert wird, finden Sie unter *http://technet.microsoft.com/en-us/network/bb545651.aspx. Schrittweise Anleitung zum Bereitstellen von Richtlinien für die Windows-Firewall mit erweiterter Sicherheit* unter *http://technet.microsoft.com/de-de/library/cc732400.aspx* enthält eine Anleitung, wie Sie ein grundlegendes Domänensolierungsszenario implementieren.

- **Netzwerkzugriffsschutz** Netzwerkzugriffsschutz (Network Access Protection, NAP) ist eine Technologie, die in Windows 7, Windows Vista, Windows Server 2008 und Windows Server 2008 R2 zur Verfügung steht. NAP erzwingt, dass Clientcomputer bestimmte Integritätsanforderungen erfüllen, indem es die Systemintegrität der Clientcomputer überwacht und bewertet, sobald sie versuchen, eine Verbindung ins Netzwerk herzustellen oder darin zu kommunizieren. Clientcomputern, die nicht alle Integritätsrichtlinien erfüllen, wird bei Bedarf ein eingeschränkter Netzwerkzugriff gewährt, bis sie ihre Konfiguration aktualisiert haben und die Anforderungen der Richtlinie erfüllen. Sie können die Windows-Firewall mit erweiterter Sicherheit in die NAP-Implementierung integrieren, indem Sie Verbindungssicherheitsregeln erstellen, die Computerzertifikate für die Authentifizierung erfordern. Clientcomputer, die alle Integritätsrichtlinien erfüllen, bekommen dann ein Computerzertifikat ausgestellt, das sie brauchen, um sich zu authentifizieren. Weitere Informationen darüber, wie NAP funktioniert und wie es implementiert wird, finden Sie unter *http://www.microsoft.com/nap/*.

- **DirectAccess** DirectAccess ist ein neues Feature von Windows 7 und Windows Server 2008 R2. Es bietet Benutzern mit Internetzugriff die Möglichkeit, jederzeit nahtlos auf ihr Unternehmensnetzwerk zuzugreifen. Mithilfe von DirectAccess können Benutzer geschützt auf interne Ressourcen wie E-Mail-Server und Intranetsites zugreifen, ohne dass sie dafür erst einmal eine VPN-

Verbindung zu ihrem Unternehmensnetzwerk aufbauen müssen. DirectAccess nutzt IPv6 in Kombination mit IPsec-Tunneln, um sichere, bidirektionale Kommunikation zwischen dem Clientcomputer und dem Unternehmensnetzwerk über das öffentliche Internet aufzubauen. DirectAccess integriert sich auch nahtlos in Server- und Domänenisolierungsszenarien sowie NAP-Implementierungen, sodass Unternehmen umfassende Endpunkt-zu-Endpunkt-Sicherheits-, Zugriffs- und Integritätsanforderungslösungen aufbauen können. Weitere Informationen darüber, wie DirectAccess funktioniert und wie es implementiert wird, finden Sie unter *http://www.microsoft.com/directaccess/*.

Direkt von der Quelle: Kombinieren von Domänen- und Serverisolierung

Dave Bishop, Senior Technical Writer, *WSUA Networking*

Sie können Domänen- und Serverisolierung ganz einfach im selben Netzwerk kombinieren. Die Domänenisolierungsregeln, die Ihren Computer so konfigurieren, dass er sich authentifizieren muss, bevor er eine Verbindung herstellen darf, können auch als Basis benutzt werden, um Computer und Benutzer zu identifizieren und so den Zugriff auf Server mit vertraulichen Daten zu regeln. In der Standardeinstellung wird nur eine Computerauthentifizierung durchgeführt, aber auf Computern, die unter Windows 7, Windows Vista, Windows Server 2008 oder Windows Server 2008 R2 laufen, können Sie die Regeln so konfigurieren, dass auch eine Benutzerauthentifizierung erforderlich ist.

Die Clientregeln, die Domänenisolierung unterstützen, bieten auch die Möglichkeit, Serverisolierung zu implementieren. Um einen Server zu isolieren, konfigurieren Sie den Server so, dass er ausschließlich Verbindungen von autorisierten Benutzern und Computern erlaubt. Fügen Sie dazu eine Firewallregel zum isolierten Server hinzu, in der die Aktion *Verbindung zulassen, wenn sie sicher ist* ausgewählt ist. Daraufhin werden die Registerkarten *Benutzer* und *Computer* zugänglich, wo Sie festlegen, welche Benutzer- und Computerkonten autorisiert sind, eine Verbindung zum isolierten Server herzustellen. Auf dem Clientcomputer ist keine weitere Konfiguration erforderlich; die Benutzer- und Computeranmeldeinformationen, die für die Authentifizierung bei der Domänenisolierung verwendet werden, werden auch für die Autorisierung auf dem isolierten Server benutzt.

Die Serverisolierung ist eine wichtige Komponente einer gestaffelten Verteidigung, die dabei hilft, wichtige Server zu schützen, beispielsweise die Server von Buchhaltungs- oder Personalabteilung oder andere Server, die besonders sorgfältig geschützt werden müssen.

Typen von Verbindungssicherheitsregeln

Je nachdem, welches Szenario Sie implementieren wollen oder welche Geschäftsanforderungen Sie erfüllen müssen, brauchen Sie unterschiedliche Arten von Verbindungssicherheitsregeln in Ihrer Umgebung. In der Windows-Firewall mit erweiterter Sicherheit können Sie folgende Typen von Verbindungssicherheitsregeln erstellen:

- **Isolierungsregeln** Diese Regeln isolieren Computer, indem sie eingehende Verbindungen abhängig von Anmeldeinformationen wie beispielsweise der Domänenmitgliedschaft einschränken. Isolierungsregeln werden üblicherweise eingesetzt, um eine Server- oder Domänenisolierungsstrategie im Netzwerk zu implementieren.

- **Authentifizierungsausnahmeregeln** Diese Regeln identifizieren Computer, die keine Authentifizierung erfordern, wenn sie versuchen, eine Verbindung zu einem Domänenmitglied aufzubauen, obwohl eine Domänenisolierungsstrategie implementiert ist.

- **Server-zu-Server-Regeln**   Diese Regeln schützen die Kommunikation zwischen bestimmten Computern. Sie ähneln den Isolierungsregeln, allerdings können Sie hier die Endpunkte angeben.

- **Tunnelregeln**   Diese Regeln schützen die Kommunikation zwischen Gateways im öffentlichen Internet. In Windows 7 können Sie dynamische Tunnelendpunktregeln definieren, die eine Client-zu-Gateway- und Gateway-zu-Client-Tunnelkonfiguration ermöglichen.

- **Benutzerdefinierte Regeln**   Diese Regeln können erstellt werden, wenn die anderen Typen von Verbindungssicherheitsregeln die Anforderungen Ihrer Umgebung nicht erfüllen.

In Verbindungssicherheitsregeln unterstützte IPSec-Einstellungen

Verbindungssicherheitsregeln benutzen IPsec, um Verkehr zwischen dem lokalen Computer und anderen Computern im Netzwerk zu schützen. IPsec ist ein Satz von Industriestandards, der Protokolle für den Schutz der Kommunikation über IP-Netzwerke mithilfe kryptografischer Sicherheitsdienste definiert. IPsec bietet Peerauthentifizierung auf Netzwerkebene, Authentifizierung der Datenherkunft, Datenintegrität, Vertraulichkeit der Daten (Verschlüsselung) und Replay-Schutz. So gewährleistet es die Sicherheit des Verkehrs, während er über ein Netzwerk fließt. Allgemeine Informationen über IPsec-Konzepte und eine Erklärung, wie Sie ein Netzwerk mit IPsec schützen, finden Sie unter *http://www.microsoft.com/IPsec/*.

Die Bandbreite der unterstützten IPsec-Features ist von Windows Vista RTM über Windows Vista SP1 (und neueren Versionen) bis zu Windows 7 immer größer geworden, weil immer neue Sicherheitsmethoden, Datenintegritätsalgorithmen, Datenverschlüsselungsalgorithmen und Authentifizierungsprotokolle unterstützt werden. Die Tabellen 26.2 bis 26.6 fassen zusammen, welche Schlüsselaustauschalgorithmen, Datenschutzalgorithmen (Integrität oder Verschlüsselung) und Authentifizierungsmethoden jetzt für die IPsec-Kommunikation in Windows 7 unterstützt werden. Beachten Sie, dass einige Algorithmen nur für Hauptmodus oder Schnellmodus unterstützt werden, und dass für die erste und die zweite Authentifizierung unterschiedliche Authentifizierungsmethoden unterstützt werden. Weitere Informationen darüber, wie Sie IPSec-Einstellungen in Windows 7 konfigurieren, enthält der Abschnitt »Erstellen und Konfigurieren von Verbindungssicherheitsregeln« weiter unten in diesem Kapitel.

Tabelle 26.2   Unterstützte Schlüsselaustauschalgorithmen für die IPsec-Kommunikation in Windows 7

Schlüsselaustauschalgorithmus	Hinweise
Diffie-Hellman Group 1 (DH Group 1)	Nicht empfohlen
	Nur aus Gründen der Abwärtskompatibilität angeboten
DH Group 2	Stärker als DH Group 1
DH Group 14	Stärker als DH Group 2
Elliptic Curve Diffie-Hellman P-256	Stärker als DH Group 2
	Mittlere Ressourcennutzung
	Nur kompatibel zu Windows Vista und neueren Versionen
Elliptic Curve Diffie-Hellman P-384	Größte Sicherheit
	Höchste Ressourcennutzung
	Nur kompatibel zu Windows Vista und neueren Versionen

Tabelle 26.3   Unterstützte Datenintegritätsalgorithmen für IPsec-Kommunikation in Windows 7

Datenintegritätsalgorithmus	Hinweise
Message-Digest-Algorithmus 5 (MD5)	Nicht empfohlen Nur aus Gründen der Abwärtskompatibilität angeboten
Secure Hash-Algorithmus 1 (SHA-1)	Stärker als MD5, verbraucht aber mehr Ressourcen
SHA 256-Bit (SHA-256)	Nur Hauptmodus Nur in Windows Vista SP1 und neueren Versionen unterstützt
SHA-384	Nur Hauptmodus Nur in Windows Vista SP1 und neueren Versionen unterstützt
Advanced Encryption Standard-Galois Message Authentication Code 128 Bit (AES-GMAC 128)	Nur Schnellmodus Nur in Windows Vista SP1 und neueren Versionen unterstützt Entspricht bezüglich der Integrität AES-GCM 128
AES-GMAC 192	Nur Schnellmodus Nur in Windows Vista SP1 und neueren Versionen unterstützt Entspricht bezüglich der Integrität AES-GCM 192
AES-GMAC 256	Nur Schnellmodus Nur in Windows Vista SP1 und neueren Versionen unterstützt Entspricht bezüglich der Integrität AES-GCM 256
AES-GCM 128	Nur Schnellmodus Nur in Windows Vista SP1 und neueren Versionen unterstützt Entspricht bezüglich der Integrität AES-GMAC 128
AES-GCM 192	Nur Schnellmodus Nur in Windows Vista SP1 und neueren Versionen unterstützt Entspricht bezüglich der Integrität AES-GMAC 192
AES-GCM 256	Nur Schnellmodus Nur in Windows Vista SP1 und neueren Versionen unterstützt Entspricht bezüglich der Integrität AES-GMAC 256

Tabelle 26.4   Unterstützte zweite Authentifizierungsmethoden für IPsec-Kommunikation in Windows 7

Zweite Authentifizierungsmethode	Hinweise
Benutzer (Kerberos V5)	Kompatibel zu Microsoft Windows 2000 und neueren Versionen
Benutzer (NTLMv2)	Für Netzwerke mit Systemen, die unter älteren Windows-Versionen und auf eigenständigen Systemen laufen
Benutzerzertifikat	Der Standardsignierungsalgorithmus ist RSA, aber ECDSA–P256 und ECDSA-P384 werden ebenfalls als Signierungsalgorithmen unterstützt. In Windows 7 wurde die Unterstützung für die Verwendung einer Zwischenzertifizierungsstelle als Zertifikatspeicher hinzugefügt, die neben einer Stammzertifizierungsstelle eingesetzt werden kann, die bereits in Windows Vista unterstützt wurde. Auch die Zuordnung von Zertifikat zum Konto wird unterstützt.
Computerintegritätszertifikat	Der Standardsignierungsalgorithmus ist RSA, aber ECDSA–P256 und ECDSA-P384 werden ebenfalls als Signierungsalgorithmen unterstützt. In Windows 7 wurde die Unterstützung für die Verwendung einer Zwischenzertifizierungsstelle als Zertifikatspeicher hinzugefügt, die neben einer Stammzertifizierungsstelle eingesetzt werden kann, die bereits in Windows Vista unterstützt wurde. Auch die Zuordnung von Zertifikat zum Konto wird unterstützt.

Tabelle 26.5 Unterstützte Datenverschlüsselungsalgorithmen für IPsec-Kommunikation in Windows 7

Datenverschlüsselungsalgorithmus	Hinweise
Data Encryption Standard (DES)	Nicht empfohlen
	Nur aus Gründen der Abwärtskompatibilität angeboten
Triple-DES (3DES)	Höhere Ressourcennutzung als DES
Advanced Encryption Standard-Cipher Block Chaining 128-Bit (AES-CBC 128)	Schneller und stärker als DES
	Unterstützt in Windows Vista und neueren Versionen
AES-CBC 192	Stärker als AES-CBC 128
	Mittlere Ressourcennutzung
	Unterstützt in Windows Vista und neueren Versionen
AES-CBC 256	Größte Sicherheit
	Höchste Ressourcennutzung
	Unterstützt in Windows Vista und neueren Versionen
AES-GCM 128	Nur Schnellmodus
	Schneller und stärker als DES
	Unterstützt in Windows Vista und neueren Versionen
	Für Datenintegrität und Verschlüsselung muss derselbe AES-GCM-Algorithmus angegeben werden
AES-GCM 192	Nur Schnellmodus
	Mittlere Ressourcennutzung
	Unterstützt in Windows Vista und neueren Versionen
	Für Datenintegrität und Verschlüsselung muss derselbe AES-GCM-Algorithmus angegeben werden
AES-GCM 256	Nur Schnellmodus
	Schneller und stärker als DES
	Unterstützt in Windows Vista und neueren Versionen
	Für Datenintegrität und Verschlüsselung muss derselbe AES-GCM-Algorithmus angegeben werden

Tabelle 26.6 Unterstützte erste Authentifizierungsmethoden für IPsec-Kommunikation in Windows 7

Erste Authentifizierungsmethode	Hinweise
Computer (Kerberos V5)	Kompatibel zu Microsoft Windows 2000 und neueren Versionen
Computer (NTLMv2)	Für Netzwerke mit Systemen, die unter älteren Windows-Versionen und auf eigenständigen Systemen laufen
Computerzertifikat	Der Standardsignierungsalgorithmus ist RSA, aber ECDSA–P256 (Elliptic Curve Digital Signature Algorithm) und ECDSA-P384 werden ebenfalls als Signierungsalgorithmen unterstützt.
	In Windows 7 wurde die Unterstützung für die Verwendung einer Zwischenzertifizierungsstelle als Zertifikatspeicher hinzugefügt, die neben einer Stammzertifizierungsstelle eingesetzt werden kann, die bereits in Windows Vista unterstützt wurde.
	Auch die Zuordnung von Zertifikat zum Konto wird unterstützt.
	Die erste Authentifizierung kann auch so konfiguriert werden, dass sie nur Integritätszertifikate akzeptiert, wenn eine NAP-Infrastruktur benutzt wird.
Vorinstallierte Schlüssel	Nicht empfohlen

IPSec-Standardeinstellungen für Verbindungssicherheitsregeln

Die IPSec-Standardeinstellungen für die Windows-Firewall mit erweiterter Sicherheit lauten:

- Standardeinstellungen für Schlüsselaustausch (Hauptmodus):
  - ☐ Schlüsselaustauschalgorithmus: DH Group 2
  - ☐ Datenintegritätsalgorithmus: SHA-1
  - ☐ Primärer Datenverschlüsselungsalgorithmus: AES-CBC 128
  - ☐ Sekundärer Datenverschlüsselungsalgorithmus: 3DES
  - ☐ Schlüssellebensdauer: 480 Minuten/0 Sitzungen
- Standardeinstellungen für Datenintegrität (Schnellmodus):
  - ☐ Primäres Protokoll: ESP (Encapsulating Security Payload)
  - ☐ Sekundäres Protokoll: AH (Authentication Header)
  - ☐ Datenintegritätsalgorithmus: SHA-1
  - ☐ Schlüssellebensdauer: 60 Minuten/100.000 KByte
- Standardeinstellungen für Datenverschlüsselung (Schnellmodus):
  - ☐ Primäres Protokoll: ESP
  - ☐ Sekundäres Protokoll: ESP
  - ☐ Datenintegritätsalgorithmus: SHA-1
  - ☐ Primärer Datenverschlüsselungsalgorithmus: AES-CBC 128
  - ☐ Sekundärer Datenverschlüsselungsalgorithmus: 3DES
  - ☐ Schlüssellebensdauer: 60 Minuten/100.000 KByte

Für die erste Authentifizierung in IPsec-Verbindungen wird als Standardauthentifizierungsmethode die Einstellung *Computer (Kerberos V5)* verwendet. In der Standardeinstellung ist keine zweite Authentifizierungsmethode für IPsec-Verbindungen konfiguriert.

In der Standardeinstellung werden diese Einstellungen benutzt, um neue Verbindungssicherheitsregeln zu erstellen, sofern Sie im Assistenten für neue Verbindungssicherheitsregel keine anderen Einstellungen vornehmen. Weitere Informationen finden Sie im Abschnitt »Erstellen und Konfigurieren von Verbindungssicherheitsregeln« weiter unten in diesem Kapitel.

Windows-Firewall und Windows PE

Ab Windows 7 und Windows Server 2008 R2 können Sie IPsec in Windows PE (Windows Preinstallation Environment) konfigurieren, um während der Desktop- und Serverbereitstellung höhere Sicherheit zu gewährleisten. Während Windows PE 3.0 jetzt IPsec standardmäßig unterstützt, sind auf dem Computer, zu dem Sie die Verbindung aufbauen, unter Umständen weitere Konfigurationsschritte erforderlich. Die IPSec-Standardeinstellungen für Windows PE 3.0 lauten:

- MM-Security-Offer: AES128-SHA1-ECDHP256, wobei MM für den Hauptmodus steht
- MM-Authentifizierungsmethode: Anonym
- QM-Richtlinie: 3DES-SHA1; AES128-SHA1, wobei QM für den Schnellmodus steht
- QM-Authentifizierungsmethode: NTLMv2

Grundlagen der Standardregeln

Standardregeln legen das Standardverhalten der Windows-Firewall mit erweiterter Sicherheit fest, wenn Verkehr keinem anderen Regeltyp entspricht. Standardregeln können individuell für jedes Profil konfiguriert werden. Für eingehenden Verkehr sind folgende Standardregeln möglich:

- Blockieren (Standardeinstellung in allen Profilen)
- Alle blockieren
- Zulassen

Für ausgehenden Verkehr stehen folgende Standardregeln zur Verfügung:

- Zulassen (Standardeinstellung in allen Profilen)
- Blockieren

Die Standardregel *Alle blockieren* für eingehenden Verkehr bedeutet quasi »Schilde ausfahren« oder »alle Zulassen- und Umgehung-zulassen-Regeln ignorieren«. Informationen zum Konfigurieren von Standardregeln finden Sie im Abschnitt »Konfigurieren der Firewallprofile und IPSec-Einstellungen mit Gruppenrichtlinien« weiter unten in diesem Kapitel.

Grundlagen von WSH-Regeln

WSH-Regeln sind vordefinierte Regeln, die Windows-Dienste (und somit auch Anwendungen, die diese Dienste benutzen) schützen, indem sie verhindern, dass Dienste Verbindungen mithilfe von Methoden aufbauen, die nicht vorgesehen sind. WSH-Regeln können nicht im MMC-Snap-In *Windows-Firewall mit erweiterter Sicherheit*, mit dem Befehl Netsh oder Gruppenrichtlinien verwaltet werden.

Fremdhersteller, die Dienste für Windows entwickeln, können ebenfalls WSH-Regeln erstellen, um diese Dienste zu schützen. Weitere Informationen zu diesem Thema finden Sie unter *http://msdn. microsoft.com/en-us/library/aa365491.aspx*.

Grundlagen der Regelverarbeitung

Falls auf ein untersuchtes Paket mehrere Regeln zutreffen, muss die Windows-Firewall mit erweiterter Sicherheit entscheiden, welche dieser Regeln für das Paket gelten soll. Nur so kann entschieden werden, welche Aktion ausgeführt wird. Die Windows-Firewall mit erweiterter Sicherheit verarbeitet Regeln in folgender Reihenfolge:

1. WSH-Regeln (die nicht vom Benutzer konfiguriert werden können)
2. Verbindungssicherheitsregeln
3. Regeln für die authentifizierte Umgehung
4. Blockieren-Regeln
5. Zulassen-Regeln
6. Standardregeln

Wenn die Windows-Firewall mit erweiterter Sicherheit ein Paket untersucht, vergleicht sie das Paket mit jedem dieser Regeltypen, und zwar in der aufgeführten Reihenfolge. Trifft eine bestimmte Regel auf das Paket zu, wird diese Regel angewendet, woraufhin die Regelverarbeitung beendet ist. Treffen zwei Regeln aus derselben Gruppe zu, wird die spezifischere Regel angewendet (also die, bei der mehr Kriterien übereinstimmen). Wenn beispielsweise Regel A für Verkehr von der Adresse 192.168.0.1 gilt und Regel B ebenfalls für Verkehr von der Adresse 192.168.0.1, aber nur TCP-Port

80, wird für Verkehr an Port 80 auf diesem Server Regel B angewendet, sodass die Aktion dieser Regel ausgeführt wird.

In der Standardeinstellung betrifft die oben beschriebene Regelverarbeitung sowohl lokale Regeln (Firewall- und/oder Verbindungssicherheitsregeln, die vom lokalen Administrator des Computers konfiguriert werden) als auch Regeln, die über Gruppenrichtlinien auf den Computer angewendet werden. Werden mehrere Gruppenrichtlinienobjekte (Group Policy Object, GPO) auf einen bestimmten Computer angewendet, stammen die Standardregeln aus dem Gruppenrichtlinienobjekt mit dem höchsten Vorrang. Sie können das Zusammenführen lokaler Regeln mithilfe von Gruppenrichtlinien aktivieren oder deaktivieren. Weitere Informationen finden Sie im Abschnitt »Besonderheiten beim Verwalten der Windows-Firewall mit Gruppenrichtlinien« weiter unten in diesem Kapitel.

Verwalten der Windows-Firewall mit erweiterter Sicherheit

Windows 7 und Windows Server 2008 R2 enthalten Tools, mit denen Sie die Windows-Firewall mit erweiterter Sicherheit auf eigenständigen Computern sowie in Domänenumgebungen konfigurieren und verwalten können. Mithilfe dieser Tools führen Sie häufig benötigte Aufgaben aus, etwa das Erstellen von Firewallregeln, um Verkehr zu blockieren oder zu erlauben, das Erstellen von Verbindungssicherheitsregeln, um Netzwerkverkehr mit IPsec zu schützen, das Überwachen der Firewall und der Verbindungssicherheitsaktivitäten und vieles mehr. Die folgenden Abschnitte stellen die Tools vor, mit denen Sie die Windows-Firewall mit erweiterter Sicherheit verwalten, und beschreiben einige wichtige Verwaltungsaufgaben.

Tools zum Verwalten der Windows-Firewall mit erweiterter Sicherheit

Folgende Tools stehen zur Verfügung, um die Windows-Firewall mit erweiterter Sicherheit zu verwalten:

- Systemsteuerungselement *Windows-Firewall*
- MMC-Snap-In *Windows-Firewall mit erweiterter Sicherheit*
- Gruppenrichtlinienknoten *Windows-Firewall mit erweiterter Sicherheit*
- Befehlskontext `netsh advfirewall`

Die folgenden Abschnitte fassen die Unterschiede im Funktionsumfang dieser unterschiedlichen Tools zusammen.

Verwalten der Windows-Firewall mithilfe der Systemsteuerung

Das Dienstprogramm *Windows-Firewall* in der Systemsteuerung macht nur einen kleinen Ausschnitt aus dem Funktionsumfang der Windows-Firewall mit erweiterter Sicherheit verfügbar. Es ist in erster Linie für Endbenutzer gedacht, die zu Hause oder in SOHO-Umgebungen arbeiten. Mit diesem Dienstprogramm kann ein Benutzer auf dem lokalen Computer folgende Aufgaben ausführen:

- Ein- und Ausschalten der Windows-Firewall für die unterschiedlichen Netzwerkstandorttypen (Domäne, privat oder öffentlich)
- Aktivieren oder Deaktivieren von Firewallbenachrichtigungen für jeden Netzwerkstandorttyp
- Überprüfen, welche Firewallprofile auf welche Netzwerkverbindungen des Computers angewendet werden
- Zulassen, dass ein Programm oder ein Feature in einem bestimmten Firewallprofil durch die Windows-Firewall kommuniziert (Abbildung 26.7)

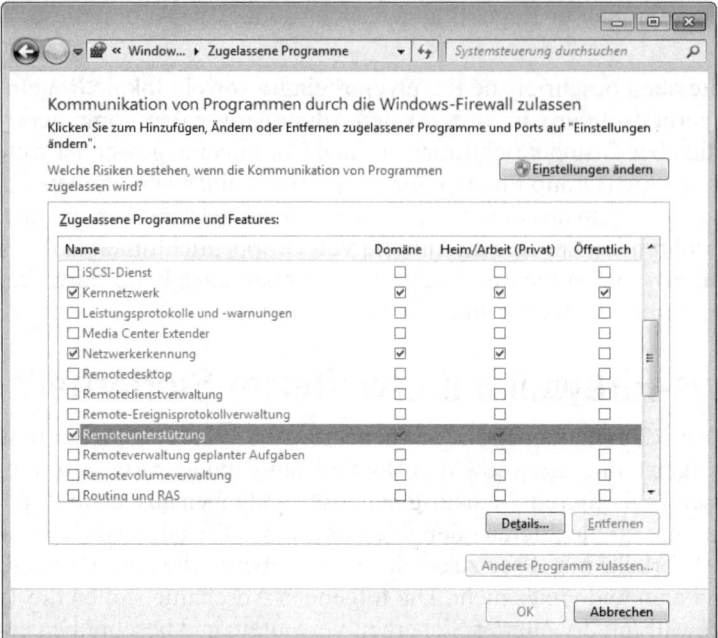

Abbildung 26.7 Anzeigen, welche Firewallprofile der Remoteunterstützung die Kommunikation durch die Windows-Firewall erlauben

- Wiederherstellen der Standardeinstellungen für die Windows-Firewall

Für die meisten Aktionen mit der Windows-Firewall werden Administratoranmeldeinformationen auf dem Computer benötigt.

Verwalten der Windows-Firewall mit dem Snap-In
Windows-Firewall mit erweiterter Sicherheit

Das MMC-Snap-In *Windows-Firewall mit erweiterter Sicherheit* macht den Großteil des Funktionsumfangs der Windows-Firewall für erfahrene Benutzer und Administratoren des lokalen Computers verfügbar (Hauptmodusregeln und einige erweiterte globale IPSec-Einstellungen können nur über Netsh konfiguriert werden). Sie haben folgende Möglichkeiten, dieses Snap-In zu starten:

- Wählen Sie im Startmenü *Systemsteuerung*, dann *System und Sicherheit*, *Windows-Firewall* und *Erweiterte Einstellungen*.
- Tippen Sie im Suchfeld des Startmenüs **fire** ein und klicken Sie in der Gruppe *Programme* auf *Windows-Firewall mit erweiterter Sicherheit*.
- Tippen Sie im Suchfeld des Startmenüs **wf.msc** ein und drücken Sie die EINGABETASTE.
- Tippen Sie im Suchfeld des Startmenüs **mmc** ein und drücken Sie die EINGABETASTE, um eine neue MMC zu öffnen. Fügen Sie dann wie üblich das Snap-In *Windows-Firewall mit erweiterter Sicherheit* zur Konsole hinzu.

Die ersten drei beschriebenen Methoden eignen sich nur, um die Windows-Firewall auf dem lokalen Computer zu verwalten. Mit der letzten Methode können Sie die Windows-Firewall dagegen entweder auf dem lokalen Computer oder auf einem angegebenen Remotecomputer verwalten. Wenn Sie dieses Snap-In benutzen, brauchen Sie die Anmeldeinformationen eines lokalen Administrators auf dem Computer, auf dem Sie die Windows-Firewall verwalten wollen.

> **HINWEIS** Die Windows 7-Version des Snap-Ins *Windows-Firewall mit erweiterter Sicherheit* kann die Windows-Firewall auf Windows 7, Windows Vista, Windows Server 2008 und Windows Server 2008 R2 verwalten.

Im Snap-In *Windows-Firewall mit erweiterter Sicherheit* können Sie eine Vielzahl administrativer Aufgaben erledigen. Hier eine Auswahl der wichtigsten:

- Konfigurieren von Standardeinstellungen für jedes Firewallprofil
- Aktivieren und Deaktivieren von Firewallregeln
- Erstellen und Konfigurieren von Firewallregeln
- Konfigurieren von IPSec-Standardeinstellungen
- Aktivieren und Deaktivieren von Verbindungssicherheitsregeln
- Erstellen und Konfigurieren von Verbindungssicherheitsregeln
- Exportieren und Importieren von Firewallrichtlinien für den Computer
- Wiederherstellen der Standardfirewalleinstellungen für den Computer
- Konfigurieren der Firewallprotokollierungseinstellungen
- Überwachen des Zustands der Firewall und ihrer Konfiguration
- Überwachen der aktiven Firewallregeln
- Überwachen der aktiven Verbindungssicherheitsregeln
- Überwachen der Sicherheitszuordnungen für Hauptmodus und Schnellmodus
- Überwachen der Ereignisprotokolle für die Windows-Firewall

Viele dieser Verwaltungsaufgaben sind im Abschnitt »Wichtige Verwaltungsaufgaben« weiter unten in diesem Kapitel genauer beschrieben.

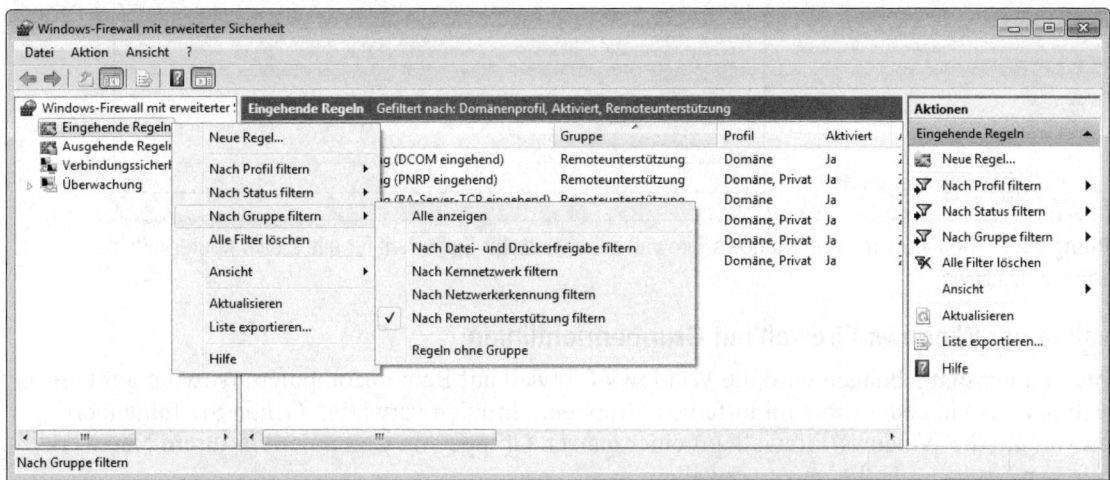

Abbildung 26.8 Sie können Firewallregeln nach Profil, Status und Gruppe filtern, damit es einfacher ist, sehr viele Regeln zu verwalten

Um es einfacher zu machen, sehr viele Regeln auf einem Computer zu verwalten, können Sie die Firewall- und Verbindungssicherheitsregeln im Snap-In *Windows-Firewall mit erweiterter Sicherheit* nach dem Profil (Domäne, privat oder öffentlich) und/oder dem Status (aktiviert oder deaktiviert)

filtern. Außerdem können Sie Firewallregeln (aber nicht Verbindungsregeln) nach der Regelgruppe filtern. Abbildung 26.8 zeigt alle eingehenden Regeln, die folgende Filterkriterien erfüllen:

- Profil: Domäne
- State: Aktiviert
- Gruppe: Remoteunterstützung

Sie löschen alle angewendeten Filter wieder, indem Sie im Kontextmenü den Befehl *Alle Filter löschen* wählen.

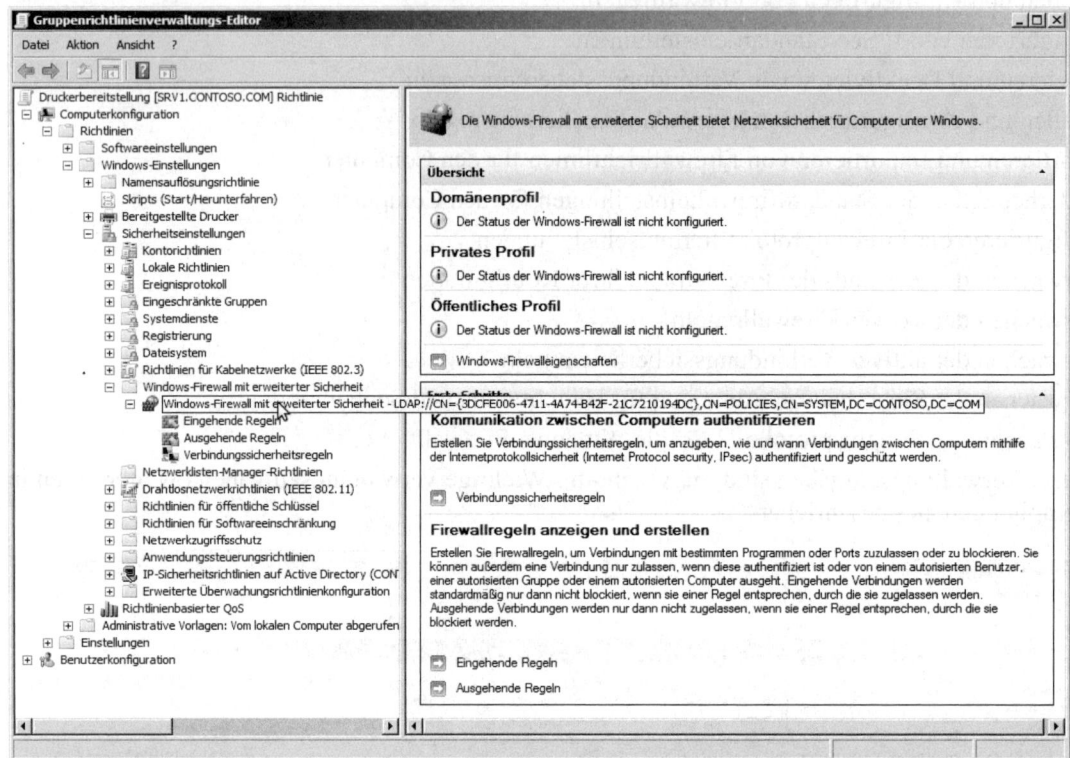

Abbildung 26.9 Konfigurieren der Windows-Firewall mit erweiterter Sicherheit für alle Zielcomputer mithilfe von Gruppenrichtlinien

Verwalten der Windows-Firewall mit Gruppenrichtlinien

In Unternehmensumgebungen wird die Windows-Firewall auf Remotecomputern (sowohl auf Clients als auch Servern) in erster Linie mithilfe von Gruppenrichtlinien verwaltet. Gehen Sie folgendermaßen vor, um die Windows-Firewall auf einer ganzen Gruppe von Computern in Ihrem Netzwerk mithilfe von Gruppenrichtlinien zu verwalten:

1. Erstellen Sie ein neues Gruppenrichtlinienobjekt und verknüpfen Sie dieses Gruppenrichtlinienobjekt mit der Organisationseinheit (Organizational Unit, OU), in der die Computerkonten für diese Computer liegen.

2. Öffnen Sie das Gruppenrichtlinienobjekt über die Konsole *Gruppenrichtlinienverwaltung* im Gruppenrichtlinienobjekt-Editor und klappen Sie den folgenden Zweig auf:

    Computerkonfiguration\Richtlinien\Windows-Einstellungen\Sicherheitseinstellungen\Windows-Firewall mit erweiterter Sicherheit

3. Wählen Sie in diesem Zweig den Knoten für eine Richtlinie. Der Name des entsprechenden Knotens ist nach dem folgenden Schema aufgebaut:

    Windows-Firewall mit erweiterter Sicherheit – LDAP://CN={<GUID>},CN=POLICIES, CN=SYSTEM,DC=<Domänenname>,DC=COM

    Dabei ist die GUID die Kennung des Gruppenrichtliniencontainers (Group Policy Container, GPC), mit dem das geöffnete Gruppenrichtlinienobjekt verknüpft ist.

Sobald Sie diesen Knoten ausgewählt haben, können Sie die Gruppenrichtlinieneinstellungen für die Windows-Firewall in derselben grafischen Benutzeroberfläche wie im Snap-In *Windows-Firewall mit erweiterter Sicherheit* konfigurieren (Abbildung 26.9).

Besonderheiten beim Verwalten der Windows-Firewall mit Gruppenrichtlinien

Wenn Sie die Windows-Firewall mit Gruppenrichtlinien verwalten, sollten Sie folgende Punkte beachten:

- Der Status jedes Firewallprofils in der Firewallrichtlinie eines Gruppenrichtlinienobjekts ist anfangs *Nicht konfiguriert*. Das bedeutet, dass die Firewallrichtlinie, die auf die vom Gruppenrichtlinienobjekt betroffenen Computer angewendet wird, keine Auswirkungen hat. Wenn zum Beispiel auf einem Zielcomputer das Domänenprofil der Windows-Firewall aktiviert ist, bleibt es auch aktiviert, nachdem die Gruppenrichtlinien verarbeitet wurden. Und wenn das Domänenprofil der Windows-Firewall auf einem Zielcomputer deaktiviert ist, bleibt es deaktiviert, nachdem die Gruppenrichtlinien auf dem Computer verarbeitet wurden. Falls also ein lokaler Administrator auf dem Zielcomputer die Windows-Firewall auf seinem Computer ausschaltet, bleibt sie ausgeschaltet, selbst wenn die Gruppenrichtlinien auf dem Computer verarbeitet wurden. Wenn Sie sicherstellen wollen, dass die Firewallrichtlinie aus dem Gruppenrichtlinienobjekt tatsächlich auf Zielcomputer angewendet wird, müssen Sie folglich die Firewallprofile in der Richtlinie aktivieren. Klicken Sie dazu im Gruppenrichtlinienobjekt mit der rechten Maustaste auf den folgenden Richtlinienknoten:

    Windows-Firewall mit erweiterter Sicherheit - LDAP://CN={<GUID>},CN=POLICIES, CN=SYSTEM,DC=<Domänenname>,DC=COM

    Wählen Sie im Kontextmenü den Befehl *Eigenschaften* und ändern Sie dann auf jeder Profil-Registerkarte (*Domänenprofil*, *Privates Profil* und *Öffentliches Profil*) die Richtlinieneinstellung *Firewallstatus* von *Nicht konfiguriert* auf *Ein (empfohlen)*.

- Auch die eingehenden und ausgehenden Standardregeln für jedes Firewallprofil in der Firewallrichtlinie eines Gruppenrichtlinienobjekts haben anfangs den Wert *Nicht konfiguriert*. Wenn Sie also sicherstellen wollen, dass Firewallregeln erwartungsgemäß angewendet werden, wenn das Gruppenrichtlinienobjekt auf den Zielcomputern verarbeitet wird, sollten Sie die gewünschten eingehenden und ausgehenden Standardregeln in der Richtlinie festlegen. Klicken Sie dazu mit der rechten Maustaste auf den Richtlinienknoten, wie oben beschrieben, und wählen Sie im Kontextmenü den Befehl *Eigenschaften*. Ändern Sie dann auf jeder Profil-Registerkarte (*Domänenprofil*, *Privates Profil* und *Öffentliches Profil*) die Richtlinieneinstellungen *Eingehende Verbindungen* und *Ausgehende Verbindungen* auf die Werte, die Sie verwenden wollen. Üblicherweise werden die Einstellungen aus der folgenden Abbildung verwendet:

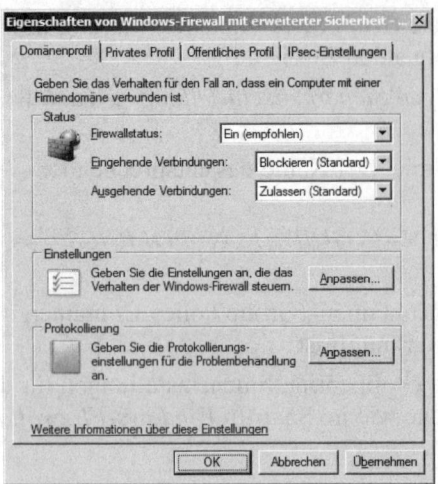

Wenn mehrere Gruppenrichtlinienobjekte mit einer Firewallrichtlinie auf denselben Computer angewendet werden und jedes Gruppenrichtlinienobjekt andere Standardregeln konfiguriert hat, gelten die Standardregeln aus dem Gruppenrichtlinienobjekt, das den höchsten Vorrang hat. Wenn Sie für ausgehende Verbindungen die Einstellung *Blockieren* wählen und die Firewallrichtlinie dann mit einem Gruppenrichtlinienobjekt bereitstellen, können Computer, auf die diese Einstellung angewendet wird, keine weiteren Gruppenrichtlinienaktualisierungen empfangen, sofern Sie nicht erst eine ausgehende Regel definieren und bereitstellen, die den Empfang von Gruppenrichtlinien zulässt. Vordefinierte Regeln für das Kernnetzwerk umfassen ausgehende Regeln, die dafür sorgen, dass Gruppenrichtlinien funktionieren. Stellen Sie sicher, dass diese ausgehenden Regeln aktiv sind, und testen Sie die Firewallprofile gründlich, bevor Sie die Richtlinie bereitstellen.

■ In der Standardeinstellung ist die Regelzusammenführung zwischen lokaler Firewallrichtlinie auf Windows 7-Computern und den in Gruppenrichtlinienobjekten angegebenen Firewallrichtlinien aktiviert, die auf diese Computer angewendet werden. Das bedeutet, dass lokale Administratoren ihre eigenen Firewall- und Verbindungssicherheitsregeln auf ihren Computern erstellen können und diese Regeln dann mit den Regeln kombiniert werden, die über Gruppenrichtlinien auf die Computer angewendet werden. Die Regelzusammenführung kann für jedes Gruppenrichtlinienobjekt und jedes Profil individuell aktiviert oder deaktiviert werden. Öffnen Sie dazu das Eigenschaftendialogfeld des Richtlinienknotens, wie oben beschrieben, wählen Sie ein Firewallprofil aus und klicken Sie im Abschnitt *Einstellungen* auf *Anpassen*. Ändern Sie dann im Dialogfeld *Einstellungen für <Firewallprofil> anpassen* im Abschnitt *Regelzusammenführung* die Einstellungen *Lokale Firewallregeln anwenden* und/oder *Lokale Verbindungssicherheitsregeln anwenden* von *Nicht konfiguriert* auf *Ja (Standard)* oder *Nein*.

Wollen Sie sicherstellen, dass auf einen Computer nur Regeln angewendet werden, die aus dem Gruppenrichtlinienobjekt stammen, und lokal auf dem Computer definierte Regeln ignoriert werden, können Sie diese zwei Richtlinieneinstellungen von *Nicht konfiguriert* auf *Nein* ändern. Wenn Sie die Regelzusammenführung in der Firewallrichtlinie eines Gruppenrichtlinienobjekts aktiviert lassen, indem Sie diese beiden Richtlinieneinstellungen auf *Ja (Standard)* oder *Nicht konfiguriert* stellen, sollten Sie alle Firewallrichtlinieneinstellungen, die auf den Zielcomputern gebraucht werden, explizit konfigurieren. Dazu gehören unter anderem Firewall- und IPSec-Einstellungen, Firewallregeln und Verbindungssicherheitsregeln. Andernfalls kann jede Richtlinieneinstellung, die Sie im Gruppenrichtlinienobjekt unkonfiguriert lassen, vom lokalen Administrator auf dem Zielcomputer im Snap-In *Windows-Firewall mit erweiterter Sicherheit* oder mit dem Befehl Netsh überschrieben werden.

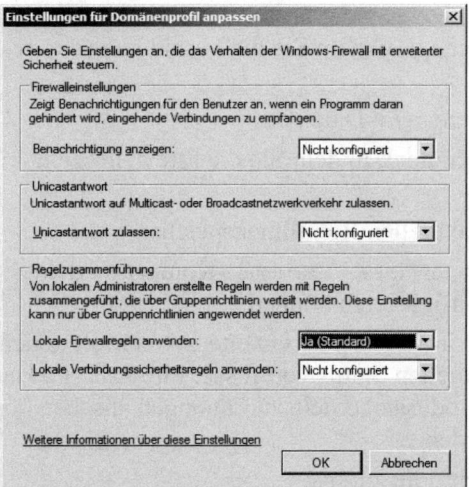

HINWEIS   Gruppenrichtlinienobjekte, die nur dazu dienen, Firewallrichtlinien auf Zielcomputer anzuwenden, werden schneller verarbeitet, wenn Sie den Benutzerabschnitt des Gruppenrichtlinienobjekts in der Konsole *Gruppenrichtlinienverwaltung* deaktivieren.

Verwalten der Windows-Firewall mit dem Befehl Netsh

Der Befehl Netsh kann benutzt werden, um die Windows-Firewall entweder interaktiv in der Befehlszeile oder mithilfe von Skripts zu verwalten. Auch der Befehl Netsh wurde in Windows 7 erweitert. Er bietet nun die Möglichkeit, praktisch alle Funktionen der Windows-Firewall anzuzeigen und zu konfigurieren (einige Einstellungen, zum Beispiel der globale Schnellmodus, können nur im Snap-In *Windows-Firewall mit erweiterter Sicherheit* konfiguriert werden). Mit dem Kontext `netsh advfirewall` dieses Befehls können Sie den Status und die Konfiguration der Windows-Firewall anzeigen, Firewall- und IPSec-Einstellungen konfigurieren, Firewall- und Verbindungssicherheitsregeln erstellen und konfigurieren, die aktiven Verbindungen überwachen und andere Verwaltungsaufgaben erledigen.

HINWEIS   Sie müssen den Befehl `netsh advfirewall` in einer Eingabeaufforderung mit erhöhten Rechten ausführen, um Windows-Firewalleinstellungen zu konfigurieren (zu verändern). Wollen Sie die Windows-Firewalleinstellungen dagegen lediglich ansehen, brauchen Sie keine Eingabeaufforderung mit erhöhten Rechten.

Sie wechseln in der Befehlszeile in den Kontext `netsh advfirewall`, indem Sie **netsh** eingeben, die EINGABETASTE drücken, dann **advfirewall** eingeben und erneut die EINGABETASTE drücken:

```
C:\Windows\System32>netsh
netsh>advfirewall
netsh advfirewall>
```

Die Eingabeaufforderung gibt den aktuellen Kontext des Befehls an. Wenn Sie an der `netsh advfire-wall`-Eingabeaufforderung `help` eintippen, wird angezeigt, welche Befehle innerhalb dieses Kontextes zur Verfügung stehen:

- **consec**   Wechselt in den `netsh advfirewall consec`-Kontext, in dem Sie die Verbindungssicherheitsregeln ansehen und konfigurieren können.
- **export**   Exportiert die aktuelle Firewallrichtlinie in eine *.wfw*-Datei.
- **firewall**   Wechselt in den `netsh advfirewall firewall`-Kontext, in dem Sie die Firewallregeln ansehen und konfigurieren können.
- **import**   Importiert eine *.wfw*-Richtliniendatei in den aktuellen Richtlinienspeicher.
- **mainmode**   Neu in Windows 7. Wechselt in den `netsh advfirewall mainmode`-Kontext, in dem Sie die Hauptmoduskonfigurationsregeln ansehen und konfigurieren können.
- **monitor**   Der Funktionsumfang dieses Befehls wurde in Windows 7 erweitert. Wechselt in den `netsh advfirewall monitor`-Kontext, in dem Sie den aktuellen Status von IPsec, Firewall und Hauptmodus sowie die aktuelle Schnellmodus- und Hauptmodussicherheitszuordnungen ansehen können, die auf dem lokalen Computer ausgehandelt wurden.
- **reset**   Setzt die Firewallrichtlinie auf die Standardrichtlinie zurück.
- **set**   Legt globale Firewalleinstellungen und Einstellungen für einzelne Firewallprofile fest.
- **show**   Zeigt die Einstellungen von Firewallprofilen und die globalen Firewalleinstellungen an.

Das folgende Beispiel zeigt, wie Sie mit dem Befehl `show domainprofile` die Firewalleinstellungen für das Domänenprofil anzeigen.

```
netsh advfirewall>show domainprofile
```

```
Domänenprofil-Einstellungen:
----------------------------------------------------------------
Status                                    EIN
Firewallrichtlinie                        Eingehend blockieren,Ausgehend zulassen
Lokale Firewallregeln                     Nicht zutreffend (nur für GRO-Speicher)
Lokale Verbindungssicherheitsregeln       Nicht zutreffend (nur für GRO-Speicher)
Eingehende Benutzerbenachrichtigung       Aktivieren
Remoteverwaltung                          Deaktivieren
Unicastantwort auf Multicast              Aktivieren

Protokollierung:
Zugelassene Verbindungen protokol.        Deaktivieren
Getrennte Verbindungen protokollieren     Deaktivieren
Dateiname                                 %SystemRoot%\system32\LogFiles\Firewall\pfirewall.log
Max. Dateigröße                           4096
```

`show global` zeigt die globalen Firewall- und IPSec-Einstellungen auf dem lokalen Computer an.

```
netsh advfirewall>show global
```

```
Global-Einstellungen:
----------------------------------------------------------------
IPsec:
Sichere CRL-Überprüfung           0:Deaktiviert
```

```
SAIdleTimeMin                         5min
Standardausnahmen                     Nachbarermittlung,DHCP
IPsec-Über-NAT                        Niemals
Auth-Benutzergruppe                   Keine
Auth-Computergruppe                   Keine
Stateful-FTP                          Aktivieren
Stateful-PPTP                         Aktivieren

Hauptmodus:
Schlüsselgültigkeitsdauer             480Min.,0Sitz.
Sicherheitsmethoden                   DH-Gruppe 2-AES128-SHA1,DH-Gruppe 2-3DES-SHA1
DH erzwingen                          No

Kategorien:
Regelkategorie für Startzeit          Windows-Firewall
Regelkategorie für Firewall           Windows-Firewall
Regelkategorie für geschützten Modus  Windows-Firewall
Regelkategorie für Verbindungssicherheitsr.  Windows-Firewall
```

Wenn Sie alle Einzelheiten für eine bestimmte Firewallregel sehen wollen, zum Beispiel für die Regel *Remoteunterstützung (TCP eingehend)*, müssen Sie erst **firewall** eintippen und die EINGABETASTE drücken, um in den `netsh advfirewall firewall`-Kontext zu wechseln. Führen Sie dann den Befehl `show rule` aus:

```
netsh advfirewall Firewall>show rule name="Remoteunterstützung (TCP eingehend)"
profile=domain,private verbose
```

```
Regelname:                            Remoteunterstützung (TCP eingehend)
----------------------------------------------------------------------
Beschreibung:                         Eingehende Regel für Remoteunterstützungs-Datenverkehr.
[TCP]
Aktiviert:                            Ja
Richtung:                             Eingehend
Profile:                              Domäne,Privat
Gruppierung:                          Remoteunterstützung
Lokales IP:                           Beliebig
Remote-IP:                            Beliebig
Protokoll:                            TCP
Lokaler Port:                         Beliebig
Remoteport:                           Beliebig
Edgeausnahme:                         Auf Anwendung zurückstellen
Programm:                             C:\Windows\system32\msra.exe
Schnittstellentypen:                  Beliebig
Sicherheit:                           Nicht erforderlich
Regelquelle:                          Lokale Einstellung
Aktion:                               Zulassen
```

Sie können die Ausgabe von Netsh auch an Findstr weiterleiten, um die Namen aller eingehenden Regeln anzuzeigen, die zu einer bestimmten Regelgruppe gehören. Beispielsweise zeigt der folgende Befehl alle eingehenden Regeln aus der Regelgruppe *Remoteunterstützung* an:

```
C:\Windows\system32>netsh advfirewall firewall show rule name=all dir=in |
findstr /I /C:"Remoteunterstützung"
```

```
Regelname:                        Remoteunterstützung (PNRP eingehend)
Gruppierung:                      Remoteunterstützung
Regelname:                        Remoteunterstützung (SSDP/TCP eingehend)
Gruppierung:                      Remoteunterstützung
Regelname:                        Remoteunterstützung (SSDP/UDP eingehend)
Gruppierung:                      Remoteunterstützung
Regelname:                        Remoteunterstützung (TCP eingehend)
Gruppierung:                      Remoteunterstützung
Regelname:                        Remoteunterstützung (DCOM eingehend)
Gruppierung:                      Remoteunterstützung
Regelname:                        Remoteunterstützung (RA-Server-TCP eingehend)
Gruppierung:                      Remoteunterstützung
Regelname:                        Remoteunterstützung (PNRP eingehend)
Gruppierung:                      Remoteunterstützung
Regelname:                        Remoteunterstützung (TCP eingehend)
Gruppierung:                      Remoteunterstützung
```

Sie können alle Verbindungssicherheitsregeln zeigen, die auf dem lokalen Computer konfiguriert sind, indem Sie **consec** eintippen, um in den `netsh advfirewall consec`-Kontext zu wechseln, und dann den Befehl `show rule` ausführen.

```
netsh advfirewall consec>show rule name=all
```

```
Regelname:                        Testserver
----------------------------------------------------------------------
Aktiviert:                        Ja
Profile:                          Domäne
Typ:                              Statisch
Modus:                            Transport
Endpunkt1:                        172.16.11.131/32
Endpunkt2:                        172.16.11.163/32
Protokoll:                        Beliebig
Aktion:                           Eingehend und ausgehend anfordern
Auth1:                            ComputerPSK
Auth1PSK:                         test
MainModeSecMethods:               DH-Gruppe 2-AES128-SHA1,DH-Gruppe 2-3DES-SHA1
QuickModeSecMethods:              ESP:SHA1-Keine+60min+100000kb,ESP:SHA1-AES128+60min+
100000kb,ESP:SHA1-3DES+60min+100000kb,AH:SHA1+60min+100000kb
```

HINWEIS Geben Sie in einer Eingabeaufforderung den Befehl **netsh advfirewall monitor show firewall verbose** ein, um sich alle Firewalleinstellungen auf dem Computer anzeigen zu lassen, inklusive globalen Einstellungen, Einstellungen für die einzelnen Firewallprofile und allen aktiven Firewallregeln.

Ebenfalls neu in Windows 7 sind die folgenden beiden Netsh-Kontexte:

- **netsh trace**   Aktiviert die ETW-Ablaufverfolgung und/oder Netzwerkdiagnose-Framework-Diagnose (Network Diagnostics Framework, NDF) für verschiedene Features und Szenarien, darunter für Windows-Firewall und IPsec.
- **netsh wfp**   Aktiviert die Ablaufverfolgung für WFP und IKE/AuthIP (Internet Key Exchange).

WEITERE INFORMATIONEN   Weitere Informationen über die Syntax von Netsh und Aufrufbeispiele finden Sie in »Netsh Commands for Windows Firewall with Advanced Security« unter *http://technet.microsoft.com/en-us/library/cc771920.aspx.*

Wichtige Verwaltungsaufgaben

Die folgenden Abschnitte beschreiben in Kürze einige wichtige Aufgaben für die Verwaltung der Windows-Firewall mit erweiterter Sicherheit in Windows 7 und Windows Server 2008 R2. Weitere Informationen über die Verwaltung der Windows-Firewall mit erweiterter Sicherheit finden Sie in den Ressourcen, die im Abschnitt »Informationsquellen« am Ende dieses Kapitels aufgeführt sind.

WICHTIG   Wenn Sie diese Aufgaben mithilfe von Gruppenrichtlinien ausführen, sollten Sie unbedingt den Abschnitt »Besonderheiten beim Verwalten der Windows-Firewall mit Gruppenrichtlinien« weiter oben in diesem Kapitel lesen.

Aktivieren oder Deaktivieren der Windows-Firewall

Die Windows-Firewall mit erweiterter Sicherheit sollte eingeschaltet sein, um bestmöglichen Schutz für Windows 7- und Windows Server 2008 R2-Computer zu gewährleisten. Sollte es dennoch notwendig sein, die Windows-Firewall mit erweiterter Sicherheit auf einem Computer aus irgendwelchen Gründen zu aktivieren oder zu deaktivieren, haben Sie folgende Möglichkeiten zur Auswahl:

- Öffnen Sie *Windows-Firewall* in der Systemsteuerung und klicken Sie auf *Windows-Firewall ein- oder ausschalten*. Wählen Sie dann für jedes Firewallprofil, in dem Sie die Firewall deaktivieren wollen, die Option *Windows-Firewall deaktivieren (nicht empfohlen)* aus.
- Öffnen Sie das Snap-In *Windows-Firewall mit erweiterter Sicherheit*. Klicken Sie mit der rechten Maustaste auf den Stammknoten und wählen Sie den Befehl *Eigenschaften*. Ändern Sie auf den Registerkarten der Firewallprofile, in denen Sie die Firewall deaktivieren wollen, den Firewallstatus auf *Aus*.
- Öffnen Sie eine Eingabeaufforderung und geben Sie den Befehl **netsh advfirewall set <*Profilname*> state off** ein, wobei <*Profilname*> entweder domainprofile, privateprofile oder publicprofile ist. Sie können auch **netsh advfirewall set allprofiles state off** ausführen, um die Windows-Firewall auf dem Computer völlig auszuschalten.

WICHTIG   Die Möglichkeit, die Windows-Firewall durch Deaktivieren des Windows-Firewalldienstes auszuschalten, wird von Microsoft nicht unterstützt.

Direkt von der Quelle: Parallelbetrieb mehrerer Firewalls in Windows 7

Sharad Kylasam, Program Manager, *Core Networking*

Die Windows-Firewall mit erweiterter Sicherheit erzwingt die Sicherheitsrichtlinien für Kernfirewall, IPsec, Stealth-Modus, Systemstart und Diensthärtung. Wird die Windows-Firewall in Windows Vista ausgeschaltet (meist weil eine andere Hostfirewall installiert wird), werden diese Funktionen im Bereich von IPsec, Stealth-Modus und Systemstart nicht mehr erzwungen. Das hat sich in Windows 7 geändert. Hier werden für Fremdhersteller Möglichkeiten zur Verfügung gestellt, nur einen Teil der Funktionen zu übernehmen, die sie steuern wollen (etwa die Kernfirewallrichtlinie). Die Windows-Firewall erzwingt in diesem Fall weiterhin die übrigen Funktionen (beispielsweise die IPsec-Richtlinie). Diese Funktion erleichtert die Implementierung und Bereitstellung in Fällen, wo beispielsweise Serverisolierung gewährleistet werden soll.

Damit eine Hostfirewall diese Funktion nutzen kann, wurde eine neue API erstellt. Eine Firewall kann darüber registrieren, dass sie bestimmte Funktionen der Windows-Firewall übernehmen will. Eine Einführung zu diesen APIs finden Sie unter *http://msdn.microsoft.com/en-us/library/aa366415.aspx*.

Eine Hostfirewall kann die folgenden Windows-Firewallfunktionen (auch als Kategorien bezeichnet) ersetzen, indem sie sich, wie oben beschrieben, über die APIs registriert:

1. Firewall
2. Verbindungssicherheit
3. Systemstart
4. Stealth

Hier eine kurze Beschreibung der verschiedenen Kategorien:

- **Firewall**   Die Firewallrichtlinie wird auf Basis der Sicherheitsanforderungen konfiguriert, die der Administrator festlegt. Wird der Besitz über die Kategorie Firewall übernommen, muss auch der Besitz über die Kategorie Systemstart (siehe weiter unten) übernommen werden. Andernfalls ist der Firewallstatus des Betriebssystems unbestimmt.

- **Verbindungssicherheit (IPsec)**   Die Verbindungssicherheitsrichtlinie ermöglicht sichere Netzwerkkommunikation, indem sie sicherstellt, dass die Kommunikation mit IPsec authentifiziert und verschlüsselt wird. Wir der Besitz über die Kategorie Verbindungssicherheit übernommen, muss auch der Besitz über die Kategorien Firewall und Systemstart übernommen werden.

- **Systemstart**   Die Systemstartrichtlinie ist vorhanden, wenn Windows startet. Sie wird benutzt, um nichtangeforderte eingehende Verbindungen zu verhindern.

- **Stealth-Modus**   Die Stealth-Modus-Richtlinie macht einen Windows-Computer im Netzwerk unsichtbar. Sie wird benutzt, um zu verhindern, dass der Computer bei einem Portscan entdeckt wird.

Konfigurieren der Firewallprofile und IPSec-Einstellungen mit Gruppenrichtlinien

Wenn Sie Firewallprofile auf Zielcomputern mithilfe von Gruppenrichtlinien konfigurieren wollen, können Sie mit der rechten Maustaste auf den Knoten der Firewallrichtlinie in Ihrem Gruppenrichtlinienobjekt klicken und den Befehl *Eigenschaften* wählen, um die Eigenschaften der Firewallrichtlinie anzuzeigen (Abbildung 26.10). Nun können Sie in jedem Firewallprofil (Domäne, privat und öffentlich) auf der jeweiligen Registerkarte folgende Aufgaben ausführen:

- Aktivieren oder Deaktivieren des Firewallstatus für dieses Profil
- Konfigurieren der Standardregeln für eingehende und ausgehende Verbindungen
- Konfigurieren, ob Benutzer benachrichtigt werden, wenn die Firewallregeln für dieses Profil eingehende Verbindungen blockieren
- Konfigurieren, ob eine Unicastantwort für Broadcast- oder Multicastverkehr erlaubt ist
- Konfigurieren, ob die Regelzusammenführung für Firewall- und/oder Verbindungssicherheitsregeln aktiviert oder deaktiviert ist (kann nur über Gruppenrichtlinien konfiguriert werden)
- Konfigurieren der Firewallprotokollierung für Verkehr, der durch dieses Profil gefiltert wird

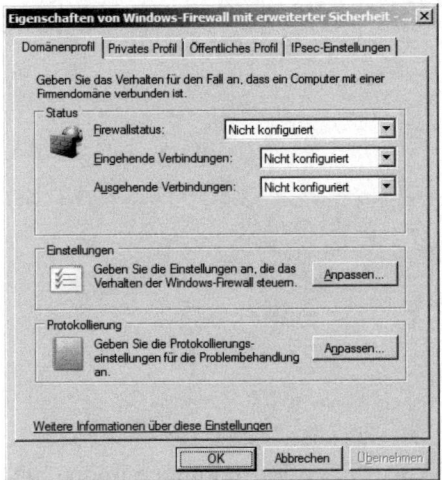

Abbildung 26.10 Konfigurieren der Firewallprofile

HINWEIS Der Befehl `netsh advfirewall monitor show currentprofile` zeigt in Windows 7 alle gerade aktiven Firewallprofile auf dem Computer sowie die jedem aktiven Profil zugewiesenen Netzwerke an

Auf der Registerkarte *IPsec-Einstellungen* in diesem Eigenschaftendialogfeld (Abbildung 26.11) konfigurieren Sie die IPSec-Standardeinstellungen und die systemweiten IPSec-Einstellungen auf den Zielcomputern. Hier nehmen Sie beispielsweise folgende Einstellungen vor:

- **IPsec-Standardeinstellungen** Wenn Sie auf *Anpassen* klicken, öffnet sich ein Dialogfeld, in dem Sie die Standardschlüsselaustauschmethoden, Datenschutzalgorithmen und Authentifizierungsmethoden für IPsec konfigurieren. Diese Standardeinstellungen werden für neue Verbindungssicherheitsregeln benutzt, die Sie erstellen. Wenn Sie eine Verbindungssicherheitsregel erstellen, können Sie die hier festgelegten Standardauthentifizierungsmethoden allerdings überschreiben.

- **IPsec-Ausnahmen** Diese Einstellung legt fest, ob ICMP-Verkehr mit IPsec geschützt wird. Weil ICMP von vielen Tools für die Behandlung von Problemen im Netzwerk eingesetzt wird, müssen Sie solchen Verkehr unter Umständen von IPsec ausnehmen, damit die Problembehandlungstools wie vorgesehen funktionieren.

- **IPsec-Tunnelautorisierung** Diese Option ist neu in Windows 7. Sie legt fest, ob Sie autorisierte und ausgenommene Benutzer und Computer für IPsec-Tunnelverbindungen zum Computer auswählen können. Wenn Sie die Option *Erweitert* auswählen und dann auf *Anpassen* klicken, öffnet sich ein Dialogfeld, in dem Sie zwei Einstellungen vornehmen:

☐ Autorisierte Computer, Benutzer oder Gruppen von Computern oder Benutzern

☐ Ausgenommene Computer, Benutzer oder Gruppen von Computern oder Benutzern

Beachten Sie, dass alle Autorisierungen und Ausnahmen, die Sie hier definieren, nur für Tunnelregeln gelten, bei denen die Option zum Übernehmen der IPsec-Tunnelautorisierung ausgewählt ist, während die Tunnelregel erstellt wird.

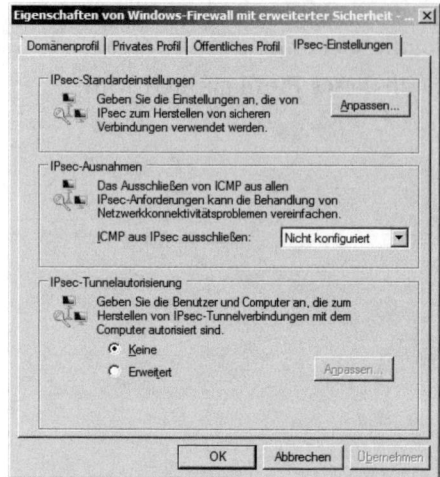

Abbildung 26.11 Konfigurieren von IPSec-Standardeinstellungen und systemweiten IPSec-Einstellungen

Weitere Informationen über die Konfiguration der Firewallprofile und IPSec-Einstellungen finden Sie in den folgenden Abschnitten der TechNET-Bibliothek:

- »Configuring a Profile« unter *http://technet.microsoft.com/en-us/library/cc754139.aspx*
- »Configuring IPsec Settings« unter *http://technet.microsoft.com/en-us/library/cc733077.aspx*
- »Windows-Firewall mit erweiterter Sicherheit (Eigenschaftenseite)« unter *http://technet.microsoft. com/de-de/library/cc753002.aspx*

Erstellen und Konfigurieren der Firewallregeln

Sie können Gruppenrichtlinien verwenden, um Firewallregeln auf den Zielcomputern zu erstellen und zu konfigurieren. Firewallregeln filtern Verkehr, der zwischen dem Computer und dem Netzwerk ausgetauscht wird. Welche Arten von Firewallregeln Sie erstellen können und welche Regelbedingungen zur Verfügung stehen, ist im Abschnitt »Grundlagen von Regeln« weiter oben in diesem Kapitel beschrieben.

Sie erstellen mithilfe von Gruppenrichtlinien eine eingehende Firewallregel auf den Zielcomputern, indem Sie in Ihrem Gruppenrichtlinienobjekt unter dem Knoten der Firewallrichtlinie mit der rechten Maustaste auf den Knoten *Eingehende Regeln* klicken und den Befehl *Neue Regel* wählen. Daraufhin startet der Assistent für neue eingehende Regel (Abbildung 26.12), der Sie durch die Schritte zum Erstellen einer eingehenden Firewallregel führt. Sie wählen darin den Typ der Regel aus, die Sie erstellen wollen, und legen die Bedingungen fest, die für die Regel gebraucht werden. Beachten Sie, dass unter Umständen unterschiedliche Seiten im Assistenten angezeigt werden, je nachdem, welche Optionen Sie auf einer Seite auswählen. Wenn Sie beispielsweise auf der Seite *Aktion* die Option *Verbindung zulassen, wenn sie sicher ist* wählen, werden die Seiten *Benutzer* und *Computer* angezeigt, damit Sie angeben können, welchen Benutzer- und Computerkonten die Regel erlaubt, auf den Computer zuzugreifen. (Außerdem müssen Sie in diesem Fall eine separate Verbindungssicherheitsregel erstellen, die erzwingt, dass Verkehr, der dieser Regel entspricht, authentifiziert wird.)

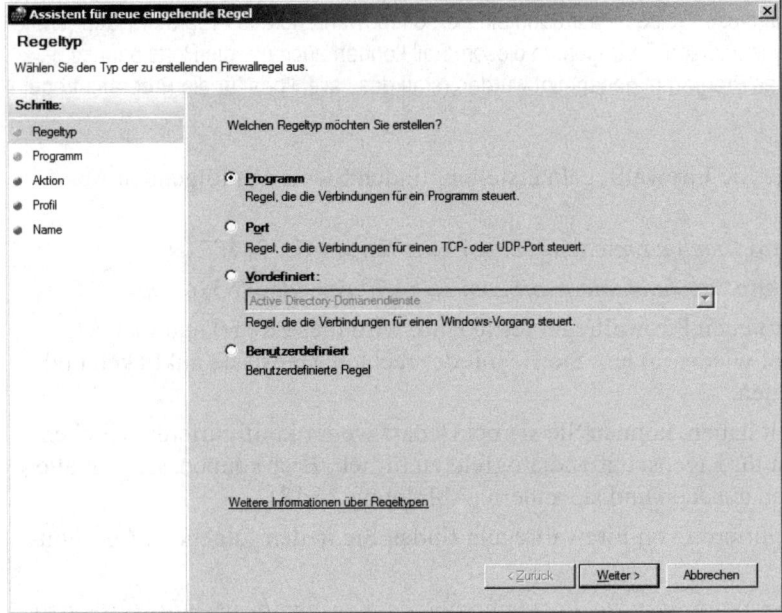

Abbildung 26.12   Erstellen einer neuen Firewallregel im Assistenten für neue eingehende Regel

Entsprechend erstellen Sie eine ausgehende Firewallregel mithilfe von Gruppenrichtlinien, indem Sie mit der rechten Maustaste auf den Knoten *Ausgehende Regeln* klicken und den Befehl *Neue Regel* wählen, um den Assistenten für neue ausgehende Regel zu starten. Auch hier gilt, dass unter Umständen unterschiedliche Seiten im Assistenten angezeigt werden, je nachdem, welche Optionen Sie auf einer Seite auswählen. Wenn Sie beispielsweise auf der Seite *Aktion* die Option *Verbindung zulassen, wenn sie sicher ist* wählen, wird die Seite *Computer* angezeigt, damit Sie angeben können, welchem Computerkonto die Regel erlaubt, auf den Computer zuzugreifen. (Außerdem müssen Sie auch hier eine separate Verbindungssicherheitsregel erstellen, die erzwingt, dass Verkehr, der dieser Regel entspricht, authentifiziert wird.)

Wenn Sie Firewallregeln erstellen, sollten Sie folgende Empfehlungen beachten:

- Wählen Sie nach Möglichkeit den Regeltyp *Vordefiniert* aus, weil auf diese Weise eine Gruppe von Regeln einem bestimmten Windows-Feature erlaubt, auf das Netzwerk zuzugreifen.

- Wenn Sie keine vordefinierte Regel finden, die Ihre Anforderungen erfüllt, ist *Programm* der nächstbeste Regeltyp. Er erlaubt einer angegebenen Anwendung (ausführbaren Datei), auf das Netzwerk zuzugreifen. Programmregeln werden aktiviert, wenn die entsprechende Anwendung läuft, und wieder deaktiviert, sobald die Anwendung beendet wird. Auf diese Weise kann die Windows-Firewall dafür sorgen, dass jeweils nur eine möglichst geringe Zahl von Ports offen ist. Das verkleinert die Angriffsfläche des Computers. Beachten Sie, dass Programmregeln nur erstellt werden können, wenn die Anwendung über Winsock auf das Netzwerk zugreift.

- Falls eine Programmregel Ihre Anforderungen nicht erfüllt, sollten Sie *Port* als Regeltyp auswählen. Portregeln erlauben Verkehr über einen angegebenen TCP- oder UDP-Port oder einen Portbereich. Beachten Sie, dass Portregeln dafür sorgen, dass die angegebenen Ports immer offen bleiben, unabhängig davon, ob sie von einer Anwendung oder einem Dienst tatsächlich benutzt werden.

> **HINWEIS** Wenn Sie eine Programmregel konfigurieren, die Ihre Anforderungen erfüllt, sollten Sie auch gleich eine zugehörige Portregel erstellen. Auf diese Weise ist nur dann ein Port offen, während das Programm läuft (und nicht die ganze Zeit, wie bei einer eigenständigen Portregel). In diesem Fall können auch nur die Ports benutzt werden, die für die Benutzung durch das Programm genehmigt wurden (statt dass alle Ports für die Programmregel verfügbar sind).

Weitere Informationen darüber, wie Sie Firewallregeln erstellen, finden Sie in den folgenden Abschnitten der TechNET-Bibliothek:

- »Creating New Rules« unter *http://technet.microsoft.com/en-us/library/cc771477.aspx*
- »Firewall Rule Wizard« unter *http://technet.microsoft.com/en-us/library/dd448516.aspx*

Sobald Sie mit dem Erstellen einer neuen Firewallregel fertig sind, wird diese Regel automatisch aktiviert. Sie deaktivieren die Regel wieder, indem Sie sie mit der rechten Maustaste anklicken und den Befehl *Regel deaktivieren* wählen.

Wenn Sie eine Firewallregel erstellt haben, können Sie sie bei Bedarf weiter konfigurieren. Klicken Sie dazu doppelt auf die Regel, um ihr Eigenschaftendialogfeld zu öffnen. Hier können Sie sich alle konfigurierbaren Regelbedingungen ansehen und sie ändern (Abbildung 26.13).

Weitere Informationen zum Konfigurieren von Firewallregeln finden Sie in den folgenden Abschnitten der TechNET-Bibliothek:

- »Understanding Firewall Rules« unter *http://technet.microsoft.com/en-us/library/dd421709.aspx*
- »Configuring Firewall Rules« unter *http://technet.microsoft.com/en-us/library/dd448559.aspx*
- »Firewall Rule Properties Page« unter *http://technet.microsoft.com/en-us/library/dd421727.aspx*

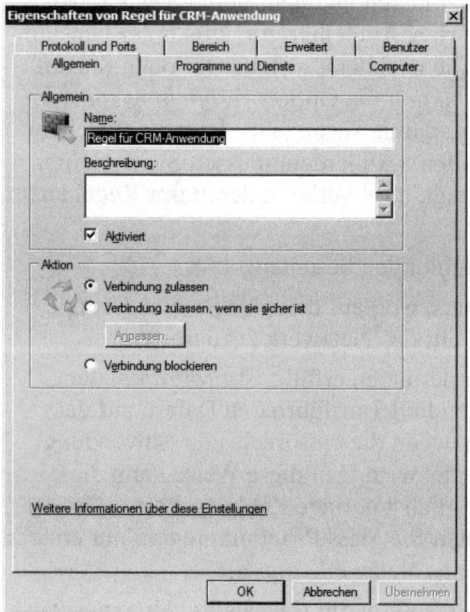

Abbildung 26.13 Konfigurieren einer Firewallregel

Direkt von der Quelle: Verwenden von RPC mit der Windows-Firewall

Eran Yariv, Principal Development Manager

RPC (Remote Procedure Call) ist eine häufig genutzte Methode, wie Anwendungen Verkehr aus dem Netzwerk empfangen, ihn verarbeiten und darauf antworten. RPC ist in Servern weit verbreitet, deren Rolle es unter anderem ist, einen Dienst über das Netzwerk für Clients zur Verfügung zu stellen. Einige wichtige Beispiele sind etwa der Microsoft Exchange Server, Microsoft ISA-Server (für die Remoteverwaltung), der Windows-Faxdienst und so weiter. RPC wird sogar in verschiedenen Szenarien für Clientcomputer eingesetzt. Zum Beispiel funktioniert das Windows-Firewall-Remoteverwaltungsfeature (wenn es aktiviert ist), indem der PolicyAgent-Dienst eine RPC-über-TCP-Schnittstelle (RPC/TCP) benutzt, um Remoteverwaltungsanforderungen zu beantworten und sie als Proxy lokal an den Windows-Firewalldienst weiterzugeben. Dieser Proxyansatz soll verhindern, dass der Windows-Firewalldienst direkt über das Netzwerk erreichbar ist. Auf diese Weise läuft er unter einem sicheren Konto, das aus dem Netzwerk nicht erreichbar ist.

Es gibt zwei Methoden für RPC/TCP:

- **Fester TCP-Port** In diesem Fall ist der Port sowohl dem RPC-Server als auch den Clients normalerweise schon im Voraus bekannt. Die Clients stellen einfach die Verbindung zum Server her, indem sie TCP mit dieser Portnummer verwenden. Falls Sie einen RPC-Server haben, der RPC/TCP mit einem festen Port benutzt, brauchen Sie lediglich eine »Zulassen«-Firewallregel zu der Anwendung/dem Dienst für diesen lokalen TCP-Port hinzuzufügen, um den entsprechenden Verkehr zuzulassen. Die Verwendung eines festen TCP-Ports wird nicht empfohlen, weil sie keine Flexibilität bietet, um Portkollisionen mit anderen Netzwerkanwendungen zu vermeiden. Daher wird diese Methode für RPC/TCP seltener eingesetzt. Nur wenige Dienste verwenden sie (zum Beispiel der RPCSS-Dienst).

- **Dynamischer TCP-Port** In diesem Fall wird während der Laufzeit aus einem Pool verfügbarer Ports ein Port entnommen, über den der RPC-Server seine RPC/TCP-Schnittstelle zur Verfügung stellt. Weil die RPC-Clients nicht vorher wissen, zu welchem TCP-Port sie eine Verbindung herstellen sollen, müssen sie einen Vermittler verwenden. Dieser Vermittler ist die RPC-Endpunktzuordnung.

Die zweite Methode funktioniert folgendermaßen:

1. Anwendung App1 (der RPC-Server) wird gestartet und registriert ihre RPC-Schnittstelle beim RPC-Subsystem für dynamisches RPC/TCP.

2. Das RPC-Subsystem weist dieser Anwendung einen dynamischen TCP-Port (nennen wir ihn Port X) zu und beginnt, aus dem Prozesskontext von Anwendung App1 heraus den Port X zu überwachen.

3. Der RPCSS-Dienst, der als RPC-Endpunktzuordnung agiert, wartet auf einem festen Port auf RPC-Endpunktzuordnungsanforderungen: TCP/135.

4. Der RPC-Client stellt von einem anderen Computer aus eine Verbindung zu TCP/135 her und kommuniziert mit dem RPCSS-Dienst (der RPC-Endpunktzuordnung).

5. Der RPC-Client fragt nach einer bestimmten RPC-Schnittstelle. Die Endpunktzuordnung, ein Teil des RPC-Subsystems, weiß über die Schritte (1) und (2) Bescheid und gibt die Nummer von Port X zurück.

6. Der RPC-Client stellt eine Verbindung zu Port TCP/X her und startet die Schnittstellenaktivierung mit dem RPC-Server.

Wie Sie sehen, sind zwei Firewallregeln nötig, um dynamisches RPC/TCP zu ermöglichen:

- Zulassen, dass der RPCSS-Dienst Verkehr über TCP/135 empfängt, mit dem die Endpunktzuordnung vorgenommen werden kann.
- Zulassen, dass Anwendung App1 Verkehr über TCP/X empfängt.

Hier tun sich zwei Probleme auf:

1. Sie wollen ermöglichen, dass der RPCSS-Dienst nur dann eingehenden Verkehr empfängt, falls RPC-Server auf dem Computer registriert sind. Falls es keine gibt, sollte TCP/135 nicht in der Firewall offen sein, da der Computer andernfalls unnötigerweise für Angriffe verwundbar ist.

2. Sie können nicht im Voraus wissen, welche Nummer Port X hat, und können daher keine Firewallregel erstellen, um den Verkehr darüber zuzulassen.

Um das erste Problem zu lösen, verwendet die Windows-Firewall ein spezielles Schlüsselwort für lokale Ports: *RPC-Endpunktzuordnung*. Sie können dieses Schlüsselwort für lokale Ports verwenden, wenn Sie die Regel »Zulassen, dass der RPCSS-Dienst Verkehr über TCP/135 empfängt, mit dem die Endpunktzuordnung vorgenommen werden kann« erstellen. Dabei brauchen Sie nur TCP/135 durch das Schlüsselwort *RPC-Endpunktzuordnung* zu ersetzen. Der Windows-Firewalldienst unterhält eine spezielle und sichere Schnittstelle zum RPCSS-Dienst. Der RPCSS-Dienst benachrichtigt jedes Mal den Windows-Firewalldienst, wenn RPC-Server registriert werden, und der Firewalldienst ersetzt das Schlüsselwort dynamisch durch die tatsächliche Portnummer (in diesem Fall TCP/135, aber es könnte für RPC/HTTP auch TCP/593 sein). Falls keine RPC-Server beim RPC-Subsystem registriert sind, öffnet der Windows-Firewalldienst Port TCP/135 nicht.

Um das zweite Problem zu lösen, verwendet die Windows-Firewall ein weiteres spezielles Schlüsselwort für lokale Ports: *Dynamisches RPC*. Wenn dieses Schlüsselwort verwendet wird, stellt die Windows-Firewall sicher, dass der Socket, auf dem der TCP-Verkehr eintrifft (in diesem Beispiel Port X), tatsächlich vom RPC-Subsystem reserviert wurde und für RPC eingesetzt wird. Statt einer Firewallregel, die lautet »Zulassen, dass Anwendung App1 TCP-Verkehr über irgendeinen Port empfängt«, erstellen Sie die folgende Regel unter Verwendung des Schlüsselworts *Dynamisches RPC*: »Zulassen, dass Anwendung App1 TCP-Verkehr ausschließlich für RPC-Zwecke empfängt.«

Erstellen und Konfigurieren von Verbindungssicherheitsregeln

Sie können Gruppenrichtlinien verwenden, um auf den Zielcomputern Verbindungssicherheitsregeln zu erstellen und zu konfigurieren. Verbindungssicherheitsregeln zwingen Computer, sich zu authentifizieren, bevor ihnen erlaubt wird, eine Verbindung aufzubauen. Ist einmal eine Verbindung zwischen den Computern aufgebaut, benutzen sie IPsec, um die übertragenen Daten zu schützen. Informationen darüber, welche Arten von Verbindungssicherheitsregeln Sie erstellen können, finden Sie im Abschnitt »Grundlagen von Verbindungssicherheitsregeln« weiter oben in diesem Kapitel.

Wenn Sie mithilfe von Gruppenrichtlinien eine Verbindungssicherheitsregel auf den Zielcomputern erstellen wollen, klicken Sie in Ihrem Gruppenrichtlinienobjekt unter dem Knoten der Firewallrichtlinie mit der rechten Maustaste auf den Knoten *Verbindungssicherheitsregeln* und wählen den Befehl *Neue Regel*. Daraufhin wird der Assistent für neue Verbindungssicherheitsregel gestartet (Abbildung 26.14), der Sie durch die Schritte zum Erstellen einer Verbindungssicherheitsregel leitet. Zuerst wählen Sie den Typ der Regel aus, die Sie erstellen wollen, dann geben Sie die Regelbedingungen an, die für die Regel gebraucht werden. Beachten Sie, dass unter Umständen unterschiedliche Seiten im Assistenten angezeigt werden, je nachdem, welche Optionen Sie auf einer Seite auswählen.

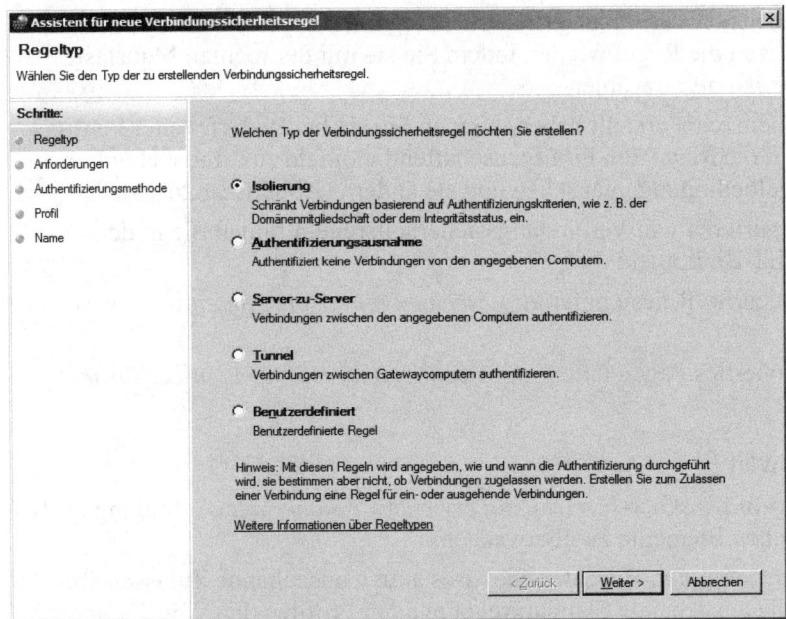

Abbildung 26.14   Erstellen einer neuen Verbindungssicherheitsregel
im Assistenten für neue Verbindungssicherheitsregel

Weitere Informationen zum Erstellen von Verbindungssicherheitsregeln finden Sie in den folgenden
Abschnitten der TechNET-Bibliothek:

- »Understanding Connection Security Rules« unter *http://technet.microsoft.com/en-ca/library/
  dd448591.aspx*

- »Creating Connection Security Rules« unter *http://technet.microsoft.com/en-us/library/cc725940.
  aspx*

- »Connection Security Rule Wizard« unter *http://technet.microsoft.com/en-us/library/dd759064.
  aspx*

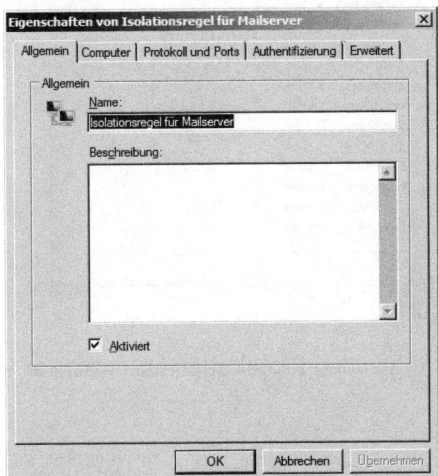

Abbildung 26.15   Konfigurieren einer Verbindungssicherheitsregel

Sobald Sie mit dem Erstellen einer neuen Verbindungssicherheitsregel fertig sind, wird diese Regel automatisch aktiviert. Sie deaktivieren die Regel wieder, indem Sie sie mit der rechten Maustaste anklicken und den Befehl *Regel deaktivieren* wählen.

Wenn Sie eine Verbindungssicherheitsregel erstellt haben, können Sie sie bei Bedarf weiter konfigurieren. Klicken Sie dazu doppelt auf die Regel, um ihr Eigenschaftendialogfeld zu öffnen. Hier können Sie sich alle konfigurierbaren Regelbedingungen ansehen und sie ändern (Abbildung 26.15).

Weitere Informationen zum Konfigurieren von Verbindungssicherheitsregeln finden Sie in den folgenden Abschnitten der TechNET-Bibliothek:

- »Understanding Connection Security Rules« unter *http://technet.microsoft.com/en-us/library/dd448591.aspx*

- »Connection Security Rule Properties Page« unter *http://technet.microsoft.com/en-ca/library/dd421705.aspx*

Überwachen der Windows-Firewall

Der Knoten *Überwachung* im Snap-In *Windows-Firewall mit erweiterter Sicherheit* (Abbildung 26.16) bietet Ihnen die Möglichkeit, folgende Elemente zu überwachen:

- Aktive Firewallregeln auf dem Computer. Beachten Sie, dass aktive ausgehende Zulassen-Regeln nicht angezeigt werden, weil die ausgehende Standardregel in allen Profilen den Wert *Zulassen* hat; es werden nur aktive ausgehende Blockieren-Regeln angezeigt.

- Aktive Verbindungssicherheitsregeln auf dem Computer und detaillierte Informationen über ihre Einstellungen

- Aktive Hauptmodus- und Schnellmodus-Sicherheitszuordnungen für den Computer, inklusive detaillierter Informationen über ihre Einstellungen und Endpunkte

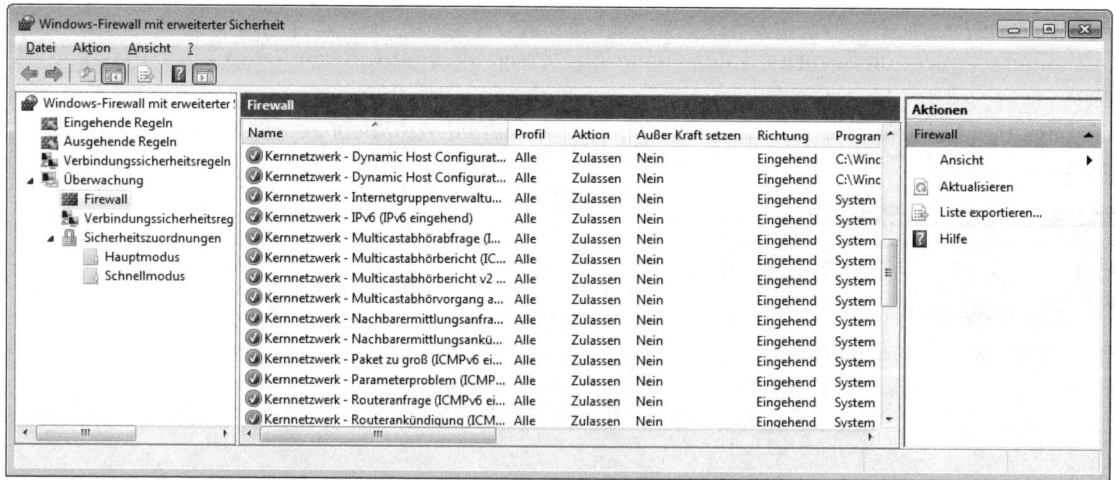

Abbildung 26.16 Überwachen der aktiven Firewallregeln auf dem Computer

Sie können die Aktivitäten der Windows-Firewall außerdem mit folgenden Protokollen überwachen:

- Windows-Firewall-Protokolle
- Windows-Ereignisprotokolle

Weitere Informationen dazu finden Sie im nächsten Abschnitt, »Behandlung von Problemen mit der Windows-Firewall«. Weitere Informationen zum Überwachen der Windows-Firewall mit erweiterter Sicherheit enthält auch »Monitoring Windows Firewall with Advanced Security« unter *http://technet. microsoft.com/en-us/library/dd421717.aspx* in der TechNET-Bibliothek.

> **HINWEIS** Der Knoten *Überwachung* ist unter dem Firewallrichtlinienknoten in den Gruppenrichtlinien nicht verfügbar.

Behandlung von Problemen mit der Windows-Firewall

Wichtige Tools für die Behandlung von Problemen mit der Windows-Firewall mit erweiterter Sicherheit sind:

- Firewall-Protokolle
- Windows-Ereignisprotokolle
- Überwachung
- `netsh wfp`
- `netsh trace`

Behandlung von Problemen mit der Windows-Firewall mithilfe von Firewall-Protokollen

Sie können die Firewallprotokollierung in der Windows-Firewall mit erweiterter Sicherheit aktivieren und konfigurieren, um erfolgreiche und fehlgeschlagene Aktivitäten der Firewall aufzuzeichnen. Sie können die Firewallprotokollierung mithilfe von Gruppenrichtlinien auf mehreren Zielcomputern konfigurieren, aber auch einzeln für jedes Firewallprofil der Zielcomputer. Wenn Sie mithilfe von Gruppenrichtlinien die Firewallprotokollierung auf den Zielcomputern konfigurieren wollen, klicken Sie in Ihrem Gruppenrichtlinienobjekt mit der rechten Maustaste auf den Knoten der Firewallrichtlinie und wählen den Befehl *Eigenschaften*. Wählen Sie dann die Registerkarte für das Firewallprofil aus, in dem Sie die Protokollierung konfigurieren wollen, und klicken Sie im Abschnitt *Protokollierung* auf *Anpassen*. Daraufhin öffnet sich das Dialogfeld *Protokollierungseinstellungen für <Profil-name> anpassen* (Abbildung 26.17), in dem Sie folgende Einstellungen konfigurieren:

- Wo die Protokolldatei erstellt wird und wie groß die Datei werden darf
- Ob die Protokolldatei Informationen über verworfene Pakete, erfolgreiche Verbindungen oder beides aufzeichnet

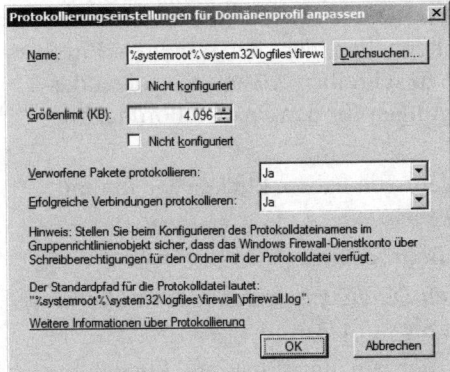

Abbildung 26.17 Aktivieren der Firewallprotokollierung auf Zielcomputern mithilfe von Gruppenrichtlinien

Weitere Informationen über die Firewallprotokollierung finden Sie im Textkasten »Direkt von der Quelle: Grundlagen des Firewall-Protokolls«.

Direkt von der Quelle: Grundlagen des Firewall-Protokolls

CSS Global Technical Readiness Team

Die Protokolldatei *Pfirewall.log* verrät, welche Pakete von der Firewall verworfen wurden und welche Verbindungsversuche erlaubt wurden. Das ist nützlich, wenn Sie prüfen wollen, ob die Firewall für ein Verbindungsproblem verantwortlich ist.

Der folgende Ausschnitt aus einer *Pfirewall.log*-Datei zeigt, dass das Protokoll alle Informationen enthält, die Sie brauchen, um festzustellen, ob ein Paket von der Firewall verworfen wurde. In den Daten finden Sie unter anderem IP-Adressen, Ports, TCP-Flags, ICMP-Typen und -Codes sowie die Richtung.

```
2009-03-29 12:40:52 ALLOW UDP fe80::8413:5c0:13e9:79bc ff02::1:2 546 547 0 - - - - - - - SEND
2009-03-29 12:40:53 DROP TCP 192.168.1.176 192.168.1.175 49653 23 52 S 3161718899 0 8192 - - - RECEIVE
2009-03-29 12:40:53 ALLOW UDP 192.168.1.176 192.168.1.175 500 500 0 - - - - - - - RECEIVE
2009-03-29 12:40:53 DROP TCP 192.168.1.176 192.168.1.175 49653 23 52 S 3161718899 0 8192 - - - RECEIVE
2009-03-29 12:40:56 DROP TCP 192.168.1.176 192.168.1.175 49653 23 52 S 3161718899 0 8192 - - - RECEIVE
2009-03-29 12:41:02 DROP TCP 192.168.1.176 192.168.1.175 49653 23 48 S 3161718899 0 65535 - - - RECEIVE
2009-03-29 12:41:24 ALLOW UDP fe80::8413:5c0:13e9:79bc ff02::1:2 546 547 0 - - - - - - - SEND
2009-03-29 12:41:36 ALLOW TCP 192.168.1.175 192.168.1.170 49871 389 0 - 0 0 0 - - - SEND
2009-03-29 12:41:36 ALLOW TCP 192.168.1.175 192.168.1.170 49872 445 0 - 0 0 0 - - - SEND
```

Die Protokollierung kann für jedes Profil in der Benutzeroberfläche oder mit Netsh konfiguriert werden.

Wenn Sie mit `netsh advfirewall set` arbeiten, können Sie pro Aufruf nur jeweils eine einzige Option ändern. Wollen Sie mehrere Parameter einstellen, müssen Sie mehrere `netsh advfirewall set`-Befehle hintereinander ausführen, um die gewünschte Konfiguration zusammenzustellen. Hier ein Beispiel,

```
netsh advfirewall set %profile% logging droppedconnections enable
netsh advfirewall set %profile% logging allowedconnections enable
netsh advfirewall set %profile% logging filename %<Pfad>\<Dateiname>%
netsh advfirewall set %profile% logging maxfilesize %<Größe in KByte, 1 - 32767>%
```

Die Datei *Pfirewall.log* wird standardmäßig unter *%WinDir%\System32\Logfiles\Firewall\Pfirewall.log* gespeichert, aber diesen Pfad können Sie ändern. Wenn Sie allerdings einen anderen Speicherort als die Standardeinstellung verwenden, müssen Sie sicherstellen, dass der Windows-Firewalldienst über die Berechtigungen verfügt, in diesem Ordner zu schreiben. Gehen Sie folgendermaßen vor, um dem Windows-Firewalldienst Schreibberechtigungen für den Protokollordner zu gewähren:

1. Suchen Sie den Ordner, den Sie für die Protokolldatei eingetragen haben, klicken Sie ihn mit der rechten Maustaste an und wählen Sie den Befehl *Eigenschaften*.

2. Klicken Sie auf die Registerkarte *Sicherheit* und dann auf *Bearbeiten*.

3. Klicken Sie auf *Hinzufügen*, geben Sie im Dialogfeld *Geben Sie die zu verwendenden Objektnamen ein* den Namen **NT-Dienst\mpssvc** ein und klicken Sie auf *OK*.

4. Überprüfen Sie im Dialogfeld *Berechtigungen*, ob *MpsSvc* Schreibzugriff hat, und klicken Sie auf *OK*.

Behandlung von Problemen mit der Windows-Firewall mithilfe von Ereignisprotokollen

Sie können auch die Windows-Ereignisprotokolle benutzen, um die Windows-Firewall und die IPsec-Aktivitäten zu überwachen und eventuelle Probleme zu beseitigen. Die Ereignisprotokolle für die Windows-Firewall befinden sich im folgenden Zweig der Ereignisanzeige:

Anwendungs- und Dienstprotokolle\Microsoft\Windows\Windows Firewall With Advanced Security

Wie in Abbildung 26.18 zu sehen, gibt es vier Ereignisprotokolle, die Sie für die Überwachung und Problembehandlung der Windows-Firewall auswerten können:

- ConnectionSecurity
- ConnectionSecurityVerbose
- Firewall
- FirewallVerbose

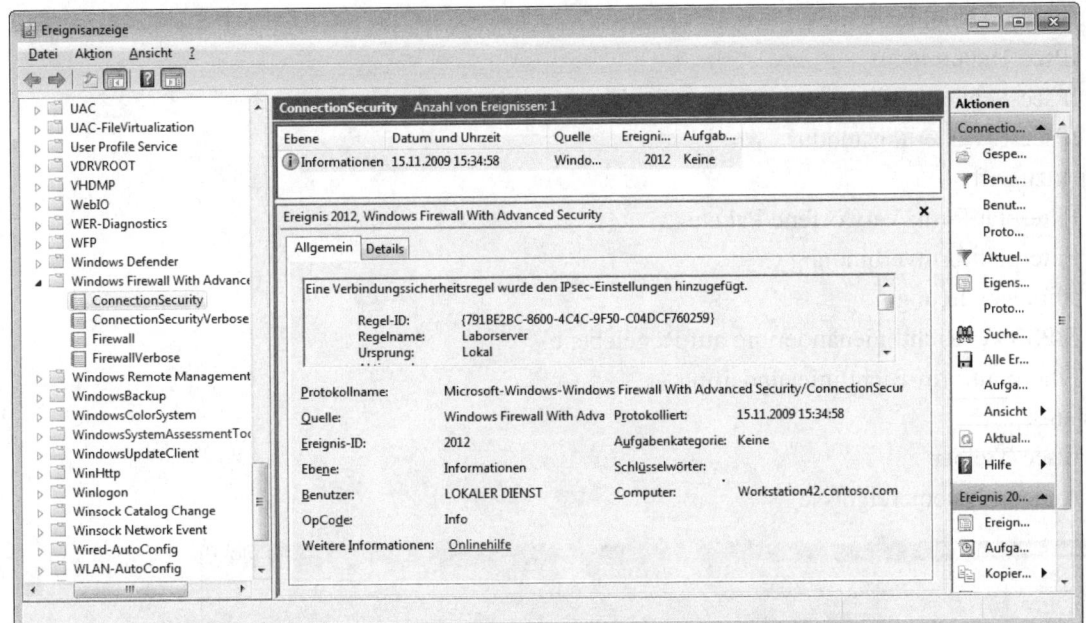

Abbildung 26.18   Ereignisprotokolle für die Windows-Firewall mit erweiterter Sicherheit

Die zwei »Verbose«-Protokolle sind in der Standardeinstellung deaktiviert, weil darin sehr umfangreiche Daten aufgezeichnet werden. Sie können diese Protokolle bei Bedarf aktivieren, indem Sie sie mit der rechten Maustaste anklicken und den Befehl *Protokoll aktivieren* wählen.

Weitere Informationen über die Arbeit mit Ereignisprotokollen finden Sie in Kapitel 21, »Pflegen der Desktopcomputer«. Lesen Sie zu diesem Thema auch *Problembehandlung für die Windows-Firewall mit erweiterter Sicherheit: Diagnose und Tools* in der TechNET-Bibliothek unter *http://technet.micro soft.com/de-de/library/cc722062.aspx*.

Behandlung von Problemen mit der Windows-Firewall mithilfe der Überwachung

Sie können die Überwachung einsetzen, um die Aktivitäten von Windows-Firewall und IPsec zu verfolgen und eventuelle Probleme zu analysieren. Überwachungsereignisse für Windows-Firewall- und IPsec-Aktivitäten werden in das Sicherheitsereignisprotokoll geschrieben, sie haben Ereignis-IDs im Bereich zwischen 4600 und 5500.

Sie haben zwei Möglichkeiten, die Überwachung für die Aktivitäten von Windows-Firewall und IPsec auf den Zielcomputern zu aktivieren:

- Mit Gruppenrichtlinien
- Mit dem Befehl *Auditpol.exe*

Wenn Sie die Überwachung für Windows-Firewall- und IPsec-Aktivitäten mithilfe von Gruppenrichtlinien konfigurieren wollen, müssen Sie die Unterkategorien für die Überwachungsrichtlinien bearbeiten, die Sie unter dem folgenden Knoten finden:

Computerkonfiguration\Richtlinien\Windows-Einstellungen\Sicherheitseinstellungen\Erweiterte Überwachungsrichtlinienkonfiguration\Überwachungsrichtlinien

Abbildung 26.19 zeigt die Unterkategorien der Überwachungsrichtlinien, die unter diesem Richtlinienknoten zur Verfügung stehen. Für die erweiterte Überwachungsrichtlinienkonfiguration sind folgende Unterkategorien von Interesse:

- Anmelden/Abmelden
  - ☐ IPsec-Hauptmodus
  - ☐ IPsec-Schnellmodus
  - ☐ IPsec-Erweiterungsmodus
- Objektzugriff
  - ☐ Filterplattform: Verworfene Pakete
  - ☐ Filterplattformverbindung
- Richtlinienänderung
  - ☐ MPSSVC-Richtlinienänderung auf Regelebene
  - ☐ Filterplattform-Richtlinienänderung
- System
  - ☐ IPsec-Treiber
  - ☐ Andere Systemereignisse

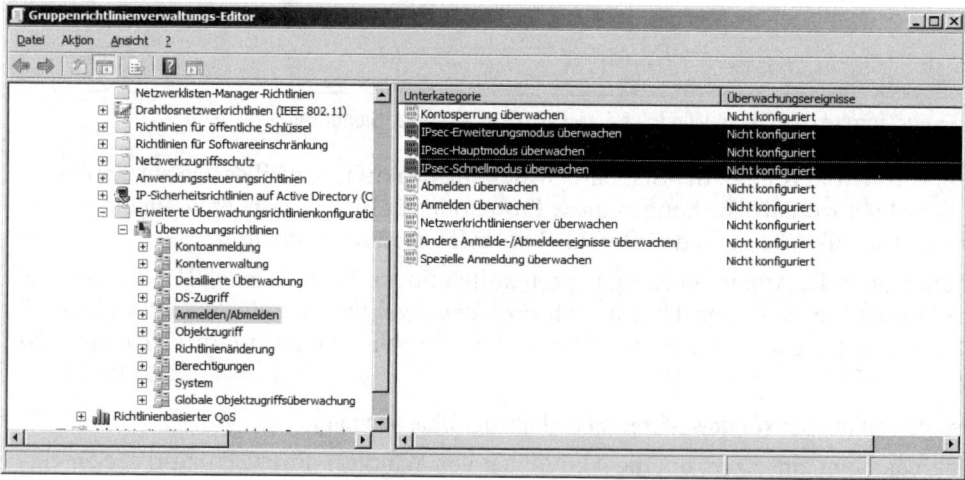

Abbildung 26.19 Überwachen der Windows-Firewall- und IPsec-Aktivitäten mithilfe von Gruppenrichtlinien

In der Befehlszeile können Sie alle Unterkategorien der Überwachungsrichtlinien auflisten lassen, indem Sie in einer Eingabeaufforderung mit erhöhten Rechten **auditpol /list /subcategory:*** eingeben. Wenn Sie mit *Auditpol.exe* die Überwachung für die Windows-Firewall-Aktivitäten aktivieren wollen, können Sie diesen Befehl ausführen:

```
auditpol.exe /set /SubCategory:"MPSSVC-Richtlinienänderung auf Regelebene","Filterplattform-
Richtlinienänderung","Andere Systemereignisse","Filterplattform: Verworfene Pakete",
"Filterplattformverbindung" /success:enable /failure:enable
```

Und der nächste Befehl zeigt, wie Sie mit *Auditpol.exe* die Überwachung für IPsec-Aktivitäten aktivieren:

```
auditpol.exe /set /SubCategory:"MPSSVC-Richtlinienänderung auf Regelebene","Filterplattform-
Richtlinienänderung","IPsec-Hauptmodus","IPsec-Schnellmodus","IPsec-Erweiterungsmodus","IPSEC-
Treiber","Andere Systemereignisse","Filterplattform: Verworfene Pakete","Filterplattformverbindung"
/success:enable /failure:enable
```

> **WICHTIG** Wenn Sie die Überwachung für Windows-Firewall- und IPsec-Aktivitäten aktivieren, werden unter Umständen sehr viele Ereignisse in das Sicherheitsereignisprotokoll geschrieben. Aktivieren Sie die Überwachung daher nur, um in einem konkreten Problembehandlungsfall Daten zu sammeln.

Problembehandlung für IPsec mit *netsh wfp*

Windows 7 enthält den neuen Befehlskontext `netsh wfp`, der für die erweiterte Problembehandlung von IPsec in Zusammenarbeit mit den Microsoft Customer Support Services (CSS) genutzt wird. Dieser neue Netsh-Kontext ersetzt das Microsoft IPsec-Diagnosetool (*Wfputil.exe*), das für ältere Windows-Versionen im Microsoft Download Center zur Verfügung steht. Gehen Sie folgendermaßen vor, um mit `netsh wfp` ein Problem mit der IPsec-Kommunikation auf einem Computer zu untersuchen:

1. Geben Sie in einer Eingabeaufforderung **netsh wfp capture start** ein, um mit dem Aufzeichnen von Echtzeit-IPsec-Diagnosedaten auf dem Computer zu beginnen.

2. Reproduzieren Sie das IPsec-Kommunikationsproblem, das auf dem Computer auftritt.

3. Geben Sie **netsh wfp capture stop** ein, um die Ablaufverfolgung zu beenden.

Anschließend finden Sie in dem aktuellen Verzeichnis, aus dem Sie den Befehl ausgeführt haben, eine Datei namens *WfpDiag.cab*. Diese *.cab*-Datei enthält eine Ereignisablaufverfolgungs-Protokolldatei (Event Trace Log, ETL) namens *WfpDiag.etl* sowie eine zugehörige XML-Datei (Extensible Markup Language) namens *WfpDiag.xml*, die detaillierte Informationen speichert, die während der Ablaufverfolgung aufgezeichnet wurden. Sobald Sie diese Informationen aufgezeichnet haben, können Sie sie an den Microsoft-Support schicken, der die Daten dekodiert und Ihnen bei der Problembehandlung hilft.

> **HINWEIS** Mit dem Befehl `netsh trace convert wfpdiag.etl <Dateiname>.txt` können Sie eine binäre ETL-Datei ins Klartextformat konvertieren, nachdem Sie sie aus der *.cab*-Datei extrahiert haben.

Problembehandlung für die Windows-Filterplattform und IPsec mit *netsh trace*

Der Befehlskontext `netsh trace` ist neu in Windows 7. Sie aktivieren damit die Protokollierung und Ablaufverfolgung auf dem Computer, um eine erweiterte Problembehandlung für die Windows-Firewall und IPsec in Zusammenarbeit mit den CSS einzuleiten. Dieser neue Netsh-Kontext ersetzt den Befehl *Logman.exe* aus älteren Windows-Versionen. Gehen Sie folgendermaßen vor, um mit `netsh trace` eine Problembehandlung für die Windows-Firewall oder IPsec-Kommunikation auf einem Computer durchzuführen:

1. Starten Sie mit einem der folgenden Befehle eine Ablaufverfolgungssitzung:

   - **netsh trace start scenario=WFP-IPsec**   Startet eine Ablaufverfolgungssitzung für das vordefinierte Windows-Filterplattform- und IPsec-Szenario.

   - **netsh trace start provider="Microsoft-Windows-Windows Firewall With Advanced Security"**   Startet eine Ablaufverfolgungssitzung für die Problembehandlung von Firewallregeln mit dem Anbieter »Microsoft-Windows-Windows Firewall With Advanced Security«.

   - **netsh trace start provider="Microsoft-Windows-WFP"**   Startet eine Ablaufverfolgungssitzung für die Problembehandlung der IPsec-Kommunikation mit dem Anbieter »Microsoft-Windows-WFP«.

2. Reproduzieren Sie das Windows-Firewall- oder IPsec-Kommunikationsproblem, das auf dem Computer auftritt.

3. Geben Sie **netsh trace stop** ein, um die Ablaufverfolgung zu beenden.

Sobald Sie diese Schritte abgeschlossen haben, werden die Dateien *NetTrace.etl* und *NetTrace.cab* im Ordner *%UserProfile%\AppData\Local\Temp\NetTraces* generiert.

Die *.cab*-Datei enthält mehrere unterschiedliche Dateien, in denen die Informationen gespeichert sind, die während der Ablaufverfolgung aufgezeichnet wurden. Sobald Sie diese Informationen aufgezeichnet haben, können Sie sie an den Microsoft-Support schicken, der die Daten dekodiert und Ihnen bei der Problembehandlung hilft. Sie können sich die Informationen auch selbst ansehen, indem Sie die Dateien aus der *.cab*-Datei extrahieren und dann die Datei *Report.html* öffnen, eine der enthaltenen Dateien.

WEITERE INFORMATIONEN   Weitere Informationen zur Problembehandlung für die Windows-Firewall und IPsec finden Sie in der TechNET-Bibliothek unter *http://technet.microsoft.com/de-de/library/cc771597.aspx*.

Zusammenfassung

Die Windows-Firewall mit erweiterter Sicherheit wurde in Windows 7 folgendermaßen erweitert: Unterstützung für mehrere aktive Firewallprofile; Unterstützung für Autorisierungausnahmen; Angeben von Portbereichen für Regeln; dynamische Verschlüsselung, dynamische Tunnelendpunkte und Tunnelmodusautorisierung; Angeben von Portnummern und Protokollen für Verbindungssicherheitsregeln; neue Optionen für Edgeausnahmen; einfachere Konfiguration von Suite-B-Algorithmen; Unterstützung für mehrere Hauptmoduskonfigurationen; Unterstützung für Zertifikate, die von Zwischenzertifizierungsstellen ausgestellt wurden. In diesem Kapitel wurde beschrieben, wie die Windows-Firewall mit erweiterter Sicherheit funktioniert und wie Sie Firewall- und IPsec konfigurieren, verwalten, überwachen und eventuelle Probleme beseitigen.

Weitere Informationen

Die folgenden Ressourcen liefern weitere Informationen und Tools zu den Themen dieses Kapitels.

Informationsquellen

- *Schrittweise Anleitung zum Bereitstellen von Richtlinien für die Windows-Firewall mit erweiterter Sicherheit* unter *http://technet.microsoft.com/de-de/library/cc732400.aspx*

- *Windows Firewall with Advanced Security Design Guide* unter *http://technet.microsoft.com/en-us/library/cc732024.aspx*

- *Windows Firewall with Advanced Security Deployment Guide* unter *http://technet.microsoft.com/ en-us/library/cc972925.aspx*
- Hinweise zum Betrieb der Windows-Firewall mit erweiterter Sicherheit unter *http://technet.micro soft.com/en-us/library/cc771611.aspx*
- Technische Referenz zur Windows-Firewall mit erweiterter Sicherheit unter *http://technet.micro soft.com/en-us/library/dd125354.aspx*
- »Windows Firewall with Advanced Security«-Produkthilfe unter *http://technet.microsoft.com/ en-us/library/dd448511.aspx*
- IPsec Technologies and Solutions TechCenter unter *http://technet.microsoft.com/en-us/network/ bb531150.aspx*

Auf der Begleit-CD

- *ConfigureFWLogging.ps1*
- *EnableDisableRemoteAdmin.ps1*

Verbindungen mit Remotebenutzern und -netzwerken

Remotekonnektivität ist ein wichtiger Aspekt in Unternehmensnetzwerken. Das Betriebssystem Windows 7 bietet verschiedene Features, die solche Verbindungen schneller, einfacher zu benutzen und unkomplizierter zu verwalten machen. Dieses Kapitel untersucht die Remotezugriffsfähigkeiten in Windows 7, darunter virtuelle private Netzwerke (Virtual Private Network, VPN), DirectAccess, BranchCache und Remotedesktop.

Verbesserungen für die Anbindung von Remotebenutzern und -netzwerken in Windows 7

Windows 7 basiert auf dem Unterbau von Windows Vista, fügt aber neue Features hinzu und verbessert die vorhandenen Features für die Verbindung mit Remotebenutzern und -netzwerken. Die wichtigsten Verbesserungen sind:

- Unterstützung für ein neues Tunnelprotokoll namens Internet Key Exchange Version 2 (IKEv2)
- Unterstützung für das Mobility und Multihoming Protocol für Internet Key Exchange (MOBIKE), eine Erweiterung von IKEv2, die es VPN-Verbindungen ermöglicht, ihre erreichbaren Adressen zu ändern, ohne die Sicherheitszuordnungen (Security Association, SA) neu zu erstellen
- VPN-Reconnect, ein neues Feature in Windows 7 und Windows Server 2008 R2, das IKEv2 und MOBIKE benutzt, um eine aktive VPN-Verbindung automatisch und nahtlos umzuschalten, wenn sich die zugrundeliegende Internetverbindung verändert
- Automatisches Fallback auf SSTP (Secure Socket Tunneling Protocol), wenn vergeblich versucht wird, eine IKEv2-Verbindung aufzubauen
- Integration von Remotezugriff- und VPN-Verbindungen in die Ansicht *Verfügbare Netzwerke anzeigen*, um einfachere Wählverbindungen zu ermöglichen

- Möglichkeit für Administratoren, das Zertifikat für die Serverauthentifizierung in SSTP auszuwählen

- DirectAccess, ein neues Feature von Windows 7 und Windows Server 2008 R2, das es Benutzern erlaubt, von jedem beliebigen Standort aus, an dem Internetzugriff besteht, eine nahtlose Verbindung zum Unternehmensnetzwerk herzustellen

- BranchCache, ein neues Feature von Windows 7 und Windows Server 2008 R2, das es erlaubt, den Inhalt von Datei- und Webservern, die sich in einer zentralen Niederlassung befinden, auf Computern in einer Zweigstelle lokal zwischenzuspeichern. Das optimiert die Reaktionszeit von Anwendungen und verringert den WAN-Verkehr (Wide Area Network).

- Änderungen am Remotedesktopprotokoll (Remote Desktop Protocol, RDP), die Leistung und Benutzerfreundlichkeit von Remotedesktopsitzungen verbessern

- Mobiles Breitband, das es einfacher macht, Windows 7-Computer über eine Drahtlostelefonkarte mit dem Internet zu verbinden, unabhängig davon, welcher Anbieter benutzt wird

Die folgenden Abschnitte beschreiben einige dieser neuen Features und Verbesserungen genauer. Informationen über andere Verbesserungen finden Sie in Abschnitten weiter unten in diesem Kapitel.

Grundlagen von IKEv2

Internet Key Exchange (IKE) ist ein Schlüsselprotokoll innerhalb der Protokollfamilie IPsec (Internet Protocol Security). IKEv1 kann eingesetzt werden, um SAs einzurichten, die sichere, verschlüsselte Kommunikation über eine VPN-Verbindung ermöglichen. Dazu benutzt IKE einen Diffie-Hellman-Schlüsselaustausch, um ein gemeinsam genutztes Sitzungsgeheimnis auszutauschen, aus dem dann kryptografische Schlüssel abgeleitet werden. Anschließend können öffentliche oder vorinstallierte Schlüssel benutzt werden, um die Endpunkte der VPN-Verbindung gegenseitig zu authentifizieren. IKEv1 wird in Windows Vista, Windows Server 2003 und älteren Windows-Versionen unterstützt.

IKEv2 ist eine neuere Version von IKE, die in Windows 7 und Windows Server 2008 R2 unterstützt wird. IKEv2 weist eine Reihe von Verbesserungen gegenüber IKEv1 auf; die wichtigsten sind:

- Einfacherer erster Austausch von Nachrichten, was die Latenz verringert und den Verbindungsaufbau beschleunigt

- Höhere Zuverlässigkeit dank des Einsatzes von Sequenznummern, Bestätigungen und Fehlerkorrektur

- Unterstützung für EAP (Extensible Authentication Protocol) als Methode zum Authentifizieren der VPN-Endpunkte

- Abwärtskompatibilität zu den Ports, die in IKEv1 benutzt werden, um sicherzustellen, dass NAT-Traversal (Network Address Translation) funktioniert

- VPN-Mobilitätsunterstützung über die MOBIKE-Erweiterung

- Unterstützung für das Protokoll IPv6

- Weitere Features, die im Vergleich zu IKEv1 höhere Geschwindigkeit, mehr Sicherheit und einfachere Konfiguration gewährleisten

Die Unterstützung für IKEv2 als VPN-Tunnelprotokoll ist neu in Windows 7 und Windows Server 2008 R2. IKEv2 ist eine wesentliche Komponente des neuen Features VPN-Reconnect auf diesen Plattformen. Weitere Informationen zu VPN-Reconnect finden Sie im Abschnitt »Grundlagen von VPN-Reconnect« weiter unten in diesem Kapitel. Weitere Informationen über IPsec-Protokolle und die Implementierung von IPsec in Windows 7 finden Sie in Kapitel 26, »Konfigurieren von Windows-Firewall und IPsec«.

> **WEITERE INFORMATIONEN**   Weitere Informationen über IKEv2 finden Sie in RFC 4306 unter *http://www.ietf.org/rfc/rfc4306.txt.*

Grundlagen von MOBIKE

MOBIKE ist eine Erweiterung des Protokolls IKEv2. Es stellt Mobilität für VPN-Verbindungen zur Verfügung. Insbesondere bietet MOBIKE folgende Vorteile:

- Es ermöglicht einem VPN-Client, seine erreichbare Adresse (Internetadresse) zu ändern, ohne dass er seine SAs mit dem VPN-Server neu aufbauen muss.
- VPN-Client und -Server können Paare erreichbarer Adressen auswählen, wenn sie beide Zugriff auf mehrere erreichbare Adressen haben.

MOBIKE verhindert somit, dass VPN-Clients, deren Verbindung abgebrochen ist, eine IKEv2-Neuaushandlung durchführen müssen, sobald die Internetkonnektivität mit dem VPN-Server wieder aufgebaut ist. IKEv2-Aushandlungen erfordern üblicherweise den Austausch von 4.000 bis 8.000 Byte Daten, dagegen kommen MOBIKE-Aushandlungen mit rund 500 Byte aus. Somit ermöglicht es MOBIKE, unterbrochene VPN-Verbindungen schnell wiederherzustellen, sodass der Benutzer kaum gestört wird.

Die Unterstützung für MOBIKE ist neu in Windows 7 und Windows Server 2008 R2. Es ist eine zentrale Komponente für das neue Feature VPN-Reconnect dieser Plattformen. Weitere Informationen zu VPN-Reconnect finden Sie im nächsten Abschnitt.

> **WEITERE INFORMATIONEN**   Weitere Informationen über MOBIKE finden Sie in RFC 4555 unter *http://www.ietf.org/rfc/rfc4555.txt.*

Grundlagen von VPN-Reconnect

VPN-Reconnect ist ein neues Feature von Windows 7 und Windows Server 2008 R2. Es erlaubt, VPN-Verbindungen aufrechtzuerhalten, sogar wenn die zugrundeliegende Internetkonnektivität der Verbindung zeitweise unterbrochen wird. VPN-Reconnect wurde mit dem Ziel entworfen, VPN-Verbindungen zuverlässiger zu machen. Es sorgt dafür, dass die Benutzer ihre Verbindung nicht mehr von Hand neu aufbauen müssen, wenn sie unterbrochen wurde.

Geht in älteren Windows-Versionen die Internetkonnektivität verloren, wird auch die VPN-Verbindung unterbrochen. Arbeitet der Benutzer also mit einer Anwendung oder hat er ein Dokument geöffnet, während die Verbindungsunterbrechung eintritt, geht sein Arbeit verloren. Dieses Problem tritt bei allen Tunnelprotokollen auf, die in älteren Windows-Versionen unterstützt werden, darunter PPTP (Point-to-Point Tunneling Protocol), L2TP/IPsec (Layer 2 Tunneling Protocol over IPsec) und SSTP.

Mit VPN-Reconnect, das auf dem neuen Tunnelprotokoll IKEv2 mit der MOBIKE-Erweiterung aufsetzt, bleibt die VPN-Verbindung des Benutzers erhalten, wenn die Internetkonnektivität unterbrochen wird. Sobald die Internetkonnektivität wiederhergestellt ist, kann der Benutzer mit seiner Anwendung oder dem geöffneten Dokument weiterarbeiten. VPN-Reconnect macht es somit überflüssig, mobile Computer von Hand neu mit dem Unternehmensnetzwerk zu verbinden, nachdem die Internetkonnektivität unterbrochen wurde. Für die mobilen Benutzer wird es damit einfacher, sich mit dem Unternehmensnetzwerk zu verbinden und über eine VPN-Verbindung zu arbeiten.

VPN-Reconnect ermöglicht auch ganz neue Szenarien für die Arbeit mobiler Benutzer. Nehmen wir als Beispiel einen mobilen Benutzer, der in einem Zug unterwegs ist, sein Notebook über eine mobile Breitbandverbindung an das Internet anschließt und eine VPN-Verbindung zum internen Netzwerk des Unternehmens aufbaut. Als der Zug den Bahnhof verlässt, verliert der Benutzer den Kontakt mit dem Drahtloszugriffspunkt im Bahnhof, sodass die Internetkonnektivität kurzzeitig verloren geht. Beim nächsten Halt einige Minuten später kommt der Zug wieder in die Reichweite des lokalen Zugriffspunkts. Dank VPN-Reconnect wird die VPN-Verbindung des Benutzers automatisch und nahtlos wiederhergestellt, sodass er einfach weiterarbeiten kann.

Es sind etliche andere Szenarien denkbar, in denen sich VPN-Reconnect für mobile Benutzer als nützlich erweist, beispielsweise wenn der Benutzer eine VPN-Verbindung aufrechterhält, während er zwischen folgenden Netzwerken hin- und herschaltet:

- Von einem teuren, langsamen Drahtlos-WAN (Wireless WAN, WWAN) zu einem billigeren, schnelleren WLAN (Wireless Local Area Network), etwa wenn ein Benutzer auf Reisen ist und bei einem Kunden oder zu Hause ankommt
- Von einem öffentlichen Drahtlosnetzwerk zum Kabel-LAN des Unternehmens, wenn beispielsweise ein Benutzer nach einer Dienstreise wieder im Büro eintrifft

HINWEIS DirectAccess kann das VPN in vielen Organisationen als bevorzugte Remotezugriffsmethode ersetzen. Manche Organisationen verwenden VPNs allerdings parallel zu DirectAccess weiter, deshalb hat Microsoft die VPN-Benutzerfreundlichkeit in Windows 7 mit VPN-Reconnect verbessert, um solchen Organisationen entgegenzukommen. Weitere Informationen über DirectAccess finden Sie im Abschnitt »Grundlagen von DirectAccess« weiter unten in diesem Kapitel.

Protokolle und Features von VPN-Reconnect

VPN-Reconnect funktioniert mithilfe folgender Protokolle:

- IPSec-Tunnelmodus mit ESP (Encapsulating Security Payload) für sichere Übertragung
- IKEv2 für die Schlüsselaushandlung und MOBIKE für die Umschaltung der Tunnelendpunkte, wenn sich die Schnittstellen ändern

Auf der Serverseite ist VPN-Reconnect innerhalb des Routing- und RAS-Dienstes implementiert. Dazu wurden im Wesentlichen zwei neue Features hinzugefügt:

- Ein neuer Kernelmodus-Miniport-Treiber zum Erstellen von IKEv2-Tunneln
- Eine neue VPN-IKE-Protokoll-Engine, die sich in den Dienst *RAS-Verbindungsverwaltung* (Rasman) einklinkt

Auf der Clientseite lädt Rasman die VPN-IKE-Protokoll-Engine, die die IKEv2-Protokollaushandlung steuert und IPsec Schnittstellen für die Authentifizierung und IP-Parameterkonfiguration zur Verfügung stellt. Ein neuer NDIS-Miniport-Treiber (Network Driver Interface Specification) namens VPN-Reconnect-Treiber führt dann die erforderliche Kapselung für IKEv2-basierte Tunnel durch.

Daneben ist noch ein Feature namens Mobility Manager daran beteiligt, VPN-Reconnect möglich zu machen. Der Mobility Manager stellt Unterstützung für die Umschaltung mobilitätsfähiger VPN-Verbindungen bereit, wenn die zugrundeliegende Schnittstelle ausfällt. Der Mobility Manager ist als geplante Aufgabe implementiert, er läuft mit den Privilegien von *LOKALER DIENST*. Diese Aufgabe wird ausgelöst, sobald der erste mobilitätsfähige IKEv2-Tunnel eingerichtet wird. Sie läuft so lange weiter, bis keine mobilitätsfähigen IKEv2-Tunnel mehr im System vorhanden sind.

IKEv2-Tunnel unterstützen zwei Typen clientseitiger Authentifizierung:

- Mit EAP, um die Authentifizierung anhand der Anmeldeinformationen des Benutzers zu ermöglichen
- Mit einem Computerzertifikat, das auf dem VPN-Server installiert wurde

Weitere Informationen darüber, wie IKEv2-Tunnel authentifiziert werden, finden Sie im Textkasten »Direkt von der Quelle: IKEv2-Authentifizierung« weiter unten in diesem Kapitel.

So funktioniert VPN-Reconnect

VPN-Reconnect (IKEv2) steht nur in Windows 7 und Windows Server 2008 R2 zur Verfügung. Das bedeutet, dass mobile Computer unter Windows 7 laufen müssen und der VPN-Server im Unternehmensnetzwerk unter Windows Server 2008 R2; nur dann steht VPN-Reconnect zur Verfügung.

Hier ein typisches Beispiel, wie VPN-Reconnect arbeitet:

1. Der mobile Windows 7-Computer eines Benutzers am Remotestandort A stellt eine Internetverbindung über einen lokalen Drahtloszugriffspunkt her. Diese Internetverbindung stattet den Computer des Benutzers mit einer erreichbaren IP-Adresse aus.

2. Der Benutzer leitet eine VPN-Verbindung zu einem VPN-Server im Unternehmensnetzwerk ein, der unter Windows Server 2008 R2 läuft. Die VPN-Verbindung des Benutzers ist so konfiguriert, dass sie versucht, zuerst IKEv2 als Tunnelprotokoll für die Verbindung zu verwenden.

3. Der VPN-Client tauscht IKEv2-Nachrichten mit dem VPN-Server aus und handelt über EAP ein Authentifizierungsprotokoll aus.

4. Der VPN-Server benutzt RADIUS (Remote Authentication Dial-In User Service), um den Remoteclient zu authentifizieren und zu autorisieren.

5. Es wird eine SA für das Tunnelmodus-ESP ausgehandelt.

6. Der VPN-Client erhält eine interne IP-Adresse für die Dauer der Sitzung.

7. Daten werden zwischen dem VPN-Client und dem Server ausgetauscht. Diese Daten werden in einem IP-Paket gekapselt, das die interne Adresse verwendet. Dieses Paket wird wiederum von ESP gekapselt, und dieses Paket noch einmal in einem IP-Paket, das die erreichbare Adresse benutzt.

8. Irgendwann entfernt sich der Benutzer mit seinem Computer von Standort A. Dabei geht die Internetverbindung verloren.

9. VPN-Reconnect stellt sicher, dass die SA gültig bleibt, sodass die VPN-Sitzung aufrechterhalten wird, obwohl sie zeitweise unterbrochen ist.

10. Der Computer des Benutzers kommt zum neuen Standort B, wo über einen anderen Drahtloszugriffspunkt eine neue Internetverbindung hergestellt wird.

11. Der Computer des Benutzers erhält eine neue erreichbare IP-Adresse. Dies ist eine andere Adresse als vorher am Standort A.

12. Der VPN-Client tauscht MOBIKE-Nachrichten mit dem VPN-Server aus, um den vorhandenen VPN-Tunnel und die SA mit der neu zugewiesenen erreichbaren Adresse zu aktualisieren.

13. Nun wird die VPN-Verbindung automatisch wiederhergestellt, ohne dass der Benutzer etwas tun muss.

Informationen darüber, wie Sie VPN-Reconnect auf der Client- und der Serverseite konfigurieren, finden Sie im Abschnitt »Konfigurieren der Mobilität für IKEv2-Verbindungen« weiter unten in diesem Kapitel.

HINWEIS   Im Unterschied zu anderen VPN-Tunnelprotokollen wie PPTP, L2TP/IPsec und SSTP verwendet VPN-Reconnect (IKEv2) kein PPP-Handshake (Point-to-Point Protocol) über den Tunnel.

Direkt von der Quelle: IKEv2-Authentifizierung

CSS Global Technical Readiness Team

VPN-Clientverbindungen, die mit IKEv2 als Tunnelprotokoll konfiguriert sind, können zwei Methoden für die Authentifizierung beim VPN-Server nutzen: EAP oder Computerzertifikate. Wenn die Clientverbindung so konfiguriert ist, dass sie mit EAP arbeitet, und der VPN-Server diese Art der Authentifizierung erlaubt, läuft der Authentifizierungsprozess auf der Clientseite folgendermaßen ab :

1. Netman ruft die Ras-UI oder Verbindungs-Manager-UI auf, um eine RRAS-Verbindung herzustellen. Die UI greift intern auf RAS-Programmierschnittstellen (Application Programming Interface, API) zu, um diese Verbindung aufzubauen.

2. RAS-APIs lesen intern die Verbindungseigenschaften aus der Telefonbuchdatei.

3. RAS-APIs rufen nun den Next-Generation-Rasman (RAS-Verbindungs-Manager) auf, um die Verbindung herzustellen. RAS-APIs übergeben die IP-Adresse des RRAS-Servers, den Authentifizierungstyp (Computer oder Benutzer – in diesem Fall ist es eine Benutzerauthentifizierung) und andere Informationen an Rasman.

4. Rasman konfiguriert die SA-Richtlinie, das MOBIKE-unterstützte Flag sowie den Authentifizierungstyp (als EAP mit Base Filter Engine [BFE]) und leitet die IKEv2-Aushandlung mit dem RRAS-Server ein.

5. BFE startet die IKEv2-Aushandlung (IKE_SA_INIT) mit dem RRAS-Server.

6. BFE fordert Rasman auf, die Clientidentität anzugeben (weil EAP für die Authentifizierung benutzt wird).

7. Rasman startet eine EAPHost-Sitzung und fordert die Identität des Benutzers an.

8. Rasman übergibt die Informationen an BFE.

9. BFE startet den IKE_AUTH-Austausch. Es überprüft das Serverzertifikat und die AUTH-Informationen.

10. Weil die EAP-Authentifizierung benutzt wird, fordert sie RRAS auf, ein EAP-Blob zu übergeben.

11. RRAS fordert EAPHost auf, Authentifizierungsinformationen zu übergeben.

12. RRAS übergibt das EAP-Blob an IKEv2.

    Die Schritte 10 bis 12 werden so lange wiederholt, bis die EAP-Authentifizierung abgeschlossen ist. Nach dem Abschluss der Authentifizierung übergibt EAP unter Umständen den gemeinsamen Schlüssel an RRAS, das es an BFE weitergibt. BFE stellt anhand dieser Daten die AUTH-Informationen zusammen.

13. BFE benachrichtigt RRAS, dass die Verbindung erfolgreich aufgebaut wurde, und übergibt die Konfigurationsinformationen, zum Beispiel die IP-Adresse und die Listen der DNS- (Domain Name System) und WINS-Server (Windows Internet Naming Service), an RRAS. Außerdem übergibt es den IPsec-Treiberkontext an den VPN-Reconnect-Treiber.

14. Rasman erstellt die Schnittstelle, indem es den RRAS-Kerneltreiber aufruft und die IP-Adresse, DNS-Serverliste und WINS-Serverliste mit der Schnittstelle verknüpft.

Wenn die Clientverbindung so konfiguriert wurde, dass sie Computerzertifikate benutzt, auf dem VPN-Server ein Computerzertifikat installiert ist und der Server diese Art der Authentifizierung erlaubt, läuft der Authentifizierungsprozess auf der Clientseite so ab:

1. Netman ruft die RAS-UI oder Verbindungs-Manager-UI auf, um eine RRAS-Verbindung herzustellen. Die UI greift intern auf RAS-APIs zu, um diese Verbindung aufzubauen.

2. RAS-APIs lesen intern die Verbindungseigenschaften aus der Telefonbuchdatei.

3. RAS-APIs rufen nun den Next-Generation-Rasman auf, um die Verbindung herzustellen. RAS-APIs übergeben die IP-Adresse des RRAS-Servers, den Authentifizierungstyp (Computer oder Benutzer – in diesem Fall ist es eine Computerauthentifizierung) und andere Informationen an Rasman.

4. Rasman konfiguriert die SA-Richtlinie, das MOBIKE-unterstützte Flag sowie den Authentifizierungstyp (als Computer mit BFE) und leitet die IKEv2-Aushandlung mit dem RRAS-Server ein.

5. BFE startet die IKEv2-Aushandlung (IKE_SA_INIT) mit dem RRAS-Server. BFE entrahiert die Clientidentität aus dem Computerzertifikat. BFE startet den IKE_AUTH-Austausch und überprüft das Serverzertifikat sowie die AUTH-Informationen.

6. BFE benachrichtigt RRAS, dass die Verbindung erfolgreich aufgebaut wurde, und übergibt die Konfigurationsinformationen (IP-Adresse und Listen der DNS- und WINS-Server) an RRAS. Außerdem übergibt es den IPsec-Treiberkontext an den VPN-Reconnect-Treiber.

7. Rasman erstellt die Schnittstelle, indem es WANARP aufruft und die IP-Adresse, DNS-Serverliste und WINS-Serverliste mit der Schnittstelle verknüpft.

Auf der Serverseite laufen beim Verbindungsprozess für die Authentifizierung mit einem Computerzertifikat folgende Vorgänge ab:

1. BFE empfängt die eingehende IKEv2-Tunnelmodus-Anforderung (IKE_SA_INIT). Es sendet die Antwort auf die Anforderung.

2. Sobald eine IKE_AUTH-Nachricht eintrifft, prüft BFE, ob die EAP-Authentifizierung im DDM (Demand-Dial Manager) aktiviert ist. Ist das der Fall, ruft es den DDM auf, wobei es die empfangenen Identitätsinformationen an den DDM übergibt. (BFE sollte sicherstellen, dass es den DDM nur einmal pro eingehender Verbindungsanforderung zurückruft. Das bedeutet, dass der DDM nicht mehrmals aufgerufen werden soll, wenn eine Anforderung erneut gesendet wird.)

3. DDM übergibt die Identitätsinformationen zusammen mit eventuellen zusätzlichen Parametern an den RADIUS-Server. Dafür wird das RADIUS-Protokoll verwendet.

4. Der RADIUS-Server antwortet mit dem EAP-Blob.

5. DDM übergibt das EAP-Blob an BFE, das diese Informationen zusammen mit anderen Daten in der IKE_AUTH-Antwort sendet.

6. Sobald BFE das EAP-Blob erhält, leitet es das Blob an den DDM weiter.

7. DDM übergibt diese Informationen zusammen mit allen weiteren Parametern über das RADIUS-Protokoll an den RADIUS-Server.

8. Die Schritte 4 bis 7 werden so lange wiederholt, bis der DDM ein ACCESS_ACCEPT (oder REJECT) vom RADIUS-Server empfängt. Handelt es sich um ACCESS_ACCEPT, sendet der RADIUS-Server auch die Sitzungsschlüssel an den DDM.

9. DDM übergibt EAP-Blob, Sitzungsschlüssel und Erfolgs-/Fehlerdaten an BFE. Andere Informationen (zum Beispiel IP-Filter) speichert es intern.

10. BFE übergibt das EAP-Blob an den Partner.

11. Sobald die AUTH-Informationen vom Partner eintreffen, überprüft BFE die AUTH-Informationen mithilfe der Sitzungsschlüssel. Sind sie gültig, benachrichtigt es den DDM, um die Konfigurationsinformationen (IP-Adresse, DNS-Serverliste, WINS-Serverliste und optional Routen) zusammen mit dem IPsec-Kontext (für den VPN-Reconnect-Treiber) zu übergeben.

12. DDM fordert eine IP-Adresse an (oder im Fall von IPv6 eine Schnittstellenkennung), erstellt eine Unterschnittstelle (und die eingehende Schnittstelle, sofern sie noch nicht vorhanden ist), fügt eine Hostroute zur Schnittstelle hinzu und trägt die zugewiesene IP-Adresse in die WAN-ARP-ARP-Tabelle (Address Resolution Protocol) ein. Außerdem wendet er die IP-Filter (und alle anderen Attribute) an, die er vom RADIUS-Server für die Verbindung empfangen hat.

13. DDM übergibt die Konfigurationsinformationen an BFE, das sie in der IKE_AUTH-Antwort weitergibt und erfolgreich einen Tunnel aufbaut.

Grundlagen von DirectAccess

DirectAccess ist ein neues Feature in Windows 7 und Windows Server 2008 R2. Es bietet Benutzern die Möglichkeit, von jedem Standort mit Internetzugriff aus nahtlos eine Verbindung zum Unternehmensnetzwerk herzustellen. Dieser Abschnitt bietet einen Überblick über die Vorteile von DirectAccess, erklärt seine Funktionsweise und beschreibt, wie es implementiert wird.

Vorteile von DirectAccess

DirectAccess bietet Benutzern transparenten Zugriff auf interne Netzwerkressourcen, sobald sie mit dem Internet verbunden sind. Früher stellten Remotebenutzer die Verbindung zu internen Netzwerkressourcen über ein VPN her. Das ist allerdings aus folgenden Gründen oft mühsam:

- Es erfordert meist mehrere Schritte, um eine Verbindung zu einem VPN herzustellen. Der Benutzer muss auf die Authentifizierung warten, bevor er auf das interne Netzwerk zugreifen kann. Und bei Organisationen, die eine Integritätsprüfung des VPN-Clients durchführen, bevor sie die Verbindung erlauben, dauert es oft mehrere Minuten, bis die VPN genutzt werden kann.

- Jedes Mal, wenn die Benutzer ihre Internetverbindung verlieren, müssen sie die VPN-Verbindung neu aufbauen. Das verursacht unter Umständen weitere Verzögerungen.

- Der Internetzugriff, etwa beim Aufruf von Webseiten, wird langsamer, wenn der ganze Netzwerkverkehr durch das VPN geleitet wird.

Aufgrund dieser Probleme scheuen sich viele Remotebenutzer, ein VPN zu verwenden. Stattdessen nutzen sie Technologien wie Microsoft Office Outlook Web Access (OWA), um eine Verbindung zu internen Ressourcen herzustellen. So rufen sie beispielsweise interne E-Mail ab, ohne eine VPN-Verbindung aufzubauen. Wenn ein Benutzer allerdings versucht, ein Dokument zu öffnen, das in einer E-Mail-Nachricht verlinkt ist, und dieses Dokument im internen Netzwerk liegt, wird dem Benutzer der Zugriff verweigert, weil die internen Ressourcen nicht aus dem Internet erreichbar sind.

Wenn Benutzer in solchen Fällen VPNs vermeiden, verursacht das auch für die Netzwerkadministratoren Probleme. Sie können mobile Computer nur verwalten, wenn sie mit dem internen Netzwerk verbunden sind. Falls es die Benutzer daher nach Möglichkeit vermeiden, eine interne Verbindung herzustellen, verpassen die mobilen Computer unter Umständen wichtige Updates und aktualisierte Gruppenrichtlinieneinstellungen.

DirectAccess löst diese Probleme, weil es den Benutzern erlaubt, zu Hause oder über einen WLAN-Hotspot auf genau dieselbe Weise zu arbeiten wie im Büro. Mithilfe von DirectAccess können autorisierte Benutzer auf Windows 7-Computern auf Unternehmensfreigaben zugreifen, Intranetwebsites aufrufen und mit Intranetanwendungen arbeiten, ohne ein VPN verwenden zu müssen. DirectAccess bietet Unternehmen und ihren Benutzern daher folgende Vorteile:

- **Nahtlose Konnektivität**   DirectAccess ist immer betriebsbereit, wenn der Benutzer eine Internetverbindung hat. So erhält der Benutzer Zugriff auf Intranetressourcen, unabhängig davon, ob er sich auf Dienstreise befindet, im lokalen Internetcafé sitzt oder zu Hause ist.

- **Remoteverwaltung**   IT-Administratoren können direkte Verbindungen zu DirectAccess-Clientcomputern aufbauen, um sie zu überwachen, sie zu verwalten und Updates bereitzustellen. Das funktioniert sogar dann, wenn der Benutzer nicht angemeldet ist. Das senkt die Kosten für die Verwaltung der Remotecomputer, weil sie bezüglich kritischen Updates und Konfigurationsänderungen auf dem neusten Stand bleiben.

- **Verbesserte Sicherheit**   DirectAccess nutzt IPsec für Authentifizierung und Verschlüsselung. Optional können Sie Smartcards für die Benutzerauthentifizierung verwenden. DirectAccess integriert sich in den Netzwerkzugriffsschutz (Network Access Protection, NAP), sodass DirectAccess-Clients nur eine Verbindung zum DirectAccess-Server erhalten, wenn sie alle Integritätsanforderungen erfüllen. IT-Administratoren können die DirectAccess-Server so konfigurieren, dass eingeschränkt ist, auf welche Server Benutzer und einzelne Anwendungen zugreifen dürfen.

In einem typischen DirectAccess-Szenario beginnt ein Benutzer mit einem Notebook seine Arbeit im Büro, wo er eine Kabelverbindung zum Unternehmens-LAN hat. Der Benutzer kann sowohl lokale als auch Netzwerkanwendungen ausführen, auf Dokumente zugreifen, die in Datei- und Webservern gespeichert sind, und seine normale Arbeit erledigen. Dann schaltet er das Notebook aus und nimmt es an einen anderen Standort mit, etwa zu einem Kunden oder in ein Internetcafé – der Ort ist egal, solange dort Internetzugriff zur Verfügung steht. Sobald er den anderen Standort erreicht hat, schaltet er sein Notebook wieder ein und greift über eine WLAN-Verbindung zu einem Zugriffspunkt auf das Internet zu. Ohne dass der Benutzer eine VPN-Verbindung aufzubauen oder irgendetwas zu tun braucht, ist das Notebook automatisch wieder mit dem Unternehmensnetzwerk verbunden, sobald die Internetverbindung aufgebaut ist. Während sich der Benutzer am Remotestandort befindet, kann er viele der Netzwerkanwendungen ausführen und auf dieselben Dokumente zugreifen wie im eigenen Büro (die Verfügbarkeit von Ressourcen hängt von der IPv6-Erreichbarkeit ab, wie weiter unten in diesem Abschnitt beschrieben). Und obwohl das Notebook keine direkte Verbindung zum Unternehmensnetzwerk hat, wird es weiterhin verwaltet. Das bedeutet, dass Gruppenrichtlinien auf das Notebook angewendet werden, Patches unmittelbar nach dem Erscheinen eingespielt werden, Supporttechniker über die Remoteunterstützung eine Verbindung zum Computer herstellen können, wenn der Benutzer Hilfe benötigt, und so weiter. Und wenn der Benutzer etwas aus dem Internet herunterladen will, kann er das (abhängig davon, wie DirectAccess konfiguriert ist) über den lokalen Internetzugriff am Remotestandort tun statt über die Verbindung mit dem Unternehmensnetzwerk

So funktioniert DirectAccess

DirectAccess baut auf mehreren anderen Technologien auf. Dies wird in den nächsten Abschnitten beschrieben.

Active Directory-Domänendienste

Für DirectAccess wird eine AD DS-Infrastruktur (Active Directory Domain Services) benötigt, wobei mindestens ein Domänencontroller in der Domäne unter Windows Server 2008 oder einer neueren Version läuft. DirectAccess-Clients und -Server müssen Domänenmitglieder sein.

Windows 7 und Windows Server 2008 R2

Clientcomputer müssen unter dem Betriebssystem Windows 7 Enterprise oder Ultimate oder unter Windows Server 2008 R2 laufen, damit sie DirectAccess nutzen können. Mindestens ein Server im Unternehmensnetzwerk muss unter Windows Server 2008 R2 laufen, sodass er als DirectAccess-Server agieren kann. Dieser Server liegt üblicherweise in Ihrem Perimeternetzwerk, er agiert als Relay für IPv6-Verkehr und zusätzlich als IPsec-Gateway.

IPv6

DirectAccess benutzt IPv6, um Clientcomputern dauerhafte Endpunkt-zu-Endpunkt-Konnektivität mit Intranetressourcen über eine öffentliche Internetverbindung zu bieten. Weil der Großteil des öffentlichen Internets momentan allerdings noch IPv4 benutzt, kann DirectAccess IPv6-Übergangstechnologien wie Teredo und 6to4 verwenden, um IPv6-Konnektivität über das IPv4-Internet zu implementieren. Die bevorzugte Konnektivitätsmethode für den Clientcomputer hängt davon ab, welche Art von IP-Adresse dem Client zugewiesen ist:

- Wurde dem Client eine global routingfähige IPv6-Adresse zugewiesen, besteht die bevorzugte Konnektivitätsmethode darin, diese Adresse zu verwenden.
- Wurde dem Client eine öffentliche IPv4-Adresse zugewiesen, besteht die bevorzugte Konnektivitätsmethode darin, 6to4 zu benutzen.
- Wurde dem Client eine private IPv4-Adresse (NAT) zugewiesen, besteht die bevorzugte Konnektivitätsmethode darin, Teredo zu benutzen.
- Wenn dem Client eine private IPv4-Adresse (NAT) zugewiesen wurde und das NAT-Gerät 6to4-Gateway-Funktionalität bietet, wird 6to4 benutzt.

Kann in einem konkreten Szenario keine dieser Konnektivitätsmethoden eingesetzt werden, kann DirectAccess auch IP-HTTPS verwenden, ein neues Protokoll, das Microsoft für Windows 7 und Windows Server 2008 R2 entwickelt hat. Es ermöglicht Hosts, die hinter einem Webproxyserver oder einer Firewall liegen, Verbindungen herzustellen, indem sie IPv6-Pakete durch eine IPv4-basierte HTTPS-Sitzung tunneln. Weitere Informationen über IPv6-Übergangstechnologien und IP-HTTPS finden Sie in Kapitel 28, »Bereitstellen von IPv6«.

Remoteclientcomputer können nur dann mit DirectAccess Verbindungen zu Computern im internen Unternehmensnetzwerk herstellen, wenn diese Computer und ihre Anwendungen über IPv6 erreichbar sind. Das hat folgende Auswirkungen:

- Die internen Computer und die Anwendungen, die darauf laufen, unterstützen IPv6. Computer mit Windows 7, Windows Vista, Windows Server 2008 und Windows Server 2008 R2 unterstützen IPv6, bei ihnen ist IPv6 standardmäßig aktiviert.
- Sie müssen native IPv6-Konnektivität oder ISATAP (Intra-Site Automatic Tunnel Addressing Protocol) in Ihrem Intranet bereitstellen. ISATAP macht Ihre internen Server und Anwendungen erreichbar, indem IPv6-Verkehr über Ihr reines IPv4-Intranet getunnelt wird.

Bei Computern und Anwendungen, die IPv6 nicht unterstützen, können Sie ein NAT-PT-Gerät (Network Address Translation-Protocol Translation) verwenden, um IPv6- in IPv4-Verkehr umzusetzen. Microsoft empfiehlt, IPv6-fähige Computer und Anwendungen sowie natives IPv6 oder ISATAP-basierte Konnektivität einzusetzen, statt NAT-PT-Geräte zu verwenden.

IPsec

DirectAccess benutzt IPsec, um den DirectAccess-Verkehr auf dem Weg über das Internet zu schützen. Für die Authentifizierung und Verschlüsselung des gesamten DirectAccess-Verkehrs über das Internet werden IPsec-Richtlinien eingesetzt. Diese Richtlinien können auch benutzt werden, um Endpunkt-zu-Endpunkt-Schutz für den Verkehr zwischen DirectAccess-Clients und Intranetressourcen zu gewährleisten. Die Richtlinien werden mithilfe von Gruppenrichtlinien konfiguriert und auf Clientcomputer angewendet. Weitere Informationen zu IPsec und Anleitungen zur Konfiguration finden Sie in Kapitel 26, »Konfigurieren von Windows-Firewall und IPsec«.

PKI

Es wird eine PKI (Public Key Infrastructure) benötigt, um Computerzertifikate für die Authentifizierung auszustellen, um Integritätszertifikate auszustellen, wenn NAP implementiert wird, und um Dienste für die Zertifikatsperrprüfung bereitzustellen. Diese Zertifikate können von einer Zertifizierungsstelle im internen Netzwerk ausgestellt werden. Sie müssen nicht von einer öffentlichen Zertifizierungsstelle stammen.

Ausnahmen für die Perimeterfirewall

Wenn Ihr Unternehmensnetzwerk eine Perimeterfirewall hat, muss sie den folgenden Verkehr zu und vom DirectAccess-Server über das IPv4-Internet erlauben:

- UDP-Port 3544 für Teredo-Verkehr
- IPv4-Protokoll 41 für 6to4-Verkehr
- TCP-Port 443 für IP-HTTPS-Verkehr

Müssen Sie Clientcomputer unterstützen, die Verbindungen über das IPv6-Internet herstellen, muss der folgende Verkehr zu und vom DirectAccess-Server erlaubt sein:

- ICMPv6 (Internet Control Message Protocol Version 6)
- UDP-Port 500
- IPv4-Protokoll 50

Smartcards

DirectAccess unterstützt optional auch die Verwendung von Smartcards zum Authentifizieren von Remotebenutzern.

Implementieren von DirectAccess

Um DirectAccess auf Serverseite zu implementieren, brauchen Sie einen Computer, der unter Windows Server 2008 R2 läuft, zwei physische Netzwerkkarten besitzt und mindestens zwei aufeinander folgende öffentliche IPv4-Adressen hat, die extern über das Internet-DNS aufgelöst werden können. Sie können die DirectAccess-Verwaltungskonsole im Server-Manager hinzufügen und dann in der DirectAccess-Verwaltungskonsole den DirectAccess-Setupassistenten starten, um DirectAccess in Ihrem Netzwerk zu konfigurieren. Weitere Informationen darüber, wie Sie die Serverseite von DirectAccess einrichten, erhalten Sie, indem Sie die Hilfelinks in der DirectAccess-Verwaltungskonsole anklicken.

Damit Sie DirectAccess auf der Clientseite implementieren können, müssen Ihre Clientcomputer unter Windows 7 Enterprise oder Ultimate Edition laufen, zu einer Domäne gehören und Mitglied einer Sicherheitsgruppe für DirectAccess-Clients sein. Die Erstkonfiguration erledigt der DirectAccess-Setupassistent automatisch für alle Mitglieder der angegebenen Sicherheitsgruppen für DirectAccess-Clients. Zusätzliche Clientkonfiguration können Sie über Gruppenrichtlinieneinstellungen oder mit Skripts vornehmen.

WEITERE INFORMATIONEN Weitere Informationen zum Bereitstellen einer DirectAccess-Lösung in Ihrer Organisation finden Sie in der technischen Dokumentation auf der DirectAccess-Seite in TechNet unter *http:// technet.microsoft.com/en-us/network/dd420463.aspx*. Die Produktdokumentation können Sie unter *http://www. microsoft.com/directaccess/* lesen.

Grundlagen von BranchCache

BranchCache ist ein neues Feature von Windows 7 und Windows Server 2008 R2. Mithilfe von BranchCache wird der Inhalt von Dateiservern und Webservern, die in einer zentralen Niederlassung stehen, auf lokalen Computern in einer Zweigstelle zwischengespeichert. Das optimiert die Anwendungsreaktionszeit und verringert den WAN-Verkehr. Dieser Abschnitt bietet einen Überblick über die Vorteile von BranchCache, beschreibt seine Funktionsweise und erklärt, wie Sie es implementieren.

Vorteile von BranchCache

BranchCache bietet Großunternehmen und ihren Benutzern folgende Vorteile:

- **Verringert die Auslastung der WAN-Verbindung** Weil Zweigstellenclients mit lokal zwischengespeicherten Kopien von Dateien arbeiten, statt sie über das WAN von der zentralen Niederlassung herunterzuladen, verringert BranchCache die Auslastung der WAN-Verbindung. Dadurch wird Bandbreite für andere Anwendungen frei, die das WAN benötigen.

- **Verbessert die Produktivität der Benutzer und verringert die Anwendungsreaktionszeit** Wird eine Datei, deren Originalversion auf einem Remotedateiserver liegt, als lokal zwischengespeicherte Version geöffnet, ist dies normalerweise viel schneller, als wenn die Datei über eine langsame WAN-Verbindung heruntergeladen werden muss. BranchCache erhöht somit die Produktivität der Benutzer, wenn sie über das WAN auf Inhalte zugreifen. Dieser Fall kommt häufig vor, wenn Anwendungen mit SMB (Server Message Block) arbeiten, etwa wenn Microsoft Office Word ein Dokument öffnet, das in einem freigegebenen Ordner auf einem Dateiserver gespeichert ist. Auch wenn Anwendungen mit HTTP/HTTPS arbeiten, kommt dieser Vorteil zum Tragen, wenn der Benutzer beispielsweise mit dem Internet Explorer eine Seite in einer Intranetwebsite öffnet oder mit dem Windows Media Player (WMP) ein Video abspielt, das in eine Intranetwebseite eingebettet ist.

BranchCache erhöht die Leistung von Windows 7 und Windows Server 2008 R2 erheblich, obwohl es nur wenig Verwaltungsaufwand erfordert. Es spart eine Menge Bandbreite und fördert die Benutzerfreundlichkeit. BranchCache setzt keine zusätzlichen Geräte in den Zweigstellen voraus, es ist einfach bereitzustellen, unterstützt Ihre vorhandenen Sicherheitsanforderungen und lässt sich einfach über Gruppenrichtlinien verwalten.

So funktioniert BranchCache

Abhängig davon, wie Sie BranchCache implementieren, kann es in zwei Modi arbeiten:

- **Gehosteter Cache** Dieser Modus nutzt eine Client/Server-Architektur, bei der Windows 7-Clients, die sich in der Zweigstelle befinden, die Inhalte, die sie über das WAN aus der zentralen Niederlassung heruntergeladen haben, in einem Windows Server 2008 R2-Computer (dem sogenannten gehosteten Cache) speichern, der in derselben Zweigstelle steht. Andere Clients, die denselben Inhalt benötigen, können ihn direkt aus dem gehosteten Cache abrufen, ohne dass sie die WAN-Verbindung belasten.

  Für den Modus mit dem gehosteten Cache wird kein dedizierter Server benötigt. BranchCache kann auf einem Server aktiviert werden, der unter Windows Server 2008 R2 läuft und in der Zweigstelle auch andere Aufgaben übernimmt. Außerdem kann BranchCache als virtuelle Workload eingerichtet werden, sodass es auf einem Server gemeinsam mit anderen Workloads läuft, etwa Datei- und Druckservern.

- **Verteilter Cache**   Dieser Modus arbeitet mit einer Peer-to-Peer-Architektur, bei der Windows 7-Clients Inhalte, die sie über das WAN abgerufen haben, lokal zwischenspeichern und diese Inhalte dann auf Anfrage direkt an andere autorisierte Windows 7-Clients senden.

Im Modus mit verteiltem Cache können Administratoren die Vorteile von BranchCache nutzen, ohne die Hardware in der Zweigstelle nennenswert aufrüsten zu müssen. Sind in der Zweigstelle allerdings andere Infrastrukturen bereitgestellt (beispielsweise Server, die Workloads wie Datei- oder Druckserver ausführen), ist unter Umständen der Modus mit gehostetem Cache sinnvoller; das hat folgende Gründe:

- ☐ **Bessere Cacheverfügbarkeit**   Der Modus mit gehostetem Cache erhöht die Cacheeffizienz, weil der Inhalt selbst dann zur Verfügung steht, wenn der Client, der die Daten ursprünglich heruntergeladen hat, inzwischen offline ist.

- ☐ **Zwischenspeichern für die gesamte Zweigstelle**   Der Modus mit verteiltem Cache arbeitet nur in einem einzigen Subnetz. Hat die Zweigstelle, die im Modus mit verteiltem Cache arbeitet, mehrere Subnetze, muss in jedem Subnetz jeweils ein Client eine eigene Kopie jeder angeforderten Datei herunterladen. Beim Modus mit gehostetem Cache können dagegen alle Clients in einer Zweigstelle auf denselben Cache zugreifen, selbst wenn sie sich in unterschiedlichen Subnetzen befinden.

Von BranchCache unterstützte Protokolle

BranchCache unterstützt die Protokolle SMB 2 und HTTP 1.1. Anwendungen brauchen nicht direkt mit BranchCache zu kommunizieren, bei Bedarf können sie das allerdings tun. Anwendungen, die auf SMB- und HTTP-Schnittstellen in den Betriebssystemen Windows 7 und Windows Server 2008 R2 zugreifen, profitieren aber automatisch von BranchCache.

Folglich profitieren Anwendungen wie Windows-Explorer, Robocopy CopyFile, WMP, Internet Explorer und Silverlight automatisch von BranchCache. Diese Vorteile kommen auch zum Tragen, wenn HTTPS, IPsec oder SMB-Signierung benutzt wird. Anwendungen, die eigene SMB- oder HTTP-Stacks implementieren, profitieren dagegen nicht von BranchCache, weil die Optimierungen von BranchCache direkt in den SMB- und HTTP-Protokollstapelimplementierungen in den Betriebssystemen Windows 7 und Windows Server 2008 R2 zum Tragen kommen.

Implementieren von BranchCache

Damit Sie BranchCache für einen Dateiserver implementieren können, der in Ihrer zentralen Niederlassung steht, muss dieser Dateiserver unter Windows Server 2008 R2 laufen. Auf diesem Server müssen Sie mit dem *Assistenten "Rollen hinzufügen"* den Rollendienst *Branch-Cache für Netzwerkdateien* der Rolle *Dateidienste* installieren. Anschließend müssen Sie die Freigaben auf Ihrem Dateiserver konfigurieren, um BranchCache zu nutzen. Mithilfe von Gruppenrichtlinien können Sie BranchCache für alle Freigaben Ihres Dateiservers aktivieren oder deaktivieren; außerdem können Sie bestimmte Freigaben auswählen, die BranchCache nutzen sollen.

Wenn Sie BranchCache für einen Web- oder Anwendungsserver implementieren wollen, der in Ihrer zentralen Niederlassung steht, muss der Web- oder Anwendungsserver unter Windows Server 2008 R2 laufen. Auf diesem Server müssen Sie mit dem *Assistenten "Features hinzufügen"* das Feature *Branch-Cache* installieren. Anschließend müssen Sie noch den Branch-Cache-Dienst auf Ihrem Web- oder Anwendungsserver starten, indem Sie in einer Eingabeaufforderung mit erhöhten Rechten **netsh BranchCache set service mode=local** eingeben.

Um einen Computer, der unter Windows Server 2008 R2 läuft und in einer Zweigstelle aufgestellt ist, als Server für den gehosteten Cache zu konfigurieren, müssen Sie das Feature *Branch-Cache* auf diesem Server installieren, das Feature aktivieren und es so konfigurieren, dass es im Modus für einen gehosteten Cacheserver arbeitet. Schließlich müssen Sie auf dem Server noch ein Zertifikat installieren, dem Ihre Clientcomputer vertrauen.

Sie konfigurieren Windows 7-Clients in einer Zweigstelle so, dass sie BranchCache nutzen, indem Sie BranchCache auf diesen Computern aktivieren, die Computer nach Bedarf so konfigurieren, dass sie entweder im Modus mit verteiltem oder gehosteten Cache arbeiten, und die erforderlichen Ausnahmen in der Windows-Firewall öffnen, damit die Computer auf den Cache in anderen Computern der Zweigstelle zugreifen können. BranchCache kann auf Windows 7-Computern entweder mithilfe von Gruppenrichtlinien oder mit dem Kontext `netsh branchcache` des Befehls Netsh aktiviert und konfiguriert werden.

> **WEITERE INFORMATIONEN** Weitere Informationen zum Bereitstellen einer BranchCache-Lösung für Ihre Organisation finden Sie in der Dokumentation zum Thema BranchCache innerhalb des Networking and Access Technologies TechCenter von Microsoft TechNet unter *http://technet.microsoft.com/en-us/network/dd425028.aspx*.

Unterstützte Verbindungstypen

Windows 7 unterstützt sowohl ausgehende als auch eingehende Netzwerkverbindungen. Bei ausgehenden Verbindungen agiert der Windows 7-Computer als Client, der eine Verbindung zu einem Remotecomputer, -server oder -netzwerk herstellt, um auf Remoteressourcen zuzugreifen. Bei eingehenden Verbindungen agiert Windows 7 als Server, der anderen Computern erlaubt, eine Verbindung zum Computer herzustellen und auf dessen Ressourcen zuzugreifen.

Ausgehende Verbindungen

Wie schon sein Vorgänger Windows Vista unterstützt auch Windows 7 eine Reihe unterschiedlicher Typen für ausgehende (clientseitige) Netzwerkverbindungen:

- **LAN- oder Hochgeschwindigkeitsinternetverbindung** Eine Verbindung zu einem Ethernet-LAN (Local Area Network) oder Breitbandrouter, der Hochgeschwindigkeitszugriff auf das Internet bietet. LAN-Verbindungen sind Computer-zu-Netzwerk-Verbindungen, die Windows automatisch erstellt, wenn es erkennt, dass eine Netzwerkkarte (Network Interface Card, NIC) installiert ist. Internetverbindungen sind Computer-zu-Netzwerk-Verbindungen, die Sie von Hand mit dem Assistenten *Eine Verbindung oder ein Netzwerk einrichten* erstellen und konfigurieren können, um Internetzugriff über einen Breitband-DSL-Adapter (Digital Subscriber Line) oder ein Kabelmodem, ein ISDN-Modem (Integrated Services Digital Network) oder ein analoges Modem (DFÜ-Modem) bereitzustellen. Breitbandinternetverbindungen verwenden PPPoE (Point-to-Point Protocol over Ethernet), Einwählinternetverbindungen dagegen PPP (Point-to-Point Protocol).

- **Drahtlosnetzwerkverbindung** Eine Verbindung zu einem WLAN (Wireless Local Area Network) über einen Drahtloszugriffspunkt (Access Point, AP) oder Drahlosrouter. Drahtlosnetzwerkverbindungen sind Computer-zu-Netzwerk-Verbindungen, die Sie von Hand mit dem Assistenten *Eine Verbindung oder ein Netzwerk einrichten* erstellen und konfigurieren können, sofern auf dem Computer eine Drahtlosnetzwerkkarte installiert ist. Drahtlosnetzwerkverbindungen können geschützt oder ungeschützt sein, je nachdem, wie der Zugriffspunkt konfiguriert wurde.

- **Drahtlos-Ad-hoc-Verbindung** Eine Verbindung zu einem anderen Computer, der für Drahtlosnetzwerke aktiviert ist. Drahtlos-Ad-hoc-Verbindungen sind temporäre Computer-zu-Computer-Verbindungen, über die Sie Dateien zwischen Benutzern austauschen können.

- **Drahtlosrouter oder -zugriffspunkt** Ein Gerät, mit dem drahtlosfähige Computer vernetzt werden. Es wird in erster Linie in SOHO-Umgebungen (Small Office/Home Office) eingesetzt, damit Benutzer Dateien und Drucker freigeben und Konnektivität ins Internet herstellen können. Dieser Verbindungstyp kann in Windows Vista mit dem Assistenten *Verbindung mit einem Netzwerk herstellen* angelegt werden, sofern auf dem Computer eine Drahtlosnetzwerkkarte installiert oder angeschlossen ist und ein externes Drahlosrouter- oder Drahtloszugriffspunktgerät vorhanden ist, das konfiguriert werden kann.

- **Wählverbindung** Eine Verbindung zu einem RAS-Server (Remote Access Server) oder Modempool an einem Remotestandort. Wählverbindungen sind Computer-zu-Server- oder Computer-zu-Netzwerk-Verbindungen, die Sie von Hand mit dem Assistenten *Eine Verbindung oder ein Netzwerk einrichten* erstellen und konfigurieren können, sofern auf dem Computer ein analoges oder ISDN-Modem installiert oder angeschlossen ist. Wählverbindungen stellen entweder Remotezugriff auf Unternehmensnetzwerke oder Einwählzugriff auf das Internet bereit (wobei ein Internetprovider genutzt wird).

- **VPN-Verbindung** Eine Verbindung zu einem Remotearbeitsplatz, die Tunneling über das Internet einsetzt. VPN-Verbindungen erstellen einen sicheren Tunnel, der den gesamten Verkehr zwischen dem Clientcomputer und dem Remoteunternehmensnetzwerk kapselt und verschlüsselt. Dieser Tunnel erstellt eine sichere private Verbindung über eine gemeinsam genutzte öffentliche Infrastruktur, zum Beispiel das Internet. Sobald der Benutzer die Verbindung hergestellt hat, kann er auf dem Clientcomputer praktisch genauso arbeiten, als wäre er direkt an das Remote-LAN angeschlossen (abhängig von der Geschwindigkeit der Remoteverbindung gibt es allerdings Leistungseinschränkungen), mit Ausnahme etwaiger Einschränkungen, die vom Netzwerkadministrator für Remoteverbindungen eingestellt wurden. VPN-Verbindungen sind Computer-zu-Server- oder Computer-zu-Netzwerk-Verbindungen, die Sie von Hand mit dem Assistenten *Eine Verbindung oder ein Netzwerk einrichten* erstellen und konfigurieren können. Sie können entweder selbst Internetkonnektivität herstellen oder eine vorhandene Breitbandinternetverbindung oder eine vorhandene analoge oder ISDN-Wählverbindung nutzen, um die benötigte Internetkonnektivität zu bekommen.

Im weiteren Verlauf dieses Kapitels wird beschrieben, wie Sie ausgehende VPN- und Wählverbindungen erstellen und verwalten. Informationen über LAN- und Drahtlosverbindungen in Windows 7 finden Sie in Kapitel 25, »Konfigurieren der Windows-Netzwerkfunktionen«.

Eingehende Verbindungen

Wie bereits Windows Vista unterstützt Windows 7 folgende Typen eingehender (serverseitiger) Netzwerkverbindungen:

- **Eingehende VPN-Verbindung** Eine Verbindung von einem Remotecomputer, die über das Internet getunnelt wird, entweder durch eine Breitbandinternetverbindung oder eine Wählverbindung mit einem Internetprovider

- **Eingehende Wählverbindung** Eine Verbindung von einem Remotecomputer über ein analoges oder ISDN-Modem

Weitere Informationen darüber, wie Sie eingehende Verbindungen erstellen und konfigurieren, finden Sie im Abschnitt »Konfigurieren eingehender Verbindungen« weiter unten in diesem Kapitel.

Veraltete Verbindungstypen

Die folgenden Verbindungstechnologien, die in Windows XP noch unterstützt wurden, wurden in Windows Vista verworfen und stehen auch in Windows 7 nicht mehr für VPN-Verbindungen zur Verfügung:

- X.25
- Microsoft Ethernet-PVC (Permanent Virtual Circuit)
- Direkte Kabelverbindung über serielle, parallele, USB- (Universal Serial Bus) oder IEEE 1394-Kabel

HINWEIS   Die meisten Netzwerkverbindungstypen, die in Windows 7 zur Verfügung stehen, unterstützen jetzt standardmäßig IPv6 und können verwendet werden, um reine IPv6-Konnektivität mit Remoteservern oder -netzwerken herzustellen (sofern diese eingehende IPv6-Verbindungen unterstützen). Weitere Informationen über die IPv6-Unterstützung für Netzwerkverbindungen in Windows 7 finden Sie an den entsprechenden Stellen in diesem Kapitel.

Konfigurieren von VPN-Verbindungen

Windows 7 unterstützt sowohl ausgehende als auch eingehende VPN-Verbindungen. Bei ausgehenden Verbindungen ist Windows 7 der Client und stellt die Verbindung zu einem VPN-Server in einem Remotenetzwerk her, normalerweise ist dies das Unternehmensintranet. Bei eingehenden Verbindungen agiert Windows 7 als Server und erlaubt es einem Remoteclientcomputer, eine VPN-Verbindung zwischen den beiden Computern aufzubauen. In Unternehmensumgebungen werden ausgehende VPN-Verbindungen häufig eingesetzt, damit mobile Benutzer von Remotestandorten aus sicher auf Ressourcen im Unternehmensintranet zugreifen können. Eingehende VPN-Verbindungen zu Clientcomputern werden in Unternehmensumgebungen selten benötigt, daher beschäftigt sich diese Beschreibung ausschließlich mit ausgehenden Verbindungen. Informationen darüber, wie Sie eine eingehende Verbindung auf Windows 7 erstellen und konfigurieren, finden Sie im Abschnitt »Konfigurieren eingehender Verbindungen« weiter unten in diesem Kapitel.

Unterstützte Tunnelprotokolle

Windows 7 unterstützt vier unterschiedliche Tunnelprotokolle, um geschützte VPN-Verbindungen zu Remoteunternehmensnetzwerken herzustellen:

- **Internet Key Exchange Version 2**   Dieses Protokoll ist neu in Windows 7. IKEv2 ist eine aktualisierte Version des Protokolls IKE, das den IPSec-Tunnelmodus über UDP-Port 500 benutzt. IKEv2 ermöglicht es, VPN-Verbindungen aufrechtzuerhalten, während der VPN-Client von einem WLAN-Hotspot zum anderen bewegt wird oder von einer Drahtlos- auf eine Kabelverbindung umgeschaltet wird. Die Kombination von IKEv2 und IPsec bietet Unterstützung für starke Authentifizierungs- und Verschlüsselungsmethoden. IKEv2 ist in RFC 4306 dokumentiert.
- **Secure Socket Tunneling Protocol**   SSTP wird ab Windows Vista Service Pack 1 (SP1) unterstützt. Es kapselt PPP-Frames über HTTPS (HTTP über SSL), um VPN-Konnektivität zur Verfügung zu stellen, wenn sich ein Client hinter einer Firewall, einem NAT oder einem Webproxy befindet, der ausgehende TCP-Verbindungen über Port 443 erlaubt. Die SSL-Schicht bietet Datenintegrität und Verschlüsselung, während PPP die Benutzerauthentifizierung abwickelt. SSTP wurde in Windows Vista SP1 und Windows Server 2008 eingeführt. SSTP wurde von Microsoft entwickelt, die Pro-

tokollspezifikation für SSTP finden Sie in MSDN unter *http://msdn.microsoft.com/en-us/library/ cc247338.aspx*.

- **Layer Two Tunneling Protocol** Ein Industriestandard für ein Internettunnelprotokoll, der mit dem Ziel entworfen wurde, nativ über IP-Netzwerke zu laufen. Er kapselt PPP-Frames wie PPTP. Sicherheit für L2TP-VPN-Verbindungen wird durch Internet Protocol Security (IPsec) bereitgestellt, das die erforderliche Authentifizierung, Datenintegrität und Verschlüsselung bietet, um sicherzustellen, dass L2TP-Tunnel geschützt sind. Die Kombination aus L2TP und IPsec für Tunneling wird normalerweise als L2TP over IPsec oder L2TP/IPsec bezeichnet. L2TP/IPsec ist in RFC 3193 dokumentiert, L2TP in RFC 2661.

- **Point to Point Tunneling Protocol** Ein offener Industriestandard, der von Microsoft und anderen entwickelt wurde. PPTP bietet Tunneling über PPP-Frames (die selbst wiederum andere Netzwerkprotokolle kapseln, zum Beispiel IP) und verwendet PPP-Authentifizierungs-, -Komprimierungs- und -Verschlüsselungsschemas. PPTP wurde erstmals in Microsoft Windows NT 4 eingeführt. Es ist einfacher einzurichten als L2TP, bietet aber weniger Sicherheit. PPTP ist in RFC 2637 dokumentiert.

Vergleich der unterschiedlichen Tunnelprotokolle

Tabelle 27.1 vergleicht die vier Tunnelprotokolle, die in Windows 7 und Windows Server 2008 R2 zur Verfügung stehen.

Tabelle 27.1 Vergleich der VPN-Tunnelprotokolle, die in Windows 7 und Windows Server 2008 R2 unterstützt werden

Protokoll	Vertraulichkeit der Daten	Datenintegrität	Datenauthentifizierung	Erfordert eine PKI	Unterstützte Versionen
IKEv2	Ja	Ja	Ja	Ja	Windows 7, Windows Server 2008 R2 und neuere Versionen
SSTP	Ja	Ja	Ja	Ja, zum Ausstellen von Computerzertifikaten	Windows Vista SP1, Windows Server 2008 und neuere Versionen
L2TP/IPsec	Ja	Ja	Ja	Empfohlen zum Ausstellen von Computerzertifikaten; stattdessen können auch vorinstallierte Schlüssel genutzt werden	Windows 2000 und neuere Versionen
PPTP	Ja	Nein	Nein	Nein	Windows 2000 und neuere Versionen

Wenn Sie das richtige Tunnelprotokoll auswählen wollen, um VPN-Zugriff auf Ihr Unternehmensnetzwerk zur Verfügung zu stellen, gibt Microsoft folgende Empfehlungen:

- Implementieren Sie IKEv2 als Tunnelprotokoll, wenn Sie Windows 7-Clientcomputer und VPN-Server mit Windows Server 2008 R2 haben. Um Vertraulichkeit der Daten, Datenintegrität und Authentifizierung der Datenherkunft (um zu bestätigen, dass die Daten vom autorisierten Benutzer stammen) zu bieten, ermöglicht IKEv2 dauerhafte VPN-Verbindungen mit MOBIKE; dank dieser Technik können VPN-Verbindungen aufrechterhalten werden, selbst wenn die zugrundeliegende Schicht-2-Netzwerkverbindung unterbrochen wird.

- Verwenden Sie SSTP als Ersatztunnelprotokoll, wenn Sie Windows 7-Clientcomputer und VPN-Server mit Windows Server 2008 RTM oder SP2 haben. Wenn eine IKEv2-Tunnelverbindung aufgrund der Firewallkonfiguration oder anderer Probleme blockiert ist, kann der Client in diesem Fall SSTP nutzen, um die VPN-Verbindung zum Unternehmensnetzwerk aufzubauen. Weitere Informationen darüber, in welcher Reihenfolge die unterschiedlichen Tunnelprotokolle während eines VPN-Verbindungsversuchs benutzt werden, finden Sie im Abschnitt »Der Ablauf der VPN-Verbindungsaushandlung« weiter unten in diesem Kapitel.

- Verwenden Sie L2TP/IPsec, wenn Windows 7-Clientcomputer Verbindungen zu VPN-Servern herstellen müssen, die unter älteren Windows-Versionen laufen, und wenn eine PKI verfügbar ist. Verwenden Sie andernfalls PPTP.

HINWEIS Microsoft behält sich vor, die Unterstützung für L2TP/IPsec und PPTP in künftigen Windows-Versionen zu entfernen, daher sollten Unternehmensbereitstellungen von Windows 7 nach Möglichkeit IKEv2 mit SSTP-Fallback als VPN-Lösung implementieren.

Kryptografische Verbesserungen

Ab Windows Vista wurde die Unterstützung für kryptografische Algorithmen und Protokolle erweitert, die für Datenintegrität, Verschlüsselung und Authentifizierung eingesetzt werden. Die folgenden Verbesserungen gewährleisten höhere Sicherheit für VPNs:

- Hinzufügen der Unterstützung für Advanced Encryption Standard (AES)
- Entfernen der Unterstützung für schwache kryptografische Algorithmen
- Entfernen der Unterstützung für weniger sichere Authentifizierungsprotokolle

Die folgenden Abschnitte beschreiben diese Sicherheitsverbesserungen genauer.

Unterstützung für Advanced Encryption Standard (AES)

Die Unterstützung für Advanced Encryption Standard (AES) wurde zu Windows 7 und Windows Server 2008 hinzugefügt. AES ist ein FIPS-Verschlüsselungsstandard (Federal Information Processing Standard), der vom NIST (National Institute of Standards and Technology) entwickelt wurde. Er unterstützt variable Schlüssellängen und ersetzt DES (Data Encryption Standard) als Standardverschlüsselungsalgorithmus für Behörden und in der Wirtschaft. Für L2TP/IPsec–basierte VPN-Verbindungen werden in Windows Vista und neueren Versionen folgende AES-Verschlüsselungsstufen unterstützt:

- **Hauptmodus** Der IPsec-Hauptmodus unterstützt AES-256- und -128-Bit-Verschlüsselung mit ECDH (Elliptical Curve Diffie-Hellman) bei 384- beziehungsweise 256-Bit-Verschlüsselung.

- **Schnellmodus** Der IPsec-Schnellmodus unterstützt AES-128-Bit- und 3DES-Verschlüsselung, wenn die Verschlüsselungseinstellung in den erweiterten Sicherheitseinstellungen der VPN-Verbindung entweder auf *Optional* oder *Erforderlich* gestellt ist. Der IPsec-Schnellmodus unterstützt AES-256-Bit und 3DES-Verschlüsselung, wenn die Verschlüsselungseinstellung in den erweiterten Sicherheitseinstellungen der VPN-Verbindung auf *Maximale* gestellt ist.

HINWEIS Die Verwendung von AES ist in vielen US-Regierungsbehörden vorgeschrieben.

Keine Unterstützung mehr für schwache Kryptografie in PPTP/L2TP

Unterstützung für schwache oder nichtstandardisierte kryptografische Algorithmen wurde ab Windows Vista entfernt. Diese Initiative wurde angestoßen, weil Microsoft möchte, dass die Kunden auf stärkere Kryptografiealgorithmen umsteigen, um die VPN-Sicherheit zu erhöhen. Anlass sind Empfehlungen des NIST und der IETF (Internet Engineering Task Force) sowie Vorschriften für stärkere Kryptografiealgorithmen von unterschiedlichen Standardisierungskomitees und Regulierungsbehörden.

Die folgenden Kryptografiealgorithmen werden in Windows Vista und neueren Versionen nicht mehr unterstützt:

- 40- und 56-Bit-RC4-Verschlüsselung, die früher von MPPE (Microsoft Point-to-Point Encryption Protocol) für PPTP-VPN-Verbindungen eingesetzt wurde
- DES-Verschlüsselung, die vorher von IPsec-Richtlinien in L2TP/IPsec-basierten VPN-Verbindungen eingesetzt wurde
- MD5-Integritätsprüfung, die vorher von IPsec-Richtlinien in L2TP/IPsec-basierten VPN-Verbindungen eingesetzt wurde

Da die Unterstützung von 40- und 56-Bit-RC4-Verschlüsselung aus der Standardkonfiguration entfernt wurde, bieten PPTP-VPN-Verbindungen jetzt nur noch Unterstützung für 128-Bit-RC4 für Datenverschlüsselung und Integritätsprüfung. Die Verschlüsselungsstärke bleibt also dieselbe wie bei 128-Bit-RC4, unabhängig von den Verschlüsselungseinstellungen (*Optional*, *Erforderlich* oder *Maximale*), die in den erweiterten Sicherheitseinstellungen der VPN-Verbindungen angegeben sind. Falls Ihr vorhandener VPN-Server also keine 128-Bit-Verschlüsselung und nur eingehende PPTP-VPN-Verbindungen unterstützt, können Clients keine Verbindungen herstellen. Falls Sie Ihre vorhandenen VPN-Server nicht so aufrüsten können, dass sie 128-Bit-Verschlüsselung für PPTP anbieten, oder falls wegen Exportbeschränkungen keine 128-Bit-Verschlüsselung zur Verfügung steht, können Sie schwache Kryptografie für PPTP aktivieren, indem Sie den folgenden Registrierungswert editieren:

HKLM\System\CurrentControlSet\Services\Rasman\Parameters\AllowPPTPWeakCrypto

Der Standardwert für diesen DWORD-Registrierungswert ist 0. Indem Sie ihn auf 1 ändern, können Sie für ausgehende wie auch eingehende PPTP-VPN-Verbindungen 40- und 56-Bit-RC4-Verschlüsselung auf dem Computer aktivieren. Sie müssen den Computer neu starten, damit diese Registrierungsänderung wirksam wird. Statt den Computer neu zu starten, können Sie auch den Dienst *RAS-Verbindungsverwaltung* neu starten, indem Sie eine Eingabeaufforderung öffnen und **net stop rasman** gefolgt von **net start rasman** eingeben.

Aufgrund der fehlenden Unterstützung für DES-Verschlüsselung und MD5-Integritätsprüfung in L2TP/IPsec-basierten VPN-Verbindungen unterstützen sie standardmäßig die folgenden Datenverschlüsselungs- und Datenintegritätsalgorithmen:

- 128-Bit-AES, 256-Bit-AES und 3DES für Datenverschlüsselung mit IPsec
- SHA1 (Secure Hash Algorithm) für Datenintegrität mit IPsec

Weil die Unterstützung für DES und MD5 aus der Standardkonfiguration entfernt wurde, funktionieren L2TP/IPsec-basierte VPN-Verbindungen nicht mehr, falls Ihr vorhandener VPN-Server nur DES für Datenverschlüsselung und/oder MD5 für Datenintegritätsprüfung unterstützt. Falls Sie Ihre vorhandenen VPN-Server nicht so aufrüsten können, dass sie AES oder 3DES für Datenverschlüsselung und/oder SHA1 für Integritätsprüfung anbieten, oder falls diese Algorithmen wegen Exportbeschränkungen nicht zur Verfügung stehen, können Sie schwache Kryptografie für L2TP aktivieren, indem Sie den folgenden Registrierungswert editieren:

HKLM\System\CurrentControlSet\Services\Rasman\Parameters\AllowL2TPWeakCrypto

Der Standardwert für diesen DWORD-Registrierungswert ist 0. Indem Sie ihn auf 1 ändern, können Sie für ausgehende wie auch eingehende L2TP/IPsec-basierte VPN-Verbindungen DES-Verschlüsselung und MD5-Integritätsprüfung auf dem Computer aktivieren. Sie müssen den Computer neu starten, damit diese Registrierungsänderung wirksam wird. Statt den Computer neu zu starten, können Sie auch den Dienst *RAS-Verbindungsverwaltung* neu starten, indem Sie eine Eingabeaufforderung öffnen und **net stop rasman** gefolgt von **net start rasman** eingeben.

> **HINWEIS** Microsoft empfiehlt, dass Sie Ihre VPN-Server auf die Unterstützung von 128-Bit-RC4 für PPTP und/ oder AES und SHA1 für L2TP updaten, statt die Unterstützung für schwache Kryptografie auf Ihren VPN-Clients zu aktivieren.

Tabelle 27.2 fasst die Unterschiede zwischen Windows 7, Windows Vista und Windows XP bei der Kryptografieunterstützung für Datenintegrität und Verschlüsselung für VPN-Verbindungen zusammen.

Tabelle 27.2 Unterstützung für Datenintegrität und Verschlüsselung in VPN-Verbindungen in Windows 7, Windows Vista und Windows XP

Kryptografie-algorithmus	Einsatz	Windows 7	Windows Vista	Windows XP
40-Bit-RC4	Datenverschlüsselung und Integritätsprüfung nur für PPTP			✓
56-Bit-RC4	Datenverschlüsselung und Integritätsprüfung nur für PPTP			✓
128-Bit-RC4	Datenverschlüsselung und Integritätsprüfung nur für PPTP	✓	✓	✓
DES	Datenverschlüsselung			✓
3DES	Datenverschlüsselung	✓	✓	✓
128-Bit-AES	Datenverschlüsselung	✓	*	
196-Bit-AES	Datenverschlüsselung	✓	*	
256-Bit-AES	Datenverschlüsselung	✓	*	
MD5	Integritätsprüfung			✓
SHA1	Integritätsprüfung	✓	✓	✓
256-Bit-SHA	Integritätsprüfung (nur Hauptmodus)	✓	*	
384-Bit-SHA	Integritätsprüfung (nur Hauptmodus)	✓	*	

Ein Sternchen (*) in Tabelle 27.2 bedeutet, dass diese Konfiguration möglich ist, aber nur über den Befehl Netsh.

Unterstützte Authentifizierungsprotokolle

Die folgenden Authentifizierungsprotokolle werden für Anmeldesicherheit auf VPN-Verbindungen in Windows 7 unterstützt:

- **PAP** Password Authentication Protocol. Verwendet Klartextkennwörter (unverschlüsselt).

- **CHAP** Challenge Handshake Authentication Protocol. Verwendet unidirektionales MD5-Hashing mit Challenge-Response-Authentifizierung.

- **MSCHAPv2** Microsoft Challenge Handshake Authentication Protocol Version 2. Eine Microsoft-Erweiterung des Authentifizierungsprotokolls CHAP, die gegenseitige Authentifizierung von Windows-Computern und stärkere Datenverschlüsselung bietet. MSCHAPv2 ist eine Verbesserung gegenüber dem älteren Protokoll MS-CHAP, das nur unidirektionale Authentifizierung des Clients gegenüber dem Server bietet.

- **EAP** Extensible Authentication Protocol. Erweitert PPP, indem es Unterstützung für zusätzliche Authentifizierungsmethoden hinzufügt, etwa mit Smartcards und Zertifikaten.

- **PEAP** Protected Extensible Authentication Protocol oder Protected EAP. Erweitert den von EAP gebotenen Schutz, indem mit TLS (Transport Layer Security) ein sicherer Kanal für EAP-Aushandlung zur Verfügung gestellt wird. PEAP wird in Windows 7 auch eingesetzt, um NAP-Szenarien (Network Access Protection) zu unterstützen.

Die folgenden Authentifizierungsprotokolle für den Einsatz in VPN-Verbindungen wurden ab Windows Vista verworfen:

- SPAP (Shiva Password Authentication Protocol)
- MS-CHAP
- EAP mit MD5

Beachten Sie, dass PAP und CHAP standardmäßig nicht als Authentifizierungsprotokolle auf neuen VPN-Verbindungen aktiviert sind, die Sie mit dem Assistenten *Eine Verbindung oder ein Netzwerk einrichten* anlegen. Der Grund ist, dass PAP und CHAP nicht als sicher eingestuft werden. Sie sollten sie nur verwenden, wenn Sie eine Verbindung zu Internetprovidern herstellen, deren Netzwerkzugriffsgeräte ausschließlich diese älteren Authentifizierungschemas unterstützen. Und obwohl PPTP in Windows 7 MD5 für Datenintegritätsprüfung auf L2TP/IPsec-basierten VPN-Verbindungen nicht mehr unterstützt, wurde die Unterstützung für MD5 in CHAP beibehalten, weil dieses Authentifizierungsprotokoll noch immer von vielen Internetprovidern für Breitband- und Einwählzugriff eingesetzt wird.

Tabelle 27.3 fasst die Unterschiede zwischen Windows 7, Windows Vista und Windows XP bei der Unterstützung für Authentifizierungsprotokolle in VPN-Verbindungen zusammen.

> **HINWEIS** Neben den Benutzerauthentifizierungsprotokollen, die in Tabelle 27.3 aufgelistet sind, unterstützt L2TP/IPsec auch die Authentifizierung auf Computerebene (entweder mit vorinstallierten Schlüsseln oder Computerzertifikaten), und SSTP unterstützt die Überprüfung des Servers durch den Client (anhand eines Zertifikats, das während der SSL-Aushandlungsphase vom Server an den Client gesendet wird).

Tabelle 27.3 Für VPN-Verbindungen unterstützte Authentifizierungsprotokolle in Windows 7, Windows Vista und Windows XP

Authentifizierungsprotokoll	Windows 7	Windows Vista	Windows XP
PAP	✓	✓	✓
SPAP			✓
CHAP	✓	✓	✓
MS-CHAP			✓
MSCHAPv2	✓	✓	✓
EAP mit MD5-Challenge			✓
EAP mit Smartcard	✓	✓	✓
EAP mit anderen Zertifikaten	✓	✓	✓
PEAP	✓	✓	

Direkt von der Quelle: Verbesserungen an der VPN-Sicherheit

Samir Jain und Santosh Chandwai, Lead Program Manager, *Windows Enterprise Networking*

Ab Windows Vista wurden viele Verbesserungen im Bezug auf die VPN-Sicherheit vorgenommen. Erstens wurden alle schwachen Kryptografiealgorithmen für das VPN-Tunneling entfernt und neue, stärkere Kryptografiealgorithmen hinzugefügt. Bei PPTP wurde 40/56-Bit-RC4-Verschlüsselung in der Standardeinstellung entfernt. Das bedeutet, dass PPTP standardmäßig jetzt nur noch 128-Bit-RC4-Verschlüsselung unterstützt. Falls Ihr VPN-Server oder VPN-Client also keine Unterstützung für 128-Bit-Verschlüsselung bietet, schlägt der Verbindungsversuch unter Umständen fehl. Sie können 40/56-Bit-RC4-Verschlüsselung reaktivieren, indem Sie einen Registrierungsschlüssel ändern, aber das wird nicht empfohlen. Es ist besser, Ihren Client oder Server so aufzurüsten, dass er die sicherere 128-Bit-RC4-Verschlüsselung unterstützt.

Bei L2TP/IPsec wurden DES (für Verschlüsselung) und MD5 (für Integritätsprüfung) entfernt und die Unterstützung für AES neu hinzugefügt. Das bedeutet, dass Windows Vista und neuere Versionen AES-128-Bit, AES-256-Bit und 3DES für Verschlüsselung und SHA1 für Integritätsprüfung unterstützen. (AES belastet die CPU weniger als 3DES.) Wenn Ihr VPN-Server oder VPN-Client also keine Unterstützung für DES oder MD5 bietet, kann die Verbindung unter Umständen nicht hergestellt werden. Sie können DES und MD5 zwar reaktivieren, indem Sie einen Registrierungsschlüssel verändern, aber das wird nicht empfohlen. Es ist besser, Ihren Client oder Server so aufzurüsten, dass er die sichereren Verschlüsselungsmethoden AES/3DES und SHA1 unterstützt.

Zweitens wurden viele neue Authentifizierungsalgorithmen hinzugefügt. Dagegen wurden EAP-MD5, SPAP und MS-CHAPv1 verworfen. Windows Vista und neuere Versionen unterstützen (von schwächer bis stärker) PAP, CHAP, MSCHAPv2, EAP-MSCHAPv2, EAP-Smartcard/Zertifikat, PEAP-MSCHAPv2 und PEAP-Smartcard/Zertifikat. Die Verwendung von PAP oder CHAP als Authentifizierungsalgorithmus über VPN-Tunnel wird nicht empfohlen, weil sie schwächer sind als andere Authentifizierungsalgorithmen. Es ist zwar ungefährlich, PAP/CHAP über eine L2TP/IPsec-VPN-Verbindung einzusetzen, weil IPsec eine geschützte Sitzung herstellt, bevor die PPP-Authentifizierung beginnt. Vergessen Sie aber nie den folgenden subtilen Sicherheitsaspekt: IPsec bietet Ihnen eine Authentifizierung auf Computerebene, PPP-Authentifizierung dagegen eine Benutzerauthentifizierung, und beide sind wichtig.

Schließlich wurde der L2TP/IPsec-Client in Windows Vista und neueren Versionen so erweitert, dass er bestimmte Felder innerhalb des Serverzertifikats, das für die IPsec-Aushandlung verwendet wird, genauer überprüft, um den sogenannten TMITM-Angriff (Trusted Man-in-the-Middle) zu verhindern. Der L2TP/IPsec-Client wertet das SAN-Feld (Subject Alternative Name) im X.509-Zertifikat des Servers aus und überprüft, ob der Server, zu dem Sie eine Verbindung aufbauen, wirklich der Server ist, für den das Zertifikat ausgestellt wurde. Er prüft auch anhand des EKU-Felds (Extended Key Usage), ob das Zertifikat, das für den Server ausgestellt wurde, für die Serverauthentifizierung vorgesehen ist. Für ältere Bereitstellungen stellen Windows Vista und neuere Versionen einen Registrierungsschlüssel zur Verfügung, den Sie aktivieren können, damit ein VPN-Client die Verifizierung der SAN- und EKU-Felder im Zertifikat des Servers überspringt. Es wird allerdings davon abgeraten, diese Überprüfung zu ignorieren. Falls für den VPN-Server, der L2TP/IPsec-Konnektivität zur Verfügung stellt, X.509-Zertifikate ausgestellt wurden, die nicht den DNS-Namen des Servers im SAN-Feld enthalten, wird stattdessen empfohlen, dass Sie entsprechend konfigurierte neue Zertifikate für diesen Server ausstellen lassen.

Der Ablauf der VPN-Verbindungsaushandlung

Wenn ein Windows 7-Client versucht, eine Verbindung mit einem Remote-VPN-Server aufzubauen, hängt es von mehreren Faktoren ab, welches Tunnelprotokoll, welches Authentifizierungsprotokoll, welcher Datenverschlüsselungsalgorithmus und welcher Integritätsprüfungsalgorithmus verwendet wird:

- Die auf der Clientseite aktivierten Authentifizierungsprotokolle und Kryptografiealgorithmen
- Die RAS-Richtlinie auf der Serverseite
- Die verfügbaren Netzwerktransporte (IPv4 und/oder IPv6)

Wenn der VPN-Typ auf Clientseite auf die Einstellung *Automatisch* gestellt ist, versucht der Windows 7-Client in der Standardeinstellung, in folgender Reihenfolge eine Verbindung zum Remote-VPN-Server aufzubauen:

1. IKEv2
2. SSTP
3. PPTP
4. L2TP

Der VPN-Client löst den Namen des VPN-Servers üblicherweise mit DNS auf. Liefert der DNS-Lookup nur eine IPv4- oder eine IPv6-Adresse an den Client zurück, verwenden die Verbindungsversuche über die verschiedenen Tunnelprotokolle nur IPv4 beziehungsweise IPv6. Erhält der Client dagegen beim DNS-Lookup sowohl IPv4- als auch IPv6-Adressen für den Server zurück, wird IPv6 bevorzugt; es wird daraufhin versucht, Tunnelverbindungen in folgender Reihenfolge herzustellen:

1. IKEv2 über IPv6
2. SSTP über IPv6
3. PPTP über IPv4 (weil PPTP nicht IPv6 unterstützt)
4. L2TP über IPv6

Sobald ein Tunnelprotokoll für die Verbindung ausgewählt wurde, werden die Authentifizierungs- und Kryptografiealgorithmen zwischen dem Client und dem Server ausgehandelt.

> **HINWEIS**   Sie können die Zeit für den Verbindungsaufbau verringern, indem Sie explizit festlegen, welches Tunnelprotokoll Ihr Client verwenden soll (sofern der Remoteserver dieses Protokoll unterstützt), statt in der Registerkarte *Netzwerk* der Verbindungseigenschaften den Typ *Automatisch* für das VPN auszuwählen. Beachten Sie, dass in diesem Fall keine VPN-Verbindung hergestellt werden kann, falls der Verbindungsversuch über das angegebene Tunnelprotokoll fehlschlägt.

So funktioniert's: VPN-Verbindungen und IPv4/v6

Samir Jain, Lead Program Manager, *Enterprise Networking (RRAS)*

Erst einmal einige Hintergrundinformationen: Nachdem Sie VPN-Konnektivität hergestellt haben, verfügen Sie auf Ihrem Clientcomputer über zwei Schnittstellen. Eine ist Ihre Internetschnittstelle (Ethernet, Drahtlos, PPPoE, PPP über Einwählverbindung und so weiter), die andere Ihre Unternehmens- oder WAN-Schnittstelle (also ein VPN-Tunnel). Das bedeutet letztlich, dass Sie zwei Sätze von IP-Adressen haben, und jede davon kann IPv4 und/oder IPv6 sein.

Wie unterstützen wir IPv4 und IPv6 für VPN-Verbindungen?

In Windows 7 unterstützen wir SSTP-, L2TP- und IKEv2-VPN-Tunnel über IPv6 (anders ausgedrückt: wenn Ihre ISP-Konnektivität IPv6 ist), außerdem unterstützen wir SSTP-, L2TP-, PPTP- und IKEv2-VPN-Tunnel über IPv4. In allen Szenarien können IPv4- und/oder IPv6-Pakete durch einen VPN-Tunnel gesendet werden. (Pakete, die zu/aus Ihrem Unternehmensnetzwerk befördert werden, können IPv4/IPv6 sein.)

Falls Sie von der Funktion der Tunnel verwirrt sind, hier meine Daumenregel:

- Sehen Sie sich die Konnektivität zwischen dem VPN-Client und dem VPN-Server (Ihre ISP-Konnektivität) an. Sie bestimmt, wie die Tunnelpakete *über* das Internet befördert werden. Indirekt legt sie auch fest, welcher Typ von VPN-Tunnel benutzt wird.

- Sehen Sie sich die Konnektivität zwischen dem VPN-Server und Ihrem Unternehmensnetzwerk (Ihre Unternehmenskonnektivität) an. Sie bestimmt, was *durch* den Tunnel (oder *innerhalb des Tunnels*) befördert wird. Außerdem legt sie auch fest, auf welches Netzwerk innerhalb Ihres Unternehmensnetzwerks Sie Zugriff haben (IPv4 und/oder IPv6).

Wie können Sie das erkennen, während Sie eine VPN-Verbindung konfigurieren?

Öffnen Sie das Eigenschaftendialogfeld Ihrer VPN-Verbindung und klicken Sie auf die Registerkarte *Allgemein*. An dieser Stelle geben Sie die IP-Adresse (v4 oder v6) oder den Hostnamen des VPN-Servers an, also die IP-Adresse, die Sie benutzen, um die Verbindung zum VPN-Server herzustellen. Oder noch anders gesagt: die IP-Adresse, *über* die der VPN-Tunnel eingerichtet wird. Anders ausgedrückt: Diese Einstellung legt Ihre ISP-Konnektivität fest. Falls Sie hier eine IPv6-Adresse eingeben, werden L2TP-, IKEv2- und SSTP-Tunnel unterstützt. Wenn Sie eine IPv4-Adresse eingeben, werden alle Tunneltypen unterstützt. Aber falls Sie einen Hostnamen eingeben, wird die Auswahl eines Tunneltyps aufgeschoben, bis Sie die Verbindung tatsächlich herstellen und eine Namensauflösung durchgeführt wird. Der DNS-Server kann sowohl IPv4- als auch IPv6-Adressen zurückgeben. In diesem Fall werden IPv4 und IPv6 in der Reihenfolge probiert, in der die Adressen vom DNS-Server innerhalb der DNS-Antwort zurückgegeben wurden. Das Ergebnis hängt auch vom ausgewählten VPN-Tunneltyp (PPTP, L2TP/IPsec, SSTP, IKEv2 oder Automatisch) ab.

Klicken Sie auf die Registerkarte *Netzwerk* und sehen Sie sich das Feld *Diese Verbindung verwendet folgende Elemente* an. Unter den hier aufgelisteten Protokollen befinden sich IPv4 und IPv6. Dies ist das Protokoll, das *durch* den VPN-Tunnel (oder *innerhalb* des Tunnels) ausgehandelt wird. Anders ausgedrückt: Diese Einstellung legt Ihre Unternehmenskonnektivität fest, ob Sie also IPv4- und/oder IPv6-Pakete an das Unternehmensnetzwerk senden, das sich über dem Tunnel befindet. Sie können normalerweise sowohl IPv4- als auch IPv6-Adressen für Ihren Unternehmens-VPN-Server eingeben. Abhängig vom Ergebnis der Namensauflösung wird die entsprechende Adresse verwendet.

Was passiert, wenn Sie *Automatisch* als VPN-Typ einstellen?

Die Logik für automatische VPN-Tunnel ist sehr einfach:

1. Zuerst wird IKEv2 probiert. Schlägt das fehl, wird SSTP probiert. Schlägt das ebenfalls fehl, wird PPTP probiert. Falls das fehlschlägt, wird zuletzt L2TP probiert.

2. Nehmen wir nun an, Sie haben eine IPv4-Adresse als Ziel-VPN-Server konfiguriert. Die Logik bleibt dieselbe: erst IKEv2, dann SSTP, dann PPTP und zuletzt L2TP.

3. Nehmen wir stattdessen an, Sie haben eine IPv6-Adresse als Ziel-VPN-Server konfiguriert. Es wird IKEv2 probiert. Schlägt das fehl, wird SSTP probiert. Schlägt auch das fehl, wird L2TP versucht.

4. Nehmen wir zuletzt an, Sie haben einen Hostnamen als Ziel-VPN-Server konfiguriert. Falls Ihr DNS-Server nur IPv4-Adressen (A-Datensätze) zurückgibt, geht es zurück zu Schritt 2. Falls Ihr DNS-Server nur IPv6-Adressen (AAAA-Datensätze) zurückgibt, geht es zurück zu Schritt 3. Falls Ihr DNS-Server sowohl IPv4- als auch IPv6-Adressen zurückgibt, werden die zurückgegebenen IP-Adressen nacheinander durchgegangen. Abhängig vom Typ der IP-Adresse geht es dann entweder zu Schritt 1 oder Schritt 2.

Was passiert, wenn ich den VPN-Typ mit dem Verbindungs-Manager-Verwaltungskit auswähle?

Das Verbindungs-Manager-Verwaltungskit (Connection Manager Administration Kit, CMAK), ein Tool für Netzwerkadministratoren in Windows Server 2008 R2, unterstützt auch folgende Strategien für die Tunnelreihenfolge:

- Nur PPTP verwenden
- Zuerst PPTP versuchen, das bedeutet PPTP, IKEv2, SSTP und dann L2TP
- L2TP verwenden
- Zuerst L2TP versuchen, das bedeutet L2TP, IKEv2, PPTP und dann SSTP
- Nur SSTP verwenden
- Zuerst SSTP versuchen, das bedeutet SSTP, IKEv2, PPTP und dann L2TP
- Nur IKEv2 verwenden
- Zuerst IKEv2 versuchen, das bedeutet IKEv2, PPTP, SSTP und dann L2TP

Beachten Sie, dass Sie dabei einen Computer mit einer Windows-Version verwenden müssen, der dieselbe Prozessorarchitektur hat wie die Clients, auf denen Sie das Profil später installieren wollen. Ein 32-Bit-Verbindungsprofil kann nur auf einer 32-Bit-Windows-Version erstellt und installiert werden; ein 64-Bit-Verbindungsprofil kann nur auf einer 64-Bit-Windows-Version erstellt und installiert werden. Wenn Sie 64-Bit-Verbindungsprofile erstellen wollen, sollten Sie auf einem Computer, der unter Windows Server 2008 R2 läuft, mit dem *Assistenten "Features hinzufügen"* das Feature *Verbindungs-Manager-Verwaltungskit* installieren. Wollen Sie 32-Bit-Verbindungsprofile erstellen, können Sie über *Windows-Funktionen aktivieren oder deaktivieren* das Feature *RAS-Verbindungs-Manager-Verwaltungskit (CMAK)* auf einem Computer installieren, der unter einer 32-Bit-Version von Windows 7 läuft.

Was passiert, wenn ich einen Windows 7-Client mit einem VPN-Server verbinde, der IPv6 nicht unterstützt?

Sie können den VPN-Server nicht »über« IPv6 benutzen (Sie werden nur IPv4-Konnektivität zu einem Internetprovider erhalten). Das bedeutet, dass für Ihren Tunnel SSTP, L2TP, IKEv2 oder PPTP zur Verfügung steht. Der Windows 7-Client versucht dann, »durch« den VPN-Tunnel eine

IPv4- sowie eine IPv6-Adresse vom VPN-Server zu erhalten. Er bekommt aber nur eine IPv4-Adresse. Daher wird die Verbindung aufgebaut. Anders ausgedrückt: Die Verbindung schlägt nur fehl, wenn Sie nicht sowohl IPv4- als auch IPv6-Adressen durch den VPN-Tunnel erhalten.

Was passiert, wenn ich einen Windows 7-Client mit einem VPN-Server verbinde, der SSTP nicht unterstützt?

Die SSTP-Verbindung schlägt fehl (Sie sollten SSTP dann aus der obigen Tunnelreihenfolge entfernen).

Erstellen und Konfigurieren von VPN-Verbindungen

Der Assistent *Eine Verbindung oder ein Netzwerk einrichten* macht es einfacher, VPN-Verbindungen zu erstellen. Welche Seiten im Assistenten angezeigt werden, hängt davon ab, welche Einstellungen Sie vornehmen, während Sie den Assistenten durchgehen.

WEITERE INFORMATIONEN Dieses Kapitel behandelt nur die Konfiguration von Clientverbindungen, mit denen VPN-Konnektivität hergestellt wird. Informationen darüber, wie Sie Windows Server 2008-VPN-Server und Netzwerkrichtlinienserver (Network Policy Server, NPS) konfigurieren, ist im Band *Windows Server 2008 Networking und Netzwerkzugriffsschutz* von *Windows Server 2008 – Die technische Referenz* (Microsoft Press, 2008) beschrieben.

Statt neue Verbindungen auf Windows 7-Clientcomputern zu erstellen und zu konfigurieren, können Administratoren auch die neue Version des Verbindungs-Manager-Verwaltungskits (Connection Manager Administration Kit, CMAK) verwenden, das in Windows Server 2008 enthalten ist. Das Verbindungs-Manager-Verwaltungskit ist ein Satz von Tools, mit denen Sie das Aussehen und Verhalten von Verbindungen anpassen können, die über den Verbindungs-Manager hergestellt werden. Der Verbindungs-Manager ist das eingebaute RAS-Clientwählprogramm in Windows Vista. Mit dem Verbindungs-Manager-Verwaltungskit können Administratoren benutzerdefinierte Verbindungen für Clientcomputer erstellen und bereitstellen, um die Benutzerzufriedenheit bei der Verbindungsherstellung zu Remotenetzwerken zu verbessern. Sie können beispielsweise eine Clientverbindung erstellen, die nur ein einziges angegebenes Tunnelprotokoll probiert, wenn sie versucht, eine Verbindung aufzubauen. Oder Sie erstellen eine Verbindung, die alle Tunnelprotokolle in einer bestimmten Reihenfolge durchprobiert.

HINWEIS Sie müssen die neue Version des Verbindungs-Manager-Verwaltungskits aus Windows Server 2008 R2 verwenden, um Verbindungen für Windows 7-Clients zu erstellen und zu konfigurieren.

Erstellen einer VPN-Verbindung

Gehen Sie folgendermaßen vor, um eine neue VPN-Verbindung auf einem Computer zu erstellen, falls Sie bereits eine Breitband- (PPPoE) oder Wählverbindung mit dem Internet haben:

1. Öffnen Sie das Netzwerk- und Freigabecenter entweder über die Systemsteuerung oder indem Sie im Infobereich der Taskleiste auf das Netzwerksymbol und dann auf *Netzwerk- und Freigabecenter öffnen* klicken.

2. Warten Sie, bis das Netzwerk- und Freigabecenter angezeigt wird, und klicken Sie dann auf *Neue Verbindung oder neues Netzwerk einrichten*, um den Assistenten *Eine Verbindung oder ein Netzwerk einrichten* zu starten.

3. Wählen Sie auf der Seite *Wählen Sie eine Verbindungsoption aus* die Option *Verbindung mit dem Arbeitsplatz herstellen* aus und klicken Sie auf *Weiter*.

4. Falls dies die erste Verbindung ist, die Sie auf dem Computer erstellen, können Sie zu Schritt 5 springen. Wählen Sie andernfalls *Ja, eine bestehende Verbindung auswählen* und dann eine der vorhandenen Verbindungen, die auf der Seite *Möchten Sie eine bestehende Verbindung verwenden* angezeigt werden. Falls Sie zum Beispiel eine vorhandene Wählverbindung (analoges oder ISDN-Modem) verwenden wollen, um Internetzugriff für Ihre neue VPN-Verbindung bereitzustellen, müssen Sie diese Verbindung auswählen und dann auf *Wählen* klicken, wenn der Dialog *Verbinden* für diese Verbindung angezeigt wird. Sobald Sie über Ihre vorhandene Verbindung die Internetverbindung hergestellt haben, können Sie mit dem Einrichten Ihrer neuen VPN-Verbindung fortfahren.

5. Klicken Sie auf *Die Internetverbindung (VPN) verwenden*.

6. Geben Sie die IPv4- oder IPv6-Adresse oder den vollqualifizierten Domänennamen (Fully Qualified Domain Name, FQDN) des Remote-VPN-Servers an, zu dem Sie eine Verbindung herstellen wollen. Sie können der Verbindung auch einen aussagekräftigen Namen geben, um sie leicht von den anderen Verbindungen auf dem Computer unterscheiden zu können. Normalerweise ist das der Name Ihres Remotenetzwerks oder Remote-VPN-Servers.

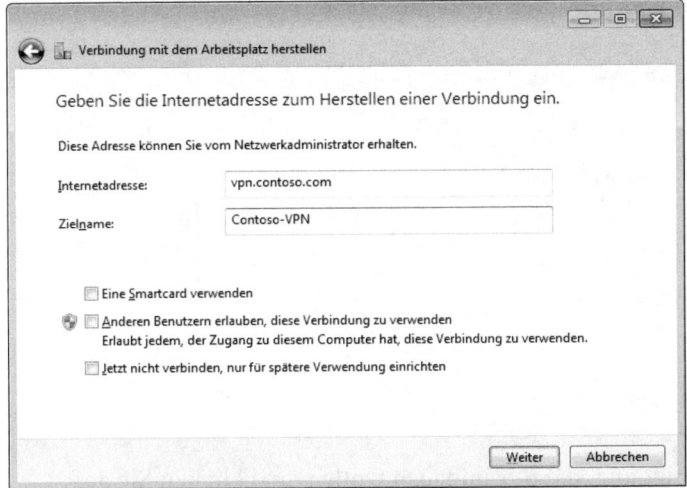

7. Aktivieren Sie *Eine Smartcard verwenden*, falls Sie die Authentifizierung mit einer Smartcard durchführen wollen. Sie müssen ein Smartcardlesegerät auf dem Computer installiert haben, wenn Sie diese Möglichkeit nutzen wollen. Falls Sie dieses Kontrollkästchen aktivieren, können Sie zu Schritt 10 springen.

8. Wenn Sie anderen Benutzern des Computers erlauben wollen, die Verbindung zu benutzen, können Sie das Kontrollkästchen *Anderen Benutzern erlauben, diese Verbindung zu verwenden* aktivieren. Wenn Sie diese Möglichkeit nutzen, wird Ihre Verbindung mit dem Typ »Alle Benutzer« konfiguriert, statt wie andernfalls als private Verbindung, die nur der Benutzer verwenden kann, der sie erstellt hat. Der Verbindungstyp »Alle Benutzer« wird auch für die Windows-Anmeldung über Ihre VPN-Verbindung benutzt.

9. Wenn Sie eine neue Verbindung erstellen wollen, die noch weitere Konfiguration benötigt, bevor sie benutzt werden kann, können Sie das Kontrollkästchen *Jetzt nicht verbinden, nur für spätere Verwendung einrichten* aktivieren.

10. Klicken Sie auf *Weiter* und geben Sie die Anmeldeinformationen (Benutzername, Kennwort und optional die Domäne) ein, mit denen Sie sich beim Remote-VPN-Server authentifizieren. (Diese Option steht nur zur Verfügung, falls Sie das Kontrollkästchen *Eine Smartcard verwenden* weiter vorne im Assistenten deaktiviert gelassen haben.)

11. Falls Sie eine Verbindung erstellen, die noch weiter konfiguriert werden muss, bevor sie benutzt werden kann, müssen Sie auf *Erstellen* klicken und dann entweder auf *Schließen*, um die Verbindung zu erstellen, oder auf *Verbindung jetzt herstellen*, um die Verbindung aufzubauen.

> **HINWEIS** Sie können den Assistenten *Eine Verbindung oder ein Netzwerk einrichten* auch starten, indem Sie die Option *Verbindung herstellen* zu Ihrem Startmenü hinzufügen. Klicken Sie dazu mit der rechten Maustaste auf das Startmenü und wählen Sie den Befehl *Eigenschaften*. Klicken Sie auf *Anpassen* und aktivieren Sie das Kontrollkästchen *Verbindung herstellen*.

Herstellen einer Verbindung

Gehen Sie folgendermaßen vor, um eine vorher erstellte Verbindung herzustellen:

1. Klicken Sie im Infobereich der Taskleiste auf das Netzwerksymbol, um die momentan verbundenen Netzwerke anzuzeigen. Alle VPN-Clientverbindungen, die auf dem Computer konfiguriert sind, werden im Abschnitt *Einwähl- und VPN-Netzwerke* aufgelistet:

2. Klicken Sie auf die VPN-Clientverbindung, die Sie aufbauen wollen, und klicken Sie auf *Verbinden*:

3. Geben Sie im Dialogfeld *Verbindung mit <Verbindungsname> herstellen* die Anmeldeinformationen ein, die für die Verbindung benutzt werden sollen, und klicken Sie auf *Verbinden*.

4. Sobald die Verbindung hergestellt ist, wird sie als *Verbunden* angezeigt.

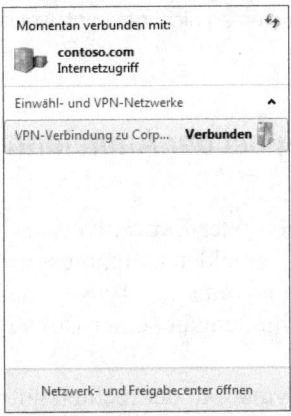

HINWEIS   Sie können eine Verbindung auch herstellen, indem Sie den Ordner *Netzwerkverbindungen* öffnen, doppelt auf die Verbindung klicken und dann auf *Verbinden* klicken. Sie können eine Verbindung auch aus dem Fenster *Netzwerkverbindungen* auf den Desktop ziehen, um eine Verknüpfung mit Ihrer Verbindung zu erstellen. Anschließend können Sie Ihre Verbindung herstellen, indem Sie doppelt auf die Verknüpfung klicken und dann auf die Schaltfläche *Verbinden*.

Trennen einer Verbindung

Sie trennen eine aktive Verbindung, indem Sie die Verbindung in der Liste der momentan verfügbaren Verbindungen auswählen und auf *Verbindung trennen* klicken (Abbildung 27.1). Sie können auch mit der rechten Maustaste auf eine Verbindung klicken, um sich ihren Status anzusehen, ihre Eigenschaften zu öffnen oder die Verbindung aufzubauen beziehungsweise zu trennen.

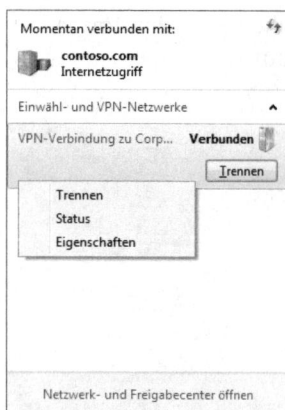

Abbildung 27.1   In der Liste der momentan verfügbaren Verbindungen können Sie eine Verbindung aufbauen und trennen, ihre Eigenschaften ansehen oder ihren Status anzeigen

HINWEIS   Windows 7 unterstützt die schnelle Benutzerumschaltung (Fast User Switching, FUS) auf Domänen- und Arbeitsgruppencomputern. Aktive VPN-Verbindungen des Typs »Alle Benutzer« werden nicht getrennt, wenn Sie Ihren Computer auf einen anderen Benutzer umschalten.

Direkt von der Quelle: Verwenden einer VPN-Verbindung bei der Anmeldung

Santosh Chandwani, Lead Program Manager, *Windows Enterprise Networking*

Damit ein Benutzer während der Anmeldung eine RAS-Verbindung (VPN- oder Einwählverbindung) herstellen oder sich über eine RAS-Verbindung bei einer Domäne anmelden kann, muss er eine Verbindung haben, die für alle Benutzer des Computers freigegeben ist (eine des Typs »Alle Benutzer«). Gehen Sie folgendermaßen vor, um sich über eine RAS-Verbindung bei einer Domäne anzumelden:

1. Klicken Sie auf dem Anmeldebildschirm auf das Netzwerkanmeldesymbol in der rechten unteren Ecke. Daraufhin werden Symbole für alle Verbindungen des Typs »Alle Benutzer« angezeigt, die während der Anmeldung hergestellt werden können.

2. Klicken Sie auf das Symbol für die Verbindung, die Sie herstellen wollen. Daraufhin wird die Benutzeroberfläche zum Eingeben der Verbindungsanmeldeinformationen angezeigt.

3. Falls die RAS-Verbindung eine Smartcard voraussetzt und Sie sich mit Benutzername/Kennwort bei Windows anmelden wollen, müssen Sie das Kontrollkästchen *Kennwort zur Anmeldung an Windows verwenden* unter den RAS-Anmeldeinformationen aktivieren. Daraufhin wird ein Dialogfeld angezeigt, in dem Sie Benutzername und Kennwort für die Windows-Anmeldung eingeben können.

4. Falls dagegen die RAS-Verbindung Benutzername/Kennwort erfordert und Sie eine Smartcard für die Anmeldung an Windows verwenden wollen, müssen Sie das Kontrollkästchen *Smartcard zur Anmeldung an Windows verwenden* unter den RAS-Anmeldeinformationen aktivieren. Daraufhin wird die Benutzeroberfläche für die Smartcard-Authentifizierung angezeigt.

Falls die RAS-Verbindung und die Anmeldung an Windows dieselbe Art von Anmeldeinformationen erfordern, versucht Windows standardmäßig, dieselben Anmeldeinformationen zu verwenden, um die RAS-Verbindung herzustellen und die Windows-Anmeldung durchzuführen.

Falls unterschiedliche Anmeldeinformationen nötig sind, haben Sie zwar erfolgreich eine RAS-Verbindung aufgebaut, aber die Anmeldung an Windows schlägt fehl. Dabei wird die folgende Fehlermeldung angezeigt: »Die Netzwerkverbindung wurde erfolgreich hergestellt, aber die Anmeldung am lokalen Computer ist mit den angegebenen Anmeldeinformationen fehlgeschlagen. Klicken Sie auf "OK", um die Anmeldung an Windows erneut zu versuchen.« Wenn Sie auf *OK* klicken, erhalten Sie die Gelegenheit, die richtigen Anmeldeinformationen für die Anmeldung an Windows einzugeben.

5. Falls die RAS-Verbindung erfolgreich hergestellt wurde, aber die Anmeldung an Windows fehlgeschlagen ist und Sie die RAS-Verbindung trennen wollen, können Sie auf dem Anmeldebildschirm auf *Netzwerkverbindung trennen* klicken.

Anzeigen von Verbindungsinformationen

Sie können sich Einzelheiten zu einer Verbindung auf dem Computer ansehen, indem Sie im Ordner *Netzwerkverbindungen* in der Symbolleiste unter *Weitere Optionen* den Eintrag *Details* auswählen. Auf diese Art können Sie sich Verbindungsstatus, Gerätename, Konnektivität, Netzwerkkategorie, Besitzer, Typ und Telefonnummer oder Hostadresse des Remoteservers anzeigen lassen (Abbildung 27.2).

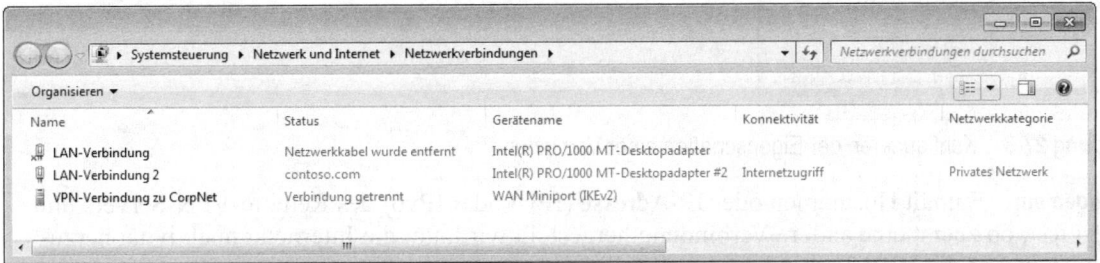

Abbildung 27.2 Im Fenster *Netzwerkverbindungen* werden detaillierte Informationen über Verbindungen angezeigt

HINWEIS Weitere Informationen über eine Verbindung, darunter Medienstatus (verbunden oder nicht verbunden), Dauer (Betriebszeit), gesendete und empfangene Bytes, Details zu IP-Adressen und andere Daten, erhalten Sie, indem Sie im Ordner *Netzwerkverbindungen* mit der rechten Maustaste auf eine Verbindung klicken und den Befehl *Status* auswählen. Diese Informationen können Sie sich ansehen, indem Sie im Infobereich der Taskleiste die Liste der momentan verfügbaren Verbindungen öffnen, mit der rechten Maustaste auf die Verbindung klicken und *Status* auswählen.

Konfigurieren einer VPN-Verbindung

Sie können die Einstellungen einer Verbindung, die Sie bereits erstellt haben, konfigurieren, indem Sie ihren Eigenschaftendialog öffnen. Dafür stehen folgende Möglichkeiten zur Verfügung:

- Klicken Sie im Infobereich der Taskleiste auf das Netzwerksymbol, um die momentan verbundenen Netzwerke anzuzeigen. Klicken Sie mit der rechten Maustaste auf die Verbindung und wählen Sie den Befehl *Eigenschaften*.

- Öffnen Sie das Netzwerk- und Freigabecenter, klicken Sie auf *Adaptereinstellungen ändern*, klicken Sie dann mit der rechten Maustaste auf die Verbindung und wählen Sie den Befehl *Eigenschaften*.

- Geben Sie in einer Eingabeaufforderung oder im Suchfeld des Startmenüs den Befehl **ncpa.cpl** ein, drücken Sie die EINGABETASTE, klicken Sie mit der rechten Maustaste auf die Verbindung und wählen Sie den Befehl *Eigenschaften*.

Der Eigenschaftendialog zum Konfigurieren einer VPN-Verbindung hat fünf Registerkarten (Abbildung 27.3):

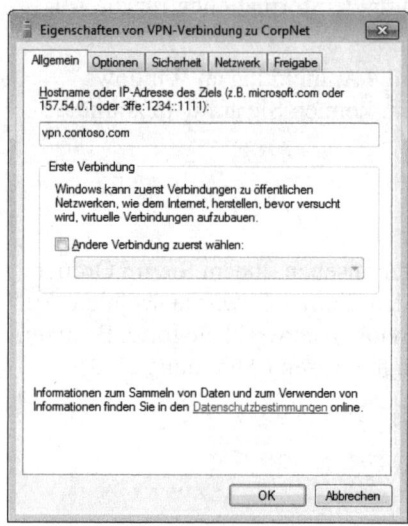

Abbildung 27.3 Konfigurieren der Eigenschaften einer Verbindung

- **Allgemein** Enthält Hostnamen oder IP-Adresse (IPv4 oder IPv6) des Remote-VPN-Servers und legt fest, ob zuerst eine andere Verbindung hergestellt wird, um die Internetkonnektivität herzustellen, bevor die VPN-Verbindung hergestellt wird.

- **Optionen** Wähloptionen, Wahlwiederholungsoptionen und PPP-Einstellungen

- **Sicherheit** Authentifizierungs- und Datenverschlüsselungseinstellungen

- **Netzwerk** Die verwendeten Tunnelprotokolle (PPTP, L2TP/IPsec, SSTP oder Automatisch), IP-Adresseinstellungen (statisch oder DHCP) und IPSec-Einstellungen (nur für L2TP/IPsec-basierte Verbindungen)

- **Freigabe** Ermöglicht die gemeinsame Nutzung der Internetverbindung für die Verbindung und legt fest, ob zuerst eine andere Verbindung gewählt wird, um die Internetkonnektivität herzustellen, bevor diese hergestellt wird.

Weitere Informationen über die Konfiguration von Verbindungseigenschaften finden Sie in Hilfe und Support. Einige wichtige Konfigurationsoptionen werden im nächsten Abschnitt beschrieben, insbesondere unter dem Gesichtspunkt, welche Unterschiede gegenüber den Verbindungseigenschaften in Windows Vista bestehen.

Konfigurieren von Sicherheitseinstellungen für eine VPN-Verbindung

Für Administratoren, die mit der Konfiguration von Verbindungen in Windows Vista vertraut sind, ergeben sich in Windows 7 einige Änderungen. Vor allem wurden die Optionen zum Auswählen der

Tunnelprotokolle für die Verbindung aus der Registerkarte *Netzwerk* auf die Registerkarte *Sicherheit* verschoben. Außerdem wurden die Einstellungen zum Konfigurieren von Datenverschlüsselung und Authentifizierung neu strukturiert, sodass sie einfacher zu konfigurieren sind. Und schließlich hängt es nun von den ausgewählten Tunnelprotokollen ab, welche Einstellungen für die Konfiguration auf dieser Registerkarte angeboten werden.

Konfigurieren der benutzten Tunnelprotokolle

Abbildung 27.4 zeigt die Standardeinstellungen auf der Registerkarte *Sicherheit*, wenn Sie in Windows 7 eine neue VPN-Verbindung anlegen. Wenn Sie auf *VPN-Typ* klicken, können Sie auswählen, welche Tunnelprotokolle diese Verbindung benutzt, wenn sie versucht, eine Verbindung zu einem VPN-Server herzustellen. Es stehen folgende Optionen zur Auswahl:

- **Automatisch**   Die Verbindung probiert unterschiedliche Tunnelprotokolle in der folgenden Reihenfolge: IKEv2, SSTP, PPTP und L2TP/IPsec. Wollen Sie beispielsweise, dass die Verbindung IKEv2 mit SSTP als Ausweichmöglichkeit nutzt, können Sie den entsprechenden VPN-Typ für Ihre Verbindung auswählen. Dies ist der Standardtyp für VPNs bei einer neu erstellten Verbindung in Windows 7.

- **PPTP**   Die Verbindung probiert nur PPTP, wenn sie versucht, eine Verbindung mit dem VPN-Server aufzubauen.

- **L2TP/IPsec**   Die Verbindung probiert nur L2TP/IPsec, wenn sie versucht, eine Verbindung mit dem VPN-Server aufzubauen.

- **SSTP**   Die Verbindung probiert nur SSTP, wenn sie versucht, eine Verbindung mit dem VPN-Server aufzubauen.

- **IKEv2**   Die Verbindung probiert nur IKEv2, wenn sie versucht, eine Verbindung mit dem VPN-Server aufzubauen.

Abbildung 27.4   Durch Auswählen des VPN-Typs wird festgelegt, welche Tunnelprotokolle von der Verbindung benutzt werden können

> **HINWEIS**   Wenn die Clientcomputer unter Windows 7 und der VPN-Server unter Windows Server 2008 R2 laufen, wird empfohlen, als VPN-Typ die Standardeinstellung *Automatisch* zu verwenden.

Sie können den Aufbau einer VPN-Verbindung beschleunigen, indem Sie angeben, welches Tunnel-protokoll Ihr Client benutzen soll (sofern der Remoteserver ebenfalls dieses Protokoll unterstützt). Gehen Sie folgendermaßen vor, um ein Tunnelprotokoll für eine Verbindung festzulegen:

1. Öffnen Sie das Eigenschaftendialogfeld Ihrer VPN-Verbindung und wählen Sie die Registerkarte *Sicherheit* aus.
2. Ändern Sie die Einstellung in *VPN-Typ* von *Automatisch* auf *PPTP, L2TP/IPsec, SSTP* oder *IKEv2*.

Die Standardeinstellung *Automatisch* bedeutet, dass Windows das verwendete Tunnelprotokoll anhand des Algorithmus aushandelt, der weiter oben in diesem Kapitel im Abschnitt »Der Ablauf der VPN-Verbindungsaushandlung« beschrieben ist.

> **HINWEIS**   Wird während einer RAS/VPN-Sitzung FUS benutzt, kann sich das auf Ihre Konnektivität auswirken. Weitere Informationen finden Sie im Knowledge Base-Artikel 289669 unter *http://support.microsoft.com/kb/289669*.

Konfigurieren der erweiterten Verbindungseinstellungen

Ist als VPN-Typ *Automatisch* eingestellt, können Sie auf *Erweiterte Einstellungen* klicken, um ein Eigenschaftendialogfeld mit zwei Registerkarten zu öffnen (Abbildung 27.5). In diesen Registerkarten können Sie folgende Einstellungen vornehmen:

- **Registerkarte *L2TP***   Legt fest, ob ein Zertifikat (Standardwert) oder ein vorinstallierter Schlüssel benutzt wird, um den Server beim Client zu authentifizieren.
- **Registerkarte *IKEv2***   Hier aktivieren oder deaktivieren Sie die Verbindungsmobilität. Weitere Informationen finden Sie im Abschnitt »Konfigurieren der Mobilität für IKEv2-Verbindungen« weiter unten in diesem Kapitel.

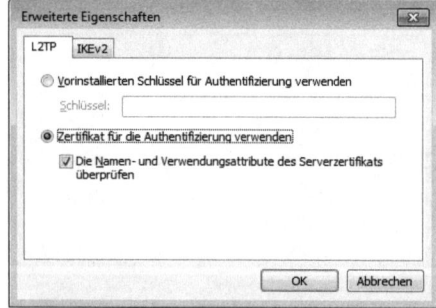

Abbildung 27.5   Konfigurieren erweiterter Einstellungen für eine Verbindung mit dem Tunneltyp *Automatisch*

Konfigurieren der Datenverschlüsselungsstufe

Wenn Sie auf der Registerkarte *Sicherheit* in der Dropdownliste *Datenverschlüsselung* einen Eintrag auswählen, legen Sie die Stufe der Datenverschlüsselung für die Verbindung fest. Die verfügbaren Optionen sind selbsterklärend. Es stehen folgende Werte zur Verfügung:

- *Keine (Verbindung wird durch Server getrennt, falls erforderlich)*
- *Optional (Verbindung auch ohne Verschlüsselung)*
- *Erforderlich (Verbindung trennen, falls Server dies ablehnt)*
- *Maximale (Verbindung trennen, falls Server dies ablehnt)*

Der Standardwert für diese Einstellung in einer neu erstellten Verbindung ist *Erforderlich*.

Konfigurieren der benutzten Authentifizierungsmethode

Unter *Authentifizierung* stehen auf der Registerkarte *Sicherheit* zwei Authentifizierungsmethoden zur Auswahl, die Ihre Verbindung benutzen kann:

- **Extensible-Authentication-Protokoll (EAP) verwenden**   Wenn Sie diese Authentifizierungsmethode auswählen, können Sie eines der drei folgenden Protokolle für die Authentifizierung der VPN-Verbindung auswählen:

  □ Geschütztes EAP (PEAP)

  □ EAP-MSCHAPv2

  □ Smartcard- oder anderes Zertifikat

Alle drei Optionen gewährleisten die Sicherheit und Datenintegrität der EAP-Kommunikation mithilfe von Verschlüsselung. Die Standardeinstellung für eine neue Verbindung ist EAP-MS-CHAPv2; diese Methode wird auch als *Gesichertes Kennwort* aufgelistet.

Weitere Authentifizierungseinstellungen für EAP können Sie konfigurieren, indem Sie auf die Schaltfläche *Eigenschaften* klicken. Welche zusätzlichen Einstellungen verfügbar sind, hängt davon ab, welche EAP-Authentifizierungsmethode Sie ausgewählt haben:

  □ Ist PEAP ausgewählt, können Sie nach dem Klick auf *Eigenschaften* verschiedene Authentifizierungseinstellungen konfigurieren, darunter clientseitige NAP-Einstellungen. Weitere Informationen zur Implementierung von NAP in Unternehmensumgebungen finden Sie im Band *Windows Server 2008 Networking und Netzwerkzugriffsschutz* von *Windows Server 2008 – Die technische Referenz* (Microsoft Press, 2008) beschrieben.

  □ Wenn EAP-MSCHAPv2 ausgewählt ist, können Sie nach dem Klick auf *Eigenschaften* einstellen, ob die Verbindung automatisch Ihre Windows-Anmeldeinformationen für die Authentifizierung der Verbindung benutzt.

  □ Ist *Smartcard- oder anderes Zertifikat* ausgewählt, können Sie nach dem Anklicken von *Eigenschaften* einstellen, ob eine Smartcard oder ein anderes digitales Zertifikat zum Authentifizieren der Verbindung benutzt wird. Falls Sie zum Beispiel statt Smartcards Zertifikate verwenden, die auf dem lokalen Computer gespeichert sind, können Sie die Option *Zertifikat auf diesem Computer verwenden* wählen, damit Zertifikate für die Authentifizierung von VPN-Verbindungen benutzt werden können. Wenn Sie das Kontrollkästchen *Einfache Zertifikatauswahl verwenden (empfohlen)* aktivieren, kann Windows automatisch feststellen, welches Zertifikat auf dem Computer für die VPN-Authentifizierung verwendet werden soll. Wenn Sie das Kontrollkästchen *Serverzertifikat überprüfen* aktivieren, wird der Clientcomputer gezwungen zu überprüfen, ob das Zertifikat des Remote-VPN-Servers gültig ist (diese Einstellung ist standardmäßig aktiviert). Sie sollten auch die vertrauenswürdigen Stammzertifizierungsstellen angeben, denen der Clientcomputer vertrauen soll, und optional die IP-Adresse oder den voll-qualifizierten Domänennamen Ihrer Zertifizierungsstelle im Textfeld *Verbindung mit diesen Servern herstellen* eingeben.

■ **Folgende Protokolle zulassen** Wenn Sie diese Authentifizierungsmethode auswählen, stehen folgende Authentifizierungsprotokolle für Ihre Verbindung zur Verfügung:

□ PAP

□ CHAP

□ MS-CHAP v2

Außerdem können Sie festlegen, ob die Verbindung automatisch Ihre Windows-Anmeldeinformationen benutzt. Beachten Sie, dass Sie PAP, CHAP und MSCHAPv2 nur für PPTP-, L2TP/IPsec- und SSTP-Tunnel verwenden können. IKEv2-Tunnel können nur EAP-MSCHAPv2 oder Zertifikate benutzen (mehr dazu im nächsten Abschnitt).

Konfigurieren der Authentifizierung für IKEv2-Verbindungen

Wenn Sie eine Verbindung zwingen, IKEv2 als Tunneltyp zu benutzen, haben Sie die Auswahl zwischen zwei Authentifizierungsmethoden, mit denen sich der Client beim Server authentifiziert (Abbildung 27.6):

■ Verwenden von EAP, um den Remotebenutzer gegenüber dem VPN-Server zu authentifizieren

■ Verwenden eines Computerzertifikats, das auf dem Clientcomputer installiert ist, um den Clientcomputer gegenüber dem VPN-Server zu authentifizieren

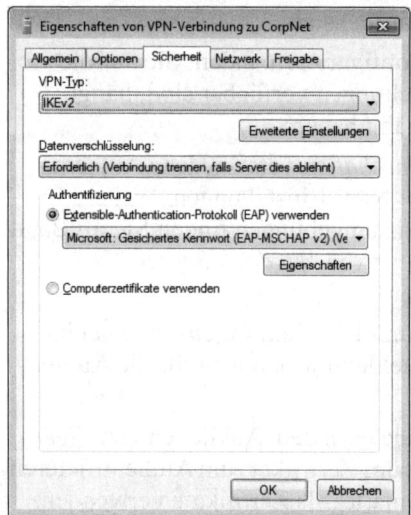

Abbildung 27.6 Wenn Sie IKEv2 als Tunneltyp erzwingen, stehen zwei Authentifizierungsmethoden zur Auswahl

Standard ist hier EAP, für das kein Computerzertifikat auf dem Clientcomputer installiert sein muss. IKEv2 funktioniert allerdings nur, wenn ein Computerzertifikat auf dem VPN-Server installiert ist, sodass die Identität des Servers gegenüber dem Client authentifiziert werden kann.

Wenn Sie auf Ihrem Windows 7-Clientcomputer die Option *Computerzertifikate verwenden* auswählen, muss Ihr Windows Server 2008 R2-VPN-Server ebenfalls mit dieser Option konfiguriert werden, damit die Verbindung aufgebaut werden kann. Gehen Sie dazu auf dem Server folgendermaßen vor:

1. Öffnen Sie das Eigenschaftendialogfeld des VPN-Servers in der RRAS-Konsole.

2. Wählen Sie die Registerkarte *Sicherheit* aus und klicken Sie auf *Authentifizierungsmethoden*.

3. Aktivieren Sie das Kontrollkästchen *Computerzertifikatauthentifizierung für IKEv2 zulassen*.

Konfigurieren der Mobilität für IKEv2-Verbindungen

Wenn Sie eine Verbindung zwingen, IKEv2 als Tunneltyp zu verwenden, haben Sie die Möglichkeit, die Mobilität (VPN-Reconnect) für die VPN-Verbindung zu aktivieren oder zu deaktivieren. Sie aktivieren die Mobilität für die Verbindung, indem Sie auf *Erweiterte Einstellungen* klicken und das Kontrollkästchen *Mobilität* aktivieren (Abbildung 27.7). Wollen Sie die Mobilität für die Verbindung deaktivieren, müssen Sie dieses Kontrollkästchen deaktivieren. In der Standardeinstellung ist die Mobilität bei einer IKEv2-Verbindung aktiviert.

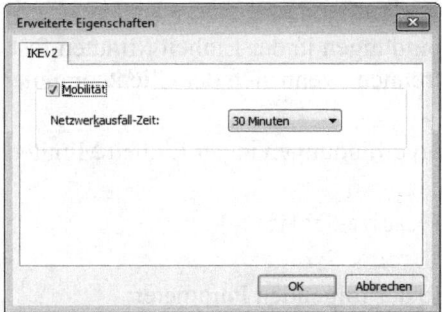

Abbildung 27.7 Konfigurieren der Mobilität für IKEv2-VPN-Verbindungen

Sie können in diesem Dialogfeld außerdem konfigurieren, wie lange das Netzwerk, das für die VPN-Verbindung benutzt wird, höchstens ausfallen darf. Mögliche Werte reichen von 5 Minuten bis 8 Stunden (Standardwert 30 Minuten). Falls die zugrundeliegende Schicht-2-Netzwerkkonnektivität unterbrochen und nicht innerhalb der konfigurierten Netzwerkausfallzeit wiederhergestellt wird, wird die VPN-Verbindung beendet (die Mobilität gelingt also nicht).

Auf der Serverseite können Sie weitere Mobilitätseinstellungen für IKEv2-VPN-Verbindungen konfigurieren. Öffnen Sie dazu im Menü *Management* auf einem VPN-Server, der unter Windows Server 2008 R2 läuft, zuerst die Konsole *Routing und RAS*. Klicken Sie dann mit der rechten Maustaste auf den Knoten *VPN-Server* und wählen Sie den Befehl *Eigenschaften*. Wählen Sie die Registerkarte *IKEv2* aus und konfigurieren Sie die Einstellungen auf dieser Registerkarte, wie in Tabelle 27.4 beschrieben.

Tabelle 27.4 Serverseitige Einstellungen zum Konfigurieren der IKEv2-Mobilität

Einstellung	Bedeutung	Standardwert
Leerlaufzeitlimit (Minuten)	Legt fest, wie lange (in Minuten) eine IKEv2-Clientverbindung im Leerlauf bleibt, bevor sie beendet wird.	5 Minuten
Netzwerkausfall-Zeit (Minuten)	Gibt an, wie lange (in Minuten) IKEv2-Pakete erneut gesendet werden, wenn keine Antwort eintrifft, bevor die Verbindung als unterbrochen eingestuft wird. Höhere Werte gewährleisten dauerhafte Verbindung auch bei Netzwerkausfällen.	30 Minuten
Sicherheits-zuordnung-Ablaufzeit (Minuten)	Legt fest, wie lange (in Minuten) eine IKEv2-Client-SA gültig bleibt. Eine SA läuft entweder nach der Ablaufzeit ab oder wenn die Datengrößenbegrenzung für die SA erreicht ist, je nachdem, welche Bedingung zuerst eintritt. Es muss eine neue erfolgreiche Schnellmodusaushandlung abgewickelt werden, bevor die beiden Computer wieder Daten austauschen können.	480 Minuten
Datengrößenbegrenzung für Sicherheitszuordnungen (MB)	Gibt an, wie viel Netzwerkverkehr (in MByte) durch eine IKEv2-SA übertragen werden darf, bevor die SA abläuft. Es muss eine neue erfolgreiche Schnellmodusaushandlung abgewickelt werden, bevor die beiden Computer wieder Daten austauschen können.	100 MByte

In Windows 7 und Windows Server 2008 R2 können Sie die IKEv2-Einstellungen (inklusive Mobilitätseinstellungen) auch mit dem Befehl Netsh in der Befehlszeile konfigurieren. Die folgenden Beispiele zeigen einige `netsh ras set`-Befehle, die zum Konfigurieren der IKEv2-Mobilität zur Verfügung stehen.

```
netsh ras set ikev2connection [[idletimeout=] <Leerlaufzeitlimit>] [[nwoutagetime=]
<Netzwerkausfallzeit>]
```

Dieser Befehl legt die Werte für Leerlaufzeitlimit und Netzwerkausfallzeit für IKEv2-Clientverbindungen mithilfe der folgenden Parameter fest:

- **idletimeout** Legt das Leerlaufzeitlimit für IKEv2-Clientverbindungen in der Einheit Minuten fest. Dieser Wert wird ausgewertet, um IKEv2-Verbindungen zu trennen, wenn sich der Clientcomputer im Leerlauf befindet.

- **nwoutagetime** Legt die Netzwerkausfallzeit für IKEv2-Clientverbindungen in der Einheit Minuten fest.

```
netsh ras set ikev2saexpiry [[saexpirytime=] <SA-Ablaufzeit>] [[sadatasizelimit=]
<SA-Datengrößenlimit>]
```

Dieser Befehl steuert die Gültigkeitsdauer der IKEv2-SA mithilfe der folgenden Parameter:

- **saexpirytime** Gibt den SA-Ablaufwert für IKEv2-Clientverbindungen in der Einheit Minuten an.

- **sadatasizelimit** Gibt die SA-Datengrößenbegrenzung in der Einheit MByte an.

Die nächsten Beispiele zeigen Befehle, mit denen Sie IKEv2-Verbindungen untersuchen können:

- **netsh ras show ikev2connections** Zeigt die Werte für Leerlaufzeitlimit und Netzwerkausfallzeit von IKEv2-Clientverbindungen an.

- **netsh ras show ikev2saexpirycontrols** Zeigt die Einstellungen von IKEv2-Clientverbindungen für die Gültigkeitsdauer der IKEv2-SAs an, insbesondere die SA-Ablaufdauer in der Einheit Minuten und die SA-Datengrößenbegrenzung in der Einheit MByte.

- **netsh ras show portstatus** Gibt den IKEv2-Portstatus sowie den Status für L2TP-, PPTP- und SSTP-Ports aus. In der Standardeinstellung zeigt dieser Befehl alle Ports an, er kann aber auch die Einstellungen für einzelne Ports oder nur Ports auflisten, die einen bestimmten Status haben.

- **netsh ras dump** Dieser Befehl exportiert das Konfigurationsskript für alle unterstützten RAS-Features, darunter (in Windows 7 und Windows Server 2008 R2) auch die IKEv2-Konfigurationsdetails.

Direkt von der Quelle: Die drei Zustände einer IKEv2-VPN-Verbindung

CSS Global Technical Readiness (GTR) Team

Wegen VPN-Reconnect kann eine IKEv2-Verbindung eine von drei möglichen Zuständen annehmen:

- **Verbunden**   Die Verbindung ist intakt.

- **Ruhend: Der Server ist nicht verfügbar**   Wenn die zugrundeliegende Schnittstelle, über die IKEv2 mit dem Unternehmensnetzwerk verbunden ist, unterbrochen wird oder wenn sich der Zugriffspunkt ändert (keine Konnektivität verfügbar).

- **Ruhend: Es wird auf das Herstellen einer neuen Verbindung gewartet**   Wenn der Mobility Manager versucht, die Verbindung auf die nächste verfügbare Schnittstelle oder einen anderen Zugriffspunkt umzuschalten.

Betrachten Sie als Beispiel einen Benutzer, der von Zuhause aus über eine IKEv2-VPN-Verbindung, die über PPPoE läuft, mit dem Unternehmensnetzwerk verbunden ist. Der Benutzer hat ein deaktiviertes Drahtlosnetzwerk, das ebenfalls Internetkonnektivität zur Verfügung stellen kann. Üblicherweise laufen folgende Vorgänge ab:

1. Anfangs ist die VPN-Verbindung im Zustand »Verbunden«, wie hier in der Benutzeroberfläche zu sehen:

   | VPN-Verbindung zu Corp...   **Verbunden** |

2. Die Breitbandverbindung wird getrennt (und das Drahtlosnetzwerk ist noch deaktiviert), daher wechselt die VPN-Verbindung in den Zustand »Ruhend«:

   | VPN-Verbindung zu Corp...   **Ruhend: Server nicht verfügbar** |

3. Der Benutzer aktiviert das Drahtlosnetzwerk, und der Mobility Manager versucht, die VPN-Verbindung umzuschalten. Während dieser Umschaltvorgang läuft, zeigt die VPN-Verbindung den Zustand »Ruhend: Es wird auf das Herstellen einer neuen Verbindung gewartet« an. (Wenn die Neuverbindung sehr schnell geschieht, bekommt der Benutzer diesen Status gar nicht zu sehen.)

4. Sobald die Umschaltung erfolgreich abgeschlossen ist, befindet sich die VPN-Verbindung des Benutzers wieder im Zustand »Verbunden«.

Konfigurieren von Wählverbindungen

Windows 7 unterstützt sowohl ausgehende als auch eingehende Wählverbindungen. Bei ausgehenden Verbindungen ist Windows 7 der Client, es stellt entweder die Verbindung zu einem RAS-Server (Remote Access Server) in einem Remotenetzwerk her (normalerweise das Unternehmensintranet) oder zu einem Netzwerkzugriffsgerät (normalerweise eine Modembank) beim Internetprovider. Bei eingehenden Verbindungen agiert Windows 7 als Mini-RAS-Server, es erlaubt dann einem Remoteclientcomputer, eine Wählverbindung zwischen den beiden Computern aufzubauen. Manche Unternehmensumgebungen verwenden nach wie vor RAS-Server, um mobilen Benutzern Remotekonnektivität mit dem Unternehmensnetzwerk bieten zu können, aber die meisten Unternehmen sind inzwischen auf VPN-Server umgestiegen, um sich die Kosten für Ferngespräche und die Unterhaltskosten für mehrere Telefonleitungen für den RAS-Zugriff zu sparen. Dieser Abschnitt beschreibt kurz, wie

Sie eine Wählverbindung einrichten, damit Windows 7-Clientcomputer eine direkte Verbindung mit einem RAS-Server herstellen können.

> **HINWEIS** Eingehende Wählverbindungen werden auf Clientcomputern selten benutzt, zumindest in Unternehmensumgebungen. Daher beschränkt sich diese Beschreibung auf ausgehende Verbindungen. Informationen darüber, wie Sie eine eingehende Verbindung in Windows 7 erstellen und konfigurieren, finden Sie im Abschnitt »Konfigurieren eingehender Verbindungen« weiter unten in diesem Kapitel.

Erstellen einer Wählverbindung

Gehen Sie folgendermaßen vor, um eine neue Wählverbindung zu einem Server an Ihrem Arbeitsplatz zu erstellen:

1. Öffnen Sie das Netzwerk- und Freigabecenter entweder über die Systemsteuerung oder indem Sie im Infobereich der Taskleiste auf das Netzwerksymbol und dann auf *Netzwerk- und Freigabecenter öffnen* klicken.

2. Warten Sie, bis das Netzwerk- und Freigabecenter angezeigt wird, und klicken Sie dann auf *Neue Verbindung oder neues Netzwerk einrichten*, um den Assistenten *Eine Verbindung oder ein Netzwerk einrichten* zu starten.

3. Wählen Sie auf der Seite *Wählen Sie eine Verbindungsoption aus* die Option *Verbindung mit dem Arbeitsplatz herstellen* und klicken Sie dann auf *Weiter*.

4. Falls dies die erste Verbindung ist, die Sie auf dem Computer erstellen, können Sie zu Schritt 5 springen. Wählen Sie andernfalls die Option *Nein, eine neue Verbindung erstellen* aus und klicken Sie auf *Weiter*.

5. Klicken Sie auf *Direkt wählen* und geben Sie die Telefonnummer für den RAS-Server ein, zu dem Sie eine Verbindung herstellen wollen. (Sie können der Verbindung auch einen aussagekräftigen Namen geben, um sie leicht von den anderen Verbindungen auf dem Computer unterscheiden zu können. Normalerweise ist das der Name Ihres Remotenetzwerks oder RAS-Servers.)

6. Falls keine Wählregeln für Ihren Computer konfiguriert sind, können Sie bei Bedarf auf den Link *Wählregeln* klicken und sie jetzt konfigurieren.

7. Aktivieren Sie *Eine Smartcard verwenden*, falls Sie die Authentifizierung mit einer Smartcard durchführen wollen. Sie müssen ein Smartcardlesegerät an dem Computer installiert haben, wenn Sie diese Möglichkeit nutzen wollen. Falls Sie dieses Kontrollkästchen aktivieren, können Sie zu Schritt 10 springen.

8. Wenn Sie anderen Benutzern des Computers erlauben wollen, die Verbindung zu benutzen, können Sie das Kontrollkästchen *Anderen Benutzern erlauben, diese Verbindung zu verwenden* aktivieren. Sie können das nur tun, wenn Sie Anmeldeinformationen eines lokalen Administrators für den Computer haben, damit Sie die UAC-Eingabeaufforderung bestätigen können, die sich öffnet.

9. Wenn Sie eine neue Verbindung erstellen wollen, die noch weitere Konfiguration benötigt, bevor sie benutzt werden kann, können Sie das Kontrollkästchen *Jetzt nicht verbinden, nur für spätere Verwendung einrichten* aktivieren.

10. Klicken Sie auf *Weiter* und geben Sie die Anmeldeinformationen (Benutzername, Kennwort und optional die Domäne) ein, mit denen Sie sich beim RAS-Server authentifizieren. (Diese Option steht nur zur Verfügung, falls Sie das Kontrollkästchen *Eine Smartcard verwenden* weiter vorne im Assistenten deaktiviert gelassen haben.)

11. Falls Sie eine Verbindung erstellen, die noch weiter konfiguriert werden muss, bevor sie benutzt werden kann, müssen Sie auf *Erstellen* klicken und dann entweder auf *Schließen*, um die Verbindung zu erstellen, oder auf *Verbindung jetzt herstellen*, um die Verbindung aufzubauen.

HINWEIS Administratoren können auch mit der neuen Version des Verbindungs-Manager-Verwaltungskits, die in Windows Server 2008 R2 enthalten ist, das Aussehen und Verhalten von Verbindungen anpassen, die mit dem Verbindungs-Manager hergestellt werden. Der Verbindungs-Manager ist das eingebaute RAS-Clientwählprogramm in Windows 7. Mit dem Verbindungs-Manager-Verwaltungskit können Administratoren benutzerdefinierte Verbindungen für Clientcomputer erstellen und bereitstellen, um die Benutzerzufriedenheit bei der Verbindungsherstellung zu Remotenetzwerken zu verbessern. Sie müssen die neue Version des Verbindungs-Manager-Verwaltungskits aus Windows Server 2008 R2 verwenden, um Verbindungen für Windows 7-Clients zu erstellen und konfigurieren. Das neue Verbindungs-Manager-Verwaltungskit enthält Unterstützung für mehrere Gebietsschemas, sodass Sie Verbindungs-Manager-Profile auf einem Server mit einem beliebigen Gebietsschema erstellen können, die dann auf einem Client mit einem beliebigen anderen Gebietsschema installiert werden können.

Konfigurieren einer Wählverbindung

Wählverbindungen werden ähnlich konfiguriert wie VPN-Verbindungen. Sie unterstützen dieselben Authentifizierungs- und Datenverschlüsselungsfeatures wie VPN-Verbindungen. Der Abschnitt »Konfigurieren einer VPN-Verbindung« weiter oben in diesem Kapitel enthält weitere Informationen zu VPN-Verbindungseinstellungen.

Für Einwähl- und VPN-Verbindungen werden dieselben fünf Registerkarten im Eigenschaftendialogfeld angezeigt. Bei Wählverbindungen sind folgende Punkte anders:

- **Allgemein**   Auswählen und Konfigurieren des Modems (analog oder ISDN), Eintragen der Telefonnummern für den RAS-Server, Aktivieren und Konfigurieren von Wählregeln
- **Optionen**   Eine zusätzliche Einstellung, um die Rufnummer beim Verbindungsaufbau abzufragen
- **Sicherheit**   Zusätzliche Einstellungen, um optional ein Terminalfenster anzuzeigen und ein Verbindungsskript auszuführen
- **Netzwerk**   Dieselben Optionen wie bei VPN-Verbindungen
- **Freigabe**   Dieselben Optionen wie bei VPN-Verbindungen

> **HINWEIS** Falls auf Ihrem Windows 7-Computer die Dateifreigabe aktiviert ist, ist auf der Registerkarte *Netzwerk* die Option für *Datei- und Druckerfreigabe für Microsoft-Netzwerke* bei VPN-Verbindungen aktiviert, aber bei Wählverbindungen deaktiviert.

Erweiterte Verbindungseinstellungen

Gehen Sie folgendermaßen vor, um erweiterte Verbindungseinstellungen für alle Verbindungen auf dem Computer zu konfigurieren:

1. Öffnen Sie das Fenster *Netzwerkverbindungen* aus dem Netzwerk- und Freigabecenter oder klicken Sie auf der linken Seite des Netzwerk- und Freigabecenters auf *Adaptereinstellungen ändern*.
2. Drücken Sie die ALT-Taste, um die Menüleiste anzuzeigen.
3. Wählen Sie im Menü *Erweitert* den Befehl *Erweiterte Einstellungen*.
4. Ändern Sie die Reihenfolge der Netzwerkadapter, Netzwerkbindungen und Netzwerkanbieter auf dem Computer.

> **HINWEIS** Sie können den Ordner *Netzwerkverbindungen* auch öffnen, indem Sie im Suchfeld des Startmenüs **Netzwerkv** eintippen und in der Gruppe *Systemsteuerung* der Suchergebnisse auf *Netzwerkverbindungen anzeigen* klicken. Eine weitere Möglichkeit, den Ordner *Netzwerkverbindungen* zu öffnen, besteht darin, im Suchfeld des Startmenüs **Ncpa.cpl** einzutippen und die EINGABETASTE zu drücken.

Konfigurieren eingehender Verbindungen

Windows 7 unterstützt auch eingehende Verbindungen vom Typ Einwählverbindung oder VPN. In diesem Fall agiert Windows 7 als Mini-VPN- oder RAS-Server für andere Clientcomputer im Netzwerk.

Um eine eingehende Verbindung auf einem Windows 7-Computer zu erstellen, benötigen Sie die Anmeldeinformationen eines Administrators auf dem Computer. Außerdem ist dies nur in Arbeitsgruppenumgebungen möglich. Gehen Sie folgendermaßen vor, um eine neue eingehende Verbindung zu erstellen:

1. Öffnen Sie das Fenster *Netzwerkverbindungen*.
2. Drücken Sie die ALT-Taste, um die Menüleiste anzuzeigen.
3. Wählen Sie im Menü *Datei* den Befehl *Neue eingehende Verbindung*.
4. Wählen Sie die Benutzer aus, denen Sie erlauben wollen, eine Verbindung zum Computer herzustellen. Sie können auch auf *Benutzer hinzufügen* klicken, um weitere Benutzer zur lokalen Benutzerdatenbank des Computers hinzuzufügen.
5. Klicken Sie auf *Weiter* und geben Sie an, ob die ausgewählten Benutzer die Verbindung zu diesem Computer über das Internet (mit einer VPN-Verbindung) oder direkt mit einem Modem herstellen. In diesem Beispiel nehmen wir an, dass Sie ein VPN verwenden.
6. Klicken Sie auf *Weiter* und geben Sie an, welche Netzwerkkomponenten für die eingehende Verbindung aktiviert werden sollen. In der Standardeinstellung sind IPv4 und Datei- und Druckerfreigabe aktiviert, IPv6 aber deaktiviert.

7. Markieren Sie *Internetprotokoll Version 4 (TCP/IPv4)* und klicken Sie auf *Eigenschaften*, um folgende Einstellungen zu konfigurieren:

   ☐ Ob der anrufende Computer (der die Verbindung herstellt) Zugriff auf Ihr LAN erhält, indem Ihr Computer als Gateway fungiert

   ☐ Ob der anrufende Computer eine IP-Adresse für seinen Tunnelendpunkt von einem DHCP-Server im Netzwerk zugewiesen bekommt oder eine IP-Adresse aus einem Bereich von Adressen erhält, die Sie angeben

   ☐ Ob der anrufende Computer seine eigene IP-Adresse für seinen Tunnelendpunkt festlegen kann

8. Klicken Sie auf *OK* und dann auf *Zugriff zulassen*, um die eingehende Verbindung zu aktivieren.

9. Die neue eingehende Verbindung wird im Fenster *Netzwerkverbindungen* angezeigt. (Eingehende Verbindungen werden nicht in der Liste der momentan verfügbaren Netzwerke aufgelistet.)

10. Sie können eine eingehende Verbindung weiter konfigurieren, indem Sie das Fenster *Netzwerkverbindungen* öffnen, mit der rechten Maustaste auf die Verbindung klicken und den Befehl *Eigenschaften* wählen. Einige Eigenschaften für eingehende Verbindungen können Sie auch über die Befehlszeile mit dem Befehl Netsh ansehen und konfigurieren. Zum Beispiel können Sie anzeigen, welche Benutzer eine Verbindung zum Computer herstellen dürfen, indem Sie in einer Eingabeaufforderung den Befehl **netsh ras show user** eingeben. Weitere Hilfeinformationen erhalten Sie, indem Sie in einer Eingabeaufforderung **netsh ras ?** eingeben.

Verwalten von Verbindungen mit Gruppenrichtlinien

Auf älteren Windows-Plattformen können Sie bestimmte Aspekte von Netzwerkverbindungen auf dem Computer mithilfe von Gruppenrichtlinien sperren oder verwalten. Die entsprechenden Gruppenrichtlinieneinstellungen liegen unter:

Benutzerkonfiguration\Richtlinien\Administrative Vorlagen\Netzwerk\Netzwerkverbindungen

Zum Beispiel können Sie die Einstellung *Zugriff zu "Erweiterte Einstellungen" im Menü "Erweitert" nicht zulassen* aktivieren, um zu verhindern, dass Benutzer das Dialogfeld *Erweiterte Einstellungen* aus dem Menü *Erweitert* im Fenster *Netzwerkverbindungen* öffnen. Falls Sie auch die Richtlinieneinstellung *Windows 2000-Netzwerkverbindungseinstellungen für Administratoren aktivieren* aktivieren, haben nicht einmal lokale Administratoren auf dem Computer Zugriff auf die erweiterten Einstellungen.

Wegen der Benutzerkontensteuerung (User Account Control, UAC) und ihrer Funktionsweise werden einige dieser Gruppenrichtlinieneinstellungen ab Windows Vista nicht mehr unterstützt. Hier einige Beispiele:

- Falls ein Benutzer ein lokaler Administrator auf einem Computer ist, der unter Windows Vista oder neuer läuft, gelten für ihn keine der Einschränkungen aus diesen Gruppenrichtlinieneinstellungen im Knoten *Benutzerkonfiguration\Richtlinien\Administrative Vorlagen\Netzwerk\Netzwerkverbindungen*. Außerdem wird die Richtlinieneinstellung *Windows 2000-Netzwerkverbindungseinstellungen für Administratoren aktivieren* nicht mehr unterstützt. Diese Richtlinie wurde auf älteren Windows-Plattformen benutzt, um für Netzwerkverbindungen Gruppenrichtlinieneinschränkungen zu aktivieren, die für Administratoren und nicht nur einfache Benutzer gelten.

- Falls ein Benutzer ein Standardbenutzer auf einem Computer ist, der unter Windows Vista oder neuer läuft, gelten die meisten Gruppenrichtlinieneinstellungen aus dem Knoten *Benutzerkonfiguration\Richtlinien\Administrative Vorlagen\Netzwerk\Netzwerkverbindungen* weiterhin. Eine Ausnahme sind Richtlinien für Aktionen, die jetzt Administratorprivilegien erfordern. Ein Beispiel für diese Ausnahme ist der Zugriff auf das Dialogfeld *Erweiterte Einstellungen* über das Menü *Erweitert* im Fenster *Netzwerkverbindungen*. In Windows Vista und neueren Versionen sind dafür administrative Anmeldeinformationen erforderlich. Daher gilt die Einstellung *Zugriff zu "Erweiterte Einstellungen" im Menü "Erweitert" nicht zulassen* in Windows Vista und neueren Versionen nicht für Standardbenutzer, weil sie diese Aktion ohne Administratoranmeldeinformationen ohnehin nicht ausführen können und die Gruppenrichtlinieneinstellung daher überflüssig ist. Ein anderes Beispiel ist das Installieren oder Entfernen von Netzwerkkomponenten für eine Verbindung. Auch dafür sind Administratorprivilegien erforderlich. Folglich gilt die Richtlinieneinstellung *Erweiterte TCP/IP-Konfiguration nicht zulassen* nicht für Standardbenutzer, da diese Richtlinieneinstellung für sie überflüssig ist.

Tabelle 27.5 fasst zusammen, welche Benutzerrichtlinieneinstellungen im Zusammenhang mit Netzwerkverbindungen in Windows Vista und neueren Versionen unterstützt werden.

Tabelle 27.5 Unterstützte Gruppenrichtlinien-Benutzereinstellungen im Zusammenhang mit Netzwerkverbindungen für Standardbenutzer in Windows Vista und neueren Versionen

Richtlinieneinstellung	Unterstützt in Windows Vista und neuer
Entfernen und Hinzufügen von Komponenten für RAS- oder LAN-Verbindungen nicht zulassen	
Zugriff zu "Erweiterte Einstellungen" im Menü "Erweitert" nicht zulassen	
Erweiterte TCP/IP-Konfiguration nicht zulassen	
Aktivieren/Deaktivieren der Komponenten einer LAN-Verbindung nicht zulassen	
Möglichkeit, alle Benutzer-RAS-Verbindungen zu löschen	
Löschen von RAS-Verbindungen nicht zulassen	✓
Zugriff auf "RAS-Einstellungen" im Menü "Erweitert" nicht zulassen	✓
Windows 2000-Netzwerkverbindungseinstellungen für Administratoren aktivieren	
Benachrichtigungen deaktivieren, wenn eine Verbindung über keine oder eingeschränkte Konnektivität verfügt	
Zugriff auf Komponenteneigenschaften einer LAN-Verbindung nicht zulassen	
Aktivieren/Deaktivieren einer LAN-Verbindung zulassen	▶

Richtlinieneinstellung	Unterstützt in Windows Vista und neuer
Zugriff auf Eigenschaften einer LAN-Verbindung nicht zulassen	✓
Zugriff auf den Assistenten für neue Verbindungen nicht zulassen	
Ändern von Eigenschaften einer für alle Benutzer gültigen RAS-Verbindung zulassen	✓
Zugriff auf Komponenteneigenschaften einer RAS-Verbindung nicht zulassen	
Herstellen und Trennen einer RAS-Verbindung nicht zulassen	✓
Ändern der Eigenschaften einer für einen Benutzer gültigen RAS-Verbindung nicht zulassen	✓
Umbenennen von für alle Benutzer gültigen RAS-Verbindungen zulassen	
Umbenennen von LAN-Verbindungen oder RAS-Verbindungen für alle Benutzer zulassen	
Umbenennen von LAN-Verbindungen zulassen	
Umbenennen privater RAS-Verbindungen nicht zulassen	✓
Anzeige des Status aktiver Verbindungen nicht zulassen	

Direkt von der Quelle: Behandlung von Problemen mit Verbindungen

Samir Jain und Santosh Chandwani, Lead Program Managers, *Windows Enterprise Networking*

Die Fehlercodes, die der in Windows Vista und neueren Versionen eingebaute RAS-Client zurückgibt, wurden verbessert, um die Behandlung von Problemen mit Verbindungen zu erleichtern. Tabelle 27.6 beschreibt einige wichtige Fehlercodes.

Tabelle 27.6 Wichtige Fehlercodes, die vom eingebauten RAS-Client in Windows 7 zurückgegeben werden

Fehlercode	Ursache	Problembehandlung
806	GRE-Pakete (Generic Route Encapsulation) werden verworfen	Sehen Sie sich alle Firewalls zwischen VPN-Client und -Server an und konfigurieren Sie sie so, dass sie GRE (IP-Protokoll 47) durchlassen.
812	Richtlinienkonflikt zwischen Client und Server	Überprüfen Sie die Verschlüsselungs- und Authentifizierungseinstellungen auf Client und Server.
741, 742	Konflikt beim Verschlüsselungstyp zwischen Client und Server	Überprüfen Sie die Verschlüsselungseinstellungen auf Client und Server.
807	VPN-Verbindung wird getrennt, sobald sie eingerichtet wurde	Die Erreichbarkeit oder Latenz des VPN-Servers haben sich verschlechtert und Ihre VPN-Server sind nicht mehr erreichbar. Beseitigen Sie Probleme im Bereich des Servers oder der Konnektivität.
868	Die Remoteverbindung wurde nicht hergestellt, weil der Name des RAS-Servers nicht aufgelöst werden konnte.	Prüfen Sie die DNS-Namensauflösung und die zugrundeliegende Schicht-2-Netzwerkkonnektivität.

Wenn in Windows Vista und neueren Versionen eine VPN-Verbindung nicht hergestellt werden kann, wird neben der Fehlermeldung, die die Ursache des Verbindungsproblems beschreibt, auch eine Diagnoseoption angeboten. Wenn Sie die Diagnoseoption wählen, versucht die Windows-Netzwerkdiagnose, die Ursache des Fehlers in der VPN-Verbindung zu diagnostizieren. Beachten Sie, dass Windows nicht immer in der Lage ist, die eigentliche Ursache für das Problem erfolgreich zu diagnostizieren. Dafür ist die Internetarchitektur zu komplex, und es ist auch kein Zugriff auf die Netzwerkinfrastruktur möglich, die auf dem Pfad zwischen VPN-Client und VPN-Server liegt.

Neben PPP-Protokollierung, die auch in Windows Vista und neueren Versionen noch unterstützt wird, steht auch die Netsh-basierte Protokollierung zur Verfügung. Sie kann dem Microsoft Support helfen, Ihr Problem zu lösen. Gehen Sie folgendermaßen vor, um mit Netsh Verbindungsprobleme zu diagnostizieren. (Sie benötigen eine Eingabeaufforderung mit Administratorprivilegien, um die folgenden Befehle auszuführen.)

1. Klicken Sie im Startmenü auf *Alle Programme*, dann *Zubehör*, dann mit der rechten Maustaste auf *Eingabeaufforderung*. Wählen Sie *Ausführen als Administrator* und bestätigen Sie die UAC-Eingabeaufforderung, um eine Eingabeaufforderung mit erhöhten Rechten zu starten.

2. Geben Sie in der Eingabeaufforderung mit erhöhten Rechten den Befehl **netsh ras set tracing * disable** ein.

3. Löschen Sie alle Dateien (sofern vorhanden) im Ordner *%WinDir%\Tracing*.

4. Geben Sie in der Eingabeaufforderung mit erhöhten Rechten den Befehl **netsh ras set tracing * enable** ein.

5. Reproduzieren Sie die Fehlerbedingung (starten Sie zum Beispiel die VPN-Verbindung und klicken Sie auf *Verbindung herstellen*) und warten Sie, bis der Fehler auftritt.

6. Geben Sie in der Eingabeaufforderung mit erhöhten Rechten den Befehl **netsh ras set tracing * disable** ein.

7. Kopieren Sie alle Dateien aus dem Ordner *%WinDir%\Tracing* in eine komprimierte Datei (*.zip*) und senden Sie sie zur Analyse an den Microsoft-Support. Diese Ablaufverfolgung hilft dem Microsoft-Support, schneller eine Lösung für Ihr Problem zu finden.

Arbeiten mit dem Remotedesktop

Remotedesktop ist eine Erweiterung der Remotedesktopdienste, einer Windows-Technologie, die Benutzern die Flexibilität verschafft, von beliebigen Standorten aus jederzeit mit ihrem Computer arbeiten zu können. Mit dem Remotedesktop können Benutzer von irgendeinem Client aus, der unter einem unterstützten Windows-Betriebssystem läuft, Anwendungen auf einem Windows 7- oder Windows Server 2008 R2-Remotecomputer ausführen. Außerdem erlaubt der Remotedesktop Administratoren, sowohl Desktopcomputer als auch Server im Remotezugriff zu verwalten, als wären sie interaktiv an der lokalen Konsole dieser Computer angemeldet.

HINWEIS In älteren Windows-Versionen wurden die Remotedesktopdienste als Terminaldienste bezeichnet. Der Abschnitt »Die Terminologie für Remotedesktopdienste« weiter unten in diesem Kapitel enthält weitere Informationen über die Änderungen an der Terminologie in Windows Server 2008 R2 und Windows 7.

HINWEIS Remotedesktop ist etwas anderes als Remoteunterstützung, die ebenfalls auf Remotedesktopdienste-Technologie aufbaut. Weitere Informationen zur Remoteunterstützung finden Sie in Kapitel 22, »Benutzersupport über Remoteunterstützung«.

Grundlagen des Remotedesktops

Remotedesktop besteht aus folgenden Komponenten:

- Remote Desktop Protocol (RDP)
- Remotedesktopclientsoftware, also die Remotedesktopverbindung (Remote Desktop Connection, RDC)

Remote Desktop Protocol

Remote Desktop Protocol (RDP) ist ein Protokoll, das Informationen zu Tastatureingaben, Mauseingaben und Anzeigeausgaben zwischen einem Remotecomputer und einem Hostcomputer überträgt. Beim Hostcomputer kann es sich um einen Remotedesktop-Sitzungshost oder einen Windows-Computer handeln, bei dem der Remotedesktop aktiviert ist (Abbildung 27.8.) Die Netzwerkverbindung zwischen den Computern kann eine beliebige TCP/IP-Netzwerkverbindung sein, zum Beispiel LAN, WAN, VPN oder Einwählverbindung.

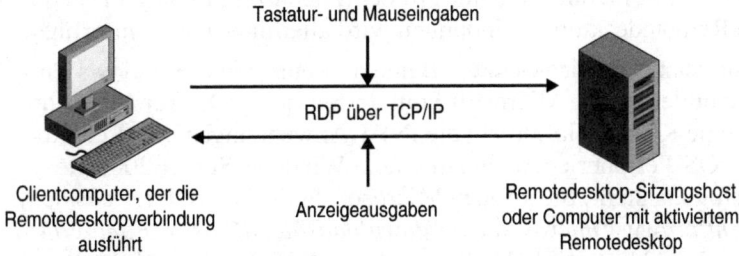

Abbildung 27.8   Funktionsweise des Remote Desktop Protocol

RDP überträgt nicht nur Tastatur- und Mauseingaben sowie Anzeigeausgaben zwischen den beiden Computern, es ermöglicht dem lokalen Computer (der Computer, auf dem die Remotedesktopclientsoftware läuft) auch, auf verschiedene Ressourcen auf dem Remotecomputer (ein Remotedesktop-Sitzungshost oder ein Windows-Computer, auf dem der Remotedesktop aktiviert ist) zuzugreifen, indem es diese Ressourcen auf den lokalen Computer umleitet. Solche Ressourcen sind zum Beispiel Datenträger, Drucker, serielle Schnittstellen, Smartcards, Audioquellen und Plug & Play-Geräte (PnP). RDP ermöglicht es den Computern auch, eine gemeinsame Zwischenablage zu verwalten, sodass Daten zwischen Anwendungen ausgetauscht werden können, die auf dem jeweils anderen Computer laufen.

RDP-Versionen

RDP hat mehrere Versionen durchlaufen, seit es in Windows NT 4 Server, Terminal Server Edition erstmals eingeführt wurde. Tabelle 27.7 fasst die unterschiedlichen Versionen des Protokolls zusammen, die in den diversen Windows-Versionen benutzt werden.

Tabelle 27.7   Versionen von RDP

Windows-Version	RDP-Version
Windows NT 4	4.0
Windows 2000	5.0
Windows XP und Windows Server 2003	5.1
Windows XP SP2 und Windows Server 2003 SP1	5.2
Windows Vista RTM	6.0
Windows Vista SP1 und Windows Server 2008	6.1
Windows 7 und Windows Server 2008 R2	7.0

Features und Verbesserungen von RDP 6.1

RDP wurde in Windows Vista RTM und danach erneut in Windows Vista SP1 verbessert, sodass es Benutzern in Unternehmensumgebungen zuverlässigere Remotezugriffsfähigkeiten zur Verfügung stellt. Auf der Serverseite wurden in Windows Server 2008 weitere Dienste hinzugefügt, die den Remoteclients neue Möglichkeiten bieten. Der Abschnitt »Die Terminologie für Remotedesktopdienste« weiter unten in diesem Kapitel enthält weitere Informationen über diese Dienste.

Auf den Plattformen Windows Vista SP1 und Windows Server 2008 stellt RDP 6.1 folgende Features und Verbesserungen zur Verfügung:

- **Plug & Play-Geräteumleitung für Mediaplayer und Digitalkameras** Benutzer können jetzt unterstützte tragbare Windows-Geräte umleiten, zum Beispiel bestimmte Mediaplayer und Digitalkameras, die MTP (Media Transfer Protocol) oder PTP (Picture Transfer Protocol) benutzen. Plug & Play-Geräteumleitung über kaskadierte Remotedesktopverbindungen wird allerdings nicht unterstützt.

- **Umleitung für Windows Embedded für Point of Service-Geräte** Benutzer können jetzt Windows Embedded für Point of Service-Geräte umleiten, die Microsoft Point of Service (POS) für Microsoft .NET Framework 1.1 verwenden, eine Klassenbibliothek, die .NET-Anwendungen eine Schnittstelle für die Kommunikation mit POS-Peripheriegeräten auf einem Windows Server 2008-Remotedesktop-Sitzungshost zur Verfügung stellt. Sie können Microsoft POS für .NET 1.1 aus dem Microsoft Download Center unter *http://www.microsoft.com/downloads/details.aspx?FamilyID= 6025b728-ec06-48f9-bc80-c38b2a27a242* herunterladen. Es setzt das .NET Framework Redistributable Packet Version 1.1 oder höher voraus.

- **Benutzerdefinierte Seitenverhältnisse und Auflösungen für die Anzeige** Benutzer können jetzt die Remotedesktopverbindung so anpassen, dass sie Monitore mit hohen Auflösungen von bis zu 4096 × 2048 Pixeln und Seitenverhältnissen bis 16:9 oder 16:10 unterstützt. Die ältere Version RDP 5.2 unterstützt nur das 4:3-Seitenverhältnis und eine maximale Auflösung von 1600 × 1200.

- **Überspannen mehrerer Monitore** Benutzer können mehrere Monitore zusammenschalten, sodass sie einen einzigen, großen Desktop bilden. Das kann die Produktivität verbessern. Die Monitore müssen dieselbe Auflösung haben und dürfen nur nebeneinandergestellt werden, nicht übereinander. Die maximale Auflösung über alle zusammengeschalteten Monitore darf 4096 × 2048 nicht übersteigen. Eine automatische Verschiebung von Dialogfeldern wird nicht unterstützt, das betrifft auch den Windows-Anmeldedialog.

- **Desktop Experience** Wenn das Desktop Experience-Feature auf einem Windows Server 2008-Remotedesktop-Sitzungshost installiert wird, können Benutzer auf Remotecomputern jetzt innerhalb einer Remotedesktopsitzung Windows Vista-Features wie neue Desktopdesigns und Windows Media Player 11 verwenden.

- **Desktopgestaltung und Schriftglättung** Die Benutzer können die ClearType-Schriftglättungstechnologie innerhalb einer Remotedesktopsitzung nutzen, um die Lesbarkeit auf LCD-Monitoren zu verbessern.

- **Höhere Priorität für Anzeigedaten** Benutzer können die Remotedesktopverbindung so anpassen, dass Tastatur-, Maus- und Anzeigeverkehr eine höhere Priorität bekommen, damit die Bedienbarkeit nicht leidet, wenn bandbreitenintensive Aufgaben auf dem Remotecomputer ausgeführt werden, zum Beispiel das Kopieren großer Dateien oder das Abschicken großer Druckaufträge. Weitere Informationen finden Sie im Abschnitt »Verbessern der Remotedesktopleistung« weiter unten in diesem Kapitel.

- **Authentifizierung auf Netzwerkebene** Benutzer können den Remotedesktop so konfigurieren, dass eine Verbindung nur von Clients möglich ist, die Authentifizierung auf Netzwerkebene unterstützen, damit Benutzer/Client und Server einen sichereren Kanal zum Austausch von Daten aushandeln können, bevor Ressourcen für die Sitzung ausgetauscht werden.

- **Serverauthentifizierung** Erlaubt den Benutzern zu überprüfen, ob sich ihr RDC-Client mit dem richtigen Remotecomputer oder Remotedesktop-Sitzungshost verbindet. Das gewährleistet Sicherheit und Schutz für vertrauliche Informationen, weil sichergestellt ist, dass Sie tatsächlich mit dem gewünschten Computer verbunden sind.

Neue Features und Verbesserungen in RDP 7.0

Ab Windows 7 und Windows Server 2008 R2 wurden weitere Features zu RDP hinzugefügt, die die Leistung in bestimmten Szenarien verbessern und die Benutzerfreundlichkeit der Remotedesktopsitzung erhöhen. In RDP 7.0 wurden folgende Verbesserungen vorgenommen:

- **Umleitung für Audio- und Videowiedergabe** RDP kann jetzt Audio- und Videoinhalt im Originalformat vom Remotedesktop-Sitzungshost an den Clientcomputer weiterleiten und unter Nutzung der Ressourcen des Clientcomputers ausgeben.

- **Verbesserte Unterstützung für mehrere Monitore** RDP unterstützt jetzt den parallelen Betrieb von bis zu 10 Monitoren auf dem Clientcomputer.

- **Umleitung für Audioaufnahme** RDP kann jetzt Audioaufnahmegeräte wie Mikrofone vom Clientcomputer an die Remotedesktopsitzung umleiten. Das ist für Voice over IP (VoIP) und Spracheingabe nützlich.

- **Desktopgestaltung** RDP bietet nun vollständige Unterstützung für Windows Aero innerhalb einer Remotedesktopsitzung.

- **DirectX-Umleitung** Anwendungen, die DirectX in den Versionen 9 und 10 nutzen, werden auf dem Remotedesktop-Sitzungshost gerendert, wobei ihre Grafikausgabe in Form von Bitmapbildern an den Clientcomputer weitergeleitet wird.

- **Umleitung der Sprachauswahlleiste** Benutzer können die Sprachauswahlleiste im Clientcomputer verwenden, um Spracheinstellungen für RemoteApp-Programme zu konfigurieren.

HINWEIS Die Desktopverbindung wird nicht in einer Remotedesktopsitzung unterstützt, die mehrere Monitore benutzt.

RemoteApp- und Desktopverbindung

Eine weitere Verbesserung in Windows 7 ist RemoteApp- und Desktopverbindung (RemoteApp and Desktop Connection). Dieses Feature ermöglicht es einem Benutzer, auf Programme und Desktops (Remotecomputer und virtuelle Computer) zuzugreifen, die vom Netzwerkadministrator mithilfe der Windows Server 2008 R2-Remotedesktopdienste für den Benutzer veröffentlicht wurden. Windows Server 2008 führte RemoteApp-Programme ein; das sind Programme, auf die über das Netzwerk mithilfe der Remotedesktopdienste zugegriffen wird, obwohl es so aussieht, als würden sie lokal auf dem Clientcomputer des Benutzers laufen. Die Remotedesktopdienste in Windows Server 2008 R2 wurden so verbessert, dass sie Administratoren die Möglichkeit geben, RemoteApp-Programme und virtuelle Desktops zu Gruppen zusammenzufassen und im Startmenü der Benutzer verfügbar zu machen, deren Computer unter Windows 7 laufen. Dieses neue Feature wird als »RemoteApp und Desktopverbindung« bezeichnet.

In Windows 7 und Windows Server 2008 R2 können Benutzer eine RemoteApp- und Desktopverbindung mithilfe des Elements *RemoteApp- und Desktopverbindungen* in der Systemsteuerung konfigurieren. Sobald eine RemoteApp- und Desktopverbindung konfiguriert ist, stehen RemoteApp-Programme und virtuelle Desktops, die Teil dieser Verbindung sind, den Benutzern im Startmenü ihres Computers zur Verfügung. Alle Änderungen, die an RemoteApp- und Desktopverbindungen vorgenommen werden, etwa durch Hinzufügen oder Deinstallieren von RemoteApp-Programmen oder virtuellen Desktops, werden automatisch auf den Clients und im Startmenü aktualisiert. Die Benutzer erkennen mithilfe des neuen Symbols für die RemoteApp- und Desktopverbindung im Infobereich der Taskleiste, wann sie mit einer RemoteApp- und Desktopverbindung verbunden sind. Sie können über dieses Symbol auch die RemoteApp- und Desktopverbindung trennen, wenn diese Verbindung nicht mehr benötigt wird.

Weitere Informationen zu RemoteApp- und Desktopverbindungen finden Sie im Abschnitt »Konfigurieren und Benutzen von RemoteApp- und Desktopverbindungen« weiter unten in diesem Kapitel.

HINWEIS   Benutzer können eine RemoteApp- und Desktopverbindung auch in einem Webbrowser aufbauen, indem Sie sich bei der Website anmelden, die über Web Access für Remotedesktop bereitgestellt wird. In diesem Fall braucht der Clientcomputer des Benutzers nicht unter Windows 7 zu laufen.

Grundlagen der Remotedesktopverbindung

Die Remotedesktopverbindung (Remote Desktop Connection, RDC) wurde früher auch als Terminaldiensteclient (terminal services client) oder kurz TS-Client bezeichnet. Sie ist eine Clientanwendung, die auf einem Computer läuft und es diesem Computer ermöglicht, eine Remotedesktopsitzung mit einem Windows-Remotedesktop-Sitzungshost oder einem Windows-Computer aufzubauen, auf dem der Remotedesktop aktiviert ist. Der RDC-Client ist eine Windows 7-Komponente, die standardmäßig installiert ist. Sie kann entweder über das Startmenü oder durch Ausführen von *Mstsc.exe* gestartet werden.

Bei der üblichen Nutzung muss ein Benutzer an einem Remotestandort erst eine Verbindung mit einem privaten Netzwerk herstellen, bevor er eine Remotedesktopsitzung mit einem Computer in diesem privaten Netzwerk öffnen kann. Üblicherweise wird dafür eine VPN-Verbindung zum Zielcomputer aufgebaut. Sobald eine Endpunkt-zu-Endpunkt-Netzwerkkonnektivität zwischen dem Computer des Benutzers und dem Hostcomputer besteht, kann der Benutzer mit dem RDC-Client eine Remotedesktopsitzung starten, die ihm ähnliche Bedienmöglichkeiten bietet, als wäre er interaktiv an der lokalen Konsole des Hostcomputers angemeldet (das hängt allerdings von der verfügbaren Bandbreite der Netzwerkverbindung ab).

Weitere Informationen darüber, wie Sie den RDC-Client konfigurieren und verwenden, finden Sie im Abschnitt »Konfigurieren und Bereitstellen der Remotedesktopverbindung« weiter unten in diesem Kapitel.

HINWEIS   Neuere Versionen von RDC wurden auch auf ältere Windows-Plattformen portiert. Zum Beispiel wurde der RDC 6.1-Client, der RDP 6.1 unterstützt, auf Windows XP SP2 portiert. Sie können ausgewählte Versionen von RDC für ältere Windows-Versionen herunterladen, indem Sie im Microsoft Download Center unter *http://www.micro soft.com/downloads/* nach dem Begriff »Remote Desktop Connection« suchen.

Die Terminologie für Remotedesktopdienste

Ab Windows 7 und Windows Server 2008 R2 wurden die Terminaldienste in Remotedesktopdienste umbenannt, auch die Namen der verschiedenen Rollendienste innerhalb der Terminaldienste haben sich geändert. Tabelle 27.8 fasst die alten und neuen Namen für diese unterschiedlichen Rollendienste zusammen.

Tabelle 27.8   Neue Namen für Rollendienste

Alter Name	Neuer Name
Terminaldienste	Remotedesktopdienste
Terminalserver	Remotedesktop-Sitzungshost
Terminaldienstelizenzierung	Remotedesktoplizenzierung
Terminaldienste-Gateway	Remotedesktopgateway
Terminaldienste-Sitzungsbroker	Remotedesktop-Verbindungsbroker
Terminaldienste-Webzugriff	Web Access für Remotedesktop

WEITERE INFORMATIONEN   Eine ausführliche Beschreibung, welche Aufgaben diese Rollendienste erfüllen und wie sie die Benutzerfreundlichkeit für Remotebenutzer verbessern und ihre Arbeit produktiver machen, erfahren Sie im Buch *Microsoft Windows Server 2008 Terminaldienste* (Microsoft Press, 2009).

Konfigurieren und Benutzen des Remotedesktops

Sie gehen folgendermaßen vor, um mit dem Remotedesktopfeature eine Remotedesktopsitzung mit einem anderen Computer zu konfigurieren und zu benutzen:

1. Aktivieren Sie Remotedesktop auf dem Remotecomputer (Host).
2. Autorisieren Sie die gewünschten Benutzer für den Zugriff auf den Hostcomputer.
3. Konfigurieren Sie Remotedesktopclientsoftware auf dem lokalen Computer (Client).
4. Stellen Sie Netzwerkkonnektivität zwischen Client- und Hostcomputer her.
5. Öffnen Sie die Remotedesktopsitzung vom Client zum Host.

Die folgenden Abschnitte beschreiben diese Schritte genauer.

Aktiveren von Remotedesktop und Autorisieren von Benutzern auf einem einzelnen Computer

In der Standardeinstellung ist Remotedesktop auf Hostcomputern, die unter Windows 7 laufen, nicht aktiviert. Gehen Sie folgendermaßen vor, um Remotedesktop auf einem einzelnen Hostcomputer zu aktivieren:

1. Klicken Sie im Startmenü mit der rechten Maustaste auf *Computer* und wählen Sie den Befehl *Eigenschaften*.
2. Klicken Sie auf den Link *Remoteeinstellungen*, um die Registerkarte *Remote* des Dialogfelds *Systemeigenschaften* zu öffnen.
3. Wählen Sie entweder die zweite oder die dritte Option im Feld *Remotedesktop*:

HINWEIS   Wenn Sie Remotedesktop auf einem Computer aktivieren wollen, brauchen Sie Administratorprivilegien, weil in der Windows-Firewall eingehende Regeln aktiviert werden müssen, damit der Hostcomputer eingehende Verbindungsversuche von RDC-Clients über TCP-Port 3389 annehmen kann. Sie können ändern, welchen Port RDC verwendet, indem Sie den Registrierungswert *HKLM\System\CurrentControlSet\Control\TerminalServer\ WinStations\RDP-Tcp* bearbeiten, aber dann müssen Sie eine eingehende Firewallregel auf dem Hostcomputer erstellen und aktivieren, die es ermöglicht, eingehenden RDP-Verkehr zu empfangen. Sie müssen außerdem den RDP-Client so konfigurieren, dass er den geänderten Port verwendet. Weitere Informationen über die Konfiguration der Windows-Firewall finden Sie in Kapitel 26, »Konfigurieren von Windows-Firewall und IPSec«.

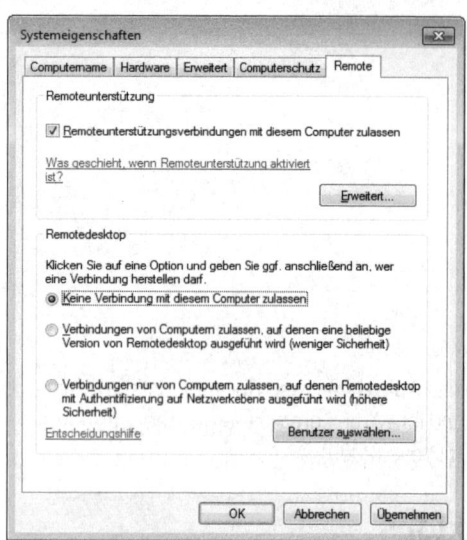

Die zwei Optionen zum Aktivieren von Remotedesktop sind:

■ **Verbindungen von Computern zulassen, auf denen eine beliebige Version von Remotedesktop ausgeführt wird** Wenn Sie diese Option auswählen, können Computer, die unter einer älteren Version von Microsoft Windows laufen, eine ältere RDP-Version als 6.0 verwenden, um die Verbindung zum Hostcomputer herzustellen.

■ **Verbindungen nur von Computern zulassen, auf denen Remotedesktop mit Authentifizierung auf Netzwerkebene ausgeführt wird (höhere Sicherheit)** Wenn Sie diese Option auswählen, sind nur RDP-Verbindungen von Clientcomputern erlaubt, die unter Windows Vista und neueren Versionen laufen. (Computer, die unter Windows XP Service Pack 2 oder Windows Server 2003 Service Pack 1 laufen, aber die Version 6.0 von RDC installiert haben, können ebenfalls eine Verbindung herstellen, wenn diese Option ausgewählt ist.)

In älteren Versionen von Windows authentifiziert der Remotedesktop die Benutzer spät in der Verbindungsphase, erst nachdem die Remotedesktopsitzung gestartet und die Windows-Anmeldung in der Sitzung geöffnet wurde. Daher waren Remotedesktopsitzungen gegen Spoofing und Man-in-the-Middle-Angriffe verwundbar. Mit der neuen Authentifizierung auf Netzwerkebene in RDP 6.0 handeln Client und Hostcomputer dagegen mithilfe von SSPI (Security Service Provider Interface) einen gegenseitig authentifizierten, sichereren Kanal für den Datenaustausch aus. In einer AD DS-Umgebung wird diese gegenseitige Authentifizierung standardmäßig über das Kerberos v5-Protokoll und TLS 1.0 durchgeführt.

Falls Sie versuchen, eine Remotedesktopsitzung von einem Windows 7-Clientcomputer zu einem Hostcomputer herzustellen, der unter einer Version von Windows läuft, die nur eine ältere RDP-Version als 6.0 unterstützt, wird das Dialogfeld aus Abbildung 27.9 angezeigt. Es zeigt die Warnung an, dass die Identität des Hostcomputers nicht überprüft werden kann. Wenn der Windows-Clientcomputer die Verbindung zum Hostcomputer herstellt und eine Remotedesktopsitzung einrichtet, zeigt das Fehlen des Schlosssymbols an, dass die Authentifizierung auf Netzwerkebene nicht verwendet werden konnte, um Client- und Hostcomputer gegenseitig zu authentifizieren.

HINWEIS Diese Authentifizierungsmeldung, die angezeigt wird, während versucht wird, eine Remotedesktopsitzung einzurichten, hängt von der Konfiguration des RDC-Clients ab, siehe Tabelle 27.9 weiter unten im Kapitel.

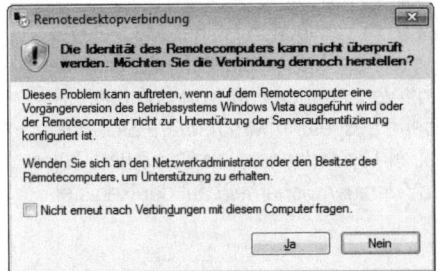

Abbildung 27.9 Die Identität eines Hostcomputers,
auf dem eine ältere Version von Remotedesktop
aktiviert ist, kann nicht überprüft werden

Wenn Sie den Remotedesktop auf einem Computer aktivieren, müssen Sie auch Benutzer autorisieren, im Rahmen der Remotedesktopverbindung eine Verbindung zu diesem Computer herstellen zu dürfen. In der Standardeinstellung sind nur Administratoren autorisiert, im Remotezugriff eine Verbindung zum Hostcomputer aufzubauen. Gehen Sie folgendermaßen vor, um zusätzliche Benutzer zu autorisieren:

1. Klicken Sie auf die Schaltfläche *Benutzer auswählen*, um das Dialogfeld *Remotedesktopbenutzer* zu öffnen.

2. Klicken Sie auf *Hinzufügen* und geben Sie die Namen der Benutzerkonten in AD DS (oder auf dem lokalen Computer bei einem eigenständigen Hostcomputer) ein oder wählen Sie die Benutzer aus und fügen Sie sie zur Liste der autorisierten Remotedesktopbenutzer hinzu, die mit Remotedesktop auf den Hostcomputer zugreifen dürfen. Dadurch werden die ausgewählten Benutzer zur lokalen Gruppe *Remotedesktopbenutzer* auf dem Hostcomputer hinzugefügt.

Aktivieren von Remotedesktop mit Gruppenrichtlinien

Remotedesktop kann auf Hostcomputern auch mithilfe von Gruppenrichtlinien aktiviert werden. Sie können Remotedesktop auf allen Computern in einer angegebenen Organisationseinheit (Organizational Unit, OU) aktivieren, indem Sie das Gruppenrichtlinienobjekt (Group Policy Object, GPO), das mit dieser Organisationseinheit verknüpft ist, im Gruppenrichtlinienobjekt-Editor öffnen, die folgende Richtlinieneinstellung aktivieren und Benutzer zur Gruppe *Remotedesktopbenutzer* hinzufügen:

Computerkonfiguration\Richtlinien\Administrative Vorlagen\Windows-Komponenten\Remotedesktop-dienste\Remotedesktopsitzungs-Host\Verbindungen\Remoteverbindungen für Benutzer mithilfe der Remotedesktopdienste zulassen

Wenn Sie Remotedesktop auf Computern über Gruppenrichtlinien aktivieren, wird auf den Computern, auf die das GPO angewendet wird, auch die Option *Verbindungen von Computern zulassen, auf denen eine beliebige Version von Remotedesktop ausgeführt wird (weniger Sicherheit)* aktiviert. Wenn Sie Remotedesktop stattdessen mit der Option *Verbindungen nur von Computern zulassen, auf denen Remotedesktop mit Authentifizierung auf Netzwerkebene ausgeführt wird (höhere Sicherheit)* aktivieren wollen, müssen Sie zusätzlich die folgende Richtlinieneinstellung aktivieren:

Computerkonfiguration\Richtlinien\Administrative Vorlagen\Windows-Komponenten\Remotedesktop-dienste\Remotedesktopsitzungs-Host\Sicherheit\Benutzerauthentifizierung mit Authentifizierung auf Netzwerkebene ist für Remoteverbindungen erforderlich

HINWEIS Wenn die erste Richtlinieneinstellung aktiviert, die zweite aber nicht konfiguriert ist, haben lokale Administratoren auf den Zielcomputern in der Standardeinstellung die Möglichkeit, die Sicherheitsstufe des Remotedesktops auf ihren Computern zu ändern, und können bei Bedarf die Option *Verbindungen nur von Computern zulassen, auf denen Remotedesktop mit Authentifizierung auf Netzwerkebene ausgeführt wird (höhere Sicherheit)* einstellen. Wenn die zweite Richtlinieneinstellung aktiviert ist, steht die Option *Verbindungen von Computern zulassen, auf denen eine beliebige Version von Remotedesktop ausgeführt wird (weniger Sicherheit)* auf der Registerkarte *Remote* nicht mehr zur Verfügung.

Konfigurieren und Bereitstellen der Remotedesktopverbindung

Sobald Sie Remotedesktop auf dem Hostcomputer aktiviert haben, müssen Sie die Clientsoftware namens Remotedesktopverbindung (Remote Desktop Connection, RDC) auf dem Clientcomputer konfigurieren. Sie haben mehrere Möglichkeiten, um RDC zu konfigurieren:

■ Klicken Sie im Startmenü auf *Alle Programme*, dann auf *Zubehör* und schließlich auf *Remotedesktopverbindung*. Damit wird die Benutzeroberfläche *Remotedesktopverbindung* geöffnet (Abbildung 27.10).

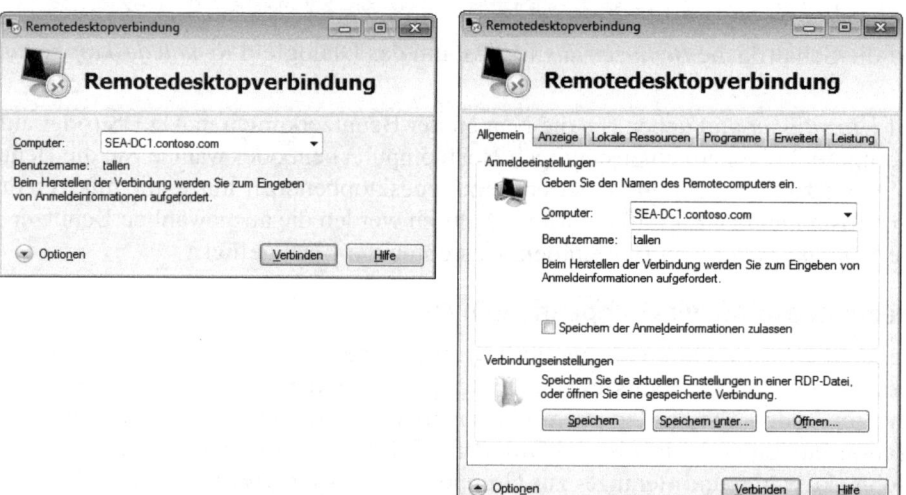

Abbildung 27.10 Der Client der Remotedesktopverbindung ohne und mit Konfigurationsoptionen

■ Geben Sie in einer Eingabeaufforderung oder im Suchfeld des Startmenüs den Befehl **mstsc** ein, um die Benutzeroberfläche *Remotedesktopverbindung* zu öffnen, oder den Befehl **mstsc** gefolgt von verschiedenen Parametern, wenn Sie anpassen wollen, wie die RDC-Clientsoftware ausgeführt wird. Hilfe zu den Parametern von *Mstsc.exe* erhalten Sie, indem Sie in einer Eingabeaufforderung **mstsc /?** eingeben.

■ Bearbeiten Sie im Windows-Editor von Hand eine *.rdp*-Datei, die vorher in der Benutzeroberfläche *Remotedesktopverbindung* gespeichert wurde. Weitere Informationen dazu finden Sie im Abschnitt »Konfigurieren der Remotedesktopverbindung mit dem Editor« weiter unten in diesem Kapitel.

■ Konfigurieren Sie die Remotedesktopdienste-Gruppenrichtlinieneinstellungen, die den Remotedesktop betreffen.

Tabelle 27.9 fasst die Konfigurationsoptionen zusammen, die auf den unterschiedlichen Register-karten in der Benutzeroberfläche des Remotedesktopverbindungsclients zur Verfügung stehen.

Tabelle 27.9   Konfigurationsoptionen für den Client der Remotedesktopverbindung

Registerkarte	Einstellung	Bemerkungen
Allgemein	Anmeldeeinstellungen: Computer	Geben Sie den vollqualifizierten Namen oder die IP-Adresse (IPv4 oder IPv6) des Hostcomputers an.
	Anmeldeeinstellungen: Benutzername	Geben Sie das Benutzerkonto an, das verwendet werden soll, um die Remote-desktopsitzung herzustellen. Dieses Feld wird nur angezeigt, wenn Anmelde-informationen aus einer vorherigen Remotedesktopsitzung gespeichert wurden.
	Anmeldeeinstellungen: Immer Anmeldeinformationen anfordern	Aktivieren Sie dieses Kontrollkästchen, wenn Sie erzwingen wollen, dass der Benutzer immer Anmeldeinformationen eingibt. Geben Sie das Benutzerkonto an, das verwendet werden soll, um die Remotedesktopsitzung herzustellen. Dieses Feld wird nur angezeigt, wenn Anmeldeinformationen aus einer vorherigen Remotedesktopsitzung gespeichert wurden.
	Verbindungseinstellungen	Hier können Sie die aktuelle Konfiguration des RDC-Clients als *.rdp*-Datei spei-chern oder eine vorher gespeicherte *.rdp*-Datei öffnen.
Anzeige	Größe des Remotedesk-tops	Hier können Sie die Größe Ihres Remotedesktops ändern.
	Farben	Legt die Farbtiefe für Ihren Remotedesktop fest.
	Verbindungsleiste bei Voll-bild anzeigen	Mit der Verbindungsleiste können Sie den Remotedesktop im Vollbildmodus ein-facher verwenden, weil Sie sich keine Tastenkombinationen merken müssen.
Lokale Ressourcen	Remoteaudio	Leitet Audioausgaben vom Hostcomputer auf den Remoteclient um.
	Tastatur	Legt fest, wie Windows-Tastenkombinationen, zum Beispiel ALT+TAB, funktio-nieren, wenn sie innerhalb einer Remotedesktopsitzung eingegeben werden.
	Lokale Geräte und Res-sourcen: Drucker	Ermöglicht innerhalb der Remotedesktopsitzung das Drucken auf Netzwerk-computer, die am Hostcomputer angeschlossen sind, ohne zusätzliche Treiber installieren zu müssen.
	Lokale Geräte und Res-sourcen: Zwischenablage	Legt die Verwendung einer gemeinsamen Zwischenablage für Client- und Host-computer fest.
	Lokale Geräte und Res-sourcen: Weitere	Umleiten zusätzlicher Geräte, die lokal auf dem Hostcomputer angeschlossen sind, auf den Remoteclient. Das können serielle Schnittstellen, Smartcards, Fest-plattenlaufwerke und unterstützte PnP-Geräte wie Mediaplayer und Digitalkame-ras sein.
Programme	Programm starten	Legt ein Programm fest, das automatisch gestartet werden soll, sobald Ihre Remotedesktopsitzung hergestellt ist
Erweitert [richtig: Leistung]	Leistung: Wählen Sie die Übertragungsrate, um die Leistung zu optimieren	Wählen Sie die Verbindungsgeschwindigkeit aus, die der verfügbaren Netzwerk-bandbreite am nächsten kommt, um für Ihre Remotedesktopsitzung die optimale Balance aus Funktionalität und Leistung zu erhalten. ▶

Registerkarte	Einstellung	Bemerkungen
	Desktophintergrund Schriftartglättung Desktopgestaltung Fensterinhalt beim Ziehen anzeigen Menü- und Fensteranimation Visuelle Stile Dauerhafte Bitmapzwischenspeicherung	Aktiviert oder Deaktiviert das jeweilge Desktopbenutzeroberflächenfeature.
	Verbindung erneut herstellen, falls diese getrennt wird	Mit diesem Kontrollkästchen können Sie festlegen, dass der RDC-Client versuchen soll, eine Verbindung mit dem Remotehost erneut herzustellen, falls die Verbindung zwischen den beiden Computern unerwartet getrennt wird.
Leistung [richtig: Erweitert]	Serverauthentifizierung: Authentifizierungsoptionen	Legt fest, ob nichtauthentifizierte Remotedesktopsitzungen erlaubt sein sollen. Falls sie erlaubt sind, können Sie wählen, ob eine Warnmeldung angezeigt werden soll. Weitere Informationen finden Sie im Textkasten »Serverauthentifizierung bei der Remotedesktopverbindung« weiter unten in diesem Kapitel.
	Verbindung von überall aus herstellen: Einstellungen	Hier können Sie die Einstellungen für die Terminaldienste-Gateway (TS-Gateway) konfigurieren, damit der RDC-Client eine Verbindung zu Remotecomputern hinter Unternehmensfirewalls herstellen kann.

HINWEIS   In Unternehmensumgebungen können Administratoren auch RDC-Clientkonfigurationen vorkonfigurieren und als Remotedesktopdateien (*.rdp*-Dateien) abspeichern. Diese *.rdp*-Dateien können den Benutzern dann als E-Mail-Anhänge bereitgestellt werden, oder die Benutzer können sie über ein Anmeldeskript aus einer Netzwerkfreigabe kopieren.

Serverauthentifizierung bei der Remotedesktopverbindung

Die Remotedesktopverbindung enthält eine Einstellung für die Serverauthentifizierung, die sicherstellt, dass Sie tatsächlich eine Verbindung zu dem Remotecomputer oder Server herstellen, den Sie verwenden wollen. Sie konfigurieren die Serverauthentifizierung für eine Remotedesktopverbindung, indem Sie das Eigenschaftendialogfeld Ihrer Verbindung öffnen und auf die Registerkarte *Leistung* klicken. Im Abschnitt *Serverauthentifizierung* haben Sie nun die Wahl zwischen den folgenden drei Optionen:

- **Verbinden und keine Warnung anzeigen (am unsichersten)**   Sie stellen auch dann eine Verbindung her, wenn die Remotedesktopverbindung die Identität des Remotecomputers nicht bestätigen kann.

- **Warnung anzeigen (sicherer)**   Sie können wählen, ob Sie die Verbindung fortsetzen wollen, wenn die Remotedesktopverbindung die Identität des Remotecomputers nicht bestätigen kann.

- **Keine Verbindung herstellen (am sichersten)**   Verhindert, dass Sie eine Verbindung zum Remotecomputer herstellen, wenn die Remotedesktopverbindung die Identität des Remotecomputers nicht bestätigen kann.

Die Standardeinstellung für die Serverauthentifizierung ist *Warnung anzeigen*.

Konfigurieren der Remotedesktopverbindung über die Befehlszeile

Sie können den RDC-Client über die Befehlszeile oder eine benutzerdefinierte Verknüpfung starten, indem Sie **mstsc** gefolgt von den gewünschten Parametern eingeben. Zum Beispiel können Sie eine Remotedesktopsitzung mit einer benutzerdefinierten Anzeigeauflösung von 1680 × 1050 starten, indem Sie den Befehl **mstsc /w:1680 /h:1050** in einer Eingabeaufforderung eingeben.

Um eine Remotedesktopsitzung zu starten, die mehrere Monitore überspannt, können Sie die Option /span verwenden. Wenn sowohl die Option /span als auch die Optionen /h: /w: angegeben werden, hat die Option /span Vorrang. Wenn /span angegeben ist, steht der Schieberegler zum Einstellen der Größe des Remotedesktops auf der Registerkarte *Anzeige* nicht zur Verfügung. Die Benutzer können dann die Anfangseinstellungen nicht mehr ändern, was zu Verwirrung führen kann.

Die Option /multimon ist neu in Windows 7. Sie konfiguriert die Monitoranordnung für die Remotedesktopsitzung so, dass sie der aktuellen Konfiguration auf dem Client entspricht.

Mit der Option /public starten Sie den Remotedesktop im öffentlichen Modus. Wenn ein RDC-Client im öffentlichen Modus läuft, speichert er keine persönlichen Benutzerdaten (zum Beispiel Benutzernamen, Kennwort, Domäne und so weiter) auf dem Laufwerk oder in der Registrierung des Computers, auf dem der Client läuft. Der Client verwendet auch keine gespeicherten persönlichen Daten, die auf dem Computer möglicherweise vorhanden sind (eine Liste vertrauenswürdiger Standorte, der persistente Bitmapcache und so weiter). Das bedeutet, dass der Client im Grunde agiert, als gäbe es keine Registrierung oder sekundären Speicher zum Ablegen persönlicher Daten. Ein Client, der im öffentlichen Modus läuft, beachtet aber trotzdem die Gruppenrichtlinieneinstellungen. Schließlich wurde noch die Option /console aus der Vorgängerversion von *Mstsc.exe* in Windows Vista SP1 entfernt und durch /admin ersetzt. Weitere Informationen darüber finden Sie im folgenden Textkasten, »Direkt von der Quelle: */admin* ersetzt */console*«.

HINWEIS   Weitere Hilfe zu den Parametern von *Mstsc.exe* erhalten Sie, indem Sie in einer Eingabeaufforderung **mstsc /?** eingeben.

Direkt von der Quelle: /*admin* ersetzt /*console*

Mahesh Lotlikar, SDE II, *Remote Desktop Services Team*

In Windows Server 2003 wurde die Option /console von *Mstsc.exe* für diverse Zwecke eingesetzt. Mit der Einführung der Option /admin in Windows Vista SP1 und Windows Server 2008 wurde die Option /console entfernt. Die folgenden Beispiele zeigen, warum /console in älteren Windows-Versionen wichtig war und warum das in Windows 7, Windows Vista SP1 oder neuer, Windows Server 2008 und Windows Server 2008 R2 nicht mehr gilt.

Erstens wurde die Option /console in älteren Windows-Versionen wie Windows XP und Windows Server 2003 benutzt, um auf der physischen Konsole (Sitzung 0) eine Verbindung zur Sitzung herzustellen, weil manche Anwendungen nur in Sitzung 0 installiert und ausgeführt werden konnten. In Windows Vista und Windows Server 2008 wurde die Architektur der Windows-Features überarbeitet, sodass nur noch Dienste in Sitzung 0 laufen. Anwendungen brauchen nicht mehr in Sitzung 0 ausgeführt zu werden. Daher braucht der Administrator die Option /console nicht mehr für diesen Zweck.

Zweitens wurde die Option /console in älteren Windows-Versionen gebraucht, um die Verbindung in der Benutzersitzung auf der physischen Konsole wiederherzustellen und die Arbeit fortzusetzen.

In Windows Vista und Windows Server 2008 wird diese Option nicht mehr gebraucht, um die Verbindung zur vorhandenen Sitzung auf der physischen Konsole wiederherzustellen. (Der Blogeintrag, auf den am Ende dieses Textkastens verwiesen wird, enthält Details zu den Unterschieden im Verhalten der Konsole.)

Drittens wurde /console in Windows Server 2003 benutzt, um den Remotedesktop-Sitzungshost im Remotezugriff zu verwalten, ohne dass eine Clientzugriffslizenz (Client Access License, CAL) verbraucht wurde. In Windows Server 2008 steht für diesen Zweck die Option /admin zur Verfügung.

Sie brauchen die Option /console also nicht mehr, wenn Sie eine Verbindung in Windows Vista oder Windows Server 2008 herstellen. Sie können nun die Option /admin verwenden, um eine Verbindung zur physischen Konsole von Windows Vista oder Windows Server 2003 aufzubauen.

Weitere Informationen finden Sie im folgenden Beitrag im Blog des Remotedesktopdienste-Teams: *http://blogs.msdn.com/ts/archive/2007/12/17/changes-to-remote-administration-in-windows-server-2008.aspx.*

Konfigurieren der Remotedesktopverbindung mit dem Editor

Sie können auch einen gespeicherten RDC-Client konfigurieren, indem Sie seine *.rdp*-Datei im Windows-Editor öffnen und dort bearbeiten. Zum Beispiel können Sie einen gespeicherten RDC-Client so konfigurieren, dass er eine benutzerdefinierte Anzeigeauflösung von 1680 × 1050 verwendet. Ändern Sie dazu die Zeilen, in denen die Bildschirmauflösung festgelegt wird, sodass sie folgenden Inhalt haben:

```
desktopwidth:i:1680
desktopheight:i:1050
```

Ein zweites Beispiel zeigt, wie Sie einen gespeicherten RDC-Client so konfigurieren, dass die Remotedesktopsitzung mehrere Monitore überspannt. Ändern Sie dafür die Zeile

```
span:i:0
```

so, dass sie folgendermaßen lautet:

```
span:i:1
```

Konfigurieren des Remotedesktops mit Gruppenrichtlinien

Sie können einige Aspekte von Remotedesktop auch mithilfe von Gruppenrichtlinien verwalten. Die Richtlinieneinstellungen zum Verwalten von Remotedesktop befinden sich an zwei Knoten:

- Computerrichtlinieneinstellungen: *Computerkonfiguration\Richtlinien\Administrative Vorlagen\ Windows-Komponenten\Remotedesktopdienste.*
- Benutzerrichtlinieneinstellungen: *Benutzerkonfiguration\Richtlinien\Administrative Vorlagen\ Windows-Komponenten\Remotedesktopdienste.*

Tabelle 27.10 listet die Gruppenrichtlinieneinstellungen auf, die Auswirkungen auf Remotedesktop haben. Einstellungen, die in Windows Vista neu eingeführt wurden, sind mit einem Sternchen (*) markiert, Einstellungen, die neu in Windows 7 sind, mit zwei Sternchen (**). (Weitere Richtlinieneinstellungen in diesen Knoten gelten nur für Remotedesktopsitzungs-Hosts oder nur wenn ein RDC-Client benutzt wird, um eine Verbindung zu einem Remotedesktopsitzungs-Host herzustellen.) Falls eine Computer- und eine Benutzerrichtlinieneinstellung gleich sind, hat die Computereinstellung Vorrang, sofern sie konfiguriert ist.

Wenn Sie die Gruppenrichtlinieneinstellungen in dieser Tabelle verwenden wollen, müssen Sie sie in einem Gruppenrichtlinienobjekt konfigurieren, das mit einer Organisationseinheit verknüpft ist, in der die Hostcomputer liegen (also die Computer, auf denen Remotedesktop aktiviert ist). Weitere Gruppenrichtlinieneinstellungen, die sich auf Remotedesktop auswirken, finden Sie im Abschnitt »Aktivieren von Remotedesktop mit Gruppenrichtlinien« weiter oben in diesem Kapitel.

HINWEIS Die Ordnerstruktur der Gruppenrichtlinieneinstellungen für Terminaldienste (unter *Computerkonfiguration\Richtlinien\Administrative Vorlagen\Windows-Komponenten\Remotedesktopdienste* und *Benutzerkonfiguration\ Richtlinien\Administrative Vorlagen\Windows-Komponenten\Remotedesktopdienste*) wurde in Windows 7 neu gestaltet, damit die Einstellungen einfacher zu finden sind, aber die Registrierungsschlüssel sind gleich geblieben. Alle Richtlinieneinstellungen, die in Windows Vista und Windows XP gleichermaßen vorhanden sind (auch wenn sie in unterschiedlichen Ordnern liegen), werden nach wie vor auf alle Computer in der Organisationseinheit angewendet.

Tabelle 27.10 Gruppenrichtlinieneinstellungen, die Auswirkungen auf Remotedesktop haben

Ordner	Richtlinieneinstellung	Bemerkungen
Remotedesktop-verbindungs-Client	Speichern von Kennwörtern nicht zulassen	Verhindert, dass Benutzer ihre Anmeldeinformationen im RDC-Client speichern. Windows 7 speichert das Kennwort in der Anmeldeinformationsverwaltung statt wie ältere Windows-Versionen in der *.rdp*-Datei.
Remotedesktopsitzungs-Host\Verbindungen	Automatisch erneut verbinden	Ermöglicht es RDC-Clients, automatisch eine neue Verbindung herzustellen, falls die Netzwerkkonnektivität getrennt wird.
	Remoteverbindungen für Benutzer mithilfe der Remotedesktopdienste zulassen	Aktiviert Remotedesktop auf dem Zielcomputer.
	Abmelden von Administratoren in Konsolensitzung verweigern	Verhindert, dass ein Administrator auf dem Clientcomputer einen Administrator auf dem Hostcomputer abmelden kann.
Remotedesktopsitzungs-Host\Geräte- und Ressourcenumleitung	Umleitung der Audio- und Videowiedergabe zulassen	Aktiviert die Umleitung der Audio- und Videoausgaben des Remotecomputers in einer Remotedesktopsitzung. (Diese Richtlinie hieß in Windows Vista und älteren Versionen *Audioumleitung zulassen*.)
	** Umleitung der Audioaufnahme zulassen	Ermöglicht während einer Remotedesktopsitzung das Aufnehmen von Audio auf dem Remotecomputer.
	** Qualität der Audiowiedergabe beschränken	Verringert die Audioqualität, um die Leistung einer Remotedesktopsitzung über eine langsame Verbindung zu verbessern.
	Zwischenablageumleitung nicht zulassen	Verhindert eine gemeinsame Zwischenablage.
	COM-Anschlussumleitung nicht zulassen	Verhindert die Umleitung von Geräten, die an serielle Schnittstellen angeschlossen sind.
	Laufwerkumleitung nicht zulassen	Verhindert die Umleitung von Festplattenlaufwerkressourcen.
	LPT-Anschlussumleitung nicht zulassen	Verhindert die Umleitung von Geräten, die an den Parallelanschluss angeschlossen sind.
	* Umleitung bei unterstützten Plug & Play-Geräten nicht zulassen	Verhindert die Umleitung unterstützter PnP-Mediaplayer und -Digitalkameras. ▶

Ordner	Richtlinieneinstellung	Bemerkungen
	Keine Geräteumleitung für Smartcards zulassen	Verhindert die Umleitung von Smartcardlesegeräten.
Remotedesktopsitzungs-Host\Druckerumleitung	Standardclientdrucker nicht als Standarddrucker in einer Sitzung festlegen	Verhindert, dass Benutzer Druckaufträge vom Remotecomputer an einen Drucker umleiten, der an ihren lokalen Computer (Client) angeschlossen ist.
	Clientdruckerumleitung nicht zulassen	Verhindert, dass der Clientstandarddrucker automatisch als Standarddrucker für die Remotedesktopsitzung eingerichtet wird.
Remotedesktopsitzungs-Host\Umgebung für Remotesitzung	Maximale Farbtiefe einschränken	Ermöglicht das Festlegen der Farbtiefe, um die Leistung einer Remotedesktopsitzung über eine langsame Verbindung zu verbessern.
	** Maximale Bildschirmauflösung begrenzen	Ermöglicht das Festlegen einer maximalen Anzeigeauflösung, um die Leistung einer Remotedesktopsitzung über eine langsame Verbindung zu verbessern.
	** Maximale Anzahl der Überwachungen begrenzen	Ermöglicht das Festlegen einer maximalen Zahl von Monitoren, um die Leistung einer Remotedesktopsitzung über eine langsame Verbindung zu verbessern.
	** Desktopgestaltung für Remotedesktopdienste-Sitzungen optimieren	Optimiert die Remotedesktopsitzung für Multimedia oder Text.
	Entfernen des Remotedesktophintergrunds erzwingen	Verhindert, dass Hintergrundbilder in der Remotedesktopsitzung angezeigt werden.
	Element "Trennen" aus dem Dialog "Herunterfahren" entfernen	Löscht die Schaltfläche *Verbindung trennen* aus dem Startmenü. Der Remotebenutzer kann die Sitzung aber mit anderen Methoden trennen.
Remotedesktopsitzungs-Host\Sicherheit	Verschlüsselungsstufe der Clientverbindung festlegen	Legt die Verschlüsselungsstufe fest, mit der RDP-Verkehr zwischen dem Client- und dem Hostcomputer geschützt wird. Als Optionen stehen *Höchste Stufe* (128 Bit), *Niedrige Stufe* (56 Bit) und *Kompatibel mit dem Client* (höchste Verschlüsselungsstufe, die vom Client unterstützt wird) zur Verfügung. Wenn diese Richtlinieneinstellung nicht konfiguriert ist, wird als Standardverschlüsselungsstufe *Kompatibel mit dem Client* verwendet.
	Bei der Verbindungsherstellung immer zur Kennworteingabe auffordern	Erzwingt, dass Remotebenutzer immer ein Kennwort eingeben müssen, um eine Remotedesktopsitzung mit dem Zielcomputer einzurichten.
	* Verwendung einer bestimmten Sicherheitsstufe für Remoteverbindungen (RDP) ist erforderlich	Legt fest, ob der Client versuchen sollte, den Hostcomputer während des Aufbaus der Remotedesktopsitzung zu authentifizieren. Folgende Optionen stehen zur Verfügung: ■ *RDP*: Es ist keine Authentifizierung auf Computerebene erforderlich. ■ *SSL (TLS 1.0)*: Der Client versucht, den Hostcomputer mit Kerberos oder Zertifikaten zu authentifizieren. Falls das nicht gelingt, wird die Sitzung nicht hergestellt. ■ *Verhandeln*: Zuerst wird versucht, den Host über Kerberos oder Zertifikate zu authentifizieren. Falls das nicht gelingt, wird die Sitzung trotzdem hergestellt. Wenn diese Richtlinieneinstellung nicht konfiguriert ist, wird als Standardauthentifizierungsmethode *Verhandeln* verwendet. ▶

Ordner	Richtlinieneinstellung	Bemerkungen
	* Benutzerauthentifizierung mit Authentifizierung auf Netzwerkebene ist für Remoteverbindungen erforderlich	Erzwingt, dass Clientcomputer unter Windows 7 laufen oder unter Windows XP Service Pack 2, aber dabei den als Download verfügbaren RDC 6.0-Client installiert haben. (Diese Richtlinie hieß in Windows Vista und älteren Versionen *Benutzerauthentifizierung mit RDP 6.0 für Remoteverbindungen ist erforderlich*.)
	* Zertifikatvorlage für Serverauthentifizierung	Mit dieser Einstellung können Sie eine Zertifikatsvorlage festlegen, die für die Authentifizierung des Hostcomputers verwendet wird.
Remotedesktopsitzungs-Host\Sitzungszeitlimits	Sitzung abbrechen, wenn Zeitlimit erreicht wird	Meldet den Remotebenutzer zwangsweise von der Remotedesktopsitzung ab, wenn das Sitzungszeitlimit erreicht wird.
	Zeitlimit für getrennte Sitzungen festlegen	Meldet den Remotebenutzer zwangsweise von der Remotedesktopsitzung ab, wenn das Sitzungszeitlimit für getrennte Sitzungen erreicht wird.
	Zeitlimit für aktive, aber im Leerlauf befindliche Remotedesktopdienste-Sitzungen festlegen	Legt ein Zeitlimit für den Leerlaufzustand in Remotedesktopsitzungen fest. Wenn das Zeitlimit erreicht ist, wird die Sitzung getrennt, aber der Remotebenutzer nicht abgemeldet. Falls allerdings die Richtlinie *Sitzung abbrechen, wenn Zeitlimit erreicht wird* aktiviert ist, wird der Benutzer getrennt und dann zwangsweise abgemeldet.
	Zeitlimit für aktive Remotedesktopdienste-Sitzungen festlegen	Legt ein Zeitlimit für Remotedesktopsitzungen fest. Wenn das Zeitlimit erreicht ist, wird die Sitzung getrennt, aber der Remotebenutzer nicht abgemeldet. Falls allerdings die Richtlinie *Sitzung abbrechen, wenn Zeitlimit erreicht wird* aktiviert ist, wird der Benutzer getrennt und dann zwangsweise abgemeldet.

Herstellen einer Remotedesktopsitzung

Wenn der Hostcomputer so konfiguriert ist, dass Remotedesktop für autorisierte Benutzer aktiviert ist, und die RDP-Clientsoftware auf dem Clientcomputer konfiguriert und bereitgestellt wurde, kann der Benutzer eine Remotedesktopsitzung mit dem Remotehostcomputer herstellen. Dazu stehen folgende Möglichkeiten zur Verfügung:

- Klicken Sie doppelt auf die gewünschte *.rdp*-Datei (oder eine Verknüpfung mit dieser Datei), klicken Sie (sofern nötig) auf *Ja* und geben Sie Ihre Anmeldeinformationen für die Verbindung zum Hostcomputer ein.

- Öffnen Sie eine Eingabeaufforderung und geben Sie den Befehl `mstsc "rdp_Datei"` ein, wobei `"rdp_Datei"` der Name der gewünschten *.rdp*-Datei (unter Umständen mit Pfad) ist. Klicken Sie (sofern nötig) auf *Ja* und geben Sie Ihre Anmeldeinformationen für die Verbindung zum Hostcomputer ein.

Sobald eine Remotedesktopsitzung hergestellt wurde, kann der Client sie auf zwei Arten beenden:

- **Trennen** Dadurch wird der Remotedesktop auf dem Clientcomputer beendet, aber die Sitzung auf dem Hostcomputer läuft weiter, sodass der Client später die Verbindung wiederherstellen kann. Alle Anwendungen, die in der Sitzung auf dem Host ausgeführt werden, laufen weiter, bis die Sitzung beendet wird, entweder vom Benutzer auf dem Client (der dazu die Verbindung wiederherstellen und sich dann abmelden muss) oder durch einen Benutzer, der sich interaktiv auf dem Host anmeldet.

- **Abmelden** Dadurch wird der Remotedesktop auf dem Clientcomputer beendet; auch die Sitzung auf dem Hostcomputer wird beendet.

> **HINWEIS** Sie können den Hostcomputer auch im Remotezugriff herunterfahren oder in den Ruhezustand schalten, wenn Sie über eine Remoteverbindung verfügen. Sie können dazu innerhalb einer Remotedesktopsitzung auf die Taskleiste klicken, die Tastenkombination ALT+F4 drücken und dann die gewünschte Option wählen. Sie können auch eine Eingabeaufforderung in Ihrer Remotedesktopsitzung öffnen und **shutdown -s -t 0** eingeben, um den Hostcomputer sofort herunterzufahren, oder **shutdown -r -t 0**, um ihn sofort neu zu starten (speichern Sie aber unbedingt vorher alle offenen Dateien).

Verbessern der Remotedesktopleistung

Falls die verfügbare Netzwerkbandbreite zwischen einem Clientcomputer und dem Remotehostcomputer begrenzt ist, können Sie die Benutzerfreundlichkeit des Remotedesktops verbessern, indem Sie die Farbtiefe auf der Registerkarte *Anzeige* im RDC-Client von der Standardeinstellung (32 Bit) auf einen geringeren Wert setzen. Sie können auch einzelne Desktopfeatures auf der Registerkarte *Erweitert* deaktivieren, um die Remotedesktopleistung noch weiter zu verbessern.

Falls Sie öfters große Dateien übertragen, große Druckaufträge ausgeben oder andere bandbreitenintensive Aktionen über eine Remotedesktopverbindung durchführen, können Sie die Leistung einer Remotedesktopsitzung unter Umständen verbessern, indem Sie den Anzeigedaten auf dem Hostcomputer höhere Priorität zuweisen. Durch diese Prioritätszuweisung soll sichergestellt werden, dass die Bildschirmleistung einer Remotedesktopsitzung nicht durch solche bandbreitenintensiven Aktionen gestört wird. Bei der Prioritätszuweisung für Anzeigedaten wird automatisch der Verkehr durch den virtuellen Kanal zwischen Client und Hostcomputer gesteuert, wobei Anzeige-, Tastatur- und Mausdaten höhere Priorität erhalten als andere Verkehrstypen.

Die Standardeinstellung für die Priorität von Anzeigedaten besteht darin, 70 Prozent der verfügbaren Bandbreite für Eingabe- (Tastatur und Maus) und Ausgabedaten (Anzeige) zu verwenden. Jeder anderer Verkehr, zum Beispiel die Verwendung einer freigegebenen Zwischenablage, Dateitransfers, Druckaufträge und so weiter, bekommen standardmäßig nur 30 Prozent der verfügbaren Bandbreite der Netzwerkverbindung zugewiesen.

Sie können die Prioritätseinstellungen für Anzeigedaten von Hand konfigurieren, indem Sie die Registrierung auf dem Hostcomputer mit Windows Vista oder neuer bearbeiten. Die Registrierungseinträge für die Prioritätseinstellungen für Anzeigedaten sind folgende Werte aus dem Pfad *HKLM\ SYSTEM\CurrentControlSet\Services\TermDD*. (Falls diese DWORD-Werte noch nicht vorhanden sind, können Sie sie erstellen.)

- **FlowControlDisable**   Setzen Sie diesen Wert auf 1, um jegliche Prioritätszuweisung für Anzeigedaten zu deaktivieren und alle Anforderungen nach dem FIFO-Prinzip (First-In-First-Out) zu verarbeiten. Der Standardwert für diese Einstellung ist 0.

- **FlowControlDisplayBandwidth**   Legt eine relative Bandbreitenpriorität für Anzeige- und Eingabedaten bis zu einem erlaubten Wert von 255 fest. Der Standardwert für diese Einstellung ist 70.

- **FlowControlChannelBandwidth**   Legt eine relative Bandbreitenpriorität für alle anderen virtuellen Kanäle bis zu einem erlaubten Wert von 255 fest. Der Standardwert für diese Einstellung ist 30.

- **FlowControlChargePostCompression**   Legt fest, ob die Flusssteuerung die Bandbreitenreservierung auf Basis des Umfangs vor der Komprimierung (falls der Wert 0 ist) oder nach der Komprimierung (Wert 1) steuert. Der Standardwert für diese Einstellung ist 0.

In der Standardeinstellung beträgt das Verhältnis von *FlowControlDisplayBandwidth* zu *FlowControlChannelBandwidth* 70:30. Das bedeutet, dass 70 Prozent der verfügbaren Bandbreite für Anzeige- und Eingabeverkehr reserviert wird und die restlichen 30 Prozent für andere Verkehrstypen bleiben. Falls Ihre Remotedesktopsitzung schlechter bedienbar wird, während große Dateitransfers und andere bandbreitenintensive Tätigkeiten ablaufen, können Sie versuchsweise *FlowControlDisplayBandwidth* auf 85 und *FlowControlChannelBandwidth* auf 15 setzen. Dann werden 85 Prozent der verfügbaren Bandbreite für Anzeige- und Eingabeverkehr reserviert, und nur 15 Prozent für anderen Verkehr.

HINWEIS Sie müssen Ihren Hostcomputer neu starten, damit diese Änderungen angewendet werden.

Behandlung von Problemen mit Remotedesktopsitzungen

Falls Sie Probleme haben, eine Remotedesktopsitzung mit dem Hostcomputer herzustellen, sollten Sie folgendermaßen vorgehen:

- Überprüfen Sie, ob Remotedesktop auf dem Hostcomputer aktiviert wurde.
- Überprüfen Sie, ob Sie Anmeldeinformationen verwenden, die auf dem Hostcomputer für eine Remoteverbindung autorisiert wurden.
- Überprüfen Sie, ob Sie den vollqualifizierten Namen oder die IP-Adresse des Remotecomputers richtig eingegeben haben.
- Überprüfen Sie die Netzwerkkonnektivität mit dem Remotecomputer mithilfe des Befehls Ping.

Falls Sie während einer Remotedesktopsitzung erwartete Funktionalität vermissen, sollten Sie folgendermaßen vorgehen:

- Überprüfen Sie, ob der Hostcomputer unter einer älteren Windows-Version läuft, zum Beispiel Windows XP Professional Edition oder Windows Server 2003.
- Überprüfen Sie, ob die neuste Version der Clientsoftware der Remotedesktopverbindung auf Ihrem Computer installiert ist.
- Überprüfen Sie, ob Gruppenrichtlinien bestimmte Aspekte der Remotedesktopfunktionalität sperren, die Sie vermissen.

HINWEIS Weitere Hinweise zur Problembehandlung finden Sie in Kapitel 31. Denken Sie daran, dass RDP den TCP-Port 3389 verwendet, wenn Sie die Problembehandlungsvorgänge in diesem Kapitel durcharbeiten.

Konfigurieren und Benutzen von RemoteApp- und Desktopverbindungen

RemoteApp- und Desktopverbindungen müssen sowohl auf Server- als auch Clientseite konfiguriert werden. Auf der Serverseite brauchen Sie einen Windows Server 2008 R2-Computer, auf dem die Rolle *Remotedesktopdienste* mit den folgenden Rollendiensten installiert ist:

- Remotedesktop-Sitzungshost
- Web Access für Remotedesktop
- Remotedesktop-Verbindungsbroker

Wenn Sie Benutzern von Clientcomputern die Möglichkeit bieten möchten, über RemoteApp- und Desktopverbindungen eine Verbindung zu virtuellen Computern herzustellen, müssen Sie außerdem den Rollendienst *Remotedesktopvirtualisierungs-Host* installieren, der voraussetzt, dass die Rolle *Hyper-V* auf dem Server installiert ist.

Eine Anleitung, wie Sie RemoteApp- und Desktopverbindung auf der Serverseite konfigurieren, finden Sie in den Schritten 1 und 2 von »Deploying RemoteApp Programs to the Start Menu by Using RemoteApp and Desktop Connection Step-by-Step Guide« unter *http://technet.microsoft.com/en-us/ library/dd772639.aspx*. Außerdem müssen Sie das SSL-Zertifikat für den Web Access-Server für Remotedesktop auf Ihre Clientcomputer importieren, bevor die Benutzer dieser Computer die Remote-

App- und Desktopverbindung verwenden können. Informationen darüber, wie Sie Zertifikate importieren, finden Sie in Schritt 3 der erwähnten Anleitung.

Sobald Sie Ihre Server konfiguriert und Zertifikate auf den Clients installiert haben, können Sie RemoteApp- und Desktopverbindung folgendermaßen auf der Clientseite konfigurieren:

1. Öffnen Sie in der Systemsteuerung *RemoteApp- und Desktopverbindungen*.

2. Klicken Sie auf *Neue Verbindung mit RemoteApp- und Desktopverbindungen einrichten*, um den Assistenten für neue Verbindungen zu starten.

3. Tippen Sie im Feld *Verbindungs-URL* die URL des Web Access-Servers für Remotedesktop ein:

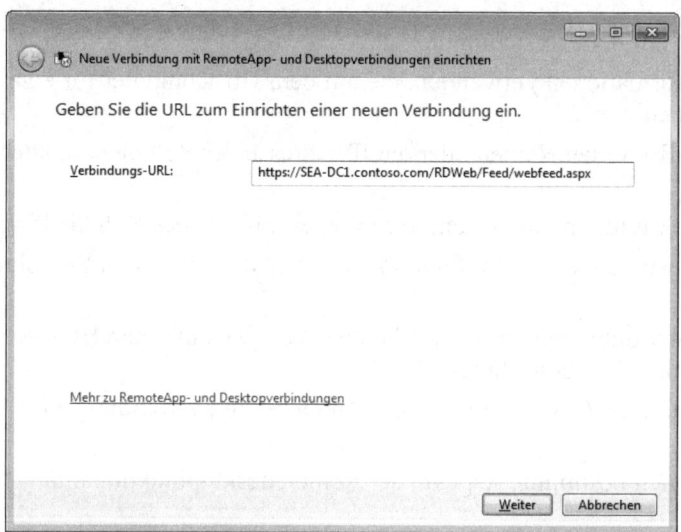

4. Klicken Sie auf *Weiter*, um Verbindungsressourcen für RemoteApp- und Desktopverbindungen hinzuzufügen. (Geben Sie Ihre Anmeldeinformationen ein, wenn Sie dazu aufgefordert werden.) Sobald die Verbindungsressourcen hinzugefügt wurden, werden die Details der RemoteApp- und Desktopverbindung angezeigt:

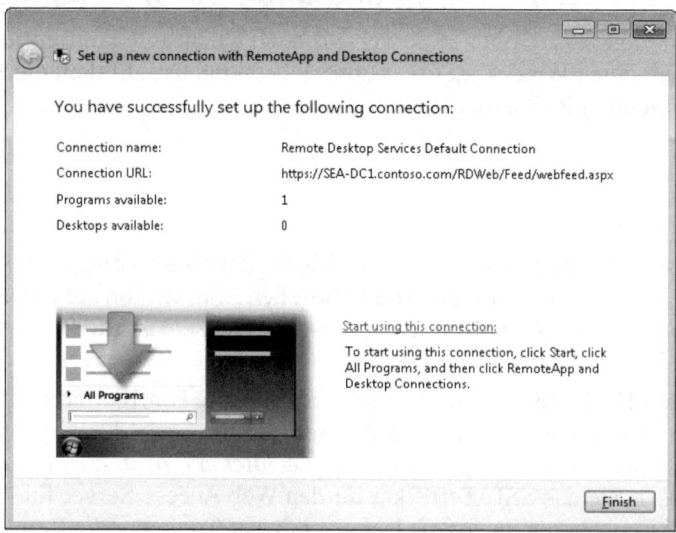

5. Klicken Sie auf *Fertig stellen*, um den Assistenten abzuschließen.

6. Sehen Sie sich alle RemoteApp- und Desktopverbindungen an, die zum Client hinzugefügt wurden, indem Sie *RemoteApp- und Desktopverbindungen* erneut in der Systemsteuerung öffnen:

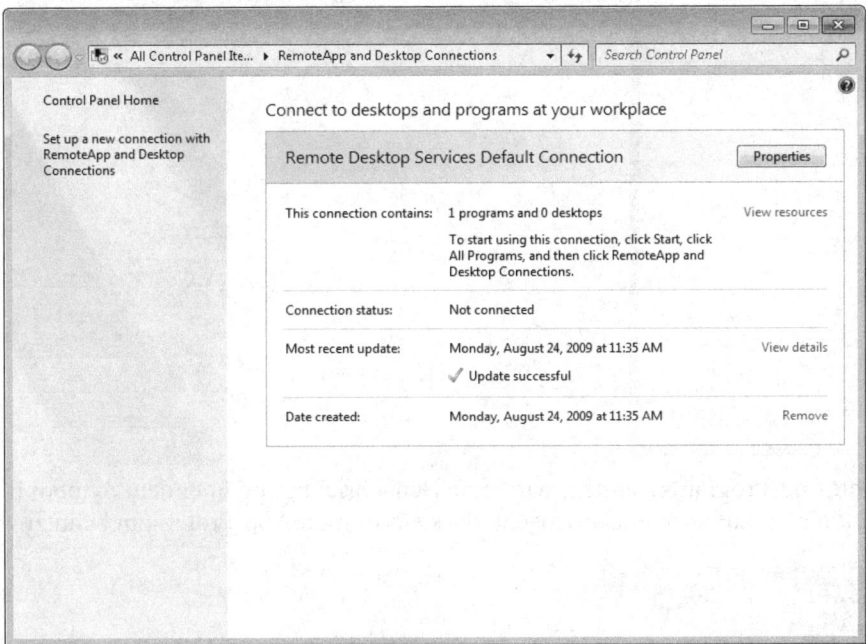

7. Sie können nun über den Ordner *RemoteApp- und Desktopverbindungen* Ihres Startmenüs auf Ihre RemoteApp-Programme zugreifen:

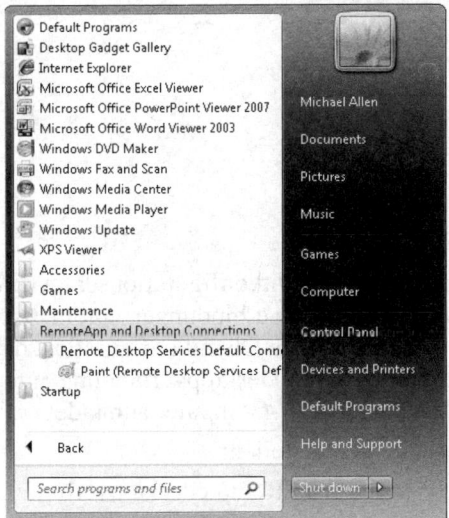

8. Sie können darauf sogar zugreifen, indem Sie einen Text im Suchfeld des Startmenüs eingeben:

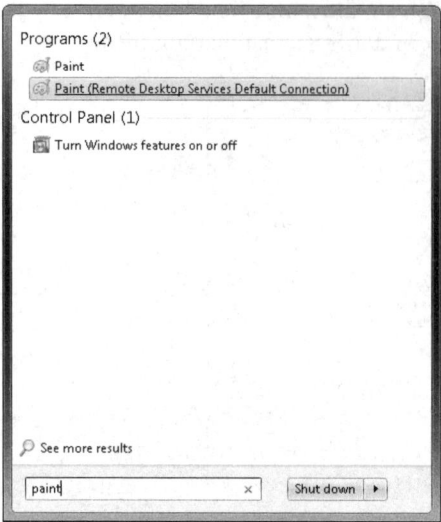

9. Wenn Sie ein RemoteApp-Programm starten, wird eine Benachrichtigung über dem Symbol in der Taskleiste angezeigt, die darauf aufmerksam macht, dass ein RemoteApp-Programm benutzt wird.

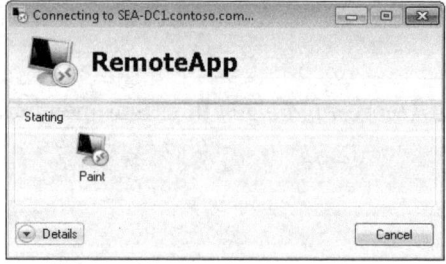

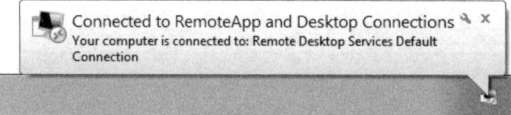

Administratoren können eine RemoteApp- und Desktopverbindungs-Clientkonfigurationsdatei (.*wcx*) erstellen und an die Benutzer verteilen, um die RemoteApp- und Desktopverbindungen automatisch zu konfigurieren. Administratoren können auch Skripts verwenden, um die Clientkonfigurationsdatei auf dem Client im Hintergrund auszuführen, sodass die RemoteApp- und Desktopverbindung automatisch eingerichtet wird, sobald sich der Benutzer an seinem Windows 7-Computer anmeldet.

Gehen Sie folgendermaßen vor, um eine .*wcx*-Konfigurationsdatei zu erstellen:

1. Öffnen Sie auf Ihrem Remotedesktop-Verbindungsbroker-Server den Remotedesktopverbindungs-Manager.

2. Klicken Sie in der Konsolenstruktur mit der rechten Maustaste auf den Stammknoten und wählen Sie den Befehl *Konfigurationsdatei erstellen*.

3. Geben Sie im Dialogfeld *Konfigurationsdatei erstellen* im Feld *Feed-URL für RAD-Verbindung* die URL des Web Access-Servers für Remotedesktop ein:

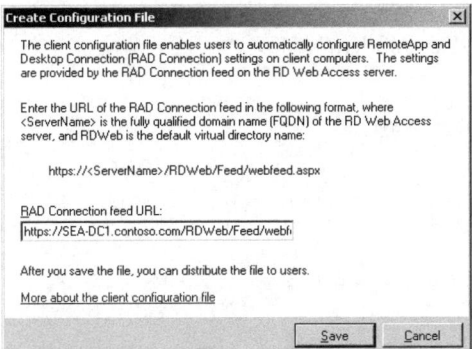

4. Klicken Sie auf *Speichern* und verteilen Sie dann die Konfigurationsdatei an die Benutzer, beispielsweise als E-Mail-Anhang, über eine Netzwerkfreigabe oder mithilfe von Skripts.

Weitere Informationen zu RemoteApp- und Desktopverbindungen finden Sie im Remotedesktop-dienste-Abschnitt von Microsoft TechNet unter *http://technet.microsoft.com/en-us/library/cc770412. aspx*.

Zusammenfassung

Windows 7 enthält neue Technologien für die Remotekonnektivität, zum Beispiel VPN-Reconnect, DirectAccess und BranchCache. Diese Technologien wurden in Windows 7 wie etliche andere (etwa Remotedesktop) in vielen Punkten verbessert, sodass sie zuverlässiger, sicherer sowie einfacher zu benutzen und zu verwalten sind.

Weitere Informationen

Die folgenden Ressourcen liefern weitere Informationen und Tools zu den Themen dieses Kapitels.

Informationsquellen

- Allgemeine Informationen über virtuelle private Netzwerke auf Microsoft-Plattformen finden Sie unter *http://technet.microsoft.com/en-us/network/bb545442.aspx*.
- Allgemeine Informationen über DirectAccess finden Sie unter *http://www.microsoft.com/direct access/*.
- Allgemeine Informationen über BranchCache finden Sie unter *http://technet.microsoft.com/en-us/ network/dd425028.aspx*.
- Allgemeine Informationen über Remotedesktopdienste in Windows Server 2008 R2 und Windows 7 finden Sie unter *http://technet.microsoft.com/en-us/library/cc770412.aspx*.
- Das Whitepaper »Networking Enhancements for Enterprises« finden Sie unter *http://www. microsoft.com/downloads/details.aspx?FamilyID=38fd1d96-3c6e-43ca-b083-3334ddd1ef86 &DisplayLang=en*.
- Das Routing- und RAS-Blog finden Sie unter *http://blogs.technet.com/rrasblog/*.

- Das Blog des Remotedesktopdienste-Teams finden Sie unter *http://blogs.msdn.com/ts/*.
- Das Whitepaper »Step-by-Step Guide: Deploying SSTP Remote Access« finden Sie unter *http://download.microsoft.com/download/b/1/0/b106fc39-936c-4857-a6ea-3fb9d1f37063/Deploying%20SSTP%20Remote%20Access%20Step%20by%20Step%20Guide.doc*.

Auf der Begleit-CD

- *Get-Modem.ps1*

Bereitstellen von IPv6

Wie schon sein Vorgänger Windows Vista hat auch das Betriebssystem Windows 7 einen neuen TCP/IP-Stack (Transmission Control Protocol/Internet Protocol) mit erweiterter Unterstützung für Internet Protocol Version 6 (IPv6). Dieses Kapitel bietet einen Überblick, warum IPv6 notwendig ist und wie es funktioniert. Das Kapitel beschreibt die neuen IPv6-Fähigkeiten in Windows 7, Windows Vista und Windows Server 2008 und gibt einen groben Überblick, wie Sie die IPv4-Netzwerkinfrastruktur Ihres Unternehmens auf IPv6 migrieren können, indem Sie die IPv6-Umstiegstechnologien wie zum Beispiel ISATAP (Intra-Site Automatic Tunnel Addressing Protocol) einsetzen. Zuletzt beschreibt das Kapitel, wie Sie IPv6-Einstellungen in Windows 7 konfigurieren und verwalten und wie Sie Probleme in IPv6-Netzwerken beheben.

Grundlagen von IPv6

Die Migration von Unternehmensnetzwerken von IPv4 auf IPv6 ist aufgrund mehrerer technologischer, wirtschaftlicher und gesellschaftlicher Faktoren nötig geworden. Die wichtigsten sind:

- Das exponentielle Wachstum des Internets macht den vorhandenen Adressraum öffentlicher IPv4 immer knapper. Eine temporäre Lösung für dieses Problem ist NAT (Network Address Translation), eine Technologie, die mehrere private Adressen (Intranetadressen) normalerweise einer einzigen öffentlichen Adresse (Internetadresse) zuordnet. Leider kann die Verwendung von NAT-fähigen Routern zusätzliche Probleme verursachen, zum Beispiel die Unterbrechung der Endpunkt-zu-Endpunkt-Konnektivität und Sicherheitsprobleme für bestimmte Netzwerkanwendungen. Außerdem beschleunigt das starke Anwachsen mobiler IP-Geräte die Knappheit des öffentlichen IPv4-Adressraums.

- Die stärkere Nutzung von Echtzeitkommunikation (Real-Time Communication, RTC) im Internet, zum Beispiel VoIP-Telefonie (Voice Over Internet Protocol), IM (Instant Messaging) und Audio-/Video-Konferenzen macht deutlich, wie mangelhaft die Unterstützung für QoS (Quality of Service) in IPv4 momentan ist. Diese neuen RTC-Technologien benötigen verbessertes QoS in IP-Netzwerken, um zuverlässige Endpunkt-zu-Endpunkt-Kommunikation sicherzustellen. Der Entwurf von IPv4 setzt möglichen Verbesserungen aber Grenzen.

- Die wachsenden Bedrohungen von Hosts, die in IPv4-Netzwerken mit dem Internet verbunden sind, können durch das Bereitstellen von IPsec (Internet Protocol Security) deutlich verringert werden, sowohl in privaten Intranets als auch in getunnelten Verbindungen über das öffentliche Internet. Aber IPsec wurde als nachträgliche Ergänzung zu IPv4 entworfen, und es ist in vielen Szenarien komplex und schwierig zu implementieren.

Das von der IETF (Internet Engineering Task Force) entwickelte IPv6 beseitigt diese Probleme. Es bietet folgende Verbesserungen und Ergänzungen:

- IPv6 vergrößert den theoretischen Adressraum des Internets von $4,3 \times 10^9$ Adressen (wegen der 32-Bit-Adressen in IPv4) auf $3,4 \times 10^{38}$ mögliche Adressen (128-Bit-Adressen in IPv6). Praktisch alle Experten sind sich einig, dass dies für längere Zeit ausreichen dürfte.

- Der IPv6-Adressraum wurde hierarchisch aufgebaut, nicht als flache Struktur. Das bedeutet, dass Routingtabellen für IPv6-Router kleiner und effizienter sind als die für IPv4-Router.

- IPv6 bietet erweiterte Unterstützung für QoS. Sie umfasst ein Traffic Class-Feld im Header, mit dem angegeben wird, wie Verkehr behandelt werden soll, und ein neues Flow Label-Feld im Header, das es dem Router erlaubt, Pakete zu identifizieren, die zu einem Verkehrsfluss gehören, und sie entsprechend zu behandeln.

- IPv6 erfordert jetzt IPsec-Unterstützung für standardkonforme Endpunkt-zu-Endpunkt-Sicherheit über das Internet. Die neuen QoS-Verbesserungen funktionieren auch dann, wenn IPv6-Verkehr mit IPsec verschlüsselt ist.

Wenn Sie von den Vorteilen von IPv6 profitieren und es in Ihrem Unternehmen bereitstellen wollen, müssen Sie verstehen, wie IPv6 funktioniert. Die folgenden Abschnitte bieten einen Überblick über die Schlüsselkonzepte, die Features und die Terminologie von IPv6.

> **HINWEIS** Ausführlichere Informationen über IP-Konzepte, -Features und -Terminologie finden Sie im White-paper »Introduction to IP Version 6« unter *http://www.microsoft.com/downloads/details.aspx?FamilyID=CBC0B8A3-B6A4-4952-BBE6-D976624C257C&displaylang=en*. Eine andere gute Referenz für den Einstieg in IPv6 ist das Buch *Understanding IPv6, 2nd Edition* von Joseph Davies (Microsoft Press, 2008).

Grundlagen der IPv6-Terminologie

Die folgende Terminologie definiert IPv6-Konzepte und beschreibt IPv6-Features:

- **Knoten (node)** Ein IPv6-fähiges Netzwerkgerät. Dazu gehören sowohl Hosts als auch Router.

- **Host** Ein IPv6-fähiges Netzwerkgerät, das keine IPv6-Pakete weiterleiten kann, die nicht explizit an es selbst adressiert sind. Ein Host ist ein Endpunkt für IPv6-Kommunikation (entweder die Quelle oder das Ziel). Er verwirft jeglichen Verkehr, der nicht explizit an ihn adressiert ist.

- **Router** Ein IPv6-fähiges Netzwerkgerät, das IPv6-Pakete weiterleiten kann, die nicht explizit an ihn adressiert sind. IPv6-Router machen IPv6-Hosts auf ihren angeschlossenen Verbindungen normalerweise ihr Vorhandensein bekannt.

- **Verbindung (link)** Ein oder mehrere LAN- (zum Beispiel Ethernet) oder WAN-Netzwerksegmente (zum Beispiel PPP), die von Routern begrenzt werden.

- **Nachbar (neighbor)** Knoten, die mit derselben physischen oder logischen Verbindung verknüpft sind.

- **Subnetz (subnet)** Eine oder mehrere Verbindungen, die dasselbe 64-Bit-IPv6-Adresspräfix haben.

- **Schnittstelle (interface)** Die Darstellung eines Knotens, der mit einer Verbindung verknüpft ist. Das kann eine Hardwareschnittstelle (zum Beispiel eine Netzwerkkarte) oder eine logische Schnittstelle (zum Beispiel eine Tunnelschnittstelle) sein.

> **HINWEIS**   Eine IPv6-Adresse identifiziert eine Schnittstelle, keinen Knoten. Ein Knoten wird dadurch identifiziert, dass einer seiner Schnittstellen mindestens eine Unicast-IPv6-Adresse zugewiesen ist.

Grundlagen der IPv6-Adressierung

IPv6 verwendet 128-Bit-Adressen (16 Byte), die in Doppelpunkt-Hexadezimal-Form geschrieben werden. Zum Beispiel steht in der Adresse 2001:DB8:3FA9:0000:0000:0000:00D3:9C5A jeder Block mit einer vierstelligen Hexadezimalzahl für einen 16-Bit-Binärwert. Die acht Blöcke der vierstelligen Hexadezimalzahlen ergeben somit in Summe $8 \times 16 = 128$ Bit.

Sie können Hexadezimal-Doppelpunkt-Adressen abkürzen, indem Sie führende Nullen in jedem Block weglassen. Mit dieser Technik lässt sich die obige Adresse so schreiben:

2001:DB8:3FA9:0:0:0:D3:9C5A.

Noch weiter können Sie Hexadezimal-Doppelpunkt-Adressen verkürzen, indem Sie aufeinander-folgende 0-Blöcke (hexadezimal) als zwei Doppelpunkte (»::«) schreiben. Die Adresse in unserem Beispiel verkürzt sich somit zu 2001:DB8:3FA9::D3:9C5A. Beachten Sie, dass pro IPv6-Adresse nur einmal zwei aufeinanderfolgende Doppelpunkte vorkommen dürfen. Das soll sicherstellen, dass die Darstellung eindeutig ist.

Grundlagen von IPv6-Präfixen

Ein IPv6-Präfix ist der Abschnitt der Adresse, der für Routing (ein Subnetz oder ein Satz aus Subnetzen als zusammengefasste Route) oder zum Identifizieren eines Adressbereichs verwendet wird. IPv6-Präfixe werden ähnlich geschrieben wie in der CIDR-Notation (Classless Inter-Domain Routing) von IPv4. Zum Beispiel steht 2001:DB8:3FA9::/48 für ein Routenpräfix in einer IPv6-Routingtabelle.

In IPv4 kann die CIDR-Notation verwendet werden, um neben Routen und Subnetzen auch einzelne Unicastadressen anzugeben. IPv6-Präfixe werden dagegen nur für Routen und Adressbereiche ver-wendet, nicht für Unicastadressen. Das ist so, weil IPv6 im Unterschied zu IPv4 keine Kennungen für Subnetze variabler Länge unterstützt. Um ein Subnetz in IPv6 zu identifizieren, werden daher immer die 64 obersten Bits verwendet. Es ist daher redundant, die Adresse in unserem Beispiel als 2001: DB8:3FA9::D3:9C5A/64 zu schreiben, da das »/64« praktisch selbstverständlich ist.

Grundlagen von IPv6-Adresstypen

IPv6 unterstützt drei unterschiedliche Adresstypen:

- **Unicast**   Eine einzelne Schnittstelle innerhalb des Gültigkeitsbereichs der Adresse. (Der Gültig-keitsbereich einer IPv6-Adresse ist der Teil Ihres Netzwerks, in dem diese Adresse eindeutig ist.) IPv6-Pakete mit Unicastzieladressen werden an eine einzelne Schnittstelle ausgeliefert.
- **Multicast**   Identifiziert keine oder mehr Schnittstellen. IPv6-Pakete mit Multicastzieladressen werden an alle Schnittstellen ausgeliefert, die diese Adresse annehmen. (Allgemein ausgedrückt: Multicasting funktioniert in IPv6 praktisch genauso wie in IPv4.)
- **Anycast**   Identifiziert mehrere Schnittstellen. IPv6-Pakete mit Anycastzieladressen werden an die nächstliegende Schnittstelle (gemessen als Routingabstand) ausgeliefert, die durch die Adresse identifiziert wird. Momentan werden Anycastadressen nur Routern zugewiesen, und sie können nur Zieladressen repräsentieren.

> **HINWEIS**   Unter den IPv6-Adresstypen gibt es keine Broadcastadressen wie in IPv4. In IPv6 wird die gesamte Broadcastkommunikation über Multicastadressen abgewickelt. Tabelle 28.2 enthält weitere Informationen dazu.

Grundlagen von Unicastadressen

Unicastadressen sind Adressen, die eine einzelne Schnittstelle identifizieren. IPv6 hat mehrere Typen von Unicastadressen:

- **Globale Unicastadresse (global unicast address)**   Eine Adresse, die global über den IPv6-fähigen Teil des Internets geroutet werden kann. Daher ist der Gültigkeitsbereich einer globalen Adresse das gesamte Internet, und globale Adressen in IPv6 entsprechen den öffentlichen Adressen (Nicht-RFC-1918) in IPv4. Als Adresspräfix für globale Adressen wird momentan 2000::/3 verwendet, wie in RFC 3587 definiert. Eine globale Adresse ist folgendermaßen aufgebaut:

  - ☐ Die ersten 48 Bits der Adresse sind das globale Routingpräfix, das den Standort Ihrer Organisation angibt. (Die ersten 3 Bits dieses Präfixes müssen in binärer Notation 001 lauten.) Diese 48 Bits stehen für die öffentliche Topologie innerhalb der Adresse, das ist die Sammlung großer und kleiner Internetdienstanbieter (Internetprovider) im IPv6-Internet. Sie wird durch diese Internetprovider kontrolliert und von der IANA (Internet Assigned Numbers Authority) zugewiesen.

  - ☐ Die nächsten 16 Bits sind die Subnetz-ID. Ihre Organisation kann diesen Abschnitt verwenden, um bis zu 65.536 eindeutige Subnetze für Routingzwecke innerhalb des Standorts Ihrer Organisation zu definieren. Diese 16 Bits stehen für die Standorttopologie innerhalb der Adresse, über die Ihre Organisation die Kontrolle hat.

  - ☐ Die letzten 64 Bits sind die Schnittstellen-ID, sie geben eine eindeutige Schnittstelle innerhalb eines Subnetzes an.

- **Verbindungslokale Unicastadresse (link-local unicast address)**   Eine Adresse, die ein Knoten verwendet, um mit benachbarten Knotens auf derselben Verbindung zu kommunizieren. Daher ist der Gültigkeitsbereich einer verbindungslokalen Adresse die lokale Verbindung im Netzwerk. Verbindungslokale Adressen werden von IPv6-Routern niemals über die lokale Verbindung hinaus weitergeleitet. Da verbindungslokale Adressen den Schnittstellen mithilfe der IPv6-Adress-Autokonfiguration zugewiesen werden, entsprechen verbindungslokale Adressen in IPv6 den APIPA-Adressen (Automatic Private IP Addressing) in IPv4 (die aus dem Adressbereich 169.254.0.0/16 zugewiesen werden). Das Adresspräfix für verbindungslokale Adressen ist FE80::/64, und die Struktur einer verbindungslokalen Adresse ist folgendermaßen aufgebaut:

  - ☐ Die ersten 64 Bits der Adresse sind immer FE80:0:0:0 (abgekürzt geschrieben als as FE80::).

  - ☐ Die hinteren 64 Bits sind die Schnittstellen-ID, sie geben eine eindeutige Schnittstelle in der lokalen Verbindung an.

  Verbindungslokale Adressen können wiederverwendet werden. Anders ausgedrückt: Zwei Schnittstellen auf unterschiedlichen Verbindungen können dieselbe Adresse haben. Das macht verbindungslokale Adressen mehrdeutig. Eine zusätzliche Kennung, die sogenannte Zonen-ID (zone ID/scope ID), gibt an, welcher Verbindung die Adresse zugewiesen ist oder zu welcher Verbindung sie gehören soll. In Windows 7 entspricht die Zonen-ID für eine verbindungslokale Adresse dem Schnittstellenindex der entsprechenden Schnittstelle. Sie können eine Liste der Schnittstelleindizes auf einem Computer ausgeben, indem Sie in einer Eingabeaufforderung den Befehl **Netsh interface ipv6 show interface** eingeben. Weitere Informationen zur Zonen-ID finden Sie im Abschnitt »Anzeigen von IPv6-Adresseinstellungen« weiter unten in diesem Kapitel.

- **Eindeutige lokale Unicastadresse (unique local unicast address)**   Weil ein standortlokales Adresspräfix für mehrere Standorte innerhalb einer Organisation stehen kann, ist es mehrdeutig und eignet sich schlecht für Routingzwecke innerhalb der Organisation. Daher schlägt RFC 4193 inzwischen einen neuen Adresstyp vor, die sogenannte eindeutige lokale Unicastadresse. Der Gültigkeitsbereich dieser Adresse ist global für alle Standorte innerhalb der Organisation. Wenn dieser Adress-typ verwendet wird, vereinfacht sich die Konfiguration der internen IPv6-Routinginfrastruktur einer Organisation. Eine lokale Adresse ist folgendermaßen aufgebaut:

☐ Die ersten 7 Bits der Adresse lauten immer 1111 110 (binär), und das 8. Bit hat den Wert 1, um anzuzeigen, dass es sich um eine lokale Adresse handelt. Das bedeutet, dass das Adresspräfix für diesen Adresstyp immer FD00::/8 lautet.

☐ Die nächsten 40 Bits sind die globale ID. Dies ist ein zufällig generierter Wert, der einen bestimmten Standort innerhalb Ihrer Organisation identifiziert.

☐ Die nächsten 16 Bits sind die Subnetz-ID. Sie kann verwendet werden, um das interne Netz-werk Ihres Standorts für Routingzwecke noch weiter zu unterteilen.

☐ Die hinteren 64 Bits sind die Schnittstellen-ID, sie geben eine eindeutige Schnittstelle inner-halb des Subnetzes an.

HINWEIS   Standortlokale Adressen wurden in RFC 3879 verworfen, sie werden durch eindeutige lokale Adressen ersetzt.

Erkennen des Adresstyps bei IPv6-Adressen

Wie Tabelle 28.1 zeigt, können Sie schnell feststellen, mit welchem Typ von IPv6-Adresse Sie es zu tun haben, indem Sie sich den Anfang der Adresse ansehen, also die ersten Bits der Adresse. Die Tabellen 28.2 und 28.3 zeigen Beispiele für gebräuchliche IPv6-Adressen, die Sie direkt in ihrer Dop-pelpunkt-Hexadezimal-Darstellung erkennen können.

Tabelle 28.1   Erkennen des Typs einer IPv6-Adresse anhand der obersten Bits und des Adressenpräfixes

Adresstyp	Oberste Bits	Adresspräfix
Globale Unicastadresse	001	2000::/3
Verbindungslokale Unicastadresse	1111 1110 10	FE80::/64
Eindeutige lokale Unicastadresse	1111 1101	FD00::/8
Multicastadresse	1111 1111	FF00::/8

Tabelle 28.2   Wichtige IPv6-Multicastadressen

Funktion	Gültigkeitsbereich	Darstellung
Alle Knoten, Multicast	Schnittstellenlokal	FF01::1
Alle Knoten, Multicast	Verbindungslokal	FF02::1
Alle Router, Multicast	Schnittstellenlokal	FF01::2
Alle Router, Multicast	Verbindungslokal	FF02::2
Alle Router, Multicast	Standortlokal	FF05::2

Tabelle 28.3   Loopback- und unspezifizierte IPv6-Adressen

Funktion	Darstellung
Unspezifizierte Adresse (keine Adresse)	::
Loopbackadresse	::1

> **HINWEIS** Informationen über IPv6-Adresstypen, die in unterschiedlichen IPv6-Umstiegstechnologien verwendet werden, finden Sie im Abschnitt »Planen der Migration auf IPv6« weiter unten in diesem Kapitel.

Grundlagen von Schnittstellen-IDs

Bei allen Typen von Unicast-IPv6-Adressen, die in den vorherigen Abschnitten beschrieben wurden, stehen die hinteren 64 Bits der Adresse für die Schnittstellen-ID, und sie geben eine eindeutige Schnittstelle in einer lokalen Verbindung oder einem Subnetz an. In älteren Versionen von Windows wurde die Schnittstellen-ID folgendermaßen eindeutig festgelegt:

- Bei verbindungslokalen Adressen, zum Beispiel einer Netzwerkkarte in einem Ethernet-Segment, wird die Schnittstellen-ID entweder aus der eindeutigen 48-Bit-MAC-Adresse (Media Access Control) der Schnittstelle oder der eindeutigen EUI-64-Adresse (Extended Unique Identifier) der Schnittstelle abgeleitet, wie sie vom IEEE (Institute of Electrical and Electronics Engineers) definiert wird.

- Bei globalen Adresspräfixen definiert eine EIU-64-basierte Schnittstellen-ID eine öffentliche IPv6-Adresse.

- Bei globalen Adresspräfixen definiert eine temporäre zufällige Schnittstellen-ID eine temporäre Adresse. Dieser Ansatz ist in RFC 3041 beschrieben. Sie können damit Anonymität für client-basierte Nutzung des IPv6-Internets zur Verfügung stellen.

In Windows 7 wird die Schnittstellen-ID dagegen für alle Typen von Unicast-IPv6-Adressen, die LAN-Schnittstellen zugewiesen sind, standardmäßig mit einem Zufallsgenerator erzeugt.

> **HINWEIS** Windows 7 erzeugt die Schnittstellen-ID in der Standardeinstellung mit einem Zufallsgenerator. Sie können dieses Verhalten deaktivieren, indem Sie in einer Eingabeaufforderung den Befehl **Netsh interface ipv6 set global randomizedidentifiers=disabled** ausführen.

Vergleich von IPv6 mit IPv4

Tabelle 28.4 vergleicht die Adressierungsschemas von IPv4 und IPv6.

Tabelle 28.4 Vergleich der IPv4- mit der IPv6-Adressierung

Feature	IPv4	IPv6
Anzahl der Bits (Bytes)	32 (4)	128 (16)
Darstellungsform	Punkt-Dezimal	Doppelpunkt-Hexadezimal
Subnetze variabler Länge	Ja	Nein
Öffentliche Adressen	Ja	Ja (globale Adressen)
Private Adressen	Ja (RFC 1918-Adressen)	Ja (lokal eindeutige Adressen)
Automatisch konfigurierte Adressen für die lokale Verbindung	Ja (APIPA)	Ja (verbindungslokale Adressen)
Unterstützung für Adressklassen	Ja, aber verworfen durch CIDR	Nein
Broadcastadressen	Ja	Stattdessen wird Multicast verwendet
Subnetzmaske	Erforderlich	Implizites 64-Bit-Adresspräfix für Adressen, die Schnittstellen zugewiesen sind

HINWEIS   Detaillierte Spezifikationen zur IPv6-Adressierung finden Sie in RFC 4291 unter *http://www.ietf.org/rfc/ rfc4291.txt*. Es gibt auch noch weitere Unterschiede zwischen IPv4 und IPv6, zum Beispiel im Aufbau der Header in IPv4- und IPv6-Paketen. Weitere Informationen finden Sie im Whitepaper »Introduction to IP Version 6« unter *http://www.microsoft.com/downloads/details.aspx?FamilyID=CBC0B8A3-B6A4-4952-BBE6-D976624C257C &displaylang=en*.

Grundlagen des IPv6-Routings

Routing ist der Vorgang, bei dem Pakete zwischen verbundenen Netzwerksegmenten weitergeleitet werden. Es ist die wichtigste Aufgabe von IPv6. Ein IPv6-Netzwerk besteht aus einem oder mehreren Netzwerksegmenten, den sogenannten *Verbindungen* (link) oder *Subnetzen* (subnet). Diese Verbindungen sind über IPv6-Router miteinander verknüpft. Ein solcher Router ist ein Gerät, das IPv6-Pakete von einer Verbindung an eine andere übergibt. Die IPv6-Router sind normalerweise Hardwaregeräte von anderen Herstellern, aber Sie können bei Bedarf auch einen mehrfach vernetzten Computer, der unter Windows Server 2008 läuft, als IPv6-Router einrichten.

So funktioniert das IPv6-Routing

Der Header eines IPv6-Pakets enthält sowohl die Quelladresse des sendenden Hosts als auch die Zieladresse des empfangenden Hosts. Trifft ein IPv6-Paket bei einem Host ein, stellt der Host anhand seiner lokalen IPv6-Routingtabelle fest, ob er das Paket annimmt oder es an einen anderen Host oder ein anderes Netzwerk weiterleitet.

Jeder IPv6-Knoten (Host oder Router) hat seine eigene IPv6-Routingtabelle. Eine *Routingtabelle* (routing table) ist eine Sammlung von Routen, die Informationen über IPv6-Netzwerkpräfixe speichert und angibt, wie sie entweder direkt oder indirekt erreicht werden können. Auf IPv6-Hosts, beispielsweise Windows 7-, Windows Vista- oder Windows Server 2008-Computern, wird die IPv6-Routingtabelle automatisch generiert, sobald IPv6 im System initialisiert wird. Lokale Administratoren können diese Tabellen mit den Befehlen von `Netsh interface ipv6` verwalten. Sie können damit die vorhandenen Routen anzeigen und von Hand Routen hinzufügen oder löschen. Wie Sie diesen Befehl verwenden, wird weiter unten in diesem Abschnitt beschrieben.

Trifft ein IPv6-Paket auf einer physischen oder logischen Netzwerkschnittstelle in einem IPv6-Host ein, etwa einem mehrfach vernetzten Computer mit Windows Server 2008, stellt der Host nach dem folgenden Schema fest, wie er das Paket an das gewünschte Ziel weiterleitet:

1. Der Host sucht in seinem Zielcache nach einem Eintrag, der mit der Zieladresse im Paketheader übereinstimmt. Wird ein solcher Eintrag gefunden, leitet der Host das Paket direkt an die Adresse weiter, die im Zielcacheeintrag angegeben ist. Damit ist der Routingprozess abgeschlossen.

2. Enthält der Zielcache dagegen keinen Eintrag, der mit der Zieladresse im Paketheader übereinstimmt, ermittelt der Host anhand seiner lokalen Routingtabelle, wie er das Paket weiterleiten soll. Aus der Routingtabelle gewinnt der Host folgende Informationen:

   ☐ **Adresse des nächsten Abschnitts**   Wenn sich die Zieladresse in der lokalen Verbindung befindet, ist die Adresse des nächsten Abschnitts einfach die Zieladresse im Paketheader. Liegt die Zieladresse in einer Remoteverbindung, ist die Adresse des nächsten Abschnitts die Adresse eines Routers, der an die lokale Verbindung angeschlossen ist.

   ☐ **Schnittstelle des nächsten Abschnitts**   Dies ist die physische oder logische Netzwerkschnittstelle im Host, die benutzt werden soll, um das Paket an die Adresse des nächsten Abschnitts weiterzuleiten.

3. Der Host leitet das Paket nun an die Adresse des nächsten Abschnitts weiter, wobei er die Schnittstelle des nächsten Abschnitts verwendet. Außerdem aktualisiert der Host seinen Zielcache mit diesen Informationen, sodass nachfolgende Pakete, die an dieselbe Zieladresse gesendet werden, anhand des Zielcacheeintrags weitergeleitet werden können; so braucht nicht erneut die lokale Routingtabelle ausgewertet zu werden.

Der Prozess zum Auswählen der IPv6-Route

In Schritt 2 des beschriebenen Ablaufs legt der Host die Adresse und die Schnittstelle des nächsten Abschnitts mithilfe seiner lokalen Routingtabelle fest. Dieser Vorgang läuft im Detail folgendermaßen ab:

1. Für jeden Routingtabelleneintrag werden die ersten N Bits im Netzwerkpräfix der Route mit denselben Bits in der Zieladresse des Paketheaders verglichen, wobei N die Zahl der Bits in der Präfixlänge der Route ist. Stimmen diese Bits überein, ist die Route eine Übereinstimmung mit dem Ziel.

2. Die Liste aller übereinstimmenden Routen wird zusammengestellt. Wird lediglich eine einzige passende Route gefunden, wird diese Route gewählt; der Prozess zum Auswählen der Route ist damit abgeschlossen.

3. Werden dagegen mehrere übereinstimmende Routen gefunden, wird die Route mit dem längsten Präfix gewählt; der Prozess zum Auswählen der Route ist damit abgeschlossen.

4. Werden mehrere übereinstimmende Routen gefunden, die alle die größte Präfixlänge haben, wird die übereinstimmende Route mit dem niedrigsten Metrikwert gewählt; der Prozess zum Auswählen der Route ist damit abgeschlossen.

5. Werden mehrere übereinstimmende Routen gefunden, die alle die größte Präfixlänge und denselben Metrikwert haben, wird irgendeine dieser Routen ausgewählt; der Prozess zum Auswählen der Route ist damit abgeschlossen.

Das Ergebnis dieses Prozesses zum Auswählen der IPv6-Route sieht somit folgendermaßen aus:

1. Wird eine Route gefunden, die der vollständigen Zieladresse im Paketheader entspricht, werden Adresse und Schnittstelle des nächsten Abschnitts, die in dieser Route angegeben sind, verwendet, um das Paket weiterzuleiten.

2. Wird keine Route des in Schritt 1 beschriebenen Typs gefunden, wird die effizienteste Route (das heißt die Route mit dem niedrigsten Metrikwert), die die längste Präfixübereinstimmung mit der Zieladresse hat, verwendet, um das Paket weiterzuleiten.

3. Wird keine Route des in Schritt 2 beschriebenen Typs gefunden, wird das Paket über die Standardroute (mit dem Netzwerkpräfix ::/0) weitergeleitet.

Aufbau der IPv6-Routingtabelle

IPv6-Routingtabellen können vier unterschiedliche Typen von Routingtabelleneinträgen (also Routentypen) enthalten:

- **Direkt angeschlossene Netzwerkrouten** Sie haben normalerweise 64-Bit-Präfixe und identifizieren angrenzende Verbindungen (Netzwerksegmente, die über einen Router mit dem lokalen Segment verbunden sind).

- **Remotenetzwerkrouten** Sie haben Präfixe unterschiedlicher Länge und identifizieren Remoteverbindungen (Netzwerksegmente, die über mehrere Router mit dem lokalen Segment verbunden sind).

- **Hostrouten**   Sie haben 128-Bit-Präfixe und identifizieren einen bestimmten IPv6-Knoten.

- **Standardroute**   Diese Route hat das Netzwerkpräfix ::/0. Sie wird benutzt, um Pakete weiterzuleiten, wenn keine geeignete Netzwerk- oder Hostroute gefunden wird.

Auf einem Windows 7-, Windows Vista- oder Windows Server 2008-Computer können Sie die IPv6-Routingtabelleneinträge mit dem Befehl Netsh interface ipv6 show route anzeigen. Das folgende Beispiel zeigt die Routingtabelle eines Windows 7-Computers, der Mitglied einer Domäne ist und eine einzige LAN-Netzwerkkarte hat; es gibt im Subnetz, an das er angeschlossen ist, keine IPv6-Router, und es sind keine anderen Netzwerkverbindungen konfiguriert.

```
Veröff.  Typ       Met   Präfix                     Idx  Gateway/Schnittstelle
-------  --------  ----  ------------------------   ---  --------------------
Nein     Manuell   256   ::1/128                      1  Loopback Pseudo-Interface 1
Nein     Manuell   256   fe80::/64                   15  Teredo Tunneling Pseudo-Interface
Nein     Manuell   256   fe80::/64                   12  LAN-Verbindung
Nein     Manuell   256   fe80::100:7f:fffe/128       15  Teredo-Tunneling Pseudo-
                                                         Interface
Nein     Manuell   256   fe80::5efe:172.16.11.131/128 14  isatap.{9D607D7D-0703-4E67-
                                                         82ED-9A8206377C5C}
Nein     Manuell   256   fe80::5da9:fa1d:2575:c766/128 12  LAN-Verbindung
Nein     Manuell   256   ff00::/8                     1  Loopback Pseudo-Interface 1
Nein     Manuell   256   ff00::/8                    15  Teredo-Tunneling Pseudo-
                                                         Interface
Nein     Manuell   256   ff00::/8                    12  LAN-Verbindung
```

In dieser Tabelle wird jede Route anhand der folgenden Felder aufgelistet:

- **Veröff.**   Ist hier »Ja« eingetragen, wird die Route in einer Routingankündigungsnachricht veröffentlicht; andernfalls ist »Nein« eingetragen.

- **Typ**   Ist hier »Autokonfiguration« eingetragen, wurde die Route automatisch über das IPv6-Routingprotokoll konfiguriert. Lautet der Eintrag »Manuell«, wurde die Route vom Betriebssystem oder einer Anwendung konfiguriert.

- **Met**   Gibt die Metrik für die Route an. Haben mehrere Routen dasselbe Präfix, wird die Route mit dem niedrigsten Metrikwert verwendet.

- **Präfix**   Gibt das Adresspräfix für die Route an.

- **Idx**   Gibt den Index der Netzwerkschnittstelle an, über die Pakete geleitet werden, die mit dem Adresspräfix der Route übereinstimmen. Der Befehl Netsh interface ipv6 show interface zeigt eine Liste der Schnittstellen und ihrer Indizes an.

- **Gateway/Schnittstelle**   Gibt bei direkt angeschlossenen Netzwerkrouten den Namen der Schnittstelle an; bei Remotenetzwerkrouten steht hier die Adresse des nächsten Abschnitts in der Route.

HINWEIS   Weitere Informationen über IPv6-Routing und -Routingtabellen finden Sie im »The Cable Guy«-Artikel »Contents of an IPv6 Routing Table« unter *http://technet.microsoft.com/en-us/library/bb878115.aspx*.

Grundlagen von ICMPv6-Nachrichten

ICMP (Internet Control Message Protocol) für IPv4 (kurz ICMPv4) wird in IPv4-Netzwerken einge-setzt, damit Knoten Fehlermeldungen und Informationsnachrichten senden und empfangen können. Wenn zum Beispiel ein Quellknoten mit dem Befehl Ping ICMP-Echo-Request-Nachrichten (Nach-richten mit ICMP-Typ 8) an einen Zielknoten schickt, kann der Zielknoten darauf mit ICMP-Echo-Nachrichten (ICMP-Typ 0) antworten, um seine Anwesenheit im Netzwerk bekannt zu machen.

In IPv6-Netzwerken erfüllt ICMP für IPv6 (ICMPv6) dieselbe Funktion wie ICMPv4 in IPv4-Netz-werken: Es bietet einen Mechanismus, um Fehlermeldungen und Informationsnachrichten auszutau-schen. ICMPv6 stellt zusätzlich folgende Informationsnachrichten bereit:

- **Nachbarermittlung (Neighbor Discovery, ND)**   Der Prozess, mit dem Hosts und Router sich gegen-seitig im Netzwerk erkennen, sodass sie über die Datenverbindungsschicht kommunizieren kön-nen. ND erfüllt dieselbe Aufgabe wie ARP (Address Resolution Protocol) in IPv4-Netzwerken.

- **Multicastabhörerkennung (Multicast Listener Discovery, MLD)**   Der Prozess, bei dem die Mitglied-schaft in Multicastgruppen festgelegt und verwaltet wird.

> **HINWEIS**   Weitere Informationen über Nachbarermittlung finden Sie im nächsten Abschnitt »Grundlagen der Nachbarermittlung«. Weitere Informationen über ICMPv6-Nachrichtentypen und -Headerformate sowie über MLD finden Sie im Whitepaper »Introduction to IP Version 6« unter *http://www.microsoft.com/downloads/details.aspx ?FamilyID=CBC0B8A3-B6A4-4952-BBE6-D976624C257C&displaylang=en*.

Grundlagen der Nachbarermittlung

Nachbarermittlung (ND) ist der Prozess, bei dem Knoten in einem IPv6-Netzwerk miteinander kom-munizieren, indem sie Frames auf der Datenverbindungsschicht austauschen. ND erfüllt in einem IPv6-Netzwerk folgende Funktionen:

- Sie ermöglicht IPv6-Knoten (IPv6-Hosts und IPv6-Routern), die Verbindungsschichtadresse eines benachbarten Knotens (eines Knotens in derselben physischen oder logischen Verbindung) auf-zulösen.

- Sie ermöglicht IPv6-Knoten festzustellen, wenn sich die Verbindungsschichtadresse eines be-nachbarten Knotens geändert hat.

- Sie ermöglicht IPv6-Knoten festzustellen, ob benachbarte Knoten noch erreichbar sind.

- Sie ermöglicht IPv6-Routern, ihre Anwesenheit, Verbindungspräfixe und Hostkonfigurations-einstellungen bekannt zu machen.

- Sie ermöglicht IPv6-Routern, Hosts auf Router umzuleiten, die sich besser für ein bestimmtes Ziel eignen.

- Sie ermöglicht IPv6-Hosts, Adressen, Adresspräfixe und andere Konfigurationseinstellungen zu ermitteln.

- Sie ermöglicht IPv6-Hosts, Router zu erkennen, die an die lokale Verbindung angeschlossen sind.

Sie verstehen besser, wie ND funktioniert, wenn Sie sich ansehen, wie ähnliche Prozesse in IPv4 ab-laufen. In IPv4 verwenden Sie drei getrennte Mechanismen, um Knoten-zu-Knoten-Kommunikation zu verwalten:

- **Address Resolution Protocol (ARP)**   Ein Protokoll der Datenverbindungsschicht, das IPv4-Adres-sen, die Schnittstellen zugewiesen sind, in ihre entsprechenden MAC-Schichtadressen auflöst. So können Netzwerkkarten Frames empfangen, die an sie adressiert sind, und Antwortframes an ihre

Quelle zurückschicken. Bevor ein Host zum Beispiel ein Paket an einen Zielhost senden kann, dessen IPv4-Adresse 172.16.25.3 lautet, muss der sendende Host erst mithilfe von ARP diese Zieladresse (sofern sich der Host im selben LAN befindet) oder die IP-Adresse des lokalen Gateways (sofern der Host sich in einem anderen LAN befindet) in die entsprechende 48-Bit-MAC-Adresse auflösen (zum Beispiel 00-13-20-08-A0-D1).

■ **ICMPv4 Router Discovery**   Diese ICMPv4-Nachrichten ermöglichen es Routern, ihre Anwesenheit in IPv4-Netzwerken bekannt zu machen, und sie ermöglichen es Hosts, die Anwesenheit dieser Router zu erkennen. Wenn die Routersuche (router discovery) auf einem Router aktiviert ist, sendet der Router regelmäßig Routerankündigungen an die Multicastadresse für alle Hosts (224.0.0.1), um den Hosts im Netzwerk mitzuteilen, dass der Router zur Verfügung steht. Wenn die Routersuche auf Hosts aktiviert ist, können die Hosts Routeranfragen an die Multicastadresse für alle Router (224.0.0.2) schicken, um die Adresse des Routers zu ermitteln, und diese Adresse dann als Standardgateway des Hosts eintragen.

■ **ICMPv4 Redirect**   Router verwenden diese ICMPv4-Nachrichten, um Hosts darüber zu informieren, dass sich andere Router für bestimmte Ziele besser eignen. ICMPv4 Redirect-Nachrichten werden benötigt, weil Hosts normalerweise nicht feststellen können, welcher Router in ihrem Subnetz sich am besten eignet, um Remoteverkehr an ein bestimmtes Ziel zu senden.

In IPv4-Netzwerken ermöglichen es diese drei Mechanismen den Knoten in einem Netzwerksegment, über eine Verbindung zu kommunizieren. In IPv6-Netzwerken werden diese drei Mechanismen durch die fünf ICMPv6-Nachrichtentypen aus Tabelle 28.5 ersetzt.

Tabelle 28.5   ICMPv6-Nachrichtentypen für die Nachbarermittlung

Nachrichtentyp	ICMPv6-Typ	Beschreibung
Routeranfrage (router solicitation)	133	Wird von IPv6-Hosts an die Multicastadresse für alle Router im verbindungslokalen Gültigkeitsbereich (FF02::2) geschickt, um zu ermitteln, welche IPv6-Router in der lokalen Verbindung vorhanden sind.
Routerankündigung (router advertisement)	134	Wird regelmäßig von IPv6-Routern an die Multicastadresse für alle Knoten im verbindungslokalen Gültigkeitsbereich (FF02::1) geschickt, oder an die Unicastadresse eines Hosts als Reaktion auf den Empfang einer Routeranfragenachricht von diesem Host. (Windows Vista und neuere Versionen nutzen Multicast für die Optimierung.) Routerankündigungsnachrichten versorgen Hosts mit den Informationen, die sie brauchen, um folgende Daten zu ermitteln: Verbindungspräfixe, Verbindungs-MTU (Maximum Transmission Unit), ob DHCPv6 für die Adressenautokonfiguration verwendet wird, und die Lebensdauer von automatisch konfigurierten Adressen.
Nachbaranfrage (neighbor solicitation)	135	Wird von IPv6-Knoten an die Anfrageknoten-Multicastadresse eines Hosts geschickt, um die Verbindungsschichtadresse eines IPv6-Knotens zu ermitteln. Oder sie wird an die Unicastadresse des Hosts geschickt, um die Erreichbarkeit des Hosts zu überprüfen.
Nachbarankündigung (neighbor advertisement)	136	Wird von einem IPv6-Knoten an die Unicastadresse eines Hosts geschickt, nachdem eine Nachbaranfrage-Nachricht vom Host empfangen wurde. Oder sie wird an die Multicastadresse für alle Knoten im verbindungslokalen Gültigkeitsbereich (FF02::1) geschickt, um benachbarte Knoten über Änderungen an den Verbindungsschichtadressen des Hosts zu informieren.
Umleitung (redirect)	137	Wird von einem IPv6-Router an die Unicastadresse eines Hosts geschickt, um den Host darüber zu informieren, dass für ein bestimmtes Ziel eine bessere Adresse für den ersten Abschnitt (hop) zur Verfügung steht.

HINWEIS Die Anfrageknoten-Multicastadresse (solicited-node multicast address), die beim Durchführen der Adressenauflösung als Zieladresse für ICMPv4-Nachbaranfrage-Nachrichten (Nachrichten mit ICMPv6-Typ 135) verwendet wird, ist ein spezieller Typ Multicastadresse, die sich aus dem Präfix FF02::1:FF00:0/104 und den letzten 24 Bits der IPv6-Adresse zusammensetzt, die aufgelöst werden soll. IPv6-Knoten überwachen ihre Anfrageknoten-Multicastadressen. Dass diese Multicastadresse für Adressenauflösung in IPv6 eingesetzt wird, hat den Vorteil, dass normalerweise nur der Zielhost in der lokalen Verbindung darauf reagieren muss. Dagegen werden die ARP-Nachrichten, die in IPv4 für Adressenauflösungsabfragen verwendet werden, an die MAC-Schicht-Broadcastadresse gesendet, worauf alle Hosts im lokalen Segment reagieren müssen. IPv6-Knoten überwachen alle ihnen zugewiesenen IPv6-Adressen, darunter auch ihre Anfrageknoten-Multicastadresse.

Grundlagen der automatischen Adresskonfiguration

In IPv4-Netzwerken gibt es drei Methoden, um Hosts Adressen zuzuweisen:

- Statische Adresszuweisung von Hand
- Automatische Zuweisung mit DHCP (Dynamic Host Configuration Protocol), falls ein DHCP-Server im Subnetz vorhanden ist (oder ein DHCP-Relay-Agent im Subnetz konfiguriert ist)
- Automatische Zuweisung mit APIPA (Automatic Private IP Addressing), wobei der Host eine zufällig generierte Adresse aus dem Bereich von 169.254.0.0 bis 169.254.255.255 mit der Subnetzmaske 255.255.0.0 zugewiesen bekommt

In IPv6-Netzwerken bekommen im Allgemeinen nur Router und manchmal Server statische Adressen zugewiesen, bei Clientcomputern ist das sehr unüblich. Stattdessen werden IPv6-Adressen fast immer automatisch zugewiesen, und zwar in einem Prozess namens automatische Adresskonfiguration oder kurz Adressenautokonfiguration (address autoconfiguration). Die Adressenautokonfiguration kann auf drei Arten arbeiten: zustandslos, statusbehaftet oder beides. Zustandslose Adressenautokonfiguration basiert auf dem Empfang von ICMPv6-Routerankündigungsnachrichten. Die statusbehaftete Adressenautokonfiguration verwendet dagegen DHCPv6, um Adressinformationen und andere Konfigurationseinstellungen von einem DHCPv6-Server zu ermitteln.

HINWEIS Der DHCP-Serverdienst von Windows Server 2008 unterstützt DHCPv6, der DHCP-Serverdienst von Windows Server 2003 dagegen nicht.

Alle IPv6-Knoten (Hosts und Router) weisen sich selbst automatisch verbindungslokale Adressen (Adressen mit dem Adresspräfix FE80::/64) zu. Das wird für jede Schnittstelle (sowohl physisch als auch logisch) im Knoten durchgeführt. (6to4-Schnittstellen sind eine Ausnahme. Sie bekommen unter Umständen keine verbindungslokale Adresse automatisch zugewiesen.) Diese automatisch konfigurierten verbindungslokalen Adressen können nur benutzt werden, um benachbarte Knoten zu erreichen (Knoten in derselben Verbindung). Wenn eine solche Adresse als Zieladresse angegeben wird, müssen Sie unter Umständen die Zonen-ID für das Ziel angeben. Außerdem werden verbindungslokale Adressen niemals auf DNS-Servern registriert.

HINWEIS Eine manuelle Zuweisung von IPv6-Adressen wird im Allgemeinen nur für IPv6-Router und einige Server benötigt. Sie können einen Windows 7-Computer mit mehreren Schnittstellen so konfigurieren, dass er als Router agiert. Weitere Informationen zur Konfiguration von IPv6-Routern finden Sie im Cable Guy-Artikel »Manual Configuration for IPv6« unter *http://technet.microsoft.com/en-us/library/bb878102.aspx*. Eine Beschreibung der IPv6-Routingtabelle finden Sie im Cable Guy-Artikel »Understanding the IPv6 Routing Table« unter *http://technet.microsoft.com/en-us/library/bb878115.aspx*.

Eine automatisch konfigurierte IPv6-Adresse kann sich in einem oder mehreren der Zustände befinden, die in Tabelle 28.6 beschrieben sind.

Tabelle 28.6   Mögliche Zustände für eine automatisch konfigurierte IPv6-Adresse

Zustand	Beschreibung
Vorläufig (tentative)	Es wird noch mithilfe der Erkennung doppelter Adressen überprüft, ob die Adresse eindeutig ist.
Gültig (valid)	Die Adresse ist eindeutig und kann jetzt Unicast-IPv6-Verkehr senden und empfangen, bis die Gültigkeitslebensdauer abläuft.
Bevorzugt (preferred)	Die Adresse kann für Unicastverkehr verwendet werden, bis die Bevorzugt-Lebensdauer abläuft.
Verworfen (deprecated)	Die Adresse kann noch während vorhandener Kommunikationssitzungen für Unicastverkehr verwendet werden, es wird aber empfohlen, sie für neue Kommunikationssitzungen nicht mehr zu verwenden.
Ungültig (invalid)	Die Gültigkeitslebensdauer für die Adresse ist abgelaufen, sie kann nicht mehr für Unicastverkehr verwendet werden.

HINWEIS   Die Gültigkeits- und Bevorzugt-Lebensdauer für zustandslos automatisch konfigurierte IPv6-Adressen sind in der Routeranfragenachricht enthalten.

Detaillierte Beschreibungen, wie die Prozesse für Adressenautokonfiguration, Adressenauflösung, Routererkennung, Umleitung, Erkennung doppelter Adressen und Erkennung nicht erreichbarer Nachbarn ablaufen, finden Sie im Whitepaper »Introduction to IP Version 6« unter *http://www.microsoft. com/downloads/details.aspx?FamilyID=CBC0B8A3-B6A4-4952-BBE6-D976624C257C&display lang=en.*

HINWEIS   Sie können auf einem Windows 7-Computer den Zustand für alle automatisch konfigurierten IPv6-Adressen anzeigen, indem Sie eine Eingabeaufforderung öffnen und den Befehl **Netsh interface ipv6 show addresses** eingeben.

Grundlagen der Namensauflösung

Das DNS (Domain Name System) bildet die Basis der Namensauflösung, und zwar sowohl in IPv4- als auch in IPv6-Netzwerken. In einem IPv4-Netzwerk verwenden Namenserver (DNS-Server) Host-(A)-Datensätze, um vollqualifizierte Domänennamen (Fully Qualified Domain Name, FQDN) wie *server1.contoso.com* in die entsprechenden IP-Adressen aufzulösen, wenn sie eine Namensabfrage (name lookup) von DNS-Clients erhalten haben. Außerdem werden Reverse-Lookups (dabei werden IP-Adressen in FQDNs aufgelöst) mithilfe von Pointer-(PTR)-Datensätzen in der Domäne *in-addr. arpa* unterstützt.

In IPv6 funktioniert die Namensauflösung im Prinzip genauso, es gibt nur folgende Unterschiede:

- Hostdatensätze für IPv6-Hosts sind AAAA-Datensätze (»Quad-A«), keine A-Datensätze.
- Als Domäne für Reverse-Lookups von IPv6-Adressen wird *ip6.arpa* verwendet, nicht *in-addr. arpa*.

HINWEIS   Die Erweiterungen in DNS, die eine IPv6-Unterstützung ermöglichen, sind im Draft Standard RFC 3596 unter *http://www.ietf.org/rfc/rfc3596.txt* beschrieben.

Grundlagen von Namensabfragen

Weil der zweischichtige TCP/IP-Stack von Windows 7 bedeutet, dass sowohl IPv4 als auch IPv6 in der Standardeinstellung aktiviert sind, können DNS-Namensauflösungen durch Windows 7-Client-computer die Verwendung von A- und AAAA-Datensätzen umfassen. (Das gilt nur, falls Ihre Namen-server IPv6 unterstützen, wie das bei der DNS-Serverrolle für Windows Server 2008 und Windows Server 2003 der Fall ist.) In der Standardeinstellung geht der DNS-Client in Windows 7 folgender-maßen vor, wenn er eine Namensauflösung über eine bestimmte Schnittstelle durchführt:

1. Der Clientcomputer überprüft, ob er eine nicht verbindungslokale IPv6-Adresse zur Schnittstelle zugewiesen hat. Falls keine nicht verbindungslokalen Adressen zugewiesen sind, sendet der Client eine einzelne Namensauflösungsanforderung an den Namenserver, um eine Abfrage nach A-Daten-sätzen durchzuführen, aber nicht nach AAAA-Datensätzen. Falls die einzige nicht verbindungs-lokale Adresse, die der Schnittstelle zugewiesen ist, eine Teredo-Adresse ist, führt der Client wiederum keine Abfrage nach AAAA-Datensätzen durch. (Der Teredo-Client in Windows Vista und neueren Versionen wurde explizit so entwickelt, dass er nicht automatisch AAAA-Abfragen durchführt und sich nicht bei DNS registriert. Damit wird eine Überlastung der DNS-Server vermieden.)

2. Falls der Clientcomputer der Schnittstelle eine nicht verbindungslokale Adresse zugewiesen hat, sendet der Client eine Namensauflösungsabfrage nach A-Datensätzen.

   - Falls der Client dann eine Antwort auf seine Abfrage empfängt (und keine Fehlermeldung), schließt er daran eine zweite Auflösungsabfrage nach AAAA-Datensätzen an.

   - Falls der Client keine Antwort oder irgendeine Fehlermeldung empfängt (außer »Name nicht gefunden«), sendet er keine zweite Auflösungsabfrage nach AAAA-Datensätzen.

HINWEIS Weil eine Schnittstelle auf einem IPv6-Host normalerweise mehrere IPv6-Adressen hat, ist der Prozess, mit dem Quell- und Adressauswahl während einer Namensabfrage durchgeführt werden, komplexer als die DNS-Namenauflösung durch IPv4-Hosts. Eine detaillierte Beschreibung, wie Quell- und Adressauswahl bei IPv6-Hosts funktionieren, finden Sie im Cable Guy-Artikel »Source and Destination Address Selection for IPv6« unter *http:// technet.microsoft.com/en-us/library/bb877985.aspx*. Weitere Informationen über DNS in Windows Vista und Win-dows 7 finden Sie in »Domain Name System Client Behavior in Windows Vista« unter *http://technet.microsoft.com/ en-us/library/bb727035.aspx*. Informationen über die unterschiedlichen IPv6-Adresstypen, die einer Schnittstelle normalerweise zugewiesen werden, finden Sie im Abschnitt »Konfigurieren und Problembehandlung von IPv6 in Windows 7« weiter unten in diesem Kapitel.

HINWEIS Aufgrund schlecht konfigurierter DNS-Namenserver sind im Internet Probleme entstanden. Diese Pro-bleme, die in RFC 4074 (*http://www.ietf.org/rfc/rfc4074.txt*) beschrieben sind, wirken sich nicht auf Windows Vista oder neuere Windows-Versionen aus, weil Microsoft das Verhalten des DNS-Clients so geändert hat, dass diese Probleme gezielt vermieden werden. Administratoren von DNS-Servern sollten aber sicherstellen, dass diese Pro-bleme beseitigt sind, weil sie Fehler bei der DNS-Namensauflösung für die meisten TCP/IPv6-Netzwerkstacks ver-ursachen können, darunter die Stacks auf älteren Windows-Plattformen, zum Beispiel Windows XP.

Grundlagen der Namensregistrierung

DNS-Server, die unter Windows Server 2003 laufen, können A- und AAAA-Datensätze für Windows 7-Clientcomputer dynamisch registrieren. Die dynamische Registrierung von DNS-Datensätzen verein-facht die Aufgabe, die Namensauflösung in Netzwerken mit dem Active Directory-Verzeichnisdienst zu verwalten. Wenn ein Windows 7-Clientcomputer in einem Netzwerk startet, versucht der DNS-Clientdienst, die folgenden Datensätze für den Client zu registrieren:

- A-Datensätze für alle IPv4-Adressen, die allen Schnittstellen zugewiesen sind, die mit der Adresse eines DNS-Servers konfiguriert sind
- AAAA-Datensätze für alle IPv6-Adressen, die allen Schnittstellen zugewiesen sind, die mit der Adresse eines DNS-Servers konfiguriert sind
- PTR-Datensätze für alle IPv4-Adressen, die allen Schnittstellen zugewiesen sind, die mit der Adresse eines DNS-Servers konfiguriert sind

HINWEIS   AAAA-Datensätze werden nicht für verbindungslokale IPv6-Adressen registriert, die Schnittstellen über eine Adressenautokonfiguration zugewiesen wurden.

PTR-Datensätze und IPv6

Windows 7-Clientcomputer versuchen nicht, PTR-Datensätze für IPv6-Adressen zu registrieren, die Schnittstellen auf dem Computer zugewiesen wurden. Falls Sie es Clients ermöglichen wollen, Reverse-Lookups für Windows 7-Computer über IPv6 durchzuführen, müssen Sie auf Ihren DNS-Servern von Hand eine Reverse-Lookup-Zone für die Domäne *ip6.arpa* anlegen und dann von Hand PTR-Datensätze zu dieser Zone hinzufügen. Eine ausführliche Anleitung dazu finden Sie in »IPv6 for Microsoft Windows: Frequently Asked Questions« unter *http://www.microsoft.com/technet/network/ipv6/ipv6faq.mspx*.

Allerdings werden PTR-Datensätze für Reverse-Lookups über IPv6 selten benutzt, weil der Namespace für Reverse-Abfragen gebildet wird, indem jede hexadezimale Ziffer in der Doppelpunkt-Hexadezimal-Darstellung einer IPv6-Adresse eine eigene Ebene in der Reverse-Domänen-Hierarchie bildet. Zum Beispiel wird der PTR-Datensatz für die IPv6-Adresse

2001DB8::D3:00FF:FE28:9C5A,

die ausgeschrieben

2001:0DB8:0000:0000:00D3:00FF:FE28:9C5A

lautet, als

A.5.C.9.8.2.E.F.F.F.0.0.3.D.0.0.0.0.0.0.0.0.0.0.8.B.D.0.1.0.0.2.IP6.ARPA

dargestellt. Der Leistungsaufwand, um eine solche Darstellung aufzulösen, ist für die meisten DNS-Server-Implementierungen im Allgemeinen zu hoch.

In der Standardeinstellung nehmen DNS-Server, die unter Windows Server 2003 laufen, keinen DNS-Verkehr an, der über IPv6 läuft. Sie können diese DNS-Server so konfigurieren, dass sie IPv6-Namensregistrierungen und -Namensauflösungen annehmen, indem Sie auf diesen Servern den Befehl **dnscmd /config /EnableIPv6 1** ausführen. In der Standardeinstellung nehmen DNS-Server, die unter Windows Server 2008 laufen, DNS-Verkehr entgegen, der über IPv6 gesendet wird. Anschließend müssen Sie von Hand jeden Windows 7-Clientcomputer mit den Unicast-IPv6-Adressen Ihrer DNS-Server konfigurieren, indem Sie DHCPv6 verwenden, die Eigenschaften von IPv6 (TCP/IPv6) im Ordner *Netzwerkverbindungen* ändern oder den Befehl `Netsh interface ipv6 add dns interface=NameOr Index address=IPv6Address index=PreferenceLevel` eingeben, wobei *PreferenceLevel* den Index für die angegebene DNS-Serveradresse angibt. (DHCP-Server, die unter Windows Server 2003 laufen, unterstützen keine statusbehaftete Adresszuweisung mit DHCPv6.)

HINWEIS Weitere Informationen darüber, wie Sie auf Windows Server 2003-DNS-Servern die Unterstützung für IPv6 aktivieren, finden Sie in Kapitel 9, »Windows Support for DNS«, im Onlinebuch *TCP/IP Fundamentals for Microsoft Windows*, das Sie von *http://www.microsoft.com/downloads/details.aspx?FamilyID=c76296fd-61c9-4079-a0bb-582bca4a846f* herunterladen können. Weitere Einzelheiten zum Verhalten der DNS-Namensabfrage und -registrierung in Windows Vista und Windows 7 finden Sie in dem Artikel »Domain Name System Client Behavior in Windows Vista« im Microsoft TechNet unter *http://technet.microsoft.com/en-us/library/bb727035.aspx*.

Verbesserungen an IPv6 in Windows 7

Der TCP/IP-Netzwerkstack auf den Plattformen Windows XP und Windows Server 2003 hat eine zweiteilige Stackarchitektur, die getrennte Netzwerk- und Framing-Schichten für IPv4 und IPv6 verwendet, die mit getrennten Treibern arbeiten: *Tcpip.sys* und *Tcpip6.sys*. Nur die Transport- und Framing-Schichten für IPv4 werden in der Standardeinstellung installiert. Um die Unterstützung für IPv6 hinzuzufügen, muss über den Ordner *Netzwerkverbindungen* eine zusätzliche Komponente für das IPv6-Protokoll installiert werden.

In Windows 7, Windows Vista und Windows Server 2008 wurde der TCP/IP-Stack dagegen völlig neu gestaltet. Er verwendet jetzt eine zweischichtige Architektur, bei der sich IPv4 und IPv6 eine gemeinsame Transport- und Framing-Schicht teilen. Außerdem ist IPv6 auf diesen neuen Plattformen standardmäßig installiert und aktiviert, sodass in der Standardeinstellung Unterstützung für neue Features wie die Anwendung Windows-Teamarbeit geboten wird, die nur IPv6 benutzt. Schließlich bedeutet eine neue zweischichtige Architektur auch, dass alle Leistungsoptimierungen des neuen TCP/IP-Stacks, die für IPv4 gelten, auch für IPv6 wirksam sind. Diese Leistungsoptimierungen umfassen Compound TCP, automatische Optimierung der Empfangsfenstergröße und andere Verbesserungen, die die Leistung in Netzwerkumgebungen mit hoher Latenz, hoher Verzögerung und hohen Verlustraten deutlich steigern können.

HINWEIS Weitere Informationen über die Leistungsoptimierungen im neuen TCP/IP-Stack finden Sie in Kapitel 25, »Konfigurieren der Windows-Netzwerkfunktionen«.

Zusammenfassung der IPv6-Verbesserungen in Windows 7

Windows 7 baut auf vielen der IPv6-Verbesserungen auf, die bereits in Windows Vista und Windows Server 2008 eingeführt wurden. Einige dieser bereits vorhandenen Verbesserungen sind:

- **Zweischichtige Architektur** Eine neue TCP/IP-Stack-Architektur, die dieselben Transport- und Framing-Schichten für IPv4 und IPv6 benutzt.

- **Standardmäßig aktiviert** Sowohl IPv4 als auch IPv6 sind in der Standardeinstellung installiert und aktiviert, wobei der Stack nach Möglichkeit IPv6 bevorzugt, ohne dass die Leistung der IPv4-Kommunikation im Netzwerk verringert wird. Falls zum Beispiel eine DNS-Namensabfrage sowohl IPv4- als auch IPv6-Adressen für einen Host zurückliefert, versucht der Client zuerst, die Kommunikation mit diesem Host über IPv6 einzuleiten. Diese Bevorzugung hat auch bessere Netzwerkleistung für IPv6-fähige Anwendungen zur Folge.

- **Unterstützung für die Konfiguration über die Benutzeroberfläche** Neben der Konfiguration der IPv6-Einstellungen über die Befehlszeile mit dem Befehlskontext `Netsh interface ipv6` können Sie sie in Windows 7 auch über die Benutzeroberfläche konfigurieren. Weitere Informationen finden Sie im Abschnitt »Konfigurieren von IPv6 in Windows 7 über die Benutzeroberfläche« weiter unten in diesem Kapitel.

- **Vollständige IPsec-Unterstützung**   Die IPv6-Unterstützung in älteren Versionen von Microsoft Windows bot nur eingeschränkte Unterstützung für IPsec-Schutz von Netzwerkverkehr. In Windows Vista und Windows 7 ist die IPsec-Unterstützung für IPv6 dagegen dieselbe wie für IPv4, und Sie können IPsec-Verbindungssicherheitsregeln für IPv6 genauso wie für IPv4 in der Konsole *Windows-Firewall mit erweiterter Sicherheit* konfigurieren. Weitere Informationen zur Konfiguration von IPsec in Windows 7 finden Sie in Kapitel 26, »Konfigurieren von Windows-Firewall und IPSec«.

- **LLMNR-Unterstützung**   Die Implementierung von IPv6 in Windows Vista und Windows 7 unterstützt LLMNR (Link-Local Multicast Name Resolution), einen Mechanismus, der es IPv6-Knoten innerhalb eines Subnetzes ermöglicht, gegenseitig ihre Namen aufzulösen, auch wenn kein DNS-Server vorhanden ist. Bei LLMNR senden Knoten Multicast-DNS-Namensabfragen statt Unicast-abfragen. Windows Vista- und Windows 7-Computer überwachen standardmäßig Multicast-LLMNR-Verkehr, sodass im lokalen Subnetz keine Namensauflösung mit NetBIOS über TCP/IP durchgeführt werden muss, wenn kein DNS-Server zur Verfügung steht. LLMNR ist in RFC 4795 definiert.

- **MLDv2-Unterstützung**   Die Implementierung von IPv6 in Windows Vista und Windows 7 unterstützt MLDv2 (Multicast Listener Discovery Version 2), einen in RFC 3810 beschriebenen Mechanismus, der es IPv6-Hosts ermöglicht, sich für quellspezifischen Multicastverkehr mit lokalen Multicastroutern anzumelden, indem sie eine Einschlussliste (um spezifische Quelladressen anzugeben) oder eine Ausschlussliste (um unerwünschte Quelladressen auszuschließen) angeben.

- **DHCPv6-Unterstützung**   Der DHCP-Clientdienst von Windows Vista und Windows 7 unterstützt DHCPv6 (Dynamic Host Configuration Protocol für IPv6), wie in den RFCs 3736 und 4361 definiert. Das bedeutet, dass Windows Vista- und Windows 7-Computer sowohl statusbehaftete als auch zustandslose DHCPv6-Konfigurationen in einem nativen IPv6-Netzwerk durchführen können.

- **IPV6CP-Unterstützung**   Der eingebaute RAS-Client von Windows Vista und Windows 7 unterstützt IPV6CP (IPv6 Control Protocol), wie in RFC 5072 beschrieben, um IPv6-Knoten in einer PPP-Verbindung (Point-to-Point Protocol) zu konfigurieren. Das bedeutet, dass nativer IPv6-Verkehr über PPP-basierte Netzwerkverbindungen gesendet werden kann, zum Beispiel über DFÜ- oder Breitband-PPPoE-Verbindungen (PPP over Ethernet) zu einem Internetprovider. IPV6CP unterstützt auch L2TP-basierte (Layer 2 Tunneling Protocol) VPN-Verbindungen (Virtual Private Network) sowie in Windows Vista mit Service Pack 1 oder neuer SSTP-basierte (Secure Socket Tunneling Protocol) VPN-Verbindungen. Weitere Informationen zur IPV6CP-Unterstützung in Windows 7 finden Sie in Kapitel 27, »Verbindungen mit Remotebenutzern und -netzwerken«.

- **Zufällige Schnittstellen-IDs**   In der Standardeinstellung generieren Windows Vista und Windows 7 zufällige Schnittstellen-IDs für nicht temporäre, automatisch konfigurierte IPv6-Adressen, also für öffentliche Adressen (globale Adressen, die in DNS registriert sind) und verbindungslokale Adressen. Weitere Informationen dazu finden Sie im Abschnitt »Deaktivieren von zufälligen Schnittstellen-IDs« weiter unten in diesem Kapitel.

- **Literal-IPv6-Adressen in URLs**   Windows Vista und Windows 7 unterstützen RFC 2732-kompatible Literal-IPv6-Adressen in URLs mithilfe der neuen WinINet-API-Unterstützung in Windows Internet Explorer 8.0. Das kann ein nützliches Feature für die Problembehandlung von Internetkonnektivität mit IPv6-fähigen Webservern sein.

- **Neues Teredo-Verhalten**   Der Teredo-Client in Windows Vista und Windows 7 bleibt im Ruhezustand (inaktiv), bis er durch eine IPv6-fähige Anwendung aktiviert wird, die versucht, Teredo zu benutzen. In Windows Vista und Windows 7 können drei Dinge Teredo starten: Eine Anwendung versucht, über eine Teredo-Adresse zu kommunizieren (Start durch ausgehenden Verkehr), eine Anwendung, die einen Port überwacht und eine Randüberquerungsregel in der Windows-Firewall aktiviert hat (jede IPv6-fähige Anwendung, die Teredo benutzen muss, kann dazu problemlos das Randüberquerungsflag mithilfe der Windows-Firewall-APIs setzen) und `NotifyStableUnicastIp-AddressTable` aus der IP Helper API. Weitere Informationen über Windows-Firewallregeln finden Sie in Kapitel 26, »Konfigurieren von Windows-Firewall und IPSec«.

Zusätzlich zu diesen bereits vorhandenen Verbesserungen führen Windows 7 und Windows Server 2008 R2 folgende neue IPv6-Features ein:

- **IP-HTTPS** Diese Abkürzung steht für Internet Protocol over Hypertext Transfer Protocol Secure (IP over HTTPS), ein neues Protokoll, mit dem Hosts, die hinter einem Proxy oder einer Firewall liegen, eine Verbindung aufbauen können, indem sie IP-Verkehr durch einen HTTPS-Tunnel leiten. Statt HTTP wird HTTPS benutzt, um Proxyserver daran zu hindern, den Datenstrom zu analysieren und die Verbindung abzubrechen, falls der Verkehr ungewöhnlich aussieht. Beachten Sie, dass HTTPS in diesem Fall keine Datensicherheit bietet; Sie müssen IPsec verwenden, um Datensicherheit für eine IP-HTTPS-Verbindung zu gewährleisten.

  In der Windows 7-Implementierung von DirectAccess, die im nächsten Abschnitt beschrieben wird, wird IT-HTTPS immer dann benutzt, wenn eine Firewall oder ein Proxyserver einen Client-computer an der Nutzung von 6to4 oder Teredo hindert, während er versucht, einen IPv6-over-IPv4-Tunnel mit einem IPv6-fähigen DirectAccess-Server im Unternehmensintranet aufzubauen.

> **Weitere Informationen** Weitere Informationen über IP-HTTPS finden Sie im Artikel, »IP over HTTPS (IP-HTTPS) Tunneling Protocol Specification« in MSDN unter *http://msdn.microsoft.com/en-us/library/dd358571.aspx*.

- **DirectAccess** Dies ist ein neues Feature von Windows 7 und Windows Server 2008 R2, das Be-nutzern die Möglichkeit bietet, eine nahtlose Verbindung ins Unternehmensnetzwerk herzustellen, wann immer sie Internetzugriff haben. Mit DirectAccess können Remotebenutzer, die versuchen, Ressourcen im Unternehmensintranet zu benutzen (etwa E-Mail-Server, freigegebene Ordner oder Intranetwebsites), auf diese Ressourcen zugreifen, ohne eine Verbindung über ein VPN herzustel-len. Weil die Benutzer innerhalb und außerhalb ihrer Büros dieselben Verbindungsmöglichkeiten erhalten, erhöht DirectAccess die Produktivität Ihrer mobilen Benutzer. Den Administratoren hilft DirectAccess, die Computer mobiler Benutzer auf dem aktuellen Stand zu halten, während die Benutzer extern tätig sind; die Gruppenrichtlinienänderungen werden dazu einfach durch das Internet übertragen.

  DirectAccess ist als Client/Server-Architektur implementiert, in der IPv6-fähige Remoteclient-computer mit IPv6-fähigen Servern kommunizieren, die im Unternehmensnetzwerk liegen. DirectAccess arbeitet über vorhandene IPv4-Netzwerke, etwa das öffentliche IPv4-Internet; in diesem Fall nutzt es IPv4/IPv6-Umstiegstechnologien wie 6to4, Teredo und ISATAP. Direct-Access unterstützt auch native IPv6-Verbindungen für Clients, denen native IPv6-Adressen zugewiesen sind.

  DirectAccess greift auf IPsec-Tunnel zurück, um Sicherheit für Authentifizierung und Ressour-cenzugriff zu gewährleisten. DirectAccess kann mit unterschiedlichen Methoden implementiert werden, beispielsweise indem Clientcomputer sicheren Zugriff auf Intranetressourcen über ein IPv6-fähiges IPsec-Gateway erhalten oder indem sie sichere Endpunkt-zu-Endpunkt-Verbin-dungen mit jedem IPv6-fähigen Anwendungsserver bekommen, der im Intranet eingerichtet ist. DirectAccess setzt die Nutzung von IPv6 voraus, daher können Clientcomputer global routing-fähige Adressen haben.

Weitere Informationen   Weitere Informationen über DirectAccess finden Sie in Kapitel 27, »Verbindungen mit Remotebenutzern und -netzwerken«, dieses Buchs. Lesen Sie auch den Artikel »DirectAccess Technical Overview for Windows 7 and Windows Server 2008 R2« unter *http://technet.microsoft.com/en-us/library/ dd637827.aspx.*

So funktioniert's: Teredo-Verhalten in Windows Vista und Windows 7

Michael Surkan, *Program Manager für TCP und IPv6*

Teredo ist standardmäßig aktiviert, aber in Arbeitsgruppen- und Domänenszenarien inaktiv. Teredo wird in zwei wichtigen Szenarien aktiv:

- Eine Anwendung versucht, mit einer Teredo-Adresse zu kommunizieren (zum Beispiel indem eine URL mit einer Teredo-Adresse in einem Webbrowser eingegeben wird). In diesem Fall wird Teredo aufgrund von ausgehendem Verkehr gestartet. Nach 60 Minuten Inaktivität geht Teredo wieder in den Ruhezustand. Die Hostfirewall erlaubt nur eingehenden Teredo-Verkehr, der als Antwort auf spezifische ausgehende Anforderungen eingeht. So ist sichergestellt, dass die Systemsicherheit nicht gefährdet wird. Das ist eigentlich dasselbe wie bei beliebigem ausgehenden Verkehr, der die Hostfirewall mit IPv4 passiert. (Anders ausgedrückt: Standardmäßig ist jeder ausgehende Verkehr erlaubt, und eine Statustabelle lässt Antworten passieren, die den ausgehenden Anforderungen zugeordnet werden.)

- Eine Anwendung oder ein Dienst ist autorisiert, Teredo mit dem Windows-Firewall-Randüberquerungsflag zu benutzen. Falls eine Anwendung die Randüberquerungsoption hat, darf sie beliebigen eingehenden Verkehr über Teredo von beliebigen Quellen empfangen (zum Beispiel nicht angeforderten Verkehr). Windows-Teamarbeit und Remoteunterstützung setzen dieses Flag automatisch für sich selbst, aber Benutzer können das bei Bedarf auch bei anderen Windows-Diensten von Hand erledigen, zum Beispiel bei einem Webdienst.

Konfigurieren und Problembehandlung von IPv6 in Windows 7

IPv6 ist zwar so entworfen, dass IPv6-fähige Knoten, zum Beispiel Windows 7-Computer, ihre Schnittstellen automatisch mit verbindungslokalen Adressen konfigurieren können, diese automatisch konfigurierten Adressen werden aber nicht bei DNS-Servern registriert. Sie können nur benutzt werden, um mit anderen Knoten in der lokalen Verbindung zu kommunizieren. Mit einem DHCPv6-Server können Sie auch automatisch globale, standortlokale oder eindeutige lokale IPv6-Adressen an IPv6-fähige Schnittstellen von Knoten zuweisen lassen, die an eine Verbindung angeschlossen sind. Das ist das bevorzugte Szenario für Endpunkt-zu-Endpunkt-IPv6-Konnektivität in Unternehmen, die eine native, reine IPv6-Netzwerkinfrastruktur betreiben.

Ihnen stehen aber auch zwei Methoden zur Verfügung, um IPv6-Einstellungen von Hand auf Windows 7-Computern zu konfigurieren:

- Mit der neuen grafischen Benutzeroberfläche für IPv6
- Mit dem Befehlskontext `Netsh interface ipv6`

Zusätzlich sollten Sie wissen, welche unterschiedlichen Typen von IPv6-Adressen einem Windows 7-Computer zugewiesen werden, damit Sie bei Bedarf eine Problembehandlung für IPv6-Konnektivität durchführen können.

Anzeigen von IPv6-Adresseinstellungen

Sie können die IPv4- und IPv6-Adresskonfiguration des lokalen Computers anzeigen, indem Sie ein Eingabeaufforderungsfenster öffnen und den Befehl **ipconfig /all** eingeben. Das folgende Beispiel zeigt, welche Informationen angezeigt werden, wenn Sie diesen Befehl auf einem Windows 7-Computer ausführen, der einer Domäne angeschlossen ist, eine einzige LAN-Netzwerkkarte hat, und wenn sich keine IPv6-Router im angeschlossenen Subnetz befinden und keine anderen Netzwerkverbindungen konfiguriert sind:

```
Windows-IP-Konfiguration

    Hostname . . . . . . . . . . . . : KBERG-PC
    Primäres DNS-Suffix . . . . . . . : contoso.com
    Knotentyp . . . . . . . . . . . . : Hybrid
    IP-Routing aktiviert . . . . . . : Nein
    WINS-Proxy aktiviert . . . . . . : Nein
    DNS-Suffixsuchliste . . . . . . . : contoso.com

Ethernet-Adapter LAN-Verbindung:

    Verbindungsspezifisches DNS-Suffix: contoso.com
    Beschreibung. . . . . . . . . . . : Broadcom NetXtreme 57xx Gigabit Controller
    Physikalische Adresse . . . . . . : 00-13-D4-C2-50-F5
    DHCP aktiviert. . . . . . . . . . : Ja
    Autokonfiguration aktiviert . . . : Ja
    Verbindungslokale IPv6-Adresse  . : fe80::3530:6107:45a2:a92c%8(Bevorzugt)
    IPv4-Adresse . . . . . . . . . . : 172.16.11.13(Bevorzugt)
    Subnetzmaske . . . . . . . . . . : 255.255.255.0
    Lease erhalten. . . . . . . . . . : Dienstag, 17. März 2009 11:47:38
    Lease läuft ab. . . . . . . . . . : Mittwoch, 25. März 2009 11:47:38
    Standardgateway . . . . . . . . . : 172.16.11.1
    DHCP-Server . . . . . . . . . . . : 172.16.11.32
    DHCPv6-IAID . . . . . . . . . . . : 201331668
    DHCPv6-Client-DUID. . . . . . . . : 00-01-00-01-11-50-8C-A7-00-17-31-C5-D2-8E
    DNS-Server . . . . . . . . . . . : 172.16.11.32
    NetBIOS über TCP/IP . . . . . . . : Aktiviert

Tunneladapter isatap.contoso.com:

    Medienstatus . . . . . . . . . . . : Medium getrennt
    Verbindungsspezifisches DNS-Suffix: contoso.com
    Beschreibung. . . . . . . . . . . : Microsoft ISATAP-Adapter
    Physikalische Adresse . . . . . . : 00-00-00-00-00-00-00-E0
    DHCP aktiviert. . . . . . . . . . : Nein
```

Der vorherige Befehl zeigt zwei Schnittstellen auf diesem Computer an:

- LAN-Verbindung (die installierte Netzwerkkarte)
- ISATAP-Tunneling-Schnittstelle

Die Schnittstelle »LAN-Verbindung« ist eine Ethernet-Netzwerkkarte, sie hat sowohl eine IPv4-Adresse (172.16.11.13), die von DHCP zugewiesen wurde, als auch eine verbindungslokale IPv6-Adresse (fe80::3530:6107:45a2:a92c), die von der IPv6-Adressenautokonfiguration automatisch zugewiesen wurde. (Sie erkennen die verbindungslokale Adresse an ihrem Adresspräfix FE80::/64.)

Das »%8«, das an diese Adresse angehängt ist, ist die Zonen-ID, die angibt, an welchem Verbindungsabschnitt des Netzwerks der Computer liegt. Diese Zonen-ID entspricht dem Schnittstellenindex bei der Schnittstelle »LAN-Verbindung«. Sie können sich eine Liste der Schnittstellenindizes auf einem Computer ansehen, indem Sie in einer Eingabeaufforderung den Befehl **Netsh interface ipv6 show interface** eingeben. Bei dem Computer aus dem letzten Beispiel sieht die Ausgabe folgendermaßen aus:

```
Idx  Met    MTU  Status       Name
---  ---  -----  -----------  --------------------
  1   50 4294967295 connected    Loopback Pseudo-Interface 1
  9   25   1280  connected    isatap.contoso.com
  8   20   1500  connected    LAN-Verbindung
```

Die Spalte »Idx« enthält den Schnittstellenindex. Die Zonen-ID wird unter Umständen benötigt, wenn Sie die Netzwerkkonnektivität zu diesem Computer von anderen Computern aus mit den Befehlen Ping und Tracert testen. Weitere Informationen finden Sie im Abschnitt »Problembehandlung für IPv6-Konnektivität« weiter unten in diesem Kapitel.

Wieder zurück zur Ausgabe des Befehls ipconfig /all: Der Status der verbindungslokalen Adresse, die der LAN-Verbindung zugewiesen ist, ist »Bevorzugt«. Das bedeutet, dass es sich um eine gültige IPv6-Adresse handelt, über die Sie Unicast-IPv6-Verkehr senden und empfangen können.

Der Medienstatus der ISATAP-Tunneling-Schnittstelle *isatap.contoso.com* lautet »Medium getrennt«. Sie aktivieren die ISATAP-Tunneling-Schnittstelle, indem Sie eine Eingabeaufforderung mit erhöhten Rechten öffnen und den Befehl **Netsh interface isatap set state enabled** eingeben. Nachdem Sie die ISATAP-Schnittstelle aktiviert haben, sieht der ISATAP-Abschnitt in der Ausgabe von ipconfig /all so aus:

```
Tunneladapter isatap.contoso.com:

   Verbindungsspezifisches DNS-Suffix: contoso.com
   Beschreibung. . . . . . . . . . : Microsoft ISATAP-Adapter
   Physikalische Adresse . . . . . : 00-00-00-00-00-00-00-E0
   DHCP aktiviert. . . . . . . . . : Nein
   Autokonfiguration aktiviert . . : Ja
   Verbindungslokale IPv6-Adresse  . : fe80::5efe:172.16.11.13%9(Bevorzugt)
   Standardgateway . . . . . . . . :
   DNS-Server  . . . . . . . . . . : 172.16.11.32
   NetBIOS über TCP/IP . . . . . . : Deaktiviert
```

HINWEIS   Wenn der Computer unverwaltet ist (also kein Domänenmitglied), wird der ISATAP-Adapter automatisch aktiviert und mit einer GUID angezeigt, zum Beispiel isatap.{9D607D7D-0703-4E67-82ED-9A8206377C5C}.

Dieser ISATAP-Adapter hat eine automatisch konfigurierte, verbindungslokale Adresse (fe80::5efe: 172.16.11.13). Das Format für eine ISATAP-Adresse sieht so aus:

- Die ersten 64 Bits sind ein Unicastpräfix für eine verbindungslokale, globale oder eindeutige lokale Unicast-IPv6-Adresse. Dieses Beispiel benutzt das verbindungslokale Adresspräfix, weil kein ISATAP-Router im Netzwerk vorhanden ist. Das bedeutet, dass die entstehende ISATAP-Adresse nur benutzt werden kann, um mit anderen ISATAP-Hosts im IPv4-Netzwerk zu kommunizieren, und dass diese ISATAP-Adresse nicht in DNS-Servern registriert wird.

- Die nächsten 32 Bits lauten in einer ISATAP-Adresse entweder 0:5EFE (bei einer privaten IPv4-Adresse) oder 200:5EFE (bei einer öffentlichen IPv4-Adresse). (RFC 4214 erlaubt auch 100:5EFE und 300:5EFE in diesem Abschnitt einer ISATAP-Adresse.)

- Die letzten 32 Bits bestehen aus der 32-Bit-IPv4-Adresse des Hosts in Punkt-Dezimal-Schreibweise (172.16.11.13 in diesem Beispiel).

WEITERE INFORMATIONEN Weitere Informationen zur ISATAP-Adressierung finden Sie im Whitepaper »IPv6 Transition Technologies« unter *http://www.microsoft.com/downloads/details.aspx?FamilyID=afe56282-2903-40f3-a5ba-a87bf92c096d* und im Whitepaper »Intra-site Automatic Tunnel Addressing Protocol Deployment Guide« unter *http://www.microsoft.com/downloads/details.aspx?FamilyID=0f3a8868-e337-43d1-b271-b8c8702344cd*. Eine Einführung bietet außerdem der Abschnitt »Grundlagen von ISATAP« weiter unten in diesem Kapitel.

Die Ausgabe der Befehle `ipconfig /all` und `Netsh interface ipv6 show interface` zeigt keinen Teredo-Adapter auf dem Computer an, weil es sich um einen verwalteten Computer handelt (ein Domänenmitglied). Auf einem unverwalteten Computer ist der Teredo-Adapter dagegen (im Onlinemodus) standardmäßig aktiviert. Die Ausgabe von `ipconfig /all` sieht hier folgendermaßen aus:

```
Tunneladapter Teredo-Tunneling-Pseudo-Schnittstelle:

   Verbindungsspezifisches DNS-Suffix:
   Beschreibung. . . . . . . . . . . : Microsoft Teredo-Tunneling-Adapter
   Physikalische Adresse . . . . . . : 02-00-54-55-4E-01
   DHCP aktiviert. . . . . . . . . . : Nein
   Autokonfiguration aktiviert . . . : Ja
   IPv6-Adresse. . . . . . . . . . . : 2001:0:4136:e37c:4e8:3426:7c94:fffe(Bevorzugt)
   Verbindungslokale IPv6-Adresse  . : fe80::4e8:3426:53ef:f4f2%10(Bevorzugt)
   Standardgateway . . . . . . . . . :
   NetBIOS über TCP/IP . . . . . . . : Deaktiviert
```

Diese Teredo-Tunneling-Pseudo-Schnittstelle zeigt die IPv6-Adresse des Teredo-Clients als 2001:0:4136:e37c:4e8:3426:53ef:f4f2 an. Das Format für eine Teredo-Clientadresse sieht so aus:

- Die ersten 32 Bits sind immer das Teredo-Präfix, das 2001::/32 lautet.

- Die nächsten 32 Bits enthalten die öffentliche IPv4-Adresse des Teredo-Servers, der bei der Konfiguration dieser Teredo-Adresse beteiligt war (hier 4136:E37C hexadezimal, was in Punkt-Dezimal-Format konvertiert 65.54.227.124 ergibt). In der Standardeinstellung versucht der Teredo-Client in Windows 7, Windows Vista und Windows Server 2008, die IPv4-Adressen von Teredo-Servern automatisch festzustellen, indem er den Namen *teredo.ipv6.microsoft.com* auflöst.

- Die nächsten 16 Bits sind für verschiedene Teredo-Flags reserviert.

- Die nächsten 16 Bits enthalten eine verschleierte Version der externen UDP-Portnummer, die dem Teredo-Verkehr für diesen Teredo-Client zugeordnet ist. (Die externe UDP-Portnummer wird verschleiert, indem sie in einer XOR-Operation mit 0xFFFF verknüpft wird. In diesem Beispiel ergibt 0x3426 XOR 0xFFFF = 0xCBD9 oder dezimal 52185, der UDP-Port ist also 52185.)

- Die letzten 32 Bits enthalten eine verschleierte Version der externen IPv4-Adresse, die dem Teredo-Verkehr für diesen Teredo-Client zugeordnet ist. (Die externe IPv4-Adresse wird verschleiert, indem sie in einer XOR-Operation mit 0xFFFF FFFF verknüpft wird. In diesem Beispiel ergibt 0x7C94 FFFE XOR 0xFFFF FFFF = 0x836B 0001 oder in Punkt-Dezimal-Schreibweise 131.107.0.1.)

HINWEIS   IANA hat das IPv6-Adresspräfix 2001::/32 im Januar 2006 für Teredo zugewiesen (Details siehe RFC 4830 unter *http://www.rfc-Editor.org/rfc/rfc4380.txt*). Windows XP-Clients verwendeten ursprünglich das Teredo-Präfix 3FFE:831F::/32. Windows XP-Clients, bei denen das Microsoft Security Bulletin MS06-064 eingespielt ist (*http://www.microsoft.com/technet/security/Bulletin/MS06-064.mspx*), verwenden jetzt das Präfix 2001::/32.

Eine andere Möglichkeit, die IPv6-Einstellungen auf einem Windows 7-Computer anzuzeigen, besteht darin, den Befehl **Netsh interface ipv6 show address** einzugeben. Das Ergebnis für den Computer aus dem vorherigen Beispiel sieht so aus:

```
Schnittstelle 1: Loopback Pseudo-Interface 1

Adresstyp  DAD-Status   Gültigkeit Bevorzugt Adresse
---------  -----------  ---------- --------- ------------------------

Andere     Bevorzugt     infinite   infinite ::1

Schnittstelle 9: isatap.{9D607D7D-0703-4E67-82ED-9A8206377C5C}

Adresstyp  DAD-Status   Gültigkeit Bevorzugt Adresse
---------  -----------  ---------- --------- ------------------------

Andere     Bevorzugt     infinite   infinite fe80::5efe:172.16.11.13%9

Schnittstelle 10: Teredo-Tunneling-Pseudo-Interface

Adresstyp  DAD-Status   Gültigkeit Bevorzugt Adresse
---------  -----------  ---------- --------- ------------------------

Öffentlich Bevorzugt     infinite   infinite 2001:0:4136:e37c:1071:3426:31d2:bfce
Andere     Bevorzugt     infinite   infinite fe80::1071:3426:31d2:bfce%10

Schnittstelle 8: LAN-Verbindung

Adresstyp  DAD-Status   Gültigkeit Bevorzugt Adresse
---------  -----------  ---------- --------- ------------------------

Andere     Bevorzugt     infinite   infinite fe80::3530:6107:45a2:a92c%8
```

HINWEIS   Wenn Sie die IPv6-Adresseinstellungen mit dem Befehl `Netsh interface ipv6 show address` statt mit Ipconfig anzeigen, hat das unter anderem den Vorteil, dass Sie die Netsh-Befehle im Remotezugriff für einen Zielcomputer ausführen können. Verwenden Sie dazu die Option `-r RemoteComputerName`.

WEITERE INFORMATIONEN   Weitere Informationen darüber, wie Sie mit Ipconfig, Netsh und anderen Tools IPv6-Konfigurationsinformationen anzeigen können, finden Sie in dem Artikel »Using Windows Tools to Obtain IPv6 Configuration Information« im Microsoft TechNet unter *http://technet.microsoft.com/en-us/library/bb726952.aspx*.

Direkt von der Quelle: Die unterschiedlichen Teredo-Zustände

Kalven Wu, Software Design Engineer in Test, *Windows Core Networking*

Mit dem Befehl `Netsh int teredo show state` können Sie sich den aktuellen Status von Teredo ansehen. Es gibt folgende Werte:

- **Offline** In diesem Zustand ist etwas schiefgegangen und Teredo kann nicht aktiviert werden (also nicht in den Zustand »Qualifiziert« wechseln) und nicht von Anwendungen benutzt werden. In diesen Zustand gelangt Teredo auf drei unterschiedlichen Wegen:

  □ Der Administrator deaktiviert es mit dem Befehl `Netsh int teredo set state disabled`.

  □ Teredo erkennt, dass der Computer an ein verwaltetes Netzwerk angeschlossen ist. (Es erkennt einen Domänencontroller im Netzwerk, mehr dazu im Abschnitt »Teredo in Unternehmensnetzwerken« weiter unten in diesem Textkasten.) In diesem Fall wechselt Teredo in den Zustand »Offline«, wenn sein Typ nicht auf »enterpriseclient« gesetzt ist.

  □ Irgendein interner Mechanismus in Teredo hat einen Fehler verursacht. Zum Beispiel kann der Teredo-Server nicht erreicht werden oder *teredo.ipv6.microsoft.com* lässt sich nicht auflösen. Nur in diesem Fall versucht Teredo, in den Zustand »Ruhend« zu wechseln. Dazu wendet es einen wachsenden Zeitüberschreitungswert an, der nach dem folgenden Schema berechnet wird: 5 Sekunden warten, dann erneut versuchen, 10 Sekunden warten, dann erneut versuchen, 20 Sekunden warten, dann erneut versuchen, und so weiter, bis alle 15 Minuten ein neuer Versuch unternommen wird.

- **Ruhend (dormant)** In diesem Zustand ist Teredo »aktiviert, aber nicht aktiv«. IPv6-Verkehr kann nicht über Teredo fließen, aber Anwendungen können veranlassen, dass Teredo aktiviert wird. In diesem Zustand findet keine Randüberquerung statt. Es wird kein Verkehr an die Teredo-Server gesendet.

- **Test (probe)** Dies ist der Übergangszustand zwischen »Ruhend« und »Qualifiziert«. In diesem Zustand versucht Teredo, die Kommunikation mit dem Teredo-Server aufzubauen. Gelingt dies, wechselt Teredo in den Zustand »Qualifiziert«. Schlägt der Versuch dagegen fehl, wechselt Teredo in den Zustand »Offline«.

- **Qualifiziert (qualified)** In diesem Zustand kann IPv6-Verkehr über Teredo in und aus dem System fließen und möglicherweise die Edge-Firewall/NAT überwinden.

Teredo in Unternehmensnetzwerken

Ob ein Computer zu einer Domäne gehört oder Mitglied einer Arbeitsgruppe ist, ist für Teredo egal. Teredo untersucht nur die Umgebung, in der sich der Computer befindet. Erkennt Teredo, dass ein Domänencontroller vorhanden ist, geht es davon aus, dass es sich um ein verwaltetes Netzwerk handelt. In diesem Fall wechselt Teredo in den Zustand »Offline« und behält diesen Zustand bei, sofern es nicht von einem Administrator mit dem Befehl `Netsh interface teredo set state enterpriseclient` auf den Wert »enterpriseclient« gesetzt wurde. Ist ein Arbeitsgruppencomputer also mit einem Netzwerk verbunden, in dem sich ein Domänencontroller befindet, wechselt Teredo in den Zustand »Offline«, um zu verhindern, dass es die Grenze eines Unternehmensnetzwerks überschreitet. Wenn Sie andererseits ein Notebook, das Domänenmitglied ist, nach Haus mitnehmen, erkennt Teredo, dass sich der Computer nicht mehr in einem verwalteten Netzwerk befindet, und wechselt in den Zustand »Ruhend«.

Wenn Sie Teredo über den Registrierungsschlüssel *DisabledComponents* deaktivieren, werden alle Netsh-Einstellungen für Teredo überschrieben.

Konfigurieren von IPv6 in Windows 7 über die Benutzeroberfläche

Gehen Sie folgendermaßen vor, um die IPv6-Einstellungen für eine Netzwerkverbindung in Windows 7 mit der Benutzeroberfläche zu konfigurieren:

1. Öffnen Sie in der Systemsteuerung das Netzwerk- und Freigabecenter.

2. Klicken Sie auf *Adaptereinstellungen ändern* und dann doppelt auf die Verbindung, die Sie konfigurieren wollen.

3. Klicken Sie auf die Schaltfläche *Eigenschaften* und bestätigen Sie die UAC-Eingabeaufforderung.

4. Markieren Sie den Eintrag *Internetprotokoll Version 6 (TCP/IPv6)* und klicken Sie auf *Eigenschaften*, um das Dialogfeld *Eigenschaften von Internetprotokoll Version 6 (TCP/IPv6)* zu öffnen (Abbildung 28.1).

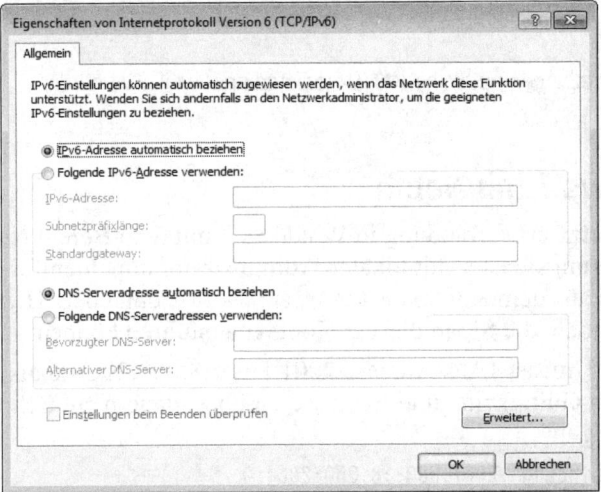

Abbildung 28.1   IPv6-Eigenschaften einer Netzwerkverbindung

5. Konfigurieren Sie die gewünschten IPv6-Einstellungen für die Netzwerkverbindung.

6. Überprüfen Sie bei Bedarf die neuen TCP/IP-Einstellungen mit der Windows-Netzwerkdiagnose.

In der Standardeinstellung sind die IPv6-Einstellungen für eine Netzwerkverbindung folgendermaßen konfiguriert:

- **Eine IPv6-Adresse automatisch beziehen**   Legt fest, dass die physische oder logische Schnittstelle, die mit dieser Verbindung verknüpft ist, eine statusbehaftete oder zustandslose Adressenautokonfiguration benutzt, um ihre IPv6-Adresse zu ermitteln.

- **DNS-Serveradresse automatisch beziehen**   Legt fest, dass die physische oder logische Schnittstelle, die mit dieser Verbindung verknüpft ist, eine statusbehaftete Adressenautokonfiguration (DHCPv6) verwendet, um die IPv6-Adressen der bevorzugten und alternativen DNS-Server zu beziehen.

Wenn Sie die Option *Folgende IPv6-Adresse verwenden* auswählen, können Sie von Hand die IPv6-Adresseinstellungen für eine Netzwerkverbindung konfigurieren, indem Sie folgende Werte eintragen:

- **IPv6-Adresse**   Geben Sie die Unicast-IPv6-Adresse, die Sie der physischen oder logischen Schnittstelle zuordnen wollen, die mit dieser Verbindung verknüpft ist, in Doppelpunkt-Hexadezimal-Form ein. Falls Sie der Schnittstelle zusätzliche Unicast-IPv6-Adressen zuordnen wollen, können Sie auf die Schaltfläche *Erweitert* klicken und dann die Registerkarte *IP-Einstellungen* anklicken.

- **Subnetzpräfixlänge** Geben Sie die Subnetzpräfixlänge für die IPv6-Adresse ein, die Sie der physischen oder logischen Schnittstelle zuordnen wollen, die mit dieser Verbindung verknüpft ist. Bei Unicast-IPv6-Adressen sollte die Subnetzpräfixlänge praktisch immer mit 64 angegeben sein.

- **Standardgateway** Geben Sie die Unicast-IPv6-Adresse des Standardgateways für das lokale IPv6-Subnetz in Doppelpunkt-Hexadezimal-Form ein. Falls Sie zusätzliche Standardgateways eingeben wollen, können Sie auf die Schaltfläche *Erweitert* klicken und dann die Registerkarte *IP-Einstellungen* anklicken.

Wenn Sie die Option *Folgende DNS-Serveradressen verwenden* auswählen, können Sie von Hand die IPv6-Adressen für einen bevorzugten und einen alternativen DNS-Server eingeben, die für Ihre Verbindung benutzt werden. Falls Sie zusätzliche alternative DNS-Server eintragen wollen, können Sie auf die Schaltfläche *Erweitert* klicken und die DNS-Server dann auf der Registerkarte *DNS* eintragen. Die übrigen Einstellungen auf der Registerkarte *DNS* haben ähnliche Bedeutungen wie die für die Konfiguration von IPv4-Adresseinstellungen.

> **HINWEIS** Das Dialogfeld *Erweiterte TCP/IP-Einstellungen* hat keine *WINS*-Registerkarte, weil IPv6 für die Namensauflösung nicht mit NetBIOS arbeitet.

Konfigurieren von IPv6 in Windows 7 mit Netsh

Sie können die IPv6-Einstellungen für eine Netzwerkverbindung in Windows 7 mit dem Befehl Netsh konfigurieren, indem Sie ein Eingabeaufforderungsfenster mit lokalen Administratoranmeldeinformationen öffnen und den gewünschten Befehl aus dem Kontext `Netsh interface ipv6` eingeben. Hier einige Beispiele für IPv6-Konfigurationsaufgaben, die Sie in diesem Kontext ausführen können:

- Mit dem folgenden Befehl können Sie die Unicast-IPv6-Adresse 2001:DB8::8:800:20C4:0 als persistente IPv6-Adresse mit unbegrenzten Gültigkeits- und Bevorzugt-Lebensdauern zur Schnittstelle namens »LAN-Verbindung« hinzufügen:

```
Netsh interface ipv6 add address "LAN-Verbindung" 2001:DB8::8:800:20C4:0
```

- Mit dem folgenden Befehl können Sie ein Standardgateway mit der Unicast-IPv6-Adresse 2001:DB8:0:2F3B:2AA:FF:FE28:9C5A für die Schnittstelle namens »LAN-Verbindung« konfigurieren und eine Standardroute für diese Adresse als Adresse des nächsten Abschnitts einrichten:

```
Netsh interface ipv6 add route ::/0 "LAN-Verbindung" 2001:DB8:0:2F3B:2AA:FF:FE28:9C5A
```

- Mit dem folgenden Befehl können Sie einen DNS-Server mit der Unicast-IPv6-Adresse 2001:DB8:0:1::1 als zweiten (alternativen) DNS-Server in der Liste der DNS-Server für die Schnittstelle namens »LAN-Verbindung« konfigurieren:

```
Netsh interface ipv6 add dnsserver "LAN-Verbindung" 2001:DB8:0:1::1 index=2
```

Weitere Informationen zum Befehlskontext `Netsh interface ipv6` erhalten Sie, indem Sie in einer Eingabeaufforderung den Befehl **Netsh interface ipv6 /?** eingeben.

Andere IPv6-Konfigurationsaufgaben

Der folgende Abschnitt beschreibt einige zusätzliche IPv6-Konfigurationsaufgaben, die Netzwerkadministratoren auf Windows 7-Computern gelegentlich durchführen müssen.

Aktivieren oder Deaktivieren von IPv6

Sie können IPv6 in Windows 7 nicht deinstallieren, aber Sie können IPv6 für jeden Adapter individuell deaktivieren. Gehen Sie dazu folgendermaßen vor:

1. Öffnen Sie in der Systemsteuerung das Netzwerk- und Freigabecenter.

2. Klicken Sie auf *Adaptereinstellungen ändern* und dann doppelt auf die Verbindung, die Sie konfigurieren wollen.

3. Deaktivieren Sie das Kontrollkästchen neben *Internetprotokoll Version 6 (TCP/IPv6)* und klicken Sie dann auf *OK* (Abbildung 28.2).

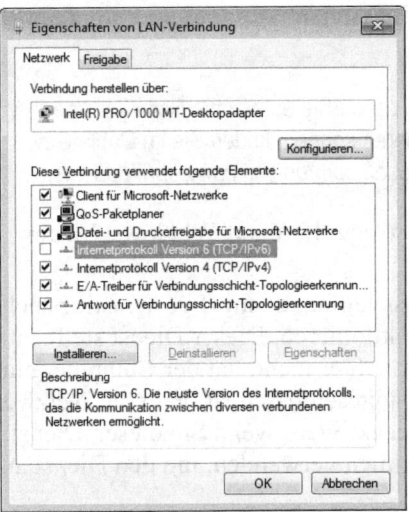

Abbildung 28.2   Deaktivieren von IPv6 für eine Netzwerkverbindung

Falls Sie IPv6 auf all Ihren Netzwerkverbindungen über die gerade beschriebenen Schritte in der Benutzeroberfläche deaktivieren, bleibt IPv6 trotzdem auf allen Tunnelschnittstellen und der Loopbackschnittstelle aktiv.

Statt IPv6 für jeden Adapter einzeln in der Benutzeroberfläche zu deaktivieren, können Sie auch gezielt bestimmte Features von IPv6 deaktivieren, indem Sie den folgenden DWORD-Registrierungswert erstellen und konfigurieren:

HKLM\SYSTEM\CurrentControlSet\Services\tcpip6\Parameters\DisabledComponents

Tabelle 28.7 beschreibt die Flagwerte, die jedes IPv6-Feature steuern. Indem Sie diese Flagwerte in einer Bitmaske kombinieren, können Sie mehrere Features auf einmal deaktivieren. (In der Standardeinstellung hat *DisabledComponents* den Wert 0.)

Tabelle 28.7 Bitmaskenwerte zum Deaktivieren von IPv6-Features in Windows 7

Nummer des Flagbits	Ergebnis, wenn dieses Bit den Wert 1 hat
0	Deaktiviert alle IPv6-Tunnelschnittstellen, inklusive ISATAP-, 6to4- und Teredo-Tunnel.
1	Deaktiviert alle 6to4-basierten Schnittstellen.
2	Deaktiviert alle ISATAP-basierten Schnittstellen.
3	Deaktiviert alle Teredo-basierten Schnittstellen.
4	Deaktiviert IPv6 über alle Nicht-Tunnelschnittstellen, zum Beispiel LAN- und PPP-Schnittstellen.
5	* Verändert die Standardpräfixrichtlinientabelle so, dass IPv4 gegenüber IPv6 bevorzugt wird, wenn versucht wird, Verbindungen aufzubauen.

* Weitere Informationen über die IPv6-Präfixrichtlinientabelle finden Sie im Cable Guy-Artikel »Source and Destination Address Selection« unter *http://technet.microsoft.com/en-us/library/bb877985.aspx*.

Wenn Sie *DisabledComponents* zum Beispiel den Wert 0xFF zuweisen, können Sie gleichzeitig IPv6 auf all Ihren Netzwerkverbindungen und Tunnelschnittstellen deaktivieren. In diesem Fall bleibt IPv6 allerdings noch auf der Loopbackschnittstelle aktiviert.

> **HINWEIS** Einige Beispiele für gebräuchliche Flagkombinationen, mit denen Sie unterschiedliche Teile der IPv6-Funktionalität in Windows Vista und Windows 7 aktivieren oder deaktivieren können, finden Sie im Cable Guy-Artikel »Configuring IPv6 with Windows Vista« unter *http://technet.microsoft.com/en-us/library/bb878057.aspx*.

Abhängig von Ihrer konkreten Umgebung gibt es noch weitere Wege, IPv6 auf Windows 7-Computern zu deaktivieren:

- **Beenden des IP-Hilfsdienstes** Der Dienst *IP-Hilfsdienst* muss laufen, damit IPv6-Umstiegstechnologien wie ISATAP, Teredo und 6to4 auf dem Computer funktionieren. Dieser Dienst stellt automatische IPv6-Verbindungen über ein IPv4-Netzwerk her. Läuft er nicht, hat der Computer nur IPv6-Konnektivität, wenn er an ein natives IPv6-Netzwerk angeschlossen ist. Falls Ihr Netzwerk daher kein natives IPv6-Netzwerk ist, wird IPv6 praktisch deaktiviert, wenn Sie diesen Dienst auf Windows 7-Computern beenden. Sie können Gruppenrichtlinien verwenden, um den Dienst auf den Windows 7-Zielcomputern zu deaktivieren.

- **Deaktivieren aller IPv6-Schnittstellen mit Netsh** Die folgenden Befehle deaktivieren zum Beispiel alle IPv6-Umstiegstechnologien (Teredo, 6to4 und ISATAP).

```
Netsh interface teredo set state disabled
Netsh interface ipv6 6to4 set state state=disabled undoonstop=disabled
Netsh interface ipv6 isatap set state state=disabled
```

Sie können diese Befehle in ein Skript einfügen und in einem SCCM-Paket (Microsoft System Center Configuration Manager) versenden, um Umstiegstechnologien auf den Zielcomputern zu deaktivieren.

- **Konfigurieren der Windows-Firewall, sodass sie IPv6-Verkehr blockiert** Sie können eingehenden und ausgehenden Verkehr über IPv6-Protokoll 41 (für ISATAP und 6to4) und UDP 3544 (für Teredo) mit der Windows-Firewall blockieren. Verwenden Sie Gruppenrichtlinien, um diese Einstellung auf allen Zielcomputern vorzunehmen. In Unternehmen, die Grenzfirewalls implementieren, ist das oft eine empfehlenswerte Technik, um die eigenen Netzwerke zu schützen.

Deaktivieren von zufälligen Schnittstellen-IDs

Sie können das Standardverhalten für die Generierung von zufälligen Schnittstellen-IDs bei nicht temporären, automatisch konfigurierten öffentlichen Adressen (globale Adressen, die in DNS registriert werden) und verbindungslokalen Adressen mit dem folgenden Befehl deaktivieren:

```
Netsh interface ipv6 set global randomizeidentifiers=disabled
```

Mit dem folgenden Befehl können Sie die Generierung zufälliger Schnittstellen-IDs wieder aktivieren:

```
Netsh interface ipv6 set global randomizeidentifiers=enabled
```

> **HINWEIS**   Wenn Sie zufällige Schnittstellen-IDs deaktivieren, werden bei verbindungslokalen Adressen wieder die 48-Bit-MAC-Schichtadressen (oder 64-Bit-EUI-Adressen) verwendet, um die Schnittstellen-ID innerhalb der Adresse zu bilden. In Windows geschieht dies sofort, Sie brauchen den Computer dafür nicht neu zu starten.

Zurücksetzen der IPv6-Konfiguration

Mit dem folgenden Befehl können Sie alle benutzerkonfigurierten IPv6-Einstellungen löschen und die Standardeinstellung für die IPv6-Konfiguration eines Computers wiederherstellen:

```
Netsh interface ipv6 reset
```

Sie müssen den Computer neu starten, damit dieser Befehl wirksam wird.

Anzeigen des Teredo-Clientstatus

Sie können den aktuellen Status des Teredo-Clients auf Ihrem Computer überprüfen, indem Sie ein Eingabeaufforderungsfenster mit den Anmeldeinformationen eines lokalen Administrators öffnen und dann den folgenden Befehl eingeben:

```
Netsh interface teredo show state
```

Bei einem Windows 7-Computer, auf dem Teredo momentan inaktiv ist, sieht die Ausgabe dieses Befehls etwa so aus:

```
Teredo-Parameter
-------------------------------------------
Typ                     : default
Servername              : teredo.ipv6.microsoft.com.
Clientaktual.-intervall : 30 Sekunden
Clientport              : unspecified
Status                  : dormant
Clienttyp               : teredo client
Netzwerk                : managed
NAT                     : none (global connectivity)
```

> **HINWEIS**   Falls Ihre Befehlsausgabe nicht alle diese Informationen enthält, haben Sie wahrscheinlich Ihre Eingabeaufforderungssitzung mit Standardanmeldeinformationen gestartet statt mit Administratoranmeldeinformationen.

Falls Sie jetzt eine IPv6-fähige Anwendung starten, die Teredo benutzt, zum Beispiel Windows-Teamarbeit oder Windows-Remoteunterstützung, und dann denselben Netsh-Befehl erneut eingeben, sieht die Ausgabe etwa folgendermaßen aus:

```
Teredo Parameters
-------------------------------------------
Typ                    : default
Servername             : teredo.ipv6.microsoft.com.
Clientaktual.-intervall : 30 seconds
Clientport             : unspecified
Status                 : qualified
Clienttyp              : teredo client
Netzwerk               : managed
NAT                    : restricted
```

Der Vergleich dieser beiden Befehlsausgaben zeigt, dass der Teredo-Client nach dem Start einer Anwendung, die Teredo benutzt, seinen Status von »Ruhend« (dormant, das heißt inaktiv) auf »Qualifiziert« (qualified, das heißt aktiv) verändert.

> **HINWEIS**   Die Ausgabe des Befehls `Netsh interface teredo show state` verrät Ihnen auch, hinter welchem
> Typ NAT sich Ihr Computer befindet (sofern vorhanden). Im vorherigen Beispiel liegt der Computer hinter einem
> Restricted-NAT. Teredo funktioniert einwandfrei hinter Restricted- und Cone-NATs, und sogar durch symmetrische
> NATs hindurch. Durch bestimmte NAT-Typen ist allerdings keine Kommunikation möglich. Falls Sie vorhaben, einen
> SOHO-Router (Small Office/Home Office) für Breitbandinternetkonnektivität anzuschaffen, sollten Sie einen Router
> wählen, der 6to4 unterstützt. Weitere Informationen darüber, wie Teredo funktioniert und welche unterschiedlichen
> NAT-Typen es gibt, finden Sie in »Teredo Overview« unter *http://technet.microsoft.com/en-us/netzwork/cc917486.*
> *aspx.*

Problembehandlung für IPv6-Konnektivität

Der Standardansatz für die Problembehandlung von Konnektivitätsproblemen in TCP/IP-Netzwerken
mit IPv4 läuft folgendermaßen ab:

1. Geben Sie in einer Eingabeaufforderung **ipconfig /all** ein, um die IPv4-Konfiguration des Computers zu überprüfen, auf dem das Problem auftritt.
2. Falls das Problem nicht durch die IPv4-Konfiguration des Computers verursacht wird, können Sie
   mit dem Befehl Ping die Netzwerkkonnektivität testen. Fangen Sie beim lokalen Computer an und
   arbeiten Sie sich dann immer weiter vor, bis die Ursache für das Problem bestimmt ist. Gehen Sie
   konkret so vor:
   a. Probieren Sie ein Ping auf die IPv4-Loopbackadresse 127.0.0.1, um zu überprüfen, ob TCP/IP
      auf dem Computer richtig installiert und konfiguriert ist.
   b. Probieren Sie dann ein Ping auf die IPv4-Adresse des lokalen Computers.
   c. Probieren Sie dann ein Ping auf die IPv4-Adresse des Standardgateways.
   d. Probieren Sie dann ein Ping auf die IPv4-Adresse eines IPv4-Hosts in einem Remotesubnetz.

Andere TCP/IP-Problembehandlungsschritte, die Sie auf IPv4-Netzwerken durchführen können:

- Überprüfen Sie mit dem Befehl `Route print` die Konfiguration der Routingtabelle des lokalen
  Computers.
- Überprüfen Sie mit `tracert`, ob dazwischen liegende Router richtig konfiguriert sind.
- Identifizieren Sie mit dem Befehl `pathping`, an welcher Stelle im Pfad Pakete verloren gehen.

- Löschen Sie den ARP-Cache, indem Sie in einer Eingabeaufforderung den Befehl **Netsh interface ip delete arpcache** eingeben.

- Überprüfen Sie die DNS-Konfiguration des Computers, löschen Sie den DNS-Clientresolvercache und überprüfen Sie die DNS-Namensauflösung.

HINWEIS   Weitere Informationen darüber, wie Sie IPv4-Verbindungsprobleme systematisch untersuchen können, finden Sie in Kapitel 31, »Behandlung von Problemen mit Netzwerken«.

Bei der Problembehandlung von Konnektivitätsproblemen in IPv6-Netzwerken verwenden Sie teilweise dieselben Tools wie bei der Problembehandlung für IPv4. Allerdings setzen Sie einige dieser Tools aufgrund der Unterschiede in der IPv6-Adressierung und der anderen Implementierung von IPv6 in Windows Vista und Windows 7 anders ein. Die wichtigsten Unterschiede sind:

- Sie müssen unter Umständen eine Zonen-ID angeben, wenn Sie versuchen, IPv6-Netzwerkkonnektivität zu einem Zielhost mit dem Befehl Ping zu überprüfen. Die Syntax für Ping mit IPv6 lautet `ping IPv6-Adresse%Zonen-ID`, wobei `Zonen-ID` die Zonen-ID der sendenden Schnittstelle ist. Wenn der Zielhost zum Beispiel die verbindungslokale Unicast-IPv6-Adresse FE80::D3:00FF:FE28:9C5A und die sendende Schnittstelle die Zonen-ID 12 hat, können Sie die IPv6-Konnektivität zu diesem Host überprüfen, in dem Sie in einer Eingabeaufforderung den Befehl **ping FE80::D3:00FF:FE28:9C5A%12** eingeben. Die Zonen-ID für eine Schnittstelle können Sie entweder mit dem Befehl **ipconfig /all** oder **Netsh interface ipv6 show interface** überprüfen. Da die Zonen-ID lokal definiert ist, können ein sendender Host und ein empfangender Host auf derselben Verbindung unter Umständen unterschiedliche Zonen-IDs haben. (Globale und eindeutige lokale Unicast-IPv6-Adressen benötigen keine Zonen-ID.)

- Sie sollten den Nachbarcache auf Ihrem Computer ansehen und löschen, bevor Sie versuchen, die IPv6-Netzwerkkonnektivität mit Ping zu überprüfen. Der Nachbarcache enthält vor Kurzem aufgelöste Verbindungsschicht-IPv6-Adressen. Sie können ihn ansehen, indem Sie in einer Eingabeaufforderung mit erhöhten Rechten den Befehl **Netsh interface ipv6 show neighbors** eingeben, und ihn löschen, indem Sie den Befehl **Netsh interface ipv6 delete neighbors** eingeben.

- Sie sollten auch den Zielcache in Ihrem Computer ansehen und löschen, bevor Sie versuchen, die IPv6-Netzwerkkonnektivität mit Ping zu überprüfen. Der Zielcache enthält IPv6-Adressen für Ziele im nächsten Abschnitt (hop). Sie können diesen Cache ansehen, indem Sie in einer Eingabeaufforderung mit erhöhten Rechten den Befehl **Netsh interface ipv6 show destinationcache** eingeben, und ihn löschen, indem Sie **Netsh interface ipv6 delete destinationcache** eingeben.

- Sie sollten die Option `-d` verwenden, wenn Sie versuchen, die Route zu einem Remote-IPv6-Host mit tracert zu verfolgen, oder die Option `-n`, wenn Sie pathping verwenden. Diese Optionen verhindern, dass die Befehle DNS-Reverse-Abfragen auf jeder Routerschnittstelle entlang des Routingpfads versuchen. Wenn Sie diese Optionen angeben, wird der Routingpfad schneller angezeigt.

HINWEIS   Weitere Hilfe zur Problembehandlung von IPv6-Netzwerkkonnektivitätsproblemen finden Sie im Cable Guy-Artikel »Troubleshooting IPv6« unter *http://technet.microsoft.com/en-us/library/bb878005.aspx*. Informationen zu diesem Thema enthält auch Kapitel 12, »Troubleshooting TCP/IP«, im Onlinebuch *TCP/IP Fundamentals for Microsoft Windows*, das Sie von *http://www.microsoft.com/downloads/details.aspx?FamilyID=c76296fd-61c9-4079-a0bb-582bca4a846f* herunterladen können.

HINWEIS   IPv4 zu deaktivieren, kann ebenfalls eine nützliche Problembehandlungstechnik für Entwickler sein, die überprüfen wollen, ob ihre Anwendungen IPv6-fähig sind.

Planen der Migration auf IPv6

Bevor Sie Ihre vorhandene IPv4-basierte Netzwerkinfrastruktur auf IPv6 migrieren können, müssen Sie die unterschiedlichen IPv6-Umstiegstechnologien (IPv6 transition technology) kennen, die Sie für diesen Zweck einsetzen können. Windows 7, Windows Vista und Windows Server 2008 unterstützen drei Umstiegstechnologien:

- **ISATAP** Eine Technologie für Adresszuweisung und automatisches Tunneling, die in RFC 4214 definiert ist. Sie können damit Unicast-IPv6-Konnektivität zwischen IPv6/IPv4-Hosts (Hosts, die sowohl IPv6 als auch IPv4 unterstützen) über ein IPv4-basiertes Intranet (ein privates Netzwerk, dessen Infrastrukturhardware, zum Beispiel Router, nur IPv4, aber nicht IPv6 unterstützt) bereitstellen.

- **6to4** Eine Technologie für Adresszuweisung und automatisches Tunneling, die in RFC 3056 definiert ist. Sie können damit Unicast-IPv6-Konnektivität zwischen IPv6/IPv4-Hosts und Standorten über das IPv4-basierte öffentliche Internet bereitstellen. 6to4 ermöglicht Ihnen, innerhalb Ihres privaten Netzwerks globale IPv6-Adressen zuzuweisen, sodass Ihre Hosts jedes Ziel im IPv6-Internet erreichen können, ohne eine direkte Verbindung zum IPv6-Internet oder ein globales IPv6-Adresspräfix zu benötigen, das von einem Internetprovider mit IPv6-Unterstützung zur Verfügung gestellt wird. (Kommunikation zwischen einem 6to4-Standort und einem Knoten im IPv6-Internet setzt allerdings voraus, dass ein 6to4-Relay eingesetzt wird.)

- **Teredo** Eine Technologie für Adresszuweisung und automatisches Tunneling, die in RFC 4380 definiert ist. Sie können damit Unicast-IPv6-Konnektivität zwischen IPv6/IPv4-Hosts über das öffentliche IPv4-Internet bereitstellen, sogar wenn die IPv6/IPv4-Hosts hinter mehreren NATs liegen. Teredo bietet ähnliche Funktionalität wie 6to4, es werden aber keine Randgeräte benötigt, die 6to4-Tunneling unterstützen.

HINWEIS Weitere Informationen zu IPv4/v6-Umstiegstechnologien finden Sie im Whitepaper »IPv6 Transition Technologies« unter *http://www.microsoft.com/downloads/details.aspx?FamilyID=afe56282-2903-40f3-a5ba-a87b f92c096d&DisplayLang=en*.

Diese drei IPv6-Umstiegstechnologien werden in Windows 7, Windows Vista, Windows Server 2008, Windows XP SP2 und Windows Server 2003 SP1 unterstützt. Unter den dreien ist ISATAP die primäre Umstiegstechnologie, die Sie für die Migration eines vorhandenen IPv4-basierten Intranets auf IPv6 nutzen sollten. Sie wird in den folgenden Abschnitten genauer beschrieben. Teredo ist in erster Linie in SOHO-Netzwerkumgebungen nützlich, wo NAT-fähige Breitbandrouter den Benutzern Internetkonnektivität zur Verfügung stellen. (Sie können sich Teredo als Umstiegstechnologie für den Notfall vorstellen. Da IPv6-Konnektivität sich auf breiter Front durchsetzt, verringert sich der Bedarf an NAT-Traversal ständig weiter, bis Teredo nicht mehr benötigt wird.)

So funktioniert's: Blockieren von Teredo

Teredo ist als Verbrauchertechnologie gedacht, für Unternehmen wird es im Allgemeinen nicht empfohlen. Der Grund ist, dass Teredo voraussetzt, dass Randgeräte den gesamten ausgehenden UDP-Verkehr erlauben. Zum Beispiel wollen viele Unternehmensadministratoren aus Sicherheitsgründen nicht, dass Clientcomputer im Unternehmensnetzwerk direkt aus dem Internet erreichbar sind. In einem solchen Fall ist es sinnvoll, Teredo ganz abzuschalten.

Falls Administratoren Teredo auf ihren Clientcomputern deaktivieren oder einfach verhindern wollen, dass es funktioniert, stehen dafür drei Möglichkeiten zur Verfügung:

- Den gesamten ausgehenden UDP-Verkehr standardmäßig blockieren. (Dies ist die einzige verlässliche »externe« Methode.)

- Die Namensauflösung des Teredo-DNS-Hostnamens verhindern. Auf Windows 7-Computern ist das in der Standardeinstellung *teredo.ipv6.microsoft.com*. (Diese Methode lässt sich allerdings einfach umgehen, weil der Benutzer IP-Adressen fest einprogrammieren kann.)

- Erstellen des folgenden DWORD-Registrierungswerts mit Gruppenrichtlinien oder einem Skript. Dieser Registrierungswert schaltet Teredo auf den entsprechenden Windows 7-Computern aus. (Die Registrierungseinstellung ist standardmäßig nicht über Gruppenrichtlinien konfigurierbar, kann aber über eine benutzerdefinierte ADMX-Datei gesteuert werden):

  HKLM\SYSTEM\CurrentControlSet\Services\Tcpip6\Parameters\DisabledComponents

  Für diesen Wert können Sie folgende Einstellungen konfigurieren:

  - ☐ **0x10**   Dieser Wert deaktiviert Teredo nur auf dem Computer.

  - ☐ **0x01**   Dieser Wert deaktiviert alle Tunnelschnittstellen auf dem Computer.

Falls Administratoren ausschließlich natives IPv6 in ihren Netzwerken unterstützen wollen oder überhaupt keinen IPv6-Verkehr unterstützen wollen, bis ein natives IPv6 bereitgestellt worden ist, können sie alle Tunneltechnologien mit der zweiten Methode aus dieser Liste deaktivieren.

Grundlagen von ISATAP

In der Standardeinstellung konfiguriert das Protokoll IPv6 in Windows 7 automatisch eine verbindungslokale Unicast-IPv6-Adresse der Form FE80::5EFE:w.x.y.z (für private IPv4-Adressen) oder FE80::200:5EFE:w.x.y.z (für öffentliche IPv4-Adressen). Diese Adresse ist eine verbindungslokale ISATAP-Adresse. Sie wird der ISATAP-Tunneling-Schnittstelle zugewiesen. Über ihre verbindungslokalen ISATAP-Adressen können zwei ISATAP-Hosts (zum Beispiel Windows 7-Computer) mit IPv6 kommunizieren, indem die Daten durch eine reine IPv4-Netzwerkinfrastruktur getunnelt werden (zum Beispiel durch ein Netzwerk, dessen Router nur IPv4-Pakete weiterleiten, keine IPv6-Pakete).

> **HINWEIS**   In Windows 7 und Vista SP1 oder neueren Versionen werden verbindungslokale ISATAP-Adressen nur dann automatisch konfiguriert, wenn der Name »ISATAP« (der Name des ISATAP-Routers) aufgelöst werden kann. Andernfalls bleibt die ISATAP-Schnittstelle auf dem Medienstatus »getrennt«. Wenn allerdings ein Administrator ISATAP mit dem Befehl `Netsh interface isatap set state enabled` aktiviert, werden auf jeden Fall verbindungslokale Adresse konfiguriert, unabhängig davon, ob der Name des ISATAP-Routers aufgelöst werden kann.

Es wird eine Vielzahl von Umstiegstopologien möglich, wenn Sie einen oder mehrere ISATAP-Router (IPv6-fähige Router, die Adresspräfixe bekannt geben, Pakete zwischen ISATAP-Hosts und anderen ISATAP-Routern weiterleiten und als Standardrouter für ISATAP-Hosts agieren) hinzufügen. z.B.:

- Verbinden von ISATAP-Hosts auf einem reinen IPv4-Intranet mit einem IPv6-fähigen Netzwerk

- Verbinden mehrerer »Inseln« aus ISATAP-Hosts durch einen IPv6-fähigen Backbone

Diese Konfigurationen sind möglich, weil ISATAP-Router Adresspräfixe bekannt machen, die es ISATAP-Hosts (zum Beispiel Windows 7-Computern) ermöglichen, globale oder eindeutige lokale Unicast-IPv6-Adressen automatisch zu konfigurieren.

HINWEIS Ist kein ISATAP-Router vorhanden, können ISATAP-Hosts, die unter Windows Vista RTM laufen, nur verbindungslokale Unicast-IPv6-Adressen automatisch konfigurieren, was die IPv6-Kommunikation auf die Verbindung zwischen Hosts im reinen IPv4-Intranet einschränkt. In Windows Vista SP1 wurde dies geändert, sodass die Schnittstelle ohne einen ISATAP-Router den Medienstatus »getrennt« anzeigt. Anders ausgedrückt: Windows Vista SP1 konfiguriert keine verbindungslokale ISATAP-Adresse, wenn kein ISATAP-Router konfiguriert ist. Windows 7 verhält sich genauso wie Windows Vista SP1.

HINWEIS Weitere Informationen zur Funktionsweise von ISATAP finden Sie im Whitepaper »IPv6 Transition Technologies« unter *http://www.microsoft.com/downloads/details.aspx?FamilyID=afe56282-2903-40f3-a5ba-a87b f92c096d.*

Direkt von der Quelle: ISATAP-Schnittstellennamen

Xinyan Zan, Technical Lead, *IPv6 Transition Technology*

Der ISATAP-Schnittstellenname basiert auf der DNS-Einstellung der primären IPv4-Schnittstelle dieser ISATAP-Schnittstelle. Falls zum Beispiel das DNS-Suffix, das der primären IPv4-Schnittstelle dieser ISATAP-Schnittstelle zugewiesen ist, *contoso.com* lautet, ist der ISATAP-Schnittstellenname *isatap.contoso.com*.

Eine alternative Form des ISATAP-Schnittstellennamens ist *isatap.{GUID}*, wobei GUID ein Globally Unique Identifier ist. Diese GUID-Form wird nur für den Namen der ISATAP-Schnittstelle verwendet, falls keine DNS-Suffixeinstellung für die primäre IPv4-Schnittstelle vorhanden ist.

Migrieren eines Intranets auf IPv6

Die Empfehlungen für die Migration einer vorhandenen IPv4-basierten Netzwerkinfrastruktur auf IPv6 sind noch in der Entwicklung begriffen. Daher bietet dieser Abschnitt eine generelle Übersicht, wie die Migration eines Intranets auf IPv6 abläuft, und nennt Verweise auf ausführlichere Informationen zu diesem Thema.

Das letztliche Ziel bei der Migration von IPv4 auf IPv6 besteht darin, eine reine IPv6-Netzwerkinfrastruktur zu schaffen, in der es nur IPv6-Hosts gibt. Unter einem praktischen Gesichtspunkt ist es allerdings sinnvoller, erst einmal ein kleineres Ziel anzugehen: eine Netzwerkinfrastruktur zu schaffen, die sowohl IPv6 als auch IPv4 unterstützt und in der Hosts ebenfalls Unterstützung für IPv6 sowie IPv4 bieten, aber in erster Linie IPv6 einsetzen. Dieses Ziel wird über einen langwierigen Prozess erreicht, der sieben Hauptschritte erfordert:

1. Aktualisieren Ihrer Anwendungen und Dienste
2. Vorbereiten Ihrer DNS-Infrastruktur
3. Aktualisieren Ihrer Hosts
4. Migrieren von reinem IPv4 auf ISATAP
5. Aktualisieren Ihrer Routing-Infrastruktur
6. Aktualisieren Ihrer DHCP-Infrastruktur
7. Migrieren von ISATAP auf natives IPv6

Schritt 1: Aktualisieren Ihrer Anwendungen und Dienste

Um Ihre Anwendungen und Dienste für die Migration vorzubereiten, müssen Sie vorhandene Anwendungen und Dienste aktualisieren, damit sie neben IPv4 auch IPv6 unterstützen. Das kann erfordern, Updates von ISVs und Fremdherstellern zu besorgen oder selbstentwickelten Code zu ändern. Das letztliche Ziel besteht zwar darin, dass alle Ihre Anwendungen und Dienste natives IPv6 verwenden, aber erst einmal sollten Sie sicherstellen, dass sie sowohl mit IPv4 als auch IPv6 arbeiten.

Einen Leitfaden für diesen Schritt finden Sie im Thema »IPv6 Guide for Windows Sockets Applications« in MSDN unter *http://msdn2.microsoft.com/en-us/library/ms738649.aspx*.

Schritt 2: Vorbereiten Ihrer DNS-Infrastruktur

Sie müssen Ihre DNS-Infrastruktur so vorbereiten, dass sie die AAAA-Datensätze unterstützt, die für die Auflösung von DNS-Namen in IPv6-Adressen verwendet werden. Dazu kann es erforderlich sein, Updates für Ihre vorhandenen DNS-Server durchzuführen. Der DNS-Serverdienst von Windows Server 2008 und Windows Server 2003 unterstützt die dynamische Registrierung von AAAA-Datensätzen für Unicast-IPv6-Adressen (außer verbindungslokalen Adressen).

> **WEITERE INFORMATIONEN**   Weitere Informationen zur Konfiguration des Windows Server 2003-DNS-Servers, damit er IPv6-Hosts unterstützt, finden Sie in Kapitel 9, »Windows Support for DNS«, des Onlinebuchs *TCP/IP Fundamentals for Microsoft Windows* unter *http://technet.microsoft.com/en-us/library/bb727009.aspx*.

Schritt 3: Aktualisieren Ihrer Hosts

Sie müssen unter Umständen einige Ihrer Hosts aktualisieren, sodass alle Ihre Hosts sowohl IPv6 als auch IPv4 unterstützen. Windows-Plattformen ab Windows XP SP2 bieten Unterstützung für IPv4 und IPv6, vollständig wird IPv6-Funktionalität für eingebaute Programme und Dienste allerdings erst in Windows Vista und neueren Versionen zur Verfügung gestellt.

Schritt 4: Migrieren von reinem IPv4 auf ISATAP

Wenn Sie Ihre Anwendungen, Dienste, Hosts und die DNS/DHCP-Infrastruktur vorbereitet haben, können Sie damit beginnen, ISATAP-Router bereitzustellen, um Inseln mit IPv6-Konnektivität innerhalb Ihres IPv4-basierten Intranets zu schaffen. Sie müssen A-Datensätze zu den entsprechenden DNS-Zonen hinzufügen, damit Ihre ISATAP-Hosts die IPv4-Adressen Ihrer ISATAP-Router ermitteln können.

Unter Umständen beschließen Sie, ISATAP-Router für das Inter-ISATAP-Subnetzrouting innerhalb Ihres Intranets bereitzustellen, das ist abhängig von der Größe Ihres Intranets und der geografischen Verteilung seiner Standorte. Sie entscheiden vielleicht auch, redundante ISATAP-Router bereitzustellen, um konsistente Verfügbarkeit der IPv6-Adresspräfixe und anderer Konfigurationseinstellungen für Ihre ISATAP-Hosts zur Verfügung zu stellen. Wahrscheinlich stellen Sie auch mindestens einen ISATAP-Router bereit, um IPv6-Konnektivität zwischen Ihrer IPv4-basierten Netzwerkinfrastruktur und dem öffentlichen IPv6-Internet zur Verfügung zu stellen, das sich zunehmend weiterentwickelt.

Weitere Informationen über die Bereitstellung von ISATAP-Routern in unterschiedlichen Migrationsszenarien finden Sie im Whitepaper »Intra-site Automatic Tunnel Addressing Protocol Deployment Guide« unter *http://www.microsoft.com/downloads/details.aspx?FamilyID=0f3a8868-e337-43d1-b271-b8c8702344cd*.

Schritt 5: Aktualisieren Ihrer Routing-Infrastruktur

Sobald Sie ISATAP bereitgestellt haben, damit IPv6-Hosts über Ihre IPv4-Netzwerkinfrastruktur kommunizieren können, sollten Sie die Aufrüstung Ihrer Netzwerkinfrastruktur (inklusive Routern, Gateways und anderer Zugriffsgeräte) in Angriff nehmen, damit sie IPv6 unterstützt. Statt Ihre Infrastruktur so aufzurüsten, dass sie ausschließlich IPv6 unterstützt, besteht ein sinnvolleres Ziel darin, eine gleichzeitige IPv4/IPv6-Unterstützung zu gewährleisten. In vielen Fällen ist es nicht nötig, Routerhardware neu anzuschaffen. Weil viele moderne Hardwarerouter sowohl IPv4- als auch IPv6-Routing unterstützen, ist die Kernaufgabe bei der Aktualisierung Ihrer Routing-Infrastruktur auf IPv6-Unterstützung die Konfiguration, nicht der Austausch. Wenn Sie die IPv6-Routing-Unterstützung für ein Subnetz aktivieren, sollten Sie auch den DHCPv6-Relay-Agent für dieses Subnetz aktivieren.

Normalerweise beginnen Sie mit der Aufrüstung Ihrer Routing-Infrastruktur schon in einer frühen Phase Ihrer ISATAP-Bereitstellung, indem Sie die Kernrouter in Ihrem Netzwerk-Backbone für IPv6-Unterstützung aktualisieren. Auf diese Weise schaffen Sie Inseln mit ISATAP-Hosts, die Verbindungen zu diesem Backbone herstellen, um mit anderen IPv6-Hosts überall in Ihrem Intranet zu kommunizieren.

Schritt 6: Aktualisieren Ihrer DHCP-Infrastruktur

Sie können Ihre Routing- und DHCP-Infrastruktur optional so aktualisieren, dass sie DHCPv6 für automatische Zuweisung von globalen oder eindeutigen lokalen Unicast-IPv6-Adressen sowie Konfigurationseinstellungen für IPv4/IPv6-Knoten in Ihrem Netzwerk unterstützt. Mithilfe von DHCPv6 kann ein IPv6-Host Subnetzpräfixe und andere IPv6-Konfigurationseinstellungen abrufen. DHCPv6 wird oft eingesetzt, um Windows 7-Clientcomputer mit den IPv6-Adressen von DNS-Servern im Netzwerk zu konfigurieren. (DNS-Server werden über die IPv6-Routererkennung nicht konfiguriert.)

Der DHCP-Serverdienst in Windows Server 2003 unterstützt keine statusbehaftete Adressenautokonfiguration und auch nicht das DHCPv6-Protokoll. Die DHCP-Serverrolle in Windows Server 2008 bietet dagegen Unterstützung für statusbehaftete wie auch zustandslose IPv6-Adressenautokonfiguration mit DHCPv6. Der DHCP-Clientdienst in Windows 7, Windows Vista und Windows Server 2008 unterstützt Adressenautokonfiguration mit DHCPv6.

Wie bei DHCP unter IPv4 müssen Sie auch hier DHCPv6-Relay-Agents für jedes Subnetz bereitstellen und konfigurieren, das Windows 7-Clients enthält. Viele Hardwarerouter unterstützen bereits einen DHCPv6-Relay-Agent. Sie müssen Relay-Agents mit den IPv6-Adressen der DHCPv6-Server in Ihrem Netzwerk konfigurieren. Relay-Agents können konfiguriert sein, sollten aber erst dann aktiviert werden, wenn Sie IPv6-Routing in Ihren Subnetzen bereitstellen.

Wenn alles bereit ist, um DHCPv6 in den Subnetzen zu aktivieren, konfigurieren Sie Ihre IPv6-Router so, dass sie die Flags *Managed Address Configuration* und *Other Stateful Configuration* auf die entsprechenden Werte für statusbehafteten oder zustandslosen DHCPv6-Betrieb setzen. Weitere Informationen finden Sie im Cable Guy-Artikel »The DHCPv6 Protocol« unter *http://www.microsoft.com/technet/technetmag/issues/2007/03/CableGuy/default.aspx*.

Schritt 7: Migrieren von ISATAP auf natives IPv6

Wenn schließlich alle Ihre Netzwerkinfrastrukturgeräte IPv6 unterstützen, können Sie anfangen, Ihre ISATAP-Router auszumustern, weil sie nicht länger benötigt werden. Ob Sie auch Ihre Infrastruktur und Hosts so migrieren, dass sie ausschließlich reines IPv6 unterstützen, ist eine Entscheidung, die Sie am besten vorerst aufschieben.

Direkt von der Quelle: Tipps und Tricks für den Umstieg von IPv4 auf IPv6

Mike Owen, Network Engineer, *Data and Storage Platform Division*

Wird ein Netzwerk von reinem IPv4-Betrieb auf ein Dual-Stack-Modell umgestellt, gibt es mehrere Bereiche, die besondere Aufmerksamkeit verdienen.

Adressierung

Dies ist eigentlich ein Thema, das in IPv6 einfacher wird, weil der verfügbare Adressraum so groß ist. Im Allgemeinen ist es sinnvoll, jedem einzelnen Netzwerksegment ein IPv6-/64-Präfix zu geben, selbst in Fällen, wo Sie demselben Netzwerk mehrere IPv4-Subnetze zugewiesen haben (beispielsweise mit Cisco-Routern). Es ist normalerweise nicht nötig, eindeutige lokale Adressen zu verwenden; das gilt sogar für Testumgebungsnetzwerke. Eine denkbare Ausnahme gibt es: Sie sollten kein routingfähiges /64-Präfix für ein Segment verwenden, das nicht mit dem global gerouteten Bereich Ihrer Organisation verbunden ist (das also physisch getrennt ist).

Firewalls

Wird IPv6 bereitgestellt, entstehen unter Umständen Probleme für das Sicherheitsteam der Organisation. Weil IPsec-Dienste in allen IPv6-Stacks verfügbar sind, wird häufiger Endpunkt-zu-Endpunkt-Sicherheit mit IPv6-fähigen Desktopcomputern implementiert. Wenn ein Firewalladministrator mit Endpunkt-zu-Endpunkt-Verschlüsselung konfrontiert ist, hat er zwei Möglichkeiten: Entweder blockiert er den Verkehr und verwirft ihn an der Grenze des Netzwerks, oder er erlaubt, dass Verkehr ungeprüft weitergeleitet wird, wobei allerdings die Zugriffssteuerungslisten (Access Control List, ACL) und andere Sicherheitsmaßnahmen der Firewall umgangen werden. Beachten Sie, dass dieses Problem sogar beim Einsatz IPv6-fähiger Firewalls auftritt.

Tunneltechnologien

Viele Umstiegstechnologien, zum Beispiel ISATAP, 6to4 und manuell konfigurierte IPv6-in-IPv4-Tunnel, kapseln IPv6-Pakete innerhalb von IPv4, um sie über einen reinen IPv4-Abschnitt Ihres Netzwerks zu transportieren. Diese Pakete sind an der Benutzung von IP-Protokoll 41 im kapselnden Paket zu erkennen. Sind Firewalls, ACLs oder andere Geräte in Ihrem Netzwerk nicht so konfiguriert, dass sie solche Pakete weiterleiten, scheitert die Kommunikation mithilfe dieser Technologien. Viele Router für den Privateinsatz sind beispielsweise in der Standardeinstellung so konfiguriert, dass sie nur UDP und TCP weiterleiten.

Hier ein Fall, den ich tatsächlich erlebt habe: Nachdem ein Router auf einem IANA-Meeting in Florida so konfiguriert wurde, dass er IPv6-Dienste bereitstellte, funktionierten die IPv6-Verbindungen nicht. Nach einer Problembehandlung mit dem Interprovider stellte ich fest, dass der Router des Providers das IP-Protokoll 41 verwarf, sodass IPv6-Verbindungen über das reine IPv4-Netzwerk des Internetproviders verhindert wurden.

Netzwerkanwendungen

Wenn Sie IPv6 in einem vorhandenen Workflow oder einer Anwendung aktivieren, müssen Sie unbedingt alle Teile des Prozesses analysieren. Wenn Sie beispielsweise ein Web-Frontend auf die IPv6-Unterstützung aktualisieren, dürfen Sie nicht vergessen, auch den separaten Dateispeicher und die Backend-Datenbankserver zu aktualisieren. Andernfalls sieht es zwar im Frontend so aus, als ob der Workflow IPv6 unterstützt, aber in Wirklichkeit wurde er nicht vollständig getestet.

DNS

Viele aktuelle DNS-Produkte unterstützen die AAAA-Einträge, in denen die Name-Adress-Zuordnungen für IPv6-Endsysteme gespeichert sind. Das bedeutet allerdings nicht, dass sie IPv6-Lookups in der Datenbank unterstützen. In manchen Fällen muss diese Funktion über eine Konfigurationseinstellung aktiviert werden, vielleicht muss sogar das Produkt selbst aktualisiert werden. Dies ist ein weiterer Teil eines Endpunkt-zu-Endpunkt-IPv6-Workflows, der sorgfältig analysiert werden muss.

Adressverwaltung

Eine einfache Methode, die IPv6-Autokonfiguration auf Ihren Hosts zu aktivieren, besteht darin, Ihre Edge-Router so zu konfigurieren, dass sie über Routerankündigungen ein IPv6-Präfix bekannt geben. Auf diese Weise können IPv6-fähige Betriebssysteme wie Windows Vista, Windows Server 2008 und Windows 7 sich selbst mit einer IPv6-Adresse konfigurieren. Diese Konfigurationsmethode wird als zustandslos eingestuft, weil der Router nicht verfolgt, welche IPv6-Adressen auf welchem Endsystem konfiguriert sind. Wenn Sie für diese Systeme eine Adressüberwachung durchführen (etwa um einen Sicherheitsvorfall zu untersuchen), ist es unmöglich herauszufinden, welchem Host zu einem bestimmten Zeitpunkt eine bestimmte IPv6-Adresse zugewiesen war. Wenn Sie großes Glück haben, enthalten die ARP-Tabellen des Routers die benötigten Informationen, aber meist ist das nicht der Fall, sodass Sie nicht in der Lage sind, eine bestimmte IPv6-Adresse zu dem Host zurückzuverfolgen, auf dem sie konfiguriert war.

Hier ein weiteres Praxisbeispiel: Bei einem Auftrag wurde ich vom lokalen Büro des U.S. Secret Service gebeten, eine Drohung zu untersuchen, die an einen Regierungsmitarbeiter gesendet wurde. Ich konnte die genannte IPv4-Adresse zu einer Schule in dem Schuldistrikt zurückverfolgen, in dem ich arbeitete, und sogar ein bestimmtes Klassenzimmer und einen konkreten Zeitpunkt isolieren; dabei griff ich auf DHCP-Protokolle und Switch-CAM-Tabellen zurück. Anschließend fand man heraus, dass sich zur ermittelten Uhrzeit ein Schüler allein in diesem Klassenzimmer befand. Er gab zu, die Nachrichten gesendet zu haben, die sich letztlich als schlechter Scherz entpuppten. Eine automatisch konfigurierte IPv6-Adresse so genau zurückzuverfolgen, ist praktisch unmöglich.

Zusammenfassung

Dieses Kapitel hat die Features von IPv6 in Windows 7 beschrieben, einen Überblick über die Funktionsweise von IPv6 geboten und Verfahrensempfehlungen für die Migration eines vorhandenen reinen IPv4-Netzwerks auf IPv6 zusammengefasst. Eine IPv6-Migration erfordert sorgfältige Planung und solide Kenntnisse über die Funktionsweise von IPv6. Windows 7 und Windows Server 2008 R2 stellen die Features und Tools zur Verfügung, die Sie benötigen, um Ihr Netzwerk erfolgreich zu migrieren.

Weitere Informationen

Die folgenden Ressourcen liefern weitere Informationen und Tools zu den Themen dieses Kapitels.

Informationsquellen

- *Understanding IPv6, Second Edition* von Joseph Davies (Microsoft Press, 2008). Siehe *http:// www.microsoft.com/MSPress/books/11607.aspx*.
- Die IPv6-Homepage im Microsoft TechNet unter *http://www.microsoft.com/ipv6/*.
- Das IPv6-Blog von Sean Siler, IPv6 Program Manager, unter *http://blogs.technet.com/ipv6*.
- »IPv6 for Microsoft Windows: Frequently Asked Questions« unter *http://technet.microsoft.com/ en-us/Netzwerk/cc987595.aspx*.
- Whitepaper »Introduction to IP Version 6« unter *http://www.microsoft.com/downloads/details. aspx?FamilyID=CBC0B8A3-B6A4-4952-BBE6-D976624C257C&displaylang=en*.
- Whitepaper »IPv6 Transition Technologies« unter *http://www.microsoft.com/downloads/details. aspx?FamilyID=afe56282-2903-40f3-a5ba-a87bf92c096d &displaylang=en*.
- Whitepaper »Intra-site Automatic Tunnel Addressing Protocol Deployment Guide« unter *http:// www.microsoft.com/downloads/details.aspx?FamilyID=0f3a8868-e337-43d1-b271-b8c8702344cd &displaylang=en*.
- Cable Guy-Artikel »Understanding the IPv6 Routing Table« unter *http://technet.microsoft.com/ en-us/library/bb878115.aspx*.
- Cable Guy-Artikel »Manual Configuration for IPv6« unter *http://technet.microsoft.com/en-us/ library/bb878102.aspx*.
- Cable Guy-Artikel »Troubleshooting IPv6« unter *http://technet.microsoft.com/en-us/library/ bb878005.aspx*.
- Cable Guy-Artikel »Source and Destination Address Selection for IPv6« im Microsoft TechNet unter *http://technet.microsoft.com/en-us/library/bb877985.aspx*.
- »Domain Name System Client Behavior in Windows Vista« im Microsoft TechNet unter *http:// technet.microsoft.com/en-us/library/bb727035.aspx*.
- Knowledge Base-Artikel 929852, »How to Disable Certain Internet Protocol Version 6 (IPv6) Components in Windows Vista, Windows 7 and Windows Server 2008«, unter *http://support. microsoft.com/kb/929852*.
- Knowledge Base-Artikel 929851, »The Default Dynamic Port Range for TCP/IP Has Changed in Windows Vista and in Windows Server 2008«, unter *http://support.microsoft.com/kb/929851*.
- Kapitel 9, »Windows Support for DNS«, und Kapitel 12, »Troubleshooting TCP/IP«, im Online-buch *TCP/IP Fundamentals for Microsoft Windows*, das Sie unter *http://www.microsoft.com/ downloads/details.aspx?FamilyID=c76296fd-61c9-4079-a0bb-582bca4a846f &displaylang=en* herunterladen können.

Auf der Begleit-CD

- *Get-IPV6.ps1*

TEIL VI

Problembehandlung

KAPITEL 29

Konfiguration und Problembehandlung des Startvorgangs

Für die Diagnose und Beseitigung von Hardware- und Softwareproblemen, die sich auf den Startvorgang auswirken, werden andere Tools und Techniken benötigt als für die Behandlung von Problemen, die auftreten, nachdem das System gestartet wurde. Die Person, die die Startproblembehandlung durchführt, hat nämlich keinen Zugriff auf die vollständige Palette der Windows 7-Problembehandlungswerkzeuge. Um Startprobleme beseitigen zu können, müssen Sie den Ablauf des Startvorgangs genau kennen, wie auch die Kernbetriebssystemfeatures und die Tools, mit denen Probleme isoliert und beseitigt werden.

Dieses Kapitel beschreibt Änderungen beim Startvorgang von Windows 7, erklärt, wie Sie Starteinstellungen konfigurieren und wie Sie eine Problembehandlung für Probleme vornehmen, die verhindern, dass Windows 7 startet und der Benutzer sich erfolgreich anmelden kann.

Was ist neu beim Start von Windows?

Windows 7 führt mehrere Verbesserungen am Startvorgang ein. Die wichtigste ist, dass das Setup nun automatisch die Windows-Wiederherstellungsumgebung (Windows Recovery Environment, WinRE) installiert. WinRE, das auch das Systemstartreparaturtool umfasst, stand bereits in Windows Vista zur Verfügung, wurde dort aber nicht automatisch installiert. IT-Experten konnten zwar die benötigte Partition einrichten und die Tools so auf der Festplatte des Computers installieren, aber das geschah nicht standardmäßig. Daher starteten die meisten Benutzer WinRE von der Windows Vista-Setup-DVD. Bei Windows 7 können die Benutzer WinRE dagegen direkt von der Festplatte ausführen, wenn der Windows-Start fehlschlägt. Beim Start von Windows wird WinRE außerdem automatisch geöffnet, falls der Windows-Startvorgang fehlschlägt. Ist die Festplatte beschädigt, haben die Benutzer nach wie vor die Möglichkeit, WinRE von der Windows 7-DVD zu starten.

Neben der automatischen Installation von WinRE beschleunigt Windows 7 auch den Start, das Herunterfahren und das Wiederaufwachen aus dem Ruhezustand. Weil es in Windows 7 nur geringe Änderungen im Bereich des Systemstarts gibt, konzentriert sich dieses Kapitel vor allem auf Änderungen, die seit Windows XP vorgenommen wurden. Alle diese Neuerungen stehen sowohl in Windows 7 als auch Windows Vista zur Verfügung.

Gegenüber Windows XP haben sich verschiedene Aspekte beim Startvorgang von Windows Vista und Windows 7 verändert. Am offensichtlichsten ist, dass Ntldr (das Windows XP-Feature, das das Startauswahlmenü anzeigt und den Windows XP-Kernel lädt) durch den Windows-Start-Manager und das Windows-Startladeprogramm ersetzt wurde. Die Datei *Boot.ini* (eine Datei mit Einträgen, die die verfügbaren Startoptionen beschreiben) wurde durch die Startkonfigurationsdaten-Registrierungsdatei (Boot Configuration Data, BCD) ersetzt. Die Funktionalität von *Ntdetect.com* wurde in den Kernel integriert, und Windows 7 unterstützt keine Hardwareprofile mehr. Hardwareprofile sind auch gar nicht mehr erforderlich: Windows 7 erkennt unterschiedliche Hardwarekonfigurationen automatisch, ohne dass Administratoren explizit Profile konfigurieren müssen. Schließlich wurde die Befehlszeilen-Wiederherstellungskonsole durch die grafische Windows-Wiederherstellungsumgebung ersetzt, die die Problembehandlung vereinfacht. Dieses Kapitel beschreibt diese Änderungen genauer.

Startkonfigurationsdaten

Die BCD-Registrierungsdatei ersetzt die Datei *Boot.ini*, mit der in Windows XP und älteren Windows-Versionen die Speicherorte des Betriebssystems angegeben wurden. Sie ermöglicht eine Vielzahl neuer Features in Windows Vista und Windows 7, zum Beispiel das Tool Systemstartreparatur und die Mehrbenutzerinstallationsverknüpfungen. Die BCD ist in einer Datendatei gespeichert, die dasselbe Format wie die Registrierung verwendet und entweder in der EFI-Systempartition (Extensible Firmware Interface) liegt (bei Computern, die EFI unterstützen) oder auf dem Systemvolume. Auf BIOS-basierten Betriebssystemen liegt die BCD-Registrierungsdatei unter *\Boot\Bcd* auf der aktiven Partition. Auf EFI-basierten Betriebssystemen liegt die BCD-Registrierungsdatei im Ordner *\EFI\Microsoft\Boot* auf der EFI-Systempartition.

Die BCD-Registrierungsdatei kann folgende Informationstypen enthalten:

- Einträge, die Einstellungen für den Windows-Start-Manager (*\Bootmgr*) beschreiben
- Einträge, die das Windows-Startladeprogramm (*\Windows\System32\WinLoad.exe*) starten, das dann Windows 7 lädt
- Einträge, die das Windows-Fortsetzungsladeprogramm (*\Windows\System32\WinResume.exe*) starten, das dann Windows 7 aus dem Ruhezustand wiederherstellt
- Einträge, die die Windows-Speicherdiagnose (*\Boot\MemTest.exe*) starten
- Einträge, die Ntldr starten, um ältere Windows-Versionen zu laden
- Einträge, die einen Volumestartdatensatz laden und ausführen, mit dem normalerweise ein Nicht-Microsoft-Startladeprogramm ausgeführt wird

Außerdem können Sie weitere Einträge hinzufügen, um benutzerdefinierte Anwendungen zu laden, zum Beispiel Wiederherstellungstools.

Sie haben mehrere Möglichkeiten, die BCD-Registrierungsdatei zu verändern:

- **Starten und Wiederherstellen** Im Dialogfeld *Starten und Wiederherstellen* (erreichbar über die Registerkarte *Erweitert* des Dialogfelds *Systemeigenschaften*) können Sie das Standardbetriebssystem auswählen, das gestartet wird, falls Sie mehrere Betriebssysteme auf Ihrem Computer installiert haben. Sie können auch einstellen, wie lange das Startauswahlmenü angezeigt wird. Dieses Dialogfeld hat sich seit Windows XP kaum verändert. Allerdings ändert es jetzt die BCD-Registrierungsdatei statt der Datei *Boot.ini*.

- **Systemkonfigurationsprogramm (*Msconfig.exe*)** *Msconfig.exe* ist ein Problembehandlungstool, mit dem Sie Startoptionen konfigurieren können. Die Registerkarte *Start* bietet in Windows 7 eine ähnliche Funktionalität wie die Registerkarte *Boot.ini* in Windows XP, zum Beispiel können Sie im abgesicherten Modus starten, ein Startprotokoll aufzeichnen oder die grafische Benutzeroberfläche deaktivieren.

- **BCD-WMI-Anbieter** Der BCD-WMI-Anbieter (Windows Management Instrumentation) ist eine Verwaltungsschnittstelle, über die Sie skriptgesteuert Dienstprogramme ausführen können, die die BCD verändern. Dies ist die einzige Programmierschnittstelle, die Zugriff auf die BCD bietet. Sie sollten immer diese Schnittstelle verwenden, statt zu versuchen, direkt auf die BCD-Registrierungsdatei zuzugreifen. Weitere Informationen finden Sie in »BCD WMI Provider Classes« unter *http://msdn2.microsoft.com/en-us/library/aa362675.aspx*.

- **BCDEdit.exe** *BCDEdit.exe* ist ein Befehlszeilenprogramm, das *Bootcfg.exe* aus Windows XP ersetzt. BCDEdit kann innerhalb von Windows 7 in einer administrativen Eingabeaufforderung gestartet werden, aus Windows RE oder sogar aus älteren Windows-Versionen (sofern die Datei *BCDEdit.exe* dort zur Verfügung steht). BCDEdit bietet mehr Konfigurationsoptionen als das Dialogfeld *Starten und Wiederherstellen*.

- **Nicht-Microsoft-Tools** Fremdhersteller haben Softwaretools veröffentlicht, die es einfacher machen, die BCD-Registrierungsdatei zu editieren. Zwei Beispiele sind:

    - ☐ BootPRO, verfügbar unter *http://www.vistabootpro.org*
    - ☐ EasyBCD, verfügbar unter *http://neosmart.net*

Sie können mit *Bootcfg.exe* nicht die BCD verändern. Aber *Bootcfg.exe* ist weiterhin im Betriebssystem, um Unterstützung für die Konfiguration älterer Betriebssysteme zu bieten, die unter Umständen auf demselben Computer installiert sind.

Bei EFI-Computern ersetzt BCDEdit auch NvrBoot. In älteren Windows-Versionen konnten Sie mit NvrBoot die Menüelemente des EFI-Start-Managers bearbeiten.

So funktioniert's: BCD-Speicher

Ein BCD-Speicher (BCD store) ist eine Binärdatei im Format einer Registrierungsstruktur. Ein Computer hat einen System-BCD-Speicher, der alle installierten Windows Vista- und Windows 7-Betriebssysteme und installierten Windows-Startanwendungen beschreibt. Ein Computer kann optional viele Nicht-System-BCD-Speicher haben. Abbildung 29.1 zeigt ein Beispiel, wie die BCD-Hierarchie in einem typischen BCD-Speicher implementiert ist.

Ein BCD-Speicher hat normalerweise mindestens zwei (und optional viele) BCD-Objekte:

- **Ein Windows-Start-Manager-Objekt** Dieses Objekt enthält BCD-Elemente, die zum Windows-Start-Manager gehören, zum Beispiel die Einträge, die im Betriebssystemauswahlmenü angezeigt werden, Auswahlmenüs für Starttools und Anzeigedauer für die Auswahlmenüs. Das Windows-Start-Manager-Objekt und seine zugehörigen Elemente haben praktisch dieselbe Aufgabe wie der [boot loader]-Abschnitt in der Datei *Boot.ini*. Ein Speicher kann optional mehrere Instanzen des Windows-Start-Managers enthalten. Allerdings kann nur eine davon durch die vordefinierte GUID (Globally Unique Identifier) des Windows-Start-Managers repräsentiert werden. Sie können die Aliasbezeichnung der GUID, {bootmgr}, verwenden, um einen Speicher mit BCDEdit zu bearbeiten.

- **Mindestens ein, optional mehrere Windows-Startladeprogramm-Objekte**   Speicher enthalten eine Instanz dieses Objekts für jede Version oder Konfiguration von Windows Vista, Windows Server 2008 oder Windows 7, die auf dem System installiert sind. Diese Objekte enthalten BCD-Elemente, die benutzt werden, wenn Windows geladen wird oder während der Windows-Initialisierung. Das können zum Beispiel NX-Seitenschutzrichtlinien (no-execute), PAE- Richtlinien (Physical Address Extensions) und Kerneldebuggereinstellungen sein. Jedes Objekt und seine zugehörigen Elemente haben im Prinzip dieselbe Aufgabe wie eine der Zeilen im [operating systems]-Abschnitt von *Boot.ini*. Wenn ein Computer mit Windows 7 gestartet wird, repräsentiert der Aliasname {current} das zugehörige Startladeprogramm-Objekt. Wenn Sie einen Speicher mit BCDEdit bearbeiten, hat das Standard-Startladeprogramm-Objekt die Aliasbezeichnung {default}.

- **Ein optionales Windows-{ntldr}-Objekt**   Das {ntldr}-Objekt beschreibt die Position von *Ntldr*, die Sie ausführen können, um Windows XP oder ältere Windows-Versionen zu starten. Dieses Objekt ist nur erforderlich, falls das System ältere Windows-Versionen als Windows Vista enthält. Es ist möglich, mehrere Instanzen von Objekten zu haben, die Ntldr beschreiben. Wie beim Windows-Start-Manager kann aber nur eine Instanz durch das vordefinierte GUID-Alias {ntldr} repräsentiert werden. Sie können die Aliasbezeichnung der GUID, {ntldr}, verwenden, um einen Speicher mit BCDEdit zu bearbeiten.

- **Optionale Startanwendungen**   Speicher können optional BCD-Objekte enthalten, die andere Startoperationen ausführen. Ein Beispiel ist das Windows-Speichertestprogramm, das die Speicherdiagnose startet.

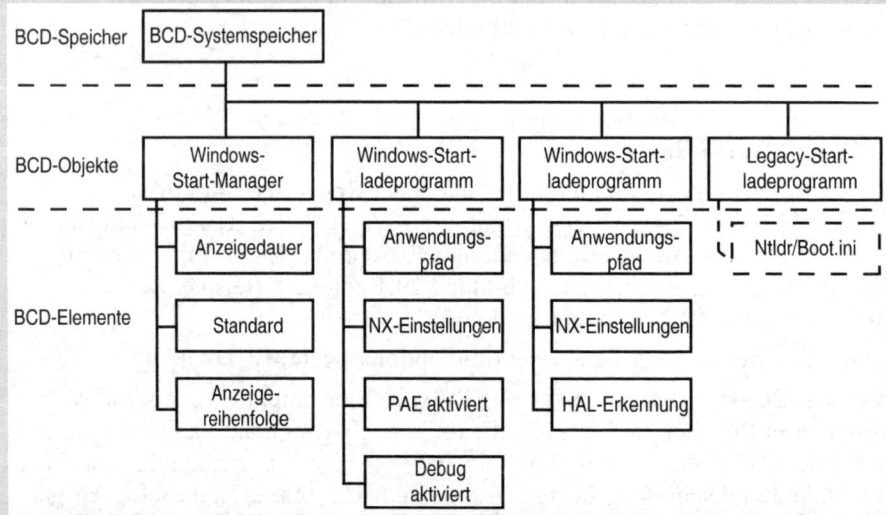

Abbildung 29.1   Die BCD-Hierarchie ermöglicht mehrere Startoptionen

Ausführliche Informationen über BCD finden Sie in »Boot Configuration Data in Windows Vista« unter *http://www.microsoft.com/whdc/system/platform/firmware/bcd.mspx* und in »Häufig gestellte Fragen zum Startkonfigurationsdaten-Editor« unter *http://technet.microsoft.com/de-de/library/cc721886.aspx*.

Systemwiederherstellung

Windows Vista und Windows 7 ersetzen das Problembehandlungstool Wiederherstellungskonsole durch das neue Systemwiederherstellungstool (ein Teil von WinRE). Normalerweise starten Sie dieses Tool, indem Sie die Taste F8 drücken, bevor Windows startet, und dann im Bildschirm *Erweiterte Startoptionen* den Eintrag *Computer reparieren* auswählen. Wird dieser Menüeintrag nicht angeboten, weil die Festplatte beschädigt ist, können Sie das Tool auch ausführen, indem Sie es von der Windows 7-DVD starten und dann auf *Computer reparieren* klicken (nachdem Sie die Sprachoptionen konfiguriert haben). Daraufhin wird eine spezielle Windows-Version geladen, die sogenannte Vorinstallationsumgebung (Pre-Installation, kurz Windows PE), die dann das Systemwiederherstellungstool anzeigt. Schritt-für-Schritt-Anleitungen, wie Sie die Systemwiederherstellungstools laden, finden Sie im Abschnitt »So starten Sie die Systemwiederherstellungstools« weiter unten in diesem Kapitel.

Die Systemwiederherstellungstools bieten Zugriff auf die folgenden Tools:

- **Systemstartreparatur** Das Tool Systemstartreparatur (Startup Repair) kann viele häufiger vorkommende Startprobleme automatisch beseitigen. Die Systemstartreparatur führt eine ausführliche Analyse aus, um Ihre Startprobleme zu diagnostizieren. Es analysiert unter anderem Bootsektoren, Start-Manager, Laufwerkskonfiguration, Laufwerksintegrität, Integrität der BCD-Registrierungsdatei, Systemdateiintegrität, Registrierungsintegrität, Start- und Ereignisprotokolle. Dann versucht sie, das Problem zu beseitigen. Dazu kann es erforderlich sein, Konfigurationsdateien zu reparieren, einfache Laufwerksprobleme zu beseitigen, fehlende Systemdateien zu ersetzen oder die Systemwiederherstellung auszuführen, um den Computer in einen früheren Zustand zurückzuversetzen. Weil die Systemstartreparatur diese Aufgaben automatisch ausführt, können Sie Startprobleme viel schneller lösen, als wenn Sie die Analyse und Reparatur von Hand vornehmen müssten.

- **Systemwiederherstellung** Windows 7 zeichnet automatisch den Systemstatus auf, bevor es neue Anwendungen oder Treiber installiert. Sie können später mit dem Tool Systemwiederherstellung (System Restore) zu diesem System zurückschalten, falls Probleme auftreten. Weil die Systemwiederherstellung innerhalb der Systemwiederherstellungstools zur Verfügung gestellt wird, können Sie mit der Systemwiederherstellung Probleme reparieren, die verhindern, dass Windows 7 startet. Die Systemstartreparatur kann Sie auffordern, eine Systemwiederherstellung durchzuführen, daher brauchen Sie unter Umständen niemals direkt auf dieses Tool zuzugreifen. Weitere Informationen über die Systemwiederherstellung finden Sie in Kapitel 16, »Verwalten von Laufwerken und Dateisystemen«.

- **Systemabbildwiederherstellung** Mit diesem Tool können Sie eine vollständige Wiederherstellung der Systemfestplatte einleiten. Weil dabei allerdings alle Dateien verloren gehen, die seit der letzten Datensicherung verändert wurden, sollten Sie diese Maßnahme nur als allerletzte Möglichkeit in Betracht ziehen. Informationen über Datensicherung und Wiederherstellung finden Sie in Kapitel 16, »Verwalten von Laufwerken und Dateisystemen«.

- **Windows-Speicherdiagnose** Das Tool Windows-Speicherdiagnose (Windows Memory Diagnostics) führt einen automatisierten Test für die Zuverlässigkeit des Arbeitsspeichers in Ihrem Computer durch. Weitere Informationen finden Sie in Kapitel 30, »Problembehandlung für Hardware, Treiber und Laufwerke«.

- **Eingabeaufforderung** Aus dem Tool Eingabeaufforderung (Command Prompt) heraus haben Sie Zugriff auf viele Standardbefehlszeilentools. Es kann allerdings sein, dass einige Tools nicht richtig funktionieren, weil Windows noch nicht läuft. Weil zum Beispiel die Windows-Wiederherstellungsumgebung keine Netzwerkfähigkeiten bietet, funktionieren Netzwerktools nicht richtig. Die folgenden Tools in der Windows-Wiederherstellungsumgebung sind aber oft nützlich:

☐ BCDEdit.exe, um Änderungen an der BCD-Registrierungsdatei vorzunehmen.

☐ Diskpart.exe, um die Festplattenpartitionierung anzuzeigen und zu ändern.

☐ Format.exe, um Partitionen zu formatieren.

☐ Chkdsk.exe, um bestimmte Laufwerksprobleme zu finden und zu korrigieren. Beachten Sie, dass Chkdsk keine Ereignisse in das Ereignisprotokoll eintragen kann, wenn es aus den Systemwiederherstellungstools gestartet wird.

☐ Editor.exe, um Protokolldateien anzuzeigen oder Konfigurationsdateien zu editieren.

☐ Bootsect.exe (auf der Windows 7-DVD im Ordner \Boot), um den Master-Boot-Code von Festplattenpartitionen zu aktualisieren, sodass zwischen dem Windows 7-Start-Manager und Ntldr (in Windows XP und älteren Windows-Versionen benutzt) umgeschaltet werden kann.

☐ Bootrec.exe, um Laufwerksprobleme von Hand zu reparieren, falls die Systemstartreparatur sie nicht korrigieren kann.

Windows-Startleistungsdiagnose

Es kommt manchmal vor, dass Windows zwar korrekt startet, dies aber ungewöhnlich lange dauert. Ein solches Problem kann schwierig zu beheben sein, weil es keine direkte Möglichkeit gibt, die Abläufe beim Start von Windows zu überwachen. Um Administratoren zu helfen, die Ursache von Startleistungsproblemen zu identifizieren und einige Probleme automatisch zu beseitigen, stellt Windows 7 die Windows-Startleistungsdiagnose (Windows Boot Performance Diagnostics) zur Verfügung.

Sie können die Windows-Startleistungsdiagnose in einer Active Directory-Umgebung (Active Directory Domain Services, AD DS) mit Gruppenrichtlinieneinstellungen verwalten. Bearbeiten Sie dazu im Knoten *Computerkonfiguration\Richtlinien\Administrative Vorlagen\System\Problembehandlung und Diagnose\Windows-Startleistungsdiagnose* die Richtlinie *Szenarioausführungsebene konfigurieren*. Wenn diese Richtlinie aktiviert ist, können Sie zwischen zwei Einstellungen wählen:

■ **Nur Erkennung und Problembehandlung** Die Windows-Startleistungsdiagnose identifiziert Startleistungsprobleme und trägt ein Ereignis in das Ereignisprotokoll ein, sodass Administratoren die Probleme erkennen und von Hand beseitigen können. Die Windows-Startleistungsdiagnose versucht aber nicht, das Problem selbst zu beseitigen.

■ **Erkennung, Problembehandlung und Konfliktlösung** Die Windows-Startleistungsdiagnose identifiziert Startleistungsprobleme und leitet automatisch Schritte ein, um sie zu beseitigen.

Falls Sie diese Einstellung deaktivieren, identifiziert die Windows-Startleistungsdiagnose keine Startleistungsprobleme und versucht auch nicht, sie zu beseitigen. Damit die Windows-Startleistungsdiagnose funktioniert, muss der Diagnoserichtliniendienst laufen.

Einstellungen für die Windows-Herunterfahr-Leistungsdiagnose, die ganz ähnlich arbeitet wie die Windows-Startleistungsdiagnose, finden Sie im Knoten *Computerkonfiguration\Richtlinien\Administrative Vorlagen\System\Problembehandlung und Diagnose\Windows-Herunterfahr-Leistungsdiagnose*.

Ablauf des Startvorgangs

Um ein Startproblem diagnostizieren und korrigieren zu können, müssen Sie wissen, welche Vorgänge während des Starts ablaufen. Abbildung 29.2 bietet einen allgemeinen Überblick über die unterschiedlichen Pfade, die beim Start eingeschlagen werden können.

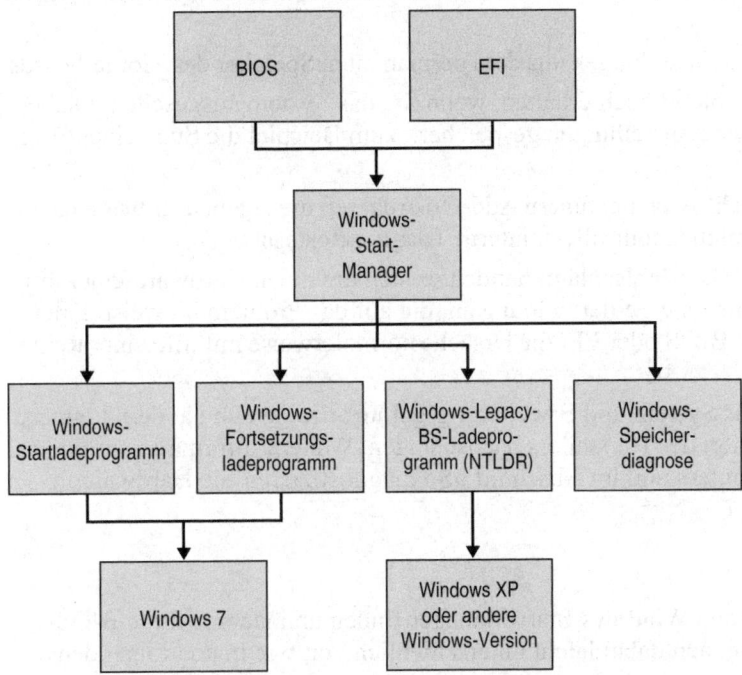

Abbildung 29.2   Der Windows-Start-Manager stellt mehrere unterschiedliche Startpfade zur Verfügung

Der normale Startablauf für Windows 7 sieht folgendermaßen aus:

1. POST-Phase (Power-On Self Test)
2. Anfangsstartphase
3. Windows-Start-Manager-Phase
4. Windows-Startladeprogramm-Phase
5. Kernel-Ladephase
6. Anmeldephase

Dieser Ablauf kann variieren, falls der Computer aus dem Ruhezustand wiederhergestellt wird oder falls während der Windows-Start-Manager-Phase eine Nicht-Windows 7-Option ausgewählt wird. Die folgenden Abschnitte beschreiben die Phasen eines normalen Startvorgangs genauer.

POST-Phase

Sobald Sie einen Computer einschalten, beginnt sein Prozessor, die Programmbefehle auszuführen, die im BIOS (Basic Input/Output System) oder EFI (Extensible Firmware Interface) stehen. BIOS oder EFI, beides bestimmte Firmwaretypen, enthalten den prozessorabhängigen Code, der den Computer startet. Dieser Code ist völlig unabhängig vom installierten Betriebssystem. Die erste Gruppe der Startbefehle ist der Power-On Self Test (POST). Der POST hat die Aufgabe, folgende System- und Diagnosefunktionen auszuführen:

- Durchführen erster Hardwareprüfungen, um zum Beispiel zu ermitteln, wie viel Arbeitsspeicher vorhanden ist
- Überprüfen, ob alle Geräte vorhanden sind, die gebraucht werden, um ein Betriebssystem zu starten (zum Beispiel eine Festplatte)
- Abrufen von Systemkonfigurationseinstellungen aus dem permanenten Speicher des Motherboards

Der Inhalt des permanenten Speichers bleibt auch erhalten, wenn Sie das System ausgeschaltet haben. Im permanenten Speicher sind Hardwareeinstellungen gespeichert, zum Beispiel die Startreihenfolge und Plug & Play-Informationen.

Sobald der Motherboard-POST abgeschlossen ist, führen Add-On-Adapter, die eigene Firmware haben (zum Beispiel Grafikkarten oder Festplattencontroller), interne Diagnosetests aus.

Falls der Start vor oder während des POST fehlschlägt, handelt es sich um einen Hardwarefehler. Im Allgemeinen zeigt BIOS oder EFI dann eine Fehlermeldung an, die auf das Problem hinweist. Falls die Grafikkarte nicht funktioniert, gibt BIOS oder EFI die Ursache normalerweise mithilfe einer Reihe von Piepstönen aus.

Wie Sie die Firmwareeinstellungen für System und Erweiterungsgeräte anzeigen und ändern können, müssen Sie in der Systemdokumentation des Herstellers nachschlagen. Weitere Informationen finden Sie in der Dokumentation Ihres Computers und im Abschnitt »So diagnostizieren Sie Hardwareprobleme« weiter unten in diesem Kapitel.

Anfangsstartphase

Nach dem POST muss der Computer den Windows-Start-Manager finden und laden. Ältere BIOS-Computer und neuere EFI-Computer gehen dabei leicht unterschiedlich vor, wie in den folgenden Abschnitten beschrieben.

Anfangsstartphase für BIOS-Computer

Nach dem POST legen die Einstellungen, die im permanenten Speicher abgelegt sind (zum Beispiel Startreihenfolge), fest, welche Geräte der Computer verwenden kann, um ein Betriebssystem zu starten. Neben Disketten- oder Festplattenlaufwerken, die an ATA- (Advanced Technology Attachment), Serial ATA- und SCSI-Controller (Small Computer System Interface) angeschlossen sind, können Computer ein Betriebssystem normalerweise auch von anderen Geräten starten. Das sind zum Beispiel:

- CDs oder DVDs
- Netzwerkkarten
- USB-Flashlaufwerke
- Wechseldatenträger
- Sekundäre Speichergeräte, die in Dockingstations für tragbare Computer installiert sind

Es ist möglich, eine beliebige Startreihenfolge einzustellen, zum Beispiel »CD-ROM, Diskette, Festplatte«. Wenn Sie die Startreihenfolge »CD-ROM, Diskette, Festplatte« einstellen, laufen beim Start folgende Vorgänge ab:

1. Der Computer sucht im CD-ROM-Laufwerk nach einem startfähigen Medium. Falls eine startfähige CD oder DVD vorhanden ist, verwendet der Computer sie als Startgerät. Andernfalls durchsucht der Computer das nächste Gerät in der Startreihenfolge. Sie können Ihr System nicht

mit einer CD oder DVD starten, die nicht startfähig ist. Wenn eine nicht startfähige CD oder DVD im CD-ROM-Laufwerk eingelegt ist, kann dies den Systemstart verlängern. Falls Sie nicht vorhaben, den Computer von CD zu starten, sollten Sie alle CDs aus dem CD-ROM-Laufwerk entfernen, bevor Sie neu starten.

2. Der Computer sucht im Diskettenlaufwerk nach einem startfähigen Medium. Falls eine startfähige Diskette vorhanden ist, verwendet der Computer diese Diskette als Startgerät und lädt den ersten Sektor (Sektor 0, Diskettenstartsektor) in den Arbeitsspeicher. Andernfalls sucht der Computer nach dem nächsten Gerät in der Startreihenfolge oder zeigt eine Fehlermeldung an.

3. Der Computer verwendet die Festplatte als Startgerät. Der Computer nimmt die Festplatte normalerweise nur dann als Startgerät her, wenn CD-ROM-Laufwerk und Diskettenlaufwerk leer sind.

Es gibt Ausnahmen, in denen Code auf startfähigen Medien die Steuerung an die Festplatte übergibt. Wenn Sie zum Beispiel Ihr System mithilfe der startfähigen Windows-DVD starten, durchsucht Setup die Festplatte nach Windows-Installationen. Falls eine gefunden wird, haben Sie die Möglichkeit, den Start von DVD zu umgehen, indem Sie einfach keine Taste drücken, wenn die Eingabeaufforderung »Drücken Sie eine beliebige Taste, um von CD oder DVD zu starten« angezeigt wird. Diese Eingabeaufforderung wird tatsächlich vom Startprogramm auf der Windows-DVD angezeigt, nicht von der Hardware Ihres Computers.

Falls der Start während der Anfangsstartphase fehlschlägt, handelt es sich um ein Problem mit der BIOS-Konfiguration, dem Laufwerkssubsystem oder dem Dateisystem. Die folgende Fehlermeldung kommt während dieser Phase häufiger vor (»Keine Systemdiskette oder Laufwerksfehler. Legen Sie ein startfähiges Medium ein und drücken Sie anschließend irgendeine Taste«). Sie bedeutet, dass keines der konfigurierten startfähigen Medien zur Verfügung stand.

```
Non-system disk or disk error
Replace and press any key when ready
```

Falls Sie die Laufwerkskonfiguration vor Kurzem geändert haben, sollten Sie sicherstellen, dass alle Kabel richtig angeschlossen und die Jumper richtig konfiguriert sind. Falls Sie von Festplatte starten, sollten Sie überprüfen, ob alle Wechselmedien entfernt wurden. Falls Sie von einer CD oder DVD starten, sollten Sie sicherstellen, dass das BIOS so konfiguriert ist, dass von der CD oder DVD gestartet wird und dass das Windows 7-Medium eingelegt ist. Falls das Laufwerkssubsystem und das BIOS richtig konfiguriert sind, kann das Problem mit dem Dateisystem zu tun haben. Anleitungen zum Reparieren des Master Boot Record und des Startsektors finden Sie im Abschnitt »So führen Sie die Systemstartreparatur aus« weiter unten in diesem Kapitel. Ausführliche Informationen über die Problembehandlung von Dateisystemproblemen finden Sie in Kapitel 16, »Verwalten von Laufwerken und Dateisystemen«. Weitere Informationen über das Konfigurieren der Startreihenfolge finden Sie in der Dokumentation Ihres Computers.

Falls Sie von der Festplatte starten, liest der Computer die Startcodebefehle aus dem Master Boot Record (MBR). Der MBR ist der erste Sektor mit Daten auf der Startfestplatte. Der MBR enthält Befehle (den sogenannten Startcode) und eine Tabelle (die Partitionstabelle), die primäre und erweiterte Partitionen beschreibt. Das BIOS liest den MBR in den Arbeitsspeicher und übergibt die Steuerung an den MBR-Code.

Dann sucht der Computer in der Partitionstabelle nach der aktiven Partition, die auch als startfähige Partition bezeichnet wird. Der erste Sektor der aktiven Partition enthält Startcode, der dem Computer folgende Fähigkeiten verleiht:

- Lesen des Inhalts des verwendeten Dateisystems.

- Suchen und Starten eines 16-Bit-Stub-Programms (*Bootmgr*) im Stammverzeichnis des Start-volumes. Dieses Stub-Programm schaltet den Prozessor in den 32- oder 64-Bit-Protected-Mode und lädt den 32- oder 64-Bit-Windows-Start-Manager, der ebenfalls in der Datei *Bootmgr* gespeichert ist. Sobald der Windows-Start-Manager geladen wurde, verläuft der Start auf BIOS- und EFI-Computern identisch.

> **HINWEIS** Das Stub-Programm ist nötig, weil 32-Bit- und 64-Bit-Computer erst einmal im Real-Mode starten. Im Real-Mode deaktiviert der Prozessor bestimmte Features, um Kompatibilität zu Software zu ermöglichen, die für die Ausführung auf 8-Bit- und 16-Bit-Prozessoren geschrieben wurde. Der Windows-Start-Manager hat aber eine 32-Bit- oder 64-Bit-Architektur, daher richtet das Stub-Programm den BIOS-Computer so ein, dass er die 32-Bit- oder 64-Bit-Software richtig ausführen kann.

Falls keine aktive Partition vorhanden ist oder die Startsektordaten fehlen oder beschädigt sind, wird eine Meldung angezeigt, die beispielsweise folgendermaßen aussehen kann:

1. »Invalid partition table« (Ungültige Partitionstabelle)
2. »Error loading operating system« (Fehler beim Laden des Betriebssystems)
3. »Missing operating system« (Fehlendes Betriebssystem)

Falls eine aktive Partition gefunden wird, sucht und startet der Code im Startsektor das Windows-Startladeprogramm (WinLoad) und das BIOS übergibt die Steuerung an dieses Programm.

Anfangsstartphase für EFI-Computer

Der Start unterscheidet sich bei EFI-Computern in dieser Phase von den Abläufen in BIOS-Computern. EFI-Computer haben einen eingebauten Start-Manager, der es der Hardware des Computers erlaubt, anhand von Benutzereingaben zwischen mehreren Betriebssystemen zu wählen. Wenn Sie Windows 7 auf einem EFI-Computer installieren, fügt es einen einzelnen Eintrag für den Windows-Start-Manager zum EFI-Start-Manager hinzu. Dieser Eintrag verweist auf die ausführbare 32-Bit- oder 64-Bit-EFI-Datei *\Efi\Microsoft\Boot\Bootmgfw.efi*, den Windows-Start-Manager. Dies ist derselbe Windows-Start-Manager, der letztlich auch auf BIOS-basierten Computern geladen wird. Windows 7 konfiguriert den EFI-Start-Manager so, dass er das EFI-Startmenü nur 2 Sekunden lang anzeigt und dann standardmäßig den Windows-Start-Manager lädt, um die Komplexität und die Startdauer zu verringern.

Falls Sie ein anderes Betriebssystem installieren oder die Einstellungen des EFI-Start-Managers von Hand ändern, kann EFI unter Umständen den Windows-Start-Manager nicht mehr laden. Sie können dieses Problem mit dem Tool Systemstartreparatur beseitigen, wie im Abschnitt »Der Ablauf bei der Behandlung von Startproblemen« weiter unten in diesem Kapitel beschrieben. Stattdessen können Sie vielleicht auch die Einstellungen des EFI-Start-Managers von Hand aktualisieren, indem Sie die in Ihren Computer eingebauten EFI-Tools verwenden. Weitere Informationen über das Konfigurieren von EFI finden Sie in der Dokumentation Ihres Computers.

Windows-Start-Manager-Phase

Der Windows-Start-Manager kann unterstützte Dateisysteme direkt lesen und nutzt diese Fähigkeit, um die BCD-Registrierungsdatei einzulesen, ohne das Dateisystem vollständig zu laden.

Windows-Start-Manager
Auswahl des zu startenden Betriebssystems, oder TAB zur Auswahl eines Tools:
(Verwenden Sie die Pfeiltasten zur Auswahl und drücken Sie dann EINGABE.)
Windows 7 >
Drücken Sie F8, um eine erweiterte Option für diese Auswahl anzugeben.
Tools:
Windows-Speicherdiagnose
EINGABETASTE=Auswahl
TAB=Menü
ESC=Beenden

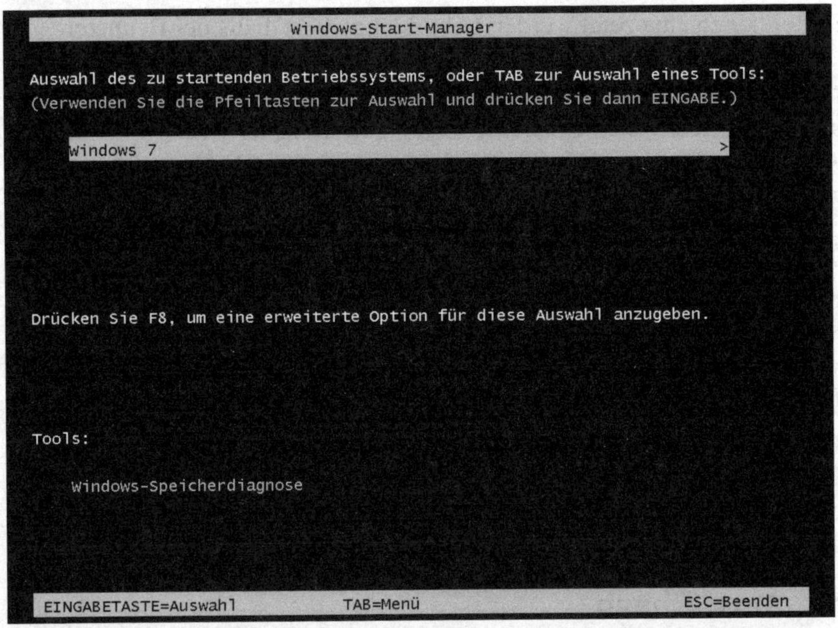

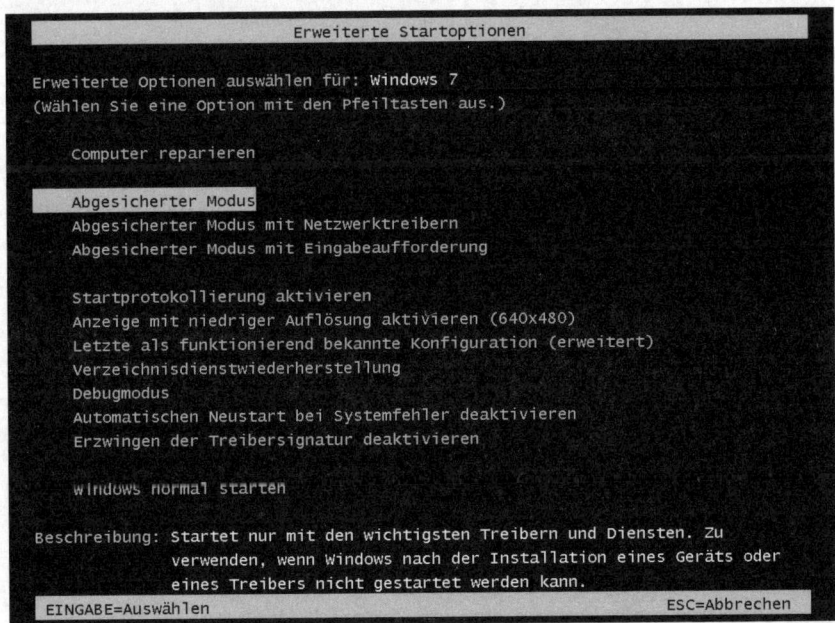

Abbildung 29.3 Der Windows-Start-Manager erlaubt Ihnen, zwischen mehreren Betriebssystemen auszuwählen oder die Windows-Speicherdiagnose zu starten

Erweiterte Startoptionen
Erweiterte Optionen auswählen für: Windows 7
(Wählen Sie eine Option mit den Pfeiltasten aus.)
Computer reparieren
Abgesicherter Modus
Abgesicherter Modus mit Netzwerktreibern
Abgesicherter Modus mit Eingabeaufforderung
Startprotokollierung aktivieren
Anzeige mit niedriger Auflösung aktivieren (640x480)
Letzte als funktionierend bekannte Konfiguration (erweitert)
Verzeichnisdienstwiederherstellung
Debugmodus
Automatischen Neustart bei Systemfehler deaktivieren
Erzwingen der Treibersignatur deaktivieren
Windows normal starten
Beschreibung: Startet nur mit den wichtigsten Treibern und Diensten. Zu
verwenden, wenn Windows nach der Installation eines Geräts oder
eines Treibers nicht gestartet werden kann.
EINGABE=Auswählen
ESC=Abbrechen

Abbildung 29.4 Während des Starts können Sie das Standardverhalten des Windows-Start-Managers unterbrechen, um die erweiterten Startoptionen anzuzeigen

Bei Computern, die nur ein einziges Betriebssystem haben, zeigt der Windows-Start-Manager niemals eine Benutzeroberfläche an. Er wartet allerdings einen Moment, damit der Benutzer die Möglichkeit hat, eine Taste zu drücken, die das Standardstartmenü anzeigt (Abbildung 29.3), oder um F8 zu drücken, damit die erweiterten Startoptionen angezeigt werden (Abbildung 29.4). Falls der Benutzer innerhalb weniger Sekunden nach dem Abschluss von POST keine Taste drückt, startet der Windows-Start-Manager das Windows-Startladeprogramm, das seinerseits dann Windows 7 startet.

Bei Computern, auf denen mehrere Betriebssysteme installiert sind (zum Beispiel Windows 7 und Windows XP), zeigt der Windows-Start-Manager beim Start ein Menü der verfügbaren Betriebssysteme an. Abhängig davon, welche Option Sie auswählen, startet der Windows-Start-Manager jeweils einen anderen Prozess:

- Falls Sie Windows Vista oder Windows 7 wählen, startet der Windows-Start-Manager das Windows-Startladeprogramm, um Windows zu starten.

- Falls Sie eine ältere Windows-Version oder einen anderen Eintrag für Windows Server 2003, Windows XP Professional, Microsoft Windows 2000 oder Microsoft Windows NT 4 auswählen, startet der Windows-Start-Manager Ntldr, der dann in die Hardwareerkennungsphase wechselt.

- Falls Sie ein anderes Betriebssystem auswählen, wird die Steuerung an den Startsektor für dieses andere Betriebssystem übergeben.

- Falls Sie die Windows-Speicherdiagnose ausgeben, indem Sie die TAB-Taste drücken, startet der Windows-Start-Manager dieses Diagnosetool, ohne erst Windows zu starten.

Windows-Startladeprogramm-Phase

Der Windows-Start-Manager leitet die Windows-Startladeprogramm-Phase ein, wenn der Benutzer entscheidet, Windows Vista oder Windows 7 zu laden. Das Windows-Startladeprogramm führt folgende Aktionen aus:

1. Es lädt den Betriebssystemkernel, *Ntoskrnl.exe*, führt ihn aber noch nicht aus.
2. Es lädt den Hardware Abstraction Layer (HAL), *Hal.dll*. Der HAL wird erst benutzt, wenn der Kernel ausgeführt wird.
3. Es lädt die Systemregistrierungsstruktur (*System32\Config\System*) in den Arbeitsspeicher.
4. Es sucht im Schlüssel *HKEY_LOCAL_MACHINE\System\Services* nach Gerätetreibern und lädt alle Treiber, die für die Klasse »boot« konfiguriert sind, in den Arbeitsspeicher. Das Startladeprogramm initialisiert die Treiber allerdings noch nicht. Das geschieht erst in der Kernel-Ladephase.
5. Es aktiviert die Seitenauslagerung.
6. Es übergibt die Steuerung an den Betriebssystemkernel, was die nächste Phase einleitet.

Kernel-Ladephase

Das Windows-Startladeprogramm hat die Aufgabe, den Windows-Kernel (*Ntoskrnl.exe*) und den Hardware Abstraction Layer (HAL) in den Arbeitsspeicher zu laden. Kernel und HAL initialisieren zusammen eine Gruppe von Softwarekomponenten, die als »Windows-Exekutive« (Windows executive) bezeichnet wird. Die Windows-Exekutive verarbeitet die Konfigurationsinformationen, die in der Registrierung unter *HKLM\System\CurrentControlSet* gespeichert sind, und startet Dienste und Treiber. Die folgenden Abschnitte enthalten mehr Einzelheiten zur Kernel-Ladephase.

Control Sets

Das Windows-Startladeprogramm liest Control Set-Informationen aus dem Registrierungsschlüssel *HKEY_LOCAL_MACHINE\System*, der in der Datei *%SystemRoot%\System32\Config\System* gespeichert ist. Auf diese Weise kann der Kernel feststellen, welche Gerätetreiber während des Starts geladen werden müssen. Normalerweise gibt es mehrere Control Sets, wie viele es tatsächlich sind, hängt davon ab, wie oft die Systemkonfigurationseinstellungen geändert wurden.

Während des Starts werden folgende Unterschlüssel von *HKEY_LOCAL_MACHINE\System* benutzt:

- **\CurrentControlSet** Ein Zeiger auf einen *ControlSetxxx*-Unterschlüssel (wobei *xxx* für die Nummer eines Control Sets steht, zum Beispiel 001), der im Wert *\Select\Current* eingetragen ist.

- **\Select** Enthält die folgenden Einträge:

  - ☐ *Default* Verweist auf die Control Set-Nummer (zum Beispiel 001 = ControlSet001), die das System beim nächsten Start verwenden soll. Falls kein Fehler auftritt und kein Benutzereingriff für die Startoption *LastKnownGood* vorgenommen wird, ist für die Nummer dieses Control Sets der Wert der Einträge *Default*, *Current* und *LastKnownGood* gespeichert (sofern ein Benutzer sich erfolgreich anmelden kann).

  - ☐ *Current* Verweist auf das letzte Control Set, das benutzt wurde, um das System zu starten.

  - ☐ *Failed* Verweist auf ein Control Set, das Windows 7 nicht erfolgreich starten konnte. Dieser Wert wird aktualisiert, wenn die Option *LastKnownGood* verwendet wird, um das System zu starten.

  - ☐ *LastKnownGood* Verweist auf das Control Set, das während der letzten Benutzersitzung verwendet wurde. Wenn sich ein Benutzer anmeldet, wird das Control Set *LastKnownGood* mit Konfigurationsinformationen aus der vorherigen Benutzersitzung aktualisiert.

Das Windows-Startladeprogramm verwendet das Control Set, das durch *\Select\Default* identifiziert wird, sofern Sie nicht im Menü *Erweiterte Startoptionen* den Eintrag *Letzte als funktionierend bekannte Konfiguration* auswählen.

Der Kernel erstellt den Registrierungsschlüssel *HKEY_LOCAL_MACHINE\HARDWARE*. Er enthält die Hardwareinformationen, die beim Systemstart gesammelt wurden. Windows 7 unterstützt eine große Bandbreite an Geräten, und von Hardwareherstellern werden zusätzliche Treiber zur Verfügung gestellt, die sich nicht auf der Windows 7-Betriebssystem-CD befinden. Treiber sind Kernmoduskomponenten, die erforderlich sind, damit Geräte innerhalb eines Betriebssystems funktionieren. Dienste sind Komponenten, die Betriebssystem- und Anwendungsfunktionen unterstützen und als Netzwerkserver agieren. Dienste können in einem anderen Kontext als Benutzeranwendungen laufen, und normalerweise stellen sie kaum Optionen zur Verfügung, die der Benutzer konfigurieren kann.

Zum Beispiel erfordert der Dienst *Druckwarteschlange* nicht, dass ein Benutzer angemeldet ist, er funktioniert ganz unabhängig davon, dass ein Benutzer am System angemeldet ist. Treiber kommunizieren im Allgemeinen direkt mit Hardwaregeräten, während Dienste normalerweise über Treiber mit der Hardware kommunizieren. Treiber- und -Dienstdateien sind normalerweise in den Ordnern *%SystemRoot%\System32* und *%SystemRoot%\System32\Drivers* gespeichert und haben die Dateinamenerweiterungen *.exe*, *.sys* oder *.dll*.

Treiber sind ebenfalls Dienste. Daher verwenden das Windows-Startladeprogramm und Ntoskrnl während der Kernel-Initialisierung die Informationen, die in den *HKEY_LOCAL_MACHINE\System\ CurrentControlSet\Services\<Dienstname>*-Registrierungsunterschlüsseln gespeichert sind, um festzustellen, welche Treiber und Dienste geladen werden sollen. In den *<Dienstname>*-Unterschlüsseln gibt der Eintrag *Start* an, wann der Dienst gestartet werden soll. Zum Beispiel lädt das Windows-Startladeprogramm alle Treiber, bei denen *Start* den Wert 0 hat, das sind zum Beispiel Gerätetreiber für Festplattencontroller. Sobald die Ausführung an den Kernel übergeben wurde, lädt der Kernel Treiber und Dienste, bei denen *Start* den Wert 1 hat.

Tabelle 29.1 listet die Werte (dezimal) für den Registrierungseintrag *Start* auf. Starttreiber (bei denen *Start* den Wert 0 hat) und Dateisystemtreiber werden immer geladen, unabhängig davon, welchen Wert *Start* hat, weil sie erforderlich sind, um Windows 7 zu starten.

Tabelle 29.1   Werte für den Registrierungseintrag *Start*

Wert	Starttyp	Beschreibung
0	Start	Ein Treiber, der vom Startladeprogramm geladen, aber nicht gestartet wird. Falls keine Fehler auftreten, wird der Treiber während der Kernel-Initialisierung gestartet, bevor irgendwelche Nicht-Starttreiber geladen werden.
1	System	Ein Treiber, der während der Kernel-Initialisierung geladen und gestartet wird, nachdem Treiber mit dem *Start*-Wert 0 gestartet wurden.
2	Autoladen	Ein Treiber oder Dienst, der beim Systemstart vom Sitzungs-Manager (*Smss.exe*) oder dem Dienststeuerungsprogramm (*Services.exe*) initialisiert wird.
3	Laden bei Bedarf	Ein Treiber oder Dienst, den der SCM (Service Control Manager) nur bei Bedarf startet. Diese Treiber müssen gestartet werden, indem eine Win32-SCM-API (Application Programming Interface) aufgerufen wird, zum Beispiel im Snap-In *Dienste*.
4	Deaktiviert	Ein deaktivierter (nicht gestarteter) Treiber oder Dienst.
5	Verzögerter Start	Führt weniger kritische Dienste erst kurz nach dem Start aus, damit das Betriebssystem früher auf Benutzereingaben reagieren kann. Dieser Starttyp wurde in Windows Vista neu eingeführt.

Tabelle 29.2 listet einige der Werte (dezimal) für den Registrierungseintrag *Type* auf.

Tabelle 29.2   Werte für den Registrierungseintrag *Type*

Wert	Beschreibung
1	Ein Kernel-Gerätetreiber
2	Ein Kernmodus-Dateisystemtreiber (ebenfalls ein Kernel-Gerätetreiber)
4	Argumente, die an einen Adapter übergeben werden
8	Ein Dateisystemtreiber, zum Beispiel ein Dateisystemerkennungstreiber
16	Ein Dienst, der vom Dienststeuerungsprotokoll gesteuert wird, innerhalb eines Prozesses läuft, der nur einen Dienst hostet, und über das Dienststeuerungsprogramm gestartet werden kann
32	Ein Dienst, der in einem Prozess läuft, der mehrere Dienste hostet
256	Ein Dienst, der Fenster in der Konsole anzeigen und Benutzereingaben entgegennehmen darf

Manche Treiber und Dienste setzen voraus, dass bestimmte Bedingungen, die sogenannten *Abhängigkeiten*, erfüllt sind. Diese Abhängigkeiten sind in den Einträgen *DependOnGroup* und *DependOnService* des Unterschlüssels *HKEY_LOCAL_MACHINE\System\CurrentControlSet\Services\<Dienstname>* für den jeweiligen Dienst oder Treiber aufgelistet. Weitere Informationen darüber, wie Sie mit Abhängigkeiten verhindern oder aufschieben, dass ein Treiber oder Dienst gestartet wird, finden Sie im Abschnitt »So können Sie einen Dienst zeitweise deaktivieren« weiter unten in diesem Kapitel. Der Unterschlüssel *Services* enthält auch Informationen, die sich darauf auswirken, wie Treiber und Dienste geladen werden. Tabelle 29.3 listet einige dieser anderen Einträge auf.

Tabelle 29.3   Andere Registrierungseinträge in den *<Dienstname>*-Unterschlüsseln

Eintrag	Beschreibung
DependOnGroup	Mindestens ein Element dieser Gruppe muss gestartet sein, bevor dieser Dienst geladen wird.
DependOnService	Die spezifischen Dienste, die geladen sein müssen, bevor dieser Dienst geladen wird.
DisplayName	Beschreibt die Komponente.
ErrorControl	Steuert, ob das System bei einem Treiberfehler mit dem Control Set *LastKnownGood* gestartet werden muss oder eine Abbruchmeldung anzeigt. Falls der Wert 0x0 ist (Ignorieren, kein Fehler wird gemeldet), wird keine Warnung angezeigt und der Start wird einfach fortgesetzt. Falls der Wert 0x1 ist (Normal, Fehler melden), wird das Ereignis im Systemereignisprotokoll aufgezeichnet und es wird eine Warnmeldung angezeigt, aber der Start wird fortgesetzt. Falls der Wert 0x2 ist (Ernst), wird das Ereignis im Systemereignisprotokoll aufgezeichnet, es werden die *LastKnownGood*-Einstellungen verwendet, das System wird neu gestartet und der Start wird dann fortgesetzt. Falls der Wert 0x3 ist (Kritisch), wird das Ereignis im Systemereignisprotokoll aufgezeichnet, es werden die *LastKnownGood*-Einstellungen verwendet, und das System wird neu gestartet. Falls bereits die *LastKnownGood*-Einstellungen verwendet werden, wird eine Abbruchmeldung angezeigt.
Group	Gibt an, zu welcher Gruppe dieser Treiber oder Dienst gehört. So können zusammengehörige Treiber oder Dienste gemeinsam gestartet werden (zum Beispiel Dateisystemtreiber). Der Registrierungeintrag *List* im Unterschlüssel *HKEY_LOCAL_MACHINE\System\CurrentControlSet\Control\ServiceGroupOrder* gibt an, in welcher Reihenfolge die Gruppe gestartet wird.
ImagePath	Gibt den Pfad und den Dateinamen des Treibers oder Dienstes an (dieser Eintrag ist nicht immer vorhanden).
ObjectName	Gibt einen Objektnamen an. Falls der Eintrag *Type* einen Dienst angibt, ist der Objektname der Kontoname, unter dem der Dienst angemeldet wird, wenn er ausgeführt wird.
Tag	Die Reihenfolge, in der ein Treiber innerhalb einer Treibergruppe gestartet wird.

Sitzungs-Manager

Sobald alle Einträge mit den Starttypen »Start« (0) und »System« (1) verarbeitet worden sind, startet der Kernel den Sitzungs-Manager (*Smss.exe*), einen Benutzerprozess, der weiterläuft, bis das Betriebssystem heruntergefahren wird. Der Sitzungs-Manager führt wichtige Initialisierungsfunktionen aus, zum Beispiel:

- Erstellen von Systemumgebungsvariablen

- Starten des Kernmodusabschnitts des Win32-Subsystems (implementiert durch *%SystemRoot%\ System32\Win32k.sys*), das dafür sorgt, dass Windows 7 vom Textmodus (in dem das Menü des Windows-Start-Managers angezeigt wird) in den Grafikmodus schaltet (in dem das Windows-Logo angezeigt wird). Windows-Anwendungen laufen im Windows-Subsystem. Diese Umgebung erlaubt es Anwendungen, auf Betriebssystemfunktionen zuzugreifen, um zum Beispiel Informationen auf dem Bildschirm anzuzeigen.

- Starten des Benutzermodusabschnitts des Win32-Subsystems (implementiert durch *%SystemRoot%\System32\Csrss.exe*). Die Anwendungen, die dieses Windows-Subsystem verwenden, sind Benutzermodusprozesse. Sie haben keinen direkten Zugriff auf Hardware oder Gerätetreiber. Stattdessen müssen sie auf Windows-APIs zugreifen, um sich indirekt Zugriff auf Hardware zu verschaffen. Das erlaubt es Windows, direkte Hardwarezugriffe zu steuern, sodass Sicherheit und Zuverlässigkeit verbessert werden. Benutzermodusprozesse laufen mit geringerer Priorität als Kernmodusprozesse. Wenn das Betriebssystem mehr Arbeitsspeicher braucht, kann es Speicherseiten, die von Benutzermodusprozessen verwendet werden, auf die Festplatte auslagern.

- Starten des Anmelde-Managers (*%SystemRoot%\System32\Winlogon.exe*)
- Erstellen zusätzlicher Auslagerungsdateien für virtuellen Arbeitsspeicher
- Durchführen verzögerter Umbenennungsoperationen für Dateien, die im Registrierungseintrag *HKEY_LOCAL_MACHINE\System\CurrentControlSet\Control\Session Manager\PendingFileRenameOperations* eingetragen sind. Zum Beispiel werden Sie manchmal aufgefordert, den Computer neu zu starten, nachdem ein neuer Treiber oder eine Anwendung installiert wurde, damit Windows 7 Dateien ersetzen kann, die momentan benutzt werden.

Der Sitzungs-Manager sucht in der Registrierung nach Dienstinformationen, die in den folgenden Unterschlüsseln eingetragen sind:

- *HKEY_LOCAL_MACHINE\System\CurrentControlSet\Control\Session Manager* enthält eine Liste der Befehle, die ausgeführt werden, bevor die Dienste geladen werden. Das Tool *Autochk.exe* wird durch den Wert des Registrierungseintrags *BootExecute* angegeben, und die Einstellungen für virtuellen Arbeitsspeicher (Auslagerungsdatei) sind im Unterschlüssel *Memory Management* gespeichert. Autochk, eine spezielle Version des Tools Chkdsk, wird beim Start ausgeführt, falls das Betriebssystem ein Dateisystemproblem entdeckt, das repariert werden muss, bevor der Startvorgang abgeschlossen ist.
- *HKEY_LOCAL_MACHINE\System\CurrentControlSet\Control\Session Manager\SubSystems* enthält eine Liste der verfügbaren Subsysteme. Zum Beispiel enthält *Csrss.exe* den Benutzermodusabschnitt des Windows-Subsystems.

Falls der Start während der Kernel-Ladephase fehlschlägt, nachdem ein anderes Betriebssystem auf dem Computer installiert wurde, ist die Ursache für das Problem wahrscheinlich ein inkompatibles Startladeprogramm. Startladeprogramme, die von Windows-Versionen vor Windows Vista installiert werden, können nicht benutzt werden, um Windows Vista oder Windows 7 zu starten. Verwenden Sie in einem solchen Fall die Systemwiederherstellung, um die Startdateien durch Windows-Startdateien zu ersetzen.

Falls der Start während der Kernel-Ladephase fehlschlägt, obwohl Sie kein neues Betriebssystem installiert haben, sollten Sie versuchen, die problematische Komponente in der Startprotokollierung zu isolieren. Verwenden Sie dann den abgesicherten Modus, um die problematischen Komponenten zu deaktivieren (sofern möglich), oder die Systemwiederherstellung, um problematische Dateien zu ersetzen. Weitere Informationen finden Sie im Abschnitt »Problembehandlung für den Startvorgang, bevor das Windows-Logo erscheint« weiter unten in diesem Kapitel. Falls Sie während dieser Phase einen Abbruchfehler bekommen, sollten Sie die in der Abbruchmeldung angegebenen Informationen analysieren, um die schuldige Komponente zu isolieren. Weitere Informationen über die Problembehandlung von Abbruchfehlern finden Sie in Kapitel 32, »Problembehandlung für Abbruchfehler«.

Anmeldephase

Das Windows-Subsystem startet *Winlogon.exe*, einen Systemdienst, der die An- und Abmeldung ermöglicht. *Winlogon.exe* führt dann folgende Aktionen aus:

- Starten des Dienstsubsystems (*Services.exe*), auch als Dienstesteuerungs-Manager (Service Control Manager, SCM) bezeichnet. Der Dienstesteuerungs-Manager initialisiert Dienste, bei denen der Registrierungseintrag *Start* im Registrierungsunterschlüssel *HKEY_LOCAL_MACHINE\ System\CurrentControlSet\Services\<Dienstname>* den Wert 2 (Autoladen) hat.
- Starten des LSA-Prozesses (Local Security Authority, Datei *Lsass.exe*)
- Warten auf die Tastenkombination STRG+ALT+ENTF bei der *Anmelden*-Eingabeaufforderung (falls der Computer zu einer Active Directory-Domäne gehört)

Die Benutzeroberfläche der Anmeldekomponente (LogonUI) und der Anmeldeinformationsanbieter (dies kann der Standardanmeldeinformationsanbieter oder der eines Fremdherstellers sein) nimmt Benutzernamen und Kennwort (oder andere Anmeldeinformationen) entgegen und übergibt diese Daten geschützt an den LSA, um sie authentifizieren zu lassen. Falls der Benutzer gültige Anmeldeinformationen eingegeben hat, wird der Zugriff gewährt, entweder mit dem standardmäßigen Kerberos V5-Authentifizierungsprotokoll oder mit NTLM (Windows NT LAN Manager).

Winlogon initialisiert die Sicherheits- und Authentifizierungskomponenten, während Plug & Play automatisch ladende Dienste und Treiber initialisiert. Sobald der Benutzer angemeldet ist, wird das Control Set, auf das der Registrierungseintrag *LastKnownGood* verweist (in *HKLM\System\Select*), mit dem Inhalt im Unterschlüssel *CurrentControlSet* aktualisiert. In der Standardeinstellung startet Winlogon anschließend *Userinit.exe* und die Windows-Explorer-Shell. Userinit kann dann weitere Abläufe starten, zum Beispiel:

- **Gruppenrichtlinieneinstellungen werden angewendet**   Gruppenrichtlinieneinstellungen, die auf den Benutzer und Computer angewendet werden, treten in Kraft.

- **Startprogramme werden ausgeführt**   Wenn dies nicht durch Gruppenrichtlinieneinstellungen verhindert wird, startet Windows 7 Anmeldeskripts, Startprogramme und Dienste, die in den folgenden Registrierungsunterschlüsseln und Dateisystemordnern eingetragen sind:

  - ☐ *HKEY_LOCAL_MACHINE\SOFTWARE\Microsoft\Windows\CurrentVersion\Runonce*

  - ☐ *HKEY_LOCAL_MACHINE\SOFTWARE\Microsoft\Windows\CurrentVersion\policies\Explorer\Run*

  - ☐ *HKEY_LOCAL_MACHINE\SOFTWARE\Microsoft\Windows\CurrentVersion\Run*

  - ☐ *HKEY_CURRENT_USER\Software\Microsoft\Windows NT\CurrentVersion\Windows\Run*

  - ☐ *HKEY_CURRENT_USER\Software\Microsoft\Windows\CurrentVersion\Run*

  - ☐ *HKEY_CURRENT_USER\Software\Microsoft\Windows\CurrentVersion\RunOnce*

  - ☐ *%SystemDrive%\Dokumente und Einstellungen\All Users\Startmenü\Programme\Startup*

  - ☐ *%SystemDrive%\Dokumente und Einstellungen\Benutzerame\Startmenü\Programme\Startup*

  Manche Anwendungen werden so konfiguriert, dass sie beim Start automatisch ausgeführt werden, zum Beispiel Windows Defender. Computerhersteller oder IT-Abteilungen konfigurieren unter Umständen noch weitere Anwendungen, die automatisch gestartet werden.

Der Start von Windows ist erst abgeschlossen, wenn sich ein Benutzer erfolgreich am Computer anmeldet hat.

Falls der Start während der Anmeldephase fehlschlägt, liegt ein Problem mit einem Dienst oder einer Anwendung vor, die für den automatischen Start konfiguriert ist. Informationen zur Problembehandlung finden Sie im Abschnitt »So können Sie Autostartanwendungen und -prozesse zeitweise deaktivieren« weiter unten in diesem Kapitel. Falls während dieser Phase ein Abbruchfehler auftritt, können Sie mithilfe der Informationen, die in der Abbruchmeldung angegeben sind, die fehlerhafte Komponente isolieren. Weitere Informationen über die Problembehandlung von Abbruchfehlern finden Sie in Kapitel 32, »Problembehandlung für Abbruchfehler«.

Wichtige Startdateien

Damit Windows 7 starten kann, müssen die System- und Startpartitionen die in Tabelle 29.4 aufgeführten Dateien enthalten.

Tabelle 29.4 Windows 7-Startdateien

Dateiname	Position	Beschreibung
BootMgr	Stamm der Systempartition	Der Windows-Start-Manager
WinLoad	%SystemRoot%\System32	Das Windows-Startladeprogramm
BCD	\Boot	Eine Datei, die die Pfade zu Betriebssysteminstallationen und anderen Informationen angibt, die für den Start von Windows erforderlich sind
Ntoskrnl.exe	%SystemRoot%\System32	Der Kern (Core oder Kernel) des Betriebssystems Windows 7. Code, der als Teil des Kernels läuft, wird im privilegierten Prozessormodus ausgeführt und hat direkten Zugriff auf Systemdaten und Hardware.
Hal.dll	%SystemRoot%\System32	Die HAL-DLL (Dynamic-Link Library). Die HAL stellt dem Betriebssystem eine Abstraktion für Low-Level-Hardwaredetails bereit und bietet eine einheitliche Programmierschnittstelle für Geräte desselben Typs (zum Beispiel Grafikkarten).
Smss.exe	%SystemRoot%\System32	Die Datei des Sitzungs-Managers. Der Sitzungs-Manager ist ein Benutzermodusprozess, der vom Kernel während des Starts angelegt wird. Er verarbeitet kritische Startaufgaben, zum Beispiel das Erstellen der Auslagerungsdateien und das Durchführen verzögerter Dateiumbenennungs- und -löschoperationen.
Csrss.exe	%SystemRoot%\System32	Die Datei des Win32-Subsystems. Das Win32-Subsystem wird vom Sitzungs-Manager gestartet. Es ist erforderlich, damit Windows 7 funktioniert.
Winlogon.exe	%SystemRoot%\System32	Die Datei für den Anmeldeprozess, der Anmeldeanforderungen des Benutzers verarbeitet und die Tastenkombination STRG+ALT+ENTF abfängt. Der Anmeldeprozess wird vom Sitzungs-Manager gestartet. Dies ist eine erforderliche Komponente.
Services.exe	%SystemRoot%\System32	Der Dienstesteuerungs-Manager hat die Aufgabe, Dienste zu starten und zu beenden. Er ist eine erforderliche Komponente von Windows 7.
Lsass.exe	%SystemRoot%\System32	Der LSA-Serverprozess (Local Security Authentication) wird vom Anmeldeprozess aufgerufen, um Benutzer zu authentifizieren. Er ist eine erforderliche Komponente.
Systemregistrierungsdatei	%SystemRoot%\System32\Config\System	Die Datei mit den Daten, aus denen der Registrierungsschlüssel HKEY_LOCAL_MACHINE\System generiert wird. Dieser Schlüssel enthält Informationen, die das Betriebssystem benötigt, um Geräte und Systemdienste zu starten.
Gerätetreiber	%SystemRoot%\System32\Drivers	Treiberdateien in diesem Ordner werden für Hardwaregeräte verwendet, zum Beispiel Tastatur, Maus und Grafikkarte.

In Tabelle 29.4 ist *%SystemRoot%* eine der vielen *Umgebungsvariablen* (environment variable), mit denen Zeichenfolgen, zum Beispiel Ordner- oder Dateipfade, mit Variablen verknüpft werden, die von Windows 7-Anwendungen und -Diensten benutzt werden. Zum Beispiel können Skripts mithilfe von Umgebungsvariablen ohne Anpassung auf Computern ausgeführt werden, die eine andere Konfiguration aufweisen. Sie können sich eine Liste der Umgebungsvariablen anzeigen lassen, die Sie im Rahmen der Problembehandlung verwenden können, indem Sie an der Windows-Eingabeaufforderung den Befehl **set** eingeben.

So konfigurieren Sie Starteinstellungen

Windows Vista und Windows 7 ermöglichen es Administratoren, Starteinstellungen weitgehend in denselben grafischen Tools zu konfigurieren, die auch Windows XP bereitstellt. Die Befehlszeilentools zum Konfigurieren der Starttools wurden allerdings durch neue Tools ersetzt, und Sie können die Startkonfigurationsdatei (früher die Datei *Boot.ini*) nicht mehr direkt bearbeiten. Die folgenden Abschnitte beschreiben verschiedene Techniken, um Starteinstellungen zu konfigurieren.

So verwenden Sie das Dialogfeld *Starten und Wiederherstellen*

Am einfachsten können Sie die BCD-Registrierungsdatei bearbeiten, indem Sie das Dialogfeld *Starten und Wiederherstellen* verwenden. Gehen Sie folgendermaßen vor, um im Dialogfeld *Starten und Wiederherstellen* das Standardbetriebssystem zu ändern:

1. Klicken Sie im Startmenü mit der rechten Maustaste auf *Computer* und wählen Sie den Befehl *Eigenschaften*.
2. Klicken Sie auf *Erweiterte Systemeinstellungen*.
3. Klicken Sie im Feld *Starten und Wiederherstellen* auf die Schaltfläche *Einstellungen*.
4. Klicken Sie auf die Dropdownliste *Standardbetriebssystem* und wählen Sie das Betriebssystem aus, das in der Standardeinstellung geladen werden soll.
5. Klicken Sie zweimal auf *OK*.

Das Standardbetriebssystem wird automatisch geladen, wenn Sie den Computer das nächste Mal neu starten.

So verwenden Sie das Tool Systemkonfiguration

Das Tool Systemkonfiguration erlaubt eine genauere Kontrolle der Starteinstellungen. Unter anderem können Sie damit die BCD-Registrierungsdatei konfigurieren. Dieses Tool wurde speziell für die Problembehandlung entworfen. Sie können damit ganz einfach Änderungen rückgängig machen, die Sie an der Konfiguration des Computers vorgenommen haben (sogar nach einem Neustart des Computers). Falls Sie Änderungen mit dem Tool Systemkonfiguration vornehmen, erinnert es Benutzer bei der Anmeldung daran, dass bestimmte Einstellungen zeitweise geändert wurden. So verringert sich die Wahrscheinlichkeit, dass Einstellungen nicht zurückgesetzt werden, nachdem der Problembehandlungsvorgang abgeschlossen ist.

Unter anderem können Sie mit dem Tool Systemkonfiguration folgende Aufgaben durchführen:

- Autostartanwendungen zeitweise deaktivieren, um die Ursache eines Problems zu isolieren, das nach der Anmeldung auftritt
- Automatisch startende Dienste zeitweise deaktivieren, um die Ursache eines Problems zu isolieren, das vor oder nach der Anmeldung auftritt
- Die BCD-Registrierungsdatei zeitweise oder dauerhaft konfigurieren
- Konfigurieren eines normalen, Diagnose- oder benutzerdefinierten Systemstarts für Windows

Sie können das Tool Systemkonfiguration öffnen, indem Sie im Suchfeld des Startmenüs den Befehl **msconfig** eingeben und die EINGABETASTE drücken. Das Tool Systemkonfiguration hat fünf Registerkarten:

- **Allgemein**   Auf dieser Registerkarte können Sie den Modus für den nächsten Start ändern. Beim normalen Systemstart werden alle Gerätetreiber und Dienste geladen. Der Diagnosesystemstart ist nützlich für die Behandlung von Startproblemen, dabei werden nur die grundlegenden Geräte und

Dienste geladen. Wenn Sie die Option *Benutzerdefinierter Systemstart* auswählen, können Sie festlegen, ob Sie Systemdienste oder Startelemente laden wollen.

- **Start**   Auf dieser Registerkarte können Sie die BCD-Registrierungsdatei und Starteinstellungen konfigurieren. Sie können Optionen für den Start von Betriebssystemen entfernen, das Standardbetriebssystem auswählen, erweiterte Einstellungen für ein Betriebssystem konfigurieren (zum Beispiel Zahl der Prozessoren, maximaler Arbeitsspeicher und Debugeinstellungen) und Windows 7 für den abgesicherten Start oder einen Start ohne grafische Benutzeroberfläche konfigurieren.

- **Dienste**   Auf dieser Registerkarte können Sie zeitweise die Starteinstellungen für einen Dienst ändern. Das ist eine hervorragende Methode, um festzustellen, ob ein automatisch startender Dienst Startprobleme verursacht. Starten Sie Ihren Computer neu, nachdem Sie einen Dienst deaktiviert haben, und überprüfen Sie, ob das Problem noch besteht. Falls das Problem noch vorhanden ist, haben Sie eine mögliche Ursache für das Problem beseitigt. Sie können den Dienst dann auf dieser Registerkarte wieder aktivieren, einen anderen Dienst deaktivieren und den Prozess wiederholen. Wenn Sie Dienste dauerhaft deaktivieren wollen, sollten Sie die Konsole *Dienste* verwenden.

- **Systemstart**   Listet Anwendungen auf, die so konfiguriert sind, dass sie automatisch gestartet werden. Dies ist die beste Methode, um Anwendungen während einer Problembehandlung zeitweise zu deaktivieren, weil Sie die Anwendungen später wieder problemlos im selben Tool aktivieren können. Sie sollten das Tool Systemkonfiguration allerdings nicht verwenden, um Startanwendungen dauerhaft zu deaktivieren, weil das Tool Systemkonfiguration mit dem Ziel entwickelt wurde, solche Änderungen leicht rückgängig machen zu können. Stattdessen sollten Sie die Anwendung von Hand entfernen oder Windows Defender verwenden.

- **Tools**   Stellt Links auf andere Tools bereit, die Sie starten können.

HINWEIS   Die Registerkarten *Win.ini*, *System.ini* und *Boot.ini* wurden aus dem Tool Systemkonfiguration entfernt, weil diese Dateien seit Windows XP nicht mehr benutzt werden.

Weil das Tool Systemkonfiguration eine grafische Benutzeroberfläche hat, ist es in erster Linie nützlich, wenn Windows 7 erfolgreich starten konnte.

So verwenden Sie BCDEdit

Das Befehlszeilentool BCDEdit bietet Ihnen fast unbegrenzte Steuerungsmöglichkeiten über die BCD-Registrierungsdatei und die Konfigurationseinstellungen.

HINWEIS   Falls Sie einen Computer haben, auf dem sowohl Windows XP als auch Windows 7 installiert ist, und Sie die BCD-Registrierungsdatei von Windows XP aus bearbeiten möchten, können Sie BCDEdit unter Windows XP ausführen, indem Sie es direkt aus dem Ordner *Windows\System32* Ihrer Windows 7-Installation starten. Das mag zwar in einigen Konfigurationen mit mehreren Betriebssystemen nützlich sein, aber normalerweise sollten Sie BCDEdit aus der Eingabeaufforderung der Systemwiederherstellung heraus starten, falls Sie Windows 7 nicht laden können.

Sie müssen administrative Anmeldeinformationen verwenden, um BCDEdit innerhalb von Windows 7 auszuführen. Gehen Sie dazu folgendermaßen vor:

1. Klicken Sie im Startmenü auf *Alle Programme* und dann auf *Zubehör*.

2. Klicken Sie mit der rechten Maustaste auf *Eingabeaufforderung* und dann auf *Als Administrator ausführen*.

Sie können sich ausführliche Informationen über die Verwendung von BCDEdit anzeigen lassen, indem Sie in einer Eingabeaufforderung den Befehl **BCDEdit /?** ausführen. Die folgenden Abschnitte beschreiben, wie Sie bestimmte Aufgaben mit BCDEdit ausführen.

So interpretieren Sie die Ausgaben von BCDEdit

Mit dem Befehl `bcdedit /enum` können Sie sich ansehen, welche Einstellungen momentan in Ihrer BCD-Registrierungsdatei definiert sind. Optional können Sie an diesen Befehl einen der folgenden Parameter anhängen, um auszuwählen, welche Einträge angezeigt werden sollen:

- **Active**   Die Standardeinstellung, die auch angezeigt wird, falls Sie `bcdedit /enum` ohne weitere Parameter aufrufen. Zeigt alle Einträge in der Reihenfolge an, in der Sie auch vom Start-Manager aufgelistet werden.
- **Firmware**   Zeigt alle Firmwareanwendungen an.
- **Bootapp**   Zeigt alle Startumgebungsanwendungen an.
- **Osloader**   Zeigt alle Betriebssystemeinträge an.
- **Resume**   Zeigt alle Einträge für die Wiederherstellung aus dem Ruhezustand an.
- **Inherit**   Zeigt alle `inherit`-Einträge an.
- **All**   Zeigt alle Einträge an.

Zum Beispiel können Sie sich den Starteintrag für die Wiederherstellung aus dem Ruhezustand ansehen, indem Sie den folgenden Befehl an einer administrativen Eingabeaufforderung eingeben:

`bcdedit /enum resume`

Und mit dem folgenden Befehl können Sie sich alle Starteinträge ansehen:

`bcdedit /enum all`

So können Sie Einstellungen sichern und wiederherstellen

Wenn Sie Änderungen an Ihrer BCD-Registrierungsdatei vornehmen, kann das dazu führen, dass Ihr Computer nicht mehr gestartet werden kann. Bevor Sie Änderungen an Ihrer BCD-Registrierungsdatei vornehmen, sollten Sie daher eine Sicherungskopie anlegen, eine startfähige Windows 7-DVD bereitlegen und darauf vorbereitet sein, die ursprüngliche BCD-Registrierungsdatei wiederherzustellen.

Sie können Ihre aktuelle BCD-Registrierung sichern, indem Sie den Befehl `bcdedit /export` aufrufen, wie hier gezeigt:

`bcdedit /export backupbcd.bcd`

Später können Sie Ihre ursprüngliche BCD-Registrierungsdatei wiederherstellen, indem Sie den Befehl `bcdedit /import` aufrufen:

`bcdedit /import backupbcd.bcd`

HINWEIS   Dateiname und Erweiterung können Sie nach Belieben wählen.

Falls Windows 7 nicht mehr gestartet werden kann, sollten Sie die Anleitung im Abschnitt »Der Ablauf bei der Behandlung von Startproblemen« weiter unten in diesem Kapitel durcharbeiten.

So ändern Sie den Eintrag für das Standardbetriebssystem

Sie können sich den aktuellen Eintrag für das Standardbetriebssystem ansehen, indem Sie den folgenden Befehl ausführen und nach der Zeile mit dem Begriff »default« suchen:

```
bcdedit /enum {bootmgr}
```

```
Windows-Start-Manager
--------------------
identifier              {bootmgr}
device                  partition=\Device\HarddiskVolume1
description             Windows Boot Manager
locale                  de-DE
inherit                 {globalsettings}
default                 {current}
resumeobject            {24a500f3-12ea-11db-a536-b7db70c06ac2}
displayorder            {current}
toolsdisplayorder       {memdiag}
timeout                 30
```

Wenn Sie den Eintrag für das Standardbetriebssystem ändern wollen, sollten Sie erst den folgenden Befehl ausführen, um sich die vorhandenen Einträge anzusehen. Notieren Sie sich den Bezeichner für den Eintrag, den Sie als Standard verwenden wollen:

```
bcdedit /enum
```

Führen Sie dann den folgenden Befehl aus, um einen neuen Standardeintrag festzulegen (dabei ist <ID> der Bezeichner für den neuen Eintrag):

```
bcdedit /default <ID>
```

Zum Beispiel können Sie mit dem folgenden Befehl den Windows-Start-Manager so konfigurieren, dass er als Standardeinstellung die ältere Installation von Windows XP (die hier durch den Bezeichner {ntldr} identifiziert wird) startet:

```
bcdedit /default {ntldr}
```

Führen Sie den folgenden Befehl aus, damit die momentan laufende Instanz von Windows 7 standardmäßig gestartet wird:

```
bcdedit /default {current}
```

So ändern Sie die Anzeigedauer des Startauswahlmenüs

Das Startauswahlmenü wird standardmäßig 30 Sekunden lang angezeigt, falls mehr als ein Startauswahlmenüeintrag vorhanden ist. Falls es nur einen Eintrag gibt, wird das Menü überhaupt nicht angezeigt (der Start-Manager wartet allerdings einige Sekunden, damit Sie eine Taste drücken können, um das Menü zu öffnen).

Mit dem Befehl `bcdedit /timeout` *Sekunden* können Sie einstellen, wie lange das Startauswahlmenü standardmäßig angezeigt wird:

```
bcdedit /timeout 15
```

So ändern Sie die Reihenfolge der Einträge im Start-Manager-Menü

Sie können die Reihenfolge der Elemente im Start-Manager-Menü ändern, indem Sie den Befehl `bcdedit /display` ausführen und dann die Bezeichner der Menüelemente in der gewünschten Reihenfolge angeben, wie im folgenden Beispiel gezeigt:

```
bcdedit /display {current} {ntldr} {cbd971bf-b7b8-4885-951a-fa0344f5d71}
```

So erstellen Sie einen Eintrag für ein anderes Betriebssystem

Sie können mit BCDEdit einen Eintrag für ein anderes Betriebssystem als Windows 7 erstellen. Sie können zum Beispiel Starteinträge zur BCD-Registrierungsdatei hinzufügen, falls Sie die Möglichkeit bieten wollen, unterschiedliche Betriebssysteme auf demselben Computer zu laden. Windows 7 erstellt zwar automatisch Starteinträge für vorhandene Betriebssysteme, die bereits installiert sind, aber Sie müssen unter Umständen von Hand einen Starteintrag hinzufügen, falls Sie nach Windows 7 ein anderes Betriebssystem installieren oder ein Betriebssystem von einer neu angeschlossenen Festplatte starten wollen.

In der Standardeinstellung enthält die BCD-Registrierungsdatei einen Eintrag mit der Bezeichnung {ntldr}. Dieser Eintrag startet eine ältere Windows-Version von Ihrer *C:*\-Partition. Falls Sie nur ein älteres Betriebssystem haben und die Option *Frühere Windows-Version* momentan nicht im Startauswahlmenü des Computers angezeigt wird, können Sie diesen vorhandenen Eintrag verwenden, um das ältere Betriebssystem zu starten. Rufen Sie dazu **bcdedit /set** auf, um das Startvolume zu konfigurieren. Fügen Sie dann einen Eintrag zum Betriebssystemmenü des Windows-Start-Managers hinzu, indem Sie den Befehl **bcdedit /displayorder** aufrufen. Das folgende Codebeispiel demonstriert, wie Sie vorgehen sollten:

```
REM Passen Sie die folgende Zeile so an, dass sie auf die Partition des anderen Betriebssystems
REM verweist. Die folgende Zeile könnte auch lauten: bcdedit /set {ntldr} device boot
bcdedit /set {ntldr} device partition=C:

REM Die folgende Zeile macht den Eintrag startfähig, indem sie ihn zum Menü hinzufügt
bcdedit /displayorder {ntldr} /addlast
```

Sie können überprüfen, ob der neue Eintrag im Startauswahlmenü angezeigt wird, indem Sie den Befehl **bcdedit /enum active** ausführen und nachsehen, ob der Eintrag für das Windows-Legacy-betriebssystem-Ladeprogramm aufgeführt wird.

Falls Sie zwischen mehreren älteren Windows-Betriebssystemen auswählen müssen, sollten Sie den Eintrag {ntldr} aus dem Startauswahlmenü verwenden. Der Windows-Start-Manager übergibt dann die Steuerung an NLTDR, das seinerseits auf Basis der Datei *Boot.ini* ein Menü anzeigt, in dem Sie zwischen allen Windows-Betriebssystemen auswählen können.

Falls Sie einen Eintrag für ein Nicht-Microsoft-Betriebssystem erstellen wollen, können Sie entweder mit dem Befehl `bcdedit /create` einen Eintrag anlegen oder den vorhandenen {ntldr}-Eintrag kopieren und für das Betriebssystem anpassen. Sie können einen neuen Eintrag von {ntldr} ableiten, indem Sie den Eintrag kopieren, den Pfad für das Startladeprogramm ändern und den Eintrag dann mit den folgenden Befehlen zum Startauswahlmenü hinzufügen:

```
bcdedit /copy {ntldr} /d "Anderes Betriebssystem (oder andere Beschreibung)"

REM Der vorherige Befehl zeigt eine neue GUID an, die die Kopie identifiziert. Verwenden
REM Sie diese GUID im folgenden Befehl und passen Sie den Partitionsbezeichner bei Bedarf an.
bcdedit /set {NEUE-GUID} device partition=C:
```

HINWEIS   Versuchen Sie nicht, die GUID abzutippen. Die Gefahr, dass Sie einen Fehler machen, ist zu groß. Kopieren Sie sie stattdessen in die Zwischenablage. Klicken Sie auf das Befehlsmenü in der linken oberen Ecke des Eingabeaufforderungsfensters und wählen Sie den Befehl *Bearbeiten/Markieren*. Wählen Sie den GUID-Text aus (inklusive der Klammern) und drücken Sie die EINGABETASTE. Fügen Sie dann die GUID in die Eingabeaufforderung ein, indem Sie im Befehlsmenü den Befehl *Bearbeiten/Einfügen* wählen.

Führen Sie jetzt den folgenden Befehl aus, um das Startladeprogramm des Betriebssystems anzugeben:

```
REM Ersetzen Sie den letzten Parameter durch den Dateinamen des Startladeprogramms
bcdedit /set {NEUE-GUID} path \Startladeprogramm
```

Falls {ntldr} nicht im Startauswahlmenü eingetragen war, als sie es kopiert haben, müssen Sie außerdem den folgenden Befehl ausführen, um den kopierten Eintrag zum Startauswahlmenü hinzuzufügen:

```
bcdedit /displayorder {NEUE-GUID} /addlast
```

Außerdem müssen Sie unter Umständen das eigene Startladeprogramm des anderen Betriebssystems konfigurieren.

So entfernen Sie einen Eintrag aus dem Startauswahlmenü

Normalerweise brauchen Sie keine Einträge aus der BCD-Registrierungsdatei zu entfernen. Stattdessen sollten Sie einfach Einträge aus dem Menü des Windows-Start-Managers löschen. Führen Sie dazu erst den Befehl **bcdedit /enum** aus und notieren Sie sich den Bezeichner des Starteintrags. Führen Sie dann den folgenden Befehl aus, wobei Sie den Bezeichner einsetzen:

```
bcdedit /displayorder {GUID} /remove
```

Zum Beispiel entfernt der folgende Befehl einen Eintrag, der die ältere Windows-Version lädt, aus dem Startauswahlmenü:

```
bcdedit /displayorder {ntldr} /remove
```

Später können Sie den Eintrag wieder zum Startauswahlmenü hinzufügen, indem Sie den folgenden Befehl ausführen:

```
bcdedit /displayorder {GUID} /addlast
```

Mit dem folgenden Befehl können Sie einen Eintrag dauerhaft aus der BCD-Registrierung löschen:

```
bcdedit /delete {GUID} /remove
```

Sie sollten einen Eintrag aber nur dauerhaft entfernen, falls Sie die entsprechenden Betriebssystemdateien vom Computer gelöscht haben.

So können Sie globale Debuggereinstellungen anzeigen und ändern

Sie können sich die Debuggereinstellungen für Starteinträge ansehen, indem Sie den folgenden Befehl ausführen:

```
bcdedit /enum
```

Weitere Informationen über das Anzeigen von Einträgen finden Sie im Abschnitt »So interpretieren Sie die Ausgaben von BCDEdit« weiter oben in diesem Kapitel. Mit dem folgenden Befehl können Sie die Debuggereinstellungen für einen Starteintrag ändern:

```
bcdedit /dbgsettings Debugtyp [debugport:Port] [baudrate:Baud] [channel:Kanal] [targetname:Zielname]
```

Ersetzen Sie die Parameter durch Ihre eigenen Einstellungen, wie in der folgenden Liste beschrieben:

- **Debugtyp**   Gibt den Typ des Debuggers an. *Debugtyp* kann SERIAL, 1394 oder USB sein. Die übrigen Optionen hängen davon ab, welchen Debugtyp Sie ausgewählt haben.
- **Port**   Gibt beim Debugtyp SERIAL die serielle Schnittstelle an, die als Debuganschluss verwendet wird.
- **Baud**   Gibt beim Debugtyp SERIAL die Baudrate an, die für den Debuganschluss verwendet wird.
- **Kanal**   Gibt beim Debugtyp 1394 an, welcher 1394-Kanal für das Debuggen verwendet wird.
- **Zielname**   Gibt beim Debugtyp USB den USB-Zielnamen an, der für das Debuggen verwendet wird.

Zum Beispiel konfiguriert der folgende Befehl die globalen Debuggereinstellungen für serielles Debuggen über COM1 mit 115.200 Baud:

```
bcdedit /dbgsettings serial debugport:1 baudrate:115200
```

Der folgende Befehl konfiguriert die globalen Debuggereinstellungen für 1394-Debuggen über Kanal 23:

```
bcdedit /dbgsettings 1394 CHANNEL:32
```

Der folgende Befehl konfiguriert die globalen Debuggereinstellungen für USB-Debuggen über den Zielnamen »debugging«:

```
bcdedit /dbgsettings USB targetname:debugging
```

So entfernen Sie das Windows 7-Startladeprogramm

Wenn Sie Windows 7 aus einer Startumgebung mit mehreren Betriebssystemen entfernen wollen, in der Windows XP oder eine ältere Windows-Version vorhanden ist, können Sie folgendermaßen vorgehen:

1. Stellen Sie mit *Bootsect.exe* das Programm *Ntldr.exe* wieder her. Geben Sie dazu den folgenden Befehl ein, wobei *D:* das Laufwerk mit dem Windows 7-Installationsmedium ist:

   ```
   D:\Boot\Bootsect.exe -NT52 All
   ```

   Wenn der Computer neu startet, lädt er nicht mehr den Windows-Start-Manager. Statt dessen wird *Ntldr.exe* geladen, das die Datei *Boot.ini* verarbeitet und eine ältere Windows-Version startet.

2. Falls Windows 7 nicht auf der aktiven Partition installiert ist, können Sie jetzt die Partition löschen oder entfernen, auf der Windows 7 installiert ist.

HINWEIS   Sie können diese Schritte in allen Windows-Versionen durchführen. Falls Sie diese Schritte in Windows Vista oder Windows 7 durchführen, müssen Sie die Befehle in einer Eingabeaufforderung ausführen, die erhöhte Benutzerrechte hat. Klicken Sie dazu im Startmenü auf *Alle Programme*, *Zubehör*, dann mit der rechten Maustaste auf *Eingabeaufforderung* und schließlich auf *Als Administrator ausführen*.

So konfigurieren Sie ein Benutzerkonto für die automatische Anmeldung

Dass Benutzer nach dem Start des Computers ihre Anmeldeinformationen eingeben müssen, ist ein wichtiges Element der Windows-Sicherheit. Wird ein Benutzerkonto automatisch angemeldet, kann jeder, der physischen Zugriff auf den Computer hat, ihn neu starten und dann auf die Dateien des betreffenden Benutzers zugreifen. In Fällen, wo die physische Sicherheit eines Computers gewährleistet ist, wird eine automatische Anmeldung allerdings oft als nützlich empfunden. Gehen Sie folgendermaßen vor, um einen Arbeitsgruppencomputer so zu konfigurieren, dass ein Benutzerkonto automatisch angemeldet wird (diese Schritte können Sie nicht auf einem Computer ausführen, der ein Domänenmitglied ist):

1. Geben Sie im Suchfeld des Startmenüs den Befehl **netplwiz** ein und drücken Sie die EINGABE-TASTE.

2. Klicken Sie im Dialogfeld *Benutzerkonten* auf das Konto, das automatisch angemeldet werden soll. Deaktivieren Sie das Kontrollkästchen *Benutzer müssen Benutzernamen und Kennwort eingeben*, sofern es angezeigt wird.

3. Klicken Sie auf *OK*.

4. Geben Sie im Dialogfeld *Automatische Anmeldung* zweimal das Kennwort des Benutzers ein. Klicken Sie auf *OK*.

Wenn Sie den Computer das nächste Mal starten, wird automatisch das lokale Benutzerkonto angemeldet, das Sie ausgewählt haben. Wenn Sie die automatische Anmeldung konfigurieren, wird das Kennwort des Benutzers unverschlüsselt in der Registrierung gespeichert, wo die Gefahr besteht, dass jemand es ausliest.

So deaktivieren Sie den Windows-Startsound

In der Standardeinstellung spielt Windows im Rahmen des Startvorgangs einen Sound ab. Dieser Sound ist manchmal für die Analyse von Startproblemen nützlich, weil er verrät, ob Sie eine bestimmte Startphase erreicht haben. Wenn es Ihnen lieber ist, können Sie den Startsound aber auch folgendermaßen deaktivieren:

1. Klicken Sie im Startmenü auf *Systemsteuerung*.

2. Klicken Sie in der Systemsteuerung auf *Hardware und Sound*.

3. Klicken Sie auf *Systemsounds ändern*.

4. Deaktivieren Sie auf der Registerkarte *Sounds* das Kontrollkästchen *Windows-Startsound wiedergeben* und klicken Sie auf *OK*.

So beschleunigen Sie den Startvorgang

Der Systemstart ist ein komplexer Vorgang, und er dauert auf jedem Computer unterschiedlich lang. Aber oft ist es möglich, den Startvorgang zu beschleunigen. Gehen Sie folgendermaßen vor, um die Einstellungen zu optimieren, die Einfluss auf die Geschwindigkeit des Startvorgangs haben:

1. Stellen Sie den Computer in den BIOS-Einstellungen so ein, dass er zuerst vom Windows-Startlaufwerk startet. Wollen Sie später ausnahmsweise von einem Wechseldatenträger starten, müssen Sie diese Einstellung vorher ändern.

2. Aktivieren Sie in den BIOS-Einstellungen des Computers die Einstellung *Fast Boot* (sofern vorhanden), um zeitaufwendige und oft unnötige Hardwareprüfungen zu überspringen.

3. Wenn Sie mehrere Startmenüelemente haben, können Sie die Wartezeit auf der Registerkarte *Start* des Programms Msconfig verringern. Stattdessen können Sie den Timeoutwert auch mit BCDEdit einstellen, wie im Abschnitt »So ändern Sie die Anzeigedauer des Startauswahlmenüs« weiter oben in diesem Kapitel beschrieben.

4. Machen Sie Platz auf der Festplatte frei, falls weniger als 15 Prozent frei sind, und defragmentieren Sie anschließend die Festplatte, wie in Kapitel 16, »Verwalten von Laufwerken und Dateisystemen«, beschrieben. Die Defragmentierung wird zwar standardmäßig automatisch durchgeführt, aber sie ist nicht besonders effektiv, wenn nur wenig Festplattenplatz frei ist.

5. Deaktivieren Sie unnötige Hardware im Geräte-Manager von Windows, wie in Kapitel 17, »Verwalten von Geräten und Diensten«, beschrieben.

6. Verwenden Sie Windows-ReadyBoost, wie in Kapitel 16 beschrieben, um bestimmte Dateien, die für den Startvorgang benutzt werden, auf einem USB-Flashlaufwerk zwischenzuspeichern.

7. Entfernen Sie nicht benötigte Autostartanwendungen.

8. Suchen Sie nach Diensten, die automatisch starten sollen, aber nicht sofort beim Start des Betriebssystems laufen müssen (dies betrifft nur Dienste, die nicht zu Windows gehören). Ändern Sie den Starttyp dieser Dienste in der Konsole *Dienste* auf *Automatisch (Verzögerter Start)*. Sind Dienste so eingestellt, dass sie automatisch starten, obwohl dies gar nicht notwendig ist, sollten Sie ihren Starttyp auf *Manuell* ändern. Weitere Informationen finden Sie in Kapitel 16, »Verwalten von Laufwerken und Dateisystemen«.

Wollen Sie Probleme im Bereich der Systemstartleistung genauer analysieren, sollten Sie das Ereignisprotokoll *Anwendungs- und Dienstprotokolle\Microsoft\Windows\Diagnostics-Performance\Betriebsbereit* untersuchen. Ereignisse mit IDs von 100 bis 199 liefern Details zur Systemstartleistung, die nützlich sind, wenn sich der Startvorgang zu lange hinzieht. Insbesondere liefert die Ereignis-ID 100 die Dauer des Startvorgangs in der Einheit Millisekunden. Andere Ereignisse identifizieren Anwendungen oder Dienste, die den Startvorgang verzögern.

Der Ablauf bei der Behandlung von Startproblemen

Startprobleme lassen sich in drei Kategorien untergliedern:

- **Probleme, die auftreten, bevor das Windows-Logo erscheint**   Diese Probleme werden normalerweise durch fehlende Startdateien (oft weil ein anderes Betriebssystem über Windows 7 installiert wurde), beschädigte Dateien oder Hardwareprobleme verursacht. Informationen über die Behandlung von Problemen, die auftreten, bevor das Windows-Logo erscheint, finden Sie im nächsten Abschnitt, »Problembehandlung für den Startvorgang, bevor das Windows-Logo erscheint«.

- **Probleme, die auftreten, nachdem das Windows-Logo erscheint, aber bevor die Anmeldeeingabeaufforderung angezeigt wird**   Diese Probleme werden meist durch fehlerhafte oder falsch konfigurierte Treiber und Dienste verursacht. Auch Hardwareprobleme können Fehler in dieser Phase des Startvorgangs auslösen. Informationen über die Behandlung von Problemen, die auftreten, nachdem das Windows-Logo erscheint, aber bevor die Anmeldeeingabeaufforderung angezeigt wird, finden Sie im Abschnitt »Problembehandlung für den Startvorgang, nachdem das Windows-Logo erscheint« weiter unten in diesem Kapitel.

- **Probleme, die nach der Anmeldung auftreten**   Diese Probleme werden normalerweise durch Autostartanwendungen ausgelöst. Informationen über die Behandlung von Problemen, die nach der Anmeldung auftreten, finden Sie im Abschnitt »Problembehandlung für Startprobleme nach der Anmeldung« weiter unten in diesem Kapitel.

Problembehandlung für den Startvorgang, bevor das Windows-Logo erscheint

Die Behandlung von Startproblemen ist schwieriger als die Behandlung von Problemen, die auftreten, während Windows läuft, weil Sie nicht die ganze Bandbreite der Problembehandlungswerkzeuge zur Verfügung haben, die in Windows enthalten sind. Windows 7 stellt allerdings verschiedene Tools bereit, mit denen Sie die Ursache ermitteln und das Problem beseitigen können, falls es nicht gelingt, das Betriebssystem zu starten. In erster Linie können Sie WinRE ausführen, indem Sie es von der

Windows-DVD oder direkt von der Festplatte starten. WinRE kann auch automatisch ausgeführt werden, falls der Start von Windows fehlschlägt. Die WinRE-Tools umfassen das Tool Systemstartreparatur, das viele häufiger vorkommende Startprobleme automatisch beseitigen kann.

Gehen Sie nach dem Schema vor, das in Abbildung 29.5 beschrieben ist, um Startprobleme zu beseitigen, die auftreten, bevor das Windows-Logo erscheint. Nach jedem Problembehandlungsschritt sollten Sie versuchen, den Computer zu starten. Falls der Computer erfolgreich startet oder der Startvorgang so weit fortschreitet, dass das Windows-Logo erscheint, können Sie die Problembehandlung beenden.

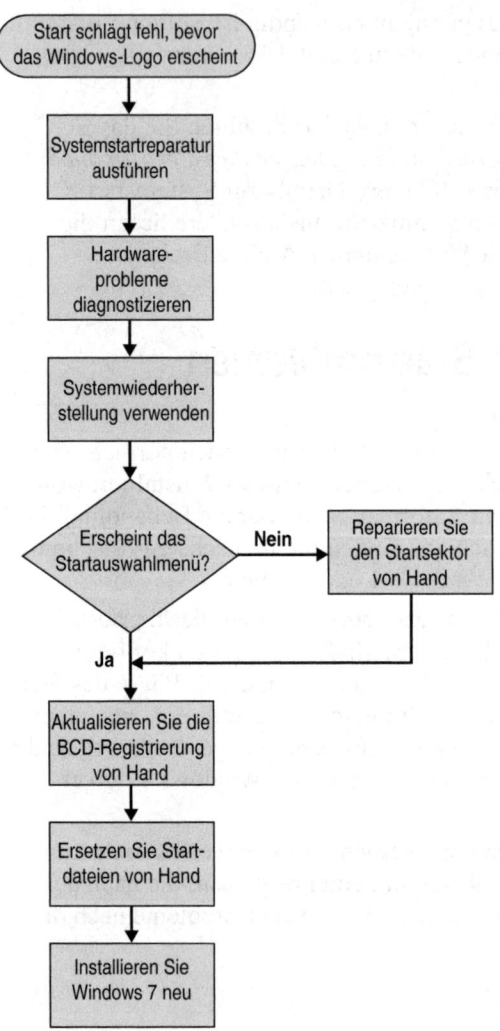

Abbildung 29.5   Folgen Sie diesem Ablauf, um eine Problembehandlung für Startprobleme durchzuführen, die auftreten, bevor das Windows-Logo erscheint

Die folgenden Abschnitte beschreiben diese Problembehandlungsschritte genauer.

> **HINWEIS** Wenn Sie Windows BitLocker aktiviert haben, kann ein verlorener Verschlüsselungsschlüssel dazu führen, dass der Computer nicht mehr gestartet werden kann. Informationen über BitLocker finden Sie in Kapitel 16, »Verwalten von Laufwerken und Dateisystemen«.

So führen Sie die Systemstartreparatur aus

Sie können die Systemstartreparatur ausführen, indem Sie die Systemwiederherstellungstools öffnen und dann die Systemstartreparatur ausführen, wie in den folgenden Abschnitten beschrieben.

So starten Sie die Systemwiederherstellungstools

Windows 7 installiert automatisch die Systemwiederherstellungstools, die in der Lage sind, praktisch jedes Startproblem im Zusammenhang mit Bootsektoren, MBR oder BCD-Registrierungsdatei zu reparieren. Das Tool Systemstartreparatur kann die meisten Startprobleme automatisch korrigieren, ohne dass Sie genau wissen müssen, was beim Startvorgang des Betriebssystems passiert. Das Tool ist so simpel, dass Sie im Rahmen der Problembehandlung sogar problemlos Endbenutzer durch die Bedienung dieses Tools leiten können.

Gehen Sie folgendermaßen vor, um die Systemwiederherstellungstools zu starten:

1. Starten Sie den Computer neu. Falls die Systemwiederherstellungstools nicht automatisch gestartet werden, müssen Sie den Computer noch einmal neu starten und diesmal F8 drücken, bevor das Windows-Startlogo erscheint. Wählen Sie dann im Bildschirm *Erweiterte Startoptionen* den Eintrag *Computer reparieren* aus.

2. Wählen Sie Ihre Sprache und die gewünschte Tastatureingabemethode aus und klicken Sie auf *Weiter*.

3. Wählen Sie Ihren Benutzernamen aus und geben Sie Ihr Kennwort ein. Klicken Sie auf *OK*.

> **HINWEIS** Auf den meisten Windows 7-Computern wurden die Systemwiederherstellungstools bereits vom Computerhersteller installiert. Auf diesen Computern können Sie die Systemwiederherstellungstools schneller starten, indem Sie F8 drücken, bevor das Windows-Logo erscheint, und dann auf dem Bildschirm *Erweiterte Startoptionen* den Eintrag *Computer reparieren* wählen. Diese Computer können Startfehler auch automatisch erkennen (indem sie feststellen, ob der letzte Start fehlgeschlagen ist) und die Systemstartreparatur ausführen.

Gelingt es nicht, die Systemwiederherstellungstools von der Festplatte zu starten, müssen Sie die Windows-DVD einlegen und den Computer so konfigurieren, dass er von dieser DVD startet. Gehen Sie dabei folgendermaßen vor:

1. Legen Sie die Windows-DVD in Ihren Computer ein.

2. Starten Sie Ihren Computer neu. Drücken Sie irgendeine Taste, wenn Sie gefragt werden, ob Sie von der DVD starten wollen. Falls keine solche Meldung erscheint, müssen Sie unter Umständen die Startreihenfolge Ihres Computers verändern. Weitere Informationen finden Sie im Abschnitt »Anfangsstartphase« weiter oben in diesem Kapitel.

3. Warten Sie, bis das Windows 7-Setup ausgeführt wird.

4. Wählen Sie Ihre Regionseinstellungen und das Tastaturlayout und klicken Sie dann auf *Weiter*.

5. Klicken Sie auf *Computer reparieren*, um *RecEnv.exe* zu starten.

6. Nach dem Start der Systemwiederherstellungstools sucht die Systemwiederherstellung auf Ihren Festplatten nach Windows-Installationen.

7. Falls die Windows-Standardtreiber keine Festplatte erkennen, weil dafür Treiber benötigt werden, die nicht in Windows 7 enthalten sind, können Sie auf die Schaltfläche *Treiber laden* klicken, um den Treiber zu laden. Wählen Sie anschließend ein Betriebssystem aus, das repariert werden soll, und klicken Sie auf *Weiter*.

Der weitere Ablauf ist derselbe, egal ob Sie die Systemwiederherstellungstools von Festplatte oder von DVD geladen haben. Falls Windows beim letzten Versuch nicht starten konnte, wird automatisch das Tool Systemstartreparatur ausgeführt. Andernfalls wird die Seite *Wählen Sie ein Wiederherstellungstool aus* geöffnet (Abbildung 29.6).

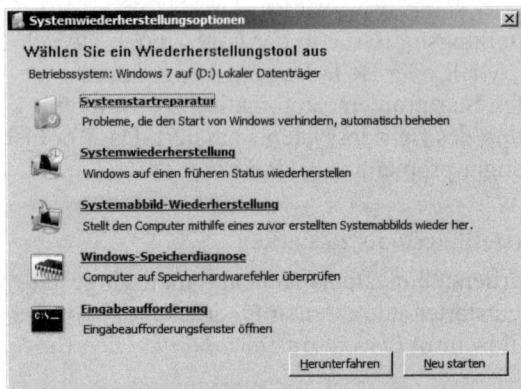

Abbildung 29.6 Die Systemwiederherstellung stellt eine Reihe unterschiedlicher Problembehandlungswerkzeuge zur Verfügung

So führen Sie die Systemstartreparatur aus

Am einfachsten können Sie Startprobleme beseitigen, indem Sie die Systemwiederherstellungstools laden (wie im letzten Abschnitt beschrieben), dann auf *Systemstartreparatur* klicken und den angezeigten Anweisungen folgen. Gehen Sie folgendermaßen vor, um die Systemstartreparatur auszuführen:

1. Klicken Sie auf *Systemstartreparatur* und befolgen Sie die angezeigten Anweisungen. Welche Anweisungen angezeigt werden, hängt davon ab, welches Problem die Systemstartreparatur erkennt. Unter Umständen werden Sie aufgefordert, Ihren Computer mit der Systemwiederherstellung zurückzusetzen oder den Computer neu zu starten und die Problembehandlung fortzusetzen.

2. Warten Sie, bis das Tool Systemstartreparatur die Diagnose und Reparatur abgeschlossen hat, und klicken Sie dann auf *Klicken Sie hier, um Diagnose- und Reparaturdetails anzuzeigen*. Am Ende des Berichts führt die Systemstartreparatur eine Fehlerursache auf, sofern sie eine gefunden hat, und zeigt an, welche Schritte erforderlich sind, um das Problem zu reparieren. Protokolldateien sind unter *%WinDir%\System32\LogFiles\SRT\SRTTrail.txt* gespeichert.

3. Starten Sie den Computer neu und lassen Sie Windows 7 diesmal normal starten.

So verwenden Sie BootRec

Die Systemstartreparatur kann die meisten BCD-Probleme automatisch beseitigen. Falls Sie Probleme lieber von Hand analysieren und reparieren, können Sie das Befehlszeilentool *BootRec.exe* verwenden, indem Sie die Systemwiederherstellungstools starten und dann im Dialogfeld *Systemwiederherstellungsoptionen* auf *Eingabeaufforderung* klicken.

BootRec.exe unterstützt die folgenden Befehlszeilenparameter:

- **/FIXMBR**   Der Parameter /FIXMBR schreibt einen Master Boot Record auf die Systempartition.
- **/FIXBOOT**   Der Parameter /FIXBOOT schreibt einen neuen Startsektor auf die Systempartition.
- **/SCANOS**   Der Parameter /SCANOS durchsucht alle Datenträger nach Windows-Installationen und zeigt Einträge an, die sich momentan nicht im BCD-Speicher befinden.
- **/REBUILDBCD**   Der Parameter /REBUILDBCD durchsucht alle Datenträger nach Windows-Installationen und lässt Sie auswählen, welche Einträge zum BCD-Speicher hinzugefügt werden sollen.

Direkt von der Quelle: Ersatz für die Befehle der Windows XP-Wiederherstellungskonsole

Parveen Patel, Developer, *Windows Reliability*

Die Wiederherstellungskonsole wurde in Windows Vista und Windows 7 aufgegeben. Was ist also mit all den wunderbaren Befehlen passiert, die in der Wiederherstellungskonsole zur Verfügung standen? Nun ja, wir hatten gehofft, dass Sie sie nicht mehr benötigen. Falls Sie sie aber doch haben wollen, sind Sie sicher glücklich darüber, dass die meisten davon über die Eingabeaufforderung in der Windows-Wiederherstellungsumgebung (Windows Recovery Environment, WinRE) verfügbar sind. Hier eine Liste der Wiederherstellungskonsolenbefehle, die in WinRE anders oder nicht verfügbar sind:

Wiederherstellungs-konsolenbefehl	WinRE-Äquivalent(e)
BootCfg	BootRec /ScanOS, BootRec /RebuildBcd, bcdedit
FixBoot	BootRec /FixBoot
FixMBR	BootRec /FixMbr
Map	DiskPart
Logon	Nicht erforderlich
LISTSVC	Nicht verfügbar
ENABLE	Nicht verfügbar
DISABLE	Nicht verfügbar
SYSTEMROOT	Nicht verfügbar

Alle übrigen Befehle haben in WinRE denselben Namen. Die Befehle im Zusammenhang mit Diensten (LISTSVC, ENABLE und DISABLE), die nicht zur Verfügung stehen, können dadurch ersetzt werden, dass Sie mit Regedit von Hand die Registrierungsstruktur bearbeiten.

So diagnostizieren Sie Hardwareprobleme

Falls die Systemstartreparatur das Problem nicht beseitigen kann oder Sie Windows Setup nicht starten können, handelt es sich möglicherweise um ein Hardwareproblem. Die meisten durch Hardware verursachten Probleme verhindern zwar nicht, dass Windows 7 startet, aber solche Probleme machen sich unter Umständen früh im Startvorgang bemerkbar. Symptome sind zum Beispiel Warnmeldungen, Startfehler und Abbruchmeldungen. Die Ursachen sind meist eine falsche Gerätekonfiguration, falsche Treibereinstellungen oder Hardwaredefekte oder -totalausfälle.

Ausführliche Informationen über die Behandlung von Hardwareproblemen finden Sie in Kapitel 30, »Problembehandlung für Hardware, Treiber und Laufwerke«.

So verwenden Sie die Systemwiederherstellung

Windows 7 zeichnet automatisch den Systemzustand auf, bevor es neue Anwendungen oder Treiber installiert. Sie können mit den Systemwiederherstellungstools später diesen Systemzustand wiederherstellen, falls Probleme auftreten.

Sie können die Systemwiederherstellung innerhalb von Windows (auch im abgesicherten Modus) starten, indem Sie im Startmenü auf *Alle Programme*, dann auf *Zubehör*, *Systemprogramme* und schließlich *Systemwiederherstellung* klicken.

Gehen Sie folgendermaßen vor, um die Systemwiederherstellung auszuführen, wenn Sie Windows nicht starten können:

1. Starten Sie die Systemwiederherstellungstools, wie im Abschnitt »So starten Sie die Systemwiederherstellungstools« weiter oben in diesem Kapitel beschrieben.

2. Klicken Sie auf *Systemwiederherstellung*.

Daraufhin wird der Systemwiederherstellungs-Assistent geöffnet. Nun können Sie folgendermaßen einen früheren Zustand von Windows wiederherstellen:

1. Klicken Sie auf der Seite *Systemdateien und -einstellungen wiederherstellen* des Systemwiederherstellungs-Assistenten auf *Weiter*.

2. Klicken Sie auf der Seite *Einen Wiederherstellungspunkt auswählen* auf einen Wiederherstellungspunkt. Normalerweise sollten Sie den Wiederherstellungspunkt des letzten Zeitpunkts wählen, an dem der Computer noch einwandfrei lief. Falls der Computer schon länger als 5 Tage nicht mehr richtig funktioniert, müssen Sie das Kontrollkästchen *Weitere Wiederherstellungspunkte anzeigen* aktivieren (Abbildung 29.7) und dann den gewünschten Wiederherstellungspunkt auswählen. Klicken Sie auf *Weiter*.

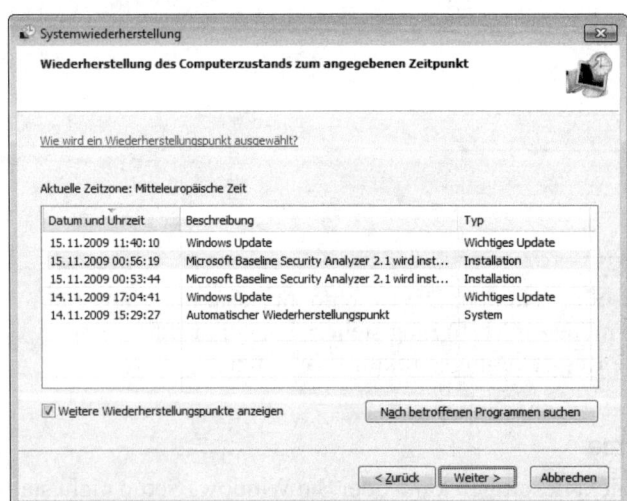

Abbildung 29.7   Einige Startprobleme können Sie mithilfe der Systemwiederherstellung beseitigen

3. Klicken Sie auf der Seite *Wiederherzustellende Datenträger bestätigen* auf *Weiter*.

4. Klicken Sie auf der Seite *Wiederherstellungspunkt bestätigen* auf *Fertig stellen*.

5. Klicken Sie auf *Ja*, um zu bestätigen, dass die Systemwiederherstellung durchgeführt werden soll. Das Tool Systemwiederherstellung ändert die Systemdateien und Einstellungen, sodass Windows 7

in den Zustand zurückversetzt wird, den es zu dem Zeitpunkt hatte, als der Wiederherstellungspunkt aufgezeichnet wurde.

6. Warten Sie, bis die Systemwiederherstellung abgeschlossen ist, und klicken Sie dann auf *Neu
   starten*. Sie sollten jetzt versuchen, den Computer zu starten und festzustellen, ob das Problem
   beseitigt wurde.

7. Wenn der Computer neu startet, zeigt Windows 7 eine Meldung an, dass eine Systemwiederherstellung vorgenommen wurde. Klicken Sie auf *Schließen*.

So reparieren Sie den Startsektor von Hand

Die Systemstartreparatur ist bei Weitem der schnellste und einfachste Weg, die meisten Startprobleme
zu beseitigen. Falls Sie allerdings mit der Behandlung von Startproblemen vertraut sind und lediglich
ein Startsektorproblem beseitigen müssen, nachdem ein anderes Betriebssystem installiert wurde,
können Sie in einer Eingabeaufforderung (etwa mit dem Tool Eingabeaufforderung aus den Systemwiederherstellungstools) den folgenden Befehl eingeben:

```
bootsect /NT60 ALL
```

Bootsect.exe liegt im Ordner *\Boot* der Windows 7-DVD und kann aus WinRE oder Windows 7
gestartet werden.

Sobald Bootsect ausgeführt wurde, müsste es möglich sein, Windows zu laden, aber unter Umständen
können Sie ältere Windows-Versionen nicht mehr starten, die auf demselben Computer installiert sind.
Um andere Betriebssysteme zu laden, müssen Sie Einträge zur BCD-Registrierungsdatei hinzufügen,
wie im Abschnitt »So erstellen Sie einen Eintrag für ein anderes Betriebssystem« weiter oben in diesem
Kapitel beschrieben.

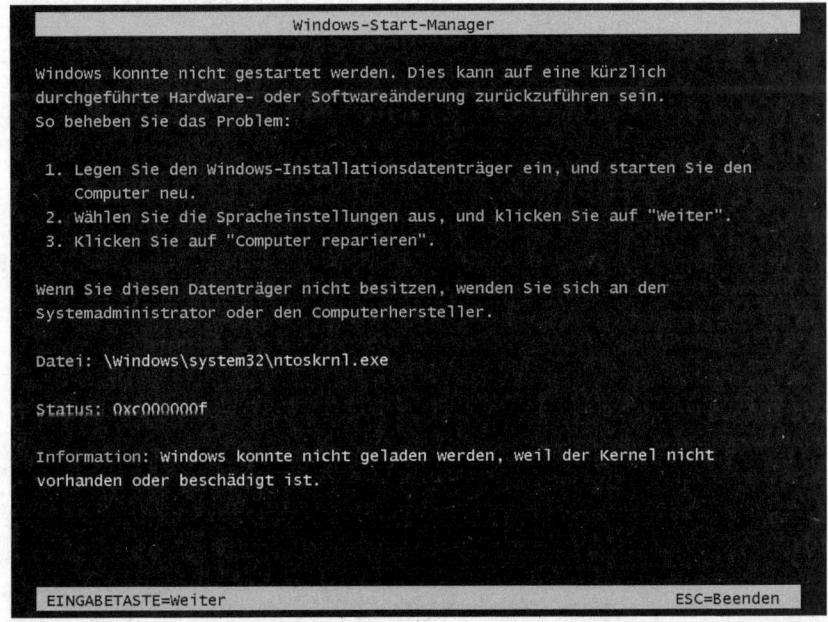

Abbildung 29.8 Windows kann die Namen von fehlenden Startdateien anzeigen;
Sie können diese Dateien dann von Hand ersetzen

So aktualisieren Sie von Hand die BCD-Registrierungsdatei

Die einfachste Methode, Probleme mit der BCD-Registrierungsdatei zu beseitigen, besteht darin, die Systemstartreparatur auszuführen, wie weiter oben in diesem Kapitel beschrieben. Sie können mit den Systemwiederherstellungstools aber auch von Hand die BCD-Registrierungsdatei aktualisieren. Gehen Sie dazu folgendermaßen vor:

1. Laden Sie die Systemwiederherstellungstools, wie weiter oben beschrieben.
2. Klicken Sie auf *Eingabeaufforderung*.
3. Verwenden Sie jetzt BCDEdit, um die BCD-Registrierungsdatei zu aktualisieren.

Ausführliche Informationen finden Sie im Abschnitt »So verwenden Sie BCDEdit« weiter oben in diesem Kapitel.

So können Sie Dateien von Hand ersetzen

Falls Startdateien fehlen oder beschädigt sind, kann Windows 7 unter Umständen nicht starten. Oft zeigt Windows 7 eine Fehlermeldung an, in der die fehlende Datei genannt ist. Ein Beispiel von einer englischen Windows 7-Version sehen Sie in Abbildung 29.8.

Die Systemstartreparatur kann fehlende Systemdateien automatisch ersetzen, aber unter Umständen erkennt sie nicht, dass Dateien beschädigt sind. Sie können Dateien auch mit der Eingabeaufforderung der Systemwiederherstellungstools ersetzen.

Gehen Sie folgendermaßen vor, um Dateien zu ersetzen:

1. Kopieren Sie die benötigten Dateien auf einem anderen Computer auf einen Wechseldatenträger, zum Beispiel eine CD oder ein USB-Flashlaufwerk. Sie können nicht auf die Windows 7-Systemdateien der Windows 7-DVD zugreifen, weil sie innerhalb einer WIM-Datei gespeichert sind, auf die Sie aus der Systemwiederherstellungsumgebung heraus keinen Zugriff haben.
2. Starten Sie die Systemwiederherstellungstools, wie im Abschnitt »So starten Sie die Systemwiederherstellungstools« weiter oben in diesem Kapitel beschrieben.
3. Warten Sie, bis die Systemwiederherstellungstools gestartet wurden, und klicken Sie dann auf *Eingabeaufforderung*.
4. Ihr Wechseldatenträger hat einen Laufwerkbuchstaben, genau wie eine Festplatte. Die Systemwiederherstellungstools weisen Festplatten Buchstaben ab *C:* zu, danach folgen die Wechseldatenträger. Führen Sie den folgenden Befehl aus, um den Laufwerkbuchstaben Ihres Wechseldatenträgers zu ermitteln:

```
C:\>diskpart
DISKPART> list volume
```

Volume ###	Bst	Bezeichnung	DS	Typ	Größe	Status	Info
Volume 0	C	Win7	NTFS	Partition	63 GB	Fehlerfre	
Volume 1	E	Windows XP	NTFS	Partition	91 GB	Fehlerfre	
Volume 2	D		NTFS	Partition	69 GB	Fehlerfre	
Volume 3	I			Wechselm.	0 B	Kein Medi	
Volume 4	H			Wechselm.	0 B	Kein Medi	
Volume 5	F	LR1CFRE_EN_	UDF	Partition	2584 MB	Fehlerfre	
Volume 6	G	USBDRIVE	FAT32	Partition	991 MB	Fehlerfre	

5. Übertragen Sie die Dateien mit dem Befehl `Copy` von Ihrem Wechseldatenträger auf die Festplatte des Computers.

So installieren Sie Windows neu

Gelegentlich kann es vorkommen, dass Startdateien und kritische Bereiche der Festplatte beschädigt werden. Falls Sie in erster Linie noch lesbare Datendateien retten und sie im Tool *Sichern und Wiederherstellen* auf Sicherungsmedien oder in einen Netzwerkordner kopieren wollen, können Sie eine Parallelinstallation von Windows durchführen. Das mag Ihnen zwar Zugriff auf das Dateisystem verschaffen, beschädigt aber Ihr vorhandenes Betriebssystem und die Anwendungen.

Falls Sie Windows nicht starten können, obwohl Sie die Problembehandlungsschritte in dieser Anleitung befolgt haben, können Sie Windows neu installieren, um die Daten wiederherstellen zu können. Gehen Sie dazu folgendermaßen vor:

1. Legen Sie die Windows-DVD in Ihren Computer ein.
2. Starten Sie Ihren Computer neu. Drücken Sie irgendeine Taste, wenn Sie gefragt werden, ob Sie von der DVD starten wollen.
3. Das Windows-Setup wird ausgeführt. Wählen Sie Ihre Regionseinstellungen und das Tastaturlayout und klicken Sie dann auf *Weiter*.
4. Klicken Sie auf *Jetzt installieren*.
5. Geben Sie Ihren Product Key ein, wenn Sie dazu aufgefordert werden.
6. Aktivieren Sie das Kontrollkästchen *Ich akzeptiere die Lizenzbedingungen* und klicken Sie auf *Weiter*.
7. Klicken Sie auf *Benutzerdefiniert*.
8. Wählen Sie auf der Seite *Wo möchten Sie Windows installieren* die Partition mit Ihrer Windows-Installation aus und klicken Sie auf *Weiter*.
9. Klicken Sie auf *OK*.

Setup installiert nun eine neue Instanz von Windows und verschiebt alle Dateien aus Ihrer vorherigen Installation in den Ordner *\Windows.Old* (darunter die Ordner *\Programme*, *\Windows* und *\Benutzer*). Sie haben jetzt zwei Möglichkeiten, um den Computer in seinen ursprünglichen Zustand zurückzuversetzen:

- **Formatieren Sie die Systempartition neu** Falls Sie eine automatisierte Bereitstellungslösung zur Verfügung haben (wie in Teil II dieses Buchs, »Bereitstellung«, beschrieben), besteht die schnellste Lösung darin, wichtige Dateien zu sichern und dann Windows neu bereitzustellen. Falls Sie Windows von Hand neu installieren müssen, können Sie folgendermaßen vorgehen:
  1. Sichern Sie alle wichtigen Dateien, indem Sie sie auf Wechseldatenträger schreiben, auf eine externe Festplatte kopieren oder in einen freigegebenen Netzwerkordner kopieren.
  2. Installieren Sie Windows neu. Wählen Sie diesmal aus, dass die Systempartition neu formatiert werden soll.
  3. Installieren Sie alle Anwendungen neu und konfigurieren Sie alle benutzerdefinierten Einstellungen.
  4. Stellen Sie wichtige Dateien wieder her.
- **Arbeiten Sie mit der aktuellen Systempartition weiter** Sie können wichtige Dateien an die entsprechenden Stellen innerhalb der neuen Windows-Instanz verschieben. Installieren Sie dann alle Anwendungen neu und konfigurieren Sie alle benutzerdefinierten Einstellungen. Zuletzt können Sie die ursprüngliche Windows-Instanz mit der Datenträgerbereinigung entfernen, indem Sie den Ordner *\Windows.Old* löschen.

Problembehandlung für den Startvorgang, nachdem das Windows-Logo erscheint

Falls Ihr Computer das Windows-Logo (Abbildung 29.9) anzeigt, bevor der Fehler auftritt, wurde der Windows-Kernel erfolgreich geladen. Wahrscheinlich wird der Startfehler durch einen defekten Treiber oder Dienst verursacht.

Abbildung 29.9 Wenn das Windows-Logo angezeigt wird, bedeutet das, dass Windows 7 den Kernel geladen hat

Gehen Sie nach dem in Abbildung 29.10 gezeigten Ablauf vor, um die fehlerhafte Softwarekomponente zu identifizieren und zu deaktivieren, damit Windows erfolgreich starten kann. Wenn Windows erst einmal gestartet ist, können Sie die Problembehandlung bei Bedarf fortsetzen, um das Problem mit der Komponente zu beseitigen. Falls das Startproblem sofort nach dem Aktualisieren oder Installieren einer Autostartanwendung auftritt, sollten Sie eine Problembehandlung für die Autostartanwendung durchführen. Informationen über die Problembehandlung von Autostartanwendungen finden Sie im Abschnitt »So können Sie Autostartanwendungen und -prozesse zeitweise deaktivieren« weiter unten in diesem Kapitel.

Die folgenden Abschnitte beschreiben diese Schritte genauer.

So führen Sie die Systemstartreparatur aus

Die Systemstartreparatur kann viele häufiger vorkommende Startprobleme automatisch beseitigen, auch falls das Problem auftaucht, nachdem das Windows-Logo angezeigt wird. Weil die Systemstartreparatur einfach zu bedienen ist und eine sehr geringe Gefahr besteht, dass zusätzliche Probleme entstehen, sollte dies Ihr erster Problembehandlungsschritt sein. Eine ausführliche Anleitung finden Sie im Abschnitt »So führen Sie die Systemstartreparatur aus« weiter oben in diesem Kapitel.

Sobald Sie die Systemstartreparatur ausgeführt haben, sollten Sie versuchen, Ihren Computer normal zu starten. Setzen Sie die Problembehandlung nur fort, falls Windows dann immer noch nicht startet.

So stellen Sie die letzte als funktionierend bekannte Konfiguration wieder her

Die letzte als funktionierend bekannte Konfiguration wird normalerweise verwendet, damit das Betriebssystem wieder startet, falls ein Fehler auftritt, nachdem das Windows-Logo angezeigt wird. Indem Sie die letzte als funktionierend bekannte Konfiguration verwenden, können Sie Instabilität oder Startprobleme beheben, indem Sie die letzten Änderungen an System, Treiber und Registrierung rückgängig machen. Wenn Sie dieses Feature verwenden, gehen alle Konfigurationsänderungen verloren, die Sie vorgenommen haben, seit Sie Ihren Computer zum letzten Mal erfolgreich gestartet haben.

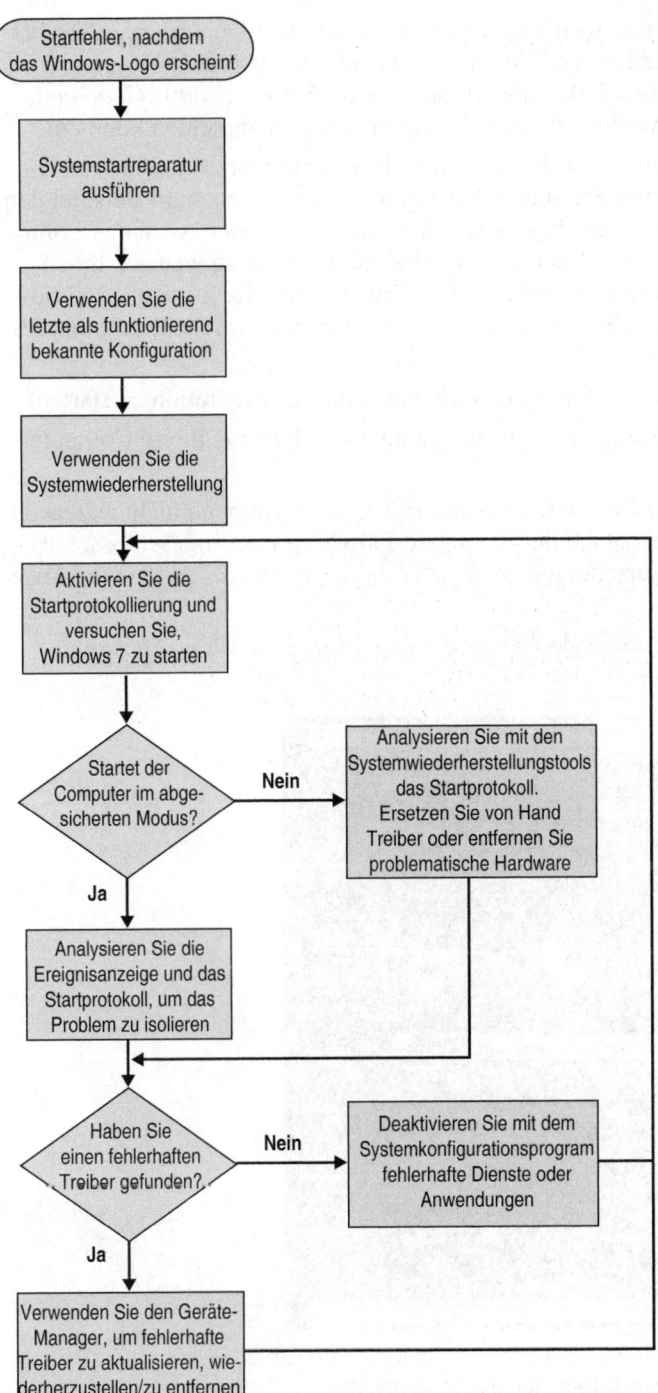

Abbildung 29.10   Gehen Sie nach diesem Schema vor, um eine
Behandlung von Startproblemen durchzuführen, die auftreten, nachdem
das Windows-Logo erscheint, aber bevor der Anmeldebildschirm sichtbar ist

Wenn Sie die letzte als funktionierend bekannte Konfiguration verwenden, werden vorherige Treiber und auch Registrierungseinstellungen für die Unterschlüssel *HKEY_LOCAL_MACHINE\System\ CurrentControlSet* wiederhergestellt. Windows 7 aktualisiert das Control Set *LastKnownGood* erst, wenn Sie das Betriebssystem im normalen Modus erfolgreich starten und sich anmelden konnten.

Wenn Sie eine Problembehandlung durchführen, wird empfohlen, dass Sie die letzte als funktionierend bekannte Konfiguration verwenden, bevor Sie andere Startoptionen probieren, zum Beispiel den abgesicherten Modus. Falls Sie allerdings erst den abgesicherten Modus verwenden, wird das Control Set für die letzte als funktionierend bekannte Konfiguration nicht aktualisiert, auch wenn es Ihnen gelingt, sich im abgesicherten Modus am Computer anzumelden. Daher bleibt die letzte als funktionierend bekannte Konfiguration auch dann noch eine Option, falls Sie Ihr Problem nicht mithilfe des abgesicherten Modus beseitigen konnten.

Gehen Sie folgendermaßen vor, um die letzte als funktionierend bekannte Konfiguration zu starten:

1. Entfernen Sie alle Disketten, CDs, DVDs und anderen startfähigen Medien aus Ihrem Computer und starten Sie den Computer neu.

2. Drücken Sie im Betriebssystemmenü die Taste F8. Falls das Betriebssystemmenü nicht angezeigt wird, müssen Sie wiederholt F8 drücken, sobald der Firmware-POST-Prozess abgeschlossen ist, aber noch bevor das Windows-Startlogo erscheint. Das Menü *Erweiterte Startoptionen* wird angezeigt.

3. Wählen Sie im Menü *Erweiterte Startoptionen* den Eintrag *Letzte als funktionierend bekannte Konfiguration (erweitert)* aus (Abbildung 29.11).

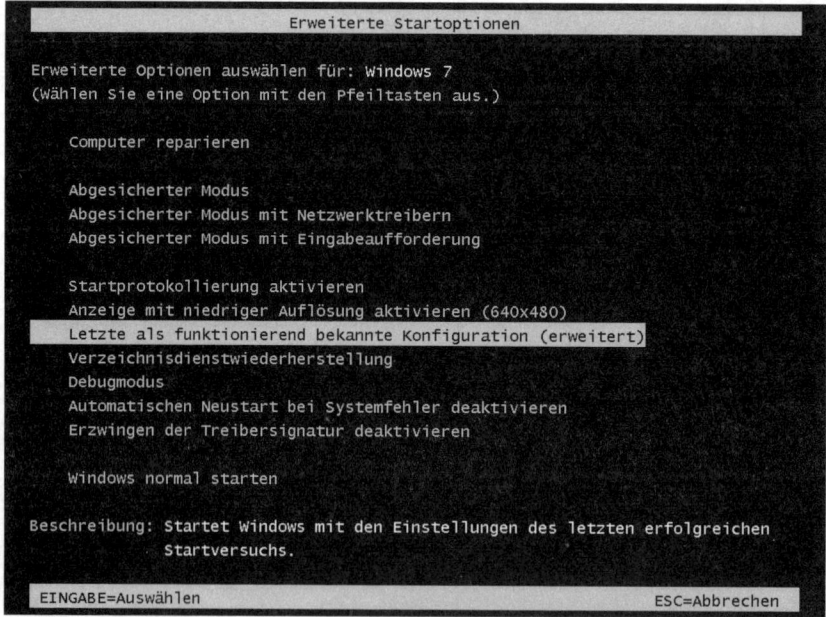

```
                          Erweiterte Startoptionen

   Erweiterte Optionen auswählen für: Windows 7
   (Wählen Sie eine Option mit den Pfeiltasten aus.)

        Computer reparieren

        Abgesicherter Modus
        Abgesicherter Modus mit Netzwerktreibern
        Abgesicherter Modus mit Eingabeaufforderung

        Startprotokollierung aktivieren
        Anzeige mit niedriger Auflösung aktivieren (640x480)
        Letzte als funktionierend bekannte Konfiguration (erweitert)
        Verzeichnisdienstwiederherstellung
        Debugmodus
        Automatischen Neustart bei Systemfehler deaktivieren
        Erzwingen der Treibersignatur deaktivieren

        Windows normal starten

   Beschreibung: Startet Windows mit den Einstellungen des letzten erfolgreichen
                 Startversuchs.

   EINGABE=Auswählen                                          ESC=Abbrechen
```

Abbildung 29.11   Mit der letzten als funktionierend bekannten Konfiguration können Sie einige Einstellungen in den Zustand zurückversetzen, den das System hatte, als sich zum letzten Mal ein Benutzer erfolgreich angemeldet hat

Wenn Windows startet, liest es Statusinformationen aus der Datei *%WinDir%\Bootstat.dat*. Falls Windows feststellt, dass der letzte Startversuch fehlgeschlagen ist, zeigt es automatisch das Startwiederherstellungsmenü an, das ähnliche Startoptionen anbietet wie das Menü *Erweiterte Startoptionen*, aber ohne dass Sie F8 zu drücken brauchen.

HINWEIS   Falls Sie vermuten, dass Änderungen, die Sie vorgenommen haben, seit Sie den Computer zum letzten Mal erfolgreich starten konnten, Probleme verursachen, sollten Sie Windows nicht normal starten und sich anmelden. Bei der Anmeldung wird das Control Set für die letzte als funktionierend bekannte Konfiguration überschrieben. Starten Sie stattdessen den Computer neu und verwenden Sie die letzte als funktionierend bekannte Konfiguration. Sie können sich auch im abgesicherten Modus anmelden, ohne dass die letzte als funktionierend bekannte Konfiguration überschrieben wird. Weitere Informationen über Control Sets finden Sie im Abschnitt »Kernel-Ladephase« weiter oben in diesem Kapitel.

So verwenden Sie die Systemwiederherstellung

Falls die letzte als funktionierend bekannte Konfiguration das Problem nicht beseitigt, können Sie von Hand eine Systemwiederherstellung durchführen, falls die Systemstartreparatur dies nicht automatisch erledigt hat. Die Systemstartreparatur hätte diesen Schritt aber normalerweise durchgeführt, falls sie das Problem hätte beseitigen können. Informationen zur Verwendung der Systemwiederherstellung finden Sie im Abschnitt »So verwenden Sie die Systemwiederherstellung«, einem Unterabschnitt von »Problembehandlung für den Startvorgang, bevor das Windows-Logo erscheint«, weiter oben in diesem Kapitel.

So aktivieren Sie die Startprotokollierung

Die Startprotokollierung ist nützlich, um die Ursache eines Startproblems zu protokollieren, das auftritt, nachdem das Betriebssystemmenü angezeigt wird. Gehen Sie folgendermaßen vor, um die Startprotokollierung zu aktivieren:

1. Entfernen Sie alle Disketten, CDs, DVDs und anderen startfähigen Medien aus Ihrem Computer und starten Sie den Computer neu.
2. Drücken Sie im Betriebssystemmenü die Taste F8. Falls das Betriebssystemmenü nicht angezeigt wird, müssen Sie wiederholt F8 drücken, sobald der Firmware-POST-Prozess abgeschlossen ist, aber noch bevor das Windows-Startlogo erscheint. Das Menü *Erweiterte Startoptionen* wird angezeigt.
3. Wählen Sie im Menü *Erweiterte Startoptionen* den Eintrag *Startprotokollierung aktivieren* (Abbildung 29.12).

Windows startet und legt eine Protokolldatei unter *%WinDir%\Ntbtlog.txt* an. Die Protokolldatei beginnt mit Zeit- und Versionsinformationen und listet dann alle Dateien auf, die erfolgreich geladen werden. Die Einträge sehen zum Beispiel so aus:

```
Microsoft (R) Windows (R) Version 6.1 (Build 7100)
 5 27 2009 17:57:37.500
Loaded driver \SystemRoot\system32\ntoskrnl.exe
Loaded driver \SystemRoot\system32\hal.dll
Loaded driver \SystemRoot\system32\kdcom.dll
Loaded driver \SystemRoot\system32\mcupdate_GenuineIntel.dll
Loaded driver \SystemRoot\system32\PSHED.dll
Loaded driver \SystemRoot\system32\BOOTVID.dll
Loaded driver \SystemRoot\system32\CLFS.SYS
```

```
Loaded driver \SystemRoot\system32\CI.dll
Loaded driver \SystemRoot\system32\drivers\wdf0100.sys
Loaded driver \SystemRoot\system32\drivers\WDFLDR.SYS
Did not load driver \SystemRoot\system32\drivers\serial.sys
Loaded driver \SystemRoot\system32\drivers\acpi.sys
```

Die folgenden Abschnitte enthalten weitere Informationen darüber, wie Sie die Startprotokolldatei anzeigen und analysieren.

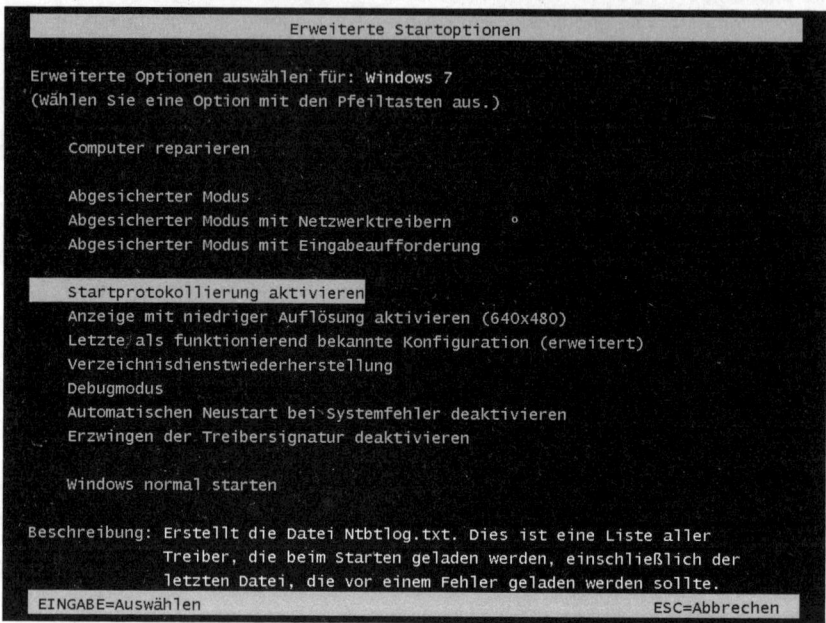

Abbildung 29.12   Die Startprotokollierung kann Ihnen helfen, die Ursache von Startproblemen zu identifizieren

So starten Sie im abgesicherten Modus

Der abgesicherte Modus ist eine Diagnoseumgebung, die nur einen Teil der Treiber und Dienste lädt, die beim Start im normalen Modus ausgeführt werden. Der abgesicherte Modus ist nützlich, wenn Sie Software oder einen Gerätetreiber installieren, der beim Start im normalen Modus Instabilität oder Probleme verursacht. Windows kann oft noch im abgesicherten Modus starten, selbst wenn Hardwarefehler verhindern, dass es im normalen Modus startet. In den meisten Fällen ermöglicht Ihnen der abgesicherte Modus, Windows zu starten und dann eine Behandlung der Probleme durchzuführen, die den Start verhindern.

Wenn Sie sich im abgesicherten Modus am Computer anmelden, wird dabei nicht das Control Set *LastKnownGood* überschrieben. Falls Sie sich daher im abgesicherten Modus an Ihrem Computer anmelden und dann entscheiden, dass Sie die letzte als funktionierend bekannte Konfiguration probieren möchten, steht Ihnen diese Möglichkeit noch offen.

Im abgesicherten Modus verwendet Windows 7 nur die Komponenten, die unbedingt erforderlich sind, um die grafische Benutzeroberfläche (graphical user interface, GUI) zu starten. Die folgenden Registrierungsunterschlüssel listen die Treiber und Dienste auf, die im abgesicherten Modus gestartet werden:

- **Abgesicherter Modus**   *HKEY_LOCAL_MACHINE\SYSTEM\CurrentControlSet\Control\SafeBoot\ Minimal*
- **Abgesicherter Modus mit Netzwerktreibern**   *HKEY_LOCAL_MACHINE\SYSTEM\CurrentControl-Set\Control\SafeBoot\Network*

Gehen Sie folgendermaßen vor, um auf den abgesicherten Modus zuzugreifen:

1. Entfernen Sie alle Disketten und DVDs aus Ihrem Computer und starten Sie den Computer neu.

2. Drücken Sie im Betriebssystemmenü die Taste F8. Falls das Betriebssystemmenü nicht angezeigt wird, müssen Sie wiederholt F8 drücken, sobald der Firmware-POST-Prozess abgeschlossen ist, aber noch bevor das Windows-Startlogo erscheint. Das Menü *Erweiterte Startoptionen* wird angezeigt.

3. Wählen Sie im Menü *Erweiterte Startoptionen* die Einträge *Abgesicherter Modus*, *Abgesicherter Modus mit Netzwerktreibern* oder *Abgesicherter Modus mit Eingabeaufforderung*. Wählen Sie *Abgesicherter Modus*, falls Sie keine Netzwerkunterstützung benötigen. Wählen Sie *Abgesicherter Modus mit Netzwerktreibern*, falls Sie für Ihre Problembehandlung Zugriff auf das Netzwerk brauchen, weil Sie zum Beispiel ein Treiberupdate herunterladen müssen. Wählen Sie *Abgesicherter Modus mit Eingabeaufforderung*, wenn Sie in der Eingabeaufforderung arbeiten wollen.

Wenn Windows startet, liest es Statusinformationen aus der Datei *%SystemRoot%\Bootstat.dat*. Falls Windows erkennt, dass der letzte Startversuch fehlgeschlagen ist, zeigt es automatisch das Startwiederherstellungsmenü, das ähnliche Startoptionen anbietet wie das Menü *Erweiterte Startoptionen*, aber ohne dass Sie F8 starten müssen.

So identifizieren Sie fehlerhafte Treiber und Dienste

Wenn Sie eine Problembehandlung durchführen, variieren je nach Computer die Methoden, mit denen Sie feststellen, welche Dienste und Prozesse zeitweise deaktiviert werden müssen. Am zuverlässigsten können Sie feststellen, was Sie deaktivieren sollten, indem Sie mehr Informationen über die Dienste und Prozesse sammeln, die in Ihrem Computer aktiviert sind.

Die folgenden Windows-Tools und -Features generieren eine Vielzahl von Protokollen, die Ihnen wertvolle Informationen für die Problembehandlung liefern:

- Ereignisanzeige
- *Sc.exe*
- Systeminformationen
- Fehlerberichterstattungsdienst
- Startprotokolle

Von diesen Tools stehen nur die Startprotokolle zur Verfügung, wenn Sie die Systemwiederherstellungstools verwenden. Allerdings stehen alle Tools zur Verfügung, wenn Sie im abgesicherten Modus arbeiten.

So analysieren Sie Startprobleme im abgesicherten Modus

Der abgesicherte Modus gibt Ihnen Zugriff auf alle üblichen grafischen Problembehandlungswerkzeuge, darunter auch alle, die in den folgenden Abschnitten beschrieben werden.

Ereignisanzeige (*Eventvwr.msc*)

Wenn Sie das System im abgesicherten oder normalen Modus starten können, können Sie mit der Ereignisanzeige (*Eventvwr.msc*) Protokolle ansehen, die Ihnen helfen, Systemprobleme zu identifizieren. Wenn Sie eine Problembehandlung durchführen, können Sie anhand dieser Protokolle Probleme isolieren, die durch Anwendungen, Treiber oder Dienste verursacht werden, und häufiger auftretende Probleme identifizieren. Sie können diese Protokolle in einer Datei speichern und Filterkriterien angeben.

Die Ereignisanzeige stellt mindestens drei Protokolle zur Verfügung:

- **Anwendungsprotokolle** Das Anwendungsprotokoll enthält Ereignisse, die von Anwendungen oder Programmen aufgezeichnet werden. Zum Beispiel kann es sein, dass ein Datenbankprogramm hier Lese- und Schreibfehler einträgt.

- **Sicherheitsprotokolle** Das Sicherheitsprotokoll speichert Sicherheitsereigniseinträge, zum Beispiel Anmeldeversuche und Aktionen im Zusammenhang mit dem Erstellen, Öffnen oder Löschen von Dateien. Ein Administrator kann einstellen, welche Ereignisse im Sicherheitsprotokoll aufgezeichnet werden.

- **Systemprotokolle** Das Systemprotokoll enthält Informationen über Systemkomponenten. Die Ereignisanzeige zeichnet einen Eintrag auf, wenn ein Treiber oder eine andere Systemkomponente während des Starts nicht geladen wird. Daher können Sie in der Ereignisanzeige nach Informationen über Treiber oder Dienste suchen, die nicht geladen wurden.

Gehen Sie folgendermaßen vor, um in der Ereignisanzeige Informationen über Treiber- und Dienstfehler aus dem Systemprotokoll zu ermitteln:

1. Klicken Sie im Startmenü mit der rechten Maustaste auf *Computer* und dann auf *Verwalten*.

2. Erweitern Sie *System*, dann *Ereignisanzeige*, *Windows-Protokolle* und klicken Sie auf *System*.

3. Wählen Sie den Menübefehl *Aktion/Aktuelles Protokoll filtern*.

4. Aktivieren Sie im Feld *Ereignisebene* die Kontrollkästchen *Kritisch* und *Fehler*.

5. Aktivieren Sie in der Liste *Quellen* das Kontrollkästchen *Ereignisprotokollanbieter für Dienststeuerungs-Manager* und klicken Sie auf *OK*.

6. Klicken Sie doppelt auf einen Ereigniseintrag, um sich die Details anzusehen.

Nicht alle Startprobleme führen dazu, dass ein Eintrag in das Ereignisprotokoll geschrieben wird. Daher kann es sein, dass Sie keine Informationen zu Ihrem Problem finden. Weitere Informationen über die Ereignisanzeige finden Sie in Kapitel 21, »Pflegen der Desktopcomputer«.

Systeminformationen

Falls ein Startproblem nur sporadisch auftritt und Sie Windows im abgesicherten oder normalen Modus starten können, können Sie mit dem Tool Systeminformationen Daten über Treiber- und Dienstnamen, Status und Startinformationen abrufen.

Mit dem Tool Systeminformationen können Sie Listen der Treiber anlegen, die während des Starts im abgesicherten und normalen Modus verarbeitet wurden. Wenn Sie die Unterschiede zwischen den beiden Listen vergleichen, können Sie feststellen, welche Komponenten nicht unbedingt benötigt werden, um Windows zu starten. Zu Diagnosezwecken können Sie diesen Listenvergleich zurate ziehen, um zu entscheiden, welche Dienste Sie deaktivieren. Deaktivieren Sie im abgesicherten Modus einen Dienst und versuchen Sie dann, das Betriebssystem im normalen Modus neu zu starten. Wiederholen Sie diesen Prozess für jeden Dienst, bis Sie im normalen Modus starten können.

Gehen Sie folgendermaßen vor, um Dienst- oder Treiberinformationen anzuzeigen:

1. Geben Sie im Suchfeld des Startmenüs den Befehl **msinfo32** und drücken Sie die EINGABE-TASTE.

2. Abhängig davon, welche Informationen Sie brauchen, haben Sie jetzt folgende Möglichkeiten:

☐ Sie können sich Informationen zu Diensten ansehen, indem Sie *Softwareumgebung* erweitern und dann auf *Dienste* klicken.

☐ Sie können sich den Status eines Treibers ansehen, indem Sie *Softwareumgebung* erweitern und dann auf *Systemtreiber* klicken. Die Informationen zu allen Treibern werden im rechten Fensterabschnitt angezeigt.

☐ Sie können sich Informationen zu Treibern nach der Kategorie aufschlüsseln lassen, indem Sie den Knoten *Komponenten* erweitern und dann eine Kategorie auswählen, zum Beispiel *Anzeige*.

☐ Sie können sich problematische Geräte ansehen, indem Sie den Knoten *Komponenten* erweitern und dann auf *Problemgeräte* klicken. Sehen Sie sich die Spalte *Fehlercode* an und suchen Sie nach Informationen, die Hinweise auf die Ursache des Problems geben.

☐ Sie können sich ansehen, welche Ressourcen mehrfach benutzt werden oder Konflikte verursachen (das bedeutet allerdings nicht immer, dass ein kritisches Problem vorliegt), indem Sie den Knoten *Hardwareressourcen* erweitern und dann auf *Konflikte/Gemeinsame Nutzung* klicken. Sehen Sie sich die Spalten *Ressource* und *Gerät* an und suchen Sie nach Geräten, denen fälschlicherweise dieselben Ressourcen zugewiesen wurden. Entfernen oder deaktivieren Sie eines der Geräte oder verwenden Sie den Geräte-Manager, um den Geräten andere Ressourcen zuzuweisen.

Fehlerberichterstattungsdienst

Der Windows-Fehlerberichterstattungsdienst überwacht Ihren Computer auf Probleme, die sich auf Dienste und Anwendungen auswirken. Wenn ein Problem auftritt, können Sie einen Problembericht an Microsoft senden, worauf Sie eine automatisierte Antwort mit weiteren Informationen erhalten, zum Beispiel Neuigkeiten über ein Update für eine Anwendung oder einen Gerätetreiber. Weitere Informationen über die Ereignisanzeige finden Sie in Kapitel 21, »Pflegen der Desktopcomputer«.

Anzeigen und Ändern von Ressourcen im Geräte-Manager

Bei der Installation neuer Hardware oder beim Update von Treibern können Konflikte entstehen, sodass auf bestimmte Geräte nicht mehr zugegriffen werden kann. Sie können im Geräte-Manager überprüfen, welche Ressourcen diese Geräte verwenden. Auf diese Weise können Sie von Hand Konflikte identifizieren.

Gehen Sie folgendermaßen vor, um im Geräte-Manager (*Devmgmt.msc*) Informationen über die Nutzung von Systemressourcen anzuzeigen und zu ändern:

1. Klicken Sie im Startmenü mit der rechten Maustaste auf *Computer* und dann auf *Verwalten*.

2. Klicken Sie auf *Geräte-Manager* und dann doppelt auf ein Gerät.

3. Wählen Sie die Registerkarte *Ressourcen*, um sich anzusehen, welche Ressourcen dieses Gerät verwendet.

4. Deaktivieren Sie das Kontrollkästchen *Automatisch konfigurieren*.

5. Klicken Sie auf *Einstellung ändern* und stellen Sie ein, welche Ressourcen dem Gerät zugewiesen werden sollen.

Weitere Informationen über das Verwalten von Geräten finden Sie in Kapitel 17, »Verwalten von Geräten und Diensten«.

So analysieren Sie Startprotokolle

Die Startprotokollierung listet auf, welche Dateien während des Starts erfolgreich und welche ohne Erfolg verarbeitet wurden. Mit der Startprotokollierung können Sie aufzeichnen, welche Windows-Features verarbeitet werden, wenn Sie Ihren Computer im abgesicherten Modus oder auch im normalen Modus starten. Indem Sie die Unterschiede zwischen den beiden Protokollen untersuchen, können Sie feststellen, welche Features nicht unbedingt benötigt werden, um den Computer zu starten.

Windows zeichnet Namen und Pfad aller Dateien, die während des Starts ausgeführt werden, in der Protokolldatei *%WinDir%\Ntbtlog.txt* auf. Das Protokoll markiert jede Datei als erfolgreich (»Loaded driver ...«) oder nicht erfolgreich (»Did not load driver ...«). Die Startprotokollierung hängt neue Einträge ans Ende von *Ntbtlog.txt* an, wenn Sie Windows im abgesicherten Modus starten. Wenn Sie die Einträge für den normalen Modus mit denen aus dem abgesicherten Modus vergleichen, können Sie feststellen, welche Dienste nur im normalen Modus laufen. Einer davon muss die Ursache für das Startproblem sein, falls Windows im abgesicherten Modus erfolgreich startet. Die folgenden Zeilen sind Beispiele für Einträge in der Datei *Ntbtlog.txt*:

```
Loaded driver \SystemRoot\System32\DRIVERS\flpydisk.sys
Did not load driver \SystemRoot\System32\DRIVERS\sflpydisk.SYS
```

Beachten Sie, dass nicht jede »Did not load driver«-Meldung unbedingt auf einen Fehler hinweist, der verhindert, dass Windows starten kann. Viele Treiber sind gar nicht erforderlich, um Windows zu starten. Gehen Sie folgendermaßen vor, um Probleme zu reparieren, die durch problematische Treiber verursacht werden, falls Sie im abgesicherten Modus starten können:

1. Starten Sie den Computer neu und aktivieren Sie die Startprotokollierung.

2. Starten Sie den Computer neu, nachdem der Start fehlgeschlagen ist, und starten Sie ihn dann im abgesicherten Modus.

3. Geben Sie im Suchfeld des Startmenüs den Befehl **%WinDir%\ntbtlog.txt** ein. Die Startprotokolldatei wird im Editor geöffnet.

4. Vergleichen Sie die Liste der Treiber, die im normalen Modus geladen werden, mit der Liste der Treiber, die im abgesicherten Modus geladen werden. Der Treiber, der den Start des Systems verhindert, ist einer der Treiber, die im Startprotokoll für den normalen Modus mit »Loaded driver ...« markiert sind, aber im Startprotokoll für den abgesicherten Modus mit »Did not load driver ...«.

5. Öffnen Sie im abgesicherten Modus den Geräte-Manager, um potenziell problematische Treiber zu ersetzen oder wiederherzustellen, wie im nächsten Abschnitt, »So stellen Sie installierte Treiber wieder her«, beschrieben. Beginnen Sie damit, dass Sie Treiber ersetzen, die erst vor Kurzem installiert oder aktualisiert wurden. Ersetzen Sie jeweils einen Treiber und wiederholen Sie diesen Prozess, bis das System erfolgreich im normalen Modus startet.

Bei Diensten, die nur im normalen Modus ausgeführt werden, sollten Sie jeweils einen dieser Dienste deaktivieren und versuchen, Ihren Computer dann im normalen Modus neu zu starten, nachdem Sie einen Dienst deaktiviert haben. Fahren Sie damit fort, einen Dienst nach dem anderen zu deaktivieren, bis Ihr Computer im normalen Modus startet.

Gehen Sie folgendermaßen vor, um Probleme zu reparieren, die durch problematische Treiber verursacht werden, wenn der Computer nicht im abgesicherten Modus startet:

1. Starten Sie den Computer neu und laden Sie die Systemwiederherstellungstools.

2. Klicken Sie auf *Eingabeaufforderung*. Geben Sie in der Eingabeaufforderung den Befehl **notepad %WinDir%\ntbtlog.txt** ein. Der Editor wird geöffnet und zeigt das Startprotokoll an.

3. Vergleichen Sie das Startprotokoll, das erstellt wurde, als das System nicht im abgesicherten Modus gestartet werden konnte, mit einem Startprotokoll, das erstellt wurde, als das System erfolgreich im abgesicherten Modus starten konnte. Falls Sie kein Startprotokoll haben, das erstellt wurde, als das System erfolgreich im abgesicherten Modus starten konnte, sollten Sie ein Startprotokoll auf einem ähnlich konfigurierten Computer erstellen, indem Sie ihn im abgesicherten Modus starten. Der Treiber, der dafür verantwortlich ist, dass der Start im abgesicherten Modus fehlschlägt, ist einer der Treiber, die in dem Startprotokoll, das während des fehlgeschlagenen Startversuchs aufgezeichnet wurde, nicht aufgelistet sind, die aber mit der Meldung »Loaded driver ...« in dem Startprotokoll aufgelistet sind, das erstellt wurde, als der abgesicherte Modus erfolgreich gestartet wurde.

4. Ersetzen Sie die Treiberdatei durch eine funktionierende Version. Dafür können Sie in der Eingabeaufforderung den Befehl **copy** eingeben. Beginnen Sie damit, dass Sie Treiber ersetzen, die erst vor Kurzem installiert oder aktualisiert wurden. Ersetzen Sie jeweils einen Treiber und wiederholen Sie diesen Prozess, bis das System erfolgreich im normalen Modus startet.

So stellen Sie installierte Treiber wieder her

Wenn Sie einen Gerätetreiber aktualisieren, kann es passieren, dass auf Ihrem Computer anschließend Probleme auftreten, die es mit der Vorversion nicht gab. Zum Beispiel kann die Installation eines unsignierten Gerätetreibers dazu führen, dass das Gerät nicht funktioniert oder Ressourcenkonflikte mit anderer installierter Hardware verursacht. Wenn fehlerhafte Treiber installiert werden, kann das unter Umständen sogar Abbruchfehler auslösen, die verhindern, dass das Betriebssystem im normalen Modus startet. Normalerweise enthält die Abbruchmeldung den Dateinamen des Treibers, der den Fehler verursacht hat.

Windows bietet Ihnen die Möglichkeit, die Systemstabilität wiederherzustellen, indem Sie ein Treiberupdate rückgängig machen.

HINWEIS Sie können mit den Tools Systeminformationen oder Sigverif feststellen, ob ein Treiber in Ihrem Computer signiert ist, und andere Informationen über den Treiber abrufen, zum Beispiel Version, Datum, Zeit und Hersteller. Zusammen mit Informationen von der Website des Herstellers können Ihnen diese Daten bei der Entscheidung helfen, ob Sie einen Gerätetreiber wiederherstellen oder aktualisieren.

Gehen Sie folgendermaßen vor, um einen Treiber wiederherzustellen:

1. Klicken Sie im Startmenü mit der rechten Maustaste auf *Computer* und dann auf *Verwalten*.

2. Klicken Sie unter *System* auf *Geräte-Manager*.

3. Erweitern Sie eine Kategorie (zum Beispiel *Netzwerkadapter*) und klicken Sie doppelt auf ein Gerät.

4. Klicken Sie auf die Registerkarte *Treiber* und dann auf die Schaltfläche *Vorheriger Treiber*. Sie werden gefragt, ob Sie den aktuellen Treiber überschreiben wollen. Klicken Sie auf *Ja*, um den Treiber wiederherzustellen. Daraufhin wird entweder der Wiederherstellungsprozess durchgeführt oder Sie werden benachrichtigt, dass kein alter Treiber zur Verfügung steht.

So können Sie einen Dienst zeitweise deaktivieren

Viele Dienste werden beim Start automatisch ausgeführt, andere werden nur durch Benutzer oder von anderen Prozessen gestartet. Wenn Sie eine Behandlung von Startproblemen durchführen, die mit Systemdiensten zu tun haben, besteht eine nützliche Technik darin, Ihre Computerkonfiguration zu vereinfachen, um die Systemkomplexität zu verringern und Betriebssystemdienste isolieren zu können.

Sie können die Zahl der Variablen verringern, indem Sie Autostartanwendungen oder -dienste zeitweise deaktivieren und dann jeweils einzeln wieder aktivieren, bis Sie das Problem reproduziert haben. Deaktivieren Sie immer erst Anwendungen, bevor Sie versuchen, Systemdienste zu deaktivieren.

Mit dem Systemkonfigurationsprogramm können Sie Systemdienste einzeln oder in Gruppen deaktivieren. Gehen Sie folgendermaßen vor, um einen Dienst mithilfe des Systemkonfigurationsprogramms zu deaktivieren:

1. Geben Sie im Suchfeld des Startmenüs den Befehl **msconfig** ein und drücken Sie die EINGABE-TASTE.

2. Sie haben jetzt folgende Möglichkeiten:

   ☐ Sie können alle Dienste deaktivieren, indem Sie auf der Registerkarte *Allgemein* die Option *Benutzerdefinierter Systemstart* auswählen und dann das Kontrollkästchen *Systemdienste laden* deaktivieren.

   ☐ Sie können bestimmte Dienste deaktivieren, indem Sie auf der Registerkarte *Dienste* die Kontrollkästchen der Elemente deaktivieren, die Sie deaktivieren wollen. Sie können auch auf die Schaltfläche *Alle deaktivieren* klicken, um alle Elemente zu deaktivieren.

Falls Sie irgendwelche Starteinstellungen mit dem Systemkonfigurationsprogramm verändern, fragt Windows nach, ob zum normalen Betrieb zurückgekehrt werden soll, wenn Sie sich das nächste Mal anmelden. Die Eingabeaufforderung des Systemkonfigurationsprogramms erscheint jedes Mal, wenn Sie sich anmelden, bis Sie die ursprünglichen Starteinstellungen wiederherstellen, indem Sie auf der Registerkarte *Allgemein* im Feld *Systemstartauswahl* die Option *Normaler Systemstart* auswählen. Sie können eine Starteinstellung dauerhaft ändern, indem Sie die Konsole *Dienste* verwenden, eine Gruppenrichtlinieneinstellung ändern oder die Software deinstallieren, die den Dienst hinzugefügt hat.

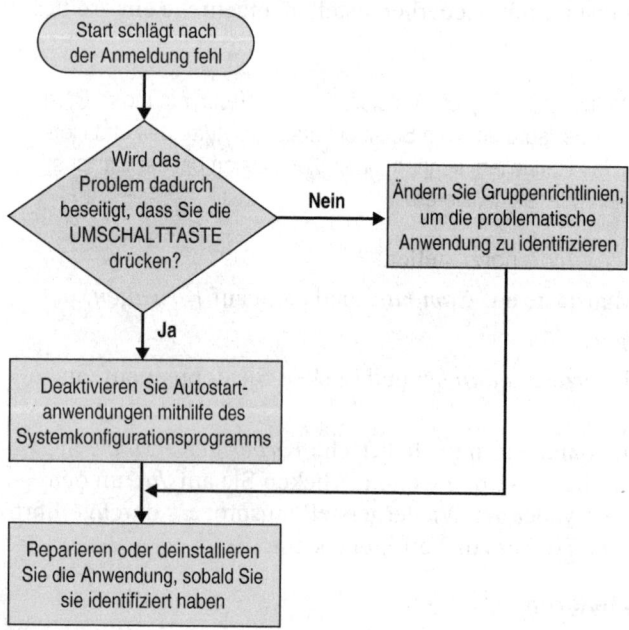

Abbildung 29.13   Folgen Sie diesem Ablauf, um eine Behandlung von Startproblemen durchzuführen, die nach der Anmeldung auftreten

Behandlung von Startproblemen nach der Anmeldung

Falls Ihr Computer einen Fehler verursacht, unmittelbar nachdem sich ein Benutzer angemeldet hat, sollten Sie nach dem in Abbildung 29.13 gezeigten Ablauf vorgehen, um die fehlerhafte Autostartanwendung zu identifizieren und zu deaktivieren, damit sich der Benutzer erfolgreich anmelden kann. Falls das Problem auftritt, unmittelbar nachdem Sie eine Anwendung aktualisiert oder installiert haben, sollten Sie diese Anwendung versuchsweise deinstallieren.

So können Sie Autostartanwendungen und -prozesse zeitweise deaktivieren

Falls ein Problem auftritt, nachdem Sie neue Software installiert haben, können Sie die Anwendung zeitweise deaktivieren oder deinstallieren, um zu überprüfen, ob sie tatsächlich die Ursache für das Problem ist.

Probleme mit Anwendungen, die beim Start automatisch ausgeführt werden, können Verzögerungen bei der Anmeldung verursachen oder sogar verhindern, dass Sie Windows 7 im normalen Modus starten können. Die folgenden Abschnitte beschreiben Techniken, mit denen Sie Autostartanwendungen zeitweise deaktivieren können.

So deaktivieren Sie Autostartanwendungen durch Drücken der UMSCHALTTASTE

Sie können Ihre Konfiguration dadurch vereinfachen, dass Sie Autostartanwendungen deaktivieren. Wenn Sie während des Anmeldeprozesses die UMSCHALTTASTE gedrückt halten, verhindern Sie, dass das Betriebssystem Autostartprogramme oder -verknüpfungen aus den folgenden Ordnern ausführt:

- *%SystemDrive%\Benutzer\<Benutzername>\AppData\Roaming\Microsoft\Windows\Startmenü\ Programme\Startup*
- *%SystemDrive%\ProgramData\Microsoft\Windows\Startmenü\Programme\Startup*

Sie können die Anwendungen oder Verknüpfungen in diesen Ordnern deaktivieren, indem Sie die UMSCHALTTASTE gedrückt halten, bis die Desktopsymbole erscheinen. Es ist sinnvoller, die UMSCHALTTASTE zu drücken, als Programme und Verknüpfungen zeitweise zu löschen oder zu verschieben, weil sich das Verfahren mit der UMSCHALTTASTE nur auf die aktuelle Benutzersitzung auswirkt.

Sie können mit der UMSCHALTTASTE die Anwendungen und Verknüpfungen in Autostartordnern deaktivieren, indem Sie sich vom Computer abmelden und dann wieder neu anmelden. Drücken Sie jetzt sofort die UMSCHALTTASTE und halten Sie sie gedrückt, bis die Desktopsymbole angezeigt werden. Falls Sie sich anmelden können, haben Sie die Ursache für das Problem isoliert: Es handelt sich um Ihre Autostartanwendungen. Anschließend sollten Sie Anwendungen einzeln mit dem Systemkonfigurationsprogramm zweitweise deaktivieren, bis Sie die Ursache für das Problem identifiziert haben. Wenn Sie den Auslöser kennen, können Sie die Anwendung reparieren oder dauerhaft aus Ihren Autostartprogrammen entfernen.

So deaktivieren Sie Autostartanwendungen mit dem Systemkonfigurationsprogramm

Mit dem Systemkonfigurationsprogramm können Sie Autostartanwendungen einzeln oder insgesamt deaktivieren. Gehen Sie folgendermaßen vor, um ein Autostartprogramm mithilfe des Systemkonfigurationsprogramms zu deaktivieren:

1. Geben Sie im Suchfeld des Startmenüs den Befehl **msconfig** ein und drücken Sie die EINGABE-TASTE.

2. Sie können alle oder nur ausgewählte Autostartanwendungen deaktivieren:

- Sie können alle Autostartanwendungen deaktivieren, indem Sie auf der Registerkarte *Allgemein* die Option *Benutzerdefinierter Systemstart* auswählen und dann das Kontrollkästchen *Systemstartelemente laden* deaktivieren.

- Sie können bestimmte Autostartanwendungen deaktivieren, indem Sie auf der Registerkarte *Systemstart* die Kontrollkästchen der Elemente deaktivieren, die Sie zeitweise deaktivieren wollen. Sie können auch auf die Schaltfläche *Alle deaktivieren* klicken, um alle Elemente zu deaktivieren.

Sie können eine Starteinstellung dauerhaft ändern, indem Sie die Autostartverknüpfung verschieben oder löschen, eine Gruppenrichtlinieneinstellung ändern oder die Software deinstallieren, die die Autostartanwendung hinzugefügt hat.

So deaktivieren Sie Autostartanwendungen, die mit Gruppenrichtlinien oder Anmeldeskripts konfiguriert wurden

Sie können im Gruppenrichtlinien-Snap-In Anwendungen deaktivieren, die beim Start ausgeführt werden. Lokale Gruppenrichtlinien können auf Computer angewendet werden; in diesem Fall müssen Sie die Gruppenrichtlinieneinstellungen des Computers bearbeiten, auf dem Sie die Problembehandlung durchführen. Gruppenrichtlinienobjekte (Group Policy Object, GPO) werden oft innerhalb von AD DS-Domänen angewendet; dann müssen Sie eine Verbindung zur Domäne herstellen und die entsprechende Richtlinie bearbeiten. Bevor Sie Domänengruppenrichtlinieneinstellungen verändern, sollten Sie erst einmal die Schritte durcharbeiten, die weiter unten in diesem Abschnitt beschrieben werden, um den Computer, auf dem Sie eine Problembehandlung vornehmen, vom Netzwerk zu trennen. Auf diese Weise können Sie feststellen, ob das Problem mit Domänengruppenrichtlinieneinstellungen zu tun hat.

Gehen Sie folgendermaßen vor, um Autostartanwendungen mithilfe des Snap-Ins *Gruppenrichtlinienverwaltungs-Editor* zu deaktivieren:

1. Geben Sie im Suchfeld des Startmenüs den Befehl **gpedit.msc** ein und klicken Sie dann auf *OK*.

2. Erweitern Sie im Knoten *Computerkonfiguration* (bei computerweit gültigen Autostartanwendungen) oder *Benutzerkonfiguration* (bei benutzerspezifischen Autostartanwendungen) die Unterknoten *Richtlinien*, *Administrative Vorlagen* und *System* und klicken Sie dann auf *Anmelden*.

3. Klicken Sie doppelt auf die Gruppenrichtlinieneinstellung *Diese Programme bei der Benutzeranmeldung ausführen*. Sie haben nun folgende Möglichkeiten:

- Sie können alle Autostartanwendungen deaktivieren, die durch diese Richtlinie konfiguriert werden, indem Sie auf *Deaktiviert* klicken.

- Sie können einzelne Programme deaktivieren, die in der computerweit gültigen oder benutzerspezifischen Richtlinie aufgeführt sind, indem Sie auf *Anzeigen* klicken, im Dialogfeld *Inhalt anzeigen* ein Programm auswählen, das Sie deaktivieren wollen, und dann auf *Entfernen* klicken.

Sie können weitere Gruppenrichtlinieneinstellungen ändern, die Ihnen dabei helfen können, Ihre Computerkonfiguration für die Behandlung von Startproblemen zu vereinfachen. Aktivieren Sie dazu die Richtlinie *Einmalige Ausführungsliste nicht verarbeiten*. Falls Sie diese Gruppenrichtlinieneinstellung aktivieren, ignoriert der Computer die Programme, die in den folgenden *RunOnce*-Unterschlüsseln eingetragen sind, wenn sich das nächste Mal ein Benutzer am Computer anmeldet:

- *HKEY_LOCAL_MACHINE\SOFTWARE\Microsoft\Windows\CurrentVersion\RunOnce*
- *HKEY_CURRENT_USER\Software\Microsoft\Windows\CurrentVersion\RunOnce*

Außerdem können Sie die Gruppenrichtlinieneinstellung *Herkömmliche Ausführungsliste nicht verarbeiten* aktivieren, um die Autostartanwendungen zu deaktivieren, die im ebenfalls verwendeten Unterschlüssel *HKEY_LOCAL_MACHINE\SOFTWARE\Microsoft\Windows\CurrentVersion\Run* eingetragen sind. Die in diesem Unterschlüssel aufgeführten Programme stammen aus einer Liste, die mit dem Systemrichtlinien-Editor für Windows NT 4 oder ältere Versionen konfiguriert wurde. Falls Sie diese Gruppenrichtlinieneinstellung aktivieren, ignoriert Windows die Programme, die in diesem Unterschlüssel aufgeführt sind, wenn Sie Ihren Computer starten. Falls Sie diese Gruppenrichtlinieneinstellung deaktivieren oder nicht konfigurieren, verarbeitet Windows die angepasste Ausführungsliste in diesem Registrierungsunterschlüssel, wenn Sie den Computer starten.

Änderungen an Gruppenrichtlinien werden nicht immer sofort wirksam. Sie können das Tool Gpupdate (*Gpupdate.exe*) verwenden, um die Änderungen an den lokalen Gruppenrichtlinien für Computer- und Benutzerrichtlinien sofort zu aktualisieren. Sobald Sie die Richtlinie aktualisiert haben, können Sie mit dem Gruppenrichtlinienergebnis-Tool (*Gpresult.exe*) überprüfen, ob die aktualisierten Einstellungen angewendet werden.

Gruppenrichtlinieneinstellungen können auf den lokalen Computer oder eine gesamte Domäne angewendet werden. Um festzustellen, wie Einstellungen auf einen bestimmten Computer angewendet werden, können Sie das Tool Richtlinienergebnissatz (*Rsop.msc*) verwenden. Bearbeiten Sie dann diese Gruppenrichtlinienobjekte, um eine Änderung anzuwenden. Um die Ursache des Problems zu isolieren, können Sie verhindern, dass Gruppenrichtlinien, Anmeldeskripts, servergespeicherte Benutzerprofile, geplante Aufgaben und Netzwerkprobleme Ihre Problembehandlung stören, indem Sie die Netzwerkkarte zeitweise deaktivieren und sich dann über ein lokales Computerkonto anmelden.

Falls lokale und Domänengruppenrichtlinieneinstellungen die Ursache des Startproblems nicht aufdecken, wird die Anwendung möglicherweise durch ein Anmeldeskript gestartet. Anmeldeskripts werden in den Eigenschaften von lokalen oder Domänenbenutzern konfiguriert. Sie können sich das Anmeldeskript ansehen, indem Sie die Computerverwaltung öffnen und die Eigenschaften des Benutzers anzeigen. Klicken Sie auf die Registerkarte *Profil*. Notieren Sie sich den Pfad des Anmeldeskripts und öffnen Sie es in einem Tool wie dem Windows-Editor, um festzustellen, ob irgendwelche Autostartanwendungen konfiguriert sind. Ausführliche Informationen über Gruppenrichtlinien finden Sie in Kapitel 14, »Verwalten der Desktopumgebung«.

So können Sie Autostartanwendungen und -prozesse dauerhaft deaktivieren

Sie haben mehrere Möglichkeiten, eine Autostartanwendung dauerhaft zu deaktivieren. Diese Möglichkeiten werden in den folgenden Abschnitten beschrieben.

Deinstallieren der Anwendung

Falls Sie feststellen, dass eine vor Kurzem installierte Software Systeminstabilität auslöst oder Fehlermeldungen ständig auf eine bestimmte Anwendung verweisen, können Sie die Software in der Systemsteuerung mit der Schaltfläche *Deinstallieren* des Moduls *Programme und Funktionen* deinstallieren. Falls die Anwendung benötigt wird, können Sie sie in einer Testumgebung installieren und zusätzliche Tests ausführen, bevor Sie sie erneut auf Produktivcomputern installieren.

Den Eintrag von Hand entfernen

Sie können Verknüpfungen manuell aus dem Ordner *Startup* löschen, Starteinträge aus der Registrierung entfernen, Einträge aus Gruppenrichtlinien oder Anmeldeskripts löschen oder einen Dienst deaktivieren. Eine Liste der Registrierungsunterschlüssel, die Einträge für Dienst- und Autostartprogramme enthalten, finden Sie im Abschnitt »Anmeldephase« weiter oben in diesem Kapitel.

Zusammenfassung

Windows 7 installiert automatisch WinRE und beschleunigt den Systemstart, das Herunterfahren und das Aufwecken des Computers aus dem Ruhezustand. Gegenüber Windows Vista wurden zwar nur wenige Verbesserungen am Startvorgang vorgenommen, aber Windows Vista führte viele Verbesserungen gegenüber Windows XP ein, die Windows 7 weiterhin unterstützt. Einige dieser Features sind:

- Windows-Start-Manager
- Windows-Startladeprogramm
- Die BCD-Registrierungsdatei und das Befehlszeilentool BCDEdit
- Systemwiederherstellungstools
- Systemstartreparatur

Wenn Sie mit älteren Windows-Versionen vertraut sind, dürften Sie auch mit der Behandlung der meisten Probleme, die in der Kernel-Ladephase des Systemstarts oder danach auftreten, keine Schwierigkeiten haben. Glücklicherweise können Sie (oder ein Benutzer) viele häufiger vorkommende Startprobleme dadurch beseitigen, dass Sie einfach das Tool Systemstartreparatur von der Windows-DVD ausführen.

Weitere Informationen

Die folgenden Ressourcen liefern weitere Informationen und Tools zu den Themen dieses Kapitels.

Informationsquellen

- Kapitel 16, »Verwalten von Laufwerken und Dateisystemen«, enthält weitere Information über Startprobleme, die mit der Datenträgerkonfiguration in Zusammenhang stehen.
- Kapitel 17, »Verwalten von Geräten und Diensten«, enthält Informationen über das Konfigurieren von Hardware und Diensten.
- Kapitel 30, »Problembehandlung für Hardware, Treiber und Laufwerke«, enthält weitere Informationen über Startprobleme, die durch Hardwareprobleme verursacht werden.
- Kapitel 32, »Problembehandlung für Abbruchfehler«, enthält weitere Informationen über Abbruchfehler, die während der Startphase auftreten.
- »Boot Configuration Data in Windows Vista« enthält ausführliche Informationen über die BCD-Registrierungsdatei. Sie finden diesen Artikel unter *http://www.microsoft.com/whdc/system/ platform/firmware/bcd.mspx.*
- »BCD WMI Provider Classes« in MSDN unter *http://msdn.microsoft.com/en-us/library/ aa362675.aspx.*
- Artikel 92765 in der Microsoft Knowledge Base, »Terminieren eines SCSI-Geräts«, unter *http:// support.microsoft.com/?kbid=92765.*
- Artikel 154690 in der Microsoft Knowledge Base, »So behandeln Sie Fehlermeldungen mit der Ereignis-ID 9, 11 oder 15«, unter *http://support.microsoft.com/?kbid=154690.*
- Artikel 224826 in der Microsoft Knowledge Base, »Fehlerbehebung bei Textmodus-Setup-Problemen auf ACPI-Computern«, unter *http://support.microsoft.com/?kbid=224826.*

Auf der Begleit-CD

- *ConfigureCrashSettings.ps1*
- *DetectStartUpPrograms.ps1*
- *DisplayBootConfig.ps1*
- *Get-SystemDisk.ps1*

K A P I T E L   3 0

Problembehandlung für Hardware, Treiber und Laufwerke

Dieses Kapitel beschreibt, wie Sie beim Einsatz des Betriebssystem Windows 7 häufiger vorkommende Hardwareprobleme beseitigen. Dieses Kapitel ist nicht als umfassende Anleitung zur Problembehandlung für Hardware gedacht. Vielmehr konzentriert es sich darauf, wie sich Hardwareprobleme mit den Windows 7-Diagnose- und Problembehandlungswerkzeugen beseitigen lassen. Zuerst beschreibt dieses Kapitel die Verbesserungen in Windows 7, die den Problembehandlungsvorgang für Hardwareprobleme erleichtern. Anschließend beschreibt das Kapitel, wie Sie die Windows 7-Tools für die Behandlung von Hardwareproblemen einsetzen.

Informationen über Hardwareprobleme, die verhindern, dass Windows 7 startet, finden Sie in Kapitel 29, »Konfiguration und Problembehandlung des Startvorgangs«. Informationen über Netzwerkprobleme finden Sie in Kapitel 31, »Behandlung von Problemen mit Netzwerken«. Informationen über Probleme, die Abbruchfehler auslösen (die sogenannten Bluescreens), finden Sie in Kapitel 32, »Problembehandlung für Abbruchfehler«.

Verbesserungen für die Problembehandlung für Hardware und Treiber in Windows 7

Windows 7 enthält mehrere Verbesserungen und neue Features, die es Ihnen einfacher machen, eine Behandlung von Hardwareproblemen durchzuführen, sodass Sie die Ausfallzeit für Clientcomputer verringern können. Die folgenden Abschnitte beschreiben diese Verbesserungen.

Windows 7 bringt die Zuverlässigkeitsüberwachung und den Ressourcenmonitor mit, die es Ihnen einfacher machen, die Ursache von Hardwareproblemen aufzuspüren und auf diese Weise die Ausfallzeit eines Clientcomputers zu verkürzen. Außerdem enthält Windows 7 mehrere Problembehandlungsfeatures, die erstmals in Windows Vista eingeführt wurden. Die folgenden Abschnitte beschreiben diese Verbesserungen.

Die Windows-Problembehandlungsplattform

Die Windows-Problembehandlungsplattform (Windows troubleshooting platform) ist neu in Windows 7. Dabei handelt es sich um eine erweiterbare Infrastruktur für die automatisierte Diagnose von Software- und Hardwareproblemen. Wenn Sie bereits die Windows-Netzwerkdiagnose in Windows Vista verwendet haben, sind Sie damit vertraut, wie die Windows-Problembehandlungsplattform funktioniert.

Für den Benutzer, der die Problembehandlung durchführt, ist die Windows-Problembehandlungsplattform ein Assistent, der versucht, die Ursache des Problems aufzuspüren und nach Möglichkeit eine Anleitung zu liefern, wie der Benutzer das Problem beseitigen kann. In manchen Fällen repariert die Windows-Problembehandlungsplattform das Problem auch selbst. Die Benutzer haben mehrere Möglichkeiten, ein Problembehandlungspaket zu starten. Gelingt es beispielsweise dem Windows Internet Explorer nicht, eine Website zu öffnen, kann der Benutzer auf die Schaltfläche *Diagnose von Verbindungsproblemen* klicken, um die Windows-Netzwerkdiagnose zu starten (die mithilfe der Windows-Problembehandlungsplattform implementiert ist). Ein Benutzer kann Problembehandlungspakete auch in der Systemsteuerung (unter *Systemsteuerung\Alle Systemsteuerungselemente\Problembehandlung*) oder über *Hilfe und Support* starten.

Integrierte Problembehandlungspakete

Windows 7 enthält integrierte Problembehandlungspakete für die Kategorien, zu denen die meisten Supportanfragen bei Microsoft eingehen, darunter Energiespareinstellungen, Anwendungskompatibilität, Netzwerk und Sound. Tabelle 30.1 beschreibt alle Problembehandlungspakete, die in Windows 7 integriert sind oder die über den Windows-Onlinedienst für Problembehandlung (Windows Online Troubleshooting Service, WOTS) zur Verfügung gestellt werden. WOTS ist ein kostenloser Onlinedienst, über den Windows 7 neue oder aktualisierte Problembehandlungspakete herunterlädt.

Tabelle 30.1 Windows 7-Problembehandlungspakete

Problembehandlungspaket	Beschreibung
Aero	Analysiert Probleme, die verhindern, dass Ihr Computer Aero-Animationen und -Effekte anzeigt.
Wiedergabe von Audio	Analysiert Probleme, die verhindern, dass Ihr Computer Sounds abspielt.
Aufnehmen von Audio	Analysiert Probleme, die verhindern, dass Ihr Computer Sound aufzeichnet.
Drucker	Analysiert Probleme, die verhindern, dass Sie einen Drucker benutzen können.
Leistung	Passt Einstellungen in Windows an, die die Gesamtgeschwindigkeit und -leistung verbessern.
Systemwartung	Löscht unbenutzte Dateien und Verknüpfungen und führt andere Wartungsaufgaben durch.
Energiespareinstellungen	Passt die Energieeinstellungen an, um die Akkulaufzeit zu verlängern und den Stromverbrauch zu senken.
Heimnetzgruppe	Analysiert Probleme, die verhindern, dass Sie Computer oder freigegebene Dateien in einer Heimnetzgruppe angezeigt bekommen.
Hardware und Geräte	Analysiert Probleme mit Hardware und Geräten.
Internet Explorer-Leistung	Analysiert Probleme, die verhindern, dass Sie mit dem Internet Explorer im Web surfen. ▶

Problembehandlungspaket	Beschreibung
Internet Explorer-Sicherheit	Passt Einstellungen an, die die Browsersicherheit in Internet Explorer erhöhen.
Windows Media Player-Bibliothek	Analysiert Probleme, die verhindern, dass Musik und Filme aus der Windows Media Player-Bibliothek angezeigt werden.
Windows Media Player-Einstellungen	Setzt den Windows Media Player auf die Standardeinstellungen zurück.
Windows Media Player-DVD	Analysiert Probleme, die verhindern, dass eine DVD im Windows Media Player abgespielt werden kann.
Verbindung zum Arbeitsplatz mit DirectAccess	Stellt über das Internet eine Verbindung zu Ihrem Arbeitsplatznetzwerk her.
Freigegebene Ordner	Ermöglicht den Zugriff auf freigegebene Dateien und Ordner, die auf anderen Computern liegen.
Eingehende Verbindungen	Lässt zu, dass andere Computer eine Verbindung zu Ihrem Computer herstellen.
Netzwerkkarte	Analysiert Probleme mit Ethernet-, Drahtlos- oder anderen Netzwerkkarten.
Internetverbindungen	Stellt eine Verbindung mit dem Internet oder zu einer bestimmten Website her.
Programmkompatibilität	Analysiert Probleme, die verhindern, dass ein Programm nicht in dieser Windows-Version funktioniert.
Suche und Indizierung	Analysiert Probleme bei der Suche nach Elementen mit Windows Search.
Windows Update	Analysiert Probleme, die verhindern, dass Windows Update richtig funktioniert.

Komponenten der Windows-Problembehandlungsplattform

Die Windows-Problembehandlungsplattform besteht aus drei Hauptkomponenten:

- **Windows-Problembehandlungspakete** Eine Sammlung von Windows PowerShell 2.0-Skripts, die Probleme diagnostizieren und beseitigen. Weil diese Skripts unter Windows PowerShell laufen, können Administratoren, die über entsprechende Kenntnisse verfügen, ihre eigenen Problembehandlungspakete erstellen. Sie können diese Möglichkeit nutzen, um die Behandlung von Problemen zu automatisieren, die speziell in Ihrer Umgebung auftreten, etwa mit Ihren internen Anwendungen oder Netzwerken.

- **Windows-Problembehandlungsmodul** Das Tool, das die Windows PowerShell-Skripts eines Problembehandlungspakets ausführt. Die Windows PowerShell-Skripts in einem Problembehandlungspaket greifen auf einen Satz von Schnittstellen zu, die vom Problembehandlungsmodul bereitgestellt werden. Auf diese Weise identifizieren sie die eigentliche Ursache, fordern Informationen vom Benutzer an und kennzeichnen Probleme als gelöst.

- **Der Problembehandlungs-Assistent** Die zentrale Benutzeroberfläche für die Problembehandlungspakete. Der Assistent zeigt dem Benutzer zuerst den Herausgeber und eine Beschreibung des Problembehandlungspakets an. Die Windows PowerShell-Skripts innerhalb des Problembehandlungspakets können vom Benutzer Eingaben anfordern, die er in der Assistentenschnittstelle vornimmt. Sobald das Problembehandlungspaket durchgelaufen ist, zeigt der Assistent die Ergebnisse der Problembehandlung in Form eines Berichts an. Sie können die Assistentenoberfläche auch umgehen, indem Sie das Problembehandlungspaket in der Befehlszeile starten oder XML-Antwortdateien (Extensible Markup Language) einsetzen, um ein Problembehandlungspaket automatisch auszuführen.

Erstellen benutzerdefinierter Problembehandlungspakete

Das Windows 7 Software Development Kit (SDK), das Sie unter *http://download.microsoft.com* kostenlos herunterladen können, enthält im Ordner *\Bin\TSPDesigner* den Windows-Problembehandlungspaket-Designer. Mit diesem Designer können Sie eigene Problembehandlungspakete entwickeln, um Probleme zu beseitigen, die nicht von den integrierten Problembehandlungspaketen abgedeckt werden. Problembehandlungspakete sind auch eine bequeme Methode für die Wartung von Computern. Wenn Sie Problembehandlungspakete regelmäßig als geplante Aufgaben ausführen lassen, lassen sich mit ihnen häufiger vorkommende Probleme erkennen und beseitigen, ohne dass der Benutzer selbst aktiv werden muss.

Die Benutzer können eigenständige Problembehandlungspakete ausführen, die in Form von *.diagcab*-Dateien vorliegen. Das Dateiformat *.diagcab* ist ein spezielles Archiv, das alle Skripts eines Problembehandlungspakets enthält. Wurde ein Problembehandlungspaket als *.diagcab*-Datei bereitgestellt, kann es über Gruppenrichtlinieneinstellungen, den Microsoft System Center Configuration Manager (entweder während oder nach der Bereitstellung) oder mit Softwareverteilungstools anderer Hersteller verteilt werden. Für externe Kunden können Sie die *.diagcab*-Dateien auf einer Website zur Verfügung stellen und den Benutzern beschreiben, welche URL (Uniform Resource Locator) sie aufrufen sollen, wenn ein Problem auftritt.

Ausführen von Problembehandlungspaketen im Remotezugriff

Sie können ein Problembehandlungspaket auch über das Netzwerk auf einem Remotecomputer ausführen. Das ermöglicht Ihnen, häufiger vorkommende Probleme schnell zu diagnostizieren und unter Umständen sogar ganz zu beseitigen, ohne dass Sie den Benutzer durch den Problembehandlungsprozess leiten müssen. Wenn Sie die folgenden Windows PowerShell-Befehle auf einem Windows 7-Computer ausführen (entweder lokal oder im Remotezugriff mit `Invoke-Command` oder den `*-PSession`-Cmdlets), wird das integrierte Windows Aero-Problembehandlungspaket ausgeführt, das versucht, alle Probleme automatisch zu beseitigen. Die Ergebnisse werden im Ordner *C:\DiagResult* gespeichert.

```
Import-Module TroubleshootingPack
$aero = Get-TroubleshootingPack $env:SystemRoot\Diagnostics\System\Aero
Invoke-TroubleshootingPack -Pack $aero -Result C:\DiagResult -unattend
```

Diese Technik können Sie auch in einem Skript nutzen, um ein Problembehandlungspaket auf mehreren Computern über das Netzwerk auszuführen. In Kombination mit einem benutzerdefinierten Problembehandlungspaket können Sie auf diese Weise schnell feststellen, auf welchen Computern bestimmte Probleme auftreten oder welche falsch konfiguriert sind. Weil Problembehandlungspakete unter Umständen Konfigurationsänderungen vornehmen, um Probleme zu beseitigen, eignet sich dieser Ansatz, um häufiger vorkommende Probleme zu erkennen und zu beseitigen, ohne dass Sie Kontakt mit den jeweiligen Benutzern aufnehmen oder von Hand eine Verbindung zu ihren Computern herstellen müssen.

Zuverlässigkeitsüberwachung

Zwei der größten Herausforderungen bei der Behandlung von Hardwareproblemen bestehen darin herauszufinden, wann das Problem erstmals aufgetreten ist und was sich auf dem Computer geändert haben könnte, als das Problem begann. Windows 7 stellt das Snap-In *Zuverlässigkeitsüberwachung* (in der Konsole *Computerverwaltung* enthalten) bereit, damit Sie sich über Anwendungsinstallationen, Treiberinstallationen und schwere Fehler über einen Zeitraum von mehreren Wochen oder Monaten hinweg informieren können.

In Windows 7 ist die Zuverlässigkeitsüberwachung in das Wartungscenter integriert, damit der Zusammenhang zwischen Systemänderungen und Ereignissen deutlich sichtbar wird. Die Zuverlässigkeitsüberwachung meldet unter anderem fehlgeschlagene Anwendungsinstallationen und das Einspielen von Sicherheitsupdates. Abbildung 30.1 zeigt, wie die Zuverlässigkeitsüberwachung Details zu Ereignissen an einem bestimmten Tag liefert.

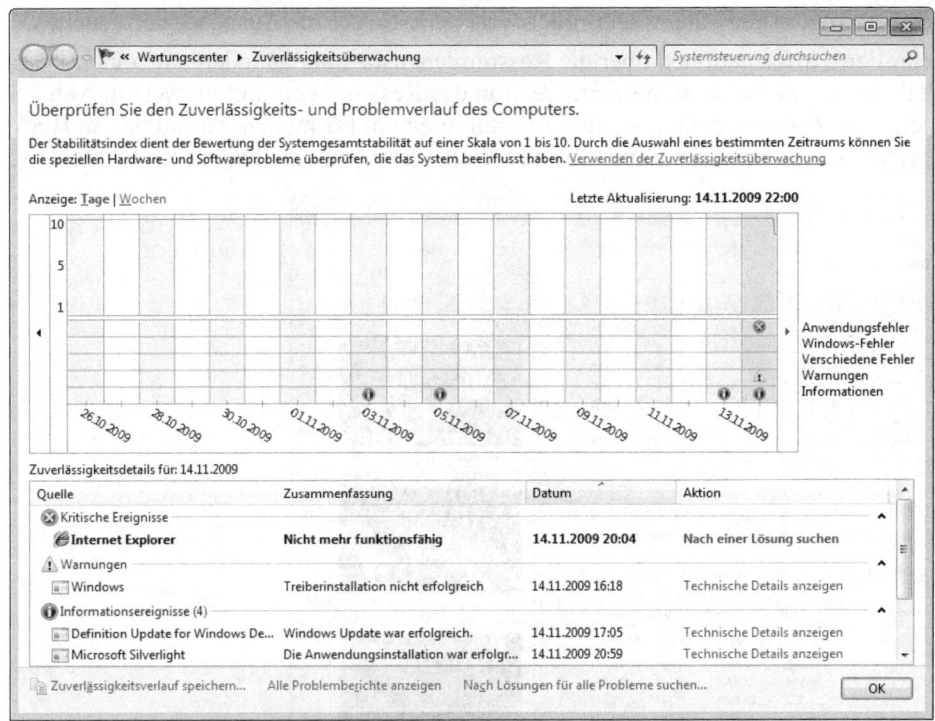

Abbildung 30.1   In der Zuverlässigkeitsüberwachung können Sie sich über den Verlauf von Änderungen und Problemen informieren

Neben der verbesserten Benutzeroberfläche erweitert Windows 7 die Zuverlässigkeitsüberwachung auch dadurch, dass sie Zuverlässigkeitsdaten über WMI (Windows Management Instrumentation) zur Verfügung stellt. Mithilfe von WMI können Sie Zuverlässigkeitsdaten im Remotezugriff sammeln und in Windows PowerShell-Skripts und WMI-Cmdlets verarbeiten. Jetzt ist es möglich, die Zuverlässigkeit von Windows 7-Computern im gesamten Netzwerk mit WMI zentral zu überwachen.

Verwaltungstools wie Microsoft System Center Configuration Manager und Microsoft System Center Operations Manager können die Zuverlässigkeitsdaten aller Windows 7-Computer zentral überwachen. Sie können für diesen Zweck aber auch eigene Windows PowerShell-Skripts schreiben. Indem Sie die Zuverlässigkeitsdaten zentral überwachen, können Sie unzuverlässige Computer identifizieren, die die Produktivität ihrer Benutzer senken; das funktioniert sogar dann, wenn sich die jeweiligen Benutzer nicht die Zeit nehmen, beim Supportcenter anzurufen.

Die Zuverlässigkeitsüberwachung wird weiter unten in diesem Kapitel und in Kapitel 21, »Pflegen der Desktopcomputer«, genauer beschrieben.

Ressourcenmonitor

IT-Experten müssen sich die Vorgänge im Innern eines Computers genau ansehen, um Probleme effizient beseitigen zu können. Je komplexer das Problem ist, desto detailliertere Informationen werden gebraucht. Ein Beispiel: Der Task-Manager reicht zwar aus, um festzustellen, welcher Prozess am meisten Prozessorzeit verbraucht, aber IT-Experten brauchen ein leistungsfähigeres Tool, um herauszufinden, welcher Prozess am meisten Datenträger- oder Netzwerk-E/A (Ein-/Ausgabe) verursacht.

Damit IT-Experten detaillierte Informationen über die Ressourcenauslastung zu jedem einzelnen Prozess erhalten, enthält Windows 7 eine verbesserte Version des Ressourcenmonitors. Wie in Abbildung 30.2 zu sehen, zeigt der Ressourcenmonitor diese Daten in einem Format an, das auf einen Blick viele Informationen liefert, sodass Sie prozessspezifische Details ganz einfach analysieren können.

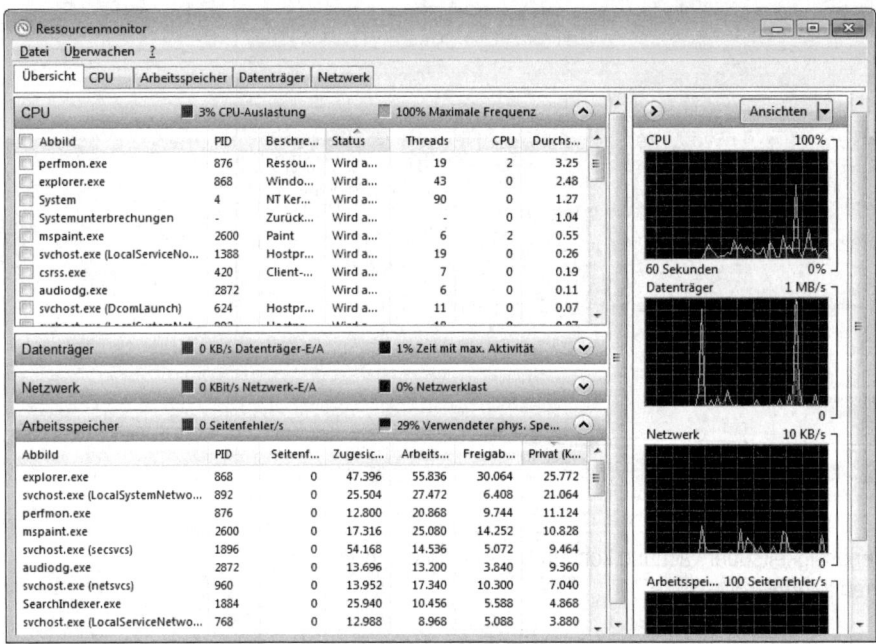

Abbildung 30.2 Der Ressourcenmonitor zeigt detaillierte Echtzeitleistungsdaten an

Binnen weniger Sekunden bringen Sie mit dem Ressourcenmonitor folgende Daten in Erfahrung:

- Welche Prozesse am meisten Prozessorzeit und Arbeitsspeicher verbrauchen
- Welche Prozesse am meisten Daten auf Datenträger lesen und schreiben
- Wie viele Netzwerkdaten jeder Prozess sendet und empfängt
- Wie viel Arbeitsspeicher jeder Prozess belegt
- Warum ein Prozess nicht reagiert
- Welche Dienste in einem *SvcHost.exe*-Prozess gehostet werden
- Auf welche Handles ein Prozess zugreift, also auf welche Geräte, Registrierungsschlüssel und Dateien
- Auf welche Module, also DLLs und andere Bibliotheken, ein Prozess zugreift
- Welche Prozesse eingehende Netzwerkverbindungen entgegennehmen oder Netzwerkverbindungen offen haben

Außerdem können Sie Prozesse beenden und online nach Informationen über einen Prozess suchen. Mit dem Ressourcenmonitor können IT-Experten schnell die Ursache für Leistungs- und Ressourcenauslastungsprobleme identifizieren, wodurch sich der Zeitaufwand für die Beseitigung komplexer Probleme verringert. Der Ressourcenmonitor wird in Kapitel 21, »Pflegen der Desktopcomputer«, genauer beschrieben.

Windows-Speicherdiagnose

Anwendungs-, Betriebssystem- und Abbruchfehler werden oft durch defekten Arbeitsspeicher verursacht. Defekte Arbeitsspeicherchips geben andere Daten zurück, als das Betriebssystem ursprünglich gespeichert hat. Defekter Arbeitsspeicher kann schwierig zu identifizieren sein: Möglicherweise treten die Probleme nur gelegentlich auf, in bestimmten Fällen auch nur unter sehr speziellen Bedingungen. Zum Beispiel kann es sein, dass ein Arbeitsspeicherchip einwandfrei funktioniert, wenn er in einer kontrollierten Umgebung getestet wird, aber Defekte zeigt, wenn die Temperatur im Computergehäuse zu hoch wird. Defekter Arbeitsspeicher kann auch Folgeprobleme verursachen, zum Beispiel beschädigte Dateien. Oft unternehmen Administratoren drastische Schritte, um das Problem zu beseitigen. Zum Beispiel installieren sie Anwendungen oder das Betriebssystem neu, nur um dann feststellen zu müssen, dass die Fehler bestehen bleiben.

Windows 7 stellt das Tool Windows-Speicherdiagnose zur Verfügung, um Administratoren dabei zu helfen, Probleme mit unzuverlässigem Arbeitsspeicher aufzuspüren. Falls in Windows 7 die Windows-Fehlerberichterstattung (Windows Error Reporting, WER) oder der Microsoft Online Crash Analyzer (MOCA) feststellt, dass defekter Arbeitsspeicher eine Ursache für einen Fehler sein könnte, kann die Software den Benutzer auffordern, eine Speicherdiagnose durchzuführen, ohne dass er dafür zusätzliche Downloads herunterladen oder eine eigene Startdisk erstellen muss. Außerdem können Sie die Windows-Speicherdiagnose mit einer speziellen Startmenüoption ausführen, oder indem Sie WinRE von der Windows 7-DVD laden.

Falls die Speicherdiagnose ein Problem mit dem Arbeitsspeicher aufdeckt, kann Windows 7 versuchen, den betroffenen Abschnitt des Hardwarespeichers zu meiden, sodass das Betriebssystem erfolgreich starten und Anwendungsabstürze vermeiden kann. Beim Start liefert Windows 7 einen einfach verständlichen Bericht, der das Problem meldet und dem Benutzer erklärt, wie er den Arbeitsspeicher austauschen kann. Ausführliche Informationen finden Sie im Abschnitt »So verwenden Sie die Windows-Speicherdiagnose« weiter unten in diesem Kapitel.

Datenträgerfehlerdiagnose

Probleme mit der Zuverlässigkeit von Laufwerken können unterschiedlich ernst sein. Kleinere Probleme können aussehen wie scheinbar zufällige Anwendungsfehler. Falls zum Beispiel ein Benutzer eine neue Kamera anschließt und das Betriebssystem den Treiber nicht laden kann, ist unter Umständen ein Laufwerksfehler die Ursache des Problems. Schwerwiegendere Probleme können dazu führen, dass alle auf der Festplatte gespeicherten Daten verloren gehen.

Windows kann die Folgen von Datenträgerfehlern deutlich verringern, weil es Laufwerksprobleme schon im Vorfeld entdeckt, bevor ein Totalausfall droht. Festplatten zeigen vor dem Ausfall oft Warnsignale, aber ältere Windows-Betriebssysteme nehmen diese Warnsignale nicht zur Kenntnis. Windows überwacht eine Festplatte auf Anzeichen für ein Problem und warnt den Benutzer oder das Supportcenter davor. Die IT-Abteilung kann dann die Daten sichern und die Festplatte ersetzen, bevor das Problem zu einem echten Notfall wird. Windows 7 leitet Administratoren durch den Prozess zum Sichern ihrer Daten, sodass sie das Laufwerk ohne Datenverlust austauschen können.

Die meisten neuen Festplatten beherrschen SMART (Self-Monitoring Analysis and Reporting Technology) und DSTs (Disk Self Test). SMART überwacht den Zustand der Festplatte anhand eines Satzes variabler Attribute, zum Beispiel des Abstands des Lesekopfs von der Oberfläche und der Zahl der wegen Fehlern verlegten Blöcke. DSTs suchen aktiv nach Fehlern, indem sie Lese-, Schreib- und Servotests ausführen.

Windows fragt den SMART-Status einmal pro Stunde ab und führt regelmäßig DSTs durch. Falls Windows drohende Datenträgerfehler entdeckt, kann es die Datenträgerdiagnose starten, um den Benutzer oder den IT-Mitarbeiter durch den Prozess zum Sichern der Daten und Ersetzen der Festplatte zu leiten, bevor der Totalausfall eintritt. Windows kann auch Probleme im Zusammenhang mit schmutzigen oder verkratzten CDs oder DVDs erkennen und den Benutzer auffordern, das Medium zu reinigen.

Sie können die Datenträgerdiagnose mithilfe von zwei Gruppenrichtlinieneinstellungen konfigurieren. Beide liegen im Knoten *Computerkonfiguration\Richtlinien\Administrative Vorlagen\System\Problembehandlung und Diagnose\Datenträgerdiagnose*.

- **Datenträgerdiagnose: Ausführungsebene konfigurieren** Mit dieser Richtlinie können Sie die Warnungen der Datenträgerdiagnose aktivieren oder deaktivieren. Wenn Sie diese Richtlinie deaktivieren, wird dadurch nicht die Datenträgerdiagnose deaktiviert, sondern es wird lediglich verhindert, dass die Datenträgerdiagnose dem Benutzer eine Meldung anzeigt und Reparaturmaßnahmen einleitet. Falls Sie eine Überwachungsinfrastruktur konfiguriert haben, um Datenträgerdiagnoseereignisse zu sammeln, die im Ereignisprotokoll aufgezeichnet werden, und lieber von Hand auf die Ereignisse reagieren, können Sie diese Richtlinie deaktivieren.

- **Datenträgerdiagnose: Benutzerdefinierten Warnungstext festlegen** Sie können diese Eigenschaft aktivieren, um einen eigenen Warnungstext (maximal 512 Zeichen) für die Meldung festzulegen, die von der Datenträgerdiagnose angezeigt wird, wenn ein Datenträger einen SMART-Fehler meldet.

Damit die Datenträgerdiagnose funktionieren kann, muss der Diagnoserichtliniendienst laufen. Beachten Sie, dass die Datenträgerdiagnose nicht alle drohenden Fehler entdecken kann. Und weil die SMART-Attributdefinitionen herstellerspezifisch sind, können sich die Implementierungen von Hersteller zu Hersteller unterscheiden. SMART funktioniert nicht, falls die Festplatten an einen Hardware-RAID-Controller (Redundant Array of Independent Disks) angeschlossen sind.

HINWEIS Viele Hardwareanbieter akzeptieren SMART-Fehler als Grund für einen Austausch im Rahmen der Garantie.

Selbstheilendes NTFS

Windows Vista und Windows 7 bieten ein selbstheilendes NTFS (NT File System), das Dateisystemfehler erkennen und reparieren kann, während das Betriebssystem läuft. In den meisten Fällen repariert Windows 7 beschädigte Dateien, ohne den Benutzer zu unterbrechen. Das selbstheilende NTFS arbeitet im Prinzip ähnlich wie Chkdsk (weiter unten in diesem Kapitel im Abschnitt »So verwenden Sie Chkdsk« beschrieben), erledigt seine Arbeit aber im Hintergrund, ohne ein ganzes Volume zu sperren. Falls Windows beschädigte Metadaten im Dateisystem erkennt, startet es die Selbstheilungsfunktionen von NTFS, um die Metadaten neu zu erstellen. Einige Daten können zwar verloren gehen, aber Windows kann den Schaden begrenzen und das Problem reparieren, ohne das gesamte System für einen langwierigen Prüf- und Reparaturzyklus offline nehmen zu müssen.

Das selbstheilende NTFS ist in der Standardeinstellung aktiviert und benötigt keine Verwaltung. Es hilft, die Zahl von Laufwerksproblemen zu verringern, die administrative Aktivitäten erforderlich machen. Falls die Selbstheilung fehlschlägt, wird das Volume entsprechend markiert und Windows führt beim nächsten Start Chkdsk aus.

Höhere Zuverlässigkeit von Treibern

Treiber sollten in Windows Vista und Windows 7 zuverlässiger sein als in älteren Windows-Versionen. Verbesserte Unterstützung für E/A-Abbruch (Ein-/Ausgabe) wurde in Windows Vista und Windows 7 integriert, damit Treiber, die andernfalls beim Versuch einer E/A blockieren könnten, wieder in einen konsistenten Zustand zurückgeführt werden können. Windows Vista und Windows 7 bringen auch neue Anwendungsprogrammierschnittstellen (Application Programming Interface, API) mit, die es Anwendungen erlauben, E/A-Operationen (zum Beispiel das Öffnen einer Datei) abzubrechen.

Damit Entwickler stabilere Treiber erstellen können, stellt Microsoft die Treiberüberprüfung zur Verfügung. Entwickler können mithilfe der Treiberüberprüfung sicherstellen, dass ihre Treiber Anforderungen verzögerungsfrei annehmen und einen E/A-Abbruch einwandfrei unterstützten. Weil sich hängengebliebene Treiber oft auf mehrere Anwendungen oder das gesamte Betriebssystem auswirken, können diese Verbesserungen die Stabilität von Windows deutlich steigern. Diese Verbesserung bedeutet keinen Aufwand für die Administratoren, sie profitieren vielmehr von einem zuverlässigeren Betriebssystem.

Verbesserte Fehlerberichterstattung

Windows 7 bietet mehr Anwendungszuverlässigkeit, und die neuen Fähigkeiten der Fehlerberichterstattung ermöglichen es, die Zuverlässigkeit der Anwendungen im Lauf der Zeit sogar noch weiter zu steigern. In älteren Windows-Versionen war es für Entwickler oft sehr schwierig, hängengebliebene Anwendungen zu untersuchen, weil die Fehlerberichterstattung nur wenige oder gar keine Informationen über sie lieferte. Windows Vista und Windows 7 verbessern die Fehlerberichterstattung, sodass Entwickler die Informationen bekommen, die sie brauchen, um die eigentliche Ursache für die Probleme dauerhaft zu beseitigen und so die Zuverlässigkeit ihrer Anwendungen kontinuierlich zu verbessern.

Der Ablauf bei der Behandlung von Hardwareproblemen

Hardwareprobleme können unterschiedliche Formen annehmen:

- Hardwareprobleme, die verhindern, dass Windows starten kann
- Ein neu installiertes Hardwaregerät, das nicht wie erwartet funktioniert
- Ein Hardwaregerät, das vorher richtig funktioniert hat, aber jetzt ausgefallen ist
- Nicht eindeutig zuordenbare Symptome, zum Beispiel ausfallende Anwendungen und Dienste, Abbruchfehler, Zurücksetzen des Systems und Geräte, die unzuverlässig arbeiten

Jede dieser Problemkategorien sollten Sie mit einer anderen Problembehandlungsstrategie angehen. Die folgenden Abschnitte beschreiben Vorschläge für diese Prozesse.

So führen Sie eine Behandlung von Problemen durch, die verhindern, dass Windows startet

Manche Hardwareprobleme (insbesondere im Zusammenhang mit Festplatten oder Kernkomponenten wie Motherboard oder Prozessor) können verhindern, dass Windows startet. Informationen über die Behandlung von Startproblemen finden Sie in Kapitel 29, »Konfiguration und Problembehandlung des Startvorgangs«.

So führen Sie eine Behandlung von Problemen bei der Installation neuer Hardware durch

Es kann immer wieder passieren, dass Sie auf Schwierigkeiten stoßen, wenn Sie eine neue Hardwarekomponente installieren, oder dass eine vorhandene Hardwarekomponente plötzlich ausfällt. Gehen Sie folgendermaßen vor, falls Sie bei der Installation einer neuen Hardwarekomponente auf Probleme stoßen:

1. Falls Windows nicht startet, sollten Sie in Kapitel 29, »Konfiguration und Problembehandlung des Startvorgangs«, weiterlesen.

2. Installieren Sie alle Updates, die in Windows Update verfügbar sind. Weitere Informationen finden Sie in Kapitel 23, »Verwalten von Softwareupdates«.

3. Laden Sie aktualisierte Software und Treiber für Ihre Hardware herunter und installieren Sie sie. Hardwarehersteller geben oft aktualisierte Software für Hardwarekomponenten heraus, wenn die Hardware bereits auf dem Markt ist. Normalerweise können Sie Softwareupdates von der Website des Herstellers herunterladen.

4. Entfernen Sie die neu installierte Hardware und bauen Sie sie dann wieder ein, wobei Sie sich genau an die Anleitungen des Herstellers halten. Oft müssen Sie die Software installieren, bevor Sie die Hardware anschließen. Weitere Informationen finden Sie in den Abschnitten »So diagnostizieren Sie Hardwareprobleme« und »So führen Sie eine Problembehandlung für Treiberprobleme durch« weiter unten in diesem Kapitel. Ausführliche Informationen über die Problembehandlung von USB-Geräten finden Sie im Abschnitt »So führen Sie eine Behandlung von USB-Problemen durch«, Informationen über die Problembehandlung bei Geräten, die eine Verbindung über Bluetooth herstellen, im Abschnitt »So führen Sie eine Behandlung von Bluetooth-Problemen durch« weiter unten in diesem Kapitel.

5. Suchen Sie in der Ereignisanzeige nach Ereignissen, die nützliche Informationen für die Diagnose des Problems liefern könnten. Normalerweise schreiben Treiber Ereignisse in das Systemereignisprotokoll. Treiber können aber auch Ereignisse in beliebige andere Protokolle eintragen. Informationen zur Verwendung der Ereignisanzeige finden Sie im Abschnitt »So verwenden Sie die Ereignisanzeige« weiter unten in diesem Kapitel.

6. Installieren Sie aktualisierte Treiber für andere Hardwarekomponenten wie das BIOS (Basic Input/Output System) und Firmwareupdates für alle Hardwaregeräte in Ihrem Computer. Treiberupdates für andere Hardwarekomponenten können manchmal Inkompatibilitätsprobleme mit neuer Hardware beseitigen.

7. Schließen Sie die Hardware, sofern möglich, an andere Anschlüsse Ihres Computers an. Verlegen Sie zum Beispiel Einsteckkarten in andere Steckplätze und schließen Sie USB-Geräte an andere USB-Anschlüsse an. Falls das Problem dadurch beseitigt wird, ist der ursprüngliche Anschluss in Ihrem Computer defekt oder das Gerät war nicht richtig angeschlossen.

8. Ersetzen Sie alle Kabel, mit denen die neue Hardware an Ihren Computer angeschlossen ist. Falls das Problem dadurch beseitigt wird, war das Kabel defekt.

9. Schließen Sie die neue Hardware an einen anderen Computer an. Falls die Hardware auf mehreren Computern nicht funktioniert, ist sie möglicherweise defekt.

10. Wenden Sie sich an den Hardwarehersteller. Es kann sich um einen Hardware- oder Software-fehler handeln. Der Hardwarehersteller kann Ihnen bei der weiteren Problembehandlung helfen.

So führen Sie eine Behandlung von Problemen mit vorhandener Hardware durch

Falls eine Hardwarekomponente, die vorher funktioniert hat, plötzlich ausfällt, sollten Sie folgender-maßen vorgehen:

1. Falls Windows nicht startet, sollten Sie in Kapitel 29, »Konfiguration und Problembehandlung des Startvorgangs«, weiterlesen.

2. Stellen Sie in der Zuverlässigkeitsüberwachung fest, wie lange das Problem bereits besteht und welche damit eventuell zusammenhängenden Symptome auftreten. Weitere Informationen finden Sie im Abschnitt »So verwenden Sie die Zuverlässigkeitsüberwachung« weiter unten in diesem Kapitel. Suchen Sie dann in der Ereignisanzeige nach eventuellen verwandten Ereignissen, die nützliche Informationen für die Diagnose des Problems liefern. Informationen darüber, wie Sie die Ereignisanzeige benutzen, finden Sie im Abschnitt »So verwenden Sie die Ereignisanzeige« weiter unten in diesem Kapitel.

3. Installieren Sie alle Updates, die in Windows Update verfügbar sind. Weitere Informationen finden Sie in Kapitel 23, »Verwalten von Softwareupdates«.

4. Stellen Sie alle vor Kurzem aktualisierten Treiber wieder her, selbst wenn sie für andere Geräte sind. Treiberprobleme können Inkompatibilitäten zu anderen Geräten verursachen. Weitere Infor-mationen finden Sie im Abschnitt »So stellen Sie installierte Treiber wieder her« weiter unten in diesem Kapitel.

5. Laden Sie aktualisierte Software und Treiber für Ihre Hardware herunter und installieren Sie sie. Hardwarehersteller geben oft aktualisierte Software für Hardwarekomponenten heraus, wenn die Hardware bereits auf dem Markt ist. Normalerweise können Sie Softwareupdates von der Website des Herstellers herunterladen.

6. Entfernen Sie die neu installierte Hardware und bauen Sie sie wieder neu ein. Weitere Informa-tionen finden Sie in den Abschnitten »So diagnostizieren Sie Hardwareprobleme« und »So führen Sie eine Behandlung von Treiberproblemen durch« in diesem Kapitel. Ausführliche Informationen über die Problembehandlung von USB-Geräten finden Sie im Abschnitt »So führen Sie eine Be-handlung von USB-Problemen durch« weiter unten in diesem Kapitel.

7. Installieren Sie aktualisierte Treiber für andere Hardwarekomponenten wie BIOS und Firmware-updates für alle Hardwaregeräte in Ihrem Computer. Treiberupdates für andere Hardwarekompo-nenten können manchmal Inkompatibilitätsprobleme mit neuer Hardware beseitigen.

8. Führen Sie eine Behandlung von Laufwerksproblemen mithilfe von Chkdsk durch, um durch Laufwerke verursachte Probleme zu identifizieren und nach Möglichkeit zu beseitigen. Laufwerks-probleme können Treiber beschädigen, was wiederum dazu führt, dass die Hardware nicht mehr funktioniert. Weitere Informationen finden Sie im Abschnitt »So führen Sie eine Behandlung von Laufwerksproblemen durch« weiter unten in diesem Kapitel.

9. Schließen Sie die Hardware, sofern möglich, an andere Anschlüsse Ihres Computer an. Verlegen Sie zum Beispiel Einsteckkarten in andere Steckplätze und schließen Sie USB-Geräte an andere USB-Anschlüsse an. Falls das Problem dadurch beseitigt wird, ist der ursprüngliche Anschluss in Ihrem Computer defekt oder das Gerät war nicht richtig angeschlossen.

10. Ersetzen Sie alle Kabel, mit denen die neue Hardware an Ihren Computer angeschlossen ist. Falls das Problem dadurch beseitigt wird, war das Kabel defekt.

11. Schließen Sie die Hardware, die die Probleme verursacht, an einen anderen Computer an. Falls die Hardware auf mehreren Computern nicht funktioniert, ist sie möglicherweise defekt. Wenden Sie sich an den Hardwarehersteller und bitten Sie um technischen Support.

12. Führen Sie eine Systemwiederherstellung durch, um zu versuchen, den Computer wieder in einen funktionsfähigen Zustand zurückzusetzen. Eine Anleitung zur Verwendung der Systemwiederherstellung finden Sie im Abschnitt »So verwenden Sie die Systemwiederherstellung« weiter unten in diesem Kapitel.

13. Wenden Sie sich an die Supportabteilung Ihres Hardwareherstellers. Unter Umständen handelt es sich um einen Hardware- oder Softwarefehler, und der Hardwarehersteller kann Ihnen bei der weiteren Problembehandlung behilflich sein.

So führen Sie eine Behandlung von nicht eindeutig zuordenbaren Symptomen durch

Hardware-, Treiber- und Laufwerksprobleme können zu nicht eindeutig zuordenbare Symptomen führen, während Windows läuft. Zum Beispiel sind folgende Symptome möglich:

- Fehler in Anwendungen und Diensten
- Abbruchfehler
- Zurücksetzen des Systems
- Unzuverlässig arbeitendes Zubehör

Viele unterschiedliche Probleme können solche Symptome verursachen. Gehen Sie folgendermaßen vor, um die Ursache dieser Probleme zu identifizieren und möglicherweise zu beseitigen. Überprüfen Sie nach jedem Schritt, ob das Problem noch besteht.

1. Falls Windows nicht startet, sollten Sie in Kapitel 29, »Konfiguration und Problembehandlung des Startvorgangs«, weiterlesen.

2. Stellen Sie in der Zuverlässigkeitsüberwachung fest, wie lange das Problem bereits besteht und welche eventuell damit zusammenhängenden Symptome auftauchen. Weitere Informationen finden Sie im Abschnitt »So verwenden Sie die Zuverlässigkeitsüberwachung« weiter unten in diesem Kapitel. Suchen Sie dann in der Ereignisanzeige nach eventuell damit zusammenhängenden Ereignissen, die nützliche Informationen für die Diagnose des Problems liefern könnten. Normalerweise schreiben Treiber Ereignisse in das Systemereignisprotokoll. Allerdings können Treiber Ereignisse in jedes beliebige Protokoll schreiben. Informationen darüber, wie Sie die Ereignisanzeige benutzen, finden Sie im Abschnitt »So verwenden Sie die Ereignisanzeige« weiter unten in diesem Kapitel.

3. Installieren Sie alle Updates, die in Windows Update verfügbar sind. Weitere Informationen finden Sie in Kapitel 23, »Verwalten von Softwareupdates«.

4. Installieren Sie aktualisierte Treiber (direkt von den Herstellern) für andere Hardwarekomponenten wie das BIOS und Firmwareupdates für alle Hardwaregeräte in Ihrem Computer.

5. Stellen Sie alle vor Kurzem aktualisierten Treiber wieder her. Weitere Informationen finden Sie im Abschnitt »So stellen Sie installierte Treiber wieder her« weiter unten in diesem Kapitel.

6. Führen Sie eine Behandlung von Laufwerksproblemen mithilfe von Chkdsk durch, um durch Laufwerke verursachte Probleme zu identifizieren und nach Möglichkeit zu beseitigen. Starten Sie den Datenträgerbereinigungs-Assistenten, um Probleme im Zusammenhang mit knappem Festplattenplatz zu beseitigen. Weitere Informationen finden Sie weiter unten in diesem Kapitel im Abschnitt »So führen Sie eine Behandlung von Laufwerksproblemen durch«.

7. Testen Sie Ihren Arbeitsspeicher mithilfe der Windows-Speicherdiagnose. Weitere Informationen finden Sie weiter unten in diesem Kapitel im Abschnitt »So verwenden Sie die Windows-Speicherdiagnose«.

8. Entfernen Sie nacheinander alle nicht unbedingt benötigten Hardwarekomponenten. Falls das Problem verschwindet, nachdem Sie eine Hardwarekomponente entfernt haben, haben Sie die Hardwarekomponente gefunden, die das Problem verursacht. Führen Sie die Problembehandlung für diese spezifische Komponente fort, indem Sie die Anleitung weiter oben in diesem Kapitel im Abschnitt »So führen Sie eine Behandlung von Problemen mit vorhandener Hardware durch« durchgehen.

9. Führen Sie eine Systemwiederherstellung durch, um zu versuchen, den Computer wieder in einen funktionsfähigen Zustand zurückzusetzen. Eine Anleitung zur Verwendung der Systemwiederherstellung finden Sie weiter unten in diesem Kapitel im Abschnitt »So verwenden Sie die Systemwiederherstellung«.

10. Wenden Sie sich an die Supportabteilung Ihres Computerherstellers. Unter Umständen handelt es sich um einen Hardware- oder Softwarefehler, und der Computerhersteller kann Ihnen bei der weiteren Problembehandlung behilflich sein.

So diagnostizieren Sie Hardwareprobleme

Denken Sie immer daran, zuerst die grundlegenden Punkte zu überprüfen, bevor Sie Teile ausbauen und ersetzen. Bevor Sie neue Peripheriegeräte einbauen, sollten Sie im Handbuch zu Ihrem Motherboard oder Computer nach nützlichen Informationen suchen, zum Beispiel zu Sicherheitshinweisen, Firmwarekonfiguration und der Position von Erweiterungs- oder Arbeitsspeichersteckplätzen. Einige Hersteller von Peripheriegeräten empfehlen, dass Sie einen Bus-Master-PCI-Slot verwenden, und weisen darauf hin, dass die Funktion des Geräts unter Umständen nicht sichergestellt ist, wenn der Adapter in einem sekundären Slot installiert wird.

So identifizieren Sie ausgefallene Geräte mit dem Geräte-Manager

Windows 7 kann feststellen, wenn Hardware nicht richtig funktioniert. Gehen Sie folgendermaßen vor, um im Geräte-Manager nichtfunktionierende Hardware anzeigen zu lassen:

1. Klicken Sie im Startmenü mit der rechten Maustaste auf *Computer* und dann auf *Verwalten*.

2. Klicken Sie unter *System* auf *Geräte-Manager*.

3. Der Geräte-Manager zeigt alle Geräte an. Problematische Geräte (darunter alle Geräte, mit denen Windows 7 nicht erfolgreich kommunizieren kann) sind mit einem Warnungssymbol markiert. Falls keine Kategorien aufgeklappt und keine Geräte sichtbar sind, hat Windows 7 keine Probleme mit irgendwelchen Geräten festgestellt.

So überprüfen Sie den Hardwarezustand Ihres Computers

Falls Sie vor Kurzem das Computergehäuse geöffnet haben oder der Computer verschoben oder befördert wurde, haben sich möglicherweise Anschlüsse gelöst. Sie sollten folgendermaßen sicherstellen, dass keine Verbindungen lose sind:

- **Überprüfen Sie, ob die Stromkabel für alle Geräte fest eingesteckt sind und ob das Netzteil des Computers die Hardwarespezifikationen erfüllt**   Die Netzteile von Computern sind in unterschiedlichen Stärken verfügbar, normalerweise sind sie für 200 bis 400 Watt ausgelegt. Wenn zu viele Geräte in einem Computer mit einem zu schwachen Netzteil installiert werden, kann das Probleme mit der Zuverlässigkeit verursachen oder sogar das Netzteil beschädigen. Überprüfen Sie den Leistungsverbrauch in den Spezifikationen des Herstellers, bevor Sie neue Geräte installieren, und stellen Sie sicher, dass Ihr Computer den höheren Stromverbrauch verkraftet.

- **Entfernen Sie externe Geräte**   Externe Geräte (die zum Beispiel über USB oder IEEE 1394 verbunden sind, oder PC Cards und ExpressCards) können defekt sein und den Startvorgang behindern. Sie können Geräte entweder eines nach dem anderen entfernen und jedes Mal versuchen, den Computer zu starten, um die Ursache für das Problem zu finden, oder Sie können alle Geräte entfernen, dann den Computer starten und die Geräte nacheinander wieder anschließen.

- **Überprüfen Sie, dass alle internen Adapter richtig installiert sind und fest sitzen**   Oft müssen Peripheriegeräte wie Tastaturen und Grafikkarten installiert und funktionsfähig sein, damit die Startphase ohne Fehlermeldungen durchläuft. Adapter können sich lösen, wenn der Computer bewegt oder angestoßen wird, aber auch durch Vibrationen des Computers selbst, die durch bewegliche Teile wie Festplatten verursacht werden.

- **Überprüfen Sie, dass alle Kabel richtig angeschlossen sind**   Stellen Sie sicher, dass alle Kabelanschlüsse richtig sitzen, indem Sie die Kabel abziehen und wieder anstecken. Suchen Sie nach beschädigten oder abgenutzten Kabeln und ersetzen Sie sie bei Bedarf. Sie können schmutzige Stecker mit einem Radiergummi reinigen, um sicherzustellen, dass die Kontakte einwandfrei leiten.

- **Überprüfen Sie die Systemtemperatur**   Hohe Temperaturen in einem Computer können nicht eindeutig zuordenbare Fehler verursachen. Viele Computer zeigen die internen Temperaturen für Prozessor, Festplatte, Grafikkarte oder andere Komponenten an, wenn Sie das Firmwaremenü starten. Grafische Tools von Fremdherstellern können auch innerhalb von Windows Informationen zur Temperaturdiagnose anzeigen. Falls die Temperatur sehr hoch ist, sollten Sie überprüfen, ob alle Ventilatoren richtig funktionieren und die Luftauslässe frei sind. Überprüfen Sie, ob das Computergehäuse vollständig zusammengebaut ist: Falls Seitenteile offen bleiben, mag das aussehen, als käme ein besserer Luftaustausch zustande, aber in Wirklichkeit kann es dazu führen, dass der vorgesehene Luftfluss, der heiße Komponenten kühlen soll, umgeleitet wird. Überprüfen Sie, ob die Luft außen am Computer frei fließen kann. Achten Sie insbesondere bei mobilen PCs darauf, dass der Computer nicht auf einer weichen Oberfläche wie einer Couch oder einem Teppich steht, weil das die Wärmeableitung behindern kann. Setzen Sie schließlich die Taktraten von Prozessor und Arbeitsspeicher auf ihre Standardeinstellungen zurück, um sicherzustellen, dass der Computer nicht übertaktet wird.

So prüfen Sie die Konfiguration Ihrer Hardware

Falls Sie vor Kurzem die Hardwarekonfiguration Ihres Computers verändert oder einen neuen Computer konfiguriert haben, sollten Sie die Konfiguration überprüfen, um die Ursache für ein Startproblem zu identifizieren.

- **Überprüfen Sie, ob Sie alle Jumper oder DIP-Schalter richtig konfiguriert haben** Jumper und DIP-Schalter (Dual In-line Package) schließen oder öffnen elektrische Kontakte auf Schaltungen. Bei Festplatten sind Jumpereinstellungen besonders wichtig, weil sie den Startvorgang behindern können, falls sie nicht richtig sind. Wenn Sie zum Beispiel zwei Master-ATA-Laufwerke (Advanced Technology Attachment) konfigurieren, die am selben Kanal angeschlossen sind, oder mehreren Geräten am selben SCSI-Anschluss (Small Computer System Interface) dieselbe ID zuweisen, kann das einen Abbruchfehler oder Fehlermeldungen über Festplattenfehler auslösen.

- **Konfigurieren Sie BCD-Verweise richtig, wenn eine Festplatte hinzugefügt wird** Wenn eine zusätzliche Festplatte installiert oder die Laufwerkskonfiguration in einem Computer geändert wird, kann das dazu führen, dass Windows nicht startet. Verwenden Sie in einem solchen Fall das Starthilfe-Tool aus den Systemstartreparaturtools, um das Problem automatisch beseitigen zu lassen. Weitere Informationen finden Sie in Kapitel 29, »Konfiguration und Problembehandlung des Startvorgangs«.

- **Überprüfen Sie die SCSI-Konfiguration** Falls Ihr Computer SCSI-Geräte verwendet und davon startet, und Sie den Verdacht haben, dass diese Geräte Startprobleme verursachen, sollten Sie die Punkte aus Tabelle 30.2 überprüfen.

WARNUNG Schalten Sie zur Vorsicht immer den Computer aus und ziehen Sie das Stromkabel ab, bevor Sie eine Problembehandlung für Hardware durchführen. Versuchen Sie niemals, interne Geräte zu installieren oder zu entfernen, wenn Sie sich mit Hardware nicht auskennen.

WEITERE INFORMATIONEN Genauere Informationen zur SCSI-Terminierung finden Sie im Microsoft Knowledge Base-Artikel 92765, »Terminieren eines SCSI-Geräts«, unter *http://support.microsoft.com/?kbid=92765* und im Microsoft Knowledge Base-Artikel 154690, »So behandeln Sie Fehlermeldungen mit der Ereignis-ID 9, 11 oder 15«, unter *http://support.microsoft.com/?kbid=154690*.

Tabelle 30.2 Checkliste für die Problembehandlung von SCSI-Geräten

Punkt	Beschreibung
Alle Geräte sind richtig terminiert.	Überprüfen Sie, ob die SCSI-Geräte richtig terminiert sind. Sie müssen bestimmte Regeln für die Terminierung einhalten, damit keine Probleme bei der Erkennung eines SCSI-Geräts im Computer auftreten. Diese Regeln können sich zwar von Adapter zu Adapter leicht unterscheiden, aber das grundlegende Prinzip lautet immer, dass Sie eine SCSI-Kette an beiden Enden terminieren müssen.
Alle Geräte verwenden eindeutige SCSI-IDs.	Überprüfen Sie, ob jedes Gerät innerhalb einer bestimmten SCSI-Kette eine eindeutige ID hat. Doppelt verwendete IDs können sporadische Fehler oder sogar Beschädigung von Daten verursachen. Bei neueren Geräten können Sie den SCAM-Standard (SCSI Configured AutoMagically) nutzen. Der Hostadapter und alle Geräte müssen den SCAM-Standard unterstützen. Andernfalls müssen Sie die IDs von Hand einstellen. ▶

Punkt	Beschreibung
Das BIOS im SCSI-Start-controller ist aktiviert.	Überprüfen Sie, ob das SCSI-BIOS beim primären SCSI-Controller aktiviert und bei allen sekundären Controllern deaktiviert ist. SCSI-Firmware enthält Anweisungen, die es dem Computer erlauben, mit SCSI-Laufwerken zu kommunizieren, bevor Windows 7 startet. Wenn Sie dieses Feature auf allen Hostadaptern deaktivieren, schlägt der Start fehl. Informationen darüber, wie Sie das BIOS aktivieren oder deaktivieren, finden Sie in der Dokumentation zu Ihrem SCSI-Controller.
Sie verwenden die richtigen Kabel.	Überprüfen Sie, dass die Verbindungskabel den richtigen Typ und die richtige Länge haben und den SCSI-Spezifikationen entsprechen. Es gibt unterschiedliche SCSI-Standards, von denen jeder spezifische Anforderungen an die Verkabelung stellt. Weitere Informationen finden Sie in der Produktdokumentation.
Die Firmwareeinstellungen für den SCSI-Hostadapter entsprechen den Gerätefähigkeiten.	Überprüfen Sie, ob die Hostadapter-BIOS-Einstellungen für jedes SCSI-Gerät richtig sind. (Das BIOS des SCSI-Adapters ist von der Motherboardfirmware des Computers getrennt.) Zu jedem SCSI-Gerät können Sie Einstellungen wie Sync-Aushandlung, maximale Übertragungsrate und Send-Start-Befehl angeben, die Einfluss auf Leistung und Kompatibilität haben können. Bestimmte SCSI-Geräte funktionieren unter Umständen nicht richtig, falls die Einstellungen für die Fähigkeiten der Hardware zu hoch gewählt sind. Prüfen Sie die Dokumentation Ihres SCSI-Adapters und des Geräts, bevor Sie die Standardeinstellungen verändern.
SCSI-Adapter sind in einem Master-PCI-Slot installiert.	Überprüfen Sie, ob der Hostadapter im richtigen Motherboardslot installiert ist. Die Dokumentation zu einigen PCI-SCSI-Adaptern empfiehlt, nur Busmaster-PCI-Slots zu verwenden, um Probleme auf 32-Bit-Computern zu vermeiden. Sehen Sie in der Dokumentation Ihres Motherboard- oder Computerherstellers nach, wo diese Busmaster-PCI-Slots liegen. Falls Ihr SCSI-Adapter in einem Nicht-Busmaster-PCI-Slot installiert ist, sollten Sie ihn in einen Master-Slot verlegen, um zu prüfen, ob das etwas an Funktion und Stabilität ändert.

So überprüfen Sie, ob die Firmware von System und Peripheriegeräten auf dem neusten Stand ist

Gelegentlich lassen sich Stabilitäts- und Kompatibilitätsprobleme auf veraltete Firmware zurückführen. Verwenden Sie nach Möglichkeit immer die neuste Firmwareversion. Falls Setup nicht reagiert, wenn Sie das Betriebssystem installieren, kann das durch die Firmware Ihrer DVD-Laufwerke verursacht werden. Versuchen Sie, die DVD-Firmware auf die neuste Version zu aktualisieren.

So testen Sie Ihre Hardware mit den Diagnosetools

Falls das Problem auftritt, nachdem die POST-Routine (Power-On Self Test) abgeschlossen ist, aber noch bevor Windows vollständig geladen wurde, sollten Sie die Diagnosesoftware ausführen, die der Hersteller des Hardwareadapters zur Verfügung stellt. Diese Software umfasst normalerweise einen Selbsttest, mit dem Sie schnell überprüfen können, ob ein Gerät richtig funktioniert. Damit können Sie unter Umständen auch zusätzliche Informationen über das Gerät ermitteln, zum Beispiel Modellnummer, Hardware- und Firmwareversion.

Außerdem können Sie mit Windows einen Arbeitsspeichertest auf Ihrem Computer ausführen. Eine ausführliche Anleitung finden Sie im Abschnitt »So verwenden Sie die Windows-Speicherdiagnose« weiter unten in diesem Kapitel.

So vereinfachen Sie Ihre Hardwarekonfiguration

Hardwareprobleme können entstehen, wenn Sie sowohl neuere als auch ältere Geräte im selben Computer installiert haben. Falls Sie die Probleme nicht mit dem abgesicherten Modus und anderen Optionen (zum Beispiel durch Wiederherstellen installierter Treiber) beseitigen können, sollten Sie zeitweise alle ISA-Geräte deaktivieren oder entfernen, die Plug & Play nicht unterstützen. Falls Sie Windows starten können, sobald diese älteren Geräte entfernt sind, verursachen diese Geräte Ressourcenkonflikte und Sie müssen die ihnen zugewiesenen Ressourcen von Hand neu konfigurieren. Weitere Informationen über das Wiederherstellen installierter Treiber finden Sie im Abschnitt »So stellen Sie installierte Treiber wieder her« weiter unten in diesem Kapitel.

Wenn Sie Startprobleme diagnostizieren, die auf Hardware zurückzuführen sind, wird empfohlen, dass Sie Ihre Konfiguration vereinfachen. Falls Sie Ihre Computerkonfiguration einfacher machen, können Sie Windows möglicherweise starten. Dann können Sie nach und nach die Hardwarekonfiguration des Computers komplexer machen, bis sich das Problem wieder einstellt. So können Sie das Problem diagnostizieren und beseitigen.

Schieben Sie die Problembehandlung auf, wenn Sie noch mehr Adapter und externe Peripheriegeräte installiert haben. Deaktivieren oder entfernen Sie nacheinander alle Hardwaregeräte (wobei Sie mit externen und ISA-Geräten beginnen), bis Sie Ihren Computer starten können. Installieren Sie die Geräte dann neu, wobei Sie die Anleitungen der Hersteller befolgen, und stellen Sie sicher, dass ein Gerät einwandfrei funktioniert, bevor Sie das nächste Gerät in Angriff nehmen. Wenn Sie zum Beispiel eine PCI-Netzwerkkarte und einen SCSI-Adapter gleichzeitig installieren, kann die Problembehandlung komplizierter werden, weil nicht klar ist, welcher der Adapter ein Problem verursacht.

ISA-Geräte sind für einen großen Teil der Startprobleme verantwortlich, die durch Hardware verursacht werden. Der PCI-Bus hat keine zuverlässige Methode, um die ISA-Ressourceneinstellungen zu ermitteln. Gerätekonflikte können auftreten, weil die Kommunikation zwischen den beiden Bustypen nicht optimal ist. Um ISA- und PCI-Konflikte zu vermeiden, sollten Sie ISA-Geräte zeitweise entfernen. Nachdem Sie ein neues PCI-Gerät installiert haben, können Sie im Geräte-Manager feststellen, welche Systemressourcen für ISA-Geräte verfügbar sind. Konfigurieren Sie dann die ISA-Geräte, die keine Plug & Play-Unterstützung bieten, so um, dass keine Konflikte auftreten. Falls die Probleme weiterhin bestehen, nachdem Sie die ISA-Geräte erneut installiert haben, und Sie die Probleme auch mithilfe des technischen Supports nicht beseitigen können, können Sie in Erwägung ziehen, eine Aufrüstung auf neuere Hardware vorzunehmen.

Das Vereinfachen Ihrer Computerkonfiguration kann auch nützlich sein, wenn Probleme verhindern, dass Sie Windows installieren können. Weitere Informationen darüber, wie Sie Ihre Hardwarekonfiguration vereinfachen können, um Setupprobleme zu beseitigen, finden Sie im Microsoft Knowledge Base-Artikel 224826, »Fehlerbehebung bei Textmodus-Setup-Problemen auf ACPI-Computern«, unter *http://support.microsoft.com/?kbid=224826*.

So diagnostizieren Sie Probleme im Zusammenhang mit Laufwerken

Probleme im Zusammenhang mit Laufwerken zeigen sich normalerweise, bevor Windows 7 startet oder kurz danach. Tabelle 30.3 listet die Symptome, mögliche Ursachen und Informationsquellen zu solchen Startproblemen auf.

Gelegentlich können Probleme im Zusammenhang mit Laufwerken, zum Beispiel beschädigte Dateien, Dateisystemprobleme oder zu geringer freier Speicherplatz, dazu führen, dass Abbruchfehler auftreten. Weitere Informationen zur Pflege von Datenträgern und der Behandlung von Laufwerksproblemen finden Sie in Kapitel 16, »Verwalten von Laufwerken und Dateisystemen«.

Tabelle 30.3   Startprobleme im Zusammenhang mit Laufwerken

Symptom, Meldung oder Problem	Mögliche Ursache	Weitere Informationen

Die POST-Routine zeigt eine Meldung an, die etwa so aussieht:
`Hard disk error.`
`Hard disk absent/failed.`
	Die Selbsttestroutinen des Systems halten an, weil Geräte falsch installiert sind.	Überprüfen Sie, ob die Hardware richtig angeschlossen ist, wie weiter oben in diesem Abschnitt beschrieben.

Das System zeigt Meldungen zum MBR oder Startsektor an, die etwa folgendermaßen lauten:
`Missing operating system.`
`Insert a system diskette and`
`restart the system.`
	Der MBR oder der Partitionsstartsektor ist beschädigt, möglicherweise durch Hardwareprobleme oder Viren.	Führen Sie die Starthilfe aus, wie in Kapitel 29, »Konfiguration und Problembehandlung des Startvorgangs«, beschrieben.

Das System zeigt Meldungen über die Partitionstabelle an, die etwa folgendermaßen lauten:
`Invalid partition table.`
`A disk-read error occurred.`
	Die Partitionstabelle ist aufgrund einer falschen Konfiguration von neu hinzugefügten Laufwerken ungültig.	Führen Sie die Starthilfe aus, wie in Kapitel 29, »Konfiguration und Problembehandlung des Startvorgangs«, beschrieben. Falls Windows 7 dann immer noch nicht startet, sollten Sie Ihre Datenträger über die Eingabeaufforderung der Systemwiederherstellung konfigurieren.

Sie können nicht auf Windows 7 zugreifen, nachdem Sie ein anderes Betriebssystem installiert haben.	Der Windows 7-Startsektor wurde durch das Setupprogramm eines anderen Betriebssystems überschrieben.	Führen Sie die Starthilfe aus, wie in Kapitel 29, »Konfiguration und Problembehandlung des Startvorgangs«, beschrieben.
Systemdateien fehlen.	Erforderliche Startdateien fehlen oder sind beschädigt, oder Einträge in der BCD-Registrierungsdatei verweisen auf die falsche Partition.	Führen Sie die Starthilfe aus, wie in Kapitel 29, »Konfiguration und Problembehandlung des Startvorgangs«, beschrieben.

Der EFI-Start-Manager oder der Windows-Start-Manager zeigen Meldungen an, die etwa folgendermaßen lauten:
`Couldn't find loader.`
`Please insert another disk.`
	Systemdateien fehlen.	Führen Sie die Starthilfe aus, wie in Kapitel 29, »Konfiguration und Problembehandlung des Startvorgangs«, beschrieben.

CMOS- oder NVRAM-Laufwerkskonfigurationseinstellungen werden nicht dauerhaft gespeichert.	Der CMOS-Speicher oder das NVRAM ist defekt, Daten wurden beschädigt, oder die Batterie, die diesen Speicherbereich puffert, muss ersetzt werden.	Befolgen Sie die Anleitungen des Herstellers, um die Systembatterie auszutauschen oder aufzuladen.

So verwenden Sie die eingebaute Diagnose

Windows 7 stellt mehrere Tools zur Verfügung, die Ihnen dabei helfen, die Ursache von Hardwareproblemen zu diagnostizieren. Die folgenden Abschnitte beschreiben die wichtigsten Tools.

So verwenden Sie die Zuverlässigkeitsüberwachung

Sie öffnen die Zuverlässigkeitsüberwachung, indem Sie im Suchfeld des Startmenüs **Zuverlässigkeit** eingeben und dann auf *Zuverlässigkeitsverlauf anzeigen* klicken. Das Systemstabilitätsdiagramm enthält einen nach Tagen aufgeschlüsselten Bericht über alle Probleme oder größere Änderungen. Sie können sich ansehen, welche Ereignisse an einem bestimmten Tag aufgetreten sind, indem Sie den Tag im Diagramm anklicken und sich dann die detaillierten Informationen durchlesen. Sie können auch auf die Dropdownliste in der rechten oberen Ecke klicken und *Alles markieren* auswählen, um einen Bericht anzeigen zu lassen, der alle Ereignisse enthält, die Windows 7 bisher aufgezeichnet hat. Weitere Informationen finden Sie in Kapitel 21, »Pflegen der Desktopcomputer«.

In der Zuverlässigkeitsüberwachung haben Sie außerdem Zugriff auf Werkzeuge, die unter Windows Vista im Tool Problemberichte und -lösungen enthalten waren. Klicken Sie dazu am unteren Rand der Seite auf *Alle Problemberichte anzeigen* oder auf *Nach Lösungen für alle Probleme suchen*.

So verwenden Sie die Ereignisanzeige

Die Ereignisanzeige ist das zentrale Tool für die Betriebssystem- und Anwendungsereignisprotokollierung. Auf den meisten Computern enthält die Ereignisanzeige Tausende von Ereignissen, generiert von Windows, Treibern und Anwendungen. Die meisten dieser Ereignisse können Sie einfach ignorieren. Aber wenn Sie eine Problembehandlung durchführen, sollten Sie sich das Ereignisprotokoll ansehen und nach Ereignissen suchen, die unter Umständen mit Ihrem Problem zu tun haben. Es ist aber durchaus möglich, dass keine Ereignisse zu Ihrem Problem aufgezeichnet wurden, weil nicht alle Probleme ein Ereignis auslösen.

Gehen Sie folgendermaßen vor, um die Ereignisanzeige zu öffnen und Ereignisse im Zusammenhang mit Hardware anzuzeigen:

1. Klicken Sie im Startmenü mit der rechten Maustaste auf *Computer* und dann auf *Verwalten*.

2. Erweitern Sie *System* und dann *Ereignisanzeige*.

3. Erweitern Sie im Knoten *Ereignisanzeige* den Knoten *Windows-Protokolle*. Klicken Sie auf *System*.

4. Klicken Sie im Fensterabschnitt *Aktionen* auf *Aktuelles Protokoll filtern*.

5. Aktivieren Sie im Dialogfeld *Aktuelles Protokoll filtern* die Kontrollkästchen *Kritisch*, *Warnung* und *Fehler*. Klicken Sie auf *OK*.

Sehen Sie sich die angezeigten Ereignisse an. Die meisten davon haben nichts mit Ihrem Problem zu tun, aber es ist wichtig, jedes Ereignis zu untersuchen, um mögliche Auswirkungen festzustellen. Achten Sie insbesondere auf Ereignisse mit der Quelle »ACPI«, »PlugPlayManager« oder einer anderen Quelle, die mit einer Hardwarekomponente zu tun hat. Weitere Informationen finden Sie in Kapitel 21, »Pflegen der Desktopcomputer«.

So verwenden Sie Sammlungssätze

Das Snap-In *Leistungsüberwachung* stellt Sammlungssätze und entsprechende Berichte zur Verfügung, die eine detaillierte Analyse unterschiedlicher Aspekte für die Konfiguration und Leistung eines Computers durchführen.

Gehen Sie folgendermaßen vor, um Sammlungssätze und Berichte zu verwenden:

1. Klicken Sie im Startmenü mit der rechten Maustaste auf *Computer* und dann auf *Verwalten*.

2. Erweitern Sie *Leistung*, dann *Sammlungssätze* und klicken Sie auf *System*.

3. Klicken Sie im mittleren Fensterabschnitt mit der rechten Maustaste auf den Sammlungssatz, den Sie analysieren wollen, und wählen Sie den Befehl *Startmenü*. Wenn Sie zum Beispiel die Hardware des Computers analysieren wollen, müssen Sie mit der rechten Maustaste auf *System Diagnostics (Systemdiagnose)* klicken und den Befehl *Startmenü* wählen. Windows 7 beginnt daraufhin, die Daten zu sammeln.

4. Klicken Sie mit der rechten Maustaste auf den Sammlungssatz und wählen Sie den Befehl *Aktuellster Bericht*. Windows zeigt den Berichtsstatus an, während die Daten gesammelt werden (das kann mehrere Minuten dauern). Sobald genügend Daten gesammelt worden sind, wird der Bericht angezeigt. Abbildung 30.3 zeigt einen Systemdiagnosebericht.

Abbildung 30.3   Der Systemdiagnosebericht enthält detaillierte Informationen über den Computer, inklusive möglicher Ursachen für Hardwareprobleme

Sehen Sie sich den Bericht an und stellen Sie fest, ob einer der aufgeführten Punkte mit dem Problem zu tun hat, das Sie beseitigen wollen.

So verwenden Sie die Windows-Speicherdiagnose

Speicherprobleme sind eine der häufigsten Ursachen für Hardwareprobleme. Speicherprobleme können verhindern, dass Windows startet, und nicht eindeutig zuordenbare Abbruchfehler verursachen, sobald Windows läuft. Weil Probleme im Zusammenhang mit dem Arbeitsspeicher sporadisch auftreten können, sind sie oft schwierig zu identifizieren.

So funktioniert's: Speicherfehler

Weil die Hardwarehersteller eine Unmenge von Arbeitsspeicherchips produzieren und die Kunden hohe Anforderungen an die Zuverlässigkeit stellen, ist der Test von Arbeitsspeicher eine höhere Wissenschaft. Es wurden unterschiedliche Arbeitsspeichertests entwickelt, um bestimmte Arten häufiger vorkommender Fehler aufzudecken, zum Beispiel:

- Ein Bit gibt immer 1 zurück, auch wenn es auf 0 gesetzt wird. Oder umgekehrt: Ein Bit gibt immer 0 zurück, auch wenn es auf 1 gesetzt wird. Das wird als Stuck-At Fault (SAF) bezeichnet.
- Es wird das falsche Bit adressiert, wenn versucht wird, ein bestimmtes Bit zu lesen oder zu schreiben. Das wird als Address Decoder Fault (AF) bezeichnet.
- Ein Abschnitt des Arbeitsspeichers lässt nicht zu, die Werte zu ändern. Das wird als Transition Fault (TF) bezeichnet.
- Ein Abschnitt des Arbeitsspeichers ändert sich, wenn er gelesen wird. Das wird als Read Disturb Fault (RDF) bezeichnet.
- Ein oder mehrere Bits verlieren nach einiger Zeit ihren Inhalt. Das wird als Retention Fault (RF) bezeichnet, er ist recht schwer zu entdecken.
- Eine Änderung an einem Bit hat Auswirkungen auf ein anderes Bit. Das wird als Coupling Fault (CF) bezeichnet, falls das fehlerhafte Bit denselben Wert annimmt wie das geänderte Bit; als Inversion Coupling Fault (CFin), falls das fehlerhafte Bit den gegenteiligen Wert des geänderten Bits annimmt; oder als Idempotent Coupling Fault (CFid), falls das fehlerhafte Bit immer einen bestimmten Wert (1 oder 0) annimmt, sobald das andere Bit geändert wird. Dieses Verhalten kann auch aufgrund eines Kurzschlusses zwischen zwei Zellen auftreten, dann wird es als Bridging Fault (BF) bezeichnet.

Wenn Sie sich diese Fehlerarten ansehen, wird klar, dass kein einzelner Test genügen kann, um alle Probleme zuverlässig zu diagnostizieren. Wenn zum Beispiel ein Test nur 1-Bits in den gesamten Arbeitsspeicher schreibt und dann prüft, ob der Arbeitsspeicher nur 1-Bits zurückgibt, kann er einen SAF zuverlässig diagnostizieren, bei dem eine Speicherzelle immer den Wert 0 enthält. Aber dieser Test kann keinen SAF diagnostizieren, bei dem eine Speicherzelle immer den Wert 1 hat. Außerdem ist er nicht komplex genug, um viele Bridging Faults oder Coupling Faults zu finden. Um alle Arten von Speicherfehlern verlässlich zu diagnostizieren, stellt die Windows-Speicherdiagnose daher mehrere unterschiedliche Tests zur Verfügung.

Glücklicherweise enthält Windows 7 die Windows-Speicherdiagnose (Windows Memory Diagnostics), ein Offlinediagnosetool, das den Arbeitsspeicher Ihres Computers automatisch testet. Die Windows-Speicherdiagnose testet Ihren Arbeitsspeicher, indem sie wiederholt Werte hineinschreibt und diese Werte dann wieder ausliest, um zu überprüfen, ob sie sich verändert haben. Um möglichst viele Arten von Speicherfehlern identifizieren zu können, enthält die Windows-Speicherdiagnose drei unterschiedliche Teststufen:

- **Minimal**   Hier sind folgende Tests enthalten:
  - ☐ MATS+
  - ☐ INVC
  - ☐ SCHCKR (aktiviert den Cache)
- **Standard**   Alle Tests aus der Stufe »Minimal« und zusätzlich:
  - ☐ LRAND
  - ☐ Stride6 (aktiviert den Cache)
  - ☐ CHCKR3
  - ☐ WMATS+
  - ☐ WINVC
- **Erweitert**   Alle Tests aus der Stufe »Standard« und zusätzlich:
  - ☐ MATS+ (deaktiviert den Cache)
  - ☐ Stride38
  - ☐ WSCHCKR
  - ☐ WStride-6
  - ☐ CHKCKR4
  - ☐ WCHCKR3
  - ☐ ERAND
  - ☐ Stride6 (deaktiviert den Cache)
  - ☐ CHCKR8

Es ist zwar nicht erforderlich, dass ein Administrator die Details dieser Tests im Einzelnen kennt, aber es ist wichtig zu wissen, dass ein Speichertest niemals vollkommen ist. Fehler treten oft sporadisch auf, möglicherweise im normalen Betrieb nur alle paar Tage oder Wochen. Automatisierte Tests, wie sie zum Beispiel die Windows-Speicherdiagnose durchführt, vergrößern die Wahrscheinlichkeit, dass der Fehler entdeckt wird. Aber es kann sein, dass Ihr Arbeitsspeicher defekt ist, obwohl die Windows-Speicherdiagnose meldet, dass sie keine Probleme gefunden hat. Um diese Gefahr zu verringern, sollten Sie erweiterte Tests ausführen und die Zahl der Wiederholungen erhöhen. Je mehr Tests Sie durchführen, desto zuverlässiger ist das Ergebnis. Selbst wenn nur ein einziger Fehler auftritt, müssen Sie den Arbeitsspeicher als defekt betrachten.

Sobald die Windows-Speicherdiagnose ihre Tests abgeschlossen hat, wird der Computer automatisch neu gestartet. Windows 7 zeigt eine Benachrichtigung mit den Testergebnissen an (Abbildung 30.4). Die zugehörigen Ereignisse können Sie sich im Systemereignisprotokoll ansehen, sie haben die Quelle »MemoryDiagnosticsResults« (Ereignis-ID 1201).

Abbildung 30.4   Die Windows-Speicherdiagnose zeigt nach dem Anmelden eine Benachrichtigung an

Falls Sie einen Speicherfehler finden, ist es normalerweise nicht sinnvoll, eine Reparatur des Arbeitsspeichers zu versuchen. Stattdessen sollten Sie unzuverlässigen Arbeitsspeicher austauschen. Falls der Computer mehrere Speichermodule hat und Sie nicht sicher sind, welches Modul das Problem verursacht, können Sie ein Modul nach dem anderen ersetzen und dann jeweils die Windows-Speicherdiagnose starten, bis der Computer zuverlässig arbeitet.

Falls das Problem weiter bestehen bleibt, obwohl Sie den Arbeitsspeicher ausgetauscht haben, wird es durch eine externe Ursache ausgelöst. Zum Beispiel können hohe Temperaturen (oft in mobilen PCs) dazu führen, dass Arbeitsspeicher unzuverlässig wird. Computerhersteller wählen den Arbeitsspeicher zwar meist so aus, dass er auch hohe Temperaturen aushält, aber wenn Sie Arbeitsspeicher von anderen Herstellern einbauen, kann es sein, dass er nicht dieselben Spezifikationen erfüllt und Fehler verursacht. Neben Wärme können auch andere Geräte innerhalb des Computers elektrische Störungen verursachen. Und schließlich können auch Probleme im Motherboard oder Prozessor gelegentlich dazu führen, dass Kommunikationsfehler mit dem Speicher auftreten, die aussehen wie fehlerhafter Arbeitsspeicher.

So stellt Windows Speicherprobleme automatisch fest

Wenn Windows Problemberichte analysiert, kann es feststellen, ob Speicherprobleme als Ursache für das Problem infrage kommen. In einem solchen Fall fordert das Wartungscenter den Benutzer auf, die Windows-Speicherdiagnose auszuführen. Der Benutzer kann dann einen Link anklicken, um Windows 7 sofort neu zu starten und den Arbeitsspeicher auf Fehler zu überprüfen, oder zu warten, bis der Computer das nächste Mal neu gestartet wird.

So planen Sie eine Windows-Speicherdiagnose ein

Falls Windows 7 läuft, können Sie die Ausführung der Windows-Speicherdiagnose beim nächsten Start einplanen. Gehen Sie dazu folgendermaßen vor:

1. Geben Sie im Suchfeld des Startmenüs den Befehl **mdsched.exe** ein und drücken Sie die EINGABETASTE.

2. Wählen Sie, ob Sie den Computer jetzt neu starten und das Tool ausführen oder das Tool beim nächsten Start des Computers ausführen lassen wollen (Abbildung 30.5).

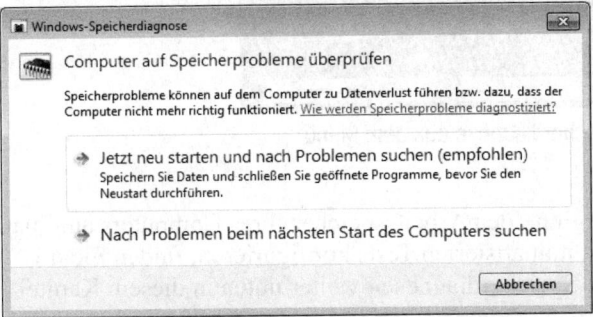

Abbildung 30.5   Sie können die Windows-Speicherdiagnose beim nächsten Start Ihres Computers ausführen lassen

Die Windows-Speicherdiagnose wird automatisch ausgeführt, sobald der Computer neu startet.

So starten Sie die Windows-Speicherdiagnose, wenn Windows installiert ist

Falls Windows bereits installiert ist, können Sie die Windows-Speicherdiagnose aus dem Menü des Windows-Start-Managers ausführen. Gehen Sie dazu folgendermaßen vor:

1. Entfernen Sie alle Disketten und CDs aus den Laufwerken und starten Sie den Computer dann neu.

2. Falls das Menü des Windows-Start-Managers nicht automatisch erscheint, müssen Sie wiederholt die LEERTASTE drücken, während der Computer startet. Daraufhin öffnet sich das Menü des Windows-Start-Managers. Falls stattdessen das Windows-Startlogo erscheint, müssen Sie Ihren Computer wieder neu starten und versuchen, den Startvorgang durch Drücken der LEERTASTE zu unterbrechen.

3. Drücken Sie im Menü des Windows-Start-Managers die TAB-Taste auf Ihrer Tastatur, um den Eintrag *Windows-Speicherdiagnose* auszuwählen (Abbildung 30.6), und dann die EINGABE-TASTE.

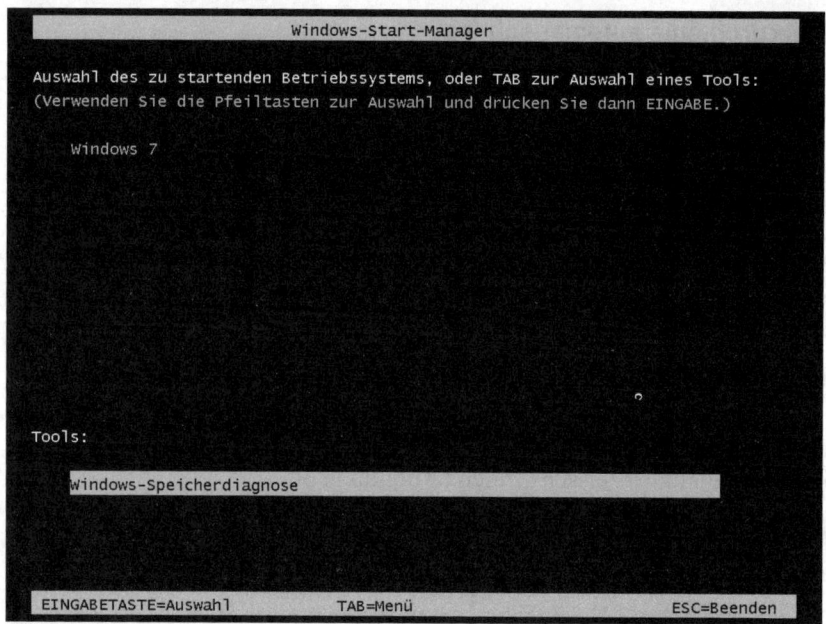

Abbildung 30.6 Sie können die Windows-Speicherdiagnose aus dem Menü des Windows-Start-Managers ausführen

Die Windows-Speicherdiagnose startet und beginnt, den Arbeitsspeicher Ihres Computers automatisch zu testen. Informationen darüber, wie Sie die automatisierten Tests konfigurieren, finden Sie im Abschnitt »So konfigurieren Sie die Windows-Speicherdiagnose« weiter unten in diesem Kapitel.

So starten Sie die Windows-Speicherdiagnose von der Windows-DVD

Falls Windows nicht installiert ist, können Sie die Windows-Speicherdiagnose folgendermaßen von der Windows-DVD starten:

HINWEIS Wenn Windows 7 bereits installiert ist, aber nicht startet, können Sie die Systemstartreparaturtools schneller starten, indem Sie F8 drücken, bevor das Windows-Logo erscheint, und dann auf dem Bildschirm *Erweiterte Startoptionen* den Eintrag *Computer reparieren* wählen.

1. Legen Sie die Windows-DVD in Ihren Computer ein.

2. Starten Sie Ihren Computer neu. Drücken Sie irgendeine Taste, wenn gefragt wird, ob von der DVD gestartet werden soll. Falls keine Frage erscheint, ob von der DVD gestartet werden soll, müssen Sie unter Umständen die Startabfolge Ihres Computers konfigurieren. Weitere Informationen finden Sie im Abschnitt »Anfangsstartphase« in Kapitel 29, »Konfiguration und Problembehandlung des Startvorgangs«.

3. Windows-Setup wird geladen. Wählen Sie Ihre Regionseinstellungen aus, sobald Sie danach gefragt werden, und klicken Sie dann auf *Weiter*.

4. Klicken Sie auf *Computer reparieren*.

5. Wählen Sie Ihr Tastaturlayout aus und klicken Sie auf *Weiter*.

6. Die Systemwiederherstellung durchsucht Ihre Festplatten nach Windows-Installationen. Falls die Standardtreiber keine Festplatte erkennen, weil die Treiber nicht in Windows enthalten sind, müssen Sie auf die Schaltfläche *Treiber laden* klicken, um die Treiber zu laden. Wählen Sie ein Betriebssystem aus, das repariert werden soll, und klicken Sie dann auf *Weiter*.

7. Die Seite *Wählen Sie ein Wiederherstellungstool aus* wird angezeigt. Klicken Sie auf das Tool *Windows-Speicherdiagnose*.

Die Windows-Speicherdiagnose startet und beginnt, den Arbeitsspeicher Ihres Computers automatisch zu testen. Informationen darüber, wie Sie die automatisierten Tests konfigurieren, finden Sie im nächsten Abschnitt. Weitere Informationen über Systemstartreparaturtools finden Sie in Kapitel 29.

So konfigurieren Sie die Windows-Speicherdiagnose

Wie in Abbildung 30.7 zu sehen ist, können Sie unterschiedliche Optionen für die Windows-Speicherdiagnose konfigurieren. Sie können mit diesen Optionen wählen, ob eine gründlichere (und zeitaufwendigere) Diagnose durchgeführt werden soll.

Sie können sich die Optionen der Windows-Speicherdiagnose ansehen, indem Sie sie starten und dann F1 drücken. Sie können drei unterschiedliche Einstellungen wählen, indem Sie sie mit der TAB-Taste auswählen:

- **Testzusammenstellung** Der Standardtestsatz, *Standard*, bietet einen effizienten Test, der die meisten häufiger vorkommenden Arten von Speicherfehlern aufdeckt. Sie können die Testdauer verringern (damit werden aber auch weniger Fehlertypen erkannt), indem Sie die Einstellung *Minimal* wählen. Mehr Fehlerarten werden erkannt (der Test dauert dann auch länger), wenn Sie *Erweitert* wählen.

- **Cache** Manche Tests verwenden den Cache, andere deaktivieren den Cache. Tests sind so entworfen, dass sie den Cache verwenden oder deaktivieren, um Probleme mit unterschiedlichen Arbeitsspeicherkomponenten identifizieren zu können. Daher sollten Sie hier normalerweise die Standardeinstellung beibehalten.

- **Durchlaufanzahl** Dies ist die Zahl der Durchgänge. Sie können diesen Wert vergrößern, um einen gründlicheren Test durchzuführen, bei dem sich die Wahrscheinlichkeit vergrößert, alle vorhandenen Probleme zu finden. Je höher die Durchlaufanzahl, desto wahrscheinlicher werden Sie Probleme finden.

Drücken Sie F10, wenn Sie die gewünschten Einstellungen konfiguriert haben, um Ihre Änderungen anzuwenden. Die Windows-Speicherdiagnose startet daraufhin die Tests neu.

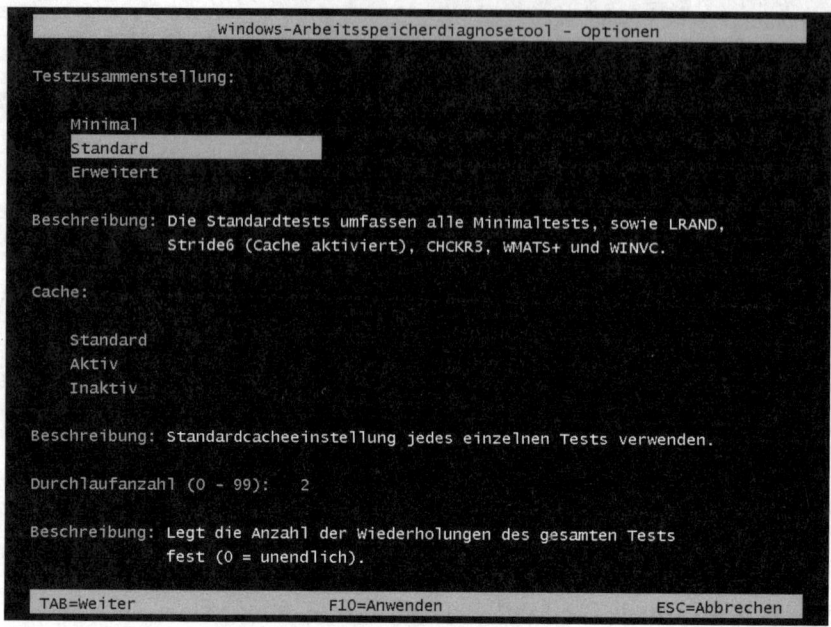

Abbildung 30.7 Sie können die Windows-Speicherdiagnose so konfigurieren, dass sie gründlichere Testverfahren nutzt

So führen Sie eine Behandlung von Laufwerksproblemen durch

Laufwerksprobleme können unvorhersehbares Verhalten in Windows hervorrufen. Erstens können Laufwerksprobleme beschädigte Dateien zur Folge haben, weil wichtige Systemdateien und Treiber auf Ihrer Festplatte gespeichert sind. Zweitens können die Auslagerungsdatei oder temporäre Dateien durch Laufwerksprobleme beschädigt werden. Drittens kann zu geringer freier Festplattenplatz dazu führen, dass kein Festplattenplatz für temporäre Dateien reserviert werden kann. All diese Problemarten können unvorhersehbares Verhalten auslösen. Daher sollte ein Schritt bei der Behandlung von Hardwareproblemen darin bestehen, nach Laufwerksproblemen zu suchen und den verfügbaren Festplattenplatz zu vergrößern. Falls Sie eine Festplatte mit nichtflüchtigem Cache haben, können Sie außerdem den Cache deaktivieren, um festzustellen, ob er die Probleme verursacht.

Die folgenden Abschnitte enthalten Informationen über die Problembehandlung im Zusammenhang mit Laufwerken. Allgemeine Informationen über Datenträger finden Sie in Kapitel 16, »Verwalten von Laufwerken und Dateisystemen«.

So treffen Sie Vorbereitungen für den Fall, dass Datenträgerfehler auftreten

Sie können mehrere Maßnahmen treffen, um sich selbst (und Ihre Computer) auf eine Behandlung von Laufwerksproblemen vorzubereiten, bevor die Probleme tatsächlich auftreten. Machen Sie sich zuerst mit den Wiederherstellungs- und Problembehandlungswerkzeugen vertraut. Die Nutzung von Laufwerksredundanz verringert die Folgen von Hardwarefehlern. Datensicherung sorgt dafür, dass der Datenverlust gering bleibt, falls ein Fehler auftritt. Schützen Sie sich mit Antivirensoftware gegen böswillige Angriffe. Führen Sie eine regelmäßige Wartung Ihrer Speichergeräte durch.

Sie sollten sich selbst mit den Systemstartreparaturtools vertraut machen und eine Windows 7-DVD zur Hand haben, damit Sie die Tools auch dann starten können, wenn die Festplatten nicht verfügbar sind. Weitere Informationen finden Sie in Kapitel 29, »Konfiguration und Problembehandlung des Startvorgangs«.

Führen Sie regelmäßig chkdsk /f /r aus, um Dateisystemprobleme, die wegen fehlerhafter Hardware, Stromausfällen oder Softwarefehlern gelegentlich auftauchen, gleich zu beseitigen. Planen Sie Zeiten ein, in denen Sie den Computer aus dem Produktivbetrieb nehmen, neu starten und Autochk ausführen können, um Probleme beim Start und mit den Systemvolumes zu beseitigen. Sehen Sie sich regelmäßig die Ausgaben von Chkdsk und das Ereignisprotokoll an, um Probleme zu erkennen, die Chkdsk nicht korrigieren kann.

Speichern Sie bei Desktopcomputern wichtige, ständig aktualisierte Daten. Nutzen Sie Hardware-laufwerksredundanz (RAID), damit die Computer auch weiterlaufen, falls eine Festplatte ausfällt. Sorgen Sie dafür, dass Ersatzlaufwerke bereitliegen.

Sichern Sie wichtige Dateien mindestens jede Nacht. Redundanz bedeutet nicht, dass Sie auf Daten-sicherung verzichten können. Selbst redundante Dateisysteme können Fehler aufweisen, und Lauf-werksredundanz kann nicht verhindern, dass Dateien von einer Anwendung beschädigt werden. Sie müssen beschädigte Dateien aus einer archivierten Datensicherung wiederherstellen, die angelegt wurde, bevor die Beschädigung eintrat.

Viren, Spyware und andere Malware sind eine häufige Ursache für Laufwerks- und Dateisystem-probleme. Halten Sie sich an die folgenden Richtlinien, um eine Infektion der Computer durch Viren zu vermeiden:

- Installieren Sie ein Antivirenprogramm. Konfigurieren Sie es so, dass es automatisch aktualisierte Virensignaturen herunterlädt.
- Stellen Sie mit Windows Update sicher, dass die Betriebssystemdateien auf dem neusten Stand bleiben.
- Halten Sie alle Anwendungen auf dem neusten Stand. Das gilt besonders für Webbrowser, die von Malware oft missbraucht werden, um unerwünschte Software zu installieren. Windows Update verteilt Updates für Internet Explorer.
- Führen Sie niemals Skripts oder Anwendungen aus, die nicht vertrauenswürdig sind.
- Verwenden Sie Windows AppLocker, um zu verhindern, dass Benutzer ungenehmigte Software ausführen. Weitere Informationen finden Sie in Kapitel 24, »Schützen des Clients«.

Fragmentierung führt zwar nicht zum Festplattenausfall, verursacht aber Leistungsprobleme. Um solche Leistungsprobleme zu vermeiden, sollten Sie eine Aufgabe planen, die das Befehlszeilentool Defrag regelmäßig außerhalb der Arbeitszeiten ausführt. Speichern Sie die Ausgabe des Tools Defrag in einer Textdatei und sehen Sie sich diese Textdatei regelmäßig an, um sicherzustellen, dass die Defragmentierung wie vorgesehen durchgeführt wird. Sie können die durch Fragmentierung verursachten Probleme noch weiter verringern, indem Sie sicherstellen, dass auf allen Volumes mindestens 15 Prozent des Platzes frei sind. Weitere Informationen über die Verwendung von Defrag finden Sie in Kapitel 16, »Verwalten von Laufwerken und Dateisystemen«.

So verwenden Sie Chkdsk

Chkdsk (*Chkdsk.exe*) ist ein Befehlszeilentool, das Laufwerksvolumes auf Probleme untersucht und versucht, gefundene Fehler zu reparieren. Zum Beispiel kann Chkdsk Probleme reparieren, die durch fehlerhafte Sektoren, verlorene Cluster, querverbundene Dateien und Verzeichnisfehler verursacht werden. Laufwerksfehler sind eine häufige Ursache für schwierig zu isolierende Probleme, und Chkdsk sollte eines der ersten Tools sein, das Sie bei der Problembehandlung einsetzen, die offenbar nicht durch kürzliche Systemänderungen verursacht werden. Sie müssen als Administrator oder Mitglied der Administratorengruppe angemeldet sein, um Chkdsk zu starten.

Beachten Sie folgende Punkte, bevor Sie Chkdsk ausführen:

- Chkdsk benötigt exklusiven Zugriff auf ein Volume, während es läuft. Chkdsk zeigt unter Umständen ein Dialogfeld an, in dem Sie gefragt werden, ob Sie die Festplatte prüfen wollen, wenn Sie Ihren Computer das nächste Mal starten.

- Chkdsk braucht unter Umständen viel Zeit für seine Prüfungen. Das hängt ab von der Zahl der Dateien und Ordner, der Größe des Volumes, der Festplattengeschwindigkeit und den verfügbaren Systemressourcen (zum Beispiel Prozessor und Arbeitsspeicher).

- Wenn Chkdsk im schreibgeschützten Modus ausgeführt wird, kann es nicht immer präzise Informationen liefern.

Beispiele für den Aufruf von Chkdsk

Sie korrigieren Laufwerksfehler, indem Sie eine administrative Eingabeaufforderung öffnen und den folgenden Befehl eingeben:

```
chkdsk Laufwerksbuchstabe: /f /r
```

Zum Beispiel prüft der folgende Befehl das Laufwerk *C* auf Fehler:

```
chkdsk C: /f /r
```

Falls Sie Chkdsk für ein großes Volume *D* ausführen und Chkdsk so schnell wie möglich fertig werden soll, können Sie diesen Befehl verwenden:

```
chkdsk D: /f /c /i
```

Syntax von Chkdsk

Die Befehlszeilensyntax für Chkdsk ist folgendermaßen definiert:

```
chkdsk [Volume[[Pfad] Dateiname]] [/f] [/v] [/r] [/x] [/i] [/c] [/b] [/l[:Größe]]
```

Tabelle 30.4 listet alle Befehlszeilenparameter von Chkdsk auf.

Tabelle 30.4 Parameter von Chkdsk

Parameter	Beschreibung

Volume	Gibt das Volume an, das Chkdsk prüfen soll. Sie können das Volume in verschiedenen Formaten angeben, die in den folgenden Beispielen gezeigt werden:
	 Verwenden Sie diese Schreibweise, damit Chkdsk das Volume *C* prüft:
	 `c:`
	 Verwenden Sie diese Schreibweise, damit Chkdsk ein bereitgestelltes Volume namens *Daten* prüft, das auf dem Volume *C* bereitgestellt wird:
	 `c:\Daten`
	 Verwenden Sie diese Schreibweise, damit Chkdsk ein Volume prüft, das durch den symbolischen Link angegeben wird:
	 `\\?\Volume{109d05a2-6914-11d7-a037-806e6f6e6963}\`
	 Sie können den symbolischen Link für ein Volume mit dem Befehl Mountvol ermitteln.

Pfad	Nur für FAT/FAT32. Gibt die Position einer Datei oder einer Gruppe von Dateien innerhalb der Ordnerstruktur des Volumes an.
Dateiname	Nur für FAT/FAT32. Gibt die Datei oder eine Gruppe von Dateien an, die auf Fragmentierung geprüft werden sollen. Platzhalterzeichen (* und ?) sind erlaubt.
/f	Korrigiert Fehler auf dem Laufwerk. Das Volume muss gesperrt sein. Falls Chkdsk das Volume nicht sperren kann, bietet es an, die Prüfung durchzuführen, wenn der Computer das nächste Mal gestartet wird.
/v	Für FAT/FAT32: Zeigt den vollständigen Pfad und Namen für jede Datei auf dem Laufwerk an. Für NTFS: Zeigt zusätzliche Informationen oder Meldungen über Korrekturen an (sofern vorgenommen).
/r	Sucht nach fehlerhaften Sektoren und stellt noch lesbare Daten wieder her (impliziert /f). Falls Chkdsk das Volume nicht sperren kann, bietet es an, die Prüfung durchzuführen, wenn der Computer das nächste Mal gestartet wird. Weil NTFS fehlerhafte Sektoren während des normalen Betriebs identifiziert und neu zuordnet, ist es normalerweise nicht nötig, den Parameter /r zu verwenden, außer Sie vermuten, dass ein Laufwerk fehlerhafte Sektoren hat.
/x	Erzwingt es, die Bereitstellung des Volumes aufzuheben (sofern nötig). Alle offenen Handles für das Volume sind dann ungültig (impliziert /f). Dieser Parameter funktioniert nicht auf dem Startvolume. Sie müssen den Computer neu starten, um die Bereitstellung des Startvolumes aufzuheben (unmount).
/i	Nur für NTFS. Führt eine oberflächlichere Prüfung der Indexeinträge durch, sodass Chkdsk schneller fertig ist.
/c	Nur für NTFS. Überspringt die Prüfung nach Ringabhängigkeiten innerhalb der Ordnerstruktur, sodass Chkdsk schneller fertig ist.
/l:*Größe*	Nur für NTFS. Ändert die Größe der Protokolldatei auf den angegebenen Wert (in der Einheit KByte). Zeigt die aktuelle Größe an, falls Sie keine neue Größe angeben. Falls das System durch Stromausfall abgeschaltet wird, nicht mehr reagiert oder unerwartet neu gestartet wird, führt NTFS einen Wiederherstellungsprozess durch, wenn Windows 7 neu gestartet wird. Dabei wird auf die Informationen zugegriffen, die in dieser Protokolldatei gespeichert sind. Die Größe der Protokolldatei hängt von der Größe des Volumes ab. In den meisten Fällen brauchen Sie die Größe der Protokolldatei nicht zu ändern. Falls allerdings die Zahl der Änderungen am Volume so groß ist, dass NTFS das Protokoll füllt, bevor alle Metadaten auf das Laufwerk geschrieben wurden, muss NTFS die Metadaten sofort auf das Laufwerk schreiben, damit wieder Platz im Protokoll frei wird. Wenn diese Bedingung auftritt, bemerken Sie unter Umständen, dass Windows 7 für 5 Sekunden oder länger nicht reagiert. Indem Sie die Protokolldatei vergrößern, können Sie diese Verzögerung verhindern, die auftritt, weil die Metadaten auf die Festplatte geschrieben werden.
/b	Nur für NTFS. Prüft die als fehlerhaft markierten Cluster auf dem Volume erneut. Das ist normalerweise nicht nötig, Sie können damit aber unter Umständen verlorene Kapazität auf einer Festplatte zurückgewinnen, die viele fehlerhafte Cluster hat. Diese Cluster könnten allerdings in Zukunft erneut Probleme verursachen, sodass sich die Zuverlässigkeit verschlechtert.
/?	Zeigt eine Liste mit den Parametern von Chkdsk an.

So verwenden Sie die grafische Benutzeroberfläche von Chkdsk

Neben der Befehlszeilenversion von Chkdsk können Sie Chkdsk auch aus dem Fenster *Arbeitsplatz* oder dem Windows-Explorer heraus starten.

1. Klicken Sie im Startmenü auf *Computer*.
2. Klicken Sie mit der rechten Maustaste auf das Volume, das Sie prüfen wollen, und wählen Sie den Befehl *Eigenschaften*.
3. Klicken Sie auf die Registerkarte *Tools* und dann auf die Schaltfläche *Jetzt prüfen*.
4. Sie haben folgende Möglichkeiten:
   a. Sie können Chkdsk im schreibgeschützten Modus starten, indem Sie alle Kontrollkästchen deaktivieren und dann auf *Starten* klicken.
   b. Sie können Fehler reparieren, ohne das Volume auf fehlerhafte Sektoren zu untersuchen, indem Sie das Kontrollkästchen *Dateisystemfehler automatisch korrigieren* aktivieren und dann auf *Starten* klicken.
   c. Sie können Fehler reparieren, nach fehlerhaften Sektoren suchen und lesbare Informationen wiederherstellen, indem Sie die Kontrollkästchen *Dateisystemfehler automatisch korrigieren* und *Fehlerhafte Sektoren suchen/wiederherstellen* aktivieren und dann auf *Starten* klicken.

Chkdsk wird sofort ausgeführt, falls das Volume gerade nicht benutzt wird. Anschließend zeigt es die Ergebnisse in einem Dialogfeld an. Falls das Volume benutzt wird, bietet Chkdsk an, die Prüfung vorzunehmen, wenn der Computer das nächste Mal gestartet wird.

So stellen Sie fest, ob die Ausführung von Chkdsk geplant ist

Falls Windows Probleme mit einem Volume feststellt, kann es Chkdsk auch so konfigurieren, dass es beim Start automatisch ausgeführt wird. Wenn Windows entscheidet, dass ein Volume überprüft werden muss, wird es als »dirty« (schmutzig) markiert. Sie können feststellen, ob ein Volume als dirty markiert ist, indem Sie in einer Eingabeaufforderung folgenden Befehl ausführen:

```
chkntfs volume:
```

Zum Beispiel können Sie mit dem folgenden Befehl prüfen, ob das Laufwerk *C* als dirty markiert ist:

```
chkntfs C:
```

Sie können mit dem Tool Chkntfs auch verhindern, dass ein als dirty markiertes Volume beim Start geprüft wird. Das ist nützlich, falls Sie die zeitaufwendige Ausführung von Chkdsk vermeiden wollen und beim Start des Computers nicht anwesend sind, um Chkdsk zu überspringen. Weitere Informationen erhalten Sie, indem Sie folgenden Befehl in einer Eingabeaufforderung ausführen:

```
chkntfs /?
```

Der Ablauf von Chkdsk auf NTFS-Volumes

Wenn Sie Chkdsk für NTFS-Volumes ausführen, besteht der Ablauf aus drei Hauptphasen und zwei optionalen Phasen. Chkdsk zeigt seinen Fortschritt in jeder Phase mit folgenden Meldungen an:

```
CHKDSK überprüft Dateien (Phase 1 von 5)...
Dateiüberprüfung beendet.
CHKDSK überprüft Indizes (Phase 2 von 5)...
Indexüberprüfung beendet.
CHKDSK überprüft Sicherheitsbeschreibungen (Phase 3 von 5)...
Überprüfung der Sicherheitsbeschreibungen beendet.
```

```
CHKDSK überprüft Dateidaten (Phase 4 von 5)...
Dateidatenüberprüfung beendet.
CHKDSK überprüft freien Speicherplatz (Phase 5 von 5)...
Verifizierung freien Speicherplatzes ist beendet.
```

Die folgende Liste beschreibt diese Chkdsk-Phasen genauer.

Phase 1: Chkdsk überprüft jedes Datensatzsegment in der Masterdateitabelle

In Phase 1 untersucht Chkdsk jedes Datensatzsegment (file record segment) in der Masterdateitabelle (Master File Table, MFT) des Volumes. Auf einem NTFS-Volume werden jede Datei und jedes Verzeichnis eindeutig durch ein bestimmtes Datensatzsegment in der MFT identifiziert. Die Meldung »XX Prozent abgeschlossen«, die Chkdsk während dieser Phase anzeigt, ist der Prozentsatz der MFT, der überprüft wurde.

Die Prozentzahl wächst in dieser Phase relativ kontinuierlich an, es können allerdings auch einige Sprünge auftreten. Zum Beispiel wird für Datensatzsegmente, die nicht benutzt werden, weniger Zeit benötigt als für benutzte. Und die Verarbeitung größerer Sicherheitsbeschreibungen erfordert mehr Zeit als die von kleineren. Insgesamt ist der Wert in der Meldung »XX Prozent abgeschlossen« ein recht präziser Anhaltspunkt für die tatsächlich benötigte Zeit während dieser Phase.

Phase 2: Chkdsk prüft die Verzeichnisse auf dem Volume

In Phase 2 untersucht Chkdsk alle Indizes (Verzeichnisse) auf dem Volume auf interne Konsistenz und überprüft, ob auf alle Dateien und Verzeichnisse, für die ein Datensatzsegment in der MFT eingetragen ist, in mindestens einem Verzeichnis verwiesen wird. Chkdsk überprüft auch, ob jede Datei oder jedes Unterverzeichnis, auf das in einem Verzeichnis verwiesen wird, wirklich als gültiges Datensatzsegment in der MFT eingetragen ist. Und es prüft auf Ringverweise bei Verzeichnissen. Chkdsk prüft dann, ob die Daten zu Zeitstempel und Dateigröße für die Dateien in der Verzeichnisauflistung für diese Dateien auf dem neusten Stand sind.

Die Meldung »XX Prozent abgeschlossen«, die Chkdsk während dieser Phase anzeigt, gibt an, wie viel Prozent der Gesamtzahl der Dateien auf dem Volume bereits geprüft wurden. Bei Volumes mit vielen Tausenden Dateien und Ordnern kann es einige Zeit dauern, bis diese Phase abgeschlossen ist.

Die Dauer von Phase 2 variiert, weil unterschiedlich viel Zeit erforderlich ist, um ein Verzeichnis zu verarbeiten. Das hängt davon ab, wie viele Dateien oder Unterverzeichnisse das jeweilige Verzeichnis enthält. Wegen dieser Abhängigkeit kann es sein, dass sich der Wert in der Meldung »XX Prozent abgeschlossen« während Phase 2 nicht laufend verändert. Aber selbst bei großen Verzeichnissen steigt der Wert langsam an. Daher ist der Wert in »XX Prozent abgeschlossen« kein zuverlässiger Anhaltspunkt dafür, wie lange diese Phase noch dauert.

Phase 3: Chkdsk überprüft die Sicherheitsbeschreibungen für jedes Volume

In Phase 3 untersucht Chkdsk alle Sicherheitsbeschreibungen, die mit den Dateien und Verzeichnissen auf dem Volume verknüpft sind. Dabei prüft es, ob jede Sicherheitsbeschreibungsstruktur unbeschädigt und intern konsistent ist. Der Wert in »XX Prozent abgeschlossen«, den Chkdsk während dieser Phase anzeigt, gibt an, welcher Prozentsatz der Dateien und Verzeichnisse auf dem Volume geprüft wurde.

Die Werte in der Meldung »XX Prozent abgeschlossen« wachsen in dieser Phase relativ kontinuierlich an, es können allerdings auch einige Sprünge auftreten.

Phase 4: Chkdsk überprüft Dateidaten

In Phase 4 (die optional ist) überprüft Chkdsk alle benutzten Cluster. Chkdsk führt die Phasen 4 und 5 durch, falls Sie beim Aufruf den Parameter /r angeben. Wenn der Parameter /r angegeben ist, wird geprüft, ob die Sektoren in jedem Cluster benutzbar sind. Normalerweise ist es nicht erforderlich, den Parameter /r anzugeben, weil NTFS fehlerhafte Sektoren bereits im normalen Betrieb identifiziert und neu zuordnet, aber Sie können den Parameter /r angeben, falls Sie vermuten, dass das Laufwerk fehlerhafte Sektoren enthält.

Der Wert in der Meldung »XX Prozent abgeschlossen«, den Chkdsk in Phase 4 anzeigt, gibt an, wie viel Prozent der Cluster geprüft wurden. Die Prüfung benutzter Cluster erfordert im Allgemeinen mehr Zeit als die unbenutzter Cluster, daher dauert Phase 4 länger als Phase 5, wenn auf einem Volume etwa die Hälfte der Cluster benutzt wird. Bei einem Volume, auf dem die meisten Cluster unbenutzt sind, dauert Phase 5 länger als Phase 4.

Phase 5: Chkdsk überprüft den freien Speicherplatz

In Phase 5 (die optional ist) prüft Chkdsk die unbenutzten Cluster. Chkdsk führt Phase 5 nur aus, falls Sie beim Aufruf den Parameter /r angeben. Der Wert in der Meldung »XX Prozent abgeschlossen«, den Chkdsk in Phase 5 anzeigt, gibt an, wie viel Prozent der unbenutzten Cluster geprüft wurden.

So verwenden Sie den Datenträgerbereinigungs-Assistenten

Mit der Datenträgerbereinigung (*Cleanmgr.exe*) können Sie unbenötigte Dateien löschen und selten benötigte Dateien komprimieren. Dieses Tool ist in erster Linie nützlich, wenn Sie Probleme beseitigen wollen, die auf eine Knappheit an freiem Festplattenplatz zurückzuführen sind. Knapper Festplattenplatz kann viele Probleme verursachen, von Abbruchfehlern bis Dateibeschädigungen. Sie haben folgende Möglichkeiten, um den freien Speicherplatz zu vergrößern:

- Verschieben Sie Dateien auf ein anderes Volume oder archivieren Sie sie auf Sicherungsmedien.
- Komprimieren Sie Dateien oder Datenträger, damit weniger Platz zum Speichern der Daten benötigt wird.
- Löschen Sie nicht mehr benötigte Dateien.

Gehen Sie folgendermaßen vor, um die Datenträgerbereinigung auszuführen:

1. Klicken Sie im Startmenü auf *Computer*.
2. Klicken Sie mit der rechten Maustaste auf das Laufwerk, das Sie bereinigen wollen, und wählen Sie den Befehl *Eigenschaften*. Klicken Sie auf der Registerkarte *Allgemein* im Eigenschaftendialogfeld auf *Bereinigen*.
3. Klicken Sie entweder auf *Nur eigene Dateien* oder auf *Dateien von allen Benutzern des Computers*.
4. Wählen Sie auf der Registerkarte *Datenträgerbereinigung* aus, welche Dateien gelöscht werden sollen, und klicken Sie dann auf *OK*.

So deaktivieren Sie den permanenten Cache

Windows Vista war das erste Windows-Betriebssystem, das die Zwischenspeicherung von Festplattendaten auf permanentem (non-volatile) Cache auf Festplatten unterstützt, die den dafür erforderlichen Cache eingebaut haben. Windows Vista und Windows 7 können den Cache einsetzen, um den Start zu beschleunigen, die Leistung von häufig geänderten Systemdaten zu verbessern und die Auslastung zu verringern. In seltenen Fällen kann ein Defekt im permanenten Cache Probleme verursachen. Um die Möglichkeit auszuschalten, dass permanenter Cache Probleme verursacht, können Sie unterschiedliche Cachefunktionen deaktivieren. Verwenden Sie dazu die folgenden Gruppenrichtlinieneinstellungen (im Knoten *Computerkonfiguration\Administrative Vorlagen\System\Permanenter Festplattencache*):

- **Start- und Fortsetzungsoptimierung deaktivieren**   Aktivieren Sie diese Richtlinie, wenn Sie verhindern wollen, dass Windows den permanenten Cache nutzt, um den Start zu beschleunigen.
- **Cache-Energiesparmodus deaktivieren**   Aktivieren Sie diese Richtlinie, wenn Sie verhindern wollen, dass Windows Festplatten in einen Cache-Energiesparmodus schaltet, bei dem die Festplatte angehalten wird, während der permanente Cache benutzt wird.
- **Permanenten Cache deaktivieren**   Aktivieren Sie diese Richtlinie, wenn Sie die Nutzung des permanenten Cache völlig unterbinden wollen.
- **Solid-State-Modus deaktivieren**   Aktivieren Sie diese Richtlinie, wenn Sie verhindern wollen, dass häufig geschriebene Dateien, zum Beispiel die Systemmetadaten und die Registrierung, im permanenten Cache gespeichert werden.

So führen Sie eine Behandlung von Treiberproblemen durch

Treiber sind Softwarekomponenten, die Windows benutzt, um mit Hardwaregeräten zu kommunizieren. Windows hat normalerweise Dutzende von Treibern gleichzeitig aktiv, um mit Grafikkarte, Festplatten, Soundkarte, USB-Geräten und anderen Geräten zu kommunizieren. Ohne einen Treiber kann Hardware nicht richtig funktionieren. Es kann aber auch zu Problemen mit der Hardware führen, falls ein Treiber veraltet oder unzuverlässig ist.

Die folgenden Abschnitte beschreiben, wie Sie mit Treibern arbeiten, um Hardwareprobleme zu beseitigen.

So finden Sie Treiberupdates

Microsoft oder Hardwareanbieter veröffentlichen gelegentlich aktualisierte Treiber, um die Hardwareleistung und die Zuverlässigkeit zu verbessern. Viele Updates stehen direkt in Windows Update zur Verfügung. Gehen Sie folgendermaßen vor, um alle verfügbaren Updates für einen Computer zu finden:

1. Klicken Sie im Startmenü auf *Alle Programme* und dann auf *Windows Update*.
2. Klicken Sie auf *Nach Updates suchen*, falls der Link verfügbar ist.
3. Falls Windows Update irgendwelche optionalen Updates anzeigt, können Sie auf *Verfügbare Updates anzeigen* klicken.
4. Sofern Treiberupdates verfügbar sind, zeigt Windows sie an. Aktivieren Sie das entsprechende Kontrollkästchen und klicken Sie dann auf *Installieren*.
5. Windows Update lädt alle ausgewählten Updates herunter, legt einen Systemwiederherstellungspunkt an und installiert dann die Updates.

Viele Hardwarehersteller stellen Benutzern aktualisierte Treiber direkt zur Verfügung, bevor sie in Windows Update zur Verfügung stehen. Prüfen Sie auf den Websites der Hersteller, ob aktualisierte Treiber zur Verfügung stehen.

So stellen Sie installierte Treiber wieder her

Wenn Sie einen Gerätetreiber aktualisieren, treten bei Ihrem Computer unter Umständen Probleme auf, die mit der älteren Version nicht vorhanden waren. Wenn Sie zum Beispiel unsignierte Gerätetreiber installieren, kann es sein, dass das Gerät nicht funktioniert oder Ressourcenkonflikte mit anderer installierter Hardware verursacht. Die Installation fehlerhafter Treiber kann unter Umständen sogar Abbruchfehler auslösen, die verhindern, dass das Betriebssystem im normalen Modus startet. Normalerweise gibt die Meldung des Abbruchfehlers den Dateinamen des Treibers an, der den Fehler verursacht hat.

Windows 7 stellt Ihnen die Möglichkeit zur Verfügung, den zuletzt installierten Treiber wiederherzustellen, sodass Sie die Systemstabilität wiederherstellen können, falls nach einem Treiberupdate Probleme auftauchen.

> **HINWEIS** Sie können mit den Tools Systeminformationen oder Sigverif feststellen, ob ein Treiber in Ihrem Computer signiert ist, und andere Informationen über den Treiber abrufen, zum Beispiel Version, Datum, Zeit und Hersteller. Zusammen mit Informationen von der Website des Herstellers können Ihnen diese Daten bei der Entscheidung helfen, einen Gerätetreiber wiederzuherstellen oder zu aktualisieren.

Gehen Sie folgendermaßen vor, um einen Treiber wiederherzustellen:

1. Klicken Sie im Startmenü mit der rechten Maustaste auf *Computer* und dann auf *Verwalten*.
2. Klicken Sie unter *System* auf *Geräte-Manager*.
3. Erweitern Sie eine Kategorie (zum Beispiel *Netzwerkadapter*) und klicken Sie doppelt auf ein Gerät.
4. Klicken Sie auf die Registerkarte *Treiber* und dann auf die Schaltfläche *Vorheriger Treiber*.
5. Sie werden gefragt, ob Sie den aktuellen Treiber überschreiben wollen. Klicken Sie auf *Ja*, um den Treiber wiederherzustellen. Daraufhin wird entweder der Wiederherstellungsprozess durchgeführt oder Sie werden benachrichtigt, dass kein alter Treiber zur Verfügung steht.

So verwenden Sie die Treiberüberprüfung

Windows 7 (und alle Windows-Versionen seit Microsoft Windows 2000) enthalten die Treiberüberprüfung (*Verifier.exe*). Sie können die Treiberüberprüfung entweder mit einer grafischen Oberfläche oder über die Befehlszeile ausführen. Sie können die Befehlszeilenversion starten, indem Sie eine Eingabeaufforderung öffnen und den Befehl `verifier.exe` ausführen. Wenn Sie die grafische Version ausführen wollen, können Sie im Startmenü den Befehl **Verifier.exe** eingeben und dann die EINGABETASTE drücken.

Die Treiberüberprüfung ist nützlich, um problematische Treiber zu isolieren, die dafür verantwortlich sind, dass Windows-Computer gelegentlich abstürzen. Sie können Windows mit diesem Tool so konfigurieren, dass es potenziell problematische Treiber aktiv testet. Sobald die Treiberüberprüfung für einen Treiber konfiguriert worden ist, belastet Windows diesen Treiber während des normalen Betriebs besonders stark, indem es Bedingungen simuliert, die durch knappen Arbeitsspeicher und die Verifizierung der Ein-/Ausgabe (E/A) entstehen. Wenn Sie die Treiberüberprüfung für einen problematischen Treiber aktivieren, ist die Wahrscheinlichkeit recht hoch, dass dadurch ein Abbruchfehler ausgelöst wird, der den Treiber identifiziert.

Sie können mit dem Treiberüberprüfungs-Manager eine Problembehandlung im Zusammenhang mit einem Treiber durchführen, indem Sie die Treiberüberprüfung für alle Treiber aktivieren, die eventuell für die Probleme verantwortlich sein könnten. Starten Sie dann das System neu und warten Sie. Die Treiberüberprüfung erfolgt im Hintergrund, während das System seine normalen Aufgaben erledigt. Daher produziert sie nicht unbedingt sofort Ergebnisse. Falls ein überprüfter Treiber eine falsche Antwort zurückgibt, löst die Treiberüberprüfung einen Abbruchfehler aus. Falls nach mehreren Tagen kein Abbruchfehler aufgetreten ist, sind die überprüften Treiber möglicherweise nicht die Ursache für das Problem, das Sie beseitigen wollen. Wenn Sie den Problembehandlungsprozess abgeschlossen haben, sollten Sie im Treiberüberprüfungs-Manager die Einstellungen löschen und die Treiberüberprüfung deaktivieren.

> **HINWEIS**   Setzen Sie die Treiberüberprüfung nur auf Nicht-Produktivsystemen ein, um einen problematischen Treiber zu identifizieren. Wenn Sie die Treiberüberprüfung verwenden, steigt die Wahrscheinlichkeit, dass ein Abbruchfehler auftritt und die Systemleistung langsamer wird, stark an.

Gehen Sie folgendermaßen vor, um nichtsignierte Treiber zu überprüfen:

1. Geben Sie im Suchfeld des Startmenüs den Befehl **verifier** ein und drücken Sie die EINGABE-TASTE.
2. Klicken Sie auf *Standardeinstellungen erstellen* und dann auf *Weiter*.
3. Klicken Sie auf *Nicht signierte Treiber automatisch wählen* und dann auf *Weiter*.

   Wie in Abbildung 30.8 gezeigt, findet der Treiberüberprüfungs-Manager nichtsignierte Treiber, aktiviert die Überprüfung dieser Treiber und zeigt dann die Liste der nichtsignierten Treiber an.

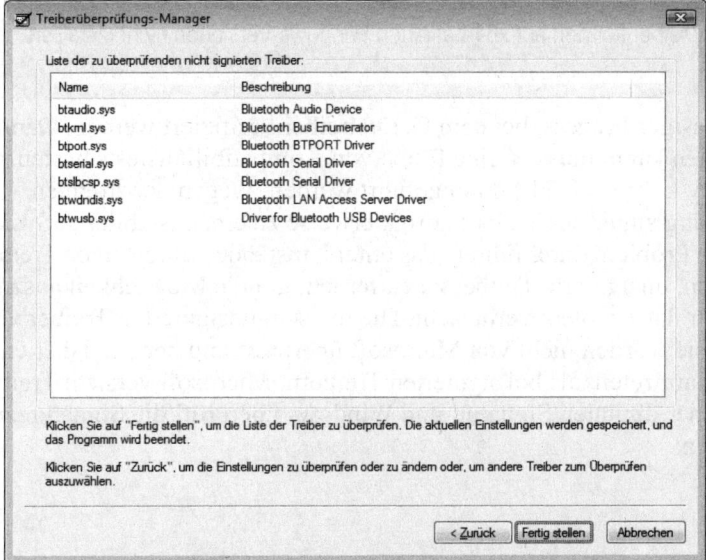

Abbildung 30.8   Der Treiberüberprüfungs-Manager kann Ihnen helfen, problematische Treiber zu identifizieren

4. Klicken Sie auf *Fertig stellen*.
5. Klicken Sie auf *OK* und starten Sie den Computer neu.

Gehen Sie folgendermaßen vor, um alle Treiber zu überprüfen:

1. Geben Sie im Suchfeld des Startmenüs den Befehl **verifier** ein und drücken Sie die EINGABE-TASTE.
2. Klicken Sie auf *Standardeinstellungen erstellen* und dann auf *Weiter*.
3. Klicken Sie auf *Alle auf diesem Computer installierten Treiber automatisch wählen* und dann auf *Fertig stellen*.
4. Klicken Sie auf *OK* und starten Sie den Computer neu.

Gehen Sie folgendermaßen vor, um die Treiberüberprüfung zu deaktivieren:

1. Geben Sie im Suchfeld des Startmenüs den Befehl **verifier** ein und drücken Sie die EINGABE-TASTE.
2. Klicken Sie auf *Vorhandene Einstellungen löschen* und dann auf *Fertig stellen*.
3. Klicken Sie auf *Ja*.
4. Klicken Sie auf *OK* und starten Sie den Computer neu.

So verwenden Sie die Dateisignaturverifizierung

Die Dateisignaturverifizierung (*Sigverif.exe*) erkennt signierte Dateien. Sie haben damit folgende Möglichkeiten:

- Anzeigen der Zertifikate für signierte Dateien, um sicherzustellen, dass die Datei nicht manipuliert wurde, nachdem sie zertifiziert wurde.
- Suchen nach signierten Dateien.
- Suchen nach unsignierten Dateien.

> **HINWEIS** Unsignierte oder veränderte Treiber können auf x64-basierten Windows-Versionen nicht installiert werden.

Die Treibersignierung ist ein mehrphasiger Prozess, bei dem Gerätetreiber verifiziert werden. Damit ein Treiber diese Zertifizierung erhalten kann, muss er eine Reihe von Kompatibilitätstests bestehen, die in den Windows Hardware Quality Labs (WHQL) durchgeführt werden. Wegen der strengen WHQL-Standards führt die Verwendung signierter Treiber normalerweise zu einem stabileren System. Wenn Sie eine Fehlerbehebung für ein Problem durchführen, das unter Umständen durch einen Treiber verursacht wird, können Sie versuchen, unsignierte Treiber zu entfernen, um die Möglichkeit auszuschließen, dass der unsignierte Treiber das Problem verursacht. Die meisten unsignierten Treiber verursachen zwar keine Probleme, aber sie wurden nicht von Microsoft überprüft und bergen daher ein höheres Risiko, dass damit Probleme auftreten, als bei signierten Treibern. Microsoft versieht Treiber, die die WHQL-Tests bestehen, mit einer digitalen Signatur, und Windows überprüft die Signatur, zum Beispiel für folgende Gerätekategorien:

- Tastaturen
- Festplattencontroller
- Modems
- Mausgeräte
- Multimediageräte
- Netzwerkkarten
- Drucker
- SCSI-Adapter
- Smartcardlesegeräte
- Grafikkarten

Eine digitale Signatur von Microsoft zeigt an, dass eine Treiberdatei eine unveränderte Originalsystemdatei ist, die Microsoft für die Benutzung in Windows freigegeben hat. Windows kann Benutzer warnen oder daran hindern, unsignierte Treiber zu installieren. Falls ein Treiber nicht digital signiert ist, bekommt der Benutzer eine Meldung, die er bestätigen muss, um fortfahren zu können. Microsoft signiert alle Treiber, die in Windows enthalten sind oder mit Windows Update verteilt werden. Wenn Sie aktualisierte Treiber von der Webseite eines Herstellers herunterladen, sollten Sie immer Treiber wählen, die von Microsoft signiert wurden.

Die folgenden Tools sind nützlich für die Behebung von Problemen, die durch unsignierte Dateien verursacht werden:

- Dateisignaturverifizierung
- Geräte-Manager
- Treiberüberprüfungs-Manager

Gehen Sie folgendermaßen vor, um unsignierte Treiber zu identifizieren:

1. Geben Sie im Suchfeld des Startmenüs den Befehl **sigverif** ein und drücken Sie die EINGABE-TASTE.

2. Klicken Sie im Fenster *Dateisignaturverifizierung* auf *Starten*.

3. Nach einigen Minuten listet die Seite *Resultate der Signaturverifizierung* die unsignierten Treiber auf. Unsignierte Treiber können durchaus zuverlässig sein, aber sie wurden nicht denselben Test-prozeduren ausgesetzt wie signierte Treiber. Falls Sie Zuverlässigkeitsprobleme haben, sollten Sie die unsignierten Treiber durch signierte Versionen von Microsoft ersetzen.

4. Klicken Sie auf *Schließen*, um zum Fenster *Dateisignaturverifizierung* zurückzukehren.

5. Klicken Sie erneut auf *Schließen*.

So können Sie mit dem Geräte-Manager die Ressourcennutzung anzeigen und ändern

Bei der Installation neuer Hardware oder bei Treiberupdates können Konflikte entstehen, die dazu führen, dass auf Geräte nicht mehr zugegriffen werden kann. Sie können mit dem Geräte-Manager überprüfen, welche Ressourcen diese Geräte benutzen, um Konflikte von Hand zu identifizieren. Normalerweise sollten Sie allerdings Windows die Ressourcen automatisch zuweisen lassen. Bei moderner Hardware gibt es praktisch nie einen Grund, die Ressourcennutzung von Hand zu ändern. Letztlich verursacht das wahrscheinlich mehr Probleme, als es löst.

Gehen Sie folgendermaßen vor, um im Geräte-Manager (*Devmgmt.msc*) Informationen zur Nutzung von Systemressourcen anzusehen und zu ändern:

1. Klicken Sie im Startmenü mit der rechten Maustaste auf *Computer* und dann auf *Verwalten*.

2. Klicken Sie auf *Geräte-Manager* und dann doppelt auf ein Gerät.

3. Klicken Sie auf die Registerkarte *Ressourcen*, um sich anzusehen, welche Ressourcen dieses Gerät benutzt.

4. Klicken Sie auf eine *Ressource* und deaktivieren Sie das Kontrollkästchen *Automatisch konfigu-rieren*.

5. Klicken Sie auf *Einstellung ändern* und geben Sie an, welche Ressourcen dem Gerät zugewiesen sind.

Weitere Informationen über das Verwalten von Geräten finden Sie in Kapitel 17, »Verwalten von Geräten und Diensten«.

So verwenden Sie die Systemwiederherstellung

Die Systemwiederherstellung zeichnet regelmäßig Systemeinstellungen auf, sodass Sie sie später wiederherstellen können, falls ein Problem auftritt. Den Computer mithilfe der Systemwiederherstellung in einen früheren Zustand zurückzusetzen, sollte allerdings einer der letzten Problembehandlungsschritte sein, weil das Probleme mit vor Kurzem installierten Anwendungen und Hardwaregeräten verursachen kann.

Sie können die Systemwiederherstellung entweder aus den Systemstartreparaturtools oder direkt in Windows starten. Wie Sie die Systemwiederherstellung aus den Systemstartreparaturtools heraus verwenden (das ist nur nötig, falls Windows nicht startet), erfahren Sie in Kapitel 29, »Konfiguration und Problembehandlung des Startvorgangs«. Gehen Sie folgendermaßen vor, um die Systemwiederherstellung in Windows auszuführen:

1. Klicken Sie im Startmenü auf *Alle Programme*, dann *Zubehör*, *Systemprogramme* und schließlich auf *Systemwiederherstellung*. Der Systemwiederherstellungs-Assistent wird geöffnet.

2. Falls Sie den Systemwiederherstellungs-Assistenten zum ersten Mal ausführen, können Sie auf *Weiter* klicken, um den Standardwiederherstellungspunkt zu übernehmen. Springen Sie dann zu Schritt 4.

3. Falls Sie die Systemwiederherstellung schon vorher einmal ausgeführt haben, das Problem dadurch aber nicht beseitigt wurde, können Sie *Anderen Wiederherstellungspunkt auswählen* anklicken und dann auf *Weiter* klicken.

4. Wählen Sie auf der Seite *Wiederherstellung des Computerzustands zum angegebenen Zeitpunkt* den letzten Wiederherstellungspunkt aus, bei dem der Computer noch einwandfrei funktioniert hat. Klicken Sie auf *Weiter*.

5. Klicken Sie auf der Seite *Wiederherstellungspunkt bestätigen* auf *Fertig stellen*. Klicken Sie auf *Ja*, wenn eine Sicherheitsabfrage erscheint.

6. Die Systemwiederherstellung startet Ihren Computer neu. Sobald der Neustart abgeschlossen ist, zeigt die Systemwiederherstellung einen Dialog an, um zu bestätigen, dass die Wiederherstellung erfolgreich war. Klicken Sie auf *Schließen*.

Falls die Systemwiederherstellung Ihr Problem nicht beseitigt, haben Sie zwei Möglichkeiten:

- **Machen Sie die Systemwiederherstellung rückgängig** Das Problem wird unter Umständen gar nicht durch Änderungen an Ihrem Computer verursacht, sondern durch einen Hardwarefehler. Daher beseitigt die Systemwiederherstellung Ihr Problem unter Umständen nicht. Weil Sie beim Wiederherstellen eines früheren Zustands des Computers möglicherweise wichtige Änderungen an Ihrer Systemkonfiguration löschen, sollten Sie alle Wiederherstellungen rückgängig machen, die Ihr Problem nicht beseitigen. Sie können eine Systemwiederherstellung rückgängig machen, indem Sie einfach die Systemwiederherstellung erneut starten (wie in diesem Abschnitt beschrieben) und die Standardeinstellungen wählen.

- **Wiederherstellen eines älteren Wiederherstellungspunkts** Ihr Problem wird unter Umständen durch kürzliche Änderungen an Ihrem Computer verursacht, aber die verantwortlichen Änderungen fanden vor dem letzten Systemwiederherstellungspunkt statt. Daher könnte es sein, dass das Problem dadurch beseitigt wird, dass Sie einen älteren Wiederherstellungspunkt wählen. Wiederholen Sie die in diesem Abschnitt beschriebenen Schritte, um einen älteren Wiederherstellungspunkt wiederherzustellen.

So führen Sie eine Behandlung von USB-Problemen durch

Externe Geräte werden heutzutage meist über USB an den Computer angeschlossen. USB bietet Erweiterbarkeit ohne die Komplexität, die beim Anschluss interner Geräte wie PCI-Karten auftritt. Das Anschließen von USB-Geräten ist so einfach, dass die meisten Endbenutzer USB-Geräte ohne Hilfe des Supportcenters anschließen und konfigurieren können (sofern sie ausreichende Privilegien haben). Allerdings kommt es vor, dass Benutzer gelegentlich Probleme mit USB-Geräten haben. Die folgenden Abschnitte bieten einen Leitfaden für die Behandlung von USB-Problemen.

So beseitigen Sie Probleme mit USB-Treibern und -Hardware

Gehen Sie folgendermaßen vor, um aufgetretene Probleme zu beseitigen:

1. Starten Sie den Computer neu. Manchmal erfordert Software, dass der Computer neu gestartet wird, bevor sie richtig funktioniert. Bei einem Neustart des Computers wird Windows 7 außerdem auch gezwungen, die USB-Hardware erneut zu erkennen.

2. Installieren Sie aktualisierte Treibersoftware, sofern sie zur Verfügung steht. Prüfen Sie in Windows Update und auf der Website des Hardwareherstellers, ob Updates verfügbar sind.

3. Deinstallieren Sie Treiber und Software des Geräts, trennen Sie das USB-Gerät vom Computer, starten Sie den Computer neu und folgen Sie dann den Anleitungen des Herstellers, um die Software neu zu installieren. Viele USB-Geräte erfordern einen Treiber. Normalerweise sollte der Treiber installiert sein, bevor das USB-Gerät angeschlossen wird. Falls Probleme mit einem USB-Gerät auftreten, ist die Ursache wahrscheinlich ein Treiberproblem. Informationen darüber, wie Sie eine Behandlung des Treiberproblems durchführen, finden Sie im Abschnitt »So führen Sie eine Behandlung von Treiberproblemen durch« weiter oben in diesem Kapitel. Externe Speichergeräte, zum Beispiel USB-Flashlaufwerke und externe Festplattenlaufwerke, benötigen normalerweise keine Treiber, weil die erforderliche Software direkt in Windows eingebaut ist.

4. Trennen Sie die Verbindung zum USB-Gerät und schließen Sie es an einem anderen USB-Anschluss an. Das kann dazu führen, dass Windows das Gerät als neu erkennt und die erforderlichen Treiber installiert. Außerdem werden dadurch Probleme mit einem bestimmten USB-Anschluss beseitigt, zum Beispiel ein defekter Anschluss oder zu hohe Leistungsanforderungen.

5. Ersetzen Sie das USB-Kabel durch ein neues Kabel oder ein anderes, von dem Sie wissen, dass es in Ordnung ist.

Beschränkungen bei USB

Auch wenn Sie die Software des USB-Geräts richtig installiert haben und die aktuellste Treiberversion verwenden, können noch Probleme auftreten. Sie werden unter Umständen durch die Hardwarebeschränkungen von USB verursacht. Unter anderem können folgende Beschränkungen Probleme verursachen:

- **Zu schwache Stromversorgung** Viele USB-Geräte beziehen ihren Strom über den USB-Anschluss. Wenn zu viele Geräte, die kein eigenes Netzteil haben, an einen USB-Hub angeschlossen werden, kann das zu einer Überlastung führen, die bewirkt, dass ein USB-Gerät nicht mehr richtig reagiert. Das passiert häufig, wenn ein externer USB-Hub ohne eigenes Netzteil verwendet wird. Sie können schnell feststellen, ob ein Problem mit der Stromversorgung zu tun hat, indem Sie die anderen USB-Geräte abziehen und nacheinander jedes USB-Gerät direkt an den Computer anschließen. Falls Geräte funktionieren, während sie einzeln angeschlossen sind, aber nicht mehr, wenn sie gleichzeitig angeschlossen sind, ist das Problem wahrscheinlich bei der Stromversorgung zu suchen. Verringern Sie die Zahl der Geräte oder fügen Sie einen USB-Hub mit eigener Strom-versorgung hinzu.

- **Zu lange Kabel**   USB-Geräte dürfen maximal 5 Meter von dem USB-Hub entfernt sein, an den sie angeschlossen sind. USB-Geräte werden zwar nie mit Kabeln geliefert, die länger als 5 Meter sind, aber manche Benutzer verketten USB-Verlängerungen, sodass längere Leitungen entstehen können. Abhängig von der Qualität des Kabels und von möglichen Störquellen können auch schon bei kürzeren Strecken Probleme auftreten. Sie können feststellen, ob die Länge die Ursache der Probleme ist, indem Sie alle USB-Verlängerungen entfernen und das USB-Gerät direkt an den Computer anschließen.

- **Zu viele Geräte**   USB kann maximal 127 Geräte unterstützen, die an einen einzigen USB-Host-controller angeschlossen sein dürfen. Das ist in den allermeisten Fällen für Clientcomputer mehr als ausreichend. Sie können maximal sieben Ebenen mit USB-Hubs an den USB-Hostcontroller des Computers anschließen, und es sind maximal fünf externe Hubs erlaubt.

- **Ungenügende Bandbreite**   Die meisten USB-Geräte wurden so entworfen, dass sie innerhalb der Bandbreitenbeschränkungen arbeiten, die USB setzt. Insbesondere bei Videokameras kann es aber sein, dass sie mehr Bandbreite benötigen, als USB zur Verfügung stellen kann. Falls Sie die Mel-dung »Bandbreite überschritten« erhalten, sollten Sie erst versuchen, andere USB-Geräte zu ent-fernen. Falls die Meldung weiterhin erscheint, können Sie versuchen, die vom Gerät benötigte Bandbreite zu verringern, indem Sie die Auflösung der Kamera verringern. Bei einer Videokamera erzielen Sie die besten Ergebnisse, wenn Sie sie an einen IEEE 1394-Anschluss (auch als Firewire oder iLink bezeichnet) anschließen.

> **HINWEIS**   Falls Sie die Meldung »Hochgeschwindigkeits-USB-Gerät ist an Nicht-Hochgeschwindigkeits-USB-Hub angeschlossen« erhalten, unterstützt das USB-Gerät den Standard USB 2.0, aber der USB-Anschluss ist eine ältere Version. Das Gerät funktioniert wahrscheinlich, ist aber langsam. Sie können die Leistung verbessern, indem Sie einen USB 2.0-Port in den Computer einbauen.

So identifizieren Sie USB-Probleme im Systemmonitor

Falls Sie vermuten, dass ein Problem mit USB-Bandbreite oder -Leistung besteht, können Sie das Problem mithilfe des Systemmonitors identifizieren:

1. Falls das Problem, das Sie identifizieren wollen, dann auftritt, wenn ein USB-Gerät aktiv benutzt wird, müssen Sie das USB-Gerät, für das Sie eine Problembehandlung durchführen wollen, an-schließen und einschalten. Falls das Problem auftritt, wenn Sie das USB-Gerät neu anstecken, dürfen Sie das Gerät nicht anschließen, bevor Sie die Protokollierung gestartet haben.

2. Klicken Sie im Startmenü mit der rechten Maustaste auf *Computer* und dann auf *Verwalten*.

3. Erweitern Sie *System*, *Zuverlässigkeit und Leistung*, *Überwachungstools* und klicken Sie dann auf *Systemmonitor*.

4. Klicken Sie in der Symbolleiste des Systemmonitors auf die grüne Schaltfläche *Hinzufügen*.

5. Erweitern Sie im Dialog *Leistungsindikatoren hinzufügen* im Feld *Verfügbare Leistungsindikato-ren* den Knoten *USB*. Falls Sie eine Problembehandlung wegen eines nicht funktionierenden USB-Geräts durchführen, sollten Sie die folgenden Indikatoren für die Instanz *<Alle Instanzen>* hinzu-fügen:

   ☐ ISO-Paket Fehler/s

   ☐ Übertragung Fehler/s

Falls Sie eine Problembehandlung wegen eines USB-Leistungsproblems durchführen, sollten Sie die folgenden Indikatoren für die Instanz *<Alle Instanzen>* hinzufügen:

☐ Massenvorgang Bytes/s

☐ Durchschnitt Bytes/Übertragung

6. Klicken Sie auf *OK*, um die Indikatoren zum Systemmonitor hinzuzufügen.

Der Systemmonitor beginnt jetzt, Daten über Ihre USB-Geräte und -Verbindungen zu sammeln. Versuchen Sie, das Problem zu reproduzieren (kopieren Sie zum Beispiel eine Datei auf eine USB-Festplatte oder schließen Sie eine Videokamera an). Falls Sie eine Behandlung wegen Leistungsproblemen durchführen, können Sie sofort mit der rechten Maustaste in die Systemmonitoranzeige klicken und den Befehl *Löschen* wählen, sobald Sie beginnen, das Gerät zu benutzen. So stellen Sie sicher, dass die Indikatoren nur Daten enthalten, die während Ihres Tests aufgezeichnet wurden. Je länger Sie den Test laufen lassen, desto präzisere Ergebnisse liefert er. Sie sollten den Systemmonitor anhalten, sobald Ihr Test beendet ist.

Sobald Sie das Problem reproduziert haben, können Sie den Systemmonitor anhalten, indem Sie die Schaltfläche *Anzeige fixieren* in der Symbolleiste anklicken oder die Tastenkombination STRG+F drücken. Weil Sie Leistungsindikatoren für alle Instanzen hinzugefügt haben, bekommen Sie wahrscheinlich eine große Zahl von Indikatoren. Sie können die einzelnen Indikatoren durchsuchen, um die Ursache für Ihre Probleme zu identifizieren, indem Sie STRG+H drücken, um den Markierungsmodus zu aktivieren.

Klicken Sie jetzt auf den ersten Leistungsindikator in der Liste. Sobald Sie einen Leistungsindikator ausgewählt haben, wird die Kurve, die zu diesem Leistungsindikator gehört, fett hervorgehoben. Sehen Sie sich die Werte für diesen Leistungsindikator an. Falls der Leistungsindikator einen Fehler zeigt, können Sie sich notieren, welcher USB-Controller und welches USB-Gerät das Problem verursachen. Drücken Sie die NACH UNTEN-Taste auf Ihrer Tastatur, um den nächsten Leistungsindikator auszuwählen, und setzen Sie die Analyse der USB-Leistungswerte fort.

Unter normalen Bedingungen sollten eigentlich keine USB-Fehler auftreten. Windows 7 kann aber nach vielen USB-Fehlern einen konsistenten Zustand wiederherstellen, ohne dass der Benutzer das überhaupt bemerkt. Sobald Sie die Ursache der USB-Probleme identifiziert haben, sollten Sie weiter vorgehen, wie im Abschnitt »So beseitigen Sie Probleme mit USB-Treibern und -Hardware« weiter oben in diesem Kapitel beschrieben.

Falls Sie eine Behandlung von USB-Leistungsproblemen durchführen, sollten Sie die Indikatoren »Massenvorgang Bytes/s« untersuchen, um festzustellen, welche Instanz zu dem Gerät gehört, das Sie benutzen. Wählen Sie dann den entsprechenden Leistungsindikator aus und notieren Sie sich den Durchschnittswert. Theoretisch kann USB 2.0 maximal 60.000.000 Byte/s übertragen. Dieses theoretische Maximum wird allerdings niemals erreicht. In der Praxis können Sie davon ausgehen, dass Sie die Hälfte davon erreichen. USB-Speichergeräte sind oft viel langsamer, und die Leistung hängt von der Geschwindigkeit des Geräts selbst ab. USB-Festplatten erreichen normalerweise Durchschnittswerte unter 10.000.000 Byte/s, können aber Spitzenwerte von über 20.000.000 Byte/s erreichen. Auch variiert die Leistung von Festplatten abhängig davon, welcher Abschnitt der Festplatte beschrieben oder gelesen wird, wie groß die Dateien sind, auf die zugegriffen wird, und wie stark die Festplatte fragmentiert ist.

Weitere Informationen zur Verwendung des Systemmonitors finden Sie in Kapitel 21, »Pflegen der Desktopcomputer«.

So untersuchen Sie USB-Hubs

Wenn Sie ein USB-Gerät an einen Computer anschließen, sind daran mehrere Ebenen beteiligt:

- **Ein USB-Hostcontroller, der direkt mit Ihrem Computer verbunden ist** USB-Hostcontroller sind oft in das Motherboard des Computers integriert, Sie können sie aber auch mit einem internen Adapter oder einer PC Card nachrüsten. Falls der Name des Controllers das Wort »Enhanced« enthält, unterstützt er USB 2.0.

- **Ein USB-Root-Hub, der direkt an den USB-Hostcontroller angeschlossen ist** Normalerweise sind USB-Root-Hubs in das Gerät eingebaut, das auch den USB-Hostcontroller enthält, also das Motherboard Ihres Computers oder eine Adapterkarte.

- **Optional können weitere USB-Hubs an den USB-Root-Hub angeschlossen sein, um zusätzliche USB-Anschlüsse bereitzustellen** USB-Hubs können externe Geräte sein, die Sie einstecken, interne Geräte innerhalb eines Computers oder in eine Dockingstation eingebaute Geräte.

Sie können die USB-Controller und -Hubs in einem Computer mit dem Gerätemanager untersuchen, um festzustellen, wie viel Strom sie zur Verfügung stellen und wie viel Strom die angeschlossenen Geräte beanspruchen. Das kann Ihnen helfen, die Ursache eines USB-Problems zu identifizieren. Gehen Sie folgendermaßen vor, um USB-Geräte zu untersuchen:

1. Klicken Sie im Startmenü mit der rechten Maustaste auf *Computer* und dann auf *Verwalten*.

2. Klicken Sie in der Computerverwaltungskonsole auf Geräte-Manager (unter *System*).

3. Erweitern Sie im rechten Fensterabschnitt den Knoten *USB-Controller*.

4. Klicken Sie mit der rechten Maustaste auf einen USB-Root-Hub (es kann mehrere geben) und wählen Sie den Befehl *Eigenschaften*.

5. Klicken Sie auf die Registerkarte *Stromversorgung* (Abbildung 30.9). Diese Registerkarte zeigt an, wie viel Strom der Hub liefern kann und wie viel Strom die einzelnen Geräte verbrauchen. Sie können die Anforderungen eines bestimmten Geräts ermitteln, indem Sie alle Geräte entfernen und dann die Geräte einzeln wieder anschließen.

Abbildung 30.9 Die Eigenschaften eines USB-Root-Hubs zeigen an, wie viel Strom verfügbar ist und verbraucht wird

So führen Sie eine Behandlung von Bluetooth-Problemen durch

Bluetooth ist ein Drahtlosprotokoll zum Anschließen von Zubehörgeräten an Computer. Bluetooth wird häufig benutzt, um Tastaturen, Mäuse, Organizergeräte, Mobiltelefone und GPS-Empfänger (Global Positioning System) anzuschließen.

Bluetooth ist so einfach zu konfigurieren, dass die meisten Benutzer Bluetooth-Geräte ohne die Hilfe des Supportcenters anschließen können. Gelegentlich treten allerdings Probleme auf, wenn Benutzer versuchen, eine Bluetooth-Verbindung herzustellen. Es kann auch passieren, dass eine Verbindung, die vorher funktioniert hat, ohne sichtbaren Grund nicht mehr funktioniert.

Falls Sie ein Bluetooth-Gerät nicht erfolgreich anschließen können, sollten Sie folgendermaßen vorgehen:

1. Überprüfen Sie, ob das Gerät angeschaltet ist und die Batterien voll sind.
2. Bringen Sie das Gerät ca. 1 Meter an Ihren Computer heran (aber nicht zu nah an Ihren Bluetooth-Adapter). Stellen Sie außerdem sicher, dass keine anderen Geräte in der Nähe dieselben Funkfrequenzen verwenden, zum Beispiel Mikrowellenherde, Funktelefone, Fernbedienungen oder 802.11-Drahtlosnetzwerke.
3. Überprüfen Sie, ob bei dem Gerät Bluetooth aktiviert ist und es als erkennbar (discoverable) konfiguriert ist. Aus Sicherheitsgründen sind viele Geräte in der Standardeinstellung nicht erkennbar. Weitere Informationen finden Sie in der Anleitung zum jeweiligen Gerät.
4. Installieren Sie alle Updates, die in Windows Update verfügbar sind. Weitere Informationen finden Sie in Kapitel 23, »Verwalten von Softwareupdates«.
5. Laden Sie aktualisierte Software und Treiber für Ihre Hardware herunter und installieren Sie sie. Hardwarehersteller geben oft aktualisierte Software für Hardwarekomponenten heraus, wenn die Hardware bereits auf dem Markt ist. Normalerweise können Sie Softwareupdates von der Website des Herstellers herunterladen.
6. Überprüfen Sie, ob Windows so konfiguriert ist, dass es eingehende Bluetooth-Verbindungen annimmt.
7. Überprüfen Sie, ob die Sicherheit richtig konfiguriert ist. Unter Umständen haben Sie einen nicht standardmäßigen Kenncode für das Gerät konfiguriert. In der Standardeinstellung verwenden viele Geräte den Kenncode 0000 oder 0001.
8. Entfernen Sie das Bluetooth-Gerät und installieren Sie es neu.

Tools für die Problembehandlung

Die folgenden Abschnitte beschreiben kostenlose Microsoft-Tools, die für die erweiterte Problembehandlung nützlich sind.

DiskView

DiskView zeigt, wie Dateien auf Ihrer Festplatte angeordnet sind, sodass Sie feststellen können, wo eine bestimmte Datei gespeichert ist. Speichern Sie die ausführbare Datei von DiskView in einem Ordner, aus dem Dateien gestartet werden dürfen, etwa in *C:\Programme*. Ein Ordner für temporäre Dateien eignet sich ausdrücklich nicht für diesen Zweck. Klicken Sie mit der rechten Maustaste auf *DiskView.exe* und wählen Sie im Kontextmenü den Befehl *Als Administrator ausführen*. Wählen Sie in der Liste der Volumes das Volume aus, das Sie analysieren wollen, und klicken Sie auf *Refresh*, um die Anzeige zu aktualisieren. DiskView ist nun mehrere Minuten damit beschäftigt, den Inhalt des Datenträgers zu analysieren.

Wie in Abbildung 30.10 zu sehen, zeigt das Hauptfenster an, wie die Dateien über einen Abschnitt Ihres Datenträgers verteilt sind. Unter dem Hauptfenster wird die Verteilung für den gesamten Datenträger angezeigt. Die schwarze Markierung zeigt, welcher Ausschnitt des Datenträgers im Hauptfenster dargestellt wird.

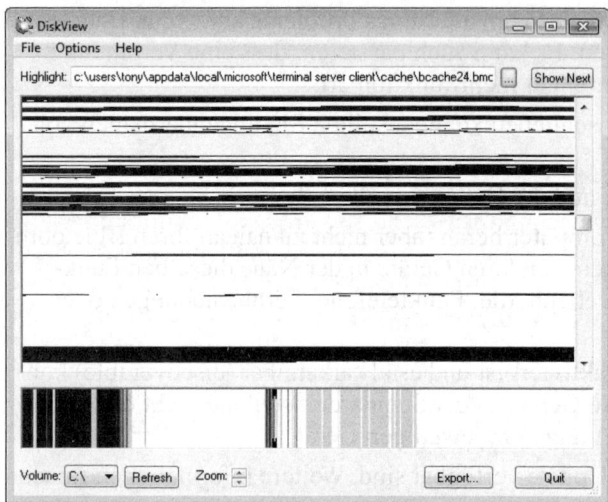

Abbildung 30.10 DiskView zeigt die Anordnung der Dateien auf Ihrem Datenträger

Wenn Sie im Hauptfenster auf eine Datei klicken, wird der Name dieser Datei im Feld *Highlight* angezeigt. Eine bestimmte Datei können Sie sich ansehen, indem Sie auf die Schaltfläche mit den drei Punkten klicken und die gewünschte Datei auswählen. Sie können DiskView unter *http://technet. microsoft.com/sysinternals/bb896650.aspx* herunterladen.

Handle

Mit Handle stellen Sie fest, welcher Prozess eine Datei oder einen Ordner geöffnet hat. Handle ist immer dann nützlich, wenn Sie eine Datei oder einen Ordner aktualisieren oder löschen wollen, aber der Zugriff darauf verweigert wird, weil das Objekt benutzt wird.

Speichern Sie die ausführbare Datei von Handle in einem Ordner, aus dem Dateien gestartet werden dürfen, etwa in *C:\Programme*. Ein Ordner für temporäre Dateien eignet sich ausdrücklich nicht für diesen Zweck. Öffnen Sie nun eine administrative Eingabeaufforderung und wechseln Sie in den Ordner, in dem Sie die ausführbare Datei von Handle abgelegt haben.

Wenn Sie Handle ohne Argumente aufrufen, werden alle offenen Handles angezeigt. Welcher Prozess eine bestimmte Datei oder einen Ordner geöffnet hat, finden Sie heraus, indem Sie Handle einen Teil des Dateinamens übergeben. Ist beispielsweise die Musikdatei *Amanda.wma* gesperrt, stellen Sie fest, welcher Prozess diese Datei geöffnet hat, indem Sie den folgenden Befehl ausführen:

```
handle amanda
```

Die folgende Ausgabe zeigt, dass der Windows Media Player (*Wmplayer.exe*) diese Datei gesperrt hat.

```
Handle v3.3
Copyright (C) 1997-2007 Mark Russinovich
Sysinternals - www.sysinternals.com

wmplayer.exe       pid: 3236    2C0: C:\Users\Public\Music\Sample Music\Amanda.wma
```

Weil die Ausgabe den Namen und die ID des Prozesses (Process Identifier, PID) enthält, können Sie nun im Task-Manager den Prozess beenden, sodass der Zugriff auf die gesperrte Datei möglich wird. Sie können Handle unter *http://technet.microsoft.com/de-de/sysinternals/bb896655.aspx* herunterladen.

Process Monitor

Process Monitor (Prozessmonitor) ist ein äußerst leistungsfähiges Problembehandlungstool, das die Datei- und Registrierungszugriffe durch eine Anwendung überwacht. Mit Process Monitor können Sie genau verfolgen, was eine Anwendung tut. Auf diese Weise ist es möglich zu ermitteln, auf welche Ressourcen eine Anwendung Zugriff braucht. Tritt in einer Anwendung ein Fehler auf, weil eine Ressource nicht verfügbar ist oder der Zugriff verweigert wird, können Sie mit Process Monitor feststellen, um welche Ressource es sich handelt. Anhand dieser Informationen gelingt es dann oft, das Problem zu beseitigen.

Speichern Sie die ausführbare Datei von Process Monitor in einem Ordner, aus dem Dateien gestartet werden dürfen, etwa in *C:\Programme*. Ein Ordner für temporäre Dateien eignet sich ausdrücklich nicht für diesen Zweck. Klicken Sie mit der rechten Maustaste auf *ProcMon.exe* und wählen Sie im Kontextmenü den Befehl *Als Administrator ausführen*.

Nach dem Start beginnt Process Monitor sofort damit, Ereignisse aufzuzeichnen. Sie beenden die Aufzeichnung von Ereignissen oder starten sie neu, indem Sie die Tastenkombination STRG+E drücken oder im Menü *File* den Befehl *Capture Events* wählen.

Sie verwenden Process Monitor für die Problembehandlung, indem Sie die Ereignisaufzeichnung aktivieren und dann die Anwendung ausführen, die Sie untersuchen möchten. Führen Sie die Aktionen durch, die Sie analysieren wollen, und beenden Sie die Ereignisaufzeichnung wieder.

Process Monitor zeigt alle Datenträger- und Dateizugriffe an, die durchgeführt wurden, während die Aufzeichnung lief (Abbildung 30.11). Die Ereignisse für einen bestimmten Prozess bekommen Sie angezeigt, indem Sie mit der rechten Maustaste auf irgendein Ereignis klicken, das dieser Prozess generiert hat, und den Befehl *Include* wählen. Process Monitor filtert nun das angezeigte Ereignis, sodass nur Ereignisse sichtbar sind, die vom ausgewählten Prozess generiert wurden. Komplexere Filter können Sie über das Menü *Filter* zusammenstellen.

Wenn Sie die aufgezeichneten Ereignisse untersuchen, sollten Sie besonders auf Ereignisse achten, die nicht mit *Success* (Erfolg) markiert sind. Solche Ereignisse kommen zwar häufig vor und sind völlig normal, aber aus ihnen lassen sich oft Schlüsse auf die Ursache eines Fehlers ziehen.

Sie können Process Monitor von *http://technet.microsoft.com/de-de/sysinternals/bb896645.aspx* herunterladen. Beispiele, wie Sie mit Process Monitor arbeiten, finden Sie in »The Case of the Failed File Copy« unter *http://blogs.technet.com/markrussinovich/archive/2007/10/01/2087460.aspx* und in »The Case of the Missing AutoPlay« unter *http://blogs.technet.com/markrussinovich/archive/2008/01/02/2696753.aspx*.

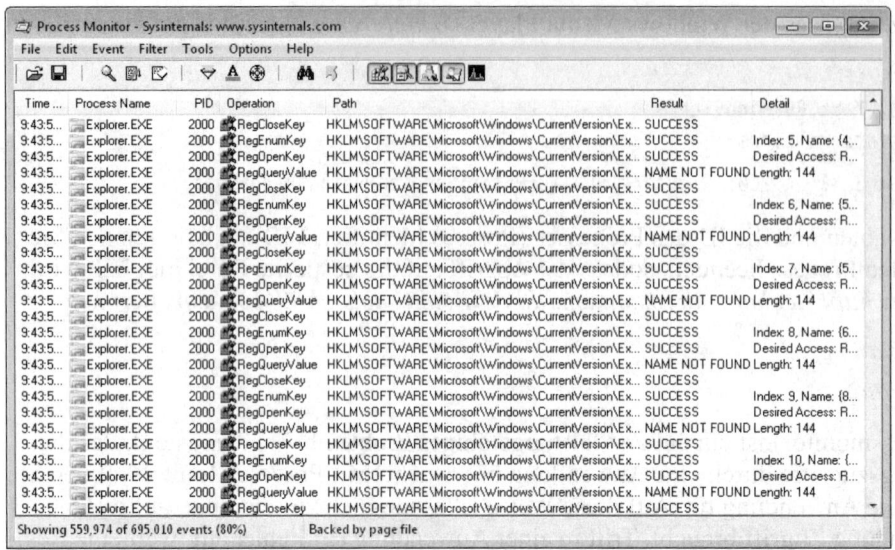

Abbildung 30.11   Process Monitor zeigt alle Datei- und Registrierungszugriffe durch eine Anwendung an

Zusammenfassung

Wenn Sie Hardware an einen Computer anschließen, können Probleme auftreten. Glücklicherweise stellt Windows 7 viele unterschiedliche Tools zur Verfügung, mit denen Sie die Ursache des Problems ermitteln können. In vielen Fällen stellt Windows 7 auch die Tools bereit, mit denen Sie das Problem beseitigen können, indem Sie Software aktualisieren oder die Hardware neu konfigurieren. Falls die Ursache für das Problem fehlerhafte Hardware ist, muss das Gerät repariert oder ausgetauscht werden, bevor es mit Windows 7 benutzt wird.

Weitere Informationen

Die folgenden Ressourcen liefern weitere Informationen und Tools zu den Themen dieses Kapitels.

Informationsquellen

- Kapitel 16, »Verwalten von Laufwerken und Dateisystemen«, enthält Informationen über die Konfiguration von Datenträgern und Volumes.

- Kapitel 17, »Verwalten von Geräten und Diensten«, enthält Informationen über die Konfiguration von Hardware und Treibern.

- Kapitel 23, »Verwalten von Softwareupdates«, enthält Informationen über das Aktualisieren von Gerätetreibern.

- Kapitel 29, »Konfiguration und Problembehandlung des Startvorgangs«, enthält Informationen über die Beseitigung von Problemen, die verhindern, dass Windows startet.

- Kapitel 31, »Behandlung von Problemen mit Netzwerken«, enthält Informationen über Netzwerkverbindungsprobleme.

- Kapitel 32, »Problembehandlung für Abbruchfehler«, enthält Informationen über Abbruchfehler.

Auf der Begleit-CD

- *CheckDeviceDrivers.ps1*
- *CheckSignedDeviceDrivers.ps1*
- *FindMaxPageFaults.ps1*
- *Get-DiskUtilization.ps1*
- *Get-IRQResources.ps1*
- *Get-PageFileUtilization.ps1*
- *Get-PowerPlan.ps1*
- *Get-ProcessorInformation.ps1*
- *Get-ProcessorUtilization.ps1*
- *GetTopMemory.ps1*
- *ListComputerSystem.ps1*
- *ListVideoController.ps1*
- *ReportAvailableDrivers.ps1*
- *SetPowerConfig.ps1*
- *ShutdownRebootComputer.ps1*
- *SystemDriversAndDevices.ps1*

KAPITEL 31

Behandlung von Problemen mit Netzwerken

Benutzer brauchen oft Netzwerkkonnektivität, um ihre Arbeit zu erledigen, und Netzwerkausfälle können die Produktivität einer Organisation gewaltig bremsen. Wenn Fehler vorkommen, müssen Sie das Problem schnell diagnostizieren. Oft müssen Sie die Problembehandlung an einen Netzwerkspezialisten weiterleiten. Aber von einem Computer aus, der unter dem Betriebssystem Windows 7 läuft, können Sie viele häufiger vorkommende Netzwerkprobleme diagnostizieren und beseitigen.

Dieses Kapitel beschreibt, wie Sie wichtige Netzwerkproblembehandlungswerkzeuge einsetzen, und liefert Schritt-für-Schritt-Anleitungen für die Beseitigung häufiger vorkommender Netzwerkprobleme.

Tools für die Problembehandlung

Zu den folgenden häufiger vorkommenden Netzwerkproblemen sind die Tools aufgelistet, die wahrscheinlich nützlich sind, um sie zu isolieren, zu diagnostizieren und zu beseitigen. Diese Tools sind in den entsprechenden Abschnitten dieses Kapitels beschrieben, sofern nicht anders vermerkt.

- **Einige Clients können keine Verbindung zu einem Server herstellen** Arp, Ipconfig, Nbtstat, Netstat, Network Monitor, Nslookup, PathPing, Portqry, Telnet-Client, Windows-Netzwerkdiagnose

- **Kein Client kann eine Verbindung zu einem Server herstellen** Ipconfig, Network Monitor, Portqry, Telnet-Client, Windows-Netzwerkdiagnose

- **Clients können keine Verbindung zu freigegebenen Ressourcen herstellen** Ipconfig, Nbtstat, Net, Nslookup, Network Monitor, Portqry, Telnet-Client, Windows-Netzwerkdiagnose

- **Clients können keine Verbindung zum Netzwerk herstellen** Ipconfig, Windows-Netzwerkdiagnose

- **Die Netzwerkleistung ist schlecht oder unregelmäßig** Network Monitor, Systemmonitor, PathPing, Ressourcenmonitor und Task-Manager

Viele Faktoren haben Einfluss auf die Leistung und Zuverlässigkeit des Netzwerks, zum Beispiel Remoteverbindungen, Hardwarekonfiguration (Netzwerkkarten oder die physische Netzwerkverbindung) und Gerätetreiber. Recht oft haben Netzwerkprobleme mit Fehlern in der Protokollkonfiguration zu tun. Wenn zum Beispiel falsche Einstellungen in TCP/IP-basierten Netzwerken gewählt werden, können IP-Adressierung, Routing und IP-Sicherheit gestört sein.

Windows 7 stellt eine Sammlung nützlicher Problembehandlungswerkzeuge zur Verfügung, mit denen Sie die Netzwerkleistung überwachen und testen können. Tabelle 31.1 listet die wichtigsten Tools für die Beseitigung von Netzwerkproblemen auf.

Tabelle 31.1   Tools für die Problembehandlung in Netzwerken

Tool	Zweck	Erforderliche Gruppen-mitgliedschaften	Beschreibung
Arp	Zeigt den ARP-Cache (Address Resolution Protocol) an und löscht ihn. Der ARP-Cache kann die Kommunikation mit Hosts im lokalen Netzwerk beeinflussen.	Benutzer oder Administra-toren, abhängig von den verwendeten Befehlen	Betriebssystem, Befehlszeile
Ipconfig	Zeigt Netzwerkkonfigurationsinformationen über den lokalen Computer an, fordert neue dynamisch zugewie-sene IP-Adressen an, verwaltet den Auflösungscache des DNS-Clients und registriert neue DNS-Datensätze.	Benutzer oder Administra-toren, abhängig von den verwendeten Befehlen	Betriebssystem, Befehlszeile
Nblookup	Testet die WINS-Namensauflösung (Windows Internet Naming Service).	Benutzer	Kostenloser DL Befehlszeile
Nbtstat	Zeigt NetBIOS-Namen (Network Basic Input/Output System) an und löscht sie.	Benutzer	Betriebssystem, Befehlszeile
Net	Zeigt Informationen über freigegebene Ressourcen an und stellt eine Verbindung zu ihnen her.	Benutzer	Betriebssystem, Befehlszeile
Netsh	Zeigt und ändert Netzwerkkonfigurationseinstellungen.	Benutzer oder Administra-toren, je nach Befehl	Betriebssystem, Befehlszeile
Netstat	Zeigt detaillierte Informationen über offene Verbindungen an.	Benutzer	Betriebssystem, Befehlszeile
Network Monitor	Zeichnet Netzwerkverkehr auf, der zum und vom lokalen Computer gesendet wird, und zeigt ihn an.	Administratoren	Kostenloser DL, GUI
Nslookup	Diagnostiziert Probleme bei der DNS-Namensauflösung.	Benutzer	Betriebssystem, Befehlszeile
PathPing	Diagnostiziert Probleme bei Netzwerkkonnektivität, Routing und Leistung.	Benutzer	Betriebssystem, Befehlszeile
Systemmonitor	Zeigt detaillierte Informationen über Hunderte von Netz-werkleistungsindikatoren an.	Administratoren	Betriebssystem, GUI
Portqry	Überprüft die Verfügbarkeit von Netzwerkdiensten von einem Client aus, auf dem das Tool installiert ist.	Benutzer	Kostenloser DL, Befehlszeile
Ressourcen-monitor	Zeigt Informationen über die Netzwerkauslastung an.	Administratoren	Betriebssystem, GUI
Route	Zeigt und ändert die IP-Routingtabellen des lokalen Computers. Das ist in erster Linie nützlich, wenn sich mehrere Gateways im lokalen Netzwerk befinden.	Benutzer oder Administra-toren, abhängig von den verwendeten Befehlen	Betriebssystem, Befehlszeile
Task-Manager	Stellt schnell die aktuelle Netzwerkauslastung fest. Identifiziert Prozesse, die das Netzwerk nutzen, und Prozesse, die Prozessorzeit verbrauchen.	Benutzer oder Administra-toren, abhängig von den verwendeten Befehlen	Betriebssystem, GUI
Telnet-Client	Überprüft die Verfügbarkeit von Netzwerkdiensten von einem Client aus, auf dem PortQry nicht installiert ist. Dieses Tool ist eine optionale Komponente und in der Standardeinstellung nicht installiert.	Benutzer	Betriebssystem, Befehlszeile
Test TCP	Testet die TCP-Konnektivität zwischen zwei Computern.	Benutzer	Betriebssystem, Befehlszeile
Windows-Netzwerk-diagnose	Diagnostiziert automatisch einige Netzwerkprobleme und stellt eine benutzerfreundliche Schnittstelle zur Verfü-gung, um solche Probleme zu beseitigen.	Benutzer	Betriebssystem, GUI

> **HINWEIS**   In Windows 7 verläuft die Problembehandlung für IPv6 genauso wie die für IPv4. Die meisten Tools funktionieren auch mit IPv6, zum Beispiel Ping, PathPing, Nslookup, Ipconfig, Route, Netstat, Tracert und Netsh. Sie können sie verwenden, indem Sie einfach IPv6-Adressen statt IPv4-Adressen angeben. Leider bietet Portqry momentan keine Unterstützung für IPv6. Sie können stattdessen aber Telnet verwenden. Außerdem können Sie mit dem Tool Route keine IPv6-Adressen hinzufügen oder löschen. Stattdessen sollten Sie die Befehle `Netsh interface ipv6 add route` und `Netsh interface ipv6 delete route` verwenden.

Arp

Arp (*Arp.exe*) ist ein nützliches Befehlszeilentool, wenn Sie Probleme bei der Verbindung von Systemen in einem LAN (Local Area Network) diagnostizieren wollen, wo die Kommunikation zwischen den Computern nicht über einen Router läuft. Arp ist auch nützlich, um Probleme zu diagnostizieren, die bei der Kommunikation eines Clients mit dem Standardgateway auftreten. Wenn ein Client Verbindung mit einem Server im selben Subnetz aufnimmt, muss er den Frame sowohl mit der MAC-Adresse (Media Access Control) als auch der IPv4-Adresse versehen. Die MAC-Adresse ist eine 48-Bit-Zahl, die eine Netzwerkkarte eindeutig identifiziert.

Arp ist der Name eines Tools, aber auch das Akronym für Address Resolution Protocol (ARP), das benutzt wird, um die MAC-Adresse zu ermitteln, die zu einer IPv4-Adresse gehört. Wenn ein Client mit einem System im selben LAN kommuniziert, sendet ARP eine Broadcastnachricht an alle Systeme im LAN und wartet dann auf eine Antwort von dem System, das die angeforderte IPv4-Adresse hat. Dieses System antwortet auf den Broadcast, indem es seine MAC-Adresse sendet. ARP speichert daraufhin die MAC-Adresse im ARP-Cache.

> **HINWEIS**   IPv4-Adressen werden benutzt, um Computer in unterschiedlichen Netzwerken zu identifizieren. Computer, die über ein LAN miteinander kommunizieren, identifizieren sich gegenseitig allerdings über ihre MAC-Adressen. ARP ermöglicht es einem Computer, eine MAC-Adresse für eine IPv4-Adresse zu ermitteln, sodass zwei Computer im selben LAN kommunizieren können.

Probleme mit Arp treten nur gelegentlich auf. Falls zum Beispiel bei einem System die Netzwerkkarte ausgewechselt wird, haben Clients unter Umständen noch die falsche MAC-Adresse in ihrem ARP-Cache. Sie können MAC-Adressen auch von Hand in den ARP-Cache eintragen, aber falls eine solche manuell hinzugefügte MAC-Adresse falsch ist, ist keine Kommunikation mit der entsprechenden IPv4-Adresse möglich.

So identifizieren Sie ein Problem mit dem ARP-Cache

Um einen falschen Eintrag im ARP-Cache zu identifizieren, sollten Sie erst die MAC-Adressen und IPv4-Adressen der Hosts oder Gateways im LAN ermitteln, mit denen der Computer nicht kommunizieren kann (wie in diesem Abschnitt im Beispiel mit dem Befehl `ipconfig /all` gezeigt). Sehen Sie sich dann den ARP-Cache auf dem Computer an, auf dem das Problem auftritt. Vergleichen Sie die Ausgabe mit den richtigen Kombinationen aus IPv4-Adresse und MAC-Adresse. Falls ein Eintrag falsch ist, können Sie den ARP-Cache löschen, um das Problem zu beseitigen.

Sie können die MAC-Adresse eines Computers ermitteln, indem Sie eine Eingabeaufforderung öffnen und den folgenden Befehl eingeben. Suchen Sie dann die Zeile mit der Beschriftung »Physikalische Adresse« in der Ausgabe für Ihre Netzwerkkarte (hier durch Fettschrift hervorgehoben):

```
ipconfig /all
```

```
Ethernet-Adapter LAN-Verbindung:

    Verbindungsspezifisches DNS-Suffix: contoso.com
    Beschreibung  . . . . . . . . . . : NVIDIA nForce Networking Controller
    Physikalische Adresse . . . . . . : 00-13-D3-3B-50-8F
    DHCP aktiviert  . . . . . . . . . : Ja
```

Sobald Sie mit Ipconfig die richtige MAC-Adresse ermittelt haben, können Sie sich den ARP-Cache auf dem Computer ansehen, auf dem das Problem auftritt. So können Sie feststellen, ob die zwischengespeicherte Adresse falsch ist. Sie können den ARP-Cache anzeigen, indem Sie eine Eingabeaufforderung öffnen und den folgenden Befehl ausführen:

```
arp -a
```

```
Schnittstelle: 192.168.1.132 --- 0xa
    Internetadresse      Physikal. Adresse      Typ
    192.168.1.1          00-11-95-bb-e2-c7      dynamisch
    192.168.1.210        00-03-ff-cf-38-2f      dynamisch
    192.168.1.241        00-13-02-1e-e6-59      dynamisch
    192.168.1.255        ff-ff-ff-ff-ff-ff      statisch
    224.0.0.22           01-00-5e-00-00-16      statisch
```

So löschen Sie den ARP-Cache

Falls Sie feststellen, dass einer der Einträge im ARP-Cache falsch ist, können Sie das Problem beseitigen, indem Sie den ARP-Cache löschen. Es schadet nichts, den ARP-Cache zu löschen, selbst falls alle Einträge in Ordnung zu sein scheinen. Daher ist es ein sinnvoller Schritt während der Problembehandlung.

Sie können den ARP-Cache löschen, indem Sie eine Eingabeaufforderung öffnen und den folgenden Befehl ausführen:

```
arp -d
```

Stattdessen können Sie den ARP-Cache auch löschen, indem Sie eine Netzwerkkarte deaktivieren und danach wieder aktivieren, oder mit der automatischen Reparaturoption. Weitere Informationen über das Tool Arp erhalten Sie, indem Sie in einer Eingabeaufforderung den Befehl **Arp -?** eingeben.

Ereignisanzeige

Die Windows-Problembehandlungsplattform zeichnet sehr detaillierte Informationen im Systemereignisprotokoll auf, nicht nur beim Auftreten von Problemen, sondern auch wenn Netzwerkverbindungen erfolgreich hergestellt werden. Außerdem können Administratoren mit der Ablaufverfolgung der Drahtlos-Diagnose Diagnoseinformationen mithilfe von grafischen Tools aufzeichnen und analysieren.

Sie finden die Netzwerkdiagnoseinformationen an zwei Stellen in der Ereignisanzeige:

- *Windows-Protokolle\System*   Suchen Sie nach Ereignissen, deren Quelle »Diagnostics-Networking« ist. Diese Ereignisse enthalten Problembehandlungsoptionen, die dem Benutzer angezeigt wurden (Ereignis-ID 4000), die vom Benutzer ausgewählte Option (Ereignis-ID 5000) und detaillierte Informationen, die während des Diagnosevorgangs gesammelt wurden (Ereignis-ID 6100). Bei der Problembehandlung in Drahtlosnetzwerken enthalten Ereignisse auch den Namen der Drahtlosnetzwerkkarte, Informationen zum Treiber (nativer Windows 7- oder ein älterer Treiber), eine Liste der sichtbaren Drahtlosnetzwerke mit ihrer Signalstärke, Kanal und Protokoll (zum Beispiel 802.11b oder 802.11g) für jedes Netzwerk, die Liste der bevorzugten Drahtlosnetzwerke und die Konfigurationseinstellungen für jedes Netzwerk. Ereignisbeschreibungen sehen zum Beispiel so aus:

```
Die Reparaturphase des Vorgangs wurde abgeschlossen.
Die folgende Reparaturoption bzw. der folgende Workaround wurde ausgeführt:
Hilfsklassenname: AddressAcquisition
Reparaturoption: Den Netzwerkadapter "LAN-Verbindung" zurücksetzen.
  Manchmal können dadurch Unterbrechungen repariert werden.
Reparatur-GUID: {07D37F7B-FA5E-4443-BDA7-AB107B29AFB9}
Das diagnostizierte Problem scheint durch die Reparaturoption behoben worden zu sein.
```

■ *Anwendungs- und Dienstprotokolle\Microsoft\Windows\Diagnostics-Networking\Operational* Dieses Ereignisprotokoll zeichnet die internen Vorgänge der Windows-Problembehandlungsplattform auf. Es ist in erster Linie nützlich, wenn Probleme an den Microsoft-Support weitergeleitet werden.

Ipconfig

Ipconfig (*Ipconfig.exe*) ist ein nützliches Befehlszeilentool für die Behandlung von Problemen mit der automatischen Konfiguration, zum Beispiel DHCP (Dynamic Host Configuration Protocol). Sie können mit Ipconfig die aktuelle IP-Konfiguration anzeigen, feststellen, ob DHCP oder APIPA (Automatic Private IP Addressing) verwendet wird, und eine automatische IP-Konfiguration freigeben und erneuern.

Sie können sich detaillierte IP-Konfigurationsinformationen ansehen, indem Sie eine Eingabeaufforderung öffnen und den folgenden Befehl ausführen:

```
ipconfig /all
```

Dieser Befehl zeigt die aktuelle IP-Konfiguration an. Die Ausgabe sieht zum Beispiel so aus:

```
Windows-IP-Konfiguration

    Hostname . . . . . . . . . . . . : Win7
    Primäres DNS-Suffix . . . . . . : hq.contoso.com
    Knotentyp . . . . . . . . . . . : Hybrid
    IP-Routing aktiviert. . . . . . : Nein
    WINS-Proxy aktiviert. . . . . . : Nein
    DNS-Suffixsuchliste . . . . . . : hq.contoso.com
                                      contoso.com
Ethernet-Adapter LAN-Verbindung:

    Verbindungsspezifisches DNS-Suffix: contoso.com
    Beschreibung . . . . . . . . . : NVIDIA nForce Networking Controller
    Physikalische Adresse . . . . . : 00-13-D3-3B-50-8F
    DHCP aktiviert . . . . . . . . : Ja
    Autokonfiguration aktiviert . . . : Ja
    Verbindungslokale IPv6-Adresse  . : fe80::a54b:d9d7:1a10:c1eb%10(Bevorzugt)
    IPv4-Adresse. . . . . . . . . . : 192.168.1.132(Bevorzugt)
    Subnetzmaske . . . . . . . . . : 255.255.255.0
    Lease erhalten. . . . . . . . . : Dienstag, 1. Mai 2009 11:47:38
```

```
    Lease läuft ab. . . . . . . . . . : Mittwoch, 9. Mai 2009 11:47:38
    Standardgateway . . . . . . . . . : 192.168.1.1
    DHCP-Server . . . . . . . . . . : 192.168.1.1
    DHCPv6-IAID . . . . . . . . . . : 234886099
    DNS-Server  . . . . . . . . . . : 192.168.1.210
    NetBIOS über TCP/IP . . . . . . : Aktiviert
```

Sie können feststellen, ob die DHCP-Adressierung erfolgreich war, indem Sie eine Eingabeaufforderung öffnen und den folgenden Befehl ausführen:

`ipconfig`

Die Ausgabe dieses Befehls sieht ähnlich aus wie die folgende:

```
Windows-IP-Konfiguration

Ethernet-Adapter LAN-Verbindung:

    Verbindungsspezifisches DNS-Suffix:
    Autoconfiguration IP Address. . . : 169.254.187.237
    Subnetzmaske  . . . . . . . . . : 255.255.0.0
    Standardgateway . . . . . . . . :
```

Falls die angezeigte IP-Adresse aus dem Bereich 169.254.0.0 bis 169.254.255.255 stammt, verwendet Windows APIPA, weil das Betriebssystem beim Start keine IP-Konfiguration von einem DHCP-Server abrufen konnte und es keine alternative Konfiguration gab. Sie können das überprüfen, indem Sie sich die Einstellung »DHCP aktiviert« in der Ausgabe von Ipconfig ansehen. Falls keine DHCP-Serveradresse eingetragen ist, war kein entsprechender Server erreichbar.

Sie können eine über DHCP zugewiesene IPv4-Adresse freigeben und erneuern, indem Sie eine Eingabeaufforderung öffnen und die folgenden Befehle ausführen:

`ipconfig /release`
`ipconfig /renew`

Windows 7 beendet daraufhin die Verwendung der aktuellen IPv4-Adresse und versucht, mit einem DHCP-Server Kontakt aufzunehmen und eine neue IPv4-Adresse abzurufen. Falls kein DHCP-Server verfügbar ist, verwendet Windows 7 entweder die alternative Konfiguration oder weist automatisch eine APIPA-Adresse im Bereich von 169.254.0.0 bis 169.254.255.255 zu.

Sie können eine automatisch zugewiesene IPv6-Adresse freigeben und erneuern, indem Sie eine Eingabeaufforderung öffnen und die folgenden Befehle ausführen:

`ipconfig /release6`
`ipconfig /renew6`

Nblookup

WINS (Windows Internet Naming Service) ist ein NetBIOS-Namensauflösungsprotokoll. WINS erfüllt für NetBIOS-Namen eine ähnliche Funktion wie DNS für Hostnamen. Viele Jahre lang war die WINS-Namensauflösung die übliche Methode für Windows-Computer, sich gegenseitig im Netzwerk zu identifizieren. In AD DS-Domänenumgebungen (Active Directory Domain Services) wird allerdings standardmäßig DNS benutzt, und WINS dient in erster Linie dazu, ältere Clients und Anwendungen zu unterstützen.

In Umgebungen, die noch WINS-Server verwenden, ist Nblookup ein wertvolles Tool, um Probleme mit der WINS-Namensauflösung zu diagnostizieren. Nblookup ist nicht in Windows 7 enthalten, steht aber als kostenloser Download über *http://support.microsoft.com/kb/830578* zur Verfügung. Nachdem Sie *Nblookup.exe* auf einem Computer gespeichert haben, können Sie doppelt auf die Datei klicken, um sie im interaktiven Modus innerhalb einer Eingabeaufforderung auszuführen. Stattdessen können Sie auch den Befehlszeilenmodus verwenden, bei dem Sie das Programm von einer beliebigen Eingabeaufforderung aus starten. Die folgenden Beispiele demonstrieren den Befehlszeilenmodus.

Mit dem folgenden Befehl können Sie einen NetBIOS-Namen über den WINS-Server abfragen, der für den Computer konfiguriert ist:

```
nblookup Computername
```

Wenn Sie einen NetBIOS-Namen über einen bestimmten WINS-Server auflösen lassen möchten, können Sie den Parameter /s *Server_IP* verwenden:

```
nblookup /s Server_IP Computername
```

Zum Beispiel können Sie mit dem folgenden Befehl den Namen COMPUTER1 über den WINS-Server an der Adresse 192.168.1.222 auflösen lassen:

```
nblookup /s 192.168.1.222 COMPUTER1
```

NetBIOS-Namen identifizieren eigentlich Dienste, keine Computer. Falls Sie versuchen, einen NetBIOS-Namen für einen bestimmten Dienst aufzulösen, können Sie den Parameter /x verwenden und das NetBIOS-Suffix des Dienstes angeben. Zum Beispiel sucht der folgende Befehl Domänencontroller (das entsprechende NetBIOS-Suffix lautet 1C) in einer Domäne namens DOMAIN:

```
nblookup /x 1C DOMAIN
```

Weil WINS normalerweise nicht für die Namensauflösung durch Windows 7 in AD DS-Umgebungen erforderlich ist, wird die Problembehandlung der WINS-Namensauflösung in diesem Kapitel nicht weiter vertieft. Weitere Informationen finden Sie in Kapitel 8 des Buchs *Windows Server 2008 Networking und Netzwerkzugriffsschutz* von Joseph Davies und Tony Northrup (Microsoft Press, 2008).

Nbtstat

Nbtstat (*Nbtstat.exe*) ist ein Befehlszeilentool für die Problembehandlung bei der NetBIOS-Namensauflösung. NetBIOS ist ein Protokoll der Sitzungsschicht, das seit vielen Jahren die Grundlage von Microsoft-Netzwerkanwendungen bildet. NetBIOS-Anwendungen identifizieren Dienste im Netzwerk mithilfe eines 16 Zeichen langen NetBIOS-Namens. Jeder Computer in einem Netzwerk kann mehrere unterschiedliche NetBIOS-Namen haben, um die NetBIOS-Dienste auf diesem System zu identifizieren.

Heutzutage wird NetBIOS in TCP/IP-Netzwerken mithilfe von NetBIOS über TCP/IP (NetBT) implementiert. NetBT enthält eine eigene Form der Namensauflösung, um NetBIOS-Namen in IP-Adressen aufzulösen. Namen können durch Broadcastabfragen im lokalen Netzwerksegment oder durch Abfragen an einen WINS-Server aufgelöst werden.

Leider ist die NetBIOS-Namensauflösung oft eine Problemquelle. Sie können mit Nbtstat anzeigen lassen, welche NetBIOS-Namen auf dem lokalen Computer oder Remotecomputern zur Verfügung stehen. Bei einer Problembehandlung hilft Ihnen das zu überprüfen, ob ein NetBIOS-Dienst zur Verfügung steht und ob sein Name richtig aufgelöst wird.

Sie können sich den NetBIOS-Namenscache ansehen, indem Sie eine Eingabeaufforderung öffnen und den folgenden Befehl ausführen:

`nbtstat -c`

Die Ausgabe dieses Befehls sieht ähnlich aus wie die folgende:

```
LAN-Verbindung:
Knoten-IP-Adresse: [192.168.1.132] Bereichskennung: []

                 NetBIOS-Remotecache-Namentabelle

       Name           Typ       Hostadresse      Dauer [Sek.]
    ---------------------------------------------------------------

       WIN71         <00>  EINDEUTIG    192.168.1.196        602
       WIN72         <00>  EINDEUTIG    192.168.1.200        585
```

Die lokalen NetBIOS-Dienstnamen können Sie sich anzeigen lassen, indem Sie eine Eingabeaufforderung öffnen und den folgenden Befehl ausführen:

`nbtstat -n`

Die Ausgabe dieses Befehls sieht ähnlich aus wie die folgende:

```
LAN-Verbindung:
Knoten-IP-Adresse: [192.168.1.132] Bereichskennung: []

              Lokale NetBIOS-Namentabelle

       Name           Typ        Status
    ---------------------------------------------------

       WIN71         <00>  EINDEUTIG    Registriert
       HQ            <00>  GRUPPE       Registriert
       HQ            <1E>  GRUPPE       Registriert
       HQ            <1D>  EINDEUTIG    Registriert
       .._MSBROWSE__.<01>  GRUPPE       Registriert
```

Die NetBIOS-Namen auf einem Remotesystem, das über seinen Computernamen angegeben wird, können Sie anzeigen, indem Sie eine Eingabeaufforderung öffnen und den folgenden Befehl ausführen:

`nbtstat -a Computername`

Zum Beispiel:

`nbtstat -a win71`

Die Ausgabe dieses Befehls sieht ähnlich aus wie die folgende:

```
LAN-Verbindung:
Knoten-IP-Adresse: [192.168.1.132] Bereichskennung: []

         NetBIOS-Namentabelle des Remotecomputers

       Name           Typ        Status
    ---------------------------------------------------

       WIN71         <00>  EINDEUTIG    Registriert
       WIN72         <20>  EINDEUTIG    Registriert
       MSHOME        <00>  GRUPPE       Registriert
       MSHOME        <1E>  GRUPPE       Registriert

    MAC Adresse = 00-15-C5-08-82-F3
```

Beachten Sie, dass die Ausgaben ähnlich aussehen, wenn Sie `nbtstat -n` lokal ausführen. Diese Ausgabe zeigt aber auch die MAC-Adresse des Remotecomputers an. Sie können sich die NetBIOS-Namen auf einem Remotesystem, das über seine IP-Adresse angegeben wird, ansehen, indem Sie eine Eingabeaufforderung öffnen und den folgenden Befehl ausführen:

`nbtstat -A IP-Adresse`

Windows 7 bevorzugt (wie alle neueren Versionen von Windows) die Verwendung von DNS-Hostnamen gegenüber NetBIOS-Namen. Falls Sie daher eine AD DS-Domäne mit einem DNS-Server konfiguriert haben, werden Sie kaum vor das Problem gestellt, eine Problembehandlung für die Auflösung von NetBIOS-Namen durchzuführen. Windows verwendet aber unter Umständen noch NetBIOS-Namen, um mit Computern im lokalen Netzwerk zu kommunizieren. Daher verwendet es NetBIOS-Namen, falls ein Hostname nicht mit DNS aufgelöst werden kann und Sie einen WINS-Server konfiguriert haben. Für die Problembehandlung bei der NetBIOS-Namensauflösung mit WINS-Servern können Sie Nblookup verwenden, wie weiter oben in diesem Kapitel beschrieben.

Net

Net (*Net.exe*) ist ein Befehlszeilentool, das nützlich ist, um Netzwerkkonfigurationseinstellungen zu ändern, Dienste zu starten und zu beenden und freigegebene Ressourcen anzuzeigen. Andere Tools bieten zwar eine benutzerfreundlichere Oberfläche für einen Großteil der Funktionalität, die Net zur Verfügung stellt, aber Net ist sehr nützlich, wenn Sie schnell ermitteln wollen, welche Ressourcen auf lokalen oder Remotecomputern freigegeben sind. Wenn Sie eine Problembehandlung für Verbindungen zu Ressourcen durchführen, ist dieses Tool nützlich, um zu überprüfen, ob freigegebene Ressourcen zur Verfügung stehen, und um die Namen dieser freigegebenen Ressourcen zu überprüfen.

So zeigen Sie die Ordner an, die auf dem lokalen Computer freigegeben sind

Mit dem Befehl `net share` können Sie freigegebene Ressourcen anzeigen, die auf dem lokalen Computer liegen. Falls der Serverdienst gestartet wurde, gibt Net eine Liste mit den Namen und Speicherorten der freigegebenen Ressourcen aus. Sie können freigegebene Ressourcen anzeigen, indem Sie eine Eingabeaufforderung öffnen und den folgenden Befehl ausführen:

`net share`

Die Ausgabe dieses Befehls sieht ähnlich aus wie die folgende:

```
Name            Ressource                        Beschreibung
-------------------------------------------------------------------------------
C$              C:\                              Standardfreigabe
D$              D:\                              Standardfreigabe
E$              E:\                              Standardfreigabe
print$          C:\Windows\system32\spool\drivers
                                                 Druckertreiber
IPC$                                             Remote-IPC
ADMIN$          C:\Windows                       Remoteverwaltung
MyShare         C:\PortQryUI
HP DeskJet 930C932C935C
                LPT1:           Spooler  HP DeskJet 930C/932C/935C
Der Befehl wurde erfolgreich ausgeführt.
```

So zeigen Sie die Ordner an, die auf einem anderen Computer freigegeben sind

Mit dem Befehl `net view` können Sie die freigegebenen Ressourcen anzeigen, die auf einem anderen Computer liegen. Sie können die freigegebenen Ordner auf anderen Computern anzeigen, indem Sie eine Eingabeaufforderung öffnen und den folgenden Befehl ausführen:

```
net view Computer
```

Zum Beispiel:

```
net view d820
```

Die Ausgabe dieses Befehls sieht ähnlich aus wie die folgende.

```
Freigegebene Ressourcen auf d820

Freigabename Typ        Verwendet als  Kommentar
---------------------------------------------------------------------------
In Progress  Platte
Printer      Drucker                   Microsoft Office Document Image Writer
publish      Platte
SharedDocs   Platte
Software     Platte
Der Befehl wurde erfolgreich ausgeführt.
```

Sie können den *Computer* als Computername, Hostname oder IP-Adresse angeben. Falls Sie die Fehlermeldung »Zugriff verweigert« erhalten, wenn Sie versuchen, sich die Freigaben auf einem Remotecomputer anzusehen, müssen Sie erst eine NetBIOS-Verbindung zum Remotecomputer aufbauen. Zum Beispiel können Sie mit `Net use` eine Verbindung herstellen und dann `Net view` eingeben, wie im folgenden Beispiel gezeigt:

```
net use \\win7 /user:Benutzername
net view win7
```

Netstat

Damit ein Netzwerkdienst eingehende Kommunikation empfangen kann, muss er einen bestimmten TCP- oder UDP-Port überwachen. Wenn Sie eine Behandlung von Netzwerkproblemen durchführen, ist es oft sinnvoll, sich anzusehen, welche Ports Ihr Computer auf eingehende Verbindungen überwacht. So können Sie sicherstellen, dass der Dienst richtig konfiguriert ist und dass die Portnummer nicht geändert wurde.

Netstat (*Netstat.exe*) ist ein nützliches Befehlszeilentool, mit dem Sie Netzwerkdienste und die Ports, die sie überwachen, identifizieren können. Die Auflistung der Ports, die ein Computer überwacht, ist nützlich, um zu überprüfen, ob ein Netzwerkdienst den erwarteten Port benutzt. Es ist üblich, die Portnummern zu ändern, die Dienste überwachen, und Netstat kann schnell aufdecken, wenn Ports überwacht werden, die nicht der Standardeinstellung entsprechen.

Sie können sich die offenen Ports und die aktiven eingehenden Verbindungen ansehen, indem Sie eine Eingabeaufforderung öffnen und den folgenden Befehl ausführen:

```
netstat -a -n -o
```

Netstat zeigt eine Liste der überwachten Ports sowie der ausgehenden Verbindungen an und führt zu jedem Listener oder jeder Verbindung die Prozess-IDs (PIDs) auf. Die folgende gekürzte Ausgabe von Netstat zeigt die überwachten Ports auf einem Computer, bei dem Remotedesktop aktiviert ist:

```
Aktive Verbindungen

  Proto  Lokale Adresse           Remoteadresse          Status        PID
  TCP    0.0.0.0:135              0.0.0.0:0              ABHÖREN       884
  TCP    0.0.0.0:3389             0.0.0.0:0              ABHÖREN       1512
  TCP    0.0.0.0:49152            0.0.0.0:0              ABHÖREN       592
  TCP    192.168.1.132:139        0.0.0.0:0              ABHÖREN       4
  TCP    192.168.1.132:3389       192.168.1.196:1732     HERGESTELLT   1512
  TCP    [::]:135                 [::]:0                 ABHÖREN       884
  TCP    [::]:445                 [::]:0                 ABHÖREN       4
  TCP    [::]:2869                [::]:0                 ABHÖREN       4
  TCP    [::]:3389                [::]:0                 ABHÖREN       1512
  UDP    [fe80::28db:d21:3f57:fe7b%11]:1900   *:*                     1360
  UDP    [fe80::28db:d21:3f57:fe7b%11]:49643  *:*                     1360
  UDP    [fe80::a54b:d9d7:1a10:c1eb%10]:1900  *:*                     1360
  UDP    [fe80::a54b:d9d7:1a10:c1eb%10]:49641 *:*                     1360
```

Die durch Fettschrift hervorgehobene Zeile wartet auf eingehende Verbindungen auf TCP-Port 3389, der vom Remotedesktop benutzt wird. Weil die Spalte »Remoteadresse« eine IPv4-Adresse anzeigt, können Sie erkennen, dass ein Benutzer vom Computer mit der IP-Adresse 192.168.1.196 aus eine Remotedesktopverbindung mit dem Computer aufgebaut hat. Falls Sie feststellen, dass ein Computer unerwartete Ports auf eingehende Verbindungen überwacht, können Sie den Prozess mit dem Wert aus der Spalte »PID« identifizieren. Tools wie die Registerkarte *Prozesse* im Task-Manager verraten, welcher Prozess mit einer PID verknüpft ist.

HINWEIS Sie können Prozesse anhand einer PID im Task-Manager identifizieren, indem Sie die Registerkarte *Prozesse* aktivieren, den Menübefehl *Ansicht/Spalten auswählen* anklicken, das Kontrollkästchen *PID (Prozess-ID)* aktivieren und dann auf *OK* klicken.

Falls Sie eine Eingabeaufforderung mit erhöhten Privilegien geöffnet haben, können Sie stattdessen auch den Parameter -b verwenden, um zu ermitteln, welche Anwendungen mit aktiven Verbindungen verknüpft sind. Das folgende Beispiel demonstriert, wie Sie Netstat mit dem Parameter -b aufrufen, sodass vor jeder Verbindung der zugehörige Prozess in Klammern angezeigt wird:

```
netstat -a -n -o -b
```

```
Aktive Verbindungen

  Proto  Lokale Adresse           Remoteadresse          Status        PID
  TCP    0.0.0.0:135              0.0.0.0:0              ABHÖREN       828
  RpcSs
 [svchost.exe]
  TCP    0.0.0.0:3389             0.0.0.0:0              ABHÖREN       1444
  Dnscache
 [svchost.exe]
  TCP    0.0.0.0:49152            0.0.0.0:0              ABHÖREN       508
 [wininit.exe]
  TCP    0.0.0.0:49153            0.0.0.0:0              ABHÖREN       972
  Eventlog
```

```
[svchost.exe]
   TCP    0.0.0.0:49154           0.0.0.0:0              ABHÖREN        1236
   nsi
[svchost.exe]
   TCP    0.0.0.0:49155           0.0.0.0:0              ABHÖREN        1076
   Schedule
[svchost.exe]
   TCP    0.0.0.0:49156           0.0.0.0:0              ABHÖREN        564
[lsass.exe]
   TCP    0.0.0.0:49157           0.0.0.0:0              ABHÖREN        552
[services.exe]
   TCP    169.254.166.248:139     0.0.0.0:0              ABHÖREN        4
```

TCPView, als kostenloser Download von Microsoft erhältlich, bietet ähnliche Funktionen in einer grafischen Benutzeroberfläche. TCPView wird weiter unten in diesem Kapitel beschrieben.

Network Monitor

Der Network Monitor 3.3, den Sie kostenlos von *http://www.microsoft.com/downloads/* herunterladen können, ist das leistungsfähigste – und komplizierteste – Tool zum Analysieren der Netzwerkkommunikation. Der Network Monitor ist ein Protokoll-Analyzer (auch als *Sniffer* bezeichnet), der jedes Byte aufzeichnen kann, das zu oder von einem Windows 7-Computer übertragen wird. Ein erfahrener Systemadministrator kann mit dem Network Monitor eine Vielzahl von Problemen beseitigen, zum Beispiel:

- Probleme mit der Netzwerkleistung
- Probleme mit TCP-Verbindungen
- Probleme mit der Konfiguration des IP-Protokollstapels
- Probleme, die durch Netzwerkfilterung verursacht werden
- Probleme der Anwendungsschicht bei textbasierten Protokolle, zum Beispiel HTTP (Hypertext Transfer Protocol), POP (Post Office Protocol) und SMTP (Simple Mail Transfer Protocol)

Der Network Monitor nimmt eine umfangreiche Interpretation der aufgezeichneten Informationen vor, indem er die unterschiedlichen Protokolle, die an der Netzwerkkommunikation beteiligt sind, zerlegt. Der Network Monitor kann sogar die meisten gebräuchlichen Protokolle der Anwendungsschicht interpretieren. Wenn der Network Monitor zum Beispiel HTTP-Verkehr analysiert, identifiziert er automatisch das Paket mit der HTTP-Anforderung und listet Anforderungsmethode, URL (Uniform Resource Locator), Referrer, Benutzeragenten und andere Parameter auf, die in der Anforderung enthalten sind. Diese Informationen sind sehr nützlich für eine Behandlung von Kompatibilitätsproblemen mit einem bestimmten Browser.

Gehen Sie folgendermaßen vor, um Netzwerkverkehr mithilfe des Network Monitors zu analysieren:

1. Laden Sie den Network Monitor 3.3 herunter, installieren Sie ihn und starten Sie dann den Computer neu, um den Network Monitor-Treiber für Ihre Netzwerkkarten zu aktivieren.

2. Klicken Sie im Startmenü auf *Alle Programme*, *Microsoft Network Monitor3* und zuletzt auf *Microsoft Network Monitor 3.3*.

3. Klicken Sie auf *New Capture*.

4. Nun ist die Hauptregisterkarte *New Capture* ausgewählt. Klicken Sie auf die Registerkarte *Select Networks* und wählen Sie eine oder mehrere Netzwerkkarten aus.

5. Klicken Sie auf die Schaltfläche *Start*, um die Kommunikation aufzuzeichnen.

6. Wechseln Sie zu der Anwendung, deren Netzwerkverkehr Sie analysieren möchten, und führen Sie dann die Schritte durch, die erforderlich sind, um den gewünschten Verkehr zu generieren. Falls Sie zum Beispiel eine Anforderung an einen Webserver aufzeichnen möchten, müssen Sie zum Windows Internet Explorer wechseln und die Webadresse eingeben. Wechseln Sie zum Network Monitor zurück, nachdem Sie den Verkehr generiert haben, an dem Sie interessiert sind.

7. Klicken Sie auf der Seite *Network Conversations* auf die Anwendung, die Sie überwachen wollen.

8. Blättern Sie im Abschnitt *Frame Summary* die aufgezeichneten Frames durch. Klicken Sie einen Frame an, um sich seinen Inhalt anzusehen.

Abbildung 31.1 zeigt eine Aufzeichnung einer TCP-Verbindung und einer HTTP-Anforderung, die erstellt wurde, indem eine Website im Browser aufgerufen wird. Weil im Fensterabschnitt *Network Conversations* das Programm *Iexplore.exe* ausgewählt ist, werden nur Frames angezeigt, die an oder vom Internet Explorer gesendet wurden. Der Fensterabschnitt *Frame Summary* listet die aufgezeichneten Pakete auf. Die ersten drei Frames zeigen den Drei-Wege-TCP-Handshake. Wie Sie im Abschnitt *Frame Details* sehen, zeigt der ausgewählte Frame, dass der Internet Explorer eine Anforderung an den Webserver sendet. Der nächste Frame ist die Antwort, in diesem Fall eine HTTP-302-Umleitung auf eine andere Seite. In Frame 35 fordert der Internet Explorer die Seite */en/us/default.aspx* an, zu der er umgeleitet wurde.

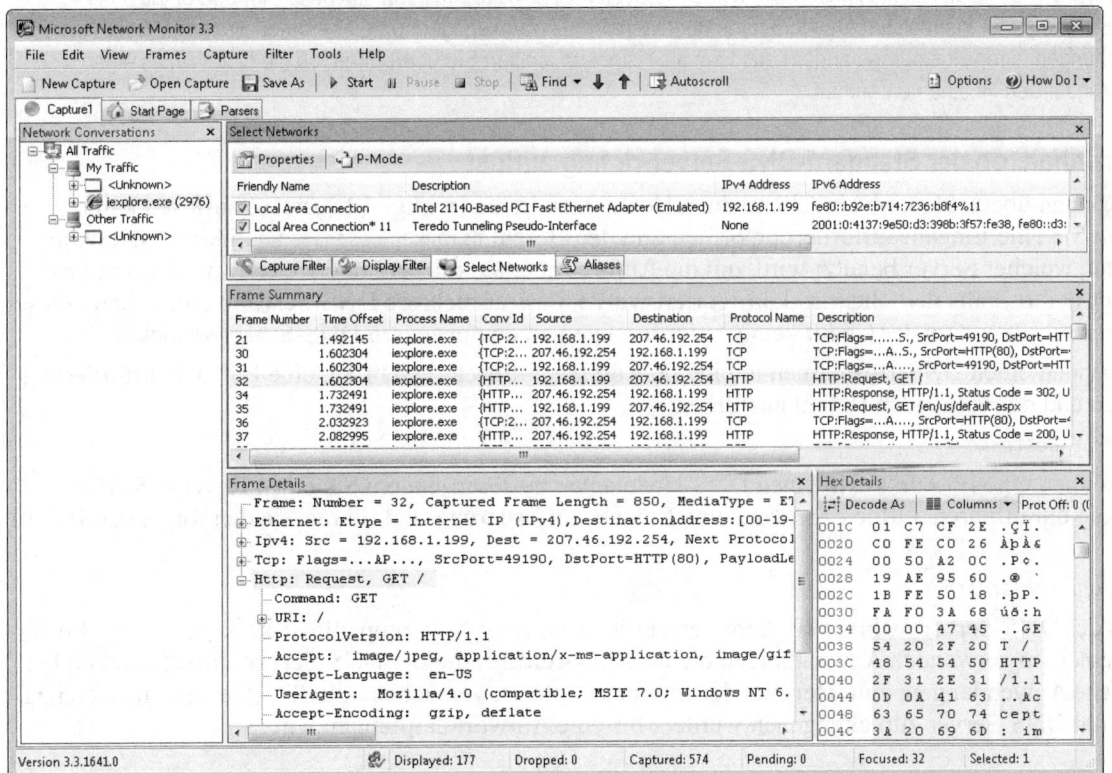

Abbildung 31.1   Mit dem Network Monitor können Sie Verkehr aufzeichnen und analysieren

> **WEITERE INFORMATIONEN**   Im Blog des Network Monitor-Teams unter *http://blogs.technet.com/netmon/* finden Sie weitere Informationen über den Network Monitor und Hinweise auf die neusten Verbesserungen.

Nslookup

Nslookup (*Nslookup.exe*) ist das Hauptwerkzeug, um Probleme mit der DNS-Namensauflösung zu isolieren. Sie müssen dazu mit dem Client verbunden sein, auf dem die Probleme auftreten. Nslookup ist ein Befehlszeilentool, das DNS-Lookups ausführen und die Ergebnisse melden kann. Andere Tools, zum Beispiel PathPing, können ebenfalls Hostnamen in IP-Adressen auflösen und die Ergebnisse anzeigen, aber nur Nslookup zeigt an, welcher DNS-Server benutzt wird, um die Anforderung aufzulösen. Außerdem zeigt Nslookup alle Ergebnisse an, die vom DNS-Server zurückgegeben werden, und erlaubt Ihnen, einen bestimmten DNS-Server auszuwählen, statt den Server zu verwenden, der automatisch von Windows gewählt wird.

Nslookup ist das richtige Tool für eine Problembehandlung, wenn folgende Arten von Problemen auftreten:

- Clients benötigen mehrere Sekunden, um eine neue Verbindung aufzubauen.
- Einige Clients können eine Verbindung zu einem Server herstellen, andere Clients haben dagegen Probleme.
- Der DNS-Server ist richtig konfiguriert, aber Clients lösen Hostnamen falsch auf.

> **HINWEIS**   Die Datei *Hosts* im Ordner *%WinDir%\System32\Drivers\Etc* kann statische Einträge enthalten, die DNS-Lookups für die meisten Anwendungen überschreiben. Nslookup ignoriert diese Datei allerdings. Falls Anwendungen einen Hostnamen anders auflösen als Nslookup, sollten Sie überprüfen, ob die Datei *Hosts* einen Eintrag für den Hostnamen enthält.

Überprüfen, ob der Standard-DNS-Server richtig auflöst

Sie können überprüfen, ob ein Client einen Hostnamen in die richtige IP-Adresse auflösen kann, indem Sie eine Eingabeaufforderung öffnen und den Befehl `nslookup Hostname` ausführen. Nslookup meldet, welcher Server benutzt wird, um die Anforderung aufzulösen, und welche Antwort der DNS-Server liefert. Falls der Client so konfiguriert wurde, dass er mehrere DNS-Server benutzt, kann diese Aktion verraten, dass der Client keine Anforderungen an den primären DNS-Server sendet.

Sie können einen DNS-Hostnamen in eine IP-Adresse auflösen, indem Sie eine Eingabeaufforderung öffnen und den folgenden Befehl ausführen:

`nslookup Hostname`

Sie können eine IP-Adresse in einen DNS-Hostnamen auflösen, indem Sie einen Reverse-DNS-Lookup durchführen. Öffnen Sie dazu eine Eingabeaufforderung und führen Sie den folgenden Befehl aus:

`nslookup IP-Adresse`

Falls der DNS-Server mehrere IP-Adressen zurückgibt, zeigt Nslookup alle diese Adressen an. Im Allgemeinen verwenden Anwendungen die erste IP-Adresse, die der DNS-Server zurückgegeben hat. Manche Anwendungen, zum Beispiel der Internet Explorer, versuchen, alle IP-Adressen zu erreichen, die vom DNS-Server zurückgegeben wurden, bis eine Antwort empfangen wird.

Überprüfen, ob ein bestimmter DNS-Server richtig auflöst

Eine der häufigsten Ursachen für Probleme mit der DNS-Auflösung ist die Zwischenspeicherung von veralteten DNS-Adressen. Insbesondere im Internet kommt es vor, dass DNS-Server noch mehrere Stunden, nachdem die Änderung an dem DNS-Server, der den Datensatz enthält, durchgeführt wurde, eine veraltete IP-Adresse zurückgeben. Falls einige Clients eine IP-Adresse nicht richtig auflösen können, aber andere Systeme keine Probleme damit haben, haben wahrscheinlich ein oder mehrere DNS-Server die falsche Adresse zwischengespeichert. Sie können diese DNS-Server identifizieren, indem Sie mit Nslookup von Hand jeden Server abfragen.

Sie können überprüfen, ob ein bestimmter DNS-Server einen Hostnamen in die richtige IP-Adresse auflösen kann, indem Sie eine Eingabeaufforderung öffnen und den folgenden Befehl ausführen:

```
nslookup Hostname Servername_oder_Adresse
```

Nslookup fragt nur den angegebenen Server ab, unabhängig davon, welche DNS-Server auf dem Client konfiguriert sind. Falls ein bestimmter Server eine falsche IP-Adresse zurückgibt, ist dieser Server die Quelle des Problems. Im Allgemeinen löst sich dieses Problem von selbst, sobald die Lebensdauer des falschen Eintrags im Cache des DNS-Servers abgelaufen ist. Sie können das Problem aber auch von Hand lösen, indem Sie den Cache des DNS-Servers löschen.

Direkt von der Quelle: Listen mit DNS-Datensätzen prüfen

Tim Rains, Program Manager, *Windows Networking*

Falls Sie häufig prüfen müssen, ob zahlreiche DNS-Datensätze auf zahlreichen DNS-Servern richtig aufgelöst werden, können Sie statt Nslookup das Tool DNSLint mit dem Parameter -ql aufrufen. Dieser Befehl kann die Namensauflösung für bestimmte DNS-Datensätze über viele DNS-Server sehr schnell testen. DNSLint kann auch bei der Behandlung einiger DNS-Probleme im Zusammenhang mit AD DS helfen. DNSLint steht als kostenloser Download von *http://support.microsoft.com/kb/321045/* zur Verfügung.

Überprüfen bestimmter Adresstypen

Sie können mit Nslookup auch bestimmte Adresstypen überprüfen, zum Beispiel MX-Adressen (Mail eXchange), die Mailserver für eine Domäne identifizieren.

Sie können den Mailserver für eine Domäne identifizieren, indem Sie eine Eingabeaufforderung öffnen und den folgenden Befehl ausführen:

```
nslookup "-set type=mx" Domänenname
```

Wenn Sie zum Beispiel mit Nslookup über die Standard-DNS-Server des Clients alle MX-Server ermitteln wollen, die für die Domäne *microsoft.com* registriert sind, können Sie folgenden Befehl eingeben:

```
nslookup "-set type=mx" microsoft.com
```

Außerdem können Sie einen bestimmten DNS-Server abfragen, indem Sie den Servernamen oder die IP-Adresse hinter dem Domänennamen angeben:

```
nslookup "-set type=type" Hostname Servername_oder_adresse
```

Direkt von der Quelle: Verwenden von TCP für DNS-Lookups

Tim Rains, Program Manager, *Windows Networking*

Wenn ein DNS-Server eine Antwort auf eine DNS-Abfrage zurückgibt, aber die Antwort mehr DNS-Datensätze enthält, als in ein einziges UDP-Paket passen, kann der Client entscheiden, die Abfrage erneut zu senden, und zwar mit TCP statt UDP. Bei TCP können mehrere Pakete sämtliche DNS-Datensätze aus der Antwort liefern. Sie können mit Nslookup prüfen, ob ein DNS-Server auf UDP- oder TCP-Abfragen antwortet. Mit dem folgenden Befehl schicken Sie eine UDP-Abfrage an den DNS-Server:

`nslookup microsoft.com`

Der folgende Befehl verwendet TCP, um den DNS-Server abzufragen:

`nslookup "-set vc" microsoft.com`

Der Parameter -set vc konfiguriert Nslookup so, dass es einen virtuellen Circuit verwendet. Dieser Test kann insbesondere nützlich sein, wenn Sie erwarten, dass die Antwort auf eine Abfrage sehr viele DNS-Datensätze enthält.

PathPing

Das wahrscheinlich nützlichste Tool, um Verbindungsprobleme vom Client zu isolieren, ist PathPing. Das Tool PathPing (*PathPing.exe*) kann helfen, Probleme mit Namensauflösung, Netzwerkkonnektivität, Routing und Netzwerkleistung zu diagnostizieren. Aus diesem Grund sollte PathPing eines der ersten Tools sein, mit dem Sie bei der Behandlung von Netzwerkproblemen arbeiten. PathPing ist ein Befehlszeilentool, seine Syntax ähnelt der von Tracert und Ping.

HINWEIS   Der Nutzen von Ping hat sich in den letzten Jahren stark verringert, inzwischen ist es kein effektives Tool mehr, um den Status von Netzwerkdiensten zu ermitteln. Ping meldet oft, dass es einen verfügbaren Server nicht erreichen kann, weil eine Firewall, zum Beispiel die Windows-Firewall, so konfiguriert wurde, dass sie ICMP-Anforderungen (Internet Control Message Protocol) verwirft. Falls ein Host trotzdem auf ICMP-Anforderungen antworten kann, meldet Ping unter Umständen, dass der Remotehost verfügbar ist, selbst falls wichtige Dienste auf dem Remotehost ausgefallen sind. Um festzustellen, ob ein Remotehost antwortet, sollten Sie statt Ping das Tool Portqry verwenden.

Sie können die Konnektivität zu einem Endpunkt testen, indem Sie eine Eingabeaufforderung öffnen und den folgenden Befehl ausführen:

`pathping Ziel`

Das Ziel kann ein Hostname, Computername oder eine IP-Adresse sein.

Ausgaben von PathPing

PathPing zeigt seine Ausgaben in zwei Abschnitten an. Der erste Abschnitt wird sofort angezeigt und enthält eine nummerierte Liste aller Geräte zwischen Quelle und Ziel, die auf die Abfrage antworten. Das erste Gerät (es hat die Nummer 0) ist der Host, auf dem PathPing läuft. PathPing versucht, den Namen jedes Geräts zu ermitteln, wie hier gezeigt:

```
Routenverfolgung zu support.go.microsoft.contoso.com [10.46.196.103]
über maximal 30 Abschnitte:
  0  contoso-test [192.168.1.207]
  1  10.211.240.1
  2  10.128.191.245
  3  10.128.191.73
  4  10.125.39.213
  5  gbr1-p70.cb1ma.ip.contoso.com [10.123.40.98]
  6  tbr2-p013501.cb1ma.ip.contoso.com [10.122.11.201]
  7  tbr2-p012101.cgcil.ip.contoso.com [10.122.10.106]
  8  gbr4-p50.st6wa.ip.contoso.com [10.122.2.54]
  9  gar1-p370.stwwa.ip.contoso.com [10.123.203.177]
 10  10.127.70.6
 11  10.46.33.225
 12  10.46.36.210
 13  10.46.155.17
 14  10.46.129.51
 15  10.46.196.103
```

Sie können die Ausgabe von PathPing beschleunigen, indem Sie die Option -d angeben, damit Path-
Ping nicht versucht, die Namen jeder dazwischen liegenden Routeradresse aufzulösen.

Der zweite Abschnitt in der Ausgabe von PathPing beginnt mit der Meldung »Berechnung der Statistiken dauert ca. <xxx> Sekunden«. Die Zeit, die PathPing für die Berechnung der Statistiken benötigt,
kann sich von wenigen Sekunden bis zu einigen Minuten erstrecken, abhängig von der Zahl der gefundenen Geräte. Während dieser Zeit fragt PathPing jedes dieser Geräte ab und berechnet Leistungs-
statistiken, die angeben, ob und wie schnell jedes Gerät antwortet. Dieser Abschnitt sieht zum Beispiel
so aus:

```
Berechnung der Statistiken dauert ca. 375 Sekunden...
                 Quelle zum Abs.  Knoten/Verbindung
Abs. Zeit    Verl./Ges.=  %  Verl./Ges.=  %  Adresse
  0                                              contoso-test [192.168.1.207]
                               0/ 100 =  0%   |
  1   50ms    1/ 100 =  1%    1/ 100 =  1%   10.211.24.1
                               0/ 100 =  0%   |
  2   50ms    0/ 100 =  0%    0/ 100 =  0%   10.128.19.245
                               0/ 100 =  0%   |
  3   50ms    2/ 100 =  2%    2/ 100 =  2%   10.128.19.73
                               0/ 100 =  0%   |
  4   44ms    0/ 100 =  0%    0/ 100 =  0%   10.12.39.213
                               0/ 100 =  0%   |
  5   46ms    0/ 100 =  0%    0/ 100 =  0%   gbr1-p70.cb1ma.ip.contoso.com [10.12.40.98]
                               0/ 100 =  0%   |
  6   40ms    2/ 100 =  2%    2/ 100 =  2%   tbr2-p013501.cb1ma.ip.contoso.com [10.12.11.201]
                               0/ 100 =  0%   |
  7   62ms    1/ 100 =  1%    1/ 100 =  1%   tbr2-p012101.cgcil.ip.contoso.com [10.12.10.106]
                               0/ 100 =  0%   |
```

```
 8  107ms     2/ 100 =   2%     2/ 100 =   2%  gbr4-p50.st6wa.ip.contoso.com [10.12.2.54]
                               0/ 100 =   0%  |
 9  111ms     0/ 100 =   0%     0/ 100 =   0%  gar1-p370.stwwa.ip.contoso.com [10.12.203.177]
                               0/ 100 =   0%  |
10  118ms     0/ 100 =   0%     0/ 100 =   0%  10.12.70.6
                               0/ 100 =   0%  |
11  ---     100/ 100 =100%   100/ 100 =100%  10.46.33.225
                               0/ 100 =   0%  |
12  ---     100/ 100 =100%   100/ 100 =100%  10.46.36.210
                               0/ 100 =   0%  |
13  123ms     0/ 100 =   0%     0/ 100 =   0%  10.46.155.17
                               0/ 100 =   0%  |
14  127ms     0/ 100 =   0%     0/ 100 =   0%  10.46.129.51
                               1/ 100 =   1%  |
15  125ms     1/ 100 =   1%     0/ 100 =   0%  10.46.196.103
Ablaufverfolgung beendet.
```

In der Ausgabe von PathPing können Sie oft schnell die Quelle Ihrer Verbindungsprobleme identifizieren. Vielleicht ist es ein Namensauflösungs-, ein Routing-, ein Leistungs- oder ein Konnektivitätsproblem. Mithilfe von PathPing können Sie auch Konnektivitätsprobleme auf der Netzwerkschicht oder darunter als Ursache ausschließen.

Routingschleifen

Sie können mit PathPing Routingschleifen aufdecken. Solche Routingschleifen treten auf, wenn Verkehr zu einem Router zurückgeleitet wird, der ein bestimmtes Paket bereits weitergeleitet hat. Sie lassen sich daran erkennen, dass in der Ausgabe von PathPing ein Satz von Routern mehrmals wiederholt wird. Zum Beispiel weist die folgende Ausgabe auf eine Routingschleife zwischen den Routern mit den Adressen 10.128.191.245, 10.128.191.73 und 10.125.39.213 hin:

```
Routenverfolgung zu support.go.microsoft.contoso.com [10.46.196.103]
über maximal 30 Abschnitte:
  0  contoso-test [192.168.1.207]
  1  10.211.240.1
  2  10.128.191.245
  3  10.128.191.73
  4  10.125.39.213
  5  10.128.191.245
  6  10.128.191.73
  7  10.125.39.213
  8  10.128.191.245
  9  10.128.191.73
 10  10.125.39.213 (... Rest gekürzt ...)
```

Routingschleifen werden im Allgemeinen durch falsche Konfiguration von Routern oder Routingprotokollen verursacht. In einem solchen Fall muss eine Problembehandlung für die Netzwerkroutingausrüstung durchgeführt werden.

Leistungsprobleme

Die Spalte »Zeit« im Leistungsabschnitt innerhalb der Ausgabe von PathPing kann ein Leistungsproblem identifizieren. Diese Spalte zeigt die bidirektionale Latenz der Kommunikation mit dem jeweiligen Gerät in der Einheit Millisekunden, dies ist die sogenannte RTT (Round-Trip Time). Zwar zeigen alle Netzwerke allmählich zunehmende Latenz, wenn sich die Zahl der Abschnitte (hop) vergrößert, aber ein großer Latenzsprung von einem Abschnitt zum nächsten deutet auf Leistungsprobleme hin.

Leistungsprobleme zeigen sich auch an einem hohen Prozentwert in der Spalte »Verl./Ges.= %«. Diese Spalte misst die Paketverluste. Paketverluste im einstelligen Bereich deuten im Allgemeinen noch nicht auf ein Problem hin, das Leistungs- oder Verbindungsprobleme verursacht, aber ein Paketverlust von über 30 Prozent bedeutet im Allgemeinen, dass der Netzwerkknoten Probleme verursacht.

HINWEIS   Falls für ein Netzwerkgerät ein Paketverlust von 100 Prozent angegeben wird, aber die Pakete in nachfolgenden Abschnitten verarbeitet werden, wurde das Netzwerkgerät so konfiguriert, dass es nicht auf PathPing-Abfragen antwortet. Das deutet nicht zwangsläufig auf ein Problem hin.

Mögliche Konnektivitätsprobleme

Falls das letzte Element im ersten Abschnitt der PathPing-Ausgabe ähnlich aussieht wie im folgenden Beispiel, konnte PathPing nicht direkt mit dem Ziel kommunizieren:

```
14    *      *       *
```

Das kann, muss aber nicht durch ein Verbindungsproblem verursacht sein. Das Gerät ist zwar unter Umständen offline oder nicht erreichbar, es ist aber auch denkbar, dass das Ziel (oder ein Netzwerkknoten auf dem Weg zum Ziel) so konfiguriert wurde, dass es die ICMP-Pakete verwirft, mit denen PathPing Geräte abfragt. ICMP ist bei vielen modernen Betriebssystemen in der Standardeinstellung deaktiviert. Außerdem deaktivieren viele Administratoren ICMP auch auf anderen Betriebssystemen von Hand. Das dient als Sicherheitsmaßnahme, die es böswilligen Angreifern schwerer machen soll, Knoten im Netzwerk zu identifizieren. Auch die Auswirkungen bestimmter Denial-of-Service-Angriffe können so verringert werden.

HINWEIS   Die Windows-Firewall verwirft ICMP-Pakete auf öffentlichen Netzwerken standardmäßig. Sofern Sie daher keine Verbindung zu einem Domänencontroller herstellen oder das Netzwerk als privat konfigurieren, antwortet Windows in der Standardeinstellung nicht auf ICMP-Anforderungen.

Falls PathPing das Ziel nicht erreichen kann, sollten Sie versuchen, über Telnet direkt mit der Anwendung zu kommunizieren, wie im Abschnitt »Telnet-Client« weiter unten in diesem Kapitel beschrieben.

Keine Konnektivitätsprobleme

Falls die Ausgabe von PathPing angibt, dass PathPing erfolgreich mit dem Ziel kommunizieren konnte und die Zeit dafür unter 1000 Millisekunden liegt, bestehen wahrscheinlich keine Namensauflösungs- oder IP-Verbindungsprobleme zwischen Quelle und Ziel. Daher kann PathPing keine Probleme mit einem bestimmten Dienst oder einer bestimmten Anwendung aufklären. Zum Beispiel kann es sein, dass PathPing erfolgreich mit einem Webserver kommunizieren kann, obwohl die Webserverdienste beendet wurden. Weitere Informationen über die Behandlung von Anwendungsproblemen finden Sie im Abschnitt »So führen Sie eine Behandlung von Anwendungsverbindungsproblemen durch« weiter unten in diesem Kapitel.

Systemmonitor

Mit dem Systemmonitor (Abbildung 31.2) können Sie Tausende von Echtzeitindikatoren mit Informationen über Ihren Computer oder einen Remotecomputer anzeigen. Bei einer Behandlung von Netzwerkleistungsproblemen können Sie sich mit dem Systemmonitor die aktuelle Bandbreitennutzung detaillierter aufgeschlüsselt ansehen, als das im Task-Manager oder Ressourcenmonitor möglich ist. Außerdem bietet der Systemmonitor Zugriff auf Indikatoren, die Wiederholungsversuche, Fehler und viele weitere Daten sammeln.

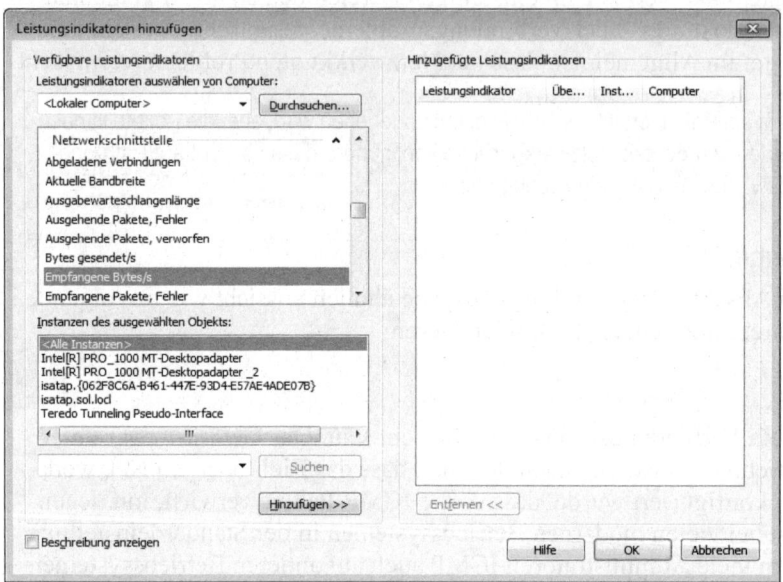

Abbildung 31.2   Der Systemmonitor liefert detaillierte Netzwerkstatistiken in Echtzeit

Der Systemmonitor bietet Zugriff auf folgende Kategorien, deren Indikatoren für die Behandlung von Netzwerkproblemen nützlich sein können:

- **.NET CLR-Netzwerk**   Zur Untersuchung der Netzwerkstatistiken für bestimmte .NET Framework-Anwendungen. Verwenden Sie diese Indikatoren, falls Sie anwendungsspezifische Netzwerkprobleme haben und die Anwendung auf dem .NET Framework basiert.

- **BITS, Netzwerknutzung**   Liefert Statistiken zum intelligenten Hintergrundübertragungsdienst, mit dem Dateien im Hintergrund übertragen werden. Unter anderem verwendet Windows Update BITS, um Dateien zu übertragen. Verwenden Sie diese Indikatoren, falls Sie denken, dass ein Netzwerkleistungsproblem mit BITS-Übertragungen zu tun hat, oder falls BITS-Übertragungen nicht wie erwartet funktionieren. Weitere Informationen über BITS finden Sie in Kapitel 25, »Konfigurieren der Windows-Netzwerkfunktionen«.

- **Suchdienst**   Liefert Statistiken über den Computerbrowserdienst, mit dem nach Netzwerkressourcen gesucht wird. Verwenden Sie diese Indikatoren nur, falls Sie eine Behandlung von Problemen beim Durchsuchen lokaler Netzwerke durchführen, insbesondere bei der Suche nach Ressourcen in Windows XP oder älteren Windows-Versionen. Weitere Informationen über den Computerbrowserdienst finden Sie in Kapitel 25, »Konfigurieren der Windows-Netzwerkfunktionen«.

- **ICMP und ICMPv6** Stellt Statistiken über ICMP bereit. ICMP wird von Tools wie Ping, Tracert und PathPing verwendet. Verwenden Sie diese Indikatoren nur, falls Sie ICMP gezielt einsetzen, um die Netzwerkkonnektivität zu testen.

- **IPsec-AuthIPv4, IPsec-AuthIPv6, IPsec-Treiber, IPsec-IKEv4 und IPsec-IKEv6** Stellt IPsec-Statistiken (Internet Protocol Security) zur Verfügung. Verwenden Sie diese Indikatoren, falls Netzwerkprobleme auftreten und IPsec in Ihrer Umgebung aktiviert ist.

- **IPv4 und IPv6** Diese Kategorie liefert Informationen zur Schicht 3 des Netzwerks, zum Beispiel Fragmentierungsstatistiken. Falls Sie die Gesamtauslastung des Netzwerks überwachen wollen, sollten Sie stattdessen die Indikatoren aus der Kategorie »Netzwerkschnittstelle« verwenden.

- **NBT-Verbindung** Liefert Informationen über die Bytes, die im Rahmen von NetBIOS gesendet und empfangen wurden, zum Beispiel für Datei- und Druckerfreigabe.

- **Netzwerkschnittstelle** Die nützlichste Kategorie für die Problembehandlung. Sie enthält Indikatoren für den gesamten Netzwerkverkehr, der von einer bestimmten Netzwerkkarte gesendet oder empfangen wird. Diese Indikatoren sind die zuverlässigste Möglichkeit, die Gesamtauslastung des Netzwerks zu ermitteln. Indikatoren der Kategorie »Netzwerkschnittstelle« liefern auch Informationen über Fehler.

- **Redirectordienst** Liefert Statistiken, die vom Windows 7-Redirectordienst gesammelt werden, der Verkehr zu und von unterschiedlichen Netzwerkkomponenten weiterleitet. Die meisten dieser Indikatoren können Sie nur richtig interpretieren, wenn Sie detailliertes Wissen über den Netzwerkstack von Windows 7 besitzen. Der Leistungsindikator »Netzwerkfehler/s« kann aber bei der Diagnose von Netzwerkproblemen sehr nützlich sein.

- **Server** Liefert Statistiken zur Freigabe von Dateien und Druckern, zum Beispiel die verbrauchte Bandbreite und die Zahl der Fehler. Verwenden Sie diese Indikatoren, wenn Sie eine Behandlung von Problemen mit der Datei- und Druckerfreigabe auf einem Server vornehmen.

- **TCPv4 und TCPv6** Liefern Informationen über TCP-Verbindungen. Für die Problembehandlung besonders interessant sind die Leistungsindikatoren »Verbindungsfehler«, »Aktive Verbindungen« und »Hergestellte Verbindungen«.

- **UDPv4 und UDPv6** Liefern Informationen über die UDP-Kommunikation. Verwenden Sie diese Indikatoren, um festzustellen, ob ein Computer UDP-Daten, zum Beispiel DNS-Anforderungen, sendet oder empfängt. Überwachen Sie die Leistungsindikatoren »Erhaltene Datagramme, kein Port/s« und »Erhaltene Datagramme, Fehler«, um festzustellen, ob ein Computer unangeforderten UDP-Verkehr erhält.

Gehen Sie folgendermaßen vor, um den Systemmonitor zu öffnen:

1. Klicken Sie im Startmenü mit der rechten Maustaste auf *Computer* und dann auf *Verwalten*.

2. Erweitern Sie den Knoten *System*, dann *Leistung* und schließlich *Überwachungstools*. Klicken Sie auf *Systemmonitor*.

3. Fügen Sie Leistungsindikatoren zum Echtzeitdiagramm hinzu, indem Sie die grüne Plus-Schaltfläche auf der Symbolleiste anklicken.

WEITERE INFORMATIONEN Zur Arbeit mit dem Systemmonitor finden Sie weitere Informationen in Kapitel 21, »Pflegen der Desktopcomputer«.

Sammlungssätze

Mit dem Systemmonitor können Sie zwar einen selbstdefinierten Satz Daten aufzeichnen, aber im Allgemeinen ist es schneller, einen der vordefinierten Sammlungssätze als Ausgangsbasis zu nehmen. Die Sammlungssätze *System Diagnostics (Systemdiagnose)* wie auch *System Performance (System- leistung)* messen Netzwerkleistungsindikatoren, die möglicherweise über die Ursache von Netzwerk- problemen Auskunft geben.

Gehen Sie folgendermaßen vor, um einen Sammlungssatz zu verwenden:

1. Klicken Sie im Startmenü mit der rechten Maustaste auf *Computer* und wählen Sie den Befehl *Verwalten*.

2. Erweitern Sie die Knoten *Leistung*, *Sammlungssätze* und dann *System*.

3. Klicken Sie unter *System* mit der rechten Maustaste auf *System Diagnostics (Systemdiagnose)* und wählen Sie den Befehl *Starten*.

4. Sobald Sie die Diagnoseablaufverfolgung aktiviert haben, sammelt Windows detaillierte Informa- tionen über Netzwerkkarten und die Gesamtleistung des Betriebssystems.

5. Versuchen Sie jetzt, bei laufender Ablaufverfolgung das Netzwerkproblem zu reproduzieren. Der Sammlungssatz zeichnet 60 Sekunden lang Daten auf.

6. Windows benötigt einige Sekunden, um den Bericht zu generieren, nachdem Sie die Ablaufver- folgung beendet haben. Anschließend können Sie die gesammelten Informationen in Berichtsform ansehen (Abbildung 31.3). Erweitern Sie dazu unter *Leistung* den Knoten *Berichte*. Erweitern Sie anschließend den Knoten *System Diagnostics (Systemdiagnose)* und klicken Sie auf den neusten Bericht.

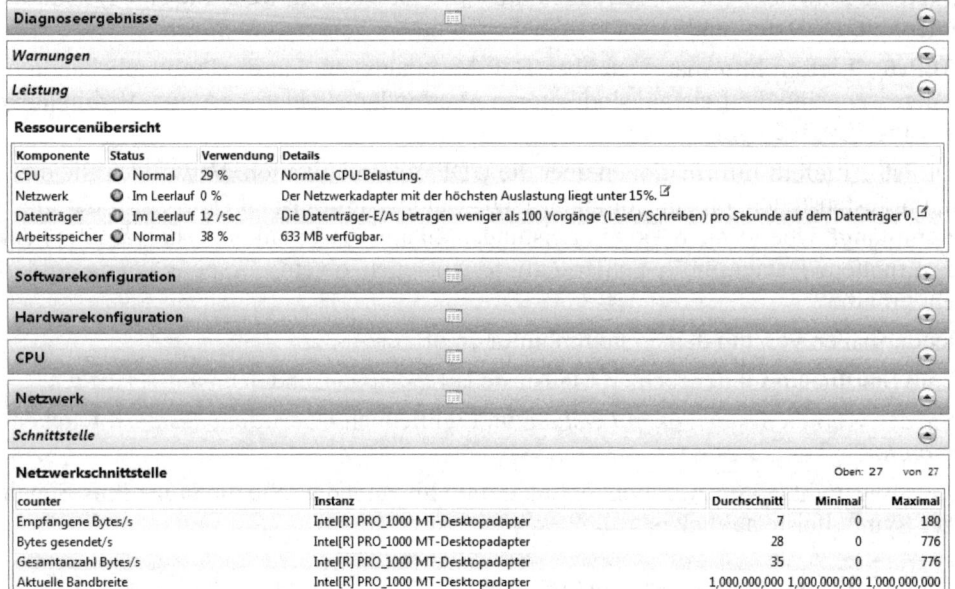

Abbildung 31.3 Ablaufverfolgungsberichte zeigen detaillierte Informationen

Abhängig vom Typ des Berichts finden Sie darin folgende Informationen:

- Computerhersteller und -modell
- Betriebssystemversion
- Liste aller Dienste mit ihrem aktuellen Status und ihrer Prozess-ID
- Informationen zu Netzwerkkartentreibern und Netzwerksystemdateien mit Versionsangaben
- Auslastung von Prozessor, Datenträgern, Netzwerk und Arbeitsspeicher
- Gesamte Bandbreite jeder Netzwerkkarte
- Gesendete und empfangene Pakete
- Aktive TCPv4- und TCPv6-Verbindungen

Ressourcenmonitor

Windows 7 stellt den Ressourcenmonitor zur Verfügung, damit Sie Prozessor-, Datenträger-, Netzwerk- und Arbeitsspeicherauslastung verfolgen können. Es gibt zwei Möglichkeiten, den Ressourcenmonitor zu öffnen:

- Klicken Sie im Startmenü auf *Alle Programme*, *Zubehör*, *Systemprogramme* und schließlich auf *Ressourcenmonitor*.
- Öffnen Sie den Task-Manager. Klicken Sie auf die Registerkarte *Leistung* und dann auf *Ressourcenmonitor*.

Bei der Behandlung von Netzwerkproblemen ist der Abschnitt *Netzwerk* innerhalb des Ressourcenmonitors am interessantesten. Der Abschnitt *Netzwerk* zeigt an, wie viele Bytes pro Minute jeder Prozess auf Ihrem Computer verbraucht. Anhand dieser Informationen können Sie einen Prozess identifizieren, der große Datenmengen überträgt, und ihn beenden, falls er nicht über das Netzwerk kommunizieren soll. Gehen Sie folgendermaßen vor, um einen Prozess, der Netzwerkauslastung verursacht, zu identifizieren und zu beenden:

1. Öffnen Sie den Ressourcenmonitor.

2. Erweitern Sie den Abschnitt *Netzwerk*. Klicken Sie auf den Spaltenkopf *Total*, um die Prozessliste nach dem Bandbreitenverbrauch zu sortieren.

3. Der oberste Prozess sendet und empfängt die meisten Daten. Notieren Sie sich den Prozessnamen (in der Spalte *Abbild*), die Prozess-ID (Spalte *PID*) und den Remotecomputer (Spalte *Adresse*). Falls diese Informationen ausreichen, um den Prozess zu identifizieren, können Sie die Anwendung jetzt schließen.

4. Falls es sich bei dem Prozess um *Svchost.exe* handelt, können Sie unter Umständen nicht erkennen, welche konkrete Anwendung den Netzwerkverkehr verursacht, weil es ein Windows-Feature ist (beziehungsweise ein Windows-Feature für die Kommunikation genutzt wird). Falls es ein anderer Prozess ist, können Sie den Task-Manager öffnen.

5. Klicken Sie im Task-Manager auf die Registerkarte *Prozesse* und dann im Menü *Ansicht* auf *Spalten auswählen*.

6. Aktivieren Sie im Dialogfeld *Spalten für die Prozessseite auswählen* das Kontrollkästchen für *PID (Prozess-ID)*. Klicken Sie auf *OK*.

7. Klicken Sie auf die Spalte *PID*, um die Liste nach der Prozess-ID zu sortieren. Klicken Sie auf den Prozess mit der PID, die Sie im Ressourcenmonitor als Verursacher des Netzwerkverkehrs identifiziert haben. Wird die PID nicht aufgeführt, müssen Sie auf *Prozesse aller Benutzer anzeigen* klicken.

8. Identifizieren Sie den Dienst, indem Sie ihn mit der rechten Maustaste anklicken und den Befehl *Zu Dienst(en) wechseln* wählen. Beenden Sie den Prozess, indem Sie auf die Schaltfläche *Prozess beenden* klicken.

In den meisten Fällen hat eine Anwendung, die große Datenmengen sendet oder empfängt, dafür einen konkreten Anlass, und Sie sollten sie nicht beenden. In bestimmten Fällen kann es aber sein, dass dieser Prozess mit Malware zu tun hat. Überprüfen Sie, ob auf dem Computer Windows Defender aktiviert ist und ob auf dem aktuellsten Stand ist.

> **WEITERE INFORMATIONEN**   Zum Arbeiten mit dem Ressourcenmonitor finden Sie weitere Informationen in Kapitel 21, »Pflegen der Desktopcomputer«.

Ping

Der Nutzen von Ping ist heutzutage beschränkt, weil die meisten neuen Computer Ping-Anforderungen (die ICMP benutzen) verwerfen. Daher kann es passieren, dass Sie einen Computer, der an ein Netzwerk angeschlossen ist, mit Ping überprüfen, aber keine Antwort erhalten. Andererseits kann es auch sein, dass ein Computer auf Ping-Anforderungen antwortet, eine Firewall aber allen anderen Verkehr verwirft, sodass Sie irrtümlich glauben, die Konnektivität wäre vorhanden.

Ping ist aber nach wie vor das beste Tool, um mit einfachen Mitteln die Netzwerkkonnektivität regelmäßig zu testen. Nachdem Sie mit PathPing Netzwerkhosts identifiziert haben, die auf ICMP-Anforderungen reagieren, können Sie mit Ping regelmäßig Ping-Anforderungen schicken und somit ganz einfach feststellen, ob Sie momentan Konnektivität zu diesem Host haben. Falls Sie gelegentliche Verbindungsprobleme haben, verrät eine Ping-Schleife jederzeit, ob Ihre Verbindung aktiv ist.

Führen Sie den folgenden Befehl aus, um eine Ping-Schleife zu starten:

```
ping -t Hostname
```

Zeilen mit der Meldung »Antwort von« zeigen, dass das Paket erfolgreich gesendet wurde, die Meldung »Zeitüberschreitung der Anforderung« dagegen, dass der Computer keine Antwort vom Remotehost erhalten hat. Das folgende Beispiel zeigt, wie Sie die Verbindung zu einem Host an der IP-Adresse 192.168.1.1 überwachen können:

```
ping -t 192.168.1.1
```

```
Ping wird ausgeführt für 192.168.1.1 mit 32 Bytes Daten:

Antwort von 192.168.1.1: Bytes=32 Zeit=1ms TTL=64
Antwort von 192.168.1.1: Bytes=32 Zeit<1ms TTL=64
Antwort von 192.168.1.1: Bytes=32 Zeit<1ms TTL=64
Antwort von 192.168.1.1: Bytes=32 Zeit<1ms TTL=64
Zeitüberschreitung der Anforderung.
Zeitüberschreitung der Anforderung.
Zeitüberschreitung der Anforderung.
Zeitüberschreitung der Anforderung.
Zeitüberschreitung der Anforderung.
Antwort von 192.168.1.1: Bytes=32 Zeit<1ms TTL=64
Zeitüberschreitung der Anforderung.
Zeitüberschreitung der Anforderung.
Antwort von 192.168.1.1: Bytes=32 Zeit<1ms TTL=64
```

Beachten Sie, dass Ping-Schleifen nur eine ungefähre Einschätzung der Konnektivität liefern können. Ping-Pakete werden gelegentlich verworfen, selbst falls die Konnektivität dauerhaft ist. Und weil Ping weitere Anforderungen bei Erhalt einer Antwort schneller sendet als im Fall einer Zeitüberschreitung, können Sie das Verhältnis von »Antwort«- zu »Zeitüberschreitung«-Zeilen nicht als Basis für die Berechnung der Netzwerkausfallrate heranziehen.

Direkt von der Quelle: Suchen von Blackhole-Routern

Tim Rains, Program Manager, *Windows Networking*

Ping kann nützlich sein, um festzustellen, ob Router auf dem Pfad Blackhole-Router sind, die alle Datagramme verwerfen, die eine bestimmte Größe überschreiten. Weitere Informationen finden Sie unter *http://support.microsoft.com/kb/314825*.

Wenn Sie Ping aus einem Windows PowerShell-Skript heraus aufrufen wollen, können Sie das Cmdlet `Test-Connection` verwenden. Es bietet praktisch dieselbe Funktion wie Ping, hat aber den Vorteil, dass Sie mit dem Parameter `-Source` festlegen können, dass die ICMP-Anforderung von einem Remote-computer aus gesendet wird.

Portqry

Fragen Sie wichtige Dienste auf einem Remotehost ab, um festzustellen, ob dieser Remotehost verfügbar und der Zugriff möglich ist. Sie können zwei Problembehandlungswerkzeuge verwenden, um Dienste auf einem Remotehost abzufragen: Portqry (*Portqry.exe*) und den Telnet-Client. Portqry ist flexibler und einfacher zu bedienen als der Telnet-Client. Da es allerdings nicht in Windows enthalten ist, ist es möglicherweise nicht auf allen Systemen installiert (es kann aber von der Microsoft-Website heruntergeladen werden). Den Telnet-Client sollten Sie nur verwenden, um Remotedienste abzufragen, falls Portqry nicht zur Verfügung steht.

PortQry Version 1.22 ist ein Dienstprogramm zum Testen der TCP/IP-Konnektivität, das in den Supporttools für Windows Server 2003 enthalten ist. Hinweise zum Download dieser Tools finden Sie unter *http://support.microsoft.com/kb/892777*. *PortqryV2.exe* ist eine neue Version von PortQry, die alle Features und Funktionen der Vorgängerversion bietet und sie durch neue Features und Funktionen erweitert. Informationen über *PortqryV2.exe* sowie eine Downloadmöglichkeit finden Sie unter *http://support.microsoft.com/kb/832919*. Die folgenden Beispiele können Sie mit beiden Versionen ausführen.

HINWEIS Informationen über PortQryUI, eine Benutzeroberfläche für den ursprünglichen Befehlszeilen-Portscanner *Portqry.exe*, finden Sie unter *http://support.microsoft.com/kb/310099*; der Artikel enthält auch einen Downloadlink für dieses Tool.

Identifizieren des TCP-Ports für einen Dienst

Ein einziger Computer kann viele Netzwerkdienste hosten. Diese Dienste trennen ihren jeweiligen Verkehr mithilfe von Portnummern. Wenn Sie die Konnektivität zu einer Anwendung mithilfe von Portqry testen, müssen Sie dabei angeben, welche Portnummer die Zielanwendung verwendet.

> **HINWEIS** Die meisten Dienste erlauben dem Administrator, eine andere Portnummer als in der Standardeinstellung festzulegen. Falls der Dienst nicht auf der Standardportnummer antwortet, sollten Sie überprüfen, ob er vielleicht nicht so konfiguriert ist, dass er eine andere Portnummer verwendet. Sie können Netstat auf dem Server starten, um die überwachten Ports aufzulisten. Weitere Informationen finden Sie im Abschnitt »Netstat« weiter oben in diesem Kapitel.

Eine Liste gebräuchlicher Portnummern finden Sie im Abschnitt »So führen Sie eine Behandlung von Netzwerkverbindungsproblemen durch« weiter unten in diesem Kapitel.

Testen der Dienstkonnektivität

Sobald Sie die Portnummer für den Dienst identifiziert haben, können Sie mit Portqry die Konnektivität zu diesem Dienst testen. Sie können die Konnektivität zu einem Dienst testen, indem Sie eine Eingabeaufforderung öffnen und den folgenden Befehl ausführen:

```
portqry -n Ziel -e Portnummer
```

Zum Beispiel können Sie die HTTP-Konnektivität zu *www.microsoft.com* testen, indem Sie den folgenden Befehl eingeben:

```
portqry -n www.microsoft.com -e 80
```

Dieser Befehl liefert eine Ausgabe, die zum Beispiel so aussieht:

```
Querying target system called:
 www.microsoft.com
Attempting to resolve name to IP address...
Name resolved to 10.209.68.190
TCP port 80 (http service): LISTENING
```

Das Ziel kann als Hostname, Computername oder IP-Adresse angegeben werden. Falls die Antwort das Wort »LISTENING« enthält, hat der Host auf der angegebenen Portnummer geantwortet. Falls die Antwort »NOT LISTENING« oder »FILTERED« enthält, steht der Dienst, den Sie testen, nicht zur Verfügung.

> **HINWEIS** Netcat ist ein hervorragendes Tool, das nicht von Microsoft stammt. Sie können damit die Verbindung zu bestimmten Ports testen oder prüfen, welche Ports ein Computer auf Verbindungen überwacht. Netcat ist ein Open-Source-Tool, das kostenlos unter *http://netcat.sourceforge.net/* zur Verfügung steht.

Bestimmen der verfügbaren Remoteverwaltungsprotokolle

Wenn Sie eine Problembehandlung für einen Computer im Remotezugriff durchführen, müssen Sie oft feststellen, welche Remoteverwaltungsprotokolle verfügbar sind. Portqry kann die Standardportnummern für wichtige Remoteverwaltungsprotokolle testen und herausfinden, welche Protokolle zur Verfügung stehen.

Sie können feststellen, welche Verwaltungsprotokolle auf einem Remotehost verfügbar sind, indem Sie eine Eingabeaufforderung öffnen und den folgenden Befehl ausführen:

```
portqry -n Ziel -o 32,139,445,3389
```

Dieser Befehl überprüft beim Remotehost, ob Telnet-Server, NetBIOS, CIFS (Common Internet File System) und der Remotedesktop zur Verfügung stehen.

Direkt von der Quelle: Angeben des Quellports

Tim Rains, Program Manager, *Windows Networking*

Mit der Portqry-Option -sp können Sie angeben, welchen Quellport Sie verwenden wollen, um die Konnektivität zu testen. Verwenden Sie diesen Parameter, um den ursprünglichen Quellport anzugeben, wenn Sie die Verbindung zu den angegebenen TCP- und UDP-Ports auf dem Zielcomputer herstellen. Diese Funktionalität ist nützlich, wenn Sie Firewall- oder Routerregeln testen, die Ports anhand der Quellports filtern.

Die folgende Portqry-Ausgabe verrät, dass das Remotesystem auf NetBIOS-, CIFS- und Remotedesktopanforderungen antwortet, aber nicht auf Telnet-Anforderungen:

```
Querying target system called:
 192.168.1.200
Attempting to resolve IP address to a name...
IP address resolved to CONTOSO-SERVER
TCP port 32 (unknown service): NOT LISTENING
TCP port 139 (netbios-ssn service): LISTENING
TCP port 445 (microsoft-ds service): LISTENING
TCP port 3389 (unknown service): LISTENING
```

Direkt von der Quelle: Warum Portqry großartig ist

Tim Rains, Program Manager, *Windows Networking*

Der wichtigste Vorteil, den Portqry gegenüber dem Telnet-Client und ähnlichen Tools bietet, ist die Unterstützung für UDP-basierte Dienste. Der Telnet-Client kann nur Konnektivität mit TCP-Ports testen. Mit Portqry können Sie neben TCP-Ports auch UDP-Ports testen. Unter anderem kann Portqry die UDP-Ports für LDAP (Lightweight Directory Access Protocol), RPC (Remote Procedure Calls), DNS, NetBIOS-Namendienst, SNMP (Simple Network Management Protocol), Microsoft Internet Security and Acceleration (ISA), SQL Server 2000 Named Instances, TFTP (Trivial File Transfer Protocol) und L2TP (Layer Two Tunneling Protocol) testen.

Route

Alle IP-basierten, vernetzten Geräte, dazu zählen auch Computer, haben *Routingtabellen*. Routingtabellen beschreiben das lokale Netzwerk, Remotenetzwerke und Gateways, über die Sie Verkehr zwischen Netzwerken weiterleiten können. In Netzwerken mit einem einzigen Gateway ist die Routingtabelle ganz simpel. Sie gibt an, dass lokaler Verkehr direkt an das LAN gesendet werden soll, Verkehr an irgendein anderes Netzwerk dagegen an das Gateway.

Manche Netzwerke haben aber mehrere Gateways. Zum Beispiel kann es sein, dass Sie in einem LAN zwei Gateways haben: eines, das ins Internet führt, und ein anderes, das zu einem privaten Netzwerk führt. In diesem Fall muss die Routingtabelle des lokalen Computers beschreiben, dass bestimmte Netzwerke durch das interne Gateway verfügbar sind und alle anderen Netzwerke durch das Internetgateway.

HINWEIS Ein Clientcomputer wird in Remotezugriffsszenarien meist mit mehreren Routen konfiguriert. Insbesondere wenn ein Client eine VPN-Verbindung (Virtual Private Network) verwendet, kann es getrennte Routen für die Netzwerke geben, die durch die VPN-Verbindung verfügbar sind, wohingegen jeglicher anderer Verkehr direkt ins Internet gesendet wird.

Normalerweise werden Windows-Computer automatisch mit der richtigen Routingtabelle konfiguriert. Zum Beispiel konfigurieren Netzwerkadministratoren den DHCP-Server, um ein Standardgateway zuzuweisen. Wenn eine VPN-Verbindung hergestellt wird, liefert der VPN-Server Routinginformationen, die Windows 7 verwendet, um die Routingtabellen zu aktualisieren. Daher brauchen Sie den Befehl Route nur selten zu verwenden, um die Routingtabelle anzusehen oder zu aktualisieren.

Falls Sie allerdings Verbindungsprobleme haben und mit einem Remotenetzwerk verbunden sind oder Ihr lokales Netzwerk mehrere Gateways hat, können Sie mit dem Befehl Route Routingprobleme diagnostizieren und sogar unterschiedliche Routingkonfigurationen testen. Sie können sich die IPv4- und IPv6-Routingtabellen des lokalen Computers ansehen, indem Sie eine Eingabeaufforderung öffnen und den folgenden Befehl ausführen:

`route print`

Die Ausgabe dieses Befehls sieht ähnlich aus wie die folgende:

```
===========================================================================
Schnittstellenliste
 11 ...00 80 c8 ac 0d 9e ...... D-Link AirPlus DWL-520+ Wireless PCI Adapter
  8 ...00 13 d3 3b 50 8f ...... NVIDIA nForce Networking Controller
  1 ........................... Software Loopback Interface 1
  9 ...02 00 54 55 4e 01 ...... Teredo Tunneling Pseudo-Interface
 12 ...00 00 00 00 00 00 00 e0  isatap.{B1A1A1DE-A1E5-4ED6-B597-7667C85F8999}
 13 ...00 00 00 00 00 00 00 e0  isatap.hsd1.nh.comcast.net.
===========================================================================

IPv4-Routentabelle
===========================================================================
Aktive Routen:
      Netzwerkziel        Netzwerkmaske          Gateway      Schnittstelle Metrik
           0.0.0.0             0.0.0.0        192.168.1.1      192.168.1.132     20
         127.0.0.0           255.0.0.0      Auf Verbindung        127.0.0.1    306
         127.0.0.1     255.255.255.255      Auf Verbindung        127.0.0.1    306
   127.255.255.255     255.255.255.255      Auf Verbindung        127.0.0.1    306
       169.254.0.0         255.255.0.0      Auf Verbindung    169.254.166.248  286
   169.254.166.248     255.255.255.255      Auf Verbindung    169.254.166.248  286
   169.254.255.255     255.255.255.255      Auf Verbindung    169.254.166.248  286
       192.168.1.0       255.255.255.0      Auf Verbindung      192.168.1.132  276
     192.168.1.132     255.255.255.255      Auf Verbindung      192.168.1.132  276
     192.168.1.255     255.255.255.255      Auf Verbindung      192.168.1.132  276
         224.0.0.0           240.0.0.0      Auf Verbindung        127.0.0.1    306
         224.0.0.0           240.0.0.0      Auf Verbindung      192.168.1.132  276
         224.0.0.0           240.0.0.0      Auf Verbindung    169.254.166.248  286
   255.255.255.255     255.255.255.255      Auf Verbindung        127.0.0.1    306
   255.255.255.255     255.255.255.255      Auf Verbindung      192.168.1.132  276
   255.255.255.255     255.255.255.255      Auf Verbindung    169.254.166.248  286
```

```
===============================================================================
Ständige Routen:
  Keine

IPv6-Routentabelle
===============================================================================
Aktive Routen:
 If Metrik Netzwerkziel         Gateway
  9    18 ::/0                   Auf Verbindung
  1   306 ::1/128                Auf Verbindung
  9    18 2001::/32              Auf Verbindung
  9   266 2001:0:4136:e37a:14fc:39dc:3f57:fe7b/128
                                 Auf Verbindung
  8   276 fe80::/64              Auf Verbindung
 11   286 fe80::/64              Auf Verbindung
  9   266 fe80::/64              Auf Verbindung
 12   296 fe80::5efe:169.254.166.248/128
                                 Auf Verbindung
 13   281 fe80::5efe:192.168.1.132/128
                                 Auf Verbindung
  9   266 fe80::14fc:39dc:3f57:fe7b/128
                                 Auf Verbindung
  8   276 fe80::41e9:c80b:416d:717c/128
                                 Auf Verbindung
 11   286 fe80::c038:ad1f:3cc6:a6f8/128
                                 Auf Verbindung
  1   306 ff00::/8               Auf Verbindung
  9   266 ff00::/8               Auf Verbindung
  8   276 ff00::/8               Auf Verbindung
 11   286 ff00::/8               Auf Verbindung
===============================================================================
Ständige Routen:
  Keine
```

Um die Routingkonfiguration richtig interpretieren zu können, benötigen Sie Fachwissen zur Funktionsweise von IP-Netzwerken. Sie können allerdings schnell Standardrouten für Verkehr identifizieren, der an Ihr Standardgateway gesendet wird: Suchen Sie dazu die aktive Route mit dem Netzwerkziel und der Netzwerkmaske 0.0.0.0 für IPv4-Routen und eine aktive Route mit dem Präfix ::/0 für IPv6-Routen. Andere aktive Routen, denen ein Gateway zugewiesen ist, sorgen dafür, dass Verkehr an das jeweilige Netzwerkziel und die angegebene Netzwerkmaske durch dieses Gateway gesendet wird. Dabei wird die Route bevorzugt, die den kleinsten Metrikwert hat.

WEITERE INFORMATIONEN   Zu IPv6-Netzwerken finden Sie weitere Informationen in Kapitel 28, »Bereitstellen von IPv6«.

Falls Sie die IPv4-Routingtabelle von Hand aktualisieren müssen (normalerweise sollten Sie stattdessen Änderungen an der Netzwerkinfrastruktur vornehmen, die dem Client die Routen zugewiesen hat), können Sie die Befehle route add, route change und route delete verwenden. Weitere Informationen erhalten Sie, indem Sie in einer Eingabeaufforderung den Befehl **route -?** eingeben.

Wenn Sie die IPv6-Routingtabelle aktualisieren wollen, müssen Sie die Befehle `Netsh interface ipv6 add|set|delete route` verwenden.

Task-Manager

Der Task-Manager (*Taskmgr.exe*) ist ein GUI-Tool, mit dem Sie einen Prozess oder eine Anwendung, die nicht mehr reagiert, anzeigen und beenden können. Sie können mit dem Task-Manager auch andere Informationen sammeln, zum Beispiel CPU-Statistiken.

Sie können den Task-Manager starten, indem Sie im Startmenü den Befehl `Taskmgr` eingeben und dann die EINGABETASTE drücken. Stattdessen können Sie mit der rechten Maustaste auf die Taskleiste klicken und den Befehl *Task-Manager* wählen.

Das Fenster *Windows Task-Manager* enthält sechs Registerkarten: *Anwendungen*, *Prozesse*, *Dienste*, *Leistung*, *Netzwerk* und *Benutzer*.

- Die Registerkarten *Anwendungen* und *Prozesse* listen die Anwendungen beziehungsweise Prozesse auf, die momentan auf Ihrem System aktiv sind. Diese Listen sind nützlich, weil aktive Aufgaben nicht immer eine Benutzeroberfläche anzeigen, sodass es schwierig sein kann, Aktivitäten zu erkennen. Der Task-Manager zeigt aktive Prozesse an und erlaubt Ihnen, die meisten Elemente zu beenden, indem Sie auf die Schaltfläche *Prozess beenden* klicken. Einige Prozesse können Sie nicht sofort beenden. In solchen Fällen können Sie das Snap-In *Dienste* oder Taskkill verwenden, um sie zu beenden. Sie können den Task-Manager auch anpassen, um mehr oder weniger Details auf der Registerkarte *Prozesse* anzuzeigen.

- Die Registerkarte *Dienste* zeigt laufende Dienste und ihre PID an. Falls Sie feststellen, dass eine bestimmte PID Netzwerkressourcen verbraucht und Sie die PID auf dieser Registerkarte finden, wissen Sie, dass ein Dienst die Netzwerkbelastung verursacht. Sie können einen Dienst beenden, indem Sie ihn mit der rechten Maustaste anklicken und den Befehl *Dienst beenden* wählen (Abbildung 31.4).

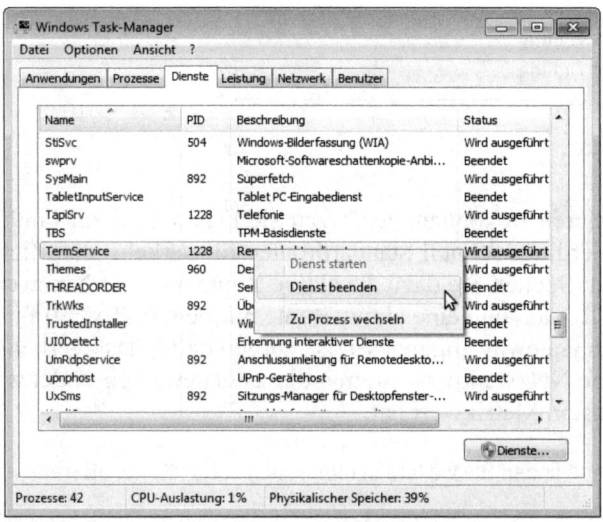

Abbildung 31.4 Auf der Registerkarte *Dienste* können Sie Dienste anhand ihrer PID identifizieren und beenden

- Die Registerkarte *Leistung* stellt die Prozessor- und Arbeitsspeicherauslastung grafisch dar. Ein Blick auf diese Registerkarte verrät schnell die Gesamtbelastung durch alle Programme und Dienste auf dem Computer. Die Registerkarte *Leistung* zeigt auch zentrale Leistungsindikatoren, darunter die Zahl der Prozesse, die Zahl der Threads und der insgesamt im System installierten Hardwarespeicher.

- Die Registerkarte *Netzwerk* zeigt die Belastung aller Netzwerkschnittstellen.

- Auf der Registerkarte *Benutzer* können Sie aktive Benutzer trennen und abmelden.

Gehen Sie folgendermaßen vor, um sich detaillierte Informationen über Prozesse anzusehen:

1. Starten Sie den Task-Manager und klicken Sie auf die Registerkarte *Prozesse*.

2. Klicken Sie optional auf *Prozesse aller Benutzer anzeigen*.

3. Wählen Sie den Menübefehl *Ansicht/Spalten auswählen*.

4. Aktivieren oder deaktivieren Sie die Spalten, die Sie zur Registerkarte *Prozesse* hinzufügen oder daraus entfernen wollen.

5. Klicken Sie auf *OK*, um zum Task-Manager zurückzukehren.

Gehen Sie folgendermaßen vor, um die Ursache für eine hohe Prozessorauslastung zu ermitteln:

1. Starten Sie den Task-Manager und klicken Sie auf die Registerkarte *Leistung*.

2. Wählen Sie im Menü *Ansicht* den Befehl *Kernel-Zeiten anzeigen* (sofern noch nicht aktiviert).

3. Sehen Sie sich das Diagramm *Verlauf der CPU-Auslastung* an. Falls das Diagramm Werte anzeigt, die nahe 100 Prozent liegen, verbrauchen ein oder mehrere Prozesse den Großteil der Rechenkapazität des Computers. Die rote Linie zeigt an, wie viel Prozent des Prozessors durch den Kernel ausgelastet werden; dazu gehören auch Treiber. Wird der Großteil der CPU-Zeit vom Kernel verbraucht, sollten Sie überprüfen, ob Sie signierte Treiber verwenden und die neusten Versionen aller Treiber installiert haben. Ist dagegen nicht der Kernel für den Großteil der Prozessorauslastung verantwortlich, sollten Sie mit dem nächsten Schritt fortfahren, um herauszufinden, um welchen Prozess es sich handelt.

4. Klicken Sie auf die Registerkarte *Prozesse*.

5. Klicken Sie zweimal auf den Spaltenkopf *CPU*, um die Prozesse nach der Prozessorbelastung zu sortieren, sodass der Prozess, der die höchste Belastung verursacht, am Anfang der Liste steht.

Der Prozess oder die Prozesse, die die Prozessorbelastung verursachen, zeigen hohe Werte in der Spalte *CPU*. Wenn der Prozessor nicht stark belastet wird, zeigt der Systemleerlaufprozess die höchste CPU-Auslastung.

Gehen Sie folgendermaßen vor, um die PID einer Anwendung zu finden:

1. Starten Sie den Task-Manager und stellen Sie sicher, dass die Spalte *PID* auf der Registerkarte *Prozesse* angezeigt wird. Ist das nicht der Fall, können Sie den Menübefehl *Ansicht/Spalten auswählen* wählen und dann das Kontrollkästchen *PID (Prozess-ID)* aktivieren. Klicken Sie auf *OK*.

2. Klicken Sie auf die Registerkarte *Anwendungen*.

3. Klicken Sie mit der rechten Maustaste auf die Anwendung und dann auf *Zu Prozess wechseln*.

Der Task-Manager zeigt daraufhin die Registerkarte *Prozesse* an. Der mit der Anwendung verknüpfte Prozess wird markiert. Die Prozess-ID wird in der Spalte *PID* angezeigt.

Gehen Sie folgendermaßen vor, um einen Prozess zu beenden:

1. Starten Sie den Task-Manager und klicken Sie auf die Registerkarte *Prozesse*.

2. Klicken Sie mit der rechten Maustaste auf den Prozess, den Sie beenden wollen, und wählen Sie im Kontextmenü den Befehl *Prozess beenden*.

Der Task-Manager versucht nun, den Prozess zu beenden. Falls das im Task-Manager nicht gelingt, können Sie Taskkill verwenden.

Sie können die Netzwerkauslastung ermitteln, indem Sie den Task-Manager starten und dann auf die Registerkarte *Netzwerk* klicken. Der Task-Manager zeigt die Auslastung für jede Netzwerkkarte an. Der Prozentsatz für die Auslastung wird als Verhältnis zur gemeldeten Geschwindigkeit des Adapters berechnet. In den meisten Fällen sind Netzwerkkarten nicht in der Lage, 100 Prozent Auslastung zu erreichen, der Maximalwert liegt gewöhnlich bei 60 bis 70 Prozent.

WEITERE INFORMATIONEN   Zur Arbeit mit dem Task-Manager finden Sie weitere Informationen in Kapitel 21, »Pflegen der Desktopcomputer«.

TCPView

TCPView (Abbildung 31.5) überwacht in Echtzeit sowohl eingehende als auch ausgehende Verbindungen und Anwendungen, die Verbindungen entgegennehmen. Mit TCPView können Sie genau ermitteln, zu welchen Servern und welchen Portnummern ein Client Verbindungen herstellt oder welche Clients Verbindungen zu einem bestimmten Server aufnehmen.

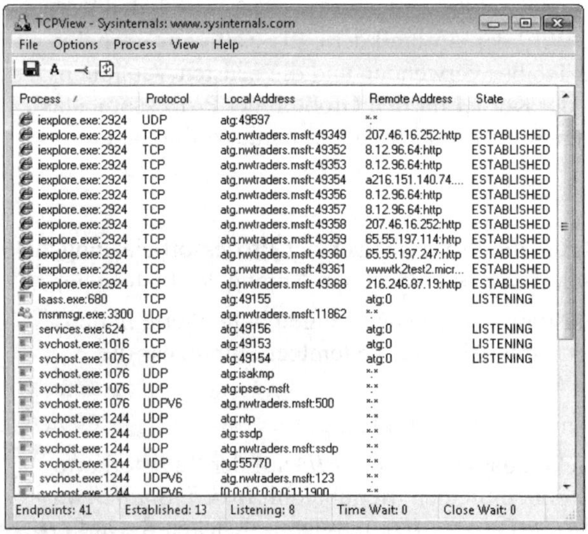

Abbildung 31.5   Mit TCPView können Sie Netzwerkverbindungen in Echtzeit überwachen

Sie können TCPView unter *http://technet.microsoft.com/de-de/sysinternals/bb897437.aspx* herunterladen. TCPView brauchen Sie nicht zu installieren. Kopieren Sie einfach die ausführbare Datei in einen Ordner, aus dem Anwendungen gestartet werden dürfen (zum Beispiel *C:\Programme*), und klicken Sie dann doppelt auf *Tcpview.exe*. TCPView bringt außerdem *Tcpvcon.exe* mit, ein Befehlszeilentool, das einen ähnlichen Funktionsumfang bietet.

Telnet-Client

Der Telnet-Client ist zwar nicht in erster Linie ein Problembehandlungstool, er ist aber sehr nützlich, um festzustellen, ob TCP-basierte Netzwerkdienste von einem Client aus erreichbar sind. Die am häufigsten benutzten Netzwerkdienste arbeiten TCP-basiert, zum Beispiel Webdienste, Maildienste und Dateiübertragungsdienste. Der Telnet-Client ist nicht nützlich für die Problembehandlung UDP-basierter Netzwerkdienste, zum Beispiel von DNS und vielen Mediastreaming-Protokollen.

Der Telnet-Client wird in Windows 7 nicht standardmäßig installiert. Sie können ihn installieren, indem Sie in einer Eingabeaufforderung mit administrativen Privilegien folgenden Befehl ausführen:

```
start /w pkgmgr /iu:"TelnetClient"
```

Stattdessen können Sie ihn auch folgendermaßen installieren:

1. Klicken Sie im Startmenü auf *Systemsteuerung*.
2. Klicken Sie auf *Programme*.
3. Klicken Sie auf *Windows-Funktionen ein- oder ausschalten*.
4. Aktivieren Sie im Dialogfeld *Windows-Funktionen* das Kontrollkästchen *Telnet-Client*. Klicken Sie auf *OK*.

Der Telnet-Client ist nur nützlich, um festzustellen, ob ein Dienst erreichbar ist. Er liefert keine Informationen, die Sie für die Problembehandlung bei Namensauflösung, Netzwerkleistung oder Netzwerkverbindung nutzen können. Verwenden Sie den Telnet-Client erst, nachdem Sie mit Ping ausgeschlossen haben, dass das Problem durch Fehler in der Namensauflösung verursacht wird. Weitere Informationen über Ping finden Sie im Abschnitt »Ping« weiter oben in diesem Kapitel.

Testen der Dienstkonnektivität

Sobald Sie die Portnummer für den Dienst identifiziert haben, können Sie mit dem Telnet-Client die Konnektivität zu diesem Dienst testen. Sie können die Konnektivität zu einem Dienst testen, indem Sie eine Eingabeaufforderung öffnen und den folgenden Befehl ausführen:

```
telnet Ziel Portnummer
```

Wenn Sie zum Beispiel die HTTP-Konnektivität zu *www.microsoft.com* testen wollen, können Sie den folgenden Befehl eingeben:

```
telnet www.microsoft.com 80
```

Das Ziel können Sie als Hostname, Computername oder IP-Adresse angeben. Die Antwort, die Sie erhalten, zeigt, ob eine Verbindung eingerichtet wurde. Falls Sie die Meldung »Es konnte keine Verbindung mit dem Host hergestellt werden« erhalten, hat der Host über die angegebene Portnummer nicht auf die Anforderung nach einer Verbindung geantwortet. Der Dienst, den Sie testen, ist somit nicht erreichbar.

Falls Sie irgendeine andere Antwort erhalten (es kann auch sein, dass der gesamte Text im Eingabeaufforderungsfenster gelöscht wird), wurde die Verbindung erfolgreich hergestellt. Damit können Sie ausschließen, dass das Problem durch ein Konnektivitätsproblem zwischen dem Client und dem Server verursacht wird. Abhängig vom Dienst, den Sie testen, trennt der Telnet-Client die Verbindung automatisch oder die Sitzung bleibt offen. Beide Fälle bedeuten, dass erfolgreich eine Verbindung aufgebaut wurde. Falls die Telnet-Clientsitzung offen bleibt, sollten Sie die Verbindung im Telnet-Client trennen und schließen.

Gehen Sie folgendermaßen vor, um die Verbindung im Telnet-Client zu trennen:

1. Drücken Sie die Tastenkombination STRG+].

2. Warten Sie, bis die Eingabeaufforderung »Microsoft Telnet>« erscheint, und geben Sie dann ein:

   `quit`

Test TCP

Mit dem Tool *Test TCP* können Sie TCP-Verbindungen einleiten und auf TCP-Verbindungen warten. Sie können Test TCP auch für UDP-Verkehr verwenden. Mit Test TCP können Sie einen Computer so konfigurieren, dass er einen bestimmten TCP- oder UDP-Port überwacht, ohne die entsprechende Anwendung oder den Dienst auf dem Computer installieren zu müssen. So können Sie die Netzwerkkonnektivität für bestimmte Verkehrsarten testen, bevor die Dienste tatsächlich bereitgestellt werden.

Test TCP (*Ttcp.exe*) ist ein Tool, mit dem Sie TCP-Segmentdaten oder UDP-Nachrichten zwischen zwei Knoten entgegennehmen oder senden können. *Ttcp.exe* wird im Ordner *Valueadd\Msft\Net\Tools* der Produkt-CD-ROM von Windows Server 2003 oder Windows XP Service Pack 2 geliefert.

Test TCP unterscheiden sich von Portqry in folgenden Punkten:

- Mit Test TCP können Sie einen Computer so konfigurieren, dass er einen bestimmten TCP- oder UDP-Port überwacht, ohne die Anwendung oder den Dienst auf dem Computer installieren zu müssen. So können Sie die Netzwerkkonnektivität für bestimmte Verkehrsarten testen, bevor die Dienste tatsächlich bereitgestellt werden. Zum Beispiel können Sie mit Test TCP den Domänenreplikationsverkehr zu einem Computer austesten, bevor Sie den Computer zu einem Domänencontroller machen.

- Test TCP unterstützt auch IPv6-Verkehr.

Wenn Sie einen TCP-Port benutzen, lautet die grundlegende Syntax für *Ttcp.exe* am überwachenden Knoten (Empfängerseite):

`ttcp -r -pPort`

Die Syntax zum Überwachen eines UDP-Ports lautet:

`ttcp -r -pPort -u`

Nachdem Sie Test TCP im Empfangsmodus gestartet haben, wartet das Tool unbegrenzt lange auf eine Übertragung, sodass Sie nicht direkt zur Eingabeaufforderung zurückkommen. Wenn Sie zum ersten Mal mit Test TCP auf einem Windows 7-Computer Verbindungen entgegennehmen wollen, bekommen Sie unter Umständen eine Meldung, dass Sie eine Windows-Firewall-Ausnahme erstellen müssen. Sie müssen diese Ausnahme anlegen, ansonsten funktioniert Test TCP nicht. Falls Sie sich entscheiden, die Anwendung nicht mehr zu blockieren, erlaubt die Windows-Firewall in Zukunft jeglichen Verkehr an diesen Computer über den angegebenen Port. Daher brauchen Sie künftig keine neue Ausnahme für diesen Netzwerktyp mehr zu erstellen, selbst falls Sie einen anderen Port überwachen.

Wenn Sie einen TCP-Port benutzen, lautet die grundlegende Syntax für *Ttcp.exe* am sendenden Knoten:

`ttcp -t -pPort Hostname`

Und die Syntax für einen UDP-Port lautet:

`ttcp -t -pPort -u Hostname`

Falls die beiden Computer miteinander kommunizieren können, gibt der sendende Computer Meldungen aus, die zum Beispiel so aussehen:

```
ttcp-t: Win7 -> 192.168.1.132
ttcp-t: local 192.168.1.196 -> remote 192.168.1.132
ttcp-t: buflen=8192, nbuf=2048, align=16384/+0, port=81  tcp  -> Win7
ttcp-t: done sending, nbuf = -1
ttcp-t: 16777216 bytes in 1423 real milliseconds = 11513 KB/sec
ttcp-t: 2048 I/O calls, msec/call = 0, calls/sec = 1439, bytes/call = 8192
```

Gleichzeitig erscheinen auf dem empfangenden Computer folgende Ausgaben:

```
ttcp-r: local 192.168.1.132 <- remote 192.168.1.196
ttcp-r: buflen=8192, nbuf=2048, align=16384/+0, port=81  tcp
ttcp-r: 16777216 bytes in 1416 real milliseconds = 11570 KB/sec
ttcp-r: 3492 I/O calls, msec/call = 0, calls/sec = 2466, bytes/call = 4804
```

Sie können mit Test TCP die Verbindung zu jedem beliebigen Computer testen, der eingehende TCP-Verbindungen entgegennimmt, auch wenn auf diesem Computer nicht Test TCP läuft. Um UDP-Konnektivität sinnvoll testen zu können, muss Test TCP allerdings auf Empfänger- wie auch Senderseite laufen. Zum Beispiel können Sie mit dem folgenden Befehl versuchen, eine Verbindung zu *www.microsoft.com* über TCP-Port 80 herzustellen:

ttcp -t -p80 www.microsoft.com

```
ttcp-t: local 192.168.1.196 -> remote 10.46.20.60
ttcp-t: buflen=8192, nbuf=2048, align=16384/+0, port=80  tcp  -> www.microsoft.com
send(to) failed: 10053
ttcp-t: done sending, nbuf = 2037
ttcp-t: 81920 bytes in 16488 real milliseconds = 4 KB/sec
ttcp-t: 11 I/O calls, msec/call = 1498, calls/sec = 0, bytes/call = 7447
```

In diesem Beispiel war die TCP-Verbindung erfolgreich, obwohl die Ausgaben die Meldung »send(to) failed« (Senden fehlgeschlagen) enthalten. Falls die Verbindung nicht erfolgreich war, enthalten die Ausgaben die Meldung »connection refused« (Verbindung verweigert). Manche Server antworten auch einfach nicht auf ungültige Kommunikation, dann bleibt der Test TCP-Sender einfach hängen, während er auf eine Antwort vom Server wartet. Sie können Test TCP mit der Tastenkombination STRG+C abbrechen.

Jede Instanz von Test TCP kann nur einen einzigen Port überwachen oder an einen Port senden. Sie können das Tool allerdings in mehreren Eingabeaufforderungen starten, um an mehrere Ports zu senden oder mehrere Ports zu überwachen. Weitere Informationen zu Befehlszeilenoptionen erhalten Sie, indem Sie in der Eingabeaufforderung **Ttcp** eingeben.

Windows-Netzwerkdiagnose

Die Behandlung von Netzwerkproblemen ist kompliziert, insbesondere für Endbenutzer. Viele Benutzer entdecken Netzwerkprobleme, wenn sie versuchen, eine Webseite mit dem Internet Explorer zu besuchen. Falls die Webseite nicht verfügbar ist, gibt der Internet Explorer die Meldung »Die Webseite kann nicht angezeigt werden« aus. Das Problem kann aber viele Ursachen haben:

- Der Benutzer hat die Adresse der Webseite falsch eingetippt.
- Der Webserver ist nicht verfügbar.
- Die Internetverbindung des Benutzers steht nicht zur Verfügung.
- Das LAN des Benutzers steht nicht zur Verfügung.
- Die Netzwerkkarte des Benutzers ist falsch konfiguriert.
- Die Netzwerkkarte des Benutzers ist ausgefallen.

Es ist wichtig, dass der Benutzer die Ursache des Problems kennt. Falls zum Beispiel der Webserver nicht verfügbar ist, braucht der Benutzer nichts zu unternehmen. Er muss einfach warten, bis der Webserver wieder in Betrieb ist. Falls die Internetverbindung ausgefallen ist, muss der Benutzer möglicherweise seinen Internetprovider anrufen, um das Problem beseitigen zu lassen. Falls die Netzwerkkarte des Benutzers ausgefallen ist, sollte er versuchen, sie zurückzusetzen, und sich wegen weiterer Hilfe an den technischen Support seines Computerherstellers wenden.

Die Windows-Netzwerkdiagnose und die zugrundeliegende Windows-Problembehandlungsplattform helfen dem Benutzer dabei, Netzwerkkonnektivitätsprobleme zu diagnostizieren und in einigen Fällen auch zu beseitigen. Wenn Windows 7 Netzwerkprobleme feststellt, fragt es beim Benutzer nach, ob er sie diagnostizieren will. Zum Beispiel zeigt der Internet Explorer einen Link an, mit dem die Windows-Netzwerkdiagnose gestartet wird, falls ein Webserver nicht verfügbar ist, und das Netzwerk- und Freigabecenter zeigt einen Diagnoselink an, falls ein Netzwerk nicht zur Verfügung steht.

Anwendungen können dem Benutzer anbieten, die Windows-Netzwerkdiagnose zu öffnen, falls Verbindungsprobleme auftreten. Sie starten die Windows-Netzwerkdiagnose von Hand, indem Sie das Netzwerk- und Freigabecenter öffnen, auf *Probleme beheben* klicken und den angezeigten Anweisungen folgen. Im Unterschied zu vielen anderen Tools, die in diesem Kapitel beschrieben werden, wurde die Windows-Netzwerkdiagnose mit dem Ziel entwickelt, auch für Personen nützlich zu sein, die keine Experten für Netzwerktechnologien sind.

Weitere Informationen über die Windows-Netzwerkdiagnose finden Sie in Kapitel 25, »Konfigurieren der Windows-Netzwerkfunktionen«.

Der Ablauf bei der Behandlung von Netzwerkproblemen

Die meisten Benutzer fassen unter dem Begriff *Verbindungsprobleme* eine Vielzahl von Problemen zusammen, zum Beispiel eine ausgefallene Netzwerkverbindung, eine Anwendung, die aufgrund von Firewallfilterung keine Verbindung herstellen kann, und bedenkliche Leistungsprobleme. Daher besteht der erste Schritt bei der Behandlung von Verbindungsproblemen darin, die näheren Umstände des Verbindungsproblems zu identifizieren.

Gehen Sie folgendermaßen vor, um die Ursache eines Verbindungsproblems zu ermitteln. Beantworten Sie dabei die Fragen, bis Sie auf einen anderen Abschnitt verwiesen werden:

1. Öffnen Sie das Netzwerk- und Freigabecenter, indem Sie in der Taskleiste auf das Netzwerksymbol klicken und den Befehl *Netzwerk- und Freigabecenter öffnen* wählen. Klicken Sie unten auf der Seite auf *Probleme beheben* und folgen Sie dann den angezeigten Anweisungen. Falls die

Windows-Netzwerkdiagnose das Problem nicht identifizieren oder beseitigen kann, sollten Sie die Informationen an Microsoft senden, um mitzuhelfen, die Windows-Netzwerkdiagnose weiter zu verbessern. Folgen Sie dann den weiteren Schritten in dieser Anleitung.

2. Sie versuchen, eine Verbindung zu einem Drahtlosnetzwerk herzustellen, aber Ihr Verbindungsversuch wird zurückgewiesen? Lesen Sie in diesem Fall im Abschnitt »So führen Sie eine Behandlung von Problemen in Drahtlosnetzwerken durch« weiter unten in diesem Kapitel weiter.

3. Versuchen Sie, eine Verbindung zu einem Remotenetzwerk über eine VPN-Verbindung herzustellen, aber Ihr Verbindungsversuch wird zurückgewiesen? Lesen Sie in diesem Fall Kapitel 27, »Verbindungen mit Remotebenutzern und -netzwerken«.

4. Können Sie gelegentlich auf die Netzwerkressource zugreifen, aber sie ist unzuverlässig oder langsam? Lesen Sie in diesem Fall den Abschnitt »So führen Sie eine Behandlung von Leistungsproblemen und sporadischen Konnektivitätsproblemen durch« in diesem Kapitel.

5. Können Sie auf andere Netzwerkressourcen zugreifen, wenn Sie andere Anwendungen benutzen, zum Beispiel E-Mail oder andere Websites? Falls nicht, haben Sie ein Netzwerkverbindungsproblem oder ein Namensauflösungsproblem. Falls Sie Server über die IP-Adresse, aber nicht über den Hostnamen erreichen können, sollten Sie den Abschnitt »So führen Sie eine Behandlung von Namensauflösungsproblemen durch« weiter unten in diesem Kapitel lesen. Falls Server auch dann nicht verfügbar sind, wenn Sie eine IP-Adresse angeben, oder Sie die IP-Adresse nicht kennen, sollten Sie den Abschnitt »So führen Sie eine Behandlung von Netzwerkverbindungsproblemen durch« weiter unten in diesem Kapitel lesen.

6. Versuchen Sie, einer Domäne beizutreten oder sich mit einem Domänenkonto an Ihrem Computer anzumelden, erhalten aber eine Fehlermeldung, dass der Domänencontroller nicht verfügbar ist? Lesen Sie in diesem Fall den Abschnitt »So führen Sie eine Behandlung von Beitritts- oder Anmeldeproblemen in einer Domäne durch« weiter unten in diesem Kapitel.

7. Öffnen Sie eine Eingabeaufforderung und führen Sie den Befehl `Nslookup` *Servername* aus. Falls Nslookup keine Meldung wie die folgende anzeigt, haben Sie ein Namensauflösungsproblem. Lesen Sie in diesem Fall den Abschnitt »So führen Sie eine Behandlung von Namensauflösungsproblemen durch« weiter unten in diesem Kapitel.

```
C:\>nslookup contoso.com
```

```
Nicht-autorisierende Antwort:
Name:    contoso.com
Addresses:  10.46.232.182, 10.46.130.117
```

8. Versuchen Sie, eine Verbindung zu einem freigegebenen Ordner herzustellen? Lesen Sie in diesem Fall den Abschnitt »So führen Sie eine Behandlung von Problemen mit der Datei- und Druckerfreigabe durch« weiter unten in diesem Kapitel.

9. Falls andere Netzwerkanwendungen funktionieren und die Namensauflösung erfolgreich ist, haben Sie unter Umständen ein Firewallproblem. Lesen Sie in diesem Fall den Abschnitt »So führen Sie eine Behandlung von Anwendungsverbindungsproblemen durch« weiter unten in diesem Kapitel.

So führen Sie eine Behandlung von Netzwerkverbindungsproblemen durch

Falls Sie ein Netzwerkverbindungsproblem haben, können Sie überhaupt keine Netzwerkressourcen erreichen, die normalerweise über das ausgefallene Netzwerk verfügbar sind. Falls zum Beispiel Ihre Internetverbindung ausgefallen ist, können Sie nicht auf Internetressourcen zugreifen, aber immer noch auf Ressourcen in Ihrem LAN. Falls dagegen Ihr LAN ausfällt, können Sie auf gar nichts mehr zugreifen. Die meisten Netzwerkverbindungsprobleme haben eine der folgenden Ursachen:

- Ausgefallene Netzwerkkarte
- Ausgefallene Netzwerkhardware
- Ausgefallene Netzwerkverbindung
- Beschädigte Netzwerkkabel
- Falsch konfigurierte Netzwerkhardware
- Falsch konfigurierte Netzwerkkarte

HINWEIS   Wenn nur eine einzige Netzwerkressource ausgefallen ist, nehmen viele Benutzer fälschlicherweise an, dass gleich das gesamte Netzwerk ausgefallen ist. Zum Beispiel verhindert ein ausgefallener DNS-Server, dass Ihr Computer Hostnamen auflösen kann. Das führt dazu, dass der Computer keine Ressourcen mehr im Netzwerk anhand ihrer Namen finden kann. Und falls ein Benutzer immer nur auf seinen E-Mail-Server als einzige Netzwerkressource zugreift und dieser Server ausgefallen ist, sieht es für den Benutzer vielleicht so aus, als wäre seine Konnektivität völlig ausgefallen. Um zu vermeiden, dass Sie Zeit mit dem Versuch verschwenden, das falsche Problem zu beheben, beginnen die Anleitungen in diesem Kapitel immer damit, die Ursache für das Problem zu isolieren.

Wenn Sie die ausgefallene Komponente isoliert haben, können Sie sich daran machen, das konkrete Problem zu beseitigen oder an das entsprechende Supportteam weiterzuleiten. Falls Sie zum Beispiel feststellen, dass die Netzwerkkarte ausgefallen ist, müssen Sie beim Hardwarehersteller Ersatz anfordern. Falls Sie feststellen, dass die Internetverbindung ausgefallen ist, müssen Sie mit Ihrem Internetprovider Kontakt aufnehmen. Gehen Sie folgendermaßen vor, um die Ursache für ein Netzwerkverbindungsproblem zu isolieren:

1. Öffnen Sie das Netzwerk- und Freigabecenter, indem Sie in der Taskleiste auf das Netzwerksymbol klicken und den Befehl *Netzwerk- und Freigabecenter öffnen* wählen. Klicken Sie unten auf der Seite auf *Probleme beheben* und folgen Sie dann den angezeigten Anweisungen. Falls die Windows-Netzwerkdiagnose das Problem nicht identifiziert oder beseitigt, müssen Sie die nächsten Schritte durchgehen.

2. Öffnen Sie eine Eingabeaufforderung auf dem Computer, auf dem die Probleme auftreten. Führen Sie den Befehl **ipconfig /all** aus. Sehen Sie sich die Ausgabe an:

   □ Falls keine Netzwerkkarten aufgelistet werden, ist auf dem Computer entweder gar keine Netzwerkkarte installiert oder (wahrscheinlicher) es ist kein gültiger Treiber dafür installiert. Lesen Sie in diesem Fall Kapitel 30, »Problembehandlung für Hardware, Treiber und Laufwerke«.

   □ Falls alle Netzwerkkarten unter »Medienstatus« die Meldung »Medium getrennt« anzeigen, ist der Computer nicht mit einem Netzwerk verbunden. Falls Sie ein Drahtlosnetzwerk verwenden, sollten Sie im Abschnitt »So führen Sie eine Behandlung von Problemen in Drahtlosnetzwerken durch« weiter unten in diesem Kapitel weiterlesen. Falls Sie ein Kabelnetzwerk verwenden, sollten Sie die beiden Enden des Netzwerkskabels abziehen und wieder einstecken. Falls das Problem weiterhin besteht, sollten Sie das Netzwerkkabel austauschen. Versuchen Sie, mit demselben Netzwerkkabel eine Verbindung zu einem anderen Computer herzustellen. Falls der andere Computer erfolgreich eine Verbindung herstellt, ist beim ersten Computer die Netzwerkkarte ausgefallen. Falls keiner der Computer eine erfolgreiche Verbindung herstellen kann, hat das Problem mit der Netzwerkverkabelung, dem Netzwerkswitch oder dem Netzwerkhub zu tun. Ersetzen Sie die Netzwerkhardware, sofern erforderlich.

☐ Falls die Netzwerkkarte eine IPv4-Adresse im Bereich von 169.254.0.1 bis 169.254.255.254 hat, hat der Computer eine APIPA-Adresse. Das bedeutet, dass der Computer so konfiguriert ist, dass er einen DHCP-Server verwendet, dass aber keiner zur Verfügung stand. Führen Sie mit administrativen Anmeldeinformationen die folgenden Befehle in einer Eingabeaufforderung aus:

```
ipconfig /release
ipconfig /renew
ipconfig /all
```

☐ Falls die Netzwerkkarte nun immer noch eine APIPA-Adresse hat, ist der DHCP-Server offline. Aktivieren Sie einen DHCP-Server und starten Sie den Computer dann neu. Falls das Netzwerk keinen DHCP-Server verwendet, müssen Sie eine statische oder alternative IPv4-Adresse konfigurieren, die Ihnen das Netzwerkadministrationsteam oder Ihr Internetprovider nennt. Informationen über die Konfiguration von statischen IP-Adressen finden Sie in Kapitel 25, »Konfigurieren der Windows-Netzwerkfunktionen«. Weitere Informationen über Ipconfig finden Sie im Abschnitt »Ipconfig« weiter oben in diesem Kapitel.

☐ Falls alle Netzwerkkarten in der Ausgabe des Befehls `ipconfig /all` die Meldung »DHCP aktiviert: Nein« anzeigen, ist die Netzwerkkarte unter Umständen falsch konfiguriert. Falls DHCP deaktiviert ist, hat der Computer eine statische IPv4-Adresse, was für Clientcomputer eine ungewöhnliche Konfiguration ist. Aktualisieren Sie die IPv4-Konfiguration der Netzwerkkarte, sodass die Optionen *IP-Adresse automatisch beziehen* und *DNS-Serveradresse automatisch beziehen* aktiviert sind (Abbildung 31.6).

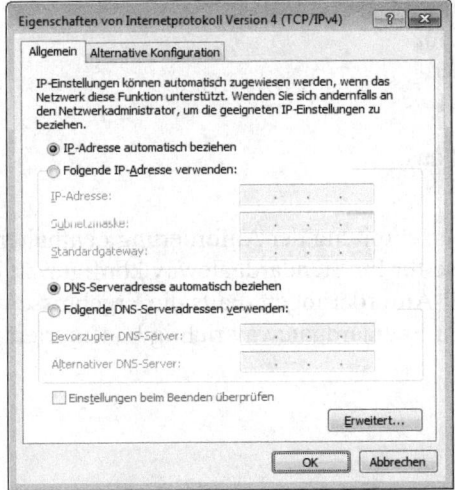

Abbildung 31.6 In den meisten Netzwerken sollte der Client die IP-Adresse automatisch beziehen

Konfigurieren Sie dann die Registerkarte *Alternative Konfiguration* im IP-Eigenschaftendialogfeld mit Ihrer aktuellen, statischen IP-Konfiguration. Informationen über das Konfigurieren von IP-Adressen finden Sie in Kapitel 25, »Konfigurieren der Windows-Netzwerkfunktionen«.

3. Wenn Sie bei diesem Schritt angekommen sind, wissen Sie, dass Ihr Computer eine gültige, über DHCP zugewiesene IPv4-Adresse hat und im LAN kommunizieren kann. Daher beruhen alle Verbindungsprobleme auf ausgefallener oder falsch konfigurierter Netzwerkhardware. Sie können zwar nicht viel tun, um das Problem von einem Windows-Client aus zu beseitigen, aber Sie können es immerhin diagnostizieren. Sehen Sie sich die Ausgabe des Befehls Ipconfig an und identifizieren Sie die IPv4-Adresse Ihres Standardgateways. Überprüfen Sie, ob sich die IPv4-Adresse des Standardgateways im selben Subnetz befindet wie die IP-Adresse der Netzwerkkarte. Falls sie nicht im selben Subnetz liegt, ist die Adresse des Standardgateways falsch: Das Standardgateway muss im selben Subnetz sein wie die IPv4-Adresse des Clientcomputers.

> **HINWEIS**   Um festzustellen, ob eine IPv4-Adresse im selben Subnetz liegt wie die IPv4-Adresse Ihres Computers, müssen Sie sich erst Ihre Subnetzmaske ansehen. Falls Ihre Subnetzmaske 255.255.255.0 ist, müssen Sie die ersten drei Zahlengruppen (die sogenannten *Oktette*) in den IPv4-Adressen vergleichen (zum Beispiel 192.168.1 oder 10.25.2). Falls sie genau übereinstimmen, befinden sich die beiden IPv4-Adressen im selben Subnetz. Falls Ihre Subnetzmaske 255.255.0.0 ist, müssen Sie die beiden ersten Oktette vergleichen. Falls Ihre Subnetzmaske 255.0.0.0 ist, müssen Sie nur das erste Oktett vergleichen (die erste Zahlengruppe vor dem Punkt in der IP-Adresse). Falls irgendeine Zahl in der Subnetzmaske zwischen 0 und 255 liegt, brauchen Sie eine binäre Berechnung und den AND-Operator, um festzustellen, ob die beiden Adressen sich im selben Subnetz befinden.

4. Versuchen Sie, mit folgendem Befehl einen Ping-Test an das Standardgateway zu schicken:

```
ping Standardgateway_IP_Adresse
```

Nehmen wir als Beispiel die folgende Ausgabe des Befehls Ipconfig:

```
Ethernet-Adapter LAN-Verbindung:

    Verbindungsspezifisches DNS-Suffix: hsd1.nh.contoso.com.
    Verbindungslokale IPv6-Adresse  . : fe80::1ccc:d0f4:3959:7d74%10
    IPv4-Adresse. . . . . . . . . . . : 192.168.1.132
    Subnetzmaske  . . . . . . . . . . : 255.255.255.0
    Standardgateway . . . . . . . . . : 192.168.1.1
```

Sie führen in diesem Beispiel den folgenden Befehl aus:

```
ping 192.168.1.1
```

Falls die Ergebnisse von Ping die Meldung »Zeitüberschreitung der Anforderung« enthalten, ist bei Ihrem Computer entweder die falsche IP-Adresse für Ihr Standardgateway konfiguriert oder Ihr Standardgateway ist offline oder blockiert ICMP-Anforderungen. Falls die Ergebnisse von Ping die Meldung »Antwort von ...« enthalten, ist Ihr Standardgateway richtig konfiguriert und das Problem tritt an anderer Stelle im Netzwerk auf.

HINWEIS Ping ist kein zuverlässiges Tool, um festzustellen, ob Computer oder Netzwerkgeräte im Netzwerk verfügbar sind. Heutzutage konfigurieren viele Administratoren aus Sicherheitsgründen ihre Geräte so, dass sie nicht auf Ping-Anforderungen reagieren. Ping ist aber nach wie vor das zuverlässigste Tool, um Router zu testen. Die meisten Administratoren konfigurieren Router so, dass sie auf Ping-Anforderungen aus dem lokalen Netzwerk antworten. Es ist sinnvoll, einen Ping-Test an Ihr Netzwerkgerät zu schicken, während alles einwandfrei funktioniert. Auf diese Weise stellen Sie fest, ob es unter normalen Bedingungen antwortet.

5. Testen Sie mit dem Befehl Tracert, ob Sie mit Geräten außerhalb Ihres LANs kommunizieren können. Sie können dafür irgendeinen Server in einem Remotenetzwerk ansprechen. Dieses Beispiel verwendet den Host *www.microsoft.com*:

```
tracert www.microsoft.com
```

```
Routenverfolgung zu www.microsoft.com [10.46.19.30]
über maximal 30 Abschnitte:
  0   win7.hsd1.nh.contoso.com. [192.168.1.132]
  1   192.168.1.1
  2   c-3-0-ubr01.winchendon.ma.boston.contoso.com [10.165.8.1]
  3   ge-3-37-ur01.winchendon.ma.boston.contoso.com [10.87.148.129]
  4   ge-1-1-ur01.gardner.ma.boston.contoso.com [10.87.144.225]
  5   10g-9-1-ur01.sterling.ma.boston.contoso.com [10.87.144.217]
```

Die Zeile mit dem Index 0 steht für Ihren Clientcomputer. Die Zeile 1 ist das Standardgateway. Die Zeilen ab 2 sind Router außerhalb Ihres LANs.

☐ Falls Sie die Meldung »Der Zielname konnte nicht aufgelöst werden« erhalten, ist Ihr DNS-Server nicht erreichbar, weil der DNS-Server offline ist, Ihr Clientcomputer falsch konfiguriert ist oder das Netzwerk ausgefallen ist. Falls Ihr DNS-Server sich im LAN befindet (zu erkennen in den Ausgaben des Befehls `ipconfig /all`) und Sie Ihren Router nach wie vor mit Ping erreichen können, ist der DNS-Server ausgefallen oder falsch konfiguriert. Lesen Sie in diesem Fall im Abschnitt »So führen Sie eine Behandlung von Namensauflösungsproblemen durch« in diesem Kapitel weiter. Falls Ihr DNS-Server sich in einem anderen Netzwerk befindet, kann das Problem entweder ein Netzwerkinfrastrukturproblem oder ein Namensauflösungsproblem sein. Wiederholen Sie diesen Schritt, testen Sie diesmal aber die IP-Adresse Ihres DNS-Servers mit Ping (die Adresse können Sie der Ausgabe des Befehls `ipconfig /all` entnehmen). Folgen Sie dann der Anleitung im Abschnitt »So führen Sie eine Behandlung von Namensauflösungsproblemen durch«, um das Problem weiter zu isolieren.

☐ Falls nach Zeile 1 keine weiteren Antworten aufgelistet sind, kann Ihr Standardgateway nicht mit externen Netzwerken kommunizieren. Versuchen Sie, das Standardgateway neu zu starten. Falls das Standardgateway direkt mit dem Internet verbunden ist, ist unter Umständen die Internetverbindung oder das Gerät ausgefallen, das die Verbindung zum Internet herstellt (zum Beispiel ein Kabel- oder DSL-Modem). Wenden Sie sich in diesem Fall an Ihren Internetprovider, um das Problem zu beseitigen.

☐ Falls dasselbe Gateway mehrmals in der Ausgabe von Tracert auftaucht, tritt im Netzwerk eine Routingschleife auf. Routingschleifen können Leistungsprobleme verursachen oder die Kommunikation völlig zum Erliegen bringen. Netzwerke beseitigen Routingschleifen normalerweise automatisch. Sie sollten aber Kontakt mit Ihrem Netzwerksupportteam aufnehmen, um sicherzustellen, dass sie über das Problem Bescheid wissen. Die folgende Ausgabe von Tracert zeigt eine Routingschleife, weil sich die Knoten 5, 6 und 7 wiederholen:

```
tracert www.contoso.com
```

```
Routenverfolgung zu www.contoso.com [10.73.186.238]
über maximal 30 Abschnitte:
  0  d820.hsd1.nh.contoso.com. [192.168.1.196]
  1  192.168.1.1
  2  c-3-0-ubr01.winchendon.ma.boston.contoso.com [10.165.8.1]
  3  ge-3-37-ur01.winchendon.ma.boston.contoso.com [10.87.148.129]
  4  ge-1-1-ur01.gardner.ma.boston.contoso.com [10.87.144.225]
  5  10g-9-1-ur01.sterling.ma.boston.contoso.com [10.87.144.217]
  6  te-9-2-ur01.marlboro.ma.boston.contoso.com [10.87.144.77]
  7  10g-8-1-ur01.natick.ma.boston.contoso.com [10.87.144.197]
  8  10g-9-1-ur01.sterling.ma.boston.contoso.com [10.87.144.217]
  9  te-9-2-ur01.marlboro.ma.boston.contoso.com [10.87.144.77]
 10  10g-8-1-ur01.natick.ma.boston.contoso.com [10.87.144.197]
 11  10g-9-1-ur01.sterling.ma.boston.contoso.com [10.87.144.217]
 12  te-9-2-ur01.marlboro.ma.boston.contoso.com [10.87.144.77]
 13  10g-8-1-ur01.natick.ma.boston.contoso.com [10.87.144.197]
```

☐ Falls irgendwelche Router ab Zeile 2 antworten (egal, ob der endgültige Zielhost antwortet oder nicht), sind der Clientcomputer und das Standardgateway richtig konfiguriert. Das Problem liegt in der Netzwerkinfrastruktur oder Ihre Internetverbindung ist ausgefallen. Folgen Sie den Problembehandlungsschritten im Abschnitt »So führen Sie eine Behandlung von Anwendungsverbindungsproblemen durch« oder wenden Sie sich an den Netzwerksupport, um das Problem beseitigen zu lassen.

Um Ihre Ergebnisse zu bestätigen, sollten Sie diese Schritte auf einem anderen Clientcomputer im selben Netzwerk wiederholen. Falls der zweite Clientcomputer dieselben Symptome zeigt, können Sie relativ sicher sein, dass ein Teil der Netzwerksinfrastruktur ausgefallen ist. Falls der zweite Client erfolgreich im Netzwerk kommunizieren kann, sollten Sie die Ausgaben von Ipconfig /all der beiden Computer vergleichen. Falls sich die Adressen von Standardgateway oder DNS-Server unterscheiden, können Sie den Computer, auf dem die Probleme auftreten, versuchsweise mit den Einstellungen des anderen Computers konfigurieren. Falls das Problem dadurch nicht beseitigt wird, handelt es sich um ein spezielles Problem des ersten Computers, das möglicherweise auf ein Hardware- oder Treiberproblem zurückzuführen ist (siehe Kapitel 30, »Problembehandlung für Hardware, Treiber und Laufwerke«).

So führen Sie eine Behandlung von Anwendungsverbindungsproblemen durch

Manchmal können Sie mit einigen Anwendungen auf das Netzwerk zugreifen, aber mit anderen nicht. Zum Beispiel könnte es sein, dass Sie Ihre E-Mails herunterladen können, aber der Zugriff auf Webserver fehlschlägt. Oder Sie können sich Seiten auf einem Remotewebserver ansehen, aber mit Remotedesktop keine Verbindung mit dem Computer aufnehmen.

Diese Symptome können durch verschiedene Probleme verursacht werden (wahrscheinlichere sind zuerst genannt):

- Der Remotedienst läuft nicht. Zum Beispiel kann es sein, dass Remotedesktop auf dem Remotecomputer nicht aktiviert ist.
- Auf dem Remoteserver ist eine Firewall konfiguriert, die die Kommunikation dieser Anwendung von Ihrem Clientcomputer blockiert.
- Eine Firewall zwischen dem Client- und dem Servercomputer blockiert die Kommunikation der Anwendung.
- Die Windows-Firewall auf dem lokalen Computer kann so konfiguriert sein, dass sie den Verkehr der Anwendung blockiert.
- Der Remotedienst wurde so konfiguriert, dass er eine nicht standardmäßige Portnummer verwendet. Zum Beispiel benutzen Webserver normalerweise TCP-Port 80, aber manche Administratoren konfigurieren TCP-Port 81 oder einen anderen Port.

Gehen Sie folgendermaßen vor, um die Behandlung eines Anwendungsverbindungsproblems durchzuführen:

1. Bevor Sie beginnen, eine Problembehandlung im Bereich der Anwendungskonnektivität durchzuführen, sollten Sie erst sicherstellen, dass es sich nicht um ein Namensauflösungsproblem handelt. Öffnen Sie dazu eine Eingabeaufforderung und führen Sie den Befehl `Nslookup servername` aus. Falls Nslookup keine Antwort wie im folgenden Beispiel anzeigt, haben Sie ein Namensauflösungsproblem. Lesen Sie in diesem Fall im Abschnitt »So führen Sie eine Behandlung von Namensauflösungsproblemen durch« in diesem Kapitel weiter.

```
nslookup contoso.com
```

```
Nicht-autorisierende Antwort:
Name:    contoso.com
Addresses:  10.46.232.182, 10.46.130.117
```

2. Ermitteln Sie, welche Portnummer von der Anwendung benutzt wird. Tabelle 31.2 listet Portnummern für wichtige Anwendungen auf. Falls Sie sich nicht sicher sind, welche Portnummern Ihre Anwendung verwendet, können Sie im Handbuch der Anwendung nachschlagen oder beim technischen Support nachfragen. Stattdessen können Sie auch einen Protokoll-Analyzer wie den Network Monitor starten und damit den Netzwerkverkehr analysieren, um die verwendeten Portnummern zu ermitteln.

Tabelle 31.2   Standardportzuweisungen für wichtige Dienste und Aufgaben

Dienstname oder Aufgabe	UDP	TCP
Webserver, HTTP und IIS (Internet Information Services)		80
HTTP-SSL (Secure Sockets Layer)		443
DNS-Client-an-Server-Lookup (unterschiedlich)	53	53
DHCP-Client		67
Datei- und Druckerfreigabe	137	139, 445
FTP-Steuerung		21
FTP-Daten		20
IRC (Internet Relay Chat)		6667
Microsoft Office Outlook (Ports siehe POP3, IMAP und SMTP)		
IMAP (Internet Mail Access Protocol)		143
IMAP (SSL)		993
LDAP		389
LDAP (SSL)		636
MTA (Message Transfer Agent) – X.400 über TCP/IP		102
POP3		110
POP3 (SSL)		995
RPC-Endpunktzuordnung (Remote Procedure Calls)		135
SMTP		25
NNTP		119
NNTP (SSL)		563
POP3		110
POP3 (SSL)		995
SNMP	161	
SNMP-Trap	162	
SQL Server		1433
Telnet		23
Terminalserver und Remotedesktop		3389
PPTP (Point-to-Point Tunneling Protocol), siehe Kapitel 27		1723
Beitreten zu einer AD DS-Domäne (siehe »So führen Sie eine Behandlung von Beitritts- oder Anmeldeproblemen in einer Domäne durch« in diesem Kapitel)		

Sobald Sie die Portnummer ermittelt haben, besteht der erste Schritt bei der Behandlung des Anwendungsverbindungsproblems darin festzustellen, ob die Kommunikation über diesen Port erfolgreich ist. Falls es sich um einen TCP-Port handelt, können Sie Portqry, Test Tcp oder Telnet verwenden. Unter diesen drei Tools ist Telnet das unflexibelste, aber es ist auch das einzige Tool, das in Windows enthalten ist (wenn auch nicht in der Standardeinstellung installiert). Weitere Informationen über Telnet, inklusive einer Installationsanleitung, finden Sie im Abschnitt »Telnet-Client« weiter oben in diesem Kapitel.

Geben Sie den folgenden Befehl ein, um einen TCP-Port mit Telnet zu testen:

`Telnet Hostname_oder_Adresse TCP_Port`

Um zum Beispiel festzustellen, ob Sie eine Verbindung zum Webserver unter *www.microsoft.com* (der Port 80 verwendet) herstellen können, geben Sie den folgenden Befehl ein:

`Telnet www.microsoft.com 80`

Falls der Text in der Eingabeaufforderung gelöscht wird oder Sie Text vom Remotedienst angezeigt bekommen, haben Sie erfolgreich eine Verbindung hergestellt. Schließen Sie die Eingabeaufforderung, um Telnet abzubrechen. Das bedeutet, dass Sie eine Verbindung zum Server herstellen können. Somit nimmt die Serveranwendung eingehende Verbindungen entgegen, und keine Firewall blockiert Ihren Verkehr. Statt das Problem als Konnektivitätsproblem zu behandeln, sollten Sie sich auf Probleme auf Anwendungsebene konzentrieren, zum Beispiel folgende:

- **Authentifizierungsprobleme**   Sehen Sie sich das Sicherheitsereignisprotokoll des Servers oder das Protokoll der Anwendung an, um festzustellen, ob Ihre Clientverbindungen wegen ungültiger Anmeldeinformationen zurückgewiesen werden.

- **Ausgefallener Dienst**   Starten Sie den Server neu. Testen Sie, ob andere Clientcomputer eine Verbindung zum Server herstellen können.

- **Ungültige Clientsoftware**   Überprüfen Sie, ob die Clientsoftware, die auf Ihrem Computer läuft, die richtige Version ist und ob sie richtig konfiguriert ist.

Falls Telnet die Meldung »Es konnte keine Verbindung mit dem Host hergestellt werden« anzeigt, weist das auf ein Anwendungskonnektivitätsproblem hin, zum Beispiel eine falsch konfigurierte Firewall. Gehen Sie folgendermaßen vor, um die Problembehandlung fortzusetzen:

1. Überprüfen Sie, ob der Server online ist (falls möglich). Falls der Server online ist, können Sie versuchen, eine Verbindung zu einem anderen Dienst herzustellen, der auf demselben Server läuft. Falls Sie zum Beispiel versuchen, eine Verbindung zu einem Webserver herzustellen, und Sie wissen, dass auf dem Server eine Dateifreigabe aktiviert ist, können Sie versuchen, eine Verbindung zu einem freigegebenen Ordner herzustellen. Falls Sie eine Verbindung zu einem anderen Dienst herstellen können, handelt es sich fast sicher um ein Firewallkonfigurationsproblem auf dem Server.

2. Versuchen Sie, von anderen Clientcomputern im selben sowie in anderen Subnetzen aus eine Verbindung herzustellen. Falls Sie von einem Clientcomputer im selben Subnetz aus eine Verbindung herstellen können, haben Sie möglicherweise ein Anwendungskonfigurationsproblem auf dem Clientcomputer. Falls Sie eine Verbindung von einem Clientcomputer in einem anderen Subnetz aus herstellen können, aber nicht aus demselben Subnetz, filtert unter Umständen eine Firewall im Netzwerk oder auf dem Server Verkehr, der aus dem Netzwerk Ihres Clients stammt.

3. Schließen Sie einen Clientcomputer an dasselbe Subnetz an wie den Server (sofern möglich). Falls Sie eine Verbindung vom selben Subnetz aus herstellen können, aber nicht aus anderen Subnetzen, blockiert eine routerbasierte Firewall den Verkehr. Falls Sie vom selben Subnetz aus keine Verbindung herstellen können, läuft auf dem Server eine Firewall, die den Verkehr blockiert. Es kann aber auch sein, dass die Serveranwendung nicht läuft oder so konfiguriert ist, dass sie einen anderen Port verwendet.

4. Melden Sie sich am Server an und versuchen Sie, mit Telnet eine Verbindung zum Port der Serveranwendung herzustellen. Falls Sie vom Server aus eine Verbindung herstellen können, aber nicht von anderen Computern, ist auf dem Server definitiv Firewallsoftware konfiguriert. Fügen Sie in der Firewallsoftware eine Ausnahme für die Anwendung hinzu. Falls Sie vom Server selbst aus keine Verbindung mit der Serveranwendung herstellen können, nimmt die Anwendung keine

Verbindungen entgegen oder ist so konfiguriert, dass sie eingehende Verbindungen auf einem anderen Port annimmt. Schlagen Sie in der Anwendungsdokumentation nach, wie Sie die Anwendung starten und konfigurieren können. Falls der Server unter Windows läuft, können Sie mit Netstat feststellen, auf welchen Ports der Server eingehende Verbindungen entgegennimmt. Weitere Informationen finden Sie im Abschnitt »Netstat« weiter oben in diesem Kapitel.

Manchmal erfordern bestimmte Anwendungen zusätzliche Problembehandlungsschritte:

- Weitere Informationen über die Problembehandlung beim Drucken finden Sie in Kapitel 18, »Drucken«.

- Weitere Informationen über die Problembehandlung für Web- und E-Mail-Zugriff finden Sie in Kapitel 20, »Verwalten des Internet Explorers«.

So führen Sie eine Behandlung von Namensauflösungsproblemen durch

Computer verwenden numerische IP-Adressen (zum Beispiel 192.168.10.233 oder 2001:db8::1), um sich in Netzwerken gegenseitig zu identifizieren. Menschen können sich IP-Adressen aber kaum merken, daher verwenden wir Hostnamen (zum Beispiel *www.contoso.com*). Die *Namensauflösung* (name resolution) ist der Vorgang, bei dem ein Hostname in eine IP-Adresse konvertiert wird. DNS ist bei Weitem die am häufigsten eingesetzte Namensauflösungstechnik.

Viele scheinbare Verbindungsprobleme sind in Wirklichkeit Namensauflösungsprobleme. Falls irgendeines der folgenden Probleme auftritt, ist der Client nicht in der Lage, anhand des Hostnamens Kontakt mit einem Server aufzunehmen:

- DNS-Server sind ausgefallen.

- Das Netzwerk, über das der Client mit dem DNS-Server verbunden wird, ist ausgefallen.

- Ein Hostname fehlt in der DNS-Datenbank.

- Ein Hostname wird einer falschen IP-Adresse zugeordnet. Das passiert oft, weil ein Host vor Kurzem seine IP-Adressen geändert hat und die DNS-Datenbank noch nicht aktualisiert wurde.

- Auf dem Client sind keine DNS-Server konfiguriert, oder es sind die falschen DNS-Server-IP-Adressen konfiguriert.

Gehen Sie folgendermaßen vor, um ein Namensauflösungsproblem zu diagnostizieren:

1. Öffnen Sie das Netzwerk- und Freigabecenter, indem Sie im Startmenü auf *Netzwerk* und dann auf *Netzwerk- und Freigabecenter* klicken. Falls ein rotes X über einer Netzwerkverbindung angezeigt wird, können Sie den Link anklicken, um die Windows-Netzwerkdiagnose zu starten. Folgen Sie dann den angezeigten Anweisungen. Die Windows-Netzwerkdiagnose kann viele häufiger auftretende Netzwerkprobleme lösen. Falls die Windows-Netzwerkdiagnose das Problem nicht identifizieren oder beseitigen kann, müssen Sie die nächsten Schritte in dieser Anleitung durchgehen.

2. Überprüfen Sie, ob Sie unter Angabe der IP-Adressen eine Verbindung zu anderen Computern herstellen können. Falls Sie keine Verbindung zu Servern herstellen können, indem Sie ihre IP-Adresse direkt angeben, ist die Ursache für Ihr Problem in der Netzwerkkonnektivität zu suchen, nicht bei der Namensauflösung. Lesen Sie in diesem Fall im Abschnitt »So führen Sie eine Behandlung von Netzwerkverbindungsproblemen durch« weiter oben in diesem Kapitel weiter. Falls Sie eine Verbindung zu den Servern über ihre IP-Adresse herstellen können, aber nicht über ihre Hostnamen, müssen Sie den nächsten Schritten in dieser Anleitung folgen.

> **HINWEIS** Während Ihr Netzwerk einwandfrei funktioniert, sollten Sie die IP-Adressen verschiedener Computer notieren, darunter Computer in Ihrem Subnetz, in anderen Subnetzen innerhalb Ihres Intranets und Computer im Internet. Testen Sie die IP-Adressen, um sicherzustellen, dass sie auf Ping-Anforderungen antworten. Halten Sie diese Liste bereit, damit Sie anhand der IP-Adressen die Netzwerkkonnektivität prüfen können, ohne eine Namensauflösung zu benötigen.

3. Öffnen Sie eine Eingabeaufforderung und fragen Sie mit Nslookup den Hostnamen ab, zu dem Sie eine Verbindung herstellen wollen. Hier ein Beispiel:

```
Nslookup www.microsoft.com
```

Sehen Sie sich die Ausgaben an:

☐ Falls Nslookup Adressen oder Aliasnamen für den Hostnamen anzeigt, war die Namensauflösung erfolgreich. Wahrscheinlich ist der Server, den Sie zu erreichen versuchen, offline. Oder Sie haben ein Verbindungsproblem, das verhindert, dass Sie den Server erreichen können. Vielleicht ist auch die Anwendung, die Sie verwenden, falsch konfiguriert oder die DNS-Serverdatenbank ist falsch. Lesen Sie in diesem Fall in den Abschnitten »So führen Sie eine Behandlung von Netzwerkverbindungsproblemen durch« und »So führen Sie eine Behandlung von Anwendungsverbindungsproblemen durch« in diesem Kapitel weiter. Falls Sie den Verdacht haben, dass die DNS-Serverdatenbank falsch ist, sollten Sie sich an den Administrator Ihres DNS-Servers wenden.

☐ Falls Nslookup nur die Meldung »DNS request timed out« anzeigt, antwortet der DNS-Server nicht. Wiederholen Sie den Test mehrere Male, um sicherzustellen, dass es sich nicht um ein temporäres Problem handelt. Überprüfen Sie dann mit dem Befehl Ipconfig, ob auf dem Clientcomputer der richtige DNS-Server konfiguriert ist. Falls nötig, müssen Sie die DNS-Serverkonfiguration des Clientcomputers aktualisieren. Falls die IP-Adressen der DNS-Server richtig sind, sind die DNS-Server oder das Netzwerk, an das sie angeschlossen sind, ausgefallen. Wenden Sie sich an den Server- oder Netzwerkadministrator.

☐ Falls Nslookup die Meldung »Die Standardserver sind nicht verfügbar« anzeigt, ist auf dem Computer kein DNS-Server konfiguriert. Aktualisieren Sie die Netzwerkkonfiguration auf dem Client mit den IP-Adressen der DNS-Server oder konfigurieren Sie den Computer so, dass er automatisch eine Adresse bezieht.

4. Falls Sie von einem anderen Clientcomputer aus eine Verbindung zum Server herstellen können, sollten Sie in einer Eingabeaufforderung **ipconfig /all** ausführen, um festzustellen, welche DNS-Server der Clientcomputer konfiguriert hat. Falls sich die IP-Adressen unterscheiden, können Sie die Konfiguration auf dem Clientcomputer, der das Problem aufweist, so ändern, dass er die funktionierenden IP-Adressen verwendet.

So überprüfen Sie die Konnektivität zu einem DNS-Server

Während DNS-Verkehr entweder TCP-Port 53 oder UDP-Port 53 verwenden kann, wird fast immer UDP benutzt, weil es für kurze Kommunikation effizienter ist. Weil Telnet immer TCP verwendet, eignet es sich nicht, um UDP-DNS-Konnektivität zu testen. Stattdessen können Sie das Tool PortQry installieren und verwenden, wie weiter oben in diesem Kapitel beschrieben.

Sie können die Konnektivität für DNS-Verkehr testen, indem Sie PortQry installieren und dann den folgenden Befehl ausführen:

```
portqry -n DNS_Servername_oder_IP_Adresse -p UDP -e 53
```

Falls PortQry die Verbindung zum angegebenen DNS-Server herstellen kann, zeigt es die Meldung »LISTENING« an. Falls PortQry keine Verbindung herstellen kann, zeigt es »LISTENING OR FILTERED« an. Sobald PortQry die Meldung »LISTENING OR FILTERED« angezeigt hat, versucht es, eine DNS-Anforderung an den Remotecomputer zu schicken, und zeigt dann an, ob der Server auf die Anforderung geantwortet hat.

Falls Sie grafische Tools bevorzugen, können Sie das Tool PortQryUI (Abbildung 31.7) verwenden, um UDP-Port 53 abzufragen.

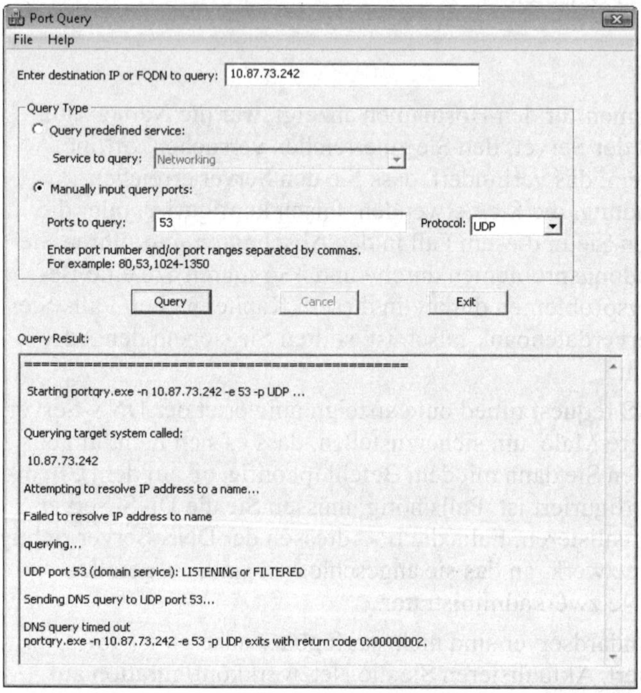

Abbildung 31.7   PortQryUI stellt eine grafische Benutzeroberfläche zur Verfügung, in der Sie die DNS-Konnektivität testen können

So verwenden Sie die Datei *Hosts*

Sie können die Datei *Hosts* als alternative Namensauflösungsmethode nutzen. Das kann sinnvoll sein, falls Ihr DNS-Server nicht verfügbar oder seine Datenbank nicht auf dem aktuellen Stand ist und Sie auf einen Server zugreifen müssen und die IP-Adresse dieses Servers kennen. Sie ist auch nützlich, wenn Sie vor Kurzem einen neuen Server installiert haben und unter Angabe eines Hostnamens Verbindung mit ihm aufnehmen wollen, noch bevor die DNS-Datenbank aktualisiert wurde. Zwar können Sie normalerweise die Verbindung mit Servern über ihre IP-Adressen herstellen, aber Websites müssen oft unter dem richtigen Hostnamen erreichbar sein, und IP-Adressen funktionieren in solchen Fällen nicht immer.

Ihre *Hosts*-Datei liegt in *%WinDir%\System32\Drivers\Etc\Hosts*. Es ist eine Textdatei, die Sie sie mit dem Windows-Editor bearbeiten können. Wenn Sie die Datei *Hosts* bearbeiten wollen, müssen Sie den Editor mit administrativen Berechtigungen starten. Öffnen Sie dann im Editor die Datei *%WinDir%\System32\Drivers\Etc\Hosts* (sie hat keine Dateierweiterung). Sie können einen Eintrag zur Datei *Hosts* hinzufügen, um die Namensauflösung ohne DNS zu ermöglichen. Fügen Sie dazu Zeilen am Ende der Datei *Hosts* hinzu, wie hier für IPv4- und IPv6-Adressen demonstriert:

```
192.168.1.10 www.microsoft.com
10.15.33.25  www.contoso.com
2001:db8::1  www.microsoft.com
```

Sobald Sie die Datei *Hosts* aktualisiert haben, können Sie Verbindungen zu Servern mithilfe ihrer Hostnamen herstellen. Wenn ein Eintrag in der Datei *Hosts* vorhanden ist, verwendet Windows 7 die zugehörige IP-Adresse, ohne einen DNS-Server abzufragen. Die einzige Anwendung, die die Datei *Hosts* umgeht, ist Nslookup. Sie fragt immer direkt die DNS-Server ab. Vergessen Sie nicht, die Einträge wieder aus der Datei *Hosts* zu löschen, sobald Sie sie nicht mehr brauchen. Andernfalls bekommen Sie später unter Umständen Namensauflösungsprobleme, falls sich die IP-Adresse des Servers ändert.

So führen Sie eine Behandlung von Leistungsproblemen und sporadischen Konnektivitätsproblemen durch

Netzwerkprobleme haben oft gar nicht zur Folge, dass die Konnektivität völlig verloren geht. Netzwerkprobleme können bedeuten, dass Dateiübertragungen länger brauchen, als Ihre Netzwerkbandbreite rechtfertigt, Audio- und Videostreams Lücken haben oder Netzwerkanwendungen sehr langsam reagieren.

Um eine Behandlung von Netzwerkleistungsproblemen durchzuführen, müssen Sie erst die Ursache des Problems identifizieren. Verschiedene Komponenten können Leistungsprobleme verursachen:

- **Der lokale Computer**   Auf Ihrem lokalen Computer läuft möglicherweise eine Anwendung, die die gesamte Prozessorkapazität beansprucht, sodass alles andere auf Ihrem Computer gebremst wird, inklusive des Netzwerks. Auch Hardwarefehler oder problematische Treiber können Leistungsprobleme oder sporadische Ausfälle verursachen. Diese Probleme können Sie lösen, indem Sie die problematischen Anwendungen beenden oder drosseln, Hardware ersetzen oder Treiber aktualisieren.

- **Die Netzwerkinfrastruktur**   Überlastete Router verursachen Latenz und Paketverlust, was beides Leistungsprobleme und sporadische Ausfälle verursachen kann. Routingprobleme, zum Beispiel Routingschleifen, können dazu führen, dass Verkehr über einen unnötig langen Pfad weitergeleitet wird, was die Netzwerklatenz vergrößert. Manchmal, zum Beispiel bei der Nutzung von Satellitenverbindungen, sind die durch die Latenz verursachten Leistungsprobleme unvermeidlich. Das Beseitigen von Netzwerkinfrastrukturproblemen würde das Thema dieses Buchs zwar sprengen, aber Sie können immerhin die Quelle des Problems identifizieren und es an das zuständige Supportteam weiterleiten. Informationen darüber, wie sich Windows 7 automatisch anpasst, um bestmögliche Leistung über unterschiedliche Verbindungstypen zu ermöglichen, finden Sie in Kapitel 25, »Konfigurieren der Windows-Netzwerkfunktionen«.

- **Der Server**   Falls der Server überlastet ist, bekommt die gesamte Netzwerkkommunikation mit diesem Server Leistungsprobleme. Das Beseitigen von Serverleistungsproblemen würde das Thema dieses Buchs sprengen. Wenn Sie aber die Quelle des Problems einmal identifiziert haben, können Sie es an das zuständige Supportteam weiterleiten.

Gehen Sie folgendermaßen vor, um die Quelle eines Netzwerkleistungsproblems zu identifizieren. Testen Sie nach jedem Schritt Ihre Netzwerkleistung, um festzustellen, ob das Problem noch besteht.

1. Starten Sie den Task-Manager, indem Sie mit der rechten Maustaste auf die Taskleiste klicken und den Befehl *Task-Manager* wählen. Klicken Sie auf die Registerkarte *Leistung*. Falls die Prozessorauslastung nahe bei 100 Prozent liegt, wird das scheinbare Netzwerkleistungsproblem möglicher-

weise dadurch verursacht. Klicken Sie auf die Registerkarte *Prozesse*, suchen Sie den Prozess, der die Prozessorbelastung verursacht, und schließen Sie ihn.

2. Klicken Sie im Task-Manager auf die Registerkarte *Netzwerk*. Diese Registerkarte zeigt ein Diagramm für jede Netzwerkkarte, die im Computer installiert ist. Falls sich die Netzwerkauslastung nahe der Kapazität der Netzwerkverbindung befindet, ist dies die Ursache für Ihr Leistungsproblem. Bei Ethernet-Kabelnetzwerken (zum Beispiel Verbindungen mit 10 MBit/s, 100 MBit/s oder 1000 MBit/s) kann die Auslastung normalerweise 60 bis 70 Prozent der Verbindungsgeschwindigkeit nicht überschreiten. Bei Drahtlosnetzwerken kann die Auslastung kaum 50 Prozent der Verbindungsgeschwindigkeit überschreiten. Allerdings stoßen Drahtlosverbindungen oft sogar schon bei weit unter 50 Prozent der Verbindungsgeschwindigkeit an ihre Grenze, sodass selbst 15 oder 20 Prozent Auslastung bedeuten können, dass Ihre Leistungsprobleme durch zu geringe Bandbreite im Drahtlosnetzwerk verursacht werden. Sie können die Ursache der Bandbreitenauslastung identifizieren, indem Sie im Task-Manager auf die Registerkarte *Leistung* klicken und dann auf die Schaltfläche *Ressourcenmonitor*. Erweitern Sie im Ressourcenmonitor den Abschnitt *Netzwerk* (Abbildung 31.8). Stellen Sie fest, welcher Prozess am meisten Bandbreite verbraucht, und notieren Sie seine Prozess-ID (PID) und den Zielserver. Wechseln Sie dann zum Task-Manager zurück, um zu ermitteln, welcher Prozess die Netzwerkbandbreite verbraucht. Beenden Sie den Prozess, um festzustellen, ob dies die Ursache für Ihre Leistungsprobleme war.

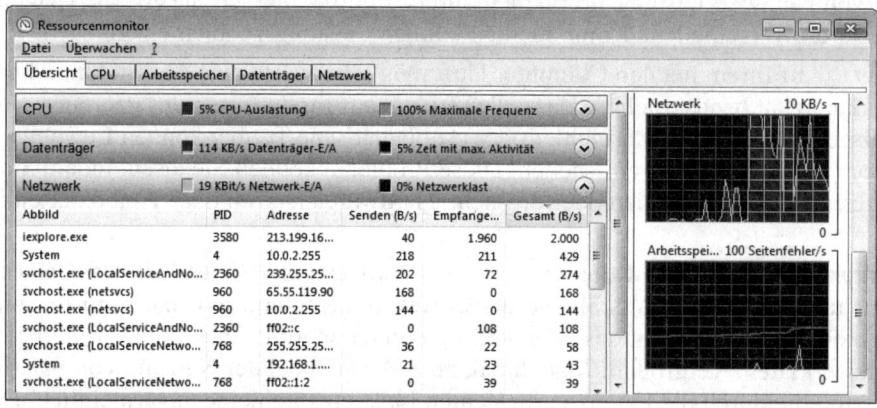

Abbildung 31.8   Im Ressourcenmonitor können Sie feststellen, wodurch die Netzwerkbandbreite verbraucht wird

HINWEIS   Die im Task-Manager und im Ressourcenmonitor angezeigte Netzwerkauslastung gibt nur Verkehr an, der zu oder von Ihrem Computer gesendet wird. Falls ein anderer Computer in Ihrem Netzwerk Bandbreite verbraucht, steht Ihnen diese Bandbreite nicht zur Verfügung, aber weder der Task-Manager noch der Ressourcenmonitor kann Ihnen zeigen, wie viel Bandbreite andere Hosts verbrauchen.

3. Verwenden Sie (sofern möglich) dieselbe Anwendung, um Verbindungen zu anderen Servern herzustellen. Falls das Leistungsproblem bestehen bleibt, wenn Sie Verbindungen zu anderen Servern herstellen, liegt das Problem wahrscheinlich beim lokalen Host oder dem Netzwerk. Die folgenden Schritte helfen Ihnen, das Problem weiter zu isolieren. Falls das Problem nur auftritt, wenn Sie eine Verbindung zu einem bestimmten Server herstellen, kann es durch die Leistung dieses Servers oder Leistungsprobleme im Netzwerk verursacht werden, an das der Server angeschlossen ist. Wenden Sie sich in diesem Fall an den Administrator des Servers.

4. Führen Sie (sofern möglich) dieselbe Anwendung von einem anderen Computer im selben Netzwerk aus. Falls beide Computer dasselbe Problem zeigen, hat das Problem wahrscheinlich mit der Netzwerkleistung zu tun. Die folgenden Schritte helfen Ihnen, dieses Problem weiter zu isolieren. Falls andere Computer im selben Netzwerk nicht dieses Problem haben, ist die Ursache wahrscheinlich auf Ihrem lokalen Computer zu suchen. Spielen Sie zuerst alle verfügbaren Updates ein und starten Sie den Computer neu. Installieren Sie dann eventuell verfügbare Updates für Netzwerkkartentreiber. Falls die Probleme weiterhin bestehen, sollten Sie die Netzwerkkabel austauschen und danach die Netzwerkkarte. Weitere Informationen finden Sie in Kapitel 30, »Problembehandlung für Hardware, Treiber und Laufwerke«.

An diesem Punkt im Problembehandlungsprozess haben Sie die Netzwerkinfrastruktur als wahrscheinliche Ursache Ihres Problems identifiziert. Öffnen Sie eine Eingabeaufforderung und rufen Sie das Tool PathPing mit dem Hostnamen Ihres Servers auf. PathPing zeigt die Route zwischen Ihrem Computer und dem Server an und verbringt dann mehrere Minuten damit, die Latenz aller Router und aller Netzwerkverbindungen im Pfad zu ermitteln.

Im Idealfall kommen bei jedem Netzwerkverbindungsabschnitt nur wenige Millisekunden Latenz zu (angezeigt in der Spalte »Zeit«) der Zeit aus dem vorherigen Verbindungsabschnitt hinzu. Falls sich die Latenz bei einem einzigen Verbindungsabschnitt um mehr als 100 Millisekunden vergrößert und bei den nachfolgenden Abschnitten auf diesem Niveau bleibt, ist dieser Verbindungsabschnitt möglicherweise die Ursache für Ihre Leistungsprobleme. Falls die Verbindung über einen Satelliten oder ein Interkontinentalkabel läuft, ist diese Latenz zu erwarten, und wahrscheinlich lässt sich daran nichts ändern.

Falls die Verbindung allerdings Ihre Internetverbindung oder ein anderes Netzwerk ist, das Teil Ihres Intranets ist, werden Ihre Leistungsprobleme unter Umständen durch eine überlastete Netzwerkinfrastruktur verursacht. Falls zum Beispiel mehrere Computer ihre Laufwerke im Rahmen einer Datensicherung in einen Ordner im Netzwerk schreiben, kann eine Verbindung überlastet sein, was dann Leistungsprobleme verursacht. Und falls mehrere Benutzer große Dateien über Ihre Internetverbindung übertragen, können andere Anwendungen dadurch in Mitleidenschaft gezogen werden (insbesondere Echtzeitvideo- oder -audiostreaming, zum Beispiel Voice over IP [VoIP]). Wenden Sie sich in solchen Fällen an den Netzwerksupport. Unter Umständen können Sie Quality of Service (QoS) einsetzen, um zeitkritischem Verkehr eine höhere Priorität gegenüber Dateiübertragungen einzuräumen. Weitere Informationen über QoS finden Sie in Kapitel 25, »Konfigurieren der Windows-Netzwerkfunktionen«.

HINWEIS Falls Sie ein Administrator in einem kleinen oder Heimnetzwerk sind, können Sie schnell feststellen, ob andere Computer im Netzwerk die Internetleistungsprobleme verursachen. Schließen Sie dazu Ihren Computer direkt an Ihre Internetverbindung an und trennen Sie alle anderen Computer. Falls die Probleme verschwunden sind, verursacht ein anderer Computer in Ihrem Netzwerk das Problem.

Falls dasselbe Gateway mehrmals in der PathPing-Route auftaucht, tritt im Netzwerk eine Routingschleife auf. Routingschleifen können Leistungsprobleme verursachen oder die Kommunikation ganz zum Erliegen bringen. Netzwerke, die mit Routingprotokollen arbeiten, korrigieren Routingschleifen normalerweise automatisch. Sie sollten aber Ihrem Netzwerksupportteam Bescheid geben, um sicherzustellen, dass es von dem Problem erfährt. Die folgende PathPing-Ausgabe demonstriert eine Routingschleife, weil sich die Knoten 5, 6 und 7 wiederholen:

```
pathping www.contoso.com
```

```
Routenverfolgung zu www.contoso.com [10.73.186.238]
über maximal 30 Abschnitte:
   0  d820.hsd1.nh.contoso.com. [192.168.1.196]
   1  192.168.1.1
   2  c-3-0-ubr01.winchendon.ma.boston.contoso.com [10.165.8.1]
   3  ge-3-37-ur01.winchendon.ma.boston.contoso.com [10.87.148.129]
   4  ge-1-1-ur01.gardner.ma.boston.contoso.com [10.87.144.225]
   5  10g-9-1-ur01.sterling.ma.boston.contoso.com [10.87.144.217]
   6  te-9-2-ur01.marlboro.ma.boston.contoso.com [10.87.144.77]
   7  10g-8-1-ur01.natick.ma.boston.contoso.com [10.87.144.197]
   8  10g-9-1-ur01.sterling.ma.boston.contoso.com [10.87.144.217]
   9  te-9-2-ur01.marlboro.ma.boston.contoso.com [10.87.144.77]
  10  10g-8-1-ur01.natick.ma.boston.contoso.com [10.87.144.197]
  11  10g-9-1-ur01.sterling.ma.boston.contoso.com [10.87.144.217]
  12  te-9-2-ur01.marlboro.ma.boston.contoso.com [10.87.144.77]
  13  10g-8-1-ur01.natick.ma.boston.contoso.com [10.87.144.197]
```

So führen Sie eine Behandlung von Beitritts- oder Anmeldeproblemen in einer Domäne durch

Administratoren bekommen oft Probleme, wenn sie versuchen, einen Windows-Computer zu einer AD DS-Domäne hinzuzufügen. Auch Benutzer bekommen unter Umständen die Fehlermeldung, dass Domänencontroller nicht verfügbar sind, wenn sie versuchen, sich mit einem Domänenkonto an ihrem Computer anzumelden.

Der erste Schritt bei der Behandlung von Domänenbeitrittsproblemen besteht darin, die Schaltfläche *Details* auf dem Dialogfeld *Computernamen- bzw. -domänenänderungen* anzuklicken, um sich die Fehlerinformationen anzeigen zu lassen. Zum Beispiel bedeutet die Fehlermeldung in Abbildung 31.9, dass der DNS-Server keinen DNS-Eintrag für den Domänencontroller hat. Falls Sie diese Fehlerinformationen sehen wollen, nachdem Sie das Dialogfeld *Computernamen- bzw. -domänenänderungen* geschlossen haben, können Sie die Protokolldatei *%WinDir%\Debug\Dcdiag.txt* öffnen.

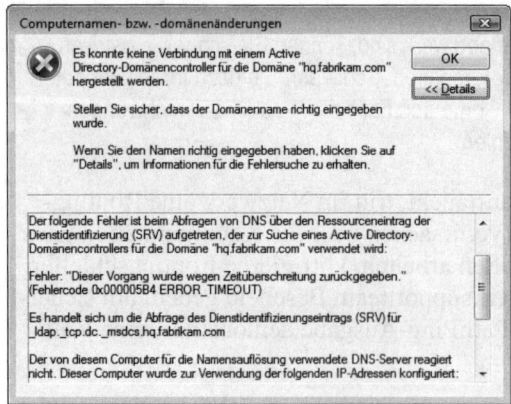

Abbildung 31.9 Meistens gibt Windows die Ursache des Problems in der detaillierten Fehlermeldung an

So analysieren Sie die Datei *NetSetup.log*

Falls das Dialogfeld *Computernamen- bzw. -domänenänderungen* die Ursache des Problems nicht verrät, können Sie sich die Datei *%WinDir%\Debug\Netsetup.log* ansehen. Dieses Protokoll zeichnet die Vorgänge beim Beitritt zu einer Domäne auf, ebenso die Details eventueller Probleme, die dabei auftreten. Am besten vergleichen Sie eine Protokolldatei, die auf einem Computer generiert wurde, der erfolgreich Ihrer Domäne beigetreten ist, mit der des Computers, der der Domäne nicht beitreten konnte. Zum Beispiel zeigt der folgende Eintrag, dass der Computer den Domänencontroller *hq.contoso.com* erfolgreich finden konnte (der Rückgabewert ist 0x0):

```
-------------------------------------------------------------
NetpValidateName: checking to see if 'HQ.CONTOSO.COM' is valid as type 3 name
NetpCheckDomainNameIsValid [ Exists ] for 'HQ.CONTOSO.COM' returned 0x0
NetpValidateName: name 'HQ.CONTOSO.COM' is valid for type 3
-------------------------------------------------------------
```

Der folgende Eintrag zeigt dagegen, dass der Computer den Domänencontroller *hq.fabrikam.com* nicht finden konnte (Rückgabewert 0x54b):

```
-------------------------------------------------------------
NetpValidateName: checking to see if 'hq.fabrikam.com' is valid as type 3 name
NetpCheckDomainNameIsValid for hq.fabrikam.com returned 0x54b, last error is 0x3e5
NetpCheckDomainNameIsValid [ Exists ] for 'hq.fabrikam.com' returned 0x54b
-------------------------------------------------------------
```

Falls Sie diese Art von Namensauflösungsfehler während eines unbeaufsichtigten Setups bekommen, aber von Hand einer Domäne beitreten können, sollten Sie überprüfen, ob die Clients eine gültige DHCP-Konfiguration empfangen. Stellen Sie vor allem sicher, dass die DNS-Serveradressen richtig sind und dass die identifizierten DNS-Server SRV-Ressourceneinträge für Ihre Domänencontroller im Format *_ldap._tcp.dc._msdcs.<DNSDomänenname>* enthalten.

Falls Sie einen Fehler sehen, der ähnlich aussieht wie im folgenden Beispiel, ist der Computer vorher einer Domäne beigetreten und hat dabei denselben Computernamen, aber ein anderes Konto benutzt. Das kann fehlschlagen, weil das administrative Benutzerkonto nicht die Berechtigung hat, das vorhandene Konto zu ändern. Sie können das Problem umgehen, indem Sie den Computernamen ändern, das Computerkonto aus der Domäne löschen lassen oder das ursprüngliche Benutzerkonto verwenden, um den Computer zur Domäne hinzuzufügen.

```
NetpManageMachineAccountWithSid: NetUserAdd on '\\hq.contoso.com' for '43L2251A2-55$' failed: 0x8b0
04/06 06:36:20 SamOpenUser on 3386585 failed with 0xc0000022
```

Falls Sie einen Fehler sehen, der ähnlich aussieht wie im folgenden Beispiel, konnte der Client keine SMB-Sitzung (Server Message Block) mit dem Domänencontroller einrichten, um das Clientcomputerkonto zu verwalten. Eine denkbare Ursache für dieses Problem ist, dass WINS-Registrierungen für einen Domänencontroller fehlen.

```
NetUseAdd to \\ntdev-dc-02.ntdev.corp.microsoft.com\IPC$ returned 53
```

Sie können dieses Problem reproduzieren (und testen, ob Sie es beseitigt haben), indem Sie eine Eingabeaufforderung öffnen und den folgenden Befehl ausführen:

```
net use \\Server_von_oben\ipc$ /u:Konto_für_Beitritt Kennwort
```

Sie können feststellen, ob die Windows 7-Edition den Beitritt zu einer Domäne unterstützt, indem Sie nach dem Schlüsselwort »NetpDomainJoinLicensingCheck« suchen (die neusten Einträge befinden sich am Ende der Protokolldatei). Falls »ulLicenseValue« einen anderen Wert als 1 hat, kann diese

Edition von Windows nicht einer Domäne beitreten. Um einer Domäne beitreten zu können, muss ein Computer unter den Betriebssystemen Windows 7 Professional, Windows 7 Enterprise oder Windows 7 Ultimate laufen. Das folgende Beispiel zeigt einen Protokolldateieintrag für einen Computer, der unter einer unterstützten Windows-Version läuft (erkennbar an »ulLicenseValue=1«):

```
NetpDomainJoinLicensingCheck: ulLicenseValue=1, Status: 0x0
```

So überprüfen Sie die Anforderungen für den Beitritt zu einer Domäne

Damit Sie einer Domäne erfolgreich beitreten oder sich an einer Domäne anmelden können, müssen Sie mehrere Anforderungen erfüllen. Wenn Sie eine Problembehandlung beim Beitritt zu einer Domäne durchführen, sollten Sie alle diese Anforderungen überprüfen:

- **Der Clientcomputer muss in der Lage sein, die IP-Adresse eines Domänencontrollers aufzulösen** In den meisten Unternehmensnetzwerken erhalten Clientcomputer eine IP-Adresszuweisung von einem DHCP-Server, und der DHCP-Server stellt die Adressen von AD DS-fähigen DNS-Servern zur Verfügung, die die IP-Adresse des Domänencontrollers auflösen können. Falls ein anderer DNS-Server konfiguriert ist, sollten Sie die IP-Konfiguration des Clientcomputers so aktualisieren, dass er einen AD DS-fähigen DNS-Server verwendet. Ist das nicht möglich, können Sie zwei Datensätze zu Ihrem vorhandenen DNS-Server hinzufügen, die die IP-Adresse eines Domänencontrollers auflösen:

  - Einen *_ldap._tcp.dc._msdcs.<DNSDomänenname>*-SRV-Ressourceneintrag, der den Namen des Domänencontrollers angibt, der die AD DS-Domäne hostet. Dabei ist *<DNSDomänenname>* der DNS-Name der AD DS-Domäne, der Ihr Computer beizutreten versucht.

  - Einen entsprechenden Adresse-(A)-Ressourceneintrag, der die IP-Adresse des Domänencontrollers angibt, der im *_ldap._tcp.dc._msdcs.<DNSDomänenname>*-SRV-Ressourceneintrag eingetragen ist.

- **Der Clientcomputer muss in der Lage sein, Verkehr mit dem Domänencontroller über mehrere TCP- und UDP-Ports auszutauschen** Diese Ports sind:

  - TCP-Port 135 für RPC-Verkehr
  - TCP-Port 389 und UDP-Port 389 für LDAP-Verkehr
  - TCP-Port 636 für LDAP over SSL-Verkehr
  - TCP-Port 3268 für LDAP-GC-Verkehr (Global Catalog)
  - TCP-Port 3269 für LDAP-GC-SSL-Verkehr
  - TCP-Port 53 und UDP-Port 53 für DNS-Verkehr
  - TCP-Port 88 und UDP-Port 88 für Kerberos-Verkehr
  - TCP-Port 445 für SMB-Verkehr (auch als CIFS-Verkehr bezeichnet)

> **HINWEIS** Informationen darüber, wie Sie feststellen, ob bestimmte Ports verfügbar sind, finden Sie im Abschnitt »So führen Sie eine Behandlung von Anwendungsverbindungsproblemen durch« weiter oben in diesem Kapitel. Am einfachsten können Sie alle diese Ports nacheinander testen, indem Sie *Portqueryui.exe* und den vordefinierten Dienst »Domains and Trusts« verwenden.

- **Der Administrator muss die Privilegien haben, einen Computer zu einer Domäne hinzuzufügen** Administratoren, die einen Computer zu einer Domäne hinzufügen, müssen das Benutzerrecht *Hinzufügen von Arbeitsstationen zur Domäne* haben.

- **Der Computer muss unter Windows 7 Professional, Windows 7 Enterprise oder Windows 7 Ultimate laufen**
Die Betriebssysteme Windows 7 Starter, Windows 7 Home Basic und Windows 7 Home Premium sind nicht in der Lage, einer Domäne beizutreten.

So führen Sie eine Behandlung von Problemen bei der Netzwerkerkennung durch

Die Netzwerkerkennung macht es möglich, dass die Benutzer freigegebene Netzwerkressourcen im Fenster *Netzwerk* angezeigt bekommen. In privaten Netzwerken ist das bequem, weil die Benutzer Verbindungen zu Ressourcen herstellen können, ohne die Namen der anderen Computer im Netzwerk kennen zu müssen. In öffentlichen Netzwerken ist die Netzwerkerkennung dagegen ein Sicherheitsproblem, weil sie die Anwesenheit der Computer im öffentlichen Netzwerk bekannt macht und Benutzer unter Umständen Verbindungen zu einem potenziell gefährlichen Computer herstellen.

Aus diesen Gründen ist die Netzwerkerkennung in privaten Netzwerken aktiviert, aber in öffentlichen Netzwerken standardmäßig deaktiviert. Bei der Verbindung mit einer AD DS-Domäne wird die Netzwerkerkennung durch Gruppenrichtlinieneinstellungen gesteuert, ist aber standardmäßig deaktiviert. Falls das Fenster *Netzwerk* daher keine freigegebenen Ressourcen im lokalen Netzwerk anzeigt, hat das fast mit Sicherheit den Grund, dass die Netzwerkerkennung deaktiviert ist. Das können Sie folgendermaßen ändern (alle Schritte erfordern Administratorprivilegien und können Ihren Computer angreifbar machen):

1. Überprüfen Sie, ob der Dienst *Funktionssuchanbieter-Host* läuft.
2. Stellen Sie sicher, dass in der Windows-Firewall Ausnahmen für die Netzwerkerkennung aktiviert sind.
3. Ändern Sie den Typ des Netzwerks von »Öffentlich« auf »Privat«. Stattdessen können Sie auch von Hand die Netzwerkerkennung aktivieren, indem Sie das Fenster *Netzwerk- und Freigabecenter* öffnen und die Netzwerkerkennung aktivieren.

Weitere Informationen über die Netzwerkerkennung finden Sie in Kapitel 25, »Konfigurieren der Windows-Netzwerkfunktionen«.

So führen Sie eine Behandlung von Problemen mit der Datei- und Druckerfreigabe durch

Verschiedene unterschiedliche Faktoren können Probleme bei der Verbindung zu freigegebenen Dateien und Druckern verursachen (die dieselben Kommunikationsprotokolle nutzen):

- Die Windows-Firewall oder eine andere Softwarefirewall blockiert den Verkehr auf dem Client oder dem Server.
- Eine Netzwerkfirewall zwischen Client und Server blockiert den Verkehr.
- Der Client liefert ungültige Anmeldeinformationen und der Server weist den Verbindungsversuch des Clients zurück.
- Namensauflösungsprobleme verhindern, dass der Client die IP-Adresse des Servers ermitteln kann.

Beginnen Sie mit der Problembehandlung auf dem Clientcomputer. Falls der Server ein Windows 7-Computer ist und Sie Administratorzugriff darauf haben, können Sie die Problembehandlung auch vom Server aus durchführen. Die beiden nächsten Abschnitte setzen voraus, dass Client und Server zur selben Domäne gehören.

So führen Sie eine Behandlung von Problemen mit der Datei- und Druckerfreigabe vom Clientcomputer aus durch

Gehen Sie folgendermaßen vor, um Probleme bei der Verbindung zu freigegebenen Dateien und Druckern zu beseitigen:

1. Falls Sie eine Verbindung zum freigegebenen Ordner herstellen können, aber die Meldung »Zugriff verweigert« erhalten, wenn Sie versuchen, den Ordner zu öffnen, hat Ihr Benutzerkonto die Berechtigung, auf die Freigabe zuzugreifen, verfügt aber nicht über NTFS-Berechtigungen für den Ordner. Wenden Sie sich an den Serveradministrator, damit Sie die erforderlichen NTFS-Dateiberechtigungen gewährt bekommen. Falls der Server ein Windows 7-Computer ist, können Sie im Abschnitt »So führen Sie eine Behandlung von Problemen mit der Datei- und Druckerfreigabe vom Servercomputer aus durch« weiter unten in diesem Kapitel weiterlesen.

2. Überprüfen Sie, ob Sie den Namen des Servers richtig auflösen können. Geben Sie in einer Eingabeaufforderung den Befehl `Ping Hostname` ein. Falls Ping eine IP-Adresse anzeigt, wie im folgenden Beispiel, können Sie den Namen des Servers richtig auflösen. Es ist dabei unerheblich, ob der Server auf die Ping-Anfragen antwortet. Falls dieser Schritt fehlschlägt, haben Sie es mit einem Namensauflösungsproblem zu tun. Wenden Sie sich an Ihren AD DS- oder DNS-Administrator.

```
ping server
```

```
Ping wird ausgeführt für server [10.1.42.22] mit 32 Bytes Daten:
```

3. Versuchen Sie, statt zum Hostnamen des Servers eine Verbindung zur IP-Adresse des Servers herzustellen, die Sie im letzten Schritt ermittelt haben. Zum Beispiel können Sie statt *Server*\ *Drucker* den Pfad *10.1.42.22**Drucker* angeben.

4. Versuchen Sie, in einer Eingabeaufforderung mit dem Befehl `net use \\`*IP_Adresse* eine Verbindung zu einem Server herzustellen. Falls das gelingt, ist die Netzwerkkonnektivität vorhanden, aber Ihr Benutzerkonto verfügt nicht über die Privilegien, die Verbindung mit der Ordner- oder Druckerfreigabe herzustellen. Wenden Sie sich an den Serveradministrator, damit Ihr Konto die erforderlichen Freigabeberechtigungen erhält. Freigabeberechtigungen werden getrennt von den NTFS-Dateiberechtigungen verwaltet.

5. Testen Sie mit Telnet oder PortQry, ob Ihr Computer eine Verbindung zu TCP-Port 445 auf dem Remotecomputer herstellen kann. Falls Sie keine Verbindung zu TCP-Port 445 herstellen können, sollten Sie als Nächstes TCP-Port 139 testen. Eine Anleitung, wie Sie die Konnektivität zu einem bestimmten Port überprüfen können, finden Sie im Abschnitt »So führen Sie eine Behandlung von Anwendungsverbindungsproblemen durch« weiter oben in diesem Kapitel. Falls Sie weder über TCP-Port 139 noch TCP-Port 445 eine Verbindung herstellen können, sollten Sie überprüfen, ob Datei- und Druckerfreigabe auf dem Server aktiviert sind. Stellen Sie dann sicher, dass der Server eine Firewallausnahme für die TCP-Ports 139 und 445 konfiguriert hat oder in der Windows-Firewall eine Ausnahme für Datei- und Druckerfreigabe aktiviert ist. Weitere Informationen zur Konfiguration der Windows-Firewall finden Sie in Kapitel 26, »Konfigurieren von Windows-Firewall und IPSec«.

6. Versuchen Sie, eine Verbindung zum Server über ein Konto mit administrativen Anmeldeinformationen auf dem Server herzustellen. Falls Sie mit einem anderen Konto eine Verbindung herstellen können, verfügt Ihr normales Konto nicht über die erforderlichen Rechte. Wenden Sie sich an den Serveradministrator, damit er Ihrem Konto die erforderlichen Privilegien gewährt. Abhängig von der Serverkonfiguration können Sie Authentifizierungsprobleme manchmal auch daran erkennen, dass Sie sich das Sicherheitsereignisprotokoll ansehen. Allerdings muss die Überwachung

für fehlgeschlagene Anmeldeversuche auf dem Server aktiviert sein, damit die entsprechenden Ereignisse zur Verfügung stehen.

Falls Sie immer noch keine Verbindung herstellen können, müssen Sie die Problembehandlung auf dem Server fortsetzen. Falls Sie keinen Zugriff auf den Server haben, müssen Sie sich an den Serveradministrator wenden.

So führen Sie eine Behandlung von Problemen mit der Datei- und Druckerfreigabe vom Servercomputer aus durch

Gehen Sie folgendermaßen vor, um eine Behandlung von Problemen mit der Datei- und Druckerfreigabe von einem Windows 7-Server aus durchzuführen, der den Ordner oder Drucker freigibt:

1. Überprüfen Sie, ob der Ordner oder Drucker freigegeben ist. Klicken Sie mit der rechten Maustaste auf das Objekt und wählen Sie den Befehl *Freigabe*. Falls nicht angegeben ist, dass das Objekt bereits freigegeben wurde, können Sie es jetzt freigeben und dann erneut versuchen, vom Client aus eine Verbindung herzustellen.

2. Falls Sie einen Ordner freigeben wollen, der noch nicht freigegeben wurde, können Sie mit der rechten Maustaste auf den Ordner klicken und den Befehl *Freigabe* wählen. Klicken Sie im Assistenten *Dateifreigabe* auf *Zugriffsberechtigungen ändern*. Falls der Assistent *Dateifreigabe* nicht erscheint, läuft der Serverdienst nicht. Fahren Sie dann mit dem nächsten Schritt fort. Überprüfen Sie andernfalls, ob das Benutzerkonto, mit dem versucht wird, auf die Freigabe zuzugreifen, in der Liste aufgeführt ist oder ob das Benutzerkonto Mitglied einer Gruppe ist, die in der Liste aufgeführt ist. Falls sich das Konto nicht in der Liste befindet, können Sie es hinzufügen. Klicken Sie auf *Freigabe* und dann auf *Fertig*.

3. Überprüfen Sie, ob der Serverdienst läuft. Damit die Datei- und Druckerfreigabe funktioniert, sollte der Serverdienst laufen und so eingerichtet sein, dass er automatisch gestartet wird. Weitere Informationen zur Konfiguration von Diensten finden Sie in Kapitel 17, »Verwalten von Geräten und Diensten«.

4. Überprüfen Sie, ob die Benutzer die nötigen Berechtigungen haben, um auf die Ressourcen zuzugreifen. Klicken Sie mit der rechten Maustaste auf das Objekt und wählen Sie den Befehl *Eigenschaften*. Klicken Sie im Eigenschaftendialogfeld auf die Registerkarte *Sicherheit*. Überprüfen Sie, ob das Benutzerkonto, mit dem versucht wird, die Verbindung herzustellen, in der Liste aufgeführt ist oder ob das Benutzerkonto Mitglied einer Gruppe ist, die in der Liste aufgeführt ist. Falls das Konto nicht in der Liste steht, können Sie es hinzufügen.

5. Überprüfen Sie die Windows-Firewallausnahmen, um sicherzustellen, dass die Firewall richtig konfiguriert ist. Gehen Sie dazu folgendermaßen vor:

   a. Klicken Sie im Startmenü auf *Systemsteuerung*.

   b. Klicken Sie auf *Sicherheit* und dann auf *Windows-Firewall*.

   c. Sehen Sie sich im Dialogfeld *Windows-Firewall* den Netzwerkstandort an. Klicken Sie auf *Einstellungen ändern*.

   d. Klicken Sie im Dialogfeld *Windows-Firewalleinstellungen* auf die Registerkarte *Ausnahmen*. Überprüfen Sie, ob das Kontrollkästchen *Datei- und Druckerfreigabe* aktiviert ist.

   e. Wenn die Ausnahme *Datei- und Druckerfreigabe* aktiviert ist, gilt sie nur für das aktuelle Netzwerkprofil. Falls zum Beispiel die Windows-Firewall Ihren Netzwerkstandort als Domänennetzwerk angibt, ist die Ausnahme für Datei- und Druckerfreigabe unter Umständen nicht aktiviert, wenn Sie mit privaten oder öffentlichen Netzwerken verbunden sind. Außerdem erlaubt die Windows-Firewall in der Standardeinstellung nur Datei- und Druckerfreigabe-verkehr aus dem lokalen Netzwerk, wenn Sie mit einem privaten oder öffentlichen Netzwerk verbunden sind. Weitere Informationen über die Konfiguration der Windows-Firewall finden Sie in Kapitel 26, »Konfigurieren von Windows-Firewall und IPsec«.

So führen Sie eine Behandlung von Problemen in Drahtlosnetzwerken durch

Drahtlosnetzwerke sind inzwischen sehr verbreitet. Benutzer haben allerdings oft Probleme, eine Verbindung zu Drahtlosnetzwerken herzustellen, weil diese Netzwerke komplizierter sind als Kabel-netzwerke. Gehen Sie folgendermaßen vor, um eine Fehlerbehebung für Probleme bei der Verbindung zu einem Drahtlosnetzwerk durchzuführen. Informationen über die Konfiguration einer Drahtlos-netzwerkverbindung finden Sie in Kapitel 25, »Konfigurieren der Windows-Netzwerkfunktionen«.

1. Überprüfen Sie, ob die Drahtlosnetzwerkkarte installiert und ihr Treiber aktiviert ist. Klicken Sie im Netzwerk- und Freigabecenter auf *Adaptereinstellungen ändern*. Falls Ihre Drahtlosnetzwerk-verbindung nicht wie in Abbildung 31.10 aufgeführt ist, ist Ihre Netzwerkkarte oder der Treiber nicht installiert. Weitere Informationen finden Sie in Kapitel 30, »Problembehandlung für Hard-ware, Treiber und Laufwerke«.

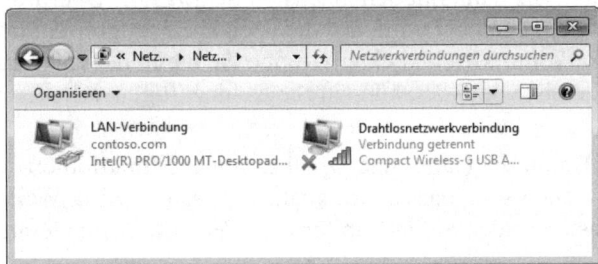

Abbildung 31.10　Im Fenster *Netzwerkverbindungen* wird der Adapter angezeigt, falls Ihre Drahtlosnetzwerkkarte und der Treiber richtig installiert sind

2. Falls eine Drahtlosnetzwerkkarte installiert ist, können Sie im Fenster *Netzwerkverbindungen* mit der rechten Maustaste darauf klicken und den Befehl *Diagnose* wählen. Folgen Sie den angezeig-ten Anweisungen. Windows 7 kann das Problem unter Umständen diagnostizieren.

Direkt von der Quelle: Netzwerkdiagnose

Tim Rains, Program Manager, *Windows Networking*

Die Netzwerkdiagnose kann über 180 unterschiedliche Probleme im Zusammenhang mit Drahtlosnetzwerken diagnostizieren. Um die Netzwerkdiagnose für Drahtlosnetzwerke optimal zu nutzen, sollten Sie sicherstellen, dass Sie native WiFi-Treiber verwenden, keine Legacy-WiFi-Treiber. Welche Art von Treibern auf einem System installiert sind, können Sie fest-stellen, indem Sie in einer Eingabeaufforderung den folgenden Befehl ausführen:

```
Netsh wlan show drivers
```

Suchen Sie in der Ausgabe nach der Zeile mit dem Inhalt »Typ«. Er sollte entweder »WiFi-Treiber (Vorgängerversion)« (für die Legacy-Treiber) oder »WiFi-Treiber (Ursprungsversion)« (für Native-Treiber) lauten. Falls ein Legacy-Treiber installiert ist, sollten Sie beim Hersteller der Drahtlosnetzwerkkarte nachfragen, ob ein Native-WiFi-Treiber für den Adapter verfügbar ist.

3. Öffnen Sie die Ereignisanzeige und sehen Sie sich das Systemereignisprotokoll an. Filtern Sie die Ereignisse, sodass nur Ereignisse angezeigt werden, deren Quelle »Diagnostics-Networking« lautet. Sehen Sie sich die jüngsten Ereignisse an und analysieren Sie die Informationen, die von der Windows-Problembehandlungsplattform als mögliche Ursachen des Problems angegeben werden.

4. Überprüfen Sie, ob Drahtlosnetzwerke auf Ihrem Computer aktiviert sind. Um Strom zu sparen, haben die meisten tragbaren Computer die Fähigkeit, den Sender für das Drahtlosnetzwerk zu deaktivieren. Oft wird das durch einen Hardwareschalter auf dem Computer gesteuert. In anderen Fällen müssen Sie eine spezielle, computerspezifische Tastenkombination drücken (zum Beispiel FN+F2), um den Sender zu aktivieren oder zu deaktivieren. Falls der Drahtlossender deaktiviert ist, wird die Netzwerkkarte zwar unter den Netzwerkverbindungen aufgeführt, kann aber keine Drahtlosnetzwerke anzeigen.

5. Falls für die Drahtlosnetzwerkkarte die Meldung »Verbindung getrennt« angezeigt wird, sollten Sie versuchen, Verbindung mit einem Drahtlosnetzwerk herzustellen. Klicken Sie im Fenster *Netzwerkverbindungen* mit der rechten Maustaste auf den Netzwerkadapter und dann auf *Verbinden*. Klicken Sie im Dialogfeld *Verbindung mit einem Netzwerk herstellen* auf ein Drahtlosnetzwerk und dann auf *Verbindung herstellen*.

6. Falls die Sicherheit beim Drahtlosnetzwerk aktiviert ist und Sie aufgefordert werden, den Kenncode einzugeben, aber keine Verbindung herstellen können (oder der Drahtlosadapter immer nur die Statusmeldung »Netzwerkidentifizierung« oder »Mit eingeschränktem Zugriff verbunden« anzeigt), sollten Sie überprüfen, ob Sie den Kenncode richtig eingetippt haben. Trennen Sie die Verbindung zum Netzwerk und stellen Sie sie unter Verwendung des richtigen Kenncodes wieder her.

7. Falls Sie immer noch keine Verbindung zu einem Drahtlosnetzwerk herstellen können, sollten Sie eine Ablaufverfolgung für das Drahtlosnetzwerk durchführen und die Einzelheiten des Berichts nach einer möglichen Ursache des Problems durchsuchen, wie im Abschnitt »So führen Sie eine Behandlung von Leistungsproblemen und sporadischen Konnektivitätsproblemen durch« weiter oben in diesem Kapitel beschrieben.

Falls die Drahtlosnetzwerkkarte den Namen eines Drahtlosnetzwerks anzeigt (statt »Nicht verbunden«), haben Sie momentan Verbindung zu einem Drahtlosnetzwerk. Das bedeutet allerdings nicht zwangsläufig, dass Sie auch eine IP-Adressenkonfiguration zugewiesen bekommen, Zugriff auf andere Computer im Netzwerk erhalten oder Zugriff auf das Internet haben. Deaktivieren Sie erst die Netzwerkkarte und aktivieren Sie sie dann wieder, indem Sie mit der rechten Maustaste darauf klicken, den Befehl *Deaktivieren* wählen, dann erneut mit der rechten Maustaste darauf klicken und den Befehl *Aktivieren* wählen. Stellen Sie dann erneut die Verbindung zu Ihrem Drahtlosnetzwerk her. Falls die Probleme bestehen bleiben, sollten Sie den Computer näher zum Drahtloszugriffspunkt bringen, um festzustellen, ob das Problem mit der Signalstärke zu tun hat. Drahtlosnetzwerke haben eine beschränkte Reichweite, und unterschiedliche Computer können unterschiedliche Antennentypen und somit unterschiedliche Reichweiten haben. Falls das Problem nicht mit der Drahtlosverbindung selbst zu tun hat, sollten Sie im Abschnitt »So führen Sie eine Behandlung von Netzwerkverbindungsproblemen durch« in diesem Kapitel weiterlesen.

> **HINWEIS** Dieser Abschnitt konzentriert sich lediglich auf die Konfiguration eines Drahtlosclients, der unter Windows 7 läuft, er beschreibt nicht, wie Sie eine Drahtlosnetzwerkinfrastruktur konfigurieren. Weitere Informationen finden Sie in Kapitel 10 des Buchs *Windows Server 2008 Networking und Netzwerkzugriffsschutz* von Joseph Davies und Tony Northrup (Microsoft Press, 2008).

So führen Sie eine Behandlung von Firewallproblemen durch

Viele Angriffe werden über Netzwerkverbindungen eingeleitet. Um die Folgen solcher Angriffe zu verringern, blockiert die Windows-Firewall in der Standardeinstellung unangeforderten, ungenehmigten eingehenden Verkehr sowie ungenehmigten ausgehenden Verkehr. Die Windows-Firewall verursacht zwar normalerweise keine Anwendungsprobleme, es besteht aber die Möglichkeit, dass sie eigentlich erlaubten Verkehr blockiert, falls sie nicht richtig konfiguriert ist. Wenn Sie eine Behandlung von Anwendungskonnektivitätsproblemen durchführen, müssen Sie oft die Windows-Firewallkonfiguration auf Client oder Server untersuchen und möglicherweise ändern.

Eine falsche Konfiguration der Windows-Firewall kann ganz unterschiedliche Arten von Verbindungsproblemen verursachen. Auf einem Windows 7-Computer, der als Client agiert, kann die Windows-Firewall ausgehende Kommunikation für die Anwendung blockieren (obwohl das Blockieren ausgehender Kommunikation nicht standardmäßig aktiviert ist). Auf einem Windows 7-Computer, der als Server agiert (zum Beispiel ein Computer, der einen Ordner freigibt), kann eine falsche Konfiguration der Windows-Firewall zu folgenden Problemen führen:

- Die Windows-Firewall blockiert den gesamten eingehenden Verkehr für die Anwendung.
- Die Windows-Firewall erlaubt eingehenden Verkehr für das LAN, blockiert aber eingehenden Verkehr für andere Netzwerke.
- Die Windows-Firewall erlaubt eingehenden Verkehr, wenn der Computer mit einem Domänennetzwerk verbunden ist, blockiert aber eingehenden Verkehr, wenn der Computer mit einem öffentlichen oder privaten Netzwerk verbunden ist.

Die Symptome einer falschen Firewallkonfiguration auf Client- oder Serverseite sind dieselben: Die Anwendungskommunikation schlägt fehl. Damit die Problembehandlung nicht zu einfach wird, können auch Netzwerkfirewalls dieselben Symptome verursachen. Beantworten Sie die folgenden Fragen, um die Ursache des Problems zu identifizieren:

1. Können Sie von anderen Clients im selben Netzwerk aus eine Verbindung zum Server herstellen? Falls ja, haben Sie ein Problem bei der Konfiguration der serverseitigen Firewall, das wahrscheinlich mit dem konfigurierten Bereich einer Firewallausnahme zu tun hat. In Kapitel 26, »Konfigurieren von Windows-Firewall und IPsec«, finden Sie Informationen darüber, wie Sie den Bereich einer Ausnahme anpassen können. Falls das Problem nicht dadurch beseitigt wird, dass Sie den Bereich der Firewallausnahme verändern, wird es wahrscheinlich durch eine Netzwerkfirewall verursacht. Wenden Sie sich in diesem Fall an Ihre Netzwerkadministratoren.

2. Können Sie einen Verbindung zum Server herstellen, wenn der Client mit einem Netzwerkstandorttyp verbunden ist (zum Beispiel einem Heim- oder Domänennetzwerk), aber nicht, wenn er mit einem anderen Netzwerkstandorttyp verbunden ist? Falls ja, liegt ein Problem bei der Konfiguration der clientseitigen Firewall vor, das wahrscheinlich dadurch verursacht wird, dass eine Ausnahme nur für einen Netzwerkstandorttyp konfiguriert ist. In Kapitel 26, »Konfigurieren von Windows-Firewall und IPsec«, finden Sie weitere Informationen darüber, wie Sie Ausnahmen für unterschiedliche Netzwerkstandorttypen hinzufügen.

3. Können andere Clients im selben Netzwerk mit derselben Anwendung eine Verbindung zum Server herstellen? Falls ja, handelt es sich um ein Problem mit der Konfiguration der clientseitigen Firewall, das wahrscheinlich dadurch verursacht wird, dass eine Regel ausgehenden Verkehr für die Anwendung blockiert. In Kapitel 26, »Konfigurieren von Windows-Firewall und IPsec«, finden Sie weitere Informationen darüber, wie Sie ausgehende Firewallregeln konfigurieren.

4. Kann der Client eine Verbindung zu anderen Servern herstellen, die dieselbe Anwendung verwenden? Falls ja, handelt es sich um ein Problem mit der Konfiguration der serverseitigen Firewall

und Sie müssen eine Firewallausnahme zum Server hinzufügen. In Kapitel 26, »Konfigurieren von Windows-Firewall und IPsec«, finden Sie weitere Informationen darüber, wie Sie Firewallausnahmen hinzufügen. Falls das Problem nicht dadurch beseitigt wird, dass Sie eine Ausnahme hinzufügen, wird es wahrscheinlich durch eine Netzwerkfirewall verursacht. Wenden Sie sich in diesem Fall an Ihre Netzwerkadministratoren.

Zusammenfassung

Windows 7 kann viele häufiger vorkommende Netzwerkprobleme automatisch diagnostizieren. Andere Probleme sind komplizierter und erfordern, dass Sie als Administrator eine Problembehandlung durchführen, um die Ursache des Problems zu finden. Sobald Sie die Ursache des Problems isoliert haben, können Sie es unter Umständen selbst beseitigen. Falls das Problem auf einen ausgefallenen Netzwerkabschnitt oder andere Faktoren zurückzuführen ist, die außerhalb Ihres Einflussbereichs liegen, können Sie es immerhin an das richtige Supportteam weiterleiten, um es so schnell wie möglich beseitigen zu lassen.

Weitere Informationen

Die folgenden Ressourcen liefern weitere Informationen und Tools zu den Themen dieses Kapitels.

Informationsquellen

- Kapitel 17, »Verwalten von Geräten und Diensten«, enthält Informationen darüber, wie Sie Dienste so konfigurieren, dass sie automatisch starten.
- Kapitel 18, »Drucken«, enthält Informationen über die Konfiguration und Problembehandlung von freigegebenen Druckern.
- Kapitel 20, »Verwalten des Internet Explorers«, enthält Informationen über die Konfiguration und Problembehandlung von Internet Explorer und Windows Mail.
- Kapitel 25, »Konfigurieren der Windows-Netzwerkfunktionen«, enthält Informationen über die Konfiguration von Netzwerkeinstellungen.
- Kapitel 26, »Konfigurieren von Windows-Firewall und IPSec«, enthält Informationen über die Konfiguration der Windows-Firewall.
- Kapitel 27, »Verbindungen mit Remotebenutzern und -netzwerken«, enthält Informationen über virtuelle private Netzwerke.
- Kapitel 30, »Problembehandlung für Hardware, Treiber und Laufwerke«, enthält Informationen über die Behandlung von Netzwerkkartenproblemen, die durch Hardware oder Treiber verursacht werden.

Auf der Begleit-CD

- *ConfigureTimeSource.ps1*
- *DisplayComputerRoles.ps1*
- *Get-DcSiteInfo.ps1*
- *Get-LocalTime.ps1*
- *Get-UserPrivileges.ps1*

KAPITEL 32

Problembehandlung für Abbruchfehler

Wenn Windows ein unerwartetes Problem entdeckt, das es nicht mehr beheben kann, tritt ein Abbruchfehler (stop error) auf. Ein Abbruchfehler soll die Integrität des Systems schützen, indem sofort jegliche Verarbeitung beendet wird. Es ist zwar theoretisch möglich, dass Windows weiter funktioniert, falls es feststellt, dass in einer Kernkomponente ein schweres Problem aufgetreten ist, aber die Integrität des Systems wäre dann zweifelhaft. Das könnte zu Sicherheitsverletzungen, Systembeschädigung und ungültiger Transaktionsverarbeitung führen.

Wenn ein Abbruchfehler auftritt, zeigt Windows eine Abbruchmeldung (stop message) an, manchmal auch als *Bluescreen* bezeichnet. Dies ist eine Textmodus-Fehlermeldung, die Informationen über die Bedingung anzeigt. Wenn Sie grundlegende Kenntnisse über Abbruchfehler und ihre möglichen Ursachen haben, sind Sie besser in der Lage, technische Informationen zu finden und zu verstehen oder Diagnoseprozeduren durchzuführen, um die Sie von Mitarbeitern des technischen Supports gebeten werden.

Überblick über Abbruchmeldungen

Abbruchfehler treten nur auf, wenn ein Problem nicht mithilfe der übergeordneten Fehlerbehandlungsmechanismen in Windows verarbeitet werden kann. Wenn ein Fehler in einer Anwendung auftritt, interpretiert normalerweise die Anwendung die Fehlermeldung und liefert dem Systemadministrator detaillierte Informationen. Abbruchfehler werden dagegen vom Kernel behandelt, und Windows kann nur grundlegende Informationen über den Fehler anzeigen, den Inhalt des Arbeitsspeichers auf die Festplatte schreiben (sofern Speicherabbilder aktiviert sind) und das System anhalten. Diese grundlegenden Informationen, die sogenannte *Abbruchmeldung*, sind im Abschnitt »Abbruchmeldungen« weiter unten in diesem Kapitel ausführlich beschrieben.

Weil in einer Abbruchmeldung nur so knappe Informationen stehen und das Betriebssystem jegliche Verarbeitung anhält, kann es schwierig sein, eine Problembehandlung für Abbruchfehler durchzuführen. Glücklicherweise treten sie im Allgemeinen nur sehr selten auf. Wenn sie doch auftreten, werden sie fast immer durch Treiberprobleme, Hardwareprobleme oder Dateiinkonsistenzen verursacht.

Identifizieren des Abbruchfehlers

Es gibt viele unterschiedliche Typen von Abbruchfehlern. Für jeden gibt es bestimmte Ursachen, und für jeden ist ein eigener Problembehandlungsprozess erforderlich. Daher besteht der erste Schritt bei der Problembehandlung eines Abbruchfehlers darin, den Abbruchfehler zu identifizieren. Sie brauchen folgende Informationen über den Abbruchfehler, um die Problembehandlung einleiten zu können:

- **Nummer des Abbruchfehlers**   Diese Zahl identifiziert den Abbruchfehler eindeutig.

- **Parameter des Abbruchfehlers**   Diese Parameter liefern zusätzliche Informationen über den Abbruchfehler. Ihre Bedeutung hängt von der Abbruchfehlernummer ab.

- **Treiberinformationen**   Sofern vorhanden, identifizieren Treiberinformationen die wahrscheinlichste Ursache für das Problem. Allerdings werden nicht alle Abbruchfehler durch Treiber verursacht.

Diese Informationen werden oft als Teil der Abbruchmeldung angezeigt. Notieren Sie sich diese Angaben nach Möglichkeit, damit Sie während des Problembehandlungsprozesses darauf zurückgreifen können. Falls das Betriebssystem neu startet, bevor Sie die Informationen abschreiben konnten, können Sie die Daten auch oft in der Ereignisanzeige aus dem Systemprotokoll auslesen.

Falls Sie die Abbruchfehlernummer weder der Abbruchmeldung noch dem Systemprotokoll entnehmen können, können Sie sie aus einer Speicherabbilddatei (memory dump file) auslesen. In der Standardeinstellung ist Windows so konfiguriert, dass es jedes Mal ein Speicherabbild anlegt, wenn ein Abbruchfehler auftritt. Falls keine Speicherabbilddatei erstellt wurde, sollten Sie das System so konfigurieren, dass es künftig eine Speicherabbilddatei generiert. Sollte sich der Abbruchfehler dann wiederholen, können Sie die erforderlichen Informationen aus der Speicherabbilddatei auslesen.

Informationen für die Problembehandlung recherchieren

Jeder Abbruchfehler erfordert seine eigene Problembehandlungstechnik. Sobald Sie den Abbruchfehler identifiziert und die zugehörigen Informationen zusammengestellt haben, sollten Sie daher die folgenden Quellen nach Problembehandlungsinformationen durchsuchen, die für diesen Abbruchfehler relevant sind:

- **»Häufiger vorkommende Abbruchmeldungen« weiter unten in diesem Kapitel**   Dieser Abschnitt soll als Referenz für die Problembehandlung von Abbruchfehlern dienen. Er kann allerdings nicht jeden möglichen Abbruchfehler abdecken. Falls die Abbruchfehlernummer, für die Sie eine Problembehandlung durchführen, nicht im Abschnitt »Häufiger vorkommende Abbruchmeldungen« aufgeführt ist, sollten Sie in der Hilfe zu den Debugging Tools for Windows nachsehen.

- **Hilfe zu den Microsoft Debugging Tools for Windows**   Installieren Sie die Microsoft Debugging Tools for Windows und lesen Sie die Hilfe zu diesem Tool. Diese Hilfetexte enthalten die Referenzliste der Abbruchmeldungen (darunter viele, die nicht in diesem Kapitel behandelt werden) und erklären, wie Sie eine Problembehandlung für eine Vielzahl von Abbruchfehlern durchführen. Wie Sie die Debugging Tools for Windows herunterladen und installieren, erfahren Sie unter *http://www. microsoft.com/whdc/devtools/debugging/*.

- **Microsoft Knowledge Base**   Die Microsoft Knowledge Base enthält aktuelle Artikel über eine kleinere Auswahl von Abbruchfehlern. Informationen über Abbruchfehler in der Microsoft Knowledge Base betreffen oft einen bestimmten Treiber oder eine Hardwarekomponente, im Allgemeinen enthalten sie auch Schritt-für-Schritt-Anleitungen, wie Sie das Problem beseitigen können.

- **Microsoft Hilfe und Support**   Informationen finden Sie in Microsoft Hilfe und Support unter *http:// support.microsoft.com*.

■ **Microsoft Product Support Services**   Falls Sie die Ursache des Abbruchfehlers nicht genau bestimmen können, können Sie auf die fachkundigen Mitarbeiter der Microsoft Product Support Services zurückgreifen. Dabei müssen Sie unter Umständen bestimmte Informationen recherchieren und bestimmte Operationen durchführen, um dem technischen Support dabei zu helfen, Ihr Problem zu untersuchen. Weitere Informationen über Microsoft Product Support Services finden Sie unter *http://www.microsoft.com/services/microsoftservices/srv_support.mspx*.

Abbruchmeldungen

Abbruchmeldungen liefern Informationen über Abbruchfehler. Sie sollen dem Systemadministrator dabei helfen, das Problem, das den Abbruchfehler ausgelöst hat, genau zu bestimmen und letztlich zu beseitigen. Abbruchmeldungen liefern eine Menge nützlicher Informationen für Administratoren, die wissen, wie sie die Informationen in der Abbruchmeldung zu interpretieren haben. Neben anderen Informationen enthält die Abbruchmeldung die Abbruchfehlernummer (auch bugcheck code), anhand derer Sie nach Problembehandlungsinformationen über den konkreten Abbruchfehler im Abschnitt »Häufiger vorkommende Abbruchmeldungen« weiter unten in diesem Kapitel suchen können.

Wenn Sie eine Abbruchmeldung untersuchen, brauchen Sie ein bestimmtes Grundwissen über das Problem, damit Sie die weiteren Maßnahmen planen können. Sehen Sie sich immer die Abbruchmeldung an und notieren Sie so viele Informationen über das Problem wie möglich, bevor Sie die technischen Quellen durchsuchen. Abbruchmeldungen werden in einem Textmodus-Vollbildformat ausgegeben (Abbildung 32.1). Die Texte von Abbruchmeldungen sind immer englisch, auch wenn Sie eine deutsche Windows-Version benutzen.

```
A problem has been detected and windows has been shut down to prevent damage
to your computer.

BUGCODE_USB_DRIVER

If this is the first time you've seen this stop error screen,
restart your computer. If this screen appears again, follow
these steps:

check to make sure any new hardware or software is properly installed.
If this is a new installation, ask your hardware or software manufacturer
for any windows updates you might need.

If problems continue, disable or remove any newly installed hardware
or software. Disable BIOS memory options such as caching or shadowing.
If you need to use Safe Mode to remove or disable components, restart
your computer, press F8 to select Advanced Startup Options, and then
select Safe Mode.

Technical information:

*** STOP: 0x000000FE (0x00000008,0x00000006,0x00000009,0x833615CC)


collecting data for crash dump ...
Initializing disk for crash dump ...
Beginning dump of physical memory.
Dumping physical memory to disk: 25
```

Abbildung 32.1   Abbruchmeldungen zeigen Informationen an, die Ihnen bei der Problembehandlung von Abbruchfehlern helfen

Wie in Abbildung 32.1 gezeigt, umfasst ein Abbruchmeldungsbildschirm vier Hauptabschnitte, die folgende Informationen anzeigen:

- Fehlercode
- Empfohlene Maßnahmen
- Technische Informationen
- Treiberinformationen (sofern verfügbar)
- Debugport und Speicherabbildstatus

HINWEIS Falls die Grafikkartentreiber nicht mehr funktionieren, kann der Kernel unter Umständen nicht mehr die gesamte Abbruchmeldung anzeigen. In einem solchen Fall ist manchmal nur die erste Zeile sichtbar oder der Bildschirm ist völlig schwarz. Warten Sie einige Minuten, damit die Speicherabbilddatei erstellt werden kann, und wenden Sie dann die üblichen Problembehandlungstechniken an, wie sie in diesem Kapitel beschrieben sind.

Fehlercode

Der Fehlercodeabschnitt führt den Abbruchfehler mit einem aussagekräftigen Namen auf. Diese Namen sind direkt den Abbruchfehlernummern zugeordnet, die im Abschnitt »Technische Informationen« aufgelistet sind.

Empfohlene Maßnahmen

Der Abschnitt »Empfohlene Maßnahmen« informiert den Benutzer, dass ein Problem aufgetreten ist und dass Windows angehalten wird. Er nennt auch den symbolischen Namen für den Abbruchfehler. In Abbildung 32.1 lautet der symbolische Name BUGCODE_USB_DRIVER. Der Abschnitt beschreibt nach Möglichkeit das Problem und führt Empfehlungen auf, wie sich eine Wiederherstellung durchführen lässt. In manchen Fällen kann es ausreichen, den Computer neu zu starten, weil es unwahrscheinlich ist, dass das Problem erneut auftritt. Falls der Abbruchfehler allerdings nach dem Neustart des Betriebssystems wieder auftritt, müssen Sie die eigentliche Ursache ermitteln, damit das Betriebssystem wieder benutzbar wird. Dazu ist es unter Umständen erforderlich, kürzliche Änderungen rückgängig zu machen, Hardware auszutauschen oder Treiber zu aktualisieren, um die Ursache des Problems zu beseitigen.

Technische Informationen

Der Abschnitt »Technische Informationen« (unter der Überschrift »Technical information«) listet die Abbruchfehlernummer auf (den sogenannten Abbruchfehlercode oder bugcheck code), gefolgt von maximal vier abbruchfehlerspezifischen Codes (angezeigt als Hexadezimalzahlen, die in Klammern eingeschlossen sind), die zugehörige Parameter angeben. Abbruchfehlercodes haben das Präfix »0x«, um anzuzeigen, dass es sich um eine Zahl im Hexadezimalformat handelt. Zum Beispiel hat der Abbruchfehler in Abbildung 32.1 den Hexadezimalcode 0x000000FE (oft als 0xFE geschrieben).

Treiberinformationen

Der Abschnitt »Treiberinformationen« identifiziert den Treiber, der mit dem Abbruchfehler in Verbindung steht. Falls ein Dateiname angegeben ist, können Sie im abgesicherten Modus überprüfen, ob der Treiber signiert ist oder denselben Zeitstempel hat wie die anderen Treiber. Falls nötig, können Sie die Datei von Hand ersetzen (in der Systemstartreparatur oder im abgesicherten Modus) oder die vorherige Version des Treibers wiederherstellen. Weitere Informationen über das Tool Systemstartreparatur und den abgesicherten Modus finden Sie in Kapitel 29, »Konfiguration und Problembehandlung des Startvorgangs«. Weitere Informationen über die Problembehandlung bei Treibern finden Sie in Kapitel 30, »Problembehandlung für Hardware, Treiber und Laufwerke«. Die Abbruchmeldung aus Abbildung 32.1 zeigt keinen Treibernamen an.

Debugport und Speicherabbildstatus

Der Abschnitt »Debugport und Speicherabbildstatus« listet die Parameter für die serielle Schnittstelle auf, die ein Kerneldebugger benutzt (sofern einer aktiviert ist). Falls Sie Speicherabbilddateien aktiviert haben, gibt dieser Abschnitt auch an, ob diese Datei erfolgreich geschrieben wurde. Während eine Speicherabbilddatei auf die Festplatte geschrieben wird, wird der Prozentsatz in der Zeile »Dumping physical memory to disk« bis auf den Wert 100 hochgezählt. Der Wert 100 bedeutet, dass das Speicherabbild erfolgreich gespeichert wurde.

Weitere Informationen über das Installieren und Verwenden von Kerneldebuggern finden Sie im Abschnitt »Arbeiten mit Symboldateien und Debuggern« weiter unten in diesem Kapitel.

Arten von Abbruchfehlern

Ein Hardware- oder Softwareproblem kann einen Abbruchfehler auslösen, der bewirkt, dass eine Abbruchmeldung erscheint. Abbruchmeldungen lassen sich normalerweise in eine der folgenden Kategorien einordnen:

- **Abbruchfehler durch fehlerhafte Software** Ein Abbruchfehler kann auftreten, wenn ein Treiber, ein Dienst oder eine Systemkomponente, die im Kernmodus laufen, eine Ausnahme auslöst. Zum Beispiel kann es sein, dass ein Treiber versucht, eine Operation auszuführen, die seine zugewiesene Interruptanforderungsebene (Interrupt ReQuest Level, IRQL) übersteigt, oder in eine ungültige Speicheradresse zu schreiben. Es mag so aussehen, als ob eine Abbruchmeldung zufällig auftaucht, aber durch sorgfältige Beobachtung schaffen Sie es vielleicht, das Problem mit einer bestimmten Aktivität zu verknüpfen. Überprüfen Sie, ob die gesamte in Frage kommende Software (insbesondere Treiber) vollständig Windows 7-kompatibel ist und Sie die neusten Versionen verwenden. Windows 7-Kompatibilität ist insbesondere für Anwendungen wichtig, die Treiber installieren.

- **Abbruchfehler durch Hardwareprobleme** Dieses Problem tritt als unvorhergesehenes Ereignis aufgrund defekter, fehlerhafter oder falsch konfigurierter Hardware auf. Falls Sie vermuten, dass ein Abbruchfehler durch Hardware verursacht wird, sollten Sie erst die neusten Treiber für diese Hardware installieren. Fehlerhafte Hardware kann aber Abbruchfehler auslösen, auch wenn die Stabilität der Treiber einwandfrei ist. Weitere Informationen über die Problembehandlung bei Hardwareproblemen finden Sie in Kapitel 30, »Problembehandlung für Hardware, Treiber und Laufwerke«.

- **Abbruchfehler der Windows-Exekutive-Initialisierung** Abbruchfehler der Windows-Exekutive-Initialisierung treten nur während des relativ kurzen Zeitraums auf, in dem die Initialisierung der Windows-Exekutive abläuft. Meist werden diese Abbruchfehler durch beschädigte Systemdateien oder fehlerhafte Hardware verursacht. Sie sollten sie beheben, indem Sie das Tool Systemstartreparatur ausführen, wie in Kapitel 29, »Konfiguration und Problembehandlung des Startvorgangs«, beschrieben. Falls die Probleme weiterhin bestehen, sollten Sie sicherstellen, dass alle Hardwarekomponenten mit der neusten Firmware versehen sind, und dann die Problembehandlung wie in Kapitel 30, »Problembehandlung für Hardware, Treiber und Laufwerke«, beschrieben fortsetzen.

- **Installationsabbruchfehler während des Setups**   Bei Neuinstallationen treten Installationsabbruchfehler meist wegen inkompatibler Hardware, defekter Hardware oder veralteter Firmware auf. Während eines Betriebssystemupdates können Abbruchfehler auftreten, wenn inkompatible Anwendungen und Treiber auf dem System vorhanden sind. Aktualisieren Sie die Firmware des Computers auf die Version, die vom Computerhersteller empfohlen wird, bevor Sie Windows installieren. In der Dokumentation zu Ihrem System ist normalerweise beschrieben, wie Sie die Firmware Ihres Computers prüfen und aktualisieren.

Speicherabbilddateien

Wenn ein Abbruchfehler auftritt, zeigt Windows Informationen an, die Ihnen helfen können, die eigentliche Ursache für das Problem zu identifizieren. Windows schreibt die Informationen standardmäßig in die Auslagerungsdatei (*Pagefile.sys*) im Stammverzeichnis des Systemdatenträgers. Wenn Sie den Computer im normalen oder abgesicherten Modus neu starten, nachdem ein Abbruchfehler aufgetreten ist, erstellt Windows anhand der Auslagerungsdateiinformationen eine Speicherabbilddatei im Ordner *%SystemRoot%*. Eine Analyse der Speicherabbilddatei kann weitere Informationen über die eigentliche Ursache eines Problems liefern, und Sie können eine Offlineanalyse ausführen, indem Sie Analysetools auf einem anderen Computer verwenden.

Sie können Ihr System so konfigurieren, dass es drei unterschiedliche Arten von Speicherabbilddateien generiert:

- **Kleine Speicherabbilddateien**   Manchmal auch als »Mini-Speicherabbilddateien« bezeichnet. Diese Speicherabbilddateien enthalten am wenigsten Informationen, sind aber sehr kompakt. Kleine Speicherabbilddateien können schnell auf die Festplatte geschrieben werden, sodass die Ausfallzeit verkürzt wird und das Betriebssystem schneller wieder starten kann. Windows speichert kleine Speicherabbilddateien (im Unterschied zu Kernel- und vollständigen Speicherabbilddateien) im Ordner *%SystemRoot%\Minidump*, statt den Dateinamen *%SystemRoot%\Memory.dmp* zu verwenden.

- **Kernelspeicherabbilddateien**   Zeichnet den Inhalt des Kernelspeichers auf. Kernelspeicherabbilddateien erfordern eine größere Auslagerungsdatei auf dem Startgerät als kleine Speicherabbilddateien, und es dauert länger, sie zu generieren, wenn ein Fehler aufgetreten ist. Sie zeichnen allerdings deutlich mehr Informationen auf und sind nützlicher, wenn Sie eine tiefgehende Analyse durchführen müssen. Wenn Sie Ihren Computer so konfigurieren, dass er eine Kernelspeicherabbilddatei anlegt, generiert Windows zusätzlich auch eine kleine Speicherabbilddatei.

- **Vollständige Speicherabbilddateien**   Zeichnet den gesamten Inhalt des Hardwarearbeitsspeichers auf, wenn ein Abbruchfehler auftritt. Eine vollständige Speicherabbilddatei ist etwas größer als die Menge des Hardwarespeichers, der beim Auftreten des Fehlers installiert ist. Wenn Sie Ihren Computer so konfigurieren, dass er eine vollständige Speicherabbilddatei anlegt, generiert Windows zusätzlich auch eine kleine Speicherabbilddatei.

In der Standardeinstellung ist Windows so konfiguriert, dass es Kernelspeicherabbilddateien generiert. Kleine Speicherabbilddateien werden in der Standardeinstellung im Ordner *%SystemRoot%\Minidump* gespeichert, Kernel- und vollständige Speicherabbilddateien in einer Datei namens *%SystemRoot%\Memory.dmp*. Gehen Sie folgendermaßen vor, um den Typ der von Windows generierten Speicherabbilddatei oder ihren Speicherort zu ändern:

1. Klicken Sie im Startmenü mit der rechten Maustaste auf *Computer* und wählen Sie den Befehl *Eigenschaften*.

2. Klicken Sie auf *Erweiterte Systemeinstellungen*.

3. Klicken Sie im Dialogfeld *Systemeigenschaften* auf die Registerkarte *Erweitert*. Klicken Sie im Feld *Starten und Wiederherstellen* auf die Schaltfläche *Einstellungen*.

4. Klicken Sie auf die Dropdownliste *Debuginformationen speichern* und wählen Sie den gewünschten Typ für die Speicherabbilddatei aus.

5. Ändern Sie bei Bedarf den Pfad im Feld *Sicherungsdatei*. Abbildung 32.2 zeigt das Dialogfeld *Starten und Wiederherstellen*.

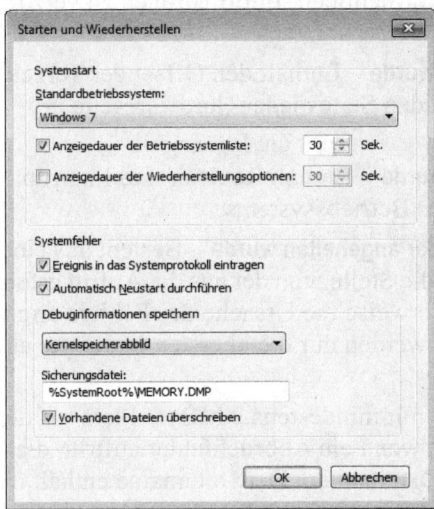

Abbildung 32.2 Im Dialogfeld *Starten und Wiederherstellen* können Sie den Typ und den Speicherort der Speicherabbilddatei ändern

6. Klicken Sie zweimal auf *OK* und starten Sie dann das Betriebssystem neu, wenn Sie dazu aufgefordert werden.

Die folgenden Abschnitte beschreiben die unterschiedlichen Speicherabbilddateitypen genauer.

Konfigurieren von kleinen Speicherabbilddateien

Kleine Speicherabbilddateien enthalten am wenigsten Informationen, verbrauchen aber auch am wenigsten Festplattenplatz. In der Standardeinstellung speichert Windows kleine Speicherabbilddateien im Ordner *%SystemRoot%\Minidump*.

Windows erstellt immer eine kleine Speicherabbilddatei, wenn ein Abbruchfehler auftritt, auch dann, wenn Sie die Optionen für eine Kernelspeicherabbilddatei oder eine vollständige Speicherabbilddatei gewählt haben. Kleine Speicherabbilddateien können von der Windows-Fehlerberichterstattung (Windows Error Reporting, WER) sowie von Debuggern ausgewertet werden. Diese Tools lesen den Inhalt einer kleinen Speicherabbilddatei, um Probleme zu diagnostizieren, die Abbruchfehler auslösen. Weitere Informationen finden Sie in den Abschnitten »Analysieren von Abbruchfehlern mithilfe von Speicherabbilddateien« und »Arbeiten mit der Windows-Fehlerberichterstattung« weiter unten in diesem Kapitel.

Eine kleine Speicherabbilddatei zeichnet gerade so viele Informationen auf, wie wahrscheinlich nötig sind, um zu ermitteln, warum das System unerwartet angehalten wurde. Zum Beispiel enthält das kleine Speicherabbild folgende Informationen:

- **Abbruchfehlerinformationen**   Enthält die Fehlernummer und zusätzliche Parameter, die den Abbruchfehler beschreiben.

- **Eine Liste der Treiber, die auf dem System laufen**   Gibt an, welche Module in den Arbeitsspeicher geladen waren, als der Abbruchfehler auftrat. Diese Gerätetreiberinformationen umfassen Dateinamen, Datum, Version, Größe und Hersteller.

- **Prozessorkontextinformationen für den Prozess, der angehalten wurde**   Enthält Prozessor- und Hardwarestatus, Leistungsindikatoren, Multiprozessorpaketinformationen, Informationen zu verzögerten Prozeduraufrufen und Interrupts.

- **Kernelkontextinformationen für den Prozess, der angehalten wurde**   Enthält den Offset der Verzeichnistabelle und die Speicherseitennummer-Datenbank, die den Status jeder Hardwareseite im Arbeitsspeicher beschreibt.

- **Kernelkontextinformationen für den Thread, der angehalten wurde**   Enthält Register und Interruptanforderungsebenen sowie Zeiger auf Datenstrukturen des Betriebssystems.

- **Informationen zum Kernmodus-Aufrufstapel für den Thread, der angehalten wurde**   Besteht aus einer Reihe von Arbeitsspeicheradressen und einem Zeiger auf die Stelle, von der aus der Aufruf erfolgte. Entwickler können anhand dieser Informationen möglicherweise die Ursache des Fehlers ermitteln. Falls diese Informationen größer sind als 16 KByte, werden nur die obersten 16 KByte aufgezeichnet.

Eine kleine Speicherabbilddatei setzt eine Auslagerungsdatei mit mindestens 2 MByte Platz auf dem Startvolume voraus. Das Betriebssystem speichert jedes Mal, wenn ein Abbruchfehler auftritt, die entsprechende Speicherabbilddatei unter einem eindeutigen Dateinamen. Der Dateiname enthält das Datum, an dem der Abbruchfehler auftrat. Zum Beispiel ist *Mini011007-02.dmp* die zweite kleine Speicherabbilddatei, die am 10. Januar 2007 generiert wurde.

Kleine Speicherabbilddateien sind nützlich, wenn der Platz begrenzt ist oder wenn Sie eine langsame Verbindung benutzen, um Informationen an den technischen Support zu senden. Weil diese Speicherabbilddateien nur eine begrenzte Menge an Informationen aufzeichnen, enthalten sie keine Fehler, die nicht direkt durch den Thread ausgelöst wurden, der lief, als das Problem auftrat.

Konfigurieren von Kernelspeicherabbilddateien

In der Standardeinstellung erstellen Windows-Systeme Kernelspeicherabbilddateien. Die Kernelspeicherabbilddatei ist eine Speicherabbilddatei mittlerer Größe, die nur Kernelspeicher aufzeichnet. Sie kann mehrere MByte Festplattenplatz benötigen. Es dauert länger, eine Kernelspeicherabbilddatei zu erstellen als eine kleine Speicherabbilddatei. Daher verlängert sich die Ausfallzeit, die wegen des Systemfehlers auftritt. Auf den meisten Systemen ist der Anstieg der Ausfallzeit aber minimal.

Kernelspeicherabbilder enthalten zusätzliche Informationen, die bei der Problembehandlung helfen können. Wenn ein Abbruchfehler auftritt, speichert Windows eine Kernelspeicherabbilddatei in einer Datei namens *%SystemRoot%\Memory.dmp* und legt eine kleine Speicherabbilddatei im Ordner *%SystemRoot%\Minidump* ab.

Eine Kernelspeicherabbilddatei zeichnet nur Kernelspeicherdaten auf, weshalb die Speicherabbilddatei schneller generiert werden kann. Die Kernelspeicherabbilddatei enthält keinen unbenutzten Arbeitsspeicher oder irgendwelchen Arbeitsspeicher, der Benutzermodusprogrammen zugewiesen ist. Sie enthält ausschließlich Arbeitsspeicher, der der Windows-Exekutive, dem Kernel, dem Hardware Abstraction Layer (HAL) und dem Dateisystemcache zugewiesen sind, außerdem nichtausgelagerten Pool-Arbeitsspeicher, der Kernmodustreibern und anderen Kernmodusroutinen zugewiesen ist.

Die Größe der Kernelspeicherabbilddatei variiert, sie ist aber immer kleiner als der Systemarbeitsspeicher. Wenn Windows die Speicherabbilddatei erstellt, schreibt es erst die Informationen in die Auslagerungsdatei. Daher kann es sein, dass die Auslagerungsdatei so groß wird wie der Hardwarearbeitsspeicher. Später werden die Speicherabbilddateiinformationen aus der Auslagerungsdatei in die eigentliche Speicherabbilddatei extrahiert. Um sicherzustellen, dass Sie genügend Platz frei haben, sollten Sie überprüfen, ob der freie Speicherplatz auf dem Systemlaufwerk größer ist als der Hardwarearbeitsspeicher, für den Fall, dass die Auslagerungsdatei auf die Größe des Hardwarearbeitsspeichers anwächst. Sie können die Größe einer Kernelspeicherabbilddatei zwar nicht genau vorhersagen, eine brauchbare Daumenregel lautet aber, dass zwischen 50 MByte und 800 MByte (oder ein Drittel der Hardwarearbeitsspeichergröße) auf dem Startvolume für die Auslagerungsdatei zur Verfügung stehen muss.

In den meisten Fällen reicht eine Kernelspeicherabbilddatei für die Problembehandlung von Abbruchfehlern aus. Sie enthält mehr Informationen als eine kleine Speicherabbilddatei und ist kleiner als eine vollständige Speicherabbilddatei. Sie ignoriert Abschnitte des Arbeitsspeichers, bei denen es unwahrscheinlich ist, dass sie mit dem Problem zu tun haben. Manche Probleme erfordern allerdings eine vollständige Speicherabbilddatei für die Problembehandlung.

> **HINWEIS** In der Standardeinstellung überschreibt eine neue Kernelspeicherabbilddatei eine bereits vorhandene Datei. Sie können diese Standardeinstellung ändern, indem Sie das Kontrollkästchen *Vorhandene Dateien überschreiben* deaktivieren. Sie können eine vorhandene Speicherabbilddatei auch vor der Problembehandlung umbenennen oder verschieben.

Konfigurieren von vollständigen Speicherabbilddateien

Eine vollständige Speicherabbilddatei (complete memory dump file oder auch full memory dump file) enthält den gesamten Inhalt des Hardwarearbeitsspeichers zu dem Zeitpunkt, als der Abbruchfehler auftrat. Dazu gehören alle Informationen, die schon in einer Kernelspeicherabbilddatei enthalten sind, und zusätzlich der Benutzermodusarbeitsspeicher. Daher können Sie vollständige Speicherabbilddateien analysieren, um sich den Inhalt von Arbeitsspeicher anzusehen, der innerhalb von Anwendungen verwendet wird. Das ist allerdings nur selten erforderlich oder sinnvoll, wenn eine Behandlung von Anwendungsproblemen durchgeführt wird.

Falls Sie vollständige Speicherabbilddateien verwenden wollen, müssen Sie genug Platz auf der Partition *%SystemDrive%* frei haben, dass er für den Inhalt des Hardware-RAM ausreicht. Außerdem brauchen Sie eine Auslagerungsdatei, die mindestens so groß ist wie Ihr Hardware-RAM.

Wenn ein Abbruchfehler auftritt, speichert das Betriebssystem eine vollständige Speicherabbilddatei in einer Datei namens *%SystemRoot%\Memory.dmp* und erstellt eine kleine Speicherabbilddatei im Ordner *%SystemRoot%\Minidump*. Ein Mitarbeiter des technischen Supports bei Microsoft bittet Sie unter Umständen, diese Einstellung zu ändern, um Datenuploads über langsame Verbindungen zu beschleunigen. Abhängig von der Geschwindigkeit Ihrer Internetverbindung ist es unter Umständen nicht praktikabel, die Daten hochzuladen. Sie werden dann möglicherweise gebeten, die Speicherabbilddatei auf einem Wechseldatenträger zur Verfügung zu stellen.

> **HINWEIS** In der Standardeinstellung überschreibt eine neue vollständige Speicherabbilddatei eine bereits vorhandene Datei. Sie können diese Standardeinstellung ändern, indem Sie das Kontrollkästchen *Vorhandene Dateien überschreiben* deaktivieren. Sie können eine vorhandene Speicherabbilddatei auch vor der Problembehandlung umbenennen oder verschieben.

So können Sie von Hand einen Abbruchfehler auslösen und eine Speicherabbilddatei erstellen

Um absolut sicher sein zu können, dass eine Speicherabbilddatei erstellt wird, falls ein Abbruchfehler auftritt, können Sie einen Abbruchfehler von Hand auslösen, indem Sie einen Registrierungswert verändern und eine spezielle Tastenkombination drücken. Sobald Windows neu gestartet ist, können Sie nachprüfen, ob die Speicherabbilddatei richtig erstellt wurde.

Gehen Sie folgendermaßen vor, um von Hand ein Absturzabbild generieren zu lassen:

1. Geben Sie im Suchfeld des Startmenüs den Befehl **regedit** ein. Klicken Sie im Startmenü mit der rechten Maustaste auf *Regedit* und wählen Sie den Befehl *Als Administrator ausführen*. Bestätigen Sie die UAC-Eingabeaufforderung (User Account Control, Benutzerkontensteuerung), die daraufhin angezeigt wird.

2. Wechseln Sie im Registrierungs-Editor zum Pfad *HKEY_LOCAL_MACHINE\System\Current-ControlSet\Services\i8042prt\Parameters*.

3. Wählen Sie den Menübefehl *Bearbeiten/Neu/DWORD-Wert (32-Bit)* und fügen Sie den folgenden Registrierungswert hinzu:
   - ☐ Wertname: *CrashOnCtrlScroll*
   - ☐ Wert: 1

4. Schließen Sie den Registrierungs-Editor und starten Sie den Computer neu.

5. Melden Sie sich an Windows an. Halten Sie die rechte STRG-Taste gedrückt und drücken Sie dann zweimal die ROLLEN-Taste, um einen Abbruchfehler zu provozieren.

In einem virtuellen Computer, auf dem die Virtual Machine Additions installiert sind, ist es nicht möglich, einen Abbruchfehler von Hand zu provozieren.

Analysieren von Abbruchfehlern mithilfe von Speicherabbilddateien

Speicherabbilddateien zeichnen detaillierte Informationen über den Zustand Ihres Betriebssystems zu dem Zeitpunkt auf, als der Abbruchfehler auftrat. Sie können Speicherabbilddateien von Hand mithilfe von Debugtools analysieren oder über automatisierte Prozesse, die von Microsoft zur Verfügung gestellt werden. Die Informationen, die Sie bekommen, können Ihnen helfen, die eigentliche Ursache für das Problem besser zu verstehen.

Sie können Ihre Speicherabbilddateiinformationen mit der Windows-Fehlerberichterstattung an Microsoft hochladen. Sie können auch die folgenden Debugtools verwenden, um Ihre Speicherabbilddateien von Hand zu analysieren:

- Microsoft Kernel Debugger (*Kd.exe*)
- Microsoft WinDbg Debugger (*WinDbg.exe*)

Informationen über den Abbruchfehler finden Sie auch im Systemprotokoll, nachdem ein Abbruchfehler aufgetreten ist. Zum Beispiel zeigt das folgende Informationsereignis (die Quelle lautet »Bug-Check« und die Ereignis-ID 1001) an, dass ein 0xFE-Abbruchfehler aufgetreten ist:

```
Der Computer ist nach einem schwerwiegenden Fehler neu gestartet.
Der Fehlercode war: 0x000000fe (0x00000008, 0x00000006, 0x00000001, 0x87b1e000).
Ein volles Abbild wurde gespeichert in: C:\Windows\MEMORY.DMP.
```

Arbeiten mit der Windows-Fehlerberichterstattung

Wenn der Windows-Fehlerberichterstattungsdienst aktiviert ist, überwacht er Ihr Betriebssystem auf Fehler, die mit Betriebssystemkomponenten und Anwendungen zu tun haben. Wenn Sie den Windows-Fehlerberichterstattungsdienst verwenden, können Sie weitere Informationen über das Problem oder die Bedingungen ermitteln, die den Abbruchfehler ausgelöst haben.

Wenn ein Abbruchfehler auftritt, zeigt Windows eine Abbruchmeldung an und schreibt Diagnose-informationen in die Speicherabbilddatei. Zu Berichterstattungszwecken speichert das Betriebssystem außerdem eine kleine Speicherabbilddatei. Wenn Sie Ihr System das nächste Mal starten und sich als Administrator bei Windows anmelden, sammelt die Windows-Fehlerberichterstattung Informationen über das Problem und führt folgende Aktionen durch:

1. Windows zeigt das Dialogfeld *Windows wird nach unerwartetem Herunterfahren wieder ausgeführt* an (Abbildung 32.3). Sie können sich Abbruchfehlercode, Betriebssysteminformationen und Speicherort der Speicherabbilddatei anzeigen lassen, indem Sie auf *Problemdetails anzeigen* klicken. Klicken Sie auf *Problembehandlung*, um die Informationen aus der Mini-Speicherabbild-datei und unter Umständen andere temporäre Dateien an Microsoft zu senden.

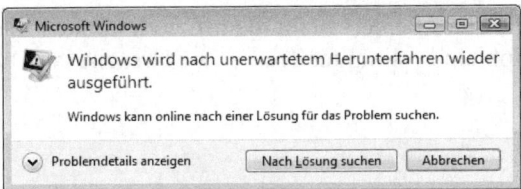

Abbildung 32.3   Windows bietet Ihnen an, nach einer Lösung zu suchen, sobald das System nach einem Abbruchfehler wiederhergestellt wurde

2. Unter Umständen werden Sie aufgefordert, zusätzliche Informationen über künftige Fehler zu sammeln. Klicken Sie auf *Sammlung aktivieren* (Abbildung 32.4).

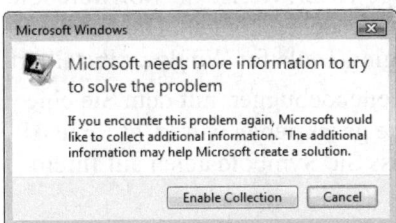

Abbildung 32.4   Windows fordert Sie unter Umständen auf, weitere Informationen für künftige Fehlerberichte zu sammeln

3. Es kann auch sein, dass Sie aufgefordert werden, die Diagnose zu aktivieren (Abbildung 32.5). Klicken Sie in diesem Fall auf *Diagnose aktivieren*.

4. Falls Sie aufgefordert werden, weitere Details zu senden, sollten Sie auf *Details anzeigen* klicken, um zu prüfen, welche zusätzlichen Informationen gesendet werden. Klicken Sie dann auf *Informationen senden*.

5. Falls Sie aufgefordert werden, auch künftig automatisch Informationen über Probleme zu senden, können Sie *Ja* oder *Nein* wählen.

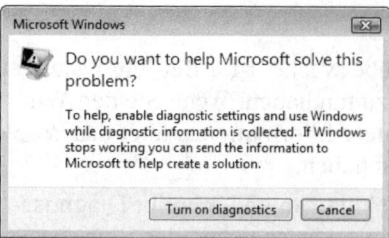

Abbildung 32.5 Windows fordert Sie unter Umständen auf, die Diagnose zu aktivieren, damit mehr Problembehandlungsinformationen gesammelt werden können

6. Wenn eine mögliche Lösung verfügbar ist, zeigt das Wartungscenter in der Taskleiste ein Symbol mit einer Benachrichtigungsmeldung an.
7. Öffnen Sie das Wartungscenter und sehen Sie sich die Lösung an. Stattdessen können Sie auch in der Systemsteuerung auf *Alle Problemberichte anzeigen* klicken.

Falls die Windows-Fehlerberichterstattung die Ursache eines Fehlers nicht identifiziert, können Sie möglicherweise mithilfe eines Debuggers feststellen, ob ein bestimmter Treiber die Ursache ist. Dies ist im nächsten Abschnitt beschrieben.

Arbeiten mit Symboldateien und Debuggern

Sie können Speicherabbilddateien auch mithilfe eines Kerneldebuggers analysieren. Kerneldebugger sind in erster Linie für Entwickler gedacht, die eine tiefgehende Analyse des Anwendungsverhaltens durchführen müssen. Kerneldebugger sind aber auch nützliche Tools für Administratoren, die eine Problembehandlung für Abbruchfehler durchführen. Insbesondere können Kerneldebugger benutzt werden, um Speicherabbilddateien zu analysieren, nachdem ein Abbruchfehler aufgetreten ist.

Ein Debugger ist ein Programm, mit dem Benutzer, die über das Benutzerrecht *Debuggen von Programmen* verfügen (standardmäßig nur die Administratorengruppe), schrittweise die Softwarebefehle durchgehen, Daten untersuchen und nach bestimmten Bedingungen suchen können. Die beiden folgenden Kerneldebugger werden zum Beispiel mit den Debugging Tools for Windows installiert:

- **Kernel Debugger** Kernel Debugger (*Kd.exe*) ist ein Befehlszeilendebugger, mit dem Sie eine Speicherabbilddatei analysieren können, die auf die Festplatte geschrieben wurde, als eine Abbruchmeldung auftrat. Der Kernel Debugger setzt voraus, dass Sie Symboldateien auf Ihrem System installieren.
- **WinDbg Debugger** WinDbg Debugger (*WinDbg.exe*) bietet eine ähnliche Funktionalität wie Kernel Debugger, verwendet aber eine grafische Benutzeroberfläche (Graphical User Interface, GUI).

Beide Tools erlauben es Benutzern mit dem Benutzerrecht *Debuggen von Programmen*, den Inhalt einer Speicherabbilddatei zu analysieren und Kernmodus- und Benutzermodusprogramme sowie Treiber zu debuggen. Kernel Debugger und WinDbg Debugger sind nur zwei der vielen Tools, die in den Debugging Tools for Windows enthalten sind. Weitere Informationen über diese und andere Debugtools, die in den Debugging Tools for Windows enthalten sind, finden Sie in der Hilfe zu Debugging Tools for Windows.

Wenn Sie mit WinDbg ein Absturzabbild analysieren wollen, müssen Sie erst die Debugging Tools for Windows installieren, die unter *http://www.microsoft.com/whdc/devtools/debugging/* zur Verfügung stehen.

Um möglichst viele Informationen aus einer Speicherabbilddatei zu gewinnen, müssen Sie dem Debugger Zugriff auf Symboldateien verschaffen. Der Debugger verwendet Symboldateien, um den Arbeitsspeicheradressen besser verständliche Modul- und Funktionsnamen zuzuordnen. Am einfachsten können Sie dem Debugger Zugriff auf Symboldateien verschaffen, indem Sie ihn so konfigurieren, dass er auf den Microsoft-Symbolserver zugreift, der im Internet zur Verfügung steht.

Gehen Sie folgendermaßen vor, um den Debugger so zu konfigurieren, dass er den Microsoft-Symbolserver verwendet:

1. Klicken Sie im Startmenü auf *Alle Programme*, dann auf *Debugging Tools for Windows*, klicken Sie mit der rechten Maustaste auf *WinDbg* und wählen Sie den Befehl *Als Administrator ausführen*.

2. Wählen Sie den Menübefehl *File/Symbol File Path*.

3. Geben Sie im Feld *Symbol path* den folgenden Pfad ein:

   SRV*<LokalerPfad>*http://msdl.microsoft.com/download/symbols

   Dabei steht *<LokalerPfad>* für einen Pfad auf der Festplatte, in dem der Debugger die heruntergeladenen Symboldateien speichert. Der Debugger erstellt *<LokalerPfad>* automatisch, wenn Sie eine Speicherabbilddatei analysieren.

   Wenn Sie die Symboldateien zum Beispiel in *C:\Websymbols* speichern wollen, müssen Sie als Symboldateipfad *SRV*c:\websymbols*http://msdl.microsoft.com/download/symbols* eintragen

4. Klicken Sie auf *OK*.

   Debugger benötigen keinen Zugriff auf Symboldateien, um die Abbruchfehlernummer und die Parameter aus einer Speicherabbilddatei abzurufen. Debugger können die Ursache eines Abbruchfehlers oft auch ohne Zugriff auf Symbole identifizieren.

HINWEIS Sie können Symboldateien auch für die Offlineverwendung von *http://www.microsoft.com/whdc/devtools/debugging/* herunterladen.

Gehen Sie folgendermaßen vor, um eine Speicherabbilddatei zu analysieren:

1. Klicken Sie im Startmenü auf *Alle Programme*, dann auf *Debugging Tools for Windows*, klicken Sie mit der rechten Maustaste auf *WinDbg* und wählen Sie den Befehl *Als Administrator ausführen*.

2. Wählen Sie den Menübefehl *File/Open Crash Dump*.

3. Geben Sie den Speicherort der Speicherabbilddatei ein und klicken Sie dann auf *Open*. In der Standardeinstellung ist der Speicherort *%SystemRoot%\Memory.dmp*.

4. Klicken Sie im Dialogfeld *Save Information for Workspace* auf *No*.

5. Wählen Sie das Fenster *Command* aus.

   Wie in Abbildung 32.6 gezeigt, verrät die Zeile, die mit »Bugcheck« beginnt, wie die Abbruchfehlernummer lautet. Die Zeile »Probably Caused By« gibt an, welche Datei gerade verarbeitet wurde, als der Abbruchfehler auftrat.

Das Fenster *Command* zeigt Meldungen des Debuggers an und erlaubt Ihnen, zusätzliche Befehle einzugeben. Wenn ein Absturzabbild geöffnet ist, zeigt das Fenster *Command* automatisch die Ausgabe des Befehls !analyze an. In vielen Fällen reichen diese Standardinformationen aus, um die Ursache eines Abbruchfehlers zu ermitteln.

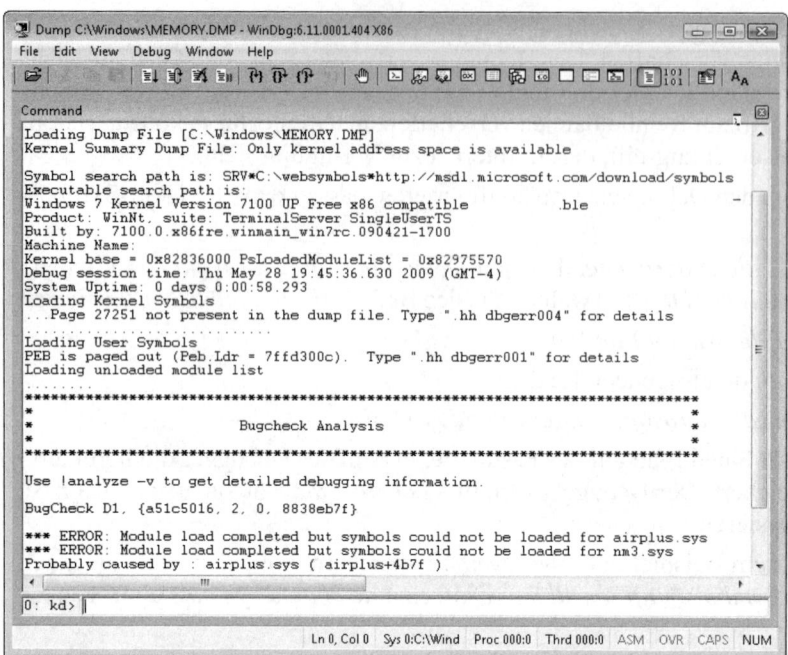

Abbildung 32.6   WinDbg zeigt den Abbruchfehlercode und den Treiber an, der den Abbruchfehler verursacht hat

Falls die Standardanalyse nicht alle Informationen liefert, die Sie für die Problembehandlung benötigen, können Sie im Fenster *Command* den folgenden Befehl ausführen:

```
!analyze -v
```

Dieser Befehl zeigt den *Stapel* (stack) an, der eine Liste der Methodenaufrufe enthält, die unmittelbar vor dem Abbruchfehler ausgeführt wurden. Das kann Hinweise auf die Ursache eines Abbruchfehlers liefern. Zum Beispiel wurde die folgende Stapelablaufverfolgungsausgabe mit dem Befehl `!analyze -v` erstellt. Der durch Fettschrift hervorgehobene Abschnitt zeigt ganz richtig an, dass der Abbruchfehler durch das Entfernen eines USB-Geräts (Universal Serial Bus) verursacht wurde:

```
STACK_TEXT:
WARNING: Frame IP not in any known module. Following frames may be wrong.
ba4ffb2c ba26c6ff 89467df0 68627375 70646f52 0x8924ed33
ba4ffb5c ba273661 88ffade8 8924eae0 89394e48 usbhub!USBH_PdoRemoveDevice+0x41
ba4ffb7c ba26c952 88ffaea0 89394e48 00000002 usbhub!USBH_PdoPnP+0x5b
ba4ffba0 ba26a1d8 01ffaea0 89394e48 ba4ffbd4 usbhub!USBH_PdoDispatch+0x5a
ba4ffbb0 804eef95 88ffade8 89394e48 88eac2e0 usbhub!USBH_HubDispatch+0x48
ba4ffbc0 ba3f2db4 88eac228 88eac2e0 00000000 nt!IopfCallDriver+0x31
ba4ffbd4 ba3f4980 88eac228 89394e48 89394e48 USBSTOR!USBSTOR_FdoRemoveDevice+0xac
ba4ffbec b9eed58c 88eac228 89394e48 89394f48 USBSTOR!USBSTOR_Pnp+0x4e
```

Vorbereitungen für das Auftreten von Abbruchfehlern treffen

Einige nützliche Software- und Hardwaretechniken können Ihnen helfen, sich auf den Fall vorzubereiten, dass Abbruchfehler auftreten. Abbruchmeldungen verweisen nicht immer direkt auf die Ursache des Problems, liefern aber wichtige Hinweise, die Sie oder ein geschulter Supportmitarbeiter nutzen können, um die Ursache zu identifizieren und zu beseitigen.

Verhindern, dass das System nach einem Abbruchfehler neu startet

Wenn ein Abbruchfehler auftritt, zeigt Windows eine Abbruchmeldung an, die auf das Problem hinweist. In der Standardeinstellung startet Windows automatisch neu, wenn ein Abbruchfehler aufgetreten ist. Das funktioniert allerdings nicht, wenn das System nicht mehr reagiert. Falls Windows Ihr System sofort nach dem Auftreten eines Abbruchfehlers neu startet, bleibt Ihnen unter Umständen nicht genug Zeit, um die Informationen aus der Abbruchmeldung zu notieren, die Ihnen helfen, die Ursache des Problems zu analysieren. Außerdem kann es sein, dass Sie die Möglichkeit verpassen, Startoptionen zu ändern oder das Betriebssystem im abgesicherten Modus zu starten.

Indem Sie das Standardverhalten für den Neustart verändern, verschaffen Sie sich die Möglichkeit, den Text der Abbruchmeldung in Ruhe abzuschreiben. Diese Informationen können Ihnen helfen, die eigentliche Ursache des Problems zu analysieren, falls die Speicherabbilddateien nicht verfügbar sind. Gehen Sie folgendermaßen vor, um den automatischen Neustart zu deaktivieren:

1. Klicken Sie im Startmenü mit der rechten Maustaste auf *Computer* und wählen Sie den Befehl *Eigenschaften*.

2. Klicken Sie auf *Erweiterte Systemeinstellungen*.

3. Klicken Sie im Dialogfeld *Systemeigenschaften* auf die Registerkarte *Erweitert*. Klicken Sie im Feld *Starten und Wiederherstellen* auf die Schaltfläche *Einstellungen*.

4. Deaktivieren Sie im Feld *Systemfehler* das Kontrollkästchen *Automatisch Neustart durchführen*.

Falls Sie Ihren Computer nicht im normalen Modus neu starten können, können Sie die geschilderten Schritte im abgesicherten Modus ausführen.

Aufzeichnen und Speichern der Abbruchmeldungen

Wenn Sie den automatischen Neustart deaktiviert haben, müssen Sie Ihren Computer von Hand neu starten, falls eine Abbruchmeldung erscheint. Abbruchmeldungen liefern Diagnoseinformationen, zum Beispiel Abbruchfehlernummern und Treibernamen, die Ihnen helfen, das Problem zu beseitigen. Diese Informationen verschwinden allerdings vom Bildschirm, sobald Sie Ihren Computer neu starten. Im Allgemeinen können Sie diese Informationen abrufen, nachdem das System neu gestartet wurde, indem Sie sich die Speicherabbilddatei ansehen, wie im Abschnitt »Analysieren von Abbruchfehlern mithilfe von Speicherabbilddateien« weiter oben in diesem Kapitel beschrieben. In bestimmten Fällen werden die Abbruchfehlerinformationen nicht erfolgreich protokolliert. Daher ist es wichtig, die Informationen, die in der Abbruchmeldung angezeigt werden, zu notieren. Bevor Sie das System neu starten, sollten Sie daher mit den folgenden Aktionen sicherstellen, dass Sie alle wichtigen Informationen zur Hand haben. Diese Informationen können Sie dann verwenden, um in den Ressourcen zu recherchieren, die in diesem Kapitel aufgeführt sind.

Gehen Sie folgendermaßen vor, um Abbruchmeldungsinformationen aufzuzeichnen und zu speichern:

1. Notieren Sie die Daten, die in den Abschnitten »Technical Information« und »Driver Information« der Abbruchmeldung stehen. Diese Abschnitte sind in »Abbruchmeldungen« weiter oben in diesem Kapitel beschrieben.

2. Notieren Sie sich die Vorschläge im Abschnitt mit den empfohlenen Maßnahmen. Abbruchmeldungen enthalten meist Problembehandlungstipps, die für den jeweiligen Fehler sinnvoll sind.

3. Überprüfen Sie den Abschnitt mit Informationen zu Debugport und Speicherabbildstatus, um sicherzustellen, dass Windows erfolgreich eine Speicherabbilddatei erstellt.

4. Falls eine Speicherabbilddatei vorhanden ist, sollten Sie diese Datei auf einen Wechseldatenträger, ein anderes Festplattenvolume oder an einen Netzwerkstandort kopieren, damit ihr nichts passieren kann. Sie können die Speicherabbilddatei mit der Systemstartreparatur kopieren, falls es nicht möglich ist, Windows im normalen oder abgesicherten Modus zu starten.

Eine Analyse der Speicherabbilddateien kann Ihnen helfen, die eigentliche Ursache zu ermitteln, weil sie detaillierte Informationen über den Zustand des Systems zu dem Zeitpunkt liefern, an dem der Abbruchfehler auftrat. Mit den eben beschriebenen Schritten können Sie wichtige Informationen sichern, die Sie später nachschlagen können, wenn Sie die Problembehandlung mit den Ressourcen durchführen, die im Abschnitt »Abbruchmeldungen« weiter oben in diesem Kapitel beschrieben sind. Weitere Informationen über das Erstellen und Analysieren von Speicherabbilddateien finden Sie im Abschnitt »Speicherabbilddateien« weiter oben in diesem Kapitel.

Überprüfen Sie die Anforderungen an den Festplattenplatz

Überprüfen Sie, ob auf den Datenträgervolumes genug Platz für Auslagerungsdateien des virtuellen Arbeitsspeichers und Anwendungsdatendateien frei ist. Wenn nicht genug Platz frei ist, kann das Abbruchfehler und andere Symptome auslösen, zum Beispiel die Beschädigung von Daten. Im Abschnitt »Speicherabbilddateien« weiter oben in diesem Kapitel ist beschrieben, wie viel Platz für Auslagerungsdateien benötigt wird.

Sie können unbenötigte Dateien von Hand oder mithilfe des Tools Datenträgerbereinigung verschieben, löschen oder komprimieren, um den freien Platz auf Datenträgervolumes zu vergrößern.

Sie können die Datenträgerbereinigung ausführen, indem Sie im Suchfeld des Startmenüs den Befehl **cleanmgr** eingeben und die EINGABETASTE drücken. Folgen Sie den Anweisungen, um den freien Festplattenplatz auf Ihrem Systemlaufwerk zu vergrößern. Beachten Sie, dass die Datenträgerbereinigung Ihnen die Möglichkeit anbietet, Speicherabbilddateien zu löschen. Weitere Informationen über das Verwalten von Datenträgern finden Sie in Kapitel 16, »Verwalten von Laufwerken und Dateisystemen«.

Installieren von Kerneldebuggern und Symboldateien

Mit einem Kerneldebugger können Sie weitere Informationen über das Problem sammeln. Weitere Informationen über das Installieren und Verwenden von Debugtools finden Sie im Abschnitt »Analysieren von Abbruchfehlern mithilfe von Speicherabbilddateien« weiter oben in diesem Kapitel.

Häufiger vorkommende Abbruchmeldungen

Die folgenden Beschreibungen für häufiger vorkommende Abbruchfehler können Ihnen helfen, die Probleme zu beseitigen, die Abbruchfehler verursachen. Die »Checkliste für Abbruchmeldungen« am Ende dieses Kapitels enthält außerdem Vorschläge, die bei einer Problembehandlung für alle Arten von Abbruchfehlern nützlich sein können. Falls die Fehler weiterhin auftreten, nachdem Sie die Empfehlungen befolgt haben, sollten Sie bei Ihrem Hardwarehersteller oder einem Microsoft-Supportmitarbeiter um Hilfe bitten.

Stop 0xA oder IRQL_NOT_LESS_OR_EQUAL

Die Stop 0xA-Meldung gibt an, dass ein Kernmodusprozess oder -treiber versucht hat, auf eine Speicherstelle zuzugreifen, für die er keine Berechtigung besitzt, oder auf eine Kernel-IRQL (Interruptanforderungsebene), die zu hoch war. Ein Kernmodusprozess kann nur auf andere Prozesse zugreifen, deren IRQL kleiner als oder so groß wie seine eigene ist. Diese Abbruchmeldung wird meist durch defekte oder inkompatible Hardware oder Software verursacht.

Interpretieren der Meldung

Diese Abbruchmeldung hat vier Parameter:

1. Speicheradresse, auf die fälschlicherweise zugegriffen wurde
2. IRQL, die nötig wäre, um auf den Arbeitsspeicher zuzugreifen
3. Art des Zugriffs (0x00 = Leseoperation, 0x01 = Schreiboperation)
4. Adresse der Anweisung, die versucht hat, auf den im Parameter 1 angegebenen Speicher zuzugreifen

Falls der letzte Parameter innerhalb des Adressbereichs eines Gerätetreibers in Ihrem System liegt, können Sie feststellen, welcher Gerätetreiber lief, als der Speicherzugriff auftrat. Sie finden den Treibernamen normalerweise in der Zeile, die etwa folgendermaßen aussieht:

```
**Address 0xZZZZZZZZ has base at <Adresse>- <Treibername>
```

Falls der dritte Parameter den gleichen Wert hat wie der erste, besteht eine spezielle Bedingung, bei der eine Systemarbeitsroutine (ausgeführt von einem Arbeitsthread, um Hintergrundaufgaben, die sogenannten Arbeitsaufgaben, zu verarbeiten) an eine höhere IRQL zurückgegeben wurde. In diesem Fall haben einige der vier Parameter eine andere Bedeutung:

1. Adresse der Arbeitsroutine
2. Kernel-IRQL
3. Adresse der Arbeitsroutine
4. Adresse der Arbeitsaufgabe

Beseitigen des Problems

Die folgenden Empfehlungen gelten speziell für Stop 0xA-Fehler. Weitere Problembehandlungsvorschläge, die für alle Abbruchfehler gelten, finden Sie im Abschnitt »Checkliste für Abbruchmeldungen« weiter unten in diesem Kapitel.

- Gehen Sie folgendermaßen vor, um einen Fehler zu beseitigen, der von einem fehlerhaften Gerätetreiber, Systemdienst oder BIOS (Basic Input/Output System) verursacht wird:

  1. Starten Sie Ihren Computer neu.
  2. Drücken Sie die Taste F8, wenn das Textmodusmenü mit der Betriebssystemauswahl angezeigt wird.
  3. Wählen Sie im Menü *Erweiterte Startoptionen* den Eintrag *Letzte als funktionierend bekannte Konfiguration* aus. Diese Möglichkeit ist am effektiven, wenn nur ein Treiber oder Dienst neu hinzugefügt wurde.

- Gehen Sie folgendermaßen vor, um einen Fehler zu beseitigen, der durch inkompatible Gerätetreiber, Systemdienste, Virenscanner oder Datensicherungstools verursacht wurde:

1. Suchen Sie in der Ereignisanzeige im Systemprotokoll nach Fehlermeldungen, die das Gerät oder den Treiber identifizieren, von dem der Fehler ausgelöst wurde.

2. Deaktivieren Sie versuchsweise den Speichercache für das BIOS.

3. Führen Sie die Hardwarediagnose aus, die vom Systemhersteller zur Verfügung gestellt wird, insbesondere den Speichertest. Einzelheiten zu diesen Operationen finden Sie im Handbuch Ihres Computers.

4. Stellen Sie sicher, dass das neuste Service Pack installiert ist.

5. Falls Ihr System SCSI-Adapter (Small Computer System Interface) hat, sollten Sie beim Adapterhersteller nachfragen, ob aktualisierte Windows-Treiber zur Verfügung stehen. Deaktivieren Sie versuchsweise die Sync-Aushandlung im SCSI-BIOS, überprüfen Sie die Verkabelung, die SCSI-IDs aller Geräte und die Terminierung.

6. Wenn Sie IDE-Geräte (Integrated Device Electronics) haben, sollten Sie den Onboard-IDE-Port auf den Modus »Primary only« setzen. Prüfen Sie auch, ob bei allen IDE-Geräten die Master/Slave-Einstellungen richtig sind. Entfernen Sie versuchsweise alle IDE-Geräte außer den Festplatten.

- Falls Sie eine Stop 0xA-Meldung bekommen, während Sie ein Update auf Windows 7 durchführen, kann das Problem durch inkompatible Treiber, Systemdienste, Virenscanner oder Datensicherungsprogramme ausgelöst werden. Sie können Probleme beim Update vermeiden, indem Sie Ihre Hardwarekonfiguration vereinfachen und alle Gerätetreiber und Systemdienste (auch Virenscanner) von Fremdherstellern entfernen, bevor Sie Setup ausführen. Nachdem Sie Windows erfolgreich installiert haben, sollten Sie sich an den Hardwarehersteller wenden, um kompatible Updates zu bekommen. Weitere Informationen darüber, wie Sie Ihr System für die Problembehandlung vereinfachen, finden Sie in Kapitel 30, »Problembehandlung für Hardware, Treiber und Laufwerke«.

- Tritt der Abbruchfehler auf, wenn der Computer aus dem Ruhezustand oder dem Standbymodus aufwacht, sollten Sie die Knowledge Base-Artikel 941492 unter *http://support.microsoft.com/kb/ 941492* und 945577 unter *http://support.microsoft.com/kb/945577* lesen.

- Wenn der Abbruchfehler auftritt, während Sie einen mobilen Computer starten, dessen Deckel geschlossen ist, sollten Sie den Knowledge Base-Artikel 941507 unter *http://support.microsoft. com/kb/941507* lesen.

WEITERE INFORMATIONEN   Weitere Informationen über Stop 0xA-Meldungen finden Sie in der Knowledge Base unter *http://support.microsoft.com/*. Suchen Sie nach den Schlüsselwörtern »0x0000000A« und »0xA«.

Stop 0x1E oder KMODE_EXCEPTION_NOT_HANDLED

Die Stop 0x1E-Meldung gibt an, dass der Windows-Kernel eine illegale oder unbekannte Prozessoranweisung erkannt hat. Die Probleme, die Stop 0x1E-Meldungen auslösen, ähneln denen, die Stop 0xA-Fehler auslösen: Sie können dadurch verursacht werden, dass ungültige Speicherzugriffe oder Zugriffsverletzungen auftreten. Der Windows-Standardfehlerhandler fängt diese Probleme normalerweise ab, falls keine Fehlerbehandlungsroutinen im Code selbst vorhanden sind.

Interpretieren der Meldung

Diese Abbruchmeldung hat vier Parameter:

1. Code der unbehandelten Ausnahme

2. Adresse, an der die Ausnahme auftrat

3. Parameter 0 der Ausnahme

4. Parameter 1 der Ausnahme

Der erste Parameter identifiziert die generierte Ausnahme. Häufiger vorkommende Ausnahmecodes sind:

- **0x80000002: STATUS_DATATYPE_MISALIGNMENT**   Ein Datenzugriff mit falschen Wortgrenzen ist aufgetreten. Der Trap-Frame liefert zusätzliche Informationen.

- **0x80000003: STATUS_BREAKPOINT**   Bei der Verarbeitung wurde ein Haltepunkt oder ASSERT angetroffen, als kein Kerneldebugger an das System angeschlossen war.

- **0xC0000005: STATUS_ACCESS_VIOLATION**   Eine Speicherzugriffsverletzung ist aufgetreten. Parameter 4 des Abbruchfehlers (also Parameter 1 der Ausnahme) ist die Adresse, auf die der Treiber zugreifen wollte.

- **0xC0000044: STATUS_QUOTA_EXCEEDED**   Die Meldung »Insufficient Quota Exists To Complete The Operation« deutet auf ein Leck im Poolspeicher hin. Eine Kontingentanforderung, die nötig wäre, damit das System normal weiterarbeiten kann, war aufgrund eines Programm- oder Treiberspeicherlecks nicht erfolgreich.

Der zweite Parameter identifiziert die Adresse des Moduls, in dem der Fehler auftrat. Häufig verweist die Adresse auf einen einzelnen Treiber oder fehlerhafte Hardware, die im dritten Parameter der Abbruchmeldung genannt sind. Notieren Sie sich diese Adresse und die Dateiangaben des entsprechenden Treibers oder Speicherabbilds.

Die Bedeutung der beiden letzten Parameter der Abbruchmeldung hängt davon ab, welche Ausnahme aufgetreten ist. Falls der Fehlercode keine Parameter hat, sind die zwei Parameter der Abbruchmeldung als 0x00 aufgelistet.

Beseitigen des Problems

Die folgenden Empfehlungen gelten speziell für Stop 0x1E-Fehler. Weitere Problembehandlungsvorschläge, die für alle Abbruchfehler gelten, finden Sie im Abschnitt »Checkliste für Abbruchmeldungen« weiter unten in diesem Kapitel.

- Stop 0x1E-Meldungen treten oft auf, wenn Sie fehlerhafte Treiber oder Systemdienste installiert haben. Sie können auch auf Hardwareprobleme hinweisen, zum Beispiel Speicher- und IRQ-Konflikte (Interrupt Request). Falls eine Abbruchmeldung einen Treibernamen nennt, sollten Sie ihn deaktivieren, entfernen oder die vorherige Version wiederherstellen, um das Problem zu beseitigen. Falls das Problem durch das Deaktivieren oder Entfernen von Anwendungen und Treibern beseitigt wird, sollten Sie sich an den Hardwarehersteller wenden und nach einem Update fragen. Die Verwendung aktueller Software ist insbesondere für Multimediaanwendungen, Antivirenscanner und CD-Masteringtools wichtig.

- Falls die Abbruchmeldung die Datei *Win32k.sys* erwähnt, kann die Ursache für den Fehler ein Remotesteuerungsprogramm eines Fremdherstellers sein. Falls eine solche Software installiert ist, müssten Sie sie deaktivieren können, indem Sie das System im abgesicherten Modus starten. Falls das nicht möglich ist, können Sie die Systemdienstdatei, die das Problem verursacht, mit der Systemstartreparatur von Hand entfernen. Weitere Informationen über den abgesicherten Modus und das Tool Systemstartreparatur finden Sie in Kapitel 29, »Konfiguration und Problembehandlung des Startvorgangs«.

- Probleme können durch Inkompatibilitäten bei der Systemfirmware verursacht werden. Sie können viele ACPI-Probleme (Advanced Configuration and Power Interface) beseitigen, indem Sie die neuste Firmware einspielen.

- Andere mögliche Ursachen sind zu geringer Festplattenplatz bei der Installation von Anwendungen oder das Durchführen bestimmter Funktionen, die mehr Speicher benötigen. Sie können Platz freimachen, indem Sie nicht mehr benötigte Dateien löschen. Verwenden Sie die Datenträgerbereinigung, um den verfügbaren Festplattenplatz zu vergrößern. Weitere Informationen über die Datenträgerbereinigung finden Sie in Kapitel 30, »Problembehandlung für Hardware, Treiber und Laufwerke«.

- Das Problem könnte von einem Speicherleck in einer Anwendung oder einem Dienst verursacht werden, der den Speicher nicht richtig freigibt. Poolmon (*Poolmon.exe*) hilft Ihnen, die Komponenten zu isolieren, die Kernel-Speicherlecks verursachen. Weitere Informationen über die Problembehandlung von Speicherlecks finden Sie in den Microsoft Knowledge Base-Artikeln 177415, »Verwendung der Überwachung des Speicherpools ("Poolmon.exe") bei Speicherfehlern im Kernelmodus«, unter *http://support.microsoft.com/kb/177415* und 298102, »How to Find Pool Tags That Are Used by Third-Party Drivers«, unter *http://support.microsoft.com/kb/298102/en-us*.

WEITERE INFORMATIONEN   Weitere Artikel finden Sie, wenn Sie nach den Schlüsselwörtern »poolmon«, »pool tag«, »pooltag« und »memory leak« suchen. Weitere Informationen über Stop 0x1E-Meldungen finden Sie in der Knowledge Base unter *http://support.microsoft.com/*. Suchen Sie nach dem Schlüsselwort »0x1E«.

Direkt von der Quelle: Überläufe im Kernelstack

Omer Amin, Escalation Engineer, *Microsoft Global Escalation Services Team*

Überläufe (overflow) des Kernelstacks sind oft beteiligt, wenn uns Kunden einen Fehler melden. Solche Überläufe werden dadurch verursacht, dass Treiber zu viel Platz auf dem Kernelstack belegen. Daraufhin läuft der Kernelstack über, was wiederum den Absturz des Systems auslöst, wobei einer der folgenden Abbruchfehler gemeldet wird:

- STOP 0x7F: UNEXPECTED_KERNEL_MODE_TRAP, wobei Parameter 1 den Wert EXCEPTION_DOUBLE_FAULT hat. Wird dadurch ausgelöst, dass das Ende eines Kernelsstacks überschritten wird.

- STOP 0x1E: KMODE_EXCEPTION_NOT_HANDLED, 0x7E: SYSTEM_THREAD_EXCEPTION_NOT_HANDLED oder 0x8E: KERNEL_MODE_EXCEPTION_NOT_HANDLED, mit dem Ausnahmecode STATUS_ACCESS_VIOLATION. Gibt an, dass eine Speicherzugriffsverletzung vorliegt.

- STOP 0x2B: PANIC_STACK_SWITCH. Tritt normalerweise auf, wenn ein Kernelmodustreiber zu viel Platz auf dem Stack belegt.

Jeder Thread im System bekommt einen Kernelmodusstack zugewiesen. Jeder Code, der in einem Kernelmodusthread läuft (sei es ein Systemthread oder ein Thread, der von einem Treiber erstellt wurde), benutzt den Kernelmodusstack dieses Threads. Die einzige Ausnahme ist Code, der ein DPC (Deferred Procedure Call) ist; in diesem Fall benutzt der Code auf manchen Plattformen den DPC-Stack des Prozessors.

Der Stack wächst nach unten. Das bedeutet, dass der Anfang des Stacks eine höhere Adresse hat als sein Ende. Nehmen wir an, Ihr Stack beginnt bei 0x80f1000. Der Stackzeiger (ESP) weist auf diese Adresse. Schreiben Sie nun einen DWORD-Wert in den Stack, lautet die Adresse 0x80f0ffc. Der nächste DWORD-Wert wird unter 0x80f0ff8 gespeichert. Das geht so weiter bis zum Ende des zugewiesenen Stacks. Ans Ende des Stacks schließt sich eine Überwachungsseite an, die dafür sorgt, dass Überläufe erkannt werden.

Die Größe des Kernelmodusstacks hängt von der Hardwareplattform ab. Auf 32-Bit-Plattformen ist der Kernelmodusstack 12 KByte groß, auf 64-Bit-Plattformen dagegen 24 KByte. Die Stackgröße ist eine feste Grenze, die vom System festgelegt wird. Alle Treiber müssen den verfügbaren Platz mit Augenmaß nutzen, damit keine Konflikte entstehen. Ist das Ende des Stacks erreicht, reicht eine einzige Push-Anweisung, damit eine Ausnahme ausgelöst wird, die unter Umständen wiederum zu einem Abbruchfehler führt. Bei der schuldigen Anweisung kann es sich entweder um eine einfache Push-Anweisung oder eine Call-Anweisung handeln, bei der die Rückkehradresse auf den Stack geschrieben wird.

Stop 0x24 oder NTFS_FILE_SYSTEM

Die Stop 0x24-Meldung gibt an, dass ein Problem innerhalb von *Ntfs.sys* aufgetreten ist, der Treiberdatei, über die das System Daten auf Laufwerken mit dem Dateisystem NTFS liest und schreibt. Für die File Allocation Table-Dateisysteme (FAT16 oder FAT32) gibt es eine ähnliche Abbruchmeldung (0x23).

Interpretieren der Meldung

Diese Abbruchmeldung hat vier Parameter:

1. Quelldatei und Zeilennummer
2. Einen Wert ungleich 0, der die Adresse des Ausnahmedatensatzes enthält (optional)
3. Einen Wert ungleich 0, der die Adresse des Kontextdatensatzes enthält (optional)
4. Einen Wert ungleich 0, der die Adresse enthält, an der die ursprüngliche Ausnahme auftrat (optional)

Parameter für diese Abbruchmeldung sind nur für den technischen Support von Microsoft nützlich, der Zugriff auf den Windows-Quellcode hat. Abbruchmeldungen, die durch Dateisystemprobleme verursacht werden, geben im ersten Parameter die Quelldatei und die Zeilennummer innerhalb der Quelldatei an, in der der Fehler generiert wurde. Die ersten vier Hexadezimalziffern (die oberen 16 Bits) nach dem »0x« identifizieren die Quelldateinummer und die hinteren vier Hexadezimalziffern (die unteren 16 Bits) die Quellcodezeile in der Datei, in der der Abbruch ausgelöst wurde.

Beseitigen des Problems

Die folgenden Empfehlungen gelten speziell für Stop 0x24-Fehler. Weitere Problembehandlungsvorschläge, die für alle Abbruchfehler gelten, finden Sie im Abschnitt »Checkliste für Abbruchmeldungen« weiter unten in diesem Kapitel.

- Defekte SCSI- und ATA-Hardware (Advanced Technology Attachment) oder -treiber können ebenfalls dafür verantwortlich sein, dass das System auf Laufwerke nicht mehr richtig schreiben oder davon lesen kann, sodass Fehler entstehen. Falls Sie SCSI-Festplatten verwenden, sollten Sie Verkabelung und Terminierung zwischen dem SCSI-Controller und dem Laufwerk prüfen. Suchen Sie regelmäßig in der Ereignisanzeige im Systemprotokoll nach Fehlermeldungen im Zusammenhang mit SCSI oder FASTFAT sowie nach Meldungen im Protokoll *Anwendungs- und Dienstprotokolle\Microsoft\Windows\DiskDiagnostic\Operational*. Weitere Informationen über die Problembehandlung bei SCSI-Adaptern und -Laufwerken finden Sie in Kapitel 30, »Problembehandlung für Hardware, Treiber und Laufwerke«.

- Überprüfen Sie, ob die Tools, mit denen Sie Ihr System kontinuierlich überwachen, zum Beispiel Virenscanner, Datensicherungsprogramme oder Defragmentierungsprogramme, zu Windows kompatibel sind. Einige Datenträger und Adapter werden mit Diagnosesoftware ausgeliefert, mit der Sie Hardwaretests ausführen können. Weitere Informationen finden Sie in der Dokumentation zu Ihrem Computer, Ihrer Festplatte oder Ihrem Controller.

- Überprüfen Sie Ihre Festplatte auf Probleme. Weitere Informationen finden Sie in Kapitel 30, »Problembehandlung für Hardware, Treiber und Laufwerke«.

- Der nichtausgelagerte Poolspeicher könnte erschöpft sein, was dazu führt, dass das System anhält. Sie können dieses Problem beseitigen, indem Sie mehr RAM einbauen. Damit steht dem Kernel mehr nichtausgelagerter Poolspeicher zur Verfügung.

WEITERE INFORMATIONEN Weitere Informationen über Stop 0x24-Meldungen finden Sie in der Knowledge Base unter *http://support.microsoft.com/*. Suchen Sie nach den Schlüsselwörtern »0x00000024« und »0x24«.

Stop 0x2E oder DATA_BUS_ERROR

Die Stop 0x2E-Meldung gibt an, dass ein Paritätsfehler im Systemspeicher aufgetreten ist. Die Ursache ist meist fehlerhaftes oder defektes RAM (Speicher auf dem Motherboard, im Level-2-Cache oder auf der Grafikkarte), inkompatible oder nicht zusammenpassende Speicherhardware oder ein Gerätetreiber, der versucht, auf eine Adresse im Bereich 0x8*xxxxxxx* zuzugreifen, den es nicht gibt (er ist keiner Hardwareadresse zugeordnet). Eine Stop 0x2E-Meldung kann auch auf einen Festplattenschaden durch Viren oder andere Probleme hinweisen.

Interpretieren der Meldung

Diese Abbruchmeldung hat vier Parameter:

1. Virtuelle Adresse, die den Fehler verursacht hat
2. Hardwareadresse, die den Fehler verursacht hat
3. Prozessorstatusregister
4. Befehlsregister beim Auftreten des Fehlers

Beseitigen des Problems

Die folgenden Empfehlungen gelten speziell für Stop 0x2E-Fehler. Weitere Problembehandlungsvorschläge, die für alle Abbruchfehler gelten, finden Sie im Abschnitt »Checkliste für Abbruchmeldungen« weiter unten in diesem Kapitel.

- Stop 0x2E wird meist durch defekte, fehlerhafte oder ausgefallene Speicherhardware verursacht, zum Beispiel Arbeitsspeichermodule, Level-2-SRAM-Cache oder Grafikkarten-RAM. Falls Sie vor Kurzem neue Hardware hinzugefügt haben, sollten Sie diese Hardware entfernen und durch andere ersetzen, um festzustellen, ob sie das Problem verursacht oder verschärft. Führen Sie die Windows-Speicherdiagnose aus, wie in Kapitel 30, »Problembehandlung für Hardware, Treiber und Laufwerke«, beschrieben, um festzustellen, ob die Komponente ausgefallen ist.

- Stop 0x2E-Meldungen können auch auftreten, nachdem Sie fehlerhafte Treiber oder Systemdienste installiert haben. Falls ein Treiberdateiname angegeben ist, sollten Sie diesen Treiber deaktivieren, entfernen oder seine Vorversion wiederherstellen. Deaktivieren Sie den Dienst oder die Anwendung und überprüfen Sie, ob das den Fehler beseitigt. Ist das der Fall, sollten Sie sich an den Hardwarehersteller wenden und nach einem Update fragen. Die Verwendung aktueller Software ist insbesondere für Datensicherungsprogramme, Multimediaanwendungen, Antivirenscanner und CD-Masteringtools wichtig.

- Auch eine Beschädigung der Festplattendaten kann diese Abbruchmeldung auslösen. Weitere Informationen darüber, wie Sie die Integrität der Festplatte überprüfen, finden Sie in Kapitel 30, »Problembehandlung für Hardware, Treiber und Laufwerke«.

- Das Problem könnte durch Haarrisse, Kratzspuren oder defekte Komponenten auf dem Motherboard ausgelöst werden. Falls alle anderen Maßnahmen nicht fruchten, sollten Sie das Systemmotherboard bei einem Reparaturbetrieb überprüfen lassen.

WEITERE INFORMATIONEN Weitere Informationen über Stop 0x2E-Meldungen finden Sie in der Knowledge Base unter *http://support.microsoft.com/*. Suchen Sie nach den Schlüsselwörtern »0x0000002E« und »0x2E«.

Stop 0x3B oder SYSTEM_SERVICE_EXCEPTION

Die Stop 0x3B-Meldung gibt an, dass eine Ausnahme aufgetreten ist, während eine Routine ausgeführt wurde, die von nichtprivilegiertem in privilegierten Code wechselt.

Interpretieren der Meldung

Diese Abbruchmeldung hat drei Parameter:

1. Ausnahme, die den Fehler verursacht hat
2. Adresse des Ausnahmedatensatzes für die Ausnahme, die den Fehler verursacht hat
3. Adresse des Kontextdatensatzes für die Ausnahme, die den Fehler verursacht hat

Beseitigen des Problems

Dieser Fehler tritt meist auf, wenn der Auslagerungspool zu stark belastet wird. Er wird manchmal dadurch ausgelöst, dass Benutzermodusgrafiktreiber beim Umschalten fehlerhafte Daten an den Kernelcode übergeben. Sie beseitigen dieses Problem, indem Sie die neusten Treiber für Ihre Grafikkarte einspielen. Sofern Sie bereits mit der neusten Version arbeiten, können Sie versuchsweise eine ältere Version wiederherstellen.

WEITERE INFORMATIONEN Weitere Informationen über Stop 0x3B-Meldungen finden Sie in der Knowledge Base unter *http://support.microsoft.com/*. Suchen Sie nach den Schlüsselwörtern »0x0000003B« und »0x3B«.

Stop 0x3F oder NO_MORE_SYSTEM_PTES

Die Stop 0x3F-Meldung bedeutet, dass eines oder mehrere der folgenden Probleme aufgetreten sind:

- Die System-PTEs (Page Table Entry) sind erschöpft oder fragmentiert, weil das System eine große Zahl von E/A-Aktionen (Ein-/Ausgabe) durchführt.
- Ein fehlerhafter Gerätetreiber verwaltet den Arbeitsspeicher nicht richtig.
- Eine Anwendung, zum Beispiel ein Datensicherungsprogramm, fordert fälschlicherweise große Mengen an Kernelspeicher an.

Interpretieren der Meldung

Abhängig von der Konfiguration Ihres Systems kann der Wert des ersten Parameters variieren. Mögliche Werte für den Parameter und die enthaltenen Informationen sind:

- **0x0A** PTE-Typ: 0x00 = Systemerweiterung, 0x01 = Erweiterung des nichtausgelagerten Pools
- **0x0B** Angeforderte Größe
- **0x0C** Gesamtzahl der freien System-PTEs
- **0x0D** Gesamtzahl der System-PTEs

Beseitigen des Problems

Die folgenden Empfehlungen gelten speziell für Stop 0x3F-Fehler. Weitere Problembehandlungsvorschläge, die für alle Abbruchfehler gelten, finden Sie im Abschnitt »Checkliste für Abbruchmeldungen« weiter unten in diesem Kapitel.

- Stop 0x3F-Meldungen können auftreten, nachdem Sie fehlerhafte Treiber oder Systemdienste installiert haben. Falls ein Treiberdateiname angegeben ist, sollten Sie diesen Treiber deaktivieren, entfernen oder seine Vorversion wiederherstellen. Deaktivieren Sie den Dienst oder die Anwendung und überprüfen Sie, ob das den Fehler beseitigt. Ist das der Fall, sollten Sie sich an den Hardwarehersteller wenden und nach einem Update fragen. Die Verwendung aktueller Software ist insbesondere für Datensicherungsprogramme, Multimediaanwendungen, Antivirenscanner und CD-Masteringtools wichtig.

- Es kann sein, dass die PTEs im System noch gar nicht erschöpft sind, aber kein fortlaufender Speicherblock ausreichender Größe verfügbar ist, um die Anforderung eines Treibers oder einer Anwendung zu erfüllen. Überprüfen Sie, ob aktualisierte Treiber oder Anwendungsdateien verfügbar sind, und prüfen Sie in der Hardware- oder Programmdokumentation die Mindestsystemvoraussetzungen.

Eine verwandte Abbruchmeldung, 0xD8: DRIVER_USED_EXCESSIVE_PTES, ist weiter unten in diesem Kapitel beschrieben.

WEITERE INFORMATIONEN Weitere Informationen über Stop 0x3F-Meldungen finden Sie in der Knowledge Base unter *http://support.microsoft.com/*. Suchen Sie nach den Schlüsselwörtern »0x0000003F« und »0x3F«.

Stop 0x50 oder PAGE_FAULT_IN_NONPAGED_AREA

Die Stop 0x50-Meldung bedeutet, dass angeforderte Daten nicht im Arbeitsspeicher waren. Das System generiert einen Ausnahmefehler, wenn ein Verweis auf eine ungültige Systemspeicheradresse verwendet wird. Defekter Arbeitsspeicher (Speicher auf dem Motherboard, im Level-2-Cache oder auf der Grafikkarte) oder inkompatible Software (zum Beispiel Remotesteuerungs- und Antivirensoftware) kann Stop 0x50-Meldungen verursachen.

Interpretieren der Meldung

Diese Abbruchmeldung hat vier Parameter:

1. Speicheradresse, die den Fehler verursacht hat
2. Art des Zugriffs (0x00 = Leseoperation, 0x01 = Schreiboperation)
3. Falls ungleich 0: die Befehlsadresse, von der auf die Adresse in Parameter 0x01 zugegriffen wurde
4. Dieser Parameter ist reserviert (für künftige Verwendung).

Beseitigen des Problems

Die folgenden Empfehlungen gelten speziell für Stop 0x50-Fehler. Weitere Problembehandlungsvorschläge, die für alle Abbruchfehler gelten, finden Sie im Abschnitt »Checkliste für Abbruchmeldungen« weiter unten in diesem Kapitel.

- Falls Sie vor Kurzem neue Hardware hinzugefügt haben, sollten Sie diese Hardware entfernen und durch andere ersetzen, um festzustellen, ob sie das Problem verursacht oder verschärft. Führen Sie die Windows-Speicherdiagnose aus, wie in Kapitel 30, »Problembehandlung für Hardware, Treiber und Laufwerke«, beschrieben, um festzustellen, ob die Komponente ausgefallen ist.

- Stop 0x50-Meldungen können auch auftreten, nachdem Sie fehlerhafte Treiber oder Systemdienste installiert haben. Falls ein Treiberdateiname angegeben ist, sollten Sie diesen Treiber deaktivieren, entfernen oder seine Vorversion wiederherstellen. Falls nicht, sollten Sie die vor Kurzem installierten Dienste oder Anwendungen deaktivieren, um zu überprüfen, ob der Fehler dadurch beseitigt wird. Falls dies das Problem nicht beseitigt, sollten Sie sich an den Hardwarehersteller wenden und nach einem Update fragen. Die Verwendung aktueller Treiber und Software ist insbesondere wichtig für Netzwerkkarten, Grafikkarten, Datensicherungsprogramme, Multimediaanwendungen, Antivirenscanner und CD-Masteringtools. Falls kein aktualisierter Treiber zur Verfügung steht, können Sie versuchen, den Treiber eines ähnlichen Geräts derselben Produktfamilie zu verwenden. Falls zum Beispiel beim Drucken mit dem Druckermodell 1100C Stop 0x50-Fehler auftreten, können Sie probieren, ob ein Druckertreiber für das Modell 1100A oder 1000 das Problem beseitigt.

- Überprüfen Sie Ihre Festplatte auf Probleme. Weitere Informationen finden Sie in Kapitel 30, »Problembehandlung für Hardware, Treiber und Laufwerke«.

WEITERE INFORMATIONEN   Weitere Informationen über Stop 0x50-Meldungen finden Sie in der Knowledge Base unter *http://support.microsoft.com/*. Suchen Sie nach den Schlüsselwörtern »0x00000050« und »0x50«. Lesen Sie sich insbesondere den Knowledge Base-Artikel 938239 durch.

Stop 0x77 oder KERNEL_STACK_INPAGE_ERROR

Die Stop 0x77-Meldung bedeutet, dass eine Seite der Kerneldaten, die aus der Auslagerungsdatei (virtueller Arbeitsspeicher) angefordert wurde, nicht gefunden oder nicht in den Arbeitsspeicher eingelesen werden konnte. Diese Abbruchmeldung kann auch auf einen Defekt der Festplattenhardware, Datenbeschädigung oder eine mögliche Virusinfektion hinweisen.

Interpretieren der Meldung

Diese Abbruchmeldung hat vier Parameter. Die folgenden Definitionen gelten nur, falls der erste und der dritte Parameter den Wert 0 haben:

1. Dieser Wert ist 0x00 (null).
2. Wert aus dem Stack.
3. Dieser Wert ist 0x00 (null).
4. Adresse der Signatur im Kernelstack.

Andernfalls gelten die folgenden Definitionen:

1. Statuscode
2. E/A-Statuscode
3. Auslagerungsdateinummer
4. Offset in Auslagerungsdatei

Häufig können Sie die Ursache dieses Fehlers dem zweiten Parameter entnehmen, dem E/A-Status-code. Einige häufiger vorkommende Statuscodes sind:

- 0xC000009A oder STATUS_INSUFFICIENT_RESOURCES weist auf zu wenige nichtausgelagerte Poolressourcen hin.

- 0xC000009C oder STATUS_DEVICE_DATA_ERROR weist im Allgemeinen auf fehlerhafte Blöcke (Sektoren) auf der Festplatte hin.

- 0xC000009D oder STATUS_DEVICE_NOT_CONNECTED weist auf defekte oder lose Daten- oder Stromkabel, ein Problem mit der SCSI-Terminierung oder falsche Controller- oder Festplattenkonfiguration hin.

- 0xC000016A oder STATUS_DISK_OPERATION_FAILED weist ebenfalls auf fehlerhafte Blöcke (Sektoren) auf der Festplatte hin.

- 0xC0000185 oder STATUS_IO_DEVICE_ERROR weist auf falsche Terminierung, defekte Speichercontrollerhardware oder defekte Laufwerksverkabelung hin oder darauf, dass zwei Geräte versuchen, auf dieselben Systemressourcen zuzugreifen.

Beseitigen des Problems

Die folgenden Empfehlungen gelten speziell für Stop 0x77-Fehler. Weitere Problembehandlungsvorschläge, die für alle Abbruchfehler gelten, finden Sie im Abschnitt »Checkliste für Abbruchmeldungen« weiter unten in diesem Kapitel.

- Stop 0x77-Meldungen können durch fehlerhafte Sektoren in der Auslagerungsdatei für den virtuellen Arbeitsspeicher oder einen Fehler des Laufwerkscontrollers verursacht werden. In sehr seltenen Fällen kann der Fehler auch dadurch ausgelöst werden, dass die nichtausgelagerten Poolressourcen erschöpft sind. Falls der erste und der dritte Parameter den Wert 0 haben, fehlt die Stacksignatur im Kernelstack, und dieser Fehler wird normalerweise durch defekte Hardware verursacht. Falls der E/A-Status 0xC0000185 ist und sich die Auslagerungsdatei auf einer SCSI-Festplatte befindet, sollten Sie Verkabelung und Terminierung prüfen. Die E/A-Statuscodes 0xC000009C oder 0xC000016A bedeuten, dass die angeforderten Daten nicht gefunden wurden. Sie können versuchen, das Problem zu beseitigen, indem Sie den Computer neu starten. Außerdem können Sie die Festplatte mit Chkdsk auf Probleme untersuchen. Weitere Informationen über Chkdsk finden Sie in Kapitel 30, »Problembehandlung für Hardware, Treiber und Laufwerke«.

- Eine andere Ursache für Stop 0x77-Meldungen ist defekte, fehlerhafte oder ausgefallene Arbeitsspeicherhardware, zum Beispiel Arbeitsspeichermodule, Level-2-SRAM-Cache oder Grafikkarten-RAM. Falls Sie vor Kurzem neue Hardware hinzugefügt haben, sollten Sie diese Hardware entfernen und ersetzen, um festzustellen, ob sie das Problem verursacht oder verschärft. Führen Sie die Windows-Speicherdiagnose aus, wie in Kapitel 30, »Problembehandlung für Hardware, Treiber und Laufwerke«, beschrieben, um festzustellen, ob die Komponente ausgefallen ist.

- Das Problem könnte durch Haarrisse, Kratzspuren oder defekte Komponenten auf dem Motherboard ausgelöst werden. Falls alle anderen Maßnahmen nicht fruchten, sollten Sie das Systemmotherboard bei einem Reparaturbetrieb überprüfen lassen.

- Probleme, die Stop 0x77-Meldungen auslösen, können auch Stop 0x7A-Meldungen auslösen. Weitere Informationen über Stop 0x7A-Meldungen finden Sie im Abschnitt »Stop 0x7A oder KERNEL_DATA_INPAGE_ERROR«.

WEITERE INFORMATIONEN Weitere Informationen über Stop 0x77-Meldungen finden Sie in der Knowledge Base unter *http://support.microsoft.com/*. Suchen Sie nach den Schlüsselwörtern »0x00000077« und »0x77«.

Stop 0x7A oder KERNEL_DATA_INPAGE_ERROR

Die Stop 0x7A-Meldung bedeutet, dass eine Seite der Kerneldaten, die aus der Auslagerungsdatei (virtueller Arbeitsspeicher) angefordert wurde, nicht gefunden oder in den Arbeitsspeicher eingelesen werden konnte. Diese Abbruchmeldung kann durch inkompatible Laufwerks- oder Controllertreiber, -firmware oder -hardware verursacht werden.

Interpretieren der Meldung

Diese Abbruchmeldung hat vier Parameter:

1. Sperrtyp (0x01, 0x02, 0x03 oder PTE-Adresse)
2. E/A-Statuscode
3. Falls der Sperrtyp 0x01 ist, gibt dieser Parameter den aktuellen Prozess an. Falls der Sperrtyp 0x03 ist, gibt dieser Parameter die virtuelle Adresse an.
4. Die virtuelle Adresse, die nicht in den Arbeitsspeicher eingelesen werden konnte

Häufig können Sie die Ursache dieses Fehlers dem zweiten Parameter entnehmen, dem E/A-Statuscode. Einige häufiger vorkommende Statuscodes sind:

- 0xC000009A oder STATUS_INSUFFICIENT_RESOURCES: Weist auf zu wenige nichtausgelagerte Poolressourcen hin.

- 0xC000009C oder STATUS_DEVICE_DATA_ERROR: Weist auf fehlerhafte Blöcke (Sektoren) auf der Festplatte hin.

- 0xC000009D oder STATUS_DEVICE_NOT_CONNECTED: Weist auf defekte oder lose Daten- oder Stromkabel, ein Problem mit der SCSI-Terminierung oder falsche Controller- oder Festplattenkonfiguration hin.

- 0xC000016A oder STATUS_DISK_OPERATION_FAILED: Weist auf fehlerhafte Blöcke (Sektoren) auf der Festplatte hin.

- 0xC0000185 oder STATUS_IO_DEVICE_ERROR: Weist auf falsche Terminierung, defekte Speichercontrollerhardware oder defekte Laufwerksverkabelung hin oder darauf, dass zwei Geräte versuchen, auf dieselben Systemressourcen zuzugreifen.

Beseitigen des Problems

Die folgenden Empfehlungen gelten speziell für Stop 0x7A-Fehler. Weitere Problembehandlungsvorschläge, die für alle Abbruchfehler gelten, finden Sie im Abschnitt »Checkliste für Abbruchmeldungen« weiter unten in diesem Kapitel.

- Stop 0x7A-Meldungen können durch fehlerhafte Sektoren in der Auslagerungsdatei für den virtuellen Arbeitsspeicher, einen Fehler des Laufwerkscontrollers, Virusinfektion oder Speicherhardwareprobleme verursacht werden. In sehr seltenen Fällen kann der Fehler auch dadurch ausgelöst werden, dass die nichtausgelagerten Poolressourcen erschöpft sind. Falls der erste und der dritte Parameter den Wert 0 haben, fehlt die Stacksignatur im Kernelstack, und dieser Fehler wird normalerweise durch defekte Hardware verursacht. Falls der E/A-Status 0xC0000185 ist und sich die Auslagerungsdatei auf einer SCSI-Festplatte befindet, sollten Sie Verkabelung und Terminierung prüfen. Die E/A-Statuscodes 0xC000009C oder 0xC000016A bedeuten, dass die angeforderten Daten nicht gefunden wurden. Sie können versuchen, das Problem zu beseitigen, indem Sie den Computer neu starten. Falls die Integrität der Festplatte beeinträchtigt ist, wird Autochk (ein Programm, das versucht, fehlerhafte Festplattensektoren als defekt zu markieren, damit sie künftig nicht mehr benutzt werden) automatisch gestartet. Falls Autochk nicht startet, können Sie die

Integritätsprüfung von Hand durchführen, indem Sie nach der Anleitung im Abschnitt »Stop 0x24 oder NTFS_FILE_SYSTEM« weiter oben in diesem Kapitel vorgehen, um Chkdsk auszuführen. Weitere Informationen über Chkdsk finden Sie in Kapitel 30, »Problembehandlung für Hardware, Treiber und Laufwerke«.

- Eine andere Ursache für Stop 0x7A-Meldungen ist defekte, fehlerhafte oder ausgefallene Arbeitsspeicherhardware, zum Beispiel Arbeitsspeichermodule, Level-2-SRAM-Cache oder Grafikkarten-RAM. Falls Sie vor Kurzem neue Hardware hinzugefügt haben, sollten Sie diese Hardware entfernen und ersetzen, um festzustellen, ob sie das Problem verursacht oder verschärft. Führen Sie die Windows-Speicherdiagnose aus, wie in Kapitel 30, »Problembehandlung für Hardware, Treiber und Laufwerke«, beschrieben, um festzustellen, ob die Komponente ausgefallen ist.

- Suchen Sie auf der Website des Hardwareherstellers nach Updates für die Laufwerksadapterfirmware oder -treiber, die die Kompatibilität verbessern. Überprüfen Sie, ob Ihre Laufwerke und Controller dieselben erweiterten Features unterstützen, zum Beispiel höhere Datenübertragungsraten. Wählen Sie bei Bedarf eine langsamere Übertragungsrate aus, falls noch kein Update verfügbar ist. Suchen Sie in der Dokumentation zu Ihrer Hardware oder dem Gerät nach weiteren Informationen.

- Das Problem könnte durch Haarrisse, Kratzspuren oder defekte Komponenten auf dem Motherboard ausgelöst werden. Falls alle anderen Maßnahmen nicht fruchten, sollten Sie das Systemmotherboard bei einem Reparaturbetrieb überprüfen lassen.

- Probleme, die Stop 0x7A-Meldungen auslösen, können auch Stop 0x77-Meldungen auslösen. Weitere Informationen über Stop 0x77-Meldungen finden Sie im Abschnitt »Stop 0x77 oder KERNEL_STACK_INPAGE_ERROR« weiter oben in diesem Kapitel.

WEITERE INFORMATIONEN Weitere Informationen über Stop 0x7A-Meldungen finden Sie in der Knowledge Base unter *http://support.microsoft.com/*. Suchen Sie nach den Schlüsselwörtern »0x0000007A« und »0x7A«.

Stop 0x7B oder INACCESSIBLE_BOOT_DEVICE

Die Stop 0x7B-Meldung bedeutet, dass Windows während des Startvorgangs den Zugriff auf die Systempartition oder das Startvolume verloren hat. Meist werden Stop 0x7B-Fehler dadurch ausgelöst, dass bei der Installation oder Aufrüstung von Speicheradapterhardware falsche Gerätetreiber installiert werden. Stop 0x7B-Fehler können auch auf eine mögliche Virusinfektion hindeuten.

Interpretieren der Meldung

Diese Abbruchmeldung hat vier Parameter:

1. Adresse einer Unicode-Stringdatenstruktur, die den ARC-Spezifikationsnamen (Advanced Reduced Instruction Set Computing) des Geräts angibt, das beim Start verwendet werden sollte

2. Zeiger auf den ARC-Namensstring im Arbeitsspeicher

3. Dieser Wert ist 0x00 (null)

4. Dieser Wert ist 0x00 (null)

Der erste Parameter enthält normalerweise zwei getrennte Daten. Falls zum Beispiel der Parameter den Wert 0x00800020 hat, ist 0x0020 die tatsächliche Länge des Unicodestrings und 0x0080 die maximale Länge des ARC-Namensstrings. Der nächste Parameter enthält die Adresse des Puffers. Diese Adresse liegt im Systembereich, daher ist das oberste Bit gesetzt.

Falls das Dateisystem das Startgerät nicht bereitstellen kann oder einfach die Daten auf dem Startgerät nicht als Dateisystemstruktur erkennt, gilt die folgende Parameterdefinition:

1. Adresse des Geräteobjekts, das nicht bereitgestellt werden konnte
2. Fehlercode oder 0x00 (null)
3. Dieser Wert ist 0x00 (null)
4. Dieser Wert ist 0x00 (null)

Der Wert des ersten Parameters legt fest, ob der Parameter ein Zeiger auf einen ARC-Namensstring (ARC-Namen sind eine allgemeine Methode, um Geräte innerhalb der ARC-Umgebung zu identifizieren) oder ein Geräteobjekt ist, weil ein Unicodestring niemals eine ungerade Zahl von Bytes haben kann, aber ein Geräteobjekt immer den Typecode 0003 hat.

Der zweite Parameter ist sehr wichtig, weil er verraten kann, ob die Stop 0x7B-Meldung durch Dateisystemprobleme oder Probleme mit Speicherhardware und -treibern verursacht wurde. Die Werte 0xC000034 oder 0xC000000E bedeuten normalerweise:

- Datenträger oder Speichercontroller sind fehlerhaft, defekt oder falsch konfiguriert.
- Treiber oder Programme für die Speicherung (zum Beispiel Bandverwaltungssoftware) sind nicht vollständig kompatibel zu Windows 7.

Beseitigen des Problems

Die folgenden Empfehlungen gelten speziell für Stop 0x7B-Fehler. Weitere Problembehandlungsvorschläge, die für alle Abbruchfehler gelten, finden Sie im Abschnitt »Checkliste für Abbruchmeldungen« weiter unten in diesem Kapitel.

- Während der Initialisierung des E/A-Systems können der Controller oder der Treiber für das Startgerät (normalerweise die Festplatte) nicht in der Lage sein, die erforderliche Hardware zu initialisieren. Die Dateisysteminitialisierung könnte aufgrund von Laufwerks- oder Controllerdefekten fehlgeschlagen sein, oder weil das Dateisystem die Daten auf dem Startgerät nicht erkannt hat.

- Falls der Datenträger neu partitioniert wurde, neue Datenträger hinzugefügt wurden oder ein neuer Laufwerkscontroller eingebaut wurde, können Informationen im Windows-Start-Manager oder in der Startkonfigurationsdatendatei (BCD) veraltet sein. Falls diese Abbruchmeldung auftritt, nachdem Sie ein neues Laufwerk in Ihrem System installiert haben, sollten Sie die BCD-Datei editieren oder die Start-Manager-Parameter anpassen, damit das System starten kann. Falls der Fehler auftritt, nachdem Sie den Laufwerkscontroller aufgerüstet haben, sollten Sie überprüfen, ob die neue Hardware funktioniert und richtig konfiguriert ist. Weitere Informationen über den Windows-Start-Manager, die BCD-Datei und die automatische Reparatur von Konfigurationsproblemen finden Sie in Kapitel 29, »Konfiguration und Problembehandlung des Startvorgangs«.

- Überprüfen Sie, ob Systemfirmware und Laufwerkscontroller-BIOS-Einstellungen richtig sind und das Speichergerät richtig installiert wurde. Falls Sie nicht sicher sind, sollten Sie in der Dokumentation Ihres Computers nachlesen, wie Sie die Standardfirmwareeinstellungen wiederherstellen oder Ihr System so konfigurieren können, dass es die richtigen Einstellungen automatisch erkennt. Falls der Fehler während des Windows-Setups auftritt, kann das Problem durch nichtunterstützte Laufwerkscontrollerhardware verursacht werden. In manchen Fällen sind die Treiber für neue Hardware nicht in der *Driver.cab*-Bibliothek von Windows enthalten und Sie müssen zusätzliche Treiber bereitstellen, damit das Windows-Setup erfolgreich abgeschlossen werden kann. Falls dies der Fall ist, sollten Sie genau den Anleitungen des Hardwareherstellers folgen, wenn Sie Treiber installieren. Prüfen Sie regelmäßig, ob Treiber- und Firmwareupdates verfügbar sind.

■ Beschädigung der Festplattendaten kann ebenfalls diese Abbruchmeldung verursachen. Weitere Informationen darüber, wie Sie die Integrität der Festplatte überprüfen, finden Sie in den Anleitungen im Abschnitt »Stop 0x24 oder NTFS_FILE_SYSTEM« weiter oben in diesem Kapitel.

■ Probleme, die 0x7B-Fehler auslösen, können auch die Ursache für Stop 0xED-Fehler sein. Weitere Informationen über Stop 0xED-Meldungen finden Sie im Abschnitt »Stop 0xED oder UNMOUNTABLE_BOOT_VOLUME« weiter unten in diesem Kapitel.

WEITERE INFORMATIONEN   Weitere Informationen über Stop 0x7B-Meldungen finden Sie in der Knowledge Base unter *http://support.microsoft.com/*. Suchen Sie nach »0x0000007B«, »0x7B« und »Txtsetup.oem«. Lesen Sie insbesondere den Knowledge Base-Artikel 935806.

Stop 0x7F oder UNEXPECTED_KERNEL_MODE_TRAP

Die Stop 0x7F-Meldung bedeutet, dass einer der folgenden drei Problemtypen im Kernmodus aufgetreten ist:

■ Eine Bedingung, die im Kernel nicht auftreten oder nicht abgefangen werden darf (eine sogenannte *bound trap*)

■ Softwareprobleme

■ Hardwarefehler

Interpretieren der Meldung

Diese Abbruchmeldung hat vier Parameter:

1. Prozessorausnahmecode
2. Dieser Wert ist 0x00 (null)
3. Dieser Wert ist 0x00 (null)
4. Dieser Wert ist 0x00 (null)

Der erste Parameter ist der wichtigste. Er kann mehrere unterschiedliche Werte haben, die die unterschiedlichen Ursachen für diesen Fehler angeben. Sie finden alle Bedingungen, die einen Stop 0x7F-Fehler auslösen, in einem x86-Mikroprozessor-Referenzhandbuch, weil sie für die x86-Plattform spezifisch sind. Einige der am häufigsten auftretenden Ausnahmecodes sind:

■ 0x00 oder Division durch 0. Dieser Fehler tritt auf, wenn eine Divisionsanweisung (DIV) ausgeführt wird und der Nenner dabei 0 ist. Speicherdefekte, andere Hardwarefehler oder Softwareprobleme können diese Meldung verursachen.

■ 0x04 oder Overflow. Dieser Fehler tritt auf, wenn der Prozessor einen Interrupthandler aufruft, während das Overflow-Flag (OF) gesetzt ist.

■ 0x05 oder Bounds Check Fault. Gibt an, dass der Prozessor beim Ausführen einer BOUND-Anweisung festgestellt hat, dass der Operand die angegebenen Grenzen überschritten hat. BOUND-Befehle werden verwendet, um sicherzustellen, dass ein Arrayindex innerhalb des erlaubten Bereichs liegt.

■ 0x06 oder Invalid Opcode. Dieser Fehler wird generiert, wenn der Prozessor versucht, eine ungültige Anweisung auszuführen. Das passiert meist, wenn der Befehlszeiger aufgrund eines Hardwarespeicherproblems beschädigt ist und auf eine falsche Adresse verweist.

- 0x08 oder Double Fault. Es ist eine Ausnahme aufgetreten, während versucht wurde, den Handler für eine vorherige Ausnahme aufzurufen. Normalerweise können zwei Ausnahmen nacheinander behandelt werden, aber bestimmte Ausnahmen (fast immer durch Hardwareprobleme verursacht) bewirkten, dass der Prozessor einen Double Fault signalisiert.

Seltener treten die folgenden Codes auf:

- **0x01** Systemdebuggeraufruf
- **0x03** Debuggerhaltepunkt
- **0x0A** Beschädigtes Task State-Segment
- **0x0B** Zugriff auf ein Arbeitsspeichersegment, das nicht vorhanden war
- **0x0C** Zugriff auf Arbeitsspeicher jenseits des Bereichs eines Stacks
- **0x0D** Ausnahme, die nicht durch einen anderen Ausnahmecode abgedeckt wird, oder Schutzverletzung, die auf Zugriffsverletzungen in den Anwendungen zurückzuführen ist

Beseitigen des Problems

Die folgenden Empfehlungen gelten speziell für Stop 0x7F-Fehler. Weitere Problembehandlungsvorschläge, die für alle Abbruchfehler gelten, finden Sie im Abschnitt »Checkliste für Abbruchmeldungen« weiter unten in diesem Kapitel.

- Stop 0x7F-Meldungen werden meist durch defekte, fehlerhafte oder ausgefallene Speicherhardware verursacht. Falls Sie vor Kurzem neue Hardware hinzugefügt haben, sollten Sie diese Hardware entfernen und ersetzen, um festzustellen, ob sie das Problem verursacht oder verschärft. Führen Sie die Windows-Speicherdiagnose aus, wie in Kapitel 30, »Problembehandlung für Hardware, Treiber und Laufwerke«, beschrieben, um festzustellen, ob die Komponente ausgefallen ist.

- Falls Sie die CPU jenseits der Spezifikation betreiben (sogenanntes Übertakten oder Overclocking), kann das Stop 0x7F- oder andere Fehlermeldungen auslösen, weil sie zu heiß wird. Wenn Sie eine Problembehandlung bei Systemen durchführen, die übertaktet werden, sollten Sie erst einmal alle Takt- und Busgeschwindigkeitseinstellungen auf die vom Hersteller empfohlenen Werte zurücksetzen, um festzustellen, ob die Probleme dadurch beseitigt werden.

- Das Problem könnte durch Haarrisse, Kratzspuren oder defekte Komponenten auf dem Motherboard ausgelöst werden. Falls alle anderen Maßnahmen nicht fruchten, sollten Sie das Systemmotherboard bei einem Reparaturbetrieb überprüfen lassen.

- Stop 0x7F-Meldungen können auftreten, nachdem Sie inkompatible Anwendungen, Treiber oder Systemdienste installiert haben. Wenden Sie sich an den Softwarehersteller und fragen Sie nach Windows 7-spezifischen Updates. Die Verwendung aktueller Software ist insbesondere für Datensicherungsprogramme, Multimediaanwendungen, Antivirenscanner und CD-Masteringtools wichtig.

WEITERE INFORMATIONEN Weitere Informationen über Stop 0x7F-Meldungen finden Sie in der Knowledge Base unter *http://support.microsoft.com/*. Suchen Sie nach den Schlüsselwörtern »0x0000007F« und »0x7F«.

Stop 0x9F oder DRIVER_POWER_STATE_FAILURE

Die Stop 0x9F-Meldung bedeutet, dass ein Treiber sich in einem inkonsistenten oder ungültigen Energiesparmodus befindet.

Interpretieren der Meldung

Tabelle 32.1 beschreibt, welche Informationen in Stop 0x9F-Meldungen enthalten sind. Der Wert des ersten Parameters gibt an, welcher Fehlertyp vorliegt (siehe die Spalte »Beschreibung«), und legt die Bedeutung der anderen drei Parameter fest.

Tabelle 32.1 Parameter für die Abbruchmeldung 0x9F

Parameter 1	Parameter 2	Parameter 3	Parameter 4	Beschreibung
0x01	Zeiger auf das Geräteobjekt	Reserviert	Reserviert	Beim Geräteobjekt, das freigegeben wird, steht noch eine nichtabgeschlossene Energiezustandsanforderung an.
0x02	Zeiger auf das Zielgeräteobjekt	Zeiger auf das Geräteobjekt	Reserviert	Das Geräteobjekt hat das E/A-Anforderungspaket für die Systemenergiezustandsanforderung abgeschlossen, aber nicht `PoStartNextPowerIrp` aufgerufen.
0x03	Zeiger auf das Zielgeräteobjekt	Zeiger auf das Geräteobjekt	Das E/A-Anforderungspaket	Der Gerätetreiber hat die anstehenden E/A-Anforderungspakete nicht richtig gesetzt oder das E/A-Anforderungspaket nicht abgeschlossen.
0x00000100	Zeiger auf das nichtausgelagerte Geräteobjekt	Zeiger auf das Zielgeräteobjekt	Zeiger auf das Geräteobjekt, das benachrichtigt werden muss	Die Geräteobjekte im `devnode` waren inkonsistent bezüglich der `DO_POWER_PAGABLE`-Nutzung.
0x00000101	Untergeordnetes Geräteobjekt	Untergeordnetes Geräteobjekt	Übergeordnetes Geräteobjekt	Ein übergeordnetes Geräteobjekt hat festgestellt, dass ein untergeordnetes Gerät nicht das `DO_POWER_PAGABLE`-Bit gesetzt hat.

Dieser Abbruchfehler tritt meist während Ereignissen auf, die mit dem Wechsel des Energiezustands zu tun haben, zum Beispiel beim Herunterfahren, beim Wechseln in den Ruhezustand oder bei der Wiederherstellung aus dem Ruhezustand.

Beseitigen des Problems

Die folgenden Empfehlungen gelten speziell für Stop 0x9F-Fehler. Weitere Problembehandlungsvorschläge, die für alle Abbruchfehler gelten, finden Sie im Abschnitt »Checkliste für Abbruchmeldungen« weiter unten in diesem Kapitel.

■ Stop 0x9F-Meldungen können auftreten, nachdem Sie fehlerhafte Anwendungen, Treiber oder Systemdienste installiert haben. Falls ein Dateiname angegeben ist und Sie diesen Namen einer Anwendung zuordnen können, sollten Sie die Anwendung deinstallieren. Bei Treibern sollten Sie den Treiber deaktivieren, entfernen oder die vorherige Version wiederherstellen und dann überprüfen, ob der Fehler dadurch beseitigt wird. Ist das der Fall, sollten Sie sich an den Hardwarehersteller wenden und nach einem Update fragen. Die Verwendung aktueller Software ist insbesondere für Datensicherungsprogramme, Multimediaanwendungen, Antivirenscanner und CD-Masteringtools wichtig.

- Stop 0x9F-Meldungen können auftreten, wenn Sie eine der folgenden Operationen durchführen:

  □ Herstellen der Verbindung zu einem freigegebenen Drucker im Netzwerk und Ausführen des Tests »Common Scenario Stress with IO« im Treibertestmanager (Driver Test Manager, DTM)

  □ Drucken auf einen freigegebenen Drucker im Netzwerk

  □ Durchführen einer Energieverwaltungsoperation, beispielsweise Umschalten des Computers in den Ruhezustand oder den Standbymodus oder Aufwecken des Computers aus dem Ruhezustand oder dem Standbymodus

WEITERE INFORMATIONEN Weitere Informationen über Stop 0x9F-Meldungen finden Sie in der Knowledge Base unter *http://support.microsoft.com/*. Suchen Sie nach den Schlüsselwörtern »0x0000009F« und »0x9F«. Lesen Sie insbesondere die Knowledge Base-Artikel 937322, 941858, 937322, 937500 und 931671.

Stop 0xBE oder ATTEMPTED_WRITE_TO_READONLY_MEMORY

Die Stop 0xBE-Meldung bedeutet, dass ein Treiber versucht, in schreibgeschützten Arbeitsspeicher zu schreiben.

Interpretieren der Meldung

Diese Abbruchmeldung hat vier Parameter:

1. Virtuelle Adresse, in die geschrieben werden sollte
2. PTE-Inhalt
3. Reserviert
4. Reserviert

Beseitigen des Problems

Eine Stop 0xBE-Meldung kann auftreten, nachdem Sie fehlerhafte Gerätetreiber, Systemdienste oder Firmware installiert haben. Falls eine Abbruchmeldung einen Treibernamen enthält, sollten Sie diesen Treiber deaktivieren, entfernen oder seine Vorversion wiederherstellen, um das Problem zu beseitigen. Falls die Probleme durch das Deaktivieren oder Entfernen der Treiber beseitigt werden, sollten Sie beim Hersteller nach einem Update fragen. Die Verwendung aktueller Software ist insbesondere für Multimediaanwendungen, Antivirenscanner, DVD-Playback und CD-Masteringtools wichtig.

WEITERE INFORMATIONEN Weitere Informationen über Stop 0xBE-Meldungen finden Sie in der Knowledge Base unter *http://support.microsoft.com/*. Suchen Sie nach den Schlüsselwörtern »0x000000BE« und »0xBE«.

Stop 0xC2 oder BAD_POOL_CALLER

Die Stop 0xC2-Meldung bedeutet, dass ein Kernmodusprozess oder -treiber versucht hat, folgende falsche Speicheroperationen durchzuführen:

- Anfordern einer Speicherpoolgröße von 0 Byte
- Anfordern eines Speicherpools, den es nicht gibt
- Freigeben eines Speicherpools, der bereits vorher freigegeben wurde
- Anfordern oder Freigeben eines Speicherpools mit einer IRQL, die zu hoch war

Diese Abbruchmeldung wird meist durch fehlerhafte Treiber oder Software verursacht.

Interpretieren der Meldung

Tabelle 32.2 beschreibt die Informationen, die in Stop 0xC2-Meldungen enthalten sind. Der Wert des ersten Parameters gibt an, welcher Fehlertyp vorliegt (siehe die Spalte »Beschreibung«), und legt die Bedeutung der anderen drei Parameter fest

Tabelle 32.2   Parameter für die Abbruchmeldung 0xC2

Parameter 1	Parameter 2	Parameter 3	Parameter 4	Beschreibung
0x00	Wert immer 0.	Der Pooltyp, der zugewiesen wird	Das verwendete Pool-Tag	Der Aufrufer fordert einen Pool mit 0 Byte Größe an.
0x01, 0x02 oder 0x04	Zeiger auf den Poolheader	Erster Teil des Poolheaders	Wert immer 0	Der Poolheader wurde beschädigt.
0x06	Reserviert	Zeiger auf den Poolheader	Poolheaderinhalt	Versuch, einen Speicherpool freizugeben, der bereits vorher freigegeben wurde.
0x07	Reserviert	Zeiger auf den Poolheader	Wert immer 0	Versuch, einen Speicherpool freizugeben, der bereits vorher freigegeben wurde.
0x08	Aktuelle IRQL	Pooltyp	Angeforderte Größe	Versuch, einen Pool unter einer ungültigen IRQL anzufordern.
0x09	Aktuelle IRQL	Pooltyp	Adresse des Pools	Versuch, einen Pool unter einer ungültigen IRQL freizugeben.
0x40	Startadresse	Start des Systemadressraums	Wert immer 0	Versuch, eine Benutzermodusadresse als Kernelpool freizugeben.
0x41	Startadresse	Hardwareseitenrahmen	Oberster Hardwareseitenrahmen	Versuch, eine nichtzugewiesene, nichtausgelagerte Pooladresse freizugeben.
0x42 oder 0x43	Adresse, die freigegeben wird	Wert immer 0	Wert immer 0	Versuch, eine virtuelle Adresse freizugeben, die niemals in irgendeinem Pool war.
0x50	Startadresse	Startoffset in den Seiten ab dem Anfang des ausgelagerten Pools	Größe des ausgelagerten Pools in Byte	Versuch, eine nichtzugewiesene, ausgelagerte Pooladresse freizugeben.
0x99	Adresse, die freigegeben wird	Wert immer 0	Wert immer 0	Versuch, einen Pool mit ungültiger Adresse oder beschädigtem Poolheader freizugeben.
0x9A	Pooltyp	Angeforderte Größe in Byte	Pool-Tag der Anforderung	Der Anforderungsversuch muss gelingen.

Beseitigen des Problems

Die folgenden Empfehlungen gelten speziell für Stop 0xC2-Fehler. Weitere Problembehandlungsvorschläge, die für alle Abbruchfehler gelten, finden Sie im Abschnitt »Checkliste für Abbruchmeldungen« weiter unten in diesem Kapitel.

■ Eine Stop 0xC2-Meldung kann auftreten, nachdem Sie fehlerhafte Gerätetreiber, Systemdienste oder Firmware installiert haben. Falls eine Abbruchmeldung einen Treibernamen enthält, sollten Sie diesen Treiber deaktivieren, entfernen oder seine Vorversion wiederherstellen, um das Problem zu beseitigen. Falls die Probleme durch das Deaktivieren oder Entfernen der Treiber beseitigt werden, sollten Sie beim Hersteller nach einem Update fragen. Die Verwendung aktueller Software ist insbesondere für Multimediaanwendungen, Antivirenscanner, DVD-Playback und CD-Masteringtools wichtig.

- Eine Stop 0xC2-Meldung kann auch aufgrund fehlerhafter oder defekter Hardware ausgelöst werden. Falls eine Abbruchmeldung auf eine bestimmte Gerätekategorie verweist (zum Beispiel Laufwerkscontroller), sollten Sie die Hardware entfernen oder austauschen, um festzustellen, ob sie das Problem verursacht. Weitere Informationen finden Sie in Kapitel 30, »Problembehandlung für Hardware, Treiber und Laufwerke«.

- Falls Sie eine Stop 0xC2-Meldung bekommen, während Sie ein Update auf Windows 7 durchführen, kann das Problem durch inkompatible Treiber, Systemdienste, Virenscanner oder Datensicherungsprogramme ausgelöst werden. Sie können Probleme beim Update vermeiden, indem Sie Ihre Hardwarekonfiguration vereinfachen und alle Gerätetreiber und Systemdienste (auch Virenscanner) von Fremdherstellern entfernen, bevor Sie Setup ausführen. Nachdem Sie Windows 7 erfolgreich installiert haben, sollten Sie sich an den Hardwarehersteller wenden, um kompatible Updates zu bekommen.

WEITERE INFORMATIONEN Weitere Informationen über Stop 0xC2-Meldungen finden Sie in der Knowledge Base unter *http://support.microsoft.com/*. Suchen Sie nach den Schlüsselwörtern »0x000000C2« und »0xC2«.

Stop 0xCE oder DRIVER_UNLOADED_WITHOUT_CANCELLING_PENDING_OPERATIONS

Diese Abbruchmeldung bedeutet, dass ein Treiber anstehende Operationen nicht abschließen konnte, bevor er beendet wurde.

Interpretieren der Meldung

Diese Abbruchmeldung hat vier Parameter:

1. Speicheradresse, auf die verwiesen wird
2. Art des Zugriffs (0x00 = Leseoperation, 0x01 = Schreiboperation)
3. Falls dieser Wert ungleich 0 ist: die Adresse der Anweisung, die auf die falsche Speicherstelle zugegriffen hat
4. Reserviert

Beseitigen des Problems

Stop 0xCE-Meldungen können auftreten, nachdem Sie fehlerhafte Treiber oder Systemdienste installiert haben. Falls ein Treibername angegeben ist, sollten Sie diesen Treiber deaktivieren, entfernen oder seine Vorversion wiederherstellen und dann überprüfen, ob das den Fehler beseitigt. Ist das der Fall, sollten Sie sich an den Hersteller wenden und nach einem Update fragen. Die Verwendung aktueller Software ist insbesondere für Datensicherungsprogramme, Multimediaanwendungen, Antivirenscanner, DVD-Playback und CD-Masteringtools wichtig.

WEITERE INFORMATIONEN Weitere Informationen über Stop 0xCE-Meldungen finden Sie in der Knowledge Base unter *http://support.microsoft.com/*. Suchen Sie nach den Schlüsselwörtern »0x000000CE« und »0xCE«.

Stop 0xD1 oder DRIVER_IRQL_NOT_LESS_OR_EQUAL

Die Stop 0xD1-Meldung bedeutet, dass das System versucht hat, mit einer Kernelprozess-IRQL, die zu hoch war, auf auslagerbaren Arbeitsspeicher zuzugreifen. Dieser Fehler wird meist von Treibern ausgelöst, die falsche Adressen verwenden.

Interpretieren der Meldung

Diese Abbruchmeldung hat vier Parameter:

1. Speicher, auf den verwiesen wird
2. IRQL zum Zeitpunkt des Verweises
3. Art des Zugriffs (0x00 = Leseoperation, 0x01 = Schreiboperation)
4. Speicheradresse, auf die verwiesen wird

Beseitigen des Problems

Stop 0xD1-Meldungen können auftreten, nachdem Sie fehlerhafte Treiber oder Systemdienste installiert haben. Falls ein Treibername angegeben ist, sollten Sie diesen Treiber deaktivieren, entfernen oder seine Vorversion wiederherstellen und dann überprüfen, ob das den Fehler beseitigt. Ist das der Fall, sollten Sie sich an den Hersteller wenden und nach einem Update fragen. Die Verwendung aktueller Software ist insbesondere für Datensicherungsprogramme, Multimediaanwendungen, Antivirenscanner, DVD-Playback und CD-Masteringtools wichtig.

WEITERE INFORMATIONEN   Weitere Informationen über Stop 0xD1-Meldungen finden Sie in der Knowledge Base unter *http://support.microsoft.com/*. Suchen Sie nach den Schlüsselwörtern »0x000000D1« und »0xD1«.

Stop 0xD8 oder DRIVER_USED_EXCESSIVE_PTES

Die Stop 0xD8-Meldung tritt meist auf, falls in Ihrem Computer die PTEs (Page Table Entry) erschöpft sind, weil ein Treiber große Mengen von Kernelspeicher anfordert.

Interpretieren der Meldung

Abhängig von der Konfiguration Ihres Systems kann die Zahl der zurückgegebenen Parameter variieren. Die vier möglichen Werte sind:

1. Falls dieser Parameter einen Wert ungleich 0 hat, enthält er den Namen des Treibers, der den Abbruchfehler verursacht hat.
2. Falls der erste Parameter einen Wert ungleich 0 hat, enthält dieser Parameter die Zahl der PTEs, die von dem Treiber benutzt werden, der den Fehler verursacht hat.
3. Dieser Parameter gibt die Gesamtzahl der freien System-PTEs an.
4. Dieser Parameter gibt die Gesamtzahl der System-PTEs an.

Beseitigen des Problems

Empfehlungen für die Problembehandlung im Zusammenhang mit zu wenigen PTEs finden Sie im Abschnitt »Stop 0x3F oder NO_MORE_SYSTEM_PTES« weiter oben in diesem Kapitel.

WEITERE INFORMATIONEN   Weitere Informationen über Stop 0xD8-Meldungen finden Sie in der Knowledge Base unter *http://support.microsoft.com/*. Suchen Sie nach den Schlüsselwörtern »0x000000D8« und »0xD8«.

Stop 0xEA oder THREAD_STUCK_IN_DEVICE_DRIVER

Bei einer Stop 0xEA-Meldung bewirkt ein Gerätetreiberproblem, dass das System unbegrenzt angehalten wird. Dieses Problem wird meist durch einen Anzeigetreiber verursacht, der darauf wartet, dass die Grafikhardware in einen Leerlaufzustand wechselt. Das kann auf ein Hardwareproblem der Grafikkarte oder einen fehlerhaften Grafikkartentreiber hinweisen.

Interpretieren der Meldung

Diese Abbruchmeldung hat vier Parameter:

1. Zeiger auf das Threadobjekt, das in einer Endlosschleife gefangen ist
2. Zeiger auf ein DEFERRED_WATCHDOG-Objekt (nützlich, wenn Sie mit einem Kerneldebugger weitere Informationen über das Problem herausfinden wollen)
3. Zeiger auf den GDI-Kontext (Graphics Device Interface)
4. Zusätzliche Debuginformationen

Beseitigen des Problems

Stop 0xEA-Meldungen können auftreten, nachdem Sie fehlerhafte Treiber (insbesondere Grafikkartentreiber) oder Systemdienste installiert haben. Falls ein Treibername angegeben ist, sollten Sie diesen Treiber deaktivieren, entfernen oder seine Vorversion wiederherstellen und dann überprüfen, ob das den Fehler beseitigt. Ist das der Fall, sollten Sie sich an den Hersteller wenden und nach einem Update fragen. Die Verwendung aktueller Software ist insbesondere für Datensicherungsprogramme, Multimediaanwendungen, Antivirenscanner, DVD-Playback und CD-Masteringtools wichtig.

WEITERE INFORMATIONEN Weitere Informationen über Stop 0xEA-Meldungen finden Sie in der Knowledge Base unter *http://support.microsoft.com/*. Suchen Sie nach den Schlüsselwörtern »0x000000EA« und »0xEA«.

Stop 0xED oder UNMOUNTABLE_BOOT_VOLUME

Das Kernmodus-E/A-Subsystem hat versucht, das Startvolume bereitzustellen, aber das ist nicht gelungen. Dieser Fehler kann auch während eines Updates auf Windows 7 auftreten, wenn das System schnelle ATA-Laufwerke oder -Controller mit falscher Verkabelung verwendet. In manchen Fällen kann es so aussehen, als ob Ihr System normal funktioniert, nachdem Sie es neu gestartet haben.

Interpretieren der Meldung

Diese Abbruchmeldung hat zwei Parameter:

1. Geräteobjekt des Startvolumes
2. Statuscode des Dateisystems mit der Ursache, warum das Volume nicht bereitgestellt werden konnte

Beseitigen des Problems

Die folgenden Empfehlungen gelten speziell für Stop 0xED-Fehler. Weitere Problembehandlungsvorschläge, die für alle Abbruchfehler gelten, finden Sie im Abschnitt »Checkliste für Abbruchmeldungen« weiter unten in diesem Kapitel.

- Falls Sie schnelle ATA-Laufwerke und -controller verwenden, die Datentransferraten über 33,3 MByte/s ermöglichen, sollten Sie die 40-adrigen Standardkabel durch 80-adrige Kabel ersetzen.

80-adrige Kabel sind optional für Übertragungsraten bis zu maximal 33,3 MByte/s, darüber sind sie obligatorisch. Die zusätzlichen Adern sind auf Masse gelegt, um Datenverluste zu vermeiden.

■ Manchmal können Sie in der Firmware höhere Übertragungsraten erzwingen, obwohl Sie den falschen Kabeltyp verwenden. Ihre Firmware gibt unter Umständen eine Warnung aus, erlaubt aber, dass der Startvorgang fortgesetzt wird. Stellen Sie die Standardfirmwareeinstellungen für ATA-Kabelerkennung wieder her.

■ Probleme, die 0xED-Fehler auslösen, können auch die Ursache für Stop 0x7B-Fehler sein. Weitere Informationen über Stop 0x7B-Meldungen finden Sie im Abschnitt »Stop 0x7B oder INACCESSIBLE_BOOT_DEVICE« weiter oben in diesem Kapitel.

WEITERE INFORMATIONEN   Weitere Informationen über Stop 0xED-Meldungen finden Sie in der Knowledge Base unter *http://support.microsoft.com/*. Suchen Sie nach den Schlüsselwörtern »0x000000ED« und »0xED«.

Stop 0xFE oder BUGCODE_USB_DRIVER

Die Stop 0xFE-Meldung erscheint, falls der Kernel einen Fehler in einem USB-Treiber erkennt.

Interpretieren der Meldung

Diese Abbruchmeldung hat vier Parameter. Parameter 1 gibt den Typ des Fehlers an, die Parameter 2 bis 4 enthalten weitere Informationen über den jeweiligen Fehlertyp. Normalerweise ist nur der erste Parameter für Systemadministratoren interessant, die Parameter 2 bis 4 können allerdings für Microsoft-Entwickler nützlich sein, die diese Informationen aus dem Speicherabbild extrahieren können.

Parameter 1 kann die Werte 0x1 bis 0x5 haben. Sie haben folgende Bedeutung:

1. Ein interner Fehler ist im USB-Stack aufgetreten.

2. Der USB-Clienttreiber hat einen URB (USB Request Block) übermittelt, der noch mit einem anderen E/A-Anforderungspaket (I/O Request Packet, IRP) verknüpft ist, das auf die Verarbeitung im Bustreiber wartet.

3. Der USB-Miniporttreiber hat einen Abbruchfehler generiert. Das passiert normalerweise aufgrund eines schwerwiegenden Hardwarefehlers.

4. Der Aufrufer hat ein IRP übermittelt, das bereits auf die Verarbeitung im USB-Treiber wartet.

5. Aufgrund einer fehlerhaften Hardwareadresse in einer Hardwaredatenstruktur ist ein Hardwarefehler aufgetreten. Dies wird nicht durch einen Treiberbug verursacht.

Beseitigen des Problems

Die folgenden Empfehlungen gelten speziell für Stop 0xFE-Fehler. Weitere Problembehandlungsvorschläge, die für alle Abbruchfehler gelten, finden Sie im Abschnitt »Checkliste für Abbruchmeldungen« weiter unten in diesem Kapitel.

Gehen Sie folgendermaßen vor, um dieses Problem zu beseitigen:

1. Suchen Sie auf der Website des Computer- oder Motherboardherstellers nach aktualisierter Systemfirmware.

2. Aktualisieren Sie die Firmware und die Treiber aller USB-Geräte, die an den Computer angeschlossen sind.

3. Überprüfen Sie, ob die gesamte Hardware zu Windows 7 kompatibel ist.

4. Entfernen Sie nacheinander alle USB-Geräte und externen Hubs und überprüfen Sie jeweils, ob der Abbruchfehler noch auftritt. Falls der Abbruchfehler nicht mehr auftritt, sobald ein bestimmtes Gerät nicht mehr angeschlossen ist, könnte dieses Gerät fehlerhaft oder inkompatibel zu Windows sein. Wenden Sie sich an den Gerätehersteller und bitten Sie um weitere Unterstützung.

5. Falls die Probleme weiterhin bestehen, handelt es sich möglicherweise um einen Computerhardwarefehler. Wenden Sie sich an Ihren Computerhersteller und bitten Sie um weitere Unterstützung.

WEITERE INFORMATIONEN   Weitere Informationen über Stop 0xFE-Meldungen finden Sie in der Knowledge Base unter *http://support.microsoft.com/*. Suchen Sie nach den Schlüsselwörtern »0x000000FE« und »0xFE«. Lesen Sie insbesondere den Knowledge Base-Artikel 934374.

Stop 0x00000124

Die Stop 0x00000124-Meldung tritt auf, wenn Windows beim Ansteuern eines PCI-Express-Geräts auf Probleme trifft. Meist ist das der Fall, wenn Sie eine Hotplug-fähige PCI-Express-Karte hinzufügen oder deinstallieren. Der Fehler kann aber auch auftreten, wenn Treiber- oder Hardwareprobleme bei PCI-Express-Karten vorliegen.

Beseitigen des Problems

Bei der Problembehandlung für einen 0x00000124-Abbruchfehler sollten Sie zuerst sicherstellen, dass Sie alle Windows-Updates und Treiberupdates angewendet haben. Falls Sie vor Kurzem einen Treiber aktualisiert haben, können Sie versuchsweise die vorherige Version wiederherstellen. Tritt der Abbruchfehler weiterhin auf, sollten Sie die PCI-Express-Karten eine nach der anderen entfernen, um festzustellen, welche Hardware das Problem verursacht. Wenn Sie die Karte gefunden haben, die für das Problem verantwortlich ist, sollten Sie sich an den Hardwarehersteller wenden und um Unterstützung bei der weiteren Problembehandlung bitten. Möglicherweise muss der Treiber aktualisiert werden, vielleicht ist auch die Karte selbst defekt.

WEITERE INFORMATIONEN   Weitere Informationen über Stop 0x00000124-Meldungen finden Sie in der Knowledge Base unter *http://support.microsoft.com/*. Suchen Sie nach dem Schlüsselwort »0x00000124«.

Stop 0xC000021A oder STATUS_SYSTEM_PROCESS_TERMINATED

Die Stop 0xC000021A-Meldung tritt auf, wenn Windows in den Kernmodus schaltet und ein Benutzermodussubsystem, zum Beispiel Winlogon oder das CSRSS (Client Server Runtime Sub System), kompromittiert wurde und die Sicherheit nicht mehr gewährleistet werden kann. Weil Windows nicht ohne Winlogon oder CSRSS laufen kann, ist dies eine der wenigen Situationen, in denen der Ausfall eines Benutzermodusdienstes dazu führen kann, dass das System nicht mehr reagiert. Sie können in dieser Situation keinen Kerneldebugger einsetzen, weil der Fehler in einem Benutzermodusprozess aufgetreten ist.

Eine Stop 0xC000021A-Meldung kann auch auftreten, wenn der Computer neu gestartet wird, nachdem ein Systemadministrator Berechtigungen so geändert hat, dass das Systemkonto nicht mehr über die Berechtigungen verfügt, auf Systemdateien und Ordner zuzugreifen.

Interpretieren der Meldung

Diese Abbruchmeldung hat drei Parameter:

1. Statuscode
2. Dieser Wert ist 0x00 (null)
3. Dieser Wert ist 0x00 (null)

Beseitigen des Problems

Die folgenden Empfehlungen gelten speziell für Stop 0x21A-Fehler. Weitere Problembehandlungsvorschläge, die für alle Abbruchfehler gelten, finden Sie im Abschnitt »Checkliste für Abbruchmeldungen« weiter unten in diesem Kapitel.

- Stop 0xC000021A-Meldungen werden in einem Benutzermodusprozess ausgelöst. Die häufigste Ursache sind Fremdherstelleranwendungen. Falls der Fehler auftritt, nachdem Sie neue oder aktualisierte Gerätetreiber, Systemdienste oder Fremdherstelleranwendungen installiert haben, müssen Sie den Treiber entfernen, deaktivieren oder die Vorversion wiederherstellen beziehungsweise die neue Software deinstallieren. Wenden Sie sich an den Softwarehersteller und fragen Sie nach einem Update.

- Dieser Fehler kann dadurch ausgelöst werden, dass die Versionen von Systemdateien nicht zusammenpassen, weil das System von Sicherungsmedien nur teilweise wiederhergestellt wurde. (Manche Datensicherungsprogramme stellen keine Dateien wieder her, wenn sie gerade benutzt werden.) Verwenden Sie immer Datensicherungssoftware, die Windows 7-kompatibel ist.

> **WEITERE INFORMATIONEN**   Weitere Informationen über Stop 0xC000021A-Meldungen finden Sie in der Knowledge Base unter *http://support.microsoft.com/*. Suchen Sie nach dem Schlüsselwort »0xC000021A«.

Stop 0xC0000221 oder STATUS_IMAGE_CHECKSUM_MISMATCH

Die Abbruchmeldung Stop 0xC0000221 bedeutet, dass Treiber, Systemdateien oder Festplattendaten beschädigt sind (zum Beispiel eine beschädigte Auslagerungsdatei). Auch fehlerhafte Speicherhardware kann diese Abbruchmeldung auslösen.

Interpretieren der Meldung

Diese Abbruchmeldung zeigt den Namen der beschädigten Datei normalerweise so an:

```
STOP: 0xC0000221 STATUS_IMAGE_CHECKSUM_MISMATCH <Pfad>\<Dateiname>
```

oder

```
Unable to load device driver <Treibername>
```

Beseitigen des Problems

Die folgenden Empfehlungen gelten speziell für Stop 0xC0000221-Fehler. Weitere Problembehandlungsvorschläge, die für alle Abbruchfehler gelten, finden Sie im Abschnitt »Checkliste für Abbruchmeldungen« weiter unten in diesem Kapitel.

- Sie können im abgesicherten Modus die vorherige Version des Treibers wiederherstellen oder eine Systemwiederherstellung durchführen. Sie können auch die Wiederherstellungsfeatures von Windows verwenden, zum Beispiel die Startoption *Letzte als funktionierend bekannte Konfiguration*, das Datensicherungsprogramm oder die automatische Systemwiederherstellung, um eine funktionierende Konfiguration wiederherzustellen. Weitere Informationen finden Sie in Kapitel 29,

»Konfiguration und Problembehandlung des Startvorgangs«. Wenn Sie eine Wiederherstellung von Sicherungsmedien durchgeführt haben, müssen Sie unter Umständen Service Packs oder Hotfixes neu einspielen, abhängig davon, wann die Datensicherung angelegt wurde.

- Falls die Abbruchmeldung den Namen einer bestimmten Datei enthält, können Sie versuchen, sie im abgesicherten Modus oder mit der Systemstartreparatur von Hand durch eine Kopie zu ersetzen, die von einem anderen Windows-Computer stammt. Weitere Informationen finden Sie in Kapitel 30, »Problembehandlung für Hardware, Treiber und Laufwerke«.

- Die Abbruchmeldung 0xC000026C, die durch ähnliche Bedingungen ausgelöst wird, liefert den Namen der Systemdatei. Sie können diesen Fehler auch mit den Vorschlägen zu dieser Abbruchmeldung beseitigen.

WEITERE INFORMATIONEN   Weitere Informationen über Stop 0xC0000221-Meldungen finden Sie in der Knowledge Base unter *http://support.microsoft.com/*. Suchen Sie nach dem Schlüsselwort »0xC0000221«.

Meldungen über Hardwarefehler

Abbruchmeldungen können auch die Form von Hardwarefehlermeldungen haben. Wie alle Abbruchmeldungen werden sie im Textmodus angezeigt. Diese Abbruchmeldungen treten auf, wenn der Prozessor einen Hardwaredefekt erkennt. Die ersten ein oder zwei Zeilen der Meldung enthalten eine Beschreibung. Die Fehlerbeschreibung verweist normalerweise auf ein Hardwareproblem, wie in diesem Beispiel.

```
Hardware malfunction.
Call your hardware vendor for support.
```

Bevor Sie die Empfehlungen befolgen, die in dieser Meldung angezeigt werden, sollten Sie beim Hersteller um technischen Support bitten. Notieren Sie die Informationen aus den ersten beiden Zeilen der Meldung, sie können für den Supportmitarbeiter nützlich sein.

Unter bestimmten Umständen können Treiberprobleme Abbruchmeldungen auslösen, die den Eindruck erwecken, die Ursache wäre ein Hardwarefehler. Falls zum Beispiel ein Treiber in den falschen E/A-Port schreibt, könnte das Gerät am Zielport darauf reagieren, indem es eine Hardwarefehlermeldung generiert. Fehler dieser Art werden normalerweise erkannt und beseitigt, bevor die endgültige Version erscheint. Das zeigt aber, wie wichtig es ist, regelmäßig nach aktualisierten Treibern zu suchen.

Checkliste für Abbruchmeldungen

Abbruchmeldungen liefern Diagnoseinformationen, zum Beispiel Abbruchcodes und Treibernamen, die Ihnen helfen können, das Problem zu beseitigen. Diese Informationen verschwinden aber, sobald Sie Ihren Computer neu starten. Daher ist es wichtig, die angezeigten Informationen sorgfältig zu notieren. Wenn eine Abbruchmeldung erscheint, sollten Sie folgendermaßen vorgehen, bevor Sie das System neu starten:

1. Notieren Sie den Fehlercode und alle Daten aus dem Abschnitt »Driver Information«.
2. Notieren Sie sich die Vorschläge im Abschnitt mit den empfohlenen Maßnahmen. Abbruchmeldungen enthalten meist Problembehandlungstipps, die für den jeweiligen Fehler sinnvoll sind.
3. Überprüfen Sie den Abschnitt mit Informationen zu Debugport und Speicherabbildstatus, um sicherzustellen, dass Windows den Speicherinhalt erfolgreich in die Auslagerungsdatei geschrieben hat, und fahren Sie dann mit der Problembehandlung fort.

4. Wenn Sie das Problem beseitigt haben oder den Computer zumindest starten konnten, sollten Sie die Speicherabbilddatei auf einen Wechseldatenträger, ein anderes Festplattenvolume oder einen Netzwerkstandort kopieren, um sie später untersuchen zu können. Die Analyse der Speicherabbilddateien kann Ihnen helfen, die eigentlichen Ursachen zu erkennen. Diese Dateien liefern detaillierte Informationen über den Systemzustand zu dem Zeitpunkt, als die Abbruchmeldung auftrat. Weitere Informationen über das Erstellen und Analysieren von Speicherabbilddateien finden Sie im Abschnitt »Speicherabbilddateien« weiter oben in diesem Kapitel.

Mit den eben beschriebenen Schritten können Sie wichtige Informationen sichern, die Sie später nachschlagen können, wenn Sie die Problembehandlung mit den Ressourcen durchführen, die im Abschnitt »Abbruchmeldungen« weiter oben in diesem Kapitel beschrieben sind. Abbruchmeldungen verweisen nicht immer direkt auf die Ursache des Problem, liefern aber wichtige Hinweise, die Sie oder ein geschulter Supportmitarbeiter nutzen können, um die Ursache zu identifizieren und zu beseitigen.

Überprüfen Sie Ihre Software

Die folgenden Maßnahmen sind nützliche Techniken im Zusammenhang mit Software, die Sie nutzen können, um Probleme zu beseitigen, die Abbruchmeldungen auslösen.

Überprüfen Sie die Anforderungen der Software an den Festplattenplatz

Überprüfen Sie, ob auf Ihren Festplattenvolumes genug Platz für Auslagerungsdateien des virtuellen Arbeitsspeichers und Anwendungsdatendateien frei ist. Wenn nicht mehr genug Platz frei ist, kann das Abbruchmeldungen und andere Symptome auslösen, darunter eine Beschädigung der Festplattendaten. Prüfen Sie immer die Mindestsystemvoraussetzungen, die der Softwarehersteller empfiehlt, bevor Sie eine Anwendung installieren. Wie Sie herausfinden, wie viel Platz den Auslagerungsdateien zugewiesen ist, erfahren Sie im Abschnitt »Speicherabbilddateien« weiter oben in diesem Kapitel. Sie können unbenötigte Dateien von Hand oder mithilfe des Tools Datenträgerbereinigung (*Cleanmgr.exe*) verschieben, löschen oder komprimieren, um den freien Platz auf Festplattenvolumes zu vergrößern.

Verwenden Sie die letzte als funktionierend bekannte Konfiguration

Falls eine Abbruchmeldung auftritt, unmittelbar nachdem Sie neue Software oder Treiber installiert haben, können Sie die Startoption *Letzte als funktionierend bekannte Konfiguration* verwenden, um die Änderungen an Registrierung und Treibern rückgängig zu machen. Sie können diese Option verwenden, indem Sie Ihren Computer neu starten und dann F8 drücken, wenn Sie dazu aufgefordert werden, um das Menü *Erweiterte Startoptionen* zu aktivieren. Die letzte als funktionierend bekannte Konfiguration ist eine der verfügbaren Optionen. Weitere Informationen über die Start- und Wiederherstellungsoptionen von Windows 7 finden Sie in Kapitel 29, »Konfiguration und Problembehandlung des Startvorgangs«.

Verwenden Sie die Notfallwiederherstellungsfeatures

Notfallwiederherstellungsfeatures wie die Systemwiederherstellung und das Wiederherstellen der letzten Treiberversion machen kürzlich vorgenommene Änderungen rückgängig. Weitere Informationen über Wiederherstellungsoptionen finden Sie in Kapitel 29, »Konfiguration und Problembehandlung des Startvorgangs«.

Starten Sie das System im abgesicherten Modus

Der abgesicherte Modus ist eine Diagnoseumgebung, die nur die unbedingt nötigen Treiber und Systemdienste lädt, sodass die Chancen größer sind, dass das Betriebssystem erfolgreich gestartet wird. Sobald Windows gestartet ist, können Sie Treiber aktivieren oder deaktivieren und die erforderlichen Änderungen vornehmen, um die Stabilität wiederherzustllen. Sie können den abgesicherten Modus verwenden, indem Sie Ihren Computer neu starten und dann F8 drücken, wenn Sie dazu aufgefordert werden, um das Menü *Erweiterte Startoptionen* zu aktivieren. Der abgesicherte Modus ist eine der verfügbaren Optionen. Weitere Informationen über die Start- und Wiederherstellungsoptionen finden Sie in Kapitel 29, »Konfiguration und Problembehandlung des Startvorgangs«.

Verwenden Sie die Systemstartreparatur

Sie können mit dem Tool Systemstartreparatur erweiterte Operationen ausführen, zum Beispiel beschädigte Dateien ersetzen. Sie können auch einen Dienst deaktivieren, indem Sie die in einer Abbruchmeldung genannte Datei umbenennen. Weitere Informationen darüber, wie Sie mit der Systemstartreparatur Startprobleme beseitigen, finden Sie in Kapitel 29, »Konfiguration und Problembehandlung des Startvorgangs«.

Überprüfen Sie die Protokolle der Ereignisanzeige

Suchen Sie in den System- und Anwendungsprotokollen der Ereignisanzeige nach Warnungen oder Fehlermeldungen, die auf eine Anwendung oder einen Dienst verweisen. Notieren Sie diese Informationen und greifen Sie darauf zurück, wenn Sie nach weiteren Informationen suchen oder den technischen Support kontaktieren.

Überprüfen Sie die Anwendungs- und Treiberkompatibilität

Es gibt einige Softwarekategorien, von denen bekannt ist, dass sie Abbruchmeldungen auslösen können, falls sie nicht vollständig kompatibel zu Windows 7 sind (weil sie zum Beispiel für ältere Windows-Versionen entwickelt wurden): Datensicherung, Remotesteuerung, Multimedia, CD-Mastering, Internetfirewall und Antivirustools. Falls das Problem beseitigt wird, wenn Sie einen Treiber zeitweise deaktivieren oder Software deinstallieren, sollten Sie beim Hersteller nachfragen, ob ein Update oder ein Workaround verfügbar sind. Sie müssen einen Dienst deaktivieren, wenn er Abbruchfehler oder andere Probleme verursacht. Es reicht nicht, ihn zu beenden oder anzuhalten. Ein beendeter oder angehaltener Dienst läuft wieder, sobald Sie den Computer neu starten. Weitere Informationen über das Deaktivieren von Diensten im Rahmen einer Diagnose oder Problembehandlung finden Sie in Kapitel 29, »Konfiguration und Problembehandlung des Startvorgangs«.

Installieren Sie kompatible Antivirentools

Eine Virusinfektion kann Probleme wie Abbruchfehler (zum Beispiel Stop 0x7B) und Datenverluste verursachen. Bevor Sie eine Antivirensoftware ausführen, sollten Sie sicherstellen, dass Sie aktualisierte Virensignaturdateien verwenden. Signaturdateien liefern Informationen, die es dem Antivirenprogramm ermöglichen, Viren zu identifizieren. Wenn Sie aktuelle Signaturdateien verwenden, erhöhen Sie Ihre Chancen, auch neuere Viren zu erkennen. Überprüfen Sie, ob Ihr Virenscanner den Master Boot Record (MBR) und den Startsektor untersucht. Weitere Informationen über MBR- und Bootsektorviren finden Sie in Kapitel 30, »Problembehandlung für Hardware, Treiber und Laufwerke«.

Suchen Sie nach Service Pack-Updates und installieren Sie sie

Microsoft stellt regelmäßig Service Packs zur Verfügung, die aktualisierte Systemdateien, Sicherheitsverbesserungen und andere Verbesserungen enthalten, die Probleme beseitigen können. Sie können mit Windows Update nach den neusten Versionen suchen und sie installieren, sobald sie verfügbar sind. Sie können ermitteln, welche Service Pack-Version auf Ihrem System installiert ist, indem Sie im Startmenü mit der rechten Maustaste auf *Computer* klicken und den Befehl *Eigenschaften* wählen.

Weitere Informationen über Windows Update finden Sie in Kapitel 23, »Verwalten von Software-updates«.

Berichten Sie Ihre Fehler

Sie können mehr darüber herausfinden, welche Bedingungen die Abbruchmeldung auslösen, wenn Sie die Windows-Fehlerberichterstattung verwenden. Weitere Informationen über die Optionen zum Analysieren von Speicherabbilddateien finden Sie im Abschnitt »Analysieren von Abbruchfehlern mithilfe von Speicherabbilddateien« weiter oben in diesem Kapitel.

Installieren Sie Betriebssystem- und Treiberupdates

Gelegentlich geben Microsoft und andere Hersteller Softwareupdates heraus, die bekannte Probleme korrigieren. Weitere Informationen über Softwareupdates finden Sie in Kapitel 23, »Verwalten von Softwareupdates«.

Recherchieren Sie Informationsquellen

Informationen über Workarounds oder Lösungen für ein Problem lassen sich oft finden. Gute Informationsquellen sind unter anderem die Microsoft Knowledge Base und die Webseiten des technischen Supports eines Herstellers.

Installieren und verwenden Sie einen Kerneldebugger

Sie können mit einem Kerneldebugger umfangreiche Informationen über das Problem sammeln. Die Hilfedatei der Debugtools enthält Anleitungen und Beispiele, die Ihnen helfen können, zusätzliche Informationen über aufgetretene Abbruchfehler zu finden. Weitere Informationen darüber, wie Sie die Debugtools installieren und verwenden, finden Sie in den Abschnitten »Abbruchmeldungen« und »Analysieren von Abbruchfehlern mithilfe von Speicherabbilddateien« weiter oben in diesem Kapitel.

Überprüfen Sie Ihre Hardware

Die folgenden Maßnahmen sind nützliche Techniken im Zusammenhang mit Hardware, die Sie nutzen können, um Probleme zu beseitigen, die Abbruchmeldungen auslösen.

Stellen Sie die vorherige Konfiguration wieder her

Falls eine Abbruchmeldung erscheint, unmittelbar nachdem Sie neue Hardware hinzugefügt haben, sollten Sie probieren, ob das Problem beseitigt wird, wenn Sie das Teil wieder entfernen und die vorherige Konfiguration wiederherstellen. Sie können die Wiederherstellungsfeatures wie die Option *Letzte als funktionierend bekannte Konfiguration*, das Wiederherstellen der vorherigen Treiberversion oder die Systemwiederherstellung nutzen, um das System auf die vorherige Konfiguration zurück-zusetzen oder einen bestimmten Treiber zu entfernen. Weitere Informationen über die Start- und Wiederherstellungsoptionen finden Sie in Kapitel 29, »Konfiguration und Problembehandlung des Startvorgangs«.

Prüfen Sie, ob Firmwareeinstellungen von den Standardwerten abweichen

Manche Computer haben eine Firmware, in der Sie Hardwareeinstellungen ändern können, zum Beispiel Energieverwaltungsparameter, Grafikkartenkonfiguration, Arbeitsspeichergeschwindigkeit und Arbeitsspeicherpufferung (Shadowing). Verändern Sie diese Einstellungen nicht, sofern es dafür keinen triftigen Grund gibt. Falls bei Ihnen Hardwareprobleme auftreten, sollten Sie sicherstellen, dass die Firmwarewerte ihre Standardeinstellungen haben. Wie Sie die Standardfirmwareeinstellungen wiederherstellen können, erfahren Sie in den Anleitungen des Computer- oder Motherboardherstellers.

Überprüfen Sie, ob erhöhte Hardwaretaktraten eingestellt sind

Überprüfen Sie, ob die Hardware mit der richtigen Geschwindigkeit läuft. Erhöhen Sie die Taktraten von Komponenten wie Prozessor, Grafikkarte oder Arbeitsspeicher nicht über die angegebene Spezifikation (Overclocking). Dies kann sporadische Fehler verursachen, die schwierig zu diagnostizieren sind. Falls bei Ihnen Probleme mit übertakteter Hardware auftreten, sollten Sie die Standardeinstellungen für Geschwindigkeit und Spannungsversorgung wiederherstellen, wie durch die Spezifikation des Hardwareherstellers vorgegeben.

Prüfen Sie, ob Updates für die Hardware verfügbar sind

Suchen Sie auf der Website des Herstellers nach aktualisierter Firmware für Ihr System oder einzelne Peripheriegeräte.

Führen Sie Tests mit Hardwarediagnosetools durch

Durch das Ausführen von Hardwarediagnosesoftware können Sie überprüfen, ob Ihre Hardware fehlerfrei ist. Diese Tools sind normalerweise in die Hardware eingebaut oder werden mitgeliefert.

Überprüfen Sie ATA-Laufwerks- und -Controllereinstellungen

Falls Ihr System ATA-Geräte wie zum Beispiel Festplatten verwendet, sollten Sie feststellen, ob die Firmwareeinstellung »Primary IDE Only« verfügbar ist. Falls diese Einstellung angeboten wird, sollten Sie sie aktivieren, falls der zweite ATA-Kanal nicht benutzt wird. Überprüfen Sie, ob die Jumpereinstellungen bei primären und sekundären Geräten richtig sind. Speichergeräte (auch CD- und DVD-Laufwerke) haben eigene Firmware, prüfen Sie also regelmäßig auf der Website des Herstellers, ob Updates verfügbar sind. Stellen Sie sicher, dass Sie ein Kabel verwenden, das zu Ihrem Gerät kompatibel ist. Bestimmte ATA-Standards erfordern, dass Sie einen anderen Kabeltyp verwenden.

Überprüfen Sie die Einstellungen von SCSI-Laufwerken und -Controllern

Falls Ihr System einen SCSI-Adapter benutzt, sollten Sie nach Updates für Gerätetreiber und Adapterfirmware suchen. Deaktivieren Sie versuchsweise erweiterte SCSI-Firmwareoptionen, zum Beispiel Sync-Aushandlung für Geräte mit geringer Bandbreite (Bandlaufwerke und CD-Laufwerke). Stellen Sie sicher, dass Sie Kabel verwenden, die die Anforderungen des SCSI-Adapters an Terminierung und maximale Kabellänge erfüllen. Überprüfen Sie die SCSI-ID-Einstellungen und die Terminierung, um sicherzustellen, dass sie für alle Geräte korrekt sind. Weitere Informationen finden Sie in Kapitel 30, »Problembehandlung für Hardware, Treiber und Laufwerke«.

Prüfen Sie, ob die Hardware richtig installiert und angeschlossen ist

Überprüfen Sie, ob die internen Erweiterungskarten und externen Geräte fest sitzen, richtig installiert und die Verbindungskabel fest eingesteckt sind. Bei Bedarf können Sie die elektrischen Kontakte einer Adapterkarte reinigen, die entsprechenden Mittel erhalten Sie im Fachhandel. Weitere Informationen über die Problembehandlung von Hardware finden Sie in Kapitel 30, »Problembehandlung für Hardware, Treiber und Laufwerke«.

Überprüfen Sie die Arbeitsspeicherkompatibilität

Falls eine Abbruchmeldung erscheint, unmittelbar nachdem Sie neuen Arbeitsspeicher eingebaut haben, sollten Sie überprüfen, ob das neue Modul zu Ihrem System kompatibel ist. Verlassen Sie sich nicht allein auf Merkmale wie Anzahl der Chips oder Abmessungen, wenn Sie neuen oder Austauschspeicher kaufen. Beachten Sie immer die Spezifikationen des Herstellers, wenn Sie Arbeitsspeichermodule kaufen. Zum Beispiel können Sie ein Arbeitsspeichermodul, das für 667-MHz- oder 800-MHz-Betrieb (DDR2-667- beziehungsweise DDR2-800-RAM) vorgesehen ist, in ein System einbauen, das eine 1066-MHz-Speicherbusgeschwindigkeit verwendet, und das kann anfangs auch durchaus funktionieren. Aber der langsamere Arbeitsspeicher führt dazu, dass das System instabil wird. Mit der Windows-Speicherdiagnose (beschrieben in Kapitel 30, »Problembehandlung für Hardware, Treiber und Laufwerke«) können Sie den Arbeitsspeicher testen.

Entfernen Sie zeitweise bestimmte Geräte

Wenn Sie ein neues Gerät installieren, kann das manchmal Ressourcenkonflikte mit vorhandenen Geräten verursachen. Sie können dieses Problem unter Umständen beseitigen, indem Sie alle Geräte, die für den Start des Betriebssystems nicht benötigt werden, zeitweise entfernen. Zum Beispiel können Sie Windows wahrscheinlich auch starten, wenn Sie ein CD-Laufwerk oder einen Audioadapter zeitweise entfernen. Dann können Sie die Geräte- und Betriebssystemeinstellungen einzeln untersuchen und feststellen, welche Änderungen Sie vornehmen müssen. Weitere Informationen darüber, wie Sie Ihre Hardwarekonfiguration für die Problembehandlung vereinfachen können, finden Sie in Kapitel 29, »Konfiguration und Problembehandlung des Startvorgangs«.

Ersetzen Sie ein Gerät

Falls Sie keine Diagnosesoftware für das problematische Gerät finden können, sollten Sie ein Austauschgerät installieren, um zu überprüfen, ob das Problem dadurch beseitigt wird. Falls das Problem verschwindet, ist die ursprüngliche Hardware möglicherweise defekt oder falsch konfiguriert.

Recherchieren Sie Informationsquellen

Informationen über Workarounds oder Lösungen für ein Problem lassen sich oft finden. Gute Informationsquellen sind unter anderem die Microsoft Knowledge Base und die Webseiten des technischen Supports eines Herstellers.

Wenden Sie sich an den technischen Support

Als letztes Mittel kann Ihnen der technische Support von Microsoft bei der Problembehandlung helfen. Weitere Informationen darüber, welche Optionen Microsoft für technischen Support anbietet, erfahren Sie über den Supportlink auf der Microsoft-Webseite unter *http://www.microsoft.com*.

Zusammenfassung

Die Problembehandlung für Abbruchfehler kann frustrierend sein. Wenn Sie allerdings die Anleitung aus diesem Kapitel befolgen, können Sie die Ursachen von Abbruchfehlern identifizieren und sich daran machen, sie zu beseitigen. Meistens werden Abbruchfehler durch Treiber oder defekte Hardware verursacht. Wenn Abbruchfehler durch Treiber verursacht werden, müssen Sie beim Hardwarehersteller veranlassen, dass ein verbesserter Treiber entwickelt wird. Falls ein Abbruchfehler durch defekte Hardware verursacht wird, sollten Sie die Hardware reparieren oder austauschen.

Weitere Informationen

Die folgenden Ressourcen liefern weitere Informationen und Tools zu den Themen dieses Kapitels.

Informationsquellen

- Kapitel 16, »Verwalten von Laufwerken und Dateisystemen«, enthält Informationen über das Konfigurieren von Datenträgern.
- Kapitel 17, »Verwalten von Geräten und Diensten«, enthält Informationen darüber, wie Sie Dienste so konfigurieren, dass sie automatisch starten.
- Kapitel 29, »Konfiguration und Problembehandlung des Startvorgangs«, enthält Informationen über die Verwendung des abgesicherten Modus und der Systemstartreparatur.
- Kapitel 30, »Problembehandlung für Hardware, Treiber und Laufwerke«, enthält Informationen über die Behandlung von Netzwerkkartenproblemen, die durch Hardware oder Treiber verursacht werden.
- Das Blog des Microsoft Global Escalation Services-Teams unter *http://blogs.msdn.com/ntdebugging/* enthält nützliche Artikel über die Problembehandlung von Abbruchfehlern und anderen komplexen Problemen.
- Das Windows Driver Kit (WDK) enthält Informationen über Abbruchfehler, die hier nicht aufgelistet sind. Sie können das WDK von *http://www.microsoft.com/whdc/devtools/wdk/wdkpkg.mspx* herunterladen.

Auf der Begleit-CD

- *Get-MiniDump.ps1*
- *Get-MiniDumpCount.ps1*
- *Set-MiniDumpCount.ps1*

A N H A N G

Barrierefreiheit in Windows 7

Das Betriebssystem Windows 7 verbessert die Features und Programme für Barrierefreiheit, die bereits in Windows Vista enthalten waren. Windows 7 macht es Benutzern mit körperlichen oder geistigen Behinderungen einfacher als je zuvor, ihre Computer zu sehen, zu hören und zu bedienen. Die Einstellungen und Programme für Barrierefreiheit sind besonders für Leute mit Sehschwäche, Schwerhörigkeit, Schmerzen in den Händen oder Armen sowie geistigen Behinderungen nützlich.

- **Sehschwäche** Dazu zählen schlechte Lichtverhältnisse, sehbehinderte Benutzer und Blinde.

- **Beweglichkeitsschwäche** Dazu gehören Schmerzen in den Händen, Armen oder Handgelenken sowie Schwierigkeiten bei der Benutzung von Tastatur, Maus, anderen Zeigegeräten oder Stiften.

- **Hörschwäche** Dazu gehören Umgebungen mit lautem Hintergrundgeräusch und schwerhörige sowie taube Benutzer.

- **Geistige Behinderungen** Darunter fallen Konzentrationsprobleme, Erinnerungsschwächen und Lernbehinderungen wie zum Beispiel Legasthenie.

Center für erleichterte Bedienung

Das Center für erleichterte Bedienung (Abbildung A.1) stellt einen praktischen, zentralen Ort zur Verfügung, an dem der Benutzer schnell die Einstellungen der Bedienungshilfen konfigurieren und Programme für Bedienungshilfen (Assistive Technology, AT) verwalten kann. Das Center für erleichterte Bedienung ersetzt den Eingabehilfen-Assistenten und den Hilfsprogramm-Manager aus Microsoft Windows XP und älteren Versionen von Windows.

Im Center für erleichterte Bedienung kann der Benutzer die folgenden Bedienungshilfen aktivieren und konfigurieren:

- **Sprachausgabe starten** Öffnet Microsoft Narrator, ein Programm für Sprachausgabe, das Text auf dem Bildschirm laut vorliest und einige Ereignisse beschreibt (zum Beispiel angezeigte Fehlermeldungen), die bei der Benutzung des Computers vorkommen.

- **Bildschirmlupe starten** Vergrößert einen Bereich des Bildschirms, in dem der Benutzer arbeitet. Sie können die Vergrößerung von 2- bis 16-fach einstellen und wählen, ob der Maus, der Tastatur oder der Bearbeitung von Text gefolgt wird. Außerdem haben Sie die Wahl zwischen drei Modi: verankert (wie in Windows XP), Vollbild und Lupe (neu in Windows 7).

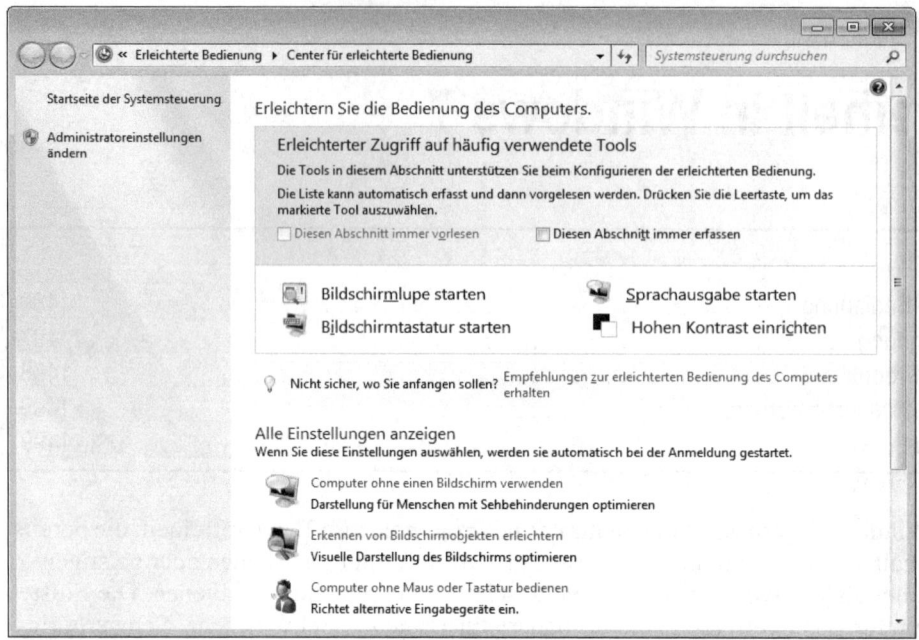

Abbildung A.1   Das Center für erleichterte Bedienung

■ **Bildschirmtastatur starten**   Öffnet eine grafische Tastatur auf dem Bildschirm, die über alle Standardtasten verfügt und die Sie statt der richtigen Tastatur verwenden können. Mithilfe der Bildschirmtastatur können Sie Ihre Texte über ein alternatives Eingabegerät tippen. Die Bildschirmtastatur bietet außerdem eine Textvorhersage (nur ab der Betriebssystemedition Windows 7 Home Premium), einen Zeigemodus (bei dem nicht geklickt werden muss) sowie einen Scanmodus (Eingaben mit einem einzigen Klick).

■ **Hohen Kontrast einrichten**   Vergrößert den Farbkontrast für Text und Bilder auf Ihrem Computerbildschirm, sodass diese Elemente deutlicher hervorgehoben und einfacher zu erkennen sind.

■ **Die Breite des Fokusrechtecks vergrößern**   Macht das Rechteck um das momentan ausgewählte Element in einem Dialogfeld dicker.

■ **Einrastfunktion aktivieren**   Statt mehrere Tasten gleichzeitig drücken zu müssen (zum Beispiel die Tasten STRG, ALT und ENTF, um sich an Windows anzumelden), können Sie jeweils eine Taste nach der anderen drücken, wenn die Einrastfunktion aktiviert ist.

■ **Umschalttasten aktivieren**   Windows spielt ein Signal ab, wenn die Tasten CAPSLOCK, NUM oder ROLLEN gedrückt sind.

■ **Anschlagverzögerung aktivieren**   Windows ignoriert Tastendrücke, die schnell hintereinander erfolgen, sowie Tastendrücke, die unabsichtlich dadurch entstehen, dass Tasten mehrere Sekunden lang gedrückt werden.

■ **Tastenkombinationen und Zugriffstasten unterstreichen**   Macht es einfacher, mit der Tastatur Dialogfelder zu bedienen.

- **Ändern der Farbe und Größe von Mauszeigern**   Macht den Mauszeiger größer oder ändert seine Farbe.

- **Ein Fenster durch Hovering mit der Maus aktivieren**   Der Benutzer kann ein Fenster auswählen und aktivieren, indem er den Mauszeiger darüberhält; er braucht es nicht anzuklicken.

- **Verhindern, dass Fenster automatisch angeordnet werden, wenn sie an den Rand des Bildschirms verschoben werden**   Windows 7 führt das »Einschnappen« von Fenstern ein, wenn sie an den Rand des Bildschirms verschoben werden. Dies hilft dabei, das Fenster zu maximieren oder genau die Hälfte des Bildschirms zu verwenden. Mit dieser Option schalten Sie dieses Feature ab.

- **Maustasten aktivieren**   Der Benutzer kann den Mauszeiger mit den Pfeiltasten der Tastatur oder dem Ziffernfeld der Tastatur bewegen.

- **Akustische Beschreibung aktivieren**   Windows spielt akustische Beschreibungen ab, die erläutern, was auf dem Computer passiert.

- **Alle nicht erforderlichen Animationen deaktivieren (wenn möglich)**   Schaltet die Animationen aus, zum Beispiel den Ausblendeffekt beim Schließen von Fenstern.

- **Hintergrundbilder entfernen (falls verfügbar)**   Schaltet alle unwichtigen, überlappenden Hintergrundinhalte und alle Hintergrundbilder ab.

- **Hohen Kontrast durch Drücken auf die linke ALT- + linke UMSCHALT- + DRUCKTASTE aktivieren oder deaktivieren**   Stellt den Bildschirm so ein, dass ein Farbschema mit hohem Kontrast verwendet wird.

- **Wie lange sollen Windows-Benachrichtigungsdialogfelder angezeigt werden?**   Gibt an, wie lange Windows-Benachrichtigungsdialogfelder angezeigt werden, bevor sie verschwinden.

- **Visuelle Alternativen für Soundbenachrichtigungen aktivieren (Darstellungsoptionen)**   Ersetzt Systemsounds durch optische Hinweise, zum Beispiel eine blinkende Titelleiste, blinkende Fenster oder einen blinkenden Desktop.

- **Schriftliche Darstellung für Sprachausgabe aktivieren (falls verfügbar)**   Zeigt statt Sounds Textbeschreibungen an, um darauf aufmerksam zu machen, dass eine Aktivität auf dem Computer stattfindet.

Weitere Barrierefreiheitsfeatures

Es gibt noch weitere Features für die Barrierefreiheit, die nicht im Center für erleichterte Bedienung verwaltet werden. Dies sind unter anderem:

- **Tastenkombinationen**   Der Benutzer kann statt mit der Maus mit der Tastatur Aktionen steuern, die von Programmen ausgeführt werden.

- **Windows-Spracherkennung**   Erlaubt dem Benutzer, seine Stimme als Eingabegerät für den Computer zu nutzen.

Tabelle A.1 beschreibt, welche Features der Windows 7-Bedienhilfen für die verschiedenen Arten von Behinderungen nützlich sind.

Tabelle A.1 Features der Windows 7-Bedienhilfen

Bedienhilfe	Sehschwäche	Beweglichkeits-schwäche	Hörschwäche	Geistige Behinderungen
Sprachausgabe starten	✓			✓
Bildschirmlupe starten	✓			
Breite des Fokusrechtecks vergrößern	✓			✓
Einrastfunktion aktivieren		✓		✓
Umschalttasten aktivieren		✓		✓
Anschlagverzögerung aktivieren		✓		✓
Tastenkombinationen und Zugriffstasten unterstreichen	✓	✓		
Ändern der Farbe und Größe von Mauszeigern	✓	✓		✓
Fenster durch Hovering mit der Maus aktivieren		✓		
Verhindern, dass Fenster automatisch angeordnet werden, wenn sie an den Rand des Bildschirms verschoben werden	✓	✓		✓
Maustasten aktivieren		✓		✓
Akustische Beschreibung aktivieren	✓			
Alle nicht erforderlichen Animationen deaktivieren (wenn möglich)	✓			✓
Hintergrundbilder entfernen (falls verfügbar)	✓			✓
Hohen Kontrast durch Drücken auf die linke ALT- + linke UMSCHALT- + DRUCKTASTE aktivieren oder deaktivieren	✓			
Wie lange sollen Windows-Benachrichtigungsdialogfelder angezeigt werden?	✓	✓		✓
Visuelle Alternativen für Soundbenachrichtigungen aktivieren (Darstellungsoptionen)			✓	
Schriftliche Darstellung für Sprachausgabe aktivieren (falls verfügbar)			✓	
Bildschirmtastatur starten		✓		
Tastenkombinationen		✓		
Windows-Spracherkennung		✓		

Arbeiten mit dem Center für erleichterte Bedienung

Es stehen mehrere Möglichkeiten zur Verfügung, um das Center für erleichterte Bedienung zu öffnen:

- Klicken Sie im Startmenü auf *Systemsteuerung*, dann auf *Erleichterte Bedienung* und schließlich auf *Center für erleichterte Bedienung*.
- Drücken Sie die Tastenkombination WINDOWS+U.

Außerdem können Sie die folgenden Features für erleichterte Bedienung direkt im Anmeldebildschirm aktivieren, indem Sie das Symbol *Erleichterte Bedienung* unten links auf dem Anmeldebildschirm anklicken:

- Sprachausgabe
- Bildschirmlupe

- Hoher Kontrast
- Bildschirmtastatur
- Einrastfunktion aktivieren
- Anschlagverzögerung aktivieren

Das Center für erleichterte Bedienung bietet folgende Möglichkeiten:

- **Erleichterter Zugriff**   Bildschirmlupe starten, Sprachausgabe starten, Bildschirmtastatur starten und hohen Kontrast einrichten.

- **Empfohlene Einstellungen**   Anhand der Antworten auf Fragen zur Durchführung von Routineaufgaben, ob Sie zum Beispiel Schwierigkeiten haben, Gesichter oder Text im Fernsehen zu erkennen, Unterhaltungen zu verstehen oder mit einem Stift zu arbeiten, stellt Windows 7 eine persönliche Empfehlung für die Einstellungen und Programme der Bedienhilfen zusammen, mit denen Sie die Möglichkeiten verbessern können, Ihren Computer zu sehen, zu hören und zu benutzen.

- **Verfügbare Einstellungen nach Kategorien durchgehen**   Sie können im Center für erleichterte Bedienung auch die Einstellungsoptionen nach Kategorien durchgehen. Dazu gehören erleichterte Erkennung von Bildschirmobjekten, den Computer ohne einen Bildschirm verwenden, Maus- oder Tastatureinstellungen verändern, den Computer ohne Maus oder Tastatur bedienen, Alternativen für Sounds auswählen und das Ausführen von Aufgaben erleichtern.

Wenn Sie die Barrierefreiheitsfeatures mithilfe der Tools im Abschnitt *Erleichterter Zugriff auf häufig verwendete Tools* aktivieren, stehen die Features nur während der aktuellen Anmeldesitzung zur Verfügung. Sobald Sie sich wieder abmelden, werden die vorher aktivierten Features deaktiviert. Sie können Barrierefreiheitsfeatures aktivieren und über Anmeldesitzungen hinweg dauerhaft verwenden, indem Sie die Tools aus den Abschnitten *Empfehlungen zur erleichterten Bedienung des Computers erhalten* oder *Alle Einstellungen anzeigen* verwenden.

Sie stellen sicher, dass Bildschirmlupe, Bildschirmtastatur und Sprachausgabe auf dem Anmeldebildschirm verfügbar sind, indem Sie diese Features im Center für erleichterte Bedienung aktivieren, auf *Administratoreinstellungen ändern* klicken, das Kontrollkästchen *Alle Einstellungen auf den Anmeldedialog anwenden* aktivieren und auf *OK* klicken.

Benutzen der Bildschirmlupe

Die Bildschirmlupe vergrößert einen Ausschnitt des Computerbildschirms in einem separaten Fenster, sodass er einfacher zu erkennen ist. In der Standardeinstellung vergrößert die Bildschirmlupe den Bildschirm um den Faktor 2, aber Sie können die Bildschirmlupe so konfigurieren, dass sie bis zu 16-fache Vergrößerung bietet. In Windows XP und älteren Windows-Versionen war nur maximal 9-fache Vergrößerung möglich. Sie können auch die Farben im Fenster der Bildschirmlupe invertieren, um die Lesbarkeit des Bildschirms zu verbessern.

Die Bildschirmlupe kann einer oder allen der folgenden Benutzeraktionen folgen:

- Mauszeiger
- Tastaturfokus
- Textbearbeitung

Die Bildschirmlupe hat drei Modi:

- **Vollbildmodus**   Der gesamte Bildschirm wird vergrößert, die Bildschirmlupe folgt dem Mauszeiger.

- **Lupenmodus**   Der Bereich um den Mauszeiger wird vergrößert. Wenn Sie den Mauszeiger bewegen, wird ein anderer Bildschirmausschnitt vergrößert.

- **Verankerter Modus** Nur ein Teil des Bildschirms wird vergrößert, der übrige Desktop wird in normaler Größe angezeigt. Sie können einstellen, welcher Ausschnitt des Bildschirms vergrößert wird.

HINWEIS Vollbild- und Lupenmodus stehen nur zur Verfügung, wenn das Design Windows-Aero aktiviert ist.

Während die Bildschirmlupe läuft, wird auf dem Desktop ein Lupensymbol angezeigt. Sobald Sie dieses Symbol anklicken, wird die Symbolleiste der Bildschirmlupe angezeigt.

 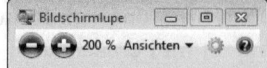

Klicken Sie auf die Plus- und Minus-Schaltflächen der Symbolleiste, um die Vergrößerung in Schritten von standardmäßig 100 Prozent zu verändern. Die Schrittgröße und andere Bildschirmlupeneinstellungen können Sie verändern, indem Sie auf die Schaltfläche *Optionen* klicken. Daraufhin öffnet sich das Dialogfeld *Bildschirmlupenoptionen*:

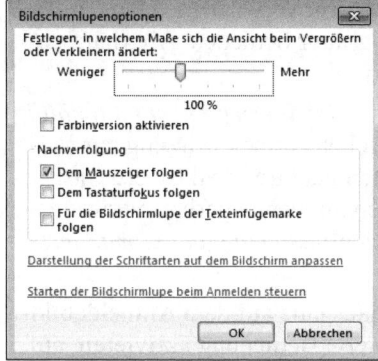

Die Größe der Lupe stellen Sie im Dialogfeld *Bildschirmlupenoptionen* ein, während der Benutzer im Lupenmodus arbeitet. Verändern Sie die Schieberegler, um Breite und Höhe der Lupe anzupassen:

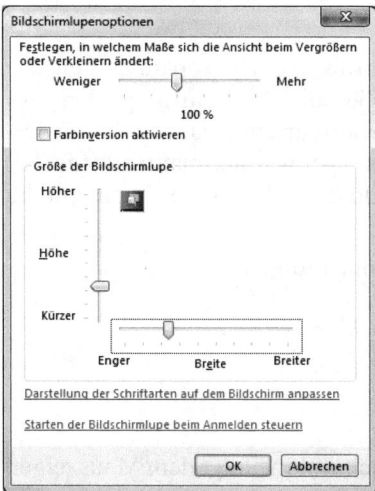

Benutzen der Sprachausgabe

Die Sprachausgabe ist ein Programm, das den Inhalt des aktiven Fensters, Menübefehle oder Text vorliest, den der Benutzer eingetippt hat. Gegenüber der Sprachausgabe in Windows XP weist die Version in Windows 7 folgende Vorteile auf:

- Das Tool hat eine angenehmere, natürlicher klingende Stimme namens Microsoft Anna, die die Stimme Microsoft Sam ersetzt.

- Der Benutzer kann sich mit den Pfeiltasten und dem virtuellen Fokus über den Desktop bewegen, und die Sprachausgabe liest dabei den Inhalt des jeweiligen Desktopfensters oder -objekts laut vor.

- Der Benutzer kann Lesezeichen verwenden, um oft benötigte Programme zu finden.

Außerdem ist die Sprachausgabe kompatibel zu allen SAPI-fähigen (Speech Application Programming Interface) Stimmen. Abbildung A.2 zeigt, welche Optionen es für die Sprachausgabe gibt.

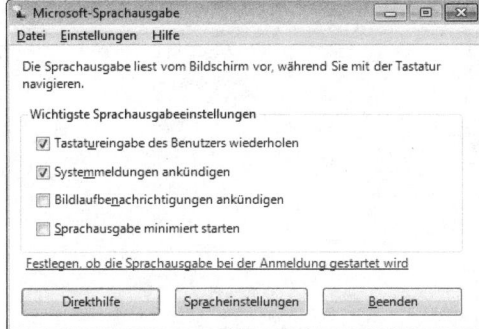

Abbildung A.2   Konfigurieren der Sprachausgabe

Abbildung A.3   Die Bildschirmtastatur

Benutzen der Bildschirmtastatur

Die Bildschirmtastatur (Abbildung A.3) zeigt eine optische Tastatur an, über die der Benutzer Tasten drücken kann, ohne die echte Tastatur bedienen zu müssen. Der Funktionsumfang der Bildschirmtastatur wurde in Windows 7 deutlich erweitert. Erstens können die Benutzer Höhe und Breite ihrer Bildschirmtastatur beliebig einstellen. Ein weiteres neues Feature in Windows 7 ist die Textvorhersage, die in Windows 7 Home Premium und höheren Editionen enthalten ist. Auch Zeige- und Scanmodus wurden verbessert, sodass sie in mehr Situationen funktionieren. Wenn Sie beispielsweise im Zeigemodus arbeiten und versehentlich die Bildschirmtastatur minimieren, brauchen Sie Ihre Maus lediglich über das Symbol im Startmenü zu halten, damit die Bildschirmtastatur wieder an der vorherigen Position erscheint. Und im Scanmodus kann der Benutzer eine versehentlich minimierte

Bildschirmtastatur wiederherstellen, indem er einfach die Scan-Taste drückt. Und schließlich wurden Scan- und Zeigeintervalle von 0,75 Sekunden hinzugefügt, um den Benutzern mehr Flexibilität zu geben.

Die Optionen der Bildschirmtastatur öffnen Sie, indem Sie rechts unten in der Tastatur auf *Optionen* klicken; diese Taste wird neben der Taste *Hilfe* angezeigt. Im Dialogfeld *Optionen* können die Benutzer alle oben beschriebenen Modi und Optionen konfigurieren (Abbildung A.4).

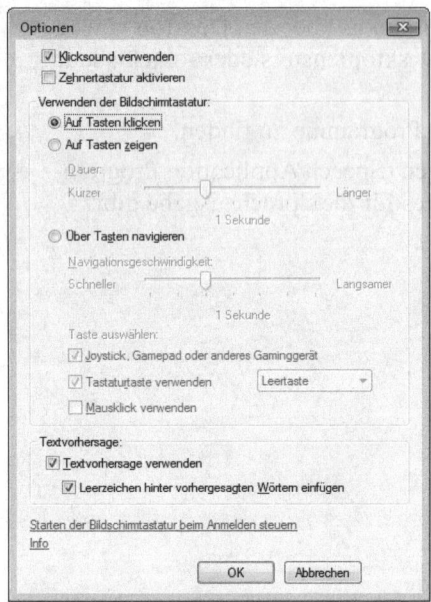

Abbildung A.4   Das Dialogfeld *Optionen* für die Bildschirmtastatur

Tastenkombinationen für die erleichterte Bedienung

Mit den in Tabelle A.2 aufgeführten Tastenkombinationen können Sie einige Features der Bedienhilfen aktivieren und deaktivieren.

Tabelle A.2   Tastenkombinationen für Features der erleichterten Bedienung

Drücken Sie diese Taste	um Folgendes zu tun
Rechte UMSCHALT 8 Sekunden lang	Anschlagverzögerung ein- und ausschalten
Linke ALT + linke UMSCHALT + DRUCK	Hohen Kontrast ein- und ausschalten
Linke ALT + linke UMSCHALT + NUM	Maustasten ein- und ausschalten
UMSCHALT fünfmal	Einrastfunktion ein- und ausschalten
NUM 5 Sekunden lang	Umschalttasten ein- und ausschalten
WINDOWS+U	Das Center für erleichterte Bedienung öffnen
WINDOWS+ESC	Bildschirmlupe schließen

WEITERE INFORMATIONEN   Weitere Tastenkombinationen für Microsoft-Produkte, die für die Barrierefreiheit nützlich sind, finden Sie unter *http://www.microsoft.com/enable/products/keyboard.aspx*.

Windows-Spracherkennung

Die Windows-Spracherkennung wurde mit Windows Vista neu eingeführt. Dieses Feature erlaubt es Benutzern, den Computer mithilfe ihrer Stimme zu bedienen. Die Windows-Spracherkennung wurde für Personen entwickelt, die weniger mit Maus und Tastatur arbeiten wollen, aber trotzdem ihre Produktivität beibehalten oder sogar steigern möchten. Die Windows-Spracherkennung bringt auch Vorteile für Benutzer mit körperlichen Behinderungen, weil sie ihren Computer bedienen können, ohne Tastatur oder Maus verwenden zu müssen.

Die Windows-Spracherkennung unterstützt folgende Sprachen:

- Englisch (USA)
- Englisch (Großbritannien)
- Deutsch (Deutschland)
- Französisch (Frankreich)
- Spanisch (Spanien)
- Japanisch
- Traditionelles Chinesisch
- Vereinfachtes Chinesisch

Mithilfe der Windows-Spracherkennung können Sie Ihren Computer über Ihre Stimme steuern. Sie können Befehle aussprechen, auf die Ihr Computer reagiert. Oder Sie diktieren Texte. Bevor Sie die Windows-Spracherkennung einsetzen, müssen Sie folgende Vorbereitungen treffen:

1. Stellen Sie sicher, dass Mikrofon und Lautsprecher richtig an Ihren Computer angeschlossen sind.

2. Öffnen Sie die Windows-Spracherkennung über das Center für erleichterte Bedienung.

3. Klicken Sie auf *Computer ohne Maus oder Tastatur bedienen*.

4. Klicken Sie auf *Spracherkennung verwenden*. Der Assistent leitet Sie durch die Schritte, mit denen Sie Ihr Mikrofon einrichten, und beginnt eine Eingabesitzung, in der die Spracherkennung auf die Besonderheiten Ihrer Stimme trainiert wird und Sie in die Benutzung der Windows-Spracherkennung eingeführt werden.

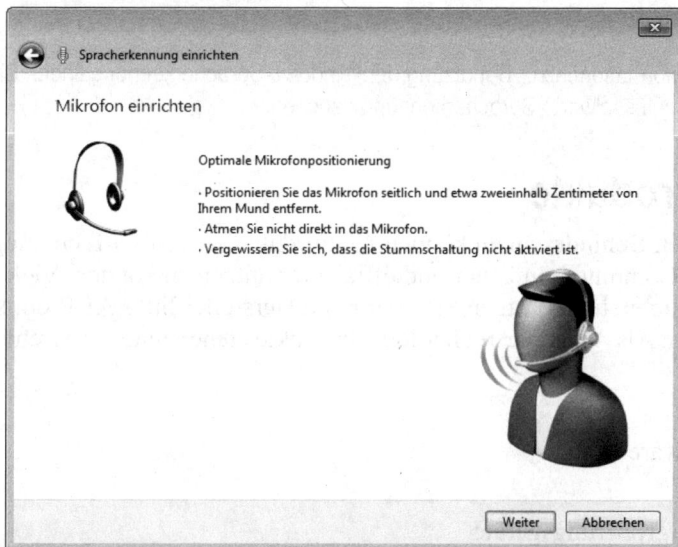

5. (Optional) Sie können die Erkennungsrate verbessern, indem Sie im Systemsteuerungsabschnitt *Spracherkennung* auf *Trainieren Sie den Computer, damit er Sie besser versteht* klicken. Daraufhin öffnet sich das Fenster *Stimmtraining für die Spracherkennung*, in dem Sie ein Stimmprofil erzeugen, das Ihr Computer nutzt, um Ihre Stimme und die gesprochenen Anweisungen zu verstehen.

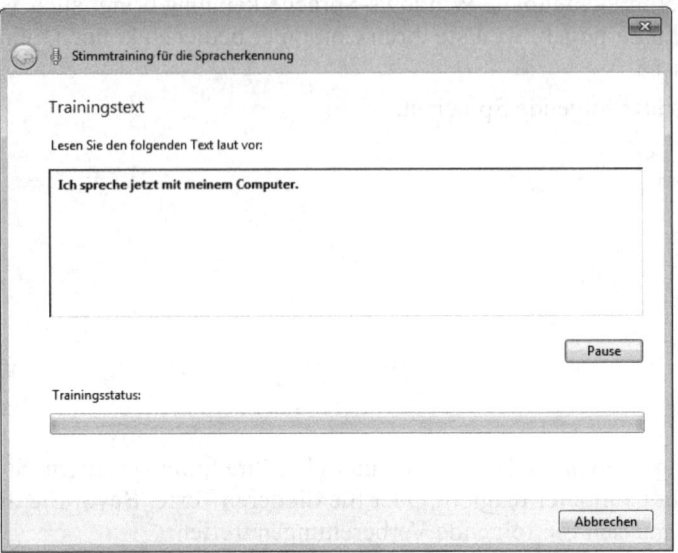

Sobald Sie das Mikrofon und Ihr Stimmprofil eingerichtet haben, können Sie die Spracherkennung für folgende Aufgaben einsetzen:

- **Steuern Ihres Computers**   Die Windows-Spracherkennung reagiert auf Ihre gesprochenen Befehle, sodass Sie Programme starten und Windows bedienen können.

- **Diktieren und Bearbeiten von Text**   Sie können mit der Windows-Spracherkennung Wörter in Microsoft Office Word diktieren, Onlineformulare in Windows Internet Explorer ausfüllen und ähnliche Aufgaben ausführen. Die Windows-Spracherkennung bietet auch die Möglichkeit, Text zu bearbeiten, den Sie in diese Programme eingegeben haben.

WEITERE INFORMATIONEN   Weitere Informationen zur Benutzung der Windows-Spracherkennung finden Sie in Hilfe und Support, indem Sie nach dem Schlüsselwort »Spracherkennung« suchen.

Assistive Technology-Produkte

Personen mit körperlichen oder geistigen Behinderungen können AT-Produkte (Assistive Technology) von anderen Herstellern einsetzen, um Computer einfacher und effizienter nutzen zu können. Viele AT-Produkte werden unter Windows 7 unterstützt. Fragen Sie aber beim Hersteller Ihres AT-Produkts nach, bevor Sie ein Update durchführen. Als Assistive Technology-Produkte stehen unter anderem zur Verfügung:

- Alternative Eingabegeräte
- Sprach- und Stimmerkennungssoftware
- Bildschirmlesegeräte
- Bildschirmlupen und Bildschirmvergrößerungsgeräte

- Bildschirmtastaturen
- Andere Hardware- und Softwaretypen

Hunderte von AT-Produkten sind zu verschiedenen Windows-Versionen kompatibel. Ob ein bestimmtes AT-Produkt kompatibel zu Windows 7 ist, können Sie unter *http://www.microsoft.com/ enable/at/* nachschlagen.

Microsoft Accessibility Resource Centers

Microsoft hat ein Netzwerk von »Microsoft Accessibility Resource Centers« entwickelt, in denen Benutzer mehr über technologische Lösungen erfahren, die ihre Anforderungen erfüllen. Unter anderem erfahren sie dort, wie sie die Barrierefreiheitsfeatures in Windows 7 effektiv nutzen können.

WEITERE INFORMATIONEN Weitere Informationen und den Standort eines nahegelegenen Microsoft Accessibility Resource Centers finden Sie unter *http://www.microsoft.com/enable/centers/*.

Weitere Informationen

Die folgenden Ressourcen liefern weitere Informationen und Tools zu den Themen dieses Anhangs.

Informationsquellen

- »Accessibility in Windows 7« im Windows 7 Engineering-Blog unter *http://blogs.msdn.com/e7/ archive/2008/11/30/accessibility-in-windows-7.aspx*.
- Microsoft Accessibility-Site unter *http://www.microsoft.com/enable/*.

Glossar

802.11 Ein Industriestandard für ein gemeinsam genutztes WLAN (Wireless Local Area Network), das die physische Schicht und die MAC-Teilschicht für Funkkommunikation definiert.

802.1X Ein Standard, der eine portbasierte Netzwerkzugriffssteuerung definiert, mit der authentifizierter Netzwerkzugriff für Ethernet-Netzwerke gewährleistet wird. Dieser Standard wertet physische Merkmale der Switched-LAN-Infrastruktur aus, um Geräte zu authentifizieren, die an einen LAN-Port angeschlossen sind.

Abbildbasiertes Setup Ein Setupprozess, bei dem ein Datenträgerabbild eines Betriebssystems auf einen Computer aufgespielt wird.

Abbildverwaltung für die Bereitstellung (Deployment Image Servicing and Management, DISM) Ein neues Befehlszeilentool in Windows 7, mit dem Sie ein Windows-Abbild bearbeiten oder ein Windows PE-Abbild vorbereiten können. Es ersetzt den Paketmanager (*Pkgmgr.exe*), PEImg und Intlcfg, die in Windows Vista enthalten waren. Der Funktionsumfang dieser Tools ist nun in DISM zusammengefasst, und DISM wurde durch neue Funktionen erweitert, die eine Bearbeitung im Offlinemodus erleichtern.

Abbruchfehler Ein Fehler, den Windows auslöst, wenn ein Kernmodusprozess beschädigt wurde oder eine unbehandelte Ausnahme darin aufgetreten ist.

ABE Siehe *Access-Based Enumeration*.

Abonnement Die Fähigkeit, Ereignisse von mehreren Remotecomputern zu sammeln und lokal zu speichern.

Abstand Ein Maß für die Netzwerklatenz zwischen zwei Computern. Die Windows-Medienfreigabe funktioniert nur, wenn die Latenz maximal 7 Millisekunden beträgt.

Access-Based Enumeration (ABE) Ein Windows-Feature, das dafür sorgt, dass ein Benutzer nur die Dateien und Ordner innerhalb einer Netzwerkfreigabe zu sehen bekommt, für die er Zugriffsbe-rechtigungen hat. Wird ABE eingesetzt, kann ein Administrator *C:\Budgets* freigeben und wie bisher ACLs zuweisen, aber normale Benutzer, die die Freigabe *BUDGETS* durchsuchen, bekommen nur die Datei *Public.doc* angezeigt. Die Datei *Secret.doc* ist für sie nicht sichtbar, sie erfahren gar nichts von ihrer Existenz. ABE verbessert daher die Sicherheit für gemeinsam genutzte Daten und hilft, vertrauliche Daten zu schützen.

Adaptive Anzeigehelligkeit Mit diesem Feature blendet Windows 7 nach einer gewissen Zeit der Inaktivität automatisch die Anzeigehelligkeit ab. So kann Windows 7 den Stromverbrauch senken, ohne gleich in den Energiesparmodus zu schalten.

Address Resolution Protocol (ARP) Ein Layer-2-Protokoll, mit dem TCP/IP-Clients lokale IP-Adressen in MAC-Adressen auflösen.

Address Space Layout Randomization (ASLR) Ein Windows-Feature, das ausführbaren Dateien (*.dll*- und *.exe*-Dateien), die Teile des Betriebssystems sind, nach dem Zufallsprinzip eine von 256 möglichen Positionen im Arbeitsspeicher zuordnet. Dadurch wird es für Exploit-Code schwieriger, den entsprechenden Code zu finden und somit Funktionen innerhalb der ausführbaren Dateien mithilfe eines Pufferüberlaufangriffs zu nutzen.

Admin-Broker Ein Feature innerhalb des geschützten Modus des Internet Explorers, das es ihm erlaubt, ActiveX-Steuerelemente zu installieren.

Administratorbestätigungsmodus Ein Windows-Feature, das Administratoren auffordert, Aktionen zu bestätigen, für die die Standardprivilegien nicht ausreichen.

ADML-Vorlagendatei Ein Satz von Dateien, mit dem benutzerdefinierte registrierungsabhängige Gruppenrichtlinieneinstellungen hinzugefügt werden können. ADML-Dateien stellen sprachspezifische Übersetzungen für die Namen von Gruppenrichtlinieneinstellungen und die zugehörigen Beschreibungen zur Verfügung.

ADMX-Vorlagendatei Ein Satz von Dateien, mit dem benutzerdefinierte registrierungsabhängige Gruppenrichtlinieneinstellungen hinzugefügt werden können. ADMX-Dateien geben die Registrierungsposition und mögliche Werte an. Optional können ADMX-Dateien Beschreibungen für eine einzige Sprache enthalten, Übersetzungen können in ADML-Vorlagendateien gespeichert werden.

Aero Peek Ermöglicht es, schnell eine Vorschau des Desktops anzusehen, ohne alle Fenster zu minimieren, oder eine Vorschau eines Fensters anzusehen, indem Sie den Mauszeiger über die zugehörige Schaltfläche in der Taskleiste bewegen.

Aero Shake Ermöglicht es, schnell alle offenen Fenster auf dem Desktop zu minimieren, außer dem Fenster, auf das Sie sich konzentrieren wollen. Klicken Sie einfach in die Titelzeile des Fensters, das Sie offenhalten wollen, und ziehen (schütteln) Sie das Fenster schnell hin und her. Daraufhin werden die anderen offenen Fenster minimiert.

Aero Snap Ermöglicht es, Fenster auf dem Desktop durch einfache Mausbewegungen anzuordnen und ihre Größe zu ändern. Sie können Fenster schnell an der Seite des Desktops anordnen, sie vertikal auf die volle Höhe des Bildschirms vergrößern oder sie maximieren, sodass sie den ganzen Desktop überdecken. Aero Snap ist vor allem dann nützlich, wenn Sie zwei Dokumente vergleichen oder Dateien zwischen zwei Fenstern kopieren oder verschieben. Sie können damit das Fenster maximieren, in dem Sie gerade arbeiten, oder lange Dokumente erweitern, sodass sie einfacher zu lesen sind und nicht so oft umgeblättert werden müssen.

Aktivierung Der Vorgang, bei dem eine Instanz von Windows bei Microsoft registriert wird, um die Gültigkeit des Product Keys und der Lizenz zu überprüfen.

Anbieten von Remoteunterstützung Siehe *unangeforderte Remoteunterstützung*.

Anfänger Bei der Remoteunterstützung der Benutzer, der Hilfe anfordert.

Angeforderte Remoteunterstützung Remoteunterstützungsanforderungen, die vom Anfänger ausgehen (also dem Benutzer, der Hilfe benötigt). Auch als *Eskalierte Remoteunterstützung* bezeichnet.

Antwortdatei Eine XML-Datei mit Einstellungen, die während einer Windows 7-Installation benutzt werden sollen.

AppLocker Ein neues Feature in Windows 7 und Windows Server 2008 R2, das die Richtlinien für Softwareeinschränkung aus älteren Windows-Versionen ersetzt. AppLocker enthält neue Fähigkeiten und Erweiterungen, die den Verwaltungsaufwand verringern und Administratoren helfen, genau zu steuern, wie Benutzer auf Dateien wie *.exe*-Dateien, Skripts, Windows Installer-Dateien (*.msi*- und *.msp*-Dateien) und DLLs zugreifen und damit arbeiten können.

ARP Siehe *Address Resolution Protocol*.

ASLR Siehe *Address Space Layout Randomization*.

Autorisierungs-Manager (AzMan) Ein MMC-Snap-In, mit dem Administratoren RBAC-Einstellungen (Role-Based Access Control) für unterstützte Anwendungen konfigurieren können.

AzMan Siehe *Autorisierungs-Manager*.

Background Intelligent Transfer Service Siehe *Intelligenter Hintergrundübertragungsdienst*.

Bekannte Ordner Windows-Benutzerprofilordner, die mithilfe der Ordnerumleitung umgeleitet werden können.

Bench-Bereitstellung Ein Bereitstellungsprozess, bei dem ein Techniker einen Computer in einer Testumgebung bereitstellt und konfiguriert, bevor er das Gerät tatsächlich zum Schreibtisch des Benutzers bringt.

Benutzer Siehe *Anfänger*.

Benutzer-Broker Ein Feature im geschützten Modus des Windows Internet Explorers, das einen Satz von Funktionen zur Verfügung stellt, mit denen der Benutzer Dateien in Bereichen außerhalb der Bereiche niedriger Integrität speichern kann.

Benutzermodus Ein Verarbeitungsmodus von x86-Prozessoren, der nur eingeschränkten Zugriff auf Arbeitsspeicher und andere Systemressourcen erlaubt. Prozesse, die im Benutzermodus laufen, können auf Arbeitsspeicher zugreifen, der dem Prozess zugewiesen ist, müssen aber in den Kernmodus hochgestuft werden, indem sie System-APIs aufrufen, bevor sie auf geschützte Ressourcen zugreifen können.

Benutzerprofil   Der Satz von Benutzerdokumenten und -einstellungen, der die Desktopumgebung des Benutzers bildet.

Benutzerprofil-Namespace   Die Hierarchie der Ordner innerhalb des Benutzerprofilordners.

Benutzerzustand   Die Datendateien und Einstellungen, die mit einem Benutzerprofil verknüpft sind.

Benutzerzustandsmigration   Der Vorgang, bei dem Benutzerdateien und -einstellungen von einem Computer auf einen anderen oder von einer älteren Windows-Version auf eine neuere übertragen werden, die auf demselben Computer installiert wird.

Bereitstellungsphase   Bei der Bereitstellung ist dies die Phase, in der die Computer tatsächlich eingerichtet und konfiguriert werden. Außerdem stellt das Bereitstellungsteam sicher, dass die bereitgestellten Computer stabil und benutzbar sind.

Bestätigungskennung   Ein digital signierter Wert, der von einem Microsoft-Clearinghouse zurückgegeben wird, um ein System zu aktivieren.

Bibliothek   Ein virtueller Container für die Inhalte der Benutzer. Eine Bibliothek kann Dateien und Ordner enthalten, die auf dem lokalen Computer oder an einem Remotespeicherort gespeichert sind. Im Windows-Explorer greift der Benutzer auf Bibliotheken ganz ähnlich zu wie auf andere Ordner. Bibliotheken bauen auf den bekannten Ordnern auf (beispielsweise *Dokumente*, *Eigene Bilder* und *Eigene Musik*), mit denen die Benutzer vertraut sind. Diese bekannten Ordner werden automatisch in die Standardbibliotheken aufgenommen und als Standardspeicherort festgelegt.

BitLocker To Go   Ein neues Feature der BitLocker-Laufwerkverschlüsselung in Windows 7, mit dem Administratoren steuern können, wie Wechselmediengeräte innerhalb ihrer Umgebung genutzt werden und welche Art von Schutz sie erfordern. Administratoren können den Schutz der Daten auf beliebigen Wechselmediengeräten erzwingen, auf die Benutzer Daten schreiben wollen. Das Lesen von ungeschützten Speichergeräten bleibt erlaubt, sie dürfen aber nur im reinen Lesemodus verwendet werden. Es stehen auch Richtlinien zur Verfügung, die die Verwendung geeigneter Kennwörter, Smartcards oder Domänenbenutzeranmeldeinformationen erzwingen, um ein geschütztes Wechselmediengerät nutzen zu können.

BitLocker-Laufwerksverschlüsselung   Ein Windows-Feature, das das ganze Systemvolume verschlüsseln kann, sodass der Computer auch gegen Angriffe geschützt ist, die die Betriebssystemsicherheit umgehen.

BITS   Siehe *Intelligenter Hintergrundübertragungsdienst*.

Bluescreen   Siehe *Abbruchfehler*.

Bluetooth   Eine Technologie für Kurzstreckenfunk, mit der Geräte vernetzt werden. Momentan wird sie in erster Linie für Mobiltelefone und Organizer eingesetzt, zum Beispiel PDAs/Pocket PCs.

BranchCache   Ein neues Feature in Windows 7 und Windows Server 2008 R2, das die Reaktionsgeschwindigkeit von Intranetanwendungen in Zweigstellen verbessert und gleichzeitig die Auslastung der WAN-Verbindung senkt. BranchCache speichert eine lokale Kopie der Daten, auf die Clients auf Remote-Web- und -Dateiservern zugreifen. Der Cache kann auf einem gehosteten Server in der Zweigstelle liegen oder sich über die einzelnen Computer der Benutzer verteilen. Wenn ein anderer Client dieselbe Datei anfordert, lädt der Client sie über das LAN herunter, ohne dass er sie über das WAN übertragen muss. BranchCache stellt sicher, dass nur autorisierte Clients auf angeforderte Daten zugreifen können. Es ist kompatibel zu geschützten Datenübertragungen mit SSL oder IPsec.

Build   Im Kontext von MDT 2010 die Zuordnung von Quelldateien zur Distributionsfreigabe mit einer Konfiguration. Siehe auch *Microsoft Deployment Toolkit 2010 (MDT 2010)*.

Clientseitiger Zwischenspeicher (Client-Side Cache, CSC)   Ein Microsoft-interner Begriff für Offlinedateien.

Cloud In Peer-to-Peer-Netzwerken eine Gruppe von Computern, die Adressen aus einem bestimmten Bereich verwenden. Innerhalb eines solchen Bereichs des Netzwerks ist die Adresse eindeutig.

CNG-Dienste (Crypto Next Generation) Ein erweiterbares kryptografisches Konfigurationssystem, das die CryptoAPI von Windows XP und älteren Versionen ersetzt.

Codeintegrität Ein Windows 7-Feature, das Änderungen an Systemdateien und Treibern entdeckt.

Crypto Next Generation Siehe *CNG-Dienste (Crypto Next Generation)*.

Cryptographic Service Provider (CSP) Ein Infrastrukturelement von Windows, das Entwickler nutzen können, um Anwendungen zu erstellen, die kryptografische Funktionen wie Verschlüsselung, Hashwerte und digitale Signaturen verwenden.

CSC Siehe *Clientseitiger Zwischenspeicher (Client-Side Cache, CSC)*.

CSP Siehe *Cryptographic Service Provider*.

Dateifreigabe Der Prozess, bei dem Dateien oder Ordner für andere Benutzer verfügbar gemacht werden.

Datenspeicher Bei der Bereitstellung der Ort, an dem das User State Migration Tool (USMT) den Benutzerzustand speichert zwischen dem Zeitpunkt, an dem er aus dem ursprünglichen Computer gelesen wird, und dem Zeitpunkt, an dem er auf dem Zielcomputer bereitgestellt wird.

defense-in-depth Siehe *Gestaffelte Verteidigung*.

Desktop Windows Manager (DWM) Eine Komponente von Windows 7, die die Desktopgestaltung durchführt und visuelle Effekte wie transparente Fensterrahmen, 3D-Fensteranimationen, Windows Flip und Windows Flip3D sowie Unterstützung für hohe Auflösungen ermöglicht.

DirectAccess Ein neues Feature in Windows 7 und Windows Server 2008 R2, das die Produktivität von Remotebenutzern erhöht, weil sie nahtlos und sicher ohne eine VPN-Verbindung auf das Unternehmensnetzwerk zugreifen können, wann immer sie eine Internetverbindung haben. DirectAccess verbessert auch Sicherheit und Flexibilität

der Unternehmensnetzwerkinfrastruktur. IT-Experten können damit Unternehmenscomputer im Remotezugriff verwalten und aktualisieren, sobald diese Computer mit dem Internet verbunden sind; das funktioniert sogar, während kein Benutzer angemeldet ist.

Discoverable Ein Zustand, in dem ein Bluetoothfähiges Gerät Funksignale aussendet, um anderen Geräten und Computern seine Position bekannt zu geben.

DLL Siehe *Dynamic Link Library*.

DNS Security Extensions (DNSsec) Ein Internetstandard, der von Windows 7 und Windows Server 2008 R2 unterstützt wird. Computer können damit DNS-Server authentifizieren, was die Gefahr von Man-in-the-Middle-Angriffen einschränkt. Ein *Man-in-the-Middle-Angriff* leitet Clients auf einen böswilligen Server um, sodass ein Angreifer unter Umständen Kennwörter oder vertrauliche Daten abfangen kann.

DNSsec Siehe *DNS Security Extensions (DNSsec)*.

Druckertreiberisolation Ein neues Feature in Windows 7 und Windows Server 2008 R2. Sie können damit Druckertreiberfeatures so konfigurieren, dass sie in einem isolierten Prozess laufen, getrennt vom Druckwarteschlangenprozess. Indem Sie den Druckertreiber isolieren, können Sie verhindern, dass ein fehlerhafter Druckertreiber alle Druckvorgänge auf einem Druckserver lahmlegt. Das führt zu einer erheblichen Steigerung der Serverzuverlässigkeit.

Druckverwaltung Ein MMC-Snap-In, mit dem Administratoren Drucker, Druckserver und Druckaufträge im ganzen Unternehmen verwalten können.

DWM Siehe *Desktop Windows Manager*.

Dynamic Link Library (DLL) Eine Datei mit ausführbarem Code, den Programme aufrufen können. Mehrere unterschiedliche Programme können dieselbe DLL verwenden und ein einzelnes Programm viele unterschiedliche DLLs.

Dynamische Bereitstellung von Treibern Ein neues Feature der Windows-Bereitstellungsdienste in Windows Server 2008 R2, das Treiber an einem zentralen Ort speichert. Das spart IT-Experten Zeit, weil die Abbilder nicht aktualisiert werden müssen, wenn neue Treiber benötigt werden (wenn beispielsweise die IT-Abteilung andere Hardware anschafft). Treiber können dynamisch mithilfe der Plug & Play-IDs der PC-Hardware installiert werden oder als vordefinierte Sätze anhand der Daten, die im BIOS eingetragen sind.

Energiesparmodus Ein neuer Energieverwaltungszustand, der die schnelle Reaktivierung des Standbyzustands mit dem Datenschutz des Ruhezustands vereint.

Entwicklungsphase Bei der Bereitstellung der Zeitraum, in dem das Team die Lösung erstellt und testet.

Ergänzungsanwendung Eine Anwendung, die auf wenigen ausgewählten Computern in Ihrer Umgebung installiert wird, zum Beispiel Spezialanwendungen für einzelne Gruppen. Von Ergänzungsanwendungen sind Kernanwendungen zu unterscheiden, die auf den meisten Computern installiert werden.

Eskalierte Remoteunterstützung Siehe *Angeforderte Remoteunterstützung*.

Experte In der Remoteunterstützung der Benutzer, der Hilfe anbietet. Auch als Helfer bezeichnet.

Featureteam Im Kontext von MDT 2010 ein unternehmensweites Team, das sich darauf konzentriert, ein bestimmtes Problem zu lösen, zum Beispiel die Sicherheit. Siehe auch *Microsoft Deployment Toolkit 2010 (MDT 2010)*.

Featureteamanleitung Im Zusammenhang mit MDT 2010 ein Dokument, das sich mit den Aufgaben beschäftigt, die für ein bestimmtes Featureteam erforderlich sind. Siehe auch *Microsoft Deployment Toolkit 2010 (MDT 2010)*.

forced guest/ForceGuest Ein Begriff für eines der Netzwerkzugriffsmodelle in Windows XP, bei dem alle Netzwerkbenutzer als Gäste behandelt werden. Ab Windows Vista gibt es allerdings keine »ForceGuest«-Einstellung mehr. Es wird abgeraten, diese Einstellung zu aktivieren.

Freigabe Der Vorgang, bei dem Dateien, Ordner, Drucker oder andere Ressourcen für andere Benutzer verfügbar gemacht werden.

Full Volume Encryption Key (FVEK) Der algorithmusspezifische Schlüssel, mit dem Daten auf Laufwerkssektoren verschlüsselt (und optional mit Diffuser verschleiert) werden. Momentan kann dieser Schlüssel von 128 Bit bis 512 Bit lang sein. Der Standardverschlüsselungsalgorithmus für Festplattenvolumes ist AES 128 Bit mit Diffuser.

FVEK Siehe *Full Volume Encryption Key*.

Gadget Eine Minianwendung, die praktisch beliebige Aufgaben erfüllen kann, zum Beispiel Nachrichtenticker, eine Diashow oder Wetterberichte anzeigen.

Gemischter Modus Ein Windows DS-Modus (Windows Deployment Services), der sowohl OSChooser als auch Windows PE für Startumgebungen und Riprep- sowie ImageX-Abbilder unterstützt. Der Wechsel vom Legacymodus in den gemischten Modus findet statt, wenn Sie Windows DS konfigurieren und *.wim*-Abbilddateien hinzufügen.

Gestaffelte Verteidigung Eine als wirksam erwiesene Technik für mehrere Schutzebenen, die die schädlichen Folgen von Sicherheitslücken einschränkt. Zum Beispiel könnten Sie ein Netzwerk mit drei Schichten der Paketfilterung entwerfen: einem Router mit Paketfilterung, einer Hardwarefirewall und Softwarefirewalls auf jedem Host (zum Beispiel Internetverbindungsfirewall). Auch wenn es ein Angreifer schafft, eine oder zwei Schutzschichten zu überwinden, bleiben die Hosts geschützt.

GPT Siehe *GUID Partition Table*.

Gruppenrichtlinieneinstellungen Ermöglichen Ihnen, Laufwerkszuordnungen, Registrierungseinstellungen, lokale Benutzer und Gruppen, Dienste, Dateien und Ordner zu verwalten, ohne eine Skriptsprache lernen zu müssen. Sie können mithilfe von Einstellungselementen die Zahl der benötigten Skripts und der benutzerdefinierten Systemabbilder verringern, die Verwaltung vereinheitlichen und zum Schutz Ihrer Netzwerke beitragen. Indem Sie die Zielauswahl auf Einstellungselementebene verwenden, können Sie die Desktopverwaltung optimieren, indem Sie die Zahl der benötigten Gruppenrichtlinienobjekte verringern. Auch als Gruppenrichtlinienpräferenzen bezeichnet.

GUID Partition Table (GPT)   Eine neue Technologie für die Laufwerkspartitionierung, die gegenüber MBR mehrere Vorteile bietet, darunter Unterstützung für größere Partitionen und bis zu 128 Partitionen auf einem einzigen Laufwerk. Siehe auch *Master Boot Record (MBR)*.

HAL   Siehe *Hardware Abstraction Layer*.

Hard-Link-Migration   Ein neues Feature der USMT für Windows 7. Kunden können damit Windows Vista oder Windows 7 auf einem vorhandenen Computer installieren, während die Daten bei der Betriebssysteminstallation lokal auf dem Computer bleiben.

Hardware Abstraction Layer (HAL)   Ein Feature von Windows, das für das Betriebssystem den Zugriff auf Hardware vereinfacht, indem es eine einheitliche Schnittstelle zur Verfügung stellt, die sich auf unterschiedlichen Plattformen immer gleich verhält.

Heimnetzgruppe   Ein neues Netzwerkfeature von Windows 7, das es einfacher macht, Dateien und Drucker in einem Heimnetzwerk freizugeben. Sie können Bilder, Musik, Videos, Dokumente und Drucker für andere Leute in Ihrer Heimnetzgruppe freigeben. Andere Leute können die Dateien, die Sie freigeben, nicht ändern, sofern Sie ihnen nicht die entsprechende Berechtigung geben.

Helfer   Siehe *Experte*.

High-Volume-Bereitstellung   Ein Bereitstellungsprojekt, das eine große Zahl von Computern umfasst.

Hybridabbild   Eine Abbildstrategie, die Thick- (vollständige) und Thin-Abbilder (partielle) kombiniert. In einem Hybridabbild konfigurieren Sie das Datenträgerabbild so, dass Anwendungen im ersten Durchlauf installiert werden. Das erweckt den Anschein, dass es sich um ein Thick-Abbild handelt, die Anwendungen werden aber von einer Netzwerkquelle installiert. Hybridabbilder bieten die meisten Vorteile von Thin-Abbildern, sie sind aber nicht so schwierig zu entwickeln und benötigen keine Softwareverteilungsinfrastruktur. Die Installation dauert damit allerdings länger, was

die Kosten für die Erstbereitstellung in die Höhe treiben kann.

ICMP   Siehe *Internet Control Message Protocol*.

IFilter   Eine Komponente der Windows-Suchmaschine, die Dokumente aus unterschiedlichen Formaten in Klartext konvertiert, damit sie indiziert werden können. IFilters haben außerdem die Aufgabe, eine Reihe von formatabhängigen Eigenschaften zu extrahieren, zum Beispiel Betreff, Autor, Sprache und so weiter. Microsoft stellt IFilters für viele gebräuchliche Dokumentformate standardmäßig zur Verfügung, und andere Hersteller wie zum Beispiel Adobe liefern eigene IFilters für die Indizierung anderer Inhaltformate.

IID   Siehe *Installation Identifier*.

In-Place-Freigabe   Siehe *In-Profile-Freigabe*.

InPrivate-Browsing   Verhindert, dass der Windows Internet Explorer Daten über Ihre Browsersitzung speichert.

InPrivate-Filterung   Hilft zu verhindern, dass Webseiteninhaltsanbieter Informationen über Sites sammeln, die Sie besuchen.

In-Profile-Freigabe   Freigabe einer Datei oder eines Ordners aus Ihrem Benutzerprofil heraus. Auch als *In-Place-Freigabe* bezeichnet.

Installation Identifier (IID)   Ein Code, der aus der Kombination von Hardware-ID des Systems (erstellt durch Analyse der Systemhardware) und der Produkt-ID (ermittelt aus der Windows-Installation) generiert wird. Dieser Code wird während der Systemaktivierung an ein Microsoft-Aktivierungs-Clearinghouse übermittelt.

Installationskennung   Siehe *Installation Identifier*.

Intelligenter Hintergrundübertragungsdienst (Background Intelligent Transfer Service, BITS) Ein Dateiübertragungsdienst, mit dem Dateien so über das Internet gesendet werden, dass sie nur nichtverwendete Netzwerkbandbreite nutzen. Im Unterschied zu Standarddateiübertragungen mit HTTP, FTP oder freigegebenen Ordnern nutzt BITS nicht die ganze verfügbare Bandbreite. Daher können Sie mit BITS große Dateien herunterladen, ohne andere Netzwerkanwendungen zu behindern. BITS-Übertragungen sind außerdem sehr zuverlässig und können fortgesetzt werden, wenn der Benutzer die Netzwerkverbindungen ändert oder seinen Computer neu startet. BITS wird benutzt, um Daten von Software Update Services oder Windows Update Server an den Automatische Updates-Client zu übertragen.

IntelliMirror   Ein Satz von Änderungs- und Konfigurationsverwaltungsfunktionen auf der Basis von Active Directory Domain Services. Ermöglicht die Verwaltung von Benutzer- und Computerdaten sowie Einstellungen, zum Beispiel Sicherheitsdaten. IntelliMirror bietet auch eine eingeschränkte Fähigkeit zum Bereitstellen von Software für Arbeitsstationen oder Server mit Windows 2000 oder neuer.

Internet Control Message Protocol (ICMP)   Ein Layer-3-Protokoll, mit dem IP-Anwendungen die Verbindung testen und Routingänderungen übermitteln können. ICMP wird in erster Linie vom Tool Ping benutzt.

Ipconfig   Ein Befehlszeilentool, das die aktuelle Netzwerkkonfiguration anzeigt.

Kanal   In Windows-Teamarbeit die Basis für Kommunikation zwischen Teilnehmern eines Meetings. Es gibt drei Arten von Teamarbeit-Kanälen: Metadaten, Datei und Streaming. Der Begriff »Kanal« kann sich auch auf ein anwendungsspezifisches Ereignisprotokoll beziehen.

Katalog   Die Kombination aus Systemindex und Eigenschaftszwischenspeicher.

Katalogdatei   Eine Binärdatei, die den Zustand aller Einstellungen und Pakete in einem Windows-Abbild enthält.

Kernanwendung   Eine Anwendung, die auf den meisten Computern in Ihrer Organisation vorhanden ist, zum Beispiel ein Virenscanner oder ein Verwaltungsagent.

Kernmodus   Ein Verarbeitungsmodus von x86-Prozessoren, bei dem Prozesse uneingeschränkten Zugriff auf den Arbeitsspeicher und andere Systemressourcen haben. Ab Windows Vista sollten nur Systemkomponenten und vertrauenswürdige Treiber im Kernmodus laufen.

Key Management Service (KMS)   Eine Infrastruktur, die das Verwalten von Product Keys in Unternehmensumgebungen erleichtert.

KMS   Siehe *Key Management Service*.

Kompatibilitätsschicht   Ein Feature im geschützten Modus des Windows Internet Explorers, das Anforderungen nach geschützten Ressourcen (zum Beispiel dem *Dokumente*-Ordner des Benutzers) an sichere Orte umleitet (zum Beispiel den Ordner für temporäre Internetdateien).

Komponentenspeicher   Ein Teil eines Betriebssystemabbilds, der ein oder mehrere Betriebssystemfeatures oder Sprachpakete speichert.

Konfigurationsdurchlauf   Eine Phase der Windows-Installation. Unterschiedliche Teile des Betriebssystems werden in unterschiedlichen Konfigurationsdurchläufen installiert und konfiguriert. Sie können festlegen, dass Einstellungen für die unbeaufsichtigte Installation in einem oder mehreren Konfigurationsdurchläufen angewendet werden.

Konfigurationssatz   Eine Datei- und Ordnerstruktur mit Dateien, die den Vorinstallationsprozess steuern und Anpassungen für die Windows-Installation definieren.

Legacymodus   Ein Modus von Windows DS (Windows Deployment Services), in dem OS-Chooser- und Riprep-Abbilder (sektorbasiert) verwendet werden. Dieser Modus ist kompatibel zu RIS. Der Wechsel von reiner RIS-Funktionalität in den Legacymodus findet statt, wenn Sie das Windows DS-Update auf einem Server installieren, der RIS ausführt.

Lite Touch Installation (LTI)   Eine Bereitstellungsoption in MDT 2010, die Clientcomputer mit wenig Interaktion eines Bedieners bereitstellt. Eine andere Bereitstellungsoption, ZTI (Zero Touch Installation), stellt Clientcomputer ganz ohne Interaktion eines Bedieners bereit, erfordert aber mehr Vorbereitung und Entwicklung im Vorfeld. Daher eignet sich LTI am besten für Umgebungen, in denen weniger Computer bereitgestellt werden. Siehe auch *Microsoft Deployment Toolkit 2010 (MDT 2010)*, *Zero Touch Installation (ZTI)*.

Lokale Freigabe   Der Vorgang, bei dem Dateien und Ordner für andere Benutzer auf demselben Computer verfügbar gemacht werden. Auch als *Same-Computer-Freigabe* bezeichnet.

Lokales Benutzerprofil   Der Standardansatz zum Speichern von Benutzerprofilen in Windows. Dabei wird das Benutzerprofil auf der Festplatte des Computers gespeichert.

LTI   Siehe *Lite Touch Installation*.

MAK   Siehe *Multiple Activation Key*.

Malware   Ein Begriff, unter dem ein weites Spektrum von böswilliger Software zusammengefasst wird, darunter Viren, Würmer, Trojanische Pferde, Spyware und Adware.

Mandatory Integrity Control (MIC)   Ein Modell, in dem Prozesse mit niedrigerer Integrität nicht auf Prozesse mit höherer Integrität zugreifen können. Die wichtigsten Integritätsstufen sind »Niedrig«, »Mittel«, »Hoch« und »System«. Windows weist jedem Prozess die Integritätsstufe in seinem Zugriffstoken zu. Schützbare Objekte wie zum Beispiel Dateien und Registrierungsschlüssel haben einen neuen verbindlichen Zugriffssteuerungseintrag (Access Control Entry, ACE) in der System-ACL (Access Control List).

Manifest für die angeforderte Ausführungsebene   Eine Kennzeichnung einer Anwendung, die angibt, welche Privilegien von ihr benötigt werden. Windows stellt anhand des Manifests für die angeforderte Ausführungsebene (in Kombination mit anderen Faktoren) fest, ob beim Ausführen der Anwendung eine UAC-Eingabeaufforderung angezeigt wird, in der der Benutzer die Privilegien erhöhen kann.

Master Boot Record (MBR)   Als gebräuchlichstes Festplattenpartitionssystem wird MBR von allen Windows-Versionen unterstützt. MBR wird allmählich durch GPT ersetzt. Siehe auch *GUID Partition Table (GPT)*.

Masterabbild   Eine Sammlung der Dateien und Ordner (manchmal in einer Datei komprimiert), die aus einer Masterinstallation erstellt wird. Dieses Abbild enthält das Basisbetriebssystem sowie zusätzliche Konfigurationen und Dateien.

Mastercomputer   Ein vollständig eingerichteter Computer, der eine Masterinstallation von Windows enthält.

Masterindex   Ein einzelner Index, der aus der Kombination von Schattenindizes gebildet wird.

Der Prozess zum Erstellen des Masterindex heißt Masterzusammenführung. Siehe auch *Masterzusammenführung*.

Masterinstallation   Eine Windows-Installation auf einem Mastercomputer, die als Masterabbild aufgezeichnet wird. Sie erstellen die Masterinstallation mithilfe von Automatisierung, um sicherzustellen, dass jedes Mal eine konsistente und reproduzierbare Konfiguration entsteht. Siehe auch *Mastercomputer*, *Masterabbild*.

Masterzusammenführung   Der Prozess, bei dem Indexfragmente (Schattenindizes) zu einem einzigen Inhaltsindex zusammengeführt werden, dem sogenannten Masterindex. Siehe auch *Masterindex*.

MBR   Siehe *Master Boot Record*.

MBSA   Siehe *Microsoft Baseline Security Analyzer*.

MBSACLI   Siehe *Microsoft Baseline Security Analyzer Command Line Interface*.

MIC   Siehe *Mandatory Integrity Control*.

Microsoft Baseline Security Analyzer (MBSA)   Ein kostenloses Tool, das von *microsoft.com* heruntergeladen werden kann. Administratoren können damit Computer auf Sicherheitslücken und fehlende Sicherheitsupdates untersuchen.

Microsoft Baseline Security Analyzer Command Line Interface (MBSACLI)   Eine Befehlszeilenschnittstelle für MBSA, über die Administratoren aus Skripts heraus Computer nach Sicherheitslücken und fehlenden Sicherheitsupdates untersuchen können. Siehe auch *Microsoft Baseline Security Analyzer (MBSA)*.

Microsoft Deployment Toolkit 2010 (MDT 2010)   Ein SA, das eine schnelle Bereitstellung von Windows 7, Windows Server 2008 R2, Windows Vista SP1, Windows Server 2008, Windows XP SP3 und Windows Server 2003 SP2 ermöglicht. MDT 2010 stellt einheitliche Tools, Skripts und Dokumentationen für die Desktop- und Serverbereitstellung mithilfe einer integrierten Bereitstellungskonsole zur Verfügung, der sogenannten Deployment Workbench.

Multicast Multiple Stream Transfer   Ein neues Feature der Windows-Bereitstellungsdienste in

Windows Server 2008 R2, mit dem Sie Abbilder effizienter auf mehreren Computern in einem Netzwerk bereitstellen können. Statt separate direkte Verbindungen zwischen den Bereitstellungsservern und jedem Client aufzubauen, können die Bereitstellungsserver Abbilddaten an mehrere Clients gleichzeitig versenden. Windows 7 führt eine Verbesserung ein, die es Servern ermöglicht, Clients mit ähnlicher Netzwerkbandbreite zu Gruppen zusammenzufassen und die Daten an jede Gruppe mit einer anderen Geschwindigkeit zu streamen, sodass der Gesamtdurchsatz nicht durch den langsamsten Client beschränkt wird.

Multiple Activation Key (MAK)   Product Key für eingeschränkte Verwendung, mit dem Windows auf mehreren Computern aktiviert werden kann.

Namensauflösung   Der Vorgang, bci dem ein Hostname in eine IP-Adresse konvertiert wird.

NAP   Siehe *Network Access Protection.*

Nativer Modus   Ein Windows DS-Modus (Windows Deployment Services), der nur die Windows PE-Startumgebung und ImageX-Abbilddateien unterstützt. Der endgültige Wechsel in den nativen Modus findet statt, nachdem Sie alle Legacyabbilder in das *.wim*-Abbilddateiformat konvertiert und die OSChooser-Funktionalität deaktiviert haben.

Nbtstat   Ein Befehlszeilentool zum Anzeigen von NetBIOS-Netzwerkinformationen, zum Beispiel zwischengespeicherten NetBIOS-Computernamen.

Net   Ein Befehlszeilentool zum Durchführen einer Reihe von Netzwerkaufgaben, zum Beispiel Starten und Beenden von Diensten, Freigeben von Ressourcen und Herstellen einer Verbindung zu freigegebenen Ressourcen.

Netstat   Ein Befehlszeilentool zum Anzeigen von Netzwerkstatistiken.

Network Access Protection (NAP)   Ein von Windows Vista und neueren Versionen unterstütztes Feature, das über die Netzwerkauthentifizierung die Identität und Integrität von Clientcomputern überprüft, bevor ihnen der Zugriff auf das Netzwerk erlaubt wird.

Network Monitor   Ein grafisches Tool, mit dem Administratoren die Netzwerkkommunikation aufzeichnen und analysieren können.

Netzwerkfreigabe   Der Vorgang, bei dem ein Ordner über das Netzwerk verfügbar gemacht wird.

Neuer-Computer-Szenario   In MDT 2010 ein Bereitstellungsszenario, bei dem das Betriebssystem und Anwendungen auf einem Computer bereitgestellt werden, der vorher nicht konfiguriert wurde und daher keine Benutzerdaten enthält.

Nicht destruktive Abbilderstellung   Eine Bereitstellungstechnik, die von ImageX und Windows-Setup unterstützt wird. Dabei wird ein Betriebssystemabbild bereitgestellt, ohne die vorhandenen Daten zu zerstören.

Nslookup   Ein Befehlszeilentool zum Testen der DNS-Namensauflösung.

OEM   Siehe *Original Equipment Manufacturer (OEM).*

Office Genuine Advantage (OGA)   Eine Initiative, die die Product Keys von lizenzierten Versionen der Microsoft Office-Programme aufzeichnet, um sicherzustellen, dass sie nicht auf anderen Computern wiederverwendet werden. Benutzer, die ihre Exemplare von Microsoft Office-Produkten validieren, erhalten Zugriff auf Add-Ins und Updates für diese Produkte.

Offline   Wenn ein Abbild für die Bereitstellung vorbereitet wird, wird das Betriebssystem nicht gestartet und Änderungen oder Updates werden direkt am Abbild vorgenommen.

Offlinedateien   Ein Feature in Windows, das eine Kopie einer Datei, die in einem freigegebenen Ordner liegt, lokal speichert. Windows kann dann auf die lokale Kopie der Datei zugreifen, falls der Benutzer sie benötigt, während keine Verbindung zum Netzwerk besteht. Windows enthält eine Technologie zum Synchronisieren von Offlinedateien, die geändert wurden, und zum Auflösen von Synchronisierungskonflikten.

OGA   Siehe *Office Genuine Advantage.*

Online   Wenn ein Abbild für die Bereitstellung vorbereitet wird, wird das Betriebssystem gestartet und Änderungen oder Updates werden vorgenommen, während Windows läuft.

Ordnerumleitung Eine Technik, bei der Computer so konfiguriert werden, dass sie Benutzerprofildaten von einem anderen Ort abrufen. Die Ordnerumleitung wird normalerweise eingesetzt, um Dokument- und Datendateien des Benutzers in einem freigegebenen Ordner zu speichern.

Original Equipment Manufacturer (OEM) Ein Unternehmen, das Computerhardware entwirft und fertigt.

P2P Siehe *Peer-to-Peer*.

Paket Eine Gruppe von Dateien, die Microsoft zur Verfügung stellt, um Windows 7-Features zu verändern. Pakettypen sind Service Packs, Sicherheitsupdates, Sprachpakete und Hotfixes.

PatchGuard Microsofts Technologie für 64-Bit-Versionen von Windows, die den Kernel vor Patches schützt. Sie wurde mit dem Ziel entworfen, nichtautorisierten und nichtunterstützten Zugriff auf den Kernel zu verhindern. Sie hindert jede Software daran, nichtunterstützte Patches anzuwenden.

PathPing Ein Befehlszeilentool zum Testen der Verbindung zu einem Endpunkt. PathPing sammelt Verbindungsstatistiken für jedes Gateway zwischen dem Client und dem getesteten Endpunkt und zeigt Latenz- und Verfügbarkeitsstatistiken für jeden Knoten an.

PCR Siehe *Platform Configuration Register*.

Peer Name Resolution Protocol (PNRP) Ein Mechanismus für verteilte, serverlose Namensauflösung von Peers in einem P2P-Netzwerk. Siehe auch *Peer-to-Peer (P2P)*.

Peer-to-Peer (P2P) Eine Methode für die direkte Kommunikation zwischen Clientcomputern ohne Verwendung eines separaten Servers. In Windows Vista und neueren Versionen bezeichnet P2P einen Satz von Netzwerk- und Teamworktechnologien, die von Windows-Teamarbeit und anderen Anwendungen genutzt werden.

Personal Identification Number (PIN) Dies ist eine vom Administrator angegebene Geheimzahl, die jedes Mal beim Start des Computers (oder beim Aufwachen aus dem Ruhezustand) eingegeben werden muss. Die PIN kann 4 bis 20 Ziffern lang sein und ist intern als 256-Bit-Hash der eingege-

benen Unicodezeichen gespeichert. Dieser Wert wird dem Benutzer niemals in irgendeiner Form oder aus irgendwelchen Gründen angezeigt. Die PIN wird eingesetzt, um einen weiteren Schutzmechanismus in Kombination mit der TPM-Authentifizierung zur Verfügung zu stellen. Siehe auch *Trusted Platform Module (TPM)*.

Personen in meiner Umgebung Ein System auf Subnetzebene, das es Benutzern, die an diesem Dienst angemeldet sind, erlaubt, ihre Verfügbarkeit automatisch im lokalen Subnetz zu veröffentlichen und andere Benutzer über das WS-Discovery-Protokoll (Web Services Dynamic Discovery) zu finden. Sobald Benutzer über Personen in meiner Umgebung veröffentlicht worden sind, können sie eingeladen werden, Aktivitäten wie zum Beispiel Windows-Teamarbeit zu beginnen.

Phishing Eine Form des Internetbetrugs, bei dem wertvolle Daten wie Kreditkartennummern, Sozialversicherungsnummern, Benutzer-IDs und Kennwörter gestohlen werden sollen. Es wird eine gefälschte Website erstellt, die der einer seriösen Organisation ähnelt, meist aus dem Finanzsektor, etwa einer Bank oder einem Versicherungsunternehmen. Dann wird eine E-Mail gesendet, in der der Empfänger aufgefordert wird, die gefälschte Website zu besuchen und dort seine vertraulichen Daten einzugeben, inklusive der Zugriffscodes. Die Seite sieht echt aus, weil es problemlos möglich ist, Websites nachzuahmen. Jede beliebige HTML-Seite im Web kann nachgebildet und für Phishingzwecke missbraucht werden.

PIN Siehe *Personal Identification Number*.

Ping Ein Befehlszeilentool, mit dem die Verbindung zu einem Endpunkt getestet wird.

Planungsphase Eine Phase in einer MDT 2010-Bereitstellung, in der das Bereitstellungsteam die Grundlagen für die Bereitstellung entwickelt. Siehe auch *Microsoft Deployment Toolkit 2010 (MDT 2010)*.

Platform Configuration Register (PCR) Ein Register eines TPM. Dieses Register ist groß genug, dass ein Hash (momentan nur SHA-1) darin Platz findet. Ein Register kann normalerweise nur »erweitert« sein, das bedeutet, dass sein Inhalt ein

Hashwert über alle Werte ist, die darin geladen sind. Wann diese Register zurückgesetzt werden, können Sie der TCG-Spezifikation (Trusted Computing Group) entnehmen. Siehe auch *Trusted Platform Module (TPM)*.

PNRP Siehe *Peer Name Resolution Protocol*.

Point-to-Point Tunneling Protocol (PPTP) Eine Netzwerktechnologie, die virtuelle private Netzwerke (VPNs) mit Multiprotokolltechnik unterstützt. Das ermöglicht es Remotebenutzern, über das Internet auf sichere Weise auf Unternehmens- oder andere Netzwerke zuzugreifen, sich bei einem Internetprovider einzuwählen oder direkt eine Verbindung zum Internet herzustellen. PPTP tunnelt (oder kapselt) IP- (Internet Protocol) oder IPX-Verkehr (Internetwork Packet Exchange) innerhalb von IP-Paketen. Das bedeutet, dass Benutzer im Remotezugriff Anwendungen ausführen können, die bestimmte Netzwerkprotokolle voraussetzen. PPTP ist in RFC 2637 beschrieben.

Portqry Ein Befehlszeilentool, das die Verbindung zu einem Netzwerkdienst testet, indem es versucht, eine TCP-Verbindung zu einem Endpunkt aufzubauen.

PPTP Siehe *Point-to-Point Tunneling Protocol*.

Preboot Execution Environment (PXE) Eine DHCP-basierte Remotestarttechnologie, die eingesetzt wird, um ein Betriebssystem von einem Remoteserver aus auf einem Clientcomputer zu starten oder zu installieren. Ein Windows DS-Server (Windows Deployment Services) ist ein Beispiel für einen PXE-Server.

Printer Migrator Ein Tool zum Sichern von Druckerkonfigurationen auf Druckservern, damit die Konfiguration zwischen Druckservern verschoben oder von mehreren Servern auf einem einzigen Server zusammengeführt werden kann. Es steht auch eine Befehlszeilenversion (*Printbrm. exe*) zur Verfügung.

Product Key Ein Code, mit dem Installationsmedien, zum Beispiel CDs, während der Installation überprüft werden. Product Keys, auch als CD-Keys bezeichnet, beweisen nicht, dass ein Produkt lizenziert ist, bieten aber Schutz gegen beliebiges Kopieren von Software. Alle Windows-Product Keys verwenden 5 Gruppen mit je 5 Zeichen, im Format XXXXX-XXXXX-XXXXX-XXXXX-XXXXX.

Protokollhandler Eine Komponente der Windows-Suchmaschine, die den Inhalt von Speichern ausliest und auflistet. Speicher sind zum Beispiel das Dateisystem, eine MAPI-E-Mail-Datenbank, der clientseitige Zwischenspeicher oder die Offlinedateiendatenbank. Siehe auch *Clientseitiger Zwischenspeicher (Client-Side Cache, CSC)*.

Pufferüberlauf Ein Angriff, der größere oder längere Werte eingibt, als eine Anwendung oder eine Programmierschnittstelle (Application Programming Interface, API) verarbeiten kann.

Punycode Die Kodierung von Unicodestrings in den eingeschränkten Zeichensatz, der vom DNS (Domain Name System) unterstützt wird. Punycode ist in RFC 3492 definiert. Die Kodierung wird im Rahmen von IDNA eingesetzt, einem System, das es ermöglicht, internationale Domänennamen in allen Sprachen zu verwenden, die von Unicode unterstützt werden. Die Aufgabe der Konvertierung liegt dabei ausschließlich bei der Benutzeranwendung (zum Beispiel einem Webbrowser).

PXE Siehe *Preboot Execution Environment*.

RAC Siehe *Reliability Analysis Component*.

Referenzcomputer Der Computer, auf dem Sie MDT 2010 oder Windows SIM installieren. Dieser Computer steht normalerweise in einer Testumgebung, getrennt vom Produktivnetzwerk. In MDT 2010 wird dieser Computer normalerweise als Buildserver bezeichnet. Siehe auch *Microsoft Deployment Toolkit 2010 (MDT 2010)*.

Reliability Analysis Component (RAC) Ein Windows-Feature, das Zuverlässigkeitsdaten sammelt und verarbeitet.

Replace-Computer-Szenario In MDT 2010 ein Bereitstellungsszenario, bei dem ein vorhandener Benutzer einen neuen Computer erhält. In diesem Fall bekommt der Benutzer einen neuen Computer und die Daten des Benutzers werden auf den neuen Computer migriert, um den Aufwand für ihn möglichst gering zu halten. Siehe auch *Microsoft Deployment Toolkit 2010 (MDT 2010)*.

SAM Siehe *Software Asset Management*.

Same-Computer-Freigabe Siehe *Lokale Freigabe*.

Schattenindex Ein temporärer Index, der während des Indizierungsprozesses generiert wird. Die so erstellten Schattenindizes werden später zu einem einzigen Index mit der Bezeichnung Masterindex zusammengefasst.

Schnellinfo Ein Feature von Windows Internet Explorer 8, mit dem Sie Text auf einer Webseite auswählen können, um beispielsweise eine Adresse in einer Kartenwebsite zu öffnen oder einen Begriff in einem Wörterbuch nachzuschlagen.

Schwenkhand Ein spezieller Cursor, der es ermöglicht, eine Seite mit der Maus zu ziehen.

Screen-Scraping Eine Technik zum Automatisieren von Anwendungen, bei der Tastendrücke simuliert werden, sodass es für die Anwendung erscheint, als würde ein Mensch die Tastatur bedienen. Screen-Scraping ist die unzuverlässigste Automatisierungstechnik und sollte nur Verwendung finden, wenn keine andere Automatisierungsoption zur Verfügung steht.

Server Message Block (SMB) Ein Netzwerkprotokoll für Datei- und Druckerfreigabe.

Server Performance Advisor (SPA) Ein Bericht, der eine Zusammenfassung der protokollierten Leistungsdaten liefert.

Servergespeichertes Benutzerprofil Ein alternativer Ansatz zum Speichern von Benutzerprofilen, bei dem diese in einem freigegebenen Ordner im Netzwerk abgelegt werden. Servergespeicherte Benutzerprofile bieten eine vereinfachte Datensicherung und ermöglichen es den Benutzern, dasselbe Profil auf unterschiedlichen Computern zu verwenden.

Shatter-Angriff Ein Angriff, bei dem ein Prozess versucht, mithilfe von Windows-Nachrichten seine Privilegien zu erhöhen, indem er Code in einen anderen Prozess einschleust.

Simple Service Discovery Protocol (SSDP) Dieses Protokoll bildet die Grundlage für das Discovery-Protokoll, das von UPnP (Universal Plug & Play) genutzt wird. Es wird auch vom PNRP verwendet.

Single Instance Storage (SIS) Eine Technik, um mehrere Windows-Abbilder effizient und an einer einzigen Stelle zu speichern. Der Bereitstellungstechniker, der einen Computer konfiguriert, kann eines der Abbilder für die Bereitstellung vom Clientcomputer aus auswählen.

Slipstreaming Der Prozess, bei dem ein Service Pack in die Betriebssystemsetupdateien eingespielt wird, damit es auf neuen Computern sofort installiert ist.

SMB Siehe *Server Message Block*.

SME Siehe *Subject Matter Experts*.

SMS Siehe *Systems Management Server*.

Sniffer Ein Tool wie zum Beispiel der Network Monitor, das Netzwerkkommunikation sammelt. Sniffer werden auch als Protokoll-Analyzer bezeichnet.

Software Asset Management (SAM) Eine von Microsoft geförderte Initiative, die das Ziel verfolgt, korrekte Inventardaten zu installierter und lizenzierter Software zu erhalten. Dieses Verfahren hilft Organisationen, einwandfrei lizenzierte Versionen aller benötigten Software zu verwalten.

SPA Siehe *Server Performance Advisor*.

Sprungliste Eine Liste zuletzt verwendeter Elemente, zum Beispiel Dateien, Ordner oder Websites. Wird von dem Programm organisiert, mit dem Sie diese Elemente öffnen. Mit einer Sprungliste können Sie nicht nur kürzlich verwendete Elemente öffnen, sondern auch Favoriten in einer Sprungliste fixieren, damit Sie schnell die Elemente erreichen, die Sie täglich benutzen.

SSDP Siehe *Simple Service Discovery Protocol*.

Stabilisierungsphase In der Bereitstellung die Phase, in der eine Lösung daraufhin getestet wird, ob alle Features vorhanden sind. Diese Phase findet normalerweise statt, nachdem die Pilotphasen durchgeführt wurden. Besondere Aufmerksamkeit kommt dabei Praxistests im realen Einsatz zu. Das Hauptziel besteht darin, Bugs zu identifizieren, in Prioritäten zu klassifizieren und zu beseitigen.

Stack Eine Liste von Speicheradressen, die die Rücksprungadressen der aufrufenden Methoden enthalten. Windows speichert im Stack die Position, an die die Ausführung zurückkehrt, sobald eine aufgerufene Methode beendet ist.

Standortabhängiges Drucken Ein neues Feature in Windows 7 und Windows Server 2008 R2, das den Standarddrucker vom jeweiligen Standort abhängig macht. Mobile und Notebookbenutzer können für jedes Netzwerk, mit dem sie sich verbinden, einen anderen Standarddrucker einrichten. Sie können auf diese Weise einen Standarddrucker für das heimische Arbeitszimmer und einen anderen für das Büro festlegen. Die Computer wählen dann automatisch den richtigen Standarddrucker aus, je nachdem, wo sich der Benutzer gerade befindet.

Startabbild Ein Betriebssystemabbild (image), das direkt bootfähig ist, ohne erst installiert zu werden. Zum Beispiel kann Windows PE von einem Startabbild ausgeführt werden.

Startadresse Eine URL, die auf die Startposition verweist, ab der Inhalt indiziert werden soll. Wenn die Indizierung durchgeführt wird, wird jede konfigurierte Startadresse vom Protokollhandler aufgelistet, damit der zu indizierende Inhalt gefunden wird.

Starter-Gruppenrichtlinienobjekt Sammlungen vorkonfigurierter administrativer Vorlagen in Windows 7, die von IT-Experten benutzt werden, um Standardkonfigurationen für ein Gruppenrichtlinienobjekt zu erstellen. Sie verwirklichen von Microsoft empfohlene Vorgehensweisen, enthalten empfohlene Richtlinieneinstellungen und Werte für wichtige Unternehmensszenarien. IT-Experten können auch eigene Starter-Gruppenrichtlinienobjekte erstellen und zur Verfügung stellen, die sich an internen oder gesetzlichen Anforderungen orientieren.

Startschlüssel Ein Schlüssel, der auf einem USB-Flashlaufwerk gespeichert ist, das jedes Mal eingesteckt werden muss, wenn der Computer startet. Der Startschlüssel bildet einen weiteren Sicherheitsfaktor im Rahmen der TPM-Authentifizierung. Siehe auch *Trusted Platform Module (TPM)*.

Stiftbewegungen Eine Stifttechnik für Tablet PCs, mit der Benutzer Menübefehle aufrufen können,

indem sie den Stift mit verschiedenen Gesten bewegen.

Subject Matter Expert (SME) Jemand, der sich mit einem bestimmten Thema auskennt. Während der Bereitstellung sollten SMEs bei den Planungs-, Entwicklungs- und Stabilisierungsprozessen helfen. SMEs sind Benutzer, die mit den Anwendungen und Daten vertraut sind, die migriert werden sollen. Dabei muss es sich nicht zwangsläufig um Experten handeln. Normalerweise sind es Interessenvertreter, denen es wichtig ist, dass der Prozess ordentlich durchgeführt wird.

Synchronisierungscenter Ein Tool, das eine Benutzeroberfläche zum Verwalten von Inhaltssynchronisierungsaktivitäten zur Verfügung stellt. Sie können darin umgeleitete Ordner und andere für Offlineverwendung markierte Ordner verwalten.

Systems Management Server (SMS) Eine Computerverwaltungsinfrastruktur von Microsoft, die die Effizienz der Administratoren verbessert und beim Verteilen und Verwalten von Software hilft.

System-Starter-Gruppenrichtlinienobjekt Ein schreibgeschütztes Gruppenrichtlinienobjekt, das eine Baseline (einen Referenzwert) für Einstellungen in einem bestimmten Szenario zur Verfügung stellt. Wie Starter-Gruppenrichtlinienobjekte werden auch System-Starter-Gruppenrichtlinienobjekte von einem Gruppenrichtlinienobjekt abgeleitet. Sie können darin eine Sammlung von Richtlinieneinstellungen mit administrativen Vorlagen in einem einzigen Objekt speichern, und diese Einstellungen können Sie anschließend importieren. Siehe auch *Starter-Gruppenrichtlinienobjekt*.

Task Sequencer Die MDT 2010-Komponente, die die Tasksequenz beim Installieren eines Builds ausführt. Siehe auch *Microsoft Deployment Toolkit 2010 (MDT 2010)*.

Tasksequenz Eine Abfolge von Aktionen, die auf einem Zielcomputer ausgeführt wird, um Windows und Anwendungen zu installieren und dann den Zielcomputer zu konfigurieren. In MDT 2010 ist die Tasksequenz Teil eines Builds. Der Task Sequencer ist die Komponente, deren Aufgabe es ist, die Tasksequenz auszuführen. Siehe auch *Microsoft Deployment Toolkit 2010 (MDT 2010)*.

TCP-Empfangsfenstergröße Die Zahl der Bytes, die ein TCP/IP-Host senden kann, ohne eine Antwort vom Remotecomputer zu erhalten. Die TCP-Empfangsfenstergröße kann die Leistung stark beeinflussen. Falls der Wert zu groß ist und das Netzwerk unzuverlässig arbeitet, muss unter Umständen ein Großteil der Daten erneut gesendet werden, falls Daten verloren gehen. Falls der Wert zu klein ist, ist die Auslastung unnötigerweise gering, während der sendende Computer auf Bestätigungen des empfangenden Computers wartet.

Telnet Ein Protokoll und Tool für die Remoteverwaltung von Computern über eine textbasierte Schnittstelle, die einer Eingabeaufforderung ähnelt.

TestTCP Ein Tool für die Netzwerkproblembehandlung. Sie können damit die TCP-Verbindung zwischen zwei Computern testen.

Thick-Abbild Ein vollständiges Betriebssysteminstallationsabbild, das Kern- und unter Umständen Ergänzungsanwendungen enthält. Thick-Abbilder vereinfachen die Bereitstellung, weil neben dem Betriebssystem auch gleich Anwendungen installiert werden. Weil sie aber spezialisierter sind, benötigen Sie normalerweise mehr Thick-Abbilder als Thin-Abbilder.

Thin-Abbild Ein partielles Betriebssysteminstallationsabbild, das höchstens einige wenige Kernanwendungen enthält. Thin-Abbilder haben gegenüber den spezialisierteren Thick-Abbildern den Vorteil, dass sie auf eine größere Zahl von Computern in Ihrer Organisation angewendet werden können.

TPM Siehe *Trusted Platform Module*.

Trusted Platform Module (TPM) Das Trusted Platform Module ist ein Hardwaregerät, das von der Trusted Computing Group (TCG) definiert wurde. Ein TPM stellt einen hardwarebasierten Ausgangspunkt für eine Vertrauensstruktur bereit und kann für eine Vielzahl kryptografischer Dienste genutzt werden. TPMs der Version 1.2 mit TCG-kompatiblen BIOS-Upgrades erlauben BitLocker, die Laufwerksverschlüsselung bereitzustellen, und ermöglichen die Integritätsprüfung früher Startkomponenten, was eine Manipulation verhindern

hilft und einen benutzerfreundlichen Startablauf sicherstellt.

UIPI Siehe *User Interface Privilege Isolation*.

Unangeforderte Remoteunterstützung Remoteunterstützungsanforderungen, die vom Experten eingeleitet werden (dem Benutzer, der Hilfe anbietet). Auch als *Anbieten von Remoteunterstützung* bezeichnet.

Unattend.xml Der generische Name für die Windows-Antwortdatei. *Unattend.xml* ersetzt alle Antwortdateien in älteren Windows-Versionen, wie *Unattend.txt*, *Winbom.ini* und andere.

Unbehandelte Ausnahme Ein Fehler, der nicht von einer Anwendung verarbeitet wurde. Wenn ein Benutzermodusprozess eine unbehandelte Ausnahme hat, wird der Prozess beendet und Windows kann dem Benutzer die Möglichkeit anbieten, eine Fehlerbenachrichtigung an Microsoft zu senden. Wenn ein Kernmodusprozess eine unbehandelte Ausnahme hat, tritt ein Abbruchfehler auf.

Unverschlüsselter Schlüssel (clear key) Ein Schlüssel, der unverschlüsselt auf dem Laufwerk gespeichert ist. Dieser Schlüssel wird benutzt, um auf den VMK und darüber wiederum auf den FVEK zuzugreifen, falls der BitLocker-Schutz deaktiviert ist, aber das Laufwerk verschlüsselt bleibt.

Upgrade-Computer-Szenario In MDT 2010 ein Bereitstellungsszenario, bei dem eine neue Windows-Version auf einen vorhandenen Computer aufgespielt wird, auf dem bereits eine ältere Windows-Version installiert ist. Beim Upgrade-Computer-Szenario bleiben die Benutzerdaten erhalten. Siehe auch *Microsoft Deployment Toolkit 2010 (MDT 2010)*.

URL-basiertes Quality of Service Ein neues Feature in Windows 7 und Windows Server 2008 R2. IT-Administratoren können auf diese Weise mithilfe von Gruppenrichtlinieneinstellungen dem Webverkehr abhängig von der URL eine Priorität zuordnen. Beim URL-basierten QoS können IT-Administratoren sicherstellen, dass wichtiger Webverkehr eine hohe Priorität bekommt und so die Leistung stark ausgelasteter Netzwerke optimiert wird.

User Interface Privilege Isolation (UIPI) Ein Feature von Windows, das Prozesse geringerer Integrität daran hindert, auf Prozesse höherer Integrität zuzugreifen. Dies bietet einen besseren Schutz gegen Shatter-Angriffe. Siehe auch *Shatter-Angriff*.

Verbindliche Markierung Ein Zugriffssteuerungseintrag, der von der MIC (Mandatory Integrity Control) benutzt wird.

Verbindliches Benutzerprofil Ein Benutzerprofil, das vom Benutzer nicht geändert werden kann. Verbindliche Benutzerprofile sind nützlich, um konsistente Desktopumgebungen sicherzustellen.

Verbundsuche Ein neues Feature in Windows 7 und Windows Server 2008 R2, das auf dem Open-Search-Protokoll aufbaut. Benutzer können damit innerhalb des Windows-Explorers Remotedatenquellen durchsuchen. Die Verbundsuche soll keine Serverrepositorys wie Microsoft Office Share-Point Server ersetzen, sondern es diesen Repositorys ermöglichen, ihre Suchfähigkeiten über Windows verfügbar zu machen und den Nutzen der Repositorys für die Benutzer zu erhöhen.

Verfügbare Netzwerke anzeigen Ein neues Feature von Drahtlosnetzwerken in Windows 7, mit dem Benutzer die verfügbaren Drahtlosnetzwerke anzeigen und schnell eine Verbindung dazu herstellen können.

Verwaltetes Dienstkonto Ein neues Feature in Windows 7 und Windows Server 2008 R2. Administratoren können damit eine Klasse von Domänenkonten erstellen, die benutzt werden, um Dienste auf lokalen Computern zu verwalten und zu warten.

Verzeichnisverbindung Eine Technik zum Umleiten von Anforderungen eines bestimmten Ordners an eine andere Position. Verzeichnisverbindungen werden eingesetzt, um Abwärtskompatibilität für Ordnerpositionen zu gewährleisten, die in älteren Windows-Versionen benutzt wurden.

VHD-Start Das Windows 7-Startladeprogramm kann so konfiguriert werden, dass Windows von einer VHD-Datei gestartet wird, so als wäre die VHD-Datei eine Standardpartition. Kopieren Sie dazu einfach die VHD-Datei auf den lokalen Computer und fügen Sie dann mit *BCDEdit.exe*

einen Eintrag für die VHD-Datei zum Systemstartmenü hinzu. Windows 7 kann VHD-Dateien auch in der Konsole *Datenträgerverwaltung* im Dateisystem bereitstellen, so als wären es native Partitionen.

Visionierungsphase Die Phase einer MDT 2010-Bereitstellung, bei der das Management Teams zusammenstellt, eine Bewertung der vorhandenen Systeme und Anwendungen vornimmt, Geschäftsziele definiert, ein Visionsdokument formuliert, den Umfang definiert, Benutzerprofile erstellt, ein Lösungskonzept entwickelt, Risikobewertungsdokumente erstellt, eine Projektstruktur schreibt und Milestones genehmigt. Siehe auch *Microsoft Deployment Toolkit 2010 (MDT 2010)*.

VMK Siehe *Volume Master Key*.

Volume Master Key (VMK) Der Schlüssel, mit dem der FVEK verschlüsselt wird.

Volumenlizenz Eine bei Microsoft oder einem anderen Softwarehersteller gekaufte Lizenz, die es erlaubt, mehrere Exemplare eines Betriebssystems oder eines Programms zu benutzen.

VPN-Reconnect Ein neues Feature von Windows 7, das nahtlose und dauerhafte VPN-Verbindungen ermöglicht. Dazu wird eine VPN-Verbindung automatisch neu aufgebaut, falls der Benutzer zeitweise seine Internetverbindung verliert. Wenn ein Benutzer beispielsweise eine Verbindung über eine mobile Breitbandverbindung herstellt und dann durch ein Gebiet fährt, wo kein Empfang besteht, stellt Windows 7 alle aktiven VPN-Verbindungen automatisch wieder her, sobald die Internetkonnektivität wiederhergestellt ist.

Wake on Wireless LAN (WoWLAN) Ein neues Feature von Windows 7, das den Stromverbrauch senken kann. Benutzer und IT-Experten können damit Computer, die an Drahtlosnetzwerke angeschlossen sind, im Remotezugriff aus dem Energiesparmodus aufwecken. Weil die Benutzer Computer aufwecken können, um über das Netzwerk darauf zuzugreifen, können IT-Experten die Computer so konfigurieren, dass sie in den Energiesparmodus schalten, wenn sie nicht benutzt werden.

Wartungscenter Der zentrale Ort, in dem der Benutzer Warnungen ansehen und Aktionen ausführen kann, die dabei helfen, dass Windows einwandfrei funktioniert. Das Wartungscenter listet wichtige Meldungen über Sicherheits- und Wartungseinstellungen auf, die Ihrer Aufmerksamkeit bedürfen. Rote Elemente im Wartungscenter sind wichtig und weisen auf erhebliche Probleme hin, die sofort untersucht werden sollten, etwa ein veraltetes Antivirenprogramm, das aktualisiert werden muss. Gelbe Elemente sind empfohlene Aufgaben, beispielsweise Wartungsaufgaben, die Sie bei Gelegenheit abarbeiten sollten.

WAU Siehe *Windows Anytime Upgrade*.

WCS Siehe *Windows Color System*.

Web Services for Devices (WSD) Ein neuer Netzwerkverbindungstyp, der von Windows Vista und neueren Versionen unterstützt wird. Mit WSD können Benutzer Plug & Play nutzen, ähnlich wie bei USB-Geräten, aber über das Netzwerk statt mit lokal angeschlossenen Geräten.

WER Siehe *Windows-Fehlerberichterstattung*.

WGA Siehe *Windows Genuine Advantage*.

.wim Eine Dateinamenerweiterung für Windows-Abbilddateien, die mit ImageX erstellt wurden.

Windows AIK Siehe *Windows Automated Installation Kit (Windows AIK)*.

Windows Anytime Upgrade (WAU) Ein Upgradedienst, der sich in erster Linie an Privatbenutzer richtet. Die Benutzer können damit ein Upgrade von einer Windows-Edition auf eine leistungsfähigere Edition durchführen.

Windows Automated Installation Kit (Windows AIK) Eine Sammlung von Tools und Dokumenten, mit denen Sie die Bereitstellung des Betriebssystems Windows automatisieren können. Windows AIK ist eine von mehreren Ressourcen, die Sie einsetzen können, um Windows bereitzustellen. Beispielsweise greifen Tools und Software wie MDT 2010 und Microsoft System Center Configuration Manager auf Features von Windows AIK zurück, um Systemabbilder zu erstellen und die Betriebssysteminstallationen zu automatisieren.

Windows Color System (WCS) Ein Feature, das mit dem Windows-Drucksubsystem zusammenarbeitet, um einen besseren Farbdruck für Drucker mit erweiterter Farbpalette (Inkjet-Drucker, die mehr als vier Tintenfarben zur Verfügung stellen) zu ermöglichen. Damit ist ein realistischer Druck von Farbfotos und Dokumenten mit vielen Grafiken möglich.

Windows Defender Ein Feature von Windows 7, das Schutz gegen Spyware und andere möglicherweise unerwünschte Software bietet.

Windows Error Reporting Siehe *Windows-Fehlerberichterstattung*.

Windows Genuine Advantage (WGA) Eine Microsoft-Initiative, die sicherstellen soll, dass Benutzer, die mit illegalen Kopien von Windows-Betriebssystemen arbeiten, darüber informiert werden, dass ihre Exemplare gefälscht sind. Indem der Product Key und eine Signatur über das BIOS des Computers aufgezeichnet werden, kann Microsoft genau feststellen, ob verkaufte Windows-Versionen kopiert wurden und ob bei Windows-Versionen mit Volumenlizenzen mehr Exemplare verteilt wurden als erlaubt.

Windows PowerShell Integrated Scripting Environment (ISE) Eine GUI für Windows PowerShell, mit der Sie Befehle ausführen und im selben Fenster Skripts schreiben, editieren, ausführen, testen und debuggen können. Sie stellt bis zu acht unabhängige Ausführungsumgebungen zur Verfügung und enthält einen integrierten Debugger, mehrzeiliges Editieren, selektive Ausführung, Syntaxfarben, Zeilen- und Spaltennummern sowie kontextsensitive Hilfe.

Windows PowerShell Remoting Ein Feature, das in Windows PowerShell 2.0 eingeführt wurde. Sie können damit Windows PowerShell-Befehle für die automatisierte oder interaktive Remoteverwaltung ausführen.

Windows PowerShell-Module Mit Windows PowerShell-Modulen können Sie Ihre Windows PowerShell-Skripts und -Funktionen in unabhängigen, eigenständigen Einheiten organisieren. Sie können Ihre Cmdlets, Anbieter, Skripts, Funktionen und andere Dateien zu Modulen zusammenfassen, die Sie dann an andere Benutzer verteilen.

Module sind für Benutzer einfacher zu installieren und zu verwenden als Windows PowerShell-Snap-Ins.

Windows Server Update Services (WSUS) Ein kostenloses Servertool, das von *microsoft.com* heruntergeladen werden kann. Administratoren können damit die Verteilung von Updates an Windows-Computer im internen Netzwerk verwalten.

Windows System Assessment Tool (WinSAT) Ein in Windows enthaltenes Befehlszeilentool, mit dem die Features, Fähigkeiten und Eigenschaften von Computerhardware ermittelt werden können.

Windows Troubleshooting Packs Sammlungen mit Windows PowerShell-Skripts, die versuchen, ein Problem zu diagnostizieren und, sofern möglich, mit Genehmigung des Benutzers zu beseitigen. Windows 7 enthält 20 integrierte Problembehandlungsmodule, die über 100 Problemursachen aufdecken können. Troubleshooting Packs können auch die laufende Wartung für ein bestimmtes Feature ausführen.

Windows Virtual PC Ein neues optionales Feature, das Sie für die Migration auf Windows 7 verwenden können, während die Kompatibilität zu Anwendungen gewahrt bleibt, die auf älteren Windows-Versionen laufen. Dieses Feature steht als herunterladbares Updatepaket für Windows 7 zur Verfügung.

Windows-Abbild Eine einzelne komprimierte Datei mit einer Sammlung von Dateien und Ordnern, die eine Windows-Installation auf einem Laufwerksvolume dupliziert.

Windows-EasyTransfer Das Feature in Windows Vista und Windows 7, das den Assistenten zum Übertragen von Dateien und Einstellungen in Windows XP ersetzt. Dieses Tool führt den Benutzer durch eine Reihe von Seiten, in denen er auswählen kann, wie viele Daten migriert werden sollen und welche Migrationsmethode (Disk oder Wechselmedien, direkte Kabelverbindung oder Netzwerk) eingesetzt werden soll.

Windows-Fehlerberichterstattung (Windows Error Reporting, WER) Die Clientkomponente für die Watson Feedback Platform (WFP), die es Microsoft erlaubt, Berichte über Fehlerereignisse zu sammeln, die auf dem System eines Benutzers

aufgetreten sind, die in diesen Berichten enthaltenen Daten zu analysieren und dem Benutzer eine hilfreiche und effektive Reaktion zu bieten. WER ist die Technologie, die hängengebliebene Anwendungen im Benutzermodus, Fehler im Benutzermodus und Kernmodusfehler an die Backendserver bei Microsoft oder an einen internen Fehlerberichterstattungsserver leitet.

Windows-Produktaktivierung (Windows Product Activation, WPA) Eine Methode um sicherzustellen, dass Kunden echte Windows-Betriebssysteme nutzen, die von Microsoft-Händlern erworben wurden. Dieses Tool, das zuerst mit Windows XP eingeführt wurde, verhindert ein einfaches Kopieren von Windows, weil sichergestellt wird, dass keine anderen Systeme mit demselben Product Key aktiviert werden.

WinSAT Siehe *Windows System Assessment Tool*.

WPA Siehe *Windows-Produktaktivierung*.

WSD Siehe *Web Services for Devices*.

WSUS Siehe *Windows Server Update Services*.

XML Paper Specification (XPS) Ein Satz von Konventionen, wie mit XML der Inhalt und das Aussehen von Seitendokumenten beschrieben wird.

XPS Siehe *XML Paper Specification*.

Zentraler Speicher Im Kontext von Gruppenrichtlinien ein Ort zum Speichern von administrativen Vorlagen, die in der ganzen Organisation benutzt werden. Nur Windows Vista und neuere Windows-Versionen unterstützen einen zentralen Speicher.

Zero Touch Installation (ZTI) Eine MDT 2010-Bereitstellungsoption, bei der die Bereitstellung von Clientcomputern vollständig automatisiert ist. Bei einer ZTI-Installation werden das Betriebssystem Windows und alle Anwendungen automatisch bereitgestellt, sobald ein Computer zum ersten Mal mit dem Netzwerk verbunden und eingeschaltet wird. Siehe auch *Microsoft Deployment Toolkit 2010 (MDT 2010)*.

Zielcomputer Der Computer, auf dem Sie Windows während der Bereitstellung installieren. Sie können entweder Windows Setup auf dem Zielcomputer ausführen oder eine Masterinstallation auf einem Zielcomputer durchführen.

ZTI Siehe *Zero Touch Installation*.

Stichwortverzeichnis

Die Autoren

Mitch Tulloch

Mitch Tulloch, der Hauptautor von *Windows 7 – Die technische Referenz*, ist ein anerkannter Experte in den Bereichen Windows-Administration, Netzwerke und Sicherheit. Er wurde von Microsoft für seine hervorragenden Beiträge beim Support von Benutzern, die Microsoft-Plattformen, -Produkte und -Lösungen bereitstellen, mehrfach mit dem Titel Most Valuable Professional (MVP) ausgezeichnet. Mitch ist Autor oder Koautor von fast zwei Dutzend Büchern zu Computer- und Netzwerkthemen, darunter *Microsoft Encyclopedia of Networking*, *Microsoft Encyclopedia of Security*, *Introducing Windows Server 2008*, *Microsoft Office Communications Server 2007 Resource Kit*, *Microsoft Windows Vista – Die technische Referenz* und *Understanding Microsoft Virtualization Solutions: From the Desktop to the Datacenter* (alle erschienen bei Microsoft Press).

Mitch hat Hunderte von Artikeln auf *WindowsNetworking.com*, *WindowsDevCenter.com*, *ITworld.com* und anderen Websites für IT-Profis veröffentlicht. Er hat Artikel für führende Branchenmagazine wie *BizTech Magazine, FedTech Magazine* und *NetworkWorld* verfasst. Seine Artikel wurden auf zahlreichen Sites zweitverwertet, die Bandbreite reicht von *TechTarget.com* bis *CNN.com*. Außerdem hat Mitch für Microsoft Learning mehrere E-Learning-Kurse zu Windows 7 geschrieben und ISM-Kurse (Information Security Management) für das MBA-Programm (Masters of Business Administration) der Jones International University entwickelt.

Mitch lebt momentan in Winnipeg, Kanada, wo er MTIT Enterprises leitet, ein Unternehmen für die Entwicklung von IT-Inhalten. Bevor er 1998 sein eigenes Unternehmen gründete, arbeitete Mitch als Microsoft Certified Trainer (MCT) für Productivity Point International. Weitere Informationen über Mitch finden Sie auf seiner Website unter *http://www.mtit.com*.

Tony Northrup

Tony Northrup (MVP, MCSE, MCTS, CISSP) ist ein Windows-Consultant und Autor. Er lebt bei Boston, Massachusetts. Tony begann mit der Programmierung, noch bevor Windows 1.0 erschien, hat sich aber in den letzten 15 Jahren auf Windows-Administration und -Entwicklung konzentriert. Er hat über 20 Bücher zu den Themen Windows-Netzwerke, Sicherheit und Entwicklung geschrieben. Unter anderem ist Tony Koautor von *Microsoft Windows Server 2003 – Die technische Referenz* und *Microsoft Windows Vista – Die technische Referenz*.

Wenn Tony nicht mit Schreiben beschäftigt ist, fotografiert, reist und trainiert er gerne. Tony lebt zusammen mit seinem Hund Sandi. Weitere Informationen über Tony finden Sie in seinem technischen Blog unter *http://www.windows7clues.com* oder auf seiner privaten Website unter *http://www.northrup.org*.

Jerry Honeycutt

Jerry Honeycutt hilft Leuten, produktiver zu arbeiten, indem er ihnen bei der Bereitstellung und Nutzung weitverbreiteter Technologien wie Windows und der Microsoft Office-Produktfamilien hilft. Aufgrund seiner vielen Artikel, Vorträge und Consulting-Aufträge ist er in der Community sehr bekannt.

Jerry ist eng in die Desktopbereitstellungsinitiativen von Microsoft involviert. Er war der Leiter für die Dokumentation von Microsoft Deployment und schreibt für Microsoft oft Whitepapers und Artikel über Desktopbereitstellung.

Jerry besitzt und leitet das Deployment-Forum unter *http://www.deploymentforum.com/*, eine Website für eine Community aus IT-Profis, die das Betriebssystem Windows bereitstellen.

Jerry hat mehr als 30 Bücher geschrieben, dazu gehören *Microsoft Windows Desktop Deployment Resource Kit* (Microsoft Press, 2004) und *Microsoft Windows Registrierung* (Microsoft Press, 2002), ein Band innerhalb von *Microsoft Windows Server 2003 – Die technische Referenz*. Weitere Informationen finden Sie auf Jerrys Website unter *www.honeycutt.com*, auch eine E-Mail an *jerry@ honeycutt.com* ist willkommen.

Ed Wilson

Ed Wilson ist Mitglied der Microsoft Scripting Guys (siehe *http://www.ScriptingGuys. com*) und ein bekannter Experte zum Thema Skripting. Er schreibt das täglich erscheinende Blog »Hey Scripting Guy!«, wöchentlich einen Blogeintrag für Microsoft Press und monatlich einen »Hey Scripting Guy!«-Artikel für *Technet Magazine*. Er hat Vorträge auf der TechEd und auf internationalen TechReady-Konferenzen von Microsoft gehalten. Ed ist Microsoft-zertifizierter Trainer und hat für Microsoft Premier-Kunden in vielen Ländern einen erfolgreichen Workshop zu Microsoft Windows abgehalten. Er ist Autor von 8 Büchern, darunter 5 zu Windows-Skripting, die bei Microsoft Press veröffentlicht wurden. Außerdem hat er Beiträge zu einem knappen Dutzend weiterer Bücher geliefert. Momentan arbeitet er an einem Buch zu Best Practices für Windows PowerShell, das bei Microsoft Press erscheinen wird. Ed hat mehr als zwanzig verschiedene Fachzertifizierungen erworben, darunter Microsoft Certified Systems Engineer (MCSE) und Certified Information Systems Security Professional (CISSP). Bevor er begann, für Microsoft zu arbeiten, war er leitender Consultant für einen Microsoft Gold Certified Partner, wo er sich auf den Entwurf von Active Directory-Domänendiensten und Microsoft Exchange Server-Implementierungen spezialisierte. In seiner knappen Freizeit beschäftigt er sich mit Holzschnitzereien, Unterwasserfotografie und Tauchen. Unter *http://www.edwilson.com* erfahren Sie mehr über Ed Wilson.

James Brundage

James Brundage ist Softwaretester im Windows PowerShell-Team. Er hat während der gesamten Entwicklung der Version 2 von Windows PowerShell Teile der Windows PowerShell-Engine und der Skriptsprache getestet. Für seine Arbeit an skriptgesteuerten Benutzeroberflächen wurde ihm im Juni 2008 nach Abschluss der »Week of WPF«-Serie im Windows PowerShell-Teamblog unter *http://blogs.msdn.com/powershell/* der Gold Star Award verliehen. Wenn er nicht gerade Software testet, geht er oft seiner Wissbegierde bezüglich der Programmiermöglichkeiten in anderen Microsoft-Produkten nach. Beschäftigt er sich nicht mit Programmierung, verbringt James Zeit mit seiner Freundin oder spielt mit seiner Xbox.